U0455796

湖北省立圖書館圖書目録（二種）

湖北省立圖書館 編

張雅俐 范志毅 整理

（上）

荊楚文庫編纂出版委員會

崇文書局

湖北省立圖書館圖書目録（二種）

HUBEI SHENGLI TUSHUGUAN TUSHU MULU (ERZHONG)

圖書在版編目（CIP）數據

湖北省立圖書館圖書目録 ： 二種 / 湖北省立圖書館編 ; 張雅俐, 范志毅整理. -- 武漢 : 崇文書局, 2022.11
（荊楚文庫. 文獻編）
ISBN 978-7-5403-6769-5

Ⅰ. ①湖… Ⅱ. ①湖… ②張… ③范… Ⅲ. ①湖北省圖書館－圖書館目録 Ⅳ. ①Z822.1

中國版本圖書館 CIP 數據核字（2022）第 118637 號

責任編輯：李慧娟
整體設計：范漢成　曾顯惠　思　蒙
責任校對：董　穎
責任印製：田偉根
出版發行：崇文書局有限公司（中國・武漢）
地址：武漢市雄楚大道 268 號 C 座
電話：(027)87293001　郵政編碼：430070
録排：武漢偉創偉業廣告有限公司
印刷：湖北新華印務有限公司
開本：787mm×1092mm　1/16
印張：99.375
版次：2022 年 11 月第 1 版　2022 年 11 月第 1 次印刷
定價：480.00 元（全三册）

ISBN 978-7-5403-6769-5

出版説明

湖北乃九省通衢，北學南學交會融通之地，文明昌盛，歷代文獻豐厚。守望傳統，編纂荆楚文獻，湖北淵源有自。清同治年間設立官書局，以整理鄉邦文獻爲旨趣。光緒年間張之洞督鄂後，以崇文書局推進典籍集成，湖北鄉賢身體力行之，編纂《湖北文徵》，集元明清三代湖北先哲遺作，收兩千七百餘作者文八千餘篇，洋洋六百萬言。盧氏兄弟輯録湖北先賢之作而成《湖北先正遺書》。至當代，武漢多所大學、圖書館在鄉邦典籍整理方面亦多所用力。爲傳承和弘揚優秀傳統文化，湖北省委、省政府決定編纂大型歷史文獻叢書《荆楚文庫》。

《荆楚文庫》以“搶救、保護、整理、出版”湖北文獻爲宗旨，分三編集藏。

甲、文獻編。收録歷代鄂籍人士著述，長期寓居湖北人士著述，省外人士探究湖北著述。包括傳世文獻、出土文獻和民間文獻。

乙、方志編。收録歷代省志、府縣志等。

丙、研究編。收録今人研究評述荆楚人物、史地、風物的學術著作和工具書及圖册。

文獻編、方志編録籍以 1949 年爲下限。

研究編簡體横排，文獻編繁體横排，方志編影印或點校出版。

《荆楚文庫》編纂出版委員會

2015 年 11 月

前　言

民國年間，湖北省立圖書館曾編纂出版過三種館藏圖書目録，一爲《湖北省立圖書館圖書目録（第一期）》，1929 年 1 月出版，由時任館長的馮漢驥主持編纂；另兩種即本書所收的《湖北省立圖書館圖書目録》和《湖北省立圖書館圖書目録（舊籍之部）》。《湖北省立圖書館圖書目録》出版於 1934 年 4 月，由館長談錫恩主持，編目者有程方、王任重、章壽康、朱有溱等；《湖北省立圖書館圖書目録（舊籍之部）》（上下册）出版於 1935 年 11 月，由館長談錫恩同館員李匡輔、柯晴嵐編訂。此兩書一收新書，一收舊籍，實爲《湖北省立圖書館圖書目録》的兩個不同的組成部分，儘管其成書時間不同，又是分别付印。

談錫恩（1874—1950），號君訥，興山高陽鎮人。1890 年經府試保列拔貢，繼就讀兩湖書院。後留學日本，1907 年回國，1919 年任武昌高等師範學校校長。1931 年 8 月 10 日任湖北省立圖書館館長，1941 年 8 月 10 日離任。程方，時任湖北省立圖書館圖書股長。李匡輔，名明澈，字匡輔，湖北黄梅人，1882 年生，曾留學日本，1927 年來湖北省立圖書館工作。柯晴嵐，湖北大冶人，1893 年生，湖北法政專門學校畢業，1928 年來湖北省立圖書館工作。

湖北省立圖書館 1904 年由清朝湖廣總督張之洞創建，1911 年後迭經兵燹，典籍損失慘重。蕭耀南督鄂時，於 1924 年，派人收拾燼餘，編纂書目，將所藏古書依經、史、子、集、叢分類，少數圖書采科學分類法。爲後來各種書本式目録的編製出版，提供了基礎。

編製出版湖北省立圖書館書本式目録始於館長馮漢驥。1928 年国民政府成立後，提倡社會教育，注重圖書館事業，教育廳派員力圖整頓，孫述萬和馮漢驥相繼任館長。馮漢驥采杜威分類法，將省館舊藏及新購補充的現代書籍4000餘種編成第一期圖書目録，於1929年1月出版；舊籍分類目録擬編成後作爲第二期出版，因馮漢驥不久後辭任而未果。

1931年，談錫恩接任館長。1933年，談錫恩奉湖北省教育廳程其保廳長早日完成“分類編目之圖書總目録”編製的指示，督率館員整理書目，在已有編目的基礎上，將所有各書，無論舊藏新購，已編未編，皆重加編訂，分類標準參照前例，更定統一號碼，便於檢索。費時4月編成《湖北省立圖書館圖書目録》一册，收辛亥革命以後出版物（新書）9000種左右，以杜威圖書分類法編製，編目者有程方、王任重、章壽康、朱有溱等，于1934年4月印行。隨後，談錫恩同館員李匡輔、柯晴嵐一起，又將館藏舊籍依經、史、子、集、叢重新編訂，編成目録兩册，於1935年11月印行，封皮題“湖北省立圖書館圖書目録舊籍之部”“湖北省立圖書館舊籍目録”，板框外上角排印“湖北省立圖書館舊籍目録”字樣，然正文前皆定爲“湖北省立圖書館圖書目録”。舊籍目録收綫裝古籍6200餘種，8萬餘册（新編者3萬餘册、舊目改編者5萬餘册）。談錫恩其後還主持編定了《西文圖書目録》《日文圖書目録》等。

談錫恩在編纂此目録時作了一些探索，在分類法上中西結合。如其中的新書部分，大類悉依杜威十進分類法，主要分爲：總類、哲學、宗教、社會科學、語文學、自然科學、應用技術、美術、文學、史地。而對子目中不適用於中國典籍的，則略事補充或更改。如杜氏181.1中國古代哲學只以孔孟兩哲代表，此目補改爲：.1儒家，.2道家，.3墨家，.4法家，.5名家，.6雜家，.7近古哲學家，.8近代哲學家。又如將杜氏495.1東亞各國語文—中國語文的子目細分爲：.1字音學；注音字母。.2字源學。.3字典；辭典。.4發音學。.5文法。.6韻律學。.7方言。.8教科書。.9蒙藏語。再如杜氏951中國史并未分别時代，此目先列時代細目，各時代歷史再分别以正史、通史、史評等傳統史學分類。除了對子目的擴充之外，該目還對部分内容進行了有針對性的修改。如將810“美國文學”改爲“中國文學”，“美國文學”書目并入“英國文學”内。又如將 915.1“中國地理與遊記”依各省區四角號碼檢字法分類等。

另外，在新書目録中用紅色套印標出各科類目，在當時的書本式目録中也是罕見的。

此目録當時印刷了 1000 套，湖北省圖書館今藏有兩套，其中一套的舊籍目録有頗多塗抹勾畫等標記，應爲抗戰時期西遷搬運時所記，末葉尚有談錫恩、劉子亞、張翮三任館長的清點交接簽字。本書系據另一藏本重排出版。《湖北省立圖書館圖書目録（舊籍之部）》原有總目，整理時因内容與新編目録重複而删去，特此説明。

張雅俐

2021 年 8 月

總目録

湖北省立圖書館圖書目録

目　次

序

目録之學，在吾國古昔治學之士，及藏書專家均極注意，如漢鄭玄之三禮目録，即其嚆矢；迨西學東進，圖書館學，日益發達，分類編目，列爲專科，如杜威圖書分類法，尤爲士林所重視。良以異同之考證，印刊之源流，均有賴於目録，非僅圖檢查之便利已也。

湖北省立圖書館創辦以來，已二十餘年於兹；庋藏書籍，亦達十三萬餘册；歷史不可謂不久，藏書亦不可謂不豐。然分類編目之圖書總目録迄未告成，閲覽管理，均感不便。客歲七月，余奉命來鄂承乏教育，深以圖書館事業爲發揚文化之惟一利器。部署稍定，即視察該館，面囑館長談君錫恩、圖書股長程君方，督促館員迅編總目，爲時四月，迺告蕆事。兹後該館藏書内容，一目了然，便利閲覽與管理，當非淺鮮！

雖然，編目一舉，不過管理圖書者應盡之責耳！吾人安可詡然自鳴？且鄂省地居文化衝要，人文薈萃，在昔興學，已開各省風氣之先；今日論政，尤應建立教育之中心，以樹全國楷模。但現有圖書館之設備，殊難負此使命。故余於整頓一般教育之際，復擬擴充圖書館事業，已訂定計劃，建議省府，擬於武昌蛇山公園抱冰堂附近，建築大規模之省立圖書館一所，舉凡設計建築，擴充設備，如何便利閲覽，如何安全庋藏，管理經營，在在均待吾人努力。此次之分類編目，不過事業發軔之一端耳。是爲序。

湖北省教育廳長程其保

二十三年三月

序

圖書館爲人類智識之實庫，圖書目録，爲寶庫之鑰鍵，而目録之分類，尤貴有標準，有標準，然後能統一。吾國圖書分類標準，至清代修四庫書時始總其成，按經史子集分爲四大部。然此僅能限用於中國古書，近代科學進步，出版書籍，日新月異，研究目録學者，分類方法，各自不同，而吾國圖書館所採用，則以杜威氏分類法爲較廣，欲求將中外新舊各書合於一爐，而折衷至當，堪爲全國標準者，尚不數數覯也。

本館創於前清張文襄公，辛亥起義，迭經兵燹，典籍蕩然！民國十三年蕭珩珊氏督鄂，收拾燼餘，將所藏中國古書，依照四庫分經史子集爲四大類，叢書别爲一類，少數科學書，又别爲一類。迨十七年新政府成立後，提倡社會教育，注意圖書館事業，本省教育廳派員力圖整頓，盡量收集中西文新出版科學書，按照現代圖書館組織，始將各種書，公開閱覽。新科學書，仿杜威分類法，編成第一期圖書目録，舊書則仍用蕭氏時原編目録。於是本館新舊圖書目録，劃然爲兩，沿用既久，寖成習慣。

嗣後逐年添購之書，因人員屢易，未能繼續編印，日積月累，部居龐雜，油印臨時目録有之，草册代替目録亦有之，書本裝訂既不整齊，著者號碼尤未一致，管理閱覽，二者交困！錫恩任事以來，適值館費奇絀，勉於困難之中，率同館員先其所急，整理内容，將所有各書，無論舊藏新購，已編未編，一律重加編訂，其分類標準，則參照前例，更定統一號碼，幸賴同人之努力，新書一部分已蕆厥事，特提前付梓，藉應急需，舊書及外國書二部分，亦正趕造底册，賡續付印，向之不整齊不一致者，今後開卷了然，庶於管理及閱覽，均較便利，至欲綜合中外新舊圖書，製成統一目録，則非此人少费絀之環境，短促之時間，所能竭蹶從事也。

抑錫恩更有進者：曩歲參觀美國各地圖書館時，只有卡片式目録，而無書本式目録，其原因以書本式目録不及卡片式目録之富有伸縮性。惟吾國圖書館，其於目録之學尚在研究時期，國内各館，所藏圖書及編目方法，常有互相交換參考之必要，卡片式目録不如書本式目録之能致遠，故於書本式目録，仍極重視，本館以爲二者不可偏廢，於卡片目録外，特編印此册，惟是時間匆促，紕謬之處，當所不免，希閲者隨時匡正是幸。

湖北省立圖書館館長談錫恩謹識

二十三年四月

編輯例言

本館圖書，向用杜威《十進分類法》（Dewey：Decimal Classification）分類，但在去年八月以前，歷任編目，均對於杜氏分類法有少許之補充，以便容納中國典籍；然而其所補改之處，多不齊一，且何處補改，亦無文字説明，殊欠妥善。今次特加整理，重定統一分類號碼，大類悉仍杜法，而對於子目有不適於中國典籍之應用者，略事補充或更改，以歸劃一，而便檢查。兹特將補改類碼，詳細説明如下：

（1）中國哲學

説明：杜氏分類法中，原定 181.1 爲中國古代哲學，而只以孔子孟子兩哲代表之，自不能適用，故補改如下：

181　中國古代哲學

.1　儒家

.2　道家

.3　墨家

.4　法家

.5　名家

.6　雜家（兵家入 355 軍事學）

.7　近古哲學家（宋至明末）

.8　近代哲學家（清至民國）

（2）中國宗教

説明：杜氏分類法中，294 爲婆羅門教，兹將佛教，入此。而以 299.5 爲道教。

（3）中國私法

説明：1. 杜氏分類法中，345 原爲“美國成文法及例案”，兹爲另闢一類，以容納中國法典，特將原有“美國成文法及例案”并入346“英國成文法及例案”内，而以345爲“中國成文法及例案”。

2. 杜氏分類法中，347原爲“英美關於私法之著作”，兹改將“中國關於私法之著作”入此，而原有規定則亦并入346内，蓋以中國關於私法之著作至多，實不得不爾也。關於中國私法之著作再分小類如下：

347 中國關於私法之著作

.1 人，法律上之人格，著作權

.2 動産，不動産（物權）

.3 債

.4 契約

.5 私犯

.6 親屬與繼承

.7 商事與海商

.8 衡平法

.9 民事訴訟，司法，法院，審判心理學

（4）中國語文學

説明：杜氏分類法中，495爲“東亞各國語文”，495.1爲中國語文，而其所分子目，間有不適用於中國者，故另定細目如下：

495.1 中國語文學

.1 字音學；注音字母

.2 字源學

.3 字典；辭典

.4 發音學

.5 文法

.6 韻律學（經部小學類韻書之屬均入此）

.7 方言

.8 教科書

.9　蒙藏語

（5）中國文學

說明：杜氏分類法中，810 原爲“美國文學”，兹改爲“中國文學”，其細類悉依照王雲五中國文學分類法（詳見王雲五《中外圖書統一分類法》頁 78—81）但其在類碼前所用廿符號一概删去。至所遺“美國文學”則并入 820“英國文學”内。

（6）中國地理與遊記

說明：杜氏分類法中，915.1 爲中國地理與遊記，并未分别省區。兹爲適用起見，凡中國各省區悉依四角號碼檢字法分類，對於各省區名稱前二字之左上角各給以一號碼，但暫不分縣。至于中國地圖爲 912.51，再照王雲五四角號碼分省分縣。

（7）各國學問家事業家傳記

說明：此類傳記，因書籍較少，暫不分國。例如各國哲學家傳記，則以 921 總之，宗教家傳記，則以 922 總之，各國社會家傳記，則以 923 總之，均不再分國。

（8）中國史

說明：杜氏分類法中，951 爲“中國史”，并未分别時代。兹爲適用起見，另列時代細目如下：

951　中國史

.1　先秦

.2　漢；三國

.3　晉；南北朝

.4　唐；五代

.5　宋

.6　遼金元

.7　明

.8　清

.9　民國

各時代歷史再區别如下：

.01　正史；文化史

.02　通史；别史

.03　史評

.04　編年

.05　紀事本末

.06　專記

.07　雜類

（9）小説

説明：小説一類，仿照各地圖書館編法，從800文學内提出，另列一類，取Fiction之第一字母F表示之。

（10）革命文庫

説明：此類書籍，悉依廣東國立中山大學圖書館所編分類法（二十年修編），俾便研究黨義者之參閱。

以上十點，均係關於書籍分類者，既已説明，兹尚有數事，與編目有關者，應亦簡括陳述如次：

1. 我國編著者姓名，均採用四角號碼檢字法，即對於姓取其左右上角兩碼，兩名左上角各取一碼，例如蔡元培之號碼爲4414。如係單名，則對於名亦取左右上角兩碼，例如胡適之號碼爲4730，如係雙姓，單名或兩名均從前三字取號碼。

2. 編著者如係學術機關或政治機關等而無個人姓名者，無論其名稱字數多少，僅取前三字之號碼，其取法與上述同，如其名稱衹有二字者，其取法亦與上述同。

3. 外國著者姓名悉依王雲五編成羅馬字母號碼表，用十個號碼代表二十六個英文字母。表見王雲五著中外圖書統一分類法第29頁，兹不贅。

4. 外國原著者姓名未能查出時，則暫從中文譯名前三字取四角號碼。日本著者姓名，無論其字數多少，亦僅取前三字之四角號碼。如其姓名祇有二字，則每字各取二角。其取法與我國著者同。

5. 編著者姓名無從查考時，則著者號碼從缺。

6. 編著者每有不署真姓名，而只以英文字母簡寫代表，如 P.Y 等者，則依王雲五羅馬字母號碼表，取其號碼。

7. 叢書有不便依著者號碼次序排列者，則依其種數次序，如第一種，第二種……等，例如《百科小叢書》即是。

8. 凡不能借出，只許在館內閱覽之參考書，在每書之類碼上均記有 R 字樣，R 即 Reference 之簡寫，因各類書籍不多，故暫不分類編印。至於《萬有文庫》各種書籍，因均已由商務書館自行編目，并製有目録卡片，故均存閱覽室參考，不另編入本目録内。

9. 各種叢書或他類書籍，早有失缺者，一時未能補全，俟當再行補購。

10. 小説一類，著者號碼中有不統一之處，因前編者所採方法不同，且以時促，無暇細改，只有俟諸異日，幸閱者諒之。

11. 此編書籍，複本甚多，蓋因前由中央軍校武漢分校及時中書局收存本館書籍，大多與本館自購者相同，故各種書籍有複本者，均在其書頁數或册數後註明，例如某書原只一册，此外又有一册，則註“複 1”，如有 2 册，則註“複 2”。又例如某書原共有 2 册或 2 册以上，此外又有 2 册或 2 册以上，亦註“複 1”。總之，“複”者，必以某書原有册數爲準，并非複 1 即僅一册也。

12. 是編漢譯書籍，因時促事忙，致付印底册有漏抄譯者姓名或著者姓名，且以限期成書，未及補印，深爲抱歉，幸希著譯者諸君原諒。

13. 620 工程學内有幾種書是應列入 355 軍事學内，因已印成，只好待諸將來再改。

是編圖書，自編纂殺青以至校印，歷時四月，圖書股同事除司出納閱覽及編訂四部叢書外，襄理是書編目者，僅王君任重、章君壽康、朱君有溱等數人，而又以目録亟待需用，時間迫促，舛誤之處，在所難免，幸希明達，不吝教正！

程方謹誌於武昌篷湖之濱　23.4.4

分類綱目

000　總類

100　哲學

200 宗教

300 社會科學

400 語文學

500 自然科學

600 應用技術

700 美術

800 文學

900 史地

F 小说

S 革命文庫

R 參考書籍 字典 辭曲

000　總類

010　目録；目録學

010/2244　四庫全書答問　任松如著

上海　啓智　民 17 年　初版　334 面

010/7223　目録學概論　劉紀澤著

上海　中華　民 20 年　初版　94 面

015/8733　英美教育書報指南　鄭宗海編

上海　商務　民 14 年　初版　90 面

015.51/3130　漢書藝文志講疏　顧實著

上海　商務　民 14 年　再版　262 面

015.51/4269　漢書藝文志註解姚氏學　姚明煇著

上海　江南　民 13 年　初版　上下册

016/4027　國學用書類述　支偉成編

民 15 年　1 册

016.1/4041　世界哲學名著提要　查士元、查士驥譯述

上海　世界　1928 年　初版　1 册　複 1

016.3/4041　世界社會經濟名著提要　查士元、查士驥譯述

上海　世界　1928 年　初版　4 册　複 1

016.37/4041　世界教育名著提要　查士元、查士驥譯述

上海　世界　1928 年　初版　1 册　複 1

016.5/4041　世界科學名著提要　查士元、查士驥譯述

上海　世界　1928 年　初版　1 册　複 1

016.51/1035　梁任公胡適之先生審定研究國學書目　亞洲書局

上海　亞洲　1 册　複 1

016.51/3541　政治書報指南　清華政治學研究會

北平　清華　民 12 年　初版　1 册　複 1

016.51/4088　三訂國學用書撰要　李笠著

北平　樸社　民 16 年　初版　140 面　複 3

016.7/4433　一個教育的書目　莊澤宣編

上海　民智　民 19 年　初版　96 面

016.81/4041　世界詩歌名著提要　查士元、查士驥譯述

上海　世界　1928 年　初版　1 册　複 1

016.82/4041　世界戲曲名著提要　查士元、查士驥譯述

上海　世界　1928 年　初版　4 册　複 1

016.83/4041　世界小説名著提要　查士元、查士驥譯述

上海　世界　1928 年　初版　1 部 4 册　複 1

016.9/8744　中國史部目録學　鄭鶴聲編

上海　商務　民 19 年　初版　239 面

020　圖書館學

020/3442　圖書館組織與管理　洪有豐著

上海　商務　民 15 年　初版　260 面

020/4434　圖書館通論　杜定友著

上海　商務　民 14 年　初版　1 册　複 2

020/4434　圖書目録學　杜定友著

上海　商務　民 18 年　再版　1 册

202/4434　學校圖書館學　杜定友著

上海　商務　民 17 年　初版　173 面　複 1

020/4499 圖書館簡説 蔡瑩編

上海 中華 民12年 再版 1冊 複1

020/4665 圖書館學 楊昭悊編

上海 商務 民15年 上下册 複1

020/7139 現代圖書館序説 馬宗榮著

上海 商務 民17年 初版 63面

020/7139 現代圖書館經營論 馬宗榮著

上海 商務 民17年 初版 206面

021/4434 圖表格與用品 杜定友編

上海 商務 民23年 再版 1册

022.58/8038 兒童圖書館之研究 今澤慈海著 陳逸譯

上海 商務 民13年 初版 108面 複1

024.51/0014 閲書室概論 高爾松、高爾柏著

上海 新文化 民14年 初版 76面

025.3/4376 中國圖書編目法 裘開明著

上海 商務 民20年 初版 119面

025.3/9602 簡明圖書館編目法 愛克斯著 沈祖榮譯

武昌 文華公書林 民18年 初版 128面

028 讀書指南

028/4434 圖書選擇法 杜定友著

上海 商務 民15年 初版 46面 複4

028.8/0520 實用學生修學法 康豪塞爾著 陳友松譯

上海 出版合作社 1930年 初版 73面

028.8/0520 讀書法 康霍叟著 包懷白譯

上海 出版合作社 1927年 初版 36面

028.8/2720 讀書法 鄒德謹著
上海 商務 民14年 8版 42面 複3
028.8/3025 治學的方法與材料及其它 定生著
北平 北京 民18年 初版 196面
028.8/4440 我們怎樣讀書 范壽康編
上海 開明 民20年 初版 335面
028.8/4733 讀書法入門 胡適之等講
上海 開華 民19年 初版 1冊
028.8/4733 讀書的方法 胡適之講
武昌 正信 民14年 初版 24面
028.8/5072 中學生讀書指導 中學生讀書會編
上海 開華 民19年 初版 1冊
028.8/6850 修學效能增進法 G. M. Whipple著 鄭宗海譯
上海 商務 民13年 5版 36面 複8
028.8/7121 中學國文校外閱讀究研 阮真著
上海 民智 民18年 初版 192面 複1
028.8/7587 古書讀校法 陳鐘凡述
上海 商務 民14年 3版 147面
028.8/7790 各科之效用與學習法 R. L. Sandwick著 俞人元譯
上海 商務 民14年 初版 102面 複2
028.8/8733 修學指導 鄭宗海編
上海 商務 民13年 再版 84面 複1

029 文字工作與省時法

029/1011 四角號碼檢字法（第二次改訂） 王雲五著
上海 商務 民17年 1冊 複12

029/4434　漢字形位排檢法　杜定友著
上海　中華　民 21 年　初版　125 面　複 1
029.5/1116　國學論文索引續編　北平圖書館編纂部索引組編輯
北平圖協會　民 20 年　初版　196 面
029.5/1177　文學論文索引　張陳卿等編
北平圖協會　民 20 年　初版　314 面
029.5/8310　索引和索引法　錢亞新著
上海　商務　民 19 年　初版　1 册

070　新聞學

070/1000　天廬談報　天廬主人著
上海　光華　民 19 年　初版　77 面
070/1000　怎樣做一個新聞記者　天廬主人著
上海　聯合　1931 年　初版　123 面
070/1755　新聞學總論　邵振青著
北平　昭明　民 13 年　初版　254 面　複 2
070/1755　實際應用新聞學　邵振青著
上海　商務　民 12 年　初版　1 册　複 1
070/2147　新聞學大綱　伍超著
上海　商務　民 14 年　初版　222 面
070/2223　應用新聞學　任白濤著
上海　亞東　民 15 年　再版　208 面　複 3
070/2634　新聞事業經營法　吴定九著
上海　聯合　1930 年　初版　118 面
070/4087　基礎新聞學　李公凡著
上海　聯合　1931 年　初版　212 面

070/4240　新聞概論　杉村廣太郎著　王文萱譯
　上海　聯合　1930年　初版　246面
070/4417　新聞學刊全集　黄天鵬編
　上海　光華　1930年　初版　513面
070/4417　新聞學名論集　黄天鵬編
　上海　聯合　1929年　初版　492面
070/4417　新聞學論文集　黄天鵬編
　上海　光華　1930年　初版　293面
070/4417　新聞文學概論　黄天鵬著
　上海　光華　1930年　初版　257面
070/4790　實用新聞學　〔美〕休曼著　史青譯
　上海　廣學會　民2年　初版　171面
070.1/1144　新聞事業與社會組織　〔英〕安傑爾著　張友松譯
　北平　北新　1927年　再版　154面
070.4/1150　中國的新聞記者　張静廬著
　上海　光華　1928年　再版　108面
070.951/4461　中國新聞發達史　蔣國珍著
　上海　世界　民16年　初版　74面
070.951/5385　中國報學史　戈公振著
　上海　商務　民16年　初版　182面
079.51/1150　中國的新聞紙　張静廬著
　上海　光華　民17年　初版　86面
079.51/4417　中國新聞事業　黄天鵬著
　上海　聯合　1930年　初版　326面

080 百科小叢書

080/8814 氣象學 竺可楨著

上海 商務 民12年 再版 71面 第1種

080/4025 中國地勢變遷小史 李仲揆著

上海 商務 民12年 再版 48面 第2種

080/4600 銀行要義 楊端六著

上海 商務 民12年 再版 39面 第3種

080/7133 中國關稅問題 馬寅初著

上海 商務 民12年 再版 40面 第4種

080/4727 細菌 胡先驌著

上海 商務 民12年 再版 39面 第5種

080/7722 近世國際政治小史 周鯁生著

上海 商務 民12年 再版 93面 第6種

080/3752 棉 過探先著

上海 商務 民12年 再版 92面 第8種

080/4421 實驗設計教學法 芮佳瑞著

上海 商務 民12年 再版 66面 第9種

080/0439 煤 謝家榮著

上海 商務 民12年 再版 86面 第10種

080/6028 美學淺說 呂徵著

上海 商務 民12年 再版 50面 第11種

080/4064 法蘭西文學 袁昌英著

上海 商務 民12年 再版 51面 第12種

080/7722 法律 周鯁生著

上海 商務 民12年 再版 38面 第13種

080/0083 修辭格 唐鉞著

上海 商務 民12年 再版 89面 第14種

080/4039　平民主義　李守常著
上海　商務　民12年　再版　35面　第15種　複1
080/4600　貨幣淺説　楊端六著
上海　商務　民12年　再版　45面　第16種
080/5538　通俗相對論大意　費祥譯
上海　商務　民12年　再版　69面　第17種
080/3148　現代歐美市制大綱　顧彭年著
上海　商務　民12年　再版　89面　第18種　複1
080/2064　經濟思潮小史　李澤彰譯
上海　商務　民12年　再版　40面　第19種
080/7202　哥倫布　劉麟生著
上海　商務　民12年　再版　43面　第20種
080/4497　曆法　林炯著
上海　商務　民12年　再版　53面　第21種　複1
080/1043　中國商業小史　王孝通著
上海　商務　民12年　再版　112面　第22種　複1
080/1132　汽機發達簡明史　孔祥鵝著
上海　商務　民12年　再版　66面　第23種　複1
080/1131　自然地理學　張資平著
上海　商務　民12年　再版　76面　第25種
080/2630　放射淺説　程瀛章著
上海　商務　民12年　再版　69面　第26種
080/2682　合作銀行通論　吴頌皋著
上海　商務　民12年　再版　42面　第27種
080/4062　應用統計淺説　壽景偉著
上海　商務　民12年　再版　72面　第28種
080/4054　原子論淺説　李書華著
上海　商務　民12年　再版　46面　第29種

080/3142　内分泌　顧壽白著
　上海　商務　民 12 年　再版　52 面　第 30 種
080/4429　細胞學大意　薛德焴著
　上海　商務　民 12 年　再版　56 面　第 31 種
080/8003　地震　翁文灝著
　上海　商務　民 12 年　再版　90 面　第 32 種
080/0038　火山　章鴻釗著
　上海　商務　民 12 年　再版　68 面　第 33 種
080/4421　道爾頓制原理　芮佳瑞著
　上海　商務　民 12 年　再版　86 面　第 34 種　複 1
080/4472　林業淺説　林騤著
　上海　商務　民 12 年　初版　41 面　第 35 種
080/4440　學校劇　范壽康著
　上海　商務　民 12 年　初版　63 面　第 36 種
080/1000　消費合作綱要　王效文譯
　上海　商務　民 12 年　初版　73 面　第 37 種
080/7217　社會論　劉延陵著
　上海　商務　民 12 年　初版　58 面　第 38 種
080/3142　氣候與健康　顧壽白著
　上海　商務　民 12 年　初版　64 面　第 39 種
080/8720　營養化學　鄭貞文著
　上海　商務　民 12 年　初版　82 面　第 40 種
080/2634　學齡兒童智力測驗法　程浩譯
　上海　商務　民 12 年　初版　86 面　第 41 種
080/1234　人類之過去現在及未來　上官垚登著
　上海　商務　民 12 年　初版　95 面　第 42 種
080/7240　遺傳與優生　劉雄著
　上海　商務　民 12 年　初版　85 面　第 43 種

080/5538 新生命論 費鴻年著

上海 商務 民 12 年 初版 72 面 第 44 種

080/8321 造形美術 錢稻孫著

上海 商務 民 12 年 初版 70 面 第 45 種

080/1042 荷馬 王希和著

上海 商務 民 12 年 初版 52 面 第 46 種

080/4633 成本會計概要 楊肇遇著

上海 商務 民 12 年 初版 66 面 第 47 種

080/4428 作文論 葉紹鈞著

上海 商務 民 12 年 初版 68 面 第 48 種

080/6028 輓近美學思潮 吕徵著

上海 商務 民 12 年 初版 11 面 第 49 種 複 1

080/4494 美學略史 黄懺華著

上海 商務 民 12 年 初版 56 面 第 50 種

080/4039 史學要論 李守常著

上海 商務 民 12 年 初版 88 面 第 51 種

080/1042 西洋詩學淺説 王希和著

上海 商務 民 12 年 初版 106 面 第 52 種

080/2000 岩石通論 周則岳譯

上海 商務 民 12 年 初版 88 面 第 53 種 複 1

080/4472 林學大意 林騤著

上海 商務 民 12 年 初版 90 面 第 54 種 複 1

080/0034 橡皮 方漢城著

上海 商務 民 12 年 初版 58 面 第 55 種

080/2346 無線電話原理 稽觀著

上海 商務 民 12 年 初版 52 面 第 56 種

080/3142 人類學大意 顧壽白著

上海 商務 民 12 年 初版 78 面 第 57 種

080/5154　四季禽類　周則岳譯

上海　商務　民12年　初版　79面　第58種

080/2181　公債　何公敢著

上海　商務　民12年　初版　80面　第59種

080/4062　財政詮要　壽景偉著

上海　商務　民12年　初版　68面　第60種

080/0034　造紙概論　方漢城著

上海　商務　民12年　初版　70面　第62種

080/7723　物價問題　周佛海著

上海　商務　民12年　初版　115面　第64種

080/2802　查帳要義　徐廣德編

上海　商務　民12年　初版　73面　第65種

080/8063　英國所得税論　金國寶著

上海　商務　民12年　初版　104面　第66種

080/7245　道路　劉友惠著

上海　商務　民12年　初版　94面　第67種　複1

080/7136　殖民　阮湘著

上海　商務　民12年　初版　81面　第68種

080/1042　意大利文學　王希和編

上海　商務　民12年　初版　58面　第69種

080/1003　進化淺説　工誨初編

上海　商務　民12年　初版　42面　第70種

080/1131　人文地理學　張資平編

上海　商務　民12年　初版　88面　第71種

080/3144　一種人生觀　馮友蘭著

上海　商務　民12年　初版　48面　第72種

080/8732　教育思潮概説　鄭次川編

上海　商務　民12年　初版　35面　第73種

080/1131　人類進化論　張資平著

上海　商務　民 12 年　初版　96 面　第 74 種

080/7588　胎教　陳兼善著

上海　商務　民 14 年　初版　60 面　第 75 種

080/3643　蟻　祝枕江著

上海　商務　民 14 年　初版　38 面　第 76 種

080/2630　聯邦政治概要　吴漢章著

上海　商務　民 14 年　初版　150 面　第 77 種

080/4707　領事裁判權問題　郝立輿著

上海　商務　民 14 年　初版　125 面　第 78 種

080/1124　主權論　張奚若著

上海　商務　民 14 年　初版　51 面　第 79 種

080/7220　俄羅斯經濟狀況　劉秉麟編

上海　商務　民 14 年　初版　55 面　第 80 種

080/7111　失業人民及貧民救濟政策　馬君武著

上海　商務　民 14 年　初版　98 面　第 81 種　複 1

080/2630　化學小史　程瀛章等編

上海　商務　民 14 年　初版　74 面　第 82 種

080/7764　以太　周昌壽著

上海　商務　民 14 年　初版　60 面　第 83 種

080/1086　無線電原理　王錫恩著

上海　商務　民 15 年　初版　128 面　第 84 種

080/7738　中外訂約失權論　邱祖銘著

上海　商務　民 15 年　初版　90 面　第 85 種

080/0041　中國陸路關税史　童蒙正著

上海　商務　民 15 年　初版　115 面　第 86 種

080/7728　對華門户開放主義　陶彙曾著

上海　商務　民 15 年　初版　84 面　第 87 種

080/0442 西藏問題 謝彬著

上海 商務 民 15 年 初版 104 面 第 88 種

080/7764 宇宙論 周昌壽著

上海 商務 民 15 年 初版 71 面 第 89 種

080/7960 中國美術小史 滕固著

上海 商務 民 15 年 初版 51 面 第 90 種

080/2641 西畫概要 吴夢非著

上海 商務 民 15 年 初版 76 面 第 91 種

080/4433 職業教育概論 莊澤宣著

上海 商務 民 15 年 初版 70 面 第 92 種 複 1

080/1003 西洋教育小史 王誨初著

上海 商務 民 15 年 初版 43 面 第 93 種

080/4426 代議立法與直接立法 董修甲著

上海 商務 民 15 年 初版 91 面 第 94 種

080/5538 生物之起源 費鴻年著

上海 商務 民 15 年 初版 70 面 第 95 種

080/2277 世界語概論 後覺著

上海 商務 民 15 年 初版 134 面 第 96 種

080/1221 稻 孫繩武著

上海 商務 民 15 年 初版 121 面 第 97 種

080/3128 麥 顧復著

上海 商務 民 15 年 初版 55 面 第 98 種

080/8783 鹽 鄭尊法著

上海 商務 民 15 年 初版 125 面 第 99 種

080/4224 鐵 彭維基著

上海 商務 民 15 年 初版 151 面 第 100 種

080/1032 煤業概論 王寵佑著

上海 商務 民 15 年 初版 144 面 第 101 種

080/4440　盧梭　范壽康著

上海　商務　民 15 年　初版　60 面　第 102 種

080/8063　物價指數淺説　金國實著

上海　商務　民 15 年　初版　121 面　第 103 種

080/7220　亞丹斯密　劉秉麟著

上海　商務　民 16 年　初版　126 面　第 104 種

080/7220　理嘉圖　劉秉麟著

上海　商務　民 16 年　初版　70 面　第 105 種　複 2

080/4472　馬爾薩斯人口論　林騤著

上海　商務　民 16 年　初版　66 面　第 106 種

080/7525　文藝復興小史　陳衡哲女士著

上海　商務　民 16 年　初版　60 面　第 107 種

080/1124　社約論考　張奚若著

上海　商務　民 16 年　初版　80 面　第 108 種

080/4440　柏拉圖　范壽康著

上海　商務　民 16 年　初版　58 面　第 109 種

080/2194　歷史研究法　何炳松著

上海　商務　民 16 年　初版　100 面　第 122 種

080/2354　文學常識　傅東華著

上海　商務　民 16 年　初版　54 面　第 123 種

080/4069　犯罪心理學　寺田精一著

上海　商務　民 16 年　初版　126 面　第 124 種

080/1128　化石　張作人著

上海　商務　民 16 年　初版　93 面　第 125 種

080/1744　現代三大帝國主義　布立厄耳著

上海　商務　民 16 年　初版　50 面　第 126 種

080/1085　社會問題概論　王首春著

上海　商務　民 16 年　初版　52 面　第 127 種

080/8020　租借地　金保康著
　上海　商務　民 15 年　初版　53 面　第 128 種
080/1085　租税　王首春著
　上海　商務　民 16 年　初版　61 面　第 129 種
080/7732　中國鹽政小史　歐宗佑著
　上海　商務　民 16 年　初版　84 面　第 130 種
080/5538　人類性源論　費鴻年著
　上海　商務　民 16 年　初版　92 面　第 132 種
080/8034　倫理學淺説　余家菊著
　上海　商務　民 16 年　初版　40 面　第 133 種
080/4494　美術概論　黄懺華著
　上海　商務　民 16 年　初版　98 面　第 134 種
080/8732　歐美近代小説史　鄭次川著
　上海　商務　民 16 年　初版　110 面　第 135 種
080/7781　文藝批評淺説　周全平著
　上海　商務　民 16 年　初版　78 面　第 136 種
080/8037　西洋音樂史綱　俞寄凡著
　上海　商務　民 16 年　初版　114 面　第 138 種
080/3153　詩歌原理　汪静之著
　上海　商務　民 16 年　初版　69 面　第 139 種
080/8037　西洋之神劇及歌劇　俞寄凡著
　上海　商務　民 19 年　初版　72 面　第 140 種
080/7544　造林要義　陳植著
　上海　商務　民 16 年　初版　84 面　第 141 種
080/8783　糖　鄭尊法著
　上海　商務　民 16 年　初版　80 面　第 142 種
080/1153　煤膏　張輔良著
　上海　商務　民 15 年　初版　94 面　第 143 種

080/4422 毒物淺説 葉嶠著

上海 商務 民16年 初版 82面 第144種

080/4440 認識論淺説 范壽康著

上海 商務 民16年 初版 61面 第145種

080/7723 國際投資淺説 周佛海著

上海 商務 民16年 初版 59面 第147種

080/4922 契約法論 趙修鼎著

上海 商務 民16年 初版 137面 第148種

080/4922 警察行政 趙修鼎著

上海 商務 民16年 初版 69面 第149種

080/7294 交通 劉光華著

上海 商務 民16年 初版 110面 第150種

080/2354 李白與杜甫 傅東華著

上海 商務 民16年 初版 85面 第151種

080/7740 生物學與長壽 周太玄著

上海 商務 民16年 初版 64面 第152種

080/4025 地球的年齡 李仲揆著

上海 商務 民16年 初版 90面 第153種

080/4434 圖書館學概論 杜定友著

上海 商務 民16年 初版 136面 第154種

080/3400 中國冶業紀要 洪彦亮著

上海 商務 民16年 初版 71面 第155種

080/7500 電機鐵路 陳章著

上海 商務 民16年 初版 59面 第156種

080 東方文庫

080/5000 辛亥革命史 東方雜誌社編
上海 商務 民14年 三版 74面 第1種

080/5000 帝制運動始末記 東方雜誌社編
上海 商務 民14年 三版 114面 第2種

080/5000 壬戌政變 東方雜誌社編
上海 商務 民14年 三版 104面 第3種

080/5000 歐戰發生史 東方雜誌社編
上海 商務 民14年 三版 96面 第4種

080/5000 大戰雜話 東方雜誌社編
上海 商務 民14年 三版 112面 第5種

080/5000 戰後新興國研究 東方雜誌社編
上海 商務 民14年 三版 上下册 第6種

080/5000 俄國大革命記略 東方雜誌社編
上海 商務 民14年 三版 82面 第8種

080/5000 蒙古調查記 東方雜誌社編
上海 商務 民14年 三版 94面 第10種

080/5000 西藏調查記 東方雜誌社編
上海 商務 民14年 三版 82面 第11種

080/5000 世界之祕密結社 東方雜誌社編
上海 商務 民14年 三版 76面 第12種

080/5000 世界風俗談 東方雜誌社編
上海 商務 民14年 三版 79面 第13種

080/5000 日本民族性研究 東方雜誌社編
上海 商務 民14年 三版 80面 第14種

080/5000 中國改造問題 東方雜誌社編
上海 商務 民14年 三版 94面 第15種

080/5000 代議政治 東方雜誌社編
上海 商務 民14年 三版 72面 第16種

080/5000 歐洲新憲法述評 東方雜誌社編
上海 商務 民14年 三版 98面 第17種

080/5000 領事裁判權 東方雜誌社編
上海 商務 民14年 三版 86面 第18種

080/5000 貨幣制度 東方雜誌社編
上海 商務 民14年 三版 84面 第20種

080/5000 社會政策 東方雜誌社編
上海 商務 民14年 三版 98面 第21種

080/5000 合作制度 東方雜誌社編
上海 商務 民14年 三版 88面 第22種

080/5000 農荒豫防法 東方雜誌社編
上海 商務 民14年 三版 95面 第23種

080/5000 婦女運動 東方雜誌社編
上海 商務 民14年 三版 上下册 第27種

080/5000 婦女職業與母性論 東方雜誌社編
上海 商務 民14年 三版 94面 第28種

080/5000 新聞事業 東方雜誌社編
上海 商務 民14年 三版 92面 第30種

080/5000 東西文化批評 東方雜誌社編
上海 商務 民14年 三版 上下册 第31種

080/5000 中國社會文化 東方雜誌社編
上海 商務 民14年 三版 89面 第32種

080/5000 哲學問題 東方雜誌社編
上海 商務 民14年 三版 90面 第33種

080/5000 現代哲學一臠 東方雜誌社編
上海 商務 民14年 三版 90面 第34種

080/5000　西洋倫理主義述評　東方雜誌社編
上海　商務　民 14 年　三版　84 面　第 35 種

080/5000　心理學論叢　東方雜誌社編
上海　商務　民 14 年　三版　84 面　第 36 種

080/5000　名學稽古　東方雜誌社編
上海　商務　民 14 年　三版　85 面　第 37 種

080/5000　近代哲學家　東方雜誌社編
上海　商務　民 14 年　三版　73 面　第 38 種

080/5000　柏格森與歐根　東方雜誌社編
上海　商務　民 14 年　三版　102 面　第 39 種

080/5000　克魯泡特金　東方雜誌社編
上海　商務　民 14 年　三版　61 面　第 40 種

080/5000　甘地主義　東方雜誌社編
上海　商務　民 14 年　三版　68 面　第 41 種

080/5000　戰爭哲論　東方雜誌社編
上海　商務　民 14 年　三版　77 面　第 42 種

080/5000　處世哲學　東方雜誌社編
上海　商務　民 14 年　三版　62 面　第 43 種

080/5000　羅素論文集　東方雜誌社編
上海　商務　民 14 年　三版　上下冊　第 44 種

080/5000　究元決疑論　東方雜誌社編
上海　商務　民 14 年　三版　72 面　第 45 種

080/5000　科學基礎　東方雜誌社編
上海　商務　民 14 年　三版　82 面　第 46 種

080/5000　宇宙與物質　東方雜誌社編
上海　商務　民 14 年　三版　88 面　第 47 種

080/5000　相對性原理　東方雜誌社編
上海　商務　民 14 年　三版　90 面　第 48 種

080/5000　新歷法　東方雜誌社編

上海　商務　民 14 年　三版　74 面　第 49 種

080/5000　進化論與善種學　東方雜誌社編

上海　商務　民 14 年　三版　78 面　第 50 種

080/5000　迷信與科學　東方雜誌社編

上海　商務　民 14 年　三版　70 面　第 51 種

080/5000　笑與夢　東方雜誌社編

上海　商務　民 14 年　三版　80 面　第 52 種

080/5000　催眠術與心靈現象　东方雜誌社編

上海　商務　民 14 年　三版　87 面　第 53 種

080/5000　食物與衛生　东方雜誌社編

上海　商務　民 14 年　三版　104 面　第 54 種

080/5000　石炭　东方雜誌社編

上海　商務　民 14 年　三版　78 面　第 55 種

080/5000　鐳錠　东方雜誌社編

上海　商務　民 14 年　三版　78 面　第 56 種

080/5000　飛行學要義　东方雜誌社編

上海　商務　民 14 年　三版　88 面　第 57 種

080/5000　科學雜俎　东方雜誌社編

上海　商務　民 14 年　三版　4 册　第 58 種

080/5000　近代文學概觀　东方雜誌社編

上海　商務　民 14 年　三版　上下册　第 59 種

080/5000　文學批評與批評家　东方雜誌社編

上海　商務　民 14 年　三版　96 面　第 60 種

080/5000　寫實主義與浪漫主義　东方雜誌社編

上海　商務　民 14 年　三版　74 面　第 61 種

080/5000　近代文學與社會改造　东方雜誌社編

上海　商務　民 14 年　三版　77 面　第 62 種

080/5000 近代戲劇家論 东方雜誌社編

上海 商務 民 14 年 三版 86 面 第 63 種

080/5000 近代俄國文學家論 东方雜誌社編

上海 商務 民 14 年 三版 71 面 第 64 種

080/5000 但底與哥德 东方雜誌社編

上海 商務 民 14 年 三版 96 面 第 65 種

080/5000 莫泊三傳 东方雜誌社編

上海 商務 民 14 年 三版 76 面 第 66 種

080/5000 美與人生 东方雜誌社編

上海 商務 民 14 年 三版 100 面 第 67 種

080/5000 藝術談概 东方雜誌社編

上海 商務 民 14 年 三版 81 面 第 68 種

080/5000 近代西洋繪畫 东方雜誌社編

上海 商務 民 14 年 三版 2 册 第 69 種

080/5000 際語運動 东方雜誌社編

上海 商務 民 14 年 三版 92 面 第 70 種

080/5000 考古學零簡 东方雜誌社編

上海 商務 民 14 年 三版 102 面 第 71 種

080/5000 開封一賜樂業教考 东方雜誌社編

上海 商務 民 14 年 三版 69 面 第 72 種

080/5000 元也里可温考 东方雜誌社編

上海 商務 民 14 年 三版 79 面 第 73 種

080/5000 東方創作集 东方雜誌社編

上海 商務 民 14 年 三版 2 册 第 74 種

080/5000 近代英美小説集 东方雜誌社編

上海 商務 民 14 年 三版 102 面 第 75 種

080/5000 近代法國小説集 东方雜誌社編

上海 商務 民 14 年 三版 上下册 第 76 種

080/5000　近代俄國小説集　东方雜誌社編
上海　商務　民 14 年　三版　5 册　第 77 種
080/5000　歐洲大陸小説集　东方雜誌社編
上海　商務　民 14 年　三版　上下册　第 78 種
080/5000　近代日本小説集　东方雜誌社編
上海　商務　民 14 年　三版　112 面　第 79 種
080/5000　太戈爾短篇小説集　东方雜誌社編
上海　商務　民 14 年　三版　73 面　第 80 種
080/5000　枯葉雜記　东方雜誌社編
上海　商務　民 14 年　三版　92 面　第 81 種
080/5000　現代獨幕劇　东方雜誌社編
上海　商務　民 14 年　三版　3 册　第 82 種

080　表解叢書

080/2132　心理學表解　上海科學書局編輯所編
上海　科學　光緒 32 年　初版　51 面
080/2132　倫理學表解　上海科學書局編輯所編
上海　科學　光緒 33 年　初版　51 面
080/2132　社會學表解　上海科學書局編輯所編
上海　科學　民 3 年　初版　101 面
080/2132　政治學表解　上海科學書局編輯所編
上海　科學　民 1 年　初版　4 册
080/2132　外交史表解　上海科學書局編輯所編
上海　科學　民 3 年　初版　上下册
080/2132　經濟原論表解　上海科學書局編輯所編
上海　科學　民 1 年　初版　94 面

080/2132 銀行營業法表解 上海科學書局編輯所編
上海 科學 民3年 初版 96面
080/2132 銀行實務表解 上海科學書局編輯所編
上海 科學 民3年 初版 上下册
080/2132 銀行學表解 上海科學書局編輯所編
上海 科學 民3年 初版 105面 複1
080/2132 貨幣學表解 上海科學書局編輯所編
上海 科學 民2年 初版 49面 複1
080/2132 預算決算論表解 上海科學書局編輯所編
上海 科學 民2年 初版 72面 複1
080/2132 公債論表解 上海科學書局編輯所編
上海 科學 民3年 初版 86面 複1
080/2132 法學通論表解各論 上海科學書局編輯所編
上海 科學 民1年 初版 2册 複1
080/2132 法學通論表解總論 上海科學書局編輯所編
上海 科學 民1年 初版 46面 複1
080/2132 國際私法表解 上海科學書局編輯所編
上海 科學 民2年 初版 84面
080/2132 平時國際公法表解 上海科學書局編輯所編
上海 科學 民2年 初版 78面 複1
080/2132 戰時國際公法表解 上海科學書局編輯所編
上海 科學 民2年 初版 65面
080/2132 憲法汎論表解 上海科學書局編輯所編
上海 科學 民2年 初版 92面
080/2132 比較憲法表解 上海科學書局編輯所編
上海 科學 民1年 初版 54面
080/2132 刑法各論表解 上海科學書局編輯所編
上海 科學 民1年 初版 102面

080/2132　刑事訴訟法要論表解　上海科學書局編輯所編

上海　科學　民 1 年　初版　38 面

080/2132　商法手形法表解　上海科學書局編輯所編

上海　科學　民 2 年　初版　36 面

080/2132　破産法表解　上海科學書局編輯所編

上海　科學　民 2 年　初版　70 面

080/2132　民法相續法表解　上海科學書局編輯所編

上海　科學　民 2 年　初版　64 面

080/2132　民事訴訟法要論表解　上海科學書局編輯所編

上海　科學　民 1 年　初版　60 面

080/2132　商法商行爲法表解　上海科學書局編輯所編

上海　科學　民 2 年　初版　96 面

080/2132　商法海商法表解　上海科學書局編輯所編

上海　科學　民 2 年　初版　78 面

080/2132　民法債權表解　上海科學書局編輯所編

上海　科學　民 1 年　初版　36 面

080/2132　民法物權表解　上海科學書局編輯所編

上海　科學　民 1 年　初版　22 面

080/2132　民法總則表解　上海科學書局編輯所編

上海　科學　宣統 3 年　初版　22 面

080/2132　民事訴訟法各論表解　上海科學書局編輯所編

上海　科學　民 1 年　初版　上下册

080/2132　商法總則表解　上海科學書局編輯所編

上海　科學　民 1 年　初版　28 面

080/2132　法院編制法表解　上海科學書局編輯所編

上海　科學　民 3 年　初版　上下册

080/2132　商法保險法表解　上海科學書局編輯所編

上海　科學　民 3 年　初版　76 面

080/2132 民法親屬法表解 上海科學書局編輯所編

上海 科學 民 2 年 初版 70 面

080/2132 行政法總論表解 上海科學書局編輯所編

上海 科學 民 1 年 初版 56 面

080/2132 比較行政法表解 上海科學書局編輯所編

上海 科學 民 2 年 初版 上下册

080/2132 地方自治制度表解 上海科學書局編輯所編

上海 科學 民 2 年 初版 上下册

080/2132 警察實務表解 上海科學書局編輯所編

上海 科學 民 2 年 初版 上下册

080/2132 商業學表解 上海科學書局編輯所編

上海 科學 宣統 1 年 初版 66 面

080/2132 鐵道學表解 上海科學書局編輯所編

上海 科學 民 2 年 初版 3 册

080/2132 英文典表解 上海科學書局編輯所編

上海 科學 光緒 32 年 初版 54 面

080/2132 東文典學表解 上海科學書局編輯所編

上海 科學 光緒 32 年 初版 1 册

080/2132 立體幾何學表解 上海科學書局編輯所編

上海 科學 民 1 年 初版 1 册

080/2132 三角法表解 上海科學書局編輯所編

上海 科學 光緒 32 年 初版 42 面

080/2132 解析幾何學表解 上海科學書局編輯所編

上海 科學 民 2 年 初版 16 面

080/2132 微分學表解 上海科學書局編輯所編

上海 科學 民 2 年 初版 38 面

080/2132 化學表解 上海科學書局編輯所編

上海 科學 光緒 33 年 初版 2 册

080/2132 地文學表解 上海科學書局編輯所編
上海 科學 光緒 33 年 初版 41 面
080/2132 實用植物學表解 上海科學書局編輯所編
上海 科學 民 1 年 初版 65 面
080/2132 植物學表解 上海科學書局編輯所編
上海 科學 光緒 33 年 初版 43 面
080/2132 實用動物學表解 上海科學書局編輯所編
上海 科學 民 2 年 初版 93 面
080/2132 動物學表解 上海科學書局編輯所編
上海 科學 光緒 33 年 初版 42 面
080/2132 生理衛生學表解 上海科學書局編輯所編
上海 科學 光緒 32 年 初版 43 面
080/2132 增訂生理衛生學表解 上海科學書局編輯所編
上海 科學 宣統 3 年 再版 42 面
080/2132 農業學表解 上海科學書局編輯所編
上海 科學 宣統 1 年 初版 上下册
080/2132 肥料學表解 上海科學書局編輯所編
上海 科學 宣統 3 年 初版 81 面
080/2132 養畜學表解 上海科學書局編輯所編
上海 科學 宣統 2 年 初版 92 面
080/2132 家政學表解 上海科學書局編輯所編
上海 科學 宣統 1 年 初版 65 面
080/2132 增訂世界史表解 上海科學書局編輯所編
上海 科學 宣統 3 年 再版 2 册
080/2132 增訂世界地理表解 上海科學書局編輯所編
上海 科學 宣統 3 年 再版 中下册
080/2132 政治地理表解 上海科學書局編輯所編
上海 科學 民 3 年 初版 上下册

080/2132 增訂西洋史表解 上海科學書局編輯所編
上海 科學 宣統3年 初版 上下册 複1
080/2132 西洋史年表 上海科學書局編輯所編
上海 科學 光緒32年 初版 72面 複1
080/2132 東洋史表解 上海科學書局編輯所編
上海 科學 光緒32年 初版 60面 複1

080 ABC叢書

080/0015 中國神話研究ABC 玄珠著
上海 世界 民17年 初版 上下册
080/0015 小説研究ABC 玄珠著
上海 世界 民17年 初版 118面
080/0015 騎士文學ABC 玄珠著
上海 世界 民18年 初版 101面
080/0041 家族制度ABC 高希聖著
上海 世界 民18年 103面
080/0041 產兒限制ABC 高希聖著
上海 世界 民18年 94面
080/0403 神話學ABC 謝六逸著
上海 世界 民17年 127面
080/0403 農民文學ABC 謝六逸著
上海 世界 民18年 初版 112面
080/0457 中國倫理思想ABC 謝扶雅著
上海 世界 民18年 115面
080/0488 西洋哲學ABC 謝頌羔著
上海 世界 民17年 86面

080/0721 戀愛論 ABC 郭真著
上海 世界 民 18 年 110 面
080/0721 結婚論 ABC 郭真著
上海 世界 民 18 年 98 面
080/0727 文法解剖 ABC 郭步陶著
上海 世界 民 18 年 初版 104 面
080/0837 法律哲學 ABC 施憲民譯
上海 世界 民 18 年 88 面
080/1018 文藝論 ABC 夏丏尊著
上海 世界 民 17 年 初版 101 面 複 1
080/1042 農業合作 ABC 王世穎著
上海 世界 民 17 年 102 面
080/1074 科學論 ABC 王剛森著
上海 世界 民 18 年 126 面
080/1074 電學 ABC 王剛森著
上海 世界 民 18 年 122 面
080/1087 自然地理 ABC 王益厓著
上海 世界 民 18 年 115 面
080/1087 海洋學 ABC 王益厓著
上海 世界 民 18 年 120 面
080/1128 保險學 ABC 張伯箴著
上海 世界 民 18 年 86 面
080/1135 工商管理 ABC 張家泰著
上海 世界 民 18 年 初版 132 面
080/1148 歌劇 ABC 張若谷著
上海 世界 民 17 年 初版 132 面
080/1148 音樂 ABC 張若谷著
上海 世界 民 18 年 初版 125 面

080/1154 哲學 ABC 張東蓀著
上海 世界 民 18 年 116 面
080/1154 精神分析學 ABC 張東蓀著
上海 世界 民 18 年 114 面
080/1154 人生觀 ABC 張東蓀著
上海 世界 民 17 年 117 面
080/1173 進化論 ABC 張慰宗著
上海 世界 民 17 年 111 面
080/1250 社會學 ABC 孫本文著
上海 世界 民 18 年 再版 122 面
080/1250 人口論 ABC 孫本文著
上海 世界 民 17 年 124 面
080/2133 性學 ABC 柴福沅著
上海 世界 民 18 年 初版 117 面
080/2219 藝術教育 ABC 豐子愷著
上海 世界 民 17 年 初版 111 面
080/2219 構圖法 ABC 豐子愷著
上海 世界 民 17 年 初版 118 面
080/2307 西洋史 ABC 傅彥長著
上海 世界 民 17 年 初版 118 面
080/2307 東洋史 ABC 傅彥長著
上海 世界 民 17 年 初版 117 面
080/2354 文藝批評 ABC 傅東華著
上海 世界 民 17 年 初版 96 面
080/2354 詩歌原理 ABC 傅東華著
上海 世界 民 17 年 初版 125 面
080/2488 宗教學 ABC 謝頌羔著
上海 世界 民 17 年 111 面

080/2507 國畫 ABC 朱應鵬著
上海 世界 民 17 年 初版 129 面
080/2522 法律學 ABC 朱采真著
上海 世界 民 18 年 100 面
080/2522 中山政治 ABC 朱采真著
上海 世界 民 18 年 初版 108 面
080/2522 政治學 ABC 朱采真著
上海 世界 民 18 年 初版 108 面
080/2522 國際法 ABC 朱采真著
上海 世界 民 18 年 102 面
080/2534 教育心理學 ABC 朱兆萃著
上海 世界 民 18 年 125 面
080/2534 論理學 ABC 朱兆萃著
上海 世界 民 17 年 113 面
080/2610 近代文學 ABC 吴雲著
上海 世界 民 18 年 初版 125 面
080/2633 小學行政 ABC 魏冰心著
上海 世界 民 17 年 138 面 複 1
080/2652 攝影學 ABC 吴静山著
上海 世界 民 18 年 初版 121 面
080/2774 信用合作 ABC 侯厚培著
上海 世界 民 18 年 121 面
080/2825 做學教 ABC 徐德春著
上海 世界 民 18 年 97 面
080/2834 社會思想史 ABC 徐逸樵著
上海 世界 民 17 年 123 面
080/3121 黨義教育 ABC 江卓羣著
上海 世界 民 18 年 初版 112 面

080/3122　希臘神話 ABC　汪倜然著
上海　世界　民 18 年　118 面

080/3122　俄國文學 ABC　汪倜然著
上海　世界　民 18 年　初版　103 面

080/3141　文體論 ABC　顧藎丞著
上海　世界　民 18 年　初版　131 面

080/3203　職業教育 ABC　潘文安著
上海　世界　民 18 年　142 面

080/3444　貨幣學 ABC　沈藻墀著
上海　世界　民 18 年　初版　95 面

080/3474　圖書館學 ABC　沈學植著
上海　世界　民 18 年　再版　130 面　複 1

080/3644　婦女運動 ABC　湯彬華著
上海　世界　民 17 年　93 面

080/4031　日本史 ABC　李宗武著
上海　世界　民 18 年　初版　99 面　複 1

080/4031　人文地理 ABC　李宗武著
上海　世界　民 18 年　初版　159 面

080/4046　經濟學 ABC　李權時著
上海　世界　民 17 年　123 面

080/4046　財政學 ABC　李權時著
上海　世界　民 18 年　124 面

080/4087　德國文學 ABC　李金髮著
上海　世界　民 17 年　初版　135 面

080/4242　廣告學 ABC　蒯世勳著
上海　世界　民 18 年　再版　101 面

080/4242　銀行學 ABC　蒯世勳著
上海　世界　民 17 年　118 面

080/4403 民衆教育 ABC 范望湖著
上海 世界 民 18 年 131 面
080/4429 變態心理學 ABC 黄維榮著
上海 世界 民 17 年 110 面
080/4430 教育學 ABC 黄梁就明著
上海 世界 民 18 年 109 面
080/4435 田徑賽 ABC 華汝成著
上海 世界 民 17 年 初版 133 面
080/4435 優生學 ABC 華汝成著
上海 世界 民 18 年 119 面
080/4438 文化評價 ABC 葉法無著
上海 世界 民 18 年 91 面
080/4438 倫理問題 ABC 葉法無著
上海 世界 民 18 年 116 面
080/4446 獨幕劇 ABC 蔡慕暉著
上海 世界 民 17 年 初版 101 面
080/4626 鐵路學 ABC 楊雋時著
上海 世界 民 18 年 初版 101 面
080/4656 市政計劃 ABC 楊哲明著
上海 世界 民 18 年 101 面
080/4656 市政管理 ABC 楊哲明著
上海 世界 民 17 年 106 面
080/4656 都市政策 ABC 楊哲明著
上海 世界 民 19 年 87 面
080/4656 道路學 ABC 楊哲明著
上海 世界 民 18 年 初版 108 面
080/4656 市政工程 ABC 楊哲明著
上海 世界 民 18 年 初版 103 面

080/4656 都市論 ABC 楊哲明著
上海 世界 民 17 年 112 面

080/4743 文字學 ABC 胡樸安著
上海 世界 民 18 年 初版 155 面

080/4791 詩歌學 ABC 胡懷琛著
上海 世界 民 18 年 初版 106 面

080/4963 童話學 ABC 趙景深著
上海 世界 民 18 年 116 面

080/6644 教育哲學 ABC 瞿世英著
上海 世界 民 18 年 93 面

080/7202 中國文學 ABC 劉麟生著
上海 世界 民 18 年 初版 124 面

080/7221 生活進化史 ABC 劉叔琴著
上海 世界 民 17 年 86 面

080/7451 辯論術 ABC 陸東平著
上海 世界 民 17 年 初版 129 面

080/7551 洋畫 ABC 陳抱一著
上海 世界 民 18 年 初版 113 面

080/7557 羣衆心理 ABC 陳東原著
上海 世界 民 18 年 79 面

080/7591 相對論 ABC 羅素著
上海 世界 民 18 年 129 面

080/7749 分配論 ABC 般壽光著
上海 世界 民 17 年 106 面

080/8022 美國文學 ABC 曾虛白著
上海 世界 民 18 年 初版 117 面

080/8022 英國文學 ABC 曾虛白著
上海 世界 民 17 年 初版 上下 2 册

080/8042　演説學 ABC　余楠秋著
上海　世界　民 17 年　初版　80 面
080/8080　詩經學 ABC　金公亮著
上海　世界　民 18 年　初版　152 面
080/8727　審計學 ABC　鄭行巽著
上海　世界　民 18 年　初版　98 面
080/8838　會計學 ABC　竺家饒著
上海　世界　民 18 年　初版　149 面
080/9054　外交 ABC　常書林著
上海　世界　民 17 年　初版　116 面

080　中學世界百科全書

080/4465　新青年自述　世界書局編
上海　世界　158 面
080/4465　陸地大觀　世界書局編
上海　世界　142 面　複 1
080/4465　微生物世界　世界書局編
上海　世界　119 面　複 1
080/4465　近百年本國史　世界書局編
上海　世界　161 面　複 1
080/4465　共和國開創史　世界書局編
上海　世界　219 面　複 1
080/4465　全國商埠考察記　世界書局編
上海　世界　256 面　複 1
080/4465　世界都市遊歷記　世界書局編
上海　世界　191 面　複 1

080/4465　現代名人傳　世界書局編

上海　世界　212 面　複 1

080/4465　現代文學類選　世界書局編

上海　世界　222 面　複 1

080　少年百科全書

080/1060　奇象　王昌謨等編

上海　商務　民 14 年　初版　上中下 3 册　複上册

080/1060　歐美名著節本　王昌謨等編

上海　商務　民 13 年　初版　上下 2 册　複下册

080/1060　常見事物　王昌謨等編

上海　商務　民 14 年　初版　520 面

080/1060　世界各國志　王昌謨等編

上海　商務　民 14 年　初版　上中下 3 册　複 1

080/1060　自然界　王昌謨等編

上海　商務　民 15 年　初版　上下 2 册　複 1

080/1060　世界名人傳　王昌謨等編

上海　商務　民 15 年　初版　上中下 3 册

080/1060　地球　王昌謨等編

上海　商務　民 15 年　初版　上下 2 册　複上册 1

080/1060　生命現象　王昌謨等編

上海　商務　民 15 年　初版　上下 2 册　複上册 1

080/1060　遊藝　王昌謨等編

上海　商務　民 15 年　初版　上下 2 册　複上册 1

089.08　嚴譯名著叢刊

089.08/6628　赫胥黎天演論　嚴復譯
　上海　商務　民 20 年　初版　1 册
089.08/6628　亞丹斯密原富　嚴復譯
　上海　商務　民 20 年　初版　978 面　附録 80 面
089.08/6628　甄克斯社會通詮　嚴復譯
　上海　商務　民 20 年　初版　151 面　附録 18 面
089.08/6628　穆勒羣己權界論　嚴復譯
　上海　商務　民 20 年　初版　134 面　附録 8 面
089.08/6628　孟德斯鳩法意　嚴復譯
　上海　商務　民 20 年　初版　1 册
089.08/6628　斯賓塞羣學肄言　嚴復譯
　上海　商務　民 20 年　初版　356 面　附録 26 面
089.08/6628　耶方斯名學淺說　嚴復譯
　上海　商務　民 20 年　初版　170 面　附録 10 面
089.08/6628　穆勒名學　嚴復譯
　上海　商務　民 20 年　初版　1 册

100 哲學

100 哲學

100/0488 西洋哲學 ABC 謝頌羔著

上海 世界 民 17 年 初版 86 面

100/1154 哲學 張東蓀著

上海 世界 民 20 年 初版 1 册

100/3333 東西文化及其哲學 梁漱溟講

上海 商務 民 15 年 7 版 1 册 複 4

100/3334 西哲學説一臠 梁啓超著

上海 商務 227 面 複 1

100/4403 哲學入門 華文祺編

上海 商務 民 11 年 3 版 63 面

100/6024 哲學新論 景幼南編

南京 南京 民 21 年 初版 1 册

100/6644 西洋哲學的發展 瞿世英著

上海 神州 1930 年 初版 292 面

100/7591 羅素算理哲學 Russell B. 著 傅種孫等譯

上海 商務 民 13 年 再版 343 面 複 1

100/7784 生活系統 周谷城著

上海 商務 民 13 年 初版 184 面 複 1

101/4070 心理的改造 魯濱孫著

上海 商務 民 21 年 初版 128 面

101/4440　哲學及其根本問題　范壽康著
上海　開明　1930年　初版　351面
101/6044　科學與玄學　羅志希著
上海　商務　民16年　初版　266面
101/7746　科學中之哲學方法　桑木嚴翼著
上海　商務　民20年　初版　78面
101/8068　哲學的研究　曾昭鐸著
上海　羣學　民17年　初版　142面　複1
102/2079　成人學概論　Korzybski著　王承黻譯
上海　建國　民19年　初版　202面
102/2441　哲學要領　德國科培爾著
上海　商務　民10年　9版　83面
102/2484　飯後哲學　C. E. M. Joad著　伍光建譯
上海　商務　民20年　初版　99面
102/3404　哲學提要　沈文華編
上海　世界　民19年　初版　129面
102/4012　現代哲學小引　李石岑著
上海　商務　民20年　初版　199面
102/4414　哲學大綱　蔡元培編
上海　商務　民10年　7版　81面　複1
102/4414　簡易哲學綱要　蔡元培編
上海　商務　民13年　初版　142面　複1
102/7228　哲學概論　劉以鍾編
上海　商務　民13年　5版　122面
102/7540　哲學概論　陳大齊著
北京　北大　民11年　4版　176面　複1
104/1154　科學與哲學　張東蓀著
上海　商務　民13年　初版　90面　複5

104/2503 謙之文存 朱謙之著

上海 泰東 民15年 初版 166面 複1

104/3454 杜威五大演講 杜威講演 胡適譯

北平 晨報 民9年 初版 上下2冊 複1

104/4012 李石岑講演集（第一輯） 李石岑講演

上海 商務 民13年 初版 158面

104/4012 李石岑論文集（第一輯） 李石岑著

上海 商務 民13年 初版 219面 複2

104/4438 現代哲學評論集 范祥善編

上海 世界 民19年 再版 1冊 複1

104/4600 海天集 楊廉編

上海 北新 1926年 初版 1冊

104/7550 新主義評論 陳本文編

上海 民治 民17年 再版 2冊 複1

104/7591 哲學問題 Russell B.著 瞿世英譯

上海 商務 民11年 初版 1冊 複1

104/7591 哲學問題 Russell B.著 黃凌霜譯

新青年 163面 複2

108/0142 世界格言大全 龔彬、周則鳴編譯

上海 世界 1929年 初版 1冊

108/3182 古今格言 江畬經編

上海 商務 民15年 4冊

109/0425 西洋哲學史 〔美國〕顧西曼著

上海 商務 民14年 上下冊 複2

109/0754 歐洲哲學史 Alfred weber著 徐炳昶譯

北平 樸社 民16年 初版 188面

109/3454 哲學史 杜威演講

上海 泰東 民10年 3版 80面

109/4023　自由史觀　太虛法師著
　上海　羣衆　民17年　初版　98面
109/4494　西洋哲學史　黄懺華編述
　上海　商務　民12年　初版　287面
109/8000　歐洲哲學史　馬爾文著
　上海　神州　民19年　初版　516面

110　形而上學

110/0038　自鑑　章鴻釗著
　1923年　初版　162面
110/0147　形而上學序論　〔法國〕柏格森著
　上海　商務　民13年　3版　100面　複2
110/2626　吴稚暉的人生觀　吴稚暉著
　民立　民15年　初版　144面
110/2642　人生觀的科學　釋太虛著
　上海　泰東　民15年　3版　1册
110/4731　近世我之自覺史　蔣方震譯
　上海　商務　民13年　初版　153面　複3
110/7532　人生問題　陳安仁著
　上海　泰東　民17年　再版　470面
112/2434　唯物辯證法與自然科學　德波林著
　上海　光華　1929年　初版　78面
113/0147　創化論　張東蓀編譯
　上海　商務　民11年　4版　上下册　複2
113/1108　批評吴稚暉先生的一個新信仰的宇宙觀及人生觀　张亦鏡編
　廣州　美華　民14年　初版　96面

113/2063　科學的宇宙觀　〔英國〕愛里渥德著
　上海　樂羣　1929 年　初版　90 面
113/2503　一個唯情論者的宇宙觀及人生觀　朱謙之著
　上海　泰東　民 15 年　再版　178 面　複 3

120　其他形而上學問題

120/0743　人生觀之論戰　郭夢良編
　上海　泰東　民 15 年　再版　3 册　複下册 1
120/1056　科學與人生觀　亞東圖書館編
　上海　亞東　民 15 年　4 版　2 册　複 3 又複下册 1
120/4034　唯情哲學　袁家華著
　上海　泰東　民 13 年　初版　288 面　複 1
121/3369　認識論之根本問題　淀野耀淳著
　上海　商務　民 20 年　初版　1 册
126/7306　人格　太谷爾著
　上海　光明　民 16 年　3 版　150 面　複 1
126/7306　人格　太哥爾著
　上海　泰東　民 13 年　3 版　152 面　複 1

130　心；身；兒童研究

130/3510　心之新解釋　T. W. Patrick 著　朱然藜譯
　上海　商務　民 20 年　初版　186 面
131/1154　精神分析學 ABC　張東蓀著
　上海　世界　1929 年　初版　114 面

131/2252　静坐三年　〔日本〕岸本能武太著
　上海　商務　民14年　7版　244面
131/2720　精神與身體神經健全法　鄒德謹編譯
　上海　商務　民10年　5版　1册　複2
131/3172　江間式身心鍛錬法　〔日本〕江間俊一、〔日本〕綱野靈峯著
　上海　商務　民9年　3版　1册
131/4422　因是子静坐法　蔣維喬著
　上海　商務　民12年　19版　1册
131/4442　强健身心法　董蘭伊著
　上海　中華　民5年　初版　128面　複1
131/4461　身心强健祕訣　〔日本〕藤田靈齋著
　上海　商務　民14年　6版　170面　複2
131/5074　精神衛生論　秦同培編
　上海　商務　民7年　再版　1册　複1
131/7222　樂天却病法　劉仁航著
　上海　商務　民6年　4版　2册　複1
131/7762　岡田式静坐心理　雷通羣譯述
　上海　商務　民11年　再版　93面
131/7762　岡田式静坐法　蔣維喬譯述
　上海　商務　民12年　4版　72面
131/8848　長壽哲學　〔日本〕鈴木美山著
　上海　商務　民9年　3版　273面　複1
133/0712　郭璞葬經水龍經　郭璞著
　上海　文明　民15年　初版　1册
133/2744　地理末學　紀大奎著
　上海　文明　民15年　初版　上下册
133/4417　地理正宗　蔣平階著
　上海　文明　民15年　初版　上下册

133/4657 交感巫術的心理學 J. G. Frazer 著 李宅安著
上海 商務 民 20 年 初版 84 面
133/5526 妖怪學講義録總論 〔日本〕井上圓了著
上海 商務 民 11 年 8 版 198 面
133/7203 陽宅紫府寶鑑 劉文瀾著
上海 文明 民 15 年 初版 1 册
133/7225 平砂玉尺經 劉秉忠述
上海 文明 民 15 年 初版 78 面
133.3/0060 滴天髓窮通寶鑑 京圖撰 劉基註
上海 文明 民 15 年 初版 1 册
133.3/0440 奇門遁甲統宗 諸葛亮著
上海 文明 民 14 年 初版 全 4 册
133.3/0716 奇門五總龜 郭子晟傳
上海 文明 民 15 年 初版 1 册
133.3/1027 陽宅大全 一壑居士集
上海 文明 民 15 年 初版 上中下册
133.3/1030 羅經透解 王道亨著
上海 文明 民 15 年 初版 上下册
133.3/1043 太清神鑑 後周王朴撰
上海 文明 民 14 年 初版 1 册
133.3/1126 六壬尋原 張純照著
上海 文明 民 14 年 初版 上中下册
133.3/1144 神峯通攷 張楠著
上海 文明 民 15 年 初版 上下册
133.3/1174 穿透真傳 張鳳藻著
上海 文明 民 14 年 初版 全 1 册
133.3/1250 星平會海 水中龍編
上海 文明 民 15 年 初版 共 4 册

133.3/1700　梅花易數　邵雍著
上海　文明　民 15 年　初版　上下册
133.3/1744　地理知本金鎖秘　鄧恭著
上海　文明　民 15 年　初版　上下册
133.3/2642　神骨冰鑑白鶴仙數　白鶴山人著
上海　文明　民 15 年　初版　1 册
133.3/2824　淵海子平子平真詮　徐升著
上海　文明　民 15 年　初版　1 册
133.3/3182　選擇正宗　顧鍾秀著
上海　文明　民 15 年　初版　上下册
133.3/4212　陰陽二宅全書　姚廷鑾著
上海　文明　民 15 年　初版　共 4 册
133.3/4414　地理録要　蔣平堦著
上海　文明　民 15 年　出版　上下册
133.3/4420　董公選要覽　董德彰著
上海　文明　民 15 年　發行　1 册
133.3/4440　五行大義　蕭吉撰
上海　文明　民 15 年　初版　1 册
133.3/4474　三命通會　〔明〕萬民英撰
上海　文明　民 15 年　出版　共 4 册
133.3/4680　乾坤法竅　楊益著
上海　文明　民 15 年　初版　上下册
133.3/4764　羅經解定　胡國楨著
上海　文明　民 15 年　初版　上下册
133.3/4980　奇門遁甲煙波釣叟歌　趙普譔歌
上海　文明　民 15 年　初版　全 1 册
133.3/5008　靈棋經　東方朔著
上海　文明　民 14 年　出版　1 册

133.3/5093　六壬鬼撮脚　秦慎安校勘
上海　文明　民 14 年　初版　全 1 册

133.3/6744　增删卜易　野鶴老人
上海　文明　民 15 年　初版　3 册

133.3/7202　牙牌神數　岳慶山樵著
上海　文明　民 15 年　初版　54 面

133.3/7420　張果星宗　陸位撰
上海　文明　民 15 年　初版　4 册

133.3/7555　河洛理數　陳搏著
上海　文明　民 15 年　初版　4 册

133.3/7716　六壬指南　周元曙著
上海　文明　民 14 年　初版　2 册

134/2703　催眠新法　鮑方洲著
上海　中華　民 19 年　11 版　82 面

134/2703　千里眼研究法　鮑方洲編
上海　商務　民 12 年　4 版　72 面

134/7105　實用催眠術　龐靖編
上海　中華　民 12 年　再版　84 面

135/8704　夢　舒新城編
上海　中華　民 16 年　初版　114 面　複 1

136.7/0714　兒童學的新觀念　Alfrod Binet 著　曾展譔譯
上海　商務　民 16 年　初版　324 面

136.7/1741　兒童與家庭　B. Liber 著　張昌祈譯
上海　開明　民 18 年　初版　246 面　複 1

136.7/3432　兒童學概論　凌冰編
上海　商務　民 11 年　3 版　156 面

136.7/3727　兒童論　密魯博士著
上海　中華　民 11 年　3 版　78 面

136.7/4461 兒童心理學 蕭恩承著
上海 商務 民 12 年 4 版 116 面
136.7/5039 行爲主義的兒童心理 華真著
上海 新世紀 民 19 年 初版 168 面
136.7/7541 兒童心理之研究 陳鶴琴著
上海 商務 民 14 年 初版 上下册
136.7/7605 兒童心理學 R Gaupp 著 陳大齊譯
上海 商務 民 15 年 再版 214 面 複 3
136.7/7731 兒童學概論 〔日本〕關寬一著
上海 公民 民 11 年 初版 126 面 上册
136.7/7731 兒童學 〔日本〕關寬一著
上海 商務 民 11 年 初版 355 面
136.72/4549 幼穉之意義 J. Fiske 著 王克仁譯
上海 中華 民 11 年 初版 29 面 複 2
138/0000 麻衣相法 麻衣著
上海 文明 民 15 年 初版 2 册
138/1082 神相鐵關刀 雲谷山人著
上海 文明 民 15 年 初版 30 面
138/4012 演禽三世相法 袁天綱選
上海 文明 民 15 年 初版 2 册
138/4052 柳莊相法 袁忠徹著
上海 文明 民 15 年 初版 2 册
138/4401 神相水鏡集 范文元著
上海 文明 民 15 年 初版 2 册
138/7555 神相全編 陳搏著
上海 文明 民 15 年 初版 6 册
138/7582 相理衡真 陳釗著
上海 文明 民 15 年 初版 4 册

138/7742 骨相學 風萍生編
上海 商務 民10年 3版 234面

140 哲學派別

140/4730 西洋文明與唯物主義 胡適、劉弄潮講演
上海 北新 1928年 再版 26面

141/7591 懷疑論集 Russell B著 嚴既澄譯
上海 商務 民21年 初版 200面

146/1144 理論與實踐 張其柯著
上海 亞東 民19年 初版 438面

146/2434 唯物辯證法入門 德波林著
上海 江南 1930年 初版 106面

146/2434 辯證法的唯物論入門 德波林著
上海 南强 1930年 初版 537面

146/2467 唯物論的哲學 佐野學著
上海 樂華 1930年 初版 148面

146/3123 唯物論綱要 河上肇著
上海 樂華 1930年 初版 127面

146/4413 從唯心論到唯物論 蒲列漢諾甫著
上海 滬濱 1930年 初版 143面

146/4415 辯證的唯物論 薩可夫斯基著
上海 平凡 民19年 初版 76面

146/4984 新唯物論的認識論 狄慈根著
上海 崑崙 1929年 初版 167面

146/7125 哲學的唯物論 阿德拉斯基著
上海 滬濱 1929年 初版 152面

146/8053　近代唯物論史　普賴漢諾夫著
　上海　泰東　1930年　初版　273面
146/8094　歷史唯物論　M H See著　黎東方譯
　上海　民智　民18年　初版　128面
147/4700　赫克爾一元哲學　Ernst Haeckell著　馬武君譯
　上海　中華　民10年　4版　上下册　複2　又上册1
149/2503　無元哲學　朱謙之著
　上海　泰東　民15年　再版　161面　複3
149.2/3785　實驗主義　D. L. Murray著　方東美譯
　上海　中華　民11年　3版　100面　複2
149.2/4084　實用主義　〔美國〕乾姆斯著
　上海　商務　民13年　初版　203面　複3
149.2/8018　現實主義哲學的研究　〔日本〕金子筑水著
　上海　商務　民17年　初版　98面
149.9/8472　白璧德與人文主義　Mercier等著　吴宓等譯
　上海　新月　1929年　初版　146面

150　心理學

150/0000　心理學概論　〔丹麥〕海甫定著
　上海　商務　民15年　8版　484面　複1
150/0073　瘋狂心理　〔英國〕哈忒著
　上海　北新　1927年　2版　260面　複3
150/0075　心理學論文集　高覺敷著
　上海　商務　民15年　初版　432面　複1
150/0077　應用心理學　Hollingworth等著　莊澤宣譯
　上海　商務　民13年　初版　274面　複1

150/0250 人類心理學要義 H. C. Warren 著 趙演等譯
上海 商務 民 17 年 初版 409 面

150/0723 行爲主義心理學講義 郭任遠編
上海 商務 民 17 年 初版 176 面

150/0723 人類的行爲 郭任遠著
上海 商務 民 15 年 3 版 291 面 複 5

150/0723 郭任遠心理學論叢 郭任遠著
上海 開明 1928 年 初版 286 面

150/0723 心理學 ABC 郭任遠著
上海 世界 民 17 年 初版 97 面

150/1102 青春期心理學 裴立特屈雷西著
上海 商務 民 13 年 初版 259 面 複 3

150/1112 廣心理學 張子和編
上海 商務 民 11 年 初版 2 册

150/1198 心理雜誌選存 張耀翔編
上海 中華 民 21 年 初版 2 册

150/2075 教育心理學大意 廖世承譯
上海 中華 民 14 年 9 版 213 面

150/2593 變態心理學派別 朱光潛著
上海 開明 1930 年 初版 167 面

150/2593 變態心理學 朱光潛編
上海 商務 民 22 年 初版 169 面

150/2617 心理學原理 吴致覺著
上海 商務 民 13 年 4 版 154 面 複 1

150/2723 近代心理學 〔日本〕久保良英著
上海 民智 民 19 年 初版 314 面

150/3008 心的初現 Thomson 著 李小峯譯
北平 北新 1925 年 初版 77 面

150/4007 心理與生命 南庶熙編
北平 晨報 民12年 初版 206面 複2
150/4067 商業心理學 〔日本〕大野辰見編
上海 商務 民17年 初版 112面
150/4150 行爲主義的心理學 John B. Watson 臧玉淦譯
上海 商務 民15年 再版 全1册 複3
159/4150 行爲主義論戰 J. B. Watson著 黄維榮譯
上海 黎明 民9年 3版 74面
150/4150 行爲心理學大意 J. B. Watson著 謝循初譯
上海 勞大 民17年 初版 149面 複1
150/4429 變態心理ABC 黄維榮著
上海 世界 1928年 初版 110面
150/4434 心理學 杜定友、王引民編
上海 中華 民14年 3版 134面 複2
150/4444 兒童心理學綱要 艾華著
上海 商務 民12年 初版 94面
150/4661 女子心理學 楊鄂聯編
上海 商務 民9年 3版 179面 複3
150/5417 心理學與精神治療法 布拉文著
上海 商務 民18年 4版 192面
150/5583 心理學導言 Wundt著 吴頌臯譯
上海 商務 民12年 初版 122面 複2
150/5744 藝術鑑賞的心理 Freienfels著 管容德譯
上海 梁溪 民15年 初版 92面
150/5904 普通心理學 〔美國〕亨德著
上海 商務 民18年 3版 392面
150/6900 青年期的心理與教育 G. S. Hall著 李浩吾譯
上海 世界 民18年 初版 465面

150/7174 心理學講義 蔣維喬編譯
上海 商務 民1年 12版 164面

150/7444 心理學 陸志韋編
上海 商務 民14年 初版 258面

150/7450 動物心理學小史 寫登著
上海 商務 民19年 初版 84面

150/7540 迷信與心理 陳大齊著
北京 北大 民11年 再版 190面 複3

150/7540 心理學大綱 陳大齊著譯
上海 商務 民13年 9版 216面 複1

150/7591 快樂的心理 Russell B. 著 于熙儉譯
上海 商務 民21年 初版 203面

150/7712 現代心理學 陶孟和編
北京 北大 民12年 再版 194面

150/7950 吴偉士心理學 R. S. Woodworth 原著 謝循初譯
上海 中華 民14年 初版 228面 複1

150/7950 動的心理學 R. S. Woodworth 著 潘梓年譯
上海 商務 民13年 初版 295面

130/8704 心理學大意 舒新城編
上海 中華 民15年 106面 複1

150/8704 現代心理學之趨勢 舒新城編
上海 中華 民14年 再版 226面 複1

150/8704 心理學初步 舒新城編
上海 中華 民13年 3版 205面 複2

150/8706 實用心理學要義 鄭康明編
上海 亞東 民13年 初版 64面 複1

152/2317 知覺的分析 C. D. Broad 著 劉朝陽譯
上海 明日 民18年 初版 129面

152/8020 感覺之分析 Mach 著 張庭英譯
上海 商務 民 13 年 初版 286 面 複 3
153/3454 思維術 Dewey 著 劉伯明譯
上海 中華 民 14 年 8 版 228 面 複 1
154/0724 實用記憶法 郭烋編
上海 大東 民 13 年 3 版 39 面
157/0147 笑之研究 H. Bergson 著 張聞天譯
上海 商務 民 12 年 初版 201 面 複 3
157/4274 戀愛心理研究 斯丹大爾著
上海 亞東 民 15 年 再版 240 面
158/4933 本能論 趙演著
上海 商務 民 16 年 初版 172 面
159/2720 意志修養法 鄒德謹、蔣正陸等編
上海 商務 民 12 年 5 版 66 面 複 1

160 論理學

160/0020 名理通論 高傭著
上海 開明 民 18 年 初版 228 面 複 1
160/0014 論理學綱要 高三林次郎著
上海 商務 民 14 年 初版 165 面
160/0740 邏輯 A. L. Jones 著 潘梓年譯
上海 商務 民 16 年 初版 319 面
160/1009 論理學大全 王章煥
上海 商務 民 19 年 初版 414 面
160/1051 新學制高中教科書論理學 王振瑄編
上海 商務 民 14 年 初版 108 面

160/1065　科學方法論　王星拱編
北京　北大　民9年　初版　318面　複2

160/1096　論理學　王熾昌編
上海　中華　民14年　5版　107面　複3

160/1112　論理學ABC　張廷健編
上海　商務　民18年　再版　253面　複1

160/1187　論理學　張毓驄編
上海　商務　民13年　15版　118面

160/2108　論理學教科書　盧廣鎔編
北平　求知　民14年　初版　118面

160/2534　論理學ABC　朱兆萃著
上海　世界　1928年　再版　113面

160/2534　論理學　朱兆萃編
上海　世界　民19年　出版　235面

160/3184　邏輯與数學邏輯論　汪奠基著
上海　商務　民16年　初版　268面

160/4070　邏輯底原理　J. H. Royce著　唐擘黄譯
上海　商務　民19年　初版　115面

160/4427　邏輯概論　枯雷頓著
上海　商務　民15年　初版　552面

160/4450　名學淺説　耶方斯著
上海　商務　民14年　13版　141面　複3

160/4984　穆勒名學　〔英國〕穆勒約翰著
上海　商務　民12年　再版　3册

160/7743　名學綱要　屠孝實著
上海　商務　民14年　再版　240面　複2

163/6713　意見及信仰　G. Le Bon著　馮承鈞譯
上海　商務　民11年　初版　395面　複8

170 倫理學

170/0036 畜德録 席啓圖輯
漢口 掃葉山房 6 册

170/1022 俟解 王船山著
上海 泰東 民 11 年 初版 50 面

170/1024 人鏡 于傳林編
上海 中華 民 14 年 4 版 2 册

170/1062 善之研究 西田幾多郎著
上海 開明 1929 年 初版 247 面

170/1064 自由哲學 Paul Gille 著 胡鑑民譯
上海 商務 民 20 年 初版 89 面

170/1076 國民必讀 王鳳喈等編
上海 商務 民 11 年 初版 65 面 複 3

170/1078 德育同題 Palmer 著 王克仁譯
上海 中華 民 11 年 2 版 61 面

170/1253 倫理學 孫貴定編
上海 商務 民 12 年 初版 63 面

170/1349 人的生活 武者小路實馬著
上海 中華 民 14 年 4 版 194 面 複 2

170/2053 社會主義倫理學 Kautsky 著 徐六幾等譯
上海 平凡 民 18 年 初版 214 面

170/2053 人生哲學與唯物史觀 Kautsky 著 徐六幾等譯
上海 商務 民 11 年 初版 172 面

170/2317 近代五大家倫理學 C. D. Broad 著 慶澤彭譯
上海 商務 民 21 年 初版 233 面

170/2484 道德的將來 C. B. M. Joad 著 張東民譯
上海 北新 1928 年 初版 90 面

170/2720　人格修養法獨立自尊　鄒德謹編譯
上海　商務　民12年　5版　1册　複3

170/3262　新道德論　〔日本〕浮田和民著
上海　商務　民14年　7版　87面　複4

170/3334　德育鑑　梁啓超著
上海　商務　1册　複1

170/3454　德育原理　杜威著
上海　中華　民10年　再版　60面

170/3712　倫理學　湖北師範生編
湖北　學務處　光绪31年　75面　複1

170/4415　人生勝利術彙編　〔美國〕波臨登著
上海　青年　民11年　3版　82面

170/4444　倫理學導言　〔美國〕薛蕾著
上海　商務　民12年　4版　232面　複5

170/4452　職分論　葉農生著
上海　中華　民9年　3版　182面

170/4737　唯物史觀與倫理之研究　胡漢民著
上海　民智　民16年　3版　360面

170/5074　品性論　秦同培譯
上海　中華　民9年　3版　296面　複2

170/5194　人生鑑　傅東華譯
上海　世界　民18年　初版　261面　複1

170/7202　新論　劉彦和著
上海　泰東　民16年　初版　132面

170/7522　人生底開端　陳德徵著
上海　民智　民16年　再版　350面　複3

170/7784　實驗主義倫理學　周谷城著
上海　商務　民13年　再版　136面　複4

170/8034　自然道德　Marins Deshumbet 著　王岫廬譯
上海　羣益　120 面
170/8064　曾文正公學案　曾國藩著
上海　商務　民 14 年　初版　454 面
170/9847　職分論　斯邁爾著
上海　商務　民 6 年　初版　232 面　複 1
170.2/3173　倫理學概論　江問漁編
北京　法輪　民 14 年　初版　254 面
170.2/3193　倫理學概論　江恒源著
上海　煉民　民 15 年　再版　252 面
170.7/4414　訂正中學修身教科書　蔡元培編
上海　商務　民 11 年　初版　1 册　複 1
170.9/1021　西洋倫理學小史　賈豐臻編
上海　商務　民 14 年　初版　116 面　複 1
170.9/1034　西洋倫理學史　三浦藤作著
上海　商務　民 14 年　初版　400 面　複 1
170.9/1034　中國倫理學史　三浦藤作著
上海　商務　民 15 年　初版　489 面　複 1
170.9/4065　西洋倫理學史　吉田静致著
北京　北大　民 9 年　再版　266 面
170.9/4414　中國倫理学史　蔡元培編
上海　商務　民 13 年　9 版　68 面　複 3
171/1057　倫理学原理　〔德國〕鮑企生著
上海　商務　民 13 年　7 版　218 面
171/1154　人生觀 ABC　張東蓀著
上海　世界　1928 年　初版　117 面
171/1163　人生哲學　張墨池著
上海　協社　1924 年　初版　107 面　複 2

171/2053 倫理與唯物史觀 Kantsky 著 董亦湘譯

上海 教育 民 16 年 初版 190 面 册 2

171/2310 幽靈的行過 C. T Patten 著 任厂譯

上海 北新 1928 年 初版 96 面

171/3060 新人生哲學 寇羅氏著

上海 新宇宙 民 17 年 初版 99 面

171/3074 倫理學之根本問題 Theodor Lipps 著 楊昌濟譯

北京 北大 民 9 年 再版 80 面

171/3144 人生哲學 馮友蘭著

上海 商務 民 16 年 再版 341 面

171/3193 中國先哲人性論 江恒源著

上海 商務 民 15 年 初版 253 面 複 1

171/4012 人生哲學（卷上） 李石岑著

上海 商務 民 16 年 再版 472 面

171/4422 青年之人生觀 蔣維喬講述

上海 商務 民 13 年 3 版 37 面 複 1

171/4496 一般大學生之人生觀 蔡尚思編

上海 啓智 民 19 年 初版 352 面

171/4522 現代思想與倫理問題 〔德國〕倭鏗著

上海 公民 民 10 年 初版 84 面

171/4522 人生之意義與價值 Eucken 著 余家菊譯

上海 中華 民 15 年 6 版 156 面 複 2

171/5045 勤儉論 中華書局編輯所編

上海 中華 民 7 年 6 版 116 面 複 1

171/8349 自然道德 〔法國〕戴森伯著

上海 公民 民 10 年 初版 120 面

171/8704 人生哲學 舒新城編

上海 中華 民 15 年 7 版 全 1 册 複 4

171.4/0480 快樂與人生 謝劍文著
良友圖書印刷公司 116 面
172/7236 廉潔問題 劉湛恩編
青年協會書報部 民 16 年 初版 1 册
172.1/0017 自助論 商務印書館編輯所編
上海 商務 民 8 年 8 版 233 面 複 1
172.1/4042 膽汁録 李警衆著
上海 泰東 民 9 年 再版 74 面
172.1/0416 國民立身訓 謝无量編
上海 中華 民 1 年 3 版 222 面 複 2
172.1/1014 法國公民教育 Paul Bert 著 華南圭譯
上海 商務 民 2 年 再版 153 面 複 3
172.1/3334 新民説 梁啓超著
上海 商務 2 册
172.1/4271 公民學 戴厚培著
上海 中華 民 10 年 初版 178 面
172.1/4430 公民常識 黄祖度編
漢口 湘鄂印書館 民 11 年 再版 54 面
172.1/4656 公民學課程大綱 楊中明等著
上海 商務 民 12 年 再版 168 面 複 2
172.1/7124 公民鑑 馬維克斯密司著
上海 商務 民 5 年 再版 272 面
172.1/7453 國民之修養 陸費逵著
上海 中華 民 18 年 再版 40 面 複 1
172.1/7547 國民性之訓練 陳壽凡譯
上海 商務 民 5 年 初版 266 面 複 3
172.1/7722 新學制公民教科書 周鯁生編
上海 商務 民 12 年 3 版 上下册

172.1/7728 公民 陶彙曾編

上海 商務 民 14 年 再版 106 面

172.1/8078 公民模範 翁長鍾編

上海 中華 民 3 年 初版 266 面

172.1/8704 初級公民課本 舒新城編

上海 中華 民 13 年 再版 共 3 册 複 1

172.4/2410 戰爭的原因結果及其防止法 Kirby Page 著

上海 青年協會 民 14 年 初版 118 面

172.4/3794 戰爭與進化 過耀根編

上海 商務 民 14 年 4 版 75 面 複 1

172.4/4347 廢戰計劃 〔法國〕戴猛著

上海 中華 民 21 年 初版 151 面

172.4/4754 將來之大戰 〔美國〕Irwin 著 杭立武譯

上海 商務 民 12 年 初版 72 面 複 4

172.4/7591 戰時之正義 〔英國〕羅素著 太扑譯

上海 商務 民 12 年 再版 150 面 複 5

173/0135 顏氏家訓 顏之推撰 費有容注

上海 羣學 民 14 年 初版 102 面

173/1014 傳家寶全集 石天基著

1 函 12 册

173/1058 家庭寶鑑 石成金等著

上海 國光 民 17 年 初版 1 册

173/5514 私生子問題 曹雪松編

上海 羣學 民 17 年 初版 54 面

173/8766 戀愛教育之研究 鄭嬰編

上海 商務 民 19 年 初版 110 面

173.1/4724 戀愛與結婚 愛倫凱著 朱舜琴譯

上海 光明 1926 年 再版 302 面

173.1/4724 愛倫開的離婚論 愛倫凱著 雲讓譯
上海 北新 1929年 初版 90面
173.3/8754 兩性貞操論 鄭拔駕著
新宇宙書店 1930年 初版 97面
173.5/2148 中國婦女美談 盧壽籛編
上海 中華 民1年 3版 104面 複2
173.5/7773 母道 歐陽溥存編
上海 中華 民1年 八版 1册 複2
174/2535 事樂與修養 生活書店編譯所編
上海 生活 1933年 再版 223面
174/4424 工業主義之倫理 華德講演 簡又文譯
上海 北新 1925年 初版 138面
174/4434 他山石語 范禕著
上海 青年協會書報部 民10年 初版 88面
174/5341 商業道德 盛在珦編
上海 商務 民5年 3版 88面
174/7453 實業家之修養 陸費逵編
上海 中華 民2年 初版 46面
176/0081 新性道德討論集 章錫琛編
上海 開明 1926年 再版 217面 複2
176/1000 婚姻指導 王庚編
上海 大東 民15年 初版 168面
176/1110 墮落的婦女 孔憂編
1册
176/6052 夫婦之性的生活 田中香涯著
上海 民智 民19年 4版 199面
176/7591 科學的性道德 羅素著 陶季良等譯
上海 商務 民20年 初版 200面

176/8908 結婚的快樂 M. Sanger著 唐薇夫人譯

上海 遠東 1929年 初版 320面

176/8908 結婚的幸福 山格爾夫人著 蔡詠裳譯

上海 開明 民19年 3版 230面

177/1101 戒淫拔苦集 張證理編

世界佛教居士林 1928年 5版 1冊

177/2720 交際術 鄒德謹等編

上海 商務 民8年 5版 58面 複2

177.6/0022 戀愛論 廚川白村著 任白濤譯

上海 啓智 民17年 再版 70面 複3

177.6/0022 近代的戀愛觀 廚川白村著 夏丏尊譯

上海 開明 1928年 初版 207面

177.6/0720 戀愛與新道德 〔俄國〕柯倫泰女士著 沈端先、汪馥泉合譯

上海 北新 1926年 初版 194面

177.6/1017 中國婦女的戀愛觀 王平陵著

上海 光華 民16年 3版 74面

177.6/2223 近代戀愛名論 任白濤輯譯

上海 亞東 民16年 初版 268面

177.6/3418 革命與戀愛 洪瑞釗著

上海 民智 民17年 再版 90面 複2

177.6/4774 愛的叢書 Ellis著 瓊華譯

上海 金鐘 1函 10冊

177.6/5514 三角戀愛解決法 曹雪松編

上海 羣衆 民17年 初版 54面

177.6/9061 戀愛之價值 〔日本〕米田正太郎著 衛惠林譯

上海 民智 民16年 初版 224面

178/3148 青年之友 江蘇省立第一師範學校編

蘇州 振新 民12年 初版 186面

178/4452　克己論　葉農生譯

上海　中華　民 8 年　4 版　90 面　複 1

178/4764　淑世新語　胡貽穀編

上海　青年協會　民 7 年　3 版　34 面

178/4988　青年修養録　趙鉦鐸編

上海　商務　民 14 年　11 版　4 册

179.6/4233　誰是英雄　彭兆良著

上海　世界　民 19 年　初版　75 面

179.7/2844　生活藝術化之是非　徐蔚南著

上海　世界　民 17 年　再版　59 面

181　中國哲學

181/0021　高似孫子略　高似孫著

北平　樸社　民 17 年　初版　100 面

181/0046　東方文化　唐大圓編

上海　泰東　民 15 年　初版　1 册　複 3

181/0416　王充哲學　謝无量著

上海　中華　民 7 年　再版　230 面

181/2503　古學巵言　朱謙之著

上海　泰東　民 16 年　4 版　282 面　複 1

181/2842　子學常識　徐敬修編

上海　泰東　民 14 年　再版　158 面

181/3030　宋濂諸子辨　宋濂著

北平　樸社　民 15 年　初版　48 面　複 3

181/3334　中國學術思想變遷史　梁啓超著

上海　羣衆　民 15 年　再版　148 面

181/7182　讀吕氏春秋記　馬敍倫著

上海　商務　民 20 年　初版　27 面

181/7227　新序説苑　劉向著

上海　商務　民 16 年　初版　140 面

181/7230　淮南子　劉安著

上海　商務　民 15 年　初版　203 面　複 1

181/7532　六朝時代學者之人生哲學　陳安仁著

上海　民智　民 15 年　初版　70 面

181/7587　諸子通義　陳鐘凡著

上海　商務　民 14 年　再版　138 面

181/8025　稷下派之研究　金受申著

上海　商務　民 19 年　初版　57 面

181.09/0416　中國哲學史　謝无量編

上海　中華　民 15 年　7 版　一册　複 3

181.09/3032　中國哲學史概論　〔日本〕渡邊秀方著

上海　商務　民 17 年　再版　205 面

181.09/4730　中國哲學史大綱（卷上）　胡適著

上海　商務　民 8 年　4 版　398 面　複 3

181.09/4944　中國哲學史　趙蘭坪編

上海　暨南學校　民 14 年　初版　上中下册

181.1/1033　孔子哲學　王治心著

上海　國學社　民 14 年　初版　192 面

181.1/1033　孟子研究　王治心著

上海　羣學社　民 17 年　初版　225 面

181.1/1144　儒學概論　〔日本〕北村吉澤著

上海　商務　民 17 年　初版　265 面

181.1/2257　孟子事實録　崔東壁著

北京　文化　民 17 年　初版　54 面

181.1/2503 周易哲學 朱謙之著
上海 學術研究會 民15年 3版 116面
181.1/3564 儒道兩家關係論 津田左右吉著
上海 商務 民15年 初版 95面 複3
181.1/3741 孟子學案 郎擎霄著
上海 商務 民17年 3版 219面
181.1/4484 孔子與釋迦 蔣竹莊講述
上海 商務 民14年 再版 33面
181.1/4477 荀子 荀卿著
上海 商務 民14年 初版 229面
181.1/4496 孔子哲學之真面目 蔡尚思著
上海 啓智 民19年 初版 240面 複1
181.1/8717 儒教與現代思潮 鄭子雅編譯
上海 商務 民15年 再版 84面 複2
181.2/2678 老子哲學的研究和批評 程辟金著
上海 民智 民14年 4版 87面 複1
181.2/3130 莊子天下篇講疏 顧實著
上海 商務 民17年 初版 140面
181.3/4477 莊子 莊周著
上海 商務 民15年 初版 108面 複2
181.2/4733 莊子詮詁 胡遠濬著
上海 商務 民20年 初版 285面
181.2/7540 老子集訓 陳柱編
上海 商務 民17年 初版 132面
181.3/1708 墨經新釋 鄧高鏡編
上海 商務 民20年 初版 104面
181.3/3334 墨學微 梁啓超著
上海 商務 1冊

181.3/3334 墨子學案 梁啓超編
上海 商務 民15年 4版 175面 複2

181.3/3334 墨經校釋 梁啓超著
上海 商務 民13年 3版 163面 複3

181.3/6017 墨子 墨翟著
上海 商務 民15年 初版 175面

181.3/7540 墨學十論 陳柱著
上海 商務 民17年 初版 238面 複1

181.4/1053 韓非子法意 夏忠道著
上海 世界 民16年 初版 112面

181.4/4025 管子通釋 支偉成編
上海 泰東 民13年 初版 上下册

181.4/4025 商君書 支偉成編
上海 泰東 民14年 初版 78面

181.4/4411 韓非子 韓非著
上海 商務 民15年 初版 132面

181.4/6043 管子探源 羅根澤著
上海 中華 民20年 初版 272面

181.4/7512 法家政治哲學 陳烈著
上海 華通 民18年 初版 264面

181.4/8825 管子 管仲著
上海 商務 民15年 初版 179面 複1

181.5/4484 楊墨哲學 蔣竹莊編
上海 商務 民17年 初版 202面

181.5/8025 公孫龍子釋 金受申著
上海 商務 民17年 初版 66面

181.7/0416 陽明學派 謝无量編
上海 中華 民7年 再版 196面

181.7/0416　朱子學派　謝无量著

上海　中華　民7年　再版　262面

181.7/1021　陽明學　賈豐臻著

上海　商務　民19年　初版　100面

181.7/1020　傳習録　王岫廬、朱經農編

上海　商務　民16年　初版　278面

161.7/1127　陸王哲學　張繇周著

上海　民智　民15年　初版　182面

181.7/2842　理學常識　徐敬修編

上海　大東　民14年　再版　118面

181.7/3024　王守仁與明理學　宋佩韋編

上海　商務　民20年　初版　170面

181.7/4438　節本明儒學案　黄宗羲著

上海　商務　上下册

181.7/6062　理學綱要　吕思勉編

上海　商務　民20年　初版　220面

181.8/1164　洙泗考信録評誤　張昌圻著

上海　商務　民20年　初版　150面

181.8/3334　清代學術概論　梁啓超著

上海　商務　民14年　6版　183面　複2

181.8/4310　戴氏三種　戴震著

北平　樸社　民13年　初版　1册　複2

181.809/4422　中國近三百年哲學史　蔣維喬編

上海　中華　民21年　初版　164面

181.9 印度哲學

181.9/3060 人生之實現 Tagore R. 著

上海 泰東 162 面

181.9/3112 塔果爾及其森林哲學 馮飛編譯

上海 商務 民 11 年 初版 223 面 複 4

181.9/3333 印度哲學概論 梁漱溟編

上海 商務 民 11 年 3 版 315 面 複 4

182 希臘哲學

182/2119 希臘哲學史 何子恒著

上海 光華 民 15 年 初版 206 面 複 2

182/2585 希臘三哲 朱公振著

上海 世界 1929 年 初版 102 面

182/5393 批評的希臘哲學史 W. T. Stace 著 慶澤彭譯

上海 商務 民 20 年 初版 311 面

184/1703 柏拉圖之理想國 吴獻書編譯

上海 商務 民 9 年 再版 上下册 複 1

185/0430 亞里斯多德 A. E. Taylor 著 劉衡如譯

上海 中華 民 11 年 3 版 182 面 複 2

190 近世哲學家

190/0233 近代思想 日本新潮社著

上海 商務 民 14 年 7 版 上下册 複 1 又複下册 2

190/0974 近代科學與柏格森之迷妄 額略第著

上海 商務 民 20 年 初版 121 面

160/1017 西洋哲學概論 王平陵編

上海 泰東 民 13 年 初版 312 面

190/4762 近代思想解剖 〔日本〕樋口秀雄著

上海 商務 民 10 年 再版 上下册 複 1 又複下册 1

190/4792 近代名人與近代思想 Ernest Scott 著 鍾建閎譯

上海 商務 民 17 年 初版 316 面

190/6644 現代哲學 羅世英著

上海 文化 民 17 年 初版 232 面

190/7742 現代思潮 〔日本〕桑木巖翼著

上海 商務 民 11 年 再版 174 面 複 3

190/8018 歐洲思想大觀 〔日本〕金子筑水著

上海 商務 民 13 年 初版 204 面 複 3

190.9/7226 近代西洋哲學史大綱 劉伯明講述

上海 中華 民 14 年 6 版 138 面 複 3

190.9/7226 西洋古代中世哲學史大綱 劉伯明著

上海 中華 民 13 年 4 版 224 面 複 1

192/7591 哲學中之科學方法 Russ B. 著 王星拱譯

上海 商務 1922 年 再版 343 面 複 3

193/0042 生命之不可思議 赫凱爾著 劉文典譯

上海 商務 民 15 年 3 版 503 面

193/3744 實生論大旨 杜里舒著

上海 亞東 民 12 年 88 面 複 1

193/3744 杜里舒講演録 杜里舒著

上海 商務 民 12 年 初版 1 部 10 册 複 1

193/5538 杜里舒及其學説 費鴻年著

上海 商務 民 13 年 初版 140 面 複 3

193/8410 倭伊鏗哲學 McYrickBooth 著 瞿世英譯

上海 商務 民 14 年 初版 159 面 複 2

194/0147 心力 柏格森著

上海 商務 民 13 年 初版 222 面 複 2

194/0147 物質與記憶 柏格森著

上海 商務 民 11 年 初版 345 面 複 2

194/0147 法蘭西學術史略 柏格森等著 李璜譯

上海 亞東 民 10 年 初版 118 面 複 2

194/0147 柏格森 柏格森著

上海 泰東 民 11 年 初版 102 面 複 1

194/0520 柏格森變之哲學 H. W. Carr 著 劉延陵譯

上海 商務 民 12 年 初版 160 面 複 3

194/0520 柏格森變易哲學 H. W. Carr 著 張聞天譯

上海 民智 民 13 年 初版 79 面 複 1

197.7/12012 托爾斯太學説 愛爾伯著

上海 新文化 民 14 年 3 版 80 面

200 宗教

200 宗教

200/0488 宗教學 ABC 谢頌羔著

上海 世界 1928 年 初版 110 面

200/3022 宗教問答 安島健著 甘浩澤譯

上海 商務 民 14 年 初版 190 面 複 1

200/5144 比較宗教學 F. B. Jebons 著 嚴既澄譯

上海 商務 民 14 年 初版 147 面

200/6867 四教考略 G. N. Grant 著

上海 廣學會 1926 年 初版 76 面

200/9024 諸教參考 S. H. llogg 著

上海 廣學會 1926 年 初版 88 面

201/3980 新宗教觀 馬太時等著

上海 青年協會 1923 年 再版 180 面 複 1

201/4033 神的哲學 袁定安著

上海 廣學會 民 13 年 初版 180 面

201/6150 人類生存奮鬭中宗教之功用 G. B. Foster 著 簡又文譯

上海 基督教文社 民 15 年 初版 172 面

201/6580 宗教的出生與長成 G. F. Moore 著 江紹原譯

上海 商務 民 15 年 初版 209 面 複 1

207/9020 宗教基礎 S. A. Cook 著 陳楚譯

上海 商務 民 14 年 初版 98 面 複 3

207/4271 宗教教學法大綱 彭長琳編

上海 廣學會 民 14 年 初版 160 面

210—280 基督教

215/0040 科學的基督化思想 H. A. Johnston 著 謝頌羔譯

上海 廣學會 1925 年 初版 101 面

215/0450 基督教與進化 H. E. Fosdick 著 王善治編譯

美以美會書報部 民 12 年 初版 135 面

215/4030 近代科學的宗教觀 J. A. Thomson 著 謝頌羔譯

上海 基督教文社 民 16 年 初版 236 面

215/4764 科學與基督教信仰 胡貽穀編

青年協會書報部 民 14 年 再版 52 面 複 1

220/0260 基督教與宗教 A. C. Gaebelein 著 魏光熹譯

上海 福音 246 面

220/7020 舊新約間之宗教 R. H. Charles 譯

上海 聖公會 1926 年 初版 110 面

220.9/0257 舊約歷史 H. K. Wright 編

上海 廣學會 1926 年 4 版 194 面

221/8380 舊約婦女 M. D. Mateer 著 張仲温譯

上海 廣學食 民 13 年 初版 152 面

222.1/9180 太初 S. B. Macy 著 潘志蓉述

上海 廣學會 1913 年 初版 168 面

224/7610 以色列諸先知 L. G. Phillips 著 莊霜根譯

上海 廣學會 民 13 年 初版 166 面

225/8380 新約婦女 M.D.Matteer 著 張仲温譯

上海 廣學會 民 13 年 初版 107 面

226/0117 訓十二徒真詮 A.B. Bruce 著 季理斐譯
上海 廣學會 1924 年 初版 230 面
226/3098 使徒保羅言行録 David Smith 著 季理斐譯
上海 廣學會 民 13 年 初版 224 面
226/5490 李提摩太傳 W.E. Soothill 著 〔英國〕梅益盛譯
上海 廣學會 1924 年 初版 100 面
226.8/5830 耶穌比喻講義 W.M. Taglor 著 門愛蘭女士譯
上海 廣學會 民 13 年 再版 86 面
230/0710 世界的希望 Alonzo L. Baker 著 徐華譯
上海 時兆報館 民 17 年 初版 216 面
230/0775 基督與現代問題 Arthur Rugh 編
青年協會書報部 1925 年 初版 62 面
230/1044 闢耶篇 聶其杰著
上海 聶氏家言旬刊社 民 16 年 128 面
230/3464 評基督抹殺論 沈嗣莊等著
上海 義利 民 14 年 初版 1 册
230/4022 基督抹殺論 幸德秋水著
上海 亞東 民 13 年 初版 140 面 複 2
230/4043 近代基督教思潮 李志實譯述
上海 廣學會 1926 年 初版 77 面
230/4418 新時代的信仰 施子美等著
青年協會書報部 民 14 年 初版 30 面
230/4548 闢基督抹殺論 L.W. Inglis 著 聶紹經譯
上海 廣學會 民 14 年 初版 86 面
230/4764 現代基督教思潮與中國文化 胡貽穀編
青年協會書報部 民 14 年 初版 72 面
230/4784 安慰人的妙訣 J.R. Miller 著 季理斐譯
上海 義利 民 13 年 再版 69 面

230/6039 基督教與新中國 羅運炎著
美以美會書報部 民 12 年 2 版 105 面
230/6198 倫理的基督教觀 G.B. Smith 著 簡又文譯
中華基督教文社 民 15 年 初版 202 面
230/7520 末世警鐘 R. F. Cottrell 著
上海 時兆 1919 年 初版 238 面
232/3767 歷史上之基督 顧樂偉著
上海 廣學會 民 13 年 4 版 165 面
232/5380 耶穌基督 W. D. Mackenzie 著 季理斐譯
上海 廣學會 民 13 年 再版 119 面
232/5454 基督與戰鬭 W. E. Wilson 著
上海 廣學會 1916 年 初版 92 面
251/0900 近代宣道學大綱 A. S. Hoyt 著 謝頌羔譯
美以美會書報部 1924 年 初版 116 面
251/4017 實用講道術 J. A. Broadus 著
美華浸會書局 民 14 年 初版 200 面
251/4639 傳道經驗談 楊道榮編
湖北 漏口信義報館 1925 年 初版 84 面
267.3/0434 青年會與教會之關係 謝洪賚著
青年協會書報社 1916 年 初版 1 册
267.3/0434 青年會創立者 謝洪賚編
上海 商務 1941 年 初版 120 面
276.3/4227 實習計劃 J. C. Clark 著
青年會幹事養成所 2 册
267.3/4227 青年會事業之設計訓練法 J. C. Clark 著
青年協會書報部 民 15 年 初版 116 面
267.3/7236 青年會教育事業概要 劉湛恩著
青年協會 民 13 年 初版 56 面

267.3/7584　學校青年會會務之研究　陳鐘聲著
　青年協會書報部　民 10 年　初版　106 面
267.3/8060　青年會與中國前途　余日章等講
　青年協會書報部　民 15 年　初版　130 面
270/5800　教會歷史　W.H. Hayes 著
　上海　廣學會　民 15 年　4 版　上下 2 册
275.1/3118　歷代求法翻經録　馮承鈞編
　上海　商務　民 20 年　初版　107 面
280/1108　最近反基督教運動的紀評　張亦鏡編
　廣州　美華浸會印刷局　民 14 年　初版　112 面
280/4764　教會覺悟與非基督教運動　胡貽穀編
　青年協會書報部　民 14 年　初版　66 面
280/7214　中國教會問題的討論　劉廷芳編
　青年會　1922 年　初版　56 面　複 1
281.8/3118　景教碑考　馮承鈞編
　上海　商務　民 20 年　初版　100 面

290　神話；佛教及道教

291/4410　神話研究　黄石著
　上海　開明　1927 年　初版　233 面　複 2
293/5021　北歐神話　中島孤島述
　上海　中華　民 21 年　初版　67 面
294/0046　唯識方便談　唐大圓居士著
　上海　世界佛教居士林　民 13 年　初版　22 面
294/0046　唯識易簡　唐大圓居士著
　上海　世界佛教居士林　62 面

294/1033　基督徒之佛學研究　王治心編

上海　廣學會　民 13 年　初版　118 面

294/1040　學佛淺説　王博謙輯述

上海　國光　民 13 年　初版　42 面

294/1103　釋門真孝録　張廣湉輯

上海　國光　民 19 年　初版　84 面　複 1

294/2633　密宗要義　程宅安著

上海　華通　民 18 年　初版　158 面

294/2642　大乘與人間兩般文化　釋太虛著

上海　泰東　民 14 年　初版　1 冊　複 1

294/2642　廬山學　释太虛著

上海　泰東　民 15 年　初版　376 面

294/4496　心筏　蔡慎鳴著

涅槃學社　民 14 年　4 版　38 面　複 1

294/4623　洛陽伽藍記　楊衒之著

上海　商務　民 19 年　初版　1 冊

294/7548　中國佛教小史　陳彬龢著

上海　世界　民 16 年　初版　65 面

294/8179　佛學研究　M. Przyluske 著　馮承鈞譯

上海　商務　民 19 年　初版　118 面

294/9474　法住記及所記阿羅漢考　［法］萊維孝閣納著

上海　商務　民 19 年　初版　151 面

294/9474　大孔雀經藥叉名録輿地考　烈維著　馮承鈞譯

上海　商務　民 20 年　初版　215 面

299.5/1033　中國歷史的上帝觀　王治心著

中華基督教文社　民 15 年　初版　310 面

299.5/2320　道教源流　傅代言編

上海　中華　民 16 年　初版　130 面

300　社會科學

300　一般社會學

300/0021　社會主義社會學　唐仁譯

上海　平凡　民18年　初版　196面　複1

300/0062　社會學總論　高田保馬著　杜季光譯

上海　商務　民19年　初版　92面

300/0106　社會主義社會學　波達諾夫著　薩孟武譯

上海　新生命　1929年　初版　282面

300/0261　羣集社會學　新明正道著　雷通羣譯

上海　新生命　1930年　初版　172面

300/0745　社會學入門　勒維思著　高維翰譯

上海　水沫　1930年　初版　188面

300/0914　羣學肄言　〔英〕斯賓塞爾著　嚴復譯述

上海　商務　民14年　14版　352面　複5

300/1014　三民主義的社會學　王斐蓀著

上海　新生命　民18年　初版　90面　複1

300/1250　社會學的領域　孫本文著

上海　世界　民18年　初版　112面　複2

300/1250　社會學ABC　孫本文著

上海　世界　民17年　初版　122面　複1

300/2247　近世六大家社會學　崔載陽編著

上海　民智　民19年　初版　216面

300/2413 社會學問答 納武津著 甘浩澤譯述
上海 商務 民14年 初版 120面

300/2664 都市社會學 吴景超著
上海 世界 民18年 初版 84面 複1

300/3487 近世社會學 遠藤隆吉著 覃壽公譯述
上海 泰東 民13年 4版 384面 複2

300/4034 現代社會學 李達著述
長沙 現代 民15年 再版 304面

300/5745 唯物的社會學 賴也夫斯基著 陸一遠譯
上海 新宇宙 1929年 初版 128面

300/7778 社會學 歐陽鈞編譯
上海 商務 民11年 8版 146面 複1

300/9446 社會科學與歷史方法 Seignobos著 張文宗譯
上海 大東 1930年 初版 1册

301/0106 社會意識學大綱 波格達諾夫著 陳望道、施存統合譯
上海 大江 1930年 初版 462面 複2

301/0410 社會進化論 H. E. Barner著 王斐蓀譯
上海 新生命 民18年 初版 270面

301/0441 社會哲學 易卜生著
上海 泰東 民16年 初版 194面 複1

301/0721 中國社會思想概觀 郭真著
上海 光華 1930年 初版 84面

301/0745 社學會入門 A. Lewis著 高維翰譯
上海 水沫 1930年 初版 188面

301/1102 美的社會組織法 張競生著
上海 北新 民15年 2版 240面 複1

301/1250 文化與社會 孫本文著
上海 東南 民17年 初版 150面

301/1250　社會變遷　孫本文著
上海　世界　民 18 年　初版　130 面
301/1250　社會的文化基礎　孫本文著
上海　世界　民 17 年　初版　133 面
301/1264　社會組織與社會革命　孫曉村著
上海　聯合　1930 年　初版　126 面　複 1
301/1705　社會與哲學的研究　拉法爾格著　張達譯
上海　新生命　民 20 年　初版　216 面
301/1759　社會改造原理　B. Russell 著　王岫廬譯
上海　公民　民 9 年　再版　249 面　複 1
301/2047　社會心理學　〔美〕愛爾烏特著　金本基、解壽縉合譯
上海　商務　民 11 年　初版　311 面　複 3
301/2122　社會思想　熊得山編
上海　南强　民 18 年　初版　88 面
301/2405　社會心理學　楊琴巴爾著　高覺敷譯
上海　商務　1930 年　初版　94 面
301/2504　社會學原理　朱亦松著
上海　商務　民 17 年　初版　284 面
301/2582　社會諸研究　朱鏡我著
上海　江南　1929 年　初版　166 面
301/2994　社會組織　吴景超著
上海　世界　民 18 年　初版　97 面　複 1
301/4019　現代社會學理論大綱　李聖悦著
上海　光華　1930 年　初版　243 面
301/4025　社會的經濟基礎　壽勉成著
上海　世界　民 18 年　初版　79 面　複 5
301/4046　社會之基礎知識　李鶴鳴著
上海　新生命　民 18 年　初版　122 面　複 2

301/4357 社會學方法論 E. Darkheim 著 許德珩譯述
上海 商務 民 14 年 初版 191 面 複 5

301/4402 社會進化論 薩端譯著
上海 商務 民 15 年 3 版 175 面 複 5

301/4404 社會進化原理 蔣文鶴著
上海 卿雲 民 17 年 初版 116 面

301/4415 社會政策新原理 林癸未夫著 周憲文譯
上海 中華 民 22 年 初版 1 冊

301/4424 社會進化史 蔡和森著
上海 民智 民 16 年 4 版 230 面 複 1

301/4431 社會進化 黃凌霜著
上海 世界 民 18 年 初版 116 面

301/4980 社會哲學原論 〔英〕馬肯底著
上海 學術研究會叢書部 民 15 年 再版 252 面 複 3

301/5007 社會心理學 奧爾波特著 趙演譯
上海 商務 1931 年 初版 491 面

301/5357 哲學及社會問題 W. Durant 著 王捷三譯
南京 南京書店 民 21 年 初版 298 面 複 1

301/5745 羣衆心理及自我的分析 弗洛伊德著 夏斧心譯
上海 開明 民 19 年 再版 114 面

301/5823 社會心理學緒論 W. Mcdougall 著 劉延陵譯
上海 商務 民 11 年 初版 上下冊 複上冊

301/6302 社會論 G. D. H. Cole 著 張東蓀、吴獻書合譯
上海 商務 民 17 年 初版 178 面 複 1

301/6507 社會心理之分析 G. Wallas 著 梁仲策譯
上海 商務 民 12 年 初版 133 面 複 2

301/6710 羣衆心理 G. LeBon 著 吴旭初、杜師業譯
上海 商務 民 14 年 4 版 299 面 複 6

301/6710 羣衆 〔法〕魯滂著 鍾建閎譯

上海 泰東 民15年 再版 1册 複3

301/7157 精神科學概論 馬哲民著

上海 新生命 1930年 初版 336面 複1

301/7163 中國社會組織 長野朗著 朱家清譯

上海 光明 民19年 412面

301/7233 由猿羣到共和國 丘淺次郎著 馬廷英譯

上海 北新 1928年 初版 232面

301/7444 社會心理學新論 陸志韋編纂

上海 商務 民14年 再版 155面 複3

301/7505 社會學的基本知識 陳毅夫著

上海 南京 民17年 初版 124面

301/7532 社會觀 陳安仁著

上海 泰東 民15年 3版 97面

301/7537 進化論與階級問題 陳寶驊、邢墨卿編譯

上海 新生命 民18年 初版 126面

301/8105 唯物史觀與社會學 布哈林著 許楚生譯

上海 北新 582面

301/9014 社會學要旨 常乃德編

上海 中華 民13年 初版 118面

301/9473 社會組織論 愛爾德列基著

上海 新生命 民19年 初版 174面

302/0041 社會科學大綱 高希聖、郭真著

上海 平凡 民18年 初版 1册

302/0723 社會科學概論 郭任遠著

上海 商務 民17年 初版 297面 複1

302/0821 社會學概論 許德珩編纂

上海 商務 民17年 初版 79面

302/1017 社會學大綱 王平陵編
上海 泰東 民16年 再版 170面 複4
302/1131 社會學綱要 張資平編
上海 商務 民20年 初版 165面
302/1233 社會科學大綱 孫寒冰等編
上海 黎明 民18年 初版 1冊
302/2512 社會學大綱 朱聚仁、曹源文編譯
上海 民智 民15年 3版 190面 複6
302/3174 社會科學問答 顧鳳城編
上海 文藝 1930年 初版 247面
302/4229 社會科學概綸 杉山榮著 李達、錢鐵如譯
上海 崐崙 1930年 3版 240面
302/4682 社會科學概論 楊劍秀編
上海 現代 1929年 初版 145面
302/4910 社會學概論 E. S. Bogardus著 瞿世英釋
上海 商務 民14年 初版 175面
302/8323 社會學綱要 錢然編著
上海 廣益 民18年 初版 140面

304 社會問題

304/0025 社會問題詳解 高畠素之著 盟西譯
上海 商務 民11年 再版 3冊
304/0025 社會問題總覽 高畠素之著 李達譯
上海 中華 民11年 3版 上中下册
304/0721 社會問題大綱 郭真著
上海 平凡 民19年 再版 上下册

304/0820　社會問題大要　施復亮著

上海　南强　民 18 年　初版　78 面

304/0826　社會問題之基礎知識　施伏量編

上海　新生命　民 19 年　初版　187 面

304/1000　社會鑑　王立謙編輯

上海　商務　民 12 年　再版　153 面　複 1

304/1038　社會經濟論叢　石濱知行等著

上海　凡平　1930 年　初版　493 面

304/1130　社會政策論　北澤新次郎著　周憲文譯

上海　新生命　民 20 年　初版　258 面

304/1153　目前中國社會的病態　張振之著

上海　民智　民 18 年　初版　190 面　複 1

304/1759　社會結構學　〔英〕羅素演講　伏廬筆記

上海　商務　民 11 年　初版　98 面　複

304/1759　社會結構學五講　〔英〕羅素演講　伏廬筆記

北京　晨報社　1921 年　初版　104 面　複 4

304/2047　社會問題　〔美〕愛爾烏德著　趙廷爲、王造時譯

上海　商務　民 11 年　初版　209 面

304/2047　釋社會問題　耶爾吾特著　黄尊三編譯

北京　一真　民 9 年　初版　98 面

304/2047　社會學及現代社會問題　〔美〕愛爾烏德著　趙作雄譯

上海　商務　民 14 年　7 版　360 面　複 1

304/2120　人道　盧信著

上海　泰東　民 15 年　14 版　97 面　複 1

304/2122　社會問題　熊得山著

上海　北新　民 15 年　再版　144 面　複 2

304/2567　社會問題概觀　生田長江、本間久雄著　周佛海譯

上海　中華　民 15 年　6 版　上下册　複 2 又複下册 1

304/3102 社会問題講演録 江亢虎主講 高維昌編記
上海 商務 民 12 年 初版 150 面 複 4
304/3407 狄雷博士演講録 〔美〕狄雷講演 徐松石譯
上海 商務 民 12 年 初版 130 面 複 4
304/3487 社會學講座（第一卷） 社會學講座社編
上海 平凡 1931 年 初版 1 册
304/3713 湖北寒期講演會講演集 湖北寒期講演會編
1 册 複 2
304/4229 社會科學十二講 杉山榮著 温盛光譯
上海 樂羣 1930 年 初版 557 面 複 1
304/4411 中國社會問題之社會學的研究 薩孟武著
上海 華通 民 18 年 初版 198 面
304/4438 現代社會問題評論集 范祥善編
上海 世界 民 19 年 再版 1 册
304/4620 現代社會生活 堺利彦著 高希聖譯
上海 光華 1929 年 初版 147 面
304/4642 楊杏佛講演集 楊杏佛講演
上海 商務 民 16 年 初版 1 册
304/4787 社會政策 胡鈞著
上海 商務 民 9 年 初版 224 面 複 1
304/4836 學術演講録第 1.2. 期合刊 松江暑期補習會編
上海 新文化 民 13 年 初版 1 册
304/7524 内國問題討論大綱（第一、第二輯） 陳伯華編
上海 青年協會書報部 民 15 年 初版 2 册 複 8
304/7712 社會問題 陶孟和編
上海 商務 民 13 年 初版 191 面 複 1
304/7741 中國社會與中國革命 陶希聖著
上海 新生命 民 19 年 再版 320 面

304/7741 中國問題之回顧與展望 陶希聖著
上海 新生命 民19年 初版 530面

304/7814 主要社會問題 〔美〕拜得著 楊廉譯
上海 商務 民17年 初版 363面

305/0043 社會科學研究 商大社會學研究會編輯
武昌 商大出版部 民14年 初版 1册

306/5046 中華國民拒毒會第一年度報告 中華國民拒毒會編
上海 民13年 初版 156面

307 教育社會學

307/3431 教育社會學通論 沈冠羣、吴同福合編
南京 南京書店 民21年 初版 228面

307/4673 社會研究法 楊開道著
上海 世界 民18年 初版 126面 複2

307/9843 應用教育社會學 斯密斯著 陳啓天譯述
上海 中華 民14年 初版 80面 複2

309 社會史；社會調查

309/1021 西洋社會運動史六講 石川三四郎講 黄源筆記
上海 華通 民19年 初版 88面

309/2164 世界社會史 上田茂樹著 施復亮譯
上海 崐崙 1929年 初版 196面

309/4448 社會通詮 〔美〕甄克思著 嚴復譯
上海 商務 民13年 9版 202面 複8

309/4665 近世社會學成立史 加田哲二著 劉叔琴譯
上海 開明 1931年 初版 228面 複1
309/4665 近世社會學成立史 加田哲二著 李培天譯
上海 啓智 民18年 初版 224面
309/6038 社會學史要 易家鉞著
上海 商務 民13年 3版 121面 複3
309/7157 社會進化史 馬哲民編
上海 南强 1929年 初版 78面
309/7413 社會進化史大綱 陸一遠編
上海 光明 民19年 初版 399面
309/7413 社會形式發展史 陸一遠譯
上海 江南 1929年 初版 182面
309/7548 人類的歷史 陳翰笙著
上海 北新 1927年 再版 76面
309/8044 世界社會史綱 普萊勃拉仁斯基著 王伯平、徐雖先譯
上海 平凡 民18年 初版 308面 複1
309.1/1181 社會調查 張鏡予編輯
上海 商務 民13年 初版 172面 複1
309.1/4412 社會調查方法 樊弘著
上海 商務 民16年 初版 184面
309.1/4487 社會調查之原理及方法 蔡毓驄著
北京 北新 1927年 初版 221面
309.4/7930 戰後的歐洲社會 L. Stoddard 著 劉宛譯
上海 北新 1929年 初版 145面
309.51/1014 東北的社會組織 王正雄編
上海 中華 民21年 初版 112面 複1
309.51/2122 中國社會史研究 熊得山著
上海 崑崙 民18年 初版 238面

309.51/7741 中國社會之史的分析 陶希聖著
上海 新生命 民18年 再版 266面 複2

310 統計學

310/7234 實用統計學 劉迺敬譯
南京 南京書店 民21年 初版 273面
310/7540 統計學 陳其鹿編輯
上海 商務 民15年 再版 300面 複2
310.2/7744 統計學概論 周夔著
上海 民智 民20年 初版 326面
311/0893 統計法概論 許炳漢譯
上海 北新 1930年 240面
311/1021 統計學原理及應用 王仲武著
上海 商務 民20年 3版 403面
311/5107 統計學原理 W. Palin著 趙文鋭譯
上海 商務 民13年 再版 61面 複1
311/8063 統計新論 金國實著
上海 中華 民18年 4版 165面

312 人口論

312/0209 人口問題 H. Cox著 武堉幹譯
上海 商務 民14年 初版 201面 複5
312/1043 民生主義與人口問題 王警濤著
上海 民智 民16年 初版 118面

312/2606 人口問題 吴應圖編
上海 中華 民14年 初版 130面 複1

312/2634 節制生育問題 程浩著
上海 亞東 民15年 3版 212面

312/2742 曆代户口通論 黎世衡著
上海 世界 1922年 初版 128面

312/2774 世界人口狀況 侯厚吉編
上海 大東 民19年 初版 168面

312/2821 生育節制論 徐傅霖譯
上海 中華 民12年 3版 129面 複1

312/3001 産兒制限論 安部磯雄著 李達譯
上海 商務 民11午 初版 157面 複4

312/3123 人口問題批評 河上肇著
上海 南强 民18年 初版 56面

312/6673 節育的理論與方法 嚴與寬編
上海 大東 民19年 初版 120面

312/7572 中國人口論 陳長衡著
上海 商務 民13年 6版 150面 複3

312/8047 人口問題概論 矢内原忠雄著 楊開渠譯
上海 開明 民19年 初版 221面

312/8908 生育節制論 桑格爾夫人著 戴時熙譯
上海 泰東 民12年 初版 170面 複1

312/8908 節育主義 山額爾夫人著 陳海澄譯
上海 商務 民14年 初版 156面 複2

312/8908 生育節制法 M. Sanger著 戴時熙譯
中華節制研究社 民11年 初版 25面

313—14 各種統計

313/0059 物價指數號 廣東省政府農工廳統計科編
香港 商務 民15年 初版 1册

313/4494 民國元年工商統計概要 黄炎培著
上海 商務 民4年 初版 89面 複1

314/6052 國際統計 日本統計局編 陳直夫譯
上海 新宇宙 1929年 初版 1册 複1

314/6054 各國統計一覽 日本内閣統計局著 翁擢秀譯
上海 商務 民19年 初版 122面

315.1/3462 漢口社會調查統計録 漢口特別市黨部編
民18年 初版 1册 複4

320 政治學（其原理、其哲學、其歷史）

320/0064 世界政治概論 H. A. Gibbons著 鍾建閎譯
民18年 初版 320面 複1

320/1268 歐美政界之新趨勢 水野練太郎著 徐天一譯
上海 民智 民19年 初版 166面

320/2848 建國詮真 徐樹錚著
上海 公民 民12年 初版 1册 複1

320/4411 政治之基礎知識 薩孟武著
上海 新生命 民18年 再版 118面 複1

320/4461 民衆政治與英國的政治 蔣國珍著
上海 世界 民17年 再初 53面

320/4743 比較政治 胡越著
上海 神州 1933年 初版 628面

320/5479 政治泛論 威爾遜著 高田早苗譯

上海 商務 民 2 年 初版 上下 2 册 複 2 又下

320/7236 公民與民治 劉湛恩編輯

上海 青年協會書局 民 15 年 初版 44 面

320/9064 各國近時政況 小野塚喜平次著 林覺民譯

上海 商務 民元年 初版 318 面 複 1

320.1/0150 政治哲學導言 浮列爾著 范用餘譯

上海 商務 民 17 年 3 版 249 面 複 2

320.1/0416 古代政治思想研究 謝无量編

上海 商務 民 12 年 初版 63 面 複 5

320.1/0820 文化與政治 許仕廉著

北平 北京 1929 年 初版 230 面

320.1/1047 政治哲學 五來欣造著 鄭肖厓譯

上海 華通 民 18 年 初版 78 面

320.1/1759 政治理想 B. Russell 著 程振基譯

上海 商務 民 11 年 再版 99 面 複 4

320.1/1759 政治理想 B. Russell 著 劉衡如、吴蔚人譯

上海 中華 民 11 年 6 版 128 面 複 2

320.1/1974 平民政治的基本原理 〔美〕芮恩施著 羅志希譯

上海 商務 民 11 年 初版 173 面 複 4

320.1/1974 英漢合璧平民治政的基本原理 芮思施著 罗志希譯

上海 商務 民 14 年 再版 1 册

320.1/2014 經濟的政治基礎 C. A. Beard 著 董時譯

上海 商務 民 13 年 再版 81 面 複 7

320.1/2484 近代政治學説綱要 爵德著 謝義偉譯

上海 商務 1931 年 初版 119 面

320.1/2484 現代政治思潮 賈德著 方文譯

上海 聯合 1929 年 初版 164 面

320.1/2484　現代政治思想　賈德著　夏葵如譯

上海　北新　1930 年　初版　150 面

320.1/2744　政治學原理　鄒敬芳著

上海　會文堂　民 22 年　初版　296 面

320.1/2934　柏拉圖政治教育學説今解　K. Sternberg 著　俞頌華譯

上海　商務　民 13 年　初版　52 面　複 2

320.1/5106　物理與政理　W. Bagehot 著　鍾建閎譯

上海　商務　民 13 年　初版　168 面　複 4

320.1/6472　政治學原理　Gilchrist 著　吴友三譯

上海　黎明　1932 年　初版　上下册

320.1/6507　政治中之人性　G. Walias 著　鍾建閎譯

上海　商務　民 13 年　初版　231 面　複 3

320.1/6710　政治心理　〔法〕勒朋著　馮承鈞譯

上海　商務　民 15 年　3 版　371 面　複 4

320.1/7533　墨子政治哲學　陳顧遠著

上海　泰東　民 15 年　3 版　126 面　複 1

320.1/7533　孟子政治哲學　陳顧遠著

上海　泰東　民 15 年　3 版　126 面　複 2

320.109/0013　歐洲政治思想小史　高一涵編

上海　中華　民 15 年　6 版　250 面　複 3

320.109/0013　歐洲政治思想史　高一涵編

上海　商務　民 15 年　3 版　上中 2 册　複 2　又複中册 2

320.109/0043　政治思想之變遷　高橋清吾著　姜蘊剛譯

上海　真美善　1930 年　初版　398 面

320.109/2484　近世政治思想史　C. E. Merriam、H. E. Barnes 合著　張虹君譯

上海　商務　民 19 年　初版　462 面

320.109/3334　先秦政治思想史　梁啓超著

上海　商務　民 15 年　5 版　317 面　複 1

320.109/4244　法國十八世紀的思想史　彭基相著
上海　新月　1928年　初版　204面
320.109/5035　政治學說史（上）　W. A. Dunning著　謝義偉譯
上海　神州　1931年　初版　261面
320.109/5420　歐洲政治思想小史　F. J. C. Heanshow著　陳康時譯
上海　遠東　1929年　初版　140面
320.109/7532　中國政治思想史大綱　陳安仁編
上海　商務　民21年　初版　324面
320.109/7664　政治思想史大綱　格特爾著　李聖悅譯
上海　啓智　1930年　初版　上下册
320.109/7741　中國政治思想史　陶希聖著
上海　新生命　民21年　初版　2册
320.11/5486　家族私有財産及國家之起源　F. Engels著　李膺揚譯
上海　新生命　民18年　初版　290面
320.158/3334　中國之武士道　梁啓超著
上海　商務　100面　複1
320.2/0013　政治學綱要　高一涵著
上海　神州　民19年　再版　368面
320.2/0055　新政治學大綱　高振青著
上海　社會經濟學會　民20年　初版　1册
320.2/1111　政治學綱要　張天百編著
上海　廣益　民18年　再版　146面
320.2/2178　政治概論　張慰慈編
上海　商務　民15年　3版　240面　複1
320.2/1178　政治學大綱　張慰慈編
上海　商務　民15年　5版　517面　複1
320.2/2133　政治學問答　上海法學編譯社
上海　會文堂　民20年　初版　52面

320.2/2522　政治學通論　朱采真著

上海　世界　1930 年　初版　274 面　複 1

320.2/4426　政治學概要　萬秋田編著

上海　世界　民 18 年　初版　114 面

320.2/4472　治政學的諸重要問題　黄開山著

上海　神州　1932 年　初版　322 面

320.2/5067　政治學概論　秦明編

上海　南强　1929 年　初版　80 面

320.2/8321　政治學問答　錢釋雲編輯

上海　三民　民 19 年　初版　88 面

320.4/1040　秋聲集　覃壽公著

武昌　工業傳習所　民 2 年　初版　314 面

320.4/1048　救危三策　覃壽公著

北平　華國　民 5 年　初版　122 面

320.4/1759　經濟狀況與政治思想　B. Russell 著

上海　商務　民 15 年　再版　84 面　複 5

320.4/3334　飲冰室自由書　梁啓超著

上海　商務　2 册　複 1

320.4/3334　政聞時言　梁啓超著

上海　商務　上下册　複 1

320.4/4018　民政發展精義　J. H. B. Masterman 著

上海　廣學會　1916 年　初版　56 面

320.4/4438　現代政治評論集　范祥善編輯

上海　世界　民 19 年　再版　1 册　複 1

320.5/0048　甲寅雜誌存稿　章士釗編纂

上海　商務　民 11 年　初版　上下册

320.9/2803　政法類典　作新社著

作新社　光緒 9 年　初版　1 册

320.9/5107 政治學史概論 波拉克著 張景崐譯
上海 商務 民 20 年 初版 169 面
320.947/0817 蘇俄政治之現況 H. N. B. Railsforo 著 胡慶育譯
上海 太平洋 初版 314 面
320.947/2241 蘇俄之政治經濟社會 山内一雄著 王錫綸譯
上海 新生命 民 21 年 初版 217 面
320.951/1091 現代中國政治 王恒著
廣州 革新評論社 民 17 年 再版 256 面 複 1
320.951/4085 最近三十年中國政治史 李劍農著
上海 太平洋 民 21 年 4 版 652 面
320.951/6014 中國政治史要 易君左著
上海 商務 民 18 年 初版 249 面
320.952/0721 現代日本講話 郭真著
上海 勵羣 民 18 年 初版 200 面

321 國體；政體

321/1178 政治制度淺説 張慰慈著
上海 神州 民 19 年 初版 266 面
321/1737 國家論之基礎知識 鄧初民著
上海 新生命 民 18 年 初版 130 面
321/3060 國家主義 Tagore 著 樓桐孫譯
上海 商務 民 14 年 初版 119 面 複 2
321/4411 新國家論 薩孟武著
上海 商務 民 17 年 初版 219 面
321/5011 國家論 F. Oppenheimer 著 陶希聖譯
上海 新生命 民 18 年 初版 236 面

321/5984　民主與反民主　尼蒂著　劉奚叔、李公恪譯
上海　民智　民 18 年　初版　204 面

321/9085　國家主義論文集　少年中國學會編
上海　中華　民 15 年　5 版　177 面　複 1

321.021/7540　聯邦政治　陳茹玄著
上海　商務　民 14 年　初版　212 面　複 3

321.03/1111　煤油帝國主義　斐西爾著　聞傑鍾譯
上海　明日　1929 年　初版　229 面

321.03/1380　帝國主義與世界政治　湯麥斯蒙著
上海　新生命　民 20 年　初版　全 2 册

321.03/2721　最後階級的資本主義　烏利亞諾夫著　章一元譯
上海　春潮　1930 年　初版　182 面

321.03/2764　帝國主義論　伊里基著　劉埜平譯
上海　啓智　1929 年　初版　176 面

321.03/4814　資本主義與戰争　松下芳男著　徐文亮譯
上海　啓智　民 17 年　初版　160 面　複 2

321.03/7157　帝國主義之基礎知識　馬哲民著
上海　新生命　民 18 年　再版　108 面　複 2

321.03/7157　國際帝國主義史論　馬哲民著
上海　崐崙　民 18 年　初版　394 面

321.03/7500　經濟的帝國主義　〔英〕烏爾夫著　石光落譯
上海　北新　1929 年　初版　94 面

321.03/7500　帝國主義與文化　〔英〕武爾夫著　鄒維枚譯
上海　民智　民 19 年　初版　128 面

321.03/7500　帝國主義與文化　〔英〕烏爾夫著　宋桂煌譯
上海　開明　1929 年　初版　108 面　複 1

321.03/7715　帝國主義之政治的解剖　〔美〕皮藹爾著　葉秋原譯
上海　聯合　1929 年　初版　226 面

321.03/7908　新帝國主義論　桑特爾著　劉沁儀譯
上海　春秋　1930年　初版　360面
321.03/8802　霸術　〔意〕馬家維理著　伍光建譯
上海　商務　民14年　初版　64面　複2
321.2/6038　西洋氏族制度研究　易家鉞著
上海　商務　1921年　初版　175面　複5
321.309/7741　中國封建社會史　陶希聖著
上海　南强　民18年　初版　92面
321.6/8053　現代獨裁政治學概論　今中次磨著　高青選譯
上海　華通　民21年　初版　1冊
321.6/8053　現代獨裁政治史總説　今中次磨著　高青選譯
上海　中行　民21年　初版　316面
321.7/1134　日本政府　北澤直吉著　梁大鵬譯
上海　民智　民19年　初版　154面
321.8/0017　世界共和國政要　商務印書館編譯所編譯
上海　商務　民1年　再版　1冊
321.8/0470　公共意見與平民政治　A. Elowell著　范用餘譯
上海　商務　民13年　初版　295面　複4
321.8/2768　中國民治論　鮑明鈐著　周馥昌譯
上海　商務　民16年　再版　368面　複2
321.8/2768　中國現代政治　鮑明鈐著
上海　商務　1930年　初版　346面
321.8/3554　全民政治　D. F. Wilcox著　廖仲愷譯
上海　民智　民14年　再版　256面　複22
321.8/4068　近世民主政治論　森口繁治著　薩孟武譯述
上海　商務　民14年　初版　161面　複2
321.8/4174　現代民治政體（第1編）　蒲徠斯著　梅祖芬譯
上海　商務　220面　複1

321.8/4174 平民政治 蒲徠斯著
上海 民友社 上下册 複2
321.8/4676 民主政治思想與制度 楊熙時著
上海 民智 民20年 初版 106面
321.8/5108 瑞士民主政治 F. BonJour著 許同華譯
上海 商務 民12年 初版 155面 複6
321.8/6002 現代民治的趨勢 羅敦偉著
上海 大東 民20年 初版 226面

323 國家與團體及個人

323/0042 中國民族的病源及治療法 高槐川著
上海 民智 民18年 初版 172面
323/0258 馬克斯的民族社會及國家概念 H.Cunow著 朱應祺譯
上海 泰東 民17年 初版 107面
323/1220 中國改造論 孫倬章著
成都 民日 民16年 初版 1册
323.1/0200 東方民族論 漢斯康著
上海 民智 1930年 初版 457面
323.1/0721 現代民族問題 郭真著
上海 現代 1929年 初版 143面
323.1/1409 民族論 B. Joseph著 劉君木譯
上海 民智 民19年 初版 286面
323.1/4034 民族問題 李達編
上海 南强 民18年 初版 82面
323.1/4407 世界人種問題 黃新民編譯
上海 光華 民16年 初版 126面

323.1/7715 民族國際鬭争 皮靄爾著 葉秋原譯
上海 真美善 1930年 初版 320面

323.2/1114 國内戰争六講 張君勱著
上海 國立自治學院 民13年 初版 107面 複1

323.2/2053 法國革命與階級鬭争 考茨基著 劉隱譯
上海 新生命 民19年 初版 147面

323.2/6710 世界之紛亂 G. Le Bon著 馮承鈞譯
上海 商務 民19年 初版 230面

323.2/7236 和平運動討論大綱 劉湛恩等編輯
上海 青年協會書報部 民15年 初版 129面 複1

323.4/4479 日本民權發達史 植原悦二郎著 黄文中譯
上海 商務 民15年 初版 435面

323.4/6734 正義與自由 〔英〕狄克遜著 程振基譯
上海 商務 民16年 初版 244面

323.4/7522 人權論及其他 陳德徵編著
上海 大東 1930年 初版 96面 複1

323.44/0470 現代國家自由論 H. J. Laski著 何子恒譯
上海 商務 民21年 初版 158面

323.44/3660 自由主義 澤田謙著 羅超彦譯
上海 華通 民18年 初版 62面

323.44/4115 思想自由史 〔英〕柏雷著 羅志希譯
上海 商務 民16年 初版 332面

323.44/4115 思想自由史 柏利著 宋桂煌譯
上海 民智 民16年 初版 216面 複1

323.44/4984 羣己權界論 〔英〕穆勒約翰著 嚴復譯
上海 商務 民13年 8版 168面 複2

323.44/7591 羅素論思想自由 羅素著 朱枕薪譯
上海 民智 民15年 再版 38面 複2

323.6/5084 增訂公民綱要 青年協會書報部編
上海 青年協會 民15年 初版 60面
324.3/1014 各國婦女參政運動史 夏承堯編
上海 啓智 民18年 初版 222面
324.3/1044 女子參政之研究 王世杰著
北大 新知書社 民10年 初版 56面
324.3/4068 婦女參政運動 森口繁治著 劉絜敖譯
上海 商務 民21年 初版 242面
324.42/1178 英國選舉制度史 張慰慈編
上海 商務 民12年 初版 148面 複5

325—26 殖民；移民；奴隸制度

325/0580 華僑志 H. F. Macnair著 岑德彰譯述
上海 商務 民17年 初版 153面
325/1033 東北移民問題 王海波編
上海 中華 民21年 初版 102面 複1
325/3434 東北的韓僑 浩浩編
上海 日本研究社 1931年 初版 75面
325/4403 南洋華僑 黄競初著
上海 商務 1930年 初版 84面
325/4673 日本帝國主義下之台灣 楊開渠譯
上海 神州 1930年 初版 234面
325/7244 日本海外侵略與華僑 劉士木編
上海 暨大 1931年 初版 586面
325/7733 旅美華僑實録 屠汝涑著
杭縣 華豐 民13年 初版 1冊 複1

325/8293　東北移民問題　鍾悌之編

上海　日本研究社　1931 年　初版　69 面

325.3/2606　殖民政策　吴應圖編

上海　中華　民 15 年　再版　170 面　複 1

325.3/7294　殖民政策　劉光華編

上海　商務　1930 年　初版　168 面

325.309/4072　近代世界殖民史略　大鹽龜雄著

上海　中華　民 20 年　204 面

325.309/4072　最新世界殖民史　大鹽龜雄著　葛綏成譯

上海　商務　民 19 年　初版　403 面

326.09/4248　奴隸制度史　殷格蘭姆著　唐道海譯

上海　新生命　1931 年　初版　1 册

327　外交

327/0021　一九二八年的國際　高喬平等編

上海　北新　1929 年　初版　101 面

327/0021　外交學概論　廖德珍編

上海　大東　民 19 年　初版　266 面　複 1

327/0034　國際問題經濟的觀察　章淵若著

上海　民智　民 18 年　初版　175 面　複 1

327/0041　國際與中國　高希聖、郭真著

上海　泰東　1929 年　出版　1018 面

327/0041　國際與中國　高希聖、郭真著

上海　泰東　民 18 年　初版　上下 2 册

327/0457　國際問題　謝扶雅編

上海　青年協會　民 15 年　再版　202 面　複 1

327/0742 最近列强海軍政策 實力與太平洋問題 郭壽生編

上海 華通 民18年 初版 140面

327/0842 國際政治現勢 許楚生著

上海 南强 民18年 初版 84面

327/1115 最近國際政治概況 張琴撫著

上海 樂華 1930年 初版 162面

327/1134 各國外交行政 張安世編著

上海 大東 1931年 初版 196面

327/1135 國際智識合作運動史 張良輔撰述

上海 商務 民17年 初版 111面

327/1181 戰後列國大勢與世界外交 張介石編

上海 中華 1929年 3版 136面 複1

327/1715 國際關係論（上） B. L. Buell著 葉啓芳、曾豫生合譯

上海 神州 1931年 初版 465面

327/1715 國際關係論（中） B. L. Buell著 葉啓芳、曾豫生合譯

上海 神州 1931年 初版 287面

327/2267 外交政策 稻田周之助著 楊永泰譯

上海 泰東 民4年 初版 206面 複1

327/2622 世界資本主義國之反俄戰線 吴仁德著

上海 平凡 民18年 初版 128面 複1

327/3188 現代國際政治 瑪節著

上海 遠東 1929年 初版 128面

327/4174 國際關係論 蒲萊斯著 鍾建閎譯

上海 商務 民13年 初版 276面 複5

327/4220 戰後太平洋問題 姚伯麟編譯

上海 泰東 民10年 初版 252面 複1

327/4327 東方問題與世界問題 戴季陶講演

上海 光明 民17年 再版 38面

327/4347 太平洋之將來 E. Tiltman 著 許復七譯
上海 民智 民 18 年 初版 158 面 複 1

327/4421 最近之國際政治 樊仲雲著
上海 新生命 民 18 年 初版 336 面

327/4421 最近之國際政治續編 樊仲雲著
上海 新生命 民 19 年 初版 342 面

327/4421 國際政治之基礎知識 樊仲雲著
上海 新生命 民 18 年 初版 1 册

327/4421 現代國際問題 樊仲雲著
上海 中華 民 22 年 初版 1 册

327/4422 美俄會聯合戰日否 林伯修著
上海 良友 民 21 年 初版 58 面

327/4425 太平洋問題之解剖 葛綏成編
上海 中華 民 21 年 初版 206 面 複 1

327/4441 近東問題 華林一 陸人驥合編
上海 商務 民 19 年 初版 178 面

327/4613 世界現勢概況 杨西涯編
上海 中華 1928 年 初版 174 面

327/4654 世界之現狀 楊东蓴編
上海 崑崙 民 18 年 初版 141 面

327/4654 第二次世界大戰問題 楊东蓴編
上海 崑崙 民 18 年 初版 150 面

327/5072 帝國主義者在太平洋上之争霸 FoRks 著 陳宗熙譯
上海 華通 民 18 年 初版 162 面

327/7244 歐洲的向外發展 劉英士著
上海 新月 1929 年 初版 302 面 複 1

327/7501 最近太平洋問題 陳立廷、應元首編輯
太平洋國交討論會 民 16 年 初版 1 册

327/7501　太平洋問題　陳立廷編輯

上海　青年協會書報部　民16年　初版　112面

327/7590　外交新紀元　陳榮廣、王幾道編纂

上海　泰東　民6年　初版　180面　複1

327/7595　國民外交常識　陳耀東著

上海　新月　1928年　初版　266面

327/8344　國民外交常識　錢基博編輯

上海　商務　民15年　5版　76面

327/9040　大亞細亞主義論　小寺謙吉著

日本　百城書舍　民7年　初版　796面

327/9054　外交ABC　常書林著

上海　世界　民16年　初版　110面

327.04/4438　現代外交評論集　范祥善編

上海　世界　民19年　初版　1册　複1

327.05/2304　外交報彙編　外交報社編

上海　商務　32册

327.09/1062　十九世紀外交史　平田久著　張相譯

杭州　史學齋版　合裝1册

327.09/1134　近代世界外交史　張安世著

上海　中華　民20年　初版　1册

327.09/1169　中西交通史料匯篇　張星烺著

補仁大學圖書館　民19年　初版　6册

327.09/2803　最近外交史　作新社著

東京　秀英舍　光緒28年　初版　57面

327.09/3188　近百年國際政治史略　馮節著

上海　商務　民17年　初版　67面

327.09/4382　最近世界外交史　戴鑫修著

北京　京城　民15年　初版　上下册　複下册

327.51 外交—中國與歐美日各國

327.4/4744 歐洲列强武力對華的開端 E. Reinharel 著 陳儒平譯
上海 北新 1927 年 再版 34 面

327.409/7722 近代歐洲外交史 周鯁生編
上海 商務 民 16 年 初版 457 面

327.42/1152 英日同盟 張忠紱著
上海 新月 1931 年 初版 239 面

327.42/3703 英國帝國主義的前途 特洛斯基著 張太白譯
上海 春潮 民 18 年 初版 226 面

327.42/4141 英帝國之將來 J. Peper 著 郭關居譯
廣州 民聲社 民 17 年 初版 42 面

327.42/4629 英帝國主義與中國 楊幼炯著
北平 反帝國主義同盟會 民 15 年 再版 104 面 複 6

327.47/1078 蘇俄十年來之外交 培芝亞那特著 胡慶育譯
上海 新生命 民 18 年 初版 182 面

327.47/1078 戰後世界政治之關鍵 P. Arnot 著 周谷城譯
上海 春潮 民 17 年 初版 184 面 複 2

327.47/4007 蘇俄的東方政策 布施勝治著 半粟譯
上海 太平洋 民 16 年 初版 396 面

327.47/4021 蘇俄的東方侵略 赤俄研究叢書社
光陸 民 20 年 初版 156 面

327.47/4629 蘇俄民族政策之解剖 楊幼炯著
上海 民智 民 18 年 初版 140 面 複 2

327.51/ 國恥痛史
1 册

327.51/0004 中美外交史 唐慶增撰述
上海 商務 民 17 年 初版 75 面

327.51/0014 經濟侵略與中國 高爾松、高爾柏編
上海 中國經濟研究會 328 面 複 1
327.51/0021 列强與中國 高喬平、龔彬編
上海 北新 1929 年 初版 135 面
327.51/0031 帝國主義壓迫中國史 高守一編
上海 北新 1929 年 初版 152 面
327.51/0032 東北鐵路與遠東問題 高良佐著
上海 太平洋 民 19 年 初版 158 面
327.51/0072 日本蹂躪山東痛史 唐巨川著
上海 大東 民 17 年 初版 62 面
327.51/0084 中俄問題全部之研究 文公直編著
上海 益新 民 18 年 初版 222 面 複 1
327.51/0154 青島潮 龔振黄編
上海 泰東 民 8 年 初版 3 册
327.51/0442 中國喪地史 謝彬編
上海 中華 民 15 年 3 版 148 面
327.51/0442 國防與外交 謝彬著
上海 中華 1930 年 4 版 340 面
327.51/0570 三國干涉還遼祕聞 O. FranK. 著 王光祈譯
上海 中華 1929 年 初版 95 面
327.51/0721 中日經濟關係論 郭真編譯
上海 北新 1929 年 初版 122 面
327.51/0735 呼倫貝爾問題 郭道甫著
上海 大東 民 20 年 初版 82 面
327.5l/0842 達衷集 許地山編
上海 商務 民 20 年 初版 237 面
327.51/0872 日帝國主義與東三省 許興凱編
上海 崐崙 1930 年 初版 584 面 複 1

327.51/1001 國際現勢與中國革命 丁立三著
上海 大東 1930 年 初版 250 面
327.51/1018 不平等條約大綱 不平等條約研究會編輯
上海 三民 民 16 年 4 版 1 册
327.51/1042 六十年來中國與日本 王芸生纂輯
天津 大公報社 民 21 年 初版 1 册
327.51/1042 帝國主義侵略中國史 于樹德講演
廣州 汕頭 民 16 年 初版 62 面 複 2
327.51/1044 蒙古問題 王勤堉撰述
上海 商務 1931 年 初版 124 面
327.51/1067 日本侵略下之滿蒙 石明著
上海 大東 民 17 年 初版 96 面
327.51/1093 美國與滿洲問題 王光祈譯
上海 中華 1929 年 初版 106 面
327.51/1102 分類編輯不平等條約 北京外交委員會編纂處編輯
上海 商務 民 18 年 初版 上下 2 册
327.51/1114 山東問題彙刊 張一志編纂
上海 歐美同學會 民 10 年 初版 上下 2 册 複 1
327.51/1116 不平等條約的研究 張廷灝講演
上海 光華 民 15 年 再版 156 面 複 4
327.51/1148 日本大陸政策解剖 張樹人著
上海 三星棉鐵工廠 民 20 年 再版 206 面
327.51/1234 不平等條約討論大綱 孫祖基編輯
上海 青年 民 15 年 再版 153 面 複 5
327.51/2405 日本帝國主義之野心 儲效忠編緝
上海 新民 民 17 年 初版 14 面
327.51/2405 滿洲國際關係 C. Young 著 蔣景德譯
上海 神州 民 20 年 初版 455 面

327.51/2431　中日問題與各家論見　儲安平編
上海　新月　1931 年　初版　281 面　複 1
327.51/2548　取消不平等條約之方法及步驟　朱世全著
上海　泰東　民 17 年　初版　116 面
327.51/2614　帝國主義對華三大侵略　吴君如著
上海　民智　民 18 年　初版　220 面
327.51/2652　各國對中國不平等條約　程中行著
上海　世界　民 17 年　再版　119 面　複 1
327.51/2723　國聯處理中日事件之經過　鮑德徵編譯
上海　南京書店　民 21 年　初版　158 面　複 1
327.51/2854　山東問題與國際聯盟　徐東藩著譯
山東　外交協會　民 9 年　初版　32 面　複 1
327.51/2864　近百年外交失敗史　徐國楨編
上海　世界　1929 年　初版　206 面　複 2
327.51/3040　日俄對峙中之中東鐵路　甯華亭著
上海　良友　民 20 年　初版　58 面
327.51/3162　八十五年之中英　顧器重編
上海　國民圖書館　民 16 年　初版　278 面　複 1
327.51/3192　帝國主義侵略中國的趨勢和變遷概論　汪精衛著
上海　青年　民 14 年　初版　116 面　複 3
327.51/3192　國民會義國際問題草案　汪精衛著
北京　國際問題研究會　民 15 年　初版　126 面　複 5
327.21/3239　怎樣取消不平等條約　浙江省黨部宣傳部編
浙江　省黨部宣傳部　56 面
327.51/3403　增訂國恥小史　沈文濬編纂
上海　中國　民 16 年　13 版　73 面　複 1
327.51/3444　經濟侵略下之中國　漆樹芬著
上海　光華　民 15 年　3 版　454 面　複 6

327.51/3452 最近十年中俄之外交 遠東外交研究會著作
哈爾濱 國際協報社 民12年 初版 252面

327.51/3464 日本强佔東三省記 漢口奮鬥報社編
1931年 出版 262面

327.51/3484 國民政府外交史（第1集） 洪鈞培編
上海 華通 民19年 初版 389面

327.51/3487 我們的敵人——日本 社會與教育社編
上海 新生命 民20年 初版 172面

327.51/3577 日本經濟與中國東北問題 神原周平著 潘文安、殷師竹合譯
上海 文藝 1932年 初版 100面

327.51/3612 滿鐵外交論 湯爾和譯
上海 商務 民19年 初版 148面 複2

327.51/4042 國際競爭中之滿洲 克萊德著 張明煒譯
上海 華通 民19年 初版 402面

327.51/4072 列强在中國之勢力 李長傅著
上海 大東 民17年 再版 94面

327.51/4407 外交思痛録 莊病骸著
上海 交通 272面

327.51/4417 滿蒙問題講話 藍孕歐編
南京 南京書店 民21年 初版 220面

327.51/4446 中美關係紀要 蔣恭晟著
上海 中華 民19年 初版 125面

327.51/4469 東路中俄決裂之真相 董顯光著
上海 真美善 1929年 1册

327.51/4471 日本帝國主義侵略中國史 蔣堅忍著
總司令部第二剿匪宣傳處 1931年出版 412面

327.51/4481 滿蒙問題 華企雲編著
上海 大東 民20年 3版 398面 複1

327.51/4481 西藏問題 華企雲編

上海 大東 民19年 初版 258面 複1

327.51/4481 雲南問題 華企雲編

上海 大東 1931年 初版 124面

327.51/4481 新疆問題 華企雲編著

上海 大東 1931年 初版 172面

327.51/4629 近時國際問題與中國 楊幼炯著

上海 泰東 民17年 再版 242面

327.51/4645 日本的對華政策 楊越夫編

上海 日本研究社 1931年 初版 102面

327.51/4743 不平等條約概論 柳克述編

上海 泰東 民15年 初版 235面

327.51/4744 帝國主義國家對華政策的内幕和衝突 E. Reinhard著 陳儒平譯

上海 北新 1927年 再版 133面

327.51/4914 國恥小史續編 趙玉森編

上海 中國 民15年 6版 77面 複5

327.51/5004 暴日鐵蹄下之淞滬 抗敵老人編

上海 氣淵圖書館 民21年 154面

327.51/5020 支那分割之運命 中島端著

東京 宏文堂 大正2年 再版 269面

327.51/5045 日本人之支那問題 中華書局編輯所編

上海 中華 民8年 初版 1册 複2

327.51/5045 二十年來之中日關係 中華書局編輯所編

上海 中華 民8年 再版 170面 複3

327.51/5054 對日問題研究 中央大學社會科學研究會編

南京 商京書店 民21年 初版 200面

327.51/5067 國聯調查團報告書（中文本） 中日問題研究社

上海 光明 民21年 3版 288面

327.51/5070 最近之中日問題 東辟編
36 面
327.51/5504 中國外交關係略史 〔英〕懷德著 王峨孫譯
上海 商務 民 17 年 初版 154 面
327.51/5548 新編國恥小史 曹增美、黄孝先編
上海 商務 民 17 年 初版 249 面
327.51/6062 國恥小史 吕思勉編
上海 中華 民 11 年 9 版 上下 2 册
327.51/6072 門户開放之今昔觀 國民外交叢書社編
上海 中華 民 15 年 4 版 50 面 複 3
327.51/6072 中俄關係略史 國民外交叢書社編
上海 中華 民 15 年 初版 63 面 複 2
327.51/6072 近代中日關係略史 國民外交叢書社編
上海 中華 民 15 年 4 版 49 面 複 4
327.51/6074 不平等條約一覽表 國民革命軍總司令部政治部編
12 面
327.51/6074 瀋陽事件 羅隆基著
上海 良友 民 21 年 3 版 1 册
327.51/6648 中國國恥紀念史問答 瞿世鎮編
上海 三民 民 19 年 初版 102 面 複 1
327.51/7163 帝國主義者資本戰 長野朗著
上海 聯合 1929 年 初版 364 面
327.51/7200 中國近時外交史 劉彦著
上海 太平洋 民 10 年 3 版 636 面 複 6
327.51/7200 最近三十年中國外交史 劉彦著
上海 太平洋 民 20 年 3 版 194 面
327.51/7200 被侵害之中國 劉彦著
上海 太平洋 民 17 年 初版 294 面

327.51/7200　帝國主義壓迫中國史　劉彦著
上海　太平洋　民17年　3版　上下2册
327.51/7200　歐戰期間中日交涉史　劉彦著
上海　太平洋　民10年　3版　330面　複2
327.51/7423　日本侵略中國外交祕史　陸奥宗光著　龔德白譯
上海　商務　民18年　初版　96面
327.51/7511　中俄關係述略　陳登元著
上海　商務　民15年　初版　187面
327.51/7516　英日侵略及對策　陳震異著
北平　燕京　民14年　初版　128面
327.51/7521　日本勢力下二十年來之滿蒙　陳經編
上海　華通　民20年　初版　216面
327.51/7528　東北與列强　陳叔兑編
上海　中華　民21年　初版　118面　複1
327.51/7540　中日外交史　陳博文撰述
上海　商務　民18年　再版　168面　複2
327.51/7722　解放運動中之對外問題　周鯁生著
上海　太平洋　民16年　初版　394面
327.51/7722　革命的外交　周鯁生著
上海　太平洋　民17年　初版　174面
327.51/7722　國立武昌大學商科大學講演集　周鯁生講
武昌　時中　民14年　初版　26面
327.51/7722　不平等條約十講　周鯁生講演
上海　太平洋　民18年　再版　172面
327.51/7725　國際的資本帝國主義與中國　周幽東著
上海　新宙宇　民18年　初版　168面
327.51/7730　東北與日本　周憲文編
上海　中華　民21年　初版　118面　複1

327.51/7785 日本帝國主義侵略中國史 周策農編

南京 中山 民 18 年 初版 72 面

327.51/7960 西原借款真相 勝田主計著 龔德白譯

上海 太平洋 民 18 年 初版 100 面

327.51/8040 中國外交史 曾友豪編

上海 商務 民 15 年 初版 467 面 複 2

327.51/9054 帝國主義與中國 常書林著

上海 世界 民 16 年 初版 63 面

327.51/9840 中國世界主權力 S. MeaRing 著 吴壽彭譯

上海 北新 1929 年 初版 60 面

327.52/2261 日本對華最近野心之暴露 山田武吉著 周佩嵐譯

上海 民智 民 17 年 初版 106 面 複 2

327.52/2668 日本併呑滿蒙論 細野繁勝著 王慕甯譯

上海 太平洋 初版 248 面

327.52/4645 日本與世界 楊越夫編

上海 日本研究社 1931 年 初版 66 面

327.52/5724 日本外史 賴久太郎著

大阪 交盛館 明治 39 年 初版 945 面

327.73/3116 美國的帝國主義外交 顧琪影編譯

上海 北新 1927 年 再版 102 面

327.73/9840 金圓外交 尼埃林、福禮門合著 張伯箴、丘瑞曲合譯

上海 水沫 1930 年 初版 431 面

327.73/9840 美帝國的金元外交 倪爾林、弗里門合著 柳克述、陳漢平合譯

上海 商務 1931 年 初版 339 面

328 立法

328/2661 萬國比較政府議院之權限 吴昆吾、戴修駿譯
上海 商務 民6年 初版 148面 複1

328.1/5542 會場必携 費培傑譯
上海 商務 民11年 再版 119面 複3

328.2/1169 議會通詮（上編） 孔昭焱編
上海 商務 民2年 5版 142面 複1

328.362/6054 首領論 Gowin著
上海 泰東 民12年 初版 143面

328.52/0017 日本議會法規 商務印書館編譯所編譯
上海 商務 民1年 4版 143面

328.52/6071 日本議會紀事本末 畢厚編
東京 守岡功 民1年 初版 上下2册

329 政黨

329/0826 歐美無産政黨研究 施伏量譯
上海 新生命 民18年 初版 236面

329/3144 最近世界各國政黨 顧樹森編譯
上海 中華 民18年 初版 1册

329/4459 世界各國左傾政黨 藤井悌著 盛光譯
上海 樂羣 1929年 初版 190面

329/6054 歐美政黨政治 田中萃一郎著 畢厚譯
上海 商務 民2年 初版 84面 複3

329/7202 政黨政治論 劉文島著
上海 商務 民12年 初版 56面 複2

329.09/1136　各國政黨史綱要　張啓明編著

上海　法學社　民 18 年　初版　140 面

329.09/7720　世界政黨史　印維廉編

中央圖書局　民 17 年　再版　84 面

329.942/4547　英國勞動黨的真相　厄根威太馬爾著、陳自明譯

上海　商務　1931 年　初版　292 面

329.945/0025　棒喝主義　高畠素之著　龍紹臣譯

上海　華通　民 18 年　初版　59 面

329.945/4459　法西斯主義的理論與實際　藤井悌著　邢墨卿等譯

上海　新生命　民 18 年　初版　167 面

329.945/6907　意大利法西斯蒂之專政　薩爾維密尼著　歐陽格譯

上海　民智　民 18 年　初版　270 面

329.947/0060　蘇俄黨争之解剖　高晶齋著

上海　新生命　民 18 年　初版　1 册

329.951/0442　民國政黨史　謝彬著

上海　學術研究會　民 16 年　5 版　242 面　複 1

329.951/7720　中國政黨史　印維廉编

上海　中央圖書局　民 16 年　89 面

329.952/0826　日本無産政黨研究　施伏量著

上海　新生命　民 18 年　再版　180 面　複 1

329.952/5316　日本政黨史　盛了明編

上海　華通　民 18 年　78 面

329.973/3411　美國政黨　沈乃正編

上海　商務　民 19 年　初版　145 面

330 經濟學（其原理、其思想、其歷史）

330 經濟原論

330/0023 世界經濟論 高山祥吉著 高希聖譯
中央印刷公司 民18年 初版 90面

330/0042 實用經濟學 高橋龜吉著 施復亮、周白棣譯
春秋書店 1930年 初版 595面

330/0042 應用經濟學 高橋龜吉著 高橋平譯
上海 世界 民19年 初版 261面

330/0042 經濟學的實際智識 高橋龜吉著 巴克譯
上海 聯合 1930年 初版 184面

330/0106 政治經濟學之基本的程序 波格達諾夫著 貝天峯譯
北平 震東 民20年 242面

330/0200 近世經濟發展之研究 H. Cahn著 洪濤譯
上海 泰東 1930年 304面

330/0258 馬克斯的經濟概論 柯諾著 朱應祺譯
上海 泰東 民17年 初版 96面

330/0410 純正經濟學 謝霖編著
四川 商業講習所 宣統3年 初版 90面

330/0807 分配論 馬沙著 劉秉麟譯
上海 商務 民11年 初版 200面 複6

330/0984 原富 斯密亞丹著 嚴復譯
上海 南洋 光緒28年 初版 2册

330/1048 經濟政策要論 覃壽公譯著
北京 順天時報館 民2年 再版 330面

330/1270 經濟學研究 孫同康著

時中書局　民14年　初版　146面　複1

330/2053　資本論解説　〔德國〕考茨基著　戴季陶譯

上海　民智　民16年　初版　308面

330/2163　國際經濟政策　何思源著

上海　商務　民16年　初版　553面

330/2224　現代經濟學　山川均、田所照明著　巴克譯

上海　啓智　民18年　初版　142面　複1

330/2224　資本主義批判　山川均著　高希聖譯

上海　平凡　民18年　初版　98面

330/2460　馬克斯主義經濟學方法論　科因著　陳寶驊等譯

上海　新生命　民19年　初版　180面

330/2508　資本主義發展及其没落　朱新繁編

上海　新生命　民18年　初版　214面　複1

330/2643　帝國主義與國際經濟　吴其祥著

上海　新生命　民18年　初版　348面　複1

330/2643　經濟學要旨　C. Gide著　李璜譯

上海　中華　民13年　再版　132面　複5

330/2643　基特經濟學　C. Gide著

上海　商務　民12年　初版　592面

330/2643　協力主義政治經濟學　C. Gide著　陶樂勤譯

上海　泰東　民12年　4版　3册　複3

330/2644　金融資本主義與中國　吴壽彭著

上海　遠東　1929年　初版　94面

330/2749　分配論ABC　殷壽光著

上海　世界　民17年　初版　106面

330/2807　資本論（第一卷第二分册）　馬克斯著　潘冬舟譯

北平　亞東　1932年　初版　406面

330/2807　資本論（第一卷第三分册）　馬克斯著　潘冬舟譯

北平　亞東　1933年　初版　480面

330/3022　傅克思氏經濟學　宋任著

上海　泰東　民17年　4版　186面　複3

330/3123　馬克斯主義經濟學　河上肇著　温盛光譯

上海　啓智　民17年　初版　132面　複1

330/3123　新經濟學之任務　河上肇著　錢鐵如譯

上海　崑崙　1930年　初版　86面

330/3542　國民經濟學原論（上）　津村秀松著　陳紹模譯

上海　明月　1931年　初版　100面　複1

330/3542　國民經濟學原論　津村秀松著　马凌甫譯

上海　泰東　民13年　4版　842面

330/3542　國民經濟學原論　津村秀松著　馬凌甫譯

上海　源記　民15年　7版　上下2册　複15

330/4020　經濟學　李佐庭編

上海　羣益　民1年　3版　331面

330/4025　社会的經濟基礎　壽勉成著

上海　世界　民18年　初版　76面

330/4046　經濟學　李權時著

上海　黎明　1929年　初版　227面　複1

330/4046　生産論　李權時著

上海　東南　民17年　初版　152面

330/4046　消費論　李權時著

上海　東南　民17年　初版　138面

330/4107　經濟學的基本概論　〔德國〕博洽德著　嚴靈峯譯

上海　春秋　1930年　初版　265面

330/4107　資本論解説　波洽特著　李靈譯

上海　崐崙　民18年　初版　436面

330/4107　通俗資本論　博洽德著　李季譯

社會科學社　民 18 年　3 版　344 面

330/4208　富之研究　E. Cannan 著

上海　商務　民 13 年　初版　260 面　複 1

330/4402　經濟地理與國際問題　韓亮僊著

上海　民智　民 17 年　初版　392 面

330/4507　世界經濟與經濟政策　E. Varga 著　李一氓譯

上海　水沫　1929 年　初版　407 面

330/4507　帝國主義没落期之經濟　伐爾加著　甯敦伍譯

上海　崐崙　241 面

330/4732　國際經濟總論　堀江歸一著　王首春譯

上海　商務　民 16 年　初版　247 面

330/4840　經營經濟學　增地庸治郎著　潘念之譯

上海　中華　民 20 年　初版　306 面

330/4944　經濟學　趙蘭坪編

上海　商務　民 17 年　再版　180 面

330/5749　國家經濟學　李士特著　王開化譯

上海　商務　民 16 年　初版　390 面　複 1

330/6045　資本論淺釋　恩麥提著　程次敏譯

上海　北新　1930 年　初版　310 面

330/6302　英國最近之社會與經濟政策　G. D. H. Code 著　湯浩譯

上海　民智　民 19 年　初版　562 面

330/6411　商業理財學　揭槼著　商務印書館編譯所譯

上海　商務　光緒 33 年　初版　83 面

330/7220　經濟學　劉秉麟編

上海　商務　民 17 年　初版　385 面　複 2

330/7220　經濟（公民第三册）　劉秉麟編

上海　商務　民 14 年　再版　129 面

330/7516　社會之經濟基礎　陳震異著

上海　商務　民11年　初版　418面
330/7548　法國之産業政策　陳彬龢著
上海　世界　民16年　初版　61面
330/7740　戰後世界資本主義研究　巴克編
上海　明日　民18年　初版　254面
330/7759　新經濟學　〔德〕羅撒盧森堡著　陳壽僧譯
上海　中國　民16年　初版　314面　複1
350/7880　經濟學各論　〔日〕鹽谷廉、坂口直马著　王我臧譯
上海　商務　民2年　4版　168面
330/8006　世界經濟與産業合理化　曾廣勛著
上海　太平洋　民21年　初版　1册
330/8055　社會經濟學　金井著　陳家瓚譯
上海　羣益　民2年　3版　517面　複1
330.1/0025　經濟學上的主要學説（上册）　高畠素之著　鄧紹先譯
上海　華通　民18年　初版　83面
330.1/0025　經濟思想主潮　高畠素之著　朱一民譯
上海　樂羣　1930年　初版　154面
330.1/1123　近世經濟政策之思潮　〔奧國〕非利波伊基著　王恒譯
上海　學術研究會　民16年　再版　160面　複6
330.1/1423　馬克斯經濟學説的發展　豬俣津南雄等著　樊仲雲譯
上海　新生命　民20年　再版　138面
330.1/2744　經濟學原論　鄒敬芳著
上海　會文堂　民22年　初版　280面
330.1/2807　經濟學批判　馬克斯著　劉曼譯
上海　樂羣　1930年　初版　330面
330.1/3023　經濟思想十二講　安倍浩著　李大年譯
上海　啓新　民18年　初版　上下2册　複上册1
330.1/3123　馬克思主義經濟學基礎理論　河上肇著　李達等譯

上海　崑崙　1930 年　初版　1 册
330.1/4944　近代歐洲經濟學説　趙蘭坪編
上海　商務　民 17 年　初版　295 面
330.1/7220　李士特經濟學説與傳記　劉秉麟著
上海　商務　民 14 年　初版　126 面　複 5
330.1/7220　經濟學原理　劉秉麟編
上海　商務　民 10 年　3 版　197 面
330.1/7723　經濟理論之基礎知識　周佛海編
上海　新生命　民 20 年　初版　336 面
330.1/8152　有閒階級的經濟理論　布哈林著　鄭侃譯
上海　水沫　1930 年　初版　350 面
330.109/1130　經濟思想史的展開　北澤新次郎著　温盛光譯
上海　啓智　民 18 年　初版　280 面
330.109/2130　晚周諸子經濟思想史　熊夢著
上海　商務　民 19 年　初版　189 面
330.109/2255　經濟思想史　出井盛之著　劉家鋆譯
上海　聯合　1929 年　初版　142 面
330.109/2255　經濟學説史　出井盛之著　雷通羣譯
上海　商務　民 19 年　初版　123 面
330.109/2643　經濟思潮小史　C Gide 著　李澤彰譯
上海　商務　民 12 年　再版　40 面
330.109/2733　經濟思想史　魯濱著　沈韻琴譯
上海　新生命　民 20 年　初版　1 册
330.109/3024　經濟學説史綱要　安紹芸編
上海　世界　民 18 年　初版　92 面
330.109/3123　近世經濟思想史論　河上肇原著　李培天譯
上海　學術研究會　民 16 年　4 版　188 面
330.109/4419　先秦經濟思想史　甘乃光著

上海　商務　民15年　初版　138面

330.109/7000　經濟思想史　〔美國〕韓納著　臧啓芳譯

上海　商務　民14年　初版　791面　複4

330.2/0106　經濟科學大綱　蒲格達諾夫著　施存統譯

上海　新青年社　1927年　初版　565面　複1

330.2/1065　政治經濟大綱　瓦里夫松著　王季子譯

上海　聯合　1930年　初版　322面

330.2/1126　經濟學綱要　張和編著

上海　法學社　民18年　再版　139面

330.2/2114　新經濟學入門　伍爾模著　龔彬譯

上海　北新　1929年　初版　140面

330.2/2133　經濟學問答　上海法學編譯社編

上海　會文堂　民20年　再版　94面

330.2/3123　經濟學大綱　河上肇著　陳豹隱譯

上海　樂羣　1929年　587面

330.2/3542　經濟學大意　津村秀松著　彭耕譯

上海　羣益　民6年　再版　129面

330.2/4070　現代經濟學概論　奇巴諾夫著　何永年編譯

上海　春潮　民18年　初版　316面

330.2/4620　經濟大要　賀紹章編

上海　商務　民9年　16版　67面　複4

330.2/4637　經濟學概要　楊道腴編

上海　泰東　民16年　初版　86面

330.2/4737　經濟概要　胡祖同編

上海　商務　民9年　7版　162面　複1

330.2/7773　經濟學大意　歐陽溥存編

上海　中華　民15年　再版　110面

330.2/9061　經濟學入門　〔俄〕米哈列夫斯基著　李達譯

上海　樂華　1930 年　初版　438 面

330.2/9543　政治經濟學大綱　史威特羅夫伯爾德尼諾夫著　高希聖等譯

上海　北新　1930 年　567 面

330.4/4046　李權時經濟論文集　李權時編著

上海　世界　民 18 年　初版　202 面　複 1

330.4/4438　現代經濟財政評論集　范祥善編

上海　世界　民 19 年　再版　1 冊　複 1

330.4/4462　世界往何處去　世界經濟研究社編

上海　良友　1931 年　初版　82 面

330.4/7133　馬寅初經濟論文集（第 1 集）　馬寅初著

上海　商務　民 21 年　初版　731 面

330.4/7133　馬寅初講演集　馬寅初演講

北平　晨報社　民 15 年　初版　3 冊　複 4

330.8/4486　經濟叢編　蔣義明等譯著

國務院印行　民 9 年　初版　8 冊

330.9/0540　近五十年來的經濟帝國主義與國際關係　范勒特著　蔣國炎譯

上海　新世紀　民 19 年　初版　198 面

330.9/1130　經濟學史概論　〔日〕北澤新次郎著　周佛海譯

上海　商務　民 13 年　初版　162 面

330.9/2162　產業革命史　上田貞次郎著　鄭誠譯

上海　中華　民 21 年　初版　270 面

330.9/2643　經濟學史　〔法〕基脫里斯脫著　王建祖譯

上海　商務　民 14 年　再版　285 面　複 5

330.9/2774　十九世紀經濟史　侯厚培著

上海　世界　民 18 年　初版　155 面　複 1

330.9/3123　資本主義經濟學之史的發展　〔日〕河上肇著　林植夫譯

上海　商務　民 17 年　初版　391 面

330.9/4248　經濟學史　J. K. Ingram 著　胡澤、許炳漢譯

上海　商務　民 21 年　初版　1 册

330.9/4414　實業革命史　林子英撰述

上海　商務　民 17 年　初版　184 面

330.9/4421　世界經濟地理　樊仲雲編

上海　南强　民 18 年　初版　96 面

330.9/4825　現代世界經濟大勢　庫里塞爾著　耿濟之譯

上海　中華　民 15 年　再版　234 面　複 4

330.9/5006　近世歐洲經濟發達史　〔美國〕阿格著　李光忠譯

上海　商務　民 14 年　再版　728 面　複 4

330.9/5422　人類經濟進化史略　Wicker 等著　邵光模節譯

上海　泰東　1922 年　初版　104 面

330.9/5744　社會經濟發展史　〔德國〕萊姆斯著　王冰若譯

上海　亞東　民 18 年　初版　373 面

330.9/6748　各國經濟史　野村兼太郎等著　陶希聖等譯

上海　新生命　1929 年　初版　1 册

330.9/6748　世界經濟史　野村兼太郎等著　凌璧如譯

上海　中華　民 22 年　初版　5 册

330.9/7157　經濟史　馬哲民著

上海　南强　1929 年　初版　84 面

330.9/7221　生活進化史 ABC　劉叔琴著

上海　世界　1928 年　初版　86 面

330.9/7221　民衆世界史要　劉叔琴編

上海　開明　1928 年　初版　145 面

330.9/7226　世界經濟地理概要　劉穆編

上海　遠東　1929 年　初版　347 面

330.9/7227　經濟史概要　劉伯剛編

上海　樂華　民 18 年　初版　134 面

330.94/1174　大戰前後歐洲之經濟問題　P. Price 著　曹盛德譯

北平 震東 1930 年 253 面

330.94/2774 戰後歐洲之經濟 侯厚培著

上海 世界 民 19 年 初版 上下册

330.94/3150 中世歐洲經濟史 〔日〕瀧本誠一著 徐天一譯

上海 民智 民 18 年 初版 212 面

330.942/0474 英國經濟史 雷斐德著 熊大經譯

上海 商務 民 19 年 初版 109 面

330.943/4508 德國經濟之復興 J. W. Angell 著 黄菩生譯

上海 民智 民 20 年 初版 450 面

330.943/4665 德意志經濟思想史 加田哲二著 周承福譯

上海 神州 1932 年 初版 476 面

330.947/0820 蘇聯經濟政策及社會政策 施復亮等編

上海 新生命 民 20 年 再版 1 册

330.947/2767 俄國資本主義的發展（上册） 烏里雅諾夫著 杜畏之等譯

上海 新生命 民 21 年 再版 370 面

330.947/3046 活躍的蘇俄——俄國五年計劃畫刊 良友圖書印刷公司

上海 良友 再版 1 册

330.947/4416 蘇俄五年計劃 蘇聯國家設計委員會編 吴壽彭譯

上海 平凡 民 19 年 初版 324 面

330.947/7730 蘇俄五年計劃概論 周憲文編

上海 中華 民 21 年 初版 158 面

330.947/9840 蘇聯的經濟組織 尼埃林、哈代合著 魏學智譯

上海 春潮 1927 年 初版 317 面

330.947/9840 蘇聯的經濟組織 尼埃林、哈代合著 漢鐘譯

上海 大東 民 18 年 初版 266 面

330.951/0721 中國資本主義史 郭真著

上海 平凡 民 18 年 初版 94 面

330.951/0820 中國現代經濟史 施復亮著

上海　良友　1932 年　初版　404 面

330.951/1041　宋元經濟史　王志瑞編

上海　商務　民 20 年　初版　150 面

330.951/2666　中國經濟史眼　吴貫因著

上海　聯合　1930 年　初版　170 面

330.951/2774　中國近代經濟發展史　侯厚培著

上海　大東　民 18 年　初版　360 面

330.951/4034　中國産業革命概觀　李達編

上海　崐崙　1929 年　初版　216 面

330.951/4044　中國經濟——其發展其現狀及其危機　李麥麥編譯

上海　滬濱　1929 年　初版　206 面

330.951/5080　饑荒的中國　W. H. Mallory 著　吴鵬飛譯

上海　民智　民 18 年　初版　264 面

330.951/8723　中華民國十二年份經濟統計　銀行週報社編

上海　銀行週報社　民 12 年　初版　1 册

330.951/8723　中華民國十三年份經濟統計　銀行週報社編

上海　銀行週報社　民 13 年　初版　1 册

330.951/8723　中華民國十四年份經濟統計　銀行週報社編

上海　銀行週報社　民 14 年　初版　1 册

330.952/5062　最近日本之經濟概況　青野健夫著　程文翯譯

上海　民智　民 21 年　初版　200 面

330.952/7730　日本社會經濟發達史　周憲文編

上海　民智　民 21 年　初版　106 面

330.973/1038　美國資本主義發達史　石濱知行著　施復亮等譯

上海　新生命　民 20 年　初版　428 面

330.973/4107　美國經濟成功之祕密　E. Parker 著　湯浩譯

上海　民智　民 19 年　初版　496 面

330.98/2152　南美三强利用外資與國事件　衛挺生著

上海　商務　1931 年　初版　200 面

331　勞動；僱主；資本

331/0038　中國勞動問題　唐海編著
上海　光華　民 15 年　初版　638 面

331/1047　收入及恤貧政策　Philippovich 著　馬君武譯
上海　中華　民 14 年　初版　345 面　複 3

331/1047　工業政策　Philippovich 著　馬君武譯
上海　中華　民 11 年　初版　332 面　複 3

331/1130　社會經濟叢刊　北澤新次郎等著　施存統編譯
上海　黎明　1927 年　初版　1 冊　複 1

331/1130　勞動經濟論　北澤新次郎著
上海　泰東　民 17 年　初版　276 面　複 1

331/1713　勞動問題之發生經過及現代勞工事業之發展　邵元冲著
上海　民智　民 15 年　再版　74 面　複 1

331/1713　美國勞工狀況　邵元冲著
上海　民智　民 13 年　初版　276 面

331/1714　失業者問題　邵飄萍著
北平　京報社　民 10 年　再版　62 面

331/2132　上海特別市勞資糾紛統計　上海特別市市政府社會局編
上海　商務　民 20 年　初版　269 面

331/2136　中國社會政策　何海鳴著
北平　華星　民 9 年　再版　144 面　複 1

331/2183　薩樊事件　盧劍波編
上海　泰東　民 17 年　初版　1 冊

331/2606　資本問題　吴應圖編

上海　中華　民 15 年　初版　110 面

331/2643　勞動之改造　C. Gide 著　姚伯麟譯

上海　學術研究會　民 15 年　初版　上下册

331/2785　失業問題研究　魯竹書著

上海　世界　1927 年　初版　151 面　複 1

331/2820　資本的集中　C. M. Colman 著　曾豫生譯

上海　遠東　1929 年　初版　87 面

331/3820　美國現今的經濟革命　T. N. Carver 著　陳其衡譯

上海　商務　民 17 年　初版　134 面

331/4474　農工合作政策　蔣學楷譯

紅葉　民 19 年　96 面

331/4483　塘沽工人調查　林頌河著

北平　社會調查所　1930 年　初版　286 面　複 1

331/6076　工業中的人道觀　羅屈里著　沈星若、仇子同譯

上海　青年協會　民 16 年　初版　172 面

331/6302　勞動之世界　G. D. H. Oole 著　胡善恒譯

上海　商務　民 15 年　再版　472 面

331/7142　中國勞工問題　馬超俊著

上海　民智　民 16 年　4 版　114 面

331/7548　蘇俄治下的勞動反對派　陳彬龢著

上海　共和　民 16 年　初版　71 面

331/7710　工業政策　關一博士著　馬凌甫譯

上海　商務　民 15 年　再版　上下 2 册　複 4

331/8703　世界各國新社會政策　鄭斌撰述

上海　商務　民 17 年　初版　181 面　複 1

331/8727　勞工問題研究　鄭行巽編

上海　世界　民 16 年　初版　118 面　複 1

331.09/1074　世界勞動狀况　丁同力編

上海 大東 民19年 88面

331.09/4048 英美勞動運動史 李大年編著

上海 學術研究會 民16年 初版 148面 複1

331.09/8384 社會運動史 錢鐵如編

上海 南强 民18年 初版 82面

331.1/1068 法律與階級鬥争 平野義太郎著 薩孟武譯

上海 新生命 民19年 初版 223面

331.1/3123 勞資對立的必然性 河上肇著 汪伯王譯

上海 北新 1929年 初版 68面

331.1/4723 勞資仲裁軌程 胡穎之編

上海 新學會社 民16年 初版 66面

331.1/6079 勞動協約統計法 國際勞工局著 丁同力譯

上海 商務 1931年 初版 42面

331.155/1173 日本勞働争議調停法論 北原安衞著 陳元浩譯

上海 商務 民19年 初版 156面

331.25/6079 工人意外遭遇統計法 國際勞工局原著 丁同力譯

上海 商務 1931年 初版 120面

331.261/1220 勞動法 孫紹康編

上海 商務 民16年 初版 118面

331.261/2522 工廠法釋義 朱采真編

上海 世界 民19年 初版 168面

331.261/2522 工會法釋義 朱采真編

上海 世界 民19年 187面

331.261/3148 勞働法概論 江世義博士編

上海 法學書社 民18年 初版 128面

331.261/3191 中國勞働法令彙編 顧炳元編

上海 會文堂 民20年 初版 428面

331.261/4084 勞工法論 李劍華著

上海 會文堂 民22年 初版 260面

331.261/4412 勞働立法原論 樊弘著

上海 商務 民17年 再版 253面

331.261/4415 勞工保護法 林癸未夫著 何環源譯

上海 新世紀 1931年 初版 234面

331.261/6071 工廠法 國民政府公布

上海 商務 民19年 初版 18面

331.261/6174 蘇俄勞動之保護 G. Pirce著 游宇譯

上海 民聲 民18年 初版 123面

331.3/3473 童工 沈丹泥著

上海 世界 民16年 初版 78面

331.8/1010 農工同盟論 Popow著 章子建譯

1930年 1册

331.8/1026 中國農民問題與農民運動 王仲鳴編譯

上海 平凡 民18年 初版 314面

331.8/3114 農民問題研究 河西太一郎著 周亞屏譯

上海 民智 民17年 再版 262面

331.8/4507 世界農民運動概況 E. Varga著 王開化譯

上海 樂羣 1930年 150面

331.8/6302 英國勞動階級運動史 柯爾著 程希孟譯

上海 北新 1930年 再版 264面

331.8/8507 英國的農工 福底海母著 曲殿元譯

上海 商務 1931年 初版 58面

331.84/0448 青年經濟獨立指導 謝菊曾編

上海 大東 民9年 252面

331.87/4460 英國勞働組合法 杜國庠編譯

北平 一真 民9年 初版 155面

331.87/8098 國際勞工組織 曾炳鈞著

社會調查所 1932年 178面

331.88/2224 工會運動的理論與實際 山川均著 施復亮、鍾復光合譯

上海 大江 1930年 初版 258面

331.88/2749 工會組織研究 殷壽光著

上海 世界 民16年 初版 81面

331.88/4270 勞働組合 J. Clayton著 黃兆升譯

上海 商務 民13年 初版 91面

331.89/2132 上海特別市罷工停業統計 上海特別市政府社會局編

上海 商務 民19年 初版 183面

331.89/4622 中國罷工史 賀嶽僧著

上海 世界 民16年 初版 65面

332 私經濟—金融

332/2149 東北的金融 何孝怡編

上海 中華 民21年 初版 103面 複1

332/2541 世界金融狀況 朱彬元編

上海 大東 民19年 出版 136面

332/3063 商業經濟概論 户田海市著 周佛海、郭心崧譯

上海 商務 民17年 初版 412面 複1

332/4033 帝國主義侵略中國的財團 南滿洲鐵道會社編 蕭伯新譯

上海 太平洋 民18年 初版 168面

332/4046 上海之錢莊 李權時、趙渭人著

上海 東南 民18年 初版 126面

332/4427 最近各省金融商況調查録 桂紹熙著

上海 國光 丙辰 初版 66面 複1

332/4643 楊著中國金融論 楊蔭溥著

上海　黎明　1931 年　初版　590 面

332/4730　商業經濟　柳準編

上海　商務　民 11 年　5 版　56 面　複 1

332/8124　金融經濟概論　飯島幡司著　周佛海譯

上海　商務　民 15 年　初版　297 面

332.1　銀行；信託公司

332.1/0410　銀行制度論　謝霖、李澂著

上海　中國　民 5 年　7 版　247 面

332.1/0448　銀行服務論　謝菊曾編輯

上海　商務　民 13 年　再版　218 面　複 2

332.1/1228　銀行攬要　孫德全編纂

上海　商務　民 8 年　初版　上下 2 册

332.1/2024　中央銀行概論　克胥等著　陳清華譯

上海　商務　民 20 年　初版　397 面

332.1/2634　美國聯合準備銀行制述要　吴宗燾編譯

上海　商務　民 13 年　初版　54 面　複 3

332.1/2732　銀行論　〔日本〕崛江歸一著　陳震異譯

上海　商務　民 13 年　再版　483 面

332.1/3581　增訂銀行學原理　〔美國〕敦巴著　王祖建、吴宗燾譯述

上海　商務　民 11 年　3 版　184 面　複 1

332.1/4038　銀行計算法　李澂、謝霖編纂

上海　中國　民 15 年　9 版　215 面　複 2

332.1/4225　經濟論集　姚仲拔著

上海　銀行週報社　民 11 年　初版　170 面

332.1/4242　銀行學 ABC　蒯世勳著

上海　世界　民17年　初版　118面

332.1/7531　銀行原論　陳家瓚編

上海　羣益　民14年　3版　806面　複2

332.1/7540　銀行學　陳其鹿編纂

上海　商務　民13年　初版　219面　複4

332.1/8723　銀行年鑑　銀行週報社編輯

上海　銀行週報社　民11年　再版　1冊　複2

332.1/8723　銀行公會聯合會議彙紀　銀行週報社編輯

上海　銀行週報社　125面

332.109/2830　最近上海金融史　徐寄廎編輯

上海　華豐　民15年　初版　236面

332.109/2830　增訂最近上海金融史　徐寄廎編輯

上海　華豐　民18年　再版　517面

332.109/2831　上海銀行公會事業史　徐滄水編輯

上海　銀行週報社　民14年　初版　140面　複1

332.109/4624　法蘭西銀行史　楊德森編輯

北平　京華　民15年　初版　74面

332.109/4624　英格蘭銀行史　楊德森編輯

北平　京華　民15年　初版　120面

332.109/4624　意大利銀行史　楊德森編輯

北平　京華　民14年　初版　68面

332.109/7742　中國銀行史　周葆鑾編纂

上海　商務　民12年　3版　1冊　複2

332.14/1230　公司財政　孔滌庵編

上海　商務　民21年　初版　128面

332.14/2468　各國信託公司法理論　〔日本〕佐野善作著　范況譯

南通　翰墨林　民17年　初版　198面　複1

332.14/2683　信託及信託公司論　〔日本〕細矢祐治著　資耀華譯述

上海　商務　民17年　初版　174面　複1

332.14/3243　信託研究　潘士浩編譯

上海　中易　民10年　初版　148面　複2

332.14/4600　信託公司概論　楊端六著

上海　商務　民11年　初版　57面　複2

332.3/4633　中國典當業　楊肇遇編

上海　商務　民21年　初版　58面

332.4　貨幣；滙兑；交易所

332.4/0543　貨幣學　尉德士著　吴挹清譯

上海　商務　民20年　78面

332.4/1000　貨幣論　王效文編

上海　商務　民12年　初版　273面　複3

332.4/1091　貨幣概論　王恒編

上海　中華　民13年　初版　106面　複4

332.4/1094　貨幣學　王怡柯編譯

上海　商務　民13年　初版　386面　複4

332.4/2754　世界貨幣狀況　侯哲菴編

上海　大東　民19年　初版　165面

332.4/2831　中國今日之貨幣問題　徐滄水編輯

上海　華豊　民16年　初版　330面　複3

332.4/4273　中外貨幣政策　彭學沛著

上海　神州　民19年　初版　375面　複1

332.4/4340　最近貨幣金融學説　戴藹廬編

上海　黎明　1932年　初版　246面

332.4/4524　中國逐漸采行金本位幣制法草案　甘末爾等著　王雲五譯

工商部工商訪問局 1929年 初版 全一册

332.4/5591 倫敦貨幣市場概要 W. F. Spalding 金國寶譯述

上海 商務 民14年 初版 218面 複3

332.4/6549 衛士林支那貨幣論（前卷） G. Vissering著 楊冕譯

上海 泰東 民6年 初版 144面 複1

332.4/8063 中國貨幣問題 金國寶著

上海 商務 民17年 初版 289面

332.4/8723 上海金融市場論 銀行週報社編輯

上海 銀行週報社 民12年 初版 145面

332.4/9474 貨幣膨漲各國公債略史 Seligman著 吴東初譯述

上海 商務 民13年 初版 89面 複5

332.409/2774 中國貨幣沿革史 侯厚培編著

上海 世界 民18年 初版 160面 複1

332.41/1788 銀價之研究 邵金鐸著

上海 學術研究會 民10年 初版 120面 複4

332.41/4048 金漲銀落問題及其救濟 李大年編

上海 啓智 民19年 初版 580面

332.45/0543 外國匯兑論 H. Whithers著 梁雲池譯

上海 商務 民12年 初版 120面 複2

332.45/2606 外國匯兑詳解 吴應圖著

上海 泰東 民9年 初版 122面 複1

332.45/2634 理論實用外國匯兑 吴宗燾著

上海 商務 民16年 初版 296面

332.45/6460 外國匯兑原理 〔英國〕高申著

上海 商務 民10年 初版 148面 複3

332.45/7133 中國國外匯兑 馬寅初著

上海 商務 民14年 初版 229面 複2

332.45/7231 國際匯兑與貿易 丘漢平、傅文楷編著

上海　民智　民 10 年　初版　1 册

332.45/7231　國際匯兑與貿易　丘漢平、傅文楷合編

上海　民智　民 15 年　初版　上下 2 册　複 1

332.45/8042　匯兑論　俞希稷編輯

上海　商務　民 14 年　初版　248 面　複 3

332.5/8021　取締外鈔問題　金侶琴著

上海　光華　民 16 年　再版　28 面

332.509/2831　民國鈔券史　徐滄水編纂

上海　銀行週報社　民 13 年　初版　107 面　複 2

332.6/1063　交易所大全　王恩良等編輯

上海　交易所　民 9 年　初版　1 册

332.6/2468　各國交易所法制論　〔日本〕佐野善作著　范況譯

南通　翰墨林　民 17 年　初版　186 面　複 1

332.6/2831　票據交换所研究　徐滄水等著

上海　銀行週報社　民 11 年　初版　140 面

332.6/4643　中國交易所論　楊蔭溥著

上海　商務　民 14 年　初版　465 面

332.6/8720　交易所法釋義　鄭爰諏編

上海　世界　民 19 年　78 面

332.6/2606　利息問題　吴應圖著

上海　中華　民 15 年　初版　116 面　複 1

332.8/4727　投資常識　韋伯勝編

上海　商務　民 13 年　再版　59 面　複 3

333　土地所有權；權利及地租

333/0025　地租思想史　高畠素之著　王亞南譯

上海　神州國光社　民20年　初版　217面

333/0505　戰後歐洲土地改革　窩德亞搭著

上海　南京　1933年　初版　231面

333/0505　歐洲農地改革　A. Wauters著　彭補拙譯

上海　商務　民22年　初版　283面

333/1034　中國農村經濟的崩潰　丁達編

上海　聯合　民19年　初版　198面

333/1065　中國土地問題之史的發展　聶國青著

上海　華通　1930年　初版　199面

333/1116　中國歷代耕地問題　張霄鳴著

上海　新生命　民21年　初版　415面

333/1204　財産起源論　〔英國〕列文斯基著　陳適譯述

上海　公民　民10年　初版　90面

333/3166　土地經濟論　河田嗣郎著　李達、陳家瓚譯

上海　商務　民19年　初版　323面

333/3244　中國土地政策　潘楚基著

上海　黎明　民19年　初版　208面　複1

333/4044　土地問題論　李布克内希特著　郭之奇譯

上海　啓智　民18年　初版　309面

333/4444　經界三書　第1.中國經界紀要　蔡松坡主編　張難先翻印

湖北　財政廳翻印　民17年　初版　1册　複9

333/4444　經界三書　第2.各國經界紀要　蔡松坡主編　張難先翻印

湖北　財政廳翻印　民17年　初版　1册　複9

333/4444　經界三書　第3.經界法規草案　蔡松坡主編　張難先翻印

湖北　財政廳翻印　民17年　初版　1册　複9

333/5016　農村法律問題　〔日本〕末弘嚴太郎著　鄧日譯

南京　立法院編譯處　民19年　初版　214面

333/6623　耕者要有其田　嚴仲達著作

上海　民智　民 17 年　再版　86 面　複 1

333/7151　中國農村經濟研究　馬扎亞爾著　陳代青、彭桂秋譯

上海　神州國光社　1930 年　初版　583 面

333/7511　中國土地制度　陳登元著

上海　商務　民 21 年　初版　443 面

334 合作

334/1042　信用合作社經營論　于樹德著

上海　中華　民 12 年　再版　654 面　複 3

334/1042　合作商店實施法　王世穎編

上海　中國合作社　1928 年　初版　48 面

334/1042　合作主義通論　王世穎著

上海　世界　1927 年　初版　62 面

334/1077　合作專刊平民三週紀念册　平民學社著

上海　華豊　民 12 年　初版　174 面

334/1151　消費合作概論　張振平著

上海　現代　1927 年　初版　70 面

334/1280　合作主義　孫錫麒著

上海　商務　民 13 年　初版　上下 2 册

334/1330　漢口新村合作社章程　武漢市社會局編

30 面

334/2542　各國合作事業概況　朱樸編

上海　中国合作社　1928 年　初版　26 面

334/2643　世界合作運動鳥瞰　〔法國〕C. Gide 著　王世穎譯

上海　中國合作社　民 17 年　初版　17 面

334/2643　英國合作運動史　〔法國〕C. Gide 著　吴克剛譯

上海 商務 民20年 初版 164面

334/2643 農業合作 〔法國〕C. Gide著 郭競武譯

上海 商務 民20年 184面

334/2643 協作 〔法國〕C. Gide著 樓桐孫譯

上海 商務 民14年 初版 392面 複2

334/2744 合作論 鄒敬芳著

上海 啓智 民18年 初版 196面

334/3030 世界合作運動 Totomiantz著 衛惠林譯

上海 民智 民18年 初版 229面

334/3144 德國農業信用合作 顧樹森編

上海 中華 民21年 初版 130面

334/3144 蘇俄農業生産合作 顧樹森編

上海 中華 民21年 初版 108面

334/3144 丹麥農業生産合作 顧樹森編

上海 中華 民21年 初版 126面

334/4025 合作原理 壽勉成編

上海 中國合作社 1928年 初版 28面

334/4025 合作法規 壽勉成著

上海 中國合作社 民17年 初版 80面

334/4050 意大利合作運動 E.A Voyd著 胡品芳、程方譯

上海 民智 民19年 初版 210面

334/4087 丹麥的農民合作 李錫周編譯

上海 世界 民19年 初版 158面

334/4088 消費合作實施綱要 李錦公著

漢口 大豐印書館 民19年 初版 32面 複1

334/4150 合作主義 J. P. Warbasse著 馮和法等譯

上海 卿雲 1930年 初版 215面

334/4270 合作論 J. Clayton著 徐渭津譯

上海　商務　民13年　初版　121面

334/4327　協作社的效用　戴傳賢著

上海　民智　民15年　4版　70面　複21

334/4445　蘇俄的消費組合　蒲蒲夫著　丁華明譯

上海　明日　1929年　初版　129面

334/5026　消費合作運動　〔日本〕本位田祥男著　林騤、唐敬杲譯

上海　商務　民13年　初版　255面

334/7221　蘇俄的合作社　劉侃元譯述

上海　太平洋　252面

335　社會主義；共産主義

335/0025　社會主義與進化論　〔日本〕高畠素之著　夏丏尊、李繼貞譯

上海　商務　民15年　4版　151面

335/0025　馬克斯十二講　〔日本〕高畠素之著　蔭孟武譯

上海　新生命　民19年　初版　457面

335/0041　科學的社會主義　高希聖編譯

上海　平凡　民18年　初版　84面

335/0047　史達林與杜落斯基　〔美國〕意斯門著　漢鍾譯

上海　民智　民17年　初版　184面

335/0547　社會主義與個人主義　O. Wilde著　袁振英譯

香港　受匡　民17年　再版　54面

335/0570　社會主義之思潮及運動　H. W. Lardler著　李季譯述

上海　商務　民16年　3版　上下2册

335/0723　反科學的馬克斯主義　郭任遠著作

上海　民智　民16年　初版　180面　複1

335/1117　社會科學理論之體系　張栗原編

上海　神州國光社　民19年　初版　300面

335/1200　鮑爾希維克之分析　P. Chasles著　唐誦莽譯

上海　民智　民17年　初版　53面　複1

335/1490　社會主義與資本主義　蕭伯訥著

上海　開明　1930年　初版　2册

335/1520　社食主義大綱　Bucharin著　高希聖、郭真譯

上海　平凡　民19年　初版　112面

335/1755　各國社會思潮　邵振青編著

上海　商務　民10年　3版　150面

335/2012　馬克思主義之崩壞　毛一波著

上海　光明　民18年　初版　186面

335/2053　科學社會主義的歷史來源　考茨基著　桂秋譯

上海　滬濱　1930年　初版　132面

335/2122　社會主義之基礎知識　熊得山著

上海　新生命　民18年　再版　1册　複1

335/2503　大同共産主義　朱謙之著

上海　泰東　民16年　初版　196面

335/2726　社會主義思想之史的解説　久保田明光著　丘哲譯

上海　啓智　民18年　初版　104面　複1

335/2807　馬克斯論文選擇　馬克斯著　李一氓譯

上海　社會科學研究會　1930年　初版　300面

335/3020　共産主義批評　室伏高信著　沈茹秋譯

上海　開明　1928年　初版　230面

335/3085　社會主義與近世科學　安鋭戈佛黎著　費覺天譯

上海　商務　民15年　再版　131面

335/4737　唯物史觀與倫理之研究　胡漢民著

上海　民智　民15年　再版　306面　複24

335/4864　宗教哲學與社會主義　恩格斯著　林超真譯

上海　滬濱　1929 年　初版　218 面

335/4910　布爾什維主義底心理　J. Shargo 著　陳國榘譯述

上海　商務　民 15 年　3 版　149 面

335/5148　社會主義的農業理論　密爾郁汀著　蒯君桀譯

上海　聯合　1930 年　初版　172 面

335/5694　反馬克斯主義　辛克賀維祺著　徐天一譯

上海　民智　民 19 年　初版　266 面　複 1

335/5908　社會主義與社會運動　桑巴特著　劉侃元譯

上海　春潮　民 19 年　初版　上下 2 册

335/6001　歷史唯物論入門　畢譎列夫斯基著　嚴靈峯譯

上海　新生命　民 20 年　初版　366 面

335/6054　國際通史　田中九一著　陳叔時譯

上海　光華　1930 年　初版　107 面

335/6897　第一國際史　G. M. Slekloff 著　吴樹仁、張伯箴譯

上海　神州　1930 年　初版　541 面

335/7280　近十年來世界上兩大怪物　劉公度著

上海　世界　民 16 年　初版　70 面

335/7474　社會主義與社會改良　〔美國〕伊利著　何飛雄譯

上海　商務　民 13 年　再版　104 面　複 1

335/7537　世界社會主義運動概況　陳宗熙著

上海　北新　1929 年　2 版　98 面　複 2

335/7754　社會主義綱要　陶春華編著

上海　法學社　民 17 年　初版　117 面

335/7762　日本社會運動史　周曙山編著

上海　民智　1930 年　初版　308 面

335/8105　唯物史觀　布哈林著　陶伯譯

上海　泰東　民 19 年　初版　上中下 3 册

335/8144　社會鬬争通史　M. Beer 著　葉啓芳譯

上海　神州　民 19 年　208 面
335/8547　馬克斯主義與社會史觀　M. William 著　社會主義研究社譯
上海　民智　民 16 年　初版　296 面　複 1
335.09/0041　社會運動全史　高希聖著
上海　平凡　民 19 年　初版　上下 2 册
335.09/0041　國際運動發達史　高希聖著
上海　光華　1930 年　初版　198 面
335.09/1021　近世社會主義運動史　石川三四郎著　胡石民譯
上海　大東　民 20 年　214 面
335.09/1043　近代社會思想史要　平林初之輔著　施復亮、鍾復光譯
上海　大江　1929 年　初版　153 面
335.09/1043　近代社會思想史　平林初之輔著　許亦非譯
上海　中華　民 20 年　初版　266 面
335.09/2621　社會主義史　吴黎平編
上海　南强　1930 年　569 面
335.09/2834　社會思想史 ABC　徐逸樵著
上海　世界　1928 年　初版　123 面
335.09/3426　社会思想史概論　波多野鼎著　杨浴泉譯
上海　北新　1929 年　初版　190 面
335.09/3426　近世社會思想史　波多野鼎著　徐文亮譯
上海　開明　1928 年　初版　217 面
335.09/4407　歐洲社會思想史　黄新民編譯
上海　光華　1927 年　初版　164 面　複 1
335.09/4944　社會主義史　趙蘭坪撰述
上海　商務　民 17 年　初版　133 面
335.09/7220　各國社會運動史　劉秉麟著作
上海　商務　民 16 年　初版　197 面　複 1
335.09/7773　日本社會運動史　岡陽之助著作　馮叔中譯述

上海　聯合　1929 年　初版　250 面　複 1

335.09/8140　社會主義史　〔德國〕N. Bear 著　胡漢民譯

上海　民智　民 16 年　初版　280 面

335.09/8140　社會主義史（馬克斯主義時代）　〔德國〕N. Bear 著　胡漢民譯

上海　民智　民 18 年　再版　208 面　複 1

335.09/8140　社會主義史（産業革命時代）　〔德國〕N. Bear 著　胡漢民譯

上海　民智　民 18 年　再版　188 面　複 1

335.109/1472　費邊社史　闞司著　薛噓成、沈端方譯

上海　商務　民 11 年　初版　231 面

335.109/6148　英國社會主義史　G. Benson 著　湯浩譯述

上海　民智　民 18 年　初版　224 面

336　財政

336/0031　瓦格涅財政學提要　童蒙正編

上海　黎明　1931 年　初版　150 面

336/1042　最近豫算决算論　工藤重義著　易應緗譯

上海　羣益　宣統 3 年　初版　248 面　複 1

336/1042　各國豫算制度論　工藤重義著　李猶龍譯

上海　羣益　民元年　初版　255 面

336/1137　最新財政學　張家騮編

上海　商務　民 7 年　初版　314 面　複 2

336/1740　財政學　孟森編纂

上海　商務　民 5 年　初版　221 面

336/2133　財政学問答　上海法學編譯社著

上海　法學編譯社　1931 年　初版　84 面

336/3794　財政淵鑑　過耀根等譯述

上海 中華 民6年 上下2册

336/4062 財政學 壽景偉編纂

上海 商務 民14年 初版 250面 複3

336/4411 財政學之基礎知識 薩孟武編

上海 新生命 民18年 初版 176面 複1

336/4411 最新財政思想與財政政策 薩孟武編

上海 新生命 民19年 初版 160面

336/4414 財政學 黄可權編輯

上海 丙午社 民1年 3版 282面

336/4634 近代各國審計制度 楊汝梅編

上海 中華 民20年 初版 247面

336/7148 財政學新論 馬場英一著 李祚輝譯

上海 太平洋 民17年 初版 244面

336/7532 財政學總論 陳啓修著

上海 商務 民14年 再版 1册 複3

336/9022 財政總論 小川鄉太郎著 何崧齡譯述

上海 商務 民16年 初版 1册

336/9022 社會問題與財政 小川鄉太郎著 甘浩澤、史維焕譯

上海 商務 民13年 初版 387面 複3

336/9041 比較財政學 小林丑三郎著 宋教仁譯

東京 博信堂 民6年 4版 上下2册 複2

336.02/0203 亞當士財政學大綱 〔美〕H. C. Adams著 劉秉麟譯述

上海 商務 民14年 3版 1册 複5

336.02/1134 財政學概論 張澄志編

上海 啓智 民18年 初版 148面 複1

336.02/2010 財政學綱要 奚鼐賡編

上海 法學社 民18年 再版 188面

336.1/0110 國庫制度之研究 譚平著

上海　民智　民 18 年　初版　275 面　複 1

336.1/4046　國地財政劃分問題　李權時編

上海　世界　民 18 年　初版　106 面　複 1

336.2/1052　中國釐金問題　王振先編

上海　商務　民 14 年　再版　115 面　複 3

336.2/1133　張文襄公電稿　張之洞編

北平　經濟學會　光緒 27 年　初版　104 面　複 1

336.2/2774　營業税問題　侯厚培著

上海　大東　1931 年　初版　122 面

336.2/2832　比較租税　徐祖繩編

上海　商務　民 19 年　初版　278 面

336.2/4046　中國税制論　李權時編

上海　世界　民 18 年　初版　139 面

336.2/4068　修改税則始末記　李景銘編

上海　商務　初版　2 册　複 1

336.2/7524　湖北國税紀要　陳紹嬀編

1 册

336.24/9474　所得税論　〔美〕施理曼著　王官彦、王官鼎譯

上海　商務　民 10 年　初版　136 面　複 1

336.27/4046　遺産税問題　李權時編

上海　世界　民 18 年　初版　120 面

336.27/4046　各國遺産税史要　李權時編

上海　世界　民 18 年　初版　121 面　複 1

336.28/1059　北平税捐考略　雷輯輝著

北平　社會調查所　118 面

336.3/1040　國債與金融　賈士毅著

上海　商務　1930 年　初版　448 面

336.3/2831　中華民國公債法規　徐滄水編

上海　銀行週報社　民 11 年　初版　101 面
336.3/4486　整理中國外債問題　萬籟鳴著
上海　光華　民 16 年　初版　103 面
336.3/5068　內國公債彙覽　中國銀行總司庫編輯
北平　銀行週報社　1 册
336.3/6052　公債論　田中穗積著　陳與年譯述
上海　商務　民 2 年　3 版　181 面　複 3
336.309/2831　內國公債史　徐滄水編
上海　商務　民 12 年　初版　172 面　複 4
336.4/7597　歐戰財政紀要　陳燦編
上海　商務　民 11 年　初版　139 面　複 5
336.43/4031　德意志之戰時經濟　〔瑞典〕嘉塞爾著　陳燦譯
北平　北洋　民 17 年　初版　90 面
336.51/1040　民國財政史　賈士毅著
上海　商務　民 13 年　再版　上下 2 册　複 1
336.51/1040　民國續財政史（一）　賈士毅著
上海　商務　民 21 年　初版　340 面
336.51/1150　革命後之江西財政　張靜廬編著
上海　光華　民 16 年　初版　94 面
336.51/2259　山東財政法規彙編　山東省政府財政廳秘書處編輯
濟南　五三印刷社　民 19 年　初版　1 册
336.51/2844　中國財政史略　徐式莊著
上海　商務　民 15 年　初版　105 面　複 1
366.51/4634　民國財政論　楊汝梅著
上海　商務　民 17 年　再版　1 册
366.51/4787　中國財政史　胡鈞著
上海　商務　民 9 年　初版　408 面　複 3

337 關税制度及其政策

337/0044 中國關税制度論 高柳松一郎著 李達譯

上海 商務 民16年 3版 1冊 複5

337/1040 關税與國權 賈士毅著

上海 財政部駐滬調查貨價處 民16年 初版 1冊 複2

337/1108 中國關税問題 北京銀行月刊社編

上海 商務 民12年 初版 1冊

337/2733 中國關税問題 嚮導週報社編

上海 嚮導週報社 1925年 初版 74面

337/3542 商業政策 津村秀松著 覃壽公譯述

漢口 維新 民3年 初版 上下2冊

337/4046 自由貿易與保護關税 李權時著

上海 東南 民18年 初版 124面

337/4624 中國海關制度沿革 楊德森編

上海 商務 民14年 初版 136面 複4

337/5323 日本收回關税權之經過 盛俊編譯

上海 財政部駐滬調查貨價處 民14年 初版 52面 複1

337/7501 增訂關税問題 陳立廷輯

上海 青年協會 民13年 3版 98面 複5

337/7501 關税問題討論大綱 陳立廷輯

上海 青年協會 民14年 初版 90面

337/7510 中國關税問答 陳靄六編

上海 中央圖書局 民16年 初版 70面

337/8049 海關權與民國前途 金葆光編輯

上海 商務 民17年 初版 219面 複1

338 生産；製造；價格

338/1759 工業文明之將來 羅素著 高佩琅譯

上海 太平洋 268 面

338/2714 粤鹺紀實 鄒琳撰述

上海 華泰 民 11 年 初版 1 册

338/2867 東北的産業 徐嗣同編

上海 中華 民 21 年 116 面

338/2869 世界産業大全 牧野輝智著 馮達夫譯

上海 中華 民 21 年 初版 上下 2 册

338/4454 浙鹽紀要 林振翰編輯

上海 商務 民 14 年 初版 1 册

338/4454 川鹽紀要 林振翰編輯

上海 商務 民 8 年 再版 1 册

338/5542 河北棉花之出産及販運 曲直生著

上海 商務 民 20 年 版初 340 面

338/6052 膠州灣鹽業調查録 景本白編纂

北平 鹽政雜誌社 民 11 年 初版 70 面

338/6410 鹽務年鑑 財政部鹽務署編

上海 中華 民 18 年 1 册

338/6644 日本的産業 嚶夢編

上海 日本研究社 1931 年 初版 90 面

338/6820 企業的結合 G. M. Colman 著 蔡慶憲譯

上海 大東 民 18 年 初版 78 面

338/7059 現代大實業 胡錫崖著 章桐譯

南京 南京書店 民 21 年 初版 150 面

338.2/0439 中國鑛業紀要 謝家榮著

地質調查所 民 15 年 1 册 地質專報社第 2 號 第 2 次

338.2/1003　中國官辦鑛業史略　丁文江著
　地質調查所　70 面
338.2/1003　外資鑛業史資料　丁文江著
　地質調查所　68 面
338.2/1003　中國鑛業紀要　丁文江、翁文灝著
　地質調查所　民 10 年　1 册　丙種第 1 號
338.2/1082　山西煤鑛誌　王竹泉著
　國民印務公司　民 18 年　35 面
338.2/2724　中國鑛業紀要　侯德豐編
　地質調查所　1929 年　366 面　丙種第 3 號
338.2/4400　北滿鑛産誌　阿乜耳特著　孫健初譯
　地質調查所　民 18 年　1 册　甲種第 7 號
338.2/4442　中國鑛産　黄著勳著
　上海　商務　民 15 年　初版　1 册　複 1
338.2/5734　中國鐵鑛誌　F. R. Tegengren 著　謝家榮譯
　農商部　地質調查所　民 10 年　初版　上下 2 册　複 2
338.2/5734　中國鐵鑛誌（附圖）　F. R. Tegengren 著
　農商部　地質調查所　1 册
338.2/7531　世界的石油戰争　陳漢平著
　上海　商務　民 20 年　初版　183 面
338.2/8003　中國礦法要義　翁文灝著
　地質調查所　78 面
338.5/5623　編製上海物價指數論叢　盛俊輯
　上海　財政部駐滬調查貨價處　民 18 年　初版　1 册　複 1
338.7/2168　股份公司經濟論　上田曾次郎著　周沉剛譯
　上海　商務　民 12 年　初版　128 面　複 6
338.7/3256　上海市場　潘忠甲編
　上海　財政部駐滬調查貨價處　民 14 年　初版　96 面

339 貧乏論

339/2000 資木主義的浪費 蔡斯著 黃澹哉譯
上海 新生命 民19年 初版 294面

339/3123 貧乏論 河上肇著 止止譯述
上海 泰東 民12年 3版 54面

339/3123 救貧叢談 河上肇著 楊山木譯
上海 商務 民10年 再版 96面 複8

340 法律

340/0721 法律常識 郭衛著
上海 法學編譯社 1930年 5版 100面

340/2522 法律學 朱采真著
上海 世界 1930年 初版 314面 複1

340/3244 法制 潘楚基、張國幹合編
上海 黎明 民20年 出版 1冊

340/7728 公民（第二冊法制） 陶彙曾編纂
上海 商務 民14年 初版 178面

340.1/0047 法律哲學原理 高柳賢二著 江瀚章譯
上海 大東 民21年 初版 1冊

340.1/0047 法律哲學 高柳賢三著 張與公譯
上海 會文堂 民22年 初版 230面

340.1/1052 中國古代法理學 王振先著
上海 商務 民14年 初版 65面 複5

340.1/1185 社會法律學 張知本著
上海 會文堂 民22年 初版 184面

340.1/2522 法理學大綱 穗積重遠著 歐陽谿譯
上海 法學編譯社 1930年 初版 142面 複1
340.1/2527 法律進化論（第二册） 穗積陳重著 薩孟武、陶彙曾合編
上海 商務 民19年 初版 291面
340.1/2622 法律哲學研究 吴經熊著
上海 會文堂 民22年 初版 224面
340.1/7741 法律學之基礎知識 陶希聖著
上海 新生命 民18年 初版 1册 複1
340.1/8083 孟德斯鳩法意 〔法〕孟德斯鳩著
上海 商務 民4年 再版 1册 複1
340.109/0042 大陸近代法律思想小史 方孝嶽編
上海 商務 民12年 初版 上下2册 複5
340.109/1018 法律思想史 丁元普著
上海 會文堂 民22年 初版 194面
340.2/0880 法制淺説 許企謙編
上海 中華 民8年 再版 44面 複1
340.2/1032 近世法學通論 三瀦信三原著 鄧公傑譯
上海 民智 民19年 初版 240面
340.2/1129 法學通論概要 張季忻編著
上海 世界 民18年 初版 132面
340.2/1740 新編法學通論 孟森編
上海 商務 民3年 7版 97面
340.2/2364 法學通論 法學博士織田萬著
上海 商務 民2年 12版 251面 複1
340.2/2522 法學通論 朱采真編
上海 世界 民17年 初版 258面
340.2/2671 法學通論 白鵬飛編
上海 民智 民17年 初版 202面

340.2/3001 法學概論 甯敦武著

上海 南强 民18年 初版 79面

340.2/3013 法制經濟通論 户水寬人等著 何燏時譯

上海 商務 民2年 8版 1冊

340.2/4327 現代法制常識問答 戴季陶編

南京 中央 民16年 初版 100面

340.2/4604 法學通論綱要 楊文苑編著

上海 法學社 民17年 初版 168面

340.2/4727 法學通論 中國法制史 北京朝陽大學講義郁疑著

北京 朝大出版部 1冊

340.2/7548 法學通論 陳敬第編輯

上海 羣益 民2年 4版 186面

340.2/7721 法制概要 陶保霖編

上海 商務 民12年 26版 80面 複3

340.2/7742 法制問答 岡松参太郎著

東京 活版株式會社 明治37年 初版 122面

340.2/7772 法學通論 歐陽谿著

上海 會文堂 民22年 初版 上下2冊

340.8/7538 法政講義 陳鴻慈編

上海 丙午社 民2年 4版 10冊

340.8/7721 惺存遺著 陶保霖著

上海 商務 民11年 初版 上下2冊 複4

340.9/4631 中國法律發達史 楊鴻烈著

上海 商務 民19年 初版 上下2冊

341 國際法

341/1133 春秋國際公法 張心澂著
北平 永華 民13年 初版 360面 複2

341/1785 國際法要覽 羣益書社編輯部譯述
上海 羣益 民3年 初版 168面

341/2133 國際公法私法問答 上海法學編譯社
上海 會文堂 民20年 初版 40面

341/2652 國際法概論 泉哲著 彭學沛譯
上海 神州 民19年 初版 348面

341/3126 二十世紀國際公法 〔法國〕法學博士福偶著 朱文黼譯
上海 民友社 民2年 初版 496面

341/3129 國際公法論 汪馥炎著
上海 會文堂 民22年 初版 上下2册

341/4444 國際法大綱 黄夢樓編
上海 北新 1929年 初版 132面

341/4774 國際公法戰時國際公法 北京朝陽大學講義
北京 朝大出版部 1册

341/5043 戰時國際公法 中村進午著 陳時夏譯
上海 商務 民4年 6版 159面

341/5043 平時國際公法 中村進午著 陳時夏譯
上海 商務 民4年 5版 333面 複3

341/7570 國際公法之將來 何本海著 陳宗熙譯
上海 泰東 1928年 初版 100面

341/7722 現代國際法問題 周鯁生著
上海 商務 民20年 初版 1册

341/8020 平時國際公法 金保康編
上海 羣益 民2年 再版 234面

341/8020 戰時國際公法 金保康編
上海 羣益 民2年 再版 149面 附録3面

341.1 國際會議

341.1/1040 華會見聞録 賈士毅編纂
上海 商務 民13年 再版 320面 複3
341.1/1126 日内瓦三國海軍會議始末記 張繼煦著
武昌 黄秀文 民17年 初版 84面 複1
341.1/3138 巴黎和議後之世界與中國（第1編） 汪兆銘編
上海 民智 民15年 再版 206面 複1
341.1/4024 巴黎和會實録 〔美〕法學博士培德著 陳震澤、楊鈞譯
上海 寰球 民8年 初版 266面 附録96面
341.1/4752 太平洋會議之因果與中國今後之責任 胡中和著
上海 44面
341.1/7731 華盛頓會議小史 周守一著
上海 中華 民15年 5版 354面 複5
341.1/7785 編纂國際法會議之經過 民智書局編譯所編
上海 民智 1930年 出版 76面

341.2—3 國際條約；聯盟；戰爭法

341.2/0017 國際條約大全 商務印書館編
上海 商務 民12年 4版 全1册
341.2/0278 協商及參戰國與德國之和平條約 新學會社編
上初 新學會社 民9年 初版 全1册 複2

341.2/1031　國際聯盟　夏渠撰述

上海　商務　民 17 年　初版　96 面

341.2/1537　萬國聯合論　B. F. Trueblood 著

上海　廣學會　1916 年　初版　104 面

341.2/1780　中國國際條約義務論　刁敏謙著

上海　商務　民 16 年　4 版　1 册　複 4

341.2/2053　國際聯盟講評　信夫淳平著　王岫廬譯

上海　華豐　民 9 年　初版　1 册

341.2/2661　條約論　吴昆吾著

上海　商務　民 20 年　初版　222 面

341.2/2668　國際聯盟及其趨勢　吴品今著

上海　商務　民 11 年　初版　上下 2 册　複 5

341.2/3064　國際條約要義　賨田來著

上海　中華　民 3 年　初版　135 面

341.2/3470　國際同盟論　〔英〕羅仁斯著　〔英〕莫安仁、王官鼎譯

上海　廣學　民 8 年　初版　全 1 册

341.2/4722　東北條約研究　胡崑、丁憲勳編

上海　中華　民 21 年　初版　108 面　複 1

341.2/6012　國際聯盟十年記　國聯秘書處編　章駿騎譯

上海　中華　民 22 年　初版　1 册

341.2/6648　國際條約概要　瞿世鎮編

上海　三民　民 19 年　再版　1 册

341.2/7722　萬國聯盟　周鯁生著

上海　商務　民 11 年　初版　1 册　複 1

341.2/8703　中國國際商約論　鄭斌著

上海　商務　民 14 年　初版　223 面　複 4

341.2/8782　國際聯盟概况　鄭毓秀博士編譯

上海　商務　民 15 年　初版　261 面　複 1

341.3/0000　何謂宣戰　商文立著
南京　南京書店　民21年　初版　82面　附録20面
341.3/3470　局外中立法精義　T. J. Lawrence著　王肇焜等譯述
上海　商務　民3年　初版　150面　複1
341.3/7712　楊格計畫與賠償問題　陶百川編
上海　大東　民19年　初版　114面

341.5　國際私法

314.5/0028　中國國際私法論　唐紀翔著
上海　商務　民19年　初版　229面
341.5/1084　國際私法　王毓英編
上海　商務　民20年　初版　197面
341.5/2261　國際私法　山田三良著　李倬譯
上海　商務　民4年　3版　253面　複2
341.5/2311　國際私法　傅彊編輯
上海　羣益　民2年　再版　298面
341.5/5043　新譯國際私法　中村進午著　袁希濂譯
上海　中國　光緒33年　初版　292面　複2
341.5/6022　國際民商法論　〔瑞士〕賈利著　潘承鍔譯
上海　中國　光緒34年　初版　192面　複2
341.5/7533　國際私法總論（上册）　陳顧遠著
上海　法學編譯社　1931年　初版　222面
341.5/7533　國際私法總論　陳顧遠著
上海　會文堂　民22年　初版　上下2册　精裝
341.5/7533　國際私法本論　陳顧遠著
上海　會文堂　民22年　初版　上下2册

341.5/7703 國際私法新論 周敦禮編
上海 中華 民20年 初版 217面

341.8 租界；領事裁判權

341.8/0017 上海公共租界根本章程 商務印書館
上海 商務 1926年 初版 47面
341.8/0017 上海洋涇濱北首租界章程 商務印書館
上海 商務 民15年 初版 1册 複2
341.8/0066 法權恢復運動 唐鳴時著
上海 商務 民17年 初版 37面
341.8/1044 上海公共租界收回問題 王世杰著
上海 黨務訓練所 民16年 初版 16面
341.8/3162 租界與中國 顧器重著
上海 卿雲 民17年 初版 112面
341.8/3348 在華領事裁判權論 梁敬錞著
上海 商務 民19年 初版 240面
341.8/4074 天津租界及特區 南開大學政治學會
上海 商務 民15年 初版 114面 複3
341.8/4234 華洋訴訟例案彙編 姚之鶴著
上海 商務 民4年 初版 上下2册 複1
341.8/4420 領事裁判權討論大綱 黄秩庸編輯
上海 青年協會書報部 民15年 再版 89面 複6
341.8/6072 領事裁判權與中國 國民外交叢書社編輯
上海 中華 民15年 4版 67面 複3
341.8/8054 中國國際法論 今井嘉幸著
上海 商務 民4年 初版 317面 複1

342 憲法及憲法史

342/0017 世界新憲法 商務印書館編

上海 商務 民 11 年 初版 全 1 册 複 2

342/0017 世界現行憲法 商務印書館編

上海 商務 民 5 年 再版 全 1 册 複 1

342/0017 世界現行憲法續編 商務印書館編

上海 商務 民 2 年 初版 全 1 册 複 1

342/0017 世界共和國政要 商務印書館編

上海 商務 民 2 年 3 版 1 册

342/1018 比較憲法 丁元普著

上海 會文堂 1930 年 初版 192 面

342/1044 比較憲法 王世杰著

上海 商務 民 16 年 初版 822 面

342/1185 憲法論 張知本著

上海 會文堂 民 22 年 初版 438 面

342/1516 政治學及比較憲法論 〔美〕巴路捷斯著 劉瑩澤等譯

上海 商務 民 5 年 7 版 上下 2 册 複 3

342/2120 治法 盧信著

上海 泰東 民 13 年 初版 78 面

342/2133 國法學問答 上海法學編譯社編

上海 法學編譯社 1931 年 初版 82 面

342/3070 憲法研究書 富岡康郎著 吴興讓譯述

上海 商務 宣統 3 年 7 版 223 面

342/3457 憲法論綱 〔法〕曹閣編纂 陳文中譯

上海 羣益 宣統 3 年 再版 1 册

342/3513 憲法 清水澄著 盧弼、黄炳言譯

上海 昌明公司 光緒 32 年 1 册

342/3631　美法英德四國憲法比較　〔美〕温澤爾著　楊錦森、張莘農譯

上海　中華　民2年　初版　60面

342/4774　憲法　北京朝陽大學講義

北平　朝大出版部　282面

342/4774　比較憲法　北京朝陽大學講義

北京　朝大出版部　228面

342/5056　世界聯邦共和國憲法　泰東圖書局編

上海　泰東　民11年　初版　1部4册　複1部

342/7547　歐美憲政真相　陳壽凡編

上海　商務　民6年　初版　310面　複2

342/8030　憲法學原理　美濃部達吉著　歐宗祐、何作霖譯

上海　商務　民14年　初版　316面　複2

342.42/3149　英國憲政叢書　汪大燮編

上海　商務　宣統3年　初版　上中下3册　複2

342.42/4807　英國立憲鑑　C. Moryan著　許家惺述

上海　廣學會　1912年　初版　79面

342.42/7762　英國憲政論　屠景山編著

上海　世界　民18年　初版　151面

342.42/8040　英國憲法政治小史　曾友豪著

上海　商務　民20年　初版　69面

342.43/1144　新德國社會民主政象記　張嘉森著

上海　商務　民11年　初版　397面　複7

342.43/2525　德國憲法　朱和中譯

上海　民智　民12年　初版　196面　複1

342.43/7175　德國新憲法論　R. Brunet著　張卓立等譯

上海　商務　民15年　初版　335面　附録38面

342.44/0017　法美憲法正文　商務印書館編譯

上海　商務　民1年　再版　1册　複1

342.44/3126 法國民主政治 〔法〕福偶著 朱文黼譯
上海 民友社 民2年 5版 1冊 複1
342.44/8020 法國憲法釋義 金季譯述
上海 商務 民元年 初版 94面 複1
342.47/4084 蘇俄憲法與婦女 大竹博吉著 陸宗贄譯
上海 平凡 民18年 初版 88面
342.51 中華民國憲法
342.51/0017 中華民國根本法及草案 商務印書館編
上海 商務 民11年 初版 28面 複1
342.51/1018 中國法制史 丁元普著
上海 會文堂 民22年 初版 206面 複1
342.51/1063 中華民國法統遞嬗史 王景濂、唐乃沛合編
無錫 民視社 民11年 初版 244面
342.51/1114 國憲議 張君勱編
上海 時事新報館 民11年 初版 168面
342.51/3110 國民政府組織法研究 馮震著
南京書店 民20年 初版 32面
342.51/5554 中華憲法平議 〔美〕韋羅壁著 萬兆芝譯
上海 中華 民8年 初版 152面
342.51/7562 憲法芻議 陳國綱編
北京 同舟 民11年 再版 52面
342.51/8782 中國比較憲法論 鄭毓秀著
上海 世界 1927年 初版 122面
342.73/2341 美國憲法釋義 〔美〕卜布爾著 沈永昌譯
上海 商務 民5年 再版 87面
342.73/2444 美國共和政鑑 〔美〕特維斯著 錢智修譯
上海 商務 民1年 3版 88面 複1
342.73/4450 美國憲法政治之民主主義論 藤井新一著 丘仰飛譯

上海　啓智　民 18 年　初版　126 面

343　刑法

343/0721　刑法要覽　郭衛著
　上海　會文堂　1930 年　出版　170 面
343/0721　刑法學總論　郭衛著
　上海　會文堂　民 22 年　初版　上下 2 册
343/0721　刑法學總論　郭衛著
　上海　法學編譯社　民 17 年　再版　上下 2 册　複 1
343/0721　刑法學各論　郭衛著
　上海　法學編譯社　民 18 年　初版　上下 2 册
343/0721　刑法學各論　郭衛著
　上海　法學編譯社　民 18 年　初版　上下 2 册　複 2
343/0721　刑事政策學　郭衛著
　上海　會文堂　民 22 年　初版　278 面
343/0721　最新刑事政策　郭衛著
　上海　會文堂　民 19 年　278 面　複 1
343/1129　刑法總則概要　張季忻編
　上海　世界　民 18 年　初版　128 面
343/1129　刑法分則概要　張季忻編
　上海　世界　民 18 年　初版　132 面
343/2133　刑法問答　上海法學編譯社著
　上海　法學編譯社　1931 年　初版　94 面
343/2533　刑法新論　朱鴻達著
　上海　世界　民 18 年　初版　234 面
343/3181　刑法新論（總則）　江鎮三著

上海 民智 1929 年 初版 461 面

343/4028 刑法總論 李維钰編

上海 丙午社 民 2 年 再版 383 面

343/4030 刑法各論 袁永廉編

上海 羣益 民 2 年 再版 292 面

343/4400 刑法比較學（上册） 董康著

上海 會文堂 323 面

343/4742 刑法原理 郗朝俊著

上海 商務 民 19 年 初版 167 面

343/4774 刑法總則 北京朝陽大學講義

北京 朝大出版部 152 面

343/4774 刑法分則 北京朝陽大學講義

北京 朝大出版部 276 面

343/4774 刑事政策學監獄學 北平朝陽大學講義

北京 朝大出版部 1 册

343.1/1117 刑事訴訟法 張一鵬編

上海 丙午社 民 2 年 再版 316 面

343.1/2834 刑事訴訟法綱要 徐福基著

上海 法學社 民 18 年 初版 106 面

343.1/4774 刑事訴訟法 北京朝陽大學講義

北京 朝大出版部 280 面

343.1/4831 刑事訴訟法論 松室致著 陳時夏譯

上海 商務 民 2 年 3 版 330 面

343.1/0094 刑事訴訟法論 康焕棟、俞鐘駱著

上海 會文堂 民 22 年 初版 348 面 複 2

343.151/2133 刑事訴訟指南 上海法學編譯社編

上海 會文堂 1931 年 出版 164 面

343.151/2133 刑事訴訟法問答 上海法學編譯社編

上海　會文堂　1931 年　再版　110 面
343.151/4321　新刑事訴訟法釋義　戴修瓚著
上海　法學編譯社　民 18 年　初版　上下 2 册　複 1
343.151/8720　刑事訴訟法集解　鄭爰諏著
上海　世界　民 17 年　初版　333 面
343.2/5327　罪與罰　〔美〕胡黛蓮女士著　袁振英譯
香港　受匡出版部　1928 年　初版　38 面
343.51/0441　刑律通詮　謝越石著
天津　華新　民 5 年　再版　全 4 册　複 1
343.51/0721　刑法理由判解彙編　郭衛編
上海　會文堂　民 19 年　初版　1 册
343.51/1035　中華民國刑法　王寵惠屬稿
上海　民智　民 17 年　再版　1 册
343.51/1048　刑法通義　石松編
上海　商務　民 19 年　初版　1 部 4 册
343.51/2642　九朝律考　程樹德著
上海　商務　民 16 年　初版　上下 2 册
343.51/5011　新刑律釋義　秦瑞玠編
上海　商務　民 14 年　6 版　322 面
343.51/7513　中華現行刑律要義　陳承澤編
上海　中華　民 2 年　初版　99 面
343.51/7513　中華民國暫行刑律釋義分則　陳承澤編
上海　商務　民 14 年　6 版　205 面
343.51/8720　陸海空軍刑法釋義　鄭爰諏、朱鴻達合編
上海　世界　民 19 年　初版　116 面　複 1

345 中國成文法及例案

345/0017 中華六法 商務印書館編
上海 商務 民 17 年 13 版 6 冊

345/0017 最新司法判詞 商務印書館編
上海 商務 民 10 年 8 版 4 冊

345/0017 海商法 商務印書館編
上海 商務 民 19 年 初版 39 面

345/0037 民事訴訟法 立法院秘書處編
上海 民智 民 19 年 108 面

345/0037 民法（總則債編物權附施行法） 立法院秘書處編
上海 民智 民 19 年 初版 194 面

345/0037 土地法 立法院秘書處編
上海 民智 民 19 年 初版 98 面

345/0037 立法專刊（第一輯） 立法院秘書處編
上海 民智 民 18 年 初版 178 面

345/0037 立法專刊（第二輯） 立法院秘書處編
上海 民智 民 19 年 初版 296 面 附録 10 面

345/0037 立法專刊（第三輯） 立法院秘書處編
上海 民智 民 19 年 初版 232 面 附録 14 面

345/0037 立法專刊（第四輯） 立法院秘書處編
上海 民智 民 20 年 初版 430 面

345/0721 現行六法全書 法令大全合編 郭衛編
上海 法學編譯社 1931 年 初版 全 14 冊

345/0721 國民政府最高法院解釋法律文件彙編 郭衛編
上海 法學編譯社 民 17 年 初版 80 面

345/0721 國民政府最高法院判例彙編（第一集） 郭衛編
上海 法學編譯社 民 17 年 初版 154 面

345/0721 國民政府最高法院判例彙編（第二集） 郭衛編
上海 法學編譯社 民18年 初版 144面
345/0721 國民政府最高法院判例彙編（第三集） 郭衛編
上海 法學編譯社 民18年 初版 106面
345/1012 六法全書 王尹孚編
上海 法學編譯社 民17年 初版 2册
345/1012 法令大全 王尹孚編
上海 法學編譯社 民17年 初版 2册
345/1018 最近增訂現行中華新六法 丁督盦重編
上海 文明 民13年 初版 12册1函
345/1043 大理院法律解釋分輯 王世裕編
上海 商務 民11年 4版 164面
345/1043 大理院法律解釋分輯續編 王世裕編
上海 商務 民11年 4版 72面
345/1191 國民政府修正民刑事訴訟律大全 張恒編校
杭州 問經堂 1928年 初版 全4册
345/2533 民法物權編集解 朱鴻達編
上海 世界 民19年 初版
345/3417 國民政府最近頒布現行法規 法政學社編輯
上海 法政學社 民17年 再版 上下各一二册計4册
345/4333 女子繼承權法令彙解 戴渭清輯
民治 民19年 再版 1册
345/4465 現行六法司法法令合編 世界書局編
上海 世界 1929年 初版 1函6册
345/5043 現行法令全書 中華法政學社輯
上海 法政學社 民19年 再版 4册
345/6071 國民政府現行法規 國民政府法制局編
南京 國民政府法制局 民17年 再版 1册 複1

345/6071 增訂國民政府現行法規 國民政府法制局編
上海 商務 民 18 年 初版 1 册
345/6071 民法（第二編債） 國民政府公佈
上海 商務 民 18 年 初版 134 面
345/6071 民法（第三編權物） 國民政府公佈
上海 商務 民 19 年 初版 44 面
345/6071 土地法 國民政府公佈
上海 商務 民 19 年 初版 89 面
345/6071 票據法 國民政府公佈
上海 商務 民 19 年 初版 38 面
345/7291 民國法規集刊 劉燡元、曾少俊編輯
上海 民智 民 19 年 初版 12 本 2 函
345/7291 民國法規集刊 劉燡元、曾少俊編輯
上海 民智 民 18 年 初版 8 本複 1、2、2 册
345/7752 大理院判例解釋現行六法集解（民法新刑法） 周東白編輯
上海 世界 民 17 年 初版 1 册
345/7752 大理院判例解釋現行六法集解（民事訴訟法刑事訴訟法）
周東白編輯
上海 世界 民 17 年 初版 1 册
345/7752 大理院判例解釋現行六法集解（商法一般法） 周東白編輯
上海 世界 民 17 年 初版 1 册
345/7752 現行商法大全 周東白編輯
上海 商務 民 13 年 初版 1 册
345/7785 國民政府法規彙集 民智書局編譯所編
上海 民智 民 17 年 初版 52 面
345/8720 現行律民事有效部份集解 鄭爰諏編
上海 世界 民 17 年 初版 1 册
345/8720 民法總則集解 鄭爰諏編

上海　世界　民 18 年　初版　1 册

345/8747　中國商業法令（中英對照）　鄭希陶譯

上海　商務　民 15 年　初版　1 册　複 1

346/6032　英律摘要　〔英〕羅賓生著　張爾雲譯

上海　商務　民 9 年　初版　97 面　複 1

346.76/0474　遺産之廢除　H. E. Read 著　潘公展譯

上海　中華　民 14 年　初版　312 面　複 5

347　中國關於私法之著作

347/2133　民法總則問答　上海法學編譯社著

上海　法學編譯社　1931 年　初版　74 面　複 1

347/2808　民法總論　徐謙著

上海　會文堂　民 22 年　初版　490 面

347/4773　民法總則　胡長清編

上海　商務　民 19 年　初版　95 面

347/4774　民法總則　北京朝陽大學講義

北京　朝大出版部　310 面

347/7733　民法總則　歐宗祐編

上海　商務　民 17 年　初版　227 面

347/7741　民法總則　周大烈、陳國祥編

上海　丙午社　民 2 年　4 版　2 册

347.1/4412　著作權法釋義　林環生編

上海　世界　民 18 年　初版　35 面

347.1/5011　著作權律釋義　秦瑞玠編

上海　商務　民 3 年　再版　62 面

347.2/1000　土地法論　王效文著

上海　會文堂　民22年　初版　上下2冊

347.2/1041　民法物權論　王去非著

上海　會文堂　民22年　初版　326面　精裝

347.2/1041　民法物權論　王去非著

上海　會文堂　1930年　初版　326面　複1

347.2/2133　民法物權問答　上海法學編譯社著

上海　法學編譯社　1931年　初版　80面　複1

347.2/4244　民法財産物權　姚華編輯

上海　丙午社　民2年　4版　238面

347.2/4774　民法物權篇　北京朝陽大學講義

北京　朝大出版部　276面

347.2/4774　破産法强制執行法　北京朝陽大學講義

北京　朝大出版部　1冊

347.3/1041　破産法概論　王去非著

上海　法學編譯社　民19年　初版　150面

347.3/1185　破産法論　張知本著

上海　會文堂　民22年　初版　上下2冊

347.3/2008　民法財産債權　壬許編輯

上海　丙午社　民2年　4版　34面

347.3/2008　民法財産債權擔保　壬許編輯

上海　丙午社　民2年　4版　245面

347.3/2133　民法債問答　上海法學編譯社著

上海　法學編譯社　1931年　初版　174面　複1

347.3/4004　民法債編總論　李謨、黄景柏合編

上海　大東　民20年　初版　368面

347.3/4321　民法債總論（上冊）　戴修瓚著

上海　會文堂　民22年　232面

347.3/4321　民法債各論（上冊）　戴修瓚著

上海　會文堂　民 22 年　210 面

347.3/4773　民法債總論　胡長清編

上海　商務　民 20 年　初版　120 面

347.3/4774　債權通則　北京朝陽大學講義

北平　朝大出版部　132 面

347.3/4774　債權各論　北京朝陽大學講義

北平　朝大出版部　210 面

347.6/2133　民法親屬繼承問答　上海法學編譯社編

上海　會文堂　1931 年　出版　64 面

347.6/3133　女子繼承權詮釋　汪承之編

上海　民智　民 18 年　再版　114 面

347.6/3133　女子繼承權詳解　汪承之編

上海　民智　民 18 年　再版　76 面

347.6/3134　婚姻訴訟全書　汪波編

上海　民智　民 19 年　初版（上下集）

347.6/4004　繼承新論　李謨著

上海　大東　民 20 年　初版　130 面

347.6/4774　親屬繼承篇　北京朝陽大學講義

朝大出版部　1 册

347.6/6022　民法繼承論　羅鼎著

上海　會文堂　民 22 年　初版　278 面

347.6/7513　關於訂婚結婚離婚之法律問題　陳一清編

上海　精誠　1931 年　初版　326 面

347.6/7728　親屬法大綱　陶彙曾編

上海　商務　民 17 年　初版　457 面

347.6/7774　廢止遺産與三民主義　周履直著

上海　中華　民 17 年　初版　1 册

347.6/8073　婦女繼承遺産權淺釋　俞勝之編

中國法學研究社 民 18 年 初版 48 面
347.7/0041 改訂商標法要義 章圭瑑編
上海 商務 民 14 年 再版 49 面
347.7/0448 票據法概論 謝菊曾著
上海 世界 民 19 年 初版 311 面
347.7/1000 商事法概論 王效文著
上海 會文堂 民 22 年 初版 334 面
347.7/1000 海商法論 王效文著
上海 會文堂 民 22 年 初版 286 面
347.7/1000 公司法論 王效文著
上海 會文堂 民 22 年 初版 上下册
347.7/1000 中國公司法論 王效文著
上海 會文堂 1930 年 初版 全 2 册
347.7/1000 票據法論 王效文著
上海 會文堂 民 22 年 初版 342 面
347.7/1000 中國票據法論 王效文著
上海 會文堂 1930 年 初版 344 面 複 1
347.7/1009 票據法原理 王敦常編
上海 商務 民 11 年 初版 94 面 複 1
347.7/1037 比較商法論 王家駒編
上海 中華 民 6 年 初版 242 面 複 1
347.7/1138 商法調查案理由書 張家鎮等編
上海 中新 民元年 再版 1 册
347.7/2133 商法問答 上海法學編譯社著
上海 會文堂 民 20 年 初版 148 面
347.7/2533 現行商標法釋義 朱鴻達著
上海 世界 民 18 年 2 版 86 面
347.7/2831 票據法研究續編 徐滄水編

銀行週報社　民14年　初版　189面
347.7/4253　公司條例釋義　姚成瀚編
上海　商務　民10年　4版　266面
347.7/4707　商法要論　郝立輿編
上海　商務　民17年　再版　277面
347.7/4774　商律公司編公司法草案　北京朝陽大學講義
北京　朝大出版部　1冊
347.7/4774　商律總則商人通例　北京朝陽大學講義
北京　朝大出版部　1冊
347.7/4774　公司條例商行爲　北京朝陽大學講義
北京　朝大出版部　1冊
347.7/4774　票據法海商法　北京朝陽大學講義
北京　朝大出版部　1冊
347.7/7743　新商法商人通例公司條例釋義　民友社編
上海　民友社　民3年　初版　1冊
347.7/7773　商會法通釋　歐陽瀚存編
上海　商務　民13年　初版　89面　複1
347.7/8049　公司法釋義　翁敬棠著
上海　會文堂　1930年　初版　234面
347.7/8720　公司法釋義　鄭爰諏著
上海　世界　民19年　1冊
347.7/8723　票據法研究　銀行週報社編
上海　華豐　民11年　初版　244面
347.9/0017　訴訟須知　商務印書館編
上海　商務　民14年　13版　70面　複1
347.9/2032　民事訴訟法（第一編）　季祖虞編
上海　丙午社　民2年　再版　233面
347.9/2615　辯駁大全　吴瑞書編

上海 中央 民 18 年 初版 1 函 4 册

347.9/2834 民事訴訟法綱要 徐福基著

上海 法學社 民 18 年 初版 93 面

347.9/4411 法院組織法論 林廷琛著

上海 會文堂 民 22 年 初版 186 面（精裝）

347.9/4430 民事訴訟法（第二編） 黄祖詒編

上海 丙午社 民 2 年 再版 222 面

347.9/4430 民事訴訟法（第 6 編） 黄祖詒編

上海 丙午社 民 2 年 再版 230 面

347.9/4430 民事訴訟法（第 6 編至第 8 編） 黄祖詒編

上海 丙午社 民 2 年 再版 241 面

347.9/4474 公文訴狀程式大全 董堅志編

上海 錦章 民 18 年 初版 全 6 册 附目録 1 册

347.9/4767 訴訟常識 胡暇編

上海 商務 民 11 年 初版 82 面

347.9/4774 民刑訴訟法條例 北京朝陽大學講義

北京 朝大出版部 136 面

347.9/4774 民事訴訟法 北京朝陽大學講義

北京 朝大出版部 384 面

347.9/4774 法院編制法國際私法 北京朝陽大學講義

北京 朝大出版部 1 册

347.9/4878 民事證據論 〔日〕松岡義正著 張知本譯

上海 會文堂 民 20 年 初版 上下 2 册（精裝）

347.9/5084 各國法庭制度 青年協會書報部編

上海 青年協會 民 14 年 初版 55 面

347.9/7523 民事訴訟法論 陳允、康焕棟著

上海 會文堂 民 22 年 初版 上下 2 册（精裝）

347.9/7772 民刑事訴訟須知 周鳳彝編

湖北　官紙印刷局　民 7 年　初版　202 面

349　羅馬法及德法日俄等國法典

349.37/4774　羅馬法　北京朝陽大學講義

北京　朝大出版部　156 面

349.37/7523　羅馬法　陳允、應時合著

上海　商務　1931 年　初版　501 面

349.43/0017　德國六法　商務印書館編

上海　商務　民 2 年　再版　1 册

349.4379/2807　審判心理學大意　K. Mabre 著　陳大齊譯

上海　商務　民 11 年　初版　194 面　複 5

349.44/0017　德國六法　商務印書館編譯

上海　商務　民 2 年　初版　1 册

349.47/3144　蘇俄新法典　顧樹森編

上海　中華　1928 年　初版　1 册

349.52/0017　日本六法全書　商務印書館編譯

上海　商務　民 3 年　7 版　1 册

349.52/1048　日本德意志産業結合法令彙編　覃壽公編

上海　華國　民 11 年　初版　60 面

349.527　日本關於私法之著作

349.527/3051　民法原論　〔日〕富井政章著　陳海瀛、陳海超譯

上海　商務　民 2 年　5 版　459 面　複 1

349.527/4803　民法要義（總則編）　〔日〕梅謙次郎著　孟森譯

上海　商務　宣統 2 年　初版　248 面　複 1

349.527/7741　民法與社會主義　〔日〕岡村司著　劉仁航等譯

上海　商務　1931 年　初版　200 面

349.5272/4803　民法要義（物權編）　〔日〕梅謙次郎著　陳承澤、陳時夏譯

上海　商務　民 2 年　3 版　311 面

349.5272/4803　民法要義（債權編）　〔日〕梅謙次郎著　孟森譯

上海　商務　民 2 年　3 版　537 面　複 1

349.5276/4803　民法要義（親族編）　〔日〕梅謙次郎著

上海　商務　民 2 年　3 版　317 面　複 1

349.5276/4803　民法要義（相續編）　〔日〕梅謙次郎著　金泯瀾譯

上海　商務　民 2 年　3 版　258 面　複 1

349.5277/4832　商法論（總則編社會編）　〔日〕松波仁一郎著　秦瑞玠譯

上海　商務　民 2 年　3 版　243 面　複 1

349.5277/4832　商法論（商行爲編）　〔日〕松波仁一郎著　秦瑞玠譯

上海　商務　民 2 年　3 版　222 面　複 1

349.5277/4832　商法論（手形編海商編）　〔日〕松波仁一郎著　鄭釗譯

上海　商務　民 2 年　3 版　182 面　複 1

349.5279/0042　民事訴訟法論綱　〔日〕高木豐三著

上海　商務　民 12 年　4 版　上下 2 册

350　行政法

350/2671　行政法總論　白鵬飛著

上海　商務　民 16 年　初版　316 面

350/2834　行政法綱要　徐福基著

上海　法學社　民 18 年　初版　124 面

350/3513　行政法汎論　〔日〕清水澄著　金泯瀾譯

上海　商務　民 2 年　6 版　1 册
350/3513　行政法各論　〔日〕清水澄著　商務印書館譯
上海　商務　民 6 年　7 版　152 面
350/4774　行政法總論　北京朝陽大學講義
北京　朝大出版部　260 面
350/4774　行政法各論　北京朝陽大學講義
北京　朝大出版部　454 面
350/4917　行政法總論　趙琛著
上海　會文堂　民 22 年　初版　270 面
350/4917　行政法各論　趙琛著
上海　會文堂　民 22 年　初版　352 面
350/5221　行政學總論　蠟山政道著　羅超彦譯
上海　新生命　民 19 年　216 面
350/5460　比較行政法　〔美〕葛德奈著　民友社譯
上海　中華　民 2 年　初版　544 面
350.8/7283　縣長考試答問大全　劉鐵冷總纂
上海　真美善　民 18 年　初版　全 1 册

351.3—.74　中央行政—考試，警察

351.1/8841　元代蒙漢色目待遇考　〔日〕箭内亙著　陳捷譯
上海　商務　民 21 年　初版　110 面
351.3/0017　考試法規　商務印書館發行
上海　商務　民 20 年　初版　15 面
351.3/1111　臨場規範　張天百編
上海　廣益　民 17 年　初版　142 面
351.3/1738　中國考試制度研究　鄧定人編著

上海 民智 民18年 初版 82面 複2

351.3/2133 考試法規彙編 上海法學編譯社

上海 會文堂 民20年 初版 124面

351.73/5052 中央衞生試驗所年報 中央衞生試驗所

1930年 276面

451.74/0044 交通警察概論 〔日〕高橋雄豺著 張仲芙、劉大勳合譯

上海 大東 1931年 初版 130面

35l.74/0721 違警罰法釋義 郭衛著

上海 會文堂 1930年 初版 90面

351.74/0787 警界必攜 郭公闕編纂

上海 商務 民10年 5版 上下2册

351.74/1067 指紋學研究 王曰叟編

上海 世界 民19年 初版 136册

351.74/2112 最新偵探學 盧政綱編

南京 南京書店 民21年 初版 292面

351.74/214l 警務寶鑑 何甘露編

上海 世界 民20年 初版 214面

351.74/2633 違警罰法要義 吴源瀚編輯

北平 内務部編譯處 民7年 初版 120面

351.74/2837 警察學綱要 徐淘編著

上海 法學社 民18年 再版 124面

351.74/4046 公安警察問答 李萬里著

上海 中央 民17年 再版 118面

351.74/4432 國民政府違警罰法釋義 黄憲生編

上海 法學社 民18年 初版 199面

351.74/4944 最新警察全書 趙志嘉編

上海 世界 民18年 初版 1函 14册

351.74/4944 違警罰法詳解 趙志嘉編

上海　世界　民 19 年　105 面

351.74/4944　偵探學研究　趙志嘉編

上海　世界　民 18 年　初版　122 面

351.74/7198　警政概論　阮光銘著

上海　商務　民 20 年　出版　249 面

353.72/4428　文化基金建設談　黃徵著

鄭州　路局車務處　102 面　複 1

352　地方行政

352/0017　地方自治精義　商務印書館編譯

上海　商務　宣統 3 年　再版　66 面

352/1021　地方行政要義　王倬編輯

上海　商務　民 3 年　初版　上下 2 册

352/1040　地方自治制講義　雷奮編輯

上海　中國　宣統 1 年　再版　24 面　複 2

352/1133　舊村與新村　張宏業著

上海　中華自治學社　民 18 年　初版　92 面

352/1162　地方自治講義（教育行政警察行政）　張則川、劉遠駒編

湖北　地方自治研究社　光緒 33 年　初版　134 面

352/1178　市政制度　張慰慈編

上海　亞東　民 14 年　初版　370 面　複 1

352/1188　市制新論　張鋭著

上海　商務　民 16 年　再版　97 面　複 2

352/1724　村制學講義　尹仲才編述

上海　大中　民 18 年　再版　5 册

352/1234　地方自治讨論大綱　孫祖基編

上海 青年協會 民 15 年 初版 1 册 複 2

352/1726 市町村自治行政論 孟繼旦編

東京 并木活版所 光緒 34 年 初版 242 面

352/2364 地方自治精義 〔日〕織田萬著

上海 泰東 民 12 年 初版 72 面

352/2524 地方自治講義 朱德權、陳登山編

湖北 地方自治研究社 明治 41 年 初版 114 面 複 1

352/2600 市政舉要 白敦庸著

上海 大東 1931 年 初版 252 面

352/2600 市政述要 白敦庸著

上海 商務 民 17 年 初版 135 面 複 1

352/2837 市政學綱要 徐淘編著

上海 法學社 民 17 年 初版 137 面

352/3432 地方自治講義 沈澤生編

湖北 地方自治研究社 光緒 34 年 初版 241 面 複 1

352/3463 都市計劃法制要論 〔日〕池田宏著 蔣紹封譯

雲南 昆明市政公所 民 13 年 初版 222 面 複 1

352/4002 首都市政要覽 南京特别市政府秘書處編譯股編

南京 南洋 民 18 年 初版 108 面

352/4010 各國地方自治綱要講義 内務部編定

上海 泰東 241 面 複 1

352/4034 市政指南 李宗黄著

上海 商務 民 16 年 初版 54 面

352/4144 都市問題之研究 〔日〕栃内吉胤著 楊名遂譯

雲南 昆明市政公所 民 13 年 初版 146 面

352/4426 市政新論 董修甲著

上海 商務 民 14 年 再版 216 面 複 5

352/4426 市政學綱要 董修甲著

上海　商務　民16年　初版　331面

352/4426　市組織論　董修甲著

上海　商務　民17年　初版　185面

352/4642　現代市制大綱　楊朝傑著

上海　民智　民20年　初版　160面

352/4656　市政管理ABC　楊哲明著

上海　世界　1928年　初版　106面　複1

352/4656　都市論ABC　楊哲明著

上海　世界　1928年　初版　112面

352/4656　美的市政　楊哲明著

上海　世界　1927年　初版　70面

352/4656　現代市政通論　楊哲明編

上海　民智　民18年　初版　464面

352/5185　英德法美比較都市自治論　〔美〕門羅氏著　朱毓芬譯

上海　中華　民17年　初版　78面　複1

352/6054　自治論　〔日〕獨逸學協會編譯

上海　商務　宣統2年　5版　159面

352/6800　各國地方自治大綱　G. M. Harris著　王檢譯

上海　大東　1930年　初版　448面

352/7245　都市政策　劉友惠編

上海　華通　民18年　初版　65面

352/7474　市政全書　陸丹林編

上海　道路月刊社　民17年　再版　1册

352/7533　地方自治通論　陳顧遠著

上海　泰東　民11年　初版　227面　複1

352/7544　都市與公園論　陳植編

上海　商務　民19年　初版　205面

352/7593　地方自治新論　陳瑩冰編

武昌 新華 民18年 初版 92面

352/8064 市政經營論 〔日〕矢田七太郎著 吴劍秋譯

上海 商務 民14年 初版 212面 複1

352/8732 城市計劃學概論 鄭肇經編

上海 商務 民16年 初版 78面

325/9064 都市論 米田莊太郎著 林肇民譯

上海 新生命 民20年 初版 123面

352.1/8061 都市財政論 金國珍編

上海 商務 民18年 初版 226面

352.4/3080 市衛生論 宋介著

上海 商務 民15年 初版 61面 複3

352.4/5644 城市衛生學 F. G. Jewett著 李耀東譯

上海 廣學會 民12年 初版 66面

352.42/1734 英國田園市 〔日〕弓家七郎著 張維翰譯

上海 商務 民16年 初版 81面 複3

352.5/3436 市政工程學 凌鴻勛編輯

上海 商務 民13年 初版 234面 複1

352.7/1132 行道樹 張福仁編

上海 商務 民17年 初版 110面

352.73/5185 美國市政府 W. B. Munro著 臧啓芳譯

上海 商務 民14年 初版 500面 複5

352.9/1007 都市居住問題 Pohle著 陳迪光譯

上海 商務 民13年 初版 310面 複7

352.9/5000 英國住宅政策 東京市政調查會編 劉光華譯

上海 華通 民18年 初版 113面

352.51　中國地方行政

352.51　建築漢口新村計畫大綱

352.51/0017　自治法規　商務印書館發行
上海　商務　民 20 年　初版　113 面

352.51/0017　現行地方自治法令　商務印書館編
上海　商務　民 11 年　初版　64 面　複 3

352.51/0057　保甲運動之理論與實際　廣東民政廳編輯處編
上海　廣東民政廳編輯處　民 18 年　初版　154 面

352.51/0090　訓政時期縣政實施計劃　廖光亨著
上海　三民　民 19 年　初版　134 面　複 1

352.51/0439　縣政建設　謝守恒著
上海　神州　民 20 年　初版　309 面

352.51/0811　縣政全書　許天醉等編撰
上海　中原　民 17 年　5 版　12 册　複 1

352.51/1046　地方自治要覽　王志明著
無錫　世界　民 19 年　再版　上下 2 册　複 1

352.51/1078　地方自治實行法問答一百條　三民公司編輯
上海　三民　民 18 年　初版　64 面

352.51/1082　湖南自治運動史（上編）　王無爲著
上海　泰東　民 9 年　初版　179 面　複 1

352.51/1144　省制條議　張嘉森著
上海　商務　民 5 年　再版　1 册　複 1

352.51/1194　地方自治法規草案　張榮楣編
民 9 年　初版　64 面

352.51/1704　廣東的建設問題　鄧彦華著
廣東　建設廳編輯處　1929 年　出版　16 面

352.51/2643　地方自治行政法規彙編　吴城湖編

中央行政研究社出版部　民18年　初版　1冊

352.51/2643　村制法規　吴城湖編

南京　中央村制研究社出版部　民18年　初版　54面

352.51/2700　地方自治全書（區鄉縣鎮）　繆詴言編

上海　公民　民19年　初版　4冊

352.51/3229　縣自治法釋義　潘上謍編

浙江　印刷公司　民10年　初版　106面　複1

352.51/3741　保甲運動之理論與實際　郎擎霄著

上海　大東　民19年　初版　134面

352.51/3980　膠州行政　〔德國〕沙美著　朱和中譯

上海　民智　民12年　初版　226面

352.51/4010　現行關係地方自治各項法規講義　内務部編

上海　泰東　208面　複1

352.51/4010　現行地方自治法令講義　内務部編

上海　泰東　218面　複1

352.51/4010　廣東地方自治綱要　内務部編

上海　泰東　176面　附録44面　複1

352.51/4010　地方自治講義（户籍法講義）　内務部編

上海　泰東　民5年　初版　409面

352.51/4010　地方自治講義（慈善行政講義）　内務部編

上海　泰東　138面　複1

352.51/4010　地方自治講義（教育行政講義）　内務部編

上海　泰東　210面　複1

352.51/4010　地方自治講義（地方財政學要義講義）　内務部編

上海　泰東　344面　複1

352.51/4010　地方自治講義（勸業及公共營業講義）　内務部編

上海　泰東　1冊　複1

352.51/4010　地方自治講義（道路水利及土木行政講義）　内務部編

上海　泰東　140 面　附録 14 面　複 1

352.51/4010　地方自治講義（衛生行政講義）　内務部編

上海　泰東　210 面　複 1

352.51/4034　新廣東觀察記　李宗黄著

上海　商務　民 11 年　初版　214 面　複 1

352.51/4270　市組織法釋義　姚驤編

上海　世界　民 19 年　初版　134 面

352.51/4426　京滬杭漢四大都市之市政　董修甲著

上海　大東　1931 年　初版　156 面

352.51/4426　市憲議　董修甲著

上海　新月　1923 年　初版　172 面

352.51/4432　保甲運動之理論與實際　黄永偉編

上海　提拔　民 20 年　初版　1 册

352.51/4474　縣政府行政大全　董堅志編

上海　錦章　民 18 年　初版　182 面

352.51/4474　市政府行政大全　董堅志總纂

上海　錦章　民 18 年　初版　182 面

352.51/4474　省政府行政大全　董堅志編

上海　錦章　民 18 年　初版　230 面

352.51/4494　一歲之廣州市　黄炎培編

上海　商務　民 15 年　3 版　109 面　複 4

352.51/4948　湖南省憲法草案　趙南公發行

上海　泰東　民 10 年　初版　38 面

352.51/6071　市組織法　國民政府公佈

上海　商務　民 19 年　初版　34 面

352.51/6071　省憲輯覽　愚厂編輯

上海　德記　民 10 年　初版　1 册　複 1

352.51/6648　區村里制問答　瞿世鎮編著

上海　三民　民 18 年　初版　44 面

352.51/7247　縣自治法要義　劉世長編

上海　商務　民 11 年　初版　116 面　複 3

352.51/7280　模範縣政　劉鐘編纂

上海　三民　民 18 年　初版　240 面

352.51/7753　山西地方自治綱要　周成編纂

上海　泰東　民 14 年　9 版　476 面　附録 24 面　複 1

352.51/7763　國民政府市行政法　民國法政學會編

民國法政學會　民 17 年　初版　上下册

352.51/7763　國民政府縣行政法　民國法政學會編

民國法政學會　民 17 年　初版　上下册

352.51/7763　國民政府省行政法　民國法政學會編

民國法政學會　民 17 年　初版　上下册

352.51/7781　中國保甲制度　聞鈞天著

直學軒　民 22 年　初版　686 面

352.52/2642　日本之農村都市　吴孝侯編譯

上海　大東　1931 年　初版　224 面　複 1

352.52/4044　東京市之市政　李謩譯著

上海　民智　民 12 年　初版　212 面　複 3

353—54　各國中央政府組織

353/2132　美國政要　上海自由社編

上海　自由社　民 1 年　初版　上下册　複 1

353/3423　美國政治精義　沈步洲譯輯

上海　中華　民 4 年　初版　上中下 3 册　複 1

353/4941　美國政府大綱　趙藴琦著

上海　商務　民 10 年　初版　1 册　複 4

354/2724　政府論　〔美〕黎卡克著　梁同譯述

上海　科學會編輯部　民 3 年　初版　200 面

354/6744　列國政治異同考　G. Reid 著

上海　商務　光緒 33 年　再版　322 面　複 2

354.42/1178　英國政府綱要　張慰慈著

上海　商務　1930 年　初版　276 面

354.42/8303　英制綱要　錢文選著

上海　商務　民 9 年　初版　64 面　複 1

354.44/1124　法國行政法（上編）　〔法〕斐德埒彌著　張其棫等譯

上海　商務　民 1 年　初版　1 册

354.44/4941　法國政府大綱　趙藴琦編

上海　商務　民 11 年　初版　198 面　複 4

354.44/8302　法國的政治組織　錢端升著

1930 年　初版　185 面

354.47/0826　蘇俄政治制度　施伏量譯

上海　新生命　民 18 年　初版　292 面　複 2

354.47/2222　新俄羅斯　〔日〕川上俊産著　王揖唐譯

上海　商務　民 12 年　初版　139 面

354.494/1700　瑞士的政府和政治　布魯克著　趙藴琦譯

上海　商務　民 13 年　初版　344 面　複 4

354.51/0017　國民政府組織法　商務印書館發行

上海　商務　民 20 年　初版　36 面

354.51/0021　中華民國的内閣　章熊著

上海　古城　民 17 年　初版　136 面

354.51/4474　中央政府行政大全　董堅志總纂

上海　錦章　民 18 年　初版　1 册

354.51/7214　模範行政全書　劉再蘇編

上海　世界　民15年　初版　1册
354.51/7763　國民政府中央行政法　民國法政學會編
民國法政學會　民17年　初版　上下册
354.51/8040　中華民國政府大綱　曾友豪編
上海　商務　民15年　再版　348面

355—59　軍事學

355/0177　軍事大學意　龔厥民編
上海　中華　民20年　初版　114面
355/0222　軍事講話　訓練總監部國民軍事教育處編輯
隨營軍官學校　民19年　初版　上下2册
355/1086　國民軍事學　石鐸編
上海　大東　民18年　初版　349面
355/2040　中國國防論　香棣方著
上海　民智　1931年　初版　406面
355/4401　軍事常識　蔣方震著
上海　商務　民6年　初版　合訂1册
355/4434　日本軍備的檢討　莊心在著
南京書店　民21年　55面
355/4461　增補曾胡治兵語録　蔣中正著
中國國民黨陸軍軍官學校印　116面
355/4486　曾胡治兵語録　蔡鍔輯
上海　商務　民14年　7版　45面
355/6053　最新兵學問題集　〔日〕軍事指導社著
軍用圖書社　民18年　初版　220面
355/7110　歐戰後日本之軍事觀　厲爾康著述

軍用圖書社　民18年　初版　310面

355/7227　軍隊應用數量之參考　劉繼屏編

漢口　文華印書館　民17年　初版　1册

355.01/1233　孫子十家註　孫臏編

上海　中國　民15年　初版　1册

355.01/2542　兵的改造與其心理　朱執信著

上海　民智　民15年　6版　72面　複28

355.01/4025　孫子兵法史證　支偉成編

上海　泰東　民15年　初版　171面

355.01/4424　精神講話一班　林修梅編

上海　國光　民15年　再版　58面　複1

355.01/6830　行軍指要　〔英國〕哈密撰　趙元益述

上海　曹鍾秀繪圖　合裝2册

355.01/7517　評註七子兵略　陳玖學著

上海　掃葉　民15年　初版　1册

355.01/8405　新軍論　〔法國〕卓萊著　劉文島、廖世劭譯

上海　商務　民15年　3版　418面　複5

355.03/0222　軍語釋要　訓練總監部軍學編譯處編

京南　陸軍印刷局　民20年　再版　286面　複1

355.07/0060　德國練兵要書　德國提督康貝著　李丹、崖星使譯

上下2册

355.07/0222　小部隊教練計劃指南　訓練總監部軍學編譯處編

南京　軍用圖書社　民18年　初版　1册

355.07/1086　青年軍事訓練教程　石鐸等編

上海　中華　民20年　初版　上下册

355.07/2220　步哨斥候教育　山崎慶一郎著　田松溪譯

南京　軍用圖書社　民18年　初版　342面

355.07/2762　軍事教育全書　鄒明倫編

山左　博文社　光緒 33 年　初版　481 面
355.07/4712　軍隊教育各級計劃表範例　胡三傑編
南京　軍用圖書社　民 19 年　30 面
355.07/4944　軍事訓練教範　趙志嘉編
上海　世界　民 18 年　初版　143 面
355.07/5057　列强青年之軍事豫備教育　中央陸軍軍官學校教授部編
上海　軍事雜誌社　民 17 年　初版　302 面　複 1
355.07/5057　四大教程　中央陸軍軍官學校改訂
上海　軍學圍　民 18 年　初版　上下 2 册
355.07/7208　教兵須知　〔美〕安砥魯司著　譚葆壽譯
上海　軍用　民 18 年　初版　151 面
355.08/0190　最新軍事叢書　譚煜麟、馬威龍合編
南京　共和　民 18 年　初版　1 册　又附圖 1 册
355.08/0240　歐戰最新改良軍事叢編　端木彰編譯
南京　共和　民 18 年　初版　1 册　複 1
355.08/0248　歐戰最新改良軍事叢編　端木善孚編譯
1 册
355.08/2224　軍事學大全　崔作模編
上海　商務　244 面
355.08/7290　最新軍事學術大全　劉炎編
上海　真美善　民 17 年　再版　上下册
355.08/7290　軍事學術大全　劉炎編
上海　真美善　民 17 年　初版　上下册
355.09/0084　最近三十年中國軍事史　文公直著
上海　太平洋　民 21 年　再版　2 册
355.11/4401　裁兵計劃書　蔣方震著
上海　商務　民 11 年　初版　97 面　複 1
355.11/7448　兵工問題　陸世益著

上海　商務　民14年　初版　111面　附録3面　複4

355.22/0323　徵兵之沿革及施行法　許崇灝著

上海　民智　民18年　初版　122面

355.27/0747　鐵道輸送學　郭克興編

1冊　又附圖1冊

355.3　新編軍制學教程

北平　武學　1928年　初版　82面

355.3/7433　陸軍軍隊符號　陸軍軍學編輯局編輯

北平　陸軍部纂譯官處　民13年　初版　50面

355.3/8012　大戰後歐陸軍務之一瞥　余乃仁編著

上海　大東　民19年　初版　334面

355.331　陣中要務令草案

1冊

355.331/0017　作戰命令及各種計劃　唐天閑編

南京　軍事圖書社　民18年　初版　1冊

355.35/4027　參謀業務　袁績熙編譯

南京　軍用圖書社　民18年　初版　1冊

355.4　戰術學思想之變遷

北平　武學　1932年　初版　2冊

355.4　民國十年改訂戰術學教程

4冊

355.4　民國十九年改訂戰術學教程

1931年　3冊　複1部

355.4　戰術學

3冊　複1部

355.4　初級戰術學

1冊

355.4/0033　實兵指揮之參攷　廣州軍事研究社編譯

廣州　軍事研究社　民15年　初版　1冊　複2

355.4/0222　新戰鬥綱要詳解　訓練總監部軍學編譯處編譯

陸軍印刷所　民20年　初版　168面

355.4/0222　法國統帥綱領　訓練總監部軍學編譯處編譯

南京　軍用圖書社　民18年　初版　209面

355.4/0442　晝夜間野外戰鬥演習筆記　謝力虎編　黃懋增編

南京　共和　民19年　初版　1冊

355.4/0823　德國連合兵種之指揮及戰鬥　許崇灝編譯

上海　民智　民18年　初版　472面

355.4/1020　歐戰實驗各國機關槍戰術　王作新編譯

北平　武學　1921年　初版　230面

355.4/1020　最新應用戰術　王作新編譯

北平　武學　民12年　再版　1冊

355.4/2614　黃埔操場野外筆記（四五六期合編）　吴勁、游聯廷翻印

中央軍校　民18年　再版　1冊

355.4/2677　歐戰發明小部隊攻擊法　〔法國〕白丹著　黃海泉譯

武昌　永盛　民12年　初版　76面

355.4/3123　戰法新書　顧威、馮寅賓編譯

上海　均益　光緒33年　初版　128面

355.4/3389　唐克戰術之研究　梁鑑堂編

1929年　初版　122面

355.4/3413　應用戰法命令正編　漢武社發行

上海　商務　黄帝紀元4609年　初版　55面

355.4/3734　機關槍實施　軍官教育團編

北平　武學　民18年　124面

355.4/3737　最近野外演習筆記　軍官學校編

北平　武學　民16年　初版　170面

355.4/4025　前敵須知　英國兵官克利賴著　舒高第、鄭昌棪同譯

1 册
355.4/4063　野營演習筆記　李明灝譯
南京　軍用圖書社　民 18 年　初版　160 面
355.4/4072　戰術問題一千題　李剛編譯
南京　軍用圖書社　民 19 年　初版　1 册　複 1
355.4/4255　臨陣管見　布國斯拉弗司撰著　趙元益譯
1 册
355.4/4344　砲兵戰術圖上研究　戴桂茂、金玉琪譯述
武學　民 20 年　2 册
355.4/4422　戰鬭指揮圖解　昔卑特著　劉家佺譯
南京　軍用圖書社　民 20 年　初版　1 册
355.4/4432　歐戰發明步兵新戰術　黄海泉譯
武昌　永盛　民 14 年　再版　52 面
355.4/4443　戰術筆記　萬根漢母講授
陸軍印刷所　民 20 年　初版　106 面
355.4/4444　機關槍技術與戰術　黄植枬、郭漢銘譯
保定　印書館　民 7 年　168 面
355.4/4444　陸海空軍聯合戰術　黄懋編
南京　中央軍校軍官研究班政治二隊　民 19 年　初版 1 册
355.4/4447　戰術學教程問答　黄埔同學印
南京　共和　民 17 年　再版　198 面
355.4/5053　黄埔操場野外筆記　中央軍事政治學校翻印筆記籌備委員會編
上海　新軍事書店　民 18 年　初版　1 册
355.4/5053　戰術圖例　中央軍官學校編
軍官學校印　民 19 年　初版　1 册
355.4/5057　戰鬭原則圖表解　中央陸軍軍官學校附設軍官團編譯
南京　共和　民 18 年　初版　1 册
355.4/6054　戰術學教程　士官學校編譯

上海 商務 民1年 初版 1冊

355.4/6054 戰術學講授録 士官學校著 陸軍大學編譯

北平 武學 民18年 初版 3冊 複1

355.4/6056 新制戰鬥綱要圖表解 國防研究會編 王夢雲編譯

南京 公共 民19年 初版 166面

355.4/6057 防禦攻擊遭遇戰 陸軍大學校將校集會所著 馬緒昌、趙廷棟譯

北平 武學 民18年 初版 286面

355.4/7224 戰鬥原則之研究 劉仲荻編

上海 軍學印書館 民20年 初版 314面

355.4/7516 應用現地戰術之參攷 陳致果編譯

北平 武學 民18年 初版 1冊

355.4/7722 最新基本戰術 周修仁譯

華通 民20年 初版 260面

355.4/8466 戰術學 饒景星編

北平 武學 民14年 5版 3冊

355.45/7110 國防與物質 厲爾康編著

上海 大東 民18年 初版 438面

355.47/7584 古今戰事圖説平定粵匪之部 陳曾壽纂

上海 商務 合裝1冊

355.47 兵要地理

合訂1冊

355.5/2842 最新陣中要務令詳解 徐世倬編

共和 民20年 初版 8冊

355.5/5057 陣中要務詳解 中央陸軍軍官學校同學翻印

南京 宜春閣 民18年 初版 上下2巨冊

355.5/7230 最新陣中要務令圖表解 劉永慶、何鐘譯述

南京 共和 民18年 初版 1冊

355.6/0222 日本兵役法 訓練總監部軍學編譯處

陸軍印刷所　民20年　初版　34面

355.6/8293　日本的軍備　鍾悌之編

上海　日本研究社　1931年　初版　90面

355.7　民國十九年改訂地形學教程

1931年　2册

355.7　民國十九年改訂交通學教程

1931年　2册

355.7　新編築城學教程

北平　武學　1928年　初版　1册

355.7　新編地形學教程　軍官學校

北平　武學　民18年　1册

355.7　新編交通學教程

北平　武學　1928年　初版　2册

355.7　民國十九年改良築城學教程

1931年　2册

355.8　新編兵器學教程

北平　武學　1928年　初版　1册

355.8　民國十九年改訂兵器學教程

1931年　2册

355.8/0222　戰爭與兵器之新智識　訓練總監部軍編譯處編

陸軍印刷所　民20年　初版　166面　圖12幅

355.8/0222　瓦斯防護教育參攷書　訓練總監部軍學編譯處編

上海　軍用圖書社　民18年　初版　120面

355.8/0424　兵站勤務　謝佛南編

訓練總監部印刷所　民19年　初版　146面

355.8/1375　經理學教程　武學書館編

北平　武學　1册

355.8/2603　新式大刀術　白文洞編

北平 武學 1932年 初版 169面

355.8/3734 機關槍器械 軍官教育團編

北平 武學 民18年 130面

355.8/3754 最新手擲彈之使用法 軍官教育團編

北平 武學 民20年 54面

355.8/4074 炸彈教程淺説 李鵬華著

北平 武學 1924年 2册

355.8/5057 毒瓦斯及煙 中央陸軍軍官學校附設軍官團編譯

共和 民18年 初版 1册

355.8/7204 最新陸軍經理學問答 劉文藻著

上海 世界 民16年 再版 170面

355.8/7526 戰車（唐克）之使用法 陳皋編譯

上海 中華 民18年 初版 72面

356/ 新編步兵射擊教範草案解釋

民17年 初版 1册

356/0055 步兵操典 文明書局編輯

上海 文明 民15年 初版 248面 複1

356/0222 步兵射擊 訓練總監部軍學編譯處編

南京 軍用圖書社 民19年 初版 146面 複1

356/0222 步兵班之戰鬥教練 訓練總監部軍學編譯處編

陸軍印刷所 民20年 初版 118面

356/1040 步兵排之戰鬥教練 工藤豪吉著 訓練總監部譯

南京 軍用圖書社 1931年 初版 142面

356/1047 步科筆記 雲南陸軍講武學校十七期步科編

民13年 2册

356/1145 最新圖解步兵指南 張栩東編譯

北平 武學 民17年 初版 242面

356/1375 步兵偵探 武學書局編

128 面

356/3177 步兵偵探學 福民氏譯

共和 民 18 年 初版 1 册

356/3737 步兵操典草案 軍官學校編

274 面

356/3737 步兵操典草案詳解 軍官學校編

軍官學校 民 17 年 初版 328 面

356/4043 步兵射擊教範解説 李蒙滋著

保定 墨花齋 民 6 年 初版 242 面

356/4058 歐戰後新步兵操典之研究 李書箴編輯

北平 中華印刷局 民 18 年 初版 104 面

356/4153 實戰的步兵操典之研究 榎本宮著 訓練總監部軍學編譯處編譯

陸軍印刷所 民 19 年 初版 1 册

356/4422 連教練之研究 蔣維中編譯

南京 軍用圖書社 民 18 年 再版 1 册

365/4653 步兵前哨 賀忠良著

武漢社 民 1 年 重印 1 册

356/4653 步兵偵探 賀忠良著

武漢社 民 1 年 重印 128 面

356/4653 步兵行軍篇 賀良忠著

武漢社 民 1 年 重印 116 面 複 1

356/6042 最新步兵教練之研究 羅翹秀編

最新軍用圖書社 民 18 年 初版 226 面

356/7778 改正步兵術科教法新編 欧陽義、歐陽禮編

長沙 湘益印刷公司 1931 年 再版 4

356.2/4072 勤務之參攷 李剛譯

南京 軍用圖書社 民 18 年 初版 1

357/0222 馬事彙編 訓練總監部編

南京 軍用圖書社 1939年 初版 212面

357/1375 馬學教程 武學書館編

北平 武學 1冊

357/4003 騎兵偵探 南京軍用圖書社編

陸軍印刷所 民19年 再版 42面

358/5053 砲兵射擊教範講授録 中央軍官學校訂正

北平 武學 民20年 1冊

358.1/ 野戰砲兵射擊教範解義

228面

358.1/ 野戰砲兵射擊問答

120面

358.1/1041 礮法畫譜 丁友雲

江南 製造局刊 光緒14年 25面

358.1/5057 礮兵之運用與射擊 中央陸軍軍官學校第六期砲兵科編印

南京 中山印書館 民18年 初版 147面

358.1/5057 野戰砲兵操場野外筆記 中央陸軍軍官學校第六期砲兵科編印

中央陸軍軍官學校印 131面

358.1/7245 最新砲兵運用法 劉翰東編譯

南京 共和 民18年 初版 470面

359.0951/4744 中國海軍史 郝培芸編

北平 武學 民18年 初版 240面

361—64 慈善機關及犯罪學

361/4282 紅十字會之歷史 〔美〕莫約西著

上海 商務 民8年 3版 37面 複1

364/1268 偷勃羅梭犯罪人論 水野鍊太郎著 徐天一譯

上海　民智　民 18 年　初版　166 面　複 1

364/2111　盗匪問題之研究　何西亞編

上海　泰東　民 14 年　再版　102 面　複 1

364/2708　朗伯羅梭氏犯罪學　〔意〕朗伯羅梭著　劉麟生譯

上海　商務　民 11 年　初版　431 面　複 5

364/4034　犯罪搜查法　南波杢三郎著　徐蘇中譯

上海　會文堂　民 22 年　初版　上下 2 册　精裝

364/4069　犯罪心理學　寺田精一著　吴景鴻譯

上海　會文堂　民 22 年　初版　468 面　精裝

364/4084　犯罪學　李劍華著

上海　法學編譯社　1931 年　初版　148 面　精裝　複平裝 2 册

364/7913　犯罪社會學　勝水淳行著　鄭磯譯

上海　北新　1929 年　初版　216 面

365—66　監獄及秘密結社

365/2262　監獄服務（警察彙編第 14 種）　山田虎一郎著　李明、劉經、元績合編

東京　并木活版所　光緒 33 年　初版　137 面

365/4917　監獄學　趙琛著

上海　會文堂　民 22 年　初版　358 面

365/8032　感化録　金兆鑾等編

上海　商務　民 12 年　初版　1 册　複 1

365/9033　監獄學（警察彙編第 15 種）　小河滋次郎等講授　裴枏等編

東京　并木活版所　光緒 33 年　初版　166 面

365/9033　監獄官練習要書（上卷）　小河滋次郎講授　監獄研究社編

東京　三原松印刷所　光緒 34 年　初版　1 册

365/9033 日木監獄制度一班 小河滋次郎講授 王人鑑譯
赤城 政法研究會 光緒 33 年 初版 31 面
366/0017 中國祕密社會史 商務印書館編譯所編纂
上海 商務 民 12 年 5 版 169 面 複 1

368 保險

368/1000 保險學 王效文編
上海 商務 民 14 年 初版 上下 2 册 複 2
368/1043 保險法論 王孝通著
上海 會文堂 民 22 年 初版 238 面
368/1230 保險法 孔滌庵編
上海 商務 民 20 年 初版 129 面
368/8720 保險法釋義 鄭爰諏編
上海 世界 民 19 年 出版 87 面
368.3/9905 人壽保險學 S. S. Huebner 著 徐兆蓀譯述
上海 商務 民 14 年 初版 269 面 附録 9 面

369.4 少年社團—童子軍

369.4/1093 少年中國運動 王光祈著
上海 中華 民 14 年 2 版 230 面 複 2
369.43/0073 參與萬國童子軍大會報告 章駿編
上海 商務 民 14 年 初版 128 面 複 1
369.43/1113 童子軍結繩法 張亞良編譯
上海 商務 民 7 年 初版 85 面 複 4

369.43/1113　童子軍自由車隊訓練法　張亞良編譯
上海　商務　民7年　初版　102面　複2
369.43/1113　童子軍引擎使用法　張亞良編譯
上海　商務　民8年　初版　94面　複2
369.43/1113　童子軍追跡術　張亞良編譯
上海　商務　民9年　再版　93面　複4
369.43/2542　童子軍徽章　朱樸編纂
上海　商務　民9年　初版　66面　複1
369.43/2622　童子軍體操　魏鼎勳編
上海　商務　民14年　5版　70面　複2
369.43/2624　童子軍中國旗語　程季枚編
上海　商務　民13年　初版　69面　複2
369.43/2624　幼童軍教練法　程季枚編
上海　商務　民10年　再版　96面
369.43/2683　童子軍露營須知　吴銘之編
上海　商務　民9年　3版　70面　複3
369.43/3333　童子軍專論　治永清編
上海　商務　民15年　初版　184面
369.43/4420　童子軍遊戲法　蔣千、吕雲彪編
上海　商務　民9年　初版　52面　複3
369.43/4420　童子軍烹調法　蔣千、吕雲彪編
上海　商務　民9年　初版　60面　複2
369.43/4434　童子軍良伴　杜定友編
上海　商務　民17年　初版　1册
369.43/4434　童子軍日記　杜定友編
上海　商務　民8年　3版　94面
369.43/5048　童子軍規律　中華全國童子軍協會編
上海　商務　民10年　4版　116面　複3

369.43/5060 童子軍初步 中華全國童子軍協會編譯
上海 商務 民11年 6版 155面 複1
369.43/6630 童子軍營舍建造法 嚴家麟編
上海 商務 民13年 再版 54面 複2
369.43/6630 童子軍橋梁建築法 嚴家麟編
上海 商務 民9年 初版 59面 複2
369.43/6670 童子軍斥堠必攜 瞿同慶編譯
上海 商務 民13年 5版 57面 複2
369.43/8014 英國少年義勇團 〔日〕今西嘉藏著 朱元善譯
上海 商務 民6年 再版 162面 複2
369.47/3122 英國幼女團 汪仁侯譯述
上海 商務 民11年 初版 97面 複1
369.47/3122 初級女童子軍 汪仁侯編譯
上海 商務 民12年 初版 65面 複1
369.47/7747 女童軍教練法 周起鵬編譯
上海 商務 民11年 初版 109面 複1

370 教育學

370/1096 教育學 王熾昌編
上海 中華 民13年 10版 120面 複1
370/1112 實用教育學 張子和編
上海 商務 民11年 初版 96面
370/1251 教育學講義 孫振編
上海 商務 民18年 再版 316面 複1
370/2223 改造中的歐美教育 任伯濤輯譯
上海 商務 民19年 初版 433面

370/3418　教育入門　沈子善等編
上海　中華　民 15 年　初版　148 面
370/4010　戰後教育論　〔英〕巴德雷著　陸懋德譯
上海　商務　民 9 年　初版　60 面　複 2
370/4422　教育學講義　蔣維喬編
上海　商務　民 1 年　初版　116 面
370/4428　教育的理法問題　蘇儒善編
上海　亞東　民 15 年　初版　148 面　複 2
370/4430　教育學 ABC　黄粱就明編
上海　ABC 叢書社　民 17 年　初版　109 面
370/4434　教育統計學大綱　薛鴻志譯著
北京　京華　民 12 年　再版　207 面　複 2
370/4644　新著教育學　楊嘉椿編
上海　商務　民 13 年　4 版　56 面　複 1
370/5053　教育學教程　中央軍官學校編
軍用圖書社　民 20 年　92 面
370/5167　近三世紀西洋大教育家　F. P. Graves 著　莊澤宣譯
上海　商務　民 22 年　再版　180 面　複 1
370.1/0021　現代教育思潮　高卓撰述
上海　商務　民 20 年　初版　102 面
370.1/1010　現代教育學説　B. H. Bode 著　孟憲承譯
上海　商務　民 19 年　初版　211 面
370.1/1010　近代教育學説　B. H. Bode 著　馬復、李溶合譯
上海　世界　1930 年　初版　337 面
370.1/1010　教育哲學大意　B. H. Bode 著　孟憲承譯
上海　商務　民 13 年　初版　160 面
370.1/1074　輓近教育學説概論　王駿聲編
上海　商務　民 13 年　再版　124 面　複 2

370.1/1253 教育學原理 孫貴定編
上海 商務 民 13 年 再版 138 面
370.1/1759 教育與人生 羅素著 李大年譯
上海 啓智 民 17 年 初版 206 面
370.1/2045 教育之科學的研究 C. H. Fudd 著 鄭宗海譯
上海 商務 民 13 年 初版 332 面 複 2
370.1/2518 （教育研究）實用主義問題 朱元善編輯
上海 商務 民 3 年 初版 178 面 附録 20 面
370.1/2642 教育原理 程其保著
上海 商務 1931 年 初版 220 面
370.1/2733 動的教育學 繆序賓 吕雲彪編
上海 商務 民 10 年 3 版 100 面 複 2
370.1/3064 杜威教育學説之研究 永野芳夫著 林科棠譯
上海 商務 民 13 年 初版 160 面 複 1
370.1/3185 教育的重要原理及其根據 T. P. Nunn 著 劉朝陽譯
上海 商務 民 18 年 初版 317 面 複 1
370.1/3367 教育問答 淺野馴三郎著
上海 商務 民 14 年 初版 98 面
370.1/4031 新教育大綱 李浩吾編
上海 南强 1930 年 初版 495 面
370.1/4345 民本主義與教育 J. Dewey 著 鄒恩潤譯
上海 商務 民 20 年 再版 653 面 複 2
370.1/4345 明日之學校 J. Dewey 著 朱經農、潘梓年譯
上海 商務 民 15 年 3 版 268 面 複 3
370.1/4345 平民主義與教育 J. Dewey 著 常道直編譯
上海 商務 民 20 年 6 版 368 面 複 3
370.1/4345 教育上興味與努力 J. Dewey 著 張裕卿、楊偉文譯
上海 商務 民 12 年 初版 48 面 複 5

370.1/4345 學校與社會 J. Dewey 著 劉衡如譯
上海 中華 民 11 年 3 版 146 面

370.1/4345 教育哲學 J. Dewey 著 沈振聲筆述
上海 泰東 民 9 年 初版 151 面 複 1

370.1/4345 杜威教育哲學 J. Dewey 著 金海觀等譯
上海 商務 民 13 年 4 版 111 面 複 5

370.1/4416 孔子教育哲學 葛琨著
京師 第一監獄 民 14 年 初版 170 面 複 2

370.1/4440 教教哲學大綱 范壽康著
上海 商務 民 14 年 再版 79 面 複 4

370.1/4440 個性教育 范壽康著
上海 商務 民 13 年 初版 120 面 複 1

370.1/4730 個性論 舒新城譯
上海 中華 民 11 年 初版 1 册 複 2

370.1/5029 教育思潮大觀 中島半次郎著 鄭次川譯
上海 商務 民 15 年 3 版 260 面 複 3

370.1/5029 教育之改造 中島半次郎著 陳適譯述
上海 公民 民 10 年 初版 44 面 複 1

370.1/5114 現代教育的趨勢 比塞爾等著 嚴既澄譯
上海 商務 民 20 年 初版 273 面

370.1/6019 實驗教育 羅廷光、王秀南合編
南京 鍾山書局 民 22 年 初版 327 面

370.1/7294 近代教育思想 劉炳藜著
上海 北新 1925 年 初版 118 面

370.1/7712 社會與教育 陶孟和著
上海 商務 民 15 年 4 版 280 面 複 3

370.1/8034 國家主義的教育 余家菊、李璜著
上海 中華 民 14 年 3 版 162 面 複 4

370.1/8034　教育原理　余家菊著

上海　中華　民 14 年　初版　131 面　附録 2 面

370.1/8732　現代教育思潮　鄭次川、林科棠譯

上海　商務　民 12 年　初版　109 面

370.1/8733　密勒氏人生教育　鄭宗海、俞子夷編譯

上海　民 13 年　4 版　266 面　附録 6 面

370.1/9014　全民教育論發凡　常乃悳編

上海　商務　民 15 年　初版　232 面　附録 3 面　複 1

370.15/0041　教育心理學　廖世承編

上海　中華　民 14 年　3 版　494 面　複 2

370.15/0943　學習之基本原理　錢希乃、祝其樂譯

上海　商務　民 13 年　初版　292 面　附録 9 面　複 3

370.15/1048　本能與教學　王希曾等編

上海　商務　民 13 年　初版　91 面

370.15/2075　教育心理學大意　Colvinagley 著　廖世承譯

上海　中華　民 14 年　9 版　244 面　附録 11 面　複 3

370.15/2075　學習心理　Colvin 著　黄公覺譯

北平　中華印刷局　1929 年　初版　288 面　附録 46 面　複 2

370.15/2617　教育心理學　吴致覺著

上海　商務　民 12 年　初版　76 面

370.15/4234　教育心理的實驗　〔美〕斯達奇著　戴應觀譯

上海　商務　民 11 年　初版　210 面　複 2

370.15/4293　教育心理學導言　E. K. Strong 著　朱定鈞、張繩祖譯

上海　商務　民 14 年　初版　279 面　附録 5 面　複 2

370.15/4424　初級教育心理學　艾偉編

上海　商務　民 22 年　初版　226 面

370.15/4730　教育心理學概論　商戴克著　陸志韋譯

上海　商務　1928 年　2 版　494 面

370.15/4850　教育心理學　松本亦太郎、楢崎淺次郎著　朱兆萃、邱陵譯
　上海　商務　民13年　再版　266面　附録5面　複2
370.15/5014　學習心理學　W. H. Pyle著　朱定鈞、夏承楓譯
　上海　中華　民14年　3版　202面　複1
370.15/8704　心理原理實用教育學　舒新城編
　上海　商務　民14年　7版　192面　附録3面　複3
370.15/8704　教育心學綱要　舒新城編
　上海　商務　民14年　5版　122面　複3
370.2/4433　教育概論　莊澤宣著
　上海　中華　民17年　初版　271面　複1
370.2/4440　教育概論　范壽康編
　上海　開明　民20年　初版　260面
370.2/6019　教育科學研究大綱　羅廷光編
　上海　中華　民21年　初版　306面
370.4/0914　教育論　H. Spencer著　任鴻雋譯
　上海　商務　民12年　初版　127面　複2
270.4/1150　杜威羅素演講録合刊　張静廬編輯
　上海　泰東　民15年　5版　1册
370.4/2142　英美教育近著摘要　衞士生等編輯
　上海　商務　民13年　初版　1册
370.4/4014　教育叢稿　李廷翰著
　上海　中華　民10年　初版　上下2册
370.4/4345　杜威在華演講集　〔美〕杜威演講　新學社編輯部編
　上海　國光　民8年　初版　138面
370.4/4345　杜威三大演講　〔美〕杜威講演　劉伯明譯
　上海　泰東　民10年　3版　1册
370.4/4438　現代教育評論集　范祥善編
　上海　世界　民19年　初版　1册　複1

370.4/7244 華僑教育論文集 劉士木等合編

上海 大華 民18年 初版 473面

370.4/7453 教育文存 陸費逵著

上海 中華 民11年 初版 1冊

370.63/5047 全國教育會議報告 中華民國大學院編

上海 商務 民17年 初版 714面

370.63/7742 世界教育會議之經過 殷芝齡編

上海 商務 民12年 初版 72面 複1

370.7/1137 學校調查綱要 張裕卿編纂

上海 商務 民12年 初版 36面 複1

370.7/2500 教育測驗ABC 朱翊新著

上海 ABC叢書社 民17年 初版 78面

370.7/3121 學潮研究 顧倬著

上海 中華 民11年 初版 117面 複1

370.7/3984 公民教育 D. Snedden著 陶履恭譯

上海 商務 民12年 初版 347面 複5

370.7/4982 教育測驗概要 趙欲仁編著

上海 世界 民18年 初版 106面

370.7/5082 麥柯爾教育測量法撮要 W. A. McCall著 杜佐周譯

上海 民智 民19年 再版 202面 複4

370.7/7104 教育測量 L. P. Ayres等著 胡國鈺譯

北平 中華印刷局 民11年 初版 350面

370.7/7541 智力測驗法 陳鶴琴、廖世承著

上海 商務 民11年 再版 244面 複3

370.7/8015 測驗統計法概要 俞子夷編

上海 商務 民13年 初版 75面 複1

370.73/1121 師範生的良友 張化工編

上海 商務 民13年 再版 54面

370.73/4037　各國師範教育概觀　李之鷗編
上海　商務　民16年　初版　390面　複1

370.8　教育叢著

370.8/4800　新學制中學的課程　教育雜誌社編
上海　商務　民17年　初版　75面
370.8/4800　小學的新課程　教育雜誌社編
上海　商務　民14年　初版　1册
370.8/4800　教育獨立問題之討論　李石岑等著
上海　商務　民14年　初版　101面
370.8/4800　教育行政效率問題一部份的研究　盛朗西編
上海　商務　民14年　初版　83面
370.8/4800　性教育的理論　陳兆衡等著
上海　商務　民14年　初版　89面
370.8/4800　性教育與學校課程　廖世承等著
上海　商務　民14年　初版　100面
370.8/4800　青年期之性的衛生與道德　任白濤、易家鉞合編
上海　商務　民14年　初版　114面
370.8/4800　巴哥羅底兩性教育觀　潘公展述
上海　商務　民14年　初版　76面
370.8/4800　特殊教育之實施　邰爽秋等著
上海　商務　民14年　初版　94面
370.8/4800　社會學與教育　厚生等著
上海　商務　民14年　初版　94面
370.8/4800　教育之社會原理述要　劉建陽述
上海　商務　民14年　初版　91面

370.8/4800 小學教學法概要 吳研因等編
上海 商務 民44年 初版 74面

370.8/4800 小學國語教學法概要 吳研因、舒新城合編
上海 商務 民14年 初版 89面

370.8/4800 作文及文學教學法 藜錦熙、周法均合著
上海 商務 民14年 初版 107面

370.8/4800 中學校之博物學教學法 陳兼善等著
上海 商務 民14年 初版 90面

370.8/4800 小學算術教學法及練習法 俞子夷等編
上海 商務 民14年 初版 90面

370.8/4800 小學公民教育及教學法 張粒民等著
上海 商務 民14年 初版 94面

370.8/4800 小學史地教學法 黃競白等編
上海 商務 民14年 初版 81面

370.8/4800 小學自然科教學法 張裔雲等編
上海 商務 民74年 初版 90面

370.8/4800 工藝科教學法 熊翥高、王欣渠合著
上海 商務 民14年 初版 77面

370.8/4800 外國語教學法 張士一等編
上海 商務 民14年 初版 102面

370.8/4800 協動教學法的嘗試 張儿如著
上海 商務 民14年 初版 90面

370.8/4800 試行協動教學法的成績報告 張九如編
上海 商務 民14年 初版 110面

370.8/4800 個性與教學 余家菊等編
上海 商務 民14年 初版 106面

370.8/4800 教育心理學大要 高卓等著
上海 商務 民14年 初版 81面

370.8/4800　兒童性向的測驗報告　胡昌才等編
上海　商務　民 14 年　初版　92 面　複 1
370.8/4800　義務教育之研究及討論　姜琦等著
上海　商務　民 14 年　初版　78 面
370.8/4800　歐美之義務補習教育　任白濤著
上海　商務　民 14 年　初版　90 面　複 1
370.8/4800　職業教育之理論及職業之調查　教育雜誌社編
上海　商務　民 14 年　初版　82 面
370.8/4800　成人教育　常道直　任白濤合著
上海　商務　民 14 年　初版　93 面　複 1
370.8/4800　科學教育之原理及其教授法　余尚同著
上海　商務　民 14 年　初版　92 面
370.8/4800　體育之進行與改造　李石岑等著
上海　商務　民 14 年　初版　80 面
370.8/4800　小學體育教學法　王小峯著
上海　商務　民 14 年　初版　70 面
370.8/4800　田徑游泳競技運動法　劉敦楨等著
上海　商務　民 14 年　初版　106 面
370.8/4800　女子教育之問題及現狀　姜琦等編
上海　商務　民 14 年　初版　74 面　複 1
370.8/4800　幼稚教育及日美之幼稚園　祝其樂等著
上海　商務　民 14 年　初版　72 面
370.8/4800　訓育之理論與實際　余家菊等著
上海　商務　民 14 年　初版　95 面
370.8/4800　學校風潮的研究　常道直、余家菊合著
上海　商務　民 14 年　初版　81 面　複 1
370.8/4800　兒童自治施行實況　楊彬如著
上海　商務　民 14 年　初版　上中下 3 册

370.8/4800 教材之研究 周予同等著
上海 商務 民14年 初版 94面

370.8/4800 歐戰後各國教育之改革 太玄等著
上海 商務 民14年 初版 96面 複1

370.8/4800 教育視察與視察後的感想 郝耀東等著
上海 商務 民14年 初版 92面

370.8/4800 哲學與論理 胡適等著
上海 商務 民14年 初版 113面

370.8/4800 心理學之哲學的研究 高卓著
上海 商務 民14年 初版 78面

370.8/4800 心理學各方面之研究 李石岑、解中蓀合著
上海 商務 民14年 初版 82面

370.8/4800 變態心理學概論 倪文宙著
上海 商務 民14年 初版 78面 複1

370.8/4800 庚子賠款與教育 邱椿等著
上海 商務 民14年 初版 上中下3册 複1

370.8/4800 教育短評 陳兼善等著
上海 商務 民14年 初版 126面

370.8/4800 小學教育參攷書 趙廷爲等著
上海 商務 民14年 初版 上中下3册

370.8/4800 教育法令選 教育雜誌社編
上海 商務 民14年 初版 上中下3册

370.8 教育叢書

370.8/4800 現代教育思潮 樊炳青著
上海 商務 民11年 3版 149面

370.8/4800　教育學與各科學　朱元善編
上海　商務　民 11 年　3 版　55 面

370.8/4800　近世倫理學説　朱元善著
上海　商務　民 11 年　3 版　82 面

370.8/4800　藝術教育之原理　朱元善編
上海　商務　民 11 年　3 版　149 面

370.8/4800　司丹烈霍氏教育學説　樊炳青著
上海　商務　民 11 年　3 版　36 面

370.8/4800　凱善西台奈氏教育説　樊炳青著
上海　商務　民 11 年　3 版　85 面

370.8/4800　師範學校論　賈豐臻著
上海　商務　民 11 年　3 版　87 面

370.8/4800　手工教育論　朱元善編譯
上海　商務　民 11 年　初版　165 面

370.8/4800　學校園　秦同培著
上海　商務　民 11 年　3 版　53 面

370.8/4800　伊略脱傳　朱元善編
上海　商務　民 11 年　3 版　46 面

370.8/4800　愛倫該女史傳蒙台梭利女士傳　朱元善編
上海　商務　民 11 年　3 版　27 面

370.8/4800　自學自習法　朱元善編
上海　商務　民 11 年　再版　92 面

370.8/4800　教授時間之研究　朱元善編
上海　商務　民 11 年　再版　58 面

370.8/4800　教育的發問法　朱元善編
上海　商務　民 11 年　再版　57 面

370.8/4800　兒童研究　朱元善編
上海　商務　民 11 年　再版　108 面

370.8/4800 比奈氏智能發達診斷法 樊炳清著
上海 商務 民11年 再版 35面

370.8/4800 學校管理法 郭炳文著
上海 商務 民11年 再版 34面

370.8/4800 小學校救急法 朱傑編
上海 商務 民11年 再版 63面

370.8/4800 理化新教授法 朱元善著
上海 商務 民11年 再版 45面

370.8/4800 實驗簡易理化器械製造法 蔡文森著
上海 商務 民11年 再版 186面

370.8/4800 天才教育論 朱元善編
上海 商務 民11年 再版 33面

370.8/4800 裴斯泰洛齊傳 朱元善編
上海 商務 民11年 再版 41面

370.8/4800 教授法概要 俞子夷輯
上海 商務 民11年 再版 112面

370.8/4800 分團教授之實際 朱元善編
上海 商務 民6年 初版 47面

370.8/4800 小學校商業科教授法 朱元善編
上海 商務 民6年 初版 53面

370.8/4800 學習與心理 朱元善編
上海 商務 民6年 初版 84面

350.8/4800 學校之社會訓練 朱元善編
上海 商務 民6年 初版 65面

370.8/4800 學校生活指導法 朱元善編
上海 商務 民6年 初版 58面

370.8/4800 實用主義手工新教材 趙傳璧編
上海 商務 民6年 初版 54面

370.8/4800 勤勞教育論 朱元善編
上海 商務 民6年 初版 133面
370.8/4800 公民教育論 朱元善編
上海 商務 民6年 初版 54面
270.8/4800 實效教育論 錢智修編
上海 商務 民6年 初版 30面
370.8/4800 圖書館管理法 朱元善編
上海 商務 民6年 初版 179面
370.8/4800 德國大哲學家郁根傳 錢智修編
上海 商務 民6年 初版 84面

370.9 教育史

370.9/1076 西洋教育史綱要 王鳳喈編譯
上海 商務 民11年 初版 143面
370.9/1096 教育史 王熾昌編
上海 中華 民13年 5版 132面 複1
370.9/2585 教育史概要 朱公振編著
上海 世界 民18年 初版 138面
370.9/4025 新制教育史 李步青著
上海 中華 民11年 14版 100面
370.9/4034 歐美教育史 大瀨甚太郎著 劉亮譯
上海 民智 1930年 初版 528面
370.9/4074 法德英美教育與建國 E. H. Reisner著 崔載陽譯
1930年 1册
370.9/4433 西洋教育制度的演進與背景 莊澤宣著
上海 民智 民17年 初版 266面

370.9/4440 教育史 范壽康編

上海 商務 民12年 再版 126面 複1

370.9/4638 教育史 楊游編

上海 商務 民11年 10版 79面

370.9/5167 近代教育史 F. P. Graves著 吴康譯

上海 商務 民12年 再版 455面 複3

370.9/8014 西洋教育史大綱（下編） 姜琦編譯

上海 商務 民11年 再版 496面

370.9/8448 教育理想發展史 M. I. Emerson著 鄭夢馴譯

上海 商務 民13年 初版 116面

370.94/6644 西洋教育思想史 瞿世英編

上海 商務 1931年 初版 上下册

370.947/9840 蘇俄的教育 S. Nearing著 杜佐周譯

上海 民智 民17年 初版 219面

370.951/0720 中國教育制度沿革史 郭秉文著

上海 商務 民11年 3版 160面

370.951/1076 中國教育史大綱 王鳳喈著

上海 商務 民17年 初版 365面 複1

370.951/4480 最近三十五年之中國教育 莊俞、賀聖鼐編

上海 商務 民20年 初版 276面

370.951/7504 最近三十年中國教育史 陳翊林著

上海 太平洋 民20年 再版 380面

370.951/7553 中國教育史 陳青之著

北平 和濟 民15年 初版 290面 複3

370.951/7557 中國古代教育 陳東原著

上海 商務 民20年 初版 132面

370.951/8704 最近中國留學史 舒新城編

上海 中華 民16年 初版 300面

370.951/8704 近代中國教育史料 舒新城編
上海 中華 民17年 初版 4冊

371 教學法；學校管理；職業教育及其他

371/0032 改良私塾法 方瀏生著
上海 中華 民5年 再版 62面
371/0044 辦學指南 方蔚編
長沙 吟章 民12年 3版 1冊
371/0324 心智使用法 H. D. Kitson著 俞人元譯
上海 商務 民15年 再版 120面
371/4465 辦學實鑑 世界書局編
上海 世界 民19年 4版 1冊
371/5082 教育實驗法 麥柯著 薛鴻志譯
求知學社印刷部 民14年 初版 340面
371.2/3149 葛雷學校之組織 江蘇省立第一師範學校編
上海 商務 民13年 再版 67面 複2
371.3/1067 教學概論 巴克來、克玉書合著 林篤信譯
上海 商務 1931年 初版 276面
371.3/1141 張士一英語教學法講演録 張士一講
上海 中華 民12年 再版 41面
371.3/2634 教學指導 程湘帆著
上海 商務 民15年 初版 189面
317.3/2642 教學法概要 程其保編
上海 商務 1931年 初版 166面
371.3/2733 實驗各科動的教育法 繆序賓等編
上海 商務 民12年 4版 124面

317.3/3218 科學教授之我見 祈天錫著

上海 伊文思 民13年 初版 18面

371.3/3427 新教育法 德可樂利著 崔載陽譯

上海 中華 民21年 初版 1冊

371.3/4025 新制各科教授法 李步青編

上海 中華 民4年 3版 100面

371.3/4079 各科教授法精義 森岡常藏著 白作霖編譯

上海 商務 民3年 6版 237面

371.3/4448 自然研究校外教授實施法 蔡松筠編

上海 商務 民11年 初版 196面 複3

371.3/4835 設計教育大全 松濤泰嚴著 朱兆萃等譯

上海 商務 民14年 再版 188面 複1

371.3/4931 設計教學法 趙宗預編

上海 商務 民13年 4版 19面 複1

371.3/4931 設計式的各科教學法 趙宗預編

上海 商務 民17年 再版 237面

371.3/5024 教育方法原論 孟憲承、俞慶棠合譯

上海 商務 民16年 初版 1冊 複1

371.3/6550 教師之友 馮喜著 章柳泉譯

南京 南京書店 1931年 初版 192面

371.3/7512 單級教師之友 陳于仁編

上海 商務 民15年 初版 124面

371.3/7513 新教學法大綱 陳雲濤著

上海 光華 1932年 280面

371.3/7522 學生分組法 陳德徵編譯

上海 商務 1931年 初版 95面

371.3/7522 社會化的教學法 陳德徵著

上海 商務 1931年 初版 74面

371.3/7743　教學法概要　殷芷沅編譯
上海　世界　民18年　初版　上下2册
371.3/8033　新教授法原論　入澤宗壽著　羅迪先譯
上海　商務　民13年　初版　234面
371.3/8704　現代教育方法　舒新城編
上海　商務　民19年　初版　474面
371.38/0041　道爾頓制實驗報告　廖世承編
上海　商務　民14年　初版　188面　複1
371.38/0107　道爾頓制教育　柏格赫斯特女士著　曾作忠、趙廷爲譯
上海　商務　民13年　初版　183面　複1
371.38/0474　個別作業與道爾頓制　〔英〕林勤著　舒新城譯
上海　中華　民15年　初版　236面
371.38/0872　柏女士講演討論集　許興凱編
北京　晨報出版部　民14年　初版　230面
371.38/1087　湖北省立模範小學校試行道爾頓制一年的經過　王義周編
武昌　官紙印刷局　民13年　初版　1册
371.38/4345　道爾頓研究室制　〔美〕杜威女士著　錢希乃譯
上海　商務　民13年　3版　104面　複3
371.38/4450　道爾頓式教育的研究　林本譯
上海　商務　民13年　再版　58面　複4
371.38/5044　柏克赫司特女士與道爾頓制　中華教育改進社編
上海　中華　民14年　初版　32面
371.38/8704　道爾頓制淺説　舒新城編
上海　中華　民13年　112面　複1
371.38/8704　道爾頓制概觀　舒新城編
上海　中華　民12年　初版　216面
371.42/0881　青年實業補習教育　許公武編
上海　民智　民19年　初版　210面

371.42/1044 青年與職業 王志莘編
上海 商務 民 13 年 初版 56 面 複 2

371.42/1859 工業心理學淺講 莫斯栖奥著 高祖武譯
上海 商務 1931 年 初版 79 面

371.42/2050 謀業指南 奚惠廉編
上海 惠民 民 18 年 初版 311 面 複 1

371.42/2067 職業心理學 C. H. Griffits 著 鄒恩潤譯
上海 商務 民 15 年 初版 176 面

371.42/2518 職業教育真義 朱元善編
上海 商務 民 6 年 初版 258 面

371.42/2763 職業教育研究 鄒恩潤編譯
上海 商務 民 12 年 再版 126 面

371.42/2763 職業指導 鄒恩潤編譯
上海 商務 民 12 年 初版 66 面

371.42/3203 青年服務指導 潘文安著
上海 大東 民 20 年 128 面

371.42/3203 青年職業指導 潘文安著
上海 大東 民 20 年 3 版 178 面

371.42/3203 女子職業指導 潘文安、孫祖城合編
上海 商務 1930 年 初版 120 面

371.42/3203 職業教育 ADC 潘文安著
上海 ABC 叢書社 民 18 年 初版 142 面

371.42/3741 職業指導大綱 郎擎霄著
上海 泰東 民 16 年 上下册 複 1

371.42/6883 中學職業指導及升學指導 喻鑑清、陳重寅編
南京 南京書店 民 20 年 初版 50 面

371.42/7405 小學職業陶冶 楊鄂聯等經譯
上海 商務 民 14 年 初版 66 面

371.43/6058 社會的國民教育（一名青年義勇團） 田中義一著
通俗教育研究會 民6年 初版 69面
371.5/4014 訓育談 李廷翰著
上海 中華 民5年 初版 54面 複1
371.5/4427 教育與學校行政原理 杜佐周編
上海 商務 民19年 初版 330面
371.5/4440 學校管理法 范壽康編
上海 商務 民13年 再版 116面 複2
371.5/4447 學校庶務之研究 蔣世剛著
上海 商務 民13年 初版 160面
371.5/8010 學校管理法 金承望編
上海 商務 民11年 11版 103面
371.59/2587 兒童自治概論 朱智賢編
上海 中華 民20年 初版 116面
371.59/4002 兒童自治指導書 李康復編
上海 世界 民20年 初版 321面 複1
371.59/4421 學生自治須知 芮佳瑞編
上海 商務 民11年 3版 59面
371.7/0017 學校衛生學 商務印書館著
上海 商務 民4年 7版 78面
371.7/2622 學校衛生實鑑 吴傳紱譯
上海 中華 民5年 初版 192面 複1
371.7/2630 學校衛生行政 程翰章編
上海 商務 民19年 初版 195面
371.7/3414 低年級衛生故事和教學法 沈百英編
上海 商務 民12年 初版 59面 複1
371.7/4013 學校衛生概要 李廷安著
上海 商務 民19年 初版 146面

371.7/4429 袖珍學校衛生 薛德焴著
江陰 華通 民11年 初版 80面
371.7/5582 學生健康的檢查 麥克樂等著
上海 商務 民20年 初版 59面
371.7/7188 學校衛生實鑑 馬兼善等編
上海 普益 1931年 初版 198面
371.7/8073 學校衛生要旨 俞鳳賓編著
上海 商務 民17年 再版 112面
371.73/0096 學校舞蹈教材 高少是編
上海 中華 民22年 初版 131面
371.73/2082 體育教材 麥克樂、沈重威著
上海 商務 民17年 初版 528面
371.73/4067 初級體育教練法 〔美國〕葛雷著 錢江春、戴昌鳳譯
上海 中華 民12年 初版 122面 複1
371.73/1000 體育遊戲教材 王庚編
上海 商務 民22年 初版 1册
371.8/0014 學生與政治 高爾松、高爾柏合著
學生政治研究會 民15年 再版 234面 複3
371.8/4038 中國學生運動小史 查良鑑著
上海 世界 民16年 初版 84面
371.8/7536 中學生問題 陳宗明著
上海 開華 民20年 初版 189面
371.8/7804 學生社會服務之研究 R. N. Hersev著 基督教青年會組合譯
上海 民新社 民3年 初版 106面
371.9/4012 露天學校 李乃得、汝耶斯著 黄光斗譯
上海 泰東 民11年 初版 94面
371.9/7724 特別教育 周維城編
上海 商務 民6年 再版 106面

372 初等教育

372/1045 愛的教育實施記 王志成著

上海 開明 民19年 3版 137面

372/2503 小學教育指導 仲靖瀾等編

上海 世界 民20年 再版 392面

372/2633 小學行政ABC 魏冰心著

上海 ABC叢書社 民18年 再版 138面

372/2642 小學教育 程其保編

上海 商務 民20年 初版 288面

372/2642 小學行政概要 程其保、沈廩淵編

上海 商務 民17年 再版 1册

372/2642 小學教育概論 程其保編

上海 商務 民18年 初版 137面

372/3142 小學校與家庭 顧旭侯編

上海 商務 民11年 再版 56面

372/4244 兒童的教育 E. Key著 沈澤民譯

上海 商務 民14年 再版 92面 複3

372/4421 小學行政及組織 芮佳瑞編

上海 商務 民17年 6版 141面

372/4422 小學行政 蔣息岑編著

上海 開明 民20年 初版 244面

372/4435 實驗小學行政組織 蘇州中學實驗小學編

小學林書社 民17年 初版 1册

372/4800 優良小學事彙第一輯 教育部普通司編

上海 商務 民8年 再版 294面

372/8423 小學組織及行政 饒上達編

上海 中華 民14年 初版 218面

372.01/0017 小學教師必攜 商務印書館編譯所編譯
上海 商務 民3年 初版 1冊

372.01/0827 设計教學法 A. M. Krackwizer 著 沈有乾著
上海 中華 民12年 3版 138面 複1

372.01/1062 新學制小學實施教學法 丁曉先等編
上海 商務 民12年 2版 120面 複2

372.01/2207 小學實施設計教學法 崔唐卿著
北平 軍學編輯局 民14年 3版 236面 複1

372.01/2343 小學教學法 傅彬然編著
上海 開明 民20年 初版 242面

372.01/2616 新中華小學教學法 吴研因、吴增芥編
上海 中華 民21年 初版 380面

372.01/3144 生活教育設施法 顧樹森著
上海 中華 民3年 初版 114面

372.01/3414 設計教學試驗實況 沈百英編
上海 商務 民11年 初版 78面 複3

372.01/4065 革新單級教育 李曉農、辛曾燦編
上海 商務 民13年 初版 111面

372.01/4410 各科教學ABC 范雲六著
上海 ABC叢書社 民18年 再版 117面

372.01/4438 複式教授法 范祥善編
上海 商務 民4年 再版 170面 複1

372.01/4440 各科教授法 范康壽編
上海 商務 民12年 初版 144面

372.01/4931 新著各科教學法 趙宗預編
上海 商務 民13年 4版 152面

372.01/5024 設計教學法輯要 〔美國〕克伯屈等著 康紹言編譯
上海 商務 民12年 初版 196面

372.01/6644　小學適用修身遊技唱歌聯絡教材　嚴樹森編
上海　商務　民13年　10版　52面
372.01/7508　實驗分團教授法　陳文鍾等編
上海　商務　民8年　再版　237面
372.01/7543　自習主義教學法　陳達編
上海　商務　民10年　3版　247面　複1
372.1/0041　測驗概要　廖世承、陳鶴琴編
上海　商務　民18年　4版　348面
372.1/0148　兒童心智發達測量法　A. Binet著　費培傑譯
上海　商務　民12年　再版　128面　複3
372.1/0872　智慧測量　許興凱編譯
北平　晨報社　民12年　初版　202面　複1
372.1/1068　兒童教養法　三田谷啓著　戴建新譯
上海　商務　民19年　出版　93面
372.1/1110　蒙鐵梭利教育之兒童　裴雷女士著　顧樹森譯
上海　中華　民6年　初版　84面
372.1/3122　保育法　馮顺伯編
南京　南京書店　民20年　初版　312面
372.1/4150　行爲主義的幼稚教育　J. B. Watson著　章益、潘珞基合譯
上海　黎明　1930年　初版　104面　複1
372.1/4345　兒童與教材　J. Dewey著　鄭宗海譯
上海　中華　民11年　4版　28面
372.1/4452　兒童矯弊論　葉農生譯
上海　中華　民6年　初版　94面
372.1/6904　兒童之訓練　G. Shiller著　陳鴻璧譯
上海　商務　民17年　再版　107面　複1
372.1/7834　推孟氏訂正比納西蒙智力測驗　〔美國〕推孟著　華超譯
上海　商務　民13年　初版　上下2册　複1

372.2/0047 幼稚園課程研究 唐數譯
上海 中華 民12年 再版 91面
372.2/1074 幼稚園教育 王駿聲編
上海 商務 民16年 初版 169面
372.2/1117 蒙台梭利與其教育 張雪門編著
上海 世界 1929年 初版 113面
372.2/1117 幼稚園教育概論 張雪門編著
上海 商務 1931年 初版 104面
372.2/1117 幼稚園的研究 張雪門著
北新 1929年 再版 139面
372.2/1130 幼稚園的社會 張宗麟著
上海 商務 民22年 初版 194面
372.2/1130 新中華幼稚教育 張宗麟著
上海 新國民圖書社 民21年 初版 1冊
372.2/2503 幼稚教育指導 仲靖瀾等編
上海 世界 民20年 再版 74面
372.2/3483 兒童訓練法 沈鏡清編
上海 商務 民5年 再版 122面
372.2/8083 孟氏幼稚教育法 孟丹尼著
上海 商務 1930年 初版 99面
372.3/1094 視學綱要 工光鶩編
上海 商務 民12年 3版 88面
372.3/3650 學校參觀法 湯中、蔡文森合編
上海 商務 民14年 4版 210面 複1
372.35/4448 校外觀察教材集覽 蔡松筠編
上海 商務 民14年 初版 141面 複2
372.4/1000 小學分級字彙研究 王文新編
上海 民智 民19年 初版 387面

372.52/3148　新著小學美術教學法　馮幹等編

上海　商務　民12年　初版　126面

372.52/4925　兒童自由畫研究　趙我青著

上海　民智　民18年　初版　70面

372.6/7526　兒童故事研究　陳伯吹著

上海　北新　1932年　初版　172面

372.7/7544　初級算術教學法　陳友松、廖榮善編

上海　伊文思　民14年　初版　83面

372.83/0034　小學公民科教學法　唐湛聲著

上海　中華　民14年　2版　109面

372.83/3414　小學社會科教學法　沈百英著

上海　商務　民20年　初版　99面

372.83/4931　小學校的公民教育　趙宗預編

上海　新時代　民17年　初版　155面

372.86/2040　衛生科教學法大綱　愛博敦博士著　朱有光譯

上海　伊文思　民14年　初版　126面

372.878/6024　中國紀念儀式歌集　羅級菴著

南京　南京書店　民20年　初版　1册

372.878/6039　孩子們的音樂　田邊尚雄著　豐子愷譯

上海　開明　1928年　再版　128面

372.879/0108　小學遊技　譚競公編

上海　商務　民5年　再版　109面　複1

372.879/1021　兒童遊戲　王伍、屠元禮合編

上海　商務　民5年　5版　70面

372.879/4644　設計的兒童遊戲　楊彬如編

上海　商務　民11年　初版　84面

372.89/2587　小學歷史科教學法　朱智賢著

上海　商務　民19年　初版　126面

372.89/4485 小學地理教學法 薛鍾泰著

上海 中華 民11年 3版 80面

372.89/8417 設計教學地理教授法 M. E. Branom著 鄭賢宗譯

上海 商務 民15年 初版 220面 複1

372.9/4726 英美德日四國兒童教育 胡叔異編

上海 中華 民20年 346面

372.9/8030 德法英美國民教育比較論 余寄編譯

上海 中華 民6年 初版 1冊

372.951/2838 春暉小學行政新設施 徐家鑑編

上海 兒童書局 民20年 216面

372.951/5054 一個小學十年努力紀 中央大學實驗小學校編

上海 中華 民17年 初版 1冊

373—74 中等教育；家庭教育；自修與修養

373/0041 中學教育 廖世承著

上海 商務 民15年 再版 444面 複1

373/1018 中學各科學習法 夏丏尊等著

上海 開明 民20年 初版 1冊

373/2503 中學教育指導 仲靖爛等著

上海 世界 民20年 再版 384面

373/5084 中學教學法之研究 W. A. Mills著 程其保譯

上海 商務 民17年 初版 206面 複1

373/7531 中學訓練問題 陳啓天編

上海 中華 民11年 初版 48面

373/8025 初級中學教育 曾作忠編

北京 中華 民13年 初版 268面 複2

374/0033 青年自修指導 章淪清著

大東 民20年 再版 190面

374/0039 百科常識問答 唐守常等編

上海 東方 1930年 初版 3册 複1

374/1025 各科常識問答 王傳中等編

上海 文化 民19年 初版 上下2册 複1

374/1741 兒童與家庭 〔美〕賴勃爾著 張昌祈譯

上海 開明 1930年 2版 247面 複1

374/2140 家庭教育與學校 熊翥高編

上海 商務 民12年 初版 71面

374/2500 各科題解 朱翊新等編著

上海 世界 民18年 初版 4册

374/2720 常識修養法 鄒德謹編

上海 商務 民6年 再版 54面 複5

374/2720 實務才幹養成法 鄒德謹、蔣正陸合編

上海 商務 民12年 5版 37面 複6

374/2762 各科問題詳解 倪國經著

上海 中原 民17年 3版 5册 複1

374/3140 求學實鑑 汪慕盧等編

上海 世界 1930年 初版 4册

374/3203 青年讀書指導 潘文安著

上海 大東 民20年 3版 84面

374/3741 各科常識問答 湖南五育勵進會編

上海 南華 1929年 上下2册

374/4024 兒童教育貯金法 赤川菊村著 王駿聲譯

上海 商務 民11年 再版 125面 複1

374/4416 時間經濟法 蕭子昇著

上海 商務 民14年 再版 97面 複1

374/4420　常識講義　茅以新編
上海　民智　民12年　初版　70面
374/4433　美國家事教育　莊澤宣譯著
上海　商務　民10年　再版　173面
374/4630　實用主義科外教育設施法　楊祥麐編
上海　商務　民11年　3版　240面
374/7541　家庭育教　陳鶴琴著
上海　商務　民15年　再版　160面
374/7748　各科常識問答叢書　周郁年等著
上海　常識學討論社　1930年　初版　10册　複1部
374/8704　致青年書　舒新城著
上海　中華　民20年　初版　132面

375　課程

375/2634　小學課程概論　程湘帆著
上海　商務　民12年　初版　268面　複1
375/3719　湖北省立模範小學校新學制課程研究會彙刊　湖北省立模範小學校新學制課程研究會編
武昌　乾記　民11年　初版　46面
375/4435　小學實驗課程　蘇州中學實驗小學校著
小說林書社　民19年　初版　348面
375/4734　社會化的學程　E. L. Terman著　鄭國梁譯
上海　商務　民12年　初版　3册
375/4800　幼稚園小學課程標準　教育部中小學課程標準編訂委員會編
上海　中華　民22年　初版　1册
375/4800　中小學課程暫行標準　教育部中小學課程標準編訂委員會編

上海　卿雲　民19年　初版　3册

375/4800　中小學課程暫行標準　教育部中小學課程標準編訂委員會編

上海　商務　民20年　初版　153面

375/4912　新課程標準與新教育法　趙廷爲著

上海　開明　民21年　初版　250面

375/5610　設計組織小學課程論　F. G. Bonser著　鄭宗海、沈子善譯

上海　商務　民14年　初版　416面

375/7130　協動實驗課程　馬客談等編

南京　南京書店　民20年　初版　320面

375/8064　新學制課程標準綱要　全國教育聯合會新學制課程標準起草委員會編

上海　商務　民14年　再版　135面

376—78　婦女教育；高等教育

376/0416　婦女修養談　謝无量著

上海　中華　民9年　3版　206面　複1

376/4042　婦女職業訓練談　麥甘佛著　余振華譯

上海　商務　民15年　初版　70面

376/7713　新女子職業教育　段碧江著

北平　中華　民12年　初版　73面

377.2/4450　道德教育論　蔣拙誠編著

上海　商務　民8年　初版　90面　複1

378.1/2547　大學之行政　C. W. Eliot著　謝冰譯

上海　商務　民17年　初版　96面

378.1/5420　大學校管理法　W. E. Charles著　何炳松編譯

上海　公民　民11年　初版　66面

378.4/7112　歐美大學生活　馬郡建次郎著　洪秋雨譯

上海　光華　1933 年　初版　216 面

378.42/6952　留英須知　G. S. Faster Kemp 著　農勁公譯

上海　商務　1 册

378.51/　國立北京大學廿週年紀念册

1 册

378.51/　國立中央大學一覽

1 册

378.51/0017　全國專門以上學校指南　商務印書館編譯所編譯

上海　商務　民 12 年　初版　95 面　複 1

378.51/5067　全國大學圖鑑　中國學生社編

上海　良友　1933 年　196 面

378.51/8059　專門以上學校調查録　曾素悦識

北平　廣西桂林道旅京學會　民 12 年　初版　60 面

379　各國教育

379/1021　視察教育世界一週記　賈豐臻編

上海　商務　民 11 年　再版　256 面

379/1121　平等教育計劃　張崇玖等著

上海　泰東　民 11 年　初版　98 面　複 1

379/1236　都市教育綱要　孫逸園著

上海　商務　民 19 年　初版　91 面

379/2045　全民教育制度的演進　C. H. Judd 著　王克仁譯

上海　民智　民 17 年　再版　130 面

379/2503　教育行政指導　仲靖瀾等編

上海　世界　民 20 年　再版　149 面

379/2585　教育行政概要　朱公振編著

上海　世界　民18年　初版　158面
379/4042　教育行政　木場貞長著　陳毅譯
上下2册
379/4043　八年歐美考察教育團報告　袁希濤等編
上海　商務　民9年　初版　1册　複1
379/4125　城市教育行政及其問題　E. P. Cubberley著　夏承楓譯
南京　南京書店　民19年　初版　198面
379/4433　各國教育比較論　莊澤宣編
上海　商務　民18年　初版　208面　複1
379/7453　世界教育狀况　陸費逵編
上海　商務　1册
379/7550　各國勞動教育概觀　陳表編
上海　新世紀　民19年　初版　210面
379/7562　各國教育談　陳國儒等編
上海　商務　民13年　初版　155面
379/9033　教育行政大綱　常導之編
上海　中華　1930年　再版　上下册
379.1/2638　世界各國學制攷　吴家鎮著
上海　商務　民13年　初版　493面　複2
379.12/0033　美國退還庚子賠款餘額經過情形　章之汶等編
上海　商務　民12年　初版　165面　複1
379.14/0017　教育新法令　商務印書館校印
上海　商務　民9年　6版　4册
379.14/1028　新編普通教育法令　丁謇盦編
上海　中華　民11年　再版　1册
379.14/4014　最新教育典範　李雪杭編
長沙　印務館　民21年　初版　362面
379.14/4800　教育法規彙編　教育部總務廳文書科編　教育部發售

民 8 年　初版　1 册

379.152/4025　考察日本實業補習教育紀要　李步青、路孝植編

上海　商務　民 7 年　初版　103 面

379.173/1808　丹麥農村教育與合作　P. Manniche 著　陳友生譯

上海　新世紀　民 19 年　初版　208 面

379.173/3128　農村教育　顧復編譯

上海　商務　民 13 年　3 版　79 面　複 4

379.173/3130　農村教育實施法　顧兆文編著

上海　三民　民 19 年　初版　220 面　複 1

379.173/4044　鄉村教育新論　古楳著

上海　民智　1932 年　3 版　444 面　複 1

379.173/6801　鄉村教育　喻謨烈編

上海　商務　民 16 年　初版　168 面

379.173/8914　鄉村教學經驗談　畢德蔓著　趙叔愚譯

上海　商務　1930 年　再版　327 面

379.2/0146　丹麥的民衆學校與農村　貝脱勒等著　孟憲承譯

上海　商務　1931 年　初版　138 面

379.2/1114　識字運動之理論與實際　張正藩編

民 20 年　初版　312 面　複 1

379.2/1314　平民教育實施法　武雲如等編

上海　商務　民 14 年　初版　106 面

379.2/2223　最近各國的補習教育　任白濤編譯

上海　啓智　民 18 年　初版　226 面

379.2/2503　社會教育指導　仲靖瀾等編

上海　世界　民 20 年　再版　141 面

379.2/2649　二百兆平民大問題　吴敬恒著

上海　商務　民 13 年　初版　73 面　複 4

379.2/3121　通俗教育談　顧倬編

上海 中國 光緒33 初版 26面

379.2/4014 貧民教育談 李廷翰編

上海 商務 民2年 3版 1册

379.2/4043 義務教育之商榷 袁希濤編

上海 商務 民10年 再版 57面 複4

379.2/6012 平民千字課本教學法 吕雲彪編

上海 世界 民14年 初版 1册

379.2/4413 新中華民衆教育 甘豫源編

上海 新國民圖書社 民20年 初版 1册

379.2/5758 平民學校教學法 賴成鑲編

上海 商務 民16年 初版 80面

379.2/7139 社會教育概説 馬宗榮著

上海 商務 民14年 初版 116面 複6

379.2/7734 平民學校管理法 殷祖赫編

上海 商務 民16年 初版 32面

379.2/8030 社會教育 余寄譯編

上海 中華 民6年 初版 89面

379.252/0016 調查日本社會教育紀要 唐碧譯

上海 民5年 初版 92面

379.4/5870 歐洲新教育 李大年譯

上海 商務 民14年 初版 369面 複1

379.4/9033 德法英美四國教育概觀 常導之編

上海 商務 民19年 初版 560面

379.42/8034 英國教育概覽 余家菊著

上海 中華 民14年 初版 242面

379.43/1028 德國教育新調查 王仁夔、顧樹森編

上海 商務 民6年 初版 上下2册

379.43/4021 德國工商補習學校 〔德國〕培倫子著 陸振邦譯

上海　商務　民14年　初版　88面　複3

379.43/4062　德國教育之精神　吉田熊次著　華文祺等譯

上海　商務　民5年　初版　230面

379.47/2534　蘇俄新教育之研究　仲宗根源和著　金溟若譯

上海　神州　民19年　初版　300面

379.47/9840　蘇俄新教育　S. Nearing著　潘梓年譯

上海　北新　1928年　初版　239面

379.493/0547　比利時之學校　A. Ferriere著　陳能盧譯

上海　商務　民11年　初版　141面

379.51/1022　中國教育一瞥録　王卓然編

上海　商務　民12年　初版　392面　複3

379.51/1033　上海求學指南　王永禮、柴福沅編

上海　商務　民11年　初版　3册

379.51/4044　吉林教育近三年間概況　吉林教育廳編

上海　商務　民10年　初版　1册

379.51/4422　江蘇教育行政概況　蔣維喬講述

上海　商務　民13年　初版　88面

379.51/4494　黄炎培考察教育日記（第一集）　黄炎培著

上海　商務　民5年　再版　208面

379.51/4494　黄炎培考察教育日記（第二集）　黄炎培著

上海　商務　民11年　3版　160面

379.51/5044　中國教育統計概覽　中華教育改進社編

上海　商務　民13年　初版　60面　複2

379.51/7782　孟禄的中國討論　陶知行等編

上海　中華　民12年　再版　168面

379.51/7782　中國教育改造　陶知行著

上海　亞東　民17年　初版　214面

379.51/8704　收回教育權運動　舒新城著

上海　中華　民16年　初版　116面

379.51/8704　中華民國之教育　舒新城、孫承光編

上海　中華　民20年　初版　1册

379.51/4494　東南洋之新教育後編（菲律賓）　黄炎培編

上海　商務　民7年　初版　144面

379.52/2205　日本留學指掌　崇文書局編

日本　崇文書局　明治38年　初版　1册　複2

379.52/4454　考察日本菲律賓教育團紀實　韓振華等編

上海　商務　民6年　初版　212面

379.52/4494　東南洋之新教育前編（日本）　黄炎培編

上海　商務　民11年　再版　156面

379.73/2194　美國教育制度　何炳松譯

上海　商務　民9年　初版　75面

379.73/3143　美國教育徹覽　汪懋祖著

上海　中華　民11年　再版　232面

379.73/4494　新大陸之教育（上編）　黄炎培著

上海　商務　民6年　初版　256面

380—89　商業；交通

380/1047　商業政策　〔奥國〕Philippovich著　馬君武譯

上海　中華　民14年　2版　上下2册　複2

380/1047　交通政策　〔奥國〕Philippovich著　馬君武譯

上海　中華　民13年　初版　183面　複5

380/2774　世界貿易狀況　侯厚培編

上海　大東　民19年　初版　182面

380/3374　商業新知識全書　梁鳳樓主編

上海 南星 民19年 初版 1冊

380/3460 漢口商業一覽 漢口商業一覽編輯處編

大新印刷公司 民13年 4版 278面

380/3542 商業政策 津村秀松著 陳家瓚譯

上海 商務 民17年 初版 1冊

380/4420 商業地理 蘇繼廎編

上海 商務 民15年 再版 上下2冊 複3

380/4442 交通救國論 葉恭綽著

上海 商務 民13年 初版 111面 複4

380/4449 運輸與通信 黄士恒編

上海 商務 民15年 初版 124面

380/4656 世界交通狀況 楊哲明編

上海 大東 民19年 139面

380/4854 交通政策 增井辛雄著 鄒振方譯

上海 啓智 民19年 初版 222面 複1

380/5527 商業政策 井上辰九郎著 吴瑞譯

上海 泰東 民4年 初版 228面 複3

380/6854 國際商業政策 G. N. Fisk著 周佛海譯

上海 商務 民13年 初版 147面 複4

380/8023 商業地理 曾牖編

上海 商務 民9年 3版 上下2冊 複2

380.9/1021 交通史 王倬編

上海 商務 民12年 初版 152面 複3

380.9/2664 世界商業史 和田垣謙三著 徐宗稺譯

上海 商務 民1年 初版 199面

380.9/3454 商業史 T. Y. Williams著 許炳漢譯

上海 商務 民17年 初版 444面

380.9/4035 中日交通史 木宫泰彦著 陳捷譯

上海 商務 民 20 年 初版 2 册

380.9/4721 近世世界商工業史 桐生政次著 人演社譯

上海 大同 光緒 29 年 初版 53 面

380.9/4908 近世商業史 趙文鋭編

上海 商務 民 17 年 初版 238 面

380.9/4914 商業歷史 趙玉森編

上海 商務 民 13 年 5 版 上下 2 册

380.951/4341 上海通商史 裘昔司著 程灝譯

上海 商務 民 4 年 初版 91 面 複 3

380.951/4494 中國商戰失敗史 黄炎培、龐淞編

上海 商務 民 6 年 初版 220 面

380.951/4622 中國近世道路交通史 楊得任編

吉林 永衡 民 17 年 初版 230 面

380.591/7957 中國商業史 陳燦編

上海 商務 民 14 年 初版 186 面 複 2

381/2687 東北的貿易 魏銘編

上海 中華 民 21 年 初版 143 面

382/1344 中國國際貿易概論 武堉幹編

上海 商務 民 19 年 初版 613 面

382/2606 國際貿易 吴應圖編

上海 中華 民 13 年 初版 115 面 複 3

382/6001 國際貿易（第一集） 國立武昌商大學貿易領事學會編

武昌 永盛 民 14 年 初版 1 册 複 1

382/7527 今世中國貿易通志 陳重民編

上海 商務 民 13 年 初版 1 册 複 7

382/7749 中國國際貿易 殷壽光著

上海 世界 民 16 年 初版 125 面

383/2046 郵政辦事手續大全 奚楚明編

上海　郵務海關英文專校　民14年　3版　1册

383/2132　投考郵局指南大全　上海郵務海關英文專門學校編

上海　郵務海關英文專校　民19年　8版　1册

383/2711　日本郵政全書　郵政研究社編譯

東京　秀光社　光緒33年　初版　1册

383/5060　中華民國13年郵政儲金事務總論　交通部郵政總局

駐滬儲金供應股　41面

383/5060　中華民國14年郵政事務總論　交通部郵政總局

交通部郵政總局　70面

380/5060　郵政章程　交通部郵政總局

民15年　12版　1册

383.09/0442　中國郵電航空史　謝彬著

上海　中華　民17年　初版　252面　複1

384/1502　國際無線電報公約及附屬規則　建設委員會無線電管理處譯印

民18年　初版　83面　複1

385/1022　九一八事變後日本鐵蹄下之東北鐵路　西山著

東北問題研究會　1932年　初版　60面

385/1199　吉會鐵路　張恪惟編

上海　日本研究社　1931年　初版　57面

385/2612　滿鐵事業的暴露　魏承先編

上海　中華　民21年　初版　124面　複1

385/2626　中國鐵路外債論　吴鼎昌著

奉天　圖書印刷所　宣統2年　初版　90面

385/3434　南滿鐵路概論　浩浩編

上海　日本研究社　1931年　初版　38面

385/3610　美國鐵路管理法　湯震龍著

上海　商務　民12年　初版　231面　複2

385/4000　東北鐵路問題　袁文彰著

上海　中華　民21年　初版　100面　複1

385/4050　鐵路組織法　李青編

上海　啓智　民18年　初版　1册　複1

385/4404　中日俄競爭下之東北鐵道網　黄文燾著

南京　南京書店　民21年　初版　324面　複1

385/4473　日本對東三省之鐵路侵略　林同濟著

上海　華通　民19年　初版　195面

385/6684　鐵道常識　嚴曾壽著

武昌　啓明工讀學校　民10年　初版　52面　複1

385/7228　中國鐵道要鑑　劉馥、易振乾著

上海　昌明　宣統元年　再版　520面

385/8710　鐵道車務實驗談　鄭乃文著

上海　中華　民12年　初版　87面　複1

387/6072　各國航業競爭　國民外交叢書社編

上海　中華　民15年　初版　55面　複1

389/4923　中外度量衡幣比較表　趙秉良等編

上海　商務　民6年　7版　139面　附録8面

390—92　習俗；家庭；婚喪禮制

390/8074　蠻族社會之犯罪與風俗　Malinowski著　林振鏞譯

上海　華通　民19年　初版　142面

390.951/1102　中國風俗史　張亮采編纂

上海　商務　民15年　11版　210面　複3

392/1079　初夜權　二階堂招久著　汪馥泉譯

上海　北新　1929年　初版　202面

392.3/0488　家庭的研究　謝頌羔編輯

上海　美以美會全國書報部　1925年　初版　115面　複2

392.3/2346　家庭改進運動辦法大綱　傅若愚編輯

上海　青年協會　民14年　初版　27面

392.3/3296　中國之家庭問題　潘光旦著

上海　新月　1928年　初版　324面　複1

392.3/3482　家庭新論　沈鈞儒編纂

上海　商務　民12年　初版　70面　複4

392.3/3915　家族進化論　沙爾費勒克著　許楚生譯

上海　大東　1930年　初版　322面

392.3/4037　中國過渡時代的家庭　李兆民著

上海　廣學會　民14年　初版　122面

392.3/4050　中國家庭改造問題　麥惠庭著

上海　商務　1930年　初版　441面

392.3/4434　近代家庭問題　葉啓芳編

上海　遠東　1929年　初版　122面

392.3/6038　中國家庭問題　易家鉞、羅敦偉著

上海　泰東　民18年　4版　177面　複2

392.3/6038　家庭問題　易家鉞編譯

上海　商務　民11年　4版　177面

392.3/6038　西洋家族制度研究　易家鉞著

上海　商務　民11年　初版　284面　複1

392.3/6664　家庭進化論　嚴恩椿編纂

上海　商務　民12年　4版　90面

392.3/8020　新家庭　姜繼襄著

漢口　湘鄂　156面

392.5/1044　古今姻緣譜　王藝編

上海　會文堂　民19年　3版　232面

392.5/1093　德國人之婚姻問題　王光祈著

上海 中華 民14年 2版 84面 複2

392.5/1134 婚喪禮雜説 張鴻來著

北平 文化 民17年 初版 74面 附録2面

392.5/2148 婚姻訓 盧壽籛編輯

上海 中華 民10年 3版 80面 複2

392.5/2714 兩性婚姻問題 〔英國〕約瑟麥勃撲著 林漢達譯

上海 紅葉 80面

392.5/2743 男女關係之進化 C. Letourneau著 郭冠傑譯

上海 樂羣 1930年 188面

392.5/2743 男女關係之進化 C. Letourneau著 衛林惠譯

上海 開明 1930年 初版 402面

392.5/3048 結婚論 宋嘉釗、費保彦譯

上海 中華 民8年 初版 60面

392.5/3414 訂婚與結婚 沈一雄編著

上海 芳草 民18年 初版 104面

392.5/4207 愛的成年 E. Carpenter著 后安譯

北平 晨報社 民9年 初版 80面 録附37面

392.5/4407 結婚制度 黄新民編譯

上海 光華 民16年 初版 57面

392.5/4423 結婚新論 林仲達、朱然黎合編

上海 開明 1930年 初版 206面

392.5/4549 人類婚姻史 E. Westermark著 王亞南譯

上海 神州 民19年 初版 242面

392.5/5720 最新結婚學 蟾儕著

上海 中國 64面 附録7面

392.5/6002 中國之婚姻問題 羅敦偉著

上海 大東 1931年 初版 188面

392.5/7533 中國古代婚姻史 陳顧遠著

上海 商務 民14年 再版 148面 複2

392.5/8093 結婚的愛 瑪麗斯托潑著 胡仲持譯

上海 開明 民20年 十版 198面

396 婦女地位及其待遇

396/0047 婦女論集 文娜女士著

上海 北新 1927年 再版 138面

396/0081 新女性 章錫琛主編

上海 友文 民16年 初版 4冊

396/0141 婦人與社會 A. B. Bebel著 沈端先譯

上海 開明 1929年 3版 758面 複1

396/0793 蘇聯農民與婦女 A. Lstrong著 葉鴻譯

上海 秋陽 1930年 初版 161面

396/0875 婦女的將來與將來的婦女 A. M. ludovici著 張友松譯

上海 北新 1928年 初版 120面

396/1024 女性中心説 〔美國〕瓦特著 夏丏尊譯

上海 民智 民15年 3版 182面

396/1124 婦女問題 張佩芬編

上海 商務 民15年 4版 112面

396/1151 女子自殺的解剖 張振編

南京 中山 民17年 初版 146面

396/1759 女子與知識 Mrs. B. Russell著 林玉堂譯

上海 北新 1929年 初版 76面

396/2164 婦女與經濟 C. P. Gilman著 鄒敬芳譯

上海 學術研究會 民13年 初版 316面 複4

396/2224 婦女問題與婦女運動 山川菊榮著 李達譯

上海　遠東　1929 年　180 面　複 1

396/2544　俄羅斯之婦女　朱枕薪編

上海　民智　民 16 年　3 版　86 面

396/2714　兩性衝突之原因　約瑟麥勃撰著　應元道譯

上海　紅葉　初版　171 面

396/3112　女性論　馮飛編

上海　中華　民 15 年　8 版　164 面　複 1

396/3249　新俄的婦女　近藤榮藏著　何盈女士譯

上海　芳草　1929 年　初版　47 面

396/3644　婦女運動 ABC　湯彬華著

上海　世界　民 17 年　初版　93 面

396/4032　婦女之過去與將來　李漢俊譯述

上海　商務　民 12 年　3 版　206 面　複 1

396/4438　現代婦女評論集　范祥善編

上海　世界　民 19 年　再版　1 册　複 1

396/4607　自由的女性　〔美國〕G. Goldman 著　盧劍波譯

上海　開明　1927 年　初版　186 面

396/4620　女性中心説　堺利彦編　李達譯

上海　商務　民 15 年　4 版　134 面

396/4620　婦女問題　堺利彦著

上海　民智　民 16 年　5 版　70 面

396/4774　母性復興論　〔瑞典〕Ellenkey 著　黄石譯

上海　民智　民 16 年　再版　124 面　複 1

396/4825　女性問題研究集　梅生編輯

上海　新文化　民 17 年　初版　2 册

396/4825　女性問題討論集　梅生編輯

上海　新文化　民 17 年　初版　上下 2 册

396/4825　中國婦女問題討論集　梅生編輯

上海　新文化　民16年　初版　精裝正續2册　複正集1

396/4825　中國婦女問題討論集　梅生著

上海　新文化　民16年　再版　6册

396/4825　婦女年鑑（第一回）　梅生編

上海　新文化　民13年　初版　314面

366/4825　婦女年鑑（第二回）　梅生編

上海　新文化　民14年　初版　上下2册　複1

396/5072　婦女問題十講　本間久雄著　章錫琛譯

上海　開明　1926年　再版　316面　複2

396/5072　婦女問題十講　本間久雄著　姚伯麟譯

上海　啓智　民18年　再版　424面

396/5072　增訂婦人問題十講　本間久雄著　姚伯麟編譯

上海　學術研究會　民13年　初版　上下2册　複4

396/5072　現代思潮和婦女問題　本間久雄著　張珮芬女士編譯

上海　泰東　民17年　初版　132面

396/6038　婦女職業問題　易家鉞著

上海　泰東　民11年　初版　138面　複2

396/6477　婦女之天職　季理斐夫人著

上海　廣學會　45面

396/7520　日本婦女運動攷察紀略　陳維編

上海　商務　民17年　初版　266面

396/7557　中國婦女生活史　陳東原著

上海　商務　民17年　初版　440面

396/7706　與謝野晶子論文集　與謝野晶子著　張嫻譯

上海　婦女問題研究會　1929年　初版　162面

396/9047　性的故事　赫勃脱夫人著　松濤譯

上海　開明　1927年　初版　145面

396/9200　婦女論　叔本華著　張慰慈譯

上海　神州　民 19 年　初版　128 面

396/9843　蘇俄的婦女問題　Smith 著　漫琴譯

上海　啓智　民 18 年　初版　264 面

396.1/1017　新婦女的解放　天裔劍波著

上海　泰東　民 17 年　初版　133 面

396.1/4421　婦女解放史　樊仲雲著

上海　新生命　民 18 年　再版　76 面　複 2

396.2/4976　中國婦女在法律上之地位　趙鳳喈著

上海　中華教育文化基金董事會社會調查部　民 17 年　初版　152 面

396.8/9717　女性與文學　輝羣女士編

上海　啓智　民 14 年　初版　102 面

396.9/5764　女人的故事　W. L. George 著　胡學懃譯

上海　開明　1927 年　初版　226 面　複 1

398　歌謡；習語

398/0403　海外傳説集　謝六逸著

上海　世界　民 18 年　初版　1 册

398/3127　現代英吉利謡俗及謡俗學　江紹原著

上海　中華　民 21 年　初版　344 册

398/8240　歌謡論集　鍾敬文編

上海　北新　1928 年　初版　436 面　複 1

398.4/0015　中國神話研究 ABC　玄珠著

上海　世界　民 18 年　初版　上下 2 册

398.4/0403　神話學 ABC　謝六逸著

上海　世界　民 17 年　初版　127 面

398.4/3473　希臘神話　沈雁冰編

上海 商務 民14年 初版 112面 複1

398.4/3122 希臘神話ABC 汪倜然著

上海 世界 民17年 初版 118面

398.6/7594 謎語研究 陳光堯著

上海 商務 民19年 初版 116面

398.8/2152 民謡集 何仲孚編輯

上海 泰東 民13年 初版 80面 複1

398.8/2631 歌謡 吴啓瑞等編輯

上海 中華 民16年 再版 8冊

398.8/4435 粤謳 華通書局編譯所輯

上海 華通 全一冊

398.8/4791 中國民歌研究 胡懷琛著

上海 商務 民14年 初版 121面 複1

398.8/7228 國外民歌譯（第一集） 劉復譯

上海 北新 1927年 再版 158面

398.8/7524 嶺東情歌集 陳穆如編

上海 北新 1929年 初版 100面

398.8/8026 法國的歌謡 曾仲鳴選譯

上海 嚶嚶書屋 1冊 複1

398.8/7548 中國歌謡千首 陳增善、顧惠民編纂

上海 開華 民12年 初版 413面

400　語文學

400　語文學

400/1042　言語學　王古魯著

上海　世界　1930 年　初版　214 面　複 1

401/0091　情爲語變之原論　師辟伯著

上海　商務　民 19 年　初版　78 面

402/3041　言語學大綱　安藤正次著　雷通羣譯

上海　商務　民 20 年　初版　172 面

402/3423　言語學概論　沈步洲著

上海　商務　民 20 年　初版　193 面

407/2644　德國學校近世語教授法　白賚勃那女士著

上海　商務　民 5 年　初版　162 面　複 1

408.9/3191　初級世界語讀本　馮省三編

上海　商務　民 12 年　初版　190 面

408.9/5365　世界語講義　盛國成編

上海　明智　1922 年　初版　286 面

408.9/5365　世界語全程　盛國成編

上海　開明　1928 年　初版　263 面　複 1

408.9/5854　國際語問題及其解決　Unuel 著　陳兆瑛譯

上海　世界　1928 年　初版　67 面

414/3442　萬國語音學大意　沈彬編

上海　中華　民 11 年　再版　52 面　複 1

495.1 中國語文學

495.1/1012 王璞的國語會話 王璞著

上海 中華 1923 年 7 版 232 面 複 2

495.1/1012 實用國語會話 王璞編

上海 商務 民 12 年 6 版 58 面 複 2

495.1/1420 中國語與中國文 高本漢著

上海 商務 民 20 年 初版 1 册

495.1/2269 國語話 樂嗣炳編

上海 中華 民 15 年 初版 40 面

495.1/2269 國語概論 樂嗣炳編

上海 中華 民 12 年 初版 30 面

495.1/2269 國語旗語 樂嗣炳編

上海 中華 民 11 年 再版 43 面

495.1/2534 文字學形義篇 朱宗萊著

北京 北京大學出版部 民 12 年 4 版 32 面

495.1/2787 黎錦熙的國語講壇 黎錦熙著

上海 中華 民 10 年 再版 1 册

495.1/2842 小學常識 徐敬修編

上海 大東 民 14 年 再版 114 面

495.1/4611 方言十二卷 楊了雲著

上海 涵芬樓影印本 1 册

495.1/4722 國語學草創 胡以魯編

上海 商務 民 12 年 初版 147 面 複 2

495.1/7164 國語交際會話 馬國英編

上海 中華 民 11 年 再版 33 面

495.1/7164 國語文 馬國英編

上海 中華 民 12 年 3 版 53 面

495.1/7400 國語常識會話 陸衣言編
上海 中華 民12年 5版 24面
495.1/7542 字義類例 陳獨秀著
上海 亞東 民14年 初版 115面
495.1/7711 國文測驗舉例 周廷珍、歐濟甫編
上海 中華 民11年 初版 124面 複1
495.107/1141 國語話教學法 張士一著
上海 中華 民11年 初版 81面
495.107/2787 國語教學法 黎錦熙編
上海 商務 民13年 初版 264面
495.107/7221 國語教學法講義 劉儒編
上海 商務 民11年 初版 134面 複1
495.11/1012 王璞的模範語 王璞編
上海 商務 民14年 初版 90面
495.11/2842 注音字母習字法 徐壽齡編
上海 商務 民10年 初版 37面
495.11/4438 注音字母講義 范祥善編
上海 商務 民12年 再版 77面 複1
495.11/4743 國語遊藝手語法 胡協寅等編
上海 商務 民10年 初版 39面
495.11/5045 國音字母書法體式 中華書局編
上海 中華 民12年 再版 1册
495.11/5078 國語正音法 秦鳳翔編
上海 中華 民11年 初版 72面
495.11/7400 注音字母教授法 陸衣言編
上海 中華 民10年 3版 1册

495.12 中國字源學

495.12/0049 文始 章炳麟著
浙江 圖書館 1 册

495.12/1132 文字源流參攷書 張之純編
上海 商務 民 14 年 6 版 97 面 複 3

495.12/1132 文字流源 張之純編
上海 商務 民 15 年 25 版 60 面

459.12/2124 文字學綱要 何仲英編
上海 民智 1932 年 初版 226 面

495.12/2124 中國文字學大綱 何仲英編
上海 商務 民 11 年 再版 140 面 複 3

495.12/3193 中國文字學大意 江恒源著
上海 大東 民 19 年 初版 178 面

495.12/4276 文字學綱要 彭鳳昭編
漢口 道新印書館 民 18 年 初版 158 面

495.12/6062 字例略説 吕思勉著
上海 商務 民 16 年 初版 129 面

495.12/7242 文字學概論 劉大白著
上海 大江 1933 年 初版 164 面

495.13 中國字典（提出存閱覽室參考者，不在此内）

495.13/0854 虚助詞典 施括乾編
上海 亞東 民 12 年 初版 1 册

495.13/7541 語體文應用字彙 陳鶴琴編
上海 商務 民 17 年 初版 114 面

495.14 中國語音學

495.14/0006 實用國音學 廖立勛編
上海 商務 民10年 3版 150面 複2

495.14/0007 國音沿革 方毅著
上海 商務 民13年 初版 66面 複1

495.14/0010 高元國音學 高元著
上海 商務 民11年 初版 145面 複1

495.14/0034 國音新教本 方賓觀、章壽棟合編
上海 商務 民14年 5版 複1

495.14/1042 國音京音對照表 王璞編
上海 商務 民10年 初版 1册

495.14/1143 中國古音學 張世禄著
上海 商務 民19年 初版 179面

495.14/2269 國語辨音 樂嗣炳編
上海 中華 民15年 初版 46面

495.14/2277 國語發音學 後覺編
上海 中華 民11年 初版 74面

495.14/2277 國語聲調研究 後覺編
上海 中華 民15年 初版 109面

495.14/2744 國音易解 藜均荃、陸衣言編
上海 中華 民11年 7版 48面

495.14/3193 國語發音學 汪怡編
上海 商務 民13年 初版 325面 複1

495.14/4231 注音符號發音法 彭淑珍編
上海 世界 民19年 初版 97面

495.14/4430 國音初階 赫永襄編
上海 商務 民14年 5版 1册 複1

495.14/4438 國音淺説 范祥善編
上海 商務 民10年 10版 44面 複1

495.14/4484 國音 蔣鏡芙編
上海 中華 民12年 4版 45面

495.14/4912 國語留聲片課本 趙元任著
上海 商務 1925年 8版 62面

495.14/7164 國語注音符號發音指南 馬國英編
上海 商務 民20年 初版 62面

495.14/7164 國音獨習法 馬國英編
上海 中華 民12年 初版 29面

495.14/7164 國音入聲字指南 馬國英編
上海 中華 民15年 初版 77面

495.14/7284 國音字母排版法 劉善董編
上海 中華 民15年 初版 45面

495.14/7400 中華國音留聲機片課本 陸衣言等編
上海 中華 民14年 12版 72面 複3

495.14/7400 國語發音學大意 陸衣言編
上海 中華 民11年 3版 68面

495.14/7400 國語注音符號講習課本 陸衣言編
上海 中華 民19年 初版 62面

495.14/8713 國音問答 鄭大心編
上海 務商 民10年 再版 98面 複1

495.15 中國文法

495.15/0003 國文作法 高語罕編
上海 亞東 民21年 再版 452面

495.15/0007　白話字詁　方毅編
上海　商務　民 9 年　初版　95 面　複 1
495.15/0048　中等國文典　章士釗編
上海　商務　民 11 年　10 版　302 面
495.15/1221　中國語法講義　孫俍工編
上海　亞東　民 12 年　3 版　168 面　複 1
495.15/2207　國語文法概要　崔唐卿、楊育園編
北平　求知社　民 13 年　初版　46 面
495.15/2630　中國國文法　吴瀛編
上海　商務　民 19 年　初版　全 1 册　複 1
495.15/2767　國語文法　黎明編
上海　中華　民 12 年　7 版　33 面
495.15/2787　國語文法綱要六講　黎錦熙編
上海　中華　民 14 年　3 版　72 面　複 1
495.15/2787　笑之圖解（附修辭法）　黎錦熙編
北平　文化　1926 年　初版　17 面
495.15/2796　國語文法嚮導　鄒熾昌編著
上海　世界　民 18 年　初版　174 面
495.15/3004　文法津梁　宋文蔚編
上海　商務　民 10 年　10 版　上中下 3 册　複 1
495.15/3403　白話文速成法　達文社編
上海　中華　民 12 年　5 版　50 面
495.15/4039　漢文典　蕭山來、裕恂編
上海　商務　民 9 年　16 版　上下册
495.15/4040　語體文法　李直編
上海　中華　民 9 年　3 版　90 面　複 1
495.15/4323　語體應用文作法　戴叔清著
上海　亞東　民 18 年　初版　234 面

495.15/4333　國語虛字用法　戴渭清編
上海　商務　民10年　3版　108面
495.15/4333　白話文做法　戴渭清等著
上海　太平洋　民12年　6版　210面
495.15/4403　文法要略　莊慶祥編
上海　商務　民13年　13版　上下2冊
495.15/4434　文法與作文　黃潔如著
上海　開明　民20年　5版　218面
495.15/4462　國語組織法　蔡曉舟著
上海　泰東　民9年　3版　91面
495.15/4643　馬氏文通刊誤　楊樹達編
上海　商務　民20年　初版　171面
495.15/4643　詞詮　楊樹達著
上海　商務　民17年　初版　1冊
495.15/4643　中國語法綱要　楊樹達編
上海　商務　民10年　4版　78面
495.15/6021　國語文法四講　易作霖編
上海　中華　民13年　初版　224面
495.15/7115　馬氏文通　馬建忠著
上海　商務　光緒31年　5版　上下冊　複1
495.15/7122　國語典　馬繼貞編
上海　泰東　民14年　初版　152面　複1
495.15/7513　文鍵　陳登澥著
上海　商務　民21年　初版　262面
495.15/7513　國文法草創　陳承澤著
上海　商務　民11年　初版　119面
495.15/7538　白話文文法綱要　陳浚介著
上海　商務　民10年　3版　73面　複1

495.15/8034 國文法之研究 金兆梓著
上海 中華 民11年 初版 140面
495.15/8043 古書疑義舉例 俞樾著
上海 大東 民20年 初版 上中下集

495.16 中國韻律學

495.16/0860 增廣詩韻合璧 許時庚編
上海 錦章圖書局 1部5本
495.16/1044 音學備考 夏敬觀著
上海 商務 民20年 初版 32面
495.16/2269 聲韻沿革大綱 樂嗣炳著
上海 中華 民15年 初版 34面
495.16/2842 音韻常識 徐敬修編
上海 大東 民14年 再版 136面
495.16/7587 中國韻文通論 陳鐘凡著
上海 中華 民16年 初版 418面
495.16/9470 增廣詩韻全璧 惜陰主人編
上海 錦章 1918年 1函6册

495.17—18 中國碑文；國語課本

495.17/1054 西夏研究（第一輯） 王静如著
國立中央研究院歷史語言研究所印 民21年 1册
495.17/3118 元代白話碑 馮承鈞編
上海 商務 民20年 初版 63面

495.18/2632　古白話文選　吴道生、鄭次川編
上海　商務　民 13 年　初版　上下 2 册

495.18/3142　歷代白話文範　江蔭香著
上海　世界　民 13 年　3 版　上下 2 册

495.18/3147　新學制國語教科書（初級中學用）　顧頡剛、葉紹鈞編
上海　商務　民 13 年　初版　6 册

495.18/3461　初級國語讀本　沈星一編
上海　中華　民 13 年　2 版　3 册

500　自然科學

500　自然科學

500/1072　自然科學與現代思潮　石原純著

上海　華通　民 18 年　初版　74 面

500/1120　理化界之常識　張伯謹編

上海　商務　1927 年　初版　328 面

500/1744　世界科學新譚　孟壽椿編述

上海　亞東圖書館　民 17 年　初版　上下 2 册

500/2007　科學汎論　Coolidge 著　王軸盧、鄭次川合譯

上海　羣益　民 9 年　初版　下册 192 面

500/2073　科學與世界改造　Caldwell Slosson 合著

上海　商務　民 18 年　初版　294 面

500/2347　格致須知　〔英國〕傅蘭雅著

上海　格致書室　光緒 8 年　25 册

500/4010　科學的改造世界　李元著

上海　北新　1928 年　初版　238 面　複 1

500/4190　科學與將來　J. B. S. Haldone 著　張東民譯

上海　北新　1928 年　初版　70 面

500/4497　科學叢談　E. E. Slosson 著　尤佳章譯

上海　商務　民 17 年　初版　289 面

500/5538　物理學之研究　費祥編譯

上海　中華　民 11 年　初版　50 面

500/5900　科學與人生　F. S. Harris 著
　上海　商務　民 18 年　初版　1 册
500/6031　最近自然科學　田邊元著　周壽昌譯
　上海　商務　民 15 年　初版　165 面
500/6060　科學談話第 3 種　日日新聞社著　韓守藩譯
　上海　公民　民 10 年　初版　上下 2 册
500/7105　科學分類論　阮毅成著
　上海　光華　1927 年　初版　62 面
500/7204　自然科問答　劉慶萱等合編
　上海　東方文學社　民 18 年　再版　1 册
500/7503　先秦自然學概論　陳文濤編
　上海　商務　民 17 年　初版　172 面
500/7591　科學的將來　Russell B. 著　李元譯
　上海　北新　1928 年　初版　48 面
500/7591　科學與未來之人生　Russell B. 著　趙文鋭譯
　上海　中華　民 15 年　初版　38 面
500/7708　蘭氏科學常談（初編）　R. Lankester 著　伍周甫譯
　上海　商務　民 16 年　初版　200 面　複 1
500/7708　蘭氏科學常談（續編）　K. Lankester 著　伍周甫譯
　上海　商務　民 17 年　初版　215 面　複 2
500/8720　少年自然科學叢書　鄭貞文編纂
　上海　商務　民 17 年　初版　10 册
501/0410　科學與假設　Henri Poincare 著　葉蕴理譯
　上海　商務　民 21 年　初版　138 面
501/1043　科學原理　平林初之輔著　周梵公譯
　上海　商務　民 13 年　初版　166 面　複 2
501/1048　科學之價值　Poincare 著　文元模譯
　上海　商務　民 17 年　初版　220 面

501/1065 科學概論 王星拱著

上海 商務 民 19 年 初版 292 面

501/3184 科學方法 汪奠基著

上海 商務 民 16 年 初版 208 面 複 1

501/4464 科學概論 黄昌穀講演

上海 民智 民 15 年 4 版 180 面 複 1

501/4734 科學方法 胡寄南著

上海 世界 1927 年 初版 51 面

501/5047 自然科學之革命思潮 中華學藝社編

上海 商務 民 15 年 初版 139 面 複 2

502/4030 近代科學概論 J. A. Thomson 著 張達如譯

上海 民智 1932 年 初版 338 面

502/4000 最近自然科學概觀 大町文衛著 劉文藝譯

上海 商務 1926 年 初版 282 面

502/4718 理科大要 天津學務公所圖書課編

東京 并木活版所 光緒 13 年 初版 172 面

504/4438 現代科學評論集 范祥善編

上海 世界 民 19 年 再版 1 册 複 1

504/5411 大槐文章 原名自然羅曼史 W. J. P. Burton 著 潘梓年譯

上海 北新 1927 年 初版 208 面

507/0082 實用自然科學教科書 高銛等編

上海 商務 民 13 年 初版 4 册

507/0723 初中自然科學 郭任遠編

上海 世界 民 18 年 初版 5 册

507/1041 初中自然科學 夏藝珩編

上海 大東 民 19 年 初版 117 面

507/1084 理科淺説 丁錫華著

上海 中華 民 8 年 再版 28 面 複 1

507/2248 博物學教授指南 山内繁雄著 陳學郢等譯
上海 商務 民3年 再版 123面

507/2724 自然科學常識講義 侯紹裘編
上海 民智 1922年 初版 46面

507/4412 自然科學教科書 杜亞泉編
上海 商務 民15年 10版 4冊 複第1兩冊第2一冊

507/4823 理科實驗法 梅佩禮、徐作和合編
上海 伊文司圜 民14年 3版 132面

507/7503 科學常識講義 陳廣沅編
上海 民智 民15年 再版 28面

507/7764 自然科學及其教授法 周昌壽編譯
上海 商務 民14年 初版 328面

507/8720 實用自然科學教科書 鄭貞文等編
上海 商務 民13年 初版 4冊

509/1110 科學發達略史 張子高演講
上海 中華 民14年 3版 257面 複2

509/2832 現代科學發明史 徐守貞編
上海 商務 民20年 初版 1冊

509/3910 科學史 沙玉彦編
上海 世界 民20年 初版 181面

509/5074 西洋科學史 Walter Libby著 凡住章譯
上海 商務 民17年 初版 223面

510 算學

510/1012 數學問答 王震保、蔡斌合編
東方文學社 民18年 初版 全1冊

510/1171 初級混合法算學 張鵬飛編

上海 中華 民 15 年 初版 全 6 册

510/1749 布利氏新式算學教科書（第 1 編） Breslich 著 徐甘棠譯

上海 商務 民 14 年 10 版 362 面 複 1

510/2617 初級混合數學 程廷熙、傅種孫合編

上海 中華 民 14 年 再版 6 册

510/2617 初級混合數學 程廷熙、傅種孫編

上海 中華 民 13 年 6 版 第 1 册 83 面

510/4026 中國數舉大綱 李儼著

上海 商務 民 20 年 初版 222 面

510/5003 高等混合算學 Woods Bailey 著 易俊元譯

上海 商務 民 20 年 初版 上下 2 册

510/5270 諾模術 F. Klaus 著

上海 商務 民 19 年 初版 56 面

510/6638 現代初中教科書算術 嚴濟慈編

上海 商務 民 12 年 再版 1 册

510/7230 暗射中學算術題解 劉遠塵編

上海 商務 民 11 年 5 版 上册 162 面

510/7522 混合算學教員準備書 陳嶽生等編

上海 商務 民 16 年 初版 上下 2 册

510/7704 混合算學教科書 段育華編

上海 商務 民 14 年 再版 4 册 複第 1、2、3 册

510.1/2643 數論初步 吴在淵編

上海 商務 1931 年 初版 332 面

510.1/8840 極限論 竹内端三著 朱純熙譯

上海 商務 1931 年 初版 218 面

510.7/7595 數學遊戲大觀 陳懷書編

上海 商務 民 15 年 初版 312 面

510.7/7595 數學遊戲大觀 陳懷書編

上海 商務 民19年 初版 378面 下卷答案

510.7/7734 數學遊戲 周永礬編

科學會編輯部 1册

510.7/9088 算學教育的根本問題 小倉金之助著 顏筠譯

上海 商務 民19年 141面

510.8/5660 蓋氏對數表 F. G. Gauss著

上海 商務 民14年 20版 1册 複4

510.8/7704 韓氏對数表 段育華編

上海 商務 民20年 1册

511/0138 新的算術 龔寶善著

上海 泰東 民15年 初版 288面

511/1032 初中算術指導書 王爲俊編

上海 世界 民21年 初版 上下2册

511/1036 算術教本 王永炅、胡樹楷合編

上海 中華 民11年 18版 上下2册

511/1051 算術原理 王邦珍編

上海 商務 1931年 初版 55面

511/1749 布利氏新式算學教科書（第2編） Breslich著 王自雲譯

上海 商務 民13年 5版 346面

511/3614 算術講義 湯大棟編

上海 民智 民13年 初版 上册1册 複1

511/4432 初中算術 薛溱舲等著

上海 世界 民21年 再版 上下2册

511/4473 中等算術教科書 黃際遇編

上海 商務 民14年 9版 274面

511/4733 整數論 胡濬濟著

上海 商務 民19年 初版 178面

511/6638　算術　嚴濟慈編
上海　商務　民 18 年　初版　1 册
511/7500　實用主義中國新算術　陳文著
上海　商務　民 11 年　11 版　314 面
511/7731　算術　周爲羣等編
上海　開明　民 21 年　8 版　上下 2 册　複 1
511/8020　加減乘除　翁爲編
上海　商務　民 15 年　再版　86 面
511/8081　混合算學教科書（習題答案）　余介石、胡術五編
上海　商務　民 14 年　再版　33 面
511.2/0721　圖解珠算全書　郭行正編
上海　世界　民 19 年　4 版　5 册
511.2/1034　珠算捷訣　王守存編
上海　世界　民 19 年　13 版　110 面
511.2/1241　珠算指南　孫志勁編
上海　世界　民 21 年　21 版　34 面
511.2/7178　珠算全書　馬駿鈞著
上海　中華　民 11 年　再版　上下 2 册
511.8/2634　高等利息計算法　吴宗燾編
上海　商務　民 12 年　初版　164 面　複 1
511.8/2634　高等利息計算法（練習問題解法）　吴宗燾編
上海　商務　民 12 年　初版　49 面
511.8/8023　商業算術　曾牖、吴宗燾編
上海　商務　民 14 年　再版　上册 1 册
511.9/1232　算術難問三百題解　孔宏先編
上海　羣益　1932 年　11 版　145 面

512 代數

512/0052 何魯陶三氏代數學 Hawkes 等著 賀延年等譯

上海 商務 民 9 年 初版 上下 2 冊 複 1

512/1171 高級代數學 張鵬飛編

上海 中華 民 18 年 初版 163 面

512/1171 代數習題詳解 張鵬飛編

上海 中華 民 12 年 再版 1 冊 複 2

512/2098 查理斯密小代數學 查理斯密著 陳文編譯

上海 科學會 宣統 2 年 15 版 600 面

512/2127 新學制高級中學教科書代數學 何魯編

上海 商務 民 13 年 再版 208 面 複 3

512/2127 二次方程式詳論 何魯著

上海 商務 民 20 年 3 版 125 面 複 1

512/2127 代數學 何魯編

上海 商務 民 13 年 再版 207 面 複 1

512/2127 初等代數倚數變跡 魯何著

上海 商務 民 20 年 初版 178 面

512/2163 大代數學講義 上野清著 王家葵等譯

上海 商務 民 9 年 7 版 上下 2 冊

512/2643 近世初等代數學 吳在淵編

上海 商務 民 18 年 7 版 754 面 複 1

512/2643 代數學 吳在淵編

上海 商務 民 12 年 初版 上冊 1 冊

512/2643 近世初等代數學 吳在淵著

上海 商務 民 11 年 初版 753 面

512/4432 藤澤博士續初等代數學教科書 藤澤利喜著 黃際遇譯

武昌 高師 民 6 年 初版 286 面

512/4432　初中代數　薛溱舲編

上海　世界　民 19 年　初版　上下 2 册

512/4444　初學代數學　華桂馨女士著

上海　商務　民 13 年　初版　328 面　複 1

512/5038　新中學教科書代数學　秦汾編

上海　中華　民 13 年　5 版　1 册

512/5038　代數學　秦汾、秦沅合編

上海　商務　1929 年　27 版　117 面

512/6054　温氏高中代數學　G. A. Wentworth 著　屠坤華譯

上海　商務　民 18 年　27 版　461 面

512/6054　温德華士代數學　G. A. Wentworth 著　屠坤華譯

上海　商務　民 11 年　15 版　461 面

512/7103　代數學問題解法指導　匡文濤編

上海　中華　民 14 年　初版　193 面

512/7500　實用主義代數學教科書　陳文著

上海　商務　民 9 年　1 册

512/7731　代數　周爲羣等編著

上海　開明　1931 年　6 初　上下兩册　複 1

512.2/4047　最小二乘式　李協著

上海　商務　民 13 年　初版　117 面

512.2/5720　方程式論　Fioriancajori 著　倪德基譯

上海　中華　民 14 年　初版　1 册

512.24/2127　虚數詳論　何魯、段子燮合著

上海　商務　民 13 年　初版　102 面

512.8/7500　大代數學　陳文、何崇禮合編

上海　商務　民 19 年　7 版　1 册　複 1

512.9/8081　代數學習題解答　余介石等編

上海　商務　民 19 年　3 版　上下 2 册

513—16 幾何

513/1051 軌跡問題 王邦珍著

上海 商務 民 19 年 初版 215 面

513/1171 幾何學 張鵬飛編

上海 中華 民 13 年 3 版 181 面

513/2163 幾何學講義（立體部） 〔日本〕上野清著 張廷華譯

上海 商務 民 5 年 3 版 170 面

513/3004 幾何原理 赫爾勃脱著 傅種孫、韓桂叢譯

上海 商務 民 15 年 再版 144 面 複 1

513/3447 初中幾何 沈志堅、倪道鴻編

上海 世界 民 19 年 初版 315 面

513/4023 近世綜合幾何學 〔日本〕吉川實夫著 王邦珍譯

上海 商務 民 20 年 再版 154 面

513/4702 新中學高級幾何學 胡敦復、吴在淵合編

上海 中華 1930 年 11 版 411 面

513/6054 温德華士幾何學 G. A. Went Worth 著 張彝編

上海 商務 民 11 年 17 版 466 面

513/6638 幾何證題法 嚴濟慈編

上海 商務 民 17 年 初版 250 面

513/7731 幾何 周爲羣等編

上海 開明 民 21 年 7 版 上下 2 册 複 1

513.1/0774 近世平面幾何學 郭鳳藻、武崇經編纂

上海 商務 民 8 年 初版 178 面

513.1/1010 何崇禮平面幾何學問題解法 王醉六演

上海 科學會 民 3 年 4 版 303 面

513.1/1036 新制平面幾何學教本 王永炅編

上海 中華 民 6 年 初版 1 册 複 1

513.1/4367 新撰平面幾何畫法 求是學社編
上海 求是學社 光緒 33 年 6 册
513.1/4414 平面幾何 黄元吉編
上海 商務 民 12 年 19 版 175 面
513.1/4414 幾何學教科書（平面） 樺正董著 曾鈞譯
上海 中國圖書公司 光緒 33 年 初版 197 面
513.1/4434 中學平面幾何學新教科書 〔日本〕菊池大麓著 黄元吉譯
上海 商務 民 1 年 8 版 256 面
513.1/6054 温特渥斯平面幾何學解法 G. A. Wentworth 著 魏鏡譯
上海 科學會編輯部 民 19 年 15 版 410 面
513.1/7103 平面幾何學要覽 匡文濤編
上海 商務 民 13 年 5 版 上下 2 册
513.13/8701 平行線論 N. Lobachevski 著 齊汝璜譯
上海 商務 民 17 年 初版 50 面
513.19/1051 極大極小問題 王邦珍編
上海 商務 民 15 年 初版 271 面
513.3/0434 立體幾何學 謝洪賚編
上海 商務 光緒 32 年 初版 1 册
513.3/4414 幾何學教科書（立體） 樺正董著 曾鈞譯
上海 中國圖書公司 光緒 33 年 初版 95 面
513.3/4434 立體幾何學新教科書 菊池大麓著 胡豫譯
上海 商務 民 1 年 7 版 98 面
513.3/7103 立髓幾何學要覽 匡文濤編
上海 商務 民 11 年 再版 128 面
513.3/7230 暗射立體幾何學題解 劉遠塵編
上海 商務 民 8 年 初版 1 册
513.8/1322 非歐几里得幾何學 武崇經編譯
上海 商務 民 13 年 3 版 79 面 複 2

513.9/1051　定量問題　王那珍編
上海　商務　民 17 年　初版　230 面

515/1032　幾何畫法　王濟仁編著
上海　文華　民 17 年　初版　196 面

515/1283　用器畫　孫鉞編
上海　商務　民 11 年　22 版　1 册

515/5184　投影幾何學　W. P. Miler 著　郭善潮譯
上海　商務　民 14 年　初版　128 面

516/1147　解析幾何　張敬熙編
北京　文化學社　民 17 年　初版　202 面

516/6054　温特渥斯解析幾何學　G. A. Wentworth 著　鄭家斌譯
上海　商務　民 13 年　11 版　300 面　複 1

516/7103　解析幾何學講義　匡文濤編譯
上海　商務　民 7 年　初版　340 面

516/7710　新學制高級中學教科書解析幾何學　段子燮編
上海　商務　民 17 年　初版　148 面　複 1

516/8091　解析幾何學　佘恒編
上海　中華　民 15 年　3 版　136 面　複 2

516/8744　平面解析幾何學　鄭太朴編
上海　商務　民 17 年　初版　153 面

516/9843　斯改二氏解析幾何學原理　Smith & Gale 著　龔文凱譯
上海　商務　民 18 年　再版　636 面

514　三角

514/4714　初中三角　胡雷松、龔昂雲合編
上海　世界　民 19 年　初版　224 面

514/4924　新學制高級中學教科書三角術　趙修乾編
　上海　商務　216 面　複 1
514/6054　温氏高中三角法　G. A. Wentworth 著　顧裕魁譯
　上海　商務　民 18 年　16 版　238 面
514/7731　三角　周爲羣等編
　上海　開明　1930 年　4 版　1 册　複 1
514.5/1171　新中學平面三角法（習題詳解）　張鵬飛等編
　上海　中華　民 19 年　6 版　83 面
514.5/4414　平三角大要　黄元吉編
　上海　商務　民 10 年　16 版　1 册　複 2
514.5/4458　平三角大要問題詳解　葉振鐸編
　上海　商務　民 15 年　8 版　76 面　複 1
514.5/4723　平面三角法　胡仁源編
　上海　中華　民 12 年　初版　1 册
514.5/7103　平面三角法講義　匡文濤編
　上海　商務　民 8 年　初版　526 面　複 1
514.5/7103　平面三角法問題解法指導　匡文濤編
　上海　中華　民 14 年　初版　84 面
514.6/7103　球面三角法講義　匡文濤編
　上海　商務　民 8 年　初版　233 面

517　微積分

517/2441　微分方程式　Kiepert 著　馬君武譯
　上海　科學會編譯部　民 2 年　初版　311 面　複 1
517/4247　微分積分學　彭世鵬著
　上海　中華　民 4 年　初版　上下册

514/4441 級數概論 林鶴一、小倉金之助著 歐陽祖綸譯
上海 商務 民 17 年 初版 695 面 複 1
517/7103 微積分學講義 匡文濤編
上海 商務 民 11 年 再版 294 面
517/7132 微分積分學 長澤龜之助著 馬瀛譯
上海 商務 宣統 3 年 初版 350 面 複 1

520 天文學

520/1047 天文學 王華隆著
上海 商務 民 15 年 初版 93 面 複 1
520/2508 天文考古録 朱文鑫著
上海 商務 民 22 年 初版 132 面
523/1084 談天 丁錫華譯述
上海 中華 民 14 年 6 版 146 面 複 1
523/1084 天空現象談 丁錫華編
上海 中華 民 8 年 3 版 40 面 複 2
523.1/1052 宇宙 石井重美著 黄家金譯
武大 地學會 民 14 年 初版 68 面
523.11/1052 世界之成因 石井重美著 林壽康譯
上海 商務 民 19 年 初版 227 面
525/4050 我們的地球 J. H. Fabry 著 吕烱譯
上海 商務 民 19 年 初版 306 面
525/4567 地球進化之歷史 J. W. Gregory 著 王勤堉譯
上海 商務 1931 年 初版 172 面
526.9/1034 實地測量法 王家葵編
上海 商務 民 11 年 5 版 86 面

526.9/2144 實用測量法 衛梓松編
上海 商務 民 8 年 再版 164 面 複 1
526.9/4261 實用測量術 姚國珣編
上海 世界 1930 年 初版 164 面
526.9/7245 平面測量學 劉友惠編
上海 商務 民 19 年 初版 559 面
527/2124 航海術 熊德榧編
上海 商務 民 20 年 初版 264 面
529.3/5045 二十世紀陰陽合歷 中華書局編
上海 中華 民 13 年 初版 1 册

530 物理學

530/0161 初中物理學 龔昂雲著
上海 世界 1931 年 2 版 206 面
530/1022 普通物理學 夏佩白編
上海 大東 民 19 年 初版 257 面
530/1042 物理學問題精解 王枚生編譯
上海 商務 民 18 年 4 版 456 面 複 1
530/1088 物理學 王兼善編
上海 商務 民 11 年 19 版 412 面
530/1088 物理學 王兼善編
上海 商務 民 18 年 25 版 412 面
530/2020 物理學原理及其應用 C. H. Corbett 著 于樹樟譯
上海 商務 民 17 年 初版 323 面 複 1
530/2622 物理學教本 吴傳紱編
上海 中華 民 13 年 15 版 168 面 複 2

530/4644 物理學問答 楊壽桐編

上海 文明 光緒 31 年 初版 174 面

530/5440 物理遊戲 V. E. Johnson 著 錢嘉譯

上海 商務 民 14 年 初版 106 面 複 1

530/6010 最近物理學概觀 日下著 鄭貞文譯

上海 商務 民 15 年 3 版 224 面 複 1

530/6042 物理學精義 田丸卓郎著 周昌壽譯

上海 商務 民 18 年 初版 901 面 複 1

530/6540 理論物理學初步 Gustav Jazer 著 潘祖武譯

上海 商務 民 20 年 初版 168 面

530/7123 理化簡易器械製作及其實驗法 馬紹良編譯

上海 商務 民 11 年 9 版 180 面

530/7451 實用物理學 陸静孫編

上海 民智 民 19 年 初版 262 面

530/7503 科學常識講義 陳廣沅編

上海 民智 民 12 年 初版 28 面

530/7576 物理學講義 陳學郢編

上海 商務 民 9 年 12 版 3 册

530/7591 物的分析 Russll B. 演講 任鴻雋筆記

上海 商務 民 11 年 初版 64 面 複 1

530/7764 物理學 周壽昌編輯

上海 商務 民 14 年 47 版 241 面 複 1

530/7764 物理學（下） 周壽昌編

上海 商務 民 20 年 初版 109 面

530/8222 物理學 鍾衡臧編

上海 中華 民 14 年 6 版 110 面 複 2

530/8249 理化學初步 鍾觀光、陳學郢編

上海 商務 民 13 年 3 版 183 面 複 2

530/8477 密爾根蓋爾物理學實驗教程 Millikan 等著 徐善祥譯

上海 商務 民 12 年 5 版 132 面

530/8477 實用物理學 Millikan 等著 高昌壽譯

上海 商務 民 19 年 9 版 529 面

530/8477 漢譯密爾根蓋爾物理學 Millikan 等著 屠坤華譯

上海 商務 民 12 年 9 版 436 面

530.1/0037 愛因斯坦氏相對論及其批評 Hans Driesch 著 張君勱譯

上海 商務 民 13 年 初版 50 面

530.1/0092 相對論與宇宙觀 HarrySchmidt 著 聞齊譯

上海 商務 民 15 年 再版 115 面 複 1

530.1/0744 相對原理及其推論 A. Einstein 著 文元模譯

上海 商務 民 14 年 初版 89 面

530.1/0744 相對論淺釋 A. Einstein 著 夏元瑮譯

上海 商務 民 16 年 3 版 1 册 複 1

530.1/1007 從牛頓到愛因斯坦 B. Harrow 著 文元模譯

上海 商務 民 12 年 初版 60 面 複 2

530.1/1072 愛因斯坦和相對性原理 石原純著 周昌壽譯

上海 商務 民 13 年 再版 180 面 複 3

530.1/7764 相對律之由來及其概念 周昌壽著

上海 商務 民 12 年 初版 98 面 複 4

530.5/6001 理化雜志 武昌師範大學理化學會編

漢口 武漢印書館 民 14 年 初版 118 面

531.8/7254 機械學 劉振華編

上海 商務 民 19 年 6 版 210 面

531.8/7540 機械學大意 陳其文編

上海 商務 民 11 年 初版 57 面

537/1074 電學 ABC 王剛森著

上海 世界 民 17 年 初版 122 面

537/2793 電學入門 倪尚達、王佐清合編

南京 鍾山書局 民 21 年 173 面

537/3520 電和物質論 D. F. Comstock 等著 葛毓桂譯述

上海 商務 民 15 年 初版 171 面 複 1

537/5047 電子與量子 中華學藝社編譯

1930 年 1 册

537/8020 用電指南 翁爲編

上海 商務 民 18 年 初版 54 面

537/8720 電學淺説 N. R. Campbell 著 于樹章譯

上海 商務 1931 年 初版 116 面

537.82/4028 軍用電話學 李紹美、潘克涵著

上海 中華 民 17 年 233 面

540 化學

540/0062 化學精義 高田德佐著 張資模譯

上海 商務 民 16 年 初版 726 面

540/0725 化學與文明 AllertonCushman 著 汪仁鏡譯

上海 商務 民 19 年 初版 130 面

540/0798 斯密高等化學通論 A. Smith 著 江以鏡等譯

上海 商務 民 18 年 5 版 749 面

540/1021 初等實用化學教科書 賈豐臻、賈觀仁編譯

上海 商務 民 13 年 3 版 106 面

540/1022 化學問答 夏佩白著

上海 東方 民 21 年 10 版 42 面

540/1088 化學 王兼善編

上海 商務 民 11 年 20 版 465 面 複 1

540/1214 近代化學概論 孫豫壽著

上海 商務 民19年 初版 118面

540/1234 無機化學 〔日本〕水津嘉之一郎著 孔慶萊譯

上海 商務 民12年 350面

540/1234 理論化學 〔日〕水津嘉之一郎著

上海 商務 民12年 188面

540/1234 化學集成第五編製造化學 〔日本〕水津嘉之一郎著 孔慶萊編

上海 商務 民18年 初版 437面

540/2120 化學要録 虞繼唐編纂

上海 商務 民14年 初版 125面

540/2765 實用化學 包墨青編

上海 民智 民20年 初版 217面

540/3243 化學計算法解説 〔日本〕近籐清次郎著 九金鏞譯

南通州 翰墨林 光緒34年 初版 279面

540/4497 化學之創造 E. E. Slosson著 張資琪譯

上海 商務 民20年 初版 223面

540/7715 化學教科書 閻玉振、王鶴清合編

北京 文化 民15年 初版 528面 複1

540/8210 化學概論 Mepherson等著 傅式説等著

上海 商務 民17年 3版 635面 複2

540/8210 麥費孫罕迭生化學 Mepherson等著 許傳音編纂

上海 商務 民13年 12版 392面 複1

540/8222 化學 鍾衡臧著

上海 中華 民14年 再版 123面

540/8343 初中化學 錢夢渭編

上海 世界 民19年 初版 227面

540/8720 化學 鄭貞文編

上海 商務 民19年 5版 177面

540/8720 化學 鄭貞文編

上海 商務 民12年 3版 214面

540/8720 化學 鄭貞文、鄭尊法編輯

上海 商務 民14年 初版 200面

540.9/1027 化學史通考 丁緒賢著

北京大學 1925年 初版 420面 複1

541/1234 化學集成第一編理論化學 〔日本〕水津嘉之一郎著 孔慶萊譯

上海 商務 民17年 5版 188面 複2

541.2/7467 最近原子論大要 Leo Graz著 鄭太朴譯

上海 商務 1931年 初版 91面

541.2/7591 原子說發凡 Russell B.著 鄭貞文譯

上海 商務 民16年 初版 150面

541.2/7591 原子新論 Russell B.著 何道生譯

上海 尚志 民16年 初版 149面 複3

541.2/8843 原子構造概論 竹内潔著 陸志鴻譯

上海 中華學藝社 1927年 初版 133面

541.9/4452 化學方程式 藤井鄉三著 九金鏞譯

南通州 翰墨林 光緒34年 初版 146面

542/1215 化學戰爭概論 孫豫壽編

上海 商務 民22年 再版 139面

542/4448 化學實驗法 蔡松筠編

上海 中華 民16年 初版 168面

542/4919 化學實驗 趙廷炳著

上海 商務 民18年 初版 332面

542/8210 麥費孫罕迭生化學實驗教程 Mepherson等著 徐善祥譯

上海 商務 民11年 5版 90面

543/5727 分析化學實驗書 Frank Cloves著 項鎮方譯

上海 商務 民4年 4版 431面

543.8/1122　農藝化學淺説　張繼齡編
　上海　商務　民 22 年　初版　45 面
544/3144　定性分析化學　顧樹森編
　上海　商務　民 2 年　3 版　205 面
544/7541　定性分析　陳世璋編
　上海　商務　民 13 年　初版　274 面　複 1
546/0798　實驗無機化學　Aledander Smith 著　鄺恂立譯
　上海　商務　民 15 年　初版　259 面
546/1234　化學集成（第 2 編）無機化學　水津嘉之一郎著　孔慶萊譯
　上海　商務　民 18 年　5 版　350 面　複 1
546/2223　無機化學教科書　任允　林先民編纂
　上海　中國圖書公司　民 3 年　9 版　486 面
546/4237　無機化學第 1 編　彬湼兒著　蕭湘譯
　東京　并木活版所　光緒 30 年　初版　732 面
547/7111　有機化學教科書　馬君武著
　上海　商務　民 8 年　初版　1 册

549　礦物學

549/1037　礦物學　王道隆編
　太原　晉新　民 14 年　初版　104 面　複 1
549/1131　地質礦物學　張資平編
　上海　商務　民 17 年　3 版　403 面　複 1
549/1186　礦物鑑識法　張錫田編
　上海　商務　民 11 年　初版　225 面　複 1
549/1186　高等礦物學講義　張錫田編
　上海　商務　民 11 年　再版　604 面

549/2633 實用教科書礦物學 吳冰心編
上海 商務 民 11 年 5 版 206 面
549/2883 礦物學 徐善祥編纂
上海 商務 民 4 年 3 版 260 面
549/3028 礦物學 宋崇義編
上海 中華 民 14 年 12 版 119 面 複 2
549/4412 礦物學講義 杜亞泉編
上海 商務 民 1 年 初版 92 面
549/4412 礦物學 杜亞泉編
上海 商務 民 2 年 11 版 1 册
549/4444 礦物學 杜若城編
上海 商務 民 12 年 初版 112 面
549/4444 鑛物測驗及截片法 杜若城編
上海 商務 民 20 年 初版 142 面
549/7227 礦物學要覽 劉紀編
上海 商務 民 13 年 4 版 1 册
549/8240 新式鑛物學 鍾觀誥編纂
上海 商務 民 3 年 7 版 1 册

550 地質學

550/0186 地質彙報（第 5 號第 2 册） 譚錫疇等譯著
地質調查所 民 12 年 1 册
550/0186 地質彙報（第 6 號） 譚錫疇等譯著
地質調查所 民 13 年 1 册
550/0186 地質彙報（第 14 號） 譚錫疇等譯著
地質調查所 民 19 年 1 册

550/0186 地質彙報（第17號） 譚錫疇等譯著
地質調查所 民20年 1册
550/0439 地質彙報（第18號） 謝家榮等著
地質調查所 民21年 1册
550/0439 地質學（上編） 謝家榮編
上海 商務 民17年 4版 244面 複1
550/0700 地質學淺説 Allison Hardy著 王勤熇譯
上海 商務 1931年 初版 110面
550/1003 地質彙報（第1號） 丁文江等著
農商部 地質調查所 民8年 初版 1册
550/1082 地質彙報（第9號） 王竹泉等著
地質調查所 民16年 1册
550/1082 地質彙報（第10號） 王竹泉等著
地質調查所 民17年 1册
550/1082 地質彙報（第13號） 王竹泉等著
地質調查所 民18年 1册
550/1131 普通地質學 張資平編
上海 商務 民15年 初版 267面 複2
550/1131 地質學者達爾文 張資平著
上海 商務 1926年 1册 複4
550/1223 地質彙報（第15號） 孫健初等著
地質調查所 民19年 1册
550/1332 山西西部陝西北部蓬蒂紀後黄土期前之地層觀察地質專報甲種
德日進、楊鍾健著
地質調查所 民19年 1册
550/2241 地質彙報（第12號） 樂森璕等著
農商部 地質調查所 民18年 1册
550/2334 自然地理 傅運森編

上海　商務　民13年　14版　77面　複2
550/3600　地質彙報（第7號）　赫勒等著
農商部　地質調查所　民14年　1冊
550/4435　北京西山地質誌　葉良輔著
農商部　地質調查所　民9年　初版　1冊
550/4608　中國北部之新生界地質專報（甲種第3號）　安特生著　袁復禮譯
農商部　地質調查所　民20年　1冊
550/4608　甘肅考古記附甘肅史前人種說　安特生著　樂森璕譯
上海　地質調查所　民14年　1冊
550/4720　地質學　J. L. Comte著　包光鏞、張逢辰譯述
上海　商務　民4年　8版　471面
550/4743　地質彙報（第16號）　胡博淵等著
農商部　地質調查所　民20年　1冊
550/4918　秦嶺山及四川之地質研究地質專報（甲種9號）　趙亞曾、黃汲清著
農商部　地質調查所　民20年　1冊
550/4918　秦嶺山及四川之地質研究附圖　趙亞曾、黃汲清著
農商部　地質調查所　民20年　1冊
550/4918　地質彙報（第8號）　趙亞曾等著
農商部　地質調查所　民15年　1冊
550/4963　通俗地質學　趙國賓編
上海　商務　民13年　初版　200面　複4
550/5734　地質彙報（第2號）　丁格蘭等譯著
農商部　地質調查所　民9年　1冊　複1
550/5734　地質彙報（第3號）　丁格蘭等著
農商部　地質調查所　民10年　初版　1冊
550/6110　張家口附近地質誌專報（甲種6號）　〔英〕巴爾博著　侯德封譯
農商部　地質調查所　民18年　1冊

550/7227　地質彙報（第4號）　劉季辰等譯著
地質調查所　民11年　1册　複1
550/8003　地質彙報（第11號）　翁文灝等著
地質調查所　民17年　1册
550/8023　最新自然地理學　余維濤編
湖北　官書局　光緒31年　184面　複1
550.2/0324　地震專報　鷲峯地震研究室
鷲峯地震研究室　4册
550.951/0567　中國地質史　A. W. Crabau 著
北京　地質調查所　1938年　2册
551/0042　地文地理集成　〔日本〕高橋純一著　杜季光譯
上海　商務　1931年　初版　359面
551/2801　世界地質圖　倫敦理工大學院著
武昌　亞新地學社製　1幅
551/3023　地文學問答　〔日本〕富山房編纂
上海　新民　光緒29年　初版　124面
551/5032　談地　史禮綬　楊文洵編
上海　中華　民14年　184面　複2
551/8846　威格納大陸浮動論　〔日本〕竹内時男著　蔡源明譯
上海　商務　1931年　初版　69面
551.22/4682　地震淺説　楊鐘健、王恭睦編
上海　中華　民15年　1册　複2
551.4/4724　海洋學通論　棍山英二著　許心芸譯
上海　商務　民19年　103面
551.46/1087　海洋學ABC　王益厓著
上海　世界　民18年　初版　120面
551.5/2730　氣象學新編　包容編譯
上海　新學會社　民11年　初版　117面

551.7/7227 地層測算術 劉季辰著

農商部 地質調查所 42 面

552/2304 岩石發生史 杜若城譯

上海 商務 1931 年 初版 218 面

552/4444 岩石學 杜若城編

上海 商務 民 20 年 初版 270 面

555/0186 中國地質圖説明書 譚錫疇主編

上海 商務 民 13 年 1 册

560 古生物學

560/0393 中國之鹿類化石（古生物誌丙種第二號） 〔奥國〕師丹斯基著

地質調查所 民 14 年 第 3 册

560/0393 中國北都第四紀之食肉獸類化石（丙種二號） 〔奥國〕師丹斯基著

地質調查所 民 14 年 第 2 册

560/0393 中國第三紀後期之食肉獸類化石（古生物誌丙種第二號） 〔奥國〕師丹斯基著

地質調查所 民 13 年 第 1 册

560/0393 中國舊新生代之哺乳類化石（古生物誌丙種 6 號） 〔奥國〕師丹斯基著

地質調查所 民 19 年 第 2 册

560/0393 河南澠池之駱駝類化石（古生物誌丙種二號） 〔奥國〕師丹斯基著

地質調查所 民 15 年 第 4 册

560/0567 中國北部奥陶紀動物化石（古生物誌乙種一號） 葛利普著

地質調查所 民 11 年 第 1 册

560/0567　雲南東部志留紀動物化石（古生物誌三號）　葛利普著
地質調查所　民 15 年　　第 2 册
560/0567　中國古生代珊瑚化石（古生物誌二號）　葛利普著
地質調查所　民 11 年　1、2 兩册
560/0914　中國猪類化石（古生物誌丙種五號）　〔英〕裴爾森著
地質調查所　民 17 年　第 5 册
560/1105　中國猿人化石之發現　裴文中著
中國科學社　民 19 年　　1 册
560/1218　中國北部寒武紀動物化石（古生物誌乙種一號）　孫雲鑄著
地質調查所　民 13 年　第 4 册
560/1218　中國中部及南部奥陶紀之三葉虫化石（古生物誌乙種七號）　孫雲鑄著
地質調查所　民 20 年　第 1 册
560/2040　中國北方之田螺化石（古生物誌乙種 6 號）　秉志著
地質調查所　民 18 年　第 5 册
560/2040　中國白堊紀之昆蟲化石（古生物誌乙種 13 號）　秉志著
地質調查所　民 17 年　第 1 册
560/2040　中國北方之腹足類（古生物誌乙種 6 號）　秉志著
地質調查所　民 20 年　第 6 册
560/2054　山東白堊紀恐龍類（古生物誌丙種 6 號）　〔瑞典〕維曼著
地質調查所　民 18 年　第 1 册
560/2054　中國之龜鼈類化石（古生物誌丙種 6 號）　〔瑞典〕維曼著
地質調查所　民 19 年　第 3 册
560/3074　中國北部三趾馬動物羣中之犀類化石（古生物誌丙種 1 號）　〔瑞典〕林斯頓著
地質調查所　民 13 年　第 4 册
560/3600　山西中部古生代植物化石（古生物誌甲種 2 號）　〔瑞典〕赫赫勒著

地質調查所　民 16 年　第 1 册

560/4069　中國北部之䗴科（即紡錘虫）（古生物誌乙種 4 號）　李四光著

地質調查所　民 16 年　第 1 册

560/4470　河南澠池豪猪動物化石（古生物誌丙種 1 號）　〔瑞典〕倫貝著

地質調查所　民 13 年　第 3 册

560/4682　古生物學通論　楊鍾健編

中華書局　民 19 年　再版　81 面

560/4682　周口店之骨化石堆積　楊鍾健著

中國科學社刊　民 19 年　1 册

560/4918　中國長身貝科化石（古生物誌乙種 5 號）　趙亞曾著

地質調查所　民 17 年　2、3 兩册

560/4918　中國石炭紀及二叠紀石燕化石（古生物誌乙種 11 號）　趙亞曾著

地質調查所　民 18 年　第 1 册

560/4918　中國北部太原系之腮瓣類化石（古生物誌乙種 9 號）　趙亞曾著

地質調查所　民 16 年　第 3 册

560/6041　中國北部太原系海百合化石（古生物誌五號）　田奇瑪著

地質調查所　民 15 年　第 1 册

560/7557　中國南滿第三紀初期之植物化石（古生物誌甲種 1 號）　傅蘭林著

地質調查所　民 11 年　第 1 册

560/8010　中國中部奥陶紀頭足類化石（古生物誌乙種 1 號）　俞健章著

地質調查所　民 19 年　第 2 册

560/8040　三門系之介殼化石（古生物誌乙種 6 號）　〔瑞典〕俄德諾著

地質調查所　民 14 年　第 1 册

560/8040　廣西上新統淡水軟體動物化石（古生物誌乙種 6 號）　〔瑞典〕俄德諾著

地質調查所　民 19 年　第 4 册

560/8092　蒙古第三紀脊椎動物化石（古生物誌丙種 1 號）　〔德國〕舒

羅基著

地質調查所　民 13 年　第 1 册

260/8092　中國靈長類動物化石（古生物誌丙種 1 號）〔德國〕舒羅基著

地質調查所　民 13 年　第 2 册

560/8105　古物動學　〔法國〕M. Boule 著　周太玄譯

上海　中華　民 11 年　初版　124 面

566/4682　脊椎動物化石之採集與修理　楊鍾健著

地質調查所　民 19 年　30 面

570　生物學；考古學

570/0038　石雅　章鴻釗著

農商部　地質調查所　民 10 年　初版　348 面

570/0038　石雅再刊（地質專報乙種 2 號）　章鴻釗著

農商部　地質調查所　民 16 年　1 册

570/0038　洛氏中國伊蘭卷金石譯證（地質專報乙種 3 號）　章鴻釗著

農商部　地質調查所　民 14 年　1 册

570/0750　生物之世界　Alfrad Wallacc 著　尚志學會編譯

上海　商務　民 9 年　初版　上下 2 册　上册 5 下册 5

570/0810　生物學　H. M. Barshley 著

上海　商務　民 19 年　初版　81 面

570/0944　生物學與人類的進步　H. S. Jlnnings 著　彭光欽譯

上海　北新　1929 年　初版　52 面

570/1035　公民生物學　王守成編

上海　商務　年 14 年　初版　上下 2 册

570/1043　近世生物學　王其澍著

上海　商務　民 17 年　3 版　186 面

570/2124 普通生物學 經利彬著

北平 樸社 民17年 初版 193面

570/2613 高等生物學 吳元滌著

上海 中華 民17年 再版 216面

570/4042 兩性問題與生物學 木村德藏著 杜季光譯

上海 商務 民19年 初版 269面

570/4400 海洋生物 J. Johnston著 朱建霞譯

上海 商務 民20年 初版 111面

570/4427 生物地理學 橫山又次郎著 張資平、黃嘉今合譯

上海 商務 1931年 初版 91面

570/4427 生物地學綱要 橫山又次郎著 林騤譯

上海 商務 1930年 初版 164面

570/7233 生物學 丘淺次郎著 薛德焴等譯

上海 商務 民13年 初版 342面 複1

570/7454 初級生物學 陸費執、張念持編

上海 中華 民19年 10版 110面 複4

570/7541 普通生物學 陳楨著

上海 商務 民15年 4版 285面 複2

570/7715 普通生物學 布林根等 彭光欽譯

上海 北新 1930年 初版 494面

570/7747 生物學精義 岡村周諦著 湯爾和譯

上海 商務 民18年 初版 596面

570.1/2004 生物學的人生觀 張修爵譯

上海 商務 民13年 初版 351面 複5

570.2/3365 考古學通論 濱田耕作著 俞劍華譯

上海 商務 1931年 初版 107面

570.7/9041 博物學實驗教程 懷桂琛編纂

上海 商務 民9年 初版 188面 複1

570.8/0818　美麗的蝴蝶　施乃普著

上海　中華　民 15 年　初版　27 面

570.8/2750　種樹的方法　鄒盛文編

上海　中華　民 15 年　3 版　30 面

570.8/2750　種花的方法　鄒盛文編

上海　中華　民 19 年　4 版　32 面

570.8/2750　種草的方法　鄒盛文著

上海　中華　民 14 年　再版　31 面

570.8/2750　昆蟲研究法　鄒盛文編

上海　中華　民 13 年　初版　27 面

570.8/2750　世界上爬行動物　鄒盛文編

上海　中華　民 13 年　初版　34 面

570.8/2750　種菜的方法　鄒盛文編

上海　中華　民 14 年　初版　22 面

570.8/2750　姣豔的薔薇　鄒盛文著

上海　中華　民 13 年　初版　31 面

570.9/2783　生物學史　鮑鑑清、洪式閭合編

北京　文化學社　民 16 年　初版　146 面

572/1042　人類學汎論　四村真次著　張我軍譯

上海　神州　民 20 年　初版　332 面

572/1117　現代人類學　張栗原著

上海　神州　1933 年　初版　260 面

572/3005　人類在自然界的位置　赫胥藜著　華汝成譯

上海　世界　1931 年　初版　232 面

572/3008　原人　湯姆遜著　伍況甫譯

上海　商務　民 16 年　初版　233 面　複 1

572/3011　人類與文化進步史　宫廷璋著

上海　商務　民 15 年　初版　338 面

572/4327　世界幼稚時代　俞松笠譯
上海　商務　民 21 年　初版　198 面

572/4453　世界人種誌　林惠祥著
上海　商務　民 21 年　初版　204 面

572/4864　人種由來説　恩克斯著　陸一遠譯
上海　春潮　民 17 年　初版　1 册

572/6010　人類之進化　喬治彼塞爾著　杜增瑞編
上海　商務　民 20 年　初版　200 面

572/7180　自然人類學概論　長谷部言人著　湯爾和譯
上海　商務　民 19 年　初版　122 面

572/7270　互助論　克魯泡特金著　周佛海譯
上海　商務　民 15 年　4 版　1 册　複 3

572/7532　人類進化觀　陳安仁編
上海　泰東　民 15 年　再版　152 面　複 1

572/7561　人類學　陳映璜著
上海　商務　民 11 年　5 版　257 面　複 3

572/7780　人類學小引　馬累著　張銘鼎譯
上海　商務　民 19 年　初版　102 面

572.2/3296　日本德意志民族性之比較的研究　潘光旦著
上海　新月　1930 年　初版　110 面

572.7/4080　蠻性的遺留　李小峯譯
北京　北新　民 14 年　初版　182 面　複 2

572.951/4486　中國人種攷　蔣由智著
上海　華通　民 18 年　初版　1 册

572.951/4705　自然淘汰與中華民族性　亨丁頓著　潘光旦譯
上海　新月　1929 年　初版　140 面

573/3001　上古的人　房龍著　任冬譯
上海　亞東　民 17 年　初版　140 面　複 1

573/3053　生物學與哲學之境界　永井潛原著　湯爾和譯
上海　商務　民15年　初版　265面　複3
573/4457　人的研究　佛利野德著　周太玄譯
上海　中華　1924年　初版　149面　複1
573/6004　人與自然　〔美國〕吕諾士著　李小峯譯
北京　晨報社　民17年　初版　186面　複1
573.2/3842　人類起源　游嘉德著
上海　世界　民18年　初版　97面
575/0567　地球與其生物之進化　格萊保演講　楊鍾建譯
上海　商務　民13年　初版　上下2册　複上册3下册1
575/1173　進化論ABC　張慰宗著
上海　世界　1928年　初版　111面　複1
575/2030　達爾文物種原始　馬君武譯
上海　中華　民14年　5版　4册　複1
575/2047　文化進化論　愛爾伍德著　鍾兆麟譯
上海　世界　1930年　初版　172面
575/3005　天演論　赫胥黎著　嚴復譯
光緒27年　1册　複2
575/3794　人類進化之研究　過耀根編
上海　商務　民14年　163面　複4
575/4082　進化從星雲到人類　麥克勃著　太朴譯
上海　商務　民13年　3版　131面　複4
575/4082　天演淺説　俞松笠譯
上海　商務　民19年　初版　113面
575/4429　通俗進化論　薛德焴編纂
輔延學校　民5年　初版　106面
575/4545　進化論發現史　傑德著　嚴既澄譯
上海　商務　民20年　232面

575/5192 進化論淺釋 司各脱著 張東民譯
上海 商務 民19年 初版 144面
575/5192 進化論證 司各脱著 馮景蘭譯
上海 神州 民19年 初版 171面 複1
575/7233 進化與人生 丘淺次郎著 劉文典譯
上海 商務 民14年 5版 286面 複3
575/7547 人種改良學 陳壽凡編
上海 商務 民12年 3版 上下2册 複4
575/7588 進化論綱要 陳兼善著
上海 商務 民19年 初版 300面
575/7718 進化和退化 周建人著
上海 光華 1930年 初版 215面
575.1/0047 優生問題 愛理斯著 王新命譯
上海 商務 民13年 初版 72面 複5
575.1/1043 遺傳學概論 王其澍著
上海 商務 民15年 初版 196面
575.1/3296 人文生物學論叢 潘光旦著
上海 新月 1928年 初版 308面 複1
575.1/4020 遺傳學 李積新編輯
上海 商務 民12年 初版 112面 複2
575.1/4435 優生學ABC 華汝成著
上海 世界 民18年 初版 119面
575.1/5470 優生學與婚姻 魯濱孫著 高方譯
上海 亞東 民17年 初版 156面 複1
575.1/7308 遺傳論 唐克司德著 周建人譯
上海 商務 1922年 初版 148面 複4
575.1/7588 遺傳學淺説 陳兼善編
上海 中華 民15年 初版 151面

575.1/8293 賢明的父母 司托潑著 水甯人譯
上海 北新 1927 年 3 版 53 面
575.5/8504 男女特性比較論 發爾亭著 余志遠譯
上海 商務 民 15 年 初版 268 面
575.9/1063 性之原理 丁田次郎著 汪厥明譯
上海 商務 民 15 年 初版 188 面
575.9/5047 性論 中華學藝社編
上海 商務 民 17 年 初版 136 面
576/3053 生命論 永井潛著 胡步蟾譯
上海 商務 民 17 年 初版 275 面 複 2
576/4810 原生 派茄姆著 蔣丙然譯
上海 商務 民 15 年 初版 121 面
576/9073 細胞與生命之起源 沙爾多利著 周太玄譯
上海 商務 民 16 年 初版 199 面 複 1
677.2/0309 生與死 A. Dastre 著 蔣丙然譯
上海 商務 民 14 年 初版 322 面 複 1
677.2/4700 生命之不可思議 海克爾著 劉文典譯
上海 商務 民 11 年 初版 530 面 複 5
677.7/0207 死之研究 凱林登著 華文祺譯
上海 商務 民 12 年 初版 上下 2 册 複 4

580 植物學

580/1047 新撰植物學教科書 〔日本〕三好學著 杜亞泉譯
上海 商務 宣統 3 年 13 版 200 面
580/1047 實驗植物學教科書 〔日本〕三好學著 杜亞泉譯
上海 商務 宣統 3 年 初版 128 面

580/1047 三好學植物學講義 〔日本〕三好學原著 黄以仁等編譯

上海 商務 民 9 年 初版 上中 2 册

580/1047 人生植物學 〔日本〕三好學著 許心芸譯

上海 商務 1930 年 初版 356 面

580/1214 實用植物圖説 孫雲臺譯著

上海 新學會社 民 9 年 初版 524 面

580/2720 高等植物學 鄒秉文等編

上海 商務 民 12 年 初版 462 面

580/2848 初中植物學 徐克敏編

上海 世界 民 19 年 初版 124 面

580/3028 植物學 宋崇義編

上海 中華 民 14 年 10 版 114 面

580/3469 植物學 凌昌焕編輯

上海 商務 民 12 年 114 面

580/3718 江蘇植物名録 祁天錫著 錢雨農譯

上海 中國科學會 民 10 年 初版 178 面

580/4027 新體博物講義 李約編

上海 商務 民 11 年 7 版 192 面

580/4412 實驗植物學教科書 杜亞泉譯述

上海 商務 宣統 3 年 初版 128 面

580/4422 植物學講義 黄以仁編譯

上海 商務 民 11 年 再版 330 面

580/4452 最新中學教科書植物學 〔美國〕甘惠泉著

上海 商務 民 4 年 初版 1 册

580/4820 植物學教科書 胡爾德著 蔣維喬譯

上海 商務 民 2 年 再版 430 面 複 1

580/4852 植物生物學 〔日本〕松本巍著 吴印禪譯

上海 商務 1931 年 初版 258 面

580/6010 植物世界 波尼哀著 周太玄、王耀羣合譯
上海 商務 民 20 年 341 面
580/7111 實用主義植物學教科書 馬君武編
上海 商務 民 9 年 3 版 421 面
580/7227 植物學要覽 劉紀編
上海 商務 民 14 年 4 版 1 册
581/4412 高等植物分類學 杜亞泉編
上海 商務 民 22 年 初版 243 面
581/4412 下等植物分類學 杜亞泉編
上海 商務 民 22 年 初版 193 面
581.4/4244 實驗觀察植物形態學 彭世芳編
上海 商務 民 17 年 初版 282 面
581.7/0149 植物剖解學與生理學（上卷） A. Pizon 著 李亮恭譯
上海 商務 民 14 年 初版 341 面 複 1

590 動物學

590/1003 動物學 丁文江編纂
上海 商務 民 11 年 10 版 344 面
590/1024 初中動物學 王采南著
上海 世界 1930 年 初版 148 面
590/2311 實驗動物學 稽聯晉編
上海 北新 1930 年 初版 188 面
590/3149 水産動物學 江蘇省立水産學校編纂
上海 商務 民 5 年 初版 248 面 複 1
590/4406 動物學 杜就田編輯
上海 商務 民 12 年 4 版 106 面 複 1

590/5030 人生動物學 中澤毅一著 朱健霞譯

上海 商務 民20年 初版 312面

590/7111 動物學教科書 馬君武編纂

上海 商務 民10年 再版 463面 複1

590/7544 動物與人生 陳大榕編

上海 商務 民11年 3版 183面 複5

590/8822 動物新論 箕作佳吉著 杜就田譯

上海 商務 民1年 再版 270面 複1

590.7/0830 動物採集保存法 許家慶編譯

上海 商務 民4年 5版 101面 複1

591.16/7594 動物的生殖 陳勞薪編

上海 北新 1929年 初版 86面 複1

591.69/2574 寄生蟲學 生駒藤太郎著 沈化夔譯

上海 新學會社 民6年 出版 142面

595.7/0830 昆蟲採集製作法 許家慶編譯

上海 商務 民1年 3版 90面

595.7/1075 昆蟲學研究法 王歷農編

上海 商務 民16年 初版 129面 複1

595.7/3441 昆蟲故事 〔法國〕法布耳著 林蘭女士譯

上海 北新 1927年 初版 136面

595.7/4527 鳴蟲之話 樓俊卿編著

上海 開明 1930年 初版 103面

598/1031 普通鳥類 賈祖璋編

上海 商務 民20年 初版 91面

598/1031 鳥與文學 賈祖璋編

上海 開明 1931年 初版 346面

598.2/0278 小鳥六十種 新學會社編

上海 新學會社 民16年 初版 46面

600　應用技術

600　應用技術

600/2148　實業致富新書　盧壽籛編
上海　中華　民 7 年　再版　上下 2 册　複 1

600/2671　工業常識　白鵬飛譯述
上海　商務　民 7 年　3 版　1 册　複 2

606/1502　首都自來水建設　建設委員會
建設委員會印　8 面

606/1502　蠶桑建設　建設委員會
建設委員會印　8 面

606/1502　建設委員會現行法規　建設委員會
建設委員會印　198 面

606/1502　化學工業與建設之關係　建設委員會
建設委員會印　10 面

606/1502　東方大港之曙光　建設委員會
建設委員會印　8 面

606/1502　製造工業與民生問題　建設委員會
建設委員會印　10 面

606/1502　導淮之重要　建設委員會
建設委員會印　6 面

606/1502　建設委員會之工作　建設委員會
建設委員會印　民 18 年　42 面

606/1502 新中國的無線電建設 建設委員會
建設委員會印 1 册
606/2132 上海總商會商品陳列所第 2 次報告 上海總商會商品陳列所編
上海 總商會商品陳列所 民 12 年 1 册
606/2132 上海總商會商品陳列所報告書 上海總商會商品陳列所編
上海 總商會商品陳列所 民 11 年 337 面
606/4030 巴拿馬太平洋萬國博覽會要覽 李宣龔編
上海 商務 民 3 年 初版 251 面
607/7516 提倡國貨論 陳震異著
上海 太平洋 民 17 年 初版 122 面
608/4425 近世之新發明 葛綏成編
上海 中華 民 15 年 初版 144 面
608/4449 發明與文明 黄士恒編
上海 商務 民 13 年 3 版 154 面 複 3
608/4931 事物發明史 趙宗預編
上海 商務 民 11 年 初版 4 册 複 2
608/6004 發見與發明 吕諶著
上海 北新 1928 年 初版 284 面
609/4341 上海通商史 〔英〕裘昔司著 程灝譯
上海 商務 民 4 年 初版 91 面
609.42/6411 英國實業史 GIBBINS 著
上海 商務 1907 年 160 面
609.43/6837 德國實業發達史 〔美國〕哈渥著
上海 商務 民 14 年 3 版 183 面 複 4
609.51/0829 中國工藝沿革史略 日照許衍灼編
上海 商務 民 6 年 初版 134 面 複 2
609.51/2613 今世中國實業通志 吴承洛編
上海 商務 民 18 年 初版 上下兩册 複 1

609.51/4864 通州興辦實業之歷史 翰墨林編譯印書局編
上海 翰墨林編譯印書局 宣統2年 1册 複1
609.51/7538 中國工業史 陳家錕編
上海 圖書公司 宣統元年 134面 複1
609.51/7586 經濟改造中之中國工業問題 陳銘勳著
上海 新時代 民17年 初版 202面
609.51/8014 中國實業要論 金廷蔚著
上海 商務 民14年 初版 183面 複3
609.7/4412 美國工商發達史 葉建伯編
上海 商務 民8年 再版 333面 複1

610 醫學

610/1023 漢譯實用法醫學大全 石川清忠著 王佑譯
東京 并木活版所 光緒34年 初版 654面
610/2844 徐靈胎醫書（32種） 徐大椿編輯
雍正5年 出版 兩函共4册
610/3053 醫學與哲學 永井潛著 湯爾和譯
上海 商務 民15年 初版 285面 複1
610/3447 醫學常識 洪式閭、鮑鑑清編輯
上海 商務 民13年 初版 255面 複1
610/3654 皇漢醫學（第1卷） 湯本求真著 周子叙譯
上海 中華 民18年 初版 466面
610/3654 皇漢醫學 湯本求真著 周子叙譯
上海 中華 民18年 全3册
610/4264 醫學與現代生活 杉田直樹著 高達譯
上海 華通 民18年 初版 64面

610/4642 靈素氣化新論 楊如侯著

天津 楊達夫醫社 1931 年 初版 106 面

610/4642 醫學新論 楊如侯著

天津 評報館 民 20 年 初版 284 面

610/7512 醫學通論 陳无咎著

上海 明智 民 12 年 初版 80 面

610/7526 南雅堂醫案 陳修園著

上海 羣學 民 18 年 2 版 1 函 2 册

610.2/7440 醫學南針 陸士諤編

上海 世界 民 18 年 5 版 正續 2 册

610.3/1137 臨證祕典 張黻卿編譯

上海 商務 民 11 年 再版 114 面

610.73/0280 實用護病學 A. C. Maxwell 著

上海 廣學書局 1931 年 956 面

610.73/4557 護士飲食學 中華護士會編

上海 廣學書局 民 19 年 132 面

610.73/5520 實用護病學索引

上海 廣海學 1932 年 77 面

611/2588 孔氏實地解剖學 〔英〕孔甯涵著 魯德馨譯

中國博學會 民 11 年 初版 3 册

611/6464 解剖學提綱 結根實耳等著 湯爾和譯

上海 商務 民 16 年 再版 345 面

611/6704 格氏系統解剖學 格雷原著 施爾德、應樂仁編

中國博醫會 民 21 年 再版 915 面

611/7538 人體解剖學 陳滋纂譯

上海 中華 民 12 年 4 版 656 面

611.013/7408 胎生學引階 A. M. Reese 著 丁成立譯

中國博醫會 民 9 年 初版 185 面

611.018/5374　路氏組織學　F. T. Lewis 著　施爾德譯

中國博醫會　1928 年　再版　486 面

611.7/1027　皮膚　王修編

上海　商務　民 21 年　初版　56 面

610.8　丁氏醫學叢書

610.8/0045　生理衛生教科書　高橋本吉、山内繁雄合編　丁福保譯述

上海　醫學　民 3 年　再版　180 面

610.8/1017　外科總論（前篇 2 册、後篇 1 册）　下平用彩譯　徐雲譯

上海　醫學　4 年　初版　3 册

610.8/1032　内科分類審症法　丁福保譯述

上海　醫學　民 8 年　再版　96 面

610.8/1032　瘰癧之原因及治法　丁福保譯述

上海　醫學　民 6 年　再版　138 面

610.8/1032　新萬國藥方　丁福保譯述

上海　醫學　民 11 年　4 版　659 面

610.8/1032　診斷學一夕談　丁福保編纂

上海　醫學　民 3 年　再版　44 面

610.8/1032　診斷學實地練習法　丁福保譯述

上海　醫學　民 7 年　3 版　159 面

610.8/1032　伍氏泌尿器病學諸氏花柳病學　丁福保編譯

上海　醫學　民 7 年　初版　60 面

610.8/1032　新脈學一夕談發熱之原理　丁福保編纂

上海　醫學　民 3 年　再版　29 面

610.8/1032　霍亂新論瘧疾新論　丁福保譯述

上海　醫學　民 9 年　3 版　46 面

610.8/1032 中西醫方會通 丁福保編纂
上海 醫學 民9年 3版 235面

610.8/1032 新撰急性傳染病講義 丁福保譯述
上海 醫學 民9年 再版 294面

610.8/1032 頓死論 丁福保譯述
上海 醫學 民6年 初版 32面

610.8/1032 中風之原因及治法 丁福保譯述
上海 醫學 民2年 初版 96面

610.8/1032 赤痢實驗談 丁福保譯述
上海 醫學 民6年 初版 40面

610.8/1032 新撰病理學講義 丁福保編譯
上海 醫學 民7年 再版 上中下3册

610.8/1032 實用經驗良方詳解 兒科經驗良方詳解 丁福保、李祥麟合編
上海 醫學 民7年 3版 1册

610.8/1032 司氏眼科學克氏耳科學 丁福保編譯
上海 醫學 民11年 再版 30面

610.8/1032 創傷療法 丁福保譯述
上海 醫學 民5年 再版 180面

610.8/1032 癆蟲戰争記 丁福保著
上海 醫學 民5年 再版 62面

610.8/1032 安氏外科學皮氏外科學 丁福保編譯
上海 醫學 民7年 初版 44面

610.8/1032 肺癆病學一夕談 丁福保編譯
上海 醫學 民3年 3版 48面

610.8/1032 新撰虚癆講義 丁保福譯著
上海 醫學 民5年 再版 162面

610.8/1032 南洋醫科考試問題答案 丁保福譯述
上海 醫學 民2年 再版 1册

610.8/1032　漢法醫典　丁福保譯述
上海　醫學　民 5 年　初版　72 面
610.8/1032　中外醫通　丁福保譯述
上海　醫學　民 3 年　再版　428 面
610.8/1032　西洋醫學史　丁福保譯述
上海　醫學　民 3 年　初版　102 面
610.8/1032　新醫學六種　丁福保編
上海　醫學　民 3 年　初版　1 册
610.8/1032　醫話叢存　丁福保編
上海　文明　1 册
610.8/1032　丁氏一家言　丁福保著
上海　醫學　民 9 年　再版　1 册
610.8/1032　醫學指南正續三合编　丁福保編
上海　醫學　民 11 年　4 版　1 册
610.8/1032　增訂藥物學綱要　丁福保編
上海　醫學　民 9 年　再版　1 册
610.8/1032　藥物學一夕談　丁福保譯述
上海　醫學　民 9 年　再版　1 册
610.8/1032　醫學綱要　丁福保譯述
上海　醫學　民 4 年　1 册
610.8/1032　普通醫學新智識　丁福保譯述
上海　文明　民 2 年　104 面
610.8/1032　喜氏頸病及胸病施氏喉頭病學　丁福保譯述
上海　醫學　民 7 年　全 1 册
610.8/1032　近世内科全書　丁福保譯述
上海　醫學　民 9 年　再版　上下 2 册
610.8/1032　維納内科學　丁福保編譯
上海　醫學　民 7 年　初版　148 面

610.8/1032　姙婦診察法　丁福保譯述
上海　醫學　1916年　再版　53面
610.8/1032　新內經（第1集素問第2集靈樞）　丁福保編
上海　醫學　民3年　4版　上下2册
610.8/1032　家庭新本草　丁福保譯述
上海　醫學　民6年　5版　1册
610.8/1032　化學實驗新本草　丁福保譯述
上海　醫學　民11年　6版　272面
610.8/1032　西藥實驗談　丁福保譯述
上海　醫學　民9年　3版　435面
610.8/1032　藥物學大成　丁福保編
上海　醫學　民11年　3版　上下册
610.8/1032　脚氣病之原因及治法　丁福保編
上海　文明　宣統2年　初版　118面
610.8/1032　新纂兒科學　丁福保編輯
上海　醫學　民3年　再版　245面
610.8/1032　莫氏小兒科學惠氏兒科學　丁福保編譯
上海　醫學　民7年　初版　170面
610.8/1032　喉痧新論　丁福保編
上海　醫學　民11年　3版　28面
610.8/1032　病原細菌學　丁福保譯述
上海　醫舉　民3年　前後2册
610.8/1032　實驗衞生學講本　丁福保譯述
上海　醫學　民7年　再版　202面
610.8/1032　看護學　丁福保譯述
上海　醫學　民7年　3版　168面
610.8/1032　食物新本草　丁福保譯述
上海　醫學　民6年　3版　151面

610.8/1032 普通學藥物教科書 丁福保譯述
上海 醫學 104 面
610.8/1032 普通藥物學教科續編 丁福保編輯
上海 醫學 民 9 年 3 版 101 面
610.8/1032 歷代名醫列傳 丁福保編纂
上海 醫學 民 2 年 再版 111 面
610.8/1032 衛生學問答 丁福保編
上海 丁氏醫院 民 2 年 13 版 196 面
610.8/1032 預防傳染病之大研究 丁福保譯
上海 文明 宣統 3 年 初版 128 面
610.8/1032 家庭侍疾法 丁福保編纂
上海 醫學 民 5 年 再版 226 面
610.8/1032 家庭新醫學講本 丁福保編
上海 醫學 民 5 年 3 版 76 面
610.8/1032 新傷寒論 丁福保譯述
上海 醫學 民 4 年 3 版 74 面
610.8/1032 學校健康之保護 丁福保編纂
上海 譯書公會 宣統 3 年 初版 127 面
610.8/1032 臨床病理學 丁福保譯述
上海 醫學 民 11 年 再版 394 面
610.8/1071 組織學總論 晉陵下工譯述
上海 醫學 民 2 年 初版 203 面
610.8/1148 簡明調劑學 張彭年編譯
上海 醫學 民 9 年 再版 122 面
610.8/1231 僂麻質斯彙編 孫祖烈譯述
上海 醫舉 民 6 年 初版 100 面
610.8/1231 醫學小叢書四種 孫祖烈等譯著
上海 醫學 1 册

610.8/1231 生理學講義 孫祖烈譯述

上海 醫學 民5年 初版 上下册

610.8/1231 生理學中外名詞對照表 孫祖烈編

上海 醫學 民6年 初版 40面

610.8/1231 育兒之模範 孫祖烈譯述

上海 醫學 民6年 初版 204面

610.8/2043 無藥療病法 糸左近著 華文祺譯

上海 醫學 民8年 5版 76面

610.8/2108 心理療法 盧謙編輯

上海 醫學 民9年 再版 62面

610.8/2114 衛生文庫 伍廷芳等著

上海 醫學 1册

610.8/2120 近世催眠術 熊代彦太郎著 丁福保譯

上海 醫學 民8年 3版 110面

610.8/2261 皮膚病學美容法 山田弘倫著 丁福保譯述

上海 醫學 民7年 4版 88面

610.8/2633 醫海文庫 吴宗濂等編著

上海 醫學 1册

610.8/2663 醫界之鐵椎 和田啓十郎著 丁福保編譯

上海 醫學 民6年 再版 158面

610.8/2712 産科學初步 伊廷秀榮著 丁福保譯

上海 文明 民4年 再版 136面

610.8/2793 内科録要 侯光迪等著

上海 醫學 1册

610.8/2810 人體解剖實習法 徐雲等譯述

上海 醫學 民4年 初版 196面

610.8/3042 内科學綱要 安藤重次郎等著 丁福保譯

上海 文明 民1年 再版 374面

610.8/3064 不姙症及治法 宮田權之丞著 周藩譯
上海 醫學 民5年 再版 64面
610.8/3165 内科一夕談 顧鳴盛譯輯
上海 醫學 民5年 再版 107面
610.8/3165 家庭醫庫 顧鳴盛編
上海 文明 民18年 12版 10册
610.8/3446 醫海一滴 達觀等編
上海 醫學 1册
610.8/3824 簡明醫學教科書 海得蘭著 丁福保譯
上海 醫學 1册
610.8/4034 删定傷寒論 南涯吉益删定
上海 醫學 民5年 再版 25面
610.8/4037 胎生學 大澤岳太郎著 丁福保譯
上海 醫學 民2年 初版 110面
610.8/4043 赤痢新論 志賀潔著 華文祺、丁福保譯述
上海 醫學 民9年 再版 91面
610.8/4055 虚癆精義 李振軒著
上海 醫學 民6年 再版 74面
610.8/4060 新撰解剖學講義 森田齊次著 丁福保譯
上海 醫學 民1年 初版 4册
610.8/4077 太醫局程文 太醫局醫士等著
上海 醫學 1册
610.8/4304 醫學筆記十種 戴麒等著
上海 醫學 1册
610.7/4307 家庭醫庫（第2集） 戴龍驤等編
上海 文明 民15年 10册
610.8/4403 神經衰弱之大研究 華文祺、丁福保合著
上海 醫學 民8年 再版 63面

610.8/4403　生殖譚　華文祺　丁福保譯述
上海　醫學　民 10 年　4 版　96 面
610.8/4404　腦髓與生殖之大研究　黄章森著
上海　醫學　1916 年　再版　62 面
610.8/4412　中國經驗良方　葉瑗編輯
上海　醫學　民 6 年　初版　39 面
610.8/4430　實用經驗治療學　葉祖章撰述　萬寶正校
上海　醫學　民 9 年　初版　306 面
610.8/4487　醫科大學病院經驗方　萬鈞譯述
上海　醫學　民 3 年　初版　217 面
610.8/4487　醫師開業術　萬鈞譯述
上海　醫學　民 4 年　初版　120 面
610.8/4487　醫學新名詞解釋　萬鈞編
上海　醫學　民 7 年　初版　98 面
610.8/4487　花柳病學叢刊　萬鈞編
上海　醫學　民 9 年　再版　1 册
610.8/4717　衛生碎金録　穀君等譯著
上海　醫學　1 册
610.8/4890　實驗却病法　〔德國〕山都著　丁福保譯
上海　醫學　民 9 年　5 版　1 册
610.8/5044　兒科叢刊　東埜等譯著
上海　醫學　1 册
610.8/6003　育兒談　足立寬著　丁福保譯述
上海　醫學　民 6 年　4 版　64 面
610.8/6053　近世法醫學　田中祐吉著　徐雲、丁福保譯
上海　醫學　宣統 3 年　初版　276 面
610.8/6421　子之有無法　田村化三郎著　丁福保譯
上海　商務　民 8 年　5 版　60 面

610.8/7121　實扶挃里亞血清療法　馬島珪之助著　李祥麟譯
上海　文明　宣統1年　初版　46面
610.8/8032　普通衛生救急治療法　金澤巖著　盧謙譯
上海　商務　民8年　5版　60面
610.8/8039　妊娠生理篇　今淵恒壽著　丁福保譯
上海　文明　民4年　再版　108面
610.8/8039　分娩産褥生理篇　今淵恒壽原著　華文祺、丁福保合編
上海　醫學　民7年　再版　112面
610.8/8855　竹氏産婆學　竹中成憲著　丁福保譯
上海　醫學　民9年　4版　104面
610.8/8855　肺癆病預防法　竹中成憲著　丁福保譯
上海　醫學　民6年　4版　95面
610.8/8885　皮膚病學　简井八百珠著
上海　醫學　民7年　再版　369面
610.8/8858　近世婦人科全書　竹中鎰之助、望月寬一著　丁福保譯
上海　譯書公會　民2年　初版　上中下3册
610.8/9029　漢藥實驗談　小泉榮次郎原本　晉陵下工譯述
上海　醫學　民7年　再版　318面

612　生理學

612/0017　解剖生理衛生學　商務印書館編譯所編
上海　商務　民8年　7版　472面　複1
612/0077　哈氏生理學　Halliburten著　易文士等譯
上海　美華書館　民18年　8版　551面
612/1023　生理衛生新教科書　三島通良著　杜亞泉譯
上海　商務　光緒33年　初版　135面　複1

612/1088 生理及衞生學 王兼善著

上海 商務 民10年 9版 284面

612/1088 胃腸機能保養法 王羲龢譯述

上海 商務 民8年 初版 93面

612/1224 生理衞生新教科書 孫佐編譯

上海 商務 民12年 22版 135面

612/2633 實用教科書生理衞生學 吴冰心編纂

上海 商務 民11年 8版 164面

612/3028 新中學教科書生理衞生學 宋崇義編

上海 中華 民15年 19版 114面 複4

612/3048 胎教 宋嘉釗著

上海 中華 民9年 9版 78面 複2

612/3142 現代初中教科書生理衞生學 顧壽白編纂

上海 商務 民15年 63版 188面 複2

612/4068 生理學摘要 太田節次編著

東京 東亞教育書館 明治33年 初版 27面

612/4429 人體生理衞生學提要 薛德焴著

上海 商務 民12年 再版 1册 複2

612/4429 生理學 薛德焴著

上海 世界 1931年 初版 260面

612/4447 生理學 蔡翹著

上海 商務 民18年 初版 1册

612/4462 初中生理衞生學 莊畏仲、龔昂雲合編

上海 世界 民19年 3版 226面

612/4574 生理衞生學 J. W. Ritchie著 羅慶堂譯

上海 商務 民17年 初版 264面

612/4882 生理學原理 J. G. Mcrendrick著 佘小宋譯

上海 商務 民18年 初版 154面

612/4715　解剖生理學　E. R. Bundy 著

上海　廣學　民 22 年　458 面

612/6620　生理學講義　嚴保誠編

上海　商務　民元年　初版　104 面

612/7718　人體的機構　周建人著

上海　北新　1930 年　出版　260 面

612/7784　生理學　周頌聲纂著

上海　文化　民 18 年　初版　上下 2 册

612/9344　生理學　Steele 著　謝洪賚譯

上海　商務　民 3 年　14 版　269 面

612.03/2732　紙塑人體符號解説　島津製作所標本部製

東京　172 面

612.116/5344　輸血療法　戚壽南、盧永春合著

上海　商務　民 19 年　初版　126 面

612.6/0047　愛底藝術　Havelock Ellis 著　C. C. 譯

上海　開明　1927 年　再版　134 面

612.6/0078　節育實施　Hornibrook 著　胡仁夫人譯

上海　遠東　1929 年　初版　74 面

612.6/1029　女性之生物學的悲劇　亞納米洛夫著　趙静譯

上海　開明　民 20 年　初版　122 面

612.6/1748　性愛研究及初夜的智識　羽太鋭治著　黄孤飄譯

上海　啓智　民 17 年　初版　224 面

612.6/2133　性教育　柴福沅著

上海　世界　1927 年　初版　82 面

612.6/4025　性慾討論集　大仁書店編輯部編

上海　大仁書店　民 16 年　再版　上下 2 册

612.6/4030　性典　赤津誠内著　一碧譯

上海　啓智　1930 年　初版　360 面

612.6/4054 性的危機 袁振英著

香港 受匡出版部 1928 年 初版 165 面

612.6/4410 兒童的性生活 亞伯特莫爾著

上海 北新 1928 年 初版 378 面 複 2

612.6/4422 女性衛生常識 蘇儀貞編

上海 中華 民 14 年 3 版 57 面 複 1

612.6/4422 婦女生育論 蘇儀貞編

上海 中華 民 13 年 4 版 65 面 複 2

612.6/4634 性教育法 楊冠雄著

上海 黎明 1930 年 版初 172 面

612.6/4725 世界性的風俗談 胡仲持輯譯

上海 光華 民 15 年 版初 64 面

612.6/5470 性的知識 魯濱孫著 方可譯

上海 開明 1928 年 3 版 279 面

612.6/5793 性教育 W. L. Stowell 著 Y. D. 譯

上海 北新 1928 年 3 版 202 面 複 1

612.6/7337 性之生理與衛生 B. T. Trall 著 任厂譯

上海 北新 1927 年 再版 239 面

612.6/7718 性與人生 周建人著

上海 開明 1927 年 初版 129 面 複 2

612.6/8073 性欲衛生篇 俞鳳賓編

上海 商務 民 14 年 初版 84 面 複 1

612.6/8090 家庭性教育實施法 珊格爾夫人著

上海 商務 民 17 年 4 版 57 面

612.6/8293 結婚的愛 司托潑夫人著 胡仲持譯

上海 開明 1929 年 8 版 198 面

612.6/8293 持久的熱情 司托潑夫人著 夏乃賡、黃雲孫合編

東方譯學社 1929 年 初版 206 面

612.6/8293　永恒的愛　司托潑夫人著　曹敬文譯
　上海　南華　1927年　初版　1册
612.6/8908　女子應有的智識　趙元任夫人譯
　上海　商務　民15年　再版　101面　複1
612.6/9041　性之生理　罕巴達著　朱劍霞譯
　上海　商務　民17年　初版　132面
612.799/3127　髮鬚爪　江紹原著
　上海　開明　1928年　初版　210面
612.821/5120　痛饑懼怒時的身體變化　卡儂著　臧玉淦譯
　上海　商務　1册
612.86/6010　脊椎動物的化學感覺　帕刻著　臧玉海譯
　上海　商務　民17年　初版　1册

613　個人衛生

613/0294　延年益壽　施列明著
　上海　時兆報館　民17年　346面
613/0710　衛生初步　郭延謨譯述
　上海　商務　民7年　再版　175面
613/1031　奔納氏返老還童運動法　雷通羣譯
　上海　商務　1931年　初版　105面
613/1044　强種須知　丁林女士著
　上海　廣學會　民15年　初版　68面
613/1145　青年衛生　張克成著
　上海　北新　1932年　初版　174面
613/1224　日用衛生　孫佐編
　上海　商務　民9年　4版　103面　複1

613/2517　衛生勉學法　朱天民、華文祺合編
上海　商務　民 12 年　4 版　126 面　複 2
613/2600　衛生新論　吴兗著
上海　中國　民 11 年　4 版　46 面　複 1
613/3130　人生二百年　顧實編
上海　商務　民 12 年　5 初　232 面　複 2
613/3130　長生不老法　顧實譯述
上海　商務　民 9 年　5 版　137 面
613/3405　衛生學 ABC　沈齊春著
上海　世界　民 17 年　初版　135 面
613/3848　天然生活法　游斯篤著　秦同培譯
上海　商務　民 9 年　再版　173 面　複 1
613/4035　健康要訣　李實貴、徐華合編
上海　時兆報館　民 19 年　初版　81 面　複 2
613/4461　身心調和法　藤田靈齋著　劉仁航譯
上海　商務　民 13 年　6 版　69 面　複 2
613/4736　攝生論　胡宣明、杭海譯述
上海　商務　民 12 年　4 版　上下 2 册　複 1
613/7188　家庭衛生寶鑑　馬兼善等編
上海　普益　1931 年　初版　178 面
613/7188　個人衛生寶鑑　馬兼善等編
上海　普益　1931 年　初版　110 面
613/7202　日常生活科學叢談　阪部熊吉著　汪軼羣譯
上海　商務　民 19 年　初版　158 面
613/7281　衛生要義　劉翔雲著
北京　文益　民 6 年　初版　1 册
613/8073　個人衛生篇　俞鳳賓編
上海　商務　民 11 年　5 版　141 面

613/8509 衛生習慣養成法 奥喜愛、刻羅格合著 程瀚章譯

民20年 初版 333面

613/8714 化病夫爲壯夫 鄭延穀編

上海 大東 1930年 初版 212面

613/9076 健康學 Sargent著 江孝賢等譯

上海 中華 民11年 再版 188面 複1

613.2/1029 斷食治病法 西川光次郎著 王羲和著

上海 商務 民9年 再版 92面

613.2/1147 食物衛生 張鋆編

上海 商務 民14年 初版 89面

613.2/2139 食物常識 上官悟塵編

上海 商務 民21年 初版 83面

613.2/2720 食物論 鄒德謹、蔣正陸合編

上海 商務 民6年 再版 97面 複3

613.2/4422 廢止朝食論 蔣維喬編

上海 商務 民13年 8版 138面

613.2/4608 素食養生論 楊章父、孫罅公合編

上海 中華 民11年 初版 64面 複1

613.2/7522 吃飯問題 陳德徵著

上海 世界 民18年 初版 86面 複1

613.2/8012 飲食防毒法 余雲岫著

上海 商務 民10年 初版 57面

613.43/7222 冷水浴 劉仁航著

上海 商務 民12年 6版 69面 複1

613.48/2720 衣服論 鄒德謹、蔣正陸編

上海 商務 民11年 4版 72面 複3

613.67/0222 軍陣衛生學 訓練總監部譯

南京 軍用圖書社 民20年 初版 178面

613.67/4640 軍隊衛生學 楊鶴慶編
上海 商務 民14年 初版 37面 複4
613.67/4943 陸軍衛生學 趙士法、陳捷編纂
上海 商務 民9年 再版 223面 複1
613.69/4430 旅行衛生 莊適編
上海 商務 民10年 初版 76面 複3
613.71/2630 運動生理 程瀚章著
上海 商務 民13年 初版 286面 複2
613.8/1088 神經衰弱自療法 王羲龢譯述
上海 商務 民10年 3版 79面
613.8/2148 神經衰弱療養法 慮壽籛譯述
上海 中華 民8年 再版 68面 複1
613.8/2544 簡易療病法 朱夢梅著
上海 商務 民6年 再版 139面
613.8/3130 萬病自然療法 顧實編纂
上海 商務 民11年 4版 136面 複1
613.8/4422 通俗自療病法 蘇儀貞編
上海 中華 民11年 再版 74面 複2
613.8/5074 精神衛生論 秦同培譯述
上海 商務 民15年 5版 140面

614 公共衛生

614/1011 中國衛生實用教科書 B. Appleton 著
上海 伊文思公司 民12年 初版 162面 複1
614/2630 公民衛生 程瀚章編
上海 商務 民13年 初版 172面 複2

614/4733 中國衛生行政設施計劃 胡定安著
上海 商務 民 17 年 初版 116 面
614/4736 中國公共衛生之建設 胡宣明著
上海 亞東 民 17 年 初版 130 面
614/5042 衛生叢書 中華衛生教育會編
上海 商務 民 11 年 3 版 152 面
614/7188 公衆衛生實鑑 馬兼善等編
上海 普益 1931 年 初版 180 面
614/8470 羅氏衛生學 M. J. Rosenau 著 胡宣明譯
中國博醫會 1927 年 全 1 册
614.2/1024 法醫學 王佑、楊鴻通合編
上海 商務 民 10 年 初版 654 面
614.2/6053 近世法醫學 田中祐吉著 上官悟塵譯
上海 商務 民 15 年 初版 367 面 複 1
614.32/0824 牛乳研究 許復七著
上海 民智 民 18 年 初版 108 面
614.42/5551 治蠅要覽 费耕雨編輯
上海 商務 民 11 年 初版 46 面 複 2
614.43/7533 蚊蠅消滅法 陳家祥編
上海 商務 民 16 年 3 版 45 面
614.473/8332 痘及種痘 錢守山編述
上海 商務 民 11 年 初版 48 面
614.49/7521 鼠疫要覽 陳繼武編輯
上海 商務 民 7 年 再版 134 面 複 2
614.5/0083 學校傳染病處理法 高鏡朗著
上海 商務 民 14 年 初版 120 面
614.5/2544 霍亂預防法 朱夢梅編
上海 商務 民 3 年 再版 46 面 複 4

614.5/3165 防疫須知 顧明盛編

上海 文明 民 7 年 初版 62 面

614.5/3474 家庭防病救險法 〔美國〕凌騏著 中華教育聯合會譯

上海 商務 民 9 年 再版 45 面 複 1

614.5/3652 説痘 祝振綱、昝希昭合著

上海 商務 民 20 年 初版 69 面

614.8/0017 軍隊救急簡法 商務印書館編

上海 商務 36 面

614.8/3142 大衆醫學（救急篇） 顧壽白著

上海 開明 1931 年 初版 114 面

614.8/3643 防疫針談 祝枕江著

上海 開明 1928 年 初版 1 册

614.8/4232 急症救治法 姚昶緒著

上海 大東 民 9 年 初版 1 册 複 1

614.8/4943 實用救急法 趙士法編纂

上海 商務 民 11 年 再版 66 面 複 2

615 藥物學與藥療法

615/4232 藥物要義 姚昶緒編

上海 商務 民 11 年 初版 上下 2 册

615/4437 拉德法英美日藥物名彙 華鴻編

上海 商務 民 11 年 初版 50 面

615/7401 藥物學療學合編 〔美〕鮑林南著 孫鵬翔譯

上海 廣學 1930 年 236 面

615.1/1091 藥物詳要 〔英〕紀立生初譯 于光元重譯

中國博醫會 民 17 年 再版 540 面

615.1/3180 良藥與毒藥 江愈編
上海 商務 民21年 初版 53面
615.1/4325 艾古二氏實驗醫理學 于光元譯
上海 美華 民14年 初版 1册
615.1/8012 藥理學 余雲岫編譯
上海 商務 民11年 初版 上下2册 複1
615.1/9029 新本草綱目 小泉榮次郎著
上海 醫學 民19年 初版 2册
615.4/0005 單方大全 廣文書局編
上海 廣文 民18年 14版 1册
615.4/1072 漢藥神效方 石原保秀著 沈乾一編譯
上海 醫學 民18年 初版 208面
615.4/3160 重校湯頭歌訣 汪昂編
錦章圖書 4册
615.4/4465 丹方大全 世界書局編輯所
上海 世界 民17年 9版 79面
615.4/4884 製藥學要領 E. N. Meuser著
上海 廣舉 民19年 115面
615.4/6066 新撰處方 黑田昌惠、本多芳太郎著 牟鴻彝譯
上海 北新 民20年 初版 404面
615.4/7440 葉天士手集秘方 陸士諤編
上海 廣文 1926年 5版 73面
615.4/7734 良方彙選 丹波著
全1卷 複1
615.5/0000 賀氏療學 賀德著 盈亨利編
中國博醫會 民19年 4版 772面
615.5/7440 王孟英醫案 陸士諤編校
上海 世界 1925年 5版 2册

615.5/7440 葉天士醫案 陸士諤編

上海 世界 民16年 6版 2册

615.5/7701 消毒法 周慶雲編

上海 商務 民21年 初版 32面

616 病理學

616/0793 史氏病理學 Alfred Stengal著

中國博醫會 民17年 再版 502面

616/1093 時病論 雷少逸著

上海 大東 1926年 初版 一函 4册

616/1126 金匱要略新註 〔漢〕張仲景原文 王和安編述

漢口 武漢 民18年 初版 308面

616/1126 傷寒論新註 〔漢〕張仲景原文 王和安編述

漢口 武漢 民18年 初版 362面

616/2101 全國名醫驗案類編 何廉臣評選

上海 大東 民18年 再版 2册

616/3142 重要内科病概説 顧壽白編

上海 商務 民21年 初版 120面

616/3188 内科全書 江尊美等編 湯爾和校

上海 商務 民12年 3版 上下2册

616/4084 内經知要 李念莪輯註

上下2卷 1册

616/4258 最新内科治療全書 橋本節齋著 姚鑫振譯

西安 和濟 民3年 初版 614面

616/4642 温病講義 楊如侯著

天津 楊達夫醫社 1931年 初版 172面

616/5097　歐氏内科學　W. Osler 著　朱我農譯
　中國博醫會　民 20 年　1 厚册
616/7753　病理總論　周威、洪式閭編纂
　上海　商務　民 12 年　再版　中下 2 册
616.01/2139　霍亂及痢疾　上官悟塵編
　上海　商務　民 21 年　初版　53 面
616.01/4043　近世病源微生物及免疫學　志賀潔著　湯爾和譯
　上海　商務　民 17 年　初版　542 面　複 1
616.01/8012　微生物　余雲岫編
　上海　商務　民 10 年　再版　45 面
616.01/8027　實用細菌學　姜白民編
　上海　商務　民 14 年　再版　268 面
616.01/9347　斯氏實驗診斷（寄生蟲學部）　Stitt E. R. 著　施爾德譯
　上海　美華　民 20 年　再版　242 面
610.01/9347　斯氏實驗診斷（細菌學部）　Stitt E. R. 著　孟合理譯
　上海　中國博醫會　民 20 年　再版　441 面
616.07/0570　内科臨症方法　Hutchison Robert　孟合理編
　上海　國中博醫會　民 19 年　3 版　280 面
616.07/1017　診斷學　下平用彩編纂　湯爾和譯
　上海　商務　民 8 年　初版　上下 2 册
616.07/3142　大衆醫學（症候篇）　顧壽白著
　上海　開明　1931 年　初版　194 面　複 1
616.07/4642　五色診鈎元　楊如侯著
　天津　楊達夫醫社　1931 年　初版　104 面
616.07/7512　醫量（附案）　陳无咎著
　上海　民智　民 17 年　再版　26 面
616.2/0189　肺病療養談　龍毓瑩著
　上海　中華　民 22 年　再版　64 面

616.2/7231　肺炎　劉祖霞編
上海　商務　民 21 年　初版　54 面

616.5/7504　皮膚病彙編　B. F. Heimburgen 著
上海　廣學　民 21 年　400 面

616.57/4232　寄生蟲病　姚昶緒編纂
上海　商務　民 10 年　初版　47 面

616.8/2637　神經病學　吴祥鳳著　湯爾和校
上海　商務　民 21 年　初版　273 面

616.9/4412　痲疹新編　黄政修纂輯
建甌　芝新　民 7 年　初版　65 面

616.9/4733　可怕的猩紅熱　胡定安編
上海　商務　民 11 年　初版　41 面

616.91/8012　傳染病　余雲岫編
上海　商務　民 10 年　再版　46 面

616.95/3165　最新花柳病醫治法　顧鳴盛譯述
上海　文明　民 8 年　再版　152 面

616.95/4055　淋病一夕話　李振軒著
上海　李振軒診所　民 4 年　初版　1 册

616.95/4232　男女秘密病自醫法（正續集）　姚昶緒著
上海　大東　1929 年　8 版　2 册

616.95/4232　花柳病（卷下）　姚昶緒編
上海　商務　民 11 年　再版　48 面

616.95/5045　花柳易知　中華書局編
上海　中華　民 11 年　初版　1 册

616.95/7224　花柳病　劉崇燕編
上海　商務　民 11 年　再版　48 面

616.995/7084　肺結核症再發之預防　Lomisch 演講　洪百容譯
上海　商務　民 11 年　初版　57 面　複 1

616.995/7246　最新癆病治療法　劉求是編
武昌　乾記　民11年　初版　88面

617　外科學

617/2245　簡明外科學　川村泰次郎編　萬鈞譯
上海　醫學　民12年　3版　204面
617/3117　實用外科手術　汪于岡編譯
上海　商務　民9年　初版　269面
617/3165　中西合纂外科大全　顧鳴盛編輯
上海　大東　民18年　5版　合訂　1册
617/5610　薄氏耳鼻咽喉科　〔英〕薄爾德著
中國博醫會　民17年　再版　242面
617/5709　羅卡兩氏外科學　W. Rose著　孔美格譯
中國博醫會　民14年　3版　上下2册
617/8012　外科療法　余雲軸編
上海　商務　民11年　再版　48面
617.6/1994　齒科醫學全書　司徒博編
中國齒科醫學書局　民18年　初版　4册
617.7/2008　梅氏眼科學　梅嘉利著　李清茂譯
中國醫學會　民22年　3版　521面
617.7/5045　眼科易知　中華書局編譯所編
1册

618—19 婦兒病患；獸醫學

618/0787 女性養生鑑 郭人驥、酈人麟合編

上海 商務 民14年 再版 166面 複2

618/2003 婦女保健良箴 Charass著 朱汪筱譯

上海 商務 1930年 初版 179面

618/3447 生產與育嬰 洪式閭、吴邁合編

上海 商務 民19年 初版 200面

618/4424 婦女衛生新論 沙利勃女士著 景遜譯

上海 商務 民14年 初版 291面

618.1/6751 葛氏婦科全書 Graves W. P.著 魯德馨等譯

上海 商務 民19年 475面

618.1/7440 葉天士女科醫案 陸士諤編

上海 世界 民17年 5版 50面

618.2/1002 胎產常識 无静編

長沙 羅棣華 民17年 初版 1册

618.2/4232 胎產病防護法 姚昶緒編

上海 商務 民10年 再版 48面

618.2/4460 助產婦學 楠田謙藏著 汪企張、湯養巖校閲

上海 大東 民14年 初版 上下2册 複1

618.2/4534 伊氏産科學 〔英〕伊大衛著 〔美〕賴馬西編譯

中國博醫會 民19年 5版 314面

618.2/7430 鐸氏産科學 R. E. Tottenham著 林肇光譯

上海 美華 民19年 初版 266面

618.2/7880 護理産科學 〔美〕狄樂播醫士譯

上海 廣學 民19年 306面

618.9/0042 近世小兒科學 齋藤秀雄著 程瀚章譯

上海 商務 民16年 初版 560面

618.9/0074 豪慈氏兒科學 Holt L. E. 著 富馬利、周仲彝編譯
上海 文瑞印書館 民 19 年 4 版 338 面
618.9/0137 哺乳兒養育法 顏守民編
上海 商務 民 21 年 初版 121 面
618.9/2107 兒科診斷學 何廉臣編
上海 大東 民 17 年 再版 1 册
618.9/4232 小兒病指南 姚昶緒編
上海 商務 民 9 年 初版 48 面
618.9/4422 小兒病療治法 蘇儀貞編
上海 中華 民 13 年 初版 78 面
618.9/7440 葉天士幼科醫案 陸士諤編
上海 廣文 民 13 年 4 版 38 面
618.9/8327 錢氏兒科案疏 〔宋〕錢乙著 何光華譯
上海 大東 民 15 年 初版 1 册
619/5045 獸醫易知 中華書局編
上海 中華 民 10 年 初版 60 面
619/7538 家畜病醫治法 陳滋著
上海 新學會 民 16 年 6 版 84 面
619/7774 獸醫學大意 關鵬萬編
上海 商務 民 9 年 3 版 60 面

620 工程學

620/4626 工程實習指導書 楊雋時著
上海 世界 1931 年 初版 171 面
620.1/2834 材料强弱學 徐守貞著
上海 商務 民 14 年 初版 95 面

621/7500　機器製造業大要　陳文編輯
上海　商務　民 12 年　4 版　49 面

621.1/7254　蒸汽機　劉鎮華著
上海　商務　民 16 年　再版　217 面

621.182/7503　燃料及測熱學　陳文祥著
上海　商務　民 20 年　出版　196 面

621.3/0005　發電機電動機構造法　A. H. Avrv 著　馬紹良譯
上海　商務　民 12 年　初版　151 面　複 1

621.3/4320　直流電機　尤佳章編
上海　商務　民 21 年　初版　143 面

621.38/1086　無線電學　王錫恩編譯　劉永恩、宋逵升譯校
上海　商務　民 14 年　3 版　158 面　複 1

621.38/1120　電話工程學　張季龍著
上海　啓智　民 19 年　初版　1 册

621.38/1185　實用無線電淺説　張敏成著
上海　商務　1931 年　初版　79 面

621.38/2793　無線電學　倪尚達編
南京　鍾山書局　民 21 年　3 版　320 面

621.38/7500　無線電工程概要　陳章編
上海　商務　民 18 年　再版　177 面

621.4/7254　内燃機關　劉振華著
上海　商務　民 13 年　初版　58 面　複 1

621.7/7961　工廠設備　勝田一著　方漢城譯
上海　商務　民 13 年　初版　159 面　複 2

622/3113　中國十大鑛廠調查記　顧琅編　謝觀校
上海　商務　民 5 年　初版　1 册

662/7101　中國鑛業史略　馬韻珂著
上海　開明　民 21 年　初版　126 面

622/7213　開發兩廣鑛業計劃　丘琮著
民 18 年　初版　1 册
622/7576　鑛物採集鑑定法　陳學郢、孫佐編
上海　商務　民 3 年　4 版　104 面　複 2
622/7773　鑛業條例通釋　歐陽瀚存著
上海　商務　民 13 年　初版　97 面　複 2
622.33/3428　煤業新論　沈化夔編著
上海　新學會　民 11 年　初版　108 面
623/5047　戰争與科學　中華學藝社編
上海　良友　145 面
623.1　築城學教程（卷一）　不著姓名
漢口　文華　1 册
623.4/3734　機關槍器械　軍官教育團編
北平　武學　民 18 年　改訂　130 面
623.4/3734　機關槍射法　軍官教育團編
北平　武學　民 18 年　改訂　96 面
623.4/3734　機關槍戰術　軍官教育團編
北平　武學　民 18 年　再版　120 面
623.4/3734　機關槍實施　軍官教育團編
北平　武學　民 18 年　再版　124 面
623.4/3777　機關槍教練之研究　南京軍用圖書社發行
南京　軍用圖書社　民 17 年　初版　174 面
623.45/2790　新兵器特刊　鄒變斌編輯
漢口　武漢　民 14 年　初版　128 面
623.45/3130　最新兵器與將來戰争　江浩襄譯述
上海　太平洋　1930 年　再版　226 面
623.45/4435　毒氣戰争與防禦法　華汝成編
上海　中華　民 21 年　初版　1 册　複 1

623.45/4473 可怕的死光與毒瓦斯 范鳳源編

上海 大東 民21年 再版 120面

623.9/2840 潛水艇 徐燕謀編輯

上海 商務 民6年 再版 92面

624/4656 橋樑工程學 楊哲明著

中華全國道路建設協會 民19年 初版 307面

625/1003 川廣鐵道路線初勘報告 丁文江、曾世英著

地質調查所 民20年 1冊

625/1031 鐵路通論 聶肇靈著

上海 商務 民19年 初版 127面

625/6090 道路計劃書 易榮膺著

上海 商務 1930年 4版 180面

625/6090 道路計劃書 易榮膺著

上海 商務 民13年 初版 118面 複3

625/6474 最新實用築路法 Georgeleferre著 顧在挺譯

道路月刊社 民18年 初版 374面

625/7292 中國土木行政 劉光黎編 吴貫因校

内務部 編譯處 民8年 初版 198面

627/3049 歐美水利調查録 宋希尚著

上海 商務 民13年 初版 334面

627/5613 揚子江技術委員會第四期年終報告 揚子江技術委員會編

民14年 1冊

627/5613 揚子江技術委員會第五期年終報告 揚子江技術委員會編

民15年 1冊

627/7720 治水論 岡崎文吉著 劉光黎編

内務部 編譯處 民11年 初版 80面

627.13/7434 航空戰術 由日本陸軍大學航空戰術講授録翻譯

186面

628/3436 市政工程學 凌鴻勛編
上海 商務 民13年 初版 234面
628.48/1132 行道樹 張福仁編
上海 商務 民17年 初版 101面
628.5/2243 實用工業衛生學 稻葉良太郎、小泉親彥合著 程瀚章譯
上海 商務 民16年 初版 301面
629.13/4470 航空論 黄璧著
上海 商務 民14年 初版 131面
629.17/6004 飛機 吕諶著
上海 商務 民19年 初版 294面
629.2/1033 汽車駕駛法 丁祖澤著
上海 商務 民20年 初版 96面
629.2/1116 汽車學 裴元嗣編篡
上海 商務 民15年 初版 178面 複1
629.2/1504 汽車運輸學 P. White著 蔣鳳五譯
上海 商務 民17年 初版 240面
629.2/2117 汽車學綱要 何乃民編
南京 共和書局 民19年 初版 204面
629.2/2622 摩托車與道路 吴山編
上海 中華 民13年 初版 191面 複1

630 農業

630/0033 中國農業改造問題叢著 唐啓宇著
上海 民智 民17年 初版 1册 複1
630/1047 農業政策 Phillippovich著 馬君武譯
上海 中華 民12年 3版 280面 複3

630/1084 農業淺説 丁錫華編

上海 中華 民8年 再版 36面 複1

630/2046 家庭實業致富新書 奚楚明著

中國實業研究會 民10年 出版 88面

630/2046 中西實業新書 奚楚明著

中國實業研究會 民14年 初版 171面

630/2053 農業的社會化 Koutsky著 鄧毅譯

上海 新生命 民18年 初版 228面

630/2184 農業常識 步毓森等編

上海 商務 民19年 初版 271面

630/2241 新撰農學大意 稻垣乙丙著 胡朝陽譯

上海 民友社 民13年 6版 上中下3册

630/2444 國際經濟會議之農業問題 佐藤著 黃枯桐編

上海 啓智 民17年 初版 90面

630/2675 世界農業狀況 吴覺農編

上海 大東 民19年 1册

630/2686 蘇俄農民政策述評 吴義田著

上海 共和 1927年 初版 39面

630/3114 農民問題研究 河西太一郎著 周亞屏譯

上海 民智 民16年 初版 262面

630/3128 新師範農業概要 顧復編

上海 中華 民19年 3版 3册

630/3144 丹麥之農業及其合作 顧樹森編

上海 中華 民17年 3版 78面

630/3166 農業社會化運動 河田嗣郎著 黃枯桐譯

上海 啓智 民17年 初版 192面 複1

630/3435 中國農業之經濟觀 凌道揚著

上海 商務 民14年 初版 89面 複2

630/4033 到田間去 南滿洲鐵道株式會社農事試驗場編 湯爾和譯

上海 商務 民19年 初版 179面 複1

630/4252 農業政策綱要 橋本傳左衛門著 黄通譯

上海 商務 民16年 初版 179面

630/4407 世界農民運動 黄新民編

上海 光華 1927年 初版 90面

630/4430 農林學問答 萬鴻慶編

上海 商務 民11年 初版 45面

630/4434 農業實驗法講義 蔣祖墉編譯

上海 中新 民11年 初版 464面

630/4456 農業百事問答 范揚譯輯

上海 民友社 民4年 4版 189面

630/4456 農家副業 范揚編述

上海 新學會社 民15年 6版 172面

630/4740 最近美國農業之進步 E. R. Eastman著 許復七譯

上海 民智 民19年 初版 208面

630/5760 農業全書 賴昌纂譯

上海 時中 民12年 6版 1册

630.1/1042 農業合作ABC 王世穎著

上海 世界 民17年 初版 102面

630.1/1074 中國新農村之建設 王駿聲編

上海 商務 民18年 再版 160面

630.1/2010 蘇俄的農民生活 Kare Borders著 盧逢清譯

上海 太平洋 300面

630.1/3114 農業問題之理論 河西太一郎著 李達譯

上海 崐崘 1930年 初版 274面

630.1/3114 農業理論之展發 河西太一郎著 黄枯桐譯

上海 樂羣 1929年 218面

630.1/3128 農村社會學 顧復編

上海 商務 民14年 再版 114面 複2

630.1/4673 農村社會學 楊開道著

上海 世界 民18年 初版 117面 複1

630.1/7784 農村社會新論 周谷城著

上海 遠東 1929年 初版 137面 複1

630.24/3142 農藝化學 〔美國〕顧蘭納著

上海 新學會社 民16年 6版 30面

630.24/3443 農藝化學 沈覲寅編

上海 商務 民20年 初版 232面

630.24/4421 中等農藝化學 蔣繼尹編

上海 中華 民14年 初版 64面

630.4/0063 農業講義 唐昌治編

上海 商務 民11年 5版 111面

630.7/2720 中國農業教育問題 鄒秉文編

上海 商務 民12年 初版 69面 複4

630.7/2818 美國之農業教育 徐正鏗著

上海 商務 民13年 初版 227面 複1

630.7/5543 美國之農村教育及其設施 費穀祥纂譯

上海 新學會社 民13年 初版 1册

631/0439 土壤專報 謝家榮等著

地質調查所 1931年 第2册

631/1010 土壤專報 王正著

地質調查所 民20年 3册

631/2138 土壤學 何述曾編

上海 商務 民8年 再版 128面

631/2590 土壤專報 C. F. Shaw著

地質調查所 1931年 第1册

631/4407　土壤學　黄毅編述
　上海　新學社會　民15年　10版　60面
631.1/0123　中等農業經濟學　顏綸澤編
　上海　中華　民14年　初版　113面　複2
631.1/2053　農業的社會化　Kautsky著　鄧毅譯
　上海　新生命　民18年　初版　228面
631.1/5080　中國農業經濟問題　秦含章著
　上海　新世紀　民20年　初版　561面
631.11/2775　中等農業氣象學　倪慰農編
　上海　中華　民15年　初版　124面
631.3/0123　中等農具學　顏綸澤編
　上海　中華　民15年　初版　124面
631.3/0123　農具學　顏綸澤編
　上海　商務　民8年　再版　127面
631.3/3128　農具學　顧復編
　上海　商務　民16年　初版　131面　複1
631.8/3128　肥料　顧復編
　上海　商務　民21年　初版　77面
631.8/4043　肥料學講義　吉村清尚著　劉友惠譯
　上海　商務　1930年　初版　550面
631.8/4421　中等肥料學　蔣繼尹編
　上海　中華　民14年　初版　77面
631.8/7408　肥料學　陸旋編
　上海　商務　民8年　再版　124面
632/0456　虫害學　謝申圖編纂
　上海　商務　民9年　初版　156面
632/1075　治螟新法　王歷農編
　上海　商務　民20年　初版　257面

632/4747　害虫驅除全書　胡朝陽編纂

上海　時中　民 13 年　再版　324 面

632.9/0044　育種學　唐志才、馮明吴編

上海　商務　民 22 年　初版　98 面

633　作物

633/0017　作物通論　童玉民編

上海　新學會社　民 11 年　初版　156 面

633/0123　四十五大作物論　颜綸澤編

上海　商務　民 13 年　初版　上下 2 册　複 1

633/1044　作物學　賈樹模編

上海　商務　民 2 年　6 版　76 面

633/2613　作物生理學　吴球、胡朝陽合編

上海　新學會社　民 2 年　初版　102 面

633/3128　作物學各論　顧復編

上海　商務　民 18 年　再版　311 面

633/4422　作物學實驗教程　黄紹緒編

上海　商務　民 17 年　初版　1 册

633/4747　作物病理學　胡朝陽纂

上海　新學會社　民 16 年　4 版　120 面

633/5055　中國之主要農産物　中央農民運動講習所編

民 16 年　初版　46 面　複 1

633/5055　中國重要農産物之對外貿易概況　中央農民運動講習所編

民 16 年　初版　22 面　複 1

633/7187　中國作物論　原頌周著

上海　商務　民 13 年　初版　407 面　複 4

633/7733　中等作物學　周汝沅編

上海　中華　民 14 年　初版　121 面

633.18/7733　中等稻作學　周汝沅著

上海　中華　民 14 年　再版　78 面

633.51/0033　植棉學　章之汶著

上海　商務　民 15 年　初版　221 面

633.51/3134　中等棉作學　馮澤芳編

上海　中華　民 14 年　初版　80 面

633.51/7445　植棉學　陸協邦編

上海　商務　民 15 年　初版　89 面

633.6/4740　糖業論　胡大望譯著

上海　新學會社　民 4 年　初版　134 面

633.72/4740　茶業論　胡大望譯著

上海　新學會社　民 4 年　初版　78 面

633.72/4773　咖啡業論　胡願深編

上海　新學會社　民 6 年　初版　118 面

634　果木類

634/1100　果樹園藝學全編　張賡紹、潘繼文著　吴球、江起鯤校正

上海　新學會社　民 17 年　5 版　1 册

634/2618　果樹盆栽法　吴瑜編

上海　中華　民 14 年　2 版　92 面

634/4407　果木栽培新法　黄毅著

上海　新學會社　民 14 年　8 版　68 面

634/8044　果樹栽培篇　今村猛雄著　葉與仁譯

上海　新學會社　民 3 年　4 版　48 面

634.25/0017 桃樹園藝 童玉民編
上海 新學會社 民14年 初版 85面
634.37/2120 無花果之栽培 伍獻文編著
上海 新學會社 民10年 初版 92面
634.38/7549 桑樹栽培法 陳奭棠編
上海 新學會社 民13年 再版 318面
634.38/8771 桑樹栽培教科書 鄭辟疆編
上海 商務 民8年 4版 131面
634.8/0278 實驗葡萄栽培法 新學會社編輯部編
上海 新學會社 民15年 初版 226面
634.8/1004 種葡萄法 夏詒彬編
上海 商務 民22年 初版 140面
634.8/7224 葡萄譜 劉德藩編
上海 中華印務公司 民11年 再版 22面
634.9/0177 造林法 龔厥民編
上海 商務 民22年 初版 57面
634.9/0893 森林利用學 許少初編
上海 新學會社 民17年 5版 186面
634.9/1084 種樹淺説 丁錫華編
上海 中華 民11年 5版 38面
634.9/1283 實用森林學 孫鉞編
上海 新學會社 民15年 5版 206面
634.9/2237 林政學 林學博士川瀨著 李英賢編譯
上海 新學會社 民11年 初版 319面
634.9/3149 林學大意 江蘇省立第二農業學校編
上海 新學會社 民10年 再版 96面
634.9/3435 森林學大意 凌道揚編
上海 商務 民9年 3版 129面 複1

634.9/4038 吉林省之林業 南滿鐵路調查課編 湯爾和譯
上海 商務 民19年 初版 288面 複1
634.9/4047 森林保護學 李英賢編著
上海 新學會社 民16年 3版 234面
634.9/5025 林學通論 本多静六著 沈化夔譯
上海 新學會社 民6年 4版 46面
634.9/5025 造林學本論 本多静六著 沈化夔譯
上海 新學會社 民14年 5版 1册
634.9/6021 種桐油法 畢卓君編
上海 商務 民20年 初版 72面
634.9/7224 廣種白銀樹利益説 劉德潘著
漢口 中華 民11年 初版 1册
634.9/7731 中等林學大意 殷良弼編
上海 中華 民14年 初版 112面
634.9/8033 林業經濟學 曾濟寬編
上海 新學會社 民16年 初版 248面

635 園藝學

635/0017 花卉園藝 童玉民著
上海 商務 民16年 再版 244面
635/0881 菊花栽培法 許公武著
上海 民智 民19年 初版 84面
635/0881 懸崖菊栽培法 許公武著
上海 民智 民20年 初版 32面
635/1033 食用作物栽培要説 石澄清、朱樹農編
上海 新學會社 民16年 3版 348面

635/1084 簡明園藝學 丁錫華等編
上海 中華 民11年 初版 58面 複1

635/1762 最新園藝法 孟昭升著
上海 文明 民12年 初版 1冊

635/2148 園藝一班 盧壽籛著
上海 中華 民9年 3版 1冊 複2

635/2611 花卉盆栽法 吴君瑜著
上海 中華 民15年 初版 106面

635/2623 蔬菜栽培新法 吴崍著
上海 新學會社 民16年 6版 65面

635/2657 菜園經營法 吴耕民編
上海 商務 民21年 初版 117面

635/2750 園藝曆 鄒盛文編
上海 新學會社 民17年 再版 128面

635/3543 藝蘭祕訣 清芬室主人編
上海 國華 民9年 初版 76面

635/4447 盆栽花木實驗法 花好月圓人壽室編
上海 國華 民14年 4版 86面

635/4747 東西洋花卉盆栽法 胡朝陽編
上海 新學會社 民14年 4版 226面

636/6037 花卉栽培法 羅適丹編
上海 新學會社 民15年 3版 38面

635/7242 園藝學 劉大紳編
上海 商務 民8年 再版 117面

635/7428 農作物篇 陸紹曾著
上海 中國 民4年 初版 106面

635.3/4422 種菜法 黄紹緒編
上海 商務 民21年 初版 76面

635.66/4422 種豆法 黄紹緒編

上海 商務 民 22 年 初版 75 面

635.8/4703 蕈之栽培 胡竟良著

上海 新學會社 民 12 年 初版 70 面

636 家畜

636/2148 養鷄淺説 盧壽籛著

上海 中華 民 10 年 初版 38 面

636/2623 最新家畜飼養論 吳崍著

上海 新學會社 民 16 年 4 版 89 面

636/2683 農業動物飼養法 吳劍心著

上海 商務 民 13 年 初版 67 面

636/3030 平民生財法 實業新報社編

1926 年 上下 2 集

636/4747 最新畜産學各論 胡朝陽編纂

上海 新學會社 民 2 年 再版 204 面

636/7774 畜産學 關鵬萬編

上海 商務 民 7 年 再版 114 面

636/8082 家畜飼養汎論 八鍬儀七郎、石崎芳吉合著

東京 東亞 光緒 33 年 初版 1 册

636.084/8772 家畜飼養學 鄭學稼著

上海 黎明 1933 年 初版 367 面

636.085/2630 食物 程瀚章編

上海 商務 民 22 年 初版 87 面

636.2/1283 實用養牛全書 孫鉞編

上海 新學會社 民 15 年 4 版 320 面

636.3/1283 實用養羊全書 孫鉞譯著

上海 新學會社 民16年 3版 1册

636.3/5727 綿羊管理法 馮煥文譯

上海 商務 民20年 初版 125面

636.4/4747 實用養豕全書 胡朝陽編

上海 新學會社 民14年 6版 330面

636.5/0278 養鷄曆 新學會社編輯部編

上海 新學會社 民14年 初版 84面

636.5/1002 養鷄法 王言綸編

上海 商務 民13年 8版 126面

636.5/1255 孵卵法 孫本忠編

上海 新學會社 民17年 3版 96面

636.5/4925 飼育雛鷄之新研究 趙仰夫編著

上海 新學會社 民17年 初版 56面

636.5/8068 養鷄圖説 美國養鷄聯合會著

上海 新學會社民 民9年 初版 78面

636.5/8792 實用養鷄要訣 鄭憐生纂譯

上海 新學會社 民13年 3版 176面

636.596/7761 養鴿法 周曜丞譯述

上海 新學會社 民15年 初版 137面

636.9/0079 養兔法 齊雅皇編

上海 商務 民20年 初版 128面

638 蜂；蠶

638/4061 實用養蜂新書 吉田弘藏著 沈化夔譯

上海 新學會社 民16年 8版 60面

638/4462　中國蠶業概況　萬國鼎編
上海　商務　民13年　初版　65面　複1
638/8771　蠶體生理教科書　鄭辟疆編纂
上海　商務　民6年　初版　110面
638/8771　蠶業病理教科書　鄭辟疆編
上海　商務　民7年　再版　116面
638/8771　製絲教科書　鄭辟疆編纂
上海　商務　民7年　3版　114面
638/8771　養蠶法教科書　鄭辟疆編
上海　商務　民9年　4版　158面
638/8771　蠶體解剖教科書　鄭辟疆編
上海　商務　民7年　再版　86面
638.1/1075　實地養蜂法　王歷農編
上海　中華　民14年　初版　89面
638.1/1164　實驗養蜂曆　張品南編
上海　新學會社　民17年　4版　58面
638.1/7242　最新養蜂法　劉大綸編
上海　商務　民13年　4版　63面
638.1/7710　養蜂淺説　周霖編
上海　新學會社　民13年　初版　31面
638.1/8727　實用養蜂全書　鄭蠡編
上海　新學會社　民18年　6版　114面
638.2/0741　中國養蠶學　郭葆琳編
上海　新學會社　民7年　初版　190面
638.2/2046　蠶桑全書　奚楚明編
上海　華豐　民13年　再版　1册
638.2/4031　實驗柞蠶論　袁沅編
上海　新學會社　民7年　初版　67面

638.2/4031 一蛾飼育法 袁沅編
上海 新學會社 民9年 初版 56面

638.2/4241 實驗養蠶法 姚志强編
上海 新學會社 民15年 10版 1冊

638.2/4241 蠶體生理論 姚志强、賴昌編
上海 新學會社 民12年 3版 142面

638.2/4241 蠶病預防法 姚志强編
上海 新學會社 民12年 3版 120面

638.2/4431 蠶病消毒法 黄涓西編
上海 新學會社 民15年 7版 126面

638.2/4431 蠶體病理論 黄涓西編
上海 新社學會 民15年 8版 126面

638.2/4444 屑繭紡絲論 林在南著
上海 新學會社 民12年 4版 36面

638.2/4462 養蠶必讀 莊景仲編
上海 新學會社 民12年 5版 1冊

638.2/7534 製種法 陳澟編
上海 新學會社 民10年 3版 72面

638.2/7534 烘繭法 陳澟編
上海 新學會社 民12年 再版 58面

638.2/7549 蠶種學 陳輿杲編譯
上海 新學會社 民15年 3版 340面

639 漁獵

639/4424 金魚養育法 〔德國〕赫各莫臘透著
上海 商務 民6年 再版 1冊 複1

639/6045 水産養殖法 日暮忠、越田德次郎著 楊占春譯
上海 新學會社 民15年 4版 306面
639/7774 水産學大意 關鵬萬編纂
上海 商務 民8年 初版 91面
639/7777 中等水産學 周監殷、魚華仙合編
上海 中華 民17年 初版 156面
639.1/4047 狩獵學 李英賢編
上海 新學會社 民13年 初版 174面

640 家政；家事

640/1002 家事實習寶鑑 王言綸編
上海 商務 民9年 3版 1册 複2
640/1022 家庭常識彙編 天虛我生等編
上海 文明 民20年 14版 8册
640/1061 家政學 下田歌子著 錢單士厘譯
光緒28年 出版 1册
640/1714 實用一家經濟法 邵飄萍著
上海 商務 民11年 初版 164面 複1
640/2714 家庭萬寶全書 魯雲奇編
上海 中華圖書集成公司 民7年 再版 6册
640/2720 居住論 鄒德謹編
上海 商務 民11年 再版 159面 複3
640/3423 衣食住第1册（衣）第2册（食）第3册（住） 沈德鴻編
上海 商務 民11年 4版 3册 複2
640/4286 家政淺説 姚銘恩著
上海 中華 民10年 6版 34面 複1

641/2148 烹飪一斑 盧壽籛編

上海 中華 民11年 再版 56面 複1

641/4081 家庭食譜 李公耳著

上海 中華 民8年 3版 190面 複1

641/4520 人類的食 張伯倫著

上海 商務 民17年 初版 150面

641/6441 素食譜 時希聖編

上海 中華 民14年 254面

641/6441 家庭食譜（3編） 時希聖編

上海 中華 民14年 初版 214面 複1

641/6441 家庭食譜（4編） 時希聖編

上海 中華 民15年 初版 344面

647.1/7712 北平生活費之分析 陶孟和著

上海 商務 民19年 初版 92面

649/4232 病人看護法 姚昶緒編

上海 商務 民11年 再版 48面

649.1/1124 兒童之衛生 張任華編

上海 商務 民13年 初版 41面

649.1/2148 育兒 盧壽籛譯

上海 中華 民11年 再版 156面 複2

649.1/2148 育兒一班（女學叢書之 ） 盧壽籛編

上海 中華 民6年 128面 複1

649.1/2534 兒童與社會 生江孝之著 陸宗贄譯

上海 北新 1929年 初版 260面

649.1/3121 幼兒保育法 顧倬編纂

上海 商務 民10年 3版 44面

649.1/3121 幼兒保育法 顧倬編

上海 中國 光緒33年 初版 32面

649.1/4232　育兒法　姚昶緒編
　上海　商務　民10年　再版　46面
649.1/6632　育兒問答　瞿宣穎編
　上海　商務　民11年　4版　163面
649.55/0803　玩具圖説　施詠湘編
　上海　商務　民10年　再版　3册

650　商業實踐

650/0013　新嘉坡各業調查　童子達編
　新嘉坡　南洋工商業補習學校　民17年　初版　138面
650/1175　經商要素　張慰中著
　上海　泰東　民9年　初版　上下2册
650/2156　能率增進法　〔日本〕上中甲堂著　劉新民譯
　上海　商務　民19年　初版　323面
650/2811　民國十年上海商業名録　徐珂編
　上海　商務　民10年　初版　504面
650/4449　能率增進法　黄士恒、薩君陸編
　上海　商務　民10年　再版　75面
650/5045　商業指南　中華書局編
　上海　中華　民8年　3版　1册　複1
650/5341　商業講義　盛在珦編
　上海　商務　民8年　再版　44面
650/5341　商業實踐　盛在珦編
　上海　商務　民9年　3版　172面
650/7242　商事要項　劉大紳編纂
　上海　商務　民12年　11版　122面

650/7781 商業實用全書 周劍雲編
上海 新民圖書館 民 8 年 2 册

650.8/0031 商人萬寶全書 商業研究會編
上海 中國書業公司 民 20 年 1 函 2 册

650.8/3374 商業新智識全書 梁鳳樓主編
上海 南星 民 19 年 初版 6 册 複 1

651/3180 商店組織管理法 汪筱謝女士編
上海 商務 民 11 年 5 版 上下册

651/4046 商業事務常識 李培恩著
上海 商務 民 21 年 初版 240 面

654/0017 明密碼電報書 商務印書館編譯所編
上海 商務 民 16 年 30 版 1 册

654/7585 公哲電符 陳公哲著
公哲電符發行所 民 18 年 1 册

654/8038 實驗電報學 曾清鑑編
上海 商務 民 14 年 初版 1 册 複 1

655.1/7744 中國雕版源流攷 留菴編
上海 商務 民 13 年 4 版 68 面 複 1

656/0017 交通必攜 商務印書館編譯所編
上海 商務 民 11 年 3 版 90 面

656/4744 鐵路職務攬要 〔英〕皐燕編纂
上海 商務 民 7 年 初版 98 面

657 簿記；會計

657/0033 複式商業簿記 章祖源編譯
上海 中華 民 12 年 初版 185 面

657/0146 簿記學概要 龔斯明編著

上海 世界 民18年 初版 2冊

657/0410 銀行簿記法 謝霖、李澂編

上海 中國 民16年 13版 318面

657/0410 實用銀行簿記 謝霖著

上海 商務 民18年 6版 上下2冊 複2

657/2130 銀行會計科目名辭 卓定謀主編

銀行週報社 50面

657/2324 簿記學 嵇儲英、程雲橋合編

1930年 初版 309面

657/2606 審計學 吴應圖編

上海 商務 民16年 再版 295面

657/2644 最新官廳會計學 吴蕚著

上海 民智 民19年 初版 260面 複1

657/2833 會計師制度之調查及研究 徐永祚著

上海 徐永祚會計師事務所 民12年 64面 複3

657/2833 英美會計師事業 徐永祚編

上海 徐永祚會計師事務所 民14年 305面

657/3202 高級商業簿記教科書 潘序倫編

上海 商務 民19年 初版 上下册

657/3434 銀行簿記實踐 沈家楨著

上海 商務 民16年 初版 上下2册

657/4034 商業簿記 李宣韓編

上海 商務 民7年 5版 上下2册 複1

657/4044 工業會計攬要 李蓍著

上海 中華 民15年 初版 69面

657/4046 鐵路會計學 李懋勛著

上海 商務 民13年 初版 333面 複1

657/4063 工業簿記 吉田良三著 陳家瓚編
上海 商務 民13年 再版 135面 複1
657/4063 會計學 吉田良三著 張永宣譯
上海 中華 民6年 初版 248面
657/4063 會計學 吉田良三著 吳應圖譯述
上海 商務 民17年 再版 203面 複1
657/4070 近世商業簿記學 袁際唐著
上海 東南 民18年 168面 複1
657/4404 家計簿記 杜賡堯著
上海 商務 民22年 初版 279面
657/4422 會計監查 韓白秋編
北京 銀行月刊社 民13年 初版 62面
657/4600 商業簿記 楊端六編
上海 商務 民19年 6版 230面 複1
657/4600 記帳單位論 楊端六著
上海 商務 民12年 再版 77面 複2
657/4633 成本會計概要 楊肇遇著
上海 商務 民13年 初版 66面
657/4634 最新商業簿記教科書 楊汝梅編
東京 錦堂 宣統1年 再版 377面
657/4634 新式官廳簿記及會記 楊汝梅編
上海 商務 民17年 4版 339面
657/4682 商業預算 楊鏡航著
上海 商務 民20年 初版 211面
657/4686 稽核帳目研究 楊篤因編
上海 世界 民19年 初版 166面
657/4686 成本會計研究 楊篤因編
上海 世界 民19年 初版 68面

657/5041 近世簿記法大綱 東爽五郎著 陳掖神譯
上海 商務 民13年 初版 132面
657/5077 商業簿記 （慈谿）秦開編
上海 中華 民18年 初版 134面
657/5093 會計學原理及實務 F. H. Streightoff著 張忠亮、李鴻壽合譯
上海 黎明 1931年 初版 584面
657/7242 簿記 劉大紳編
上海 商務 民10年 12版 99面
657/7242 近世會計學 劉葆儒譯
上海 商務 民13年 初版 1冊
657/7244 記帳學 劉樹梅編
上海 商務 民19年 再版 204面
657/8723 銀行成本會計論 銀行週報社
銀行週報社 民14年 77面 複1

658 商業經營法；實業管理法

658/1118 科學的工廠管理法 張廷金譯
上海 商務 民13年 3版 1冊 複1
658/2610 經商實習研究 吴雲高編
上海 世界 民18年 初版 138面
658/2634 財政商業高等利息計算法練習問題解法 吴宗燾編
上海 商務 民12年 初版 49面
658/2634 財政商業高等利息計算法 吴宗燾編
上海 商務 民12年 初版 164面 複2
658/2647 中國商業習慣大全 吴桂辰等編
上海 世界 民12年 初版 1冊

658/2653　零售學（商業概要第 1 卷）　吴東初著
上海　商務　民 12 年　初版　113 面

658/2653　進貨學（商業概要第 2 卷）　吴東初編
上海　商務　民 12 年　210 面　複 3

658/3267　分業商品學　潘吟閣編
上海　商務　民 17 年　初版　142 面

658/3564　工場管理論　神田孝一著　余懷清譯
上海　商務　民 19 年　初版　580 面

658/3794　現代商業經營法　過耀根編
上海　商務　民 11 年　5 版　189 面

658/4055　商店學業指南　大東書局編譯所編
上海　大東　民 14 年　5 版　1 册

658/4403　新式販賣術　華文祺編
上海　商務　民 11 年　5 版　175 面

658/4404　銷貨法五百種　蔡文森述譯
上海　商務　民 10 年　5 版　164 面

658/4468　工廠設計及管理　薛明劍著
華新書社　民 16 年　82 面

658/5341　商品學　盛在珦編
上海　商務　民 13 年　9 版　72 面　複 1

658/5530　工廠適用學理的管理法　戴樂爾著
上海　中華　民 5 年　80 面　複 1

658/7582　店友須知　陳銘勳編譯
上海　商務　民 14 年　6 版　92 面　複 3

658/7724　工廠管理法　周緯編著
上海　商務　民 20 年　初版　263 面

658/7764　商學研究　民國大學商學研究會編
北京　民國大學商學研究會印　民 15 年　121 面

659.1 廣告

659.1/1248 廣告經濟學 孫孝鈞著
南京 南京書店 民20年 初版 128面
659.1/4242 廣告學ABC 蒯世勳著
上海 世界 民17年 初版 101面
659.1/4423 廣告學綱要 蘇上達編
上海 商務 民19年 初版 393面
659.1/4430 廣告須知 甘永龍編
上海 商務 民14年 7版 105面 複4
659.1/4432 實用廣告學 蔣裕泉編
上海 商務 民15年 再版 1册 複2
659.1/5392 廣告心理學 W. D. Scott著 吴應圖譯
上海 商務 民15年 初版 187面
659.1/5574 廣告心理學 井關十二郎著 廣開斌譯
上海 商務 民14年 初版 125面 複2
659.1/7242 廣告學 劉葆儒著
上海 中華 民21年 初版 124面

660 化學工業

660/0753 化裝品製造法 郭本瀾譯述
上海 商務 民11年 再版 203面
660/2038 日用工藝品製造法 毛福全編
上海 商務 民9年 5版 165面 複2
660/2046 日用工藝生利法 奚楚明著
中國實業研究會 民19年 3版 46面

660/2046 實驗小工藝 奚楚明編譯
上海 泰東 民11年 再版 1冊
660/2046 實驗小工藝 奚楚明編譯
上海 泰東 民10年 再版 上中下3冊
660/2046 工藝製造法 奚楚明編
上海 商務 民11年 5版 552面 複3
660/2630 無機化學工業 程瀛章、李續祖編
上海 商務 民16年 再版 640面 複1
660/3245 日用化學 近藤耕藏著 石明球譯
上海 商務 民17年 初版 289面
660/4024 有機化學工業 李喬苹著 高銛校訂
上海 商務 民18年 初版 417面 上冊
660/4041 膠質化學概要 大幸勇吉著 高銛譯
中華學藝社 1930年 1冊
660/4412 化學工藝寶鑑 杜亞泉編
上海 商務 民10年 4版 398面 複1
660/4434 實用工業知識 韓守藩編輯
上海 公民 民10年 初版 208面
661/4742 工業藥品大全 胡超然編
上海 商務 民16年 7版 1冊 複2
664/7228 食品化學 劉倫編
上海 商務 民16年 初版 230面
664.8/4472 實驗罐藏食物製造法 豬股德吉郎著 張國城譯
上海 新學會社 民6年 3版 101面
665/2177 油業論 英人何巴氏著 余秦杜譯
上海 新學社會 民6年 初版 143面
665.5/5047 石油與石炭 中華學藝社編
上海 商務 1928年 初版 179面

666.2/1002 琺瑯器製造法 王言綸譯述
上海 商務 民10年 再版 89面
666.3/2104 陶瓷學 何應樞著
上海 商務 民13年 初版 149面
667/4347 日用品製造法 博樸民編
上海 中華 民19年 12版 82面
667.2/4665 染色術 楊時中編
上海 商務 民12年 初版 63面
667.2/7574 實用染色術 陳驊聲編
上海 新學會社 民17年 初版 280面
669/1053 冶金學 王本治編纂 鄭尊法校
上海 商務 民16年 初版 551面
669/1925 驗鑛學大意 耿步蟾著
上海 中華 民20年 初版 373面
669/4704 鐵冶金學 胡庶華編
上海 商務 民15年 初版 189面
669/7741 金屬學 駱楨編
上海 商務 民21年 初版 191面

670 製造

670/2132 上海之工業 上海特别市社會局編
上海 中華 民19年 130面
670/2774 世界工業狀況 侯厚培、李承緒編
上海 大東 民19年 初版 216面
670/5483 鑄工 汾特著 馮雄譯
上海 商務 民20年 出版 194面

674/8460 車牀木工 郭元梁譯

上海 商務 民13年 初版 55面

677/1011 日本之綿紡織工業 王子建著

社會調查所 1933年 1册

677/1147 絲廠管車須知 張嫻著

上海 開明 民20年 初版 143面

677/1153 製絲新法 張青選著

東京 秀光社 宣統元年 初版 116面

677/2177 絲業論 何巴氏著

上海 新學會社 民6年 初版 116面

677/3143 江蘇省紡織業狀況 江蘇實業廳第三科編

上海 商務 民9年 再版 1册 複1

677/4402 華商紗廠聯合會季刊 華商紗廠聯合會編

上海 華商紗廠聯合會 4册

677/4444 製絲營業論 林在南編

上海 新學會社 民14年 3版 154面

677/4740 羊毛業論 胡大望譯著

上海 新學會社 民4年 初版 110面

677/5544 中國之紡織業及其出品 井村薰雄著 周培蘭譯

上海 商務 民17年 初版 319面

677/7040 棉業論 〔英國〕辟奇氏著

上海 新學會社 民6年 初版 1册

677/7500 紡織工業大要 陳文編

上海 商務 民13年 4版 66面

678/7768 馬來半島之橡皮事業 周國鈞編

上海 中華 民16年 初版 260面

678/8054 樹膠業論 余秦杜編譯

上海 商務 民7年 初版 82面

679/4740 煙業論 胡大望譯著

上海 新學會社 民7年 初版 120面

680 手工業

680/0103 實用木工學 龍裔禧著

上海 商務 民7年 初版 282面 複1

680/0803 剪紙圖説 施詠湘編

上海 商務 民11年 4版 94面

680/0803 續摺紙圖説 施詠湘編

上海 商務 民10年 再版 66面

680/1121 編物圖説 張叔平編

上海 商務 民6年 初版 55面

680/1255 手工圖畫聯絡教材 孫捷編

上海 商務 民10年 5版 126面

680/2140 實用手工參攷書 熊翥高編纂

上海 商務 民9年 3版 3册

680/3133 麥稈辮圖説 汪祖源編

上海 商務 民9年 2版 84面

680/4030 手工教材 李澎文、蕭連黼合編

上海 商務 民11年 4版 上下2册

680/4421 摺紙圖説 桂紹烈編

上海 商務 民11年 4版 66面

680/7500 金木工及玻璃細工 陳文編

上海 商務 民7年 再版 56面

700　美術

700　美術

700/0024　近世美學　高山林次郎著

上海　商務　民 13 年　4 版　241 面　複 1

700/4240　美術的表現與背景　板垣鷹穗著　蕭石君譯

上海　開明　1931 年　初版　122 面

700/8768　人體美　鄭吻欠作

上海　光華　1927 年　初版　1 册

701/0242　新藝術全集　新藝術社編

上海　光華　1930 年　324 面　複 1

701/0758　藝術之社會的基礎　盧那卡司基著　雪峯譯

上海　水沫　1929 年　初版　261 面

701/0780　美學原理　蕭石君譯

上海　泰東　1922 年　初版　164 面　複 1

701/1034　民衆藝術夜話　三浦藤作等著

世界文藝書社　1929 年　初版　74 面

701/1102　美的人生觀　張競生著

北京　北新　民 14 年　再版　212 面

701/1724　藝術家的難關　鄧以蟄著

北京　古城書店　民 17 年　初版　100 面

701/2112　藝術論　盧那卡爾斯基著　魯迅譯

上海　大江　1930 年　3 版　199 面　複 1

701/2168　現代藝術十二講　上田敏著　豐子愷譯

上海　美成　民 18 年　初版　215 面　複 1

701/2762　近代藝術　倪貽德著

上海　金屋　民 18 年　初版　110 面

701/2762　藝術漫談　倪貽德著

上海　光華　1928 年　再版　138 面

701/2807　美的哲學　徐慶譽著

上海　世界學會　民 17 年　初版　278 面

701/3079　藝術論　托爾斯泰著　耿濟之譯

上海　商務　民 13 年　3 版　269 面　複 2

701/4075　羅斯金的藝術　羅斯金著　劉思訓譯

上海　光華　民 16 年　初版　70 面

701/4408　何謂藝術　林文錚著

上海　光華　1931 年　初版　241 面　複 1

701/4427　藝術之民族性與國際性　葉秋原著

上海　聯合　1929 年　初版　250 面

701/4444　藝術文集　華林著

上海　光華　民 17 年　再版　127 面

701/4444　藝術思潮　華林著

上海　出版合作社　民 15 年　再版　76 面　複 2

701/4494　近代美術思潮　黄懺華編述

上海　商務　民 11 年　初版　72 面　複 1

701/4727　唯物史觀藝術論　胡秋原著

上海　神州　民 21 年　初版　780 面

701/5062　藝術簡論　青野季吉著　陳望道譯

上海　大江　民 18 年　再版　68 面　複 1

701/5755　藝術社會學　佛理采著　胡秋原譯

上海　神州國光社　1931 年　初版　400 面

701/7034　美術論　羅丹著　曾覺之譯

上海　開明　1930年　初版　399面

701/7782　藝術的將來　L. R. Mceolvin 著　徐霞村譯

上海　北新　1928年　初版　66面

702/3327　西洋美術大綱　梁得所編譯

上海　良友　1929年　再版　224面

702/5444　美學綱要　王平陵譯

上海　泰東　民11年　初版　56面　複1

702/6067　美學綱要　黑田鵬信著　俞寄凡譯

上海　商務　民11年　初版　82面　複3

702/6067　藝術概論　黑田鵬信著　豐子愷譯

上海　開明　民17年　初版　101面　複1

704/2168　現代藝術十二講　上田敏著　豐子愷譯

上海　開明　民19年　再版　215面

704/2307　藝術三家言　傅彥長等著

上海　良友　1927年　初版　400面

704/4438　現代藝術評論集　范祥善編

上海　世界　民19年　初版　1冊　複1

707/0310　藝術教育設施法　俞寄凡譯

上海　商務　民14年　初版　113面　複1

707/1037　藝術教育學　雷家駿編

上海　商務　民14年　初版　162面　複1

707/2219　藝術教育ABC　豐子愷著

上海　世界　1928年　初版　111面

707/9043　藝術教育論　小村澄見著　唐開斌譯

上海　商務　民14年　初版　90面

709/0842　美術考古學發現史　郭沫若譯

上海　樂羣　1929年　1冊

709/2219　西洋美術史　豐子愷著
上海　開明　1931年　3版　246面　複1

709/4240　近代美術史潮論　板垣鷹穗著　魯迅譯
上海　北新　1929年　1册

709/6028　西洋美術史　吕徵編譯
上海　商務　民11年　初版　163面

709/8075　美術史　姜丹書編
上海　商務　民11年　5版　94面

709.45/4087　意大利及其藝術概要　李金髮著
上海　商務　民17年　初版　220面　複1

709.51/4041　中國美術史　大村西崖著　陳彬龢譯
上海　商務　民19年　再版　262面　複2

709.52/7231　日本新美術的新印象　劉海粟編
上海　商務　民14年　3版　191面　複1

710　風景園藝

710/4019　田園都市　張維漢主譯
上海　華通　民19年　初版　203面

711/3144　最新公園建築法　顧在埏譯著
上海　道路月刊社　民17年　初版　136面

740　圖案；裝飾

740/0040　袖珍製圖便覽　童世亨編
上海　商務　民14年　再版　75面

740/2112 新繪學 伍聯德、陳炳洪合編
上海 商務 民12年 初版 上下2冊
740/2219 構圖法ABC 豐子愷著
上海 世界 民17年 初版 118面
740/2219 子愷漫畫 豐子愷著
上海 開明 民20年 6版 1冊 複1
740/2219 學生漫畫 豐子愷著作
上海 開明 民20年 初版 1冊
740/2219 兒童漫畫 豐子愷作
上海 開明 1932年 初版 100面
740/2219 子愷畫集 豐子愷著
上海 開明 民16年 再版 90面 複1
740/3156 十字圖案 馮振愚、孫壽昌合著
上海 文化 民18年 初版 1冊
740/4405 文農諷刺畫集 黃文農作
上海 光華 民16年 初版 73幅
741/5046 影繪 中華圖案研究會編
上海 開明 1931年 初版 1冊
742/4432 活用透視畫法 黃涵秋著
上海 開明 1930年 初版 92面 複1
743/8075 藝用解剖學 姜丹書著
上海 商務 1930年 初版 256面
744/1032 用器畫法圖式 平瀨作五郎著
東京 丸善株式會社 明治34年 再版 3冊 複1
744/4414 用器畫解說 黃元吉編
上海 商務 民11年 6版 136面
745/3046 美術圖案集 良友圖書印刷公司印行
上海 良友 31面

745/7532　圖案第一集　陳之佛編
上海　開明　1931 年　再版　1 册
745/8084　最新圖案法　俞劍華編
上海　商務　民 15 年　初版　171 面

750　油畫；水彩畫

750/1010　百石齋叢畫　百石齋主人作
上海　華亭　民 12 年　印行　8 册
750/1033　王濟遠油畫集　王濟遠編繪
上海　大東　民 18 年　初版　1 册
750/2017　停雲閣叢畫　停雲閣主人藏
上海　商餘協會　民 12 年　印行　4 册
750/2151　寫生水彩畫　須戒已編
上海　商務　民 14 年　4 版　83 面
750/2123　新體油畫解説　〔英〕卡利安著
上海　商務　民 13 年　3 版　97 面
750/2219　護生畫集　豐子愷等作
上海　大中書店　1928 年　1 册
750/2507　國畫 ABC　朱應鵬著
上海　世界　民 17 年　初版　129 面
750/2661　吴昌碩畫寶　吴昌碩作
上海　書畫會　民 13 年　初版　1 册
750/2762　水彩畫概論　倪貽德著
上海　光華　民 15 年　初版　117 面
750/3012　宋雪岩梅花喜神譜　宋雪岩作　梅王閣藏
上海　中華　民 17 年　初版　1 册

750/3189 大觀樓叢畫 汪鑅作

泰華圖書館 民10年 印 4册

750/3194 毛筆習畫指南 汪耀如著

上海 益新 1924年 初版 4册

750/7173 自習畫譜大全 馬駘繪圖

上海 世界 民18年 再版 24册

750/7231 畫學真詮 劉海粟編

上海 商務 民11年 3版 96面

750/7551 陳抱一畫集 陳抱一畫

上海 開明 1928年 5幅

750/7593 讀畫輯略 陳烺輯

上海 商務 光緒乙未年 印 126面

750.9/2351 中國繪畫變遷史綱 傅抱石著

南京 南京書店 民20年 初版 188面

750.95/3215 中國繪畫史 潘天授編

上海 商務 民17年 再版 224面

751/7231 中國繪畫上的六法論 劉海粟編

上海 中華 民20年 初版 67面

752/7223 色彩學 劉以祥著

上海 商務 民20年 初版 59面

754/8051 全圖畫眉蟋蟀黄頭鵪鶉四生譜 金振武編

上海 沈鶴記 民7年 初版 1册

758/7548 陳樹人畫集（第2輯） 陳樹人作

上海 和平社 民18年 初版 25面

758/7714 金陵名勝寫生集 周玲蓀編繪

上海 商務 民14年 初版 第1集 1册

758/7714 金陵名勝寫生集 周玲蓀編繪

上海 商務 民14年 初版 第2集 1册

759/2219　西洋畫派十二講　豐子愷著
上海　開明　民20年　再版　238面　複1

770　攝影學；照相

770/0017　白朗尼照相鏡用法　商務印書館編譯所譯述
上海　商務　民16年　5版　24面
770/2116　照相鏤板印圖法　衛理、王汝馴同譯
1冊
770/2652　攝影實習指導書　吴静山著
上海　世界　民20年　再版　328面　複1
770/2652　攝影學ABC　吴静山著
上海　世界　1928年　初版　131面
770/4406　新編攝影術　杜就田編
上海　商務　民10年　11版　188面
770/4406　天然色攝影原色法　杜就田編
上海　商務　民20年　初版　36面
770/5513　實用攝影術　曹元宇著
上海　大東　168面　複1
770/6024　美術攝影大綱　羅伯古德沙爾著　甘乃光譯
上海　良友　1930年　初版　124面
770/7295　半農談影　劉半農著
上海　開明　1930年　3版　65面　複1
770/7568　照相學　陳思義編
上海　商務　民15年　再版　234面
779/4744　國民會議寫真　好友藝術社
上海　文華　1931年　初版　84面　插圖29幅

779/7546 民十三之故宮 陳萬里攝影
上海 開明 1928 年 初版 1 册

780 音樂

780/0011 中樂尋源 童斐編
上海 商務 民 15 年 初版 130 面
780/1093 東西樂制之研究 王光祈著
上海 中華 民 17 年 3 版 232 面
780/1093 歐洲音樂進化論 王光祈著
上海 中華 民 13 年 初版 55 面
780/1093 德國國民學校與唱歌 王光祈著
上海 中華 民 14 年 初版 195 面
780/1093 西洋音樂與詩歌 王光祈著
上海 中華 民 13 年 初版 1 册 複 2
780/1093 各國國歌評述 王光祈著
上海 中華 民 15 年 初版 1 册
780/1093 東方民族之音樂 王光祈著
上海 中華 民 18 年 初版 96 面
780/2130 音樂界（十期彙刊） 上海音樂學校編
上海 民智 民 11 年 初版 1 册
780/2219 音樂入門 豐子愷著
上海 開明 1932 年 10 版 160 面
780/2219 音樂的常識 豐子愷著
上海 東亞 民 14 年 初版 376 面
780/2307 音樂文集 傅彥長著
上海 三民 民 18 年 初版 120 面

780/2711　中學新歌　繆天瑞著

上海　三民　民18年　初版　21面

780/2711　簡易看譜法　繆天瑞著

上海　三民　1930年　初版　1册

780/3411　名利網　沈醉了、陳雪鵠合著

上海　開明　1928年　再版　86面

760/3631　中國絲竹指南　祝湘石著

上海　大東　民15年　再版　1册

780/4006　民間十種曲　李夜星編

上海　光華　1928年　初版　66面

780/4022　樹化歌曲集一　李樹化著

上海　三民　民19年　出版　30面

780/4412　教育唱歌　黄子繩等著

湖北　學務處　光緒31年　初版　上下2册

780/4444　普通樂學　蕭友梅著

上海　商務　民17年　初版　189面　複1

780/6039　生活與音樂　田邊尚雄著　豐子愷譯

上海　大江　1929年　初版　142面

780/7774　音樂的聽法　門馬直衛著　豐子愷譯

上海　大江　1930年　初版　382面

780.1/2525　音樂的基礎知識　朱穌典編

上海　中華　民20年　初版　215面

781/0424　樂理學　謝紹雄編

無　世界書局　民19年　增訂　1册

781/1093　音樂　王光祈著

上海　啓智　1929年　初版　198面

782/3420　幼稚園音樂遊戲　沈秉廉、沈百英合編

上海　商務　民19年　初版　173面

782/3424　霓裳羽衣　凌純聲、童之絃合著

上海　商務　民 17 年　1 册

782/5964　沛生斯的海盜　基葡特著　徐培仁譯

福建　國際學術書社　1928 年　初版　83 面

732/7550　胡天孤雁　陳邦彦、瞿芑豐合編

上海　天星　民 18 年　初版　59 面

782/8781　二黄尋聲譜　鄭劍西編

上海　大東　民 21 年　4 版　150 面

782/8781　二黄尋聲譜（續集）　鄭劍西著

上海　大東　民 20 年　再版　178 面

784/1177　雅聲唱歌集　張覺民編

上海　世界　民 20 年　9 版　175 面

784/2219　中文名歌五十曲　豐子愷、裘夢痕合編

上海　開明　1931 年　5 版　62 面

784/2642　進行曲選　白蕊先女士編

上海　開明　1928 年　初版　2 册　複 1

784/4340　歌曲集（中文名歌五十曲）　裘夢痕、豐子愷合編

上海　開明　1927 年　再版　62 面　複 1

784/4408　中外學校唱歌集　E. J. Anderson 著

上海　商務　民 12 年　再版　82 面

784/7252　崑曲新導　劉振修編

上海　中華　民 17 年　初版　2 册

784/8312　中國名歌選　錢君匋編

上海　開明　1931 年　3 版　62 面　複 1

786/2219　風琴名曲選　豐子愷編選

上海　開明　1932 年　5 版　55 面

786/2711　簡易風琴鋼琴合用譜　繆天瑞編

上海　三民　民 19 年　初版　29 面

786/4340 洋琴彈奏法 裘夢痕、豐子愷合編

上海 開明 1931 年 再版 35 面

786/7045 鋼琴基本彈奏法 Lhevinne 著

上海 三民 70 面 複 1

787/2219 懷娥鈴名曲選 豐子愷編

上海 開明 1932 年 初版 49 面

787/3484 風琴胡琴小調大觀 沈鑑聲編輯

求益齋主 民 17 年 3 版 1 册

787/4340 懷娥鈴演奏法 裘夢痕、豐子愷合編

上海 開明 1931 年 初版 45 面

788/2260 口琴吹奏法 川口章吾著 黄涵秋譯

上海 開明 1931 年 5 版 1 册

788/4432 續口琴吹奏法 黄涵秋編著

上海 開明 民 21 年 初版 100 面

789.51/7205 中國器樂常識 劉誠甫編

上海 中華 民 18 年 94 面

790 體育；娱樂

790/1021 體育場指南 王壯飛著

上海 勤奮 民 20 年 初版 120 面

790/1023 舞蹈遊戲 王季梁編

上海 商務 光緒 33 年 初版 82 面

790/1023 唱歌遊戲 王季梁編著

上海 商務 光緒 32 年 初版 74 面

790/1026 運動場建築法 王復旦著

上海 勤奮 民 20 年 初版 96 面

790/1091　正反遊戲法　王懷琪編

上海　商務　民 12 年　初版　29 面　複 1

790/2332　民間遊戲　稽宇經編

上海　商務　民 17 年　初版　134 面

790/3333　遊戲專論　治永清編

上海　商務　民 13 年　初版　215 面　複 3

790/4435　人體測量學　蔣湘青著

上海　勤奮　民 20 年　初版　158 面

790/7542　小學體育之理論與方法　陳奎生編

上海　勤奮　民 21 年　初版　344 面

790/7542　實用按摩術與改正體操　哈特維尼遜氏著　陳奎生譯

上海　勤奮　民 21 年　初版　338 面

790/8034　體育行政　金兆均著

上海　勸奮　民 22 年　2 版　206 面

790/8062　女運動員臨陣以前　人見絹枝著　劉家壎譯

上海　勤奮　民 20 年　初版　122 面

790/9293　最新遊戲法　施退力著　黄斌生譯

上海　商務　民 18 年　初版　1 冊

790.9/0051　世界體育史略　章輯五著

上海　勤奮　民 22 年　2 版　60 面

790.9/0743　中國體育史　郭希汾編

上海　商務　民 9 年　再版　133 面

791/2141　電影與文藝　盧夢殊編

上海　良友　1928 年　初版　1 冊

791/2810　中國影戲大觀　徐恥痕編

上海　大東　民 17 年　再版　1 冊

792/1070　劇院的將來　徐霞村譯

上海　北新　1928 年　初版　46 面

793/0025 跳舞的藝術 唐傑編著

上海 良友 民17年 初版 95面

793/1023 舞蹈遊戲 王季梁、孫掞合編

上海 商務 民10年 10版 上下2册

793/2685 德國室内體操（第1集第12編） 吴欽泰譯述

上海 商務 民14年 初版 70面 複1

793/2710 教室柔軟體操（第1集第10編） C. R. Borden著

上海 商務 民14年 初版 55面 複1

793/3461 舞蹈入門 沈明珍著

上海 勤奮 民20年 初版 96面

793/5494 交際舞 薛爾維善篤著 施子瑛譯

上海 開明 1928年 1册

794/0060 益智圖 童叶庚著

上海 商務 民14年 7版 合訂1册 複1

794/2943 七巧八分圖 秋芬室選輯

上海 商務 民12年 4版 6本合裝1册

794/3236 國耻紀念象棋新局 潘定思、謝宣著

上海 商務 民5年 初版 82面

796 户外運動

796/0420 田徑賽的理論與實際 謝似顔著

上海 開明 1927年 初版 212面

796/1026 越野跑訓練法 王復旦著

上海 勤奮 民20年 初版 34面

796/1026 中學運動會指南 王復旦著

上海 勤奮 民22年 初版 68面

796/1026 田徑賽裁判法 王復旦著
上海 勤奮 民21年 2版 70面

796/1091 西湖風景叠羅漢 王懷琪著
上海 商務 民12年 初版 57面 複1

796/1091 徒手叠羅漢 王懷琪、吴洪興合編譯
上海 商務 民12年 再版 53面

796/1091 實驗深呼吸練習法 王懷琪編
上海 商務 民15年 再版 74面 複1

796/1091 國旗體操 王懷琪編
上海 商務 民13年 再版 87面

796/1091 業餘運動法 王懷琪編
上海 商務 民15年 3版 82面 複1

766/1144 普通操 張英穀著
上海 新民 民19年 284面

796/1180 小學運動會指南 項翔高著
上海 勤奮 民22年 初版 94面

796/1191 田徑賽訓練法 張恒編
上海 勤奮 民20年 初版 152面

796/1259 作戰遊技法 孫掞編
上海 商務 民6年 再版 106面 複2

796/2207 設計式的遊戲操 崔唐卿著
北平 京津 民13年 3版 36面

796/2826 日本柔術 徐卓呆編譯
上海 中華 民7年 再版 138面 複2

796/2832 體育之理論及實際 徐福生譯述
上海 商務 民4年 再版 1册 複1

796/3108 行進遊技法 汪應鈞編
上海 商務 民10年 4版 115面 複2

796/3154 游泳術（上編） 顧拯來編
上海 商務 民14年 初版 152面 複1
796/3453 運動技術概要 遠東運動會中國委員會編
上海 商務 民8年 4版 222面
796/3483 體操游戲 沈鏡清、奚萃光合編
上海 商務 民10年 9版 142面
796/3728 四川西北軍學聯合會秋季運動會紀事 運動會編處編纂
成都 維新 民16年 初版 144面
796/3934 踢毽術 沙濤編
上海 商務 民11年 初版 42面 複4
796/4012 遊泳新術 李石岑著
上海 商務 民11年 初版 136面 複2
796/4014 課外運動法 李戛聲編
上海 商務 民9年 初版 96面 複1
796/4042 田徑賽運動 麥克樂著 李德晉譯
上海 商務 民6年 初版 220面 複1
796/4044 運動員指南 李培藻編譯
上海 商務 民14年 初版 106面
796/4063 女子手巾體操 克羅密威廉著 王懷琪譯
上海 商務 民15年 5版 42面 複2
796/4067 初級體育教練法 葛雷著 戴昌鳳等譯
上海 中華 民15年 5版 122面
796/4185 五分鐘呼吸運動法 米勒著 陸師通譯
上海 中華 民12年 再版 22面 複1
796/4185 米勒氏十五分鐘體操 米勒著 張諤譯
上海 商務 民11年 4版 99面 複3
796/4234 童子軍體操 彭禮南編
上海 勸奮 民22年 初版 154面

796/4234 晨操教材 彭禮南編
上海 勸奮 民22年 初版 133面

796/4644 小學體操教本 楊彬如編著
上海 世界 民18年 初版 49面

796/4644 設計的模仿操 楊彬如編輯
上海 商務 民12年 再版 69面

796/4817 布蘭島成組木棍體操 J. M. Brandan著 李培藻譯
上海 商務 民14年 初版 75面 複1

796/4992 仿效體操 趙光紹編纂
上海 商務 民13年 4版 51面

796/5044 田徑賽規則 中華基督教青年會遠東運動會訂
上海 青年協會 1926年 再版 1册

796/6010 保哲氏啞鈴體操 G. H. Bojus著 李培藻譯
上海 商務 民14年 初版 105面 複2

796/6015 體育學 羅一東著
上海 中華 民15年 再版 147面

796/6077 棍棒（第1集第4編） 國民體育社編
上海 商務 民11年 3版 60面 複2

796/7065 發達肌肉法 L. H. Gulick著
上海 商務 民14年 3版 91面 複1

796/7102 德國復興早操 阿托兒霍治著 裴熙元譯
上海 勤奮 民22年 初版 42面

796/7144 運動救急法 阮蔚村著
上海 勤奮 民21年 初版 68面

796/7144 運動衛生 阮蔚村編
上海 勸奮 民21年 初版 68面

796/7144 五項十項訓練法 阮蔚村編
上海 勤奮 民22年 初版 205面

796/7481　競走訓練法　陸翔干著
上海　勤奮　民21年　初版　60面
796/7542　早操與課間操　陳奎生著
上海　勤奮　民21年　初版　49面
796/8016　六合槍　金一明著
上海　共和　民18年　初版　21面
796/8314　游泳訓練法　錢一勤著
上海　勤奮　民22年　2版　164面
796/9293　個人與團體之競技運動　S. C. Staleg著　王毅誠譯
上海　人文　民19年　初版　282面

797　球戲

797/0440　世界網球名家獲勝祕訣　海倫雅各白女士等著　吴福同譯
上海　勤奮　民21年　初版　47面
797/1041　籃球裁判法　聶克爾著
上海　勸奮　民21年　2版　62面
797/1092　圈球遊戲　王小峯編
上海　商務　民10年　再版　22面　複3
797/1259　網球術　孫掞編
上海　中國　民14年　5版　59面　複3
797/2544　足球規則　朱樹蒸編
上海　中華　民4年　3版　1册
797/2617　網球要訣　白郎女士著　吴邦偉譯
上海　勤奮　民22年　初版　116面
797/2652　足球規則問答　吴邦偉著
上海　勤奮　民20年　初版　33面

797/2652 足球訓練法 吴邦偉著

上海 勤奮 民22年 初版 136面 複1

797/2652 籃球訓練法 吴邦偉著

上海 勤奮 民20年 初版 154面 複1

797/2715 美國籃球新術 Claire Burcky著 張國勳譯

上海 勤奮 民22年 初版 40面

797/2734 槌球運動法 倪灝森編

上海 商務 民13年 再版 84面 複4

797/2760 足球成功術 K. R. G. Hunt著 吴福同譯

上海 勤奮 民22年 初版 50面

797/3285 女子籃球 潘知本編

上海 商務 民14年 初版 107面 複2

797/3285 杖球 潘知本編

上海 商務 民12年 初版 94面 複3

797/3285 棒球 潘知本編

上海 商務 民11年 初版 46面

797/3424 鐵爾登網球術 波魯斯著 阮蔚村譯

上海 勤奮 民22年 初版 69面

797/3712 女子籃球訓練法 宋君復著

上海 勤奮 民21年 初版 210面

797/4435 最新籃球遊戲法 共進中學校體育會編輯

武昌 永盛 民12年 初版 22面

797/4477 考而夫訓練法 姚蘇鳳編

上海 勤奮 民20年 初版 66面

797/5044 手球規則 中華基督教青年會遠東運動會訂

上海 青年協會 1926年 再版 1册

797/5044 壘球規則 中華基督教青年會遠東運動會訂

上海 青年協會 1925年 再版 1册

797/5044　足球規則　中華基督教青年會遠東運動會訂
上海　青年協會　1926年　初版　1冊
797/5044　籃球則規　中華基督教青年會遠東運動會訂
上海　青年協會　1926年　再版　1冊
797/6077　足球　國民體育社編
上海　商務　民7年　再版　134面
797/6077　網球　國民體育社編
上海　商務　民6年　初版　150面　複1
797/6077　籃球　國民體育社編
上海　商務　民14年　初版　93面　複1
797/7125　網球訓練法　馬德泰著
上海　勤奮　民20年　初版　20面
797/7144　排球訓練法　阮蔚村編
上海　勤奮　民21年　2版　102面
797/7242　檯球　劉大紳編
上海　商務　民13年　4版　259面　複4
797/8003　乒乓訓練法　俞斌祺著
上海　勤奮　民22年　2版　44面
797/8060　女子籃球規則　黄斌生譯
上海　女青年會　1924年　初版　62面　複1

799　國術

799/0791　石頭拳術秘訣　郭粹亞、金一明合編
上海　中華　民11年　5版　94面
799/1091　八段錦　王懷琪編
上海　商務　民15年　11版　28面　複1

799/1091 十二路潭腿新教授法 王懷琪編
上海 中華 民18年 7版 106面 複1
799/1091 易筋經廿四式圖説 王懷琪編
上海 商務 民10年 6版 42面 複2
799/1091 易筋經十二式圖説 王懷琪編
上海 商務 民11年 7版 32面 複2
799/1238 形意拳術 孫福全編 陳慎先、吴心穀校閱
上海 中西印務局 民18年 4版 98面
799/1238 八卦拳學 孫福全編 周祥等校閱
上海 中華 民20年 4版 82面
799/1238 拳意述真 孫福全編 陳慎先、吴心穀校閱
上海 仁記印務局 民18年 3版 84面
799/1238 八卦劍學 孫福全著 陳慎先、吴心穀校閱
北平 公記印書局 民16年 60面
799/2511 太行拳術 朱霞天著
上海 共和 民9年 初版 37面
799/2534 拳藝學初步 朱鴻壽編
上海 商務 民9年 7版 123面 複1
799/2534 拳藝學進階 朱鴻壽編
上海 商務 民4年 初版 105面 複1
799/2614 雙人潭腿 吴琦、楊焕章合編
上海 商務 民17年 初版 25面
799/2645 六路短拳圖説 吴志青編
上海 大東 民18年 再版 78面
799/2645 國術教範查拳 吴志青編
上海 大東 民18年 52面
799/2645 國術教範七星劍 吴志青編 張之江鑒定
上海 大東 民18年 96面

799/2855　國技論略　徐哲東編
　上海　商務　民19年　初版　81面
799/3001　劍法圖解　宋賡平編
　上海　武學書局　民18年　140面
799/3033　八段錦圖解　濂浦、錢崖合編
　上海　商務　民11年　10版　31面　複2
799/3400　少林拳術精義　達摩大師著
　上海　大聲　民6年　初版　1册
799/3483　形意五行拳圖説　凌善清編
　上海　大東　民19年　初版　78面
799/4225　太極拳講義　姚馥春、姜容樵合編　張兆東等校閲
　上海　武學　民20年　再版　376面
799/4448　龍形八卦掌　黄柏年編
　上海　武學　民19年　58面
799/4484　武武匯宗　萬籟聲編著
　上海　商務　民18年　初版　339面
799/4932　達摩劍　趙連和編
　上海　商務　民14年　6版　145面　複2
799/4932　合戰　趙連和授　陳鐵生述
　上海　商務　1931年　初版　144面
799/5055　國術大全　中央技擊學會編
　上海　拳術研究會　1册
799/7130　劍術科　馬良編
　上海　商務　民14年　3版　300面
799/7130　棍術科　馬良編
　上海　商務　民8年　初版　134面　複1
799/7130　中華新武術拳脚科　馬良編
　上海　商務　民9年　3版　上下2册

799/7422　拳術學教範　陸師凱、陸師通合編
上海　商務　民9年　3版　258面　複2
799/7423　北拳彙編　陸師通、陸同一合編
上海　商務　民14年　5版　144面　複2
799/7518　西洋拳術　陳霆鋭編
上海　中華　民7年　再版　96面　複1
799/7712　劍術基本教練法　周烈著
上海　中華　民9年　初版　52面　複1
799/7971　女子拳法　滕學琴著
上海　中華　民7年　再版　126面　複2
799/8016　拳術初步　金一明編著
上海　共和　民19年　初版　6册　複1
799/8016　三十二勢長術　金一明著
上海　中華　民19年　138面
799/8016　三義刀圖説　金一明、郭粹亞著
上海　大東　民19年　初版　122面
799/8020　少林拳術祕訣　尊我齋主人編
上海　中華　民10年　9版　134面
799/8034　形意雜式捶八式拳合刊　姜容樵編
上海　武學　民19年　62面
799/8034　寫真少林棍法　姜容樵編
上海　世界　1930年　初版　1册
799/8034　寫真太師水磨鞭　姜容樵編
上海　世界　1930年　初版　1册
799/8034　寫真八卦七門槍　姜容樵編
上海　世界　1930年　初版　76面
799/8034　寫真祕宗拳　姜容樵編
上海　世界　1930年　初版　1册

799/8034　寫真昆吾劍　姜容樵、劉俊齡合著

上海　世界　1930 年　再版　1 册

799/8034　寫真太師虎尾鞭　姜容樵編

上海　世界　1930 年　初版　1 册

799/9517　潭腿　精武體育會編

上海　商務　民 20 年　再版　109 面

800 文學

800 文學

800/4963 現代世界文學 趙景深著

上海 現代 1932年 初版 1冊

801/0021 近代文學與性愛 〔美國〕摩台爾著 鍾子巖、王文川合譯

上海 開明 1931年 初版 452面

801/0044 文學入門 章克標、方光燾合著

上海 開明 1930年 初版 1冊

801/0047 理論與批評 〔俄國〕高根等著 林伯修譯

上海 前夜 1929年 初版 208面

801/0050 一家言 病夫編

上海 真美善 民17年 初版 1冊 複1

801/0403 農民文學ABC 謝六逸著

上海 世界 1928年 初版 112面

801/0758 文藝與批評 盧那卡爾斯基著 魯迅譯

上海 水沫 1929年 初版 267面 複2

801/1043 文學之社會學的研究 平林初之輔著 方光燾譯

上海 大江 民17年 初版 60面 複1

801/1043 文學及藝術之技術的革命 平林初之輔著 陳望道譯

上海 大江 民17年 初版 45面

801/1102 偉大怪惡的藝術 張競生著

上海 世界 民18年 初版 116面

801/1112　文學與革命　張天化著
　上海　民智　民17年　初版　236面　複1
801/1148　文學生活　張若谷著
　上海　金屋　民16年　初版　180面
801/1221　新文藝評論　孫俍工編
　上海　民智　民12年　初版　460面　複1
801/2116　何謂文學　盧冀野編
　上海　大東　民19年　初版　1册
801/2222　現代新興文學的諸問題　片上伸著　魯迅譯
　上海　大江　民18年　初版　91面　複1
801/2223　給志在文藝者　任白濤輯譯
　上海　亞東　民17年　初版　261面　複1
801/2354　文藝批評ABC　傅東華著
　上海　世界　1928年　初版　96面
801/2523　星海　朱自清等著
　上海　商務　1924年　初版　266面　複3
801/2844　文學的科學化　徐蔚南著
　上海　世界　民17年　再版　59面　複1
801/3020　歐洲最近文藝思潮　宮島新三郎著　高明譯
　上海　現代　1931年　初版　177面
801/3332　文學的紀律　梁實秋著
　上海　新月　1928年　初版　158面　複1
801/3332　浪漫的與古典的　梁實秋著
　上海　新月　1927年　初版　174面
801/3425　藝術之夜　遠生著
　上海　世界　民18年　初版　1册
801/3473　歐洲大戰與文學　沈雁冰著
　上海　開明　1928年　初版　125面

801/4022　近代文藝的背景　内崎作三郎著　王璧如譯
上海　北新　1928 年　初版　170 面

801/4147　新興文學論　柯根著　沈端先譯
上海　南强　1929 年　初版　363 面

801/4323　文學原理簡論　戴叔清編
文藝　1931 年　174 面

801/4323　寫給青年創作家　戴叔清編
文藝　1931 年　192 面

801/4409　新的文評　林語堂譯
北平　北新　1930 年　初版　182 面

801/4421　新興文藝論　樊仲雲編著
上海　新生命　1930 年　初版　200 面　複 1

801/4445　文藝新論　藤森成吉著　張資平譯
上海　聯合　1929 年　再版　126 面

801/4472　現代文藝雜論　茅盾著
上海　世界　民 18 年　初版　1 册

801/4494　近代文學思潮　黄懺華編
上海　商務　民 13 年　初版　144 面　複 2

801/4494　學術叢話　黄懺華著
上海　泰東　民 11 年　再版　127 面　複 1

801/4744　表现的鑑賞　胡夢華、吴淑貞著
上海　現代　1928 年　初版　280 面　複 1

801/4817　非革命文學　梅子編
上海　光明　民 18 年　初版　133 面

801/4841　文藝與性愛　松村武雄著　謝六逸譯
上海　開明　1929 年　3 版　83 面　複 1

801/4963　近代文學叢談　趙景深編
上海　新文化　民 14 年　初版　145 面　複 1

801/4963　文學講話　趙景深著
上海　亞細亞　1928 年　初版　208 面
801/4963　現代文學雜論　趙景深著
上海　光明　民 19 年　初版　144 面
801/5005　文學研究法　〔英國〕韓德生著　宋桂煌譯
上海　光華　1930 年　初版　120 面
801/5072　歐洲近代文藝思潮論　本間久雄著　沈端先譯
上海　開明　1930 年　初版　362 面
801/6152　社會的文學批評論　〔美國〕蒲克女士著　傅東華譯
上海　商務　民 15 年　75 面　複 4
801/7121　中學生文學　馬仲殊、顧仞千合著
1931 年　出版　115 面
801/7122　歐美文學評論　廚川白村著　夏緑蕉譯
上海　大東　民 20 年　出版　204 面
801/7122　文藝思潮論　廚川白村著　樊從予譯
上海　商務　1927 年　再版　131 面　複 3
801/7122　近代文學十講　廚川白村著　羅迪先譯
上海　啓智　民 13 年　3 版　上下 2 册　複 2
801/7244　表現主義的文學　劉大杰著
上海　北新　1928 年　初版　192 面
801/7784　新興文藝論集　周毓英著
上海　勝利　1930 年　初版　208 面
801/7960　唯美派的文學　滕固著
上海　光華　民 16 年　初版　141 面
801/8026　法國的浪漫主義　曾仲鳴著
上海　開明　1928 年　再版　91 面　複 1
801/8042　唯物史觀的文學論　伊科維玆著　樊仲雲譯
上海　新生命　民 19 年　初版　1 册

801/9022　歐洲最近文藝思潮　憶秩生編譯
上海　商務　民13年　初版　163面　複1
802/0070　西洋文學通論　方璧著
上海　世界　1930年　初版　324面
802/1020　西洋文學提要　于化龍編
上海　世界　1930年　初版　111面　複1
802/2814　現代南歐文藝概觀　徐霞村譯
上海　神州　1930年　初版　98面
802/3414　文學概論　沈天葆著
上海　梁溪　民15年　初版　161面
802/4472　近代文學面面觀　茅盾著
上海　世界　民18年　初版　1册
802/5072　新文學概論　本間久雄著　章錫琛譯
上海　商務　1928年　4版　134面　複3
802/5072　新文學概論　本間久雄著　汪馥泉譯
上海　亞東　民19年　初版　174面
802/5072　新文學概論　本間久雄著　汪馥泉譯
上海　上海書店　民14年　初版　1册
803/3174　中外文學家辭典　顧鳳城編
上海　樂華　1932年　初版　338面
804/2221　壁下譯叢　片山孤村等著　魯迅譯
上海　北新　1929年　再版　324面　複1
804/3473　歐洲大戰與文學　沈雁冰著
上海　開明　1930年　再版　125面
804/4438　現代文藝評論集　范祥善著
上海　世界　民19年　初版　1册　複1
804/4479　新寫實主義論文集　藏原惟人著　之本譯
上海　現代　1930年　初版　1册　複1

804/4730 文學論集 胡適、郁達夫等著

上海 藝林社 1929 年 初版 288 面 複 1

804/9028 文學十講 小泉八雲著 楊開渠譯

上海 現代 1931 年 初版 276 面

804/9045 文藝創作講座 光華書局編輯部編

上海 光華 1931 年 初版 1 册 第 1 卷

804/9045 文藝創作講座 光華書局編輯部編

上海 光華 1932 年 初版 1 册 第 2 卷

807/8454 學看外國文之研究 Michaelwest 著 周勝皋譯

上海 民智 民 18 年 初版 104 面

808/0954 水仙 Oscar Wildei 等著 朱维基等譯

上海 光華 1928 年 初版 1 册

808/2612 屠蘇 白水等著

上海 光華 1926 年 初版 193 面

808/2661 翻譯論 吴曙天編

上海 光華 1933 年 初版 1 册

808/3440 緑湖 凌夢痕編

上海 民智 1924 年 初版 482 面 第 1 集

808/4323 文學描寫手册 戴叔清編

上海 文藝 民 20 年 初版 194 面

808/4963 最近的世界文學 趙景深編

上海 遠東 1928 年 初版 177 面 複 1

808/5547 中外名人古今格言 曹志删編

廣州 時務 民 17 年 上下册

808/8345 作品論 錢杏邨著

上海 商務 1928 年 初版 200 面

808.1/25 浪花 C. F. 女士譯作

北京大學新潮社 民 13 年 再版 117 面

808.1/0749 詩學 亞里斯多得著 傅東華譯
上海 商務 民15年 初版 121面 複1

808.1/1042 詩學原理 王希和編輯
上海 商務 民13年 初版 142面 複1

808.1/1714 詩之研究 勃利司藩萊著 傅東華、金兆梓合譯
上海 商務 1927年 4版 194面

808.1/2354 詩歌原理ABC 傅東華編
上海 世界 1928年 初版 125面

808.1/3104 新詩和新詩人 馮瘦菊編
上海 大東 民18年 初版 126面

808.1/4461 英漢三昧集 曼殊大師遺著
上海 泰東 民12年 再版 120面 複1

808.1/7593 愛的花園 陳炳洪、梁得所譯
上海 良友 1928年 初版 279面

808.1/8240 馬來情歌集 鍾敬文編
上海 遠東 1928年 初版 88面

808.2/1221 戲劇作法講義 孫俍工著
上海 亞東 民14年 178面

808.2/2888 戲劇短論 徐公美著
上海 光華 民15年 初版 214面 複3

808.2/6034 歐洲三個時代的戲劇 田漢譯
上海 光華 1931年 初版 147面 複1

808.2/6034 檀泰琪兒之死 田漢譯
上海 現代 1929年 初版 111面

808.2/7103 戲劇講座 馬彥祥著
上海 現代 1932年 初版 246面

808.2/7541 愛美的戲劇 陳大悲編述
北京 晨報社 民11年 3版 262面

808.2/8033　戲曲論　余心編
上海　光華　民16年　初版　90面
808.3/0067　小説研究十六講　高明譯
上海　北新　1930年　初版　522面
808.3/0403　西洋小説發達史　謝六逸編
上海　商務　民13年　再版　160面　複2
808.3/1143　短篇小説作法研究　張志澄編譯
上海　商務　民17年　初版　188面
808.3/1221　小説作法講義　俍工編
上海　中華　民13年　初版　288面　複1
808.3/1282　歐美小説叢談　孫毓修編纂
上海　商務　民5年　初版　175面
808.3/2008　小説法程　C. Hamiltom著　華林一譯
上海　商務　民13年　196面
808.3/2712　小説話　解弢著
上海　中華　民8年　初版　155面
808.3/3442　小説通論　沈蘇約編輯
上海　梁溪　民15年　再版　150面
808.3/3473　小説研究ABC　沈雁冰著
上海　世界　1928年　初版　118面
808.3/4040　小説的創作及鑑賞　木村毅著　高明譯
上海　神州　民20年　初版　254面
808.3/4735　小説論　郁達夫著
上海　光華　民15年　初版　77面　複1
808.3/5005　小説的研究　韓德生著　宋桂煌譯
1930年　1册
808.4/2030　英雄與英雄崇拜　Carlyle著　曾虚白譯
上海　商務　民21年　初版　377面

808.5/0077 演説學 郝里士特著 劉奇譯
上海 商務 民19年 初版 447面
808.5/0874 演説術 A. M. Lewis著 殷凱譯
上海 太平洋 民15年 再版 92面
808.5/1144 小説演家 張九如、張翥青合編
上海 中華 民15年 初版 1册
808.5/3171 實驗演説學 汪勵吾著
上海 人生 民17年 初版 250面
808.5/4031 講演法的研究 李寓一編
上海 現代 民17年 122面
808.5/4037 演説 袁澤民編
上海 商務 民11年 7版 98面
808.5/4694 演説學大綱 楊炳乾著
上海 商務 民17年 初版 168面
808.5/5020 演説與辯論 荷里阿克著
上海 廣學會 民3年 初版 35面
808.5/7451 辯論術ABC 陸東平著
上海 世界 1928年 初版 129面
808.5/8042 演説學ABC 余楠秋著
上海 世界 1928年 初版 80面
808.6/2005 歐洲近二百年名人情書 魏蘭女士譯
上海 亞東 民17年 274面
808.8/3463 現代文學類選 沈味之編
上海 世界 民19年 再版 184面
808.8/7228 國外民歌譯（第1集） 劉復譯著
北京 北新 1927年 再版 158面 複1
808.8/7545 世界歷代文學類選 陳旭輪編
上海 世界 民19年 初版 216面

808.8/7728　陀螺　周作人編

上海　新潮社　1925 年　初版　278 面

809/1131　文藝史概要　张資平編

武昌　時中　民 14 年　初版　162 面　複 1

809/1131　歐洲文藝史綱　張資平著

上海　聯合　1929 年　再版　188 面

809/3020　文藝批評史　宫島新三郎著　黄清嵋譯

上海　現代　1932 年　再版　166 面　複 2

809/3020　文藝批評史　宫島新三郎著　高明譯

上海　開明　民 19 年　初版　104 面

809/4040　世界文學大綱　木村毅著　朱應會譯

上海　崑崙　民 18 年　初版　244 面

809/4080　世界文學史話　約翰瑪西著　胡仲持譯

上海　開明　民 20 年　初版　1 册

809/4401　歐洲文藝復興史　蔣方震著

上海　商務　民 16 年　5 版　149 面

809/4506　歐洲文學入門　〔法國〕法格著　顧鍾序譯

上海　商務　民 13 年　初版　160 面

809/4963　一九二九年的世界文學　趙景深著

上海　神州　1930 年　初版　217 面

809/4963　一九三零年的世界文學　趙景深著

上海　神州　1931 年　出版　329 面

809/7728　歐洲文學史　周作人著

上海　商務　民 13 年　6 版　1 册　複 3

809/8047　世界文學史　余慕陶編著

上海　樂華　1932 年　初版　198 面

809/8758　文學大綱　鄭振鐸編

上海　商務　民 16 年　初版　4 册

808 小說月報叢刊

808/9007 世界的火災 愛羅先珂著 魯迅譯

上海 商務 1924年 初版 93面 複2

808/9007 曼殊斐兒 K. Mansfield著 徐志摩譯

上海 商務 民13年 初版 72面

808/9007 日本詩歌 周作人等譯

上海 商務 民13年 初版 93面 複1

808/9007 詩人的宗教 R. Tagore著

上海 商務 民13年 初版 84面 複1

808/9007 毀滅 朱自清等著

上海 商務 民13年 初版 61面

808/9007 死後之勝利 王統照著

上海 商務 民13年 初版 62面

808/9007 歧路（新詩集） 仲密等著

上海 商務 民13年 初版 63面

808/9007 社戲（創作集） 魯迅等著

上海 商務 民13年 初版 78面 複2

808/9007 神曲一臠 Dante Alighier著 錢稻孫譯

上海 商務 民13年 初版 93面 複1

808/9007 近代德國文學的主潮 山岸光宣著 海鏡等譯

上海 商務 民13年 初版 75面 複1

808/9007 犯罪 A. Tchhov著 清之等譯

上海 商務 民13年 初版 78面 複1

808/9007 創作討論 愈之等著

上海 商務 民13年 初版 80面 複1

808/9007 商人婦 落華生等著

上海 商務 民13年 初版 88面 複1

808/9007　諺語的研究　郭紹虞著
上海　商務　民13年　初版　56面　複1
808/9007　鄰人之愛　L. Andveyev著　沈澤民譯
上海　商務　民13年　初版　53面　複1
808/9007　良夜（新詩集）　王統照等著
上海　商務　民13年　初版　68面　複1
808/9007　或人的悲哀（創作集）　廬隱女士等著
上海　商務　民13年　初版　67面
808/9007　俄國四大文學家　耿濟之著
上海　商務　民13年　初版　80面
808/9007　瘋人日記　〔俄國〕郭歌里著　耿濟之譯
上海　商務　民13年　初版　90面　複2
808/9007　熊獵　〔俄國〕To Ls Tai著　孫伏園等譯
上海　商務　民13年　初版　74面　複2
808/9007　笑的歷史　朱自清等著
上海　商務　民14年　初版　87面
808/9007　瑞典的詩人赫滕斯頓　V. V. Heidonstam著　沈澤民譯
上海　商務　民13年　初版　64面　複1
808/9007　霎颮運動　黒田禮二著　李漢俊等譯
上海　商務　民14年　初版　76面　複1
808/9007　聖書與中國文學　周作人等著
上海　商務　民14年　初版　65面
808/9007　太戈爾詩　太戈爾著　鄭振鐸選譯
上海　商務　民14年　初版　108面
808/9007　梭羅古勃　〔俄國〕梭羅古勃著　周建人譯
上海　商務　民14年　初版　101面
808/9007　北歐文學一臠　生田春月等著　李遠等譯
上海　商務　民14年　初版　78面　複1

808/9007 近代丹麥文學一臠 勃蘭特等著 沈澤民等譯
上海 商務 民 14 年 初版 59 面 複 1
808/9007 三天（创作集） 冰心女士等著
上海 商務 民 14 年 初版 60 面
808/9007 包以爾 〔挪威〕包以爾著 沈雁冰編譯
上海 商務 民 14 年 初版 59 面
808/9007 懇親會 葉紹鈞著
上海 商務 民 14 年 初版 67 面
808/9007 芬蘭文學一臠 Hermione Ramsden 著 沈雁冰譯
上海 商務 民 14 年 初版 115 面
808/9007 法朗士傳 陳小航著
上海 商務 民 14 年 初版 76 面
808/9007 法郎士集 Anatole Francois 著 沈性仁等譯
上海 商務 民 14 年 初版 93 面
808/9007 波蘭文學一臠 波新蘭勒温斯奇等著 周作人等譯
上海 商務 民 14 年 初版 上下 2 册 複 1
808/9007 阿富汗的慾歌 馮虛女士等譯
上海 商務 民 14 年 初版 85 面
808/9007 校長（創作集） 葉紹鈞等著
上海 商務 民 14 年 初版 93 面
808/9007 武者小路實篤 武者小路實篤著 周作人等譯
上海 商務 民 14 年 初版 79 面
808/9007 日本小説集 加藤武雄等著 周作人等譯
上海 商務 民 14 年 初版 95 面
808/9007 孤鴻（戲曲集） 顧一樵等著
上海 商務 民 14 年 初版 60 面
808/9007 詩的原理 B. Alian Poe 著 林孖等譯
上海 商務 民 14 年 初版 77 面

808/9007　坦白　G. Flanbert 著　沈澤民譯

上海　商務　民 14 年　初版　89 面

808/9007　新猶太文學一臠　沈雁冰等譯

上海　商務　民 14 年　初版　77 面　複 1

808/9007　新猶太小説集　新猶太、藩萊士等著　沈雁冰譯

上海　商務　民 14 年　初版　75 面

808/9007　婀拉亭與巴羅米德　梅脱靈著　傖叟譯

上海　商務　民 14 年　初版　64 面

808/9007　俄國詩壇的昨日今日和明日　耿濟之等譯

上海　商務　民 14 年　初版　88 面　複 1

898/9007　眷顧（新詩集）　朱自清等著

上海　商務　民 14 年　初版　109 面

808/9007　賓斯奇集　冬芬等譯

上海　商務　民 14 年　初版　99 面

808/9007　技藝（創作集）　王統照等著

上海　商務　民 14 年　初版　96 面

810　中國文學

810/0049　章太炎國學演講録　章太炎講　張冥飛筆述

上海　梁溪　民 15 年　3 版　176 面

810/0083　國故新探　唐鉞著

上海　商務　民 15 年　初版　100 面

810/0090　章太炎先生文學論略　章炳麟著

上海　羣衆　民 15 年　再版　1 册　複 1

810/0416　平民文學之兩大文豪　謝无量著

上海　商務　民 15 年　3 版　114 面　複 3

810/0442　國學問答　謝韋豐、王純甫合編
上海　東方　民 11 年　初版　64 面
810/0861　國故學討論集　許嘯天編
上海　羣學社　民 16 年　初版　上中下 3 册
810/1042　文學新論　王森然著
上海　光華　1930 年　初版　179 面
810/1044　新文學評論　王世棟選輯
上海　新文化　民 15 年　7 版　上下 2 册
810/1060　國學概論　王易著
上海　神州　1933 年　再版　248 面
810/1103　國學月報第一卷彙刊　北京述學社編
北京　樸社　民 17 年　初版　274 面
810/1121　文學通論　張崇玖著
上海　樂華　民 19 年　初版　156 面　複 1
810/1385　風先生和雨太太　〔法〕保羅繆塞著　顧均正譯
上海　開明　1927 年　初版　136 面
810/2648　兒童文學概論　魏壽鏞、周侯于編輯
上海　商務　民 12 年　初版　85 面
810/3411　國學研究法　洪北平編
上海　民智　民 19 年　初版　318 面
810/4410　二千五百年來之國學　范皕誨著
上海　世界學社　民 16 年　初版　31 面
810/4414　文學常識　林琴南等撰述
上海　中國　民 15 年　初版　108 面
810/4430　文藝自由論辯集　蘇汶編
上海　現代　1933 年　393 面
810/4434　文字精華　黄之根編輯
上海　太平洋　民 17 年　3 版　450 面

810/4673　中國民間文學概論　楊陰深編

上海　華通　民19年　初版　190面

810/4791　詩歌學ABC　胡懷琛著

上海　世界　1929年　初版　106面

810/4791　中國文學辨正　胡懷琛編

上海　商務　民16年　初版　100面

810/4791　新文學淺説　胡懷琛編

上海　泰東　民13年　3版　87面　複1

810/4963　童話概要　趙景深著

北京　北新　1927年　初版　96面

810/4963　童話評論　趙景深編

上海　新文化　民13年　初版　250面

810/4963　童話論集　趙景深著

上海　開明　1927年　初版　186面　複1

810/5041　中國文學研究譯叢　青木正兒等著　王馥泉譯

上海　北新　1930年　初版　279面

810/5047　國故論叢　中華學藝社編

上海　商務　民15年　初版　171面　複2

810/5067　中國學術討論集（第1集）　中國學術討論社編

上海　羣衆　民16年　初版　180面

810/5512　國學概論　曹聚仁編

上海　泰東　民14年　9版　1册

810/7232　三民主義文學　劉湘山編

上海　競新　1931年　初版　62面

810/7233　文學論　劉永濟述論

上海　太平洋　民15年　4版　1册

810/7524　文學理論　陳穆如編

上海　啓智　1930　初版　80面

810/7548 中國書史 陳彬龢、查猛濟合編
上海 商務 民 20 年 再版 195 面

810/8344 國學必讀 錢基博編
上海 中華 民 12 年 2 册 複 2

810/8344 國學文選類纂 錢基博編
上海 商務 民 20 年 初版 83 面

810/8744 中國文獻學概要 鄭鶴聲、鄭鶴春合編
上海 商務 1930 年 初版 240 面

810/8758 中國文學研究 鄭振鐸編
上海 商務 民 16 年 1 册

810/8842 中國古代文藝論史 鈴木虎雄著 孫俍工譯
上海 北新 1929 年 初版 174 面

810.1/1044 新文學評論 王世棟選輯
上海 新文化 民 15 年 7 版 2 册 複 2

810.1/4010 雪與文學 李建新作
上海 紅葉 1930 年 出版 56 面

810.1/4088 中國文學述評 李笠著
瑞安 雅宬學社 1928 年 初版 1 册

810.2/1017 中國文學提要 王羽編
上海 世界 1930 初版 150 面

810.2/2722 中國文學概論 兒島獻吉郎著 張銘慈譯
上海 商務 1930 年 初版 240 面

810.2/2833 國學大綱 徐澄宇編
上海 華通 1933 年 初版 314 面

810.2/4631 中國詩學大綱 楊鴻烈著
上海 商務 民 17 年 再版 250 面 複 1

810.2/4711 中國文學概論（上篇） 胡雲翼著
上海 啓智 民 17 年 初版 146 面

810.2/5512 國故學大綱 曹聚仁著

上海 梁溪 民14年 初版 1冊

810.2/7444 中國文學 隋樹森譯述

上海 世界 1931年 出版 274面

810.2/7548 中國文學論略 陳彬龢著

上海 商務 民20年 初版 114面

810.2/7722 中國文學概論 兒島獻吉郎著 胡行之譯

上海 北新 初版 340面

810.2/7883 中國文學概論 鹽谷温著 陳彬龢譯

北京 樸社 民15年 初版 104面 複1

810.2/7883 中國文學概論講話 鹽谷温著 孫俍工譯

上海 開明 民20年 4版 572面

810.2/8321 中國文學問答 錢釋雲編

上海 三民 民19年 初版 55面

810.4/0722 文品彙鈔 郭紹虞編

北平 樸社 民18年 初版 88面

810.4/2721 名家漢文評釋 久保天隨述

早稻田大學 出版 321面

810.4/4020 中國文藝論戰 李何麟編

上海 中國 1929年 再版 492面

810.4/4631 中國文學雜論 楊鴻烈著

上海 亞東 1928年 初版 228面 複1

810.4/7151 走到出版界 長虹作

上海 泰東 1928年 初版 273面

810.7/0416 國文教本評註 謝无量著

上海 中華 民14年 10版 4冊

810.7/0864 國文讀本評註 許國英評註

上海 商務 民13年 19版 全4冊 複1

810.7/2584　初中國文　朱劍芒著

上海　世界　1929 年　全 6 册

810.7/2584　高中國文　朱劍芒編

上海　世界　民 19 年　出版　上下各 3 册

810.7/2633　高級古文讀本　穆濟波編

上海　中華　民 14 年　4 版　226 面

810.7/3193　高中國文分週教學方法綱要　江恒源編

上海　商務　民 17 年　初版　116 面

810.7/3193　國文讀本　江恒源編

上海　商務　民 18 年　4 版　上下 2 册

810.7/3411　白話文範　洪北平等編

上海　商務　民 9 年　再版　3 册

810.7/3461　初級國語讀本　沈星一編

上海　中華　民 14 年　初版　全 3 册

810.7/3461　初級古文讀本　沈星一編

上海　中華　民 14 年　12 版　上下 2 册

810.7/4323　語體應用文範本　戴叔清編

上海　亞東　民 18 年　初版　410 面

810.7/4323　語體文學讀本　戴叔清編

上海　文藝　民 20 年　初版　3 册

810.7/7712　國文故事選讀　陶孟和選輯

上海　亞東　民 15 年　初版　154 面

810.7/9044　中學國文教學論叢　光華大學教育國文系編纂

上海　商務　民 16 年　初版　233 面

810.8/0004　作文講話　章衣萍著

上海　北新　1931 年　再版　239 面

810.8/0005　新文學作法入門　廣文書局編輯所編

上海　世界　民 10 年　初版　1 册

810.8/0083 修辭格 唐鉞著

上海 商務 民13年 3版 89面

810.8/0128 文章學初編 龔自知編纂

上海 商務 民15年 初版 178面

810.8/0416 詩學指南 謝无量著

上海 中華 民14年 9版 112面

810.8/0416 實用文章義法 謝无量編

上海 中華 民13年 5版 上下2册

810.8/1018 文章作法 夏丏尊、劉薰宇合編

上海 開明 1931年 9版 186面

810.8/1060 修辭學通詮 王易著

上海 神州 民19年 初版 213面

810.8/1117 中國修辭學 張弓編

天津 天成 民15年 初版 142面 複1

810.8/1117 中國修辭學 張弓編

華英 民15年 初版 142面

810.8/1221 新詩作法講義 孫俍工編

上海 商務 民14年 初版 250面

810.8/1221 記叙文作法講義 孫俍工編

上海 民智 民15年 4版 356面 複2

810.8/1221 論説文作法講義 孫俍工編

上海 商務 民19年 5版 221面 複1

810.8/2539 詩式 朱寶瑩著

上海 中華 民13年 4版 1册

810.8/2796 國語文法嚮導 鄒熾昌編

上海 世界 民18年 初版 175面

810.8/2842 詩學常識 徐敬修編

上海 大東 民14年 再版 190面

810.8/2842 説部常識 徐敬修編輯
上海 大東 民 14 年 再版 208 面
810.8/2864 記叙文作法嚮導 徐國楨編
上海 世界 民 18 年 初版 132 面
810.8/3243 詩論 潘大道著
上海 中華學藝社 1924 年 初版 50 面 複 3
810.8/4053 作詩法講話 森泰次郎著 張銘慈編
上海 商務 1930 年 初版 133 面
810.8/4323 語體應用文作法 戴叔清著
上海 亞東 民 18 年 初版 234 面
810.8/4403 文心雕龍註 范文瀾編述
北平 文化 民 18 年 初版 上中 2 册
810.8/4417 國語文作法 黄正厂著
上海 中華 民 13 年 初版 84 面
810.8/4423 修辭學講義 董魯安著
北平 中華 民 15 年 初版 上下 2 册
810.8/4426 文心雕龍札記 黄侃著
北平 文化 民 16 年 初版 250 面
810.8/4630 中國文學體例談 楊啓高著
南京 南京 民 19 年 初版 78 面
810.8/4783 中國文學源流 胡毓寰編
上海 商務 民 14 年 再版 338 面 複 1
810.8/4791 小詩研究 胡懷琛著
上海 商務 民 13 年 初版 94 面
810.8/4791 新詩概説 胡懷琛編
上海 商務 民 13 年 再版 54 面 複 1
810.8/4791 作文研究 胡懷琛著
上海 商務 民 15 年 再版 107 面

810.8/7121　中學作文教學研究　阮真著
上海　民智　民18年　初版　268面
810.8/7150　新的作文法　馬青著
上海　平凡　民19年　初版　186面
810.8/7150　社會主義作文法　馬青著
上海　平凡　民19年　初版　186面　複1
810.8/7246　文心雕龍　劉勰著
上海　大東　民20年　初版　2册
810.8/7503　作文法講義　陳望道著
上海　民智　民11年　初版　182面　複3
810.8/7777　詩人性格　周服著
上海　商務　民13年　初版　110面
810.8/8034　實用國文修辭學　金兆梓編
上海　中華　民20年　再版　160面
810.8/8057　桐城文派評述　姜書閣編
上海　商務　1930年　出版　180面
810.8/8758　中國文學研究　鄭振鐸編
上海　商務　民19年　3版　上下2册

810.9　中國文學史

810.9/0070　文史通義　章學誠著
上海　大東　民20年　上下2册
810.9/0117　中國文學進化史　譚正璧著
上海　光明　民19年　再版　392面　複1
810.9/0117　中國文學史大綱　譚正璧著
上海　光明　1929年　6版　176面　複1

810.9/0416　中國大文學史　謝无量著

上海　中華　民 16 年　初版　1 册　複 1

810.9/0416　中國婦女文學史　謝无量著

上海　中華　民 10 年　3 版　1 册　複 3

810.9/0416　中國六大文豪　謝无量著

上海　中華　民 5 年　102 面

810.9/2841　中古文學概論　徐嘉瑞著

上海　亞東　民 13 年　初版　178 面

810.9/3130　中國文學史大綱　顧實編

上海　商務　民 17 年　3 版　331 面

810.9/3312　中國婦女文學史綱　梁乙真編著

上海　開明　民 21 年　初版　429 面

810.9/3446　國語文學史　凌獨見編

上海　商務　民 12 年　初版　359 面

810.9/4481　中國文學史綱　蔣鑑璋著

上海　亞細亞　民 18 年　初版　106 面

810.9/4730　五十年來之中國文學　胡適著

上海　申報館　民 13 年　初版　94 面

810.9/4730　國語文學史　胡適著

北平文化學社　民 16 年　340 面

810.9/4730　白話文學史　胡適著

上海　新月　1922 年　3 版　478 面

810.9/4791　中國文學史略　胡懷琛編

上海　梁溪圖書館　民 15 年　50 面

810.9/4935　中國文學沿革一瞥　趙祖抃著

上海　光華　民 17 年　初版　128 面

810.9/4963　中國文學小史　趙景深著

上海　光華　民 17 年　初版　212 面

810.9/6043　樂府文學史　羅根澤著

上海　文化學社　民21年　初版　290面

810.9/7226　中國文學變遷史　劉真晦、沈雁冰著

上海　新文化　民10年　初版　40面　複1

810.9/7424　中國詩史　陸侃如、馮沅君合著

上海　大江　1931年　上中2集

810.9/7587　中國文學批評史　陳鍾凡著

上海　中華　民16年　初版　178面

810.9/7590　最近三十年中國文學史　陳炳堃著

上海　太平洋　民20年　3版　274面

810.9/7773　中國文學史綱　歐陽溥存編

上海　商務　民19年　初版　236面

810.9/8007　中國文學史　曾毅著

上海　泰東　民19年　再版　上下册　複1

810.9/8731　中國文學流變史（上册）　鄭賓于著

上海　北新　1930年　出版　322面

811　中國文學總集

811.11/0207　通俗文彙鈔　新文學社編輯

上海　中華　民9年　初版　全3册

811.11/4486　中國文藝叢選　蔣善國編

上海　商務　民12年　初版　2册

811.11/7721　中國歷代文學類選　周侯于編

上海　世界　民19年　初版　230面

811.11/7765　開明文選　開明書店選

上海　開明　共7册

811.12/1114 評註古詩讀本 張廷華註評

上海 大東 民14年 再版 合訂1册

811.12/1152 田間詩選 張援選

上海 商務 民20年 初版 338面

811.12/3382 詩品注 梁鍾嶸著

上海 開明 民16年 131面

811.12/3423 蓮子集 洪爲法編

上海 北新 1929年 初版 170面

811.12/3733 詩選 祁述祖編

南京 南京書店 民21年 初版 258面

811.12/4711 抒情詩選 胡雲翼編

上海 亞細亞 1929年 初版 124面

811.12/7133 中國歷代情詩選 阮退之編

上海 春潮 民18年 初版 273面 複1

811.13/0861 古文觀止 許嘯天譯註

上海 羣學書社 民18年 初版 2册

811.13/2632 模範文選 程演生編

上海 亞東 民20年 5版 452面 複1

811.13/8064 經史百家雜鈔 曾國藩編纂

上海 羣學社 民18年 初版 8册

811.2/0017 十三經 商務印書館編

上海 商務 民3年 初版 1巨册

811.2/0416 詩經研究 謝无量著

上海 商務 民12年 再版 148面

811.2/1013 經傳釋詞 王引之著

上海 商務 民21年 初版 1册

811.2/1046 詩疑 王柏著

北平 景山 民19年 初版 80面

811.2/2257 讀風偶識 崔東壁著
北平 文化 民17年 初版 1冊
811.2/2584 經學提要 朱劍芒編
上海 世界 民19年 初版 205面
811.2/2712 詩經 繆天綬選註
上海 商務 民15年 初版 183面
811.2/2842 經學常識 徐敬修編
上海 大東 民14年 再版 172面
811.2/3124 先秦經籍考 江俠菴編
上海 商務 民20年 初版 上中下3冊
811.2/4025 尚書去僞 支偉成標點
上海 泰東 民13年 初版 1冊
811.2/4029 古書源流 李繼煌編
上海 商務 民15年 初版 2冊
811.2/4269 孝經讀本姚氏學 姚明輝學
上海 震亞 民13年 初版 39面
811.2/4486 三百篇演論 蔣善國著
上海 商務 民20年 初版 349面
811.2/4743 詩經學 胡樸安著
上海 商務 民17年 初版 180面
811.2/6062 經子解題 吕思勉著
上海 商務 民16年 再版 197面
811.2/7430 中西四書 L.Y.T.譯
點石齋 光緒30年 合裝6冊
811.2/7717 經學歷史 周予同註譯
上海 商務 民18年 初版 364面
811.2/7717 經今古文學 周予同著
上海 商務 民15年 再版 63面

811.2/8080 詩經學 ABC 金公亮著
上海 世界 民 18 年 152 面 複 1
811.22/2022 古戀歌 愛絲女士編
上海 亞細亞 1928 年 初版 106 面
811.22/2354 古詩源 傅東華選著
1930 年 初版 1 冊
811.22/3423 古詩源 沈德潛輯
上海 泰東 1927 年 初版 309 面
811.22/3423 古詩源 沈德潛輯
康熙己亥年 出版 合訂 1 冊 複 1
811.22/4073 漢詩研究 古層冰著
上海 啓智 1928 年 初版 1 冊
811.22/4414 漢詩評釋 桂五十郎、大橋虎雄講述
日本 早稻田大學 241 面
811.22/4651 古詩十九首之研究 賀揚靈著
上海 光華 民 17 年 再版 93 面 複 1
811.23/1114 周秦文讀本 張廷華選
上海 大東 民 15 年 5 版 80 面
811.23/1114 漢魏文讀本 張廷華評註
上海 大東 民 15 年 5 版 上下 2 冊合訂 1 冊
811.33/1114 南北朝文讀本 張廷華評註
上海 大東 民 14 年 初版 上下合訂 1 冊
811.41/2596 唐代文學概論（卷上） 朱炳煦著
上海 光華 1933 年 初版 1 冊
811.42/1013 評註唐詩讀本 王承治評選
上海 大東 民 13 年 初版 合訂 1 冊
811.42/3347 白話唐人七絕百首 浦薛鳳選輯
上海 中華 1920 年 初版 100 面 複 1

811.42/3483　白話唐詩五絶百首　凌善清選輯
上海　中華　1920 年　初版　100 面

811.42/4030　李白研究　李守章作
上海　新宇宙　1930 年　初版　91 面　複 1

811.42/4443　註釋唐詩三百首　蘅塘退士編
1 册

811.42/4711　唐詩研究　胡雲翼著
上海　商務　民 19 年　出版　204 面

811.42/7463　唐代女詩人　陸晶清女士著
上海　神州　民 20 年　再版　144 面

811.42/7511　唐人故事詩　陳登元編註
南京　南京　民 20 年　初版　151 面

811.43/1114　唐文讀本　張廷華選
上海　大東　民 13 年　3 版　上下合訂 1 册

811.52/1114　宋元明詩讀本　張廷華評選
上海　大東　民 14 年　2 版　1 册

811.52/3347　白話宋詩七絶百首　浦薛鳳選輯
上海　中華　1920 年　初版　98 面

811.52/3483　白話宋詩五絶百首　凌善清選輯
上海　中華　民 11 年　再版　100 面　複 1

811.52/4024　斷腸詩詞　李白英編校
上海　光華　1929 年　初版　91 面

811.52/4711　宋詩研究　胡雲翼著
上海　商務　民 19 年　出版　240 面

811.53/1114　宋元明文讀本　張廷華著
上海　大東　民 13 年　3 版　合訂 1 册

811.81/1113　戊戌六君子遺集　張元濟編
上海　商務　民 5 年　活字版印　合訂 1 册　複 1

811.82/3483　評註清詩讀本　凌善清輯注

上海　大東　民 13 年　初版　1 册

811.82/6022　太平天國詩文鈔　羅邕、沈祖基同編

上海　商務　民 20 年　上中下 3 册

811.83/1114　清文讀本　張廷華評選

上海　大東　民 13 年　5 版　1 册

811.83/1114　近代文讀本　張廷華選

上海　大東　民 13 年　再版　114 面

811.91/08　我們的七月　O.M. 編

上海　亞東　民 16 年　再版　206 面　複 1

811.91/0847　中學生創作　許壽民編

開華　1931 年　初版　316 面　第 2 集

811.91/1010　新文選　王石京編輯

上海　文明　民 13 年　初版　全 4 册

811.91/1114　學生文藝叢刊彙編　張廷華、凌善清合編

上海　大東　民 18 年　再版　5 册

811.91/3483　學生文藝叢刊彙編　沈鎔編

上海　大東　民 14 年　再版　1 册

811.91/3483　學生文藝叢刊　凌善清編

上海　大東　1930 年　初版　1 部 4 册

811.91/5072　中學生文藝　中學生雜誌社編輯

上海　開明　1930 年　再版　334 面　複 1

811.91/5072　中學生文藝　中學生社編

上海　開明　1931 年　初版　338 面

811.91/5072　中學生創作（第 1 集）　中學生叢書社編

中學生叢書社　1931 年　初版　317 面

811.91/6046　三葉集　田壽昌、宗白華、郭沫若著

上海　亞東　民 9 年　初版　166 面　複 2

811.91/8335　彌灑社創作集　錢江春等著
　上海　商務　民 14 年　初版　第 1、2 兩册
811.91/9077　文苑道游録　常覺等著
　上海　時還　民 15 年　再版　全 10 册
811.92/1002　春雲　于賡虞等作
　天津　新教育書社　1923 年　初版　1 册
811.92/1134　新詩年選　北社著
　上海　亞東　民 12 年　再版　248 面　複 2
811.92/2523　雪潮　朱自清等著
　上海　商務　民 20 年　6 版　1 册　複 1
811.92/4087　嶺東戀歌　李金髮編
　上海　光華　民 18 年　初版　136 面
811.92/7742　國難吟詠彙編　履樸編
　南京　南京　民 21 年　初版　154 面
811.92/8063　我們的詩　前哨社編
　上海　前哨社　民 18 年　初版　44 面
811.93/0032　小學國文成績選粹　方瀏生選訂
　上海　中華　民 12 年　13 版　7 册
811.93/1040　文藝全書　王蘊章等撰
　上海　中原　民 15 年　4 版　1 册
811.93/2253　彩虹　彩虹社編
　上海　泰東　民 17 年　初版　154 面
811.93/2535　生活文選（第 1 集）　生活書店譯編所
　上海　生活　民 22 年　初版　440 面
811.93/2582　國語文類選　朱毓魁編
　上海　中華　民 9 年　初版　4 册
811.93/2582　現代論文叢刊　朱毓魁編
　上海　文明　民 14 年　初版　4 册

811.93/2632　近人白話文選　吳遁生、鄭川次編
上海　商務　民13年　初版　上下2冊　複1

811.93/3483　近世文選　沈鎔選
上海　大東　民15年　初版　1冊　複1

811.93/3483　國語文選　沈鎔纂集
上海　大東　民18年　初版　1冊　複1

811.93/4055　關於魯迅及其著作　臺靜農編
北京　未名社　民15年　初版　122面　複1

811.93/4443　秋雁集　藝林社編
上海　亞細亞　民17年　初版　164面

811.93/4486　郭沫若論　黃人影編
上海　光華　1932年　初版　210面

811.93/5045　常識文範　中華書局編
上海　中華　民5年　初版　4冊

811.93/5512　散文甲選　曹聚仁編
上海　羣衆　1931年　535面

811.93/7487　世界知識新文庫　陸翔輯選
上海　廣文　民14年　3版　2函　20冊

811.93/7764　新文學叢書　聞野鶴編
上海　新文化　民12年　1冊

811.93/8240　魯迅在廣東　鍾敬文編
上海　北新　1927年　初版　124面　複1

812　中國文學別集

812.23/2848　中論　徐幹著
上海　泰東　民16年　初版　85面

812.23/7227 劉子政集 劉向著 林紓選評
上海 商務 民13年 初版 1冊
812.32/7736 陶淵明詩 陶淵明著 傅東華選注
上海 商務 60面
812.42/1177 鍾嶸詩品之研究 張陳卿著
北京 文化 民15年 初版 1冊
812.42/4711 浪漫詩人杜牧 胡雲翼編
上海 亞細亞 1928年 初版 64面
812.43/4731 柳河東集 柳宗元著 林紓選評
上海 商務 民13年 初版 112面
812.52/4711 李清照及其漱玉詞 胡雲翼編
上海 亞細亞 1928年 初版 1冊
812.52/7438 陸游詩 陸游著 黄逸之選註
上海 商務 民20年 版初 上下2冊
812.53/7523 後山文集 陳師道著 林紓選評
上海 商務 民13年 初版 52面
812.63/2120 虞道園集 虞集著 林紓選評
上海 商務 民13年 初版 79面
812.73/0023 唐荆川集 唐順之著 林紓選評
上海 商務 民13年 初版 76面
812.73/0110 顔習齋集 顔習齋著 李恭纂
上海 羣學社 民15年 初版 1冊
812.73/1022 王船山集 王船山著
上海 羣學社 民17年 再版 1冊
812.73/2531 朱舜水集 朱之瑜著
上海 羣學社 民10年 初版 1冊
812.73/2749 歸震川集 歸有光著 林紓選評
上海 商務 民13年 初版 129面

812.73/4423 明夷待訪録 黄梨洲著

上海 梁溪 民14年 初版 64面

812.73/4423 黄梨洲集 黄梨洲著

上海 羣學社 民15年 初版 372面

812.81/1094 秋瑾女俠遺集 王燦芝編

上海 中華 民18年 96面

812.81/3334 飲冰室全集 梁啓超著

上海 中華 民5年 再版 3册 另新購全，未編入

812.81/4627 雪壓軒集 賀雙卿女士著

北京 文化 1927年 初版 1册

812.81/5014 天上人間 史震林著

上海 出版合作社 1932年 4版 167面

812.82/1788 香閨夢 邵無恙著

上海 碧梧山莊 民11年 初版 1册

812.83/0044 方望溪集 方苞著

上海 商務 民13年 初版 71面 複1

812.83/0049 章譚合鈔 章太炎、譚嗣同合著

國學扶輪社 合訂1册 複1

812.83/0167 譚嗣同集 譚嗣同著

上海 羣學社 民16年 初版 1册

812.83/0167 譚瀏陽全集 譚嗣同著

上海 文明 合訂1册 複1

812.83/2233 崔東壁集 崔述著

上海 羣學社 民17年 初版 上下2册

812.83/3104 顧亭林集 顧亭林著

上海 羣學社 民15年 初版 上下2册

812.83/3334 盾鼻集 梁啓超著

上海 商務 民12年 7版 上下2册

812.83/3334 國學蠡酌 梁啓超著
上海 商務 1 册 複 1
812.83/3334 梁任公學術講演集 梁啓超著
上海 商務 民 15 年 3 版 3 册
812.83/3334 梁任公近著（第 1 輯） 梁啓超著
上海 商務 民 15 年 3 版 上下 2 册
812.83/4430 黄遠生遺著 黄遠庸著
上海 商務 民 15 年 3 版 4 册 複 2
812.83/4357 戴東原集 戴東原著
上海 中國 民 16 年 初版 上下 2 册
812.83/9748 惲敬文 惲敬著 莊適、費師洪選注
上海 商務 民 20 年 初版 91 面
812.91/0004 枕上隨筆 章衣萍著
上海 北新 1931 年 初版 84 面 複 1
812.91/0004 窗下隨筆 章衣萍著
上海 北新 民 20 年 3 版 93 面
812.91/0004 青年集 章衣萍著
上海 光華 1932 年 197 面
812.91/0046 大圓文存 唐大圓著
上海 泰東 民 16 年 初版 287 面 複 3
812.91/0734 星空 郭沫若著
上海 泰東 民 13 年 再版 198 面
812.91/2528 雨珠 朱樂人著
上海 泰東 民 11 年 初版 132 面
812.91/2532 天鵝集 朱溪著
上海 人間 民 17 年 初版 108 面
812.91/2626 吴稚暉先生文粹 吴稚暉著
上海 全民 民 17 年 初版 4 册

812.91/2762 東海之濱 倪貽德著

上海 光華 1928 年 5 版 143 面

812.91/3426 飛霞 沈秀鵑著

上海 羣衆 民 16 年 初版 72 面

812.91/4424 譚心 黃仲蘇著

上海 光華 民 16 年 初版 180 面

812.91/4427 紅葉 薛伯賢著

上海 羣衆 民 17 年 初版 149 面

812.91/4461 曼殊遺集 蘇曼殊著

上海 大東 民 19 年 再版 228 面

812.91/4461 蘇曼殊全集（1） 蘇曼殊著

上海 北新 1930 年 4 版 344 面

812.91/4461 曼殊全集（2） 蘇曼殊著

上海 北新 1928 年 初版 306 面

812.91/4461 曼殊全集（3） 蘇曼殊著

上海 北新 1929 年 324 面 複 1

812.91/4461 曼殊全集（4） 蘇曼殊著

上海 北新 1930 年 2 版 435 面

812.91/4461 曼殊全集（5） 蘇曼殊著

上海 商務 1929 年 529 面 複 1

812.91/4810 兩種力 翰哥著

上海 泰東 民 17 年 初版 214 面

812.91/4817 無名的死者 梅子作

1929 年 初版 116 面

812.91/5514 紅橋集 曹雪松創作集

上海 南星 民 19 年 初版 146 面

812.91/6010 雜碎集 羅西著

南京 拔提書局 民 19 年 初版 164 面

812.91/7960　死人之嘆息　滕固作
上海　泰東　民 14 年　初版　133 面

812.92　中國新詩別集

812.92/0004　種樹集　章衣萍著
上海　北新　1928 年　初版　112 面
812.92/0004　深誓　章衣萍著
北平　中國　1925 年　初版　90 面　複 1
812.92/0029　草兒　康白情作
上海　亞東　1922 年　再版　384 面
812.92/0030　草兒在前集　康洪章著
上海　亞東　民 13 年　3 版　1 册
812.92/0030　河上集　康洪章著
上海　亞東　民 13 年　初版　1 册
812.92/0075　獻給自然的兒女　高長虹作
上海　泰東　1928 年　再版　80 面
812.92/0714　春夏秋冬　郭子雄著
上海　金屋　民 17 年　初版　1 册
812.92/0734　女神　郭沫若著
上海　泰東　1930 年　10 版　238 面　複 1
812.92/0734　卷耳集　郭沫若著
上海　泰東　民 13 年　4 版　146 面
812.92/1002　骷髏上的薔薇　于賡虞著
北平　古城　民 16 年　初版　77 面
812.92/1002　晨曦之前　于賡虞著
上海　北新　1928 年　再版　113 面

812.92/1010　戀歌　丁丁、曹雪松合編

上海　泰東　民15年　初版　111面

812.92/1025　雨　再生著

上海　先社　民19年　85面

812.92/1026　童心　王統照著

上海　商務　民14年　初版　265面　複3

812.92/1043　死前　王獨清著

上海　樂華　民20年　再版　28面

812.92/1043　威尼市　王獨清著

上海　樂華　民20年　再版　51面

812.92/1132　消失了的情緒　張篷舟著

上海　文華　民19年　1冊

812.92/1738　天堂與五月　邵洵美著

上海　光華　民16年　初版　158面　複1

812.92/2010　忘川之水　采石著

上海　北新　1929年　初版　72面　複1

812.92/2047　他鄉　焦菊隱著

上海　北新　1929年　初版　60面

812.92/2523　踪跡　朱自清作

上海　亞東　民13年　初版　171面　複1

812.92/2536　草莽集　朱湘著

上海　開明　1927年　初版　187面

812.92/2620　絶俗樓我輩語　白采著

上海　開明　105面

812.92/2750　詩琴響了　黎青主著

上海　商務　1931年　初版　172面

812.92/2810　將來之花園　徐玉諾作

上海　商務　民13年　3版　134面

812.92/2840　志摩的詩　徐志摩著
上海　新月　1928 年　初版　148 面
812.92/2840　猛虎集　徐志摩著
上海　新月　1932 年　再版　129 面
812.92/3013　冷的心曲　宋琴心作
世界　1929 年　初版　68 面
812.92/3024　流雲小詩　宗白華著
上海　亞東　民 17 年　再版　61 面　複 2
812.92/3153　寂寞的國　汪静之著
上海　開明　1927 年　171 面
812.92/3153　蕙的風　汪静之著
上海　亞東　民 12 年　再版　242 面　複 1
812.92/3233　冰心詩集　冰心著
上海　北新　1932 年　初版　315 面
812.92/3233　春水　冰心女士著
上海　北新　民 20 年　7 版　126 面
812.92/3233　繁星　冰心女士著
上海　商務　民 14 年　3 版　90 面　複 1
812.92/3332　晚禱　梁宗岱作
上海　商務　民 14 年　初版　63 面
812.92/3437　夜風　沐鴻作
上海　泰東　民 17 年　初版　209 面　複 1
812.92/4032　沁香閣詩集　李涵秋著
上海　震亞　民 16 年　初版　上下集
812.92/4087　食客與凶年　李金髪著
上海　北新　1927 年　初版　235 面
812.92/4087　爲幸福而歌　李金髪著
上海　商務　民 15 年　初版　296 面

812.92/4349 鮫人 裘柱常著
上海 現代 1928 年 初版 103 面
812.92/4444 生命的火燄 孫蓀荃著
北平 孤星社 1930 年 初版 112 面
812.92/4460 淡霞和落葉 萬曼作
上海 新文化 民 13 年 初版 132 面
812.92/4493 影兒集 林憾著
上海 北新 1929 年 116 面
812.92/4677 受難者的短曲 楊騷著
上海 開明 1928 年 125 面 複 2
812.92/4711 乘桴集 柳亞子著
上海 平凡 1929 年 初版 40 面
812.92/4730 嘗試集（附去國集） 胡適著
上海 亞東 民 15 年 8 版 194 面 複 2
812.92/4734 君山 韋叢蕪著
北平 未明社 1927 年 140 面
812.92/4742 也頻詩選 胡也頻著
上海 紅黑出版處 1929 年 初版 60 面
812.92/4763 胡思永的遺詩 胡思永著
上海 亞東 民 13 年 初版 1 冊 複 1
812.92/4791 嘗試集批評與討論 胡懷琛著
上海 泰東 民 11 年 再版 1 冊 複 1
812.92/4963 荷花 趙景深著
上海 開明 1928 年 初版 74 面
812.92/5014 毀滅 中魂大佛著
震東印書館 民 18 年 初版 106 面
812.92/5544 寄詩魂 曹葆華著
震東印書館 1930 年 初版 210 面

812.92/5561 微痕 曹唯非著

上海 泰東 民15年 初版 292面

812.92/6011 宇宙之謎 星北著

上海 泰東 民15年 初版 84面 複1

812.92/6046 苜蓿花（湖畔詩集第4集） 旦如作

上海 湖畔詩社 1925年 初版 41面

812.92/6077 斜坡 曼尼著

上海 新文化 民13年 初版 95面

812.92/6623 初日樓少作 嚴既澄著

樸社 民13年 初版 34面

812.92/7228 揚鞭集（上中卷） 劉復著

北平 北新 1926年 初版 2册

812.92/7242 郵吻 劉大白作

上海 開明 1926年 初版 99面 複2

812.92/7242 白屋説詩 劉大白著

上海 大江 1929年 初版 323面

812.92/7242 再造 劉大白著

上海 開明 民19年 再版 1册

812.92/7242 舊夢 劉大白著

上海 商務 民13年 初版 450面 複2

812.92/7444 渡河 陸志韋作

上海 亞東 民12年 初版 216面 複2

812.92/7511 玫瑰 陳醉雲著

上海 春潮 民17年 初版 109面

812.92/7544 茅屋 陳志莘著

上海 新文化 民13年 初版 1册

812.92/7548 寒緑吟草 陳樹人著

上海 和平社 民18年 初版 73面

812.92/7712　死水　聞一多著
上海　新月　1928 年　初版　1 册

812.92/7733　春深了　閔之寅作
上海　羣衆　民 15 年　初版　44 面

812.92/8012　西還　俞平伯著
上海　亞東　民 13 年　初版　182 面

812.92/8012　冬夜　俞平伯著
上海　亞東　民 12 年　再版　247 面

812.93　中國現代文別集

812.93/0004　古廟集　章衣萍著
上海　北新　1926 年　初版　198 面

812.93/0004　櫻花集　章衣萍著
上海　北新　民 18 年　3 版　226 面

812.93/0017　我的日記　高歌作
上海　啓智　1930 年　初版　147 面

812.93/0048　長沙章氏叢稿（癸甲集）　章士釗著
上海　商務　民 18 年　初版　197 面

812.93/0083　中國史的新頁　唐鉞著
上海　商務　民 18 年　初版　375 面

812.93/0083　唐鉞文存　唐鉞著
上海　商務　民 14 年　初版　274 面　複 2

812.93/0403　水沫集　謝六逸著
上海　世界　民 18 年　初版　1 册

812.93/0734　文藝論集　郭沫若著
上海　光華　1932 年　6 版　374 面

812.93/0861 梁任公語粹 許嘯天選
上海 羣學社 1930年 初版 1册
812.93/1044 蠹魚生活 雪林女士著
上海 真美善 1929年 初版 274面
812.93/1054 水泡 一蝶著
上海 光華 民18年 初版 177面
812.93/1108 慎庵漫稿 張效敏著
長沙 世界學會 民13年 初版 122面
812.93/1148 異國情調 張若谷著
上海 世界 民18年 1册
812.93/1148 文學生活 張若谷著
上海 金屋 民17年 初版 180面
812.93/1148 珈琲座談 張若谷著
上海 真美善 1929年 初版 130面
812.93/1150 所思 張申府著
上海 神州國光社 1931年 初版 231面
812.93/1237 山野掇拾 孫福熙著
上海 北新 1927年 再版 301面
812.93/1237 歸航 孫福熙著
上海 開明 1928年 3版 148面
812.93/1237 北京乎 孫福熙著
上海 開明 1927年 初版 224面
812.93/1738 火與肉 邵洵美著
上海 金屋 民17年 初版 76面
812.93/2128 師復文存 師復著
廣州 革新 1927年 初版 372面
812.93/2183 有刺的薔薇 盧劍波著
上海 光華 1929年 初版 163面

812.93/2523 背景 朱自清作
上海 開明 1928 年 初版 129 面
812.93/2621 吳虞文録 吳虞著
上海 亞東 民 14 年 4 版 1 册 複 5
812.93/2626 吳稚暉學術論著 吳稚暉著
上海 出版合作社 1927 年 初版 430 面
812.93/2626 吳稚暉學術論著續編 吳稚暉著
上海 出版合作社 1927 年 初版 164 面
812.93/2626 朏盦客座談話 吳稚暉著
上海 泰東 民 14 年 4 版 2 册 複 2
812.93/2737 華蓋集 魯迅著
上海 北新 1932 年 7 版 190 面
812.93/2737 華蓋集續編 魯迅著
上海 北新 1929 年 263 面 複 2
812.93/2737 而已集 魯迅著
上海 北新 1928 年 初版 216 面 複 3
812.93/2737 二心集 魯迅編
合衆 1933 年 3 版 304 面
812.93/2737 三閒集 魯迅著
上海 北新 3 版 210 面
812.93/2737 朝華夕拾十篇 魯迅著
北平 未名社 1928 年 176 面 複 1
812.93/2840 落葉 徐志摩著
上海 北新 1927 年 再版 168 面
812.93/2840 巴黎的鱗爪 徐志摩著
上海 新月 1928 年 再版 182 面
812.93/2840 自剖 徐志摩著
上海 新月 1928 年 再版 210 面 複 1

812.93/2844　新都的贈品　徐鶴林著
上海　北新　1928 年　初版　102 面
812.93/2870　給小朋友們的信　徐學文著
上海　開明　民 17 年　初版　114 面
812.93/2893　給青年的十二封信　朱光潛著
上海　開明　1929 年　初版　115 面
812.93/3233　冰心散文集　冰心著
上海　北新　1932 年　初版　355 面
812.93/3233　寄小讀者　冰心女士著
上海　北新　1928 年　5 版　242 面
812.93/3333　漱溟卅前文録　梁漱溟著
上海　商務　民 13 年　再版　252 面　複 1
812.93/3333　漱溟卅後文録　梁漱溟著
上海　商務　民 19 年　初版　290 面
812.93/3400　玄廬文存　沈玄廬著
上海　民智　民 19 年　初版　236 面
812.93/3420　不死日記　沈從文著
上海　人間　1928 年　初版　122 面
812.93/3425　藝術之夜　遠生著
上海　世界　民 18 年　初版　1 册
812.93/3442　少女與婦人　沈松泉作
上海　光華　1929 年　初版　177 面　複 1
812.93/4409　翦拂集　林語堂著
北平　北新　1928 年　初版　184 面
812.93/4411　獻心　黄天石著
受匡出版部　1928 年　初版　56 面
812.93/4431　緑箋　蔣逸霄女士著
北平　古城　民 17 年　初版　114 面

812.93/4431 警世危言 黃治平著
民 10 年 初版 1 册
812.93/4442 無法投遞之郵件 落華生著
北平 文化 民 17 年 初版 48 面
812.93/4442 空山靈雨 落華生著
上海 商務 民 16 年 3 版 120 面 複 1
812.93/4444 枯葉集 華林著
上海 泰東 民 13 年 初版 86 面
812.93/4444 苦酒集 芳草著
上海 北新 1929 年 再版 236 面
812.93/4461 曼殊遺著兩種 蘇曼殊著
上海 北新 1927 年 初版 86 面
812.93/4611 狄婀娜 楊非著
上海 世界 民 18 年 初版 1 册
812.93/4613 現代中國作家論 賀玉波編
上海 光華 1932 年 初版 卷一卷二兩册
812.93/4613 中國現代女作家 賀玉波編
上海 現代 1932 年 初版 242 面
812.93/4730 胡適文存 胡適著
上海 亞東 民 12 年 4 版 上下 2 册
812.93/4730 胡適文存 胡適著
上海 亞東 民 14 年 8 版 全 4 册
812.93/4730 胡適文存（二集） 胡適著
上海 亞東 民 14 年 3 版 全 4 册
812.93/4730 胡適文存（三集） 胡適著
上海 亞東 民 19 年 初版 上下 2 册
812.93/4735 奇零集 郁達夫著
上海 北新 1930 年 5 版 273 面 複 1

812.93/4735 鷄肋集 郁達夫著
上海 創造社 民12年 1册
812.93/4735 敝帚集 郁達夫著
上海 北新 1930年 4版 1册
812.93/4735 達夫全集（過去集） 郁達夫著
上海 開明 1928年 1册
812.93/6644 美麗的夏天 嚴夢著
上海 1929年 1册
812.93/7151 曙 長虹作
上海 泰東 1928年 初版 136面
812.93/7151 時代的先驅 長虹作
上海 光華 1928年 再版 140面
812.93/7242 白屋文話 劉大白著
上海 世界 1929年 3版 216面 複1
812.93/7244 寒鴉集 劉大杰編
上海 啓智 民11年 初版 254面
812.93/7511 文藝與戀愛 陳醉雲著
厦門 世界 民18年 初版 133面
812.93/7712 孟和文存 陶孟和著
上海 亞東 民14年 初版 290面 複4
812.93/7728 自己的園地 周作人著
北平 晨報社 民12年 3版 348面 複1
812.93/7728 永日集 周作人著
上海 北新 1925年 初版 344面
812.93/7728 談虎集 周作人著
上海 北新 1928年 初版 上下卷兩册
812.93/7728 談龍集 周作人著
上海 開明 1927年 初版 310面

812.93/7728 兩天的書 周作人著
上海 北新 1927年 再版 302面

812.93/7744 刺的文學 朋其著
上海 光華 1930年 初版 101面

812.93/8012 雜拌儿 俞平伯著
上海 開明 1928年 222面 複1

812.93/8027 乙戊集 曾伯興著
上海 啓智 民17年 初版 158面

812.93/8240 西湖漫拾 鍾敬文作
上海 北新 1928年 初版 138面

812.93/8240 湖上散記 鍾敬文著
上海 明日 1930年 初版 144面

812.93/8345 麥穗集 錢杏邨著
上海 落葉 1928年 初版 140面

812.93/8345 現代文學作家 錢杏邨著
上海 泰東 民17年 初版 186面

813 中國詞曲

813/2258 詞曲通義 任中敏編
上海 商務 1931年 初版 59面

813/3866 楚辭概論 游國恩著
北京 北京大學印刷課 民15年 初版 366面

813/7424 屈原 陸侃如編
上海 亞東 民12年 初版 310面 複1

813.09/1060 詞曲史 王易著
上海 神州 民21年 再版 530面

813.1/2648　詞學通論　吴梅、王雲五編

上海　商務　民 21 年　初版　185 面

813.1/4024　中國歷代女子詞選　李白英校

上海　光華　1932 年　初版　244 面

813.1/4711　抒情詞選　胡雲翼編

上海　亞細亞　1928 年　初版　94 面

813.1/4711　女性詞選　胡雲翼編

上海　亞細亞　1928 年　初版　66 面

813.1/4730　詞選　胡適選註

上海　商務　民 17 年　再版　1 册

813.1/7202　詞絜　劉麟生編輯

上海　世界　1930 年　初版　122 面

813.1/7730　絶妙好詞箋　周密輯

上海　羣學社　民 18 年　再版　268 面

813.2/0416　楚詞新論　謝无量著

上海　商務　民 13 年　再版　76 面　複 1

813.2/2449　飲水詞集　〔清〕納蘭性德著

上海　光華　1929 年　再版　96 面

813.2/2502　樵歌　朱敦儒著

上海　商務　民 19 年　初版　1 册

813.2/3131　張玉田　馮沅君編

北平　樸社　民 17 年　初版　526 面　複 1

813.2/4444　晁氏琴趣外篇　林大椿輯

上海　商務　民 19 年　初版　1 册

813.2/7540　白石道人詞箋平　陳柱編

上海　商務　1930 年　初版　138 面

813.3/1062　人間詞話　王國維著

北京　樸社　民 15 年　初版　32 面

813.3/7511 詞林佳話 陳登元輯註
南京 南京書店 民 20 年 初版 107 面
813.4/0416 詞學指南 謝无量著
上海 中華 民 11 年 5 版 98 面 複 1
813.4/1044 詞調溯源 夏敬觀著
上海 商務 民 20 年 初版 231 面
813.4/2648 詞餘講義 吴梅編輯
北京 北京大學出版部 民 12 年 再版 62 面
813.5/2116 元曲別裁集 盧冀野編
上海 開明 民 17 年 1 册
813.5/2258 元曲三百首 任中敏編
上海 民智 1930 年 初版 72 面
813.5/2648 曲選 吴梅著
上海 商務 民 19 年 初版 61 面
813.5/3127 曲選 顧名選
上海 光華 民 20 年 初版 443 面
813.7/2648 顧曲塵談 吴梅編
上海 商務 民 14 年 3 版 上下 2 册
813.7/4037 李笠翁曲話 〔清〕李漁著
上海 梁溪 民 14 年 初版 135 面

814 中國劇本

814.3/8062 戲畫大觀 全國名伶編
上海 世界 民 21 年 20 版 全 2 册
814.4/1035 第六才子書 〔元〕王實甫著
352 面

814.4/1062　宋元戲曲史　王國維編
上海　商務　民13年　4版　1册　複3
814.4/1142　湯顯祖及其牡丹亭　張友鸞著
上海　光華　1930年　初版　125面
814.4/2648　中國戲曲概論　吴梅著
上海　大東　民15年　初版　1册
814.4/2727　北京俚曲　殷凱編
上海　太平洋　民16年　初版　430面　複1
814.4/4870　病玉緣傳奇　莫等齋主人著
上海　中華　民6年　初版　1部2册
814.5/0734　三個叛逆的女性　郭沫若著
上海　光華　民15年　初版　1册
814.5/0734　聶嫈　郭沫若作
上海　太平洋　1925年　初版　51面
814.5/1008　蔓羅姑娘　王新命著
上海　泰東　民13年　3版　109面
814.5/1037　敏兒演劇史　雷家駿編纂
上海　商務　民13年　初版　94面
814.5/1043　楊貴妃之死　王獨清著
上海　樂華　民19年　3版　77面
814.5/1043　貂蟬　王獨清著
上海　江南　民18年　239面
814.5/1171　青春的夢　張聞天著
上海　中華　民14年　2版　147面
814.5/2121　青春的悲哀　熊佛西作
上海　商務　民17年　4版　137面　複1
814.5/2121　佛西戲劇（第1集）　熊佛西著
北京　古城　1927年　初版　207面

814.5/2644 琳麗 白薇編纂

上海 商務 1925年 初版 207面 複1

814.5/2767 復活的玫瑰 侯曜著

上海 商務 民18年 4版 145面 複2

814.5/2767 頑石點頭 侯曜作

上海 商務 民17年 初版 58面

814.5/2767 山河淚 侯曜作

上海 商務 民15年 再版 81面

814.5/2767 棄婦 侯曜作

上海 商務 民14年 初版 72面 複1

814.5/2784 和平之神 倪錫英編撰

1冊

814.5/2840 卡昆岡 徐志摩、陸小曼合著

上海 新月 1928年 初版 90面

814.5/2849 妲己 徐葆炎著

上海 金屋 民18年 初版 126面 複1

814.5/3122 劉三爺 顧仲彝著

上海 開明 1931年 初版 188面

814.5/3227 人間的樂園 濮舜卿作

上海 商務 民17年 初版 98面 複1

814.5/3437 洪深劇本創作集 洪深著

上海 東南 民17年 初版 176面

814.5/4023 愛神的箭 袁牧之著

上海 光華 民19年 163面

814.5/4030 沉悶的戲劇 培良作

上海 光華 1928年 78面 複1

814.5/4047 女健者 左幹臣著

上海 啓智 1928年 初版 117面

814.5/4064 孔雀東南飛及其他獨幕劇 袁昌英著
上海 商務 民 19 年 初版 232 面
814.5/4424 道義之交（戲劇集） 蒲伯英著
北京 晨報社 民 12 年 再版 94 面
814.5/4424 闊人的孝道（戲劇第 2 集） 蒲伯英著
北京 晨報社 民 13 年 初版 114 面
814.5/4440 斷鴻零雁 黄嘉謨作
上海 第一線 1928 年 初版 108 面 複 2
814.5/4440 芙蓉花淚 黄嘉謨作
上海 各大書店 1928 年 108 面 複 1
814.5/4643 磐石和蒲葦 楊蔭深著
上海 光華 1927 年 初版 18 面
814.5/4643 一陣狂風 楊蔭深著
上海 光華 1926 年 初版 70 面
814.5/4474 還未過去的現在 黄鵬基作
上海 光華 1928 年 初版 1 册
814.5/4742 鬼與人心 胡也頻著
上海 開明 民 20 年 3 版 16 面
814.5/4753 愛的革命 胡春冰著
上海 現代 1930 年 97 面 複 1
814.5/6034 田漢戲曲集（第四集） 田漢著
上海 現代 1932 年 再版 1 册
814.5/6034 田漢戲曲集（第五集） 田漢著
上海 現代 1932 年 再版 1 册
814.5/6034 咖啡店之一夜 田漢著
上海 中華 民 14 年 再版 265 面
814.5/7244 白薔薇 劉大杰著
上海 東南 1928 年 初版 113 面

814.5/7244 盲詩人 劉大杰著
上海 啓智 民18年 初版 166面

814.5/7505 三民鑑 陳毅夫著
上海 光華 1927年 初版 90面

814.5/7541 幽蘭女士 陳大悲著
上海 現代 1929年 120面 複1

814.5/7543 金絲籠 陳楚淮著
上海 中華 1930年 初版 244面

814.5/7761 傻子的治療（木人戲） 陶晶孫譯
上海 現代 民19年 初版 162面

814.5/7771 劇本彙刊（第1集） 歐陽予倩編
上海 商務 民14年 再版 193面

814.5/7771 潘金蓮（附空與色） 歐陽予倩著
上海 新東方 1928年 初版 103面

814.5/8076 蘭溪女士 谷鳳田著
上海 羣衆 民16年 初版 136面

814.5/8080 楊小姐的祕密 谷劍塵著
上海 現代 1929年 初版 148面

814.6/1042 梨園佳話 王夢生著
上海 商務 民4年 初版 160面

814.6/1192 菊部叢譚 張肖傖編輯
上海 大東 民18年 再版 1冊

814.6/2121 佛西論劇 熊佛西著
北平 樸社 1928年 初版 124面

814.6/3483 新編戲學彙考 凌善清編
上海 大東 5冊

814.6/4030 中國戲劇概評 培良作
上海 大東 民17年 初版 164面 複1

814.6/6026　皮黄學戲指迷　吕仙吕著
　上海　現代　民18年　初版　139面
814.6/7517　孔子與戲劇　陳子展著
　上海　太平洋　民19年　初版　230面
814.6/8023　國劇運動　余上沅編
　上海　新月　1927年　初版　280面

815　中國舊小説

815/1105　游仙窟　張文成作
　上海　北新　1929年　初版　89面
815/4442　聊齋白話韻文　〔清〕蒲松齡著
　北平　北京　民18年　初版　139面
815.09/0743　中國小説史略　郭希汾編輯
　上海　新文化　94面
815.09/1150　中國小説史小綱　張静廬編
　上海　泰東　民10年　再版　60面
815.09/2737　中國小説史略　魯迅著
　上海　北新　1927年　4版　348面
815.12/2762　閲微草堂筆記　紀曉嵐著
　上海　會文堂　民18年　18版　10册
815.3/4071　紅樓夢本事辨正　壽鵬飛著
　上海　商務　民16年　初版　1册
815.3/4414　小説枝譚　蔣瑞藻著
　上海　商務　民20年　上下2册
815.3/4414　小説考證拾遺（乙集）　蔣瑞藻編
　上海　商務　民11年　初版　113面

815.3/4414　小説考證　蔣瑞藻編纂
上海　商務　民 12 年　3 版　上中下 3 册
815.3/4414　小説考證續编　蔣瑞藻編纂
上海　商務　民 13 年　初版　上下 2 册

817　中國書牘（公文程式在内）

817/0085　新式書記大全　廣益書局編
上海　廣益　民 16 年　初版　6 册
817.1/0892　軍政全書　許恂儒著
上海　中原　民 17 年　5 版　12 册
817.1/1012　國民政府現行公文詳解　王尹孚編
上海　法學編譯社　民 17 年　初版　1 册
817.1/2138　黎大總統文牘類編　上海會文堂、新記書局編
上海　會文堂　民 17 年　9 版　212 面
817.1/2584　公文程式概要　朱劍芒編著
上海　世界　民 18 年　初版　133 面　複 2
817.1/2803　公牘通論　徐望之著
上海　商務　1931 年　初版　292 面
817.1/4440　陸海空軍公文程式　蕭森編
精誠書店　民 19 年　初版　360 面
817.1/4800　劃一教育機關公文格式辦法　教育部製定
上海　中華　民 19 年　初版　72 面
817.1/7577　現行公文作法　陳覺民編
上海　大東　民 20 年　初版　170 面
817.1/9505　國民政府軍用公文程式　精誠書店編輯
上海　精誠　民 17 年　初版　290 面

817.21/1041　註音分類交際尺牘大全　王有珩編輯
上海　大東　（上册）1 册
817.21/1053　商業尺牘大全　王振之等著
上海　大東　1927 年　4 版　1 册　複 1
817.21/1122　寫信百法　張伯俠編
上海　世界　民 21 年　17 版　82 面
817.21/2135　尺牘指導法　上海書信研究社著
上海　上海書信研究社　民 14 年　初版　1 册
817.21/3113　中學生書信　顧正之著
上海　開華　1930 年　初版　115 面
817.21/4044　最新評註分類尺牘大全　袁韜壺編
上海　國粹書局　民 8 年　12 册
817.21/4044　分類尺牘大全　袁韜壺、凌善清編
上海　大東　民 17 年　3 版　1 册　複 1
817.21/4323　模範書信文選　戴叔清編
上海　光明　1933 年　初版　348 面
817.21/5045　通用尺牘　中華書局編輯所編
上海　中華　1 册
817.21/7523　寫信祕訣　陳和祥、張雲石著
上海　世界　民 21 年　3 版　1 册
817.23/0144　雪鴻軒尺牘　龔萼著
上海　羣學社　民 17 年　初版　1 册
817.23/0863　秋水軒尺牘　許思湄著
上海　羣學社　民 17 年　3 版　1 册
817.23/2540　朱文公書牘　朱熹著
1 册
817.23/4039　左宗棠家書　左宗棠著
上海　羣學社　民 18 年　5 版　上下 2 册

817.23/4042　袁大總統文牘類編　袁世凱著

上海　會文堂新記　民17年　6版　166面

817.23/4437　黃石齋書牘　黃道周著

上海　廣智　170面

817.23/4461　曼殊遺墨　蘇曼殊著

上海　北新　1929年　1册

817.23/4741　胡林翼書札　胡林翼著

上海　羣學社　民15年　初版　456面

817.93/7782　知行書信　陶知行著

上海　亞東　民18年　初版　264面

817.23/8043　俞曲園書信　俞樾著

上海　羣衆　民15年　再版　45面

817.23/8064　曾文正公家書　曾國藩著

上海　商務　光緒31年　2册

817.23/8064　曾國藩家書三種　曾國藩作

上海　泰東　民16年　初版　4册

817.23/8799　鄭板橋家書　鄭燮作

上海　羣衆　民15年　3版　35面

817.3/0017　日用須知　商務印書館編

上海　商務　1923年　6版　232面

817.3/1134　應用文　張鴻來編

北平　文化　民17年　3版　204面

817.3/2136　國民酬世大觀　上海明星書社編

上海　明星　民18年　再版　1册

817.3/2811　酬世文柬指南　徐珂編

上海　商務　民9年　10版　1册

817.3/4432　國民應酬彙編　杜冽泉等編

上海　會文堂　民8年　4版　1.3.4.册

817.3/5045　國民寶庫　中華書局編
上海　中華　民 8 年　初版　6 册
817.3/8338　交際全書　鐵冷撰述
上海　崇新　民 16 年　13 版　2 册

818　雜著

818/0134　寤語拾存　顔啓芳著
北京　文化　民 16 年　初版　44 面
818/1057　東西南北　王夫凡著
上海　現代　民 17 年　初版　165 面
818/1057　化外的文學　王夫凡編
上海　現代　民 19 年　初版　133 面
818/2244　梵外廬叢録　柴萼著
上海　中華　民 15 年　再版　18 册
818/3140　增廣智囊補　馮夢龍輯
上海　商務　348 面
818/3720　嘯亭雜録　〔清〕汲修主人著
上海　商務　254 面
818/5045　古今怪異集成　中華書局編輯所編
上海　中華　160 面
818/7142　茶餘客話　阮葵生著
上海　商務　78 面
818/7745　輟耕録　陶南邨著
上海　泰東　民 11 年　初版　2 册
818/8020　勁草堂筆記　姜繼襄著
湘鄂印書館　民 12 年　338 面

818.4 對聯

818.4/1072 古今楹聯類纂 雲后編著
上海 會文堂 1929 年 10 版 10 册
818.4/1112 古今楹聯大觀 琴石山人編輯
上海 會文堂 民 17 年 4 版 2 册 複 1
818.4/3110 分類楹聯寶庫 江忍庵編
上海 廣益 民 18 年 再版 1 册 複 2
818.4/4712 古今聯語彙選（初集） 胡君復編
上海 商務 民 15 年 12 版 4 册
818.4/4712 古今聯語彙選（二集） 胡君復編
上海 商務 民 15 年 7 版 4 册
818.4/4712 古今聯語彙選（三集） 胡君復編
上海 商務 民 15 年 4 版 3 册
818.4/4712 古今聯語彙選（四集） 胡君復編
上海 商務 民 12 年 3 版 3 册
818.4/5064 撰聯指南 秦同培編著
上海 世界 民 18 年 初版 117 面
819.4/7508 楹聯新話 陳方鏞編
上海 中華 民 11 年 再版 114 面

818.6—7 中國寓言；游戲文字

818.6/3423 中國寓言初編 沈德鴻編纂
上海 商務 民 15 年 6 版 1 册
818.6/4791 中國寓言研究 胡懷琛著
上海 商務 民 19 年 初版 84 面

818.6/5004　中華諺海　史襄哉編
　上海　中華　民 16 年　1 册
818.6/8042　癡華鬘　尊者僧伽斯那撰　蕭齊天竺三藏、求那毗地譯
　上海　北新　民 15 年　43 面　複 1
818.7/1016　古今滑稽選文　雷君曜編
　上海　掃葉山房　民 18 年　上下 2 册
818.7/4032　沁香閣遊戲文章　李涵秋編
　上海　震亞　民 16 年　初版　102 面
818.7/4042　嚼舌録　李警衆著
　上海　震亞　民 16 年　初版　1 册
818.7/4476　邃漢齋謎語　薛鳳昌編
　上海　商務　民 12 年　3 版　30 面
818.7/7239　碎錦　劉冠悟編
　上海　卿雲　民 18 年　再版　298 面

818.8　隨録；日記

818.8/3060　流離　寒星著
　上海　亞東　民 18 年　再版　186 面　複 1
818.8/3420　篁君日記　沈從文著
　北平　文化　民 17 年　初版　134 面
818.8/3420　獃官日記　沈從文著
　上海　遠東　1929 年　初版　133 面
818.8/4036　滬戰中的日獄　李沿日著
　上海　神州　1932 年　初版　88 面
818.8/4427　畏廬瑣記　林紓編
　上海　商務　民 13 年　3 版　137 面

818.8/4435 庸盦筆記 薛福成著

上海 掃葉 民6年 合訂1冊

818.8/4603 中學生日記 楊文安著

上海 中學生叢書社 民20年 初版 123面

818.8/4735 日記九種 郁達夫著

上海 北新 1930年 初版 250面 複1

818.8/7722 抗日戰爭逸話 周樂山著

上海 北新 1932年 版初 98面

820 英美文學

820/9028 英國文學研究 小泉八雲著 孫席珍譯

上海 現代 1932年 版初 341面

820.4/3735 英國小品文集 梁遇春譯注

上海 美成 民21年 初版 187面

820.9/4360 英國文學拜崙時代 〔英〕葛斯著 韋叢蕪譯

北平 未名社 1930年 初版 174面

820.9/5934 英國文學史 F. S. Delmer著 林惠元譯

上海 北新 1930年 再版 512面 複1

820.9/7774 英國文學史 歐陽蘭編譯

上海 中華 民16年 初版 204面 複5

821/1578 一朵紅的紅的玫瑰 白爾痕斯著 程鶴西譯

北平 文化 民17年 初版 1冊

812/9047 雪萊詩選 Shelley著 郭沫若編譯

上海 泰東 民18年 4版 75面 複1

822/0040 瑪加爾及其失去的天使 瓊司著 張志澄譯

上海 商務 1925年 初版 148面

822/0514 譚格瑞的續弦夫人 〔英〕阿作爾平内羅著 程希孟譯
上海 商務 民12年 初版 166面 複1
822/0760 詭姻緣 Oliver Goldemith著 伍建光譯
上海 新月 1929年 初版 146面
822/0810 戀愛之果 包爾著 朱枕薪譯
上海 民智 民16年 再版 68面
822/0937 近代歐美獨幕劇集 芬信欽楡譯
上海 光華 1927年 初版 156面
922/1490 華倫夫人之職業 蕭伯納著 潘家洵譯
上海 商務 民12年 初版 120面 複2
822/1490 不快意的戲劇 蕭伯納著 金本基譯
上海 商務 民12年 初版 1册 複1
822/1490 武器與武士 肖伯納著 席滌塵、吴鴻綬合譯
上海 光華 1928面 初版 211面
822/1490 英雄與美人 蕭伯納著 中暇譯
上海 商務 民19年 初版 128面
822/4037 林肯 〔英國〕德林瓦特著 沈性仁譯
上海 商務 民12年 再版 80面 複3
822/4080 近代英文獨幕名劇選 梅司非耳等著 羅宋倫譯
上海 商務 民20年 初版 上下2册
822/4608 天外 奥尼爾著 古有成譯
上海 商務 民20年 初版 161面
822/4608 加力比斯之月 奥尼爾著 古有成譯
上海 商務 民19年 初版 255面
822/4810 可敬的克萊登 巴萊著 熊適逸譯
上海 商務 1930年 初版 182面 複1
822/4894 約翰沁孤的戲曲集 〔英國〕約翰沁孤著 郭沫若譯
上海 商務 民15年 初版 340面

822/5473　一個理想的丈夫　〔英國〕王爾德著　徐培仁譯
　上海　金屋　民17年　初版　277面
822/5473　沙樂美　〔英國〕王爾德著　田漢譯
　上海　中華　民12年　初版　94面
822/5473　莎樂美　准爾特著　徐葆炎譯
　上海　光華　民16年　初版　132面
822/5473　同名異娶　〔英國〕王爾德著　王靖譯
　上海　泰東　民10年　初版　110面
822/5473　温德米爾夫人的扇子　王爾德著　潘家洵譯
　北京　樸社　民15年　初版　152面
822/6079　長子　〔英國〕高斯倭綏著　鄧演存譯
　上海　商務　民13年　再版　115面　複3
822/6079　法網　高爾斯華綏著　郭沫若譯
　上海　創造社　1927年　初版　138面　複1
822/6079　相鼠有皮　高爾斯華綏原著　顧德隆改譯
　上海　商務　1925年　初版　142面　複2
822/6079　銀匣　高爾斯華綏著　郭沫若譯
　上海　聯合　民19年　再版　109面
822/6079　羣衆　哥爾斯衛狄著　朱復譯
　上海　商務　1930年　初版　110面
822/6079　鴿與輕夢　〔英〕高爾斯華綏著　席滌塵、趙宋慶合譯
　上海　開明　1927年　初版　168面
822/7190　造謡學校　B.B.Sheriden著　伍光建譯
　上海　新月　1929年　初版　183面
822/9002　威尼斯商人　莎士比亞著　顧仲彝譯
　上海　新月　1938年　初版　159面
822/9002　威尼斯商人　莎士比亞著　曾廣勛譯
　上海　新文化　民13年　初版　109面

822/9002　羅密歐與朱麗葉　莎士比亞著　田漢譯

上海　中華　民13年　初版　137面

822/9002　哈孟雷特　莎士比亞著　田漢譯

上海　中華　民14年　再版　172面　複1

822/9002　如願　莎士比亞著　張來真譯

上海　北新　1927年　初版　220面　複2

822/9482　地獄　辛克萊著　錢歌川譯

上海　開明　1930年　初版　186面　複1

824/9482　美國文藝界的怪狀　辛克萊著　陳恩成譯

上海　聯合　1930年　初版　216面　複1

824/9482　拜金主義　辛克萊著　陳恩成譯

上海　聯合　民19年　初版　216面

827/5475　拊掌録　W.Irving著　林紓譯

上海　商務　民14年　初版　77面

828/2428　少婦日記　C.E.Knox著　鐵民譯

上海　北新　民18年　初版　250面

828/3000　姊姊的日記　哈提作　方光燾譯

上海　開明　1928年　再版　164面

828/3567　英吉利民間趣事集　清野編譯

兒童書局　民19年　初版　115面

828/6734　近代論壇　狄金孫著　梁遇春譯

上海　春潮　1929年　初版　173面

828/9002　亨利第六遺事　〔英國〕莎士比亞著　林紓譯

上海　商務　民5年　初版　102面　複1

829/1072　美國的模範家庭　派克爾夫人著　陸退川譯

北京　北新　1927年　初版　309面

830 德國文學

830/4087 德國文學 ABC 李金髮著
上海 世界 1928 年 初版 135 面

830.1/8034 現代德國文學思潮 余祥森編
上海 華通 民 18 年 初版 92 面

830.2/7244 德國文學概論 劉大杰編
上海 北新 1928 年 初版 376 面 複 1

830.9/1128 德國文學史大綱 張傳普著
上海 中華 民 15 年 初版 133 面 複 1

832/0051 寂寞的人們 霍普德曼著
上海 商務 民 19 年 初版 189 面

832/0051 識工 霍脱邁著 陳家駒譯
上海 商務 1924 年 初版 139 面 複 2

832/0051 獺皮 〔德國〕豪布陀曼著 楊丙辰譯
上海 商務 民 15 年 初版 132 面

832/0920 阿那托爾 顯尼志勞著 郭紹虞譯
上海 商務 1922 年 初版 122 面

832/2020 長生訣 加貝克著 余上沅改譯
北京 北新 1926 年 初版 170 面

832/1560 浮士德 歌德著 郭沫若譯
上海 現代 1932 年 5 版 1 册

832/5300 費德利克小姐 〔德國〕黨恩著 楊丙辰譯
上海 商務 民 12 年 初版 177 面

832/5920 威廉退爾 〔德國〕許雷著 馬君武譯
上海 中華 民 15 年 再版 144 面

832/5920 瓦輪斯丹 Fschiller 著 胡仁源譯
上海 商務 民 21 年 初版 368 面

832/5920 强盗 〔德國〕釋勒著 楊丙辰譯
上海 北新 民 15 年 初版 284 面 複 2

832/6043 史推拉 Goethe 著 湯元吉譯
上海 商務 民 14 年 初版 79 面

832/6557 新聞記者 〔德國〕夫賴塔格著 柯一岑譯
上海 商務 民 17 年 初版 222 面

838/7499 萊森寓言 〔德國〕萊森著
上海 商務 民 14 年 初版 41 面 複 1

839.72/9384 史特林堡戲劇集 Stnindberg 著 張毓桂譯
上海 商務 民 11 年 初版 163 面 複 3

839.82/0441 海上夫人 易卜生著 楊熙初譯
上海 共學社 民 9 年 初版 194 面 複 1

839.82/0441 野鴨 易卜生著 徐鴣荻譯
上海 現代 民 17 年 初版 198 面 複 1

839.82/0441 易卜生集（一） 〔挪威〕易卜生著 潘家洵譯
上海 商務 民 10 年 初版 1 册 複 1

839.82/0441 易卜生集（二） 〔挪威〕易卜生著 潘家洵譯
上海 商務 民 14 年 再版 132 面 複 2

839.82/0441 羅士馬莊 易卜生著
上海 學術研究總會 民 19 年 再版 170 面 複 1

839.82/0441 社會哲學 易卜生著 袁振英編譯
上海 泰東 民 16 年 初版 194 面 複 1

839.82/1407 破産者 邊孫著 郭智石譯
上海 商務 1930 年 初版 172 面

840 法國文學

840/3473 法國文學研究 沈雁冰編纂
上海 商務 民13年 再版 1冊

840/4646 法蘭西文學 楊袁昌英著
上海 商務 民12年 初版 1冊

840/8026 法國文學叢談 曾仲鳴著
上海 開明 民20年 再版 149面

840/8026 法國文學叢談 曾仲鳴著
上海 嚶嚶 1928年 初版 149面

840.2/4424 近代法蘭西文學大綱 黃仲蘇編
上海 中華 民21年 初版 1冊

840.9/1053 法國文學史 Panthier著 王克維譯
上海 泰東 民14年 初版 215面 複1

840.9/4014 法國文學史 李璜編
上海 中華 民11年 初版 1冊 複2

841/2536 路曼尼亞民歌一班 朱湘譯
上海 文學研究會 1924年 初版 63面

841/7089 淞沚集 龍沙等著 侯佩尹譯
南京 南京書店 民20年 初版 180面

842/0305 阿萊城的姑娘 都德著 張志淵譯
上海 開明 民19年 1冊

842/0560 項日樂 Hugo著 東亞病夫譯
上海 真美善 1930年 初版 136面

842/0560 吕伯蘭 Hugo著 東亞病夫譯
上海 真美善 民16年 初版 257面

842/0560 吕克蘭斯鮑夏 Hugo著 東亞病夫譯
上海 真美善 民16年 172面

842/0874 巴黎的婦人 盎利白克著 吴續新譯
上海 商務 民19年 初版 92面

842/3554 茶花女 小仲馬著 劉半農譯
上海 北新 1926年 再版 270面

842/4444 愛與死 夢茵譯
上海 泰東 民17年 初版 141面

842/4517 紅衣記 Engene Brieux 著 陳良猷譯
上海 泰東 民10年 初版 188面

842/4709 西哈諾 曷斯當著 方于女士譯
上海 春潮 民18年 初版 312面

842/4870 迷眼的沙子 E.M.Labiche 著 趙少侯譯
上海 新月 1929年 初版 125面

842/5473 密茜歐克賴 維勒特拉克著 穆木天譯
上海 文獻 1929年 初版 120面

842/7707 孟德斯榜夫人 羅曼羅蘭著 李綫辛質合編
上海 商務 民19年 初版 94面

842/8074 心病者 Moliere 著 鄧琳譯
上海 商務 民22年 初版 135面

842/8074 夫人學堂 穆里哀著 東亞病夫譯
上海 真善美 民16年 初版 1册

842/8074 慳吝人 毛里哀著 高真常譯
上海 商務 1923年 初版 177面

842/8074 木馬 雷里、安瑞合著 李青崖譯
上海 商務 1925年 初版 167面

842/8471 神聖的童年 美爾博著 曾仲鳴譯
上海 開明 1930年 初版 161面 複1

842/8471 工女馬得蘭 米爾波著 岳瑛譯
上海 開明 民20年 再版 197面

844/0857　樂園之花　法朗士著　顧仲彝譯
上海　真美善　1929 年　初版　186 面

844/2070　花束　魯彥譯
上海　光華　民 17 年　初版　133 面

846/8017　婦人書簡　卜勒浮斯特著　李劼人譯
上海　中華　民 13 年　再版　204 面

848/4724　磨坊文札　都德著　成紹宗、張人權合譯
上海　創造社　1927 年　初版　255 面

849.42/0031　未婚的母親　唐宋元譯
上海　民智　民 18 年　初版　144 面

850—880　意，西，希等國文學

852/6308　琪珴康陶　唐努遒著　張聞天譯
上海　中華　民 15 年　再版　120 面　複 1

852/7147　六個尋找作家的劇中人物　皮得藍婁著　徐霞村譯
上海　水沫　1929 年　版初　1 册

860/4148　倍那文德戲曲集　J.Benavente 著　沈雁冰譯
上海　商務　民 14 年　初版　292 面　複 1

870/0543　愛經　羅馬沃維提烏思著　戴望舒譯
上海　水沫　1929 年　初版　215 面

880/2142　希獵神話故事　肯斯黎著　清晨譯
上海　春潮　民 17 年　初版　84 面

888.6/0490　伊所伯的寓言　伊所伯著　汪原放譯
上海　亞東　1929 年　初版　327 面

888.6/6644　伊索寓言　嚴培南等編
上海　商務　民 13 年　19 版　68 面　複 1

888.6/1282 伊索寓言演義 孫毓修編

上海 商務 民15年 9版 168面 複 1

890 俄，印等國文學

891.18/8758 印度寓言 鄭振鐸編

上海 商務 民14年 初版 87面 複1

891.41/3060 飛鳥集 泰谷爾著 鄭振鐸譯

上海 商務 民13年 3版 88面 複1

891.41/3060 新月集 太戈爾著 鄭振鐸譯

上海 商務 1930年 5版 53面 複1

891.42/3060 太戈爾戲曲集（一） 太戈爾著 瞿世英、鄧演存合譯

上海 商務 民13年 再版 79面 複3

891.42/3060 太戈爾戲曲集（二） 太戈爾著 高滋譯

上海 商務 1924年 初版 50面 複2

891.42/3060 謙屈拉愛情名劇 泰谷爾著 吳致覺譯

上海 商務 民12年 初版 45面

891.42/3060 春之循環 太戈爾著 瞿世英譯

上海 商務 1924年 4版 85面 複2

891.51/0820 魯拜集 Omar Khayyam著 郭沫若譯

上海 泰東 民18年 5版 112面

891.7/1744 文學方法論者普利哈諾夫 耶考蕪萊夫著 何畏譯

上海 春秋 1930年 初版 253面

891.7/2335 作家論 伏洛夫司基著 畫室譯

上海 崐崙 民18年 初版 110面

891.7/2264 蘇俄的文藝論戰 任國楨譯

上海 北新 1927年 再版 104面

891.7/3104 十九世紀俄羅斯文學家的傳略和著作思想 馮瘦菊編
上海 大東 民 18 年 初版 1 冊

891.7/4023 俄羅斯名著第一集 李秉之選譯
上海 亞東 民 14 年 初版 192 面 複 1

891.7/4258 新俄文學中的男女 庫尼茲著 周起應譯
上海 現代 1932 年 204 面

891.7/4424 高爾基研究 黃秋萍編譯
上海 現代 1932 年 初版 191 面

891.7/4963 俄國三大文豪 趙景深譯
上海 亞細亞 1929 年 87 面

891.7/5030 新俄的文藝政策 畫室重譯
上海 光華 1928 年 初版 212 面

891.7/6064 現代俄國文藝思潮 昇曙夢著 陳俶達譯
上海 華通 民 18 年 初版 132 面

891.7/7144 俄國革命後的文學 馬克希廊夫著 金溟若譯
上海 開明 民 18 年 初版 104 面

891.7/7734 蘇俄新藝術概觀 尾賴敬止著 雷通羣譯
上海 新宇宙 1931 年 初版 119 面

891.709/2701 俄國文學史 克魯泡特金著 郭安仁譯
四川 重慶 1931 年 初版 495 面

891.709/8758 俄國文學史略 鄭振鐸編
上海 商務 民 13 年 初版 187 面 複 4

891.71/4434 勃洛克十二個 勃洛克作 胡斆譯
北京 北新 1926 年 初版 74 面

891.71/4935 屠介涅夫散文詩 屠介涅夫著 白棣清野譯
上海 北新 1929 年 初版 215 面

891.72/0758 浮士德與城 盧那卡斯基著 柔石譯
上海 新生命 1930 年 初版 340 面

891.72/0937 罪與愁 Ostrvsky 著 柯一岑譯

上海 商務 民 11 年 初版 126 面 複 1

891.72/0937 貧非罪 阿史特洛夫斯基著 鄭振鐸譯

上海 商務 民 11 年 初版 110 面 複 2

891.72/1111 白茶蘇俄獨幕劇選 斑珂著 曹靖華譯

北京 未名社 1927 年 初版 168 面

891.72/1706 俄國戲曲集 歌郭里等著 賀啓明、耿濟之等譯

上海 商務 民 10 年 初版 1 部 10 册 複 1

891.72/2042 三姊妹 柴霍甫著 曹靖華譯

上海 商務 1927 年 2 版 162 面 複 3

891.72/2062 桃色的雲 愛羅先珂著 魯迅譯

北京 京華 1923 年 初版 284 面 複 2

891.72/2397 亂婚裁判 德美朵委奇著 温盛光譯

上海 啓智 1928 年 初版 78 面

891.72/2397 亂婚裁判 台米陀伊基著 沈端先譯

上海 水沫 民 19 年 初版 104 面

891.72/3079 活屍 托爾斯泰著 文範邨重譯

上海 商務 民 10 年 初版 85 面 複 1

891.72/3079 兒童的智慧 常惠譯

上海 北新 1926 年 初版 120 面

891.72/3079 黑暗之光 鄧演存譯

上海 商務 1922 年 初版 130 面 複 4

891.72/3079 丹東之死 托爾斯泰著 巴金譯

上海 開明 1930 年 初版 224 面

891.72/6064 新俄的演劇運動與跳舞 昇曙華著 畫室譯

上海 北新 1927 年 再版 172 面

891.72/7408 黑假面人 安得列夫著 李霽野譯

上海 未名社 1928 年 初版 112 面

891.72/7408　比利時的悲哀　安得列夫著　沈琳譯
上海　商務　民14年　初版　117面　複1

891.72/7408　人之一生　安特列夫著　耿濟之譯
上海　商務　1928年　3版　167面　複2

891.72/7408　狗的跳舞　安特列夫著　張聞天譯
上海　商務　1923年　初版　110面　複2

891.72/7408　安那斯瑪　安東列夫著　郭協邦譯
上海　新文化　民12年　初版　158面　複1

891.72/8073　戰爭　阿爾志跋綏夫著　喬懋中譯
上海　光華　民19年　初版　184面

891.74/2737　戈理基文録　魯迅編
上海　光華　民19年　1冊

891.74/4756　黄花集　韋素園譯
上海　北新　1929年　初版　166面

891.78/3079　我的生涯一個俄國農婦自述　托爾斯泰著　李藻譯
上海　商務　民15年　再版　128面

891.78/3093　朵里退夫思基　朵里退夫思基夫人著　李偉森重譯
上海　北新　1928年　初版　401面

891.78/8068　新俄學生日記　N.Ognyov著　丹苓譯
上海　光華　1929年　初版　343面

891.78/8068　新俄學生日記　N.Ognyov著　林語堂、張友松合譯
上海　春潮　1929年　初版　290面

892.71/2064　先知　Kahlil Gibran著　冰心女士譯
上海　新月　1931年　初版　125面

894.362/0920　阿那托爾　顯尼志勞著　郭紹虞譯
上海　文學研究會　民11年　初版　122面

894.362/0920　循環舞　顯尼志勒著　趙伯顏譯
上海　水沫　1930年　初版　193面

894.8/1042 土耳其寓言 王世穎譯
上海 開明 1929 年 初版 98 面
894.932/8043 青鳥 梅脱靈克著 王維克譯
上海 泰東 1923 年 初版 270 面 複 1
894.932/8043 青鳥 梅德林克著 傅東華譯
上海 商務 民 13 年 再版 181 面 複 1
894.932/8043 梅脱靈戲曲集 梅脱靈著 湯澄波譯
上海 商務 1923 年 初版 170 面 複 2
894.932/8043 愛的遺留 梅脱林著 谷鳳田譯
北京 海音 1927 年 初版 130 面
894.932/8043 嫫娜娃娜 梅脱林克著 古猶人譯
上海 光華 1928 年 初版 159 面

895.2 日本文學

895.19/3567 朝鮮傳説 清野編
上海 兒童 1930 年 初版 121 面
895.2/0403 日本文學 謝六逸編
上海 開明 1927 年 初版 1 册
895.2/1026 兩條血痕 石川啄木等著 周作人譯
上海 開明 1927 年 初版 196 面
895.2/3020 現代日本文學評論 宮島新三郎著 張我軍譯
上海 開明 1930 年 初版 216 面
895.2/7122 出了象牙之塔 廚川白村著 魯迅著
上海 未名社 1925 年 初版 256 面 複 1
895.2/7122 小泉八雲及其他 緑蕉譯
上海 啓智 1930 年 初版 208 面

895.209/0403 日本文學史 謝六逸著
上海 北新 1929年 初版 316面 複1

895.22/1349 一個青年的夢 武者小路實篤著 魯迅譯
上海 商務 民12年 再版 232面 複2

895.22/1349 四人及其他 武者小路實篤著 王古魯等譯
南京 南京 1931年 初版 301面

895.22/1349 妹妹 武者小路實篤著 周白棣譯
上海 中華 民14年 初版 220面 複1

895.22/2254 日本現代劇三種 山本有三等著 田漢譯
上海 東南 1928年 初版 123面

895.22/2961 骷髏的跳舞 秋田雨雀作 一切譯
上海 開明 1930年 再版 117面

895.22/3562 學校劇本集 神田豐穗著 徐傅霖譯
上海 商務 民13年 初版 316面 複4

895.22/4433 日本現代劇選 菊池寬著 田漢譯
上海 中華 民14年 再版 104面 複4

895.22/4433 戀愛病患者 菊池寬著 劉大杰譯
上海 北新 1927年 初版 146面

895.22/4433 菊池寬集 菊池寬著 章克標譯
上海 開明 1930年 再版 186面

895.22/7728 狂言十番 周作人譯
北京 北新 1926年 初版 173面 複1

895.22/8061 出家及其弟子 倉田百三著 孫百剛譯
上海 開明 1930年 再版 254面 複1

885.22/8063 新的歷史戲曲集 前田河廣一郎著 陳勺水譯
上海 樂羣 1928年 初版 195面

895.24/9028 近代日本文藝論集 小泉八雲等著 韓侍桁輯譯
上海 北新 1929年 初版 252面 複1

895.24/4763　思想山水人物　鶴見祐輔著　魯迅譯

上海　北新　1929 年　278 面　複 2

895.24/7122　苦悶的象徵　廚川白村著　豐子愷譯

上海　商務　民 14 年　初版　150 面　複 1

895.24/7122　苦悶的象徵　廚川白村著　魯迅譯

上海　北新　1926 年　3 版　147 面　複 1

895.24/7233　煩悶與自由　丘淺次郎著　張我軍譯

上海　北新　1929 年　初版　334 面

895.24/7706　與謝野晶子論文集　與謝野晶子著　張嫻譯

上海　開明　1926 年　初版　162 面

895.28/4434　一束古典的情書　林房雄著　林伯修譯

上海　現代　1928 年　初版　130 面

895.5/0087　波斯故事　章鐵民譯

上海　北新　1928 年　初版　237 面

900 史地

901 一般歷史

910/14　二十四紀之母　P.Y. 著
　上海　出版合作社　民 15 年　初版　160 面　複 2
901/0230　近代文化的基礎　多瑪士哈模著　彭芮生譯
　上海　啓智　民 18 年　初版　343 面
901/0230　近代西洋文化革命史　多瑪士哈模著　余慕陶譯
　上海　聯合　1929 年　初版　580 面　複 1
901/0410　史學　班慈著　向達譯
　上海　商務　民 19 年　初版　102 面
901/0463　近世文化史　謝勗之著
　上海　光華　民 16 年　再版　244 面　複 1
901/0494　歷史之科學與哲學　施亨利著　黎東方譯
　上海　商務　民 19 年　出版　184 面
901/1162　世界文化史大綱　張國仁著
　上海　民智　1932 年　初版　上下 2 册
901/2194　浙東學派溯源　何炳松編
　上海　商務　民 21 年　初版　205 面
901/2503　歷史哲學　朱謙之著
　上海　泰東　民 15 年　初版　389 面　複 3
901/2666　史之梯　吳貫因著
　上海　聯合　1930 年　初版　230 面

901/2807 中國民族與世界文化 徐慶譽著

上海 世界學會 民 17 年 初版 84 面 複 1

901/3118 史地叢考 馮承鈞著

上海 商務 民 20 年 初版 123 面

901/3118 史地叢攷（續編） 馮承鈞著

上海 商務 民 22 年 初版 243 面

901/4014 歷史學與社會科學 李璜著

上海 東海 民 17 年 初版 111 面

901/4070 新史學 何炳松譯

上海 商務 民 14 年 再版 1 册 複 4

901/4300 世界文化史 〔美國〕桑戴克著 陳廷璠譯

上海 重慶 民 19 年 初版 444 面 複 1

901/4438 文化評價 ABC 葉法無著

上海 abc 叢書社 民 17 年 初版 91 面

901/4631 史地新論 楊鴻烈著

北平 晨報社 民 13 年 初版 90 面 複 2

901/7299 西洋文化史綱 劉炳榮編著

上海 太平洋 民 15 年 初版 80 面 複 2

901/7574 歷史哲學概論 R.Flint 著 郭斌佳譯

上海 新月 1928 年 初版 296 面

901/9840 文化之出路 S.Nearing 著 周谷城譯

上海 新宇宙 1928 年 初版 145 面

902/2334 世界大事年表 傅運森編纂

上海 商務 民 3 年 初版 365 面 複 2

902/3262 史學通論 浮田和民講述 李浩生譯

杭州 合衆 光緒 29 年 初版 103 面 複 1

902/5589 世界史表解 曹劍光編

上海 楓林 民 20 年 386 面

907/2334 新學制歷史教科書 傅運森編
上海 商務 民12年 初版 上下2冊
907/4048 歷史教學法 J.Henry著 何炳松譯
上海 商務 民15年 初版 1冊

909 世界史

909/0570 人類的故事 〔法國〕房龍著 沈性仁譯
上海 商務 民14年 再版 1冊
909/0654 簡明世界史 威爾斯著 樊仲雲譯
上海 商務 民20年 初版 399面
909/0654 漢譯世界史綱 向達等譯述
上海 商務 民17年 3版 1冊 複1
909/0840 現代五大强國 許士毅編
上海 中華 民13年 初版 148面
909/1031 萬國史綱 元良勇次郎、家永豐吉著 邵希雍譯
上海 商務 民3年 3版 158面
909/1080 世界史 王鍾麒編
上海 商務 民14年 初版 1冊
909/2334 世界史（上册） 傅運森編
上海 商務 民13年 4版 1冊 複1
909/2585 近百年世界史 朱公振編
上海 世界 民18年 初版 1冊
909/4054 世界史 李泰棻編
上海 商務 民15年 10版 259面 複1
909/4440 最近十年世界大勢 林希謙編
上海 中華 民21年 初版 154面

909/4629　近世革命史綱　楊幼炯講演　王逢辛筆述
　上海　中華　民22年　初版　1冊
909/4645　世界亡國稗史　楊南邨編
　上海　交通　民7年　再版　92面
909/5080　世界歷史問答　車曾訓編
　上海　東方　民18年　再版　124面
909/7541　世界史　陳其可、朱翊新合編
　上海　世界　民19年　再版　256面
909/7722　世界史　周傳儒編
　上海　商務　民14年　初版　上下2冊
909/8034　初級世界史　金兆梓編
　上海　中華　民14年　6版　125面
909/9063　世界的大勢　米田實著　余任民譯
　上海　開明　1931年　初版　214面

910　地理；遊記

910/0100　地理（第3冊）　譚廉、夏廷璋合編
　上海　商務　民13年　4版　1冊
910/0434　瀛環全志　謝洪賚編
　上海　商務　光緒　32年　6版　542面
910/0434　重訂瀛環全志　謝洪賚編纂
　上海　商務　民13年　初版　上下2冊
910/0446　地理（第2冊）　謝觀編纂
　上海　商務　民11年　7版　1冊
910/0446　外國地理　謝觀編纂
　上海　商務　民13年　18版　上下2冊　複1

910/0934 實用地理學 余紹忭譯述

上海 商務 民 19 年 初版 316 面

910/1000 經濟地理學原理 王庸著

上海 商務 民 15 年 初版 172 面

910/1028 初級世界地理 丁詧盦編

上海 中華 民 15 年 8 版 230 面 複 5

910/1047 人文地理學 王華隆編

上海 商務 民 14 年 初版 206 面 複 2

910/1047 戰後世界新形勢紀要 王華隆編

上海 商務 民 15 年 4 版 82 面

910/1080 新學制地理教科書 王鍾麒編

上海 商務 民 13 年 3 版 上下 2 册 複 2

910/1146 人地學論叢（第一集） 張其昀編

南京 鍾山書局 民 21 年 初版 266 面

910/1146 人生地理教科書 張其昀編

上海 商務 民 14 年 初版 3 册

910/1282 外國地理講義 孫毓修、朱元善合編

上海 商務 民元年 初版 132 面

910/2178 白話地理教本 〔美國〕衛雅谷著 李榮春譯

上海 自由社 民 2 年 初版 58 面

910/2334 人文地理 傅運森編纂

上海 商務 民 12 年 10 版 66 面 複 2

910/2727 環遊二十九國記 鄒魯著

上海 世界 民 18 年 再版 上下 2 册 複 1

910/2849 最新世界地理志 徐大煜編譯

東京 秀英舍工場 光緒 31 年 初版 352 面

910/4031 人文地理 ABC 李宗武著

上海 世界 1929 年 初版 159 面

910/4175　人生地理學　白菱漢著
　上海　商務　民19年　初版　160面
910/4234　國外遊記彙刊　姚祝萱輯
　上海　中華　民14年　再版　8册　複1
910/4350　地理創造家　法里士著　黄卓譯
　上海　商務　民20年　初版　1册
910/4400　初中外國地理　董文、高松岑合譯
　上海　世界　民19年　初版　上下册
910/4405　世界各處的人民　楊氏著　滕柱譯
　上海　商務　民20年　76面　複1
910/4477　初中地理　杜鳳編
　上海　世界　民18年　3版　3册
910/4504　史地關係新論　非耳格林著　滕柱編
　上海　商務　民20年　初版　295面
910/5353　海外工讀十年紀實　盛成著
　上海　中華　民21年　初版　1册
910/6618　世界地理問答　瞿西鎮編輯
　上海　三民　民18年　初版　68面
910/7224　人生地理概要　劉虎如編
　上海　商務　民20年　初版　123面
910/7774　中外地理大全　陶履恭、楊文洵編
　上海　中華　民10年　5版　上下2册
910/8007　世界植物地理　胡先驌譯
　上海　商務　民22年　初版　213面
910/8008　新制世界地理　曾慶錫編
　武昌　永盛　民13年　初版　90面
910/8008　新制世界地理參證　曾慶錫著
　武昌　永盛　民13年　初版　62面

910/8484　近代地理學　王勤堉譯
　上海　商務　民22年　初版　214面
910.2/0017　增訂上海指南　南務印書館編譯所編纂
　上海　商務　民15年　22版　1册　複2
910.2/0017　增訂實用北京指南　商務印書館編譯所編纂
　上海　商務　民15年　4版　1册
910.2/0017　中國旅行指南　商務印書館編譯所編纂
　上海　商務　民9年　8版　350面
910.2/0022　新上海　唐又峯編
　上海　商務　民20年　初版　488面
910.2/0023　新都遊覽指南　方繼之編
　上海　大東　民17年　初版　184面
910.2/2811　鷄公山指南　徐珂編纂
　上海　商務　民11年　再版　36面　複1
910.2/2811　增訂西湖遊覽指南　徐珂編纂
　上海　商務　民12年　14版　1册
910.2/2811　北戴河指南　徐珂編纂
　上海　商務　民11年　再版　1册
910.2/2811　莫干山指南　徐珂編
　上海　商務　民11年　再版　38面
910.2/2811　廬山指南　徐珂編
　上海　商務　民11年　再版　1册
910.2/2811　實用北京指南　徐珂編
　上海　商務　民10年　再版　1册　複2
910.2/4234　北京便覽　姚祝萱編
　上海　文明　民12年　再版　1册
910.2/4410　實用首都指南　林震編纂
　上海　商務　民19年　初版　1册

910.2/4454 青島概要 葉春墀著作
上海 商務 民11年 再版 126面
910.2/4712 泰山指南 胡君復編纂
上海 商務 民12年 初版 1册
910.2/7214 廣州快覽 劉再蘇編輯
上海 世界 民15年 初版 152面
910.2/7214 天津快覽 劉再蘇編輯
上海 世界 民15年 初版 185面
910.4/2718 歐戰中世界旅行記 鄉下人作
1918年 初版 116面 複4
910.4/6047 環球周遊記 景慇著
上海 中華 民15年 3版 1册 複1
910.4/8303 環球日記 錢文選著
上海 商務 民9年 初版 164面

911—13 政治區域沿革及考古學

911/4105 戰後新世界 〔美國〕鮑曼著 張其昀等譯
上海 商務 民16年 初版 612面
911.51/1063 中國長城沿革攷 王國良編
上海 商務 民20年 初版 81面
911.51/7202 中國沿革地理淺説 劉麟生編
上海 商務 民20年 初版 115面
913/2117 奇蹟（上卷） 紫珊編
上海 神州 1931年 初版 79面
913/6920 中國史乘中未詳諸國考證 G.Schlegel著 馮承鈞譯
上海 商務 民17年 初版 156面

913.51/5946　中國西部考古記　色伽蘭著　馮承鈞譯
　上海　商務　民19年　初版　84面

912　世界地圖

910.7/4430　地圖畫法　莊啓編纂
　上海　商務　民12年　再版　1冊
912/0040　世界形勢一覽圖（附説）　童世亨著
　上海　商務　民14年　14版　41面
912/0040　袖珍世界新輿圖　童世亨著
　上海　商務　民9年　3版　48面
912/1004　世界政治區劃商業交通全圖　亞新地學社繪
　武昌　亞新地學社　1冊
912/1004　世界各國軍港圖　亞新地學社編
　武昌　亞新地學社　1幅
912/1004　世界改造後環球列國地圖　亞新地學社編
　武昌　亞新地學社　民18年　初版　1冊
912/1004　新中外輿地全圖（附説）　亞新地學社編譯
　武昌　亞新地學社　民18年　初版　圖65幅，附表21面
912/1028　世界改造分國地圖　丁詧盦編著
　上海　中華　民10年　3版　1冊
912/1240　漢文萬國地圖　孫吉編纂
　東京　三松堂　明治39年　14版　1冊
912/2044　世界新輿圖　奚若著作　童世亨校訂
　上海　商務　民7年　3版　1冊
912/2044　世界新輿圖　奚若編纂
　上海　商務　民3年　再版　1冊

912/2778　華英對照袖珍列國地圖　鄒興鉅編著
　武昌　亞新　民 18 年　初版　1 册
912/2801　世界地質圖　倫敦理工大學院著　亞新地學社編譯
　武昌　亞新　1 幅
912/4061　漢譯世界大地圖　吉田晉編輯
　東京　三松堂　明治 39 年　6 版　1 幅
912/7772　新世界列國地圖　歐陽纓編
　武昌　新亞　民 21 年　12 版　1 册

912.51　中國地圖

912.51/0017　東洋史要地圖　商務印書館編纂
　上海　商務　民 2 年　2 版　1 册
912.51/0040　東三省明細地圖　童世亨著
　上海　商務　民 14 年　5 版　1 幅
912.51/0276　中俄邊疆圖　新民圖書館兄弟公司發行
　上海　新民　民 18 年　1 幅
912.51/1004　急應收回沿邊形要圖　亞新地學社製
　武昌　亞新　1 幅
912.51/1004　中俄交界詳圖　亞新地學社製
　武昌　亞新　（附中俄界記 2 册）　16 幅
912.51/1004　中山建設地圖　亞新地學社製
　武昌　亞新　1 幅
912.51/1004　東北四省明細地圖　亞新地學社製
　武昌　亞新　1 幅
912.51/1004　東北四省形勢詳圖　亞新地學社製
　武昌　亞新　1 幅

912.51/1004　中日對峙形勢圖　亞新地學社製

武昌　亞新　1幅

912.51/1004　大中華民國分省圖（附表）　亞新地學社編輯

武昌　亞新　民18年　30版　1册

912.51/1004　中華國恥地圖　亞新地學社編輯

武昌　亞新　1幅

912.51/1031　東洋歷史地圖　石澤發身編輯

東京　弘文館　明治39年　15版　1册

912.51/2778　春秋戰國地圖　鄒興鉅著作

武昌　亞新　民1年　初版　1册

912.51/4034　象形中華民國人物輿地圖　基亞闊夫製

哈爾濱　北方商業石印局　1931年　1幅

912.51/7711　中國交通全圖　覺非編繪

上海　新學會社　民12年　初版　圖28幅　表178面

912.51/7772　表解説明中華析類分省圖　歐陽纓編著

武昌　亞新　民18年　初版　1册

912.51/7772　新中華民國分省圖　歐陽纓編

武昌　亞新　民21年　12版　1册

912.51/9020　支那古今沿革地圖　小島彦七著

東京　三松堂　明治38年　5版　1册

912.51　中國各省縣地圖

912.5101/1004　廣西明細地圖　亞新地學社繪

武昌　亞新　1幅

912.5105/1004　廣東明細地圖　亞新地學社繪

武昌　亞新　1幅

912.5121/1004　山西明細地圖　亞新地學社繪
　武昌　亞新　1 幅
912.5125/1004　山東明細地圖　亞新地學社繪
　武昌　亞新　1 幅
912.5131/0017　湖北省明細全圖　商務印書館編譯所編纂
　上海　商務　民 15 年　6 版　1 幅
912.5131/1004　武漢三鎮市街實測詳圖　亞新地學社製
　武昌　亞新　1 幅
912.5131/1004　江西分縣詳圖　亞新地學社製
　武昌　亞新　民 20 年　初版　1 册
912.5131/1004　江西明細地圖　亞新地學社製
　武昌　亞新　1 幅
912.5131/1004　漢陽縣地圖　亞新地學社製
　武昌　亞新　1 幅
912.5131/1004　湖北分縣詳圖　亞新地學社製
　武昌　亞新　民 16 年　初版　1 册 42 幅　複 2
912.5131/1004　湖北形勢講授地圖　亞新地學社製
　1 幅
912.5131/1004　福建明細地圖　亞新地學社製
　武昌　亞新　1 幅
912.5131/1004　河北明細地圖　亞新地學社製
　武昌　亞新　1 幅
912.5131/1335　實測漢口街道全圖　武漢書業公會印
　武昌　亞新代印　民 9 年　1 幅
912.5131/2123　最近應城形勢一覽圖　熊維漢製
　武昌　亞新　民 20 年　初版　1 幅
912.5131/4057　大冶縣全圖　大中輿地學會編輯
　武昌　亞新　1 幅

912.5132/1004 安徽明細地圖 亞新地學社製
武昌 亞新 1幅
912.5133/1004 遼甯明細地圖 亞新地學社製
武昌 亞新 1幅
912.5133/1004 浙江明細地圖 亞新地學社製
武昌 亞新 1幅
912.5134/0040 實測上海城市租界分圖 童世亨編
上海 商務 民7年 初版 1册
912.5134/1004 湖南分縣詳圖 亞新地學社編輯
武昌 亞新 民17年 初版 48幅
912.5134/1004 河南明細地圖 亞新地學社製
武昌 亞新 1幅
912.5134/1004 湖南明細地圖 亞新地學社製
武昌 亞新 1幅
912.5134/1004 江蘇明細地圖 亞新地學社製
武昌 亞新 1幅
912.5134/1004 湖南講授地圖 亞新地學社製
武昌 亞新 1幅
912.5134/3717 滬甯一帶形勢圖 参謀本部湖北省陸地測量局繪
武昌 陸地測量局 1幅
912.5134/3717 淞滬 帶戰區圖 參謀本部湖北省陸地測量局繪
武昌 陸地測量局 1幅
912.5144/1004 吉林明細地圖 亞新地學社繪
武昌 亞新 1幅
912.5146/4483 均縣輿地全圖 杜錦瀚著作
武昌 亞新 民13年 初版 1幅
912.5153/1004 貴州明細地圖 亞新地學社製
武昌 亞新 初版 1幅

912.5160/1004　黑龍江明細地圖　亞新地學社繪
武昌　亞新　1 幅
912.5162/1004　四川全省水陸交通道里圖　亞新地學社繪
武昌　亞新　1 幅
912.5171/1004　陝西明細地圖　亞新地學社繪
武昌　亞新　1 幅

914　歐洲地理及遊記

914/4430　戰後歐遊見聞記　莊启編
上海　商務　民 15 年　初版　549 面　複 1
914/4504　歐洲與不列顛　林格耳非楊氏著　滕柱譯
上海　商務　民 20 年　227 面
914/5620　歐羅巴洲　〔美國〕謙本圖著
上海　商務　民 4 年　4 版　382 面　複 1
914/5620　不列顛三島和波羅的海諸國　卡奔德著　鮑鳶如譯
上海　商務　1931 年　初版　336 面
914.2/4548　英國一瞥　顧彭年譯述
上海　商務　民 14 年　再版　135 面　複 4
914.2/6484　倫敦一瞥　密登著　陳錦英譯
上海　商務　1930 年　初版　107 面
914.3/4430　德國一週　莊启編
上海　商務　民 14 年　初版　125 面　複 1
914.3/8732　德意志一瞥　鄭次川譯述
上海　商務　民 14 年　再版　130 面　複 2
914.4/3127　法蘭西一瞥　顧德隆譯述
上海　商務　民 15 年　初版　102 面　複 2

914.5/5488　意大利一瞥　Fenemore 著

上海　商務　民 15 年　初版　99 面　複 2

914.7/1112　赤俄遊記　張天化譯

上海　民智　民 17 年　初版　248 面　複 1

914.7/2444　目睹的蘇俄　德蘭散著　虛白譯

上海　真美善　1929 年　初版　380 面

914.7/3102　江亢虎新俄遊記　江亢虎著

上海　商務　民 12 年　再版　113 面　複 1

914.7/4627　蘇俄科學巡禮　克勞則爾著　潘谷神譯

上海　開明　民 21 年　初版　158 面

914.7/4783　莫斯科印象記　胡愈之著

上海　新生命　民 21 年　再版　151 面

914.7/7450　俄羅斯一瞥　鄭次川譯述

上海　商務　民 14 年　再版　124 面　複 3

914.8/0585　挪威一瞥　汪今鸞譯述

上海　商務　民 15 年　初版　135 面　複 2

914.8/3182　瑞典一瞥　汪今鸞譯述

上海　商務　民 14 年　初版　98 面　複 3

914.93/7534　比利時一瞥　陳濟芸譯述

上海　商務　民 14 年　初版　107 面　複 4

914.94/3127　瑞士一瞥　顧德隆譯述

上海　商務　民 14 年　初版　96 面　複 2

914.95/4017　希臘一瞥　周育民譯

上海　商務　民 13 年　再版　118 面　複 4

914.96/7584　土耳其一瞥　密林根著　孟琇瑋譯述

上海　商務　民 15 年　初版　132 面

915.1 中國地理與遊記

915/2770 東北亞洲搜訪記 烏居龍藏著 湯爾和譯述
上海 商務 民15年 初版 265面

915/4494 黄海環遊記 黄炎培著
上海 生活 1932年 再版 87面

915/5620 地理讀本亞細亞洲 〔美國〕謙本圖著
上海 商務 民9年 再版 332面 複1

915/6547 崐崙及海南古代航行攷 費瑯著 馮承鈞譯
上海 商務 1930年 初版 133面

915.1/0446 各省區域沿革一覽表 謝觀編
上海 商務 民3年 初版 176面

915.1/0446 本國地理 謝觀編
上海 商務 民13年 24版 上下2册 複1

915.1/1028 初級本國地理 丁詧盦編
上海 中華 民15年 10版 上下2册 複3

915.1/1028 初級本國地理參考書 丁詧盦編
上海 商務 民15年 初版 上下2册

915.1/1034 雅安歷史 賈鴻基著
1册

915.1/1041 丁格爾步行中國遊記 〔英〕丁格爾著 陳曾穀譯述
上海 商務 民9年 3版 186面

915.1/1054 天下名山勝景記 王泰來著
上海 會文堂 民17年 8版 178面

915.1/1082 中國經濟地理 王金紱著
文化 民19年 初版 上下2册

915.1/1082 新編中華地理分誌 王金紱著
北平 求知學社 民13年 初版 2册 複2

915.1/1082　中國分省地誌　王金紱編纂

上海　商務　民16年　初版　上下2冊

915.1/1112　續天下名山勝景記　琴石山人編

上海　會文堂　民17年　3版　上下冊

915.1/1144　本國新遊記　張英編

上海　商務　民9年　3版　149面　複1

915.1/1146　本國地理（下冊）　張其昀編

上海　商務　民17年　初版　490面

915.1/1147　交廣印度兩道考　P.Pelliot著　馮承鈞譯

上海　商務　民22年　初版　154面

915.1/1226　伏園遊記　孫伏園著

上海　北新　1926年　初版　122面

915.1/2111　東北視察記　何西亞著

上海　現代　民21年　初版　314面

915.1/2362　東北地理教本　傅恩齡編

1931年　初版　上下2冊

915.1/2653　中國人文地理問答　吴拯寰編

上海　三民　民19年　初版　190面

915.1/2682　中國人文地理　吴美繼著

南京　益新　民18年　再版　190面　複1

915.1/2704　本國地理　繆育南編輯

上海　商務　民14年　初版　上下2冊

915.1/2738　燕晉察哈爾旅行記　侯鴻鑑編

錫成公司　55面

915.1/2868　東三省紀略　徐曦編

上海　商務　民5年　4版　546面　複2

915.1/3447　中國地理問答　洪懋熙編輯

上海　東方　民18年　再版　84面

915.1/4025 中國海疆之變遷及南北天然之區劃 李仲揆講
1 册
915.1/4234 新遊記彙刊續編 姚祝萱輯
上海 中華 民14年 2版 6册 複1
915.1/4400 西北叢編 林競著
上海 神州 1931年 初版 435面
915.1/4400 初中本國地理 董文、張國維合編
上海 世界 民19年 初版 4册
915.1/4426 廬山遊記及詩 黄侃著
武昌 黄鵠 民19年 初版 27面
915.1/4434 中國境界變遷大勢攷 蘇演存編
上海 商務 民5年 再版 218面 複3
915.1/4473 東省刮目論 藤岡啓著 湯爾和譯述
上海 商務 民19年 初版 216面
915.1/4478 中學新體中國地理 臧勵龢編
上海 商務 民1年 10版 98面
915.1/4603 中學生遊記 楊文安著
中學生叢書社 民20年 初版 17面
915.1/5045 新遊記彙刊 中華書局編譯所譯
上海 中華 民15年 4版 8册 複4
915.1/6062 中國地理大勢 吕思勉編
上海 中華 民9年 3版 上下2册 複2
915.1/6733 滿洲現狀 野澤源之亟著 徐焕奎譯
上海 商務 民18年 初版 63面
915.1/7118 本國地理參攷書 馬晉羲編
上海 東大陸 光緒32年 3版 388面
915.1/7212 本國地理 劉君穆編
上海 民智 民19年 初版 上下2册

915.1/7534　實業計劃水道要論　陳遵楷編纂
　上海　商務　民19年　初版　172面
915.1/7540　東三省一瞥　陳博文編
　上海　商務　民13年　初版　87面　複2
915.1/7584　現行行政區劃一覽表　陳鎬基編
　上海　商務　民5年　再版　33面　複1
915.1/7747　東三省概論　周志驊編
　上海　商務　1931年　初版　185面
915.1/8841　兀良哈及韃靼考　箭内亙著　陳清泉等譯
　上海　商務　民21年　初版　55面
915.1/9903　古今遊記叢鈔　勞亦安編
　上海　中華　民13年　再版　12册　複1
915.101/0442　新疆遊記　謝彬著
　上海　中華　民13年　3版　420面　複3
915.105/4034　新廣東觀察記　李宗黄著
　上海　商務　民11年　初版　214面
915.110/2211　西康札記　任乃强著
　上海　新亞細亞　民21年　再版　1册
915.110/4740　西康疆域溯古録　胡吉廬編輯
　上海　商務　民17年　初版　163面
915.110/8034　西康之實況　翁之藏編
　上海　民智　民19年　初版　236面
915.114/0442　雲南遊記　謝彬著
　上海　中華　民14年　2版　310面　複2
915.114/4014　西藏人民的生活　〔英〕查理士比耳著　劉光炎譯
　上海　民智　民18年　初版　324面
915.12/3138　臺灣　江洋著
　上海　中華　民6年　初版　196面　複2

915.121/4426　大中華山西省地理志　林傳甲編纂
　山西　文廟圖書館　民 8 年　初版　324 面　複 1
915.125/0472　二十二年來之膠州灣　謝開勳編
　上海　中華　民 9 年　初版　150 面　複 4
915.125/2784　曲阜泰山遊記　倪錫英著
　上海　中華　民 20 年　初版　122 面
915.125/7540　山東省一瞥　陳博文著
　上海　商務　民 14 年　初版　92 面　複 1
915.131/2893　漢口小志　徐焕斗著
　漢口　盤銘　民 4 年　初版　上下 2 册　複 1
915.131/3012　蒲圻鄉土志　宋衍綿遺著
　蒲圻　教育局　民 12 年　初版　128 面　複 2
915.131/3620　建築漢口商場計劃書　湯震龍編
　武昌　永盛　民 13 年　初版　126 面　複 1
915.131/4426　大中華江西省地理志　林傳甲著
　南昌　裕成　民 7 年　初版　324 面
915.131/4426　大中華湖北省地理志　林傳甲總纂
　武昌　中華大學　民 8 年　初版　322 面
915.131/4730　廬山遊記　胡適著
　上海　新月　1928 年　初版　74 面
915.131/7540　湖北省一瞥　陳博文編
　上海　商務　民 17 年　初版　64 面
915.131/7725　江西省一瞥　周傑編
　上海　商務　民 17 年　初版　88 面
915.132/4741　安徽省一瞥　胡去非、嚴新農編
　上海　商務　1931 年　初版　95 面
915.133/1146　浙江省史地紀要　張其昀編
　上海　商務　民 14 年　初版　156 面

915.133/1723 紹興地誌述略 尹幼蓮編

紹興 印刷館 1931年 初版 23面

915.133/2832 浙江省一瞥 徐寶山編纂

上海 商務 民20年 初版 92面

915.134/32 中原的蠻族 T.K.口述 鄭飛卿記

上海 開明 1927年 初版 115面

915.134/1042 江浙旅行記 王桐齡著

北平 文化 民17年 初版 136面

915.134/4284 上海閒話 姚公鶴著

上海 商務 民7年 初版 上下2册 複2

915.134/4734 江蘇人文地理 柳肇嘉編

大東 民19年 初版 146面

915.14/3187 菲律賓 鄭民編

上海 商務 民14年 初版 192面

915.144/2130 蒙古鑑 卓宏謀著

北平 共和 民12年 3版 466面

915.144/4049 直隸風土調查録 直隸省視學編

上海 商務 民5年 再版 208面 複2

915.144/4269 蒙古志 姚明煇編輯

上海 中國 光緒33年 初版 1册 複3

915.144/4852 東蒙風俗談 松本雋著

上海 商務 民17年 初版 48面

915.145/7540 甘肅省一瞥 陳博文著

上海 商務 民15年 初版 80面

915.160/4426 黑龍江鄉土志 林傳甲編

上海 奎垣學校 民2年 再版 56面

915.160/5058 黑龍江 中東鐵路局商業部編 湯爾和譯

上海 商務 民20年 初版 795面

915.162/7722　四川省一瞥　周傳儒編
上海　商務　民15年　初版　168面
915.162/8704　蜀遊心影　舒新城著
上海　開明　1928年　初版　290面
915.171/1042　陝西旅行記　王桐齡著
北平　文化　民17年　初版　102面
915.19/8732　高麗一瞥　鄭次川譯述
上海　商務　民13年　初版　64面　複2

915.2—9　日本及其他亞洲小國地理與遊記

915.2/1042　日本視察記　王桐齡著
北平　文化　民17年　再版　242面
915.2/1136　湖北赴日視察團報告書　張濟時等編
民13年　初版　146面
915.2/1252　日本的地理　孫靜生編
上海　日本研究社　1931年　初版　72面
915.2/2533　遊日鳥瞰　生活週刊社編
上海　生活　1932年　再版　278面
915.2/5620　日本與朝鮮　卡奔德著　羅隱柔譯
上海　商務　民20年　初版　340面
915.2/7792　日本地理　周光倬編
南京書店　民20年　初版　315面
915.2/8293　日本國勢現狀　鍾悌之著
上海　日本研究社　1931年　初版　86面
915.2/9028　日本與日本人　小泉八雲著　胡山源譯
上海　商務　1930年　初版　263面

915.4/4548 印度一瞥 J.Finnemore 著 徐鼎臣譯

上海 商務 民 22 年 初版 130 面

915.4/4548 印度家庭生活 斐納摩著 陳錦英譯

上海 商務 1931 年 初版 99 面

915.48/1012 錫蘭一瞥 王雨生譯述

上海 商務 1930 年 初版 92 面

915.92/4434 緬甸 黃澤蒼編

上海 商務 民 20 年 初版 19 面

915.92/7324 緬甸一瞥 R.T.Kelly 著

上海 商務 民 14 年 初版 111 面

916—19 非洲，美洲，大洋洲及兩極之地理與遊記

916/3243 南非洲一瞥 D.Kidd 著 汪今鸞譯述

上海 商務 民 14 年 初版 116 面 複 4

916/5620 卡奔德世界遊記（從開羅到乞斯曼） 卡奔德著 羅絜方譯

上海 商務 民 20 年 291 面

916.4/4548 摩洛哥一瞥 斐納摩著 達節庵譯

上海 商務 1931 年 初版 105 面

917/0457 遊美心痕 謝扶雅著

上海 世界 民 18 年 初版 174 面 複 1

917/2120 美國視察記 伍秩庸著 陳政譯述

上海 中華 民 4 年 初版 154 面 複 1

917/2818 留美採風録 徐正鏗著

上海 商務 民 15 年 初版 358 面

917/3334 新大陸遊記 梁啓超著

上海　商務　236 面　複 1
917/5620　地理讀本北亞美利加　〔美〕謙本圖著　孫毓修譯述
上海　商務　民 2 年　3 版　273 面　複 1
917/7122　北美印象記　廚川白村著　沈端先譯
上海　金屋　民 18 年　初版　180 面
918/4017　南美洲一瞥　B.A.Browne 著　周傳儒譯述
上海　商務　民 12 年　初版　95 面　複 3
918/5620　巴拉那亞馬孫沿途詳記　卡奔德著　宣紀良譯
上海　商務　1931 年　初版　314 面
919/5620　澳洲新西蘭南洋諸島遊記　卡奔德著　黄卓譯
上海　商務　民 20 年　初版　363 面
919/5917　兩極探險記　W.S.Bruce 著　劉虎如譯述
上海　商務　民 16 年　初版　170 面
919.1/4080　美拉尼西亞一瞥　阿保特著　吕金録譯
上海　商務　1931 年　初版　132 面
919.1/4434　荷屬馬來西亞　黄澤蒼編
上海　商務　民 19 年　初版　174 面
919.1/4434　馬來亞　黄澤蒼著
上海　商務　1931 年　初版　104 面
919.1/4817　荷屬東印度見聞雜記　布拉文著　吕金録譯
上海　商務　1931 年　初版　200 面
919.14/1045　南洋風土見聞録　王志成著
上海　商務　民 20 年　初版　240 面
919.14/1060　南洋　夏思痛譯述
上海　泰東　民 4 年　初版　1 册
919.14/3102　江亢虎南游迴想記　江亢虎著
上海　中華　民 14 年　3 版　105 面
919.14/3320　南洋旅行漫記　梁紹文著

上海　商務　民 15 年　4 版　283 面　複 3

919.14/4412　馬來鴻雪録（上册）　黄强著

上海　商務　民 17 年　初版　150 面

919.14/4421　南洋叢談　藤山雷太著　馮攸譯

上海　商務　民 19 年　初版　11 面

919.14/4446　南洋　黄栩園編

上海　中華　民 13 年　初版　171 面　複 2

919.4/5509　澳洲一瞥　F.Fox 著

上海　商務　民 13 年　再版　109 面　複 4

920　傳記

920/0011　近世泰西烈女傳　高君珊編譯

上海　商務　民 7 年　初版　3 册

920/4920　近代名人與近代思想　鍾建閎譯述

上海　商務　民 17 年　初版　316 面

920.51/2510　中國歷代人物之地理分布　朱君毅著

上海　中華　民 21 年　初版　229 面

920.51/4444　當代中國名人録　樊蔭南編

上海　良友　460 面

920.51//6061　新中國人物誌　園田一龜著　黄惠泉、刁英華譯

上海　良友　578 面　複 1

921—22　各國哲學家及宗教家傳記

921/0013　康德傳　商承祖、羅璈階著

上海　中華　民 11 年　初版　288 面　複 2

921/1021　王陽明生活　王勉三編

上海　世界　民 19 年　初版　160 面

921/1135　盧騷生活　張家泰編

上海　世界　民 19 年　初版　86 面

921/2503　回憶　朱謙之著

上海　現代　民 17 年　再版　85 面

921/2567　社會改造之八大思想家　〔日〕生田長江、本間久雄著　毛詠棠等譯

上海　商務　民 15 年　5 版　280 面　複 1

921/2835　孔子生活　徐蘧軒編

上海　世界　1929 年　初版　114 面

921/2907　托爾斯泰傳　張邦銘、鄭陽和合譯

上海　泰東　民 10 年　再版　139 面　複 1

921/3122　托爾斯泰生活　汪倜然編

上海　世界　民 18 年　初版　103 面

921/3334　戴東原二百年生日紀念論文集　梁啓超等纂述

北京　晨報社　民 14 年　初版　1 册　複 2

921/3741　托爾斯泰生平及其學説　郎擎霄著

上海　大東　民 18 年　初版　1 册　複 1

921/4025　晏子春秋　支偉成編

上海　泰東　民 12 年　初版　1 册

921/7774　康德生活　邱陵編

上海　世界　民 18 年　初版　83 面

921/8382　蘇格拉底　錢智修編

上海　商務　民 14 年　6 版　43 面　複 1

921/8727　黄梨洲生活　鄭行巽編

上海　世界　1929 年　初版　115 面

921/8727　顧亭林生活　鄭行巽編

上海　世界　民19年　初版　118面　複1

922/0488　耶蘇生活　謝頌羔編

上海　世界　1929年　初版　66面

922/1282　玄奘　孫毓修編

上海　商務　民14年　7版　55面　複2

923　各國社會家傳記

923/0041　社會運動家及社會思想家　高希聖、郭真著

上海　平凡　民18年　初版　235面　複2

923/0095　亞西偉人軼事　H.O.Swaslout著　徐世光譯

上海　時兆報館　民13年　再版　229面

923/1144　南通張季直先生傳記　張孝若著

上海　中華　民19年　初版　522面

923/2183　世界女革命家　盧劍波編

上海　啓智　民18年　初版　1册

923/3023　三十三年落花夢　宫崎寅藏著

廣州　出版合作社　民13年　3版　140面　複6

923/3144　漢學師承記　江藩著

上海　人東　民20年　全2册

923/7762　社會運動家及思想家略傳　周曙山編

上海　民智　民20年　初版　215面

923/7777　蒲壽庚考　桑原隲藏原著　陳裕菁譯

上海　中華　民18年　初版　224面

923/8020　喜士定　Maeaulay著　邵挺譯

上海　世界　1930年　初版　174面

923.1 各國元首傳記

923.1/2110 慈禧寫照記 〔美〕卡爾女士著 陳霆銳譯
上海 中華 民5年 3版 214面

923.1/3742 拿破崙本紀 〔英〕洛加德著 林紓譯
上海 商務 民12年 3版 380面 複1

923.1/4446 大彼得 林萬里編
上海 商務 民14年 15版 60面 複1

923.1/4446 華盛頓 林萬里編
上海 商務 民12年 17版 58面 複1

923.1/4683 雍正軼事 楊公道編
上海 民友社 民7年 初版 104面

923.1/4683 多爾袞軼事 楊公道編
上海 民友社 民8年 初版 100面

923.1/5057 拿破崙諭 福耳著 伍光建譯
上海 商務 民21年 初版 210面

923.1/5477 前德皇威廉二世自傳 威廉二世著 王揖唐譯
上海 商務 214面 複2

923.1/5477 德皇威廉二世少年生活自傳 威廉二世著 魏易譯
上海 商務 民19年 初版 229面

923.1/6023 帝王春秋 易白沙著
上海 中華 民13年 2版 228面

923.1/6757 袁世凱軼事 野史氏編輯
上海 文明 民14年 12版 90面

923.1/8382 林肯 錢智修編
上海 商務 民14年 9版 46面 複1

923.1/8382 克林威爾 錢智修編
上海 商務 民14年 6版 57面 複1

923.2—3 各國政治經濟家傳記

923.2/1092 黄克强蔡松坡軼事 天懺生、冬山編
上海 文藝編譯社 民 13 年 8 版 60 面

923.2/1144 希忒勒生活思想和事業 張克林編
南京書店 民 21 年 初版 138 面

923.2/1282 辯士舌 孫毓修編
上海 商務 民 13 年 2 版 73 面

923.2/2835 諸葛孔明生活 徐蘧軒編
上海 世界 1929 年 77 面

923.2/3334 史傳今義 梁啓超著
上海 商務 上下 2 册

923.2/3709 托洛茨基自傳 〔俄〕托洛茨基著 石越譯
上海 新生命 1930 年 275 面

923.2/4021 李鴻章 韋息予著
上海 中華 民 20 年 初版 1 册

923.2/4167 王安石評傳 柯昌頤編
上海 商務 民 22 年 初版 428 面

923.2/4446 畢斯麥 林萬里編纂
上海 商務 民 15 年 19 版 59 面 複 1

923.2/4446 加里波的 林萬里編纂
上海 商務 民 15 年 12 版 58 面 複 1

923.2/4455 周公 林泰輔著 錢穆譯
上海 商務 1931 年 出版 111 面

923.2/4482 紅花岡四烈士傳 革命紀念會編輯
上海 民智 民 16 年 初版 54 面

923.2/4639 希特勒 楊寒光編譯
上海 光明 1933 年 初版 267 面

923.2/4683 李鴻章軼事 楊公道編
上海 民友社 民 8 年 再版 98 面
923.2/4753 俾斯麥 盧特維喜著 伍光建譯
上海 商務 1631 年 初版 682 面
923.2/6062 蘇秦張儀 吕思勉著
上海 中華 民 15 年 8 版 103 面
923.2/7202 墨梭利尼生活 劉麟生編
上海 世界 民 19 年 初版 71 面
923.2/7707 甘地小傳 B.Boland 著 謝頌高、米星如譯
上海 美以美會全國書報社 1925 年 初版 73 面 複 1
923.2/8599 墨索里尼自傳 佩萱、魏谷合譯
上海 光明 民 20 年 2 版 364 面
923.2/8608 甘地自傳 甘地著 明耀五譯
上海 大東 民 21 年 再版 308 面 複 1
923.2/8727 王安石生活 鄭行巽編
上海 世界 1929 年 121 面
923.3/4020 馬克斯傳（上册） 李季著
上海 平凡 民 18 年 初版 470 面
923.3/4020 馬克斯傳（中册） 李季著
上海 平凡 民 19 年 初版 368 面

923.5 各國軍事家及官吏傳記

923.5/1078 馮玉祥革命史 三民公司編輯
上海 三民 民 17 年 初版 54 面
923.5/1282 關壯穆岳武穆事略（1） 孫毓修編纂
上海 商務 民 8 年 5 版 1 册 複 2

923.5/1282 張飛趙雲王濬謝玄事略（2） 孫毓修編纂
上海 商務 民15年 6版 51面 複2
923.5/1282 韓擒虎賀若弼李靖事略（3） 孫毓修編纂
上海 商務 民11年 3版 50面 複2
923.5/1282 尉遲敬德蘇定方李光弼郭子儀事略（4） 孫毓修編纂
上海 商務 民15年 5版 66面 複2
923.5/1282 王彥章曹彬狄青事略（5） 孫毓修編纂
上海 商務 民4年 初版 60面 複2
923.5/1282 韓世忠劉錡事略（6） 孫毓修編纂
上海 商務 民4年 初版 66面 複2
923.5/1282 旭烈兀郭侃徐達常遇春事略（7） 孫毓修編纂
上海 商務 民4年 初版 64面 複2
923.5/1282 馮勝藍玉戚繼光周遇吉事略（8） 孫毓修編纂
上海 商務 民4年 初版 53面
923.5/1920 英國海軍秘史 〔英〕施格鐵著 秦翰才譯
上海 文明 民12年 初版 上下2册
923.5/2541 歷代名臣言行録 朱桓編輯
上海 會文堂 1函8册
923.5/4142 鮑羅庭之罪惡 E.Pick著 朱敏譯
廣州 平社 民17年 再版 76面 複1
923.5/4462 興登堡成敗鑑 〔法〕蒲哈德著 林紓譯
上海 商務 民11年 初版 125面 複2
923.5/4465 年賡堯全史 世界書局編
上海 世界 民10年 初版 64面
923.5/4683 吴三桂軼事 楊公道編
上海 民友社 民8年 初版 96面
923.5/5023 吴佩孚歷史 東魯逸民編
上海 光華社 民9年 再版 1册

923.5/7244 李純 隱廬編輯

上海 國民 民9年 初版 1冊

923.5/7541 班超生活 陳其可編

上海 世界 1929年 初版 52面

923.6—9 各國社會熱心家，實業家及探險家傳記

923.6/3077 西學東漸記 容閎撰 徐鳳石譯

上海 商務 民4年 初版 148面

923.8/2148 美國十大富豪 盧壽籛編譯

上海 中華 民11年 6版 76面 複1

923.8/4414 世界實業大王 董瑞春譯

上海 中華 民11年 再版 292面 複1

923.8/7531 福特傳 陳家瓚編譯

上海 尋樂軒 民17年 初版 344面

923.9/7224 麥哲倫 劉虎如編

上海 商務 民21年 初版 50面

925 各國科學家傳記

925/1282 富蘭克林 孫毓修編纂

上海 商務 民14年 8版 42面

925/2526 達爾文生活 朱約昭編

上海 世界 民18年 初版 122面

926/3105 愛迪生 顧高揚編

上海 聯合 1931年 初版 43面

925/5069 科學名人傳 中國科學社編輯

上海 科學社 民13年 初版 247面 複1

925/6004 十二科學家 吕諶編

上海 開明 民18年 初版 242面 複2

925/6917 愛迪生傳 G.S.Bryan著 伍况甫編譯

生活 1933年 初版 206面

925/7202 世界十大成功人傳 劉麟生編譯

上海 商務 民15年 3版 54面 複1

925/8382 達爾文 錢智修編纂

上海 商務 民14年 6版 58面 複1

926、927 各國技術家及美術家傳記

926/9574 茀羅乙德叙傳 茀羅乙德著 章士釗譯

上海 商務 民19年 初版 71面

927/2219 谷訶生活 豐子愷編

上海 世界 民18年 初版 81面

927/2219 近世十大音樂家 豐子愷著

上海 開明 1930年 初版 306面 複2

927/4087 雕刻家米西盎則羅 李金髮著

上海 商務 民15年 初版 69面 複1

928 各國文學家傳記

928/0004 黄仲則評傳 章衣萍著

上海　北新　1930年　初版　68面　複1

928/0021　世界著名文藝家逸話　高喬平、周則鳴合編

上海　世界　1929年　初版　1册　複1

928/0414　杜甫生活　謝一葦編

上海　世界　1929年　初版　84面

928/0861　清儒學案　許嘯天整理

上海　羣學社　民17年　初版　1册

928/1038　李長吉評傳　王禮錫著

上海　神州　民20年　再版　180面　複1

928/1042　王爾德生活　王古魯編

上海　世界　1929年　初版　109面

928/1044　李義山戀愛事跡攷　雪林女士著

上海　北新　1927年　初版　140面

928/1094　李涵秋　貢少芹撰述

上海　震亞　民17年　3版　36面

928/1201　莫泊桑生活　孫席珍編

上海　世界　1929年　初版　88面

928/1201　辛克萊評傳　孫席珍編譯

上海　神州　1930年　初版　222面

928/1201　雪萊生活　孫席珍編

上海　世界　民18年　初版　64面

928/1221　世界文學家列傳　孫俍工編

上海　中華　民15年　初版　336面

928/2344　茅盾評傳　伏志英編著

上海　現代　1932年　再版　404面

928/2663　雷馬克評傳　楊昌溪著

上海　現代　民20年　初版　152面

928/2713　高爾基評傳　鄒弘道編譯

上海　聯合　1928年　初版　130面　複1

928/3024　文壇逸傳　宏徒編

上海　商務　1928年　初版　82面

928/3104　十九世紀俄羅斯文學家的傳略和著作思想　馮瘦菊編

上海　大東　民18年　初版　136面

928/3140　丹第小傳　福林謔著　徐錫蕃譯述

上海　中華　民21年　初版　87面

928/3141　安徒生傳　顧均正著

上海　開明　1930年　再版　221面　複1

928/3334　陶淵明　梁啓超編纂

上海　商務　民13年　再版　119面

928/3431　東坡軼事　沈宗元編

上海　商務　民16年　7版　93面

928/3431　東坡逸事續編　沈宗元編

上海　商務　民15年　4版　66面　複1

928/4010　郭沫若評傳　李霖編著

上海　現代　1932年　再版　320面

928/4025　清代樸學大師列傳　支偉成著

上海　泰東　民17年　再版　2冊　複1

928/4047　二十世紀的藝術學　查士驥著

上海　世界　民18年　初版　1冊

928/4054　易卜生傳　袁振英著

上海　受匡出版部　1928年　4版　100面

928/4079　現代文壇的怪傑　土居光知著　馮次行譯述

上海　聯合　94面

928/4431　屠格涅夫生平及其作品　黃源編

上海　華通　民18年　初版　248面

928/4472　六個歐洲文學家　茅盾著

上海　世界　民18年　初版　84面　複1

928/4681　大思想家袁枚評傳　楊鴻烈著

上海　商務　民16年　初版　292面

928/4704　太戈爾　楊旬葛、鍾餘蔭合譯

上海　新文化　1924年　初版　119面

928/4781　少年哥德　柳無忌編

上海　北新　1929年　初版　151面

928/4791　中國八大詩人　胡懷琛編

上海　商務　民14年　再版　106面

928/4791　東坡生活　胡懷琛編

上海　世界　1929年　初版　78面

928/4791　陸放翁生活　胡懷琛編

上海　世界　1930年　初版　60面

928/4791　陶淵明生活　胡懷琛編

上海　世界　1929年　64面

928/5025　張資平評傳　史秉慧編著

上海　現代　1932年　再版　181面

928/5070　郁達夫評傳　素雅編

上海　現代　1932年　再版　180面

928/6043　哥德自傳　哥德著　張競生譯

上海　世界　1930年　初版　123面

928/6170　易卜生評傳及其情書　G.Brand著　林語堂譯

上海　春潮　93面

928/6244　易卜生研究　劉大杰著

上海　商務　民17年　初版　166面

928/7707　悲多汶傳　R.Rlloanb著　楊晦譯

上海　北新　1927年　初版　86面

928/8758　太戈爾傳　鄭振鐸編

上海　商務　民14年　初版　152面　複1

929.3　學譜；年譜

929.3/0061　龍峯老人年譜　唐貽孫輯

武昌　大新　民15年　初版　55面

929.3/0464　黃梨洲學譜　謝國楨編

上海　商務　民21年　初版　176面

929.3/0464　顧寧人先生學譜　謝國楨著

上海　商務　1930年　初版　191面

929.3/4223　邵念魯年譜　姚名達著

上海　商務　1930年　初版　169面

929.3/4414　全謝山先生年譜　蔣天樞編

上海　商務　民21年　初版　173面

929.3/4711　蘇曼殊年譜及其他　柳亞子、柳無忌編

上海　北新　1928年　再版　192面

929.3/4730　章實齋年譜　胡適著

上海　商務　民20年　初版　1冊

929.3/7231　崔東壁先生年譜　劉汝霖撰

北京　文化　104面

929.3/7582　王陽明年譜　陳筑山著

上海　商務　1931年　初版　119面

929.3/8734　司馬遷年譜　鄭鶴聲編

上海　商務　民20年　初版　147面

929.3/8744　班固年譜　鄭鶴聲編

上海　商務　民20年　初版　98面

929.3/8744　袁樞年譜　鄭鶴聲編

上海　商務　民 19 年　初版　156 面

930　世界上古史

930/3600　古代東方　何甲斯著　曹儀孔譯
上海　商務　民 20 年　初版　183 面

932/4104　埃及小史　J.Baikie 著　高仲洽譯
上海　商務　民 14 年　初版　116 面　複 2

933/1020　英俄與猶太人　丁作韶著
上海　世界　民 16 年　初版　77 面

933/2686　猶太人與猶太主義　吴義田著
上海　世界　民 16 年　初版　68 面

937/0023　羅馬小史　高仲洽譯述
上海　商務　民 14 年　初版　108 面　複 2

937/4036　羅馬社會史　喜渥恩編譯
上海　商務　民 13 年　初版　81 面

938/0014　希臘小史　高君韋譯述
上海　商務　民 14 年　初版　104 面　複 1

940　歐洲史

940/0400　西洋史提要　謝康編
上海　世界　民 19 年　初版　143 面

940/1122　西史綱要　張仲和著
北平　文化　民 15 年　再版　上下 2 册

940/2191　西史紀要　伍光建編纂

上海　商務　民 7 年　初版　上下 2 册

940/2194　新時代外國史　何炳松編纂

上海　商務　民 18 年　初版　451 面

940/2307　西洋史 ARC　傅彦長著

上海　世界　1928 年　初版　118 面

940/7180　西歐中古近代史要　摩瓦特著　吴挹渚譯

上海　商務　1931 年　初版　100 面

940/7525　西洋史　陳衡哲女士著

上海　商務　民 15 年　再版　上下 2 册

940/9028　西洋史要　小川銀次郎著　樊炳清薩瑞譯

上海　商務　民 3 年　再版　1 册

940.1/2194　中古歐洲史　何炳松編譯

上海　商務　民 15 年　再版　312 面

940.2/2194　近世歐洲史　何炳松編譯

上海　商務　民 15 年　再版　417 面　複 4

940.2/4054　西洋近百年史　李泰棻編

上海　商務　民 15 年　5 版　上下册　複 1

940.21/4401　歐洲文藝復興史　蔣方震著

上海　商務　民 10 年　5 版　149 面

940.3/1114　世界大戰全史　張乃燕編著

上海　商務　民 15 年　初版　656 面　複 1

940.3/1730　世界最近之局勢巴黎和會　孟憲章著

北平　京城　民 15 年　初版　上下 2 册　複 1

940.3/2643　世界大戰叢編　程警齋等譯

北平　陸大　1931 年　初版　64 册

940.3/3334　外史鱗爪　梁啓超著

上海　商務　上中下 3 册　複 1

940.3/3484　凡爾登戰記　〔英〕太晤士報社編　張廷英譯

上海　商務　1923 年　再版　195 面

940.3/4824　欧洲和議後之經濟　〔英〕坎斯著　陶孟和、沈性仁譯

新青年社　民 9 年　初版　219 面　複 3

940.3/5477　德皇作戰計劃書　德皇威廉二世著　黄中譯述

上海　中華　民 5 年　初版　96 面

940.3/5479　威爾遜和議演説　Wilson 著　錢智修譯

上海　商務　民 8 年　再版　1 册　複 8

940.3/5479　威爾遜參戰演説　威爾遜演説　蔣夢麟譯

上海　商務　民 8 年　5 版　63 面　複 1

940.3/5882　歐戰地理誌　F.M.Momurry 著

上海　羣益　1 册

940.3/6722　一九一四年七月　路德維希著　李進之譯

上海　華通　民 20 年　初版　290 面

940.3/7521　德皇外妾自述記　陳仲子、黄中譯

上海　開智　民 6 年　再版　130 面　複 1

940.3/7715　最近十年的歐洲　B.L Buell 著　胡慶育譯

上海　太平洋　民 19 年　再版　574 面

940.3/7730　開戰時之德意志　〔英國〕陶安著

上海　商務　民 5 年　再版　138 面

942—43　英國史，德國史

641/6484　蘇格蘭小史　G.E.Milton 著

上海　商務　民 15 年　初版　105 面

942/4661　英國現代史　賀昌羣撰述

上海　商務　民 17 年　初版　140 面

942/6744　英民史記　〔英〕葛耳雲著　李玉書重譯

上海　美華　1907年　初版　112册

943/2503　德國富强之由來　朱章寶編

上海　商務　民7年　3版　43面　複4

943/3794　戰争與進代　過耀根編

上海　商務　民5年　再版　75面

943.08/7548　戰後的德國　陳彬龢著

上海　世界　民16年　初版　88面　複1

944　法國史

944/4022　法蘭西新史　左舜生編譯

上海　啓智　民17年　初版　214面

944/7123　法蘭西小史　馬紹良譯述

上海　商務　民14年　初版　86面　複3

944/8034　法國現代史　金兆梓撰述　蔡元培等編

上海　商務　民17年　初版　131面　複1

945.09/7222　慕沙里尼統治下的意大利　劉奚叔編著

上海　民智　民18年　初版　216面

947　俄國史

947/2767　俄宫見聞記　〔瑞士〕伊里雅著　李秉之譯

上海　亞東　民14年　初版　168面　複1

947.08/0034　蘇俄改建論　章淵若著

上海　泰東　民17年　初版　227面　複1

947.08/1714　新俄國之研究　邵飄萍著

日本 東瀛 民16年 3版 94面

947.08/2222 新俄羅斯 〔日〕川上俊彦著 王揖唐譯
上海 商務 民13年 再版 139面 複1

947.08/2224 蘇俄之現勢 〔日〕山川均著 汪允揆譯
上海 南强 民18年 初版 173面

947.08/2224 蘇俄之現勢 〔日〕山川均著 温盛光譯
上海 啓智 民18年 初版 166面 複1

947.08/3840 新俄回想録 遊者觀察
1921年 初版 284面

947.08//9003 蘇俄共産主義之崩潰 Shadwell著 張天化譯
上海 民智 民18年 初版 116面

947.08/9341 地底下的俄羅斯 Stepniak著 李蒂甘譯
上海 啓智 1929年 初版 332面

950 亞洲史

950/1042 東洋史 王桐齡編
上海 商務 民13年 3版 上下2册

950/2307 東洋史ABC 傅彦長著
上海 世界 民17年 初版 117面

950/2334 東亞各國史 傅運森編
上海 商務 民13年 19版 70面 複1

950/2334 東亞各國史參攷書 傅運森、丁英桂編纂
上海 商務 民11年 4版 252面 複1

950/2345 中國與暹邏 稽翥青編著
上海 商務 民13年 初版 247面 複1

951 中國史

951/0040 中國近百年史綱要 高博彦編

北平 文化 民19年 3版 上下2册

951/0167 新中國 H.B.Gryhill著 朱有光譯

上海 商務 民17年 初版 339面

951/1042 中國史第1.2.3篇 王桐齡著

北平 文化學社 民15年 初版 3册

951/1073 加批王鳳洲袁了凡先生綱鑑合纂 王鳳洲、袁了凡合纂

錦章圖書局 民18年 上函共9册

951/1073 加批王鳳洲袁了凡先生綱鑑合纂 王鳳洲、袁了凡合纂

錦章圖書局 民18年 下函共9册

951/1077 社會主義中國史（上册） 王堅壁著

上海 平凡 民19年 初版 192面

951/1077 中國新史綱（上册） 王堅壁著

上海 平凡 民19年 初版 192面

951/2157 西藏之過去與現在 宫廷璋譯述

上海 商務 民19年 初版 1册

951/2500 初中歷史 朱翊新等編

上海 世界 民19年 共6本

951/2500 初中本國史 朱翊新等編

上海 世界 1930年 全4册

951/2842 史學常識 徐敬修編輯

上海 大東 民14年 再版 68面

951/3147 初中本國史 顧頡剛、王鍾麒編

上海 商務 民14年 再版 上中下3册 複1

951/3230 中國歷史問答 潘之賡編

上海 東方 63面

951/3334　中國歷史研究法　梁啓超著
上海　商務　民 15 年　5 版　229 面
951/3365　初中本國歷史（第一册）　梁園東編著
上海　大東　民 19 年　初版　170 面
951/4072　南洋華僑史　李長傅著
上海　暨南　民 18 年　初版　1 册
951/4914　新著本國史　趙玉森著
上海　商務　民 14 年　4 版　上下 2 册　複 1
951/6012　史學概要　羅元鯤編著
武昌　亞新　民 20 年　初版　222 面
951/6046　本國史（上册）　吕克由編
上海　民智　民 20 年　初版　157 面
951/6062　白話本國史　吕思勉著
上海　商務　民 15 年　4 版　1 部 4 册　複 1
951/6062　本國史　吕思勉編
上海　商務　民 14 年　3 版　313 面　複 2
951/6809　占婆史　G.Maspero 著　馮承鈞譯
上海　商務　民 22 年　初版　120 面
951/7493　本國史　陸光宇編
上海　商務　民 14 年　3 版　216 面
951/7523　外蒙近世史　陳崇祖編纂
上海　商務　民 11 年　初版　230 面
951/7713　近代史讀本　印水心編著
上海　世界　民 15 年　初版　上中下 3 册
951/8034　初級本國歷史　金兆梓編
上海　中華　民 15 年　11 版　上下 2 册　複 2
951/8841　蒙古史研究　箭内亙著　陳捷、陳清泉譯
上海　商務　民 21 年　初版　126 面

951/9710 歷史講義 惲震編著

上海 民智 1922 年 初版 24 面

951.01/0077 中國文化史 高桑駒吉著 李繼煌譯述

上海 商務 民 17 年 3 版 526 面

951.01/3102 中國文化史 顧康伯著

上海 泰東 民 14 年 3 版 上下 2 册 複 2

951.01/4702 中國文化史 柳詒徵編

南京 鍾山 民 21 年 初版 上下 2 册

951.02/1080 三國之鼎峙 王鍾麒編

上海 商務 民 20 年 初版 150 面

951.02/2774 中國通史綱要（第一册） 繆鳳林編

南京 鍾山 民 21 年 初版 418 面

951.02/4643 漢書補注補正 楊樹達著

上海 商務 民 14 年 初版 1 册 複 2

951.02/6012 本國史表解 羅元鯤編著

武昌 亞新 民 21 年 再版 上下 2 册

951.02/7182 讀兩漢書記 馬敍倫著

上海 商務 民 19 年 46 面

951.02/7548 元朝秘史 陳彬龢選注

上海 商務 民 18 年 初版 184 面

951.03/0085 歷朝史論精華 廣益書局編輯部編

上海 廣益 民 15 年 8 版 上下 2 册

951.03/1773 史記 司馬遷著

上海 商務 民 16 年 初版 418 面

951.03/4684 九品中正與六朝門閥 楊筠如著

上海 商務 民 19 年 出版 164 面

951.03/7211 史通削繁 劉子元著

上海 大東 民 20 年 初版 2 册

951.03/8744　史漢研究　鄭鶴聲編
　上海　商務　民19年　初版　170面
951.07/7527　上海軼事大觀　陳伯熙編
　上海　泰東　民16年　6版　3册
951.103/3147　古史辨　顧頡剛編著
　北平　樸社　民15年　3版　286面
951.103/3147　古史辨第1册　顧頡剛編著
　北平　樸社　1926年　再版　286面
951.103/3147　古史辨第2册　顧頡剛編著
　北平　樸社　1930年　初版　454面
951.103/3147　古史辨第3册　顧頡剛編著
　北平　景山　民21年　初版　706面
951.103/6043　古史辨第4册　羅澤根編
　北平　景山　民22年　初版　698面
951.103/7231　周秦諸子攷　劉汝霖著
　文化　民18年　初版　上下2册
951.5/3650　宋會要研究　湯中著
　上海　商務　民21年　初版　120面
951.6/8841　遼金糺軍及金代兵制考　箭内互著　陳捷、陳清泉譯
　上海　商務　民21年　初版　129面
951.7/0020　明季稗史初編　文秉等編
　上海　商務　民1年　初版　合訂1册　複1
951.7/2734　明季稗史續編　鄒漪等輯
　上海　商務　合訂1册　複1
951.706/5772　甲申朝事小紀　抱陽生輯
　上海　宏道堂　合訂2册
951.706/8064　嚴嵩歷史　金嘯梅輯
　上海　新華　民12年　初版　66面

951.707/4216 湖西遺事虔臺逸史 彭孫貽編

16 面

951.707/4454 明代軼聞 林慧如編

上海 中華 民8年 初版 1冊 複1

951.8/0162 中國最近百年史 顏昌嶢著

上海 太平洋 222面

951.8/1080 中日戰爭 王鍾麒撰述

上海 商務 民19年 初版 169面

951.8/2632 太平天國史料（第1集） 程演生徵集

北平 北平大學出版部 民15年 初版 1冊

951.8/2640 清朝全史 但燾譯訂

上海 中華 民13年 9版 4冊

951.8/2666 中國近世史 魏野疇編著

上海 開明 民21年 再版 296面

951.8/2811 清稗類鈔 徐珂編纂

上海 商務 民9年 4版 48冊

951.8/3193 清史講義 汪榮寶、許國英合編

上海 商務 民12年 5版 2冊

951.8/3242 清室外紀 濮蘭德白克好司著 陳冷汰、陳貽先譯述

上海 中華 民6年 初版 188面 複1

951.8/3483 太平天國野史 凌善清編

上海 文明 民12年 初版 1冊 複1

951.8/4022 中國近百年史資料 左舜生選輯

上海 中華 民17年 4版 上下2冊 複1

951.8/4380 清代軼聞 裘毓麐著

上海 中華 民17年 4冊

951.8/6024 甲午戰前日本挑戰史 田保橋潔著 王仲廉譯

南京 南京書店 民21年 初版 196面

951.8/7238 清史纂要 劉法曾編

上海 中華 民 4 年 3 版 202 面

951.8/7515 義和團運動與辛丑和約 陳功甫編

上海 商務 民 19 年 初版 84 面

951.8/7523 外蒙古近世史 陳崇祖編纂

上海 商務 民 11 年 初版 1 册 複 3

951.8/7555 義和團運動史 陳捷撰述

上海 商務 1931 年 初版 139 面

951.8/7590 清史要略 陳懷編

全 4 册 合裝 1 册

951.8/9010 中山出世後中國六十年大事記 半粟編著

上海 太平洋 788 面 複 1

951.802/4412 清代通史（上） 蕭一山著

上海 商務 民 16 年 初版 893 面

951.802/4412 清代通史（卷中之一） 蕭一山著

北平 中華印刷局 民 12 年 初版 278 面 複 1

951.802/4412 清代通史（卷下之二） 蕭一山著

北平 中華印刷局 民 12 年 初版 112 面 複 1

951.805/4434 清史紀事本末 黄鴻壽編輯

上海 文明 民 14 年 3 版 合裝 2 册

951.806/1554 庚子使館被圍記 Putnamweale 著

上海 中華 民 5 年 初版 1 册 複 4

951.806/2108 太平軍軼事 紫詮述

87 面

951.806/4422 太平天國外紀 〔英國〕林利著

上海 商務 民 15 年 3 版 上中下 3 册

951.806/5073 瓦德西拳亂筆記 瓦德西著 王光祈譯

上海 中華 民 17 年 初版 270 面 複 1

951.806/5433 李鴻章遊俄紀事 〔俄國〕Witte 著 王光祈譯

上海 東南 民 17 年 初版 140 面

951.806/7111 乾隆英使覲見記 〔英〕馬戛爾尼譯 劉半農著

上海 中華 民 6 年 初版 208 面 複 2

951.806/7228 太平天國有趣文件十六種 劉復録

上海 北新 1926 年 初版 25 面

951.807/3025 太平天國軼聞 進步書局編輯所編

上海 文明 民 11 年 4 版 全 4 册

951.9/2846 歐戰後之中國 徐世昌著

上海 中華 民 10 年 初版 62 面 複 1

951.9/3463 近百年本國史 沈味之編輯

上海 世界 民 18 年 初版 173 面

951.9/7243 癸亥政變紀略 劉楚湘編輯

上海 泰東 民 13 年 初版 268 面 複 2

951.9/7299 新編民國史 劉炳榮編

上海 太平洋 民 16 年 3 版 178 面 複 3

951.9/7515 中國最近三十年史 陳功甫編

上海 商務 1928 年 初版 247 面 複 1

951.9/8082 開國史 谷鍾秀著

上海 泰東 民 10 年 3 版 1 册 複 3

951.905/0856 民國十週紀事本末 許指嚴編纂

上海 交通 民 11 年 初版 1 册

951.906/1004 軍務院考實 兩廣都司令部參謀廳編纂

上海 商務 民 5 年 再版 1 册 複 3

951.906/1041 袁世凱僞造民意紀實 雲南政報發行所編纂

雲南 政報發行所 民 5 年 初版 1 册

951.906/1770 德人之青島談 鄧欣廉、阮繩編輯

上海 新學會社 民 8 年 初版 59 面

951.906/2247　溯潮　幽燕居士編輯
上海　鴻寶　民 17 年　初版　188 面

951.906/2893　淞滬禦日戰史　徐怡、劉異編
上海　中華　民 21 年　初版　122 面

951.906/2893　淞滬禦日戰史續編　徐怡、劉異編
上海　中華　民 21 年　初版　116 面

951.906/3006　江浙戰史　宏文圖書館編著
上海　宏文　民 13 年　初版　4 册

951.906/3006　奉直戰史　宏文圖書館編著
上海　宏文　民 13 年　7 版　上下 2 册

951.906/4630　共和關鍵録　觀渡廬編輯
上海　著易堂　民 1 年　初版　184 面

951.2—951.4　台灣史；菲律賓史

951.2/4041　臺灣　袁克吾編纂
上海　商務　民 16 年　初版　304 面

951.4/0017　菲律濱獨立戰史　商務印書館編譯所編纂
上海　商務　民 2 年　3 版　1 册

951.4/8777　菲律賓　鄭民編
上海　商務　民 14 年　初版　192 面

952　日本史

952/0721　現代日本講話　郭真著
上海　平凡　民 18 年　再版　299 面

952/2063 日本維新史 重野安譯著
上海 華通 民 20 年 初版 101 面
952/3296 日本德意志民族性之比較的研究 潘光旦著
上海 新月 1930 年 初版 110 面
952/4031 最近的日本 李宗武著
上海 開明 1929 年 初版 229 面
952/4308 日本維新三十年史 東京博文館編輯
上海 廣智 1 册
952/4327 日本論 戴季陶著
上海 民智 民 17 年 初版 176 面 複 3
952/4548 日本小史 J.Finnemore 著 滕柱譯
上海 商務 民 14 年 初版 90 面 複 2
952/6062 日俄戰争 吕思勉撰述
上海 商務 民 17 年 初版 144 面
952/6084 日本歷史大綱 Gomen 著 陳彬龢譯述
上海 商務 民 19 年 初版 414 面
952/7522 日本研究叢書提要 陳德徵著
上海 世界 民 17 年 初版 1 册 複 1
952/7522 日本研究叢書 陳德徵等編輯
上海 世界 全部 4 册 複 1

954 印度及其他小國史

954/1970 印度問題 B.ShivaBao D.Grahampole 著 門啓昌譯
上海 北新 1927 年 再版 128 面
954/4434 印度概觀 黄澤蒼編
上海 民智 民 19 年 初版 198 面

954/7299　印度史綱　劉炳榮編著

上海　太平洋　民15年　3版　126面　複3

954/7940　印度小史　滕柱譯述

上海　商務　民14年　初版　102面　複2

955/3483　波斯問題　遠籐憲治著　鄭次川譯

上海　羣益　民8年　初版　112面

955/5904　戰後新波斯　V.Sheran著　劉奚叔譯

上海　民智　民19年　初版　188面

959.3/2261　暹邏　山口武著　陳清泉譯

上海　商務　民12年　初版　227面　複6

959.3/6086　暹邏現代史　曼谷日日郵報著　王又申譯

上海　商務　民21年　初版　151面

959.5/7548　鐵蹄下之新嘉坡　陳伯年編

上海　中國經濟研究會　民15年　初版　118面　複6

971/7940　加拿大小史　滕柱譯述

上海　商務　民15年　初版　117面

973/9847　資本的霸權　S.Nearing著　温盛光譯

上海　啓新　民19年　初版　298面

992.1/6547　蘇門答剌古國考　費瑯著　馮承鈞譯

上海　商務　1931年　初版　124面

F　小说

F　小说

F/0017　清晨起來　高歌著

　上海　泰東　1929 年　初版　111 面　複 1

F/0018　天鵝　高君箴、鄭振鐸譯

　文學研究會　1924 年　360 面

F/0027　她初次的懺悔　新文化學社著

　上海　世界　1929 年　1 册

F/0027　一杯茶　新文化學社著

　上海　世界　1929 年　1 册

F/0027　桃園　廢名著

　上海　開明　民 17 年　再版　147 面　複 1

F/0027　魏都麗姑娘　邱韻鐸譯

　上海　現代　1929 年　初版　200 面

F/0040　千金諾　高太癬著

　上海　中華　1928 年　上下册

F/0044　銀蛇　章克標著

　上海　金屋　民 18 年　初版　323 面

F/0044　列那狐的曆史　文基譯述

　上海　開明　1926 年　初版　113 面

F/0072　靈海潮汐　盧隱著

　1931 年　初版　207 面

F/0073 兒子的抗議 羅念生 盧木野合譯
上海 遠東 1929年 初版 93面
F/0073 姊姊的日記 哈代著
上海 開明 民20年 初版 164面
F/0073 人生小諷刺 哈代著
上海 真美善 民17年 初版 1册
F/0073 哈代短篇小説選 哈代著
上海 開明 1930年 初版 200面
F/0073 白話小説文範 新文學社編
上海 中華 民17年 5版 199面
F/0073 孤雛劫 瘦腰郎、胡寄塵合編
1915年 再版 78面
F/0075 青白 高長虹著
北平 狂飆出版部 1928年 初版 1册 複1
F/0075 實生活 高長虹著
上海 現代 1928年 初版 93面
F/0089 餓 〔挪威〕哈姆生著
上海 水沫 1930年 初版 287面
F/0091 幻想的愛人 愛爾思著
上海 重慶書店 1930年 初版 182面
F/0130 黎明之前 龔冰廬著
民19年 1册
F/0175 清代演義 商務印書館編譯所編
上海 商務 民16年 6版 8册
F/0175 天際落花 黑岩周六著
上海 商務 再版 1册
F/0175 環游月球記 焦奴士威爾士著
上海 商務 民2年 5版 1册 複1

F/0175 萬里尋親記 亞丁著
上海 商務 民1年 4版 1冊

F/0175 回頭看 威士著
上海 商務 1冊

F/0175 迦茵小傳 哈葛德著
上海 商務 2冊

F/0175 賣國奴 登張竹風譯
上海 商務 民3年 再版 1冊 複1

F/0175 曇花夢 薩拉斯苛夫著
上海 商務 民3年 再版 1冊

F/0175 烟水愁城録 哈葛得著
上海 商務 2冊

F/0175 撒克遜劫後英雄略 司葛德著
上海 商務 2冊 複1

F/0175 一柬緣 李來姆著
上海 商務 1冊

F/0175 玉雪留痕 哈葛德著
上海 商務 1冊

F/0175 魯濱孫飄流記 達孚著
上海 商務 2冊 複2

F/0175 洪罕女郎傳 哈葛德著
上海 商務 2冊

F/0175 蠻荒誌異 哈葛德著
上海 商務 民3年 再版 1冊 複1

F/0175 阱中花 巴爾勒斯著
上海 商務 民3年 2冊

F/0175 紅柳娃 柏拉蒙著
上海 商務 民3年 再版 1冊

F/0175 紅礁畫槳録 哈葛德著

上海 商務 民 3 年 再版 2 册

F/0175 煉才爐 亞林杜梅著

上海 商務 民 3 年 再版 1 册

F/0175 七星寶石 勃藍姆司道格著

上海 商務 民 3 年 再版 1 册

F/0175 美人烟草 尾崎德太郎著

上海 商務 民 3 年 再版 1 册

F/0175 蠻陬奮跡記 特來生著

上海 商務 民 3 年 再版 1 册

F/0175 橡湖仙影 哈葛德著

上海 商務 民 3 年 再版 3 册

F/0175 波乃茵傳 赫拉著

上海 商務 民 3 年 再版 1 册

F/0175 尸櫝記 華爾登著

上海 商務 民 3 年 再版 1 册

F/0175 二俑案 許復古著

上海 商務 民 3 年 再版 1 册

F/0175 雙孝子噀血酬恩記 大隈克力司蒂穆雷著

上海 商務 民 3 年 再版 2 册 複 1

F/0175 真偶然 柏爾著

上海 商務 1 册

F/0175 畫靈 曉公偉著

上海 商務 民 3 年 再版 1 册

F/0175 雙冠璽 特渴不厄拔佇著

上海 商務 民 3 年 再版 1 册

F/0175 航海少年 櫻井彦一郎著

上海 商務 民 3 年 再版 1 册

F/0175 紅星佚史 羅達哈葛德著
上海 商務 民3年 再版 1册

F/0175 復國軼聞 波士俾著
上海 商務 民3年 再版 1册

F/0175 新飛艇 尼楷忒著
上海 商務 民3年 再版 1册

F/0175 鐵血痕 倍來著
上海 商務 2册

F/0175 新天方夜譚 路易司地文、佛尼司地文著
上海 商務 再版 1册

F/0175 孝女耐兒傳 卻而司迭更司著
上海 商務 3册

F/0175 塊肉餘生述前編 卻而司迭更司著
上海 商務 2册

F/0175 塊肉餘生述續編 卻而司迭更司著
上海 商務 民4年 3版 2册 複1

F/0175 拊掌録 華盛頓歐文著
上海 商務 民4年 4版 1册 複1

F/0175 電影樓臺 柯南達利著
上海 商務 民4年 3版 1册

F/0175 冰雪姻緣 卻而司迭更司著
上海 商務 光緒34年 6册

F/0175 蛇女士傳 柯南達利著
上海 商務 民4年 再版 1册

F/0175 蘆花餘孽 色東麥里曼著
上海 商務 民4年 再版 1册

F/0175 髯刺容 柯南達利著
上海 商務 民4年 再版 1册

F/0175　大食故宫餘載　華盛頓歐文著
　上海　商務　民4年　3版　1册
F/0175　金風鐵雨録　科南達利著
　上海　商務　民4年　3版　3册
F/0175　西奴林娜小傳　安東尼賀迫著
　上海　商務　民4年　3版　1册
F/0175　賊史　卻而司迭更司著
　上海　商務　民4年　初版　2册
F/0175　離恨天　森彼得著
　上海　商務　1册
F/0175　旅行述異　華盛頓歐文著
　上海　商務　民4年　3版　2册　複1
F/0175　西利亞郡主别傳　馬支孟德著
　上海　商務　民4年　3版　2册
F/0175　璣司刺虎記　哈葛德著
　上海　商務　民4年　再版　2册
F/0175　天囚懺悔録　約翰沃克森罕著
　上海　商務　民4年　再版　1册
F/0175　貝克偵探談續編　馬克丹諾保德慶著
　上海　商務　民4年　再版　1册
F/0175　十字軍英雄記　司各德著
　上海　商務　民10年　3版　2册
F/0175　恨綺愁羅記　柯南達利著
　上海　商務　民4年　4版　2册
F/0175　玉樓花劫前編　大仲馬著
　上海　商務　民4年　3版　2册
F/0175　玉樓花劫續編　大仲馬著
　上海　商務　民4年　初版　2册

F/0175 薄倖郎 銷司倭司女士著
上海 商務 民4年 再版 2册
F/0175 蟹蓮郡主傳 大仲馬著
上海 商務 民4年 再版 2册
F/0175 溷中花 爽梭阿過伯著
上海 商務 民4年 初版 2册
F/0175 羅刹因果録 託爾斯泰著
上海 商務 民4年 再版 1册
F/0175 殘蟬曳聲録 測次希洛著
上海 商務 民4年 再版 1册
F/0175 魚海淚波 辟尼略坻著
上海 商務 民4年 初版 1册
F/0175 漫郎攝實戈 商務印書館著
上海 商務 民9年 3版 1册
F/0175 哀吹録 巴魯薩著
上海 商務 民4年 再版 1册
F/0175 八十日 裘爾俾奴著
上海 商務 民4年 再版 1册
F/0175 匈奴奇士録 育珂摩耳著
上海 商務 民4年 再版 1册
F/0175 血泊鴛鴦 哈葛德著
上海 商務 民4年 再版 2册
F/0175 亞媚女士別傳 卻而司迭更司著
上海 商務 民4年 再版 2册
F/0175 博徒別傳 柯南達利著
上海 商務 民4年 再版 1册
F/0175 遮那德自伐八事 柯南達利著
上海 商務 民4年 再版 2册

F/0175 遮那德自伐後八事 柯南達利著
上海 商務 民 4 年 再版 2 册

F/0175 雪花圍 托爾斯泰著
上海 商務 民 4 年 初版 1 册

F/0175 範模町村 横井時敬著
上海 商務 民 4 年 再版 1 册 複 2

F/0175 白頭少年 蓋婆賽著
上海 商務 民 4 年 再版 1 册

F/0175 洪荒鳥獸記 科南達利著
上海 商務 民 4 年 再版 2 册 複 1

F/0175 希臘興亡記 彼得巴利著
上海 商務 民 4 年 再版 1 册 複 1

F/0175 西班牙宫闈瑣語 商務印書館編
上海 商務 民 4 年 再版 1 册

F/0175 驃騎父子 託爾斯泰著
上海 商務 民 4 年 初版 1 册

F/0175 法宫秘史前編 大仲馬著
上海 商務 民 4 年 再版 2 册 複 1

F/0175 不測之威 託爾斯泰著
上海 商務 民 4 年 再版 2 册 複 1

F/0175 亨利第六遺事 莎士比亞著
上海 商務 民 5 年 初版 1 册

F/0175 冰蘗餘生記 勒東路易著
上海 商務 民 5 年 再版 2 册 複 1

F/0175 海天情孽 黄士淇編譯
上海 商務 民 5 年 初版 1 册

F/0175 名優遇盜記 郭演公編譯
上海 商務 民 5 年 初版 1 册

F/0175　斐洲烟水愁城録　哈葛德著
　上海　商務　光緒 31 年　初版　2 册
F/0175　奇女格露枝小傳　克拉克著
　上海　商務　民 5 年　初版　1 册　複 1
F/0175　大荒歸客記　曲特拉痕脱著
　上海　商務　民 13 年　3 版　2 册　複 1
F/0175　樹穴金　束鳳鳴編譯
　上海　商務　民 5 年　初版　1 册　複 1
F/0175　銅圜雪恨録　余增史著
　上海　商務　民 5 年　初版　2 册　複 1
F/0175　橄欖仙　巴蘇謹著
　上海　商務　民 9 年　再版　2 册　複 1
F/0175　冰原探險記　王無爲編
　上海　商務　民 13 年　3 版　1 册
F/0175　血痕　生可編譯
　上海　商務　民 7 年　再版　1 册
F/0175　詩人解頤語　倩伯司著
　上海　商務　民 7 年　再版　2 册　複 1
F/0175　魔冠浪影　C.C.Andrew 著　丁宗一、陳堅譯
　上海　商務　民 7 年　再版　1 册
F/0175　怪手印　丁宗一、陳堅編譯
　上海　商務　民 6 年　初版　2 册
F/0175　社會聲影録　託爾司泰著
　上海　商務　民 6 年　初版　1 册　複 2
F/0175　烟火馬　哈葛德著
　上海　商務　民 6 年　初版　3 册
F/0175　毒菌學者　惠霖勞克著
　上海　商務　民 12 年　再版　2 册　複 1

F/0175　蓬門畫眉録　亨利瓦特女士著
　上海　商務　民6年　初版　2册　複1
F/0175　賢妮小傳　丁宗一、陳堅編譯
　上海　商務　民11年　再版　2册　複1
F/0175　鄉里善人　伊凡羌寧著
　上海　商務　民11年　再版　1册　複1
F/0175　地獄礁　卓呆譯述
　上海　商務　民6年　初版　2册　複1
F/0175　寒桃記　黑巖淚香著
　上海　商務　2册
F/0175　歷刦恩仇　華特生著
　上海　商務　民10年　再版　2册　複1
F/0175　秘密軍港　華特生著
　上海　商務　民10年　4版　1册
F/0175　墨沼疑雲録　洛平革拉著
　上海　商務　民10年　3版　2册　複1
F/0175　續賢妮小傳　丁宗一、陳堅編譯
　上海　商務　民9年　再版　2册　複1
F/0175　圍爐瑣談　A.C.Doyle著
　上海　商務　民9年　再版　1册　複1
F/0175　再續賢妮小傳　丁宗一、陳堅編譯
　上海　商務　民9年　再版　2册　複1
F/0175　妒婦遺毒記　黄静英編纂
　上海　商務　民11年　3版　1册　複1
F/0175　鸚鵡緣　小仲馬著
　上海　商務　民10年　再版　2册　複1
F/0175　鸚鵡緣續編　小仲馬著
　上海　商務　民10年　再版　2册　複1

F/0175 拉哥比在校記 商務書館編譯所編

上海 商務 民13年 3版 2册 複1

F/0175 鸚鵡緣三編 小仲馬著

上海 商務 民10年 3版 2册 複1

F/0175 緑光 張毅漢編纂

上海 商務 民7年 再版 2册

F/0175 賊博士 無我生編

上海 商務 民9年 再版 1册 複1

F/0175 孤露佳人 范彦矧編纂

上海 商務 民7年 初版 2册

F/0175 孝友鏡 林紓編纂

上海 商務 民10年 3版 2册 複1

F/0175 金臺春夢録 丹米安著

上海 商務 民9年 再版 2册 複1

F/0175 傀儡家庭 陳嘏編譯

上海 商務 民7年 初版 1册 複2

F/0175 癡郎幻影 賴其鏜著

上海 商務 3册

F/0175 現身説法 託爾司泰著

上海 商務 民10年 3版 3册 複1

F/0175 模範家庭 陳觀弈編纂

上海 商務 民13年 4版 1册 複1

F/0175 牝賊情絲記 陳施利著

上海 商務 民10年 3版 2册 複1

F/0175 孤露佳人續編 亨利瓦特著

上海 商務 民7年 初版 2册

F/0175 桃大王因果録 參恩女士著

上海 商務 民10年 3版 2册 複1

F/0175 玫瑰花 巴克雷著
上海 商務 民9年 再版 2册
F/0175 黑偉人 華盛頓著
上海 商務 民9年 再版 2册
F/0175 再世爲人 湯姆格倫著
上海 商務 民8年 初版 2册 複1
F/0175 恨縷情絲 託爾斯泰著
上海 商務 民10年 3版 2册 複1
F/0175 贗爵案 柯南李登著
上海 商務 民13年 3版 2册 複1
F/0175 鬼窟藏嬌 武英尼著
上海 商務 民8年 初版 2册 複1
F/0175 玫瑰花續編 巴克雷著
上海 商務 民9年 再版 2册
F/0175 模範家庭續編 亨利瓦特女士著
上海 商務 民8年 初版 2册 複1
F/0175 雙雛淚 包天笑編
上海 商務 民9年 再版 1册
F/0175 西樓鬼語 約克魁迭斯著
上海 商務 民10年 3版 2册
F/0175 蓮心藕縷緣 卡叩登著
上海 商務 民10年 3版 2册 複1
F/0175 俄羅斯宫闈祕記 張叔嚴編
上海 商務 民13年 3版 2册 複1
F/0175 鐵匣頭顱 哈葛得著
上海 商務 民9年 初版 2册
F/0175 白羽記初編 沈步洲編
上海 商務 民8年 初版 2册 複1

F/0175 情天異彩 周魯倭著
上海 商務 民8年 初版 1册 複1
F/0175 蜘蛛毒 徐慧公編
上海 商務 民8年 初版 1册 複1
F/0175 重臣傾國記 勒格克司著
上海 商務 民12年 3版 3册 複1
F/0175 碧玉串 尤玄甫編
上海 商務 民9年 初版 1册 複1
F/0175 四字獄 徐慧公著
上海 商務 民10年 再版 1册 複1
F/0175 鐵匣頭顱續編 哈葛得著
上海 商務 民8年 初版 2册 複1
F/0175 白羽記續編 沈步洲編
上海 商務 民11年 再版 2册 複1
F/0175 賂史 亞波倭得著
上海 商務 民10年 再版 2册 複1
F/0175 菱鏡秋痕 廖鳴韶編
上海 商務 民10年 再版 2册 複1
F/0175 金梭神女再生緣 哈葛得著
上海 商務 民3年 初版 2册 複1
F/0175 歐戰春閨夢 高桑斯著
上海 商務 民10年 再版 2册 複1
F/0175 苦海雙星 蔣炳然、廖鳴韶編譯
上海 商務 民10年 再版 2册
F/0175 戎馬書生 楊支著
上海 商務 民10年 再版 1册
F/0175 泰西古劇 達威生編輯
上海 商務 民10年 再版 3册 複2

F/0175 鷗巢記上編 魯斗威司著
上海 商務 民 11 年 再版 2 册
F/0175 妄言妄聽 美森著
上海 商務 民 9 年 初版 2 册
F/0175 焦頭爛額 尼可拉司著
上海 商務 民 10 年 再版 2 册 複 1
F/0175 白羽記三編 沈步洲編纂
上海 商務 民 11 年 再版 2 册 複 1
F/0175 歐戰春閨夢續編 高桑斯著
上海 商務 民 11 年 再版 2 册 複 1
F/0175 偶屋 瞿宣穎編纂
上海 商務 民 11 年 再版 2 册 複 1
F/0175 恩怨 王卓民編纂
上海 商務 民 9 年 初版 1 册
F/0175 鷗巢記續編 魯斗威司著
上海 商務 民 11 年 再版 2 册
F/0175 血蓑衣 村井弦齋著
上海 商務 光緒 32 年 2 版 1 册
F/0175 梅孽 伊卜森著
上海 商務 光緒 33 年 初版 1 册
F/0175 金絲髮 格離痕著
上海 商務 民 10 年 初版 1 册 複 1
F/0175 冰天漁樂記 經司頓著
上海 商務 光緒 34 年 初版 2 册
F/0180 龍套人語 龍公著
上海 競智 1930 年 初版 3 册
F/0277 檮杌萃編 誕叟著
1916 年 初版 1 部 共 6 册

F/0307 仙宫 廣州文學會編
香港 受匡出版部 1927 年 初版 66 面

F/0307 嬰屍 廣州文學會編
香港 受匡出版部 民 17 年 初版 148 面

F/0348 美州童子萬里尋親記 亞丁著
上海 商務 民 6 年 3 版 86 面 複 1

F/0403 水沫集 謝六逸著
上海 世界 1922 年 初版 1 册

F/0403 海外傳説集 謝六逸著
上海 世界 1929 年 1 册

F/0403 伊利亞特的故事 謝六逸譯
上海 開明 1929 年 初版 135 面

F/0404 從軍日記 謝文翰著
北平 北新 1925 年 初版 70 面 複 2

F/0432 幻醉及其他 謝冰季著
上海 中華 1930 年 1 册

F/0433 冰心小説集 冰心著
上海 北新 1933 年 初版 341 面

F/0433 超人 冰心著
上海 商務 民 12 年 再版 149 面 複 2

F/0488 上海的故事 謝頌羔著
上海 青雲 1929 年 再版 164 面

F/0488 游美短篇軼事 謝頌羔著
上海 青雲 1929 年 182 面

F/0554 活冤孽 Victor Hugo 著 俞忽譯
上海 商務 民 12 年 初版 3 册

F/0554 九十三年 囂俄著
上海 真美善 1931 年 初版 348 面

F/0657 怪城郭 文明書局編輯
1927 年 再版 64 面
F/0657 魔窟紀遊 文明書局編輯
1928 年 再版 52 面
F/0700 現代中國小説選 A.L. 社編
上海 亞細亞 民 18 年 初版 778 面
F/0701 天方夜潭 奚若譯
上海 商務 民 14 年 再版 2 册
F/0701 一千零一夜 汪原放譯
上海 亞東 民 19 年 初版 440 面
F/0707 黑的美 郭文驥著
1930 年 再版 195 面
F/0707 把戲 郭文驥著
上海 現代 1929 年 103 面
F/0734 黑貓 郭沫若著
上海 現代 1932 年 3 版 69 面
F/0734 沫若小説戲曲集 郭沫若著
上海 光華 1932 年 再版 1 册
F/0734 落葉 郭沫若著
上海 新興 1929 年 初版 140 面
F/0739 工人綏惠略夫 阿志跋綏夫著
上海 商務 民 11 年 初版 202 面
F/0739 沙寧 阿志巴綏夫著
上海 光華 1930 年 初版 526 面
F/0739 沙寧 阿志巴綏夫著
上海 商務 民 19 年 初版 600 面 複 1
F/0744 玫瑰色的夢 郭蘭馨著
上海 草野社 1929 年 1 册

F/0810 水滸 施耐庵著
上海 啓智 民 21 年 3 版 4 册
F/0810 水滸索隱 施耐庵著
上海 大東 1929 年 初版 4 册 複 1
F/0825 慘霧 許傑著
上海 商務 1928 年 310 面
F/0825 子卿先生 許傑著
上海 開明 1928 年 初版 200 面
F/0825 暮春 許傑著
上海 光華 1928 年 再版 140 面
F/0834 小人物的懺悔 安特立夫著
上海 商務 民 11 年 初版 155 面 複 2
F/0834 小天使 安特列夫著
上海 光華 1928 年 初版 89 面
F/0834 夜鶯 顧均正譯
上海 開明 1929 年 初版 1 册
F/0834 七個絞死的人 安特立夫著
上海 金屋 民 17 年 初版 152 面
F/0834 紅的笑 安特列夫著
上海 商務 民 19 年 初版 132 面 複 1
F/0834 安徒生童話集 趙景深編
上海 新文化 民 13 年 112 面
F/0834 無畫的畫帖 安徒生著
上海 新文化 1923 年 初版 94 面 複 1
F/0834 旅伴及其他 安徒生著
上海 北新 1927 年 再版 190 面
F/0848 古今奇案彙編 許慕羲著
上海 廣益 1929 年 1 册

F/0848　元宫十四朝演義　許慕羲著
　上海　新華　1930 年　4 册
F/0848　清宫歷史演義　許慕羲著
　上海　廣益　1924 年　14 册
F/0848　俠女救夫記　許慕羲著
　上海　廣益　1929 年　1 册　複 1
F/0848　飛俠偷頭記　許慕羲著
　上海　廣益　1928 年　再版　108 面
F/0849　我的一生　陸鴻勛譯述
　上海　大東　民 18 年　初版　102 面
F/0861　列國志　許嘯天句讀
　上海　羣學社　民 14 年　再版　2 册
F/0861　明宫十六朝演義　許笑天著
　上海　新民　8 册　複 1
F/0880　彷彿如此　許欽文著
　上海　北新　1928 年　初版　177 面
F/0880　蝴蝶　許欽文著
　上海　北新　1928 年　初版　103 面
F/0912　三公主　阿斯皮爾孫著
　上海　開明　1929 年　再版　1 册
F/1004　地獄　成紹宗譯
　上海　光華　1930 年　初版　336 面
F/1008　狗史　王新命著
　上海　泰東　民 13 年　初版　117 面
F/1012　博士外史　不平生編
　上海　博士書店　1929 年　1 函 3 集
F/1013　清秋之夜　王功鎏著
　上海　世界　民 18 年　初版　95 面　複 1

F/1013　西神小説集　王西神著

上海　世界　民13年　初版　1册

F/1018　在黑暗中　丁玲著

上海　開明　民19年　3版　270面

F/1019　秋風　王天恨著

上海　世界　民18年　初版　1册

F/1019　擱在一邊　王天恨著

上海　世界　民20年　3版　1册　複1

F/1019　第一夜　王天恨著

文華美術圖書公司　1929年　1册

F/1020　黄金　王魯彦著

上海　人間　1928年　初版　174面

F/1021　小江平遊記　一舸女士著

上海　新村書店　1930年　1函3册

F/1022　孤雁　王以仁著

上海　商務　1930年　3版　178面

F/1022　監獄　王任叔著

上海　光華　1927年　初版　1册　複1

F/1022　死綫上　王任叔著

上海　金屋　民17年　初版　197面

F/1022　在没落中　王任叔著

上海　樂華　1930年　316面

F/1025　蹉跎　再生著

先社出版公司　1930年　160面　複1

F/1026　一葉　王統照著

上海　商務　民11年　初版　87面　複1

F/1026　春雨之夜　王統昭著

上海　商務　1930年　6版　257面

F/1030　搜神記　干寶著
上海　商務　民20年　156面

F/1031　三別　石江著
上海　世界　民18年　初版　1冊

F/1037　愛美生學畫記　雷家駿編
上海　商務　民12年　初版　41面　複2

F/1043　聖母像前　王獨清著
上海　樂華　1931年　初版　80面

F/1043　愛之苦痛　王警濤著
上海　新民　民19年　初版　156面

F/1044　語怪　王藝編
上海　會文堂　民18年　6版　270面　複1

F/1044　生死美人　亞華、祝齡合譯
上海　進步　1928年　7版　120面

F/1044　沉默　玉英女士等譯
上海　卿雲　1930年　107面

F/1048　潘彼得　梁實秋譯
上海　新月　1929年　初版　320面

F/1054　水泡　一蝶著
上海　光華　1929年　初版　177面

F/1064　十日談　薄伽邱著
上海　開明　民19年　919面

F/1064　十日談選　濮卡屈原著
上海　光華　1929年　初版　110面

F/1067　人間百怪　一鳴著
新國民書店　1929年　一函6冊

F/1070　一個人的死　沈餘譯
上海　商務　1928年　初版　68面　複1

F/1079 藝術家之愛 巴爾扎克著
上海 前夜 1929年 初版 117面

F/1080 南風 夏萊蒂譯
福建 世界文藝書社 1929年 初版 88面

F/1082 海上蜃樓 天笑生著
上海 中華 1926年 全書2册

F/1082 埋石棄石記 天笑生著
上海 商務 120面

F/1082 馨兒就學記 天笑生著
上海 商務 宣統2年 初版 169面 複1

F/1082 甲子絮談 天笑生著
上海 大東 1册

F/1084 説岳 王鈍根、王大錯加批
1922年 1函4册

F/1084 惜分飛 王余杞作
上海 春潮 民18年 初版 1册

F/1088 瓊島仙葩 天笑編
上海 文明 1921年 初版 2册

F/1088 覆車 天笑、毅漢同譯
上海 進步 1921年 初版 82面

F/1092 留東外史 不肖生著
民權出版部 1930年 1部10册

F/1092 留東新史 不肖生著
上海 世界 民13年 初版 3册

F/1092 江湖怪異傳 不肖生著
上海 世界 民15年 4版 1册

F/1092 江湖奇俠傳 不肖生著
上海 世界 1930年 11版 11集

F/1092　玉玦金環録　不肖生著
　上海　中央　民16年　再版　4册
F/1092　現代奇人傳　不肖生著
　上海　世界　民17年　初版　104面
F/1093　神秘之窟　王小逸著
　上海　中央　1930年　4册
F/1094　美人劫　貢少芹著
　上海　文明　1924年　9版　130面
F/1094　近五十年見聞録　貢少芹著
　上海　進步　1928年　全2册
F/1094　秘密女子　貢少芹譯
　上海　文明　1928年　9版　124面
F/1094　塵海燃犀録　貢少芹著
　上海　國華　民14年　初版　146面
F/1094　分類小説大觀　貢少芹編
　上海　國華　民10年　初版　4册
F/1111　燕語　張天一、莊素國合著
　上海　晨光　1931年　初版　336面
F/1111　從空虛到充實　張天翼著
　上海　聯合　1931年　28面
F/1125　新山海經　張秋蟲著
　上海　中央　1931年　5册
F/1131　冲積期化石　張資平著
　上海　泰東　1929年　204面
F/1131　壓迫　張資平著
　上海　新宇宙　203面
F/1131　襯衣　張資平譯
　上海　光華　1929年　3版　251面

F/1131　不平衡力的偶力　張資平著
　上海　商務　民 16 年　再版　327 面
F/1131　愛之渦流　張資平著
　上海　光明　1931 年　4 版　240 面
F/1131　紅霧　張資平著
　上海　樂華　民 22 年　4 版　294 面　複 2
F/1131　跳躍着的人們　張資平著
　上海　文藝　1930 年　3 版　234 面
F/1131　天孫之女　張資平著
　上海　文藝　1930 年　初版　340 面
F/1131　青春　張資平著
　上海　現代　1930 年　139 面
F/1131　柘榴花　張資平著
　上海　樂羣　1930 年　159 面
F/1131　明珠與黑炭　張資平著
　上海　光明　1931 年　332 面
F/1131　北極圈裏的王國　張資平著
　上海　現代　1932 年　再版　412 面
F/1131　羣星亂飛　張資平著
　上海　光華　1931 年　再版　316 面
F/1131　脱了軌道的星球　張資平著
　上海　現代　1932 年　再版　206 面
F/1131　最後的幸福　張資平著
　上海　現代　1930 年　8 版　243 面
F/1131　朔方健兒傳　張冥飛著
　上海　世界　117 面
F/1142　枕緑小説集　張枕緑著
　上海　世界　民 15 年　再版　98 面

F/1143　爲了愛　張松濤作

上海　光華　1929 年　3 版　124 面　複 1

F/1144　白話短篇寫實小説　張九如著述

上海　新文化　1921 年　初版　110 面

F/1144　模範父母　張九如著

1 册

F/1144 婚後　得利賽著

上海　北新　1929 年　再版　156 面

F/1144　何典　張南莊著

上海　卿雲　民 17 年　3 版　100 面　複 1

F/1148　異國情調　張若谷著

上海　世界　民 18 年　初版　1 册

F/1158　湖山味　張慧劍著

上海　世界　民 18 年　初版　1 册

F/1176　女陪審員　張問鵑女士作

上海　光華　1929 年　94 面

F/1182　南北異人傳　張箇儂著

上海　南方　1929 年　初版　4 册

F/1182 巾幗春秋　張箇儂著

上海　三益　民 18 年　初版　1 册　複 1

F/1182　模範青年　張箇儂著

上海　久益　130 面

F/1182　舍我小説集　張舍我選述

上海　大東　民 16 年　初版　1 册

F/1191　春明外史　張恨水著

上海　世界　1932 年　再版　6 册　複 1

F/1191　續春明外史　張恨水著

上海　世界　民 21 年　再版　6 册

F/1191 落霞孤鶩 張恨水著

上海 世界 1931 年 初版 4 册

F/1192 脚印 張少峯著

北平 震東 1931 年 初版 162 年

F/1192 枯塚 張少峯著

北平 震東 1930 年 初版 158 面

F/1192 鬼影 張少峯著

北平 震東 1930 年 241 面

F/1201 戰争中 孫席珍著

上海 現代 1930 年 初版 130 面

F/1201 到大連去及其他 孫席珍著

上海 春潮 民 17 年 初版 123 面

F/1201 女人的心 孫席珍著

上海 真美善 1929 年 初版 1 册

F/1201 花環 孫席珍作

上海 亞細亞 1928 年 初版 132 面

F/1211 血花劍 孫君平著

青古山房 1930 年 1 册

F/1220 娃娃石 孫佳訊編述

上海 民風 1929 年 初版 1 册

F/1222 旅行笑史 大虚我生著

上海 中華 2 册

F/1233 法蘭西短篇傑作集 水沫社編譯

上海 現代 1928 年 初版 1 册 複 2

F/1237 大西洋之濱 孫福熙著

上海 北新 1925 年 初版 1 册

F/1237 春城 孫福熙著

上海 開明 1931 年 初版 1 册

F/1247 遊俠外史 孤桐著

上海 文明 1924 年 再版 104 面

F/1264 我們的一團與他 石川啄木著

上海 光華 1928 年 5 版 105 面

F/1282 新説書 孫毓修著

上海 商務 民 5 年 3 版 3 册

F/1402 日美太平洋大戰 H.C.Bvwater 著 楊歷樵等譯

天津 大公報社 1932 年 初版 364 面

F/1434 愁斯丹和綺瑟 柏地耶著

上海 開明 民 19 年 初版 180 面

F/1447 波兒與薇姑 Pierre 著 程紹宗譯

上海 現代 1929 年 初版 170 面

F/1455 山梯尼克頓學校 比亞生著

上海 公民 民 10 年 初版 58 面

F/1474 雌魔影 L.J.Beeston 著 常覺、覺迷合譯

上海 中華 民 13 年 初版 55 面

F/1480 死死生生 瑪克司藩母白吞著

上海 中華 民 19 年 再版 38 面

F/1496 忠厚老實人 武者小路實篤著

上海 真美善 1930 年 初版 123 面 複 1

F/1550 孩子的心 柏涅特夫人著

上海 北新 1930 年 3 版 304 面

F/1590 普希金小説集 普希金著

上海 亞東 民 13 年 初版 1 册 複 1

F/1590 甲必丹之女 普希金著

上海 商務 民 11 年 再版 226 面

F/1631 夏目漱石集 夏目漱石著

上海 開明 民 21 年 初版 216 面

F/1631 草枕 夏目漱石著

上海 真美善 1929 年 初版 220 面

F/1705 曼儂 Prevost 著 石民、張友松譯

上海 春潮 1929 年 初版 282 面

F/1710 哨兵 普魯士著

上海 光華 1930 年 初版 336 面

F/1710 希望 柔石著

上海 商務 民 19 年 初版 206 面

F/1710 二月 柔石著

上海 春潮 1929 年 初版 257 面

F/1722 鐵手

上海 國光 民 9 年 再版 1 册

F/1734 他的遺書 翟永坤著

上海 開明 民 20 年 4 版 156 面

F/1760 古骸底埋葬 盈昂著

上海 文化 1929 年 初版 114 面

F/1777 何侃新與倪珂蘭 邢鵬舉譯

上海 新月 1930 年 初版 96 面 複 1

F/1844 豔紅杯 玲媚女士著

上海 卿雲 1929 年 初版 154 面

F/2003 兩個野蠻人的戀愛 沈起予著

上海 紅葉 1930 年 初版 217 面

F/2007 戀愛之路 柯倫泰夫人著

上海 開明 1929 年 再版 114 面

F/2017 洛雪小姐遊學記 伍光建譯

上海 商務 1932 年 初版 上下 2 册

F/2042 三年 契柯夫著

上海 北新 1927 年 再版 227 面

F/2042　柴霍甫短篇小説集　柴霍甫著
上海　商務　民 13 年　再版　341 面

F/2042　悒鬱　柴霍甫著
上海　開明　1927 年　初版　206 面

F/2042　決鬥　契訶夫著
上海　北新　1929 年　初版　390 面

F/2042　厭倦的故事　契霍夫著
上海　紅葉　1930 年　初版　127 面

F/2042　香檳酒　柴霍甫著
上海　開明　1930 年　再版　303 面

F/2042　女人的王國　柴霍甫著
上海　開明　1930 年　再版　298 面

F/2042　黑衣僧　柴霍甫著
上海　開明　1930 年　再版　328 面

F/2042　快樂的結局　柴霍甫著
上海　開明　1630 年　再版　305 面

F/2042　孩子們　柴霍甫著
上海　開明　1930 年　再版　326 面

F/2042　妖婦　柴霍甫著
上海　開明　1930 年　再版　326 面

F/2042　審判　柴霍甫著
上海　開明　1630 年　再版　327 面

F/2042　老年　柴霍甫著
上海　開明　1930 年　再版　324 面

F/2070　盲樂師　克羅連科著
上海　商務　民 15 年　初版　240 面　複 2

F/2074　阿麗思漫遊奇境記　赵元任譯
上海　商務　民 12 年　再版　192 面　複 1

F/2074 鏡中世界 嘉萊爾著

上海 北新 1929 年 初版 218 面

F/2077 木偶奇遇記 科羅狄著

上海 開明 1928 年 初版 318 面

F/0281 薇娜 石會、芾甘合譯

上海 開明 1929 年 再版 232 面

F/2112 草莽英雄 何一峯著

上海 新智 1930 年 179 面

F/2112 女衣盜 何一峯著

上海 育古山房 1930 年 1 册

F/2116 三絃 盧冀野著

上海 泰東 民 16 年 再版 100 面

F/2126 世界傑作小説選 虛白譯

上海 真美善 1630 年 初版 248 面

F/2126 潛熾的心 虛白著

上海 真美善 1929 年 初版 1 册

F/2126 歐美小説 虛白、萬孚合譯

1 册

F/2126 德妹 虛白著

上海 真美善 民 17 年 初版 1 册

F/2126 虛白小説 虛白著

上海 真美善 1 册

F/2136 海鳴小説集 何海鳴著

上海 世界 民 15 年 再版 100 面

F/2141 阿串姐 盧夢殊著

上海 真美善 民 17 年 初版 1 册

F/2150 神怪奇俠 卓書著

上海 亞華 1929 年 2 版 上下 2 册

F/2191　舊歡　伍光建譯
上海　黎明　民18年　初版　151面
F/2225　情史　詹詹外史編著
上海　會文党　2册　複1
F/2227　月夜　川島著
北平　北大新潮社　1928年　3版　1册
F/2244　新生　島崎藤村著
上海　北新　民16年　初版　2册
F/2310　海的渴慕者　佷工著
上海　民智　民13年　初版　1册
F/2354　兩個青年的悲劇　傅東華譯
上海　大江　1929年　初版　245面
F/2407　挪威短篇小説選　古有成譯
上海　商務　民19年　初版　364面
F/2434　没有太陽的街　德永直著
上海　現代　1932年　再版　330面
F/2441　現代日本小説　侍桁譯
上海　開明　民20年　再版　300面
F/2504　此中人語　朱瘦菊編
上海　新民　1册
F/2536　近代短篇小説集　朱湘譯
上海　北新　1929年　初版　184面
F/2553　龍華道上　朱扶湘著
上海　新東方　1928年　初版　1册
F/2580　清慈禧太后畫像記　健公譯
民6年　1册
F/2581　孱兒集　朱企霞著
上海　北新　1929年　初版　426面

F/2611 飛龍傳 吴璿著

1927 年 1 部 3 本

F/2613 病院中 程碧冰著

上海 神州國光社 1931 年 初版 1 册

F/2628 萬里步行記 吴虞公著

上海 世界 民 13 年 3 版 121 面 複 1

F/2630 盜窟花 白福庇著

上海 文明 1928 年 再版 74 面

F/2633 紫藤花下 吴江冷著

上海 民智 民 18 年 初版 108 面 複 1

F/2634 空虚 細田源吉著

上海 新宇宙 1928 年 初版 74 面

F/2641 維里尼亞 賽孚甯娜著

上海 現代 1931 年 初版 217 面

F/2643 痛苦的回憶 吴克家著

上海 世界 1931 年 182 面

F/2644 道是無情却有情 吴克勤著

上海 世界 民 18 年 初版 1 册

F/2644 儒林外史 吴敬梓著

上海 大中 2 册 複 1

F/2649 上下古今談 吴敬恒編

上海 中華 民 15 年 10 版 4 册

F/2660 瞻廬小説集 程瞻廬著

上海 世界 民 15 年 再版 104 面

F/2660 街談巷語 程瞻廬著

上海 世界 民 18 年 2 版 175 面 複 1

F/2660 快活神仙傳 程瞻廬著

上海 世界 民 18 年 初版 5 册

F/2664 南北極 穆時英著

上海 現代 1933 年 初版 275 面

F/2664 交流 穆時英著

上海 芳草 1930 年 初版 211 面

F/2664 阿姊 穆羅茶著

上海 世界 1929 年 初版 1 册

F/2668 二十年目覩之怪現狀 吴趼人著

上海 世界 1926 年 初版 4 册 又 1 部 8 册

F/2668 恨海 吴趼人著

上海 競智 民 19 年 續版 1 册

F/2684 七封書信的自傳 魏金枝著

上海 人間 民 17 年 初版 116 面

F/2695 福爾摩斯新探案 柯南道爾著

上海 世界 1931 年 6 版 3 册

F/2695 金絲雀 程小青譯

上海 世界 1931 年 初版 2 册

F/2695 貝森血案 程小青譯

上海 世界 1932 年 初版 2 册

F/2695 姊妹花 程小青譯

上海 世界 民 21 年 初版 上下 2 册

F/2695 世界名家偵探小説 程小青譯

大東 1931 年 1 部 3 册

F/2695 妬殺案 程小青譯

文明 1928 年 再版 110 面

F/2700 失了影子的人 嘉米璵著

上海 光華 1929 年 初版 112 面

F/2700 在世界的盡頭 魯彦譯

上海 神州 1930 年 198 面 複 1

F/2700　世界短篇小説集　魯彥譯

上海　亞東　18 年　再版　359 面

F/2710　五代史平話　黎列文標點

上海　商務　民 14 年　初版　1 册　複 1

F/2710　大宋宣和遺事　黎列文標點

上海　商務　民 14 年　初版　1 册

F/2710　大唐三藏取經詩話　黎列文標點

上海　商務　民 14 年　初版　1 册　複 1

F/2710　京本通俗小説　黎列文標點

上海　商務　民 14 年　初版　1 册　複 2

F/2717　因緣遇合前集　侯雨臣著

益新　1930 年　133 面

F/2717　因緣遇合後集　侯雨臣著

益新　1930 年　1 部 2 册

F/2718　拿破侖之情網　包天笑譯

中華　1926 年　159 面

F/2733　曙光下的微笑　倪家祥著

上海　羣衆　民 16 年　初版　128 面

F/2737　唐宋傳奇集　魯迅校録

下册　406 面

F/2737　中國短篇小説傑作集　魯迅等作

上海　三民　1929 年　初版　238 面

F/2737　在沙漠上　魯迅等譯

朝花社　1929 年　226 面

F/2737　果樹園　魯迅譯

上海　現代　1931 年　初版　171 面

F/2737　唐宋傳奇集　魯迅校録

上海　北新　1928 年　2 册

F/2737 仿徨 魯迅著

上海 北新 1926 年 1 册 複 1

F/2737 吶喊 魯迅著

上海 北新 1929 年 11 版 272 面 複 5

F/2737 野草 魯迅著

上海 北新 1932 年 8 版 94 面

F/2740 三對愛人兒 鄒枋著

上海 聯合 1931 年 1 册

F/2743 英雄與人 向培良著

上海 啓智 1929 年 初版 160 面 複 1

F/2743 飄渺的夢及其他 向培良著

1928 年 3 版 180 面

F/2760 談異 伊園主人著

上海 掃葉 民 3 年 初版 4 册

F/2762 百合集 倪貽德著

上海 北新 1929 年 初版 180 面

F/2763 一位英國女士與孫先生的結婚 鄒恩潤譯

上海 商務 1930 年 再版 221 面

F/2786 馬大少爺的奇蹟 黎錦明著

上海 現代 1928 年 初版 124 面

F/2786 雹 黎錦明著

上海 光華 民 16 年 初版 218 面

F/2786 蹈海 黎錦明著

上海 亞細亞 1929 年 初版 102 面

F/2786 烈火 黎錦明著

上海 開明 1927 年 再版 175 面

F/2814 絶望女 魏爾加等著

上海 神州 1930 年 初版 176 面

F/2814 古國的人們 徐霞村著
上海 水沫 1929 年 初版 1 册
F/2814 巴黎生活 徐霞村著
上海 遠東 1928 年 初版 41 面
F/2814 異味集 徐霞村著
上海 新宇宙 1928 年 135 面
F/2824 鸚哥 徐緣芙著
文華美術圖書公司 1929 年 初版 1 册
F/2826 卓呆小説集 徐卓呆著
上海 世界 民 15 年 再版 96 面
F/2826 醉後嗅蘋果 徐卓呆著
上海 世界 1 册
F/2826 丈母娘借傘 徐卓呆著
上海 世界 1 册
F/2841 孽海波 徐英蜚著
上海 國華 民 18 年 初版 1 册
F/2841 玉梨魂 徐枕亞著
上海 清華 民 19 年 35 版 170 面 複 1
F/2841 燕雁離魂記 徐枕亞著
上海 世界 1930 年 7 版 112 面 複 1
F/2842 週圍的一羣 徐from衡著
上海 良友 1930 年 124 面
F/2844 都市的男女 徐蔚南著
上海 真美善 1929 年 初版 174 面
F/2844 奔波 徐蔚南著
上海 北新 1928 年 初版 134 面
F/2844 春之花 徐蔚南著
上海 世界 民 18 年 初版 1 册 複 1

F/2852 漢宮二十八朝演義 徐哲身著
上海 五權 1928 年 8 册
F/2864 臨流 徐國楨著
上海 世界 初版 1 册
F/2880 毀去的序文 徐雉著
上海 新文化 民 14 年 初版 1 册 複 1
F/3007 小物件 李劫人譯
上海 中華 民 17 年 5 版 375 面 複 1
F/3007 達哈士孔的狒狒 李劼人譯
上海 中華 民 13 年 初版 164 面 複 3
F/3007 沙弗 都德著
上海 開明 民 20 年 初版 300 面
F/3021 太平天國軼聞 進步書局
上海 文明 1930 年 7 版 4 册
F/3024 前期穴居人 沈志堅、何其寬譯
上海 商務 民 13 年 初版 1 册 複 2
F/3024 後期穴居人 何其寬譯
上海 商務 民 13 年 初版 1 册 複 2
F/3024 樹居人 何其寬譯
上海 商務 民 13 年 初版 1 册 複 3
F/3024 前期海濱人 何其寬譯
上海 商務 民 14 年 初版 1 册 複 2
F/3054 安邦志
上海 大一統書局 1930 年 再版 1 部 8 本
F/3058 浮華世界 薩克萊著
上海 商務 1931 年 初版 440 面
F/3060 沉船 徐曦、林篤信譯
上海 商務 民 14 年 初版 2 册 複 1

F/3060 家庭與世界 太戈爾著

上海 泰東 民12年 初版 128面 複2

F/3064 定國志

上海 大一統 1930年 再版 共8本裝 2册

F/3070 假利券 托爾斯泰著

上海 商務 民11年 初版 130面

F/3070 我的生涯 托爾斯泰編

上海 商務 民14年 初版 128面

F/3070 懺悔 托爾斯泰著

上海 大同 民11年 再版 100面 複1

F/3070 托爾斯泰兒童文學類編 唐小圃譯

上海 商務 民12年 初版 124面

F/3070 托爾斯泰小説集 托爾斯泰著

上海 泰東 民12年 3版 1册

F/3070 戰争與和平 托爾斯泰著

上海 文藝 1931年 初版 215面

F/3070 鄉間的韻事 托爾斯泰著

上海 啓智 民18年 初版 123面

F/3070 復活 托爾斯泰著

上海 商務 民15年 3版 3册 複3

F/3070 托爾斯泰短篇小説集 瞿秋白著

上海 商務 民13年 4版 244面 複1

F/3093 淑女 杜斯妥亦夫斯基著

上海 商務 民20年 初版 75面

F/3093 主婦 白萊譯

上海 光華 民16年 初版 151面

F/3093 罪與罰 陀斯妥夫思基著

上海 北新 1930年 初版 564面

F/3109　竹林的故事　馮文炳著

上海　北新　1925 年　初版　206 面

F/3112　離絶　江雨嵐作

上海　光華　1928 年　3 版　174 面

F/3112　離絶以後　江雨嵐作

上海　光華　1930 年　3 版　124 面

F/3114　芝蘭與茉莉　顧一樵著

上海　商務　民 16 年　4 版　62 面　複 1

F/3117　天堂地獄　江天覽著

上海　廣益　1930 年　3 册

F/3120　昨夜及其他　顧仲雍著

北京　北新　1925 年　初版　70 面

F/3122　叔鸞小説集　馮叔鸞著

上海　世界　民 15 年　再版　1 册

F/3124　墳的供狀　顧仲起著

上海　遠東　1929 年　初版　84 面

F/3124　性的狂病者　顧仲起著

上海　晨曦　1929 年　初版　86 面

F/3124　龍二老爺　顧仲起等著

上海　南京　1929 年　初版　190 面　複 1

F/3124　紅蕉小説集　江紅蕉著

上海　世界　15 年　初版　104 面

F/3130　葉山嘉樹選集　馮憲章譯

上海　現代　1930 年　再版　141 面

F/3143　悵惘　馮都良著

上海　光華　民 16 年　3 版　144 面

F/3147　雪夜　汪敬熙著

上海　亞東　民 18 年　5 版　96 面　複 1

F/3153　耶蘇的吩咐　汪静之著

上海　開明　1926 年　初版　75 面

F/3153　父與女　汪静之著

上海　大江　1929 年　初版　100 面

F/3153　翠英及其夫的故事　汪静之著

上海　亞東　民 17 年　再版　168 面

F/3153　啼鵑録　顧明道著

上海　五洲　1929 年　1 册

F/3163　啼鵑續録　顧明道著

上海　五洲　1929 年　1 册

F/3163　蝶魂花影　顧明道著

上海　國華　1930 年　1 部 7 册

F/3170　僕人　西梅亞樂甫等著

上海　亞東　民 17 年　初版　108 面

F/3171　唐人小説　汪辟疆著

上海　神州　民 21 年　3 版　520 面

F/3187　結局　汪錫鵬著

上海　水沫　1929 年　198 面

F/3204　新歇浦潮　海上説夢人著

上海　世界　1928 年　4 版　1 函 4 册

F/3272　江湖鐵血記　泗水漁隱著

上海　時還　1929 年　再版　共 2 册　複 1

F/3280　續啼笑姻緣　惜紅館主著

上海　小説林　民 21 年　初版　3 册

F/3299　從軍日記　冰瑩女士著

上海　春潮　1929 年　153 面

F/3312　人面獸心　淚珠生著

上海　環球　1929 年　1 函 4 册

F/3402 初春的風 中野重治等作
上海 大江 1929 年 初版 214 面 複 1

F/3414 轉變 洪靈菲著
上海 東亞 民 17 年 再版 240 面

F/3414 大海 洪靈菲著
上海 樂華 1930 年 初版 60 面

F/3420 沈從文甲集 沈從文著
上海 神州 1930 年 初版 446 面

F/3420 阿麗思中國遊記 沈從文著
上海 新月 1928 年 初版 234 面 複 2

F/3420 入伍後 沈從文著
上海 北新 1928 年 初版 200 面

F/3420 雨後 沈從文著
上海 春潮 1928 年 初版 139 面

F/3420 神巫之愛 沈從文著
上海 光華 1929 年 初版 105 面

F/3420 老實人 沈從文著
上海 現代 1928 年 初版 199 面 複 1

F/3420 好管閒事的人 沈從文著
上海 新月 1928 年 初版 258 面

F/3420 男子須知 沈從文著
上海 紅黑出版處 1929 年 初版 109 面

F/3420 舊夢 沈從文著
上海 商務 1930 年 213 面

F/3420 陶醉 沈從文著
上海 文華美術圖書公司 1929 年 初版 1 册

F/3420 勞苦世界 狄金生著
上海 商務 民 15 年 初版 286 面

F/3422 塊肉餘生述前編 卻而司迭更司著
上海 商務 民2年 再版 141面 複1
F/3422 孝女耐兒傳 卻而司迭更司著
上海 商務 民3年 初版 3册
F/3424 花之寺 凌叔華著
上海 新月 1928年 初版 182面
F/3428 禹鐘小説集 沈禹鐘著
上海 世界 民15年 再版 1册
F/3430 魯濱孫飄流記 狄福著
上海 中華 民21年 初版 268面
F/3433 做父親去 洪爲法著
上海 金屋 民17年 初版 81面
F/3437 紅日 沐鴻作
上海 泰東 1928年 初版 214面
F/3447 諧鐸 沈起鳳著
上海 會文堂 1册
F/3473 雪人 莫爾納等著
上海 開明 1929年 再版 403面
F/3477 高家索民間故事 狄爾著
上海 商務 民17年 初版 240面
F/3483 珊瑚集 凌善清編
上海 大東 民19年 初版 252面
F/3507 法蘭西小説 大仲馬等作
1册
F/3507 玉樓花劫續編 大仲馬著
上海 商務 民2年 再版 2册
F/3507 盜盜 大仲馬著
上海 文明 民12年 7版 1册

F/3507 玉樓花劫 大仲馬著
上海 商務 民2年 初版 2册
F/3507 俠隱記 大仲馬著
上海 商務 民14年 初版 2册
F/3507 續俠隱記 大仲馬著
上海 商務 民15年 初版 2册
F/3507 茶花女 小仲馬著 秦瘦鷗譯
上海 三民 民19年 初版 190面
F/3507 茶花女 小仲馬著 夏康農譯
上海 春潮 1929年 初版 395面
F/3507 法國名家小説集 小仲馬等著
上海 開明 1929年 3版 115面
F/3507 蘇后馬麗慘史 杜馬著
上海 商務 民19年 初版 201面
F/3576 新時代 屠格涅夫著
上海 商務 民14年 初版 560面
F/3576 初戀 屠格涅夫著
上海 開明 民21年 初版 247面
F/3576 羅亭 屠格涅夫著
上海 商務 民17年 初版 229面 複2
F/3576 貴族之家 屠格涅夫著
上海 商務 民18年 初版 341面 複1
F/3576 畸零人日記 屠格涅夫著
上海 開明 1928年 初版 198面
F/3576 春潮 屠格涅夫著
上海 北新 1928年 初版 329面 複1
F/3576 烟 屠格涅夫著
上海 商務 民18年 初版 342面

F/3576 薄命女 屠格涅夫著
上海 北新 1927 年 初版 175 面
F/3576 前夜 屠格涅夫著
上海 商務 1922 年 初版 311 面
F/3576 父與子 屠格涅夫著
上海 商務 民 11 年 初版 380 面 複 1
F/3576 兩朋友 屠格涅夫著
上海 亞東 民 19 年 初版 158 面
F/3576 浮士德 屠格涅夫著
上海 北新 1928 年 初版 195 面
F/3576 九封書 屠格涅夫著
上海 自由社 1926 年 初版 76 面
F/3576 一個不幸的女子 屠格涅夫著
上海 啓智 1930 年 初版 166 面
F/3576 勝利的戀歌 屠格涅夫著
上海 光華 民 15 年 初版 75 面 複 1
F/3612 新上海潮 温柔生著
上海 光華 1930 年 5 册
F/3622 紫洞艇 祝秀俠著
上海 亞東 1930 年 210 面
F/3622 祝老大了 祝秀俠著
上海 現代 1929 年 初版 155 面
F/3628 情秘 祝齡、耀華合譯
上海 文明 1927 年 7 版 78 面
F/3644 淫毒婦 祝華譯
上海 文明 1928 年 7 版 132 面
F/3680 雅士 澤人著
上海 現代 民 17 年 初版 134 面

F/3712 嵩山拳叟 漱石生著
上海 時還 1928年 190面

F/3723 鬼媒 澹然著
上海 文明 1924年 初版 192面

F/3727 出帆 梁得所著
上海 良友 1928年 初版 1册

F/3734 小説零簡 梁啓超著
上海 商務 民13年 3版 1册 複1

F/3774 杜洛斯基之脱逃 杜洛斯基著
上海 遠東 1929年 初版 159面

F/3777 玉如意 次眉女士著
上海 文明 1927年 6版 78面

F/3842 隋唐演義 褚人獲稼氏著
上海 商務 1册

F/3857 列國演義 啓智書局
上海 啓智印務公司 1932年 初版 6册

F/4014 最後的一笑 韋雨蘋著
上海 南星 民19年 初版 132面

F/4031 鏡花緣 李汝珍著
上海 啓智 民21年 再版 4册 複1

F/4032 愛克司光録 李涵秋著
上海 中央 民16年 2册 複1

F/4032 活現形 李涵秋著
上海 國華 民18年 4版 4册

F/4032 魅鏡 李涵秋著
上海 國華 民18年 9版 5册

F/4032 新新法螺 李涵秋著
上海 震亞 1930年 4版 92面

F/4032 怪家庭 李涵秋著
上海 震亞 1931年 2册
F/4032 新廣陵潮 李涵秋、程瞻廬合譯
上海 世界 5册
F/4032 宋宮十八朝演義 李逸候著
上海 五權 1928年 1函6册
F/4035 春閨人夢 李定夷著
上海 國華 1929年 初版 1册 複3
F/4035 紅粉劫 李定夷著
上海 國華 民20年 136面 複1
F/4035 紅顔薄命記 李定夷著
上海 國華 1931年 124面 複1
F/4035 曇花影 李定夷著
上海 國華 1931年 140面 複1
F/4035 雪花緣 李定夷著
上海 國華 1931年 6版 106面 複1
F/4035 賈玉怨 李定夷著
上海 國華 1931年 152面 複1
F/4035 千金骨 李定夷著
上海 國華 1931年 6版 140面 複1
F/4035 茜窗淚影 李定夷著
上海 國華 1931年 150面 複1
F/4035 雙縊記 李定夷著
上海 國華 1931年 96面
F/4035 奇談大觀 李定夷等編
上海 國華 1929年 初版 4册
F/4035 一案五命 李定夷著
上海 國華 1922年 初版 100面

F/4041 愛與憎 李鶴羣著

上海 樂華 1931 年 166 面

F/4047 男性的悲哀 左幹臣著

上海 金屋 民 18 年 初版 162 面

F/4047 征鴻 左幹臣著

上海 泰東 民 17 年 初版 108 面

F/4047 他瞎了 左幹臣著

上海 文藝 1930 年 再版 156 面 複 1

F/4048 續新齊諧 袁枚著

上海 著易堂 民 10 年 初版 1 册

F/4048 子不語 袁枚著

上海 著易堂 2 册

F/4048 隨園戲墨 袁枚著

上海 益新 民 10 年 再版 1 册

F/4052 上海 李青崖著

上海 新月 1933 年 初版 156 面

F/4054 情血 李東埜、程瞻廬著

上海 世界 1626 年 5 版 1 册

F/4055 地之子 臺静農著

北平 未名社 1928 年 初版 256 面

F/4055 缺陷的生命 克農著

上海 啓智 民 18 年 初版 222 面

F/4072 神秘的生活 韋月侶著

上海 南星 1930 年 103 面

F/4093 英雄血 李小灝著

上海 中國書業公司 1931 年 4 册

F/4095 墮落 杭炎甫著

上海 芳草 民 10 年 初版 119 面

F/4108 啓示録的四騎士 伊巴臬兹著
上海 北新 1929年 初版 432面
F/4125 覆舟夢 狂生著
上海 啓智 民16年 初版 260面
F/4178 兒女英雄傳 燕北閒人著
上海 啓智 民12年 4册
F/4203 芥川龍之介集 芥川龍之介著
上海 開明 1927年 初版 200面 複1
F/4203 芥川龍之介小説集 湯鶴逸譯述
上海 北平文化學社 民17年 初版 144面
F/4203 河童 芥川龍之介著
上海 商務 民17年 初版 144面 複1
F/4239 平淡的事 彭家煌作
上海 大東 民18年 初版 241面
F/4239 茶杯裏的風波 彭家煌著
上海 現代 1928年 初版 171面 複1
F/4239 慫恿 彭家煌著
上海 開明 1925年 初版 129面
F/4244 落花曲 彭芳草著
上海 神州國光社 1930年 212面
F/4270 鹽梟殘殺記 姚民哀著
上海 世界 1928年 88面 複1
F/4332 碧夢痕 尤泣紅著
上海 文明 1927年 2册
F/4344 前夜 戴萬葉著
上海 亞東 民18年 初版 218面
F/4407 雲鷗情書集 黄廬隱、李唯建著
上海 神州 民20年 再版 161面

F/4408 蛇郎 黄詔年編

上海 開明 1929 年 初版 135 面

F/4409 士敏土 革拉特考夫著

上海 新生命 1933 年 初版 571 面

F/4410 華特遜供狀 蕭百新譯

上海 會文堂 1930 年 416 面

F/4411 海上花 韓子雲著

上海 亞東 民 15 年 初版 4 册 複 1

F/4412 誘惑 華瑞作

上海 光華 1928 年 初版 1 册

F/4414 他的肖像 加藤武雄著

上海 開華 1931 年 初版 454 面

F/4417 女媧氏之遺孽 葉靈鳳作

上海 光華 1927 年 初版 137 面

F/4417 九月的玫瑰 葉靈鳳作

上海 現代 1928 年 初版 1 册 複 2

F/4417 世界短篇傑作選 葉靈鳳譯

1930 年 初版 187 面

F/4420 白薔薇 林徽音著

上海 北新 1929 年 初版 144 面

F/4420 秋之夢 芳信著

上海 光華 1929 年 初版 136 面

F/4420 死的勝利 鄧南遮著

上海 光華 1932 年 初版 642 面

F/4420 愛的醫治 茄萊脱著

上海 世界 1930 年 初版 1 册

F/4421 石榴花 杜衡作

上海 第一線 1928 年 初版 132 面 複 1

F/4421 這便是人生 樊仲雲譯
上海 新宇宙 1929年 177面

F/4422 俘虜 金子洋文等作
上海 曉山 1929年 初版 129面

F/4423 花花世界 藕香室主人編
上海 世界 民14年 3版 2冊

F/4423 他鄉人語 葉鼎洛著
上海 北新 1929年 初版 300面

F/4427 鷹梯小豪傑 林琴南譯述
上海 商務 92面

F/4427 情鐵 林紓譯
上海 中華 1916年 2冊

F/4427 北史演義 杜綱著
上海 商務 民16年 3版 110面

F/4427 南史演義 杜綱著
上海 商務 1928年 3版 120面

F/4428 稻草人 葉紹鈞著
上海 商務 民14年 3版 312面 複1

F/4428 城中 葉紹鈞著
上海 開明 1927年 再版 157面

F/4428 小說彙刊 葉紹鈞著
上海 商務 民11年 初版 142面

F/4428 火災 葉紹鈞著
上海 商務 民12年 初版 1冊 複2

F/4428 隔膜 葉紹鈞著
上海 商務 1930年 160面

F/4428 倪煥之 葉紹鈞著
上海 開明 民18年 初版 1冊

F/4428 線下 葉紹鈞著
上海 商務 1926 年 235 面
F/4433 新珠 菊池寬著
東南書店 1929 年 646 面
F/4434 一束古典的情書 林房雄著
上海 現代 1929 年 初版 130 面
F/4434 失望 林守莊著
上海 北新 1929 年 再版 217 面 複 1
F/4434 地泉 華漢著
上海 平凡書局 1930 年 初版 1 册
F/4434 女囚 華漢著
上海 新宇宙 1928 年 初版 88 面
F/4434 十姑的悲愁 華漢著
上海 現代 1929 年 初版 141 面
F/4434 活力 華漢著
上海 平凡書局 1930 年 167 面
F/4434 罪惡 黄心真著
上海 新宇宙 1928 年 初版 199 面
F/4434 愛網 楚洪著
上海 北新 1930 年 初版 260 面
F/4434 小小十年 葉永蓁著
上海 春潮 1929 年 初版 2 册
F/4435 古畫微 黄賓虹著
上海 商務 民 14 年 初版 56 面
F/4438 蜘蛛男 黄虹鑄譯
南京 南京書店 民 20 年 初版 184 面
F/4441 西遊補 董若雨著
上海 北新 1929 年 初版 1 册

F/4442 聊齋誌異 蒲松齡著
上海 商務 民 15 年 初版 4 冊

F/4442 空山靈雨 落華生著
上海 商務 1927 年 3 版 120 面

F/4442 綴網勞蛛 落華生著
上海 商務 1928 年 230 面 複 2

F/4443 海鷗集 藝林社編
上海 亞細亞 1928 年 初版 128 面

F/4444 民間趣事新集 林蘭編
上海 北新 1929 年 初版 3 冊

F/4444 新仔壻的故事 林蘭編
上海 北新 1929 年 再版 180 面

F/4444 巧舌婦的故事 林蘭編
上海 北新 1928 年 初版 203 面

F/4444 昨宵 枯萍作
上海 大東 民 18 年 初版 60 面

F/4444 寒夜集 芳草著
上海 神州國光社 1930 年 1 冊

F/4444 管他呢 芳草著
上海 北新 1928 年 初版 224 面

F/4444 楊花夢 黃花奴著
上海 國華 1929 年 5 版 132 面

F/4444 淒風苦雨記 黃權著
上海 文明 1928 年 3 版 2 冊

F/4450 紅花 黃中作
上海 芳草 1928 年 初版 1 冊

F/4450 三角戀愛（第 1 集） 黃中作
上海 金屋 民 18 年 初版 240 面

F/4450　妖媚的眼睛　黄中作

上海　金屋　民 17 年　初版　181 面

F/4454　前漢通俗演義　蔡東帆著

上海　會文堂　民 21 年　6 版　10 册

F/4454　後漢通俗演義　蔡東帆著

上海　會文堂　民 21 年　5 版　10 册

F/4454　兩晉通俗演義　蔡東帆著

上海　會文堂　民 18 年　6 版　10 册

F/4454　宋史通俗演義　蔡東帆編輯

上海　會文堂　民 17 年　15 版　5 册

F/4455　小約翰　望藹覃著

上海　北新　1928 年　初版　1 册

F/4461　曼殊小説集　蘇曼殊遺著

上海　光華　1930 年　3 版　224 面

F/4462　情孽　蔣景緘輯

上海　文明　1923 年　3 版　158 面

F/4462　火星飛艇夢　蔣景緘輯

上海　文明　1915 年　初版　84 面

F/4462　電妻　蔣景緘著

上海　文明　1923 年　4 版　68 面

F/4462　刺薔薇　蔣景緘著

上海　文明　1915 年　初版　92 面

F/4462　千古恨　蔣景緘著

上海　文明　1927 年　7 版　84 面

F/4462　情仇　蔣景緘編

上海　文明　1927 年　4 版　102 面

F/4462　黄金舌　蔣景緘編

上海　文明　1924 年　3 版　120 面

F/4464 他們的歎聲 葉影廬著

上海 現代 1929 年 初版 115 面 複 1

F/4464 迷魂陣 葉影廬著

震東印書館 1930 年 272 面

F/4465 兩部失戀的故事 林曼青著

1930 年 初版 168 面

F/4472 虹 茅盾著

上海 開明 民 20 年 4 版 391 面

F/4472 三人行 茅盾著

上海 開明 民 21 年 再版 152 面

F/4472 幻滅 茅盾著

上海 開明 1930 年 初版 134 面

F/4472 追求 茅盾著

上海 開明 1930 年 初版 247 面

F/4472 動搖 茅盾著

上海 開明 1930 年 初版 238 面

F/4480 二馬 老舍著

上海 商務 1930 年 初版 1 册

F/4480 老張的哲學 老舍著

上海 商務 1929 年 351 面

F/4480 趙了口 老舍著

上海 商務 1929 年 348 面

F/4494 别有世界 范煙橋著

上海 世界 民 17 年 初版 1 册

F/4497 蒙邊鳴筑記 葉小鳳著

上海 文明 1929 年 58 面

F/4497 如此京華 葉小鳳著

上海 文明 1929 年 3 版 94 面

F/4497 前輩先生 葉小鳳著

上海 光華 1927 年 174 面 複 1

F/4498 失業以後 蔣光慈著

上海 北新 1930 年 258 面

F/4514 挣扎 樓建南著

上海 現代 1928 年 初版 150 面

F/4520 兩條腿 周作人譯

北平 北新 1925 年 初版 126 面

F/4606 儒林新史（上集） 楊塵因著

上海 新民 2 册

F/4613 她的消息 賀玉波著

上海 現代 民 19 年 初版 147 面

F/4643 曼娜 楊蔭深著

上海 現代 1930 年 再版 227 面

F/4654 玉君 楊振聲著

北平 樸社 1929 年 4 版 167 面

F/4677 鐵流 綏拉菲莫維支著

上海 南强 1930 年 389 面

F/4709 愛羅先珂童話集 愛羅先珂著

上海 商務 民 11 年 初版 227 面

F/4711 中秋月 胡雲翼作

上海 光華 1927 年 初版 122 面

F/4724 三角黨 董周德芳譯述

上海 亞華 民 18 年 再版 1 册

F/4728 説叢 胡儀鄦、劉鐵冷編

上海 中原 民 15 年 初版 4 册

F/4730 短篇小説（第 1 集） 胡適譯

上海 亞東 民 14 年 8 版 1 册 複 1

F/4730 雙復仇 胡寄塵編

上海 文明 1927 年 再版 56 面

F/4735 迷羊 郁達夫著

上海 北新 1929 年 再版 163 面

F/4735 小家之伍 郁達夫譯

上海 北新 1930 年 初版 247 面

F/4735 達夫代表作 郁達夫著

上海 現代 1930 年 3 版 325 面 複 1

F/4735 雞肋集 郁達夫著

上海 北新 1930 年 5 版 1 册

F/4735 寒灰集 郁達夫著

上海 北新 1930 年 6 版 1 册

F/4735 過去集 郁達夫著

上海 北新 1930 年 6 版 277 面

F/4735 薇蕨集 郁達夫著

上海 北新 1930 年 初版 184 面

F/4742 往何處去 胡也頻著

上海 第一線 1928 年 初版 128 面

F/4742 牧場上 胡也頻著

上海 遠東 1929 年 101 面

F/4742 到莫斯科去 胡也頻著

上海 光華 1930 年 151 面

F/4742 聖徒 胡也頻著

上海 新月 1929 年 初版 154 面

F/4742 四星期 胡也頻著

上海 華通 1929 年 初版 105 面

F/4747 小雪 超超著

上海 亞東 民 15 年 初版 170 面 複 1

F/4750 旅行述異 歐文著

上海 商務 民13年 3版 2册

F/4750 大食故宫餘載 歐文著

上海 商務 1册

F/4750 拊掌録 林紓等譯

上海 商務 民14年 初版 1册 複2

F/4781 菩提珠 柳無忌等著

上海 北新 1931年 100面

F/4783 星火 胡愈之譯

上海 現代 1928年 初版 216面

F/4828 青泥蓮花記 梅禹金纂輯

北平 古槐書屋 宣統2年 初版 1册

F/4848 然犀録 猛龕老人編

上海 商務 民17年 4版 3册

F/4873 瑪麗 敬隱漁著

上海 商務 1927年 85面

F/4920 畸人 趙伯顔著

上海 新宇宙 1928年 初版 110面

F/4921 新郎的感想 横光利一著

上海 水沫 1929年 初版 145面

F/4944 滑稽世界 趙苕狂編輯

上海 世界 民18年 4版 4册

F/4944 衖堂博士 趙苕狂著

上海 世界 民18年 初版 95面

F/4944 婦女奇冤録 趙苕狂編

上海 大東 民9年 初版 154面

F/4944 神怪鬥法記 趙苕狂著

上海 世界 民15年 初版 3册

F/4944 微波 趙苕狂著

上海 世界 民 18 年 初版 1 册

F/4944 協作探案集 趙苕狂編輯

上海 世界 民 15 年 3 版 124 面

F/4944 微弱的彈力 趙梓藝著

上海 勵羣 1928 年 初版 240 面

F/4963 藍花 趙景深、洪北平合譯

上海 新宇宙 1928 年 初版 112 面

F/4963 梔子花球 趙景深著

上海 北新 1928 年 初版 246 面 複 1

F/4990 奇俠平妖録 趙煥亭著

上海 大通 1 册

F/5034 深淵 鍾憲民譯

上海 現代 1928 年 初版 245 面 複 1

F/5037 東西漢演義 中郎氏評

上海 受古書局 1 部 6 册

F/5037 東漢演義（繡像全圖） 中郎氏評

上海 章福記書局 1 部

F/5037 西漢演義（繡像全圖） 中郎氏評

上海 章福記書局 1 部

F/5042 黑海潮 春薾生著

上海 大中華 1930 年 1 函 4 册

F/5042 孽海春潮 春薾生著

上海 新新 民 17 年 初版 4 册

F/5073 贛第德 凡爾太著

上海 北新 1927 年 初版 1 册

F/5077 西太后演義 古越東驅著

上海 會文堂 1930 年 6 版 1 部 4 册

F/5105 孽海花 東亞病夫著
上海 真美善 民17年 再版 2册
F/5210 鐵連小史 静一半禪合著
上海 文明 1924年 初版 114面
F/5327 犧牲者 戈魯陽著
上海 亞東 民17年 初版 212面
F/5406 人耶非耶 威爾士著
上海 進步 民10年 初版 142面
F/5409 道林格雷畫像 王爾德著
上海 金屋 民17年 初版 420面
F/5409 王爾德童話 王爾德著
上海 泰東 民11年 再版 112面 複1
F/5409 獄中記 王爾德著
上海 商務 民13年 再版 1册 複2
F/5447 約瑟安特路傳 裴勒丁著
上海 商務 民17年 初版 353面
F/5448 善終旅店 愛米爾凡哈崙著
上海 水沫 1927年 初版 1册
F/5510 紅樓夢 曹霑著
上海 啓智 民21年 5版 6册 複1
F/5750 濟公活佛全傳 曹亞伯校正
上海 文明 民18年 再版 1册
F/5514 溪畔黄昏 曹雪松作
上海 羣衆 民17年 初版 1册
F/5708 波華荔夫人傳 弗羅貝爾著
上海 商務 民16年 初版 1册
F/5705 薩郎波 弗羅貝爾著
上海 商務 民20年 初版 474面

F/5708 堪克賓 法朗斯著

上海 創造 1927 年 初版 100 面

F/5708 波納爾之罪 法朗斯著

上海 商務 民 17 年 初版 325 面 複 1

F/5708 友人之書 法朗斯著

上海 北新 1926 年 初版 315 面

F/5708 喬加斯突 法郎士著

上海 商務 民 19 年 初版 136 面

F/5708 黛絲 法郎士著

上海 開明 1928 年 初版 239 面

F/5708 紅百合 法郎士著

上海 現代 1928 年 再版 389 面 複 1

F/5708 女優泰伊思 法郎士著

上海 世界 民 18 年 初版 1 冊 複 1

F/5708 藝林外史 法郎士著

上海 商務 民 19 年 初版 132 面

F/5708 裁判官的威嚴 法郎士著

上海 北新 1928 年 初版 66 面

F/5708 蜜蜂 法郎士著

上海 泰東 民 13 年 初版 118 面

F/5765 馬丹波娃利 李劼人譯

上海 中華 民 14 年 初版 578 面

F/5894 幸福之年 〔挪威〕温玳瑟夫人著

上海 啓智 民 18 年 初版 126 面

F/6010 蜜絲紅 羅西著

上海 光華 1929 年 初版 153 面

F/6010 再會吧黑貓 羅西著

上海 北新 1929 年 初版 157 面

F/6010 蓮蓉月 羅西著
上海 現代 1928 年 初版 154 面
F/6010 你去吧 羅西著
上海 光華 1930 年 3 版 233 面 複 1
F/6010 流浪人的筆迹 羅西著
上海 光華 1930 年 初版 175 面
F/6010 鐘手 羅西著
南京 拔提 1930 年 152 面
F/6022 六月裹的杜鵑 羅皚嵐著
上海 現代 1929 年 初版 117 面
F/6022 謡言的來源 吕伯攸著
上海 世界 1929 年 初版 1 册 複 1
F/6022 接吻 吕伯攸著
上海 世界 1929 年 初版 1 册
F/6027 貍奴角 果盤著
上海 小説林 乙巳年 再版 98 面
F/6034 銀色的夢 田漢著
上海 良友圖書印刷公司 84 面
F/6034 蝶酣花醉 羅淑楨女士著
上海 商務 1931 年 初版 216 面
F/6038 西子湖邊 易家鉞著
上海 泰東 民 17 年 再版 1 册 複 1
F/6043 少年維特之煩惱 歌德著
上海 創造社 1928 年 5 版 1 册 複 2
F/6043 渦堤孩 徐志摩譯
上海 商務 民 13 年 再版 111 面
F/6044 木乃伊戀史 戈活著
上海 現代 1930 年 初版 105 面

F/6053 超越時空的愛 古有成譯
上海 光華 1929年 初版 145面

F/6057 魯森堡之一夜 鄭伯奇譯
上海 泰東 民11年 再版 136面

F/6060 外套 果戈理著
1929年 再版 73面

F/6064 春日 羅黑芷著
上海 開明 1929年 再版 142面

F/6064 醉裏 羅黑芷著
上海 商務 民19年 再版 218面

F/6065 三國演義 羅貫中著
上海 新文化 民22年 9版 4册

F/6072 奸細 高爾基著 沈端先譯
上海 北新 1930 年 初版 464面

F/6072 初戀 高爾基著
上海 現代 1932年 初版 326面

F/6072 緑的貓兒 高爾基著
上海 遠東 116面

F/6072 四十年代 高爾基著
上海 聯合 1931年 初版 566面

F/6072 我的童年 高爾基著
上海 光華 1930年 初版 478面

F/6072 勞動的音樂 高爾基著
上海 合衆 民21年 初版 201面

F/6072 草原上 高爾基著
上海 人間 1928年 初版 1册

F/6073 色的熱情 葛爾孟著
上海 真美善 民17年 初版 1册

F/6073　處女的心　葛爾孟著
上海　北新　1929 年　3 版　224 面
F/6074　大學生私生活　顧米列夫斯基著
上海　現代　1932 年　再版　377 面
F/6084　一萬二千萬　凌黛譯
上海　金屋　民 18 年　初版　150 面
F/6242　綿被　田山花袋著　夏丏尊譯
民 18 年　1 册
F/6408　窄門　穆木天譯
上海　北新　1928 年　初版　244 面
F/6434　少女的夢　畸德著
上海　開明　民 20 年　初版　112 面
F/6464　國木田獨步集　國木田獨步著
上海　開明　1928 年　再版　161 面
F/6604　左公平回記　嚴庭樾編
上海　中國　民 5 年　初版　2 册
F/6623　萬人塚的憑弔　嚴仲達作
1929 年　初版　1 册
F/6644　人海夢（二集）　嚴獨鶴著
上海　世界　民 17 年　初版　1 册
F/6644　獨鶴小説集　嚴獨鶴著
上海　世界　民 15 年　再版　1 册
F/6672　女俠探案　嚴陣秋著
上海　國華　民 19 年　再版　100 面
F/6702　一九零二年級　格萊塞著
上海　新生命　1933 年　初版　415 面
F/6748　德國童話集　Grinm 著
北京　文化　民 17 年　再版　57 面

F/6825 情海風波 喻血輪編
上海 文明 1928年 3版 154面
F/6825 杏花春雨記 喻血輪著
上海 文明 1928年 3版 110面
F/7014 我弟伊凡 緑蒂著
上海 現代 1930年 初版 289面
F/7014 菊子夫人 緑蒂著
上海 商務 民18年 初版 266面 複1
F/7014 美的性生活 鮑文蔚譯
上海 北新 1930年 初版 340面
F/7019 灰色馬 潘洛洵著
上海 商務 民13年 再版 1冊
F/7030 二青鳥 勞倫思著
上海 水沫 1929年 再版 140面
F/7040 叛徒 賈克倫敦著
上海 前夜 1929年 初版 104面
F/7044 愛彌兒 盧梭著
上海 商務 民13年 再版 283面 複1
F/7070 白利與露西 羅曼羅蘭著
上海 現代 1928年 初版 139面
F/7121 兩難 馬仲殊著
上海 華通 民19年 初版 121面
F/7130 處女地 馬寧著
上海 樂羣 1930年 288面
F/7160 昨夜之歌 馬國亮著
上海 良友 1929年 初版 88面
F/7174 丈夫 厲厂樵著
上海 卿雲 民17年 初版 184面

F/7174 囚犯 厲厂樵著
上海 現代 1929 年 再版 117 面 複 1
F/7244 支那女兒 劉大杰著
上海 北新 1929 年 再版 221 面
F/7244 碧色的國 劉大杰著
上海 啓智 1929 年 194 面
F/7267 都市風景線 劉吶鷗著
上海 水沫 1930 年 初版 180 面
F/7286 老殘遊記 劉鍔著
上海 光華 民 18 年 初版 217 面 複 1
F/7292 歐陸縱橫秘史 劉半儂著
上海 中華 民 9 年 再版 112 面
F/7414 一週間 華維素譯
上海 北新 1930 年 初版 213 面
F/7420 贖罪 力喜騰堡格著
上海 商務 1931 年 初版 158 面 複 1
F/7438 李飛探案集 陸澹盦著
上海 世界 1929 年 4 版 200 面 複 1
F/7440 續小劍俠 陸士諤輯
上海 交通圖 1925 年 5 版 140 面
F/7440 七劍八俠 陸士諤編
上海 時還 1930 年 12 版 142 面
F/7440 帳中語 陸士諤編
上海 文明 1928 年 5 版 98 面
F/7440 百俠英雄傳 陸士諤著
上海 時還 1928 年 初版 1 册
F/7443 革命底女兒 J. Bead 著
上海 水沫 1929 年 初版 132 面

F/7458 戰後 雷馬克著
上海 開明 民20年 初版 657面

F/7458 西線歸來 雷馬克著
上海 神州 1931年 初版 472面

F/7458 西線無戰事 雷馬克著
上海 現代 1930年 4版 1册 複1

F/7474 桂冠 李斯爾著
上海 開明 民20年 初版 243面

F/7478 當代英雄 萊芒托夫作
上海 北新 1930年 355面

F/7514 黄昏 陳靄麓著
上海 世界 1930年 1册

F/7514 良人 陳靄麓著
上海 世界 民18年 初版 1册

F/7514 湖上 陳靄麓著
上海 世界 民18年 初版 1册

F/7514 東遊記 陳靄麓著
上海 世界 1926年 初版 3册

F/7514 悽惶 陳靄麓著
上海 世界 民19年 再版 1册 複1

F/7520 風雨之夜 陳白塵著
上海 大東 1929年 初版 431面

F/7520 漩渦 陳白塵著
上海 金屋 1928年 1册

F/7520 罪惡的花 陳白塵著
上海 芳草 1929年 136面

F/7529 支那人的血 陳愛光著
上海 落葉 1928年 初版 140面

F/7530 風俗閒評 陳家鱗等譯述
上海 中華 1916 年 2 册
F/7541 西行記 陳荷百著
上海 北新 1932 年 初版 184 面
F/7546 科學奇俠傳 陳大愚著
上海 中西 1930 年 4 册
F/7548 古玩 陳大慈著
上海 良友 民 18 年 初版 110 面
F/7554 擴大外史 陳東林著
時文週報社 1931 年 1 部 2 册
F/7557 留西外史 陳春隨著
上海 新月 1927 年 初版 143 面
F/7576 南風的夢 陳學昭著
上海 真美善 1 册
F/7576 倦旅 陳學昭女士著
梁溪圖書館 民 14 年 初版 122 面
F/7577 海外繽紛録（正續集） 陳辟邪著
上海 卿雲 1929 年 共 2 大册
F/7584 不安定的靈魂 陳翔鶴著
上海 北新 1927 年 初版 314 面 複 1
F/7588 天問 陳銓著
上海 新月 1928 年 初版 2 册
F/7706 情祟 周瘦鵑著
上海 中華 1928 年 84 面
F/7706 紅顏知己 周瘦鵑著
上海 中華 1928 年 82 面
F/7706 空房人語 周瘦鵑譯
上海 大東 民 12 年 2 册

F/7706　亞森羅蘋案全集　周瘦鵑譯
上海　大東　1929 年　3 版　24 册

F/7706　金窟　周瘦鵑譯
上海　大東　民 14 年　3 版　2 册

F/7712　兩個不幸的友人　段雪生著
上海　現代　1929 年　初版　93 面　複 1

F/7720　紈絝鏡　母讎著
上海　進步　1921 年　再版　136 面

F/7720　待兒豔聞録　母讎著
上海　文明　1929 年　再版　69 面

F/7722　定慧方丈　周樂山著
上海　南京書店　1931 年　102 面

F/7728　現代小説譯叢　周作人譯
上海　商務　1921 年　380 面　複 1

F/7728　域外小説集　周作人譯述
上海　羣益　1 册

F/7728　現代日本小説集　周作人編
上海　商務　民 12 年　初版　383 面　複 1

F/7728　空大鼓　周作人編譯
上海　開明　1928 年　初版　306 面　複 1

F/7728　兩條血痕　周作人著
上海　開明　民 20 年　5 版　264 面

F/7729　天雨花　陶貞懷著
上海　商務　1008 面

F/7744　反三國志演義　周大荒著
上海　卿雲　1 部 8 册

F/7761　盲目兄弟的愛　陶品孫著
上海　世界　1931 年　176 面

F/7770 積翠湖濱 周開慶著

上海 真美善 1929年 初版 158面

F/7781 殘兵 周全平著

上海 現代 1930年 再版 160面

F/7781 煩惱的網 周全平著

上海 泰東 民14年 3版 150面

F/7793 寶島 史蒂文生著

上海 開明 1930年 初版 350面

F/7960 迷宫 滕固著

上海 光華 1921年 3版 275面

F/7960 平凡的死 滕固著

上海 金屋 民17年 再版 102面

F/7972 我所尋找的女人 滕剛著

上海 芳草 民28年 初版 71面

F/8000 愛的愛 姜豪著

上海 卿雲 1930年 119面

F/8004 後顔 羅靄伊著

上海 商務 1930年 初版 120面

F/8008 愛底雰圍 莫洛懷著

上海 中華 民21年 初版 389面

F/8008 少年歌德之創造 莫洛懷著 西瀅譯

上海 新月 1928年 再版 124面 複1

F/8021 女子武俠大觀 姜俠魂著

北平 時還 1冊 複1

F/8021 春光豔影録 俞牖雲著

上海 國華 民18年 初版 2冊 複1

F/8024 蕩寇志 俞仲華著

上海 新文化 民21年 7版 4冊

F/8029 情貞 無愁編
上海 文明 1923 年 再版 110 面

F/8030 意志的勝利 湯謨斯曼著
上海 啓智 1928 年 初版 175 面

F/8034 殘燼集 金溟若著
上海 北新 1928 年 122 面 複 1

F/8035 女孩兒們 金滿成著
上海 樂華 1929 年 145 面

F/8035 黄絹幼婦 金滿成著
上海 遠東 1929 年 270 面

F/8035 友人之妻 金滿成著
上海 光華 1932 年 再版 227 面 複 1

F/8047 出路 余慕陶著
上海 世界 1929 年 108 面

F/8047 北伐從軍雜記 金聲著
上海 現代 民 16 年 初版 96 面

F/8047 晚霞 余慕陶著
上海 啓智 1929 年 初版 104 面

F/8051 一生 莫泊三著
上海 商務 民 15 年 初版 2 册

F/8051 歐兒拉 莫泊二著
北京 海音 民 15 年 初版 54 面

F/8051 人心 莫泊三著 李劼人譯
上海 中華 民 12 年 再版 286 面

F/8051 髭須及其他 莫泊桑著
上海 樸社 民 13 年 初版 78 面 複 1

F/8051 莫泊桑短篇小説集 莫泊桑著
上海 商務 民 14 年 再版 共 9 册

F/8051　薔薇集　莫泊桑著

上海　北新　1931 年　初版　222 面

F/8051　水上　莫泊桑著

上海　開明　1930 年　再版　178 面　複 1

F/8051　田家女　莫泊桑著

上海　光華　1929 年　再版　88 面　複 1

F/8051　羊脂球集　莫泊桑著

上海　北新　1929 年　初版　229 面　複 1

F/8051　苡威荻集　莫泊桑著

上海　北新　1929 年　初版　242 面

F/8051　霍多父子集　莫泊桑著

上海　北新　1929 年　初版　212 面

F/8051　鷓鴣集　莫泊桑著

上海　北新　1929 年　初版　224 面

F/8051　遺産　莫泊桑著

上海　商務　民 12 年　初版　116 面　複 1

F/8051　遺産集　莫泊桑著

上海　北新　1929 年　初版　221 面　複 1

F/8051　哼哼小姐集　莫泊桑著

上海　北新　1929 年　初版　216 面

F/8051　珍珠小姐　莫泊桑著

上海　北新　1930 年　初版　226 面

F/8069　留滬外史　蘇利哀莫郎著

上海　真美善　1929 年　初版　193 面

F/8072　西伯利亞的戍地　Markovits 著　林疑今譯

上海　神州　1930 年　初版　541 面

F/8077　虛無鄉消息　Morris 著　林徽音譯

上海　水沫　1930 年　初版　376 面

F/8079 曼殊斐爾小説集 曼殊斐爾著

上海 北新 1927 年 2 版 1 册

F/8080 情魔 無歆羡齋編

上海 世界 民 13 年 5 版 1 册

F/8080 女屍 谷劍塵著

上海 真美善 民 17 年 初版 138 面

F/8096 封神榜演義 鐘惺評

上海 廣益 2 函 16 册

F/8222 離別之夜 鐘紹虞著

上海 泰東 1930 年 170 面

F/8231 癡人之愛 谷崎潤一郎著

上海 北新 1928 年 初版 259 面

F/8231 谷崎潤一郎集 谷崎潤一郎著

上海 開明 民 18 年 初版 220 面 複 1

F/8231 殺豔 谷崎潤一郎著

上海 水沫 1930 年 3 版 130 面

F/8343 履園叢話 錢梅溪輯

上海 商務 2 册

F/8345 義塚 錢杏邨著

上海 亞東 民 17 年 初版 180 面 複 1

F/8345 歡樂的舞蹈 錢杏邨著

上海 現代 1928 年 初版 170 面

F/8382 悵惘 錢公俠著

上海 春潮 民 20 年 初版 131 面

F/8417 嘉爾曼 樊仲雲譯

上海 商務 1926 年 初版 138 面 複 1

F/8420 女王的水土 莫魯華著

上海 啓智 民 18 年 初版 392 面

F/8420 紡輪的故事 C.F. 女士譯

上海 北新 1927 年 6 版 216 面

F/8734 羽翠鱗紅集 鄭逸梅著

上海 益新 1929 年 128 面

F/8745 海棠 鄭慕農著

南昌 青州 1929 年 初版 108 面

F/8745 愛的殉葬 鄭慕農著

南昌 青州 1929 年 初版 104 面

F/8758 家庭的故事 鄭振鐸著

上海 開明 民 20 年 再版 258 面

F/8758 印度寓言（一） 鄭振鐸編

上海 商務 民 14 年 初版 87 面

F/8761 椰子集 鄭吐飛著

上海 真美善 1929 年 196 面

F/8782 火油井 鄭籌伯譯著

上海 世界 民 14 年 再版 128 面 複 1

F/8782 藍汽車 鄭籌伯譯著

上海 世界 民 15 年 3 版 74 面

F/8844 未畫完的女像 竹茵女士著

上海 開明 1931 年 初版 140 面

F/9000 獄中記 A. A. Sofio 作

上海 開明 1927 年 初版 257 面

F/9004 一捻紅 小説林總編輯所編

上海 小説林 初版 178 面

F/9043 他們的兒子 柴瑪薩斯著

上海 商務 民 17 年 初版 1 册

F/9044 失業 左拉著

上海 北新 民 16 年 再版 1 册

F/9044 貓的天堂 左拉著
上海 北新 民16年 2版 1冊
F/9044 一夜之愛 左拉著
上海 北新 1928年 再版 58冊
F/9044 不測 查拉著
上海 北新 1929年 初版 87冊
F/9044 洗澡 查拉著
上海 開明 1928年 初版 108面
F/9064 吹簫人 米南如編
上海 商務 1929年 初版 152面
F/9077 説苑導游録 常覺等著
上海 時還 民15年 5版 1冊
F/9083 斧背 尚鉞作
上海 泰東 1928年 初版 180面
F/9083 病 尚鉞作
上海 泰東 1928年 初版 208面
F/9207 苦戀 顯尼支勒著
上海 中華 1932年 初版 322面
F/9207 婦心三部曲 顯尼支勒著
上海 神州 1931年 初版 592面
F/9250 撒克遜劫後英雄傳 林紓等譯
上海 商務 民13年 初版 1冊 複1
F/9330 茵夢湖 郭沫若譯
上海 泰東 民10年 再版 1冊 複2
F/9330 意門湖 唐性天譯
上海 商務 民12年 3版 75面 複5
F/9330 百馬的騎者 施篤姆著
上海 光華 1930年 初版 198面

F/9361 靈魏的一隅 斯泰馬託夫著
上海 光華 1929 年 初版 95 面
F/9404 你往何處去 顯克微支著
上海 商務 1922 年 初版 388 面
F/9404 地中海濱 顯克微支著
上海 春潮 民 17 年 初版 143 面
F/9404 炭畫 顯克微支著
上海 北新 1926 年 再版 117 面
F/9404 蒙地加羅 顯克微支著
上海 光華 1928 年 初版 121 面
F/9447 苦海 先羅什伐斯基著
上海 亞東 1929 年 初版 198 面
F/9480 永別了愛人 周頌棣譯
上海 光華 1928 年 初版 291 面
F/9482 工人傑麥 黄萊眠譯
上海 啓智 1929 年 初版 504 面
F/9482 山城 辛克萊著
上海 現代 1930 年 初版 386 面
F/9482 波斯頓 辛克萊著
上海 光華 1931 年 初版 1495 面
F/9482 密探 辛克萊著
上海 北新 1930 年 初版 393 面
F/9482 追求者 辛克萊著
上海 聯合 1931 年 初版 360 面
F/9494 饑餓及其他 賽米諾夫等著
上海 新生命 民 21 年 再版 312 面
F/9540 格里佛遊記 斯偉夫特著
上海 北新 1928 年 初版 1 册 複 1
F/9737 情競 恨逸譯
上海 中華 1916 年 2 册

S　革命文庫

S01　革命理論

S01/1112　文學與革命　張天化著

上海　民智　民 17 年　再版　236 面

S01/2258　革命與腐化　任中敏著

上海　民智　民 17 年　初版　178 面　複 3

S01/2503　革命哲學　朱謙之著

上海　泰東　民 16 年　4 版　236 面　複 8

S01/2811　今日之革命與革命者　徐天一著

上海　民智　民 17 年　初版　82 面　複 3

S01/3418　革命的人生觀　洪瑞釗著

上海　民智　民 18 年　初版　134 面　複 1

S01/3418　革命與權術　洪瑞釗著

上海　民智　民 17 年　初版　74 面　複 2

S01/3444　革命概説　凌其翰著

上海　世界　民 16 年　初版　43 面

S01/3741　革命原理　郎擎霄著

廣州　丁卜圖書社　民 16 年　出版　227 面

S01/4013　革命與進化　麥斐沙、邵可侶著　袁振英譯

香港　受匡　1928 年　再版　84 面

S01/4421　東西學者之中國革命論　樊仲雲編譯

上海　新生命　民 18 年　初版　194 面　複 2

S01/6710 革命心理 〔法國〕黎明著 杜師業重譯
上海 商務 民15年 7版 上下2册 複1
S01/7143 革命進程之科學的研究 〔美國〕愛德華氏著 滕柱譯
上海 民智 民18年 初版 238面
S01/7741 革命論之基礎知識 陶希聖著
上海 新生命 民19年 初版 156面

S10 孫文主義

S10/0039 黨義問答 唐守常編
上海 東方 民18年 初版 54面
S10/0044 孫中山平生及其主義大綱 文莊著
上海 光華 民15年 初版 72面 複4
S10/0729 高中黨義（第二册） 郭伯棠、魏冰心合編
上海 世界 民18年 188面
S10/1032 中山主義表解 王祖佑編
6面
S10/1078 孫中山主義讀本 三民公司編
上海 三民 民15年 3版 61面 複1
S10/1713 孫文主義總論 邵元冲講演
上海民智 民15年 初版 54面 複9
S10/2083 黨義測驗問答 愛知社編
上海 新聲 民20年 初版 290面
S10/2500 黨義概要 朱翊新編著
上海 世界 民14年 初版 122面
S10/2500 黨義ABC 朱翊新著
上海 世界 民18年 初版 125面

S10/2633　初中黨義　魏冰心、徐映川合編

上海　世界　民18年　初版　6冊

S10/7712　初中黨義　陶百川編

上海　大東　1930年　初版3冊　複第1冊1冊

S10/7754　黨義綱要　陶春華編著

上海　法學社　民18年　再版　126面

S10/8321　黨義問答一千條　錢釋雲編

上海　三民　民20年　初版　上下2冊

S10/8272　中國國民黨黨義問答一千條　鍾陶皋編

上海　三民　民18年　初版　上下2冊

S11/1112　民生史觀　張廷休著

上海　民智　民18年　初版　68面　複4

S11/1281　對於"孫文主義之哲學的基礎"之商榷　孫鏡亞著

上海　三民　民15年　3版　33面　複2

S11/4327　孫文主義之哲學的基礎　戴季陶著

上海　民智　民15年　4版　68面　複10

S12　孫文主義原著

S12/1200　軍人精神教育　孫文著

上海　民智　民15年　4版　84面　複10

S12.2/1078　總理遺教　三民公司編

1928年　2冊

S12.2/1200　中山全集　孫文著

上海　求古齋　民18年　7年　4冊

S12.2/2653　孫中山全集續集　吳拯寰編

上海　三民　民18年　再版　4冊

S12.2/2653　孫中山全集續集　吴拯寰編
　上海　三民　1929 年　再版　上下 2 册
S12.2/4464　孫中山先生遺教　黄昌穀編
　上海　民智　民 18 年　初版　上下 2 册　複 3　又複下册 1 册
S12.2/4464　孫中山先生遺教　黄昌穀編
　上海　民智　民 15 年　初版　796 面
S12.2/4737　總理全集　胡漢民編著
　上海　民智　民 19 年　初版　5 册
S12.3/1200　三民主義　孫文演講
　上海　民智　民 16 年　14 版　144 面
S12.3/1200　三民主義　孫文演講
　上海　太平洋　民 16 年　6 版　112 面　複 2
S12.3/7548　三民主義注釋與索引　陳彬龢、宗幼澤合編
　上海　商務　民 19 年　初版　181 面
S12.31/1200　民族主義　孫文演講
　上海　民智　民 13 年　初版　142 面
S12.32/1200　民權主義　孫文演講
　上海　民智　民 14 年　3 版　202 面
S12.4/1200　建國方略　孫文著
　上海　太平洋　民 16 年　6 版　412 面　複 1
S12.4/1200　孫文學説　孫文著
　上海　民智　民 12 年　3 版　215 面　複 1
S12.4/7715　孫文學説概要　周斐成編著
　上海　世界　民 18 年　初版　88 面
S12.43/1200　民權初步　孙文著
　上海　民智　民 16 年　初版　124 面　複 1
S12.8/1051　中山先生所说的故事　巫春子輯
　上海　商务　民 19 年　初版　56 面

S12.8/1200 中國存亡問題 孫文著
上海 民智 民 17 年 再版 120 面
S12.8/1244 中山先生文集 飛俠編
上海 明明 民 15 年 初版 126 面
S12.8/2135 孫中山先生遺言 上海書店編
上海 印刷公司 民 15 年 5 版 32 面 複 12
S12.8/3053 總理遺教宣言 中央宣傳部編撰科編
中央黨部印 民 19 年 初版 120 面
S12.8/7438 孫中山先生外集 陸達節編
上海 中華 民 21 年 初版 88 面

S13 三民主義

S13/1027 建國大綱三民主義訓政實施摘要問答 王保民著
上海 民智 初版 1 册
S13/1078 三民主義精義 三民公司編
上海 三民 民 17 年 5 版 260 面 複 1
S13/1153 黨政民三位一體論 張振之著
上海 民智 民 18 年 初版 140 面
S13/2503 到大同的路 朱謙之著
上海 泰東 民 17 年 初版 171 面
S13/2633 中山主義淺説 魏冰心編
上海 中央 民 16 年 3 版 51 面
S13/2802 生理的三民主義 徐文台著
上海 黎明 民 18 年 初版 32 面
S13/4411 三民主義政治學 薩孟武著
上海 新生命 民 20 年 5 版 269 面

S13/4429　中山政治淺説　韓德光編

上海　中央　民 16 年　再版　61 面

S13/4626　三民主義建設之原理　楊幼炯著

上海　民智　民 16 年　初版　516 面

S13/4737　三民主義之使命　胡漢民著

上海　民智　民 16 年　初版　158 面　複 1

S13/4737　三民主義之認識　胡漢民著

上海　進一　民 17 年　初版　76 面　複 1

S13/4737　三民主義的連環性　胡漢民著

上海　民智　民 17 年　初版　110 面

S13/4747　三民導報時評集　胡大剛著

南京　三民　初版　284 面

S13.1/7723　三民主義之理論的體系　周佛海著

上海　新生命　民 17 年　初版　354 面

S13.1/1078　三民主義常識　三民公司編

上海　三民　民 16 年　初版　106 面

S13.1/2042　三民主義綱要　季克仁編著

上海　法學社　民 18 年　初版　184 面

S13.1/2831　三民主義理論的綱領　徐澤予著

上海　黎明　1930 年　初版　142 面

S13.1/4419　孫公紀念週課本　甘乃光編

上海　三民　民 15 年　再版　36 面　複 2

S13.1/4629　三民主義概論　楊幼炯著

上海　民智　民 17 年　初版　134 面　複 2

S13.1/5751　三民主義論　賴成球編

上海　三民　民 18 年　初版　78 面

S13.1/7236　三民主義討論大綱　劉湛恩編

上海　青年協會　民 16 年　初版　45 面

S13.1/7512　軍人政治常識　陳烈著

上海　民智　民 18 年　初版　18 面

S13.1/7785　三民主義要略　民智書局編

上海　民智　民 17 年　初版　30 面　複 1

S13.2/　三民主義考試問答一百條

3 版　1 册

S13.2/1078　三民主義體系問答三百條　三民公司編

上海　三民　民 18 年　初版　184 面　複 1

S13.4/2633　全民政治問答　魏冰心編

上海　世界　民 16 年　初版　67 面

S13.5/0433　共產與民生　謝瀛洲著

北平　昌記　民 18 年　初版　98 面

S13.5/1043　民生主義與人口問題　王警濤編

上海　民智　民 16 年　初版　118 面

S13.5/4046　民生主義討論大綱　李權時編

上海　青年協會　民 16 年　初版　62 面

S13.6/6002　三民主義與中國及世界　羅敦偉著

上海　民義　民 16 年　初版　47 面　複 1

S13.61/1078　孫中山社會主義談　三民公司編

上海　三民　民 16 年　3 版　38 面

S13.61/1113　三民主義與共產主義　張水淇著

上海　民生　民 17 年　初版　49 面

S14　建國大綱與方畧

S14/1027　總理的四大建設綱要　王保民編著

上海　民智　民 18 年　初版　96 面

S14/1224 中國革命後的新建設 孫科著

上海 新宇宙 民19年 初版 96面 複2

S14.1/2042 建國方略綱要 季克仁編

上海 法學社 民18年 初版 158面

S14.3/2633 國民政府建國大綱釋義 魏冰心編

南京 中央 民17年 再版 74面

S14.32/0823 訓政時期調查户口之意見 許崇灝著

上海 民智 民14年 再版 24面

S14.32/1133 訓政時期的地方自治 張宏業編著

上海 廣益 民18年 3版 92面

S14.32/1713 訓政時期地方行政計劃 邵元冲著

上海 民智 民16年 4版 44面 複7

S14.32/2069 訓政與村市 焦易堂編

上海 廣益 民18年 3版 76面

S14.32/4737 訓政大綱提案説明書 胡漢民著

武昌 湖北省黨務指導委員會 民17年 初版 16面 複1

S14.32/6664 訓政 嚴思椿著

上海 中國 民17年 初版 282面

S14.32/7505 全民訓政大綱 陳毅夫著

南京 中央 民18年 初版 109面 複1

S14.32/7960 訓政之理論與實際 滕固著

南京 中央 民16年 初版 100面

S14.4/1078 建國方略問答三百條 三民公司編著

上海 三民 民18年 3版 1册

S14.4/1713 心理建設論 邵元冲著

S14.4/2633 建國方略淺説 魏冰心編

上海 中央 民16年 初版 81面

S14.4/7505 建國方略的研究——實業計劃簡明表 陳毅夫著

南京　社會科學研究會　民 17 年　初版　50 面
S14.4/7720　建國方略問答　印維廉編
上海　中央　民 17 年　4 版　164 面　複 2
S14.41/1086　孫文學説演講集　王劍星編
上海　中央　民 16 年　初版　68 面
S14.41/1153　知難行易説繹義　張振之著
上海　民智　民 19 年　初版　225 面
S14.42/1713　中國國民黨實業講演集　邵元冲等講演
上海　民智　民 14 年　4 版　94 面　複 7
S14.42/2664　實業計劃之理論與實際　吴晦華著
上海　新世紀　1930 年　初版　355 面
S14.42/4457　中山實業淺説　萬扶風編
上海　中央　民 16 年　初版　127 面
S14.42/3077　總理實業計劃之價值　田鵬著
漢口　新昌　民 18 年　初版　76 面

S15　五權憲法

S15/1200　五權憲法　孫文講演
上海　民智　民 15 年　5 版　28 面　複 8
S15/2633　五權憲法釋義　魏冰心編
上海　中央　民 18 年　5 版　104 面
S15/4411　五權憲法　薩孟武、梅思平、金鳴盛合編
上海　新生命　民 19 年　初版　202 面
S15/7522　五權憲法之原理及應用　陳白虚著
漢口　新昌　民 18 年　初版　148 面
S15/7533　五權憲法論　陳顧遠著

上海　光明　民16年　初版　34面

S15.1/0433　五權憲法大綱　謝瀛洲編

上海　遠東　民17年　再版　複1

S15.1/7757　五權憲法通論　周青雁編

上海　三民　民19年　初版　144面　複1

S15.2/1078　五權憲法考試問答　三民公司編

上海　三民　民18年　再版　74面

S16—18　政策，宣言，講演集，叢書

S16.1/1200　中山先生對於開國民會議及廢除不平等條約之主張　孫文講演

上海　三民　53面

S16.1/2763　中山先生之革命政策　黎照寰著

上海　民智　民17年　初版　78面

S17.1/1200　孫中山先生演講録　孫文演講

上海　民智　民18年　初版　122面

S17.1/1200　孫總理講演集　孫文演講

南京　中央軍校政治部　民15年　初版　123面　複3

S17.1/1200　中山演講集　孫文演講

上海　太平洋　民15年　4版　436面

S17.1/1200　中山先生演説全集　孫文演説

南京　各界總理逝世三週年紀念會　1册

S17.1/1200　孫中山先生十講　孫文講演

上海　民智　民15年　5版　122面　複11

S17.1/1200　孫中山最後演講集　孫文講演

112面

S17.1/1200　孫中山先生由上海過日本言論　孫文講演

廣州　民智　民 15 年　5 版　136 面　複 6

S17.1/1200　孫中山先生對農民之訓詞　孫文講演

南京　中央農民運動講習所　民 16 年　初版　22 面　複 1

S17.1/4464　中山先生演説集　黄昌穀編

上海　民智　民 16 年　3 版　434 面

S17.1/7132　中山主義講演集（第 1 集）　馬凌山編

上海　三民　民 15 年　再版　86 面　複 4

S18/1113　黨治訓育叢書（第一輯八種）　張廷灝編

上海　大東　民 18 年　初版　10 册

S18/1113　黨治訓育叢書（第二輯十種）　張廷灝編

上海　大東　民 18 年　初版　10 册

S18/1200　中山叢書　孫文著

上海　太平洋　民 15 年　4 版　4 册

S18/2551　婦女淺説　朱成碧編

南京　中央　民 16 年　初版　73 面

S18/3719　總理遺教摘要　湖北省黨務指導委員會宣傳部編

1 册　複 2

S18/4429　軍人淺説　韓德光編

南京　中央　民 16 年　初版　112 面

S18/5056　軍人必讀　中央圖書局編

南京　中央　民 16 年　初版　56 面

S19　孫中山歷史

S19/4472　中山先生之生與死　范體仁著

上海　光明　民 16 年　再版　100 面

S19/7484　孫逸仙傳記　〔美國〕林伯克著　徐櫶仁譯

上海　三民　民15年　3版　336面　複2

S19.2/1200　孫逸仙倫敦被難記　孫文著

上海　新民社　1927年　初版　84面　複4

S19.2/4481　孫大總統廣州蒙難記　蔣介石記録

上海　民智　民15年　5版　70面　複10

S19.2/6032　中山先生倫敦被難史料考訂　羅家倫著

上海　商務　民19年　初版　176面

S19.2/7511　中山先生駐鄂記　陳霽雲撰述

武昌　鄂軍印刷局　民元年　初版　506面

S19.3/　總理逝世三週紀念　1册　複4

S16.3/1078　孫中山評論集（第1編）　三民公司編

上海　三民　民15年　3版　104面　複6

S19.3/1164　孫中山先生治喪大事記　張國權編

上海　民智　民18年　初版　98面

S19.3/2046　總理逝世四週紀念名人演講記　奚楚明編

上海　商業　民18年　初版　88面　複3

S19.3/4464　孫中山先生北上與逝世後詳情　黄昌穀講演

上海　民智　民15年　再版　52面　複3

S19.3/5044　中山榮哀録　中華革新學社編

上海　中華革新學社　民14年　出版　119面　複2

S19.4/0277　中山先生思想概要　新覺編

上海　愛知社　民19年　5版　142面　複1

S19.4/1078　中山經濟思想研究集　三民公司編

1927年

S19.4/2504　中山思想問答　朱亮基編

南京　中央　民17年　再版　124面

S19.4/7723　中山先生思想概觀　周佛海著

上海　民智　民16年　5版　56面　複22

S16.5/4464 孫中山先生之生活 黃昌穀講演
上海 民智 民 15 年 初版 52 面 複 15

S19.7/0014 孫中山先生與中國 高爾松、高爾伯編著
上海 民智 民 15 年 5 版 84 面 複 28

S19.7/4208 孫逸仙與新中國 康德黎著 陳鶴侶譯
上海 民智 民 19 年 初版 213 面

S19.8/1078 孫中山軼事集 三民公司編
上海 三民 民 15 年 初版 220 面 複 4

S19.8/7172 中山故事 馬眉伯編
上海 商務 民 17 年 初版 116 面

S19.92/4622 孫中山年譜 賀嶽僧著
上海 世界 民 17 年 再版 91 面

S19.93/7733 中山嘉言抄 周潤寰編
南京 中央 民 16 年 再版 70 面 複 1

S19.97/1252 孫中山先生陵墓圖案 孫中山先生葬事籌備處編
上海 民智 初版 1 册 複 2

S19.98/1252 哀思録 孫中山先生葬事籌備處編
一函 3 册

S19.98/2615 總理奉安實録 總理奉安專刊編纂委員會編
奉安委員會印 民 17 年 初版 2 册

S20 中國國民黨

S20/2633 中國國民黨問答 魏冰心編
南京 中央 民 16 年 再版 1 册

S20/4327 國民革命與中國國民黨（上編） 戴季陶著
上海 季陶辦事號 102 面 複 1

S21/1713 工會條例釋義 邵元冲著

廣州 民智 民16年 3版 30面 複3

S21/2046 黨國訓政計劃 奚楚明編

上海 商業 民18年 初版 1冊 複3

S21/2046 三全大會提案彙刊（第一集） 奚楚明編

228面 複3

S21/2133 中國國民黨黨務 上海法學編釋社編

上海 法學社 民17年 初版 1冊

S21/4480 軍事政治工作 黄鐘著

上海 泰東 民17年 再版 242面 複1

S21/5054 中國國民黨各級黨部宣傳工作實施方案 中央執行委員會宣傳部印

中央 宣傳部 115面

S21/6071 中國國民黨總章 國民政府軍事委員會總政治部印行

南京 總政治部 民16年 初版 15面 複4

S21/6074 中國國民黨總章 國民革命軍總司令部政治部印行

民15年 初版 32面 複16

S21.4/5066 中國國民黨第二次全國代表大會宣言 中國國民黨第二次全國代表大會

26面 複4

S21.4/3462 中國國民黨第一次全國代表大會宣言等 漢口特別市黨部執行委員會印

漢口 湘鄂 民15年 初版 56面

S21.4/3719 中國國民黨一二次全國代表大會宣言及議決案 中國國民黨中央各省區聯席會議宣言及議決案 湖北省黨部編

漢口 民國 1冊

S21.4/5053 中國國民黨歷年宣言彙刊 中央宣傳部編

上海 卿雲 民17年 初版 226面

S21.4/5053 中國國民黨第二屆中央執行委員會 第三屆全體會議宣言

訓令及決議案　中央軍事委員會總政治部印
59 面　複 1
S21.4/5066　中國國民黨第一次全國代表大會宣言　中國國民黨第二次全國代表大會
24 面　複 2
S21.4/5066　中國國民黨重要宣言訓令集　中國國民黨陸軍軍官學校政治部輯
民 14 年　初版　121 面　複 3
S21.4/6074　中國國民黨中央執行委員各省區代表聯席會議宣言及决議案　國民革命軍總司令部政治部印行
1 冊　複 24
S21.4/6072　中國國民黨第二次全國代表大會宣言及决議案　國民革命軍總司令部政治部印行
民 15 年　初版　1 冊　複 28
S21.4/7782　中國國民黨第三次全國代表大會宣言及决議案　民智編譯所編
上海　民智　民 18 年　初版　78 面　複 10
S21.5/2046　三全大會提案彙刊　奚楚明編
上海　商業　1630 年　228 面
S21.7/1078　黨員訓練實施綱領表解　三民公司製表
上海　三民　民 18 年　初版　24 面
S22/　汪陳甘顧出席問題
76 面　複 4
S22/1073　全國代表大會快覽　三民導報社編
南京　三民　民 18 年　初版　1 冊
S22.1/0117　中國國民黨第二届中央執行委員會第五次全體會議提案彙録　譚延闓等提
215 面
S22.1/1034　國民政府五中會議　王法勤等提
南京　民國　民 17 年　初版　182 面

S22.1/5052　中國國民黨第二届中央執行委員會第五次全體會議紀録　中央秘書處編

上海　明昌　民17年　初版　439面

S23/5050　黨員訓練大綱　中央訓練部編

黨義圖書館　1929年　初版　130面

S23/5056　中國國民黨員須知　中央圖書局編

南京　中央　民16年　初版　154面　複1

S23/5074　黨員必攜　秦同塔編

中央圖書局　民18年　3版　1册

S24/2763　中國國民黨政策　黎照寰編

上海　新時代　民17年　初版　146面

S24/7505　中國國民黨政治主張　陳毅夫著

南京　中山　1928年　初版　1册

S25.3/5054　黨旗和國旗　中央執委宣傳部

中央執委宣傳部印　1929年　182面

S25.3/7785　中央規定黨國旗圖案　民智書局總發行

上海　民智　民18年　初版　1册

S28　黨員論文集，講演集刊物

S28/　中國國民黨湖北省漢口特別市黨務訓練所考試特刊

1册　複2

S28/3239　浙江　浙江省黨部編

浙江　省編部　1册

S28/7531　胡漢民先生過越彙紀　陳肇琪編

上海　民智　民17年　初版　214面

S28.3/0029　廖仲愷集　廖仲愷著

上海　三民　民18年　初版　1冊　複1

S28.3/1112　血花集　張天化編

上海　民智　民17年　初版　88面　複2

S28.3/1224　建設大綱草案及其説明　孫科著

湖北省黨部　民17年　初版　24面

S28.3/2163　政治訓育叢書（第二集四種）　何思源、陳良烈演講

上海　真美善　1冊

S28.3/2163　政治訓育叢書（第三集四種）　何思源、陳良烈演講

上海　真美善　1冊

S28.3/2542　朱執信集　朱執信著

上海　民智　民17年　3版　上下2冊　複1

S28.3/2524　朱執信文存　邵元冲編

上海　民智　民15年　初版　448面　複20

S28.3/2626　吴稚暉最近言論集　吴稚暉著

上海　大東　民17年　初版　上下2冊

S28.3/2626　吴稚暉先生最近對於黨國之意見　吴稚暉著

廣州　平社　民16年　初版　60面

S28.3/2626　吴稚暉與汪精衛　吴稚暉著

上海　革新　民47年　再版　78面

S28.3/2626　吴稚暉近著三編　吴稚暉著

上海　北新　1927年　初版　105面

S28.3/2626　吴稚暉近著　吴稚暉著

上海　北新　1926年　初版　270面

S28.3/2626　吴稚暉近著續編　吴稚暉著

上海　北新　1926年　初版　125面

S28.3/2626　吴稚暉反共文匯　吴稚暉著

上海　待旦　1928年　初版　222面

S28.3/2730　革命軍　鄒容著

上海　民智　民 17 年　初版　80 面　複 2

S28.3/3192　汪精衛與吴稚暉的論文集　汪精衛著

上海　新時代　152 面

S28.3/3192　汪精衛文存（初集）　汪精衛著

廣州　民智　民 15 年　初版　258 面　複 8

S28.3/3192　汪精衛文集　汪精衛著

上海　中山　民 18 年　初版　上下 2 册

S28.3/3192　汪精衛全集　汪精衛著

上海　三民　民 18 年　初版　4 册

S28.3/3192　革命與反革命　郎醒石編

上海　民智　民 17 年　初版　612 面　複 1

S28.3/39　吴稚暉論政及其他　J.S. 編輯

上海　出版合作社　1938 年　初版　2 册

S28.3/4055　黨國要人的幾封信　大東書局輯集

上海　大東　民 17 年　初版　94 面

S28.3/4327　戴季陶集　戴季陶著

上海　三民　民 18 年　初版　上下 2 册

S28.3/4327　青年之路　戴季陶著

上海　民智　民 17 年　4 版　262 面　複 1

S28.3/4419　政治訓育叢書（第一集六種）　甘乃光、戴季陶、季講

上海　真美　1 册

S28.3/4441　算舊賬　老朽編

上海　泰東　民 17 年　初版　198 面

S28.3/4642　楊杏佛文存　楊杏佩著

上海　平凡　民 18 年　初版　338 面

S28.3/5025　吴稚暉與汪精衛之商榷　中山書店發行

上海　羣衆　民 16 年　初版　88 面

S28.3/5074　名人書信集　秦同培編

南京 中央 民16年 初版 上下2册

S28.3/5074 吴稚暉言論集 秦同培編

南京 中央 民16年 初版 上下2册

S28.3/6441 戴季陶言行録 時希聖編

上海 廣益 1929年 初版 1册

S28.3/6441 吴稚暉言行録 時希聖編

上海 廣益 民18年 初版 1册

S28.3/7220 劉市長之言論 劉紀文著

南京 南京 民49年 初版 172面

S28.3/7519 陳天華集 陳天華遺著

上海 民智 民17年 初版 216面 複1

S28.3/7742 天討 民報特刊編

上海 民智 民17年 初版 156面 複2

S28.3/7884 建設碎金 民智書局編

上海 民智 民16年 初版 2册 複1

S28.3/8025 開國民會議的基礎 曾傑著

廣州 國民 民15年 初版 25面

S28.4/1194 講演集 張榮楣編

民9年 初版 1册

S28.4/1713 邵元冲先生演講集 邵元冲講

上海 商務 民17年 初版 119面

S28.4/2046 黨國名人演講集（第一二集） 奚楚明編

上海 商務 民18年 初版 2册 複1

S28.4/2108 何應欽陳銘樞最近言論集 何應欽、陳銘樞合編

上海 大東 1928年 初版 38面

S28.4/3113 破除迷信與革命 馮玉祥講演

河南 省政府宣傳處 16面

S28.4/3192 汪精衛演講集 汪精衛講演

上海　文華　民 15 年　初版　130 面　複 1

S28.4/3192　汪精衛先生演講集　汪精衛著

南京　中央軍校政治部　民 15 年　初版　150 面

S28.4/3719　演講録　湖北省黨務訓練所編

144 面　複 6

S28.4/3734　過之翰演講集　過之翰講

陝西　財政廳徵收人員訓練班

S28.4/4002　劉市長市政府報告紀要　南京特別市政府秘書處編

南京　南京圖書館

S28.4/4055　繆斌最近論集　繆斌著

上海　大東　民 17 年　初版　48 面

S28.4/4327　戴季陶講演集　戴季陶講演

上海　民智　民 17 年　初版　170 面　複 1

S28.4/4481　蔣介石言論集　蔣介石講

南京　中央　民 16 年　初版　160 面

S28.4/4481　蔣介石先生演説集　蔣介石演講

廣州　平社　民 16 年　初版　上下 2 册

S28.4/4481　蔣介石先生演説集　蔣介石演講

上海　民智　民 18 年　初版　5 册

S28.4/4737　胡漢民最近言論集　胡漢民著

上海　大東　1928 年　上下册

S28.4/4737　胡漢民最近言論　胡漢民著

上海　三民　民 17 年　初版　1 册

S28.4/4737　胡漢民先生在俄演講録（第 1 集）　胡漢民演講

廣州　民智　民 15 年　初版　34 面　複 1

S28.4/4737　胡漢民先生演講集（第一集）　胡漢民演講

上海　民智　民 16 年　初版　80 面　複 11

S28.4/4737　胡漢民先生演講集（第二集）　胡漢民演講

上海　民智　民 16 年　初版　120 面　複 11

S28.4/4737　胡漢民先生演講集（第 3 集）　胡漢民演講

上海　民智　民 16 年　初版　74 面　複 11

S28.4/4737　胡漢民先生演講集（第 4 集）　胡漢民演講

上海　民智　民 16 年　初版　138 面　複 9

S28.4/4737　胡漢民先生演講集（第 5 集）　胡漢民演講

上海　民智　民 18 年　初版　138 面　複 9

S28.4/4737　胡漢民先生演講集（第 6 集）　胡漢民演講

上海　民智　民 18 年　初版　144 面　複 9

S28.4/4737　胡漢民先生演講集（第 7 集）　胡漢民演講

上海　民智　民 18 年　初版　194 面　複 9

S28.4/4737　胡漢民先生演講集（第 8 集）　胡漢民演講

上海　民智　民 18 年　初版　174 面　複 9

S28.4/4737　胡漢民先生演講集（第 9 集）　胡漢民演講

上海　民智　民 18 年　初版　160 面　複 9

S28.4/4737　胡漢民先生演講集（第 10 集）　胡漢民演講

上海　民智　民 19 年　初版　232 面　複 4

S28.4/4737　胡漢民先生演講集（第 11 集）　胡漢民演講

上海　民智　民 1930 年　初版　192 面　複 4

S28.4/4737　胡漢民先生演講集（第 12 集）　胡漢民演講

上海　民智　民 19 年　初版　152 面　複 4

S28.4/4737　胡漢民先生演講集（第 13 集）　胡漢民演講

上海　民智　民 19 年　初版　176 面　複 4

S28.4/5054　中國國民黨實業演講集　中央執行委員會實業部編

上海　民智　民 16 年　5 版　94 面

S28.4/5074　名人演講集　秦同培編

南京　中央　民 16 年　初版　上下 2 冊

S28.4/7785　中國國民黨演講集（第 1、2、3 集）　民智書局編

上海　民智　民13年　初版　3册　複1各1册

S29　黨史

S29/1078　中國國民黨黨史考試問答一百條　三民公司編著

上海　三民　民18年　初版　86面

S29/1084　中國國民黨之史的發展　夏含華編

上海　泰東　1929年　初版　248面　複2

S29/2727　中國國民黨史稿　鄒魯編

上海　民智　民18年　上下2册

S29/3192　中國國民黨史概論（上篇）　汪精衛講演

上海　光明　民15年　初版　46面　複15

S29/4441　中國國民黨史　華林一撰述

上海　商務　民19年　再版　132面

S29/7540　過去三十五年之中國國民黨　陳希豪著

上海　商務　民18年　初版　184面　複1

R29.7/0031　廣州事變與上海會議　廣州平社編

廣州　平社　民17年　再版　236面

S30　三民主義教育及其他

S30/1036　三民主義教育實施的研究　王祝晨編

上海　圖書館　民18年　初版　128面

S30/1042　黨化教育概論　王克仁著

上海　民智　民16年　初版　106面　複2

S30/1113　黨化學校訓育法　張建初著

上海　民智　民18年　初版　182面　複1

S30/1144　三民主義教育學　張九如編

上海　新時代教育社　民17年　初版　196面

S30/2551　黨化教育淺說　朱成碧編

上海　世界　民16年　初版　75面

S30/2844　黨化教育　徐蔚南編

上海　世界　民16年　3版　55面

S30/3101　黨化教育實施法　顧詩靈編

上海　大東　民17年　4版　92面

S30/3719　實施三民主義化教育宣傳大綱　湖北省黨務指導委員會宣傳部編

湖北　省黨部　11面

S30/4484　三民主義教育原理　范錡著

上海　民智　民18年　初版　346面　複1

S30/5056　黨化教育輯要　中央圖書局編

上海　中央　民16年　再版　135面

S30/7522　黨化教育概論　陳德徵著

上海　光華　民16年　初版　59面

S30/7743　三民主義教育概要　殷芷沅著

上海　世界　民18年　初版　131面

S30/8034　政治訓練大綱　金祖懋編

上海　民智　民19年　初版　203面

S34/2122　三民主義教育法　盧紹稷編

上海　商務　民17年　初版　198面

S40/2635　黨治考察記　吴澗東著

上海　泰東　民17年　再版　335面　複1

S46/2138　黨國名人重要書牘　上海會文堂編

上海　會文堂　民18年　初版　1冊

S50—57 中國革命運動

S50/ 帝國主義問答（附惲代英講中國革命運動）

上海 世界 民 17 年 再版 74 面

S50/1720 革命軍問題種種 鄧文儀編

拔提 民 18 年 初版 198 面 複 1

S50/2584 國民革命問答 朱劍芒編

南京 中央 民 17 年 再版 63 面

S50/4484 中國國民革命之使命 范錡著

上海 民智 民 17 年 再版 352 面 複 2

S50/4744 中國解放之敵 胡夢華著

南京 中央 民 16 年 初版 182 面

S50/5514 國民革命的兩大使命 曹雪松編著

上海 大東 民 17 年 3 版 90 面

S50/7522 國民革命 陳白虛著

上海 泰東 民 17 年 再版 146 面

S51/1091 民族革命與世界政治 王恒著

上海 革新 民 19 年 初版 102 面

S51/1713 中國之革命運動及其背景 邵元冲講演

上海 民智 民 15 年 初版 32 面 複 12

S51/4014 國民革命概論 李亞雄編

1929 年 1 册

S51/4018 現今革命之意義 李石曾著

上海 吴越 37 面

S53.1/2503 國民革命與世界大同 朱謙之編

上海 泰東 民 16 年 初版 145 面

S53.8/4024 世界弱小民族問題 李作華編

武昌 太平洋 民 17 年 190 面

S55.2/1027 不平等條約摘要問答 王保民著
72 面
S55.2/6074 打倒帝國主義 國民革命軍總令司部政治部印行
236 面 複 1
S57/2694 民衆團體組織法 吳榮志編
上海 新學會社 民 16 年 初版 186 面
S57/4419 怎樣做農工行政 甘乃光演講
上海 農工行政講習所 民 17 年 初版 128 面
S57/4737 國民黨衆運動的理論 胡漢民著
民 17 年 初版 32 面
S57.1/5053 中國國民黨與農人 中央宣傳部編撰科
中央宣傳部 民 19 年 初版 210 面
S57.2/1192 工人運動的理論及方略 張少峯著
北京 中國 1929 年 初版 156 面
S57.2/3718 二七工仇 湖北全省工團聯合會京漢路總工會駐滬辦事處
98 面
S57.2/9033 工運之回顧與前瞻 米寅賓著
上海 南華 民 18 年 初版 108 面
S47.3/4408 商民運動沿革史 黄詔年著
上海 三民 民 17 年 再版 22 面
S57.4/4038 中國學生運動小史 查良鑑著
上海 世界 1927 年 初版 84 面
57.8 五卅兇手之供狀
32 面 複 4
S57.8/0014 漢口慘殺案 高爾松、高爾柏編
上海 青年政治宣傳會 民 14 年 初版 78 面
S57.8/0014 沙面慘殺案 高爾松、高爾柏編
上海 青年政治宣傳會 民 14 年 初版 134 面 複 1

S57.8/0014　帝國主義與中國　高爾松、高爾柏編
上海　青年政治宣傳會　民15年　再版　328面
S57.8/1751　省港罷工中之中英談判　鄧中夏著
1926年　初版　1册　複2
S57.8/1751　省港罷工概觀　鄧中夏著
1册
S57.8/4018　濟南慘案史　袁廷鏞編
漢口　新昌　民19年　初版　198面
S57.8/4327　中國獨立運動的基點　戴季陶著
廣州　民智　民14年　初版　88面　複2
S57.8/8042　日本出兵山東濟南慘案　無袈和尚編
上海　亞洲　民17年　初版　56面
S57.8/8381　沙基痛史　錢義璋編　200面

S59　中國革命史

S59/0084　中華民國革命全史　文公直著
上海　益新　民18年　初版　344面　複1
S59/0253　蔣介石歷史　新中國社編
上海　光明　民16年　再版　92面
S59/0458　革命史上的重要紀念日　謝振鐸編
廣州　黄埔　民16年　初版　442面
S59/1078　中國國民革命史考試問答一百條　三民公司編著
上海　三民　民18年　初版　1册
S59/1080　太平天國革命史　王鍾麒編
上海　商務　民20年　初版　127面
S59/1112　近代革命紀念日　張廷休編

上海　民智　民17年　初版　160面　複2

S59/1116　太平天國革命史　張霄鳴著

神州　國光社　1932年　初版　271面

S59/1242　中國近代各種紀念史　孫苐侯編

上海　三民　民18年　初版　192面　複1

S59/1565　中國民族革命運動史　建國書店編

上海　建國　民17年　再版　132面

S59/1713　陳英士先生革命小史　邵元冲編

上海　民智　1冊　複2

S59/2187　國民革命要覽　師鄭編

上海　商務　民16年　4版　227面

S59/2214　中國革命實地見聞録　斷水樓主人著　樂嗣炳譯

上海　三民　民18年　再版　1冊　複1

S59/2508　中國革命與中國社會各階級（上集）　朱新繁編著

上海　聯合　1930年　初版　434面

S59/2703　中國革命運動史　克仁譯

上海　新宇宙　1929年　初版　256面

S59/4010　太平天國革命運動史　李一塵著

上海　光華　1930年　初版　165面

S59/4434　中華民族革命史　杜冰坡編

上海　北新　1930年　初版　912面

S59/4451　民國一統志　蔣中正編

上海　三民　民18年　初版　236面

S59/4461　中國的革命運動　蔣國珍作

上海　世界　民17年　再版　48面

S59/6944　中國革命史　貝華編

上海　光明　民16年　3版　225面　複3

S59/7229　革命軍第一次東征實戰記　劉秉粹編

上海　中華　民17年　初版　338面

S59/7515　中國革命史　陳功甫撰述

上海　商務　民19年　初版　163面

S59/7720　中國革命史　印維廉著

上海　世界　民18年　3版　212面

S59.1/4004　孫大元帥東征日記　古應芬著

上海　民智　民15年　初版　38面

S59.1/4090　革命日誌　志光編

上海　新宇宙　1928年　初版　103面

S59.1/4482　廣州三月二十九革命史　革命紀念會編

上海　民智　民15年　初版　186面　複3

S59.3　武漢追悼國民革命軍陣亡將士輯覽

1冊　複1

S59.3　革命軍刑事條例革命軍連坐法

1冊　複3

S59.3/0012　蔣介石的革命工作　文砥編

上海　太平洋　民17年　再版　上下2冊　複2

S59.3/2046　革命軍統一中國戰事記　奚楚明編

上海　商業　民18年　初版　149面　複3

S59.3/4451　國民革命軍北伐史　蔣中正編

上海　三民　120面

S59.3/4481　三年來的國民革命軍　蔣介石撰述

上海　光明　民18年　初版　178面　複1

S59.3/6074　國民革命軍政治部組織草案　國民革命軍總司令部政治部編

民15年　初版　1冊　複2

S59.5/3146　清黨實録　江南晚報館編

江南　晚報館　民16年　初版　516面

S59.5/3593　清黨運動　清黨運動急進會編

清黨運動急進會　民16年　初版　302面

S59.5/44　國民黨清黨運動論文集　J.E.編

上海　新中國社　民16年　初版　184面　複1

S59.5/4464　革命與清黨　黃昌穀著

上海　啓智　民17年　初版　44面　複1

S59.5/5066　彈劾共産黨兩大要案（民12年、民13年）　中國國民黨中央監察委員會編

中央監委會　民16年　初版　30面　複2

S60—69　各國革命運動及其歷史

S60/0017　各國革命史　文聖舉、文聖律著

上海　新生命　民18年　初版　268面　複1

S60/4024　世界弱小民族問題　李作華編

漢口　白鶴　民17年　初版　190面

S60/4864　革命與反革命　恩格斯著　劉鏡園譯

1930年　1册

S60/5081　革命亞細亞的望展　中谷武士世、包司合著　牛山譯

北平　新亞洲　1931年　初版　264面

S60/7525　現代殖民地解放運動概觀　陳崔夫作

1929年　1册

S61/7143　革命的發展　愛德華著　李進之譯

上海　新生命　民18年　276面　複1

S69/0017　各國革命史　文聖舉、文聖律著

上海　新生命　民18年　再版　268面　複1

S69/0040　歐洲革命史　高希聖編

上海　北新　1929年　初版　92面

S69/0061 歐洲革命史 高品齋著
上海 拔提 1929 年 初版 298 面
S69/1078 世界革命運動史考試問答一百條 三民公司編
上海 三民 1929 年 再版 206 面 複 2
S69/1112 近代革命史概要 張廷休編
上海 民智 民 17 年 初版 170 面 複 3
S69/1713 各國革命史略 邵元冲演講
上海 民智 民 15 年 5 版 146 面 複 12
S69/2244 俄國革命運動史 山内封介著 衛仁山譯
上海 太平洋 民 17 年 初版 108 面 複 1
S69/2652 土耳其革命史 程中行編譯
上海 民智 民 17 年 初版 180 面
S69/2842 法國革命史 徐壽齡編
上海 商務 民 15 年 再版 129 面 複 2
S69/3480 台灣革命史 漢人編著
上海 泰東 民 15 年 初版 169 面 複 4
S69/3711 法國革命史 郎醒石、張國人編譯
上海 民智 民 17 年 初版 146 面
S69/4076 印度獨立運動史略 袁學易著
神州國光社 民 20 年 初版 73 面
S69/4413 法國的革命 杜殊密編
南京 南京書店 民 20 年 初版 116 面
S69/4446 俄羅斯的革命經過 蘇柯羅夫著 朱應會譯
上海 太平洋 民 17 年 初版 532 面
S69/4629 俄國革命史 楊幼炯編著
上海 民智 民 17 年 初版 1 册 複 1
S69/4743 土耳其革命史 柳克述撰述
上海 商務 民 17 年 初版 146 面

S69/7270　法國大革命史　克魯泡特金著　楊人梗譯
上海　北新　1930 年　343 面

S69/7270　法國大革命史　克魯泡特金著　劉鏡圓譯
上海　神州　民 20 年　初版　2 冊

S69/1480　德意志革命史　〔英〕馬澤著　李華譯
上海　春潮　115 面　複 2

S69/8061　西方革命史　金果爾、樸利果仁合著　高峯譯
上海　新宇宙　1929 年　初版　645 面

S81—90　革命文學及傳記

S81/5053　革命先烈文藝集（第一集）　中央宣傳部編撰科編
中央黨部　民 19 年　初版　196 面

S82.6/6648　三民教育唱歌集　瞿世鎮、錢釋雲合編
上海　三民　民 18 年　初版　4 冊

S83.7/5053　革命軍人四字讀本　中央軍事政治學校印行
36 面　複 1

S87/0848　中山演義　許慕羲編
廣州　國民　民 16 年　再版　4 冊　複 3

S90/2314　傅國英同志事略　傅烈士公葬籌備處編
杭州　湖濱七弄三號　1 冊

S90/3749　黃龐四週紀念册　湖南勞工會編
長沙　湖南勞工會　1926 年　初版　106 面

S90/4482　紅花岡四烈士傳　革命紀念會編
上海　民智　民 16 年　初版　54 面　複 1

S90/6767　蔣介石先生集　明明學社編
上海　三民　民 16 年　初版　196 面

R　參考書籍　字典　辭曲

R　參考書籍

R016.813/7228　中國俗曲總目稿　劉復、李家瑞等編

　中央研究院歷史語言研究所　上下 2 册

R030/1002　日用百科全書　王言綸等編

　上海　商務　民 14 年　13 版　上下 2 册　複 1

R030/1020　日用百科全書補編　王岫廬等編

　上海　商務　民 15 年　再版　1 册

R030/4280　國民日用寶鑑　姚鏞編

　上海　文明　民 17 年　初版　1 册

R305/1104　國立北京大學（1922）社會科學季刊（1923）　北京大學社會科學季刊編輯會編

　北京　北大出版部　民 13 年　初版　1 册　複 1

R305/1104　國立北京大學（1923）社會科學季刊（1924）　北京大學社會科學季刊編輯會編

　北京　北大出版部　民 13 年　初版　1 册

R314/1134　世界年鑑　張安世主編

　上海　大東　民 20 年　初版　3 册

R314/6457　時事年刊（19—20）　時事月報社編

　上海　大東　民 20 年　初版　933 面

R315.1/2112　中國大觀（圖畫年鑑）　伍聯德等編

　上海　良友　256 面

R315.1/5048 申報年鑑 上海申報年鑑社編

上海 申報年鑑社 民22年 1冊

R315.1/7136 中國年鑑（第一回） 阮湘等編

上海 商務 民15年 3版 1冊 複2

R331.1/1732 中國勞動年鑑（第二回） 邢必信等編

北京 北大 民21年 277面

R336.26/4424 光緒26年海關報告 韓德森編

上海 通商海關總稅務司署造冊處 光緒27年 108面

R336.26/7140 光緒28年海關報告 馬士譯

上海 通商海關總稅務司署造冊處 1902年 33面

R336.26/7140 光緒29年海關報告 馬士譯

上海 通商海關總稅務司署造冊處 1903年 39面

R336.26/7140 光緒30年海關報告 馬士譯

上海 通商海關總稅務司署造冊處 光緒31年 67面

R336.26/2627 光緒31年海關報告 帛黎譯

上海 通商海關總稅務司署造冊處 光緒32年 331面

R336.26/7140 光緒32年海關報告 馬士譯

上海 通商海關總稅務司署造冊處 光緒33年 414面

R336.26/3414 光緒33年海關報告 湛瑪斯譯

上海 通商海關總稅務司署造冊處 光緒34年 416面

R336.26/3414 光緒34年海關報告 湛瑪斯譯

上海 通商海關總稅務司署造冊處 宣統元年 418面

R336.26/3414 宣統元年海關報告 湛瑪斯譯

上海 通商海關總稅務司署造冊處 宣統2年 419面

R336.26/3414 宣統2年海關報告 湛瑪斯譯

上海 通商海關總稅務司署造冊處 宣統3年 419面

R336.26/7588 宣統3年海關報告 陳鋭撰述

上海 通商海關總稅務司署造冊處 民元年 500面

R336.26/4332 宣統3年海關報告 戴鴻勳撰述 好威樂譯漢
上海 通商海關總税務司署造册處 民元年 153面
R336.26/7588 民國元年海關報告 陳鋭撰述 何智輝譯
上海 通商海關總税務司署造册處 民2年 上下2册
R336.26/7588 民國2年海關報告 陳鋭撰述 丁艦仙譯漢
上海 通商海關總税務司署造册處 民3年 735面
R336.26/7588 民國3年海關報告 陳鋭撰述 丁艦仙譯漢
上海 通商海關總税務司署造册處 民4年 995面
R336.26/7588 民國4年海關報告 陳鋭撰述 戴樂爾譯漢
上海 通商海關總税務司署造册處 民5年 991面
R336.26/7530 民國5年海關報告 陳道謙撰述 戴樂爾譯
上海 通商海關總税務司署造册處 民6年 2面
R336.26/7588 民國5年海關報告 陳鋭撰述 戴樂爾譯漢
上海 通商海關總税務司署造册處 民6年 1013面
R336.26/7530 民國6年海關報告 陳道謙撰述 戴樂爾譯
上海 通商海關總税務司署造册處 民7年 85面
R336.26/7530 民國7年海關報告 陳道謙撰述 戴樂爾譯
上海 通商海關總税務司署造册處 民8年 493面
R336.26/7530 民國7年海關報告 陳道謙撰述 丁艦仙譯
上海 通商海關總税務司署造册處 民8年 1029面
R336.26/7530 民國8年海關報告 陳道謙撰述 李耀啓譯
上海 通商海關總税務司署造册處 民9年 963面
R336.26/7530 民國9年海關報告 陳道謙撰述 李耀啓譯
上海 通商海關總税務司署造册處 民10年 993面
R336.26/7530 民國10年海關報告 陳道謙撰述 李耀啓譯
上海 通商海關總税務司署造册處 民11年 996面
R336.26/7530 民國11年海關報告 陳道謙撰述 李耀啓譯
上海 通商海關總税務司署造册處 民12年 1009面

R336.26/7530　民國 12 年海關報告　陳道謙撰述　李耀啓譯
上海　通商海關總税務司署造册處　民 13 年　1031 面
R336.26/7530　民國 13 年海關報告　陳道謙撰述　劉漢池譯
上海　通商海關總税務司署造册處　民 14 年　上下 2 册
R336.26/2104　民國 14 年海關報告　盧立基編　何智輝譯
上海　通商海關總税務司署造册處　民 15 年　1199 面
R336.26/7530　民國 14 年海關報告　陳道謙撰述
上海　通商海關總税務司署造册處　民 16 年　上下 2 册
R341.2/0017　國際條約大全　商務印書館編譯所編
上海　商務　民 14 年　4 版　1 册　複 2
R341.2/2138　最近適用世界公約中外專號彙編　上海法學編譯社編
上海　會文堂　民 20 年　初版　834 面
R345/0017　法令大全（三編）　商務印書館編譯所編
上海　商務　民 12 年　4 版　1 册
R345/0721　大理院判決例全書（民元年至十六年）　郭衛編
上海　會文堂　民 21 年　3 版　860 面
R345/0721　大理院判决全書檢查表　郭衛編
上海　會文堂　民 21 年　再版　136 面
R345/0721　大理院解釋例全文（民元年至 16 年）　郭衛編
上海　會文堂　民 20 年　5 版　1176 面
R345/0721　大理院解釋例全文檢查表　郭衛編
上海　會文堂　民 21 年　6 版　142 面
R345/0721　司法法令大全　郭衛編
上海　會文堂　民 21 年　初版　870 面
R345/0721　現行六法全書　郭衛編
上海　會文堂　民 21 年　初版　872 面
R345/0721　法令週刊合訂本（1）　郭衛編
上海　會文堂　民 19 年　1 册

R345/0721　法令週刊合訂本（2）　郭衛編
　上海　會文堂　民20年　1冊
R345/0721　法令週刊合訂本（3）　郭衛編
　上海　會文堂　民20年　1冊
R345/0721　法令週刊合訂本（4）　郭衛編
　上海　會文堂　民21年　1冊
R345/0721　法令週刊合訂本（5）　郭衛編
　上海　會文堂　民21年　1冊
R347.9/0721　律師辦事手續程式彙述　郭衛、周定枚編
　上海　會文堂　民21年　初版　330面
R347.9/0832　訴訟程序狀式大全　施沛生編
　上海　會文堂　民22年　再版　484面
R347.9/2742　民刑事裁判大全　殷世杰等編
　上海　會文堂　民21年　初版　764面
R351.1/0721　行政法令大全　郭衛輯
　上海　會文堂　民22年　初版　上下2冊
R355.4/7703　戰術参攷書　周斌口述
　上海　會文堂　1冊
R380/7474　道路全書　陸丹林等編
　上海　道路月刊社　民18年　初版　1冊
R396/4407　全地五大洲女俗通考　美林樂知著　任保羅譯
　上海　美華　光緒29年　兩函共21冊
R396/5045　婦女寶鑑　中華書局編
　上海　中華　民9年　初版　1冊
R500/2347　格致須知　〔英〕傅蘭雅著
　上海　格致書室　光緒8年至24年新鐫　3冊
R500/5011　格致指南九種　〔美〕史砥爾撰述　〔美〕潘慎文赫士等譯
　上海　美華　光緒35年　精裝2冊

R502/3008 科學大綱 〔英〕湯姆生教授著
上海 商務 民12年 全4册 複2
R580.3/2643 植物名實圖考長編 吳其濬著
上海 商務 1129面 複1
R580.3/2643 植物名實圖考 吳其濬著
上海 商務 829面 複1
R621.38/0671 親民電報彙編 親民電報編輯社編
上海 商務 民4年 初版 725面
R621.38/0671 簡易電報表 親民電報編輯社編
1册
R650/1142 增廣商人寶鑑 張士傑編
上海 商務 民11年 5版 1册
R708/8829 美術叢書 笪重光等著
上海 神州國光社 3集6函120册
R756.51/7423 淞滬禦日血戰大畫史 陸步洲主編
文華美術圖書公司 1册 複1
R817.1/1012 現行公文程式詳解 王尹孚編
上海 會文堂 民21年 6版 1册
R817.1/4434 最新編輯軍用公文作法程式大全 董浩編
上海 精誠 民22年 初版 242面
R817.1/4434 最新編輯軍用函牘作法實例大全 董浩編
上海 會文堂 民22年 初版 214面
R817.1/7734 公文程式詳論 周定枚編
上海 會文堂 民21年 初版 456面
R951/4078 中國問題裏的幾個根本問題 唐鳴時譯
上海 商務 1928年 初版 1册
R951.8/5048 最近之五十年 申報館編
上海 申報館 民12年 初版 1册 複1

R 字典；辭典

R030/0046 新文化辭書 唐敬杲編

上海 商務 民13年 再版 1冊

R030.3/4401 普通百科新大詞典 黄摩西編

上海 中國詞典公司 宣統3年 3版 2函15冊

R030.3/8704 中華百科辭典 舒新城主編

上海 中華 民20年 再版 1冊

R103/4493 哲學辭典 樊炳清編

上海 商務 民19年 再版 1008面 複1

R108/0861 名言大辭典 許嘯天整理

上海 中國印刷廠 民15年 初版 1冊

R303/0041 社會科學大詞典 高希聖等編

上海 世界 民18年 初版 1冊

R303/7524 社會問題辭典 陳綬蓀編

上海 民智 民18年 初版 1冊

R336/4454 鹽政辭典 林振翰編著

上海 商務 民17年 初版 1冊

R340.3/3513 法律經濟辭典 清水澄著 郭開文、張春濤譯

上海 羣益 民3年 4版 1冊 複1

R340.3/6030 日本法律經濟辭典 田邊慶彌著

上海 商務 民2年 14版 148面 複2

R347.903/0094 司法法令辭典 唐慎坊編

上海 世界 民13年 初版 1冊 複1

R370.3/1029 中國教育辭典 王倘等編

上海 中華 民17年 初版 1冊

R370.3/2525 教育大辭書 朱經農等編

上海 商務 1930年 初版 1692面

R408.903/4460　世界語漢文新字典　世界語學社編
上海　浙江印刷公司　民13年　初版　1冊　複2
R495.03/2755　漢和大辭典奧附　龜井忠一編
東京　三省堂　明治39年　6版　1716面
R495.13/0007　辭源（丁種）　方毅等編
上海　商務　民21年　12版　上下2冊　續編1冊
R495.13/0007　辭源（甲種）　方毅、傅運森合編
上海　商務　民21年　5版　正編4冊又續編1冊
R495.13/0077　康熙字典　康熙御撰
康熙55年　14冊
R495.13/1144　學生辭源　張蓴生主編
上海　新華　民20年　初版　2冊
R495.13/2688　新術語辭典　吴念慈等合編
上海　南强　1929年　初版　516面
R495.13/4412　最新字典　葛天爵等著
上海　會文堂　民17年　14版　1冊
R495.13/4465　分類辭源　世界書局編輯所編
上海　世界　民15年　初版　上下2函12冊
R495.13/5045　注音新辭林　中華書局編
上海　中華　民17年　初版　1冊　複1
R495.13/5045　中華大字典　中華書局編
上海　中華　民16年　4版　4冊
R495.13/5543　尺牘成語辭典　費有容編
上海　大東　民14年　初版　1冊
R495.23/4434　日本現代語辭典　葛祖蘭編譯
上海　蘆澤印刷所　1930年　初版　694面
R510.3/2724　數學辭典　倪德基、酈禄琦編
上海　中華　民20年　3版　366面

R510.3/4924 數學辭典 趙繚編

上海 羣益 民12年 185面 複1

R530.3/7544 新式理化辭典 陳英才等編

上海 中華 民18年 8版 1册 複1

R550.3/1087 地學辭書 王益厓編

上海 中華 1931年 536面 複1

R550.3/4442 地質礦物學大辭典 杜其堡編

上海 商務 民19年 1145面

R580.3/1204 植物學大辭典 孔慶萊等編

上海 商務 民12年 1590面 複1

R590.3/1012 博物詞典 王烈等編

上海 中華 民21年 6版 1册

R590.3/4412 動物學大辭典 杜亞泉等編

上海 商務 民11年 2635面 複1

R610.3/0446 中國醫學大辭典 謝觀編

上海 商務 民15年 4版 上下2册 複1

R610.3/2120 中華藥典 衞生部編

上海 中華 1930年 763面

R610.3/2724 高氏醫學辭彙 魯德馨、孟合理編

上海 中華醫學會 民22年 7版 322面

R803/1221 文藝辭典 孫俍工編

上海 民智 民17年 初版 980面

R910.3/0278 外國地名人名辭典 新學會社編譯

甯波 新學會社 光緒32年 3版 1册

R910.3/1023 中外地名辭典 丁詧、葛綏成編

上海 中華 民21年 4版 1册

R910.3/5045 英華華英地名檢查表 中華書局編譯

上海 中華 民13年 4版 48面

R910.3/7584 世界最新地圖華英地名表 陳鎬基編輯
上海 商務 民14年 6版 23面 複6

R920/0034 中國人名大辭典 方賓觀等編
上海 商務 民10年 再版 1册 複1

湖北省立圖書館借書規則

第一條　本規則依本館組織規程第八條之規定制定之。

第二條　本館所藏圖書除指定不借之書外，凡能遵照本規則所規定者均得借出閲覽。

第三條　本館借書時間除例假及特別事故外，每日規定：上午九時至十二時、下午一時至五時。

第四條　本館爲便利借書者起見，規定下列兩種辦法：

（甲）憑證借書　借書人向本館圖書出納處領取保單一紙，覓就殷實商店蓋章保證，送經本館，派人至該店核對確實後，方得發給借書證。以後憑證借書，每張借書證以三個月爲，限期滿作廢。

（乙）押金借書　凡無借書證者，按照全書價格加倍繳納押金，亦可照借。書還之時，押金如數退還。

第五條　凡遺失借書證者，須立即到館聲明作廢。否則歸原領借書證人負一切責任。如願補領借書證時，須繳大洋一角。

第六條　圖書借出每人以三種爲限，洋裝每種限定五册，綫裝每種限定十册。在前書未還之先，不得再借他書。

第七條　圖書借閲期限定爲三星期，但小説以二星期爲限。遇必要時，本館得隨時通知取還。

第八條　圖書借出逾限者，從逾限之日起算，至還書之日止，每日每册罰銅元四枚。如逾限一月不還者，即通知其保人，責其賠償或於押金内扣除。

第九條　圖書借出如有失落、損壞、圈點、批評、塗改等情，借書人須照全書價目賠償。

第十條　借書人欲借之書，倘已爲他人借去者，可在本館圖書出納處預訂。

第十一條　後列各種書籍概不借出：

（1）貴重書籍及大部書籍；

（2）參考書籍（字畫類書等）；

（3）新聞紙及雜誌；

（4）各種圖表地圖碑帖；

（5）展覽廚内之展覽書籍；

（6）本館所藏書籍僅有一部或孤本者。

第十二條　倘一書因閱者太多，而本館僅有一二部時，本館爲便利大多數閱者起見，得保留或限定時間借閱之。

第十三條　凡武漢固定之各機關、各學校向本館借書，須每次備具正式公函（便函無效），經本館允可後，方得借出。借閱時間以一星期爲限，至期必須歸還。

第十四條　本規則如有未盡事宜，由館務會議議決修改之。

第十五條　本規則呈請教育廳核定施行。

湖北省立圖書館圖書目録（二種）

湖北省立圖書館 編

張雅俐 范志毅 整理

（中）

荊楚文庫編纂出版委員會
崇文書局

湖北省立圖書館圖書書目

（舊籍之部）

序

自倉頡造字，簡編有述，參以竺乾之典，採以瀛海之篇，其流益肆，於是分別部居，抉擇體要，而目録專家之學興焉。顧言編目於今日，大要有二：一標類，涵義宜廣；二歸類，定義宜嚴。涵義廣，則析大類爲小類，於中外之書無所不包；定義嚴，則同其所同，異其所異，各因其書之性質所近，持此義以衡中外目録學家及圖書館所編次書目，鮮有能與其選者。省立圖書館館長談君訥氏，以其所爲圖書館書目凡例餉予，屬爲弁言，願有以述其略焉。我國舊籍之有類目，學者多稱始劉歆，其所編輯略、六藝略、諸子略、詩賦略、兵書略、數術略、方技略七大類，網羅當時舊籍，而部次先後，條别異同，能使不知其學者，觀其部録，亦可瞭然而窺其綱要。夐乎尚矣！班固因七略而志藝文，删輯略而存其六，所録書目，大體皆原本劉氏。魏晉之間，著述日繁，史籍漸增，更有所謂文集，有所謂類書，有所謂書抄、評選，荀勗承之，作《晉中經》十四卷，次第甲乙丙丁四部，甲部即劉之六藝略，乙部即劉之諸子略，丁部即劉之詩賦略，而丙部則係由劉六藝略之春秋擴大而成。自是王儉《七志》，阮孝緒《七録》，大類從七，内容全殊；其後兵書數術方技合於子部，文集自爲專門，六藝變稱經部，而劉略之以太史公書列春秋家者，至是二十一史出，不得不别立史部；於是春秋附庸，蔚爲大國，唐人經史子集四部之書，乃爲後世著録不祧之祖。宋鄭樵《通志·藝文略》，總類十二，雖爲分類史上一大進步，迄未通行。故自隋志以後，四部分類法，行之千有餘年，至清代《四庫全書總目提要》完成，體要益臻美備，一時官私藏書目録，奉爲典型，無敢有妄加非議者。近百年來，西學書籍，風行海内，而欲執四部成法，攝近代之圖籍，漸不可能，於是四庫分類法，日漸摇動。最先抉破《四庫》藩籬，容納新興學科者，爲清季之《古越藏書樓書目》。入民國初年，乃有《南洋中學藏書目》。一則勇於改進，而多所武斷，一則類目與歸類，齟齬互見。自杜威十進分類法流入後，國人競相採用，浸假而有仿杜之十類分類法出，浸假而有仿杜之十類分類法補篇出，浸假而有仿杜之圖書分類法出，間出己見，互有短長。其蜕化杜威分類法，爲姚名達《目録學》中所推許者，以王雲五氏《中外圖書統一分類法》比較適用；然除王氏主編書目，應用此種分類法外，國内圖書館仿行者蓋寥寥焉！夫以四部法不適容西籍，斯固然矣，然欲以杜氏十分法一概施諸中土，毋乃削足而適屨歟！余覽談君書目凡例，都二十六則，例一即敍及十年内新購圖書三萬餘册，想見館中於四庫舊藏，百科新著，各嘗有九鼎之一臠焉。然其部勒羣籍之法，一沿《四庫全書總目》類例，其另編西來著録，亦能部次類比，條例井井不紊，以視仿杜書目，割裂我國舊有經籍，分廁入總類、哲學、語文學、社會科學各類者，其得失又何如耶！雖然，中外圖書之宜合編而範成系統也久矣，其標類稱名，歸類義例，最近必有盧牟六合粲然大備之一日，談君固將以斯編爲嚆矢也。

民國二十四年十一月

湖北省政府教育廳廳長程其保

序

圖書館所藏圖書，囊括古今，網羅中外，種類綦繁，尋索匪易；則會通羣籍，次第部居，以期至當，而餉閱者，誠爲當今治目録學者之急務矣。近來海内綴學之士，多注意及此，或别立新法，或參酌成規，分途并進，用力甚勤；究之尚屬研究之時期，殊乏適宜之系統，以致各館分目，互有歧異。本館中文圖書，向分新科學及舊籍兩部陳列。其分類方法，爲免閉門造車難期合轍起見，凡新科學書，照杜威十法已編成第一期目録，及增刊第二期目録各一册；舊籍則自民國十三年依四庫例分經史子集四大類，叢書别爲一類，已編成目録五册。嗣後逐年增購者，帙盈數萬，而本館經費支絀，財力人力，兩感困難，不得已，僅抄録臨時草目，暫資應用。惟是日積月累，管理諸多不便。上年增刊新科學書目既成，錫恩復率同館員李君匡輔、柯君晴嵐勉將本館所有舊籍，一律重新編訂。其分類法，總目仍依前例，子目則參用十類法，條分縷析，伸縮自如。計歷年添購新編者三萬餘册，舊藏改編者五萬餘册，閲時一紀，工作告竣。於是本館新舊中文圖書目録，秩然俱備，雖學識謭陋，難云完善，而於管理應用，庶較便利。以後陸續添購之書，即可隨時依類羼入卡片目録之内，更無散見之餘。俟全國圖書館分類方法規定統一後，本館以此爲藍本而改編，亦易從事也。惟時間匆促，諸多謬誤，尚希閲者隨時教正爲幸。再，此目編成數月，無資付印，最近呈准教育廳撥款六百五十元，承省立職業學校陳伯琛校長協助代印，洵堪感謝，合誌於此。

民國二十四年十一月

湖北省立圖書館館長談錫恩謹識

凡　例

一　本館四部書目編於民國十三年，迄今已及十年。歷年新購圖書逾三萬餘册，急應整理。今特重加編纂，仍依《四庫全書總目》分類，增加分類號碼及著者號碼，以便檢閲。

一　叢書叢刊，《四庫》列之雜家類雜編之屬。本館所藏叢書種類繁夥，若仍附雜家，殆不能容。舊目於各部專著，列於各部之末；其不限於某部者，則依《書目答問》例，别立叢書部，以容納之。今從舊例，以免更張。

一　《四庫》以經史子集提綱挈目，每部分爲數類，如經部分十類，史部分十五類，子部分十四類，集部分五類。兹編僅於史部加金石類，子部加諸子總義類，其餘俱沿舊制，無所變更。

一　四庫僅於經部之禮類、小學類，史部之詔令奏議類、傳記類、地理類、職官類、政書類、目録類，子部之天文算法類、術數類、譜録類、藝術類、雜家類、小説家類，集部之詞曲類，析有子目。其餘均未分析子目。本館所藏圖書，流别至爲繁碎，端緒易至茫如。兹於各類均加子目，每一子目中亦有區分爲數項者，皆以數字記之（詳見總目）。雖不免餖飣之嫌，而於檢尋較爲便易。

一　甲骨自安陽出土後逾三十年，研究者凡十餘家，遂成專門名家之學。此種著述，近人書目多列於金石類。然殷虚契文關係文字學，至爲重大。兹編於研究甲骨文者，隸於經部小學類字書之屬，而於金石類仍存其目。

一　鄭樵《通志》，《四庫》入别史類，然坊間多與杜佑《通典》、馬端臨《文獻通考》合刊爲三通。今依《書目答問》例，改屬政書。

一　自清代海禁大開以後，交涉頻繁，關於外交著述日見豐富，爲以前史志所未有，舊目列於政書類，今改入雜史類。

一　《漢書·藝文志》載奏事十八篇，列《戰國策》《史記》之間，附《春秋》末，《四庫》援此例，以奏議歸史部。按公牘亦屬論事之文，與奏議同爲重要史料，且君主制度既廢，今後只有公牘而無奏議。茲附公牘於詔令奏議之後，以爲研究近世史者之資料。

一　史志有譜牒一門，《通志·藝文略》亦載譜系。《四庫提要》謂唐以後譜學殆絶，故未著録。本館藏族譜數部，無類可歸。茲於傳記類特增一目，以收容之。子部類書中之姓氏類書亦改屬焉。

一　《四庫》地理類外紀之屬，僅收異域地志及遊記雜著。舊目以外國歷史入雜史類。茲統歸外紀中，其子目仿杜威分類法，以便與新籍相參照。

一　金石之文，隋唐志附小學，宋志附目録，《通志》則金石略與藝文略并列。《四庫》以金石目録考釋之書列於目録，以鐘鼎款識列於小學，以博古圖録等列於譜録，體例頗欠嚴整。茲於史部增金石一類，位於目録類之後。

一　碑石拓本、法帖、畫册，無關著述，史志及私家書目，皆不著録。茲以碑石拓本附於金石類，法帖、畫册附於藝術類，以供藝術家之參考。

一　紀録雜事最易相淆。今據《四庫提要》及諸家之説，以述朝政軍國者入雜史，考證經史子集者入雜考，隨意録載或述近聞、或搜古義，僅資見聞，罕關政事者入雜説，其有參以里巷瑣談、詞章瑣典者入小説。

一　劉智之《天方典禮擇要》，《四庫》列于雜家類雜學之屬。今援此例，凡關於基督教之著作亦列雜學之屬。

一　《四庫》雖收釋道之作，而二氏經讖章咒皆屏不收。茲分别入於釋道二家類。

一　《四庫》於集部别立楚辭類，而《文選》則列總集中，《楚辭》既别立一門，則《文選》亦宜獨樹一幟。茲於總集類詩文選集中特立

《文選》標題，凡關於“文選學”之著述皆屬之。

一　叢書暫分彙刊、輯佚、郡邑、族姓、自著五類，各書細目列於各書之次。俟此編告竣，當另備索引卡片，以補本編所不及。

一　同一類中諸書之次第，其排比法約分三種：關於史事之著述，以事實所在之時代爲次；關於地理之著述，以省爲次；其餘概以著者或編輯者之時代爲次。釋道閨閣各從其時代排比，不復區分。

一　諸書次第雖從其時代，至箋釋舊文則仍從原著者之時代，而不論注釋之人。如集部清方成珪之《韓集箋正》列於《昌黎集》之後是也。

一　同類同時代之著述，復以著者號碼排比。未題著者姓名，則以書名爲著者號碼。本目之著者號碼，係採用王雲五之四角號碼法。

一　府縣志書不論何人所著，概以今時之府名、縣名爲著者號碼。只知此地屬於某省，立時可以檢出，較用縣名表更爲便利。

一　書名之下詳書著者姓名、時代、板本、出版年月、卷數、册數。若原書記載不全及無考者，則從略。有複本者，異板則各注板本，同板、册數復同者，但題幾部各幾册，册數不同，另一行書之，卷數、册數有闕者，俱一律注明。

一　凡理有互通書有兩用者，劉氏《七略》有互注之法（見章氏《校讎通義》），鄭氏《通志》不用此例，以一類之書當集於一處，不可有所間也。玆於可歸兩類之書，未將書名逐一互見，只於條目之下注參見某類，以便稽核。

一　本編所用之時代表列後

1. 先秦

1. 太古　2. 三代　3. 夏　4. 商　5. 周　6. 春秋　7. 戰國　8. 秦　9. 秦楚之際

2. 漢及三國

○兩漢　1. 前漢　2. 後漢　3. 三國　4. 魏　5. 蜀　6. 吴

3. 晉及南北朝

〇晉　〇Ⅰ十國　1. 南北朝　2. 宋　3. 南齊　4. 梁　5. 陳　6. 魏　7. 周　8. 北齊　9. 隋

4. 唐及五代

〇唐　1. 五代　2. 十國

5. 宋

6. 遼夏金元

1. 遼　2. 夏　3. 金　4. 元

7. 明

8. 清

9. 民國

一　本編所用之地理表列後

1. 黄河流域

1. 河北　2. 山東　3. 河南　4. 山西　5. 陜西　6. 甘肅

2. 長江流域

1. 江蘇　2. 安徽　3. 浙江　4. 江西　5. 湖北　6. 湖南　7. 四川　8. 西康

3. 珠江流域

1. 福建　2. 廣東　3. 廣西　4. 雲南　5. 貴州

4. 東三省

1. 遼寧　2. 吉林　3. 黑龍江

5. 熱察綏寧及蒙古

1. 熱河　2. 察哈爾　3. 綏遠　4. 寧夏　5. 蒙古　6. 内蒙　7. 外蒙

6. 新疆青海西藏

1. 新疆　2. 青海　3. 西藏

7. 外藩

一　古之目録簿記其書，幾經選擇，嚴爲去取，故體例雖簡，而部敍尚易於允當。然後之校讎家對之每有微言。圖書館則爲供羣衆閲覽起見，廣搜博採、兼收并蓄，其種類則龐雜紛岐，其内容則瑕瑜互見。裒無統緒羣書，納於一定範圍之内，求其無削足適屨之弊，殊非易易。加之編者學識譾陋，背謬之處更所不免。尚希大雅不吝校正！

目　録

經　部

經部一　易類

經部二　書類

經部三　詩類

經部四　禮類

經部五　春秋類

經部六　孝經類

經部七　四書類

經部八　樂類

經部九　小學類

經部十　諸經總義類

史　　部

史部一　正史類

史部二　編年類

史部三　紀事本末類

史部四　别史類

史部五　雜史類

史部六　詔令奏議類

史部七　傳記類

史部八　史鈔類

史部九　載記類

史部十　時令類

史部十一　地理類

史部十二 職官類

史部十三 政書類

史部十四　目録類

史部十五　金石類

史部十六　史評類

子　　部

子部一　儒家類

子部二　兵家類

子部三　法家類

子部四　農家類

子部五　醫家類

子部六　天文算法類

子部七　術數類

子部八　藝術類

子部九　譜録類

子部十　雜家類

子部十一　類書類

子部十二　小説家類

子部十三　釋家類

子部十四　道家類

子部十五　諸子總義類

集　　部

集部一　楚辭類

集部二　別集類

集部三　總集類

集部四　詩文評類

集部五　詞曲類

叢　　書

一〇　彙刊

二〇　輯佚

三〇　郡邑

四〇　族姓

五〇　自著

經部一　易類

一〇　注疏解説

經一　12　4440　周易注　〔漢〕荀爽注
　一册
經一　12.4　1017　周易注疏　〔魏〕王弼注　〔唐〕孔穎達疏
　務本書局刊　光緒十八年　九卷　四册
經一　12.4　1017　仿宋相臺易經　〔魏〕王弼注
　江南書局刊　光緒二年　十卷　三册
經一　14　4023　周易集解纂疏　〔唐〕李鼎祚集解　〔清〕李道平纂疏
　思賢講舍刊　光緒十七年　卅六卷　六册
經一　14　4023　周易　〔唐〕李鼎祚集解　王闓運説
　東洲校刊　光緒卅二年　十卷　四册
經一　14　6033　壽山堂易説　〔唐〕吕洞賓著
　蘇城瑪璃經房刊　光緒十七年　六册
經一　15　2549　易經本義　〔宋〕朱熹著
　湖北官書局重刊　光緒十二年　四卷　二册　二部
經一　15　2540　又
　湖南書局刊　同治十三年　四卷　二册
經一　15　2618　周易要義　〔宋〕魏了翁著
　江蘇書局刊　光緒十二年　十一卷　四册　二部
經一　15　2671　周易程傳　〔宋〕程頤著
　江南書局刊　光緒九年　八卷　三册

經一　15　2671　周易傳義　〔宋〕程頤傳　〔宋〕朱熹本義
廿四卷　五册

經一　15　4646　誠齋易傳　〔宋〕楊萬里著
湖北官書處刊　光緒廿一年　二十卷　八册　三部

經一　17　1171　周易直解　〔明〕張居正著
十二卷　四册

經一　17　2693　周易心宗　〔明〕吴惇寬注
漢鎮陂邑公所刊　光緒十八年　四卷　四册

經一　17　4082　來氏周易　〔明〕來知德注
寧遠堂刊　十七卷　十六册

經一　17　4082　易經來注圖解　〔明〕來知德注
朝爽堂刊　十七卷　八册

經一　17　8730　周易去疑　〔明〕舒宏諤著
江右養雲書屋刊　光緒八年　十二卷　十二册　三部

經一　18　0070　易古興抄　〔清〕唐敦謙著
唐氏棣商樓藏版　同治七年　十四卷　十二册

經一　18　0461　周易指　〔清〕端木國瑚著
四十五卷　廿四册

經一　18　0461　又
四十五卷　廿二册

經一　18　1060　周易解故　〔清〕丁晏著
廣雅書局刊　光緒十九年　一卷　一册

經一　18　1727　易酌　〔清〕刁包著
姑蘇臬署刊　十四卷　十四册

經一　18　1730　補周易口訣義闕卦　〔清〕桑宣著
銕研齋刊　光绪廿三年　一卷　一册

經一　18　2132　周易經義審　〔清〕盧淅輯注
三芝山房刊　八卷　八册

經一　18　2391　周易述義　〔清〕傅恒等奉勅編
十卷　八册
經一　18　2553　周易傳義合訂　〔清〕朱軾著
乾隆元年　十二卷　六册　二部
經一　18　2647　周易象義集成　〔清〕程茂熙注
道光廿七年　十九卷　六册
經一　18　2677　清風易注　〔清〕魏閬著
漢川甑山書院刊　光緒十八年　四卷　六册　二部
經一　18　2721　周易擇言　〔清〕鮑作雨著
清慎堂刊　同治三年　六卷　六册
經一　18　2740　河上易注　〔清〕黎世序著
謙益齋刊　道光元年　八卷附圖二卷　六册
經一　18　3110　讀易質疑　〔清〕汪璲文著
正誼堂刊　十六卷　六册
經一　18　3282　易象一説　〔清〕潘欲仁著
虞山潘氏刊　光緒七年　二卷　二册
經一　18　3441　周易孔義集説　〔清〕沈起元著
江蘇書局刊　光緒八年　二十卷　八册　二部
經一　18　4088　周易引經通釋　〔清〕李鈞簡輯
京都黄岡舘刊　光緒七年　十卷　十册
經一　18　4094　周易折中　〔清〕李光地奉勅編
湖北書局刊　光緒二十年　廿三卷　十二册
經一　18　4094　又
浙江書局刊　同治六年　廿三卷　一册
經一　18　4094　又
江西書局刊　同治十一年　廿三卷　十二册
經一　18　4094　又
湖北崇文書局刊　同治十年　廿三卷　十二册　三部

經一　18　4094　又

　廿三卷　精裝三册

經一　18　4215　周易姚氏學　〔清〕姚配中著

　湖北崇文書局刊　光緒三年　十七卷　六册　三部

經一　18　4255　易經解注傳義辨正　〔清〕彭申甫編

　光緒十二年　四十八卷　十六册

經一　18　4310　周易經傳通解　〔清〕戴醇輯

　譚州洗心書房刊　同治十四年　十五卷　六册

經一　18　5044　半農易説　〔清〕惠士奇著

　璜川吴氏重刊　嘉慶十五年　六卷　二册

經一　18　5045　周易述　〔清〕惠棟集注

　清來堂刊　四十卷　八册

經一　18　5045　易漢學　〔清〕惠棟著

　柏筠堂刊　八卷　二册　三部

經一　18　6340　易學宗翼　〔清〕默希老圃輯

　浮園刊　光緒三年　卅卷　十二册

經一　18　7231　周易恒解　〔清〕劉沅著

　北京道德學社印　民國十一年　五卷　五册

經一　18　7262　周易析義　〔清〕劉顯皋輯

　務本堂刊　光緒元年　十卷　六册

經一　18　7517　槎溪學易　〔清〕陳鼒著

　保定蓮華池刊　同治十三年　三卷　二册

經一　18　8725　愚一録易説訂　〔清〕鄭獻甫著　〔清〕杭辛齋訂

　研幾學社印　民國十一年　二卷　一册　二部

經一　18　8751　讀易輯要淺釋　〔清〕鄭本玉輯

　友竹軒刊　同治三年　三卷　三册

經一　19　1744　周易質　鄧蘖著

　民國十四年　九卷　五册

五〇　占筮

經一　58　3481　沈氏改正揲蓍法　〔清〕沈善登著　杭辛齋輯訂
研幾學社印　民國十一年　一册

六〇　數理；圖説

經一　68　2632　增輯易象圖説（附卦變解八宫説）　〔清〕吴灌先輯
山西洗心總社印　民國十二年　二卷　三册

經一　68　3026　大衍制用圖説　〔清〕宛名昌著
長沙荷花池刊　同治十二年　四卷　一册

經一　68　4438　周易象數論　〔清〕黄宗羲著
廣雅書局刊　六卷　二册

經一　68　4360　易例大全　〔清〕榕園主人著
咸豐十一年　二册

經一　69　4000　易數偶得　杭辛齋著
研幾學社印　二卷　一册　二部

七〇　文字音訓

經一　78　1044　費氏古易訂文　〔清〕王樹枏訂
文莫室刊　光緒十七年　四册

八〇　雜論

經一　88　0047　周易人事疏證　〔清〕章世臣輯

同文館刊　宣統二年　八卷　八册

經一　88　4678　慎讀齋讀易省心録　〔清〕楊長年著

上海敬業書院刊　光緒八年　五册

經一　89　4000　學易筆談（初集）　杭辛齋著

研幾學社印　民國十一年　四卷　二册　二部

經一　89　4000　學易筆談（二集）　杭辛齋著

研幾學社印　民國十一年　四卷　二册　二部

經一　89　4000　讀易雜識　杭辛齋著

研幾學社印　民國十一年　一册

經一　89　4000　易楔　杭辛齋著

研幾學社印　六卷　二册

經部二　書類

一〇　注疏解説總義

經二　12　1233　尚書注疏　〔漢〕孔安國傳　〔唐〕孔穎達等疏
　乾隆四年　十九卷　十四册

經二　15　1046　書疑　〔宋〕王柏著
　退補齋刊　同治八年　九卷　二册

經二　15　2618　尚書要義　〔宋〕魏了翁著
　江蘇書局刊　光緒十年　二十卷　六册　二部

經二　15　4428　尚書精義　〔宋〕黄倫撰
　道光廿六年　五十卷　十二册

經二　15　4434　書經　〔宋〕蔡沈集傳
　湖南書局刊　同治十三年　六卷　三册

經二　16　8973　尚書表註　〔元〕金履祥注
　退補齋刊　同治八年　一册

經二　17　4602　楊子書繹　〔明〕楊文彩著
　文起堂藏板　光緒二年　六卷　十册　三部

經二　18　0021　尚書約注　〔清〕高重瑛訂
　寳泓堂刊　雍正八年　六卷　二册

經二　18　1012　書經傳説彙纂　〔清〕王頊齡等奉勅編
　浙江書局刊　同治十年　廿二卷　十二册

經二　18　1012　又
　湖北崇文書局刊　同治十年　廿二卷　十二册　四部

經二　18　1020　尚書孔傳參正　〔清〕王先謙著

虛受堂刊　光緒卅年　卅六卷　六册　二部

經二　18　1060　書蔡傳附釋　〔清〕丁晏撰

廣雅書局刊　光緒廿年　一册

經二　18　1200　尚書駢枝　〔清〕孫詒讓著

一册

經二　18　1343　尚書因文　〔清〕武士選著

關中書院刊　光緒十八年　六卷　四册

經二　18　2011　尚書伸孔篇　〔清〕焦廷琥撰

廣雅書局刻　光緒十四年　一册

經二　18　2631　書古微　〔清〕魏源著

淮南書局刊　光緒四年　十二卷　四册　二部

經二　18　2699　古文尚書正辭　〔清〕吴光耀著

卅卷　十八册

經二　18　3191　書經詮義　〔清〕汪烜著

紫陽書院藏版　光緒七年　十四卷　十三册

經二　18　4081　今文尚書攷證　〔清〕皮錫瑞著

師伏堂刊　光緒廿三年　三十卷　六册　二部

經二　18　4081　尚書古文疏證辨　〔清〕皮錫瑞著

思賢齋刊　光緒廿二年　一册

經二　18　4382　書傳補商　〔清〕戴鈞衡述

十七卷　六册

經二　18　5062　書經講義會編　〔清〕申時行述

關中書院刊　光緒十八年　十二卷　十二册

經二　18　7524　今文尚書經説攷（附叙録）　〔清〕陳喬樅著

同治元年　卅四卷　二十册

經二　18　7741　尚書古文疏證　〔清〕閻若璩著

嘉慶元年　八卷　八册

經二　19　1073　尚書箋　王闓運著

東洲刊　光緒廿九年　三十卷　四册　二部

二〇　注疏解説分義

經二　21.8　4736　禹貢錐指　〔清〕胡渭著

澹雅書局刊　光緒二十年　十二册

經二　21.8　4736　又

漱六軒刊　康熙四十四年　二十卷　十二册

經二　21.8　5348　禹貢班義述　〔清〕成蓉鏡撰

廣雅書局刊　光緒十四年　三卷　一册

經二　21.9　4269　禹貢註解　姚明輝著

武昌高等師範學校刊　一册　二部

經二　21.9　4269　又

吴興讀經會刊　民國十七年　一册

經二　22.9　4431　洪範集解　黄福著

民國十三年　一册　四部

六〇　圖説

經二　68　1231　書經圖説　〔清〕孫家鼐等奉勅編

光緒卅一年　五十卷　十六册　二部

八〇　雜論

經二　88　1044　尚書後案駁正　〔清〕王劼著
咸豐四年　二卷　一册

經二　88　4081　古文尚書冤詞平議　〔清〕皮錫瑞著
思賢書局刊　光緒廿二年　二卷　一册

經二　89　3147　尚書研究講義　顧頡剛著
二種　二册

經二　89　7124　今文古文尚書授受源流　馬貞榆著
兩湖文高等學堂刊　一册

九九　緯書

經二　99.2　8700　尚書大傳　〔漢〕鄭玄注
湖北崇文書局刊　光緒三年　一册　三部

經二　99.8　4081　尚書中候疏證　〔清〕皮錫瑞著
光緒廿五年　一册

經部三　詩類

一〇　注疏解説

經三　12　8700　毛詩故訓傳鄭箋　〔漢〕鄭玄箋
　五雲堂刊　同治十一年　三十卷　六册　二部

經三　12　8700　毛詩注疏　〔漢〕鄭玄箋　〔唐〕孔潁達等疏
　淮南書局刊　光緒四年　三十卷　合裝六册

經三　12　8700　毛詩注疏（附校勘記）　〔漢〕鄭玄箋　〔唐〕孔潁達等疏
　寶慶務本書局刊　光緒十八年　三十卷　二十册

經三　15　1946　詩疑　〔宋〕王柏撰
　退補齋刊　同治八年　二卷　一册

經三　15　2540　御案詩經集傳　〔宋〕朱熹傳
　揚州十笏堂刊　嘉慶十六年　八卷　四册

經三　15　2540　詩經集傳　〔宋〕朱熹傳
　湖北官書局刊　光緒廿一年　八卷　四册

經三　15　2618　毛詩要義　〔宋〕魏了翁撰
　獨山莫氏刊　光緒八年　十二册

經三　15　2618　又
　十五册

經三　15　2618　又
　六册

經三　15　6030　吕氏讀詩記　〔宋〕吕祖謙撰
　聽彝堂藏板　嘉慶十六年　卅二卷　八册

經三　18　0013　詩經原始　〔清〕方玉潤著
　上海大東書局印　民國十三年　十八卷　八册　二部
經三　18　0143　毛詩補正　〔清〕龍起濤著
　刻鴅軒刊　光緒廿五年　廿五卷　十二册
經三　18　1032　詩經傳説　〔清〕王鴻緒等奉勅纂
　湖北崇文書局刊　同治十年　廿五卷　十八册　三部
經三　18　1043　尚詩徵名　〔清〕王蔭祜著
　光緒廿四年　三卷　一册
經三　18　1044　毛詩讀　〔清〕王劼讀
　咸豐四年　三十卷　十一册
經三　18　1069　詩集傳　〔清〕丁晏著
　廣雅書局刊　光緒二十年　一卷　一册
經三　18　1066　詩説　〔清〕王照圓著
　棲霞晒書堂原本　東路廳署刊　光緒八年　二卷　二册
經三　18　1066　詩問　〔清〕王照圓著
　棲霞晒書堂原本　東路廳署刊　光緒八年　七卷　七册
經三　18　1171　詩義鈔　〔清〕張學尹著
　師白山房重刊　同治九年　八卷　四册　二部
經三　18　2391　詩義折中　〔清〕傅恒等奉勅撰
　保陽官書局藏板　宣統元年　二十卷　六册
經三　18　2391　又
　紫陽書院刊　二十卷　十册
經三　18　3140　毛詩訂詁　〔清〕顧楝高著
　江蘇書局刊　光緒廿二年　十卷　四册
經三　18　3404　毛詩天文攷　〔清〕洪亮吉著
　廣雅書局刊　光緒十七年　一册　二部
經三　18　4434　詩瀋　〔清〕范家相著
　古趣亭刊　乾隆三十九年　二十卷　四册

經三　18　4434　又
　墨潤堂刊　光緒十三年　二十卷　三册
經三　18　4442　詩經精華　〔清〕薛嘉穎注
　光華堂刊　同治七年　十卷　四册
經三　18　4442　又
　甯郡簡香齋刊　光緒二年　十卷　五册
經三　18　4711　毛詩後箋　〔清〕胡承珙著
　鎮海方氏刊　光緒七年　三十卷　二十册　二部
經三　18　4711　又
　廣雅書局刊　光緒十六年　三十卷　十二册
經三　18　7231　詩經恒解　〔清〕劉沅輯注
　豫誠堂刊　六卷　六册
經三　18　7527　詩毛氏傳疏　〔清〕陳奂疏
　掃葉山莊陳氏刊　道光廿七年　十二册　二部
經三　18　7532　詩譜註　〔清〕陳宗潁、〔清〕曹元弼著
　存古學堂印　一册
經三　18　7714　詩經小學録　〔清〕段玉裁著
　武進臧氏拜經堂刊　四卷　三册
經三　18　8091　讀詩補義　〔清〕姜炳璋輯
　尊行堂刊　廿三卷　十册
經三　18　8841　誦詩一隅　〔清〕管幹珍著
　四卷　一册
經三　19　1073　詩經補箋　王闓運著
　東洲刊本　光緒十四年　二十卷　十册
經三　19　1073　又　　同
　衡陽東洲刊　光緒三十二年　二十卷　六册
經三　19　7143　毛詩學　馬其昶著
　京師第一監獄印　三十卷　三册

七〇　文字音訓

經三　78　2620　毛詩音韻攷　〔清〕程以恬著
研經堂刊　道光四年　四卷　四册

經三　78　3246　詩古音參義　〔清〕潘相著
撝謙堂刊　嘉慶五年　五卷　四册

經三　79　4644　毛詩古音諧讀　楊恭恒纂
京華印書局印　民國五年　五卷　二册

九一　三家詩

經三　91.2　4466　韓詩外傳　〔漢〕韓嬰著
湖北崇文書局刊　光緒三年　十卷　二册　四部

經三　91.8　1920　詩三家義集疏　〔清〕王先謙著
虚受堂刊　民國四年　廿八卷　十册

經三　91.8　2631　詩古微　〔清〕魏源著
宜都楊氏刊　二十卷　十册

經三　91.8　4434　三家詩拾遺　〔清〕范家相輯
古趣亭刊　嘉慶十五年　十卷　二册

經三　91.8　4434　又
墨潤堂刊　光緒十三年　十卷　二册

經部四　禮類

一〇　周禮

一一　注疏解説總義

經四　11.2　8700　周禮注疏　〔漢〕鄭玄注　〔唐〕賈公彦等疏
　寶慶務本書局刊　光緒十八年　四十二卷　十八册　二部

經四　11.2　8700　周禮鄭注　〔漢〕鄭玄注
　湖北崇文書局刊　六卷　六册

經四　11.2　8700　又
　錦江書局刊　光緒八年　六卷　合裝二册

經四　11.2　8700　又
　湖南書局刊　同治十三年　六卷　六册

經四　11.5　6933　周禮總義　〔宋〕易祓著
　篤成堂家藏本　道光六年　六卷　十二册

經四　11.8　1200　周禮三家佚注　〔清〕孫詒讓校集
　光緒二十年　一册

經四　11.8　3130　周禮疑義舉要　〔清〕江永著
　七卷　二册

經四　11.8　3130　周禮隨筆　〔清〕江永著
　六卷　二册

經四　11.8　3532　周官精義　〔清〕連斗山輯

粤東臬署刊　同治十年　十二卷　六册

經四　11.8　4009　周禮集傳　〔清〕李文炤著

四爲堂藏板　康熙五十五年　六卷　六册

經四　11.8　4904　周禮述註　〔清〕李光坡述註

清白堂藏板　康熙四十三年　二十四卷　六册

經四　11.8　4426　周禮節訓　〔清〕黄崑圃原定　〔清〕姚培謙重訂

掃葉山房刊　光緒十二年　六卷　二册　二部

經四　11.8　4441　周官指掌　〔清〕莊有可著

道光九年　五卷　二册　三部

經四　11.8　5044　半農先生禮説　〔清〕惠士奇著

紅豆齋藏板　十四卷　五册

經四　11.8　6715　周官義疏　〔清〕鄂爾泰等奉勅編

浙江書局刊　同治七年　四十八卷　二十四册　二部

經四　11.8　6715　又

湖北崇文書局刊　同治十年　四十八卷　二十八册　二部

經四　11.8　7504　周禮精華　〔清〕陳龍標輯

寗郡簡香齋刊　嘉慶十六年　六卷　六册

經四　11.9　1073　周官箋　王闓運箋

東洲講舍刊　光緒廿二年　六卷　六册　二部

一二　注疏解説分義

經四　12.68　8718　輪輿私箋　〔清〕鄭珍著

獨山莫氏刊　同治七年　二卷　一册

經四　12.69　7521　考工記辨證　陳衍著

石遺室刊　三卷　一册

一八　雜論

經四　18.5　4464　禮經會元　〔宋〕葉時著
桐柏山房刊　乾隆五十年　四卷　四册

經四　18.5　8720　太平經國之書　〔宋〕鄭伯謙著
二册

經四　18.8　1200　周禮政要　〔清〕孫詒讓著
瑞安普通學堂印　光緒二十八年　四卷　二册　二部

經四　18.8　1200　又
排印本　四卷　一册

二〇　儀禮

二一　注疏解説總義

經四　21.2　8700　儀禮注疏　〔漢〕鄭玄注　〔唐〕賈公彦疏
江西南昌府學刊　嘉慶二十年　十七卷　十六册

經四　21.2　8700　儀禮鄭注句讀　〔漢〕鄭玄注　〔清〕張爾岐句讀
山東書局刊　乾隆八年　十七卷　六册

經四　21.2　8700　又
十七卷　十四册

經四　21.2　8700　又
金陵書局刊　同治十年　十七卷　合裝一册

經四　21.2　8700　儀禮　〔漢〕鄭玄注
湖北崇文書局刊　同治十年　十七卷　四册

經四　21.2　8700　仿宋嚴州本儀禮　〔漢〕鄭玄注

湖北崇文書局刊　同治九年　二册　五部

經四　21.2　8700　儀禮　〔漢〕鄭玄注

湖北官書處重刊　光緒十二年　十七卷　四册　二部

經四　21.5　2618　儀禮要義　〔宋〕魏了翁著

江蘇書局刊　光緒十年　五十卷　十二册　三部

經四　21.5　2618　又

五十卷　十三册

經四　21.5　4044　儀禮集釋（附儀禮释宫）　〔宋〕李如圭撰

三十卷　十二册

經四　21.6　5828　儀禮集説　〔元〕敖繼公集説

通志堂刊　十七卷　八册

經四　21.8　2614　儀禮章句　〔清〕吴廷華章句

東壁書莊刊　乾隆三十九年　十七卷　四册

經四　21.8　4094　儀禮述註　〔清〕李光坡著

清白堂藏板　乾隆三十二年　十九卷　六册　二部

經四　21.8　4418　儀禮纂要　〔清〕黄元善訂

傳經書屋藏本　光緒二十年　二册

經四　21.8　4711　儀禮古今文疏義　〔清〕胡承珙著

湖北崇文書局刊　光緒三年　十七卷　四册　五部

經四　21.8　4741　儀禮正義　〔清〕胡培翬著

蘇州湯晉苑局刊　四十卷　二十册

經四　21.8　4877　儀禮義疏　〔清〕乾隆勅撰

湖北崇文書局刊　同治十年　四十八卷　三十二册　二部

經四　21.8　4877　又

四十八卷　三十二册

經四　21.8　5511　禮經校釋　〔清〕曹元弼著

光緒十八年　二十二卷　十二册

經四　21.8　8718　儀禮私箋　〔清〕鄭珍撰

廣雅書局刊　光緒十七年　八卷　一册

經四　21.9　1073　禮經箋　王闓運箋

東洲講舍刊　光緒廿二年　十七卷　六册　二部

二二　注疏解説分義

經四　22.28　2847　讀禮通考　〔清〕徐乾學著

江蘇書局刊　光緒七年　卅二册

經四　22.28　2847　又

新化三味堂刊　光緒廿二年　四十册　二部

經四　22.28　7721　制服成誦篇　〔清〕周保珪著

武林紅蝠山房刊　光緒十三年　一册

經四　22.29　5544　山公喪服經傳彙編攷正　曹林撰

民國十一年　四卷　一册　二部

二六　圖説

經四　26.8　1150　儀禮圖　〔清〕張惠言著

湖北崇文書局刊　同治九年　六卷　三册　六部

三〇　禮記

三〇・二　節本

經四　30.2　3144　禮記節本　〔清〕汪基抄

宣統二年　十卷　六册内缺第六册

三一　注疏解説總義

經四　31.2　8700　禮記注疏　〔漢〕鄭玄注　〔唐〕孔穎達等疏
　南昌府學刊　嘉慶二十年　六十三卷　二十册

經四　31.2　8700　仿宋撫州本禮記附考異　〔漢〕鄭玄注
　湖北崇文書局刊　同治九年　二十卷　八册　三部

經四　31.5　2540　禮記章句　〔宋〕朱熹章句　〔清〕任啓運附注
　耿氏校刊　十卷　十册

經四　31.5　2618　禮記要義　〔宋〕魏了翁著
　江蘇書局刊　光緒十二年　卅三卷　八册　二部

經四　31.6　2632　禮記纂言　〔元〕吴澄纂　〔清〕朱軾重校
　雍正五年　卅一卷　八册

經四　31.6　7534　禮記集説　〔元〕陳澔集説
　湖南書局刊　同治十三年　十卷　十册

經四　31.6　7534　禮記　〔元〕陳澔集説
　湖北崇文書局刊　同治七年　十卷　十册

經四　31.7　5023　禮記疏意　〔明〕秦繼宗集
　黄岡秦氏玉田藏本　民國十五年　廿三卷　六册　二部

經四　31.8　0724　禮記質疑　〔清〕郭嵩燾著
　思賢講舍刊　光緒十六年　四十八卷　十册

經四　31.8　1202　禮記天算釋　〔清〕孔廣牧著
　廣雅書局刊　光緒十五年　一册　三部

經四　31.8　1246　禮記集解　〔清〕孫希旦集解
　孫氏盤谷學堂刊　咸豐十年　六十一卷　二十册

經四　31.8　1246　又
　六十一卷　二十四册

經四　31.8　2542　禮記訓纂　〔清〕朱彬輯
　宜禄堂刊　咸豐元年　四十九卷　八册

經四　31.8　2542　又

四十九卷　十册

經四　31.8　4047　續禮記集説　〔清〕杭世駿著

浙江書局刊　光緒廿一年　一百卷　四十册

經四　31.8　4081　禮記淺説　〔清〕皮錫瑞著

光緒廿五年　二卷　二册

經四　31.8　4094　禮記述註　〔清〕李光坡著

清白堂藏板　乾隆三十二年　廿八卷　十册　二部

經四　31.8　4271　禮記省度　〔清〕彭頤纂

光緒七年　四卷　四册

經四　31.8　4877　禮記義疏　〔清〕乾隆勅編

江西書局刊　八十二卷　四十八册

經四　31.8　4877　又

八十二卷　三十二册

經四　31.8　4877　又

湖北崇文書局刊　同治十年　八十二卷　四十八册

經四　31.8　4877　又

八十二卷　精裝十册

經四　31.8　7231　禮記恒解　〔清〕劉沅輯注

豫成堂刊　道光八年　四十九卷　十册

經四　31.9　1073　禮記箋　王闓運箋

東洲講舍刊　光緒廿二年　四十六卷　十册

三二　注疏解説分義

經四　32.67　4437　緇衣集傳　〔明〕黄道周輯

四卷　四册

經四　32.67　4437　表記集傳　〔明〕黄道周輯

商氏校刊　二册

經四　32.68　1092　檀弓辨誣　〔清〕夏炘學
咸豐四年　二卷　一册

經四　32.69　4269　學記集義訓俗　姚明煇稿
武昌高等師範印　民國七年　一册

三九　大戴禮記

經四　39.18　1204　大戴禮記補注　〔清〕孔廣森著
淮南書局刊　同治十三年　十三卷　四册

經四　39.218　4434　夏小正輯注　〔清〕范家相疏
墨潤堂刊　光緒十三年　四卷　一册

四〇　三禮總義

經四　48　1730　禮器釋名　〔清〕桑宣著
铗研齋刊　光緒廿七年　十八卷　二册　二部

五〇　通禮

經四　55　2540　儀禮經傳通解　〔宋〕朱熹撰
上海樂善堂刊　卅七卷　十八册

經四　55　7533　禮書　〔宋〕陳祥道著
廣州菊坡精舍刊　光緒二年　一百五十卷　十四册

經四　58　3130　禮書綱目　〔清〕江永編
鏤恩堂藏板　嘉慶十五年　八十五卷　廿八册　二部

經四　58　5246　五禮通考　〔清〕秦蕙田撰
江蘇書局刊　光緒六年　二百六十二卷　一百册
經四　58　5246　又
新化三味堂刊　光緒廿二年　二百六十二卷　一百廿册

八〇　雜禮書

經四　85　1799　温公書儀　〔宋〕司馬光著
江蘇書局刊　同治七年　一册　二部
經四　85　2540　朱子家禮　〔宋〕朱熹著　〔明〕丘濬輯
博雅堂刊　乾隆三十八年　八卷　五册
經四　85　2540　朱子家禮　〔宋〕朱熹著　〔清〕郭嵩燾校訂
思賢講舍刊　光緒十七年　一册　二部
經四　87　6945　四禮翼　〔明〕吕坤著
品蓮書屋刊　同治二年　一册
經四　87　6945　又
湖北官書局刊　光緒二十一年　一册
經四　87　6945　又
繼善堂刊　光緒十三年　一册
經四　88　2942　家禮辨説　〔清〕毛奇齡著　〔清〕余肇鈞重訂
古潭余氏明辨齋刊　同治十三年　十六卷　四册
經四　88　4009　家禮拾遺　〔清〕李文炤著
四爲堂藏板　康熙四十五年　五卷　二册

經部五　春秋類

〇一　經文

經五　01.9　1073　春秋經　王闓運校
　遵經書院刊　三卷　一册

一〇　左傳

一一　注疏解説

經五　11.3　4411　春秋左傳注疏　〔晉〕杜預注　〔唐〕孔穎達等疏
　寶慶務本書局刊　光緒十八年　六十卷　二十八册
經五　11.3　4411　又
　存三十九卷　存二十册
經五　11.3　4411　春秋經傳集解　〔晉〕杜預注
　三十卷　十四册
經五　11.3　4411　春秋左傳杜注　〔晉〕杜預注　〔清〕姚培謙學
　湖南書局刊　同治十三年　三十卷　十册
經五　11.3　4411　又
　新化三味堂刊　光緒廿二年　三十卷　十二册
經五　11.3　4411　杜注春秋左傳　〔晉〕杜預注

湖北崇文書局刊　同治八年　三十卷　十二册

經五　11.8　1714　劉炫規杜持平　〔清〕邵瑛著

民國四年　六卷　一册

經五　11.8　2746　春秋集古傳註　〔清〕郜坦集傳

淮南書局刊　光緒二年　廿六卷　四册

經五　11.8　2746　春秋集古傳註附或問　〔清〕郜坦集傳

淮南書局刊　光緒二年　卅二卷　八册

經五　11.8　3772　左通補釋　〔清〕梁履繩學

錢塘江氏振倚堂補刊　光緒元年　卅二卷　十册

經五　11.8　4426　春秋左傳讀本　〔清〕英和等奉勅編

山東書局刊　同治十一年　卅卷　十六册

經五　11.8　4426　又

金陵刊　同治八年　十六册

經五　11.8　4426　又

江蘇書局刊　同治八年　三十卷　十册

經五　11.8　7203　左傳舊疏考證　〔清〕劉文淇輯

湖北崇文書局刊　光緒三年　八卷　四册　二部

經五　11.8　7571　春秋述義拾遺　〔清〕陳熙晉著

廣雅書局刊　光緒十七年　八卷　二册

經五　11.8　7571　春秋規過考信　〔清〕陳熙晉著

廣雅書局刊　光緒十五年　三卷　三册

一七　文字音訓

經五　17.8　4664　春秋左傳音訓　〔清〕楊國楨等輯

湖北崇文書局刊　光緒三年　八册

一八　雜論

經五　18.5　6039　東萊博義　〔宋〕吕祖謙著
二銘堂刊　四卷　二册

經五　18.5　6039　又
大和書局刊　民國三年　四册

經五　18.8　1701　讀左隨筆　〔清〕尹調元著
光緒三十年　二册

經五　18.8　7175　左傳事緯　〔清〕馬驌著
懷澄堂刊　十二卷　十二册

經五　18.8　7175　又
十册

二〇　公羊

二一　注疏解説

經五　21.2　2124　春秋公羊注疏　〔漢〕何休註　〔唐〕徐彦疏
南昌府學刊　嘉慶二十年　廿八卷　八册

經五　21.2　2124　春秋公羊傳　〔漢〕何休註
湖北崇文書局刊　同治七年　四册　二部

經五　21.2　2124　又
湖北官書局刊　光緒十二年　四册　二部

經五　21.2　2124　又
錦江書局刊　光緒八年　四册

經五　21.9　1073　春秋公羊傳箋　王闓運箋

光緒三十四年　十一卷　八册

經五　21.9　2230　春秋復始　崔適著

北京大學出版部印　民國七年　卅八卷　精裝一册　二部

二七　文字音訓

經五　27.8　4664　公羊傳音訓　〔清〕楊國楨等輯

湖北崇文書局刊　光緒三年　二册

三〇　穀梁

三一　注疏解説

經五　31.3　4430　春秋穀梁注疏　〔晉〕范甯集解　〔唐〕楊世勛疏

南昌府學刊　嘉慶二十年　二十卷　四册

經五　31.3　4439　春秋穀梁傳　〔晉〕范甯集解

湖北官書處刊　光緒十二年　十二卷　四册　三部

經五　31.3　4439　又

錦江書局刊　光緒八年　四册

經五　31.8　0010　穀梁春秋經傳古義疏　〔清〕廖平著

成都鴻寶書社印　民國十九年　十一卷　八册

經五　31.8　8201　春秋穀梁經傳補注　〔清〕鍾文烝補注

鍾氏信美室刊　光緒二年　廿四卷　八册

三七　文字音訓

經五　37.8　4664　穀梁傳音訓　〔清〕楊國楨等輯
湖北崇文書局刊　光緒三年　二册

四〇　三傳總義

經五　44　7439　春秋微旨　〔唐〕陸淳撰
道光二十六年　二卷　一册

經五　48　4944　春秋集傳辨異　〔清〕趙培桂集辨
明德堂刊　同治五年　十二卷　十二册

五〇　諸家傳説

經五　55　1133　春秋張氏集註　〔宋〕張洽著
清河堂刊　光緒十年　十一卷　四册

經五　55　1277　春秋經解　〔宋〕孫覺著
通志堂刊　十五卷　八册

經五　55　4406　春秋會義　〔宋〕杜諤著
古不夜城孫氏山淵閣刊　光緒十八年　廿六卷　十六册

經五　55　4406　又
廿六卷　十二册　二部

經五　55　4458　春秋集解　〔宋〕蘇轍撰
十二卷　二册

經五　55　4736　春秋傳　〔宋〕胡安國傳
明善堂重梓　三十卷　八册

經五　55　4971　春秋經筌　〔宋〕趙鵬飛著

通志堂刊本　康熙十六年　十六卷　六册

經五　58　0044　春秋直解　〔清〕方苞著

抗希堂刊　十二卷　五册

經五　58　1059　春秋傳説彙纂　〔清〕王掞等奉勅編

尊經閣藏板　卅八卷　十八册

經五　58　1059　又

浙江書局刊　同治九年　卅八卷　十八册

經五　58　1059　又

卅八卷　二十册

經五　58　1059　又

湖北崇文書局刊　同治十年　卅八卷　二十册

經五　58　1059　又

卅八卷　合裝六册

經五　58　1124　春秋宗朱辨義　〔清〕張自超著

高淳書院刊　光緒七年　十四卷　八册

經五　58　1142　春秋五傳　〔清〕張璞編

莆田書屋刊　乾隆五十九年　十七卷　十六册

經五　58　1142　又

令德堂刊　十七卷　十六册

經五　58　2391　春秋直解　〔清〕傅恒等奉勅撰

十二卷　八册

經五　58　2531　春秋傳　〔清〕牛運震學

空山堂刊　嘉慶四年　十二卷　四册

經五　58　2746　春秋或問　〔清〕郜坦著

淮南書局刊　光緒二年　六卷　一册

經五　58　3125　春秋本義　〔清〕顧朱著

康熙四十九年　十卷　四册

經五　58　4422　春秋四傳詁經　〔清〕萬斛泉輯
光緒卅四年　十五卷　十四册　三部
經五　58　4742　春秋説略　〔清〕郝懿行著
道光七年　十二卷　三册

六〇　事例圖表

經五　63　4411　春秋釋例　〔晉〕杜預撰
武英殿聚珍板　道光廿七年　十五卷　十册
經五　63　4411　又
日本刊本　日本文化元年　十六卷　十册
經五　64　7430　春秋纂例　〔唐〕陸淳纂
道光廿六年　十卷　四册
經五　68　1022　春秋例表　〔清〕王代豐著
四川遵經書院刊　光緒七年　廿八卷　二册
經五　68　1106　春秋屬辭辨例篇　〔清〕張應昌著
江蘇書局刊　同治十二年　六十卷　卅二册
經五　68　1141　春秋分合纂　〔清〕張敬廷著
宣統二年　十卷　四册
經五　68　3149　春秋大事表　〔清〕顧棟高輯
山東尚志堂刊　同治十二年　五十二卷　二十四册　三部
經五　68　3149　春秋大事表摘要　〔清〕顧棟高輯　〔清〕邱東陽校
曉雲山房刊　光緒十七年　四卷　四册
經五　68　4742　春秋比　〔清〕郝懿行著
道光七年　二卷　一册
經五　68　4742　又
遵經書局刊　光緒廿七年　二卷　一册

經五　68　7579　春秋世族譜　〔清〕陳厚耀撰
兩湖書院刊　光緒二十五年　一册

經五　68　7579　春秋世族源流圖攷　〔清〕陳厚耀著
夷門怡古堂刊　光緒三十年　六卷　三册

經五　68　7579　春秋世次圖　〔清〕陳厚耀著
一册

八〇　雜論附考訂

經五　82　4428　春秋繁露　〔漢〕董仲舒著
湖北崇文書局刊　光緒三年　十七卷　二册　二部

經五　82　4428　又
浙江書局刊　光緒二年　二册

經五　85　4442　春秋攷　〔宋〕葉夢得撰
武英殿聚珍本　道光二十七年　十六卷　七册

經五　88　1042　春秋朔閏至日攷　〔清〕王韜著
弢園本　光緒十六年　四册

經五　89　0043　春秋董氏學　康有爲輯
上海大同譯書局刊　八卷　六册

經部六　孝經類

○一　白文

經六　01.7　4437　孝經　〔明〕黄道周書

北京有正書局印　一册

經六　01.8　2642　篆文孝經　〔清〕吴大徵篆

蘇州振興書社影印　民國八年　一册

一○　注疏解説

經六　12　1236　古文孝經　〔漢〕孔安國傳

佚存叢書本　光緒八年　一卷　一册

經六　14　0039　孝經注疏　〔唐〕玄宗注　〔宋〕邢昺等疏

南昌府學刊　嘉慶二十年　九卷　精裝一册

經六　15　2540　孝經刊誤　〔宋〕朱熹撰

一册

經六　17　6023　孝經本義　〔明〕吕維祺撰

二卷　一册

經六　18　5511　孝經　〔清〕曹元弼學

湖北存古學堂刊　七卷　一册

經六　19　4269　孝經讀本　姚明煇學

吴興讀經會石印　民國十三年　一册

八〇　雜論

經六　87　6023　孝經翼　〔明〕吕維祜撰

一册

經六　87　6023　孝經或問　〔明〕吕維祺撰

三卷　一册

經六　89　2706　孝經通論　鄔慶時著

民國十九年　四卷　一册

經部七　四書類

〇一　白文

經七　01　6050　四書白文

江南製製局刊　二册　四部

經七　01　8035　篆文四書

上海碧梧山莊依清殿本影印　六册

一〇　四書總義

經七　15　2540　四書集註　〔宋〕朱熹集註

湖南書局刊　同治十三年　十九卷　合裝二册

經七　15　2540　又

廣雅書局刊　光緒二十四年　六册

經七　15　2540　又

直隸官書局刊　光緒三十一年　六册

經七　15　4022　真西山四書集編　〔宋〕真德秀著

福浦真氏祠刊　同治七年　二十九卷　十册

經七　17　6047　四書因問　〔明〕吕柟撰　〔明〕魏廷萱會集

嘉慶四年　六卷　四册

經七　18　0014　集書齋四書口義　〔清〕方棨如著

大文堂刊　乾隆五十三年　十九卷　六册

經七　18　0042　日講四書解義　〔清〕庫勒納等奉勅編

尊經閣藏板　二十六卷　十二册

經七　18　1025　四書匯參　〔清〕王步青輯

敦復堂原本　乾隆十年　卅四卷　三十二册

經七　18　1025　又

留耕堂刊　三十二册

經七　18　1044　菜根堂劄記　〔清〕夏力恕著

鳳臺書院藏板　乾隆三十年　十二卷　十二册

經七　18　1053　四書訓義　〔清〕王夫之訓義

潞州啖柘山房刊　光緒十三年　卅八卷　二十八册

經七　18　1053　四書箋解　〔清〕王夫之著

鄂藩署刊　光緒二十年　十一卷　四册

經七　18　1088　四書説略　〔清〕王筠著

道光三十年　五卷　二册　二部

經七　18　1145　四書辨證　〔清〕張椿纂定

嘉慶十八年　十卷　十册

經七　18　1173　四書朱子語類鈔　〔清〕張履祥摘鈔

南陽講習堂刊　康熙四十年　卅八卷　六册

經七　18　1202　四書説苑　〔清〕孫應科輯

道光四年　十二卷　四册　二部

經七　18　1727　四書翊注　〔清〕刁包輯　〔清〕黄際飛校訂

伊祁惇德堂刊　道光廿七年　四十三卷　二十四册

經七　18　2042　四書改錯　〔清〕毛奇齡著

學圃重刊　嘉慶十六年　廿二卷　六册

經七　18　2042　四書正事括略　〔清〕毛奇齡著

道光十九年　七卷　四册

經七　18　2233　四書約指　〔清〕任啓運注

任氏家塾刊　光緒二十年　十九卷　十二册

經七　18　3191　四書詮義　〔清〕汪恒纂集
一經堂藏板　道光六年　卅八卷　十四册
經七　18　3628　四書明儒大全精義　〔清〕湯傳榘輯
大德堂刊　康熙四十四年　卅八卷　十二册
經七　18　4031　四書朱子異同條辯　〔清〕李沛霖訂
朱文堂梓行　康熙四十一年　四十卷　四十册
經七　18　4480　四書益智録　〔清〕桂含章著
石埭務本堂桂氏刊　光緒八年　二十卷　二十册　二部
經七　18　5089　四書質疑録　〔清〕秦篤輝述
墨緣館刊　道光六年　二十卷　五册
經七　18　5532　四書摭餘説　〔清〕曹之升輯
曹氏刊　嘉慶三年　七卷　六册
經七　18　7231　四書恒解　〔清〕劉沅輯註
北京道德學社印　民國九年　八册
經七　18　7474　松陽講義　〔清〕陸隴其著
湖南書局刊　同治十三年　十二卷　五册
經七　18　7474　又
敬義齋刊　咸豐九年　四册
經七　18　7741　四書釋地補　〔清〕閻若璩著　〔清〕樊廷枚補
梅陽海涵堂刊　嘉慶廿一年　五册　二部
經七　18　9057　四書古註十種　煥文書局輯
上海煥文書局刊　光緒廿一年　一百〇一卷　十八册
論語集解　〔魏〕何晏集解
中庸章段　〔清〕李光地記
四書改錯　〔清〕毛奇齡著
中庸餘論
論語正義　〔清〕劉寶楠著
論語札記　〔清〕朱亦棟著

孟子正義　〔清〕焦循纂
孟子札記　〔清〕朱亦棟著
大學古本说　〔清〕李光地著
四書經史摘證　〔清〕宋繼種輯

經七　19　0327　四書白話註解　許伏民、童官卓編
國粹書局刊　民國五年　十四册

經七　19　5544　山公四書集註補　曹林撰
民國九年　四卷　一册　二部

經七　19　5508　四書曹子約註　曹焕猷輯
石印本　十八卷　六册

二〇　論語

二一　注疏解説總義

經七　21.2　2160　論語注疏　〔魏〕何晏注　〔宋〕邢昺疏
寶慶務本書局刊　光緒十八年　二十卷　五册　二部

經七　21.2　2160　論語注疏解經　〔魏〕何晏注　〔宋〕邢昺疏
黄岡陶氏刊　光緒三十年　二册　二部

經七　21.8　3224　論語古註集箋　〔清〕潘維城集箋
江蘇書局刊　光緒七年　十卷　六册

經七　21.8　4044　論語傳註　〔清〕李塨傳註
二册

經七　21.8　4044　論語傳註問　〔清〕李塨著
一册

經七　21.8　4441　論語後案　〔清〕黄式三案

浙江書局刊　光緒九年　二十卷　十册　二部

經七　21.8　7520　論語古訓　〔清〕陳鱣述

浙江書局刊　光緒九年　十卷　二册　三部

經七　21.9　0043　論語注　康有爲注

萬木草堂刊　民國六年　二十卷　十册

經七　21.9　1073　論語訓　王闓運著

光緒廿六年　二册

經七　21.9　2230　論語足徵記　崔適著

北京大學出版部印　民國十一年　二卷　一册

經七　21.9　7531　論語話解　陳濬述

上海六藝書局刊　光緒卅二年　十卷　二册

二二　注疏解説分義

經七　22.8　3130　鄉黨圖攷　〔清〕江永編

金閶書業堂刊　乾隆五十八年　十卷　四册　二部

經七　22.8　4744　鄉黨義攷　〔清〕胡薫輯

中林書屋藏板　乾隆六十年　七卷　六册

三〇　大學

三一　注疏解説

經七　31.5　2549　大學（附大學章句大學或問）　〔宋〕朱熹攷定并釋音

湖南尚志齋刊　光緒二十九年　四卷　共二册

經七　31.6　8973　大學疏義　〔元〕金履祥著

退補齋刊　同治十二年　一册

經七　31.8　0724　大學質疑　〔清〕郭嵩燾著

思賢講舍刊　光緒十六年　一册

經七　31.8　2549　大學講義　〔清〕朱柏廬著

江蘇書局刊　光緒二年　一册

經七　31.8　4044　大學中庸傳註　〔清〕李塨註

一册

經七　31.8　4473　大學集要　〔清〕蕭開運纂

集賢齋刊　嘉慶八年　一册

四〇　中庸

四一　注疏解説

經七　41.5　1008　中庸集解　〔宋〕石𡻕重編

莫氏影山草堂據宋本校刊　道光二十九年　二卷　二册

經七　41.5　2540　中庸（附中庸章句中庸輯略）中庸或問　〔宋〕朱熹離定并釋音

湖南尚志齋刊　光緒二十九年　七卷　共四册

經七　41.8　0724　中庸質疑　〔清〕郭嵩燾著

思賢講舍刊　光緒十六年　十二卷　二册

經七　41.8　2540　中庸講義　〔清〕朱柏廬著

江蘇書局刊　光緒二年　二卷　二册

經七　41.8　4473　中庸集要　〔清〕蕭開運纂

集賢齋刊　嘉慶八年　三册

經七　41.9　0043　中庸注　康有爲注

上海中國圖書公司印　民國六年　一册

五〇　孟子

五一　注疏解説

經七　51.2　4924　孟子注疏　〔漢〕趙岐注　〔宋〕孫奭疏
　寶慶務本書局刊　光緒十八年　十四卷　七册　二部

經七　51.5　2540　孟子要略　〔宋〕朱熹編　〔清〕劉傳瑩著
　廣雅書局刊　光緒廿八年　五卷　一册

經七　51.8　3037　孟子趙注補正　〔清〕宋祥鳳著
　廣雅書局刊　光緒十七年　六卷　一册

經七　51.8　3581　標注孟子　〔日本〕深井鑑一郎、〔日本〕山田準注
　東京誠之堂刊　日本明治卅八年　一册

經七　51.9　0043　孟子微　康有爲著
　廣智書局印　民國六年　八卷　二册

五八　雜論

經七　58.8　1031　王評孟子　〔清〕王源評訂
　小瑯環山館刊　咸豐二年　四卷　一册

七〇　文字音訓

經七　78　2645　四書附攷　〔清〕吴志忠輯

桂林蔣存遠堂刊　光緒十六年　四卷　一册

八〇　雜論　攷訂

經七　87　4400　四書人物備攷　〔明〕薛應旂撰
廿四卷　十四册

經七　87　7541　論語類攷　〔明〕陳士元著
湖海樓雕本　嘉靖卅九年　二十卷　四册

經七　87　8296　四書人物彙攷　〔明〕鍾惺著
會文堂梓　康熙四十八年　十二册

經七　88　1731　四書考異　〔清〕翟灝著
無不宜齋刊　七十二卷　十二册

經七　88　3130　四書古人典林　〔清〕江永編
集道堂刊　乾隆三十九年　十二卷　四册

經七　88　4061　四書反身録　〔清〕李顒口授　〔清〕王心敬録
埶署重刊　光緒八年　十四卷　四册

經七　88　4061　又
掃葉山房印　民國十四年　八卷　四册

經七　88　4739　四書人名考　〔清〕胡之煜等校刊
二十卷　十二册

經七　88　7745　四書典故辨證　〔清〕周柄中著
善化許氏重刊　光緒十二年　廿一卷　六册

經七　88　7745　又
四册

經七　89　4088　論語孟子類編　左欽敏纂述
民國四年　八十卷　六册

經七　89　4938　論語孟子集註類編　左欽敏纂述
民國四年　八十卷　八册

經部八　樂類

一〇　樂律

經八　14　1372　樂書要録　〔唐〕武后著
光緒七年　三卷　一册　二部

經八　17　4454　苑洛志樂　〔明〕韓邦奇著
嘉靖廿八年　十二卷　四册

經八　18　2887　律吕臆説　〔清〕徐養原著
一册　二部

經八　18　3130　律吕新義　〔清〕江永著
光緒七年　二卷　二册　二部

經八　18　4367　音分古義　〔清〕戴煦著
新陽趙氏刊　光緒十二年　二卷　二册

經八　19　4269　律曆小記　姚明煇著
武昌高等師範課本　一册

三〇　樂譜（參見子部藝術類）

經八　38　4877　欽定詩經樂譜全書（附樂律正俗）　〔清〕乾隆撰
光緒二十年　卅一卷　二十四册

經八　38　7720　擬瑟譜　〔清〕段仔文、〔清〕張樊賞同編
光緒七年　一册　二部

四〇　樂器

經八　48　2887　篴律　〔清〕徐養原著

　一册　二部

經八　48　2887　管色考　〔清〕徐養原著

　一册　二部

八〇　雜論

經八　88　2844　樂府傳聲　〔清〕徐大椿著

　光緒七年　一册　二部

經部九　小學類

一〇　訓詁

一一　爾雅

經九　11.3　0712　爾雅　〔晉〕郭璞注
　湖北官書處刊　光緒十二年　三卷　三册

經九　11.3　0712　又
　湖北崇文書局刊　同治十年　三卷　三册

經九　11.3　0712　爾雅郭注　〔晉〕郭璞注
　思適齋藏板　嘉慶十一年　三卷　一册

經九　11.3　0712　爾雅注疏　〔晉〕郭璞注　〔宋〕邢昺疏
　寶慶務本書局刊　光緒十八年　五册　二部

經九　11.3　0712　爾雅音圖　〔晉〕郭璞注　〔清〕姚之麟摹圖
　影宋繪圖本　嘉慶六年　四卷　三册

經九　11.5　1769　爾雅疏　〔宋〕邢昺校訂
　歸安陸氏重刊　光緒四年　十卷　二册

經九　11.8　1044　爾雅郭注佚存補訂　〔清〕王樹枬訂
　資陽文莫室刊　光緒十八年　二十卷　五册

經九　11.8　1135　爾雅注疏本正誤　〔清〕張宗泰著
　廣雅書局刊　光緒二十六年　一册

經九　11.8　1713　爾雅正義　〔清〕邵晉涵撰集

餘姚邵氏家塾刊　乾隆五十三年　八册

經九　11.8　4399　爾雅郭注補正　〔清〕戴鎣補正

海陽韓氏刊　光緒十一年　三卷　三册

經九　11.8　4742　爾雅義疏　〔清〕郝懿行著

湖北官書處刊　光緒十三年　二十卷　八册　二部

經九　11.8　4742　又

二十卷　精裝二册

經九　11.8　7214　爾雅蒙求　〔清〕劉于祐校訂

深柳書屋校刊　二卷　二册　二部

經九　11.9　1747　爾雅義證　尹桐陽撰

衡陽衡南學社印　民國三年　三卷　三册

一二　雜雅

經九　12.5　6071　爾雅翼　〔宋〕羅願著　〔元〕洪焱祖音釋

光緒十年　三十二卷　六册　二部

經九　12.7　2501　駢雅訓纂　〔明〕朱謀瑋著　〔清〕魏茂林訓纂

虞山後知不足齋刊　光緒十二年　十六卷　八册

經九　12.8　1181　小學五種　〔清〕張金吾著

四十一卷　十四册

經九　12.8　2574　説雅　〔清〕朱駿聲記録

蛟川張氏秋樹根齋刊　光緒九年　二卷　二册　二部

經九　12.8　2614　別雅　〔清〕吴玉搢輯

小蓬山萊館刊　道光二十九年　四卷　四册

經九　12.8　3087　小爾雅訓纂　〔清〕宋翔鳳著

廣雅書局刊　光緒十六年　六卷　一册

經九　12.8　3404　比雅　〔清〕洪亮吉著

授經堂刊　光緒五年　十卷　二册

經九　12.8　7234　釋穀　〔清〕劉寶楠著

廣雅書局刊　光緒十四年　四卷　一册

一三　釋名

經九　13.8　1020　釋名疏證補　〔清〕王先謙撰集

光緒二十二年　十卷　三册

一四　方言

經九　14.2　5640　方言（附續及補續二種）　〔漢〕揚雄記　〔晉〕郭璞注

思賢講舍刊　光緒十七年　十六卷　三册

經九　14.8　4310　方言疏證（附續方言）　〔清〕戴震疏證

傅氏校刊　同治九年　二卷　四册

一五　其他

經九　15.4　0124　刊謬正俗　〔唐〕顔師古著

湖北崇文書局刊　光緒三年　八卷　一册　三部

經九　15.8　2244　小學鉤沉　〔清〕任大椿著

崇文書局刊　二十卷　四册　二部

經九　15.8　7234　助字辨略　〔清〕劉淇著

咸豐五年　五卷　五册

二〇　字書

二一　説文

經九　21.2　0894　説文解字　〔漢〕許慎著　〔宋〕徐鉉校定

椒花舫吟刊　乾隆三十八年　十四卷　八册

經九　21.2　0894　又

六册

經九　21.2　0894　又

羊城富文齋刊　同治十二年　八册

經九　21.2　0894　又

十二册

經九　21.2　0894　又

同治十年　八册

經九　21.2　0894　又

焦心室刊　光緒十一年　六册

經九　21.2　0894　又

鑄記書局石印　四册

經九　21.2　0894　説文解字校録　〔漢〕許慎記　〔清〕鈕樹玉校録

江蘇書局刊　光緒十一年　十四卷　十四册

經九　21.4　2881　説文解字徐氏繫傳　〔南唐〕徐鍇傳释

江蘇書局刊　光緒九年　四十卷　八册　二部

經九　21.5　2880　説文解字韻譜　〔宋〕徐鉉著　〔清〕馬桂芬篆文

吴縣馮氏刊　同治三年　二册　二部

經九　21.6　7721　説文字原　〔元〕周伯琦編注　〔明〕胡正言訂篆

十竹齋刊　一册

經九　21.8　0843　讀説文雜識　〔清〕許棫著

光緒七年　一册　三部
經九　21.8　0872　説文分韶易知録　〔清〕許巽行編
光緒五年　十卷　十册　二部
經九　21.8　2872　許學叢刻　〔清〕許氏校
海寧許氏古均閣刊　二册
經九　21.8　1033　雷氏説文四種　〔清〕雷浚著
雷氏家刊　光緒十年　廿一卷　六册　二部
經九　21.8　1088　説文句讀　〔清〕王筠撰集
四川尊經書局刊　光緒八年　三十卷　十六册
經九　21.8　1088　又
三十卷　存十四册
經九　21.8　1088　説文釋例　〔清〕王筠著
成都御風樓刊　光緒九年　二十卷　十册
經九　21.8　1088　又
石印本　光緒十二年　六册
經九　21.8　1038　王氏説文四種　〔清〕王筠著
一百一十卷　二十八册
經九　21.8　1122　説文發疑　〔清〕張行孚述
澹雅書局刊　光緒九年　六卷　二册　二部
經九　21.8　1714　説文雙聲疊韻譜　〔清〕鄧廷楨著
後知不足齋刊　光緒七年　一册
經九　21.8　2574　説文通訓定聲（附説雅韻準）　〔清〕朱駿聲著
臨嘯閣刊　二十卷　二十八册
經九　21.8　2574　又
積山書局石印　光緒十二年　殘存六册
經九　21.8　2615　説文引經考　〔清〕吴玉搢著
種玉山房刊　光緒八年　二卷　二册　二部
經九　21.8　2624　説文理董後編　〔清〕吴穎芳編

中社影印本　民國十八年　六卷　二册

經九　21.8　2642　説文古籀補　〔清〕吴大澂著

光緒廿四年　十五卷　二册

經九　21.8　2734　説文通檢　〔清〕黎永椿編

湖北崇文書局刊　光緒二年　十四卷　二册　四部

經九　21.8　3104　説文辨疑　〔清〕顧廣圻著

湖北崇文書局刊　光緒三年　一册

經九　21.8　4021　六書系韶（附檢字）　〔清〕李貞編輯

光緒十六年鐫　廿六卷　廿六册

經九　21.8　4021　又

廿四卷　廿四册

經九　21.8　4030　小學類編　〔清〕李祖望輯

江都李氏半畝園刊　咸豐二年　十册

經九　21.8　4031　説文辨字正俗　〔清〕李富孫著

校經亭刊　八卷　四册

經九　21.8　4206　説文校義　〔清〕姚文田、〔清〕嚴可均合著

歸姚氏重刊　同治十三年　十五卷　四册

經九　21.8　4428　説文解字義證　〔清〕桂馥注

湖北崇文書局刊　同治九年　五十卷　三十二册　二部

經九　21.8　4428　又

殘存四七册

經九　21.8　4444　唐説文木部箋異　〔清〕莫友芝箋

石印本　一册

經九　21.8　4480　苗氏説文四種　〔清〕苗夔著

漢碑亭刊　咸豐元年　二十卷　四册

經九　21.8　4480　説文聲讀表　〔清〕苗夔纂

福山王氏刊　道光廿二年　七卷　三册

經九　21.8　4720　説文字原音表　〔清〕胡重編、〔清〕金孝柏訂

秀水金氏刊　嘉慶十六年　二卷　一册

經九　21.8　4722　説文管見　〔清〕胡秉虔著

世澤樓刊　同治十二年　三卷　一册

經九　21.8　6108　説文部首讀本　〔清〕嘯云主人校訂

武昌嘯云書屋刊　十四卷　一册　三部

經九　21.8　7512　説文提要　〔清〕陳建侯述

湖北崇文書局刊　同治十二年　一册　二部

經九　21.8　7517　説文引經考證　〔清〕陳瑑著　〔清〕徐郙校

湖北崇文書局刊　同治十三年　八卷　二册　二部

經九　21.8　7714　段注説文解字　〔清〕段玉裁注

湖北崇文書局刊　同治十一年　卅二卷　十八册

經九　21.8　8714　又

兩宜軒刊　合裝二册

經九　21.8　8346　説文答問疏證　〔清〕錢大昕答問　〔清〕薛傳均疏證

廣雅書局刊　光緒壬子年　六卷　一册

經九　21.8　8346　又

二册

經九　21.8　8718　説文新附考（附逸字二卷附録一卷）　〔清〕鄭珍記

六卷　四册　二部

經九　21.8　8718　説文逸字辨證　〔清〕鄭珍著　〔清〕李楨辨證

畹蘭室刊　光緒十一年　二卷　二册

經九　21.8　8741　段氏説文注訂　〔清〕鈕樹玉著

湖北崇文書局刊　同治十三年　八卷　二册　二部

經九　21.8　8741　又

碧螺山館刊　同治五年　二册

經九　21.8　8741　又（附考六卷）

八卷　四册　二部

經九　21.8　8741　説文新附考　〔清〕鈕樹玉著

湖北崇文書局刊　同治十三年　七卷　二册　二部

經九　21.8　8741　又

碧螺山館刊　同治七年　二册

經九　21.8　8787　説文本經答問　〔清〕鄭知同著

廣雅書局刊　光緒十六年　二卷　一册

經九　21.9　0090　文始　章炳麟著

浙江圖書館刊　九卷　三册

經九　21.9　1012　説文�　石一參著

上海商務刊　民國二十年　一册

經九　21.9　1032　説文解字詁林（附通檢）　丁福保編

上海醫學書局印　民國十七年　三十卷　六十六册

經九　21.9　1032　説文解字詁林補遺（附通檢）　丁福保編

上海醫學書局印　民國二十一年　十六册

經九　21.9　1747　小學定律　尹桐陽著

湖北官紙印刷局刊　民國十三年　二卷　二册

經九　21.9　3141　説文綜合的研究　顧藎丞著

上海世界印　民國二十年　九章　一册

經九　21.9　5045　六書綜　史蟄夫輯

上海商務印　民國十八年初版　三十二册

經九　21.9　6029　説文二徐箋異　田吴炤著

宣統二年　十四卷　二册　二部

經九　21.9　7182　六書解例　馬敍倫著

上海商務印　民國二十年　一册

二二　古文篆隸真書各體書（參見史部金石類）

經九　22.3　3161　玉篇　〔陳〕顧野王撰

新化鄧氏摹刊　道光三十年　三十卷　三册

經九　22.5　0754　汗簡箋正　〔宋〕郭忠恕著　〔清〕鄭珍箋

廣雅書局刊　八卷　四册

經九　22.5　1140　復古篇（附録二種）　〔宋〕張有著

淮南書局重刊　光緒八年　二卷　三册

經九　22.5　5042　班馬字類　〔宋〕婁機著

後知不足齋刊　光緒九年　二卷　四册

經九　22.5　5042　又

二册

經九　22.7　1121　正字通　〔明〕張自烈撰　〔清〕廖文英續纂

康熙九年刊　十二卷　三十六册

經九　22.7　1142　六書賦音義　〔明〕張士佩撰

萬曆三十年刊　二十一卷　八册

經九　22.7　4803　字彙（附韻法圖）　〔明〕梅膺祚音釋

明板　十二卷　十三册

經九　22.8　0024　字典考證　〔清〕奕繪等奉敕輯

湖北崇文書局刊　光緒二年　十二集　六册

經九　22.8　0131　字學舉隅　〔清〕龍啓瑞編

懿文齋藏板　光緒八年　一册

經九　22.8　0131　又

湖北崇文書局刊　同治十三年　一册

經九　22.8　1021　字學舉隅續編　〔清〕王維珍編

懿文齋藏板　光緒八年　一册

經九　22.8　1088　文字蒙求　〔清〕王筠著

湖北學務處刊　光緒三十年　四卷　一册

經九　22.8　1193　隸辨彙纂　〔清〕項懷述著

古渝養和堂刊　同治九年　十卷　四册

經九　22.8　1200　古籀餘論　〔清〕孫詒讓著

籀經樓校本　光緒二十九年刊　三卷　二册

經九　22.8　1200　古籀拾遺（附宋政和禮器攷）　〔清〕孫詒讓著
四卷　一册
經九　22.8　1764　玉篇校刊雜記　〔清〕鄧顯鶴述
新化鄧氏刊　一册
經九　22.8　2344　六書分類　〔清〕傅世堯著
十二卷　十二册
經九　22.8　2343　字說　〔清〕吴大澂著
思賢講舍重刊　光緒十九年　一卷　一册
經九　22.8　2746　篆字彙　〔清〕佟世男編
多山堂藏板　康熙三十年　十二集　十二册
經九　22.8　4447　急就章考異　〔清〕莊世驥著
廣雅書局刊　光緒十七年　一册
經九　22.8　4610　字學三書　〔清〕楊霈校
十芝堂刊　道光二十一年　四册
經九　22.8　6059　字辨證篆　〔清〕易本烺纂
京山易氏家藏版　六册
經九　22.8　7247　字課圖說　〔清〕劉樹屏編
澄衷學堂石印　光緒三十一年　四卷　八册　二部
經九　22.8　7507　韻綜集字　〔清〕陳詒厚編輯
琴心書屋藏版　嘉慶十七年　七册
經九　22.9　7583　四體大字典　陳龢祥等編輯
掃葉山房印　民國十八年再版　二十八册

二三　甲骨文

經九　23.9　7267　鐵雲藏龜　劉鶚拓
抱殘守闕齋藏　六册
經九　23.9　7553　殷契說存　陳邦福編

一册

經九　23.9　7559　殷虚書契考釋小箋　陳邦懷著
略識字齋印　民國八年　一册

二八　雜著

經九　28.9　3130　中國文字學　顧實著
上海商務印　民國十七年　一册

經九　28.9　4483　中國文字之原始及其構造　蔣善國著
上海商務印　民國十九年　二編　二册

三〇　音韻

三一　等韻

經九　31.5　1790　切韻指掌圖　〔宋〕司馬光輯
上海同文書局印　光緒九年　一册

經九　31.5　1790　又
自强書局石印　民國八年　一册

經九　31.5　1790　又（附檢例）
渭南嚴氏刊　二卷　一册

三二　古音

經九　32.8　0131　古韻通説　〔清〕龍啓瑞撰
四川尊經書局刊　光緒九年　二十卷　四册

經九　32.8　1092　詩古韻二十二部集説　〔清〕夏炘著

　渭南嚴氏刊　二卷　一册

經九　32.8　1204　詩聲類　〔清〕孔廣森著

　渭南嚴氏刊　十三卷　三册

經九　32.8　2129　柴氏古韻通　〔清〕柴紹炳著

　姚江朱氏刊　康熙七年　八卷　八册　二部

經九　32.8　2774　古今韻略　〔清〕邵長蘅纂

　康熙三十五年　五卷　五册

經九　32.8　3047　古音類表　〔清〕富壽彤著

　大梁臬署刊　光緒二年　四册

經九　32.8　3130　古韻標準　〔清〕江永著

　渭南嚴氏刊　四卷　三册

經九　32.8　3140　江氏音學十書　〔清〕江有誥著

　中國書店影印　八册

經九　32.8　3191　音學五書　〔清〕顧炎武著

　四明觀稼樓刊　光緒十一年　三十八卷　十二册

經九　32.8　3191　又

　思賢講舍刊　光緒十六年　十二册

經九　32.8　3404　漢魏音　〔清〕洪亮吉著

　授經堂刊　光緒三年　四卷　一册

經九　32.8　4310　聲韻考　〔清〕戴震撰

　渭南嚴氏刊　四卷　一册

經九　32.8　4319　聲類表　〔清〕戴震撰

　渭南嚴氏孝義家塾刊　九卷　二册

經九　32.8　4722　古均論　〔清〕胡秉虔著

　世澤樓刊　光緒二年　三卷　一册

三三　今音

經九　33.3　7430　廣韻　〔隋〕陸法言著
新化鄧氏摹刊　道光三十年　六卷　四册
經九　33.5　1000　集韻　〔宋〕丁度著
浙寧簡香齋刊　嘉慶十九年　十卷　十册　二部
經九　33.6　2150　古今韻會舉要　〔元〕熊忠撰
淮南書局刊　光緒四年　三十卷　十册　二部
經九　33.7　0033　韻學集成　〔明〕章黼集
康熙四年補刊　十一卷　十册
經九　33.8　0037　韶詁　〔清〕方濬頤輯
淮南書局刊　光緒四年　六册
經九　33.8　2004　韻字略　〔清〕毛謨輯
十二集　四册
經九　33.8　2337　音韻闡微　〔清〕允禄等奉勅編
淮南書局刊　光緒七年　十八卷　六册
經九　33.8　3130　音學辨微　〔清〕江永著
渭南嚴氏刊　一卷　一册
經九　33.8　3160　韶歧　〔清〕江昱輯
光緒七年重刊　五卷　二册　二部
經九　33.8　3431　韻辨附文　〔清〕沈兆霖輯
五册
經九　33.8　4013　佩文廣韻匯編　〔清〕李元祺編輯
金陵書局刊　同治十一年　五卷　二册
經九　33.8　4206　四聲易知録　〔清〕姚文田輯
蘇州振新書社印　光緒八年　四卷　四册
經九　33.8　4457　詩韻檢字（附辨似）　〔清〕黄本驥編
三長物齋叢書本　一册

經九　33.8　6085　峋嶁韻牋（附里訛）　〔清〕曠敏本著
舜洞山房藏版　乾隆三十四年　五卷　四册

經九　33.8　7535　切韶考　〔清〕陳澧著
成都書局刊　九卷　三册

三八　雜著

經九　38.8　4428　正音咀華（附：儀略）　〔清〕莎彝尊著
聚文堂藏版　咸豐三年刊　二册

經九　38.8　8389　字音考異　〔清〕錢鏶鈔刻
懿文齋藏版　光緒八年　一册

經九　38.9　1031　正音淺説　王宜型輯
好古堂刊　四册　二部

經九　38.9　4487　傳音快字　蔡錫勇著
武昌刊　光緒二十二年　一册

經九　38.9　4487　又
光緒卅一年重刊　一册　二部

經部十　諸經總義類

〇一　經文合刊

經十　01.8　4449　十一經初學讀本　〔清〕萬芝堂校
　四川學院重刊　光緒二年　二十四册
經十　01.8　5012　九經綱目　〔清〕秦璞訂正
　五十卷　二十八册

一〇　注疏

經十　10　4123　十三經注疏
　廣東刊　同治十年　三百三十六卷　一百二十册
經十　10　4123　十三經注疏（附校勘記）
　脈望仙館石印　光緒十三年　四百一十六卷　三十二册
　周易正義　〔魏〕王弼等注　〔唐〕孔穎達等正義　十卷
　尚書正義　〔漢〕孔安國傳　〔唐〕孔穎達等正義　二十卷
　毛詩正義　〔漢〕鄭玄箋　〔唐〕孔穎達等正義　七十卷
　周禮注疏　〔漢〕鄭玄注　〔唐〕賈公彥疏　四十二卷
　儀禮注疏　〔漢〕鄭玄注　〔唐〕賈公彥疏　五十卷
　禮記正義　〔漢〕鄭玄注　〔唐〕孔穎達等正義　六十三卷
　春秋左傳正義　〔晉〕杜預注　〔唐〕孔穎達等正義　六十卷
　春秋公羊傳注疏　〔漢〕何休注　〔唐〕徐彥疏　二十八卷

春秋穀梁傳注疏　〔晉〕范甯注　〔唐〕楊士勛疏　二十卷
論語注疏　〔魏〕何宴等注　〔宋〕邢昺疏　二十卷
孝經注疏　〔唐〕玄宗注　〔宋〕邢昺疏　九卷
爾雅注疏　〔晉〕郭璞注　〔宋〕邢昺疏　十卷
孟子注疏　〔漢〕趙岐注　〔宋〕孫奭疏　十四卷

經十　15　7211　相台五經　〔宋〕岳珂校
廣州鎔經鑄史齋刊　九十三卷　三十八册

經十　15　7211　又
長沙龍氏刊　光緒八年　四十册

經十　15　7211　又
三十六册

經十　15　7211　又
江南書局刊　光緒二年　三十二册
周易　〔魏〕王弼注
尚書　〔漢〕孔安國註
毛詩　〔漢〕鄭玄箋
禮記　〔漢〕鄭玄註
春秋經傳集解　〔晉〕杜預註

經十　17　8052　十三經古註　〔明〕金蟠訂
浙江書局重刊　同治八年　二百八十八卷　四十八册
周易　〔魏〕王弼注
尚書　〔漢〕孔安國註
毛詩　〔漢〕鄭玄箋
儀禮　〔漢〕鄭玄註
周禮　〔漢〕鄭玄注
禮記　〔漢〕鄭玄注
春秋左傳　〔晉〕杜預註
公羊傳　〔漢〕何休註

穀梁傳　〔晉〕范甯註
爾雅　〔晉〕郭璞註
論語　〔魏〕何晏註
孝經　〔漢〕鄭玄註
孟子　〔漢〕趙岐註

二〇　經解

二一　輯佚

經十　21.2　8720　鄭氏佚書（二十二種）　〔漢〕鄭玄著　〔清〕袁鈞輯
浙江書局刊　光緒十四年　七十八卷　十册
易註　九卷
尚書註　九卷
尚書中候註　一卷
尚書大傳註　三卷
尚書五行傳註　一卷
尚書略説註　一卷
詩譜　三卷
三禮目録　一卷
喪服變除　一卷
魯禮禘祫義　一卷
答臨碩難禮　一卷
箴膏肓　一卷
釋廢疾　一卷
發墨守　一卷

春秋傳服氏註　十二卷

孝經註　一卷

論語註　十五卷

孔子弟子目録　一卷

駁五經異義　十卷

六藝論　一卷

鄭志　〔魏〕鄭小同著　八卷

鄭記　一卷

鄭君紀年　〔清〕陳鱣輯　一卷

二二　彙集

經十　22.8　5233　五經彙解　〔清〕扶經心室編

同文書局刊　光緒十九年　三十二册

經十　22.8　8043　古今解鈎沉　〔清〕余蕭客著

杭州竹簡齋刊　光緒二十一年　十二册

二三　專著

經十　23.8　4447　味經齋遺書　〔清〕莊存與撰

陽湖莊氏重刊　光緒八年　四十一卷　十册

經十　23.8　1013　經義述聞　〔清〕王引之著

京師壽藤書屋重刊　道光七年　卅二卷　二十四册　二部

經十　23.8　1013　又

二十册

經十　23.8　1140　七經條對略　〔清〕張大謨著

英德堂藏板　乾隆二十二年　十卷　十册

經十　23.8　2011　尚書伸孔篇本　爾雅補注殘本　毛詩天文考

本　〔清〕焦延琥、〔清〕劉玉麐、〔清〕洪亮吉著
廣雅書局刊　光緒十四年　合一册
經十　23.8　2111　西夏經義　〔清〕何西夏著
南浦三塗邱莊刊　道光十一年　六卷　十册
經十　23.8　2314　經義雜記　〔清〕臧琳著
三十卷　六册
經十　23.8　2504　十三經札記　〔清〕朱亦棟輯
武陵竹簡齋重刊　光緒四年　廿二卷　十二册
經十　23.8　2622　易堂問目　〔清〕吴鼎輯
四卷　二册
經十　23.8　2641　吴氏遺著　〔清〕吴夌雲撰
廣雅書局刊　光緒十七年　五卷　二册
經十　23.8　2831　通介堂經説　〔清〕徐灝著
咸豐四年　十二卷　四册
經十　23.8　3128　七經偶記　〔清〕汪德鉞輯
長汀周雲軒刊　十四卷　三册
經十　23.8　3130　羣經補義　〔清〕江永著
尚友堂重刊　咸豐八年　五卷　二册　二部
經十　23.8　4044　五經衷要　〔清〕李式穀輯
南海葉氏風滿樓藏版　道光十年　七十二卷　二十八册
經十　23.8　4081　聖證論補評　〔清〕皮錫瑞著
光緒廿六年刊　二卷　二册
經十　23.8　4081　皮氏九種　〔清〕皮錫瑞著
廿三卷　十六册
經十　23.8　4081　六藝論疏證　〔清〕皮錫瑞著
光緒廿六年刊　一卷　一册
經十　23.8　4081　經學通論　〔清〕皮錫瑞著
思賢書局刊　光緒三十三年　五卷　五册

經十　23.8　4088　召誥日名考　詩聲衍　尚書古文考實　〔清〕李銳、〔清〕劉逢禄、〔清〕皮錫瑞著

思賢書局刊　光緒二十二年　合一册

經十　23.8　4438　七經精義　〔清〕黄淦輯

掃葉山房刊　光緒五年　十四册

經十　23.8　4447　味經齋遺書　〔清〕莊存與著

陽湖莊氏藏板　光緒八年　十種　十册

經十　23.8　4619　經義尋中　〔清〕楊琪光著

光緒十一年　十二卷　十二册

經十　23.8　4644　楊損齋遺書（即讀經隨筆）　〔清〕楊樹椿著

李氏家塾刊　光緒二十年　三十卷　六册

經十　23.8　7282　通義堂集　〔清〕劉毓崧著

思賢講舍刊　光緒十六年　二卷　一册

經十　23.8　7742　五經備解　〔清〕周封魯輯

周氏家刊本　道光三年　五册

經十　23.8　8043　茶香室經説　〔清〕俞樾著

光緒十三年　十六卷　六册

經十　23.9　5544　山公經説辨疑　曹林撰

七卷　二册

二四　彙刊

經十　24.8　1020　皇清經解續編（二百零九種）　〔清〕王先謙輯

江陰南菁書院刊　光緒十五年　一千四百三十卷内缺五十卷　三百廿册内缺九册

九經誤字　顧炎武　一卷

周易稗疏　王夫之　四卷

詩經稗疏　王夫之　四卷

春秋稗疏　王夫之　二卷
四書稗疏　王夫之　三卷
春秋占筮書　毛奇齡　三卷
續詩傳鳥名　毛奇齡　三卷
白鷺洲主客説詩　毛奇齡　一卷
郊社禘祫問　毛奇齡　一卷
大小宗通繹　毛奇齡　一卷
孝經問　毛奇齡　一卷
禮記偶箋　萬斯大　三卷
尚書古文疏證　閻若璩　九卷
易圖明辨　胡渭　十卷
春秋長歷　陳厚耀　十卷
儀禮釋宫增註　江永　一卷
儀禮釋例　江永　一卷
禮記訓義擇言　江永　三卷
春秋大事表　顧棟高　六十七卷
肆獻祼饋食禮纂　任啓運　一卷
朝廟宫室考　任啓運　一卷
易例　惠棟　二卷
易漢學　惠棟　八卷
明堂大道録　惠棟　八卷
禘説　惠棟　二卷
晚書訂疑　程廷祚　三卷
卦氣解　莊存與　一卷
周官記　莊存與　五卷
周官説　莊存與　二卷
周官説補　莊存與　三卷
儀禮管見　褚寅亮　十七卷

爾雅補郭　翟灝　二卷
鄭氏儀禮（目録校正）　胡匡衷　一卷
深衣釋例　任大椿　三卷
詩聲類　孔廣森　十二卷
詩聲分例　孔廣森　一卷
經傳小記　劉台拱　一卷
國語補校　劉台拱　一卷
讀逸周書雜志　王念孫　四卷
爾雅古義　錢坫　二卷
爾雅釋地四篇注　錢坫　一卷
車制考　錢坫　一卷
羣經義證　武億　八卷
釋服　宋綿初　二卷
孟子四攷　周廣業　四卷
毛詩考證　莊述祖　四卷
周頌口義　莊述祖　三卷
五經小學述　莊述祖　二卷
詩書古訓　阮元　十卷
春秋左傳詁　洪亮吉　二十卷
左通補釋　梁履繩　三十二卷
周易述補　李林松　五卷
易圖條辨　張惠言　一卷
虞氏易事　張惠言　一卷
虞氏易言　張惠言　二卷
虞氏易候　張惠言　一卷
儀禮圖　張惠言　六卷
讀儀禮記　張惠言　二卷
書序述文　劉逢禄　二卷

尚書今古文集解　劉逢禄　三十卷
卦本圖考　胡秉虔　一卷
尚書大傳輯校　陳壽祺　三卷
禹貢鄭注釋　焦循　二卷
羣經宮室圖　焦循　二卷
隸經文　江藩　四卷
説文聲類　嚴可均　十八卷　缺
周易攷異　宋翔鳳　二卷
尚書略説　宋翔鳳　二卷
尚書譜　宋翔鳳　一卷
大學古義説　宋翔鳳　二卷
論語説義　宋翔鳳　十卷
孟子趙注補正　宋翔鳳　六卷
小爾雅訓纂　宋翔鳳　六卷
過度録　宋翔鳳　五卷
毛詩傳箋通釋　馬瑞辰　卅二卷
毛詩後箋　胡承珙　三十卷
儀禮古今文疏義　胡承珙　十七卷
讀書叢録　洪頤煊　一卷
爾雅匡名　嚴光照　二十卷
周官故書攷　徐養原　四卷
儀禮古今文異同疏證　徐養原　五卷
論語魯讀考　徐養原　一卷
顽石廬經説　徐養原　一卷
周禮學　王聘珍　二卷
儀禮學　王聘珍　一卷
易經異文釋　李富孫　六卷
詩經異文釋　李富孫　十六卷

左傳異文釋　李富孫　十卷
公羊異文釋　李富孫　一卷
穀梁異文釋　李富孫　一卷
夏小正分箋　黄模　四卷
夏小正異義　黄模　二卷
左傳古義　臧壽恭　六卷
左傳補註　沈欽韓　十二卷
左傳地名補注　沈欽韓　十二卷
儀禮經注疏正譌　金日追　十七卷
周易虞氏略例　李鋭　一卷
論語孔注辨譌　沈濤　一卷
國語發正　汪遠孫　廿一卷
説文諧聲譜　張成孫　九卷　缺
穀梁釋例　許桂林　四卷
求古録禮説　金鶚　十五卷
求古録禮説補遺　金鶚　一卷
鄉黨正義　金鶚　四卷
説文音均表　江沅　十八卷
儀禮正義　胡培翬　四十卷缺五卷
祫禘答問　胡培翬　一卷
實事求是齋經説　朱大韶　二卷
十三經詁答問　馮登府　六卷
左傳舊疏考證　劉文淇　八卷缺四卷
春秋朔閏異同　羅士琳　二卷
左傳賈服注輯述　李貽德　二十卷
喪禮經傳約　吴卓信　一卷
毛詩傳疏　陳奂　三十卷
釋毛詩音　陳奂　四卷

毛詩説　陳奂　一卷
毛詩傳義類　陳奂　一卷
鄭氏箋考徵　陳奂　一卷
公羊逸禮考徵　陳奂　一卷
周官注疏小箋　曾釗　五卷
大戴禮記補注　汪照　十三卷
癸巳類稿　俞正燮　六卷
癸巳存稿　俞正燮　四卷
尚書餘論　丁晏　一卷
禹貢錐指正誤　丁晏　一卷
詩譜考正　丁晏　一卷
孝經徵文　丁晏　一卷
齊詩異氏學　迮鶴壽　四卷
公羊禮疏　凌曙　十三卷
公羊問答　凌曙　二卷
春秋繁露注　凌曙　十七卷
周易姚氏學　姚配中　十六卷
公羊歷譜　包慎言　十一卷
論語古注集箋　潘維城　二十卷
虞氏易消息圖説　胡祥麟　一卷
太誓答問　龔自珍　一卷
春秋決事比　龔自珍　一卷
輪輿私箋　鄭珍　三卷
儀禮私箋　鄭珍　八卷
巢經巢經説　鄭珍　一卷
胡氏禹貢圖考正　陳澧　一卷
東塾讀書記　陳澧　十卷
春秋古今説　侯康　二卷

穀梁禮證　侯康　一卷

説文聲讀表　苗夔　七卷　缺

學禮管釋　夏炘　十八卷

開有益齋經説　朱緒曾　五卷

穀梁大義述　柳興恩　三十卷

春秋釋　黄武三　一卷

考工記攷辨　王宗涑　八卷

逸周書校釋　朱右曾　十一卷

詩地理徵　朱右曾　七卷

喪服會通説　吴家賓　四卷

讀儀禮録　曾國藩　一卷

論語正義　劉寶楠　廿四卷

釋穀　劉寶楠　四卷

今古尚書經説攷　陳喬樅　卅八卷

尚書歐陽夏侯遺説攷　陳喬樅　一卷

三家詩遺説攷　陳喬樅　五十卷缺齊詩三卷

毛詩鄭箋改字説　陳喬樅　四卷

四家詩異文攷　陳喬樅　五卷

齊詩翼氏學疏證　陳喬樅　二卷

禮堂經説　陳喬樅　二卷

禮記鄭讀攷　陳喬樅　六卷

爾稚經注集證　龍啓瑞　三卷

公羊義疏　陳立　七十六卷缺四卷

白虎通疏證　陳立　十二卷

禮經通論　邵懿辰　十二卷

周易爻辰申鄭義　何秋濤　一卷

禹貢鄭註略例　何秋濤　一卷

書古微　魏源　十二卷

詩古微　魏源　十七卷
讀詩偶志　鄒漢勳　十一卷
貴陽經說　劉書年　一卷
穀梁補註　鍾文烝　廿四卷
周易舊書攷證　劉毓崧　一卷
尚書舊疏攷證　劉毓崧　二卷
讀易漢學私說　陳壽熊　一卷
孟子音義考證　蔣仁榮　二卷
達齋叢說　俞樾　一卷
周易五體微　俞樾　一卷
九族考　俞樾　一卷
詩名物證古　俞樾　一卷
士婚禮對席圖　俞樾　一卷
禮記異文箋　俞樾　一卷
禮記鄭讀考　俞樾　一卷
玉佩考　俞樾　一卷
鄭康成駁正三禮攷　俞樾　一卷
春秋名字解詁補義　俞樾　一卷
論語鄭義　俞樾　一卷
讀論語騈枝　俞樾　一卷
羣經平議　俞樾　卅五卷
古書疑義舉例　俞樾　七卷
禹貢說　倪文蔚　一卷
周易釋爻例　成蓉鏡　一卷
尚書曆譜　成蓉鏡　二卷
禹貢班義述　成蓉鏡　三卷
春秋日南至譜　成蓉鏡　一卷
何休註訓論語述　劉克晃　一卷

禮記天算釋　孔廣牧　一卷
先聖生卒年月日攷　孔廣牧　二卷
禮説略　黄以周　三卷
經説略　黄以周　二卷
漢孳室文鈔　陶方琦　二卷
婚禮重别論對駁義　劉壽曾　二卷
隸經賸義　林兆豐　一卷
毛詩譜　胡元儀　一卷
春秋名字解詁駁　胡元玉　一卷
經述　林頤山　三卷

經十　24.8　2452　通智堂經解　〔清〕納蘭成德輯
廣東書局刊　同治十二年　一千七百八十二卷　四百八十册

經十　24.8　2452　又
四百八十册内缺六册
子夏易傳　〔周〕卜商　十一卷
易数鉤隱圖　〔宋〕劉牧　四卷
横渠易説　〔宋〕張載　三卷
易學　〔宋〕王湜　一卷
紫巖易傳　〔宋〕張浚　十卷
漢上易傳　〔宋〕朱震　十五卷
易璇璣　〔宋〕吴沆　三卷
周易義海撮要　〔宋〕李衡　十二卷
易小傳　〔宋〕沈該　六卷
復齋易説　〔宋〕趙彦肅　六卷
古周易　〔宋〕吕祖謙　一卷
童溪易傳　〔宋〕王宗傳　三十卷
周易稗傳　〔宋〕林至　二卷
易圖説　〔宋〕吴仁傑　三卷

易學啓蒙通釋　〔宋〕胡方平　二卷
周易玩辭　〔宋〕项安世　十六卷
東谷易翼傳　〔宋〕趙汝譖　二卷
三易備遺　〔宋〕朱元昇　十卷
丙子學易編　〔宋〕李心傳　一卷
易學啓蒙小傳　〔宋〕税與權　一卷
水村易鏡　〔宋〕林光世　一卷
文公易説　〔宋〕朱鑒　廿三卷
周易輯説　〔宋〕王申子　十卷
周易輯聞（附易雅筮宗）　〔宋〕趙汝楳　八卷
周易傳義　〔宋〕董楷　十四卷
學易記　〔元〕李簡　九卷
讀易私言　〔元〕許衡　一卷
大易集説　〔元〕俞琰　十卷
周易本義（附録纂註）　〔元〕胡一桂　十五卷
周易啓蒙翼傳　〔元〕胡一桂　四卷
周易本義通釋　〔元〕胡炳文　十二卷
易纂言　〔元〕吴澄　十三卷
周易本義集成　〔元〕熊良輔　十二卷
周易會通　〔元〕董真卿　十四卷
易圖通變　〔元〕雷思齊　五卷
易象圖説　〔元〕張理　三卷
大易象數鉤深圖　〔元〕張理　三卷
周易參義　〔元〕梁寅　十二卷
合訂删補大易集義　〔清〕納蘭成德編　八十卷
書古文訓　〔宋〕薛季宣　十六卷
尚書全解　〔宋〕林之奇　四十卷
禹貢論　〔宋〕程大昌　四卷

尚書説　〔宋〕黄度　七卷
增修東萊書説　〔宋〕時瀾　卅五卷
書疑　〔宋〕王柏　九卷
書集傳或問　〔宋〕陳大猷　二卷
禹貢集解　〔宋〕傅寅　二卷
尚書詳解　〔宋〕胡士行　十三卷
尚書表注　〔元〕金履祥　二卷
尚書纂傳　〔元〕王天與　四十六卷
書傳　〔元〕董鼎　六卷
書纂言　〔元〕吴澄　十卷
書蔡傳旁通　〔元〕陳師凱　六卷
尚書句解　〔元〕朱祖義　十三卷
書集傳纂疏　〔元〕陳櫟　六卷
尚書通攷　〔元〕黄鎮威　十卷
讀書管見　〔元〕王充耘　二卷
定正洪範　〔元〕胡一中　一卷
毛詩指説　〔唐〕成伯瑜　一卷
毛詩本義（附鄭氏詩譜）　〔宋〕歐陽修　十六卷
毛詩集解　〔宋〕李樗、〔宋〕黄櫄　四十二卷
毛詩名物解　〔宋〕蔡元度　二十卷
詩説　〔宋〕張耒　一卷
詩疑　〔宋〕王柏　二卷
詩傳遺説　〔宋〕朱鑑　六卷
逸齋詩補傳　〔宋〕佚名　三十卷
毛詩名物鈔　〔元〕許謙　八卷
詩經疑問　〔元〕朱倬　七卷
毛詩解頤　〔明〕朱善　四卷
春秋遵王發微　〔宋〕孫復　十二卷

春秋皇綱論　〔宋〕王晳　五卷
春秋傳　〔宋〕劉敞　十五卷
春秋權衡　〔宋〕劉敞　十七卷
春秋意林　〔宋〕劉敞　二卷
春秋名號歸一圖　〔宋〕馮繼光　二卷
春秋列國臣傳　〔宋〕王當　三十卷
春秋本例　〔宋〕崔子方　二十卷
春秋經筌　〔宋〕趙鵬飛　十六卷
石林春秋　〔宋〕葉夢得　二十卷
春秋後傳　〔宋〕陳傅良　十二卷
春秋集解　〔宋〕吕祖謙　三十卷
春秋左氏傳説　〔宋〕吕祖謙　二十卷
春秋左氏傳事類始末　〔宋〕章冲　五卷
春秋提綱　〔宋〕陳則通　十卷
春秋王霸列國世紀編　〔宋〕李琪　三卷
春秋通説　〔宋〕黄仲炎　十二卷
春秋集註　〔宋〕張洽　十一卷
春秋或問　〔宋〕吕大圭　二十卷
春秋五論　〔宋〕吕大圭　一卷
春秋詳説　〔宋〕家鉉翁　三十卷
春秋類對賦　〔宋〕徐晉卿　一卷
春秋諸國統紀　〔元〕齊履謙　六卷
春秋本義　〔元〕陳端學　三十卷
春秋或問　〔元〕陳端學　十卷
春秋集傳　〔元〕趙汸　十五卷
春秋屬辭　〔元〕趙汸　十五卷
春秋師説　〔元〕趙汸　三卷
春秋左氏傳補注　〔元〕趙汸　十卷

春秋諸傳會通　〔元〕李廉　廿四卷
春秋集傳釋義大成　〔元〕俞皋　十二卷
讀春秋編　〔元〕陳深　十二卷
春王正月攷　〔明〕张以寧　二卷
三禮圖　〔宋〕聶崇義　二十卷
周禮訂義　〔宋〕王與之　八十卷
攷工記解　〔宋〕林希逸　二卷
儀禮圖　〔宋〕楊復　十七卷
禮記集説　〔宋〕衞湜　一百六十卷
禮經會元　〔宋〕葉時　十二卷
太平經國之書　〔宋〕鄭伯謙　十一卷
夏小正解　〔宋〕傅崧卿　四卷
儀禮集説　〔元〕敖繼公　十七卷
儀禮逸經傳　〔元〕吴澄　一卷
經禮補逸　〔元〕汪克寬　九卷
禮記陳氏集説補正　〔清〕納蘭成德撰　三十八卷
孝經註解　〔唐〕玄宗　一卷
孝經大義　〔元〕董鼎　一卷
孝經定本　〔元〕吴澄　一卷
孝經句解　〔元〕朱申　一卷
南軒論語解　〔宋〕張栻　十卷
論語集説　〔宋〕蔡節　十卷
南軒孟子説　〔宋〕張栻　七卷
孟子集疏　〔宋〕蔡模　十四卷
孟子音義　〔宋〕孫奭　二卷
四書纂疏　〔宋〕趙順孫　廿六卷
四書集編　〔宋〕真德秀　廿六卷
四書通　〔元〕胡炳文　廿六卷

四書通證　〔元〕張存中　六卷
四書纂箋　〔元〕詹道傳　廿六卷
四書通旨　〔元〕朱公遷　六卷
四書辨疑　〔元〕佚名　十五卷
學庸啓蒙　〔元〕景星　一卷
經典釋文　〔唐〕陸德明　三十卷
七經小傳　〔宋〕劉敞　三卷
六經奧論　〔宋〕鄭樵　六卷
六經正誤　〔宋〕毛居正　六卷
經説　〔宋〕熊朋來　七卷
十一經問對　〔元〕何異孫　五卷
五經蠡測　〔明〕蔣悌生　六卷

經十　24.8　2509　經學叢書初編　〔清〕朱記榮輯

行素草堂刊　光緒十二年　十二種卅八卷　十二册
周易集解牘義　〔清〕李富孫　三卷
古易音訓　〔清〕宋咸熙　二卷
尚書餘論　〔清〕丁晏　一卷
詩辨説　〔明〕趙悳　一卷
響禮補　〔清〕諸錦　一卷
公羊逸禮考徵　〔清〕陳奂　一卷
論語孔注辨僞　〔清〕沈濤　二卷
讀孟質疑　〔清〕施彦士　二卷
孟子時事略　〔清〕任兆麟　一卷
弟子職集解　〔清〕莊述祖　一卷
九經古義　〔清〕惠棟　一卷
十三經詁答問　〔清〕馮登府　六卷
斁經筆記　〔清〕陳倬　一卷

經十　24.8　2629　經學輯要　〔清〕吴潁炎輯

點石齋印　光緒十四年　廿四卷　卌二册

周易集解　〔唐〕李鼎祚

易解賸義　〔清〕李富孫

周易姚氏學　〔清〕姚配中

尚書今古文注疏　〔清〕孫星衍

毛詩傳箋通釋　〔清〕馬瑞辰

詩地理攷　〔宋〕王應麟

毛詩草木蟲魚疏　〔吴〕陸璣

三家詩攷　〔宋〕王應麟

三家詩拾遺　〔清〕范家和

春秋異文箋　〔清〕趙坦

春秋釋例　〔晉〕杜預

春秋公羊通義　〔清〕孔廣森

春秋公羊何氏釋例　〔清〕劉逢禄

穀梁禮證　〔清〕侯康

穀梁釋例　〔清〕許桂林

儀禮經傳通解　〔宋〕朱熹

儀禮正義　〔清〕胡培翬

禮記訓纂　〔清〕朱彬

四書攷異　〔清〕翟灝

四書典故　〔清〕凌曙

孝經鄭注輯　〔清〕嚴可均

孝經鄭注補正　〔清〕洪頤煊

爾雅義疏　〔清〕郝懿行

説文通訓定聲　〔清〕朱駿聲

經十　24.8　7110　皇清經解　〔清〕阮元彙編

粤學海堂刊　咸豐十年　一百八十七種　一千四百〇八卷　三百六十册

左傳杜解補正　顧炎武　三卷

音論　顧炎武　一卷
易音　顧炎武　十卷
詩本音　顧炎武　十卷
日知録　顧炎武　二卷
四書釋地　閻若璩　一卷
四書釋地續　閻若璩　三卷
孟子生卒年月攷　閻若璩　一卷
潛邱劄記　閻若璩　二卷
禹貢錐指　胡渭　廿一卷
學禮質疑　萬斯大　二卷
學春秋隨筆　萬斯大　十卷
毛詩稽古編　陳啓源　三十卷
仲氏易　毛奇齡　三十卷
春秋毛氏傳　毛奇齡　三十六卷
春秋簡書刊誤　毛奇齡　二卷
春秋屬辭比事記　毛奇齡　四卷
經問　毛奇齡　十五卷
論語稽求篇　毛奇齡　七卷
四書賸言　毛奇齡　六卷
詩説　惠周惕　四卷
湛園札記　姜宸英　一卷
經義雜記　臧琳　十卷
解春集　馮景　二卷
尚書地理今釋　蔣廷錫　一卷
易説　惠士奇　六卷
禮説　惠士奇　十四卷
春秋説　惠士奇　十五卷
白田草堂存稿　王懋竑　一卷

周禮疑義舉要　江永　七卷
深衣考證　江永　一卷
春秋地理考實　江永　四卷
羣經補義　江永　五卷
鄉黨圖考　江永　十卷
儀禮章句　吴廷華　十七卷
觀象授時　秦蕙田　十四卷
經史問答　全祖望　七卷
質疑　杭世駿　一卷
注疏考證　齊召南　六卷
周官禄田考　沈彤　三卷
尚書小疏　沈彤　一卷
儀禮小疏　沈彤　八卷
春秋左傳小疏　沈彤　一卷
果堂集　沈彤　一卷
周易述　惠棟　廿一卷
古文尚書攷　惠棟　二卷
春秋左傳補註　惠棟　六卷
九經古義　惠棟　十六卷
春秋正辭　莊存與　十三卷
鐘山札記　盧文弨　一卷
龍城札記　盧文弨　一卷
尚書集句音疏　江聲　十四卷
尚書後案　王鳴盛　卅一卷
周禮軍賦説　王鳴盛　四卷
十駕齋養新録　錢大昕　四卷
潛研堂文集　錢大昕　六卷
四書攷異　翟灝　卅六卷

尚書釋天　盛百二　六卷
讀書脞録　孫志祖　二卷
讀書脞録續編　孫志祖　二卷
弁服釋例　任大椿　八卷
釋繒　任大椿　一卷
爾雅正義　邵晉涵　二十卷
宗法小記　程瑶田　一卷
儀禮喪服足徵記　程瑶田　十卷
釋宫小記　程瑶田　一卷
攷工創物小記　程瑶田　四卷
磬折古義　程瑶田　一卷
溝洫疆理小記　程瑶田　一卷
禹貢三江攷　程瑶田　三卷
水地小記　程瑶田　一卷
解字小記　程瑶田　一卷
聲律小記　程瑶田　一卷
九穀考　程瑶田　四卷
釋草小記　程瑶田　一卷
釋蟲小記　程瑶田　一卷
禮箋　金榜　三卷
毛鄭詩考　戴震　四卷
詩經補註　戴震　二卷
考工記圖　戴震　二卷
東原集　戴震　二卷
古文尚書撰異　段玉裁　卅三卷
毛詩故訓傳　段玉裁　三十卷
詩經小學　段玉裁　四卷
周禮漢讀考　段玉裁　六卷

儀禮漢讀考　段玉裁　一卷
說文解字注　段玉裁　十五卷
六書音均表　段玉裁　五卷
經韻樓集　段玉裁　六卷
廣雅疏證　王念孫　十卷
讀書雜志　王念孫　二卷
春秋公羊通義　孔廣森　十三卷
禮學卮言　孔廣森　六卷
大戴禮記補註　孔廣森　十三卷
經學卮言　孔廣森　六卷
溉亭述古録　錢塘　二卷
羣經識小　李惇　八卷
經讀考異　武億　八卷
尚書古今文注疏　孫星衍　卅九卷
問字堂集　孫星衍　一卷
儀禮釋官　胡匡衷　九卷
禮經釋例　凌廷堪　十三卷
校禮尚文集　凌廷堪　一卷
劉氏遺書　劉台拱　一卷
述學　汪中　二卷
經義知新録　汪中　一卷
大戴禮正誤　汪中　一卷
曾子註釋　阮元　四卷
周易校勘記　阮元　十一卷
尚書校勘記　阮元　廿二卷
毛詩校勘記　阮元　十卷
周禮校勘記　阮元　十四卷
儀禮校勘記　阮元　十八卷

禮記校勘記　阮元　六十七卷
春秋左傳校勘記　阮元　四十二卷
春秋公羊傳校勘記　阮元　十二卷
春秋穀梁传校勘記　阮元　十三卷
論語校勘記　阮元　十一卷
孝經校勘記　阮元　四卷
爾雅校勘記　阮元　八卷
孟子校勘記　阮元　十六卷
車制圖考　阮元　二卷
積古齋鍾鼎彝器款識　阮元　二卷
疇人傳　阮元　九卷
揅經室集　阮元　七卷
撫本禮記鄭注考異　張敦仁　二卷
易章句　焦循　十二卷
易通釋　焦循　二十卷
易圖略　焦循　八卷
孟子正義　焦循　三十卷
周易補疏　焦循　二卷
尚書補疏　焦循　二卷
毛詩補疏　焦循　五卷
禮記補疏　焦循　三卷
春秋左傳補疏　焦循　五卷
論語補疏　焦循　二卷
周易述補　江藩　四卷
拜經日記　臧庸　八卷
拜經文集　臧庸　一卷
瞥記　梁玉繩　一卷
經義述聞　王引之　廿八卷

經傳釋詞　王引之　十卷
周易虞氏義　張惠言　九卷
周易虞氏消息　張惠言　二卷
虞氏易禮　張惠言　二卷
周易鄭氏義　張惠言　二卷
周易荀氏九家義　張惠言　一卷
易義別録　張惠言　十四卷
五經異義疏正　陳壽祺　三卷
左海經辨　陳壽祺　二卷
左海文集　陳壽祺　二卷
鑑止水齋集　許宗彦　二卷
爾雅義疏　郝懿行　二十卷
春秋左傳補註　馬宗槤　三卷
公羊何氏釋例　劉逢禄　十卷
公羊何氏解詁箋　劉逢禄　一卷
發墨守評　劉逢禄　一卷
穀梁廢疾申何　劉逢禄　二卷
左氏春秋考證　劉逢禄　二卷
箴膏肓評　劉逢禄　一卷
論語述何　劉逢禄　二卷
燕寢考　胡培翬　三卷
研六室雜著　胡培翬　一卷
春秋異文箋　趙坦　十三卷
寶甓齋札記　趙坦　一卷
寶甓齋文集　趙坦　一卷
夏小正疏義　洪震煊　四卷
秋槎雜記　劉履恂　一卷
吾亦廬稿　崔應榴　四卷

論語偶記　方觀旭　一卷
經書算學天文考　陳懋齡　一卷
四書釋地辨證　宋翔鳳　二卷
毛詩細義　李黼平　廿四卷
公羊禮説　凌曙　一卷
禮説　凌曙　四卷
孝經義疏　阮福　一卷
經傳考證　朱彬　八卷
甓齋遺稿　劉玉麐　一卷
説緯　王崧　一卷
經義叢鈔　嚴杰　三卷
國朝石經考異　馮登府　一卷
漢石經考異　馮登府　一卷
魏石經考異　馮登府　一卷
唐石經考異　馮登府　一卷
蜀石經考異　馮登府　一卷
北宋石經考異　馮登府　一卷
三家詩異文疏證　馮登府　二卷
經十　24.8　8208　古經解彙函（附小學彙函共三十種）〔清〕鍾謙鈞輯
粤東書局刊　同治十二年　二百四十六卷　六十八册
經十　24.8　8208　又（續附十種）
上海蜚英館石印本　光緒十四年　二百八十三卷　二十册
鄭氏周易注　〔宋〕王應麟撰集　〔清〕惠棟增補　三卷
陸氏周易述　〔吴〕陸績撰　〔清〕姚士麟輯　一卷
周易集解　〔唐〕李鼎祚輯　十七卷
周易口訣義　〔唐〕史徵著　六卷
易緯八種　十二卷
尚書大傳　〔漢〕伏勝著　〔漢〕鄭玄注　三卷

韓詩外傳　〔漢〕韓嬰撰　十卷
毛詩草木鳥獸蟲魚疏　〔吳〕陸璣撰　二卷
春秋繁露　〔漢〕董仲舒撰　十七卷
春秋釋例　〔晉〕杜預撰　十五卷
春秋集傳纂例　〔唐〕陸淳纂　十卷
春秋微旨　〔唐〕陸淳撰　三卷
春秋集傳辨疑　〔唐〕陸淳撰　十卷
論語義疏　〔魏〕何晏注　〔唐〕皇侃疏　十卷
論論筆解　〔唐〕韓愈、〔唐〕李翱同注　二卷
鄭志　〔魏〕鄭小同撰　三卷
方言　〔漢〕揚雄記　〔晉〕郭璞注　十四卷
釋名　〔漢〕劉熙撰　八卷
廣雅　〔魏〕張揖撰　十卷
匡謬正俗　〔唐〕顔師古撰　八卷
急就篇　〔漢〕史游撰　〔宋〕王應麟校　一卷
説文解字　〔漢〕許慎著　〔宋〕徐鉉校　十五卷
説文繫傳　〔南唐〕徐鍇傳释　四十三卷
説文篆韻譜　〔宋〕徐鉉著　五卷
玉篇　〔陳〕顧野王撰　三卷
干禄字書　〔唐〕顔元孫撰　一卷
五經文字　〔唐〕張參撰　三卷
九經字樣　〔唐〕唐玄度撰　一卷
廣韻　〔隋〕陸法言撰　張氏澤存堂本　五卷
又　明内府本　五卷
五經異義疏證　〔漢〕許慎著　〔清〕陳壽祺疏證　三卷　以下俱見聚英館本
古文尚書馬鄭注　〔宋〕王應麟撰集　〔清〕孫星衍補集　十二卷
魯詩故　〔漢〕申培著　三卷
齊詩傳　〔漢〕后蒼著　二卷

韓詩故（附内傳）〔漢〕韓嬰著 二卷
薛君韓詩章句 〔漢〕薛漢著 二卷
月令章句 〔漢〕蔡邕著 一卷
字林考逸 〔清〕任大椿著 八卷
蒼頡篇 〔清〕孫星衍學 三卷
原本玉篇 〔陳〕顧野王撰 一卷

經十 24.8 8324 經苑（二十五種）〔清〕錢儀吉輯
大梁書院刊 同治七年 二百四十四卷 六十四册 二部

温公易説 〔宋〕司馬光 六卷
吴園易解 〔宋〕張根 九卷
誠齋易傳 〔宋〕楊萬里 二十卷
易傳鐙 〔宋〕徐總幹 四卷
易學濫觴 〔元〕黄澤 一卷
敷文書説 〔宋〕鄭伯熊 一卷
尚書經義 〔宋〕黄倫 五十卷
洪範統一 〔宋〕趙善湘 一卷
詩總聞 〔宋〕王質 二十卷
吕氏家塾讀詩記 〔宋〕吕祖謙 三十卷
讀吕氏家塾讀詩記 〔宋〕戴溪 三卷
周官新義 〔宋〕王安石 十六卷
儀禮集釋 〔宋〕李如圭 三十卷
儀禮釋宫 〔宋〕李如圭 一卷
春秋集傳纂例 〔唐〕陸淳 十卷
春秋微旨 〔唐〕陸淳 三卷
春秋集解 〔宋〕蘇轍 十二卷
孝經誤刊 〔宋〕朱熹 一卷
孝經本義 〔明〕吕維祺 二卷
孝經或問 〔明〕吕維祺 三卷

孝經翼　〔明〕吕維祺　一卷
論語意原　〔宋〕鄭汝諧　四卷
孟子外篇註　〔宋〕劉攽　一卷
讀四書叢説　〔元〕許謙　七卷
瑟譜　〔元〕熊朋來　六卷

六〇　圖説

經十　68　8732　六經圖　〔清〕鄭之僑著
述堂藏板　乾隆九年　廿四卷　十二册
經十　68　8732　又
乾隆八年鐫　十二卷　六册

七〇　文字音訓

經十　74　7426　經典釋文　〔唐〕陸德明撰
通志堂本　三十卷　八册
經十　74　7426　又
湘南書局重刊　光緒十五年　二十卷　十二册
經十　74　7426　又
湖北崇文書局刊　同治八年　三十卷　十二册　三部
經十　75　7211　九經三傳沿革例　〔宋〕岳珂著
湖北崇文書局刊　光緒三年　一册　二部
經十　78　1127　經字異同　〔清〕張維屏輯
清泉精舍刊　光緒五年　四十八卷　四册
經十　78　2522　七經孟子考文并補遺　〔日本〕山井鼎輯　〔清〕阮元校

嘉慶二年刊　一百九十七卷　三十二册

經十　78　2669　經詞衍釋　〔清〕吴昌榮著

成都書局刊　同治十二年　十一卷　四册

經十　78　2714　説文羣經正字　〔清〕邵瑛著

桂隱書屋藏版　嘉慶二十一年　廿八卷　八册

經十　78　4211　十三經集字摹本　〔清〕彭玉雯輯

光緒二十九年　八册

經十　78　4239　經韻集字折解　〔清〕彭良敞集註

二卷　二册

經十　78　4444　十三經證異　〔清〕萬希槐輯

黄岡蕭氏刊　民國十二年　七十九卷　三十二册　二部

經十　78　4444　又

精裝八册　二部

經十　78　4664　十一經音訓　〔清〕楊國楨等著

湖北崇文書局刊　光緒三年　二十六册　二部

經十　78　7110　經籍纂詁　〔清〕阮元著

淮南書局刊　光緒六年　四十册缺一册

經十　78　7110　又

四十八册

經十　78　7110　又

揚州阮氏琅嬛仙館刊　六十册

經十　78　7110　又

六十四册

經十　78　7701　羣經字詁　〔清〕段諤廷著　〔清〕黄本驥訂

黔陽楊氏長沙刊本　道光二十九年　七十卷　二十册

經十　78　7739　經字辨體　〔清〕邱家煒學

蒲圻刊　光緒十一年　八卷　四册

八〇　雜論

經十　80　3725　通經表

一册

經十　88　4081　經學歷史　〔清〕皮錫瑞著

思賢書局刊　光緒三十二年　一册

經十　89　2706　經學導言　鄔慶時著

民國十七年　一卷　一册

經十　89　4010　十三經西學通義　李元音著

六册　二部

九九　緯書

經十　99.7　1247　古微書　〔明〕孫瑴輯

對山問月樓藏版　嘉慶二十一年　卅六卷　六册

經十　99.7　1247　又

鴻文書局印　光緒二十一年　卅六卷　四册

史部一　正史類

一〇　合刊

史一　10　1465　二十四史

五省合刊本　三千二百七十一卷　五百五十六册

史一　10　1465　又

五洲同文書局刊　光緒二十九年　七百一十一册

史一　10　1465　又

中華書局印　民國十二年　精裝五十六册

史一　10　1465　又

中華書局印　精裝五十三册

史記　〔漢〕司馬遷撰　一百三十卷

前漢書　〔漢〕班固撰　一百二十卷

後漢書（内志八篇晉司馬彪撰）　〔南朝宋〕范曄撰　一百三十卷

三國志　〔晉〕陳壽撰　六十五卷

晉書　〔唐〕太宗御撰　一百三十卷

南史　〔唐〕李延壽撰　八十卷

北史　〔唐〕李延壽撰　一百卷

宋書　〔梁〕沈約撰　一百卷

南齊書　〔梁〕蕭子顯撰　五十九卷

梁書　〔唐〕姚思廉撰　五十六卷

陳書　〔唐〕姚思廉撰　三十六卷

魏書　〔北齊〕魏收撰　一百一十四卷

北齊書　〔唐〕李百藥撰　五十卷

周書　〔唐〕令狐德棻等撰　五十卷

隋書　〔唐〕魏徵等撰　八十五卷

舊唐書　〔後晉〕劉昫撰　二百卷

新唐書　〔宋〕歐陽修等撰　二百二十五卷

舊五代史　〔宋〕薛居正等撰　一百五十卷

新五代史　〔宋〕歐陽修撰　七十四卷

宋史　〔元〕托克托等撰　四百九十六卷

遼史　〔元〕托克托等撰　一百一十六卷

金史　〔元〕托克托等撰　一百三十五卷

元史　〔明〕宋濂等撰　二百一十卷

明史　〔清〕张廷玉等撰　三百三十二卷

二〇　分刊

史一　21　1731　史記　〔漢〕司馬遷撰

涵芬樓影印　民國五年　一百三十卷　十四册

史一　21　1731　王本史記　〔漢〕司馬遷撰

湖北崇文書局刻　同治九年　一百三十卷　二十四册　二部

史　21　1731　史記　〔漢〕司馬遷撰　〔明〕徐孚遠、〔明〕陳子龍測議

芸暉閣藏版　一百三十卷　二十四册

史一　21　1731　史記評林　〔漢〕司馬遷撰　〔明〕凌稚隆輯

高蔭堂重刊　光緒十年　一百三十卷　四十册　二部

史一　21　1731　史記論文　〔漢〕司馬遷撰　〔清〕吴見思評點

尺木堂藏版　康熙二十五年　一百三十卷　十六册

史一　21　1731　又

上海中華印　八册

史一　22.1　1160　前漢書　〔漢〕班固撰

涵芬樓影印　民國五年　一百二十卷　十六册

史一　22.1　1160　又

嶺東使署刊　同治十二年　殘存十七册

史一　22.1　1160　漢書評林　〔漢〕班固撰　〔明〕凌稚隆輯

星沙養翮書齋重刊　光緒十七年　一百卷　二十二册

史一　22.1　1160　又

四十册

史一　22.1　1160　漢書評註　〔漢〕班固撰　〔明〕凌稚隆輯

上海掃葉山房刊　民國十二年　一百卷　三十二册

史一　22.1　1160　漢書補註　〔漢〕班固撰　〔清〕王先謙補注

長沙王氏刊　光緒二十六年　一百卷　三十二册　三部

史一　22.1　1106　又

上海瑞文樓印　四十册

史一　22.2　4464　後漢書（内志八篇晉司馬彪撰）　〔南朝宋〕范曄撰

金陵書局刊　光緒十三年　一百三十卷　十六册

史一　22.2　4464　又

嶺東使署刊　同治十二年　殘存十六册

史一　22.2　4464　又

涵芬樓影印　民國五年　十二册

史一　22.2　4464　後漢書集解（附續志集解三十卷）　〔宋〕范曄撰　〔清〕王先謙集解

長沙王氏校刊　民國四年　九十卷　三十册　二部

史一　22.3　7540　三國志　〔晉〕陳壽撰

涵芬樓影印　民國五年　六十五卷　六册

史一　23　4030　晉書（附音義三卷）　〔唐〕太宗御撰

金陵書局刊　同治十年　一百三十卷　二十册

史一　23.1　4014　南史　〔唐〕李延壽撰

金陵書局刊　同治十一年　八十卷　十二册　二部

史一　23.1　4014　北史　〔唐〕李延壽撰

金陵書局刊　同治十一年　一百卷　二十册　二部

史一　23.2　3427　宋書　〔梁〕沈約撰

金陵書局刊　同治十一年　一百卷　十六册　二部

史一　23.3　4416　南齊書　〔梁〕蕭子顯撰

金陵書局刊　同治十三年　五十九卷　六册　二部

史一　23.4　4260　梁書　〔唐〕姚思廉著

金陵書局刊　同治十三年　五十六卷　六册

史一　23.4　4260　又

八册

史一　23.5　4260　陳書　〔唐〕姚思廉著

金陵書局刊　同治十一年　三十六卷　四册　二部

史一　23.6　2628　魏書　〔北齊〕魏收撰

金陵書局刊　一百十四卷　二十册　二部

史一　23.7　4014　北齊書　〔唐〕李百藥撰

金陵書局刊　同治十三年　五十卷　六册

史一　23.7　4014　又

四册

史一　23.8　8424　周書　〔唐〕令狐德棻撰

金陵書局刊　同治十二年　五十卷　四册

史一　23.8　8424　又

存三册

史一　23.9　2628　隋書　〔唐〕魏徵等撰

淮南書局刊　同治十年　八十五卷　十六册　三部

史一　24　7267　舊唐書　〔後晉〕劉昫撰

浙江書局刊　同治十一年　二百卷　四十册

史一　24.1　4471　舊五代史　〔宋〕薛居正等撰

湖北崇文書局刊　同治十一年　一百五十卷　十六册
史一　24.1　7727　新五代史　〔宋〕歐陽修撰
湖北崇文書局刊　同治十一年　七十四卷　八册
史一　24.1　7727　五代史校勘記　〔宋〕歐陽修撰　〔清〕孫人龍等奉勑校
陜甘味經書院刊　光緒十七年　七十四卷　十六册
史一　24.1　7727　五代史記注　〔宋〕歐陽修撰　〔清〕彭元瑞注
雲牲書屋藏版　道光八年　七十四卷　四十册
史一　25　5245　宋史　〔元〕托克托等撰
浙江書局刊　光緒元年　四百九十六卷　一百册
史一　25　5245　又
殘存八十七册
史一　26.1　5245　遼史　〔元〕托克托等撰
江蘇書局刊　同治十二年　一百一十五卷　十二册　二部
史一　26.3　5245　金史　〔元〕托克托等撰
江蘇書局刊　同治十三年　一百三十五卷　二十册　二部
史一　26.4　3030　元史　〔明〕朱濂等撰
江蘇書局刊　同治十三年　二百十卷　四十册　二部
史一　27　1111　明史　〔清〕張廷玉等撰
湖北崇文書局刊　光緒三年　三百三十六卷　八十册

三〇　注補表譜攷證

史一　30　0014　紀元編　〔清〕六承如輯
韮學齋刊　道光十一年　三卷　三册
史一　30　1065　十七史商榷　〔清〕王鳴盛撰
洞經草堂刊　乾隆五十二年　一百卷　二十四册
史一　30　1065　又

廣雅書局刊　光緒十九年　十四册

史一　30　1198　讀史舉正　〔清〕張熷撰

廣雅書局刊　光緒十七年　八卷　二册　二部

史一　30　1628　三國五代紀年表

一册　二部

史一　30　3404　四史發伏　〔清〕洪亮吉撰

小石山房刊　光緒八年　十卷　二册

史一　30　3491　廿一史四譜　〔清〕沈炳震鈔

武陵吴氏清來堂刊　同治十年　五十四卷　十六册

史一　30　4088　讀史札記十種　〔清〕李慈銘撰

北平北海圖書館印　民國十八年　二十八卷　共八册

史一　30　4418　史鑑年表彙編　〔清〕蕭承笏編

江右養雲書屋刊　光緒十年　十四卷　八册

史一　30　4447　歷代史表　〔清〕萬斯同撰

廣雅書局刊　光緒十五年　五十九卷　八册

史一　30　4917　廿二史劄記　〔清〕趙翼著

湖南書局刊　光緒二十五年　三十六卷　十二册

史一　30　4917　又

上海書局印　光緒二十七年　八册　二部

史一　30　7774　二十四史三表　〔清〕段長基述

舊學二房刊　光緒二年　二十卷　二十六册

史一　30　8346　諸史拾遺　〔清〕錢大昕撰

廣雅書局刊　光緒十七年　五卷　一册

史一　30　8346　三史拾遺　〔清〕錢大昕撰

廣雅書局刊　光緒十七年　五卷　一册

史一　30　8346　攷史拾遺　〔清〕錢大昕撰

稻香吟館刊　嘉慶十二年　十卷　四册

史一　30　8346　二十二史攷異　〔清〕錢大昕撰

上海宏寶齋印　二十三卷　六册

史一　31　1102　史記集解索隱正義札記　〔清〕張文虎記

金陵書局刊　同治十一年　五卷　二册

史一　31　1181　史表功比説　〔清〕張錫瑜撰

廣雅書局刊　光緒十四年　一册

史一　31　1721　史記索隱　〔唐〕司馬貞撰

汲古閣藏版　三十卷　三册

史一　31　1721　又

二册

史一　31　3712　史記志疑　〔清〕梁玉繩撰

餘姚朱氏刊　光緒十四年　三十六卷　十六册

史一　31　3712　又

廣雅書局刊　光緒十三年　十四册

史一　31　4088　史記訂補　李笠著

瑞安李氏横經室刊　民國十三年　八卷　四册

史一　32　2622　兩漢勘誤補遺　〔宋〕吴仁傑撰

金陵書局刊　同治七年　十卷　二册

史一　32.1　2731　漢書引經異聞録證　〔清〕繆祐孫編

光緒十一年　六卷　二册　三部

史一　32.1　3131　漢書地理志校本　〔清〕汪遠孫校

退補齋刊　同治十年　二卷　二册

史一　32.1　3484　漢書疏證　〔清〕沈欽韓撰

浙江官書局刊　光緒二十六年　三十六卷　二十四册

史一　32.1　4634　前漢地理圖　〔清〕楊守敬稿　〔清〕熊會貞繪圖

鄰芬園刊　光緒三十年　一册　四部

史一　32.1　7293　楚漢諸侯疆域志　〔清〕劉文淇著

金陵書局刊　光緒二年　三卷　一册

史一　32.1　7535　漢書地理志水道圖説　〔清〕陳澧撰

廣東富文齋刊　七卷　二册

史一　32.1　7746　漢書注校補（附五代史纂誤補續）　〔清〕周壽昌著

小對竹軒刊　光緒十年　五十六卷　十五册

史一　32.1　8341　新斠注地志集釋　〔清〕錢坫著　〔清〕徐松集釋

會稽章氏刊　十六卷　八册　二部

史一　32.1　8346　漢書辨疑　〔清〕錢大昭撰

廣雅書局刊　光緒十三年　二十二卷　八册

史一　32.2　3482　後漢書注　〔清〕沈銘彝撰

廣雅書局刊　光緒十四年　一卷　一册

史一　32.2　3484　後漢書疏證　〔清〕沈欽韓撰

浙江官書局刊　光緒二十六年　三十卷　十六册

史一　32.2　7746　後漢書注補正　〔清〕周壽昌撰

廣雅書局刊　光緒十七年　八卷　一册

史一　32.2　8346　後漢書辨疑　〔清〕錢大昭撰

廣雅書局刊　光緒十四年　十卷　四册

史一　32.2　8346　續漢書辨疑　〔清〕錢大昭撰

廣雅書局刊　光緒十四年　九卷　二册

史一　32.3　2642　三國郡縣表補正　吴增僅考　楊守敬補

光緒三十三年　八卷　四册

史一　32.3　2700　三國志補注續　〔清〕侯康撰

廣雅書局刊　光緒十七年　一卷　一册

史一　32.3　3277　三國志攷證　〔清〕潘眉撰

廣雅書局刊　光緒十五年　八卷　二册

史一　32.3　3404　補三國疆域志　〔清〕洪亮吉撰

廣雅書局刊　光緒十七年　二卷　一册

史一　32.3　3481　三國職官表　〔清〕洪飴孫述

三卷　三册　三部

史一　32.3　3708　三國志旁證　〔清〕梁章鉅撰

廣雅書局刊　三十卷　六册

史一　32.3　4634　三國疆域圖　楊守敬輯

光緒三十三年　一册

史一　32.3　8324　三國證聞　〔清〕錢儀吉撰

江蘇書局刊　光緒十一年　三卷　二册　二部

史一　32.3　8346　三國志辨疑　〔清〕錢大昭撰

廣雅書局刊　光緒十五年　三卷　一册　三部

史一　33　3404　東晉疆域志　〔清〕洪亮吉撰

廣雅書局刊　光緒十七年　四卷　二册

史一　33　6031　晉書地理誌新補正（附説文解字舊音）　〔清〕畢沅撰

靈巖山館刊　乾隆四十六年　五卷　一册

史一　33.1　3148　南北史補志　〔清〕汪士鐸撰

淮南書局刊　光緒四年　十四卷　精裝二册

史一　33.1　3148　又

六册

史一　33.2　4742　補宋書刑法志食貨志　〔清〕郝懿行撰

廣雅書局刊　光緒十七年　二卷　一册

史一　33.2　5311　宋州郡志校勘記　〔清〕成孺撰

廣雅書局刊　光緒十四年　一卷　一册

史一　33.6　1020　魏書校勘記　〔清〕王先謙等校

長沙王氏刊　光緒九年　一卷　一册　二部

史一　33.9　4634　隋書地理志攷證　楊守敬著

光緒二十一年　九卷　六册

史一　34　1138　舊唐書疑義　〔清〕張道著

四卷　二册　三部

史一　34　3491　唐書宰相世系表訂譌　〔清〕沈炳震訂鈔

十二卷　六册

史一　36　4877　遼元金三史語解　〔清〕乾隆勅撰

江蘇書局刊　光緒四年　四十六卷　十册　三部

史一　36.1　4624　遼史拾遺補　〔清〕楊復吉輯

江蘇書局刊　光緒三年　五卷　二册　二部

史一　36.1　7167　遼史拾遺　〔清〕厲鶚撰

江蘇書局刊　光緒元年　二十四卷　八册　二部

史一　36.1　7167　遼史拾遺（附拾遺補五卷）　〔清〕厲鶚撰

廣雅書局刊　光緒二十六年　二十四卷　八册

史一　36.3　0863　金史詳校（附史論五答）　〔清〕施國祁撰

會稽章氏刊　十一卷　十二册　二部

史一　36.3　0863　金源劄記（附録二種）　〔清〕施國祁撰

吉貝居刊　嘉慶十七年　三卷　二册　二部

史一　33.4　3487　元史譯文證補　〔清〕洪鈞撰

廣雅書局刊　光緒二十六年　四册

史一　36.4　8346　元史氏族表　〔清〕錢大昕補纂

嘉慶十一年　三卷　二册

史一　37　1111　明史本紀（附原本補本異同録）　〔清〕張廷玉等奉勅補纂

故宫博物院印　民國二十一年　二十四卷　五册

史部二　編年類

一〇　歷代

史二　15　1000　通鑑地理通釋　〔宋〕王應麟撰

浙江書局刊　十四卷　三册

史二　15　1744　資治通鑑綱目發明　〔宋〕尹起莘撰

尹氏家藏版　同治十三年　五十九卷　六册

史二　15　1790　資治通鑑（附釋文辨誤）　〔宋〕司馬光撰　〔元〕胡三省釋文

湖北崇文書局刊　同治十年　三百〇六卷　一百零四册

史二　15　1790　又

精裝三十四册

史二　15　1790　資治通鑑目録　〔宋〕司馬光編

明刊本　三十卷　十四册

史二　15　1790　又

江蘇書局仿宋本刊　同治八年　十册

史二　15　1790　稽古録　〔宋〕司馬光編

湖北崇文書局　同治十一年　二十卷　四册　三部

史二　15　1790　二十二史稽古摘要（原名稽古録）　〔宋〕司馬光編

京都賞奇齋石印　光緒二十八年　二十卷　四册

史二　15　6030　大事記　〔宋〕吕祖謙撰

武英殿聚珍版　二十七卷缺七卷　存八册

史二　15　7246　通鑑外紀并目録　〔宋〕劉恕編　〔清〕胡克家注補

江蘇書局刊　同治十年　十卷　十册

史二　16　4719　通鑑釋文辨誤　〔元〕胡三省撰

十二卷　二册

史二　17　0057　續資治通鑑綱目　〔明〕商輅等奉勅撰　〔明〕陳仁錫評

明刊本　二十七卷　二十八册

史二　17　1042　王鳳州綱鑑會纂（附通鑑綱目三編）　〔明〕王世貞撰

上海點石齋石印　光緒十八年　六十九卷　十六册

史二　17　3030　朱紫陽通鑑綱目　〔明〕憲宗勅訂　〔明〕陳仁錫評

明刊本　五十九卷　八十二册

史二　17　3186　綱鑑正史約　〔明〕顧錫疇輯　〔清〕陳宏謀增訂

江浙書局　同治八年　三十六卷　二十册

史二　17　3186　又

精裝五册

史二　17　3186　又

湖南官書局刊　光緒九年　二十册

史二　17　4051　資治通鑑綱目前編　〔明〕南軒撰　〔明〕陳仁錫評

明刊本　二十五卷　十册

史二　17　4057　歷代通鑑纂要　〔明〕李東陽等編

廣雅書局刊　光緒二十三年　九十二卷　精裝十册

史二　17　4400　宋元通鑑　〔明〕薛應旂編

明刊本　一百五十七卷　三十册　二部

史二　17　4400　又

三十二册

史二　17　6621　資治通鑑補正　〔明〕嚴衍撰

益智書局印　光緒二十八年　二百九十四卷　四十八册

史二　18　0051　讀通鑑綱目劄記（附賦餘年譜）　〔清〕章邦元著

銅陵章氏家藏版　光緒十六年　二十卷　十册

史二　18　0077　御批資治通鑑綱目全書　〔清〕康熙批

粤東富文齋重刊　光緒二年　一百〇七卷　六十四册

史二　18　0077　御批資治通鑑綱目全書　〔清〕康熙批

上海經香閣石印本　光緒二十八年　一百〇四卷　十六册

史二　18　0077　御批資治通鑑綱目前編　〔清〕康熙批

宋犖校刊　康熙四十七年　十八卷　十册

史二　18　0077　御批資治通鑑綱目續編　〔清〕康熙批

宋犖校刊　康熙四十七年　二十七卷　二十册

史二　18　1097　通鑑綱目引義　〔清〕王恂撰

光緒十八年　五十二卷　二十四册

史二　18　1114　資治通鑑校勘記　〔清〕張瑛撰

江蘇書局刊　光緒八年　七卷　二册

史二　18　2674　通鑑地理今釋　〔清〕吴熙載撰

江蘇書局刊　光緒八年　十六卷　三册

史二　18　2847　資治通鑑後編　〔清〕徐乾學撰

富陽夏氏校刊　一百八十四卷　精裝十二册

史二　18　3714　資治通鑑綱目編年録　〔清〕祁璉編

乾隆二十一年　一百卷　八十册

史二　18　4431　綱鑑會編（附通鑑綱目三編）　〔清〕葉澐輯

康熙三十八年　一百一十八卷　五十册

史二　18　4431　綱鑑會編　〔清〕葉澐疏

九十六卷　四十五册

史二　18　4479　通鑑綱目分註補遺（附書法存疑）　〔清〕芮長恤撰

漂陽小岈山館刊　光緒十六年　四卷　四册

史二　18　4877　御批通鑑輯覽　〔清〕乾隆撰

湖北崇文書局刊　同治十一年　一百二十卷　六十册

史二　18　4877　又

湖南書局刊　同治十三年　八十册内缺第一册

史二　18　6031　續資治通鑑　〔清〕畢沅編

三味書局印　光緒三十一年　二百二十卷　精裝十六册
史二　18　6031　又
江蘇書局補刊　同治八年　六十册
史二　18　7231　史存　〔清〕劉沅輯
樂善堂刊　光緒二十年　三十卷　二十册

二〇　斷代

史二　21.7　4441　周季編略　〔清〕黄式三纂
浙江書局刊　同治十二年　四册
史二　24.1　4436　五代春秋志疑　〔清〕華湛恩著
鉛印本　一册
史二　25　0018　靖康要録
光緒十二年　十六卷　六册
史二　25　4032　建炎以來系年要録　〔宋〕李心傳撰
仁壽蕭氏刊　光緒十一年　二百卷　六十册
史二　25　4040　續資治通鑑長編　〔宋〕李燾撰
浙江書局刊　光緒七年　五百二十卷　一百二十册
史二　25　4040　又
精裝三十册
史二　25　4427　續資治通鑑長編拾補　〔清〕黄以周等撰
浙江書局刊　光緒九年　六十卷　十六册
史二　25　4427　又
精裝四册
史二　27　0146　明大政纂要　〔明〕譚希思撰
湖南思賢書局藏板　六十三卷　二十八册　三部
史二　27　1099　明通鑑　〔清〕夏燮撰

湖北官書處刊　光緒二十三年　九十六卷　四十册　二部

史二　27　1099　明通鑑目録　〔清〕夏燮著

湖北官書處刊　光緒二十五年　二十卷　八册　二部

史二　27　5235　欽定明鑑　〔清〕托津等奉勅編

湖北崇文書局刊　同治九年　二十四卷　十册　二部

史二　27　7537　明紀　〔清〕陳鶴纂

江蘇書局刊　同治十五年　六十卷　二十册　二部

史二　27　8742　資治通鑑綱目三編　〔清〕舒赫德等奉勅撰

江西書局刊　同治十一年　四十卷　十二册　二部

史二　28　0077　清太祖武皇帝努兒哈奇實録　〔清〕康熙勅修

故宫博物院印　民國二十一年　一册

史二　28　5224　清朝實録採要　〔日本〕郇山緯、〔日本〕永根鉉同編

日本東陽書肆印　十四卷　七册

史二　28　5598　曹中州清紀綱目　曹焕猷編

石印本　民國九年　十卷　七册

史二　28　6715　清太祖努爾哈赤實録　〔清〕鄂爾泰等奉勅修

故宫博物院印　民國二十年　一册

史二　28　7144　皇朝開國方略　〔清〕阿桂等奉勅輯

殿刊　乾隆五十一年　三十二卷　十六册

史二　28　7144　又

原殘存十五册

史二　28　7144　又

廣百宋齋校印　六册

史部三　紀事本末類

一〇　歷代

史三　15　4041　通鑑紀事本末　〔宋〕袁樞編　〔明〕張溥論正

　江西書局刊　同治十二年　二百三十九卷　八十册

史三　18　2500　歷朝紀事本末（七種）　〔清〕朱記榮輯

　愼記書莊刊　光緒二十四年　五百六十六卷　五十册

史三　18　7175　繹史　〔清〕馬驌撰

　浙江書局刊　光緒三十年　一百六十卷　五十册

二〇　斷代

史三　21.6　0044　左傳紀事本末　〔清〕高士奇撰

　江西書局刊　同治二年　五十三卷　十二册　二部

史三　25　2844　三朝北盟會編　〔宋〕徐夢莘撰

　越東集印　光緒四年　二百五十卷　四十册　二部

史三　25　3114　宋史紀事本末　〔明〕馮琦編　〔明〕陳邦瞻增訂

　江西書局刊　同治十三年　一百〇九卷　二十册　二部

史三　25　3114　又

　朝宗書室板　二十二册

史三　25　4623　皇宋通鑑長編紀事本末　〔宋〕楊仲良撰

　廣雅書局刊　光緒十九年　一百五十卷　二十四册

史三　26.1　4049　遼史紀事本末　〔清〕李有棠編纂
　李移鄂樓印　光緒二十九年　四十二卷　八册
史三　26.2　1188　西夏紀事本末　〔清〕張鑑著
　江蘇書局刊　光緒十年　三十六卷　四册　二部
史三　26.3　4049　金史紀事本末　〔清〕李有棠編纂
　李移鄂樓印　光緒二十九年　五十四卷　十二册
史三　26.4　7556　元史紀事本末　〔明〕陳邦瞻編　〔明〕張溥論正
　江西書局刊　同治十三年　二十七卷　四册
史三　26.4　7556　又
　廣雅書局刊　光緒十四年　四册
史三　27　2623　綏寇紀略（附補遺）　〔清〕吴偉業撰
　照曠閣刊本　嘉慶十四年　十二卷　十册
史三　27　2623　又
　申報館仿聚珍版印　八册
史三　27　8005　明史紀事本末　〔清〕谷應泰編
　江西書局刊　同治十三年　八十卷　二十册
史三　28　0002　平定五省回匪苗匪方略　〔清〕奕訢等奉勅撰
　光緒二十二年　四百一十卷　四百一十三册
史三　28　0044　欽定剿平邪匪方略（正續附編）　〔清〕慶桂等奉勅撰
　殿本　四百一十册缺四十四册
史三　28　0272　粤氛紀事　〔清〕謝山居士輯
　同治八年　十三卷　精裝二册
史三　28　1033　湘軍記　〔清〕王定安撰
　江南書局刊　光緒十五年　二十卷　精裝三册
史三　28　1073　湘軍志　王闓運撰
　十六篇　四册
史三　28　2149　山東軍興紀略　徑北草堂編
　濟南書局刊　同治十三年　二十二卷　十册

史三　28　2631　聖武記　〔清〕魏源撰
古微堂刊　十四卷　十二册　二部

史三　28　2694　戡定新疆記　〔清〕魏光燾編
光緒二十五年　八卷　四册

史三　28　4342　清代文字獄檔　〔清〕故宫博物院文獻館編
故宫博物院出版　民國二十年　六册

史三　28　4403　平定粤匪記略　〔清〕杜文瀾等纂輯
京都聚珍版　同治十年　十八卷附記四卷　八册

史三　28　4410　中東戰紀本末（附文學興國策）　〔清〕蔡爾康編
上海圖書集成局印　光緒二十三年　共十四卷　十三册

史三　28　4434　清史紀事本末　黄鴻壽編輯
上海文明書局印　民國十年　八十卷　八册

史三　28　4679　三藩紀事本末　〔清〕楊陸榮編
康熙五十六年　四卷　四册

史三　28　5023　平浙紀略　〔清〕秦緗業等輯
浙江書局刊　同治十一年　十六卷　四册

史三　28　6016　平定關隴紀略　〔清〕易孔昭纂輯
光緒十三年　十三卷　十三册

史三　28　6016　又
十二册

史三　28　6016　又
十册

史三　28　7743　淮軍平捻記　〔清〕周世澄編
十二卷　六册

史三　28　7743　又
四册

史部四　別史類

一〇　歷代

史四　15　4410　古今紀要　〔宋〕黄震撰

汪氏珠樹堂刊　乾隆三十二年　十九卷　四册

史四　15　6033　路史　〔宋〕羅泌纂

紅杏山房校宋本重刊　光緒二年　四十五卷　十二册

史四　15　6033　又

二十册

史四　16　8023　十八史略　〔元〕曾先之編　〔日本〕平田宗城補訂

日本鹿兒島縣刊　日本明治九年　七卷　七册

史四　17　1725　弘簡録　〔明〕邵經邦撰

康熙二十七年　二百五十四卷　六十四册

史四　18　0077　歷代紀事年表　〔清〕康熙勅撰

一百卷　一百册

史四　18　0177　半窻二十一史略　〔清〕龍體剛編輯

大經堂藏版　雍正四年　四十二卷　十册

史四　18　1134　支那通史　〔日本〕那珂通世編

日本東京中央堂印　日本明治二十一年　四卷　五册

史四　18　4081　尚史　〔清〕李鍇著

七十二卷　三十册

史四　18　7256　歷代史略

江楚書局刊　六卷　八册

二〇　斷代

史四　21.5　2123　王會篇箋釋　〔清〕何秋濤著
江蘇書局刊　光緒十七年　六卷　三册

史四　21.5　2548　逸周書校釋　〔清〕朱右曾校釋
湖北崇文書局刊　光緒三年　十卷　二册　四部

史四　21.5　4742　汲冢周書輯要　〔清〕郝懿行輯
東路廳署刊　一卷　一册

史四　22.2　4721　續後漢書　〔元〕郝經撰
九十卷　二十四册

史四　22.2　7218　東觀漢記　〔漢〕劉珍撰
武英殿聚珍版　二十四卷　四册

史四　22.3　4490　續後漢書　〔宋〕蕭常撰
師古山房刊　同治八年　四十七卷　六册

史四　23　0728　晉記　〔清〕郭倫撰
山陰王氏刊　光緒二十二年　六十八卷　二十四册

史四　23　7730　晉略　〔清〕周濟撰
味雋齋重刊　光緒二年　六十六篇　十册

史四　24.1　7520　續唐書　〔清〕陳鱣撰
廣雅書局刊　光緒二十二年　七十卷　十二册

史四　25　1021　東都事略　〔宋〕王偁著
振鷺堂刊　乾隆十六年　一百三十卷　二十四册内缺一册

史四　25　1021　又
十四册

史四　26.4　1731　續弘簡録（即元史類編）　〔清〕邵遠平撰
四十二卷　十六册

史四　26.4　2031　元史新編　〔清〕魏源撰
邵陽魏慎微堂刊　光緒三十一年　九十五卷　三十二册

史四　27　1032　明史稿　〔清〕王洪緒編
敬慎堂刊　二百六十一卷　一百册
史四　27　3410　南天痕　〔清〕凌雪纂
復古社刊　宣統二年　二十六卷　六册
史四　27　3603　明史稿　〔清〕湯斌擬
敬慎堂刊　二十卷　十四册
史四　27　3603　明史稿　〔清〕湯斌擬
二十卷　十二册
史四　27　8347　海東逸史　〔清〕翁州老民稿　〔清〕楊泰亨校
慈谿楊氏經畬塾刊　光緒十年　十八卷　二册　二部
史四　28　1020　東華全録（道光止）　〔清〕王先謙撰
京都欽文書局刊　光緒十三年　四百二十五卷　一百六十四册
史四　28　1020　又（起天命訖咸豐止）
一百八十八册
史四　28　1020　十朝東華録（起天命訖咸豐）　〔清〕王先謙撰
石印　光緒二十五年　四百九十四卷　六十四册　二部
史四　28　1020　東華續録（同治止）　〔清〕王先謙撰
一百卷　六十四册
史四　28　1020　又
公記書莊石印　光緒二十五年　一百卷　二十四册　二部
史四　28　2444　大清史略　〔日本〕佐藤楚材編輯
上海石印書屋印　光緒二十八年　十一卷　八册
史四　28　2547　東華續録（光緒朝）　〔清〕朱壽朋編
上海集成圖書公司　宣統元年　二百二十卷　六十四册
史四　28　3103　十一朝東華擥要　〔清〕汪文安録
商務印書館印　光緒二十九年　一百一十四卷　二十八册内一部缺一册　三部
史四　28　4437　東華録（雍正止）　〔清〕蔣良騏撰
三十二卷　十二册

史部五　雜史類

一〇　國語國策

史五　12　0002　戰國策（附札記）　〔漢〕高誘注
　湖北崇文書局刊　同治八年　三十六卷　五册

史五　12　0002　又
　尊經書院刊　光緒二年　五册

史五　12　0002　戰國策（附黄丕烈札記）　〔漢〕高誘注
　上海掃葉山房印　民國十三年　三十六篇　六册

史五　12.6　4067　國語（附劄記考異）　〔吴〕韋昭解
　湖北崇文書局刊　同治八年　二十六卷　五册

史五　18　3131　國語校注本三種　〔清〕汪遠孫校
　振綺堂刊　道光二十六年　二十九卷　五册

史五　18　4411　國語國策合編（附札記）　〔清〕黄丕烈校
　鴻寶齋石印　民國十三年　五十八卷　八册

史五　18　4442　國語正義　〔清〕董增齡撰集
　會嵇章氏刊　光緒六年　二十一卷　八册

二〇　事實

史五　20　1043　湖南陽秋（續編）　〔清〕王萬樹撰
　二十九卷　八册

史五　25　1013　開禧德安守城録　〔宋〕王致遠編

瑞安孫氏刊　一册

史五　26.4　7833　元朝秘史　〔元〕脱察安著

葉氏觀古堂影抄元足本　光緒三十四年　十二卷　十二册

史五　27　0404　明季南北略　〔清〕計六奇編

都成琉璃廠半松居士刊　四十二卷　二十四册

史五　27　1042　弇山堂别集　〔明〕王世貞撰

廣雅書局刊　一百卷　二十册

史五　27　1044　剿奴議撮（附陳繼儒建州考）　〔明〕于燕芳著

國立中央大學圖書館印　民國十七年　一册

史五　27　1138　臨安旬制紀（附全浙詩話刊誤）　〔清〕張道著

四卷　一册　二部

史五　27　1967　研堂見聞雜記　佚名

商務印書館印　民國元年　一册

史五　27　2712　西南紀事　〔清〕邵廷采撰

邵武徐氏刊　光緒十年　十二卷　二册

史五　27　2712　東南紀事　〔清〕邵廷采撰

邵武徐氏刊　光緒十年　十二卷　二册

史五　27　2849　小腆紀年　〔清〕徐鼒撰

徐氏家刻本　十二册

史五　27　3166　台灣外紀　〔清〕江日昇編

申報館印　光緒四年　三十卷　六册

史五　27　3191　明季三朝野史　〔清〕顧炎武輯

洒墨山房刊　民國元年　四卷　二册

史五　27　3128　野獲編（附補遺四卷）　〔明〕沈德符著　〔清〕錢枋輯

扶荔山房刊　道光七年　三十四卷　二十册　二部

史五　27　4017　南疆繹史　〔清〕李瑶勘定

都成琉璃廠半松居士刊　五十八卷　二十册

史五　27　4411　三湘從事録　〔明〕蒙正發撰　〔清〕金水森輯注
　鄂垣刊　光緒三十三年　一册　二部
史五　27　4424　啓禎記聞録　〔明〕葉紹袁撰
　商務印書館印　宣統三年　八卷　四册
史五　27　4465　鹿樵紀聞　〔清〕梅村野史編纂
　商務印書館印　宣統三年　三卷　三册
史五　27　4966　江上孤忠録　〔清〕趙曦明集
　商務印書館印　宣統三年　一册
史五　27　6042　思文大紀　佚名
　商務印書館印　民國元年　四册
史五　27　6225　明季稗史彙編（十六種）
　北京琉璃廠留雲居士排字本　二十七卷　十册
史五　27　6225　又
　十六册
史五　27　6225　又
　圖書集成書局刊　光緒二十二年　六册
　烈皇小識　竹塢遺民著　八卷
　江南聞見録　一卷
　聖安本紀　〔清〕顧炎武著　二卷
　粵游見聞　〔明〕瞿其美著　一卷
　行在陽秋　二卷
　賜性始末　一卷
　嘉定屠城紀略　一卷
　兩廣紀略　華復蠡著　一卷
　幸存録　〔明〕夏允彝著　二卷
　東明聞見録　一卷
　續幸存録　〔明〕夏完諄著　一卷
　青燐屑　應喜臣著　二卷

求野録　容溪樵隱編　一卷

耿尚孔吴四王合傳

也是録　自非逸史編　一卷

揚州十記日　〔明〕王秀楚記　一卷

史五　27　6238　海上見聞録　〔清〕鷺島道人夢蒼輯

商務印書館印　宣統三年　二卷　二册

史五　27　7135　隆武遺事　佚名

商務印書館印　民國元年初版　一册

史五　27　7334　荆駝遺史（内三十六種未分卷）　〔清〕陳湖逸士編　李遜之輯

四十三卷　三十册

史五　27　7334　又

三十二册

史五　27　7334　又

二十四册

三朝野紀　〔清〕李遜之輯　七卷

東林事略

啓禎兩朝剥復録　〔明〕吴應箕纂　三卷

甲申忠佞紀事　〔明〕錢邦芑記　一卷

甲申紀變實録　〔明〕錢邦芑記

甲申紀事　〔明〕陳正揆記

北史紀略　〔明〕陳洪範撰

汴圍濕襟録　〔明〕白愚撰

所知録　錢澄之記　三卷

聖安本紀　〔清〕顧炎武撰　六卷

江陰城守紀（附許重熙守城記）　〔清〕韓菼編　二卷

盧司馬殉忠實録（附戎車日記）　〔明〕許德士著

袁督師計斬毛文龍始末　〔明〕李清撰

入長沙記　丁大任撰
粤中偶記　〔明〕華復蠡撰
航澥遺聞　〔清〕汪光復撰
平蜀紀事　〔明〕虞山逸民撰
李仲達被逮紀略　〔明〕蔡士順撰
徐念陽定蜀記　〔明〕文震孟撰
攻渝紀事　〔明〕徐如珂撰
遇變紀略　龔道人述
四王合傳　無名氏撰
江變紀略　〔清〕徐世溥撰　二卷
東塘日劄　〔清〕朱九初述　二卷
滄州記事　〔明〕陳正揆撰
倣指南録　〔明〕康范生著
甲行日注　〔明〕葉紹袁記　八卷
恩恤諸公志略　〔明〕孫慎行撰　二卷
孫高陽前後督師略　〔明〕蔡鼎撰
東陽兵變
閩遊日記　華定猷撰　二卷
風倒梧桐記　〔明〕何是非集　二卷
陽州十日記　〔明〕王秀楚撰
庚寅始安事略　瞿元錫撰
平回紀略　無名氏撰
平吴事略　〔清〕南園嘯客輯
人變述略　黄煜撰
全吴紀略　〔明〕楊廷樞撰
歷年城守記　〔清〕王度撰
明亡述略　〔清〕鎖緑山人述　二卷
劉公死義記　吴逸氏撰

僞官據城記　〔清〕王度撰
懿安后事略　賀宿撰
江陵紀事
孫愷陽殉城論
永歷紀事　〔明〕丁大任撰
平定耿逆記　〔清〕李之芳撰
錢氏家變録　〔清〕錢儒飴輯
兩粤夢遊記　〔明〕馬光撰　二卷

史五　28　0047　康熙政要　章梫纂
宣統三年刊　二十四卷　十二册

史五　28　0464　清開國史料（附史料補）　謝國楨輯
國立北平圖書館印　民國二十年　六卷　二册

史五　28　1018　庚辛之際月表　王廷釗編
京華印書局印　光緒三十三年　一册

史五　28　1134　張中丞守岐紀事　〔清〕張兆棟輯
民國八年　一册

史五　28　2412　前後守寶録　〔清〕魁聯撰
寶慶刊　咸豐三年　二十五卷　十二册

史五　28　2412　又
廣州刊　同治十三年　六册

史五　28　3100　盾鼻隨聞録　〔清〕王堃編
日本刊　八卷　三册

史五　28　4342　史料旬刊　故宫博物院文獻館編
京華印書館印　三十九集　三十九册

史五　28　4342　文獻叢編　故宫博物院文獻館編
故宫博物院文獻館印　十四集　十四册

史五　28　4342　文獻叢編增刊　故宫博物院文獻館編
故宫博物院文獻館印　六集　六册

史五　28　5513　清代官書記明臺灣鄭氏亡事原名平定海寇方略　國立中央研究院歷史語言研究所編

民國十九年　一册

史五　28　7421　滿清稗史　陸保璿編輯

新中國圖書公司印　民國二年　二十六卷　十七册

滿清興亡史　漢史氏撰　四卷

滿清外史　天嘏撰　一卷

貪官污吏傳　老吏撰　一卷

奴才小史　一卷

中國革命日記　一卷

各省獨立史別裁　曹榮撰　一卷

清末實録　一卷

戊壬録　宋玉卿撰　二卷

南北春秋　天嘏撰　二卷

當代名人事略　二卷

黄花崗十傑紀實　天嘯生撰　一卷

三江筆記　三江遊客撰　二卷

湘漢百事　金城撰　二卷

所聞録　蘇民撰　一卷

暗殺史　一卷

清華集　汪詩儂撰　二卷

三〇　掌故

史五　38　1001　石渠餘記　〔清〕王慶雲編

光緒十六年　六册

史五　38　3448　清秘述聞　〔清〕法式善編

十六卷　六册

史五　38　3448　槐廳載筆　〔清〕法式善編

二十卷　六册

史五　38　4342　掌故叢編　故宫博物院文獻館編

故宫博物院圖書館印　十集　十册

四〇　瑣記

史五　47　0809　乘餘集　〔清〕許新堂著

乾隆十二年　二卷　二册

史五　47　1237　二申野録　〔清〕孫之騄輯

吟香館刊　同治六年　八卷　三册

史五　47　7246　酌中志餘　〔明〕劉若愚輯

二卷　二册

史五　48　2260　行素齋雜記　〔清〕繼昌撰

湖南臬署刊　光緒二十七年　二卷　二册

史五　48　3163　讀書堂西征隨筆　〔清〕汪景祺著

故宫博物院印　民國十七年　一卷　一册

史五　48　7503　郎潛紀聞　〔清〕陳康祺著

光緒十年　十四卷　八册

五〇　外交史（附條約）

史五　58　0000　清代籌辦夷務始末（道光朝）　〔清〕文慶等奉勅編

故宫博物院影印　民國十八年　八十卷　四十册

史五　58　0143　約章成案匯覽　〔清〕颜世清編纂

上海點石齋印　五十二卷　四十六册

史五　58　1005　清季外交史料（附西巡大事記）〔清〕王彦威輯

北平外交史料編纂處印　民國二十二年　二百二十七卷

共一百二十一册

史五　58　1035　國朝柔遠記〔清〕王之春編

廣雅書局刊　光緒十七年　二十卷　六册　二部

史五　58　1035　又

湖北書局刊　光緒二十二年　六册

史五　58　1041　清代籌辦夷務始末（咸豐朝）〔清〕賈楨等奉勅編

故宫博物院影印　民國十九年　八十卷　四十册

史五　58　1074　交涉約案摘要（附編）〔清〕王鵬九輯

八卷　四册

史五　58　1331　交涉要覽　北洋洋務局纂

北洋官書局印　光緒三十年　五卷　五册

史五　58　2774　清俄關係〔日本〕緑岡隱士著〔清〕紐鍰譯

上海順成書局印　光緒二十九年　二册

史五　58　2834　教務輯要〔清〕徐家榦撰

湖北官書刊　光緒二十四年　四卷　四册

史五　58　3047　清代籌辦夷務始末（同治朝）〔清〕寶鋆等奉勅編

故宫博物院影印　民國十九年　一百卷　五十册

史五　58　3237　中西紀事〔清〕江上蹇叟編

二十四卷　六册

史五　58　3425　蠡測録〔清〕沈純著

光緒四年　二卷　二册

史五　58　3436　教務輯要〔清〕沈祖恩等輯

江西官紙印刷所印　光緒三十四年　二卷　二册

史五　58　3627　英人强賣鴉片記〔清〕湯叡筆譯

大同譯書館印　光緒二十四年　八卷　二册

史五　58　4069　通商約章成案類編　〔清〕李瀚章等輯
廣百宋齋刊　三十卷　十二册

史五　58　4030　通商約章類纂　〔清〕李瀚章等輯
天津官書局刊　光緒十二年　三十五卷　二十册　二部

史五　58　4044　續通商條約章程成案（類編）　〔清〕李有棻輯
秦中書局印　光緒二十五年　四册

史五　58　4044　又
三册

史五　58　4044　又
二册

史五　58　4077　教務紀略　〔清〕李剛己輯
光緒三十年　四册

史五　58　4342　清光緒朝中日交涉史料自光緒元年起至三十一年止　〔清〕故宫博物院編
故宫博物院印　民國二十一年　八十八卷　四十四册

史五　58　4342　清代外交史料嘉慶朝　〔清〕故宫博物院編
故宫博物院印　民國二十一年　六册

史五　58　4419　約章分類輯要　〔清〕蔡乃煌輯
湖南商務局刊　光緒二十六年　三十八卷　三十册

史五　58　4919　各國條約　〔清〕趙環慶等校
思賢局刊　光緒二十五年　八册

史五　58　5665　丁未和會類要　中國圖書公司校
中國圖書公司印　光緒三十四年　四卷　四册

史五　58　6001　新譯萬國垂涎中華近事　〔法〕畢龍等譔　〔清〕劉翹翰等譯
中華編譯印書館印　光緒二十八年　三卷　二册

史五　58　6063　保華全書　〔英〕貝思福著　〔美〕林樂知譯
廣學會刊　光緒二十五年　四卷　四册

史五　58　7518　英國條款税則　〔清〕陳延益等校

光緒元年　一册

史五　58　7518　法國條款税則　〔清〕陳延益等校

光緒元年　一册

史五　58　7518　奥國條款税則章程　〔清〕陳延益等校

光緒元年　一册

史五　58　7518　義國和約章程税則　〔清〕陳延益等校

光緒元年　一册

史五　58　7518　俄國條約税則章程　〔清〕陳延益等校

光緒元年　一册

史五　58　7518　布國條款税則　〔清〕陳延益等校

光緒元年　一册

史五　58　7518　日國條款　〔清〕陳延益等校

光緒元年　一册

史五　58　7518　荷蘭國條約　〔清〕陳延益等校

光緒元年　一册

史五　58　7518　比國條約税則　〔清〕陳延益等校

光緒元年　一册

史五　58　7518　喘唤國哪喊國條約　〔清〕陳延益等校

光緒元年　一册

史五　58　7518　丹國條款税則　〔清〕陳延益等校

光緒元年　一册

史五　58　7518　中日條規章程税則　〔清〕陳延益等校

光緒元年　一册

史五　58　7518　美國條款税則　〔清〕陳延益等校

光緒元年　一册

史五　58　8023　金軺籌筆　〔清〕曾紀澤録　〔清〕楊楷校

光緒十三年刊　四卷　四册

史五　58　8300　俄國蠶食亞洲史略　〔清〕養浩齋主人輯譯

廣智書局印　光緒二十八年　一册

史五　58　8374　中外交涉類要（附光緒通商綜覈表）　〔清〕錢學嘉撰

上海醉六堂刊　光緒二十年　二册

史五　58　8397　中俄界約（斠注）　錢恂撰

上海醉六堂刊　光緒二十年　七卷　二册　二部

史五　58　8744　交涉要覽類編　〔清〕鄭真來譯

湖北洋務譯書局印　光緒二十八年　四卷　四册　二部

史五　58　9913　各國約章纂要　〔清〕勞乃宣輯

上海圖書集成局印　光緒十八年　八卷　四册　二部

史五　59　9913　又

吴橋官廳刊　光緒十七年　八卷　四册　二部

史五　59　2026　分類編輯不平等條約　外交委員會編纂處編

民國十五年　六册

九〇　彙刊

史五　98　8038　史學粹珍　〔清〕余肇鈞彙輯

永豐書局　同治八年　十七卷　八册

史部六　詔令奏議類

一〇　詔令

史六　18　0010　硃批諭旨　〔清〕雍正勅編
　上海點石齋印　光緒十三年　六十册
史六　18　0240　訓士
　關中書院刊　光緒十三年　一册　二部
史六　18　2337　世宗諭旨　〔清〕允祿等編
　浙江書局刊　光緒三十一年　一百五十九卷　三十二册
史六　18　4410　清十朝聖訓（起天命訖同治）
　九百二十二卷　二百四十五册
史六　18　4410　又
　京都擷華書局刊　九百二十二卷　二百八十六册

二〇　奏議

二一　總集

史六　21　4644　歷代名臣奏議　〔明〕楊士奇輯　〔明〕陳明卿删正
　菁華樓刊　崇禎八年　三百一十九卷　八十册
史六　21.7　1242　明臣奏議　〔清〕孫柏生編

四影閣刊　光緒十七年　十二卷　十二册

史六　21.7　1242　又

六册

史六　21.8　7512　同治中興奏議選　〔清〕陳弢輯

京都小酉山房刊　八卷　四册

二二　别集

史六　22.5　4927　李忠定集（附年譜）　〔宋〕李剛撰

湖南愛日堂刊　光緒二十九年　七十七卷　二十册

史六　22.5　4936　趙忠定奏議　〔宋〕趙汝愚撰

葉氏觀古堂刊　宣統二年　四卷　二册

史六　22.7　0123　譚襄敏公奏議　〔明〕譚綸撰

御書樓藏版　康熙四十三年　十卷　八册

史六　22.7　1000　桂洲奏議　〔明〕夏言撰

江西書局刊　光緒十七年　二十一卷　十二册

史六　22.7　2111　經遼疏牘　〔明〕熊廷弼著

湖北通志局重雕　十卷　十册

史六　22.7　2126　盧忠肅公集（奏議附詩文手蹟）　〔明〕盧象昇撰

光緒三十四年　十二卷　七册

史六　22.7　2645　吴西沱先生奏議（蠢遇録）　〔明〕吴世忠撰

同治二年　十七卷　二册

史六　22.7　2645　又

三册

史六　22.7　2837　留垣疏草　〔明〕徐憲卿撰

二册

史六　22.7　3146　掖垣題稿　〔明〕顧九思著

同治五年　二卷　二册

史六　22.7　4438　董擴庵先生疏草　〔明〕董裕撰

宸翰閣藏版　雍正十三年　十五卷　四册

史六　22.8　0128　龔端毅公奏疏　〔清〕龔鼎孳著

寶謹堂藏版　光緒七年　八卷　五册

史六　22.8　0200　端忠敏公奏稿　〔清〕端方撰　〔清〕楊子勤等編

民國七年刊　十六卷　十六册

史六　22.8　0724　郭侍郎奏疏　〔清〕郭嵩燾著

光緒十八年　十二卷　十二册

史六　22.8　1034　丁文誠公奏稿　〔清〕丁寶楨撰

京師刊本　光緒十九年　二十六卷　二十七册

史六　22.8　1034　丁文誠公奏稿　〔清〕丁寶楨撰

南海羅氏刊　光緒二十二年　二十六卷　二十七册

史六　22.8　1035　王中丞奏議　〔清〕王之春撰

星沙通俗館刊　光緒三十年　五卷　五册

史六　22.8　1035　椒生奏議　〔清〕王之春撰

五卷　五册

史六　22.8　1044　王侍郎奏議　〔清〕王茂蔭撰

光緒十三年　十卷　四册

史六　22.8　1122　澗于集　〔清〕張佩綸著

豐潤澗于草堂藏板　六卷　六册

史六　22.8　1133　南皮張宫保政書　〔清〕張之洞撰

上海圖書集成局印　光緒二十七年　十二卷　六册

史六　22.8　1144　張靖達公奏議　〔清〕張樹聲撰　〔清〕何嗣焜編

光緒二十五年刊　八卷　四册

史六　22.8　2284　岑襄勤公奏稿　〔清〕岑毓英撰

武昌督糧署刊　光緒二十三年　三十卷　三十二册　二部

史六　22.8　2748　詒蔭堂奏議　〔清〕黎攀鏐撰

光緒十八年　一册

史六　22.8　3114　馮宫保軍牘　〔清〕馮子材撰　〔清〕張雲卿等輯
光緒十一年　十二卷　六册

史六　22.8　3444　沈文肅公政書　〔清〕沈葆楨撰
吴門節署刊　光緒六年　七卷　十二册　二部

史六　22.8　4023　李忠武公遺書　〔清〕李續賓撰
甌江巡署刊　光緒十七年　四册

史六　22.8　4030　李文忠公奏議　〔清〕李鴻章著　〔清〕章洪鈞等編
蓮池書院印　二十卷　二十册

史六　22.8　4030　李文忠公全集　〔清〕李鴻章撰　〔清〕吴汝綸編
金陵刊　光緒三十一年　一百三十五卷　一百册

史六　22.8　4039　左文襄公奏疏（附録五種）　〔清〕左宗棠撰
光緒二十七年　共一百三十一卷　六十四册

史六　22.8　4039　又
上海圖書集成局刊　光緒二十七年　一百二十卷　二十册　二部

史六　22.8　4210　彭剛直公奏稿　〔清〕彭玉麟撰
光緒二十八年　四卷　四册　二部

史六　22.8　4210　又
吴下刊　光緒十七年　八卷　四册　二部

史六　22.8　4210　又
六册

史六　22.8　4253　靳文襄公奏疏　〔清〕靳輔撰
八卷　八册

史六　22.8　4290　東溟奏稿　〔清〕姚瑩著
四卷　二册

史六　22.8　4362　裘文達公奏議　〔清〕裘日修撰
裘氏家刊本　嘉慶八年　一册

史六　22.8　4462　林文忠公政書　〔清〕林則徐撰
林氏家刊　三十七卷　十六册

史六　22.8　4462　又
十二册
史六　22.8　4462　又
光緒十一年刊　三十七卷　十六册
史六　22.8　4670　楊勇慤公奏議　〔清〕楊岳斌撰
問竹軒刊　光緒二十一年　十六卷　二十册
史六　22.8　4670　又
十六卷　十六册
史六　22.8　4672　耐菴奏議公牘存稿（附文詩存）　〔清〕賀長齡撰　〔清〕羅汝懷纂
賀氏家刊本　光緒八年　共二十五卷　十二册
史六　22.8　4672　耐菴奏議存稿　〔清〕賀長齡著
光緒八年　十二卷　七册
史六　22.8　4741　胡文忠公集　〔清〕胡林翼著
湖北崇文書局刊　光緒元年　八十六卷　三十二册
史六　22.8　4741　胡文忠公政書　〔清〕胡林翼撰　〔清〕但湘良編
湖南糧儲道署刊　光緒二十五年　十四卷　十六册
史六　22.8　4748　呈請察院代奏憲政利弊摺稿　〔清〕胡柏年撰
一册
史六　22.8　7106　馬端敏公奏議　〔清〕馬新貽撰
光緒二十年　八卷　八册
史六　22.8　7226　滇黔奏議　〔清〕劉嶽昭著
光緒十四年　十卷　六册
史六　22.8　7241　江楚會奏變法摺　〔清〕劉坤一、〔清〕張之洞合撰
兩湖書院刊　光緒二十七年　一册　四部
史六　22.8　7244　劉中丞奏議　〔清〕劉蓉著
思賢講舍刊　光緒十一年　二十卷　十册
史六　22.8　7272　劉武慎公遺書　〔清〕劉長佑著

光緒二十六年　二十四卷　二十八册

史六　22.8　7272　劉武慎公遺書（附年譜）　〔清〕劉長佑著

光緒二十六年　二十七卷　二十八册

史六　22.8　7282　劉壯肅公奏議　〔清〕劉銘傳撰

光緒三十二年　十卷　六册

史六　22.8　7544　陳侍郎奏稿　〔清〕陳士杰撰

衡陽刊　光緒三十二年　八卷　四册　二部

史六　22.8　7580　庸盦尚書奏議　〔清〕陳夔龍著

民國二年　十六卷　八册

史六　22.8　7720　駱文忠公奏議　〔清〕駱秉章撰

家刊本　二十七卷　二十八册

史六　22.8　7723　屠光禄奏疏　〔清〕屠仁守撰

潛樓刻　民國十一年　四卷　二册

史六　22.8　7734　陶雲汀奏疏　〔清〕陶澍撰

道光八年　二十四卷　十二册

史六　22.8　7734　陶雲汀先生題稿　〔清〕陶樹撰

道光九年　八卷　八册

史六　22.8　8064　曾文正公奏議　〔清〕曾國藩撰　〔清〕薛福成編

上海醉六堂刊　同治十三年　十卷　十册

史六　22.8　8064　又

上海圖書集成局印　光緒二十二年　十四卷　四册　二部

史六　22.8　8064　曾忠襄公奏議（附書札文集）　〔清〕曾國荃撰　〔清〕蕭榮爵編

家刊本　光緒二十九年　五十六卷　六十四册

史六　22.8　8328　錢敏肅公奏疏　〔清〕錢鼎銘撰

存素堂刊　光緒六年　七卷　四册

三〇　公牘

三一　總集

史六　31.8　4728　盾筆留芬　〔清〕胡傳釗編

廣西梧州西鋭總局刊　光緒二十三年　八卷　四册

史六　31.8　7536　東征要電佚存　〔清〕陳湜輯

光緒二十五年　五卷　五册

史六　31.8　7726　金雞談薈　〔清〕歐陽利見輯

四明節署刊　光緒十五年　十五卷　八册

三二　別集

史六　32.7　2111　熊襄愍公尺牘　〔明〕熊廷弼著

武昌璞園刊　光緒三十四年　四卷　四册　二部

史六　32.8　0034　童温處公遺書　〔清〕童兆蓉著

寧鄉童氏桂陰書屋藏板　六卷　六册

史六　32.8　1050　于清端公政書（附首編外集）　〔清〕于成龍著

康熙二十二年　九卷　十册　二部

史六　32.8　1066　撫吴公牘　〔清〕丁日昌著

光緒三年　三十五卷　七册

史六　32.8　1089　王壯武公遺集（附年譜二卷）　〔清〕王鑫著

湘鄉王氏刊　光緒十八年　二十四卷　十二册缺第十册

史六　32.8　1092　公牘偶成　〔清〕聶光鑾撰

蜀南漢青簃刊　光緒十一年　一册

史六　32.8　1791　會勷金陵闤政公牘存稿　〔清〕鄧炬編

一册

史六　32.8　2304　傅雅三先生遺著　〔清〕傅詩著
　京華印書房印　一册
史六　32.8　2644　湘輶叢刻　〔清〕吴樹梅著
　奉鞠齋業書本　光緒二十六年　十三卷　六册
史六　32.8　2814　嶺南實事記　〔清〕徐琪著
　光緒二十二年　二十一卷　十二册
史六　32.8　3808　勉益齋偶存稿　〔清〕裕謙著
　八册
史六　32.8　3808　正續外吏規型　〔清〕裕謙著
　勉益齋藏版　光緒元年　二十四卷　二十四册
史六　32.8　4030　李文忠公函稿　〔清〕李鴻章著　〔清〕吴汝綸輯
　蓮池書社印　光緒二十八年　五十六卷　二十八册
史六　32.8　4030　李文忠公朋僚函稿　〔清〕李鴻章著　〔清〕吴汝綸輯
　蓮池書社印　光緒二十八年　五十八卷　二十九册
史六　32.8　4041　寶韋齋類稿　〔清〕李桓著
　十六册
史六　32.8　4722　宦滇紀事　〔清〕胡秀山著
　高觀書院刊　光緒十六年　四册
史六　32.8　6036　怡雲館文牘　〔清〕羅湘著
　文倫書局印　光緒三十三年　一册
史六　32.8　7221　庸吏言庸　〔清〕劉衡撰
　湖北崇文書局刊　同治七年　二册　二部
史六　32.8　7423　學治偶存　〔清〕陸維祺撰
　光緒十六年刊　八卷　四册　二部
史六　32.8　7539　培遠堂偶存稿（文檄）　〔清〕陳宏謀著
　培遠堂藏板　二十六卷　十四册
史六　32.8　8309　卷園書牘　〔清〕錢康榮撰
　家刊本　一册

史六　32.8　9711　鄂游偶識　〔清〕惲祖翼著

光緒二十年　一册

史六　32.9　1230　蟄龍書牘　孫洪亮著

石印本　民國十四年　一册

史六　32.9　2130　三邑治略　熊賓著

光緒三十一年　六卷　六册　二部

史六　32.9　2611　孫中山書牘　吴硯雲編訂

國光印刷部印　民國元年　二卷　二册

史六　32.9　2611　黎副總統書牘　吴硯雲編

上海新中國書局　民國元年　二册原缺上册

史六　32.9　3125　程雪樓先生書牘　汪德軒編輯

國光印刷部印　民國元年　二卷　二册

史六　32.9　4420　廬鄉公牘　莊綸裔撰

四卷　四册

史六　32.9　4422　袁大總統書牘

上海新中國書局印　民國元年　二册

史六　32.9　4443　樊山政書　樊增祥著

金陵排印本　宣統二年　二十卷　十册

史六　32.9　4640　補過齋文牘　楊增新原稿

新疆駐京公寓刊　民國十年　十集　三十二册

史六　32.9　6064　黎副總統政書　易國幹等編集

湖北官紙印刷局印　民國三年　三十四卷　十六册

史六　32.9　8347　錫山學務文牘　錢基厚輯

錫成公司印　民國九年　三編　一册

史部七　傳記類

一〇　聖賢

史七　18　1033　宗聖志　〔清〕王定安編

金陵刊　光緒十六年　二十卷　六册　二部

史七　18　1223　闕里文獻考　〔清〕孔繼芬纂

一百卷　八册

史七　18　1223　又

七册缺第八册

史七　18　3130　孔子年譜輯注　〔清〕江永著　〔清〕黄定宜輯注

一册

史七　18　4457　聖域述聞　〔清〕黄本驥編

文經堂刊　二十八卷　四册　二部

史七　18　4461　學宫景仰編　〔清〕黄見三輯

知足知不足齋刊　同治十一年　八卷　四册

史七　18　4914　孔孟編年　〔清〕狄子奇編

浙江書局刊　光緒十三年　共八卷　二册

史七　18　7586　重纂三遷志　〔清〕陳錦、〔清〕孫葆田等重纂

山東書局刊　光緒十三年　十卷　六册

二〇　名人

史七　21.6　4477　晏子春秋　〔清〕蘇輿校
集賢講社刊　光緒二十八年　七卷　二册

史七　22　1144　諸葛忠武侯全集　〔清〕張樹纂
十二册

史七　22.5　1174　諸葛忠武誌　〔清〕張鵬翮撰
播州華氏刊　六卷　四册

史七　25　1040　朱子年譜（附録四種）　〔清〕王懋竑纂
武昌書局刊　光緒九年　共十四卷　四册　三部

史七　25　3130　考訂朱子世家　〔清〕江永著
涇縣朱氏重刊　同治十三年　一册

史七　25　3140　司馬温公年譜　〔清〕顧棟高編
南林劉氏求恕齋刊　民國六年　十卷　四册

史七　25　3140　王荆公年譜　〔清〕顧棟高編
南林劉氏求恕齋刊　民國六年　五卷　二册

史七　25　3154　尹和靖言行録　〔宋〕馮忠恕等録
四卷　二册

史七　25　3714　東坡事類　〔清〕梁廷枏纂
二十二卷　十册内缺一册

史七　25　4013　朱子年譜綱目　〔清〕李元鼎編
敬修齋版　嘉慶二年　十四卷　六册

史七　25　4429　宋忠定趙周王別録　葉德輝輯
長沙葉氏刊　光緒三十四年　八卷　四册

史七　25　4939　程朱闕里志　〔明〕趙滂編
紫陽書院藏板　雍正三年　十卷　八册

史七　25　7211　金陀粹編　〔宋〕岳珂撰
浙江書局刊　光緒九年　五十八卷　十二册　二部

史七　26.4　7518　趙子言行録　〔清〕陳廷鈞纂述
湖北崇文書局刊　同治九年　二卷　二册　三部

史七　27　1063　孝行録　〔清〕王景祚輯
漢陽公署刊　一册

史七　27　3682　況太守集（治蘇政績）　〔明〕況忠著　〔清〕況廷秀輯
乾隆二十八年　十六卷　四册

史七　27　4021　李見羅先生行略　〔明〕李穎撰
民國十一年　一册

史七　27　4828　楊公垂範集
濟南義德堂石印　一册

史七　27　4910　張蒼水年譜　〔清〕趙子謙纂
一册

史七　27　7231　金正希年譜　劉洪烈訂
兩湖書院印　光緒二十三年　一册　六部

史七　27　7237　蕺山年譜　〔清〕劉汋編
海天旭日硯齋刊　光緒二十三年　二卷　二册

史七　28　0033　章午峯年譜　〔清〕章家祚述
光緒十八年　一册

史七　28　0723　方氏崇祀鄉賢録
二卷　二册

史七　28　1013　忠孝録　〔清〕王廷禎編録
漢陽官廨刊　同治七年　一册

史七　28　1033　求闕齋弟子記　〔清〕王定安譔
琉璃廠龍文齋刊　光緒二年　三十二卷　十六册　三部

史七　28　1111　澄懷主人自訂年譜　〔清〕張廷玉撰
光緒六年重刊　六卷　二册

史七　28　1121　萬清軒年譜　〔清〕張鼎元編
疊山書院刊　光緒三十二年　一册

史七　28　1126　顧亭林先生年譜　〔清〕張穆訂
道光二十四年　一册

史七　28　2304　傅雅三先生年譜　〔清〕傅詩自述
京華印書館印　民國十年　一册

史七　28　2703　曾文正公年譜　〔清〕黎庶昌編
傳忠書局刊　光緒二年　十二卷　六册

史七　28　2802　仲升自訂年譜　〔清〕徐廣縉著
家刊本　一册

史七　28　2840　裴光録年譜　〔清〕徐嘉編
光緒二十五年　四卷　二册

史七　28　3603　孫徵君年譜　〔清〕湯斌等編　〔清〕方苞訂
家刊本　二卷　二册

史七　28　4077　李愍南武愍二公父子列傳　李闡等編
金陵刊　光緒二十九年　一册　六部

史七　28　4404　旌孝録　〔清〕韓文權等編
咸豐九年　四卷　四册

史七　28　4428　藎勳録
光緒二十年　一册

史七　28　4484　孫晴川先生事略　〔清〕樊鎮輯
紹興樊氏校刊　一册　二部

史七　28　4644　楊果勇侯自編年譜　〔清〕楊芳自編
傳寶和堂藏版　道光二十年　五卷　五册

史七　28　4674　陸清獻年譜　〔清〕楊開基訂
嘉慶二十五年重刊　一册

史七　28　6018　左文襄公年譜　〔清〕羅正鈞纂
湘陰左氏刊　光緒二十三年　十卷　十册

史七　28　6027　羅壯勇公年譜　〔清〕羅師舉撰
振綺堂刊　二册

史七　28　7526　張氏一門雙節録　〔清〕陳仲恩編
　光緒三十年　一册
史七　28　7729　駱文忠自訂年譜　〔清〕駱秉章著
　思賢書局重刊　光緒二十一年　二册
史七　28　8324　錢文端年譜　〔清〕錢儀吉編
　金陵穆子美刊　三卷　三册
史七　29　4634　鄰蘇老人年譜　楊守敬自述
　一册

三〇　總録

三一　歷代

史七　31.2　7227　古列女傳　〔漢〕劉向著　〔明〕黄魯曾贊
　湖北崇文書局刊　光緒三年　四册
史七　31.2　7227　又
　三册
史七　31.2　7227　列女傳補注　〔漢〕劉向撰　〔清〕王照圓補注
　嘉慶十七年　八卷　四册
史七　31.3　2503　高士傳　〔晉〕皇甫謐撰
　湖北崇文書局刊　光緒三年　三卷　一册　二部
史七　31.7　2625　安危注　〔明〕吴甡輯
　四卷　六册
史七　31.7　2824　兩浙名賢録　〔明〕徐象梅撰
　浙江書局刊　光緒二十六年　六十二卷　六十二册
史七　31.7　3121　關學編　〔明〕馮從吾原編　〔清〕王心敬續編

灃西草堂刊　光緒十七年　八卷　四册　二部

史七　31.7　4424　廣州人物傳　〔明〕黄佐著

文字懽娱室藏版　二十四卷　四册

史七　31.7　7714　楚寶　〔明〕周聖楷輯　〔清〕鄧顯鶴增輯

道光九年　四十四卷　二十八册

史七　31.8　0062　湘潭縣節孝志　〔清〕唐昭儉撰

同治十三年　四卷　四册

史七　31.8　1034　關學續編　〔清〕王心敬著

灃西草堂刊　光緒十七年　三卷　二册

史七　31.8　1131　歷代名臣傳正續編　〔清〕張江纂

雍正五年　四十卷　十七册

史七　31.8　1133　歷代循吏傳　〔清〕張福昶纂

雍正七年　八卷　三册

史七　31.8　2073　歷代循良能吏列傳彙鈔　〔清〕喬用遷著

有恒齋藏版　道光二十四年　二十卷　四册

史七　31.8　2167　學統　〔清〕熊賜履編

靈峯精舍校印　民國十二年　五十六卷　十册

史七　31.8　2541　歷代名臣言行録　〔清〕朱桓編輯

上海廣百宋齋印　光緒十七年　二十四卷　十二册

史七　31.8　2541　歷代名臣言行録　〔清〕朱桓編輯

上海商務印書館印　光緒三十年　二十四卷　八册

史七　31.8　2553　重刊朱文端公三傳（名儒名臣循吏）　〔清〕朱軾、〔清〕蔡世遠仝訂

古唐朱氏古懽齋藏版　二十册

史七　31.8　2615　北學編（附補遺）　〔清〕魏一鼇輯　〔清〕尹會一續

四川尊經書院藏版　光緒十四年　四卷　二册

史七　31.8　2699　歷代名人年譜　〔清〕吴榮光撰

樵山草堂刊　光緒元年　十卷　十册

史七　31.8　3131　吴郡名賢圖傳贊　〔清〕顧沅輯
長洲顧氏刊　道光九年　二十卷　十册
史七　31.8　3693　洛學編　〔清〕湯斌輯
五卷　二册
史七　31.8　4034　歷代名儒傳　〔清〕李清植撰
雍正七年　八卷　四册
史七　31.8　4420　碧血録　〔清〕莊仲方撰　〔清〕夏鸞翔繪圖
上海同文書局印　光緒八年　五卷　五册
史七　31.8　4441　歷代名臣傳節録　〔清〕蕭培元録　〔清〕崇厚增撰
雲蔭堂版　同治九年　三十卷　十册
史七　31.8　4465　道學淵源録　〔清〕黄嗣東輯
鳳山學社印　光緒三十四年　一百卷　三十册　三部
史七　31.8　4465　濂學編　〔清〕黄嗣東輯
漢中刊　光緒二十二年　三卷　三册　二部
史七　31.8　4647　四朝先賢六家年譜（缺一家）　〔清〕楊希閔編
福州刊　光緒四年　四册
史七　31.8　4647　豫章先賢九家年譜　〔清〕楊希閔撰
光緒三年　殘存一册
史七　31.8　6648　列女全傳　〔清〕曉星樵人復校
江南李光明莊刊　四卷　四册
史七　31.8　7132　南陽人物志　〔清〕馬海峯輯　〔清〕劉拱宸補
同治九年　十八卷缺明志八卷　八册
史七　31.8　7433　三續疑年録　〔清〕陸心源編
光緒五年　十卷　三册　二部
史七　31.8　7704　四史疑年録　〔清〕阮元、〔清〕劉文如輯
宣統元年　七卷　四册
史七　31.8　8030　宋元學案　〔清〕全祖望修
長沙刊　光緒五年　一百卷　四十册　二部

史七　31.8　8324　題名碑録　〔清〕錢維城等輯
乾隆十一年　精裝二册

史七　31.8　8324　又
十二册

史七　31.8　8324　又
八册

史七　31.8　8347　補疑年録　〔清〕錢椒編
吴興陸氏刊　四卷　一册　三部

史七　31.9　1127　疑年録彙編（附人表）　張維驤增輯
小雙寂庵刊　民國十四年　十八卷　精裝二册

史七　31.9　2626　繡像古今賢女傳　魏息園輯
上海集成圖書公司印　光緒三十四年　九卷　八册

三二　斷代

史七　32.16　9042　春秋女譜　〔清〕常茂徠輯
夷門怡古堂刊　道光三十年　一册

史七　32.2　1034　漢名臣言行録　〔清〕夏之芳輯
積翠軒藏版　乾隆十七年　十二卷　六册

史七　32.5　1605　宋名臣言行録約編　〔清〕强望泰選録
崇德堂藏版　道光十五年　十六卷　六册

史七　32.5　2540　宋名臣言行録　〔宋〕朱熹輯集　〔宋〕李幼武續輯
播州華氏重刊　光緒二十九年　八十五卷　十二册

史七　32.5　7433　元祐黨人傳　〔清〕陸心源輯
潛園總集本　光緒十年　十卷　四册

史七　32.5　7433　又
三册

史七　32.7　3145　全明忠義別傳　〔清〕汪有典纂述

葺雲山館刊　同治六年　三十二卷　八册

史七　32.7　3145　史外　〔清〕汪有典著

盧陵尋樂山房刊　同治三年　八卷　八册

史七　32.7　3145　又　〔清〕汪有典著

陝甘公所刊　同治四年　八卷　八册

史七　32.7　4402　廣理學備考　〔清〕范鄗鼎彙編

五經堂藏版　四十八册

史七　32.7　4438　明儒學案　〔清〕黄宗羲編

慈谿二老閣刊　乾隆四十年　六十二卷　二十册

史七　32.7　4877　勝朝殉節諸臣録　〔清〕乾隆勅撰

江西刊　光緒二十年　十二卷　六册

史七　32.8　0088　清朝學案小識　〔清〕唐鑑編

光緒十年重刊　十五卷　十二册　二部

史七　32.8　2510　中興將師别傳　〔清〕朱孔彰撰

江陵刊　光緒二十三年　三十卷　八册

史七　32.8　2741　續碑傳集　繆荃孫纂録

江楚編譯局刊　宣統二年　八十六卷　三十册

史七　32.8　3134　清朝江西節孝録　江西通志局編

江西書局刊　光緒五年　八十七卷　四十册

史七　32.8　3144　清朝漢學師承記（附録二種）　〔清〕江藩纂

掃葉山房印　光緒十一年　十二卷　五册

史七　32.8　3444　江西忠義録　〔清〕沈葆楨等纂

江西書局刊　同治十二年　十二卷　四册

史七　32.8　4010　國朝先正事略　〔清〕李元度編

循階草堂刊　同治五年　六十卷　二十四册

史七　32.8　4010　又

益元書局重刊　光緒二十八年　六十卷　二十四册

史七　32.8　4014　又

圖書集成局印　光緒二十五年　六十卷　十二册　二部

史七　32.8　4020　鶴徵録　〔清〕李集輯　〔清〕李富孫等續輯

漾葭老屋刊　二十卷　六册

史七　32.8　4044　清朝耆獻類徵（附賢媛類徵）　〔清〕李桓輯

湘陰李氏刊　光緒十年　七百三十二卷　三百册　二部

史七　32.8　4041　清朝耆獻類徵　〔清〕李桓輯

湘陰李氏刊　光緒十年　七百二十卷　二百九十四册

史七　32.8　4063　漢陽府忠節全録　〔清〕李國賓等編

光緒五年　四册　二部

史七　32.8　4222　二林居集　〔清〕彭紹升著

二卷　二册　二部

史七　32.8　4444　清代學者象傳（第一集）　〔清〕葉蘭臺編

上海商務印書館印　民國十九年　四册

史七　32.8　4943　忠孝節義見聞紀略　〔清〕趙嘉肇撰

渭南縣署刊　光緒十六年　一册

史七　32.8　6958　清史列傳　〔清〕國史館輯

上海中華印　八十卷　精裝十六册

史七　32.8　6958　漢名臣傳　〔清〕國史館原本

京都琉璃廠榮錦書坊刊　三十二卷　三十二册

史七　32.8　6058　滿洲名臣傳　〔清〕國史館原本

京都琉璃廠榮錦書坊刊　四十八卷　四十八册

史七　32.8　6058　清史儒林傳　〔清〕國史館輯

二卷　一册

史七　32.8　6058　清史賢良祠王大臣小傳　〔清〕國史舘輯

二卷　一册

史七　32.8　6058　清史文苑傳　〔清〕國史舘輯

二卷　一册

史七　32.8　6058　清史循吏傳　〔清〕國史館輯

一册

史七　32.8　7511　湖北節義録　〔清〕陳瑞珍彙纂

崇文書局刊　同治九年　十三卷　十三册　四部

史七　32.8　7532　江表忠略　〔清〕陳澹然纂

長沙刊　光緒二十六年　二十卷　四册

史七　32.8　8324　碑傳集　〔清〕錢儀吉輯

江蘇書局刊　光緒十九年　一百六十卷　六十册

史七　32.8　8344　文獻徵存録　〔清〕錢林輯

有嘉樹軒藏版　咸豐八年　十卷　十册

史七　32.9　2533　蜀中先烈備徵録　朱之洪輯

石印本　民國十二年　五卷　六册

史七　32.9　4030　梁溪旅稿　李法章著

民國十年　二卷　一册

四〇　雜録

史七　45　1188　眉山詩案廣證　〔清〕張鑑著

江蘇書局刊　光緒十年　六卷　二册

史七　48　0011　宦遊紀略　〔清〕高廷瑶撰

資中官廨刊　光緒九年　二卷　一册

史七　48　0183　古稀集　〔清〕龔鎮湘輯

光緒三十四年　一册

史七　48　0724　玉池老人自敍　〔清〕郭嵩燾敍

養知書屋刊　光緒十九年　一册

史七　48　1005　宜堂類編　〔清〕丁立中纂

熹惠堂丁氏刊　光緒二十六年　十册

史七　48　1144　濮風集　張模輯

孝感徐氏安節堂刊　一册

史七　48　1243　孫徵君日譜録存　〔清〕孫奇逢記

光緒十一年　三十六卷　二十四册

史七　48　1923　圖開勝蹟（附紀恩慕義戰功紀略）　負米山房輯

負米山房刊　光緒元年　八卷　共八册

史七　48　2490　吴柳堂誄文

光緒六年刊　二册

史七　48　2558　傳忠録

一册

史七　48　4072　左文襄公哀輓録　〔清〕左氏輯

四册

史七　48　4097　李文清公日記　〔清〕李棠階記

民國四年　十六卷　十六册

史七　43　4412　完貞伏虎圖　〔清〕黄雲鵠輯

同治十一年　一册

史七　48　4633　合肥相國七十賜壽圖（附壽言）　〔清〕楊宗濂等編

海軍石印書局印　五册

史七　48　5050　錫山秦氏後雙孝徵文（彙録）　秦中毅編

錫成公司印　一册

史七　48　5398　抱冰堂弟子記

一册

史七　48　7241　金城劉氏先德録　〔清〕劉坤一輯

光緒三十一年　一册

史七　48　7593　病榻夢痕録（附録餘）　〔清〕陳輝祖自述

三卷　三册　二部

史七　48　8064　曾文正公手書日記　〔清〕曾國藩記

石印本　宣統元年　四十册

史七　49　1073　湘綺樓日記　〔清〕王闓運記

上海商務印　民國十七年　三十二册

史七　49　4023　李映川先生燕喜録　李修家編訂
民國十一年　六卷　六册

五〇　别録

史七　58　1713　元功垂範　〔清〕尹元進撰
二卷　二册

史七　58　6058　貳臣傳　〔清〕國史館繕本
京都琉璃廠半松居士排字本　十二卷　六册

史七　58　6058　逆臣傳　〔清〕國史館繕本
京都琉璃廠半松居士排字本　四卷　二册

六〇　譜牒

六一　姓氏考

史七　61.4　4430　元和姓纂　〔唐〕林寶撰　〔清〕孫星衍等校
金陵書局刊　光緒六年　十卷　四册　三部

史七　61.8　1012　百姓昭明編　〔清〕夏雲集編
河南息邑城内刊　光緒十一年　一册

史七　61.8　2123　氏族箋釋　〔清〕熊峻運著
經元堂藏版　八卷　四册　二部

史七　61.8　4457　姓氏解紛　〔清〕黄本驥編
三長物齋刊　道光二十六年　十卷　二册

六二　姓名録

史七　62.7　0077　尚友録　〔明〕廖用賢編纂　〔清〕張怕琮補輯
浙蘭五鳳樓藏版　二十二卷　精裝四册

史七　62.8　3193　史姓韻編　〔清〕汪輝祖輯
耕餘樓書局聚珍版　光緒十年　六十四卷　十六册

史七　62.8　3193　三史同名録　〔清〕汪輝祖輯
廣雅書局刊　嘉慶三年　四十卷　六册

史七　62.8　3698　尚友録續集　〔清〕退思主人編纂
上海經香閣石印　光緒二十八年　二十二卷　四册

史七　62.8　4483　氏姓譜　〔清〕蕭智漢輯
聽濤三房藏版　乾隆五十七年　一百五十七卷　一百廿册

史七　62.8　4497　宫閨聯名譜　〔清〕董恂編
上海申報館印　二十二卷　十册

史七　62.8　4904　青樓小名録　〔清〕趙慶楨輯
國學扶輪社印　宣統二年　八卷　四册

史七　62.8　8431　如不及齋别號録　〔日本〕鈴木汪等奉令編
明德舘藏版　四十八卷　二十册

六三　族譜

史七　63.8　4429　南海學正黄氏家譜　〔清〕黄任恒編修
保粹堂刊　宣統三年　十四卷　二册

史七　63.8　4431　范氏家乘　〔清〕范安瑶等續修
乾隆九年　二十四卷　二十册

史七　63.9　4043　騰衝叠水河李氏家譜　李根源修
燕臺鋟版　民國二年　一册

史七　63.9　7728　黄陂周氏宗譜　周仲曾修

教稼堂刊　民國十二年　十卷　十册

史七　63.9　8303　錢氏家乘　錢文選修

民國十三年　十二類　六册

史部八　史鈔類

一〇　合鈔

史八　17　4622　讀史四集　〔明〕楊以任輯
　豐城萬氏防未然齋版　道光三十年　四卷　四册
史八　17　4923　讀史快編（附續節明史）　〔明〕趙維寰輯
　光緒七年　七十五卷　四十八册
史八　18　2500　史略　〔清〕朱堃輯
　皖南朱氏兖麓山房刊　同治五年　八十七卷　十八册
史八　18　4845　正續通鑑類纂　〔清〕松椿輯
　上海和記書莊石印　光緒二十八年　二十卷　十二册
史八　18　7528　史緯　〔清〕陳允錫撰
　湖海樓藏版　三百三十卷　一百二十册
史八　18　8710　二十一史約編　〔清〕鄭元慶編
　善成堂刊　九卷　八册
史八　18　8710　二十四史約編（原名二十一史約編）　〔清〕鄭元慶編
　石印本　光緒二十八年　九卷　八册
史八　18　4944　二十四史輯要（附二十四史目録）　趙華基編輯
　上海中華印　民國十七年　六十四卷　三十六册

二〇　專鈔

史八　21　4445　史記鈔　〔明〕茅坤編

九十一卷　二十四册

史八　21　4467　史記菁華録　〔清〕芋田氏輯

胡荔山房刊　光緒七年　六卷　六册

史八　22.1　4047　漢書蒙拾　〔清〕杭世駿鈔

三卷　一册

史八　22.1　4047　又

杭氏五種本　一卷　一册

史八　22.1　4445　漢書鈔　〔明〕茅坤評

明刻本　九十三卷缺二七卷　殘存十六册

史八　22.2　3433　後漢書纂　〔明〕凌濛初纂

稽古齋藏版　十二卷　十六册

史八　22.2　4047　後漢書蒙拾　〔清〕杭世駿鈔

二卷　一册

史八　22.2　4047　後漢書蒙拾（附晉書補傳贊）　〔清〕杭世駿鈔

杭氏五種本　共二卷　一册

史八　23　4742　晉宋書故　〔清〕郝懿行撰

廣雅書局刊　光緒十七年　一卷　一册　二部

史八　23.1　3424　南北史識小録　〔清〕沈名蓀等編　〔清〕張應昌補正

武陵清來堂刊　同治十年　二十四卷　十二册

史八　23.1　4073　南北史類鈔　〔清〕李興祖輯

山東鹺署藏版　康熙三十四年　一百〇五卷　八册

史八　23.1　7748　南北史捃華　〔清〕周嘉猷輯

鑑止水齋藏版　同治四年　八卷　四册

史八　23.1　7748　又

新化三味堂刊　光緒二十二年　四册

史八　24　3491　新舊唐書合鈔　〔清〕沈炳震輯

武林英氏清來堂刊　同治十年　二百六十卷　八十册

史部九　載記類

一〇　總紀

史九　13.01　2237　十六國春秋　〔北魏〕雀鴻著

汪氏正本　乾隆四十二年　一百卷　十二册

史九　13.01　2237　又

湖北官書處印　光緒十二年　一百卷　十二册　二部

史九　14.2　2627　十國春秋　〔清〕吴任臣撰

漱石山房藏版　一百十六卷　十六册

二〇　分紀

史九　24.2　3714　南漢書（附南漢書考南漢文字南漢叢録）　〔清〕梁廷枏撰

四十二卷　八册

史九　24.2　7438　南唐書　〔宋〕陸遊撰　〔元〕戚光音釋

汲古閣本　三卷　三册

三〇　方隅史

史九　33　9011　華陽國志　〔晉〕常璩撰

二酉山房刊　光緒四年　十二卷　四册

史部十　時令類

一〇　月令

史十　17　3100　月令廣義　〔明〕馮應京編　〔明〕戴任釋
　萬歷三十年刊　二十四卷　八册
史十　18　4433　日月紀古　〔清〕蕭怡漢纂輯
　經元堂刊　道光二十八年　十二卷　十二册
史十　18　5040　月令粹編　〔清〕秦嘉謨輯
　聚奎書屋刊　嘉慶十七年　二十一卷　六册
史十　18　5040　新增月令粹編　〔清〕秦嘉謨編
　江陵王氏刊　咸豐七年　二十四卷　十册

二〇　歲令

史十　28　4444　古今類傳歲時類　〔清〕董穀士、〔清〕董炳文輯
　未學齋藏版　四卷　四册
史十　28　4444　又
　八册

史部十一　地理類

一〇　總志

史十一　14　4045　元和郡縣圖志（附補志）　〔唐〕李吉甫撰　〔清〕嚴觀補輯

金陵書局刊　光緒八年　共四十九卷　八册　二部

史十一　14　4050　括地志　〔唐〕魏王李泰撰　〔清〕孫星衍輯

岱南閣叢書本　八卷　二册　二部

史十一　15　1023　輿地紀勝　〔宋〕王象之編

懼盈齋刊　道光二十九年　二百卷原缺三二卷　四十八册

史十一　15　1040　元豐九域志　〔宋〕王存等撰

金陵書局刊　光緒八年　十卷　四册　二部

史十一　15　2250　太平寰宇記　〔宋〕樂史撰

金陵書局刊　光緒八年　二百卷　三十六册　三部

史十一　15　7700　輿地廣記（附札記）　〔宋〕歐陽忞撰

金陵書局刊　光緒六年　四十卷　四册　三部

史十一　15　7700　輿地廣記（附校刊記）　〔宋〕歐陽忞撰

岱南閣本　光緒二十一年　四十卷　七册

史十一　17　3293　輿圖備考　〔明〕潘光祖輯

顺治七年　十八卷　十册

史十一　17　4077　大明一統志　〔明〕李賢等奉勅修

歸仁齋重刊　嘉靖三十八年　九十卷　二十二册

史十一　18　0014　皇朝輿地略　〔清〕六承如編

羊城王氏聽春雨樓刊　光緒五年　二册　二部

史十一　18　0066　皇朝内府輿地圖　〔清〕六嚴繪

湖北官書處刊　光緒十年　一册　二部

史十一　18　1010　今古地理述　〔清〕王子音述

嘉慶十一年　殘存十一册

史十一　18　2163　清乾隆内府輿圖（附乾隆詩一幅跋四張）　〔清〕何國宗測繪　〔法國〕蔣友仁製版

故宫博物院重印　民國二十一年　共圖一百零三幅

史十一　18　2632　支那疆域沿革説略　〔日本〕重野安繹、〔日本〕河田羆同著

輿地學會譯　一册

史十一　18　2632　又

日本富山房印　一册　二部

史十一　18　2724　皇輿全圖　〔清〕鄒伯奇繪

粤東拾芥園刊　同治十三年　一册

史十一　18　3003　清朝輿地通考　通文主人輯

通文書局石印　光緒二十九年　二十三卷　四十册

史十一　18　3132　讀史方輿紀要（附形勢紀要）　〔清〕顧祖禹著

蜀南桐華書屋刊　光緒五年　一百三十九卷　五十册

史十一　18　3132　又

八十八册

史十一　18　3132　又

宏道堂刊　光緒五年　八十册

史十一　18　3132　方輿紀要簡覽　〔清〕顧祖禹原本　〔清〕潘鐸輯

江杏書屋刊　咸豐八年　三十二卷　十二册

史十一　18　3132　又

經元堂版　光緒二十八年　三十四卷　殘存十七册

史十一　18　3191　天下郡國利病書　〔清〕顧炎武輯

山東雅鑒齋刊　道光十四年　一百二十卷　存七十三册缺一册

史十一　18　3191　又

蜀南桐華書屋刊　光緒五年　五十册　二部

史十一　18　3191　又

七十二册

史十一　18　3404　乾隆府廳州縣圖志　〔清〕洪亮吉撰

授經堂刊　光緒五年　五十卷　二十册　二部

史十一　18　4033　歷代地理志韻編今釋（附皇朝輿地均編二卷）　〔清〕李兆洛輯

合肥李氏重刊　同治九年　二十卷　八册

史十一　18　4033　李氏五種　〔清〕李兆洛輯

掃葉山房印　光緒十四年　二十七卷　十二册　三部

史十一　18　4033　又

金陵書局刊　光緒十八年　十六册

史十一　18　4409　增訂廣輿記　〔清〕蔡方炳增輯

康熙四十六年　二十四卷　十二册

史十一　18　4424　皇朝直省府廳州縣歌括　〔清〕蔣升撰

滬慈城母堂刊　光緒二十四年　一册

史十一　18　4449　大清一統志表　〔清〕萬芝堂校刊

六册

史十一　18　4457　郡縣分韻考　〔清〕黄本驥編

十卷　三册

史十一　18　4612　輿地沿革表　〔清〕楊丕復著

光緒十四年　四十卷　二十册　二部

史十一　18　4741　皇朝中外一統輿圖　〔清〕胡林翼編　〔清〕嚴樹森補編

湖北撫署景桓樓刊　同治二年　三十二卷　十二册　二部

史十一　18　4741　又

六册

史十一　18　4877　大清一統志　〔清〕乾隆勅修
常州活字版本　道光二十九年　三百五十六卷缺四十八卷　一百七十册
史十一　18　7502　歷代地理沿革表　〔清〕陳方績撰
廣雅書局　光緒二十一年　四十七卷　十五册
史十一　18　8947　分省地輿圖
二盒　共四十六幅
史十一　19　4634　歷代輿地圖　楊守敬繪編
觀海堂楊氏刊　光緒二十九年　四十五種　三十四册
史十一　19　4634　歷代地理沿革險要圖　楊守敬撰
東湖饒氏刊　光緒五年　一册

二〇　方志

二一　黄河流域

二一·一　河北

史十一　21.1　0041　幾輔通志（今河北省）　〔清〕唐執玉等修
雍正十三年　一百二十卷　七十二册
史十一　21.1　2523　日下舊聞　〔清〕朱彝尊著
四十二卷　十六册
史十一　21.1　4030　畿輔通志　〔清〕李鴻章等纂修
古蓮花池藏版　光緒十年　三百卷　二百四十册
史十一　21.11　2110　顺天府志　〔清〕周家楣等修
光緒十年　一百三十卷　六十四册
史十一　21.12　1200　延慶州志（今延慶縣）　〔清〕李鍾俾等修

乾隆七年　十卷　六册

史十一　21.12　3100　保安州志（今涿鹿縣）　〔清〕楊桂森等纂修

道光十五年　十一卷　四册

史十一　21.12　3276　開州志（今濮陽縣）　〔清〕孫棨等修

康熙十二年　十卷　五册

史十一　21.12　3730　通州志（今通縣）　〔清〕王維珍等纂修

光緒五年　十二卷　十二册

史十一　21.12　7848　臨榆縣志　〔清〕鍾和梅撰

乾隆二十一年　十四卷　六册

二一・二　山東

史十一　21.2　4442　續山東考古録　〔清〕葉圭綬著

山東書局刊　光緒八年　三十三卷　六册

史十一　21.2　7231　山東通志　〔清〕岳濬等纂修

乾隆元年刊道光十七年補刊　三十六卷　四十二册

史十一　21.22　2423　長河志籍考（今德縣）　〔清〕田雯編

康熙三十七年　十卷　一册　二部

二一・三　河南

史十一　21.3　7166　續河南通志　〔清〕阿思哈等纂修

河南教育司印　乾隆三十二年修民國三年印　八十四卷　二十四册

史十一　21.32　1322　確山縣志　張縉璜等纂修

民國二十年　二十四卷　四册

史十一　21.32　2076　信陽州志（今信陽縣）　〔清〕張鉞等纂修

漢口大新公司印　乾隆十四年修民國十四年印　十二卷　四册

史十一　21.32　4000　太康縣志　劉盼遂等纂修

民國二十二年　十二卷　四册

史十一　21.32　5023　中牟縣志　〔清〕吴若烺等纂修
同治九年　十二卷　六册
史十一　21.32　8076　舞陽縣志　〔清〕王德瑛纂修
道光年間修　十二卷　四册

二一·四　山西

史十一　21.4　1051　山西通志　〔清〕王軒等纂修
光緒十八年　一百八十四卷　九十六册
史十一　21.4　7024　山西志輯要（附清凉山志輯要）　〔清〕雅德輯
乾隆四十五年　十卷　十二册
史十一　21.4　7610　山西通志　〔清〕覺羅石麟等修　〔清〕衡齡等重校
雍正十二年修嘉慶十六年重校　二百三十卷　一百册
史十一　21.41　2725　解州志　〔清〕張承熊等纂修
光緒年間　十八卷　精裝二册
史十一　21.42　0010　高平縣志　〔清〕龍汝霖等纂輯
同治六年　八卷　六册
史十一　21.42　1010　靈石縣志　〔清〕王志瀜等纂修
嘉慶二十二年　十二卷　五册
史十一　21.42　2795　絳縣志　〔清〕胡延撰
二十一卷　四册
史十一　21.42　7117　長子縣志　〔清〕楊篤等纂修
光緒八年　十三卷　八册

二一·五　陝西

史十一　21.5　3452　陝西通志　〔清〕沈青崖編輯
雍正十三年　一百卷　一百册　二部
史十一　21.51　7787　鳳翔府志　〔清〕達靈阿等纂修

乾隆三十一年　十三卷　十二册　二部
史十一　21.52　0074　高陵縣志　〔明〕吕柟撰
光緒十年刊　七卷　二册
史十一　21.52　0074　高陵縣續志　〔清〕白遇道等編纂
光緒十年　八卷　二册
史十一　21.52　0536　靖邊縣志　〔清〕丁錫奎纂
光緒二十五年　十二卷　四册　二部
史十一　21.52　0938　麟遊縣新志　〔清〕彭恂等纂修
光緒九年　十一卷　四册
史十一　21.52　1022　續平利縣志　〔清〕李聯芳等纂修
光緒二十三年　十一卷　四册
史十一　21.52　1026　石泉縣志　〔清〕舒鈞重輯
道光二十九年　四卷　二册
史十一　21.52　1041　留壩廳志（附足徵録今留壩縣）　〔清〕賀仲瑊等纂修
道光二十二年　共十四卷　四册
史十一　21.52　1314　武功縣志　〔明〕康海撰
湖北崇文書局刊　同治十二年　三卷　一册　四部
史十一　21.52　1526　醴泉縣志　〔清〕蔣騏昌、〔清〕孫星衍同撰
乾隆四十八年　十四卷　四册
史十一　21.52　1722　鄠縣新志　〔清〕孫景烈編
乾隆四十二年　六卷　四册
史十一　21.52　2040　雒南縣志　〔清〕范啓源重纂
乾隆十一年　十二卷　四册
史十一　21.52　2422　岐山縣志　〔清〕胡昇猷等重修
光緒十年　四卷　四册
史十一　21.52　2541　佛坪廳志（今佛坪縣）　〔清〕劉焸撰
光緒九年　三卷　一册

史十一　21.52　2331　白河縣志　〔清〕顧騄等纂修
光緒十九年　十三卷　四册
史十一　21.52　3000　安康縣志　〔清〕鄭謙等纂輯
嘉慶二十年修咸豐三年重刊　二十卷　四册
史十一　21.52　3010　富平縣志　〔清〕譚麐修
光緒十七年　十卷　十册
史十一　21.52　3017　宜君縣志　〔清〕查遴纂輯
雍正十年　一册
史十一　21.52　3024　淳化縣志　〔清〕萬廷樹等重修
乾隆四十九年　三十卷　四册　二部
史十一　21.52　3074　寧陝廳志（今寧陝縣）　〔清〕林一銘等纂修
道光九年　四卷　四册
史十一　21.52　3080　寧羌州志（今寧羌縣）　〔清〕馬毓華等編輯
光緒十四年重刊　五卷　五册
史十一　21.52　3112　沔縣新志　〔清〕孫銘鐘等編輯
光緒九年　四卷　四册
史十一　21.52　3478　漢陰廳志（今漢陰縣）　〔清〕錢鶴年等修
嘉慶二十二年　十一卷　六册
史十一　21.52　3640　新續渭南縣志　〔清〕焦聯甲等輯修
光緒十八年　十二卷　九册
史十一　21.52　3776　洵陽縣志　〔清〕鄧夢琴纂修
同治九年增修　十四卷　四册
史十一　21.52　4360　城固縣志　〔清〕王穆編修
康熙五十六年修光緒四年重刊　十卷　四册
史十一　21.52　4443　蒲城縣志　〔清〕張心鏡纂修
乾隆四十六年　十五卷　六册
史十一　21.52　4460　藍田縣志　〔清〕吕懋勛等纂修
光緒元年　十六卷　五册

史十一　21.52　4478　華陰縣志　〔明〕王九疇撰
萬曆四十二年刊　九卷　二册
史十一　21.52　4760　朝邑縣志　〔明〕韓邦靖撰
明刊本　正德十四年　二卷　一册
史十一　21.52　4760　又
康熙五十一年刊　八卷　一册
史十一　21.52　4760　續朝邑縣志　〔明〕王學謨修
康熙五十一年刊　八卷　二册
史十一　21.52　4760　朝邑縣後志　〔清〕王兆鰲增修
康熙五十一年　八卷　三册
史十一　21.52　4812　孝義廳志（今柞水縣）　〔清〕常毓坤等纂修
光緒十年　十三卷　四册
史十一　21.52　5007　中部縣志　〔清〕丁瀚等修
嘉慶十二年　四卷　四册
史十一　21.52　5376　咸陽縣志　〔清〕臧應桐等纂修
乾隆十六年　二十三卷　四册
史十一　21.52　5376　續咸陽縣志　〔清〕陳堯書纂修
道光十六年　一册
史十一　21.52　5577　扶風縣志　〔清〕朱世犖等纂修
嘉慶二十四年　十八卷　四册
史十一　21.52　7113　長武縣志　〔清〕洪亮吉纂修
乾隆四十八年　十二卷　四册
史十一　21.52　7121　隴州志（今隴縣）　〔清〕羅彰彝等纂修
康熙五十二年　九卷　四册
史十一　21.52　7719　興平縣志　〔清〕顧聲雷纂修
乾隆四十二年　二十五卷　七册
史十一　21.52　7721　鳳縣志　〔清〕朱子春等纂修
光緒十八年　十一卷　四册

史十一　21.52　7722　郿縣志　〔清〕張舍人重纂
乾隆四十三年　四册

史十一　21.52　7787　鳳翔縣志　〔清〕羅鰲等修
乾隆三十二年　九卷　八册

史十一　21.52　9071　米脂縣志　〔清〕甯養氣修
康熙二十年　八卷　一册

史十一　21.52　9721　耀州志（附五台山志今耀縣）　〔明〕喬世寧撰修
光緒年　共十二卷　二册

史十一　21.52　9721　續耀州志（今耀縣）　〔清〕汪灝輯修
乾隆二十七年　十一卷　二册

二一・六　甘肅

史十一　21.6　3022　甘肅新通志　〔清〕安維峻等纂
宣統年　一百卷　八十一册

二二　長江流域

二二・一　江蘇

史十一　22.1　0413　江蘇全省輿圖　〔清〕諸可寶編
江蘇書局刊　光緒二十一年　三册

史十一　22.1　1066　江蘇省輿地圖説　〔清〕丁日昌督製
同治七年　二十四册

史十一　22.1　1066　又
二十二册

史十一　22.1　4038　江寧輿圖　〔清〕李宗羲督製
同治十二年　十五册

史十一　22.11　3130　江寧府志　〔清〕吕燕昭等修

嘉慶十六年修　光緒六年重刊　五十六卷　十二册

史十一　22.11　3130　續江寧府志　〔清〕蔣啓勛等纂修

光緒六年　十五卷　十二册

史十一　22.11　4432　吴郡圖經續記（今蘇州）　〔宋〕朱長文撰

江蘇書局刊　同治十二年　三卷　一册

史十一　22.11　4432　蘇州府志　〔清〕馮桂芬等修

江蘇書局刊　光緒八年　一百五十三卷　八十册

史十一　22.11　4831　松江府志　〔清〕宋如林等纂修

嘉慶二十二年　八十六卷　四十册

史十一　22.11　4831　松江府續志　〔清〕博潤等纂修

光緒十年　四十一卷　二十四册

史十一　22.11　5632　揚州府志　〔清〕張世浣等纂修

嘉慶十五年　七十三卷　四十八册

史十一　22.11　5632　續揚州府志　〔清〕晏端書等纂修

同治十三年　二十四卷　八册

史十一　22.12　0030　高淳縣志　〔清〕張裕釗等纂修

光緒七年　二十九卷　十册

史十一　22.12　0080　六合縣續志稿　汪昇遠等纂修

石印本　民國九年　十八卷　六册

史十一　22.12　0531　靖江縣志　〔清〕葉滋森等纂修

光緒年間修　十六卷　八册

史十一　22.12　1330　武進陽湖縣志（今併爲武進）　〔清〕湯成烈等纂修

光緒五年　三十卷　二十册

史十一　22.12　1712　邳州志（今邳縣）　〔清〕魯一同撰次

咸豐元年　二十卷　四册　三部

史十一　22.12　2138　同治上海縣志札記　〔清〕秦榮光輯

松江振華印書館印　光緒二十八年　六卷　六册

史十一　22.12　2222　崑新兩縣合志（今併爲崑山縣）　〔清〕汪堃等纂修

光緒六年　五十四卷　二十四册

史十一　22.12　2239　川沙廳志（今川沙縣）　〔清〕陳方瀛等纂修

光緒五年　十六卷　六册

史十一　22.12　2631　吴江縣續志　〔清〕熊其英等纂修

光緒三年　四十卷　八册

史十一　22.12　3022　寶山縣志　〔清〕梁溥貴等纂修

光緒八年　十五卷　八册

史十一　22.12　3031　宿遷縣志　〔清〕李德溥等纂修

同治十三年　十九卷　六册

史十一　22.12　3078　清河縣志（今淮陰縣）　范冕等纂修

民國十七年　十六卷　四册

史十一　22.12　3112　溧水縣志　〔清〕傅觀光等纂修

光緒八年　二十二卷　十二册

史十一　22.12　3130　上元江寧兩縣志（今併爲江寧縣）　〔清〕莫祥芝　〔清〕甘紹盤同修

同治十三年　二十九卷　十八册

史十一　22.12　3130　又

十二册

史十一　22.12　4030　嘉定縣志　〔清〕陸懋宗等纂修

光緒六年　三十三卷　十六册

史十一　22.12　4031　南匯縣志　〔清〕張文虎等纂修

光緒五年　二十四卷　十二册

史十一　22.12　4831　華亭縣志（今松江縣）　〔清〕姚光發等纂修

光緒四年　二十六卷　十册

史十一　22.12　5013　泰州志（今泰縣）　〔清〕王有慶等纂修

光緒三十四年　三十六卷　十二册

史十一　22.12　5033　青浦縣志　〔清〕陳其元等纂修

光緒五年　三十二卷　十二册

史十一　22.12　5033　又

精裝三册

史十一　22.12　5040　婁縣續志　〔清〕張雲望等纂修

光緒三年　二十卷　六册

史十一　22.12　5077　泰興縣志　〔清〕楊激雲等纂修

光緒十二年　二十八卷　十册

史十一　22.12　6030　睢寧縣志稿　〔清〕侯紹瀛等輯

光緒十二年　十八卷　六册

史十一　22.12　7776　丹陽縣志　〔清〕凌焯等纂修

光緒十一年　三十六卷　十五册

史十一　22.12　8022　金山縣志　〔清〕龔寶琦等纂修

光緒四年　三十卷　八册

史十一　22.12　8086　錫金續識小録（今併爲無錫縣）　〔清〕竇鎮輯

六卷　二册

史十一　22.13　7532　金陵古今圖考　〔明〕陳沂著

中社印　民國十七年　一册

二二·二　安徽

史十一　22.2　3444　安徽通志　〔清〕沈葆楨、〔清〕何紹基等修

光緒四年　三百五十卷補遺十卷　一百二十册

史十一　22.2　4001　皖志便覽　〔清〕李應珏著

安省鏤雲閣刊　光緒二十八年　六卷　五册

史十一　22.21　2232　新安志（今徽州府）　〔宋〕羅願撰

光緒十三年　十卷　四册

史十一　22.22　0824　旌德縣志（附補遺）　〔清〕趙良霨等纂修

嘉慶十三年修　民國十四年重印　十二卷　共十一册

史十一　22.22　0824　旌德縣續志（附忠義録）　〔清〕胡承珙等纂修

道光六年修　民國十四年重印　十二卷　四册

史十一　22.22　2690　歷陽典録（今和縣）　〔清〕陳廷桂輯
同治六年　八册

史十一　22.22　3819　滁州志（今滁縣）　〔清〕熊祖詒等纂修
光緒二十三年　十二卷　十册

史十一　22.22　4064　壽州志（今壽縣）　〔清〕曾道唯等纂修
光緒十六年　三十八卷　十六册

史十一　22.22　9430　懷寧縣志　朱之英等纂修
民國四年　三十五卷　十三册

二二・三　浙江

史十一　22.3　2388　浙江通志　〔清〕稽曾筠等纂修
乾隆元年　二百八十卷　一百册

史十一　22.3　2388　又
一百廿册

史十一　22.3　3376　浙江全省輿圖并水陸道里記　〔清〕浙江輿圖總局編輯
光緒二十年　二十册

史十一　22.3　4001　浙志便覽　〔清〕李應玨著
光緒十七年　七卷　四册

史十一　22.31　2132　處州府志　〔清〕潘紹詒等纂修
光緒三年　三十二年　二十八册　二部

史十一　22.31　4032　咸淳臨安志（今杭州府附札記）　〔宋〕潛説友纂
錢塘振綺堂汪氏刊　道光十年　九十七卷　二十册

史十一　22.31　4032　又
二十四册

史十一　22.32　0010　慶元縣志　〔清〕林步瀛等修
光緒三年　十三卷　十册

史十一　22.32　0260　新昌縣志（附新昌農事調查）　陳畬等纂修
民國七年　二十卷　十二册

史十一　22.32　1112　麗水縣志　〔清〕彭潤章等纂修
同治十三年　十五卷　八册
史十一　22.32　2121　上虞縣志　〔清〕唐煦春等纂修
光緒十六年　五十卷　二十册
史十一　22.32　2279　剡録（今嵊縣）　〔宋〕高似孫著
十卷　二册
史十一　22.32　2677　歸安縣志（今併爲吴興縣）　〔清〕陸心源等纂修
光緒八年　五十三卷　十册
史十一　22.32　2677　又
十六册
史十一　22.32　2677　烏程縣志（今併爲吴興縣）　〔清〕周學濬纂修
光緒五年　三十六卷　十二册
史十一　22.32　3030　淳安縣志　〔清〕李詩等纂修
光緒十一年　十七卷　八册
史十一　22.32　3076　富陽縣志　〔清〕汪文炳等纂修
光緒三十二年　二十四卷　十六册
史十一　22.33　3164　南潯鎮志（附蓮漪文鈔）　〔清〕汪曰楨撰
共四十九卷　十二册

二二・四　江西

史十一　22.4　2634　西江志　〔清〕白潢等纂修
康熙五十九年　二百〇六卷　一百册
史十一　22.4　7223　江西通志　〔清〕劉繹等纂
光緒七年　一百八十卷　一百廿册
史十一　22.41　4031　九江府志　〔清〕達春布等纂修
同治十三年　五十六卷　二十四册
史十一　22.41　4430　吉安府志　〔清〕定祥纂修
光緒元年　五十四卷　四十册

史十一　22.41　7831　臨江府志　〔清〕德馨等纂修
同治十年　三十二卷　六册
史十一　22.41　8432　饒州府志　〔清〕錫德等纂修
同治十一年　三十三卷　二十四册
史十一　22.42　0030　高安縣志　〔清〕孫家鐸等修
同治十年　二十九卷　二十册
史十一　22.42　0140　龍南縣志　〔清〕孫瑞徵等纂修
光緒二年　九卷　八册
史十一　22.42　0238　新淦縣志　〔清〕王肇賜等纂修
同治九年　十一卷　十六册
史十一　22.42　0530　靖安縣志
靖安縣續志　〔清〕徐家瀛等纂修
同治九年　十七卷
十卷　共二十册
史十一　22.42　1047　雩都縣志　〔清〕王顥等纂修
同治十三年　十七卷　十二册
史十一　22.42　1727　長寧縣志（今尋鄔縣）　〔清〕沈鎔經等纂修
光緒二年　六卷　八册
史十一　22.42　2431　峡江縣志　〔清〕暴大儒等纂修
同治十年　十一卷　八册
史十一　22.42　2477　德興縣志　〔清〕孟慶雲等纂修
同治十一年　十二卷　十二册
史十一　22.42　3022　新昌縣志（今宜豐縣）　〔清〕朱慶萼等修
同治十一年　三十四卷　二十册
史十一　22.42　3444　蓮花廳志（今蓮花縣）　〔清〕李其昌輯　〔清〕張樹煊補修
同治四年　十卷　十册
史十一　22.42　4030　廬陵縣志（今吉安縣）　王補等纂修
民國九年　三十卷　二十册
史十一　22.42　4030　南昌縣志　魏元曠等纂修

民國八年　六十卷　二十六册

史十一　22.42　4060　南昌紀事　周德華等纂輯

民國九年　十四卷　四册

史十一　22.42　4236　彭澤縣志　〔清〕歐陽燾等修

同治十二年　十八卷　十五册

史十一　22.42　8060　會昌縣志　〔清〕陳良棟等纂修

同治十一年　三十二卷　十二册

史十一　22.42　8722　鉛山縣志　〔清〕華三祝等纂修

同治十二年　三十一卷　十六册

史十一　22.42　8831　安仁縣志（今餘江縣）　〔清〕徐彦楠等纂修

同治十一年　三十七卷　十册

二二·五　湖北

史十一　22.5　0070　湖北通志凡例　〔清〕章學誠著

武昌官書處印　光緒八年　一册

史十一　22.5　0070　章實齋先生遺書（附湖北通志凡例）　〔清〕章學誠著　〔清〕王潛剛編

宣統二年刊　六卷　四册

史十一　22.5　1129　湖北通志　张仲炘等纂修

民國十年刊　一百七十四卷　精裝二十一册

史十一　22.5　1129　又

一百零八册

史十一　22.5　2629　湖北通志　〔清〕吴熊光等纂修

嘉慶九年　一百〇五卷　七十二册

史十一　22.5　3176　湖北輿圖　湖北輿圖局製

善後局刊　光緒二十七年　四卷　四册

史十一　22.5　3176　光緒湖北輿地圖記　湖北輿圖局製

湖北輿圖局刊　光緒二十年　二十四卷　二十四册　二部

史十一　22.5　3440　湖廣通志　〔清〕邁柱等纂修

雍正十一年　一百二十卷　四十八册

史十一　22.5　6932　鄂省滿緑營汎州縣驛傳全圖

四册　二部

史十一　22.51　0076　襄陽府志　〔清〕王萬芳等纂修

光緒十一年　二十六卷　精裝四册

史十一　22.51　0076　又

十五册

史十一　22.51　0076　襄陽志稿　吴慶燾著

四種二十五卷　九册

史十一　22.51　0840　施南府志（附續編）　〔清〕松林等修　〔清〕雷春沼等續修

同治十年修　光緒十年續修　共四十卷　十五册

史十一　22.51　0840　又

精裝五册

史十一　22.51　0640　施南府志續編　〔清〕雷春沼等續修

光緒十年　十卷　四册

史十一　22.51　2430　德安府志　〔清〕賡英布修

光緒十四年　二十二卷　二十册

史十一　22.51　2430　又

精裝五册

史十一　22.51　3060　宜昌府志　〔清〕王柏心等纂修

同治五年　十六卷　十八册

史十一　22.51　3060　又

精裝七册

史十一　22.51　4232　荆州府志　〔清〕倪文蔚等修

光緒六年　八十卷　精裝十一册

史十一　22.51　4277　荆門州志　〔清〕恩榮等主修

同治七年　十二卷　精裝六册

史十一　22.51　4277　又

二十册

史十一　22.51　4432　黄州府志　〔清〕劉焞等修

光緒十年　四十卷　十一册

史十一　22.51　4432　黄州府志拾遺　沈致堅纂修

宣統二年　殘存一册

史十一　22.51　6776　鄖陽府志　〔清〕吴葆儀等纂修

同治九年重修　九卷　十二册　二部

史十一　22.51　6776　又

精裝册四

史十一　22.52　0022　應山縣志　〔清〕吴天錫等纂修

同治十年　三十七卷　精裝四册

史十一　22.52　0022　又

十六册

史十一　22.12　0022　京山縣志　〔清〕曾憲德纂修

光緒八年　二十八卷　精裝四册

史十一　22.52　0022　又

十六册

史十一　22.52　0030　廣濟縣志　〔清〕朱榮實等修

同治十一年　十七卷　精裝四册

史十一　22.52　0043　麻城縣志　〔清〕余士珩等重纂

光緒八年　四十卷　精裝五册

史十一　22.52　0043　應城縣志　〔清〕王承禧等纂修

光緒八年　十五卷　精裝三册

史十一　22.52　0043　又

八册

史十一　22.52　0076　襄陽縣志　〔清〕李士彬等纂修

同治十三年　八卷　精裝三册

史十一　22.52　0076　又

八册

史十一　22.52　1044　雲夢縣志　〔清〕程懷憬等纂修

道光二十年　十四卷　精裝二册

史十一　22.52　1044　續雲夢縣志　〔清〕程壽昌等纂修

光緒九年　十二卷　精裝一册

史十一　22.52　1077　天門縣志　〔清〕胡翼等纂修

抄本　乾隆三十年修　二十五卷　精裝三册

史十一　22.52　1080　石首縣志　〔清〕朱榮石等修

同治五年　八卷　精裝四册

史十一　22.52　1080　又

十册

史十一　22.52　1360　江夏縣志（今武昌縣）　〔清〕王庭楨等修

同治八年　八卷　精裝三册

史十一　22.52　1543　建始縣志　〔清〕熊啓詠等纂修

同治五年　九卷　精裝一册

史十一　22.52　1543　又

四册

史十一　22.52　2222　利川縣志　〔清〕黄世崇等編輯

光緒二十年　十四卷　精裝一册

史十一　22.52　2222　又

四册

史十一　22.52　2276　崇陽縣志　〔清〕高佐廷等修

同治五年　十二卷　精裝四册

史十一　22.52　2276　又

十二册

史十一　22.52　2527　歸州志（今秭歸縣）　〔清〕沈雲駿等編修

光緒八年　十一卷　六册
史十一　22.52　2527　又　〔清〕黄世崇等編修
光緒二十七年　十七卷　精裝一册
史十一　22.52　2600　保康縣志（附補遺）　〔清〕楊世霖等纂修
同治五年　共八卷　精裝一册
史十一　22.52　2600　又
二册　二部
史十一　22.52　3022　房縣志　〔清〕楊延烈等纂修
同治五年　十三卷　精裝二册
史十一　22.52　3022　又
六册
史十一　22.52　3043　宜城縣志　〔清〕程啓安等修
同治五年　十卷　精裝二册
史十一　22.52　3043　又
八册
史十一　22.52　3047　宜都縣志　〔清〕龔紹仁纂修
同治五年　四卷　四册
史十一　22.52　3047　又
精裝一册
史十一　22.52　3060　東湖縣志（今宜昌縣）　〔清〕王柏心等編修
同治三年　三十卷　精裝二册
史十一　22.52　3060　又
十册
史十一　22.52　3060　宣恩縣志　〔清〕张金圻等纂修
同治二年　二十一卷　精裝一册
史十一　22.52　3060　又
六册
史十一　22.52　3074　安陸縣志　〔清〕李廷錫等修

道光二十三年　四十一卷　精裝四册

史十一　22.52　3074　又

十二册

史十一　22.52　3131　潛江縣志　〔清〕劉恭冕等纂修

光緒五年　二十一卷　精裝三册

史十一　22.52　3131　又　〔清〕

八册

史十一　22.52　3131　又

抄本　一册

史十一　22.52　3174　江陵縣志　〔清〕倪文蔚等修

光緒二年　六十六卷　精裝六册

史十一　22.52　3174　又

二十四册

史十一　22.52　3176　沔陽州志　〔清〕楊鉅等纂修

光緒二十年　十一卷　精裝五册

史十一　22.52　3412　蘄水縣志（今浠水縣）　〔清〕多祺等修

光緒六年　二十四卷　精裝六册

史十一　22.52　3412　又

二十册

史十一　22.52　3422　漢川縣志　〔清〕德廉等修

同治十二年　二十三卷　精裝四册

史十一　22.52　3422　又

十二册

史十一　22.52　3422　漢川圖記徵實　〔清〕田宗漢著

漢川對古樓藏版　光緒二十一年　五十三卷　六册

史十一　22.52　3430　遠安縣志　〔清〕鄭燡林等纂

咸豐五年　九卷　精裝二册

史十一　22.52　3430　又

八册

史十一　22.52　3476　漢陽縣志　〔清〕王柏心等修

同治七年　二十八卷　二十册

史十一　22.52　3476　又

缺首卷　精裝四册

史十一　22.52　3722　通山縣志　〔清〕羅登瀛等修

同治六年　九卷　精裝三册

史十一　22.52　3722　鶴峯州志（附續志二種今鶴峯縣）　〔清〕吉鍾潁等主修

道光二年修　同治六年續修　光緒十一年再續修　共四十二卷　精裝二册

史十一　22.52　3743　通城縣志　〔清〕鄭焚等修

光緒六年　二十五卷　精裝三册

史十一　22.52　4027　嘉魚縣志　〔清〕鍾傳益等修

同治五年　十二卷　十二册

史十一　22.52　4030　南漳縣志　〔清〕胡正楷纂修

同治四年　二十七卷　精裝二册

史十一　22.52　4030　又

八册

史十一　22.52　4033　大冶縣志（附續編）　〔清〕黄昺杰等修

同治六年修　光緒十年續修　共二十七卷　精裝四册

史十一　22.52　4033　又

十册

史十一　22.52　4077　來鳳縣志　〔清〕李勖等纂修

同治五年　三十四卷　精裝二册

史十一　22.52　4077　又

八册

史十一　22.52　4232　荆州駐防八旗志　〔清〕希元等修

荆州軍署刊　光緒五年　十七卷　精裝二册

史十一　22.52　4250　蘄州志（今蘄春縣）〔清〕封蔚礽等修

光緒八年　精裝五册

史十一　22.52　4430　黄安縣志　〔清〕陳瑞瀾等修

光緒八年　十卷　精裝五册

史十一　22.52　4431　枝江縣志　〔清〕查子庚等纂修

同治五年　精裝二册

史十一　22.52　4442　蒲圻縣志　〔清〕顧際熙等修

同治五年　八卷　精裝四册

史十一　22.52　4442　蒲圻鄉土志　宋衍綿編

蒲圻教育局刊　民國十二年　四篇　一册

史十一　22.52　4448　黄梅縣志　〔清〕覃瀚元等修

光緒二年　四十一卷　精裝四册

史十一　22.52　4448　又

十二册

史十一　22.52　4453　孝感縣志　〔清〕沈用增等纂

光緒九年　二十四卷　精裝四册

史十一　22.52　4474　黄陂縣志　〔清〕徐瀛等纂修

同治十二年　十六卷　精裝三册

史十一　22.52　4477　黄岡縣志　〔清〕戴昌言等編

光緒八年　二十五卷　精裝八册

史十一　22.52　4477　又

二十四册

史十一　22.52　4712　均州志（今均縣）〔清〕賈洪詔等纂修

光緒十年　十七卷　精裝三册

史十一　22.52　4712　又

八册

史十一　22.52　4743　穀城縣志　〔清〕承印等纂修

同治六年　八卷　精裝二册

史十一　22.52　4743　又

八册

史十一　22.52　4838　松滋縣志　〔清〕吕縉雲等修

同治七年　十三卷　精裝三册

史十一　22.52　4838　又

十册

史十一　22.52　5076　棗陽縣志　〔清〕史策先等輯

同治四年　三十一卷　精裝二册

史十一　22.52　5076　又

八册

史十一　22.52　5076　新棗陽縣志　王榮先纂修

民國十二年　三十五卷　八册

史十一　22.52　5322　咸豐縣志　〔清〕张先傑等纂修

同治四年　二十一卷　精裝一册

史十一　22.52　5322　又　徐大煜纂

民國三年　十二卷　四册

史十一　22.52　5330　咸寧縣志　〔清〕陳樹楠等續修

光緒八年　九卷　精裝四册

史十一　22.52　5330　又

八册

史十一　22.52　6008　恩施縣志　〔清〕多壽等纂修

同治七年　十三卷　精裝二册

史十一　22.52　6008　又

六册

史十一　22.52　6060　羅田縣志　〔清〕管貽葵等纂修

光緒二年　九卷　精裝四册

史十一　22.52　6710　鄖西縣志　〔清〕程光第等纂修

同治五年　二十一卷　精裝三册

史十一　22.52　6710　又

十二册

史十一　22.52　6743　武昌縣志（今鄂城縣）　〔清〕柯逢時等纂修

光緒十一年　二十八卷　精裝三册

史十一　22.52　6743　又

十册

史十一　22.52　6782　鄖縣志　〔清〕定熙等編修

同治五年　十一卷　精裝二册

史十一　22.52　6782　又

八册

史十一　22.52　7176　長陽縣志　〔清〕陳維模等纂修

同治五年　八卷　精裝二册

史十一　22.52　7176　又

六册

史十一　22.52　7423　隨州志（今隨縣）　〔清〕史策先等纂修

同治八年　三十三卷　精裝四册

史十一　22.52　7423　又

十六册

史十一　22.52　7602　興國州志（今陽新縣）　〔清〕陳光亨等原纂　〔清〕王鳳池等補修

光緒十五年　三十七卷　精裝四册

史十一　22.52　7602　又

十六册

史十一　22.52　7722　興山縣志　〔清〕黄世崇編輯

光緒十年　二十二卷　精裝一册

史十一　22.52　7722　又

四册

史十一　22.52　7750　巴東縣志　〔清〕廖恩樹等修
　同治三年修　光緒六年刊　十六卷　精裝二册
史十一　22.52　7750　又
　六册
史十一　22.52　7822　監利縣志　〔清〕王柏心等纂修
　同治十一年　精裝三册
史十一　22.52　8030　公安縣志　〔清〕周承弼等纂修
　同治十三年　九卷　精裝三册
史十一　22.52　8030　又
　十册
史十一　22.52　8238　鍾祥縣志　〔清〕張裕釗等纂修
　同治六年　二十二卷　精裝四册
史十一　22.52　8238　又
　十四册
史十一　22.52　8822　竹山縣志　〔清〕周士楨等纂修
　同治四年　二十九卷　精裝一册
史十一　22.52　8822　又
　六册
史十一　22.52　8828　竹谿縣志　〔清〕陶壽嵩等纂修
　同治六年重刊　十七卷　精裝二册
史十一　22.52　9024　光化縣志　〔清〕鍾桐山等修
　光緒十年　九卷　精裝三册
史十一　22.52　9024　又
　八册
史十一　22.52　9076　當陽縣志　〔清〕王柏心等纂修
　同治五年　二十卷　精裝三册
史十一　22.52　9076　又
　十册

史十一　22.52　9076　當陽縣續志　〔清〕李元才等編修
光緒十五年　五卷　精裝一册
史十一　22.53　3460　夏口縣志（今漢口市）　侯祖畬、吕寅東等纂修
民國九年　二十三卷　十册

二二·六　湖南

史十一　22.6　3489　湖南全省輿地圖表
光緒二十二年　十六册
史十一　22.6　3489　又
十二册
史十一　22.6　8064　湖南通志　〔清〕曾國荃等纂修
府學宫尊經閣藏版　光緒十一年　三百十五卷　一百六十八册
史十一　22.61　3000　寶慶府志　〔清〕张鎮南等纂修
道光二十九年　一百四十八卷　四十册
史十一　22.61　3132　沅州府志　〔清〕張官五等纂修
乾隆五十五年　四十一卷　十二册
史十一　22.61　3511　澧志舉要　〔清〕潘相編
徑腴堂刊　嘉慶二年　三卷　二册　二部
史十一　22.61　4476　桂陽直隸州志　〔清〕王敦灝等纂修
同治七年　二十七卷　十三册
史十一　22.61　4476　又
十三册　二部
史十一　22.61　4476　又
殘存十二册
史十一　22.61　7139　長沙府志　〔清〕吕肅高等纂修
乾隆十二年　五十一卷　四十册
史十一　22.62　0076　麻陽縣志　〔清〕姜鍾秀等纂修
同治十二年　十四卷　十册

史十一　22.62　0224　新化縣志　〔清〕關培均等纂
同治十一年　三十七卷　十六册

史十一　22.62　1377　武岡州志（今武岡縣）　〔清〕鄧繹等纂修
光緒年間修　五十五卷　二十册

史十一　22.62　1574　醴陵縣志　〔清〕徐淦等輯修
同治九年　十六卷　六册

史十一　22.62　2176　衡陽縣志　〔清〕彭玉麟等纂修
同治十三年　十二卷　七册

史十一　22.62　3022　永綏廳志（今永綏縣）　董鴻勛撰修
宣統元年　三十卷　十二册

史十一　22.62　3027　寧鄉縣志　〔清〕童秀春等纂修
同治六年　四十五卷　二十四册

史十一　22.62　3631　湘潭縣志　〔清〕陳嘉榆等纂修
光緒十五年　十二卷　十册　二部

史十一　22.62　3678　湘陰縣圖志　〔清〕郭嵩燾編
光緒六年　三十六卷　十四册　二部

史十一　22.62　3776　祁陽縣志　〔清〕甘慶增等纂修
嘉慶十七年　二十五卷　十二册

史十一　22.62　3833　溆浦縣志　〔清〕舒其錦等纂修
同治八年　二十五卷　八册

史十一　22.62　4231　桃源縣志
二十卷　十六册

史十一　22.62　4422　藍山縣志　〔清〕胡鶚薦等纂修
同治六年　十七卷　十册

史十一　22.62　5076　耒陽縣志　〔清〕宋世煦等纂修
光緒十一年　九卷　十册

史十一　22.62　5076　又
殘存四册

史十一　22.62　5076　耒陽鄉土誌　〔清〕劉奎輯
光緒三十二年　二卷　二册　二部
史十一　22.62　7139　長沙縣志　〔清〕劉采邦等修
同治十年　三十七卷　十六册
史十一　22.62　7139　又
二十册
史十一　22.62　7139　善化縣志（今併入長沙縣）　〔清〕吴兆熙等修
光緒三年　三十五卷　二十册
史十一　22.62　7276　巴陵縣志（今岳陽縣）　〔清〕姚詩德等修
光緒十七年　八十一卷　十六册
史十一　22.62　7836　臨湘縣志　〔清〕熊興傑等纂修
同治十一年　十四卷　精裝一册
史十一　22.62　8022　慈利縣志　吴恭亨、田金楠等纂修
民國十二年　二十卷　四册
史十一　22.62　8076　益陽縣志　〔清〕趙裴哲等纂修
同治十三年　二十六卷　十六册

二二·七　四川

史十一　22.7　9067　四川通志　〔清〕常明等纂修
嘉慶二十年刊　二百二十六卷　一百六十册
史十一　22.71　0130　龍安府志　〔清〕鄧存詠等纂修
道光二十二年　十卷　十二册
史十一　22.71　3022　潼川府志　〔清〕张松孫等纂修
乾隆五十一年　十三卷　十二册
史十一　22.71　8032　夔州府志　〔清〕劉德銓等纂修
道光七年　三十七卷　二十四册
史十一　22.72　0235　新津縣志　〔清〕陳霽學等纂修
道光九年　四十一卷　六册

史十一　22.72　1032　大甯縣志（今巫溪縣）　〔清〕高維嶽等纂修
　光緒十二年　九卷　八册
史十一　22.72　2022　秀山縣志　〔清〕王壽松等纂修
　光緒十七年　十四卷　四册
史十一　22.72　2210　樂至縣志　〔清〕裴顯忠等纂修
　道光二十年　十七卷　四册
史十一　22.72　2277　峨眉縣志　〔清〕王燮等纂修
　嘉慶十八年　十卷　四册
史十一　22.72　3022　永川縣志　〔清〕馬慎修等纂修
　光緒二十年　十一卷　十册
史十一　22.72　3432　蓬溪縣志　〔清〕吴章祁等纂修
　道光二十四年　十七卷　八册
史十一　22.72　3432　蓬溪縣續志　〔清〕周學銘等纂修
　光緒二十五年　十四卷　四册
史十一　22.72　3730　冕甯縣志　〔清〕李昭纂輯
　咸豐七年　十四卷　四册
史十一　22.72　4007　南部縣分方圖説　〔清〕袁用賓著
　光緒二十二年　四册
史十一　22.72　4832　松潘記略　〔清〕何遠慶編
　同治十二年　一册
史十一　22.72　5031　中江縣志　陳品全等纂修
　民國十九年　二十四卷　八册
史十一　22.72　9712　鄰水縣志　〔清〕甘家斌等纂修
　道光十五年　七卷　六册

二三　珠江流域

二三・一　福建

史十一　23.1　2633　福建通志　〔清〕程祖洛等纂修
道光十五年續修　同治七年重刻　二百七十九卷　一百八十册

史十一　23.12　4460　莆田縣志　〔清〕廖必琦等纂修
乾隆廿二年修　光緒五年補刊　三十七卷　二十册

二三・二　廣東

史十一　23.2　1187　廣東輿地全圖　〔清〕張人駿、〔清〕廖廷相繪編
光緒二十三年　二册

史十一　23.2　2033　廣東圖説　〔清〕毛鴻賓等繪編
九十二卷　精裝四册

史十一　23.2　7110　廣東通志　〔清〕阮元等纂修
道光二年修　同治三年重刊　三百三十四卷　一百六十册

史十一　23.21　0732　韶州府志　〔清〕單興詩等纂修
光緒二年　二十卷　十册

史十一　23.21　5032　惠州府志　〔清〕劉溎年等修
光緒七年　四十六卷　二十册

史十一　23.23　7702　澳門記略　〔清〕印光武、〔清〕張汝霖同纂
光緒六年　二卷　二册

二三・三　廣西

史十一　23.3　0436　廣西通志　〔清〕謝啓昆等修
嘉慶五年　二百七十九卷　八十册

史十一　23.3　4432　廣西通志輯要（附録五種二十八卷）　〔清〕蘇宗經輯

光緒十五年　十六卷　二十二册

二三·四　雲南

史十一　23.4　1000　續雲南通志稿　〔清〕王文韶等纂修
光緒二十七年　二百卷　一百册

史十一　23.4　4696　雲南通志　〔清〕趙慎畛、〔清〕阮元等纂修
道光十五年　二百一十九卷　一百六十册

史十一　23.42　6067　昆明縣志　〔清〕戴絅孫撰
光緒二十七年　十卷　六册

二三·五　貴州

史十一　23.5　6715　貴州通志　〔清〕鄂爾泰等纂修
乾隆年間修　四十七卷　三十二册

史十一　23.51　3880　遵義府志　〔清〕黄樂之等纂輯
道光二十一年　四十八卷　二十册内缺二册

史十一　23.52　4410　黄平州志（今黄平縣）　〔清〕李臺等纂修
嘉慶五年　十三卷　十二册

史十一　23.52　8030　八寨縣志稿　王世鑫等纂修
民國二十一年　三十卷　四册

二四　東三省

史十一　24　4877　滿洲源流考　〔清〕乾隆勅撰
杭州便益書局石印　光緒十九年　二十卷　四册

史十一　24　6520　滿洲地誌　〔日本〕日本參謀本部著
上海商務印書館印　光緒三十年　一册　二部

二四・一　遼甯

史十一　24.1　1020　盛京通志（今遼寧）　〔清〕雷以誠等補修
咸豐二年　四十八卷　二十册

史十一　24.1　2271　盛京典制備考　〔清〕崇厚輯
盛京軍督署藏版　光緒四年　九卷　六册

二四・二　吉林

史十一　24.2　7121　吉林通志　〔清〕長顺等纂修
光緒十七年　一百二十二卷　四十八册

二四・三　黑龍江

史十一　24.3　1124　黑龍江志稿　张伯英等纂修
民國二十一年　六十二卷　三十二册

史十一　24.3　6030　黑龍江全省輿圖　黑龍江調查局製
黑龍江調查局刊　宣統三年　一册

史十一　24.32　2224　綏化縣志　常蔭廷等纂修
民國九年　十二卷　六册

二五　熱・察・綏・寧・及蒙古

二五・一　熱河

史十一　25.11　1724　承德府志　〔清〕廷杰、〔清〕李世寅重訂
光緒十三年　八十六卷　二十四册

二五・四　寧夏

史十一　25.42　1060　平羅記略　〔清〕徐保字輯
道光九年　八卷　四册

二六　新疆　青海　西藏

二六・一　新疆

史十一　26.1　0139　新疆道里表
　湖南省垣刊　光绪十六年　一册
史十一　26.1　2391　皇輿西域圖志　〔清〕傅恒等奉勅修
　杭州便益書局刊　光緒十九年　五十二卷　十二册
史十一　26.1　4042　新疆圖志　〔清〕袁大化等纂
　天津博愛印刷局印　宣統三年修　民十二年重印　一百一十六卷
　三十二册

二六・三　西藏

史十一　26.3　4036　衛藏通志（附校記本）　〔清〕袁昶校
　漸西村舍刊　光緒二十二年　十六卷　八册
史十一　26.3　4888　西招圖略　〔清〕松筠編
　道光廿七年重刊　二卷　二册

二七　外藩

史十一　27　3704　清朝藩部要略　〔清〕祁韻士纂
　浙江書局刊　光緒十年　二十二卷　八册

二八　叢刊

史十一　27　4457　三志合編　〔清〕黄本驥編
　三長物岊叢書本　道光二十七年　七卷　三册

三〇　河渠

三一　水道

三一·一　總記

史十一　31.13　1731　水經注　〔後魏〕酈道元撰
湖北崇文書局刊　光緒三年　四十卷　十二册　四部

史十一　31.13　1731　又　〔後魏〕酈道元撰　〔清〕王先謙校
長沙刊本　光緒十八年　四十二卷　十六册

史十一　31.18　0000　南北條水道（即禹貢水道考異）　〔清〕方堃著
紫霞仙館刊　十卷　四册

史十一　31.18　0014　水道提綱　〔清〕齊召南撰
宏達堂刊　光緒五年　二十八卷　六册　二部

史十一　31.18　0014　又
湖南崇德書局刊　光緒十七年　六册

史十一　31.18　0014　又
上海古香閣石印　光緒二十三年　四册　二部

史十一　31.18　0014　又
八册缺第一册

史十一　31.18　3148　水經注圖及附録　〔清〕汪士鐸編
同治元年刊　共二卷　一册

史十一　31.18　4438　今水經　〔清〕黄宗羲著
湖北崇文書局刊　光緒三年　一册　四部

史十一　31.18　4730　水道源流　〔清〕胡宣慶編
長沙胡氏刊　光緒十七年　五卷　一册

史十一　31.18　4913　水經注釋（附録及刊誤）　〔清〕趙一清釋

蛟川華雨樓刊　光緒六年　共五十四卷　二十册

史十一　31.18　4913　又

二十四册缺第二册一册

史十一　31.18　7535　水經注西南諸水攷（附摹印述）　〔清〕陳澧著

共四卷　一册

史十一　31.18　8324　水經五種　〔清〕錢保塘、〔清〕吴祖椿覆校

會稽章氏刊　光緒六年　三十册

水經註釋　〔清〕趙一清釋

四十二卷

水經註箋刊誤　〔清〕趙一清釋

十二卷

水經釋地　〔清〕孔繼涵著

八卷

水經註圖説殘稿　〔清〕董佑誠著

四卷

令水經　〔清〕黄宗羲著

史十一　31.19　4634　水經注圖　楊守敬編繪

光緒三十一年　八册

三一・二　各省内之水

史十一　31.221　7203　揚州水道記　〔清〕劉文淇著

江西撫署刊　道光二十五年　四卷　四册

史十一　31.221　7203　又

淮南書局刊　同治十一年　四册

史十一　31.227　7510　蜀水考　〔清〕陳登龍撰　〔清〕朱錫谷補注

成都書局刊　光緒二十二年　四卷　四册

史十一　31.261　2848　西域水道記（附漢書西域傳補注二卷）　〔清〕徐松撰

.道光二十八年　五卷　精裝一册

三一・三　通貫數省之水

三一・三一　黄河

史十一　31.318　2767　河源紀略　〔清〕紀昀等奉敕修
故宫博物院印　民國二十年　三十四卷　八册

三一・三二　長江

史十一　31.328　7120　長江圖説　〔清〕馬徵麟撰
湖北崇文書局刊　同治十年　十二卷　五册　二部

三一・三六　海洋

史十一　31.368　8024　海道圖説（附長江圖説）　〔英〕金約翰輯　〔清〕王德均筆述
共十六卷　十册　二部

三一・三七　巨泊

史十一　33.378　9982　洞庭源流考（亦名禹貢九江三江考）　〔清〕榮錫勳集解
一册

三二　水利

三二・一　總論

史十一　32.18　0741　介石堂水鑑　〔清〕郭起元著

六卷　二册

史十一　32.18　2333　行水金鑑　〔清〕傅澤洪撰

淮陽官舍繡梓　雍正三年　一百七十五卷　四十册

史十一　32.18　3333　又

三十六册　二部

史十一　32.18　3483　東南水利略（亦名蕊珠仙舘水利集）　〔清〕凌界禧撰

蕊珠仙館凌氏刊　道光十三年　六卷　六册

三二·二　各省區之水利

史十一　32.211　8650　畿輔河道水利叢書（九種）　〔清〕吴邦慶等輯

十册　二部

直隸河渠　〔清〕陳儀撰

陳學士文鈔　〔清〕陳儀著

潞水客談　〔明〕徐貞明著

怡賢親王疏鈔　〔清〕怡賢親王著

水利營田圖説　〔清〕吴邦慶製圖

直隸水利輯覽　〔清〕吴邦慶輯

澤農要録　〔清〕吴邦慶録

直隸水道管見　〔清〕吴邦慶著

直隸水利私議　〔清〕吴邦慶著

史十一　32.213　4444　固始水利紀實　桂林撰

民國七年刊　一册

史十一　32.221　2343　重濬七浦河等處全案

四册

史十一　32.225　1032　湖北堤防紀要　王兆虎等編輯

民國十四年　二册

史十一　32.225　1742　襄堤成案　天門士紳同輯

竟陵闔邑刊　光緒二十年　八卷　八册

史十一　32.225　2704　荆州萬城堤志　〔清〕倪文蔚撰

光緒廿年補刻　十二卷　精裝二册

史十一　32.225　2704　荆州萬城堤志（附續志）　〔清〕倪文蔚纂輯　〔清〕舒惠續輯

荆州府衙刊　光緒廿一年補刊　共二十二卷　十册

史十一　32.225　2834　荆州萬城堤圖説　〔清〕徐家幹編繪

光緒十三年　一册

史十一　32.225　4034　治水工程節要　李澍著

民國十四年　四卷　一册　五部

史十一　32.225　4072　王家營堤工隨筆（附圖）　李開侁著

武昌正信印務館印　民國十二年　二卷　二册

史十一　32.225　4731　荆楚修疏指要　〔清〕胡祖翮撰

湖北崇文書局　同治十一年　二册　四部

史十一　32.225　8750　荆州萬城堤續志　〔清〕舒惠撰

光緒二十一年修　十二卷　精裝一册

三二・三　各大流域水利

三二・三一　黄河水利

史十一　32.317　3227　河防一覽　〔明〕潘季馴著

乾隆十三年重刊　十四卷　十二册

史十一　32.317　3227　又

十册

史十一　32.318　1143　河防志　〔清〕張希良輯

雍正三年　十二卷　十二册

史十一　32.318　2207　靳文襄公治河方略　〔清〕崔應階重編

乾隆三十二年　十一卷　精裝一册

史十一　32.318　3270　潘方伯公遺稿　〔清〕潘駿文著

光緒二十二年　六卷　六册　二部

史十一　32.318　2802　安瀾紀要　〔清〕徐端著

道光二十三年　二卷　二册

史十一　32.318　2802　迴瀾紀要　〔清〕徐端著

道光二十四年　二卷　二册

史十一　32.318　7723　河工簡要　〔清〕邱步洲輯

光緒十三年　四卷　精裝一册

三二・三六　海塘

史十一　32.368　1311　海塘新志　〔清〕琅玕纂

乾隆五十五年修　六卷　四册

史十一　32.368　3404　續海塘新志

道光年間修　四卷　四册

史十一　32.368　4001　江蘇海塘新志　〔清〕李慶雲等纂修

光緒十六年修　九卷　四册

史十一　32.368　4001　又

五册内缺第五册一册

三八　津梁

史十一　38.8　3433　萬年橋志　〔清〕洪汝濂等修

光緒二十一年　六册

史十一　38.8　4622　峽江救生船志（附圖考）　〔清〕賀緡紳著

光緒三年　二卷　精裝一册

四〇　邊防

史十一　40.8　2544　邊事彙鈔（附續鈔）〔清〕朱克敬編輯
長沙刊本　光緒六年　共二十卷　十册　二部

四一　陸防

史十一　41.7　0019　全邊略記　〔明〕方孔炤撰
國立北平圖書舘印　民國十九年　十二卷　六册

史十一　41.8　2123　朔方備乘　〔清〕何秋濤撰
咸豐十年　八十卷　二十四册

史十一　41.8　2123　又
光緒七年　六十八卷　八册

史十一　41.8　4515　借箸籌防論略　〔德〕來春石泰撰　〔清〕沈敦和譯
金陵刊　光緒二十一年　一册

史十一　41.8　6649　三省邊防備覽　〔清〕嚴如熤輯
十四卷　六册

史十一　41.8　6649　又
十册

四二　海防

史十一　42.7　4733　籌海圖編　〔明〕胡宗憲輯
天啓四年　十三卷　二十册　二部

史十一　42.8　1066　海防要覽　〔清〕丁日昌、〔清〕李鴻章合著
長沙敦懷書局刊　光緒十年　二卷　一册

史十一　42.8　2834　洋防説略　〔清〕徐家幹著
光緒十三年　二卷　二册

史十一　42.8　6649　洋防輯要　〔清〕嚴如熤編
二十四卷　十二册
史十一　42.8　6649　又
十八册
史十一　42.8　7544　新譯中國江海險要圖説　〔清〕陳壽彭譯
經世文社本　光緒三十三年　二十二卷　十五册
史十一　42.8　7714　籌海初集　〔清〕關天培編
廣東水師署刊　道光十六年　四卷　四册　二部
史十一　42.8　8068　海防輯要　〔清〕俞昌會纂
俞氏家藏本　道光二十二年　十八卷　十二册

四四　苗防

史十一　44.8　2633　湖南苗防屯政考　〔清〕但湘良纂
蒲圻但氏刻　光緒九年　十六卷　十六册
史十一　44.8　6649　苗防便覽　〔清〕嚴如熤撰
紹義堂刊　道光二十三年　二十二卷　六册
史十一　44.8　6649　又
十册

五〇　山川

史十一　50.8　4638　京口山水志　〔清〕楊棨纂
光緒五年　二十卷　四册

五一　山

史十一　51.8　0022　南嶽志　〔清〕高自位重編
開雲樓刊　乾隆十八年　八卷　六册
史十一　51.8　0023　岱覽　〔清〕唐仲冕輯
嘉慶九年　三十九卷　十六册
史十一　51.8　0744　烏石山志　〔清〕郭柏蒼、〔清〕劉永松纂
道光二十二年　十卷　五册
史十一　51.8　0812　廣雁蕩山志　〔清〕施元孚稿　〔清〕曾唯輯
乾隆五十五年鐫　同治八年補　三十卷　八册
史十一　51.8　0824　雲臺新志　〔清〕許喬林等纂
郁州書院藏版　道光十六年　二十卷　六册
史十一　51.8　1017　焦山志　〔清〕王豫增輯
海西庵藏版　道光三年　二十一卷　六册
史十一　51.8　1021　太嶽太和山紀略　〔清〕王槩、〔清〕姚世倌等纂
荆南道署藏版　乾隆九年　八卷　八册　二部
史十一　51.8　1021　又
四册
史十一　51.8　2021　廬山志　〔清〕毛德琦等重修
順德堂刊　宣統二年補刊　十五卷　十六册
史十一　51.8　2168　金山志（附續志）　〔清〕盧見曾撰
雅雨齋刊　共十二卷　六册
史十一　51.8　2610　焦山志　〔清〕吴雲等重編
同治四年刊　二十七卷　八册
史十一　51.8　2623　九疑山志　〔清〕吴繩祖重編
退思齋刊　嘉慶元年　四卷　四册
史十一　51.8　2623　又
二册

史十一　51.8　4043　華嶽志　〔清〕李榕纂輯
玉泉院藏版　光緒九年補刊　九卷　四册　二部

史十一　51.8　4050　石鐘山志　〔清〕李成謀、〔清〕丁義方同輯
聽濤眺雨軒本　光緒九年　十七卷　八册　二部

史十一　51.8　4411　武夷山志　〔清〕董天功編
五丈尺木軒重刊　道光二十六年　二十五卷　八册

史十一　51.8　4422　鼓山志　〔清〕黄任輯
乾隆二十六年　十五卷　六册

史十一　51.8　4437　麻姑山志　〔清〕黄家駒編
同天書屋刊　同治五年　十二卷　六册

史十一　51.8　4447　峨眉山志　〔清〕蔣超輯　〔清〕曹熙衡重訂
康熙年刊　十八卷　八册

史十一　51.8　4447　又
道光十四年刊　六册

史十一　51.8　4708　大洪山志　〔清〕郝謙等纂修
萬壽心印齋刊　道光十四年　十二卷　六册

史十一　51.8　4777　大别山志　〔清〕胡鳳丹編纂
退補齋刊　同治十三年　十卷　四册

史十一　51.8　4777　黄鵠山志　〔清〕胡鳳丹編纂
退補齋刊　同治十三年　十二卷　六册

史十一　51.8　5098　普陀山志　〔清〕秦耀曾輯
佛經流通處印　道光十二年　二十一卷　四册

史十一　51.8　5303　鼎湖山志　〔清〕釋成鷲纂述
康熙五十六年　八卷　四册

史十一　51.8　7224　寶華山志　〔清〕劉名芳纂修
乾隆年刊　十六卷　四册　二部

史十一　51.8　7544　齊山岩洞志　〔清〕陳蔚輯
唐石簃重刊　光緒二十七年　二十七卷　精裝二册

史十一　51.8　7703　九華山志　〔清〕周贇主稿
化成寺藏版　光緒二十六年　十二卷　八册
史十一　51.9　2638　廬山志　吴宗慈編
中國仿古印書局印　民國二十二年　十二卷　十四册
史十一　51.9　4980　續修大嶽太和山志　趙夔等纂修
民國十一年　八卷　八册

五二　川

史十一　52.7　6035　西湖遊覽志（附志餘）　〔明〕田汝成撰
嘉惠堂丁氏刊　光緒二十二年　五十卷　十二册
史十一　52.8　1010　西湖集覽　〔清〕丁丙輯
嘉惠堂丁氏刊　光緒九年　四十五卷　十六册
史十一　52.8　1731　湖山便覽　〔清〕翟灝、〔清〕翟瀚同輯
槐蔭堂王氏刊本　光緒元年　十二卷　六册
史十一　52.8　2022　揚州北湖小志　〔清〕焦循著
嘉慶十三年　六卷　二册
史十一　52.8　4021　西湖志　〔清〕李衛等纂修
浙江書局刊　光緒四年　四十八卷　二十册
史十一　52.8　7146　莫愁湖志　〔清〕馬士圖輯
光緒八年　六卷　二册
史十一　52.8　8041　太湖備考（附湖程紀略）　〔清〕金友理纂
藝蘭圃藏版　乾隆十五年　十七卷　八册
史十一　52.8　8702　太湖備考續編　〔清〕鄭言詔纂
憩園藏版　光緒二十九年　四卷　四册

六〇　古績

六〇・一一至六〇・六三　分地彙紀

史十一　60.15　3084　長安志（附圖）　〔宋〕宋敏求撰　〔清〕畢沅校正
思賢講舍校刊　光緒十七年　共二十三卷　五册

史十一　60.21　7402　吴地記　〔唐〕陸廣微撰
江蘇書局刊　同治十二年　一卷　一册

史十一　60.25　5313　荊州記　〔宋〕盛弘之撰　〔清〕曹元忠輯
荊州田氏重刊　光緒二十七年　三卷　一册　二部

史十一　60.27　5572　蜀中名勝記　〔明〕曹學佺著
成都茹古書局印　宣統二年　三十卷　十册

史十一　60.32　2814　粤東葺勝記　〔清〕徐琪著
光緒二十五年　八卷　五册

六一　故都

史十一　61.4　4033　兩京新記（附李嶠雜詠二卷）　〔唐〕韋述撰
二卷　一册　二部

史十一　61.8　2971　宸垣識略　〔清〕吴長元輯
池北草堂刊　乾隆五十三年　十六卷　六册

六三　陵墓

史十一　63.8　1010　于忠肅公祠墓録　〔清〕丁丙輯
泉唐丁氏刊　光緒二十六年　十二卷　六册

史十一　63.8　2517　歷代陵寢備考　〔清〕朱孔陽輯
申報館印　光緒三年　五十卷　十四册

史十一　63.8　4497　鳳臺祇謁筆記　〔清〕董恂撰

同治九年　一册

史十一　63.8　4497　永甯祇謁筆記　〔清〕董恂撰

同治十一年　一册

六四　祠廟

史十一　64.3　4623　洛陽伽藍記（附集證）　〔後魏〕楊衒之撰　〔清〕吴若準集證

説劍齋刊　光緒二十九年　共六卷　一册

史十一　64.3　4623　又

鉄如意館印　民國十九年　五卷　一册

史十一　64.7　1101　湯陰精忠廟志　〔明〕張應登輯　〔清〕楊世達重訂

雍正十三年　十卷　六册

史十一　64.7　2435　廬山歸宗寺志　〔明〕释德清纂

天啓五年　四卷　四册

史十一　64.8　0022　當陽玉泉寺志　〔清〕僧亮山等纂修

毘盧殿藏版　光緒十一年重刊　六卷　四册　二部

史十一　64.8　0413　靈谷禪林志　〔清〕謝元福重修

光緒十二年刊　十五卷　二册

史十一　64.8　1021　長沙賈太傅祠志　〔清〕夏獻雲編輯

長沙刊本　光緒二年　二卷　一册

史十一　64.8　3140　岳廟志略　〔清〕馮培編輯

浙江書局刊　光緒五年　十卷　四册

史十一　64.8　3238　開元寺志　〔清〕潘曾沂著

民國十一年　八卷　二册

史十一　64.8　3437　洪山寶通寺志　〔清〕釋達澄增輯

光緒八年續修　四卷　二册

史十一　64.8　4777　漂母祠志　〔清〕胡鳳丹編
　退補齋藏版　光緒三年　七卷　二册
史十一　64.8　7738　净慈寺志　〔清〕僧際祥編纂
　嘉惠堂丁氏重刊　光緒十四年　三十一卷　十二册
史十一　64.8　7779　興賢堂誌
　醴陵興賢堂刊　同治六年　二十册
史十一　64.8　8044　萬壽宫通志　〔清〕金桂馨、〔清〕漆逢源輯
　江右鐵柱宫刊　光緒四年　三十二卷　十册
史十一　64.9　7701　西溪秋雪菴志　周慶雲輯
　四卷　一册

六五　苑囿

史十一　65.9　2032　圓明園考　程演生輯
　上海中華印　民國十七年　一册

六六　書院

史十一　66.8　1085　問津院志　〔清〕王會釐等纂修
　光緒三十一年　八卷　五册
史十一　66.8　2021　白鹿書院志　〔清〕毛德琦原訂　〔清〕周兆蘭重修
　同治十年補刊　十九卷　八册　二部
史十一　66.8　2021　白鹿洞志　〔清〕毛德琦輯
　宣統二年補刊　十九卷　八册
史十一　66.8　8732　鵝湖講學會編　〔清〕鄭之僑輯
　述堂藏版　乾隆九年　十二卷　四册

六七　名勝

史十一　67.8　0070　桃花源志略　〔清〕唐開韻輯　〔清〕胡焯同編
光緒二十四年　十三卷　四册

史十一　67.8　4719　輞川志　〔清〕胡元煐編
道光十七年　六卷　一册　三部

史十一　67.8　4777　鸚鵡洲小志　〔清〕胡鳳丹編纂
退補齋刊　同治十三年　四卷　二册

史十一　67.8　4937　平山堂圖志　〔清〕趙之壁編
乾隆三十年　十一卷　四册

史十一　67.9　3190　東坡赤壁集　注桑輯
武昌正信印務局印　民國十五年　六卷　三册

七〇　遊記

史十一　77　2833　徐霞客遊記　〔明〕徐宏祖著
瘦影山房刊　光緒七年　十册

史十一　78　1163　河海崑崙録　〔清〕裴景福著
廸化官報局印　宣統元年　六卷　六册

史十一　78　1163　又
存五册

史十一　78　1243　遊譜　〔清〕孫奇逢著
一册

史十一　78　1252　南遊紀程　〔清〕孫蟠輯
樂老堂刊　嘉慶二十年　二册

史十一　78　3134　北遊紀略（附倦遊草）　〔清〕汪兆柯撰
篤志齋刊　道光二十七年　五卷　二册

史十一　78　4066　北行吟記　〔清〕李日曦著

一册

史十一　78　4299　康輶紀行　〔清〕姚瑩著

同治六年　十六卷　六册

史十一　78　4299　又

八册

史十一　78　4410　度隴記　〔清〕董醇著

咸豐元年　四卷　四册

史十一　78　4602　東道紀行集　〔清〕楊文勳編

光緒二十三年刊　一册

史十一　78　7238　南歸日記　〔清〕劉瀚編

光緒二十八年　一册

史十一　78　7520　南越遊記　〔清〕陳徽言著

咸豐七年　三卷　一册

史十一　78　7734　蜀輶日記　〔清〕陶澍著

江州官舍刊本　光緒七年　四卷　二册

史十一　78　9417　滿洲旅行記　〔日〕小越平隆著　〔清〕克齋譯

上海廣智書局印　光緒二十八年　二卷　二册

史十一　79　2604　修學旅行筆記　吴韻荃編

兩湖師範學堂印　一册

史十一　79　4043　吴郡西山訪古記　李根源著

上海泰東書局印　民國十五年　五卷　一册

八〇　雜記　彙刊

史十一　85　2622　夢粱録　〔宋〕吴自牧撰

嘉惠堂丁氏刊　光緒十六年　二十卷　四册

史十一　88　1036　春融堂雜記（八種）　〔清〕王昶撰
嘉慶十三年　二册

史十一　88　1083　小方壺齋輿地叢鈔　〔清〕王錫祺輯
上海著易堂印　光緒十七年　六十四卷　六十四册

史十一　88　1083　小方壺齋輿地叢鈔補編　〔清〕王錫祺輯
上海著易堂印　光緒二十年　十二卷　四册

史十一　88　1083　小方壺齋輿地叢鈔再補編　〔清〕王錫祺輯
上海著易堂印　光緒二十三年　十二卷　十六册

史十一　88　1152　錦里新編　〔清〕張邦伸輯
敦彝堂刊　嘉慶五年　十六卷　八册

史十一　88　1244　柳廷輿地偶説　〔清〕孫蘭著
蟄園校刊　光緒十一年　三卷　一册

史十一　88　2101　帝輿合覽　〔清〕何炳著
敬慎堂版　道光二年　二卷　四册

史十一　88　2522　江城舊事　〔清〕朱樂纂
九芝仙舘刊　道光二十八年　十六卷　八册

史十一　88　3150　廣陵通典　〔清〕汪中撰
揚州書局刊　同治八年　十卷　二册

史十一　88　4001　粵東筆記　〔清〕李調元輯
十六卷　四册

史十一　88　4034　揚外畫舫録　〔清〕李斗著
自然盦藏版　乾隆五十八年　十八卷　八册

史十一　88　4034　又
四册

史十一　88　4203　廣陵事略　〔清〕姚文田輯
河南學使署刊　嘉慶十七年　七卷　四册

史十一　88　4441　北隅堂録　〔清〕黄士珣著
錢塘汪氏振綺堂校刊　道光二十五年　二卷　一册

史十一　88　4457　湖南方物志　〔清〕黄本驥編
知敬學齋藏版　道光二十六年　八卷　二册

史十一　88　4477　白下瑣言　〔清〕甘熙著
築野堂刊　光緒十六年　十卷　四册

史十一　88　4602　宜城縣鄉土志圖相　〔清〕楊文勳撰
石印本　光緒三十二年　一册

史十一　88　4650　都門紀略　〔清〕楊静亭輯
光緒三十二年　六册

史十一　88　4730　圖史提綱　〔清〕胡宣慶編
長沙胡氏刊　光緒十七年　二卷　一册

史十一　88　6010　黔書　〔清〕田雯撰
康熙二十九年　二卷　四册

史十一　88　6010　又
二册

史十一　88　7772　京口掌故叢編　〔清〕陶駿保輯
陶氏刊本　二册

史十一　89　0386　燕楚游驂録（甲編）　京漢鐵路管理局編
二十卷　八册

史十一　89　2706　番禺隱語解　鄔慶時著
民國十一年　一卷　一册

史十一　89　2706　番禺末業志　鄔慶時著
民國十八年　一册

史十一　89　7741　玉樹土司調查記　周希武著
商務印書館印　民國九年　二卷　一册

九〇　外紀

九〇·一　文化史

史十一　90.1　0243　世界文明史　〔日本〕高山林次郎著

商務印書館印　光緒二十九年　一册　二部

史十一　60.1　4062　古史探源　〔英〕克羅德撰　〔清〕任延旭譯

美華書館印　光緒二十五年　一册

九〇·二　年表

史十一　90.2　0014　中外紀年通表（即歷代帝王年表與四裔編年表合編）〔清〕齊召南、〔英〕博那氏編

著易堂刊　光緒二十三年　六卷　八册

史十一　90.2　0014　又

殘存四册

史十一　90.2　2372　世界大勢年表　出洋學生編輯所編著

普通學書室藏板　一册　三部

史十一　90.2　4317　四裔編年表　〔英〕博那氏編輯　〔美〕林樂知、〔清〕嚴良勳同譯

大字本　四册　四部

史十一　90.2　4317　又

石印本　光緒二十三年　四册

史十一　90.2　4941　五洲事類匯表　〔清〕趙士元等編輯

上海仁記書局刊　光緒二十九年　二十册　二部

九〇·四　史論

史十一　90.4　4949　萬國史論　〔清〕趙如光譯

杭州石印　光緒二十四年　四卷　八册

史十一　90.4　4949　又

殘存七册

九〇・八　叢刊

史十一　90.8　1521　西史彙函九種

上海圖書集成局　光緒二十二年　五十五卷　二十四册

英吉利志　〔英〕慕維廉譯

八卷

俄使輯譯　〔清〕徐景羅譯

四卷

法蘭西志　〔日本〕高橋二郎譯

六卷

米利堅志　〔日本〕崗千仞撰

四卷

歐洲史略

十三卷

羅馬志略

十三卷

希臘志略

七卷

聯邦志略

四國志略　沈敦和撰

九〇・九　世界通史

史十一　90.9　1024　譯史綱目　〔清〕王勳撰

光緒二十七年　十六卷　十册

史十一　90.9　1142　海外紀事（前後編）　张坤德譯
共十八卷　十八册

史十一　90.9　3152　世界歷史問答　〔日本〕酒井勉著
商務印書館印　光緒三十九年　一册　二部

史十一　90.9　4504　列國變通新盛紀　〔英〕李提摩太著
上海廣學會印　光緒二十四年　一册　二部

史十一　90.9　4543　萬國新歷史　〔日本〕坂本嘉哈馬著　〔清〕薛光鍔譯
益智書社印　光緒二十九年　一册　二部

史十一　90.9　4622　萬國通史（前編）　〔英〕李思倫白輯譯　〔清〕蔡爾康紀述
上海廣學會印　光緒二十六年　十卷　十册　三部

史十一　90.9　4622　又（續編）　〔英〕李思倫白輯譯　〔清〕曹曾涵纂述
上海廣學會印　光緒三十年　十卷　十册　二部

史十一　90.9　4622　又（三編）
十卷　十册　二部

史十一　90.9　4634　五洲三十年戰史　賀良樸著
上海作新社印　光緒二十九年　一册

史十一　90.9　5734　地球十五大戰紀　賴鴻翰譯
上海大同印書局印　二册

史十一　90.9　8041　西國近事彙編　〔美〕金楷理等譯
上海製造局印　九十六卷　九十六册

史十一　90.9　8041　又
自同治十二年至光緒廿五年　一百〇八卷　一百〇八册

史十一　90.9　8041　又
三十六卷　三十六册　二部

九一　世界地理

史十一　91　0121　五洲圖攷　〔清〕龔柴撰　〔清〕徐伯愚編輯
上海徐家滙印書舘印　光緒二十八年　四册　四部

史十一　91　1020　五洲地理志略　〔清〕王先謙撰
湖南學務公所刊　宣統二年　三十六卷　十二册

史十一　91　1199　東西洋考　〔明〕张燮著
長沙刊　光緒二年　十二卷　四册

史十一　91　2631　海國圖志　〔清〕魏源撰
邵陽魏氏擁遺經閣重刊　光緒二年　一百卷　三十二册

史十一　91　2631　又
邵陽急當務齋刊　光緒六年　一百卷　三十二册

史十一　91　2803　世界地理　作新社編
上海作新社印　光緒三十二年　一册

史十一　91　2828　瀛寰志略　〔清〕徐繼畬輯
校雲樓刊　同治十二年　十卷　六册　二部

史十一　91　3414　五大洲志　〔日〕辻武雄著
泰東同文書局刊　三卷　三册　四部

史十一　91　4420　地理全志　〔英〕慕維廉著
上海美華書館印　光緒二十八年　一册　二部

史十一　91　5410　萬國地理志　〔日本〕中村五六編　〔清〕周起鳳譯
上海廣益書局印　光緒二十八年　一册　二部

史十一　91　6628　殊域周咨録　〔明〕嚴從簡輯
故宫博物院印　民國十九年　二十四卷　八册

史十一　91　7529　瀛海形勢録　〔清〕陳倫炯撰
湘湖書局藏版　光緒十二年　一册

九一・〇三　地名詞典

史十一　91.03　4431　瀛寰譯音異名記　〔清〕杜宗預編

鄂城刊　光緒三十年　十二卷　六册　二部

史十一　91.03　4431　西史地理通釋　〔清〕杜宗預編

四册

史十一　91.03　7544　海外輿地釋名　〔清〕陳士芑纂

清芬堂刊　光緒二十八年　十一卷　八册　二部

九一·〇四　環遊世界

史十一　91.04　1001　道西齋日記　〔清〕王詠霓編

一册

史十一　91.04　1122　四述奇　〔清〕張德彝著

著易堂印　光緒九年刊　十六卷　八册　二部

史十一　91.04　2266　出使美日秘國日記　〔清〕崔國因撰

光緒二十年刊　十二册　二部

史十一　91.04　4040　環遊地球新録　〔清〕李圭著

光緒四年　四卷　四册　二部

史十一　91.04　4414　隨使隨筆　〔清〕蔡琦撰

二册　二部

九一·二　世界地圖

史十一　91.2　6027　五大洲圖　羅崇陽等纂

一册

史十一　91.24　1351　西洋史要圖

一册　二部

九一·四　歐洲地理及遊記

史十一　91.4　2728　西征紀程　〔清〕鄒代鈞纂

光緒十七年　四卷　二册

史十一　91.4　2813　歐遊雜録　〔清〕徐建寅撰

光緒五年刊　二卷　二册

史十一　91.4　4435　出使英法義比四國日記　〔清〕薛福成著

望龍學社刊　光緒二十四年　六卷　六册

史十一　91.42　3002　采風記（附録二種）　〔清〕宋育仁編

袖海山房刊　光緒二十一年　四卷　四册

史十一　91.42　3002　又（附時務論）

光緒二十三年　五卷　四册

史十一　91.44　0042　法國新志　〔英〕該勒低輯　傅紹爛譯

江南製造局印　光緒二十四年　四卷　二册　二部

史十一　91.47　0042　俄國新志　〔英〕該勒低撰　〔清〕潘松譯

江南製造局印　光緒二十四年　八卷　三册　二部

史十一　91.47　1035　使俄草　〔清〕王之春記

石印本　光緒二十一年　八卷　四册

史十一　91.47　2731　俄遊彙編　〔清〕繆祐孫纂

江左書林石印　光緒二十一年　四册

史十一　91.47　2731　又

上海秀文書局石印　光緒十五年　四册

九一・五　亞洲地理及遊記

史十一　91.5　2305　東亞各港志　〔日本〕參謀本部編

上海廣智書局粹印　光緒二十八年　一册　三部

史十一　91.5　3414　東亞三國地志　〔日本〕辻武雄著

東京合資會社普及社印　明治三十三年　二卷　二册

史十一　91.5　4444　得一齋雜著（四種）　〔清〕黄楙村著

夢花軒重刊　光緒十二年　二册

史十一　91.5　7025　阿達曼羣島志婆羅島志　〔清〕學部圖書局編

學部圖書局印　光緒三十四年　一册　四部

史十一　91.519　2839　客韓筆記　〔清〕徐寅輝編

長沙刊　光緒三十二年　一册

史十一　91.52　1035　談瀛録　〔清〕王之春著

光緒六年刊　四卷　二册

史十一　91.52　1037　東瀛閲操日記　丁鴻臣撰

蓉城刊　光緒二十六年　二卷　二册

史十一　91.52　2632　東遊叢録　吴汝綸記

上海文明書局　四册　二部

史十一　91.52　4204　日本地理兵要　〔清〕姚文棟著

同文舘印　光緒十年　十卷　八册

史十一　91.52　4403　東遊日記

黄慶瀾記　一册

史十一　91.52　4204　琉球地理　〔清〕姚文棟譯

光緒九年刊　一册

史十一　91.52　4433　日本國志　〔清〕黄遵憲編纂

上海圖書集成局印　光緒二十四年　八册　二部

史十一　91.52　4433　又

浙江書局刊　十册

史十一　91.52　7270　遊歷日本攷查商務日記　〔清〕劉學詢編

光緒二十五年　二卷　二册

史十一　91.57　5514　俄國西北利東編紀要　〔清〕曹廷杰撰

振綺堂刊　一册

史十一　91.58　4091　漢西域圖考　〔清〕李光廷撰

廣州鎔金鑄史齋刊　七卷　四册

史十一　91.591　2722　安南志略　〔安南〕黎崱編

上海樂善堂印　光緒十年　二十卷　四册

史十一　91.591　5302　越南地輿圖説　〔清〕盛慶紱纂輯

求忠堂出版　光緒九年　六卷　二册

史十一　91.592　4228　緬述　〔清〕彭崧毓譯録

一卷　一册

九一・八　南美洲地理

史十一　91.81　3179　巴西地理兵要　〔清〕顧厚焜編
一册

九二　傳記

史十一　92.31　2730　華盛頓太西史略　〔清〕黎汝謙等譯
新學會印　光緒二十三年　八卷　八册

史十一　92.31　4225　麥荆來　〔日本〕根岸磐井著　〔清〕張冠瀛譯
上海通雅書局印　光緒二十九年　一册

史十一　92.31　6023　美國名君言行録　〔美〕貝德禮著
上海美華書舘印　光緒三十年　一册

史十一　92.32　1413　日木維新慷慨史　〔日本〕西村三郎編　〔清〕趙必振譯
上海廣智書局印　光緒二十八年　二卷　二册

史十一　92.32　2341　吉田松陰　〔日本〕德富猪一郎著　王鈍輯
商務印書館印　光緒二十九年　一册

史十一　92.32　4448　西鄉隆盛　〔清〕林志鈞譯
閩學會印　光緒二十九年　一册

史十一　92.32　7650　日本維新百傑傳　開明書店編輯
開明書局印　光緒二十九年　一册

史十一　92.39　4213　哥倫布傳　〔日本〕桐生政次著　〔清〕友古齋譯
一册

九三　世界上古史

史十一　93　4431　外國史　〔清〕杜宗玉輯

存古學堂刊　五册

史十一　93　4848　萬國興亡史　〔日本〕松村介石著　〔清〕戢翼輝譯

大宣書局印　光緒二十九年　二册　二部

史十一　93　8218　泰西通史（上編）　〔日本〕箕作元八等著　〔清〕華文棋等譯

上海文明書局譯印　光緒二十八年　四册

史十一　93.8　4746　希臘志略

上海著易堂印　光緒二十二年　七卷　一册

九四　歐洲史

史十一　94　3014　歐洲列國變法史　〔法〕賽那布著　〔清〕許士熊譯

上海文明書局印　光緒二十九年　二十一卷　八册

史十一　94　4504　泰西新史覽要　〔英〕李提摩太譯　〔清〕蔡爾康述

美華書館印　光緒十八年　二十三卷　八册　二部

史十一　94　4504　節本泰西史覽要　〔英〕李提摩太譯　周慶雲節録

上海書局印　光緒三十一年　二册

史十一　94　4504　又

夢坡實刊　光緒三十一年　二册

史十一　94　7222　泰西十八週史覽要　〔英〕雅各偉德譯　〔清〕李鼎新述

廣學會印　光緒二十九年　十八卷　六册　二部

史十一　94　7356　歐洲史略

總税務司印　光緒十二年　十三卷　二册

史十一　94　8218　歐羅巴通史　〔日〕箕作元八、〔日〕峯岸米造合纂　〔清〕徐有成等譯

東亞譯書會印　光緒二十六年　四册

史十一　94　9283　西洋史要　〔日〕小川銀次郎編　樊炳清輯

金粟齋譯書社印　光緒二十八年　二册

史十一　94　9283　又

兩湖師範學堂印　光緒二十九年　一册　三部

史十一　94.04　1034　歐洲列國戰事本末　王澍枬輯

中衞縣署刊　光緒二十八年　二十二卷　六册

史十一　94.04　1133　普法戰紀輯要　〔清〕張宗良譯　李光廷删纂

同治十二年　四卷　一册　二部

史十一　94.04　1133　普法戰紀　〔清〕張宗良譯　〔清〕王韜輯

弢園王氏刊　光緒二十三年　二十卷　十册

史十一　94.04　1722　普奥戰史　〔日〕羽化生著　〔清〕趙天驥譯

商務印書館印　光緒二十八年　一册　二部

史十一　94.04　2357　俄土戰史　編書局譯

益深印刷局印　光緒三十四年　一册　九部

史十一　94.04　3627　俄土戰紀　〔清〕湯叡譯

大同譯書局印　六卷　二册

史十一　94.2　2381　英吉利史　〔日〕須永金三郎著

上海廣智書局印　光緒二十九年　三卷　二册

史十一　94.2　4420　大英國志　〔英〕慕維廉譯

上海益智書局印　光緒七年　八卷　二册

史十一　94.3　2614　德意志史　〔日〕白石真著　楊擇等譯

上海文明書局印　光緒二十九年　三册　三部

史十一　94.4　0175　法蘭西史　商務印書館編譯

商務印書館印　光緒二十九年　五卷　一册

史十一　94.4　1042　重訂法國志略　〔清〕王韜輯

松隱樓刊　光緒十六年　二十四卷　十册

史十一　94.4　5088　法蘭西革命史　青年會編輯

上海明權社印　光緒二十九年　一册

史十一　94.7　2866　俄史輯譯　〔清〕徐景羅譯

益智書會印　光緒十四年　四册　二部

史十一　64.96　1413　土耳其史　〔日〕北村三郎著

上海廣智書局印　光緒二十八年　一册

九五　亞洲史

史十一　95　1774　東洋史要　〔日〕桑原隲藏著　〔清〕樊炳清譯

東文學社印　二卷　四册　二部

史十一　95　9283　東洋史要　〔日〕小川銀次郎編　〔清〕屠長春譯

南潯之溪公學印　光緒二十八年　四卷　一册　二部

史十一　95.19　5656　東國史略

景蘇園校刊　光緒十九年　六卷　四册

史十一　95.2　1020　日本源流考　〔清〕王先謙撰

光緒二十八年　二十二卷　十册　二部

史十一　95.2　2632　日本維新史　〔日本〕重野安繹輯

上海商務印書館印　二卷　二册

史十一　95.2　3196　大日本史　〔日本〕源光圀撰修

三百卷　一百七十三册内缺四册

史十一　95.2　4308　日本維新三十年史　東京博文館編輯

上海廣智書局印　光緒二十九年　六册　二部

史十一　95.2　4504　日本帝國近世史　〔日本〕松井廣吉編　范枕石譯

上海中華書局印　四册

史十一　95.2　4604　日清海陸戰事史　〔日本〕松井廣吉編　范枕石譯

上海會文編譯社印　一册

史十一　95.2　7578　日本史略（附師船考）　〔日本〕岡本監著　〔清〕沈登和輯譯

光緒二十年　一册

史十一　95.2　7722　尊攘紀事　〔日本〕岡千仞撰

東京龍雲堂印　日本明治十五年　八卷　四册

史十一　55.8　0024　大唐西域記　〔唐〕釋玄奘譯　涵芬樓影印
十二卷　精裝一册
史十一　95.8　4091　漢西域圖考　〔清〕李光廷撰
蘐草堂藏版　同治九年　七卷　四册

九六　非洲史

史十一　96.2　2163　埃及近世史　〔日本〕柴四郎著　〔清〕出洋生編輯所譯
商務印書館印　光緒二十八卷　一册
史十一　96.8　3150　南阿新建國史　〔日本〕福本誠著　陳志祥譯
上海文明書局印　光緒二十八年　二册

九七　北美洲史

史十一　97.3　4342　亞美利加洲通史　〔清〕戴彬編輯
商務印書館印　光緒二十八年　二册
史十一　97.3　4429　美國史略　〔美〕蔚利高譯著
福洲美華書局印　光緒二十五年　八卷　二册

九九　大洋洲史

史十一　99.14　4564　菲臘賓獨立戰史　棒時著
商務印書館印　一册

史部十二　職官類

一〇　官制

史十二　10.8　4457　歷代職官表　〔清〕黄本驥校
　三長物齋刊　道光二十六年　六卷　四册

史十二　10.9　0043　康南海官制議　康有爲著
　上海廣智書局印　十四卷　一册

史十二　12　8346　後漢郡國令長攷　〔清〕錢大昭撰
　一册　二部

史十二　14　0030　唐六典　〔唐〕玄宗撰
　廣雅書局刊　光緒二十一年　三十卷　四册

史十二　15　2627　麟臺故事　〔宋〕程俱撰
　五卷　一册

史十二　15　7577　南宋館閣録　〔宋〕陳騤撰
　武陵丁氏刊　光緒十二年　二十卷　四册

史十二　17　4424　翰林記　〔明〕黄佐撰
　嶺南遺書本　二十卷　殘存三册

史十二　18　1267　欽定臺規　〔清〕延煦等奉敕修
　光緒十八年　四十二卷　二十四册

史十二　18　2514　續纂詞林典故　〔清〕朱珪等奉敕撰
　嘉慶十年　六十四卷缺二卷　三十二册

史十二　18　2621　翰詹源流編年　〔清〕吴鼎雯著
　二卷　二册

史十二　18　3404　國朝館選録　〔清〕沈庭芳輯
思賢講舍刊　二册
史十二　18　3708　樞垣記略　〔清〕梁章鉅原撰　〔清〕朱志等重輯
光緒元年　二十八卷　六册
史十二　18　3890　欽定臺規　〔清〕道光敕修
道光六年增修　四十卷　十六册
史十二　18　3890　吏部銓選則例　〔清〕道光敕修
十二卷　十二册
史十二　18　3890　欽定國子監則例　〔清〕道光敕修
道光二年續修　四十五卷　十册
史十二　18　4497　欽定六部處分則例　〔清〕堵焕辰校訂
上海圖書集成書局印　五十二卷　八册
史十二　18　4497　又
三善堂刊　光緒十三年　五十二卷　三十二册
史十二　18　4823　光禄寺則例　〔清〕松峻等奉勅撰
道光十八年　一百〇四卷　五十三册
史十二　18　5022　欽定吏部稽勳司則例
八卷　四册
史十二　18　5074　吏部驗封司則例
六卷　六册　二部
史十二　18　7733　吏部銓選章程　〔清〕同治勅修
同治朝刊　三十二卷　十二册
史十二　18　9930　縉紳職官全録　榮寶齋輯
京都榮寶齋刊　宣統三年　六册

二〇　官箴

史十二　26　1183　三事忠告　〔元〕張養浩撰
道光二十八年重刊　一册
史十二　26　1183　牧民忠告　〔元〕張養浩撰
同治六年刊　二卷　一册
史十二　27　6045　實政録　〔明〕吕坤著
湖北崇文書局刊　同治十年　七卷　四册　三部
史十二　28　0043　平平言　〔清〕方大湜著
常德府署刊　光緒十三年　四卷　四册
史十二　28　0818　宦海指南五種　〔清〕許乃普輯
咸豐九年　三册
史十二　28　1114　學治雜録（附續録）　〔清〕張聯桂撰
光緒二十三年重刊　共八卷　六册
史十二　28　1117　入幕須知五種　〔清〕張延驤輯
浙江書局刊　光緒十八年　六册
史十二　28　1117　又
五册
史十二　28　2112　學治一得編　〔清〕何耿繩輯
湖北崇文書局刊　同治十三年　一册　二部
史十二　28　2133　儆心録　〔清〕順治撰
一册　三部
史十二　28　2121　吏治輯要　〔清〕倭仁撰
湖南荷池書局刊　光緒元年　一册
史十二　28　2845　牧令書輯要　〔清〕徐棟編　〔清〕丁日昌重編
湖北崇文書局刊　同治八年　十卷　十册　二部
史十二　28　2845　又
羊城書局刊　同治十二年　十册
史十二　28　3193　佐治藥言　〔清〕汪輝祖纂

湖北崇文書局刊　同治十年　一册　二部

史十二　28　3193　學治臆説　〔清〕汪輝祖纂

湖北崇文書局刊　同治十年　二卷　一册　三部

史十二　28　3193　學治續説　〔清〕汪輝祖纂

湖北崇文書局刊　一册　二部

史十二　28　3654　州縣指南七種

七册

史十二　28　4033　圖民録　〔清〕袁守定著

江西書局刊　同治十一年　四卷　二册

史十二　28　4033　又

廣西書局刊　光緒十六年　二册

史十二　28　4037　資治新書　〔清〕李漁輯

戴月樓刊　三十五卷　二十册

史十二　28　4061　司牧寶鑑　〔清〕李顒輯

錫山倪氏刊　康熙三十六年　一册

史十二　28　4061　又

湖南荷池書局刊　光緒元年　一册

史十二　28　4337　學仕録　〔清〕戴肇辰輯

同治六年　十六卷　八册　二部

史十二　28　4421　陸公治嘉遺蹟（附治嘉格言）　〔清〕黄維玉編輯

同治六年刊　二册

史十二　28　6008　欽定訓飭州縣規條　〔清〕田文鏡、〔清〕李衛奉勅修

湖南荷池書局刊　光緒元年　一册

史十二　28　7207　居官鏡　〔清〕剛毅纂輯

光緒十六年刊　一册

史十二　28　7530　學什遺規　〔清〕陳宏謀輯

金陵書局刊　光緒元年　八卷　十册

史十二　28　7530　從政遺規　〔清〕陳宏謀輯

學部圖書局刊　光緒三十二年　二卷　二册　二部

史部十三　政書類

一〇　通制　歷代

史十三　10.8　4713　歷代政要表　〔清〕胡子清編

長沙刊　光緒二十九年　二卷　二册　二部

一一　九　通

史十三　11.4　4424　通典　〔唐〕杜佑纂

浙江書局刊　光緒二十二年　二百卷　五十册

史十三　11.4　4424　又

上海圖書集成局印　光緒二十七年　十六册

史十三　11.4　4424　又

上海鴻寶書局石印　光緒二十八年　精裝二册

史十三　11.5　8740　通志　〔宋〕鄭樵撰

浙江書局刊　光緒二十二年　二百卷　二百册

史十三　11.5　8740　又

上海圖書集成局印　光緒二十七年　六十册

史十三　11.5　8740　又

上海鴻寶書局石印　光緒二十八年　精裝八册

史十三　11.6　7107　文獻通考　〔元〕馬端臨著

浙江書局刊　光緒二十二年　三百四十八卷　一百五十册

史十三　11.6　7107　又　〔元〕

上海圖書集成局刊　殘存四十三册

史十三　11.6　7107　又　〔元〕

上海鴻寶書局石印　光緒二十八年　精裝八册

史十三　11.6　7107　文獻通考纂　〔元〕馬端臨著　〔明〕胡振亨纂

二十四卷　六册

史十三　11.6　7107　文獻通考詳節　〔元〕馬端臨著　〔清〕嚴虞惇節録

求志學社刊　光緒二十五年　二十四卷　十二册　二部

史十三　11.8　2413　續三通序

一册

史十三　11.8　2413　清三通序

光緒二十七年印　一册

史十三　11.8　3420　六通訂誤　〔清〕沈師齊等訂

上海圖書集成局印　二册　二部

史十三　11.8　3643　三通考輯要　〔清〕湯壽潛輯

通雅堂刊　光緒二十五年　七十六卷　三十册　二部

史十三　11.8　4326　九通綱目

宏仁書會刊　十二册

史十三　11.8　4877　續通典　〔清〕乾隆勅撰

浙江書局刊　光緒十二年　一百五十卷　四十册

史十三　11.8　4877　又

上海圖書集成局印　光緒二十七年　十二册

史十三　11.8　4877　又

上海鴻寶書局石印　光緒二十八年　精裝二册

史十三　11.8　4877　續通志　〔清〕乾隆勅撰

浙江書局刊　光緒十二年　六百四十卷　二百册

史十三　11.8　4877　又

上海鴻寶書局石印　光緒二十八年　精裝八册

史十三　11.8　4877　又

上海圖書集成局印　光緒二十七年　六十册

史十三　11.8　4877　續文獻通攷　〔清〕乾隆勅撰

浙江書局刊　光緒十三年　二百五十卷　一百二十册

史十三　11.8　4877　又

上海鴻寶書局石印　光緒二十八年　精裝六册

史十三　11.8　4877　清通典　〔清〕乾隆勅撰

學海堂刊　光緒元年　一百卷　三十二册

史十三　11.8　4877　又

浙江書局刊　光緒八年　四十册　二部

史十三　11.8　4877　又

上海鴻寶書局石印　光緒二十八年　精裝二册

史十三　11.8　4877　清通志　〔清〕乾隆勅撰

學海堂刊　光緒元年　一百二十六卷　四十册

史十三　11.8　4877　又

上海鴻寶書局石印　光緒二十八年　一百二十六卷　精裝二册

史十三　11.8　4877　清文獻通考　〔清〕乾隆勅撰

學海堂刊　三百卷　一百六十册内缺十二册

史十三　11.8　4877　又

上海鴻寶書局石印　光緒二十八年　精裝八册

史十三　11.8　7210　九通通　〔清〕劉可毅輯

劉氏刊　光緒二十八年　二百四十八卷　六十一册　二部

一二　斷代

史十三　12.21　2810　西漢會要　〔宋〕徐天麟撰

江蘇書局刊　光緒十年　七十卷　十册　三部

史十三　12.22　2810　東漢會要　〔宋〕徐天麟撰
江蘇書局刊　光緒十年　四十卷　八册　二部
史十三　12.4　1033　唐會要　〔宋〕王溥撰
江蘇書局刊　光緒十年　一百卷　二十四册　二部
史十三　12.41　1033　五代會要　〔宋〕王溥撰
江蘇書局刊　光緒十二年　三十卷　六册　二部
史十三　12.7　0104　明會要　〔清〕龍文彬纂
永懷堂藏版　光緒十三年　八十卷　二十册
史十三　12.7　4471　大明會典　〔明〕萬曆續纂
江西刊本　天啟元年　二百二十八卷　十六册
史十三　12.8　3071　晉政輯要　〔清〕安頤等編
山西刊　光緒十五年　四十卷　三十二册
史十三　12.8　3355　治浙成規
浙江書局刊　八卷　八册
史十三　12.8　3355　又
存七册缺末册
史十三　12.8　3492　江蘇省例
江蘇書局刊　同治八年　十二册
史十三　12.8　4000　大清會典　〔清〕嘉慶勅修
殿版　八十卷　二十六册
史十三　12.8　4000　又
湖北崇文書局刊　同治十一年　八十卷　四册　二部
史十三　22.8　4000　大清會典圖　〔清〕嘉慶勅修
嘉慶朝殿刊　一百三十二卷　四十册
史十三　12.8　9024　大清會典　〔清〕光緒勅修
光緒朝殿刊　一百卷　三十六册
史十三　12.8　9024　大清會典事例　〔清〕光緒勅修
光緒朝殿刊　一千二百廿卷　三百八十四册

史十三　12.8　9024　大清會典圖　〔清〕光緒勅修
光緒朝殿刊　二百七十卷　七十四册

二〇　典禮

史十三　24　4422　大唐開元禮　〔唐〕蕭嵩等著
公善堂刊　光緒十二年　一百五十卷　十六册
史十三　26　4823　大金集禮
廣雅書局刊　光緒二十一年　四十卷　四册
史十三　27　4342　朝鮮迎接都監都廳儀軌　故宮博物院編
故宮博物院印　民國二十一年　一册
史十三　27　4424　明貢舉考略　〔清〕黄崇蘭輯
金閶經義堂刊　道光五年　二卷　二册
史十三　27　4424　又
道光二十四年　二卷　一册
史十三　28　0032　文廟祀位
崇文書局刊　同治八年　一册　三部
史十三　28　0036　直省釋奠禮樂記　〔清〕應寶時輯
同治十二年　六卷　四册　二部
史十三　28　0036　又
廣東藩署重刊　光緒十七年　八卷　四册
史十三　28　0044　清宮史續編　〔清〕慶桂等奉勅修
故宮博物院印　民國二十一年　一百卷　十二册
史十三　28　0081　文廟祀典考　〔清〕龐鍾璐等編
龐氏家刊本　光緒四年　五十卷　八册　二部
史十三　28　0553　慶典成案
都門琉璃廠刊　五卷　五册

史十三　28　0302　文昌廟樂章

一册

史十三　28　1117　奏定學堂章程　〔清〕張百熙、〔清〕張之洞等擬訂

湖北學務處刊　光緒二十九年　五册

史十三　28　1117　又

北京官書局印　五册

史十三　28　1200　九旗古誼述　〔清〕孫詒讓著

光緒二十七年　一册

史十三　28　2413　大清通禮　〔清〕穆克登額等奉勑續修

道光四年修成　五十四卷　精裝三册

史十三　28　2413　又

江蘇書局刊　光緒九年　十二册

史十三　28　2413　又

十六册

史十三　28　2544　文廟通考　〔清〕牛樹梅輯

浙江書局刊　同治十一年　六卷　二册

史十三　28　5244　又

岐山學署刊　光緒十四年　四册

史十三　28　2700　皇朝謚法考（附補編）　〔清〕鮑康輯

同治三年刊　五卷　二册　二部

史十三　28　2700　皇朝謚法考　〔清〕鮑康輯

成都志古堂刊　光緒十五年　九卷　二册

史十三　28　2853　皇朝祭器樂舞録　〔清〕徐暢達輯

湖北崇文書局重刊　同治十年　二卷　二册　二部

史十三　28　3219　俎豆集　〔清〕潘承焯編

乾隆四十三年　三十卷　八册

史十三　28　4000　學政全書　〔清〕嘉慶勑修

八十六卷　十六册

史十三　28　4404　西巡盛典　〔清〕董誥等奉敕修
武英殿聚珍版　嘉慶十七年　二十四卷　二十四册
史十三　28　4424　清貢舉考略　〔清〕黄崇蘭輯
金閶經義堂刊　道光五年　三卷　二册
史十三　28　4424　又
雙桂齋刊　道光二十四年　二册
史十三　28　4481　文廟丁祭譜　〔清〕藍鍾瑞等編
遵經閣刊　道光二十五年　四卷　八册
史十三　28　4481　又
同治七年重刊　十一卷　十二册
史十三　28　5382　中祀合編
一册　二部
史十三　28　7274　皇朝謚彙考（附漢晉迄明謚彙考）　〔清〕劉長華增輯
共十卷　四册
史十三　28　7344　同治大婚記
一册
史十三　28　8019　長沙縣學宫志　〔清〕余正焕等修
咸豐元年　六卷　六册
史十三　28　9024　欽定科場條例　〔清〕光緒勅修
光緒年刊　六十卷　四十册

三〇　邦計

史十三　35　4496　救荒活民書　〔宋〕董煟撰　〔明〕朱熊補遺
苕溪江氏刊　道光十六年　十二卷　四册
史十三　35　4496　救荒補遺　〔宋〕董煟著　〔明〕朱熊補遺
湖北崇文書局刊　同治八年　二卷　二册　三部

史十三　38　0024　東粤藩儲攷　〔清〕高崇基等輯

光緒十三年　十二卷　十二册

史十三　38　0030　淮北票鹽志略　〔清〕童濂編

同治七年　十五卷　六册

史十三　38　0071　淮南鹽法紀略　〔清〕龐際雲等編輯

淮南書局刊　同治十二年　十卷　十册

史十三　38　0071　又

六册

史十三　38　0097　四川官運鹽案類編（附續編）　〔清〕唐炯編

光緒七年　六十七卷　共二十册

史十三　38　0413　淮鹽改票本末　〔清〕謝元淮著

咸豐八年刊　一册

史十三　38　0586　廣東銀元局章程

抄本　一册

史十三　38　1034　四川鹽法志　〔清〕丁寶楨編

光緒八年　四十卷　二十册　三部

史十三　38　1034　鹽法議略　〔清〕王守基纂

粤東刊　光緒十二年　二卷　二册

史十三　38　1053　淮關統志　〔清〕元成撰

光緒七年補刊　十四卷　六册

史十三　38　2422　兩淮鹽法志　〔清〕佶山等纂修

揚州書局重刊　同治九年　五十六卷　二十册

史十三　38　3142　荒政輯要　〔清〕汪志伊纂

湖北崇文書局刊　同治八年　十卷　二册　二部

史十三　38　3142　又

蘭陵堂蕭氏刊　民國十四年　九卷　二册　二部

史十三　38　3188　續河東鹽法備覽　〔清〕江人鏡等修

河東年鹽署刊　光緒八年　九卷　十册

史十三　38　3433　江蘇海運全案新編
六卷　六册
史十三　38　3433　江蘇海運全案續編
八卷　八册
史十三　38　3833　江甯府重修普育堂志　〔清〕徐宗瀛等原輯　〔清〕孫雲錦重纂
光緒十二年　六卷　六册
史十三　38　3890　欽定户部漕運全書　〔清〕道光勅修
道光二十四年　九十二卷　四十六册
史十三　38　4021　兩浙鹽法志　〔清〕李衛等奉勅修
雍正六年　十六卷　十二册
史十三　38　4327　浙西減漕紀略　〔清〕戴槃撰
同治七年重刊　六册
史十三　38　4430　鄂省丁漕指掌　〔清〕林之望輯
湖北藩署刊　光緒元年　十卷　十册　三部
史十三　38　4433　浙江海運漕糧全案初編　〔清〕黄宗漢等纂
浙江糧儲道庫藏版　同治六年　八卷　四册
史十三　38　4433　浙江海運漕糧全案續編　〔清〕黄宗漢等纂
浙江糧儲道庫藏版　同治六年　四卷　二册
史十三　38　4434　河東鹽法備覽　〔清〕蔣兆奎編
乾隆五十四年刊　十二卷　八册
史十三　38　4497　楚漕江程　〔清〕董恂輯
荻芬書屋刊　咸豐四年　十六卷　十六册
史十三　38　4497　江北運程　〔清〕董恂輯
京兆尹署刊　咸豐十年　四十一卷　四十一册
史十三　38　4662　籌濟編　〔清〕楊景仁輯
武昌書局刊　光緒九年　三十三卷　八册
史十三　38　4662　又

精裝二册

史十三　38　4672　江蘇海運全案　〔清〕賀長齡等纂輯

道光六年刊　十二卷　十二册

史十三　38　4672　又

蘇藩司庫藏版　光緒元年　十二册

史十三　38　4877　康濟録　〔清〕乾隆勅修

湖北崇文書局刊　同治八年　四卷　四册　三部

史十三　38　6202　四川計岸官運鹽案彙輯　〔清〕計岸官運總局文案所編集

光緒三十年　十二卷　八册

史十三　38　7106　浙江海運全案重編　〔清〕馬新貽、〔清〕蔣益澧等重編

浙江糧儲道刊　同治六年　二十卷　十二册

史十三　38　7106　浙江海運漕糧全案新編　〔清〕馬新貽等纂

浙江糧道庫藏版　同治六年　八卷　六册

史十三　38　7111　解州丈清地糧里甲圖説　〔清〕馬丕瑶編

解州書院刊　光緒七年　一册　四部

史十三　38　7610　河東鹽法志　〔清〕覺羅石麟等奉敕修

雍正五年　十二卷　十二册

史十三　38　7610　又

八册

史十三　38　7816　清鹽法志

鹽務署纂修　民國九年　三百卷　六十五册

史十三　39　2680　應城膏鹽紀略　魏頌唐撰

武昌刊　民國九年　一册

史十三　39　3612　墾政輯覽　察哈爾墾務總局編纂

察哈爾墾務局刊　民國六年　十篇　十二册

史十三　39　7512　賑鑑二種　陳豫生輯

義門餘慶堂藏版　三册　二部

四〇　軍政（參見子部兵家類）

史十三　48　1146　杭州八旗駐防營志略　〔清〕張大昌輯
　浙江書局刊　光緒十九年　二十五卷　六册
史十三　48　3887　鄂省營制驛傳彙編　〔清〕裕録、〔清〕陳仲衡等編
　光緒十五年　四卷　四册
史十三　48　4000　中樞政考八旗　〔清〕嘉慶敕修
　三十二卷　四十册
史十三　48　4000　中樞政考緑營
　四十卷　四十册
史十三　48　5010　京口八旗志　〔清〕春元等纂
　光緒五年　二卷　二册

五〇　法令（參見子部法家類）

史十三　57　7290　明律　〔明〕劉惟謙奉敕編
　日本東京山城屋印　三十卷　九册
史十三　58　0074　核訂現行刑律　〔清〕奕劻等核訂
　法律館印　宣統元年　二册
史十三　58　0074　修正現行刑律　〔清〕奕劻等修正
　憲政編查館印　一册
史十三　58　0175　光緒新法令　商務印書館輯
　商務印書館印　宣統元年　廿册内缺第十四一册
史十三　58　0175　大清宣統新法令　商務印書館編
　宣統二年　卅六册内缺第三二、三六兩册
史十三　58　1031　刑部通行章程　〔清〕王汝礪輯
　京都善成堂刊　光緒二十四年　六卷　六册

史十三　58　1226　大清帝國刑律總則草案

北京新學會印　宣統三年　一册

史十三　58　1286　大清帝國刑律分則草案

北京新學會印　光緒三十四年　一册

史十三　58　2831　名法指掌　〔清〕徐灝重纂

湖北崇文書局刊　同治九年　四卷　四册　二部

史十三　58　3107　大清律例彙輯便覽　湖北讞局彙輯

湖北讞局刊　同治十一年　四十卷　三十二册　二部

史十三　58　3107　又

存卅一册缺第廿八一册

史十三　58　3124　核訂現行刑律秋審條款案語合刊

憲政編查館印　宣統二年　一册　三部

史十三　58　3435　清民事訴訟律草案　〔清〕沈家本等訂

上海政學社印　十二册

史十三　58　3435　大清現行刑案案語　〔清〕沈家本等訂

法律館印　宣統元年　二十册

史十三　58　3435　又

普政社印　宣統三年　精裝四册

史十三　58　3435　大清現行刑律案語（附核訂現行刑律）　〔清〕沈家本等訂

法律館印　宣統元年　二十三册　二部

史十三　58　3613　刑案匯覽（附拾遺備考一卷）　〔清〕祝晉祺編

鴻文書局印　光緒十九年　六十卷　十四册

史十三　58　3613　續增刑案匯覽　〔清〕祝晉祺編

鴻文書局印　光緒十九年　十六卷　四册

史十三　58　4078　現行刑律講義　〔清〕吉同鈞纂

律學館印　宣統二年　八册　四部

史十三　58　4222　大清律例彙纂大成

光緒廿四年增刊　四十卷　二十四册

史十三　58　6690　簡明限期表　〔清〕瞿懷亭編　〔清〕李嘉續訂

李氏刊　光緒十五年　一册　二部

史十三　58　6700　五軍道里表　〔清〕明亮等奉勅編纂

十八册

史十三　58　7144　三流道里表　〔清〕阿杜等纂修

江蘇書局重刊　同治十一年　二册

史十三　58　7207　律例總類　〔清〕剛毅校刊

光緒十年　八册

史十三　58　9918　新刑律修正案彙録　〔清〕勞乃宣輯

京師京華印書局印　一册

六〇　考工

史十三　65　4003　李明仲營造法式　〔宋〕李誠撰

石印本　民國八年　三十四卷　八册

史十三　65　4003　又

上海商務印書館影宋本　民國十八年　三十六卷　八册

史部十四　目録類

一〇　目録學

一一　通論

史十四　11.8　0200　四庫全書敍　〔清〕端方摘刊
　一册　九部

史十四　11.9　1144　賁園書庫目録輯略　張森楷著
　渭南嚴氏孝義家塾刊　民國十四年　一册

史十四　11.9　4434　校讎新義　杜定友著
　上海中華書局印　民國十九年　十卷　二册

史十四　11.9　7223　目録學概論　劉紀澤著
　上海中華書局印　民國二十年　一册

史十四　11.9　7715　四庫全書提要敍註　周雲青註
　民國十五年　一册

一二　板本　書影

史十四　12.9　4385　故宮善本書影初編
　故宮博物院印　民國十八年　一册

史十四　12.9　4429　書林清話　葉德輝輯
　觀古堂刊　宣統三年　十卷　精裝一册

史十四　12.9　4634　留真譜初編　楊守敬輯
宜都楊氏刊　光緒二十七年　精裝二册

史十四　12.9　4634　留真譜二編　楊守敬輯
觀海堂刊　民國六年　精裝一册

史十四　12.9　6634　鐵琴銅劍樓宋金元本書影（附識語）　瞿良士彙輯
民國十一年　精裝二册

一八　雜録

史十四　18.8　1243　文瀾閣志　〔清〕孫樹禮、〔清〕孫竣著
光緒二十四年　三卷　三册

史十四　18.8　4469　藏書紀事詩　〔清〕葉昌熾著
長沙學使署藏板　光緒二十三年　六卷　十二册

史十四　18.8　4469　又
精裝二册

史十四　18.9　4600　中國藏書家考略　楊立誠編
浙江省立圖書館印　民國十八年　一册　二部

史十四　18.9　4634　藏書絶句　楊守敬著
民國十六年　一册

二〇　書目目録　書目叢刊

史十四　28　7525　上善堂鐵華館書目合刊　〔清〕陳繩夫彙刻
一册

史十四　29　7720　書目舉要　周貞亮、李之鼎同編
南城宣秋館刊　一册　二部

三〇　史志

史十四　30　1149　八史經籍志　〔清〕張壽榮輯

光緒八年刊　三十卷　十册

前漢書藝文志　〔漢〕班固撰　〔唐〕顔師古注　一卷

隋書經籍志　〔唐〕長孫無忌等撰　四卷

舊唐書經籍志　〔宋〕劉昫等撰　二卷

唐書藝文志　〔宋〕歐陽修等撰　四卷

宋史藝文志　〔元〕脱克脱等撰　八卷

宋史藝文補　〔清〕盧文弨撰　一卷

補遼金元藝文志　〔清〕盧文弨撰　一卷

補三史藝文志　〔清〕金門詔撰　一卷

元史藝文志　〔清〕錢大昕補撰　四卷

明史藝文志　〔清〕張廷玉等撰　四卷

史十四　30　1262　史記天官書補目補續漢書藝文志合刊　〔清〕孫星衍、〔清〕錢大昭撰

廣雅書局刊　光緒十三年　二卷　一册

史十四　32.1　4269　漢書藝文志注解　姚明煇著

武昌高等師範課本　二册　二部

史十四　32.2　8042　補後漢書藝文志補後漢書藝文志攷　〔清〕曾樸纂

常熟曾氏叢書本　光緒二十一年　十一卷　八册

史十四　32.2　8042　又

精裝一册

史十四　33.9　0033　隋經籍志攷證　〔清〕章宗源撰

湖北崇文書局刊　光緒三年　十三卷　四册　三部

史十四　36.4　8346　元史藝文志　〔清〕錢大昕補纂

嘉慶五年　四卷　二册

史十四　38　4447　皇朝經籍志　〔清〕黄本驥輯

三長物齋藏版　道光二十五年　六卷　二册

四〇　采録書目

史十四　48　0247　京師大學堂暫定各學堂應用書目
湖北督署刊　光緒二十九年　一册
史十四　48　1133　書目答問　〔清〕張之洞著
二册
史十四　48　1133　又　〔清〕
新化三味堂刊　光緒二十三年　二册
史十四　48　1133　書目答問箋補　〔清〕張之洞著　〔清〕江仁度箋補
漢川江氏刊　光緒三十年　四卷　四册　三部
史十四　49　4025　國學用書類述　支偉成著
上海泰東圖書局印　民國十六年　二册

五〇　知見書目

史十四　58　1747　四庫簡明目録標注　〔清〕邵懿辰撰
宣統三年　二十卷　精裝二册
史十四　58　2509　行素堂目覩書録　〔清〕朱記榮編
古吴孫氏刊　光緒十年　十册
史十四　58　4444　宋元舊本書經眼録（附録二卷）　〔清〕莫友芝編
上海還讀樓刊　光緒十年　五卷　四册
史十四　58　4444　郘亭知見傳本書目　〔清〕莫友芝輯
十六卷　精裝二册
史十四　58　4600　四庫目略　楊立誠輯

浙江省立圖書館刊　民國十八年　四册

六〇　考訂書目　題跋

史十四　67　4700　四部正譌　〔明〕胡應麟著　顧頡剛校點

樸社印　民國十八年　一册

史十四　68　2528　開有益齋讀書志　〔清〕朱緒曾纂

金陵翁氏刊　六卷　六册

史十四　68　2646　拜經樓藏書題跋記　〔清〕吴壽暘撰

五卷　四册

史十四　68　4411　士禮居藏書題跋記　〔清〕黄丕烈撰

光緒八年　六卷　二册

史十四　48　4411　又

上海醫學書局印　民國六年　十一卷　八册

史十四　68　7433　儀顧堂題跋　〔清〕陸心源著

十六卷　六册

史十四　68　7433　儀顧堂續跋　〔清〕陸心源著

十六卷　八册

史十四　68　8380　讀書敏求記　〔清〕錢曾輯

掃葉山房石印　民國三年　四卷　精裝一册

七〇　收藏書目

七一　公藏

史十四　71.5　2359　秘書省續編到四庫闕書目
　八千卷樓丁氏以元人寫本上版　光緒二十八年　二卷　一册
史十四　71.8　0044　清宫史續編書籍門　〔清〕慶柱等奉勅修
　故宫博物院抽印本　民國二十一年　二十卷　四册
史十四　71.8　2103　壬子文瀾閣所存書目
　五卷　四册　二部
史十四　71.8　2323　研經室經進書録　〔清〕傅以禮重編
　傅民刊　光緒八年　四卷　二册
史十四　71.8　4448　萬卷樓藏書總目　〔清〕黄彭年編
　二册
史十四　71.8　4705　志學齋書目
　關中書院刊　光緒十七年　一册
史十四　71.8　4877　欽定天禄琳琅書目　〔清〕乾隆勅編
　長沙王氏刊　光緒十年　三十卷　十册　二部
史十四　71.8　4877　四庫全書總目提要　〔清〕乾隆勅編
　廣東書局重刊　同治七年　二百卷　一百〇八册内缺二三、五十二册
史十四　71.8　4877　又
　精裝三十五册
史十四　71.8　4877　又
　廣東書局刊　一百二十册内缺三册
史十四　71.8　4877　又
　存古齋藏版　民國十五年　三十二册
史十四　71.8　4877　又（附未收書目，書目表，索引，禁燬總

目。）〔清〕

上海大東書局印　民國十九年　四十册

史十四　71.8　4877　四庫全書簡明目録　〔清〕乾隆勅編

廣東書局刊　同治七年　二十卷　精裝四册

史十四　71.8　4877　四庫全書附存目録　〔清〕乾隆勅編

學海堂重刊　光緒十年　十卷　精裝二册

史十四　71.8　6956　四庫書目略

同治九年刊　二十卷　三册

史十四　71.9　2131　故宫所藏觀海堂書目　楊澄一輯

故宫博物院印　民國二十一年　四卷　一册

七二　各省圖書館所藏

史十四　72.11　1365　直隸天津圖書館目録

民國二年印　十册

史十四　72.12　2565　山東圖書館書目

宣統元年印　八册

史十四　72.12　2565　山東圖書舘辛亥年藏書目録

宣統三年印　一册

史十四　72.12　2590　山東省立通俗圖書舘目録

一册

史十四　72.13　3465　河南圖書館書目

宣統元年印　一册

史十四　72.14　6042　山西公立圖書館目録（初編）　田九德等編

山西公立圖書館印　民國二十年　一册

史十四　72.15　7165　陝西圖書館書目三編

民國十一年　二册

史十四　72.16　1123　甘肅省公立圖書館書目初編　張繼祖等纂輯

民國十三年　殘存五册
史十四　12.21　3432　江蘇通俗教育館書目
二册
史十四　72.21　4865　大公圖書館藏書目録
民國十年　四册
史十四　72.21　6684　無錫縣圖書館書目　嚴毓芬等輯
民國十三年　殘存四册
史十四　72.81　8868　無錫縣第一高小校圖書館目録甲編
民國九年刊　一册
史十四　72.21　9065　常熟縣圖書館藏書總目
民國七年刊　二册
史十四　72.22　4463　安徽省立圖書館中文書目　董明道等編
民國二十年　六册
史十四　72.23　3365　浙江圖書館通常類圖書目録
民國十四年　八册
史十四　72.23　3365　浙江圖書館保存類書目
民國四年刊　一册
史十四　72.23　3365　浙江圖書館觀覽書目
民國四年刊　五册
史十四　72.23　3365　浙江圖書館觀覽類書目補編
民國四年刊　一册
史十四　72.23　7712　重訂浙江公立圖書館保存類目録　周承德輯
民國十年　二册
史十四　72.26　0017　湖南省立圖書館目録　唐璆輯
民國十四年　六册

七三　私藏

史十四　73.5　6081　郡齋讀書志　〔宋〕晁公武撰
汪氏刊　嘉慶二十四年　二十卷　六册

史十四　73.5　6081　又（附趙氏附志二卷）
長沙王氏刊　光緒十年　二十卷　十册

史十四　73.5　7551　直齋書録解題　〔宋〕陳振孫撰
武英殿聚珍版　二十二卷　八册

史十四　73.5　7551　又
江蘇書局刊　光緒九年　二十二卷　精裝二册

史十四　73.5　7551　又
六册

史十四　73.8　1181　愛日精廬藏書志　〔清〕張金吾撰
吴縣徐氏刊　光緒十三年　四十卷　十二册

史十四　73.8　1262　孫氏祠堂書目　〔清〕孫星衍撰
四卷　二册

史十四　73.8　4279　好古堂書目　〔清〕姚際恒撰
中社刊　民國十八年　一册

史十四　73.8　6680　鐵琴銅劍樓藏書目録　〔清〕瞿鏞編
光緒二十四年　精裝二册

史十四　73.8　7433　皕宋樓藏書志　〔清〕陸心源輯
十萬卷樓刊　光緒八年　一百二十卷　三十二册

史十四　73.8　7433　又
五十六卷　十四册

史十四　73.9　2741　藝風藏書記　繆荃孫編
光緒二十六年　八卷　二册

史十四　73.9　4446　嘉應黄氏人境廬藏書目録　黄有則編
民國七年刊　一册

八〇　分類書目

八一　經

史十四　81.8　0436　小學考　〔清〕謝啓昆箸
　浙江書局刊　光緒十四年　五十卷　二十册
史十四　81.8　0436　又
　鴻文書局石印　光緒十五年　六册
史十四　81.8　2528　經義考　〔清〕朱彝尊撰
　浙江書局刊　光緒二十三年　三百卷　五十册
史十四　81.8　2528　又
　乾隆二十年刊　四十八册
史十四　81.8　2528　又
　秀水朱氏刊　嘉慶二十二年　四十册

八二　史

史十四　82.9　3042　金石書目録　容媛輯
　北平國立中央研究院　民國十九年　十卷　一册
史十四　82.9　3138　故宫方志目　江瀚編
　故宫博物院印　民國二十年　一册
史十四　82.9　4342　雍正硃批諭旨不録奏摺總目　故宫博物院編
　故宫博物院印　一册
史十四　82.9　4342　清軍機處檔案目録　故宫博物院編
　故宫博物院　一册
史十四　82.9　4498　金石書目　黄立猷輯
　黄氏萬碑館印　民國十五年　十卷　二册

史十四　82.9　6632　方志考稿甲種　瞿宣潁著
天春書社刊　民國十九年　六編　三册

八三　子

史十四　83.7　2611　道藏目録詳註　〔明〕白雪霽撰
退耕堂影印　四卷　四册
史十四　83.8　4877　大清重刻龍藏彙記　〔清〕乾隆敕編
金陵刻經處刊　同治九年　一册
史十四　83.9　7701　琴書存目
琴書別録　周慶雲纂
夢波室藏版　民國三年　六卷
二卷　共四册
史十四　83.9　8023　書畫書録解題（附著者索引總目敍略）　余紹宋著
北平圖書館印　民國二十一年　十二卷　六册

八四　集

史十四　84.8　4406　曲海總目提要　〔清〕黄文暘著　董康等校訂
上海大東書局印　民國十九年　四十六卷　十六册

八五　叢書

史十四　85.8　2056　彙刻書目
上海福瀛書局刊　光緒十二年　二十册
史十四　85.8　2056　又
十六册
史十四　85.8　3127　彙刻書目初編（附續編）　〔清〕顧修編
長沙陳氏刊　光緒元年　十六册
史十四　85.9　3441　業書書目彙編　沈乾一輯

上海醫學書局印　民國十八年　四册

史十四　85.9　3441　又

精裝一册

史十四　85.9　4634　增訂叢書舉要（附徵刻宋人集小啓一卷附校誤記一卷）　楊守敬編　李之鼎補

南昌宜秋舘校印　民國七年　八十卷　四十册

九〇　特種書目

九一　善本

史十四　91.8　3148　藝芸書舍宋元本書目　〔清〕汪士鐘編

蘇州文學山房印　一册

史十四　91.9　0265　京師圖書館善本書目　京師圖書館編

民國五年印　四册

史十四　91.9　7434　浙江省立圖書館善本書目題識　陸祖穀編

民國二十一年　一册

九三　禁燬

史十四　93.8　8959　銷燬燬抽違礙奏繳咨禁書目禁書總目合刻

國學保存會刊　光緒三十三年　一册

九六　個人及族姓著述

史十四　96.8　8043　春在堂全書録要（附録二種）　〔清〕俞樾編

一册

九七　郡邑藝文

史十四　97.11　1030　畿輔叢書已刻書目　王灝輯
一册

史十四　97.23　4777　金華文萃書目提要　〔清〕胡鳳丹纂
退補齋刊　同治八年　八卷　三册

史十四　97.25　2105　四庫湖北先正遺書存目（附札記）　盧靖輯
四卷　精裝一册

史十四　97.25　2105　四庫湖北先正遺書提要　盧靖輯
沔陽盧氏刊　民國十一年　四卷　二册

九八　日本漢籍書目

史十四　98.9　0423　昭和法寶總目録　〔日本〕高楠順次郎等編
大正一切經刊行會印　日本昭和四年　精裝三册

史十四　98.9　0423　大正新修大藏經總目録　〔日本〕高楠順次郎等編
大藏出版株式會社發行　日本昭和七年　精裝一册

史十四　98.9　4634　日本訪書志　楊守敬撰
景蘇園刊　光緒二十三年　十六卷　八册

九九　索引

史十四　99　3434　四庫全書總目及未收書目引得　洪業等編
燕古大學圖書館印　民國二十一年　二册

史十四　99　4435　皇清經解總目　〔清〕蔡啓盛編
庶和堂藏版　光緒十七年　八卷　二册

史十四　99　4600　文瀾閣目索引　楊立誠編
浙江省立圖書館刊　民國十八年　一册

史十四　99　4637　四庫大辭典　楊家駱編
　上海商務書局印　民國二十一年　精裝二册
史十四　99　7514　四庫全書總目索引　陳乃乾纂
　上海大東書局印　民國十五年　四卷　精裝一册

史部十五　金石類

一〇　總録

一一　目録

史十五　11.5　4969　金石録　〔宋〕趙明誠撰　〔清〕黄本驥校
三藏物齋刊　三十卷　五册

史十五　11.9　2741　藝風堂金石文字目　繆荃孫輯
光緒三十二年　十八卷　六册

一二　圖象

史十五　12.8　1113　清儀閣所藏古器物文　〔清〕張廷濟手拓　〔清〕徐鈞藏本
上海商務珂羅版印　民國十四年　十册

史十五　12.8　2610　二百蘭亭齋攷藏金石記　〔清〕吴雲著
咸豐六年　四册　二部

史十五　12.8　3117　金石索　〔清〕馮雲鵬著
雙桐書屋藏版　道光元年　十二卷　十二册

史十五　12.8　3117　又
邃古齋藏版　十一册原缺一册

史十五　12.8　7521　求古精舍金石圖　〔清〕陳經著

說劍樓刊　嘉慶十八年　四卷　四册

一三　文字

史十五　13.5　3432　隸釋　〔宋〕洪适撰

晦木齋摹刻　二十七卷續廿一卷　八册内缺一册

史十五　13.8　1036　金石萃編　〔清〕王昶撰

經訓堂刊　一百八十卷　八十册　二部

史十五　13.8　4781　葛氏金石叢書四種

學古齋校刊　十二册

金石略　〔宋〕鄭樵輯

三卷

古刻叢鈔　〔明〕陶宗儀編

一卷

金薤琳琅　〔明〕都穆撰

廿卷缺前三卷

金石古文　〔明〕楊慎輯

十四卷

史十五　13.8　8002　兩漢金石記　〔清〕翁方綱著

南昌使院刊　乾隆五十四年　二十卷　八册

史十五　13.8　8002　又

六册

一四　題跋

史十五　14.5　7727　集古録跋尾　〔宋〕歐陽修撰

甯鄉黄本驥重校刊　十卷　四册

史十五　14.8　4404　金石録補　〔清〕葉奕苞著

行素草堂刊　光緒十三年　二十七卷　八册

史十五　14.8　4923　古墨齋金石跋　〔清〕趙紹祖輯

聚學軒叢書本　六卷　二册

史十五　14.8　7626　香南精舍金石契　〔清〕覺羅崇恩撰

光緒二十六年　二册

史十五　14.8　8346　潛研堂金石文跋尾　〔清〕錢大昕著

長沙龍氏家塾重刊　二十卷　八册

一六　字書

史十五　16.8　1174　增廣金石韻府　〔清〕張鳳藻著

巴郡理董軒藏版　咸豐七年　六册

史十五　16.8　1712　隸編　〔清〕翟云升著

道光十七年　十册　二部

史十五　16.9　3124　金石大字典　汪仁壽著

上海求古齋印　民國十五年　三十二卷　三十二册

史十五　16.9　3124　又

精裝八册

二〇　甲骨文（見經部小學類）

三〇　金文

三一　目録

史十五　31.8　4716　長安獲古編（附泥封印古録）　〔清〕胡琨輯
　一册

三二　圖象

史十五　32.5　1033　宣和博古圖録　〔宋〕王黼等撰
　亦政堂藏版　乾隆十七年　三十卷　二十九册
史十五　32.5　4945　續考古圖（附釋文）　〔宋〕趙九成釋文
　光緒年刊　三卷　一册
史十五　32.5　6047　考古圖　〔宋〕吕大臨著
　亦政堂藏版　乾隆十七年　十卷　六册
史十五　32.5　6047　又
　殘存四册
史十五　32.8　0200　陶齋吉金録　〔清〕端方輯録
　光緒三十四年　八卷　八册
史十五　32.8　1043　西清續鑑　〔清〕王杰等奉勅編
　上海商務印書館印　宣統三年　二十一卷　四十二册
史十五　32.8　4877　西清古鑑（附錢録）　〔清〕乾隆勅修
　鴻文書局石印　光緒十四年　四十卷　二十四册

史十五　32.8　4877　寧壽鑑古　〔清〕乾隆勅修
　涵芬樓影印　民國二年　十六卷　三十二册
史十五　32.8　4877　又
　三十册

三三　文字

史十五　33.8　2699　筠青館金石　〔清〕吴榮光著
　宣都楊氏刊　五卷　五册
史十五　33.8　7110　積古齋鐘鼎彝器款識　〔清〕阮元編
　武昌刊　光緒五年　十卷　六册

三八　專録

三八・一　泉幣

史十五　38.17　4042　錢神志　〔明〕李世熊著
　汀州郡署刊　光緒六年　七卷缺第八卷　七册
史十五　38.18　1083　泉貨彙考　〔清〕王錫棨纂
　上海中華書局印　民國十三年　十二卷　十二册
史十五　38.18　1124　錢志新編（附論錢絶句）　〔清〕張崇懿輯
　掃葉山房印　民國十二年　二十二卷　八册
史十五　38.18　2700　續錢匯　〔清〕鮑康、〔清〕李佐賢同編
　光緒元年　十六卷　精裝一册
史十五　38.18　2744　古今錢略　〔清〕倪模著
　三十四卷　二十册
史十五　38.18　3792　吉金所見録　〔清〕初尚齡輯
　古香書舍藏版　道光七年　十八卷　四册

史十五　38.18　4027　古泉匯　〔清〕李佐賢輯
　石泉書房藏版　同治三年　六十四卷　十六册
史十五　38.18　4027　又
　殘存十册
史十五　38.18　4377　戴文節手寫古泉叢話墨蹟　〔清〕戴熙著
　上海中華印　民國十三年　四卷　四册
史十五　38.18　4877　欽定錢録　〔清〕乾隆勅修
　峽州有弗學齋刊　光緒十二年　十六卷　四册　二部
史十五　38.19　7718　東亞民族國幣舉要　關百益編
　上海中華印　民國十九年　一册

四〇　石刻

四一　目録

史十五　41.5　7711　集古録目　〔宋〕歐陽棐撰
　三長物齋刊　道光二十四年　五卷　二册
史十五　41.8　1262　寰宇訪碑録（補録）　〔清〕孫星衍等撰　〔清〕趙之謙補
　吴縣朱氏校刊　光緒十二年　十七卷　八册
史十五　41.9　4408　石刻名彙（第一編）　黄立猷輯
　毅盦叢刊本　民國十五年　一册
史十五　41.9　4408　又
　四册

四二　圖象

史十五　42.8　3423　金石圖　〔清〕褚峻摹　〔清〕牛運震説
　四册
史十五　42.9　7718　南陽漢畫象集　關百益編
　上海中華印　民國十九年　一册

四二　文字

史十五　43.8　2651　石鼓讀　〔清〕吴東發撰
　慎初堂影印　七種　一册
史十五　43.8　4460　小蓬萊金石文字　〔清〕黄易摹
　嘉慶五年　四册
史十五　43.8　4699　景教碑文紀事攷正　〔清〕楊榮撰
　思賢書局刊　光緒二十七年　一卷　一册
史十五　43.8　4983　唐御史臺精舍題名攷　〔清〕趙鉞等撰
　月河精舍叢抄本　五卷　二册
史十五　43.8　8048　舊館壇碑考　〔清〕翁大年撰
　瑞安陳氏湫漻齋刊　一册
史十五　43.9　4634　寰宇貞石圖　楊守敬輯
　六册

四四　題跋

史十五　44.8　1024　求是齋金石跋　〔清〕丁紹基著
　適園叢書本　四卷　二册

四五　考訂

史十五　45.8　1221　石經彙函九種
四十四卷　十六册
石經考　〔清〕顧亭林撰　一卷
石經考異　〔清〕杭世駿撰　二卷
漢石經殘字攷　〔清〕翁方綱撰　一卷
唐石經校文　〔清〕嚴可均纂　十卷
蜀石經殘字考　〔清〕王昶撰
北宋汴學篆隸二體石經記　〔清〕丁晏撰
石經攷文提要　〔清〕彭元瑞撰　十三卷
石經補攷　〔清〕馮登府纂　十一卷
禮儀石經校勘記　〔清〕阮元撰　四卷

史十五　45.8　4081　漢碑引經考（附引緯考一卷）　〔清〕皮錫瑞著
光緒三十三年　六卷　五册　二部

史十五　45.8　7229　漢魏石經考　〔清〕劉傳瑩撰
思賢書局刊　光緒二十七年　二卷　一册

史十五　45.9　4469　語石　葉昌熾著
蘇州振新書社印　宣統元年　十卷　四册

四七　義例

史十五　47.8　1041　碑板廣例　〔清〕王芑孫輯
十卷　四册

史十五　47.8　2509　金石全例十種　〔清〕朱記榮校輯
讀有用書齋刊　光緒四年　十二册
金石例　〔元〕潘昂霄撰　十卷
墓銘舉例　〔明〕王行撰　四卷

金石要例　〔清〕黄宗羲撰　一卷
誌銘廣例　〔清〕梁玉繩輯　二卷
金石例補　〔清〕郭麐撰　二卷
漢石例　〔清〕劉寶楠輯　六卷
漢魏六朝墓銘纂例　〔清〕李富孫輯　四卷
金石綜例（附金石跋文）　〔清〕馮登府輯　四卷
金石稱例（附續編）　〔清〕梁廷枏輯　四卷
碑板廣例　〔清〕王芑孫輯　十卷　原缺

四八　專録

四八・一　古玉

史十五　48.16　2523　古玉圖　〔元〕朱德潤著
亦政堂藏版　乾隆十七年　二卷　一册　二部
史十五　48.18　6653　古玉圖録　〔清〕瞿中溶撰
瑞安陳氏湫漻齋刊　一册

四九　拓本・影印本

史十五　49　0362　歷代碑帖大觀　高野侯輯
上海中華書局印　民國十七年　五十册
史十五　49.2　1230　宋搨孔宙碑　〔漢〕
上海文明書局玻璃版部印　民國十二年　一册
史十五　49.2　1242　西嶽華山廟碑　〔漢〕
上海商務珂羅版印　民國十五年　一册
史十五　49.2　1714　明搨乙瑛碑　〔漢〕
上海文明書局玻璃版部印　民國十三年　一册
史十五　49.2　2100　明搨衡方碑　〔漢〕

上海文明書局玻璃版部印　民國十三年　一册
史十五　49.2　3566　明搨禮器碑　〔漢〕
上海文明書局玻璃版部印　民國十三年　一册
史十五　49.2　4422　宋拓夏承碑　〔漢〕蔡邕書　臨川李氏静娱室藏
上海商務珂羅版印　民國十七年　一册
史十五　49.2　4624　楊伯起碑　〔漢〕
上海商務珂羅版印　民國十五年　一册
史十五　49.2　5040　漢婁壽碑　〔漢〕
上海商務珂羅版印　民國十七年　一册
史十五　49.2　5060　明搨漢史晨前碑　〔漢〕
上海文明書局玻璃版部印　民國十三年　一册
史十五　49.2　5060　明搨漢史晨後碑　〔漢〕
上海文明書局玻璃版部印　民國十四年　一册
史十五　49.2　5580　曹全碑　〔漢〕
上海文明書局玻璃版部印　民國十三年　一册
史十五　49.2　5580　海内第一招本曹景完碑（即曹全碑）　〔漢〕
上海商務珂羅版印　民國十五年　一册
史十五　49.3　1083　宋游相藏蘭亭宣城本　〔晉〕王羲之書
上海商務珂羅版印　民國十二年　一册
史十五　49.3　1083　初搨玉枕蘭亭　〔晉〕王羲之書
上海文明書局玻璃版部印　民國十三年　一册
史十五　49.3　1083　宋搨玉枕蘭亭　〔晉〕王羲之書
上海文明書局玻璃版部印　民國十三年　一册
史十五　49.301　0123　廣武將軍碑　〔後秦〕
上海商務印　民國八年　一册
史十五　49.36　5720　明搨中岳嵩高靈廟碑　〔北魏〕
上海文明玻璃版印　民國十三年　一册
史十五　49.36　8708　鄭文公碑　〔北魏〕

上海有正書局石印　一册

史十五　49.38　2512　初搨朱君山墓誌銘　〔北齊〕

上海文明書局玻璃板印　民國十三年　一册

史十五　49.39　0144　宋搨龍藏寺碑　〔隋〕

上海文明書局玻璃版印　民國十四年　一册

史十五　49.4　1146　宋搨郎官石記序　〔唐〕張旭書

上海文明書局玻璃版印　民國十三年　一册

史十五　49.4　1223　孔祭酒碑　〔唐〕

上海商務印書舘珂羅版印　民國七年　一册

史十五　49.4　4022　麓山寺碑　〔唐〕李邕書

上海有正書局印　一册

史十五　49.4　7707　九成宫醴泉銘　〔唐〕歐陽詢書

上海商務珂羅版印　民國十七年　一册

史十五　46.6　4913　趙松雪道教碑　〔元〕趙孟頫書

上海商務珂羅版印　民國十七年　二册

五〇　陶器

五二　圖象

史十五　52.8　7433　千甓亭磚録　〔清〕陸心源編

十萬卷樓刊　十卷　三册

五三　文字

史十五　53.8　1260　温州古甓記　〔清〕孫貽讓撰

光緒六年　一册　二部

六〇　璽印（附泥封）

六二　圖象

史十五　62.9　4464　宋元明犀象璽印留真　葛昌楹搜集
　平湖葛氏傳樸堂藏　民國十年　六册

六三　文字

史十五　63.8　7583　十鍾山房印舉　〔清〕陳介祺集
　上海商務書局印　民國十一年　三十卷　十二册
史十五　63.9　4157　歷代古印太觀（第一集）
　上海有正書局印　民國六年　四册

六六　字書

史十五　66.8　0467　續集漢印分韻　〔清〕謝景卿纂摹
　潄藝堂刊　嘉慶八年　二卷　二册　二部
史十五　66.8　0462　又
　殘存一册
史十五　66.8　4069　選集漢印分韻　〔清〕袁日省原本　〔清〕謝云生摹録
　潄藝堂刊　嘉慶二年　二卷　二册　三部
史十五　66.8　4428　繆篆分均（附繆篆補）　〔清〕桂馥編
　咫進齋藏版　嘉慶元年　五卷　二册

九〇　地方金石志

史十五　91.3　4043　河南圖書館藏石目　李根源、何璋編
河南官紙印刷局印　民國十四年　一册

史十五　91.3　4431　新鄭出土古器圖志（初續附編）　蔣鴻元等編
民國十二年　共三册

史十五　91.5　6031　關中金石記　〔清〕畢沅撰　〔清〕蔡錫棟增編
渭南嚴氏刊於成都　光緒三十四年　八卷　四册

史十五　92.3　1188　墨妙亭碑目考　〔清〕張鑑春撰
江蘇書局刊　光緒十年　二卷　二册

史十五　92.3　4031　括蒼金石志　〔清〕李遇孫輯　〔清〕鄒柏森校補
同治十三年　十六卷　八册

史十五　92.3　4031　又
浙江處州府署藏版　同治十三年　十二卷　五册

史十五　92.3　7110　兩浙金石志　〔清〕阮元編録
浙江書局刊　光緒十六年　十八卷　十二册　二部

史十五　92.3　7433　吴興金石志　〔清〕陸心源編
光緒十六年　十六卷　四册

史十五　92.5　4634　湖北金石志　楊守敬撰
紅印本　十四卷　十四册内缺二册

史十五　92.5　7741　荊南萃古編　〔清〕周懋琦等輯
鴻寶齋刊　光緒二十二年　二册

史十五　92.61　4480　沙洲文録　〔清〕蔣斧輯
鉛印本　一册

史十五　93.4　0436　粵西金石略　〔清〕謝啓昆撰
銅鼓亭刊　嘉慶六年　十五卷　精裝一册

史部十六　史評類

一〇　史法

史十六　14　7282　史通削繁　〔唐〕劉知幾撰　〔清〕紀昀評訂
　湖北崇文書局刊　光緒元年　四卷　四册

史十六　14　7282　又
　善化章氏刊　光緒八年　四册

史十六　14　7282　又
　新化三味堂刊　光緒二十二年　四册

史十六　15　6917　唐書直筆　〔宋〕吕夏卿撰
　善化章氏刊　光緒八年　四卷　二册

二〇　史事

史十六　25　0000　三國雜事　〔宋〕唐庚撰
　江夏黄氏刊　三卷　一册

史十六　25　1253　唐史論斷　〔宋〕孫甫撰
　江夏劉氏刊　光緒二十六年　三卷　一册

史十六　25　1253　又
　二册

史十六　25　1790　司馬温公稽古録總論　〔宋〕司馬光撰
　两湖書院印　一册

史十六　25　4432　唐鑑　〔宋〕范祖禹撰　〔宋〕吕祖謙音注

二十四卷　四册

史十六　25　4432　又

日本刊本　二十四卷　五册

史十六　27　1133　太倉史論　〔明〕張溥撰

江夏劉問堯重刊　四卷　二册

史十六　27　1133　歷史代論（附宋元明左傳四種）　〔明〕張溥撰

都城蒼松山房刊　光緒九年　共二十二卷　十册

史十六　27　1171　帝鑑圖説　〔明〕張居正著

江陵鄧氏藏版　四册

史十六　27　1171　又　〔明〕張居正著

純忠堂刊　四册

史十六　27　6013　事文類聚　〔明〕羅瑄增集

勅書閣藏版　四卷　四册

史十六　27　7522　讀書鏡　〔明〕陳繼儒撰

泰州宫氏春雨草堂版　光緒六年　二卷　二册　二部

史十六　27　8777　古今人物論　〔明〕鄭賢撰

仁壽堂重刊　三十六卷　十六册

史十六　28　1044　紀事約言　〔清〕夏勤壿輯

光緒七年　二卷　一册

史丨六　28　1053　工船山讀通鑑論（附宋論）　〔清〕工大之撰

武昌刊　光緒二十五年　共四十六卷　二十册

史十六　28　1053　又

上海商務印　三十一卷　十册

史十六　28　3912　讀史大略（附小沙子史略）　〔清〕沙張白著

道光二十五年　六十卷　十二册　三部

史十六　28　4037　史論五種　〔清〕李祖陶撰

尚友樓刊　同治十年　十一卷　六册

史十六　28　4027　又（附文略）
五册
史十六　28　4040　浙四大家史論合編　〔清〕李蔭鑾輯
光緒二十八年　四卷　二册
史十六　28　4081　鑑古齋日記　〔清〕皮錫瑞評　〔清〕陳紹基編
長沙刊　光緒二十八年　四卷　四册
史十六　28　4243　二十二史感應録　〔清〕彭希涑輯
二卷　一册
史十六　28　4407　讀史論略　〔清〕杜詔著
養源書屋刊　二卷　一册
史十六　28　7423　兩朝評鑑彙録　〔清〕陸紹源纂
通志學社印　光緒二十八　十二卷　八册
史十六　28　7544　史餘　〔清〕陳堯松撰
竹平安齋刊　同治三年　二十卷　六册
史十六　28　7544　又
宏道堂藏版　光緒二十七年　二十卷　四册
史十六　29　0823　歷代感應統紀　許止净輯
民國十八年　四卷　四册
史十六　29　0833　又
二册
史十六　29　4427　評選船山史論　林紓評選
上海商務　民國六年　二卷　一册

三〇　雜論

史十六　35　4423　史學提要（附歷代帝統歌）　〔宋〕黄繼善撰　〔清〕張芸廚續

雲谷堂版　光緒五年　十三卷　十册

史十六　55　4423　史學提要　〔宋〕黄繼善撰　〔清〕張芸廚續

傳忠書局版　光緒五年　十三年　十册

史十六　37　4694　二十一史彈詞　〔明〕楊慎著　〔清〕張三異增定

資善堂藏版　乾隆五十一年　十一卷　八册

史十六　37　4694　二十一史彈詞注　〔明〕楊慎著　〔清〕張三異增定

視履堂刊　十一卷　八册

史十六　38　2233　史要增注　〔清〕任啓運輯　〔清〕吴兆慶注

上海鴻文書局印　七卷　四册

史十六　38　2237　讀史紀韻　〔清〕任潤撰注

慶餘堂藏版　道光十九年　八卷　四册

史十六　38　4015　四字鑑引　〔清〕李正中編

廉石山房刊　同治九年　八卷　六册

史十六　38　4709　讀史碎金　〔清〕胡文炳編輯

蘭石齋藏版　光緒元年　八十卷　八十七册

子部一　儒家類

一〇　周秦儒家

一一　孔子（附孔教）

子一　11.8　1243　孔子家語疏證　〔清〕孫志祖疏證
　六卷　二册

子一　11.9　4114　孔教十年大事　柯璜編
　八册

一二　孔門弟子

子一　12.8　1033　曾子家語　〔清〕王定安編
　金陵刊　光緒十年　六卷　二册

一三　孟子

子一　13.5　7761　孟子外書　〔宋〕熙時子注
　一册

一四　荀子

子一　14　4436　荀子　〔周〕荀況撰

湖北崇文書局刊　光緒元年　三卷　二册

子一　14.4　4620　又　〔唐〕楊倞注

三味書局刊　光緒二十三年　二十卷　六册

子一　14.4　4620　又

掃葉山房石印　民國九年　四册

子一　14.4　4620　荀子集解　〔唐〕楊倞注　〔清〕王先謙集解

上海涵芬樓影印　二十卷　六册

子一　14.4　4620　又

掃葉山房石印　民國十三年　八册

二〇　議論經濟

子一　22　1003　賈子次詁　〔漢〕賈誼撰　〔清〕王心耕次詁

正定王氏刊　光緒二十九年　十六卷　二册

子一　22　1088　潛夫論　〔漢〕王符撰　〔清〕王繼培箋

思賢講舍刊　光緒十七年　十卷　四册

子一　23.9　1037　文中子中說　〔隋〕王通撰

芸青閣刊　嘉慶十五年　十卷　二册

子一　28　4044　李恕谷瘳忘編　〔清〕李塨著

上海國學保存社印　光緒三十四年　二卷　一册

子一　28　4710　繹志　〔清〕胡承諾譔

浙江書局刊　同治十一年　十九卷　八册　二部

三〇　理學

三一　專書

子一　31.5　1143　張子全書　〔宋〕張載譔
道光二十二年刊　十四卷　六册

子一　31.5　1143　又
鳳郡張氏祠堂刊　同治九年　十五卷　八册　二部

子一　31.5　1143　張横渠集　〔宋〕張載著　〔清〕張伯行編
福州正誼書院刊本　十二卷　三册

子一　31.5　2702　朱子語類　〔宋〕黎靖德編
應元書院刊　同治十一年　一百四十卷　四十八册　三部

子一　31.5　2702　又
殘存四十六册

子一　31.5　4022　大學演義　〔宋〕真德秀輯　〔明〕邱濬補輯
夔州郭氏刊　同治十三年　共二百零三卷　六十四册

子一　31.5　4022　又　〔宋〕真德秀輯
四十三卷　十六册

子一　31.5　4022　又
金陵書局刊　八册　三部

子一　31.5　4022　大學演義體要　〔宋〕真德秀編　〔清〕徐桐輯
十六卷　八册

子一　31.5　4022　大學衍義輯要　〔宋〕真德秀著　〔清〕陳宏謀纂輯
寶恕堂重刊　道元二十二年　六卷　四册

子一　31.5　4410　黄氏日鈔　〔宋〕黄震編
汪佩鍔校刊　乾隆三十二年　九十七卷　八册

子一　31.5　4410　黄氏日鈔（讀禮記）　〔宋〕黄震著

問經精舍校刊　光緒三十四年　十六卷　八册　二部

子一　31.5　7503　性理字訓　〔宋〕陳端蒙著

一卷　一册

子一　31.5　7707　周濂溪先生全集　〔宋〕周敦頤著　〔清〕張伯行編

正誼堂藏版　康熙四十七年　十二卷　四册

子一　31.5　7707　又

公善堂校刊　光緒六年　十三卷　四册

子一　31.7　1020　元城語録　〔明〕王崇慶著

長沙重刊　光緒二十二年　三卷　一册

子一　31.7　1037　中庸演義　〔明〕夏良勝撰

同治十年刊　十七卷　十二册

子一　31.7　3441　格物通　〔明〕湛若水著

資政堂重刊　一百卷　六十四册

子一　31.7　4044　正學堂稿　〔明〕李材著　〔明〕陳其志編

豐城李氏刊　民國元年　四十卷　十六册

子一　31.7　4044　李見羅教學録　〔明〕李材述　〔明〕塗邦直等録

民國十二年刊　十卷　四册

子一　31.7　4413　讀書録　〔明〕薛瑄著

乾隆十一年　十二卷　八册

子一　31.7　4641　白沙陳子語録　〔明〕楊起元等輯

亦若堂刊　康熙六十年　四卷　二册

子一　31.7　4772　居業録摘要　〔明〕胡居仁著

敷文閣刊　二卷　二册

子一　31.7　6045　呻吟語　〔明〕吕坤著

六卷　六册

子一　31.7　6045　呻吟語節　〔明〕吕坤著　〔清〕趙承恩節刊

同治九年　三册

子一　31.7　6045　呻吟語（即吕語集粹）　〔明〕吕坤著　〔清〕陳宏謀評

光緒五年　四卷　四册

子一　31.7　6045　吕子節録　〔明〕吕坤著　〔清〕陳宏謀評

浙江書局刊　光緒十三年　六卷　四册

子一　31.7　6082　困知記　〔明〕羅欽順著

闕城房藏版　嘉慶四年　十卷　四册

子一　31.7　7231　朱子學的　〔明〕丘濬編輯

川南本　二卷　二册

子一　31.7　7731　大學衍義補輯要　〔明〕丘濬著　〔清〕陳宏謀纂輯

寶恕堂重刊　道光二十二年　十二卷　十二册

子一　31.8　0046　大學演義約旨　〔清〕慶恕編

光緒二十五年刊　二卷　二册

子一　31.8　1092　述朱質疑　〔清〕夏炘譔

景紫山房刊　咸豐二年　十六卷　四册

子一　31.8　1124　開知録　〔清〕張秉直著

傳經堂藏版　光緒元年　十一卷　五册

子一　31.8　1132　學思録　〔清〕張官德著

同治四年　三卷　三册

子一　31.8　1144　孝經衍義　〔清〕張英等奉勅撰

康熙二十九年　一百卷　三十册

子一　31.8　1243　答問　〔清〕孫奇逢著

一册

子一　31.8　1763　周子全書　〔清〕鄧顯鶴編

十二卷　四册

子一　31.8　2221　爲學大旨　〔清〕倭仁著

一册

子一　31.8　2841　日省録　〔清〕徐嘉瑞編輯

安陸徐寶拙齋刊　道光四年　二十卷　八册

子一　31.8　3121　汪子遺書　〔清〕汪縉著

揚州㰈園刊　嘉慶十年　一册

子一　31.8　3436　沈端恪公遺書（勳志録）　〔清〕沈近思著

二卷　二册

子一　31.8　3814　静用堂偶編　〔清〕涂天相著

道生堂刊　康熙年　二十卷　六册

子一　31.8　4094　朱子全書　〔清〕李光地等奉勑編

江西書局刊　六十六卷　四十册

子一　31.8　4094　又

四川刊本　同治八年　三十册

子一　31.8　4222　論語衍義　〔清〕姚紹崇著

姚氏墨君軒藏版　同治十三年刊　十卷　八册

子一　31.8　7442　思辨録輯要　〔清〕陸世儀著

江蘇書局刊　光緒三年　三十五卷　八册　二部

子一　31.8　7474　松陽鈔存　〔清〕陸隴其著　〔清〕楊開基編

嘉慶二十五年重刊　二卷　一册

子一　31.8　7474　又　〔清〕陸隴其著

湖南省城書局刊　同治十三年　二卷　一册

子一　31.8　7535　朱子語類日鈔　〔清〕陳澧編

廣雅書局刊　光緒二十六年　五卷　一册

子一　31.8　7535　又

廣東富文齋刊　一册

子一　31.8　7535　漢儒通義　〔清〕陳澧輯

蔭立堂刊　光緒二十五年　七卷　二册

三二　彙集

子一　32.7　4700　性理大全書　〔明〕胡廣編

明師古齋刊　七十卷　二十册

子一　32.7　4700　性理大方　〔明〕胡廣等奉勅撰　〔明〕李廷機校
萬曆三十一年　七十卷缺十四卷　十二册

子一　32.7　7515　學蔀通辨　〔明〕陳建編
清瀾草堂刊　明嘉靖二十七年　十二卷　九册

子一　32.8　1243　理學宗傳　〔清〕孫奇逢輯
浙江書局刊　光緒六年　二十六卷　十二册　二部

子一　32.8　2536　性理大全標題輯要　〔清〕朱啓昆輯
吴郡八詠樓刊　康熙二十八年　八卷　四册

子一　32.8　3044　理學正宗　〔清〕竇克勤編
求善居刊　康熙二十六年　十五卷　六册

子一　32.8　3130　近思録集注　〔清〕江永集注
崇文書局刊　同治七年　十四卷　四册　三部

子一　32.8　3130　又
江西書局刊　光緒十一年　四册

子一　32.8　3243　不遠復齋遺書　〔清〕潘世潢輯
光緒六年刊　十二卷　六册

子一　32.8　3246　正學編　〔清〕潘世恩輯
同治六年　八卷　四册

子一　32.8　4060　關中道脉四種書　〔清〕李時齋輯
道光十年　共十六卷　六册

子一　32.8　4094　性理精義　〔清〕李光地奉勅修
十二卷　六册

子一　32.8　4234　儒門法語輯要　〔清〕彭定求編　〔清〕楊金釗輯
鄂垣撫署刊　光緒年　一册　二部

子一　32.8　4246　聖學入門　〔清〕彭世昌輯註
都門刊　光緒三年　四卷　二册

四〇　帝學　忠經

子一　42　7115　忠經　〔漢〕馬融撰
　錦官城刊　光緒二十一年　一册
子一　44　1372　臣軌　〔唐〕武后撰
　乾隆四年刊　二卷　一册

五〇　小學

子一　56　2603　讀書分年日程　〔元〕程端禮編
　湖北崇文書局　同治七年　三卷　二册　二部
子一　56　8717　六藝綱目　〔元〕舒天民述
　汪氏影寫東武劉氏本　光緒七年　二卷　二册
子一　56　8717　又
　思賢書局重刊　光緒十七年　二册
子一　58　0080　小學纂注　〔清〕高愈編訂
　培遠堂重刊　乾隆元年　六卷　二册
子一　58　1122　小學集解　〔清〕張伯行輯註
　江西撫署重刊　同治十一年　六卷　三册
子一　58　1122　又
　湖南書局刊　光緒八年　五册
子一　58　1122　又
　湖北崇文書局刊　同治六年　三册
子一　58　1122　又
　廣雅書局刊　光緒二七年　四册
子一　58　1122　又
　陝西布政司署刊　光緒年　四册

子一　58　1124　課子隨筆　〔清〕張師載輯
　黄岡蕭氏刊　民國十三年　十卷　四册
子一　58　2530　大小學程　〔清〕朱浩文編
　滙源堂刊　光緒二十年　十卷　四册　二部
子一　58　4410　人範　〔清〕蔣元輯
　廣雅書局重刊　光緒二十七年　六卷　一册
子一　58　4433　弟子職集解（附句讀考證補音）　〔清〕莊述組輯
　江蘇書局刊　光緒十四年　一册　二部
子一　58　6034　小學韻語　〔清〕羅澤南著
　江南製造局刊　光緒二十一年　一卷　一册

六〇　婦學

子一　68　2133　内則衍義　〔清〕順治御纂
　順治十三年刊　十六卷　八册　二部
子一　69　2545　女四書白話解　沈朱坤演義
　上海會文堂石印　民國七年　四卷　四册

七〇　格言

子一　77　7237　人譜類記　〔明〕劉宗周著
　湖北崇文書局刊　光緒三年　六卷　二册　二部
子一　77　7237　又
　殘存一册
子一　77　7237　人譜（三編）　〔明〕劉宗周著
　湖北崇文書局刊　光緒三年　一册

子一　78　0010　聖諭廣訓　〔清〕雍正著
　一册　二部
子一　78　0010　聖諭廣訓直解　〔清〕雍正著
　二册　二部
子一　78　0077　庭訓格言　〔清〕康熙御撰
　一卷　一册　二部
子一　78　1092　聖諭十六條附律易解　〔清〕夏炘釋
　同治七年　一册　四部
子一　78　2133　勸善要言　〔清〕順治御撰
　一卷　一册　二部
子一　78　2133　滿漢勸善要言　〔清〕順治御撰
　一卷　一册　二部
子一　78　2732　得頤堂範言　〔清〕鄒湘倜原本
　鄒氏刊　同治五年　二卷　一册
子一　78　2740　錫嘏堂家範　〔清〕魯燾著
　江西官紙印刷新印　民國八年　一册
子一　78　3193　雙節堂庸訓　〔清〕汪輝祖述
　湖北崇文書局刊　同治七年　六卷　二册　二部
子一　78　4916　紅杏山房四種　〔清〕趙承恩著
　紅杏山房刊　光緒九年　四卷　二册
子一　78　7531　人譜類記圖説　〔清〕陳清震編
　直隸學務處刊　光緒二十三年　二卷　一册
子一　78　7544　惺心録　〔清〕陳吉林輯
　荆門陳氏於圻水學署刊　光緒二十三年　一册
子一　78　7751　習是編　〔清〕屈成霖編
　咸豐六年　二卷　四册

子部二　兵家類

一〇　彙集

子二　17　1063　登壇必究　〔明〕王鳴鶴輯
　明版　四十卷　六十四册
子二　17　4412　武備志　〔明〕茅元儀輯
　天啓元年　二百四十卷　七十八册

二〇　兵訣

子二　21　1213　孫子十家注　〔周〕孫武撰　〔清〕孫星衍等校
　淡香齋刊　咸豐五年　十三卷　六册
子二　21　1213　孫子十家集注　〔周〕孫武撰　〔明〕談愷集刊
　上海涵芬樓影印　十三卷　精裝一册　三部
子二　21　1213　又
　合裝一册
子二　22　0400　諸葛心書集註　〔蜀〕諸葛亮撰　官道尊集註
　成都昌福公司印　民國十五年　一册
子二　27　4957　趙註孫子　〔明〕趙本學注
　益新書局刊　民國九年　五卷　四册
子二　27　5329　紀效新書　〔明〕戚繼光撰
　湖南紹陽縣刊　十八卷　四册　二部

子二　27　5329　又

六册

子二　28　1068　武經團鏡　〔清〕王曔集註

同治四年　四册

子二　28　5515　司馬法古注（附音義）　〔清〕曹元忠集古注

曹氏箋經室刊　光緒二十年　三卷　一册

子二　28　7517　評註七子兵略　〔清〕陳玖註

鴻文齋石印　民國六年　七卷　四册

子二　28　7584　慎守篇　〔清〕陳錫蕃訂

雲嶺則古軒藏版　咸豐四年　十五卷　四册

子二　29　1046　孫子選注　夏壽田輯　何健手書

民國二十一年　十三篇　二册

子二　29　4486　曾胡治兵語録　蔡鍔輯

上海商務印　民國十四年　一册　三部

三〇　戰略

子二　38　4741　讀史兵略　〔清〕胡林翼撰

武昌刊　咸豐十一年　十六册　二部

子二　38　5082　兵法集鑑　〔清〕史策先輯

正定府署刊　咸豐六年　六册　二部

四〇　營陣訓練

子二　47　5329　練兵紀實　〔明〕戚繼光撰

京師琉璃廠刊　九卷　六册

五〇　軍資

子二　58　4027　金湯十二籌　〔清〕李盤著
京都琉璃廠刊　十二卷　四册
子二　58　5437　洴澼百金方　惠麓酒民編
道光二十年刊　十四卷　五册　二部
子二　58　5437　又
八册

六〇　占度（見術數類）

子部三　法家類

一〇　周秦諸子

子三　10　8101　管子　商子　合刊

上海涵芬樓影印　共二十九卷　精裝一册

一一　管子

子三　11.4　3002　管子評注　〔唐〕房玄齡釋　〔明〕劉績增注

花齋刊本　二十四卷　十六册

子三　11.8　4377　管子校正　〔清〕戴望纂

同治十年刊　二十四卷　四册　三部

子三　11.8　8014　管子參解　〔清〕金廷桂著

民國十一年　三卷　一册

子三　11.9　1747　管子新釋　尹桐陽釋

起聖齋藏版　民國十二年　二十四卷　四册

一二　商子

子三　12.9　1747　商君書新釋　尹桐陽釋

起聖齋藏版　民國十二年　五卷　一册　二部

一三　韓非子

子三　13.8　1029　韓非子集解　〔清〕王先慎輯
光緒二十一年刊　二十卷　六册

子三　13.9　1747　韓子新釋　尹桐陽釋
起聖齋藏版　民國八年　二十卷　三册

二〇　釋律

子三　28　5344　刑律要論總則編　〔清〕朱有英著
中州圖書公司印　宣統二年　一册

子三　28　4432　讀例存疑　〔清〕薛永升著
北京琉璃廠翰茂齋印　光緒三十二年　五十四卷　四十册

子三　28　7221　讀律心得　〔清〕劉衡纂輯
湖北崇文書局刊　同治七年　二卷　一册　二部

三〇　斷獄

子三　35　4449　棠陰比事　〔宋〕桂萬榮撰
上元朱氏影宋本　一册

子三　35　8740　折獄龜鑑　〔宋〕鄭克輯　〔清〕許槤重輯
來鹿堂刊　道光二十九年　八卷　四册

子三　35　8740　又
廣州讞局刊　光緒十六年　八卷　二册

子三　36　1077　無寃録集注　〔元〕王與撰　〔明〕崔致雲輯注
湖南官書局印行　民國四年　三卷　一册

子三　38　0845　洗冤録詳義（附撫遺摭遺補）　〔清〕許槤編
湖北官書處刊　光緒十六年　共七卷　六册

子三　38　1014　洗冤録集證　〔清〕王又槐增輯　〔清〕阮其新補註
萍鄉文晟重印　道光二十四年　六卷　五册

子三　38　2547　駁案彙編（三種）　〔清〕朱梅臣著
圖書集成局印　共四十一卷　十二册　二部

子三　38　2764　學案初模　〔清〕伊里布輯
秦中書局刊　光緒二十五年　四册　二部

子三　38　2764　學案續編　〔清〕伊里布輯
秦中書局刊　光緒二十五年　六册　二部

子三　38　4462　秋審實緩比較成案　〔清〕林恩綬輯編
京都琉璃廠刊　光緒二年　二十四卷　二十四册

子三　38　7207　秋讞輯要　〔清〕剛毅編
江蘇書局刊　光緒十五年　七卷　八册

子三　38　7734　新輯刑案彙編　〔清〕周守赤輯
圖書集成局印　光緒二十三年　十六卷　八册　二部

子部四　農家類

一〇　總論

子四　13　1064　齊民要術　〔後魏〕賈思勰撰
　上海涵芬樓影印　十卷　一册

子四　16　1751　農桑輯要　〔元〕司農司撰
　武英殿聚珍版本　五卷　二册

子四　17　2893　農政全書　〔明〕徐光啓輯
　山東書局刊　同治十三年　六十卷　二十册

子四　18　0077　御製耕織圖　〔清〕康熙敕編
　二册

子四　18　1133　三農紀　〔清〕張宗法著
　青藜閣刊　乾隆二十五年　二十四卷　八册

子四　18　4622　豳風廣義　〔清〕楊屾編輯
　光緒八年刊　三卷　二册

子四　18　4622　又
　三册　三部

子四　19　7591　農學纂要　陳恢吾纂
　光緒二十八年刊　四卷　四册

二〇　農事

子四　28　4877　欽定授時通考　〔清〕乾隆勅編
　四川藩署刊　道光十六年　七十八卷　二十册

子四　28　4877　又
　江西書局刊　二十四册

五〇　蠶桑

子四　58　2425　蠶桑淺説　〔清〕沈練著
　光緒十四年　一册

子四　58　7151　蠶桑輯要合編
　金陵書局刊　光緒九年　一册

子四　58　7151　又
　荷池書局刊　光緒二年　一册

子四　58　8082　蠶桑備要　〔清〕曾鉌編
　蠶桑局刊　光緒二十一年　五卷　二册　四部

子四　59　6011　蠶桑淺説　吕瑞廷等編
　一册

子四　59　2140　蠶桑粹編　衛杰纂
　光緒二十四年刊　十五卷　十册

八〇　叢書

子四　80　5735　農學叢書
　殘存一百零一册

九〇　荒政（參見史部政書類）

子四　99　8033　重輯捕蝗要訣　養心室重輯
民國九年刊　一册

子部五　醫家類

一〇　古醫書

一一　内經（素問靈樞）

子五　11.4　1032　黄帝内經（附靈樞素問遺篇）　〔唐〕王冰補註　〔宋〕林億等校
京口文成堂刊　光緒十年　三十七卷　十册

子五　11.4　1032　又
殘存八册

子五　11.4　1032　又
新化三味書局刊　光緒二十三年　十二册

子五　11.7　7144　馬註黄帝内經　〔明〕馬蒔註
古歙鮑氏刊　嘉慶十年　十九卷　二十四册

子五　11.8　0044　素問直解　〔清〕高世栻註
浙江書局刊　光緒十三年　九卷　八册

子五　11.8　1114　素問釋義　〔清〕張琦釋
宛鄰書局刊　道光十年　十卷　四册

子五　11.8　1141　皇帝内經張注　〔清〕張志聰集注
京都琉璃廠刊　光緒三年　十九卷　二十四册

子五　11.8　3160　素問靈樞類纂約註　〔清〕汪昂輯
尚德堂刊　光緒六年　三卷　四册

子五　11.8　4734　皇帝内經素問校義　〔清〕胡澍著
世澤樓刊　光緒五年　一册

子五　11.8　4734　又
蛟川二仁堂刊　光緒九年　一册

一二　難經

子五　12.7　1147　圖註難經　〔明〕張世賢註
宏道堂刊　四卷　二册

一三　脈經

子五　13.7　1147　圖註王叔和脉訣　〔明〕張世賢註
宏道堂藏版　四卷　二册

一五　其他

子五　15.3　2214　巢氏病源　〔隋〕巢元芳等撰
湖北官書處重刊　光緒十二年　五十卷　八册

二〇　内科

二一　傷寒

子五　21.2　1142　傷寒雜病論　〔漢〕張機著　何健手書
民國二十一年　十六卷　四册

子五　21.9　1007　外感論　王新民著
游藝室刊　民國十年　一册

二二　温疫

子五　22.8　1044　温熱經緯　〔清〕王世雄編
湖北崇文書局刊　同治十三年　五卷　四册

子五　22.8　2610　温病條辨（附温熱論）　〔清〕吴瑭著
湖南聚寶書局　光緒十七年　八卷　四册

子五　22.8　2816　弔脚痧方論（附保産經驗神方）　〔清〕徐子默註
民國九年　一册

子五　22.8　4310　廣温疫論　〔清〕戴天章著
漢川劉氏果育軒刊　光緒三十二年　五卷　一册

子五　22.8　6069　温疫條辨摘要　〔清〕吕田著
常德府善堂重刊　光緒十二年　一册

子五　22.9　4423　防疫講話　黄德滋編輯
民國八年印　一册

子五　22.9　5085　温病鼠疫問題解決合編　冉劍虹著
武昌文藻齋石印　民國七年　一册

三〇　外科

子五　35　3037　瘡瘍經驗全書　〔宋〕竇漢卿著
崇順堂刊　六卷　六册

子五　37　2323　傅氏眼科審視瑶函　〔明〕傅仁宇纂輯
帶月樓藏版　六卷　六册

子五　37　4623　針灸大成　〔明〕楊繼洲編

寶華順藏版　光緒元年　十卷　十册

子五　38　1032　外科證治全生　〔清〕王洪緒著

武昌節署刊　咸豐十一年　一册　三部

子五　38　3143　瘍醫大全　〔清〕顧世澄輯

善成堂刊　光緒二十年　四十卷　四十册

子五　38　3143　又

上海廣益書局石印　民國九年　四十卷　十六册

子五　38　3745　外科大成　〔清〕祁坤著

善成堂刊　四卷　四册

子五　38　4920　白喉全生集　〔清〕李紀方輯

思賢書局刊　光緒八年　一册

子五　38　8743　重樓玉鑰　〔清〕鄭梅澗藏本

光緒十七年重刊　二卷　二册

四〇　兒科

子五　48　1214　痘疹心印　〔清〕孫一奎著

湖北劉氏果育軒重刊　宣統元年　二卷　二册

子五　48　0411　麻科活人全書（附産寶一卷）　〔清〕謝玉瓊著　〔清〕劉榆生補

安福知不足齋刊　光緒二十五年　五卷　四册

子五　48　2545　痳症集成　〔清〕朱載揚輯

浙江印刷公司印　民國八年　四卷　一册

子五　48　7521　幼幼集成　〔清〕陳復正輯

學庫山房刊　六卷　六册

五〇　婦科

子五　55　7526　婦人良方　〔宋〕陳自明編　〔明〕薛己注
　明刻本　二十四卷　十二册

子五　58　1074　達生編　〔清〕亟齋居士原本
　湖北官書局刊　二卷　一册

子五　58　2322　傅青主女科　〔清〕傅山著
　湖北崇文書局刊　同治元年　二卷　二册　二部

子五　58　7721　胎産新法　〔清〕閻純璽著
　靈武世德堂刊　道光八年　四卷　六册

子五　58　8844　竹林女科　蕭山竹、林寺僧著
　光緒十七年　八卷　四册

六〇　方書

六一　通論

子五　61.4　1263　千金要方　〔唐〕孫思邈著
　蘇州崇德書叢公所重印　光緒四年　三十卷　十二册

子五　61.4　1263　千金翼方　〔唐〕孫思邈著
　影元大德本　光緒四年　三十卷　八册

子五　61.5　5053　聖濟總録　〔宋〕申甫等奉敕撰
　上海文瑞樓印　民國八年　二百卷　六十册　二部

子五　61.6　2510　丹溪全書　〔元〕朱震亨撰
　長沙刊　光緒二十六年　三十二卷　十二册

子五　61.7　0117　萬病回春原本　〔明〕龔廷賢編

經國堂刊　八卷　六册

子五　61.7　0833　東醫寶鑑　〔朝鮮〕許浚撰

英德堂刊　嘉慶元年　三十七卷　二十八册

子五　61.7　1029　證治準繩　〔明〕王肯堂編

舊學山房刊　乾隆五十八年　四十四卷　一百册

子五　61.7　1183　景岳全書　〔明〕張介賓著

善成堂藏版　六十四卷　三十二册

子五　61.7　3142　石山醫學七書（附推求師意）　〔明〕汪機著

明刻本　二十一卷　十四册

子五　61.7　31.42　汪氏叢書　〔明〕汪機著

石竹山房印　三十卷　二十册

子五　61.7　4042　醫學入門　〔明〕李梴著

明刻本　萬曆三年　八卷　九册

子五　61.7　4054　醫宗必讀　〔明〕李中梓著

崇實書局刊　光緒三十三年　十卷　四册

子五　61.7　4054　仕材三書　〔明〕李中梓著

經國堂刊　八卷　六册

子五　61.8　0044　醫法運掌　〔清〕席樹馨編

守約堂刊　光緒五年　四册

子五　61.8　1032　醫林改錯　〔清〕王清任著

廣東經論堂刊　二卷　一册

子五　61.8　1117　千金方演義　〔唐〕張璐著

掃葉山房刊　三十卷　三十二册

子五　61.8　1117　張氏醫通　〔清〕張璐著

浙江官書局刊　光緒二十五年　二十八卷　二十六册

子五　61.8　2322　傅青主男科　〔清〕傅山著

湖北官書局刊　光緒十三卷　二卷　二册　三部

子五　61.8　2664　醫學心悟　〔清〕程國彭著

掃葉山房刊　嘉慶二十四年　六卷　四册

子五　61.8　2844　醫學源流論　〔清〕徐大椿著

二卷　二册

子五　61.8　2844　徐氏醫書八種　〔清〕徐大椿著

湖北官書局刊　光緒十八年　十七卷　十二册

子五　61.8　2844　徐氏醫書十二種　〔清〕徐大椿著

吴江文奎堂刊　二十三卷　二十册

子五　61.8　3131　馮氏錦囊祕録　〔清〕馮兆張纂輯

宏道堂藏版　五十卷　三十二册

子五　61.8　3210　韡園醫學六種　〔清〕潘霨編輯

江西書局刊　光緒九年　二十一卷　十二册

子五　61.8　3485　沈氏尊生書　〔清〕沈金鰲撰

湖北崇文書局刊　同治十三年　五十九卷　二十六册

子五　61.8　3711　醫學答問　〔清〕梁玉瑜著

山右任氏刊　光緒二十三年　四卷　四册

子五　61.8　4412　黄氏醫書八種　〔清〕黄元御著

上海錦章圖書局印　八十卷　十二册

子五　61.8　4420　吴鞠通方歌（附陳修園方歌）　〔清〕黄保康輯

一册

子五　61.8　4420　醫林獵要　〔清〕黄保康輯

宣統〻年刊　一册

子五　61.8　4423　黄氏醫緒　〔清〕黄皖著

經鏗家塾存幾堂本　光緒三十年　七卷缺卷二　十五册

子五　61.8　4877　醫宗金鑑　〔清〕乾隆勅編

乾隆七年刊　九十卷　四十册

子五　61.8　6933　醫寄　〔清〕田宗漢撰述

漢川田氏刊　光緒十四年　二卷　二册

子五　61.8　6066　嵩崖尊生書　〔清〕景日昣著

宏道堂刊　十五卷　八册

子五　61.8　6869　醫門法律　〔清〕喻昌著

新化三味書局刊　光緒三十一年　十三卷　十二册

子五　61.8　7318　聿修堂醫學叢書　〔日本〕丹波元簡等著

飛青閣藏版　五十九卷　四十册

子五　61.8　7442　世補齋醫書正集　〔清〕陸懋修著

上海江東書局石印　民國元年　三十三卷　八册

子五　61.8　7442　世補齋醫書續集　〔清〕陸懋修著

上海江東書局印　民國三年　二十五卷　八册

子五　61.8　7583　陳修園二十三種　〔清〕陳念祖著

新化三味書局刊　光緒二十七年　九十九卷　三十二册

子五　61.8　7583　醫學實在易　〔清〕陳念祖著

湖南書局刊　光緒九年　八卷　四册

子五　61.8　8022　醫宗備要　〔清〕曾鼎輯

湖北崇文書局刊　同治元年　三卷　一册　二部

子五　61.9　2677　天則　程鵬著

民國十三年　十六篇　一册

六二　經方

子五　62.4　1040　外臺祕要　〔唐〕王燾撰

廣東翰墨園刊　同治十三年　四十一卷　四十册

子五　62.8　2741　驗方新編　〔清〕鮑相璈編輯

新化三味西畬山舘刊　光緒二十七年　十八卷　十一册

子五　62.8　7750　方便全書　〔清〕周青亭輯

淵海堂藏版　同治八年　六卷　六册

六三　醫案

子五　63.7　3114　名醫類案　〔明〕江瓘集
　藏修堂刊　同治十年　十二卷　十二册

子五　63.7　4477　薛氏醫案　〔明〕薛己著
　書業堂藏版　一百〇七卷　四十册

子五　63.7　4477　又
　三十六册

子五　63.8　4444　臨證指南醫案　〔清〕葉桂著　華南田輯
　錫山衛生堂刊　乾隆三十三年　十卷　十册

子五　63.8　4444　又（附良方四卷）
　同治三年刊　十二册

子五　63.9　7795　惜分陰軒醫案　周小農述
　紹興醫藥學報社印　民國五年　二卷　二册

七〇　本草

子五　77　4061　本草綱目（附奇經八脉考萬方針線）　〔明〕李時珍編輯
　務本堂刊　道光十五年　六十三卷　共二十册

子五　77　4061　又
　芥子園重刊　同治十一年　四十册

子五　78　4432　本草求真（附主治及脉理求真）　〔清〕黃宮繡纂
　文奎堂藏版　乾隆三十四年　十二卷　八册

八〇　獸醫

子五　87　6021　療馬集　〔明〕喻仁等著
　經元堂刊　四卷　四册

九〇　西醫

子五　98　0054　法律醫學　〔英〕該惠蓮撰　傅蘭雅譯
　江南製造總局刊　光緒二十五年　二十五卷　十册
子五　98　2126　内科理法　〔英〕虎伯撰　〔清〕舒高第譯
　江南製造總局刊　共十七卷　十二册
子五　98　3457　萬國藥方　〔美〕洪士提反譯
　美華書館印行　光緒三十三年　八卷　八册
子五　98　3644　婦科　〔美〕湯麥斯著　舒高第等譯
　江南製造局仿聚珍版印　六册
子五　98　3824　儒門醫學　〔英〕海得蘭撰　〔英〕傅蘭雅譯
　江南製造局仿聚珍版印　光緒年　三卷　四册
子五　98　6845　西藥大成　〔英〕哈來拉等撰　〔英〕傅蘭雅譯
　江南製造局刊　光緒年　十卷　十六册
子五　98　6845　西藥表　〔英〕哈來拉著
　江南製造局刊　光緒年　一册

子部六　天文算法類

一〇　總論

子六　18　1088　李氏遺書　〔清〕李鋭著

光緒十五年　十八卷　六册

子六　18　1124　翠微山房數學　〔清〕張作楠撰

息園刊　光緒五年　三十八卷　二十册

子六　18　4802　梅氏叢書輯要　〔清〕梅文鼎著

頤園刊　六十二卷　二十册

子六　18　4802　又

湖南裕德書局刊　二十四册

子六　18　4802　又

石印本　六册

子六　18　7535　三統術詳説弧三角平視法（合刊）　〔清〕陳澧撰

共五卷　一册

二〇　天文

子六　28　0077　曆象考成　〔清〕康熙朝敕撰

四十二卷　二十五册

子六　28　0077　又

湖北官書局刊　光緒二十一年　二十六卷　十五册　二部

子六　28　1002　天文問答　〔清〕王亨純編輯
上海美華書館印　光緒三十一年　一册　四部
子六　28　1022　躔離引蒙　〔清〕賈步緯述
金匱書局刊　光緒十八年　二卷　二册
子六　28　1022　交食引蒙　〔清〕賈步緯述
江南製造局刊　光緒二十年　一册　四部
子六　28　1022　經星彙考　〔清〕賈步緯述
上海書局刊　同治十一年　一册
子六　28　1022　恒星表　〔清〕賈步緯述
上海書局刊　同治十一年　一册　四部
子六　28　2724　談天　〔英國〕侯矢勒原本　偉烈亞力口譯
江南製造局刊　十八卷　四册　三部
子六　28　4047　天文圖説　〔英〕士柯雅撰　〔美〕摩嘉立譯
益智書局刊　光緒九年　四卷　一册　七部
子六　28　4092　新製靈臺儀象志　〔法〕南懷仁著
十四卷　十四册
子六　28　4440　天文揭要　〔美〕赫士譯
上海美華書館印　光緒二十五年　二卷　二册
子六　28　4877　儀象考成　〔清〕乾隆敕修
三十二卷　十册
子六　28　7548　天文算學纂要　〔清〕陳松輯
樹德堂刊　光緒十三年　二十六卷　二十四册
子六　29　7541　中西回史日曆　陳垣編
勵雲書屋印　民國十四年　二十卷　精裝一册

三〇　算法

子六　34　1037　九章算術（附音義策算）　〔唐〕李淳風注

上海鴻寶齋石印　光緒二十二年　十一卷　四册

子六　36　2542　四元玉鑒細草（附釋例）　〔元〕朱世傑著　〔清〕羅士琳補草

成都志古堂刊　光緒十七年　二十四卷　十册

子六　36　2542　四元釋例（即四元玉鑒細草）

十册　二部

子六　38　0053　方位伯數度衍　〔清〕方中通撰

太原王氏重刻於成都　光緒十六年　二十六卷　八册

子六　38　0077　御製数理精蘊　〔清〕康熙朝敕編

江寧藩署刊　光緒八年　五十三卷　四十册

子六　38　0077　又

四十四册内缺一册

子六　38　0077　又（即幾何原本）

殘存三册

子六　38　0077　數理精蘊（下編附表）　〔清〕康熙朝敕撰

五十六卷　共二十九册

子六　38　1223　算經十書　〔清〕孔繼涵輯

滬上重刊　光緒十六年　三十七卷　十册

子六　38　1223　又

十二册

子六　18　2648　白芙堂算學叢書　〔清〕吴嘉善、〔清〕丁取忠同輯

古荷池精舍刊　同治十三年　四十册　二部

子六　38　3149　九數存古　〔清〕顧觀光輯

江蘇書局刊　光緒十八年　九卷　四册

子六　38　4444　行素軒算稾（五種）　〔清〕華蘅芳著

梁溪華氏刊　光緒八年　十九卷　六册

子六　38　4444　又

四册

子六　38　4444　又

上海文瑞樓石印　光緒二十二年　六册

子六　38　7781　九數通考　〔清〕屈曾發輯

同治十一年刊　十二卷　六册

九〇　傳記

子六　98　7110　疇人傳　〔清〕阮元輯

海鹽尚絅堂刊　光緒八年　四十六卷　十二册　二部

子部七　術數類

一〇　數學

子七　12　5640　太玄經集注　〔漢〕揚雄撰　〔宋〕司馬光集注
　鵝溪孫氏刊　道光十一年　四卷　四册

子七　12　5640　又
　五柳居陶氏刊　道光二十四年　十卷　四册

子七　13.7　2612　元包經傳　〔北周〕魏元嵩述　〔唐〕蘇源明傳
　什邡縣文昌閣刊　嘉慶十八年　五卷　一册

子七　15　1125　翼玄　〔宋〕張行成撰
　十二卷　四册

子七　15　1700　皇極經世緒言　〔宋〕邵雍著　〔清〕劉斯組述
　錢塘徐氏刊　嘉慶四年　十一卷　九册

子七　15　4434　蔡子洪範皇極名數　〔宋〕蔡沈著　〔清〕張兆鹿注
　益雅書室刊　民國十三年　十卷　十册

子七　18　7738　閔德修泰律補　〔清〕閔爲人著
　古滇圖書舘刊　民國元年　十四卷　一册

二〇　占候

子七　27　1112　風角書　〔明〕張爾岐著
　八卷　二册　二部

子七　28　4422　管窺輯要　〔清〕黄鼎纂
八十卷　四十册
子七　28　4422　又
順治十年刊　四十八册
子七　28　8046　測候叢談　〔美〕金楷里譯
上海美華書舘印　光緒二十九年　二卷　二册　二部

三〇　相宅　相墓

子七　30　3180　山家肪玉　清瑶館主人輯
二册
子七　30　4232　葬經宅經
湖北崇文書局刊　光緒三年　三卷　一册
子七　30　8937　金光斗臨經
經綸堂刊　咸豐三年　一册
子七　34　4680　天玉經内傳心印　〔唐〕楊益著　〔清〕王宗臣註
四卷　一册
子七　34　4680　疑龍經　〔唐〕楊益著　〔清〕高其倬評
京都琉璃廠刊　三卷　一册
子七　34　4680　撼龍經　〔唐〕楊益著
京都琉璃廠刊　二册
子七　34　4680　龍經撼龍經統説　〔唐〕楊益著
光緒九年刊　四卷　合一册
子七　37　0044　一貫堪輿　〔明〕唐世友編
益元堂刊　八卷　八册
子七　37　2882　地理人子須知　〔明〕徐善繼等著
澹雅書房刊　三十九卷　十二册

子七　37　3112　地理天機會元　〔明〕顧乃德集　徐之模重編
善成堂藏版　光緒六年　三十五卷　十六册

子七　37　4417　地理辨正　〔明〕蔣平階撰
宏道堂刊　五卷　二册

子七　37　4494　地理人天共寶　〔明〕黄慎著
乾隆三十七年　十二卷　六册

子七　38　1037　地理青囊經解　〔清〕王宗臣注
二卷　一册

子七　38　1130　地理辨正疏　〔清〕張心言疏
文誠堂刊　同治六年　七卷　四册

子七　38　1130　又
培杏書局刊　同治十一年　四册

子七　38　1744　地理陰陽纂要　〔清〕鄧士松纂輯
益元堂刊　道光十年　二卷　二册

子七　38　1745　四秘全書　〔清〕尹有本著
經元堂刊　十二種　十二册

子七　38　3030　山法備收　〔清〕寇宗輯
京都琉璃廠刊　一卷　一册

子七　38　4033　地理啖蔗録　〔清〕袁守定著
寶翰堂刊　八卷　四册

子七　38　5532　地理原本説　〔清〕曹安夆著
文奎堂刊　同治六年　四卷　二册

子七　38　7224　地理一盤珠　〔清〕劉統才輯
益元書局刊　宣統元年　六册内缺第三册

子七　38　7404　地理或問　〔清〕陸應穀著
道光二十五年刊　二卷　二册

子七　38　7725　風水一書　〔清〕歐陽純著
益元書局刊　宣統二年　七卷　四册

子七　38　7725　風水二書　〔清〕歐陽純著
　金谿三讓堂刊　光緒十九年　四卷　四册
子七　38　7733　地學中庸　〔清〕周道濟輯
　啓明工讀學校印　十六卷　十六册
子七　39　0883　地理辨正釋義　許錦灝著
　無錫致和堂藏版　民國十一年　一册

四〇　占卜

子七　41　2681　斷易天機　〔戰國〕鬼谷子著
　三卷　二册
子七　43　0126　靈棋經　〔晉〕顔幼明注　〔明〕劉基解
　思賢書局刊　光緒十九年　二卷　二册
子七　48　1022　卜筮正宗　〔清〕王維德輯
　宏道堂刊　十四卷　四册
子七　48　2631　易冒　〔清〕程良玉著
　滬上刊　光緒十二年　十卷　四册
子七　48　4009　增删卜易　〔清〕李文輝增訂
　致和堂刊　十二卷　二册
子七　48　5548　易隱　〔清〕曹九錫輯
　九卷　四册
子七　48　7243　六壬粹言　〔清〕劉赤江編
　善哉堂梓　民國十年　六卷　六册

五〇　命書　相書

子七　55　2824　淵海子平　〔宋〕徐升編　〔明〕楊宗增校
　學庫山房刊　五卷　二册

子七　55　7553　紫微斗數　〔宋〕陳摶著
　經綸堂刊　四卷　四册

子七　57　1144　命理正宗　〔明〕張楠著
　宏道堂刊　六卷　六册

子七　57　4401　三命通會　〔明〕萬育吾著
　經綸堂刊　十二卷　十二册

子七　58　4406　水鏡集　〔清〕范文園著
　大文堂刊　四卷　四册

六〇　陽陰五行

子七　62　0400　奇門遁甲統宗　〔漢〕諸葛亮著
　湖南書局刊　光緒二十四年　十二卷　六册

子七　65　2107　丙丁龜鑑　〔宋〕柴望撰
　二册

子七　67　7244　奇門大全　〔明〕劉基著
　三十五卷　十二册

子七　68　1137　諏吉述正　〔清〕張祖同輯
　湖南思賢書局刊　光緒二十三年　二十五卷　十二册

子七　68　2688　象吉備要通書　〔清〕魏鑑輯
　經國堂藏版　二十九卷　十册

子七　68　4482　董氏諏吉新書　〔清〕董銀峯著
　光緒二十年重刊　二册

子七　68　4877　協紀辨方書　〔清〕乾隆朝勅編

袖珍本　三十六卷　十六册

子七　68　8043　游藝録　〔清〕俞樾著

六卷　一册

子七　69　4041　述卜筮星相學　袁樹珊纂述

民國十八年　八卷　四册

子部八　藝術類

一〇　書畫

一一　總録

一一·一　通論

子八　11.18　1278　佩文齋書畫譜　〔清〕孫岳頒等奉勅修
一百卷　六十四册

一一·三　收藏

子八　11.38　1207　嶽雪樓書畫録　〔清〕孔廣陶編
三十三萬卷堂刊　光緒十五年　五卷　五册

子八　11.38　8037　盛京故宫書畫録　金梁編
民國十三年　八册

一一·四　書畫合册

子八　11.4　0175　名人書畫
上海商務珂羅版印　二十九集内缺第二十六集　共二十八册

子八　11.45　4342　北宋朱鋭赤壁圖金趙秉文書和東坡詞卷
故宫博物院出版　民國二十一年　共廿頁　一册

子八　11.47　2444　仇文書畫合璧西廂記　〔明〕仇英畫　〔明〕文徵明書

上海文明書局印　民國九年　二册

子八　11.47　7711　仇實父畫六家細楷册　〔明〕周天球集　高野侯鑒定

上海中華書局印　民國八年　一册

子八　11.48　1073　王椒畦先生詩畫　〔清〕王學浩手筆

上海商務珂羅版印　民國九年　一册

子八　11.48　4930　悲盦賸墨　〔清〕趙之謙手筆

西泠印社印　共十集　十册

子八　11.49　0084　書畫真蹟大全　席錫蕃收藏

文華美術圖書印刷公司　民國十八年　共十二册

子八　11.49　2661　缶廬近墨　吴昌碩手筆　吴隱編輯

西泠印社印　民國十七年　二集　二册

子八　11.49　4342　故宫週刊　故宫博物院編

民國二十一年　合訂七册

一一·六　題跋

子八　11.67　1117　清河書畫舫　〔明〕張丑著

池北草堂刊　乾隆二十八年　十二卷　十二册

子八　11.67　1117　又

湖南新明書局印　十二册　二部

子八　11.68　0037　書畫彙攷　〔清〕卞永譽纂輯

鑑古書社影印　蔣氏密均樓藏本　六十卷　八十册

子八　11.68　0044　江村消夏録　〔清〕高士奇輯

寶芸堂藏版　康熙三十二年　三卷　六册

子八　11.68　0044　又

上海文瑞樓印　三册

子八　11.68　2624　大觀録　〔清〕吴升輯

武進李氏聖譯樓印　民國九年　二十卷　二十三册

子八　11.68　4027　書畫鑑影　〔清〕李佐賢編輯

利津李氏刊　同治十年　廿四卷　八册

子八　11.68　7433　穰梨館過眼録　〔清〕陸心源編

吴興陸氏刊　光緒十七年　四十卷　十册

子八　11.68　7433　穰梨館過眼續録　〔清〕陸心源編

吴興陸氏刊　光緒十七年　十六卷　四册

一二　書

一二・一　通論

子八　12.18　4426　書法正傳　〔清〕蔣和編

懿文齋藏版　光緒八年　一册

子八　12.18　4426　增補分部書法正傳　〔清〕蔣和編

上海掃葉山房印　宣統二年　一册

子八　12.18　5338　漢溪書法通解　〔清〕戈守智著

霽雲閣藏版　乾隆十五年　八卷　四册

一二・四　法帖（參見子部金石類）

子八　12.4　6044　續景楷帖三十種　霍邱裴氏、仁和王氏藏

上海文明書局印　宣統二年　四册

子八　12.4　6044　再續景楷帖三十種

上海文明書局印　民國三年　四册

子八　12.43　1023　初搨洛神賦十三行　〔晉〕王獻之書

上海文明書局印　民國十三年　一册

子八　12.43　1083　宋搨王右軍書　〔晉〕王羲之書

上海商務珂羅版印　民國十五年　一册

子八　12.44　1230　書譜　〔唐〕孫過庭撰

上海有正書局石印　一册

子八　12.44　3433　褚河南臨蘭亭絹本真蹟　〔唐〕褚遂良臨

上海商務珂羅版印　民國十七年　一册

子八　12.44　4784　唐拓柳書金剛經　〔唐〕柳公權書

上海有正書局影印　民國十四年　四册

子八　12.45　4030　淳化閣帖　〔宋〕太宗摹刻

原拓本　十卷　十册

子八　12.45　4030　乾隆摹刻淳化閣帖附釋文　〔宋〕太宗摹刻　〔清〕乾隆重摹

上海商務印書舘印　民國七年　十册

子八　12.48　1037　草字彙　〔清〕石梁集

六册

子八　12.48　1714　鄧石如習字帖（篆書）　〔清〕鄧石如篆

上海文明書局石印　民國十四年　一册

子八　12.48　2644　草聖彙辨　〔清〕白芬彙編　〔清〕朱宗文摹編

鴛湖香雲閣刊　乾隆四十八年　四册

子八　12.48　3773　草字綸摘要　〔清〕梁民憲編

竹深荷浄齋藏版　咸豐九年　四卷　四册

子八　12.48　4631　篆法指南　〔清〕楊沂孫書

碧梧山莊印　二册

子八　12.48　4877　初拓三希堂原本　〔清〕乾隆敕刻

三十一册

子八　12.49　7790　近代碑帖大觀（續集）　周愧齋編輯

上海碧梧山莊印　八册

子八　12.49　9127　近代碑帖大觀　烟水山民選輯

上海碧梧山莊印　八册

一二・五　名人墨蹟

子八　12.53　0062　六朝隋唐寫經真蹟（六種）　高野侯鑒定

上海中華書局印　民國十八年　六册　二部

子八　12.54　0142　顔魯公書裴將軍詩卷　〔唐〕顔真卿書

上海商務印書館印　民國十五年　一册

子八　12.55　4453　東坡書懷素自敍　〔宋〕蘇軾手書

上海商務印書舘印　民國十六年　一册

子八　12.57　0175　明賢遺墨（第一集）

上海商務印書舘輯印　民國二年　一册

子八　12.57　0175　又（第二集）

一册

子八　12.57　4037　明開國君臣父子師生手翰卷　〔明〕太祖及周世修手書

上海文達書社印　民國九年　一册

子八　12.57　4437　黄石齋先生尺牘真蹟　〔明〕黄道周手書

上海商務印書館印　民國十四年　一册

子八　12.58　0175　道咸同光名人手札（第一集）

上海商務印書館輯印　民國十三年　四册

子八　12.58　0175　又（第二集）

湖北王氏藏本　上海商務影印　四册

子八　12.58　1043　漁洋山人手柬　〔清〕王士禎手書

上海商務珂羅版印　民國十六年　一册

子八　12.58　1714　鄧石如隸書長聯集册　〔清〕鄧石如書

上海文明書局石印　民國十四年　一册

子八　12.58　2722　伊墨卿先生真蹟　〔清〕伊秉綬書

上海商務珂羅版印　民國十五年　一册

子八　12.58　2774　陶風樓藏名賢手札

國學圖書館影印　民國十九年　八册

子八　12.58　8055　金冬心書畫小記　〔清〕金農書

上海文明書局石印　民國十三年　一册

子八　12.58　8078　松禪老人遺墨　〔清〕翁同龢手書

鄒氏雲松仙館藏　二卷　二册

子八　12.58　8078　翁松禪手札　〔清〕翁同龢撰

上海有正書局印　民國十五年　十册

子八　12.59　0062　古今名人墨蹟大觀　高野侯輯

上海中華書局印　民國十七年　六十册

子八　12.59　0062　又

殘存二十八册

子八　12.59　0062　古今尺牘墨蹟大觀　高野侯輯

上海中華書局印　民國十七年　十六册　二部

子八　12.59　0062　楹聯墨蹟大觀　高野侯輯

上海中華書局印　民國十七年　十册

子八　12.59　1130　嗇翁墾牧手牒　張謇手書

民國七年　四册

子八　12.59　1373　名賢手翰真蹟（第一集）

上海西泠印社印　民國十七年　一册

子八　12.59　2634　鄰蘇老人手書題跋　杨守敬題跋

楊氏觀海堂印　民國五年　精裝一册

一三　畫

一三・三　收藏

子八　13.39　7113　虛齋名畫録　龐元濟編

烏程龐氏刊　宣統元年　十六卷　十六册

一三・四　畫册

子八　13.4　0657　畫册大觀

上海文明書局珂羅版印　共十四册

子八　13.45　0754　郭忠恕輞川圖卷　〔宋〕郭忠恕畫
上海商務珂羅版印　民國十五年　一册
子八　13.45　1014　長江萬里圖　〔宋〕夏珪畫
故宫博物院印　民國二十年　七十二頁　一册
子八　13.45　1087　天籟閣舊藏宋人畫册
李氏觀槿齋藏　上海商務珂羅版印　民國十五年　一册
子八　13.45　1087　宋人畫册
天籟閣舊藏　上海商務珂羅版印　民國十五年　一册
子八　13.47　4414　藍田叔仿梅道人山水卷　〔明〕藍瑛畫
上海商務玻璃版印　民國十五年　一册
子八　13.47　7532　陳老蓮畫册　〔明〕陳洪綬畫
上海商務珂羅版印　民國十四年　一册
子八　13.48　0175　松江派山水十二幀　今覺盦周氏藏
上海商務珂羅版印　民國十六年　一册
子八　13.48　1017　王石谷仿古山水册　〔清〕王翬畫
裴氏壯陶閣收藏　無錫理工製版所印　民國十九年　一册
子八　13.48　1017　王石谷山水册　〔清〕王翬畫
杭州高氏藏　上海中華玻璃版印　民國十二年　一册
子八　13.48　1038　芥子園畫譜（三集）　〔清〕王安節摹
上海江東書局印　民國元年　二十一卷　十二册
子八　13.48　1038　王煙客仿宋元山水真蹟神品　〔清〕王時敏畫
無錫理工製版所印　民國十六年　一册
子八　13.48　1073　王麓臺山水扇面集　〔清〕王原祁畫
上海商務珂羅版印　民國十五年　一册
子八　13.48　2271　任伯年畫册　〔清〕任頤畫
上海西泠印社印　二册
子八　13.48　3743　郎世寧畫第一集　〔意國〕郎世寧畫
故宫博物院印　民國二十年　二十三幅　一函

子八　13.48　3743　郎世寧畫第二集　〔意國〕郎世寧畫
故宫博物院印　民國二十年　二十四幅　一函

子八　13.48　3743　郎世寧畫第三集　〔意國〕郎世寧畫
故宫博物院印　民國二十一年　十六幅　一函

子八　13.48　3743　郎世寧畫第四集　〔意國〕郎世寧畫
故宫博物院印　民國二十一年　十五幅　一函

子八　13.48　3782　梁公約先生畫册　〔清〕梁公約畫
上海商務印　民國十六年　一册

子八　13.48　4418　蔣南沙花卉册　〔清〕蔣廷錫畫
上海中華書局印　民國十二年　一册

子八　13.48　4460　黄小松山水册　〔清〕黄易畫
上海商務印書館印　民國十五年　一册

子八　13.48　5574　費小樓士女精品　〔清〕費丹旭畫
上海商務印書館印　民國十五年　一册

子八　13.48　6015　羅兩峯畫羅漢册　〔清〕羅聘畫
上海中華書局印　民國十一年　一册

子八　13.48　7520　松柏名畫集　陳伏廬收藏
上海商務印書舘印　民國二十年　一册

子八　13.48　7814　紅樓夢圖詠　〔清〕改琦繪編
光緒五年　四册

子八　13.49　0425　泰山殘石樓藏畫（共四集）　唐吉生收藏
美術製版印　共四十册

子八　13.49　2627　近代名人墨妙　吴修闇集印
上海慎修書社印　民國二十二年　四册

子八　13.49　2632　圓明園圖　程演生照片　高野侯鑒定
上海中華影印　民國十七年　二册

子八　13.49　2648　吴友如畫寶全集　吴嘉猷畫
上海鴻章書局印　民國十四年　二十六册

子八　13.49　2661　吴昌碩先生花卉畫册　吴昌碩畫
上海商務印書館印　民國十五年　一册

子八　13.49　2661　吴昌碩畫册　吴昌碩畫
上海有正書局印　四册

子八　13.49　2661　吴缶盧畫册　吴昌碩畫
上海商務印書館印　民國十七年　一册

子八　13.49　2813　悲鴻畫集　徐悲鴻書
上海中華書局印　民國二十一年　二册

子八　13.49　2813　悲鴻描集二集　徐悲鴻畫
上海中華書局印　民國十八年　二册

子八　13.49　2813　悲鴻繪集　徐悲鴻畫
上海中華書局印　民國十五年　一册

子八　13.49　3138　汪鷗客先生畫册　汪洛年畫
上海商務印書館印　民國十五年　一册

子八　13.49　3553　當代名人畫海　蜜蜂畫社編輯
上海中華書局印　民國二十一年　一册

子八　13.49　4427　林畏廬遺蹟第一集　林紓畫
上海商務印書館印　民國十五年　一册

子八　13.49　4436　古佛畫譜　黄澤繪撰
上海中華書局印　民國十八年　二册

子八　13.49　7744　大雅樓畫寳　周權畫
上海碧梧山莊印　民國十二年　四册

子八　13.49　8281　美術界特刊
上海生生美術公司出品　民國十八年　一函四十六頁

一三・八　傳記

子八　13.88　1100　國朝畫徵録　〔清〕張庚著
雲期書屋刊　乾隆四年　三卷　二册

子八　13.88　2773　宋元以來畫人姓氏録　〔清〕魯駿録
　道光十年　三十六卷　十八册

子八　13.88　3182　國朝畫識　墨香居畫識　〔清〕馮金伯纂輯
　江左書林刊　道光十一年　二十七卷　十册

子八　13.88　4241　畫史彙傳　〔清〕彭蘊璨録
　京都善成堂刊　光緒五年　七十六卷　二十四册

子八　13.88　4432　墨林今話（附續編）　〔清〕蔣寶齡撰
　咸豐二年　十八卷　六册

二〇　琴譜（附琴史）

子八　28　0028　天聞閣琴譜集成　〔清〕唐彝銘纂輯
　成都葉氏藏版　光緒二年　十九卷　二十四册

子八　28　0428　又
　缺卷三　十六册

子八　28　1137　琴學入門　〔清〕張鶴輯
　滬上心嚮往齋刊　二卷　三册

子八　28　2691　自遠堂琴譜　〔清〕吴灴彙輯
　自遠堂藏版　嘉慶六年　十二卷　十册　二部

子八　28　3119　德音堂琴譜　〔清〕汪天榮輯
　康熙三十年　十卷　四册

子八　28　7724　五知齋琴譜　〔清〕周魯封彙纂
　紅杏山房刊　八卷　六册

子八　29　7201　琴史補　琴史續　周慶雲纂
　夢坡室藏版　民國八年　十卷　四册　二部

三〇　篆刻（參見史部金石類）

三一　通論

子八　31.8　3136　篆學叢書（篆學瑣著）　〔清〕顧湘輯

三十種　八册

論篆　〔唐〕李陽冰述

五十六種書法　〔唐〕韋續述

學古編　〔元〕吾邱衍撰

古今印史　〔明〕徐官著

篆學指南　〔明〕趙宧光著

印章集説　〔明〕甘暘著

續學古編　〔明〕何震著

印旨　程遠彦著

印經　〔明〕朱簡著

印章要論　〔明〕朱簡著

篆刻十三略　〔清〕袁三俊著

印章考　〔明〕方以智輯

敦好堂論印　〔清〕吴先聲著

説篆　〔清〕許谷著

印辨　〔清〕高積厚撰

印述　〔清〕高積厚撰

印箋説　〔清〕徐堅述

六書緣起　〔清〕孫光祖纂

古今印制　〔清〕孫光祖纂

篆印發微　〔清〕孫光祖著

古印考略　〔清〕夏一駒述

續三十五舉　〔清〕桂馥撰
再續三十五舉　〔清〕桂馥撰
重定續三十五舉　〔清〕桂馥撰
印説　〔清〕陳鍊著
印言　〔清〕陳鍊著
論印絶句　〔清〕沈心著
印學管見　〔清〕馮承輝著
印人傳　〔清〕周亮工撰
續印人傳　〔清〕汪啓淑撰

三二　印譜

子八　32.8　1714　完白山人印譜　〔清〕鄧石如篆刻
上海西泠印社印　二册
子八　32.8　2077　蒙泉外史印譜　〔清〕奚岡鐵生篆刻
二册
子八　32.8　4474　曆朝史印　〔清〕黄學圯篆　〔清〕吴叔元釋
楚橋書屋刊　十卷　六册　二部
子八　32.8　4482　劍秋印書　〔清〕董劍秋作
蘇州小西山房藏版　同治七年　二册
子八　32.8　4930　趙撝叔印譜　〔清〕趙之謙篆刻
上海西泠印社印　八册
子八　32.9　1038　王冰鐵印存　王冰鐵作
上海文明書局印　民國十五年　五册
子八　32.9　2661　缶廬印存（三集）　吴昌碩篆刻
上海西泠印社印　十二册

八〇　雜技

八二　弈

子八　82.8　0830　弈理指歸圖　〔清〕施定庵著
上海文瑞樓印　三卷　六册

子八　82.8　3650　海昌二妙集　浮曇未齋主人輯
上海文瑞樓石印　民國三年　三卷　六册

子八　82.8　5788　蝸簃弈録八種　蝸簃校刊
光緒十五年　九册

子八　82.8　7722　飡菊齋棋評　〔清〕周鼎著
上海掃葉山房石印　民國元年　一册

子部九　譜録類

一〇　器物（參見史部金石類）

子九　15　4048　墨譜　〔宋〕李孝美編
　故宫博物院印　民國十九年　三卷　一册
子九　17　1028　奇器圖説　〔明〕王徵著
　來鹿堂藏版　光緒三年　三卷　四册
子九　17　3203　墨評　〔明〕潘膺祉著
　故宫博物院印　民國十九年　一册
子九　18　3067　匋雅　〔清〕寂園叟初稿
　上海朝記書莊　四册
子九　19　0832　飲流齋説瓷　許之衡著
　上海中華書局印　四册

二〇　食譜

子九　28　0026　飲食辨録　〔清〕章穆著
　經國堂刊　道光三年　七卷　八册

三〇　草木

子九　38　0077　廣羣芳譜　〔清〕康熙朝敕編
江左書林刊　同治七年　一百〇二卷　四十册

子九　38　7555　花鏡　〔清〕陳扶摇輯
同治四年　六卷　四册

四〇　鳥獸蟲魚

子九　48　1237　晴川蟹録　〔清〕孫之騄輯
八卷　三册

子九　48　4010　蠕範　〔清〕李元著
傳經堂藏版　同治十三年　八卷　四册

子部十　雜家類

一〇　雜學

一一　墨家

子十　11　6617　墨子　〔周〕墨翟著
　上海涵芬樓影印　十五卷　精裝一册

子十　11.8　1260　墨子閒詁　〔清〕孫詒讓注
　光緒三十四年刊　十九卷　八册　二部

子十　11.8　1260　又
　上海掃葉山房石印　民國十三年　十九卷　八册

子十　11.8　1260　又
　上海涵芬樓影印　十九卷　精裝二册

子十　11.9　1747　墨子新釋　尹桐陽釋
　民國十二年　三卷　三册

一二　名家

子十　12.9　1013　公孫龍子懸解　王琯著
　上海中華書局　民國十七年　六卷　二册

一四　其他各家

子十　14.2　7230　淮南子天文訓補注　〔漢〕劉安著　〔清〕錢塘綴述
湖北崇文書局刊　光緒三年　二卷　二册　四部

子十　14.38　0135　顔氏家訓　〔北齋〕顔之推撰
湖北崇文書局刊　光緒元年　二卷　一册

子十　14.41　0129　譚子化書　〔南唐〕譚峭譔
六卷　一册

子十　14.5　4430　習學記言　〔宋〕葉適著
江陰刊本　光緒九年　五十卷　十册

子十　14.6　4017　昌雩集（原名學問要編）　〔元〕袁君賢著
聚珍版刊本　光緒二年　二卷　二册

子十　14.7　1008　于氏中説（論草一卷）　〔明〕于謐撰
光緒五年刊　三卷　二册

子十　14.7　3406　菜根談　〔明〕洪應明著
揚州藏經禪院刊　光緒元年　一卷　一册

子十　14.7　3406　又
汀州福音醫院刊　民國十一年　一册

子十　14.7　4044　了凡四訓　〔明〕袁黄撰
湖北官書局刊　光緒十六年　一册

子十　14.7　4082　來瞿唐先生日録　〔明〕來知德著
十三卷　十四册

子十　14.8　0049　覺顛冥齋内言　〔清〕唐才常編
吴門刊　四卷　四册

子十　14.8　0054　漢學商兑　〔清〕方東樹輯
三多堂刊　光緒八年　二卷　二册

子十　14.8　0054　又
甯鄉成氏刊　光緒十年　四册

子十　14.8　0077　康熙幾暇格物編　〔清〕康熙纂
石印本　六卷　二册

子十　14.8　0480　教諭論　〔清〕謝金鑾編
漕署刊　光緒七年　一卷　一册

子十　14.8　0724　罪言存略　〔清〕郭嵩燾著
時報館印　光緒十四年　一卷　一册

子十　14.8　1022　闢謬編　〔清〕王仁俊著
存古學校刊　光緒戊申年　二卷　一册

子十　14.8　1124　治平大略　〔清〕張秉直著
傳經堂藏書　光緒元年　四卷　三册

子十　14.8　1133　勸學編　〔清〕張之洞著
兩湖書院刊　光緒二十四年　二篇　一册　二部

子十　14.8　1133　輶軒語　〔清〕張之洞著
湖南益雅書局刊　光緒三年　一册

子十　14.8　1133　又
新化三味堂刊　光緒二十三年　一册　二部

子十　14.8　1133　又
湖北官書局刊　光緒二十一年　一册　二部

子十　14.8　2138　新政真詮　〔清〕何啓等編
格致新報館印　六篇　八册

子十　14.8　2732　切近説　〔清〕鄒湘倜編
新化鄒氏刊　同治十年　一卷　一册

子十　14.8　3144　校邠廬抗議　〔清〕馮桂棻著
敏德堂校刊　光緒十八年　二册

子十　14.8　3677　浮邱子　〔清〕湯鵬著
同治四年刊　十二卷　四册　二部

子十　14.8　5055　顧體集　〔清〕史典輯
湖北崇文書局印　光緒二十年　二卷　四册

子十　14.8　5089　警書　〔清〕秦篤輝著
　光緒十三年刊　三卷　一册
子十　14.8　7231　拾餘四種　子問　又問　〔清〕劉沅著
　虚受齋藏版　五卷　五册
子十　14.9　0090　訄書　章炳麟著
　日京翔鸞社印　一册
子十　14.9　3121　人道須知　江衡編輯
　上海錫成公司印　民國十九年　八卷　二册

一五　回教

子十　15.8　7286　天方典禮擇要解　〔清〕劉智著
　康熙四十九年　二十卷　六册

一六　耶蘇教

子十　16.8　0714　詩篇釋義　郭斐蔚著
　上海美華書館印　五卷　二册
子十　16.8　4433　自西徂東　〔德國〕化之安著
　光緒十年刊　五卷　四册
子十　16.8　4692　不得已　〔清〕楊光先著
　中社影印　民國十八年　二卷　二册
子十　16.9　0023　民教相安　高步瀛等編
　直隸學務處刊　光緒三十一年　一册

二〇　雜考

子十　22　1169　白虎通　〔漢〕班固纂　〔清〕汪士漢校
　二卷　二册

子十　25　1000　困學紀聞　〔宋〕王應麟撰　〔清〕閻若璩箋
　揚州書局刊　同治九年　二十卷　四册

子十　25　1000　又　〔宋〕王應麟撰　〔清〕翁元圻輯注
　餘姚守福堂刊　道光五年　二十卷　十六册

子十　25　1044　野客叢書　〔宋〕王楙撰
　三十卷　十二册

子十　25　1046　學林　〔宋〕王觀國著
　湖海樓彫本　十卷　五册

子十　25　3434　容齋隨筆（四筆）　〔宋〕洪邁著
　明刻本　六十四卷　十六册

子十　25　3434　又五筆
　新豐洪氏刊　光緒元年　七十四卷　十四册

子十　25　6070　羅氏識遺　〔宋〕羅壁撰
　碧琳琊館叢書本　十卷　三册

子十　27　0028　通雅　〔明〕方以智輯注
　浮山此藏軒藏版　康熙五年刊　五十二卷　二十册

子十　27　0028　又
　立教舘校刊　二十册

子十　27　1142　雅俗稽言　〔明〕張存紳著
　楚頌堂藏版　四十卷　十六册

子十　27　1142　又
　存九册

子十　27　2894　徐氏筆精　〔明〕徐𤊹輯
　碧琳琊館叢書本　八卷　六册

子十 27 7766 巵林 〔明〕周嬰纂
湖海樓彫本 十卷 五册

子十 28 0000 里語徵實 〔清〕唐訓方編
三卷 四册

子十 28 1033 學古堂日記 〔清〕雷浚、〔清〕吴履剛等編
光緒二十二年刊 二十六册

子十 28 1033 學古堂日記 〔清〕雷浚選
光緒十六年 二册

子十 28 1063 蛾術編 〔清〕王鳴盛著
世楷堂刊 道光二十一年 八十二卷 存十九册

子十 28 1081 讀書雜誌 〔清〕王念孫著
金陵書局刊 同治九年 八十四卷 二十四册

子十 28 1081 又
上海文瑞樓印 二十四册

子十 28 1243 讀書脞録 〔清〕孫志祖著
醉六堂刊 光緒十三年 七卷 四册 二部

子十 28 1730 磨盦雜存 〔清〕桑宣編
鐵研齋刊 光緒三年 一册 二部

子十 28 1731 通俗編 〔清〕翟灝編
武林竹簡齋刊 三十八卷 十二册

子十 28 2048 羅摩亭雜記 〔清〕雷松年編
同治十二年刊 八卷 四册

子十 28 2101 羣書拾補 〔清〕盧文弨撰
上海蜚英館刊 光緒十三年 八册

子十 28 2123 一鐙精舍甲部稿 〔清〕何秋濤纂
淮南書局刊 光緒五年 五卷 一册 二部

子十 28 2191 義門讀書記 〔清〕何焯著
苕溪吴氏藏版 光緒六年 五十八卷 精裝四册

子十　28　2510　無邪堂答問　〔清〕朱一新編
廣雅書局刊　光緒二十一年　五卷　五册

子十　28　2622　壹是紀始　〔清〕魏嵩著
甬北寄盧藏版　光緒十四年　二十三卷　八册

子十　28　2640　古學記問録　〔清〕吴蔚文編輯
文瑞堂刊　十五卷　六册

子十　28　3191　日知録　〔清〕顧炎武著
湖北崇文書局刊　同治十一年　三十二卷　十六册

子十　28　3479　讀書叢録　〔清〕洪頤煊著
醉六堂刊　光緒十三年　二十四卷　八册

子十　28　4428　札樸　〔清〕桂馥著
辰州蔣氏刊　光緒九年　十卷　六册

子十　28　4433　攷辨隨筆　〔清〕黄定宜著
道光二十七年　二卷　二册

子十　28　4457　癡學　〔清〕黄本驥著
三長物齋刊　道光二十七年　八卷　二册

子十　28　4479　匏瓜録　〔清〕芮長恤著
昆陵懷永堂刊　光緒十年　十卷　六册

子十　28　4761　訂僞雜録　〔清〕胡鳴玉編
蕭山陳氏湖海樓刊　嘉慶十八年　十卷　二册

子十　28　4917　陔餘叢考　〔清〕趙翼輯
湛詒堂刊　乾隆五十五年　四十三卷　十二册

子十　28　7234　愈愚録　〔清〕劉寶楠撰
廣雅書局刊　光緒十年　六卷　二册

子十　28　7433　羣書校補　〔清〕陸心源校輯
一百卷　二十六册

子十　28　7474　小知録　〔清〕陸鳳藻輯
淮南書局刊　同治十二年　十二卷　四册

子十　28　7500　句溪雜著　〔清〕陳立著
思賢講舍刊　光緒十六年　四卷　一册
子十　28　7535　東塾讀書記　〔清〕陳澧著
幼蘭書館刊　光緒二十四年　二十一卷　五册　三部
子十　28　7535　又
六册
子十　28　7726　點勘記　〔清〕歐陽泉著
寶硯齋校刊　光緒九年　二卷　二册
子十　28　8019　癸巳類稿　〔清〕俞正燮著
會稽章氏刊　光緒五年　十五卷　十册
子十　28　8019　癸巳存稿　〔清〕俞正燮著
光緒十年刊　十五卷　六册　二部
子十　28　8034　西被攷略　〔清〕金永森輯
武昌刊　光緒二十九年　六卷　五册　二部
子十　28　8034　又
四册
子十　28　8043　古書疑義舉例叢刊　〔清〕俞樾著
長沙鼎文書社刊　民國十三年　十一卷　三册
子十　28　8043　俞樓雜纂　〔清〕俞樾著
光緒五年　五十卷　十册
子十　28　8346　十駕齋養新録　〔清〕錢大昕著
浙江書局刊　光緒二年　廿卷餘録三卷　八册　二部
子十　29　3138　吴門銷夏記　江瀚編
一册

三〇　雜説

子十　32　1000　論衡　〔漢〕王充著

上海涵芬樓印　三十卷　精裝二册

子十　32　1000　又

掃葉山房石印　民國十二年　六册

子十　35　6042　鶴林玉露　〔宋〕羅大經著

十六卷　六册

子十　35　7438　老學菴筆記　〔宋〕陸游撰

湖北崇文書局刊　光緒三年　十卷　二册　二部

子十　35　7730　齊東野語　〔宋〕周密著

二十卷　八册

子十　37　1029　鬱岡齋筆麈　〔明〕王肯堂著

北平圖書館印　民國十九年　四卷　二册

子十　37　2115　餘冬敍録　〔明〕何孟春著

世讀軒刊　乾隆二十三年　六十五卷　十四册

子十　37　2115　又

京都藏版　光緒二年　六十一卷　十二册

子十　37　3714　七修類稿　〔明〕郎瑛著

廣州翰墨園刊　光緒六年　五十一卷　十二册　二部

子十　37　4414　草木子　〔明〕葉子奇著

乾隆二十七年　四卷　一册

子十　38　0832　玉井山館筆記　〔清〕許宗衡録

滂喜齋刊　同治十三年　一册

子十　38　1021　墨池殘瀋　〔清〕王甗著

忘適齋刊　道光二十九年　四卷　二册

子十　38　1042　甕牖餘談　〔清〕王韜著

上海申報館印　光緒元年　八卷　四册

子十　38　1043　居易録　〔清〕王世禎著
三十四卷　八册
子十　38　1111　澄懷園語　〔清〕張廷玉著
龐山重刊　光緒六年　四卷　一册
子十　38　1144　聰訓齋語　〔清〕張英著
光緒六年重刊　四卷　一册
子十　38　1144　篤素堂集（附年譜）　〔清〕張英等著
十六卷　六册
子十　38　1213　春明夢餘録　〔清〕孫承澤著
廣州惜分陰館刊　光緒九年　七十卷　二十四册　三部
子十　38　1233　花箋録　〔清〕孫兆溎輯
景福堂刊　同治四年　二十卷　十二册
子十　38　1726　幕府瑣言　〔清〕鄧繹著
湖南書局刊　光緒五年　五卷　二册
子十　38　3246　事友録　〔清〕潘相輯
嘉慶五年　五卷　六册
子十　38　3708　歸田瑣記　〔清〕梁章鉅撰
道光五年刊　八卷　二册
子十　38　3708　浪跡叢談　〔清〕梁章鉅撰
十九卷　六册
子十　38　4026　擬罪言　〔清〕李佃撰
一卷　一册
子十　38　4092　人海記　〔清〕查慎行編輯
二卷　二册　二部
子十　38　4334　求己録　〔清〕蘆涇遯士編
光緒二十二年刊　三卷　三册　二部
子十　38　4429　貽令堂雜俎　〔清〕黄保康撰
一卷　一册

子十　38　4480　三岡識略　〔清〕董含著
　申報館仿聚珍版印　十卷　六册
子十　38　7110　小滄浪筆談　〔清〕阮元記
　江蘇書局刊　光緒三年　四卷　二册
子十　38　7110　定香亭筆談　〔清〕阮元記
　浙江書局重刊　光緒十三年　四卷　四册
子十　38　7742　東山堂邇言　〔清〕邱嘉穗著
　漢陽耕餘堂刊　六卷　二册
子十　38　8043　春在堂隨筆　〔清〕俞樾著
　八卷　二册
子十　38　8043　茶香室叢鈔　〔清〕俞樾著
　二十三卷　六册　二部
子十　38　8043　茶香室續鈔　〔清〕俞樾著
　春在堂刊　二十五卷　六册
子十　39　2330　證學　傅守謙著
　民國八年　十卷　二册
子十　39　2706　南村草堂筆記　鄔慶時著
　民國十四年　一册

四〇　雜品

子十　47　8025　韻石齋筆談　〔明〕姜紹書著
　葛氏嘯園藏版　光緒五年　二卷　二册
子十　47　4726　鐵網珊瑚　〔明〕都穆撰
　光霽山房重刊　二十卷　七册
子十　48　4440　藴奇録　〔清〕葉志詵撰
　同治三年刊　八卷　四册

子十　48　8005　博物要覽　〔清〕谷應泰撰　〔清〕李調元輯
十二卷　一册

五〇　雜纂

子十　54　1712　琱玉集　〔唐〕闕名
遵義黎氏校刊　一册

子十　54　7126　意林　〔唐〕馬總撰
湖北崇文書局刊　光緒三年　五卷　二册　四部

子十　57　2802　玉芝堂談薈　〔明〕徐應秋輯
蒨園刊　三十六卷　三十六册

子十　57　3140　智囊補　〔明〕馮夢龍重輯
立大堂刊　咸豐九年　二十八卷　六册

子十　57　3230　康濟譜　〔明〕潘游龍輯
京師琉璃廠板　道光七年　二十五卷　十二册

子十　58　0195　經史鈔　〔清〕譚尚忠輯
紉芳齋板　二十八册

子十　58　1044　權衡一書　〔清〕王植輯
崇德堂刊　四十一卷　二十册

子十　58　2230　任氏述記　〔清〕任兆麟述
蜀西廖氏校刊　光緒十年　四卷　四册

子十　58　2524　希有録　〔清〕朱稑輯
讀書軒刊　道光十五年　六册

子十　58　2627　二十四史人物類考　〔清〕程維周著
上海緯文閣石印　光緒九年　四十六卷　八册

子十　58　2634　人鏡類纂　〔清〕程之楨輯
江夏程氏刊　同治十二年　四十六卷　十六册

子十　58　2767　養知録　〔清〕紀昭撰
乾隆卅三年刊　一册
子十　58　2872　經史初學辨體　〔清〕徐與喬述
易安齋刊本　十六册
子十　58　3031　巾經纂（一名愍庭慵書）　〔清〕朱宗元輯
嘉孚堂藏版　咸豐五年　二十卷　五册
子十　58　4071　惠迪書　〔清〕大原氏著
龍澎精舍刊　光緒十年　六卷　二册
子十　58　5377　人範須知　〔清〕盛隆編輯
石竹山房藏版　同治二年　六卷　六册
子十　58　5377　又
鄖縣何氏寫心園刊　光緒二十一年　六册
子十　58　7539　五種遺規　〔清〕陳宏謀編輯
湖北崇文書局刊　同治七年　十三卷　八册　二部
子十　58　7530　又
浙江書局刊　光緒二十一年　十七卷　十册
子十　58　7539　又
江西書局刊　光緒五年　十七卷　十二册
子十　58　7594　經傳繹義　〔清〕陳煒編
校字齋藏版　嘉慶九年　五十卷　二十册
子十　58　7598　又
二十四册
子十　58　8349　經餘必讀　〔清〕錢樹堂等輯
尚德堂刊　光緒二十年　二十卷　十册
子十　59　1047　覺後編　王克菴編輯
上海世界佛教居士林藏版　民國十九年　十四卷　二册

六〇　雜編（見叢書部）

子部十一　類書類

一〇　分類

子十一　14　2144　北堂書鈔　〔唐〕虞世南撰

南海孔氏三十有三萬卷堂刊　光緒十五年　一百六十卷　二十册

子十一　14　2877　初學記　〔唐〕徐堅等撰

藴石齋刊　光緒十四年　三十卷　十六册

子十一　14　7707　藝文類聚　〔唐〕歐陽詢撰

己任堂版　一百卷　二十四册

子十一　15　1000　玉海（附辭學指南附刻十三種）　〔宋〕王應麟撰

浙江書局重刊　光緒九年　共二百六十八卷　一百二十二册

子十一　15　1000　又

成都王氏刊　一百廿册

子十一　15　2637　事類賦　〔宋〕吴淑撰注

劍光閣刊本　乾隆二十九年　三十卷　四册

子十一　15　4060　太平御覽　〔宋〕李昉等奉勅撰

歙鮑氏校宋本刊　嘉慶十二年　一千卷　一百廿册

子十一　17　1216　文苑彙雋　〔明〕孫丕顯彙纂

萬曆三十六年　二十四卷　五册

子十一　17　1715　黄眉故事　〔明〕鄧百拙彙編

經濟堂刊　六册　二部

子十一　17　1740　事類捷録　〔明〕鄧志謨著

聚升堂梓　十五卷　六册

子十一　17　2120　策府羣玉　〔明〕何喬新著
平昌四香堂刊　存二卷　二册
子十一　17　2167　卓氏藻林　〔明〕卓明卿著
藝圃重刊　道光二十七年　八卷　八册
子十一　17　2042　三才圖會　〔明〕王圻撰
五十九卷　三十二卷
子十一　17　4044　羣書備考　〔明〕袁黄著
明刻本　四卷　四册
子十一　17　4441　廣博物志　〔明〕董斯張纂
學海堂刊　光緒五年　五十卷　二十四册
子十一　17　4441　又
三十二册
子十一　17　7528　潛確類書　〔明〕陳仁錫纂輯
七松草廬刊　一百二十卷　四十八册
子十一　17　7590　天中記　〔明〕陳耀文纂
存四十四卷　四十四册
子十一　17　7590　又
明刻本　四十九卷　四十九册
子十一　17　7590　又
六十卷　二十册
子十一　17　8034　唐類函　〔明〕俞安期編
明刻本　二百卷　四十册
子十一　17　8034　又
德聚堂刊　六十四册
子十一　18　0052　古事比　〔清〕方中德輯著
上海寶善書局印　光緒二十一年　五十二卷　六册
子十一　18　0077　子史精華　〔清〕康熙朝勅編
一百六十卷　二十册

子十一　18　0077　又

三十二册

子十一　18　0077　駢字類編　〔清〕康熙勅撰

二百四十卷　二百四十册

子十一　18　0077　又

上海同文書局石印　光緒十三年　二百四十卷　四十八册

子十一　18　0077　分類字錦　〔清〕康熙勅編

六十四卷　六十四册

子十一　18　1144　淵鑑類函　〔清〕張英等奉勅修

清吟堂刊本　四百五十卷　一百六十册

子十一　18　1144　又

上海同文書局石印　光緒十三年　存四十二册

子十一　18　1120　記事珠　〔清〕張以謙編　〔清〕王剛重訂

嘉慶二十年　十卷　十二册

子十一　18　1120　增補記事珠　〔清〕張以謙原稿

掃葉山房刊　光緒八年　十卷　十二册

子十一　18　2342　四書串珠　〔清〕臧志仁編輯

大文堂刊　四十卷　十册

子十一　18　2629　策學備纂　〔清〕吴潁炎纂

上海點石齋印　光緒十四年　三十二卷　四十八册

子十一　18　3491　唐詩金粉　〔清〕沈炳輯

湖南書局刊　光緒十五年　十卷　六册

子十一　18　3236　宋稗類鈔　〔清〕潘永因編

八卷　八册

子十一　18　2024　藝苑零珠（附經史總論）　〔清〕李象梓輯

羊城芸香書屋藏版　光緒十五年　六册　四册

子十一　18　4047　文選課虚　〔清〕杭世駿輯

一册

子十一　18　4335　四書五經類典集成　〔清〕戴兆春輯
同文書局石印　光緒十四年　三十四卷　二十四册

子十一　18　4418　圖書集成　〔清〕蔣廷錫等奉勅編
上海圖書集成局印　光緒十年　一萬卷　一千六百二十八册

子十一　18　4418　又
殘存一千五百六十六册缺六十二册

子十一　18　4423　重訂四書類典賦　〔清〕甘紱編輯
兩益堂重刊　咸豐三年　二十四卷　十二册

子十一　18　4444　增補事類統編　〔清〕黄葆真輯
上海積山書局印　光緒十三年　九十三卷　十二册

子十一　18　4447　廣事類賦　〔清〕華希閔著
劍光閣刊本　乾隆二十九年　四十卷　八册

子十一　18　4709　史學聯珠　〔清〕胡文炳輯
著易堂印　光緒十三年　十卷　十册

子十一　18　7510　格致鏡原　〔清〕陳元龍纂
一百卷　二十四册

子十一　18　7510　又
三十二册

子十一　19　1000　太平經濟録　王龍章編纂
湖北官紙印刷局印　民國十三年　三十卷　十六册

二〇　韻目

子十一　26　7865　韻府羣玉　〔元〕陰時夫輯　〔元〕陰中夫註
大文堂刊本　二十卷　二十册

子十一　27　4040　韻學事類（附會文堂詩韻詞韻）　〔明〕李攀龍編
十九卷　五册

子十一　28　1111　韻府拾遺　〔清〕張廷玉等奉勅撰

一百〇六卷　精裝六册

子十一　28　1115　佩文韻府　〔清〕張玉書等奉勅編

一百〇六卷　九十五册

子十一　28　1115　又

一百〇六卷　一百六十册

子十一　28　3111　分韻文選題解擇要　〔清〕汪承元輯注

安和軒刊本　咸豐七年　四册

子十一　28　4757　題解彙編

上海大同書局編印　光緒十三年　四卷　四册

四〇　記數

子十一　48　3042　讀書紀數略　〔清〕宮夢仁纂

五十四卷　十二册

子十一　48　3042　又

十四册

子十一　48　4824　奇耦典彙　〔清〕梅自馨著

瓊溪書樓藏版　乾隆二十九年　三十六卷　精裝二册

五〇　蒙求

子十一　54　4038　蒙求　〔唐〕李瀚著

二卷　二册

子十一　58　7274　蒙求補宋全韻編　〔清〕劉鳳墀輯

韯清齋刊　光緒九年　十六卷　四册

六〇　歲時（見史部時令類）

七〇　年齡

子十一　77　4435　百歲全書　芳潤軒彙輯　〔清〕吴毓梅校
　寶善堂刊　道光二十三年　四册
子十一　78　2622　人壽金鑑　〔清〕程德齡輯
　湖北崇文書局刊　光緒元年　二十二卷　六册　二部
子十一　78　6033　歷代名賢齒譜名媛齒譜　〔清〕易宗涒輯
　賜書堂藏版　十二卷　共廿四册
子十一　78　6033　又
　共二十册

八〇　雜録

子十一　87　7522　萬寶全書　〔明〕陳繼儒纂輯　〔清〕毛煥文增補
　道生堂刊　二十卷　四册
子十一　88　1046　三才略
　一卷　一册
子十一　88　4033　行廚集　〔清〕李之澎、〔清〕汪建封同編
　帶月樓藏版　乾隆二十三年　十八卷　十二册
子十一　88　4033　又
　康熙二十九年　十六卷　十六册
子十一　88　6874　禮文滙　〔清〕愚谷居士編
　維新書局印　光緒十二年　十四卷　八册

子十一　88　7548　憑山閣增輯留青新集　〔清〕陳枚選　〔清〕德裕增輯
　文光堂刊　三十卷　二十四册

子十一　89　2702　增廣留青新集　伊立勳增輯
　光緒二十五年　二十四卷　精裝一册

子部十二　小説家類

一〇　雜事

子十二　12　7207　西京雜記　〔漢〕劉歆撰
　乾隆五十一年刊　二卷　一册　二部
子十二　13.2　7280　世説新語　〔宋〕劉義慶撰　〔梁〕劉孝標注
　湖北崇文書局刊　光緒三年　六卷　四册　三部
子十二　13.2　7280　又
　思賢講舍刊　光緒十七年　六册
子十二　14　0002　闕史　〔唐〕高彦修著
　湖北崇文書局刊　光緒三年　二卷　一册　三部
子十二　14.2　2193　鑑戒録　〔後蜀〕何光遠編
　湖北崇文書局　光緒三年　十卷　二册　四部
子十二　15　1009　唐語林　〔宋〕王讜撰
　湖北崇文書局　光緒十九年　八卷　四册　二部
子十二　15　1790　涑水紀聞　〔宋〕司馬光撰
　湖北崇文書局　光緒三年　十六卷　四册　三部
子十二　17　1021　剪桐載筆　〔明〕王象晉著
　明刻本　二册
子十二　17　7732　輟畊録　〔明〕陶宗儀著
　上海福瀛書局刊　光緒九年　三十卷　八册　二部
子十二　18　1061　今世説　〔清〕王晫著
　八卷　二册

子十二　18　1137　虞初新志（附續志）　〔清〕張潮輯　〔清〕鄭樹若續輯
　小嫏嬛山房刊　咸豐元年　四十卷　十册

子十二　18　2658　明語林　〔清〕吴肅公纂
　碧琳瑯館叢書本　十四卷　三册

子十二　18　3246　消暑隨筆　〔清〕潘世恩撰
　江都柏筆紳刻　四卷　二册

子十二　18　4228　漁舟記談　〔清〕彭崧毓述
　同治元年　二卷　三册　二部

子十二　18　6715　嘯亭雜録（附録）　〔清〕禮親王昭槤著
　九思堂刊　光緒六年　十卷　十二册

子十二　18　7701　同書　〔清〕周亮工撰
　碧琳瑯館叢書本　四卷　二册

子十二　18　7732　榾柮談屑　〔清〕歐陽兆熊著
　一册

子十二　18　7743　過庭記餘　〔清〕陶越著
　碧琳瑯館叢書本　二卷　二册

子十二　18　8043　薈萃録　〔清〕俞樾撰
　上海申報館印　光緒七年　二十卷　八册

子十二　19　2741　秦淮廣記　繆荃孫著
　上海商務印　民國十三年　三卷　四册

二〇　異聞

子十二　23　0712　山海經圖　〔晉〕郭璞撰　〔清〕畢沅校
　掃葉山房刊　光緒十四年　十八卷　六册

子十二　23　0712　山海經箋疏　〔晉〕郭璞傳　〔清〕郝懿行箋疏
　光緒七年　十八篇　四册

子十二　23　0712　山海經圖贊（附訂僞一卷）　〔晉〕郭璞撰　〔清〕郝懿行訂

光緒二十三年　二卷　一册

子十二　25　3434　夷堅志　〔宋〕洪邁撰

光緒五年重刊　八十卷　十二册

子十二　25　4060　太平廣記　〔宋〕李昉等奉勅撰

三讓睦記刊　道光二十六年　五百卷　四十八册

子十二　25　4060　又

上海掃葉山房石印　民國十三年　四十册

子十二　26.2　1047　續夷堅志　〔金〕元好問纂

上海掃葉山房石印　民國三年　四卷　二册

子十二　28　0100　雨牕寄所記　〔清〕謝堃撰

光緒六年　四卷　四册

子十二　28　0856　蘭苕館外集（一名里乘）　〔清〕許奉恩撰

同治十三年　十卷　十册

子十二　28　0856　又

抱芳閣刊　光緒五年　十册

子十二　28　1042　淞隱漫録　〔清〕王韜編

上海廣華書局印　光緒十年　六册

子十二　28　2767　閱微草堂筆記　〔清〕紀昀著

上海會文堂石印　民國七年　二十四卷　十册

子十二　28　3417　螢牕異草　〔清〕浩歌子著

上海文盛書局印　民國四年　十六卷　八册

子十二　28　3417　又

上海申報館印　光緒二年　十二卷　十二册

子十二　28　4435　庸盦筆記　〔清〕薛福成著

上海掃葉山房印　民國十一年　六卷　三册

子十二　28　4442　聊齋誌異　〔清〕蒲松齡著

上海著易堂印　十六卷　精裝二册

子十二　28　8043　右台仙館筆記　〔清〕俞樾撰

上海朝記書莊印　宣統二年　十六卷　八册

子十二　28　8043　又

春在堂刊　六册

子十二　29　2329　儵游浪語　傅向榮著

民國十五年　三卷　三册

三〇　瑣語

子十二　34　7754　酉陽雜俎　〔唐〕段成式撰

湖北崇文書局刊　光緒三年　二十卷　四册

十二子　34　7754　續酉陽雜俎　〔唐〕段成式撰

湖北崇文書局刊　光緒三年　十卷　二册

十二子　38　0412　明齋小識　〔清〕諸聯著

蘇州緑蔭堂刊　十二卷　六册

十二子　38　2712　三借廬筆談　〔清〕鄒弢撰

石印本　十二卷　六册

十二子　38　3722　兩般秋雨菴隨筆　〔清〕梁紹壬編

文德堂刊　八卷　八册

十二子　38　3722　又

上海掃葉山房印　民國十三年　四册

十二子　38　4403　古謡諺　〔清〕杜文瀾輯

曼陀羅華國刊　十六册

十二子　38　4478　華鬘述異　〔清〕林鳳鈞撰

一卷　一册

十二子　39　0404　詩詞趣話

上海會文堂書局編印　民國八年　四卷　四册

五〇　章回

十二子　56　0814　水滸全傳　〔元〕施耐菴撰
上海掃葉山房石印　七十卷　精裝二册
十二子　57　2616　西遊真詮　〔明〕吴承恩著　〔清〕陳士斌詮解
一百回　十四册
十二子　57　2616　又
上海交通圖書館印　精裝一册
十二子　57　2644　儒林外史　〔明〕吴敬梓撰
上海二思堂石印　民國十一年　六十回　精裝一册
十二子　58　4334　嶺南逸史　〔清〕花溪逸士編次
維新局藏版　二十八回　八册
十二子　58　5510　紅樓夢　〔清〕曹霑撰
經綸堂藏版　一百一十回　十六册

六〇　彈詞

十二子　68　4442　東郭蕭鼓兒詞　〔清〕蒲松齡稿　〔清〕陳琪校訂
上海中華書局印　民國十九年　一册

八〇　彙刊

十二子　89　4299　古佚小説叢刊（初集）

海寧陳氏校印　慎初堂藏版　三種　四册

十二子　89　6755　香豔叢書（二十集）　國學扶輪社輯

中國圖書公司印　民國三年　八十卷　精裝十册

十二子　89　8090　筆記小說大觀

上海進步書局印　八輯四十八函　四百九十九册

子部十三　釋家類

一〇　經

一一　大乘經

一一·一　華嚴

子十三　11.13　2767　晉譯華嚴經　〔晉〕釋佛陀跋　〔晉〕陀羅等譯
　常熟刻經處刊　光緒七年　六十卷　十六册

子十三　11.139　7122　佛華嚴入如來德智不思議境界經　附華嚴經修慈　如來不思議境界經　〔隋〕釋闍那崛多譯
　如臯刻經處刊　同治九年　三卷　一册

子十三　11.14　2744　普賢行願品　〔唐〕釋般若等譯
　武進李氏刊　同治八年　一册　六部

子十三　11.14　3030　華嚴行願品別行疏鈔　〔唐〕釋宗密述
　金陵刻經處刊　光緒三十二年　十五卷　五册

子十三　11.14　3444　華嚴金獅子章解　〔唐〕釋法藏述
　金陵刻經處刊　光緒二十七年　一册

子十三　11.14　3746　大方廣佛華嚴經懸談　〔唐〕釋澄觀述
　金陵刻經處刊　光緒三十三年　四十卷　八册

子十三　11.14　3747　華嚴經疏鈔　〔唐〕釋實义難陀譯　〔唐〕釋澄觀疏
　常熟刻經處刊　光緒九年　二百二十卷　六十册

子十三　11.15　3837　華嚴經吞海集（附法界觀披雲集）〔宋〕釋道通述
金陵刻經處刊　光緒十三年　三卷　一册
子十三　11.15　5316　華嚴要解　〔宋〕釋戒環集
金陵刻經處刊　同治十一年　一册

一一·二　寶積

子十三　11.22　4530　阿閦佛國經　〔後漢〕释支婁迦讖譯
三卷　一册
子十三　11.224　0023　佛説無量壽經　〔魏〕康僧鎧譯
金陵刻經處刊　同治十三年　二卷　一册　二部
子十三　11.224　0023　佛説無量壽經義疏　〔魏〕康僧鎧譯　〔隋〕釋慧遠疏
金陵刻經處刊　光緒二十年　六卷　二册
子十三　11.23　4062　佛説阿彌陀經要解　〔姚秦〕釋鳩摩羅什譯　〔明〕智旭解
金陵刻經處刊　光緒十一年　一册　二部
子十三　11.23　6080　悲華經　〔北凉〕釋曇無讖譯
金陵刻經處刊　光緒四年　十卷　三册
子十三　11.239　7122　入法界體性經（附如來智印經）〔隋〕釋闍那崛多譯
金陵刻經處刊　光緒四年　一册
子十三　11.24　4044　勝鬘經寶窟　〔唐〕釋吉藏撰
金陵刻經處刊　光緒二十六年　十五卷　四册　二部
子十三　11.24　4534　大寶集經　〔唐〕菩提流志譯
一百二十卷　二十四册
子十三　11.24　4534　勝鬘夫人會（附勝鬘師子吼經）〔唐〕菩提流志譯
金陵刻經處刊　光緒二十二年　一册
子十三　11.24　4534　無量壽如來會　〔唐〕菩提流志譯
金陵刻經處刊　光緒二十二年　二卷　一册　二部

子十三　11.24　8038　觀無量壽佛經四帖疏　〔唐〕釋善導集記
金陵刻經處刊　光緒二十年　四卷　二册
子十三　11.25　1067　阿彌陀經義疏　〔宋〕釋元照述
金陵刻經處刊　光緒二十四年　一册　四部
子十三　11.27　3530　阿彌陀經疏鈔（附事義問辨問答疑辨）　〔明〕釋袾宏述
上海商務　四卷　三册
子十三　11.27　3530　又
金陵刻經處刊　光緒二十五年　八卷　五册

一一・三　般若

子十三　11.3　8072　金剛大悲咒彙刻
金陵刻經處刊　光緒十七年　一册
子十三　11.33　4062　金剛經　心經　〔姚秦〕鳩摩羅什、〔唐〕唐三藏譯
上海商務　民國十二年　合一册
子十三　11.33　4062　金剛經六譯　〔後秦〕釋鳩摩羅什等譯
金陵刻經處刊　同治十一年　一册
子十三　11.339　8621　金剛般若經及般若心經疏　〔隋〕釋智顗説　〔唐〕釋靖邁撰
金陵刻經處刊　光緒二十三年　一册
子十三　11.34　0024　金剛經註釋　〔唐〕釋玄奘譯　丁福保注
二卷　二册
子十三　11.37　2435　金剛決疑　心經直説　〔明〕釋德清述
光緒五年刊　各一卷　合一册
子十三　11.37　3030　心經文句註解合刻（附靈感録）　〔明〕宋濂纂
一册
子十三　11.38　7540　金剛經淺説　〔清〕陳柱撰
武昌弘化社印經處　一册

子十三　11.38　8043　金剛經俞注（附感應篇纘義）〔清〕俞樾註
四卷　合一册

一一・四　法華

子十三　11.4　3412　法華三經（附論文及懺儀）
上海商務　民國十二年　四册
子十三　11.43　4062　法華文句記〔姚秦〕鳩摩羅什譯〔隋〕智顗説
〔隋〕灌頂記
姑蘇刻經處刊　光緒七年　三十卷　二十八册
子十三　11.43　4062　妙法蓮華經〔後秦〕釋鳩摩羅什譯
金陵朝天宫書局刊　七卷　四册
子十三　11.43　4062　又
金陵刻經處刊　同治十年　三册　二部
子十三　11.43　8716　金剛三昧經〔北凉〕失譯名
金陵刻經處刊　同治十二年　一册
子十三　11.433　6027　無量義經（附觀普賢菩薩行法經）〔南〕釋曇
摩伽〔齋〕佗耶舍譯
金陵刻經處刊　光緒七年　一册
子十三　11.47　2435　妙法蓮華經通義〔明〕釋德清述
金陵刻經處刊　光緒三十四年　二十卷　五册

一一・五　大集

子十三　11.53　6080　大集經〔北凉〕釋曇無讖譯
常熟刻經處刊　光緒七年　三十卷　八册
子十三　11.538　1351　大方等大集月藏經〔北齋〕释那連提亞舍譯
常熟刻經處刊　光緒八年　十卷　三册
子十三　11.54　3747　地藏菩薩本願經〔唐〕釋實叉難陀譯

金陵刻經處刊　光緒三十年　二卷　一册　三部

子十三　11.54　3747　地藏菩薩本願經（附靈感録）　〔唐〕沙門實叉難陀譯

三卷　一册

一一・六　涅槃

子十三　11.63　6080　大般涅槃經（附後分）　〔北凉〕釋曇無讖譯

光緒十年刊　共四十二卷　十一册

子十三　11.639　3411　大涅槃經玄義　〔隋〕釋灌頂撰

金陵刻經處刊　光緒八年　二卷　一册

一一・七　經集

子十三　11.7　1202　三千諸佛名經

金陵刻經處刊　光緒元年　三卷　一册

子十三　11.7　2015　佛説阿彌陀經　般若波羅密多經　金剛般羅波羅密經　六祖禪經讖悔品

上海集雲軒刊　民國七年　一册　三部

子十三　11.7　3453　佛説大乘稻芊經（附隨聽疏）　沙門法成集

上海商務　民國十一年　一册

子十三　11.72　3407　佛説四十二章經　〔後漢〕迦葉摩騰譯

金陵刻經處刊　同治九年　一册　四部

子十三　11.73　2767　觀佛三昧海經　〔晉〕釋佛陀跋　陀羅譯

金陵刻經處刊　光緒十七年　十卷　二册

子十三　11.73　2838　維摩詰所説經注　〔後秦〕釋僧肇述

金陵刻經處刊　光緒十三年　八卷　二册　二部

子十三　11.73　4062　維摩詰所説經　〔後秦〕釋鳩摩羅什譯

金陵刻經處刊　光緒十五年　三卷　一册

子十三　11.73　4032　坐禪三昧法門經　〔後秦〕釋鳩摩羅什譯

金陵刻經處刊　二卷　一册

子十三　11.73　4062　思益梵天所問經　〔後秦〕釋鳩摩羅什譯

金陵刻經處刊　光緒五年　四卷　一册

子十三　11.73　8830　觀彌勒三經　〔晉〕竺法護等譯

金陵刻經處刊　光緒三年　三卷　一册

子十三　11.74　0024　藥師琉璃光如來本願功德經　〔唐〕釋玄奘譯

如皋刻經處刊　同治十一年　一册　六部

子十三　11.74　2726　大方廣圓覺了義經　〔唐〕釋佛陀多羅譯

金陵刻經處刊　光緒二十一年　二卷　一册

子十三　11.74　3030　圓覺經大疏　〔唐〕釋宗密述

金陵刻經處刊　光緒元年　十六卷　四册

子十三　11.74　3444　入楞迦心玄義　〔唐〕釋法藏撰

金陵刻經處刊　光緒十八年　一册

子十三　11.74　8032　金光明最勝王經　〔唐〕釋義净譯

常熟刻經處刊　同治十年　十卷　二册

子十三　11.77　2435　觀楞迦阿跋多羅寶經記　〔明〕釋德清筆記

金陵刻經處刊　光緒三十一年　十八卷　六册

子十三　11.77　3737　圓覺經近釋　〔明〕釋通潤述

金陵刻經處刊　光緒十二年　六卷　二册

子十三　11.77　8646　佛説四十二章經解　佛遺教經解　八大人覺經略解　〔明〕釋智旭著

金陵刻經處刊　光緒十一年　三卷　合一册

子十三　11.77　8646　占察義疏　〔明〕釋智旭疏

邵陽魏氏刊　同治七年　二卷　二册

子十三　11.79　0077　圓覺親聞記　諦閑大師講演

上海商務　民國十一年　二卷　二册

一二　小乘經

一二·一　阿含

子十三　12.132　4167　雜阿含經　〔南朝宋〕釋求那跋陀羅譯
常熟刻經處刊　光緒十四年　五十卷　十二册

一二·二　本緣

子十三　12.22　4022　大方便佛報經恩　〔後漢〕失譯人名
金陵刻經處刊　同治十一年　七卷　二册

子十三　12.226　0028　六度集經　〔吴〕釋康僧會譯
金陵刻經處刊　光緒五年　八卷　二册

子十三　12.239　7122　佛本行集經　〔隋〕釋闍那崛多譯
南昌刻經處刊　光緒三十年　六十卷　十二册

子十三　12.24　2744　大乘本生心地觀經　〔唐〕釋般若等譯
八卷　二册

一三　密教部

子十三　13　1226　瑜伽燄口施食要集
金陵刻經處刊　光緒三年　一册　五部

子十三　13　3208　蒙山施食略
金陵刻經處刊　同治十二年　一册　三部

子十三　13　4193　大悲懺法
金陵刻經處刊　光緒二十五年　一册　五部

子十三　13.39　1351　大雲輪請雨經　〔隋〕那連提耶舍譯
湖南通志總局刊　同治十年　一册

子十三　13.39　1351　又

湖北崇文書局刊　同治九年　一册　二部

子十三　13.4　2530　大佛頂首楞嚴經　〔唐〕釋般剌密帝譯

金陵刻經處刊　同治八年　十卷　二册

子十三　13.4　8078　准提　大悲　尊勝　陀維尼經　穢跡金剛咒經　〔唐〕釋金剛智等譯

金陵刻經處刊　光緒八年　共四卷　一册　五部

子十三　13.7　2435　大佛頂楞嚴經通義　〔明〕釋德清述

金陵刻經處刊　光緒二十年　十卷補遺一卷　六册　二部

子十三　13.7　3530　施食補註　〔明〕釋祩宏註

金陵刻經處刊　光緒二十四年　一册　三部

子十三　13.7　4088　大佛頂首楞嚴經正脈疏　〔明〕釋真鑑述

金陵刻經處刊　光緒二十二年　四十一卷　十四册

子十三　13.7　8646　大佛頂經玄義　大佛頂經文句　〔明〕釋智旭述

金陵刻經處刊　同治十三年　共十二卷　十册

子十三　13.8　2837　楞嚴咒　大悲咒　〔清〕釋儀潤集

共四卷　合一册

子十三　13.9　0077　楞嚴懺　釋諦閑撰

金陵刻經處刊　一册

子十三　13.9　1165　楞嚴正脈科會　張圓成著

上海商務　民國十二年　一册

二〇　律

二一　大乘律

子十三　21.3　4062　梵網經　〔後秦〕釋鳩摩羅什譯

金陵刻經處刊　光緒十年　二卷　一册　五部

子十三　21.3　4062　梵網經直解　〔後秦〕釋鳩摩羅什譯　〔明〕釋寂光直解

寶華律社刊　乾隆五年　四卷　四册

子十三　21.3　6080　菩提戒本經箋要　〔北凉〕釋曇無讖譯　〔明〕釋智旭箋

金陵刻經處刊　光緒六年　一册

子十三　21.4　3444　梵網經菩提戒本疏　〔唐〕釋法藏述

金陵刻經處刊　光緒二十五年　十卷　二册

子十三　21.7　3530　菩提戒疏發隱　〔明〕釋袾宏發隱

金陵刻經處刊　光緒二十三年　七卷　五册

子十三　21.7　8646　梵網經合注　〔明〕釋智旭注

同治十三年刊　七卷　四册

二三　四分律

子十三　23.3　2718　四分戒本　〔後秦〕釋佛陀耶舍譯

金陵刻經處刊　光緒十八年　一册

子十三　23.3　2718　四分比丘尼戒本　〔後秦〕釋佛陀耶舍譯

金陵刻經處刊　光緒十八年　一册　二部

子十三　23.4　3830　毗尼作持續釋　〔唐〕釋道宣撰　〔清〕釋讀禮續釋

華山律堂刊　十五卷　七册

二五　雜律

子十三　25.7　0475　傳戒正範　〔明〕釋讀體撰

同治八年刊　二卷　二册

子十三　25.7　0475　毘尼日用切要　沙彌律儀要略　〔明〕釋讀體彙集

金陵刻經處刊　光緒十八年　一册　三部

子十三　25.7　8646　佛説五戒相經箋要　〔明〕沙門智旭箋要

上海中華　民國十六年　一册

子十三　25.8　2444　毗尼關要附事義　〔清〕釋德基輯

光緒三十二年重刊　共十七卷　九册

三〇　論

三一　釋經

子十三　31.3　4062　金剛破空論　〔後秦〕釋鳩摩羅什譯

金陵刻經處刊　光緒二十一年　三卷　一册

子十三　31.36　6022　往生論注　〔魏〕釋曇鸞注

金陵刻經處刊　光緒三十四年　二卷附刻二卷　一册　二部

子十三　31.8　2631　佛説摩訶阿彌陀經衷論　〔清〕魏源會譯　〔清〕王耕心衷論

金陵刻經處刊　光緒三十年　一册

三三　中觀

子十三　33.3　4062　百論　〔後秦〕釋鳩摩羅什譯

金陵刻經處刊　光緒二十七年　二卷　一册　九部

三四　瑜伽

子十三　34.4　0024　瑜伽師地論　〔唐〕沙門玄奘譯

金陵刻經處刊　民國六年　一百卷　三十一册

三五　論集

子十三　35.7　4060　大乘起信論纂注　〔明〕釋真界纂注
　湘東精舍刊　光緒二年　二卷　一册

子十三　35.9　2362　大乘起信論義記講義　〔日〕織田得能講義　黄士復譯
　上海商務　四卷　四册

子十三　35.9　4898　般若略論　梅光義編
　一册　十一部

子十三　35.9　6014　大乘起信論講義　釋圓瑛述
　上海商務　民國十一年　二卷　二册

子十三　35.9　6028　因明綱要　吕徵著
　上海商務　民國十五年　一册

四〇　諸宗

四二　法相

子十三　42.9　0046　唯識方便談（第二編）　唐大圓著
　上海世界佛教　一册

子十三　42.9　2727　八識規矩頌貫珠解　幻修述
　居士林印　民國十五年　一册

子十三　42.9　4021　唯識三十論紀聞　釋太虚講演
　上海世界佛教居士林印　一册

子十三　42.9　4898　相宗綱要　梅光義編
　上海商務　民國十一年　一册

子十三　42.9　4898　法苑藝林章唯識章註　梅光義著

上海商務　民國二十年　一册

四三　華嚴

子十三　43　4624　華嚴經著述輯要

長沙刻經處刊　光緒二十二年　三十八卷　十二册

子十三　43.4　3444　華嚴經旨歸　華嚴還源觀　華嚴經義海百門　〔唐〕釋法藏述

金陵刻經處刊　光緒二十二年　共三卷　一册

子十三　43.4　3444　華嚴一乘教義分齊章　〔唐〕釋法藏述

四卷　一册

子十三　43.4　3444　華嚴經旨歸　華嚴還源觀　華嚴金獅子章解　〔唐〕釋法藏述

如皋刻經處刊　同治十年　共三卷　一册

子十三　43.4　3746　大華嚴經略策（附心要法門三聖圓融觀門　原人論　華嚴念佛三昧論）　〔唐〕釋澄觀述

乾隆五十六年刊　一册

子十三　43.4　3746　華嚴法界玄境（附注華嚴法界觀門）　〔唐〕釋澄觀述

金陵刻經處刊　光緒二十一年　四卷　一册

子十三　43.4　4030　决疑論　〔唐〕李通玄撰

如皋刻經處刊　同治九年　二卷　殘存一册

子十三　43.4　8626　華嚴一乘十玄門（附華嚴五十要問答）　〔唐〕釋智儼撰

金陵刻經處刊　光緒二十年　二卷　一册

四五　天台

子十三　45.35　5560　法華經安樂行義（附法華龍女成佛義）　〔陳〕釋慧思説

金陵刻經處刊　光緒二十三年　二卷　一册

子十三　45.39　8621　四教義　〔隋〕釋智顗撰

金陵刻經處刊　光緒十七年　二卷　二册

子十三　45.4　3750　删定止觀　〔唐〕梁肅述

宣統三年重印本　三卷　一册　二部

子十三　45.7　8646　教觀綱宗　〔明〕釋智旭重述

金陵刻經處刊　同治十一年　二卷　一册　二部

四六　真言

子十三　46.5　3877　顯密圓通成佛心要集　〔宋〕释道𣪍集

金陵刻經處刊　同治十一年　二卷　一册　二部

四七　净土

子十三　47　3431　净土津要六種

上海商務　民國十年　二册

子十三　47　3742　净土四經

上海商務　民國十一年　二卷　二册

子十三　47.7　3530　竹窗二筆　竹窗三筆　〔明〕釋袾宏著

上海涵芬樓影印　共二本

子十三　47.7　3530　放生儀戒殺文　〔明〕釋袾宏撰註

光緒十五年刊　一册　二部

子十三　47.7　4964　念佛直指　〔明〕釋妙叶集

上海涵芬樓影印　二卷　一册

子十三　47.7　5364　阿彌陀經行願儀　〔明〕釋成時輯

如臯刻經處刊　同治九年　一册　三部

子十三　47.7　8646　澫益大師梵室偶談（附徹悮禪師語録）　〔明〕釋智旭著

金陵刻經處刊　同治十年　三卷　合一册

子十三　47.8　7740　西歸直指　〔清〕周夢顔彙輯

金陵刻經處刊　光緒十二年　四卷　一册

子十三　47.8　8732　修西定課　〔清〕鄭澄德等注

金陵刻經處刊　光緒二十四年　一册　七部

子十三　47.8　9177　浄業知津（附闢邪）　〔清〕僧悟開述

金陵刻經處刊　同治十三年　二卷　一册　三部

子十三　47.8　9177　念佛百問　〔清〕僧悟開著

王氏刊　同治五年　一册

子十三　47.9　4063　印光法師嘉言録　李圓净編

上海大中書局印　民國十八年　一册　二部

子十三　47.9　7790　浄業良導

釋印光鑒定　上海商務印　民國十一年　一册

四八　禪

子十三　48.4　3030　禪源諸詮集都序　〔唐〕釋宗密述

金陵刻經處刊　光緒十八年　四卷　一册

子十三　48.5　1240　萬善同歸集　〔宋〕釋延壽述

金陵刻經處刊　同治十一年　三卷　三册　四部

子十三　48.5　1240　心賦注　〔宋〕釋延壽述

金陵刻經處刊　光緒十四年　四卷　四册

子十三　48.5　1240　唯心訣（附修心訣）　〔宋〕釋延壽述　〔元〕釋普照

著

蘇州善書局刊　光緒二十三年　二卷　合一册

子十三　48.5　6091　碧巖集　〔宋〕釋圜悟評

日本禪家書林刊印　十卷　二册

子十三　48.6　8831　證道歌注　〔元〕竺源注

金陵刻經處刊　光緒三十四年　一册　三部

子十三　48.7　3530　禪關策進　〔明〕釋袾宏輯

金陵刻經處刊　光緒二十四年　二卷　一册

子十三　48.8　0010　御選語録　〔清〕雍正御撰

南獄福嚴寺藏版　同治六年　十九卷　十四册

子十三　48.8　2140　指歸録　〔清〕釋仁壽著

湖北漢陽道生堂重刊　光緒二十六年　一册

五〇　懺悔部

子十三　53.4　1300　慈悲梁皇寶懺　〔梁〕武帝集

金陵刻經處刊　光緒十五年　六卷　二册

七〇　藏經

子十三　79　0423　大正新修大藏經（三千零五十三種）　〔日本〕高楠順次郎等編

大正一切經刊行會印　一萬一千九百七十卷　精裝八十五册

子十三　79　6004　大藏經　羅詩輯

上海頻伽精舍校刊　八百卷　存八十三册

八〇　雜著

八一　通論

子十三　81.9　1040　學佛淺説　王博謙輯述
　江蘇第二監獄印　民國十六年　一册
子十三　81.9　1044　學佛六篇　聶其杰著
　聶氏家言旬刊社　民國十六年　一册
子十三　81.9　3127　佛家哲學通論　江紹原譯
　上海商務　民國十六年　一册
子十三　81.9　4608　初機學佛摘要　楊文會等述
　一册
子十三　81.9　6028　佛典汎論　吕徵著
　上海商務　民國十四年　一册
子十三　81.9　7747　入佛問答　〔清〕問橋居士述
　揚州藏經院藏版　民國三年　二卷　一册

八二　目録（見史部目録類）

八三　纂集

子十三　83.4　3844　法苑珠林　〔唐〕釋道世撰
　道光七年刊　一百卷　四十册
子十三　83.4　5514　一切經音義　〔唐〕釋慧琳撰　〔唐〕釋希麟續
　日本京都獅子白蓮社刊　日本延享三年　一百卷續十卷　五十五册
子十三　83.5　3410　翻譯名義集　〔宋〕釋法雲編

金陵刻經處刊　光緒四年　二十卷　六册

子十三　83.7　1046　三藏法數　〔明〕沙門一如奉勅修

上海醫學書局　民國十二年　四册

子十三　83.7　3530　雲棲法彙　〔明〕釋袾宏著

金陵刻經處刊　光緒二十三年　六十卷　三十四册

子十三　83.7　3530　諸經日誦（附西方願文略）　〔明〕釋株宏輯

金陵刻經處刊　光緒二十四年　二卷　一册

子十三　83.8　1004　禪門日誦　浙江天童寺原本

金陵刻經處刊　光緒三年　二卷　二册　二部

子十三　83.8　1224　六道集　〔清〕釋弘贊輯

康熙十八年　五卷　一册

子十三　83.8　6300　續人天寶鑑　〔清〕釋默庵集

光緒二十四年　十卷　十册

子十三　83.8　7740　安士全書　〔清〕周夢颜著

佛學推行社　民國十七年　十一卷　四册　二部

子十三　83.9　1032　佛學大辭典　丁福保編

上海醫學書局　民國十八年　十六册

八四　護教

子十三　84.34　2834　弘明集　〔梁〕釋僧祐集

金陵刻經處刊　光緒二十二年　十四卷　四册

子十三　84.5　1104　護法論　〔宋〕张商英述

一册

子十三　84.7　3449　續原教論　〔明〕沈士榮著

金陵刻經處刊　光緒元年　二卷　一册

八六　講演録

子十三　86.9　4021　甚麽是佛學　釋太虚講演　大圓記
　民國十九年　一册
子十三　86.9　4021　太虚大師在泉州講演之一　釋大虚講演　芝峯記
　漢口佛教正信會　民國十九年　一册
子十三　86.9　4021　佛學在今後人世之意義　釋太虚講演
　漢口佛教正信會　一册
子十三　86.9　4420　佛學是人人所必需的學問　黄建六編
　止觀學社　民國十六年　一册

八九　啓蒙

子十三　89.9　4608　佛教初學課本　楊文會著
　光緒三十二年刊　一册

九〇　史傳

九　　佛教史（及傳記）

子十三　91.4　2213　賢首國師别傳　〔新羅〕崔致遠撰
　金陵刻經處刊　光緒二十五年　二十卷　一册　二部
子十三　91.5　8030　五燈會元　〔宋〕釋普濟撰
　長沙刻經處刊　光緒三十四年　五十七卷　二十册
子十三　91.7　3539　往生集　〔明〕釋袾宏輯
　金陵刻經處刊　光緒二十四年　三卷附録一卷　一册

子十三　91.8　1024　續指月録（附尊宿集）　〔清〕聶先編集　〔清〕江湘參訂

金陵刻經處刊　光緒二十年　二十一卷　六册

子十三　91.8　2434　法界宗五祖略記　〔清〕釋續法輯

金陵刻經處刊　光緒二年　一册

子十三　91.8　4243　净土聖賢録（附種蓮集）　〔清〕彭希涑編　〔清〕胡珽續

十四卷　六册

子十三　91.9　6028　印度佛教史略　吕徵著

上海商務　民國十四年　一册

子十三　91.9　8677　近代往生傳　智印輯

上海愛華製藥社　一册

九二　譜系

子十三　92.33　2834　釋迦譜　〔南齊〕釋僧祐譔

武昌刊　光緒三十四年　十卷　四册

九三　寺誌（見史部地理類古蹟之屬）

九八　雜記

子十三　98.9　4487　觀音靈異記　萬鈞編

北平中央刻經院刊　民國十八年　二卷　一册　二部

子部十四　道家類

一〇　道家諸子

一二　老子

子十四　12.2　1017　老子道德經　〔魏〕王弼注

　湖北崇文書局刊　光緒元年　二卷　一册

子十四　12.2　1017　又　〔魏〕王弼注　嚴復評點

　成都書局刊　民國二十一年　二卷　一册

子十四　12.4　6033　道德經解　〔唐〕吕洞賓衍義

　金陵餘蔭善堂刊　光緒二十二年　二卷　二册

子十四　12.6　2637　道德真經注　〔元〕吴澄注

　湖北崇文書局刊　光緒元年　四卷　一册

子十四　12.7　2004　老子翼　〔明〕焦竑輯

　金陵刻經處刊　光緒二十年　八卷　四册

子十四　12.8　4217　老子章義　〔清〕姚鼐註

　桐城吴氏重刊　同治九年　二卷　一册

子十四　12.9　4047　老子古註　李翹述

　芬薫館印　民國十八年　二卷　二册

子十四　12.9　4431　老子解　黄福著

　民國十一年　一册

子十四　12.9　4643　老子古義　楊樹達編

上海中華　民國十一年　二卷　一册　二部

一五　莊子

子十四　15.3　0727　莊子　〔晉〕郭象註
新化三味書局刊　光緒二十三年　十卷　六册

子十四　15.3　0727　又　〔晉〕郭象註　〔唐〕陸德明音義
上海掃葉山房　民國十年　十卷　四册

子十四　15.8　0704　莊子集釋　〔清〕郭慶藩輯
思賢講舍刊　光緒二十年　十卷　六册

子十四　15.8　0704　又
八册

子十四　15.8　1020　莊子集解　〔清〕王先謙輯
上海掃葉山房　民國十三年　八卷　四册

子十四　15.8　3021　莊子南華經解　〔清〕宣潁著
啓元堂刊　四册

子十四　15.8　7274　莊子南華經雪心編　〔清〕劉鳳苞註
晚香堂刊　光緒二十三年　八卷　八册　二部

子十四　15.9　1073　莊子　王闓運註
二卷　二册

子十四　15.9　5083　讀莊窮年録　秦毓鎏述
民國六年印　二卷　一册

子十四　15.9　7182　莊子義證（附年表佚文）　馬叙倫著
上海商務　民國十九年　三十三卷　六册

一九　其他

子十四　19.2　6638　道德指歸　〔漢〕嚴遵撰

六卷　二册

子十四　19.3　4434　抱朴子　〔晉〕葛洪撰

金陵道署刊　嘉慶十八年　三十五卷　八册

子十四　19.3　4434　抱朴子内外篇　〔晉〕葛洪撰

上海掃葉山房印　民國九年　七十卷　八册

二〇　道教經典

子十四　27　1137　黄庭經　〔明〕張通註

金陵刊　光緒二十二年　二卷　一册

四〇　符訣

子十四　40　4323　萬法歸宗

上海書局印　光緒三十三年　五卷　四册

五〇　儀注

子十四　58　7735　法言會纂　〔清〕陶道夫輯

虚受齋藏版　五十卷　五册

六〇　修真

子十四　62　2627　參同契　〔漢〕魏伯陽譔　〔元〕陳致虚註

星齋堂刊　道光二十一年　三卷　二册

子十四　65　1120　悟真篇　〔宋〕张伯端譔

乾隆五年刊　三卷　三册

子十四　67　1235　金丹直傳（附入藥鏡試金石）　〔明〕孫汝忠著

乾隆十年　二卷　一册

子十四　67　2137　天仙正理　〔明〕伍守陽撰

養雲仙館藏版　嘉慶七年　一册

子十四　67　2137　仙佛合宗語録　〔明〕伍守陽撰

善成堂刊　宣統二年　九卷　一册

子十四　68　4747　金仙證論　〔清〕柳華陽真人譔

養雲仙館藏版　光緒三十二年　一册

七〇　道藏及叢刊

子十四　77　1023　道藏　〔明〕正統朝輯　〔明〕萬曆朝續輯

上海涵芬樓印　民國十二年　四千七百五十一卷　一千一百二十册

子十四　78　7216　道書十二種　〔清〕劉一明輯

江東書局印　民國二年　十六册

八〇　雜著

子十四　80　5308　感應篇圖説

揚州近文堂刊　同治十一年　三卷　存三册

子十四　80　5742　挽世舟

鄂垣宏道堂刊　光緒二十一年　八卷　四册

子十四　80　7241　保元瑶函（附來瞿唐日録）　覺化真君著

集善堂藏版　同治四年　八卷　八册

子十四　87　1137　三豐全集　〔明〕張通著

空青洞天刊　道光二十四年　二十册

子十四　89　4645　毅一子　楊觀東著

同善社刊　民國十年　三卷　三册

子十四　89　7790　感應篇彙編

印光法師鑒定　上海中華　民國十四年　四卷　二册

九〇　傳記

子十四　92　7227　列仙傳校正　〔漢〕劉向撰　〔清〕王照圓校

嘉慶十七年　一册

子部十五　諸子總義類

一〇　彙刊

子十五　17　2749　諸子彙函　〔明〕歸有光輯

達古堂藏版　二十六卷　二十六册

子十五　17　2749　又（一名歸震川評點百二十子）　〔明〕歸有光輯

上海會文堂　民國十一年　三十九卷　四十册

鬻子　〔周〕鬻熊著

子牙子　〔周〕姜尚著

關尹子　〔周〕尹喜著

子華子　〔周〕程本著

老子　〔周〕李耳著

莊子　〔周〕莊周著

列子　〔周〕列禦寇著

墨子　〔周〕墨翟著

管子　〔周〕管仲著

亢倉子　〔周〕庚桑楚著

晏子　〔周〕晏嬰著

鄧析子　〔周〕鄧析著

鬼谷子　〔周〕鬼谷子著

文子　〔周〕辛鈃著

公孫龍子　〔戰國〕公孫龍著

商子　〔戰國〕商鞅著

鶡冠子

司馬子　〔戰國〕司馬穰苴撰

吴子　〔戰國〕吴起著

尹文子　〔戰國〕尹文子著

孫武子　〔戰國〕孫武子著

尉繚子　〔戰國〕司馬錯撰

玉虚子　〔戰國〕屈平著

鹿谿子　〔戰國〕宋玉著

慎子　〔戰國〕慎到著

汗子　〔戰國〕汗明著

尸子　〔戰國〕尸佼著

囂囂子　〔戰國〕江乙著

荀子　〔戰國〕荀況著

韓非子　〔戰國〕韓非著

波弄子　〔戰國〕淳于髡著

惠子　〔戰國〕惠施著

胡非子　〔戰國〕胡非著

子家子　〔戰國〕孔求著

希子　〔戰國〕希寫著

薛子　〔戰國〕薛燭著

風胡子

三柱子　〔戰國〕魯仲連著

歲寒子　〔戰國〕張孟同著

貟山子　〔秦〕頓弱著

吕子　〔秦〕吕不韋著

潼山子　〔秦〕甘羅著

雲晃子　〔秦〕齊貌辨著

隨巢子　〔秦〕

孔叢子　〔秦〕孔鮒著
黄石子　黄石公著
雲陽子　〔漢〕陸賈著
金門子　〔漢〕賈誼著
淮南子　〔漢〕劉安著
桂巖子　〔漢〕董仲舒著
封龍子　〔漢〕韓嬰著
吉雲子　〔漢〕東方朔著
青藜子　〔漢〕劉向著
揚子　〔漢〕揚雄著
符子　〔漢〕
金樓子
荆山子　〔漢〕桓譚著
委宛子　〔漢〕王充著
白虎通　〔漢〕班固著
風俗通　〔漢〕應劭著
慎陽子　〔漢〕黄憲著
釁山子　〔漢〕仲長統著
回中子　〔漢〕王符著
貞山子　〔漢〕桓寬著
天隱子
嵖岈子　〔漢〕崔實著
徐子　〔魏〕徐幹著
小荀子　〔漢〕荀悦著
鏡機子　〔魏〕曹植著
抱朴子　〔晉〕葛洪著
白雲子　〔晉〕束皙著
靈源子　〔晉〕嵇康著

雲門子　〔晉〕劉勰著
干山子　〔晉〕陸機著
石匏子　〔晉〕劉書著
無能子　〔隋〕
譚子　〔南唐〕譚峭著
文中子　〔隋〕王通著
天隨子　〔唐〕陸龜蒙著
鹿門子　〔唐〕皮日休著
玄真子　〔唐〕張志和著
靈璧子　〔唐〕羅隱著
來子　〔唐〕來鵠著
文泉子　〔唐〕劉蜕著
協律子　〔唐〕李翱著
次山子　〔唐〕元結著
東萊子　〔宋〕吕祖謙著
堯夫子　〔宋〕邵雍著
横渠子　〔宋〕張戴著
長春子　〔宋〕石介著
草廬子　〔元〕吴澄著
道園子　〔元〕虞集著
郁離子　〔明〕劉基著
陰符經
握奇經
計倪子　〔周〕計然著
庚桑子　〔周〕
於陵子　〔周〕田仲著
燕丹子　〔周〕
素書　黄石公著

牟子　〔漢〕牟融著

心書　〔蜀〕諸葛亮著

傅子　〔晉〕傅元著

劉子　〔北齊〕劉晝著

續孟子　〔唐〕林慎思著

伸蒙子　〔唐〕林慎思著

素履子　〔唐〕張弧著

玉泉子　〔唐〕

金華子　〔南唐〕劉崇遠著

聱隅子　〔宋〕黄晞著

嬾真子　〔宋〕馬永卿著

廣成子解　〔宋〕蘇軾解

胡子知言　〔宋〕胡宏著

薛子道論　〔明〕薛瑄著

海樵子　〔明〕王崇慶著

叔苴子　〔明〕莊元成著

空同子　〔明〕李夢陽著

海沂子　〔明〕王文禄著

胎息經　〔明〕王禄疏著

至遊子　〔明〕

子十五　18　1185　百子全書

湖北崇文書局刊　光緒元年　五百〇五卷　一百一十册

子十五　18　1185　又

上海掃葉山房印　民國十四年　五百〇五卷　八十册

孔子家語　〔魏〕王肅　十卷

孔子集語　〔宋〕薛據　三卷

荀子　〔周〕荀況　二卷

孔叢子　〔漢〕孔鮒　二卷

新語　〔漢〕陸賈　二卷
忠經　〔漢〕馬融　一卷
新書　〔漢〕賈誼　十卷
鹽鐵論　〔漢〕柯寬　二卷
新序　〔漢〕劉向　十卷
説苑　〔漢〕劉向　二十卷
法言　〔漢〕揚雄　一卷
方言　〔漢〕揚雄　十三卷
潛夫論　〔漢〕王符　十卷
申鑑　〔漢〕荀悦　五卷
中論　〔魏〕徐幹　二卷
傅子　〔晋〕傅元　一卷
文中子　〔隋〕王通　一卷
續孟子　〔唐〕林慎思　二卷
伸蒙子　〔唐〕林慎思　三卷
素履子　〔唐〕張弧　三卷
胡子知言　〔宋〕胡宏　六卷
薛子道論　〔明〕薛瑄　三卷
海樵子　〔明〕王崇慶　一卷
握奇經　風后　一卷
六韜　〔周〕姜尚　二卷
孫子　〔周〕孫武　三卷
吴子　〔周〕吴起　二卷
司馬法　〔周〕司馬穰苴　一卷
尉繚子　〔周〕　二卷
素書　黄石公　一卷
心書　〔漢〕諸葛亮　一卷
何博士備論　〔宋〕何去非　二卷

李忠定輔政本末　〔宋〕李剛　一卷
管子　〔周〕管仲　二十四卷
晏子春秋　〔周〕晏嬰　八卷
商子　〔秦〕商鞅　五卷
鄧析子　〔周〕鄧析　一卷
尸子　〔周〕尸佼　二卷
韓非子　〔戰國〕韓非　二十卷
齊民要述　〔後魏〕賈思勰　十卷
太元經　〔漢〕揚雄　十卷
易林　〔漢〕焦延壽　四卷
鬻子　〔周〕鬻熊　一卷
計倪子　〔周〕計然　一卷
於陵子　〔周〕陳仲子　一卷
子華子　〔周〕程本　二卷
墨子　〔周〕墨翟　十六卷
尹文子　〔周〕尹文　一卷
慎子　〔周〕慎到　一卷
公孫龍子　〔周〕公孫龍　一卷
鬼谷子　一卷
鶡冠子　三卷
吕氏春秋　〔秦〕吕不韋　二十六卷
淮南子　〔漢〕劉安　二十一卷
金樓子　〔梁〕元帝　六卷
劉子　〔北齊〕劉晝　二卷
顔氏家訓　〔北齊〕顔之推　二卷
獨斷　〔漢〕蔡邕　一卷
論衡　〔漢〕王充　三十卷
白虎通　〔漢〕班固　四卷

風俗通　〔漢〕應劭　十卷
牟子　〔漢〕牟融　一卷
古今注　〔晉〕崔豹　三卷
聱隅子　〔宋〕黄希　二卷
懶真子　〔宋〕馬永卿　二卷
廣成子解　〔宋〕蘇軾　一卷
叔苴子　〔明〕莊元臣　八卷
郁離子　〔明〕劉基　一卷
空谷子　〔明〕李夢陽　一卷
海沂子　〔明〕王文禄　五卷
燕丹子　〔戰國〕燕太子丹　三卷
玉泉子　〔唐〕無名氏　一卷
金華子　〔南唐〕劉崇遠　二卷
山海經注　〔晉〕郭璞　十八卷
山海經圖贊　〔晉〕郭璞　一卷
山海經補注　〔明〕楊慎　一卷
神異經　〔漢〕東方朔　一卷
海内十洲記　〔漢〕東方朔　一卷
洞冥記　〔漢〕郭憲　四卷
穆天子傳　〔晉〕郭璞　六卷
拾遺記　〔秦〕王嘉　十卷
搜神記　〔晉〕干寶　二十卷
搜神記（後）　〔晉〕陶潛　十卷
博物志　〔晉〕張華　十卷
續博物志　〔宋〕李石
述異記　〔梁〕任昉　二卷
陰符經注　〔漢〕張良　一卷
關尹子　〔周〕尹喜　一卷

老子道德經注　〔魏〕王弼　二卷
道德真經　〔元〕吴澄　四卷
莊子　〔周〕莊周　三卷
莊子闕誤　〔明〕楊慎　一卷
列子　〔周〕列禦寇　二卷
抱朴子　〔晉〕郭洪　八卷
亢倉子　庚桑楚　一卷
元真子　〔唐〕张志和　一卷
天隱子　〔唐〕無名氏　一卷
无能子　〔唐〕無名氏　三卷
胎息經　〔明〕王文禄　一卷
至游子　〔明〕無名氏　二卷

子十五　18　1411　二十二子

浙江書局校刊　光緒二十七年　三百〇九卷　八十三册
老子　〔魏〕王弼注　二卷
莊子　〔晉〕郭象注　十卷
管子　〔唐〕房玄齡注　二十四卷
列子　〔晉〕張湛注　八卷
墨子　〔清〕畢沅注　十六卷
荀子　〔唐〕楊倞注　二十卷
尸子　〔清〕汪繼培輯　二卷
孫子十家註　〔清〕孫星衍等校　十三卷
孔子集語　〔清〕孫星衍輯　十卷
晏子春秋　〔清〕孫星衍校　七卷
吕氏春秋　〔漢〕高誘注　二十六卷
賈誼新書　〔漢〕賈誼撰　十卷
春秋繁露　〔漢〕董仲舒撰　十卷
揚子法言　〔晉〕李軌注　十三卷

文子鑽義　〔宋〕杜道堅撰　十二卷
黄帝内經　〔唐〕王冰注　二十四卷
竹書紀年　〔清〕徐文靖補箋　十二卷
商君書　〔清〕嚴萬里校　五卷
韓非子　二十卷
淮南子　〔漢〕高誘註　二十一卷
文中子　〔宋〕阮逸註　十卷
山海經　〔晉〕郭璞傳　十八卷

集部一　楚辭類

一〇　註釋

集一　12　1037　楚詞箋注　〔漢〕王逸章句　〔宋〕洪興祖補註
素位堂刊　十七卷　六册

集一　12　1037　又
金陵書局刊　同治十一年　十七卷　四册

集一　15　2540　楚詞集註　〔宋〕朱熹集註
聽雨齋刊　八卷　十二册

集一　15　2540　又
湖北崇文書局刊　光緒三年　八卷　二册　二部

集一　15　2540　楚辭辯證　楚辭集註合刊　〔宋〕朱熹撰
湖北崇文書局刊　光緒三年　十卷　二册

集一　15　2540　楚詞辨證　〔宋〕朱熹撰
湖北崇文書局刊　光緒三年　二卷　一册

集一　15　8363　離騷集傳　離騷草木疏合刊　〔宋〕錢杲之傳　〔宋〕吴仁傑疏
湖北崇文書局刊　光緒三年　共五卷　一册　二部

集一　18　0163　離騷箋　〔清〕龔景瀚撰
湖北崇文書局刊　光緒三年　二卷　一册　二部

集一　18　4310　屈原賦註（附通釋音義二種）　〔清〕戴震撰
廣雅書局刊　光緒十七年　共十一卷　一册

四〇　方言疏

集一　49　4047　屈宋方言考　李翹著
　芬熏館刊　民國十四年　一册

五〇　草木疏

集一　55　2622　離騷草木疏　〔宋〕吴仁傑撰
　湖北崇文書局刊　光緒三年　四卷　一册

集部二　別集類

一〇　詩文

一二·四　魏

集二　12.4　5544　曹集詮評　〔魏〕曹植撰　〔清〕丁晏纂
　金陵書局刊　同治十一年　十卷　二册　二部

一三　晉及南北朝

集二　13　2300　傅鶉觚集　〔晉〕傅玄撰　〔清〕方濬師輯
　廣州書局刊　光緒二年　五卷　三册

集二　13　7731　陶淵明集　〔晉〕陶潛撰　〔清〕陶澍輯
　江蘇書局刊　光緒九年　三册

集二　13　7731　又
　傳忠書社刊　光緒五年　八卷　四册

集二　13　7731　又
　著易堂石印　宣統元年　十卷　四册

集二　13　7731　又
　上海會文堂印　民國六年　十卷　四册

集二　13.2　0413　謝康樂集　〔南朝宋〕謝靈運著　〔明〕焦竑校
　四卷　二册

集二　13.2　2767　鮑明遠集　〔南朝宋〕鮑照著　〔明〕汪士賢校

十卷　四册

集二　13.5　2874　徐孝穆集箋註　〔陳〕徐陵撰　〔清〕吴兆官箋註

善化經濟書堂刊　六册

集二　13.7　0020　庾開府全集　〔北周〕庾信著　〔清〕倪璠註釋

大文堂刊　道光十九年　十六卷　十二册内缺二册

集二　13.7　0020　庾子山全集　〔北周〕庾信著　〔清〕倪璠註释

上海掃葉山房印　民國十二年　十六卷　十二册

一四　唐

集二　14　0147　顔魯公文集（附補遺）　〔唐〕顔真卿著

曲阜顔氏刊本　嘉慶七年　十六卷　二册

集二　14　0147　顔魯公文集　〔唐〕顔真卿著　〔清〕黄本驥編

三長物齋刊本　道光二十五年　十二册

集二　14　1020　王右丞集箋註　〔唐〕王維著　〔清〕趙殿成箋

賜錦齋刊本　三十卷　八册

集二　14　1044　王子安集註　〔唐〕王勃撰　〔清〕蔣清翊注

吴縣蔣氏雙唐碑館刊　光緒九年　二十二卷　八册

集二　14　1142　曲江集（附金鑑録）　〔唐〕张九齡著

紹風堂刊　雍正十三年　十七卷　六册

集二　14　4007　李義山詩文集詳註　〔唐〕李商隱著　〔清〕馮浩編訂

德聚堂重刊　乾隆四十五年　十一卷　八册

集二　14　4026　李翰林集（附札記）　〔唐〕李白著

貴池劉氏玉海堂影宋本　宣統元年　三十一卷　六册

集二　14　4026　李太白全集　〔唐〕李白著

上海掃葉山房印　民國十年　三十卷　八册

集二　14　4453　錢注杜工部集　〔唐〕杜甫著　〔清〕錢謙益注

康熙六年　二十卷　十二册

集二　14　4480　韓文考異　〔唐〕韓愈著　〔宋〕朱熹校
芝蘭室藏版　五十卷　十六册

集二　14　4480　韓文全集　〔唐〕韓愈著　〔明〕陳仁錫評
明刊本　五十一卷　十二册

集二　14　4480　昌黎集（附外集遺文及點勘）　〔唐〕韓愈著　〔清〕陳景雲校
江蘇書局刊　同治八年　四十卷　十一册

集二　14　4480　韓集箋正（附年譜）　〔唐〕韓愈著　〔清〕方成珪箋
瑞安陳氏校刊　民國十五年　五卷　四册

集二　14　4480　韓集補註　〔唐〕韓愈著　〔清〕沈欽韓補注
廣雅書局刊　光緒十七年　一册　二部

集二　14　4731　柳文惠公集　〔唐〕柳宗元著
柳氏祠補刊本　同治七年　四十八卷　八册

集二　14　6036　吕衡州集　〔唐〕吕温著
石研齋刊本　道光七年　十卷　二册

集二　14　7444　陸宣公集　〔唐〕陸贄著
江蘇書局刊　光緒二年　二十二卷　六册

集二　14　7731　駱丞集　〔唐〕駱賓王著
金華叢書本　同治八年　六卷　二册

一五　宋

集二　15　0013　文山集　〔宋〕文天祥著
五桂堂刊本　雍正三年　十六卷　十六册

集二　15　0427　晞髮集（附遺集）　〔宋〕謝翱著　〔清〕陳珄等校
嘉慶二十一年　共十二卷　四册

集二　15　1031　王臨川全集　〔宋〕王安石著
聽香館刊本　光緒九年　一百卷　二十册

集二　15　1047　王忠文公全集　〔宋〕王十朋著　〔清〕唐傳鉎編

梅溪書院刊　光緒二年　五十卷　十六册

集二　15　1047　王忠文公文集（一名梅遺集）　〔宋〕王十朋著

二十四卷　二十册

集二　15　1072　雪山集　〔宋〕王質撰

武英殿聚珍版　十六卷　四册

集二　15　1143　南軒全集（附論孟解）　〔宋〕張栻著

綿邑南軒祠重刊　咸豐四年　共六十一卷　十六册

集二　15　1143　又

道光五年　共六十一卷　二十四册

集二　15　1790　司馬温公全集　〔宋〕司馬光著

天啓七年　八十二卷　缺四十三至四六卷　二十四册

集二　15　1790　温公文集　〔宋〕司馬光著

康熙十七年刊　六十一卷　二十四册

集二　15　1790　温公文集　〔宋〕司馬光著

同治四年補刊　八十二卷　二十四册

集二　15　1790　尹和靖文集　〔宋〕尹焞著　〔清〕尹士殷校

康熙六十年刊　五卷　二册

集二　15　2540　朱子集　〔宋〕朱熹著

紫霞洲朱氏祠刊　咸豐十年　一百〇四卷　四十册

集二　15　2540　又

鰲峯書院藏版　咸豐十年　一百〇五卷　四十册

集二　15　2880　徐騎省集（附記遺補）　〔宋〕徐鉉著

黟縣李氏依舊抄本刊　光緒十七年　共三十一卷　六册　二部

集二　15　2880　又

八册

集二　15　4027　梁溪全集　〔宋〕李綱著

一百八十卷　四十册

集二　15　4056　盱江先生全集　〔宋〕李覯著

黎川赤溪書屋本　三十七卷　九册

集二　15　4414　安陽集　〔宋〕韓琦著

晝錦堂藏版　乾隆三十五年　五十卷　十册　二部

集二　15　4422　范忠宣公集　〔宋〕范純仁著

吴郡義莊刊　二十五卷　六册

集二　15　4423　范文正公全集十一種　〔宋〕范仲淹著　〔清〕范玉琨校

吴郡義莊刊　道光十年　四十八卷　十册

集二　15　4423　范文正公全集（附録五種）　〔宋〕范仲淹著

上海掃葉山房印　民國八年　十六卷　十二册

集二　15　4423　浪語集　〔宋〕薛季宣著

瑞安孫氏貽善祠塾刊　同治十一年　三十五卷　六册

集二　15　4423　又

二十六卷　五册

集二　15　4423　蘇子美集　〔宋〕蘇舜欽著

中江賓興會刊　同治六年　十卷　四册

集二　15　4430　水心文集　〔宋〕葉適著

瑞安孫氏貽善祠塾刊　光緒八年　四十六卷　十六册

集二　15　4430　又

二十卷　八册

集二　15　4453　東坡詩文選　〔宋〕蘇軾著　〔明〕袁宏道等選

明刻本　十二卷　六册

集二　15　4458　欒城集（初集　后集　應詔集）　〔宋〕蘇轍著

眉州蘇氏祠重刊　道光十二年　八十四卷　三十册

集二　15　4470　白玉蟾集　〔宋〕葛長庚著

正統七年　七卷　八册

集二　15　4588　攻媿集　〔宋〕樓鑰撰

武英殿聚珍版　一百一十二卷　四十册

集二　15　4664　楊龜山先生集　〔宋〕楊時撰

光緒五年　四十二卷　八册

集二　15　4664　又

福州刊　光緒九年　十册

集二　15　4788　胡澹庵先生文集　〔宋〕胡銓著

讀書堂刊本　道光十三年　三十二卷　十册

集二　15　4950　趙清獻公集　〔宋〕趙抃著

民國十一年　十卷　二册

集二　15　5046　秦淮海集　〔宋〕秦觀著

高郵刊　光緒十七年　二十卷　六册

集二　15　5722　鐔津文集　〔宋〕釋契嵩著

十九卷　四册

集二　15　6023　西臺集　〔宋〕畢仲游著

武英殿聚珍版　二十卷　七册

集二　15　6030　吕東萊遺集　〔宋〕吕祖謙撰

二十卷　十二册

集二　15　7217　岳忠武王文集　〔宋〕岳飛著　〔清〕黄邦寧編

四册

集二　15　7233　蒙川遺稿（附補遺）　〔宋〕劉黻著　〔明〕阮存編

瑞安孫氏刊　光緒四年　共五卷　一册

集二　15　7244　忠肅集　〔宋〕劉摯著

武英殿聚珍版　二十卷　六册

集二　15　7298　公是集　〔宋〕劉敞撰

吉安刊　光緒三年　五十卷缺五卷　殘存十一册

集二　15　7426　陶山集　〔宋〕陸佃撰

武英殿聚珍版　十六卷　四册

集二　15　7438　陸放翁全集　〔宋〕陸游著

虞山詩禮堂張氏刊　一百三十八卷　四十六册

集二　15　7443　陸文安公集　〔宋〕陸九淵著
　大儒家廟刊　同治十年　三十六卷　十四册
集二　15　7500　龍川文集　〔宋〕陳亮著
　崇禎六年　三十卷　六册
集二　15　7500　龍川集　〔宋〕陳亮著
　湖北崇文書局　光緒元年　三十卷　十册
集二　15　7523　止齋集　〔宋〕陳傅良著
　四十一卷　六册
集二　15　7727　歐陽文忠全集　〔宋〕歐陽修著
　惇叙堂重刊　乾隆五十七年　一百五十八卷　二十四册
集二　15　7727　又
　澹稚書局刊　光緒十九年　四十册
集二　15　7734　益國文忠公集　〔宋〕周必大著
　瀛塘别墅刊　道光二十八年刊咸豐元年續刊　二百〇五卷　三十二册
集二　15　7734　又
　四十册
集二　15　8005　武溪集　〔宋〕余靖著
　芸香堂刊　康熙三十六年　二十卷　六册
集二　15　8017　曾南豐全集　〔宋〕曾鞏著
　長沙顧氏刊　康熙五十六年　五十三卷　十二册
集二　15　8017　元豐類稿　〔宋〕曾鞏著
　查溪藏版　五十卷　十册
集二　15　8775　北山集　〔宋〕鄭剛中著
　鄂垣退補齋胡氏校刊　同治十二年　三十卷　八册

一六　金元

集二　16.3　1047　元遺山先生全集（附年譜　新樂府續夷堅志）

〔金〕元好問著　〔清〕施國祁輯

京都同立堂刊　光緒三年　共四十八卷　十六册

集二　16.3　4920　滏水集　〔金〕趙秉文撰

二十卷　六册

集二　16.4　2120　道園學古録　〔元〕虞集著

崇仁陳氏刊　乾隆四十一年　五十卷　十六册

集二　16.4　4037　雲陽集　〔元〕李祁著

校書堂藏版　嘉慶十九年　四卷　二册

集二　16.4　4146　丹邱生集　〔元〕柯九思著　繆荃孫編

息園刊　光緒三十四年　六卷　一册

集二　16.4　4351　剡源集　〔元〕戴表元著

宜稼堂叢書本　三十卷　八册

集二　16.4　4431　黄文獻集　〔元〕黄溍著

退補齋刊　光緒二年　十二卷　十二册

集二　16.4　4913　趙文敏公松雪齋全集（附續集外集）　〔元〕趙孟頫著　〔清〕曹培廉校

洞庭楊氏刊　光緒八年　共十卷　四册　二部

集二　16.4　7404　牆東類稿　〔元〕陸文圭撰

武進盛氏刻　光緒二十二年　二十卷　三册

集二　76.4　7700　圭齋文集　〔元〕歐陽玄著　〔清〕鄧顯鶴編

新化鄧氏南村草堂刊　道光二十六年　十六卷　四册

集二　16.4　8398　江月松風集　〔元〕錢惟善著

錢塘丁氏刊　光緒十五年　十五卷　二册

一七　明

集二　17　0023　荊川文集（附補遺外集）　〔明〕唐順之著

江南書局重刊　共二十卷　十册

集二　17　0030　六如居士全集（附外集）　〔明〕唐寅著
　上海廣益書局印　民國四年　十七卷　六册
集二　17　0036　大隱樓集　〔明〕方逢時著
　潛江甘氏校刊　民國十年　十九卷　四册　二部
集二　17　0038　康對山先生集　〔明〕康海著
　古部貽穀堂刊　康熙五十一年　四十五卷　十六册
集二　17　0710　青螺公遺書　〔明〕郭子章著
　冠朝三樂堂刊　光緒七年　三十五卷　十二册
集二　17　1032　王文成公全書　〔明〕王守仁著
　三十八卷　二十四册　三部
集二　17　1032　陽明全集　〔明〕王守仁著
　湘潭王氏刊　十六卷　十六册
集二　17　1033　夏節愍公集（附補遺）　〔明〕夏完淳著
　成都重刊　光緒二十九年　十四卷　二册　二部
集二　17　1040　王抑菴集　〔明〕王直著
　王氏重刊本　四十卷　八册
集二　17　1133　張龍湖文集　〔明〕張治著　〔清〕彭思眷輯
　雍正四年　十五卷　四册　二部
集二　17　1140　古城文集　〔明〕張吉著　〔清〕楊掄校
　康熙三十年刊　六卷　四册
集二　17　1144　張西園全集　〔明〕張萱著
　康熙四年　四十五卷　二十二册
集二　17　1171　張文忠公全集　〔明〕張居正著
　江陵鄧氏藏版　光緒二十七年　四十七卷　十六册　二部
集二　17　1171　又
　紅藤碧樹山館重刊　四十八卷　十六册
集二　17　1190　張蒼水集　〔明〕張煌言著
　鉛印本　二卷　二册

集二　17　1220　孫忠靖公全集　〔明〕孫傳庭著

民國三年　十一卷　九册　二部

集二　17　1727　來禽館集　〔明〕邢侗著

江夏萬儒堂重刊　道光十七年　二十九卷　十二册

集二　17　1932　耿天台先生文集（附外集）　〔明〕耿定向著

文在堂刊　光緒二十一年　二十卷　十四册

集二　17　2111　熊襄愍公集　〔明〕熊廷弼著

熊氏祠刊　同治三年　十卷　十册

集二　17　2126　盧忠肅公集　〔明〕盧象昇著

盧氏祠刊　光緒元年　十二卷　十一册

集二　17　2166　何大復集　〔明〕何景明著

乾隆十五年刊　三十八卷　十二册

集二　17　2442　陽秋館集　〔明〕帥機著

日新修猷堂重刊　乾隆三年　二十三卷　八册

集二　17　2602　吴忠節公遺集（附年譜）　〔明〕吴麟徵著

四卷　六册

集二　17　2603　吴次尾先生遺書（即樓山堂集）　〔明〕吴應箕著

鉛印本　宣統二年刊　二十七卷　六册　二部

集二　17　2616　射陽先生存稿　〔明〕吴承恩著

故宫博物院印　民國十九年　四卷　二册

集二　17　2617　東湖集（附遺愛録年譜）　〔明〕吴廷舉著

蒼梧義學重鐫本　光緒元年　五卷　六册

集二　17　2644　吴莊介公遺集　〔明〕吴甘來著

柏支山房藏版　咸豐七年　六卷　四册

集二　17　2662　甋甀洞藁　〔明〕吴國倫著

吴氏家刊本　五十四卷　二十册

集二　17　2721　解文毅公集　〔明〕解縉著

乾隆三十一年　十六卷　六册

集二　17　2721　秫坡黎先生集　〔明〕黎貞著
都會三賢居書屋板　光緒元年　八卷　四册
集二　17　2749　歸震川集（附别集）　〔明〕歸有光著
常熟歸氏重刊本　光緒六年　共四十卷　十六册
集二　17　2772　青谿漫稿　〔明〕倪岳著
嘉惠堂刊　光緒二十六年　二十四卷　六册
集二　17　2786　魯文恪公集　〔明〕魯鐸著
潛江甘氏用明隆慶方梁刻本重刊　民國十一年　十卷　四册　二部
集二　17　3118　介烈馮公遺集　〔明〕馮一第著
馮氏宗祠藏版　道光二十三年　三卷　一册
集二　17　3414　洪紫雲文集　〔明〕洪雲烝著
餘慶堂刊　乾隆十九年　七卷　六册
集二　17　3682　况靖菴集　〔明〕况鍾著　〔清〕陳永懋編
雙溪陳氏刊　光緒十七年　八卷　四册
集二　17　3730　石門集　〔明〕梁寅著
新喻學宫藏版　光緒十五年　十卷　六册　二部
集二　17　4033　袁中郎全集（附遺事録）　〔明〕袁宏道著
培原書屋藏版　道光九年　二十四卷　十八册
集二　17　4033　袁中郎全集　〔明〕袁宏道著
培原書屋藏版　道光九年　二十四卷　十六册
集二　17　4040　滄溟先生集　〔明〕李攀龍著
三十二卷　十册
集二　17　4040　又
六册
集二　17　4057　懷麓堂集　〔明〕李東陽著
隴下學易堂重鐫本　嘉慶八年　一百卷　二十四册
集二　17　4657　又（附年譜七卷）
二十二册

集二　17　4074　李文莊公全集　〔明〕李騰芳著

湘潭高塘李氏祠藏版　光緒二年　十卷　十册　二部

集二　17　4131　柯竹巖集　〔明〕柯潛著

擢英書院重刊　光緒十四年　十九卷　四册

集二　17　4409　葛中翰遺集　〔明〕葛麟著　〔清〕葛培義輯

光緒十六年　十二卷　四册

集二　17　4424　碩薖園全集　〔明〕蒲秉權著

守拙齋藏版　光緒元年　十卷　四册　二部

集二　17　4433　蔡忠烈公遺集　〔明〕蔡道憲著　〔清〕鄧顯鶴輯

閩舘蓬萊山房藏板　光緒六年　四卷　四册　二部

集二　17　4437　黄漳浦全集　〔明〕黄道周著　〔清〕陳壽祺編

道光十年　五十卷　二十四册　二部

集二　17　4438　董擴菴全集　〔明〕董裕著

雍正十三年　二十卷　四册

集二　17　4454　苑洛文集　〔明〕韓邦奇著

嘉慶七年　二十二卷　十册

集二　17　4485　黄忠端集（附忠端年譜黎州年譜及算書二種）　〔明〕黄尊素著

姚江黄氏重刊　光緒十三年　六卷　六册

集二　17　4610　楊忠節遺書　〔明〕楊廷麟著

存七册

集二　17　4625　楊忠愍公集（附表忠記）　〔明〕楊繼盛著

同治十一年　七卷　六册

集二　17　4625　楊忠愍公集　〔明〕楊繼盛著

尚友堂刊本　四卷　二册

集二　17　4635　楊忠烈公文集　〔明〕楊漣著

世美堂藏版　道光十三年　十卷　十二册

集二　17　4924　文肅公全集　〔明〕趙貞吉著

趙氏祠刊　光緒十七年　二十三卷　八册

集二　17　5013　史忠正公集　〔明〕史可法著　〔清〕史開純編

湖南醴泉景萊書室刊　同治七年　四卷　二册

集二　17　5013　史閣部文集　〔明〕史可法著　〔清〕史開純編

上海均益圖書公司印　光緒三十三年　一册

集二　17　5592　市隱園集　〔明〕費尚伊著

沔陽盧氏慎始基齋刊　民國十二年　三十卷　十册

集二　17　6028　羅一峯集　〔明〕羅倫著

羅氏家塾刊本　道光二十九年　十二卷　八册

集二　17　6042　紫原文集　〔明〕羅大紘著

集慶堂藏版　十二卷　十二册

集二　17　6622　鈐山堂全集　〔明〕嚴嵩著

嚴氏家藏本　嘉慶十一年　四十卷　十册

集二　17　6645　瞿忠宣公集　〔明〕瞿世耜著

光緒元年重刊　十卷　四册

集二　17　7211　劉坦齋文集　〔明〕劉三吾著

石溪留畊堂藏版　道光七年　十五卷　四册

集二　17　7230　玉書庭全集　〔明〕丘兆麟著

崇禎五年　三十四卷　十六册

集二　17　7231　瓊臺會稿詩文集　〔明〕丘濬著

雁峯書院藏板　光緒五年　二十四卷　十二册　二部

集二　17　7237　劉子全書　〔明〕劉宗同著　〔清〕沈復燦輯

光緒十八年重刊　二十四卷　十二册

集二　17　7241　劉忠宣公遺集（附年譜）　〔明〕劉大夏著　〔清〕劉乙燃纂輯

光緒元年　共八卷　六册　二部

集二　17　7244　誠意伯集　〔明〕劉基著

光緒元年重刊　二十卷　十册

集二　17　7244　又

十二册

集二　17　7504　陳聘君海桑集　〔明〕陳謨著

柳溪書屋刊　光緒二年　十卷　四册

集二　17　7520　白沙子全集　〔明〕陳獻章著

碧玉樓刊　乾隆三十六年　十册

集二　17　7730　周溪園集　〔明〕周启著

十二卷　六册

集二　17　8038　曾西墅文集　〔明〕曾棨著

乾隆十五年　六卷　四册

集二　17　8823　賜誠堂文集　〔明〕管紹寧撰

光緒三年　十六卷　二册

一八　清

集二　18　0000　唐中丞遺集　〔清〕唐訓方著

九卷　七册

集二　18　0000　又

歸吾廬刊　光緒十七年　二十五卷　二十册

集二　18　0028　寄思齋藏稿　〔清〕辛從益著

咸豐元年　十四卷　九册

集二　18　0038　高陶堂遺集　〔清〕高心夔著

平湖朱氏刊　光緒八年　八卷　四册

集二　18　0048　夢硯齋遺稿　〔清〕唐樹義著

綏定郡齋刊　同治四年　八卷　三册

集二　18　0088　唐確慎公集　〔清〕唐鑑著

光緒元年　十二卷　六册

集二　18　0121　龔定盦全集　〔清〕龔自珍著

上海掃葉山房刊　宣統二年　十五卷　六册

集二　18　0123　復堂類集（附待堂文）　〔清〕譚獻著

光緒十一年　共二十二卷　六册

集二　18　0131　經德堂集（附經籍舉要　爾雅經註集證）　〔清〕龍啓瑞纂著

京師刊本　光緒四年　十四卷　八册

集二　18　0131　堅白齋集　〔清〕龍汝霖著

光緒七年刊　八卷　三册

集二　18　0131　又

四册

集二　18　0199　樂志堂詩文集　〔清〕譚瑩著

吏隱園刊　咸豐十年　三十卷　十册

集二　18　0436　樹經堂集　〔清〕謝啓昆著

二十七卷　八册

集二　18　0724　養知書屋詩文集　〔清〕郭嵩燾著

光緒十八年　四十三卷　十六册

集二　18　0724　養知書屋全集　〔清〕郭嵩燾著

光緒十八年　五十五卷　二十八册

集二　18　0741　介石堂詩文集　〔清〕郭起元著

江蘇三多齋藏版　乾隆十九年　二十卷　六册

集二　18　0811　復庵集　〔清〕許珏著

無錫許氏用聚珍版印　民國十五年　十卷　二册

集二　18　0830　鑑止水齋集　〔清〕許宗彦著

羊城刊　咸豐八年　二十卷　六册

集二　18　0830　又

同治十年　六册

集二　18　0832　玉井山館集　〔清〕許宗衡著

同治四年　二十三卷　五册

集二　18　0870　施愚山先生集　〔清〕施閏章著

乾隆四年　八十四卷　十九册

集二　18　0870　施愚山先生全集　〔清〕施閏章著

楝亭藏本　七十八卷　十六册

集二　18　1030　葆真齋集　〔清〕賈洪詔著

光緒十三年　六卷　六册　三部

集二　18　1034　椒園居士集　〔清〕王定柱著

南州龍樹精舍刊　光緒三十二年　六卷　二册

集二　18　1036　春融堂集　〔清〕王祖著

珠溪文彬齋刊　光緒十八年　六十八卷　二十册

集二　18　1040　白田草堂存稿　〔清〕王懋竑著

王氏家刊本　二十四卷　十六册

集二　18　1042　哀生閣稿　〔清〕王大經著

光緒十一年　七卷　六册

集二　18　1042　交河集　〔清〕王蘭生著

道光十八年　六卷　四册

集二　18　1043　帶經堂集　〔清〕王士禎著

帶經堂刊　九十二卷　二十六册

集二　18　1043　蠶尾集　〔清〕王士禎著

康熙三十六年　十四卷　六册

集二　18　1043　百柱堂全集　〔清〕王柏心著

光緒十九年刊　五十二卷　十六册

集二　18　1044　菜根堂集　〔清〕夏力恕著

二十六卷　八册

集二　18　1072　謹山集（附德馨堂筆勸）　〔清〕王辰著

共五卷　五册

集二　18　1082　五公山人集　〔清〕王餘佑著　〔清〕李興祖編

枕釣齋刊本　康熙三十四年　十六卷　四册

集二　18　1102　覆瓿集（原題舒藝室隨筆）　〔清〕張文虎著

金陵怡城賓館刊　同治十三年　二十四卷　八册

集二　18　1114　宛鄰詩文集　〔清〕張琦著

宛鄰書屋刊　四卷　二册

集二　18　1118　順所然齋詩文集　〔清〕張雲錦著

武昌刊本　光緒三十四年　六卷　三册

集二　18　1122　澗于集　〔清〕張佩綸著

澗于草堂張氏刊　民國七年　十卷　八册

集二　18　1131　鎔經室集　〔清〕張濬著

排印本　四卷　二册

集二　18　1148　紫峴山人全集　〔清〕張九鉞著

湘潭張氏刊　光緒十五年　五十二卷　十六册

集二　18　1148　陶園全集　〔清〕張九鉞著

賜錦重樓鐫本　道光二十三年　三十六卷　十二册

集二　18　1148　笙雅堂集（附録二種）　〔清〕張九鐔著

嘉慶十七年　二十一卷　十册

集二　18　1162　淵甫遺稿集　〔清〕張昱生著

同治十二年　三卷　一册

集二　18　1171　遂甯張文端文集　〔清〕張鵬翮著

光緒八年　六卷　八册　二部

集二　18　1173　張揚園集（附年譜）　〔清〕張履祥著

江蘇書局刊　同治十年　五十四卷　十六册　四部

集二　18　1180　愛樹堂藏稿　〔清〕張錫謙著

光緒五年　十卷　十册

集二　18　1180　思存堂集　〔清〕張鏞著

光緒十三作　八卷　四册

集二　18　1188　躬厚堂集　〔清〕張金鏞著

同治三年　二十五卷　六册

集二　18　1227　蒼葭集（附畚塘芻論　河防紀略）　〔清〕孫鼎臣著

共二十七卷　八册

集二　18　1243　夏峯集（附補遺）　〔清〕孫奇逢著

大梁書院重刊　十六卷　存十五册缺首册

集二　18　1262　孫淵如全集　〔清〕孫星衍著

長沙王氏刊　光緒十一年　二十三卷　十册

集二　18　1273　天真閣集（附長真閣集）　〔清〕孫原湘著

六十七卷　十二册　二部

集二　18　1747　半巖廬遺集　〔清〕邵懿辰著

光緒三十四年　二册

集二　18　1751　心白日齋集　〔清〕尹耕雲著

光緒二十一年　六卷　四册

集二　18　1751　又

光緒十年　三册

集二　18　2103　守默齋詩文稿　〔清〕何應祺著

同治十年　四册

集二　18　2120　熊學士詩文集　〔清〕熊伯龍著

乾隆五十一年　三卷　六册

集二　18　2124　潛穎詩文集　〔清〕何維棣著

光緒二十七年　十四卷　十四册

集二　18　2143　悔餘菴詩文稿　〔清〕何栻著

鳩江半畝園刊　同治四年　十九卷　五册

集二　18　2147　鵠山小隱詩文集　〔清〕熊士鵬著

四十二卷　十四册

集二　18　2167　經義齋集　〔清〕熊賜履著

退補齋藏版　康熙二十九年　十八卷　十册

集二　18　2192　讀書延年堂詩文續集　〔清〕熊少牧著

洞泉草堂刊　光緒三年　十三卷　四册

集二　18　2221　倭文端公遺書　〔清〕倭仁撰
　十三卷　八册　二部
集二　18　2233　鳴鶴堂詩文集　〔清〕任源祥著
　光緒十五年　二十一卷　六册
集二　18　2322　霜紅龕集　〔清〕傅山著
　陽曲高小學校刊　民國元年　四十卷　八册
集二　18　2322　半溪草堂詩文集　〔清〕傅卓然著
　官書局印　光緒十三年　六卷　四册　二部
集二　18　2332　抱犢山房集　〔清〕嵇永仁著
　長沙刊本　同治元年　六卷　二册
集二　18　2400　遯庵文集　〔清〕儲方慶著
　宜興儲氏宗祠藏版　光緒二年　十二卷　四册
集二　18　2514　知足齋集　〔清〕朱珪著
　三十二卷　十二册　二部
集二　18　2514　怡志堂詩文初編　〔清〕朱琦著
　十四卷　四册
集二　18　2528　曝書亭全集（附録二種）　〔清〕朱彝尊著
　江右善成書局刊　共九十七卷　二十四册
集二　18　2533　棣垞集　〔清〕朱啓連著
　光緒二十六年　七卷　二册
集二　18　2588　笥河詩文集　〔清〕朱筠著
　椒花吟舫刊　嘉慶年　三十六卷　十四册
集二　18　2608　兼濟堂集　〔清〕魏裔介著
　二十卷　十六册
集二　18　2624　薗次先生集　〔清〕吴綺著
　乾隆四十一年　十四卷　七册
集二　18　2624　寒松堂全集　〔清〕魏象樞著
　嘉慶十六年　十二卷　十二册

集二　18　2640　藤花書屋遺稿　〔清〕吴其彦著
光啓堂重鐫　咸豐五年　四卷　二册
集二　18　2640　吴學士詩文集　〔清〕吴鼒著　〔清〕梁肇煌等編
江寧藩署刊　光緒八年　六册
集二　18　2645　小蝸廬詩文集　〔清〕吴其泰著
固始吴氏刊　同治十二年　五卷　五册
集二　18　2648　榴實山莊遺稿　〔清〕吴存義著
同治十年　十卷　六册
集二　18　2677　清風遺集　〔清〕魏閬著
漢川甑山書院刊　光緒十八年　一卷　一册　二部
集二　18　2680　有正味齋全集　〔清〕吴錫麟著
文德堂刊　七十三卷　十二册
集二　18　2690　望三益齋集　〔清〕吴棠著
成都使署刊　同治十三年　十六卷　十册
集二　18　2698　白華全稿　〔清〕吴省欽著
乾隆四十八年　六十卷　十六册
集二　18　2698　款花居遺稿　〔清〕程炌著
程氏家刊本　光緒四年　十卷　四册
集二　18　2699　石雲山人集　〔清〕吴榮光著
南海吴氏筠精館刊　道光二十一年　四十卷　二十册
集二　18　2704　壯悔堂文集（附四憶堂詩集）　〔清〕侯方域著
舊學山房　光緒四年　十六卷　八册
集二　18　2710　東坪詩文集　〔清〕殷雯著
武昌刊　光緒三十一年　十三卷　四册
集二　18　2717　通甫類稿（附仲實類稿）　〔清〕魯一同著
咸豐九年　十六卷　十册
集二　18　2717　又
八卷　五册

集二　18　2733　補竹軒詩文集　〔清〕鮑源深著
九卷　四册
集二　18　2741　託素齋詩文集　〔清〕黎士弘著
雍正二年　十卷　十册
集二　18　2746　覺生詩文鈔　〔清〕鮑桂星著
嘉慶二十五年　二十三卷　八册
集二　18　2767　紀文達公集　〔清〕紀昀著
小嫏嬛山舘刊　道光三十年　三十二卷　十六册
集二　18　2774　邵子湘全集　〔清〕邵長蘅著
青門草堂刊　三十卷　八册
集二　18　2814　一規八稜硯齋集　〔清〕徐廷華著
武昌寓齋校刊　光緒九年　十卷　四册
集二　18　2823　玉臺山館詩文鈔　〔清〕徐儒棨著
玉臺山館新鐫　同治七年　十八卷　四册
集二　18　2824　望雲閣集　〔清〕徐儒楠著
望雲閣刊　道光二十六年　八卷　四册
集二　18　2835　象洞山房集　〔清〕徐迪惠著
宣統元年刊　三册
集二　18　2844　十峯集（集赤壁賦）　〔清〕徐基撰
嘉慶二十一年　五卷　四册
集二　18　3110　盋山詩文録　〔清〕顧雲著
光緒十五年　十卷　四册
集二　18　3123　樂餘静廉齋詩文集　〔清〕顧復初著
同治六年　五卷　五册
集二　18　3133　介亭全集　〔清〕江濬源著
嘉慶十三年　八册
集二　18　3144　六是堂詩選（附文稿）　〔清〕顧如華著
漢川甑山書院刊　光緒十八年　一册　二部

集二　18　3144　顯志堂集（附夢奈詩稿）　〔清〕馮桂芬著

校邠廬刊　光緒二年　共十三卷　八册

集二　18　3166　白茅堂集　〔清〕顧景星著

圻州州署藏版　乾隆五十四年補刊　二十一册

集二　18　3166　又

麟山書院藏版　光緒二十八年補刊　二十册

集二　18　3191　亭林詩文集　〔清〕顧炎武著

上海掃葉山房印　民國十二年　十二卷　四册

集二　18　3202　三松堂集　〔清〕潘奕雋著

同治十一年　三十卷　十册

集二　18　3203　見在龕集　〔清〕濮文暹著

民國四年　二十三卷　八册

集二　18　3404　洪北江集　〔清〕洪亮吉著

授經堂刊　光緒三年　存五十九卷　存廿三册

集二　18　3436　龍岡山人詩文集　〔清〕洪良品著

三十四卷　十册

集二　18　3603　湯文正公集　〔清〕湯斌著

紅杏山房刊　同治十二年　七卷　六册

集二　18　3718　石堂全集　〔清〕釋祖珍著

普照寺藏版　道光十年　十二卷　四册

集二　18　3722　古春軒詩詞文鈔　〔清〕梁德繩著

鳳城刊　咸豐二年　一册　二部

集二　18　3775　頻羅庵遺集　〔清〕梁同書著

蛟川修綆山莊刊　光緒十三年　十六卷　八册

集二　18　4016　李中丞遺集　〔清〕李發甲著

湖南撫署刊　同治九年　三卷　二册

集二　18　4017　邃懷堂全集　〔清〕袁翼著

光緒十三年　四十卷　二十册

集二　18　4018　哀然詩文録　〔清〕李廷錫著
　民國十年　一册
集二　18　4024　穆堂詩文鈔　〔清〕李紘著
　臨川李氏容軒藏版　道光元年　十一卷　六册
集二　18　4031　校經廎文稿　〔清〕李富孫著
　讀書臺家藏　十八卷　六册
集二　18　4031　天籟集　〔清〕李鶴雲著
　八卷　二册
集二　18　4034　慎龕詩文鈔　〔清〕左宗植著
　光緒元年　四卷　四册
集二　18　4037　李笠翁一家言全集　〔清〕李漁著
　宏道堂鐫　光緒二十三年　十六卷　二十册
集二　18　4040　小芋香館遺集　〔清〕李杭著
　十二卷　四册
集二　18　4040　香湖文存詩鈔　〔清〕李堯文著
　六卷　二册
集二　18　4042　寒支集　〔清〕李世熊著
　道光八年　十二卷　十二册
集二　18　4045　蓮龕集　〔清〕李來泰著
　光裕堂藏版　乾隆八年　十六卷　六册
集二　18　4047　道古堂全集（附外集）　〔清〕杭世駿撰
　錢塘汪氏補刊　光緒十四年　七十五卷　十六册
集二　18　4063　李石梧全集（即李文恭公集）　〔清〕李星沅著
　二十四卷　十册
集二　18　4063　又
　芋香館藏版　四十六卷　三十四册
集二　18　4063　又
　四十八卷　三十二册

集二　18　4096　西漚全集（附外集）　〔清〕李惺著

李氏刊　同治七年　十八卷　二十二册

集二　18　4217　惜抱軒全集　〔清〕姚鼐著

上海會文堂石印　民國三年　五十卷　八册

集二　18　4203　白鶴堂詩文稿附詩話　〔清〕彭端淑著

彭氏家刊本　三册

集二　18　4228　求是齋詩文存　〔清〕彭崧毓著

養園刊　同治十一年　四卷　四册

集二　18　4234　小謨觴館詩文集　〔清〕彭兆蓀著

吴縣潘氏刊　同治十三年　十六卷　六册

集二　18　4234　又

四册

集二　18　4234　南畇全集（附録三種）　〔清〕彭定求著

光緒七年　三十四卷　十四册

集二　18　4240　彭文敬公全集　〔清〕彭蘊章著

同治七年　四十三卷　十三册

集二　18　4299　大梅山館集　〔清〕姚燮著

大梅山館刊　道光二十六年　五十卷　二十四册

集二　18　4299　中復堂全集　〔清〕姚瑩著

安福縣署刊　同治六年　九十八卷　三十二册

集二　18　4362　裘文達公集　〔清〕裘日修著

十八卷　五册

集二　18　4401　後永州集　〔清〕黄文琛著

同治九年　八卷　三册

集二　18　4406　豫齋集　〔清〕萬方煦著

光緒七年　二卷　二册

集二　18　4410　范忠貞公全集　〔清〕范承謨著

光緒二十一年　六卷　四册

集二　18　4810　又

五卷　四册

集二　18　4410　未雨軒存稿　〔清〕莫晉著

莫氏家刊本　道光二十六年　四卷　二册

集二　18　4411　翠巖室詩文集　〔清〕韓弼元著

光緒二十六年　七卷　四册

集二　18　4412　實其文齋詩文鈔　〔清〕黄雲鵠著

同治十一年　十九卷　十一册

集二　18　4412　空青水碧齋集　〔清〕蔣琦齡著

光緒十一年　二十二卷　十册

集二　18　4417　思不辱齋全集　〔清〕萬承風著

古瓦山房刊　嘉慶二十一年　十四卷　十四册

集二　18　4421　介園遺集　〔清〕黄倬著

四卷　四册

集二　18　4422　尉山堂稿　〔清〕萬斛泉著

疊山書院刊　光緒三十二年　十四卷　四册　二部

集二　18　4422　又

五册

集二　18　4423　懷亭詩文後集　〔清〕黄利通著

乾隆元年　十卷　八册

集二　18　4425　報暉堂集　〔清〕黄維申著

光緒十八年　三十卷　八册

集二　18　4431　變雅堂詩文集　〔清〕杜濬著

黄岡劉氏刊於鄂垣　同治九年　十五卷　八册

集二　18　4439　黄氏文鈔　〔清〕黄良煇著

四卷　一册

集二　18　4442　二思堂遺集（附年譜）　〔清〕葉世倬著

六卷　六册

集二　18　4444　花隱老人遺著　〔清〕甘樹椿著

崇雅堂刊　五卷　一册

集二　18　4446　虚一齋集　〔清〕莊培因著

光緒九年　五卷　二册

集二　18　4448　忠雅堂全集　〔清〕蔣士銓著

四十三卷　二十册

集二　18　4462　兩當軒集　〔清〕黄景仁著

家塾刊　光緒二年　殘存二册

集二　18　4483　逢吉堂焚餘稿　〔清〕黄錫深著

一卷　一册

集二　18　4499　已畦集　〔清〕葉燮著

夢篆樓刊　民國七年　三十二卷　八册

集二　18　4610　清麓文集（附日記）　〔清〕賀瑞麟著

三原劉氏刊　二十八卷　二十二册

集二　18　4644　楊損齋全書　〔清〕楊樹椿著

河東李氏家塾刊　光緒十九年　二十卷　六册

集二　18　4648　褒遺草堂集　〔清〕楊翰著

同治十二年　二十一卷　十册

集二　18　4649　蘇龕集　〔清〕楊葆光著

杭州刊　光緒九年　十六卷　五册

集二　18　4662　澧西草堂集　〔清〕柏景偉著

民國十三年　八卷　五册

集二　18　4662　又

光緒二十六年　八卷　八册

集二　18　4672　耐菴詩文集　〔清〕賀長齡著

咸豐十一年　十三卷　五册

集二　18　4672　耐庵詩文存　〔清〕賀長齡著

咸豐十一年　六卷　四册

集二　18　4672　寒香館詩文鈔　〔清〕賀熙齡著
十卷　四册
集二　18　4682　四知堂文集　〔清〕楊錫紱著
嘉慶三年　三十六卷　十六册
集二　18　4682　又
八册
集二　18　4682　縈清樓集　〔清〕楊毓秀著
東湖黄氏刊　光緒二十三年　四卷　四册
集二　18　4707　蘧盦詩文鈔　〔清〕柳商賢著
閑存小舍刊　光緒十五年　六册
集二　18　4713　石笥山房集　〔清〕胡天游著
胡氏家刊本　道光二十六年　二十二卷　十册
集二　18　4742　曬書堂文集　〔清〕郝懿行著
郝氏家刊　光緒十年　十六卷　八册
集二　18　4777　退補齋文集　〔清〕胡鳳丹著
鄂州退補齋刊　同治十二年　三十二卷　十册
集二　18　4777　退補齋詩文存　〔清〕胡鳳丹著
鄂州刊本　同治十二年　二十八卷　八册
集二　18　4877　樂善堂全集　〔清〕乾隆著
同治六年刊　三十卷　十二册
集二　18　4880　柏梘山房文集　〔清〕梅曾亮著
咸豐六年刊　三十一卷　八册
集二　18　4904　媕雅堂集　〔清〕趙文喆著
二十六卷　六册
集二　18　4940　讀書堂全集　〔清〕趙士麟著
浙江書局刊　光緒十九年　四十六卷　十二册
集二　18　4952　趙恭毅公賸稿　〔清〕趙申喬著
浙江書局刊　光緒十八年　八卷　四册

集二　18　4964　青草堂集　〔清〕趙國華著

　濟南刊　光緒八年　二十八卷　十册

集二　18　5070　南岡草堂詩文存　〔清〕秦際唐著

　光緒二十七年　四卷　四册

集二　18　5089　墨緣館詩文鈔　〔清〕泰篤輝著

　光緒十一年　五卷　二册

集二　18　5009　養正堂詩文鈔　〔清〕秦榮光著

　四卷　二册

集二　18　5514　四焉齋全集（附梯仙閣餘課）　〔清〕曹一士著

　乾隆十五年　十三卷　五册

集二　18　6002　録蘿書屋遺集　〔清〕羅文俊著

　穗城刊本　光緒二十三年　五卷　三册

集二　18　6010　古歡堂集（附年譜）　〔清〕田雯著

　十九卷　五册

集二　18　6022　函樓詩文鈔　〔清〕易佩紳著

　二十七卷　十二册

集二　18　6025　嶢山集　〔清〕田從典著

　田氏賜書堂刻　康熙六十一年　九卷　四册

集二　18　6039　録漪草堂集　〔清〕羅汝懷著

　湖南羅氏家刊　光緒九年　五十七卷　十六册

集二　18　6039　又

　五十二卷　十五册

集二　18　6040　尊聞居士集　〔清〕羅有高著

　光緒七年重刊　八卷　四册　二部

集二　18　6033　待堂遺稿　〔清〕田明昶著

　光緒十三年　二卷　二册　二部

集二　18　6629　嚴太僕文集　〔清〕嚴虞惇著

　常塾西涇草堂嚴氏刊　光緒九年　十二卷　四册

集二　18　6649　單文恪公遺稿　〔清〕單懋謙著
　梅城望龍閣刊　光緒二十二年　四卷　四册
集二　18　6649　樂園詩文鈔（附水鑑）　〔清〕嚴如煜著
　道光二十四年　二十卷　六册
集二　18　6683　嚴廉訪遺稿　〔清〕嚴金清著
　民國十二年　十卷　四册
集二　18　6724　樫華館全集　〔清〕路德著
　光緒七年　十二卷　十册
集二　18　7110　揅經室集　〔清〕阮元著
　道光二十三年　六十二卷　二十四册
集二　18　7111　馬中承遺集　〔清〕馬丕瑶著
　馬氏家祠刊　光緒二十四年　十卷　十册　二部
集二　18　7217　劉千里文集　〔清〕劉醇驥著
　芷在堂刊　十七卷　六册
集二　18　7227　丘邦士集　〔清〕丘維屏著
　康熙五十八年　十七卷　五册
集二　18　7230　雲中集　〔清〕劉淳著
　賜綺堂家藏版　光緒七年　六册　二部
集二　18　7230　又
　四册
集二　18　7235　小隱山房詩文全集　〔清〕劉溱著
　光緒十三年　二十二卷　六册　三部
集二　18　7241　三湖漁人全集　〔清〕劉士璋著
　江陵劉氏家刊　道光二年　八卷　四册　二部
集二　18　7244　劉海峯集　〔清〕劉大櫆著
　同治十三年　二十一卷　九册
集二　18　7244　又
　十六卷　五册

集二　18　7244　養晦堂詩文集　〔清〕劉蓉著
長沙思賢講舍刊　光緒三年　十二卷　六册
集二　18　7244　劉中丞集　〔清〕劉蓉著
思賢講舍刊　光緒十一年　三十二卷　二十八册
集二　18　7263　劉茗柯集　〔清〕劉韙澤著
映藜書屋重刊　光緒五年　四卷　四册
集二　18　7270　存悔齋集（附外集）　〔清〕劉鳳誥著
海甯楊氏校刊　道光十七年　三十二卷　八册
集二　18　7212　七頌堂文集　〔清〕劉體仁著
劉氏家刊　同治七年　十二卷　三册
集二　18　7283　燕香齋詩文集　〔清〕劉餘祐著
劉氏家刊　康熙三十六年　十卷　三册
集二　18　7425　崇百藥齋文集（附札記）　〔清〕陸繼輅著
興國州署刊　光緒四年　四十八卷　十六册
集二　18　7425　又
三十六卷　十二册
集二　18　7474　三魚堂文集　〔清〕陸隴其著
老掃葉山房刊　十九卷　十册
集二　18　7474　又
六册
集二　18　7522　陳迦陵集四種　〔清〕陳維崧著
惠立堂刊　五十四卷　十二册
集二　18　7522　又
三十六卷　六册
集二　18　7522　湖海樓全集　〔清〕陳維崧著
浩然堂鐫　乾隆六十年　三十八卷　十六册
集二　18　7538　凝齋遺集　〔清〕陳道著
嘉慶五年　十卷　四册

集二 18 7538 又

陳氏家刊本 光緒四年 十卷 六册

集二 18 7546 愛日軒集 〔清〕陳大倫著

道光五年刊 二册

集二 18 7588 裒碧齋集 〔清〕陳鋭著

揚州刊 光緒二十一年 七卷 二册

集二 18 7599 養和堂遺集 〔清〕陳光亨著

廣西省城刊 光緒十九年 八卷 四册

集二 18 7724 秋聲館集 〔清〕歐陽勳著

十卷 三册

集二 18 7731 陶密庵遺集（一名榮木堂集） 〔清〕陶汝鼐著

溈嶠遺書館刊 民國八年 十八卷 六册 三部

集二 18 7732 寥天一齋 〔清〕欧陽兆熊著

一册

集二 18 7734 陶文毅公集 〔清〕陶澍著

淮北士民公刊 道光二十年 六十四卷 二十四册

集二 18 7746 思益堂集（附日札） 〔清〕周壽昌著

光緒十四年 十九卷 六册

集二 18 8010 光宣臺集 〔清〕釋今無著

嘉慶二十四年刊 二十五卷缺五卷 殘存八册

集二 18 8023 曾惠敏公集 〔清〕曾紀澤著

江南製造局刊 光緒十九年 十七卷 八册

集二 18 8034 金國子全集 〔清〕金兆燕著

贈雲軒藏版 道光十六年 四十一卷 八册

集二 18 8024 又

十册

集二 18 8043 春在堂集 〔清〕俞樾著

四十三卷 十四册

集二　18　8064　曾文正公詩文集　〔清〕曾國藩著

上海掃葉山房刊　民國十二年　四卷　四册

集二　18　8080　復齋詩文集　〔清〕曾鏞著

二十六卷　十四册

集二　18　8097　賞雨茅屋集　〔清〕曾燠著

二十三卷　八册

集二　18　8097　曾賓谷集（原名賞雨茅屋集）　〔清〕曾燠著

光緒三年刊　二十三卷　四册

集二　18　8308　有學集　〔清〕錢謙益著

金匱山房刊　康熙二十四年　五十一卷　十二册

集二　18　8324　衎石齋記事稿　〔清〕錢儀吉著

二十六卷　十二册

集二　18　8331　錢頤壽中丞全集（附壬癸志稿）　〔清〕錢寶琛著

同治七年　十三册

集二　18　8332　錢南園遺集　〔清〕錢灃著

星沙刊　同治十一年　五卷　四册

集二　18　8354　甘泉鄉人稿（附年譜）　〔清〕錢泰吉著

同治十一年　二十四卷　六册

集二　18　8354　又

殘存四册

集二　18　8725　補學軒集　〔清〕鄭獻甫著

采菽堂刊　咸豐十年　十四卷　十册

集二　18　8731　紅葉山房集　〔清〕鄭祖球著

寶研齋刊　道光八年　十二卷　四册

集二　18　8749　容讀齋詩文鈔　〔清〕鄭世炷著

孝昌學署刊　光緒二十二年　四卷　二册

集二　18　8799　板橋集　〔清〕鄭燮著

掃葉山房刊　民國九年　六卷　四册

集二　18　8799　又
湖南書局刊　宣統元年　六卷　四册
集二　18　9010　稼墨軒詩文集　〔清〕光聰諧著
道光七年　十二卷　四册
集二　18　9741　甌香館集（附補遺）　〔清〕惲壽平著
光緒七年重刊　十二卷　四册

一九　民國

集二　19　0883　肅肅舘集（附筆記）　許愈初著
民國十一年　五卷　二册
集二　19　1073　湘綺樓全集　王闓運著
墨莊劉氏長沙彙刊　光緒三十三年　三十卷　十六册
集二　19　1290　東齋詩文鈔　孫光庭著
曲氏精盧刊　民國十三年　三卷　三册
集二　19　2641　無終始齋詩文集　程大璋著
廣州刊　民國十七年　三卷　一册
集二　19　3003　漢上消閒社主詩文鈔　宧應清著
宣統二年　八卷　二册
集二　19　3084　小緑天盦詩文補遺　寶鎮著
一册
集二　19　3734　飲冰室文集　梁啓超著
上海中華書局印　民國十四年　八十卷　八十册
集二　19　4429　觀古堂詩文録　葉德輝著
民國十八年　四册
集二　19　4441　兢生遺稿　黄乾瑋著
一册
集二　19　4443　樊山全集　樊增祥著

渭南縣署刊　光緒十九年　八十二卷　二十四册

集二　19　4471　潛盧類稿　甘鵬雲著

潛江甘氏崇雅堂刊　民國二十年　十九卷　六册

集二　19　6022　丁戊之間行卷（附湘絃詞）　易順鼎著

貴陽刊　光緒五年　共十卷　二册

集二　19　7521　石遺室詩文集　陳衍著

三十卷　十册

集二　19　8303　誦芬堂文稿　錢文選著

民國十三年　一册

集二　19　8348　錢隱叟遺集　錢桂笙著

民國十年　十卷　四册

集二　19　8736　蘿庵遺稿　鄭澤著

民國十年　三卷　一册

集二　19　9041　潛夫詩文集　釋小顛著

湖北工業傳習所印　民國四年　十七卷　五册

二〇　賦

集二　28　2680　有正味齋律賦詳註　〔清〕吴錫麒著　〔清〕胡玉樹註

令德堂藏版　道光九年　二卷　二册

集二　28　2848　新疆賦　〔清〕徐松著

讀有用書齋刊　一册

集二　23　4633　冠悔堂賦鈔　〔清〕楊浚著

光緒十八年　四卷　四册

集二　29　2626　金陵賦　程先甲著

宣統二年　一卷　一册

三〇 詩

三二·四 魏

集二 32.4 5544 曹子建詩註 〔魏〕曹植著 黃節註
上海商務印書館印 民國十九年 二卷 一册

三三 晉

集二 33 7731 陶淵明詩註 〔晉〕陶潛著 〔宋〕湯漢註
海豐刊本 光緒十一年 四卷 一册

集二 33 7731 又
會稽章氏用拜經堂本重刊 一册

集二 33 7731 陶靖節詩箋 〔晉〕陶潛著 古植箋
上海聚珍仿宋書局印 民國十五年 四卷 一册

三四 唐及五代

集二 34 1015 王侍御詩集 〔唐〕王建著
遂寧書局藏版 光緒十年 六卷 一册

集二 34 1027 賈長江詩集 〔唐〕賈島著
遂寧書局藏版 光緒十年 四卷 一册

集二 34 1188 張文昌詩集 〔唐〕張籍著
遂寧書局藏版 光緒十年 五卷 一册

集二 34 1707 孟東野詩集 〔唐〕孟郊著
遂寧書局藏版 光緒十年 十卷 一册

集二 34 2676 白香山詩集 〔唐〕白居易著 〔清〕汪立名編
一隅草堂刊 四十卷缺一卷 十二册

集二　34　3608　温飛卿詩集　〔唐〕温庭筠著　〔清〕顧嗣立注

康熙三十六年　九卷　四册

集二　34　7608　又　〔唐〕温庭筠著

遂寧書局藏版　光緒十年　九卷　一册

集二　34　3608　又　〔唐〕温庭筠著　〔明〕曾益原注　顧子咸補注

錢塘汪氏重刊　光緒八年　九卷　四册

集二　34　4002　韋蘇州詩集　〔唐〕韋應物著

遂寧書局藏版　光緒十年　二卷　一册

集二　34　4007　李義山詩集箋註　〔唐〕李商隱著　〔清〕朱鶴齡箋注

廣州萃文堂刊　同治九年　三卷　四册

集二　34　4007　李義山詩集　〔唐〕李商隱著

遂寧書局藏版　光緒十年　三卷　一册

集二　34　4026　李白詩類編　〔唐〕李白著

十二卷　四册

集二　34　4046　李昌谷詩註　〔唐〕李賀著　〔清〕王琦彙解

宏達堂刊　光緒四年　四卷　四册

集二　34　4423　樊川詩集註（附別集外集）　〔唐〕杜牧之著　〔清〕馮集梧註

湘南書局刊　光緒十六年　六卷　四册

集二　34　4434　薛濤詩　〔唐〕薛濤著

上海掃葉山房石印　民國四年　一册

集二　34　4453　杜詩註釋　〔唐〕杜甫著　〔清〕許寶善註

吴縣朱氏刊　光緒三年　二十四卷　十二册

集二　34　4453　杜工部集　〔唐〕杜甫著

玉钩草堂刊　光緒十三年　二十卷　十册

集二　34　4453　杜詩詳註　〔唐〕杜甫著　〔清〕仇兆鰲詳註

大文堂刊　二十七卷　十六册

集二　34　4453　又

二十五卷　十四册

集二　34　4453　又

上海掃葉山房石印　民國十年　二十四卷　一十八册

集二　34　4453　杜詩鏡銓（附杜文註解）〔唐〕杜甫著　〔清〕楊倫編輯

望三益齋刊　同治十一年　二十二卷　十册

集二　34　4480　昌黎詩集註　〔唐〕韓愈著　〔清〕顧嗣立補註

廣州翰墨園刊　光緒九年　十一卷　四册

集二　34　4480　昌黎詩增註證訛　〔唐〕韓愈著　〔清〕黄鉞註

廣陵二酉堂刊　道光二十八年　四册

集二　34　6033　純陽詩集　〔唐〕吕洞賓著

空青洞天藏版　道光二十六年　十卷　四册

集二　34　7277　劉隨州詩集　〔唐〕劉長卿著

遂甯書局藏版　光緒十年　五卷　一册

集二　34.2　7724　禪月集　〔蜀〕釋貫休著

上海商務　二册

三五　宋

集二　35　0013　指南後録　〔宋〕文天祥著

二卷　一册

集二　35　4407　黄山谷詩集　〔宋〕黄庭堅撰　〔清〕翁方綱校

叙郡山谷祠刊　光緒二年　五十八卷　二十册

集二　35　4433　林和靖詩集　〔宋〕林逋著

長沙朱氏依抱經堂本重刊　同治十二年　四卷　二册

集二　35　4453　東坡先生編年詩　〔宋〕蘇軾著　〔清〕查慎行補注

香雨齋藏版　乾隆二十六年　五十卷　二十册

集二　35　4453　蘇文忠公詩集　〔宋〕蘇軾著　〔清〕紀昀評點

韫玉山房刊　同治八年　四十八卷　十二册

集二　35　4453　又

殘存十一册

集二　35　4453　又

上海掃葉山房印　民國十四年　五十卷　十一册

集二　35　4453　蘇文忠公合註　〔宋〕蘇軾著　〔清〕馮應榴輯

踵息堂刊　五十卷　二十六册

集二　35　4453　又

二十四册

集二　35　4453　施註蘇詩（附年譜　王注正僞補遺）　〔宋〕蘇軾著　〔宋〕施元之註

宋氏吴門補刊本　十二册

集二　35　4453　蘇文忠公詩編註集成　〔宋〕蘇軾著　〔清〕王大誥輯

浙江書局刊　光緒十四年　共九十卷　二十四册　二部

集二　35　4453　東坡詩選（附年譜本傳）　〔宋〕蘇軾著　〔明〕袁宏道選

文盛堂刊　十二卷　六册

集二　35　4454　范石湖詩集註　〔宋〕范成大著　〔清〕沈欽韓注

廣雅書局刊　三卷　一册

集二　35　7438　劍南詩鈔　〔宋〕陸游著

上海掃葉山房印　民國十二年　六册

集二　35　8080　白石道人四種　〔宋〕姜夔著

桂林倪氏刊　同治十年　八卷　四册

三六　金元

集二　36.3　1047　元遺山詩集箋　〔金〕元好問著　〔清〕施國祁箋註

南潯瑞松堂蔣氏刊　道光二年　十四卷　六册

集二　36.3　1047　遺山詩鈔　〔金〕元好問著　〔清〕樊宗源選

敍州汗青簃刊　光緒九年　三卷　三册

集二　36.3　1047　元遺山詩集箋註　〔金〕元好問著　〔清〕施國祁箋註
上海掃葉山房印　民國十二年　十六卷　八册
集二　36.4　4777　上京紀行詩　〔元〕柳貫著
故宫博物院印　民國十九年　一卷　一册
集二　36.4　7550　所安遺集　〔元〕陳泰著
武林節署刊　光緒六年　一卷　一册　十部

三七　明

集二　37　0038　高青邱詩集　〔明〕高啓著
光緒十四年　十八卷　六册
集二　37　0100　綸隱詩集　〔明〕龍膺著　〔清〕龍正楷重編
十九卷　三册
集二　37　1042　弇州詩集　〔明〕王世貞著
渭南嚴氏刊　光緒三十三年　五十二卷　十八册
集二　37　1179　別山詩集　〔明〕張同敞著
江陵鄧氏刊　一卷　一册
集二　37　2166　信陽詩集　〔明〕何景明著
渭南嚴氏刊　光緒三十三年　二十六卷　八册
集二　37　3610　華泉集（附邊仲子詩）　〔明〕邊貢著　〔清〕王士禎選
四卷　一册
集二　37　4040　滄溟詩集　〔明〕李攀龍著
渭南嚴氏刊　光緒三十三年　十四卷　六册
集二　37　4047　空同詩集　〔明〕李夢陽著
渭南嚴氏刊　光緒十五年　三十四卷　八册
集二　37　4200　姚休那詩集　〔明〕姚康著
一册
集二　37　4476　九烟詩鈔　〔明〕黄周星著

上海有正書局印　民國七年　二册

集二　37　7148　詠懷堂詩集　〔明〕阮大鋮著

十卷　四册

集二　37　7148　詠懷堂詩補遺　〔明〕阮大鋮著

中央大學國學圖書館印　民國十八年　一册

集二　37　8728　靈山藏集　〔明〕鄭以偉著

四册

三八　清

集二　38　0016　鐵船詩集　〔清〕方元鵾著

芥舟書屋藏版　嘉慶十年　二十九卷　六册

集二　38　0024　長真閣詩集　〔清〕席佩蘭著

上海掃葉山房印　民國九年　六卷　二册

集二　38　0025　敬恕堂詩存　〔清〕方積著

六卷　四册

集二　38　0037　二知軒詩鈔　〔清〕方濬頤著

同治五年　二十四卷　十二册

集二　38　0044　讀我書齋詩草（附啓稟稿）　〔清〕唐李杜著

讀我書齋刊　咸豐八年　二十四卷　十二册

集二　38　0044　玞泉草廬詩鈔　〔清〕廖樹蘅著

四卷　二册

集二　38　0044　補竹山房詩草　〔清〕章藩著

咸豐七年刊　四卷　二册

集二　38　0137　詒清堂稿　〔清〕譚祖同著

同治十三年　一卷　一册

集二　38　0183　梅丞詩存　〔清〕譚錫洪著

同治十三年　二卷　一册

集二　38　0193　知退齋詩　〔清〕譚光祥著
同治十三年　四卷　一册
集二　38　0193　鐵簫詩稿　〔清〕譚光祜著
同治十三年　二卷　一册
集二　38　0195　紉芳齋詩稿　〔清〕譚尚忠著
同治十三年　二卷　一册
集二　38　0330　抱冲齋詩集　〔清〕斌良著
湘南薇垣官署重刊　光緒五年　七十一卷　十二册　二部
集二　38　0404　紉秋山舘詩鈔　〔清〕謝章華著
四卷　四册
集二　38　0413　養默山房詩稿　〔清〕謝元准著
嘉慶二十一年刊　四十卷　十册　二部
集二　38　0413　又
三十八卷　十册
集二　38　0724　養知書屋詩集　〔清〕郭嵩燾著
光緒十八年　十五卷　四册
集二　38　0724　雲臥山莊別集　〔清〕郭崑燾著
湘陰郭氏岵瞻堂刊　光緒十年　五卷　二册
集二　38　0724　雲臥山莊詩集　〔清〕郭崑燾著
湘陰郭氏岵瞻堂刊　光緒十一年　十卷　五册
集二　38　0811　隨村詩集　〔清〕施瑮著
六卷　二册
集二　38　0819　雪門詩草　〔清〕許瑶光著
同治十三年　十四卷　六册　二部
集二　38　0822　通雅堂詩鈔　〔清〕施山著
荆州刊　光緒元年　十二卷　四册
集二　38　0822　叢桂山房詩鈔　〔清〕許鑾著
民國十一年　二卷　二册

集二　38　0823　江上吟　〔清〕許紹沅著
　同治十二年　六卷　二册
集二　38　0841　芋畹詩集　〔清〕許七雲著
　六卷　二册
集二　38　1010　北郭詩帳　〔清〕丁丙著
　正修堂堂丁氏雕　光緒二十五年　二卷　二册
集二　38　1013　突星閣詩鈔　〔清〕王戩著
　十五卷　殘存五册
集二　38　1020　虚受堂詩存　〔清〕王先謙著
　平江蘇氏刊　光緒二十八年　十六卷　四册
集二　38　1020　雨香書屋詩鈔　〔清〕雷以諴著
　鄂垣江漢書院刊　同治五年　六卷　三册
集二　38　1032　信甫遺稿　〔清〕王家仕著
　監利王氏刊　同治十一年　三卷　一册
集二　38　1033　養拙齋集　〔清〕王必達著
　光緒十六年　十四卷　四册　二部
集二　38　1033　塞垣集　〔清〕王定安著
　京師書局刊　宣統三年　六卷　一册
集二　38　1034　雲海樓詩稿　〔清〕王治模著
　長沙荷泗書局刊　光緒元年　四卷　二册
集二　38　1034　小初詩稿　〔清〕王之藩著
　光緒十四年　三十七卷　六册
集二　38　1034　小初詩草　〔清〕王之藩著
　光緒十二年續刊　三十卷　四册
集二　38　1037　圭復詩詩集　〔清〕王啓原著
　民國四年　十六卷　四册
集二　38　1041　淵雅堂編年詩稿　〔清〕王芑孫著
　殘存二册

集二　38　1042　聽園詩鈔　〔清〕王楷著
　長沙刊　光緒五年　十六卷　四册
集二　38　1043　漁洋詩續集　〔清〕王士禛著
　康熙二十三年　十六卷　四册
集二　38　1043　精華録　〔清〕王士禛著　〔清〕金榮箋
　寶華順刊　十二卷　八册
集二　38　1043　精華録訓纂　〔清〕王士禛著　〔清〕惠棟編
　會稽徐氏述史樓重刊　光緒十七年　十卷　十二册
集二　38　1043　漁洋山人精華録箋註　〔清〕王士禛著　〔清〕金榮箋註
　石印本　十三卷　十二册
集二　38　1043　又
　鳳翽堂藏版　十三卷　八册
集二　38　1043　雍益集　〔清〕王士禛著
　康熙三十六年　一卷　一册
集二　38　1043　南海集　〔清〕王士禛著
　康熙三十六年　二卷　一册
集二　38　1043　漆室吟　〔清〕王柏心著
　咸豐七年　九卷　四册　二部
集二　38　1044　緑陰山館詩鈔　〔清〕王樹桐著
　同治二年刊　二册
集二　38　1054　求放心齋詩鈔　〔清〕石振鋆著
　民國十三年　二卷　一册
集二　38　1062　琳齋詩稿　〔清〕王景彝著
　寶善書屋刊　光緒十六年　六册　二部
集二　38　1088　寄嶽雲齋試帖　〔清〕聶銑敏著
　寶善堂刊　光緒八年　四卷　四册
集二　38　1104　張南湖詩詞存　〔清〕張應蘭著
　民國七年　一册

集二　38　1104　張南湖旅懷小草　〔清〕張應蘭著
民國十年　一册
集二　38　1110　且甌集　〔清〕項霽著
九卷　二册
集二　38　1110　艷雪堂詩集　〔清〕張晉著
嘉慶十二年　四卷　四册
集二　38　1111　崇蘭堂詩初存　〔清〕張預著
光緒二十年　十卷　二册
集二　38　1117　退思軒詩集（附補遺）　〔清〕張百熙著
上海會文堂印　宣統三年　六卷　二册
集二　38　1120　小琅環園詩録（附集詞句）　〔清〕張修府著
長沙刊　光緒七年　九卷　二册
集二　38　1127　聽松廬詩略　〔清〕張維屏著
同治十年　二卷　一册
集二　38　1127　松心詩録　〔清〕張維屏著
咸豐四年　十卷　二册
集二　38　1133　水屋賸稿　〔清〕張道渥著
夢覺草堂藏版　光緒十一年　二卷　二册
集二　38　1133　張文襄公詩集　〔清〕張之洞著
上海集益書局　民國六年　四卷　四册
集二　38　1134　延秋吟館詩鈔　〔清〕張蓮桂著
光緒十一年重刊　八卷　二册
集二　38　1137　梅墅詩鈔　〔清〕張啓鵬著
有石山房刊　道光二十八年　八卷　二册
集二　38　1138　濂亭遺詩　〔清〕張裕釗著
鄂城刊　宣統二年　存二卷　存一册
集二　38　1140　等閒集詩鈔（附蘇亭詩話）　〔清〕張敬謂著
殘存一册

集二　38　1141　晴嵐詩存　〔清〕張若靄著
二卷　二册
集二　38　1173　亥白詩草　〔清〕張問安著
玉燕堂刊　光緒七年　八卷　四册
集二　38　1175　白蕤詩集　〔清〕張開東著
棗存園刊　十七卷　八册
集二　38　1177　船山詩草　〔清〕張問陶著
經文堂刊　嘉慶二十年　二十卷　八册
集二　38　1177　又（附補遺）
嘉慶四年刊　共二十六卷　八册
集二　38　1177　張船山詩註釋　〔清〕張問陶著　〔清〕李岑註
席珍山館刊　同治九年　二十卷　十六册
集二　38　1188　躬厚堂詩集（附詞録）　〔清〕張金鏞著
共十三卷　四册
集二　38　1272　紅葉讀書樓詩草　〔清〕孫殿齡著
八卷　二册
集二　38　1288　好深湛思室詩存　〔清〕孫義鈞著
同治六年　二十二卷　四册　二部
集二　38　1717　荻訓堂詩鈔　〔清〕鄧琛著
同治六年　五卷　五册
集二　38　1717　又
二册
集二　38　1723　尹文端公詩集　〔清〕尹繼善著
十卷　六册
集二　38　1747　半巖廬詩集　〔清〕邵懿辰著
光緒三十四年　一册
集二　38　1752　白香亭詩草　〔清〕鄧輔綸著
東河督署刊　光緒十九年　三卷　二册

集二　38　1752　白香亭詩存（附和陶詩）　〔清〕鄧輔綸著

民國九年　二卷　二册

集二　38　1760　石臼集　〔清〕邢昉著

光緒八年　十六卷　六册

集二　38　1763　南邨草堂詩鈔　〔清〕鄧顯鶴著

道光九年　十四卷　六册

集二　38　1789　曲溪詩集　〔清〕鄧錦堂著

民國十三年　四卷　三册

集二　38　2039　續香齋詩集　〔清〕喬遠炳著

道光九年　四卷　四册

集二　38　2046　丹魁堂詩集（附韻茗軒詩）　〔清〕季芝昌著

紫琅寓舘重刊　同治六年　八卷　三册

集二　38　0246　又（附外集）

紫琅寓舘刊　同治四年　十一卷　五册

集二　38　2048　蘿藦亭遺詩　〔清〕喬松年著

皖城刊　光緒七年　四卷　四册

集二　38　2058　西垣詩鈔（附黔苗竹枝詞）　〔清〕毛貴銘著

咸豐十年　三卷　二册

集二　38　2124　東洲草堂詩鈔（附詞）　〔清〕何紹基著

長沙無園刊　同治六年　共二十八卷　六册

集二　38　2124　又

三十卷　十册

集二　38　2124　使黔草　〔清〕何紹基著

二卷　一册

集二　38　2135　伍比部詩集　〔清〕伍兆鰲著

光緒二十四年　六卷　二册

集二　38　2143　悔餘樂府（江風集）　〔清〕何栻著

咸豐八年　五卷　四册

集二　38　2143　悔餘菴樂府　〔清〕何栻著
鳩江戎屋刊　同治四年　二册
集二　38　2154　柳汁詠舫詩草（附賦草外集二種）　〔清〕何盛斯著
叙樂園刊　咸豐元年　十六卷　四册
集二　38　2168　餘甘軒詩鈔　〔清〕何曰愈著
閩南節署刊　光緒七年　十三卷　四册
集二　38　2317　澹勤室詩集　〔清〕傅壽彤著
武昌省垣刊　光緒三年　六卷　一册　二部
集二　38　2392　崇質堂詩集　〔清〕傅夑鼎著
咸豐八年　十九卷　八册
集二　38　2392　又
九卷　二册
集二　38　2410　翠筠館詩存　〔清〕魁玉著
同治七年刊　二卷　二册
集二　38　2543　壽閒齋吟草　〔清〕朱葵之著
光緒十年　八卷　二册
集二　38　2543　妙吉祥室詩鈔　〔清〕朱葵之著
光緒十年　十五卷　六册
集二　38　2610　蓮洋集　〔清〕吴雯著　〔清〕王士禎評
夢鶴草堂藏版　乾隆十七年　十三卷　七册
集二　38　2610　又
臨汾劉氏刊　乾隆十七年　十二卷　六册
集二　38　2619　小梅花館詩集（附詞）　〔清〕吴廷燮著
光緒四年　九卷　四册
集二　38　2620　韻雅（附古蹟詩鈔）　〔清〕吴采著
魁峯居業廬刊　嘉慶二十三年　六卷　四册
集二　38　2623　吴梅村詩集　〔清〕吴偉業著
新化三味堂刊　光緒二十年　十八卷　十四册

集二　38　2623　吴梅村詩集箋註　〔清〕吴偉業著　〔清〕吴翌鳳註
　湖北官書局刊　光緒十年　十二册
集二　38　2623　吴詩集覽　〔清〕吴偉業著　〔清〕靳榮藩輯
　凌雲亭刊　乾隆四十年　二十卷　十六册
集二　38　2623　蘇香山館詩鈔　〔清〕吴嵩梁著
　嘉慶二十三年　三十卷　八册
集二　38　2623　程玉樵詩稿　〔清〕程德潤著
　咸豐四年　四卷　二册
集二　38　2630　泛梗集　〔清〕吴之章著
　民國三年　八卷　二册
集二　38　2631　古微堂詩集　〔清〕魏源著
　同治九年　十卷　四册
集二　38　2634　維周詩鈔　〔清〕程之禎著
　确園刊　同治十一年　十六卷　四册　三部
集二　38　2642　三恥齋初稿　〔清〕吴坤修著
　鳩江半畝園刊　同治二年　十四卷　三册
集二　38　2644　硯壽堂詩鈔（附續鈔）　〔清〕吴存楷著
　鄂垣重刊　光緒十二年　十一卷　二册
集二　38　2664　拙菴詩草　〔清〕程思培著
　宣統元年刊　存二册
集二　38　2678　小竹園詩鈔　〔清〕程開鎮著
　光緒三十二年　二卷　一册
集二　38　2694　十國宫詞　〔清〕吴省蘭著
　淮南書局刊　同治十二年　一册
集二　38　2704　四憶堂詩集　〔清〕侯方域著
　六卷　二册
集二　38　2730　雪麗詩鈔全集　〔清〕向兆麟著
　時晴山房刊　二十一卷　四册

集二　38　2733　耕雲别墅詩集　〔清〕鄔啓祚著
　宣統三年　一册
集二　38　2733　儉重堂詩　〔清〕紀邁宜著
　乾隆二十四年　十三卷　六册
集二　38　2733　智因閣詩集（附詩餘）　〔清〕鄔道源著
　宣統元年　一册
集二　38　2741　葭湄詩草　〔清〕向志琳著
　光緒十三年　一册
集二　38　2746　鮑覺生詩集　〔清〕鮑桂星著
　十九卷　六册
集二　38　2802　思補齋詩鈔（附年譜）　〔清〕徐廣縉著
　鹿邑徐氏家刊　光緒十八年　共四卷　四册
集二　38　2814　分緑軒詩集　〔清〕徐聯蓉著
　民國五年　一册
集二　38　2820　黄郛草堂詩鈔　〔清〕徐受著
　紅豆山齋刊　道光二十年　六卷　二册
集二　38　2820　又
　古松書屋刊　同治十年　八卷　二册
集二　38　2834　蕭然自得齋詩集　〔清〕徐漢蒼著　〔清〕恩錫選
　光緒二年　八卷　四册
集二　38　2840　洪樂集　〔清〕徐韋著
　同治二年　二卷　二册
集二　38　2844　蒻水山館詩鈔　〔清〕徐莊燾著
　一册
集二　38　2898　含清堂詩存　〔清〕徐光第著
　汴城刊　同治三年　十卷　四册
集二　38　2899　懷古田舍詩節鈔　〔清〕徐榮著
　錦城節署刊　同治三年　六卷　六册　二部

集二　38　3000　敦教堂詩鈔　〔清〕官文著
同治二年　八卷　四册
集二　38　3000　又
八册
集二　38　3014　賦梅書屋詩續集　〔清〕宋廷樑著
江西刊　光緒二十一年　九卷　一册
集二　38　3047　佩蘅詩鈔　〔清〕寶鋆著
咸豐九年刊　八卷　四册
集二　38　3048　綺雲樓雜著（附曇華吟）　〔清〕寶士鏞著
宣統元年　一册
集二　38　3061　心鐵石齋存稿（一名宋誦梅堂詩鈔）　〔清〕宋鳴琦著
文成堂刊　四十卷　十册
集二　38　3100　可自怡齋試帖註釋　〔清〕顧文斌著
二卷　二册
集二　38　3131　小山泉閣詩存　〔清〕汪爲霖著
道光二十年　八卷　四册
集二　38　3136　柏井集　〔清〕汪昶著
菜根書局刊　同治元年　六卷　二册
集二　38　3153　江忠烈公集　〔清〕江忠源著　〔清〕左宗植等校
長沙刊　咸豐六年　一册
集二　38　3188　知白齋詩鈔　〔清〕江人鏡著
四卷　二册
集二　38　3191　亭林詩集　〔清〕顧炎武著
湖南書局刊　光緒二年　五卷　二册
集二　38　3191　道華堂集略　〔清〕馮焯著
笠尉亭刊　四卷　一册
集二　38　3233　西圃集（附續集）　〔清〕潘遵祁著
十四卷　四册

集二　38　3282　陔蘭書屋集　〔清〕潘曾綬著
　十卷　三册
集二　38　3289　芸館簪毫集　〔清〕潘曾瑩著
　一册
集二　38　3444　黄山詩留　〔清〕法若真著
　殘存四册
集二　38　3444　玉笙樓詩録　〔清〕沈壽榕著
　光緒九年　十二卷　六册　二部
集二　38　3475　古香樓遺稿　〔清〕沈長春著
　嘉慶二十五年　十卷　四册
集二　38　3620　悦親樓詩集　〔清〕祝德麟著
　姑蘇張遇清局刊　三十卷　八册
集二　38　3635　金源紀事詩　〔清〕湯運泰著
　淮南書局刊　同治十二年　八卷　四册
集二　38　3663　琴隱園詩集（附詞）　〔清〕湯貽汾著
　同治十三年　四十卷　八册
集二　38　3708　藤花吟館詩鈔　〔清〕梁章鉅著
　十卷　四册
集二　38　4000　嗣統述聖詩　〔清〕嘉慶御撰
　二册
集二　38　4017　悦亭詩稿　〔清〕李豫著
　乾隆三十二年　二卷　二册
集二　38　4017　邃懷党詩鈔　〔清〕袁翼著
　咸豐七年刊　九卷　四册
集二　38　4022　瑶華閣詩集　〔清〕袁綬著
　同治六年　二册　二部
集二　38　4023　韋廬詩集　〔清〕李秉禮著
　知稼堂刊　嘉慶二十四年　八卷　四册

集二　38　4032　少鶴詩鈔　〔清〕李憲喬著
光緒十二年　十三卷　二册
集二　38　4036　叔白詩鈔　〔清〕李憲暠著
光緒十二年　一册
集二　38　4038　負園詩存　〔清〕李永鎮著
一册
集二　38　4041　逌華廬詩存　〔清〕李楨著
光緒十八年　四卷　二册
集二　38　4044　天瘦閣詩半　〔清〕李士棻著
上海排印本　光緒十一年　六卷　三册
集二　38　4046　二水樓詩集　〔清〕李如旻撰
十八卷　六册
集二　38　4047　道古堂詩集　〔清〕杭世駿著
二十六卷　五册
集二　38　4048　小蒼山房詩集　〔清〕袁枚著
三十六卷　十册
集二　38　4053　希古山房詩草　〔清〕李揚清著
光緒六年　四卷　一册
集二　38　4074　崇實堂詩集　〔清〕李長郁著
十四卷　三册
集二　38　4097　石桐詩鈔　〔清〕李懷民著
光緒十二年　一册
集二　38　4218　賜龍堂詩稿　〔清〕彭瑞毓著
同治十年　八卷　四册
集二　38　4222　測海集　〔清〕彭紹升著
嘉慶二十四年　六卷　二册
集二　38　4228　山中草　〔清〕彭崧毓著
同治二年　一卷　一册

集二 38 4228 雲南風土紀事詩 〔清〕彭崧毓著
同治二年 一册 二部

集二 38 4236 適黿詩集 〔清〕彭湘著
安徽學院署刊 光緒元年 十四卷 四册 二部

集二 38 4237 類林新詠 〔清〕姚之駰著
康熙四十七年 三十六卷 十册 二部

集二 38 4237 又
十六册

集二 38 4240 松風閣詩鈔 〔清〕彭藴章著
同治七年 二十六卷 八册

集二 38 4299 後湘詩集（附先德傳） 〔清〕姚瑩著
嘉慶十九年 二十一卷 四册

集二 38 4401 萃錦唫 〔清〕恭親王集唐
十一卷 八册

集二 38 4401 思貽堂詩集 〔清〕黄文琛著
同治十一年 二十四卷 六册

集二 38 4410 古峯詩草 〔清〕萬瑞旒著
光緒卅一年 十卷 四册

集二 38 4412 雙棲草堂詩鈔 〔清〕黄正紳著
福州寶華公司印 民國十九年 四卷 一册

集二 38 4422 林霽軒遺集 〔清〕林鸞著
民國十年 二卷 一册

集二 38 4423 敦夙好齋詩集 〔清〕葉名澧著
光緒十六年 二十三卷 八册 二部

集二 38 4430 雪竹樓詩稿 〔清〕黄道讓著
十五卷 六册

集二 38 4430 味腴軒詩稿 〔清〕封祝唐著
光緒十九年 四卷 一册

集二　38　4431　郢雪堂詩選　〔清〕杜洁澐著
嘉魚學署刊　光緒十二年　二卷　二册

集二　38　4432　吟梅仙館詩詞稿　〔清〕蔣汝僩著
民國十七年　一册

集二　38　4432　紫櫻仙館詩詞草　〔清〕蔣汝倫著
民國八年　一册

集二　38　4433　黄公度詩箋　〔清〕黄遵憲著　〔清〕古直箋
上海聚珍仿宋印書局製版　民國十六年　三卷　一册

集二　38　4433　勒公象遺詩　〔清〕勒深之著
二册

集二　38　4434　大潙山房遺稿　〔清〕黄湘南著
九卷　二册

集二　38　4441　茶香閣遺草　〔清〕黄婉璚著
一卷　一册

集二　38　4443　慎自怡園吟草　〔清〕范希蓮著
慎自怡園刊　光緒三十一年　四卷　一册

集二　38　4443　又
二卷　二册

集二　38　4444　讀易吟　〔清〕黄華著
乾隆十七年　八卷　四册

集二　38　4448　忠雅堂詩集（附詞集）　〔清〕蔣士銓著
益州刊本　共三十一卷　六册

集二　38　4448　忠雅堂詩集　〔清〕蔣士銓著
藏園重刊本　三十一卷　六册

集二　38　4448　怡雲草堂詩詞存　〔清〕蔣大鏞著
民國十七年　一册

集二　38　4457　三長物齋詩略　〔清〕黄本驥著
教澤堂刊　道光二十七年　六卷　二册

集二　38　4457　三十六灣草廬稿　〔清〕黄本驥著
　三長物齋叢書本　十卷　三册
集二　38　4460　紅樓夢二百咏　〔清〕黄昌麟著　〔清〕丁日昌評
　上海石竹山房石印　民國六年　二卷　二册
集二　38　4462　兩當軒詩詞鈔　〔清〕黄景仁著
　菲古山房刊　十六卷　四册
集二　38　4472　補蹉跎齋詩存　〔清〕萬同倫著
　長安刊　光緒十一年　一册
集二　38　4492　魯叟詩集　〔清〕黄小魯著
　民國元年刊　三卷　三册
集二　38　4493　倚晴樓詩集　〔清〕黄燮清著
　海鹽拙宜園刊　咸豐七年　十二卷　二册
集二　38　4493　倚晴樓詩續集　〔清〕黄燮清著
　同治九年　四卷　一册
集二　38　4630　有真意齋詩集　〔清〕賀祥麟著
　南昌縣署刊　光緒八年　六卷　二册
集二　38　4633　冠悔堂詩鈔　〔清〕楊浚著
　光緒十八年　八卷　八册
集二　38　4664　坦園詩録　〔清〕楊恩壽著
　長沙楊氏坦園刊　光緒四年　十四卷　三册
集二　38　4727　姑誦草堂遺稿　〔清〕胡鼎臣著
　成山草廬刊　同治十二年　二卷　二册
集二　38　4735　尊聞堂詩集　〔清〕胡兆春著
　同治六年　十六卷　六册　二部
集二　38　4741　香雪亭詩集　〔清〕胡翹霜著
　浣花齋藏版　嘉慶二十四年　八卷　四册　二部
集二　38　4816　慎自愛軒録存　〔清〕梅雨田著
　光緒十四年　十二卷　四册

集二　38　4905　娵隅集　〔清〕趙文哲著

乾隆五十四年　十卷　二册

集二　38　4944　林臥遥集　〔清〕趙吉士著

三卷　四册

集二　38　5004　堂圃詩鈔　〔清〕秦文樸著

江夏吴氏刊　一册

集二　38　5015　蔗餘軒詩鈔　〔清〕車元春著

鄂垣刊　同治十二年　六卷　二册

集二　38　5022　廿四史宫詞　〔清〕史香崖著

上海著易堂印　民國十年　二十卷　六册

集二　38　5099　上海縣竹枝詞　〔清〕秦榮光著

上海著易堂印　光緒三十四年　一册

集二　38　5360　鬱華閣遺集　〔清〕盛昱著

武昌刊　一册　二部

集二　38　5523　鬻字齋詩略　〔清〕曹允源著

光緒二十二年　四卷　一册

集二　38　6010　古歡堂詩集　〔清〕田雯著

十五卷　四册

集二　38　6011　誦芬堂詩草　〔清〕羅廷琛著

穗城刊　光緒二十三年　一册

集二　38　6021　且館詩　〔清〕易鼎元著

光緒十七年　四卷　四册

集二　38　6024　子固齋詩存　〔清〕田維翰著

石印本　民國四年　一册

集二　38　6092　集義軒詠史詩鈔　〔清〕羅惇衍著

光緒三年　六十卷　十二册

集二　38　6616　柯家山館遺詩　〔清〕嚴元照著

嘉慶二十二年　六卷　三册

集二　38　6633　瞿文慎公詩選遺墨　〔清〕瞿鴻禨著并手書
民國八年　四卷　四册　二部

集二　38　6649　漢南感舊集　〔清〕嚴如熤著
三卷　一册

集二　38　6691　聽月樓詩鈔　〔清〕嚴恒著
上海石印本　光緒二十八年　二卷　二册

集二　38　6802　春草園詩集　〔清〕喻文鑾著
同治十年　二册

集二　38　6805　紅蕉山館詩鈔　〔清〕喻文鏊著
道光三年　十二卷　四册

集二　38　6874　一勺庭詩鈔　〔清〕喻同模著
同治十二年　六卷　二册

集二　38　7221　卉庵詩鈔（附劉昺炎詩鈔一卷）　〔清〕劉仲瑊著
光緒三十年　十卷　二册

集二　38　7221　朔風吟略　〔清〕劉秉琳著
津門道署刊　光治二年　十一卷　二册

集二　38　7224　重生詩草　〔清〕劉維楨著
隨州軍次刊　同治四年　六卷　二册

集二　38　7226　存吾春齋詩鈔　〔清〕劉繹著
同治五年　十卷　二册

集二　38　7226　又
十三卷　三册

集二　38　7230　青藜閣詩鈔　〔清〕劉鴻庚著
光緒二十四年　一册

集二　38　7234　小桑園詩草　〔清〕劉鴻藻著
小桑園刊　光緒十八年　一册

集二　38　7243　劉文恪詩集　〔清〕劉權之著
映藜書屋重刊　光緒五年　四卷　四册

集二　38　7270　鶴聲詩存　〔清〕劉長謙著

溧新書屋刊　光緒二年　四卷　四册

集二　38　7274　梧孫行吟草　〔清〕劉興樾著

種墨草堂刊　道光二十四年　二卷　二册　二部

集二　38　7404　抱真書屋詩鈔　〔清〕陸應穀著

道光二十四年　八卷　二册

集二　38　7410　歛齋詩稿　〔清〕陸元文著

四卷　二册

集二　38　7422　崧浦草堂詩集　〔清〕陸我嵩著

咸豐元年　六卷　二册

集二　38　7422　意苕山館詩稿　〔清〕陸嵩著

光緒十八年　十六卷　四册

集二　38　7482　篁村詩集　〔清〕陸錫熊著

陸氏家刊本　道光二十九年　十二卷　四册

集二　38　7503　秣陵集（附圖表）　〔清〕陳文述著

淮南書局刊　光緒十年　六卷　三册

集二　38　7514　太乙舟詩集　〔清〕陳石士著

孝友常藏版　咸豐四年　十三卷　六册

集二　38　7522　湖海樓詩集　〔清〕陳維崧著

八卷　二册

集二　38　7530　簡學齋詩集（附賦鈔試律）　〔清〕陳沆著

咸豐二年　八卷　六册

集二　38　7531　席門集　〔清〕陳海霖著

十六卷　四册

集二　38　7543　陳比部遺集　〔清〕陳壽祺著

安順堂刊　二卷　一册

集二　38　7548　三香吟館詩鈔　〔清〕陳萬全著

道光十年　十卷　二册

集二　38　7560　緑蕉館詩鈔（原題陳氏家集）　〔清〕陳景高著
同治十三年　四卷　四册
集二　38　7586　蕉雲詩鈔　〔清〕陳錦著
光緒五年　一册
集二　38　7701　湘麋閣遺集　〔清〕陶方琦著
鄂局刊　光緒十六年　六卷　二册
集二　38　7723　硐東詩鈔　〔清〕歐陽紹洛著
道光六年　十卷　二册
集二　38　7726　夫椒山館詩集　〔清〕周儀暐著
味塵軒刊　道光二十七年　二十二卷　六册
集二　38　7733　鼻盦詩稿　〔清〕歐陽述著
四卷　二册
集二　38　7734　水竹主人詩鈔（附繡餘小草）　〔清〕周之楷著
光緒十一年　十二卷　六册
集二　38　7744　屈翁山詩集　〔清〕屈大均著　〔清〕徐肇元選
順治年間刊　八卷　四册
集二　38　7744　東崗詩賸　〔清〕周有聲著
夷白齋刊　嘉慶二十年　十四卷　二册
集二　38　7744　瓶城山館詩鈔　〔清〕周劭著
菊隱園刊　十六卷　八册
集二　38　7747　紅豆書館詩集（附詞）　〔清〕陶樑著
百梅書屋刊　存十八卷　殘存五册
集二　38　8000　蟄廬遺集　〔清〕俞文詔著
俞氏清蔭堂刊　光緒二十一年　一册
集二　38　8033　印雪軒詩鈔　〔清〕俞鴻漸著
上海掃葉山房印　民國六年　十六卷　四册
集二　38　8045　寓庸室遺詩　〔清〕余坤著
一册

集二　38　8481　十國雜事詩　〔清〕饒智元著
竹素齋叢書本　光緒十七年　十九卷　四册

集二　38　8481　明宫雜咏　〔清〕饒智元著
二十卷　六册

集二　38　8700　久芬室詩集　〔清〕鄭襄著
石門官廨刊　光緒二十一年　六卷　二册

集二　38　8720　瓶水齋詩集　〔清〕舒位著
光緒十二年　二十卷　八册

集二　38　8720　又
十八卷　六册

集二　38　8742　鄭孝廉遺稿　〔清〕鄭壽黎著
一册

集二　38　8790　雪杖山人詩集　〔清〕鄭炎著
嘉慶六年　八卷　四册

集二　38　8824　萬緑草堂詩集　〔清〕管繩萊著
徑北書屋刊　光緒十二年　二十卷　四册

集二　38　9021　藏暉閣詩稿　〔清〕釋惟虚著
同治十二年　十卷　二册

三九　民國

集二　39　0847　碧梧軒詩草　許桐著
民國十六年　一册

集二　39　1048　蓮友齋詩鈔　王希曾著
漢口振華印書館印　宣統二年　二卷　二册

集二　39　1073　湘綺樓詩集（附夜雪集）　王闓運著
東州講舍刊　光緒二十六年　九卷　四册

集二　39　2549　覺今是齋詩集　朱桂榮著

民國十年　三卷　一册

集二　39　2604　簳珠仙館詩存　吴慶燾著

民國十五年　八卷　二册

集二　39　2622　小瓶花齋詩集　吴允徠著

八卷　一册

集二　39　2626　程一夔詩甲集　程先甲著

一册

集二　39　2626　程一夔詩乙集　程先甲著

一册

集二　39　2639　雙峯詩遺　吴寶炬著

民國十一年　一册

集二　39　2684　石巢詩集　程頌萬著

民國十二年　十二卷　二册

集二　39　3084　小緑天盦詩詞草　竇鎮著

民國八年　四卷　一册

集二　39　4032　一粟樓遺稿　李家孚著

民國十八年　二卷　一册

集二　39　4039　始奏集　李家煌著

常熟楊氏印　民國十七年　一册

集二　39　4070　治平吟草（附録四種）　李學詩著

雲南李氏刊　四卷　八册

集二　39　4478　檀郎綺語　林鳳鈞著

石印本　宣統二年　二卷　一册

集二　39　4490　凹園詩鈔　黄榮康著

民國十年　二卷　一册

集二　39　4613　壼菴詩鈔　楊承禧著

民國四年　二十八卷　五册　三部

集二　39　4642　江山萬里樓詩詞鈔　楊圻著

上海中華書局　民國十五年　十七卷　二册

集二　39　4786　西麓詩草　胡介昌著

一册

集二　39　5033　秦伯未詩　秦之濟著

上海秦氏醫室藏版　民國十九年　一册

集二　39　6022　燕榻集　魂西集　易順鼎著

長沙刊　光緒二十七年　共八卷　二册　二部

集二　39　6022　廬餘集（附仿擊鉢吟集韓）　易順鼎著

共四卷　二册

集二　39　7173　詠清史詩五絶三百首　馬駿著

民國十三年　一册

集二　39　7542　海漚詩草　陳韜著

益善書局　民國十五年　二卷　一册

集二　39　7701　之江濤聲　東華塵夢　海岸梵音　周慶雲著

夢坡室刊　共一册

集二　39　7744　沈觀齋詩　周樹模著

龍江節署石印　宣統二年　二卷　二册

集二　39　8011　天放樓詩集　金天羽著

民國十一年　九卷　二册

集二　39　8014　自娱吟草　金廷桂著

民國十年　四卷　一册

集二　39　8020　勁草堂詩集　姜繼襄著

民國十一年　二册

集二　39　8020　又

一册　二部

集二　39　8020　勁草堂叢稿　姜繼襄著

民國十七年　一册

四〇　文

四四　唐

集二　44　1240　孫可之文集　〔唐〕孫樵著
上海會文堂石印　民國十四年　二卷　一册

集二　44　4027　李文公集（附補遺）　〔唐〕李翺著
讀有用書齋刊　光緒元年　十九卷　四册

集二　44　4432　絳守居園池註　〔唐〕樊宗師撰　〔元〕趙仁舉等注
紹興樊氏重刊　民國八年　一册

集二　44　4432　絳守居園池記註　〔唐〕樊宗師撰　〔清〕趙師尹註
山陰樊氏綿絳書屋刊　民國八年　一册

集二　44　4432　絳守居園池記　〔唐〕樊宗師撰　〔清〕趙師尹註
山陰樊氏印　一册

集二　44　4432　樊紹述集註　〔唐〕樊宗師撰　〔清〕孫之騄集註
紹興樊氏家刊　二册

集二　44　4432　絳守居園池記　〔唐〕樊宗師撰　〔清〕張子特輯註
一册

集二　44　4432　樊子　〔唐〕樊宗師撰　〔清〕胡世安輯注
紹興樊氏刊　一册

集二　44　4731　柳河東文集　〔唐〕柳宗元著
上海會文堂印　宣統二年　六卷　六册

四五　宋

集二　45　1031　王臨川文集　〔宋〕王安石著
上海會文堂印　宣統二年　四卷　四册

集二　45　1046　王魯齋集　〔宋〕王柏著　〔清〕胡鳳丹校
退補齋刊　十卷　四册
集二　45　1047　王忠文公全集　〔宋〕王十朋著
雁就堂藏版　雍正六年　二十四卷　四册
集二　45　2540　朱子古文讀本　〔宋〕朱熹著　〔清〕周大璋編次
喜聞過齋刊　道光十三年　六卷　六册
集二　45　2318　鶴山文鈔（附周禮折衷　師友雅言）　〔宋〕魏了翁著
望三益齋刊　同治十三年　共三十七卷　十二册
集二　45　4423　范文正公文集　〔宋〕范仲淹著　〔清〕柳福培訂
存愚山房重刊　光緒元年　十卷　四册
集二　45　4430　水心文鈔　〔宋〕葉適著　〔清〕方棨如選
希古堂刊　十卷　四册
集二　45　4430　水心别集　〔宋〕葉適著
同治九年　十六卷　四册
集二　45　4453　東坡集（附目録）　〔宋〕蘇軾著
眉州三蘇祠刊　道光十二年　存三十八卷　殘存三十册
集二　45　4458　蘇文定公文鈔　〔宋〕蘇轍著　〔明〕茅坤評
二十卷　九册
集二　45　6020　羅豫章集　〔宋〕羅從彦著
光緒八年　十四卷　四册
集二　45　7438　陸務觀文鈔　〔宋〕陸游著
明刻本　一册
集二　45　7500　陳龍川文粹　〔宋〕陳亮著　〔日本〕佐藤一齋校訂
日本嵩山堂刊　六卷　六册
集二　45　8017　曾南豐文集　〔宋〕曾鞏著
上海會文堂印　宣統二年　四卷　二册

四六　金元

集二　46.3　1047　元遺山文選　〔金〕元好問著
道光二十五年　七卷　三册

集二　46.4　2637　吴草廬文選　〔元〕吴澄著
道光二十五年　六卷　三册

四七　明

集二　47　1017　王太史夢澤集　〔明〕王廷陳著　〔清〕王家璧校
江漢書院刊　十四卷　四册

集二　47　1021　謀野集鈔　〔明〕王穉登著　劉瑗録
黄安劉氏五車社校印　宣統元年　一册

集二　47　1042　讀書後　〔明〕王世貞著
味菜廬集印　八卷　四册

集二　47　2171　熊魚山文集　〔明〕熊開元著
冷然閣刊　光緒二十一年　二卷　二册

集二　47　2749　歸熙父文鈔　〔明〕歸有光著
明刻本　一册

集二　47　2818　始豐稿　〔明〕徐一夔著
錢塘丁氏嘉惠堂刊　光緒二十年　十六卷　四册

集二　47　3812　海忠介公集　〔明〕海瑞著
六卷　四册

集二　47　4444　天傭子集　〔明〕艾南英著
梯雲書屋刊　十卷　十册

集二　47　4444　天傭子文　〔明〕艾南英著
四册

集二　47　4635　楊忠烈遺集　〔明〕楊漣著

鄂城第二中學鉛印本　宣統二年　二册

集二　47　4644　東里文集（附別集年譜）　〔明〕楊士奇著

西昌楊氏敦中堂刊　光緒二年　二十五卷　九册

集二　47　7231　丘文莊集　〔明〕丘濬著

八卷　四册

集二　47　7237　蕺山文粹　〔明〕劉宗周著

海天旭日研齋刊　光緒二十一年　二卷　二册　二部

集二　47　7724　南野文選　〔明〕歐陽德著　李春芳選編

蜀江書室刊　道光五年　五卷　四册

集二　47　8047　金忠節公文集　〔明〕金聲著

嘉魚檜蔭山房刊　光緒三年　八卷　四册

集二　47　8047　又

黟邑李氏刊　光緒十四年　八卷　四册

四八　清

集二　48　0041　思綺堂四六文集　〔清〕章藻功著

善成堂刊　十卷　十册　二部

集二　48　0044　方望溪全集（附年譜）　〔清〕方苞著

咸豐元年重刊　共三十二卷　十二册

集二　48　0060　縱釣居文集　〔清〕應是著

八卷　四册

集二　48　0078　萬善花室文稿（附齊雲山人文集）　〔清〕方履籛著

共七卷　三册

集二　48　0121　定盦文集　〔清〕龔自珍著

國學扶輪社鉛印　宣統元年　三卷　一册

集二　48　0121　定盦文集補編　〔清〕龔自珍著

平湖朱氏刊　光緒年　四卷　二册

集二　48　0128　定山堂古文小品　〔清〕龔鼎孳著
光緒六年　三卷　三册

集二　48　0408　賭棋山莊文鈔　〔清〕謝章鋌撰
南昌刊　光緒十年　七卷　四册

集二　48　0724　養知書屋文集　〔清〕郭嵩燾著
光緒十八年　二十八卷　十二册

集二　48　0771　遲雲閣文　〔清〕郭階著
二卷　一册

集二　48　1000　平養堂文編　〔清〕王文龍著
思賢書局刊　宣統三年　十卷　四册

集二　48　1000　又
六册

集二　48　1004　縵雅堂駢體文　〔清〕王詒壽著
娱園刊　光緒六年　八卷　二册

集二　48　1004　又
四册

集二　48　1020　虚受堂文集　〔清〕王先謙著
平江蘇氏刊　光緒二十六年　十六卷　六册

集二　48　1025　王巳山文集　〔清〕王步青著
敦復堂刊　乾隆十七年　十四卷　四册

集二　48　1040　白田草堂存稿　〔清〕王懋竑著
廣雅書局刊　光緒二十年　八卷　二册

集二　48　1041　惕甫未定稿　〔清〕王芑孫著
八卷　殘存四册

集二　48　1042　弢園文録外編　〔清〕王韜著
滬上刊　光緒二十三年　十二卷　六册

集二　48　1043　漁洋山人文略　〔清〕王士禎著
康熙三十四年　十四卷　四册

集二　48　1064　慎其餘齋文集　〔清〕王贈芳著
留香書屋刊　咸豐四年　二十卷　六册
集二　48　1107　閏榻集　〔清〕張望著
義寧鴻文齋印　同治三年　三十卷　十册
集二　48　1111　澄懷園文存　〔清〕張廷玉著
雲間官舍刊　光緒十七年　八册
集二　48　1115　張文貞公集　〔清〕張玉書著
松蔭堂藏版　乾隆五十七年　十二卷　八册
集二　48　1127　聽松廬駢體文鈔　〔清〕張維屏著
道光三十年　四卷　一册
集二　48　1138　濂亭文集　〔清〕張裕釗著
蘇州查氏木漸齋刊　光緒八年　八卷　二册　二部
集二　48　1138　濂亭遺文　〔清〕張裕釗著　殷應壽等校
五卷　一册
集二　48　1146　蒙泉文集　〔清〕張九思著
長沙刊　咸豐八年　四卷　二册
集二　48　1150　茗柯文編　〔清〕張惠言著
光緒七年　四卷　二册　二部
集二　48　1262　問字堂集　〔清〕孫星衍著
四明是亦軒刊　光緒十年　六卷　二册
集二　48　1262　五松園文稿（附嘉穀堂集）　〔清〕孫星衍著
奚縣朱氏家塾刊　光緒十二年　合一册
集二　48　1704　玉芝堂文集　〔清〕邵齊壽著
甯波羣玉山房刊　光緒八年　六卷　三册
集二　48　1763　南邨草堂文鈔　〔清〕鄧顯鶴著
咸豐元年　二十卷　六册
集二　48　2124　東洲草堂文鈔（附眠琴閣詩文浣月樓遺詩）　〔清〕何紹基著

二十卷　六册

集二　48　2168　存誠齋文集　〔清〕何曰愈著

皖江署瀋刊　同治五年　十二卷　四册

集二　48　2323　典學樓文鈔　〔清〕傅上瀛著

光緒十三年　四卷　二册

集二　48　2341　潛莊文鈔　〔清〕卜起元著

甬江刊　光緒五年　六卷　二册

集二　48　2530　匯源堂叢稿　〔清〕朱浩文譔

湖北官書局　光緒二十一年　六卷　二册

集二　48　2553　朱文端公文集　〔清〕朱軾著

古唐朱氏刊　八卷　六册　二部

集二　48　2600　澂潭山房文稿　〔清〕陳襄龍著

四卷　二册

集二　48　2614　拙修集　〔清〕吴廷棟著

六安求我齋刊　同治十年　十卷　四册

集二　48　2631　古微堂集　〔清〕魏源著

淮南書局刊　光緒四年　十卷　四册

集二　48　2640　雙谿文鈔　〔清〕吴翰章著

經心書院刊　光緒十一年　一册

集二　48　2641　小西腴山館文鈔　〔清〕吴大廷著

同治三年　七卷　四册

集二　48　2680　有正味齋駢體文箋　〔清〕吴錫麒著　〔清〕葉聯芬註

慈北葉氏刊　同治七年　八册　二部

集二　48　2684　拌湖文集　〔清〕吴敏樹著

思賢講舍刊　光緒十九年　十二卷　四册

集二　48　2684　拌湖文録　〔清〕吴敏樹著

八卷　四册

集二　48　2692　居易樓遺稿　〔清〕吴光熊著

湘鄉刊　光緒二十九年　二卷　二册

集二　48　2706　拙尊園叢稿　〔清〕黎庶昌著

金陵狀元閣刊　光緒二十一年　六卷　四册　二部

集二　48　2742　魯山木文集（附魯濱之文鈔）　〔清〕魯九皋著

道光十一年　十五卷　八册

集二　48　2742　翠巖雜稿　〔清〕魯九皋著

三餘書局叢書本　三卷　一册

集二　48　2763　世忠堂文集（附録二種）　〔清〕鄒鳴鶴著

同治二年　六卷　八册

集二　48　3027　躬恥齋文鈔　〔清〕宗績辰著

咸豐元年　二十五卷　十六册

集二　48　3049　確山駢體文　〔清〕宋世犖著

花雨樓刊　光緒九年　四卷　二册

集二　48　3103　汪穰卿遺著　〔清〕汪康年著

八卷　四册　二部

集二　48　3144　顯志堂集　〔清〕馮桂芬著

校邠廬刊本　光緒二年　十二卷　八册

集二　48　3148　汪梅村集　〔清〕汪世鐸著

光緒七年　十三卷　四册

集二　48　3191　亭林文集（附餘集）　〔清〕顧炎武著

山隱居校刊　六卷　四册

集二　48　3174　棠溪文鈔　〔清〕沈用增著

光緒四年　八卷　四册　三部

集二　48　4004　坦室遺文　〔清〕李文桂著

利津李氏刊　同治十三年　二册

集二　48　4004　坦室雜著遺文合刊　〔清〕李文桂著

利津李氏刊　同治十三年　二册

集二　48　4010　天岳山館集　〔清〕李元度著

爽谿精舍刊　光緒六年　四十卷　十六册

集二　48　4026　棣懷堂隨筆　〔清〕李象鵾著

同治十三年　十二卷　七册

集二　48　4026　又

八册

集二　48　4031　有獲齋文集　〔清〕李道平著

安陸李氏藏版　民國十年　十卷　二册

集二　48　4033　養一齋文集　〔清〕李兆洛著

光緒四年　二十卷　十册

集二　48　4039　盾鼻餘瀋　〔清〕左宗棠著　〔清〕柳葆元等録

光緒七年　一册

集二　48　4041　畹蘭齋文集　〔清〕李楨著

光緒十八年　四卷　二册

集二　48　4048　小倉山房文集　〔清〕袁枚著

三十五卷　十册

集二　48　4048　袁文合箋　〔清〕袁枚著　〔清〕王廣業集箋

青箱塾刊　光緒八年　十六卷　六册

集二　48　4048　隨園駢體補註　〔清〕袁枚著　〔清〕向國涵註

光緒十七年　十二册

集二　48　4061　二曲先生全集　〔清〕李顒著

湘陰蔣氏小嫏嬛山館刊　二十六卷　六册

集二　48　4061　又　〔清〕李顒著

掃葉山房石印　民國十四年　二十六卷　六册

集二　48　4068　越縵堂文集　〔清〕李慈銘著

國立北平圖書館刊　民國十九年　十二卷　四册

集二　48　4088　湖唐林館駢體　〔清〕李慈銘著

光緒十年　二卷　一册　二部

集二　48　4097　李文清公遺書　〔清〕李棠階著

光緒八年　十卷　四册　二部

集二　48　4210　歸樸盦叢稿（附續編）　〔清〕彭蘊章著

十六卷　四册

集二　48　4299　東溟文集　〔清〕姚瑩著

道光二十九年　十九卷　殘存六册

集二　48　4310　戴東原集（附年譜札記）　〔清〕戴震著

渭南嚴氏家塾刊　宣統二年　十二卷　六册

集二　48　4332　戴南山文集　〔清〕戴潛虛著

秀野軒重刊　十六卷　八册

集二　48　4402　嘯古堂文集　〔清〕蔣敦復著

上海道署刊　同治七年　八卷　四册

集二　48　4402　又

二册

集二　48　4412　實其文齋文鈔　〔清〕黄雲鵠著

同治十一年　八卷　五册

集二　48　4412　又

五卷　四册

集二　48　4414　榆桑夕照録　〔清〕蕭震萬著

湘潭蕭氏刊　光緒十二年　四卷　二册

集二　48　4421　東征集　〔清〕藍鼎元著

成都兩儀書局刊　六卷　一册　二部

集二　48　4431　變雅堂文集　〔清〕杜濬著

江夏彭氏重刊　咸豐十年　四卷　四册

集二　48　4434　七經樓文鈔　〔清〕蔣湘南著

光緒二十七年　六卷　四册

集二　48　4435　庸庵文編　〔清〕薛福成著

四卷　四册

集二　48　4435　薛星使海外文編　〔清〕薛福成著

望龍學社重刊　光緒二十三年　四卷　四册
集二　48　4440　學詁齋文集　〔清〕薛壽著
廣雅書局刊　光緒十五年　二卷　一册
集二　48　4443　二希堂文集　〔清〕蔡世遠著
蔡氏家刊　道光十七年　十一卷　八册
集二　48　4448　忠雅堂文集　〔清〕蔣士銓著
益州刊　十二卷　四册
集二　48　4457　三長物齋文略　〔清〕黄本驥著
教澤堂刊　道光二十七年　六卷　二册
集二　48　4457　嵰山甜雪　〔清〕黄本驥著
三長物齋刊本　道光二十七年　十二卷　四册
集二　48　4619　博約室文鈔（附讀史臆説）　〔清〕楊琪光著
共十六卷　六册
集二　48　4621　移芝室文集　〔清〕楊彝珍著
光緒二年　十二卷　三册
集二　48　4687　薖園文鈔　〔清〕楊金監著
毘陵世承堂刊　光緒十六年　一册
集二　48　4733　緑蘿山莊文集　〔清〕胡浚撰注
二十四卷　二十四册
集二　48　4741　研六室文鈔　〔清〕胡培翬著
世澤樓重刊　光緒四年　十一卷　四册
集二　48　4741　又
涇川書院刊　道光十七年　十卷　二册
集二　48　4916　紅杏山房文稿　〔清〕趙承恩著
光緒十八年　五卷　四册
集二　48　5523　復盦類稿　〔清〕曹允源著
八卷　三册
集二　48　5570　香雪文鈔　〔清〕曹學詩著

乾隆年刊　十二卷　十二册

集二　48　5590　補石山房文集　〔清〕曹光詔著

長沙刊　光緒二十一年　四卷　四册

集二　48　6640　樂園文鈔　〔清〕嚴如煜著

道光二十四年　八卷　三册

集二　48　6805　紅蕉山館文鈔　〔清〕喻文鏊著

光緒三年　八卷　四册

集二　48　6813　樂志堂文鈔　〔清〕喻元鴻著

光緒六年　八卷　四册　二部

集二　48　6874　一勺亭文鈔（附素業堂雜著）　〔清〕喻同模著

同治十二年　二册

集二　48　7110　揅經室集　〔清〕阮元著

二十九卷　十二册

集二　48　7226　存吾春齋文鈔　〔清〕劉繹著

同治年刊　十二卷　六册

集二　48　7228　九畹古文　〔清〕劉紹攽著

傳經堂刊　乾隆八年　十卷　十册

集二　48　7231　槐軒雜著　〔清〕劉沅著

虛受齋藏版　咸豐十年　四卷　四册

集二　48　7247　廣經室文鈔　〔清〕劉恭冕著

廣雅書局刊　光緒十五年　一卷　一册

集二　48　7277　孟塗文集　〔清〕劉開著

蛟川華雨樓張氏校刊　光緒十二年　十二卷　四册　二部

集二　48　7283　劉光禄遺稿　〔清〕劉錫鴻著

二卷　二册

集二　48　7294　煙霞草堂文集　〔清〕劉光蕡著

民國七年　十卷　六册　二部

集二　48　7431　北墅緒言　〔清〕陸次雲著

五卷　三册

集二　48　7433　儀顧堂集　〔清〕陸心源撰

福州刊　同治十三年　十六卷　六册

集二　48　7433　又

光緒二十四年　二十卷　六册

集二　48　7481　善卷堂四六文　〔清〕陸繁弨著　〔清〕吴自高注

亦園新刊　乾隆三十五年　十卷　六册

集二　48　7481　又

八册

集二　48　7493　雙白燕堂文集　〔清〕陸耀遹著

興國州署刊　光緒四年　十卷　四册　二部

集二　48　7511　希曾堂文稿　〔清〕陳元晉著

鉛印　一册

集二　48　7522　陳檢討四六文　〔清〕陳維崧著　〔清〕程師恭注

漁古山房刊　乾隆三十五年　二十卷　八册

集二　48　7522　又

素位堂刊　八册

集二　48　7522　又（原題湖海樓麗體文集）　〔清〕陳維崧著　〔清〕程師恭注

漁古山房刊　四册

集二　48　7586　勤餘文牘（附學廬自鏡語　東溟校伍録）　〔清〕陳錦著

橘陰軒藏版　光緒五年　六卷　八册

集二　48　7734　心印石屋文鈔　〔清〕陶澍著

三十五卷　六册

集二　48　7738　萸江古文存　〔清〕陶必銓著

愛吾盧刊　嘉慶二十一年　四卷　二册

集二　48　7752　周武壯公遺書（外集别集附録）　〔清〕周盛傳

撰　〔清〕周家駒輯

金陵刊　光緒三十一年　十二册

集二　48　7780　洗桐山館文鈔　〔清〕周鏞著

漢川半古堂劉氏刊　光緒二十四年　一册

集二　48　8013　粟香室文稿　〔清〕金武祥著

一册

集二　48　8019　存吾文稿　〔清〕余廷燦著

三册

集二　48　8030　鮚琦亭集　〔清〕全祖望著

姚江借樹山房刊　九十八卷　三十二册

集二　48　8030　又

四十八卷　十二册

集二　48　8064　曾文正公文集　〔清〕曾國藩著　〔清〕李瀚章編

新化三味書局刊　光緒二十四年　四卷　四册

集二　48　8064　曾文正公文鈔　〔清〕曾國藩著　〔清〕張瑛編

同治十一年　四卷　四册

集二　48　8080　復齋文集　〔清〕曾鏞著

嘉慶二十五年　二十一卷　十八册

集二　48　8082　劬書室遺集（附理學庸言）　〔清〕金錫齡著

光緒二十一年　十六卷　六册

集二　48　8274　澡雪堂文鈔　〔清〕鍾體志著

光緒二十年　十卷　五册

集二　48　8337　述古堂集　〔清〕錢兆鵬著

光緒七年　十二卷　四册

集二　48　8718　巢經巢遺文　〔清〕鄭珍著

貴筑高氏刊　光緒十九年　五卷　四册

集二　48　8877　因寄軒集　〔清〕管同著

光緒五年　十七卷　四册

集二　48　8877　又　〔清〕管同著　〔清〕張士珩校
光緒五年重刊　六卷　二册
集二　48　9748　大雲山房文稿　〔清〕惲敬著
官書處刊　光緒十四年　八卷　八册　二部
集二　48　9748　又（附言事）
嘉慶二十年　十卷　十册
集二　48　9748　又（附言事補編）
十一卷　十册

四九　民國

集二　49　1073　湘綺樓文集　王闓運著
蒸陽刊　光緒二十六年　八卷　六册
集二　49　2330　達可齋文集　傅守謙著
民國八年　八卷　二册
集二　49　2626　程一夔文乙集　程先甲著
宣統二年　四卷　二册
集二　49　2741　藝風堂文集　繆荃孫著
光緒二十六年　八卷　四册
集二　49　3084　小緑天盦文稿　竇鎮著
民國八年　二卷　一册
集二　49　3734　飲冰室文集類編　梁啓超著
一册
集二　49　4013　九保金石文存　李根源撰
民國八年　一册　二部
集二　49　4427　畏廬三集　林紓著
上海商務印書館印　民國十三年　一册
集二　49　7790　印光法師文鈔　釋印光著

大中書局印　民國十八年　四卷　四册　二部

五〇　制藝

集二　58　0128　露澥園稿　〔清〕龔鼎孳著
光緒七年　四卷　四册
集二　58　4217　惜抱軒時文　〔清〕姚鼐著
光緒二年　一册
集二　58　7532　紫竹山房制義全稿　〔清〕陳兆崙著
廣州經史閣刊　光緒十八年　十册　二部

六〇　尺牘

集二　67　8296　文學尺牘大全　〔明〕鍾惺纂
上海碧梧山莊石印　民國十年　二十卷　十六册
集二　68　1020　虚受堂書札　〔清〕王先謙著
光緒三十三年　二卷　二册　二部
集二　68　2680　有正味齋尺牘　〔清〕吴錫麒著
光緒二年　二卷　二册
集二　68　4401　思貽堂書簡　〔清〕黄文琛著
同治十二年　八卷　三册
集二　68　6688　留茆庵尺牘　〔清〕嚴籀著
咸豐八年　四卷　二册
集二　68　7530　陳文恭手札撮要　〔清〕陳宏謀著
崇文書局刊　同治七年　一册
集二　68　7544　陳侍郎書札　〔清〕陳士杰著

衡陽刊　光緒三十二年　八卷　四册

集二　68　7544　又

光緒三十二年　四卷　二册

集二　68　8064　曾文正公家書（附家訓）　〔清〕曾國藩著

傳忠堂刊　光緒二年　十二卷　十二册　二部

集二　68　8308　錢牧齋尺牘　〔清〕錢謙益著

上海商務書局印　宣統三年　三卷　三册

九〇　外國文藝

集二　98　4647　吉田松陰遺墨　〔日本〕吉田松陰著　國民叢書社編輯

上海商務館印　三卷　一册

集二　99　6344　凌滄集　〔日本〕田邊華著

上海中華書局承印　大正十三年　二卷　二册

集部三　總集類

一〇　詩文

一一　文選

集三　11.4　4080　文選注　〔唐〕李善注

金陵書局刊　同治八年　六十卷　十册

集三　11.4　4080　又

湖北崇文書局刊　二十四册　二部

集三　11.7　1171　文選纂注評林　〔明〕張鳳翼纂注

十二卷　十二册

集三　11.7　7704　文選瀹註　〔明〕閔齊華註

崇禎七年　三十卷　十册

集三　11.8　0011　昭明文選集成　〔清〕方廷珪評點

倣范軒刊　乾隆三十六年　六十卷　二十四册

集三　11.8　0011　又

培英堂藏版　二十册

集三　11.8　1094　文選集評　〔清〕于光華編

魚古山房刊　十五卷　十六册

集三　11.8　1094　又

衡文會刊　咸豐八年　十六册

集三　11.8　1094　評註昭明文選　〔清〕于光華編次

上海掃葉山房石印　民國八年　十七卷　十六册

集三　11.8　3103　文選六臣彙註疏解　〔清〕顧施禎編輯

耕心堂刊　十九卷　十二册

集三　11.8　3703　文選旁證　〔清〕梁章鉅撰

吴下重刊　光緒八年　四十六卷　十二册

集三　11.8　4431　文選通段字會　〔清〕杜宗玉著

孝感學署刊　光緒二十二年　四卷　四册

集三　11.8　4444　硃墨評文選　〔清〕葉樹藩參訂

海録軒刊　乾隆三十七年　六十卷　十二册

集三　11.8　6080　文選古字通補訓（附拾遺）　〔清〕吕錦文著

懷硯齋刊　光緒二十七年　共五卷　四册

集三　11.9　1032　文選類詁　丁福保編纂

上海醫學書局印　民國十四年　一册

一二　其他選集

一二・一　歷代

集三　12.14　0843　文館詞林　〔唐〕許敬宗等奉敕編

景蘇園校刊　光緒十九年　二册

集三　12.15　0040　古文苑注　〔宋〕章樵註

蘊石齋刊　光緒十四年　二十一卷　六册

集三　12.15　4022　文章正宗　〔宋〕真德秀輯

楊仲興復刊　乾隆十三年　三十卷　二十四册

集三　12.15　4060　文苑英華　〔宋〕李昉等輯

明隆慶刊　一千卷　湊成一百〇一册

集三　12.15　4060　又

一千卷内缺六十卷　湊成一百〇一册

集三　12.15　7521　文選補遺　〔宋〕陳仁子輯
乾隆二年　四十卷　十六册

集三　12.15　7521　又
琅嬛館刊　道光二十五年　十六册

集三　12.18　1262　續古文苑　〔清〕孫星衍編
江蘇書局刊　光緒九年　六册

集三　12.18　1728　斯文精粹　〔清〕尹繼善選輯
京都三槐堂梓行　十二册　二部

集三　12.18　2625　雙清題咏　〔清〕魏仲青輯
魏氏意園刊　光緒二十一年　三卷　一册

集三　12.18　3423　清朝應制和聲集　〔清〕沈德潛、〔清〕王居正選
北京鴻遠堂刊　乾隆二十年　六卷　六册

集三　12.18　7746　宫閨文選　〔清〕周壽昌録
湖南小蓬萊山館　道光二十六年　二十六卷　六册

一二・二　斷代

集三　12.24　4280　唐文粹并補　〔宋〕姚鉉纂
江蘇書局刊　光緒九年　殘存五十四卷　殘存十册

集三　12.25　4420　南宋文範（附外編）　〔清〕莊仲方輯
江蘇書局刊　光緒十四年　七十四卷　十六册　二部

集三　12.25　6030　宋文鑑　〔宋〕吕祖謙編
江蘇書局刊　光緒十二年　一百五十卷　二十四册

集三　12.263　4420　金文雅　〔清〕莊仲方輯
江蘇書局刊　光緒十七年　十六卷　四册

集三　12.264　4412　元文類　〔元〕蘇天爵編
江蘇書局刊　光緒十五年　七十卷　十册

集三　12.27　4477　明文在　〔清〕薛熙輯
江蘇書局刊　光緒十五年　一百卷　十册

集三　12.28　1053　懷隱盦賸稿　〔清〕王耕心編
南州龍樹精舍刊　光緒三十二年　一册

集三　12.28　2714　琳瑯集　〔清〕鄒一桂選評
乾隆十八年　十卷　六册

集三　12.28　4024　慕萊堂詩文徵存　〔清〕李維翰輯
光緒十七年　九卷　四册

集三　12.29　3003　漢上消閑集　宦應清輯
漢口振華印書館印　宣統三年　十六卷　六册

一三　合集

一三・一　歷代

集三　13.17　1133　漢魏六朝百三家集　〔明〕張溥輯
滇南唐氏重刊　光緒三年　一百一八卷　九十六册

集三　13.17　1133　又
上海掃葉山房印　民國十一年　一百一八卷　四十八册

集三　13.18　6532　四忠遺集
湘南書局刊　光緒二十三年　三十四卷　二十二册

一三・二　斷代

集三　13.23　4777　六朝四家全集（附詩話及辨訛攷異）　〔清〕胡鳳丹輯
退補齋刊　同治九年　十八卷　六册

集三　13.234　7114　劉沈合集　〔明〕阮元聲評
十八卷　四册

集三　13.24　1133　初唐四傑集　〔清〕項家達編
叢雅居刊　同治十二年　三十七卷　八册

集三　13.24　5062　唐人三家集　〔清〕秦恩復輯

江都研齋刊　道光十年　二十六卷　四册

集三　13.24　5062　又

八册

集三　13.25　3435　沈氏三先生文集　〔宋〕沈遘等撰

浙江書局刊　光緒二十二年　三十九卷　十册

集三　13.25　4437　三蘇全集　〔宋〕蘇洵等撰

眉州三蘇祠刊　道光十二年　二百〇二卷　八十册内缺八册

集三　13.25　4437　又

上海掃葉山房印　民國十年　二百〇四卷　四十册

集三　13.25　4467　蔡氏九儒書　〔明〕蔡鵾編　〔清〕蔡從龍等重輯

廬峯書院藏版　光緒十二年　九卷　六册　二部

集三　13.25　7298　三劉文集　〔宋〕劉敞等著　〔清〕暨用其訂

水西刊　乾隆十五年　六册

集三　13.27　1090　邱海二公合集　〔清〕賈棠、〔清〕焦映漢等輯

九册缺第一册

集三　13.27　1090　又

丘氏可繼堂藏版　同治十年重修　十六卷　十册

集三　13.27　4093　左氏雙忠集（附年譜）　〔明〕左光斗、〔明〕左懋第著

湘鄉詠史齋刊　道光二十六年　十八卷　九册

集三　13.27　7241　貴池二妙集　〔清〕劉世珩輯

劉氏唐石簃刊　光緒二十五年　五十一卷　十册

集三　13.28　1010　西泠五布衣遺著　〔清〕丁丙編

錢塘丁氏刊　同治十年　三十二卷　八册

集三　13.28　1058　項城袁氏家集　丁振鐸編輯

清芬閣刊　宣統三年　五十六卷　四十六册

集三　13.28　1096　先澤殘存續編　〔清〕王焜等著

民國十五年　一册

集三　13.28　2638　寧都三魏全集（附興士敬士昭士文集）　〔清〕魏祥

等著

易堂刊　八十三卷　五十册　二部

集三　13.28　2638　又

文奎堂藏版　四十册

集三　13.28　2638　又

四十八册

集三　13.28　2680　吴氏一家稿　〔清〕吴錫麒等著

咸豐五年　六十九卷　十二册

集三　13.28　4264　彭氏二文合集　〔清〕彭時、〔清〕彭華著

康熙五年　十卷　四册

集三　13.28　4443　二希堂輯齋文詩合編　〔清〕蔡世遠、〔清〕蔡新著

閩漳多藝齋藏版　光緒二十五年　二十八卷　十四册

集三　13.28　4461　薛氏五種　〔清〕薛時雨等著

藤香館藏版　同治七年　十卷　十册

集三　13.28　4735　胡氏遺書　〔清〕胡兆春等著

十册

集三　13.28　7244　劉氏三種（附八家文鈔及惜抱軒制藝）　〔清〕劉大櫆等著

同治十三年　五十三卷　二十二册

集三　13.28　7586　橘蔭軒全集　〔清〕陳錦著

橘蔭軒藏版　光緒五年　共三十六卷　十八册

集三　13.28　7586　又

共四十四卷　二十四册

集三　13.28　8324　黄岡錢氏同根集　〔清〕錢崇闓等著

城山草堂藏版　光緒七年　二十三卷　八册　二部

二〇　賦

二一　選集

二一・一　歷代

集三　21.18　1014　賦鈔箋略　〔清〕雷琳、〔清〕張杏濱箋
上海千頃堂刊　十五卷　八册　二部

集三　21.18　1150　七十家賦鈔　〔清〕張惠言編
宏達堂刊　光緒四年　六卷　四册

集三　21.18　1150　又
合河康氏刊　道光元年　四册

集三　21.18　7120　選注六朝唐賦　〔清〕馬傳庚選注
松竹齋刊　光緒二年　二册

二一・二　斷代

集三　21.28　4413　清朝試賦滙海　〔清〕黄爵滋輯
咸豐元年　共十四卷　十册

集三　21.28　4091　試賦新硎　〔清〕李光瓊等輯
金陵二多齋刊　乾隆二十九年　六卷　五册

二二　合集

集三　22.28　4020　雲湖合編　〔清〕李象鵾、〔清〕周夢巖著
道光二十六年　一册

集三　22.28　6043　四家賦鈔　〔清〕景其濬編
誦芬堂刊　二册

三〇 詩

三一 選集

三一・一 歷代

集三 31.142 4047 才調集 〔蜀〕韋穀編
江蘇書局刊 光緒二十年 十卷 四册

集三 31.15 0060 瀛奎律髓刊誤 〔宋〕方回編選 〔清〕紀昀批點
蘇州緑陰堂刊 四十九卷 十二册

集三 31.15 0160 崑山雜詠 〔宋〕龔昱編
峭帆樓刊 民國三年 三卷 二册

集三 31.15 0742 樂府詩集 〔宋〕郭茂倩編
湖北崇文書局刊 同治十三年 一百卷 十六册 五部

集三 31.17 1132 古詩類苑 〔明〕張之象輯
一百三十卷 十八册

集三 31.17 2010 二三家宫詞 〔明〕毛晉輯
淮南書局刊 同治十二年 一册

集三 31.18 0077 佩文齋咏物詩 〔清〕康熙敏編
四百八十六卷 四十八册

集三 31.18 1043 五言詩 〔清〕王士禎選
金陵書局刊 同治五年 十七卷 四册

集三 31.18 1043 漁洋山人古詩選（附惜抱軒今體詩選） 〔清〕王士禎選
金陵書局刊 同治五年 共五十卷 十册 二部

集三 31.18 2732 歷朝二十五家詩録 〔清〕鄒湘倜輯
新化鄒氏得頤堂刊 光緒元年 三十七卷 三十册

集三　31.18　3143　四禪詩選　〔清〕汪世澤訂
不可無竹居刊　光緒九年　二十卷　十六册

集三　31.18　3148　近光集　〔清〕汪士鋐編
保德堂刊　康熙五十八年　二十八卷　八册　二部

集三　31.18　3160　詩林韶濩　〔清〕顧嗣立選
弘文書屋藏版　康熙四十四年　二十卷　八册

集三　31.18　3423　古詩源　〔清〕沈德潛選
新化三味書局刊　光緒二十二年　十四卷　四册

集三　31.18　4010　小學絃歌　〔清〕李元度編
漢文書原刊　光緒八年　八卷　五册

集三　31.18　4473　詩苑天聲　〔清〕范與良編
旋采堂刊　十八卷　六册

集三　31.18　4877　唐宋詩醇　〔清〕乾隆敕選
浙江書局刊　光緒七年　十八卷　二十四册

集三　31.18　5042　錫山秦氏詩鈔　〔清〕秦彬等輯
道光十八年　十卷　八册

集三　31.18　7774　嶽麓詩鈔（附賦鈔）　〔清〕歐陽厚均編
道光十一年　三十五卷　六册

集三　31.18　8038　紗籠詩選　〔清〕僧含澈選
緑天蘭若刊　同治十一年　十六卷　十五册

集三　31.18　8064　三十家詩鈔　〔清〕曾國藩纂　〔清〕王定安增輯
都門刊　同治十三年　六卷　六册

集三　31.18　8216　蜀景滙覽　〔清〕鍾登甲編
樂道齋藏版　光緒八年　十四卷　十二册

集三　31.19　1073　八代詩選　王闓運選
章氏經濟堂刊　二十卷　十册　二部

集三　31.19　3190　桃潭合鈔（正續集）　汪槃編
湖北官紙印刷局印　民國八年　十卷　六册

三一·二　斷代

集三　31.24　0077　全唐詩　〔清〕康熙敕編
九百卷　一百二十册　二部

集三　31.24　0077　御選唐詩　〔清〕康熙選
三十二卷　四十册

集三　31.24　0177　中晚唐詩　〔清〕龔賢輯
十六册

集三　31.24　1031　唐百家詩選　〔宋〕王安石選
雙清閣藏本　二十卷　八册

集三　31.24　1043　唐人萬首絶句選　〔清〕王士禎删選
金陵書局刊　光緒二十三年　七卷　二册　二部

集三　31.24　1043　唐賢三昧集　〔清〕王士禎選　〔清〕吴煊等輯註
聽雨齋刊　乾隆五十二年　三卷　三册

集三　31.24　1043　廣唐賢三昧集　〔清〕王士楨選　〔清〕文昭補録
荆州田氏印於日本東京　存九册

集三　31.24　1077　玉堂才調集　〔清〕于朋舉輯
得玉樓刊　康熙十四年　八册

集三　31.24　1047　唐詩鼓吹　〔金〕元好問編　〔元〕郝天挺註
懷德堂刊　乾隆十一年　六册

集三　31.24　2372　唐詩類釋　〔清〕臧岳編
德馨堂藏版　乾隆二十二年　十八卷　六册

集三　31.24　2627　盛唐彙詩　〔明〕吴勉學輯
明板　一百二十四卷　二十四册

集三　31.24　2848　而菴説唐詩　〔清〕徐增輯
富春堂藏版　二十二卷　四册

集三　31.24　3423　重訂唐詩別裁集　〔清〕沈德潛選
教忠堂刊　二十卷　八册

集三　31.24　3423　註解唐詩別裁集　〔清〕沈德潛選　〔清〕俞汝昌註

資善堂刊　二十卷　十二册

集三　31.24　3423　又

富春堂刊　十册

集三　31.24　4041　晚唐詩鈔　〔清〕查克弘、〔清〕凌紹乾同選

康熙四十二年　二十六卷　十册

集三　31.24　4043　唐詩會選　〔明〕李栻選

萬曆二年　十卷　十册

集三　31.24　4434　唐詩三百首　〔清〕蘅塘退士編

龍城曾氏重校刊　光緒十八年　三卷　二册

集三　31.24　8848　讀雪山房唐詩鈔　〔清〕管世銘編

湖北官書刊　光緒十二年　三十四卷　十二册　二部

集三　31.25　2635　宋詩鈔　〔清〕吴之振等選

吴氏鑑古堂刊　康熙十年　一百〇六卷　三十二册

集三　31.25　7732　宋四名家詩　〔清〕周之鱗、〔清〕柴升同選

湘西章氏校刊　光緒元年　六卷　六册

集三　31.25　7732　宋四名家詩鈔　〔清〕周之鱗、〔清〕柴升同選

上海會文堂印　民國八年　六卷　六册

集三　31.264　3160　元詩選（原題元百家詩集）　〔清〕顧嗣立輯

秀野草堂刊　十二册

集三　31.264　3160　元詩選癸集　〔清〕顧嗣立輯

掃葉山房刊　光緒十四年　十六册　二部

集三　31.264　3160　元詩選二集　〔清〕顧嗣立輯

秀野草堂刊　八册

集三　31.264　3160　元詩選三集　〔清〕顧嗣立輯

秀野草堂刊　四册

集三　31.27　1043　迪功蘇門二家詩選　〔清〕王士禎選

一册

集三　31.27　2528　明詩綜　〔清〕朱彝尊等輯評
吴清來堂刊　一百卷　三十二册

集三　31.27　2646　明詩歸　〔清〕程如嬰、〔清〕朱衣選評
八卷　十六册

集三　31.27　3102　明三十家詩選　〔清〕汪端輯
藴蘭吟舘刊　同治十二年　十六卷　八册

集三　31.27　4414　花山九老詩存　〔清〕林丙恭輯
太平可園林氏校印　光緒三十年　一册

集三　31.27　8296　明詩歸　〔明〕鍾惺、〔明〕譚元春合選
金閶擁萬堂梓　十卷　六册

集三　31.28　0023　三水關紀事和詩　〔清〕高維寅編
光緒三十年　四卷　四册

集三　31.28　0183　静園八景圖題詠集　〔清〕龔鎮湘集
武昌刊　宣統紀元　一册　二部

集三　31.28　0844　瓣香集　〔清〕許英編
心逸堂刊　乾隆二十八年　十六卷　四册

集三　31.28　1020　嶺南三大家詩選　〔清〕王隼選
粤東翰芳齋刊　二十四卷　六册

集二　31.28　1036　湖海詩傳　〔清〕王昶編
同治四年　四十六卷　十六册　二部

集三　31.28　1106　國朝詩鐸　〔清〕張應昌選輯
永康應氏秀芝堂刊　同治八年　二十六卷　十六册

集三　31.28　1127　花甲閑談　〔清〕張維屏輯
道光十九年　十六卷　四册　二部

集三　31.28　1144　講筵四世詩鈔　〔清〕張英等撰　〔清〕張開誠輯
光緒十八年　十卷　四册

集三　31.28　1173　七家詩選　〔清〕張熙宇評選　〔清〕張昶註釋
京都青雲書屋刊　同治六年　七卷　四册

集三　31.28　1221　治書堂詩存　〔清〕孫繩武等著　〔清〕孫鼎臣輯

五卷　一册

集三　31.28　2147　荆湖知舊詩鈔　〔清〕熊士鵬輯

武昌會文堂刊　道光六年　二卷　二册

集三　31.28　2534　新安先集　〔清〕朱之榛輯

蘇州刊　同治十三年　二十卷　六册

集三　31.28　2602　浙西六家詩鈔　〔清〕吴應和、(清)馬洵選

紫微山館刊　道光七年　六卷　六册

集三　31.28　2767　庚辰集（附唐人試律説）　〔清〕紀昀編

學源堂藏版　五卷　四册

集三　31.28　2767　又

五卷　五册

集三　31.28　2844　鹿鳴雅韻　〔清〕徐棻輯

長沙緑蔭草堂刊　光緒二十一年　三册

集三　31.28　3423　七子詩選　〔清〕沈德潛選

十四卷　四册

集三　31.28　3425　詠樓盍戠集　〔清〕沈秉成輯

歸安沈氏刊　同治十年　十一卷　四册

集三　31.28　4044　石我園圖詠　〔清〕李士彬輯

京華印書館　光緒三十四年　一册

集三　31.28　4424　國朝閨秀詩柳絮集　〔清〕黄秩模編

蕉陰小梘刊　咸豐三年　五十卷　二十四册

集三　31.28　4434　莫如樓詩選　〔清〕蔣湘培等著　〔清〕蔣益澧編

金谷園刊　六卷　三册

集三　31.28　4484　試律清華二集　〔清〕蔣義彬輯

三徑山房藏版　道光十年　四卷　四册

集三　31.28　4777　鄂渚同聲集（附皖江同聲集）　〔清〕胡鳳丹輯

退補齋刊　同治九年　共三十七卷　四册

集三　31.28　4777　聽經閣同聲集　〔清〕胡鳳丹輯
正覺禪林鐫　同治八年　四卷　一册

集三　31.28　4796　白下愚園集　胡光國輯
光緒二十年　八卷　六册

集三　31.28　6140　羅烈婦詩
光緒十四年　四卷　四册

集三　31.28　6232　清六大家絶句鈔　〔日本〕星嵓梁川輯
日本大阪市青木嵩堂山　二十四卷　十二册

集三　31.28　7234　梅癡畫像題詞　〔清〕劉鴻藻輯
小桑園刊　光緒二十七年　一册

集三　31.28　7241　國朝六家詩鈔　〔清〕劉執玉選
漢清簃刊　光緒九年　八卷　六册

集三　31.28　7242　篤舊集　〔清〕劉存仁輯
蘭州刊　咸豐九年　十八卷　八册

集三　31.28　7491　蜀遊詩鈔　〔清〕陸炳輯
六卷　六册

集三　31.28　7521　近代詩鈔　陳衍編輯
上海商務印書舘印　民國十二年　精裝六册

集三　31.28　7705　清三家詩鈔　周敦忠選
上海掃葉山房石印　民國十一年　十六卷　五册

集三　31.28　8013　擊鉢吟（共七集）　〔清〕曾元海等輯
共十四卷　十二册

集三　31.28　8030　夔門送行詩　〔清〕曾福謙輯
二卷　一册

集三　31.28　8060　圖詠遺芬　〔清〕俞旦輯
婺源俞氏清陰堂刊　光緒二十一年　一册

集三　31.29　1037　鹽豐王貞婦貞節詩彙刊　王之臣編
民國十四年　一册

集三　31.29　1222　栩園唱和集　天虛我生等著
交通圖書館石印　民國七年　四册
集三　31.29　1240　漫社集　孫雄輯
民國十二年　六卷　五册
集三　31.29　7701　壬癸消寒録　周慶雲輯
夢坡室刊　民國十年　一卷　一册
集三　31.29　7701　淞濱吟社甲乙集　周慶雲輯
夢坡室刊　民國六年　二卷　二册
集三　31.29　7701　其惇集春燕唱和詩百和香集　周慶雲輯
夢坡室刊　民國六年　共一册

三二　合集

集三　32.24　0033　唐詩百名家全集　〔清〕席啓寓編
瑟川書局刊　三百八十二卷　七十六册
集三　32.24　0033　又
上海掃葉山房印　民國九年　四十册
集三　32.24　3102　唐四家詩集　〔清〕汪立名訂
八卷　六册
集三　32.24　4777　唐四家詩集　〔清〕胡鳳丹編
湖北官書局刊　光緒十三年　二十卷　五册
集三　32.25　4433　林君復姜白石詩　〔宋〕林逋、〔宋〕姜夔著
江蘇第一圖書館印　一册
集三　32.27　1111　弘正四傑集　〔清〕張雨珊編
長沙張氏刊　光緒二十年　七十九卷　二十册
集三　32.27　4424　南園前五先生詩　〔明〕葛徵奇輯
南海陳氏刊　同治九年　五卷　二册　二部
集三　32.27　7504　南園後五先生詩　〔清〕陳文藻等輯

同治九年　二十五卷　六册　二部

集三　32.28　0196　錫山龔氏遺詩　〔清〕龔愷等著

文苑閣印　一册

集三　32.28　2132　靈石何氏詩集　〔清〕何道生等著

道光元年　十八卷　四册

集三　32.28　2514　徵遠堂遺稿　〔清〕朱廷楝等著

民國九年　三册

集三　32.28　3633　順德五温詩鈔　〔清〕温汝遵等著

嘉慶二十三年　十六卷　三册

集三　32.28　4039　慈雲閣詩鈔　〔清〕左宗棠輯

同治十二年　四册

集三　32.28　4033　梧笙館聯吟初集（附湘潭郭氏閨秀集）　〔清〕李星沅、〔清〕郭潤玉同著

道光十七年　二卷　四册

集三　32.28　4443　同人詩録初編　〔清〕蔡壽祺輯

鄉嬛别館校刊　同治十一年　十卷　六册

集三　32.28　4443　故友詩録初編　〔清〕蔡壽祺輯

鄉嬛别館校刊　同治八年　六卷　四册　二部

集三　32.28　4443　故友詩録二編　〔清〕蔡壽祺輯

鄉嬛别館校刊　同治九年　八卷　六册

集三　32.28　4444　愛吾盧稿　〔清〕蔣萼等著

光緒十二年　十九卷　六册

集三　32.28　5024　友于集　〔清〕秦維梅等著

民國十七年　一册

集三　32.28　6603　二嚴先生詩　〔清〕嚴文波、〔清〕嚴文沅著

民國十二年　一册

集三　32.28　7530　簡學齋清夜齋手書詩稿　〔清〕陳沆、〔清〕魏源著

一册

集三　32.28　8074　石城七子詩鈔　〔清〕翁長森輯

光緒十六年　十四卷　四册

集三　32.29　4433　喬梓詩林　林家濬等著

民國十七年　十五卷　四册

四〇　文

四一　選集

四一·一　歷代

集三　41.15　0442　文章軌範　〔宋〕謝枋得選

湖北官書處刊　光緒二十一年　二册　二部

集三　41.15　4434　觀瀾文集（甲乙丙三集）　〔宋〕林之奇編　〔宋〕吕祖謙註

仿宋版　共七十卷　十二册

集三　41.15　6030　古文關鍵　〔宋〕吕祖謙評

上海會文堂印　民國七年　四卷　四册

集三　41.17　0023　文編　〔明〕唐順之選

殘存六册

集三　41.17　1042　名世文宗　〔明〕王世貞原選　〔明〕鍾惺增訂

天禄閣刊　二十卷　十册

集三　41.17　1117　古文獨賞　〔明〕張鼐評定　〔明〕陳繼儒删訂

光啓堂藏版　四卷　八册

集三　41.17　2004　狀元策　〔明〕焦竑編　〔清〕胡任輿增訂

古吴懷德堂刊　雍正十一年　四册

集三　41.17　2726　歷代古文折衷　〔明〕鄒泉選
　十一卷　八册
集三　41.17　2749　文章指南五集　〔明〕歸有光選
　皖江節署刊　光緒二年　五册
集三　41.17　4440　古文正集　〔明〕葛鼒、〔明〕葛鼐等評輯
　殘存六册
集三　41.17　4445　唐宋八大家文鈔　〔明〕茅坤評選
　一百四十四卷　三十二册
集三　41.17　7288　廣文選删　〔明〕劉節選　〔明〕張溥删
　十四卷　二十册
集三　41.17　7528　續古文奇賞　〔明〕陳仁錫輯
　天啓元年　三十四卷　三十册
集三　41.17　8296　唐宋八大家選　〔明〕鍾惺評選
　明刊本　二十四卷　十三册
集三　41.18　0023　古文翼　〔清〕唐德宜編
　常熟黄氏藝文堂刊　同治十二年　八卷　八册
集三　41.18　0449　古文賞音　〔清〕謝有煇纂
　長州宋思仁重刊　光緒三年　十二卷　十二册
集三　41.18　0838　自怡軒古文選　〔清〕許寳善選
　吴縣朱氏補刊　光緒三年　十卷　十册
集三　41.18　1020　駢文類纂　〔清〕王先謙纂
　思賢書局刊　光緒二十八年　四十四卷　二十四册
集三　41.18　1120　漢魏六朝女子文選　〔清〕張維輯
　上海掃葉山房石印　民國八年　二卷　二册
集三　41.18　1132　文萃十三種　〔清〕張道緒評
　人鏡軒刊　嘉慶十六年　四十五卷　二十册内缺一册
集三　41.18　2477　唐宋八大家類選　〔清〕儲欣評
　湖北官書處重刊　光緒十八年　十四卷　六册

集三　41.18　2477　七種古文選　〔清〕儲欣選
金閶書叢堂刊　乾隆四十九年　四十七卷　十六册
集三　41.18　2600　駢體文鈔　〔清〕吴育輯
四川遵經書局刊　光緒七年　三十一卷　十册
集三　41.18　2600　又
徐氏刊　同治六年　三十一卷　十二册
集三　41.18　2616　古文約選　〔清〕和碩果親王編
望三益齋重刊　同治八年　十六册
集三　41.18　2632　桐城吴氏古文讀本　〔清〕吴汝綸評選
上海文明書局印　光緒三十二年　十三卷　四册
集三　41.18　2847　古文淵鑑　〔清〕徐乾學奉勅編註
浙江書局刊　同治十二年　六十四卷　三十二册
集三　41.18　3032　箴銘輯要　〔清〕寇守信編
光緒七年　四卷　四册
集三　41.18　3340　古文眉詮　〔清〕浦起龍論次
三吴書院校刊　七十九卷　二十四册
集三　41.18　3423　沈選唐宋八家文　〔清〕沈德潛評點
嘉慶十八年　三十卷　十二册
集三　41.18　4037　金元明八家文選　〔清〕李祖陶評選
道光二十五年　五十三卷　二十六册
集三　41.18　4037　又
二十册
集三　41.18　4217　古文辭類纂　〔清〕姚鼐纂
新化三味書室重刊　光緒二十六年　七十四卷　十二册
集三　41.18　4217　又
上海中華書局印　民國十三年　七十四卷　十四册
集三　41.18　4247　又
中華書局四部備本要　十四册

集三　41.18　4448　評選四六文法海　〔清〕蔣士銓評
步月山房刊　八卷　八册　二部
集三　41.18　6614　全上古三代秦漢三國六朝文　〔清〕嚴可均輯
黄岡王氏義庄刊　光緒二十年　七百四十一卷　一百册
集三　41.18　7244　精選八家文鈔　〔清〕劉大櫆選
光緒二年　二册
集三　41.18　8038　紗籠文選　〔清〕僧含澈選
新繁龍藏寺刊　光緒十一年　八卷　八册
集三　41.18　8064　經史百家雜鈔　〔清〕曾國藩纂
上海商務　光緒三十二年　二十六卷　十二册内缺二册
集三　41.18　8890　八代文萃　〔清〕簡粲、〔清〕陳崇哲編
富順考雋堂刊　光緒十一年　二百二十卷　八十册
集三　41.19　1146　古今文綜　張相選
上海中華書局印　民國五年　四十册
集三　41.19　2383　涵芬樓古今文鈔　吴曾祺編纂
上海商務印書舘印　民國九年　精裝二十六册
集三　41.19　3954　漢文典古文讀本（八編）
二册
集三　41.19　7124　兩湖文學讀本　馬直榆選
光緒二十九年　一册　三部

四一・二　斷代

集三　41.22　1120　東西漢文　〔明〕張采輯
明刻本　四十卷　二十册
集三　41.22　8296　漢文歸　〔明〕鍾惺選
殘存八册
集三　41.23　0845　六朝文絜　〔清〕許槤評選
上海會文堂印　民國十四年　四卷　二册

集三　41.24　4404　全唐文　〔清〕董誥等奉勅編
　一千卷　三百册
集三　41.24　7433　唐文拾遺　〔清〕陸心源輯
　七十二卷　二十二册
集三　41.24　7433　唐文續拾　〔清〕陸心源輯
　十六卷　六册
集三　41.24　7547　唐駢體文鈔　〔清〕陳均輯
　十七卷　六册
集三　41.25　4211　宋四六文選　〔清〕彭元瑞定本　〔清〕曹振鏞編
　青雲閣重刊　同治四年　二十四卷　八册
集三　41.25　4432　南宋文録　〔清〕董兆熊輯
　蘇州書局刊　光緒十七年　二十四卷　六册
集三　41.263　1181　金文最　〔清〕张金吾輯
　粤雅堂刊　光绪八年　一百二十卷　三十六册　二部
集三　41.263　1181　又
　三十二册
集三　41.27　1090　四六排沙集　〔明〕王焞選輯
　明浣竹山堂藏版　十七卷　四册
集三　41.27　4029　四六宙函　〔明〕李自榮輯
　明石渠閣藏版　三十卷　十二册
集三　41.27　7528　明文奇賞　〔明〕陳仁錫選
　天啓三年　四十卷　二十册
集三　41.28　0824　八家四六文注　〔清〕許真幹注
　光緒十七年　八卷　十六册
集三　41.28　1020　續古文辭類纂　〔清〕王先謙纂
　王氏刊　光緒八年　三十四卷　八册
集三　41.28　1020　又
　存七册

集三　41.28　1020　又
　上海商務印書館印　四册　二部
集三　41.28　1020　國朝十家四六文鈔　〔清〕王先謙編
　長沙王氏刊　光緒十五年　四册
集三　41.28　1024　駢體南針　〔清〕王傳懿編
　容我讀齋刊　同治五年　十六卷　八册
集三　41.28　1035　皇朝畜艾文編　〔清〕干寶軒輯
　上海官書局刊　光緒二十九年　八十卷　四十册
集三　41.28　1036　湖海文傳　〔清〕王昶輯
　經訓堂藏版　道光十七年　七十五卷　十六册
集三　41.28　1036　又
　二十册
集三　41.28　1042　格致課藝全編　〔清〕王韜編
　上海書局印　光緒二十九年　十六卷　十五册
集三　41.28　2617　國朝文徵　〔清〕吴翼鳳選
　四美堂刊　四十卷　四十册　二部
集三　41.28　2640　國朝八家四六文鈔　〔清〕吴鼒輯
　江左書局刊　四册
集三　41.28　2640　又
　文會堂刊　九卷　四册
集三　41.28　2812　國朝二十四家文鈔　〔清〕徐斐然輯
　文光堂刊　道光四年　二十四卷　八册
集三　41.28　2812　又
　上海掃葉山房印　民國十二年　八册
集三　41.28　3494　國朝文滙　沈粹芬等輯
　上海國學扶輪社印　宣統元年　二百卷　一百零一册
集三　41.28　4037　國朝文録（正續編）　〔清〕李祖陶編
　瑞州府鳳儀書館刊　道光十七年　敖陽李氏續刊　同治七年　共

一百四十九卷　六十四册

集三　41.28　4037　又

六十八册

集三　41.28　4211　易堂九子文鈔　〔清〕彭玉雯校

彭氏刊　道光七年　二十一卷　十四册

集三　41.28　4245　國朝文録　〔清〕姚椿輯

終南山舘校刊　咸豐元年　八十二卷　精裝六册

集三　41.28　4299　清駢文類苑　〔清〕姚燮選

光緒九年　十四卷　二十册

集三　41.28　4391　瑞芝山房詩文鈔　〔清〕戴燮元輯

廣陵刊　光緒三年　十六卷　十册

集三　41.28　4477　翼教叢編　〔清〕蘇輿纂

武昌重刊　光緒二十四年　六卷　三册　二部

集三　41.28　4443　經世文續編　〔清〕葛士濬輯

上海宏文閣刊　光緒二十四年　一百二十卷　二十四册　二部

集三　41.28　4443　又

上海書局石印　光緒二十四年　二十册

集三　41.28　4621　國朝古文正的　〔清〕楊彝珍輯

獨山莫氏用聚珍版印　光緒六年　七卷　六册

集三　41.28　4621　又

上海松隱閣刊　光緒六年　七卷　八册

集三　41.28　4672　經世文編　〔清〕賀長齡輯

道光七年　一百二十卷　八十册

集三　41.28　4672　又

上海宏文閣刊　二十四册

集三　41.28　4672　又

上海文淵山房印　二十四册　二部

集三　41.28　4672　經世文編　〔清〕賀長齡編　〔清〕饒玉成續編

江右雙峯書屋藏版　光緒八年　一百二十卷　一百十九册

集三　41.28　5360　八旗文經（附作者考及敍録）　〔清〕盛昱、〔清〕楊鍾羲同編

武昌刊　光緒二十七年　六十卷　十二册　四部

集三　41.28　7497　切問齋文鈔　〔清〕陸耀輯

乾隆四十一年　三十卷　十册

集三　41.28　7497　又

八册

集三　41.28　7497　又

金陵錢氏刊　同治八年　三十卷　十一册内缺第二册

集三　41.28　7552　經世文三編　〔清〕陳忠倚編輯

龍文書局石印　光緒二十八年　八十卷　十二册

集三　41.28　8097　國朝駢體正宗　〔清〕曾燠輯

粤東緯文堂刊　嘉慶十一年　十二卷　六册

集三　41.29　2403　民國經世文編　經世文社編

上海鴻寶齋印　民國三年　四十册

集三　41.29　4712　當代八家文鈔　胡君復輯

上海中國圖書公司印　民國五年　精裝四册

四二　合集

四二·一　歷代

集三　42.18　2477　唐宋十大家全集録　〔清〕儲欣録

江蘇書局重刊　光緒八年　五十二卷　三十二册　二部

集三　42.18　3286　乾坤正氣集　〔清〕潘錫恩輯

袁江節署刊　道光二十八年　五百七十四卷　二百册

四二・二　斷代

集三　42.25　4437　三蘇文集　〔宋〕蘇洵等著
　上海會文堂印　民國元年　二十卷　八册
集三　42.28　1149　戴段合刊　〔清〕張壽榮輯
　蚊川秋樹振齋刊　光緒十年　二十四卷　十册
集三　42.28　6014　粤西五家文鈔　〔清〕吕璜等著
　二十四卷　八册
集三　42.28　7713　海虞三陶先生集合刊　〔清〕陶元淳等著
　光緒七年　二十二卷　六册

五〇　制藝

集三　58　1013　楚國人文寶善集　〔清〕王一寧纂
　十四册

六〇　尺牘

集三　68　4457　明尺牘墨華　〔清〕黄本驥編
　三長物齋刊　道光二十七年　三卷　一册
集三　68　7700　如面談初二集　〔清〕周京輯
　古吴尚有堂刊　雍正十一年　二十四卷　十二册
集三　68　7743　賴古堂尺牘　〔清〕周在浚等鈔
　賴古堂刊　共三十二卷　十二册
集三　69　4230　古今尺牘大觀　姚漢章輯
　上海中華書局印　二編　二十四册
集三　69　8280　古今尺牘大觀（下編）　鍾毓龍、朱用賓同輯
　上海中華書局印　民國十二年　十六册

七〇　地方藝文

七一・一　河北

集三　71.13　7743　國朝畿輔詩傳　〔清〕陶樑輯
紅豆樹館藏版　道光十九年　六十卷　十六册

集三　71.14　3357　學古堂文集　〔清〕保定蓮池書院選
上海圖書館刊　光緒二十四年　二卷　一册　二部

七一・二　山東

集三　71.23　1177　國朝山左詩續鈔　〔清〕張鵬展纂
四照堂刊　嘉慶十八年　三十二卷　十二册

集三　71.23　4027　武定詩續鈔　〔清〕李佐賢輯
利津李氏刊　同治六年　二十四卷　八册

七一・四　山西

集三　71.43　1214　樊南詩鈔　〔清〕延君壽輯
西坪書屋藏版　道光十八年　四卷　八册

七一・五　陝西

集三　71.51　4662　關中書院課藝（附志學齋日記）　〔清〕柏景偉選
關中書院刊　光緒十四年　共十册

七二・一　江蘇

集三　72.13　1017　江蘇詩徵　〔清〕王豫輯
焦山海西庵詩徵閣刊　一百八十三卷　四十册　二部

集三　72.13　2528　金陵詩徵　〔清〕朱緒曾等編
光緒十八年　四十四卷　四十册　二部

集三　72.13　2542　白田風雅　〔清〕朱彬輯

金陵刊　光緒十二年　二十四卷　四册

集三　72.13　4452　徐州詩徵　〔清〕桂中行輯

光緒十七年　八卷　四册

集三　72.14　1044　海陵文徵　〔清〕夏荃輯

光緒九年　二十卷　十二册　二部

集三　72.14　1044　又

十册

七二·二　安徽

集三　72.21　2681　新安文献志　〔明〕程敏政彙編

一百卷　四十册

集三　72.23　0014　古桐鄉詩選　〔清〕文聚奎、〔清〕戴鈞衡同輯

道光二十年　十二卷　六册

七二·三　浙江

集三　72.31　6002　詁經精舍文續集　〔清〕羅文俊等訂

錦江書院重刊　同治十二年　八卷　四册

集三　72.31　8048　詁經精舍四集　〔清〕俞樾編

光緒五年　十六卷　八册

集三　72.33　1050　國朝杭郡詩三輯　〔清〕丁申、〔清〕丁丙同輯

光緒十九年　一百卷　四十册

集三　72.33　2661　國朝杭郡詩輯　〔清〕吴顥輯　〔清〕吴振棫重編

粤西富文齋刊　同治十三年　三十二卷　十二册

集三　72.33　4299　蛟川詩繫　〔清〕姚燮輯

民國三年　三十一卷　八册

集三　72.33　4448　蛟川詩繫續編　范壽金輯

民國三年　八卷　二册

集三　72.33　4764　續檇李詩繫　〔清〕胡昌基輯

宣統三年　四十卷　二十册　二部

集三　72.33　7433　吴興詩存　〔清〕陸心源輯

四十八卷　十四册

集三　72.34　7535　東甌文録　〔清〕陳遇春編

梧竹山房刊　道光十四年　八卷　八册

七二·四　江西

集三　72.41　2616　南昌詩文徵　魏元曠輯

民國八年　二十九卷　二十四册

集三　72.44　0009　江右古文選　〔清〕應麟輯

屏山堂刊　乾隆三十一年　四十卷　十六册

七二·五　湖北

集三　72.51　0123　經心書院續集　譚獻選

湖北官書處刊　光緒二十一年　十二卷　六册

集三　72.51　4022　經心書院集　左紹佐選

湖北官書處刊　光緒十四年　四卷　四册　二部

集三　72.51　4995　湖北試牘　〔清〕趙尚輔輯

光緒十七年　六卷　六册

集三　72.51　7786　黄州課士録　〔清〕周錫恩輯

光緒十七年　八卷　六册

集三　72.53　0150　容城耆舊集　龔耕廬編

民國十四年　四卷　二册

集三　72.53　1046　廣濟耆舊詩集　〔清〕夏槐輯

松口金山縣署刊　光緒十三年　十二卷　六册

集三　72.53　2893　孝感詩徵　徐焕斗纂

民國八年　十二卷　四册

集三　72.53　3424　宜城鄉土志藝文

宜城勸學所刊　光緒三十二年　一册

集三　72.54　2893　孝感文徵　徐焕斗輯

民國九年　十二卷　六册　二部

七二・六　湖南

集三　72.61　0000　常甯詩文存　〔清〕唐訓方輯

光緒十七年　六卷　三册

集三　72.61　7543　常德文徵　〔清〕陳楷禮輯

鼎雅堂刊　嘉慶十九年　四十八卷　二十册

集三　72.63　1763　資江耆舊集　〔清〕鄧顯鶴輯

道光二十年　六十卷　十五册

集三　72.63　1763　沅湘耆舊集　〔清〕鄧顯鶴輯

新化鄧氏南邨草堂刊　道光二十三年　二百卷　四十八册

集三　72.64　6939　湖南文徵（附姓氏傳）　〔清〕羅汝懷纂

長沙刊　同治八年　共一百四十卷　一百〇一册

七二・七　四川

集三　72.71　0133　蜀秀集　〔清〕譚宗浚編輯

成都試院刊　光緒五年　九卷　十册

集三　72.71　0133　又

八册

集三　72.71　1073　尊經書院集　王闓運閱定

四川省城尊經書院刊　光緒十二年　十二卷　十二册

集三　72.71　4694　全蜀藝文志　〔明〕楊慎輯

犍爲張氏小書樓藏版　嘉慶二十二年　六十四卷　二十册

集三　72.73　1212　國朝全蜀詩鈔　〔清〕孫桐生輯

長沙刊　光緒五年　六十三卷　二十册

七三・二　廣東

集三　73.21　2114　粤十三家集　〔清〕伍元薇校

南海伍氏刊　道光二十年　一百二十八卷　四十册

集三　73.21　3223　學海常集（四集）　啓秀山房訂

啓秀山房刊　九十卷　四十八册

集三　73.21　3223　學海堂集（三集）　啓秀山房訂

六十二卷　三十二册

七三・四　雲南

集三　73.43　4413　滇詩嗣音集　〔清〕黄琮輯

五華書院刊　咸豐元年　二十卷　六册

集三　73.44　4005　滇南文略　〔清〕袁文揆、〔清〕張登瀘同纂

五華書院刊　光緒二十六年　四十七卷　二十四册

九〇　外國文藝

集三　98　8043　東瀛詩記　〔清〕俞樾輯

春在堂刊　光緒九年　二卷　一册

集三　99　1093　麗韓十家文鈔　〔高麗〕王性淳輯

南通翰墨林刊　民國十年　十一卷　三册

集部四　詩文評類

一〇　總評

集四　13.4　7246　文心雕龍　〔梁〕劉勰撰
　學庫山房刊　光緒二十一年　十卷　四册

集四　13.4　7246　又
　崇文書局刊　光緒三年　二册　二部

集四　18　7274　藝概　〔清〕劉熙載著
　北平富晉書社印　民國十六年　六卷　二册

三〇　詩話

集四　33.4　8229　詩品註　〔梁〕鍾嶸撰　陳延傑注
　上海開明書局印　民國十八年　一册

集四　35　2603　詩人玉屑（一名玉屑詩話）　〔宋〕魏慶之著
　道光七年　二十卷　八册

集四　38　1030　湖北詩徵傳略　〔清〕丁宿章輯
　孝感涇北草堂刊　光緒七年　四十卷　二十册

集四　38　1044　讀杜筆記　〔清〕夏力恕著
　一卷　一册

集四　38　1044　淄陽詩話　〔清〕王樹著
　漢口錦秀堂刊　三卷　三册

集四　38　1115　達觀堂詩話　〔清〕張晉本著
芋園校刊　同治十二年　八卷　四册

集四　38　1120　湘上詩緣録　〔清〕張修府輯
長沙刊　光緒十四年　四卷　四册

集四　38　1127　藝談録　〔清〕張維屏撰
學海堂刊　同治十年　六卷　二册

集四　38　1127　國朝詩人徵略　〔清〕張維屏輯
六十卷　十二册

集四　38　1134　楚天樵話　〔清〕張清標著
甑山書院刊　光緒十八年　二卷　一册

集四　38　1134　帶經堂詩話　〔清〕張宗柟輯
廣州藏修堂刊　同治十二年　三十卷　十册

集四　38　2109　歷代詩話　〔清〕何文焕訂
上海醫學書局印　民國十六年　十六册

集四　38　2729　立德党詩話　〔清〕鄔以謙著
宣統二年　一卷　一册

集四　38　2733　詩學要言　〔清〕鄔啓祚著
宣統三年　一册

集四　38　2733　耕雲别墅詩話　〔清〕鄔啓祚著
民國八年　一册

集四　38　2737　試律新話　〔清〕倪鴻輯
四卷　二册

集四　38　2801　詩法度針　〔清〕徐文弼編
大文堂刊　三十三卷　八册

集四　38　2884　本事詩（前後集）　〔清〕徐釚編輯
邵武徐氏刊　十二卷　六册

集四　38　3404　北江詩話　〔清〕洪亮吉著
上海掃葉山房刊　民國六年　六卷　二册

集四　38　3423　説詩晬語　〔清〕沈德潛著

光緒十三年　二卷　一册

集四　38　4046　學詩初例　〔清〕袁若愚輯訂

文盛堂刊　乾隆二年　五卷　三册

集四　38　4048　隨園詩話　〔清〕袁枚著

二十三卷　十册

集四　38　4403　聲調四譜圖説　〔清〕董文渙輯

上海醫學書局印　民國十六年　十四卷　四册

集四　38　4404　詩法舉要　〔清〕黄應奎輯

嶺海樓刊　一册

集四　38　6805　考田詩話　〔清〕喻文鏊著

製筆山房藏版　道光四年　八卷　二册

集四　38　7167　宋詩紀事　〔清〕厲鶚輯

知不足齋刊　一百卷　三十二册

集四　38　7433　宋詩紀事補遺　〔清〕陸心源輯

光緒十九年　一百卷　二十六册

集四　38　8013　粟香隨筆　〔清〕金武祥撰

上海掃葉山房印　四十卷　十五册

集四　38　8220　觀我生齋詩話　〔清〕鍾秀著

光緒四年　二卷　一册

集四　38　8704　全閩詩話　〔清〕鄭方坤編

杞菊軒刊　十二卷　十册

集四　39　0832　清代閨閣詩人徵略（附補遺）　施淑儀輯

民國十一年　十卷　四册

集四　39　1003　學詩入門　王文濡編

上海中華書局印　民國八年　一册

集四　39　1011　閨秀詩話　雷瑨等輯

上海掃葉山房印　民國五年　十六卷　八册

集四　39　1032　歷代詩話續編　丁福保訂
無錫丁氏聚珍版　民國五年　二十八種　十二册
集四　39　1032　清詩話　丁福保訂
上海醫學書局印　民國十六年　四十三種　十册
集四　39　4032　合肥詩話　李家孚著
民國十七年　三卷　一册
集四　39　4411　仙溪雜俎　林廷玉著
十卷　二册
集四　39　7521　元詩紀事　陳衍編輯
石遺室刊　二十四卷　六册
集四　39　7521　石遺室詩話　陳衍著
上海商務印書館印　民國十八年　三十二卷　四册

四〇　文評

集四　48　1044　菜根堂論文　〔清〕夏力恕著
一卷　一册
集四　48　1218　四六叢話（附選詩叢話）　〔清〕孫梅輯
吴下重刊　光緒七年　三十四卷　十二册
集四　48　3708　制藝叢話　〔清〕梁章鉅著
知足知不足齋刊　二十五卷　八册
集四　48　7254　續錦機（附補遺）　〔清〕劉青芝著
乾隆八年　二十一卷　十册
集四　48　7534　全唐文紀事　〔清〕陳鴻墀纂
一百二十二卷　二十四册内缺二册
集四　49　1043　古文辭通義　王葆心纂
湖南官書報局印　民國五年　二十卷　十册

集部五　詞曲類

一〇　詞

一一　别集

集五　11.5　1190　山中白雲詞　〔宋〕張炎著
　後知不足齋刊　光緒十年　八卷　二册
集五　11.5　5046　淮海居士長短句　〔宋〕秦觀著
　故宫博物院印　民國十九年　三卷　一册
集五　11.8　0128　定山堂詩餘　〔清〕龔鼎孳著
　賓謹堂藏版　光緒七年　四卷　一册
集五　11.8　0700　靈芬館詞　〔清〕郭麐著
　娱園刊　光緒五年　七卷　二册
集五　11.8　3104　眉緑樓詞　〔清〕顧文彬著
　一册
集五　11.8　3150　東海漁歌　〔清〕顧春著
　西泠印社印　民國三年　四卷　二册
集五　11.8　3404　更生齋詩餘　〔清〕洪亮吉著
　鄂垣授經室刊　光緒三年　二卷　一册
集五　11.8　3408　東江别集　〔清〕沈謙著
　上海聚珍仿宋印書局印　五卷　一册
集五　11.8　4022　瑶華閣詞鈔　〔清〕袁綬緒

同治六年　二册　二部

集五　11.8　4031　曝書亭集詞註　〔清〕李富孫纂

校經廎刊　七卷　四册

集五　11.8　4037　捧月樓詞　〔清〕袁通著

八卷　一册

集五　11.8　4044　新詞正韻　〔清〕袁太華填

江城别墅刊　同治六年　殘存一册

集五　11.8　4434　紅雪詞鈔　〔清〕黄湘南著

六卷　二册

集五　11.8　4493　倚晴樓詩餘　〔清〕黄燮清著

同治六年　四卷　一册

集五　11.8　4664　坦園詞録　〔清〕楊恩壽著

長沙楊氏坦園刊　四卷　一册

集五　11.8　4712　苾蒻館詞集　〔清〕胡延著

金陵道署刊　光緒二十九年　六卷　四册

集五　11.8　6616　柯家山館詞　〔清〕嚴元照著

嘉慶十八年　三卷　一册

集五　11.8　8094　玉琴齋詞　〔清〕余懷著

國學圖書館影印　民國十七年　四册

集五　11.9　1120　瞻園詞　張仲炘著

光緒三十一年　二卷　一册

集五　11.9　6022　摩圍閣詞　易順鼎著

光緒八年　二卷　一册

一二　總集

一二・一　選集

集五　12.18　1036　國朝詞綜　〔清〕王昶纂

三泖漁莊藏版　嘉慶七年　三十六卷　六册

集五　12.18　2528　詞綜　〔清〕朱彝尊纂

金匱浦氏重修　光緒二十八年　二十四册

集五　12.18　2528　又

碧梧書屋刊　二十四册

集五　12.18　2530　彊村叢書　朱祖謀輯

民國十一年　四十册

集五　12.18　4407　續詞選　〔清〕董毅選

鄂渚刊　光緒四年　三卷　一册

集五　12.19　7701　潯溪詞徵　周慶雲輯

夢坡室刊　民國六年　二卷　一册

一二・二　合集

集五　12.25　1973　雙白詞（附漱玉詞詞林正韻）　〔清〕王鵬運纂

都門刊　光緒十七年　十二卷　四册

集五　12.25　2010　宋名家詞六十一種　〔明〕毛晉編

錢塘汪氏仿汲古閣本刊　光緒十四年　八十九卷　二十册

集五　12.28　1227　六家詞鈔　〔清〕孫鼎臣等著

長沙王氏刊　光緒二十八年　一册

一三　詞話

集五　13.8　1022　聽秋聲館詞話　〔清〕丁紹儀著

上海醫學書局刊　民國二十年　二十卷　四册

集五　13.8　7730　周氏詞辨　〔清〕周濟編

光緒四年　二卷　一册

集五　13.8　2269　左菴詞話　〔清〕繼昌著

一册

一四　詞譜

集五　14.8　1003　詞譜　〔清〕王奕清等奉勅撰

鉛印本　四十卷　二十册

集五　14.8　4444　詞律　〔清〕萬樹輯

堆絮園刊　二十卷　十册

集五　14.8　5728　詞學全書　〔清〕賴以邠等著

乾隆年刊　六册

集五　14.8　5728　又　〔清〕

木石居校刊　六册

二〇　曲

二一　别集

二一·一　傳奇

集五　21.1　4680　埋劍記

國立北平圖書館影印　民國十九年　二卷　二册

集五　21.16　1035　西廂記　〔元〕王實甫撰　〔元〕關漢卿續

貫華堂刊　八卷　六册

集五　21.16　1035　又

上海掃葉山房印　民國十八年　八卷　精裝一册

集五　21.17　2145　想當然傳奇　〔明〕盧柟著　〔明〕譚元春評

民國十九年　二卷　二册

集五　21.17　7148　燕子箋　〔明〕阮大鋮填詞　雪韻堂批點

寄傲山房刊　同治十三年　二册

集五　21.17　7148　又　〔明〕阮大鋮著

夢鳳樓暖紅室校刊　二卷　二册

集五　21.18　1117　芙蓉碣傳奇　〔清〕張雲驤著

光緒九年　二卷　一册

集五　21.18　1138　梅花夢　〔清〕張道填詞

光緒二十年　二卷　四册

集五　21.18　1148　六如亭傳奇　〔清〕張九鉞著

湘潭張氏刊　光緒十五年　二卷　四册

集五　21.18　1177　玉燕堂四種曲　〔清〕張堅填詞

十二册

集五　21.18　4443　芝龕記　〔清〕董榕著

蜀刊本　光緒十五年　六卷　六册

集五　21.18　4448　清容外集　〔清〕蔣士銓填詞

紅雪樓藏版　乾隆二十九年　九種　十二册

集五　21.18　4448　又

十三卷　十二册

集五　21.18　4448　蔣士銓九種曲　〔清〕蔣士銓填詞

上海朝記書局印　民國十二年　十六册

集五　21.18　4664　坦園傳奇　〔清〕楊恩壽填詞

長沙楊氏坦園藏版　光緒元年　六種　四册

集五　21.18　4762　一笠菴四種曲　蘇門嘯侶編

寶研齋刊　乾隆十五年　八卷　八册

集五　21.19　8020　勁草堂曲稿　姜繼襄填詞

民國十二年　四種　二册

二一・二　雜劇

集五　21.27　2836　歌代嘯　〔明〕徐渭著

國學圖書館印　民國二十年　一册

二一・三　散曲

集五　21.37　4444　太平清調迦陵音　〔明〕葉華輯

故宫博物院印　民國十九年　一卷　一册

二二　總集

二二・一　曲選

集五　22.18　8324　綴白裘全集　〔清〕錢德蒼輯

上海啓新書局印　民國十二年　十二集　精裝二册

二二・二　曲彙

集五　22.2　1602　元明雜劇

國學圖書館印　民國十八年　六册

集五　22.27　2342　元曲選　〔明〕臧懋循輯

上海涵芬樓影印　民國七年　十集　四十八册

集五　22.27　2342　又

精裝十二册　二部

集五　22.29　8609　元曲大觀　錦文堂主人輯

上海錦文堂印　民國十年　六十册

二二·三　散曲

集五　22.39　2180　元曲別裁集　盧前編
上海開明書局印　民國十七年　二卷　一册

集五　22.39　2258　散曲叢刊　任中敏輯
上海中華聚珍版印　民國十九年　十五種　二十八册

二四　曲譜

集五　24.8　1082　遏雲閣曲譜　〔清〕王錫純輯
上海著易堂印　十二册

集五　24.8　4127　紅樓夢散套譜　〔清〕荆石山民填詞
上海啓新書局影印　六册

集五　24.8　4490　納書楹曲譜全集　〔清〕葉堂訂譜
道光二十八年　二十二卷　二十二册

集五　24.8　4490　納書楹曲譜正集　〔清〕葉堂訂譜
乾隆五十七年　四卷　四册

集五　24.8　4490　納書楹曲譜續集　〔清〕葉堂訂譜
乾隆五十七年　四卷　四册

集五　24.8　4490　納書楹曲譜外集　〔清〕葉堂訂譜
乾隆五十七年　二卷　二册

集五　24.9　1021　集成曲譜　王季烈、劉富樑輯
上海商務印書館印　民國二十年　四集　三十二册

集五　24.9　1190　六也曲譜　張怡庵輯
上海朝記書莊印　民國十一年　二十四册

荆楚文庫編纂出版委員會
崇文書局

章學誠選集

ZHANGXUECHENG XUANJI

圖書在版編目（CIP）數據

章學誠選集 /〔清〕章學誠撰； 趙梅春點校.
— 武漢：崇文書局，2024.9
ISBN 978-7-5403-6579-0

Ⅰ．①章… Ⅱ．①章… ②趙… Ⅲ．①章學誠（1738-1801）—文集 Ⅳ．①Z429．49

中國版本圖書館 CIP 數據核字（2021）第 273343 號

責任編輯：鄭小華　薛緒勒
整體設計：范漢成　曾顯惠　思　蒙
責任校對：董　穎
責任印製：李佳超
出版發行：崇文書局有限公司（中國・武漢）
地址：武漢市雄楚大道 268 號 C 座
電話：(027)87293001　郵政編碼：430070
録排：武漢偉創偉業廣告有限公司
印刷：湖北新華印務有限公司
開本：710mm×1000mm　1/16
印張：39
版次：2024 年 9 月第 1 版　2024 年 9 月第 1 次印刷
定價：195.00 元

ISBN 978-7-5403-6579-0

出版説明

湖北乃九省通衢，北學南學交會融通之地，文明昌盛，歷代文獻豐厚。守望傳統，編纂荆楚文獻，湖北淵源有自。清同治年間設立官書局，以整理鄉邦文獻爲旨趣。光緒年間張之洞督鄂後，以崇文書局推進典籍集成，湖北鄉賢身體力行之，編纂《湖北文徵》，集元明清三代湖北先哲遺作，收兩千七百餘作者文八千餘篇，洋洋六百萬言。盧氏兄弟輯録湖北先賢之作而成《湖北先正遺書》。至當代，武漢多所大學、圖書館在鄉邦典籍整理方面亦多所用力。爲傳承和弘揚優秀傳統文化，湖北省委、省政府决定編纂大型歷史文獻叢書《荆楚文庫》。

《荆楚文庫》以“搶救、保護、整理、出版”湖北文獻爲宗旨，分三編集藏。

甲、文獻編。收録歷代鄂籍人士著述，長期寓居湖北人士著述，省外人士探究湖北著述。包括傳世文獻、出土文獻和民間文獻。

乙、方志編。收録歷代省志、府縣志等。

丙、研究編。收録今人研究評述荆楚人物、史地、風物的學術著作和工具書及圖册。

文獻編、方志編録籍以 1949 年爲下限。

研究編簡體横排，文獻編繁體横排，方志編影印或點校出版。

《荆楚文庫》編纂出版委員會

2015 年 11 月

前　言

章學誠爲清代乾隆、嘉慶年間重要的思想家、史學家、目録學家，亦爲重要旅鄂人士，其問學起始於湖北，也奠基於湖北。他一生的許多文史活動，都與湖北有着密切的關係，被收入《湖北文學通史》和《湖北歷史人物辭典》。

章學誠（1738—1801），字實齋，號少巖，原名文斆，浙江會稽（今紹興）人。父章鑣，字驤衢，乾隆七年（1742）進士。乾隆十六年（1751）章鑣官湖北應城知縣，其隨父至應城。二十三歲、二十五歲時曾兩度進京應順天鄉試，皆未中，入國子監學習。因究心文史，難以專心制藝，考試常殿後，爲人所輕視。其父任知縣三年，以疑獄輕判罷官，寄居應城，乾隆二十九年（1764）被天門知縣聘修縣志。其代父撰部分志稿，并撰有《修志十議》。二十八歲時隨著名學者朱筠學習古文，得朱氏賞識，并得以與當時的著名學者交往。乾隆三十六年（1771）朱筠提督安徽學政，章學誠隨去校文，其莫逆之交邵晉涵亦同去。第二年，開始撰寫《文史通義》。乾隆三十八年（1773）爲和州知縣劉長城修《和州志》。在《和州志·藝文書序例》中，其闡述了有關圖書分類、著録的見解。此文可視爲其《校讎通義》的初稿。因其與學政秦朝釪觀點不合，修志中斷，後將《和州志》删爲二十篇，名《志隅》。乾隆四十一年（1776），援例授國子監典籍，人稱章典籍。

乾隆四十三年（1778），經過七次科舉考試，章學誠終於進士及第，時年四十一歲。因感與時不合，不敢入仕，仍以筆墨爲生，主要從事地方志纂修、主持書院講習。先後主講定州武定書院、肥鄉清漳書院、永平敬勝書院、保定蓮池書院、歸德文正書院，纂修《永清縣志》《亳州志》《湖北通志》《常德府志》《荆州府志》等地方志。乾隆四十三年（1778）撰成《校讎通義》四卷。後游河南遇盗，書稿盡失，從師友處抄回，僅存三卷。乾隆五十三年（1788），投奔河南巡撫畢沅，得其支持，開局修《史籍考》，後畢沅升湖廣總督，隨其至武昌續修《史籍考》。在武昌五年間，一方面主持《史籍考》的編纂，另一方面替畢沅修地方志，還參加了畢沅主編的《續資治通鑑》纂修。畢沅降職離開湖北，《史籍考》才完成十之八九，章學誠不忍放棄，經多方奔走，得浙江巡撫謝啓昆之力續修，嘉慶四年（1799）基本完成。謝氏因年老體病，只擬了《史考釋例》作爲纂修大綱、義例，并未參與具體編纂。但謝氏却一再貶低《史籍考》原稿，誇耀自己的功勞，故當時有章學誠盗賣畢沅《史籍考》與謝氏之説。以至於邵晉涵死後，其索閲邵氏遺稿以寫好友傳記，邵晉涵子因此而不予。

嘉慶六年(1801)，章學誠在貧病交加中去世，享年六十四歲。其最爲重視的《文史通義》，還有《圓通》《春秋教》等篇章未及完成。

章學誠自幼多病，資質椎魯，但對史學却情有獨鍾，頗具天賦。十五六歲時據《左傳》《國語》等分紀表志傳作《東周書》幾及百卷。二十歲以後，學問大有長進，後來提出的紀傳體史當立圖譜與史官傳等見解，就是當時的認識。他在《家書六》中説："史部之書，乍接於目，便似夙所攻習然者，其中利病得失，隨口能舉，舉而輒當。"故認爲自己於史學，蓋有"天授"。自乾隆三十三年（1768）其父去世後，章學誠肩負養家責任，忙於生計奔波，且常處於困頓中，但仍筆耕不輟，論著多撰於"車塵馬足之間"。文史校讎是其志業，主要通過辨章學術，考鏡源流，爲著作之林校讎得失，因而多有獨得之見。"六經皆史"説，是其重要觀點。他指出："六經皆史也。古人不著書，古人未嘗離事而言理，六經皆先王之政典也。"(《易教上》) 這是説六經所載是典章制度，而非空言論道。道不離器，六經爲經世致用之書。有關經史關係，之前已有學者論及，但章學誠對"六經皆史"説進行了系統的闡述。在《經解上》中，他進一步指出："古之所謂經，乃三代盛時，典章法度見於政教行事之實，而非聖人有意作爲文字以傳後世也。"所以，道在六經，故可從六經中尋找，道在六經之外，則應據六經之旨研究當代典章制度，予以探究。"夫道備於六經，義藴之匿於前者，章句訓詁足以發明之。事變之出於後者，六經不能言，固貴約六經之旨，而隨時撰述以究大道也。"(《原道下》)這表明，他既反對考據學家將六經視爲載道之書，也不贊成義理家空談心性。從史學方面來看，"六經皆史"之説，擴大了史學範圍，所謂"爲盈天地間，凡涉著作之林，皆是史學"(《報孫淵如書》)。

對於史學，章學誠認爲也應以經世致用爲宗旨。"史學所以經世，固非空言著述也。且如六經，同出於孔子，先儒以爲其功莫大於《春秋》，正以切合當時人事耳。後之言著述者，舍今而求古，舍人事而言性天，則吾不得而知之矣。學者不知斯義，不足言史學也。"(《浙東學術》)他認爲，經世致用的史學，必具史意，所以强調作史者貴知其意。"載筆之士，有志《春秋》之業，固將惟義之求，其事與文，所以藉爲存義之資也……作史貴知其意，非同於掌故，僅求事文之末也。"(《言公上》)基於此，他"以圓神、方智定史學之兩大宗門"(《與邵二雲論修宋史書》)，指出"撰述欲其圓而神，記注欲其方以智也"(《書教下》)。所謂撰述，是具别識心裁的史學著作，爲知來之學；記注則是資料的記録、整理、彙編，爲藏往之學，而非史學。"整輯排比，謂之史纂；參互搜討，謂之史考；皆非史學。"(《浙東學術》自注)但他并不輕視記注，認爲記注是撰述之基礎，所反對的是史家撰史於圓神、方智兩無所似。當時學者貶低鄭樵《通志》，表彰馬端臨《文獻通考》，他則申鄭抑馬，爲此專門寫了《申鄭》、《釋通》、《答客問》(上中下)，表彰《通志》具别識心裁、通史家風，指責《文獻通考》不過是便於對策敷陳之類書，并對撰述與記注之關係予以釐清。當時有人將他比作劉知幾，他不同意："劉言史法，吾言史意；劉議館局纂修，吾議一家著述；截然兩途，不相入也。"(《家書二》)其實，他與劉知幾并没有如他所認爲的那樣涇渭分明。劉多言史法，也不乏言史意處；他重視史意，也未忽視史法。他曾主張改革早已缺乏活力的紀傳體，建議撮紀傳體、編年體、紀事本末體之長，創立一種新的綜合體，所謂“仍紀傳之體而參本末之法，增圖譜之例而删書志之名”(《與邵二雲論修宋史書》)。即以編年的形式記載大事，以紀事本末體記載人物和典章制度，難以合於本末中之人名事類，以表經緯之。天象、地形、輿服等則繪爲圖。他還計劃和邵晉涵一道以此體例改編宋史，惜未成。可見他对史法的重視。

劉知幾曾提出良史應具才、學、識三長，章學誠認爲三長之外，還應該具備史德，即應辨著書者之心術。他指出：“蓋欲爲良史者，當慎辨於天人之際，盡其天而不益以人也。盡其天而不益以人，雖未能至，苟允知之，亦足以稱著述者之心術矣。”(《史德》)他之所以强調辨心術，是因爲史家撰史，修養未至精粹程度，易爲外物所動。“凡文不足以動人，所以動人者，氣也。凡文不足以入人，所以入人者，情也。氣積而文昌，情深而文摯；氣昌而情摯，天下之至文也。然而其中有天有人，不可不辨也。氣得陽剛而情合陰柔，人麗陰陽之間，不能離焉者也。氣合於理，天也；氣能違理以自用，人也。情本於性，天也；情能汩性以自恣，人也。”氣勝情偏，則“動於天而參於人”(《史德》)。因此，他要求撰史者能恰當地控制自己的“情”與“氣”，使氣平情正。而要做到情正氣平，則需平時注意修養，檢攝心氣。在《文德》篇中，他提出臨文“必敬以恕”。所謂“敬”，即“氣攝而不縱”；“恕”，則是“能爲古人設身而處地也”。他認爲，無論是撰史還是爲文，皆需控制情感。“主敬則心平而氣有所攝，自能變化從容以合度也。”他曾怒斥司馬遷《史記》爲怨謗君父而作，其心術不正。“是直以亂臣賊子之居心，而妄附《春秋》之筆削，不亦悖乎！”(《史德》)戴震之學出於朱子，却攻擊朱子，他目之爲“忘本”，斥戴氏爲“心術未醕”。可見，他所倡導的心術是以綱常倫理爲指歸的。

章學誠無緣於國史纂修，其史學實踐主要是編纂地方志。在修志實踐基礎上，他構建了系統的方志學理論。他認爲方志是一地方之史，爲國史之要删，而非地理圖經。“郡縣志乘，即封建時列國史官之遺，而近代修志諸家，誤仿唐宋州郡圖經而失之者也。”(《爲張吉甫撰大名府志序》）爲此，他與戴震就方志的性質進行争論，不贊成戴氏將方志看作地理書，以考證地理沿革爲主要内容，認爲戴震“不懂史學”。在體例上，他提出方志應立三書，“仿紀傳正史之體而作志，仿律令典例之體而作掌故，仿《文選》《文苑》之體而作文徵”（《方志立三書議》）。所謂志，相當於紀傳體史書，掌故爲一地方章程、案牘的彙編，文徵爲一地方之文選。他認爲這三部雖爲方志不可或缺，却不能合而爲一。合在一起，一方面會使志書顯得繁蕪，另一方面又難以詳載掌故。掌故、文徵與“志”相輔而行，既保存了豐富的資料，又不至於妨礙志書的簡潔。“三書相輔而行，闕一不可，合而爲一，尤不可也。”（《方志立三書議》）他主修的《湖北通志》即以其方志學理論和方法爲指導，只因人事糾紛當時未能刊刻。

在修志過程中，章學誠深感文獻難徵，因此建議州縣設立志科。“平日當於諸典吏中，特立志科，僉典吏之稍明於文法者，以充其選，而且立爲成法，俾如法以紀載，略如案牘之有公式焉，則無妄作聰明之弊矣。積數十年之久，則訪能文學而通史裁者，筆削以爲成書，所謂待其人而後行也。”（《州縣請立志科議》）志科相當於檔案館，旨在及時搜集、保存一方文獻，以供修志之需。

校讎學是章學誠的一個重要學術領域，其《校讎通義》本爲《文史通義》一部分，後獨立成書。他認爲校讎之義“將以辨章學術，考鏡源流”，“推闡大義，條别學術異同”，即通過圖書分類著録，顯示學術流變，使人即類求書，因書究學，而不僅僅爲甲乙部次。因此，他曾提出廢四部分類法，回到劉向父子《七略》分類體系。在他看來，四部分類法是以圖書亂部次，使天下學術紛紛無綱紀。後來發現，四分法代替《七略》分類已不可逆轉，但他并未因此放棄“辨章學術，考鏡源流”這一“校讎之義”，試圖通過撰寫大、小序叙述學術流别，以彌補四分法之不足。“《七略》之古法終不可復，而四部之體質又不可改，則四部之中，附以辨章流别之義，以見文字之必有源委，亦治書之要法。”（《宗劉》）還主張在圖書分類上，采用别裁、互著法。所謂互著，是將一部書著録在相關的類目中；别裁，是將一書中的某一部分裁其篇章著録到相關類目中。這兩種著録法與大、小序，皆旨在顯示學術源流。

章學誠在考據學盛行的乾嘉時代而從事文史校讎之學，不爲時人所知。身前僅將《易教》等二十餘篇文章予以刊印，且流傳不廣。去世前，曾將書稿交友人蕭山王宗炎代爲編校。道光年間，其次子華紱準備刊刻章氏遺書，頗不滿於王氏之編目，認爲“所遺尚多，亦有與先人原編篇次互異者”（大梁本《文史通義序》）。華紱抄録遺書十六册，并於道光十二年（1832）至十三年（1833），在開封刊刻《文史通義》（内篇五卷、外篇三卷）、《校讎通義》（三卷），俗稱大梁本。咸豐元年（1851）伍崇曜在廣州翻刻大梁本《文史通義》《校讎通義》，俗稱粤雅堂叢書本。同治十二年（1873）浙江書局購得大梁本殘板，加以補充翻刻，補刻部分書口標注“浙江書局補刻”六字，俗稱浙刻本。光緒四年（1878），章氏曾孫季真在貴陽重刻大梁本《文史通義》《校讎通義》，俗稱貴陽本或黔本。光緒二十三年（1897）江標所刻《靈鶼閣叢書》中有《文史通義補編》一卷，取何氏抄本《文史通義》中爲已刻本所無者彙而刻之。1920年浙江圖書館據會稽徐氏抄本排印《章氏遺書》。1922年嘉業堂劉承幹據沈曾植所藏王宗炎所編次的章氏遺稿，又經搜羅增補，以《章氏遺書》之名刊行。這是當時有關章氏著作較爲完整的刻本，其《文史通義》與大梁本差異較大。内篇比大梁本多一卷，外篇大梁本爲方志論文，其則收録“駁議序跋駁説”。《校讎通義》則分内、外篇，内篇同大梁本，外篇則是序跋，爲大梁本所無。此後，錢穆在華紱抄本中發現劉刻本所無之文章，以《章氏遺書逸篇》之名發表於《圖書集刊》（1942年第2期）上。1985年史城對劉刻《章氏遺書》加以點斷，以《章學誠遺書》之名影印出版，書末附録取自華紱抄本、朱氏椒花唫舫抄本中十九篇文章，名爲“章學誠遺書佚篇”。《章學誠遺書》是迄今最爲完整的一部章氏著作彙編。

關於章氏遺書，刻本之外，還有不少抄本存世，如章華紱抄本（現存北京大學，章氏自刻本分散保存于其中）、何氏抄本（現藏華東師範大學圖書館）、朱錫庚抄本（現藏國家圖書館、北京大學圖書館）、日本内藤湖南抄本、武昌柯氏抄本、朱氏椒花唫舫抄本等。所存手札僅有《上慕堂光禄書》《上曉徵學士書》（現藏國家圖書館）二通。

章學誠生前寂寞，曾慨嘆無人能傳其學，誰爲其身後之桓譚，不曾想其學在 20 世紀却成爲顯學。1920 年，内藤湖南發表《章實齋年譜》，1922 年胡適出版《章實齋先生年譜》，後經姚名達修訂重版。還有不少學者對其著作進行整理注釋。1935 年葉長青出版《文史通義注》，1985 年中華書局出版葉瑛《文史通義校注》（完成於 1948 年）。吕思勉有《文史通義評》，張舜徽之《史學三書評議》有《文史通義評議》，王重民著有《校讎通義通解》。倉修良認爲大梁本《文史通義》、《章氏遺書》本《文史通義》都不能反映章學誠之原意，根據自己的理解重新予以編定，名爲《文史通義新編》（1993 年），後又出版《文史通義新編新注》（2005 年），將大梁本《文史通義》内篇、外篇，《章氏遺書》本《文史通義》内篇、外篇都視爲《文史通義》的内容，并選取了若干篇能反映章氏學術的文章編入其中，以方便學者研究。研究章學誠學術的論著也頗多，甚至有學者將其文史理論與乾嘉考據學派相提并論，作爲乾嘉史學一個重要發展趨勢。

章學誠一生與湖北淵源頗深，曾兩次寓居湖北，在湖北生活了十多年。第一次是乾隆十六年（1751），章氏之父章鑣任湖北應城知縣，其隨父至應城；到乾隆三十三年（1768），其父親去世，次年舉家遷離應城。在此期間，除因讀書、應試在北京居住數年外，章氏青年時代基本上都在應城、天門度過，而這一時期正是他在學術上入門并開始有所作爲的時期。第二次是乾隆五十五年（1790），章學誠隨湖廣總督畢沅來到湖北武昌，繼續編輯《史籍考》，并參與《續資治通鑒》的編纂，又待了五年。在湖北期間，他除了讀書治學，還纂修或參修了《天門縣志》《麻城縣志》《石首縣志》《廣濟縣志》《荊州府志》《湖北通志》等，爲湖北的方志編纂事業做出了突出貢獻。

本書由《文史通義》《校讎通義》《方志略例》及附録組成。版本方面,《文史通義》《校讎通義》《方志略例》三書均以《章學誠遺書》爲底本,與大梁本、粵雅堂叢書本、貴陽本對校,并參考了葉瑛《文史通義校注》、王重民《校讎通義通解》等的校勘成果。在篇目選取上,鑒於《章學誠遺書》之《文史通義》與大梁本篇目差異較大,所以本書在《章學誠遺書》本基礎上,參考倉修良《文史通義新編新注》等整理本補充了部分文章;《章學誠遺書》之《校讎通義》除内篇三卷,還有外篇一卷,王重民認爲“大概是王宗炎校定《遺書》時所編輯的”,外篇所載的論文“與《内篇》的關係不大”,所以王氏《校讎通義通解》不取外篇,本書亦從之。附録部分主要選取章氏《方志略例》之外有關方志修撰的文章,以使讀者更加全面地瞭解章氏學術旨趣。

本人才疏學淺,錯訛之處,在所難免,敬請讀者指教。

二〇一九年十二月三十日於蘭州大學

目　　録

文史通義

校讎通義

方志略例

附　録

文史通義

大梁本文史通義序

先君子幼資甚魯，賦稟復孱弱，少從童子塾，日誦百餘言，常形亟亟。先大父顧而憐之，從不責以課程。惟性耽墳籍，不甘爲章句之學，塾師所授舉子業，不甚措意。塾課稍暇，輒取子史等書，日夕披覽，孜孜不倦。觀書常自具識力，知所去取，意所不慊，輒批抹塗改，疑者隨時劄記，以俟參考。自游朱竹君先生之門，先生藏書甚富，因得徧覽群書，日與名流討論講貫，備知學術源流同異。以所聞見證平日之見解，有幼時所見及，至老不可移者，乃知一時創見，或亦有關天授，特少時學力未充，無所取證，不能發揮盡致耳。從此所學益以堅定。著有《文史通義》一書，其中倡言立議，多前人所未發，大抵推原官禮，而有得於向、歆父子之傳，故於古今學術淵源，輒能條別而得其宗旨。易簀時，以全稿付蕭山王穀塍先生，乞爲校定，時嘉慶辛酉年也。穀塍先生旋游道山。道山丙戌，長兄杼思自南中寄出原草併穀塍先生訂定目録一卷。查閲所遺尚多，亦有與先人原編篇次互異者，自應更正以復舊觀。先録成副本十六册，其中亥豕魯魚，别無定本，無從校正。庚寅辛卯，得交洪洞劉子敬、華亭姚春木二先生，將副本乞爲覆勘。今勘定《文史通義》内篇五卷、外篇三卷，《校讎通義》三卷，先爲付梓。尚有雜篇及《湖北通志檢存稿》並文集等若干卷，當俟校定，再爲續刊。

道光壬辰十月，男華紱謹識。

文史通義跋一

右《文史通義》八卷,《校讎通義》三卷,國朝章學誠撰。案學誠字實齋,會稽人,乾隆戊戌進士,官國子監典籍,朱文正門下士也。著有《實齋文集》,典籍淹貫,經史豁然,洞究本原,特著是書。意欲力挽頹波,網羅放失,每豎一義,獨開生面,前無古人,後無來者,而實則齊心同所願,含意俱未伸,洵不朽盛業也。賀藕庚制府《皇朝經世文編》獨采其《言公》數條於文學部中,蓋是書刻於道光壬辰,或猶未見其全帙歟?卷首有男華紱序,稱其推原官禮,有得於向、歆父子之傳,故於古今學術淵源,輒能條别而得其宗旨,殆獲自庭誥,故迥異影響之談。然如謂集大成者周公而非孔子,學者不可妄分周、孔;學孔子者不當先以垂教萬世爲心。又謂鄭樵《通志》遠過杜佑《通典》、馬端臨《文獻通考》,袁樞《通鑑紀事本末》爲闇合古人等各條,皆發前人所未發,信手拈來,悉成妙諦。實則五城十二樓,一一從瓴甓造起,固非矯同立異,特矜創解,以驚暴時人耳目者,宜邵二雲學士亟稱之也。

所議修志條例綦詳,均足爲後來取法。如康海《武功志》、韓邦靖《朝邑志》,自前明以來,翕然以簡括推之,顧痛詆不遺餘力,未嘗不深中其失。至《州縣請立志科》一條,謂平日當於典吏中僉稍明文法者以充其選,立爲成法,如案牘之有公式云云,亦何嘗不當於理,顧安所得若人而用之。迂矣!即如顧亭林徵君所談,舉天下胥吏悉易以士流,猶恐未稱厥職,比之井田學校,倍覺難行,存而不論可耳。又如《婦學》《詩話》數條,似專爲痛詆袁簡齋太史而作,簡齋固多可議,亦何至天下之惡皆歸也。又如《記與戴東原論修志》一條、《地志統部》一條,於戴東原、洪稚存兩先生均夷然不屑,適徵其所養之未純。顧亭林一代偉儒,其《答汪鈍翁論師道書》云:"學究天人,確乎不拔,不如王寅旭；讀書爲己，探頤洞微，不如楊雪臣；獨精三禮，卓然經師，不如張稷若；蕭然物外，自得天機，不如傅青主；堅苦力學，無師而成，不如李中孚；險阻備嘗，與時屈伸，不如路安卿；博文強記，群書之府，不如吴任臣；文章爾雅，宅心和厚，不如朱錫鬯；好學不倦，篤於友朋，不如王山史；精心六書，信而好古，不如張力臣。”所謂不薄今人也。然其上下數千年，縱横九萬里，洵足推倒一時豪傑，開拓萬古心胸，匪兼才、識、學三長者不能作，其亦我朝之劉子玄乎。特重梓之，俾廣爲流佈。

道光辛亥立秋後八日，南海伍崇曜謹跋。

文史通義跋二

右實齋先生《文史通義》内外篇凡八卷，刻於道光壬辰，而先生生平所著古文辭不與焉。敝篋中尚存《實齋文略》一巨册，皆先生手抄以遺先大父，冀彼此互藏，以爲傳世之計。顧六七十年來，南舟北馬，先世手澤，轉以仕宦，簿書不免残蝕。覩此書刻成，爲之心快。

咸豐四年八月，世晚後學周爾墉謹識。

文史通義跋三

右《文史通義》八卷,《校讎通義》三卷，先曾祖實齋公所譔遺書也。道光壬辰，伯祖緒遷刊之大梁，山陰杜氏曾爲繙本，大梁板旋亦攜回，於是兩板皆存越中。咸豐初，先君子幕游梁、宋閒，索是書者衆，命真印數十册齎往。至日，先君子詒真曰：“先著刻者僅此，吾愳不克表揚，爾又不自立，將無以世其家學，奈何！”真愯然無以對。辛酉，吾郡失陷，兩板皆毁，惟先君行篋尚存一册，因校正僢訛，付真弆之，曰：“曩所謂僅有是刻者，今並此而遺矣，爾其力圖重梓，勿使湮没，重滋不肖罪。”無何，先君子捐館，真槖筆奔走，恒兢兢奉是書自隨。同治癸酉，在楚南永順幕罹蛟患，是書幸得之泥沙中，無缺略，至是謀刻益亟。光緒乙丑，真游幕黔臬，得交貴筑羅植盦、西蜀王雪澄兩君，因謀重刻，兩君慨爲校讎。始於丁丑二月付雕，至戊寅七月竣事，用識其緣起如此。曾孫季真。

文史通義跋四

光緒戊寅夏，貴陽重刻《文史通義》《校讎通義》竟，秉恩乃識刊校本末於尾，曰：乙丙之際，秉恩與羅儀部植盦得讀是書，即壬辰大梁刻本，適貴州有修志之議，憙其條例翔實可師，亟鈔之。會小同將授梓，屬爲校勘，苦無它本可讎。書中閒有先生孫同卿箋改者，原序所謂别無定本可校，凂姚春木、劉子敬覆勘，而譌誤仍不免，知原草之是非不能悉正也。

會將北上，攜鈔本之京，思假通人校本是正。江陰繆編修炎之言，周侍郎荇農許有鈔本，視粤雅堂本爲多，屢借不得。比歸，書適刊成，植盦爲言曾以粤雅本斠數四，其原箋舉正者依改外，原本之譌者亦閒改一二，而是非迄有不能遽定者，復授秉恩校竟，仍以粤雅本細勘。粤雅所刻即大梁本，校未精審，然有奪譌而無增減，閒有據改原書者。惟《校讎通義》中引《漢志》，原刻挩譌尤夥，則據《志》正之，益信原本是非不能悉定也。《言公》《婦學》諸篇，《湖海文傳》《經世文編》《國朝文録》《藝海珠塵》諸書曾爲選録，然異同奪漏亦不少。

蓋先生每一篇已，嘗録示人，《婦學篇》又嘗别行，故迻寫不無柴虒，諸家或未得睹全帙邪。焦里堂嘗譔讀書三十二贊，《通義》列十九，當時流傳推重已如此。其書大恉，具見先生文集《與嚴冬友侍讀》及《上尹楚珍先生書》中，文集尚未刊，廑鈔本一册，曾離蛟患，漬痕擩透，先生塗乙删定，丹墨爛若，手迹具在，標識卷數至二十九止，全册存河南周君許，小同將郵索歸謀刊焉。先生粹於史學，平生籑述有《紀元韻編》，《湖北通志》，和州、亳州、永清縣、天門縣諸志，今都罕覯。又《書教》下云别有《圓通篇》，今亦不見，或即在《原序》稱尚有《雜篇》中，亦未可知。《通志》已爲妄人删改，原稟存否不可知，先生别簑有《駁議》一篇，小同藏諸行篋。《永清志》板尚存，昨在京，聞將印行，悤遽南旋，不果得。《通義》兩板皆隃失，今幸重刻，小同之不忘先業，洵堪嘉尚，而植盦與秉恩雖經屢勘，而卒多未正者，並識之以竢補訂云。華陽王秉恩。

文史通義跋五

右《文史通義》内篇五卷、外篇三卷,《校讎通義》三卷，會稽章實齋先生著。淇維昭代右文厲學，隆慶之際，通逸傀儒，厖然蠭出，寡不根究名制，斠補訛脱，爲實事求是之學。然而句節字泥，宣此窒彼，鉤釽析亂，其失也紛而罔紀。先生於越東，爾祧思復，上祖致良，經文大義，不爲苛妎，殊於時流。凡所論著，皆胎原《周官》，脈法《春秋》，歸魂太史，以經旋史，以復官師聯事之規，與汪容甫先生之言，若合符節。先生既没，遺書編次，定於王晚聞先生，而稿草乙識，多未是正。華紱先生，復浼劉子敬、姚椿木二先生,〔1〕刊正是書，梓於大梁，其後山陰杜氏復梓之。咸同之交，粵逆肇興，板片流失，莫可究詰。先生曾孫小同，乃梓是本於貴陽，而大梁之本，旋爲浙江書局所得。大荒壯月，有以是本相鬻者。樹蘭以鄉先遺著，不欲淪於方外，遂得而庋之，因識其元始，而附論先生所學之大且異，以諗世之讀先生之書者。

光緒十九年辜月，後學徐樹蘭識。

【校勘記】

〔1〕“姚椿木”，大梁本作“姚春木”。

文史通義卷一　内篇一

易教上

六經皆史也。古人不著書，古人未嘗離事而言理，六經皆先王之政典也。或曰：《詩》《書》《禮》《樂》《春秋》，則既聞命矣。《易》以道陰陽，願聞所以爲政典而與史同科之義焉。曰：聞諸夫子之言矣。“夫《易》開物成務，冒天下之道”，“知來藏往，吉凶與民同患”。其道蓋包政教典章之所不及矣。象天法地，“是興神物，以前民用”。其教蓋出政教典章之先矣。《周官》太卜掌三《易》之法，夏曰《連山》，殷曰《歸藏》，周曰《周易》，各有其象與數，各殊其變與占，不相襲也。然三《易》各有所本，《大傳》所謂庖羲、神農與黃帝、堯、舜是也。《歸藏》本庖羲，《連山》本神農，《周易》本黃帝。由所本而觀之，不特三王不相襲，三皇五帝亦不相沿矣。蓋聖人首出御世，作新視聽，神道設教，以彌綸乎禮樂刑政之所不及者，一本天理之自然，非如後世託之詭異妖祥，讖緯術數，以愚天下也。

夫子曰：“我觀夏道，杞不足徵，吾得夏時焉。我觀殷道，宋不足徵，吾得坤乾焉。”夫夏時，夏正書也。坤乾，《易》類也。夫子憾夏商之文獻無所徵矣，而坤乾乃與夏正之書同爲觀於夏商之所得，則其所以厚民生與利民用者，蓋與治曆明時，[1]同爲一代之法憲，而非聖人一己之心思，離事物而特著一書，以謂明道也。夫懸象設教與治憲授時，天道也。《禮》《樂》《詩》《書》與刑、政、教、令，人事也。天與人參，王者治世之大權也。韓宣子之聘魯也，觀書於太史氏，得見《易》象、《春秋》，以爲周禮在魯。夫《春秋》乃周公之舊典，謂周禮之在魯可也。《易》象亦稱周禮，其爲政教典章，切於民用而非一己空言，自垂昭代而非相沿舊制，則又明矣。夫子曰："《易》之興也，其於中古乎？作《易》者，其有憂患乎？"顧氏炎武嘗謂《連山》《歸藏》，不名爲《易》。太卜所謂三《易》，因《周易》而牽連得名。今觀八卦起於伏羲，《連山》作於夏后，而夫子乃謂《易》興於中古，作《易》之人獨指文王，則《連山》《歸藏》不名爲《易》，又其徵矣。

或曰：文王拘幽，未嘗得位行道，豈得謂之作《易》以垂政典歟？曰：八卦爲三《易》所同，文王自就八卦而繫之辭。商道之衰，文王與民同其憂患，故反覆於處憂患之道，而要於無咎，非創制也。周武既定天下，[2]遂名《周易》，而立一代之典教，非文王初意所計及也。夫子生不得位，不能創制立法，以前民用，因見《周易》之於道法，美善無可復加，懼其久而失傳，故作《彖》《象》《文言》諸傳，以申其義蘊，所謂述而不作，非力有所不能，理勢固有所不可也。

後儒擬《易》，則亦妄而不思之甚矣。彼其所謂理與數者，有以出《周易》之外邪？無以出之，而惟變其象數法式，以示與古不相襲焉，此王者宰制天下，作新耳目，殆如漢制所謂色黄數五，事與改正朔而易服色者爲一例也。揚雄不知而作，則以九九八十一者，變其八八六十四矣。後代大儒多稱許之，則以其數通於治曆，而蓍揲合其吉凶也。夫數乃古今所共，凡明於曆學者，皆可推尋，豈必《太玄》而始合哉？[3]蓍揲合其吉凶，則又陰陽自然之至理。誠之所至，探籌鑽瓦，皆可以知吉凶，何必支離其文，艱深其字，然後可以知吉凶乎？《元包》妄託《歸藏》，不足言也。司馬《潛虚》又以五五更其九九，不免賢者之多事矣。故六經不可擬也。先儒所論，僅謂畏先聖而當知嚴憚耳。此指揚氏《法言》、王氏《中説》，[4]誠爲中其弊矣。若夫六經，皆先王得位行道，經緯世宙之迹，而非託於空言。故以夫子之聖，猶且述而不作。如其不知妄作，不特有擬聖之嫌，抑且蹈於僭竊王章之罪也，可不慎歟！

易教中

孔仲達曰："夫《易》者，變化之總名，改换之殊稱。"先儒之釋《易》義，未有明通若孔氏者也。得其説而進推之，《易》爲王者改制之鉅典，事與治曆明時相表裏，其義昭然若揭矣。許叔重釋"易"文曰："蜥易，守宫，象形。祕書説：'日月爲易'，象陰陽也。"《周官》太卜掌三《易》之法。鄭氏注："易者，揲蓍變易之數可占者也。"朱子以謂"易"有交易變易之義。是皆因文生解，各就一端而言，非當日所以命《易》之旨也。三《易》之名，雖始於《周官》，而《連山》《歸藏》可并名《易》。《易》不可附《連山》《歸藏》而稱爲三連三歸者，誠以《易》之爲義，實該羲、農以來不相沿襲之法數也。"易"之初見於文字，則帝《典》之"平在朔易"也。孔《傳》謂歲改易，而周人即取以名揲卦之書，則王者改制更新之大義，顯而可知矣。《大傳》曰："生生之謂易。"韓康伯謂"陰陽轉易，以成化生"。此即朱子交易變易之義所由出也。三《易》之文雖不傳，今觀《周官》太卜有其法，《左氏》記占有其辭，則《連山》《歸藏》皆有交易變易之義。是羲、農以來，《易》之名雖未立，而《易》之意已行乎其中矣。上古淳質，文字無多，固有具其實而未著其名者。後人因以定其名，則徹前後而皆以是爲主義焉，一若其名之向著者，此亦其一端也。

欽明之爲敬也，允塞之爲誠也，曆象之爲曆也，曆象之曆，作推步解，非曆書之名。皆先具其實而後著之名也。《易·革·象》曰："澤中有火，君子以治曆明時。"其《彖》曰："天地革而四時成，湯武革命，順乎天而應乎人。"曆自黄帝以來，代爲更變，而夫子乃爲取象於澤火，且以天地改時、湯武革命爲革之卦義，則《易》之隨時廢興，道豈有異乎？《易》始羲、農而備於成周，曆始黄帝而遞變於後世。上古詳天道，而中古以下詳人事之大端也。然卦氣之説，雖創於漢儒，而卦序卦位，則已具函其終始，則疑大撓未造甲子以前，羲、農即以卦畫爲曆象，所謂天人合於一也。《大傳》曰："古者，庖羲氏之王天下也，仰則觀象於天，俯則觀法於地，觀鳥獸之文與地之宜，近取諸身，遠取諸物，於是始作八卦，以通神明之德，以類萬物之情。”此黄帝未作干支之前所創造也。觀於羲和分命，則象法文宜，其道無所不備，皆用以爲授人時也。是知上古聖人，開天創制，立法以治天下，作《易》之與造曆，同出一源，未可强分孰先孰後。故《易》曰：“開物成務，冒天下之道。”《書》曰：“平秩敬授，作訛成易。”皆一理也。

夫子曰：“加我數年，[5]五十以學《易》，可以無大過矣。”又曰：“吾學周禮，今用之，吾從周。”學《易》者，所以學周禮也。韓宣子見《易·象》《春秋》，以爲周禮在魯。夫子學《易》而志《春秋》，所謂學周禮也。夫子語顔淵曰：“行夏之時，乘殷之輅，服周之冕，樂則《韶》舞。”是斟酌百王，損益四代，爲萬世之圭臬也。曆象遞變，而夫子獨取於夏時；筮占不同，而夫子獨取於《周易》。此三代以後，至今循行而不廢者也。然三代以後，曆顯而《易》微。曆存於官守，而《易》流於師傳，故儒者敢於擬《易》，而不敢造曆也。曆之薄蝕盈虧，有象可驗，而《易》之吉凶悔吝，無迹可拘，是以曆官不能穿鑿於私智，而《易》師各自爲説，不勝紛紛也。故學《易》者，不可以不知天。觀此，益知《太玄》《元包》《潛虚》之屬，乃是萬無可作之理，其故總緣不知爲王制也。

易教下

《易》之象也，《詩》之興也，變化而不可方物矣。《禮》之官也，《春秋》之例也，謹嚴而不可假借矣。夫子曰：“天下同歸而殊途，一致而百慮。”君子之於六藝，一以貫之，斯可矣。物相雜而爲之文，事得比而有其類。知事物名義之雜出而比處也，非文不足以達之，非類不足以通之，六藝之文可以一言盡也。夫象歟，興歟，例歟，官歟，風馬牛之不相及也，其辭可謂文矣，其理則不過曰通於類也。故學者之要，貴乎知類。

象之所包廣矣，非徒《易》而已，六藝莫不兼之，蓋道體之將形而未顯者也。雎鳩之於好逑，樛木之於貞淑，甚而熊蛇之於男女，象之通於《詩》也。五行之徵五事，箕畢之驗雨風，甚而傅巖之入夢賚，象之通於《書》也。古官之紀雲鳥，《周官》之法天地四時，以至龍翟章衣，熊虎志射，象之通於《禮》也。歌協陰陽，舞分文武，以至磬念封疆，鼓思將帥，象之通於《樂》也。筆削不廢災異，左氏遂廣妖祥，象之通於《春秋》也。《易》與天地準，故能彌綸天地之道。萬事萬物，當其自静而動，形迹未彰而象見矣。故道不可見，人求道而恍若有見者，皆其象也。

有天地自然之象，有人心營搆之象。天地自然之象，《説卦》爲天爲圜諸條，約略足以盡之。人心營搆之象，睽車之載鬼，翰音之登天，意之所至，無不可也。然而心虚用靈，人累於天地之間，不能不受陰陽之消息，心之營搆，則情之變易爲之也。情之變易，感於人世之接搆，而乘於陰陽倚伏爲之也。是則人心營構之象，亦出天地自然之象也。

《易》象雖包六藝，與《詩》之比興，尤爲表裏。夫《詩》之流别，盛於戰國人文，所謂長於諷喻，不學《詩》，則無以言也。詳《詩教》篇。然戰國之文，深於比興，即其深於取象者也。《莊》《列》之寓言也，則觸蠻可以立國，蕉鹿可以聽訟。《離騷》之抒憤也，則帝闕可上九天，鬼情可察九地。他若縱横馳説之士，飛箝捭闔之流，徙蛇引虎之營謀，桃梗土偶之問答，愈出愈奇，不可思議。然而指迷從道，固有其功，飾奸售欺，亦受其毒。故人心營搆之象，有吉有凶，宜察天地自然之象，而衷之以理，此《易》教之所以範天下也。

諸子百家不衷大道，其所以持之有故而言之成理者，則以本原所出，皆不外於《周官》之典守。其支離而不合道者，師失官守，末流之學，各以私意恣其説爾，非於先王之道，全無所得，而自樹一家之學也。至於佛氏之學，來自西域，毋論彼非世官典守之遺，且亦生於中國，言語不通，没於中國，文字未達也。然其所言與其文字，持之有故而言之成理者，殆較諸子百家爲尤盛。反覆審之，而知其本原出於《易》教也。蓋其所謂心性理道，名目有殊，推其義指，初不異於聖人之言。其異於聖人者，惟舍事物而别見有所謂道爾。至於丈六金身，莊嚴色相，以至天堂清明，地獄陰慘，天女散花，夜叉披髮，種種詭幻，非人所見，儒者斥之爲妄，不知彼以象教，不啻《易》之龍血玄黄，張弧載鬼。是以閻摩變相，皆即人心營搆之象而言，非彼造作誑誣以惑世也。至於末流失傳，鑿而實之，夫婦之愚，偶見形於形憑於聲者，而附會出之，遂謂光天之下，别有境焉。儒者又不察其本末，攘臂以争，憤若不共戴天，而不知非其實也。令彼所學，與夫文字之所指擬，但切入於人倫之所日用，即聖人之道也。以象爲教，非無本也。

《易》象通於《詩》之比興，《易》辭通於《春秋》之例。嚴天澤之分，則二多譽，四多懼焉。謹治亂之際，則陽君子，陰小人也。杜微漸之端，姤一陰，而已惕女壯。臨二陽，而即慮八月焉。慎名器之假，五戒陰柔，三多危惕焉。至於四德尊元而無異稱，亨有小亨，利貞有小利貞，貞有貞吉貞凶，吉有元吉，悔有悔亡，咎有無咎，一字出入，謹嚴甚於《春秋》。蓋聖人於天人之際，以謂甚可畏也。《易》以天道而切人事，《春秋》以人事而協天道，其義例之見於文辭，聖人有戒心焉。

書教上

《周官》外史，掌三皇五帝之書。今存虞夏商周之策而已，五帝僅有二，而三皇無聞焉。左氏所謂《三墳》《五典》，今不可知，未知即是其書否也？以三王之誓、誥、貢、範諸篇，推測三皇諸帝之義例，則上古簡質，結繩未遠，文字肇興，書取足以達微隱通形名而已矣。因事命篇，本無成法，不得如後史之方圓求備，拘於一定之名義者也。夫子敘而述之，取其疏通知遠，足以垂教矣。世儒不達，以謂史家之初祖實在《尚書》，因取後代一成之史法，紛紛擬《書》者，皆妄也。

三代以上之爲史，與三代以下之爲史，其同異之故可知也。三代以上，記注有成法而撰述無定名，三代以下，撰述有定名而記注無成法。夫記注無成法，則取材也難；撰述有定名，則成書也易。成書易，則文勝質矣。取材難，則僞亂真矣。僞亂真而文勝質，史學不亡而亡矣。良史之才，間世一出，補偏救弊，憊且不支。非後人學識不如前人，《周官》之法亡，而《尚書》之教絶，其勢不得不然也。

《周官》三百六十，具天下之纖析矣。然法具於官，而官守其書。觀於六卿聯事之義，而知古人之於典籍，不憚繁複周悉，以爲記注之備也。即如六典之文，繁委如是，太宰掌之，小宰副之，司會、司書、太史又爲各掌其貳，則六典之文，蓋五倍其副貳，而存之於掌故焉。其他篇籍，亦當稱是。是則一官失其守，一典出於水火之不虞，他司皆得藉徵於副策。斯非記注之成法，詳於後世歟！漢至元成之間，典籍可謂備矣。然劉氏《七略》，雖溯六典之流别，亦已不能具其官。而律令藏於法曹，章程存於故府，朝儀守於太常者，不聞石渠天禄别儲副貳，以備校司之討論，可謂無成法矣。漢治最爲近古，而荒略如此，又何怪乎後世之文章典故，雜亂而無序也哉！

孟子曰："王者之迹息而《詩》亡，《詩》亡然後《春秋》作。"蓋言王化之不行也，推原《春秋》之用也。不知《周官》之法廢而《書》亡，《書》亡而後《春秋》作。則言王章之不立也，可識《春秋》之體也。何謂《周官》之法廢而《書》亡哉？蓋官禮制密，而後記注有成法；記注有成法，而後撰述可以無定名。以謂纖悉委備，有司具有成書，而吾特舉其重且大者，筆而著之，以示帝王經世之大略。而典、謨、訓、誥、貢、範、官、刑之屬，詳略去取，惟意所命，不必著爲一定之例焉。斯《尚書》之所以經世也。至官禮廢而記注不足備其全，《春秋》比事以屬辭，而左氏不能不取百司之掌故，與夫百國之寶書，以備其事之始末，其勢有然也。馬、班以下，演左氏而益暢其支焉。所謂記注無成法，而撰述不能不有定名也。故曰：王者迹息而《詩》亡，[6]見《春秋》之用；《周官》法廢而《書》亡，見《春秋》之體也。

《記》曰：“左史記言，右史記動。”其職不見於《周官》，其書不傳於後世，殆禮家之衍文歟？〔7〕後儒不察，而以《尚書》分屬記言，《春秋》分屬記事，則失之甚也。夫《春秋》不能舍傳而空存其事目，則左氏所記之言，不啻千萬矣。《尚書》典、謨之篇，記事而言亦具焉，訓、誥之篇，記言而事亦見焉。古人事見於言，言以爲事，未嘗分事言爲二物也。劉知幾以二典、貢、範諸篇之錯出，轉譏《尚書》義例之不純，毋乃因後世之空言，而疑古人之實事乎！《記》曰：“疏通知遠，《書》教也。”豈曰記言之謂哉？

六藝並立，《樂》亡而入於《詩》《禮》，《書》亡而入於《春秋》，皆天時人事，不知其然而然也。《春秋》之事，則齊桓、晉文，而宰孔之命齊侯，王子虎之命晉侯，皆訓誥之文也。而左氏附傳以翼經，夫子不與《文侯之命》同著於編，〔8〕則《書》入《春秋》之明證也。馬遷紹法《春秋》，而删潤典、謨，以入紀傳；班固承遷有作，而《禹貢》取冠《地理》，《洪範》特志《五行》，而《書》與《春秋》不得不合爲一矣。後儒不察，又謂紀傳法《尚書》，而編年法《春秋》，是與左言右事之强分流别，又何以異哉！

書教中

《書》無定體，故易失其傳，亦惟《書》無定體，故託之者衆。周末文勝，官禮失其職守，而百家之學多争託於三皇五帝之書矣。藝植託於神農，兵法醫經託於黄帝，好事之徒，傳爲《三墳》之逸書而《五典》之别傳矣。不知書固出於依託，旨亦不盡無所師承，官禮政舉而人存，世氏師傳之掌故耳。惟三、五之留遺，多存於《周官》之職守，則外史所掌之書，必其籍之别具，亦如六典各存其副之制也。左氏之所謂《三墳》《五典》，或其概而名之，或又别爲一説，未可知也。必欲確指如何爲三皇之墳，如何爲五帝之典，則鑿矣。

《逸周書》七十一篇，多《官禮》之别記與《春秋》之外篇，殆治《尚書》者雜取以備經書之旁證耳。劉、班以謂孔子所論百篇之餘，則似逸篇，初與典、謨、訓、誥同爲一書，而孔子爲之删彼存此耳。毋論其書文氣不類，醕駁互見，即如《職方》《時訓》諸解，明用經記之文，《太子晉解》，明取春秋時事，其爲外篇别記，不待繁言而決矣。而其中實有典言寶訓，識爲先王誓、誥之遺者，亦未必非百篇之逸旨，而不可遽爲删略之餘也。夫子曰："信而好古。"先王典誥，衰周猶有存者，而夫子删之，豈得爲好古哉！惟《書》無定體，故《春秋》官禮之别記外篇，皆得從而附合之，亦可明《書》教之流别矣。

《書》無定體，故附之者雜。後人妄擬《書》以定體，故守之也拘。古人無空言，安有記言之專書哉？漢儒誤信《玉藻》記文，而以《尚書》爲記言之專書焉。於是後人削趾以適屨，轉取事文之合者，削其事而輯録其文，以爲《尚書》之續焉，若孔氏《漢魏尚書》、王氏《續書》之類皆是也。無其實，而但貌古人之形似，譬如畫餅餌之不可以充飢。況《尚書》本不止於記言，則孔衍、王通之所擬，併古人之形似而不得矣。劉知幾嘗患史策記事之中，忽間長篇文筆，欲取君上詔誥，臣工奏章，别爲一類，編次紀傳史中，略如書志之各爲篇目，是劉亦知《尚書》折而入《春秋》矣。然事言必分爲二，則有事言相貫、質與文宣之際，如别自爲篇，則不便省覽，如仍然合載，則爲例不純。是以劉氏雖有是説，後人訖莫之行也。至如論事章疏，本同口奏，辨難書牘，不異面論，次於紀傳之中，事言無所分析，後史恪遵成法可也。乃若揚、馬之辭賦，原非政言；嚴、徐之上書，亦同獻頌；鄒陽、枚乘之縱横，杜欽、谷永之附會，本無關於典要；馬、班取表國華，削之則文采滅如，存之則紀傳猥濫，斯亦無怪劉君之欲議更張也。

杜氏《通典》爲卷二百，而《禮典》乃八門之一，已占百卷，蓋其書本官禮之遺，宜其於禮事加詳也。然叙典章制度，不異諸史之文，而禮文疑似，或事變參差，博士經生折中詳議，或取裁而徑行，或中格而未用，入於正文，則繁複難勝，削而去之，則事理未備。杜氏並爲採輯其文，附著禮門之後，凡二十餘卷，可謂窮天地之際，而通古今之變者矣。史遷之書，蓋於《秦紀》之後，存録秦史原文。惜其義例未廣，後人亦不復踵行，斯並記言記事之窮，别有變通之法，後之君子所宜參取者也。

濫觴流爲江河，事始簡而終鉅也。東京以還，文勝篇富，史臣不能概見於紀傳，則彙次爲《文苑》之篇。文人行業無多，但著官階貫系，略如《文選》人名之注，試牓履歷之書，本爲麗藻篇名，轉覺風華消索，則知一代文章之盛，史文不可得而盡也。蕭統《文選》以還，爲之者衆，今之尤表表者，姚氏之《唐文粹》、吕氏之《宋文鑑》、蘇氏之《元文類》，並欲包括全代，與史相輔，此則轉有似乎言事分書，其實諸選乃是春華，正史其秋實爾。史與《文選》各有言與事，故僅可分華與實，不可分言與事。

四部既分，集林大暢。文人當誥，則内制外制之集，自爲編矣。宰相論思，言官白簡，卿曹各言職事，閫外料敵善謀，陸贄奏議之篇，蘇軾進呈之策，又各著於集矣。萃合則有名臣經濟、策府議林，連編累牘，可勝數乎！大抵前人著録，不外别集總集二條，蓋以一人文字觀也。其實應隸史部，追源當系《尚書》。但訓、誥乃《尚書》之一端，不得如漢人之直以記言之史目《尚書》耳。

名臣章奏，隸於《尚書》，以擬訓、誥，人所易知。撰輯章奏之人，宜知訓、誥之記言，必叙其事，以備所言之本末，故《尚書》無一空言，有言必措諸事也。後之輯章奏者，但取議論曉暢，情辭慨切，以爲章奏之佳也，不備其事之始末，雖有佳章，將何所用？文人尚華之習見，不可語於經史也。班氏董、賈二傳，則以《春秋》之學爲《尚書》也。即《尚書》折入《春秋》之證也。其叙賈、董生平行事，無意求詳，前後寂寥數言，不過爲政事諸疏、天人三策備始末爾。賈、董未必無事可叙，班氏重在疏策，不妨略去一切，但録其言，前後略綴數語，備本末耳，不似後人作傳，必盡生平，斤斤求備。噫！觀史裁者，必知此意，而始可與言《尚書》《春秋》之學各有其至當，不似後世類鈔徵事，但知方圓求備而已也。

書教下

《易》曰：“筮之德圓而神，卦之德方以智。”閒嘗竊取其義，以概古今之載籍，撰述欲其圓而神，記注欲其方以智也。夫智以藏往，神以知來，記注欲往事之不忘，撰述欲來者之興起。故記注藏往似智，而撰述知來擬神也。藏往欲其賅備無遺，故體有一定，而其德爲方；知來欲其決擇去取，故例不拘常，而其德爲圓。《周官》三百六十，天人官曲之故，可謂無不備矣。然諸史皆掌記注，而未嘗有撰述之官，祝史命告，未嘗非撰述，然無撰史之人。如《尚書》誓、誥，自出史職，至於帝典諸篇，並無應撰之官。則傳世行遠之業，不可拘於職司，必待其人而後行，非聖哲神明，深知二帝三王精微之極致，不足以與此。此《尚書》之所以無定法也。

《尚書》《春秋》，皆聖人之典也。《尚書》無定法，而《春秋》有成例。故《書》之支裔，折入《春秋》，而《書》無嗣音。有成例者易循，而無定法者難繼，此人之所知也。然圓神方智，自有載籍以還，二者不偏廢也。不能究六藝之深耳，未有不得其遺意者也。史氏繼《春秋》而有作，莫如馬、班，馬則近於圓而神，班則近於方以智也。

《尚書》一變而爲左氏之《春秋》，《尚書》無成法而左氏有定例，以緯經也。左氏一變而爲史遷之紀傳，左氏依年月，而遷書分類例，以搜逸也。遷書一變而爲班氏之斷代，遷書通變化，而班氏守繩墨，以示包括也。就形貌而言，遷書遠異左氏，而班史近同遷書。蓋左氏體直，自爲編年之祖，而馬、班曲備，皆爲紀傳之祖也。推精微而言，則遷書之去左氏也近，而班史之去遷書也遠。蓋遷書體圓用神，多得《尚書》之遺；班氏體方用智，多得官禮之意也。

遷書紀、表、書、傳，本左氏而略示區分，不甚拘拘於題目也。《伯夷列傳》乃七十篇之序例，非專爲伯夷傳也。《屈賈列傳》所以惡絳、灌之讒，其叙屈之文，非爲屈氏表忠，乃弔賈之賦也。《倉公》録其醫案，《貨殖》兼書物産，《龜策》但言卜筮，亦有因事命篇之意，初不沾沾爲一人具始末也。《張耳陳餘》因此可以見彼耳，《孟子荀卿》總括游士著書耳。名姓標題，往往不拘義例，僅取名篇，譬如《關雎》《鹿鳴》，所指乃在嘉賓淑女。而或且譏其位置不倫，如孟子與三鄒子。或又摘其重複失檢，如子貢已在《弟子傳》，又見於《貨殖》。不知古人著書之旨，而轉以後世拘守之成法，反訾古人之變通，亦知遷書體圓而用神，猶有《尚書》之遺者乎！

遷《史》不可爲定法，固《書》因遷之體而爲一成之義例，遂爲後世不祧之宗焉。三代以下，史才不世出，而謹守繩墨，待其人而後行，勢之不得不然也。然而固《書》本撰述而非記注，則於近方近智之中，仍有圓且神者以爲之裁制，是以能成家，而可以傳世行遠也。後史失班史之意，而以紀、表、志、傳，同於科舉之程式，官府之簿書，則於記注撰述，兩無所似，而古人著書之宗旨，不可復言矣。史不成家，而事文皆晦，而猶拘守成法，以謂其書固祖馬而宗班也，而史學之失傳也久矣！

曆法久則必差，推步後而愈密，前人所以論司天也。而史學亦復類此。《尚書》變而爲《春秋》，則因事命篇，不爲常例者，得從比事屬辭爲稍密矣。《左》《國》變而爲紀傳，則年經事緯，不能旁通者，得從類別區分爲益密矣。紀傳行之千有餘年，學者相承，殆如夏葛冬裘，渴飲飢食，無更易矣。然無別識心裁，可以傳世行遠之具，而斤斤如守科舉之程式，不敢稍變；如治胥吏之簿書，繁不可删。以云方智，則冗複疎舛，難爲典據；以云圓神，則蕪濫浩瀚，不可誦識。蓋族史但知求全於紀表志傳之成規，而書爲體例所拘，但欲方圓求備，不知紀傳原本《春秋》，《春秋》原合《尚書》之初意也。《易》曰：“窮則變，變則通，通則久。”紀傳實爲三代以後之良法，而演習既久，先王之大經大法，轉爲末世拘守之紀傳所蒙，曷可不思所以變通之道歟！

左氏編年，不能曲分類例，《史》《漢》紀表傳志，所以濟類例之窮也。族史轉爲類例所拘，以致書繁而事晦；亦猶訓詁注疏，所以釋經，俗師反溺訓詁注疏而晦經旨也。夫經爲解晦，當求無解之初；史爲例拘，當求無例之始。例自《春秋》左氏始也，盍求《尚書》未入《春秋》之初意歟?

神奇化臭腐，臭腐復化爲神奇，解《莊》書者，以謂天地自有變化，人則從而奇腐云耳。事屢變而復初，文飾窮而反質，天下自然之理也。《尚書》圓而神，其於史也，可謂天之至矣。非其人不行，故折入左氏，而又合流於馬、班，蓋自劉知幾以還，莫不以謂《書》教中絶，史官不得衍其緒矣。又自《隋經籍志》著録，以紀傳爲正史，編年爲古史，歷代依之，遂分正附，莫不甲紀傳而乙編年。則馬、班之史，以支子而嗣《春秋》，荀悦、袁宏，且以左氏大宗而降爲旁庶矣。司馬《通鑑》病紀傳之分，而合之以編年。袁樞《紀事本末》又病《通鑑》之合，而分之以事類。按本末之爲體也，因事命篇，不爲常格，非深知古今大體，天下經綸，不能網羅隱括，無遺無濫。文省於紀傳，事豁於編年，決斷去取，體圓用神，斯真《尚書》之遺也。在袁氏初無其意，且其學亦未足與此，書亦不盡合於所稱。故歷代著録諸家，次其書於雜史。自屬纂録之家便觀覽耳。但即其成法，沉思冥索，加以神明變化，則古史之原，隱然可見。書有作者甚淺，而觀者甚深，此類是也。故曰：神奇化臭腐，而臭腐復化爲神奇，本一理耳。

夫史爲記事之書。事萬變而不齊，史文屈曲而適如其事，則必因事命篇，不爲常例所拘，而後能起訖自如，無一言之或遺而或溢也。此《尚書》之所以神明變化，不可方物。降而左氏之傳，已不免於以文徇例，理勢不得不然也。以上古神聖之制作，而責於晚近之史官，豈不懸絶歟！不知經不可學而能，意固可師而仿也。且《尚書》固有不可盡學者也，即《紀事本末》不過纂録小書，亦不盡取以爲史法，而特以義有所近，不得以辭害意也。斟酌古今之史，而定文質之中，則師《尚書》之意，而以遷《史》義例，通左氏之裁制焉，所以救紀傳之極弊，非好爲更張也。

紀傳雖創於史遷，然亦有所受也。觀於《太古年紀》《夏殷春秋》《竹書紀年》，則本紀編年之例，自文字以來，即有之矣。《尚書》爲史文之別具，如用左氏之例，而合於編年，即傳也。以《尚書》之義，爲

《春秋》之傳，則左氏不致以文徇例，而浮文之刊落者多矣。以《尚書》之義，爲遷《史》之傳，則八書三十世家不必分類，皆可仿左氏而統名曰傳。或考典章制作，或叙人事終始，或究一人之行，即列傳本體。或合同類之事，或録一時之言，訓、誥之類。或著一代之文，因事命篇，以緯本紀。則較之左氏翼經，可無局於年月後先之累；較之遷《史》之分列，可無歧出互見之煩。文省而事益加明，例簡而義益加精，豈非文質之適宜，古今之中道歟？至於人名事類，合於本末之中，難於稽檢，則别編爲表，以經緯之；天象地形，輿服儀器，非可本末該之，且亦難以文字著者，别繪爲圖以表明之。蓋通《尚書》《春秋》之本原，而拯馬《史》、班《書》之流弊，其道莫過於此。至於創立新裁，疏别條目，較古今之述作，定一書之規模，别具《圓通》之篇，此不具言。

邵氏晉涵云：紀傳史裁，參仿袁樞，是貌同心異。以之上接《尚書》家言，是貌異心同。是篇所推，於六藝爲支子，於史學爲大宗，於前史爲中流砥柱，於後學爲蠶叢開山。

詩教上

周衰文弊，六藝道息，而諸子争鳴。蓋至戰國而文章之變盡，至戰國而著述之事專，至戰國而後世之文體備。故論文於戰國，而升降盛衰之故可知也。戰國之文，[9]奇衺錯出，而裂於道，人知之；其源皆出於六藝，人不知也。後世之文，其體皆備於戰國，人不知；其源多出於《詩》教，人愈不知也。知文體備於戰國，而始可與論後世之文；知諸家本於六藝，而後可與論戰國之文；知戰國多出於《詩》教，而後可與論六藝之文。可與論六藝之文，而後可與離文而見道；可與離文而見道，而後可與奉道而折諸家之文也。

戰國之文，其源皆出於六藝。何謂也？曰：道體無所不該，六藝足以盡之。諸子之爲書，其持之有故而言之成理者，必有得於道體之一端，而後乃能恣肆其説，以成一家之言也。所謂一端者，無非六藝之所該，故推之而皆得其所本，非謂諸子果能服六藝之教，而出辭必衷於是也。老子説本陰陽，莊、列寓言假像，《易》教也。鄒衍侈言天地，關尹推衍五行，《書》教也。管、商法制，義存政典，《禮》教也。申、韓刑名，旨歸賞罰，《春秋》教也。其他楊、墨、尹文之言，蘇、張、孫、吴之術，辨其源委，挹其旨趣，九流之所分部，《七録》之所叙論，皆於物曲人官，得其一致，而不自知爲六典之遺也。

戰國之文，既源於六藝，又謂多出於《詩》教，何謂也？曰：戰國者，縱横之世也。縱横之學，本於古者行人之官。觀春秋之辭命，列國大夫，聘問諸侯，出使專對，蓋欲文其言以達旨而已。至戰國而抵掌揣摩，騰説以取富貴，其辭敷張而揚厲，變其本而加恢奇焉，不可謂非行人辭命之極也。孔子曰："誦詩三百，授之以政，不達；使於四方，不能專對，雖多奚爲？"是則比興之旨，諷喻之義，固行人之所肄也。縱横者流，推而衍之，是以能委折而入情，微婉而善諷也。九流之學，承官曲於六典，雖或原於《書》《易》《春秋》，其質多本於《禮》教，爲其體之有所該也。及其出而用世，必兼縱横，所以文其質也。古之文質合於一，至戰國而各具之質。當其用也，必兼縱横之辭以文之，周衰文弊之效也。故曰：戰國者，縱横之世也。

後世之文，其體皆備於戰國，何謂也？曰：子史衰而文集之體盛，著作衰而辭章之學興。文集者，辭章不專家，而萃聚文墨，以爲蛇龍之菹也。〔10〕詳見《文集》篇。後賢承而不廢者，江河導而其勢不容復遏也。經學不專家，而文集有經義；史學不專家，而文集有傳記；立言不專家，即諸子書也。而文集有論辨。後世之文集，舍經義與傳記、論辨之三體，其餘莫非辭章之屬也。而辭章實備於戰國，承其流而代變其體制焉。學者不知，而溯摯虞所裒之《流别》，摯虞有《文章流别傳》。〔11〕甚且以蕭梁《文選》，舉爲辭章之祖也，其亦不知古今流别之義矣。

今即《文選》諸體，以徵戰國之賅備。摯虞《流别》、孔逭《文苑》，今俱不傳，故據《文選》。京都諸賦，蘇、張縱横六國，侈陳形勢之遺也。《上林》《羽獵》，安陵之從田，龍陽之同鈞也。《客難》《解嘲》，屈原之《漁父》《卜居》，莊周之惠施問難也。韓非《儲説》，比事徵偶，《連珠》之所肇也。前人已有言及之者。而或以爲始於傅毅之徒，傅玄之言。非其質矣。孟子問齊王之大欲，歷舉輕煖肥甘，聲音采色，《七林》之所啟也。而或以爲創之枚乘，忘其祖矣。鄒陽辨謗於梁王，江淹陳辭於建平，蘇秦之自解忠信而獲罪也。過秦、王命、六代、辨亡諸《論》，抑揚往復，詩人諷諭之旨，孟、荀所以稱述先王，儆時君也。屈原上稱帝嚳，中述湯、武，下道齊桓，亦是。淮南賓客，梁苑辭人，原、嘗、申、陵之盛舉也。東方、司馬侍從於西京，徐、陳、應、劉徵逐於鄴下，談天雕龍之奇觀也。遇有升沉，時有得失，畸才彙於末世，利禄萃其性靈，廊廟山林，江湖魏闕，曠世而相感，不知悲喜之何從，文人情深於《詩》《騷》，古今一也。

至戰國而文章之變盡，至戰國而後世之文體備，其言信而有徵矣。至戰國而著述之事專，何謂也？曰：古未嘗有著述之事也，官師守其典章，史臣録其職載。文字之道，百官以之治，而萬民以之察，而其用已備矣。是故聖王書同文以平天下，未有不用之於政教典章，而以文字爲一人之著述者也。詳見外篇《校讎略・著録先明大道論》。[12]道不行而師儒立其教，我夫子之所以功賢堯舜也。然而予欲無言，無行不與，六藝存周公之舊典，夫子未嘗著述也。《論語》記夫子之微言，而曾子、子思俱有述作以垂訓，至孟子而其文然後閎肆焉，著述至戰國而始專之明驗也。《論語》記曾子之没，吴起嘗師曾子，則曾子没於戰國初年，而《論語》成於戰國之時明矣。春秋之時，管子嘗有書矣，《鬻子》《晏子》，後人所託。然載一時之典章政教，則猶周公之有官禮也。記管子之言行，則習管氏法者所綴輯，而非管仲所著述也。或謂管仲之書，不當稱桓公之謚。閻氏若璩又謂後人所加，非《管子》之本文。皆不知古人並無私自著書之事，皆是後人綴輯。詳《諸子》篇。兵家之有《太公陰符》，醫家之有《黄帝素問》，農家之《神農》《野老》，先儒以爲後人僞撰，[13]而依託乎古人。其言似是，而推究其旨，則亦有所未盡也。蓋末數小技，造端皆始於聖人，苟無微言要旨之授受，則不能以利用千古也。三代盛時，各守人官物曲之世氏，是以相傳以口耳，而孔、孟以前，未嘗得見其書也。至戰國而官守師傳之道廢，通其學者，述舊聞而著於竹帛焉。中或不能無得失，要其所自，不容遽昧也。以戰國之人，而述黄、農之説，是以先儒辨之文辭，而斷其僞託也。不知古初無著述，而戰國始以竹帛代口耳，外史掌三皇五帝之書，及四方之志，與孔子所述六藝舊典，皆非著述一類。其説已見於前。實非有所僞託也。然則著述始專於戰國，蓋亦出於勢之不得不然矣。著述不能不衍爲文辭，而文辭不能不生其好尚。後人無前人之不得已，而惟以好尚逐於文辭焉，然猶自命爲著述，是以戰國爲文章之盛，而衰端亦已兆於戰國也。

詩教下

或曰：若是乎，三代以後，六藝惟《詩》教爲至廣也。敢問文章之用，莫盛於《詩》乎？曰：豈特三代以後爲然哉！三代以前，《詩》教未嘗不廣也。夫子曰："不學《詩》，無以言。"古無私門之著述，未嘗無達衷之言語也。惟託於聲音，而不著於文字，故秦人禁《詩》《書》，《書》闕有間，而《詩》篇無有散失也。後世竹帛之功勝於口耳，而古人聲音之傳勝於文字，則古今時異而理勢亦殊也。自古聖王以禮樂治天下，三代文質，出於一也。世之盛也，典章存於官守，禮之質也；情志和於聲詩，樂之文也。迨其衰也，典章散，而諸子以術鳴。故專門治術，皆爲《官禮》之變也。情志蕩，而處士以横議，故百家馳説，皆爲聲詩之變也。名、法、兵、農、陰陽之類，主實用者，謂之專門治術。其初各有職掌，故歸於官，而爲禮之變也。談天、雕龍、堅白、異同之類，主虚理者，謂之百家馳説。其言不過達其情志，故歸於詩，而爲樂之變也。戰國之文章，先王禮樂之變也。六藝爲《官禮》之遺，其説亦詳外篇《校讎略》中《著録先明大道論》。然而獨謂《詩》教廣於戰國者，專門之業少，而縱横騰説之言多。後世專門子術之書絶僞體子書，不足言也。而文集繁，雖有醕駁高下之不同，其究不過自抒其情志。故曰：後世之文體，皆備於戰國，而《詩》教於斯可謂極廣也。學者誠能博覽後世之文集，而想見先王禮樂之初焉，庶幾有立而能言，學問有主即是立，不盡如朱子所云肌膚筋骸之束而已也。可以與聞學《詩》學《禮》之訓矣。

學者惟拘聲韻之爲詩，而不知言情達志，敷陳諷諭，抑揚涵泳之文，皆本於《詩》教。是以後世文集繁，而紛紜承用之文，相與沿其體，而莫由知其統要也。至於聲韻之文，古人不盡通於《詩》，而後世承用詩賦之屬，亦不盡出六義之教也，其故亦備於戰國。是故明於戰國升降之體勢，而後禮樂之分可以明，六藝之教可以别；《七略》九流諸子百家之言，可以導源而濬流；兩漢六朝唐宋元明之文，可以畦分而塍别；官曲術業，聲詩辭説，口耳竹帛之遷變，可坐而定矣。

演疇皇極，訓、誥之韻者也，所以便諷誦，志不忘也。六象贊言，爻、繫之韻者也，所以通卜筮，闡幽玄也。六藝非可皆通於《詩》也，[14]而韻言不廢，則諧音協律，不得專爲《詩》教也。傳記如《左》《國》，著説如《老》《莊》，文逐聲而遂諧，語應節而遽協，豈必合《詩》教之比興哉？焦貢之《易林》，史游之《急就》，經部韻言之不涉於《詩》也。《黄庭經》之七言，《參同契》之斷字，子術韻言之不涉於《詩》也。後世雜藝百家，誦拾名數，率用五言七字，演爲歌訣，咸以取便記誦，皆無當於詩人之義也。而文指存乎咏歎，取義近於比興，多或滔滔萬言，少或寥寥片語，不必諧韻和聲，而識者雅賞其爲《風》《騷》遺範也。故善論文者，貴求作者之意指，而不可拘於形貌也。

傳曰："不歌而誦謂之賦。"班氏固曰："賦者，古詩之流。"劉氏勰曰："六藝附庸，蔚爲大國。"蓋長言咏歎之一變，而無韻之文可通於詩者，亦於是而益廣也。屈氏二十五篇，劉、班著録，以爲《屈原賦》也。《漁父》之辭，未嘗諧韻而入於賦，則文體承用之流别，不可不知其漸也。文之敷張而揚厲者，皆賦之變體，不特附庸之爲大國，抑亦陳完之後，離去宛邱故都，而大啟疆宇於東海之濱也。後世百家雜藝，亦用賦體爲拾誦，竇氏《述書賦》、吴氏《事類賦》，醫家藥性賦，星卜命相術業賦之類。蓋與歌訣同出六藝之外矣。然而賦家者流，猶有諸子之遺意，居然自命一家之言者，其中又各有其宗旨焉，殊非後世詩賦之流，拘於文而無其質，茫然不可辨其流别也。是以劉、班詩賦一《略》，區分五類，而屈原、陸賈、荀卿，定爲三家之學也，説詳外篇《校讎略》中《漢志詩賦論》。馬、班二史，於相如、揚雄諸家之著賦，俱詳著於列傳。自劉知幾以還，從而抵排非笑者，蓋不勝其紛紛矣，要皆不爲知言也。蓋爲後世文苑之權輿，而文苑必致文采之實迹，以視范史而下，標文苑而止叙文人行略者，爲遠勝也。然而漢廷之賦，實非苟作，長篇録入於全傳，足見其人之極思，殆與賈疏董策爲用不同，而同主於以文傳人也。是則賦家者流，縱横之派别，而兼諸子之餘風，此其所以異於後世辭章之士也。故論文於戰國而下，貴求作者之意指，而不可拘於形貌也。

論文拘形貌之弊，至後世文集而極矣。蓋編次者之無識，亦緣不知古人之流别，作者之意指，不得不拘貌而論文也。集文雖始於建安，魏文撰徐、陳、應、劉文爲一集，此文集之始。摯虞《流别集》猶其後也。而實盛於齊梁之際。古學之不可復，蓋至齊梁而後蕩然矣。摯虞《流别集》，乃是後人集前人。人自爲集，自齊之《王文憲集》始，而昭明《文選》又爲總集之盛矣。范、陳、晉、宋諸史所載文人列傳，總其撰著，必云詩、賦、碑、箴、頌、誄若干篇，而未嘗云文集若干卷，則古人文字，散著篇籍，而不强以類分可知也。孫武之書，蓋有八十二篇矣，説詳外篇《校讎略》中《漢志兵書論》。而闔閭以謂"子之十三篇，吾既得而見"，是始《計》以下十三篇，當日别出獨行，而後世始合之明徵也。韓非之書，今存五十五篇矣。而秦王見其《五蠹》《孤憤》，恨不得與同時。是《五蠹》《孤憤》，當日别出獨行，而後世始合之明徵也。《吕氏春秋》自序，以爲良人問十二紀，是八覽六論，未嘗入序次也。董氏《清明》《玉杯》《竹林》之篇，班固與《繁露》並紀其篇名，是當日諸篇，未入《繁露》之書也。夫諸子專家之書，指無旁及，而篇次猶不可强繩以類例，況文集所裒，體制非一，命意各殊，不深求其意指之所出，而欲强以篇題形貌相拘哉！

賦先於詩，騷别於賦。賦有問答發端，誤爲賦序，前人之議《文選》，猶其顯然者也。若夫《封禪》《美新》《典引》，皆頌也。稱符命以頌功德，而别類其體爲“符命”，則王子淵以聖主得賢臣而頌嘉會，亦當别類其體爲“主臣”矣。班固次韻，乃《漢書》之自序也。其云述《高帝紀》第一、述《陳項傳》第一者，所以自序撰書之本意，史遷有作於先，故已退居於述爾。今於史論之外，别出一體爲史述贊，則遷書自序所謂作《五帝紀》第一，作《伯夷傳》第一者，又當别出一體爲史作贊矣。漢武詔策賢良，即策問也。今以出於帝制，遂於策問之外，别名曰詔。然則制策之對，當離諸策而别名爲表矣。賈誼《過秦》，蓋《賈子》之篇目也。今傳《賈氏新書》首列《過秦》上下二篇，此爲後人輯定，不足爲據。《漢志》，《賈誼》五十八篇，又賦七篇，此外别無論著，則《過秦》乃《賈子》篇目明矣。因陸機《辨亡》之論，規仿《過秦》，遂援左思“著論準《過秦》”之説，而標體爲論矣。左思著論之説，須活看，不可泥。魏文《典論》，蓋猶桓子《新論》、王充《論衡》之以“論”名書耳。《論文》，其篇目也。今與《六代》《辨亡》諸篇，同次於論，然則昭明《自序》，所謂“老、莊之作，管、孟之流，立意爲宗，不以能文爲本”，其例不收諸子篇次者，豈以有取斯文，即可裁篇題論，而改子爲集乎？《七林》之文，皆設問也。[15]今以枚生發問有七，而遂標爲七，則《九歌》《九章》《九辨》，亦可標爲九乎？《難蜀父老》，亦設問也。今以篇題爲難，而别爲難體，則《客難》當與同編，而《解嘲》當别爲嘲體，《賓戲》當别爲戲體矣。《文選》者，辭章之圭臬，集部之準繩，而淆亂蕪穢，不可殫詰；則古人流别，作者意指，流覽諸集，孰是深窺而有得者乎？集人之文，尚未得其意指，而自裒所著爲文集者，何紛紛耶？若夫總集别集之類例，編輯撰次之得失，今古詳略之攸宜，録選評鈔之當否，别有專篇討論，不盡述也。

禮　教

經禮之學，開端先辨經曲。經曲之義未明，是出入不由户也，而學者往往昧之。

《中庸》篇曰："禮儀三百，威儀三千。"劉向以三百爲官禮，所謂經也；三千爲儀禮，所謂曲也，其説蓋得之矣。鄭康成乃以三百爲儀禮，三千爲禮文。無論三千三百，名數難以强索，且大《禮》與天地同節，惟建官立典，經緯天人，庶足稱禮之實，容儀度數，不過一官之長，何足當之！古人所謂儀也，非禮也。

經曲之説，朱子從鄭而不從劉，然注《論語》曰："禮者，天理之節文，人事之儀則。"則禮之不僅於威儀也，亦可見矣。蓋非盡人官物曲之精微，豈足以稱天理節文之義！孔子曰："吾學周禮。"韓宣子見《易》象、《春秋》，以爲周禮在魯。禮之所包廣矣，官典其大綱也。

或曰：周公作官禮乎？答曰：周公何能作也！鑒於夏殷而折衷於時之所宜，蓋有不得不然者也。夏殷之鑒唐虞，唐虞之鑒羲、農、黄帝，亦若是也，亦各有其不得不然者也，故曰道之大源出於天也。孔子曰"吾學周禮"，學於天也，非僅尊周制而私周公也。

帝《典》之命羲和，咨九官，蓋六典之權輿，然必别有籍矣。而禮特九官之一耳，而在《周官》，則三禮又五禮之一也。前後詳略不同如此，可以想鑒夏鑒殷之所自矣。《漢藝文志》，官儀、二禮與禮家諸記合爲一種，後世三禮所由名也。其實諸記多爲儀禮而傳《周官》者，非專門之學即無成書，名爲三禮，實二禮也。二禮同傳，而儒者拘於威儀之説，遂異經禮三百而歸之儀禮，反若官典爲禮家之贅疣，而先王制作之原，與道出於天之義微矣。今之三禮，乃官儀、二禮合《小戴記》耳。此乃學校所頒，其實當合《大戴》爲四禮也。正以《内外四傳》三傳加《周語》。猶可想見《春秋》之意，而《禮》之不盡官儀、二經也，學者所當知也。

近人致功於三禮，約有五端：溯源流也，明類例也，綜名數也，考同異也，搜遺逸也。此皆學者應有之事，不可廢也。然以此爲極則，而不求古人之大體以自廣其心，此宋人所譏爲玩物喪志，不得謂宋人之苛也。

諸城王君森文，積學士也，治三禮多年，視世之所謂五端，致力無不及也。而有見於五端之不足以盡此《禮》也，以書來商其進步，意謂六藝莫精覈於《禮》而莫變動於《易》，今質於《禮》而求通於《易》，可乎？噫！王君用心如此，可畏敬也。雖然，未敢決也。

"君子學以致其道"。道者，自然而已。見爲卑者擴而高之，見爲淺者鑿而深之，見爲小者恢而大之，皆不可爲道也。王君果有見於《禮》之必進於《易》歟？精思奥義，發前人之未發可也。苟疑其然，而未見其必然，則姑存其説以待他日參驗可耳。有心求之，擴高鑿深之弊出矣。

以官禮之制言之，三法掌於周官太卜，是《易》本春官之典守，故韓子見《易》象而以爲周禮在魯也。説詳《易教》篇。若求《禮》於《易》，則《大傳》所云"天尊地卑"十數語，約略足以盡之。先儒演爲《易》例，則如陰陽、剛柔、貴賤、時位、得失、貞吝之類，一如《春秋》發凡。大抵《易》之抑陰扶陽，與《春秋》之防微杜漸，皆以經禮爲折中也。

《易》曰："知以藏往，神以知來。"夫名物制度，繁文縟節，考訂精詳，記誦博洽，此藏往之學也；好學敏求，心知其意，神明變化，開發前蘊，此知來之學也。可以藏往而不可以知來，治《禮》之盡於五端也。推其所治之《禮》而折中後世之制度，斷以今之所宜，則經濟人倫，皆從此出，其爲知來，功莫大也。學者不得具全，求其資之近而力能勉者，斯可矣。

宋制試士，多重策論，故宋人所備策括諸書，多有可觀。其最佳者，幾如著述，若章氏《考索》、馬氏《通考》之類，皆有補於後學。然終不免爲策括者，以其無心得而但知比類以求備也。故藏往之學欲其博，知來之學欲其精。真能知來者，所操甚約而所及者甚廣。書不盡言，言不盡意，神而明之，存於其人。可意會而不可言傳，人皆戛戛，我獨有餘，不可强也。

禮家講求於纂輯比類，大抵於六典五儀之原多未詳析，總緣誤識以儀爲禮耳。夫制度屬官而容儀屬曲，皆禮也。然容儀自是專門，而制度兼該萬有，舍六典而拘五儀，恐五儀之難包括也。雖六典所包甚廣，不妨闕所不知，而五儀終不可以爲經禮之全，綜典之書，自宜識體要也。

近日金匱秦尚書蕙田纂輯《五禮通考》，既以五儀爲綱，而於天文、地理、官制三門顯然關制度者，皆强歸之於嘉禮。蓋以朝覲會同，於五儀爲嘉禮耳，遂以天文、地理、官制，謂出朝典也。不知一代章程，何條不出朝典？雖司馬、軍政、司寇、比讞，亦朝典也，皆稱嘉禮可乎？夫天文，春官保章氏職也；地理，夏官職方氏職也；官制，天官太宰氏職也。三百六十之官，體大物博，學者不能悉究，不務求備也。但於典故官守，不可昧所自也。

史家書志之原，本於官禮。《史記·天官》《平準》等書，猶以官職名篇，惜他篇未盡然也。班氏不知此意，改爲《天文》《食貨》，告朔廢而並去餼羊矣。嗣是而後，書志棼於亂麻，皆數典而忘其祖焉。然班氏雖失遷意，而其志藝文也，猶沿向、歆《七略》之舊，於羣書部目之後，必條別其淵源出於古者某官之掌，猶不忘《周官》之舊法也。夫一朝制度，經緯天人，莫不具於載籍，守於官司。故建官制典，決非私意可以創造，歷代必有沿革，厥初必有淵源。溯而上之，可見先王不得已而制作之心，初非勉强，所謂“道之大源出於天”也。文字不隸於官守，制度不原於載籍，是謂無本之學，夫子所謂“不知而作”，是也。噫！吾見不知而作者，蓋紛紛矣！

或問天下之書皆官禮，則經分爲六，略分爲七，子别九流，術標七種，何不悉統於官禮乎？史家書志，但合職官、禮儀爲一志可矣，何必更分天文、地理、禮樂、兵刑諸篇目？答曰：類别區分，正所謂禮也。且如太宰掌建邦之六典，太史亦掌邦之六典，宗伯亦掌邦之六典。同一掌邦之六典，而各有職事之輕重詳略，乃見一本萬殊，而萬殊一本之妙也。史家書志，自當以一代人官爲綱領矣。而官守所隸，巨細無遺，勢難盡著，則擇其要者，若天文、地理、禮樂、兵刑，略如八書、十志例，而特申官守所繫以表淵源；而文則舉其梗概，務使典雅可誦，而於名物器數，無須屑屑求詳，聽其自具於專門掌故之書，始可爲得官禮之意，而明於古人之大體者也。後史眛淵源而詳名數，典雅不如班、馬之可誦，實用不如掌故之詳明，秦人所謂驢非驢，馬非馬，是爲驘也。

或曰：掌故專書與人官綱領，其詳略之例，可得聞歟？答曰：六經其鼻祖也。《易》爲周禮，見於太卜之官，三易之名，八卦之數，占揲之法，見於《周禮》，所謂人官之綱領也。然三《易》自有專書，則掌故也，豈能盡述乎！《書》亦周禮也，見於外史之官，三皇五帝之名，見於《周官》，所謂人官之綱領也。百篇自有專書，則掌故也，豈能盡述乎！《詩》亦周禮也，見於太史之官，風雅頌之爲經，賦興比之爲緯，見於《周官》，所謂人官之綱領也。三百篇自有專書，則掌故也，豈能盡述乎！史志皆可例推。故史志存其綱領，而掌故別具其詳，後史自宜師法其意，庶不至於繁簡失當矣。至區區書志，雜次記傳年表之中，勢不能爲杜佑之《通典》，王溥之《會要》，連牀充棟，至於不可勝也，是可以悟修辭之圭臬，著書之大體也。

經解上

六經不言經，三傳不言傳，猶人各有我而不容我其我也。依經而有傳，對人而有我，是經傳人我之名，起於勢之不得已，而非其質本爾也。《易》曰："上古結繩而治，後世聖人易之以書契，百官以治，萬民以察。"夫爲治爲察，所以宣幽隱而達形名，布政教而齊法度也，未有以文字爲一家私言者也。《易》曰："雲雷屯，君子以經綸。"經綸之言，綱紀世宙之謂也。鄭氏注謂"論撰書禮樂，施政事"。經之命名，所由昉乎！然猶經緯經紀云爾，未嘗明指《詩》《書》六藝爲經也。三代之衰，治教既分，夫子生於東周，有德無位，懼先聖王法積道備，至於成周，無以續且繼者而至於淪失也，於是取周公之典章，所以體天人之撰而存治化之迹者，獨與其徒相與申而明之。此六藝之所以雖失官守，而猶賴有師教也。然夫子之時，猶不名經也。逮夫子既殁，微言絶而大義將乖，於是弟子門人，各以所見、所聞、所傳聞者，或取簡畢，或授口耳，録其文而起義。左氏《春秋》、子夏《喪服》諸篇，皆名爲傳，而前代逸文不出於六藝者，稱述皆謂之傳，如孟子所對湯武及文王之囿是也。則因傳而有經之名，猶之因子而立父之號矣。

至於官師既分，處士横議，諸子紛紛著書立説，而文字始有私家之言，不盡出於典章政教也。儒家者流，乃尊六藝而奉以爲經，則又不獨對傳爲名也。荀子曰："夫學始於誦經，終於習禮。"莊子曰："孔子言治《詩》《書》《禮》《樂》《易》《春秋》六經。"又曰："繙十二經，以見老子。"荀、莊皆出子夏門人，而所言如是，六經之名，起於孔門弟子亦明矣。然所指專言六經，則以先王政教典章綱維天下，故《經解》疏别六經，以爲入國可知其教也。《論語》述夫子之言行，《爾雅》爲羣經之訓詁，《孝經》則又再傳門人之所述，與《緇衣》《坊》《表》諸記，相爲出入者爾。劉向、班固之徒，序類有九，而稱藝爲六，則固以三者爲傳，而附之於經，所謂離經之傳，不與附經之傳相次也。當時諸子著書，往往自分經傳，如撰輯《管子》者之分别經言，《墨子》亦有《經》篇，《韓非》則有《儲説》經、傳，蓋亦因時立義，自以其説相經緯爾，非有所擬而僭其名也。經固尊稱，〔16〕其義亦取綜要，非如後世之嚴也。聖如夫子，而不必爲經。諸子有經，以貫其傳，其義各有攸當也。後世著録之家，因文字之繁多，不盡關於綱紀，於是取先聖之微言，與羣經之羽翼，皆稱爲經。如《論語》《孟子》《孝經》，與夫大小《戴記》之别於《禮》，《左氏》《公》《穀》之别於《春秋》，皆題爲經，乃有九經、十經、十三、十四諸經，以爲專部，蓋尊經而并及經之支裔也。而儒者著書，始嚴經名，不敢觸犯，則尊聖教而慎避嫌名，蓋猶三代以後，非人主不得稱我爲朕也。然則今之所謂經，其强半皆古人之所謂傳也。古之所謂經，乃三代盛時，典章法度見於政教行事之實，而非聖人有意作爲文字以傳後世也。

經解中

事有實據，而理無定形。故夫子之述六經，皆取先王典章，未嘗離事而著理。後儒以聖師言行爲世法，則亦命其書爲經，此事理之當然也。然而以意尊之，則可以意僭之矣。蓋自官師之分也，官有政，賤者必不敢强干之，以有據也。師有教，不肖者輒敢紛紛以自命，以無據也。孟子時，以楊、墨爲異端矣。楊氏無書，墨翟之書初不名經。雖有《經》篇《經説》，未名全書爲經。而莊子乃云“苦獲、鄧陵之屬，皆誦《墨經》”，則其徒自相崇奉而稱經矣。東漢秦景之使天竺，《四十二章》皆不名經，佛經皆中國繙譯，竺書無經字。其後華言譯受，附會稱經，則亦文飾之辭矣。《老子》二篇，劉、班著録，初不稱經，《隋志》乃依阮《録》稱《老子經》，意者阮《録》出於梁世，梁武崇尚異教，則佛老皆列經科，其所仿也。而加以《道德真經》，與《莊子》之加以《南華真經》，《列子》之加以《冲虚真經》，則開元之玄教設科，附飾文致，又其後而益甚者也。韓退之曰：“道其所道，非吾所謂道。”則名教既殊，又何妨於經其所經，非吾所謂經乎！

若夫國家制度，本爲經制。李悝《法經》，後世律令之所權輿。唐人以律設科，明祖頒示《大誥》，師儒講習，以爲功令，是即《易》取經綸之意。國家訓典，臣民尊奉爲經，義不背於古也。孟子曰：“行仁政，必自經界始。”地界言經，取經紀之意也。是以地理之書，多以經名。《漢志》有《山海經》，《隋志》乃有《水經》，後代州郡地理，多稱圖經，義皆本於經界，書亦自存掌故，不與著述同科，其於六藝之文固無嫌也。

至於術數諸家，均出聖門制作。周公經理垂典，皆守人官物曲，而不失其傳。及其官司失守，而道散品亡，則有習其説者，相與講貫而授受，亦猶孔門傳習之出於不得已也。然而口耳之學，不能歷久而不差，則著於竹帛以授之其人，説詳《詩教上》篇。亦其理也。是以至戰國，而羲、農、黄帝之書一時雜出焉。其書皆稱古聖，如天文之《甘石星經》，方技之《靈》《素》《難經》，其類實繁，則猶匠祭魯般，兵祭蚩尤，不必著書者之果爲聖人，而習是術者奉爲依歸，則亦不得不尊以爲經言者也。又如《漢志》以後，雜出春秋戰國時書，若師曠《禽經》、伯樂相馬之《經》，其類亦繁，不過好事之徒，因其人而附合，或略知其法者，託古人以鳴高，亦猶儒者之傳梅氏《尚書》，與子夏之《詩大序》也。他若陸氏《茶經》，張氏《棋經》，酒則有《甘露經》，貨則有《相貝經》，是乃以文爲諧戲，本無當於著録之指。[17]譬猶毛穎可以爲傳，蟹之可以爲志，琴之可以爲史，荔枝牡丹之可以爲譜耳。此皆若有若無，不足議也。

蓋即數者論之，異教之經，如六國之各王其國，不知周天子也。而《春秋》名分，人具知之，彼亦不能竊而據也。制度之經，時王之法，一道同風，不必皆以經名，而禮時爲大，既爲當代臣民，固當率由而不越；即服膺六藝，亦出遵王制之一端也。術藝之經，則各有其徒相與守之，固無虞其越畔也。至諧戲而亦以經名，此趙佗之所謂妄竊帝號，聊以自娱，不妨諧戲置之，六經之道，如日中天，豈以是爲病哉！

經解下

異學稱經以抗六藝，愚也。儒者僭經以擬六藝，妄也。六經初不爲尊稱，義取經綸爲世法耳。六藝皆周公之政典，故立爲經。夫子之聖，非遜周公，而《論語》諸篇不稱經者，以其非政典也。後儒因所尊而尊之，分部隸經，以爲傳固翼經者耳。佛老之書，本爲一家之言，非有綱紀政事，其徒欲尊其教，自以一家之言，尊之過於六經，無不可也。强加經名以相擬，何異優伶效楚相哉！亦其愚也。揚雄、劉歆，儒之通經者也。揚雄《法言》，蓋云時人有問，用法應之，抑亦可矣。乃云象《論語》者，抑何謬邪！雖然，此猶一家之言，其病小也。其大可異者，作《太玄》以準《易》。人僅知謂僭經爾，不知《易》乃先王政典而非空言，雄蓋蹈於僭竊王章之罪，弗思甚也。詳《易教》篇。衛氏之《元包》，司馬之《潛虚》，方且擬《玄》而有作，不知《玄》之擬《易》已非也。劉歆爲王莽作《大誥》，其行事之得罪名教，固無可説矣。即擬《尚書》，亦何至此哉？河汾六籍，或謂好事者之緣飾，王通未必遽如斯妄也。誠使果有其事，則六經奴婢之誚，猶未得其情矣。奴婢未嘗不服勞於主人，王氏六經，服勞於孔氏者，又何在乎？

束晳之《補笙詩》，皮日休之《補九夏》，白居易之《補湯征》，以爲文人戲謔而不爲虐，稱爲擬作，抑亦可矣。標題曰補，則亦何取辭章家言，以綴《詩》《書》之闕邪？至《孝經》，雖名爲經，其實傳也。儒者重夫子之遺言，則附之經部矣。馬融誠有志於勸忠，自以馬氏之説，援經徵傳，縱横反覆，極其言之所至可也。必標《忠經》，亦已異矣。乃至分章十八，引《風》綴《雅》，一一效之，何殊張載之《擬四愁》，《七林》之仿《七發》哉！誠哉非馬氏之書，俗儒所依託也。宋氏之《女孝經》，鄭氏之《女論語》，[18]以謂女子有才，嘉尚其志可也。但彼如欲明女教，自以其意立説可矣。假設班氏惠姬與諸女相問答，則是將以書爲訓典，而先自託於子虚、亡是之流，使人何所適從？彼意取其似經傳耳，夫經豈可似哉！經求其似，則諢騙有卦，見《輟耕録》。韡始收聲，有《月令》矣。皆諧謔事。

若夫屈原抒憤，有辭二十五篇，劉、班著録，概稱之曰《屈原賦》矣。乃王逸作注，《離騷》之篇，已有經名。王氏釋經爲徑，亦不解題爲經者始誰氏也。至宋人注屈，乃云“一本《九歌》以下有傳字”。雖不知稱名所始，要亦依經而立傳名，不當自宋始也。夫屈子之賦，固以《離騷》爲重，史遷以下，至取“騷”以名其全書，今猶是也。然諸篇之旨，本無分别，惟因首篇取重，而强分經傳，欲同正“雅”爲經，變

"雅"爲傳之例，是《孟子》七篇，當分"梁惠王"經，與"公孫""滕文"諸傳矣。

夫子之作《春秋》，莊生以謂議而不斷，蓋其義寓於其事其文，不自爲賞罰也。漢魏而下，仿《春秋》者，蓋亦多矣。其間或得或失，更僕不能悉數。後之論者，至以遷、固而下，擬之《尚書》；諸家編年，擬之《春秋》。不知遷、固本紀，本爲《春秋》家學，書志表傳，殆猶《左》《國》内外之與爲終始發明耳。諸家《陽秋》，先後雜出，或用其名而變其體，《十六國春秋》之類。或避其名而擬其實，《通鑑綱目》之類。要皆不知遷、固之書，本紹《春秋》之學，並非取法《尚書》者也。故明於《春秋》之義者，但當較正遷、固以下，其文其事之中，其義固何如耳。若欲萃聚其事，以年分編，則荀悦、袁宏之例具在，未嘗不可法也。必欲於紀傳編年之外，别爲《春秋》，則亦王氏《元經》之續耳。夫異端抗經，不足道也。儒者服習六經，而不知經之不可以擬，則淺之乎爲儒者矣。

【校勘記】

〔1〕"曆"，原爲"憲"。章氏因避乾隆帝名諱，將"曆"改爲"憲"，現改回。後文遇此，徑改，不再説明。

〔2〕"周武"，大梁本、貴陽本作"武周"。

〔3〕"玄"，原爲"元"。章氏因避康熙帝名諱，將"玄"改爲"元"，現改回。後文遇此，徑改，不再説明。

〔4〕"中説"，貴陽本、粤雅堂叢書本作"中論"，誤。

〔5〕"加"，原作"假"，現據大梁本改。《論語·述而》："加我數年，五十以學《易》，可以無大過矣。"

〔6〕"息"，粤雅堂叢書本作"熄"。

〔7〕"衍"，大梁本、貴陽本、粤雅堂叢書本作"愆"。

〔8〕"編"，粤雅堂叢書本作"篇"。

〔9〕"戰國"，粤雅堂叢書本作"後世"。

〔10〕“菹”，大梁本作“沮”。

〔11〕“文章流别傳”，應爲“文章流别集”，章氏誤。

〔12〕“校讎略·著録先明大道論”，今《文史通義》外篇無，蓋指《校讎通義·原道》篇。章氏始以其名篇，後改。

〔13〕“爲”，大梁本、貴陽本、粤雅堂叢書本作“謂”。

〔14〕“六藝”，葉瑛指出應爲“六義”，章氏誤。

〔15〕“設問”，葉瑛指出當作“設論”。東方朔《答客難》、揚雄《解嘲》、班固《賓戲》，《文選》皆入設論類。

〔16〕“固”，大梁本、貴陽本作“同”。

〔17〕“指”，原爲“收”，今據大梁本改。粤雅堂叢書本、貴陽本亦作“指”。

〔18〕“宋氏之《女孝經》，鄭氏之《女論語》”，葉瑛指出，《女孝經》《女論語》兩書作者互誤，《女孝經》爲鄭氏作，《女論語》爲宋氏作。

文史通義卷二　内篇二

原道上

道之大原出於天，天固諄諄然命之乎？曰：天地之前，則吾不得而知也。天地生人，斯有道矣，而未形也。三人居室，而道形矣，猶未著也。人有什伍而至百千，一室所不能容，部别班分，而道著矣。仁義忠孝之名，刑政禮樂之制，皆其不得已而後起者也。

人之生也，自有其道，人不自知，故未有形。〔1〕三人居室，則必朝暮啟閉其門户，饔飧取給於樵汲，既非一身，則必有分任者矣。或各司其事，或番易其班，所謂不得不然之勢也，而均平秩序之義出矣。又恐交委而互争焉，則必推年之長者持其平，亦不得不然之勢也，而長幼尊卑之别形矣。至於什伍千百，部别班分，亦必各長其什伍，而積至於千百，則人衆而賴於幹濟，必推才之傑者理其繁，勢紛而須於率俾，必推德之懋者司其化，是亦不得不然之勢也。而作君作師，畫野分州，井田、封建、學校之意著矣。故道者，非聖人智力之所能爲，皆其事勢自然，漸形漸著，不得已而出之，故曰天也。

《易》曰："一陰一陽之謂道。"是未有人而道已具也。繼之者善，成之者性。是天著於人，而理附於氣。故可形其形而名其名者，皆道之故，而非道也。道者，萬事萬物之所以然，而非萬事萬物之當然也。人可得而見者，則其當然而已矣。人之初生，至於什伍千百，以及作君作師，分州畫野，蓋必有所需而後從而給之，有所鬱而後從而宣之，有所弊而後從而救之。〔2〕羲、農、軒、顓之制作，初意不過如是爾。法積美備，至唐虞而盡善焉，殷因夏監，至成周而無憾焉。譬如濫觴積而漸爲江河，培塿積而至於山嶽，亦其理勢之自然，而非堯、舜之聖，過乎羲、軒，文、武之神，勝於禹、湯也。

後聖法前聖，非法前聖也，法其道之漸形而漸著者也。三皇無爲而自化，五帝開物而成務，三王立制而垂法，後人見爲治化不同有如是爾。[3] 當日聖人創制，祇覺事勢出於不得不然，一似暑之必須爲葛，[4] 寒之必須爲裘，而非有所容心，以謂吾必如是而後可以異於前人，吾必如是而後可以齊名前聖也。此皆一陰一陽往復循環所必至，而非可即是以爲一陰一陽之道也。一陰一陽往復循環者，猶車輪也；聖人創制，一似暑葛寒裘，猶軌轍也。

道有自然，聖人有不得不然，其事同乎？曰：不同。道無所爲而自然，聖人有所見而不得不然也。故言聖人體道可也，言聖人與道同體不可也。[5] 聖人有所見，故不得不然；衆人無所見，則不知其然而然。孰爲近道？曰：不知其然而然，即道也。非無所見也，不可見也。不得不然者，聖人所以合乎道，非可即以爲道也。聖人求道，道無可見，即衆人之不知其然而然，聖人所藉以見道者也。故不知其然而然，一陰一陽之迹也。學於聖人，斯爲賢人。學於賢人，斯爲君子。學於衆人，斯爲聖人。非衆可學也，求道必於一陰一陽之迹也。自有天地，而至唐虞夏商，迹既多而窮變通久之理亦大備。周公以天縱生知之聖，而適當積古留傳，道法大備之時，是以經綸制作，集千古之大成，則亦時會使然，非周公之聖智能使之然也。蓋自古聖人，皆學於衆人之不知其然而然，而周公又遍閱於自古聖人之不得不然，而知其然也。周公固天縱生知之聖矣，此非周公智力所能也，時會使然也。譬如春夏秋冬，各主一時，而冬令告一歲之成，亦其時會使然，而非冬令勝於三時也。故創制顯庸之聖，千古所同也。集大成者，周公所獨也。時會適當然而然，周公亦不自知其然也。

孟子曰："孔子之謂集大成。"今言集大成者爲周公，毋乃悖於孟子之指歟？曰：集之爲言，萃衆之所有而一之也。自有天地，而至唐虞夏商，皆聖人而得天子之位，經綸治化，一出於道體之適然。周公成文、武之德，適當帝全王備，殷因夏監，至於無可復加之際，故得藉爲制作典章，而以周道集古聖之成，斯乃所謂集大成也。孔子有德無位，即無從得制作之權，不得列於一成，安有大成可集乎？非孔子之聖遜於周公也，時會使然也。孟子所謂集大成者，乃對伯夷、伊尹、柳下惠而言之也。意謂伯夷、尹、惠皆古聖人，恐學者疑孔子之聖與三子同，公孫丑氏嘗有“若是其般”之問矣，故言三子之偏與孔子之全，無所取譬，譬於作樂之大成也。〔6〕故孔子大成之説，可以對三子，而不可以盡孔子也。以之盡孔子，反小孔子矣。何也？周公集羲、軒、堯、舜以來之大成，周公固學於歷聖而集之，無歷聖之道法，則固無以成其周公也。孔子集伯夷、尹、惠之大成，〔7〕孔子固未嘗學於伯夷、尹、惠，且無伯夷、尹、惠之行事，豈將無以成其孔子乎？夫孟子之言，各有所當而已矣，豈可以文害意乎！

達巷黨人曰：“大哉孔子！博學而無所成名。”今人皆嗤黨人不知孔子矣，抑知孔子果成何名乎？以謂天縱生知之聖，不可言思擬議，而爲一定之名也，於是援天與神，以爲聖不可知而已矣。斯其所見，何以異於黨人乎！天地之大，可一言盡。孔子之大，亦天地也，〔8〕獨不可以一言盡乎？或問何以一言盡孔子，〔9〕則曰：學周公而已矣。周公之外，别無所學乎？曰：非有學而孔子有所不至，周公既集羣聖之成，則周公之外，更無所謂學也。周公集羣聖之大成，孔子學而盡周公之道，斯一言也，足以蔽孔子之全體矣。“祖述堯舜”，周公之志也；“憲章文武”，周公之業也。一則曰：“文王既没，文不在兹。”再則曰：“甚矣吾衰，不復夢見周公。”又曰：“吾學《周禮》，今用之。”又曰：“郁郁乎文哉！吾從周。”哀公問政，則曰：“文武之政，布在方策。”或問“仲尼焉學？”子貢以爲“文武之道，未墜於地”。〔10〕“述而不作”，周公之舊典也；“好古敏求”，周公之遺籍也。黨人生同時而不知，乃謂無所成名，亦非全無所見矣。後人觀載籍，而不知夫子之所學，是不如黨人所見也，而猶嗤黨人爲不知，奚翅百步之笑五十步乎！故自古聖人，其聖雖同，而其所以爲聖，不必盡同，時會使然也。惟孔子與周公，俱生法積道備至於無可復加之後，[11]周公集其成以行其道，孔子盡其道以明其教，符節吻合，如出於一人，不復更有毫末異同之致也。然則欲尊孔子者，安在援天與神而爲恍惚難憑之説哉？

或曰：孔子既與周公同道矣，周公集大成，而孔子獨非大成歟？曰：孔子之大成，亦非孟子僅對夷、尹、惠之謂也，又不同於周公之集也。孟子曰："集大成也者，金聲而玉振之也。"竊取其義以擬周、孔，周公其玉振之大成，孔子其金聲之大成歟！周公集羲、軒、堯、舜以來之道法，而於前聖所傳，損益盡其美善，玉振之收於其後者也；孔子盡周公之道法，不得行而明其教，後世縱有聖人，不能出其範圍，金聲之出於前者也。[12]蓋君師分而治教不能合於一，氣數之出於天者也。周公集治統之成，而孔子明立教之極，皆事理之不得不然，而非聖人故欲如是以求異於前人，[13]此道法之出於天者也。故隋唐以前，學校並祀周、孔，以周公爲先聖，孔子爲先師，蓋言制作之爲聖，而立教之爲師。故孟子曰："周公、仲尼之道，一也。"然則周公、孔子以時會而立統宗之極，聖人固藉時會歟？宰我以爲夫子"賢於堯、舜"，[14]子貢以爲"生民未有如夫子"，[15]有若以夫子較古聖人，則謂"出類拔萃"，三子得毋阿所好歟？曰：朱子之言盡之矣："語聖則不異，事功則有異也。"然而治見實事，教則垂空言矣。立言必折衷夫子，大賢而下，其言不能不有所偏矣。宰我、子貢、有若，孟子竝引其言，以謂知足知聖矣。子貢之言固無弊，而宰我"賢於堯、舜"，且曰"遠"，使非朱子疏别爲事功，則無是理也。夫尊夫子者，莫若切近人情，雖固體於道之不得不然，而已爲生民之所未有矣。蓋周公集成之功在前王，而夫子明教之功在萬世也；若歧視周、孔而優劣之，則妄矣。[16]故欲知道者，在知周、孔之所以爲周、孔。[17]

原道中

韓退之曰："由周公而上，上而爲君，故其事行；由周公而下，下而爲臣，故其説長。"夫説長者，道之所由明，而説長者，亦即道之所由晦也。夫子盡周公之道而明其教於萬世，[18]夫子未嘗自爲説也。表章六籍，存周公之舊典，故曰："述而不作，信而好古。"又曰："蓋有不知而作之者，我無是也。""子所雅言，《詩》《書》執《禮》。"所謂明先王之道以導之也。非夫子推尊先王，意存謙牧而不自作也，夫子本無可作也。有德無位，即無制作之權。空言不可以教人，所謂無徵不信也。教之爲事，羲、軒以來，蓋已有之。觀《易大傳》之所稱述，則知聖人即身示法，因事立教，而未嘗於敷政出治之外，别有所謂教法也。虞廷之教，則有專官矣，司徒之所敬敷，典樂之所咨命，以至學校之設，通於四代，司成師保之職，詳於《周官》。然既列於有司，則肄業存於掌故，其所習者，修齊治平之道，而所師者，守官典法之人。治教無二，官師合一，豈有空言以存其私説哉？儒家者流，尊奉孔子，若將私爲儒者之宗師，則亦不知孔子矣。孔子立人道之極，未可以謂立儒道之極也。[19]儒也者，賢士不遇明良之盛，不得位而大行，於是守先王之道，以待後之學者，出於勢之無可如何爾。人道所當爲者，廣矣大矣。豈當身皆無所遇，而必出於守先待後，不復涉於人世哉！學《易》原於羲畫，不必同其卉服野處也。觀《書》始於虞典，不必同其呼旻號泣也。[20]以爲所處之境，各有不同也。然則學夫子者，豈曰屏棄事功，預期道不行而垂其教邪？

《易》曰："形而上者謂之道，形而下者謂之器。"道不離器，猶影不離形。後世服夫子之教者自六經，以謂六經載道之書也，而不知六經皆器也。《易》之爲書，所以開物成務，掌於《春官》太卜，則固有官守而列於掌故矣。《書》在外史，《詩》領太師，[21]《禮》自宗伯，《樂》有司成，《春秋》各有國史。三代以前，《詩》《書》六藝，未嘗不以教人，非如後世尊奉六經，[22]别爲儒學一門，而專稱爲載道之書者。蓋以學者所習，不出官司典守，國家政教；而其爲用，亦不出於人倫日用之常；是以但見其爲不得不然之事耳，未嘗别見所載之道也。夫子述六經以訓後世，亦謂先聖先王之道不可見，六經即其器之可見者也。後人不見先王，當據可守之器而思不可見之道。故表章先王政教，與夫官司典守以示人，而不自著爲説，以致離器言道也。夫子自述《春秋》之所以作，則云："我欲託之空言，不如見諸行事之深切著明。"則政教典章，人倫日用之外，更無别出著述之道，亦已明矣。秦人禁偶語《詩》《書》，而云"欲學法令，以吏爲師"。夫秦之悖於古者，禁《詩》《書》耳。至云學法令者，以吏爲師，則亦道器合一，而官師治教未嘗分歧爲二之至理也。其後治學既分，不能合一，天也。官司守一時之掌故，經師傳授受之章句，亦事之出於不得不然者也。然而歷代相傳，不廢儒業，爲其所守先王之道也。而儒家者流，守其六籍，以謂是特載道之書耳。夫天下豈有離器言道，離形存影者哉？彼舍天下事物、人倫日用，而守六籍以言道，則固不可與言夫道矣。

《易》曰："仁者見之謂之仁，智者見之謂之智，百姓日用而不知矣。"道之所由隱也，夫見亦謂之，則固賢於日用不知矣。〔23〕然而不知道而道存，見謂道而道亡。大道之隱也，不隱於庸愚，而隱於賢智之倫者，紛紛有見也。蓋官師治教合，而天下聰明範於一，故即器存道，而人心無越思。官師治教分，而聰明才智不入於範圍，則一陰一陽，入於受性之偏，而各以所見爲固然，亦勢也。夫禮司樂職，各守專官，雖有離婁之明，師曠之聰，不能不赴範而就律也。今云官守失傳，而吾以道德明其教，則人人皆自以爲道德矣。故夫子述而不作，而表章六藝，以存周公之舊典也，〔24〕不敢舍器而言道也。而諸子紛紛，則已言道矣。莊生譬之爲耳目口鼻，司馬談别之爲六家，劉向區之爲九流。皆自以爲至極，而思以其道易天下者也。由君子觀之，皆仁智之見而謂之，而非道之果若是易也。夫道因器而顯，不因人而名也。自人有謂道者，而道始因人而異其名矣。仁見謂仁，智見謂智，是也。人自率道而行，道非人之所能據而有也。自人各謂其道，而各行其所謂，而道始得爲人所有矣。墨者之道，許子之道，其類皆是也。

夫道自形於三人居室，而大備於周公、孔子，歷聖未嘗别以道名者，蓋猶一門之内，不自標其姓氏也。至百家雜出而言道，而儒者不得不自尊其所出矣。一則曰堯、舜之道，再則曰周公、仲尼之道，故韓退之謂“道與德爲虚位”也。夫“道與德爲虚位”者，道德之衰也。

原道下

人之萃處也，因賓而立主之名。言之龐出也，因非而立是之名。自諸子之紛紛言道，而爲道病焉。儒家者流，乃尊堯、舜、周、孔之道，以爲吾道矣。道本無吾，而人自吾之，以謂庶幾别於非道之道也。而不知各吾其吾，猶三軍之衆可稱我軍，對敵國而我之也；非臨敵國，三軍又各有其我也。夫六藝者，聖人即器而存道，而三家之《易》，四氏之《詩》，攻且習者，不勝其入主而出奴也。不知古人於六藝，被服如衣食，人人習之爲固然，未嘗專門以名家者也。後儒但即一經之隅曲，而終身殫竭其精力，猶恐不得一當焉，是豈古今人不相及哉？其勢有然也。古者道寓於器，官師合一，學士所肄，非國家之典章，即有司之故事，耳目習而無事深求，故其得之易也。後儒即器求道，有師無官，事出傳聞而非目見，文須訓故而非質言，是以得之難也。夫六藝並重，非可止守一經也；經旨閎深，非可限於隅曲也。而諸儒專攻一經之隅曲，必倍古人兼通六經之功能，則去聖久遠，於事固無足怪也。但既竭其耳目心思之智力，〔25〕則必於中獨見天地之高深，因謂天地之大，人莫我尚也，亦人之情也。而不知特爲一經之隅曲，未足窺古人之全體也。訓詁章句，疏解義理，考求名物，皆不足以言道也。取三者而兼用之，則以萃聚之力補遥溯之功，或可庶幾耳。而經師先已不能無牴牾，傳其學者又復各分其門户，不啻儒墨之辨焉，則因賓定主，而又有主中之賓，因非立是，而又有是中之非，門徑愈歧，而大道愈隱矣。

“上古結繩而治，後世聖人易之以書契，百官以治，萬民以察。”夫文字之用，爲治爲察，古人未嘗取以爲著述也。以文字爲著述，起於官師之分職，治教之分途也。夫子曰：“予欲無言。”欲無言者，不能不有所言也。孟子曰：“予豈好辨哉？予不得已也。”後世載筆之士，作爲文章，將以信今而傳後，其亦尚念“欲無言”之旨，與夫“不得已”之情，庶幾哉言出於我，而所以爲言者，〔26〕初非由我也。夫道備於六經，義藴之匿於前者，章句訓詁足以發明之。事變之出於後者，六經不能言，固貴約六經之旨，而隨時撰述以究大道也。太上立德，其次立功，其次立言，立言與功德相準。〔27〕蓋必有所需而後從而給之，有所鬱而後從而宣之，有所弊而後從而救之，而非徒誇聲音采色，以爲一己之名也。《易》曰：“神以知來，智以藏往。”知來，陽也；藏往，陰也。一陰一陽，道也。文章之用，或以述事，或以明理。事遡已往，陰也；理闡方來，陽也。其至焉者，則述事而理以昭焉，言理而事以範焉，則主適不偏，而文乃衷於道矣。遷、固之史，董、韓之文，庶幾哉有所不得已於言者乎？不知其故，而但溺文辭，其人不足道已。即爲高論者，以謂文貴明道，何取聲情色采以爲愉悦，亦非知道之言也。夫無爲之治而奏薰風，靈臺之功而樂鐘鼓，以及彈琴遇文，風雩言志，則帝王致治，賢聖功修，未嘗無悦目娱心之適，而謂文章之用，必無咏歎抑揚之致哉？但溺於文辭之末，則害道已。〔28〕

子貢曰：“夫子之文章，可得而聞也。夫子之言性與天道，不可得而聞也。”蓋夫子所言，無非性與天道，而未嘗表而著之曰，此“性”此“天道”也。故不曰性與天道不可得聞，而曰言性與天道不可得聞也。所言無非性與天道，而不明著此性與天道者，恐人舍器而求道也。夏禮能言，殷禮能言，皆曰“無徵不信”。則夫子所言，必取徵於事物，而非徒託空言，以爲明道也。曾子真積力久，則曰“一以貫之”，子貢多學而識，則曰“一以貫之”。非真積力久，與多學而識，則固無所據爲一之貫也。訓詁名物，將以求古聖之迹也，而侈記誦者，如貨殖之市矣。撰述文辭，欲以闡古聖之心也，而溺光采者，如玩好之弄矣。異端曲學，道其所道，而德其所德，固不足爲斯道之得失也。記誦之學，文辭之才，不能不以斯道爲宗主，而市且弄者之紛紛忘所自也。宋儒起而争之，以謂是皆溺於器而不知道也。夫溺於器而不知道者，亦即器而示之以道，斯可矣。而其弊也，則欲使人舍器而言道。夫子教人博學於文，而宋儒則曰“玩物而喪志”。曾子教人辭遠鄙倍，而宋儒則曰“工文則害道”。夫宋儒之言，豈非末流良藥石哉？然藥石所以攻臟腑之疾耳，宋儒之意，似見疾在臟腑，遂欲并臟腑而去之。將求性天，乃薄記誦而厭辭章，何以異乎？然其析理之精，踐履之篤，漢唐之儒未之聞也。

孟子曰：“義理之悦我心，猶芻豢之悦我口。”義理不可空言也，博學以實之，文章以達之，三者合於一，庶幾哉周、孔之道雖遠，不啻累譯而通矣。顧經師互詆，文人相輕，而性理諸儒，又有朱、陸之同異，從朱從陸者之交攻，而言學問與文章者，又逐風氣而不悟，莊生所謂“百家往而不反，必不合矣”，悲夫！

邵氏晉涵曰：“是篇初出，傳稿京師，同人素愛章氏文者，皆不滿意，謂蹈宋人語録習氣，不免陳腐取憎，與其平日爲文不類，至有移書相規誡者。余諦審之，謂朱少白名錫庚。曰：‘此乃明其《通義》所著一切創言別論，皆出自然，無矯强耳。語雖渾成，意多精湛，未可議也。’”

族子廷楓曰：“叔父《通義》，平日膾炙人口，豈盡得其心哉？不過清言高論，類多新奇可喜，或資爲掌中之談助耳。不知叔父嘗自恨其名雋過多，失古意也。是篇題目，雖似迂濶，而意義實多創闢。如云道始三人居室，而君師政教，皆出乎天；賢智學於聖人，聖人學於百姓；集大成者，爲周公而非孔子，學者不可妄分周、孔；學孔子者，不當先以垂教萬世爲心；孔子之大，學周禮一言可以蔽其全體。皆乍聞至奇，深思至確，《通義》以前，從未經人道過，豈得謂陳腐耶？諸君當日詆爲陳腐，恐是讀得題目太熟，未嘗詳察其文字耳。”

原學上

《易》曰："成象之謂乾，效法之謂坤。"學也者，效法之謂也；道也者，成象之謂也。夫子曰："下學而上達。"蓋言學於形下之器，而自達於形上之道也。士希賢，賢希聖，聖希天。希賢希聖，則有其理矣。"上天之載，無聲無臭"，聖如何而希天哉？蓋天之生人，莫不賦之以仁義禮智之性，天德也；莫不納之於君臣父子夫婦兄弟朋友之倫，天位也。以天德而修天位，雖事物未交隱微之地，已有適當其可，而無過與不及之準焉，所謂成象也。平日體其象，事至物交，一如其準以赴之，所謂效法也。此聖人之希天也，此聖人之下學上達也。伊尹曰："天之生斯民也，使先知覺後知，使先覺覺後覺也。"人生稟氣不齊，固有不能自知適當其可之準者，則先知先覺之人從而指示之，所謂教也。教也者，教人自知適當其可之準，非教之舍己而從我也。故士希賢，賢希聖，希其效法於成象，而非舍己之固有而希之也。然則何以使知適當其可之準歟？何以使知成象而效法之歟？則必觀於生民以來，備天德之純而造天位之極者，求其前言往行，所以處夫窮變通久者而多識之，而後有以自得所謂成象者，而善其效法也。故效法者，必見於行事。《詩》《書》誦讀，所以求效法之資，而非可即爲效法也。

然古人不以行事爲學，而以《詩》《書》誦讀爲學者，何邪？蓋謂不格物而致知，則不可以誠意，行則如其知而出之也。故以誦讀爲學者，推教者之所及而言之，非謂此外無學也。子路曰："有民人焉，有社稷焉，何必讀書，然後爲學？"夫子斥以爲佞者，蓋以子羔爲宰，不若是説，非謂學必專於誦讀也。專於誦讀而言學，世儒之陋也。

原學中

古人之學，不遺事物，蓋亦治教未分，官師合一，而後爲之較易也。司徒敷五教，典樂教胄子，以及三代之學校，皆見於制度。彼時從事於學者，入而申其佔畢，出而即見政教典章之行事，是以學皆信而有徵，而非空言相爲授受也。然而其知易入，其行難副，則從古已然矣。堯之斥共工也，則曰“静言庸違”。夫静而能言，則非不學者也。試之於事而有違，則與效法於成象者異矣。傅説之啟高宗也，則曰：“非知之艱，行之惟艱。”高宗舊學於甘盤，久勞於外，豈不學者哉？未試於事，則恐行之而未孚也。又曰：“人求多聞，時惟建事，學於古訓乃有獲。”説雖出於古文，其言要必有所受也。夫求多聞而實之以建事，則所謂學古訓者，非徒誦説，亦可見矣。夫治教一而官師未分，求知易而實行已難矣。何況官師分，而學者所肄皆爲前人陳迹哉！

夫子曰：“學而不思則罔，思而不學則殆。”又曰：“吾嘗終日不食，終夜不寢，以思，無益，不如學也。”夫思，亦學者之事也。而別思於學，若謂思不可以言學者，蓋謂必習於事而後可以言學，此則夫子誨人知行合一之道也。諸子百家之言，起於徒思而不學也。是以其旨皆有所承稟，而不能無敝耳。劉歆所謂某家者流，其源出於古者某官之掌，其流而爲某家之學，其失而爲某事之敝。夫某官之掌，即先王之典章法度也。流爲某家之學，則官守失傳，而各以思之所至，自爲流別也。失爲某事之敝，則極思而未習於事，雖持之有故，言之成理，而不能知其行之有病也。是以三代之隆，學出於一，所謂學者，皆言人之功力也。統言之，十年曰幼學，是也。析言之，則十三學樂，二十學禮，是也。國家因人功力之名而名其制度，則曰鄉學、國學，學則三代共之，是也。未有以學屬乎人，而區爲品詣之名者。官師分而諸子百家之言起，於是學始因人品詣以名矣，所謂某甲家之學，某乙家之學，是也。學因人而異名，學斯舛矣。是非行之過而至於此也，出於思之過也。故夫子言學思偏廢之弊，即繼之曰：“攻乎異端，斯害也已。”夫異端之起，皆思之過，而不習於事者也。

原學下

諸子百家之患，起於思而不學；世儒之患，起於學而不思；蓋官師分而學不同於古人也。後王以謂儒術不可廢，故立博士，置弟子，而設科取士，以爲誦法先王者勸焉。蓋其始也，以利禄勸儒術，而其究也，以儒術徇利禄，斯固不足言也。而儒宗碩師由此輩出，則亦不可謂非朝廷風教之所植也。

夫人之情，不能無所歆而動，既已爲之，則思力致其實而求副乎名。中人以上，可以勉而企焉者也。學校科舉，奔走千百才俊，豈無什一出於中人以上者哉？去古久遠，不能學古人之所學，則既以誦習儒業，即爲學之究竟矣。而攻取之難，勢亦倍於古人，故於專門攻習儒業者，苟果有以自見，而非一切庸俗所可幾，吾無責焉耳。學博者長於考索，侈其富於山海，[29]豈非道中之實積？而鶩於博者，終身敝精勞神以徇之，不思博之何所取也。才雄者健於屬文，矜其豔於雲霞，[30]豈非道體之發揮？而擅於文者，終身苦心焦思以構之，不思文之何所用也。言義理者似能思矣，而不知義理虛懸而無薄，則義理亦無當於道矣。此皆知其然，而不知所以然也。程子曰："凡事思所以然，天下第一學問。"人亦盍求所以然者思之乎？

天下不能無風氣，風氣不能無循環，一陰一陽之道，見於氣數者然也。所貴君子之學術，爲能持世而救偏，一陰一陽之道，宜於調劑者然也。風氣之開也，必有所以取，學問文辭與義理，所以不無偏重畸輕之故也。風氣之成也，必有所以敝，人情趨時而好名，徇末而不知本也。是故開者雖不免於偏，必取其精者爲新氣之迎。敝者縱名爲正，必襲其僞者爲末流之託。此亦自然之勢也。而世之言學者，不知持風氣，而惟知徇風氣，且謂非是不足邀譽焉，則亦弗思而已矣。

博約上

沈楓墀以書問學，自愧通人廣座，不能與之問答。余報之以學在自立，人所能者，我不必以不能愧也。因取譬於貨殖，居布帛者，不必與知粟菽，藏藥餌者，不必與聞金珠。患己不能自成家耳，譬市布而或闕於衣材，售藥而或欠於方劑，則不可也。或曰：此即蘇子瞻之教人讀《漢書》法也，今學者多知之矣。余曰：言相似而不同，失之毫釐，則謬以千里矣。

或問蘇君曰："公之博贍，亦可學乎？"蘇君曰："可。吾嘗讀《漢書》矣，凡數過而盡之。如兵、農、禮、樂，每過皆作一意求之，久之而後貫徹。"因取譬於市貨，意謂貨出無窮，而操賈有盡，不可不知所擇云爾。學者多誦蘇氏之言，以爲良法，不知此特尋常摘句，如近人之纂類策括者爾。問者但求博贍，固無深意。蘇氏答之，亦不過經生決科之業，今人稍留意於應舉業者，多能爲之，未可進言於學問也。而學者以爲良法，則知學者鮮矣。夫學必有所專，蘇氏之意，將以班書爲學歟？則終身不能竟其業也，豈數過可得而盡乎？將以所求之禮、樂、兵、農爲學歟？則每類各有高深，又豈一過所能盡一類哉？就蘇氏之所喻，比於操賈求貨，則每過作一意求，是欲初出市金珠，再出市布帛，至於米粟藥餌，以次類求矣。如欲求而盡其類歟，雖陶朱、猗頓之富，莫能給其賈也。如約略其賈，而每種姑少收之，則是一無所成其居積也。蘇氏之言，進退皆無所據，而今學者方奔走蘇氏之不暇。則以蘇氏之言，以求學問則不足，以務舉業則有餘也。舉業比户皆知誦習，未有能如蘇氏之所爲者，偶一見之，則固矯矯流俗之中，人亦相與望而畏之。而其人因以自命，以謂是學問，非舉業也，而不知其非也。蘇氏之學，出於縱横，其所長者，揣摩世務，切實近於有用，而所憑以發揮者，乃策論也。策對必有條目，論鋒必援故實，苟非專門夙學，必須按册而稽，誠得如蘇氏之所以讀《漢書》者嘗致力焉，則亦可以應猝備求，無難事矣。

韓昌黎曰："記事者必提其要，纂言者必鉤其玄。"鉤玄提要，千古以爲美談。而韓氏所自爲玄要之言，不但今不可見，抑且當日絶無流傳，亦必尋章摘句，取備臨文摭拾者耳。而人乃欲仿鉤玄提要之意而爲撰述，是亦以蘇氏類求，誤爲學問，可例觀也。或曰：如子所言，韓、蘇不足法歟？曰：韓、蘇用其功力，以爲文辭助爾，非以此謂學也。

博約中

或曰：舉業所以覘人之學問也。舉業而與學問科殊，末流之失耳。苟有所備以俟舉，即《記》之所謂博學强識以待問也，寧得不謂之學問歟？余曰：博學强識，儒之所有事也。以謂自立之基，不在是矣。學貴博而能約，未有不博而能約者也。以言陋儒荒俚，學一先生之言以自封域，不得謂專家也。然亦未有不約而能博者也。以言俗儒記誦，漫漶至於無極，妄求遍物，而不知堯、舜之知所不能也。博學强識，自可以待問耳，不知約守，而祇爲待問設焉，則無問者，儒將無學乎？且問者固將聞吾名而求吾實也。名有由立，非專門成學不可也，故未有不專而可成學者也。

或曰：蘇氏之類求，韓氏之鉤玄提要，皆待問之學也，子謂不足以成家矣。王伯厚氏搜羅摘抉，窮幽極微，其於經傳子史，名物制數，貫串旁騖，實能討先儒所未備。其所纂輯諸書，至今學者資衣被焉，豈可以待問之學而忽之哉？答曰：王伯厚氏蓋因名而求實者也。昔人謂韓昌黎因文而見道，既見道，則超乎文矣。王氏因待問而求學，既知學，則超乎待問矣。然王氏諸書，謂之纂輯可也，謂之著述則不可也；謂之學者求知之功力可也，謂之成家之學術則未可也。今之博雅君子，疲精勞神於經傳子史，而終身無得於學者，正坐宗仰王氏，而誤執求知之功力，以爲學即在是爾。學與功力，實相似而不同。學不可以驟幾，人當致攻乎功力則可耳。指功力以謂學，是猶指秫黍以謂酒也。

夫學有天性焉，讀書服古之中，有入識最初而終身不可變易者是也。學又有至情焉，讀書服古之中，有欣慨會心而忽焉不知歌泣何從者是也。功力有餘，而性情不足，未可謂學問也。性情自有，而不以功力深之，所謂有美質而未學者也。夫子曰："發憤忘食，樂以忘憂，不知老之將至。"不知孰爲功力，熟爲性情。斯固學之究竟，夫子何以致是？則曰："好古敏以求之者也。"今之俗儒，且憾不見夫子未修之《春秋》，又憾戴公得《商頌》而不存七篇之闕目，以謂高情勝致，至相贊歎。充其僻見，且似夫子删修，不如王伯厚之善搜遺逸焉。蓋逐於時趨，而誤以襞績補苴謂足盡天地之能事也。幸而生後世也，如生秦火未燬以前，典籍具存，無事補輯，彼將無所用其學矣。

博約下

或曰：子言學術，功力必兼性情，爲學之方，不立規矩，但令學者自認資之所近與力能勉者而施其功力，殆即王氏良知之遺意也。夫古者教學，自數與方名，誦詩、舞勺，各有一定之程，不問人之資近與否，力能勉否。而子乃謂人各有能有所不能，不相强也，豈古今人有異教與？答曰：今人爲學，〔31〕不能同於古人，非才不相及也，勢使然也。自官師分，而教法不合於一，學者各以己之所能私相授受，其不同者一也。且官師既分，則肄習惟資簡策，道不著於器物，事不守於職業，其不同者二也。古學失所師承，〔32〕六書九數，古人幼學皆已明習，而後世老師宿儒，專門名家，殫畢生精力求之，猶不能盡合於古，其不同者三也。天時人事，今古不可强同，非人智力所能爲也。

然而六經大義，昭如日星，三代損益，可推百世。高明者由大略而切求，沉潛者循度數而徐達。資之近而力能勉者，人人所有，則人人可自得也，豈可執定格以相强歟！王氏"致良知"之説，即孟子之遺言也。良知曰致，則固不遺功力矣。朱子欲人因所發而遂明，孟子所謂察識其端而擴充之，胥是道也。而世儒言學，輒以良知爲諱，無亦懲於末流之失，而謂宗指果異於古所云乎？

或曰：孟子所謂擴充，固得仁義禮智之全體也。子乃欲人自識所長，遂以專其門而名其家，且戒人之旁騖焉，豈所語於通方之道歟？答曰：言不可以若是其幾也。道欲通方，而業須專一，其説並行而不悖也。聖門身通六藝者七十二人，然自顔、曾、賜、商，所由不能一轍。再傳而後，荀卿言《禮》，孟子長於《詩》《書》，或疏或密，途徑不同，而同歸於道也。後儒途徑所由寄，則或於義理，或於制數，或於文辭，三者其大較矣。三者致其一，不能不緩其二，理勢然也。知其所致爲道之一端，而不以所緩之二爲可忽，則於斯道不遠矣。徇於一偏，而謂天下莫能尚，則出奴入主，交相勝負，所謂物而不化者也。是以學必求其心得，業必貴於專精，類必要於擴充，道必抵於全量，性情喻於憂喜憤樂，理勢達於窮變通久，博而不雜，約而不漏，庶幾學術醕固，而於守先待後之道，如或將見之矣。

浙東學術

浙東之學，雖出婺源，然自三袁之流，多宗江西陸氏，而通經服古，絶不空言德性，故不悖於朱子之教。至陽明王子，揭孟子之良知，復與朱子牴牾。蕺山劉氏，本良知而發明慎獨，與朱子不合，亦不相詆也。梨洲黄氏出蕺山劉氏之門，而開萬氏弟兄經史之學，以至全氏祖望輩尚存其意，宗陸而不悖於朱者也。惟西河毛氏，發明良知之學，頗有所得。而門户之見，不免攻之太過，雖浙東人亦不甚以爲然也。

世推顧亭林氏爲開國儒宗，然自是浙西之學。不知同時有黄梨洲氏出於浙東，雖與顧氏並峙，而上宗王、劉，下開二萬，較之顧氏，源遠而流長矣。顧氏宗朱，而黄氏宗陸，蓋非講學專家，各持門户之見者，故互相推服，而不相非詆。學者不可無宗主，而必不可有門户，故浙東、浙西，道並行而不悖也。浙東貴專家，浙西尚博雅，各因其習而習也。

天人性命之學，不可以空言講也。故司馬遷本董氏天人性命之説，而爲經世之書。儒者欲尊德性，而空言義理以爲功，此宋學之所以見譏於大雅也。夫子曰："我欲託之空言，不如見諸行事之深切著明也。"此《春秋》之所以經世也。聖如孔子，言爲天鐸，猶且不以空言制勝，况他人乎？故善言天人性命，未有不切於人事者。三代學術，知有史而不知有經，切人事也。後人貴經術，以其即三代之史耳。近儒談經，似於人事之外，别有所謂義理矣。浙東之學，言性命者必究於史，此其所以卓也。

朱陸異同，干戈門户，千古桎梏之府，亦千古荆棘之林也。究其所以紛綸，則惟騰空言而不切於人事耳。知史學之本於《春秋》，知《春秋》之將以經世，則知性命無可空言，而講學者必有事事，不特無門户可持，亦且無以持門户矣。浙東之學，雖源流不異，而所遇不同。故其見於世者，陽明得之爲事功，蕺山得之爲節義，梨洲得之爲隱逸，萬氏兄弟得之爲經術史裁。授受雖出於一，而面目迥殊，以其各有事事故也。彼不事所事，而但空言德性，空言問學，則黄茅白葦，極面目雷同，不得不殊門户，以爲自見地耳。故惟陋儒則争門户也。

或問事功氣節，果可與著述相提並論乎？曰：史學所以經世，固非空言著述也。且如六經，同出於孔子，先儒以爲其功莫大於《春秋》，正以切合當時人事耳。後之言著述者，舍今而求古，舍人事而言性天，則吾不得而知之矣。學者不知斯義，不足言史學也。整輯排比，謂之史纂；參互搜討，謂之史考；皆非史學。

朱　陸

天人性命之理，經傳備矣。經傳非一人之言，而宗旨未嘗不一者，其理著於事物，而不託於空言也。師儒釋理以示後學，惟著之於事物，則無門户之争矣。理，譬則水也；事物，譬則器也。器有大小淺深，水如量以注之，無盈缺也。今欲以水注器者，姑置其器，而論水之挹注盈虚，與夫量空測實之理，争辨窮年，未有已也，而器固已無用矣。

子夏之門人，問交於子張。治學分而師儒尊知以行聞，自非夫子，其勢不能不分也。高明沉潛之殊致，譬則寒暑晝夜，知其意者，交相爲功，不知其意，交相爲厲也。宋儒有朱、陸，千古不可合之同異，亦千古不可無之同異也。末流無識，争相詬詈，與夫勉爲解紛，調停兩可，皆多事也。然謂朱子偏於道問學，故爲陸氏之學者，攻朱氏之近於支離；謂陸氏之偏於尊德性，故爲朱氏之學者，攻陸氏之流於虚無；各以所畸重者争其門户，是亦人情之常也。但既自承朱氏之授受，而攻陸、王，必且博學多聞，通經服古，若西山、鶴山、東發、伯厚諸公之勤業，然後充其所見，當以空言德性爲虚無也。今攻陸、王之學者，不出博洽之儒，而出荒俚無稽之學究，則其所攻，與其所業相反也。問其何爲不學問，則曰支離也；詰其何爲守專陋，則曰性命也。是攻陸、王者，未嘗得朱之近似，即僞陸、王以攻真陸、王也，是亦可謂不自度矣。

荀子曰："辨生於末學。"朱、陸本不同，又況後學之嘵嘵乎？但門户既分，則欲攻朱者，必竊陸、王之形似；欲攻陸、王，必竊朱子之形似。朱子之形似必繁密，陸、王之形似必空靈，一定之理也。[33]而自來門户之交攻，俱是專已守殘，束書不觀，而高談性天之流也。則自命陸、王以攻朱者，固僞陸、王，即自命朱氏以攻陸、王者，亦僞陸、王，不得號爲僞朱也。同一門户，而陸、王有僞，朱無僞者，空言易，而實學難也。黄、蔡、真、魏，皆承朱子而務爲實學，則自無暇及於門户異同之見，亦自不致隨於消長盛衰之風氣也。是則朱子之流别，優於陸、王也。然而僞陸、王之冒於朱學者，猶且引以爲同道焉，吾恐朱氏之徒叱而不受矣。

傳言有美疢，亦有藥石焉。陸、王之攻朱，足以相成而不足以相病。僞陸、王之自謂學朱而奉朱，朱學之憂也。蓋性命、事功、學問、文章，合而爲一，朱子之學也。求一貫於多學而識，寓約禮於博文，[34]是本末之兼該也。諸經解義不能無得失，訓詁考訂不能無疏舛，是何傷於大體哉！且傳其學者，如黄、蔡、真、魏，皆通經服古，躬行實踐之醕儒，其於朱子有所失，亦不曲從而附會，是亦足以立教矣。乃有崇性命而薄事功，棄置一切學問文章，而守一二章句、集注之宗旨，因而斥陸譏王，憤若不共戴天，以謂得朱之傳授，是以通貫古今、經緯世宙之朱子，而爲村陋無聞、傲狠自是之朱子也。且解義不能無得失，考訂不能無疏舛，自獲麟絶筆以來，未有免焉者也。今得陸、王之僞，而自命學朱者，乃曰：墨守朱子，雖知有毒，猶不可不食。又曰：朱子實兼孔子與顔、曾、孟子之所長。噫！其言之是非，毋庸辨矣。朱子有知，憂當何如邪！[35]

告子曰："不得於言，勿求於心，不得於心，勿求於氣。"不動心者，不求義之所安，此千古墨守之權輿也。是非之心，人皆有之。不能充之以義理，而又不受人之善，此墨守之似告子也。然而藉人之是非以爲是非，不如告子之自得矣。

藉人之是非以爲是非，如傭力佐鬬，知争勝而不知所以争也。故攻人則不遺餘力，而詰其所奉者之得失爲何如，則未能悉也。故曰：明知有毒，而不可不服也。

末流失其本，朱子之流别，以爲優於陸、王矣。然則承朱氏之俎豆，必無失者乎？曰：奚爲而無也。今人有薄朱氏之學者，即朱氏之數傳而後起者也。其與朱氏爲難，學百倍於陸、王之末流，思更深於朱門之從學，充其所極，朱子不免先賢之畏後生矣。然究其承學，實自朱子數傳之後起也，其人亦不自知也。而世之號爲通人達士者，亦幾幾乎褰裳以從矣。有識者觀之，齊人之飲井相捽也。性命之説，易入虚無。朱子求一貫於多學而識，寓約禮於博文，其事繁而密，其功實而難。雖朱子之所求，未敢必謂無失也。然沿其學者，一傳而爲勉齋、九峰，再傳而爲西山、鶴山、東發、厚齋，三傳而爲仁山、白雲，四傳而爲潛溪、義烏，五傳而爲寧人、百詩，則皆服古通經，學求其是，而非專己守殘，空言性命之流也。自是以外，文則入於辭章，學則流於博雅，求其宗旨之所在，或有不自知者矣。生乎今世，因聞寧人、百詩之風，上溯古今作述，有以心知其意，此則通經服古之緒，又嗣其音矣。無如其人慧過於識而氣蕩乎志，反爲朱子詬病焉，則亦忘其所自矣。夫實學求是，與空談性天，不同科也。考古易差，解經易失，如天象之難以一端盡也。曆象之學，後人必勝前人，勢使然也。因後人之密而貶羲、和，不知即羲、和之遺法也。今承朱氏數傳之後，所見出於前人，不知即是前人之遺緒，是以後曆而貶羲、和也。蓋其所見能過前人者，慧有餘也，抑亦後起之智慮所應爾也，不知即是前人遺蘊者，識不足也。其初意未必遂然，其言足以懾一世之通人達士，而從其井捽者，氣所蕩也。其後亦遂居之不疑者，志爲氣所動也。攻陸、王者出僞陸、王，其學猥陋，不足爲陸、王病也。貶朱者之即出朱學，其力深沉，不以源流互質，言行交推，世有好學而無真識者，鮮不從風而靡矣。

古人著於竹帛，皆其宣於口耳之言也。言一成而人之觀者，千百其意焉，故不免於有向而有背。今之黠者則不然，以其所長，有以動天下之知者矣。知其所短，不可以欺也，則似有不屑焉。徙澤之蛇，且以小者神君焉。其遇可以知而不必且爲知者，則略其所長，以爲未可與言也；而又飾所短，以爲無所不能也。雷電以神之，鬼神以幽之，鍵篋以固之，標幟以市之，於是前無古人，而後無來者矣。天下知者少，而不必且爲知者之多也。知者一定不易，而不必且爲知者之千變無窮也。故以筆信知者，而以舌愚不必深知者，天下由是靡然相從矣。夫略所短而取其長，遺書具存，强半皆當遵從而不廢者也。天下靡然從之，何足忌哉！不知其口舌遺厲，深入似知非知之人心，去取古人，任惼衷而害於道也。語云：“其父殺人報仇，其子必且行劫。”其人於朱子蓋已飲水而忘源，及筆之於書，僅有微辭隱見耳，未敢居然斥之也。此其所以不見惡於真知者也。而不必深知者，習聞口舌之閒，肆然排詆而無忌憚，以謂是人而有是言，則朱子真不可以不斥也。故趨其風者，未有不以攻朱爲能事也。非有惡於朱也，懼其不類於是人，即不得爲通人也。夫朱子之授人口實，强半出於《語録》。《語録》出於弟子門人雜記，未必無失初旨也。然而大旨實與所著之書相表裏，則朱子之著於竹帛，即其宣於口耳之言。是表裏如一者，古人之學也。即以是義責其人，亦可知其不如朱子遠矣，又何爭於文字語言之末也哉！

書朱陸篇後

戴君學問，深見古人大體，不愧一代鉅儒，而心術未醇，頗爲近日學者之患，故余作《朱陸》篇正之。戴君下世今十餘年，同時有横肆駡詈者，固不足爲戴君累。而尊奉太過，至有稱謂孟子後之一人，則亦不免爲戴所愚。身後恩怨俱平，理宜公論出矣，而至今無人能定戴氏品者，則知德者鮮也。凡戴君所學，深通訓詁，究於名物制度，而得其所以然，將以明道也。時人方貴博雅考訂，見其訓詁名物有合時好，以謂戴之絶詣在此。及戴著《論性》《原善》諸篇，於天人理氣，實有發前人所未發者，時人則謂空説義理，可以無作，是固不知戴學者矣。戴見時人之識如此，遂離奇其説曰："余於訓詁、聲韻、天象、地理四者，如肩輿之隸也。余所明道，則乘輿之大人也。當世號爲通人，僅堪與余輿隸通寒温耳。"言雖不爲無因，畢竟有傷雅道，然猶激於世無真知己者，因不免於已甚耳，尚未害於義也。其自尊所業，以謂學者不究於此，無由聞道。不知訓詁名物，亦一端耳。

古人學於文辭，求於義理，不由其説，如韓、歐、程、張諸儒，竟不許以聞道，則亦過矣。然此猶自道所見，欲人惟己是從，於説尚未有欺也。其於史學義例、古文法度，實無所解，而久游江湖，恥其有所不知，往往强爲解事，應人之求，又不安於習故，妄矜獨斷。如修《汾州府志》，乃謂僧僚不可列之人類，因取舊志名僧入於古迹。又謂修志貴考沿革，其他皆可任意，此則識解漸入庸妄。然不過自欺，尚未有心於欺人也。余嘗遇戴君於寧波道署，居停代州馮君廷丞，馮既名家子，夙重戴名，一時馮氏諸昆從，又皆循謹敬學，欽戴君言，若奉神明。戴君則故爲高論，出入天淵，使人不可測識。人詢班、馬二史優劣，則全襲鄭樵譏班之言，以謂己之創見。又有請學古文辭者，則曰："古文可以無學而能。余生平不解古文辭，後忽欲爲之而不知其道，乃取古人之文，反覆思之，忘寢食者數日，一夕忽有所悟，翼日取所欲爲文者，振筆而書，不假思索而成，其文即遠出《左》《國》《史》《漢》之上。"雖諸馮敬信有素，聞此亦頗疑之。蓋其意初不過聞大興朱先生輩論爲文辭不可有意求工，而實未嘗其甘苦。又覺朱先生言平淡無奇，遂恢怪出之，冀聳人聽，而不知妄誕至此，見由自欺而至於欺人，心已忍矣。然未得罪於名教也。

戴君學術，實自朱子道問學而得之，故戒人以鑿空言理，其說深探本原，不可易矣。顧以訓詁名義，偶有出於朱子所不及者，因而醜貶朱子，至斥以悖謬，詆以妄作，且云："自戴氏出，而朱子儌倖爲世所宗已五百年，其運亦當漸替。"此則謬妄甚矣！戴君筆於書者，其於朱子有所異同，措辭與顧氏寧人、閻氏百詩相似，未敢有所譏刺，固承朱學之家法也。其異於顧、閻諸君，則於朱子間有微辭，亦未敢公然顯非之也。而口談之謬，乃至此極，害義傷教，豈淺鮮哉！或謂言出於口而無蹤，其身既歿，書又無大牴牾，何爲必欲摘之以傷厚道？不知誦戴遺書而興起者，尚未有人，聽戴口說而加厲者，滔滔未已。至今徽歙之間，自命通經服古之流，不薄朱子，則不得爲通人。而誹聖排賢，毫無顧忌，流風大可懼也。向在維揚，曾進其說於沈既堂先生曰："戴君立身行己，何如朱子，至於學問文章，互争不釋，姑緩定焉，可乎？"此言似粗而實精，似淺而實深也。

戴東原云："凡人口談傾倒一席，身後書傳或反不如期期不能自達之人。"此說雖不盡然，要亦情理所必有者。然戴氏既知此理，而生平口舌求勝，或致憤争傷雅，則知及而仁不能守之爲累歟？大約戴氏生平口談，約有三種：與中朝顯官負重望者，則多依違其說，間出己意，必度其人所可解者，略見鋒穎，不肯竟其辭也。與及門之士，則授業解惑，實有資益。與欽風慕名而未能遽受教者，則多爲慌惚無據，玄之又玄，使人無可捉摸，而疑天疑命，終莫能定。故其身後，搢紳達者咸曰："戴君與我同道，我嘗正定其某書某文字矣。"或曰："戴君某事質成於我，我贊而彼允遵者也。"而不知戴君當日特以依違其言，而其所以自立，不在此也。及門之士，其英絶者，往往或過乎戴。戴君於其逼近己也，轉不甚許可之，然戴君固深知其人者也。後學向慕，而聞其恍惚玄渺之言，則疑不敢決，至今未能定戴爲何如人，而信之過者，遂有超漢、唐、宋儒，爲孟子後一人之説，則皆不爲知戴者也。

文　德

凡言義理，有前人疏而後人加密者，不可不致其思也。古人論文，惟論文辭而已矣。劉勰氏出，本陸機氏説而昌論文心；蘇轍氏出，本韓愈氏説而昌論文氣；可謂愈推而愈精矣。未見有論文德者，學者所宜深省也。夫子嘗言"有德必有言"，又言"修辭立其誠"；孟子嘗論"知言""養氣"，本乎集義；韓子亦言"仁義之途"，"《詩》《書》之源"；[36]皆言德也。今云未見論文德者，以古人所言，皆兼本末，包内外，猶合道德文章而一之，未嘗就文辭之中言其有才，有學，有識，又有文之德也。凡爲古文辭者，必敬以恕。臨文必敬，非修德之謂也。論古必恕，非寬容之謂也。敬非修德之謂者，氣攝而不縱，縱必不能中節也。恕非寬容之謂者，能爲古人設身而處地也。嗟乎！知德者鮮，知臨文之不可無敬恕，則知文德矣。

昔者陳壽《三國志》，紀魏而傳吴、蜀，習鑿齒爲《漢晉春秋》，正其統矣。司馬《通鑑》仍陳氏之説，朱子《綱目》又起而正之。"是非之心，人皆有之。"不應陳氏誤於先，而司馬再誤於其後，而習氏與朱子之識力偏居於優也。而古今之譏《國志》與《通鑑》者，殆於肆口而駡詈，則不知起古人於九原，肯吾心服否邪？陳氏生於西晉，司馬生於北宋，苟黜曹魏之禪讓，將置君父於何地？而習與朱子，則固江東南渡之人也，惟恐中原之争天統也。此説前人已言。諸賢易地則皆然，未必識遜今之學究也。是則不知古人之世，不可妄論古人文辭也。知其世矣，不知古人之身處，亦不可以遽論其文也。身之所處，固有榮辱隱顯，屈伸憂樂之不齊，而言之有所爲而言者，雖有子不知夫子之所謂，況生千古以後乎？聖門之論恕也，“己所不欲，勿使於人”，[37]其道大矣。今則第爲文人論古必先設身，以是爲文德之恕而已爾。

韓氏論文，“迎而拒之，平心察之”，喻氣於水，言爲浮物。柳氏之論文也，“不敢輕心掉之”，“怠心易之”，“矜氣作之”，“昏氣出之”。夫諸賢論心論氣，未即孔、孟之旨，及乎天人、性命之微也。然文繁而不可殺，語變而各有當。要其大旨，則臨文主敬，一言以蔽之矣。主敬則心平而氣有所攝，自能變化從容以合度也。夫史有三長，才、學、識也。古文辭而不由史出，是飲食不本於稼穡也。夫識，生於心也；才，出於氣也；學也者，凝心以養氣，鍊識而成其才者也。心虚難恃，氣浮易弛。主敬者，隨時檢攝於心氣之閒，而謹防其一往不收之流弊也。夫緝熙敬止，聖人所以成始而成終也，其爲義也廣矣。今爲臨文檢其心氣，以是爲文德之敬而已爾。

文　理

偶於良宇案閒見《史記》録本，取觀之，乃用五色圈點，各爲段落。反覆審之，不解所謂。詢之良宇，啞然失笑，以謂己亦厭觀之矣。其書云出前明歸震川氏，五色標識，各爲義例，不相混亂。若者爲全篇結構，若者爲逐段精彩，若者爲意度波瀾，若者爲精神氣魄，以例分類，便於拳服揣摩，號爲古文祕傳。前輩言古文者，所爲珍重授受，而不輕以示人者也。又云：“此如五祖傳燈，靈素受籙，由此出者，乃是正宗；

不由此出，縱有非常著作，釋子所譏爲野狐禪也。余幼學於是，及游京師，聞見稍廣，乃知文章一道，初不由此。然意其中或有一二之得，故不遽棄，非珍之也。”余曰：文章一道，自元以前，衰而且病，尚未亡也。明人初承宋元之遺，粗存規矩。至嘉靖隆慶之間，晦蒙否塞，而文幾絶矣。歸震川氏生於是時，力不能抗王、李之徒，而心知其非，故斥鳳洲以爲庸妄，謂其創爲僞體秦漢，至併官名地名，而改用古稱，使人不辨作何許語，故直斥之曰文理不通，非妄言也。然歸氏之文，氣體清矣，而按其中之所得，則亦不可强索。故余嘗書識其後，以爲先生所以砥柱中流者，特以文從字順，不汩没於流俗，而於古人所謂閎中肆外，言以聲其心之所得，則未之聞爾。然亦不得不稱爲彼時之豪傑矣。但歸氏之於制藝，則猶漢之子長，唐之退之，百世不祧之大宗也。故近代時文家之言古文者，多宗歸氏。唐宋八家之選，人幾等於五經四子，所由來矣。惟歸、唐之集，其論説文字皆以《史記》爲宗，而其所以得力於《史記》者，乃頗怪其不類。蓋《史記》體本蒼質，而司馬才大，故運之以輕靈。今歸、唐之所謂疏宕頓挫，其中無物，遂不免於浮滑，而開後人以描摩淺陋之習。故疑歸、唐諸子得力於《史記》者，特其皮毛，而於古人深際，未之有見。今觀諸君所傳五色訂本，然後知歸氏之所以不能至古人者，正坐此也。

夫立言之要，在於有物。古人著爲文章，皆本於中之所見，初非好爲炳炳烺烺，如錦工繡女之矜誇采色已也。富貴公子，雖醉夢中，不能作寒酸求乞語；疾痛患難之人，雖置之絲竹華宴之場，不能易其呻吟而作歡笑。此聲之所以肖其心，而文之所以不能彼此相易，各自成家者也。今舍己之所求，而摩古人之形似，是杞梁之妻，善哭其夫，而西家偕老之婦，亦學其悲號；屈子自沈汨羅，而同心一德之朝，其臣亦宜作楚怨也；不亦傎乎？至於文字，古人未嘗不欲其工。孟子曰：“持其志，無暴其氣。”學問爲立言之主，猶之志也；文章爲明道之具，猶之氣也。求自得於學問，固爲文之根本；求無病於文章，亦爲學之發揮。故宋儒尊道德而薄文辭，伊川先生謂工文則害道，明道先生謂記誦爲玩物喪志。雖爲忘本而逐末者言之，然推二先生之立意，則持其志者，不必無暴其氣，而出辭氣之遠於鄙倍。辭之欲求其達，孔、曾皆爲不聞道矣。但文字之佳勝，正貴讀者之自得，如飲食甘旨，衣服輕暖，衣且食者之領受，各自知之，而難以告人。如欲告人衣食之道，當指膾炙而令其自嘗，可得旨甘；指狐貉而令其自被，可得輕暖，則有是道矣。必吐己之所嘗而哺人以授之甘，摟人之身而置懷以授之暖，則無是理也。

韓退之曰："記事者必提其要，纂言者必鉤其玄。"其所謂鉤玄提要之書，不特後世不可得而聞，雖當世籍、湜之徒，亦未聞其有所見，果何物哉？蓋亦不過尋章摘句，以爲撰文之資助耳。此等識記，古人當必有之。如左思十稔而賦《三都》，門庭藩溷，皆著紙筆，得即書之。今觀其賦，並無奇思妙想，動心駴魄，當藉十年苦思力索而成。其所謂得即書者，亦必標書誌義，先掇古人菁英，而後足以供驅遣爾。然觀書有得，存乎其人，各不相涉也。故古人論文，多言讀書養氣之功，博古通經之要，親師近友之益，取材求助之方，則其道矣。至於論及文辭工拙，則舉隅反三，稱情比類，如陸機《文賦》、劉勰《文心雕龍》、鍾嶸《詩品》，或偶舉精字善句，或品評全篇得失，令觀之者得意文中，會心言外，其於文辭思過半矣。至於不得已而摘記爲書，標識爲類，是乃一時心之所會，未必出於其書之本然。比如懷人見月而思，月豈必主遠懷？久客聽雨而悲，雨豈必有愁況？然而月下之懷，雨中之感，豈非天地至文？而欲以此感此懷，藏爲祕密，或欲嘉惠後學，以謂凡對明月與聽霖雨，必須用此悲感，方可領略，則適當良友乍逢，及新昏宴爾之人，必不信矣。是以學文之事，可授受者規矩方圓，其不可授受者心營意造。至於纂類摘比之書，標識評點之册，本爲文之末務，不可揭以告人，祇可用以自誌。父不得而與子，師不得以傳弟。蓋恐以古人無窮之書，而拘於一時有限之心手也。

律詩當知平仄，古詩宜知音節。顧平仄顯而易知，音節隱而難察，能熟於古詩，當自得之。執古詩而定人之音節，則音節變化，殊非一成之詩所能限也。趙仲符氏取古人詩爲《聲調譜》，[38]通人譏之，余不能爲趙氏解矣。然爲不知音節之人言，未嘗不可生其啟悟，特不當舉爲天下之式法爾。時文當知法度，古文亦當知有法度。時文法度顯而易言，古文法度隱而難喻，能熟於古文，當自得之。執古文而示人以法度，則文章變化，非一成之文所能限也。歸震川氏取《史記》之文，五色標識，以示義法，今之通人，如聞其事，必竊笑之，余不能爲歸氏解也。然爲不知法度之人言，未嘗不可資其領會，特不足據爲傳授之祕爾。據爲傳授之祕，則是郢人寶燕石矣。

夫書之難以一端盡也，仁者見仁，智者見智。詩之音節，文之法度，君子以謂可不學而能，如啼笑之有收縱，歌哭之有抑揚，必欲揭以示人，人反拘而不得歌哭啼笑之至情矣。然使一己之見，不事穿鑿過求，而偶然瀏覽，有會於心，筆而誌之，以自省識，未嘗不可資修辭之助也。乃因一己所見，而謂天下之人，皆當範我之心手焉，後人或我從矣，起古人而問之，乃曰："余之所命，不在是矣！"毋乃冤歟！

古文公式

古文體制源流，初學入門，當首辨也。蘇子瞻《表忠觀碑》，全録趙抃奏議，文無增損，其下即綴銘詩。此乃漢碑常例，見於金石諸書者，不可勝載。即唐宋八家文中，如柳子厚《壽州安豐孝門碑》，亦用其例，本不足奇。王介甫詫謂是學《史記》諸侯王年表，真學究之言也。李耆卿謂其文學《漢書》，亦全不可解。此極是尋常耳目中事，諸公何至怪怪奇奇，看成骨董？且如近日市井鄉閭，如有利弊得失，公議興禁，請官約法，立碑垂久，其碑即刻官府文書告諭原文，毋庸增損字句，亦古法也。豈介甫諸人，於此等碑刻猶未見耶？當日王氏門客之訾摘駭怪，更不直一笑矣。

以文辭而論，趙清獻請修表忠觀原奏，未必如蘇氏碑文之古雅。史家記事記言，因襲成文，原有點竄塗改之法。蘇氏此碑，雖似鈔繕成文，實費經營裁製也。第文辭可以點竄，而制度則必從時。此碑篇首“臣抃言”三字，篇末“制曰可”三字，恐非宋時奏議上陳、詔旨下達之體，而蘇氏意中，揣摩《秦本紀》“丞相臣斯昧死言”及“制曰可”等語太熟，則不免如劉知幾之所譏，“貌同而心異”也。余昔修《和州志》，有《乙亥義烈傳》，專記明末崇禎八年，闖賊攻破和州，官吏紳民男婦殉難之事。用紀事本末之例，以事爲經，以人爲緯，詳悉具載，而州中是非鬨起。蓋因闖賊怒拒守而屠城，被屠者之子孫，歸咎於創議守城者陷害滿城生命，又有著論指斥守城者部署非法，以致城陷，甚至有誣創議守城者，縋城欲逃，爲賊擒殺，並非真殉難者。余搜得鳳陽巡撫朱大典奏報和州失陷，官紳殉難情節，乃據江防州同申報，轉據同在圍城逃脱難民口述親目所見情事，官紳忠烈，均不可誣。余因全録奏報，以爲是篇之序。中間文字點竄，甚有佳處。然篇首必云：“崇禎九年二月日，巡撫鳳陽提督軍務都察院右副都御史臣朱大典謹奏，爲和城陷賊，官紳殉難堪憐，乞賜旌表，以彰義烈事。”其篇末云：“奉旨，覽奏憫惻，該部察例施行。”此實當時奏陳詔報式也。或謂中間奏文，既已删改古雅，其前後似可一例潤色。余謂奏文辭句，並無一定體式，故可點竄古雅，不礙事理。前後自是當時公式，豈可以秦漢之衣冠，繪明人之圖像耶？蘇氏《表忠觀碑》，前人不知，而相與駭怪，自是前人不學之過。蘇氏之文，本無可議。至人相習而不以爲怪，其實不可通者，惟前後不遵公式之六字耳。夫文辭不察義例，而惟以古雅爲徇，則“臣抃言”三字，何如“岳曰於”三字更古？“制曰可”三字，何如“帝曰俞”三字更古？舍唐虞而法秦漢，未見其能好古也。

汪鈍翁撰《睢州湯烈婦旌門頌序》，首録巡按御史奏報，本屬常例，無可訾，亦無足矜也。但汪氏不知文用古法，而公式必遵時制，秦漢奏報之式，不可以改今文也。篇首著“監察御史臣粹然言”，此又讀《表忠觀碑》“臣抃言”三字太熟，而不知蘇氏已非法也。近代章奏，篇首敘銜，無不稱姓，亦公式也。粹然何姓，汪氏豈可因摩古而删之？且近代章奏，銜名之下必書“謹奏”，無稱“言”者。一語僅四字，而兩違公式，不知何以爲古文辭也！婦人有名者稱名，無名者稱姓，曰張曰李可也。近代官府文書，民間詞狀，往往舍姓而空稱曰氏，甚至有稱爲該氏者，誠屬俚俗不典。然令無明文，[39]胥吏苟有知識，仍稱爲張爲李，官所不禁，則猶是通融之文法也。汪氏於一定不易之公式，則故改爲秦漢古款，已是貌同而心異矣。至於正俗通行之稱謂，則又偏舍正而徇俗，何顛倒之甚耶！結句又云“臣謹昧死以聞”，亦非今制。汪氏平日以古文辭高自矜詡，而庸陋如此，何耶？汪之序文，於“臣粹然言”句下，直起云“睢州諸生湯某妻趙氏，值明末李自成之亂”云云，是亦未善。當云“故明睢州諸生湯某妻趙氏，值李自成之亂”，於辭爲順。蓋突起似現在之人，下句補出“值明末李自成”，文氣亦近滯也。學文者，當於此等留意辨之。

古文十弊

余論古文辭義例，自與知好諸君書，凡數十通；筆爲論著，又有《文德》《文理》《質性》《黠陋》《俗嫌》《俗忌》諸篇，亦詳哉其言之矣。然多論古人，鮮及近世。茲見近日作者所有言論與其撰著，頗有不安於心，因取最淺近者，條爲十通，思與同志諸君相爲講明。若他篇所已及者不複述，覽者可互見焉。此不足以盡文之隱，然一隅三反，亦庶幾具近之矣。

一曰，凡爲古文辭者，必先識古人大體，而文辭工拙，又其次焉。不知大體，則胸中是非不可以憑，其所論次，未必俱當事理。而事理本無病者，彼反見爲不然而補救之，則率天下之人而禍仁義矣。有名士投其母氏行述，請大興朱先生作誌。叙其母之節孝，則謂乃祖衰年，病廢臥床，溲便無時，家無次丁，乃母不避穢褻，躬親薰濯。其事既已美矣。又述乃祖於時蹙然不安，乃母肅然對曰：“婦年五十，今事八十老翁，何嫌何疑？”嗚呼！母行可嘉，而子文不肖甚矣。本無芥蔕，何有嫌疑？節母既明大義，定知無是言也。此公無故自生嫌疑，特添注以斡旋其事，方自以謂得體，而不知適如冰雪肌膚，剜成瘡痏，不免愈濯愈痕瘢矣。人苟不解文辭，如遇此等，但須據事直書，不可無故妄加雕飾。妄加雕飾，謂之剜肉爲瘡，此文人之通弊也。

二曰，《春秋》書内不諱小惡。歲寒知松柏之後彫，然則欲表松柏之貞，必明霜雪之厲，理勢之必然也。自世多嫌忌，將表松柏，而又恐霜雪懷慚，則觸手皆荆棘矣。但大惡諱，小惡不諱，《春秋》之書内事，自有其權衡也。江南舊家，輯有宗譜。有羣從先世爲子聘某氏女，後以道遠家貧，力不能婚，恐失婚時，僞報子殤，俾女别聘。其女遂不食死，不知其子故在。是於守貞殉烈，兩無所處。而女之行事，實不愧於貞烈，不忍泯也。據事直書，於翁誠不能無歉然矣。第《周官》媒氏禁嫁殤，是女本無死法也。《曾子問》，娶女有日，而婿父母死，〔40〕使人致命女氏。注謂恐失人嘉會之時。是古有辭昏之禮也。今制，壻遠游，三年無聞，聽婦告官别嫁。是律有遠絶離昏之條也。是則某翁詭託子殤，比例原情，尚不足爲大惡而必須諱也。而其族人動色相戒，必不容於直書，則匿其辭曰："書報幼子之殤，而女家誤聞以爲壻也。"夫千萬里外，無故報幼子殤，而又不道及男女昏期，明者知其無是理也。則文章病矣。人非聖人，安能無失？古人叙一人之行事，尚不嫌於得失互見也。今叙一人之事，而欲顧其上下左右前後之人，皆無小疵，難矣。是之謂八面求圓，又文人之通弊也。

三曰，文欲如其事，未聞事欲如其文者也。〔41〕嘗見名士爲人撰誌，其人蓋有朋友氣誼，誌文乃仿韓昌黎之誌柳州也，一步一趨，惟恐其或失也。中間感歎世情反復，已覺無病費呻吟矣。末叙喪費出於貴人，及内親竭勞其事。詢之其家，則貴人贈賻稍厚，非能任喪費也，而内親則僅一臨穴而已，亦並未任其事也。且其子俱長成，非若柳州之幼子孤露，必待人爲經理者也。詰其何爲失實至此，則曰：仿韓誌柳墓，終篇有云："歸葬費出觀察使裴君行立，又舅弟盧遵，既葬子厚，又將經紀其家。"附紀二人，文情深厚。今誌欲似之耳。余嘗舉以語人，人多笑之。不知臨文摹古，遷就重輕，又往往似之矣。是之謂削趾適屨，又文人之通弊也。

四曰，仁智爲聖，夫子不敢自居。瑚璉名器，子貢安能自定？稱人之善，尚恐不得其實；自作品題，豈宜誇耀成風耶？嘗見名士爲人作傳，自云：“吾鄉學者，鮮知根本，惟余與某甲，爲功於經術耳。”所謂某甲，固有時名，亦未見必長經術也。作者乃欲援附爲名，高自標榜，惡矣！又有江湖游士，以詩著名，實亦未足副也。然有名實遠出其人下者，爲人作詩集序，述人請序之言曰：“君與某甲齊名，某甲既已弁言，君烏得無題品？”夫齊名本無其説，則請者必無是言，而自詡齊名，藉人炫己，顔頰不復知忸怩矣！且經援服、鄭，詩攀李、杜，猶曰高山景仰。若某甲之經，某甲之詩，本非可恃，而猶藉爲名。是之謂私署頭銜，又文人之通弊也。

五曰，物以少爲貴，人亦宜然也。天下皆聖賢，孔孟亦弗尊尚矣。清言自可破俗，然在典午，則滔滔皆是也。前人譏《晉書》列傳同於小説，正以採掇清言，多而少擇也。立朝風節，强項敢言，前史侈爲美談。明中葉後，門户朋黨，聲氣相激，誰非敢言之士？觀人於此，君子必有辨矣。不得因其强項中威，便標風烈，理固然也。[42]我憲皇帝澄清吏治，裁革陋規，整飭官方，懲治貪墨，實爲千載一時。彼時居官，大法小廉，殆成風俗，貪冒之徒，莫不望風革面，時勢然也。今觀傳誌碑狀之文，叙雍正年府州縣官，盛稱杜絶饋遺，搜除積弊，清苦自守，革除例外供支，其文洵不愧於《循吏傳》矣。不知彼時逼於功令，不得不然，千萬人之所同，不足以爲盛節，豈可見奄寺而頌其不好色哉！山居而貴薪木，涉水而寶魚蝦，人知無是理也，而稱人者乃獨不然。是之謂不達時勢，又文人之通弊也。

六曰，史既成家，文存互見，有如《管晏列傳》，而勳詳於《齊世家》；張耳分題，而事總於《陳餘傳》；非惟命意有殊，抑亦詳略之體所宜然也。若夫文集之中，單行傳記，凡遇牽聯所及，更無互著之篇，勢必加詳，亦其理也。但必權其事理，足以副乎其人，乃不病其繁重爾。如唐平淮西,《韓碑》歸功裴度,可謂當矣。後中讒毁,改命於段文昌,千古爲之歎惜。但文昌狥於李愬,愬功本不可没,其失猶未甚也。假令當日無名偏裨,不關得失之人,身後表阡,侈陳淮西功績,則無是理矣。朱先生嘗爲編修蔣君撰誌,[43]中叙國家前後平定準回要略,則以蔣君總修方略,獨立勤勞,書成身死,而不得叙功故也。然誌文雅健,學者慕之。後見某中書舍人死,有爲作家傳者,全襲《蔣誌》原文,蓋其人嘗任分纂數月,於例得列銜名者耳,其實於書未寓目也。是與無名偏裨居淮西功,又何以異?而文人喜於摭事,幾等軍吏攘功,何可訓也!是之謂同里銘旌。昔有夸夫,終身未膺一命,好襲頭銜,將死,遍召所知,籌計銘旌題字。或徇其意,假藉例封、待贈、修職、登仕諸階,彼皆掉頭不悦。最後有善諧者,取其鄉之貴顯,大書勳階師保殿閣部院某國某封某公同里某人之柩,人傳爲笑。故凡無端而影附者,謂之同里銘旌,不謂文人亦效之也,是又文人之通弊也。

七曰,陳平佐漢,志見社肉;李斯亡秦,兆端廁鼠。推微知著,固相士之玄機;[44]搜間傳神,亦文家之妙用也。但必得其神志所在,則如圖畫名家,頰上妙於增毫。苟徒慕前人文辭之佳,强尋猥瑣以求其似,則如見桃花而有悟,遂取桃花作飯,其中豈復有神妙哉?又近來學者,喜求徵實,每見殘碑斷石,餘文剩字,不關於正義者,往往藉以考古制度,補史缺遺,斯固善矣。因是行文,貪多務得,明知贅餘非要,卻爲有益後世,推求不憚辭費。是不特文無體要,抑思居今世而欲備後世考徵,正如董澤矢材,可勝暨乎?[45]夫傳人者文如其人,述事者文如其事,足矣。其或有關考徵,要必本質所具,即或閒情逸出,正爲阿堵傳神。不此之務,但知市菜求增,是之謂畫蛇添足,又文人之通弊也。

八曰,文人固能文矣,文人所書之人,不必盡能文也。叙事之文,作者之言也,爲文爲質,惟其所欲,斯如其事而已矣。[46]記言之文,則非作者之言也,爲文爲質,期於適如其人之言,非作者所能自主也。貞烈婦女,明詩習禮,固有之矣。其有未嘗學問,或出鄉曲委巷,甚至傭嫗鬻婢,貞節孝義,皆出天性之優,是其質雖不愧古人,文則難期於儒雅也。每見此等傳記，述其言辭，原本《論語》《孝經》，出入《毛詩》《内則》，劉向之《傳》，曹昭之《誡》，不啻自其口出，可謂文矣。抑思善相夫者，何必盡識鹿車鴻案；善教子者，豈皆熟記畫荻丸熊！自文人胸有成竹，遂致閨修皆如板印。與其文而失實，何如質以傳真也？由是推之，名將起於卒伍，義俠或奮閭閻，言辭不必經生，記述貴於宛肖。而世有作者，於斯多不致思，是之謂優伶演劇。蓋優伶歌曲，雖耕氓役隸，矢口皆叶宫商，是以謂之戲也。而記傳之筆，從而效之，又文人之通弊也。

九曰，古人文成法立，未嘗有定格也。傳人適如其人，述事適如其事，無定之中，有一定焉。知其意者，旦暮遇之。不知其意，襲其形貌，神弗肖也。往余撰和州故給事《成性志傳》，性以建言著稱，故采録其奏議。然性少遭亂離，全家被害，追悼先世，每見文辭。而《猛省》之篇尤沉痛，可以教孝，故於終篇全録其文。其鄉有知名士賞余文曰："前載如許奏章，若無《猛省》之篇，譬如行船，鷁首重而舵樓輕矣。今此婪尾，可謂善謀篇也。"余戲詰云："設成君本無此篇，此船終不行耶？"蓋塾師講授四書文義，謂之時文，必有法度以合程式。而法度難以空言，則往往取譬以示蒙學。擬於房室，則有所謂間架結構；擬於身體，則有所謂眉目筋節；擬於繪畫，則有所謂點睛添毫；擬於形家，則有所謂來龍結穴。隨時取譬，習陋成風。[47]然爲初學示法，亦自不得不然，無庸責也。惟時文結習，深錮腸腑，進窺一切古書古文，皆此時文見解，動操塾師啟蒙議論，則如用象棋枰布圍棋子，必不合矣。是之謂井底天文，又文人之通弊也。

十曰，時文可以評選，古文經世之業，不可以評選也。前人業評選之，則亦就文論文可耳。但評選之人，多非深知古文之人。夫古人之書，今不盡傳，其文見於史傳，評選之家多從史傳采録。而史傳之例，往往删節原文，以就隱括，故於文體所具，不盡全也。評選之家不察其故，誤謂原文如是，又從而爲之辭焉。於引端不具，而截中徑起者，詡謂發軔之離奇；於刊削餘文，而遽入正傳者，詫爲篇終之嶄峭。於是好奇而寡識者，轉相歎賞，刻意追摹，殆如左氏所云："非子之求，而蒲之覓矣。"〔48〕有明中葉以來，一種不情不理自命爲古文者，起不知所自來，收不知所自往，專以此等出人思議，誇爲奇特，於是坦蕩之塗生荆棘矣。夫文章變化，侔於鬼神，斗然而來，戛然而止，何嘗無此景象，何嘗不爲奇特！但如山之巉峭，水之波瀾，氣積勢盛，發於自然，必欲作而致之，無是理矣。文人好奇，易於受惑，是之謂誤學邯鄲，又文人之通弊也。

【校勘記】

〔1〕"人之生也，自有其道，人不自知，故未有形"，大梁本、貴陽本、粵雅堂叢書本作"人生有道，人不自知"。

〔2〕"從而給"至"救之"，大梁本、貴陽本、粵雅堂叢書本作"從而給救之"。

〔3〕"爾"，大梁本、貴陽本、粵雅堂叢書本無。

〔4〕"祇覺事勢出於不得不然"，大梁本、貴陽本、粵雅堂叢書本無。"一似"，大梁本、貴陽本、粵雅堂叢書本作"則猶"。

〔5〕"故言聖人體道可也，言聖人與道同體不可也"，大梁本、貴陽本、粵雅堂叢書本無。

〔6〕"意謂伯夷、尹、惠皆古聖人"，大梁本、貴陽本、粵雅堂叢書本無。"公孫丑氏"至"孔子之全"，大梁本、貴陽本、粵雅堂叢書本無。

〔7〕"孔子"後，大梁本、貴陽本、粵雅堂叢書本有"非"字。

〔8〕"孔子之大，亦天地也"，大梁本、貴陽本、粵雅堂叢書本作"孔子雖大，不過天地"。

〔9〕"孔子"，大梁本、貴陽本、粵雅堂叢書本作"之"。

〔10〕"爲"，大梁本、貴陽本、粵雅堂叢書本作"謂"。

〔11〕"至於"，大梁本、貴陽本無。

〔12〕"亦非孟子"至"者也"，《章氏遺書》本與大梁本、貴陽本差異較大。大梁本、貴陽本爲："亦非孟子所謂也。蓋與周公同其集羲、農、軒、項、

唐、虞、三代之成，而非集夷、尹、柳下之成也。”

〔13〕“故欲如是以求”，大梁本、貴陽本無。

〔14〕“爲”，大梁本、貴陽本作“謂”。

〔15〕“爲”，大梁本、貴陽本作“謂”。

〔16〕“三子”至“則安矣”，《章氏遺書》本與大梁本、貴陽本差異較大。大梁本、貴陽本爲：“三子皆舍周公，獨尊孔氏。朱子以謂事功有異，是也。然而治見實事，教則垂空言矣。後人因三子之言，而盛推孔子，過於堯、舜，因之崇性命而薄事功，於是千聖之經綸，不足當儒生之坐論矣。伊川論禹、稷、顏子，謂禹、稷較顏子爲麤。朱子又以二程與顏、孟切比長短。蓋門户之見，賢者不免，古今之通患。夫尊夫子者，莫若切近人情。不知其實，而但務推崇，則玄之又玄。聖人一神天之通號耳，世教何補焉？故周、孔不可優劣也，塵垢秕糠，陶鑄堯、舜，莊生且謂寓言，曾儒者而襲其説歟？”

〔17〕“在知”，大梁本、貴陽本、粤雅堂叢書本作“必先知”。

〔18〕“盡周公之道而”“其”，大梁本、貴陽本、粤雅堂叢書本無。

〔19〕“未可以謂”，大梁本、貴陽本作“豈有意於”。“也”，大梁本、貴陽本作“耶”。

〔20〕“旻”，大梁本、貴陽本作“天”。

〔21〕“太”，大梁本、貴陽本、粤雅堂叢書本作“大”。

〔22〕“非如”，大梁本、貴陽本、粤雅堂叢書本作“不知”。

〔23〕“道”至“不知矣”，大梁本、貴陽本、粤雅堂叢書本無。

〔24〕“之”，大梁本、貴陽本無。

〔25〕“耳目心思”，大梁本、貴陽本、粤雅堂叢書本作“心思耳目”。

〔26〕“者”，大梁本、貴陽本、粤雅堂叢書本無。

〔27〕“功德”，大梁本、貴陽本作“立功”。

〔28〕“但溺於文辭之末，則害道已”，大梁本、貴陽本、粤雅堂叢書本無。

〔29〕“侈其富於山海”，大梁本、貴陽本、粤雅堂叢書本無。

〔30〕“矜其豔於雲霞”，大梁本、貴陽本、粤雅堂叢書本無。

〔31〕“爲”，大梁本、貴陽本、粵雅堂叢書本作“不”。

〔32〕“古”，大梁本、貴陽本作“故”。

〔33〕“朱子”之“子”字，“陸、王之形似”中“之”字，大梁本、貴陽本、粵雅堂叢書本無。

〔34〕“寓”，大梁本、貴陽本作“而”。

〔35〕“何如”，大梁本、貴陽本作“如何”。

〔36〕“源”，大梁本、貴陽本、粵雅堂叢書本作“流”。

〔37〕“使”，大梁本、貴陽本作“施”。

〔38〕“仲”，大梁本、貴陽本作“伸”。

〔39〕“令”，大梁本、貴陽本訛爲“今”。

〔40〕“婿”，大梁本、貴陽本、粵雅堂叢書本作“其”。

〔41〕“文”，大梁本、貴陽本作“人”。

〔42〕“中”，大梁本作“申”。“固”，《章氏遺書》本誤作“因”，今據大梁本改。

〔43〕“編修”前，大梁本、貴陽本、粵雅堂叢書本有“故”字。

〔44〕“相士之玄機”，大梁本、貴陽本作“智士之相機”。

〔45〕“暨”，王秉恩指出應作“既”。“可勝暨乎”本《左傳・宣公十二年》“董澤之蒲，可勝既乎”。

〔46〕“斯”，大梁本、貴陽本作“期”。

〔47〕“習陋成風”，大梁本、貴陽本無。

〔48〕“覓”，王秉恩指出應作“愛”。“而蒲之覓矣”来自《左傳》，《左傳》“覓”作“愛”。

文史通義卷三　内篇三

辨　似

人藏其心，不可測度也。言者心之聲，善觀人者，觀其所言而已矣。人不必皆善，而所言未有不託於善也。善觀人者，察其言善之故而已矣。夫子曰："始吾於人也，聽其言而信其行；今吾於人也，聽其言而觀其行。"恐其所言不出於意之所謂誠然也。夫言不由中，如無情之訟，辭窮而情易見，非君子之所患也。學術之患，莫患乎同一君子之言，同一有爲言之也，求其所以爲言者，咫尺之間，而有霄壤之判焉，似之而非也。

天下之言，本無多也。言有千變萬化，宗旨不過數端可盡，故曰言本無多。人則萬變不齊者也。以萬變不齊之人，而發爲無多之言，宜其迹異而言則不得不同矣。譬如城止四門，城内之人千萬，出門而有攸往，必不止四途，而所從出者，止四門也。然則趨向雖不同，而當其發軔不得不同也。非有意以相襲也，非投東而僞西也，勢使然也。

樹藝五穀，所以爲烝民粒食計也。儀狄曰："五穀不可不熟也。"問其何爲而祈熟，則曰："不熟無以爲酒漿也。"教民蠶桑，所以爲老者衣帛計也。蚩尤曰："蠶桑不可不植也。"詰其何爲而欲植，則曰："不植無以爲旌旗也。"夫儀狄、蚩尤，豈不誠然須粟帛哉？然而斯民衣食，不可得而賴矣。

《易》曰："陰陽不測之謂神。"又曰："神也者，妙萬物而爲言者也。"〔1〕孟子曰："大而化之之謂聖，聖而不可知之之謂神。"此神化神妙之説所由來也。夫陰陽不測，不離乎陰陽也。妙萬物而爲言，不離乎萬物也。聖不可知，不離乎充實光輝也。然而曰聖曰神曰妙者，使人不滯於迹，即所知見以想見所不可知見也。學術文章，有神妙之境焉。末學膚受泥迹以求之，其真知者，以謂中有神妙，可以意會而不可以言傳者也。不學無識者，窒於心而無所入，窮於辨而無所出，亦曰可意會而不可言傳也。故君子惡夫似之而非者也。

伯昏瞀人謂列御寇曰："人將保汝矣，非汝能使人保也，乃汝不能使人毋汝保也。"然則不能使人保者，下也；能使人毋保者，上也；中則爲人所保矣。故天下惟中境易别，上出乎中而下不及中，恒相似也。學問之始，未能記誦，博涉既深，將超記誦。故記誦者，學問之舟車也。人有所適也，必資乎舟車；至其地，則舍舟車矣。一步不行者，則亦不用舟車矣。不用舟車之人，乃託舍舟車者爲同調焉。故君子惡夫似之而非者也。程子見謝上蔡多識經傳，便謂玩物喪志，畢竟與孔門"一貫"不似。

理之初見，毋論智愚與賢不肖，不甚遠也。再思之，則恍惚而不可恃矣。三思之，則眩惑而若奪之矣。非再三之力，轉不如初也。初見立乎其外，故神全，再三則入乎其中，而身已從其旋折也。必盡其旋折，而後復得初見之至境焉。故學問不可以憚煩也。然當身從旋折之際，神無初見之全，必時時憶其初見，以爲恍惚眩惑之指南焉，庶幾哉有以復其初也。吾見今之好學者，初非有所見而爲也，後亦無所期於至也，發憤攻苦，以謂吾學可以加人而已矣。泛焉不繫之舟，雖日馳千里，何適於用乎？乃曰學問不可以憚煩。故君子惡夫似之而非者也。

夫言所以明理，而文辭則所以載之之器也。虛車徒飾，而主者無聞，故溺於文辭者，不足與言文也。《易》曰："物相雜，故曰文。"又曰："其旨遠，其辭文。"《書》曰："政貴有恒，辞尚體要。"《詩》曰："辭之輯矣，民之洽矣。"《記》曰："毋勦説，毋雷同，則古昔，稱先王。"《傳》曰："辭達而已矣。"曾子曰："出辭氣，斯遠鄙倍矣。"經傳聖賢之言，未嘗不以文爲貴也。蓋文固所以載理，文不備，則理不明也。且文亦自有其理，妍媸好醜，人見之者，不約而有同然之情，又不關於所載之理者，即文之理也。故文之至者，文辭非其所重爾，非無文辭也。而陋儒不學，猥曰“工文則害道”。故君子惡夫似之而非者也。

陸士衡曰：“雖杼軸於予懷，怵他人之我先。苟傷廉而愆義，亦雖愛而必捐。”蓋言文章之士，極其心之所得，常恐古人先我而有是言，苟果與古人同，便爲傷廉愆義，雖可愛之甚，必割之也。韓退之曰：“惟古於文必己出，降而不能乃剿襲。”亦此意也。立言之士，以意爲宗，蓋與辭章家流不同科也。人同此心，心同此理。宇宙遼擴，故籍紛揉，安能必其所言，古人皆未言耶？此無傷者一也。人心又有不同，如其面焉。苟無意而偶同，則其委折輕重，必有不盡同者，人自得而辨之。此無傷者二也。著書宗旨無多，其言則萬千而未有已也，偶與古人相同，不過一二，所不同者，足以概其偶同。此無傷者三也。吾見今之立言者，本無所謂宗旨，引古人言而申明之，申明之旨，則皆古人所已具也。雖然，此則才弱者之所爲，人一望而知之，終歸覆瓿，於事固無傷也。〔2〕乃有黠者，易古人之貌，而襲其意焉；同時之人有創論者，申其意而諱所自焉；或聞人言其所得，未筆於書，而遽竊其意以爲己有，他日其人自著爲書，乃反出其後焉。且其私智小慧，足以彌縫其隙，而更張其端，使人瞢然莫辨其底蘊焉。自非爲所竊者覿面質之，且窮其所未至，其欺未易敗也。又或同其道者亦嘗究心，反覆勘其本末，其隱始可攻也。然而盜名欺世，已非一日之厲矣。而當時之人，且曰某甲之學，不下某氏，某甲之業，勝某氏焉。故君子惡夫似之而非者也。

萬世取信者，夫子一人而已矣。夫子之言不一端，而賢者各得其所長，不肖者各誤於所似。“誨人不倦”，非瀆蒙也；“予欲無言”，非絶教也；“好古敏求”，非務博也；“一以貫之”，非遺物也。蓋一言而可以無所不包，雖夫子之聖亦不能也。得其一言，不求是而求似，賢與不肖，存乎其人，夫子之所無如何也。孟子，善學孔子者也。夫子言仁知，而孟子言仁義；夫子爲東周，而孟子王齊、梁；夫子“信而好古”，孟子乃曰：“盡信書，則不如無書。”而求孔子者，必自孟子也。故得其是者，不求似也。求得似者，必非其是者也。然而天下之誤於其似者，皆曰吾得其是矣。

繁稱

嘗讀《左氏春秋》，而苦其書人名字，不爲成法也。夫幼名，冠字，五十以伯仲，死謚，周道也。此則稱於禮文之言也，[3]非史文述事之例也。左氏則隨意雜舉而無義例，且名、字、謚、行以外，更及官爵、封邑焉，一篇之中，錯出互見。苟非注釋相傳，有受授至今，不復識爲何如人也。[4]是以後世史文，莫不鑽仰左氏，而獨於此事，不復相師也。

史遷創列傳之體，列之爲言，排列諸人爲首尾，所以標異編年之傳也。然而列人名目，亦有不齊者，或爵，淮陰侯之類。或官，李將軍之類。或直書名，雖非左氏之錯出，究爲義例不純也。或曰：遷有微意焉。夫據事直書，善惡自見，《春秋》之意也。必標目以示褒貶，何怪沈約、魏收諸書，直以標題爲戲哉！況七十列傳，稱官爵者，偶一見之，餘並直書姓名，而又非例之所當貶，則史遷創始之初，不能無失云爾。必從而爲之辭，則害於道矣。

唐末五代之風詭矣，稱人不名不姓，多爲諧隱寓言，觀者乍覽其文，不知何許人也。如李曰隴西，王標瑯琊，雖頗乖忤，猶曰著郡望也。莊姓則稱漆園，牛姓乃稱太牢，則詼嘲諧劇，不復成文理矣。凡斯等類，始於駢麗華詞，漸於尺牘小說，[5]而無識文人，乃用之以記事。宜乎試牘之文，流於茁軋，而文章一道入混沌矣。

自歐、曾諸君擴清唐末五季之詭僻，而宋元三數百年，文辭雖有高下，氣體皆尚清真，斯足尚矣。而宋人又自開其纖詭之門者，則盡人而有號，一號不止，而且三數未已也。夫上古淯質，人止有名而已。周道尚文，幼名冠字。故卑行之於尊者，多避名而稱字，故曰字以表德。至表德不足，[6]而加之以號，則何説也？流及近世，風俗日靡，始則去名而稱字，漸則去字而稱號，於是卑行之於所尊，不但諱名，且諱其字，以爲觸犯，豈不謟且瀆乎！孔子曰：“名不正，則言不順。”稱號諱字，其不正不順之尤者乎！

號之原起，不始於宋也，春秋戰國蓋已兆其端矣。陶朱、鴟夷子皮，有所託而逃焉者也；鶡冠、鬼谷諸子，自隱姓名，人則因其所服所居而加之號也。皆非無故而云然也。唐開元間，宗尚道教，則有真人賜號，南華、冲虚之類。法師賜號，葉靖法師之類。女冠賜號，太真王妃之類。僧伽賜號，三藏法師之類。三藏在太宗時，不始開元，今以類舉及之。此則二氏之徒所標榜，後乃逮於隱逸，陳摶、林逋之類。則播及於士流矣。[7]然出朝廷所賜，雖非典要，猶非本人自號也。度當日所以榮寵之意，已死者同於謚法，未死者同於頭銜，蓋以空言相賞而已矣。

自號之繁，仿於郡望，而沿失於末流之已甚者也。蓋自六朝門第争標郡望，凡稱名者，不用其人所居之本貫，而惟以族姓著望冠於題名，此劉子玄之所以反見笑於史官也。沿之既久，則以郡望爲當時之文語而已矣。既以文語相與鮮新，則争奇弔詭，名隨其意，自爲標榜。故别號之始，多從山泉林藪以得名，此足徵爲郡望之變，而因託於所居之地者然也。漸乃易爲堂軒亭苑，則因居地之變，而反託於所居之室者然也。初則因其地，而後乃不必有其地者，造私臆之山川矣。初或有其室，而後乃不必有其室者，構空中之樓閣矣。識者但知人心之尚詭，而不知始於郡望之濫觴，是以君子惡夫作俑也。

峰泉溪橋，樓亭軒館，亦既繁複而可厭矣，乃又有出於諧聲隱語，此則宋元人之所未及開，而其風實熾於前明至近日也。或取字之同音者爲號，或取字形離合者爲號。夫盜賊自爲號者，將以惑衆也。赤眉、黄巾，其類甚多。娼優自爲號者，將以媚客也。燕鶯娟素之類甚多。而士大夫乃反不安其名字，而紛紛稱號焉，其亦不思而已矣。

逸囚多改名，懼人知也。出婢必更名，易新主也。故屢逸之囚，轉賣之婢，其名必多，所謂無如何也。文人既已架字而立號，苟有寓意，不得不然，一已足矣。顧一號不足，而至於三且五焉。噫！可謂不憚煩矣。

古人著書，往往不標篇名。後人校讎，即以篇首字句名篇。不標書名，後世較讐，即以其人名書，此見古人無意爲標榜也。其有篇名書名者，皆明白易曉，未嘗有意爲弔詭也。然而一書兩名，先後文質，未能一定，則皆較讐諸家易名著録，相沿不察，遂開歧異。初非著書之人，自尚新奇，爲弔詭也。

有本名質而著録從文者，有本名文而著録從質者，有書本全而爲人偏舉者，有書本偏而爲人全稱者，學者不可不知也。本名質而著録從文者，《老子》本無經名而書尊《道德》，《莊子》本以人名而書著《南華》之類是也。漢稱《莊子》。唐則敕尊《南華真經》，在開元時《隋志》已有《南華》之目。本名文而著録從質者，劉安之書本名《鴻烈解》，而《漢志》但著《淮南内外》，蒯通之書本名《雋永》，而《漢志》但著《蒯通》本名之類是也。《雋永》八十一首，〔8〕見本傳，與志不符。書名本全而爲人偏舉者，《吕氏春秋》有十二紀、八覽、六論，〔9〕而後人或稱《吕覽》，《屈原》二十五篇，《離騷》特其首篇，〔10〕而後世竟稱《騷賦》之類是也。劉向名之《楚辭》，後世遂爲專部。書名本偏而爲人全稱者，《史記》爲書策紀載總名，而後人專名《太史公書》，孫武八十餘篇，有圖有書，而後人即十三篇稱爲《孫子》之類是也。此皆較讎著録之家所當留意。已詳《較讐通義》。雖亦質文升降，時會有然，而著録之家不爲別白，則其流弊，無異別號稱名之弔詭矣。

子史之書，名實同異，誠有流傳而不能免者矣。集部之興，皆出後人綴集，故因人立名，以示誌別，東京訖於初唐，無他歧也。中葉文人自定文集，往往標識集名，《會昌一品》、元、白《長慶》之類，抑亦支矣。然稱舉年代，猶之可也。或以地名，杜牧《樊川集》，獨孤及《毘陵集》之類。或以官名，韓偓《翰林集》。猶有所取。至於詼諧嘲弄，信意標名，如《錦囊》李松。《忘筌》楊懷玉。《披沙》李咸用。《屠龍》熊皦。《聱書》沈顔。《漫編》，元結。紛紛標目，而大雅之風，不可復作矣。

子史之書，因其實而立之名，蓋有不得已焉耳。集則傳文之散著者也。篇什散著，則皆因事而發，各有標題，初無不辨宗旨之患也。故集詩集文，因其散而類爲一人之書，[11]則即人以名集，足以識矣。上焉者，文雖散而宗旨出於一，是固子史專家之遺範也。次焉者，文墨之佳而萃爲一，則亦雕龍技曲之一得也。其文與詩，既以各具標名，則固無庸取其會集之詩文而别名之也。人心好異，而競爲標題，固已侈矣。至於一名不足，而分輯前後，離析篇章，或取歷官資格，或取游歷程途，富貴則奢張榮顯，卑微則醖釀寒酸，巧立名目，横分字號。遂使一人詩文，集名無數，標題之録，靡於文辭，篇卷不可得而齊，著録不可從而約。而問其宗旨，核其文筆，[12]黄茅白葦，毫髮無殊。是宜概付丙丁，豈可猥塵甲乙者乎？歐、蘇諸集，已欠簡要，猶取文足重也。近代文集，逐狂更甚，剛無理取鬧矣。

匡　謬

書之有序，所以明作書之旨也，非以爲觀美也。序其篇者，所以明一篇之旨也。至於篇第相承，先後次序，古人蓋有取於義例者焉，亦有無所取於義例者焉，約其書之旨而爲之，無所容勉强也。《周易·序卦》二篇，次序六十四卦相承之義，乾、坤、屯、蒙而下，承受各有説焉。《易》義雖不盡此，此亦《易》義所自具，而非强以相加也。吾觀後人之序書，則不得其解焉。書之本旨，初無篇第相仍之義例，觀於古人而有慕，則亦爲之篇序焉。猥填泛語，强結韻言，以爲故作某篇第一，故述某篇第二，自謂淮南、太史、班固、揚雄，何其惑耶！夫作之述之，誠聞命矣。故一故二，其説又安在哉？且如《序卦》，屯次乾、坤，必有其義。盈天地閒惟萬物，屯次乾、坤之義也。故受之以屯者，蓋言不可受以需、訟諸卦，而必受以屯之故也。蒙、需以下，亦若是焉而已矣。此《序卦》之所以稱次第也。後人序篇，不過言斯篇之不可不作耳。必於甲前乙後，强以聯綴爲文，豈有不可互易之理，如屯、蒙之相次乎？是則摹《易》序者，不如序《詩》《書》之爲得也。《詩》《書》

篇次，豈盡無義例哉？然必某篇若何而承某篇，則無是也。六藝垂教，其揆一也，何必優於《易》序，而歉於《詩》《書》之序乎！趙岐《孟子篇序》，尤爲穿鑿無取。

夫書爲象數而作者，其篇章可以象數求也。其書初不關乎象數者，必求象數以實之，則鑿矣。《易》有兩儀四象，八八相生，其卦六十有四，皆出天理之自然也。《太玄》九九爲八十一，《潛虛》五五爲二十五，擬《易》之書，其數先定，而後摛文，故其篇章同於兵法之部伍，可約而計也。司馬遷著百三十篇，自謂紹名世而繼《春秋》，信哉，三代以後之絶作矣！然其自擬，則亦有過焉者也。本紀十二，隱法《春秋》之十二公也。《秦紀》分割莊襄以前，别爲一卷，而末終漢武之世，爲作《今上本紀》，明欲分占篇幅，欲副十二之數也。夫子《春秋》，文成法立，紀元十二，時世適然，初非十三已盈，十一則歉也。漢儒求古，多拘於迹，識如史遷，猶未能免，此類是也。然亦本紀而已，他篇未必皆有意耳。而治遷書者之紛紛好附會也，則曰十二本紀法十二月也，八書法八風，十表法十干，三十世家法一月三十日，七十列傳法七十二候，百三十篇法一歲加閏，此則支離而難喻者矣。就如其説，則表法十干，紀當法十二支，豈帝紀反用地數，而王侯用天數乎？歲未及三，何以象閏？七十二候，何以缺二？循名責實，觸處皆矛盾矣。然而子史諸家多沿其説，或取陰陽奇偶，或取五行生成，少則併於三五，多或配至百十，寧使續鳧斷鶴，要必象數相符。孟氏七篇，必依七政；屈原《九歌》，難合九章。近如鄧氏《函史》之老陽少陽，《景岳全書》之八方八陣，則亦幾何其不爲兒戲耶！

古人著書命篇，取辨甲乙，非有深意也。六藝之文，今具可識矣。蓋有一定之名，與無定之名，要皆取辨甲乙，非有深意也。一定之名，典、謨、貢、範之屬是也；《帝典》《皋陶謨》《禹貢》《洪範》，皆古經定名。他如《多方》《多士》《梓材》之類，皆非定名。無定之名，《風》詩《雅》《頌》之屬是也。皆以章首二字爲名。諸子傳記之書，亦有一定之名與無定之名，隨文起例，不可勝舉。其取辨甲乙，而無深意，則大略相同也。象數之書，不在其例。夫子没而微言絶，《論語》二十篇，固六藝之奥區矣。然《學而》《爲政》諸篇目，皆取章首字句標名，無他意也。《孟子》七篇，或云萬章之徒所記，或云孟子自著，要亦誦法《論語》之書也。《梁惠王》與《公孫丑》之篇名，則亦章首字句，取以標名，豈有他哉？説者不求篇内之義理，而過求篇外之標題，則於義爲鑿也。師弟問答，自是常事，偶居章首而取以名篇，何足異哉！説者以爲衛靈公與季氏，乃當世之諸侯大夫，孔子道德爲王者師，故取以名篇，與《公冶》《雍也》諸篇，等於弟子之列爾。《孟子》篇名有《梁惠王》《滕文公》，皆當世之諸侯，而與《萬章》《公孫丑》篇同列，亦此例也。此則可謂穿鑿而無理者矣。就如其説，則《論語》篇有《泰伯》，古聖賢也，《堯曰》，古聖帝也，豈亦將推夫子爲堯與泰伯之師乎？微子，孔子祖也。《微子》名篇，豈將以先祖爲弟子乎？且諸侯之中，如齊桓、晉文，豈不賢於衛靈？弟子自是據同時者而言，則魯哀與齊景亦較衛靈爲賢，不應取此也。晏嬰、蘧瑗，豈不賢於季氏？同在章中，何不升爲篇首，而顧去彼取此乎？孟子之於告子，蓋卑之不足道矣，乃與公孫、萬章躋之同列，則無是非之心矣。執此義以説書，無怪後世著書，妄擬古人而不得其意者，滔滔未已也。

或曰：附會篇名，强爲標榜，蓋漢儒説經，求其説而不免太過者也。然漢儒所以爲此，豈竟全無所見，而率然自伸其臆歟？余曰：此恐周末賤儒已有開其端矣。著書之盛，莫甚於戰國；以著書而取給爲干禄之資，蓋亦始於戰國也。故屈平之草槁，上官欲奪，而《國策》多有爲人上書，則文章重，而著書開假借之端矣。《五蠹》《孤憤》之篇，秦王見之，至恨不與同生，則下以是干，上亦以是取矣。求取者多，則矜榜起，而飾僞之風亦開。余覽《漢藝文志》儒家者流，則有《魏文侯》與《平原君》書。讀者不察，以謂戰國諸侯公子，何以入於儒家？不知著書之人，自託儒家，而述諸侯公子請業質疑，因以所問之人名篇居首，其書不傳，後人誤於標題之名，遂謂文侯、平原所自著也。夫一時逐風會而著書者，豈有道德可謂人師，〔13〕而諸侯卿相漫無擇決，概焉相從而請業哉？必有無其事，而託於貴顯之交以欺世者矣。《國策》一書，多記當時策士智謀，然亦時有奇謀詭計，一時未用，而著書之士愛不能割，假設主臣問難以快其意，如蘇子之於薛公及楚太子事，其明徵也。然則貧賤而託顯貴交言，愚陋而附高明爲伍，策士誇詐之風，又值言辭相矜之際，天下風靡久矣。而説經者目見當日時事如此，遂謂聖賢道德之隆，必藉諸侯卿相相與師尊，而後有以出一世之上也。嗚呼！此則囿於風氣之所自也。

假設問答以著書，於古有之乎？曰：有從實而虚者，《莊》《列》寓言稱述堯、舜、孔、顔之問答，望而知其爲寓也。有從虚而實者，《屈賦》所稱漁父、詹尹，本無其人，而人以屈子所自言，是彼無而屈子固有也，亦可望而知其爲寓也。有從文而假者，楚太子與吴客，烏有先生與子虚也。有從質而假者，《公》《穀》傳經，設爲問難，而不著人名，是也。後世之士，摛詞掞藻，率多詭託，知讀者之不泥迹也。考質疑難，必著其名。〔14〕不得其人，而以意推之，則稱或問，恐其以虚構之言誤後人也。近世著述之書，余不能無惑矣。理之易見者，不言可也。必欲言之，直筆於書，其亦可也。作者必欲設問，則已迂矣。必欲設問，或託甲乙，抑稱或問，皆可爲也。必著人以實之，則何説也？且所託者，又必取同時相與周旋，而少有聲望者也，否則不足以標榜也。至取其所著，而還詰問之，其人初不知也，不亦誣乎！且問答之體，問者必淺而答者必深，問者有非而答者必是。今僞託於問答，是常以深且是者自予，而以淺且非者予人也，不亦薄乎？君子之於著述，苟足顯其義，而折是非之中，雖果有其人，猶將隱其姓名而存忠厚，況本無是説而强坐於人乎？誣人以取名，與劫人以求利，何以異乎？且文有起伏，往往假於義有問答，是則在於文勢則然，初不關於義有伏匿也。倘於此而猶須問焉，是必愚而至陋者也。今乃坐人愚陋，而以供已文之起伏焉，則是假推官以叶韻也。昔有居下僚而吟詩謗上官者，上官召之，適與某推官者同見。上官詰之，其人復吟詩以自解，而結語云問某推官。推官初不知也，惶懼無以自白，退而詰其何爲見誣，答曰：非有他也，借君銜以叶韻爾。

問難之體，必屈問而申答，故非義理有至要，君子不欲著屈者之姓氏也。

孟子拒楊、墨，必取楊、墨之説而闢之，則不惟其人而惟其學。故引楊、墨之言，但明楊、墨之家學，而不必專指楊朱、墨翟之人也。是其拒之之深，欲痛盡其支裔也。蓋以彼我不兩立，不如是，不足以明先王之大道也。彼異學之視吾儒，何獨不然哉？韓非治刑名之説，則儒、墨皆在所擯矣。墨者之言少，而儒則《詩》《書》六藝，皆爲儒者所稱述，故其歷詆堯、舜、文、周之行事，必藉儒者之言以辨之。故諸《難》之篇，多標儒者，以爲習射之的焉。此則在彼不得不然也，君子之所不屑較也。然而其文華而辨，其意刻而深，後世文章之士，多好觀之。惟其文而不惟其人，則亦未始不可參取也。王充《論衡》，則效諸《難》之文而爲之。效其文者，非由其學也，乃亦標儒者而詰難之，且其所詰，傳記錯雜，亦不盡出儒者也。强坐儒説，而爲誌射之的焉，王充與儒何仇乎？且其《問孔》《刺孟》諸篇之辨難，以爲儒説之非也，其文有似韓非矣。韓非絀儒，將以申刑名也。王充之意，將亦何申乎？觀其深斥韓非鹿馬之喻以尊儒，且其自叙，辨别流俗傳訛，欲正人心風俗，此則儒者之宗旨也。然則王充以儒者而拒儒者乎？韓非宗旨，固有在矣。其文之雋，不在能斥儒也。王充泥於其文，以爲不斥儒，則文不雋乎？

凡人相詬，多反其言以詬之，情也。斥名而詬，則反詬者必易其名，勢也。今王充之斥儒，是彼斥反詬，而仍用己之名也。

質　性

前人尚論情文相生，由是論家喜論文情，不知文性實爲元宰。離性言情，珠亡櫝在。撰《質性》篇。[15]

《洪範》三德，正直協中，剛柔互克，以劑其過與不及。是約天下之心知血氣，聰明才力，無出於三者之外矣。孔子之教弟子，不得中行，則思狂狷，是亦三德之取材也。然而鄉愿者流，貌似中行而譏狂狷，則非三德所能約也。孔、孟惡之爲德之賊，蓋與中行狂狷，亂而爲四也。乃人心不古，而流風下趨，不特僞中行者亂三爲四，抑且僞狂僞狷者流亦且亂四而爲六；不特中行不可希冀，即求狂狷之誠然，何可得耶？孟子之論知言，以爲生心發政，害於其事。吾蓋於撰述諸家，深求其故矣。其曼衍爲書，本無立言之旨，可弗論矣。乃有自命成家，按其宗旨，不盡無謂；而按以三德之實，則失其本性，而無當於古人之要道，所謂似之而非也。學者將求大義於古人，而不於此致辨焉，則始於亂三而六者，究且因三僞而亡三德矣。嗚呼！質性之論，豈得已哉？

《易》曰："言有物而行有恒。"《書》曰："詩言志。"吾觀立言之君子，歌咏之詩人，何其紛紛耶！求其物而不得也，探其志而茫然也，然而皆曰：吾以立言也，吾以賦詩也。無言而有言，無詩而有詩，即其所謂物與志也。然而自此紛紛矣。

有志之士，矜其心，作其意，以謂吾不漫然有言也。學必本於性天，趣必要於仁義，稱必歸於《詩》《書》，功必及於民物。是堯、舜而非桀、紂，尊孔、孟而拒楊、墨。其所言者，聖人復起，不能易也。求其所以爲言者，宗旨茫然也。譬如《彤弓》《湛露》，奏於賓筵，聞者以謂肄業及之也。或曰：宜若無罪焉。然而子莫於焉執中，鄉愿於焉無刺也。惠子曰："走者東走，逐者亦東走，東走雖同，其東走之情則異。"觀斯人之所言，其爲走之東歟？逐之東歟？是未可知也。然而自此又紛紛矣。

豪傑者出，以謂吾不漫然有言也，吾實有志焉，物不得其平則鳴也。觀其稱名指類，或如詩人之比興，或如說客之諧隱，即小而喻大，弔古而傷時，嬉笑甚於裂眦，悲歌可以當泣，誠有不得已於所言者。以謂賢者不得志於時，發憤著書以自表見也。蓋其旨趣，不出於《騷》也。吾讀騷人之言矣："紛吾有此内美，又重之以修能。"太史遷曰：

"余讀《離騷》，悲其志。"又曰："明道德之廣崇，治亂之條貫，其志潔，其行廉，皭然泥而不滓，雖與日月争光可也。"此賈之所以弔屈，而遷之所以傳賈也。斯皆三代之英也。若夫託於《騷》以自命者，求其所以牢騷之故而茫然也。嗟窮歎老，人富貴而已貧賤也，人高第而已擯落也，投權要而遭按劍也，争勢利而被傾軋也，爲是不得志，而思託文章於《騷》《雅》，以謂古人之志也。不知中人而下，所謂"齊心同所願，含意而未伸"者也。夫科舉擢百十高第，必有數千賈誼痛哭以弔湘江，江不聞矣。吏部敘千百有位，必有盈萬屈原搔首以賦《天問》，天厭之矣。孟子曰："有伊尹之志則可，無伊尹之志則篡也。"吾謂牢騷者，有屈、賈之志則可，無屈、賈之志則鄙也。然而自命爲騷者，且紛紛矣。

有曠觀者從而解曰：是何足以介也！吾有所言，吾以適吾意也。人以吾爲然，吾不喜也；人不以吾爲然，吾不愠也。古今之是非，不欲其太明也；人我之意見，不欲其過執也。必欲信今垂後，〔16〕又何爲也？有言而啟人争，〔17〕不如無言之爲愈也。是其宗旨，蓋欲託於莊周之《齊物》也。吾聞莊周之言曰："内聖外王之學，暗而不明"也，"百家往而不反，道術將裂"也，"寓言十九，卮言日出"。然而稠適上遂，〔18〕充實而不可以已，則非無所持，而漫爲達觀以略世事也。今附莊而稱達者，其旨果以言爲無用歟？雖其無用之説，可不存也。即其無用之説，〔19〕將以垂教歟？則販夫皁隸，亦未聞其必蘄有用也。豕腹饕饕，羊角戢戢，何嘗欲明古今之是非，而執人我之意見也哉？怯之所以勝勇者，力有餘而不用也；訥之所以勝辨者，智有餘而不競也。蛟龍戰於淵，而蟦螘不知其勝負；虎豹角於山，而狌狸不知其强弱。乃不能也，非不欲也。以不能而託於不欲，則夫婦之愚，可齊上智也。然而遁其中者，又紛紛矣。

易曰："一陰一陽之謂道。"陽變陰合，循環而不窮者，天地之氣化也。人秉中和之氣以生，則爲聰明睿智。毗陰毗陽，是宜剛克柔克，所以貴學問也。驕陽沴陰，中於氣質，學者不能自克，而以似是之非爲學問，則不如其不學也。孔子曰："不得中行而與之，必也狂狷乎！狂者進取，狷者有所不爲。”莊周、屈原，其著述之狂狷乎？屈原不能以身之察察，受物之汶汶，不屑不潔之狷也。莊周獨與天地精神相往來，而不傲倪於萬物，進取之狂也。昔人謂莊、屈之書，哀樂過人。蓋言性不可見，而情之奇至如莊、屈，狂狷之所以不朽也。鄉愿者流，託中行而言性天，剽僞易見，不足道也。於學見其人，而以情著於文，庶幾狂狷可與乎！然而命騷者鄙，命莊者妄。狂狷不可見，而鄙且妄者，紛紛自命也。

夫情本於性也，才率於氣也。累於陰陽之間者，不能無盈虛消息之機。才情不離乎血氣，無學以持之，不能不受陰陽之移也。陶舞慍戚，一身之內，環轉無端，而不自知。苟盡其理，雖夫子憤樂相尋，不過是也。其下焉者，各有所至，亦各有所通。大約樂至沉酣，而惜光景，必轉生悲；而憂患既深，知其無可如何，則反爲曠達。屈原憂極，故有輕舉遠游、餐霞飲瀣之賦；莊周樂至，故有後人不見天地之純、古人大體之悲；此亦倚伏之至理也。若夫毗於陰者，妄自期許，感慨横生，賊夫騷者也；毗於陽者，倡狂無主，動稱自然，賊夫莊者也。然而亦且循環未有已矣。

族子廷楓曰：“論史才史學，而不論史德，論文情文心，而不論文性，前人自有缺義。此與《史德》篇，俱足發前人之覆。”

黠　陋

取蒲於董澤，承考於《長楊》，矜謁者之通，著卜肆之應，人謂其黠也；非黠也，陋也。名者實之賓，徇名而忘實，并其所求之名而失之矣，質去而文不能獨存也。太上忘名，知有當務而已，不必人之謂我何也。其次顧名而思義。天下未有苟以爲我樹名之地者，因名之所在，而思其所以然，則知當務而可自勉矣。其次畏名而不妄爲。盡其所知所能，而不强所不知不能。黠者視之，有似乎拙也；非拙也，交相爲功也。最下徇名而忘實。

取蒲於董澤，何謂也？言文章者，宗《左》《史》。《左》《史》之於文，猶六經之删述也。《左》因百國寶書，《史》因《尚書》《國語》及《世本》《國策》《楚漢春秋》諸記載，己所爲者十之一，删述所存十之九也。君子不以爲非也。彼著書之旨，本以删述爲能事，所以繼《春秋》而成一家之言者，於是兢兢焉，事辭其次焉者也。古人不以文辭相矜私，史文又不可以憑虚而别搆，且其所本者，並懸於天壤，觀其入於删述之文辭，猶然各有其至焉。斯亦陶鎔同於造化矣。吾觀近日之文集，而不能無惑也。

傳記之文，古人自成一家之書，不以入集，後人散著以入集，文章之變也。

既爲集中之傳記，即非删述專家之書矣。筆所聞見，以備後人之删述，庶幾得當焉。黠於好名而陋於知意者，窺見當世之學問文章，而不能無動矣，度己之才力，不足以致之，於是有見史家之因襲，而黠次其文爲傳記，將以淵海其集焉，而不知其不然也。宣城梅氏之曆算，家有其書矣。裒録曆議，書盈二卷，以爲傳而入文集，何爲乎？退而省其私，未聞其於律算有所解識也。丹溪朱氏之醫理，人傳其學矣。節鈔醫案，文累萬言，以爲傳而入文集，何爲乎？進而求其説，未聞其於方術有所辨别也。班固因《洪範》之傳而述《五行》，因《七略》之書而叙《藝文》。班氏未嘗深於災祥，精於校讎也，而君子以謂班氏之删述，其功有補於馬遷，又美班氏之删述，善於因人而不自用也。蓋以《漢書》爲廟堂，諸家學術，比於大鏞蕘鼓之陳也。今爲梅、朱作傳者，似羨宗廟百官之美富，而竊取庭燎反坫，以爲蓬户之飾也。雖然，亦可謂拙矣。經師授受，子術專家，古人畢生之業也。苟可獵取菁華，以爲吾文之富有，則四庫典籍，猶董澤之蒲也，又何沾沾於是乎！

承考於《長楊》，何謂也？善則稱親，過則歸己，此孝子之行，亦文章之體也。《詩》《書》之所稱述，遠矣。三代而後，史遷、班固俱世爲史，而談、彪之業，亦略見於遷、固之叙矣。後人乃謂固盜父書，而遷稱親善。由今觀之，何必然哉？談之緒論，僅見六家宗旨，至於留滯周南，父子執手欷歔，以史相授，僅著空文，無有實跡。至若彪著《後傳》，原委具存，而三紀論贊，明著彪説，見家學之有所接受，何得如人之所言，致啟鄭樵誣班氏以盜襲之嫌哉！第史遷之叙談，既非有意爲略，而班固之述彪，亦非好爲其詳。孝子甚愛其親，取其親之行業而筆之於書，必肖其親之平日，而身之所際不與也。

吾觀近日之文集，而不能無惑焉。其親無所稱述歟？闕之可也。其親僅有小善歟？如其量而録之，不可略而爲漏，溢而爲誣可也。黠於好名而陋於知意者，侈陳己之功績，累牘不能自休，而曲終奏雅，則曰吾先人之教也。甚至敷張己之榮遇，津津有味其言，而賦卒爲亂，則曰吾先德之報也。夫自叙之文，過於揚厲，劉知幾猶譏其言志不讓，率爾見哂矣。況稱述其親，乃爲自詡地乎？夫張湯有後，史臣爲薦賢者勸也，出之安世之口，則悖矣。伯起世德，史臣爲清忠者幸也，出之秉、賜之書，則舛矣。昔人謂《長楊》《上林》諸賦，侈陳游觀，而末寓箴規，以謂諷一而勸百。斯人之文，其殆自詡百，而稱親者一歟？

矜謁者之通，何謂也？國史叙詩，申明六義。蓋詩無達言，作者之旨，非有序説，則其所賦，不辨何謂也。今之《詩序》，以謂傳授失其義，則可也，謂無待於序，不可也。《書》之有序，或者外史掌三皇五帝之書，當有篇目歟？今之《書序》，意亦經師授受之言，仿《詩序》而爲者歟？讀書終篇，則事理自見，故《書》雖無序，而書義未嘗有妨也。且《書》故有序矣，訓、誥之文，終篇記言，則必書事首簡，以見訓、誥所由作。是記事之《書》無需序，而記言之《書》本有序也。由是觀之，序之有無，本於文之明晦，亦可見矣。吾觀近日之文集，而不能無惑也。樹義之文，或出前人所已言也，或其是非本易見也，其人未嘗不知之，而必爲之論著者，其中或亦有微意焉，或有所託而諷焉，或有所感而發焉。既不明言其故矣，必當序其著論之時世，與其所見所聞之大略，乃使後人得以參互考質，而見所以著論之旨焉。是亦《書》序訓、誥之遺也。乃觀論著之文，論所不必論者，十常居七矣。其中豈無一二出於有爲之言乎？然如風《詩》之無序，何由知其微旨也！且使議論而有序，則無實之言類於經生帖括者，亦可稍汰焉，[20]而人多習而不察也。至於序事之文，古人如其事而出之也。乃觀後世文集，應人請而爲傳誌，則多序其請之之人，且詳述其請之之語。偶然爲之，固無傷也；相習成風，則是序外之序矣。雖然，猶之可也。黠於好名而陋於知意者，序人請乞之辭，故爲敷張揚厲以諛己也。一則曰：吾子道德高深，言爲世楷，不得吾子爲文，死者目不瞑焉。再則曰：吾子文章學問，當代宗師，苟得吾子一言，後世所徵信焉。已則多方辭讓，人又搏顙固求。[21]凡斯等類，皆入文辭，於事毫無補益，而借人炫己，何其厚顔之甚邪！且文章不足當此，是誣死也；請者本無是言，是誣生也。若謂事之緣起，不可不詳，則來請者當由門者通謁，刺揭先投，入座寒温，包苴後饋，亦緣起也，曷亦詳而誌之乎？而謂一時請文稱譽之辭，有異於是乎？

著卜肆之應，何謂也？著作降而爲文集，有天運焉，有人事焉。道德不修，學問無以自立，根本蹶而枝葉萎，此人事之不得不降也。世事殊而文質變，人世酬酢，禮法制度，古無今有者，皆見於文章。故惟深山不出則已矣，苟涉乎人世，則應求取給，文章之用多而文體分，分則不能不出於文集。其有道德高深，學問精粹者，即以文集爲著作，所謂因事立言也。然已不能不雜酬酢之事與給求之用也，若不得爲子史專家，語無泛涉也。其誤以酬酢給求之文爲自立而紛紛稱集者，蓋又不知其幾矣。此則運會有然，不盡關於人事也。

吾觀近日之文集，而不能無惑也。史學衰，而傳記多雜出，若東京以降，先賢、耆舊諸《傳》，拾遺、搜神諸《記》皆是也。史學廢，而文集入傳記，若唐宋以還，韓、柳誌銘，歐、曾序述皆是也。負史才者，不得身當史任以盡其能事，亦當搜羅聞見，覈其是非，自著一書，以附傳記之專家。至不得已而因人所請，撰爲碑、銘、序、述諸體，即不得不爲酬酢應給之辭以雜其文指，韓、柳、歐、曾之所謂無可如何也。黠於好名而陋於知意者，度其文采不足以動人，學問不足以自立，於是思有所託以附不朽之業也，則見當世之人物事功，羣相誇詡，遂謂可得而藉矣。藉之，亦似也。不知傳記專門之撰述，其所識解又不越於韓、歐文集也，以謂是非碑誌不可也。碑誌必出子孫之所求，而人之子孫未嘗求之也，則虚爲碑誌以入集，似乎子孫之求之，自謂庶幾韓、歐也。夫韓、歐應人之求而爲之，出於不得已，故歐陽自命在五代之《史》，而韓氏欲誅奸諛於既死，發潛德之幽光，作唐之一經，尚恨託之空言也。今以人所不得已而出之者，仰窺有餘羨，乃至優孟以摩之，則是詞科之擬誥，非出於絲綸，《七林》之答問，不必有是言也，將何以徵金石，昭來許乎？夫舍傳記之直達，而效碑誌之旁通，取其似韓、歐耶？則是矉里也。取其應人之求爲文望邪？則是卜肆也。昔者西施病心而矉，里之醜婦美而效之，富者閉門不出，貧者挈妻子而去之。賤工賣卜於都市，無有過而問者，則曰：某王孫厚我，某貴卿神我術矣。

俗嫌

文字涉世之難，俗諱多也。退之遭李愬之毁，《平淮西碑》本未略李愬功。歐陽辨師魯之誌，從古解人鮮矣。往學古文於朱先生，先生爲《吕舉人誌》，吕久困不第，每夜讀甚苦。鄰婦語其夫曰："吕生讀書聲高而音節淒悲，豈其中有不自得邪？"其夫告吕。吕哭失聲曰："夫人知我。假主文者能具夫人之聰，我豈久不第乎？"由是每讀則向鄰牆三揖。其文深表吕君不遇傷心，而當時以謂佻薄，無男女嫌，則聚而議之。又爲某夫人誌。其夫教甥讀書，不率，撻之流血。太夫人護甥而怒，不食。夫人跪勸進食。太夫人怒，批其頰。夫人怡色有加，卒得姑歡。其文於慈孝友睦，初無所間，而當時以謂婦遭姑撻，恥辱須諱，又笞甥撻婦，俱乖慈愛，則削而去之。余嘗爲《遷安縣修城碑》，文中叙城久頹廢，當時工程更有急者，是以大吏勘入緩工。今則爲日更久，圮壞益甚，不容更緩。此乃據實而書，宜若無嫌。而當時閲者，以謂碑叙城之宜修，不宜更著勘緩工者以形其短。初疑其人過慮，其後質之當世號知文者，則皆爲是説，不約而同。又嘗爲人撰《節婦傳》，則叙其生際窮困，親族無係援者，乃能力作自給，撫孤成立。而其子則云："彼時親族不盡窮困，特不我母子憐耳。今若云云，恐彼負慚，且成嫌隙。請但述母氏之苦，毋及親族不援。"此等拘泥甚多，不可更僕數矣。亦閒有情形太逼，實難據法書者，不盡出拘泥也。又爲朱先生撰《壽幛題辭》云："自癸巳罷學政歸，門下從游，始爲極盛。"而同人中有從游於癸巳前者，或憤作色曰："必於是後爲盛，是我輩不足重乎？"又爲梁文定較注《年譜》云："公念嫂夫人少寡，終身禮敬如母。遇有拂意，必委曲以得其歡。"而或乃曰："嫂自應敬，今云念其少寡而敬，則是防嫂不終其節，非真敬也。"其他瑣瑣爲人所摘議者，不可具論，姑撮大略於此，亦可見文章涉世，誠難言矣。

夫文章之用，内不本於學問，外不關於世教，已失爲文之質。而或懷挾偏心，詆毁人物，甚而攻發隱私，誣涅清白，此則名教中之罪人，縱倖免刑誅，天譴所必及也。至於是非所在，文有抑揚；比擬之餘，例有賓主；厚者必云不薄，醕者必曰無疵，殆如賦詩必諧平仄，[22]然後音調；措語必用助辭，然後辭達。今爲醕厚著説，惟恐疵薄是疑，是文句必去焉、哉、乎、也，而詩句須用全仄全平，雖周、孔復生，不能一語稱完善矣。嗟乎！經世之業，不可以爲涉世之文。不虞之譽，求全之毁，從古然矣。讀古樂府，形容蜀道艱難，太行詰屈，以謂所向狹隘，喻道之窮。不知文字一途，乃亦崎嶇如是！是以深識之士黯默無言，自勒名山之業，將俟知者發之，豈與容悦之流較甘苦哉！

鍼　名

名者，實之賓。實至而名歸，自然之理也，非必然之事也。君子順自然之理，不求必然之事也。君子之學，知有當務而已矣。未知所謂名，安有見其爲實哉？好名者流，徇名而忘實，於是見不忘者之爲實爾。識者病之，乃欲使人後名而先實也。雖然，猶未忘夫名實之見者也。君子無是也。君子出處，當由名義。先王所以覺世牖民，不外名教。伊古以來，未有舍名而可爲治者也。何爲好名乃致忘實哉？曰：義本無名，因欲不知義者由於義，故曰名義；教本無名，因欲不知教者率其教，故曰名教。揭而爲名，求實之謂也。譬猶人不知食，而揭樹藝之名以勸農；人不知衣，而揭盆繅之名以勸蠶。煖衣飽食者，不求農蠶之名也。今不問農蠶，而但以飽煖相矜耀，必有輟耕織而忍飢寒，假借糠秕以充飽，隱裹敗絮以僞煖，斯乃好名之弊矣。故名教名義之爲名，農蠶也；好名者之名，飽煖也。必欲鶩飽煖之名，未有不强忍飢寒者也。

然謂好名者喪名，自然之理也，非必然之事也。昔介之推不言禄，禄亦弗及。實至而名歸，名亦未必遽歸也。天下之名，定於真知者，而羽翼於似有知而實未深知者。夫真知者，必先自知。天下鮮自知之人，故真能知人者不多也，似有知而實未深知者則多矣。似有知，故可相與爲聲名；實未深知，故好名者得以售其欺。又況智干術馭，竭盡生平之思力，而謂此中未得一當哉？故好名者往往得一時之名，猶好利者未必無一時之利也。

且好名者，固有所利而爲之者也。如賈之利市焉，賈必出其居積，而後能獲利；好名者，亦必澆漓其實，而後能徇一時之名也。蓋人心不同如其面，故務實者，不能盡人而稱善焉。好名之人，則務揣人情之所向，不必出於中之所謂誠然也。且好名者，必趨一時之風尚也。風尚循環，如春蘭秋菊之互相變易，[23]而不相襲也。人生其間，才質所優，不必適與之合也。好名者，則必屈曲以徇之，故於心術多不可問也。脣亡則齒寒，魯酒薄而邯鄲圍，此言勢有必至，理有固然也。學問之道，與人無忮忌，而名之所關，忮忌有所必至也。學問之道，與世無矯揉，而名之所在，矯揉有所必然也。故好名者，德之賊也。

若夫真知者，自知之確，不求人世之知之矣。其於似有知實未深知者，不屑同道矣。或百世而上得一人焉，弔其落落無與儔也，未始不待我爲後起之援也。或千里而外得一人焉，悵其遥遥未接迹也，未始不與我爲比鄰之洽也。以是而問當世之知，則寥寥矣，而君子不以爲患焉。浮氣息，風尚平，天下之大，豈無真知者哉！至是而好名之伎，亦有所窮矣。故曰：實至而名歸，好名者喪名，皆自然之理也，非必然之事也。卒之事亦不越於理矣。

砭　異

古人於學求其是，未嘗求異於人也。學之至者，人望之而不能至，乃覺其異耳，非其自有所異也。夫子曰："儉，吾從衆。泰也，雖違衆，吾從下。"聖人方且求同於人也，有時而異於衆，聖人之不得已也。天下有公是，成於衆人之不知其然而然也，聖人莫能異也。賢智之士，深求其故，而信其然。庸愚未嘗有知，而亦安於然。而負其才者，恥與庸愚同其然也，則故矯其説以謂不然。譬如善割烹者，甘旨得人同嗜，不知味者，未嘗不以謂甘也。今耻與不知味者同嗜好，則必啜糟棄醴，去膾炙而尋藜藿，乃可異於庸俗矣。語云："後世苟不公，至今無聖賢。"萬世取信者，夫子一人而已矣。夫子之可以取信，又從何人定之哉？公是之不容有違也。夫子論列古之神聖賢人，衆矣。伯夷求仁得仁，泰伯以天下讓，非夫子闡幽表微，人則無由知爾。堯、舜、禹、湯、文、武、周公，雖無夫子之稱述，人豈有不知者哉？以夫子之聖，而稱述堯、舜、禹、湯、文、武、周公，不聞去取有異於衆也。則天下真無可以求異者矣。

是非之心，人皆有之。至於聲色臭味，天下之耳目口鼻，皆相似也。心之所同然者，理也，義也。然天下歧趨，皆由争理義，而是非之心，亦從而易焉。豈心之同然，不如耳目口鼻哉？聲色臭味有據而理義無形，有據則庸愚皆知率循，無形則賢智不免於自用也。故求異於人，未有不出於自用者也。治自用之弊，莫如以有據之學，實其無形之理義，而後趨不入於歧途也。夫内重則外輕，實至則名忘。凡求異於人者，由於内不足也。自知不足，而又不勝其好名之心，斯欲求異以加人，而人亦卒莫爲所加也。内不足，不得不矜於外，實不至，不得不騖於名，又人情之大抵類然也。以人情之大抵類然而求異者，固亦不免於出此，則求異者何嘗異人哉？特異於坦蕩之君子爾。夫馬，毛鬣相同也，齕草飲水，秣芻飼粟，且加之鞍韉而施以箝勒，無不相同也，或一日而百里，或一日而千里。從同之中而有獨異者，聖賢豪傑所以異於常人也。不從衆之所同，而先求其異，是必詭銜竊轡，踶趹噬齕，不可備馳驅之用者也。

砭　俗

文章家言及於壽屏祭幛，幾等市井間架，不可入學士之堂矣。其實時爲之也。涉世不得廢應酬故事，而祝蝦陳言，哀輓習語，亦無從出其性靈，而猶於此中斤斤焉計工論拙，何以異於夢中之占夢歟！夫文，所以將其意也。意無所以自申，而概與從同，則古人不别爲辭，如冠男之祝，醮女之命，但舉成文故牘而已矣。文勝之習，必欲爲辭，爲之而豈無所善？則遂相與矜心作意，相與企慕仿效，濫觴流爲江河，不復可堙閼矣。夫文，生於質也。始作之者未通乎變，故其數易盡，沿而襲之者之所以無善步也。既承不可遏之江河，則當相度宣防，資其灌溉，通其舟楫，乃見神明通久之用焉。文章之道，凡爲古無而今有者，皆當然也。稱壽不見於古，而叙次生平，一用記述之法，以爲其人之不朽，則史傳竹帛之文也。輓祭本出辭章，而歷溯行實，一用誄謚之意，以爲其人之終始，則金石刻畫之文也。文生於質，視其質之如何而施吾文焉，亦於世教未爲無補，又何市井間架之足疑，而學士之不屑道哉！

夫生有壽言，而死有祭輓，近代亡於禮者之禮也。禮從宜，使從俗，苟不悖乎古人之道，君子之所不廢也。文章之家卑視壽輓，不知神明其法，弊固至乎此也。其甚焉者，存祭輓而耻録壽言。近世文人自定其集，不能割愛而閒存者，亦必别爲卷軸，一似雅鄭之不可同日語也。汪鈍翁以古文自命，動輒呵責他人，其實有才無識，好爲無謂之避忌，反自矜爲有識，大抵如此。此則可謂知一十而昧二五也。彼徒見前人文集有哀誄而無壽言，以謂哀誄可通於古，而祝嘏之辭爲古所無也。不知墓誌始於六朝，碑文盛於東漢，於古未有行也。中郎碑刻，昌黎誌銘，學士盛稱之矣。今觀蔡、韓二氏之文集，其閒無德而稱，但存詞致，所與周旋而俯仰者，有以異於近代之壽言歟？寬於取古，而刻以繩今，君子以爲有耳而無目也。必以銘誌之倫，實始乎古，則祝嘏之文，未嘗不始於《周官》，六祝之辭，所以祈福祥也。以其文士爲之之晚出，因而區别其類例，豈所語於知時之變者乎？

夫文生於質，壽祝哀誄，因其人之質而施以文，則變化無方，後人所闢，可以過於前人矣。夫因乎人者，人萬變而文亦萬變也；因乎事者，事不變而文亦不變也。醮女之辭，冠男之頌，一用成文故典，古人不别爲辭，載在傳記，蓋亦多矣。揖讓之儀文，鼓吹之節奏，禮樂之所不廢也。然而其質不存焉，雖有神聖制作，無取儀文節奏，以爲特著之奇也。後人沿其流而不辨其源者，則概爲之辭，所爲辭費也。進士題名之碑，必有記焉；明人之弊，今則無矣。科舉拜獻之録，必有序焉。此則今尚有之。似可請改用一定格式，如賀表例。自唐宋以來，秋解春集，進士登科，等於轉漕上計，非有特出别裁之事也。題名進録，故事行焉。雖使李斯刻石，指題名碑。劉向奏書，指進呈録。豈能於尋常行墨之外，别著一辭哉？而能者矜焉，拙者愧焉，惟其文而不惟其事，所謂惑也。成室上梁，必有文焉；婚姻通聘，必有啟焉。同此堂構，同此男女，雖使魯般發號，高禖紹賓，豈能於尋常行墨之外，别著一辭哉？而能者矜焉，拙者愧焉，惟其文而不惟其事，所謂惑也。而當世文人，方且劣彼而優此，何哉？國家令典，郊廟祝版，歲舉常事，則有定式，無更張也。推恩循例，羣臣誥勅，官秩相同，則有定式，無更張也。萬壽慶典，嘉辰令節，羣臣賀表，咸有定式，無更張也。聖人制作，爲之禮經，宜質宜文，必當其可。文因乎事，事萬變而文亦萬變，事不變而文亦不變，雖周、孔制作，豈有異哉？揖讓之儀文，鼓吹之節奏，常人之所不能損者，神聖之所不能增，而文人積習相尋，必欲誇多而鬬靡，宜乎文集之紛紛矣。

《禮》曰："君子未葬讀喪禮，既葬讀祭禮，喪復常讀樂章。"喪禮遠近有別，而文質以分，所以本於至情也。近世文人，則有喪親成服之祭文矣，葬親堂祭之祭文矣，分贈弔客之行述矣。傳曰："孝子之喪親也，哭不偯，禮無容，言不文，煢煢苫塊之中，杖而後能起，朝夕哭無時。"尚有人焉，能載筆而摛文，以著於竹帛，何以異於蒼梧人之讓妻，華大夫之稱祖歟？或曰：未必其文之自爲，相喪者之代辭也。夫文生於質也，代爲之辭，必其人之可以有是言也。鴟鴞既處飄摇，不爲睍睆之好音；鮒魚故在涸轍，不無憤然之作色。雖代禽魚立言，亦必稱其情也。豈曰代爲之辭，即忘孝子之所自處歟？

或謂代人屬草，有父母者，不當爲人述考妣也。顔氏著訓，蓋謂孝子遠嫌，聽無聲而視無形，至諄諄也。雖然，是未明乎代言之體也。嫌之大者，莫過君臣，周公爲成王詔臣庶，則不以南面爲嫌；嫌之甚者，莫過於男女，谷永爲元帝報許后，〔24〕即不以内親爲忌。伊古名臣，擬爲册祝制誥，則追謚先朝，册后建儲，以至訓敕臣下，何一不代帝制以立言，豈有嫌哉！必謂涉世遠嫌，不同官守，樂府孤兒之篇，豈必素冠之棘人？古人寡婦之歎，何非鬚眉之男子？文人爲子述其親，必須孤子而後可；然則爲夫述其妻，必將閹寺而後可乎？夫非禮之禮，非義之義，君子弗爲，蓋以此哉！

【校勘記】

〔1〕"爲言者也"，大梁本、貴陽本無"者"字。

〔2〕"於事固無"之後，大梁本有"所"字。

〔3〕"也"，大梁本無。

〔4〕"也"，大梁本、貴陽本無。

〔5〕“尺”，原作“赤”，今據大梁本改。

〔6〕“至表德”，大梁本無。

〔7〕“則”，大梁本作“尋”。

〔8〕“八十一”，大梁本、貴陽本作“一十八”。

〔9〕“十二紀”，大梁本、貴陽本作“十紀”。

〔10〕大梁本、貴陽本無“特”字。

〔11〕“書”，大梁本作“言”。

〔12〕“筆”，大梁本、粤雅堂叢書本作“華”。

〔13〕“謂”，大梁本、貴陽本作“爲”。

〔14〕“必著其名”，大梁本、貴陽本作“必知真名”。

〔15〕“前人”至“撰《質性》篇”，大梁本、貴陽本無。

〔16〕“垂後”，大梁本無。

〔17〕“而啟人争”，大梁本、貴陽本無。

〔18〕“稠適”，大梁本、粤雅堂叢書本作“適調”。

〔19〕“即”，大梁本作“而”。

〔20〕“可”，大梁本無。

〔21〕“搏纇”，大梁本作“博纇”。

〔22〕“賦詩”，大梁本、貴陽本作“詩賦”。

〔23〕“菊”，大梁本、貴陽本作“鞠”。葉瑛指出，“鞠”同“菊”。

〔24〕據《漢書·外戚傳下》，此事發生於漢成帝時，非元帝時。章氏誤。

文史通義卷四　内篇四

所　見

孔子曰："吾見其人矣，吾聞其語矣。"又曰："吾聞其語矣，未見其人也。"夫天下蓋有有其語而無其人者矣，未有無其語而有其人者也。然而世風已降，人類不可窮，而語有不及造也。人藏其心，不可測度也，乃至造語者有時而窮，可謂人力侔於造化矣。且夫食芻豢者悦其肥甘之味，被狐貉者樂其輕暖之適，足乎己無待於外。吾見其人矣，吾聞其語矣。求芻豢者，意不在肥甘，惟欲人知其食芻豢；求狐貉者，意不在輕暖，惟欲人知其披狐貉。人皆知其食芻豢，其悦過於肥甘之味也；人皆知其披狐貉，其樂過於輕暖之適也。乃知不必得芻豢也，欲人知其求芻豢，勝於得芻豢矣；不必得狐貉也，欲人知其求狐貉，勝於得狐貉矣。未聞其語也，吾見其人矣。

居山饒材木，濱海饒魚鹽。人之喜其饒也，喜其可通所有於人也，喜其可以致人之所饒，以補己之所乏也。吾見其人矣，吾聞其語矣。居山以材木自豪，而欲人之羨其材木，不欲人之有其材木也；濱海以魚鹽自豪，而欲人之羡其魚鹽，不欲人之有其魚鹽也。居山知其乏魚鹽，不欲以材木致魚鹽，而力詆魚鹽不如材木也；濱海知其乏材木，不欲以魚鹽致材木，而力詆材木不如魚鹽也。未聞其語也，吾見其人矣。

燕、趙擅悲涼慷慨之歌，吴、越妙宛轉回波之舞。燕藝游吴門而聲增十倍，吴伶至燕市而賈重連城。非其鄉，人情珍其所罕也。燕人自雄其歌，而欲得吴舞以和其節；吴人自媚其舞，而欲得燕歌以壯其觀。擅其偏，物情喜其相濟也。吾見其人矣，吾聞其語矣。吴人至燕，舍其吴勝而强學燕歌，以求合於燕；燕人至吴，舍其燕奇而强學吴舞，以求合於吴，則是强己所短而非效人所長也。吴學燕歌而不工，燕人喜其學己而不計其不工，其喜之也，過於賞其所善之舞焉。燕學吴舞而不似，吴人喜其學己而不計其不似，其喜之也，過於賞其所最之歌焉。則是但學求同於己，而非欲取濟於人也。未聞其語也，吾見其人矣。

一人善射，百人決拾；一人善琴，百人操縵。決拾者未必能射，而射師善人之決拾，不喜人之羿也。使決拾者由己而弈焉，則惟恐人之不僅羿焉。操縵者未必知音，而琴工喜人之操縵，不喜人之曠也。使操縵者由己而曠焉，則惟恐人之不僅曠焉。決拾者舍射而操縵，羿不顧也，曠則來斯受之矣；操縵者舍音而決拾，曠不顧也，羿則來斯受之矣。吾見其人矣，吾聞其語矣。羿欲人之舍其操縵而從己於射，因詆音爲不足學也。既舍操縵而從之矣，喜其慕羿，因恐其竟羿也，則曰惜其嘗操縵也，不可入羿之神也。詢其何以爲神，則遁曰不易言也。曠欲人之舍其決拾而從己於音，因詆射爲不足學也。既舍決拾而從之矣，喜其慕曠，因恐其竟曠也，則曰惜其嘗決拾也，不可入曠之玄也。詢其何以爲玄，則遁曰是難言也。未聞其語也，吾見其人矣。

道者大路，行者游之。垣牆門户，一室之司。逮其甚也，陰鍵陽閉，腑鱗腸介，宇棘心睫，火守金流，竅九藏六，百病交發，大道塊然，龜坼瓦裂。噫，難矣哉！

言公上

古人之言，所以爲公也，未嘗矜於文辭，而私據爲己有也。志期於道，言以明志，文以足言。其道果明於天下，而所志無不申，不必其言之果爲我有也。《虞書》曰：“敷奏以言，明試以功。”此以言語觀人之始也。必於試功而庸服，則所貴不在言辭也。誓、誥之體，言之成文者也。苟足立政而敷治，君臣未嘗分居立言之功也。周公曰：“王若曰多方。”誥四國之文也。説者以爲周公將王之命，不知斯言固本於周公，成王允而行之，是即成王之言也。蓋聖臣爲賢主立言，是謂賢能任聖，是亦聖人之治也。曾氏鞏曰：“典謨載堯、舜功績，併其精微之意而亦載之，是豈尋常所及哉？當時史臣載筆，亦皆聖人之徒也。”由是觀之，賢臣爲聖主述事，是謂賢能知聖，是亦聖人之言也。文與道爲一貫，言與事爲同條，猶八音相須而樂和，不可分屬一器之良也；五味相調而鼎和，不可標識一物之甘也。故曰：古人之言，所以爲公也，未嘗矜於文辭，而私據爲己有也。

司馬遷曰：“《詩》三百篇，大抵賢聖發憤所爲作也。”是則男女慕悦之辭，思君懷友之所託也。征夫離婦之怨，忠國憂時之所寄也。必泥其辭，而爲其人之質言，則《鴟鴞》實鳥之哀音，何怪鮒魚忿誚於莊周；《萇楚》樂草之無家，何怪雌風慨歎於宋玉哉！夫詩人之旨，温柔而敦厚，主文而譎諫，言之者無罪，聞之者足戒，舒其所憤懣，而有裨於風教之萬一焉，是其所志也。因是以爲名，則是争於藝術之工巧，古人無是也。故曰：古人之言，所以爲公也，未嘗矜於文辭，而私據爲己有也。

夫子曰：“述而不作。”六藝皆周公之舊典，夫子無所事作也。《論語》則記夫子之言矣。“不恒其德”，證義巫醫，未嘗明著《易》文也；“不忮不求”之美季路，“誠不以富”之歎夷齊，未嘗言出於《詩》也；“允執厥中”之述堯言，“玄牡昭告”之述湯誓，未嘗言出於《書》也。《墨子》引《湯誓》。《論語》記夫子之微言，而《詩》《書》初無識別，蓋亦述作無殊之旨也。王伯厚常據古書出孔子前者，考證《論語》所記夫子之言，多有所本。古書或有僞託，不盡可憑。要之古人引用成説，不甚拘別。夫子之言，見於諸家之稱述，諸家不無真僞之參，而子思、孟子之書，所引精粹之言，亦多出於《論語》所不載。而《論語》未嘗兼收，蓋亦詳略互託之旨也。夫六藝爲文字之權輿，《論語》爲聖言之薈粹，創新述故，未嘗有所庸心，蓋取足以明道而立教，而聖作明述，未嘗分居立言之功也。故曰：古人之言，所以爲公也，未嘗矜其文辭，而私據爲己有也。

周衰文弊，諸子争鳴，蓋在夫子既殁，微言絶而大義之已乖也。然而諸子思以其學易天下，固將以其所謂道者，争天下之莫可加，而語言文字未嘗私其所出也。先民舊章，存録而不爲識别者，《幼官》《弟子》之篇，《月令》《土方》之訓是也。《管子·地圓》《淮南·地形》，皆土訓之遺。輯其言行，不必盡其身所論述者，管仲之述其身死後事，韓非之載其李斯《駁議》是也。《莊子·讓王》《漁父》之篇，蘇氏謂之僞託。非僞託也，爲莊氏之學者所附益爾。《晏子春秋》，柳氏以謂墨者之言。非以晏子爲墨，爲墨學者述晏子之事以名其書，猶孟子之《告子》《萬章》名其篇也。《吕氏春秋》，先儒與《淮南鴻烈》之解同稱，蓋謂集衆賓客而爲之，不能自命專家，斯固然矣。然吕氏、淮南，未嘗以集衆爲諱，如後世之掩人所長以爲己有也。二家固以裁定之權，自命家言，故其宗旨未嘗不約於一律，吕氏將爲一代之典要，劉安託於道家之支流。斯又出於賓客之所不與也。諸子之奮起，由於道術既裂，而各以聰明才力之所偏，每有得於大道之一端，而遂欲以之易天下。其持之有故，而言之成理者，故將推衍其學術，而傳之其徒焉。苟足顯其術而立其宗，而援述於前與附衍於後者，未嘗分居立言之功也。故曰：古人之言，所以爲公也，未嘗矜其文辭，而私據爲己有也。

夫子因魯史而作《春秋》，孟子曰："其事齊桓、晉文，其文則史。"孔子自謂竊取其義焉耳。載筆之士，有志《春秋》之業，固將惟義之求，其事與文，所以藉爲存義之資也。世之譏史遷者，責其裁裂《尚書》《左氏》《國語》《國策》之文，以謂割裂而無當，出蘇明允《史論》。世之譏班固者，責其孝武以前之襲遷書，以謂盜襲而無恥，出鄭漁仲《通志》。此則全不通乎文理之論也。遷史斷始五帝，沿及三代周秦，使舍《尚書》《左》《國》，豈將爲憑虚、亡是之作賦乎？必謂《左》《國》而下爲遷所自撰，則陸賈之《楚漢春秋》，高祖、孝文之《傳》，皆遷之所采摭，其書後世不傳，而徒以所見之《尚書》《左》《國》，怪其割裂焉，可謂知一十而不知二五者矣。固《書》斷自西京一代，使孝武以前不用遷《史》，豈將爲經生决科之同題而異文乎？必謂孝武以後爲固之自撰，則馮商、揚雄之紀，劉歆、賈護之書，皆固之所原本。其書後人不見，而徒以所見之遷《史》，怪其盜襲焉，可謂知白出而不知黑入者矣。以載言爲翻空歟？揚、馬詞賦，尤空而無實者也。馬、班不爲文苑傳，藉是以存風流文采焉，乃述事之大者也。以叙事爲徵實歟？年表傳目，尤實而無文者也。《屈賈》《孟荀》《老莊申韓》之標目，《同姓侯王》《異姓侯王》之分表，初無發明，而僅存題目，褒貶之意，默寓其中，乃立言之大者也。作史貴知其意，非同於掌故，僅求事文之末也。夫子曰："我欲託之空言，不如見諸行事之深切著明也。"此則史氏之宗旨也。苟足取其義而明其志，而事次文篇，未嘗分居立言之功也。故曰：古人之言，所以爲公也，未嘗矜其文辭，而私據爲已有也。

漢初經師，抱殘守缺，以其畢生之精力，發明前聖之緒言，師授淵源，等於宗支譜系。觀弟子之術業，而師承之傳授，不啻凫鵠黑白之不可相淆焉，學者不可不盡其心也。《公》《穀》之於《春秋》，後人以謂假設問答以闡其旨爾。不知古人先有口耳之授，而後著之竹帛焉，非如後人作經義，苟欲名家，必以著述爲功也。商瞿受《易》於夫子，其後五傳而至田何。施、孟、梁邱，皆田何之弟子也。然自田何而上，未嘗有書，則三家之《易》著於《藝文》，皆悉本於田何以上口耳之學也。是知古人不著書，其言未嘗不傳也。治韓《詩》者，不雜齊、魯，傳伏《書》者，不知孔學，諸家章句訓詁，有專書矣。門人弟子援引稱述，[1]雜見傳紀章表者，不盡出於所傳之書也，而宗旨卒亦不背乎師説。則諸儒著述成書之外，别有微言緒論，口授其徒，而學者神明其意，推衍變化，著於文辭，不復辨爲師之所詔與夫徒之所衍也。而人之觀之者，亦以其人而定爲其家之學，不復辨其孰爲師説，孰爲徒説也。蓋取足以通其經而傳其學，而口耳竹帛，未嘗分居立言之功也。故曰：古人之言，所以爲公也，未嘗矜於文辭，而私據爲已有也。

言公中

嗚呼！世教之衰也，道不足而争於文，則言可得而私矣；實不充而争於名，則文可得而矜矣。言可得而私，文可得而矜，則争心起而道術裂矣。古人之言，欲以喻世；而後人之言，欲以欺世。非心安於欺世也，有所私而矜焉，不得不如是也。古人之言，欲以淑人；後人之言，欲以炫己。非古人不欲炫，而後人偏欲炫也，有所不足與不充焉，不得不如是也。孟子曰："矢人豈不仁於函人哉？操術不可不慎也。"古人立言處其易，後人立言處其難。何以明之哉？古人所欲通者，道也。不得已而有言，譬如喜於中而不得不笑，疾被體而不能不呻，豈有計於工拙敏鈍而勉强爲之效法哉？若夫道之所在，學以趨之，學之所在，類以聚之，古人有言，先得我心之同然者，即我之言也。何也？其道同也。傳之其人，能得我説而變通者，即我之言也。何也？其道同也。窮畢生之學問思辨於一定之道，而上通千古同道之人以爲之藉，下俟千古同道之人以爲之輔，其立言也，不易然哉？惟夫不師之智，務爲無實之文，則不喜而强爲笑貌，無病而故爲呻吟，已不勝其勞困矣。而況挾恐見破之私意，竊據自擅之虚名，前無所藉，後無所援，處勢孤危而不可安也，豈不難哉？夫外飾之言，與中出之言，其難易之數可知也。不欲争名之言，與必欲争名之言，其難易之數，又可知也。通古今前後，而相與公之之言，與私據獨得，必欲己出之言，其難易之數，又可知也。立言之士，將有志於道，而從其公而易者歟？抑徒競於文，而從其私而難者歟？公私難易之間，必有辨矣。嗚呼！安得知言之士，而與之勉進於道哉！

古未有竊人之言以爲己有者，伯宗梁山之對，既受無後之誚，而且得蔽賢之罪矣。古未有竊人之文以爲己有者，屈平屬草稿未定，上官大夫見而欲奪，既思欺君，而且以讒友矣。竊人之美，等於竊財之盜，老氏言之斷斷如也。其弊由於自私其才智，而不知歸公於道也。向令伯宗薦輦者之賢，而用縞素哭祠之成説，是即伯宗興邦之言也，功不止於梁山之事也。上官大夫善屈平，而贊助所爲憲令焉，是即上官造楚之言也，功不止於憲令之善也。韓琦爲相，而歐陽修爲翰林學士。或謂韓公無文章，韓謂：“琦相而用修爲學士，天下文章，孰大於琦？”嗚呼！若韓氏者，可謂知古人言公之旨矣。

竊人之所言以爲己有者，好名爲甚，而争功次之。功欺一時，而名欺千古也。以己之所作僞託古人者，奸利爲甚，而好事次之。好事則罪盡於一身，奸利則效尤而蔽風俗矣。齊邱竊《化書》於譚峭，郭象竊《莊》注於向秀，君子以謂儇薄無行矣。作者如有知，但欲其説顯白於天下，而不必明之自我也。然而不能不恫心於竊之者，蓋穿窬胠篋之智，必有竄易更張以就其掩著，而因以失其本指也。劉炫之《連山》，梅賾之《古文尚書》，應詔入獻，將以求禄利也。侮聖人之言，而竊比河間、河内之蒐討，君子以爲罪不勝誅矣。夫墳、典既亡，而作僞者之搜輯補苴，如古文之採輯逸書，散見於記傳者，幾無遺漏。亦未必無什一之存也。然而不能不深惡於作僞者，遺篇逸句，附於闕文，而其義猶存；附會成書，而其義遂亡也。向令易作僞之心力，而以採輯補綴爲己功，則功豈下於河間之《禮》、河内之《書》哉？王伯厚之《三家詩考》，吴草廬之《逸禮》，生於宋元之間，去古浸遠，而尚有功於經學。六朝古書不甚散亡，其爲功較之後人，必更易爲力。惜乎，計不出此，反藉以作僞。郭象《秋水》《達生》之解義，非無精言名理可以爲向之亞也。向令推闡其旨，與秀之所注相輔而行，觀者亦不辨其孰向孰郭也，豈至遽等穿窬之術哉！不知言公之旨，而欲自私自利以爲功，大道隱而心術不可復問矣。

學者莫不有志於不朽，而抑知不朽固自有道乎？言公於世，則書有時而亡，其學不至遽絶也。蓋學成其家，而流衍者長，觀者考求而能識别也。孔氏《古文》雖亡，而史遷問故於安國，今遷書具存，而孔氏之《書》未盡亡也。韓氏之《詩》雖亡，而許慎治《詩》兼韓氏，今《説文》具存，而韓嬰之《詩》未盡亡也。劉向《洪範五行傳》與《七略别録》雖亡，而班固史學出劉歆，歆之《漢記》，《漢書》所本。今五行、藝文二《志》具存，而劉氏之學未亡也。亦有後學託之前修者，褚少孫之藉靈於馬遷，裴松之之依光於陳壽，非緣附驥，其力不足自存也。又有道同術近，其書不幸亡逸，藉同道以存者，《列子》殘闕，半述於莊生，楊朱書亡，多存於《韓子》。蓋莊、列同出於道家，而楊朱爲我，其術自近名法也。又有才智自騁，未足名家，有道獲親，幸存斧琢之質者，[2]告子杞柳湍水之辨，藉孟子而獲傳；惠施白馬三足之談，因莊生而遂顯。雖爲射者之鵠，亦見不羈之才，非同泯泯也。又有瑣細之言，初無高論，而幸入會心，竟垂經訓。孺子濯足之歌，通於家國；時俗苗碩之諺，證於身心。其喻理者，即淺可深；而獲存者，無俗非雅也。凡若此者，非必古人易而後人難也，古人巧而後人拙也，古人是而後人非也。名實之勢殊，公私之情異，而有意於言與無意於言者，不可同日語也。故曰：無意於文而文存，有意於文而文亡。

今有細民之訟，兩造具辭，有司受之，必據其辭而賞罰其直枉焉。所具之辭，豈必鄉曲細民能自撰哉？而曲直賞罰，不加爲之辭者，而加之訟者，重其言之之意，而言固不必計其所出也。墓田隴畝，祠廟宗支，履勘碑碣，不擇鄙野，以謂較論曲直，舍是莫由得其要焉。豈無三代鐘鼎，秦漢石刻，款識奇古，文字雅奧，爲後世所不可得者哉？取辨其事，雖庸而不可廢；無當於事，雖奇而不足争也。然則後之學者，求工於文字之末，而欲據爲一已之私者，其亦不足與議於道矣。

或曰：指遠辭文，《大傳》之訓也。辭遠鄙背，[3]賢達之言也。“言之不文，行之不遠”，辭之不可以已也。今曰求工於文字之末者非也，其何以爲立言之則歟？曰：非此之謂也。《易》曰：“修辭立其誠。”誠不必於聖人至誠之極致，始足當於修辭之立也。學者有事於文辭，毋論辭之如何，其持之必有其故，而初非徒爲文具者，皆誠也。有其故，而修辭以副焉，是其求工於是者，所以求達其誠也。“《易》奇而法，《詩》正而葩”，“《易》以道陰陽”，《詩》以道性情也。其所以修而爲奇與葩者，則固以謂不如是，則不能以顯陰陽之理與性情之發也。故曰：非求工也。無其實而有其文，即六藝之辭，猶無所取，而況其他哉？

文，虚器也；道，實指也。文欲其工，猶弓矢欲其良也。弓矢可以禦寇，亦可以爲寇，非關弓矢之良與不良也。文可以明道，亦可以叛道，非關文之工與不工也。陳琳爲袁紹草檄，聲曹操之罪狀，辭采未嘗不壯烈也。他日見操，自比矢之不得不應弦焉。使爲曹操檄袁紹，其工亦必猶是爾。然則徒善文辭而無當於道，譬彼舟車之良，洵便於乘者矣，適燕與粵，未可知也。

聖人之言，賢人述之，而或失其指。賢人之言，常人述之，而或失其指。人心不同，如其面焉。而曰言託於公，不必盡出於己者，何也？蓋謂道同而德合，其究終不至於背馳也。且賦詩斷章，不啻若自其口出，而本指有所不拘也。引言互辨，與其言意或相反，而古人並存不廢也。前人有言，後人援以取重焉，是同古人於己也。前人有言，後人從而擴充焉，是以己附古人也。仁者見仁，知者見知，言之從同而異，從異而同者，殆如秋禽之毛，不可偏舉也。是以後人述前人，而不廢前人之舊也。以爲並存於天壤，而是非失得，自聽知者之別擇，乃其所以爲公也。君子惡夫盜人之言，而遽鏟去其跡，以遂掩著之私也。若夫前人已失其傳，不得已而取裁後人之論述，是乃無可如何，譬失祀者，得其族屬而主之，亦可通其魂魄爾。非喻言公之旨，不足以知之。

言公下

於是泛濫文林，迴翔藝苑；離形得似，弛羈脱韁；上窺作者之指，下挹時流之撰。口耳之學既微，竹帛之功斯顯。窟巢託足，遂啟璇雕；毛葉御寒，終開組纂。名言忘於太初，流別生於近晚。譬彼觱沸酌於觴竇，斯褰裳以厲津；隄防拯於橫流，必方舟而濟亂。推言公之宗旨，得吾道之一貫。惟日用而不知，鴞炙忘乎飛彈。試一攬夫沿流，蔚春畦之葱蒨。

若乃九重高拱，六合同風。王言綸綍，元氣寰中。秉鈞燮鼎之臣，襄謨殿柏；珥筆執簡之士，承旨宸楓。於是西掖揮麻，北門視草。天風四方，淵雷八表。敷洋溢之德音，述憂勤之懷抱。崇文則山《韶》海《濩》，厲武則泰袜汎驅。[4]敷政則雲龍就律，恤災則鳩鵠迴腴。斯並石室金縢，史宬尊藏掌故；而縹函緗軸，學士輯爲家書。左史右史之紀，王者無私；内制外制之集，詞臣非擅。雖木天清閟，公言自有專官；而竹簞茅簷，存互何妨於外傳也。制誥之公。

至於右文稽古，購典延英。鸞臺述史，虎觀談經。議簀校幟，六天、五帝、三統、九疇之論，專家互執；《禮》仇《書》訟，齊言、魯故、孔壁、梁墳之説，稱制以平。《正義》定著乎一家，《晉史》約删以百卷。六百年之解詁章疏，《五經正義》，取兩漢、六朝專家之説而定於一。十八家之編年紀傳。《晉史》一十八家。譬彼漳分江合，濟伏河横，淮申沔曲，汩兮朝宗於谷王；翡翠空青，蔚藍芝紫，水碧砂丹，爛兮章施於采絢。凡以統車書而一視聽，齊鈞律而抑邪濫。雖統名乎敕定，實舉職於儒臣。領袖崇班，表進勒名首簡；羣工集事，一時姓氏俱湮。蓋新廟獻功，豈計衆匠奔趨，而將作用紀？明禋成禮，何論庖人治俎，而尸祝辭陳！館局之公。

爾其三臺八座，百職庶司，節鎮統部，郡縣分治。羅羣星於秋旻，茁百穀於東菑。簿書稠匝，卷牒紛披。文昌武庫，禮司樂署之燦爛，若輻湊由運軸於車輪；[5]甲兵犴訟，錢貨農田之條理，若棋置而列枰以方罫。雁行進藍田之牒，準令式而文行；牛耳招平原之徒，奉故事而畫諾。[6]是則命筆爲刀，稱書曰隸。遣言出自胥徒，得失歸乎長吏。蓋百官治而萬民察，所以易結繩而爲書契。昧者徒争於末流，知者乃通其初意。文移之公。

若夫侯王將相，岳牧羣公，鈐閣啟事，戟門治戎。稱崇高之富貴，具文武之威風。則有書記翩翩，風流名士，幕府賓客，文學掾史。鶚擊海濱，仲連飛書於沙漠；鷹揚河朔，孔璋馳檄於當塗。王粲慷慨而依劉，賦傳荆闕；班固倜儻以從竇，銘勒狼居。芻毀塗摧，死魄感惠連之弔；鶯啼花發，生魂歸希範之書。斯或精誠貫金石之堅，忠烈奮風雲之氣。輸情則青草春生，騰説則黄濤夏沸；感幽則山鬼夜啼，顯明則海靈朝霽。並能追杳入冥，傳心達志。變化從人，曲屈如意。蓋利禄之途既廣，則揣摩之功微至。中晚文人之集，强半捉刀之技。既合馭而和鸞，豈分途而争幟？書記之公。

蓋聞富貴願足，則慕神仙。黄白之術既絀，文章之尚斯專。度生人之不朽，久視弗若名傳。既懲愚而顯智，遂以後而勝前。則有爵擅七貂，抑或户封十萬，當退食之委蛇，或休沐之閒宴。耻汩没於世榮，乃雅羨乎述贊。於是西園集雅，東閣賓儒，列鉛置槧，紛墨披朱。求藝林之勝事，遂合力而并圖。或抱荆山之璞，或矜隋侯之珠，或寶燕市之石，或濫齊門之竽，皆懷私而自媚，視匠指而奔趨。既取多而用閎，譬峙糧而聚稾。藉大力以賅存，供善學之搜討。立功固等乎立言，何嘗少謝於專家之獨造也哉？募集之公。

至如《詩》《騷》體變，樂府登場。《朱鷺》《悲翁》《上邪》《如張》之篇題，學士無徵於詮解；呼豨、瑟二、存吾、幾令之音拍，工師惟記乎鏗鏘。則有擬議形容，敷陳推表，好事者爲之説辭，傷心人别有懷抱。金羈白馬，酒市釵樓，年少之樂也；關山楊柳，行李風煙，離别之情也；草蒨禽肥，馬驕弓逸，游獵之快也；隴水嗚咽，塞日昏黄，征戍之行也。或以感憤而申征夫之怨，或以悒鬱而抒去妾之悲，或以曠懷而恢游宴之興，或以古意而託豔冶之詞。蓋傳者未達其旨，遂謂《子夜》乃女子之號，《木蘭》爲自叙之詩。苟不背於六藝之比興，作者豈欲以名姓而自私！樂府之公。

别有辭人點竄，略仿史删。因襲成文，或稍加點竄，惟史家義例有然。詩文集中，本無此例。閒有同此例者，大有神奇臭腐之别，不可不辨，鳳困荆墟，疾迷陽於南國；[7]莊子改《鳳兮歌》。《鹿鳴》苹野，誦宵《雅》於《東山》。魏武用《小雅》詩。女蘿薜荔，《陌上》演《山鬼》之辭；綺紵流黄，《狹斜》襲《婦豔》之故。樂府《陌上桑》與《三婦豔》之辭也。梁人改《隴頭》之歌，增減古辭爲之。韓公删《月蝕》之句，删改盧仝之詩。豈惟義取斷章，不異賓筵奏賦。歌古人詩，見己意也。以至河分岡勢，乃聯春草青痕；宋詩僧用唐句。積雨空林，爰入水田白鷺。譬之古方今效，神加減於刀圭；趙壁漢師，變旌旗於節度。藝林自有雅裁，條舉難窮其數者也。苟爲不然，效出於尤。仿《同谷》之七歌，宋後詩人頗多。擬河間之《四愁》，傅玄、張載尚且爲之，大可駭怪。非由中以出話，如隨聲而助謳。直是孩提學語，良爲有識所羞者矣。點竄之公。

又有詩人流别，懷抱不同。變韻言兮裁文體，擬古事兮達私衷。旨原諸子之寓辭，文人沿襲而成風，後人不得其所自，因疑作僞而相攻。蓋傷心故國，斯傳塞外之書；李陵《答蘇武書》，自劉知幾以後，衆口一辭，以爲僞作。以理推之，僞者何所取乎？當是南北朝時，有南人羈北，而事類李陵，不忍明言者，擬此書以見志耳。灰志功名，乃託河邊之喻。世傳鬼谷子《與蘇秦張儀書》，言河邊之樹，處非其地，故招翦伐，託喻以招二子歸隱，疑亦功高自危之人所託言也。讀者以意逆志，不異騷人之賦。出之本人，其意反淺，出之擬作，其意甚深，同於騷也。其後詞科取士，用擬文爲掌故。莊嚴則詔誥章表，威猛則文檄露布。作頌準於王褒，著論裁於賈傅。兹乃爲矩爲規，亦趨亦步。庶幾他有心而予忖，亦足闡幽微而互著。擬文之公。

又如文人假設，變化不拘。《詩》通比興，《易》擬象初。莊入巫咸之座，屈造詹尹之廬。楚太子疾，有客來吴。烏有、子虚之徒，争談於較獵；憑虚、安處之屬，講議於京都。《解嘲》《客難》《賓戲》之篇衍其緒，鏡機、玄微、冲漠之類濬其途。此則寓言十九，詭説萬殊者也。乃其因事著稱，緣人生義。譬若酒襲杜康之名，錢用鄧通之字。空槐落火，桓温發歎於仲文之遷；庾信《枯樹賦》所借用者。其實殷仲文遷東陽，在桓温久卒之後。素月流天，王粲抽毫於應、劉之逝。謝莊《月賦》所借用者，其實王粲卒於應、劉之前。斯則善愁即爲宋玉，豈必楚廷？曠達自是劉伶，何論晉世？善讀古人之書，尤貴心知其意。愚者介介而争，古人不以爲異也已。假設之公。

及夫經生制舉，演義爲文，雖源出於訓故，實解主於餐新。截經書兮命題，制變化兮由人。長或連篇累章，短或片言隻字。脱增減兮毫釐，即步移兮影徙。爲聖賢兮立言，或庸愚兮申志。並欲描情摩態，設身處地。或語全而意半，或神到而形未。如雲去而尚留，如馬躍而未逝。縱收俄頃之閒，刻晝幾希之際。水平劑量，何足喻其充周；曆算交躔，曾莫名其微至。《易》奇《詩》正，《禮》節《樂》和，以至《左》誇《莊》肆，屈幽《史》潔之文理，無所不包；天人性命，經濟閎通，以及儒紛墨儉，名鋠法深之學術，[8]無乎不備。惟制頒於功令，而義得於師承。嚴民生之三事，約智力於規繩。守共由之義法，申各盡之精能。體會爲言，曾何嫌乎擬聖；因心作則，豈必縱己説而成名。制義之公。

凡此區分類别，鱗次部周。夭華媚春，碩果酣秋。極淺深之殊致，標左右之分流。其匿也幾括，其争也寇讎。其同也交譽，其異也互糾。其合也沾沾而自喜，其違也耿耿而孤憂。孰鴻鵠而高舉，孰鷃鵲而啁啾？孰梧桐於高岡，孰茅葦於平洲？衆自是而人非，喜伐異而黨儔。飲齊井而相捽，曾不知伏泉之在幽。由大道而下覽夫羣言，奚翅激、謞、叱、吸、叫、譹、宎、咬之殊聲，而醖釀於鼻、口、耳、枅、圈、臼、洼、污之異竅。厲風濟而爲虚，知所據而有者，一土囊之噫嘯。能者無所競其名，黠者無所事其剽。褻者無所恃其辨，誇者無所争其耀。識言公之微旨，庶自得於道妙。或疑著述不當入辭賦，不知著述之體初無避就，荀卿有《賦篇》矣，但無實之辭賦，自不宜溷著述爾。

説　林

道，公也；學，私也。君子學以致其道，將盡人以達於天也。人者何？聰明才力，分於形氣之私者也。天者何？中正平直，本於自然之公者也。故曰道公而學私。

道同而術異者，韓非有《解老》《喻老》之書，《列子》有《楊朱》之篇，墨者述晏嬰之事，作用不同，而理有相通者也。述同而趣異者，子張難子夏之交，荀卿非孟子之説，張儀破蘇秦之從，宗旨不殊，而所主互異者也。

渥洼之駒，可以負百鈞而致千里，合兩渥洼之力，終不可致二千里。言乎絶學孤詣，性靈獨至，縱有偏闕，非人所得而助也。兩渥洼駒不可致二千里，合兩渥洼之力，未始不可負二百鈞而各致千里。言乎鴻裁絶業，各效所長，縱有牴牾，非人所得而私據也。

文辭非古人所重，草創討論，修飾潤色，固已合衆力而爲辭矣。期於盡善，不期於矜私也。丁敬禮使曹子建潤色其文，以謂“後世誰知定吾文者”，是有意於欺世也。存其文而兼存與定之善否，是使後世讀一人之文，而獲兩善之益焉，所補豈不大乎？

才之長短不可揜，而時之今古不可强。司馬遷述《尚書》《左》《國》之文，孑孑而不足，述戰國、楚漢之文，恢恢而有餘，非特限於才，抑亦拘於時也。惟其並存而無所私，故聽人決擇而已不與也。〔9〕

司馬遷襲《尚書》《左》《國》之文，非好同也，理勢之不得不然也。司馬遷點竄《尚書》《左》《國》之文，班固點竄司馬遷之文，非好異也，理勢之不得不然也。有事於此，詢人端末，豈必責其親聞見哉？〔10〕張甲述所聞於李乙，豈盜襲哉？人心不同，如其面也。張甲述李乙之言，而聲容笑貌，〔11〕不能盡爲李乙，豈矯異哉？

孔子學周公，周公監二代，二代本唐虞，唐虞法前古，故曰“道之大原出於天”。〔12〕蓋嘗觀於山下出泉，沙石隱顯，流注曲直，因微漸著，而知江河舟楫之原始也。觀於孩提嘔啞，有聲無言，形揣意求，而知文章著述之最初也。

有一代之史，有一國之史，有一家之史，有一人之史。整齊故事與專門家學之義不明，詳《釋通》《答客問》。而一代之史，鮮有知之者矣；州縣方志與列國史記之義不明，詳《方志》篇。而一國之史，鮮有知之者矣；譜牒不受史官成法，詳《家史》篇。而一家之史，鮮有知之者矣；諸子體例不明，文集各私撰著，而一人之史，鮮有知之者矣。

展喜受命於展禽，則卻齊之辭，謂出展禽可也，謂出展喜可也。弟子承師説而著書，友生因咨訪而立解，後人援古義而敷言，不必諱其所出，亦自無愧於立言者也。

子建好人譏訶其文，有不善者，應時改定。譏訶之言可存也，改定之文亦可存也。意卓而辭躓者，潤丹青於妙筆；辭豐而學疏者，資卷軸於腹笥。要有不朽之實，取資無足諱也！

陳琳爲曹洪作書上魏太子，言破賊之利害，此意誠出曹洪，明取陳琳之辭，收入曹洪之集可也。今云："欲令陳琳爲書，琳頃多事，故竭老夫之思。"又云："怪乃輕其家邱，謂爲倩人。"此掩著之醜也，不可入曹洪之集矣。

譬彼禽鳥，志識其身，文辭其羽翼也。有大鵬千里之身，而後可以運垂天之翼。鷃雀假鵰鶚之翼，勢未舉而先躓矣，況鵬翼乎？故修辭不忌夫暫假，而貴有載辭之志識，與己力之能勝而已矣。噫！此難與溺文辭之末者言也！

諸子一家之宗旨，文體峻潔，而可參他人之辭。文集，雜撰之統彙，體制兼該，而不敢入他人之筆。其故何耶？[13]蓋非文采辭致不如諸子，[14]而志識卓然，有其離文字而自立於不朽者，不敢望諸子也。果有卓然成家之文集，雖入他人之代言，何傷乎！

集之始於流别也，後人彙聚前人之作，欲以覽其全也，亦猶撰次諸子，即人以名其書之意也。諸子之書，載其言並記其事，以及他人之言其言者，而其人之全可見也。文集萃其文，《文章流别集》。别著其事，《文章志》。以及他人之論其文者，《文章論》。故摯虞之《流别》，本與《文章志》《論》三書相輔而行也，則其人之全亦可見也。今無摯氏之三書，而編次卓然不朽之文集，則關於其人之行事，與人之言其言，與論其人與文者，故當次於其書，以備其人之本末也。是則一人之史之説也。[15]

莊周《讓王》《漁父》諸篇，辨其爲真爲贋；屈原《招魂》《大招》之賦，争其爲玉爲瑳。固矣夫！文士之見也。

醴泉，水之似醴者也。天下莫不飲醴，而獨恨不得飲醴泉。甚矣！世之貴夫似是而非者也。

著作之體，援引古義，襲用成文，不標所出，非爲掠美，體勢有所不暇及也。亦必視其志識之足以自立，而無所藉重於所引之言；且所引者，並懸天壤，而吾不病其重見焉，乃可語於著作之事也。考證之體，一字片言，必標所出。所出之書，或不一二而足，則必標最初者。譬如馬、班並有，用馬而不用班。最初之書既亡，則必標所引者。譬如劉向《七略》既亡，而部次見於《漢藝文志》；阮孝緒《七録》既亡，而闕目見於《隋經籍志》注。則引《七略》《七録》之文，必云《漢志》《隋注》。乃是慎言其餘之定法也。書有並見，而不數其初，陋矣。引用逸書而不標所出，使人觀其所引，一似逸書猶存。罔矣。以考證之體，而妄援著作之義，以自文其剽竊之私焉，謬矣。

文辭，猶三軍也；志識，其將帥也。李廣入程不識之軍，而旌旗壁壘一新焉，固未嘗物物而變，事事而更之也。知此意者，可以襲用成文，而不必己出者矣。

文辭，猶舟車也；志識，其乘者也。輪欲其固，帆欲其捷，凡用舟車，莫不然也。東西南北，存乎其乘者矣。知此義者，可以以我用文，而不致以文役我者矣。

文辭，猶品物也；志識，其工師也。橙橘樝梅，庖人得之，選甘脆以供籩實也；醫師取之，備藥毒以療疾疢也。知此義者，可以同文異取，同取異用，而不滯其迹者矣。古書斷章取義，各有所用，拘儒不達，介介而争。

文辭，猶金石也；志識，其爐錘也。神奇可化臭腐，臭腐可化神奇。知此義者，可以不執一成之説矣。有所得者即神奇，無所得者即臭腐。

文辭，猶財貨也；志識，其良賈也。人棄我取，人取我與，則賈術通於神明。知此義者，可以斟酌風尚而立言矣。風尚偏趨，貴有識者持之。

文辭，猶藥毒也；志識，其醫工也。療寒以熱，熱過而厲甚於寒；療熱以寒，寒過而厲甚於熱。良醫當實甚，而已有反虚之憂，故治偏不激，而後無餘患也。知此義者，可以拯弊而處中矣。

轉桔槔之機者，必周上下前後而運之。上推下挽，力所及也；正前正後，力不及也。倍其推，則前如墜，倍其挽，則後如躍，倍其力之所及，以爲不及之地也。人之聰明知識，必有力所不及者，不可不知所倍以爲之地也。

五味之調，八音之奏，貴同用也。先後嘗之，先後聽之，不成味與聲矣。郵傳之達，刻漏之直，貴接續也。並馳同止，並直同休，不成郵與漏矣。書有數人共成者，歷先後之傳而益精，獲同時之助而愈疏也。先後無争心，而同時有勝氣也；先後可授受，而同時難互喻也；先後有補救，而同時鮮整暇也。

人之有能有不能者，無論凡庶聖賢，有所不免者也。以其所能而易其不能，則所求者，可以無弗得也。主義理者拙於辭章，能文辭者疏於徵實，三者交譏而未有已也。義理存乎識，辭章存乎才，徵實存乎學，劉子玄所以有三長難兼之論也。一人不能兼，而咨訪以爲功，未見古人絶業不可復紹也。私心據之，惟恐名之不自我擅焉，則三者不相爲功，而且以相病矣。

所謂好古者，非謂古之必勝乎今也，正以今不殊古，而於因革異同，求其折衷也。古之糟魄，可以爲今之精華。非貴糟魄而直以爲精華也，因糟魄之存，而可以想見精華之所出也。如類書本無深意，古類書尤不如後世類書之詳備，然援引古書，爲後世所不可得者，藉是以存，亦可貴寶矣。古之疵病，可以爲後世之典型。非取疵病而直以之爲典型也，因疵病之存，而可以想見典型之所在也。如《論衡》最爲偏駁，然所稱説，有後世失其傳者，未嘗不藉以存。是則學之貴於考徵者，將以明其義理爾。

出辭氣，斯遠鄙悖矣。悖者修辭之罪人，鄙則何以必遠也？不文則不辭，辭不足以存，而將併所以辭者亦亡也。諸子百家，悖於理而傳者有之矣，未有鄙於辭而傳者也。理不悖而鄙於辭，力不能勝；辭不鄙而悖於理，所謂五穀不熟，不如荑稗也。理重而辭輕，天下古今之通義也。然而鄙辭不能奪悖理，則妍媸好惡之公心，亦未嘗不出於理故也。

波者，水之風；風者，空之波；夢者，心之華；文者，道之私。止水無波，静空無風，至人無夢，至文無私。

演口技者，能於一時並作人畜、水火、男婦、老稚千萬聲態，非真一口能作千萬態也。[16]千萬聲態齊於人耳，勢必有所止也。取其齊於耳者以爲止，故操約而致聲多也。工繪事者，能於尺幅並見遠近、淺深、正側、回互千萬形狀，非真尺幅可具千萬狀也。千萬形狀齊於人目，勢亦有所止也。取其齊於目者以爲止，故筆簡而著形衆也。夫聲色齊於耳目，義理齊於人心，等也。誠得義理之所齊，而文辭以是爲止焉，可以與言著作矣。

天下有可爲其半，而不可爲其全者。偏枯之藥，可以治偏枯；倍其偏枯之藥，不可以起死人也。此説見《吕氏春秋》。天下有可爲其全，而不可爲其半者。樵夫擔薪兩鈞，捷步以趨，去其半而不能行，非力不足，勢不便也。風尚所趨，必有其弊，君子立言以救弊，歸之中正而已矣。懼其不足奪時趨也，而矯之或過，則是倍用偏枯之藥而思起死人也。僅取救弊，而不推明斯道之全量，則是擔薪去半，而欲恤樵夫之力也。

厲風可以拔百圍之木，而不可以折徑寸之草；錢鎛可以刈蔓野之草，而不可以伐拱把之木。大言炎炎，不計小辨；小智察察，不究大道。[17]

十寸爲尺，八尺曰尋。度八十尺而可得十尋，度八百寸而不可得十尋者，積小易差也。一夫之力，可耕百畝，合八夫之力而可耕九百畝者，集長易舉也。學問之事，能集所長，而不泥小數，善矣。

風會所趨，庸人亦能勉赴；風會所去，豪傑有所不能振也。漢廷重經術，卒史亦能通六書，吏民上書訛誤輒舉劾。後世文學之士，不習六書之義者多矣。羲之俗書，見譏韓氏。韓氏又云："爲文宜略識字。"豈後世文學之士，聰明智力不如漢廷卒史之良哉？風會使然也。越人相矜以燕語，能爲燕語者，必其熟游都會，長於閲歷，而口舌又自調利過人者也。及至燕，則庸奴賤婢，稚女髫童，皆燕語矣。以是矜越語之丈夫，豈通論哉？仲尼之門，五尺童子羞稱五霸。必謂五尺童子，其才識過於管仲、狐、趙諸賢焉，夫子之所不許也。五穀之與稊稗，其貴賤之品，有一定矣。然而不熟之五穀，猶遜有秋之稊稗焉。而託一時風會所趨者，詡然自矜其途轍，以謂吾得寸木，實勝彼之岑樓焉，其亦可謂不達而已矣。尊漢學，尚鄭、許，今之風尚如此。此乃學古，非即古學也。居然唾棄一切，若隱有所恃。

王公之僕圉，未必貴於士大夫之親介也。而是僕圉也，出入朱門甲第，詡然負異而驕士大夫曰：“吾門大。”不知士大夫者固得叱而縶之，以請治於王公，王公亦必撻而楚之，以謝閑家之不飭也。學問不求有得，而矜所託以爲高，王公僕圉之類也。

人生不飢，則五穀可以不藝也。天下無疾，則藥石可以不聚也。學問所以經世，而文章期於明道，非爲人士樹名地也。

漢廷治河，必使治《尚書》者，《尚書》豈爲治河設哉？學術固期於經世也。文史之儒，以爲《尚書》所載，經緯天地，今祇用以治河，則是道大而我小之也，此則後世之士務求賅徧而不切實用之通病也。得一言而致用，愈於通萬言而無用者矣。〔18〕

“喪欲速貧，死欲速朽”，有子以謂非君子之言。然則有爲之言，不同正義，聖人有所不能免也。今之泥文辭者，不察立言之所謂，而遽斷其是非，是欲責人才過孔子也。

樊遲問仁，子曰：“愛人。”問知，子曰：“知人。”他日問仁，子曰：“仁者先難而後獲。”問知，子曰：“務民之義，敬鬼神而遠之。”同一樊遲，同一問仁問知，而所言先後各殊，則言豈一端而已哉？必有所爲而不可以强執也。幸而其言出於夫子也，出之他人，必有先後矛盾之誚矣。

《春秋》譏佞人。《公羊傳》。夫子嘗曰：“惡佞口之覆邦家者。”是佞爲邪僻之名矣。或人以爲“雍也仁而不佞”。或人雖甚愚，何至惜仁人以不能爲邪僻？且古人自謙稱不佞，豈以不能邪僻爲謙哉？是則佞又聰明才辨之通稱也。荀子著《性惡》，以謂聖人爲之“化性而起僞”。僞於六書，人爲之正名也。荀卿之意，蓋言天質不可恃，而學問必藉於人爲，非謂虚誑欺罔之僞也。而世之罪荀卿者，以謂誣聖爲欺誑，是不察古人之所謂，而遽斷其是非也。

古者文字無多，轉注通用，義每相兼。諸子著書，承用文字，各有主義，如軍中之令，官司之式，自爲律例，其所立之解，不必彼此相通也。屈平之靈修，莊周之因是，韓非之參伍，鬼谷之捭闔，蘇、張之縱衡，皆移置他人之書而莫知其所謂者也。佛家之根、塵、法、相，法律家之以、准、皆、各、及、其、即、若，皆是也。

韓子曰："博愛之謂仁。"宋儒譏之，以爲必如周子所言"德愛曰仁"而後可。數百年來，莫不奉宋儒爲篤論矣。今考周子，初無"德愛曰仁"之説也。《通書·誠幾德》篇有曰："誠，無爲；幾，善惡。德愛曰仁，宜曰義。"曰禮，曰智，曰信，皆有説焉。周子之意，若曰誠者何謂？無爲是也；幾者何謂？善惡是也；德者謂何？在愛曰仁，在宜曰義。禮、智與信，俱在德也。德有五者，韓子《原性》之篇已明著矣，與周子無殊旨也。"博愛曰仁"，即周子之"愛曰仁"也，合《原性》而觀之，則韓子之説較周子爲尤備也。以其出於韓子，則删去《原性》，而摘博愛之爲偏；出於周子，則割截句讀，而以德愛爲至論。同一言也，不求至是，而但因人而異聽，不啻公甫之母與妻焉。此論古之深患也。

李漢序韓氏文曰："文者，貫道之器。"其言深有味也。宋儒譏之，以爲道無不在，不當又有一物以貫之。然則"率性之謂道"，不當又有一物以率之矣。〔19〕

馮煖問孟嘗君，收責反命，何市而歸？則曰："視吾家所寡有者。"學問經世，文章垂訓，如醫師之藥石偏枯，亦視世之寡有者而已矣。以學問文章，徇世之所尚，是猶既飽而進粱肉，既煖而增狐貉也。非其所長，而强以徇焉，是猶方飽粱肉，而進以糠粃；方擁狐貉，而進以裋褐也。其有暑資裘而寒資葛者，吾見亦罕矣。

賣明珠者，必集魚目；尚美玉者，必競碔砆。是以身有一影，而罔兩居二三也。罔兩乃影旁微影，見《莊子》注。然而魚目、碔砆之易售，較之明珠、美玉爲倍捷也。珠玉無心，而碔砆有意，有意易投也。珠玉難變，而碔砆能隨，能隨易合也。珠玉自用，而碔砆聽用，聽用易愜也。珠玉操三難之勢而無一定之價，碔砆乘三易之資而求價也廉，碔砆安得不售，而珠玉安得不棄乎？

鴆之毒也，犀可解之；瘴之厲也，檳榔蘇之。有鴆之地必有犀焉，瘴厲之鄉必有檳榔。天地生物之仁，亦消息制化之理，有固然也。漢儒傳經貴專門，專門則淵源不紊也。其弊專己守殘，而失之陋。劉歆《七略》論次諸家流别，而推官禮之遺焉，所以解專陋之瘴厲也。唐世修書置館局，館局則各效所長。其弊則漫無統紀，而失之亂。劉知幾《史通》揚搉古今利病，而立法度之準焉，所以治散亂之瘴厲也。學問文章，隨其風尚所趨，而瘴厲時作者，不可不知檳榔、犀角之用也。

所慮夫藥者，爲其偏於治病，病者服之可愈，常人服之，或反致於病也。夫天下無全功，聖人無全用。五穀至良貴矣，食之過乎其節，未嘗不可以殺人也。是故知養生者，百物皆可服。知體道者，諸家皆可存。六經三史，學術之淵源也。吾見不善治者之瘴厲矣。

學問文章，聰明才辨，不足以持世，所以持世者，存乎識也。所貴乎識者，非特能持風尚之偏而已也，知其所偏之中，亦有不得而廢者焉。非特能用獨擅之長而已也，知己所擅之長，亦有不足以該者焉。不得而廢者，嚴於去僞，風尚所趨，不過一偏，惟僞託者，并其偏得亦爲所害。而慎於治偏，真有得者，但治其偏足矣。則可以無弊矣。不足以該者，闕所不知，而善推能者。無有其人，則自明所短，而懸以待之，人各有能有不能，充類至盡，聖人有所不能，庸何傷乎？今之僞趨逐勢者，無足責矣。其閒有所得者，遇非己之所長，則强不知爲知，否則大言欺人，以謂此外皆不足道。夫道大如天，彼不見天者，曾何足論。己處門内，偶然見天，而謂門外之天皆不足道，有是理乎？曾見其人，未暇數責。亦可以無欺於世矣。夫道公而我獨私之，不仁也。風尚所趨，循環往復，不可力勝，乃我不能持道之平，亦入循環往復之中，而思以力勝，不智也。不仁不智，不足以言學也。不足言學，而囂囂言學者乃紛紛也。

知　難

爲之難乎哉？知之難乎哉？夫人之所以謂知者，非知其姓與名也，亦非知其聲容之與笑貌也；讀其書，知其言，知其所以爲言而已矣。讀其書者，天下比比矣；知其言者，千不得百焉。知其言者，天下寥寥矣；知其所以爲言者，百不得一焉。然而天下皆曰：我能讀其書，知其所以爲言矣。此知之難也。人知《易》爲卜筮之書矣，夫子讀之，而知作者有憂患，是聖人之知聖人也。人知《離騷》爲詞賦之祖矣，司馬遷讀之，而悲其志，是賢人之知賢人也。夫不具司馬遷之志，而欲知屈原之志，不具夫子之憂，而欲知文王之憂，則幾乎罔矣。然則古之人有其憂與其志，不幸不得後之人有能憂其憂、志其志，而因以湮没不彰者，蓋不少矣。

劉彦和曰："《儲説》始出，《子虚》初成，秦皇、漢武恨不同時，既同時矣，韓囚馬輕。"蓋悲同時之知音不足恃也。夫李斯之嚴畏韓非，孝武之俳優司馬，乃知之深，處之當，而出於勢之不得不然，所謂迹似不知而心相知也。賈生遠謫長沙，其後召對宣室，文帝至云：久不見生，自謂過之，見之乃知不及。君臣之際，可謂遇矣。然不知其治安之奏，而知其鬼神之對，所謂迹似相知而心不知也。劉知幾負絶世之學，見輕時流，及其三爲史臣，再入東觀，可謂遇矣。然而語史才則千里降追，議史事則一言不合，所謂迹相知而心不知也。夫迹相知者，非如賈之知而不用，即如劉之用而不信矣。心相知者，非如馬之狎而見輕，即如韓之讒而遭戮矣。丈夫求知於世，得如韓、馬、賈、劉，亦云盛矣。然而其得如彼，其失如此。若可恃，若不可恃；若可知，若不可知，此遇合之知所以難言也。

莊子曰："天下之治方術者，皆以其有爲不可加矣。"夫"耳目口鼻，皆有所明，而不能相通"。而皆以己之所治爲不可加，是不自知之過也。天下鮮自知之人，故相知者少也。凡封己護前不服善者，皆不甚自知者也。世傳蕭穎士能識李華《古戰場文》，以謂文章有真賞。夫言根於心，其不同也如面。穎士不能一見而決其爲華，而漫云華足以及此，是未得謂之真知也。而世之能具蕭氏之識者，已萬不得一。若夫人之學業，固有不止於李華者，於世奚賴焉？凡受成形者，不能無殊致也。凡稟血氣者，不能無争心也。有殊致，則入主出奴，黨同伐異之弊出矣。有争心，則挾恐見破，嫉忌詆毀之端開矣，惠子曰："奔者東走，追者亦東走；東走雖同，其東走之心則異。"今同業者衆矣，豈能皆出於同心？[20]若可恃，若不可恃；若可知，若不可知，此同道之知所以難言也。

歐陽修嘗慨《七略》、四部，目存書亡，以謂其人之不幸。蓋傷文章之不足恃也。然自獲麟以來，著作之業，得如馬遷、班固，斯爲盛矣。遷則藏之名山，而傳之其人，固則女弟卒業，而馬融伏閣以受其書，於今猶日月也。然讀《史》《漢》之書，而察徐廣、裴駰、服虔、應劭諸家之注釋，其間不得遷、固之意者，十常四五焉。[21]以專門之攻習，猶未達古人之精微，況泛覽所及，愛憎由己耶？夫不傳者，有部目空存之慨；其傳者，又有推求失旨之病，與愛憎不齊之數。若可恃，若不可恃；若可知，若不可知，此身後之知所以難言也。

人之所以異於木石者，情也。情之所以可貴者，相悦以解也。賢者不得達而相與行其志，亦將窮而有與樂其道；不得生而隆遇合於當時，亦將殁而俟知己於後世。然而有其理者，不必有其事，接以迹者，不必接以心。若可恃，若不可恃；若可知，若不可知，後之視今，亦猶今之視昔。嗟乎！此伯牙之所以絶弦不鼓，而卞生之所以抱玉而悲號者也。夫鶡鵲啁啾，和者多也。茅葦黄白，靡者衆也。鳳高翔於千仞，桐孤生於百尋，知其寡和無偶，而不能屈折以從衆者，亦勢也。是以君子發憤忘食，闇然自修，不知老之將至，所以求適吾事而已。安能以有涯之生，而逐無涯之毁譽哉！

釋　通

《易》曰："惟君子爲能通天下之志。"説者謂君子以文明爲德，同人之時，能達天下之志也。《書》曰："乃命重、黎，絶地天通。"説者謂人神不擾，各得其序也。夫先王懼人有匿志，於是乎以文明出治，通明倫類，而廣同人之量焉。先王懼世有棼治，於是乎以人官分職，絶不爲通，而嚴畔援之防焉。自六卿分典，五史治書，内史、外史、太史、小史、御史。學專其師，官守其法，是絶地天通之義也。數會於九，書要於六，雜物撰德，同文共軌，是達天下志之義也。夫子没而微言絶，七十子喪而大義乖。漢氏之初，《春秋》分爲五，《詩》分爲四。然而治《公羊》者，不議《左》《穀》；業韓《詩》者，不雜齊、魯。專門之業，斯其盛也。自後師法漸衰，學者聰明旁溢，異論紛起。於是深識遠覽之士，懼《爾雅》訓詁之篇不足以盡絶代離辭，同實殊號，而綴學之徒無由彙其指歸也，於是總五經之要，辨六藝之文，石渠《雜議》之屬，班固《藝文志》，《五經雜議》十八篇。始離經而别自爲書，則通之爲義所由仿也。劉向總校五經，編録三禮，其於戴氏諸記，標分品目，以類相從，而義非專一，若《檀弓》《禮運》諸篇，俱題通論，則通之定名所由著也。《隋志》有《五經通義》八卷，注，梁有九卷，不著撰人。《唐志》有劉向《五經通義》九卷。然唐以前，記傳無考。

班固承建初之詔，作《白虎通義》。《儒林傳》稱《通義》，固本傳稱《通德論》。後人去義字，稱《白虎通》，非是。應劭愍時流之失，作《風俗通義》。蓋章句訓詁，末流浸失，而經解論議家言，起而救之。二子爲書，是後世標通之權輿也。自是依經起義，則有集解、杜預《左傳》、范寧《穀梁》、何晏《論語》。集注、荀爽《九家易》、崔靈恩《毛詩》、孔倫、裴松之《喪服經傳》。異同、許慎《五經異義》、賀瑒《五經異同評》。然否何休《公羊墨守》、鄭玄《駁議》、譙周《五經然否論》。諸名；離經爲書，則有六藝、鄭玄論。聖證、王肅論。匡謬、唐顔師古《匡謬正俗》。兼明宋邱光庭《兼明書》。諸目。其書雖不標通，而體實存通之義，經部流别，不可不辨也。若夫堯、舜之典，統名

《夏書》；《左傳》稱《虞書》爲《夏書》。馬融、鄭玄、王肅三家，首篇皆題《虞夏書》。伏生《大傳》，首篇亦題《虞夏傳》。《國語》《國策》，不從周記；《太史》百三十篇，自名一子；本名《太史公書》，不名《史記》也。班固《五行》《地理》，上溯夏周。《地理》始《禹貢》，《五行》合《春秋》，補司馬遷之闕略，不必以漢爲斷也。古人一家之言，文成法立，離合銓配，惟理是視，〔22〕固未嘗別爲標題，分其部次也。梁武帝以遷、固而下，斷代爲書，於是上起三皇，下訖梁代，撰爲《通史》一編，欲以包羅衆史。史籍標通，此濫觴也。嗣是而後，源流漸別。總古今之學術，而紀傳一規乎史遷，鄭樵《通志》作焉。《通志》精要，在乎義例。蓋一家之言，諸子之學識，而寓於諸史之規矩，原不以考據見長也。後人議其疏陋，非也。統前史之書志，而撰述取法乎《官禮》，杜佑《通典》作焉。《通典》本劉秩《政典》。合紀傳之互文，紀傳之文，互爲詳略。而編次總括乎荀、袁，荀悦《漢紀》三十卷，袁宏《後漢紀》三十卷，皆易紀傳爲編年。司馬光《資治通鑑》作焉。彙公私之述作，而銓録略仿乎孔、蕭，孔逭《文苑》百卷，昭明太子蕭統《文選》三十卷。裴潾《太和通選》作焉。此四子者，或存正史之規，《通志》是也。自《隋志》以後，皆以紀傳一類爲正史。或正編年之的，《通鑑》。或以典故爲紀綱，《通典》。或以詞章存文獻，《通選》。史部之通，於斯爲極盛也。大部總選，意存掌故者，當隸史部，與論文家言不一例。至於高氏《小史》、唐元和中，高峻及子迥。姚氏《統史》唐姚康復。之屬，則撙節繁文，自就隱括者也。羅氏《路史》、宋羅泌。鄧氏《函史》明鄧元錫。之屬，則自具別裁，成其家言者也。譙周《古史考》、蘇轍《古史》、馬驌《繹史》之屬，皆採摭經傳之書，與通史異。范氏《五代通録》，宋范質以編年體紀梁唐晉漢周事實。熊氏《九朝通略》，宋熊克合吕夷簡《三朝國史》、王珪《兩朝國史》、李燾、洪邁等《四朝國史》，以編年體爲九朝書。標通而限以朝代者也。易姓爲代，傳統爲朝。李氏南、北《史》，李延壽。薛、歐《五代史》，薛居正、歐陽修俱有《五代史》。斷代而仍行通法者也。已上二類，雖通數代，終有限斷，非如梁武帝之《通史》統合古今。其餘紀傳故事之流，補緝纂録之策，紛然雜起，雖不能一律以繩，要皆仿蕭梁《通史》之義，而取便耳目，史部流別，不可不知也。夫師法失傳，而人情怯於復古，末流浸失，而學者囿於見聞。訓詁流而爲經解，一變而入於子部儒家，應劭《風俗通義》、蔡邕《獨斷》之類。再變而入於俗儒語録，程、朱語録，記者有未别擇處，及至再傳而後浸流浸失，〔23〕故曰俗儒。三變而入於庸師講章。蒙存、淺達之類，支離蔓衍，甚於語録。不知者習而安焉，知者鄙而斥焉，而不知出於經解之通，而失其本旨者也。載筆彙而有通史，一變而流爲史鈔，《小史》《統史》之類，〔24〕但節正史，並無别裁，當入史鈔。向來著録，入於通史，非是。史部有史鈔，始於《宋史》。再變而流爲策士之括類，《文獻通考》之類，雖仿《通典》而分析次比，實爲類書之學。書無别識通裁，便於對策敷陳之用。三變而流爲兔園之摘比。《綱鑑合纂》及《時務策括》之類。不知者習而安焉，知者鄙而斥焉，而不知出於史部之通，而亡其大原者也。且《七略》流而爲四部，類例顯明，無復深求古人家法矣。然以語録講章之混合，則經不爲經，子不成子也。策括類摘之淆雜，則史不成史，集不爲集也。四部不能收，九流無所别，紛紜雜出，妄欲附於通裁，不可不嚴其辨也。夫古人著書，即彼陳編，就我創制，所以成專門之業也。後人併省凡目，取便檢閲，所以入記誦之陋也。夫經師但殊章句，即自名家；費直之《易》，申培之《詩》，《儒林傳》言其别無著述訓詁，而《藝文志》有《費氏説》《申公魯詩》，蓋即口授章句也。史書因襲相沿，無妨並見；如史遷本《春秋》《國策》諸書，《漢書》本史遷所記，及劉歆所著者，當時兩書並存，不以因襲爲嫌。專門之業，别具心裁，不嫌貌似也。勦襲講義，沿習久而本旨已非，明人修《大全》，改先儒成説以就己意。摘比典故，原書出而舛訛莫掩。記誦之陋，漫無家法，易爲剽竊也。然而專門之精，與剽竊之陋，其相判也，蓋在幾希之間，則别擇之不可不慎者也。

通史之修，其便有六：一曰免重複，二曰均類例，三曰便銓配，四曰平是非，五曰去牴牾，六曰詳鄰事。其長有二：一曰具翦裁，二曰立家法。其弊有三：一曰無短長，二曰仍原題，三曰忘標目。何謂免重複？夫鼎革之際，人物事實，同出並見。勝國亡徵，〔25〕新王興瑞，即一事也。前朝草竊，新主前驅，即一人也。董卓、吕布，范、陳各爲立傳，禪位册詔，梁、陈並載全文，所謂複也。《通志》總合爲書，事可互見，文無重出，不亦善乎！何謂均類例？夫馬立《天官》，班創《地理》，《齊志·天文》不載推步，《唐書·藝文》不叙淵源。依古以來，參差如是。鄭樵著《略》，雖變史志章程，自成家法，但六書七音，原非沿革，昆蟲草木，何嘗必欲易代相仍乎？惟通前後而勒成一家，則例由義起，自就隱括。《隋書》五代史志，梁、陳、北齊、周、隋。終勝沈、蕭、魏氏之書矣。沈約《宋志》、蕭子顯《南齊志》、魏收《魏志》，皆參差不齊也。何謂便銓配？包羅諸史，制度相仍。惟人物挺生，各隨時世。自后妃宗室，標題著其朝代，至於臣下，則約略先後，以次相比。南、北《史》以宗室分冠諸臣之上，以爲識别。歐陽《五代史》始標别朝代。然子孫附於祖父，世家會聚宗支。南、北《史》王謝諸傳，不盡以朝代爲斷。一門血脈相承，時世盛衰，亦可因而見矣。即楚之屈原，將漢之賈生同傳；周之太史，偕韓之公子同科。古人正有深意，相附而彰，義有獨斷，末學膚受，豈得從而妄議耶？何謂平是非？夫曲直之中，定於易代。然晉史終須帝魏，而周臣不立韓通，雖作者挺生，而國嫌宜慎，則亦無可如何者也。惟事隔數代，而衡鑑至公，庶幾筆削平允，而折衷定矣。何謂去牴牾？斷代爲書，各有裁制，詳略去取，亦不相妨。惟首尾交錯，互有出入，則牴牾之端，從此見矣。居攝之事，班殊於范；二劉始末，劉表、劉焉。范異於陳。統合爲編，庶幾免此。何謂詳鄰事？僭國載紀，四裔外國，勢不能與一代同其終始。而正朔紀傳，斷代爲編，則是中朝典故居全，而蕃國載紀乃參半也。惟南北統史，則後梁、東魏悉其端，而五代彙編，斯吴越、荆、潭終其紀也。凡此六者，所謂便也。

何謂具翦裁？通合諸史，豈第括其凡例，亦當補其缺略，截其浮辭，平突填砌，乃就一家繩尺。若李氏南、北二《史》，文省前人，事詳往牒，故稱良史。蓋生乎後代，耳目聞見，自當有補前人，所謂憑藉之資，易爲力也。何謂立家法？陳編具在，何貴重事編摩？專門之業，自具體要。若鄭氏《通志》，卓識名理，獨見别裁，古人不能任其先聲，後代不能出其規範。雖事實無殊舊録，而辨名正物，諸子之意，寓於史裁，終爲不朽之業矣。凡此二者，所謂長也。何謂無短長？纂輯之書，略以次比，本無增損，但易標題，則劉知幾所謂“學者寧習本書，怠窺新録”者矣。何謂仍原題？諸史異同，各爲品目，作者不爲更定，自就新裁。《南史》有《孝義》而無《列女》，詳《列女》篇。《通志》稱《史記》以作時代，《通志》漢、魏諸人，皆標漢、魏，稱時代，非稱史書也。而《史記》所載之人，亦標《史記》，而不標時代，則誤仍原書文也。[26]一隅三反，則去取失當者多矣。何謂忘題目？帝王、后妃、宗室、世家，標題朝代，其别易見。臣下列傳，自有與時事相值者，見於文詞，雖無標别，但玩敘次，自見朝代。至於《獨行》《方伎》《文苑》《列女》諸篇，其人不盡涉於世事，一例編次，若《南史》吴逵、韓靈敏諸人，幾何不至於讀其書，不知其世耶？凡此三者，所謂弊也。

《説文》訓通爲達，自此之彼之謂也。通者，所以通天下之不通也。讀《易》如無《書》，讀《書》如無《詩》。《爾雅》治訓詁，小學明六書，通之謂也。古人離合撰著，不言而喻。漢人以通爲標目，梁世以通入史裁，則其體例，蓋有截然不可混合者矣。杜佑以劉秩《政典》爲未盡，而上達於三五，《典》之所以名通也。奈何魏了翁取趙宋一代之掌故，亦標其名謂之《國朝通典》乎？既曰國朝，畫代爲斷，何通之有？是亦循名而不思其義者也。六卿聯事，職官之書，亦有通之義也。奈何潘迪取有元御史之職守，亦名其書謂之《憲臺通紀》耶？又地理之學，自有專門，州郡志書，當隸外史。詳《外篇・亳州志議》。前明改元代行省爲十三布政使司，所隸府州縣衛，各有本志。使司幅員既廣，所在府縣，懼其各自爲書，未能一轍也，於是裒合所部，别爲通志。通者，所以通府州縣衛之各不相通也。奈何修通志者，取府州縣山川人物，分類爲編，以府領縣，以縣領事實人文，摘比分標，不相聯合？如是爲書，則讀者但閱府縣本志可矣，又何所取於通哉？夫通史人文，上下千年，然而義例所通，則隔代不嫌合撰。使司所領，不過數十州縣，而斤斤分界，惟恐越畔爲虞，良由識乏通材，遂使書同胥史矣。

申　鄭

子長、孟堅氏不作，而專門之史學衰。陳、范而下，或得或失，粗足名家。至唐人開局設監，整齊晉、隋故事，亦名其書爲一史；而學者誤承流别，不復辨正其體，於是古人著書之旨，晦而不明。至於辭章家舒其文采，[27]記誦家精其考核，其於史學，似乎小有所補；而循流忘源，不知大體，用功愈勤，而識解所至，亦去古愈遠而愈無所當。鄭樵生千載而後，慨然有見於古人著述之源，而知作者之旨，不徒以詞采爲文，考據爲學也。於是遂欲匡正史遷，益以博雅，貶損班固，譏其因襲，而獨取三千年來遺文故册，運以别識心裁，蓋承通史家風，而自爲經緯，成一家言者也。學者少見多怪，不究其發凡起例，絶識曠論，所以斟酌羣言，爲史學要删；而徒摘其援據之疏略，裁剪之未定者，紛紛攻擊，勢若不共戴天。古人復起，奚足當吹劍之一吷乎？若夫二十略中，六書、七音與昆蟲草木三《略》，所謂以史翼經，本非斷代爲書，可以遞續不窮者比，誠所謂專門絶業，漢唐諸儒不可得聞者也。創條發例，鉅製鴻編，即以義類明其家學。其勢不能不因一時成書，[28]粗就隱括，原未嘗與小學專家特爲一書者，絜長較短，亦未嘗欲後之人守其成説，不稍變通。夫鄭氏所振在鴻綱，而末學吹求，則在小節。是何異譏韓、彭名將，不能鄒、魯趨蹌；繩伏、孔鉅儒，不善作雕蟲篆刻耶！

某君之治是書也，援據不可謂不精，考求不可謂不當，以此羽翼《通志》，爲鄭氏功臣可也。叙例之中，反唇相譏，攻擊作者，不遺餘力，則未悉古人著述之義，而不能不牽於習俗猥瑣之見者也。[29]

夫史遷絶學，《春秋》之後一人而已。其範圍千古，牢籠百家者，惟創例發凡，卓見絶識，有以追古作者之原，自具《春秋》家學耳。若其事實之失據，去取之未當，議論之未醇，使其生唐宋而後，未經古人論定，或當日所據石室金匱之藏，及《世本》《諜記》《楚漢春秋》之屬，不盡亡佚，後之溺文辭而泥考據者，相與錙銖而校，尺寸以繩，不知更作如何掊擊也。今之議鄭樵者，何以異是！孔子作《春秋》，蓋曰其事則齊桓、晉文，其文則史，其義則孔子自謂有取乎爾。夫事即後世考據家之所尚也，文即後世詞章家之所重也，然夫子所取，不在彼而在此。則史家著述之道，豈可不求義意所歸乎？自遷、固而後，史家既無别識心裁，所求者徒在其事其文。惟鄭樵稍有志乎求義，而綴學之徒，囂然起而争之。然則充其所論，即一切科舉之文詞，胥吏之簿籍，其明白無疵，確實有據，轉覺賢於遷、固遠矣。

雖然，鄭君亦不能無過焉。馬、班父子傳業，終身史官，固無論矣。司馬温公《資治通鑑》，前後一十九年，書局自隨，自辟僚屬，所與討論又皆一時名流，故能裁成絶業，爲世宗師。鄭君區區一身，僻處寒陋，獨犯馬、班以來所不敢爲者而爲之，立論高遠，實不副名，又不幸而與馬端臨之《文獻通考》並稱於時，而《通考》之疏陋，轉不如是之甚。末學膚受，本無定識，從而抑揚其閒，妄相擬議，遂與比類纂輯之業同年而語，而衡短論長，岑樓寸木且有不敵之勢焉，豈不誣哉！

答客問上

癸巳在杭州，聞戴徵君震與吴處士穎芳談次，痛詆鄭君《通志》。其言絶可怪笑，以謂不足深辨，置弗論也。其後學者頗有訾謷，因假某君叙説，辨明著述源流。自謂習俗浮議，頗有摧陷廓清之功。[30]然其文上溯馬、班，下辨《通考》，皆史家要旨，不盡爲《通志》發也。而不知者又更端以相詰難，因作《答客問》三篇。

客有見章子《續通志敘書後》者，問於章子曰：《通志》之不可輕議，則既聞命矣。先生之辨也，文繁而不可殺，其推論所及，進退古人，多不與世之尚論者同科，豈故爲抑揚，以佐其辨歟？抑先生别有説歟？夫學者皆稱二十二史，著録之家，皆取馬、班而下，至於元明而上，區爲正史一門矣。今先生獨謂唐人整齊晉、隋故事，亦名其書爲一史，而學者誤承流别，不復辨正其體焉。豈晉、隋而下，不得名爲一史歟？觀其表志成規，紀傳定體，與馬、班諸史，未始有殊。開局設監，集衆修書，亦時勢使然耳。求於其實，則一例也。今云學者誤承流别，敢問晉、隋而下，其所以與陳、范而上，截然分部者安在？

章子曰：史之大原本乎《春秋》，《春秋》之義，昭乎筆削。筆削之義，不僅事具始末，文成規矩已也。以夫子"義則竊取"之旨觀之，固將綱紀天人，推明大道。所以通古今之變，而成一家之言者，必有詳人之所略，異人之所同，重人之所輕，而忽人之所謹，繩墨之所不可得而拘，類例之所不可得而泥，而後微茫杪忽之際，有以獨斷於一心。及其書之成也，自然可以參天地面質鬼神，契前修而俟後聖，此家學之所以可貴也。陳、范以來，律以《春秋》之旨，則不敢謂無失矣。然其心裁别識，家學具存，縱使反唇相議，至謂遷書退處士而進奸雄，固書排忠節而飾主闕，要其離合變化，義無旁出，自足名家學而符經旨。初不盡如後代纂類之業，相與效子莫之執中，求鄉愿之無刺，侈然自謂超遷軼固也。若夫君臣事迹，官司典章，王者易姓受命，綜核前代，纂輯比類，以存一代之舊物，是則所謂整齊故事之業也。開局設監，集衆修書，正當用其義例，守其繩墨，以待後人之論定則可矣，豈所語於專門著作之倫乎？《易》曰："苟非其人，道不虚行。"史才不世出，而時世變易不可常，及時纂輯所聞見，而不用標别家學，决斷去取爲急務，豈特晉、隋二史爲然哉？班氏以前，則有劉向、劉歆、揚雄、賈逵之《史記》，范氏以前，則有劉珍、李尤、蔡邕、盧植、楊彪之《漢記》，其書何嘗不遵表志之成規，不用紀傳之定體？然而守先待後之故事，與筆削獨斷之專家，其功用足以相資，而流别不能相混，則斷如也。溯而上之，百國寶書之於《春秋》，《世本》《國策》之於《史記》，其義猶是耳。

唐後史學絶，而著作無專家。後人不知《春秋》之家學，而猥以集衆官修之故事，乃與馬、班、陳、范諸書並列正史焉。於是史文等於科舉之程式，胥吏之文移，而不可稍有變通矣。閒有好學深思之士，能自得師於古人，標一法外之義例，著一獨具之心裁，而世之羣怪聚罵，指目牽引爲言詞，譬若猵狙見冠服，不與齕決毁裂，至於盡絶不止也。鄭氏《通志》之被謗，凡以此也。

嗟乎！道之不明久矣。六經皆史也。形而上者謂之道，形而下者謂之器。孔子之作《春秋》也，蓋曰："我欲之託空言，不如見諸行事之深切著明。"然則典章事實，作者之所不敢忽，蓋將即器而明道耳。其書足以明道矣，籩豆之事，則有司存，君子不以是爲瑣瑣也。道不明而争於器，實不足而競於文，其弊與空言制勝，華辯傷理者，相去不能以寸焉，而世之溺者不察也。太史公曰："好學深思，心知其意。"當今之世，安得知意之人，而與論作述之旨哉！

答客問中

客曰：孔子自謂"述而不作，信而好古"，又曰"好古敏以求之"。夏殷之禮，夫子能言，然而無徵不信，慨於文獻之不足也。今先生謂作者有義旨，而籩豆器數，不爲瑣瑣焉，毋乃悖於夫子之教歟？馬氏《通考》之詳備，鄭氏《通志》之疏舛，三尺童子所知也。先生獨取其義旨，而不責其實用，遂欲申鄭而屈馬，其説不近於偏耶？

章子曰：天下之言，各有攸當；經傳之言，亦若是而已矣。讀古人之書，不能會通其旨，而徒執其疑似之説，以争勝於一隅，則一隅之言，不可勝用也。天下有比次之書，有獨斷之學，有考索之功，三者各有所主，而不能相通。六經之於典籍也，猶天之有日月也。讀《書》如無《詩》，讀《易》如無《春秋》，雖聖人之籍，不能於一書之中，備數家之攻索也。《易》曰"不可爲典要"，而《書》則偏言"辭尚體要"焉。讀《詩》不以辭害志，而《春秋》則正以一言定是非焉。向令執龍血鬼車之象，而徵粤若稽古之文，託熊蛇魚旐之夢，以紀春王正月之令，則聖人之業荒，而治經之旨悖矣。若云好古敏求，文獻徵信，吾不謂往行前言可以滅裂也。多聞而有所擇，博學而要於約，其所取者有以自命，而不可概以成説相拘也。大道既隱，諸子争鳴，皆得先王之一端，莊生所謂“耳目口鼻，皆有所明，不能相通”者也。[31]目察秋毫，而不能見雷霆。耳辨五音，而不能窺泰山。謂耳目之有能有不能，則可矣；謂耳聞目見之不足爲雷霆山岳，其可乎？

由漢氏以來，學者以其所得，託之撰述以自表見者，蓋不少矣。高明者多獨斷之學，沉潛者尚考索之功，天下之學術，不能不具此二途。譬猶日晝而月夜，暑夏而寒冬，以之推代而成歲功，則有相需之益；以之自封而立畛域，則有兩傷之弊。故馬、班史祖，而伏、鄭經師，遷乎其地而弗能爲良，亦並行其道而不相爲背者也。使伏、鄭共注一經，必有牴牾之病。使馬、班同修一史，必有矛盾之嫌。以此知專門之學，未有不孤行其意，雖使同儕争之而不疑，舉世非之而不顧。此史遷之所以必欲傳之其人，而班固之書所以必待馬融受業於其女弟，[32]然後其學始顯也。遷書有徐廣、裴駰諸家傳其業，固書有服虔、應劭諸家傳其業。專門之學，口授心傳，不啻經師之有章句矣。然則《春秋》經世之意，必有文字之所不可得而詳，繩墨之所不可得而準。而今之學者，凡遇古人獨斷之著述，於意有不愜，囂然紛起而攻之，亦見其好議論而不求成功矣。

若夫比次之書，則掌故令史之孔目，簿書記注之成格，其原雖本柱下之所藏，其用止於備稽檢而供采擇，初無他奇也。然而獨斷之學，非是不爲取裁；考索之功，非是不爲按據。如旨酒之不離乎糟粕，嘉禾之不離乎糞土，是以職官故事、案牘圖牒之書，不可輕議也。然獨斷之學、考索之功欲其智，而比次之書欲其愚。亦猶酒可實尊彝，而糟粕不可實尊彝；禾可登簠簋，而糞土不可登簠簋，理至明也。古人云：“言之不文，行之不遠。”“文不雅馴，薦紳先生難言之。”爲職官故事、案牘圖牒之難以萃合而行遠也，於是有比次之法。不名家學，不立識解，以之整齊故事，而待後人之裁定，是則比次欲愚之效也。舉而登諸著作之堂，亦自標名爲家學，談何容易邪？且班固之才，可謂至矣。然其與陳宗、尹敏之徒撰《世祖本紀》與《新市》《平林》諸列傳，不能與《漢書》並立，而必以范蔚宗書爲正宗，則集衆官修之故事，與專門獨斷之史裁不相綴屬，又明矣。

自是以來，源流既失。鄭樵無考索之功，而《通志》足以明獨漸之學，君子於斯有取焉。馬貴與無獨斷之學，而《通考》不足以成比次之功，謂其智既無所取，而愚之爲道，又有未盡也。且其就《通典》而多分其門類，取便翻檢耳；因史志而裒集其論議，易於折衷耳。此乃經生決科之策括，不敢抒一獨得之見，標一法外之意，而奄然媚世爲鄉愿，至於古人著書之義旨，不可得聞也。俗學便其類例之易尋，喜其論説之平善，相與翕然交稱之，而不知著作源流之無似。此嘔啞嘲哳之曲，所以屬和萬人也。

答客問下

客曰：獨斷之學與考索之功，則既聞命矣。敢問比次之書，先生擬之糟粕與糞土，何謂邪？章子曰：斯非貶辭也。有璞而後施雕，有質而後運斤，先後輕重之閒，其數易明也。夫子未删之《詩》《書》，未定之《易》《禮》《春秋》，皆先王之舊典也。然非夫子之論定，則不可以傳之學者矣。李燾謂“左氏將傳《春秋》，先聚諸國史記，國别爲語，以備《内傳》之采摭”。是雖臆度之辭，然古人著書，未有全無所本者。以是知比次之業，不可不議也。比次之道，大約有三：有及時撰集，以待後人之論定者，若劉歆、揚雄之《史記》，班固、陳宗之《漢記》是也；有有志著述，先獵羣書，以爲薪槱者，若王氏《玉海》，司馬《長編》之類是也；有陶冶專家，勒成鴻業者，若遷録倉公技術，固裁劉向《五行》之類是也。夫及時撰集以待論定，則詳略去取，精於條理而已。先獵羣書，以爲薪槱，則辨同考異，慎於覈核而已。陶冶專家，勒成鴻業，則鉤玄提要，達於大體而已。比次之業，既有如是之不同；作者之旨，亦有隨宜之取辨。而今之學者，以謂天下之道，在乎較量名數之異同，辨别音訓之當否，如斯而已矣。是何異觀坐井之天，測坳堂之水，而遂欲窮六合之運度，量四海之波濤，以謂可盡哉！

夫漢帝春秋，年壽也。具於《别録》；臣瓚注。伏生、文翁之名，徵於石刻；高祖之作新豐，詳於劉《記》；《西京雜記》。孝武之好微行，著於外傳；《漢武故事》。而遷、固二書，未見采録，則比次之繁，不妨作者之略也。曹丕讓表，詳《獻帝傳》；甄后懿行，盛稱《魏書》；哀牢之傳，徵於計吏；見《論衡》先賢之表，著於黄初；而陳、范二史，不以入編，則比次之私，有待作者之公也。然而經生習業，遂纂典林，辭客探毫，因收韻藻。晚近澆漓之習，取便依檢，各爲兔園私册，以供陋學之取攜。是比次之業，雖欲如糟粕糞土，冀其化朽腐而出神奇，何可得哉！

夫村書俗學，既無良材，則比次之業難於憑藉者一矣。所徵故實，多非本文，而好易字句，漓其本質，以致學者寧習原書，怠窺新録，則比次之業難於憑藉者二矣。比類相從，本非著作，而彙收故籍，不著所出何書，一似已所獨得，使人無從徵信，則比次之業難於憑藉者三矣。傳聞異辭，記載别出，不能兼收並録以待作者之決擇，而私作聰明，自定去取，則比次之業難於憑藉者四矣。圖繪之學，不入史裁，金石之文，但徵目録，後人考核，徵信無從，則比次之業難於憑藉者五矣。專門之書，已成鉅編，不爲采録，大凡預防亡逸，而聽其孤行，漸致湮没，則比次之業難於憑藉者六矣。拘牽類例，取足成書，不於法律之外，多方購備，以俟作者之辨裁，一目之羅，得鳥無日，則比次之業難於憑藉者七矣。凡此多端，並是古人未及周詳，而後學尤所未悉。苟有志於三月聚糧，則講習何可不豫？而一世之士，不知度德量力，咸囂囂以作者自命，不肯爲是筌蹄嚆矢之功程，劉歆所謂“挾恐見破之私意，而無從善服義之公心”者也。術業如何得當？而著作之道，何由得正乎？

横　通

通人之名，不可以概擬也。有專門之精，有兼覽之博，各有其不可易，易則不能爲良；各有其不相謀，謀則不能爲益。然通之爲名，蓋取譬於道路，四衝八達，無不可至，謂之通也。亦取其心之所識，雖有高下、偏全、大小、廣狹之不同，而皆可以達於大道，故曰通也。然亦有不可四衝八達，不可達於大道，而亦不得不謂之通，是謂横通。横通之與通人，同而異，近而遠，合而離。

老賈善於販書，舊家富於藏書，好事勇於刻書，皆博雅名流所與把臂入林者也。禮失求野，其聞見亦頗有可以補博雅名流所不及者，固君子之所必訪也。然其人不過琴工碑匠，藝業之得接於文雅者耳。所接名流既多，習聞清言名論，而胸無智珠，則道聽塗説，根底之淺陋，亦不難窺。周學士長發，以此輩人謂之横通，其言奇而確也。故君子取其所長，而略其所短，譬琴工碑匠之足以資用而已矣。無如學者陋於聞見，接横通之議論，已如疾雷之破山，遂使魚目混珠，清流無别。而其人亦遂囂然自命，不自知其通之出於横也。江湖揮麈，别開琴工碑匠家風，君子所宜慎流别也。

徐生善禮容，制氏識鏗鏘。漢廷討論禮樂，雖宿儒耆學，有不如徐生、制氏者矣。議禮樂者，豈可不與相接？然石渠天禄之議論，非徐生、制氏所得參也。此亦禮樂之横通者也。

横通之人可少乎？不可少也。用其所通之横，以佐君子之縱也。君子亦不没其所資之横也。則如徐生之禮容，制氏之鏗鏘，爲補於禮樂，豈少也哉？無如彼不自知其横也，君子亦不察識其横也，是禮有玉帛，而織婦琢工，可參高堂之座，樂有鐘鼓，而鎔金制革，可議河間之記也。故君子不可以不知流别，而横通不可以强附清流，斯無惡矣。

評婦女之詩文，則多假借；作横通之序跋，則多稱許。一則憐其色，一則資其用也。設如試院之糊名易書，俾略知臭味之人，詳晰辨之，有不可欺者矣。雖然，婦女之詩文，不過風雲月露，其陋易見。横通之序跋，則稱許學術。一言爲智爲不智，君子於斯，宜有慎焉。

横通之人，無不好名。好名者，陋於知意者也。其所依附，必非第一流也。有如師曠之聰，辨别通於鬼神，斯惡之矣。故君子之交於横通也，不盡其歡，不竭其忠，爲有試之譽，留不盡之辭，則亦足以相處矣。

辛亥修《麻城志》，有呈《食貨志》稿者，内論行市經紀，即市司評物價者也。乃曰："貧人荒年，需升斗活八口家，與錢不如數，睫毛長一尺，無顧盼情。出百錢爲壽，輒强顔作鸜鵒笑。"此乃《聊齋志異》小説内譏貪鄙教官者，其人竊以責行市經紀，則風馬牛矣。此公以藏書之富著名也。〔33〕

【校勘記】

〔1〕"援"，大梁本作"據"。

〔2〕"斧琢"，當作"斧斫"。

〔3〕"背"，貴陽本作"倍"。

〔4〕"袜"，貴陽本作"秣"。王秉恩指出，"袜"應作"秣"，取秣馬之意。

〔5〕"由"，貴陽本作"而"。

〔6〕"畫諾"，大梁本、貴陽本作"諾畫"。

〔7〕"疾"，大梁本、貴陽本作"悲"。

〔8〕"鉟"，貴陽本作"鉱"。

〔9〕"才之長短"至"不與也"，大梁本、貴陽本、粤雅堂叢書本無。

〔10〕"聞見哉"，大梁本作"合衆力而爲辭矣"。

〔11〕"張甲"至"聲容"，大梁本作"期於李己，豈盗襲哉！人心不同如其面也。張甲色其文以誚後世誰"。

〔12〕"法前古"至"道之"，大梁本作"未始不可負二百"。

〔13〕"耶"，大梁本作"歟"。

〔14〕"非"，大梁本作"其"。

〔15〕“集之始於流别也”至“是則一人之史之説也”，大梁本、貴陽本、粵雅堂叢書本無。

〔16〕“一”，大梁本作“演”。

〔17〕“厲風”到“不究大道”，大梁本、貴陽本、粵雅堂叢書本無。

〔18〕“人生不飢”至“無用者矣”，大梁本、貴陽本、粵雅堂叢書本無。

〔19〕“韓子曰”至“以率之矣”，大梁本、貴陽本、粵雅堂叢書本無。

〔20〕“業”，大梁本、貴陽本作“走”。“豈能皆出於同心”，大梁本、貴陽本作“亦能知同走之心歟”。

〔21〕“注釋”，大梁本、貴陽本作“詁釋”。“四五”，大梁本、貴陽本作“三四”。

〔22〕“理”，大梁本、貴陽本作“禮”。

〔23〕“浸流”，大梁本、貴陽本、粵雅堂叢書本無。

〔24〕“統史”，大梁本、貴陽本訛爲“通史”。

〔25〕“亡”，大梁本、貴陽本作“無”。

〔26〕“書”，大梁本、貴陽本、粵雅堂叢書本無。

〔27〕“采”，大梁本、貴陽本、粵雅堂叢書本作“辭”。

〔28〕“势”，大梁本、貴陽本作“事”。

〔29〕“某君之治是書也”至“者也”，大梁本、貴陽本、粵雅堂叢書本無。

〔30〕“摧”，大梁本作“推”。

〔31〕“謂”，原作“得”，葉瑛認爲應改爲“謂”。

〔32〕“書”，大梁本、貴陽本無。

〔33〕“辛亥修《麻城志》”至“著名也”，大梁本、貴陽本、粵雅堂叢書本無。

文史通義卷五　内篇五

史　德

才、學、識三者，得一不易，而兼三尤難。千古多文人而少良史，職是故也。昔者劉氏子玄，蓋以是説謂足盡其理矣。雖然，史所貴者義也，而所具者事也，所憑者文也。孟子曰：“其事則齊桓、晉文，其文則史，義則夫子自謂竊取之矣。”非識無以斷其義，非才無以善其文，非學無以練其事，三者固各有所近也，其中固有似之而非者也。記誦以爲學也，辭采以爲才也，擊斷以爲識也，非良史之才、學、識也。雖劉氏之所謂才、學、識，猶未足以盡其理也。夫劉氏以謂有學無識，如愚估操金，不解貿化。推此説以證劉氏之指，不過欲於記誦之閒，知所決擇以成文理耳。故曰：古人史取成家，退處士而進奸雄，排死節而飾主闕，亦曰一家之道然也。此猶文士之識，非史識也。能具史識者，必知史德。德者何？謂著書者之心術也。夫穢史者所以自穢，謗書者所以自謗，素行爲人所羞，文辭何足取重！魏收之矯誣，沈約之陰惡，讀其書者，先不信其人，其患未至於甚也。所患夫心術者，謂其有君子之心，而所養未底於粹也。夫有君子之心，而所養未粹，大賢以下，所不能免也。此而猶患於心術，自非夫子之《春秋》，不足當也。以此責人，不亦難乎？是亦不然也。蓋欲爲良史者，當慎辨於天人之際，盡其天而不益以人也。盡其天而不益以人，雖未能至，苟允知之，亦足以稱著述者之心術矣。而文史之儒，競言才、學、識，而不知辨心術以議史德，烏乎可哉？

夫是堯、舜而非桀、紂，人皆能言矣。崇王道而斥霸功，又儒者之習故矣。至於善善而惡惡，褒正而嫉邪，凡欲託文辭以不朽者，莫不有是心也。然而心術不可不慮者，則以天與人參，其端甚微，非是區區之明所可恃也。

夫史所載者事也，事必藉文而傳，故良史莫不工文，而不知文又患於爲事役也。蓋事不能無得失是非，一有得失是非，則出入予奪相奮摩矣。奮摩不已，而氣積焉。事不能無盛衰消息，一有盛衰消息，則往復憑弔生流連矣。流連不已，而情深焉。凡文不足以動人，所以動人者，氣也。凡文不足以入人，所以入人者，情也。氣積而文昌，情深而文摯；氣昌而情摯，天下之至文也。然而其中有天有人，不可不辨也。氣得陽剛而情合陰柔，人麗陰陽之閒，不能離焉者也。氣合於理，天也；氣能違理以自用，人也。情本於性，天也；情能汩性以自恣，人也。史之義出於天，而史之文不能不藉人力以成之。人有陰陽之患，而史文即忤於大道之公，其所感召者微也。夫文非氣不立，而氣貴於平。人之氣，燕居莫不平也。因事生感，而氣失則宕，氣失則激，氣失則驕，毗於陽矣。文非情不深，[1]而情貴於正。人之情，虛置無不正也。因事生感，而情失則流，情失則溺，情失則偏，毗於陰矣。陰陽伏沴之患，乘於血氣而入於心知，其中默運潛移，似公而實逞於私，似天而實蔽於人，發爲文辭，至於害義而違道，其人猶不自知也。故曰心術不可不慎也。

夫氣勝而情偏，猶曰動於天而參於人也。才藝之士，則又溺於文辭，以爲觀美之具焉，而不知其不可也。史之賴於文也，猶衣之需乎采，食之需乎味也。采之不能無華樸，味之不能無濃淡，勢也。華樸争而不能無邪色，濃淡争而不能無奇味。邪色害目，奇味爽口，起於華樸濃淡之争也。文辭有工拙，而族史方且以是爲競焉，是舍本而逐末矣。以此爲文，未有見其至者。以此爲史，豈可與聞古人大體乎？

韓氏愈曰："仁義之人，其言藹如。"仁者情之普，義者氣之遂也。程子嘗謂："有《關雎》《麟趾》之意，而後可以行《周官》之法度。"吾則以謂通六義比興之旨，而後可以講春王正月之書，蓋言心術貴於養也。史遷百三十篇,《報任安書》所謂“究天地之際,通古今之變,成一家之言”,自序以謂“紹名世,正《易傳》,本《詩》《書》《禮》《樂》之際”,其本旨也。所云“發憤著書”,不過叙述窮愁而假以爲辭耳。後人泥於發憤之説,遂謂百三十篇皆爲怨誹所激發,王允亦斥其言爲謗書。於是後世論文,以史遷爲譏謗之能事,以微文爲史職之大權,或從羡慕而仿效爲之,是直以亂臣賊子之居心,而妄附《春秋》之筆削,不亦悖乎!今觀遷所著書,如《封禪》之惑於鬼神,《平準》之算及商販,孝武之秕政也。後世觀於相如之文,桓寬之論,何嘗待史遷而後著哉?《游俠》《貨殖》諸篇,不能無所感慨,賢者好奇,亦洵有之。餘皆經緯古今,折衷六藝,何嘗敢於訕上哉!朱子嘗言《離騷》不甚怨君,後人附會有過。[2]吾則以謂史遷未敢謗主,讀者之心自不平耳。夫以一身坎軻,怨誹及於君父,且欲以是邀千古之名,此乃愚不安分,名教中之罪人,天理所誅,又何著述之可傳乎?夫《騷》與《史》,千古之至文也。其文之所以至者,皆抗懷於三代之英,而經緯乎天人之際者也。所遇皆窮,固不能無感慨。而不學無識者流,且謂誹君謗主,不妨尊爲文辭之宗焉,大義何由得明,心術何由得正乎?

夫子曰:“《詩》可以興。”説者以謂興起好善惡惡之心也。好善惡惡之心,懼其似之而非,故貴平日有所養也。《騷》與《史》,皆深於《詩》者也。言婉多風,皆不背於名教,而梏於文者不辨也。故曰必通六義比興之旨,而後可以講春王正月之書。

史　釋

或問《周官》府史之史,與内史、外史、太史、小史、御史之史,有異義乎?曰:無異義也。府史之史,庶人在官供書役者,今之所謂書吏是也。五史,則卿、大夫、士爲之,所掌圖書、紀載、命令、法式之事,今之所謂内閣六科、翰林中書之屬是也。官役之分,高下之隔,流别之判，如霄壤矣。然而無異義者，則皆守掌故，而以法存先王之道也。

史守掌故而不知擇，猶府守庫藏而不知計也。先王以謂太宰制國用，司會質歲之成，皆有調劑盈虚、均平秩序之義，非有道德賢能之選，不能任也，故任之以卿士、大夫之重。若夫守庫藏者，出納不敢自專，庶人在官，足以供使而不乏矣。然而卿士、大夫，討論國計，得其遠大，若問庫藏之纖悉，必曰府也。

五史之於文字，猶太宰司會之於財貨也。典、謨、訓、誥，曾氏以謂“唐虞三代之盛，載筆而紀，亦皆聖人之徒”，其見可謂卓矣。五史以卿士、大夫之選，推論精微；史則守其文誥、圖籍、章程、故事，而不敢自專。然而問掌故之委折，必曰史也。

夫子曰：“民可使由之，不可使知之。”先王道法，非有二也。卿士、大夫能論其道，而府史僅守其法，人之知識，有可使能與不可使能爾，非府史所守之外，别有先王之道也。夫子曰：“俎豆之事，則嘗聞之矣。”曾子乃曰：“君子所貴乎道者三。籩豆之事，則有司存。”非曾子之言異於夫子也，夫子推其道，曾子恐人泥其法也。子貢曰：“文武之道，未墜於地，在人。夫子焉不學，亦何常師之有？”“入太廟，每事問。”則有司賤役，巫祝百工，皆夫子之所師矣。問禮問官，豈非學於掌故者哉？故道不可以空詮，[3]文不可以空著。三代以前，未嘗以道名教，而道無不存者，無空理也。三代以前，未嘗以文爲著作，而文爲後世不可及者，無空言也。蓋自官師治教分，而文字始有私門之著述，於是文章學問，乃與官司掌故爲分途，而立教者可得離法而言道體矣。《易》曰：“苟非其人，道不虚行。”學者崇奉六經，以謂聖人立言以垂教，不知三代盛時，各守專官之掌故，而非聖人有意作爲文章也。

《傳》曰：“禮時爲大。”又曰：“書同文。”蓋言貴時王之制度也。學者但誦先聖遺言，而不達時王之制度，是以文爲鞶帨絺繡之玩，而學爲鬬奇射覆之資，不復計其實用也。故道隱而難知，士大夫之學問文章，未必足備國家之用也。法顯而易守，書吏所存之掌故，實國家之制度所存，亦即堯舜以來，因革損益之實迹也。故無志於學則已，君子苟有志於學，則必求當代典章，以切於人倫日用；必求官司掌故，而通於經術精微；則學爲實事，而文非空言，所謂有體必有用也。不知當代而言好古，不通掌故而言經術，則鞶帨之文，射覆之學，雖極精能，其無當於實用也審矣。

孟子曰："力能舉百鈞，而不足舉一羽。明足察秋毫之末，而不見輿薪。"難其所易，而易其所難，謂失權度之宜也。學者昧今而博古，荒掌故而通經術，是能勝《周官》卿士之所難，而不知求府史之所易也。故舍器而求道，舍今而求古，舍人倫日用而求學問精微，皆不知府史之史通於五史之義者也。

以吏爲師，三代之舊法也。秦人之悖於古者，禁《詩》《書》而僅以法律爲師耳。三代盛時，天下之學，無不以吏爲師。《周官》三百六十，天人之學備矣。其守官舉職，而不墜天工者，皆天下之師資也。東周以還，君師政教不合於一，於是人之學術，不盡出於官司之典守。秦人以吏爲師，始復古制。而人乃狃於所習，轉以秦人爲非耳。秦之悖於古者多矣，猶有合於古者，以吏爲師也。

孔子曰："生乎今之世，反古之道，裁及其身者也。"李斯請禁《詩》《書》，以謂儒者是古而非今，其言若相近，而其意乃大悖。後之君子，不可不察也。夫三王不襲禮，五帝不沿樂。不知禮時爲大，而動言好古，必非真知古制者也。是不守法之亂民也，故夫子惡之。若夫殷因夏禮，百世可知。損益雖曰隨時，未有薄堯舜而詆斥禹湯文武周公而可以爲治者。李斯請禁《詩》《書》，君子以謂愚之首也。後世之去唐虞三代，則更遠矣。要其一朝典制，可以垂奕世而致一時之治平者，未有不於古先聖王之道，得其仿彿者也。故當代典章，官司掌故，未有不可通於《詩》《書》六藝之所垂。而學者昧於知時，動矜博古，譬如考西陵之蠶桑，講神農之樹藝，以謂可禦飢寒而不須衣食也。

史　注

昔夫子之作《春秋》也，筆削既具，復以微言大義，口授其徒。三傳之作，因得各據聞見，推闡經藴，於是《春秋》以明。諸子百家既著其説，亦有其徒相與守之，然後其説顯於天下。至於史事，則古人以業世其家，學者就其家以傳業。孔子問禮，必於柱下史。蓋以域中三大，非取備於一人之手，程功於翰墨之林者也。史遷著百三十篇，《漢書》謂之《太史公》，〔4〕《隋志》始曰《史記》。乃云："藏之名山，傳之其人。"其後外孫楊惲始布其書。班固《漢書》，自固卒後，一時學者未能通曉。馬融乃伏閣下，從其女弟受業，然後其學始顯。夫馬、班之書，今人見之悉矣，而當日傳之必以其人，受讀必有所自者，古人專門之學，必有法外傳心，筆削之功所不及，則口授其徒，而相與傳習其業，以垂永久也。遷書自裴駰爲注，固書自應劭作解，其後爲之注者猶若干家，則皆闡其家學者也。

魏晉以來，著作紛紛，前無師承，後無從學。且其爲文也，體既濫漫，絶無古人筆削謹嚴之義；旨復淺近，亦無古人隱微難喻之故，自可隨其詣力，孤行於世耳。至於史籍之掌，代有其人，而古學失傳，史存具體。惟於文誥案牘之類次，月日記注之先後，不勝擾擾，而文亦繁蕪複沓，盡失遷、固之舊也。是豈盡作者才力之不逮，抑史無注例，其勢不得不日趨於繁富也。古人一書而傳者數家，後代數人而共成一書。夫傳者廣，則簡盡微顯之法存。作者多，則牴牾複沓之弊出。循流而日忘其源，古學如何得復，而史策何從得簡乎？是以《唐書》倍《漢》，《宋史》倍《唐》，檢閲者不勝其勞，傳習之業安得不亡？

夫同聞而異述者，見崎而分道也；源正而流别者，歷久而失真也。九師之《易》，四氏之《詩》，師儒林立，傳授已不勝其紛紛。士生三古而後，能自得於古人，勒成一家之作，方且徬徨乎兩閒，孤立無徒，而欲抱此區區之學，待發揮於子長之外孫，孟堅之女弟，必不得之數也。太史敘例之作，〔5〕其自注之權輿乎？明述作之本旨，見去取之從來，已似恐後人不知其所云，而特筆以標之。所謂“不離古文”，及“考信六藝”云云者，[6]皆百三十篇之宗旨，或殿卷末，或冠篇端，未嘗不反復自明也。班《書》年表十篇，與地理、藝文二《志》皆自注，則又大綱細目之規矩也。其陳、范二史，尚有松之、章懷爲之注。至席惠明注《秦記》，劉孝標注《世説新語》，則雜史支流猶有子注，是六朝史學家法未亡之一驗也。自後史權既散，详《三变》篇。紀傳浩繁，惟徐氏《五代史注》，亦已簡略，尚存餼羊於一綫。而唐宋諸家，則茫乎其不知涯涘焉。宋范冲修《神宗實録》，别爲《考異》五卷以發明其義。是知後無可代之人，而自爲之解。當與《通鑑舉要》《考異》之屬，同爲近代之良法也。

劉氏《史通》，畫補注之例爲三條，其所謂小書人物之《三輔決録》《華陽士女》，與所謂史臣自刊之《洛陽伽藍》《關東風俗》者，雖名爲二品，實則一例。皆近世議史諸家之不可不亟復者也。惟所謂思廣異聞之松之《三國》、劉昭《後漢》一條，則史家之舊法，與《索隱》《正義》之流，大同而小異者也。

夫文史之籍，日以繁滋，一編刊定，則徵材所取之書，不數十年嘗亡失其十之五六，宋元修史之成規，可覆按焉。使自注之例得行，則因援引所及，而得存先世藏書之大概，因以校正藝文著録之得失，是亦史法之一助也。且人心日漓，風氣日變，缺文之義不聞，而附會之習且愈出而愈工焉。

在官修書，惟冀塞責，私門著述，苟飾浮名。或剽竊成書，或因陋就簡。使其術稍黠，皆可愚一時之耳目，而著作之道益衰。誠得自注以標所去取，則聞見之廣狹，功力之疏密，心術之誠僞，灼然可見於開卷之頃，而風氣可以漸復於質古，是又爲益之尤大者也。然則考之往代，家法既如彼；揆之後世，繫重又如此；夫翰墨省於前，而功效多於舊，孰有加於自注也哉？

傳　　記

傳記之書，其流已久，蓋與六藝先後雜出。古人文無定體，經史亦無分科。《春秋》三家之傳，各記所聞，依經起義，雖謂之記可也。經《禮》二戴之記，各傳其説，附經而行，雖謂之傳可也。其後支分派别，至於近代，始以録人物者，區爲之傳，敘事迹者，區爲之記。蓋亦以集部繁興，人自生其分别，不知其然而然，遂若天經地義之不可移易。此類甚多，學者生於後世，苟無傷於義理，從衆可也。然如虞預《妬記》《襄陽耆舊記》之類，叙人何嘗不稱記？龜策、西域諸《傳》，述事何嘗不稱傳？大抵爲典爲經，皆是有德有位，綱紀人倫之所制作，今之六藝是也。夫子有德無位，則述而不作，故《論語》《孝經》，皆爲傳而非經，而《易·繫》亦止稱爲《大傳》。其後悉列爲經，諸儒尊夫子之文，而使之有以别於後儒之傳記爾。

周末儒者，及於漢初，皆知著述之事，不可自命經綸，蹈於妄作；又自以立説，當稟聖經以爲宗主，遂以所見所聞，各筆於書而爲傳記。若二《禮》諸記、《詩》《書》《易》《春秋》諸傳是也。蓋皆依經起義，其實各自爲書，與後世箋注自不同也。後世專門學衰，集體日盛，叙人述事，各有散篇，亦取傳記爲名，附於古人傳記專家之義爾。明自嘉靖而後，論文各分門户，其有好爲高論者，輒言傳乃史職，身非史官，豈可爲人作傳？世之無定識而强解事者，羣焉和之，以謂於古未之前聞。夫後世文字，於古無有，而相率而爲之者，集部紛紛，人率皆是。若傳則本非史家所創，馬班以前，早有其文。孟子答苑囿、湯、武之事，皆曰："於傳有之。" 彼時並未有紀傳之史，豈史官之文乎！今必以爲不居史職，不宜爲傳，試問傳記有何分别？不爲經師，又豈宜更爲記耶？記無所嫌，而傳爲厲禁，則是重史而輕經也。

文章宗旨，著述體裁，稱爲例義。今之作家，昧焉而不察者多矣。獨於此等無可疑者，輒爲無理之拘牽，殆如村俚巫嫗妄説陰陽禁忌，愚民舉措爲難矣。明末之人，思而不學，其爲瞽説，可勝唾哉！今之論文章者，乃又學而不思，反襲其説，以矜有識，是爲古所愚也。

辨職之言，尤爲不明事理。如通行傳記，盡人可爲，自無論經師與史官矣。必拘拘於正史列傳，而始可爲傳，則雖身居史職，苟非專撰一史，又豈可別自爲私傳耶？若但爲應人之請，便與撰傳，無以異於世人所撰。惟他人不居是官，例不得爲，己居其官，即可爲之，一似官府文書之須印信者然。是將以史官爲胥吏，而以應人之傳，爲倚官府而舞文之具也，説尤不可通矣。道聽之徒，乃謂此言出大興朱先生，不知此乃明末之矯論，持門户以攻王、李者也。

朱先生嘗言："見生之人，不當作傳。"自是正理。但觀於古人，則不盡然。按《三國志》龐淯母趙娥，爲父報仇殺人，注引皇甫《烈女傳》云："故黄門侍郎安定梁寬爲其作傳。"是生存之人，古人未嘗不爲立傳。李翺撰《楊烈婦傳》，彼時楊尚生存。恐古人似此者不乏。蓋包舉一生而爲之傳，《史》《漢》列傳體也。隨舉一事而爲之傳，《左氏》傳經體也。朱先生言，乃專指列傳一體爾。

邵念魯與家太詹嘗辨古人之撰私傳，曰："子獨不聞鄧禹之傳，范氏固有本歟？"按此不特范氏，陳壽《三國志》，裴注引東京、魏晉諸家私傳相證明者，凡數十家。即見於隋唐《經籍》《藝文志》者，如《東方朔傳》、《陸先生傳》之類，亦不一而足，事固不待辨也。彼挾兔園之册，但見昭明《文選》、唐宋八家鮮入此體，遂謂天下之書，不復可旁證爾。

往者聘撰《湖北通志》，因恃督府深知，遂用別識心裁，勒爲三家之學。人物一門，全用正史列傳之例，撰述爲篇。而隋唐以前，史傳昭著，無可參互詳略施筆削者，則但揭姓名，爲《人物表》。説詳本篇《序例》。其諸史本傳，悉入《文徵》，以備案檢。所謂三家之學，《文徵》以擬《文選》。其於撰述義例，精而當矣。時有僉人，窮於宦拙，求余薦入書局，無功冒餐給矣。值督府左遷，小人涎利搆讒，羣刺蜂起，當事惑之，檄委其人校正。余方恃其由余薦也，而不虞其背德反噬，昧其平昔所服膺者，而作譸張以罔上也。別有專篇辨例。乃曰《文徵》，例仿《文選》《文苑》。《文選》《文苑》本無傳體。因舉《何蕃》《李赤》《毛穎》《宋清》諸傳，出於游戲投贈，不可入正傳也。上官乃亟贊其有學識也，而又陰主其説，匿不使余知也。噫！《文苑英華》有傳五卷，蓋七百九十有二，至於七百九十有六，其中正傳之體，公卿則有兵部尚書梁公李峴，節鉞則有東川節度盧坦，皆李華撰傳。文學如陳子昂，盧藏用撰傳。節操如李紳，沈亞之撰傳。貞烈如楊婦、李翺。竇女，杜牧。合於史家正傳例者，凡十餘篇，而謂《文苑》無正傳體，真喪心矣！

宋人編輯《文苑》，類例固有未盡，然非僉人所能知也。即傳體之所采，蓋有排麗如碑誌者，庾信《邱乃敷敦崇傳》之類。[7] 自述非正體者，《陸文學自傳》之類。立言有寄託者，《王承福傳》之類。借名存諷刺者，《宋清傳》之類。投贈類序引者，《强居士傳》之類。俳諧爲游戲者，《毛穎傳》之類。亦次於諸正傳中，不如李漢集韓氏文，以《何蕃傳》入雜著，以《毛穎傳》入雜文，義例乃皎然矣。

習　固

辨論烏乎起？起於是非之心也。是非之心烏乎起？起於嫌介疑似之間也。烏乎極？極於是堯非桀也。世無辨堯、桀之是非，世無辨天地之高卑也。目力盡於秋毫，耳力窮乎穴蟻。能見泰山，不爲明目，能聞雷霆，不爲聰耳。故堯、桀者，是非之名，而非所以辨是非也。嫌介疑似，未若堯、桀之分也。推之而無不若堯、桀之分，起於是非之微，而極於辨論之精也。故堯、桀者，辨論所極，而是非者，隱微之所發端也。

隱微之創見，辨者矜而寶之矣。推之不至乎堯、桀，無爲貴創見焉。推之既至乎堯、桀，人亦將與固有之堯、桀而安之也。故創得之是非，終於無所見是非也。堯、桀無推者也。積古今之是非而安之如堯、桀者，皆積古今人所創見之隱微而推極之者也。安於推極之是非者，不知是非之所在也。不知是非之所在者，非竟忘是非也，以謂固然而不足致吾意焉爾。

觸乎其類而動乎其思，於是有見所謂誠然者，非其所非而是其所是，矜而寳之，以謂隱微之創見也。推而合之，比而同之，致乎其極，乃即向者安於固然之堯、桀也。向也不知所以，而今知其所以，故其所見有以異於向者之所見，而其所云實不異於向者之所云也。故於是非而不致其思者，所矜之創見，皆其平而無足奇者也。

酤家釀酒而酸，大書酒酸減直於門，以冀速售也。有不知書者，入飲其酒而酸，以謂主人未之知也。既去而遺其物，主家追而納之，又謂主人之厚己也。屏人語曰："君家之酒酸矣，盍減直而急售？"主人聞之而啞然也。故於是非而不致其思者，所矜之創見，乃告主家之酒酸也。

堯、桀固無庸辨矣。然被堯之仁，必有幾幾於不能言堯者，乃真是堯之人也。遇桀之暴，必有幾幾於不能數桀者，乃真非桀之人也。千古固然之堯、桀，猶推始於幾，幾不能言與數者，而後定堯、桀之固然也。故真知是非者，不能遽言是非也。真知是堯非桀者，其學在是非之先，不在是堯非桀也。

是堯而非桀，貴王而賤霸，尊周、孔而斥異端，正程、朱而偏陸、王，吾不謂其不然也。習固然而言之易者，吾知其非真知也。

詩　　話

詩話之源，本於鍾嶸《詩品》。然考之經傳，如云："爲此詩者，其知道乎？"又云："未之思也，何遠之有？"此論詩而及事也。又如"吉甫作誦，穆如清風"，"其詩孔碩，其風肆好"。此論詩而及辭也。事有是非，辭有工拙，觸類旁通，啟發實多。江河始於濫觴，後世詩話家言，雖曰本於鍾嶸，要其流別滋繁，不可一端盡矣。

《詩品》之於論詩，視《文心雕龍》之於論文，皆專門名家勒爲成書之初祖也。《文心》體大而慮周，《詩品》思深而意遠，蓋《文心》籠罩羣言，而《詩品》深從六藝溯流别也。如云某人之詩，其源出於某家之類，最爲有本之學。其法出於劉向父子。論詩論文而知溯流别，則可以探源經籍，而進窺天地之純，古人之大體矣。此意非後世詩話家流所能喻也。鍾氏所推流别，亦有不甚可曉處。蓋古書多亡，難以取證。但已能窺見大意，實非論詩家所及。

唐人詩話，初本論詩。自孟棨《本事詩》出，亦本《詩小序》。乃使人知國史叙詩之意。而好事者踵而廣之，則詩話而通於史部之傳記矣。間或詮釋名物，則詩話而通於經部之小學矣。《爾雅》訓詁類也。或泛述聞見，則詩話而通於子部之雜家矣。此二條，宋人以後較多。雖書旨不一其端，而大略不出論辭論事，推作者之志，期於詩教有益而已矣。

《詩品》《文心》，專門著述，自非學富才優，爲之不易，故降而爲詩話。沿流忘源，爲詩話者不復知著作之初意矣。猶之訓詁與子史專家，子指上章雜家，史指上章傳記。爲之不易，故降而爲説部。沿流忘源，爲説部者不復知專家之初意也。詩話説部之末流，糾紛而不可犁别，學術不明，而人心風俗或因之而受其敝矣。

宋儒講學，躬行實踐，不易爲也。風氣所趨，撰語録以主奴朱、陸，則盡人可能也。論文考藝，淵源流别，不易知也。好名之習，作詩話以黨伐同異，則盡人可能也。以不能名家之學，如能名家，即自成著述矣。入趨風好名之習，挾人盡可能之筆，著惟意所欲之言，可憂也，可危也！

説部流弊，至於誣善黨姦，詭名託姓。前人所論，如《龍城録》《碧雲騢》之類，蓋亦不可勝數，史家所以有别擇稗野之道也。事有紀載可以互證，而文則惟意之所予奪，詩話之不可憑，或甚於説部也。

前人詩話之弊，不過失是非好惡之公。今人詩話之弊，乃至爲世道人心之害。失在是非好惡，不過文人相輕之氣習，公論久而自定，其患未足憂也。害在世道人心，則將醉天下之聰明才智，而網人於禽獸之域也。其機甚深，其術甚狡，而其禍患將有不可勝言者。名義君子，不可不峻其防而嚴其辨也。

小説出於稗官，委巷傳聞瑣屑，雖古人亦所不廢。然俚野多不足憑，大約事雜鬼神，報兼恩怨。《洞冥》《拾遺》之篇，《搜神》《靈異》之部，六代以降，家自爲書。唐人乃有單篇，别爲傳奇一類。專書一事始末，不復比類爲書。大抵情鍾男女，不外離合悲歡。紅拂辭楊，繡襦報鄭，韓、李緣通落葉，崔、張情導琴心，以及明珠生還，小玉死報，凡如此類，或附會疑似，或竟託子虚，雖情態萬殊，而大致略似。其始不過淫思古意，辭客寄懷，猶詩家之樂府古豔諸篇也。宋元以降，則廣爲演義，譜爲詞曲，遂使瞽史絃誦，優伶登場，無分雅俗男女，莫不聲色耳目。蓋自稗官見於《漢志》，歷三變而盡失古人之源流矣。

小説歌曲傳奇演義之流，其叙男女也，男必纖佻輕薄，而美其名曰才子風流；女必冶蕩多情，而美其名曰佳人絶世。世之男子有小慧而無學識，女子解文墨而闇禮教者，皆以傳奇之才子佳人，爲古之人，古之人也。今之爲詩話者，又即有小慧而無學識者也。有小慧而無學識矣，濟以心術之傾邪，斯爲小人而無忌憚矣，何所不至哉！

詩話論詩，非論貌也。就使論貌，所以稱丈夫者，或魁梧奇偉，或豐碩美髯，或丰骨稜峻，或英姿颯爽，何所不可。今則概未有聞，惟於少年弱冠之輩，不曰美如好女，必曰顧影堪憐；不曰玉映冰膚，必曰蘭薰蕙質；此亦約略之辭，非一定字樣也。不知其意將何爲也。甚至盛稱邪説，以爲禮制但旌節婦，不褒貞男，以見美男之不妨作嬖。斯乃人首畜鳴，而毅然筆爲詩話，人可戮而書可焚矣！男子爲娼，古有禁律，其人不學，無由知也。

古今婦女之詩，比於男子詩篇，不過千百中之十一。詩話偶有所舉，比於論男子詩，亦不過千百中之十一。蓋論詩多寡，必因詩篇之多寡以爲區分，理勢之必然者也。今乃累軸連編，所稱閨閣之詩，幾與男子相埒。甚至比連母女姑婦，綴合娣姒姊妹，殆於家稱王、謝，户盡崔、盧，豈壼内文風，自古以來，於今爲烈耶？君子可欺以其方，其然，豈其然乎？且其叙述閨流，强半皆稱容貌，非誇國色，即詡天人，非贊聯珠，即標合璧，遂使觀其書者，忘爲評詩之話，更成品豔之編，自有詩話以來所未見也。

婦女内言不出閫外，詩話爲之私立名字，標榜聲氣，爲虚爲實，吾不得而知也。詩話何由知人閨閣如是之詳？即此便見傾邪，更無論僞飾矣。丈夫姓字，弧矢四方，詩話所名，豈能終祕？其中名德鉅公，志其餘事；奇才宿望，著其精能；或有身地寒微，表其幽雋；一節可取，藉端留芳，此誠詩話應有事也。今乃玉石不分，苗莠無别，往往詩話識其名姓，邂逅偶遇斯人，實乃風塵游乞，庸奴賤品。助語不辨虚實，引喻全乖向方，臃腫無知，贅瘤可厭，亦不乏其徒焉。此而可邀題品，則真才宿學，寧不以同類爲羞乎？乃知閨閣稱詩，何從按實？觀其鏤雕纖曲，醖釀尖新，雖面目萬殊而情態不異，其爲竄易飾僞，情狀顯然。豈無静女名姝，清思佳什？牽於茅黄葦白，轉覺惡紫奪朱矣。

自衒自媒，士女之醜。桃李不言，下自成蹊。凡人之足以千古者，必有得於古人之所謂誠然，而終身憂樂其中，不顧舉世之所爲是與非也。傾邪之人，欲有所取於世，則先以標榜聲氣，騷激人心。又恐人之不爲動也，則誘人以好名，甚且倡爲邪説，至云人之所以異於禽獸，以好名也。夫好名之人，矯情飾僞，競趨時譽，雖禽獸所不爲耳。亦猶椎埋胠篋，亦禽獸所不爲。今倡説曰：人之所以異於禽獸，以能椎埋胠篋也，可乎？至於附會經傳，肆侮聖言，尤喪心而病狂矣。《論語》“君子去仁，惡乎成名”，“疾没世而名不稱”，皆妄引爲好名之證。

人之所以應傳名者，義類多矣。而彼之誘人，惟務文學之名，不亦小乎！即文學之所以應得名者，途轍廣矣。而彼之所以誘人，又不過纖佻輕雋之辭章，才子佳人之小説，男必張生、李十，女必宏度、幼微，將率天下之士女，翩翩然化爲蛺蜨楊花，而後大快於心焉。則斯人之所謂名，乃名教之罪人也。斯人之所謂名，亦有識者所深恥也。

學者亦知雅俗之别乎？雅者，正也，亦曰常也。安其正而守其常，實至而名自歸之，斯天下之大雅也。好名者流，忘己徇人，世俗譽之，則沾沾以喜；世俗非之，則戚戚以憂。以世俗之予奪爲趨避，是己之所處，方以俗爲依歸也。且人以好名爲雅，好利爲俗，尤非也。名者，有所利而好之。所好不同，而其心無異。故好名之人，其俗甚於好利也。誘人好名者，其罪浮於教人胠篋也。一有名心，即沾俗氣。與衆争趨，俗安可醫！

傾邪之人，必有所恃。挾纖仄便娟之筆，爲稱功頌德之辭。以摩符抵掌之談，運宛轉逢迎之術。權貴顯要無不逢也，聲望巨公無不媚也。筆舌不足，導以景物娱游；追隨未足，媚以烹庖口味。自記爲某貴人品嘗屬下進饌。又某貴人屢索其姬妾手調飲饌，有謝賞姬人啟事。至乃陪公子於青樓，貴人公子，時同句曲。頌嬌姿於金屋，貴人爱寵，無不詳於筆記。尤稱絶技，備極精能。貴人公退之餘，亦思娱樂。優伶是其習見，狗馬亦所常調，數見不鮮，神思倦矣。忽見通文墨之優伶，解聲歌之犬馬，屈曲如意，宛約解人，能不愛憐，幾於得寶！加之便佞閒如諧隱，飾情或託山林，自託山林隱遁之流，足迹不離戟轅鈴閣。使人誤認清流，因而揖之上坐，賜以顔色，假以羽毛。遂能登高而呼，有挾以令，舟車所向，到處逢迎，熒惑聽聞，干謁州縣。或關説陰訟，恣其不肖之圖，乘機漁色。或聚集少年，肆爲冶蕩之説。斯乃人倫之蟊賊，名教所必誅。昧者不知，誇其傳食列城，風聲炫燿，是猶羡儀、衍之大丈夫，而不知其爲妾婦所羞也。

聲《詩》三百，聖教所存，千古名儒，不聞異議。今乃喪心無忌，敢侮聖言，邪説倡狂，駭人耳目。六義甚廣，而彼謂《雅》《頌》劣於《國風》；《風》詩甚多，而彼謂言情妙於男女。凡聖賢典訓，無不横徵曲引，以爲導欲宣淫之具，其罪可勝誅乎！自負詩才，天下第一，庸妄無知甚矣。昔李白論詩，貴於清真，此乃今古論詩文之準則，故至今懸功令焉。清真者，學問有得於中，而以詩文抒寫其所見，無意工辭，而盡力於辭者莫及也。毋論詩文，皆須學問，空言性情，畢竟小家。彼方視學問爲仇讎，而益以胸懷之鄙俗，是質已喪，而文無可附矣。斤斤争勝於言語之工，是鸚鵡猩猩之效人語也，不必展卷，而已知其詩無可録矣。

人各有能有不能，無能强也。鄙俗之懷，傾邪之心，詩則無其質矣。然舍質論文，則其輕雋便給之才，如效鸚鵡猩猩之語，未嘗不足娱人耳目，雖非藝林所貴，亦堪附下駟以傳名矣。彼不自揣，妄談學問文章，古文辭頗有才氣，而文理全然不通。而其言不類，殆於娼家讀《烈女傳》也。學問之途甚廣，記誦名數，特其一端。彼空疏不學，而厭漢儒以爲糟粕，豈知其言之爲糞土耶？經學歷有淵源，自非殊慧而益以深功，不能成一家學也。而彼則謂不能詩者遁爲經學，是伏、鄭大儒，乃是有所遁而爲之，鄙且悖矣！考據者，學問之所有事耳。學問不一家，考據亦不一家也。鄙陋之夫不知學問之有流别，見人學問，眩於目而莫能指識，則概名之曰考據家。夫考據豈有家哉？學問之有考據，猶詩文之有事實耳。今見有如韓、柳之文，李、杜之詩，不能定爲何家詩文，惟見中有事實，即槩名爲事實家，可乎？學問成家，則發揮而爲文辭，證實而爲考據。比如人身，學問，其神智也；文辭，其肌膚也；考據，其骸骨也；三者備，而後謂之著述。著述可隨學問而各自名家，别無所謂考據家與著述家也。鄙俗之夫，不知著述隨學問以名家，輒以私意妄分爲考據家、著述家，而又以私心妄議爲著述家終勝於考據家。彼之所謂考據，不過類書策括。所謂著述，不過如伊所自撰無根柢之詩文耳。其實皆算不得成家。是直見人具體，不知其有神智，而妄别人有骸骨家與肌膚家，又謂肌膚家之終勝骸骨家也，此爲何許語耶？詩話論詩，全失宗旨。然暗於大而猶明於細，比於雜藝，小道可觀，君子猶節取焉。至其妄不自忖，僭論學問文章，直如蜀晴嶺雪，奔吠蒼黄，每論學問處，輒厭惡如吠所怪。揣籥聞鐘，臆言大日。比類則置甲而誤聯乙内，摘非則忘衰而竅議功緦。勦襲唾餘，稍近理者，皆出勦襲，淺顯易知。强效不類。學人口氣，每失其意。妄雖可惡，愚實堪憐。俚女村姬，臆度昭陽長信；畦氓野老，紛争金馬玉堂。大似載鬼一車，使人噴飯滿案。豈天奪其魄乎？何爲自狀其醜，津律有餘味耶？〔8〕

書坊刻詩話後

蘇子瞻議學校貢舉，極言策論之弊不如詩賦，其理甚辨，而引喻以明文辭華樸不可定人邪正，其言有離有合。如云："文章華靡，莫如楊億，億爲清忠鯁亮之士；通經服古，莫如孫復、石介，則迂闊矯誕之士也，又可施於政事之間乎！"按蘇氏論楊大年，洵如所議，然亦不可一概論也。即如大年文出義山，義山爲人，又豈大年可比例乎！至孫明復文，今已罕見，觀《宋史》本傳，其人初無可疵。《石徂徠集》具存，其學雖出於孫，而矯亢立異，不免激於聲名，然卓然有以自立，亦未可厚非也。蘇氏所見有異，據所見以證明其言，讀者自可不以辭害耳。近有傾邪小人，專以纖佻浮薄詩詞倡道末俗，造言飾事，陷誤少年，蠱惑閨壼，自知罪不容誅，而曲引古説，文其姦邪。又其不學無識，畏見正言讜論，不能附會高深，自暢其説，則竊取前人成言，委曲周納以遂其私，而不知有識觀之，則肺肝如見也。蘇氏論楊大年，彼則竊之而穿鑿其説，又爲曲喻廣證，一似人若不爲纖佻浮薄之詞，即無由爲正人君子，又似人若通經服古，即爲風雅罪人。斯人喪其天良，而惟恐人之不喪天良，不知具何肺腑而忍出此也！

略《易》《書》《禮》《樂》《春秋》而獨重《毛詩》。《毛詩》之中，又抑《雅》《頌》而揚《國風》；《國風》之中，又輕國政民俗而專重男女慕悦；於男女慕悦之詩，又斥詩人風刺之解而主男女自述淫情。甚且言采蘭贈芍，有何關係，而夫子録之，以駁詩文須有關係之説。自來小人倡爲邪説，不過附會古人疑似以自便其私，未聞光天化日之下，敢於進退六經，非聖無法，而恣爲傾邪淫宕之説，至於如是之極者也！

其人不學無識，視學問如讎仇，陽排陰擠，往往見於筆札。幸其胸無點墨，凡語涉學問，如夏畦一流談中書堂事，開口便成笑端。曾略括其槩於他篇，此不具論。然其膽實内怯，其有名已顯著而素有學問名者，亦不敢公然排擊。而又心瞀目眩，而不能識其爲何如品詣，則概稱之爲考據博雅。每見所稱，輒使人胡盧絶倒也。蓋其中有專門名家，取精不鶩博者；有古文辭家，博覽不甚考者；彼亦妄以古文辭自許，然無學問，不成古文家也。遇真古文辭，自然不識，故妄名爲博雅考據。又有本無學問，惟知纂類策括以爲史學，改竄帖括經問以爲經學而鶩名者；彼皆不能辨識，强署考據博雅，藉爲龍蛇之菹焉。譬如乞兒衣敝緼而哺殘餘，即其衣食之道矣。見人鮮衣美食，不能定其爲何如人，則概目之爲富貴人。夫鮮衣美食，亦有其人所自致者，亦有藉人之餘力者，亦有叨竊而終非所據者，其中豐約崇卑之分，相去不可以道里計。而爲乞兒者，但見其服敝緼殘餘，即莫非富貴中人，概其眼界然也。斯人之所謂博雅考據，作如是觀可爾。

無知之徒，不知學問淵源不同，而臆撰爲考據家；不知文章流别不同，而臆撰爲著述家；其意將以己之纖佻浮薄辭章，此不足成家，乃清客密騙家也。私詡爲著述家也。故云："先有著述而後有經傳，有經傳而後有考據，觀先後而知所優絀。"又云："辭章爲作者之聖，考據爲述者之明。"此如風狂夢囈，不值一笑。如渠所説，孔子述而不作爲劣，而孺子之歌、苗碩之諺爲優矣。即以先後而論，先有結繩而後有書契，則今日當以綫畫籌馬優於著述矣。小慧私智，不知大體，自安於蛙鳴蚓叫，君子亦無校也。必欲以牧豎村僮之見妄争金馬石渠，何太不自量也？然正是自具胸無墨點之供狀，可惡而亦可憐矣！

忽然假裝門面，如喬坐衙，則曰"九經如廳堂，十七史如寢室，詩文集如花園别館"云云，見之使人喉噦！廳堂寢室，不知如何取譬，以《論語》升堂入室况之，是經學淺境而史乃深境矣。經止有五，乃是六藝亡《樂》之定數，否則當計部而稱十三經，彼謂九經，則前人計所去取而定之，非經部正數。此人不學無識，自然不能正其稱謂，猶可恕也。十七史名，乃宋人所言，今則正數有二十二史，兼存有二十五史，乃三尺童子所知，彼襲人成言以遮面目，而不知今時非宋時也。經史之不可判也，如道器之必不可分也。如以第宅而論，則十五經十三經外，加《國語》《大戴禮記》。乃梁柱，而正史、編年二家乃牆壁户牖也。文集詩集，家數甚多，取譬不止一端；不成家數而但以言語悦人者，名爲花園别館可耳。斯人心目中不知天地閒有學問家數，宜其如鸚鵡猩猩之强效人言而終不似也。

無知小子，妄作雌黄以爲詩話，其僭語學問文章，一切稱説不倫，令人絶纓、令人髮指之處，不一而足。然其不知學問文章，人所信也。彼於辭章詩賦一途，君子不以爲重可也，不知彼於此道亦茫如也。蓋辭章未有不宗《文選》，而《文選》首賦《京都》，爲是學者幾於家絃而户誦矣。今觀彼之論曰："古無類書、志書、字彙，字書亦儘多矣，何不可以字書一例渾舉，而惟知字彙，亦陋極矣。故《三都》《兩京》，必搜輯羣書，廣采風土，然後成文，洛陽所以紙貴，直是家置一本，當類書、志書、字彙用耳，故成之亦須十年五年。今類書、字彙無所不備，亦此人之祕本耳，他人未必如此陋。使左思生於今日，必不作此種賦，竟是一字不通人語。即作之，不過翻摘故紙，一二日可成，而鈔誦者亦無有也。"此真不直一笑，觀詩話者，亦不知其庸妄無知至於此極也！《京都》諸賦，本於《國策》，陳説六國形勢。《管子》《吕覽》《淮南》俱有地理風物之篇，至班、左諸君而益暢其支，乃有源流派别之文，辭章家之大著作也。若如此人所言，則古人極意營搆，止作得《廣事類賦》《類林新咏》兔園册子而已，愚妄何至出此！且彼時字書自《三倉》《急就》《説文》《字林》，韻書如《聲類》《韻集》，著於《梁録》《隋志》者凡百餘家，而云古無字書；自山海、州郡、風土、道理、圖經、志記，見於《梁録》《隋志》者亦百余家，而云古無志書；自《皇覽》《遍略》《會林》《物始》以及《袖中》《備遺》諸記，《語麗》《事對》《要録》《文府》之屬，鉅細大小，見於《梁録》《隋志》者亦數十家，而云古無類書；此真是一丁不識，一字不通之元無知妄人！而耳食者震其盛名，即稍識者亦疑其於詩賦詞章當有擅長之處，不知止是傳奇小説之佻薄纖詭伎倆。世猶稱其詩才之儁，天下豈有不識《文選》之詩才哉！

人皆言其筆墨顛倒是非，誣枉黑白。大抵經史家學，視如不共戴天，故竭力排擠。所幸稱説無一語通竅，識者一見知其猥陋，無能惑人。至於記敘事實，則不知其有無顛倒，初未有以覈其情也。偶見《詩話》中記吾鄉童二樹先生，以謂論詩少所許可，惟傾倒於此人，甚至不辟跋涉，遠訪不值。童病將死，猶力疾畫梅寄贈，題詩其上，未竟而逝。生死不忘，欲伊作序，伊感其意，爲定詩十二卷，序而行之。此則誣罔太甚，不可不辨白也。童君爲吾鄉高士，生平和易近人，非矜高少許可者。惟見江湖聲氣一流，惡其纖佻儇俗，絶不與通交往。此人素有江湖俗氣，故蹤跡最近，而聲聞從不相及。蓋童君論詩尚品，此人無品而才亦不高，童君目中，視此等人若糞土然，雖使匍匐納交於童君，童君亦必宛轉避之，無端乃至死生之際，力疾畫梅，求伊爲序，真顛倒是非，誣枉清白之甚者矣。且此人逢迎貴顯，結交聲望，浪得虚名，已數十年，童君歷聘諸公亦三十餘年，其彼此聞名已非一日，童君果肯傾倒此人，則數十年中，蹤跡又不甚遠，何至全無片簡往還，直待將死，方爲力疾畫梅，題詩絶氣，結此身後之緣？即以情理推之，亦萬無此事也。由是觀之，則其叙述貴顯鉅公與聲望名宿種種傾佩納交之事，亦半屬子虛亡是之言，讀者幸勿爲所愚也。童君不尚標榜，生平從無求人作序之事。

興妖作怪，疑鬼疑神，雖有識觀之，不直一笑，而無根之智，亦正劇費苦心，不過爲阿堵起見耳。抑思清客密騙，大抵皆爲阿堵。陳眉公、李笠翁諸人行業，未嘗不可結富貴之歡，仰聲勢之庇，僞托於清流之末也。是人所長，略與陳、李伯仲，而妄不自揣，僭言學問文章以愚無識，然天下自有具眼，不能大爲害也。惟造作淫詞邪説，蠱惑士女，競趨浮薄儇佻，務令網人於禽獸之域，而後慊於其心。嗚呼！清客密騙，雖近俳優，未嘗爲名教所誅也。及其末流之弊，乃有斯人，是又清客密騙之罪人矣！

題隨園詩話

宰衡分陝鎮南州，正理經綸次第脩。嚬笑偶然容媚客，一時風氣尚俳優。

太史清標幹吏稱，化爲側媚十分輕。方陪公子清流宴，又作如姬繡草評。

大府清風化列城，隨園到處有逢迎。但聞州縣經行處，陰訟無須法律評。

江湖輕薄號斯文，前輩風規誤見聞。詩佛詩仙渾標榜，誰當霹靂淨妖氛！

誣枉風騷誤後生，猖狂相率賦閑情。春風花樹多蜂蝶，都是隨園蠱變成。

詩伯招摇女社聯，争誇題品勝臚傳。不知秉鑑持衡者，滿腹妝樓豔異編。

《葛覃》絺綌豈堪師，中饋蘋蘩非所知。詩社争名功倍半，天然風韻壓鬚眉。

生前富貴亦何奇，死後文章未可知。一事差堪慰生世，隨團録入内家詩。

二樹高名老布衣，生平和易不規隨。忽稱少可多排斥，獨許隨園事太奇！

冰寒蠅垢不相宜，儒局名場共一時。絶口無言三十載，如何絶筆畫梅詩？《詩話》謂二樹臨終，恨不見隨園，畫梅贈之，題詩未終，落筆而逝。

公卿將相衆名臣，盡契隨園恐未真。《詩話》推敲半無妄，大人自合慎歡嗔。

堂堂相國仰諸城，好惡風裁流品清。何以稱文又稱正，《隨園詩話》獨無名？

婦 學

《周官》有女祝女史，漢制有内起居注，婦人之於文字，於古蓋有所用之矣。婦學之名，見於《天官》内職，德言容功，所該者廣，非如後世祇以文藝爲學也。然《易》訓正位乎内，《禮》職婦功絲枲，《春秋》傳稱賦事獻功，《小雅》篇言酒食是議，則婦人職業，亦約略可知矣。男子弧矢，女子鞶帨，自有分别。至於典禮文辭，男婦皆所服習，蓋后妃、夫人、内子、命婦，於賓享喪祭，皆有禮文，非學不可。

婦學之目，德言容功。鄭注："言爲辭令。"自非嫻於經禮，習於文章，不足爲學。乃知誦《詩》習《禮》，古之婦學，略亞丈夫。後世婦女之文，雖稍偏於華采，要其源流所自，[9]宜知有所受也。

婦學掌於九嬪，教法行乎宫壼，内而臣采，外及侯封，六典未詳，自可例測。《葛覃》師氏，著於風《詩》；侯封婦學。婉娩姆教，垂於《内則》。卿士大夫。歷覽《春秋》内外諸傳，諸侯夫人，大夫内子，並能稱文道故，斐然有章。若乃盈滿之祥，鄧曼詳推於天道；利貞之義，穆姜精解於乾元。魯穆伯之令妻，典言垂訓；齊司徒之内主，有禮加封。士師考終牖下，妻有誄文；國殤魂返沙場，嫠辭郊弔。以至泉水毖流，委宛賦懷歸之什；燕飛上下，淒涼送歸媵之詩。凡斯經禮典法，文采風流，與名卿大夫有何殊别？然皆因事牽聯，偶見載籍，非特著也。若出後代，史必專篇，類徵列女，則如曹昭、蔡琰故事，其爲裔皇彪炳，當十倍於劉、范之書矣。是知婦學亦自後世失傳，三代之隆，並與男子儀文，率由故事，初不爲矜異也。不學之人，以《溱洧》諸詩，爲淫者自述。因謂古之孺婦矢口成章，勝於後之文人，不知萬無此理。詳辨其説於後，此處未暇論也。但婦學則古實有之，惟行於卿士大夫，而非齊民婦女皆知學耳。

春秋以降，官師分職，學不守於職司，文字流爲著述。古無私門著述，説詳《校讎通義》。丈夫之秀異者，咸以性情所近，撰述名家。此指戰國先秦諸子家言，以及西京以還經史專門之業。至於降爲辭章，亦以才美所優，標著文采。此指西漢元、成而後，及東京而下諸人詩文集。而婦女之奇慧殊能，鍾於間氣，亦遂得以文辭偏著，而爲今古之所稱，則亦時勢使然而已。然漢廷儒術之盛，班固以謂利禄之途使然。蓋功令所崇，賢才争奮，士之學業，等於農夫治田，固其理也。婦人文字，非其職業，間有擅者，出於天性之優，非有争於風氣，騖於聲名者也。好名之習，起於中晚文人。古人雖有好名之病，不區區於文藝閒也。丈夫而好文名，已爲識者所鄙。婦女而騖聲名，則非陰類矣。

唐山《房中》之歌，班姬《長信》之賦，《風》《雅》正變，《雅》指《房中》，《風》指《長信》。起於宫闈，事關國故，史策載之。其餘篇什寥寥，傳者蓋寡，《藝文》所録，約略可以覩矣。若夫樂府流傳，聲詩則效，《木蘭》征戍，《孔雀》乖離，以及《陌上》采桑之篇，山下蘼蕪之什，四時《白紵》，《子夜》芳香，其聲嘽以緩，其節柔以靡，則自兩漢古辭，皆無名氏。訖於六朝雜擬，並是騷客擬辭，思人寄興，情雖託於兒女，義實本於風人。故其辭多駘宕，不以男女酬答爲嫌也。如《陌上桑》《羽林郎》之類，雖以貞潔自許，然幽閒女子，豈喋喋與狂且争口舌哉！出於擬作，佳矣。至於閨房篇什，閒有所傳，其人無論貞淫，而措語俱有邊幅。文君，淫奔人也，而《白頭》止諷相如。蔡琰，失節婦也，而鈔書懇辭十吏。其他安常處順及以貞節著者，凡有篇章，莫不静如止水，穆若清風，雖文藻出於天嫺，而範思不踰闑外。此則婦學雖異於古，亦不悖於教化者也。

《國風》男女之辭，皆出詩人所擬。以漢魏六朝篇什證之，更無可疑。古今一理，不應古人兒女矢口成章，後世學士力追而終不逮也。譬之男優飾静女以登場，終不似閨房之雅素也。昧者不知斯理，妄謂古人雖兒女子亦能矢口成章，因謂婦女宜於風雅，是猶見優伶登場演古人事，妄疑古人動止必先歌曲也。優伶演古人故事，其歌曲之文，正如史傳中夾論贊體。蓋有意中之言，決非出於口者，亦有旁觀之見，斷不出本人者，曲文皆所不避。故君子有時涉於自贊，宵小有時或至自嘲，俾觀者如讀史傳，而兼得咏歎之意。體應如是，不爲嫌也。如使真出君子小人之口，無是理矣。《國風》男女之辭，與古人擬男女辭，正當作如是觀。如謂真出男女之口，無論淫者萬無如此自暴，即貞者亦萬無如此自褻也。

昔者班氏《漢書》未成而卒，詔其女弟曹昭躬就東觀，踵而成之。於是公卿大臣執贄請業，大儒馬融從受《漢書》句讀。可謂擴千古之所無矣。然專門絶學，家有淵源，書不盡言，非其人即無所受爾。又苻秦初建學校，廣置博士經師，五經粗備而《周官》失傳。博士上奏，太常韋逞之母宋氏，家傳《周官》音義。詔即其家講堂，置生員百二十人，隔絳幃而受業，賜宋氏爵號爲宣文君，此亦擴千古之所無矣。然彼時文獻盛於江左，苻氏割據山東，遺經絶業幸存世學家女，非名公卿所能强與聞也。此二母者，並是以婦人身行丈夫事。蓋傳經述史，天人道法所關，恐共湮没失傳，世主不得不破格而崇禮。非謂才華炫耀，驚流俗也。即如靖邊之有譙洗夫人，佐命之有平陽柴主，亦千古所罕矣。一則特開幕府，辟署官屬；一則羽葆鼓吹，虎賁班劍。以爲隋唐之主措置非宜，固屬不可；必欲天下婦人以是爲法，非惟不可，亦無是理也。

晉人崇尚玄風，任情作達，丈夫則糟粕六藝，婦女亦雅尚清言。步障解圍之談，新婦參軍之戲，雖大節未失，而名教蕩然。論者以十六國分裂，生靈塗炭，轉咎清談之滅禮教，誠探本之論也。

王、謝大家，雖愆禮法，然其清言名理，會心甚遥，既習儒風，亦暢玄旨。方於士學，如中行之失，流爲狂簡者耳。近於異端，非近於娼優也。非僅能調五言七字，自詡過於四德三從者也。若其綺旎風光，寒温酬答，描摩纖曲，刻畫形似，脂粉增其潤色，標榜飾其虚聲，晉人雖曰虚誕，如其見此，挈妻子而逃矣。王、謝大家，雖愆禮法，然實讀書知學，故意思深遠。非如才子佳人，一味淺俗好名者比也。

唐宋以還，婦才之可見者，不過春閨秋怨，花草榮凋，短什小篇，傳其高秀。閒有别出著作，如宋尚宫之《女論語》，侯鄭氏之《女孝經》，雖才識不免迂陋，欲作女訓，不知學曹大家《女誡》之體，而妄擬聖經，等於《七林》設問，子虚烏有。而趨向尚近雅止，藝林稱述，恕其志足嘉爾。此皆古人婦學失傳，故有志者所成不過如此。李易安之金石編摩，管道升之書畫精妙，後世亦鮮有其儷矣。然琳琅款識，惟資對勘於湖州；筆墨精能，亦藉觀摩於承旨。未聞宰相子婦，得偕三舍論文；李易安與趙明誠集《金石録》，明誠方在太學，故云爾。翰林夫人，可共九卿揮麈。蓋文章雖曰公器，而男女實千古大防，凛然名義綱常，何可誣耶！

蓋自唐宋以訖前明，國制不廢女樂。公卿入直，則有翠袖薰爐；官司供張，每見紅裙侑酒。梧桐金井，驛亭有秋感之緣；蘭麝天香，曲江有春明之誓。見於紀載，蓋亦詳矣。又前朝虐政，凡搢紳籍没，波及妻孥，以致詩禮大家，多淪北里。其有妙兼色藝，慧擅聲詩，都士大夫從而酬唱。大抵情緜春草，思遠秋楓，投贈類於交游，殷勤通於燕婉；詩情闊達，不復嫌疑，閨閣之篇，鼓鐘闐外，其道固當然耳。且如聲詩盛於三唐，而女子傳篇亦寡。今就一代計之，篇什最富，莫如李冶、薛濤、魚玄機三人，其他莫能並焉。是知女冠坊妓多文，因酬接之繁，禮法名門篇簡，自非儀之誡，此亦其明徵矣。

夫傾城名妓，屢接名流，酬答詩章，其命意也，兼具夫妻朋友，可謂善藉辭矣。而古人思君懷友，多託男女殷情。若詩人風刺邪淫，文代狡狂自述，區分三種，蹊徑略同，品騭韻言，不可不知所辨也。夫忠臣誼友，隱躍存懇摯之誠；諷惡嫉邪，言外見憂傷之意。自序説放廢，而詩之得失懸殊，本旨不明，而辭之工拙迥異。《離騷》求女爲真情，則語無倫次；《國風·溱洧》爲自述，亦徑直無味。作爲擬託，文情自深。故無名男女之詩，殆如太極陰陽之理，存諸天壤，而智者見智，仁者自見仁也。名妓工詩，亦通古義，轉以男女慕悦之實，託於詩人温厚之辭，故其遺言，雅而有則，真而不穢，流傳千載，得耀簡編，不能以人廢也。第立言有體，婦異於男。比如《薤露》雖工，惟施於挽郎爲稱；櫂歌縱妙，亦用於舟婦爲宜。彼之贈李和張，所處應爾。良家閨閣，内言且不可聞，門外唱酬，此言何爲而至耶？自官妓革，而閨閣不當有門外唱酬，丈夫擬爲男女之辭，不可藉以爲例，古之列女皆然。

夫教坊曲里，雖非先王法制，實前代故事相沿。自非濂、洛諸公，何妨小德出入。故有功名匡濟之佐，忠義氣節之流，文章道德之儒，高尚隱逸之士，往往閒情有寄，著於簡編，禁綱所施，亦不甚爲盛德累也。第文章可以學古，而制度則必從時。我朝禮教精嚴，嫌疑慎別，三代以還，未有如是之肅者也。自宫禁革除女樂，官司不設教坊，則天下男女之際，無有可以假藉者矣。其有流娼頓妓，漁色售奸，並干三尺嚴條，決杖不能援贖。職官生監，並是行止有虧，永不敘用。雖吞舟有漏，未必盡罣爰書；而君子懷刑，豈可自拘司敗？每見名流板鐫詩稿，未窺全集，先閲標題。或紀紅粉麗情，或著青樓唱和，自命風流倜儻，以謂古人同然。不知生今之世，爲今之人，苟於禁令未嫻，更何論乎文墨！周公制禮，同姓不昏。假令生周之後，以謂上古男女無别，而瀆亂人倫，行同禽獸，以謂古人有然，可乎？名士詩集，先自具枷杖供招，雖謂未識字可矣。

夫才須學也，學貴識也。才而不學，是爲小慧。小慧無識，是爲不才。不才小慧之人，無所不至，以纖佻輕薄爲風雅，雅者，正也，與惡俗相反。習染風氣謂之俗，纖佻鄙俚皆俗也。鄙俚之俗，猶無傷於世道人心，纖佻之俗，則風雅之罪人也。以造飾標榜爲聲名，好名之人，未有不俗者也。炫燿後生，猖披士女，人心風俗，流弊不可勝言矣。夫佻達出於子衿，古人所有；矜標流於巾幗，前代所無。蓋實不足而争騖於名，已非夫而藉人爲重，男子有志，皆耻爲之。乃至誼絶絲蘿，禮殊授受，輒以緣情綺靡之作，託於斯文氣類之通，因而聽甲乙於臚傳，求品題於月旦。此則釵樓句曲，[10]前代往往有之；静女閨姝，自有天地以來，未聞有是禮也。

古之婦學，如女史、女祝、女巫，各以職業爲學，略如男子之專藝而守官矣。至於通方之學，要於德、言、容、功。德隱難名，必如任、姒之聖，方稱德之全體。功粗易舉。蠶績之類，通乎士庶。至其學之近於文者，言容二事爲最重也。蓋自家庭内則，以至天子諸侯卿大夫士，莫不習於禮容。至於朝聘喪祭，后妃、夫人、内子、命婦，皆有職事。平日講求不預，臨事何以成文？漢之經師，多以章句言禮，尚賴徐生善爲容者，蓋以威儀進止，非徒誦説所能盡也。是婦容之必習於禮，後世人儒且有不得聞也。但觀傳載敬姜之言，森然禮法，豈後世經師大儒所能及！至於婦言主於辭命，古者内言不出於閫，所謂辭命，亦必禮文之所須也。孔子云："不學《詩》，無以言。"善辭命者，未有不深於《詩》。但觀春秋婦人辭命，婉而多風。乃知古之婦學，必由《禮》而通《詩》，非《禮》不知容，非《詩》不知言。六藝或其兼擅者耳。穆姜論《易》之類。後世婦學失傳，其秀穎而知文者，方自謂女兼士業，德色見於面矣。不知婦人本自有學，學必以禮爲本；舍其本業而妄託於詩，而詩又非古人之所謂習辭命而善婦言也。是則即以學言，亦如農夫之舍其田，而士失出疆之贄矣，何足徵婦學乎？嗟乎！古之婦學，必由禮以通詩，今之婦學，轉因詩而敗禮。禮防決，而人心風俗不可復言矣。夫固由無行之文人，倡邪説以陷之。彼真知婦學者，其視無行文人若糞土然，無行文人學本淺陋，真知學者不難窺破。何至爲所惑哉！古之賢女，貴有才也。前人有云"女子無才便是德"者，非惡才也，正謂小有才而不知學，乃爲矜飾鶩名，轉不如村姬田嫗，〔11〕不致貽笑於大方也。

飾時髦之中駟，爲閨閣之絶塵，彼假藉以品題，或譽過其實，或改飾其文。不過憐其色也。無行文人，其心不可問也。嗚呼！己方以爲才而炫之，人且以爲色而憐之。不知其故而趨之，愚矣。微知其故，而亦且趨之，愚之愚矣！女子佳稱，謂之静女，静則近於學矣。今之號才女者，何其動耶？何擾擾之甚耶？噫！

婦學篇書後

《婦學》之篇，所以救頽風，維世教，飭倫紀，别人禽，蓋有所不得已而爲之，非好辨也。説者謂解《詩》與朱子異指，違於功令。不知諸經參取古義，未始非功令也。蓋以情理言之，蚩氓婦豎，矢口成章，遠出後世文人之上，古今不應若是懸殊。且兩漢之去春秋，近於今日之去兩漢。漢人詩文存於今者，無不高古渾樸，人遂疑漢世人才遠勝後代。然觀金石諸編，漢人文辭不著竹素而以金石傳後代者，其中實多蕪蔓冗闒，與近人不能文者未始懸殊。可知漢人不盡能文，傳者特其尤善者耳。三代傳文，當亦如是。必謂彼時婦豎矢音，皆足以垂經訓，豈理也哉？朱子之解，初不過自存一説，宜若無大害也。而近日不學之徒，援據以誘無知士女，踰閑蕩檢，無復人禽之分，則解詩之誤，何異誤解《金縢》而啟居攝，誤解《周禮》而啟青苗。朱子豈知流禍至於斯極？即當日與朱子辨難者，亦不知流禍之至斯極也。從來詩貴風雅。即唐宋詩話論詩，雖至淺近，不過較論工拙，比擬字句，爲古人所不屑道耳。

彼不學之徒，無端標爲風趣之目，盡抹邪正貞淫、是非得失，而使人但求風趣。甚至言采蘭贈芍之詩，有何關係而夫子録之，以證風趣之説。無知士女，頓忘廉檢，從風波靡。是以六經爲導欲宣淫之具，則非聖無法矣。

或曰：《詩序》誠不可盡廢矣。顧謂古之氓庶不應能詩，則如役者之謡，輿人之祝，皆出氓庶，其辭至今誦之，豈傳記之誣歟？答曰：此當日諺語，非復雅言，正如先儒所謂殷盤周誥，因於土俗，歷時久遠，轉爲古奥，故其辭多奇崛；非如風詩和平莊雅，出於文學士者，亦如典、謨之文，雖歷久而無難於誦識也。以風《詩》之和雅，與民俗之謡諺絶然不同，益知《國風》男女之辭，皆出詩人諷刺，而非蚩氓男女所能作也。是則風趣之説，不待攻而破，不待教而誅者也。

至於古人婦學，雖異丈夫，然於禮陶樂淑，則上自王公后妃，下及民間俊秀男女，無不相服習也。蓋四德之中，非禮不能爲容，非詩不能爲言。詩教故通於樂，故《關雎》化起房中，而天下夫婦無不治也。三代以後，小學廢，而儒多師説之歧；婦學廢，而士少齊家之效；師説歧，而異端得亂其教，自古以爲病矣。若夫婦學之廢，人謂家政不甚修耳。豈知千載而後，乃有不學之徒創爲風趣之説，遂使閨閣不安義分，慕賤士之趨名，其禍烈於洪水猛獸，名義君子，能無世道憂哉？昔歐陽氏病佛教之蔓延，則欲修先王之政，自固元氣，《本論》所爲作也。今不學之徒，以邪説蠱惑閨閣，亦惟婦學不修，故閨閣易爲惑也。婦人雖有非儀之誡，至於執禮通詩，則如日用飲食，不可斯須去也。

或以婦職絲枲中饋，文辭非所當先，則又過矣。夫聰明秀慧，天之賦畀，初不擇於男女，如草木之有英華，山川之有珠玉，雖聖人未嘗不寶貴也，豈可遏抑？正當善成之耳。故女子生而質樸，但使粗明内教，不陷過失而已，如其秀慧通書，必也因其所通，申明詩禮淵源，進以古人大體，班姬、韋母，何必去人遠哉！夫以班姬、韋母爲師，其視不學之徒，直妄人爾。

【校勘記】

〔1〕“深”，原作“得”，今據大梁本改。

〔2〕“有過”，貴陽本作“之過”。

〔3〕“詮”，大梁本作“銓”。

〔4〕“謂之”，大梁本、貴陽本作“爲”。

〔5〕“敘例”，大梁本、貴陽本作“自敘”。

〔6〕“及”，大梁本、貴陽本作“乃”。

〔7〕“敷”，貴陽本無。

〔8〕“詩話論詩”至“津律有餘味耶”，大梁本、貴陽本、粵雅堂叢書本無。

〔9〕“源流”，大梁本、貴陽本作“淵源”。

〔10〕“句”，大梁本作“勾”。

〔11〕“村嫗”，大梁本作“嫗”。

文史通義卷六　内篇六

文　集

集之興也，其當文章升降之交乎？古者朝有典謨，官存法令，風詩采之閭里，敷奏登之廟堂，未有人自爲書，家存一説者也。劉向校書，敘録諸子百家，皆云出於古者某官某氏之掌，是古無私門著述之徵也。餘詳外篇。自治學分途，百家風起，周秦諸子之學，不勝紛紛，識者已病道術之裂矣。然專門傳家之業，未嘗欲以文名，苟足顯其業，而可以傳授於其徒，諸子俱有學徒傳授，《管》《晏》二子書，多記其身後事，《莊子》亦記其將死之言，《韓非·存韓》篇之終以李斯駁議，皆非本人所撰。蓋爲其學者，各據聞見而附益之爾。則其説亦遂止於是，而未嘗有參差龐雜之文也。兩漢文章漸富，爲著作之始衰。然賈生奏議，編入《新書》；即《賈子書》。唐《集賢書目》始有《新書》之名。相如詞賦，但記篇目；《藝文志》：《司馬相如賦》二十九篇次《屈原賦》二十五篇之後，而叙録總云，詩賦一百六家，一千三百一十八篇。蓋各爲一家言，與《離騷》等。皆成一家之言，與諸子未甚相遠，初未嘗有彙次諸體，裒焉而爲文集者也。自東京以降，訖乎建安、黄初之間，文章繁矣。然范、陳二史《文苑傳》始於《後漢書》。所次文士諸傳，識其文筆，皆云所著詩、賦、碑、箴、頌、誄若干篇，而不云文集若干卷，則文集之實已具，而文集之名猶未立也。《隋志》云："别集之名，東京所創。"蓋未深考。自摯虞創爲《文章流别》，學者便之，於是别聚古人之作，標爲别集。則文集之名，實仿於晉代。陳壽定《諸葛亮集》二十四篇，本云《諸葛亮故事》，其篇目載《三國志》，亦子書之體。而《晉書·陳壽傳》云，定《諸葛集》，壽於目録標題，亦稱《諸葛氏集》，蓋俗誤云。而後世應酬牽率之作，決科俳優之文，亦汎濫横裂，而争附別集之名，是誠劉《略》所不能收，班《志》所無可附。而所爲之文，亦矜情飾貌，矛盾參差，非復專門名家之語無旁出也。夫治學分而諸子出，公私之交也；言行殊而文集興，誠僞之判也。勢屢變則屢卑，文愈繁則愈亂。苟有好學深思之士，因文以求立言之質，因散而求會同之歸，則三變而古學可興，惜乎循流者忘源，而溺名者喪實，二缶猶且以鍾惑，況滔滔之靡有底極耶！〔1〕

昔者向、歆父子之條別，其《周官》之遺法乎？聚古今文字而別其家，合天下學術而守於官，非歷代相傳有定式，則西漢之末，無由直溯周秦之源也。《藝文志》有録無書者，亦歸其類，則劉向以前必有傳授矣。且《七略》分家，亦未有確據，當是劉氏失其傳。班《志》而後，紛紛著録者，或合或離，不知宗要，其書既不盡傳，則其部次之得失，敘録之善否，亦無從而悉考也。荀勖《中經》有四部，詩賦圖讚，與汲冢之書歸丁部。王儉《七志》，以詩賦爲《文翰志》，而介於諸子軍書之閒，則集部之漸日開，而尚未居然列專目也。至阮孝緒撰《七録》，惟技術、佛、道分三類，而經典、紀傳、子兵、文集之四録，已全爲唐人經、史、子、集之權輿。是集部著録，實仿於蕭梁，而古學源流，至此爲一變，亦其時勢爲之也。嗚呼！著作衰而有文集，典故窮而有類書。學者貪於簡閲之易，而不知實學之衰；狃於易成之名，而不知大道之散。江河日下，豪傑之士，從狂瀾既倒之後，而欲障百川於東流，其不爲舉世所非笑，而指目牽引爲言詞，何可得耶？

且名者，實之賓也。類者，例所起也。古人有專家之學，而後有專門之書。有專門之書，而後有專門之授受。鄭樵蓋嘗云爾。即類求書，因流溯源，部次之法明，雖三墳五典，可坐而致也。自校讎失傳，而文集類書之學起，一編之中，先自不勝其龐雜；後之興者，何從而窺古人之大體哉？夫《楚詞》，屈原一家之書也。自《七録》初收於集部，《隋志》特表《楚詞》類，因併總集別集爲三類，遂爲著録諸家之成法。充其義例，則相如之賦，蘇、李之五言，枚生之《七發》，亦當別標一目，而爲賦類、五言類、《七發》類矣。總集別集之稱，何足以配之？其源之濫，實始詞賦不列專家，而文人有别集也。《文心雕龍》，劉勰專門之書也。自《集賢書目》收爲總集，《隋志》已然。《唐志》乃併《史通》《文章龜鑑》《史漢異義》爲一類，遂爲鄭《略》、馬《考》諸子之通規。《鄭志》以《史通》入通史類，以《雕龍》入《文集》類。夫漁仲校讎義例最精，猶舛誤若此，則俗學之傳習已久也。充其義例，則魏文《典論》、葛洪《史鈔》、張騭《文士傳》，《典論·論文》篇如《雕龍》，《史鈔》如《史漢異義》，《文士傳》如《文章龜鑑》，類皆相似。亦當混合而入總集矣。史部、子部之目何得而分之？《典論》，子類也。《史鈔》《文士傳》，史類也。其例之混，實由文集難定專門，而似者可亂真也。著録既無源流，作者標題，遂無定法。郎蔚之《諸州圖經集》，則史部地理而有集名矣。《隋志》所收。王方慶《寶章集》，則經部小學而有集名矣。《唐志》所收。玄覺《永嘉集》，則子部釋家而有集名矣。《唐志》所收。百家雜藝之末流，識既庸闇，文復鄙俚，或抄撮古人，或自明小數，本非集類，而紛紛稱集者，何足勝道？雖曾氏《隆平集》，亦從流俗，當改爲傳志，乃爲相稱。然則三集既興，九流必混，學術之迷，豈特黎邱有鬼，歧路亡羊而已耶？

答　問

或問：前人之文辭，可改竄爲己作歟？答曰：何爲而不可也！古者以文爲公器，前人之辭如已盡，後人述而不必作也。賦詩斷章，不啻若自其口出也，重在所以爲文辭，而不重文辭也。苟得其意之所以然，不必有所改竄，而前人文辭與己無異也。無其意而求合於文辭，則雖字句毫無所犯，而陰仿前人之所云，君子鄙之曰竊矣。或曰：陳琳爲曹洪報魏太子，諱言陳琳爲辭。丁敬禮求曹子建潤色其文，則曰後世誰知定吾文者。唐韓氏云："惟古於文必己出，降而不能乃剽竊。"古人必欲文辭自己擅也，豈曰重其意而已哉？答曰：文人之文，與著述之文不可同日語也。著述必有立於文辭之先者，假文辭以達之而已。譬如廟堂行禮，必用錦紳玉佩，彼行禮者不問紳佩之所成，著述之文是也。錦工玉工未嘗習禮，惟藉製錦攻玉以稱功，而冒他工所成爲己製，則人皆以爲竊矣，文人之文是也。故以文人之見解而議著述之文辭，如以錦工玉工議廟堂之禮典也。

或曰：古人辭命，草創加以修潤；後世詩文，亦有一字之師。如所重在意，而辭非所計，譬如廟堂行禮，雖不計其紳佩，而紳佩敝裂不中制度，亦豈可行邪？答曰：此就文論文，别自爲一道也。就文論文，先師有辭達之訓，曾子有鄙倍之戒，[2]聖門設科，文學言語並存，説辭亦貴有善爲者。古人文辭未嘗不求工也，而特非所論於此疆彼界，[3]争論文必己出以矜私耳。自魏晉以還，論文自有專家矣。樂府改舊什之鏗鏘，《文選》裁前人之篇什，並主聲情色采，非同著述科也。《會昌制集》之序，鄭亞削義山之腴；元和《月蝕》之歌，韓公摧玉川之怪；[4]或存原款以歸其人，或改標題以入己集，雖論文末技，有精焉者，所得既深，亦不復較量於彼我字句之瑣也。

或曰：昔者樂廣善言而摯虞妙筆，樂談摯不能對，摯筆樂不能復，人各有偏長矣。然則有能言而不能文者，不妨藉人爲操筆邪？答曰：潘岳亦爲樂廣撰讓表矣，必得廣之辭旨，而後次爲名筆，史亦未嘗不兩稱之。兩漢以下，人少兼長，優學而或歉於辭，善文而或疏於記。以至學問之中又有偏擅，文辭一道又有專長，本可交助爲功，而世多交譏互詆，是以大道終不可得而見也。文辭，末也。苟去封畛而集專長，猶有卓然之不朽，而況由學問而進求古人之大體乎！然而自古至今，無其人焉，是無可如何者也。

或曰：誠如子言，文章學問，可以互託，苟有黠者，本無所長，而謬爲公義以濫竽其中，將何以辨之？答曰：千鈞之鼎，兩人舉之，不能勝五百鈞者，仆且蹶矣。李廣入程不識之軍，而旗旌壁壘爲之一新，才智苟遜於程，一軍亂矣。富人遠出，不持一錢，有所需而稱貸，人争與之，他人不能者，何也？惟富於錢，而後可以貸人之錢也。故文學苟志於公，彼無實者，不能冒也。

或曰：前人之文不能盡善，後人從而點竄以示法，亦可爲之歟？答曰：難言之矣。著述改竄前人，其意别有所主，故無傷也。論文改竄前人，文心不同，亦如人面，未可以己所見，遽謂勝前人也。劉氏《史通》，著《點煩》之篇矣。[5]左、馬以降，並有塗改，人或譏其知史不知文也。然劉氏有所爲而爲之，得失猶可互見。若夫專事論文，則宜慎矣。今古聰明智慧，[6]亦自難窮，今人所見，未必盡不如古。大約無心偶會，則收點金之功；有意更張，必多畫墁之誚。蓋論文貴乎天機自呈，[7]不欲人事爲穿鑿耳。

或問近世如方苞氏删改唐宋大家，亦有補歟？夫方氏不過文人，所得本不甚深，[8]况又加以私心勝氣，非徒無補於文，而反開後生小子無忌憚之漸也。小慧私智，一知半解，未必不可攻古人之閒，拾前人之遺。此論於學術，則可附於不賢識小之例，存其説以備後人之采擇可也。若論於文辭，則無關大義，皆可置而不論，即人心不同如面，不必强齊之意也。果於是非得失，後人既有所見，自不容默矣，必也出之如不得已，詳審至再而後爲之。如國家之議舊章，名臣之策利弊，非有顯然什百之相懸，寧守舊而毋妄更張矣。苟非深知此意而輕議古人，是庸妄之尤，即未必無尺寸之得，而不足償其尋丈之失也。方氏删改大家，有必不得已者乎？有是非得失顯然什百相懸者乎？有如國家之議舊章，名臣之策利弊，寧守舊而毋妄更張之本意者乎？在方氏亦不敢自謂然也。然則私心勝氣，求勝古人，此方氏之所以終不至古人也。凡能與古爲化者，必先於古人繩度尺寸不敢逾越者也。蓋非信之專而守之篤，則入古不深，不深則不能化。譬如人於朋友，能全管、鮑通財之義，非嚴一介取與之節者，必不能也。故學古而不敢曲泥乎古，乃服古而謹嚴之至，非輕古也。方氏不知古人之意而惟徇於文辭，且所得於文辭者本不甚深，其私智小慧又適足窺見古人之當然，而不知其有所不盡然，宜其奮筆改竄之易易也。

篇　卷

《易》曰："艮其輔，言有序。"《詩》曰："出言有章。"古人之於言，求其有章有序而已矣。著之於書，則有簡策標其起訖，是曰篇章。孟子曰："吾於《武成》，[9]取二三策而已矣。"是連策爲篇之證也。《易·大傳》曰："二篇之策，萬有一千五百二十。"是首尾爲篇之證也。左氏引《詩》，舉其篇名，而次第引之，則曰某章云云。是篇爲大成，而章爲分闋之證也。要在文以足言，成章有序，取其行遠可達而已。篇章簡策，非所計也。後世文字繁多，爰有校讎之學。而向、歆著録，多以篇卷爲計。大約篇從竹簡，卷從縑素，因物定名，無他義也。而縑素爲書，後於竹簡，故周秦稱篇，入漢始有卷也。第彼時竹素並行，而名篇必有起訖，卷無起訖之稱，往往因篇以爲之卷，故《漢志》所著幾篇，即爲後世幾卷，其大較也。然《詩經》爲篇三百，而爲卷不過二十有八；《尚書》《禮經》亦皆卷少篇多，則又知彼時書入縑素，亦稱爲篇。篇之爲名，專主文義起訖，而卷則繫乎綴帛短長，此無他義，蓋取篇之名書，古於卷也，故異篇可以同卷，而分卷不聞用以標起訖也。考班氏《五行》之志、《元后》之傳，[10]篇長卷短，則分子卷，是篇不可易而卷可分合也。嗣是以後，訖於隋唐，書之計卷者多，計篇者少。著述諸家所謂一卷，往往即古人之所爲一篇，則事隨時變，人亦出於不自知也。惟司馬彪《續後漢志》，八篇之書，分卷三十，割篇徇卷，大變班書子卷之法，作俑唐宋史傳，失古人之義矣。《史》《漢》之書，十二本紀、七十列傳、八書、十志之類，但舉篇數，全書自了然也。《五行志》分子卷五，《王莽傳》分子卷三，而篇目仍合爲一，總卷之數仍與相符。是以篇之起訖爲主，不因卷帙繁重而苟分也。自司馬彪以八志爲三十卷，遂開割篇徇卷之例。篇卷混淆，而名實亦不正矣。歐陽《唐志》五十，其實十三志也，年表十五，其實止四表也。《宋史》列傳二百五十有五，《后妃》以一爲二，《宗室》以一爲四，李綱一人，傳分二卷，再併《道學》《儒林》，以至《外國》《蠻夷》之同名異卷，凡五十餘卷，其實不過一百九十餘卷耳。至於其閒名小異而實不異者，道書稱弓，即卷之別名也，元人《説郛》用之。蒯通《雋永》稱首，則章之别名也，梁人《文選》用之。此則標新著異，名實故無傷也。唐宋以來，卷軸之書，又變而爲紙册，則成書之易，較之古人，蓋不啻倍蓰已也。

古人所謂簡帙繁重，不可合爲一篇者，分上中下之類。今則再倍其書而不難載之同册矣。故自唐以前，分卷甚短。六朝及唐人文集所爲十卷，今人不過三四卷也。自宋以來，分卷遂長。以古人卷從捲軸，勢自不能過長。後人紙册爲書，不過存卷之名，則隨其意之所至，不難鉅册以載也。以紙册而存縑素爲卷之名，亦猶漢人以縑素而存竹簡爲篇之名，理本同也。然篇既用以計文之起訖矣，是終古不可改易，雖謂不從竹簡起義可也。卷則限於軸之長短，而並無一定起訖之例。今既不用縑素而用紙册，自當量紙册之能勝而爲之界。其好古而標卷爲名，從質而標册爲名，自無不可。不當又取卷數與册本，故作參差，使人因卷尋篇，又復使人挾册求卷，徒滋擾也。

夫文之繁省起訖，不可執定，而方策之重，今又不行，古人寂寥短篇，亦可自爲一書，孤行於世。蓋方策體重，不如後世片紙難爲一書也。則篇自不能孤立，必依卷以連編，勢也。卷非一定而不可易，既欲包篇以合之，又欲破册而分之，使人多一檢索於離合之外，又無關於義例焉，不亦擾擾多事乎？故著書但當論篇，不當計卷。卷不關於文之本數，篇則因文計數者也。故以篇爲計，自不憂其有闕卷，以卷爲計，不能保其無闕篇也。必欲計卷，聽其量册短長而爲銓配可也。不計所載之册而銖銖分卷，以爲題籤著録之美觀，皆是泥古而忘實者也。《崇文》《宋志》間有著册而不詳卷者，明代《文淵閣目》則但計册而無卷矣。是雖著録之闕典，然使卷册苟無參差，何至有此弊也！古人已成之書，自不宜强改。

天　喻

夫天，渾然而無名者也。三垣、七曜、二十八宿、一十二次、三百六十五度、黄道、赤道，曆家强名之以紀數爾。古今以來，合之爲文質損益，分之爲學業事功，文章性命。當其始也，但有見於當然而爲乎其所不得不爲，渾然無定名也。其分條別類，而名文名質，名爲學業事功，文章性命，而不可合併者，皆因偏救弊，有所舉而詔示於人，不得已而强爲之名，定趨向爾。後人不察其故而徇於其名，以謂是可自命其流品，而紛紛有入主出奴之勢焉。漢學宋學之交譏，訓詁辭章之互詆，德性學問之紛争，是皆知其然而不知其所以然也。

學業將以經世也，如治曆者，盡人功以求合於天行而已矣，初不自爲意必也。其前人所略而後人詳之，前人所無而後人創之，前人所習而後人更之，譬若《月令》中星不可同於《堯典》，太初曆法不可同於《月令》，要於適當其宜而可矣。周公承文武之後，而身爲冢宰，故制作禮樂，爲一代成憲。孔子生於衰世，有德無位，故述而不作，以明先王之大道。孟子當處士横議之時，故力距楊、墨，以尊孔子之傳述。韓子當佛老熾盛之時，故推明聖道，以正天下之學術。程、朱當末學忘本之會，故辨明性理，以挽流俗之人心。其事與功皆不相襲，而皆以言乎經世也。故學業者，所以闢風氣也。風氣未開，學業有以開之。風氣既弊，學業有以挽之。人心風俗不能歷久而無弊，猶羲和、保章之法不能歷久而不差也。因其弊而施補救，猶曆家之因其差而議更改也。曆法之差，非過則不及。風氣之弊，非偏重則偏輕也。重輕過不及之偏，非因其極而反之，不能得中正之宜也。好名之士，方且趨風氣而爲學業，是以火救火，而水救水也。

天定勝人，人定亦能勝天。二十八宿，十二次舍，以環天度數盡春秋中國都邑。夫中國在大地中，東南之一隅耳。而周天之星度，屬之占驗，未嘗不應，此殆不可以理推測，蓋人定之勝於天也。且如子平之推人生年月日時，皆以六十甲子，分配五行生克。夫年月與時，並不以甲子爲紀，古人未嘗有是言也。而後人既定其法，則亦推衍休咎而無不應，豈非人定之勝天乎？《易》曰“先天而天弗違”蓋以此也。學問亦有人定勝天之理。理分無極太極，數分先天後天，圖有《河圖》《洛書》，性分義理氣質，聖人之意，後賢以意測之，遂若聖人不妨如是解也。率由其説，亦可以希聖，亦可以希天，豈非人定之勝天乎？尊信太過，以謂真得聖人之意固非，即辨駁太過，以爲諸儒詬詈，亦豈有當哉？

師　説

韓退之曰："師者，所以傳道授業解惑者也。"又曰："師不必賢於弟子，弟子不必不如師。""道之所在，師之所在也。"又曰："巫醫百工之人，不恥相師。"而因怪當時之人以相師爲恥，而曾巫醫百工之不如。韓氏蓋爲當時之敝俗而言之也，未及師之究竟也。《記》曰："民生有三，事之如一，君、親、師也。"此爲傳道言之也。授業解惑，則有差等矣。業有精粗，惑亦有大小，授且解者之爲師，固然矣，然與傳道有間矣。巫醫百工之相師，亦不可以概視也。蓋有可易之師，與不可易之師，其相去也，不可同日語矣。知師之説者，其知天乎？蓋人皆聽命於天者也，天無聲臭，而俾君治之。人皆天所生也，天不物物而生，而親則生之。人皆學於天者也，天不諄諄而誨，而師則教之。然則君子而思事天也，亦在謹事三者而已矣。人失其道，則失所以爲人，猶無其身，則無所以爲生也。故父母生而師教，其理本無殊異。此七十子之服孔子，所以可與之死，可與之生，東西南北，不敢自有其身。非情親也，理勢不得不然也。

若夫授業解惑，則有差等矣。經師授受，章句訓詁，史學淵源，筆削義例，皆爲道體所該。古人"書不盡言，言不盡意"。竹帛之外，別有心傳，口耳轉受，必明所自，不啻宗支譜系不可亂也。此則必從其人而後受，苟非其人，[11]即已無所受也，是不可易之師也。學問專家，文章經世，其中疾徐甘苦，可以意喻，不可言傳。此亦至道所寓，必從其人而後受，不從其人，即已無所受也，是不可易之師也。苟如是者，生則服勤，左右無方，没則尸祝俎豆，如七十子之於孔子可也。至於講習經傳，旨無取於别裁；斧正文辭，義未見其獨立；人所共知共能，彼偶得而教我。從甲不終，不妨去而就乙；甲不我告，乙亦可詢。此則不究於道，即可易之師也。雖學問文章，亦末藝耳。其所取法，無異梓人之惎琢雕，紅女之傳絺繡，以爲一日之長，拜而禮之，隨行隅坐，愛敬有加可也。必欲嚴昭事之三，而等生身之義，則責者罔，而施者亦不由衷矣。巫醫百工之師，固不得比於君子之道，然亦有説焉。技術之精，古人專業名家，亦有隱微獨喻，得其人而傳，非其人而不傳者，是亦不可易之師，亦當生則服勤，而没則尸祝者也。古人飲食，必祭始爲飲食之人，不忘本也。況成我道德術藝，而我固無從他受者乎？至於“弟子不必不如師，師不必賢於弟子”，則觀所得爲何如耳。所争在道，則技曲藝業之長，又何沾沾而較如不如哉？

嗟夫！師道失傳久矣。有志之士，求之天下，不見不可易之師，而觀於古今，中有怦怦動者，不覺䩄然而笑，索焉不知涕之何從，是亦我之師也。不見其人，而於我乎隱相授受，譬則孤子見亡父於影像，雖無人告之，夢寐必將有警焉。而或者乃謂古人行事，不盡可法，不必以是爲尸祝也。夫禹必祭鯀，尊所出也；兵祭蚩尤，宗創制也。若必選人而宗之，周、孔乃無遺憾矣。人子事其親，固有論功德而祧禰以奉大父者邪？

假　年

客有論學者，以謂書籍至後世而繁，人壽不能增加於前古，是以人才不古若也。今所有書，如能五百年生，學者可無遺憾矣。計千年後，書必數倍於今，則亦當以千年之壽副之，或傳以爲名言也。余謂此愚不知學之言也。必若所言，造物雖假之以五千年，而猶不達者也。

學問之於身心，猶飢寒之於衣食也。不以飽煖慊其終身，而欲假年以窮天下之衣食，非愚則罔也。傳曰："至誠能盡其性，則能盡人之性；能盡人之性，則能盡物之性。"人之異於物者，仁義道德之粹，明物察倫之具，參天贊地之能，非物所得而全耳。若夫知覺運動，心知血氣之稟於天者，與物豈有殊哉？夫質大者所用不得小，質小者所資不待大。物各有極也，人亦一物也。鯤鵬之壽十億，雖千年其猶稺也；蟪蛄不知春秋，朞月其大耋也。人於天地之間，百年爲期之物也。心知血氣，足以周百年之給欲，而不可强致者也。

夫子十五志學，"七十而從心所欲，不踰矩"。聖人，人道之極也。人之學爲聖者，但有十倍百倍之功，未聞待十倍百倍之年也。一得之能，一技之長，亦有志學之始，與不踰矩之究竟也。其不能至於聖也，質之所限也，非年之所促也。顔子三十而夭，夫子曰："惜乎！吾見其進也，未見其止也。"蓋痛其不足盡百年之究竟也。又曰："後生可畏，四十五十而無聞焉，斯不足畏。"人生固有八十九十至百年者，今不待終其天年，而於四十五十，謂其不足畏者，亦約之以百年之生，度其心知血氣之用，固可意計而得也。五十無聞，雖使更千百年，亦猶是也。

神仙長生之説，誠渺茫矣。同類殊能，則亦理之所有。故列仙洞靈之説，或有千百中之十一，不盡誣也。然而千歲之神仙，不聞有能勝於百歲之通儒，則假年不足懋學之明徵也。禹惜分陰，孔子"發憤忘食，樂以忘憂，不知老之將至"，又曰："假我數年，五十以學《易》。"蓋懼不足盡百年之能事，以謂人力可至者，而吾有不至焉，則負吾生也。蟪蛄縱得鯤鵬之壽，其能止於啾啾之鳴也。蓋年可假，而質性不可變。是以聖賢愛日力，而不能憾百年之期蹙，所以謂之盡性也。世有童年早慧，誦讀兼人之倍蓰而猶不止焉者，宜大異於常人矣。及其成也，較量愚柔百倍之加功，不能遽勝也。則敏鈍雖殊，要皆盡於百年之能事，而心知血氣可以理約之明徵也。今不知爲己，而騖博以炫人，天下聞見不可盡，而人之好尚不可同。以有盡之生而逐無窮之聞見，以一人之身而逐無端之好尚，堯、舜有所不能也。孟子曰："堯、舜之智，而不徧物。堯、舜之仁，不徧愛人。"今以凡猥之資而欲窮堯、舜之所不徧，且欲假天年於五百焉；幸而不可能也，如其能之，是妖孽而已矣。

族子廷楓曰："叔父每見學者自言苦無記性，書卷過目輒忘，因自解其不學。叔父輒曰：'君自不善學耳。果其善學，記性斷無不足用之理。書卷浩如煙海，雖聖人猶不能盡。古人所以貴博者，正謂業必能專，而後可與言博耳。蓋專則成家，成家則已立矣。宇宙名物，有切己者，雖錙銖不遺。不切己者，雖泰山不顧。如此用心，雖極鈍之資，未有不能記也。不知專業名家，而泛然求聖人之所不能盡，此愚公移山之智，而同斗筲之見也。'此篇蓋有爲而發，是亦爲誇多鬬靡者下一鍼砭。故其辭亦莊亦諧，令人自發深省。與向來所語學者，足相證也。"

博　雜

傳曰："博學之，審問之，慎思之，明辨之。"夫子曰："君子博學於文。"孟子曰："博學而詳説之。"學之要於博也，所以爲知類也。張羅求鳥，得鳥者不過一目；以一目爲羅，則鳥不可得也。然則羅之多目，所以爲一目地也。博文以爲約禮之資，詳説以爲反約之具，博約非二事也。有所因而求焉，不得不如是也。有賤儒者，不知學問之爲己而鶩博以炫人焉。其爲學也，泛無所主，以謂一物不知，儒者所恥，故不可以有擇也。其爲考索也，不求其理之當而但欲徵引之富，以謂非是不足以折人之口也。其爲纂述也，不顧其説之安而必欲賅而俱存，以謂劉歆有言，"與其過而廢也，毋寧過而存之"，此説良所允也。此其爲術，蠢愚鈍拙，而其爲説，亦窒戾不通之至矣。然而當世猶有稱之者，學術不明，而駁雜醜記爲流俗之所驚也。

夫學無所主，而恥一物之不知，是欲智過孔子也。孔子之大，如天之不可極，然而其學可以一言盡也。孔子所欲學者，周公也。祖述堯、舜，周公之志也；憲章文、武，周公之事也。一則曰："吾學周禮。"再則曰："吾爲東周。""甚矣吾衰，不復夢見周公。"則表章六籍以存周公之舊典，是則夫子生平之學也。今賤儒不知天下古今未有無主之學，而以無所不涉博博通，是夸父逐日，愚公移山之智也。且勢有所盡，理有所止，雖聖人有所不能强也。删《書》斷自唐虞，制禮鑒於殷夏，其有不可知則從略也。今謬托於好古，而曰夫子未删之《春秋》，存於今日，必有可觀；《商頌》十二，而戴公得五，當孔子時，必有篇目可稽，或有逸句可采，惜夫子未登於籍，以爲隱憾。此其乖戾謬妄，三尺童子皆知唾棄矣，而世或賞其志奇好古。

然則學術不明，必爲人心風俗之害。賤儒不足以有爲，而羣焉不察以相贊歎，則流風大可懼也！古人之考索，將以有所爲也，旁通曲證，比事引義，所以求折中也。今則無所爲而競言考索。古今時異，名物異殊，觸類而長，譬彼董澤之蒲，可勝暨乎！然世俗之儒，學無原本，隨所聞見，筆而存之，以待有心者之取擇，若端木氏所謂不賢識其小者，亦君子之所取也。而賤儒之爲考索，則猶以是爲不足焉，援古證今，取彼例此，不求其是而務窮其類。夫求其是，則舉一可以反三，而窮其類，則挂九不免漏一也。類卒不可勝窮，則文窒理蕪，而所言皆作互鄉之譸諸。此宜粗識文義者之所羞稱，而當世翕然嘉其學，則駁雜醜記，流俗所驚，而無稽之贊歎，貽患於學術人心者爲不細也！

凡人有所取，不能無所棄。聖賢之與庸愚，中正之與邪僻，皆同然也。今漫然無別而欲賅存之，以謂苟出於古，不忍有所棄取，而妄托於劉歆之過存。夫劉氏之所謂過而存者，《逸禮》《毛詩》《左氏傳》也。苟不求其當而惟古之存，則今猶古也。上自官府簿書，下至人户版籍，市井錢貨注記，更千百年而後，未始不可備考索也。如欲賅存，則一歲所出，不知幾千百億，歲歲增之，岱岳不足聚書，滄海不供墨瀋矣。天地不足供藏書，賤儒即死，安所更得尺寸之隙以藏魂魄哉！

凡賤儒之所持者，理之不可通，情之不可近，勢之不可行，苟有心知血氣者，未有不謂妖孽也。然而奔走一二有力之口，熒惑什百無識之目，相與汲汲而稱之，孜孜而慕之，逐臭飲狂，未有已也！則風尚所趨，而别裁僞體，苟有意於斯文，不可不知所擇也。

同　居

九世同居，前人以爲美談，洵足尚矣。然三代封建井田之制，皆以分别爲義。至於王者合姓綴食，鄉閭守望相助，分而未始不合也。時勢殊異，封建井田必不可行，人事不齊，同居亦有不可終合之勢。與其慕虚名而處實患，則莫如師其意而不襲其迹矣。家庭離閒，始於婦女。蓋兄弟由合而分，夫婦由分而合，斯固然已。自私自利，天真易漓，中人而下，往往不免。則欲家庭之敦孝友，莫如擇人世之易惕而難忘者，君子以爲合則不如分也。昔有老親訟逆子者，官縶其子而不問，久之，乃欲歸省其親。子歸見親，孺慕之誠動於顔色，其後卒以孝聞。或詢其子，則曰："昔也習見吾親，狎而忘之。今久不見，乃知所生之恩大也。"夫狎則易忘，離則思合，人情莫不然也。天屬之親，苟非至性，得毋狎處而忘者乎？山川修阻，風雨雞鳴，亦以人遠始有室邇之思，況天屬耶！然則一本之誼，友昆之愛，上者奕世同居，不分畛域。苟爲不然，則當分别區處，早爲之所，使之閒阻而生契合之思，難即而知易離之感，則《棠棣》輝萼之詩，其載咏乎！夫師古而得其意，因勝乎泥古而被其毒也。

感　遇

古者官師政教出於一，秀民不藝其百畝，則饞於庠序，不有恒業，謂學業。必有恒産，無曠置也。周衰，官失道行，私習於師儒，於是始有失職之士，孟子所謂尚志者也。士與公卿大夫，皆謂爵秩，未有不農不秀之閒，可稱尚志者也。孟子所言，正指爲官失師分，方有此等品目。〔12〕進不得禄享其恒業，退不得耕穫其恒産，處世孤危，所由來也。聖賢有志斯世，則有際可公養之仕，三就三去之道，遇合之際，蓋難言也。夫子將至荆，先之以子夏，申之以冉有。泄柳、申詳，無人乎繆公之側，則不能安其身。孟子去齊，時子致矜式之言，有客進留行之説。相需之殷，而相遇之疏，則有介紹旁通，維持調護，時勢之出於不得不然者也。聖賢進也以禮，退也以義，無所攖於外，故自得者全也。士無恒産，學也禄在其中，非畏其耕之餒，勢有不暇及也。雖然，三月無君，則死無廟祭，生無宴樂，霜露怛心，淒涼相弔，聖賢豈必遠於人情哉！君子固窮，枉尺直尋，羞同詭御，非争禮節，蓋恐不能全其所自得耳。

古之不遇時者，隱居下位，後世下位不可以倖致也。古之不爲仕者，躬耕樂道，後世耕地不可以倖求也。古人廉退之境，後世竭貪倖之術而求之，猶不得也。故責古之君子，但欲其明進退之節，不苟慕夫榮利而已。責後之君子，必具志士溝壑、勇士喪元之守而後可。聖人處遇，固無所謂難易也。大賢以下，必盡責其喪元溝壑而後可，亦人情之難者也。商鞅浮嘗以帝道，賈生詳對於鬼神，或致隱几之倦，或逢前席之迎，意各有所爲也。然而或有遇不遇者，商因孝公之所欲，而賈操文帝之所難也。韓非致慨於《説難》，曼倩託言於諧隱，蓋知非學之難，而所以申其學者難也。然而韓非卒死於説，而曼倩尚畜於俳，何也？一則露鍔而遭忌，一則韜鋒而倖全也。故君子不難以學術用天下，而難於所以用其學術之學術。古今時異勢殊，不可不辨也。古之學術簡而易，問其當否而已矣。後之學術曲而難，學術雖當，猶未能用，必有用其學術之學術，而其中又有工拙焉。身世之遭遇，未責其當否，先責其工拙。學術當而趨避不工，見擯於當時；工於遇而執持不當，見譏於後世。溝壑之患逼於前，而工拙之效驅於後。嗚呼！士之修明學術，欲求寡過而能全其所自得，豈不難哉！

且顯晦，時也；窮通，命也。才之生於天者有所獨，而學之成於人者有所優。一時緩急之用，與一代風尚所趨，不必適相合者，亦勢也。劉歆經術而不遇孝武，李廣飛將而不遇高皇，千古以爲惜矣。周人學武，而世主尚文，改而學文，主又重武；方少而主好用老，既老而主好用少，白首泣途，固其宜也。若夫下之所具，即爲上之所求，相須綦亟而相遇終疏者，則又不可勝道也。孝文拊髀而思頗、牧，而魏尚不免於罰作；理宗端拱而表程、朱，而真、魏不免於疏遠。則非學術之爲難，而所以用其學術之學術，良哉其難也！望遠山者，高秀可挹，入其中而不覺也。追往事者，哀樂無端，處其境而不知也。漢武讀相如之賦，歎其飄飄淩雲，恨不得與同時矣。及其既見相如，未聞加於一時侍從諸臣之右也。人固有愛其人而不知其學者，亦有愛其文而不知其人者。唐有牛、李之黨惡白居易者，緘置白氏之作，以謂見則使人生愛，恐變初心。是於一人之文行殊愛憎也。鄭畋之女諷咏羅隱之詩，至欲委身事之，後見羅隱貌寢，因之絶口不道。是於一人之才貌分去取也。文行殊愛憎，自出於黨私；才貌分去取，則是婦人女子之見也。然而世以學術相貴，讀古人書，常有生不並時之歎。脱有遇焉，則又牽於黨援異同之見，甚而效鄭畋女子之别擇於容貌焉。則士之修明學術，欲求寡過而能全其所自得，豈不難哉？

淳于量飲於斗石，無鬼論相於狗馬，所謂賦《關雎》而興淑女之思，咏《鹿鳴》而致嘉賓之意也。〔13〕有所託以起興，將以淺而入深，不特詩人微婉之風，實亦世士羔雁之質，欲行其學者，不得不度時人之所喻以漸入也。然而世之觀人者，聞《關雎》而索河洲，言《鹿鳴》而求苹野，淑女嘉賓則棄置而弗道也。中人之情，樂易而畏難，喜同而惡異，聽其言而不能察其言之所謂者，十常八九也。有賤丈夫者，知其遇合若是之難也，則又舍其所長，而强其所短，力趨風尚，不必求慊於心。風尚豈盡無所取哉？其開之者，嘗有所爲；而趨之者，但襲其僞也。

夫雅樂不亡於下里，而亡於鄭聲，鄭聲工也。良苗不壞於蒿萊，而壞於莠草，莠草似也。學術不喪於流俗，而喪於僞學，僞學巧也。天下不知學術，未嘗不虚其心以有待也。僞學出，而天下不復知有自得之真學焉。此孔子之所以惡鄉愿，而孟子之所爲深嫉似是而非也。然而爲是僞者，自謂所以用其學術耳。昔者，夫子未嘗不獵較，而簿正之法卒不廢，兆不足行而後去也。然則所以用其學術之學術，聖賢不廢也。學術不能隨風尚之變，則又不必聖賢，雖梓匠輪輿，亦如是也。是以君子假兆以行學，而遇與不遇聽乎天。昔揚子雲早以雕蟲獲薦，而晚年草玄寂寞；劉知幾先以詞賦知名，而後因述史減譽，誠知其不可奈何，而安之若命也。

感　賦

庭風颯起，檜槭變聲，横雲埽迹，秋氣孤清。主人夙負不羈，懷抱縱横，撫兹節序，齋居感生。思啟口而儔語，欲舉足以何向？聆蟋蟀之淒苦，送寒鴻之嘹亮。於是灑埽一室，陳書披圖，發憤鼓篋，與古爲徒。宇宙擴而書生小，文事畸而遇合殊，天何爲而生才？才何爲而見需？既及時而或遇，乃巧扼而終疏。感同聲而異喟，何今古之分區？假如公子發憤，著書負奇，悲勵廉直，軒赤姦欺，諫韓王而不悟，顧郊壘兮興思。《五蠹》文成，三秦路遠，無翼而飛，不媒以款，慨息雄才之主，恨同生而見晚。方期願符魚水，志愜雲鴻，何我觳而子玖，厄同棲於兩雄，冤沈獄底，《孤憤》誰通？

至若洛陽少年，英標遒上，慟哭萬言，鈞天震蕩。得恭儉之令主，慕垂裳兮無爲。將摩仁兮漸義，佇《箾韶》兮鳳儀，豈期錐屠將相？蒼蠅讒巧，遠謫長沙，傷嗟《鵩鳥》。感鬼神於夜半，雖前席而無因，秋風高兮湘水闊，弔騷客兮誰親？若乃居巢絶學，欲溯獲麟，鞭《左》撻《史》，調班劑荀，鄒鑒秋懸，頡鬼夜哭，洞堅析微，斷紘入木，自擅名家，聲飛天禄。既而再入蘭省，三爲史臣，天子前席，宰相避塵。方欲追作述於東周，聳唐德於盛漢，直周勃於西清，拜張飛於東觀，椎鑿方圓，輟觚長歎，卒貶安州，浮沈薄宦。

及夫眉山奏策，深結主知，風采佇於延覽，文章沁乎心脾，子孫宰相，他日爲期。如何青苗遇厄，老檜詩冤，托江湖兮浩渺，悲玉宇兮高寒，至尊輟食，太息才難。再躓再起，恩深命賤，慟先皇於夜直，徹金蓮乎别殿，瘴海浮生，躬耕陽羡。至於龍川布衣，長揖朝堂，陳萬世之奇策，感風雷於孝皇。一鳴驚人，羣刺蜂起，謝一官之虚拘，遂拂袖而歸里。狂言驚俗，再遭滅趾，十死累囚，九重知己。雖白首而成名，重皇言於甲第，念棖桷兮先人，感鶺鸰兮昆季，宿草荒原，竟成賫志。

且夫李廣不侯，重瞳失王，秋風廉頗，落日馮唐，此人皆抱非常之略，萃百鍊之鋼。卒使三軍失道，呼騅不逝，遠閒趙王，遲逢漢帝，莫不扼腕欷歔，飲恨歿世！晴草醺煙，霜楓秀天，人隨落葉，世閱清川，望九原之纍纍，埋古恨兮千年！況夫俎豆之學，文章自壽，闃寂當年，榮華身後。低回蠹簡，慟哭螭珉，桓君出而玄顯，蔡帳祕而論珍，情隨往屈，氣逐來申，諒斯須之得喪，又何喜而何嗔！

雜　說

萬物之始，吾皆不得而知也。或問先有卵乎，抑先有時夜乎？非時夜弗能伏卵，非卵弗能生時夜也。然積水生魚，則化生亦常理矣。非鐵無以爲鑪錘，非鑪錘無以攻鐵，爐錘之始，豈亦出於化生者歟？學問生於神智，而神智又出於學問也。制度生於聰明，而聰明又啟悟於制度者也。

“神以知來”，學者之才識是也；“知以藏往”，學者之記誦是也。才識類火日之外景，記誦類金水之内景，故才識可以資益於人，而記誦能受於人，不能授之於人也。然記誦可以生才識，而才識不能生記誦，故金水能受火日之光，而火日不能受金水之光也。

三代以前，學未嘗爲一成之名。學校之學，制度之名也。然本於“教學半”及“學於古訓”之學以爲名，學皆稱人之功力，而非以名人之造詣也。子夏之學流而爲莊周，豈至子夏而始以所造名學邪？才學識雖各有所長，而皆當以學副之。或疑學與才識並列爲三，何又以學統承三者？不知並列之爲三者，已定之名也。統承三者而勉人，則功力之謂也。

道亦公共之名。即人以名其道，亦始春秋，如曰“夫子之道，忠恕而已矣"，"悦周公、仲尼之道"，蓋因有他道而始别其名也。如曰"許子之道"，"墨者以薄爲其道"，誠如韓子所謂"道其所道"，是也。

文非古人所重，而言則非一端而已。故聖人之言，亦有專指文辭而言，即稍知學問之人，亦有推見其柢蘊者，不可以論文爲文士之言而薄之也。

學問以知人，知學先須知人，知人先須自知。自知所長易，自知所短難；自知所短易，自知所長之中猶有所短難。知長中之短，則進學自不容已矣。自知既明，則不患不知人矣。人各有長有短，與人相形見短而不以爲患者，恃别有所長也。知長中猶有所短，而喪然失所恃矣。然不學亦不知也。學而能知長中之短，則幾矣！

朋友之交，道同德合，聲名相埒，旁人未能軒輊，而己心有獨歉者，必其所見有極精微者也。

文生於情，情又生於文，氣動志而志動氣也。故有所識解而著文辭，辭之所及，忽有所觸而轉增識解，皆一理之奇也。

隔河見伐鼓，搥落無聲，而響從後報。蓋一水之隔，聲之自來有漸也。因知雷發必先之以電，非電在雷之先也，度必光與聲俱，以其積遠而報響於後也。是知聰明之用，目之所交捷於耳也。使在子夜之交，則先見電，而聞雷後一日矣；使在晦朔之交，則相差且一月矣。夫耳目之所親接，不免參差如是。學者求古，乃憑耳目所不及者以懸斷之邪！

世之能文章者，以爲言語之工，體撰之妙，能狀難言之景，顯難達之情，擬之化工造物，而文章之能事盡矣；行乎不得不行，止乎不得不止，擬之萬斛泉源，隨地湧出，而文章之能事盡矣；思涉樂其必笑，方言哀而已歎，擬之雍門鼓瑟，成連蹈海，而文章之能事盡矣。夫知古人之所言而不知古人所不言，未可謂之知言也。知古人之所蹈而不知古人所不蹈，未可謂之知行也。三百之《詩》具在也，文字無所加損也，聲音無所歧異也，體物之工，言情之婉，陳義之高，未嘗有所改變也。然而説《詩》之旨一有所異，則《詩》之得失霄壤判焉。是則文章之難，不在其言，而在其所以爲言也。

琢玉爲器，所棄之玉未必不良於所存者也，玉人攻去而不惜者，以爲瑜而無當，不異於瑕也。製錦爲衣，所割之錦未必不美於所留者也，錦工斷棄而不顧者，以爲華而無當，不異於敝也。噫！吾觀文學之士，不求其當而争誇於美且富者，何紛紛耶？熙載賡歌，見於《虞典》，詩非不可入《書》也。《鴟鴞》之詩，《金縢》存目而略其辭，典籍互存，不必取備於一篇之中也。相如詞賦，未足當於《離騷》之經也，史遷詳賦而略《騷》，義取弔賈，不以屈氏主篇累其正旨也。賈生政事之疏，傳賈生者宜莫重焉。合屈爲篇，《鵬鳥》足悲其志，《懷沙》有同慨焉，政事之疏，等於屈氏之屬草未定，可也。古人之去取，古人之心也。紛紛争於文字之末者，古人不計也。

冬之日短，照於地下者長也，非是不足以成歲功；初月光纖，受於輪背者多也，非是不足以成氣朔。文有不言而勝其言之者，説在莊子之述九淵而壺子僅疏三也。風目憐心，而取解於夔蚿，義已足也。晉人以四方上下之無窮，謂梁不異於蠻、觸，君知無辨而客可不言以出也。《易》曰："物不可窮也，故受之以未濟。"文有闕逸而不可以求備者，説在《周官》之《考工》，其文不可補司空，而五官割裂以備六典，爲已支也；《笙詩》取備於束皙，《湯征》取備於白居易，爲已瀆也。繪雪月者無色，畫史著色於雲，而虚其質素以爲雪月也；刻陰款者無質，刻工留質於金石，而虚其中款以爲文字也。不宜有而有者謂之贅。贅於事詞玷於文，傖父不知而文士知之；贅於篇章而玷於道，文士不知，惟有道者知之。相如無《封禪》之書，則《子虚》《上林》，詩人諷諫之旨也；揚雄無《美新》之篇，則《太玄》《官箴》，六藝羽翼之書也。朱子《魏國》之狀，陸游《南園》之記，論者不能無憾焉。

《羯鼓録》載：有善音者客長安邸，月下聞羯鼓聲，尋聲訪至，則其先人供奉太常者也。詢以技，甚精能，何無尾聲？則曰："檢舊譜而亡之，故月下演聲以求之耳。"問以調成亦意盡乎？曰："盡矣。"曰："意盡則止，又何求焉？"曰："聲未盡也。"因拊掌曰："可與言矣。"遂教之借調以畢餘聲，其人鼓之而合，至於搏顙感泣，斯固藝事之神矣。文章之道，亦有然者。文固用以明理，或以記事，然有時理明事備而文勢闕然，乃若有所未盡。此非辭意未至，辭氣有所受病而不至也。求義理與徵考訂者皆薄文辭，以爲文取事理明白而已矣，他又何求焉？而不知辭氣受病，觀者鬱而不暢，將并所載之事與理而亦病矣。周子虚車之説，誠探本之言也。而抑知敝車撓軸之不可以行，則亦一偏之説爾。故曰：“持其志，毋暴其氣。”曾子曰“辭氣遠鄙悖”，夫子曰“辭達”，《春秋傳》曰“辭之不可已也”。

文以氣行，亦以情至。人之於文，往往理明事白，於爲文之初指，亦若可無憾矣。而人見之者，以謂其理其事不過如是，雖不爲文可也。此非事理本無可取，亦非作者之文不如其事其理，文之情未至也。今人誤解辭達之旨者，以謂文取理明而事白，其他又何求焉？不知文情未至，即其理其事之情亦未至也。譬之爲調笑者，同述一言而聞者索然，或同述一言而聞者笑不能止，得其情也；譬之訴悲苦者，同叙一事而聞者漠然，或同叙一事而聞者涕洟不能自休，得其情也。昔人謂文之至者，以爲不知文生於情，情生於文。夫文生於情，而文又能生情，以謂文人多事乎？不知使人由情而恍然於其事其理，則辭之於事理，必如是而始可稱爲達爾。

子建厭薄辭賦，欲采史官實録；昌黎鄙棄科舉，欲作唐之一經；蓋諸子風衰，苟有志於著述，未有不究心於史學者也。魏文論建安諸子，推徐幹著書成一家言。今觀偉長《中論》，義理皆人所可喻，文辭亦不出黄初，蓋效《法言》《中鑒》諸家而有作者爾，變其書記銘箴頌誄詩賦之規模音節，初無不得已而立言宗旨，遂謂所著足以成一家言，可乎？然子建之所願者未遂於前，昌黎之欲作者又虚於後，亦見成一史者不易易也。蓋諸子不難其文，而難於宗旨之卓然有其不可滅；諸史不難其事，而難其有以成一家之言。故諸子僅工文辭，即後世文集之濫觴；史學惟求事實，即後世類書之緣起。古人篇無標題，摘篇首字命篇之類。書無定名，即其人以名書之類。部無專屬。子史不分，諸子立言，往往述事；史家命意，亦兼子風。後世流分派别，遂若天經地義之不可兼也，非一日之故矣。

先有名而後有書，如何得有立言宗旨哉！

【校勘記】

〔1〕“耶”，大梁本、貴陽本作“者”。

〔2〕“倍”，大梁本、貴陽本作“悖”。

〔3〕“特”，大梁本、貴陽本無。

〔4〕“摧”，大梁本、貴陽本作“擢”。

〔5〕“黠頫”，大梁本、貴陽本作“黜頫”。

〔6〕“聰明”，大梁本、貴陽本作“聰敏”。

〔7〕“乎”，大梁本、貴陽本作“於”。

〔8〕“文人”“所得”，大梁本、貴陽本作“古人”“所謂”。

〔9〕“成”，大梁本、貴陽本作“城”。

〔10〕“考”，大梁本、貴陽本作“至”。

〔11〕“苟”，大梁本、貴陽本作“有”。

〔12〕“士與公卿大夫”至“品目”這段注文，大梁本、貴陽本置於下文“所由來也”之後。

〔13〕“鹿鳴”，大梁本、貴陽本誤作“鳴鹿”。

文史通義卷七　外篇一

立言有本

史學本於《春秋》，專家著述本於官禮，辭章泛應本於風《詩》，天下之文，盡於是矣。子有雜家，雜於衆不雜於己，雜而猶成其家者也；文有别集，集亦雜也，雜於體不雜於指，集亦不異於諸子也。故諸子雜家與文集中之具本旨者，皆著述之事，立言之選也。

史乘而有稗官小説，專門著述而有語録説部，辭章泛應而有猥濫文集，皆末流之弊也。其中豈無可取，然如披沙檢金，貴於精審，否則沿流忘源，汩其性而不可入德矣。蓋其人本無所得，而矜才好名之習足以誤心術也。

江都汪容甫，工辭章而優於辭命，苟善成之，則淵源非無所自。古者行人之遺，流爲縱横家學，其源實出於風《詩》也；引伸比興，抑揚往復，可以窮文心之極變，達難顯之至情，用以規諫諷諭，興起好善惡惡之心，其爲功也大矣。無如其人聰明有餘而識力不足，聰明要於至當乃佳，凡有餘之聰明，必有所不足也。不善盡其天質之良而强言學問，恒得其似而不得其是；當世翕然稱之，則疢之矣。蓋得其是者，貴自得而難於投衆好之緣；物貴則知自希，千載若旦暮之遇也。得其似者，掠光影而易於招聲氣之附也。

汪氏晚年自定《述學》内外之篇，余聞之而未見，然逆知其必無當也。蓋其平日談經論史，燦然可觀，甚有出於名才宿學之所不及，而求其宗本，茫然未有所歸，故曰聰明有餘，識不足也。散萬殊者爲聰明，初學之童出語驚其長老，聰明也；等而上之，至於學充文富而宗本尚未之聞，猶聰明也。定於一者爲識力，其學包羅富有，其言千變萬化，而所以爲言之故，則如《詩》之三百，可以一言蔽也，是識力也。

今有文章如入萬花之谷，學問如窺五都之市，可以愧奄陋而箴鄙僿矣。問其何以爲言，不能答也，蓋與荒經滅古，舍學識而空言一貫者，其功雖有難易之殊，其於無當則一也。舍學識而空言宗本，是窶子據空室而指其門闌以爲家也；博學能文而不知宗本，是莞庫爲人守藏，多財而不得主其財也。窶子但指門闌，内空而外亦不可恃也；守藏全非己有，譬之多賓無主，孰爲之内，孰爲之外哉！

今觀汪氏之書矣，所爲内篇者，首解參辰之義，天文耶？時令耶？《説文》耶？據《説文》解之。次明三九之説，文心耶？算術耶？考古耶？言三與九之字義不可泥。其言有得有失，其考有是有非。别有辨論。大約雜舉經傳小學，辨别名詁義訓，時尚是趨。初無類例，亦無次序。苟使全書果有立言之宗，恐其孤立而鮮助也。雜引經傳以證其義，博采旁搜以暢其旨，則此紛然叢出者，亦當列於雜篇，不但不可爲内，亦并不可謂之外也，而況本無著書之旨乎！彼謂經傳小學，其品尊嚴，宜次爲内篇乎？嗚呼！古人著書，各有立言之宗，内外分篇，蓋有經緯，非如藝文著録，必甲經傳而乙丙子史也。汪氏之書，不過説部雜考之流，亦田氏之中駟，何以爲内篇哉！古人著書，凡内篇必立其言要旨，外雜諸篇，取與内篇之旨相爲經緯，一書只如一篇，無泛分内外之例。觀其外篇，則序記雜文，泛應辭章，代畢制府《黄鶴樓記》等亦泛入。斯乃與“述學”標題如風馬牛，列爲外篇以擬諸子，可爲貌同而心異矣。雖然，此正汪之所長，使不分心於著述，固可進於專家之業也。内其所外而外其所内，識力闇於内而名心騖於外也，惜哉！

或問舍學與文而言宗本，與博學能文而不知宗本，又有力學攻文尚未有得而强言宗本，三者皆無當於立言之道也，然其優劣何如也？答曰：舍學與文而言宗本，棄材也，然亦無能惑人者也。力學攻文，未有得而强言宗本，蓋欲速成者也。師友切磋，使之遠名而趨實，苟知辨僞體而有創心，斯進矣。博學能文而不知宗本，終身不可入德也。蓋負其博學能文，方自以爲道在是矣，愈逞而去道愈遠，是以終身不可入德也。人必有損也而後可以受益，有疑也而後可以徵信，有危也而後可以求安。博學能文而不知宗本，自必不知損，不知疑，不知危，而加以世好者衆，才鋒足以奪人故也。天益其疾矣。

述學駁文

《周官》媒氏，仲春會男女，余前有説矣。今觀汪容甫《述學》，乃謂男子三十不娶，女子二十不嫁，則奔者不禁，所以恥民，教民及時嫁娶，非教民淫也；猶之《月令》仲冬之月，農有不收藏積聚者，馬牛畜獸有放佚者，取之不詰，非教民盜也。又云："非徒恥之，抑又罰之。故曰，若無故而不用令者罰之。令者，男子三十而娶，女子二十而嫁之令也。若有故，雖不用令可也，《内則》所謂有故二十三而嫁，是也。"其説甚不安。據汪所言，經文當云"於斯時也，無故而不用令者罰之，奔者不禁"，方與"積聚馬牛取之不詰"文法一例；今"不用令"句在"奔者不禁"之下，又以"若無故"字轉其上文，則"奔者不禁"不得預注"無故不用令"句，文義甚明。且男女婚姻失時而即許淫奔，雖衰世猶無其法，而《周官》有此法乎？先儒謂"奔指六禮未備"，此即所謂"不用令"也。於此時權許不備六禮，其義可通；於此時權許淫奔，則男過三十，女過二十，欲恥其父母，何時不可許，而必待二月乎？先王之政，昏姻以時，不聞淫奔以時也。且父母果知恥，則男女淫奔，恥已定矣，非禁與不禁所能損益，與積聚牛馬取之不詰可作戒於後者，其理迥不相通，何政教之足云！"有故雖不用令可也"，文指亦不合，三年之喪，古今通義，"有故二十三而嫁"，正是令也，豈可謂不用令而僅免於罰歟！如律令親喪丁憂解官，法也；又無故不許擅離官守，亦法也；今云無故擅離官守謂之犯法，如父母喪，雖犯法可也，文理尚可通乎？然則汪氏所解，兩義皆不可通。且父子無異財，古之教也，奔者既不禁矣，又罰其父母，則是兒女淫奔，罰在父母，仍是禁矣，何不禁之有！是以事理推之，亦不可通，非徒文義之不合也。

《柏舟》之詩，先儒所解未一，女子未昏，夫死守貞，或以身殉，故不見於經傳。中古以後，往往有之，誠不免於賢知之過，故律令不在旌典。其有已然者，有司上聞，則破格旌之，於是知功令爲仁至而義盡也。事不出於先王典禮，故旌典不立其名目。然天性獨至，各行心之所是，豈必皆爲鶩名！則憐其意而破格旌之，亦所以樹清風也。先儒議其非禮之正，可矣；謂其義之有乖名教，則不可也。按《柏舟》之義雖不可執，觀於遷葬嫁殤之禁，古者女子未昏守志，亦有之矣。雖曰禁令古今異宜，遷葬今未嘗禁，則嫁殤亦不能悉禁矣。汪容甫引《禮》折之，至斥之爲愚，爲無恥，比之爲狂易，自謂維世教，而不知有傷於名義也。且其所引《曾子問》"既納幣，有吉日，女父母死"一節，執"壻弗取而後嫁之"一語，以謂問名之後可以改嫁凡四，而皆謂之禮，則仍鄭《注》誤解，先儒多辨正之，汪必據鄭誤説以爲確義，矯矣！又事止一條，而分壻女各有父母爲四，亦見其好爲駁雜，惟取其説之富而不顧其理之安。夫六禮已行，三年喪畢，而改已定之昏因，天理人情所必無者，而謂之禮，無論鄭《注》誤解，使鄭解不誤，則此條當與周公踐阼，同爲《戴記》之駁文，豈可爲定論歟！即引《曾子問》"取女有吉日，而女死"，夫子曰："壻齊衰往弔，葬而除之；夫死亦如之。"苟無夫妻之義，男女可妄弔乎？而汪反以爲不成夫婦之證，何也？又引"婦未廟見而死，不遷於祖，不祔於皇姑，歸葬女氏之黨，示未成婦"，今不胖合，强與同穴，生稱來婦，歿稱先妣，可恥孰甚！則亦不達於禮意矣。遷祖祔姑，皆封建宗廟之制，廟見必待三月，亦古封建廟制；後世士大夫不世爵禄，五廟三廟之制，大宗小宗之法不行，神主或奉於寢，三月廟見之禮亦廢，婦未三月而死，亦無歸葬女氏之事。古今時異，周孔復生，亦必不盡强今以服古也。即如"取女有吉日，而女死，壻齊衰往弔"，後世亦不甚行，若"夫死亦如之"，則未婚之女，齊衰往弔於未昏之夫，而又别嫁於人，天下必大駭怪矣！是則先王制禮，有必不可易者，亦有必不能仍者，如井田封建宗法，堯舜不能復行於後世。昏姻中之末節，本不可悉繩之以古義，況所引《經》《記》之文，不必盡得聖人之意者乎！若五倫大義，夫婦等於君臣，此説誠不可易，但即汪氏君臣之義解之，其理亦不合也。汪云："仇牧、荀息君亡與亡，忠之盛者也。其君正命而終，雖近臣猶不死也。若齊楚之君薨，魯衛之臣號呼而自殺，則必爲狂易喪心之人矣。"此指女未昏而殉夫者也。未昏殉夫，誠不免過，然指爲狂惑喪心，汪氏幾喪心矣。據其所引禮文推之，未昏之女，夫死，義當齊衰而往弔矣；齊楚之君薨，魯衛之臣亦有齊衰之義乎？據其所引禮文，壻父母死，女之父母待壻免喪而請，壻弗取而後嫁；就汪氏仍鄭説之誤而言。齊楚之君薨，魯衛之臣，亦有三年弗仕之義乎？以齊衰及三年待取之義，同於齊楚魯衛之泛，汪氏直本祭足妻云"人盡夫也"之語而立論也。祭足妻言，可以折貞女乎？夫婦比於君臣，是矣。昏者爲已仕，未昏同未仕也。伯夷、叔齊未嘗仕商而不食周粟，孔子仁之；四皓未嘗仕秦而不爲漢出，君子高之；未昏守志，雖非中道，意亦近是而已，何深責也！又引歸太僕曰："女子未有以身許人之道也。"此説是矣。若鍾建負我，人事之變，雖身許人，亦無罪也。至未昏之壻，則固父母所許，從父母之所許，不得謂其自以身許也。又曰："女未嫁而爲夫死，且不改適，是六禮不備，壻不親迎，比之於奔。"歸氏之言，刻而無理，汪氏歎其婉而篤，則吾不得而知也。六禮不備，壻不親迎，比之於奔，爲其居常也，惡其得爲而不爲也。若壻已死，非其不爲，乃不得爲也。果如歸氏之説，則禮文不特親迎以前尚有同牢合巹諸文，在昏禮者皆不可廢者也。假如親迎女在途而壻父母死，夫子謂"女改服深衣縞總以趨喪"，是已執婦道於夫家矣。其同牢合巹之文，醴婦享從者之儀，彼喪中將行之乎，抑不行也？然則亦爲昏不如禮，而同名於奔，可乎？歸氏之説，何以異此！汪又引歸説曰："女子在室，惟其父母爲許聘於人，而已無與焉，純乎女道而已。"此説亦有是有非。安常處順，歸説是也。假而父母不道，或鬻於娼，或聘於叛逆賊盜，亦將父母是聽乎？或已聘之後，悔盟而改慕富貴，亦從之乎？又何以解於不從亂命之説也？未昏守貞，於義自不合，於《中庸》賢知之過則有之矣。汪容甫謂過猶不及，是將與淫濫失節一流等例之矣。充其所論，伯夷與盜蹠無分也。

《禮》"既納幣，有吉日，而女父母死"一節，"至壻免喪，女父母使人請，壻弗取（句），而後嫁之"，蓋證以魯人朝祥暮歌，夫子以謂"逾月則其善也"之義，可以明矣。喪期有不敢過二十七月而免喪，是也；孝子之心，嫌於即吉太速，故於不爲限制之事，嘗有所遲迴以致其意。孟獻子禫，懸而不樂，比御而不入，夫子謂其加人一等。由是例之，壻免喪，女之父母使請，禮也；"壻弗取"，弗遽取也，即比御不入之意，夫子逾月其善之旨也；"而後嫁之"，仍嫁是壻也。不曰"壻弗取而後取之"，推壻不忍遽取之義；故從嫁之者起義，其實嫁即取耳；古人文指，往往如此，不可泥也。若云壻棄盟不取，則前此初喪致命，已非其婦，女家不必待三年而後嫁也。爲不知誰何之人守三年不嫁之義，而又再嫁他人，其不情無理，與未昏守志，豈可同日語哉！而汪乃是此非彼，其胸中是非取舍，殆於別具肺腸矣。如鄭氏説，則男女之有父母者，雖納采問名以後，皆不保其必合者也。且問名之壻，誰無父母，爲一壻守三年不嫁之期，而又易壻，後壻又如遭喪不幸，至再至三，可使年過三十不得嫁矣，何云"有故二十三而嫁"也？

未昏守貞，如謂好名，則僻鄉陋巷，其女未聞前人紀載、功令表章之事，而亦有感激殉身、篤志守節者，豈非秉彝之良，出於天性！是則本人心之所有，非矯强而不情；人心所有，不可謂非禮文之所許也。以謂於義無取，則儘有撫孤立後，昌大其宗，繼絶舉廢，爲功不小，至於孀姑鰥舅，年老無依，得此而延年永祀，又天理人情之所推允。今乃憤若不共戴天，吾不知其説也。

聖人過猶不及之言，爲學者求理失中言之，如墨氏泛愛則太過，楊氏爲我則不及，沈潛剛克，高明柔克，皆不可於過與不及分優劣。且《中庸》賢知之過與愚不肖之不及，亦止言其失中則一，非謂賢智與愚不肖同也。林放問禮，夫子告以與奢寧儉，與易寧戚，聖人豈以一失中和，即無上中又次之别而概貶之哉！汪中以未昏守志謂過猶不及，不知以不及指何如人也？其胸次之黑白，乃如是耶！宜其有墨氏誣孔，孟氏誣墨之詑論也！

諸子之書，多《周官》之舊典，劉、班叙九流之所出，皆本古之官守是也。古者治學未分，官師合一，故法具於官而官守其書。然世氏師傳，講習討論，則有具於書而不必盡於書者，猶今官司掌故，習見常行，不必轉注傳授，繁言曲解，其一端也。又有精微奧妙，可意會而難以文字傳者，猶今百司執事，隱微利病，惟親其事者知之，而非文案簿書所具，又一端也。至於周末，治學既分，禮失官廢，諸子思以其學用世，莫不於人官物曲之中，求其道而通之，將以其道易天下，而非欲以文辭見也。故其所著之書，則有官守舊文與夫相傳遺意，雖不能無失，然不可謂全無所受也。故諸子之書雖極偏駁，而其中實有先王政教之遺，惟所存有多寡純駁之不同，而其著書之旨則又各以私意爲之，蓋不肯自爲一官一曲之長，而皆欲即其一端以易天下，故莊生謂“耳目口鼻不能相通”，是也。陋儒習於成説，概闢之爲異端非聖而置不足道；世之涉學未深而好爲高論翻成説者，則見其中亦有先生政教，[1]而因謂其指初不異於聖人。如汪中之敘《墨子》，至謂孔、墨初不甚異，墨子誣孔，孟子誣墨，等於諸子之相非，則亦可謂好誕之至矣！孔子未修《春秋》以前，並無諸子著書之事，如其有之，則夫子必從而討論，不容絶不置於口也。其人有生孔子前者，如《管子》上溯太公之類，皆是後人撰輯，非其本人之所自爲。墨子生去孔子未遠，其書未必出其手著。其經言古奥難讀，或其所傳古遺之書，至入戰國之事，則其徒相與附益。汪皆不能犂别而疑其時年，亦未達於理矣。《漢志》道家有《伊尹》《太公》，墨家有《尹佚》等六家之書，皆在墨子以前，前人疑爲古書。夫春秋以前，尚無諸子著書之事，而厚誣商周之初有如衰世，百家自於官守典章之外，特著一書以傳世乎？夫子信而好古，商周之初有書可傳，至於漢世，而夫子曾不之知，安在夫子之好學耶？蓋道家有稱太公、伊尹之言，後人誤爲即太公、伊尹之書；墨家有稱尹佚之言，後人誤爲即尹佚之書；《藝文》敘次先後，多有可議，余於《校讎通議》嘗辨之矣。而汪中敘六家爲墨氏淵源，不其傎乎！孫淵如謂墨出夏禮，余已於《淵如書》辨之詳矣。夏商典禮，其損益者已入《周官》，譬如伊、洛已入河流，固無從分其源派；其未嘗損益者，守在子孫；故孔子之於夏殷禮，不求之於《周官》而求於杞、宋之文獻也。孔子既曰杞、宋文獻不足證矣，生孔子後者，又能學於夏禮，是誣世也。而汪乃獨韙其説，是則好爲高論而不切事情，亦其惑也。

《述學》有《釋三九》，論三爲數之加，九爲數之極，古人以數之加累爲三，極多爲九，其字義不可拘執，説甚明通。利市三倍，九牛一毛，比例可推。其次篇欲明古語不可執泥，而廣引文法不可執者，以見類例，則如才人作賦，好爲敷張，其實不煩如此費也。其曰古語不與今同，而約以兩例：曰“曲”，曰“形容”。以膳不祭肺，明其不殺爲“曲”；以豚肩不掩豆，明儉爲“形容”。此等皆出《史通·摩擬》《雕龍·形容》諸篇，六經、三史，殆於巧歷不能盡其數也。然挼才摛藻，作詞賦觀，亦資觸類，未爲不可。若謂此即古語不同於今，則確乎其不可矣。無論今之文辭不遠於古，即俚俗方言，可與汪氏所例“曲”與“形容”相比例者，豈少也哉！且如三字不可泥，俗話三起三倒，又可泥乎？九字不可泥，俗話十室九空，又可泥乎？至“曲”言，俗語市語尤多，如云“八九七十二，[2]黄狗想陰地”，不曰狗畏熱，而曰“想陰地”，“曲”何如也？“形容”亦然，“眉開十丈”，天下無一尺之面，而有十丈之眉乎？然則“曲”與“形容”，今人之言可成鉅帙，安在古語不與今同哉！若論古人文辭之妙，意會不可言傳者，則余嘗欲仿《文心》例，搜爲專篇，其例甚多，亦不獨“曲”與“形容”兩例已也。大抵汪氏之文，聰明有餘，真識不足，觸隅皆悟，大體茫然。

淮南子洪保辨

《淮南子洪保》，錢塘馮山公先生諱景所著《解春集》中篇名也。先生人品文名，高視兩浙，即《解春集》文，亦頗有卓然不朽之作。然《洪保》之篇，助閻徵君攻僞《古文尚書》，中無所得，而全務矜張誇詡，類於趨風好名者之所爲，不可爲訓。豈先生少作，而後人編次失删除邪？恐後生小子，未能學先生之高致，而惟以此類習於浮誇，其害非淺。今取其關文史者辨而正之，期余《通義》有所發明，不得不然，非好辨也。他則存而不論，非余專門，不敢强不知以爲知也。

《淮南子洪保》

古人著書，標題命篇，隨事爲名，初無深意，六經諸子，莫不然也。自讖緯矯誣，釋老争幟，於是始有《鉤命》《援神》《三洞》《三藏》無數鉅名偉號，相與眩惑，此實不足而求耀於名，理勢然也。儒者著書，平正通達，是非得失，争於實而不争於名，何須故作大言駭流俗哉！即如“淮南子洪保”五字，矜張誇詡，全非儒者氣象，且於理亦不合也。據云與閻氏合於淮南，則當云“淮南二子”，直稱爲“淮南子”，敢問“子”爲誰？

> “洪保”者何？馮子讀閻子《尚書古文疏證》而作也。儒者之學，莫大乎正經而黜譌，《今文尚書》爲晚出古文淆亂其間，莫之或正，儒者之恥也。閻子唱之，馮子和之，其義大安，故曰“洪保”。閻子，晉産也；馮子，吴産也；一西一南，地之相去幾千里，而作合於淮南以卒其業，豈非天哉！故亦號“淮南子”云。

“洪保”之名，蓋自擬於大禹障川，周公兼夷驅獸，孔孟以下，能繼此者鮮矣。如此標名，讀者方將拭目以觀孔孟重生，六經再出，爲千古開聾聵矣。及披閲其文，不過因閻氏《古文尚書疏證》中有商訂數條，未及閻書百分之一。且即此數條，理多未愜，其稍可者，亦於閻書無甚損益，存録别簡以誌旁觀之一得，尚嫌瑣也。大書“洪保”而自誇與閻共功，且盛稱爲儒者莫大之學，一似古文之僞，自古無人能覺，惟閻氏獨發其覆，而閻又全賴山公與之倡和，否則閻亦不能獨力致也。嗚呼！宋元以來，先儒成説具在，閻氏《疏證》與山公此書亦具在，識者參互觀之，山公之於僞《古文書》，其辨證之功當居何等，山公於閻氏之書，其襄助之功當居何等，必有知之者矣。

> 孔安國止名《堯典》，無《舜典》，自姚方興之二十八字出，始析而二之，以迄於今不易。横隔二十八字於中間，試思“帝曰欽哉”何以蹶然而止，“慎徽五典”何以突如其來，不可通者固多矣。景即遷書《五帝紀》而論，知二十八字之爲僞造，其當黜去無疑也。何也？《帝紀》於“舜飭下二女於嬀汭，如婦禮，堯善之”下，即云“乃使舜慎和五典，五典能從”云云，文氣連注如水之流，誠所謂雖有利刃亦不能截之使斷者，便知安國古文《堯典》止一篇，合《舜典》在其中，且無此二十八字，明甚。矧遷《五帝紀》尚雜采《春秋》《國語》，孔子所傳《宰予問五帝德》及《帝繫姓》《孟子》百家語成文，所謂“書缺有閒矣，其軼乃時時見於他説”者，是也。夫他説尚采之，信《堯典》有此二十八字，豈反删而不録邪！遷明云：“余并論次，擇其言尤雅者，著爲本紀書首，”如此二十八字出入經史，猶謂其不雅耶？自塗廩穿井以及思舜鬱陶，瑣瑣事跡，無不畢載，豈有高文典册，又弁《舜典》之首，削而不録，獨何心哉！知本無此二十八字，决也。

“欽哉”之下，“慎徽五典”之上，横隔二十八字，文義多不可通，閻氏之説已足。此又取證遷書《五帝紀》中述《帝典》文無此二十八字，謂遷於此處不當有所删削，則轉不足以服僞古文矣。《堯典》“欽明文思”以下一十四字，故出伏生今文者也，亦非言之不雅者也，亦非塗廩穿井之比，不爲高文典册者也。然遷史亦略而不載，則史文增删之閒，不足以折僞古文也明矣。

二十八字之僞，閻氏之辨盡矣。山公猶以爲不足，而務欲有以加之，於是取證遷史《五帝紀》文云云，山公於是乎不通於文理矣。幸今二十八字固僞書耳，設古經真有二十八字如今傳本，史遷撰《五帝紀》，屬文至此，亦必删去而無疑也。蓋在僞書取冠篇首，故用“重華協帝”諸文，摩仿“欽明文思”一十四字，皆是包舉内外，隱括生平，爲全篇綱紀，體例當然，無足怪也。若史遷併二典文合爲一紀，則《堯紀》篇首《堯典》一十四字，猶在可用不用之閒，尚且删之，此處叙事中閒，忽入《舜典》篇首二十八字，似贊非贊，似叙非叙，不倫不類，更復成何文理。譬如徹二屋材埴合造一屋，則有一屋之規模矣，勢不能於檐霤之閒重施鴟吻，宗廇之下再峙岑樓。今議匠氏不當缺舊有之鴟吻岑樓，豈非傎邪！

蘇子由《古史》論《莊子》三四篇譏議孔子處，以爲决非《莊子》之言，是後人截斷《莊子》本文攙入；朱子亦言《莊子》此數篇甚俚。此其識見最高明，考據甚精密。如《舜典》二十八字，正所謂後人截斷本文攙入者也。信孔傳《舜典》舊有此，奚以直至齊蕭鸞時始出，而又直至隋開皇初購求始得邪？

《莊子》詆孔子處，謂非《莊子》之言，可也；謂後人截斷《莊子》本文攙入，此蘇氏亦未深思耳。後人雖妄，無端作此，意欲何爲！蓋爲莊周之學者所附益爾。其人殆爲莊之學而未通乎莊之意，但見莊之言多不與孔同趣，遂謂可得而詆之耳，非僞托也。古人爲其學者效其言，其於文辭，不争此疆彼界，如後世之私據也，何僞托之有！

然觀《書序》，原有《舜典》逸書及《汨作》《九共》《槀飫》十一篇，皆爲舜事。閻子曰：“此即後代作史法也。史有本紀，爲一史之綱維，猶《書》有《帝典》，體以謹嚴爲主，故《堯典》所載，皆用人行政大者，其他節目，如設官居方，别生分類，則散見《汩作》諸篇，蓋即後代志與傳所從出也。”

此又閻氏之錯解也。以後世紀傳之密擬《尚書》大經之要略，則禹湯文武亦當補作典矣。

史遷《帝紀》，予最愛其“惟刑之静哉”下詳述四凶獲罪之由一段，而曰“於是舜歸而言於帝，請流共工於幽陵以變北狄”云云，方是《春秋》紀事之體，自與《尚書》紀言者不同。

《尚書》《春秋》，文各有體，是也；截分紀事紀言，則仍前人之誤而不察矣。然先生既知《尚書》《春秋》之文各有體，則不當疑帝舜之稱在篇首也。

馮子曰：甚矣，姚方興之二十八字，陋且妄，而其爲禍實大以深也！既欲横截二十八字於其中，析《帝典》而二之，夫獨無其法乎！使此二十八字者，攙入“四海遏密八音”之下，“月正元日格於文祖”之前，世即有明知其非真，夫誰敢議！蓋殂落而堯之巽位正其終，格於文祖而舜之即位正其始，於是焉攙入二十八字，弁《舜典》之首，何不可之有！爲其於義無害也，曷爲在“釐降二女”之下，“慎徽五帝”之前，而遽曰“古帝舜”哉，或曰“稽古”云者，以後史追記前史，似不嫌稱帝舜。不知此正與晚出之《湯誓》《泰誓》諸篇，於南巢未放，太白未懸之前，即稱“王曰”同一手筆，古史臣寧有此等書法邪？此即律以朱子《綱目》書法，亦與君非正統正系，則分注細書之，及僭帝恒稱主之例相應矣。彼但知襲諸篇首爲文，謂與帝堯一例，不與大禹一例，乃合於典而非謨，而不知其有乖大義，入於僭篡，至此極也！又案《綱目》改元例，注曰：“章武三年五月，後主即位，改元建興。而《通鑑》於《目録》

《舉要》，自是年之首，即稱建興。凡若此類，非惟失其事實，而於君臣父子之教，所害尤大，故今正之。”蓋《綱目》所書，皆《春秋》之法也。而謂孔子删《書》，乃存此等僭亂之文以昭示來學，三綱奚以明？九法奚以正？不特誣舜，且誣孔子矣。侮聖言，非正法，惑亂後世，爲莽、操輩藉口，其害非細。夫孟子云“舜相堯二十有八載”，稱相，明其爲臣也；“堯崩，三年之喪畢，舜避堯之子於南河之南”，言避，不敢當君也；及朝覲、訟獄、謳歌皆歸，“夫然後之中國，踐天子位焉”；果若史稱帝舜於攝政之時，是篡而已矣。孔子曰：“天無二日，民無二王。”堯在而舜帝，其謂之二天子與，其不謂之二天子與？吾今而知此二十八字也者，乃魏晉六朝革命之秋，陽稱禪讓而陰行篡奪之護身符也。禮絶常典，君在即真，彼將曰虞舜實然。嗚呼！禍萬世之人心，易兩閒之定位，充塞仁義而公行亂賊，自此二十八字始矣。邪説之害，烈于洪水，孟子之功，不在禹下，豈不以此也歟！堯老而舜攝也，非帝也；曰“帝舜”，則非攝也。“舜既爲天子矣，又率天下諸侯以爲堯三年喪，是二天子矣”，孟子有以斷斯獄矣。

人犯劫殺之罪而誣以探囊，其人必不服也；非劫殺輕而探囊重也，爲失其實也。故治獄得其實，殺之而不怨；不得其實，笞之而不心折也。僞古文之誣世害教，如閻氏之所舉，已足蔽其辜矣。《舜典》篇首二十八字，謂其文理窒礙可也；必謂舜未即位，篇首不當稱“稽古帝舜”，因罪其開僭亂之端，魏晉六朝之陽禪陰篡，皆本乎此，則莫須有之疑獄，直欲坐人以反叛矣。按曹丕篡漢，在延康元年庚子，歷三國晉宋至蕭齊建武四年丁丑，相去二百二十八年，姚方興始言得古本《舜典》於大航頭，書多篇首二十八字，其時猶未施行。至隋開皇初，始行於世，則又近百年矣。二三百年前之篡逆，歸咎於二三百年後之僞書，是昨日殺人而明日方造意也。且二典之體，實與後史本紀一例。《史》《漢》於高祖未即位前，本紀皆稱漢王，未王之前，則稱沛公，未嘗不有等差，而篇首則必稱高祖，所以正其名而定全篇之主義也。且承“粵若稽古”之文，其總統全篇主義，較後史本紀篇首尤爲莊嚴鄭重，而顧怪其不當稱帝，且謂緣此而生簒亂，嗚呼！春秋二百四十二年，弑亂禍變不絶書，三代以前，亦有蚩尤之亂，羿浞之簒弑，豈盡文字所致哉！儒者動擬孟子之拒楊、墨，比於禹、周、孔子，遂以洪水猛獸一切凶惡歸於文字議論，意所不愜之人，直作爾汝字義用耳。程朱陸王之末流，交排互詆，人亦莫識真是非矣。若《僞古文尚書》，則如已敗之寇，堂堂正正，自足勦除，正不必深文曲詆，轉藉人以口舌，翻覺不近情也。

前人謂宋人執泥“一飯不忘君”之説，穿鑿以注杜詩。杜詩無心之山水花鳥，觸處皆成譏切，遂開東坡詩獄之禍。按文字之禍，漢已有之，然穿鑿文致，不必理解，宋人實甚，此言不得爲苛刻也。今山公因惡古文之僞，不復平心察理，而於篇首文法所必應具之“帝舜”二字，無故坐以簒逆首謀，而甚其詞於洪水猛獸。在山公不過取便位置己功，上同禹、周耳，非甚有深仇疾怨，不與共戴者也。然二十八字不過造僞，實非關簒逆也。山公此種苛刻議論，足開罵辭砌款，挾仇誣告之端，所關非細故也！

太史公《五帝紀》，於“弟放勳立，是爲帝堯”，於是首揭“帝堯者”三字，正其稱也。篇中言令舜攝行天子之政者再，曰“權授舜”，曰“卒授舜”，一筆不苟，末采孟子語，而終之曰“是爲帝舜”。於是首揭“虞舜者”三字，不蒙上“帝”字，慎其稱也。因歎太史公此等書法，即何異《春秋》《綱目》，非僞撰二十八字者所能夢見。

按《史紀》堯舜二紀，通篇皆無“帝”字，與前三紀異。然堯則首句猶稱“帝堯”，舜則首句亦無“帝”字，此正史遷創例不免疏略之故，非有義例可解説也。乃僞古文既受求全之毀，《史記》又蒙此不虞之譽，真有幸有不幸哉！

《五帝紀》每帝首句皆揭“帝”字，惟舜獨無“帝”字，實史遷之疏略，山公無端生其歎贊，曷即史遷十二本紀凡例觀之？以後紀例之，則高祖、孝文《紀》中，未即位時，固稱漢王、代王，而篇首未嘗不稱高祖與孝文皇帝也。藉曰後世之例，非所論於上古，則開端皇黄帝，篇首已稱帝矣，而中間又敘神農世衰，諸侯侵暴，軒轅習用干戈，則與帝舜未即位前何異！何以在黄帝則可稱帝，而虞舜獨不可乎？且紀文之中，如黄帝阪泉未勝，止稱軒轅；阪泉既勝以後，乃稱黄帝；則舜於未即位前，紀文自當止稱虞舜；既即位後，何以直至終篇不見帝舜之稱？且堯則篇首稱帝，而紀文亦無帝堯之稱，蓋史遷創造之初，不能如後人之詳密，無容深責可耳。乃全然不顧古今史法及本書前後義例，一味盲誇瞽贊，謂非僞古文所夢見，正恐造僞古文者有知，轉笑先生如夢耳。

閻公言：十三經，經皆有傳，傳即在經之中。如《十翼》傳《易》，三傳傳《春秋》，皆不待言。《爾雅》，《書》《詩》傳也；《戴記》，《儀禮》傳也；《儀禮》又自有子夏《喪服傳》；《孟子》，即謂《論語》之傳也可；《孝經》内有經有傳。其無傳者，獨《周官》耳。景按，金仁山氏曰：“《周官》一篇，《周禮》之經也；《周禮》，其猶《周官》之傳與？”由是觀之，《周禮》非經也，傳也。恨今文《周官》不存，爲僞古文所淆亂耳。

閻氏之言，未爲大失，惟不當稱十三經，當仍以六經分部耳。《孟子》爲《論語》傳，便不可訓。《論語》《孝經》《爾雅》，皆傳也。《孟子》從《論語》部而同稱爲傳，可矣。班固名標六藝而書分九類，最爲知所原本。蓋有附經之傳，有離經之傳，《論語》《孝經》《爾雅》，蓋離經之傳，故别出部次而分類爲九。然傳究不可混經，故標題仍稱六藝也。此則閻氏所未知也。若山公引金仁山言，而附會《周官》經六篇爲真《古文尚書・周官》篇之傳，則沿閻氏之失而更甚矣。山公方引朱子之言，以《周官》爲事之綱目，諸目之外當别有傳。今又以《官經》爲傳，是傳下之傳，經上之經，支離糾葛，將何底止！夫文有彼此相參，書有詳略互證，此古今之常理。必以經傳之説，銖銖作解，則《周官》内史掌書王命，是真《古文尚書·周官》篇，又《周官經》之傳也；外史掌三皇五帝之書，是《尚書》全經，亦《周官經》之傳也。然則充山公之説，諸書互相經傳，將如兵家六奇八陣，互相制勝者歟？

太史公《商君傳》，趙良引《書》曰："恃德者昌，恃力者亡。"《蔡澤傳》引《書》曰："成功之下，不可久處。"先生謂此皆在秦未燔書之前，意所引出全書百篇中，非也。秦燔《詩》《書》，獨未燔周史記。按《漢·藝文志》云："《周書》七十一篇。"注云："周史記。"乃知周史記，亦名《周書》，趙良、蔡澤所引，蓋皆史記之《周書》也。

自司馬以前，史記爲史籍載記之總名，猶後世之稱史策爾，並無專取一書名爲"史記"者也。故史遷謂史記放失，杜預稱《春秋》爲魯史記，無定名也。《藝文志》：《周書》七十一篇，即今《逸周書》也。班固自注爲周史記，劉向謂孔子所論百篇之餘。然則《尚書》無論百篇内外，皆得稱周史記，不必云周史記亦名《周書》，又别出史記之《周書》，若截然有兩種也。

朱子嘗言，《周禮》中多説事之綱目，如屬民讀法，[3]其法不可知；司馬職乃陳車徒如戰之陳，其陳法亦不可見。景謂此必詳《周官傳》四篇中，今可惜亡矣。

山公此論，幾於癡絶。若如此分别經傳，將岱岳聚書，滄海量墨，盈天地間莫非《周官》傳矣。且如六藝之《易》，不過太卜所掌三《易》之一耳。《詩》歸太師，《書》存外史，《禮》《樂》《春秋》，各有職司，他如保章、天文、職方、地理、兵農、百家、巫祝、九流，何一非《周官》之傳哉！見《藝文》著録區區四篇，揆情度理，豈容如許書策！而山公乃知讀法之文，車徒之戰，必詳於此四篇中，豈幸其篇亡而轉藉爲無盡之藏耶？

即以《周官》而論，太宰掌建邦之六典，則全書皆太宰職之傳矣。且太史亦掌建邦之六典，則雖太宰諸職，又太史職之傳矣。司會司書俱掌邦之六典，則太宰太史諸職，又司會之傳，司會又與太宰諸職同爲司書之傳。祇一六卿聯事，則三百六十之職，無不互相經傳矣。昔周公以六典致太平，今如山公之言，官職經傳，先已棼如亂麻，安在其能治天下哉！劉向比肩，揚雄接踵，不能較此等經傳也。

大司樂之《九夏》，乃歌之大者，載在樂章，樂崩亦從而亡，是以頌不能具。他如六樂九變，所謂一變而致羽物，再變而致臝物之類，亦第言其變而不詳其所以變，則《樂》之有記而無經者，時勢使然。惟《孔子語魯大師樂》一章，其節奏可想見，劉子念臺以爲備四時之氣，此則可爲《樂經》冒子，《大司樂章》未足以當之。

樂歌自在經，《詩》非隨《樂》俱亡。《九夏》之類，先儒解亦不一，要不以論《樂經》也。《樂經》自是有節奏而無文辭，易以亡耳。夫子之言，自當敬誦；然虚言實事，各有當也。取《語魯太師樂》一節，輕視《大司樂章》，然則讀《伯魚趨庭》一節，可廢《詩》《禮》二經矣。夫子生民未有，孺婦所知。但學者推求，正須切於實事，否則玄之又玄，聖人不過一神天之通號，何益於人世乎！有如一咳唾而備四時之氣，一旋便而關天下之安，一動而可備百王，片言而可該萬典，宋元以來，不少此種推崇。夫子亦人情耳，聞之果愜於心否？

宋人推尊孔孟，多不近情。蓋不知聖賢之實，務以空言相高，往往入於飄渺玄虚，翻覺不近情也。動謂夫子賢過堯舜，百王曾不足當孔孟之一吷，六經亦不敵《語》《孟》之片言；《加年》一章，可以蔽

《易》；“無邪”一語可以廢《詩》；鐘鼓玉帛，可埽《禮》《樂》；知我罪我，可廢《春秋》；《武成》取二三策，可以無《書》。此等見解，必至太極歸於無極，不容一字留於人間，咸陽之焚，不如是之甚也。或問此亦未見諦證，何知宋人必如是耶？答曰：見於《孟子集注》之《序説》也。趙岐謂孟子通五經，尤長於《詩》《書》，此言必有所受。今觀七篇之書，則誠然也。而程子乃以“仕止久速”定孟子之長《易》，“《詩》亡然後《春秋》作”定孟子之長於《春秋》。尹氏因言趙氏僅謂長於《詩》《書》，豈知孟子！直是空言争勝，不復顧事理矣。今尊《始作翕如》一節爲樂之經，而謂大司樂之經文不足當之，其言如出一轍。夫尊論説經籍之言而可輕經籍，則存《藝文》一序，而百千萬卷可以付一炬也。孔子“述而不作，信而好古”。又曰：“我非生知，好古敏以求之。”誠恐人以生知天縱之言，矯誣失實，不憚言之諄諄。宋人視古，視述，視好，視求，皆蔑如也。

假古題以運古事，豈惟六朝學士家有此種撰著哉！自漢以來已有之。按《藝文志》，《太公》二百三十七篇，云近世爲太公術者所增加也。《文子》九篇，云老子弟子與孔子並時，而稱周平王問，似依託者也。《黄帝君臣》十篇，云起六國時，與《老子》相似也。《力牧》二十二篇，云六國時所作，託之力牧。《黄帝泰素》二十篇，云六國時韓諸公子所作。《大禽》三十七篇，云傳言禹所作，其文似後世語，景疑《大禹謨》及《五子之歌》，必多采用之。《神農》二十篇，云六國時諸子疾時怠於農業，道耕農事，託之神農。《伊尹説》二十七篇，云其語淺薄，似依托也。景頗疑今《伊訓》《太甲》《咸有一德》諸晚出古文，必多采用之。《鬻子説》十九篇，云後世所加。《師曠》六篇，云見《春秋》，其言淺薄，本與此同，似因託也。《務成子》十一篇，云稱堯問，非古語。《天乙》三篇，云天乙謂湯，其言非殷時，皆依託也。景頗疑《仲虺之誥》及《湯誥》中必採用。《黄帝説》四十篇，云迂誕依託。以上凡十三種，可見西漢時即有此等撰著，至於如是之多，以僞亂真，爲晚出古文嚆矢，其源遠矣，其流毒長矣。區區孔衍之三書，王通之百二十篇，虞溥之《學誥》，顔延之之《庭誥》，夏侯湛之《昆弟誥》，白居易之《補湯征》，蘇伯衡之《周書補亡》三篇，較之《漢藝文志》所依託諸書，乃其么𢊍者爾。

古人有依附之筆，有旁託之言，有僞撰之書，有雜擬之文，考古之士，當分別觀之。依附之筆，門人弟子爲其學者輾轉附益，或得其遺，或失其旨，或離其宗，各抒其所見也。旁託之言，諸子著書，因寄所託，標其風旨，有所稱引，人即傳爲其人自著，如墨者著書稱述晏子，人傳爲晏子書；儒者著書稱魏文侯，人傳爲文侯書是也。《藝文》所著諸子九流，劉、班注謂似依托者，多不出此二種，皆非有心於造僞也。僞撰之書，後世求書懸賞，姦人慕賞造僞，與上二種不同。雜擬之文，則始於文人托興寓意，其後詞科取士，因以命題，古人所無，斷始於六朝，非惟與僞造不同，亦與前二種迴不類也。山公於古人著述，不甚曉析源流，故比而同之。不知僞古文才高學富，遠出山公之上，穿穴典籍，窮幽極遠，劉、班明指爲淺陋依托著書，彼時亦未必具存，即存亦必不以爲依據，已經爲人指斥而猶據之，雖愚不至此也。至僞《五子歌》必取於僞《禹書》，僞《伊訓》《太甲》必取僞《伊尹説》，是造僞券者，必須用盜跖之楮墨邪？噫！以此論古，窒滯多矣！

閻先生謂《玄鳥》詩既云“降而生商”，下自不得云“宅商土芒芒”，易商爲殷，文字宜然。嗚呼！何其謬也！《詩》三百篇，其重句疊字，不知凡幾；聊舉一二，如《江有汜》章，“不我以，不我以”，“不我與，不我與”，“不我過，不我過”；《叔于田》章，“巷無居人，豈無居人”，“巷無飲酒，豈無飲酒”，“巷無服馬，豈無服馬”；《汾沮洳》章，“美無度，美無度”，“美如英，美如英”，“美如玉，美如玉”；《園有桃》二章，皆曰：“其誰知之，其誰知之，”《碩鼠》三章，則曰：“適彼樂土，樂土樂土。”“適彼樂國，樂國樂國。”“適彼樂郊，樂郊樂郊。”《鳲鳩》四章，則曰：“其儀一兮，其儀一兮。”“其帶伊絲，其帶伊絲。”“其儀不忒，其儀不忒。”“正是國人，正是國人。”如此之類，未可更僕數。然猶曰疊句耳，不知古人韻亦重用，如《行露》之首章曰：“厭浥行露，豈不夙夜！謂行多露。”重二露字。《簡兮》之卒章曰：“西方美人，彼美人兮，西方之人兮。”重三人字。《株林》之首章曰：“胡爲乎株林？從夏南，匪適株林，從夏南。”重二林二南字。然猶曰《風》也，乃《小雅》《大雅》亦然。《六月》之卒章曰：“飲御諸友。”又曰：“張仲孝友。”重二友字。《小雅·大明》之六章曰：“命此文王。”又曰：“篤生武王。”重二王字。《民勞》之二章曰：“汔可小休。”又曰：“以爲王休。”重二休字。《板》之六章曰：“民之多辟，無自立辟。”《蕩》之首章曰：“蕩蕩上帝，下民之辟，疾威上帝，其命多辟。”皆重二辟字。《雲漢》之三章曰：“周餘黎民，靡有孑遺，昊天上帝，則不我遺。”重二遺字。不惟《雅》也，《頌》亦然。《執競》卒章曰：“威儀反反。”又曰：“福禄來反。”《賚》一章曰：“敷時繹思。”又曰：“於時繹思。”此可見質有其文，雖周猶爾；況商道尚質，而謂恐其重一商字，乃易爲殷，有是理乎！請即以《商頌》徵之，《那》固其首篇也，其二章曰：“鞉鼓淵淵，嘒嘒管聲，既和且平，依我磬聲，於赫湯孫，穆穆厥聲。”六句三韻，疊用聲字，奇絶千古！蘇軾作《潮州韓文公廟碑》詩曰：“公昔騎龍白雲鄉，手抉雲漢分天章，天孫爲織雲錦裳。”開章三句，疊用雲字，愈疊愈古。乃有無知小學，譏其率筆，妄加塗竄，何異“蚍蜉撼大樹”也！

記曰：“善待問者如撞鐘，大叩大鳴，小叩小鳴。”豈惟待問，即辨駁之文，何獨不然！書有大誤，自當詳辨而博議之；其小誤失，祇須隨文檢正，無煩軒然起大波也。閻氏謂《天命玄鳥》詩中易商爲殷，文字宜然。閻氏蓋謂文字承用，義同文異，臨文變易，以化拘攣，如《中庸》“郊社之禮，禘嘗之義”，文異意同；《大誥》“我有大事休，朕卜并吉”，休吉同義，變文便誦；此類甚多，不可勝舉，閻氏以此推之，於義未爲大失。惟此等變文，謂之文字有然則可，必謂宜然，反不得不然，〔4〕則幸而殷、商二字，可以互文，設當夏、周，止有一字，將以何字易之？辨者但當發明此意，不三數言足矣。今乃置其本意於不論，而反舉《詩》之重句疊韻以證閻説之非。夫生商與殷土二句，商、殷互文，並不在押韻處，又非全句犯重。山公泛引《毛詩》重句疊韻，侈其富有，何異攻天文者泛引地理書以侈便富邪？且此等詩篇，童子能誦，舉以明例，三數條足矣。今乃累牘連篇，徧引童子所誦習者以誇富有，則董澤之蒲，可勝暨邪！夫錙銖得失，故鑿高深以矜論鋒，目前經傳，連篇鈔撮以誇便腹，雖所論甚當，君子猶病其淺陋，況所論非其質乎！

山公文雖成家，學似未富，其於閻氏之書，不能有所損益，審矣。而閻屢稱之，特喜其附和耳。不知彼欲藉以爲名，則肆論之際，更不計閻爲何許人矣。如此條所論，似閻氏生平尚不識古詩之有重韻疊句，其與目不識丁一流相去有幾！

末論蘇氏《韓文公廟碑》詩首三句疊用三雲字，蘇氏本屬無心，讀去亦不甚窒口，於義自無傷也。必謂疊用三雲字爲有心，且美其辭曰愈疊愈古，轉似不用此三疊字必不可者，正如别本唐詩，於崔顥《題黄鶴樓》開首必疊三黄鶴字，流俗相與矜奇詫絶，乃謂壓倒李白全在此等處者，同一庸陋之見。

君子之學，貴闢風氣而不貴趨風氣也。蓋既曰風氣，無論所主是非，皆已演成流習，而諧衆以爲低昂，不復有性情之自得矣。《古文尚書》之僞，自宋迄今六百餘年，先儒歷有指駁，已如水落石出。至閻氏而專門攻辨，不遺餘力，攻古文者，至此可以無遺憾矣。譬如已斃之虎，雖奮挺搏之，不足爲勇，況搏之不以其道，前人所已盡之説而務欲有以加之，則不免轉授人以罅隙。又如追窮寇者，反遭背水之回戈而致敗也。昔者每怪毛西河氏無端撰《尚書古文冤辭》，恃其才雄學富，言之成理，究不足以爲公是也，亦何樂乎爲之。今觀山公諸篇，非深文太過，則言之不關款要，高自矜詡，義襲取名，而於經學初無所入。意當時趨風氣者大率如是，毛氏不免有激以至此耳。因知古今是非，衹欲其平，不欲其過。自來門户干戈，是非水火，非必本質如是，皆隨聲附和者之求加不已而激至於反也。古文之案，本可置不問矣，必欲加功，莫如取閻氏書，刊其蕪雜，剔其不中肯綮與過甚之言，抑亦可以爲其次矣。蓋閻氏之書，深沈博奥，用力精堅，實能制僞古文之死命；雖以毛西河之强辭雄辨，不能奪人心之公，何須更爲烏獲喝鬬方成勇乎！惟大醕之中，不無小疵，附和之徒，不知藥石之愛而轉爲美疢之加，則反爲全書玷缺，而資黨古文者以口舌也。陶朱公曰："人棄我取，人取我與。"非特賈術然也，天下事凡風氣所趨，雖善必有其弊。君子經世之學，但當相弊而救其偏，轉不重初起之是非，謂既入風氣，而初起之是非已失實也。然則《洪保》諸書，不但附贅懸疣，直是趨風氣而反爲風氣之罪人矣。嗚呼！趨風氣者，豈特《洪保》而已哉！

論文辨僞

大人君子將以身繫天下之望，好惡不可不慎也。得一君子而天下未即蒙其利，失一小人而流毒足以禍世矣。毒既被於世矣，而君子猶曰取其適吾意耳。噫！取人而求適其意，其弊何所不至哉！朱竹君、石君兩先生，一代人文之望，然善善不能惡惡，則不免有累。夫江湖清客，以俳優伎倆逢迎貴顯，於義原無大傷。如某甲者，混廁清流，妄言文學，附會經傳，以聖言爲導慾宣淫之具，蠱惑年少，敗壞風俗人心，真名教中之蟊賊，非僅清客之謂也。石庵相公官江寧時，欲法誅之，可謂知所務矣。而竹君先生爲解脱之，遂令術逢顯要，登高而呼，號召無知士女，凡可以敗人倫而傷風化者，無所不爲。竹君先生天性坦易，平日固多汰許之病。石君先生似近方嚴，然亦嘗與此人書問往來。余疑問之，則云："狎客耳，何遽不容！"噫！賢者如此，況他人乎！

昔李穆堂《書〈傳鐙録〉後》，以爲士大夫退老林泉，好與釋子往還，其徒往往借名引重，如李習之、白樂天、蘇子瞻、黄山谷等，皆表表人倫之望，乃被彼家録爲法嗣，亦可恨矣！雖衲子無忌憚，然亦諸公有以招致之也。余謂二先生之狎弄某甲，亦猶是也。偶於坊間見賣某甲尺牘，因取閲之，則其書中如評論女色，爲人相妾，關説陰訟，爲妓求情，爲要路購古玩，爲貴人品食味，以及納人贈妾而報先孕，復收逃妾而謝珠還，種種不堪汙目、不堪對人之事，津津如道佳勝，是其恥心久喪，較陳繼儒、李漁一流，可謂每況愈下矣。[5]乃彼不自度量是何人物，有靦面目，僭言學問文章，噫！學問文章，豈爲若輩設乎！其間如夢如囈，如瘈如狂，一切不可理解情喻之言，姑未遑數。内有與人一書，言杭州見朱侍郎、石君，蒙其推許，謂古文有十弊，惟某甲能埽而空之。某問其目，則曰："談論心性似宋人語録，一也；俳辭偶語學六朝靡曼，二也；記序不知體裁，傳誌如寫帳簿，三也；優孟衣冠，摩仿秦漢，四也；謹守八家空套，不思自出心裁，五也；餖飣成語，死氣滿紙，六也；措辭率易，頗類應酬尺牘，七也；窘於邊幅，有文無章，如枯木寒鴉，淡而無味，且受不住一個大題目，八也；平弱敷衍，襲時文調，九也；鉤章棘句，艱深文其淺陋，十也。"某曰："此外尚有三弊。"侍郎驚問，則曰："徵書數典，瑣屑零星，誤以注疏爲古文，一也；馳騁雜亂，自夸氣力，甘作麤才，二也；尚有一弊，某不敢言。"侍郎再三詢之，乃云："寫《説文》篆隸，教人難識，字古而文不古，又一弊也。"侍郎知有所指，不覺大笑。噫！小人而無恥，一至此乎！石君先生初爲古文，嘗就正於其兄，平日論文，未嘗與竹君先生有歧。昔者竹君先生視學安徽，幕中有妄人出某甲門下者，戛戛自詡，同列無不鄙之。其人出某甲爲乃父所撰墓誌，矜示於人，余時未識某甲行徑，一見其文，遽生厭惡，指摘其文紕繆，其人怫然，竹君先生解之。陰謂余曰："流俗習弊已久，豈可以吾輩法度繩之！"則朱氏論文，必無許可某甲之説。石君先生爲文，初不自名，惟平日不輕許可，亦未嘗執繩尺以裁量時人。某甲所述古文十弊之説，不知何來，大指陰勦李穆堂《古文辭禁》而增飾以似是之非，石君先生斷不出此。意者竹君先生嘗舉李穆堂與方望溪争辨古文義例，多右李説，石君先生或偶舉李氏《辭禁》以證時弊，未必爲稱詡某甲而設。而某甲生平最喜緣飾附會，藉人揚己，集中大半空中樓閣，烏有子虛，歷有明證，又不特此簡爲然也。石君先生不幸失人失言，遂爲若輩所污，則君子辭色，豈可輕易假人，奈何不自愛也！

十弊之説，後生易惑，余爲詳析辨之，小人肺肝何嘗不如揭哉！一曰“談論心性，似宋人語録”，其説出於李氏。李氏言是，而某甲誤會其説，則不可通也。李氏蓋曰宋人語録喜用俚俗字句，如“彼此”二字自可用也，必曰“這個那的”；又“如何如是”二語自可用也，必曰“怎的恁地”；故其引曾子曰：“出辭氣，斯遠鄙悖矣。”若宋人之語録，無論理之悖否，辭之鄙亦甚矣，古文禁用語録，蓋謂此也。某甲附會其説，以爲談論心性似宋人語録。夫談論心性即不可爲古文，則孔子性近習遠，孟子與告子、公都諸辨，皆不可爲文，而六經强半當删卻矣。且文字苟非犯李氏所指鄙俚字句，即似宋人語録，又何傷乎！某甲如鍼之眼，止知推八家古文，然八家首韓，韓之五“原”何嘗不論心性，何嘗不可入語録乎？其不通一也。二曰“徘辭偶語學六朝靡曼”，此説亦出李氏。李氏言是，而某甲誤會其説，又不可通也。李氏蓋禁四六綺語，以謂六朝浮靡之風，入於古文，令人不辨作何許語。如故鄉之稱，必曰桑梓；兄弟之名，易以壎篪，凡如此類，名義混淆，有失清真之體爾。某甲附會其説，以爲俳辭偶語不可以爲古文。夫苟非庾隱增減，有礙稱謂名義，則六經之中，尚多徘辭偶語，豈曰俳偶即靡曼乎！余著《文史通義》，有通體長俳以比例者，或以體近時文爲譏，余謂此人正坐有一成式古文在其胸中，怪人不似之耳。邵二雲曰：“胸有奇偏雙單之見者，豈可與論古文！”真知言哉！某甲本不知文，而偏又習知文家似是而非之説，宜其拾人牙慧而又失所指，其不通二也。三曰“記序不知體裁，傳誌如寫帳簿”，此條直是無謂，如不知事小兒强勉作老成語，愈顯其不知事也。體裁專爲記序，帳簿特防傳誌，此趙普之上下半部《論語》分創守也。借曰互文見義，則體裁帳簿，兩不相應，令人何所法戒！即以帳簿而論，文法千變萬化，惟其是爾，固有似帳簿而失體裁者，亦有似帳簿而得體裁者。且體裁既非一端可盡，帳簿亦非全當諱避，不知體裁之弊甚多，又非有得有失之帳簿可以一概。其言上不黏天，下不著地，不知意欲云何。噫！如此伎倆，尚欲抵掌論文，不知世間有羞恥事矣！其不通三也。四曰“優孟衣冠，摩仿秦漢”，此自明嘉靖後，王、李、歸、唐分争門户，早有此説，今則三家村塾蒙師，舌爛口臭久矣，此猶矜作創義，大可嗤也！然李穆堂之《辭禁》則猶及之，蓋以王、李摩古，併改後世官名地名皆同於古，實於事理猶窒，至今作者尚多犯此，故李氏諄諄戒也。某甲不知其所以然，但戒摩仿秦漢。夫於文理無礙，雖仿秦漢何傷！不揣本而齊末，其不通四也。五曰“謹守八家空套，不自出心裁”，此説與上條秦漢一例，皆爲似是之非。文非有得於中，發而爲不得已之言，皆空套也，何論秦漢唐宋！某甲即其人也。彼方以自出心裁爲訓，不知某甲之所謂自出心裁，正空套之尤也。某甲與人論文，大戒文章須有關係，又云“天下關係，前人俱已説盡，今人斷不能出古人之外。”此等議論，重見複出，是其生心發見，原以文章爲敷衍應酬之用矣。試問既無關係，又不能出古人之外，文之質既喪矣，又如何能不入空套？終其身於空套之中而反以譏人，正如酣酒甚者必自辨其飲不醉耳，其不通五也。六曰“餖飣成語，死氣滿紙”，此又上不黏天，下不著地，無謂之甚者也。成語有當用者，有不當用者，豈可概以餖飣爲戒！氣之死生，關乎義之充餒，非可立爲成格，教人爲趨避也。凡論文者必有指實，然後學者有轍可循。從未有喬情客氣，矯作官樣堂評而能使人法戒者也。聞有名流爲縣，觀風課文，既集生徒，將題品矣，適有公事，委其衙官攝之。衙官初不識字，升堂作莊論曰：“文章無他，佳則可佳，不佳則不足佳耳。”此笑令也，若此所云，其殆不佳則不足佳歟！其不通六也。七曰“措辭率易，頗類尺牘應酬”，此亦本李氏説而失之也。蓋彼以謂辭命之與敘述，稱謂各有所宜，不可牽混耳。尺牘亦有義例，非取率易爲也，某甲誤自以爲率易。不知古人臨文，並無必當率易之事，其不通七也。八曰“窘於邊幅，有文無章，如枯水寒鴉，淡而無味，且當不住一大題目”，此條不倫不類，無一語連貫，無一字明白。夫論文者，大有淵源，細有派别，顯有體裁義例，微有心術性情，未有論邊幅者。論及邊幅，則已論所不必論矣。既曰窘於邊幅，又如何謂之有文無章？文章二字見於《禮》注，清赤白黑，是其本義；後代借爲屬辭之稱，則省“章”言“文”，而“章”義已包，未聞“章”字可别出而與“文”互相爲有無者。既無章矣，又安得尚有文乎！既有“有文無章”，勢必又有“有章無文”者矣，其義又何如也？此四字爲句，已不自貫，若接上文，尤不可通。若夫枯木寒鴉，乃景光譬況之語，可以指定篇章，評一文之意境，而不可立爲規例以裁量羣文。且有文無章，如何又似枯木寒鴉？枯木寒鴉，畫家以布景物，亦非淡而無味。已上類數語，既已各不相攝，若云“不能當大題目”，其勢尤風馬牛。此條措語如摶散沙，譬之鵲啾鼠唧，在彼雖有意謂難，以人意譯之，不特不可言通，亦且無從議不通也。惟“時文平弱”“鉤棘艱深”二條，則近似矣。然出老生常談，盡人所知，毋庸拾餘唾也。十條殆無一言可取，至彼所益三言，則尤無理也。一云“徵書數典，瑣屑零星，誤以注疏爲古文”，某甲譏詭小才，畏人稱道經術，如妖狐懼見閃電，藏身無地，故平日疾此道如仇讎，積畏生忌，遂思先發制人，自以爲黠，不知正其愚也。

夫文亦各有體耳，徵書數典，豈可爲病！漢廷奏議，强半皆經術也；諸史志傳，議禮議刑，大經大法，廟堂經綸政要，皆藉經傳注疏爲豐年也；無端坐以瑣屑零星，此乃某甲吠日吠雪之言，何能傷日雪哉！注疏不可爲古文，是本草不可入方劑也。今之治經學者或不能爲文，工於文者或不本於經術；某甲所指之文，余蓋禱祀以求而不可得者，彼乃反爲厲戒，真小人之尤哉！一可誅也。二云“馳騁雜亂，自誇氣力，甘作麤才”，此即某甲之本色也。蓋某甲未聞大道而小有才，故除卻一切邪説淫辭、狂惑喪心文字，其自命通人而妄稱著作者，或勦襲前人而掩其面貌，或矯誣飾僞以張其聲名，馳騁雜亂，猝難辨詰。小人而竊君子器矣，然由君子觀之，則肺肝如見。二可誅也。其云“寫篆隸字，教人難識，字古而文不古”，此則明譏竹君先生。蓋先生中年，好以篆法行於楷書，自是一時癖性，原不可訓，然亦未嘗有害名義，存而不論可矣。某甲論字，以此爲譏可也；論文而譏其作字，是品酒而譏及瓶罍，辨珠而訾其篋櫝矣。然則千古流傳載籍，某甲何從而一一考其當日刀錐摹畫之善否耶？此尤小人谿刻不情之明徵也。且是時竹君先生下世，石君先生，君子人也；焉有對君子而以谿刻不情之説妄譏其死兄，而且誣其弟之隨和者乎！其可誅三也。雖然，小人何尤，君子自失慎爾！嗚呼！石庵相國，其有古大臣之風烈歟！

與孫淵如觀察論學十規

淵如先生執事，十年不見，積思殊深，雲泥道殊，久疏音問。前歲維揚税駕，劇欲踵訪旌轅。適以俗事南旋，不克一罄積悰，至今爲悵。頃晤少白於皖撫署中，詳悉近狀，良慰良慰。

又從少白索君《問字堂集》讀之，如鄉人入五都市，驚耳駭目，處處得未曾有，畏氣外斂，愧心内生。大約博綜貫串，而又出以穎敏之思，斷以沈摯之識，卓然不朽，夫復何疑！顧諸家商復疑問，不必盡同尊旨，而皆列首簡，不以爲忌，則又虚懷樂善，雖在古人，猶且難之，集思廣益，愈見包涵之大。因思鄙人所業，至爲專陋，凡學業途徑，苟非夙所專門，不欲强與其事。尊著貫徹天人，包羅萬有，多非鄙見所及，無論不敢妄彈，即稱説亦恐不得其似，謹謝無能爲役矣。惟文史校讎二事，鄙人頗涉藩籬，以謂向、歆以後，校讎絶學失傳，區區略有窺測，似於大集校刊諸家書序，所見不無異同，謹獻其疑，猶願執事明以教我，幸矣。

一曰校定《神農本草》，據大觀本取白字書别出古經，是也，其過信皇甫氏《帝王世紀》，而謂《本草》與《素問》之書皆出炎黄之世，則好奇之過矣。文字最古，莫過羲畫、虞典，五經則多三代之文，下逮春秋而止。若夫傳記與諸子家言，皆出戰國，同爲籍去官亡而作。春秋以前，凡有文字，莫非官司典守，即大小術藝，亦莫非世氏師傳，未有空言著述，不逮官籍，如後世之家自爲書者也。《本草》《素問》，道術原本炎黄，歷三代以至春秋，守在官司世氏，其閒或存識記，或傳口耳，迭相受授，言不盡於書也。至戰國而官亡籍去，遂有醫家者流，取所受授而筆之於書，今所傳本是也。《靈》《素》問難，旨多精微閎奥，出於炎黄故也。若其文辭，非惟不類三代，並不類於春秋時，出於後撰集故也。執事好奇太過，欲求古於六經之上，往往據《靈》《素》諸文以折經傳是非，則戰國時固有爲神農言者矣，恐未可全信也。《素問》文字爲春秋前所無者甚多，即開端《上古天真論》中“真”字從化，乃神仙家言，字出戰國，亦春秋以前所無。前人疑《漢藝文志》不載《本草》，王伯厚據《郊祀志》及《樓護傳》證明西京實有《本草》，足破其疑。執事猶以爲不足，而漫據賈氏《周官疏》引《漢藝文志》“食禁”文爲“食藥”，遂取以當《本草》，則畫蛇又添足矣。按“食藥”二字，文義難曉，必賈疏傳本之誤。《食禁》七卷，蓋出《周官·食藥》之遺，食醫固與疾醫瘍醫分科而治者也。若取《食禁》以當《本草》，無論名目卷數全不相符，且《漢志》遺漏之書甚多，豈能悉補，即如《史記·扁鵲倉公列傳》言公乘陽慶傳黄帝、扁鵲《脈書》，今《漢志》並無其書，又將何物當之？叔孫朝儀，蕭何律令，尤顯著紀傳，爲一朝之大制作，今《漢志》之載，亦豈有他書之相似而可證者耶。李氏《本草綱目》，如論考古，則本經以下，各有敘録辨證，未嘗變亂古人。如論證今，則數百年來醫家奉爲圭臬，未嘗誤人術業。且其書乃彙集諸家，自爲經緯，並非墨守大觀舊本，不可移易，今乃謂其割裂舊本，何耶？又詆其命名已愚，夫正名爲綱，附釋爲目，名正言順，何愚之有！

二曰《墨子》之書，謂出夏禮，説似奇創，實無所本。據本書與公孟辨，謂法周不如法夏，及《莊子》敘《墨子》稱禹自操橐耜諸語，及

《淮南·要略》謂其背周而行夏政，遂定爲墨出夏禮。不知戰國諸子稱道黄、農、虞、夏，殆如賦詩比興，惟意所欲，並非真有前代之禮可成一家學術者也。當籍去官亡之際，本朝典制尚不能稽，況夏禮無徵，甚於殷宋，孔子生春秋時已不可見，而謂戰國尚可學其禮哉！如以《墨子》尚儉之説，推於菲衣惡食，爲出夏禮，則茅茨土階，安知不合唐虞！如以荒度勤勞爲合禹事，則己溺己飢，安知不合稷、尹！一偏似是之説，觸處皆可傅合，非定論也。三年之喪，《孟子》明著三代共之，夏喪三月，自是傳記之訛。薄喪之説，孟子嘗詰夷子，如果出於夏禮，夷子必據儒家尊禹之説以抗其辨，何轉引《周書》保赤文哉！且殷人尚鬼，正與明鬼之義相近，若致孝鬼神，則大舜宗廟享之，武王、周公達孝，又未見其必爲夏也。

三曰柳子厚論《晏子》書謂齊人爲墨學者爲之，其説是也。蓋尚儉之意，似諷齊俗侈也，然在田齊之時，而非姜齊時書。蓋春秋時本無著述，而其文辭輕利，並不類於戰國初年文也。執事斥柳氏爲文人不學，蓋以晏氏爲春秋名卿，不當稱之爲墨學耳。不知柳氏之意，以書爲墨學，非以晏子爲墨者徒也。且其説亦不始於柳氏，《孔叢·詰墨》之篇，所詰孔子相魯及晏事三君、路寢哭聲諸條，凡指謂墨説者，今俱在《晏子》書中，古人久有明證，柳説不爲無本，豈可輕議！鄙嘗疑《漢藝文志》道家有《伊尹》《太公》，儒家有《魏文侯》《平原君》書，其書已亡，其名不倫不類，以意度之，當出諸子稱述，如《孟子》之有《梁惠王》《滕文公》，《論語》之有《季氏》《陽貨》《衛靈公》之類耳，校讎諸家，或取篇目名書，如經記之有《檀弓》，使其書亡，人亦必疑"檀弓"爲著書人矣，然則《晏子》書爲墨者所述，何足爲異。執事必欲《晏子》列於儒家，意非僅從《漢志》，且爲晏子争其地位，則大惑矣。儒家者流，誦法先王不得位而行道，入孝出弟，守先王之道以待後之學者，不得已而著書，後世列爲儒家，若曾、孟、荀卿是也。晏子身爲齊相，行事著於國史，與列國名卿子産、叔向諸人先後照灼《春秋》之傳，豈皆守先待後之流耶！且管、晏同稱久矣，如以班、馬之法修齊史，將管、鮑、甯、隰諸賢皆入《儒林傳》乎？至《晏子春秋》之名，亦戰國時人習氣，自孔子筆削《春秋》有知我罪我之說，後人因以“春秋”二字爲胸中別具是非之通名，不盡拘於編年例也。虞卿、吕不韋之書，與《晏子春秋》所出，未知孰先孰後，何以見其效法而襲其號，亦何必謂從國史中刺取其事而用《齊春秋》名也。如管子生春秋初年，《管子》之書皆後人採取齊史及齊官掌故而成，不聞仍《齊春秋》，何獨於《晏子》變其例乎？晏子卒於齊景公前，景公卒於周敬王三十年辛亥，爲魯哀公五年，下距哀公十四年庚申《春秋》絶筆，又二年夫子卒。當春秋時並無諸子著書之事，孔子之前亦無別出儒家之名，《儒行》之篇乃戰國雜出傳記，非孔子時所撰述也，皆不足爲晏子儒家之證明矣。《墨子》序稱“與奢寧儉”，又稱“節用”“愛人”。謂孔子未嘗非墨，《晏子》序言晏子居喪亦與墨子短喪法異，皆任情予奪。

四曰執事不信春秋之世無著書事，而據《史記》列傳“闔閭稱《孫武》十三篇”，遂爲當時手著。不知《春秋内外傳》記吴楚交兵甚詳，並無孫武其人，即縱横短長之言，亦鮮稱述之者，故葉水心氏疑其子虛烏有。且觀闔閭用兵前後得失，亦與孫武之書大相刺謬，天下固有所行不逮其所言者，必出游士空談，不應名將終身用兵，所言如出兩人，是則史遷誤採，不根傳記，著於列傳明矣。至其書實可爲精能，校讎之司，當列撰人闕疑，而不得憑誤採傳聞之列傳耳。《藝文》稱八十二篇、圖九卷者，書既亡逸，當著缺篇，亦不得懸斷合圖爲八十二篇，又不得懸斷十三篇爲上卷，而知中下二卷皆圖，鄙人向有專篇討論，行笈未帶，容後録呈。强合《七録》三卷之數也。《孫子》書言：“興師十萬，出征千里，日費千金，不得操事者七十萬家。”春秋用兵未有至十萬者，即此便見非闔閭時。且以十萬之師而云不得操事七十萬家，明著七國顯證，決非春秋時語矣。執事謂其文在列、莊、孟、荀之前，似未審也。

五曰《文子》之書，《漢志》疑“周平王問”出於依托，執事以書稱平王，本無周字，遂謂是楚平王，班氏誤讀。今按《文子》全書，未有記春秋初年事者，此言指楚平王，以時考之良是。但非文子手著，亦出戰國時人撰述，執事所未信也。蓋其書有秦楚燕魏之歌，執事以爲楚平王時之人，六國之時猶在，試以年計可乎？按《十二諸侯年表》，楚平王卒於周敬王四年乙酉，是爲魯昭公二十六年，下距哀公十四年庚申《春秋》絶筆，爲敬王三十九年，凡三十六年；又四年爲敬王四十三年甲子，共四十年；又歷元王八年，定王二十八年，考王十五年，凡五十一年；再歷威烈王二十三年戊寅，三晉始得列於諸侯，乃有秦楚燕魏之稱；相去已一百十四年矣。文子見楚平王，亦須生十有餘歲，見時未必即其薨年，秦楚燕魏之語，未必即在三家分晉之年，是文子必須一百四五十歲，方合尊旨。神仙長生之説，起於後世，春秋之季，未聞有此壽也。

六曰天文曆算，鄙人懵然，不敢與聞。惟執事力闢歲差之説，則以淺説度之，不能無疑。書曰："期三百有六旬有六日，以潤月定四時成歲。"而曆家周天三百六十五度四分度之一。如以其言爲不可信，則何以冬至日躔子年不與丑年同度；如以其年可信，則潤月止能晝氣盈朔虚之平，不能齊四分度之一也。若果無歲差，則周天必三百六十有六度，更無絲毫盈歉而後可，果無絲毫盈歉，則每周期冬至日躔，又當同度，無參差矣。此二説不容兩立，則此事容待徐商否耶？

七曰古人疏證論辨之文，取其明白峻潔，俾讀者洞若觀火，是非豁然，足矣。立言莫如夫子，而文武之政，則云布在方策，好辨莫如孟子，而孟獻子之五友忘其三人，封建井田但舉大略，豈孔孟學荒記疎不如今之博雅流哉？言以達意，不過如斯而已。竊見執事序論諸篇，繁稱博引，有類經生對策，市廛揭招，若惟恐人不知其腹笥便富，而於所指是非轉不明豁，淺人觀之，則徒增迷眩而無所解，深人觀之，則曰吾取二三策，而餘皆可置勿論，毋乃爲紙墨惜歟！且言多必失，古人之言，本不可以一端而盡，巧搆似形，削趾就屨以證一隅之説，《原性篇書後》已詳辨。轉授人以反證，致啟莊、惠濠梁之辨。夫稱先述古，以云明例，非云窮類也，例足明而不已，是將窮其類矣。明例則舉一自可反三，窮類則掛九不免漏一，則是欲益而反見損也。經傳之外，旁證子緯百家，亡逸古書，博採他書所引，極爲考古之樂。近則誇多鬥靡，相習成風，賴識者能擇要耳。欲望高明稍加删節，必云不能割愛，則裁爲小注，附於下方，姑使文氣不爲蕪累，抑其次也。

八曰人不幸而爲古人，不能閲後世之窮變通久，而有未見之事與理，又不能一言一動處處自作注解，以使後人之不疑，又不能留其口舌以待後生掎摭之時出而與之質辨，惟有升天入地，一聽後起之魏伯起爾。然百年之後，吾輩亦古人也，設身處地，又當何如？夫辨論疏證之文，出自名家者流，大源本於官禮。鄙人所業，文史校讎，文史之争義例，校讎之辨源流，與執事所爲考覈疏證之文，途轍雖異，作用頗同，皆不能不駁正古人，譬如官御史者不能無彈劾，官刑曹者不能不執法，天性於此見優，亦我輩之不幸耳。古人差謬，我輩既已明知，豈容爲諱？但期於明道，非争勝氣也。古人先我而生，設使可見，齒讓亦當在長者行，馬、鄭、孔、賈諸儒於前代經師説不合者，但辨其理，未嘗指斥其人。即令官修奏御之書，辨正先儒同異，尚稱孔氏安國，鄭氏康成云云，未有直斥先儒姓名，史傳又是一例，不與論辨相涉。可覆按也。尊著於前古諸賢，皆直斥姓名，横肆詬詈，不曰愚妄，則曰庸陋，如官長之責胥吏，塾師之訶弟子，何其甚也！劉子玄曰："談經諱言服、鄭之嗤，論史畏聞遷、固之失。"《史通》多譏先哲，後人必不服從，至今相去千年，其言頗驗。蓋其卓識不磨，史家陰用其法；其論鋒可畏，故人多陽毁其書。鄙人於文史自馬、班而下，校讎自中壘父子而下，凡所攻刺，古人未有能解免者，雖云不得不然，然人心不平，後世必將陽棄而陰用其言，則亦聽之無可如何而已。吴氏新唐書之《糾謬》，爲治唐史者之準繩，乃人競責其憾歐陽而快私憤，何耶？蓋攻摘本無所非，而人情不容一人獨是，故擊人者人恒擊之，莊生所以著《齊物》也。今請於辨正文字，但明其理而不必過責其人，且於稱謂之閒，稍存嚴敬，是亦足以平人之心，且我輩立言，道固當如是耳。鄙著亦染此病，特未如尊著之甚耳，今已知悔，多所删改。

九曰天地之大可一言盡，學固貴博，守必欲約，人如孔子，不過學

《周禮》一言足以盡其生平。別有專篇論著，容另録呈。執事才長學富，膽大心雅，《問字堂集》，未爲全豹，然兼該甚廣，未知尊旨所在，内而身心性命，外而天文地理，名物象數，諸子百家，三教九流，無不包羅，可謂博矣。昔老聃以六經太泛，願問其要，夫子答以要在仁義，説雖出諸子，然觀《漢志》所敘諸家流别，未有無所主者。昔人謂博愛而情不專，愚謂必情專而始可與之言博，蓋學問無窮，而人之聰明有盡，以有盡逐無窮，堯舜之知不遍物也。尊著浩瀚如海，鄙人望洋而驚，然一蠡之測，覺海波似少歸宿，敢望示我以尾閭也。

十曰方以類聚，物以羣分，君子雖尚泛愛，氣類亦宜有别。簡端刻諸家商訂異同，是矣。集中與某人論考據書，可爲太不自愛，爲玷豈止白圭所云乎哉！被以纖佻傾仄之才，一部優伶劇中才子佳人，俗惡見解，淫亂邪説，宕惑士女，肆侮聖言，以六經爲導欲宣淫之具，敗壞風俗人心，名教中之罪人，不誅爲幸。彼又烏知學問文章爲何物，所言如夏畦人議中書堂事，豈值一笑！又如瘋狂譫囈，不特難以取裁，即詰責之，亦無理解可入，天地之大，自有此種沴氣，非道義所可喻也。此可與之往復，豈不自穢其著述之例乎！別有專篇聲討，此不復詳。幸即刊削其文，以歸雅潔，幸甚幸甚！

嗟乎，學術豈易言哉！前後則有風氣循環，同時則有門户角立，欲以一時一人之見，使人姑舍汝而從我，雖夫子之聖猶且難之，況學者乎！前輩移書辨難，最爲門户聲氣之習，鄙人不敢出也。鄙人所業，幸在寂莫之途，殆於陶朱公之所謂人棄我取，故無同道之爭，一時通人亦多不屑顧盼，故無毁譽之勸阻，而鄙性又不甚樂於舍己從時尚也，故浮沈至此。然區區可自信者，能駁古人尺寸之非，而不敢并忽其尋丈之善，知己才之不足以兼人，而不敢强己量之所不及，知己學之不可以概世，而惟恐人有不得盡其才，以爲道必合偏而會於全也。杜子美曰："不薄今人愛古人。"是矣。鄙請益曰："不棄春華愛秋實。"故於執事道不同科，而欲攀援調劑以斟於盡善，是則區區相愛之誠，未知有當裁擇否耳？行笈無書，而記性又劣，書辭撮舉大指，如有訛誤，容後檢正也。

史學例議上

《史學例議》，不知何人所撰，其説雖甚膚淺，聞見亦不免猥陋，然持議尚不失先民矩度。以朱子《綱目》謂朱子巾箱自便之書，非爲著作，而又未成稿；其擬之《春秋》而筆削褒貶，乃是尹起莘輩推尊太過之弊，尤爲善於解紛。惟以司馬遷本紀，謂本非編年之體，因舉《秦紀》之類世家，《項紀》之類列傳，以見紀傳不過分别君臣尊卑，非若《春秋》經傳之例；又云“果用《春秋》經傳之例，則不應於本紀云事具某傳”。此則所見全非。太史遷以十二本紀隱法《春秋》，一書之中，再三致意，余别有專篇討論甚詳，兹不具論。且本紀又曰《春秋考紀》，班氏因之，劉歆著其説於《春秋》部次，如何不以《春秋》經傳之例同觀！且其所舉秦、項之紀及紀文中有事具某傳等語，乃是創始之書，法度未能畫一，世家列傳，標目著例，皆有不齊，又豈可一一强爲之解乎！至於本紀之載詔令，自是創始之書不能畫一體例之故，乃謂兩漢詔令温雅，又出人主親裁，故班、馬宜書於紀，後代詔書不宜廣收入紀，此尤不明義理之言。其意將以史家所録詔令，等於蕭統選文，何其陋邪！如云人主親裁，故應入紀，則《周書》八誥之文，多出周公之手，亦非成王親裁，便當删乎！惟是本紀止宜取法《春秋》，若兼載詔令，是《尚書》與《春秋》合而爲一，於例不純，不如散著志傳爲合。如别有《漢魏尚書》之類，專録詔誥章疏，則自應博收，以準古之《書》體可爾。

至於歐陽名賢，何可輕議！但其《五代史記》，實無足矜。蓋歐陽命意，則云筆削折衷《春秋》，而文章規仿司馬，其説甚得其似而非其是也。蓋筆削自當折衷《春秋》，而歐陽所見之《春秋》，乃是村荒學究之《春秋》講義，非《左》《國》經緯、賈詁杜解之《春秋》。文章自當規仿司馬，而歐陽所見之司馬，乃是俗師小儒之《史記》評選，而非藏之名山傳之其人之司馬。故習經生決科之文者，往往推尊《新五代史》，不難祧班而直接史遷，何知陳、范，以其臭味本相近也。

今某子自命著作，而亦爲流俗所惑，佩服《新五代史》，何歟？但歐陽之病，在逐文字而略於事實，其有佳處，則本紀筆削，深得《春秋》法度，實馬、班以來所不能及，此其質於尹師魯氏而有得者，較之列傳標題之誤法《春秋》，相去遠矣。今某子乃反稱其列傳書事能簡，本紀書事不免於鬱，真不可解。《春秋》去三傳而但見春王正月之書，其鬱更何如耶！又"紀傳不過分别尊卑，並不以紀編年"，乃浦起龍評《史通》語，其言本不甚確，不知某君何以取之。

史學例議下

《例議·緣起》篇敘古者史書之所由興，以謂古者有史官而無史書。歷叙《周官》五史，謂太史掌建邦之六典、八法、八則之文書以貳六官，小史掌侯國記録之事，内史掌書王命，外史掌書外令，御史掌王命贊書，是太史、小史所掌，即如近世閣部之文書檔案與内外揭帖章奏，而内史、外史、御史所掌，即如科鈔、閣鈔與翰林中書所撰誥敕，皆非薈萃詮次，勒爲史書，因歷引《玉藻》左右史及前代《起居注》，辨論甚詳，以實其古有史官而無史書之説。至推史官所起，則云侯國上於王朝而掌於小史者，必綴集成書，此後世史有成書之所起也。

某君之於史事，蓋嘗究心，而所論往往不出前人規範，緣所得本不甚深也。首篇之論緣起，則欲探入深微，似有見古人無意文章之旨，而不善體會，求之太過，轉謬於事理矣。原其立説，非有他義，祇爲《周官》五史，不見有如後世修史之分别纂修、總裁、校閲諸官職名，因謂古人無史書也。然五史之文，程君既歷引之矣，獨於外史掌三皇五帝之書删而不引。三皇五帝之書，非史書歟？三皇五帝之書，又豈侯國上於王朝者歟？其推之於《周官》，又當出於何人所撰歟？至五史所掌，不過如後世之科鈔、檔案、揭帖、文書，此則理之自然。抑今古史書，豈有外於文書檔案而爲鑿空之文者歟？徒曰此等皆是散著，未見專官取此轉爲成書，故以云云。則《虞》《夏》《商書》固無論已，試問《周書》今著於經，不得不稱謂當日之史書矣，其在《周官》，又出何人所纂輯邪？即《尚書》諸篇，如誓命訓誥之文，謂如後世科鈔文揭可也；《帝典》《臯謨》，又豈文誥之比，謂非史臣特撰之文可乎？又豈《周官》所領諸史，有當任此撰述者乎？且某君辨《玉藻》篇之左史右史，謂《周官》無左右史名，孔氏穎達强分太史爲左、内史爲右者謂非，又謂當如後代以辭臣充講官，輪注起居，不必專職，蓋亦有所見矣。如此，則五史所掌，安知彙而輯者之必無其人，略如後世之爲撰著，而不必有專官者邪？

唐李商隱《讀淮西碑》詩："古今世稱大手筆，[6]此事不繫於職司。"即此意也。雖然，某君此篇，其言甚舛，而意則有甚深者也。彼見後代史家以文辭相矜，意氣相軋，而攻而習之者從而揚其波而熾其燄也，不知所争皆末務耳。古人之於文，取足適用而已，無意成書以示後也，此或某君有所見也。審如是，則當爲古人原心，謂古人初非有意可也，如何遽曰古人有史而無書乎！

史篇别録例議

編年紀傳，同出《春秋》，二家之書，各有其利與弊，劉知幾論之詳矣。古書無多，讀者精神易徹，故利易見而弊不甚著；後史江河日廣，攬挹不易周詳，利故未能遽領，而弊則至於不可勝言。是以治書之法，不可不熟議也。

紀傳之書，類例易求而大勢難貫。劉知幾謂一事分書，或著事詳某傳，或標互見某篇，不勝繁瑣，以爲弊也。不知馬、班創例，已不能周，後史相沿，皆其顯而易見者耳。倘使通覈全書，悉用其例，則不至於紀傳互殊，前後矛盾，如校勘諸家所糾舉者矣。劉氏不知其弊正由推例未廣，顧反以爲繁瑣，所議未爲中其弊也。

《春秋》經傳不出一人，遷史以下，皆自以紀傳爲經緯矣。傳以詳紀，其文别自爲篇可也，一篇之中，文辭自相委屬，其體乃清。忽著事詳某傳，忽標互見某篇，於事雖曰求全，於文實爲隔絃，前此經傳子史，命辭無此例也。夫以局中之言，俾人循辭以得事，忽參局外之語，又復使人覈事以參辭，勢有未安，故劉氏以啟其議爾。

史家自注之例，或謂始於班氏諸志，其實史遷諸表已有子注矣。表志中有名數不係屬辭，故大書分注，其道易行。紀傳自以純體屬辭，例無自注。故歷史紀傳，凡事涉互詳，皆以旁注之義同入正文。習久不察其非，無人敢於糾正。則有委巷小説，流俗傳奇，每於篇之將終，必曰“要知後事如何，且聽下回分解”，此誠搢紳先生鄙棄弗道者矣。而推原所受，何非事具某篇之作俑歟！

史以紀事者也，紀傳之史，事同而人隔其篇，猶編年之史，事同而年異其卷也。左氏年次正文，忽入詳具某年之句，人知無是理也；馬、班紀傳正文，遽曰詳具某人之傳，何以異乎！然杜氏之治《左》也，於事之先見者，注曰爲某年某事張本；於事之後出者，注曰事見某公某年，乃知子注不入正文，則屬辭既無扞格，而覈事又易周詳，斯無憾矣。馬、班未見杜氏治《左》之例，而爲是不得已，後人盍亦知所變通歟！

史以紀事者也，紀傳紀年，區分類别，皆期於事有當而已矣。今於紀傳之史，取其事見某傳、互見某篇之類，以其紊入正文，隔閡屬辭義例，因而改爲子注，洵足正史例矣。而於史之得以稱事而無憾，猶未盡也。一朝大事，不過數端；紀傳名篇，動逾百十，不特傳文互涉，抑且表志載記無不牽連，逐篇散注，不過便人隨事依檢，至於大綱要領，觀者茫然。蓋史至紀傳而義例愈精，文章愈富，而於事之宗要愈難追求，觀者久已患之。故於紀傳之史，必當標舉事目，大書爲綱，而於紀表志傳與事連者，各於其類附注篇目於下，定著別録一編，冠於全書之首，俾覽者如振衣之得領，張綱之挈綱。治紀傳之要義，未有加於此也。

紀傳之最古者，如馬、班、陳氏，各有心裁家學，分篇命意，不可以常例拘牽，如馬之《老莊申韓》，班之《霍金》《元后》，陳之夏侯、諸曹之類。《春秋》微隱，難以貌求，不有別録以總其綱，則耳目爲微文所蔽，而事迹亦隱而不章矣。

紀傳之次焉者，如晉、隋、新唐之《書》，雖不出於一手，人並效其所長，全書不免牴牾；分篇各有其篇，所謂離之則雙美，合之則兩傷者，固其道矣。不有別録以總其綱，則同異因分手而殊，而載筆亦歧而難合矣。

紀傳之最敝者，如宋、元之《史》，人雜體猥，不可究詰，或一事而數見，或一人而兩傳，人至千名，卷盈數百；不有別録以總其綱，則手目窮於卷帙之繁，而篇次亦混而難考矣。

夫別録不特挈紀傳之要，而且救紀傳之窮。蓋史遷創例，非不知紀傳分篇，事多散著，特其書自成家，詳略互見，讀者循熟其文，未嘗不可因此而識彼也。降而《晉》《隋》，降而《宋》《元》，史家幾忘書爲紀事而作，紀表志傳將以經緯一朝之事，而直視爲科舉程式，胥吏案牘，所謂不得不然之律令而已矣。誠得以事爲綱，而紀表志傳之與事相貫者，各注於別録，則詳略可以互糾，而繁複可以檢省。載筆之士，或可因是而恍然有悟於馬、班之家學歟！

馬、班篇叙之法亡，而後史乃於篇首爲目録。劉知幾之譏范史也，謂其列傳題目全録姓名，歷短行於卷中，叢細字於標外；其子孫附出者，注於祖先之下，乃類俗之文案孔目，藥草經方。然如劉氏所譏，則必書盡馬、班家學，人皆裴、應專攻，然後約舉篇名，首尾可挹，則范之繁注，誠多事矣。否則史傳浩繁，端緒難究。昔項羽言“書足以記姓名”，言其麤也。今書具而求其姓名，博雅之儒猶且難竟，則別編目録而加以子注，實後史之不得不然者也。

人至數千，卷盈累百，目録子注，可以備尋檢而不能得其要領，讀之者知所苦也。作史者誠取目録子注之意，而稍從類别區分，以爲人物之表焉，則列傳之繁不勝取，可以從併省者，殆過半而猶未已矣。此説别有專篇。表以緯之，别録以經之，紀傳之末流浸至於横溢，非是經緯以爲之隄防焉，未有以善其後也。

紀傳苦於篇分，别録聯而合之，分者不終散矣；編年苦於年合，别録分而著之，合者不終混矣。蓋枉欲矯而直欲揉，歸於相濟而已矣。

紀傳之初，蓋分編年之事實而區之以類者也。類則事有適從而尋求便易，故相沿不廢；而紀傳一體遂超編年而爲史氏之大宗焉。今之編年，則又合紀傳之類，從而齊之以年者也。《春秋》經世，編年實史之正體，而世以紀傳爲大宗，蓋取門類分而學者知所倫别耳。既合紀傳爲編年，而徇編年者遂忘其倫别，何以異於嘗酒而忘黍麴歟！

《易》曰"雲雷屯，君子以經綸"。鄭氏以"綸"爲"論"，言論撰書禮樂施政事，則撰述之事，固取經緯相宣以顯其義者也。故散者欲其聯而和者欲其節，凡以言乎其經綸也。杜氏之治《左氏春秋》也，《集解》隨文以經之，《釋例》别類以綸之，《春秋》經世之旨，若杜氏其庶幾乎！杜氏生馬、班之後，而左氏實爲編年之大宗，《集解》之書，蓋以編年之法治編年，《釋例》之書，則以紀傳之意治編年者也。後世注《通鑑》與詮《綱目》者，皆以《集解》爲宗，而不知有《釋例》之區别，比如有經而無綸，烏能爲組織哉！

杜氏《釋例》之書，今不得其全矣。其篇第之可見者，乃有《世族》《公子》諸篇，聯其屬系，則諸表之道，究其始終，則列傳之目也。又有《地名》《盟會》之篇，覈其壤域，則書志爲部，别以内外，則載記所分也。杜氏未曾求合於紀傳，而攻治既深，其意自近於紀傳，殆猶縱經不可無横緯，勢自有所必至耳。

紀傳神明，多得《尚書》之遺，如馬、班諸家，折衷六藝成一家言，往往以意命篇，不爲常例。後人不達微言，或反以爲譏耳，必如元氏《科録》，則流而爲類書之摘比，胥吏之簿籍，布密殆如算子，不得法外之微意矣。至如東觀以後，集衆修書，則又不可無繩準也。是則同一紀傳，亦有區分，微言爲著書之宗旨，類例爲治書之成法，固各有其當也。

今爲編年而作別録，則如每帝紀年之首，著其后妃、皇子、公主，宗室、勳戚、將相、節鎮、卿尹、臺諫、侍從、郡縣、守令之屬，區別其名，注其見於某年爲始，某年爲終，是亦編年之中可尋列傳之規模也。其大制作、大典禮、大刑獄、大經營，亦可因事定名，區分品目，注其終始年月，是又編年之中可尋書志之矩則也。至於兩國聘盟，兩國争戰，亦可約舉年月，繫事隸名，是又於編年之中可尋表歷之大端也。如有其事其人不以一帝爲終始者，則於其始見也注其終詳某帝，於其終也注其始詳某帝可也。其有更歷數朝，仿其意而推之可也。必以每帝爲篇而不總括全代者，《春秋》分紀十二，傳亦從而分焉。林氏諸國興廢，亦隨代而著録，取其近而易覈，義較前人爲長爾。

編年之史，能徑而不能曲。凡人與事之有年可紀有事相觸者，雖細如芥子必書；其無言可紀與無事相值者，雖鉅如泰山不得載也。《左氏春秋》之記夫子，且不如鄭僑、晉肸之詳，其勢然也。是故以編年之法治紀傳，則有餘；以紀傳之例治編年，則類例不能無所缺矣。儒林、列女之篇，文苑、隱逸之類，紀傳之所必具，而編年不必皆有其人，別録但當據其有者而著之，不能取其無者而補之，此則一書自有其義例，毋庸强編年以全同於紀傳也。

班氏《古今人表》，人皆詬之，其實不可厚非。別有專論，此不具論。此非班氏所能自爲，疑出漢世《春秋》經師相爲授受，意亦劉向《世本》之屬也，班氏多傳劉學，故裁取以入史耳。史以記事，事皆人之所爲，則人名乃史學要删也。項羽未見史遷列傳，即曰“書足以記姓名”。由是推之，古人爲《春秋》之學者，必有名字之書，《人表》殆其遺也。自名氏之書不得其傳，而史策棼其難治，編年紀傳交受其累者也。別録之作，豈得已歟！

史以記人記事，而言辭亦未嘗不詳也。編年之史，多録詔誥章奏，閒及書牘文檄，猶必與事相關，不重翰藻。至於紀傳之史，則辭賦雜文，浩如煙海。别録區人與事，豈於言辭無所取欤！是當摘取篇名，别爲凡目，自成一類，殿於諸類之後，以見本末兼該之旨也。

“别録”之名，仿於劉向，乃是取《七略》之書部，撮其篇目，條其得失，録而奏上之書，以其别於本書，故曰“别録”。今用其名以治紀傳編年二家之史，亦曰“别録”，非劉氏之旨也。蓋諸家之史，自有篇卷目録冠於其首以標其次第。今爲提綱挈領，次於本書目録之後，别爲一録，使與本書目録相爲經緯，斯謂之“别録”云爾。蓋與劉氏之書，同名而異用者也。

論修史籍考要略

校讎著録，自古爲難。二十一家之書，志典籍者僅有漢隋唐宋四家，餘則闕如。《明史》止録有明一代著述，不録前代留遺。非故爲闕略也，蓋無專門著録名家，勒爲成書，以作憑藉也，史志篇幅有限，故止記部目，且亦不免錯訛。私家記載，間有考訂，僅就耳目所見，不能悉覽無遺。朱竹垞氏經義一《考》，爲功甚鉅，既辨經籍存亡，且采羣書叙録，間爲案斷，以折其衷。後人溯經藝者，所攸賴矣。第類例間有未盡，則創始之難；而所收止於經部，則史籍浩繁，一人之力不能兼盡，勢固不能無待於後人也。今擬修《史籍考》，一仿朱氏成法，少加變通，蔚爲鉅部，以存經緯相宜之意。

一曰古逸宜存。史之部次後於經，而史之原起，實先於經。《周官》外史，掌三皇五帝之書，蒼頡嘗爲黄帝之史，則經名未立，而先有史矣。後世著録，惟以《史》《漢》爲首，則《尚書》《春秋》，尊爲經訓故也。今作《史考》，宜具原委，凡六經、《左》《國》，周秦諸子，所引古史逸文，如《左傳》所稱《軍志》《周志》，《大戴》所稱丹書、青史之類，略仿《玉海》《藝文》之意，首標古逸一門以討其原。

二曰家法宜辨。校讎之學，與著録相爲表裏，校讎類例不清，著録終無原委。舊例以二十一家之言，同列正史，其實類例不清。馬遷，乃通史也，梁武《通史》、鄭樵《通志》之類屬之；班固，斷代專門之書也，華、謝、范、沈諸家屬之；陳《志》，分國之書也，《十六國春秋》《九國志》之類屬之；南、北《史》，斷取數代之書也，歐、薛五代諸史屬之；《晉書》《唐書》，集衆官修之書也，宋、遼、金、元諸史屬之。家法分明，庶幾條理可貫，而究史學者，可以溯源流矣。他若編年故事，職官儀注之類，折衷歷代藝文史部子目，以次區分可也。

三曰剪裁宜法。史部之書，倍於經部，卷帙多寡，約略計之，僅與朱氏《經考》相去不遠。蓋一書之中，但取精要數語，足以該括全書足矣。篇目有可考者，自宜備載，其序論題跋，文辭浮汎，與意義複沓者，概從删節，但記作序作跋年月銜名，以備參考而已。按語亦取簡而易明，無庸多事敷衍，庶幾文無虚飾，書歸有用。

四曰逸篇宜採。古逸之史，已詳首條，若兩漢以下，至於隋代，史氏家學尚未盡泯，亡逸之史載在傳志，崖略尚有可考。其遺篇逸句，散見羣書，稱引亦可寶貴。自隋以前，古書存者無多，耳目易於周遍，可仿王伯厚氏採輯鄭氏《書》《易》《三家詩訓》之例，備録本書之下，亦朱竹垞氏采録緯候逸文之成法也。此於史學所補，實非淺鮮。

五曰嫌名宜辨。《史記》之名，起於後世，當時止稱《司馬遷書》。《漢書》因東京而横加前漢，固俗稱也。五代之書，薛氏稱《五代史》，歐陽則稱《新五代史記》。至於《漢記》之有"東觀"，異乎劉、賈之所叙録。曹氏自有《魏書》，異於陳子之分子目。古人之書，或一書歧名，或異書同名者，多矣。皆於標題之下，注明同異名目，以便稽檢。仍取諸書名目，仿《佩文韻府》之例，依韻先編檔簿，以俟檢覈，庶幾編次之時，乃無遺漏復疊之患。

六曰經部宜通。古無經史之别，六藝皆掌之史官，不特《尚書》與《春秋》也。今六藝以聖訓而尊，初非以其體用不入史也。而經部之所以浩繁，則因訓詁解義音訓而多，若六藝本書，即是諸史根源，豈可離哉！今如《易》部之《乾》《坤》鑿度，《書》部之《逸周》諸解，《春秋》之《外傳》《後語》，韓氏傳《詩》，戴氏記《禮》，俱與古昔史記相爲出入，雖云已入朱氏《經考》，不能不於《史考》溯其淵源，乃使人曉然於殊途同歸之義。然彼詳此略，彼全此偏，主賓輕重，又自有權衡也。

七曰子部宜擇。諸子之書，多與史部相爲表裏，如《周官》典法，多見於《管子》《吕覽》，列國瑣事，多見於《晏子》《韓非》。若使鉤章鈲句，附會史裁，固非作書體要，但如《官圖》《月令》《地圓》諸篇之鴻文鉅典，《儲説》《諫篇》之排列記載，實於史部例有專門，自宜擇取要删，入於篇次，乃使求史事者無遺憾矣。

八曰集部宜裁。漢魏六朝史學，必取專門，文人之集，不過銘、箴、頌、誄、詩、賦、書、表、文檄諸作而已。唐人文集，閒有紀事，蓋史學至唐而盡失也。及宋元以來，文人之集，傳記漸多，史學文才，混而爲一，於是古人專門之業，不可問矣。然人之聰明智力，必有所近，耳聞目見，備急應求，則有傳記志狀之撰，書事紀述之文，其所取用，反較古人文集徵實爲多，此乃史裁本體，因無專門家學，失陷文集之中，亦可惜也。是宜取其連篇累卷入史例者，分别登書，此亦朱氏取《洪範五行傳》於曾、王文集之故事也。

九曰方志宜選。既作《史考》，凡關史學之書，自宜鉅細無遺，備登於録矣。乃有不得不去取者，府州縣志是也。其書計數盈千，又兼新舊雜揉，不下三十餘種，而淺俗不典，迂謬可怪，油俚不根，猥劣可憎者，殆過半焉，若胥吏簿書，經生策括，猶足稱爲彼善於此者矣。是以言及方志，搢紳先生每難言之。又其書散在天下，非一時人力所能彙聚，是宜僅就見聞所及，有可取者，稍爲叙述。無可取者，僅著名目。不及見者，亦無庸過爲搜尋，後人亦得以量其所不及也。

十曰譜牒宜略。方志，在官之書，猶多庸劣，家譜，私門之記，其弊較之方志，殆又甚焉。古者譜牒掌於官，而後世人自爲書，不復領於郎令史故也。其徵求之難，甚於方志，是亦不可得而强索者矣。惟於統譜類譜，彙合爲編，而專家之譜，但取一時理法名家，世宦巨族，力之所能及者，以次列之。仍著所以不能遍及之故，以待後人之别擇可耳。

十一曰考異宜精。史籍成編，取精用宏，其功包經子集，而其用同《經義考》矣。然比類既多，不能無所牴牾，參差同異，勢不能免。隨時編次之際，取其分歧互見之説，賅而存之，俟成書之後，别爲考異一編，庶幾無罅漏矣。

十二曰板刻宜詳。朱氏《經義考》後有刊板一條，不過記載刊本原委，[7]而惜其未盡善者，未載刊本之異同也。金石刻畫，自歐、趙、洪、薛以來，詳哉其言之矣。板刻之書，流傳既廣，訛失亦多，其所據何本，較訂何人，出於誰氏，刻於何年，款識何若，有誰題跋，孰爲序引，板存何處，有無缺訛，一書曾經幾刻，諸刻有何異同，惜未嘗有人仿前人《金石録》例，而爲之專書者也。如其有之，則按録求書，不迷所向，嘉惠後學，豈不遠勝《金石録》乎？如有餘力所及，則當補朱氏《經考》之遺，《史考》亦可以例仿也。

十三曰制書宜尊。列聖寶訓，五朝實録，巡幸盛典，蕩平方略，一切尊藏史宬者，不分類例，但照年月先後，恭編卷首。

十四曰禁例宜明。凡違礙書籍，或銷毁全書，或摘抽摘毁，其摘抽而尚聽存留本書者，仍分别著録，如全書銷毁者，著其違礙應禁之故，不分類例，另編卷末，以昭功令。

十五曰採摭宜詳。現有之書，鈔録叙目凡例，亡逸之書，搜剔羣書紀載，以及聞見所及，理宜先作長編。序跋評論之類，鈔録不厭其詳，長編既定，及至纂輯之時，删繁就簡，考訂易於爲力，仍照朱氏《經考》之例，分别存軼闕與未見四門，以見徵信。

史考釋例

著録之書，肇自劉氏《七略》，班氏因之而述《藝文》，自是荀《簿》阮《録》《隋籍》《唐藝》，[8]公私迭有撰記，不可更僕數矣。其因著録而爲考訂，則劉向《別録》以下未有繼者。宋晁氏公武、陳氏振孫始有專書，而馬氏《文獻通考》，遂因之以著《經籍》，學者便之。然皆據所存書，加詳悉耳。至於專門考求，無論書之存亡，但有見於古今著録，或羣書所稱引，苟有名目著見，無不收録考次，博綜貫串，勒爲一家，則古人所無，實創始於朱氏彝尊《經義存亡考》也。《經義考》之原名也，乃朱氏著書本旨。今《史考》一依《經考》起義，蓋亦創始之書也。凡創始者功倍而效不能全，朱氏《經考》，後人往往究其未至，其前車也。況《史考》又倍難於經，雖黽勉加功，而牴牾疏漏，良亦不敢自保。然明知創始之難，不敢避難而務爲之，則以經經必須史緯，著述之林，實爲不可不補之缺典也。讀者諒其難而有以益其所未盡，幸矣。

考訂與著録，事雖相貫，而用力不同。著録貴明類例，求於書之面目者也；考訂貴詳端委，求於書之精要者也。就劉氏父子之業而論，世人但知其經籍藝文所祖而已，不知劉歆部次《七略》，爲《漢》《隋》諸志所祖，而世有其傳耳。至劉向所爲條其篇目，撮其旨意，録而奏上之言，劉歆部《七略》時所稱爲《別録》者，乃考訂羣書之鼻祖，而後世鮮有述焉者也。觀於經《禮》諸記，孔疏所引鄭氏目録，與劉向不同，則同一治經而各爲目録，即各有家法，非考訂不爲功也。觀於唐人《十三代史目》，而宗諫略止三卷，殷仲茂詳至十卷，則同一考史，而各爲著録，即各成學業也。是知考訂與著録之功似同而異，學者混於一例而不能析也。鄭樵《通志》雖疏，其論校讎之例甚精，然猶不能分別兩家之同異，故其論書有名亡實不亡，曰《三禮目録》雖亡，可取諸三禮，《十三代史目》雖亡，可取諸十三代史，噫！孔《疏》明著劉、鄭《禮》目不同，《唐志》明著宗、殷卷次不合，正著録諸家各有考訂之明證，而樵乃但欲取諸本書便可謂目録耶！是故明乎向、歆術業之異同，而後知考訂與著録之難易；知考訂之難於著録，而後知朱氏創爲存亡兼考，是益爲其難；知經部之兼考存亡已爲其難，則知史籍之存亡大倍於《經考》之難矣。

古無史學，其以史見長者，大抵深於《春秋》者也。陸賈、史遷諸書，劉、班部於《春秋》家學，得其本矣。古人書簡而例約，雖治史者之法《春秋》，猶未若後世治經學者之説《春秋》繁而不可勝也。故《春秋》之義行，而名史皆能自得於不言之表焉。馬、班、陳氏不作，而史學衰，於是史書有專部，而所部之書，轉有不盡出於史學者矣。蓋學術歧而人事亦異於古，固江河之勢也。史離經而子集又自爲部次，於是史於羣籍畫分三隅之一焉，此其言乎統合爲著録也。若專門考訂爲一家書，則史部所通，不可拘於三隅之一也。史不拘三隅之一，固爲類例之所通。然由其類例深思相通之故，亦可隱識古人未立史部之初意焉。

蓋史有律曆志，而卦氣通於律曆，則《易》之支流通於史矣。史有藝文志，而《詩》《書》篇序爲校讎目録所宗，則《詩》《書》支流通於史矣。《禹貢》《天文》《洪範》《五行》《雅》《頌》入樂，姑勿具論。史有職官志，而《周官》可通，有禮儀志，而《禮》《樂》二經可通，後儒攻《春秋》於講義者，不通於史，若《春秋》地理、國名之考，《長曆》災變之推，世族卿聯之譜，則天文、地理、五行、譜牒，何非史部之所通乎？故六經流別，爲史部所不得不收者也。

自夫子有知我罪我之言，明《春秋》之所作，而戰國諸子，遂以《春秋》爲著書獨斷之總名，不必盡拘於編年紀月，而命名亦曰《春秋》，此載籍之一大變也。然年月縱可不拘，而獨斷必憑事實，於是亦自摭其所見所聞所傳聞者筆之於書，若史遷所敘，鐸椒、虞卿、吕不韋之所撰述，雖曰諸子家言，實亦史之流别矣。又如隋唐而後，子部列有類家，而會要典故之書，其例實通於史。法家子部。之有律令，史部。兵家子部。之有武備，史部。説家即小説家，亦隸於子部。之有聞見，史部。譜録古人所無，《遂初堂書目》所創，亦隸於子部。之有名數，史部。是子庫之通於史者什之九也。

文集昉於東京，[9]至魏晉而漸廣，至今則浩如煙海矣。然自唐以前，子史著述專家，故立言入子。與記事入史。之文，不入於集，辭章詩賦，所以擅集之稱也。自唐以後，子不專家，而文集有論議，史不專家，而文集有傳記，亦著述之一大變也。彼雖自命曰文，而君子以爲是即集中之史矣。指傳記言。況内制外制，王言通於典謨，表狀章疏，藎臣亦希訓誥，是別集之通乎史矣。至於總集，尤爲同苔異岑，人知漢晉樂志，分别郊廟房中，而不知樂府之集，實備諸志之全；人知金石著録，創於歐、趙諸目，而不知《梁元碑集》，已爲宋賢開創。是則集部之書，又與史家互出入也。

蓋史庫畫三之一，而三家多與史相通。混而合之則不清，拘而守之則已隘，是則决擇去取，不無搔首苦心。《史考》之牽連，不如《經考》之截然劃界也。自《隋》《唐》諸志，分别史爲四庫之乙，其大綱矣。史部條目，如正史、編年、職官、儀注之屬，少者不過十二三門，《隋》《唐》。多者不過十七八門，焦氏《經籍志》，黄氏《千頃堂》。蓋爲四分之一，大略不過如此，非爲簡也。今既擴充類例，上援甲而下合丙丁，則區區專門舊目，勢不足以窮其變也。是則創條發例，今分十二綱，析五十七目。不無損益折衷，畢宫保原稿分一百十二子目，以其太繁，今爲併省。《史考》之裁制，不如《經考》之依經爲部，不勞分合也。

制書弁首，冠履之義也。朱氏《經考》，蓋分御制勅撰，今用其例。史宬金匱之藏，外廷無由得窺，史部不同經籍者也。一以欽定《四庫書》入史部者爲主，不見於《四庫》著録，不敢登也。入《四庫》之著録而不隸於史部者，亦不敢登，義取於專部也。不敢妄分類例，謹照書成年月先後恭編，猶史之本紀，所以致謹嚴之意，仍注《四庫》部次於下，所從受也。

古史必先編年，而今以紀傳首編年者，編年自馬、班而下，《隋志》即以紀傳爲正史，而編年則稱爲古史矣。其實馬、班皆法《春秋》，命其本紀謂之《春秋考紀》，而著録家未之察也。《唐志》知編年之書後世亦未嘗絶，故改《隋志》古史之稱，而直題爲“編年類”，事理固得其實，然未盡也。《隋志》題“古史”，猶示編年之體之本爲正也。《唐志》以紀傳爲“正史”，而直以編年爲“編年”，乃是别出編年爲非正史矣。是以宋人論史，乃惜孫盛、鑿齒之倫不爲正史，幾於名實爲倒置也。夫劉氏《二體》，以班、荀爲不祧之祖，紀傳編年，古人未有軒輕焉。自唐以後，皆沿《唐志》之稱，於義實爲未安。故《史考》以紀傳編年分部，示平等也。不以正史與編年對待，則平等矣。

或問紀傳編年同列，是矣，何紀傳之中又立正史子目耶？答曰：此功令也。自史氏專官失傳，而家自爲學，後漢六朝，一代必有數家之史是也，同一朝代，同一紀傳，而家學殊焉，此史學之初變也。然諸家林立，皆稱正史，其傳久與否，存乎人之精力所至，抑或有數存焉。自唐立史科，而取前史定著爲十三家，則史頒學校，而爲功令所範圍，益爲十四而不能，損爲十二而不可矣。故家自爲學之風息，而一代之興，必集衆以修前代之史，則史學之再變也。自是之後，紀傳之史皆稱功令，宋人之十七史，明人之二十一史，草野不敢議增減也。故《史考》於紀傳家史，自唐以前，雖一代數家，皆歸正史。自唐以後，雖間有紀傳之書，亦歸别史子目，而隸雜史焉。雖蕭常、郝經之《後漢書》，義例未嘗不正，而必以陳壽爲正史，不敢更列蕭、郝者，其道然也。

正史一門，畢宫保原稟但稱紀傳，而紀傳中又分通史、《史記》是也，又附入梁武《通史》、鄭樵《通志》，今應改入别史。斷代、班、范以下是也。集史、《南》《北》史是也。國别，《三國志》是也。不免繁碎。今以學校頒分二十四史爲主，題爲正史。應將原稟改正。而馮商、褚少孫、班叔皮諸家之續《史記》者，附《史記》後，華嶠、謝承、袁山松諸家之《後漢書》，與范氏《後漢書》依先後時代編次，何法盛、謝靈運、藏榮緒諸家之《晉書》，與唐太宗御撰《晉書》依先後時代編次。六朝諸史皆仿此。蓋書傳有幸不幸，其初皆正史故也。魏、吴諸書之於陳《志》亦然。若唐宋以後，正史自有一定，無出入矣。國史從無流傳之書，而史志著録，與諸書所稱引者，歷有可考，要以後漢班固與陳宗、尹敏諸人修《世祖紀》與《新市》《平林》諸傳載紀爲最顯著，自後依代編纂，與編年部之實録、記注，可以參互，皆本朝臣子修現行事例也。

史稟向不著録，今從諸書記載，采取而成，乃屬創始之事，若無憑籍，尚恐不免遺漏，蓋前人於此，皆不經意故也。但古人作史，專門名家，史成不問稟也。

自東觀集衆修書，而後同局之中，人才優劣敏鈍，判若天淵，一書之中，利病雜見，若不考求草稾所出，則功罪誰分？竊謂集衆修書，必當記其分曹授簡，且詳識其草創潤色，别爲一篇，附於本書之後，則史官知所激勸。今之搜輯史稾，正欲使觀者感興也。但宋元以來，文史浩繁，耳目恐有未周，姑立此門，以爲權輿，如有好學，專搜此事，自爲一書，亦佳事也。

編年之中，原分實録、記注二門，今以日曆、時政記、聖政等記均合於實録，而以記注標部，蓋此等皆是史宬備削稾資，例不頒行於外，於義得相合爲部次也。若專記一事，則當入傳記部之記事門。若特加纂録，如《貞觀政要》之類。則入雜史。

編年之書，出於《春秋》，本正史也。乃馬、班之學盛，而史志著録，皆不以編年爲正史。然如荀悦、袁宏以後，魏晉即有《春秋》，六朝往往繼出，自應入於編年。但其書不盡傳，如《隋志》所標“古史”“雜史”，其中多編年書，不知盡屬編年否也。今以義例可推者，入於編年斷代之下，其著録不甚分别，而義例不可强推者，概入於雜史云。

圖表專家，年曆經緯，便於稽考世代之用，故亦附編年爲部。其年號之書，無類可歸，雖非圖表，亦以義例而類附焉。

古人史學，口授心傳，而無成書，其有成書，即其所著之史是也。馬遷父子再世，班固兄妹三修。當顯、肅之際，人文蔚然盛矣，而班固既卒，《漢書》未成，豈舉朝之士，不能贊襄漢業，而必使其女弟曹昭就東觀而成之，抑何故哉？正以專門家學，書不盡言，言不盡意，必須口耳轉授，非筆墨所能罄，馬遷所謂藏名山而傳之必於其人者也。自史學亡而始有史學之名。蓋史之家法失傳，而後人攻取前人之史以爲學，異乎古人以學著爲史也。史學之書，附於本史之後，其合諸史或一二家之史以爲學者，别爲史學之部焉耳。

史學專部，分爲考訂、《刊誤》之類。義例、《史通》之類。評論、《管見》之類。蒙求《鑒略》之類。四門，自應各爲次第。若專攻一書之史學，已附入本書後者，不復分類，但照時代後先，編入本門部次足矣。

雜史一門，原分外紀、《軒轅本紀》之類。別裁、《路史》《繹史》之類。史纂、自爲門類，如《十七史纂》《宋史新編》《弘簡録》之類。史鈔、隨文删節，如《史記節要》之類。政治、如《貞觀政要》之類。本末、《紀事本末》《北盟會編》《宏簡録》之類。國别《國語》《國策》《十六國春秋》之類。共爲七門，今恐瓜析太過，轉滋紛擾，合併雜史一門，較爲包括，而原分名目，仍標其説於部目之下，則覽者不致訝其不倫。割據與霸國之書，初分二門，今合爲一，亦謂如《越絶書》《吴越春秋》，下至南唐諸家皆是也。惟《華陽國志》，《隋志》入於霸史，後人多仍其目，或入地理。按此書上起魚鳧、蠶叢，〔10〕中包漢中公孫述、二劉、蜀漢，下及李氏父子，非爲一國紀載，又非地志圖經，人於霸國固非，而人於地理尤非，斯乃雜史支流，限於方隅者耳。如《建康實録》《滇載記》《炎徼紀聞》皆是選也。此例前人未開，緣種類無多，均强附霸史，或地記耳。今創斯條，將後有類此者，可準例焉，故名雜史方記，暗分子目，與地理志方隅之記名同而實異也。

星曆四門，天文記天象，非關推步。曆律記曆制，非關算術。五行記災祥，非關占候。時令記授時政令，非爲景物。此則《史考》當收之義，不然則混於術數諸家矣。但嫌介疑似，亦有在術數與史例之間者，姑量收之，寧稍寬無缺漏也。此等著録，部目多在子家，而史家志篇目，實不能闕，可以識互通之義矣。

譜牒有專家、總類之不同，專則一家之書，總則彙萃之書。而家傳、家訓、内訓、家範、家禮皆附入專譜門中，以其行於家者然也。但自宋以來，有鄉約之書，名似爲一鄉設，其實皆推家範、家禮之意，欲一切鄉黨爲之效法，非專爲所居之鄉設也。施縱可徧天下，語實出於一家，既不可上附國典，又不可下入方志，故附之也。

譜學古人所重，世家鉅族，國家所與爲休戚者也。封建罷而門第流品之法又不行，故後世之譜學輕，如謂後世不須譜學，則幾於汩彝倫矣。律令人户以籍爲定，良賤不相昏姻，何嘗無流品哉？蔭襲任子，雖不通行，而科第崛起之中，亦有名門鉅族，簪纓世胄，爲國家所休戚者，皆運數也。但禮不下於庶人，原不能盡取齊民户籍入《史考》也，且其書不掌於官，僅能耳目聞見，載籍論次之所及，而於源委實有所考者，則編次之，耳目未周，不能徧及也。

地理門類極廣，畢宫保原稾爲二十二門，分荒遠、總載、沿革、形勢、水道、都邑、方隅、方言、宫苑、古迹、書院、道場、陵墓、寺觀、山川、名勝、圖經、行程、雜記、邊徼、外裔、風物，二十有二，不免繁碎。今暗分子目，統於五條之下，一曰總載，二曰分載，三曰方志，四日水道，五日外裔。其暗分子目，以類相從，觀者可自得也。

方志自前明以來，猥濫已甚，與齊民家譜，同一不可攬擷。今亦取其著録有徵，及載籍論次所及，則編次之，其餘不勝録也。

水道之書，與地志等，但記自然沿革者，方入地理，其治河、導江、漕渠、水利等類施人力者，概入於故事部工書條下。

外國自有專書，如《高麗圖經》《安南志》之專部，《職貢圖》《北荒君長録》之總載，則入地理外裔之部，如《奉使琉球録》及《星槎勝覽》，凡册使自記行事者，雖閒及外國見聞，而其意究以記行爲重，則皆入傳記部中記事條下。

故事原分一十六門，今併合爲十門，出君上者爲訓典，臣下者爲章奏，統該一切制度者爲典要。專門制度之書則分吏、户、禮、兵、刑、工六科，其例最爲明顯，而其嫌介疑似之迹無門，不與傳記相混。其詳辨見傳記。惟確守現行者爲故事，規於事前與誌於事後爲傳記，則判然矣。官曹次於六書之後，亦故事之書也。名似與吏書相近，而其實亦易辨，吏書所部，乃銓叙官人申明職守之書，官曹乃即其官守而備盡一官之掌故也。古者官守其法，法具於書，天下本無私門，故無著録之事也。官私分而著述盛，於是設官校録而部次之，今之著録皆從此起也。官曹之書，則猶有守官述職之意，故以是殿六曹之後焉。

目録一門，不過簿録名目之書，原無深義，而充類以求，則亦浩汗難罄。合而爲《七略》《四簿》，分而爲經史百家，副而爲釋道二藏，其易言耶！且如詩文之目，則有摯虞之《文章志》，鍾嶸之《詩品》亦目録也。而《詩話》《文心》，凡涉論文之事，皆如《詩》《書》小序之例，與《詩》《書》相爲發明，則亦當收矣。圖書之目，則書評面鑒，得以入之，金石之目，則博古琳琅諸籍，得以入之。故曰學問貴知類，知類而又能充之，無往而不得其義也。

傳記門目，自來最易繁雜，其志創於《隋志》“雜傳”，而《隋志》部次，已甚混淆，蓋非專門正史，與編年、紀傳顯然有别者，凡有記載，皆可混稱傳記。著録苟無精鑒，則一切無類可歸者，皆恃傳記爲龍蛇沮也。畢宫保原稾本分傳記子目一十有七，斟酌增減，定著十門，亦不得已也。

小説始於《漢志》，今存什一。而委巷叢脞之書，大雅所不屑道，《續文獻通考》載元人《水滸演義》，未爲無意，而通人鄙之，以此諸家著録，多不收稗乘也。今亦取其前人所著録而差近雅馴者，分爲瑣語、異聞兩目，以示不廢芻蕘之意。

朱氏《經考》體例，先分四柱，今仍用之。首著書名，名下注其人名，次行列其著録卷數，三行判其存佚及闕與未見也。惟著録卷數，間有不注所出，今則必標出處，視朱爲稍密矣。如《漢》《隋》《唐》志並有，則以最先之書著録，其兩三史志並有，而篇卷不同者，則著其可徵之數，而以他録同異注其下。或史志及官私著録所無，而旁見他書記載者，必著其説於下曰，見某書，不著録。又有見於他書所稱述，而並無其篇卷者，則必著無篇目字，此朱氏未有之例也。所以明其信而有徵也。或全書之中，摘取數篇，别有當署之名目，如歐、蘇等集内之外制及奏疏，又如歐集内之《歸田録》，韓集内之《顺宗實録》。則必著現在某書。如但於文集傳誌類中敘其人生平著有某書，而他著録所無，則必著云見某篇所引。惟近代人其書現存而未著録者，始用朱氏不載出處之例。朱氏引書皆現存者，惟阮孝緒《七録》已佚，而僅見於《隋·經籍志》注文，稱梁有某某書卷若干者，朱氏皆直書《七録》，一似《七録》至今存者。引古之例，似有未合，然據法應著《隋志》注引《七録》文云云，方合於例。而其文繁累無取，且此事本亦人所共知，朱氏不爲欺人，是以今仍其例。

存佚必實見而著存，知其必不復存而著佚。然亦有未經目見，而見者稱述其書，確鑿可信，則亦判存。又有其書久不著録，而言者有徵，則判未見。如“後漢”謝承之書，宋後不復録，而傅山謂其家有藏本，曾據以考《曹全碑》，雖琴川毛氏疑之，然未可全以爲非，則亦判爲未見，所以志矜慎也。又如古書已亡，或叢書刻其畸篇殘帙，本非完物，則核其著録而判闕。亦有其書情理必當尚存，而實無的據，則亦判爲未見。他皆仿此。

此書爲鎮洋贈宮保畢公所創稾，遺編敗麓，斷亂無緒，予既爲朱氏補《經考》，因思廣朱之義，久有斯志，聞宮保既已爲之，故輟筆以俟觀厥成焉。及宮保下世，遺緒未竟，實爲藝林闕典，因就其家訪得殘餘，重訂凡例，半藉原文，增加潤飾，爲成其志，不敢掩前人創始之勤也。

史考摘録

古史見於後世，《尚書》《春秋》而已。《尚書》不爲定法，《春秋》編年書事。而左氏採取國史，爲傳以詳其始末，遂爲後世史家所宗。司馬遷自叙，取法《春秋》，班固《漢書》，亦稱本紀爲《春秋考紀》。蓋以本紀爲經，而書志列傳，仿左氏之條具始末，特以類别區分，使人尋省，意固宗仰《春秋》，無他説也。故衛宏《漢官儀注》謂武帝置太史公官，叙事如古《春秋》，得其意矣。劉氏《七略》、班氏《漢志》，王儉《七志》，猶仍其例。皆以遷書次於《春秋》之部，亦其例也。自劉知幾《史通》論次六家之後，繼以荀、班二體，隋唐諸志，遂以荀悦、袁宏一家專名編年，歸於别録，而馬、班一家區别書志表傳者，方名正史。其實《春秋》本旨，不如是也。《春秋》體本編年，荀、袁之書與馬、班本紀，同源異流，特以紀傳承用者多，又於學者講習良便，故世相與宗之。然必標名正史，豈《春秋》之學，轉以編年者爲非正史耶？今以史家體裁紀傳編年，本無軒輊，紀傳爲古今所宗尚，故列於前，編年列於其次。要之，二體各有所長，無能偏重，前人久有論定矣。

馬、班爲紀傳之宗，歷代並稱久矣。惟劉知幾分别六家，始畫《史記》《漢書》爲二。著録之家，往往不得其解。故於《史》《漢》二家，皆統後代紀傳諸史部爲一録。簿次甲乙，固無傷也，分别家法，則淆雜不清矣。《史記》爲通史，《漢書》則斷代爲書，體固不侔。即通史之中，通數代爲一書，如南、北《史》《五代史》之有所限制，及畫界爲書，如《古史》《路史》之不入秦漢以下，皆與及身上追古初之書，宗旨有别也。

司馬遷百三十篇，初止名《太史公書》，蓋猶用秦諸子，成一家言，即以其人名書之意。東京以還，若班、范諸史，無稱其書爲史記者。史記自是古來方策紀事通稱。故子夏見人讀史記，又《春秋》爲魯史記，司馬遷亦云“史記放失”，皆通稱紀事並無專書之明證也。遷既通稱古史謂之史記，斷無自名其書即爲“史記”之理。劉知幾謂因魯史舊名而名其書，謬矣。且史記亦非專屬魯史舊名，其謬亦不待辨。魏晉之閒，始有《史記》之名。荀勖《中經新簿》乃以史記舊事，皇覽簿雜事，次於丙部，於是百三十篇，專以《史記》名之。蓋其書爲史家宗要，故以通稱古史之名歸之。亦猶夫子贊《易》云“繫辭焉以盡言”，繫辭本指文王、周公之辭，而傳《易》學者，即以夫子大傳專名《繫辭》，後人不復更識文、周之繫辭也。古書多以篇計，後人每以卷計，篇從竹簡，卷從繒帛。大抵篇有起迄，卷即從之。然《漢志》於《毛詩》及《書》《禮》古經，皆卷少篇多，且篇卷參差，目録仍著篇數於卷數之下，是篇不必盡爲卷也。遷書百三十篇，傳志與自序皆同，《隋志》乃稱百三十卷，非故本矣。十篇有録無書，出劉向《别録》，《漢書·司馬遷傳》亦同，《隋志》百三十卷，無有缺文，是東京以後流傳之本，已與褚少孫輩續補之書合爲一矣。至缺篇之目，諸説不同。張晏以爲遷殁之後，亡《景紀》《武紀》《禮書》《樂書》《律書》《漢興以來將相年表》《日者列傳》《三王世家》《龜策列傳》《傅靳蒯成列傳》。元、成之間，褚先生補缺。東萊吕氏謂以張晏所列亡篇之目，校之《史記》，或其篇具在，或草具而未成，非皆無書。今按所缺各篇，“太史公曰”與“褚先生曰”並見，其非全缺可知。劉氏《史通》但云十篇未成，以張晏十篇亡失之言爲非，蓋當時屬草未定，非全無其書也。要之百三十篇原書標名與稱篇稱卷及缺篇之數，均與後世傳本不同，蓋古書面目，已無從識别矣。

桓譚云遷所著書成，以示東方朔，朔皆署曰《太史公》，則謂《太史公》是朔稱。司馬貞《史記索隱》云：“公者，遷所著書，尊其父云公也。”《正義》引虞喜《志林》云：“古者，主天官者皆上公。自周至漢，其職轉卑，然朝會坐位，猶居公上，尊天之道，其官屬仍以舊名尊而稱也。”按諸家論太史公稱謂，似皆不得其情，惟《正義》以爲遷所自稱近是。顧位居公上，尊天之道，猶似未允。觀遷《報任安書》，自謂“文史星曆，近乎卜祝之閒，爲流俗所輕”，安得如虞喜所云乎？古人著書，自稱本無成法，左氏論例，自稱君子，然猶可解爲推設之辭，東方著論，自稱先生，則無所讓矣。以當時著書之例推之，則太史標官，而自稱爲公，於理亦復何害？且私門自著，與後世官書不同，固亦毋庸疑也。惟君臣之間，古人所慎，《漢兴以來諸侯年表序》稱“臣遷謹記”，書法何等嚴！而《高祖》《孝文》諸紀及《外戚世家》，亦一例署太史公，殊爲無别。疑此等處，庸有後人所加者也。

李方叔謂“《史記》用意深遠”，誠爲知遷之心。至於孝武有所譏刺，如《封禪》《平準》二書，誠所不免，謂《史記》一書，大抵譏漢武爲多，則以百三十篇之作，專似謗君而設，非惟不知史遷，且不知著作之體矣。人臣以毁謗君親爲事，而思立言傳後，則先已昧於大義，更何論著書宗旨，可爲後人傳習耶？朱子謂“屈原之賦，不甚怨君，卻被後人講壞”，最爲知古人心。《史記》亦猶是也。即如方叔所指《始皇本紀》皆譏武帝，始皇事本如此，安得不載，豈爲譏孝武設耶？至於發憤著書，中不能無感慨，古人大抵皆然。《小雅》怨誹而不亂，列於經矣，曾何謗君之謂哉？

《漢志》，《春秋》家總計數下，班固自注云："省《太史公》四篇。"是知劉歆著録時有别出《太史公書》四篇也。考劉氏《七略》，爲《漢書·藝文志》所依據，《七略》原文爲《漢志》所改者，班固必加注於下，故《七略》原書雖軼，而《漢志》加注，可覆考也。大抵《七略》著録於此，而《漢志》改移於彼者，必於原著録處注云"出某書，入某家"，如兵權謀總計數下注"出《司馬法》入禮"是也。《七略》一書兩載，而《漢志》裁歸於一者，必於所裁之下注云"省某書"，如道家有《伊尹》《太公》，而兵權謀家重複著録，《漢志》裁之專屬道家，别於兵權謀條下注云"省《伊尹》《太公》"云云是也。今《春秋》家，按班固自注例，劉歆《七略》原文，當是既著《太史公》百三十篇，又著《太史公》四篇，同在一部，而别出四篇，其文又即在百三十篇之内，故班氏得以併省而無所顧惜也。劉氏重複著録與分篇别出，當日俱有義意，今則不可考矣。

馬遷本傳云："遷既死後，其書稍出，宣帝時遷外孫平通侯楊惲祖述其書，遂宣布焉。"夫書既出矣，必待祖述之者而後宣布，蓋當時專門絶業，淵源傳授，略如經師之有家學。竹帛之外，别有心傳，其本亦遂家分户别，不盡合矣。又按《楊敞傳》："敞子惲，字子幼，以兄忠任爲郎，補常侍騎，惲母，司馬遷女也，惲始讀外祖《太史公記》，頗爲《春秋》。"是時以《太史公本紀》爲《春秋考記》。惲既曰"頗爲《春秋》"，則於百三十篇有踵事之增矣。前人以《史記》多太初以後語，疑褚少孫等爲之，不知中閒容有惲語，當日必有分别，而今不可識矣。

劉知幾云，漢世史官所續，皆以"史記"爲名，訖乎東京，著書猶稱"漢記"。蓋自楊惲宣布以後，班彪未作《後傳》以前，百三十篇之書，爲諸家竄入太初後事者多矣。周密摘《司馬相如傳贊》有揚雄語，焦竑摘《賈誼傳》末有孝昭年事，又何足怪！第諸家增益之文，當日必有標識，不知何人混合爲一，致與遷書無分别耳。而補史之名，惟褚君最著，故一切抵牾荒陋，皆歸罪於褚君，真屈事也。今按褚君所補，獨有標識，較諸家之無明文者，易於尋檢。遍考百三十篇，標褚名者十有二篇，《陳涉》《外戚》《梁孝王》及《三王》《四世家》《張丞相》《田叔》《平津侯》《滑稽》《日者》及《龜策》六列傳，《三代》及《建元以來侯》二表，此外並無褚名。至《孝武本紀》取《封禪書》，仍用太史公《封禪論贊》，其不出褚君手筆，尤爲顯證。而張晏、顔師古之徒，皆紛紛譏褚，全不考事實矣。

司馬遷百三十篇，本係私家著述，自楊惲宣布其書，遂入中朝。昭、宣以後，時有續補。《漢志》僅著馮商，而褚先生不與，今傳本又止標褚先生而馮商不與，殆不可解。據《七略》商與孟柳俱待詔，頗序列傳。顔師古云："受詔續《太史公書》，是官書也。"而褚先生每稱"臣爲郎時"，亦是當官撰述，褚君雖云爲宣帝博士，亦云仕元、成間，則與馮商固同時人也，其續書同事與否，不可得而詳也。要之，宣、昭而後，《太史公書》既顯於時，朝廷屢命儒臣修補，故《漢書》自序與《後漢書·班彪列傳》言續史者不一其人，皆出一時上命，非由專門絶學，紹明前業，故班彪斥爲鄙俗，而書亦遂無傳也。馮商所續，《志》著七篇，而韋昭注十有餘篇，如淳注《張湯傳贊》亦同，豈《志》所著者商所撰，而注謂十餘篇者兼孟柳所作耶？今俱不可考，缺疑可也。又按褚書文法，當時似即附《太史》本文之下，不别爲書，而馮商特著七篇，則離本史而自爲書矣。

談、遷、彪、固，並稱世史，而彪、固實與談、遷不同。談、遷同爲通史，而班氏則彪亦通史家學，故《後傳》依附百三十篇，《史通》："班彪《後傳》六十五篇，今佚。"猶昔人作《春秋後語》，不復自爲《春秋》之意。至班固乃始確然以斷代爲書，女弟曹大家成固之業，其後華、謝因之，遂爲後代不祧之祖，而通史之業微矣。辨家學者，不容不知其義也。又按彪書往往見於固書所述，稱司徒椽及臣外祖臣姑者，皆彪語也。然易通史爲斷代，宗旨已不侔矣。

司馬貞《史記索隱》，離本史而别自爲書，唐宋諸史著録，皆三十卷，至今無異。其補史之文，向傳止有《三皇本紀》，今附刻於《史記》序例之後者耳。乃觀其補史之序，則於百三十篇大有更張，與《索隱》各爲一書，義不相涉。即今專刻《索隱》，號爲原本者，將貞所自爲百三十篇四言贊語，列於《索隱》三十卷内，亦非其故矣。據自序文，贊乃補《史記》贊，非《索隱》有贊語也。且序云："家傳是學，頗事討論，思欲續成先志，潤色舊史，輒黜陟升降，改定篇目。"則其編列篇次，亦必與今本不同。又據敘例，百三十篇之外，當有邾、莒及張耳、吴廣世家，吴季子、鄭子産、晉叔向列傳，爲貞所補輯之篇，而贊語不傳，豈後因原書不傳而并亡其贊耶？然貞既以史遷《老莊申韓列傳》爲非，而改《老莊》自爲一傳，申韓併合商君爲傳，今赞語仍如史遷所分，殆不可解。觀叙又云："百三十篇之贊記，非周悉申而述之。"附衆篇末下，即云其所改更，條具於後，意其所謂"升降黜陟"者，自爲一説，採取補綴者，亦自爲一條，如褚先生之依附於後，而於史遷原書，固未嘗動耶？其書向未著録，或當時原不甚行於世。而《索隱》既行，後人因取《三皇本紀》及補《史記》述贊，附刻《索隱》之本。及傳之既久，莫辨端由，人遂以爲《索隱》面目如此，而不復知有所謂少司馬《史記》矣。

著録部次，須明流别，古書同一類中，情理稍别，即各有家法，不容相混。校讎著録，自宜條分縷析，乃使後人不見書者，見其著録，隱然可見古人承學淵源。是不傳之書，亦賴以傳，著録之功，於斯爲大。若但記甲乙部目，則與胥吏簿册無分别矣。然書之體用，有彼此均相關涉，難以偏歸一類者。劉歆《七略》，蓋用重複互著之法，既使人易於尋檢，而於諸家學術源流，復粲然可考，隨類登記，又無不該不備之嫌，真良法也。自班固删去重複互著，無論書之兼該，學之分析，一概歸於專部，遂不能無强收失載之患，而古人著述之旨，不可明矣。

通史仿於史遷，自是一家著作，溯源《春秋》，其閒多有法外之意，可意會而不可言傳。若在官修之書，不可行矣。故元、成之閒，屢詔續補，而訖無足觀。自班氏而後，斷代之書遞相祖述，師般不作，規矩可循，故至今相仍而不廢也。梁武之撰《通史》，上起三皇，下終齊代。《史通》稱其自秦以上，皆以《史記》爲本，而别採他説，以廣異聞，至兩漢以還，則合録當時紀傳，而上下通達，臭味相依。又吴、蜀二主皆入世家，五胡及拓跋氏列於《夷狄傳》。大體皆如《史記》，惟無表耳。自云可廢遷、固諸書。今其書雖不傳，而集衆官修，知其必不能用專門著述之意也。若李延壽《南》《北》史，乃是彙輯沈、蕭、李等八家之書，整齊紀傳，使不雜亂，其例自有斷限，當入集史，不可入通史。歐、薛五代之史，乃是年紀短促，時事牽還，勢不能各自爲書，與李氏之彙輯數家爲一書者，又自不同。《史通》於史記家又取魏濟陰王《科録》，附通史後。考《科録》乃常山王尊曾孫暉所爲，《魏書》本傳謂"撰録百家要事，以類相從"。則是類比之書，並無著作深意，當與《高氏小史》之類，並入史纂，不可以入通史。凡所謂通史者，不問紀載短長，學問疏密，要有卓然獨見，迥出前人，灼見前代成書，己意難以因襲，故舍置前史，獨溯古初，以自成家。與節鈔類比隱括諸書，相差雖似毫釐而相去不啻千里。鄭樵之撰《通志》，所得雖不甚深，而卓爾成家之旨，要不可没。前人著録，如《宋志》入於别史，《文獻通考》入於故事，皆不得其情，蓋此宜列通史者也。

分國之書，本於《國語》。古者國自爲書，夫子作《春秋》，而子夏之徒求得百國寶書，亦未聞有會而合之者也。李巽巖謂："左氏將傳《春秋》，先採各國之書，國别爲語。"説雖未諦，然合衆國而爲一書，亦其最初者也。惟《周語》與諸國無别，豈夫子録王風於列國之意歟？抑《詩》亡作《春秋》，而《書》亡爲《國語》耶？

霸國行於封建之衰，周制行時，即方伯之事也。後世崛起之雄，自爲帝制，僭名擬號，合縱連横，非於開國承家有所自者，皆爲割據。前人記載，以霸國之事不見於後代，存書寥寥，故與一切僭僞草竊，同爲一編，然失其倫矣。

割據之事，起於郡縣。而兩漢草昧，事起倉卒，山澤嘯聚，未有規模，是以成書亦無專紀。三國以還，極於兩晉雲擾，僭僞滋多，紀載亦復紛然雜出。《隋藝文志》於正史外别出霸史一門，蓋亦不得已也。但所載霸國與割據兼雜，此則創始者之疏耳。

集史之書，體與通史相仿，而實有淄澠之分。通史遠自古初，及乎作者之世，別出心裁，成其家學，前人縱有撰述，不復取以爲資，如梁武不因史遷，鄭樵不因梁武是也。集史則代有所限，合數代而稱爲一書，以繼前人述作，爲一家言，事與斷代之史，約略相似。而斷代又各自爲書，體例不一，集史則就其所有諸體而畫一之，使不至於參差足矣。事取因人，義求整齊，與通史之別出心裁，無所資藉，斷代之各自爲書者，又各不同也。

長孫無忌等《五代史志》，詔修於《隋書》既成之後，本別爲一部，後乃編入《隋書》內。《唐志》題《隋志》者，據編入後之稱，然猶別題曰"《志》三十卷"，以著此卷之爲附，蓋非《隋書》之舊。猶劉昭《後漢志》原自爲一書，後人乃附人《後漢書》耳。

古無專門義例之學，書成而例自具，猶之文成而法自立也。左氏依經起義，舉例爲凡，亦就名類見端，隨文著説，未有專篇討論，自爲一書者也。自東觀以降，聚衆修書，不得不宣明凡例，以杜參差，若干寶、鄧粲諸家，見於《史通》所稱述者是也。大約紀傳之史，義例多争體裁，編年之書，義例惟較褒貶。至於諸家蔚興，短長互見，遂有專門討論，勒成一書，若劉氏《史通》是也。

考訂之學，古無有也。專門家學尊知行聞，一而已矣，何所容考訂哉？官師失守，百家繁興，述事而有真僞，詮理而有是非。學者生承其後，不得不有所辨別，以尊一是。而辨別又不可以空言勝也，則推此證彼，引事切理，而考訂出焉。史遷所謂"載籍極博，尤考信於六藝"是也。顧古人以考訂而成書，後人又即一書以爲考訂，則史學失傳。馬、班諸史，出入經傳百家，非其親指授者，末由得其筆削微意。音訓解詁，附書而行，意在疏通證明，其於本書，猶臣僕也。考訂辨論，別自爲書，兼正書之得失，其於本書，猶諍友也。求史學於音訓解詁之外，考訂在所必資。則若宋洪遵之訂正《史記》貞本凡例，金王若虚之《史記辨惑》，宋倪思之《班馬異同》，吴縝之《新唐書糾謬》諸書，資益後人，豈淺鮮哉！

《尚書》記言記事，《春秋》紀月編年，自古史册，未有評論者也。自左氏傳經，既具事之始末，時復詮言明理，附於“君子”設辭，史遷因之，篇終别起，班氏因而作贊，范氏從而加論，踵事增華，遂爲一定之科律矣。至於别爲一書，討論史事，其源出於《公》《穀》，辨别是非得失，又本諸子名家，以謂辨正名物。自唐以前，猶存諄質，入宋以後，騰説遂多。又加科舉程式之文，擬策進書之類。蘇氏所謂攙説是非，妄言利弊，亦紛然而相矜，可謂靡矣！然自蜀諸葛亮論前漢事後，晉王濤有《三國志序評》，唐虞世南有《帝王略論》，俱已久佚，今所存者，宋有胡寅《讀史管見》，李濤《六朝通鑑博議》，吕祖謙《史説》，王應麟《通鑑答問》，多有可觀。元明以來，論史之書漸多，而議論亦純雜不一矣。

地理之書，本於《禹貢》《職方》。古人專門之學，各有授受。《漢志》僅據劉氏《七略》，而於職方圖籍領於他官者，未嘗著録，是以不立地理專門。而形家之書，幸見收於任宏之《兵略》，《山海》之經，乃僅見於術數家之形法，皆非地理正文。至於蕭何收秦圖譜，孝武開拓封疆，當時地理紀載，闃然無聞，此則著録之缺典也。隋唐四部肇興，史部乃有地理，而古籍多亡，一時雜出之書，又無專門師授。其閒風土採於《太史》，物産隸於《職方》，川瀆領於水衡，漕運關於計吏，兵家欲知要害，宅墓宜識陰陽。古人條别流分，不相假借，而著録之家，往往不知别擇，是以言著録於地理，讀者每苦難於分流别也。

【校勘記】

〔1〕“生”，應爲“王”。

〔2〕“八”，原誤作“六”。

〔3〕“民”，原誤作“名”。

〔4〕“反”，似應作“及”。

〔5〕“每”，原脱，今據王秉恩《章氏遺書校記》改。

〔6〕“古今”，原詩作“古者”。

〔7〕“本”，原誤作“木”。

〔8〕“隋”，原誤作“隨”。

〔9〕“昉”，原誤作“仿”。

〔10〕“鳧”，原誤作“鳥”。

文史通義卷八　外篇二

三史同姓名録序

《遼》《金》《元》三史，人多同名，如前人所論，《元》有五伯顔、四脱脱，《金》有兩婆盧火、三婁室，《遼》有兩蕭韓家奴，其類甚多。汪上湖《韓門綴學》嘗論及之，且云："或謂譯無定字，同名者不妨易换同音之字，若遼之耶律撻不也與耶律塔不也，'撻''塔'異文；阿里海牙與阿禮海牙，'里''禮'異文，可以示别。"汪氏以謂同者太多，勢難盡變，是固然矣，抑有未也。譯取同音，本無定字，史官以私意改易字形，取其易於分别爾。假如"撻"甲而"塔"乙，"里"丙而"禮"丁，惟史官得自知之，他處紀載仍可彼此互换，或一概無分，蓋本無一定不易之義例，其勢自不能盡人皆心喻也。故汪氏之説，徒慮太多不能盡變，不知縱能盡變，其勢亦不行也。又云："金有兩婆盧火，皆太宗時宗室，以在後者附前；有兩訛可，皆内族之護衛，又同守河中，因合爲一傳；兩蒲察六斤，一與謀逆，一守門不肯從亂，並見《胡沙虎傳》。分其所分，合其所合，《金史》自創其例，似可爲法也。"按《金史》創例，固未足以立訓，而汪氏以爲可法，則亦不知古人之大體矣。夫窮則必變，變必求通，而後可垂久，凡事莫不然也。史家發凡起例，當爲後世師法；遇此等參差之事，皆爲前代所無而後世之所必不免者，尤宜立法以濟其窮。豈可以巧術小數，穿鑿私智，苟免己責，而不顧後人之難爲典要哉！

夫對音繙繹，文字無多；名字相同，觸處多有。作史者自應推《春秋釋例》，兼法古人《同姓名録》，特撰爲《同名考》，將全史所載，毋論有傳無傳之人，凡有同名，詳悉考别，勒爲專篇，與《國語解》並編列傳之後，豈不軒目豁心，可爲久法，又何苦心曲意，斤斤於列傳分合之閒求識别乎！且史家銓配列傳，自有精義，或以事聯，或以道合，或以類從，或以時次，其常例也。至於老、莊、申、韓之異操同歸，屈原、賈生之絶代同録，霍光、日磾之敬肆非倫，夏侯、諸曹之宗戚無辨，古人比事屬辭，其道通於神明變化，是何如絶業也！而區區以名字之同强爲分合，則亦無異兒童數枚之見矣。況人名豈盡限於列傳，本紀志表參差雜出，即使列傳可分，閲紀志者又豈能皆悉歟！夫不明於法度，而維以小慧苟爲彌縫，未有不反失大體者也。此余向所撰著《文史通義》之篇也。

今見龍莊《三史同名》之録，蓋先得我心之同然矣。龍莊問序於余，即以舊稾貽之。事理之當然者，不容有異説也。龍莊是書，蓋三易其稿，再涉寒暑，有苦心矣。前人謂元有五伯顔，或廣至九伯顔，以爲詳矣。今龍莊所考，蓋同名伯顔，幾二十人，視前人所考，不啻倍蓰，此則書之精詳，不可不著者也。嘉慶戊午暮春下浣。

史姓韻編序

吾友龍莊先生，愔行工文，初以名幕成名進士，試爲州縣，以名宦聞，究以直道齟齬，投劾歸里。著書滿家，多孝友藴積及愷惠緒言，其書布粟而不彫繪，識者稱之。又以其餘力爲《史姓韻編》及《二十四史同姓名録》二書，以備讀史者之稽檢。蓋君嘗謂居處宜窮經藴，在官宜覽史事，然則二書非徒著書餘工，抑亦臨政之餘課也。君自謂此事殆於古人所云“無補費精神”者，然十許年之功力，不忍虚擲，俾余序言其端。序曰：古人讀書精專，務大而不遺其細。經史囊括甚富，大義昭矣。其閒名數事物，非具數家專門之學，分途攻取，不足盡其藴也。《姓編》仿於劉宋《姓苑》，《名録》仿於蕭梁孝元，人皆知爲比類徵事之書而已，不知《周官》小史掌奠系世，而譜牒爲姓氏專司，御史掌贊書數從政，而仕版爲人民綜要。古人大典存其官守，所謂制也。後代禮亡官失，師儒沿其遺意，遂爲治經業史專門名家。至專家又失其傳，而比類徵事之書紛然雜出，剽掠近似，以爲耳目玩弄之具，而古人之家學亡矣。昔者諸侯去籍，周譜僅存，史遷因之以作世家系表，而餘文遂不復究。《世本》流傳，六朝尚有其書，杜預之治《左氏春秋》，所爲《世卿》《公子》諸譜，多所取質，此姓系名録所以爲經史專門之家學也。班氏《古今人表》，爲世詬厲，史識如劉知幾，乃亦從而非之，至今史家以爲瘡痏。嗟夫！此正《春秋》家學流傳，非班氏所能私創，史遷忽略，而班氏特取以補其疏，與《地志》《藝文》諸篇，並爲要典。後世於《藝文》《地志》之補，則爲有功，而《人表》一篇，不但不知闡其絶學，且隨聲附和而詆毁之，宜史家之列傳，日出日繁而不可簡料矣。

蓋史以紀事，事出於人，人著於傳，凡史莫不然也。溯古之傳，非得人表以爲總彙，則於故籍必有偏枯去取之嫌；徵今之傳，非得人表以爲總彙，則於近人必有隨類求全之弊。故《人表》者，《春秋》譜曆之遺，而類聚名姓之品目也。人表入於史篇，則人分類例，而列傳不必曲折求備；列傳繁文既省，則事之端委易究，而馬、班婉約成章之家學，可牽而復也。夫史之大忌，文繁事晦；史家列傳，自唐宋諸史，繁晦至於不可勝矣。使欲文省事明，非復人表不可；而人表實爲治經業史之要册，而姓編名録又人表之所從出也。故曰：專門之學，不可同於比類徵事書也。

余嘗歎史家絶學，千載失傳，而史籍猥繁，殆如昔人之論治河，所謂增修故隄，勞費無已，且不知於何底也！其故雖不止列傳一端，而列傳實爲尤甚。若由汪君之書，而思類别人名，因以復人表而清列傳也，亦廓清蕪蔓之一道歟！

藉書園書目敘

《藉書園書目》者，歷城周林汲編修籍録所藏經史百家之書，用隋唐四庫例，粗具孔目以備稽檢者也。周君嘗患學之不明，由於書之不備；書之不備，由於聚之無方；故竭數十年博采旁搜之力，棄産營書，久而始萃。今編目所録，自經部以下，凡若干萬卷，而舊藏、古槧、繕鈔、希覯之本亦略具焉。然周君之志，蓋欲構室而藏，托之名山，又欲强有力者爲之贍其經費，立爲紀綱，而使學者於以習其業，傳鈔者於以流通其書，故以藉書名園。又感於古人藏書之義，著《儒藏説》一十八篇，冠於書首，以爲永久法式。嗚呼！周君於斯，可謂勤矣。

夫古者官府守書，道寓於器；《詩》《書》六藝，學者肄於掌故而已。及其禮失官廢，師儒授受，爰有專門名家，相與守先待後，補苴絶業。夫官不侵職，師不紊傳，其名專而易循，其道約而可守，是故書易求而學業亦易成也。自學問衰而流爲記誦，著作衰而競於詞章，考徵猥瑣以炫博，剽掠文采以爲工，其致力倍難於古人，觀書倍富於前哲，而人才愈下，學識亦愈以卑污，則專門之業失傳，古職之失守而學者無所向方故也。閒有好學深思之士，能自得師於古人，而典亡學絶之後，聞見局於隅墟，搜討窮於寡陋，不幸不見天地之純，古人之大體，而挾村書以守旃蒙者，遂得以暖姝菌蠢，學一先生之言，不復深維終始，則以書之不備，聚之無方，弊固至乎此爾。孔子曰："多聞，擇其善者而從之，多見而識之。"孟子曰："博學而詳説之，將以反説約也。"士生三古而後，苟欲有志乎官守師傳之業，非有所獨得者，固不可以涉獵爲功；而未能博稽載籍，遍覽羣言，亦未有以成其所謂獨得之學而使之毫髮之無憾；此周君之所以蒐而聚，聚而藏，藏而籍録部次，以爲永久之指也。

近世著録，若天一閣、菉竹堂、傳是樓、述古堂諸家，紛紛著簿，私門所輯，殆與前古藝文相伯仲矣。然或以炫博，或以稽數；其指不過存一時之籍而不復計於永久，著一家之藏而不復能推明所以然者廣之於天下；其智慮之深淺，用心之公私，利澤之普狹，與周君相去當何如耶！雖然，羣書既萃，學者能自得師，尚矣；擴四部而通之，更爲部次條别，申明家學，使求其書者可即類以明學，由流而溯源，庶幾通於大道之要，而有以刊落夫無實之文詞，泛濫之記誦，則學術當而風俗成矣。斯則周君之有志而未逮，讀其書者不可不知其義也。

爲謝司馬撰楚辭章句序

太史公曰："好學深思，心知其意。"讀古人書而求其意，蓋難矣哉！六藝先王舊典，以言建事，其道簡易平直，人皆可知；即曰詩以言志，而正《風》《雅》《頌》，揄揚功德，歌咏盛平，亦無隱而不彰之義，又何意之難求者哉！孟子曰："王者之迹息而《詩》亡，《詩》亡然後《春秋》作。"《詩》與《春秋》之有升降，三代後世之所以分也。蓋太師陳詩觀風之職廢，而賢者多抱隱憂，乃以詩爲忠憤之所寄託，不得不微其辭矣。太史執簡奉諱之職廢，而聖人乃有懼志，遂以《春秋》爲予奪之所寓，不得不嚴其辨矣。三代以後，官師分，而學士始以著述爲一家言；而著述者又自以謂不當其位，則不可以徑遂其辭，往往旁申反託，側出互見；後世詩才史學，託文采以傳不朽者，胥是道也。既不得不託於文采，則凡無其質而謬託於斯文者，亦理勢所必然。是以讀古人書，貴能知其意也。然《春秋》而後，繼以《左》《國》，而傳者遂多；變雅以後，繼以屈辭，而知者愈少，何哉？史體猶直而詩旨更婉也。太史公曰："余讀《離騷》，悲其志。"夫讀屈子之文而知悲其志，可謂知屈子矣；然未明言其志，而後人懸揣其意而爲之説者，則紛如也。蓋求寄託之志而不得，則遂至於太過，猶夫習《春秋》者，求褒貶之志而不得，則穿鑿而不可通也。夫屈子之志，以謂忠君愛國，傷讒疾時，宗臣義不忍去，人皆知之；而不知屈子抗懷三代之英，一篇之中，反覆致意，其孤懷獨往，不復有春秋之世宙也。故其行芳志潔，太史推與日月争光，而於賈生所陳三代文質，終見讒於絳、灌者，同致弔焉。太史所謂悲其志歟！

至於文字流傳，義有主客，古人著述，道豈拘墟！《東皇太一》，不過祀神，而或以謂思君；《橘頌》嘉樹，不過賦物，而或以爲疾惡。朱子曰："《離騷》不甚怨君，後人往往曲解。"洵知言哉！夫人即清如伯夷，未有一咳唾閒即寓懷高餓；忠如比干，未有一便旋閒亦留意格君；大義不明而銖銖作解，此治書者之不如無書也。余讀屈子之書，向持此論；而與詞章之士言之，則徒溺於文藻；與義理之士言之，則又過於膠執；竊歎二十五篇之隱久矣！及官蕲水，得交明經劉君，談文講藝，雅與余相契合。暇日，出其伯兄雲翼先生所著《屈子章句》，請余爲序。余觀雲翼《自序》，以屈子之志，比於《小弁》之仁；以頃襄之忘仇結昏，同平王之遣戍申許；《騷》《雅》同源，一言得其梗概，可謂讀古人書，能知古人之意者矣。他若定其二十五篇以從《漢志》，章剖句析，不必斤斤求合而自能以意逆志，可以一空前人之支離附合，與余夙所疑者不啻冰釋而節解也。雲翼之於斯文，不已深歟！雲翼以名孝廉官饒陽知縣，有政聲，所學具有本末，此特其可見之一端耳。余故表而出之，以俟天下之善知古人意者。

唐書糾謬書後

校讎攻辨之書，如病之有藥石，如官之有糾彈，皆爲人所患苦者也。然欲起痼疾而儆官邪，則良醫直史，不憚人之患苦而必有以期於當也；疾愈而醫者酬，奸摘而彈者賞。惟校讎攻辨之書，洞析幽渺，摧陷廓清，非有絶人之姿，百倍攻苦之力，不能以庶幾也；其有功古人而光於後學，不特拯一人之疾，劾一官之邪而已也，而人多不甚悦之；則以氣之淩厲，義之精嚴，不肯稍有假借，雖爲前人救偏，往往中後人之隱病，故悦之者鮮也。縱使心服其言，亦必口訾其過，甚或陰勦其説而陽斥其非，甚矣人心之偏，而從善服義之公，難望之於晚近也！

吴縝《唐書糾謬》凡二十卷，一曰“以無爲有”，二曰“似實而虚”，三曰“書事失實”，四曰“自相違舛”，五曰“年月時世差互”，六曰“官爵姓名謬誤”，七曰“世系鄉里無法”，八曰“尊敬君親不嚴”，九曰“紀表志傳不相符合”，十曰“一事兩見而異同不完”，十一曰“載述脱誤”，十二曰“事狀叢複”，十三曰“宜削而反存”，十四曰“當書而反闕”，十五曰“義例不明”，十六曰“先後失序”，十七曰“編次未當”，十八曰“與奪不常”，十九曰“事有可疑”，二十曰“字書非是”。觀其貫串全書，用心精密，誠有功於研唐事者，前人比之箴膏肓，起廢疾，殆將過之無不及也。而王氏《揮麈録》乃云：“縝初登第，因范景仁而請於文忠，願預官屬之末，文忠以其年少輕佻去之。逮《新書》成，指摘瑕疵，爲《糾謬》一書。老爲郡守，與《五代史纂誤》，俱并刊行。紹興中，胡仲實爲湖州教授，復刻於郡庠，且爲《後序》，不知縝著書之本意也。”

夫書亦問其理之當否，著書者之何所感發，豈與刻書作序之意相入哉！夫子感獲麟而作《春秋》，後世習《春秋》者，豈復搜討麟之毛角與夫子之如何興感哉！晁公武曰：“縝不能屬文，多誤有所詆訶，如《張九齡傳》云：‘武惠妃陷太子瑛事，九齡奏之，故卒九齡相而太子得不廢。’縝以謂時九齡已相，而太子竟以廢死，以爲《新書》似實而虚。按史文謂終九齡在相位日，太子得不廢也。豈謂卒以九齡爲相，太子終無患乎？”是説良允。然二十篇書，隸四百餘事，偶因一事失檢，而遂謂多有誤詆，毋乃刻歟！觀其《自序》與進書之表，頗識文章體要，史氏鴻裁，而竟因一言之失守，謂其不能屬文，何惡之甚邪！蓋歐公爲當代文宗，史學非所深造，學者多喜美疢之護，不容一言有所詆訶，況於專著一書，攻擊不遺餘力者哉！至於載筆之任，自宜心術端醇，縝以年少輕佻，歐公拒之，當矣。然主裁史局，譬之大匠度材，宋桷棟梁，毋枉其質；負才如縝，即其苦心精核，豈易多得！不必能持大體，而付以檢討之職，責其覆審之功，自能經紀裕如，必有出於當日史局諸人之上，何歐公計不出於此耶！且其所謂年少輕佻，亦恐言議之間，英鋒銛鍔，有爲歐公所不能禦者，因而以年少輕佻目之，未必他有所不可也。嗟乎！秉局修書，有如此之才而不用，則十五年之擾擾，所與趨蹌而從事者，概可知矣。後人無歐公之學與文，而忝居前輩，見後生知識高出於己，即思排抑挫折，惟恐力之不至，挾恐見破之私，日甚一日，所由來矣。其所成就，又安敢望《唐書》哉！

皇甫持正文集書後

《皇甫湜文集》六卷，凡三十九篇，乾隆辛卯秋，假朱笥河先生家藏汲古閣刻本，倩族孫道周映抄一册，存之篋笥，去今十二年矣。湜與李翺俱稱韓門高第，世稱學於韓者，翺得其正，湜得其奇。今觀其文，句鑱字削，筆力生健，如挽危弓，臂盡力竭而强不可制，於中唐人文，亦可謂能自拔濯者矣。第細按之，真氣不足，於學蓋無所得，襲於形貌以爲瑰奇，不免外强中乾，不及李翺氏文遠矣。按二人文雖俱學韓，李能自立，不屑屑隨韓步趨，雖才力稍遜而學識足以達之，故能神明韓法，自闢户庭；皇甫則震於韓氏之奇，而不復求其所以致奇之理，藉口相如、揚雄，不知古人初非有意爲奇，而韓氏所得尤爲平實，不可襲外貌而目爲奇也。中唐文字，競爲奇碎，韓公目擊其弊，力挽頹風。其所撰著，一出之於布帛菽粟，務裨實用，不爲矯飾雕鏤，徒侈美觀。惟其才雄學富，有時溢爲奇怪，而矯時勵俗，務去陳言，學者不察，輒妄詡爲奇耳。湜於韓門，所得最爲粗淺，而又漸染中唐奇碎之病，宜其有是累也。

史稱湜性卞急使酒，裴度修福先寺，將求自居易撰碑，湜大怒曰："何近舍湜而遠徵居易？"度爲謝過，即請斗酒，援筆立成。度贈給甚厚，又大怒曰："吾自爲《顧況集序》，未嘗許人；今碑字三千，一字三縑，何遇我薄耶！"度如數與之。今碑文不見集中，而《顧況集序》，不過中唐雕琢常調，未見聲價當高出也。集中《答李生三書》，喜争好勝。文結氣躁，殊少理解，始終癖在一奇，而究亦不能奇也。李生不知何人，觀書中所舉問難之辭，雖似主張不定，然非無所見者；湜不虚心商搉，而矯折强辨，史稱卞急使酒，此亦其明徵也。如李生初問，以謂今之工文或先於奇怪；則當對以水之波瀾，山之巖峭，所積深厚，發於外者不知其然而然，乃可使後生者知文章之本於所積，是亦韓氏仁義之途，《詩》《書》之源之旨也。今乃答以虎豹之文不得不炳於犬羊，鸞鳳之音不得不鏘於烏鵲，是欲使人不揣其本，但襲炳與鏘者而冀至乎鸞鳳虎豹，則固不知鸞鳳虎豹之質矣。李生再問，有薄屈、宋之意，而謂一詩一賦非文章，又厭薄於浮豔聲病之文而有志於古；則當告以場屋之業所以爲出疆之贄，不可遽廢；屈、宋詞賦乃六義之遺，不可因聲韻而鄙之同於場屋文字也。若其有之於中而發之於外，則場屋文詞，[1]亦未嘗不可見其端倪。則後進之士，可以曉然於志古趨時雖各有道，其實兩不相妨，但問中之有得否耳。今乃摘其一詩一賦之言，以謂詩賦非文章耶，三百篇可燒矣。一之少非文章，《盤銘》是何物耶？則是不察李生言意而狡獪於口舌之勝氣，豈先達之開示後學哉！必以當時應試詩賦，如昌黎所稱顔忸怩而心不寧者，等於《湯銘》與三百篇，雖三尺童子，猶知其不可也。無實之辨，盈篇累軸，豈有窮乎！及李生三書，摘湜之言奇而無傷於正，以謂如《易》之凡言無咎，本皆有咎，可見無傷本有傷也。此緣湜之論奇不本於内而從外襲，故止可云無傷於正；李生從而駁之，是已授人以隙，無可辨矣。湜猶不得於言，弗求諸心，而抗無理之辨，以謂《易》之無咎不一，有咎由慎故免，又有咎自己招，不可咎人，生今以凡目之，當是讀書未熟；此與詰問之旨，若風馬牛，遁辭之窮，亦可見矣。若就其言而論，則《易繫》三百八十四爻，無咎皆爲一例，惟《節》之六三獨作無所歸咎之解，豈可以一而概衆乎！孔子《大傳》曰："無咎者，善補過也。"豈不以凡目乎！倘使李生更據《大傳》明文，責湜讀書未熟，湜又何辭以自解乎！李生又以松柏不豔比文章，此言可與入道矣。蓋浮豔非文所貴，而有意爲奇，乃是僞體；松柏貞其本性，故拔出於羣木，惟其不爲浮豔與有意之奇，故能淩霜雪而不凋。其鬱青不改者，所以爲真豔也，不畏歲寒者，所以爲真奇也。文能如是，兩漢以還，不多覯也。李生以爲文章不豔不奇，故欲取以爲比；而不知果能如是，乃是真豔真奇，絶非凡葩衆卉所敢擬也。誠得是説引而進之，李生必有悟也。湜也不足知此，而又不能反衷以思，乃强辨曰："松柏可比節操，而不可比文章。"莊子曰："道隱於小成，言隱於榮華。"榮華非草木乎？草木既可比文章，而獨謂松柏不可比，湜殆自處於蒲柳之質，故見松柏而不免色懼也。且比事稱物，理本相通，自古未聞有商論文學，稱引比喻，辨者不即所喻以通其義，而强曰某物不可喻某，某物僅可喻某，去彼所喻，以就已喻，庶以救其窒塞不通之窮也。且人人皆曰爾之所喻不如我喻，則誰能心愜；而輾轉狡飾，亦復何所底耶！李生又曰："《詩》《書》之文不奇。"此言離合參半，無庸深辨。而湜則曰"平處多，奇處少，《易》文大抵奇也。"不知湜意將謂《易》文勝《詩》《書》耶？抑謂《詩》《書》奇處之少勝平處之多耶？《易》比虎豹鸞鳳，而《詩》《書》不堪比耶？《詩》《書》奇處少者可比虎豹鸞鳳，而平處多者不堪比耶？即湜之喻而窮湜之辨，則悖義害道，不可以殫詰也。惜李生者名位卑微，且其所得亦未能卓然自樹，故不及終抗其辨。向令兩持不下，取其平於韓子，韓子雖甚愛湜，恐有不得而終諱者焉。吾故辨而正之，以戒後之好奇而不衷於理者，使之有以自反。且俾爲先達者，慎毋恃其通籍偶前，遽任偏性，大言以欺後學，而後進之士，亦自慎寶其璞，毋輕投於浮誕淺躁，更出皇甫以下之先達名流也。此本訛字甚多，毛氏不知所據何本。第四卷《論進奉書》下註悉照抄本，與《文苑》異，不知抄本從何得之也。毛氏《跋》云三十六篇，晁公武《讀書志》云三十八篇，今爲篇實三十有九，豈傳寫誤耶？《跋》并載《浯溪詩》一篇，得於《容齋隨筆》，亦不收入集中。編次類例，亦多不可曉。第一卷爲雜著，中有賦及韻文，雜體論著合而爲一。第四卷爲書，其《論進奉書》乃是奏御之作，今編次《上李大夫書》後，《答李生三書》之前。第六卷又爲雜著，則碑碣誌銘祭文及雜體韻文，漫無區别，俱不可解。行篋無書，姑記於此，俟他日考焉。

李義山文集書後

《李義山文集》十卷，崑山徐樹穀藝初箋，徐炯章仲注，無序跋，有凡例，當是坊本偶缺也。例云："箋以考證時事，注以博稽典故。"今觀其本，亦可謂詳贍者矣。其所云："朱長孺本詮釋未備，及閩本缺訛頗少。"朱本閩本，今俱未見。義山本爲古文，不喜對偶，從事令狐楚幕，工章奏，遂以其道授之，博學强記，下筆不能自休。《唐・藝文志》有《樊南》甲乙集各二十卷，更有《文賦》一卷。《宋志》於甲乙集外，又有《文集》八卷,《别集》二十卷,《詩集》三卷。今惟《詩集》傳世,《文集》《四六》，俱是掇取諸書所載。其佐幕之作，與《文集》《别集》所收，僅可於篇題約略辨之，不能得原書梗概也。觀義山自序《樊南》甲集曰："四六取六博五格，四數六甲之取未足矜。"序乙集曰："此事非平生所尊尚，應求備猝，不足以爲名。"是蓋有志古人，窮移其業，亦可慨也！四六之文，如《宣公奏議》《會昌一品》，俱是經緯古今，敷張治道，豈可以六搏小技輕相詆訶者哉！義山佐幕，止是應求備猝，辭命之才，其中初無獨立不撓，自具經綸之識，則其進於古人，不爲四六之時，亦是陳琳、阮瑀儔耳。欲如徐幹成一家言，不亦難乎？辭命之學，本於縱横，六朝書記文士，猶有得其遺者。至四六上而羔雁先資，專爲美錦，古人誦詩專對，言婉多風，行人之義微矣。然自蘇、張以還，長辭命者，類鮮特立之操，則詩人六義之教不明，而興起善善惡惡之心，學者未嘗以身體也，徒取其長於風諭以便口給，孔子所由惡夫佞矣。義山古文，今不多見，集中所存，如《元次山集序》《李長吉小傳》《白傅墓誌銘》，其文在孫樵、杜牧間。《紀事》五首，《析微》二首，頗近元、柳《雜喻》，小有理致。大約不能持論，故無卓然經緯之作，亦其佐幕業工，勢有以奪之也。

韓柳二先生年譜書後

宋汲郡吕大防撰《韓吏部文公集年譜》一卷，信安程俱致道撰《韓文公歷官記》一卷，丹陽洪興祖慶善撰《韓子年譜》五卷，南宋慶元中建安魏仲舉刊《韓集五百家注》，〔2〕總輯三家譜記爲《韓文類譜》七卷，紹興中，潞國文安禮撰《柳文年譜》一卷。嗣是刻韓、柳集者，俱不刊譜，故韓譜散見於方崧卿《舉正》及朱子《考異》所援引，而不見其全，柳譜則未有言及者矣。雍正庚戌，揚州馬嶰谷購訪韓譜於藏書家，復得宋槧《柳集》殘本，其中《年譜》尚爾完好，遂合刻爲八卷，款式一依宋刻，楮板精好，良可寶貴，而長洲陳景雲俱爲之跋，並誌其搜訪始末，今並附於卷後。

年譜之體，仿於宋人，考次前人撰著，因而譜其生平時事與其人之出處進退，而知其所以爲言，是亦論世知人之學也。文集者，一人之史也；家史、國史與一代之史，亦將取以證焉，不可不致慎也。嘗讀茅鹿門《與查近川太常書》，痛柳子厚一斥不復，而怪韓退之由考功晉列卿，光顯於朝矣，竟不能爲子厚稍出氣力。李穆堂謂茅氏不考韓、柳時世，退之光顯，乃在子厚既卒之後。今按茅氏之書，乃是詩之比興，欲望查太常之援手，而借古事以爲抑揚，義取斷章，固不必泥韓、柳之實事也。若就其事考之，則退之陽山之貶，在貞元十九年，子厚正由藍田尉授監察御史，韋王用事，退之爲其黨人所排，子厚固未嘗有顧惜也。後子厚坐黨人貶永州司馬，自永貞元年乙酉至元和十年乙未凡十年，乙未例召至京，又出爲柳州刺史，至十四年乙亥，又五年而子厚死矣。退之於元和九年甲午，拜考功郎中，知制誥，十一年丙申，拜中書舍人，轉右庶子，明年丁酉，兼御史中丞，充彰義軍行軍司馬，旋拜刑部侍郎，從裴度討淮蔡。是時子厚猶在柳州，吴武陵爲營説於裴度，謂西原蠻未平，柳州與賊犬牙，宜用武人，又謂子厚無子。考吴武陵北還，在元和十年，其營解於裴度，正當退之自右庶子辟爲行軍司馬之時，何爲不可稍出氣力！蓋韓、柳雖以文章互相推重，其出處固自不同，臭味亦非投契，觀二公文集，俱可考見。李氏不暇細考而遽責茅氏之疏，殆非其質矣。

文人之有年譜，前此所無，宋人爲之，頗覺有補於知人論世之學，不僅區區考一人文集已也。蓋文章乃立言之事，言當各以其時，即同一言也，而先後有異，則是非得失，霄壤相懸。酈食其請立六國之後，時勢不同楚漢之初，是亦其一端也。前人未知以文爲史之義，故法度不具，必待好學深思之士，探索討論，竭盡心力，而後乃能仿佛其始末焉。然猶不能不缺所疑也，其穿鑿附會與夫鹵莽而失實者，則又不可勝計也。文集記傳之體，官階、姓氏、歲月、時務，明可證據，猶不能無參差失實之弊。若夫詩人寄託，諸子寓言，本無典據明文，而欲千百年後，歷譜年月，考求時事與推作者之志意，豈不難哉！故凡立言之士，必著撰述歲月，以備後人之考證；而刊傳前達文字，慎勿輕削題注與夫題跋評論之附見者，以使後人得而考鏡焉。至於傳記碑碣之文與哀誄策誥之作，前人往往偏重文辭，或書具官，或書某官而不載其何官，或書某某而不載其何名何姓，或書年月日，或書某年某月某日而不載其何年月日。撰者或不知文爲史裁，則空著其文，將以何所用也！傳録者或以爲無關文義，略而不書，則不知録其文，將欲何所取也！凡此諸弊，皆是偏重文辭，不求事實之過，前人已誤，不容復追，後人繼作，不可不致意於斯也。按韓子三家譜記之外，尚有方崧卿《考正年譜》，方出三家之後，考訂尤爲詳備。且其《舉正》十卷，至今尚有傳本，而馬氏彙刻不及方譜，陳景雲跋語，亦以《考異》所引方本爲言，似亦未見方氏本者，殆不可解，當俟他日考之。

書貫道堂文集後

《貫道堂文集》四卷，題爲成都費錫璜滋衡著。蓋康熙閒人，生於新繁。自序爲漢費詩後裔，其父密，於鼎革閒占籍江都，而本其始生稱成都也。據文，錫瓚蓋生於康熙三年甲辰，而文中有及其六十餘歲之事，則雍正初年尚有其人矣。其父生前明天啟六年，卒康熙三十八年，講陸王之學，著書甚多，門人私謚爲中文先生。錫瓚承其家學，亦有著述，詩、古文辭兼擅其名，自稱有詩五千，文二百，兹集一百二十九篇，宜得其大概也。詩集今不可見，文則斐然可觀，雖不能醕，要於學有所得，能自道其所見，非依附於人而隨風氣者所爲也。

明末姚江末流，入於狂禪理障，殆不可救。國初風尚醕正，程朱之學復昌，然趨風氣而貌爲程朱，其中流别亦遂不可問矣。費氏父子當風氣禪易之際，而卓然有守，能自信之於心，亦可爲豪傑士矣。其論經旨，則謂："聖人言事實，不言虛理，《易》言天地，不言天地之先。有物混成，先天地生，聖人之所不知則不言之，所以立教也。九頭、五龍之紀，開皇、龍漢之年，百家非不有述，删《書》斷自唐虞，知其所可知也。"論古書則云："開元五經，往往以俗字易其舊文。然顔之推譏葛洪《字苑》加彡於景，而世改《周禮》《尚書》，則變易經文不始於開元矣。《孟子》中'知'作'智'，'伯'作'霸'，'弟'作'悌'，'彊'作'强'，尤俗。"因於徐氏《經解》中，得薛氏書古文訓，欲致力於此。此近日風氣所開，彼時一二魁儒創論而未有知者，費氏已見及此，可謂卓矣！其論儒術，謂："儒貴能治天下，猶工貴能治木也。宋儒崇性命而薄事功，以講治術爲粗，是猶見工之操繩墨斧斤，斥以爲粗，而使究木理之何以作酸，何以克土，何以生火，何以生東方而主甲乙也，終身探索，未有盡期，而大不能爲宫室，小不能爲輪轅，尚可以爲工乎？則徒講性命之非儒術，亦可喻矣。"此尤切宋儒以後之痼疾。其《務知》篇，謂"求知當知所務"，《是非》篇，謂"欲定是非，不可偏執己見"，縱横博辨，閎肆而有繩準，周秦諸子，無以過之；而又切中時弊，理較諸子爲醕，在集中高出他文，不啻尋丈也。其有補於政事者，言："《月令》季夏命漁師伐蛟，竊疑蛟不可伐，歷代亦無其制，而蛟變爲害甚大，無如之何。及入楚豫，聞山中人言，地將出蛟，蒸蒸暖於他處，冬不積雪，常時木竹葉盡捲。獵者知之，即掘入數丈，有物若脂膏，積數十石，煎之可燎；或形已具者，甲鱗鱗然，除之則絶蛟害。凡正月蛇與雉交，生卵，遇雷即入土中數丈，成蛇形，數百年後爲蛟。乃悟伐蛟當在未出之際。先王之制久廢，儒者又亡其義，今幸民閒尚有其法，似可著律令而懸賞募，則永絶其害矣。”其論古事，謂：“《明太宗實録》載方正學伏地乞哀，出於史臣誣罔。”此亦有人辨之矣。至甲申之變，受賊刑拷諸臣，史傳皆指爲降辱，錫璜獨謂：“當時賊聚諸公問之，從者冠帶以去，否則極刑隨之。南都阮大鋮主國，欲報逆案之辱，所仇中有爲賊夾斃者，大鋮目爲順案，不以死節予之。於是陳演、方岳貢、邱瑜、魏藻德以下，皆誣以從賊爲辱。自古未有受賊刑戮而稱辱者，自阮大鋮始創，豈可爲據！”是言極有關係，不特立意忠厚已也。費氏父子生當其時，其言必有所受，非可誣也。至刑拷諸臣中，原有灼然失節，費氏亦未嘗不分别言之，讀者可自擇耳。余嘗見邱瑜、李國楨别本傳記，與史載絶異，似非盡無據者，必有受誣者矣。但費氏生於《明史》未成之前，其有已經史館審定，無可疑者，尚未與聞，如建文出亡，及從亡諸臣，尚謂必有其人其事，則未與史局諸老一發覆耳。又其學不甚富，而震於楊升庵名，且爲鄉曲過推，言至失實，轉自形其淺陋。升菴雖爲諸家指摘，其博贍自不易得；然附會緣飾，英雄欺人，其書實亦不免。今乃謂：“升菴所釋《禹碑》《石鼓》《延陵碑》字，所引多人閒不經見之書。”又云：“在滇四十年，讀諸土司書，土司多周、漢世家，藏書皆非世有。”則因升菴僞造《祕辛》，假託土司藏本以欺天下，費君又受升菴之欺而推廣之，不知君子可欺以方，而是説之不可通於方也。“一言以爲不知”，此之謂矣。《延陵》《禹碑》，不待識者而知其僞，《石鼓》亦多介疑似之閒，至云明代土司尚有周、漢舊書，未入中朝，則是委巷之言，不但日本《尚書》之誕也。他不具論，即如升菴論古人避諱，以謂必取同音，史遷諱“談”爲“同”，以“談”“同”古音同也；明帝諱“莊”易“嚴”，以“嚴”“莊”古音同也。毋論所證古音確否，試問高帝諱“邦”稱“國”，豈“邦”“國”古音同乎？武帝諱“徹”稱“通”，豈“通”“徹”古音同乎？又如升菴引古詩“尺素如霜雪，叠成雙鯉魚，要知心裏事，但看腹中書”，以解十九首中古詩“客從遠方來，遺我雙鯉魚”之句，謂“古人寄書，叠絹素爲魚形，詩云雙鯉者，乃絹素，非真魚也，昧者作真魚解，可笑”。此言明白，不必出於未見書也。然此詩二句下文即接云“呼童烹鯉魚，中有尺素書”云云，豈絹素叠成之魚，又可烹耶？夫以一例諱字，明見史策，而顧此失彼，其説不能自掩。人人所見之古詩，而强解上句，不顧下句文理之安，則其附會緣飾，觸處皆是，何必求解於未見之書哉！書苟非在天上，人間必有能見之者，何以數百年來，升菴所見之書，更無他人見耶？

又傳經之學，自東京以後，即不能一一究其受授淵源，觀《儒林》諸傳，可知大略。即宋人所謂不傳之絶學，其授受後人，亦至元代而止。其所爲某家之學，某氏之傳，多是得於遺書，如歐文之學韓，陸詩之師杜，非有人受之於韓、杜而轉授於歐、陸也。即如姓氏譜系，乃一家血脈相承，最爲有據，尚且不能追至千載以上，間有詳者，多出六朝附會，識者不以取徵。此即費氏所云《易》不言太極，聖人不言不可知之理也。乃其爲父密作傳，叙乃父受學於孫徵君，謂徵君之學出於陽明，爲第五世，已多事矣。陽明之學，再世失傳，李贄狂僻，耿氏之佛，顧氏之仙，皆稱王學，豈足以辱陽明，而何所争於世次！然孫君出於東廓，其學不失師法，猶之可也。至叙乃父著《中傳正紀》百二十卷，序儒者授受源流，爲《傳》八百餘篇，《儒林》二千有奇，自推其學出於子夏七十二傳，則妄誕不經甚矣。費氏出於子夏，不知所得何傳，傳者如何相授。又謂先聖以來，七十子傳人具在，則尤夢中説夢。七十子自《家語》《史記》紛紛著録，同異分合，已不能齊，其未見《語》《孟》記傳者，强半若明若滅。今無端推出七十二家之學，且分七十二家之傳，此豈必待見書而知爲妄哉！況密以陽明五世爲師，自命陽明第六傳也，陽明未嘗自命其學爲出子夏之六十六傳，則密又安從而溯七十二邪！今有祖所未能定支系者，而孫乃直自居爲幾十幾世，天下有是理乎？佛氏宗門，惠能而後，歧分爲五；溈仰、雲門、法眼皆絶，臨濟、曹洞二宗，至今流行，彼爲幾十幾世，則披剃有師，摩戒有印，度牒衣鉢有傳，雖不知於教何得，而授受實不可誣。今費氏所傳，分支别派，各注源流，欺天乎，抑欺人乎？自以爲儒而闢佛氏，不知佛氏五宗，絶者不可續而傳者不可誣。若以子夏七十二傳及七十子宗派皆有傳人，質之彼教，無此妄矣。此二事皆費氏之大謬戾者，其故出於不甚學而喜穿鑿也。其餘瑣細得失，不足深校，觀者不以瑕瑜相掩可也。又其論《史記·封禪書》所謂三神山者，謂方士之讔語："蓬萊者，蓬蒿草萊也。曰方壺，曰方丈者，棺之形也；曰圓嶠者，墓之象也；曰瀛洲，曰弱水者，黄泉也；至則溺焉，故曰，反居水下，其物盡白者，喪之儀也。蓋言世之好神仙者，必至於是而後甘心，其未至是，則可望而不可即也，及至是，則又與世人絶，是生人終不可至也。"雖近附會，然可爲惑者解。《貫道》一集之得失，盡於此矣。

書孫淵如觀察原性篇後

昔夫子罕言命，子貢以性與天道不可得聞，夫子自謂無行不與，又謂時行物生，天何言哉，乃知性命非可空言，當徵之於實用也。夫子嘗曰："性相近也，習相遠也。"言簡而意該矣。余竊以謂諸家言性之旨，本相近也，好事者之辨論，實相遠也。孫君《原性》之篇，繁稱博引，意欲獨分經緯，而按文實似治絲而棼之矣。余不敢强所不知，亦不欲以火救火，姑就其文論之。如孫君以陰陽五行言性，則"一陰一陽之謂道，繼之者善，成之者性"，明著其文，何藉引伸《農經》哉？孫君引《易》而倒成性句於繼善之上，意似使於性善之説，[3]而不知善不先於氣化中見，則性善爲無根矣。孟子良知良能，自與四端擴充互發。今乃謂其有性無教，王君朝梧又附和之，漫引昔人譏孟子不讀《易》，不知性有陰陽。殊不知《口之於味章》，性命兼疏，陰陽均徹，諸家未見有能出其範圍，豈可誣詆先賢，轉取百家子緯偶合之言與夫似是之説，有心爲矯異哉！僞書“習與性成”，與“少成若天性，習慣成自然”二語，有何殊别，而去此取彼？但論氣數循環，不能不兼善惡。今云“夏至陰生，而夏不得謂冬”，夫夏固不得謂冬，而陰亦豈得謂之不生於夏耶？謂商臣、越椒形惡，而非性惡，其義甚舛，果形有一定之惡，則天下豈有無形之性？是性亦有惡矣。余意商臣、越椒雖惡，苟諛之以忠孝，未有不喜；斥之爲亂賊，未有不怒；是即可見性本善耳。若梟之食母，鷹之搏擊，亦謂性善，則犬牛之性同人性矣。天下果别有不食母之梟，不搏擊之鷹，或有可教孝之梟，可教讓之鷹，則謂鷹、梟性善可也。商臣、越椒形惡，不妨他人之形善也；梟、鷹形惡，亦有他梟、鷹之形善者否？人之貴於萬物，正在於此。

物本不齊，豈可求圓而反窒耶！道與德爲虚位，則誠然矣；忠恕亦爲虚位，於古未之聞也。道有亂道，德有凶德；未聞忠有凶忠，恕有亂恕也。孫君以非其親暱而任其難，爲似忠非忠；小人腹度君子心，爲似恕非恕；則襲取之義，力假之仁，煦煦者似仁非仁，孑孑者似義非義，是五常亦虚位矣。其説無稽，不待辨也。挾求勝之心，持一隅之説，欲於棼如亂麻之中獨闢宇宙，正如陰陽反復，後人復起而争，何時已乎！秦王遺玉連環，趙太后金椎一擊而解。今日性理連環，全藉踐履實用以爲金椎之解，博徵廣譬，愈益支離，雖夫子生於今日，空言亦不能取信於人也。戴東原力詆宋儒，未敢上議孟子，今則孟子又不免矣。浸假而上，夫子且有將及之勢。蓋古人無口，不能不畏後生，豈不岌乎殆哉！夫子嘗言“君子貞而不諒”，則諒非美名也。他日論友，又曰“直諒”，豈益友非君子乎？“小人同而不和”，是同非善道也。他日傳《易》，又曰：“出門同人，又誰咎也！”豈同人爲小人乎？“君子矜而不争”，是矜爲嘉德也。他日論疾，又曰：“古之矜也廉，今之矜也忿戾。”廉與忿戾，又豈君子之所尚乎？

夫言各有所謂，不可文義拘牽。同一夫子之言，又同出於經論，非駁書雜記不可徵信者比，而拘文牽義，已不可通，況萃集百家，不求所謂，但冀穿貫，謂非周納傅會，吾將誰欺！設使和同貞諒之言，旁出漢宋諸儒，不知又當如何掊擊。然則今人自謂折衷前聖，恐如汧陽豕味，幸無庖人爲左證爾，豈可謂定論哉！孫君言聖人貴實惡虛，是矣。不知《原性》之文，正蹈虛言之弊。宋儒輕實學，自是宋儒之病。孫君以謂三代之學異於宋學，當矣。顧以性命之理，徒博堅白異同之辨，使爲宋學者反脣相議，亦曰但騰口説，身心未嘗體踐，今日之學，又異宋學，則是燕伐燕也。戴東原著《原善》諸篇，實有先儒未發之旨，雖補經訓可也。但其論宋儒之躬行實踐，則謂釋老亦有躬行實踐，不足爲賢，然則戴君所以不求踐履，非不能也，特惡其近釋老爾。噫！

書郎通議墓誌後

人心不同如面，文辭亦如是也。不見著文之人，而相與商摧爲文之意，則不可以擅改其文，恐作者之意未必爾也。乃世風不古，欲傳先德，既託能文者爲之矣，又與不必能文者私增損之，是求其文而誣其人矣。往者郎氏子弟請爲《按察君傳》，余既應之，又請代故大學士梁文定公爲撰誌銘，蓋藉榮於頭銜而不知文之重也。然非一日之故矣，余亦以世法應之，初不爲怪也。後聞有知余者，謂見郎氏《傳》，疑余近業荒廢，余不解所謂。最後於京師見郎《傳》刻本，則於余文大有删改，全非余意，乃知其疑有由。閲五年，又見梁文定公誌銘石刻，則題款全失法度，文定有知，當不爲然，是郎氏誣余不已而轉誣文定也。其尤悖理法者，改刑部侍郎阿楊阿公爲少寇阿公，改禮部尚書吉林德保公爲德定圃公，殆於一字不可通矣。不知郎氏子弟請之何人，其人亦不知具何胸腑，而爲此更張。

夫官名地名，必遵當代制度，不可濫用古號以混今稱。自明中葉，王、李之徒相與爲僞秦漢文，始創此法，當日歸震川氏已斥爲文理不通矣，近因前人講貫已明，稍知行文者，皆不屑爲也。然王、李雖乖法度，亦必古有此官而始借用，如户部尚書稱大司徒，兵部侍郎稱少司馬，以《周官》六卿混作明制爲不通耳。今縱欲襲其例，刑部侍郎亦當稱少司寇，文雖不通而語猶完也。今删“司”字而稱“少寇”，則古今皆無其號，直是市井諧譚，非復學士大夫之言。此而可入於文，即求爲不通，不可得矣。夫文字承用，必有其解，寇則賊盜之謂也；司寇詰奸邪，故以“司”字爲職掌耳，去“司”而稱“寇”，則大寇小寇，乃是大賊小賊耳；以此而稱刑部長官，安得有是理耶！至於滿洲、蒙古，名稱近古，男不稱姓而婦女稱姓，《春秋》例也。其稍異者，男子皆特稱名，不似古人之同姓分氏耳。然官府文移，漢人著姓，滿洲、蒙古既不稱姓，則以名之首字著稱，從權宜也。以故滿洲、蒙古生子命名，無止取一字者，亦勢所必然。其實，二字三字或四五字，皆聯綴成語，不可斷也。故行文者於當世達尊，漢人可稱某公某甲，某公某乙；若滿洲、蒙古某甲某乙，本以聯屬爲名，未嘗著姓，止可稱某甲公某乙公，而不可中斷其文，失其本然語意。且某公之與公某，止一顛倒其文，初無軒輊，試觀元人所爲蒙古、色目傳誌文字，可覆檢也。今於阿楊阿公删去楊、阿二字而稱“阿公”，已不通矣，然猶曰官府文移有此例也；於德保公删去保字而稱“德定圃公”，則又求爲不通而不得矣。德保爲名而定圃爲字，截其名上一字而連字爲稱，是買臣字翁子，可稱“買翁子公”，相如字長卿，可稱“相長卿公”，有是理乎？且稱名不拘，莫如《左氏傳》例，忽名忽字，忽稱采邑，忽稱謚號，可爲變矣。要皆因事成文，未有割裂名字，混合爲一者也。魯有公孫歸父，當時以歸父著稱，猶滿洲名也，其字子家，不聞可以稱“歸子家”也；鄭有罕氏嬰齊，當時以嬰齊著稱，猶滿洲名也，其字子蟜，不聞可以稱“嬰子蟜”也。古今無此語，文章無此理，請改者不知何心，爲之改者亦不知何意！“天之蒼蒼，其正色邪！其視下也，亦若是則已矣”。余恐後人不察而猥以嗤文定也。

按滿洲、蒙古有姓無氏，其著籍僅以名行，官府文書，不得已而取名之首字以代姓矣。而詢之旗籍，凡家規譜例，其名首一字，子孫未嘗不避諱也。此人於阿楊阿公删去“楊阿“二字而稱“阿公”，於德保公删去“保”字而稱“德定圃公”，固屬庸妄無知，然其意則欲避人之名諱耳。不知即“阿”字“德”字，已犯其諱，不必更連下文始謂之犯，蓋由不明事理，又不知滿洲、蒙古之家規譜例也。而傳記行文，實有難者，雖元人爲蒙古、色目文字，亦未足盡其變也。如阿楊阿公、德保公，固傳誌文字傳信不當諱矣。誌文尚有故大學士英廉公語，此人改爲“英文肅公”，其截用諱首一字，固不通矣；但公孤大臣，已有易名之典，而臨文仍斥其名，於理亦有不安。文肅公本馮姓，則於書謚不稱名者，或可著其姓而綴謚號歟！乃滿洲大臣亦閒有著姓者，如棟鄂氏稱鄂，高佳氏稱高，傅察氏稱傅之類，則於三合四合之姓，或舉其著稱之一二字以入文，亦可行歟！又金石傳記之外，如序跋小文，札牘短語，例不必書名又不必特書姓氏者，莊重書之，既非其體，禿書其字，又恐人之難知，行文斟酌輕重，權宜爲之，固無不可；著爲一定之法以範後人，殊不易易。蓋我輩爲之如是其反覆周詳，不敢苟也，彼不問是非，妄加塗竄，全無心肝者哉！

古人二名不偏諱，顏氏《匡謬正俗》，謂世俗二名止稱一字者爲非，皆謂命名二字，連而不可斷也。然介之推即介推也，孟之反即反也，王羲之之子實名獻之。蓋之以之類，虛字成文；子甫之屬，丈夫通號，則又不盡拘於合字成文之例也。旗籍人名有阿某者，阿爲發語之音；有某某阿者，阿爲收語之音，似與之推、之反、羲之、獻之一例，則阿字在名首者，或可不爲諱歟？又兄弟聯名，有同上一字者，有同下一字者。其同上一字者，或可斷文以稱，略視古人之命氏歟？然《大潢玉牒》，雍正年閒親王名上一字同御名者，至乾隆年則謹避廟諱，是則臣庶之家，子孫諱其祖父上下二字，不容有所擇矣。故行文之遇滿洲、蒙古，其文關史法者，必聯書其名，而不可斷其名首一字以代姓氏；其尋常筆録，則書其字而注其名以備考可爾。至於鄂公、高公、傅公之類，本爲其姓，雖用漢人之例，無不可也。

朱先生墓誌書後

余爲《〈鄭學齋記〉書後》，極言墨守之弊，或舉《朱先生誌》有云“名物象數，訓詁文字，並主漢人之學”，謂是心不滿於先生，於此有微辭焉。此則拘文牽義，難以語於通方者矣。先生學問文章，《誌》語頗得其要，不敢溢美，不敢歉量，固無隱無犯之大義也。若謂主漢人學即與墨守同譏，不知先生爲文章家言，經傳訓詁取足疏證，立言宗旨，與專門治經，師授淵源，一字不容假借者，義不同科。《誌》文又云“漢人不能無失，近古得之者多”，此見先生善所因矣。

近世學者不知文章自有其體，而偏重學問，因見文章稱述，小與舊説異同，即譁然紛争，如見所怪。不知巫醫可以證《易》，貧富可以通《詩》，聖人稱述六藝，本無一成之例。苟稍滯焉，則《北山》至於臣父，《雲漢》可以無民，觸處皆窒礙矣。今之攻小學者，以爲六書不明，則言語尚不可通，況乎義理！然韓子曰：“凡爲文辭，宜略識字。”略識云者，未如今之輾轉攻取，畢生莫能殫也。以其畢生莫殫，故終其身而無可屬辭之日，然不應妨他人之屬辭也。韓子立言，如《五原》《禹問》諸篇，昔人謂與孟、揚相表裏者，其中仁義道德諸名，修齊治平諸目，不知於六書音畫有何隱奥未宣究也！讀《易》而知寡過，讀《書》而得知人安民，讀《詩》而知好善惡惡，讀《春秋》而論其謹嚴名分，不待窮《説文》之偏旁，辨《廣韻》之音釋，與夫諸子之紛紛攻辨，而六經大義，昭如日月，雖使許慎復生，康成再出，卒莫能有加重於此也。

夫專門絶學，自可寶貴，立言之士，擇其善而從之，所謂爲高因邱陵也。必强天下之人皆作邱陵，則亭臺樓觀，將以因高而爲之者，又當責之何人耶？偏心自是，於義不可通矣。夫自大視細者不入，自細視大者不盡，交相非而未有能定，是以貴通人之識也。

説文字原課本書後

六書小學，古人童蒙所業，原非奇異。世遠失傳，非專門名家，具兼人之資，竭畢生之力，莫由得其統貫。然猶此糾彼議，不能畫一，後進之士，將何所適從乎？或曰：聯文而後成辭，屬辭而後著義，六書不明，五經不可得而誦也。然則數千年來，諸儒尚無定論，數千年人不得誦五經乎？故生當古學失傳之後，六書七音，天性自有所長，則當以專門爲業；否則粗通大義而不鑿，轉可不甚謬乎古人，而五經顯指，未嘗遂雲霾而日食也。

周君之刻《説文字原》，蓋欲初學粗明大義，而其説至紛紛而不可撩者，則未嘗以染指也。左右楷釋，則其弟穉圭侍講所爲，而右方篆書，則用釋夢英之石刻，而《跋》云"陳竹厂氏爲之"，蓋初欲陳君爲之，而陳君病嬾，遂取英本付刻，而跋語未及改也。有鄉曲儇子與竹厂忤者，譁曰："此篆不合許氏！"因痛詆竹厂自誤誤人，如訟不得直，掩得仇家陰事然者，勢洶洶且未有已。余意周君此刻，本爲童子塾課，非著述也，即有得失，亦無足議。然彼所謂不合許氏，必有見於許氏云何，是亦不可以不察也。

高郵王懷祖氏深於小學，因遂質焉。懷祖曰："此篆無甚不合。彼所謂不合者，乃不合於汲古閣毛氏刻本耳，非别有許氏真傳，不相合也。毛刻在今固稱佳本，但亦有不合。此與英本相較，字畫小異而義各無傷者，固可弗計。即有違異，亦互有長短，未見此劣而彼優也。"余曰："近日考訂之學，正患不求其義，而執形迹之末，銖黍較量，小有同異，即囂然紛争，而不知古人之真不在是也。文字有畫以著義，猶笙簫自孔以出聲也。笙簫之孔，苟於鐘律無訛，自能和聲以入樂，而漆色之淺深，畫文之疏密不與焉。鐘律苟不取諧，但求畫文漆色，雖同大舜之《簫韶》，無能協也。今之自命爲考訂而好争無益之名數者，率皆不知鐘律而侈言漆色畫文者也。"

鄭學齋記書後

戴東原云："鄭學微，而始以鄭氏名學。"其説洵然。時文興，而文辭始有古文之名，同一理也。戴君説經不盡主鄭氏説，而其《與任幼植書》，則戒以輕畔康成，人皆疑之，不知其皆是也。大約學者於古未能深究其所以然，必當墨守師説。及其學之既成，會通於羣經與諸儒治經之言，而有以灼見前人之説之不可以據，於是始得古人大體，而進窺天地之純。故學於鄭而不敢盡由於鄭，乃謹嚴之至，好古之至，非蔑古也。乃世之學者，喜言墨守，墨守固專家之習業，然以墨守爲至詣，則害於道矣。昔人謂"寧道周、孔誤，勿言馬、鄭非"，墨守之弊，必至乎此。墨守而愚，猶可言也；墨守而黠，不可言矣。愚者循名記數，不敢稍失，猶可諒其愚也；黠者不復需學，但襲成説，以謂吾有所受者也。

蓋折衷諸儒，鄭所得者十常七八。黠者既名鄭學，即不勞施爲，常安坐而得十之七八也。夫安坐而得十之七八，不如自求心得者之什一二矣，而猶自矜其七八，故曰德之賊也。惟墨守者流，非愚則黠，於是有志之士，以謂學當求其是，不可泥於古所云矣。

夫是者，天下之公允也；然不求於古而惟心所安，則人各有心，略相似也；是堯、舜而非桀、紂，亦咸所喻也。依傍名義，采取前言，折中過與不及，參以三占從二，人皆可與知能，因而自信於心，以謂學即在是，則六經束高閣，而五尺之童皆可抵掌而談學術矣。任氏鋭思好學，非荒經蔑古者也；然未能深有得於古人而遽疑鄭學，此戴君之所以深懼也，故又以爲戒耳。然墨守之愚及墨守之黠，與夫愚心自是而不爲墨守者，各執似是之非以詰戴君，戴若將反無辭以解。故曰："非好學深思，心知其意，難爲淺見寡聞者道也。"

讀史通

凡有推獎於人，不難屈己；凡欲求知於人，不嫌炫己；人之情也。有所爲而言之，不必遽爲定論，聖人所不免也。而炫己者人情所易，故聞者不甚取平；屈己者人情所難，故聞者多據爲實；而不知其不盡然也。世傳沈休文與齊明帝賭徵栗典，故少三事；退爲後言，以明己之出於故讓，是非不好勝者也。其著《宋書》，雖不敢希蹤班、馬，而文辭典雅，頗具別裁，抑亦范氏之亞匹也。史稱裴子野删《宋書》爲《宋略》三十卷，約見之，歎曰："吾不如也。"《史通》因飾之曰："由是言宋史者，以裴《略》爲上，沈《書》次之。"此豈情理之言哉！

裴《略》今已不傳，前人録入編年部次，是荀悦《漢紀》、袁宏《後漢紀》之屬也。是與紀傳之史，絶不相蒙，前史謂删約《書》，固已謬矣。荀氏之《紀》，不盡出於班《書》；袁氏之《紀》，不盡由於一史；假而易編年於紀傳，而止憑一書，删繁就簡，乃荒陋者所爲，通人不出此也，裴氏之書未必至是，而史顧侈爲美談，何其陋歟！約之歎服，大抵取其翦裁簡當，至謂己所不如，不過一時推獎之辭，且亦明知己之撰述足以流傳，不致爲所掩也，故不妨爲假藉；而史氏録之，則未察其本矣。劉氏斟酌羣言，揚推史品，自宜知所别擇，乃又從而實之曰："由是言宋史者，以裴《略》爲上，沈《書》次之。"後人不見裴書，而因劉氏之言，以謂裴《略》實勝沈《書》，有定品矣。姑無論子野史筆文才，未聞可駕休文而上，正使其書不愧荀、袁，亦與馬、班諸書風馬牛之不相及也。

劉氏《二體》之篇，明言班、荀二家缺一不可，未聞言漢事者，以荀《紀》爲上，班《書》次之；言東漢之史，以袁《紀》爲上，范《書》次之。何則？短長優絀，必以其類相形；體制各不相蒙，短長何自見哉！三家之《易》，四氏之《詩》，治經之門户也。施、孟當與梁邱相衡，齊、魯必與韓、毛爲比，則其理也。今云施氏之《易》勝於韓氏之《詩》，轅固之《詩》優於梁邱之《易》，豈復成評論乎？而人乃習而不察，則以沈氏有自歎不如之説，而不知一時推獎之言，不足爲定論也。

吾嘗見有少年學子，所業殊不足以加人，而前輩負物望者，過爲推獎，至謂己所不如。其人憪然自喜，鄉曲之無知者篤信不疑，以謂彼固自謂不如者耳。而其人初無他長，惟有黯默寡言，人見之者以謂口深藏而不露者也，畏之愈甚；不知是黔驢之未踶者也。他日或有撰著，必不足以傳世，後人聞其撰著部目，而惜其書亡，安知不如世人之惜裴《略》，度其必勝於沈《書》邪！昔人謂刼火之後，書之傳者有幸，而不知書之未必盡佳，而不傳之幸固勝傳者之遠絶也。裴《略》未必盡屬虚名；吾慨世人以耳爲目，而不察端末者之衆也，故推言及此云。

駁孫何碑解

凡爲文辭，必則古昔，得其意而已矣。古人法度，有必不可違者，有界在可否閒者，亦有必不可行者，不可不辨也。必不可違者而違之，是謂悖矣；必不可行者而行之，是謂愚矣。愚之與悖，稍通於文字者皆知免矣。惟界在可否閒者，其中又有輕重之别，雖無一定科律，而作者選言，不能不決出於一途，則權衡事理，務於至當，如韓退之之所謂無難無易，惟其是而已矣。

唐末五季，文章破碎，遣辭命字，使人不辨作何許語，文運之末厄也。歐陽摧陷擴清之烈，比於唐之韓公，其溯宋初爲古文者，始於尹氏。余觀孫氏何文，亦良有意乎追古作者，感慨末俗流訛，不得古人立言之法，雖其力未必遽逮，而趨向近正，抑亦歐、曾之前驅也。然其推論文章義例，尚有界在可否，而權衡輕重之閒未得其至當者，則爲進士鮑源所作《碑解》是也。何之言曰："碑非文章之名，後人假以載其銘耳；銘不能盡，前之以序，而編録者通謂之文，失矣！陸機曰'碑披文而相質'，則本末無據焉。"且以盤盂几杖有銘，不可稱其文爲盤盂几杖，例碑銘之不可稱碑。又考古之碑制，乃葬祭饗聘之際所植一大木，與後世勒銘及刻石制度有異。反覆辨達，尤以正名爲言順之要，是何之論篤矣。

雖然，古人文字，初無定體，假借爲名，亦有其倫。劉彦和曰："秦并七王，而戰國有《策》，録而弗叙，故即簡而名。"然則策乃竹木之屬，載書於上，亦非文章名也。而朝廷策書，科舉策對，莫不因是立名，與碑豈異指乎？羽檄露板，皆簡書制度，亦非文章名也。文人撰著，不聞别器與文，異其稱謂，又何執於碑乎？樂府，漢官名也，其名歌辭，乃來被音律之詩耳。然自蕭梁以來，選詩之例，必於詩外别出樂府，即以官名爲詩定體。是殆較碑爲尤甚矣，何必正彼而顧沾沾責此，是亦知一十而不知二五者矣。且何言後世石刻已非麗牲繞綍之舊，此正見後世刻石爲文，原非古人植木鑿竅之用，名之爲碑，不過借形似而命之名矣。制度既不相蒙，則即碑紀事，雖謂與古毫不相涉可也。況朝廷有制，品官有秩，趺首有式，撰述有例，東京以還，制度久已别爲一物，文家又已自爲一體，稱器而文可共知，無疑義也。於斯必欲斤斤而較其是器非文，且欲正其植木之制，則策書檄板樂府之屬，亦當一一追正其名，追改其制，不亦繁且擾乎！孔子謂純儉則從衆；拜下，泰也，雖違衆，吾從下。然則文章典制，名實異名，有推移於不知其然而然，而於事理無所隔閡，〔4〕君子固不欲戛戛與世争也。

駁張符驤論文

符驤《答陳大始書》云："足下議驤傳士誠，不當連稱'我'字。驤前書歷引《魯》《吴》七國之嘗稱'我'者以解足下之惑，足下以爲史遷仍列國舊史，未盡削去也，此語何所受之耶？足下言：'《項羽本紀》未嘗我項羽，《陳涉世家》未嘗我陳涉，足下知之乎？'史公之不得我項羽，猶今日之不得我明代也。項羽之不得没其紀者，史家是非之公；項羽之不必概爲‘我'者，史臣向背之私也。故史公不敢我項羽，等而下之，明代即不敢我士誠，今日即不敢我明代，而於士誠轉無忌也。”

史遷於世家、年表，各隨本國稱“我”，其爲誤仍本史原文，失於改易，理甚明顯。符驤生於今世，並無張吴舊史可承，而竟稱士誠爲“我”，則是出自心裁，其胸次是何主見，莫可詰矣。遇人指摘，謝過而改正焉可也；乃引《史記》誤文以爲强解，已屬謬戾。及陳氏指明《史記》失删本史原文，則亦兒童可喻之理；如《左傳》當陳桓公在時即稱之爲桓公，當田恒未死之時即歌稱爲陳成子，此類甚多，觀書自曉，何必有所受之，而符驤乃折以此語之何所受耶！陳氏又云：“《項羽本紀》未嘗我項羽，《陳涉世家》未嘗我陳涉。”駁辭亦可爲允矣。符驤乃云：“史公不得我項羽，猶今日不得我明代。史公不得我項羽，明代不敢我士誠，今日不敢我明代，而於士誠轉無忌也。”直是全不通於文理，邪辭離而遁辭窮矣。據其意，惟勝國稱“我”爲嫌，隔代不妨稱“我”，則《史記》於五帝、三王之紀，皆可稱“我”矣，試問《史記》有此例否邪？三十世家，惟春秋戰國諸侯各有國史可以致誤襲者，《史記》襲文稱“我”，其餘如《孔子》《外戚》及《蕭何》《張良》諸篇，同一世家而無舊史原文可致誤者，《史記》果否通稱我邪？即此觀之，《史記》之稱我者，出於馬遷之筆誤，而非其心裁，有明驗矣。且《史記》所撰世家，如春秋戰國，本古諸侯開國承家，其國自有國史。國史稱“我”，故亦從而“我”之，雖誤而猶有解於致誤之由。

又一書之中，並載列國世家，亦有互相賓主之意，故我其本國以對他國，雖不可爲正理，猶有非禮之禮可解釋也。符驤自以己意作《士誠傳》邪？抑修《明史》作《士誠傳》邪？自以己意，直悖亂矣；即修《明史》，亦必有《明史》通例，非出一手，他人有此稱謂否邪？士誠草茅崛起，非有開國承家如古諸侯事迹，當編列傳而不可爲世家；若夫列傳之文，《史記》從無稱“我”之例。《項羽本紀》《陳涉世家》，項不帝而爲紀，陳非侯而世家，前人久已議之，非符驤所知矣。然二篇不稱“我”者，非史遷有所避而不敢我，蓋不成國而未有史，無舊文之可爲沿習，雖爲本紀世家，實與列傳無别者也。然則符驤以《士誠》比之《吴》《魯》諸篇，可謂胸中有倫類邪？況文無難易，惟其是爾。史遷之例，即使出於心裁，亦有後世不可行者。義帝不著本紀而項羽作紀；秦自莊襄以上列在諸侯而作《秦紀》；后妃不稱“后妃”而標“外戚”，此皆灼然。名實不正，雖出史遷心裁，後人亦可遵行否邪？至所云“史家是非之公”，“史臣向背之私”，尤可怪矣！符驤之於張士誠，何所用其私向？私向在張士誠，私背又何人耶？“我”者，對人之稱；身不立乎其朝，“我”字從何位置？君臣大義，猶夫婦大倫也；婦人謂嫁曰歸，夫家即其家矣。如符驤言，則婦人於歸之後，惟於其夫有仇隙者，避嫌不敢稱“我”，但於其夫無所仇隙，雖張王李趙，不知誰何之人，不妨皆稱爲“我家”邪？

評沈梅村古文

同年友梅村沈君，名赤然，錢塘人。雜鈔前後所著古文詞爲一卷示余，辱問可否。君志潔才清，識趣古雅，所撰皆直舒膺臆，無枝辭飾句，讀其書，可想見其爲人。至於文字利病，則有可以言者。大約書翰辭命，多貧賤故交，攄情言志，又早處窮困，倦於游涉而意氣不挫，叙述窮況，無憔悴不聊景象，亦無干謁乞憐意態，與人開誠以達，不爲矯辭客氣，此所長也。惟是辭命之文，本於風人遺旨，朱子注《論語》“誦詩專對”之義，則曰“詩本性情，長於諷諭”，蓋陳情述悃，貴乎温厚和平，故曰“不學詩，無以言”。春秋交聘致辭，戰國縱横馳説，行人之官，本於學《詩》能言，而後能喻難達之情，能動有心之聽，皆此具也。書翰解此，則命意深厚，出辭温雅，往復之勝，較之矢臆陳辭，又長一格矣。

記序之文，因事命篇，理趣自足。然記山水游宴，形容景物，要使文不入靡，琢不傷樸，大則班氏志地，小則酈氏注水，皆當觀法，最忌辭賦藻麗，駢體工巧，字句破壞古文法度。夫古文之與辭賦，道不同謀，惟山川景物，刻畫追摩，流連光景，宛與辭賦相近，而其中實有毫釐千里之分，不可不辨。譬之犀玉珠貝，工人用飾器物，欲其光華；醫師用和方劑，僅取質性。夫飾器珠玉，爲人玩弄，久漓真性；取配藥餌，不如蚌胎璞結者良，理甚曉然，是一物而爲用不同。文辭字句所施，何以異此！序論近人文字，揄揚工拙，掎摭利病，忌用無根浮語，漫爲贊賞，有累文體，不合古法。先要推勘作者之旨，折衷道要；次則裁量法度，斟劑規制，使人有律可循，乃爲論人準則。即或侔色揣稱，研鈞練律，亦當推尋匠巧，紬繹文理，如老伶審曲，良估評賈，是非可否，必有精理要言，可資啟悟，若摯虞《流別》、劉勰《文心》、鍾嶸《詩品》，斯爲美也。

世俗喜諛，末學忘本，不解文字理趣，猥用精奇神妙、典麗清新等語，蕪雜填湊，文有市氣，豈可入於古文！是則不可不别擇也。傳述文字，全是史裁，法度謹嚴，乃本《春秋》家學。官名地名，必遵現行制度，不可混用古稱，使後世無可考證，亦不可襲用易字省字陋習，均於事理有礙，前人久已言之。或舉唐宋大家，如韓、歐陽氏間有襲用不察之處，以謂可法而强解者；又有虛作議論不妨假借，實叙事迹乃必謹嚴之語，以爲調停。不知唐宋大家，猥承六朝駢麗浮辭之後，摧陷廓清之烈，誠不可誣，而語失檢點，仍蹈前人餘弊之處，亦所不免，不特如方苞氏所舉韓子《滕王閣記》《女挐壙誌》諸篇，以刑部侍郎爲少秋官，以潮州爲揭陽而已也。是正古人之病，豈可引以爲法，又豈可强作解說，爲古人所愚哉！即如二名不可偏舉一字，古人二名不偏諱者，正以省去一字，不得即爲其人之名故也。顔氏《匡謬》謂："延壽稱壽，相如稱如，猶與命名之義無礙，若棄疾稱疾，不害稱害，無忌稱忌，則與命名之義且大背矣。"是則唐人已明戒之。而韓氏《平淮西碑》光顔稱顔，公武稱武；《張中丞傳後叙》忽曰南霽雲，忽曰霽雲，又忽曰雲；

亦豈可因韓氏文而即爲善歟！又如叙事紀年，古人必書當代年號，近代苟圖簡便，往往以甲子干支代紀年歲。夫甲子干支，古人用以紀日，未嘗用以紀年，顧炎武氏辨之甚嚴。第《爾雅》既有太歲在甲在子之文，則義理已有可通，苟於情事無礙，何必拘拘於閼逢困敦之古稱耶！然但書甲子而不著年號，則康熙二十三年甲子與乾隆九年甲子，何所辨歟？又有但書年號甲子而不詳歲次，則康熙壬寅，不知元年壬寅與六十一年壬寅，豈不於事有所妨歟！今爲折中之法，則首書壬寅，必著康熙元年，其癸卯甲辰而下，但紀甲子，可以推求而得，從簡可也。至於雍正癸卯，又必重著元年，甲辰乙巳而下，亦以甲子省文推求可得，從簡可也。凡此雖非古人之法，但求事理可通，抑亦可以爲其次矣。

前輩論文，欲矯時弊，動言法古，則誠然矣。然必須有"儉則從衆，泰則違衆"之意，乃可與言法古，否則有心矯異，即非學者所宜。又有古人已疏而今宜稍密者，書日甲子是也。《春秋》三傳之文所書甲子，今已不辨上中下旬。杜氏《春秋長曆》，毋論先儒謂其多誤，且亦安所盡得通曉曆法之人而讀吾文哉！是宜略仿《尚書》，謹志晦朔。古文以日紀事，亦不常用，然有必須紀日之處，則不可以不知者矣。至於古文之要，不外清真。清則氣不雜也，真則理無支也，理附氣而辭以達之，辭不潔而氣先受其病矣。辭何至於不潔？蓋文各有體，《六經》亦莫不然，故《詩》語不可以入《書》，《易》言不可以附《禮》，雖以聖人之言，措非其所，即不潔矣。辭不潔則氣不清矣。後世之文，則辭賦綺言，不可以入紀傳，而受此弊者，乃紛紛未有已也。如故鄉自可曰父母之邦，而或以桑梓綺語代之，不知桑梓本爲二木名也；伯仲自可曰昆弟，而或以塤篪綺語代之，不知塤篪二樂器也。充此而論，詞人綺語橫入古文，背義害理者，蓋不少矣。太史遷《伯夷列傳》有云："伯夷、叔齊雖賢，得夫子而名益彰；顔淵雖篤學，附驥尾而行益顯。"夫驥乃馬名，而尾乃馬體，以此而代先聖門墻，得毋不潔不清之尤者歟！又云："非附青雲之士，烏能施於後世！"夫青雲在天，修士則亦人耳，如曰置身若在青雲之上，明作此喻可也，直以青雲稱士，是亦賢者好奇之過也。雖然，百三十篇有此累者，僅一見耳，其他固絶無之，此其所以不害爲尺璧之微瑕耳。或爲之解，非也；或又從而效之，謬也。韓子曰："文無難易，惟其是耳。"學者動言師古，而抑知古人亦有不可法者，後人亦有不可廢者。體裁義例，規矩法律，古人小有出入，不妨於寬，而今則實有不得不嚴之勢。非貴古而賤今也，古人無意於文，口耳授受，竹帛著辭，皆出於不得已，其閒往往有可意會而不可以言傳者，未可悉裁以後世之法，左氏稱人名、氏、字、謚、爵、封邑，全無定例，斷不可學。道固然也。後人不知其意，徒競其文，苟不繩之以法，則滔滔横決，且氾濫而無所歸也。

夫河自積石而上，縱横分合，出没隱顯，未有過而理焉者也。龍門、底柱之閒，則造梁通道，鑿渠溉田，用法簡而獲利多也。至於淮泗、洪澤之閒，逆河入海之際，洪濤迅流，悍厲非常，風雨蛟龍，變患不測，非方舟不能濟涉，非重隄不能固流，非閘壩不能蓄洩，苟爲不然，則城郭、官廨、村田、廬墓，不可一日得寧居也。六朝駢麗，唐宋小説，以及語録俚言，應酬游語，皆古文之淮海也，此則不可不知所隄防也。至於雜著短篇，説鈴小品，莊周《寓言》，韓非《儲説》，所爲即小喻大，言近指遠，意至善也。然而莊周稠適上遂，韓非引切繩墨，所言無大小，意各有所爲也。唐人小品雜説，取其新穎可喜，求其宗旨，或亦靡矣。就其善者，韓子而外，元氏次山，柳氏子厚，庶幾近之，餘則不免俳諧嘲弄，不可登大雅之堂矣。故聰明不可妄用，才氣不可妄馳。古之作者，不患文字之不工，而患文字之徒工而無益於世教；不患學問之不富，而患學問之徒富而無得於身心。《易》曰："言有物而行有恒。"又曰："修辭立其誠。"所謂物與誠者，本於人心之所不容己，仁者見仁，知者見知，要於實有其所見，故其所言自成仁知而不誣，不必遽責聖賢道德之極至，始謂修辭之誠也。

蓋人各有能有不能，與其飾言而道中庸，不若偏舉而談狂猖，此言貴誠不尚飾也。文士懷才，譬若勇夫握利兵焉，弓矯矢直，洞堅貫札，洵可爲利器矣；或用之以爲盜，或用之以禦盜，未可知也，此則又存乎心術矣。

評周永清書其婦孫孺人事

此篇情真，文亦切至。篇首“亥時”二字，不如易以“人定”。甲子乙丑，古人取以紀日，不以紀年。今則紀年，且以紀十二時刻，時憲之書已有其文，用之亦自無傷。但古文辭用以紀年者多，紀時刻者尚不甚見，不如夜半爲子，雞鳴爲丑，以至黄昏爲戌，人定爲亥，凡十二時刻，俱有定名，見於孔仲達《左傳正義》，較爲古雅。文有本無成法，作者自以其意斟酌，於宜古宜今，擇其善者從之，此類是也。“乙科”二字，不可以稱鄉舉，蓋其名目見於漢制，賢良孝秀，分第甲乙諸科，擬於今制，則乙科即今之二甲進士也。以進士爲甲榜，舉人爲乙榜，乃流俗承襲之訛，不可以入古文，此等字句，雖平日講求文律者亦多不察，然亦不容忽也。又爲婦人作傳記，庶出子女，宜有分别，此則不必拘古，情理自當然耳。其餘小有推敲，則不關法度，要以意善體會，久久將自得之。漢人云：“文章爾雅，訓辭深厚。”深厚存乎所爲辭矣，文章稱其爾雅，則近正之謂也。近正也者，猶俗語云官常説話，不似鄉曲土音難共喻耳。

古人修辭，非爲觀美，謂必如是，始可行遠而傳久也。故名理以峻潔著之，莊言以凝重敦之，和氣以温潤含之，厲辭以嚴肅薦之，隱懷以宛約寓之，深情以往復生之，所謂順其勢而導之也。醒昏昧以警闢，靖躁遽以舂容，洗荒穢以清遒，收疏蕪以縝密，拓湫隘以雄健，還破碎以渾璞，挽頹靡以卓犖，摧庸腐以精堅，所謂反其病而藥之也。斷續若剌繆，錯綜類複沓，微文似迂闊，牽連如不倫，此則能事已極，反將如不能也。要其所歸，變化擬於《易》象，從容得於《詩》興，《書》意疏通，《禮》文繁密，《春秋》得其懼志，左氏獵其腴情，折衷羣言，運以寸心微妙，當其命辭遣意，如孫吴名將，將百萬之師，變化縱横，幾於鬼神造化，此境我輩蓋心知之，而特愧其不能至耳。

墓銘辨例

涉世之文，不比杜門著述，師古而不戾於今，協時而不徇於俗，斯庶幾矣。墓有誌銘，前人謂始宋顔延之。潘濟南遠引西漢滕公，或又引《莊子》衛靈公石槨之銘，其實《禮經》銘旌之制已肇其端。“誌”古作“志”，亦見《檀弓》。古人一字一言，皆可稱銘稱誌，文多文少，亦無定格。誌亦銘也，銘亦誌也，銘則取其可名，誌則取其可識，如是而已。自西京以還，文漸繁富，銘金刻石多取韻言，往往有序文銘頌，通體用韻，前後皆一例者，古人不過取其易於誦識，無他義也。六朝駢麗，爲人誌銘，鋪排郡望，藻飾官階，殆於以人爲賦，更無質實之意。是以韓、柳諸公，力追《史》《漢》叙事，開闢蓁蕪，其事本爲變古，而光昌博大，轉爲後世宗師，文家稱爲韓碑杜律，良有以也。但韓、柳之文，舉世所宗，而彼所取裁，則非末學所喻。《淮西》《南海》諸碑，户誦家絃，而不知經史異本；柳州《孝門》之銘，録奏爲序，乃《西嶽華廟》及《孔廟卒史》諸碑之遺；本屬漢人常例，而宋人一見蘇氏《表忠觀碑》，即鶻突不得其解，末學拘繩，少見多怪，從古然矣。今於諸家文字，變化錯綜，難於備舉，即如世人知有韓文，世人於韓文中又知推其碑誌。姑就韓文碑誌而論，如盧殷、李楚金之墓，則有誌無銘；盧渾、胡允明之墓，則有銘無誌；張圓之墓，即稱散文之誌爲銘；彼蓋心識古人源流，隨時通其變化，未聞當日子孫以爲歉闕，觀者以爲疵議也。今爲張松坪編修撰墓誌銘，所謂涉世之文，自當相體以裁衣矣。刊送事實具在，可叙之事無多，而巨册大書，鋪張前後，不過酒食燕會之簿録，風雲月露之詩題。駢體賦人，成篇自易，如欲清真結撰，摩寫傳真，自當簡削其辭，擬於伐毛洗髓，隱括要節，謀兹短篇，庶知文者以謂曲折無盡；此竹數尺而有千尋之勢，文短而神味長也。譬之釀酒，少糧則減水而醅醲始發，理易明也。至於閒情逸韻，補入銘辭。銘者，詩騷之流，長言咏歎，正爲短誌傳神，所謂繁簡各有當也。乃論者以爲誌短銘長，不合體式，不知論者以如何爲文體式也？韓公作《劉統軍碑》，誌不滿二百言，銘辭四百七十餘言，不聞劉統軍人品減色，韓昌黎文失體裁。且此亦不始於韓，上自漢魏，下訖宋元，殆於更仆難數，不知論者曾見否也？即如張司寇爲《給諫公誌》，則誌長而銘短矣。給諫事實雖不盡詳，張公誌文亦自雅飭。但如粥廠監散，考童審音，乃科道尋常職事，又無他故，而鋪叙入文以爲稱頌，則幾於呵殿排衙，升堂畫諾，皆可稱功。此實情理可推，非後生之妄議前輩也。必欲效之以爲長篇，何難之有！恐真有識者不謂然耳。古云，鳧不可續，鶴不可斷。文章自有體裁，非深知者不可輕議。蓋師古原未嘗戾今，協時實不敢徇俗，或者少見而多怪，則亦無從曲避之也。

或問墓銘之例，誌如史傳，銘如史贊，可乎？史贊之文不可加長於傳，而銘或加長於誌，可乎？答曰：史贊不得加長於傳，正也，如《伯夷》《屈原》諸篇，叙議兼行，則傳贊亦難畫矣，然其變也。至於墓銘，不可與史傳例也。銘金勒石，古人多用韻言，取便誦識，義亦近於咏歎，本辭章之流也。韓、柳、歐陽惡其蕪穢，而以史傳叙事之法誌於前，簡括其辭以爲韻語綴於後，本屬變體。兩漢碑刻，六朝銘誌，本不如是。然其意實勝前人，故近人多師法之，隱然同傳記文矣。至於本體實自辭章，不容混也。古人"誌""銘"二字，本不甚分，今以後世之例分之，則"誌"爲序而"銘"乃其正文，非若史傳以傳爲主而贊則其餘文也。今人不解此意，但其流傳書款，尚有可推論者。如文士集中爲人作傳而有論贊者，其"論曰""贊曰"字樣，必冠論贊正文之上而不附於傳末，所以明傳爲正文而論贊别自爲文附於後也。其爲人作誌銘者，"銘曰"二字不冠於首，必附誌文之末，而銘辭則特起書之，所以明銘爲正文，而誌不過爲銘作緣起之義也。故銘長而誌短，或銘誌長短相仿，體之正也，漢碑之舊法也。散體古文，詳書事實，而一二韻言作結者，體之變也，唐宋以後之别裁也。文人意之所往，大體苟得，其餘詳略短長，惟其所宜，要於一是而已。即如韻語之道，本通於詩，詩有序長而詩短，詩長而序短，或詩與序適相均者，自三百篇以迄於今，何可勝舉也哉！夫銘金勒石，難言之矣。具史之才，酌經之旨，比象本《易》，載言本《書》，咏歎本《詩》，制度本《禮》，筆削本之《春秋》，其閒如何宜古宜今？如何稱情準法？嫌介疑似之閒，往往一字聱牙，不免踟躕搔首，蓋戛戛乎其難之！摯虞、劉勰之品騭，陸機、李充之議擬，六朝如何而猥濫？唐宋如何而更張？潘昂霄之纂例，盧疏齋之宗旨，孰是孰非？王止仲之墨守，王伯厚之指南，孰通孰執？近世顧寧人之糾摘，黄梨洲之補苴，孰爲通達可行？孰爲偏拘未化？凡如此類，皆有淵源流别，講習正須專門名家，深願有識之士，不憚推敲而正定之。至於舍其文理，而以字數多寡爲言，不待辭終而聞者胡盧絶倒矣。

魏文《典論》曰："奏議宜雅，書論宜理，銘誄尚實，詩賦欲麗。"然則誌銘與哀誄同科，韻文又兼韻叙，見於《文選》，亦一班也。《文選》墓誌一篇，全體韻文而不稱銘，豈此等尚未見耶？

夫相馬以神駿氣骨，不問肥瘦；古鼎辨款識色澤，不計銅斤，人皆知之矣。今之論文，有異乎是。據酒食宴會之帳記，裁而爲曲折隱秀之高文，比擬於升堂畫卯之堂簿，以爲誌銘，自覺相去不可道里計矣。其中經營爐錘，具有苦心，而一切皆置不論，但以誌銘字數較量多寡爲言，是相馬而存屠沽賣肉之心，鑒鼎而用市販秤銅之見。然則彼之所謂名篇雋筆，可懸想而知矣，噫！

通説爲邱君題南樂官舍

丙戌丁亥之交，與饒平邱君向闇同游太學，又同學文章於大興朱先生竹君。君工爲制舉文，一時門下攻藝業者凡數十輩，莫不斐然可觀，及言能事，雅推君最擅。戊子，君舉順天解試，又與君同受知於江寧秦先生憒之，前後閲四五年，出處多合而知心最深。已而君出爲南樂知縣，不煩而治，所設施多書室舊聞。辛丑中夏，余自河南返轍都門，便道訪君，留連數晨夕，爲溯舊事，猶指顧閒爾。君曰："我薄宦十年，家無長物，前歲請於使司，貸廉俸五年，歲什之二，用葺官廨。因於廳事之西，仿古畫舫，構軒數楹，爲宴息之所；南北二門四牖，東西鑿方員二竅，延朝夕景陰，暇日獨坐其中，周視軒豁，無隔絯者。因憶朱先生言：'學者讀書求通，當如都市逵路，四通八達，無施不可，非守偏隅一曲，便號通才。'至今有味其言，因篆'通達'二字榜於軒右，庶幾觸目致思，受政不患僿窒矣乎！今將乞記於朱先生，子盍爲疏別其義！"余謂學貴乎思，思肖乎人。人苟善所用，其於古人，旦暮遇之矣。昔者夫子登高，以謂於此致思，無所不至，而顏季、端木所見同，而所思各極其量，此見古人之觀化也。今君以斯室之洞豁而有會於舊聞通達之義，可謂善致思矣。學以是成，政以是通，朱先生之言，又何歉焉！然吾以爲先生言通，蓋擴乎其量而未循乎其本。苟不善究其旨，則高明者馳騖於浩博難罄之數而無所得，中人以下又謂古之人必有天授神詣，非常人所可幾及，而自安固陋，以爲當然，是"四通八達無施不可"之説，適足爲學者患。

孟子曰："堯舜之知，而不遍物；堯舜之仁，不遍愛人。"後之學者，不知用其資之所近而力之能勉，而泛泛焉求堯舜之所不知不能，則求通而騖於其名之過也。古人讀《易》如無《書》，讀《書》如無《詩》，漢初儒者，學守專經，言無旁出，推而及於當世，卓然見其本末，儒效於是見矣。元成而後，學者旁通曲究，不專一家之言，其業可謂富矣。而儒術之顯，乃轉不如漢初，君子又多乎哉！凡人之性，必有所近，必有所偏。偏則不可以言通，古來人官物曲，守一而不可移者，皆是選也。薄其執一而舍其性之所近，徒泛騖以求通，則終無所得矣。惟即性之所近而用力之能勉者，因以推微而知著，會偏而得全，斯古人所以求通之方也。然則學者不患不知通之量，而患無以致通之原。蓋欲自得資深，然後可以取資左右而無絯也。且君居斯軒中，户牖四闢，乃見所謂通達矣；去而之他，斯軒之闢如故，然其中已無居者，又安有通達之可見哉！爲學臨政，亦有所居，君求通達於是，亦求君之所居而已矣。請以是説質朱先生爲何如也！辛丑閏月十四，天晴爽，午暑，有南風微吹，草於畫舫中央。

【校勘記】

〔1〕“詞”，王秉恩認爲應作“字”，因前文有“場屋文字”。

〔2〕“建”，原誤爲“選”，今據《四庫全書總目提要》改。

〔3〕“使”，倉修良《文史通義新編新注》改爲“便”，較切合上下文義。

〔4〕“絯”，倉修良《文史通義新編新注》改爲“閡”，似妥帖。

文史通義卷九　外篇三

報黄大俞先生

古香同年來，拜到家刻，無任感荷！奉讀手示，奬借逾分，愧不敢當。即日履茲炎暑，想長者道心静攝，起居安和，無任遥企！承論近人修志，每事必標出處，以示博洽，乃是類書之體，不關史裁，此誠破的之論。然古人一事必具數家之學，著述與比類兩家，其大要也。班氏撰《漢書》，爲一家著述矣，劉歆、賈護之《漢記》，其比類也；司馬撰《通鑑》，爲一家著述矣，二劉、范氏之《長編》，其比類也；兩家本自相因而不相妨害。拙刻《書教》篇中所謂圓神方智，亦此意也。但爲比類之業者，必知著述之意，而所次比之材，可使著述者出，得所憑藉，有以恣其縱横變化；又必知己之比類與著述者各有淵源，而不可以比類之密而笑著述之或有所疏；比類之整齊而笑著述之有所畸輕畸重，則善矣。蓋著述譬之韓信用兵，而比類譬之蕭何轉餉，二者固缺一而不可；而其人之才，固易地而不可爲良者也。

方志一家，宋元僅有存者，率皆誤爲地理專書，明代文人見解，又多誤作應酬文墨，近代漸務實學，凡修方志，往往侈爲纂類家言。纂類之書，正著述之所取資，豈可有所疵議！而鄙心有不能愜者，則方志纂類諸家，多是不知著述之意，其所排次襞績，仍是地理專門見解。如朱氏《日下舊聞》，書隸都邑之部，故稱博贍；若使著述家出，取以爲《順天府志》，則方鑿圓枘，格格不相入矣。故方志而爲纂類，初非所忌，正忌纂類而以地理專門自畫，不知方志之爲史裁，又不知纂類所以備著述之資，而自以爲極天下之能事。是以雖纂類而仍無可藉，宜長者之致疑於近時風尚也。此非造次可盡，粗陳崖略，長者或不以爲謬耶？又承尊意欲類選本朝文集，此事極佳。然詞章易購，古學爲難。昔《明史》未成，天下才俊争思史館進身，故多爲古文辭；自史館告竣，學者惟知舉子業矣。及三通四庫，前後討論二三十年，而鄉會試程增添詩律，於是擷春華者蔚爲詞章，慕秋實者競爲瑣屑考訂，其成家者固甚可觀，惟古文辭則甚鮮覩，以其無所用也。

昔曹子建自謂辭賦小道，而欲采庶官實録，辨時俗得失，成一家言；韓退之自謂記事提要，纂言鉤玄，而正言其志，則欲求國家遺事，考賢人哲士終始，作唐一經；然則辭章記誦，非古人所專重，而才識之士，必以史學爲歸。爲古文辭而不深於史，即無由溯源六藝而得其宗，此非文士之所知也。今長者欲論次其書，宜先定爲凡例。意有所主，不妨畸重畸輕；例有所專，尤宜戒貪割愛。至於家藏諸集，其已有者，乞賜部目，庶所無者可以多方購緝，如有所遇，必當與同志者共玉其成也。輒因風便，順佈區區，未罄所懷，俟續上，不盡。

報謝文學

披讀大著，具見深功苦心，嘉惠後學不尠，無任欽佩！辱承虚懷下問，不免慚悚！學誠素非專門，凡有筆撰承用文字，臨時略有選擇，或不致甚乖古法，猶未知能免訛舛與否，蓋於本源之地，未嘗專精殫究故也。至於校對字畫，行笈亦無其書，真是無能爲役，愧甚愧甚！然盛意不可以虚，鄙見所及，稍獻芻蕘，以備采擇可耳。如吴刻《四書五經集字》，於經部既未完備，而次序又以四書居前，五經首《易》次《書》，而後《詩》《禮》《春秋》，重文見於前者，後不復録。竊意《集字》雖訓蒙學，然小學爲經術淵源，古今文字承用後先，亦宜稍知次第。

自結繩畫象以來，由質趨文，反復更變，其不可知者則亦已矣。如以經傳而論，則《尚書》文字最古，以“允”爲“誠”，以“亮”爲

"信"；唐虞文字異於三代，而周初之言亦異春秋；即如《論語》有"義"字而無"理"字，有"斯"字而無"此"字，《孟子》相去無幾而已具其文；亦可以知前後語辭緩急詳略之一端矣。按《大學》《中庸》，戰國初年文也；《論語》，春秋季年文也；《孟子》，戰國末年文也；乃冠於三代文辭之上。《易》雖出於羲、農，經文出於商末而《繫傳》出於周衰，亦豈宜在唐虞之前！因後出諸經而没先出諸經文字，亦已徇流忘源；況用朱子《大學章句》之文夾雜其閒，直以宋人文字而滅古經，尤爲不可訓矣。如理字不見於《論語》，猶見於《易繫傳》，可援引也。今乃引朱子《大學章句補傳》"在即物而窮其理"，則大誤矣。聞大著廣及《周官》《儀禮》諸經，於義甚善。鄙意世傳十三經外，如《國語》可合三傳，《大戴》可合三禮，總分十五經傳，計字不過六七十萬，目力亦不難周。至如《史》《漢》所引經傳，其原本有古於今經文者，周秦諸子，若《管》《老》《莊》《荀》《墨翟》《鬼穀》《申》《商》《韓非》《吕覽》，其文字古者多出孔、孟之前，皆宜彙集，以爲經傳旁證。但一書之中，文字不宜重複，其别爲一書，即於文下注明又見某書，雖至三書五書或十餘部書，如俱有者亦俱注之，庶使人知三代以前承用文字，亦有彼時之今古不同也。既彙諸書同注，則編字必依《廣韻》部次，便人稽檢。其注書先後，當以《尚書》爲先，《官禮》次之，《詩》《易》《春秋》四傳、大、小戴《記》，周秦諸子、《史》《漢》之書，以次列之。訓詁浩繁，不可勝載，但注書出處，必詳篇第；其同文而異音義者，則必注同異，備人考索，是亦有功於後學也。吴刻《四書五經集字》迴避重文，往復檢勘，劇有苦心，然實有偏徇去取之弊。今仿《班馬字類》而編韻爲次，則有韻可依，不費往復檢勘之勞，自然於一書内不致誤重，力省而功倍，亦可爲快事矣。初學辨字之刻，可謂辨析微茫。内有鼓不從皮而從支攴兩部者，按《廣韻》引《説文》鼓擊從攴，信矣。其鐘鼓之鼓，實從皮旁，解云："春分之音，萬物廓皮甲而出也。"此或又是一解，還祈詳察。至《正音》之所云平誤上去者，如僉、膚、徂、丕、胝、冥、閭、髦之類，敝鄉人故讀平聲。所云上誤平者，如撙、靡、抒、煒，去誤平者，如裔、粲、雷、胾，入誤平者，如億、窒、躍、乏之類，敝鄉人故讀上去入聲，不異官音也。至如《正訛》未舉之平聲虺字，敝鄉誤作去聲，上聲稌字誤作平聲，去聲娶字誤作上聲，上聲腐字誤作去聲，入聲滷字誤作上聲，此類不可勝數，皆敝鄉之與官音異者，而尊處不訛。江浙之音最爲相比，而參差業已如是，此則字體可正而字音難正，揚氏所以有《方言》之纂也。然《方言》具存，而彼時所指，謂青徐之言云何，江淮之言云何，燕趙之言云何，今即其處而求當日之音，茫不可得。是知同時而地隔千里者，音不可齊；同地而時隔千年，音亦不可得而齊也。前高陽縣知縣武進胡君文英，嘗撰《吴下方言考》，雖於經訓微覺附會，而於蘇、常之閒土音，實有證明。鄙意四方文士，各以官韻正定一方土諺，修方志者必采録之，彙集一統志館，勒爲成書，亦同文之要典也。國史采以附《地理志》，後人即爲成規，則是每代必有一揚子雲，何患訓故之難通乎！

然則尊刻當名《揚州方言正訛》，不可概名爲《正譌》。以所正者，他處不盡訛；而他處有訛，此書又不盡正；一方自爲一方之書，以待聞風興起，洵斯文之幸也。《爾雅》之功，深細精密，偏旁目治，音韻耳治，訓詁心治，音形自當以義理爲歸。但此書爲訓詁淵源，前人於此，專門名家不可勝數，書不盡傳，而雜見羣書稱引，故自不乏。近日名流，尤多攻習於此，鄙人所見，亦各隨功力所至，自爲淺深，未見有彙輯者。

鄙意欲仿李氏《本草》，撰爲《爾雅綱目》一書，爲功當不尠也。蓋取詁經證傳，辨字審音，旁證廣推，分别爲類，以次經文之下，庶幾後學易於辨析。第恐爲之不易，或糾一二同志共之，畢竟隋唐以前，存書無多，亦不致浩博而難罄也。此書雖雜入後世經師解詁，然其原自是三代學校師氏保氏流傳訓國子者，其來甚遠。雖周公亦不能無因而創造之，即六典文字，皆當如是觀也。古人學問文章出於一，後世多不能兼。《文選》揚、馬諸賦，非通《爾雅》、善小學，不能爲之。後代辭章之家，多疏闊於經訓。韓昌黎文起八代之衰，乃云："凡爲文辭，宜略識字。”略識云者，不求甚解，僅取供文辭用也。又云：“《爾雅》注蟲魚，定非磊落人。”又苦《儀禮》難讀，蓋於經學不專家也。然當時如孔、賈、徐、陸諸君，有功諸經，文即不少概見。非古今人不相及，去古久遠，音義訓故再失師傳，非終身專力於是，不能成家，是以不可兼也。然能文之士，略知大意而不能致精，可矣，必附韓公之意而輕小學，非也。專門之家，能抉深微而不長於文，可矣，必抗大言而譏世人爲不識字，亦不可爲訓也。故生後世而偏有所長，宜交相取而不可交譏，庶幾有合古人大體。不知高明以爲何如？

論文上弇山尚書

《浦公譜傳》，荒陋殊甚，法度所關，實有難措筆處。如欲爲伊贈公撰碑，而家傳並無贈公名字及高曾三代官階名諱，亦奇事也。幸於母夫人行述得贈公諱，而事與三代竟不可得，事迹亦無實據可稱述者，今勉强結構，謬託簡括，惟於銘辭稍事鋪張，爲藏掩地也。譜則荒謬尤甚，題爲“族譜”，而凡例乃云止載本支，甚至同縣同祖行輩可稽者，一概不入，以謂仿蘇氏親盡不及之意，其實誤會蘇指，而大失情理者也。譜序不切作書之指，便涉浮泛，如依其凡例所言，不復成文理矣。今附會形似，使稍近理，其實所稱非其書意，特痕迹不甚顯耳。未識當否，惟削正之！

學誠竊以文字一途，愛古而不薄今，學者不當先有固必。至於古人著述，雖各從所好，孟子不云口味耳聲目色，天下相似？古人已定之評斷，不可以私見求異。然頗有舉世交稱，翕無異辭，而鄙意推求，實亦不可得其解者。如歐、蘇族譜，殊非完善，而世多奉爲法式；康氏《武功》之志，體實蕪雜，而世乃稱其高簡，其名均可爲幸著矣。鄙撰《文史通義》，均有專篇討論，妄謂頗中其失，容日繕呈，博一哂也。近見志譜諸家，更有慕《武功》而並失《武功》之意，慕歐、蘇譜而並失歐、蘇譜意者，流弊伊於何底！是以文字遇此等處，不敢輕爲稱許，但稍含混，使求文者不致怪詫而已。不知閣下尚許可與知言否也？五月十日。

與吴胥石簡

仲魚行篋出君家譜文稾數篇，讀之，一臠可窺鼎味，知君撰著不苟然也。然譜學久亡，今之譜法，與古人所求，大同之中當有小異。古人之譜不傳，學者不知源委而盛稱歐、蘇，乃震於其名也。不知歐、蘇文人而未通史學，今存歐、蘇之譜，疵病甚多，而世競稱之，不免於耳食矣。足下全譜義例，有可舉示者否？弟亦將有志纂輯先世遺聞，留示子弟也。閱尊刻至終篇，附弟爲足下致書往復，見之赧然。曾記前此從兒子家書兩次報書後，記鷺庭來札，言足下猶有所待，而未得見來書，今見重問之書，則更惶愧。昔先達論文，謂生人不當作傳，弟向亦嘗云爾。今觀古人，則殊不然。按《三國志》裴注引梁寬爲《趙娥傳》，皇甫氏采梁傳而誤其句逗，梁氏實於趙娥生前爲之；李習之傳楊烈婦，亦不在楊之身後；此可破世人拘墟之見矣。足下謂如畫史圖其小影，得自觀其形貌，比喻極是，俟從容當勉圖之。然君謂周永清亡，自是彼時新故之慨；而弟在楚中已撰永清之傳，且與乃郎論刻永清遺稿。今並録奉左右，當慨念京華舊游也。弟以永清晚年，貪名騖博，一切失其故步，故書中勸其孝子慈孫慎所持擇。且知其《廣親屬記》爲吾兄手訂，似稍可憑，屬其校刻，而其令嗣久不見報，不知其意將何如也。去年於吴閶見吴敬齋所撰刻之《國朝二十四家古文》，北上揚州，水程三日，往復觀之。噫！古文故不易言，自來評選之家，類多不解古文原委，豈敢輕加責備！但知亭林而不知黎洲，知愚山、堯峰、湛園、竹垞而不知西河、念魯；且方望溪選至二十，而李穆堂寥寥七篇，已駭人矣；乃至陳繼儒、李漁之所不忍爲、不屑爲、不敢爲之袁枚，亦入二十四人之數；

豈但老子、韓非同傳，亦且糞壤申椒共一室矣。嗚呼！衡文至此，曾不若三家村塾《古文觀止》《古文析義》，庸惡陋劣，猶未得罪名教。徐君何所見而取之，而吾兄落落之度，竟不辭而爲之作序！《春秋》責備賢者，甚怪汏哉叔氏之專以禮許人也！

作啟事訖，仲魚陳君謂斥夫已氏不當與選，其言允愜。或謂徐君解説，〔1〕論文不必論人，入選之文，但有可觀，古人亦不盡苛平素。不知正是就文論文，斯人豈有片言之可取乎！徐君選其與人論文之書，濃賞密讚，不知正是此人自具不學無識，斷然不可爲文之供招。今爲明白指剖，則斷識此人筆墨萬無可以玷辱簡編之理，又何論其他耶！如《與程蕺園論文》，以古文爲形上之道，考據爲形下之器；古文似水，非翻空不能見長，考據似火，非附麗於物不能有所表見；水則源泉達乎江海，火則所餘不過灰燼。此直是風狂人作夢囈語，不但不識文理，并不識字畫矣。

古人本學問而發爲文章，其志將以明道，安有所謂考據與古文之分哉！學問文章，皆是形下之器，其所以爲之者道也。彼不知道，而以文爲道，以考爲器，乃是夏畦一流争論中書堂事，其謬不待辨也。大抵彼本空疏不學，見文之典實不可憑空造者，疾如讎仇，不能名之，勉强目爲考據，天下但有學問家數，考據者，乃學問所有事，本無考據家。因而妄誹詆之。充其所見，六經宜去三禮，《尚書》宜去典、謨、貢、範而但存訓、誥，〔2〕《春秋》宜去《左傳》而但存《公》《穀》，《詩》宜删《雅》《頌》而但存《國風》，六經之文大半灰燼，而達江海者寥寥無幾，謂非喪心病狂，何至出此！至於與友人論文，則深戒文章須有關係，甚至言“欲著不朽之書，必召崔浩之災，欲冒難成之功，必爲安石新法之厲”，此其不可理解，直是驢鳴狗嗥！推原其意，不過嫌人矯揉造作爲僞體耳。天下原有一種僞體關係文字。然不反其本，而但惡天下有僞君子，因而昌言於衆，相率爲真小人，是其所刻種種淫詞邪説，狎侮聖言，至附會經傳，以爲導欲宣淫之具，得罪名教，皆此書爲之根源。此等文字，方當請於當事搜訪禁絶之，猶恐或有遺留，爲世道人心之害。而徐君乃選之刻之贊之服之，嗚呼！人心嗜好固不可同，然亦何至此耶！此乃吾輩憂患之言，二三同志共之，不過爲子弟戒，不足與外人道也，幸勿播揚，致爲逐臭之徒增詬詈而啟争端可矣。

答吴胥石書

兒子書來，言足下詢僕既許爲足下撰文，何久不見寄？足下訝之是也。僕性疏懶，然自入中年，情深追往，索居懷舊，則涉筆未嘗不勤，惟於足下有索，則且遲遲，蓋亦有故。昔人謂子長作《相如傳》，因其自序，不敢有加。班氏之傳子雲，遂爲家法。僕文自度不足有加足下，欲得足下如馬、揚所爲自序者一通，以爲潤色，庶幾無負。而足下方匿迹消聲，惟恐名姓聞於世人，爲不知己者相與傅會爲同調，又安肯自爲采色丹青，嫌於揭竿求亡子耶！且足下所以索僕之言，蓋有感於僕嘗傳周書昌發憤於讀書無用之説，而以守先待後，歸功書昌。足下許僕言之有故，庶幾善持論也。乃足下則自述其頹唐落莫，屢病不死，又遇火災，僅以身免，轉覺脱然如此身不在人世然者。欲僕爲叙此中涯略。噫！足下之言，使我悲也。昔人謂身隱焉用文爲！今足下隱而非隱，僕既粗知足下，亦當以言而未嘗言者爲足得其形似。雖然，僕雖形似足下，知無當於足下意也。蓋書昌自謂有用，而世人以爲無用，故僕推其所用，爲當世剖，當世宜有信者，即起書昌於地下，知其犁然亦有當於心也。足下方自以爲無所可用，而世且不復知有足下，僕乃推其所用，爲當世警，毋論當世未必遽信，即面質之足下，足下本無是心，得毋疑僕亦强爲傅會乎？然僕自謂未嘗誣足下也。

蓋惟聖人天質，初無所優，粹然元氣，如修養功成，陰陽調適，未嘗有偏勝也。大賢以下，乃見所優，如生禀得厚，臟腑血氣，有獨恃其强者，終身以爲便利。中人以下，不見優而見絀，如有病之人，風寒暑湿，有獨受其厲者，終身受其患害，此其概也。聖人不可得而見矣，大賢中人而下，優絀各有大小淺深，優者偏勝而不能相兼，殆猶女餘布而農餘粟也；絀者偏累而不能相易，殆猶原多亢而隰多霖也。故必明乎調劑盈虛之説，然後可以知人而論世也。足下窺學於邃，而無專功；得文之心，而無撰著，會心甚遠，而簡於語言。非僕幸聞緒論，亦無由知足下所自得也。莊子曰："知者不言，言者不知。"自得深者，往往重内而遺其外。然太上心知其意，則曰口不能言。庸妄者流，蚩蚩自許，亦曰吾知其意，而口不能言，則幾於龍蛇沮矣！寧與庸妄相爲龍蛇，而貴自適其意，足下之所得也。

夫學問文章，君子之出於不得已也。人皆心知其意，君子方欲忘言，惟不能不迹於學問文章，不幸而學問文章可以致名，又不幸而其名誠有所利，慕利者争名，而託於學問文章，甚至忮很貪求，無所不至，君子病焉。足下恥名可矣，乃並不屑其實，是足下爲己有餘，而非有用於世也。然推足下之所恥、所不屑者，以砭争名者流，使之惕然有警於心，或者争氣可以少恬，此僕所謂推其所用爲當世警也。夫犀出煬鄉，斯爲貴也，火水至寶，益多則無取矣。使足下生於魏晉之閒，自命達生，而糠秕人事，僕又何敢更助頽瀾！今好名煬毒，亦稍厲矣。猶幸造物之於區植，必有所劑，乃生足下之使獨也，此僕所謂調劑盈虛，而始可與知人而論世也。雖然，足下難爲知者，僕能知之，亦不易矣。猶憶丁未淹留都下，謁銓注選，因言足下瓠落無所可用，僕得爲縣，當迎君官舍，殆如温伯雪子，目擊道存可爾。及僕辭選出都，私計寂寞嗜好，更誰與君爲臭味耶？鷺庭年壯氣盛，負其不羈，方將致身通顯，焜耀爲一時望者，乃獨與足下相得，則同心之比臭於香草，有不以出處喧寂而異者矣。此言並示鷺庭，爲何如耶？學誠頓首。

又答吴胥石書

日前作足下書，未及脱稿，而星使遄行，即以草稿先寄足下，念遠别無以爲歡，急欲慰足下遥望也。今稍加點定，繕爲正本奉寄，不知足下意爲何如？或疑足下索文當如序記之類，爲公家言，乃爲得體，不當作致足下語如往復問答者，然此則古無成法，僕蓋以意爲之，然亦微有據依，特不盡執守耳。韓退之述太學生何蕃，乃投贈之書，略如序記之類，對見存人言理，宜如是。故方崧卿本題爲《太學生何蕃書》，蓋本書事之體；如孫樵《書何易于》之類，或當時書以贈之，故李漢見其文屬投贈，而標題爲書，遂編次於書類耳。意雖小異，而失未甚也。朱子以其文爲傳體，而改題爲傳，恐李漢明知爲傳而編於書牘，未必如此無倫次也。要之，古人文無定體，與人答問，而即傳其人，周秦諸子往往有之。今雖時異勢殊，不得不分體制，然於此等源流，不可不略知之也。不知高明以爲何如？九月十三日學誠頓首。

上慕堂光禄書

秋氣轉清，南州木葉漸索，夜堂聞蟋蟀聲，似有風土之異，始覺浪迹江湖又一年矣。夏閒迂道反浙，十里故土，便如隔世。值均弼先生觀察寧、紹，渡江相見，爲道先生近履，及受之、申之兩兄頗悉。慰甚慰甚！然輦下同人，一時雲散，憶鐵拐斜街朝夕過從，酒酣耳熱，抵掌劇談千古，氣何盛也！今則星軺奉使，或綰符分守者，既已落落，而南雷、伯思、仲思諸先生丁故罷去，予嘉復聞西行，飄蓬如小子者，牢落又將何所底耶！前返浙東，卜居城南琵琶山下，山水清絶，有水田竹林瓜園共數畝，魚蔬秔酒所出，足給十口之家。老屋二十餘間，去城市八九里許，緣僻處寡鄰，業者賤售之，已竭蹶稱貸購得矣。倘更有十畝可耕。餘二百金居積什一，則潘岳閒居奉母，虞卿窮愁著書，亦是終老。第歸山之資，未知何日辦竟，則波麈之命，信難强也。若老幼未得南還，明冬且須北上。有故人官樂平，或從山右作數月之游，以爲甲午決科坐食計，然前途墨漆，未知人事天時，又作如何位置耳。在紹伏痾兩月，頗懼得過日多。裒集所著《文史通義》，其已定者，得内篇五，外篇二十有二，文多不可致，謹録三首求是正！訖，轉致辛楣先生、朱春浦師。兩處書俱未緘，亦乞閱後封致。是皆流俗所嗤笑爲迂遠而無當者，惟長者知其疏闊，而相賞於寂寞之鄉，輒敢覼縷及此，想見之撫掌也。秋深，伏惟實愛，不宣。上慕堂老伯大人：恭請伯母大人金安！受之、申之兩兄不另。愚侄章學誠頓首。外文三篇，並呈朱春浦師及辛楣先生，以繕録手不暇給也。

上曉徵學士書

學誠頓首曉徵學士先生閣下：自出都門，終日逐逐，江南秋高，風日清洌，候蟲木葉，颯颯有南北風氣之殊。因憶京華舊游，念久不獲聞長者緒論，以爲耿耿！敬想入秋來起居定佳，伏維萬福。學誠自幼讀書無他長，惟於古今著術淵源，文章流别，殫心者，蓋有日矣。嘗謂古人之學，各有師法，法具於官，官守其書，因以世傳其業。訪道者不於其子孫則其弟子，非是即無由得其傳。昔孔子問禮，必於柱下，而漢代遷、固之書，他學者不能通曉，必待於外孫楊惲、女弟曹昭，始顯其業，意可知也。《周官》三百六十，皆守其書而存師法者也。秦火而後，書失傳而師法亦絶，今所存者，特其綱目。司空篇亡，六卿聯事之義，又不可以强通，條貫散失，學術無所統紀，所賴存什一於千百者，向、歆父子之術業耳。蓋向、歆所爲《七略》《别録》者，其叙六藝百家，悉推本於古人官守，不盡爲藝林述文墨也。其書雖軼，而班史《藝文》獨存。《藝文》又非班固之舊，特其叙例猶可推尋。故今之學士，有志究三代之盛，而溯源官禮，綱維古今大學術者，獨《漢・藝文志》一篇而已。夫《藝文》，於賈誼《左傳訓故》、董仲舒《説春秋事》、尹更始《左傳章句》、張霸《尚書》百兩篇及叔孫朝儀、韓信軍法、蕭何律令之類皆灼然昭著者，未登於録。《秦官奏事》《太史公書》隸於《春秋》，而詩賦五種不隸《詩經》。要非完善無可擬議者。然賴其書，而官師學術之源流，猶可得其仿彿。故比者校讎其書，申明微旨，又取古今載籍，自六藝以降訖於近代作者之林，爲之商搉利病，討論得失，擬爲《文史通義》一書，分内外雜篇，成一家言。雖草創未及什一，然文多不能悉致，謹録三首呈覽，閣下試平心察之，當復以爲何如也？

學術之歧，始於晉人文集，著録之舛，始於梁代《七録》，而唐人四庫因之，千餘年來，奉爲科律，老師宿儒，代生輩出，沿而習之，未有覺其非者。體裁訛濫，法度横決，洶洶若潰隄之水，浸流浸失，至近日而求能部次經史，分别傳誌題款署目之微，亦往往而失也。獨怪劉子玄之才，其於藝林得失，討論不可爲不精，持擇不可謂不審，而於《隋志》經籍，不責其擅改班固成法，而譏其重録古書，君子一言以爲不智，其失莫甚於此！鄭樵校讎，實千古之至論，而藝文部次，不能自掩其言。且班《志》未嘗廢圖譜，而鄭氏深非其收書不收圖，則鄭樵於此道，要亦未嘗明習，以才高言多偶合耳。向、歆之業不傳，而官禮家法邈不可考，古人大體，學者又何從而得見歟？歐陽《新唐·藝文》删去叙録，後代著録之書，直如書賈簿籍，無論編次非法，即其合者亦無從而明其義例，校讎之學失傳，所係豈細故哉！閣下前示元《藝文志》初稿，所録止元世著述，竊謂後代補苴前史，自與漢唐諸史不可一例相拘，第《宋史》而後，古書存亡聚散，從此失紀。且志一代藝文，先録其中外藏書，庶有裨於後人辨證。元至正閒詔求天下遺書，如上海《莊氏書目》分甲乙十門，亦其選也。其餘私門目録，或存或亡，而祕書監志、官書目録，固可得其大概。夫前代志藝文者各有所本，《漢志》本於《七略》，《隋志》本於《七録》，《唐志》本《集賢殿目》，《宋志》本《崇文總目》，其閒明注有録無書、或標著録若干家、不著録若干家者，皆據所本之書而言，此知古人不必盡見四庫而始爲志也。然則祕書一志，自可作一《七略》粉本，餘或徐俟考訂。願閣下有以易之也。

學誠兀兀無以自主，嘗持固陋之説，質於朋輩，莫不啞然引去。惟竹君師頗允其説，邵君與桐獨有愜於《通義》一書，其所著述往往採其凡例，意鄉人不免阿所好歟？然天壤之大，得一二知己，可以不恨，區區之論，固不足庭喻而户告之也。閣下精於校讎，而益以聞見之富，又專力整齊一代之書，凡所搜羅撰述，皆足追古作者而集其成，即今紹二劉之業而廣班氏之例者，非閣下其誰託！敢以一得之愚，質之左右，惟賜之教答而擴以所未聞，幸甚！不宣。學誠再拜。八月二十日二鼓。太平府署中。

爲畢制軍與錢辛楣宫詹論續鑑書

《宋元編年》之役，垂二十年，始得粗就隱括，拾遺補闕，商榷繁簡，不無搔首苦心。古人著書，貴有家法，聞見猥陋，不足成家，而好騁繁富，不知所裁，亦失古人著書宗旨。大約頬上添毫與蛇下畫足，相去止在幾希之閒；要於著之有故，則稗稊亦珍，否則新奇亦塵垢耳。此中甘苦，難爲博雅者流摧其盛氣，知高明必有以裁取之也。按司馬氏書，於南北朝之争相雄長，五代十國之角特鼎峙，[3]其詳略分合，本於《左氏春秋》之詳齊、晉；而陳、王、薛三家紛紛續宋元事，乃於遼金正史束而不觀，僅據宋人紀事之書，略及遼金繼世年月，其爲荒陋，不待言矣。徐崑山書最爲晚出，一時相與同功如萬甬東、閻太原、胡德清諸君，又皆深於史事，宜若可以爲定本矣。顧《永樂大典》，藏於中祕，有宋東都則丹棱李氏《長編》足本未出，南渡則井研李氏《繫年要録》未出，元代則文集説部散於《大典》中者，亦多逸而未見，於書雖稱缺略，亦其時勢使然，未可全咎徐氏。然遼金正史止閱本紀，閒及一二名人列傳，而諸傳志表，全未寓目；宋嘉定後，元至順前，荒略至於太甚，則不盡關遺編逸事之未出矣。至於偶據所見，騁其繁富，如西夏備述姻戚世系，元末瑣事取資《鐵崖樂府》，編年之書，忽似譜牒，忽似詩話，殊爲失於裁制。然其徵材較富，考核較詳，已過陳、王、薛氏數倍，則後起之功，易於藉手，亦其道也。

夫著書義例，雖曰家法相承，要作者運裁，亦有一時風氣，即如宋元編年諸家，陳、王、薛氏雖曰未善，然亦各有所主。陳氏草創於始，亦不可爲無功；薛氏值講學盛行之時，故其書不以孤陋爲嫌，而惟詳於學派；徐氏當實學競出之際，故其書不以義例爲要，而惟主於多聞。鄙則以爲風尚所在，有利即有其弊，著書宗旨，自當因弊以救其偏，但不可矯枉而至於過爾。今茲幸值右文盛治，四庫搜羅，典章大備，遺文祕册，有數百年博學通儒所未得見而今可借鈔於館閣者，縱橫流覽，聞見廣於前人，亦藉時會乘便利有以致此，豈可以此輕忽先正苦心，恃其資取稍侈，憪然自喜，以謂道即在是，正恐起涑水於九原，乃有"賜也賢乎，我則不暇"之誚，則謂之何耶！今宋事據丹稜、井研二李氏書而推廣之，其《遼》《金》二史所載大事，無一遺落，又據旁籍以補其逸，亦十居三四矣；元事多引文集，而説部則慎擇其可徵信者。仍用司馬氏例，折衷諸説異同，明其去取之故以爲《考異》；惟不别爲書，注於本文之下以便省覽，即用世傳胡天台注本《考異》散附本文之義例也。計字二百三十五萬五千有奇，爲書凡二百卷，較之涑水原書，已及三分之二。或疑涑水以二百九十四卷，記載一千三百六十二年之事，而宋元二代，紀年四百六十有八，爲書已占三分之二，似乎繁簡懸殊。然史家詳近略遠，自古以然。即如《左氏》一書，莊、閔以前與僖、文而後，不可一概爲例；涑水身生宋世，其所閱涉，自詳於唐而略於漢魏以上，亦其理也。鄙見區區，自謂此書差有功於前哲，然眉睫之喻，實著書之通患，高明何以教之？邵與桐較訂頗勤，然商定書名，則請姑標"宋元事鑑"，言《説文》史訓記事，又《孟子》趙注，亦以天子之事爲天子之史，見古人即事即史之義，宛轉遷避，蓋取不敢遽續《通鑑》，猶世傳李氏謙稱爲《長編》爾。章實齋因推孟子其事其文之義，且欲廣吕伯恭氏撰輯，别爲《宋元文鑑》，將與《事鑑》並立，以爲後此一成之例。

鄙以爲李氏《續編》，今已不見原書，《通考》言其分别子目，多至千有餘卷，《癸辛雜識》稱韓彦古盜寫其稾，至盈二廚；《通鑑》不宜如此之多，則《長編》自是李氏著書本旨，非謙避續鑑名也。《通鑑》起周威烈王二十三年，示不敢續《春秋》，謹避聖經，則有其理矣。後世編年之史，本與紀傳同垂，紀傳至《漢書》而規模始定，猶編年至《通鑑》而法式始□，同一理也。班《書》而後，范、沈、蕭、李所爲紀傳，其文雖去班《書》遠甚，未嘗謙避而不敢名“書”，人不以爲僭也；則馬《鑑》而後，續者似可不以《通鑑》爲諱。且書之優劣，不在名目異同，蓋詩文之名一定，而工拙本自萬殊，詩即甚劣，未嘗不名爲詩，文即不工，未嘗不名爲文；名爲《通鑑》，而書之可嗣涑水與否，則存乎後人之衡度矣。尊意以爲何如？惟涑水之書，中有評論，亦本左氏設辭“君子”以示學者；司馬則著“臣光曰”字以進於朝，徐氏亦仿之而著“臣乾學”云云，其例皆有所授。鄙則以爲據事直書，善惡自見，史文評論，苟無卓見特識，發前人所未發，開後學所未聞，而漫爲頌堯非桀，老生常談，或有意騁奇，轉入迂僻，前人謂如釋氏説法，語盡而繼之以偈，文士撰碑，事具而韻之以銘，斯爲贅也。今則姑從缺如，未爲失司馬氏意否？其年經國緯，撮其精要以爲目録，亦歲内可以訖功，大約明歲秋冬，擬授刻矣。

而章實齋乃云：“紀傳之史，分而不合，當用互注之法以聯其散；編年之史，渾灝無門，當用區别之法以清其類。”就求其説，則欲於一帝紀中，略仿會要門目，取后妃、皇子、將相、大臣、方鎮、使相、諫官、執事、牧守、令長之屬，各爲品類，標其所見年月，定著别録一篇，冠於各帝紀首，使人於編年之中隱得紀傳班部，以爲較涑水《目録》《舉要》諸編尤得要領，且欲廣其例而上治涑水原書，以爲編年者法，其説甚新。然續書而遽改原書規模，嫌於無所師授。實齋則言其意本於杜氏治《左》，别有《世卿》《公子》諸譜例耳。鄙意離合參半，未能決擇。凡此一皆就質高明，如何如何？全書並録副本呈上，幸爲檢點舛誤，所謂校書如埽落葉，討論不厭多往復也。昔司馬氏書所以裁成絶業，非第十九年之用心；亦以一時相與商搉如二劉、范氏，並一時碩學，今觀所存辨難之辭，如攻堅扣巨，皆足開拓後人識力，不特爲一書發明也。鄙則何敢希蹤古人，而高明之有以教正，所益或過於古人矣。

聞大著《元史》，比已卒業，何時可以付刻，嘉惠後學，争先快覩，引領望之，筆削義例，有可先示其要領者耶？無任翹企！

上辛楣宫詹書

學誠從事於文史校讎，蓋將有所發明。然辨論之閒，頗乖時人好惡，故不欲多爲人知。所上敝帚，乞勿爲外人道也。夫著書大戒有二：是非謬於聖人，忌諱或干君父，此天理所不容也。然人苟粗明大義，稍通文理，何至犯斯大戒。惟世俗風尚，必有所偏。達人顯貴之所主持，聰明才雋之所奔赴，其中流弊必不在小。載筆之士不思救挽，無爲貴著述矣。苟欲有所救挽，則必逆於時趨。時趨可畏，甚於刑曹之法令也。戴東原嘗於筵閒偶議秀水朱氏，籜石宗伯至於終身切齒，可爲寒心。韓退之《報張司業書》謂："釋老之學，王公貴人方且崇奉，吾豈敢昌言排之？"乃知《原道》諸篇，當日未嘗昭揭衆目。太史公欲藏之名山，傳之其人，不知者以謂珍重祕惜，今而知其有戒心也。韓退之云："傳來世莫若書，化當世莫若口。"又曰："親以言喻之，頑然不入。"則韓氏《原道》諸篇，雖未示世，口談固已及之，然戴氏之遭切齒，即在口談，則今世校唐時爲尤難矣。惟由韓氏之言體之，則著書爲後世計，而今人著書欲以表襮於時。此愚見之所不識也。若夫天壤之大，豈絶知音？鍼芥之投，寧無暗合？則固探懷而出，何所祕焉？

答邵二雲

來示問《朱先生傳》於《文鳥賦》小有改易，因言馬、班之史於相如、揚雄諸賦，雖博奥奇古，未嘗輕有改易，疑僕於古未有所師，甚矣，足下之好學也！此事僕初無甚深意，不過就己筆之所便，隨文更易，非有心於法古也。古人記言與記事之文，莫不有本。本於口耳之受授者，筆主於創，創則期於適如其事與言而已；本於竹帛之成文者，筆生於因，因則期於適如其文之指，或録成文而無所更易，或就字句而小作更張。如書家臨帖，屈伸存乎筆性；將命傳言，增減時乎口氣；苟使帖意得神，辭命稱旨，固不可有意求異，亦不須勉强從同，此則史家通義，嘗與餘村詳辨之矣。至於詩詞歌賦，遷、固諸史不改揚、馬賦篇，僕固未嘗參較，然以韻言之法例之，則楚狂接輿之歌，《莊子》與《論語》有詳略矣。

僕於詞賦一道，本不甚解；而朱先生則於《詩》《騷》蓋深有得者。以僕屬傳稾手抄賦語中，有一二辭句不甚愜心，自度此中斷無能勝先生之理，姑從同異而竊附於別本之義云爾，不知足下以爲何如？僕近較勘先子遺文，有《耳鳴賦》，不過三四百言，辭甚奇崛，而通篇無韻，私度先子當日必有取法，亦不甚訝。又於敗簏得先友程副貢《文選》小簡，則甚稱賦佳，而亦疑通篇無韻，詢所矩範，徧檢故册，又不得先子報書。因思《詩》三百篇，設爲問答，亦不入韻，似可援以爲案。此亦因所見以推求義例云爾，未知先子當日命意果何如也，足下或有以推廣其宗旨耶？

與邵二雲論學

二月初旬，亳州一書奉寄，屈指又帀月矣。僕於二月之杪，方得離亳，今三月望，始抵武昌。襄陽館未成，制府即令武昌擇一公館，在省編摩，於僕計亦較便也。移家一事，已詳餘村書中，可便省之。古人朋友之道，久不相見，則考訂學業有無長益，見解有無商質，不僅述寒温，溯離合，甚或嗟貧而歎老，相與作楚囚之泣也。足下今年四十有八，僕則五十又過三矣。古人五十無聞，謂不足畏；所謂聞者，不僅遠近稱述，知其能文善學而已也，蓋必實有可據，於己性命休戚其中，如公輸之巧，師曠之聰，舉其事即可知其爲人，如曠以聰聞，輸以巧聞，乃可爲之聞也。足下與僕自都門初遇之日，皆自以爲稍出流俗，荏苒二十年矣，不幸名過其實，薄有文學之名；稱者固未必深知，假有真知者出，未我輩之可聞，果何物哉！夫子曰："朝聞道，夕死可矣。"夫必朝聞而可夕死，甚言不聞道者爲枉生也。世儒言道，不知即事物而求所以然，故誦法聖人之言，以謂聖人別有一道在我輩日用事爲之外耳。故宋人譏韓昌黎氏，以謂因文見道；不知韓子未至於孔孟者，義方敬直之功，存心養性之學，不能無閒然耳。若以因文見道爲韓子之弊，是離學問文章以言道，恐韓子所不屑也。子夏曰："小道必有可觀，致遠恐泥。"蓋指技曲術業而言也。我輩平日既以文學爲業，而究所成就，乃與技曲術業無甚懸殊，則文章學問不任受過，學而不思，學中無進境也。

足下《爾雅正義》，功賅而力勤，識清而裁密，僕謂是亦足不朽矣。抑性命休戚之故，亦有可喻者乎？《爾雅》字義，猶云近正，近正之義，猶世俗云官常說話，使人易解。足下既疏《爾雅》，則於古今言語能通達矣。以足下之學，豈特解釋人言，竟無自得於言者乎？君家念魯先生有言："文章有關世道，不可不作；文采未極，亦不妨作。"僕非能文者也，服膺先生遺言，不敢無所撰著，足下亦許以爲且可矣。

足下於文，漫不留意，立言宗旨，未見有所發明，此非足下有疏於學，恐於聞道之日猶有待也。足下博綜十倍於僕，用力之勤亦十倍於僕，而聞見之擇執，博綜之要領，尚未見其一言蔽而萬緒該也。足下於斯，豈得無意乎？《宋史》之願，大車塵冥，僕亦有志而内顧枵然，將資於足下而爲之耳。足下如能自成一史，僕則當如二謝、司馬諸家之《後漢》，王隱、虞預諸家之《晉書》，亦備一家之學。如其未能，則願與足下共功，其中立言宗旨，不侔而合，亦較歐、宋《新唐》必有差勝者矣。歲月不居，節序川逝，足下京師困於應酬，僕亦江湖疲於奔走。然僕能撰著於車塵馬足之閒，足下豈不可伏篋於經摺傳單之際！此言並示餘村，策以及時勉學，無使白首無成，負其靈秀之鍾，而與世俗之人歸趣不相遠也，如何如何！不宣。

與邵二雲

與桐五兄足下：摺差回，得手書，寥寥數語，未足慰意。兒子寄到亳州家書，内抄足下書稿寄來，則略有論文之意，而引端又未見其緒，以此益知遠涉江湖，欲溯都門舊雨往復論文，良不易也。僕所規足下期足下者，不一置可否，但云非尺幅可竟，則往來不過尺幅，足下終不爲僕一言耶？承指僕文謂精神未振，又《裴撫軍傳》“秉臬”二字，承改“提刑”二字，甚感衷言與直道也。然文字所寄既多，語云“言多必失”，恐疵病猶不至此，足下仍不免有姑恕爾。至以僕書自言文有進境，疑僕太自得意，則不盡然。敘事之文，向苦文爲事役，今覺事自就文；向苦掇拾艱難，今覺位置稍易。譬挽强弓，往來形勢，人皆得而見其工拙；至於用力由重而輕，由難而易，挽者之所自知，必不能自欺也。今得足下之所指示，又翻覆以深思，或恐以率易爲自然，草菅爲結構，有似誤學淵明詩者率爲淺俚之句，則毫釐以千里矣。尚容迎而距之，平心察之，果其有之，則拜足下之賜爲不尠也。

僕持文律，不外清真二字。清則氣不雜也，真則理無支也，此二語知之甚易，能之甚難。君家念魯先生嘗言“文貴謹嚴雄健”，夫謹嚴存乎法度，雄健存乎氣勢。氣勢必由書卷充積，不可貌襲而强爲也，法度資乎講習，疏於文者，則謂不過方圓規矩，人皆可與知能。不知法度猶律令耳，文境變化，非顯然之法度所能該；亦猶獄情變化，非一定之律令所能盡。故深於文法者，必有無形與聲而又復至當不易之法，所謂文心是也；精於治獄者，必有非典非故而自協天理人情之勘，所謂律意是也。文心律意，非作家老吏不能神明，非方圓規矩所能盡也。然用功純熟，可以旦暮遇之。期與足下共勉，足下豈無意耶？《宋史》之議，不置一辭，豈慮有任氏《字林》之補正邪？則僕且閉口矣，如何如何！慎時自愛，不宣。

與邵二雲論文

去冬爲次兒改所代撰譜傳，遂覺作文少而改文多，文不加工，而於體裁、法度、義例，殆於杜陵所謂“晚節漸於詩律細”也。不知者以謂文貴抒己所欲言，豈可以成法而律文心；殊不知規矩方圓，輸般實有所不得已，即曰神明變化，初不外乎此也。昔汪鈍翁謂不習制義，不能作古文辭。今稍知學古者，皆知笑之。僕向亦曰馬、班、韓、歐何嘗學爲制義，今悔言之不致思也。汪氏所見，未得古人深處，且其説亦有所本。王秋澗《玉堂佳話》，嘗引鹿庵先生言曰：“作文當從制科中來，不然，汗漫披猖，出入不由户也。”其説尚主理義，至汪氏則直論文法，爲見卑耳。然馬、班、韓、歐未爲制義之説，實不足以折服汪氏。蓋文人之心，隨世變爲轉移，古今文體升降，非人力所能爲也。古人未開之境，後人漸開而不覺，殆如山徑蹊閒，介然用之而成路也。方其未開，固不能豫顯其象；及其既開，文人之心，即隨之而曲折相赴。苟於既開之境而心不入，是桃李不艷於春而蘭菊不芳於秋也。蓋人之學古，當自具所處之境而入，古人亦猶是也。譬冀、趙之人詣京都，自不須渡洪河；陳、許之人詣京都，亦不必涉大江，非不能渡江、河也，所處之地然也。今處吴、會之閒，欲詣京都，問程而得江、河，則曰彼冀、趙、陳、許之人，未嘗不至京都，吾何取於江、河，則亦可謂不知言矣。

凡學古而得其貌同心異，皆但知有古而忘己所處境者也。古文之於制義，猶試律之與古詩也；近體之與古風，猶駢麗之與散行也。學者各有擅長，不能易地則誠然矣。苟於所得既深，而謂其中甘苦不能相喻，則無是理也。夫藝業雖有高卑，而萬物之情各有其至，苟能心知其意，則體制雖殊，其中曲折無不可共喻也。每見工時文者則曰不解古文，擅古文者則曰不解時文；如曰不能爲此，無足怪耳，並其所爲之理而不能解，則其所謂工與擅者，亦未必其得之深也。僕於時文甚淺，近因改古文，而轉有窺於時文之奥，乃知天下理可通也。雖然，汪氏之言，信有徵矣，而謂其見卑，何耶？蓋汪氏多取時文法度以論古文，殆於用舟車之尺寸度棟宇也。故其教人作合傳之文互相詳略，謂如制義截搭題文之相映帶，可謂陋矣！必若王秋澗之所引，乃名言耳。惜王氏引之而未足以知其大也。王氏嘗謂《漢書》列傳，加以銘辭，便是絶佳碑誌，此以《文選》見解，測量《史》《漢》，亦陋甚矣！所引鹿庵先生之言，“作文當從制科中來，否則汗漫披猖，是出入不由户也”，其言甚大，恐王氏見解未足以及此也。

蓋今人論文，無不宗仰西漢。西漢人文，原本經術，與三代典、謨相去未遠，而其立言，莫不各有家法，出於博士經師，承學之士筆於書者，終身守其師説而不敢變，後代制科所自仿也。鹿庵元人，未見明人制義，而其所云制科，乃元代學校所習經義策問耳。雖制度前代各殊，而一朝之興，必立科舉學校，定著功令，以範圍才俊之心思耳目，一也。必若律度量衡之出於一，所以謂同文之治也。夫學校必宗先聖，先聖之言，具於六藝，作文當從制科中來，猶云立言折衷於六藝也。太史公曰：“載籍極博，猶考信於六藝。”又曰：“言六藝者，折衷於夫子。”又曰：“總之不離古文者近是。”太史公嘗問古文於孔安國，而安國實傳《古文尚書》。故百三十篇多古文説。孝武表章六經，孔氏古文雖不立於學官，當時實有師授。一則曰“余讀功令”，再則曰“余聞之董生”，是則馬遷作史，猶不能不自制科中來。今人動曰發憤著書，遂可惟意所欲，豈知古人之謹嚴乎！孔子曰：“郁郁乎文哉！吾從周。”又曰：“吾學周禮，今用之。”又曰：“愚而好自用，賤而好自專，生乎今之世，反古之道，災及其身者也。”春秋之時，故無制科，然由夫子之言觀之，則其所爲删述六經，皆尊時制，不異後世之由制科也。夫立言於不朽之三，苟大義不在君父，推闡不爲世教，則雖斐如貝錦，絢若朝霞，亦何取乎！人知誹謗妖言之禁起於後世，豈知言僞而辨，爲王法之所誅，辨言之亂舊章，爲聖世之所絶歟！故讀書知崇功令，文字當依制科，則文境醕而心術正，特不可如汪氏之直以時文而言古文爾。夫不由規矩繩尺，即無以爲大匠，至於神而明之，則固存乎其人。學者慎毋私智穿鑿，妄謂別有名山著述在廟堂律令之外也。噫！斯言也，鹿庵先生未必推論及此，然學者不容不知其理也。

與邵二雲論修宋史書

足下今生五十年矣，中閒得過日多，約略前後自記生平所欲爲者，度其精神血氣尚可爲者有幾？蓋前此少壯，或身可有爲，未可遽思空言以垂後世；後此精力衰頽，又恐人事有不可知；是以約計吾徒著述之事，多在五十六十之年，且閱涉至是不爲不多，中閒亦宜有所卓也。足下《宋史》之願，大車塵冥，恐爲之未必遽成；就使成書，亦必足下自出一家之指，僕亦無從過而問矣。近撰《書教》之篇，所見較前似有進境，與《方志三書》之議，同出新著，前已附致其文於足下矣。其以圓神方智定史學之兩大宗門，而撰述之書不可律以記注一成之法；又遷書所創紀傳之法，本自圓神，後世襲用紀傳成法不知變通，而史才、史識、史學，轉爲史例拘牽，愈襲愈舛，以致圓不可神，方不可智。如《宋》《元》二史之潰敗決裂，不可救挽，實爲史學之河、淮、洪澤，逆河入海之會，於此而不爲迴狂障隳之功，則滔滔者何所底止！夫《通鑑》爲史節之最粗，而《紀事本末》又爲《通鑑》之綱紀奴僕；僕嘗以爲此不足爲史學，而止可爲史纂史抄者也。然神奇可化臭腐，臭腐亦復化爲神奇。《紀事本末》本無深意，而因事命題，不爲成法，則引而伸之，擴而充之，遂覺體圓用神。《尚書》神聖制作，數千年來可仰望而不可接者，至此可以仰追。豈非窮變通久自有其會，紀傳流弊至於極盡，而天誘僕衷，爲從此百千年後史學開蠶叢乎！今仍紀傳之體而參本末之法，增圖譜之例而删書志之名，發凡起例，別具《圓通》之篇，推論甚精，造次難盡，須俟脱稿，便當續上奉郢質也。但古人云：“載之空言，不如見之實事。”僕思自以義例撰述一書，以明所著之非虚語。因擇諸史之所宜致功者，莫如趙宋一代之書，而體例既於班、馬殊科，則於足下之所欲爲者，不嫌同工異曲。惟是經綸一代，思慮難周，惟於南北三百餘年，挈要提綱，足下於所夙究心者，指示一二，略如袁樞《紀事》之有題目，雖不必盡似之，亦貴得其概而有以變通之也。昔東漢諸家，今存惟范；典午羣史，唐修僅傳；蓋班、馬家學失傳之初，一史而屏起争趨，一代而攻者數家，各盡所長以自表見，傳不傳則聽於其際與數。此雖不如世業專家，猶勝後人之拘守繩尺，不復成家學也。前人攻《宋史》者，如柯氏之《新編》，邵氏之《弘簡録》，陳氏之《通鑑續編》，其效略可覩矣。僕於此役，未必遽爲柯、邵之流，恐如鄭氏之《通志》，例有餘而質不足以副耳。然足下進而教之，或竟免於大戾，未可知也。足下亦宜自力。次公傳家學否？念念，不宣。

與邵二雲論文書

《〈顧文子傳〉書後》，當寄永清附刻《亡友傳》後。内序顧父善畫，顧母通經，教子課孫，亦藉以稍慰文子請撰家傳之志爾。但中有“小李將軍畫法”一語，本之李君所開節略。小李將軍畫名，亦耳熟之，其爲何代何官，及何名字，僕性村劣，實未識也。一時無書可考，姑仍原文，然於古文之法不合，幸足下爲改正之。

自六朝以來，《詩品》《文心》，書評畫斷，角出鼎峙，相與雌黄文府，鑒賞藝林，蓋出古人所未有矣。而浮靡之朝，文體破碎，稱人不拘名姓，俚言游語，皆入品評，佐以疊韻雙聲，取適觀美，此種文字，列於文史之末，聽其自爲一家之言可也。近代爲古文辭者，往往襲而用之，且謂其來有自。此其爲病，又在昔人所論小説語録諸弊之外矣。《〈郎通議墓志〉書後》，則《通義》之外篇也。旗籍名字書法之難，本文論之詳矣。

僕無争名之心，平日爲人撰文，其人自以意改，蓋亦多矣，初未嘗與校也。每謂歐陽公《辨尹師魯誌銘》，辨俗人之妄議，猶嫌急於自暴，其意亦可諒矣；此則實於文字義例，必當有發明爾。庸妄者流，塗竄文字，如醉如夢，何必有理可詰哉！惟思我輩平日亦嘗爲人正定文字，往往未見其人，而文有不愜，亦復以意改之。人心不同，正恐彼我易觀，交譏目睫，亦可儆也。憶昔朱先生與嘉定錢曉徵詹事，以學問文章互相推重。僕方學古文辭於朱先生，值先生爲蔣漁村編修墓誌，蔣君歸葬有期，而先生又逼福建典試之役，倚裝具草，意不自愜，臨行屬僕與曉徵詹事更參定之。後僕如命以詣詹事，詹事略商數語，俾僕持擇，不肯涉筆。僕固請之，則曰："如其面訂，則筆削無嫌。今既行矣，君自當得其意，涉筆無嫌，他人不宜輕改竄也。"僕乃仿佛其意，爲之改定，朱先生歸，未嘗以爲非也。僕彼時嘗疑詹事遠嫌過甚，今知前輩自有深意。蓋不見其人，遽改其人文字，正恐所改雖工，未必即其本意，況未必工乎！詹事推僕著筆，蓋謂弟子面承師説，轉可無嫌，諒哉深知文字之要害也！杜陵云"晚節漸於詩律細"，僕則以爲文律亦然。閲歷既多，不特知文字甘苦，且并所以處此文字之情理，亦不可不知也。

與邵二雲論學

聞足下之刻《爾雅正義》，劇有苦心，婉轉屈曲，避人先勦之於口説，而轉謂筆於書者反襲之於彼也。足下素慎於言，雅學又博奥而難竟，然猶燕談所及，多爲拾牙慧者假借不歸。乃知風氣之儇，正復何所不有，是知影止一而罔兩居二三也。鄙性淺率，生平所得，無不見於言談，至筆之於書，亦多新奇可喜。其間游士襲其談鋒，經生資爲策括，足下亦既知之，斯其淺焉者也。近則遨游南北，目見耳聞，自命專門著述者，率多陰用其言，陽更其貌；且有明翻其説，暗勦其意，幾於李義山之敝緼，身無完膚，杜子美之殘膏，人多沾丐。才非先哲而涉境略同，言之可慚，亦可慨也！鄙昔著《言公》篇，久有謝名之意，良以立言垂後，無非欲世道之闡明，今既著有文辭，何必名出於我。後見王懷祖氏，自言所得精義，不暇著書，欲求善屬辭者，承其指授而自著爲書，不必人知所著本於王氏，乃知王君與僕有同志也。然而有其志而不能遂其事者，則以承指授而屬辭，遂能達其心之曲折，千萬人中不能得一二也。且使果具此才，亦可不藉榮於王氏矣。然則專心指授，猶不敢望人達其曲折，況勦襲言辭，安能不謬其初指乎！故學無心得而但襲人言，未有可恃者也，是以不得不别白而存其真也。顧寧人云："良工不示人以璞，恐其以未成之器誤人。"我輩書未出，而微言要旨，往往先見言論，遂使人得掩爲似是之非；雖曰士風之澆，而輕露其璞以誤人，我輩不得不職其咎矣。

與邵二雲書

自到河南，三度致書，想俱邀鑒矣。春氣漸舒，足下比日作何消遣？所商《史籍考》事，亦有所以教正之耶？望不吝也。朱少白前已有札致之，近日常過從論文否？家正甫孝廉所爲《後海禦寇始末》，其文亦曾舉示足下否？後起之士，能爲古文詞者，絶無其人，則竹頭木屑之僞學誤之也。然吾輩引人爲文，而不免使之輕視學問，則與前數十年時文名士同其弊矣。故以學問爲銅，文章爲釜，而要知炊黍芼羹之用，所爲道也。〔4〕風尚所趨，但知聚銅，不解鑄釜；其下焉者，則沙礫糞土，亦曰聚之而已。故俗士難與莊語，吾黨如餘村、逢之、正甫暨朱少白，不可不時時策之。

與邵二雲書

逢之寄來《逸史》，甚得所用。至云摭逸之多，有百餘紙不止者，難以附入《史考》，但須載其考證，此説亦有理。然弟意以爲搜羅《逸史》，爲功亦自不小，其書既成，當與余仲林《經解鉤沈》可以對峙，理宜别爲一書，另刻以附《史考》之後。《史考》以敵朱氏《經考》，《逸史》以敵余氏《鉤沈》，亦一時天生瑜、亮，洵稱藝林之盛事也。但朱、余二人，各自爲書，故朱氏《經考》，本以著録爲事，附登緯候逸文；余氏《鉤沈》，本以搜逸爲功，而於首卷别爲五百餘家著録。蓋著録與蒐逸二事，本屬同功異用，故兩家推究所極，不侔而合如此。今兩書皆出弇山先生一人之手，則又可自爲呼吸照應，較彼二家更便利矣。

夫史籍遺篇逸句，不講著録部次，則無所附麗，更不比余氏《經解》，猶有本經白文，可以作間架也。今爲酌定凡例，自唐以前諸品《逸史》，除搜采尚可成卷帙者，仿叢書例，另作叙跋較刻，以附《史籍考》後，其零章碎句，不能成卷帙者，仍入《史籍考》内，以作考證。至書之另刻，不過以其卷頁累墜，不便附於各條之下，其爲體裁，仍是搜逸，以證著録，與零章碎句之附於各條下者，未始有殊，故文雖另刻，必於本條著録之下，注明另刻字樣，以便稽檢。鴻編鉅製，取多用宏，創例僅得大凡，及其從事編摩時，遇盤根錯節，必須因時凖酌，例以義起，窮變通久，難以一端而盡。凡事不厭往復熟商。今兹所擬，不識高明以爲何如？至宋元以來，史部著述浩繁，自諸家目録之外，名人文集，有序文題跋，雜書説部，有評論叙述，均須摘抉搜羅。其文集之叙跋，不無仰資館閣，説部則當搜其外間所無者，此事不知張供事能勝任否？吾兄幸熟計之。若得此二事具，則於采擇之功，庶幾十得其八九矣。又文集内有傳誌狀述，叙人著述，有關於史部者，皆不可忽。四月廿二日。

與邵與桐書

學誠頓首與桐五兄足下，相别半載，積思萬千，足下爾日眠食何如？情興頗復佳耶？弟以蹇運，所如輒蹶，顛倒狼狽，竟至不可復支。以海度之素交，而刻薄無情，迴出意計之外。所謂病寒而益之冰雪也。言之可爲交道中作一鑑戒，亦弟之劣命有以致之也。羈栖肥鄉，忽忽半載，羝羊藩觸，進退斯難。天津一席，既爲豎子所欺，蓮池又復再成畫餅。從兹以往，非第謀事多難，即當事薦牘，亦更難啟齒矣。夏閒接讀手示，以關中一席，畢中丞覆以緩商，不識中丞覆意如何，倘淡漠無意，則無可投矣。若猶有平原舊意，或未得坐擁皋比，即從事編摩術業，不無少有所獲，惟足下斟酌爲之。度其不可，則竟不須饒舌，如在可否之閒，則再以一牘訊問，應侯有言，疑則少嘗之，此類是也。但不爲則已，果其爲之，不妨少假羽毛，高抗其説，意謂中丞愛才如性命，慕賢如飢渴，而蘭苕翡翠，無不處之上林，碧海長鯨，幾不免於溝壑，當亦仁人君子所不忍聞。往者竹君先生泛愛及衆，有所舉於中丞，皆一時之選，然亦有拯憫飢寒，僅就尺短寸長，使之有以自效。中丞雅善衡量，亦既隨其器之大小，有以滿其劑量，以是人稱中丞能得士矣。而斯人亦出竹君先生門下，袖手冷笑，獨謂人世不必更求知音，倔强自喜，不復顧屑，以至於今，故困窮轉出藩籬鷃雀下也。某屬公門下，辱知爲深，當此相須殷而相遇甚疏之際，苟不爲公一言，則負知遇之恩，莫斯爲大。如中丞試　接之，使之進其所長，果有　言出於中丞，先後延納之士同所見及者，某便爲欺謾大君子，不宜在門下籍。昔退之爲孟郊致書張建封，子瞻爲董傅致書歐陽子，俱是其人已死，乞當道有力者爲之恤其後人，葬其遺骸，而辭旨斐惻，神氣激昂，千載而下，誦之猶足令人興起，何況當日身親其事者耶！

惟足下酌采其意，修飾其詞而潤色之，使不乖今人之視聽，而不掩鄙人之所長，抑亦可謂善矣。其成與不成，天也，又何尤焉。如待既轉溝壑之後，而後有如退之、子瞻之所請焉，抑其晚矣！然亦今世必無之事也。比日肥鄉、永年二縣，亦此議修志事，然擾擾數月，竟無定局。蓋畿輔州縣，多困差繇，當事者憔悴拮据，雖有雅意，而實力難副。肥鄉主人，於弟有厚，故一時未得舍去，非此間竟有安身處也。連接兒子來書，竹君先生竟作古人，竹厂、文子又先後逝去，師友之閒，零落多故，既悲宿草，行自念也。兒子又以西監事例，得旨停科，此實君父隆恩，曲貸成全，不可不勉思稱副。十年之内，既免科場擾亂心曲，鎔經鑄史，華實兼修，例限滿後，譬如引弓者之持滿而發，較彼三年一次，徒搔無益之首，仰問無臭之天，忽忽亦復十年，其閒孰得孰失，不待愚夫而辨之矣。所慮爲日太寬，心懈力弛，則是不能仰副朝廷教養人材至意，此等無根之草，即使歲歲觀場，何益之有，惟願足下時時悚惕，使其從兹以往，讀書作文，勉學勵行，不懈益虔，則停科之益，較之特開恩科，其得爲尤重也。風便草草，語不宣心，惟足下賜之教言，幸甚幸甚。十月初三日。

答邵二雲書

來書於戴東原自稱《原善》之書欲希兩廡牲牢等語，往復力辨，决其必無是言。足下不忘死友，意甚可感！然謂僕爲浮言所惑，則不然也。戴君雖於足下相得甚深，而知戴之深，足下似不如僕之早。丙戌春夏之交，僕因鄭誠齋太史之言，往見戴氏休寧館舍，詢其所學，戴爲粗言崖略，僕即疑鄭太史言不足以盡戴君。時在朱先生門，得見一時通人，雖大擴生平聞見，而求能深識古人大體，進窺天地之純，惟戴氏可與幾此。而當時中朝薦紳負重望者，大興朱氏，嘉定錢氏，實爲一時巨擘。其推重戴氏，亦但云訓詁名物，六書九數，用功深細而已，及見《原善》諸篇，則羣惜其有用精神耗於無用之地，僕於當時力争朱先生前，以謂此説似買櫝而還珠，而人微言輕，不足以動諸公之聽。足下彼時，周旋嘉定、大興之閒，亦未聞有所抉擇，折二公言，許爲乾隆學者第一人也。惟僕知戴最深，故勘戴隱情亦最微中，其學問心術，實有瑕瑜不容掩者。已别具專篇討論，箧藏其稿，不敢示人，恐驚曹好曹惡之耳目也。至於“兩廡牲牢”等語，本無足爲戴輕重，僕偶舉爲《原道》諸篇非有私意之旁證耳。足下疑其言之卑鄙，不似戴平日語，此説似矣。抑知戴氏之言，因人因地因時，各有變化，權欺術禦，何必言之由中。以僕親聞，更有甚於此者，皆可一笑置之，固不必執以爲有，亦不必辨以爲無也。

夫子之教，必使言行相顧，宋儒鑿空，説理解經，不能無失，而其所以不可及者，綱常倫教，不待名物象數而後明者，莫不躬行實踐以期於聖賢也。戴譏躬行實踐，釋老所同，非儒者之所以自異，然則戴之踐履，遠遜宋人，乃其所以求異於釋老耶？是則闢釋老者，固便於言是行非者也。此則戴之癥結，不可爲諱。若“兩廡牲牢”，人固知其以口給也。夫行不踐言，學者亦所時有，要其所言本於所見，卓然不可誣也。獨至戴氏，而筆著之書與口騰之説，或如龍蛇，或如水火，不類出於一人，將使後人何所準也！吾輩辨論學術，當有關於世道，私心勝氣，何以取後世之平！戴氏筆之於書，惟闢宋儒踐履之言謬爾，其他説理之文，則多精深謹嚴，發前人所未發，何可誣也！至騰之於口，則醜詈程、朱，詆侮董、韓，自許孟子後之一人，可謂無忌憚矣。然而其身既死，書存而口已滅，君子存人之美，取其書而略其口説可也。不知誦戴遺書而得其解者，尚未有人，聽戴口説而益其疾者，方興未已，故不得不辨也。以僕所聞，一時通人表表於人望者，有謂“異日戴氏學昌，斥朱子如拉朽”者矣。有著書闢宋理學，以謂六經、《論語》無理字，不難以《易傳》“窮理盡性”爲後儒之言，而忘“義理悦心”已見《孟子》者矣。漢儒言“仲尼没而微言絶，七十子喪而大義乖”，蓋言經典存文，不如口耳之授受也。今之尊戴而過者，亦以其法求戴遺言，不知其筆金玉而言多糞土，學者宜知所抉擇也。

夫愛美玉者，攻其瑕而瑜乃粹矣。僕之攻戴，欲人别瑕而擇其瑜，甚有苦心，非好爲掎摭也。或謂戴氏生平未嘗許可於僕，僕以此報怨者，此則置之不足辨也。僕之所學，自一二知己外，一時通人，未有齒僕於人數者，僕未嘗不低徊自喜，深信物貴之知希也。而於諸通人之所得，何嘗不推許稱説，幾於老估評值，未嘗有浮抑矣，又何修怨之有哉！嘗謂司馬、班、劉，果不生於今之世乎，則其於僕，將如慈石召鐵，琥珀拾芥，僕不彼求，彼將於僕致性命焉。且夫鐵不我前，僕已非慈石矣，何敢尤人？僕既幸慈石矣，則彼相靡而不動者，必其非真鐵也，於僕又何患乎？足下嘗許僕爲君家念魯身後桓譚，僕則不敢讓也，今求僕之桓譚，舍足下其誰與？雄、譚並時而生，於古未有，可無名言高論，激發後生志氣，而顧嘿嘿引嫌，不敢一置可否，豈不惜哉！足下勉之而已！不宣。

與史餘村

文章經世之業，立言亦期有補於世，否則古人著述已厭其多，豈容更益簡編，撑床叠架爲哉！僕於學有未至，或文於理有未足耳，若謂著述文字，尚有名心勝氣，有若文人相輕者然，則十年以來，無此累矣。僕與邵先生書，有論戴東原語，偶舉爲辭，非莊論也。邵先生正辭厲色，爲戴辨誣，其意不忘死友，真古人之用心，惜其猶未達也。

近三四十年，學者風氣，淺者勤學而闇於識，深者成家而不通方，皆深痼之病，不可救藥者也。有如戴東原氏，非古今無其偶者，而乾隆年間，未嘗有其學識，是以三四十年中人，皆視以爲光怪陸離，而莫能名其爲何等學。譽者既非其真，毁者亦失其實，强作解事而中斷之者，亦未有以定其是也。僕爲邵先生言："戴氏學識雖未通方，而成家實出諸人之上，所可惜者，心術不正，學者要須慎别擇爾。"邵先生深以僕爲知言。僕自爲世道計，别有專篇，辨論深細，此時未可舉以示人，恐驚一時之耳目也。夫知之如是深切，而來書辨戴，猶恐僕惑浮言，是未審矣。僕答書頗申委曲，僕無私心勝氣，世道人心所係，名教大義所闢，蓋有不得已於中者，非好辨也。

僕嘗以告後進，僕於學業文辭，不知於古有合與否，惟尺寸可自信者，生平從無貳言歧説，心之所見，口之所言，筆之所書，千變萬化，無不出於一律。著書命世，廷對颺言，科舉進身，上書干謁，同志述懷，以至與初學言，答鄙夫問，或莊或諧，或詳或略，或淺或深，言有萬殊，理無二致。自謂學問之中，即此亦可辨人心術。而竊怪今之議學問者，往往不求心術，不知將以何者爲學爲問，而所爲學與問者又將何所用也！戴氏好闢宋學，其説亦豈無因！然以世儒推重宋人躬行實踐，謂其無以異於釋老，則其平日言行相違，於此正可見也。由其筆著之書，證其口騰之説，不啻相爲矛盾。即以對甲之言，證之辨乙之語，亦多不似一人。豈亦因佛氏有口語之誡，故戴氏力作狡詭，以示不類釋迦邪？僕謂人當問其果類聖賢君子否耳，由兼求退，高明沈潛，從入之途，古人已不一致，皆以聖賢君子爲準可也。必斤斤而摘其如何近釋，如何似老，不知釋老亦人，其閒亦有不能與聖人盡異者。宋儒於同志中所見有歧，輒以釋老相爲詆毀，此正宋人之病。戴氏力闢宋人，而自度踐履萬不能及，乃並詆其躬行實踐，以爲釋老所同，是宋儒流弊，尚恐有僞君子，而戴亦反，直甘爲真小人矣。戴氏著於文者尚且如是，何況騰口欺人，遺厲至今，方未艾耶！僕著書無他長，辨論學術精微，實有離朱辨色、師曠審音之妙，近則能於學問文章別擇心術邪正。然所見既深，所言必少所可，而所以見怪於世人者亦必益多，故辨戴諸説，不欲遽爲今人所知也。

與史餘村論文

爲文不可不知師承，無師承者，不能成家學也。僕嘗學古文辭於朱先生，彼時識力，頗有參朱先生所未及者，然遣辭造句，侔色揣稱，蓋不啻其一步一趨，不敢稍越，縱使左、馬復生，不以易吾範也。如是有年，乃悟行文之道，縱横馳驟，惟吾意之所之。今足下視吾文，豈與朱先生相似哉？亦足以發明吾道而已。夫爲文欲自成家，初非專法一家，非謂古人不足學也，師主於一，則耳目心思自有所範圍，而成功易也。莊子曰："嬰兒生無所師而能言，與能言者處也。"僕尚憶生二三歲時，初學言語，凡意所欲達而不能出諸口者，遍聽人言，恍惚而不可蹤迹。惟姊氏長吾六歲，提攜抱負，朝夕相親，又時時引逗吾言以資歡笑，僕於當時覺非姊之言不可學也。今之成人，鮮憶孩提時事，以僕之所憶揣之，當亦情不相遠。是嬰兒雖與能言者處，亦必於能言之中擇取一人，然後有所據而學之。行文擇師，豈有異於是乎！

又與史餘村

近撰《亳州志》，更有進境。《新唐書》以至《宋》《元》諸史，書志之體不免繁蕪，而汰之又似不可，則不解掌故别有專書，不當事事求備也。列傳猥濫，固由文筆不任，然亦不解表例，不特如顧寧人所指班、馬諸年表已也。班氏《古今人表》，史家詬詈，幾如衆射之的。僕細審之，豈惟不可輕訾，乃大有關係之作，史家必當奉爲不祧之宗。頗疑班氏未必出於創造，於古必有所受，或西京諸儒治《春秋》者所傳，班氏删改入《漢書》耳。此例一復，則列傳自可清其蕪累，惜爲叢毁所集，無人進而原其心爾。今州縣創立其例，便覺舊撰諸志列傳，不免玉石雜而不分，正坐不立《人表》故耳。

與史餘村簡

近撰《史德》諸篇，所見較前有進，與《原道》《原學》諸篇足相表裏。而《原道》諸篇既不爲人所可，此篇亦足下觀之可耳，勿示人也。夫子曰："知德者鮮。"嗟夫，知文亦豈易易！通人如段若膺，見余《通義》有精深者，亦與歎絶，而文句有長排作比偶者，則曰"惜雜時文句調"。夫文求其是耳，豈有古與時哉！即曰時文體多排比，排比又豈作時文者所創爲哉！使彼得見韓非《儲説》、淮南《説山》《説林》、傅毅《連珠》諸篇，則又當爲秦漢人惜有時文之句調矣。論文豈可如是！此由彼心目中有一執而不化之古文，怪人不似之耳。

與史餘村論學書

去冬歸太守入都，所寄近著文字甚多，足下想皆寓目，所見又如何邪？冬杪又有所著，今録數篇，從邵先生轉寄永清，惟足下閲訖，即轉致也。頗聞足下入官以來，身爲境累，不復能力於學，而恬淡之性，拘入於世法，不得所性之安，此非細故。淵如天姿學力，甚近於古，僕則嫌其嗜好過多，雖處境較足下爲順，而精力分於聲色，與一切世俗酬應，殆較足下不啻倍蓰，然尚能於紛擾之中，從事古人之學，度其所爲，不特志奇好古而已，當以聲色嗜好，疲精勞神，終日馳驟，不得性命之恬，故藉學問文章以爲藏息游休之地，未可知也。夫淵如高明而心多外馳，故學問以柔克之；足下沈潛而心多内結，豈不當以學問爲剛克之具乎？十年遠客孤寒，一旦身登上第，服官以後，事與寒素殊科，外有應酬，家增日用，精神疲於酬酢，心力困於借籌，足下淡定天懷，如膠泥入水，日夕攪之，何日得以澄徹？學問之事，正如醫家良劑，不特志古之道不宜中輟，亦正以其心力瞀於世法，不勝其疲，不可不有所藉，以爲斯須活潑地也。如云今困於世，姑且止之，俟他日償其夙願，則夙願將有不可得償者矣。

僕困於世久矣！坎坷潦倒之中，[5]幾無生人之趣。然退而求其所好，則覺飢之可以爲食，寒之可以爲衣，其甚者直眇而可以能視，跛而可以能履，已乎！已乎！旦暮得此，所由以生，不啻魚之於水，虎豹之於幽也。於此不得藏息，則不如徇世俗之所求，猶爲不失所業。足下計之，當如何也？

與汪龍莊書三月

轂塍來，又得手書，輒當晤語，把玩無已。《韻編》《名録》兩書，共製一序，非習懶也。序意發明，實爲史學大關鍵，俾閱是兩書者大開眼孔，知有經史專門之學，各自理會大本領，成古今來大著作，毋以比類徵事、文人游戲手眼褻玩此書，方爲不負吾兄十數年功力。不知有當吾兄尊旨否也？近日學者風氣，徵實太多，發揮太少，有如桑蠶食葉而不能抽絲；故近日頗勸同志諸君多作古文辭，而古文辭必由紀傳史學進步，方能有得。蓋古人無所謂古文之學，但論人才，則有善於辭命之科。而《經解》篇言“比事屬辭，《春秋》教也”，因悟《論語》“不學《詩》，無以言”，“誦《詩》不能專對，雖多奚爲”，乃知辭命之文，出於《詩》教；叙事之文，出於《春秋》比事屬辭之教也。左邱明，古文之祖也，司馬因之而極其變；班、陳以降，真古文辭之大宗。至六朝古文中斷，韓子文起八代之衰，而古文失傳亦始韓子。蓋韓子之學，宗經而不宗史，經之流變必入於史，又韓子之所未喻也。近世文宗八家，以爲正軌，而八家莫不步趨韓子，雖歐陽手修《唐書》與《五代史》，其實不脱學究《春秋》與《文選》史論習氣，而於《春秋》、馬、班諸家相傳所謂比事屬辭宗旨，則概未有聞也。八家且然，況他人遠不八家若乎！拙撰《文史通義》，中閒議論開闢，實有不得已而發揮，爲千古史學闢其蓁蕪，然恐驚世駭俗，爲不知己者詬厲，姑擇其近情而可聽者稍刊一二，以爲就正同志之質，亦尚不欲徧示於人也。然大旨終不能爲知好者諱，輒因大刻序言史學，亦開鑿新論之一端，故云云之多至於此也，如何如何！餘具别紙，不宣。

與汪龍莊簡

前日過蕭山，又值大雨，與王十三盤桓半日，大約蕭山大尹將來欲禱甘霖，但須鄙人渡江，必沾足也。笑笑。彼時欲候足下起居，聞陶君言，尊體失調，是以不便驚動。邇日想霍起耶？聞王十三言，令子愛讀古書，足下怪其不爲時墨，故得失學之名，以《病痕録》質之，良然甚矣！足下有如此賢子，而足下反屈折之也。讀古何損於舉業哉？弟生平不見考墨之卷，榜後下第，不但不敢隨風而罵魁墨，且每科魁墨從未到眼，雖欲罵而無從也。然登第在四十外，則命使然。中間七應科場，三中、兼副榜。一薦、一備、二落，又何嘗受讀古之累哉！憶初入都門，朱大興先生一見許以千古，然言及時文，則云："足下於此無緣，不能學，然亦不足學也。"弟云家貧親老，不能不望科舉。朱先生曰："科舉何難！科舉何嘗必要時文？由子之道，任子之天，科舉未嘗不得。即終不得，亦非不學時文之咎也。"弟信其説，故但教人爲文，而不教人爲揣摩之文。足下與弟議論浹洽者多，何教子與弟大異？弟責小兒不爲文，非責小兒不爲時墨也。雖然其父殺人報仇，其子不免行劫。昨大兒寄來爲人作墓誌銘，次兒代弟爲人作傳，其稱謂字句，法度規矩，居然矯出時弊，令人可解説矣。近來紀傳古文，不必問其佳否，先使人不可解。而外强中乾，中無旨味，如初學擬成宏時藝，貌似前輩，而枵然無物，乃轉不如時髦月露風雲之作，尚有意趣耐人尋味也。

弟文於紀傳體，自不如議論見長，然所爲記事文，雖嚴法律，未嘗以乾枯爲老成也。第初學入手，意趣本難，但筆路必須開展，不可拘局，此則無論時文古學，皆一理也。惟此爲令子效他山助，且近日亦以此示兒輩也，如何如何？又近日編輯《史考》，閲《隋·經籍志》，有晉代環濟著《吴紀》之書，欲核環濟生平，檢大著《史姓韻編》，不但無其人，且未嘗收此姓也。因檢《萬姓統譜》，則漢有河東太守環餘，隗囂將環饒，公孫述將環安。而環濟名下，乃注漢博士，撰《要略》十卷，則又與《隋志》異。《萬姓統譜》不注所出何書。然環濟《吴紀》，實已見於《隋書》，今不見收，則疑《姓韻》之遺漏猶不少也。

弟意書有本末交修之法，大著以史爲主而類其姓，仍當以姓爲主而證其史，則彼此互通，又可得許多增益。如《元和姓纂》，鄧名世《姓氏書辨證》，鄭樵《氏族略》等書，大抵以韻分編，若將諸書購集，與《萬姓統譜》《姓苑》諸編一體采取，反證史書，可以得往復交推之益，不知足下以爲如何？幸惟留意，此佈，並候不備。

與胡雒君

大抵攻辨文字，義藴惟恐有所不暢，有藴不暢，便留後人反詰之端；而措辭又不欲其過火，過火亦開後人反詰，所謂太過反致不及也。但太過之弊，作者不知，方自以爲暢足，而不知其似是而非也，因歎昌黎迎距之説爲不可易。丁敬禮能受曹子建之潤飾，斯已佳矣。必云“後世誰知定吾文者”，反覺其所見小也。觀前人所謂一字之師，如“僧推”之改“僧敲”，“數枝”之改“一枝”，雖不足以盡文章之妙藴，然兩傳其説，後世未嘗不爲佳話，亦有補於學者之心思。鄙意欲將生平撰著爲師友所正定者，仍注正定之人及未正定之原文與所以正定之故於其下方，明示後人，非敢爲矯情也。一則不没人善，且恐其人不幸不傳，而鄙著幸存，其人可附而傳；一則文辭增減改易，字句小異，意義懸殊，實有補於後學之推尋研究；二者關係皆非淺鮮，故雖冒矯情之嫌而不自阻也。

前撰《婦學》之篇請正，而賜正頗略，恐尊意有所嫌而不盡其辭，故言此以解尊疑，如何如何？又區區之長，頗優於史，未嘗不受師友之益，而歷聘志局，頻遭目不識丁之流横加彈射，亦必補録其言，反復辨正，此則雖爲《文史通義》有所藉以發明，而屢遭坎坷，不能忘情。昔觀《吕覽》，見孔子征馬食人之禾，野人縶之。子貢縱横陳説，野人益怒不解。鄙人有新役者，突前呼曰：“子不生於南海，我不生於北海也，我馬安得不食於子？”野人大喜，以謂解人如是，不亦辨乎！厚爲贈而歸之。彼時以爲諸子寓言，必無其事；今知人世觸處多此境也，未免激昂申其孤憤，此古人亦所不免，又何諱焉！

與胡雒君論文

詩文異派，同出於經，後代名家，各有其至，昔人所稱杜詩韓筆，各不相兼，亦各不相下也。杜、韓而下，學者雖不能至，然苟有所得，足自成家，君子所不廢也。惟後世以詩文游者，文則必須通人爲之可以無疵，詩則不必通人而皆可支展。蓋五七韻句，雙單轉换，其中機變易盡，略識字而不通文理之人，播其小慧，亦能遮人耳目。故江湖詩人，其迹最爲混濁，不可不辨，其人不必盡出士流也。嘗論詩文有得而能自成家，古人不皆兼擅長也。第專工文者不能不作韻語，碑銘傳贊之類是也。其不能詩者，韻語率多簡質古直，不失古人銘金勒石之意而已。專工詩者不能不作散語，題贈小序、景物注記之類是也，其不能文者，散語率多古拙疏樸，閒或不免冗碎險澀而已。文人不能詩，而韻語不失體要，文能兼詩故也；詩人不能文，而散語或至蕪累，詩不能兼文故也。然既爲真詩人矣，才雖短於屬文，心必通乎文理。故其散語佳者，湻雅不讓古人，即其病而或至蕪累，則寧樸無華，寧野無市，寧拙無俗，故辭雖不工，而自饒古趣。古之詩人不工文者，更僕難數，大要不出此也。

鄙見近刻號名家詩者，詩雖未必有得，而挹覽尚無敗闕。無如一涉於文，則市井科諢，纖佻儇俗，諸惡坌集，令人不辨作何許語，視古人之不工文而僅傳詩者，較其所爲題贈小序、景物注記，其諠譁俗艷，轉覺過之。蓋通人能自知所短而每藏其拙，此流不自知其所短而好自逞也。但諦審其辭，僅求如詩人所爲蕪累之文，疏野質樸，終不失湻古意者，畢生不能一語相似。譬如搢紳高會清談，其中有妙言語者，亦有絀口辨者，相對自無愧怍。忽有夏畦負販，衣冠揖讓其中，不待啟口，即見本色，毋論爲謹爲放，皆無是處。乃知文理未明通者，能遁於詩，必不能自遁於文。而流俗乃謂詩有別長，不知文理尚未明通，安有所長！所謂五七雙單，機變易盡，而小慧可以施狡獪耳。至於江湖游乞，則每況愈下；然遇朋儕則解酬唱，於貴顯亦能貢諛，調平諧仄，叶韻成章，一時亦莫測其中之有無。閒嘗退省其私，不但不通文理，甚至家書、説帖、簿册、注記，不能一字明白，而其人非狂妄輕佻，不可向邇，即贅瘤臃腫，一無所知。生平見此甚多，初亦疑之。後見故人有好蓄孌童者，嘗於吴閶買一小家孺子，巧慧便嬖，寵極專房，躬自教習，勤過師弟，三數年後，便解吟五七言，與江湖游乞一輩所爲頗不甚遠，及與言古人文辭，即格格不入。乃恍然悟詩文之道，源合流分，文必通人始能，而詩則雖非士流，皆可影附，直如音律一道，可以下通於倡優也。語云："觀人所忽。"今之詩人，可謂衆矣，蘭艾薰蕕，不易別矣。如於倉卒之閒難以遽定，但觀不經意之文筆而真僞可立判也，人焉廋哉！特恐真知文者亦鮮，而魚龍終莫辨耳。

與胡雒君論校胡穉威集二簡

昨示校刊胡穉威徵君文集，所言先後目次，與其人之專，愚誠不足當一噱。徵君於雍正、乾隆閒，名重京師三十年，至今猶有相引重者。學使命刊，必有京師同志相囑，誠佳事也。鄉人取比毛西河氏，此恐未逮，當與杭堇浦氏、齊息園氏互校短長。夫毛氏甚駁，不及杭、齊之醕也。但取立言有故，能自成家，不徒以文學表見，則杭、齊若有待焉。若其才雄學富，舉相似也。鄙人亦未讀徵君全書，蓋習聞其緒論，而窺其一二序記，因以所見質於同人，則頗以鄙論爲然，故今欲一見其書，以冀質乎向者之所擬議也。所以録本暫假一觀，明日必可納上也。至編次諸體，先序殿賦，以爲徵君手定，此言恐有所授，當審察之。鄙著

《文史通義》，有《繁稱》《匡謬》《文集》《文選》《韓柳》諸篇，專論編次文集目録之事，深慨昔人編次集部目録，不達古人立言宗旨。

夫文集諸體，大略相同，而諸集成家，百變未已。《漢志》詩賦，即後世集部辭章之祖也。諸子亦後世集部論撰之祖也。然詩賦區爲五略，諸子别爲九流，且同一賦也，而荀卿之賦，不與屈、宋同編；同一詩也，而高祖歌詩，不與孝景同編。古人具有家法，鄭重分明，而後世編次文集，不知校讎之學，但奉蕭梁陋例，一概甲賦乙詩，而癸弔祭文，曾無有人覺其非者，可爲浩歎！故嘗妄謂編次集目，當先定其人家學流别，然後可以甲乙諸體，未可一概繩也。此説雖創自鄙人，而仰窺古人，閒有暗合，特未盡符契耳。而世或轉以爲非，此古學之所以難也。昔在保定，梁制軍有業師仁和葉君，身亡無後，而門下搜其遺文，屬鄙人編次成集而刊行之。鄙就其人所長，審其立言指趣，於諸體中以序爲甲，而編詩於癸，彼時甚有斟酌，非鹵莽者。制軍初不爲然，鄙援古今而辨正之，遂爲定本。今杭城有其書也。兹聞徵君全集甲序癸賦，適與鄙人定葉君文集有合，而又傳出自徵君手定，不覺有觸於心，疑此言之或有因也。徵君全集諸體誠不知其何如，即使果出手定，而所定之爲是爲非，亦難懸斷。鄙於讀書無他長，子史諸集，頗能一覽而得其指歸。至於未彙之集，商榷去取，審定甲乙，似於前人小有拾鞭之益。但乞假一觀，當有芹獻，必可備采擇也。並以此達文翁明府，何如？何如？

惠借胡徵君集，足慰久企。往在都門，曾見沈徵君《詩義序》及杭侍御《續方言序》，與《送馬力畚序》《禹穴記》四篇，今此本独無《詩義序》耳。徵君平日好擬揚子雲，今參質聞見，頗有沈博絶麗之文，而乏淵默深沈之思。先生以爲辭章之傑良然。然徵君以經學知名，尤長三禮，今未見其經學之書，而集中序記書牘，發揮所見，亦未見有得於三禮。而可徵藴蓄者，恐經學諸書，亦未必如江、戴之精專而有得也。惟與周内翰《論洪範書》與《本韻》二序，及《禹穴記》，則於經訓史籍，蓋嘗肆業及之，而發言不甚離宗，非專門也，與朱、羅孝廉二書，論詩古文，其得亦似未深，今雖所見僅三之一，而大體可知。日内擬整行裝，而筆墨之債棼集，亦不及索觀中下卷矣。賢侯授梓，想有一本見惠，當徐讀之也。胡集博麗，似非有意於立言，向擬杭、齊之閒，亦不甚似，至目録先後，無可庸心，彼墨守之愚妄，先生所言良是。鄙意駢體與散行夾雜不分，而以《三洞璇華》一序冠首，尤不可訓，想高明善編審也。雖然浙東前輩撰述未刊，此猶中駟耳。

昨聞邵二雲學士逝世，哀悼累日，非盡爲友誼也。浙東史學，自宋元數百年來，歷有淵源。自斯人不禄，而浙東文獻盡矣。蓋其人天性本敏，家藏宋元遺書最多，而世有通人口耳相傳，多非挾策之士所聞見者。鄙嘗勸其授高第學子，彼云未得其人；勸其著書，又云未暇。而今長已矣，哀哉！前在楚中，與鄙有同修《宋史》之約，又有私輯府志之訂，今皆成虚願矣！曾憶都門初相見時，詢其伯祖邵廷采氏撰著，多未刻者，皆有其稿，其已刻之《思復堂文集》，中多訛濫非真，欲校訂重刊，至今未果。此乃合班、馬、韓、歐、程、朱、陸、王爲一家言，而胸中别具造化者也。而其名不爲越士所知。又有黄梨州者，人雖知之，遺書尚多未刻，曾於其裔孫前嘉善訓導黄璋家見所輯《元儒學案》數十鉅册，搜羅元代掌故，未有如是之富者也。又有鄞人全謝山，通籍清華學士，亦聞其名矣，其文集專搜遺文逸獻，爲功於史學甚大，文筆雖遜於邵，而博大過之，以其清樸不務塗澤，故都人士不甚稱道，此皆急宜表章之書。學使所未聞者，曷乘閒爲略言之。鄙與學使素稱知契，然本部憲使不欲屢通書問故也，如何？如何？適有小恙，未及手書，口授不悉，餘晤罄。

與嚴冬友侍讀

學誠頓首冬友先生足下，别來惘惘，幾兩年矣。江湖浪迹，與京、洛風塵，意境不殊，每於物變時移，多一低徊惝恍爾。足下近況定佳，魚門、叔度諸君子，於朱先生時通問訊，可附一緘相聞，用慰鄙人遥念，企俟企俟！皖江，足下舊游地也，風土人情，故自不惡，第武陵一穴，久爲捷足争趨。邵與桐、莊似撰諸君，相守終年，竟無所遇，文章憎命，良可慨也。鎖院校文，生計轉促，以此悒悒，思爲歸計。正恐歸轉無家，足下能爲我謀一官書舊生業否？歲杪返浙，故鄉風景，猶爾依戀。第老幼急切未得遽回。朱先生爲謀西山卜築，良便耕種畜牧，十畝一廛之閒，課奴問婢，亦自不惡。意欲春夏山居務農，秋冬入都講肆，閒居奉母，何必潘生。已有書托叔度爲購薄田，想聞之也。

日月倏忽，得過日多，檢點前後，識力頗進，而記誦益衰，思斂精神，爲校讎之學，上探班、劉，溯源官禮；下該《雕龍》《史通》，甄别名實，品藻流别，爲《文史通義》一書。草創未多，頗用自賞，曾録内篇三首，似慕堂光禄，乞就觀之，暇更當録寄也。冬春之交，準擬歸覲老母，便爲明歲決科計，元寧館舍，壺酒盤蔬，爲道數年契闊，視江湖落拓，離羣索居，所得何似。書到此，正值南州春雨纏緜，簷坎心坎，使人悒悵無已，足下見此，亦頗有天末故人之感否？表兄史君延標，文量舅氏族子，向官婺源丞，快士也，服闋赴挑，晉謁左右，惟足下進而教之，羽便草草，不宣。

與朱滄湄中翰論學書

惠書辱許過質，所謂愛之忘其醜也，往復數番，益增慚悚！足下學業，得之趨庭，天質兼倍，弱冠之年，富有卷軸，詞筆秀挺，擺脱流輩，言論文事，有白首儒生所不逮者，得於天者優矣。兹於學問之事，不恥下詢，而殷然有見於前人根柢不外經史，將於是中求其本末源流，是志於古之不朽者也。鄙人薄植，自信不篤，豈敢遽爲足下定厥指歸，粗陳所歷以備采擇，抑亦可矣。蓋其始也，誦法先民成言，輒欲推其言之之意，久之似有所得，而世之同誦習者不爲然也。蓄疑内憤，又求之於古人，則往往有先我而得，同時誦且習者亦不爲然。始知學業之事，將求此心之安，苟不悖於古人，流俗有所毁譽，不足較也。

三代而下，士無恒産，舉子之業，古人出疆之贄是也。孔孟生於今日，欲罷而不能矣。但舉業將以求知於人，而學問之道又不可以同於世之毁譽，足下所以有不克兼營之懼也。鄙人以謂學而不求有得則已，苟有所得，毋論治經業史，專門名家，其於舉子之業，不惟不相妨害，且有相資之益，患在人自不思而誤歧之耳。蓋學問之事，非以爲名，經經史緯，出入百家，途轍不同，同期於明道也。道非必襲天人、性命、誠正、治平，如宋人之别以道學爲名，始爲之道。[6]文章學問，毋論偏全平奇，爲所當然而又知其所以然者，皆道也。《易》曰："形而上者謂之道，形而下者謂之器。"道不離器，猶形不離影。日月光天，終古不變，而羣生百物，各以質之所賦而被其光，謂其所得光影各有大小高下之不齊，則可矣，謂盡去形質而始爲日月之光，不知光將何所附也！以所得之大小高下而推測日月之光，則可矣，以謂光即在此大小高下而不復更有中天之日月焉，不知争此大小高下將何用也！由此觀之，學術無有大小，皆期於道。若區學術於道外，而别以道學爲名，始謂之道，則是有道而無器矣。學術當然，皆下學之器也；中有所以然者，皆上達之道也。器拘於迹而不能相通，惟道無所不通，是故君子即器以明道，將以立乎其大也。歷觀古今學術，循環衰盛，互爲其端。以一時風尚言之，有所近者必有所偏，亦其勢也。學者祈嚮，囿於時之所趨，莫不殫精竭智，攻索不遺餘力，自以所得遠過前人，聖人復生，不可易矣。及其風衰習變，後人又以時之所尚追議前人，未嘗不如前人之視古昔。漢唐宋明以訖昭代，作者遞相祖述，亦遞相訾議，終身逌於其中，而不自知其守器而忘道，豈有當哉！惟夫豪傑之士，自得師於古人，取其意之所誠然而中實有所不得已者，力求其至，所謂君子求諸己也。世之所重而非吾意所期與，雖大如泰山，不遑顧也；世之所忽而苟爲吾意之所期與，雖細如秋毫，不敢略也。趨向專，故成功也易；毁譽淡，故自得也深。即其天質之良，而縣古人之近己者以爲準，勿忘勿助，久之自有會心焉，所謂途轍不同而同期於道也。

今足下有見於學問根柢不外經史，而又見古人窮經之難，心有慕於史學，又恐史部卷帙浩繁，且疑前人論史，其説不一，恐其精力有限而思淹貫之得其術。誠所謂年少志盛，鋭氣無前，視世之人營營干禄，惟恐不工，不知此外更復有何事者，直霄壤矣。然於學問途徑，則似有所徇焉，充其所至，可以閎通博雅，有聞當世，久之有所成就，亦足垂名來禩，稱不朽矣。至於内得諸心，上通於道，古人精微由我而闡，後學津逮自我而開，將以有功斯世而不欲苟以名傳，則猶未也。古人不憂名之不傳，而憂名之徒傳而無功於人世；不憂學之不成，而憂學之徒成而無得於身心；是故遑遑汲汲自力於學，將以明其道也。經史者，古人所以求道之資，而非所以名其學也。經師傳授，史學世家，亦必因其資之所習近而勉其力之所能爲，殫畢生之精力而成書，於道必有當矣。譬如識大識小，莫不有文武之道，否則豈有當於聖人之擇哉！若先懸經史以爲標準，仰而企之，俯而就之，斤斤焉必有當於一得，而後思以其學名，則是徒見世人所尊奉，而我從而徇其聰明智力焉，其無當於道也審矣。孔子曰："十室之邑，必有忠信。"言人美質，不難覯也。人之性情才質必有所近，童子塾時知識初啟，蓋往往以無心得之，行之而不著也。其後讀書作文，與夫游思曠覽，亦時時若有會焉，又習而不察焉。此即道之見端，而充之可以無弗達者，未有人焉從而明示之，蓋至終身汩没而不自知爲枉其才者，比比然也。足下於此，亦將有所省乎？如有所省，則毋論治經業史，皆可求所得矣。若夫世方尚經，從而鑽研服、鄭，世方貴史，從而攻習班馬，尚考證者穿穴墳籍以爲博，工詞章者搜獵華藻以爲奇，夫世之所尚，未必即我性之所安，時之所趨，何必即吾質之所近！舍其所長而用其所短，亦已難矣。而毁譽之勢眩其外，利鈍之見惑其中，雖使十倍古人之智力，而成功且不能以及半焉。何況中才而下，本無所以自通哉！

夫科舉之業，學者鄙之，爲其有所爲而爲，非出於中之不得已也。科名將以爲利，而學問將以爲名，同逐時趣而非出於中之不得已，乃人之無所得而勉强言學問者，輒視舉業爲小技，識者旁觀，何以異於五十步之笑百步哉！雖然，舉業無當於學問，斯固然矣；必謂學問有妨於舉業，則未也。舉業雖代聖賢立言，亦自抒其中之所見。誠能從於學問而以明道爲指歸，則本深而末愈茂，形大而聲自宏，未聞學問有得，而舉業之道，其所見者不磊落而光明也。夫學問之途，歧出百變，途轍小異，即不可以易地爲良，而舉業非其所營，乃謂獨不相悖者，何耶？蓋學問爲質，而舉業乃其文著之一端，故學不皆同，而苟有所得，自可相因而見也。制舉之初意，本欲即文之一端以覘其人之本質，而世之徒務舉業者，無其質而姑以文欺焉，是彼之過也。舉業既爲無質之文，而學問不衷於道，則又爲無根之質，是又爲學者之過也。兩者絶不相蒙，有由來矣。足下志學而慮兼營舉業之不易，得無於此未晰與？雖然，鄙人爲之四十年矣。其始未嘗有獨立之見而徒知好之，則已謬爲人之所許矣。年至三十，所得似有進焉，人則從而疑之。至於今，蓋又土苴三十之所爲矣。一二心知之外，從而鄙且笑者十之四五，怒且駡者且倍焉。“志乎古，必遺乎今”，昌黎韓氏言之慨然，向疑有激之言，今乃信其良不誣也。足下負兼人之資，在英妙之年即有不朽之志，千萬人中不得一焉，不鄙迂塞而殷然以學業是詢，鄙人豈敢有所愛乎！然而答非所問，則固以謂學問之道貴端始基，如素之爲絢也。素質不立而求五采之章施，未有能成文章者。至於因端竟委，由粗至精，功程先後，條目洪纖，則願繼是而言，效愚者之一得，惟高明之裁擇可矣。

答沈楓墀論學

六月自太平返亳，道出維揚，夫子大人款留幾及帀月，足慰十許年飢渴之思。彼時則以足下遥隔燕雲，不獲共斯朝夕，不免悵悵。七月抵亳，值兒婦病亡，經營旅殯，拮据殊甚。八月游楚，十月自楚中回，往還兩月，泥途霖雨，行役爲勞。此閒一二月稍歇，風塵而悤悤，歲事擾擾，志局應酬，遥計正月之杪，志事未能卒業，便須挈此遺緒，又作楚游矣。遑遑升斗，終歲奔馳，足下謂我心樂否耶？十一月中，從亳州署接到足下六月廿日手書，竊慨薰風拂楮，霜雪開椷，魚雁羈遲，至於如此。來書滔滔千數百言，殷然以學業事往復相商，而并引當日都門晤語，徵其歸宿，非謙懷若谷，不恥下問，恐一善之有遺，曷克臻此！慰甚慰甚！

足下所問，節目雖多，其要則可一言而蔽曰“學以求心得”也。韓昌黎之論文也，則曰：“文無難易，惟其是耳。”明道先生之論學曰：“凡事思所以然，天下第一學問。”二公所言，聖人復生，不能易也。夫文求是而學思其所以然，人皆知之，而人罕能之，非其才之罪也，直緣風氣錮其習而毁譽不能無動於中也。三代以還，官師政教不能合而爲一，學業不得不隨一時盛衰而爲風氣。當其盛也，蓋世豪傑，竭才而不能測其有餘；及其衰也，中下之資，抵掌而可以議其不足。大約服、鄭訓詁，韓、歐文辭，周、程義理，出奴入主，不勝紛紛，君子觀之，此皆道中之一事耳。未窺道之全量，而各趨一節以相主奴，是大道不可見，而學士所矜爲見者，特其風氣之著於循環者也。足下欲進於學，必先求端於道。道不遠人，即萬事萬物之所以然也；道無定體，即如文之無難無易，惟其是也。人生難得全才，得於天者必有所近，學者不自知也。博覽以驗其趣之所入，習試以求其性之所安，旁通以究其量之所至，是亦足以求進乎道矣。今之學者則不然，不問天質之所近，不求心性之所安，惟逐風氣所趨而徇當世之所尚，勉強爲之，固已不若人矣。世人譽之則沾沾以喜，世人毁之則戚戚以憂，而不知天質之良，日已離矣。夫風氣所在，毁譽隨之，得失是非，豈有定哉！辭章之習既盛，輒詆馬、鄭爲章句；性理之焰方張，則嗤韓、歐爲文人；循環無端，莫知所底，而好名無識之徒，乃謂託足於是，天下莫能加焉，不亦惑歟！由風尚之所成言之，則曰考訂、詞章、義理；由吾人之所具言之，則才、學、識也；由童蒙之初啟言之，則記性、作性、悟性也。考訂主於學，辭章主於才，義理主於識，人當自辨其所長矣。記性積而成學，作性擴而成才，悟性達而爲識，雖童蒙可與入德，又知斯道之不遠人矣。夫風氣所趨，偏而不備，而天質之良，亦曲而不全，專其一則必緩其二，事相等也；然必欲求天質之良而深戒以趨風氣者，固謂良知良能其道易入，且亦趨風氣者未有不相率而入於僞也。其所以入於僞者，毁譽重而名心亟也。故爲學之要，先戒名心；爲學之方，求端於道。苟知求端於道，則專其一，緩其二，乃是忖己之長未能兼有，必不入主而出奴也；擴而充之，又可因此以及彼。風氣縱有循環，而君子之所以自樹，則固毁譽不能傾，而盛衰之運不足爲榮瘁矣，豈不卓歟！

前明制義盛行，學問文章，遠不古若，此風氣之衰也。國初崇尚實學，特舉詞科，史館需人，待以不次，通儒碩彦，磊落相望，可謂一時盛矣。其後史事告成，館閣無事，自雍正初年至乾隆十許年，學士又以四書文義相爲矜尚。僕年十五六時，猶聞老生宿儒自尊所業，至目通經服古謂之雜學，詩古文辭謂之雜作，士不工四書文不得爲通，又成不可藥之蠱矣。今天子右文稽古，三通四庫諸館以次而開，詞臣多由編纂超遷，而寒士挾策依人，亦以精於校讎輒得優館，甚且資以進身，其真能者，固若力農之逢年矣。而風氣所開，進取之士，恥言舉業；熊、劉變調，亦諷《説文》《玉篇》；王、宋别裁，皆考容金篆石，風氣所趨，何所不至哉！夫考訂、辭章、義理，雖曰三門，而大要有二，學與文也。理不虚立，則固行乎二者之中矣。學資博覽，須兼閲歷，文貴發明，亦期用世，斯可與進於道矣。夫博覽而不兼閲歷，是發策决科之學也；有所發明而於世無用，是雕龍談天之文也；然而不求心得而形迹取之，皆僞體矣。比見今之傑者，多偏於學文，則詩賦駢言亦極其工，至古文辭，則議之者鮮矣。

夫文非學不立，學非文不行，二者相須，若左右手，而自古難兼，則才固有以自限，而有所重者，意亦有所忽也。陶朱公曰："人棄我取，人取我與。"學業將以經世，當視世所忽者而施挽救焉，亦輕重相權之義也。今之宜急務者，古文辭也。攻文而仍本於學，則既可以持風氣，而他日又不致爲風氣之弊矣。足下於此，豈有意乎？語云："太上立德，其次立功，其次立言。”人生不朽之三，固該本末兼内外而言之也。鄙人則謂著述一途，亦有三者之别：主義理者，著述之立德者也；主考訂者，著述之立功者也；主文辭者，著述之立言者也。“言之無文，行而不遠”。宋儒語録，言不雅馴，又騰空説，其義雖有甚醕，學者罕誦習之，則德不虚立，即在功言之中，亦猶理不虚立，即在學、文二者之中也。足下思鄙人之舊話，而欲從事於立言，可謂知所務矣。然而考索之家，亦不易易，大而《禮》辨郊社，細若《雅》注蟲魚，是亦專門之業不可忽也。阮氏《車考》，足下以謂僅究一車之用，是又不然。治經而不究於名物度數，則義理騰空而經術因以鹵莽，所係非淺鮮也。子貢曰：“文武之道，未墜於地，賢者識大，不賢者識小。”皆夫子之所師也。人生有能有不能，耳目有至有不至，雖聖人有所不能盡也。立言之士，讀書但觀大意；專門考索，名數究於細微；二者之於大道，交相爲功，殆猶女餘布而農餘粟也，而所以不能通乎大方者，各分畛域而交相詆也。足下有志於文，正當益重精學之士，能重精學之士，則發爲文章，必無偏趨風氣之患矣。昔朱竹君先生善古文辭，其於六書未嘗精研而心知其意，王君懷祖，固以六書之學專門名家者也。朱先生序刻《説文》，中閒辨别六書要旨，皆咨於懷祖而承用其言，僕稱先生諸序，此爲第一。非不知此言本懷祖也，而世或譏之，此不可語於古人爲文之大體也。

近代學問如戴東原，未易易矣。其所考訂與所發揮，文筆清堅，足以達其所見。而記傳文字，非其所長，纂修志乘，固亦非其所解。委而不爲，固無傷也，而强作解事，動成窒戾，此則不善趨避而昧於交相爲功之業者也。要之，文易翻空，學須摭實。今之學者，雖趨風氣，兢尚考訂，多非心得。然知求實而不蹈於虚，猶愈於掉虚文而不復知實學也。夫醫之療疾，功寒以熱，治積宜消，然而寒熱相搏，幾於無止。是以良醫當積實而預爲反虚之防，今日之論文而不敢忽學，是也。願足下思之度之，忖其所能而次第求之；如有所疑，則就高明而斟酌之。至於從事之餘，功程疏數，條目鴻纖，不妨千里惠言。因病發藥，非一時楮筆所能宣究。春闈彈指，翹首捷音。臨書增懷，不勝企望之至！

又答沈楓墀

足下自謂通人廣座不能與之問答，因而内愧。此由自信未真，不免氣奪於外也。人心不同如面，彼有所能而吾不解，情理之常，何足愧哉！但學人必有所以自恃，如市廛居貨，待人求索，貴於不匱，不貴兼也。居布帛者，不必與知米粟；市陶冶者，不必愧無金珠。是以學欲其博，守欲其約。學而不博，是貸乏而不足應人求也；守而不約，是欲盡百貸而出於一門也。昔揚子雲默而好深沈之思，范蔚宗自謂口不調利，以此無談功。然彼二家之所成就，豈不卓可觀哉！比見江湖游士，於諸門之學，略窺其樊，乍與之言，則其所不知者蓋寡，切磋究之，則或離或遁，古人之深，未嘗有一得焉。僕謂是直可供觴燕清談，科場對策，舍是二者，别無所用之矣。曷足貴乎！願足下反求諸己，深無所忽。

與陳鑑亭論學

鑑亭四兄足下：屢辱手書，不獲專上報起，則以與足下言不離文墨，二雲先生及史餘村處，言論互相詳略，足下館於二雲先生，屬以轉致，不啻如面談耳，然於禮文儀節，自愧脱略甚矣。兒子來，又讀惠言，不惟恕其簡脱，且辱許可教，而滔滔以文字往復相商，想見足下淵谷之懷，真令鄙人感且愧也。辱諭鄙著《原道》諸篇，更徵關愛。前在湖北見史餘村，言及先後所著文字，則怪《原道》諸篇與《通義》他篇不類，其意亦謂宋人習氣，不見鮮新。及兒子回家，則云同志諸君皆似不以爲可，乃知都門知己俱有此論。足下諭編卷末，尚爲姑恕之辭耳。道無不該，治方術者各以所見爲至。古人著《原道》者三家：淮南託於空蒙，劉勰專言文指，韓昌黎氏特爲佛老塞源，皆足以發明立言之本。鄙著宗旨，則與三家又殊。《文史通義》，專爲著作之林校讎得失。著作本乎學問，而近人所謂學問，則以《爾雅》名物，六書訓故，謂足盡經世之大業，雖以周、程義理，韓、歐文辭，不難一吷置之。其稍通方者，則分考訂、義理、文辭爲三家，而謂各有其所長。不知此皆道中之一事耳，著述紛紛，出奴入主，正坐此也。鄙著《原道》之作，蓋爲三家之分畛域設也，篇名爲前人疊見之餘，其所發明，實從古未鑿之竇，諸君似見題襲前人，遂覺文如常習耳。

夫文章以六藝爲歸，人倫以孔子爲極，三尺孺子能言之矣，然學術之未進於古，正坐儒者流誤欲法六經而師孔子耳。孔子不得位而行道，述六經以垂教於萬世，孔子之不得已也。後儒非處衰周不可爲之世，輒謂師法孔子，必當著述以垂後，豈有不得已者乎？何其蔑視同時之人而惓惓於後世邪！故學孔子者，當學孔子之所學，不當學孔子之不得已。然自孟子以後，命爲通儒者率皆願學孔子之不得已也。以孔子之不得已而誤謂孔子之本志，則虚尊道德文章，别爲一物，大而經緯世宙，細而日用倫常，視爲粗迹矣。故知道器合一，方可言學。道器合一之故，必求端於周、孔之分，此實古今學術之要旨，而前人於此，言議或有未盡也。故篇中所舉，如言道出於天，其説似廓，則切證之於三人居室。若夫窮變通久，則推道體之存，即在衆人之不知其然而然。集大成者實周公而非孔子，孔子雖大如天，亦可一言而盡，孔子於學周公之外更無可言。六經未嘗離器言道，道德之衰，道始因人而異其名，皆妄自詡謂開鑿鴻蒙，前人從未言至此也。《原學》之篇，即申《原道》未盡之意。其以學而不思爲俗學之因緣，思而不學爲異端之底藴，頗自喜其能得要領。又以其説渾成，不煩推究，誠恐前人已有發此論者，徧詢同人，皆云未見。然鄙著《通義》，凡意見有與古人不約而同者，必著前人之説，示不相襲。幸足下與同志諸君爲檢先儒緒論，審有似此者否也？如其有之，幸即寄示，俾得免於雷同勦説之愆，感荷非淺鮮矣。

古人著書，晚年别有進境，世人無由窺測，轉謂後不如前，故有少壯聲名滿天下，而晚年漸不爲人所許，大抵即是其人之至詣也。鄙人何敢狂言及此！然學者才多於識，往往用其所長，足以自樹立矣。又復希名求異，自矜新得，土苴平日之功，而竊所作爲，乃轉不值一笑。鄙人自反，亦尚不至此也。但著述之旨，微妙難言，纔脱稾而羣口交稱，正恐所得未必深耳；不同聲而附和，正見諸君古誼。故聊一申明，非敢自是其愚，不受彈謫也。足下以爲何如？

答陳鑑亭

足下自謂應酬人事中學爲古文，恐無長進，此與史餘村前此來書，自言欲學古文，苦無題目，同一意也。僕意則謂文以明道，君子患夫於道有所未見，苟果有見於意之所謂誠然，則觸處可以發揮，應酬人事，亦以吾道施之。昌黎詩文七百，其離應酬而自以本意著文者，不過二十之一；《孟子》七篇，凡答齊、梁諸君，答弟子問，與時人相辨難者，皆應酬也，是何傷哉！世人以應酬求之，吾以吾道與之，豈必擇題而後爲文字乎？自諸子風衰而文集有辨論，史不專門而文集有傳誌記序，足下如能仿諸子而著心言，仿史别而著爲專門之傳記，或不暇爲人事之應酬；否則正藉人事應酬以爲發揮之地也，可不務乎！至於學文之要，在乎養氣，養氣之功，不外集義，中有所主而不能暢然於手與心，則博稽廣覽，多識前言往行，使義理充積於中，然後發而爲文，浩乎其沛然矣。

報孫淵如書

得手書，具悉一切。又見近日與稚存書，知都門酬接之餘，力於校讎，自進於學，慰甚羨甚！承詢《史籍考》事，取多用宏，包經而兼采子集，不特如所問地理之類已也。前有條例與邵二雲，求其相助；如足下從事校讎，其於古今載籍，耳目所及，幸有以指示之也！至義例所定有應采者，邵君處已有大凡，可就詢之。此間編得十卷八卷，亦當寄京，請足下輩爲參定也。愚之所見，以爲盈天地間，凡涉著作之林，皆是史學，六經特聖人取此六種之史以垂訓者耳。子集諸家，其源皆出於史。末流忘所自出，自生分别，故於天地之間，别爲一種不可收拾、不可部次之物，不得不分四種門户矣。此種議論，知駭俗下耳目，故不敢多言。然朱少白所抄鄙著中，亦有道及此等處者，特未暢耳。俟爲尚書公成書之後，亦當以涉歷所及，自勒一家之言，所爲聊此自娱，不敢問世也。然相知數君子，終不敢祕，幸時有以教政之，爲幸多矣。屬遣兒子入都，心緒紛紛，不及詳述，一切詢兒子，可俱知也。此達，並問近佳，不宣。五月二十三日。

與孫淵如書

二月初旬，一緘奉候，並兩與邵二雲先生書，皆屬與足下共觀之，想俱邀鑒悉也。春氣正和，敬想起居無恙，鄙人比日與洪、淩諸君，爲中丞編《史籍考》，泛覽典籍，亦小有長進，《文史通義》亦庶可藉是以告成矣。編摩多暇，亦擬力於撰著，而紀述文字，多是誌狀碑銘，未免應求取給，不得性情之安。去冬力償舊逋，撰述誌傳，動成卷軸，文筆豈無小有可取？終恨歲月坐荒，不得專力著作，以枉用其精神。因悟昌黎詩文七百，其實堪不朽者，不過二十之一，餘亦不免牽率應酬，宜張文昌譏爲駁雜而無實也。向令韓公早用文昌之專意著作，則孟、荀之間，當高置一座矣！獲麟絶筆而後，僅見此才，而猶以不善自樹，使人遺憾於千載後，況我輩聰明智慧，曾不足以當韓公千萬之一也哉！韓碑杜律，並稱久失。韓碑佳者，十不二三，而杜律冗者，不過什一。非論工拙，蓋言文貴關性命也。其言一飯不忘報者，情私而理自公，此言可爲知者道也。

鄙人不能詩，而生平有感觸，一寓於文。朱滄湄中翰曾相見否？屢欲爲其尊甫映榆觀察作事狀，而徵其節目，竟不見付，何耶？幸以此意告之，尚欲有言，而紙盡矣，容後補也，呵呵！

與周永清論文

孟子曰："爲高必因邱陵，爲下必因川澤。"學問文章，亦復如是。因天質之所良，則事半而功倍，强其力之所不能，則鮮不蹶矣。足下於古文辭，蓋長於叙情而短於持論，故僕當時一見，使曰詩人之文，可以自成一家。今十許年，所見足下之文，皆不出此一語，而足下卒不相信，偏好持論，尤好論學論文，真不善用所長也。

大抵論學論文之言，非出鄉氣稚氣，即是勦襲人言而文失其本旨者也。夫無者不可强而爲有，猶有者不可誣以爲無。足下自謂"好名之心，不免倒行逆施"，夫好名而能遂其名，雖倒行逆施可也。非徒無益而反有所損，又以天質所良之業，不得專一其工，以致進退失據，豈不惜哉！足下曾記在京師日，有無識子駁《永清志例》，足下欲僕作書報之，僕終不作書，果何意邪？又記在永平差所，足下見僕《詩教》篇言三代之盛未有著述文字，足下當面作書指駁，索僕報書，僕又不答，何邪？蓋嫌如村塾孺子，争論冬烘章句，難於施答辨也。

夫人各有能有不能，雖堯舜之知，不徧物也。足下天質不能遠過中人，而學問文章，則欲盡天下人之所長而皆有於己，即此已自無定識矣。而度力不能，往往出於術取計勦，天下豈無真耳目邪？王懷祖氏嘗言，不暇著書，欲得能文之士授以所學，俾自著爲書，不必人知出於王氏；僕亦嘗欲倩人爲《通義》外篇，亦不願人知所授宗旨本之於僕，然竟不得其人；則學問中之曲折，非一時授受所能盡也。夫有心傳授，尚不能得其曲折，而賓筵燕談之閒，行文流露之語，偶然得之，便可掩爲己有，而人遂不能分別，有是理乎？僕嘗謂功力可假，性靈必不可假；性靈苟可以假，則古今無愚智之分矣。

又與永清論文

近日撰《亳州志》，頗有新得，視《和州》《永清》之志，一半爲土苴矣。主人雅相信任，不以一語旁參，與足下同，而地廣道遠，僕又逼於楚行，四鄉名迹，未盡游涉，而孀婦之現存者，不能與之面詢委曲，差覺不如《永清》，然文獻足徵，又較《永清》爲遠勝矣。

此志擬之於史，當與陳、范抗行，義例之精，則又《文史通義》中之最上乘也。世人忽近貴遠，自不察耳。後世是非，終有定評，如有良史才出，讀《亳志》而心知其意，不特方志奉爲開山之祖，即史家得其一二精義，亦當尊爲不祧之宗；此中自信頗真，言大實非誇也。和州全志已亡，近日删定《叙論》作一卷，不過存初見耳。永清全志頗恨蕪雜，近已删訂二十六篇，爲《永清新志》十篇，差覺峻潔。俟録有副本，當即呈上，稍贖十二年前學力未到之愆。或再示永清人士，有好事者，别刊一本，如新、舊《唐書》之並行，亦佳事也。否則僕著述内自當列爲一種，雖不得與《亳志》並論，在宋人諸方志中，固有過之而無不及者矣。

出都三年，學問文章，差覺較前有進。永清撰志，去今十二年，和州則十八年矣。由今觀之，悔筆甚多，乃知文字不宜輕刻板也。然觀近所爲文，自以爲差可矣，由此以往，少或五七年，多或十許年，安知不又視近作爲土苴乎！念及於此，而日暮途長，勉求進業，以庶幾於立言之寡愆，真有汲汲不容稍緩者已。《亳志》俟有刻本，再當奉寄。

答周永清辨論文法

僕文"天府生員"，爲人誤加"順"字，僕辨其非，足下乃疑"天府"二字出於《周官》，不當爲京府之代語，此説非是。"天府生員"猶言"京國生員"云爾，本屬行文常語，於理無礙，即著於文，當日本無成心，亦非必不可易之句。但謂必不可用，未免不識變通耳。至引《周官》天府之職，恐其相混，則更非矣。經傳謰語，與後世同名異實，卻車不可勝載，但問行文有礙否耳。無礙於理，雖同何害。果礙於理，雖無同名之嫌，豈可用耶！諸葛公對昭烈問，則曰"益州沃野，天府之土"，是稱天府，人豈遂疑西周之官屬，隸東漢之職方哉？漢人治四代之書，則稱《尚書》，豈嫌秦官有尚書職耶？夫語有繁省，例有常變，惟行文純熟，則無施不可，否則鮮不窒矣。"天府生員"，自是變例，語省而意自足也。今加"順"字其上，則莊稱矣。莊則於法當備，宜云隸某縣籍，補順天府學生員，乃無窒礙。今去籍貫，但云順天府生員，又不著學，則五州二十三縣之廣，茫茫何所指哉？

來示又以"八股"稱四書文，出《明史·選舉志》，不得謂之俗語，且舉《明志》文云："仿宋經義體用排偶，謂之八股。"此則所舉史文，正足證僕之言不可易矣。夫史不能直稱八股，而曰"謂之八股"，謂者孰謂？律文無有，會典無有，而有其謂，非俗語而何哉！大抵"謂之"之言，非出組織文語，即是流俗俚語，語不無稽，史家既不可以直書，又欲不没其實，則曰"謂之"云爾。《唐摭言》記科舉事，有"謂之報羅""謂之燒尾"等語，書事者用以入文，因而代言紀事，讀者又當解爲何許語乎？文有顛倒一字，義意懸絶，不可不辨别也。唐宋以後，諸經斷無越前人而别自作注之理，熟於經部義例，當自知之。如治經而自作解詁考訂，其書本不以注爲名，記傳稱之謂注某經，於理無礙，蓋注爲虚辭也。如直曰"某經注"，於法爲非，蓋注爲實據也。竹厂嘗云"欲注《大戴禮記》"，"欲注"之言，亦屬虚辭。觀所言論，乃是補輯考訂之功，度其成書，必不敢毫無標别而混稱謂"大戴禮注"也。不敢稱謂“大戴禮注”，則因前有盧注，毋論不敢冒越，亦嫌於彼無分别也。前書所云“既稱爲注，必於盧注當識同異”，乃不易之論。足下謂須序跋方可分别，似未察矣。古來紀傳書人著述，但云“注某書”，不聞取前注而分其同異，則亦誤會書意。夫曰“注某書”，固異於“某書注”矣。後世之稱“經注”與古人異，則已别白於前，不更贅焉。

答周筤谷論課蒙書癸卯

久不奉文墨教言，懸企甚至。伻來，賫到鉅囊，如獲異寶，發緘快誦，恍接笑言，載展撰著及所論述文字，琳琅滿目，使人意得神移，歡慰無已。甚矣足下之好學也！鄙人筆墨資生，文字乃其職業，然屈指半載，病荒其半，窮愁又荒其半，檢校前後所得，竟無大進。足下於簿書奔走之暇，乃能如是淬勵，真是使人愧且畏也。承示課蒙之法，甚善。令郎天質本高，而賢父兄之啟發，亦絕非流俗所擬，他日成就，豈可量所至也！然《文先》之輯，果足嘉惠幼學，而微窺意指，仍似不脱時文習氣，與俗下所選《左》、《國》、《史》、《漢》、唐宋八家以及七種八集之類，究未相遠，恐童幼習慣，專意詞致文采，遂以機心成其機事而難於入道耳。蓋古學俗學之分不在文字，在乎有爲而言與無爲而言，文辭高下，猶其次也。

大家著述，利鈍雜陳，華樸互見，非不知樸不如華之可悦，鈍不如利之入人，而其意以謂非此不足盡其學，而成其立言之功能。以故世俗有所棄取決擇，而彼亦不恤焉，所謂有爲之言，不得不如此也。惟夫枝葉名流，務爲娟潔美好，波瀾意度，獵取古人膚廓，嫣然以媚於人。其道能工而不能拙，能章而不能闇，使能人抵掌稱歎而不能使人冥然深思，能使雅俗共賞聲名一時而不能使人浮沈抑揚，初無定論，直俟一二心知其意之人，爲之慟哭喜笑於千載而下，此則無爲之言，專求文字語言之末者也。

童幼初啟，先入爲主，務使文不雜質，錦不去絅，珠玉示以可珍，而布粟示以可服，不可急急以成章爲能事。是亦中人以上之取資，不知愚見亦有當否？此閒生徒，難與深言。幼子今年十二，孤甥今年十四歲矣，天姿俱不敏於誦讀，視令郎所誦不及十之四五，愧孰甚焉！然喜弄筆墨，鄙人不甚禁之。聞講《孟子》，便擬《孟子》問答文字；聞講《毛詩》，便擬四字斷句韻語；此則天質之可造者，恐其易於成章，故欲培其本質。所選文字，不盡取輕快流利一路，擬取《詩》疏爲制舉之權輿，史贊爲古學之底蘊。半山《制藝》，邵二雲謂後人僞撰，且於初學亦不甚切，足下以爲教之不入，誠哉前言之誤也！所屬文字，俱於七月二十以前，必可應命。彼時遣役一來，是所禱切！會晤何時？臨風悵惘，不盡欲言。

再答周篔谷論課蒙書癸卯

伻來，接讀手書，甚慰遥念。向來叨惠已多，愧無以報，兒子又承厚貺，無任感荷！來示論課蒙事，往復數番，殊慚所見之不逮。詳味足下之意，蓋不外乎先易後難，便童幼易於入手。足下之言是也。然窺《文先》之序及前後書示之説，不過取坊刻古文選本倒翻前後次序，而加以《東萊博議》耳。江浙時下館師，亦儘有能之者，子弟取效，亦復不過爾爾，未見其爲一定之良法也。

鄙人前書所論，足下疑爲過高，非高也，約其他日所至而爲之基。其中預期之言，足下視爲遽責之於童子云耳，若果如是，則豈高之云乎，直是罔矣！先易後難，鄙人無以易乎足下之説。而足下之課童子文字，以有題目蹊徑者爲易，而鄙人之課童子，以無題目蹊徑者爲易。然而各用其法以課其子弟，亦已各有其效，父兄各盡其心，子弟各致其力，待他日落實取材，亦何不可！而鄙人不免芻蕘之獻者，有題目與蹊徑，仍是不用八股之時文，他日見解，終不離乎依牆傍壁耳。書中所云

“積華與利，而拙與樸將不期而至”，此言未免倒施，天下無是理也，足下亦見樹之先枝葉而後有根本者歟？古今之人一也。如云立言有益將來而不爲今日地，鄙人無此意也。言惟其是，待將來亦何妨；如其非也，今之人豈可徇乎？足下又云“有德有言，與我輩此時所論皆非是者”，此則鄙見與高明之見，終始歧異之原也。德者，行道而有得於心之謂，不必一定聖人道德之極至也。凡立言者，必於學問先有所得，否則六經、三史，皆時文耳，況於他乎！學問而至於有得，豈可概之學者，是以利鈍華樸雜陳焉，而使之文境不拘窒，他日可以爲有得之基，此前書之所謂勿以機心成其機事也。若不察其指，徒一望而驚其難，則不如從事歸震川之八家，儲宜興之七種，任其播弄而先後施之，固已能如足下之期矣，又何勞勞焉選輯而叙論爲哉！

近日生徒散去，荒齋闃然，補苴《文史通義》内篇，撰《言公》上中下三篇，《詩教》上下二篇。其言實有開鑿鴻蒙之功，立言家於是必將有取。然文繁字多，至萬餘言，不能遽録，先以《言公》三篇致邵二雲，《詩教》二篇，俟續寄去，足下不可不與聞也。或令人抄去，置之座右，較之《史例》《校讎》諸篇，似有進矣。足下近作叙論文字，居然斐蔚，叙事文微冗碎，要當鍊之，使其老潔，真傳世之業也。辱承諄委，輒爲更易數處，惟酌采之。悤悤不備。秋涼好自愛！不宣。

與喬遷安明府論初學課業三簡

二十日晚閒，接到十九來簡，知此間十七日啟事亦於十八日始得入照，想雨水泥濘，道途有阻滯也。承貴僕於十九啟程，不識先至京師，抑先至保府？又不知前所云十八啟行者即此人，抑十八已行，而此又重遣之耶？幸便賜示知之。甘霖應候，德政是徵，可爲額手！然此間已聞霑足之後，若再不休，未免有礙布種，而昨今以來，晴爽尤覺可愛。西成兆豐，青氈措大亦得飽食，豈特爲賢守令賀而已邪！《説文》檢字生疏，須取俗下《詩韻》一本，將小篆九千餘文，通與注明部次，朱筆標於楷韻之下，如遇經傳文字，先按韻而得其部次，再按部次而得其篆文，其功特易易耳。且《説文》字少，經傳字多，《説文》中字先不編韻，則遇經傳所有而《説文》所無者，必有空翻全部《説文》而終無所得之患矣。此事前與大阮世講已道及之，彼忘記耳。且編韻之功，爲之甚易，一人讀全部《説文》，一人逐字檢韻注之。如有四人八人，則分部可辦，不必一手，且但注偏旁，不必更書本篆；即僅兩人爲之，不過十日可畢。是經傳文字未及考正，卻已先得一卷《説文缺字考》矣。爲學之事，動手必有成功，此類是也。又此時《經典釋文》《十三經注疏》尚未到手，則所謂認字之法，現今亦無可作。樂得乘此暇日，先與備此巧法，以俟臨時之取用如攜可矣。愚意以爲此事之所難者，在節取注疏，詳略之閒不無苦心耳；此等乃是皮毛之事，易爲力也。諸世講現在讀書功課何如？得讀書之意者，不在驟也。若有所商，希開首尾示下。大阮世講讀書有疑，有所不便，即按款目開單，積三數日寄來，相商至便。善學者，正在善於問耳。此閒生徒，邇日心氣稍定，要自求益者，十中不二三焉。六月初旬，或得少暇，當造粉署，一觀鯉庭課業爲快。悤悤此佈，不盡。五月二十一日申刻。

昨接來教，適以客至，又小有酬應，少稽裁答。新晴如沐，良苗懷新，南牖披薰，定得佳趣！承《説文》編韻，變例難歸，自宜斟酌簡明，乃易推用。蓋古人著書無例，隨所觸而著例，故窮始變，變始通，而通可久也。近人作書，先定凡例，而書中變化，決非凡例之所能盡。而其初爲例所拘，已成篇帙，中遇不可行處，不得不往復追改，則事勞而牴牾亦易見也。今爲程課之計，自與著書不同，然其意不可不知。如編習中閒忽有疑義，與通編前後凡例不侔者，必須另册札録，以存闕疑之意，此闕疑即學問也。至《説文》所無之字，但空此格，不必填注。蓋由古字少而後世字多，經傳文字，多有後世傳寫，因義變化，故不必合也。然亦有《説文》原有其字，而今之傳本脱落無存，如“劉”字今本所無，而“瀏”下注云“從水劉聲”，是許氏當日原有“劉”字而今本脱落之明徵也；又"由"字亦今本所無，而"宙"下注云"從宀由聲"，是許氏當日原有"由"字，爲今本脱落之明徵也。空格不填，以待考證補填，如云"《説文》本無惑"或"《説文》原有，[7]見某字某注，今本脱落"之類，皆可填也。至一字省文而義異，如"裘""求"之類，自當以義爲斷，"求"注"與求"，而"裘"注"衣裘"，各自爲篆，不相涉也。又一字義同而形體有異，如"𣴎""流"之類。按《説文》本字從"𣴎"，而"流"乃大篆之法，故注云"篆作流"。《説文》中所載，間有古文籀文大篆等字，俱列本文之下，並是義同而形體異者。今此所編，但用《説文》本字，其篆籀古文，别爲一册記之，足資把玩，餘則無所用之。蓋篆籀古文，其學久已失傳，取零落散見者而彙輯之，不過存好古之意可耳。又一字兩解兩音，而《説文》止一音，如曑，星名，又參差之類，但篆注一處，而他處用互詳之法。如已篆參差之文，而於釋星之篇，注云與某韻某文同義可也。參差之下，亦注又詳某韻，乃便依檢。此即前次所授大阮世講四條之中檢韻之一條也。又一字義同而音異，如"芼"字，《詩》注作上聲，《廣韻》作去聲之類，從注從韻，皆無不可，但從上聲則去聲必須互注，從去聲則上聲必須互注耳。所謂互注之法，但注列部次，其詳則但列本門之下，仍不致重勞也。連日生徒課業及賓客應酬，又畏繁熱，書至此處，衡司馬又來邀飲，不可得辭，先此佈覆。悤悤不果自書，生徒録草，不恭，恕之！其諸郎君應作如何啟發，及大阮世講所問，均候明日專書奉答。此達，並候，不宣。二十六日未刻，學誠頓首。

昨日作札及半，爲邀飲者中止，今取原草視之，則《説文》歸類之説，既得粗陳其崖略矣。又承諸郎君但知記誦而不能開發性靈，此事固亦不可不籌及也。學問大端，不外經史，童蒙初啟，當令試爲經解史論。經解須讀宋人制義，先以一二百言小篇，使之略知開合反正，兼參之以貼墨大義，發問置對，由淺入深，他日讀書具解亦易入也。史論須讀四史論贊，晉宋以後，姑緩待之，史家論贊本於《詩》教，與《綱目發明書法》《通鑑輯評》之類有異，後乃源於《春秋》之教，與紀傳史家本屬並行不背。然攻編年史者，其人率多庸陋淺俗，所著議論，大抵迂拘不達事體。村塾蒙師用以謬托《春秋》之學，習爲一種庸惡講章風氣，雖胡康侯猶不免膠泥中外之見，穿鑿元正之例，況其他乎！若馬班諸人論贊，雖爲《春秋》之學，然本左氏假設君子推論之遺，其言似近實遠，似正實反，情激而語轉平，意嚴而説更緩，尺幅無多，而抑揚咏歎，往復流連，使人尋味行中，會心言外，温柔敦厚，《詩》教爲深。蒙幼初開，得其調達，正如春草初生，鬱葱氣象，妙於青碧有無之閒，較之夏器高粗，尤爲美含不盡；而且其體本於風人，其事關乎學識，其體參乎記述，其流達乎辭章，他日變化無窮之業，盡於此中寓之，以是不可不急務也。又且短篇易於結構，淺近易於仿摩，俾與經解相閒爲之，即使欲爲舉業文字，亦自燦然可觀，又何憚而不與習邪！此閒課期閒出論題，諸生多爲八股款式，去其破承而加以粗率，真使人悶絶也！比有臨榆張童子開泰，年甫十六，能讀五經、《左傳》，隨其伯兄鈞泰來此肄業，頗似可教。然恐父兄俗解漸漬已久，行且試窺出手，再爲勸誘之方，因材或可以就達也。大阮世講所問同字而不同聲韻，平仄分收數部，慮其并載，致有眉目不清之弊，因擬字畫、音義、訓詁分爲三層，此説未爲不可，特紙太費耳。且所慮之事未及詳察，檢韻、闕疑、訂訛、補韻四條，前此原令别自爲一編也。字同而平仄音韻異者，如解義無殊，但於所同之部歸明韻類，下注詳見某韻可矣。音義異者，則本音之下注明本解，别音之下又注别解，仍於二處各注又見某韻字樣，以備稽檢，可也。音義皆同而筆畫多寡不同者，篆字止有大篆，籀古小篆無此例也，其説已見昨札矣。至於楷書，則亦用别册記出，仍於本字之下，注云又作某字字樣，如“無”又作“无”之類，皆可推也。至云俗下韻本遺字甚多，因欲仍注《廣韻》之下，此説可也。前書欲使注俗韻者，恐《廣韻》佳本遭塗抹耳。今思此事亦自無妨，《廣韻》注出《説文》部次，可考古字與古韻之異同，亦未嘗非佳事也。但既作此事，别册記録之本不可不備；既可於正課之外，觸類摘録稽古之得以爲餘課，且有疑不能解、質問無從之事，亦可以記録而待將來也。賤軀最不耐熱，眼有溢眥，又愛食蒜頭，葷氣所蒸，急切未得痊可。草草佈達，餘俟續報。不宣。二十七日申刻。

與林秀才

承示《三餘筆録》六卷，反復數過，具徵志古好學，不虚歲月。昔人謂“開卷有益”，又云“善學如關津，不可輕易放過一人”，讀書能如是用心，則無淺非深，隨在皆學問矣。無任欽佩之至！但細覈全書，義例多未完善，考訂亦鮮詳備，存録案閒，以爲劄記用功之草稿可耳；編次目録，犂分篇卷標題，儼若已成之書，似尚宜稍待也。天下學業，後人或多不及前人，惟説部之書，後人實勝於古。正以專門著述不如古人，説部書無定體，人人可爲，而精華所萃，轉爲前人所不及也。韓子曰：“記事者必提其要，纂言者必鉤其玄。”即此尋章摘句之劄記也。然其鉤玄提要之書，不特今無所見，抑且當日亦無所聞，何哉？蓋韓氏長於文辭，其所劄記，取爲文辭之用，非著述也。宋人所爲章氏《考索》、王氏《玉海》之屬，皆爲制科對策，如峙糗糧，初亦未爲著作；惟用功勤而徵材富，亦遂自爲一書，譬如蒸糟未釀酒醴，而亦可爲醃淹漬食物之用也。顧氏之《日知録》，則空前絶後矣，其自序乃日逐劄存，晚年删定而類次者也。閻氏之《潛邱劄記》，則例類未清而編次雜亂，蓋其未定之本，然其隨時劄録，中有定見，故義例雖未清析，而書足自成一家，不可廢也。今觀大著所録，書分六卷，事隸千百餘條，而類例不分，先後失次，忽引成書而未究其緒，忽入己説而未得其裁。如《三家詩考》，王氏所輯，尚有遺漏，後人已多增補，今重録之，轉多不備也。《逸詩章句》，自楊升庵以還，輯者數家，今既不能廣益，亦可無煩綴録也。《七略》《七録》，本一例之事而分載前後，且《四簿》《七志》同類，亦不應詳此略彼也。又如疏證六經無“餻”字，引《周官》疏謂六經原有此字，不知疏乃唐人之言，劉禹錫故唐人也。論《七發》命名，自枚乘以下凡十餘家，不知此自六朝人言之，而唐宋文人所爲七體文字不啻百家，不可襲舊文也。凡斯等類，隨筆劄録，以待日後參訂，固學者之功程；遽爲成書定説，即無取矣。

大抵學問文章，須成家數，博以聚之，約以收之，載籍浩博難窮而吾力所能有限，非有專精致力之處，則如錢之散積於地，不可繩以貫也。古人以學著於書，後人即書以爲學，於是專門經史子術之外，能文之士則有文集，涉獵之家則有説部，性理諸子乃有語録。斯三家者，異於專門經史子術，可以惟意所欲，好名之士莫不争趨。故閒嘗有美玉焉，而不勝其碔砆之多以雜也；有夜光焉，而不勝魚目之汩以擾也。故爲今學者計，劄録之功必不可少。即顧氏所爲《日知》，義本子夏氏教，然存爲功力，而不可以爲著作。亦俟類次既多，積久而胸有定識，然後貫串前後，去其不合與不定者，慎取而約收之，雖謂不愧顧氏可也。既以此爲功力，當益進於文辭。《易》曰："修辭立其誠。"辭不能不出於修，近日學者，正坐偏學而不知文耳。孟子曰："博學而詳説之，將以反説約也。"夫博約自是學問，乃必云"詳説"，又云"説約"，所謂説者，非文而何？宋人譏韓子爲因文見道，然如宋人語録，又豈可爲文乎？因文見道，又復何害！孔孟言道，亦未嘗離於文也。但成者爲道，未成者爲功力，學問之事，則由功力以至於道之梯航也。文章者，隨時表其學問所見之具也；劄記者，讀書練識以自進於道之所有事也。足下有志於古，正當因是而進勉之，無怠無怠！四月二十日。

與劉寶七昆弟論家傳書

開示《三代節略》，見之實深慚汗，蓋較鄙人失去戒謀先生原稿，遺佚多矣。先生《三代行略》及其高祖，而考士望公則别爲篇。今所開者，入士望公爲三代，而先生高祖汝臨公，不復可憶矣。鄙人則憶原稿有云："汝臨公事，雖先生亦無由悉，因檢故書中，有壽幛題辭，得其一節可傳，故爲《行略》之首。”此則記憶甚確，而所謂一節者，其事云何，則不能識矣。計時相去已二百年，難以質訪，兹用疑以傳疑之法，仍著其説於傳，而不敢鑿實其事，庶觀者或鑒其情焉。前此所惠《水澄全譜》，天幸尚在敝篋，故於《節略》所開，皆取譜覆校，然後爲文。其函三公所戒好名外慕二語，按譜乃守常公家訓，函三公必舉祖訓申戒子孫，非創説也。至譜與《節略》皆云函三公官廣東山陽縣丞，按《明史·地理志》，縣名有兩山陽：一屬南直隸淮安府，一屬陝西西安府，廣東並無山陽，必是陽山之誤。史法，縣名無重複者不著統部，陽山本無複名，法可不著廣東。今此譜則又幸著廣東，故得考正山陽之誤，故仍著之，將來譜刻，須改正也。又《伯謙公節略》謂函三公卒，庶子俱幼。此當因士望公事相似而誤。按譜，函三公卒於順治十年癸巳，側室楊有二庶子，長世閎，生於天啟壬戌，至是已三十二歲；次世庸，生於崇禎庚午，至是已二十四歲，俱非幼矣。傳以徵信，欲垂久遠，不敢漫然爲之，故不嫌往復考訂；雖事迹荒落之餘，闕疑徵信，書法尤不敢不謹也。傳文别寫奉上，並與蘭輝令弟共參訂之，如何如何？

答某友請碑誌書

昌黎文起八代之衰，大書深刻，羣推韓碑，然諛墓之譏，當時不免。今觀韓《集》碑誌諸篇，實未嘗有所苟譽，惟應酬草率無實之文，十居其五，李漢編集，不免濫收，爲少持擇爾。然此特論著述精微之極致當如是也，如以文論，未見其可貶也。邇日此道衰歇，萬不敢高論古人著述，即僅求牽率應酬，得以文從字順，有如通邑大都，官音常話，盡人可通曉者，千百之中不得十一，閒有遇者，幾於空谷足音，僕雖不敢昌言，而私怪於心者非一日矣。今足下爲某公代致狀述，請爲借銜誌名。某公家世，簪纓累代，清華文學之選，又奕葉多知名士，今以其先人大事撰具狀述，將求顯貴頭銜，鴻文名筆，以光泉壤，其於所求之文宜如何也！乃披閲狀述，通篇竟不知作何許語，覽之如醉如迷，凡銘誌法所必應具者，竟無可藉以措手，不免擱筆而窘於辭命。或疑僕論文過嚴，不知非於事理有礙，僕又何苦而不從衆耶！今之所謂文，古之所謂言也；今之所謂字，古之所謂名也。夫子曰："名不正則言不順，言不順則事不成。君子名之，必可言也，言之，必可行也。"今非徒不順不正而已，名不知其所名何等，言不知其所言何謂，乃欲擬以銘勒金石，豈不難哉！即如首叙其七世祖"光禄公"三字，大費推究。稱公不稱名諱，則不知其何人。以雍正甲第上推七世，計其時必在明代，而不書明代，則不知其何時。光禄之稱，尤難逆億。蓋故事，官至一品，均階光禄，非職司也。如叙事職司，則三品正卿，五品少卿，其屬典簿、署正、署丞在六七品，高卑懸絶，俗例皆可稱光禄公，則不知其何官。叙人之祖而不知其何代、何官、何人，豈成文理！故"光禄公"止於三字，流俗視爲常談，而不知其已犯三不可名、三不可言之弊，使載筆者茫然束手而無措也。通篇官資錯亂，不可究詰者，大率視此，不能悉數之也。凡叙遠祖在前代者，自當表著朝代，及至高曾以下，何人始入本朝，亦必表著本朝，一定法也。今則遠自七世，近及其身，皆在不今不古之閒，後人將何觀覽！祖考皆書名諱，而伯父叔父僅稱其字；外祖亦書名諱，而己之兒女姻家則皆稱字稱公；亦不知其是何理也。子孫稱其先妣爲太夫人，不問品秩，律以《春秋》魯君稱公之義，亦似無傷。但既從私尊，則不應又與太宜人名號雜出，似二人也。又婦人封號，因夫封贈，不得稱太；因子封贈，惟夫亡而身存，則加太字。若與夫俱亡而同受子贈，或與夫俱存而同受封者，均不稱太。妾受子封，無論生死，皆得稱太，蓋不能上係於夫，故必下從其子而加太也。五品以上爲誥，六品以下爲敕，一二品同爲夫人，則加隆於其尊者而稱一品夫人，七八九品同爲孺人，則分别於其卑者而稱八品孺人、九品孺人，八九品官推貤得及其母，正封不及其妻，故八九品官之母，未命可稱例封例贈，其妻不得稱封贈也。此皆典例胥吏行文之所曉悉，而學士大夫，往往茫然。若此篇所叙，尤不可情理測也。

又文評詩話，原始六朝，於文辭中別爲一種。其閒稱謂物色，閒及俳諧，譬如賓客寒温之文，不可以達尊嚴之座，各有體也。試觀歷史《文苑傳》文，與諸家詩話、文評，最相切近，而其辭初不相犯，亦可思其故矣。今乃稱其先德耽詩，出入東坡、香山之閒，又不知爲何許語也。唐白氏居易，宋蘇氏軾，入傳紀文，稱爲樂天、子瞻，已失慎重；如云東坡、香山，則峰泉邱壑，因寄爲名，人有同焉者矣，安在其必蘇、白邪？必云蘇、白人所共識，正恐讀者未如作者之博洽多聞。且人所共識，莫如夫子，而馬遷《世家》，未嘗諱不書名。後世功令崇奉，雖朱子亦不稱名，然傳記之文，不以功令稱子而以紫陽、考亭之類爲之名號，亦豈可以爲訓乎！而是文述其先世之交，多出一時名輩，乃云"松陵、義門諸先正，推服所爲時藝"。夫義門爲浦江鄭氏擅稱，不聞其家有時藝名者。或云長洲何焯亦有此稱，然豈可獨擅邪？不知松陵又是何人，詢之時文家流，竟未有能知其諦者，此則幾如禁方内之藥名，牙市中之暗號，以此入文，又不知爲何許語也。他如述朋黨之徵逐，則曰"夜鯉晨鳧"，叙幼學之能文，則曰"龍文虎脊"，高才不遇，曰"荆玉屢蹶"，晚歲亨佳，曰"蔗味回甘"，祝父壽考，曰"椿庭長蔭"，稱婦節行，曰"柏舟矢志"，諸如此類，或似優伶科諢，或似觴政藏謎，對之如墮雲霧，不知説鬼説夢。名不可正，言不可順，至於此極，殆於文字之否厄矣。而一時文人才士或自命古文辭者，於此多不甚爲怪也。既已習而不怪，則必以怪者爲怪，故非今日窒於事理，推之所名，實有不可得言，所言實有不可得行，如上所云云，則亦何敢違衆昌言以取謗耶！夫人既不知删所當删，則必不知取所當取。具狀一萬五六千言，可謂富矣。闕書法者既已坐人雲霧，疏行述者又復引人睡魔，凡於精采可以聳神，情款可以沃腑，行堪模楷，言合經綸，隅可三反，微能推顯者，含毫往復，莫可尋求。至於世禄之家，推解是其應爾；家傳如是，學古亦屬愧辭。婦事姑疾，人事之常；繡佛長齋，亦非典要。彼則侈爲人倫盛事，敷陳累牘連篇，則其人懿美，昔人所謂"傳神寫照在阿堵"者，又茫如矣。僕嘗謂具事狀者與撰文人之才識，比於馬足，相去僅可在上中駟閒，則彼此可以不負。如相去在百步外，即多不協，如在千百步外，則心思耳目各不相知，比如穴鼠欲爲駿馬聚糧，必不合矣。況人才相去，竟有百千萬里而猶不止者，世人但知具事狀以徵文，談何容易！

僕少從大興朱先生學古文辭，每見投事狀而乞爲文者，先生披其事狀，輒擲不顧，必召其人再三詰問，然後爲文，初甚疑之。及見所爲之文，則可觀矣，徐取事狀較之，則所具全非所用，文之與狀，殆風馬牛之不相及，然後恍然其故。因歎昔人所謂“忠孝節義，不死於刀鋸鼎鑊，而死於文人之筆”，誠有味乎其言之也！僕數十年來，於應請之文，每用朱先生法，輒有可觀。大抵即事狀以究詰情文，頗類據訟牒以平反疑獄，獄情既得，視訟牒所陳，固有全失其事理者。乃知臨文研擇之功，同於老吏，非朱先生示法，前人未有及此者也。今某公既非可以召致，狀中疑議無從詰問，又假借頭銜，代爲顯者措辭，亦未識如何可以當貴人意，躊躇惶惑，莫知所裁。謹將禮幣還納，原來行實並繳，惟冀婉言辭謝，無任感荷！不宣。

與馮秋山論修譜書

竊見譜例眉目不清，款列混淆，難以便人稽檢。足下所輯，特一門支譜耳，爲系不過九世，存没通計不過百人，即已擾擾不精，至於如是，設撰東南鉅族，統宗會譜，傳世至二三十，存歿名字至萬千人，勢必連牀架屋，不能自休，而子孫欲考支系原流，亦必繙閱窮年，不得端緒，則不知何所見而作此舉也。而指授之人，方且以爲美善，惟恐人不知説之出於己也，序中反覆言之，則亦異乎吾所聞矣。夫序云“修譜貴簡，庶幾子孫他日遷移便於攜挈”，此説已不可訓。夫譜乃一家之史，史文宜簡宜繁，各有攸當，豈得偏主簡之一説，以概其凡。至云便於遷移攜挈，則尤不成議論。充其所言，家藏六經、三史，其文不爲簡矣，一遇子孫遷移，必當抛擲而棄毁之邪！抑六經、三史傳示子孫，必當删節而簡括之邪！此則不問而知説之非也。雖然，彼之所見，即以主簡立説，則指授於人，必當以簡爲法，庶幾所爲之事，一如其所見也。

夫譜乃周人舊法，旁行斜上，用别昭穆親疏，較之連篇直書，觀覽易識，斯其義也。世數積三二十輩，尺幅可申，猶當一貫而下，統合爲篇，或至三四十世，尺幅必不能容，然後再起别幅，以其首格承前卷之末格可也，然亦必須下卷首格，標明上卷末格支系，俾人按支覆審，此則無可如何，而出於不得已也。然已不勝標注之繁，與覆審之苦矣。今馮氏支譜，僅列九世，則律文五服之圖，上治四世，下治四世，亦九世也。尺幅之閒，寬綽可容，而授其例者，乃截三世爲幅，由四之六，由七之九，即須别幅更起，而四世七世之冠於二幅三幅之首格者，又不標明前幅末行三世六世之支系所出，欲知二幅三幅首格所列之人，出於前幅何支何派，又須反就前幅，細閲於注，往復再三，乃始辨之，而每人名下，詳書字號官階，生卒年月，妻妾姓氏，子女嫡庶，多者繁至一二百言，少亦數十餘言，横格排列，累幅未了，欲尋支系派别，一望迷悶，莫知所從，此則不如不用横格一體，連篇直書，如閲花名卯簿，猶爲簡易者矣。夫旁行斜上，取辨昭穆親疏，況所謂字號官階，生卒年月，妻妾姓氏，子女嫡庶，窆葬處所，本不待旁行斜上之體，而始能分明，例須無其輩行排列於後，直書爲牒，彼觀之者，見表而昭穆親疏，瞭如指掌，然後循表之名，考牒之注，豈不觀覽有序，編次可法也哉。今爲分别表牒，用紙不過十番，而一望可曉，而自稱尚簡者之所指授，則注盈横格，用紙至二十六番，而轉令閲者尋究無從，其簡爲何如邪！至卷首先代世系之圖，則溯其祖之所出，但有本支，而無旁支，故圖之所列，但有弟兄以定伯仲，而無兄弟之子以入旁親，此亦一定例也。第既名爲圖，則約略方幅，系以墨綫，指掌可明，而亦分横格，儼如作表，廣至兩幅，使覽者乍觀，有類系表，又似旁支皆絶，止有本支子孫者然，是又尚簡者之好繁而使人惑也。

夫史學失傳已久，家譜之類，人自爲書，家自爲説，其難言者多矣。經生帖括之才，其於史事本無所解，不足怪也。乃不自度德量力，强作解事，以自誤而誤人，且欲以此自鳴，至云欲天下之爲譜者，以是爲法何邪！

候國子司業朱春浦先生書

不侍函丈，纔帀歲耳，意思惘惘，輒如積數十年之忱，不獲一面訴然者。夫非先生，別路孤賞，向推骨肉心腎之愛，何以及此。學誠二十年不見江南秋矣，當微風脱葉，候雁初鳴，輒憶兒時鄉里情事，歷歷如昨。今忽爲羈客悲秋，囊游邈不可得，因知荏苒年華，倏如馳羽，身世變化，曾無常期，霄虛氣清，驚怛不已。每念人生不過閲歷數十寒暑，其中無論菀枯遲疾，終必同歸於盡。而所以耿耿不可磨滅者，精神而已。薄俗好名，争爲無本之學，如彼草木榮華，紛紜莫定，然一旦落其實而取其材，必其精神所獨結者也。

向者學志之役，小子以薄業從事編摩，初志謀食而已。先生獨取其撰述，謂非一切碌碌所可辨者。因白之同官，咨之詮部，俾一官償勞，使得盡其夙抱。既而當事虛公惜才，如定圃、瑶圃、確三先生一時罷去，卒事不成，先生猶復惓惓小子，欲使卒業則例一書，爲後日叙勞地。學誠用是喟然謝去，非無所見而然也。昔李翺嘗慨唐三百年人文之盛，幾至三代、兩漢，而史才曾無一人堪與范蔚宗、陳承祚抗行者，以爲歎息。夫古人家法，沈約以前，存者什五，子顯以下，存者什三。唐史官分曹監領，一變馬、班以來專門之業，人才不敵陳、范，固其勢也。每慨劉子玄以不世出之才，歷景雲、開元之間，三朝爲史，當時深知如徐堅、吴兢輩，不爲無人，而監修蕭至忠、宗楚客等，皆癡肥臃腫，坐嘯畫諾，彈壓於前，與之錐鑿方圓，牴牾不入，良可傷也。子玄一官落拓，十年不遷，退撰《史通》，竊比元㨾。蓋深知行尸走肉，難與程才，而釣弋耕漁，士亦有素故耳。歐、宋之徒，不察古人始末，以爲子玄工訶古人，而拙於用己。嗟乎！使子玄得操尺寸，則其論六家、二體，及程課銓配之法，縱不敢望馬、班堂奥，其所撰輯，豈遽出陳壽、孫盛諸人下，而吴縝得以竊其緒論，《糾謬》致於二十有四也哉！向令宗、蕭又使子弟族屬，託監領之勢，攘臂其閒，顛倒黑白，子玄抑而行之，必將憤發狂疾，豈特退而不校已耶！假而事非東觀之隆，官非太史之重，以升斗之故，與睢盱一輩，進退其閒，宜子玄所尤不屑矣！後之人或以致誚，何哉？夫人之相知，得心爲上。

學誠家有老母，朝夕薪水之資不能自給。十口浮寓，無所棲泊。貶抑文字，稍從時尚，則有之矣。至先生所以有取於是，而小子亦自惜其得之不偶然者，夫豈紛紜者所得損益？是以出都以來，頗事著述。斟酌藝林，作爲《文史通義》。書雖未成，大指已見辛楣先生候牘所録内篇三首，併以附呈。先生試察其言，必將有以得其所自。伏惟拯其没溺，究其終始之意而進止之，不勝企竦，臨發悤悤，不能盡布所懷，尚俟續聞，臨池神溯。

與阮學使論求遺書

使節南指，兩浙人士如瞻威鳳儀麟，從此春實秋華，俱歸鑪冶，牛溲馬勃，亦入奚囊，風教所施，將爲後此數十年氣運人文開積石矣，無任欣慰翹企之至！衡文課士之暇，搜訪遺文逸典，以補柱史之藏，亦輶軒采風之遺意也。鄙人久役於外，故鄉文獻，不甚周詳。惟浙中自元明以來，藏書之家不乏，蓋元明兩史，其初稿皆輯成於甬東人士。故浙東史學，歷有淵源，而乙部儲藏，亦甲他處，近俱散失盡矣！三十年前，京師鬻舊書者，多從浙江舊家收販，近十許年，不復顧也。聞海外番舶，如日本、琉球，頗用重價購書，江浙之閒，有司不甚稽察，此恐所關非細。或與大吏言之，凡諸海口商舶，毋許私販書籍，則所全者，不特爲徵文考獻已爾。又謝承《後漢書》，前輩有及見者，而《四庫》未登於録。然其書今在敝郡，郡人力不能致，則如委宛琅函，必待其人而後發也。閣下上會稽，探禹穴，修司馬之故事，則山陰諸生有王樹實者，積學世家，其尊人名記善者，現官富陽訓導，家多藏書，而謝氏《後漢》一編，祕藏什襲，不以示人。往聞許侍御寶善以法納交王君，曾得借鈔一本，仍相約誓，不以告人，故亦無從詢訪。蓋王君父子，好古而不免於癡，其祕而不出，非徒慮借人傳鈔，恐損失其世傳手澤也，蓋直視此書爲異國名香，開囊恐洩其氣；仙符禁方，傳世懼失其靈。故鄉黨非無大力，而賄賂不足以動之；當道非無權勢，而要挾不可以臨之。所幸子衿學博，約在門牆甄鑄之中，倘循循以善誘，俾封蔀之漸消，則《蘭亭》真迹，未嘗不可躡崇梯而出斗栱也。如何如何？幸善圖之！

夫古書亡而再出，誠屬佳會。然古書亦有有用無用之别，無用之書，不過摩挲古澤，略同彝鼎，閒備旁證而已。鄙人不甚好古，往往隨人浮慕而旋置之，以謂古猶今爾。至於古而有用，則幾於身命徇之矣！若謝氏《後漢》之作，則其人生於三國，見聞多確，勝今本者一也。范史雅有别裁，然文多刊削，謝氏紀載詳密，劉知幾謂其書多於班史，而今傳范《書》乃反少於班，則勝今本者二也。藝文爲千古學術淵源，而東京一朝，學者通專門而趨博覽，著述亦收諸子而開文集，彼時校讎著録，最爲絶續關鍵之所繫，劉氏父子校讎之學，隋唐之際，猶存崖略於内典著録，而史志已失其意。惟謝氏《藝文》，一仍班史體例，著録皆與劉氏父子繩貫珠聯，校讎之業，大有原委，則勝今本者三也。諸志想亦多用班例，則爲益更多。此書如出，必當請於廟堂，仿新舊《唐書》、新舊《五代史》例，與范史並刊以頒學官，亦藝林之勝事也。又王氏先人名雨謙者，隱居不仕，後名白鶴，嘗著《廉書》，卷軸甚富，不知全目幾何？亦抄本存笥，不示外人。鄙人童子塾時，嘗見先人借閲，皆大幅鉅册，細字密書，且多塗抹，先人亦閒有鈔摘，大約似比類書也。類書出於近代，固無足重。然王氏家多藏書，其所采摭，必多遺文祕册，今訪得其書，或可全刊，或堪采輯，亦未必無裨補也。

又四書文藝，雖曰舉子之業，然自元明以來，名門大家，源分流别，亦文章之一派，藝學之專門也。近日通人多鄙棄之，不知彼固經解流别，殆如賦之於詩，附庸蔚成大國者也。鄙人嘗欲彙輯古人名選佳刻，博采前輩評論故事，仿《詩品》《文心》及唐宋詩話之意，自爲一書，以存其家學。無如時文風弊，前輩名刻，不甚購求，坊估無所利而不復估販，亦恨事也。會稽前進士徐廷槐號笠山者，以四書文義名家，與桐城方氏，金壇王氏，湻安方氏，長洲何氏，一時角立，互相推許。其平日所撰，有《文航》一書，選文二千餘篇，皆前明天啟、崇禎及國初前輩名作，[8]外間不甚著者，以帙大不及付梓，嘗取十分之一，刻爲《文航簡抄》，學者尚有流傳，其《文航》全稿，現藏於家，子孫式微，恐不能無散失。其書所重，不盡在文，文後評跋，多記明末遺文逸典，東南文獻，師友淵源，棘闈故事，多可考見。蓋徐氏之意，在於史法論文，現所評跋，則知作者之所用心，實有裨於論世知人之學，非習舉業者所能知也。如能求得其本，或刻其全，或采其要，表章絶學，功德非淺鮮也。爲此區區，不遠千里，敬佈端由。惟大雅名公，善爲裁鑒，斯文幸甚。

鄙人楚游五年，秋帆制府《史考》功程，僅什八九，以苗頑稽討，未得卒業，暫歸省視家室，復作京師之游，擬明年赴楚終其役耳。比如訪得謝書，則報緘但寄邵二雲侍讀處，鄙人必與知之，争先爲快覩也。冬寒，伏惟寶攝，不盡。

上朱中堂世叔

四月間因史表姪赴廣之便，曾通啟事，忽忽又數月矣。欣聞擢長三省，仍兼節制兩川，福星一路，即以福星天下。屬在至愛，不敢綴叙浮辭，等於泛輩，惟是北斗望深，西州道遠，井泥凋雪，無由瞻睇慈雲爲悒悵耳。小子近狀，已述前書，史生當有面述，閣下所悉，弗復綴陳。

惟是楚中教匪，尚爾稽誅。弇山制府，武備不遑文事。小子《史考》之局，既坐困於一手之難成，若顧而之他，亦深惜此九仞之中輟，遷延觀望，日復一日。今則借貸俱竭，典質皆空，萬難再支，只得沿途托鉢，往來於青、徐、梁、宋之閒，惘惘待儻來之館穀，可謂憊矣。但春風拂面，朋友雖多，知己何人？關心最切？近聞河南大梁書院，直隸蓮池書院，現在院長，河南則沈給事步垣，直隸則邵中書瑛也。皆以制服報闋，不待終年，明歲俱未有人。閣下於梁制府、景撫軍處，度其易爲力者，即賜郵書推薦，當有所遇。儻恐薦定，而小子周流之身無由得知，則於景撫軍書，道及兒子貽選，現在盧學臺幕，詢之可知下落。梁制府書，但須向少白世兄處，可問知下落也。再梁制府初爲方伯，於小子爲蓮池舊賓主，去後聞彼尚道念。河南則吴方伯於小子爲鄉會同年，誼亦不甚薄。似二處皆有因緣，可藉並以附聞。

夫以流離奔走之身，忽得藉資館穀，則課誦之餘，得以心力補苴《史考》，以待弇山制府軍旅稍暇，可以蔚成大觀，亦不朽之盛事，前人所未有也。而閣下護持之功，當不在弇山制府下矣。近刻數篇呈誨，題似説經而文實論史，議者頗譏小子攻史而强説經，以爲有意争衡，此不足辨也。戴東原之經詁，可謂深矣。乃譏朱竹垞氏本非經學，而强爲《經義考》以争名，使人啞然笑也。朱氏《經考》，乃史學之支流，劉、班《七略》《藝文》之義例也，何嘗有争經學意哉！且古人之於經史，何嘗有彼疆此界，妄分孰輕孰重哉！小子不避狂簡，妄謂史學不明，經師即伏、孔、賈、鄭，祇是得半之道。《通義》所争，但求古人大體，初不知有經史門户之見也。不識閣下以爲何如？無任慚汗之至。九月十二日。

上畢撫臺書己酉十一月二十九日

鄙人聞之，物無定品，以少見珍；遇無常期，以知見貴。空青火浣，非必重於布帛菽粟，而世寶之，以其少也。陳倉石鼓，非必輕於秦漢刻畫，而自唐以前無題品者，未爲世所知也。昔歐陽子振興古學，亟稱尹師魯文，今觀尹氏之才，未爲勝於楊、劉，而歐陽重之，以其獨爲於舉世不爲之日也。康成游馬氏門，三年不見短長，一旦以算術見，始奇其人，卒有道東之歎。非康成鈍於先而敏於後也，前不及知，而後始知也。閣下人文鑪冶，當代宗師，鄙人傾佩下風之日久矣。嘗以私語儕輩，生平尺寸之長，妄詡所得，亦非偶然，不得有力者稍振拔之，卒困於此。昔韓昌黎結帶而見王孫，裴晉公摯縑而酬皇甫，其人果不可見，信乎命之窮矣。閣下今之韓公、晉公，而門下從游，視皇甫諸人所遇，殆將過之。蓋二公所得多才華士，閣下則兼收華實，陶鎔成就，遠出古人。當此之際，而不使鄙人一得置身其側，開口吐其胸中之奇，他日論遇合者，以謂愛才如閣下，而不得鄙人過從之蹤，負異如鄙人，而不入閣下裁成之度，其爲闕陷，奚翅如昔人所論莊、屈同孟子時，而不得一見孟子，受其陶鑄爲可惜哉！

鄙人職業文墨，碌碌依人，所爲輒蹶，巧於遇者，争非笑之，鄙人不知所悔，以謂世不我知，無害也。然坐是益困窮甚，家貧累重，僑寓保陽，疾病飢寒，顛連失措，瀕溝壑者亦幾希矣！豈無他人，恐非真知，易地猶是耳。用是裹糧跋涉，不遠千里，竊願聽命於下執事，閣下引而進之，察其所長而試策之。雖不敢擬空青火浣，陳倉石鼓之奇，抑聞王公大人，飽嘗芻豢，偶進薇蕨，轉以爲美，庶幾其一當也。閣下之客，多與鄙人往還，聞有道鄙人者，閣下未嘗不知之也。而鄙人猶復云云者，蓋竊有所感也。昔李文饒惡白樂天，緘置其詩，不以寓目，以謂見詩則愛，恐易初心，是愛其文不必愛其人也。鄭畋之女，喜誦羅隱之詩，及見隱貌不揚，因不復道，是棄其貌因棄其才也。鄙人既無白氏之詩，而有羅隱之貌，坐困於世，抑有由矣。然尺短寸長，不敢妄自菲薄，而必欲合軌於大匠之門，以其所操，亦有似爲於舉世不爲之日，而及其見知，雖三年之無所短長，不爲病也，況向者未嘗一日居門下哉！謹贄舊刻《和州志例》二十篇，《永清縣志》二十五篇，用塵斧正。其生平撰著，有《校讎通義》《文史通義》，尚未卒業，然頗有文理，可備采擇。稍暇當覓抄胥，繕寫上呈，不揣冒昧，干瀆清嚴，學誠惶悚載拜！

上朱大司馬書

前日有新撰《通義》一首，及所上啟事一通，論近日學者風氣，想邀鈞鑒。維揚吴澄野編修紹粲，以《歷朝詩選》序目、凡例相商，小子於詩學茫如，然於編書體例爲熟，因爲商訂數條，亦《通義》之支翼，謹録奉鑒。此閒閲卷已訖，邑中搢紳多故舊，尚須旬日之留，然後旋省，度閣下回轅，距不甚遠，意且面商，暫作蘇、杭之行，看機會如何耳。抑現有所祈者，家中嗷嗷已久，此閒所獲，隨身將歸，如沃焦釜，前日已於少白書中囑其轉達，未知到否？今沈桐城君正赴靈璧，舍姪正知靈璧，作書向渠索助，並囑沈君爲之面言，此時窘況，如得閣下爲之諭意，則彼正於散賑之時，窮途族叔，又舊托知交，或稍從優厚，未可知也。如未得面諭，或即令沈君以閣下意諭之，亦無不可。肅此並請鈞安，不盡。三月十五日，世愚姪章學誠頓首。

又上朱大司馬書

篋攜有同年汪進士輝祖所輯《同姓名録》，謹奉公餘讀史備稽檢也。小子曾爲撰叙，爲汪君尚有《史姓韻編》，取諸史所具人名編韻備查，與此書相爲表裏，故小子撰叙，兼包兩書而言。今《韻編》尚未完功，先行此書，而叙亦未刻也。叙中極論名姓之書，古有專門，因欲史家急復班固《人表》之例，以清列傳，覺於史學稍有擴清之功，而聞者多大笑之。《湖北通志》，自用其法，遂爲衆射之的。謹質清嚴，當必有所取裁也。昔亭林顧先生之論史，則怪陳、范、沈、魏諸書不立年表，以謂表廢而列傳遂繁，其言良允。然顧氏所指年表，乃宗室王侯將相列國諸表耳，未嘗知《人表》之陷於衆謗，宜急爲昭雪，而當推爲史家之法守也。充顧氏之所議，六朝諸史，誠無解矣。唐宋金元諸史，俱有年表，何以列傳之繁，反比范、陳、沈、魏無表之書增至數倍？則顧氏表廢傳繁之説，不足以爲篤論，而小子争復《人表》之説，非好爲異論矣！因併録呈誨，學誠惶悚載拜，二十三日。

又上朱大司馬書

昨桐城胡太學虔有書來，伊不日赴浙，且云阮學使將與謝方伯合夥輯《兩浙金石考》，又將西湖設局，借看《四庫》祕副，補朱竹垞《經義考》中未輯之小學一門。又胡君未來時，杭城原有修《鹽法志》之議，運使張君，尚稱好尚文事，因勸小子謀浙江文墨生涯。蓋小子自終《史考》之役，胡君自補《經考》諸書，同看《四庫》祕副，便取材料，彼此互收通力合作之益。又胡君於襞績編纂之功，比小子爲縝密，而小子於論撰裁斷，亦較胡君稍長。不特取材互省功力，即成書亦互資長技也。但胡君膺聘而去，自不患無安頓。而小子未與諸公交涉，必須閣下專書托阮學使爲之地步。阮雖素知小子，而未知目下艱難。又未悉伊等所辦之事，於《史考》有互資之益，須閣下詳論已上情形，則彼必與謝藩伯、張運臺通長計較矣。既明小子於彼諸書有益，又明《史考》得藉杭州告成，則秋帆先生必不忘人功力，將來必列伊等銜名，如秦尚書《五禮通考》列方制軍、盧運使、宋臬臺，亦其例也。

浙中當道好事有餘，而解囊多澀。往往借公濟私，如薦空名書院本無其缺，坐派州縣醵資延請。或薦看試卷，或延請經理《四庫》藏書，此最美缺，可以終身。或薦爲商家掛名教學，並無生徒，仍可辦書。故辦事不如秋帆先生爽快。胡君亦爲此故，覺少助力之人，無錢不能包請帮手。欲小子藉閣下與秋帆先生力，到彼自開局面，而陰收互益之效也。惟當事諸公既多好事，謝藩臺、張運臺、嘉湖秦道臺。阮公又與諸公聯屬，將有所爲，小子如得所安頓，則於彼之所爲，既有所補，即《史考》本業，又使諸公亦列其名。若囑阮公以此意歆動諸公，度必可動。但學使不時出巡，必須及早致書，俾得與司道諸公相商。二月中旬，出按外郡。而小子此間他無可圖，藉看一兩棚考卷，以作盤費。彼時阮公正可有回書，便於作進止矣。惟閣下即圖之。如阮公之外，更有可囑之書，則更有濟也。學誠不勝翹企之至！謹稟。十七日。

上朱大司馬論文

乙部之學，近日所見，似覺更有進步，殆於杜棱所謂“晚節漸於詩律細”者。世士以博稽言史，則史考也；以文筆言史，則史選也；以故實言史，則史纂也；以議論言史，則史評也；以體裁言史，則史例也。唐宋至今，積學之士，不過史纂、史考、史例；能文之士，不過史選、史評，古人所爲史學，則未之聞矣。昔曹子建薄詞賦，而欲采庶官實録，成一家言；韓退之鄙鴻辭，而欲求國家遺事，作唐一經；似古人著述，必以史學爲歸。

蓋文辭以叙事爲難，今古人才，騁其學力所至，辭命議論，恢恢有餘，至於叙事，汲汲形其不足，以是爲最難也。前明皮傅論文，則有秦漢唐宋相與奴主出入，何信陽謂“昌黎文起八代之衰，而古文失傳由昌黎始”，杭堇甫氏斥其病狂。夫昌黎道德文辭，並足泰山北斗，信陽何所見聞，敢此妄議！杭氏斥之，是也。然古文必推叙事，叙事實出史學，其源本於《春秋》“比事屬辭”，左、史、班、陈家學淵源，甚於漢廷經師之授受。馬曰“好學深思，心知其意”，班曰“緯六經，綴道綱，函雅故，通古今”者，《春秋》家學，遞相祖述，雖沈約、魏收之徒，去之甚遠，而別識心裁，時有得其仿佛。而昌黎之於史學，實無所解，即其叙事之文，亦出辭章之善，而非有“比事屬辭”“心知其意”之遺法也。其列叙古人，若屈、孟、馬、揚之流，直以太史百三十篇與相如、揚雄辭賦同觀，以至規矩方圓如孟堅，卓識别裁如承祚，而不屑一顧盼焉，安在可以言史學哉！歐陽步趨昌黎，故《唐書》與《五代史》，雖有佳篇，不越文士學究之見，其於史學，未可言也。然則推《春秋》“比事屬辭”之教，雖謂古文由昌黎而衰，未爲不可，特非信陽諸人，所可議耳。

蓋六藝之教，通於後世有三：《春秋》流爲史學，官禮諸記流爲諸子論議，《詩》教流爲辭章辭命；其他《樂》亡而入於《詩》《禮》，《書》亡而入於《春秋》，《易》學亦入官禮，而諸子家言，源委自可考也。昌黎之文，本於官禮，而尤近於孟、荀，荀出《禮》教，而孟子尤長於《詩》，故昌黎善立言而又優於辭章，無傷其爲山斗也，特不深於《春秋》，未優於史學耳。噫！此殆難以與文學士言也。

與朱少白論文

兒子言邵先生近勸足下學古文辭，足下不肯竟學，意謂：“文不可學而工，學養優餘，文自沛然而至。”此説誠然。但足下於今言此，猶未可也。孟子曰：“持其志，毋暴其氣。”著述將以明道，文辭非所急耳，非不用功也，知有輕重本末可矣，不當偏有所務，偏有所廢也。《易》曰：“修辭立其誠。”誠立何預於辭？而亦要於修此，明不偏廢也。夫子曰：“辭達而已矣。”曾子曰：“出辭氣，斯遠鄙倍矣。”聖賢教人忠信，何嘗不言修辭之功哉！《易》曰：“其旨遠，其辭文。”《詩》曰：“吉甫作誦，穆如清風。”此皆後世評論辭致工拙所由仿也。《春秋傳》曰：“辭之不可以已也如是夫。”《禮記》曰：“毋勦説，毋雷同，必則古昔稱先王。”此則明言文辭之作用也。

古人何嘗不治文乎？所惡於學文者，謂其但知捶章鍊句，形貌以求古人，識者所不取耳。若志持而氣必求其毋暴，旨遠而辭必要於有文，聖賢猶不外此。足下豈謂六經之文，聖人當日直以道德有餘，讕言常語，矢口而成，不更須修飾之功耶！且足下所謂學者果何物哉？學於道也，道混沌而難分，故須義理以析之；道恍惚而難憑，故須名數以質之；道隱晦而難宣，故須文辭以達之；三者不可有偏廢也。義理必須探索，名數必須考訂，文辭必須閑習，皆學也，皆求道之資，而非可執一端謂盡道也。君子學以致其道，亦從事於三者，皆無所忽而已矣。今足下之於義理，不能不加探索之功，名數不能不加考訂之功，獨於文辭，乃謂不須閑習，將俟道德至而發爲自然之文，不知閑習文辭，亦學以致道之一事，致之之功不盡，道亦安能遽至乎！是則欲求文之大原，即於其原先受病也。道由粗以致精，足下未涉其粗，豈可躐等而言神化耶？

近日學者多以考訂爲功，考訂誠學問之要務，然於義理不甚求精，文辭置而不講，天質有優有劣，所成不能無偏可也。紛趨風氣，相與貶義理而薄文辭，是知徇一時之名，而不知三者皆分於道，環生迭運，衰盛相傾，未見卓然能自立也。

又與朱少白論文

先生别傳，懷之十年，始獲筆償，謹録奉質，不知有當否也？昔撰誌銘，粗得先生學問文章，兹爲别傳，略見先生心術行誼。事師無犯無隱，是其本懷，不知果能否也？誌銘之文顯而實，别傳之旨約而微，誌銘已爲叢詬所加，别傳幸勿遽爲不知者道爾。邵先生、史餘村、家逢之、史蒼言可一質之。足下意有未愜，不妨賜以教答，或當遵改，或當辨達，期於先生適相當爾。

《文鳥賦》辭，小有改易增損，與先生原稿，不妨兩存。僕於文章喜爲顯朗，間遇幽折文字，往往竄易字句以就其文氣，此乃義例有然，非謂原文有歉，須筆削而後可也。墓誌論文之處，頗爲人所掎摭，以謂阿私之見，推許太過。不知先生文才，實過歐陽，劉貢父生於今日，不能譏先生爲不讀書，蓋敷腴古澤，六一居士良不逮也。而先生之集，不如歐陽之壯，則時不同也。歐陽諫疏，輝光簡册，先生不爲言官，且亦時無失政，故無所用也。歐陽碑版，彪炳丹青，先生生逢堯舜在上，將相公卿，奔走率職，不似叔季之世，遇變而顯瑰奇之行，有以峥嶸其文字也。昔者任幼植謂先生“詩勝昌黎”，僕謂先生“文勝歐陽”，先生皆不肯自居。“詩勝昌黎”之説，僕不敢議，“文勝歐陽”，僕自論才，非論二集之作用也。石刻原文，意未清析，故招致人言，今酌改字句，可謂無愧辭矣，然非於此中深得甘苦之意，正未易語此也，足下豈不以爲然乎？

又與朱少白

足下自謙，謂“不志古而復遺於今”，固屬虚挹之意，然僕則甚懼足下有過人之美質而不善成也。一切專門名家，苦心孤詣，自非造次可達，即案頭有翻涉之書，每日必有所記，而劄記於册，以待日後之會通，豈猶有所難者，亦消遣所藉以不寂寞也，寧不图之！先師門下如李畏吾、朱滄湄，邵君舊徒如寒族正甫、逢之兩孝廉，皆有志於古，不知近來新出一輩人才，亦必有可觀者。足下苟有所取，皆有所資。京師人海，不比外間氣類孤寂，宜善自爲計，勿負私篆所鐫自命“能讀父書”四字，去歲游維揚，晤蘭泉先生，游蘇州，晤辛楣先生，皆有責望足下之意，且有所見不如所聞之議。乃僕禱祀而求者也。勉之勉之，勿以人廢言也！

然學者風氣，不知近來京師如何？江浙之間，一二聞見所及，實爲世道人心憂慮。蓋好名之習，漸爲門户，而争勝之心，流爲忮險。學問本屬光明坦途，近乃釀成一種枳棘險隘，詭譎靄昧，殆於不可解釋者，轉覺時髦。株守二寸書册，揣摩墨卷律詩，自命干禄養親，可爲嘉秀子弟；否則力田服賈，目不識丁，粗知事親敬長，尚不失爲願農良賈，賢於講學術而誤入此輩之流毒也。即如足下屢促僕爲邵先生傳，僕亦自謂邵君之傳，實有一二非僕著筆必不得其真者，蓋平日實有印證，非漫言也。然能言其意而無徵於實，則文空而説亦不爲人所據信，故從其家問遺書。已刻《爾雅正義》，只是邵氏皮毛。世人之知邵氏不過在皮毛，是以須僕爲發幽潛。昔韓昌黎將銘誌樊氏，先從樊氏求書，古人無不如此，非僕創也。邵氏次君，自命讀父書者，遇僕求請，輒作無數驚疑猜懼之象，支離掩飾，殆難理喻。僕初猶未覺，後乃至於專書不報，姚江赴杭至郡，又過門不入，僕甚疑駭。久乃得其退後之言，直云僕負生死之誼，盜賣畢公《史考》，又將賣其先人筆墨，獻媚於謝方伯，是以不取於僕。嗟乎！斯豈人口中語哉！孺子何知，遂至於此！聞其結交近日一種名流，所謂好名争勝門户忮忌之輩，陰教導之。世風至此，我輩更何言哉！

《史考》之出於畢公，自十數年前，南北藝林，争相傳説。謝公有力，能招賓客，纂輯考訂，何事不可由己出之，而必掩耳盜鈴，暗襲衆目皆知之畢氏書爲己所創，人情愚不至此。況浙局未定之前，僕持《史考》殘緒，偏籲請於顯貴有力之門，君家宫保，亦曾委折相商，且援桐城方制軍、德州盧轉運共勸秦大司寇《五禮通考》爲例。當時知其事者，並無疑僕有如盜賣獻媚所云，"伐國不問仁人"，此言何爲至哉！且學問之途，本自光明坦蕩，人自從而鬼蜮荆棘，由於好名争勝，而於學本無所得故也。邵君《雅疏》未出，即有竊其新解，冒爲己説，先刊以眩於人，邵君知之，轉改己之原稿以避勦嫌。又其平日應酬文稿，爲人連笥攫去。辛楣詹事，嘗有緒言未竟，而黠者已演其意而先著爲篇。兒子常問古書疑義於陳立三，立三時爲剖辨，有鄉學究館於往來之衝，每過必索答問，竊爲己説，以眩學徒。君家宋鐫祕笈，李童山借本重刊，亦勝事也，其轉借之人冒爲己所篋藏，博人敘跋，譽其嗜奇好古，亦足下所知也。此輩行逕，大者不過穿窬，細者直是胠篋。彼郭象之襲莊注，齊邱之冒紀書，已具田常盜齊之力，猶未能掩千古耳目，況此區區鬼蜮不直一笑者哉！然我黨子弟，用此相猜，則世道人心，實不勝其憂患。

鄙著《通義》之書，諸知己者許其可與論文，不知中多有爲之言，不盡爲文史計者，關於身世有所枨觸，發憤而筆於書。嘗謂百年而後，有能許《通義》文辭與老杜歌詩同其沈鬱，是僕身後之桓譚也。《通義》書中《言公》《説林》諸篇，十餘年前舊稿，今急取訂正付刊，非市文也，蓋以頽風日甚，學者相與離跂攘臂於桎梏之間，紛争門户，勢將不可已也。得吾説而通之，或有以開其枳棘，靖其噬毒，而由坦易以進窺天地之純古人之大體也，或於風俗人心不無小補歟！印本呈正，其副餘可以分贈同志中人，如又不足，續寄可也。此番書辭，乞與邵楚帆侍御、邵耿光中翰及家逢之、正甫二孝廉，此外邵君弟子有能真知其師者，可共觀之。邵傳則徐當以意屬草，而闕其不可知者，以識遺憾，此僕不敢負死友也，然所負已不少矣。長者行事不使人疑，今遭疑如是，僕亦良自愧也。如何如何！足下鑒之而已。

答朱少白書

适纔遷屋，書笈尚未得展，因有院長之物，故堆塞甚多。俟明日可檢尋奉上。此等文近年時有塗改，而鈔胥又不多得，故不能整齊便觀覽耳。先此藉復，餘再罄。昨回書院，小价已悤悤疊行李，而案閒尚存足下付還《文史通義》所書册面，所云壽文始明季，文近應酬，故不足存似矣。其實不盡然也。朱子嘗有《太夫人生朝》之詩，意宋人壽以詩文，已開其端。文字古無今有，不論前後，蓋古猶今也，安見出於晚近者之必不如古邪！且文體不廢應酬，昌黎墓誌，其無實而姑取以應酬者，十之七八，與近代壽文有何分别？先夫子於壽序一體，多用傳記之法，最爲有用之文，豈可輕忽！鄙著正因世俗拘文體爲優劣，而不察文之優劣，並不在體貌推求，故撰《砭俗》之篇，欲人略文而求實也。壽文與墓誌雖所出前後不同，而應酬則一。事雖出於應酬，而君子借以立言，亦同例也。世人重誌銘而忽壽文，是不知類也。至上梁之文，與求昏之啟，乃本無可以求新，故等例於試差試録之序，進士題名之記，無可求新，祇應如令節賀表，春秋祭祝之撰，爲一定之式，無須更張。乃爲事稱之體，非爲駢麗而卑之也，駢麗中之《宣公奏議》，史官且不敢裁節，又何可輕也？如何，如何？學誠頓首。

又答朱少白書

今日十六，得十三日手書，極欣慰。所云具見關愛，此而嫌多舌，天下可廢朋友倫矣。遵教已火其書，然本亦兩無所傷也。此閒沈明府面求尚書委赴靈璧監賑，故忙忙赶完覆試，於十五日即已奔馳而去，弟因此便又托渠帶啟事一通，且囑其從中宛轉，大約多少必有小點補，亦不爲無益耳。考事既完，官署無可談者，且東人已去，留此亦復無趣味，甚思與足下作晨夕筆談。因此閒知好者多，且有素日遥企，而此時快欲會面者，争相延訂，而東人行時，亦甚款留。弟思東歸，亦須俟尚書旋轅，有許多商酌，爲期尚早。如省城多住一日，即有一日攪用，住書院與住店，所争卻不甚遠也，故且隨意盤桓，擬月杪回省。度尚書亦不過四月上旬當回，則不過作十許日閑住，亦所費不大矣。府試閲卷，亦不甚高興，此閒志事，卻是可圖，爲本官原有意，而紳士亦高興。特人心不能齊，弟若與紳商謀，竟可有成。而弟卻不甚高興，總因心存大欲，尚欲希冀於千百之什一耳。故且回蘇杭，亦屬要著，先師笑弟有貪心，誠哉是言！足下想亦見笑邪！

前日京信，已於初五日接得，如何足下説初五方自安慶發邪？弟《辨地理統部》之事，爲古文辭起見，不盡爲辨書也。洪、孫諸公，洵一時之奇才，其於古文辭，乃冰炭不相入，而二人皆不自知香臭，弟於是乎謂知人難，自知尤不易也。詩與八股時文，弟非不能一二篇差强人意者也，且其源流派别，弟之所辨，較詩名家、時文名家轉覺有過之而無不及矣。然生平從不敢與人言詩言時文者，爲此中甘苦未深，漆雕氏所謂於斯未能信耳。故其平日持論關文史者，不言則已，言出於口，便如天造地設之不可摇動，此種境地，邵先生與先師及君家尚書皆信得及，此外知我者希。弟亦不求人知，足乎己者不求乎外也。以洪君之聰明知識，欲彈駁弟之文史，正如邵先生所云，此等拳頭，只消談笑而受，不必回拳，而彼已跌倒者也。彼駁邵之《爾雅》，方長篇大章，刻入文集，以爲得意，而邵之議論已如此。今彼刻駁弟之書，乃因詘於口辨，而遂出於裝點捏造，殆較駁邵爲更甚矣。此書即使出弟身後，兒輩力量，尚能駁正。平日聞弟之教，如史餘村及虎姿舍姪，皆能談笑而揮者也。而弟猶不免論辨，若以争勝然者，實欲爲世風作小維挽耳。故上尚書啟事，極論今之士習文風，所争不在小也。雖然，人不自知分量，豈少也哉。程易田之於孫、洪諸君自較勝矣，彼刻《通藝録》，直《周官》之精要義也。而不今不古之傳誌狀述，猶自以爲文也，而亦列其中，豈非自具村俚供招。若戴東原氏，則更進乎程矣。然戴集中應酬傳誌，亦自以爲文也而存之，且以惹人笑柄之《汾州府志》，津津自道得意，然則人之真自知者寡矣！自己尚然不知，如何能知古今人之是非？良可慨也！人才如是之難，足下能不自勉！倘因弟之所論，而遂有輕視一切之心，則非弟勉效砥礪之意，而反進鴆毒於足下矣。大抵身履其境，心知其意，方有真見解。不用功於實際，則見解雖高，而難恃也。如何，如何？

邵先生行事細碎，宜即動手記之，即如受洪書而不報，此雖不便明記，亦可暗指其事，而形其雅量也。其與弟相喻甚深，必有弟轉不及知而與足下道及者，是亦可識，而且爲弟所必欲聞而斟酌以入文也。此間且有半月躭擱，與君手談，尚可往復三二次也。勿懶！勿懶！此佈，並候日佳，不備。三月十七日，世愚弟章學誠頓首。

又答朱少白書

昨言《湖北志傳》尚存尚書處，不及過目，此可也。但其中事實，非足下所必欲知耳。至於創條發例，則頃刻之間，一覽可得，無須細看也。此傳諸體，出於史傳常例之外者，準之於古，皆有所受，並無片言隻義出於杜撰，惟肉眼讀書，太不留意，故不知其所本耳。陳熷多聞寡識，乃謂諸傳並非傳體，甚至言《左傳》之傳主訓詁解義之屬，與史傳之傳判若天淵，此真痰迷心竅人語也。史文貴於陶鑄羣言，《與陳工部書》已詳。然馬藉周秦，班資西漢，亦未嘗不借古人生色。如鄙修《湖北志》，既劃隋唐以上，不復爲傳，其補苴宋元以來，所據底本，率是冗蔓蕪穢，不但不能藉以生色，乃反如塾弟子文之筆削改竄，極費心思，即今呈尚書之二册内，尚恐刊削有未净盡，深恨此等原文不爲人見，無由知我輩筆削之苦心耳。然其文畢竟比平日應酬文字長出一格者，何也？則以其事迹之可取材者，多不似應酬之文勝於質故也。即如左方正之書事，其文或比志傳修飭簡净，蓋有意於爲文也。志傳不盡出於有意，故文或不甚修飭，然大體終比書事之文遠勝。蓋書事之文，如盆池拳石，自成結構。而志傳之文，如高山大川，神氣包舉，雖咫尺而皆具無窮之勢，即偶有疏忽，字句疵病，皆不足以爲累。此史才與文士才之分别，足下由是觀之，當必有所辨也。詩賦爲鄙之所短，至於臨史事亦頗識剪裁。昔爲先師别傳，載《文鳥賦》，稍有删易字句，邵先生以書來問，謂《史》《漢》載楊、馬諸賦，從無改易之例，因問出何典故？惟時兒子率以《文選》諸賦恐原從《史》《漢》録出，未必即是班、馬原文爲對，其實亦不必如此説也。楚狂接輿之歌，《論語》略而《莊子》詳，則詩賦韻語，古人不妨隨意改易之明證矣。故於傳内有詩賦之旨可取，而語不工者，亦改正之。如《宋詩紀事》及《輟耕録》，俱有烈女韓希孟五言古詩，詩旨極正，而辭未盡善。鄙修《通志·列女傳》，輒以己意改之。此外，如一切書牘牋表，凡意可取而言未善者，鄙皆力加改削。但此係己所獨知之事，他人未見原本，則見以爲固當如是耳。噫！此所謂施恩無用之地，垂德不報之鄉，心血嘔盡，而人不諒者也。今將《列女傳》摘録之一册呈閲，其韓希孟詩改本並爲舉，似尚書蓋不能作詩而能改詩，正史家之作用也。此事與流俗言則不解，與通人言又每多不以爲然，斯道之所以難也。辛楣先生尚不謂然。

足下昨云，鄙一切散篇不復還，將自彙爲一本，可謂嗜痂之癖矣。然如與孫、洪辨駁之文，不必遽示外人，近日名士争心甚熾，鄙深畏以此等文字結成仇讎，所關非細。吾輩所謂不朽，原非取辨於生前也，足下亦必深悉此意。計日分手，愛足下之心無已，故言之繁複至是，亦不值一笑也。足下記二雲先生雜事，能終不忘否？念之，念之。學誠頓首。

又與朱少白書

規正孫淵如書稿呈閲，中有圈點，乃姚姬傳先生動筆，苦於抄胥不給，不能另録，非不恭也。姚姬傳於論歲差處，不以鄙見爲然，足下幸爲我進質於尚書，鄙説果否有合，必能得明指也。其一切糾駁之説，鄙實甚愛淵如，而思以講明其非以規益之，實未有所争勝而故爲好辨。足下試取《問字堂集》原本對勘，其是非之平，足下亦可諒我無他意也。質於尚書，亦無不可。戴東原訓詁解經，得古人之大體，衆所推尊。其《原善》諸篇，雖先夫子亦所不取。其實精微醕邃，實有古人未發之旨，鄙不以爲非也。姚姬傳並不取《原善》，過矣。戴君之誤，誤在詆宋儒之躬行實踐，而置己身於功過之外。至於校正宋儒之訛誤，可也，並一切抹殺，横肆詆訶，至今休、歙之間，少年英俊，不罵程朱，不得謂之通人，則真罪過。戴氏實爲作俑。其實初聽其説，似乎高明，而細核之，則直爲忘本耳。

夫空談性理，孤陋寡聞，一無所知，乃是宋學末流之大弊。然通經服古，由博反約，即是朱子之教。一傳而爲蔡九峰、黄勉齋，再傳而爲真西山、魏鶴山，三傳而爲黄東發、王伯厚，其後如許白雲、金仁山、王會之，直至明初宋潛溪、王義烏，其後爲八股時文中斷。至國初而顧亭林、黄梨洲、閻百詩皆俎豆相承，甚於漢之經師譜系。戴氏亦從此數公入手，而痛斥朱學，此飲水而忘其源也。然戴實有所得力處，故《原善》諸篇，文不容没。若淵如則本無所得，全恃聰明，立意以掀翻古人爲主，而力實未能。故其文集疵病百出，鄙所糾正，特取與《文史通義》相關涉者而已，其餘非我專門，不欲强不知以爲知也。倘他篇又别有專門之人如鄙之糾駁，則身無完膚矣。其病卻是欲速成，故不免於不遜悌耳。要之，不失爲奇才，鄙欲其内斂十年，然後可著作耳。與一時僞體假門面諸公，卻不可同日語也。如何，如何？足下勉之，勉之！以才而論，不讓彼也。

與朱少白書

昨所惠教，甚見虚懷樂取，非好辨也。古人著書專家，經史之外，諸子是也。文集興而專家之意微，則文集多因人事酬酢而備諸體，不能如諸子之專力發其所見也。故諸子以文徇學，雖應酬亦徵其學，孟子對時君、答弟子，皆應酬也。文不得不一律也；文集以學徇文，雖著述亦拘於文，昌黎《原道》《諱辨》《對禹問》、子厚《封建論》《桐葉辨》，皆著述而仍用文集體。文不得不具體也。故文集者，諸子衰而後起也。然氣運既開，勢必不能反文集而爲諸子，惟豪傑之士，能以諸子家數行於文集之中，則文體萬變而主裁惟一，可謂成一家言者矣。今書分四部，而子别九流，集分三種，亦官書不得不然之勢。唐《藝文》皆然。但九流之書，名墨失傳，而兵技、陰陽不别爲部，子術不分而道器混矣。集分三種，則《楚辭》一家之言，難以專部。而總集作用非一，或參子史，如《秦策選輯》名爲總集，實史部故事之屬。又如《論判輯警》亦入總集，乃子部，《意林》相同。姑且弗論。惟諸家别集，必當分别家數，其同名文集，而其書旨面目迥殊，豈止如九流分子而已哉？然向、歆絶學失傳，校讎諸家不知流别，故文集一體至今如淮、泗入河，浩無統攝，是以無實之文章，率應酬惡濫不堪，皆藉集部以爲龍蛇之沮，實因無校讎專門爲之辨流别而清良賤也。

足下索《文集》篇，一時尋不出，大旨不過如此。愚持此論之時，先夫子初有嘻其甚矣之歎，後於安徽幕中謂邵二雲乃云："斯言良是良是！但人必不從耳。"今遥遥三十年矣。愚亦不敢昌言，觸名場諸公之忌諱也。

今足下論墓銘壽序等事，又集部之支流小港耳，然舉隅亦可反三也。足下看銘誌勝於壽言者，豈不以韓、柳諸公實有魁絶之作，以爲銘金勒石足千古邪？不知銘誌雖原於三代，而其盛爲文辭，實自東京。今見崔、蔡文集，與金石諸録所徵引者，殊不見奇。至六代以還，文靡辭浮，殆於以人爲賦，賦卒爲亂，千篇一律，意義索然。即唐初諸子，承陳、隋之餘波，無復振作，韓、柳諸公，始一變而純用情真叙述之體，隱與史傳相爲出入。是則銘誌之體，原屬華辭，似微哀議一路相沿。至韓、柳諸公推陷廓清，反屬變體。蓋從古來無如此者。然變而得善，則人樂從之，故歐、曾以下，奉爲不祧之宗。而文集之中，遂爲一大門類，與傳記相出入矣。然則文有古勝於後，亦有後勝於前，與人世一切制造器物制度略相仿也。

壽序始於近代，然作用卻與銘誌相同，送死固欲其留名，愛生者亦欲祈其與於古之三不朽也。世俗不知文者，雖使之解經述史，皆不足觀，不必議其何體文，作何所用矣。如真得古之所謂有道能文者，覿面相遇，其人苟稍有可稱，必云待其身後誌墓，不必生前祝嘏也。則或有遺憾矣！以前人所撰不盡可觀，而卑厥體，安知不如誌銘之後起勝前乎？如韓、柳諸公以六朝誌銘之不足觀，而不甘下筆，則誌銘雖至今日，安得有佳篇邪？況壽序，如不視其人而强作應酬，雖以其法行於誌銘，亦不可傳也。如事既可傳，文又出色，則與記傳正文何異？豈曰愁苦之辭易工，而稱祝之辭難雅乎？愚故欲載筆者破疑團，而寓目者宜放寬眼界，後之視今，猶今視古也。

至《文選》體備之説，鄙於《詩教》篇暢言之矣。《文粹》亦《文選》遺意，《文鑑》則意在政治，《文類》則意在掌故，與蕭《選》、姚《粹》意旨有别。上梁文、求昏啟，亦各自爲體，與試録序題名記，皆是一定而不可易之規。故曰可與冠男之祝，醮女之辭，作一格式，以通行之，不必多文而好爲新異也。

足下懼文集之繁，惟有校讎流别之法，責人文須成家，文不成家，則於别集之中細分流别之例，彼將窮於無門可入，於是無實之辭，不根之學，可以不禁而自希矣。若徒較量文體之古無今有，古略今詳，猶爲不相涉也。

足下敏慧，不讓淵如，而今所見於功力，乃不如彼，此非愚不肖之不及，乃賢智之過也。蓋淵如天分雖高，卻爲名心甚急，故用功不懈，至今無自得之學者，名心爲之累也。功淺之時，求人賞鑒，今功稍深，又求勝人。其稍成片段者，則用功之效也。足下高明之處，一半自先師門徑中來，雖好學而不甚騖名，此足下之高致，將來可望於自得之深者也。卻因輕名而並不甚求實，故至今功效反遜於名流也。在先師當日已不免於聰明太過之弊，但三十以前，極用苦功，故後來實學稍疏，而文辭則不須用功，而亦能與年俱長，惜限以天年，假先師今日猶在，其文又不知如何上進矣。尚書於古文辭向在先師及門之分際耳，近作逼入《笥河集》中，往往不能辨也。以彼數十年歟歷中外，未必能守書生之學，而文辭不學而自能進者，亦必三十歲前用苦功也。足下目見老輩如此，必疑年歲長而文章自進，則高明過而中缺少學一層功夫矣。爲今之計，中年雜亂人事，勢不能如童子塾之用功，惟劄記之功，逐日不可間斷，看書有觸即筆於書，而所筆必當參以所見，自作一番小議論，既以鍊筆，且以鍊其聰明。夫聰明如水銀流走不定者也，鍊久成識，則自有家數矣，亦如水銀既鍊成丹砞也。以足下兼人數倍之聰明，但耐心爲有恒之劄記，功力不但事半功倍已也。即今爲營利遠游，舟楫車塵，何處不長學問？但須急認主人翁，亦非鍊習之功不見，强立名目而非出於天然者，終不是也。

洪稚存近來所得不知何如？彼天分稍遜淵如，而用功似較淵如沉着。如阮學使亦頗高明，所得似在孫、洪之間，但不致放言高論，即如《問字堂》篇首所刻“論明堂、封禪”，何嘗非出於心悟？卻較淵如近情理，如明堂之説，鄙頗覺其説爲是，封禪之説，意亦近之。然其論刻石如史官紀事之類，則不免亂道矣。此非造次可盡，俟徐爲之辨也。此數公皆與鄙人路數絶不相入，故無争競之心，亦無附會之意。阮學使與洪稚存在河南撫署日，作書與洪稚存曰："會稽有章實齋，所學與吾輩絶異，而自有一種不可埋殁氣象，不知是何路數，足下能定之否？愚意此亦一時之奇士也。"云云。觀此則諸君至今不知鄙爲何許人矣。欲與足下言者尚多，適逢客來，又顧紙亦盡矣，姑以此答昨所問也。學誠頓首。

上梁相公書

自違函丈，荏苒經年，依戀之忱，與時俱積。秋初曾肅寸緘，諒邀清鑑，忽又再閲月矣。初冬晴淑，節序暄和，敬想起居萬安，仲將隨侍左右，趨庭請業，學植自益精進，不勝企望。學誠前此倉皇出都，不得已之苦衷，已悉前啟。兹則馳驅半載，終無所遇，一家十五六口浮寓都門，嗷嗷待哺，秋盡無衣，數年遭困以來，未有若此之甚者。

目今留滯肥鄉，至於都門内外，一切糊口生涯，無論力不能謀，且地處僻遠，消息亦無從刺訪。當此水火急迫之際，不得仰望長者知己一爲拯援，先生當不以爲躁也。學誠自蒙拂拭，幸得大賢以爲依歸，妄自詡謂稍辨菽麥，不甘自棄。又自以爲迂拘，不合世用。惟是讀古人書，涇渭黑白，差覺不誣。若不逼於困苦飢寒，呼籲哀號，失其故態，則毛生穎故投囊，張儀舌猶在口，尚思用其專長，殫經究史，寬以歲月，庶幾勒成一家。其於古今學術，未必稍無俾補。若使塵封筆硯，僕僕風霜，求一飽之無時，混四民而有愧，則不過數十寒暑，便無此身，以所得之甚難而汩没之甚易，當亦長者之所惻然憫惜者也。

昔范希文守睢陽，有孫秀才上謁，希文贈以千錢。明年復來，問其何爲僕僕道途？答以家貧無養，日需百錢。希文謂曰："吾補子學職，月奉足以供養，子能安於學乎？"孫生受之。其後十年，聞泰山下有孫明復先生，以《春秋》教授學者，道德高邁，朝廷召至，即昔日索游秀才也。古今相傳，以爲美談。學誠術業不敢望孫先生，然先生當代之希文也。俾小子得以一席，棲身十年，卒業門牆之下，未必遽無表見也。夫干謁貴人，熱中躁進，小子竊所深恥。惟是水火求拯，飢寒呼救，伊古豪傑，有時不免。是以敢作再三之瀆，以冀終有所成，庶幾不辜三沐之雅意耳。情隘辭蹙，不知所裁，惟冀鑑其迹而原其心，小子幸矣。

與錢獻之書

學誠頓首獻之先生足下：學誠與先生相契甚神，而相遇甚簡，秋風一别，荏苒經年。時於朱先生處得一耗問，亦不暇作啟事一通，紓鬱勃也。臚唱歸班，自分永爲棄物，足下明歲北上，學誠不知逐食何方矣。

至於宿業一編，足下淵邃精密，由訓詁文字，疏通名物象數，而達於古人之精微，其詣甚深，而學誠觕通大義，不能研究文字，自以意之所至，而侈談班、劉述業，欲以疏别著述淵源，究未知於古人之志，有當與否？其業甚淺，是以每見足下，輒捧腹枵然，生愧赧也。夫以迹之甚疏，而業之不同如此，而相契顧稱神合者，則以不爲世俗之學耳。然世俗之學，乃是科舉程式應酬詞章，稍有志者，恥之不爲，爲其業之依違於人，未有卓然自樹，而發於中之所謂誠然者也。誠以其體論之，則舉業本於經義，詞章源自《詩》《騷》，苟果發於中之誠然，未始非專門之業，立言之宗也。然則中無卓見，與夫所以必不得已之故，徒以世方尚經，從而鑽研服、鄭，世方貴史，從而攻習班、馬，以其聰明才力，繕性而力求謏聞，雖不可以得其甚是，亦幾足以得其甚似矣。第爲之而不知其意，充其義類，則與科舉程式酬應詞章，一切因人而爲之業，有以異乎否耶？

夫萬物之情各有其至，而一時風尚，必有所偏，學者不求其性之所自近，而充其量之所能極，徒局局焉趨於一偏之風尚，當其勢重氣盛，趨向所歸，莫不人人自謂躋泰山之巔，窮黄河之源，何其壯哉！逮至氣衰習變，後人追數從前，則自磊落數子而外，凡所謂依風附景，趨鶩聲名之衆，未有過而問焉。是以漢儒治經，唐世崇尚詩賦，則服、鄭數君，不爲習蔽，而餘子概無聞焉。唐人業詩，宋人崇尚策論，則李、杜諸家，不爲習蔽，而餘人無所述焉。夫學至於千百年後，世變風移，一時趨向所不在是，而聲施卓然，不可磨滅，則精神周而當日所謂發於意之誠然者，有至理也。精神周而發於意之誠然，必因性之所近而充其量之所極，舉世譽之而不爲勸，舉世非之而不爲阻。審己分定，一意孤行，以畢生之全力，曲折赴之，而後足以及此也。而一世之士，方以榮辱，由於毁譽，由於趨向，趨向所在，而終身貴賤、升沉、得失係之，於是舍其天然自有之長，而束縛馳驟，赴其質之所未具，豈不惑哉？然其立意之堅，用功之苦，亦有以得其所謂不甚是而幾甚似者，輒又囂然自鳴於人曰："我能不爲世俗之學矣。"此莊生所謂臧、穀牧羊，臧爲挾筴讀書，穀爲博塞以游，而失羊均也。

自康熙中年，學者專攻制義，間有講求經史，撰述詞章之類，老師宿儒，皆名之曰雜學。出所業編，但非破承小講，前提後束，中後八股之體，雖有制作如經，皆不得謂之正學。三十年來，學者鋭意復古，於是由漢唐注疏，周秦子緯而通乎經傳微言，所謂絶代離辭，同實殊號，闡發要妙，補苴缺遺，可謂愈出而愈奇矣。至四庫館開，校讎即爲衣食之業，一時所謂《爾雅》《三蒼》《説文》《玉篇》《廣韻》《集韻》之書，裒然盈幾案間，而中才子弟，亦往往能摘謟諂、啇商之誤，則愈盛矣。夫循環衰盛，理勢之常，豈制義大家聰明不如今日中才弟子哉？時尚，則中庸皆可與能，時廢，則豪傑不免荒略。仲尼之門，五尺童子羞稱五伯，未必管、晏、狐、趙之倫，聰明才智不如五尺童子也。今之視昔，亦猶後之視今。近日因習尚所隆，以其聰明才力，矯揉杞柳，而以爲桮棬者，往往見之。凡所謂辨同考異，詳訓別詁，審誤訂訛，大率甚似者多而甚是者少，其差等只在審己未明，而著述之旨，未嘗有必不得已之故，而出於意之所謂誠然者爾。

夫升沉榮辱，審乎定命，則風尚有所不必徇也。天生五材，各有所利，則本質有所不可誣也。古人於死生禍福之際，守己之是，不肯輕以徇人，況榮辱毁譽之虚名，固無當於實效者哉！學誠以是抱愚守顓，不忍舍其寸長，亦不敢强其尺短，以此落寞坐困於時，而不以爲悔。蓋人心不同如其面目，意之所在，筆墨具存，後之觀吾書者，或爲案劍裂眦，或爲痛哭下拜，皆静聽之，其際與其數焉。昔揚子雲以奏賦知名，而草《玄》則見譏覆甕；劉子玄以文藝見重，而述史則取笑時流。然揚、劉之業，至今赫如日月江河，則士之有志乎古，必拂乎今，要以期之久遠，爲何如耳！戴東原氏之訓詁，朱竹君氏之文章，皆無今古於胸中者也，其病則戴氏好勝而强所不知，朱氏貪多而不守統要，然而與風氣爲趨避，則無之矣。餘子未能細察，不敢妄爲斷詞。足下術業於從同之中，獨具經緯，蓋有得於意之所謂誠然，而不容已者。他日曙霞既徹，磊落相望，耿耿數晨星中，足下其一座也。是以用抒所見，爲足下，告足下，當有以進我也。戊戌七月二十日，學誠再拜。

與族孫守一論史表

去冬辱書，悉近況，粗遣爲慰。聞《二十二史年表》已卒業，想見老學不倦，此書告成，其資於史家考訂之功，甚不細也。僕處所存《春秋》《史記》、前後《漢書》《三國志》諸表，攜挈有年，竟未爲足下一加參訂，愧甚！今已各録副本，仍將足下原本奉上。其《晉書》而下，僕處所無，仍祈足下鈔一副本寄來。僕當日原計爲足下博考羣書，然後付刻，今思志願太奢，則成功無日。且足下寒士生涯，不能徒手望人助力，莫若畫定正史爲斷，而以參質羣書、考訂同異、彌補缺遺諸事，待之日後，此時但將原書校訂一番，便可付刻。其刻費則當爲足下商謀，已致書邵先生道此意矣。但正史一門不宜遺漏，如《舊唐書》與《舊五代史》《資治通鑑》《通鑑綱目》數書，必須涉過，然後可以成書。都門借書，尚似不難，此等又非僻書，想與邵君及家逢之輩謀之邪。至參訂羣書，在隋唐以前，古書存者無多，甚易爲力；唐宋以後，文集説部滋多，目力恐難周耳。或先作《十七史考》附於其後，或糾約同志合力爲之。今既畫正史爲斷，則先刻亦自無礙，參訂之篇，另起卷軸可耳。

僕在和州時，病諸史列傳人名錯雜，難於稽檢，曾令人將《明史》列傳人名編韻爲書，初意欲取全史人名通編爲韻，更取諸篇人名重複互見者徧注其下，則不特爲讀史要領，且爲一切考訂關人事者作資糧也。後以爲功稍繁，先將列傳所著人名編爲一卷，今録本呈覽。足下如治《年表》之暇，再能將廿二史列傳人名，亦仿此例編之，可與《年表》互相經緯。史部自唐宋以來，浩博難罄，毋論能讀者未見其人，即授書而令其按籍稽索，亦不易易。今得足下爲之經緯條理，使考古之士，於棼如亂絲之中，忽得梳通櫛理，則足下嘉惠後學之功爲何如邪！

夫近人之患，好名爲甚；風氣所趨，競爲考訂，學識未充亦强爲之。讀書之功少而著作之事多，恥其言之不自己出也，而不知其説之不可恃也。足下好學之志，老而不衰，不汲汲於自己立説，惟勤其力於治棼糾散，待有心於考古者，得足下之書，可執簡以御繁，惟不自居考古之功，而功乃倍蓰於考古矣。蓋考古專明一事，此則凡事皆可推求；考古不能無意見之偏，此則無所用其意見。譬之飲食，考古者如釀酒炊飯，各有所宜；足下所業，則力農之登五穀，無施不可，其爲輕重，不待較而明矣。足下一生力學而無所遇，晚歲勉成二書，功亦足以不朽。雕板印行，於世有用，亦不致虧少刻資，故僕以商諸邵君。如都門難以猝辦，僕擬南中爲足下圖之。三數年内，當有成也。何如何如？

與族孫汝楠論學書丙戌

兼水來，得手書，兼詢悉近狀，甚歡喜。嗣於守一家，閲後書，又承記憶，以公私煩擾，無緣作報言，爲歉歉！比者太夫人健飯，賢昆仲善著書，郎娘子輩都好，念切念切！

憶昨都門聚首，聲氣孤寂，惟與守一及足下兩三失意人，相與論文慰寂寞。今落落散去，惟僕作長安蠹粟傖矣。秋高氣清，齋心孤悄，脱葉聚庭，輒增逆旅年華之感，望稽山而夢湘流，潸焉不知涕之何自。閒中檢點故人札牘，大約並歎流光之易逝，恐美人之遲暮，慰惜勸勉，用致惓惓，自維駑劣無似，對之太息，得足下所謂讀書須真種，而反覆於當日劇談養氣鍊識之旨，誠不勝其欣喜，而繼之以慨焉。僕自念幼多病，一歲中銖積黍計，大約無兩月功。資質椎魯，日誦纔百餘言，輒復病作中止。十四受室，尚未卒業四子書，顧老父聚徒授經，僕尚爲羣兒嬉戲左右，當時聞經史大義，已私心獨喜，決疑質問，閒有出成人擬議外者。自後知識漸通，好泛覽，老父以業患不精，屏諸書令勿閲。而嗜好初入，不忍割置，輒徬徨久之。年十五六，在應城，館師日課以舉子業。又官舍無他書得見，乃密從内君乞簪珥易紙筆，假手在官胥吏，日夜抄録《春秋内外傳》及衰周戰國子史，輒復以意區分，編爲紀表志傳，凡百餘卷，三年未得成就。後爲館師所覺，呵責中廢，勤而無所，至今病之。老父解組來，飢驅寒迫，北走燕秦，南楚越，往返一萬餘里，至今不得稅駕。比雖識力稍進，而記誦益衰，時從破簏檢得向所業編，則疏漏牴牾，甚可嗤笑。回首當日，不覺憮然。

夫讀書之年，誤貪撰著，小成無本，古人攸悲。而僕乃更爲文墨兒戲，日月如馳，忽不我與，知弗及守，知其勤苦鮮成功矣。學問之途，有流有别，尚考證者薄詞章，索義理者略徵實，隨其性之所近，而各標獨得，則服、鄭訓詁，韓、歐文章，程、朱語録，固已角犄鼎峙，而不能相下。必欲各分門户，交相譏議，則義理入於虚無，考證徒爲糟粕，文章衹爲玩物，漢唐以來，楚失齊得，至今囂囂，有未易臨決者。惟自通人論之則不然，考證即以實此義理，而文章乃所以達之之具。事非有異，何爲紛然？自同鷸蚌，而使異端俗學，得以坐享漁人之利哉！往僕以讀書當得大意，又年少氣鋭，專務涉獵，四部九流，泛覽不見涯涘，好立議論，高而不切，攻排訓詁，馳騖空虚，蓋未嘗不憪然自喜，以爲得之。獨怪休寧戴東原振臂而呼曰："今之學者，毋論學問文章，先坐不曾識字。"僕駭其説，就而問之。則曰："予弗能究先天後天，河、洛精藴，即不敢讀元亨利貞；弗能知星躔歲差，天象地表，即不敢讀欽若敬授；弗能辨聲音律吕，古今韻法，即不敢讀關關雎鳩；弗能考三統正朔，《周官》典禮，即不敢讀春王正月。"僕重愧其言！因憶向日曾語足下所謂"學者只患讀書太易，作文太工，義理太貫"之説，指雖有異，理實無殊。充類至盡，我輩於四書一經，正乃未嘗開卷卒業，可爲慚惕，可爲寒心！

近從朱先生游，亦言甚惡輕儁後生，枵腹空談義理，故凡所指授，皆欲學者先求徵實，後議擴充。所謂不能信古，安能疑經，斯言實中癥結。僕則以爲學者祈嚮，貴有耑屬，博詳反約，原非截然分界。及乎泛濫渟蓄，由其所取愈精，故其所至愈遠。古人復起，未知以斯語爲何如也。要之，談何容易！十年閉關，出門合轍，卓然自立以不愧古人，正須不羨輕儁之浮名，不揣世俗之毁譽，循循勉勉，即數十年，中人以下所不屑爲者而爲之，乃有一旦庶幾之日。斯則可爲知者道，未易一一爲時輩言耳。

嗟乎！家無百年之業，世無百歲之人，而升沈聚散，人事疾病諸緣，往往不能餘二三之日力，必待百畝可耕，十椽可庇，南面百城，名山獨往，而後許以千古焉，則墓門松楸，直俟答秣陵之問矣。昔人云："年未三十，憂老將至。"僕行且及之，而家貧親老，勉爲浮薄時文，妄想干禄，所謂行人甚鄙，求人甚利也。顧又無從挾貲走江湖，糴販逐什一；而加之言訥詞鈍，復不能書刺干謁，坐此日守呫嗶，餘力所及，不得希古人之一二。閒思讀書劄記，貴在積久貫通，近復時作時輟。自少性與史近，史部書帙浩繁，典衣質被，纔購班、馬而下，歐、宋以前，十六七種。目力既短，心緒忽忽多忘，丹鉛往復，約四五通，始有端緒，然猶不能舉其詞，悉其名數。嘗以二十一家義例不純，體要多舛，故欲徧察其中得失利病，約爲科律，作書數篇，討論筆削大旨。而聞見寥寥，邈然無成書之期。況又牽以時文，迫以生徒課業，未識竟得償志否也？他所撰著，歸正朱先生外，朋輩徵逐，不特甘苦無可告語，且未有不視爲怪物，詫爲異類者。意氣寂寞，追憶曩游，不覺泪下。山寺秋爽，足下坐擁皋比，執經問業者，欣動遠近，解奇析異，何快如之！講讀之餘，新著自當成帙，便中寄示一二，以慰鄙願。所要《家譜義例》，允功大兄手録支系，初完記序，碑版搜羅，尚未成帙。大約全城十五支以下，略疏源流，近自高曾，詳繪譜牒，參取老泉《譜例》，及邵念魯序全氏《譜法》，微折其衷。至嘉言懿行，閒範逸事遺書宗約之屬，擬仿雜著體，區類爲篇，以便省覽。而行狀傳誌，投贈詩文之屬，則别輯爲外篇，以附其後，俟略成卷軸，便當附寄商搉。《天門志》呈覽，中爲俗人所改，所存纔十之六七。著作之事，必自己出，即此亦見一端。《宗二女逸事》，即條首趾寄下，近日改正記事一篇，手録奉郢。四月閒得楚中家書，老幼俱如常，特寒窘殊甚耳！然細君去秋，又舉一子，附聞。想一抃手，人還草草因風復惠德音。不宣。

與史氏諸表姪論策對書

聞南書塾相傳，謂僕與邵二雲侍講均有祕本擬策，爲科舉之士所資，此誤傳也。

策問之設，所以覘人學植，學植而有祕本可傳，則學植不足難矣。往者邵君會試第一，號爲五策冠場。有鄉薦紳固求邵君策學，邵君實無以應，其人怫然怒去，謂邵君長於策學，吝不與人。此真有冤無可訴也！策以覘人之學，學藴於中，而策發之，豈别有策學邪？善養生者，飲食藥餌，務精以良，其形於外也，精神焕發，而目光華，則其道矣。今見養生者精神面目與人不同，不問藥餌飲食之方，而顧謂是有面目精神之學，人之無是理也。世之舍學植而疑别有所謂策學，何以異是？原策問之程式，所以試人記誦名數，名數具有簡策，豈人所得祕邪？揣摩時事，摘抉要略，則坊刻策括，亦已無所不備。科舉之士，學不素豫，則取坊刻策括，擇與近事相關合者，記其名數，臨場如款以對，十亦可得七八，雖使宿學之士數家珍而出者，不能毫髮異也。第其中有不異而異者，同一名數，而出之有學識者，不但對其所問，而并對所問之意，告往可以知來，一隅可以三反，其言非積卷軸不能，而執卷軸以求之，又不可得。比如鼎俎之實，籩豆之羞，不過果蔬魚肉，而出於市沽行販與出於良庖精制，品物不殊，而色、臭與味相天淵矣。

然而我輩所見，理固如是，考官鑒賞，則不盡然。科舉之士，能留意於策括場中，十不得二三，考官加意於三場策對者，亦十不得四五，學蘊於中而自然流露於策對者，千萬人中，閒有一二而已。甚而通場竟無一人，亦常事也。則誦策括以備應對者，畢竟易於見長。後生致力於此，足應考官之求，已是巧趨捷徑，此外更無祕密傳授，爲世人所難知者也。學之真者，必有專長，科舉策問，本無一定，以專長之學而當無定之問，其勢不盡合也。故精學之士，不屑於策括，見策問之與己合者，引伸觸類，精理名言，真可刊爲著述，其疏闊者，則以己意支展而已，轉不能如攻策括者誦拾名數無遺失也。故考官具識鑒者，於諸策士所對，不課實而課虛，不觀其所詳而觀其所略，不喜其無閒而喜其有間，所謂“觀過知仁”，真學而不免有疏，遠勝策括之拾誦無罅漏了。然言策至此，則考官與策士，皆非尋常科舉之所有矣。

今附去僕應順天丁酉鄉試五策，試觀所問與所對者，何能盡合？其推衍所問之旨，則皆平素閱歷所得，固無書可稽，亦豈豫擬所能定哉？是科搆備策括名數較僕加詳備者，尚有其人，會稽相公乃取僕策特奏。戊戌會試，金壇相公又爲特奏其名，皆前此絶無之事，一時僕遂濫竊虛譽。其實自庚辰以後，七應鄉試，累遭擯棄，凡所對策，豈盡劣於此邪？僕於學業，亦小有得，故平日言論亦小有家數。又口談筆述，初無兩歧，或出矜心，或出率意，詳略正變，無所不有，然意皆一律，從無欺飾。與僕久相處者，聞僕所言，可以知僕應試之對；考官見僕之對，可以知僕所著之書。生平惟此不欺二字，差可信於師友閒也。然戊子鄉試，以國子生修國子監志，與國子長官争論義例，既不合矣，其秋主試，即此長官，發策即問監志義例，僕乃執所見以對，不稍遷就，長官初賞其文，後見策而抑置副榜。或咎僕以明知故犯。不知僕之生平，不能作違心之論，司衡鑒者，或好或惡，或無心而置之，或極意以賞之，則存乎時與命耳。僕於科舉，無必得之技，亦無揣摩以求必得之心。如謂不信，但取歷應舉闈策論，以及進士登第廷對颺言朝考擬奏前後文字反覆究之，曾有一言不與平日口談以及筆存著述相爲呼吸發明者歟？私心妄許，以爲即此不欺君父之素志，亦可以見學人之心術，而世之言舉業者，且以欺言爲河漢矣。然僕之言，於僕之遇，有幸不幸，而少年子弟聞僕言者，亦有幸不幸也。僕性中隘，言不留中，少年子弟進問於僕，無不以其所心得者，宛曲爲之開喻。真能信者，惟族子廷楓知縣、君家致光修撰二人而已。當時族人無不爲知縣切戒，以謂師僕必將終身蹭蹬，戚屬亦無不爲修撰丁寧，以謂信僕即爲不祥之兆。二子迄不少動，契僕益深，其意亦不盡爲科舉也。而廷對敷颺，往往有其緒論，又皆爲大臣激賞奏名，或擢大魁，或不免於知縣，則有幸不幸耳。而一時皆傳僕有授受，得毋因此而有祕本擬策之訛歟？然大魁上第每科不乏，何嘗必由乎此？信僕深而不疑，僅二人耳。設二人之外，更有如二人之信者，又豈必得上第高科？則僕之所業，惟不礙於得耳，非可操必得也。能不失其我耳，非盡求合於人也。雖爲專攻科舉之士，駭而不信，然於天人離合、名利得失之際，與彼相去竟不甚遠。則是知不可求而從吾所好，所得不差逸歟？子弟求名，必深悉此意，終身之利益也。

又與正甫論文

足下《後海紀事》，經邵先生又訂數處，可云完善。然僕尚有一二處異同，暇當訂定，俟後寄也。近日爲古文辭，絶少其人，吾與邵先生言之慨然。所望後起之秀，如朱少白與足下，皆不易得，然不可不勉也。

學問文章，古人本一事，後乃分爲二途。近人則不解文章，但言學問，而所謂學問者，乃是功力，非學問也。功力之與學問，實相似而不同。記誦名數，搜剔遺逸，排纂門類，考訂異同，途轍多端，實皆學者求知所用之功力爾！即於數者之中，能得其所以然，因而上闡古人精微，下啟後人津逮，其中隱微可獨喻，而難爲他人言者，乃學問也。今人誤執古人功力以爲學問，毋怪學問之紛紛矣。文章必本學問不待言矣，而學問中之功力，萬變不同，《爾雅》注蟲魚，固可求學問，讀書觀大意，亦未始不可求學問，但要中有自得之實耳。中有自得之實，則從人之途，或疏或密，皆可入門，聖門如顔、曾、賜、商，未能一轍。而今之誤執功力爲學問者，但趨風氣，本無心得，直謂舍彼區區掇拾，即無所謂學，亦夏蟲之見矣。

近日言學問者，戴東原氏實爲之最。以其實有見於古人大體，非徒矜考訂而求博雅也。然戴氏之言又有過者，戴氏言曰："誦《堯典》，至乃命羲和，不知恒星七政，則不卒業；誦《周南》《召南》，不知古音則失讀；誦古《禮經》，先《士冠禮》，不知古者宫室衣服等制，則迷其方。"戴氏深通訓詁，長於制數，又得古人之所以然，故因考索而成學問，其言是也。然以此概人，謂必如其所舉，始許誦經，則是數端皆出專門絶業，古今寥寥不數人耳，猶復此糾彼訟，未能一定，將遂古今無誦五經之人，豈不誣乎！孟子言井田封建，但云大略；孟獻子之友五人，忘者過半；諸侯之禮，則云未學；爵禄之詳，則云不可得聞。使孟子生後世，戴氏必謂未能誦五經矣！馬、班之史，韓、柳之文，其與於道，猶馬、鄭之訓詁，賈、孔之疏義也。戴氏則謂彼皆藝而非道，此猶資舟楫以入都，而謂陸程非京路也。曾子之於聖門，蓋篤實致功者也，然其言禮，則重在容貌、顔色、辭氣，而籩豆器數，非君子之所貴。由是言之，文章之用，較之區區掇拾之功，豈可同日語哉！雖然，矯枉者戒其過甚，文章嗜好，本易入人，今以僞學風偏，置而不議，故不得不講求耳。倘時隨勢變，溺文亡實，亦君子之所憂，故吾輩加意於文，益當敦茂其學。韓氏本深實遂，形大聲宏，實千古立言之經律。而所謂深與大者，畢竟何物，學者所當深長思爾！

足下向所留意於學，如地理職方之類，爲之亦既有年，而未能得其旨趣，則於功力猶未成也，豈可謂學問乎！功力苟無僞襲之心，亦求學者所資，即不能自成其學，亦可有功後人，如王氏《玉海》之類，亦止功力而非學問也。但不得其趣，則不可以强爲，當求資之所近，而力能勉者，由漸而入於中，得究其所以然，所謂道也。又由是道擴而充之，隅而反之，所謂大道也。由道德而發爲文章，乃可謂之立言，乃可不爲戴氏所譏。謂藝可不務乎？近與朱少白書，爲論學文之要，其中所言，亦有必欲與足下言者，就近自可取觀。且凡論文之言，俱彙史餘村處，故不復綴述，悤悤此佈。尚希惠音。不宣。

論文示貽選

古文辭蓋難言矣。古人謂之屬辭，不曰古文辭也。記曰："比事屬辭，《春秋》教也。"夫比則取其事之類也，屬則取其言之接續也。紀述文字，取法《春秋》，比屬之旨，自宜遵律。顯而言之，昌黎所謂文從字順，是也。爾於學問，三十之年，未見能立。前見爾所爲《王君家傳》，則喜於古文辭，略有片段，故累誠加意於古文辭，希於古之立言。夫立言亦以學問爲主，學問未能有主，則姑學古文，亦古人志氣交養之道。范蔚宗自叙年少爲文，未見所長，既造《後漢》，轉得統緒。則知古人亦有因文辭而恍得於學問者，在從入之途，固不可以一例拘也。爾乃游移不信，則逡巡歲月，與庸流亦不遠矣！

前寄《庚辛亡友列傳》，自喜情真，文體變而不詭於正，惟辭鋒有未斂處，恐不合於時人，故改正二處，續寄附訂，不料郵書遲滯，尚未到也。今接到永清刻本，於《欒子謂傳》内"天府生員"上，加一"順"字，於事無礙。然"天府生員"四字自穩愜，加一"順"字，便覺少卻大興籍貫矣。此無明例，細辨文義，當自得之。《顧文子傳》内，己亥下第，“同考官”三字之下，原稿及録本並未出其姓氏，刻本忽填姓氏。孟子曰：“言人不善，如後患何？”毋論世法非宜，且文章隱惡揚善，於此等瑣事，無關激揚大義，又於文子才學，無所加損，必著其人姓氏，亦何取耶？吾涉世文字，嘗自檢點，不敢輕訾於人，猶恐不自省察，爲人隱恨，此則何爲？又《文子傳》中，“自戊徂辛”四字，今刻改爲“自戊徂丑”，雖無甚礙，然題目爲《庚辛亡友》，則此等處，亦須文字一律。蓋用天干不用地支，《尚書》辛壬癸甲，即其例也。杜工部云：“晚節漸於詩律細。”惟文亦然。吾近歲文字，較五十以前，不甚拘於法度，所著《文史通義》，彈劾古人，執法甚嚴，而近著文字不甚拘者，正與《通義》之指，絲毫無背。其中往往有行文本屬無意，而爲人改易一二字句，反覆諦審，乃覺改易終有弊病，不如原本完善，非熟於法度，不能辨也。吾入徐學使幕，爲之整頓家傳，徐君奉使以來，勇任文辭，見所草傳不當其意，遽自改削，然無一語可協文律。吾謂吾文豈如咸陽懸金，一字不可增減？然求文從字順者也。今求文從字順，則罕見其人矣。凡記往事，必類記牽連而及之，事不必入於文者，亦歷憶之，使本事始末了然，然後下筆乃無失實之弊。至萬無如何，不可憶者，則須參以活變，存疑不可斷定，此亦慎言其餘之旨，不可不致思也。俗學以謂此等無關緊要，不妨意爲出入，不知《易》曰：“修辭立其誠，所以居業也。”辭有不誠，則心浮而業不居矣。每見江湖游客，趨奉貴人，但探貴人意指所向，附會文饰，以博其歡，稍自好者，皆知鄙之。彼之附會文飾，豈必關於利害得失！人鄙之者，以謂巧令從人，不可以自立也。今人不解屬辭，欲附會以飾色，豈不與彼一例，可不誡歟？

凡爲古文辭，稱人學問文章，正如關榷估物，市司評賈，豈可率爾稱道，自貽不知之誚，臨文而稱先達聞望，非若唐之昌黎，宋之廬陵，童叟皆知，中外共識之人，則必著其名諱，不可泛稱字號，使人不知爲何人也。八股稱四書文義，乃流俗俚語，文體分股，八股爲篇，經傳子史，往往有之，何必四書文義，獨擅其稱。而四書文義，則又何嘗必定拘股於八？此亦臨文不可不審思也。學古文辭，而但窺古人成文，如工不居肆，而就市廛玩索待鬻之成器，其無所解也必矣。故吾教人爲古文辭，必以屬文草稿示之，可以觀草創之加潤色也。必以時人屬文之就正者，指其瑕纇而摘抉出之，可以見去取之有法律也。劉知幾《史通》中有斥繁之篇，則《左》《國》《史》《漢》皆有改削，雖損益未必皆當，然經營文字，以爲當時論事之觀法，古人已有之矣，非摘人之瑕，炫己長也。

答大兒貽選問

汝問六朝以前辭章必善小學，唐人而後乃出類書，其説殊爲有見。蓋小學與經學，古人未嘗分也。詁經有名物，有字義，《爾雅》之學，古今精字善句所彙聚也。《爾雅》之學，不止《爾雅》一書。故辭章彩色本之於此，則根底深厚，與後世比類之家勦襲字句不同。汪蒼舒《古文褒異》内有《傳注奇語》一篇，自矜爲取裁新異。吴梅村祭酒問某君有何異書可讀，某以《十三經注疏》。乃晚近不知古人之學，轉以此説爲創獲耳。令汝等摘經傳子史精語，即此。即《説文》《廣韻》解字辨音内，亦有資於文材者，故前輩教人，博學莫妙於讀字書韻書，亦一道也。此説忘其人，然言甚確。至於古人之文，亦有利病。如《文選》大賦，取其開合變化，徵材富贍，得《國策》之敷張恢擴，《離騷》亦《國策》之一種。故相近也。其字體因類而廣，不可盡識，前人已有字林之誚，《文心雕龍》。原可不必效之。若六代辭章，全出《騷》《策》，我於《詩教》篇已反覆申明，可自尋《詩教》篇上篇第五章。而熟研究之。至於文辭流别，各有家法，六代辭章，見於《文選》，則詩教也。六朝之人，多深於《禮》；《通典・禮門》後載《禮議》二十餘卷，又《晉》《宋》《齊》《魏》《隋》諸史《禮志》《刑法》諸篇，凡大典禮及大疑獄，尚書八座及儒學博士，引經按律，酌理斟情，會議上聞，或互相駁正，其文多精鑿，根底經術，大原固出《禮經》，亦頗參申、韓名法家言，又戰國之一流也。更有見於《弘明集》中，如夷夏諸論，則清辨玄妙，又是一種，蓋莊、列之餘，亦戰國之一流也。辭章有一藝專家，有大方名家，草木區分，不可一概論也。一藝專家，或筆劄書牘，或詩賦韻言，或記序雜文，或科舉藝業，時文亦辭章之一種，人多不知。各有其域而不能相通。大方名家，則六藝淵源，諸家流别，雖不專工，必須略知門户，當從容以推其義，非可造次盡也。列國聘問，賦詩贈答，此見古人善於因托，情所難宣，借詩意以宣之。彼時人皆素習，豈如後人之須經師訓故！其失賦貽譏者，乃是不習禮文，非謂不諳文理也。此又是一類。如《孝經》引《詩》，劉向《列女傳》《新序》《説苑》、韓嬰《詩外傳》以及匡衡、王吉諸人奏疏引《詩》，釋義不拘舊訓，得此意者，讀《詩》能言，可以解脱無方，乃爲六義博比興之趣耳。此以備文章之一體，若專事於此，則有寬泛不切之病矣。

排比之文，欲使頓挫抑揚，得詩人一唱三歎之意。如賈長沙《過秦》之論，有何深刻之意，而文有賦心，氣如河海，誦讀一過，而過秦諷漢之意溢於言外。屈氏《離騷》，上稱帝嚳，下道齊桓，中述湯武，以刺世事，即一理也。故曰：《國策》《騷賦》，乃後世辭章之祖也。

家書一

出門惘惘有離别意，三數日即已如常。肩輿行春光熳爛中，亦且可消遣。途中日製一文，多有可觀，惜不得鈔胥就録之也。文章學問之事，即景多所會心，筆墨既便，隨處劄録，夜店罷餐，稍潤飾之。其深遠者，别爲著作，其有切於學者用功之事，則爲爾輩言之。此非一日所記，亦非專意爲文，隨得即書，故於先後次第未嘗庸心，爾輩可以意會，或自作一番編排，置之座右，以時展玩可也。天下至理，多自從容不逼處得之；矜心欲有所爲，往往不如初志。故爾輩於學問文章未有領略，當使平日此心時體究於義理，則觸境會心，自有妙緒來會，即泛覽觀書，亦自得神解超悟矣。朱子所謂常使義理澆洗其心，即此意也。但劄記之功，必不可少，如不劄記，則無窮妙緒，皆如雨珠落大海矣。或仿祖父日記而去其人事閑文，或仿我之日草而不必責成篇章，俱無不可。和尚雖有先生功課，但其心最動。一切壞事，皆從動處得來，其患不小。今自館課之外，强使習静，静中有所見解，即筆於書，不論時學古學，有理無理，逐日務要有所筆記，或亦治病之一法歟！每日用一香綫工夫爲此，餘則不爾責也。即如和尚逐日責令記功課簿，原爲用過之功不棄置也，然彼竟如胥吏造文案簿，一登簿册，不復措意，則與不登簿者何異！今使日逐以所讀之書與文，作何領會，劄而記之，則不致於漫不經心。且其所記雖甚平常，畢竟要從義理討論一番，則文字亦必易於長進，何憚而不爲乎！劄記之功，日逐可以自省。此心如活水泉源，愈汲愈新，置而不用，則如山徑之茅塞矣。

家書二

古人重家學，蓋意之所在，有非語言文字所能盡者。《漢書》未就而班固卒，詔其女弟就東觀成之，當憲宗時，朝多文士，豈其才學盡出班姬下哉？家學所存，他人莫能與也，大儒如馬融，豈猶不解《漢書》文義，必從班姬受讀？此可知家學之重矣。後世文章藝曲，一人擅長，風流輒被數輩，所謂弓冶箕裘，其來有自，苟非天棄之材，不致遽失其似者也。吾於史學，蓋有天授，自信發凡起例，多爲後世開山，而人乃擬吾於劉知幾。不知劉言史法，吾言史意；劉議館局纂修，吾議一家著述；截然兩途，不相入也。至論學問文章，與一時通人全不相合。蓋時人以補苴襞績見長，考訂名物爲務，小學音畫爲名；吾於數者皆非所長，而甚知愛重，咨於善者而取法之，不强其所不能，必欲自爲著述以趨時尚，此吾善自度也。時人不知其意而强爲者，以謂舍此無以自立，故無論真僞是非，途徑皆出於一。吾之所爲，則舉世所不爲者也。如古文辭，近雖爲之者鮮，前人尚有爲者，至於史學義例，校讎心法，則皆前人從未言及，亦未有可以標著之名。愛我如劉端臨，見翁學士詢吾學業究何門路，劉則答以不知，蓋端臨深知此中甘苦，難爲他人言也。故吾最爲一時通人所棄置而弗道，而吾於心未嘗有憾，且未嘗不知諸通人所得，亦自不易，不敢以時趨之中不無僞託，而并其真有得者亦忽之也。但反而自顧，知己落落，不過數人，又不與吾同道。每念古人開闢之境，雖不知歿身之後，歷若干世而道始大行，而當其及身，亦必有子弟門人爲之左右前後而道始不孤。今吾不爲世人所知，餘村、虎脂又牽官守，恐未能遂卒其業，爾輩於斯，獨無意乎？

家書三

子女之生，必肖父母，雖甚不似，而必有至肖者存，此至理也。學問文章，亦有然者。吾於古文辭，全不似爾祖父，然祖父生平極重邵思復文，吾實景仰邵氏而愧未能及者也。蓋馬、班之史，韓、歐之文，程、朱之理，陸、王之學，萃合以成一子之書，自有宋歐、曾以還，未有若是之立言者也。而其名不出於鄉黨，祖父獨深愛之，吾由是定所趨向。其討論修飾，得之於朱先生，則後起之功也，而根底則出邵氏，亦庭訓也。吾於史學，貴其著述成家，不取方圓求備，有同類纂。祖父嘗辨《史記索隱》謂“十二本紀法十二月，十表法十干”諸語，斥其支離附會。吾時年未弱冠，即覺鄧氏《函史》上下篇卷，分配陰陽老少爲非，特未能遽筆爲説耳。又十五六歲時，嘗取《左傳》删節事實；祖父見之，乃謂編年之書仍用編年删節，無所取裁，曷用紀傳之體分其所合？吾於是力究紀傳之史而辨析體例，遂若天授神詣，竟成絶業，祖父當時亦詑爲教吾之時，初意不及此也，而不知有開於先，固如是爾。吾讀古人文字，高明有餘，沈潛不足，故於訓詁考質，多所忽略，而神解精識，乃能窺及前人所未到處。初亦見祖父評點古人詩文，授讀學徒，多闕村塾傳本膠執訓詁，不究古人立言宗旨。猶記二十歲時，購得吴注《庾開府集》，有“春水望桃花”句，吴注引《月令章句》云：“三月桃花水下。”祖父抹去其注而評於下曰：“望桃花於春水之中，神思何其緜邈。”吾彼時便覺有會，回視吴注，意味索然矣。自後觀書，遂能别出意見，不爲訓詁牢籠，雖時有鹵莽之弊，而古人大體，乃實有所窺。爾輩於祖父評點諸書，曷細觀之！

家書四

夫學貴專門，識須堅定，皆是卓然自立，不可稍有游移者也。至功力所施，須與精神意趣相爲浹洽，所謂樂則能生，不樂則不生也。昨年過鎮江，訪劉端臨教諭，自言頗用力於制數而未能有得，吾勸之以易意以求。夫用功不同，同期於道。學以致道，猶荷擔以趨遠程也，數休其力而屢易其肩，然後力有餘而程可致也。攻習之餘，必静思以求其天倪，數休其力之謂也。求於制數，更端而究於文辭，反覆而窮於義理，循環不已，終期有得，屢易其肩之謂也。夫一尺之捶，日取其平，[9]則終身用之不窮。專意一節，無所變計，趣固易窮，而力亦易見绌也。但功力屢變無方，而學識堅定不易，亦猶行遠路者，施折惟其所便，而所至之方，則未出門而先定者矣。

家書五

宋儒之學，自是三代以後講求誠正治平正路，第其流弊，則於學問、文章、經濟、事功之外，别見有所謂道耳。以“道”名學，而外輕經濟事功，内輕學問文章，則守陋自是，枵腹空談性天，無怪通儒恥言宋學矣。然風氣之盛，則村荒學究皆可抵掌而升講席；風氣之衰，雖朱、程大賢，猶見議於末學矣。君子學以持世，不宜以風氣爲重輕。宋學流弊，誠如前人所譏，今日之患，又坐宋學太不講也。往在京師，與邵先生言及此事，邵深謂然。廿一史中，《宋史》最爲蕪爛，邵欲别作《宋史》。吾謂别作《宋史》成一家言，必有命意所在，邵言即以維持宋學爲志。吾謂維持宋學，最忌鑿空立説，誠以班、馬之業而明程、朱之道，君家念魯志也，宜善成之！然邵長於學，吾善於裁，如不可以合力爲書，則當各成一家，略如東漢之有二謝、司馬諸書，亦盛事也，但恐不易易耳。爾輩此時講求文辭，亦不宜略去宋學；但不可墮入理障，蹈前人之流弊耳。“五子”遺書，諸家語録，其中精言名理，可以補經傳之缺，而意義亦警如周秦諸子者，往往有之，以其辭太無文，是以學者厭之，以此見文之不可以已也。但當摘其警策，不妨千百之中存其十一，不特有益身心，即行文之助，亦不少也。

家書六

人之才質，萬變不同，已成之才，推其何以至是，因而思所效法，道亦近矣。然有不可據者，不容以不察也。觀前輩自述生平得力，其自矜者，多故爲高深，如戴東原言“一夕而悟古文之道，明日信筆而書，便出《左》《國》《史》《漢》之上”。此猶戴君近古，使人一望知具荒謬，不足患也。使彼真能古文，而措語稍近情理，豈不爲所惑歟！其有意主勸誘來學而言之太易者，亦須分别觀之。惟聖賢教人，亦有至平近者，如孟子教曹交，即於徐行疾行求堯舜之道矣。有自諱初習之陋而以後之所得一似生知之者，如都門有先達擅時文名，其先實學墨裁而後取法先正，因絶口不言前業，雖固亦無傷，未免使後學之已誤所趨者，不知其道尚可變也。又有天姿之高不盡由於學力，而意之所主自足成家，惟嫌天姿不足爲训，遂舉生平所得，强歸功於所主之説，而不知其所以得者不在此也，是又不可不因人而別其言也。

如吾所得，亦不自解。二十歲以前，性絶騃滯，讀書日不過三二百言，猶不能久識；學爲文字，虚字多不當理。廿一二歲，駸駸向長，縱覽羣書，於經訓未見領會，而史部之書，乍接於目，便似夙所攻習然者，其中利病得失，隨口能舉，舉而輒當。人皆謂吾得力《史通》，其實吾見《史通》已廿八歲矣。廿三四時所筆記者，今雖亡失，然論諸史於紀表志傳之外更當立圖，列傳於《儒林》《文苑》之外更當立史官傳，此皆當日之舊論也。惟當時見書不多，故立説鮮所徵引耳，其識之卓絶，則有至今不能易者，但悔向來不察，往往以此概人，不能皆合。每見少年十五六時，文理粗通，或讀書多而能識，便覺遠勝於吾，不免深爲期望，欲其十倍增益，而不知廿歲以後，不但不能勝吾，且遠遜吾者甚多。乃知吾之廿歲後與廿歲前，不類出於一人，自是吾所獨異，非凡人生過廿歲，皆可一日而千里也。

汝弟兄廿歲前之所業，較吾當日皆似勝之，廿歲後不能如吾，則所謂勝吾者不足喜也。至吾十五六歲雖甚騃滯，而識趣則不離乎紙筆，性情則已近於史學。塾課餘暇，私取《左》《國》諸書，分爲紀表志傳，作《東周書》幾及百卷，則兒戲之事，亦近來童子所鮮有者，豈以是故遂不妨於開悟稍晚邪！故吾近日教人用功，不爲高論異説，知人之所具才質，不可一例限也；惟歸其要於識趣，則自閲歷之言，差覺信而有徵，爾輩宜自辨之。

家書七

名者實之賓，猶文者質之著也。無質不可以言文，而初學爲文者，未必具也，則先學爲文以求致乎道，亦未始非學者之進業也。務實不可以好名，而初學入德者未必能也，則姑循其名以漸致其實，亦未始非教者之善誘也。邵先生嘗舉黄梨洲言：“好名乃學者之病，又爲不學者之藥”，吾當時頗不爲然，今知黄氏之言良有味也。因憶吾生二十許歲，亦頗好名，彼時衹以己之所業欲得人赞賞爾，尚不至舍己之長，徇人所好，以干譽也。後見鄉曲儇子，好名有甚，愚者誦拾名數以炫侈博，幾於冬月握冰，盛夏擁火，勞苦倍蓰於人，而究其所得，毫無端緒，已可憐矣。而名心所激，恐人軋己，猜嫌疑畏，至於草木皆兵，舉動乖張似喪心者，一時舊交故友，莫不苦之。吾於是惕然知戒，以謂好名流弊，乃至於此！故常爲之説曰：“好名之甚，必壞心術。”又曰：“好名之心，與好利同。凡好名者，歸趣未有不俗者也。”邵先生亦頗善吾言，與黄梨洲説常並稱之。

今思天下之人，中才爲多，勉以力學，猶未能從，更不許其好名，則彼未知學中旨趣，將爲吾何樂乎爲學，是欲戒好名而先令惰學也。此亦吾以後之所得，忘其先事，不免期初學以過高也。但好名亦自宜别，盡其所當爲而無所矯飾，雖欲人之知而赞賞可也，有意徇人而不自求其有得，則終身無入德之階矣。和尚天質，可進之於學古，而彼不甚樂，正坐不好名之故也。夫學者如牛毛，成者如麟角，俗師言登第之難也。夫於牛毛之中得稱麟角，豈不榮甚！但以登第視未成名，登第爲麟角矣；以學問文章知名傳世之業較之，則登第又如牛毛，而知名傳世爲麟角矣。昔朱先生言：“傳世以時文爲最輕，科第以狀頭爲至貴。”然自有明至今，時文中如王、唐、歸、胡、金、陳、章、羅、熊、劉、二方諸家名氏，人皆知之，而三四百年中狀魁名氏，未有能熟憶者。

夫以狀首之貴，不敵一時文之名，況進而學問文章，又遠出時文聲名百倍乎！以此而求有出於人，豈不較彼沾沾一科第者隔天淵耶！況彼之所求，固未必得，而從事於此，未必不得。得之而爲名進士、名翰林，亦視世之所謂翰林進士加一等矣。此吾自悔向來立説過高，故爲爾輩開示及此，可不勉體吾言歟！

雜説上

夫書法之妙，藝林争重；後人追溯，惟謹臨摩。臨則離形而得似，摩乃撫迹以追神，要皆心具鑪錘，思通曲折，然後生同春煦，妙析秋毫。苟神妙難追，臨摩乏術，欲存故迹，無逾雙鉤。雙鉤者，原於飛白而不自爲主，略同撫摩而不運其筆；兩面夾描，中虚著墨；雖使不知書者細意鉤之，可使神明絶藝，纖渺無遺。文章之道，亦如是也。鍾、王不世出，而雙鉤不絶於天下，則謹守故迹以待神明於鍾、王之法者，變而通焉；左、馬不世出，而掌故不絶於天下，則整齊故事以待神明於左、馬之才者，筆而削焉；此則自然之理也。乃今之言書法者不廢雙鉤，而矜文章者恥言掌故，動以作者自命，不肯謹拾聞見以待其人，是猶不能書者見元常之巧妙，窺逸少之雄奇，而思奮筆追蹤，以謂變化由我也，其不同於畫墁也者，亦幾希矣。

夫禮失者常求諸野，文勝者必反於質。雙鉤不擅書名而書賴以傳，文家必欲文名而真文喪矣。吾於文章一道存雙鉤之意者，得二家焉：一爲竺國之經律，一爲官府之文移。夫其語必疊謰，字無單著，寧周復而存質，無徑省以趨文。苟無左、馬之才，而欲當前情事如風可捕，似電可蹤，文人竭力追摹，不若彼二家之自然無失者矣。原彼二家，創斯體例，聿求情理，翳豈無由！竺國經律，本出西域梵書，白馬東來，華言譯受，名諱祕密，例故不翻。若取波羅揭諦、菩提薩哆之類，凡未及翻者，對音洛誦，初不辨其云何。至於疊文周帀，所謂無上妙覺、真實不虚等語，乃是循繹漢文，通其義意云爾，本質不如是也。使不周詳複折，則言語尚不可通，況文理乎！至於官府文移，所以約束期會，敷政出治，苟無定式，則事必擾亂，莫知適從。是以字有隸書，文稱刀筆，隸書取其簡易，刀筆明其判決。文字重規疊矩，不可一字游移，如官曰官員，吏云吏典，田稱田畝，房作房間，亦已不憚繁矣。至於錢穀則册明四柱，舊管一，新收二，開除三，見在四。刑名則勘疊三重，刑部三覆奏，文俱重疊。此皆有似雙鉤，復而不厭。苟使才人飾以黼藻，文士加以琢雕，則施之有政，達於其事，必有窒礙而不可行者矣。

嗟乎！所貴文章，貴乎如其事也，乃文士興而事實亡。以爲才不及乎？曷亦思彼竺國經律與夫官府文移，不必才者而後能也。所患知有文而不知所以爲文，譬若畫史徒善丹青而不必肖所圖者之形象矣。

雜説中

嵇生賦琴，從椅梧而詳及高岡；馬君賦篴，由竹筍而先徵幽谷；雖曰數典窮源，亦覺萬物本天，不免從同賦六合矣，先輩縱有沿流，後學未宜效也。六朝習尚，争以郡望相高，記傳用之，全乖史法。其有史官撰碑，文士銘墓，叙人姓氏，亦必排偶其辭，溯厥淵源，追所自出，莫不上追三五，下逮春秋，采摭成文，鋪叙端委，其爲繁複，豈特梧岡筍谷而已哉？夫封建罷爲郡縣，姓氏合而不分。至於上古名號，春秋國族，並於譜牒之書詳其授受，如張爲晉族，李出皋支，自《世本》以降，久有明文，則張、李千載著稱，直書自見。今爲之文者，必援絳、翼舊都，庭堅故號，如類書之記典實，策士之疏記誦，豈惟載薪荻以御車，亦見積塵垢以盈橐者矣。

《春秋》比事屬辭，必徵其類；詩人抑揚咏歎，則興於物；文雖淺近，旨實閎深。孟子窮舍牛之心，可以推恩反本；史遷徵伯夷之怨，極於盗跖、顔淵；比類參觀，甚資啟悟，一隅三反，文章不可勝用矣。夫義理精微，疏而剔之，恐人昧而不知也；情事顯白，指而示之，恐人習而不察也。要必有爲而發，則指月可以示人，如其無病而呻，雖抽蒲何益亡子邪！每見文士效矉，無端生慨，如叙婦女貞節，必痛斥鬚眉丈夫；述韋布綱常，必力詆金貂卿相；傳微賤名義，必苦訾詩禮名儒；以謂彼望重而不免隨流，此責輕而竟能樹立，因而歌且蹈足，憤至裂眥，君子觀之，不免千篇一律，貌雖似於古人，義實流於浮泛，歌哭雖殷，悲喜何有哉！《易》曰："君子以類族辨物。"《論語》曰："譬諸草木，區以别矣。”天物之大，品類之繁，此宜有而弗有，彼當然而不然，何可勝道！比如山海生植，雲霞變幻，事雖奇詭，理實尋常；偶舉爲證，於理無傷，必欲歷歷數之，則何可盡也！

昔歐陽咏歎李氏，懲二臣也；柳子激贊宋清，悲窮途之無與援也；莊生歎異申屠，表德充之符也。無莊生與歐、柳之意，而但取婦女、市儈、殘疾之人以衡天下之名教，且謂於是寄感慨，則感慨不可勝用矣。有病風者，索居一室，怒罵不休，或問其所仇毒，則曰：“余拙言辭，恐遇侮而口不給也，兹固貯蓄以備他日需爾。”若他人之感慨，其殆貯蓄歌泣以備他日之需者歟！近見文士爲人撰宗祠義學規例，序端毒口肆罵世人不知睦族與勉人進學，以反襯之，真惡習也。又韓昌黎作《柳子厚墓誌》，叙其與劉禹錫交誼，至欲以柳易播，因痛詆當日交情反覆，落坑穽不救，反擠之又下石等語，亦有所爲而發，文亦激昂盡致。後人不解其故，而但賞其文，亦開肆酒罵座無病而呻之漸。

雜説下

“古文”之目，始見馬遷，名雖託於《尚書》，義實取於科斗。古者稱字爲文，稱文爲辭；辭之美者可加以文，言語成章亦謂之辭；口耳竹帛，初無殊别。《春秋傳》曰：“辭不可已。”《易》曰：“指遠辭文。”夫鄭相口宣，叔向稱爲輯懌，則言語成章，可爲辭也；文，周繫《易》，夫子贊辭爲文，則嘉尚其辭，乃爲文也；未有以所屬之辭即稱爲文，於文之中又稱爲古者也。

自東京以還，訖於魏晉，傳記皆分史部，論撰沿襲子流，各有成編，未嘗散著。惟是騷賦變體，碑誄雜流，銘頌連珠之倫，七林答問之屬，凡在辭流，皆標文號，後世始有《文苑傳》，魏文《典論》有《論文》篇，摯虞有《文章流别》，而碑文、祭文，皆以文名，其類實繁。西漢如司馬相如《封禪文》，亦後人改題，本傳稱書，不稱文也。於是始以屬辭稱文，而《文苑》《文選》所由撰輯。彼時所謂文者，大抵别於經傳子史，通於詩賦韻言，斯則李

《苑》姚《粹》猶沿其例，覆檢部目，可得而言者矣。李《苑》，指李昉《文苑英華》，避上句《文苑》也。上句《文苑》，乃指梁時《文苑》，在《文選》之前。姚《粹》乃《唐文粹》。

文緣質而得名，古以時而殊號。自六代以前，辭有華樸，體有奇偶，統命爲文，無分今古。自制有科目之别，士有應舉之文，制必隨時，體須合格，束縛馳驟，幾於不勝。於是吾衰誰陳，太白慷慨於大雅；於今何補，昌黎深悲於古人；玉溪自恨於幕游，劉伉希風於作者，師魯之矯昆體，永叔之謝楊、劉。自後文無定品，俳偶即是從時；學有專長，單行遂名爲古；“古文”之目，異於古所云矣。

宋元經義，明代始專；策論表判，有同兒戲；學者肄習，惟知考墨房行，皆四書文。師儒講求，不外《蒙存》《淺達》。皆四書講義。間有小詩律賦，駢體韻言，動色相驚，稱爲古學；即策論變調，表判别裁，亦以向所不習，名曰古文。斯則名實不符，每況愈下，少見多怪，俗學類然。充其義例，異日科舉成文，改易他制，必轉以考墨房行爲古文矣。凡著述當稱文辭，不當稱古文；然以時文相形，不妨因時稱之。

胡虔氏曰：“文字古有二訓：依類象形謂之文，此文字之文也；青與赤謂之文，五采備曰文，此文質之文也。其以文質之文爲贊言辭之美者，《易》之“旨遠辭文”，《左傳》之“言之無文，行之不遠”，皆是也，則文字乃虚字，不過與辭輯、辭懌之輯、懌相等耳。魏晉以來，以辭章爲文，單稱曰文，不與辭字相屬，竟作實字用矣。此亦徇俗而昧初義之失也。”

【校勘記】

〔1〕“謂”，倉修良《文史通義新編新注》改爲“爲”，似妥帖。

〔2〕“誥”，原誤爲“詁”。

〔3〕“特”，疑爲“出”。《與邵二雲論文書》有“角出鼎峙”一語。

〔4〕“爲”，倉修良《文史通義新編新注》改爲“謂”，似妥帖。

〔5〕“坷”，原作“軻”。

〔6〕“爲”，倉修良《文史通義新編新注》改爲“謂”，似妥帖。

〔7〕“惑”，疑爲衍字。

〔8〕“崇禎”，原作“崇正”。章氏爲避雍正帝名諱將“禎”改爲“正”，今改回。

〔9〕“平”，倉修良《文史通義新編新注》誤改爲“半”。

校讎通義

校讎通義卷一

校讎通義敘

敘曰：校讎之義，蓋自劉向父子部次條別，將以辨章學術，考鏡源流，非深明於道術精微、羣言得失之故者，不足與此。後世部次甲乙，紀録經史者，代有其人，而求能推闡大義，條別學術異同，使人由委溯源，以想見於墳籍之初者，千百之中，不十一焉。鄭樵生千載而後，慨然有會於向、歆討論之旨，因取歷朝著録，略其魚魯豕亥之細，而特以部次條別，疏通倫類，考其得失之故而爲之校讎。蓋自石渠、天禄以還，學者所未嘗窺見者也。顧樵生南宋之世，去古已遠，劉氏所謂《七略》《別録》之書，久已失傳，《唐志》尚存，《宋志》已逸，嗣是不復見矣。所可推者，獨班固《藝文》一志。而樵書首譏班固，凡所推論，有涉於班氏之業者，皆過爲貶駁之辭。蓋樵爲通史，而固則斷代爲書，兩家宗旨，自昔殊異，所謂道不同不相爲謀，無足怪也。獨《藝文》爲校讎之所必究，而樵不能平氣以求劉氏之微旨，則於古人大體，終似有所未窺。又其議論過於駿利。隋唐史志，甲乙部目，亦略涉其藩，而未能推闡向、歆術業，以究悉其是非得失之所在。故其自爲《通志》，《藝文》《金石》《圖譜》諸略，牴牾錯出，與其所譏前人著録之謬，未始徑庭，此不揣本而齊末者之效也。又其論求書之法，校書之業，既詳且備。然亦未究求書以前，文字如何治察，校書以後，圖籍如何法守。凡此皆鄭氏所未遑暇。蓋其涉獵者博，又非專門之精，鉅編鴻製，不能無所疏漏，亦其勢也。今爲折衷諸家，究其源委，作《校讎通義》，總若干篇，勒成一家，庶於學術淵源，有所釐別。知言君子，或有取於斯焉。

原道第一

古無文字。結繩之治，易之書契，聖人明其用曰："百官以治，萬民以察。"夫爲治爲察，所以宣幽隱而達形名，蓋不得已而爲之，其用足以若是焉斯已矣。理大物博，不可殫也，聖人爲之立官分守，而文字亦從而紀焉。有官斯有法，故法具於官；有法斯有書，故官守其書；有書斯有學，故師傳其學；有學斯有業，故弟子習其業。官守學業皆出於一，而天下以同文爲治，故私門無著述文字。私門無著述文字，則官守之分職，即羣書之部次，不復别有著録之法也。

右一之一

後世文字必溯源於六藝。六藝非孔氏之書，乃《周官》之舊典也。《易》掌太卜，《書》藏外史，《禮》在宗伯，《樂》隸司樂，《詩》領於太師，《春秋》存乎國史。夫子自謂"述而不作"，明乎官司失守，而師弟子之傳業，於是判焉。秦人禁偶語《詩》《書》，而云"欲學法令者，以吏爲師"。其棄《詩》《書》，非也。其曰"以吏爲師"，則猶官守學業合一之謂也。由秦人"以吏爲師"之言，想見三代盛時，《禮》以宗伯爲師，《樂》以司樂爲師，《詩》以太師爲師，《書》以外史爲師，三《易》《春秋》，亦若是則已矣。又安有私門之著述哉？

右一之二

劉歆《七略》，班固删其輯略而存其六。顔師古曰："輯略謂諸書之總要。"蓋劉氏討論羣書之旨也。此最爲明道之要，惜乎其文不傳。今可見者，唯總計部目之後條辨流别數語耳。即此數語窺之，劉歆蓋深明乎古人官師合一之道，而有以知乎私門初無著述之故也。何則？其叙六藝而後，次及諸子百家，必云某家者流，蓋出古者某官之掌，其流而爲某氏之學，失而爲某氏之弊。其云某官之掌，即法具於官，官守其書之義也。其云流而爲某家之學，即官司失職，而師弟傳業之義也。其云失而爲某氏之弊，即孟子所謂“生心發政，作政害事”，辨而别之，蓋欲庶幾於知言之學者也。由劉氏之旨以博求古今之載籍，則著録部次，辨章流别，將以折衷六藝，宣明大道，不徒爲甲乙紀數之需，亦已明矣。

右一之三

宗劉第二

《七略》之流而爲四部，如篆隸之流而爲行楷，皆勢之所不容已者也。史部日繁，不能悉隸以《春秋》家學，四部之不能返《七略》者一。名墨諸家，後世不復有其支别，四部之不能返《七略》者二。文集熾盛，不能定百家九流之名目，四部之不能返《七略》者三。抄輯之體，既非叢書，又非類書，四部之不能返《七略》者四。評點詩文，亦有似别集而實非别集，似總集而又非總集者，四部之不能返《七略》者五。凡一切古無今有、古有今無之書，其勢判如霄壤，又安得執《七略》之成法，以部次近日之文章乎？然家法不明，著作之所以日下也；部次不精，學術之所以日散也。就四部之成法，而能討論流别，以使之恍然於古人官師合一之故，則文章之病可以稍救，而《七略》之要旨，其亦可以有補於古人矣。

右二之一

二十二史，皆《春秋》家學也。本紀爲經，而志表傳録，亦如《左氏傳》例之與爲終始發明耳。故劉歆次《太史公》百三十篇於《春秋》之後，而班固叙例亦云作《春秋考紀》十二篇，明乎其繼《春秋》而作也。他如儀注乃《儀禮》之支流，職官乃《周官》之族屬，則史而經矣。譜牒通於曆數，記傳合乎小説，則史而子矣。凡此類者，即於史部叙録申明其旨，可使六藝不爲虚器，而諸子得其統宗，則《春秋》家學，雖謂今日不泯可也。

右二之二

名家者流，後世不傳。得辨名正物之意，則顔氏《匡謬》、丘氏《兼明》之類，經解中有名家矣。墨家者流，自漢無傳。得尚儉兼愛之意，則老氏貴嗇、釋氏普度之類，二氏中有墨家矣。討論作述宗旨，不可不知其流别者也。

右二之三

漢魏六朝著述，略有專門之意，至唐宋詩文之集，則浩如煙海矣。今即世俗所謂唐宋大家之集論之，如韓愈之儒家，柳宗元之名家，蘇洵之兵家，蘇軾之縱横家，王安石之法家，皆以生平所得見於文字，旨無旁出，即古人之所以自成一子者也。其體既謂之集，自不得强列以諸子部次矣。因集部之目録而推論其要旨，以見古人所謂言有物而行有恒者，編於著録之下，〔1〕則一切無實之華言，牽率之文集，亦可因是而治之。庶幾辨章學術之一端矣。

右二之四

類書自不可稱爲一子，隋唐以來之編次，皆非也。然類書之體亦有二：其有源委者如《文獻通考》之類，當附史部故事之後；其無源委者如《藝文類聚》之類，當附集部總集之後；總不得與子部相混淆。或擇其近似者，附其説於雜家之後，可矣。

右二之五

抄書始於葛稚川。然其體未雜，後人易識别也。唐後史家無專門别識，抄撮前人史籍，不能自擅名家，故《宋志》藝文史部創爲史抄一條，亦不得已也。嗣後學術日趨苟簡，無論治經業史，皆有簡約鈔撮之工。其始不過便一時之記憶，初非有意留青；後乃父子授受，師弟傳習，流别既廣，巧法滋多。其書既不能悉畀丙丁，惟有强編甲乙，弊至近日流傳之殘本《説郛》而極矣。其書有經有史，其文或墨或儒，若還其部次，則篇目不全；若自爲一書，則義類難附。凡若此者，當自立書抄名目，附之史鈔之後，可矣。

右二之六

評點之書，其源亦始鍾氏《詩品》、劉氏《文心》。然彼則有評無點，且自出心裁，發揮道妙；又且離詩與文，而別自爲書，信哉其能成一家言矣。自學者因陋就簡，即古人之詩文而漫爲點識批評，庶幾便於揣摩誦習。而後人嗣起，囿於見聞，不能自具心裁，深窺古人全體、作者精微，以致相習成風，幾忘其爲尚有本書者，末流之弊，至此極矣。然其書具在，亦不得而盡廢之也。且如《史記》百三十篇，正史已登於録矣。明茅坤、歸有光輩，復加點識批評，是所重不在百三十篇而在點識批評矣，豈可復歸正史類乎？謝枋得之《檀弓》，蘇洵之《孟子》，孫鑛之《毛詩》，豈可復歸經部乎？凡若此者，皆是論文之末流，品藻之下乘，豈復有通經習史之意乎？編書至此，不必更問經史部次，子集偏全，約略篇章，附於文史評之下，庶乎不失論辨流別之義耳。

右二之七

凡四部之所以不能復《七略》者，不出以上所云。然則四部之與《七略》，亦勢之不容兩立者也。《七略》之古法終不可復，而四部之體質又不可改，則四部之中，附以辨章流別之義，以見文字之必有源委，亦治書之要法。而鄭樵顧删去《崇文》敘録，乃使觀者如閲甲乙簿注，而更不識其討論流別之義焉，烏乎可哉？

右二之八

互著第三

古人著録，不徒爲甲乙部次計。如徒爲甲乙部次計，則一掌故令史足矣。何用父子世業，閱年二紀，僅乃卒業乎？蓋部次流别，申明大道，敍列九流百氏之學，使之繩貫珠聯，無少缺逸，欲人即類求書，因書究學。至理有互通、書有兩用者，未嘗不兼收並載，初不以重複爲嫌，其於甲乙部次之下，但加互注，以便稽檢而已。古人最重家學，叙列一家之書，凡有涉此一家之學者，無不窮源至委，竟其流别，所謂著作之標準，羣言之折衷也。如避重複而不載，則一書本有兩用而僅登一録，於本書之體，既有所不全；一家本有是書而缺而不載，於一家之學，亦有所不備矣。

右三之一

劉歆《七略》亡矣，其義例之可見者，班固《藝文志》注而已。班固自注，非顔注也。《七略》於兵書權謀家有《伊尹》《太公》《管子》《荀卿子》《漢書》作《孫卿子》。《鶡冠子》《蘇子》《蒯通》《陸賈》《淮南王》九家之書，而儒家復有《荀卿子》《陸賈》二家之書，道家復有《伊尹》《太公》《管子》《鶡冠子》四家之書，縱横家復有《蘇子》《蒯通》二家之書，雜家復有《淮南王》一家之書。兵書技巧家有《墨子》，而墨家復有《墨子》之書。惜此外之重複互見者，不盡見於著録，容有散逸失傳之文。然即此十家之一書兩載，則古人之申明流别，獨重家學，而不避重複著録，明矣。自班固併省部次，而後人不復知有家法，乃始以著録之業，專爲甲乙部次之需爾。鄭樵能譏班固之胸無倫次，而不能申明劉氏之家法，以故《校讎》一略，工訶古人而拙於自用，即矛陷盾，樵又無詞以自解也。

右三之二

著録之創爲《金石》《圖譜》二略，與《藝文》並列而爲三，自鄭樵始也。就三略而論之，如《藝文》經部有《三字石經》《一字石經》《今字石經易篆》《石經鄭玄尚書》之屬凡若干種，而《金石略》中無石經，豈可特著金石一略，而無石經乎？諸經史部内所收圖譜，與《圖譜略》中互相出入，全無倫次。以謂鉅編鴻製，不免牴牾，抑亦可矣。如《藝文》傳記中之祥異一條，所有《地動圖》《瑞應翎毛圖》之類，名士一條之《文翁學堂圖》，忠烈一條之《忠列圖》等類，俱詳載《藝文》而不入圖譜，此何説也？蓋不知重複互注之法，則遇兩歧牽掣之處，自不覺其牴牾錯雜，百弊叢生。非特不能希蹤古人，即僅求寡過，亦已難矣。

右三之三

若就書之易淆者言之，經部《易》家與子部之五行陰陽家相出入，樂家與集部之樂府、子部之藝術相出入，小學家之書法與金石之法帖相出入，史部之職官與故事相出入，譜牒與傳記相出入，故事與集部之詔誥奏議相出入，集部之詞曲與史部之小説相出入，子部之儒家與經部之經解相出入，史部之食貨與子部之農家相出入，非特如鄭樵之所謂傳記、雜家、小説、雜史、故事五類，與詩話、文史之二類，易相紊亂已也。若就書之相資者而論，《爾雅》與本草之書相資爲用，地理與兵家之書相資爲用，譜牒與曆律之書相資爲用，不特如鄭樵之所謂性命之書求之道家，小學之書求之釋家，《周易》藏於卜筮，《洪範》藏於五行已也。書之易混者，非重複互注之法，無以免後學之牴牾；書之相資者，非重複互注之法，無以究古人之源委。一隅三反，其類蓋亦廣矣。

右三之四

别類敘書，如列人爲傳，重在義類，不重名目也。班、馬列傳家法，人事有兩關者則詳略互載之。如子貢在《仲尼弟子》爲正傳，其入《貨殖》，則互見也。《儒林傳》之董仲舒、王吉、韋賢，既次於經師之篇，而别有專傳。蓋以事義標篇，人名離合其閒，取其發明而已。部次羣書，標目之下，亦不可使其類有所闕，故詳略互載，使後人溯家學者可以求之無弗得，以是爲著録之義而已。自列傳互詳之旨不顯，而著録亦無復有互注之條，以至《元史》之一人兩傳，諸史《藝文志》之一書兩出，則弊固有所開也。

右三之五

别裁第四

《管子》，道家之言也，劉歆裁其《弟子職》篇入小學。[2]七十子所記百三十一篇，《禮經》所部也，劉歆裁其《三朝記》篇入《論語》。蓋古人著書，有採取成説，襲用故事者。如《弟子職》必非管子自撰，《月令》必非吕不韋自撰，皆所謂採取成説也。其所採之書，别有本旨，或歷時已久，不知所出；又或所著之篇，於全書之内，自爲一類者；並得裁其篇章，補苴部次，别出門類，以辨著述源流。至其全書，篇次具存，無所更易，隸於本類，亦自兩不相妨。蓋權於賓主重輕之閒，知其無庸互見者，而始有裁篇别出之法耳。

右四之一

《夏小正》在《戴記》之先，而《大戴記》收之，則時令而入於《禮》矣。《小爾雅》在《孔叢子》之外，而《孔叢子》合之，則小學而入於子矣。然《隋書》未嘗不别出《小爾雅》以附《論語》，《文獻通考》未嘗不别出《夏小正》以入時令，而《孔叢子》《大戴記》之書，又未嘗不兼收而並録也。然此特後人之幸而偶中，或《爾雅》《小正》之篇有别出行世之本，故亦從而别載之爾，非真有見於學問流别而爲之裁制也。不然，何以本篇之下不標子注，申明篇第之所自也哉？

右四之二

辨嫌名第五

部次有當重複者，有不當重複者。《漢志》以後，既無互注之例，則著録之重複，大都不關義類，全是編次之錯謬爾。篇次錯謬之弊有二，[3]一則門類疑似，一書兩入也；一則一書兩名，誤認二家也。欲免一書兩入之弊，但須先作長編，取著書之人與書之標名，按韻編之，詳注一書源委於其韻下。至分部別類之時，但須按韻稽之，雖百人共事，千卷雷同，可使疑似之書一無犯複矣。至一書兩名誤認二家之弊，則當深究載籍，詳考史傳，並當歷究著録之家，求其所以同異兩稱之故，而筆之於書，然後可以有功古人，而有光來學耳。

右五之一

《太史公》百三十篇，今名《史記》。《戰國策》三十三篇，初名《短長語》。《老子》之稱《道德經》，《莊子》之稱《南華經》，《屈原賦》之稱《楚詞》，蓋古人稱名樸，而後人入於華也。自漢以後，異名同實，文人稱引，相爲弔詭者，蓋不少矣。《白虎通德論》删去"德論"二字，《風俗通義》删去"義"字，《世説新語》删去"新語"二字，《淮南鴻烈解》删去"鴻烈解"而但曰《淮南子》，《吕氏春秋》有十二紀八覽六論，不稱《吕春秋》，而但曰《吕覽》，蓋書名本全而援引者從簡略也。此亦足以疑誤後學者已。鄭樵精於校讎，然《藝文》一略，既有《班昭集》，而復有《曹人家集》，則一人而誤爲二人矣。晁公武善於考據，然《郡齋》一志，張君房《脞説》而題爲張唐英，則二人而誤爲一人矣。此則人名字號之不一，亦開歧誤之端也。然則校書著録，其一書數名者，必當歷注互名於卷帙之下；一人而有多字號者，亦當歷注其字號於姓名之下，庶乎無嫌名歧出之弊矣。

右五之二

補鄭第六

鄭樵論書有“名亡實不亡”，其見甚卓。然亦有發言太易者，如云：“鄭玄《三禮目録》雖亡，可取諸三《禮》。”則今按以《三禮正義》，其援引《鄭氏目録》，多與劉向篇次不同，是當日必有説矣，而今不得見也。豈可曰取之三《禮》乎？又曰：“《十三代史目》雖亡，可取諸十三代史。”考《藝文》所載《十三代史目》，有唐宗諫及殷仲茂兩家。宗諫之書凡十卷，仲茂之書止三卷，詳略如此不同，其中亦必有説。豈可曰取之十三代史而已乎？其餘所論，多不出此。若求之於古而不得，無可如何，而旁求於今有之書，則可矣。如云古書雖亡而實不亡，談何容易耶？

右六之一

若求之於古而不得，無可如何，而求之今有之書，則又有采輯補綴之成法，不特如鄭樵所論已也。昔王應麟以《易》學獨傳王弼，《尚書》止存僞《孔傳》，乃采鄭玄《易》注、《書》注之見於羣書者，爲鄭氏《周易》、鄭氏《尚書》注；又以四家之《詩》，獨《毛傳》不亡，乃采三家《詩》説之見於羣書者，爲《三家詩考》。嗣後好古之士踵其成法，往往綴輯逸文，搜羅略遍。今按緯候之書，往往見於《毛詩》《禮記》注疏及《後漢書》注；漢魏雜史，往往見於《三國志》注；摯虞《流别》及《文章志》，往往見於《文選》注；六朝詩文集，多見採於《北堂書鈔》《藝文類聚》；唐人載籍，多見採於《太平御覽》《文苑英華》；一隅三反，充類求之，古逸之可採者多矣。

右六之二

鄭樵論書“有不足於前朝而足於後世者”，以爲《唐志》所得舊書，盡《梁書》卷帙而多於《隋》，謂唐人能按王儉《七志》、阮孝緒《七録》以求之之功，是則然矣。但竟以卷帙之多寡定古書之全缺，則恐不可盡信也。且如應劭《風俗通義》，劭自序實止十卷，《隋書》亦然，至

《唐志》乃有三十卷，又非有疏解家爲之離析篇第，其書安所得有三倍之多乎？然今世所傳《風俗通義》，乃屬不全之書，豈可遽以卷帙多寡定書之全不全乎？

右六之三

校讎條理第七

鄭樵論求書遣官、校書久任之説，真得校讎之要義矣。顧求書出於一時，而求之之法，亦有善與不善，徒曰遣官而已，未見奇書祕策之必無遺逸也。夫求書在一時，而治書在平日。求書之要，即鄭樵所謂其道有八，無遺議矣。治書之法，則鄭樵所未及議也。古者同文稱治。漢制，吏民上書，字或不正，輒舉劾。蔡邕正定石經，以謂四方之民，至有賄改蘭臺漆書，以合私家文字者。是當時郡國傳習，容有與中書不合者矣。然此特就小學字體言之也。若紀載傳聞，《詩》《書》雜誌，真訛糾錯，疑似兩淆；又書肆説鈴，識大識小，歌謡風俗，或正或偏，其或山林枯槁，專門名家，薄技偏長，稗官脞説；其隱顯出没，大抵非一時徵求所能彙集，亦非一時討論所能精詳。凡若此者，並當於平日責成州縣學校，師儒講習，考求是正，著爲録籍，略如人户之有版圖。載筆之士，果能發明道要，自致不朽，願託於官者聽之。如是，則書掌於官，不致散逸，其便一也。事有稽檢，則奇衺不衷之説，淫詖邪蕩之詞，無由伏匿以干禁例，其便二也。求書之時，按籍而稽，無勞搜訪，其便三也。中書不足，稽之外府；外書訛誤，正以中書；交互爲功，同文稱盛，其便四也。此爲治書之要，當議於求書之前者也。書掌於官，私門無許自匿著述，最爲合古。然數千年無行之者，一旦爲之，亦自不易。學官難得通人，館閣校讎未必盡是，向、歆一流，不得其人，則窒礙難行，甚或漸啟挾持訛詐、騷擾多事之漸，則不但無益而有損矣。然法固待人而行，不可因一時難行而不存其説也。

右七之一

校書宜廣儲副本。劉向校讎中祕，有所謂中書，有所謂外書，有所謂太常書，有所謂太史書，有所謂臣向書，臣某書。夫中書與太常、太史，則官守之書不一本也。外書與臣向臣某，則家藏之書不一本也。夫博求諸本，乃得讎正一書，則副本固將廣儲以待質也。夫太常領博士，今之國子監也。太史掌圖籍，今之翰林院也。凡官書不特中祕之謂也。

右七之二

古者校讎書，終身守官，父子傳業，故能討論精詳，有功墳典。而其校讎之法，則心領神會，無可傳也。近代校書，不立專官，衆手爲之，限以程課，畫以部次，蓋亦勢之不得已也。校書者既非專門之官，又非一人之力，則校讎之法不可不立也。竊以典籍浩繁，聞見有限，在博雅者且不能悉究無遺，況其下乎？以謂校讎之先，宜盡取四庫之藏，中外之籍，擇其中之人名地號，官階書目，凡一切有名可治，有數可稽者，略仿《佩文韻府》之例，悉編爲韻，乃於本韻之下，注明原書出處及先後篇第，自一見再見以至數千百，皆詳注之，藏之館中，以爲羣書之總類。至校書之時，遇有疑似之處，即名而求其編韻，因韻而檢其本書，參互錯綜，即可得其至是。此則淵博之儒窮畢生年力而不可究殫者，今即中才校勘，而坐收於几席之閒，非校讎之良法歟？

右七之三

古人校讎，於書有訛誤，更定其文者，必注原文於其下；其兩説可通者，亦兩存其説；删去篇次者，亦必存其闕目；所以備後人之采擇，而未敢自以謂必是也。班固併省劉歆《七略》，遂使著録互見之法不傳於後世；然亦幸而尚注併省之説於本文之下，故今猶得從而考正也。向使自用其例而不顧劉氏之原文，今日雖欲復劉歆之舊法，不可得矣。

右七之四

《七略》以兵書、方技、數術爲三部，列於諸子之外者，諸子立言以明道，兵書、方技、數術皆守法以傳藝，虚理實事，義不同科故也。至四部而皆列子類矣。南宋鄭寅《七録》猶以藝、方技爲三門，蓋亦《七略》之遺法。然列其書於子部可也，校書之人，則不可與諸子同業也。必取專門名家，亦如太史尹咸校數術，侍醫李柱國校方技，步兵校尉任宏校兵書之例，乃可無弊。否則文學之士但求之於文字語言，而術業之誤，或且因而受其累矣。

右七之五

著録殘逸第八

凡著録之書，有當時遺漏失載者，有著録殘逸不全者。《漢書·藝文志》注卷次部目，與本志不符，顏師古已云“歲月久遠，無由詳知”矣。今觀蕭何律令、叔孫朝儀、張霸《尚書》、尹更始《春秋》之類，皆顯著紀傳，而本志不收。此非當時之遺漏，必其本志有殘逸不全者矣。《舊唐書·經籍志》集部内，無韓愈、柳宗元、李翺、孫樵之文，又無杜甫、李白、王維、白居易之詩，此亦非當時之遺漏，必其本志有殘逸不全者矣。校讎家所當歷稽載籍，補於藝文之略者也。

藏書第九

孔子欲藏書周室，子路以謂周室之守藏史老聃可以與謀，説雖出於《莊子》，然藏書之法，古有之矣。太史公抽石室金匱之書，成百三十篇，則謂“藏之名山，副在京師。”然則書之有藏，自古已然，不特佛老二家，有所謂道藏、佛藏已也。鄭樵以謂性命之書，往往出於道藏，小説之書，[4]往往出於釋藏。夫儒書散失，至於學者已久失其傳，而反能得之二氏者，以二氏有藏以爲之永久也。夫道藏必於洞天，而佛藏必於叢刹，然則尼山、泗水之間，有謀禹穴藏書之舊典者，抑亦可以補中祕之所不逮歟？

【校勘記】

〔1〕“著録”，大梁本作“敘録”。

〔2〕“小學”，王重民認爲是“孝經”之誤。今本《漢書·藝文志》,《弟子職》在孝經類中。

〔3〕“篇”，貴陽本作“編”。

〔4〕“小説”，王重民認爲應爲“小學”。章氏之説本於鄭樵《通志·校讎略·求書之道有八》：“凡性命之書，可以求之道藏，小學之書，可以求之釋藏。”

校讎通義卷二

補校漢藝文志第十

鄭樵校讎諸論，於《漢志》尤所疏略，蓋樵不取班氏之學故也。然班、劉異同，樵亦未嘗深考，但譏班固續入揚雄一家，不分倫類而已。其劉氏遺法，樵固未嘗討論，而班氏得失，樵議亦未得其平允。夫劉《略》、班《志》，乃千古著録之淵源，而樵著《校讎》之略，不免疏忽如是，蓋創始者難爲功爾。今欲較正諸家著録，當自劉《略》、班《志》爲權輿也。

右十之一

鄭樵以蕭何《律令》、張蒼《章程》，劉《略》、班《志》不收，以爲劉、班之過。此劉氏之過，非班氏之過也。劉向校書之時，自領六藝、諸子、詩賦三略，蓋出中祕之所藏也。至於兵法、術數、方技，皆分領於專官，則兵、術、技之三略，不盡出於中祕之藏，其書各存專官典守，是以劉氏無從而部録之也。惟是申、韓家言次於諸子，《仲舒治獄》附於《春秋》，不知律令藏於理官，章程存於掌故，而當時不責成於專官典守，校定篇次，是《七略》之遺憾也。班氏謹守劉《略》遺法，惟出劉氏之後者，閒爲補綴一二，其餘劉氏所不録者，東京未必盡存，《藝文》佚而不載，何足病哉？

右十之二

《漢志》最重學術源流，似有得於太史敘傳及莊周《天下》篇、荀卿《非十子》之意。韓嬰詩傳引荀卿《非十子》，並無譏子思、孟子之文。此叙述著録所以有關於明道之要，而非後世僅計部目之所及也。然立法創始不免於疏，亦其勢耳。如《封禪羣祀》入禮經，《太史公書》入《春秋》，較之後世別立儀注、正史專門者，爲知本矣。《詩賦》篇帙繁多，不入《詩經》，而自爲一略，則叙例尚少發明其故，亦一病也。《諸子》推本古人官守，當矣。《六藝》各有專官，而不與發明，豈爲博士之業所誤耶？

右十之三

形而上者謂之道，形而下者謂之器。善法具舉，徒善徒法，皆一偏也。本末兼該，部次相從，有倫有脊，使求書者可以即器而明道，會偏而得全，則任宏之校兵書，李柱國之校方技，庶幾近之。其他四略，未能稱是。故劉《略》、班《志》不免貽人以口實也。夫《兵書略》中孫、吴諸書，與《方技略》中内、外諸經，即《諸子略》中一家之言，所謂形而上之道也。《兵書略》中形勢、陰陽、技巧三條，與《方技略》中經方、房中、神仙三條，皆著法術名數，所謂形而下之器也。任、李二家，部次先後，體用分明，能使不知其學者，觀其部録，亦可瞭然而窺其統要，此專官守書之明效也。充類求之，則後世之儀注當附《禮》經爲部次，《史記》當附《春秋》爲部次。縱使篇帙繁多，别出門類，亦當申明叙例，俾承學之士得考源流，庶幾無憾。而劉、班承用未精，後世著録，又未嘗探索其意，此部録之所以多舛也。

右十之四

或曰：《兵書》《方技》之部次，既以專官而能精矣。《術數》亦領於專官，而謂不如彼二略，豈太史尹咸之學術，不逮任宏、李柱國耶？答曰：此爲劉氏所誤也。《術數》一略，分統七條，則天文、曆譜、陰陽、五行、蓍龜、雜占、形法是也。[1]以道器合一求之，則陰陽、蓍龜、雜占三條當附《易經》爲部次，曆譜當附《春秋》爲部次，五行當附《尚書》爲部次。縱使書部浩繁，或如詩賦浩繁，離《詩經》而别自爲略，亦當申明源委於叙録之後也。乃劉氏既校六藝，不復謀之術數諸家，故尹咸無從溯源流也。至於天文、形法，則後世天文、地理之專門書也，自立門類，别分道法。大綱既立，細目標分，豈不整齊而有當乎？

右十之五

天文則宣夜、周髀、渾天諸家，下逮安天之論，談天之説，或正或奇，條而列之，辨明識職，所謂道也。《漢志》所録泰一、五殘星變之屬，附條别次，所謂器也。地理則形家之言，專門立説，所謂道也。《漢志》所録《山海經》之屬，附條别次，所謂器也。以此二類，專門部勒，自有經緯，而尹咸概收術數之篇，則條理不審之咎也。《山海經》與相人書爲類，《漢志》之授人口實處也。

右十之六

地理形家之言，若主山川險易，關塞邊防，則與兵書形勢之條相出入矣。若主陰陽虚旺，宅墓休咎，則與《尚書》五行相出入矣。部次門類，既不可缺，而著述源流，務要於全，則又重複、互注之條，不可不講者也。任宏《兵書》一略，鄭樵稱其最優。今觀劉《略》重複之書僅止十家，皆出《兵略》，他部絶無其例。是則互注之法，劉氏具未能深究，[2]僅因任宏而稍存其意耳。班氏不知而删併之，可勝惜哉？

右十之七

後世法律之書甚多，不特蕭何所次《律令》而已也。就諸子中掇取申、韓議法家言，部於首條，所謂道也。其承用律令格式之屬，附條别次，所謂器也。後世故事之書甚多，不特張蒼所次《章程》而已也。就諸子中掇取論治之書，若《吕氏春秋》，《漢志》入於雜家，非也。其每月之令文，正是政令典章，後世會典會要之屬。賈誼、董仲舒《治安》之奏，《天人》之策，皆論治體。《漢志》入於儒家類，泛矣。諸家之言，部於首條，所謂道也。其相沿典章故事之屬，附條别次，所謂器也。例以義起，斟酌損益，惟用所宜。豈有讀著録部次，而不能考索學術源流者乎？

右十之八

或曰：《漢志》失載律令章程，固無論矣。假令當日必載律令章程，就劉、班之《七略》類例，宜如何歸附歟？答曰：《太史公書》之附《春秋》，《封禪羣祀》之附《禮經》，其遺法也。律令自可附於法家之後，章程本當别立政治一門，《漢志》無其門類，然《高祖傳》十三篇、《孝文傳》十一篇，班固自注，高祖與大臣述古語及詔策也。皆屬故事之書，而劉、班次於諸子儒家，則章程亦必附於此矣。大抵《漢志》疏略，由於書類不全，勉强依附，至於虚論其理與實紀其迹者，不使體用相資，則是《漢志》偶疏之處，《禮經》《春秋》《兵書》《方技》便無此病。而後世之言著録者，不復知其微意矣。

右十之九

鄭樵議《章程》《律令》之不載《漢志》，以爲劉、班之疏漏；然班氏不必遽見西京之全書，或可委過於劉《略》也。若劉向《别録》、劉歆《七略》，則班氏方據以爲《藝文》之要删，豈得謂之不見其書耶？此乃後世目録之鼻祖，當時更無其門類，獨不可附於諸子名家之末乎？名家之叙録曰："名不正，則言不順；言不順，則事不成。"著録之爲道也，即於文章典籍之中，得其辨名正物之意，此《七略》之所以長也。又云："警者爲之，則苟鉤鈲析亂而已。"此又後世著録紛挐不一之弊也。然則凡以名治之書，固有所以附矣。後世目録繁多，即可自爲門類。

右十之十

鄭樵誤校漢志第十一

鄭樵譏班固叙列儒家，混入《太玄》《法言》《樂箴》三書爲一，總謂《揚雄所叙》三十八篇，謂其胸無倫類，是樵之論篤矣。至謂《太玄》當歸《易》類，《法言》當歸諸子，其説良是。然班固自注："《太玄》十九，《法言》十三，《樂》四，《箴》二。"是《樂》與《箴》本二書也，樵誤以爲一書。又謂"《樂箴》當歸雜家"，是樵直未識其爲何物，而强爲之歸類矣。以此譏正班固，所謂楚失而齊亦未爲得也。按《樂》四未詳，《箴》則《官箴》是也。在後人宜入職官，而《漢志》無其門類，則附官禮之後可矣。

右十一之一

鄭樵云："《漢志》於醫術類有經方，有醫經；道術類有房中，有神仙，亦自微有分别。"因譏後人更不本此。[3]今按《漢志・方技略》，醫經第一，經方第二，房中第三，神仙第四，未嘗别有所謂道術類，止有道家。且以房中、神仙屬之也。如謂今本編次失叙，則叙例明云"序《方技》爲四種"，不知樵因何所見聞而爲此説也！若云一類之中節次相承，則文法猶欠明晰。

右十一之二

鄭樵譏《漢志》以《司馬法》入禮經，以《太公兵法》入道家，疑謂非任宏、劉歆所收，班固妄竄入也。鄭樵深惡班固，故爲是不近人情之論。凡意有不可者，不爲推尋本末，有意增删遷就，强坐班氏之過，此獄吏鍛鍊之法；亦如以《漢》志書爲班彪、曹昭所終始，而《古今人表》則謂固所自爲者惟此。蓋心不平者，不可與論古也。按《司馬法》百五十五篇，今所存者非故物矣。班固自注：出之兵權謀中，而入於《禮》。樵固無庸存疑似之説也。第班《志》叙録稱《軍禮司馬法》，鄭樵删去"軍禮"二字，謂其入禮之非，不知《司馬法》乃周官職掌，如《考工》之記，本非官禮，亦以司空職掌，附著《周官》，此等敘録，最爲知本之學。班氏他處未能如是，而獨於此處能具别裁。樵顧深以爲譏，此何説也？第班氏入於《禮》經，似也。其出於兵家，不復著録，未盡善也。當用劉向互見之例，庶幾禮家不爲空衍儀文，而兵家又見先王之制，乃兩全之道耳。《太公》二百三十七篇，亦與今本不同。班氏僅稱《太公》，並無"兵法"二字，而鄭樵又增益之，謂其入於道家之非。不觀班固自注"尚父本有道者"，又於兵權謀下注云"省《伊尹》《太公》"諸家，則劉氏《七略》，本屬兩載，而班固不過爲之删省重複而已，非故出於兵，而强收於道也。注省者，劉氏本有而班省去也。注出入者，劉録於此而班録於彼也。如《司馬法》，劉氏不載於《禮》而班氏入之，則於《禮》經之下注云"入《司馬法》"。今道家不注"入"字，而兵家乃注"省"字，是劉《略》既載於道又載於兵之明徵。非班擅改也。且兵刑權術皆本於道，先儒論之備矣。劉《略》重複互載，猶司馬遷《老莊申韓列傳》意也。發明學術源流之意。況二百三十七篇之書，今既不可得見，鄭樵何所見聞而增删題目，以謂止有兵法，更無關於道家之學術耶？

右十一之三

鄭樵譏《漢志》以《世本》《戰國策》《秦大臣奏事》《漢著記》爲《春秋》類，是鄭樵未嘗知《春秋》之家學也。《漢志》不立史部，以史家之言皆得《春秋》之一體，故四書從而附入也。且如後世以紀傳一家列之正史，[4]而編年自爲一類，附諸正史之後。今《太史公書》列於《春秋》，樵固不得而譏之矣。至於國别之書，後世如三國、十六國、九國、十國之類，自當分别部次，以清類例。《漢志》書部無多，附著《春秋》，最爲知所原本。又《國語》亦爲國别之書，同隸《春秋》，樵未嘗譏正《國語》，而但譏《國策》，是則所謂知一十而不知二五者也。《漢著記》則後世起居注之類，當時未有專部，附而次之，亦其宜也。《秦大臣奏事》在後史當歸故事，而《漢志》亦無專門，附之《春秋》，稍失其旨。而《世本》則當入於曆譜，《漢志》既有曆譜專門，不當猶附《春秋》耳。然曆譜之源，本與《春秋》相出入者也。

右十一之四

以劉歆、任宏重複著録之理推之，《戰國策》一書當與兵書之權謀條、諸子之縱横家重複互注，乃得盡其條理。《秦大臣奏事》當與《漢高祖傳》《孝文傳》注稱論述册詔。諸書，同入《尚書》部次。蓋君上詔誥，臣下章奏，皆《尚書》訓誥之遺，後世以之攙入集部者，非也。凡典章故事，皆當視此。

右十一之五

焦竑誤校漢志第十二

自劉、班而後，藝文著録，僅知甲乙部次，用備稽檢而已。鄭樵氏興，始爲辨章學術，考竟源流，於是特著《校讎》之略，雖其説不能盡當，要爲略見大意，爲著録家所不可廢矣。樵志以後，史家積習相沿，舛訛雜出，著録之書，校樵以前，[5]其失更甚。此則無人繼起，爲之申明家學之咎也。明焦竑撰《國史經籍志》，其書之得失，别具論次於後。特其《糾繆》一卷，譏正前代著録之誤，雖其識力不逮鄭樵，而整齊有法，去汰裁甚，要亦有可節取者焉。其糾《漢志》一十三條，似亦不爲無見，特竑未悉古今學術源流，不於離合異同之閒深求其故。而觀其所議，乃是僅求甲乙部次，苟無違越而已。此則可謂簿記守成法，而不可爲校讎家議著作也。今即其所舉，各爲推論，以進於古人之法度焉。

右十二之一

焦竑以《漢志》《周書》入《尚書》爲非，因改入於雜史類。其意雖欲尊經，而實則不知古人類例。按劉向云："周時誥誓號令，孔子所論百篇之餘"，則《周書》即《尚書》也。劉氏《史通》述《尚書》家，則孔衍《漢魏尚書》，王邵《隋書》，皆次《尚書》之部。蓋類有相仍，學有所本，六藝本非虚器，典籍各有源流，豈可尊麒麟而遂謂馬牛不隸走部，尊鳳凰而遂謂燕雀不隸飛部耶？

右十二之二

焦竑以《漢志》《尚書》類中《議奏》四十二篇入《尚書》爲非，因改入於集部。按議奏之不當入集，已别具論，此不復論矣。考《議奏》之下班固自注，謂“宣帝時石渠論”也。韋昭謂石渠爲閣名，於此論書。是則此處之所謂《議奏》，乃是漢孝宣時，於石渠閣大集諸儒，討論經旨同異，帝爲稱制臨決之篇，而非廷臣章奏封事之屬也。以其奏御之篇，故名《奏議》，[6]其實與疏解講義之體相類。劉、班附之《尚書》，宜矣。焦竑不察，而妄附於後世之文集，何其不思之甚邪？《秦大臣奏事》附於《春秋》，此爲劉、班之遺法也。

右十二之三

焦竑以《漢志》《司馬法》入《禮》爲非，因改入於兵家。此未見班固自注，本隸兵家，經班固改易者也。説已見前，不復置論。

右十二之四

焦竑以《漢志》《戰國策》入《春秋》爲非，因改入於縱横家。此論得失參半，説已見前，不復置論。

右十二之五

焦竑以《漢志》《五經雜議》入《孝經》爲非，因改入於經解。其説良允。然《漢志》無經解門類，入於諸子儒家，亦其倫也。

右十二之六

焦竑以《漢志》《爾雅》《小爾雅》入《孝經》爲非，因改入於小學。其説亦不可易。《漢志》於此一門，本無義理，殆後世流傳錯誤也。蓋《孝經》本與小學部次相連，或繕書者誤合之耳。《五經雜議》與《爾雅》之屬，皆緣經起義，類從互注，則益善矣。經解、小學、儒家三類。

右十二之七

焦竑以《漢志》《弟子職》入《孝經》爲非，因歸還於《管子》。是不知古人裁篇别出之法，其説已見於前，不復置論。惟是弟子之職，必非管子所撰，或古人流傳成法，輯管子者，採入其書。前人著作，此類甚多。今以見於《管子》，而不復使其别見專門，則《小爾雅》亦已見於《孔叢子》，而焦氏不還《孔叢》，改歸小學，又何説耶？然《弟子職》篇，劉、班本意附於《孝經》與附於小學，不可知矣。要其别出義類，重複互注，則二類皆有可通。至於《六藝略》中，《論語》《孝經》、小學三門，不入六藝之本數，則標名六藝而别種九類，乃是經傳輕重之權衡也。

右十二之八

裁篇别出之法，《漢志》僅存，見於此篇及《孔子三朝》篇之出《禮記》而已。充類而求，則欲明學術源委，而使會通於大道，舍是莫由焉。且如叙天文之書，當取《周官·保章》《爾雅·釋天》、鄒衍言天、《淮南》天象諸篇，裁列天文部首，而後專門天文之書以次列爲類焉，則求大文者無遺憾矣。叙時令之書，當取《大戴禮·夏小正》篇、《小戴記·月令》篇、《周書·時訓解》諸篇，裁列時令部首，而後專門時令之書以次列爲類焉。叙地理之書，當取《禹貢》《職方》《管子·地圓》《淮南·地形》、諸史地志諸篇，裁列地理部首，而後專門地理之書以次列爲類焉。則後人求其學術源流，皆可無遺憾矣。《漢志》存其意，而未能充其量，然賴有此微意焉。而焦氏乃反糾之以爲謬，必欲歸之《管子》而後已焉，甚矣校讎之難也！

右十二之九

或曰：裁篇别出之法行，則一書之内取裁甚多，紛然割裂，恐其破碎支離而無當也。答曰：學貴專家，旨存統要。顯著專篇，明標義類者，專門之要，學所必究。乃掇取於全書之中焉，章而鈲之，句而釐之，牽率名義，紛然依附，則是類書纂輯之所爲，而非著録源流之所貴也。且如韓非之《五蠹》《説林》，董子之《玉杯》《竹林》，當時並以篇名見行於當世；今皆薈萃於全書之中，則古人著書，或離或合，校讎編次，本無一定之規也。《月令》之於《吕氏春秋》，《三年問》《樂記》《經解》之於《荀子》，尤其顯焉者也。然則裁篇别出之法，何爲而不可以著録乎？

右十二之十

焦竑以《漢志》《晏子》入儒家爲非，因改入於墨家。此用柳宗元之説，以爲墨子之徒有齊人者爲之。歸其書於墨家，非以晏子爲墨者也。其説良是。部次羣書，所以貴有知言之學，否則徇於其名而不考其實矣。《檀弓》名篇，非檀弓所著，《孟子》篇名有《梁惠王》，亦豈以梁惠王爲儒者哉？

右十二之十一

焦竑以《漢志》《高祖》《孝文》二傳入儒家爲非，因改入於制誥。此説似矣。顧制誥與表章之類，當歸故事而附次於《尚書》，焦氏以之歸入集部，則全非也。

右十二之十二

焦竑以《漢志》《管子》入道家爲非，因改入於法家。其説良允。又以《尉繚子》入雜家爲非，因改入於兵家，則鄭樵先有是説，竑更申之。按《漢志》，《尉繚》本在兵形勢家，書凡三十一篇，其雜家之《尉繚子》，書止二十九篇，班固又不著重複併省，疑本非一書也。

右十二之十三

焦竑以《漢志》《山海經》入形法家爲非，因改入於地理。其言似矣。然《漢志》無地理專門，以故類例無所附耳。竊疑蕭何收秦圖籍，西京未亡，劉歆自可訪之掌故，乃亦缺而不載，得非疏歟？且班固創《地理志》，其自注郡縣之下，或云秦作某地某名，即秦圖籍文也。西京奕世，及新莽之時，地名累有更易，見於《志》注，當日必有其書，而史逸之矣。至地理與形法家言相爲經緯，説已見前，不復置論。

右十二之十四

焦竑以《漢志》陰陽、五行、蓍龜、雜占、形法凡五出爲非，因總入於五行。不知五行本之《尚書》，而陰陽、蓍龜本之於《周易》也。凡術數之學，各有師承，龜卜蓍筮，長短不同，《志》並列之，已嫌其未析也。焦氏不達，概部之以五行，豈有當哉？

右十二之十五

【校勘記】

〔1〕“《術數》一略，分統七條”之説有誤。《漢書·藝文志·術數略》只有六類，無陰陽類。

〔2〕“具”，大梁本、粵雅堂叢書本作“且”。

〔3〕“鄭樵云”至“更不本此”，大梁本、粵雅堂叢書本、貴陽本無。“議”，《靈鶼閣叢書》之《文史通義補編》作“譏”。

〔4〕“後世”，大梁本作“漢世”。

〔5〕“校”，王重民認爲應爲“較”。

〔6〕“奏議”，王秉恩認爲依上文應作“議奏”。

校讎通義卷三

漢志六藝第十三

六經之名，起於後世，然而亦有所本也。荀子曰：“夫學始乎誦經，終乎讀禮。”莊子曰：“丘治《詩》《書》《禮》《樂》《易》《春秋》六經。”荀、莊皆孔氏再傳門人，二子皆子夏氏門人，去聖未遠。其書明著六經之目，則《經解》之出於《禮記》，不得遂謂勦説於荀卿也。孔子曰：“述而不作。”又曰：“蓋有不知而作之者，我無是也。”六經之文，皆周公之舊典，以其出於官守而皆爲憲章，故述之而無所用作。以其官守失傳而師儒習業，故尊奉而稱經。聖人之徒，豈有私意標目，强配經名，以炫後人之耳目哉！故經之有六，著於《禮記》，標於《莊子》，損爲五而不可，增爲七而不能，所以爲常道也。至於《論語》《孝經》《爾雅》，則非六經之本體也。學者崇聖人之緒餘而尊以經名，其實皆傳體也，非周公舊典，官司典常。可以與六經相表裏，而不可以與六經爲並列也。蓋官司典常爲經，而師儒講習爲傳，其體判然有别，非謂聖人之書，有優有劣也。是以劉歆《七略》、班固《藝文》，叙列六藝之名，實爲九種。蓋經爲主，而傳爲附，不易之理也。後世著録之法，無復規矩準繩，或稱七經，或稱九經，或稱十三經，紛紛不一。若紀甲乙部次，固無傷也；乃標題命義，自爲著作，而亦徇流俗稱謂，可謂不知本矣。計書幾部爲幾經可也。劉敞《七經小傳》、黄敏《九經餘義》，本非計部之數，而不依六藝之名，不知本也。

右十三之一

《孝經》本以經名者也，樂部有傳無經者也。然《樂記》自列經科，而《孝經》止依傳例，則劉、班之特識也。蓋樂經亡而其記猶存，則樂之位次固在經部，非若《孝經》之出於聖門自著也。古者諸侯大夫失其配，則貴妾攝主而行事，子婦居嫡，固非攝主之名也。然而溯昭穆者，不能躋婦於舅妾之列，亦其分有當然也。然則六藝之名，實爲《七略》之綱領，學者不可不知其義也。

右十三之二

讀《六藝略》者，必參觀於《儒林列傳》，猶之讀《諸子略》，必參觀於《孟荀》《管晏》《老莊申韓列傳》也。《詩賦略》之鄒陽、枚乘、相如、揚雄等傳，《兵書略》之孫吴、穰苴等傳，《術數略》之龜筴、日者等傳，《方技略》之扁鵲倉公等傳，無不皆然。孟子曰："誦其詩，讀其書，不知其人，可乎？"《藝文》雖始於班固，而司馬遷之列傳實討論之。觀其叙述戰國、秦漢之閒著書諸人之列傳，未嘗不於學術淵源，文詞流別，反復而論次焉。劉向、劉歆蓋知其意矣。故其校書諸叙論，既審定其篇次，又推論其生平。以書而言，謂之叙録可也；以人而言，謂之列傳可也。史家存其部目於《藝文》，載其行事於列傳，所以爲詳略互見之例也。是以《諸子》《詩賦》《兵書》諸略，凡遇史有列傳者，必注"有列傳"字於其下，所以使人參互而觀也。《藝文》據籍而紀，其於現書部目之外，不能越界而書，固其勢也。古人師授淵源，口耳傳習，不著竹帛者，實爲後代羣籍所由起。蓋參觀於列傳，而後知其深微也。且如田何受《易》於王同、周王孫、丁寬三人，[1]《藝文》既載三家《易》傳矣。其云"商瞿受《易》於孔子，五傳而至田何，漢之《易》家蓋自田何始。何而上未嘗有書。"然則所謂五傳之際，豈無口耳受授之學乎？是《藝文》易家之宗祖也。不觀《儒林》之傳，何由知三家《易》傳，其先固有所受乎？費、高二家之《易》，《漢志》不著於録，後人以爲不立學官故也。然《孔氏古文尚書》《毛氏詩傳》《左氏春秋》，皆不列於學官，《漢志》未嘗不並著也。不觀《儒林》之傳，何由知二家並無章句，直以口授弟子，猶夫田何以上之傳授也。按《列傳》云："費直以《彖》《象》《繫辭》《文言》十篇，解説上下經。"此不爲章句之明徵也。晁氏考定古《易》，則以《彖》《象》《文言》雜入卦中，自費直始，因罪費直之變古。不觀《藝文》後序，以謂劉向校施、孟、梁丘諸家經文，惟費氏《易》與古文同。是費直本無變亂古經之事也。由是推之，則古學淵源，師儒傳授，承學流別，皆可考矣。《藝文》一志，實爲學術之宗，明道之要，而列傳之與爲表裏發明，此則用史翼經之明驗也。而後人著録乃用之爲甲乙計數而已矣，則校讎失職之故也。

右十三之三

易部《古五子》注云："自甲子至壬子，説《易》陰陽。"其書當互見於術數略之陰陽類。《災異孟氏京房》當互見於術數略之雜占，或五行類。

右十三之四

書部劉向、許商二家，各有《五行傳記》，當互見於五行類。夫《書》非專爲五行也，五行專家則本之於《書》也。故必互見，乃得原委，猶《司馬法》入《周官》之微意也。

右十三之五

詩部韓嬰《詩外傳》，其文雜記春秋時事，與《詩》意相去甚遠，蓋爲比興六義博其趣也。當互見於《春秋》類，與虞卿、鐸椒之書相比次可也。孟子曰："《詩》亡，然後《春秋》作。"《春秋》與《詩》相表裏，其旨可自得於韓氏之《外傳》。史家學《春秋》者，必深於《詩》，若司馬遷百三十篇是也。屈賈、孟荀諸傳尤近。詩部又當互通於樂。

右十三之六

禮部《中庸説》，當互見《諸子略》之儒家類。諸記本非一家之言，可用裁篇别出之法，而文不盡傳，今存大小戴二家之記，亦文繁不可悉舉也。大約取劉向所定，分屬制度者，可歸故事，而附《尚書》之部；分屬通論者，可歸儒家，而入諸子之部。總持大體，不爲鉤釽割裂，則互見之書各有攸當矣。

右十三之七

樂部《雅樂歌詩》四篇，[2]當互見於詩部，及《詩賦略》之雜歌詩。

右十三之八

春秋部之《董仲舒治獄》，當互見於法家，與律令之書同部分門。説已見前，不復置論。

右十三之九

論語部之《孔子三朝》七篇，今《大戴記》有其一篇。[3]考劉向《别録》，七篇具出《大戴》之記，而劉、班未著所出，遂使裁篇與互注之意俱不可以蹤迹焉，惜哉！

右十三之十

孝經部《古今字》與《小爾雅》爲一類。按《爾雅》，訓詁類也，主於義理。《古今字》，篆隸類也，主於形體。則《古今字》必當依《史籀》《蒼頡》諸篇爲類，而不當與《爾雅》爲類矣。其二書不當入於《孝經》，已别具論次，不復置議焉。

右十三之十一

樂部舊有淮南、劉向等《琴頌》七篇，班固以爲重而删之。今考之《詩賦略》而不見，豈《志》文之亡逸邪？春秋部注“省《太史公》四篇”，其篇名既不可知。按《太史公》百三十篇，本隸春秋之部，豈同歸一略之中，猶有重複著録，及裁篇别出之例邪？

右十三之十二

漢志諸子第十四

儒家部《周史六弢》六篇，兵家之書也。劉恕以謂“《漢志》列於儒家，恐非兵書”。今亦不可考矣。觀班固自注：“或曰孔子問焉。”則固先已有所不安，而附著其説，以見劉部次於儒家之義耳。雖然，書當求其名實，不以人名分部次也。《太公》之書有武王問，不得因武王而出其書於兵家也。《漢志》歸道家。劉氏《七略》，道家、兵家互收。《内經》之篇有黄帝問，不得因黄帝而出其書於方技也。假使《六弢》果有夫子之問，問在兵書，安得遂歸儒家部次邪？

右十四之一

儒家部有《周政》六篇、《周法》九篇，[4]其書不傳。班固注《周政》云：“周時法度政教。”注《周法》云：“法天地，立百官。”則二書蓋官禮之遺也，附之禮經之下爲宜，入於儒家非也。大抵《漢志》不立史部，凡遇職官、故事、章程、法度之書，不入六藝部次，則歸儒雜二家。故二家之書，類附率多牽混，惜不能盡見其書，校正之也。夫儒之職業，誦法先王之道，以待後之學者。因以所得自成一家之言，孟荀諸子是也。若職官、故事、章程、法度，則當世之實迹，非一家之立言，附於儒家，其義安取？故《高祖》《孝文》諸篇之入儒，前人議其非，是也。

右十四之二

儒家《虞氏春秋》十五篇，司馬遷《十二諸侯年表序》作八篇。或初止八篇，而劉向校書爲之分析篇次，未可知也。然其書以“春秋”標題，而撰著之文，則又上采春秋，下觀近世，而定著爲書，抑亦《春秋》之支别也。法當附著春秋而互見於諸子。班《志》又僅著於儒家，[5]惜其未習於史遷之叙列爾。

右十四之三

司馬遷之叙載籍也，疏而理；班固之志《藝文》也，密而舛。蓋遷能溯源，固惟辨迹故也。遷於《十二諸侯表叙》，既推《春秋》爲主，則左丘、鐸椒、虞卿、吕不韋諸家，以次論其體例，則《春秋》之支系也。至於孟、荀、公孫固、韓非諸書，命意各殊，與春秋之部不相附麗；然論辨紀述，多及春秋時事，則約略紀之，蓋《春秋》之旁證也。張蒼曆譜五德，董仲舒推《春秋》義，乃《春秋》之流别，故終篇推衍及之。則觀斯表者，求《春秋》之折衷，無遺憾矣。至於著書之人，學有專長，所著之書，義非一概，則自有專篇列傳别爲表明，亦猶劉向、任宏於校讎部次，重複爲之互注例也。班氏拘拘於法度之内，此其所以類例難精而動多掣肘歟?

右十四之四

《賈誼》五十八篇，收於儒家，似矣；然與法家當互見也。考《賈誼傳》，初以通諸家書，召爲博士，又出河南守吴公門下。吴公嘗學事李斯，以治行第一，召爲廷尉，乃薦賈誼。誼所上書，稱説改正朔，易服色制度，定官興禮樂，草具儀法。文帝謙讓未遑。然諸法令所更定，及列侯就國，其説皆自誼發之。又司馬遷曰："賈生、晁錯明申、商。"今其書尚可考見，宗旨雖出於儒，而作用實本於法也。《漢志》叙録云："法家者流，出於理官。"蓋法制禁令，《周官》之刑典也。"名家者流，出於禮官。"蓋名物度數，《周官》之禮典也。古者刑法禮制，相爲損益，故禮儀三百，威儀三千，而五刑之屬三千，條繁文密，其數適相等也。是故聖王教民以禮，而禁之以刑。出於禮者，即入於刑，勢無中立。故民日遷善，而不知所以自致也。儒家者流，總約刑禮，而折衷於道，蓋懼斯民泥於刑禮之迹，而忘其性所固有也。孟子曰："徒善不足以爲政，徒法不能以自行。"夫法則禮刑條目，有節度者皆是也。善則欽明文思，允恭克讓，無形體者皆是也。程子曰："有《關雎》《麟趾》之心，而後可以行《周官》之法度。"所謂《關雎》《麟趾》，仁義是也；所謂《周官》法度，刑禮之屬皆是也。然則儒與名法，其原皆出於一。非若異端釋老，屏去民彝物則，而自爲一端者比也。商鞅、韓非之法，未嘗不本聖人之法，而所以制而用者非也。鄧析、公孫龍之名，不得自外於聖人之名，而所以持而辨者非也。儒分爲三，墨分爲八，[6]則儒亦有不合聖人之道者矣。此其所以著録之書貴知原委，而又當善條其流別也。賈生之言王道，深識本原，推論三代，其爲儒效不待言矣。然其立法創制，條列禁令，則是法家之實。其書互見法家，正以明其體用所備，儒固未足爲榮，名法亦不足爲隱諱也。後世不知家學流別之義，相率而争於無益之空名，其有列於儒家者不勝其榮，而次以名法者不勝其辱。豈知同出聖人之道，而品第高下，又各有其得失，但求名實相副，爲得其宜，不必有所選擇，而後其學始爲貴也。《漢志》始别九流，而儒、雜二家，已多淆亂。後世著録之人，更無别出心裁，紛然以儒、雜二家爲蛇龍之菹焉。凡於諸家著述，不能遽定意指之所歸，愛之則附於儒，輕之則推於雜。夫儒、雜分家之本旨，豈如是耶？

右十四之五

《董仲舒》百二十三篇，部於儒家，是矣。然仲舒所著，皆明經術之意。至於説《春秋》事，得失閒舉，所謂《玉杯》《繁露》《清明》《竹林》之屬，則當互見春秋部次者也。

右十四之六

桓寬《鹽鐵論》六十篇，部於儒家，此亦良允。第鹽鐵之議，乃孝昭之時政，其事見《食貨志》。桓寬撰輯一時所謂文學賢良對議，乃具當代之舊事，不盡爲儒門見風節也。法當互見於故事，而《漢志》無故事之專門，亦可附於《尚書》之後也。

右十四之七

《劉向所敘》六十七篇，部於儒家，則《世説》《新序》《説苑》《列女傳頌圖》四種書也。此劉歆《七略》所收，全無倫類。班固從而效之，因有《揚雄所敘》三十七篇，[7]不分《太玄》《法言》《樂》《箴》四種之弊也。鄭樵譏班固之混收揚雄一家爲無倫類，而謂班氏不能學《七略》之徵，不知班氏固效劉歆也。乃於劉歆之創爲者，則故縱之；班固之因仍者，則酷斷之。甚矣，人心不可有偏惡也。按《説苑》《新序》，雜舉春秋時事，當互見於春秋之篇。《世説》，今不可詳，本傳所謂"《疾讒》《摘要》《救危》及《世頌》諸篇，依歸古事，悼己及同類也"，似亦可以互見春秋矣。惟《列女傳》，本採《詩》《書》所載婦德可垂法戒之事，以之諷諫宫闈，則是史家傳記之書，而《漢志》未有傳記專門，亦當附次春秋之後可矣。至其引《風》綴《雅》，託興六義，又與《韓詩外傳》相爲出入，則互注於詩經部次，庶幾相合；總非諸子儒家書也。

右十四之八

道家部《老子鄰氏經傳》四篇，《傅氏經説》三十七篇，《徐氏經説》六篇。按《老子》本書，今傳《道德》上下二篇，共八十一章。《漢志》不載本書篇次，則劉、班之疏也。凡書有傳注解義諸家離析篇次，則著録者必以本書篇章原數，登於首條，使讀之者可以考其原委，如《漢志》六藝各略之諸經篇目，是其義矣。

右十四之九

或疑伊尹、太公皆古聖賢，何以遂爲道家所宗，以是疑爲後人假託。其説亦自合理。惟是古人著書，援引稱説，不拘於方。道家源委，《莊子·天下》篇所敘述者，略可見矣。是則伊尹、太公，莊、老之徒未必引以爲祖。意其著書稱述，以及假説問對，偶及其人，而後人不辨，則以爲其人自著。及察其不類，又以爲後人依託。今其書不存，殆亦難以考正也。且如儒家之《魏文侯》《平原君》，未必非儒者之徒，篇名偶用其人，如《孟子》之有《梁惠王》《滕文公》之類耳。不然，則劉、班篇次雖疏，何至以戰國諸侯公子稱爲儒家之書歟？

右十四之十

陰陽二十一家與兵書陰陽十六家，同名異術，偏全各有所主。叙例發明其同異之故，抑亦可矣，今乃缺而不詳，失之疏耳。第《諸子》陰陽之本叙，以謂“出於羲和之官”；數術七種之總叙，又云“皆明堂羲和史卜之職也”。今觀陰陽部次所叙列，本與數術中之天文五行不相入。是則劉、班叙例之不明，不免後學之疑惑矣。蓋《諸子略》中陰陽家，乃鄒衍談天、鄒奭雕龍之類，空論其理而不徵其數者也。《數術略》之天文曆譜諸家，乃泰一、五殘、日月星氣，以及黄帝、顓頊日月宿曆之類，顯徵度數而不衍空文者也。其分門别類，固無可議。惟於叙例，亦似鮮所發明爾。然道器合一，理數同符。劉向父子校讎諸子，而不以陰陽諸篇付之太史尹咸，以爲七種之綱領，固已失矣。叙例皆引羲和爲官守，是又不精之咎也。莊周《天下》之篇，叙列古今學術，其於諸家流别，皆折衷於道要。首章稱述六藝，則云“《易》以道陰陽”，是《易》爲陰陽諸書之宗主也。使劉、班著略，於諸子陰陽之下，著云“源出於《易》”，於易部之下，著云“古者掌於太卜”，則官守師承之離合，不可因是而考其得失歟？至於羲和之官，則當特著於天文、曆譜之下，而不可兼引於諸子陰陽之叙也。劉氏父子精於曆數，而校書猶失其次第，又況後世著録，大率偏於文史之儒乎。

右十四之十一

或曰：奭、衍之談天、雕龍，大道之破碎也。今曰其源出於大《易》，豈不荒經而蔑古乎？答曰：此流别之義也。官司失其典守，則私門之書，推原古人憲典以定其離合；師儒失其傳授，則游談之書，推原前聖經傳以折其是非。其官無典守而師無傳習者，則是不根之妄言，屏而絶之，不得通於著録焉。其有幸而獲傳者，附於本類之下，而明著其違悖焉。是則著録之義，固所以明大道而治百家也。何爲荒經蔑古乎？

右十四之十二

今爲陰陽諸家作叙例，當云陰陽家者流，其原蓋出於《易》。《易》大傳曰："一陰一陽之謂道。"又曰："易有太極，是生兩儀。"此天地陰陽之所由著也。星曆司於保章，卜筮存乎官守。聖人因事而明道，於是爲之演《易》而繫詞。後世官司失守而聖教不得其傳，則有談天、雕龍之説，破碎支離，去道愈遠，是其弊也。其書傳者有某甲乙，得失如何，則陰陽之原委明矣。今存叙例，乃云"敬順昊天，曆象日月星辰，敬授人時。"此乃數術曆譜之叙例，於衍、奭諸家何涉歟！

右十四之十三

陰陽家《公檮生終始》十四篇，在《鄒子終始》五十六篇之前，而班固注云："公檮傳鄒奭《始終》書。"豈可使創書之人居傳書之人後乎？又《鄒子終始》五十六篇之下注云："鄒衍所説。"而《公檮》下注："鄒奭《始終》。"名既互異，而以終始爲始終，亦必有錯訛也。又《閭邱子》十三篇，《將鉅子》五篇，班固俱注云"在南公前"。而其書俱列《南公》三十一篇之後，亦似不可解也。觀"終始五德之運"，則以爲始終誤也。

右十四之十四

《五曹官制》五篇，列陰陽家，其書今不可考。然觀班固注云："漢制，似賈誼所條。"按《誼傳》：誼以爲當改正朔，易服色，定制度，定官名，興禮樂，草具其儀法，色尚黄，數用五，爲官名。此其所以爲《五曹官制》歟？如此則當入於官禮。今附入陰陽家言，豈有當耶？大約此類，皆因終始五德之意，故附於陰陽。然則《周官》六典取象天地四時，亦可入於曆譜家矣。

右十四之十五

于長《天下忠臣》九篇入陰陽家，前人已有議其非者。或曰：其書今已不傳，無由知其義例。然劉向《别録》云："傳天下忠臣。"則其書亦可以想見矣。縱使其中參入陰陽家言，亦宜别出互見，而使觀者得明其類例，何劉、班之無所區别耶？蓋《七略》未立史部，而傳記一門之撰著，惟有劉向《列女》與此二書耳。附於《春秋》而别爲之説，猶愈於攙入陰陽家言也。

右十四之十六

法家《申子》六篇，其書今失傳矣。按劉向《别録》："申子學號刑名，以名責實，尊君卑臣，崇上抑下。"荀卿子曰："申子蔽於勢而不知智。"韓非子曰："申不害徒術而無法。"是則《申子》爲名家者流，而《漢志》部於法家，失其旨矣。

右十四之十七

《商君·開塞》《耕戰》諸篇，可互見於兵書之權謀條。《韓非·解老》《喻老》諸篇，可互見於道家之《老子》經。其裁篇别出之説，已見於前，不復置論。

右十四之十八

名家之書，當叙於法家之前，而今列於後，失事理之倫叙矣。蓋名家論其理，而法家又詳於事也。雖曰二家各有所本，其中亦有相通之原委也。

右十四之十九

名家之言分爲三科：一曰命物之名，方圓黑白是也。二曰毁譽之名，善惡貴賤是也。三曰況謂之名，賢愚愛憎是也。尹文之言云爾。然而命物之名，其體也；毁譽、況謂之名，其用也。名家言治道，大率綜核毁譽，整齊況謂，所謂循名責實之義爾。命物之名，其源實本於《爾雅》。後世經解家言，辨名正物，蓋亦名家之支别也。由此溯之，名之得失可辨矣。凡曲學支言，淫辭邪説，其初莫不有所本。著録之家，見其體分用異而離析其部次，甚且拒絶而不使相通，則流遠而源不可尋，雖欲不泛濫而横溢也，不可得矣。孟子曰："詖辭知其所蔽，淫辭知其所陷，邪辭知其所離，遁辭知其所窮。"夫謂之知其所者，從大道而溯其遠近離合之故也。不曰淫、詖、邪、遁之絶其途，而曰淫、詖、邪、遁之知其所者，蓋百家之言，亦大道之散著也。奉經典而臨治之，則收百家之用；忘本源而釐析之，則失道體之全。

右十四之二十

墨家《隨巢子》六篇、《胡非子》三篇，班固俱注："墨翟弟子。"而叙書在《墨子》之前。《我子》一篇，劉向《别録》云："爲墨子之學。"其時更在後矣。叙書在《隨巢》之前，此理之不可解者，或當日必有錯誤也。

右十四之二十一

道家祖老子，而先有《伊尹》《太公》《鬻子》《管子》之書；墨家祖墨翟，而先有《尹佚》《田俅子》之書；此豈著録諸家窮源之論耶？今按《管子》當入法家，著録部次之未審也。至於《伊尹》《太公》《鬻子》，乃道家者流，稱述古人，因以其人命書，非必盡出僞託，亦非以伊尹、太公之人爲道家也。《尹佚》之於墨家，意其亦若是焉而已。然則鄭樵所云"看名不看書"，誠有難於編次者矣。否則班、劉著録，豈竟全無區别耶？第《七略》於道家，叙黄帝諸書於老萊、鶡冠諸子之後，爲其後人依託，不以所託之人叙時代也。而《伊尹》《尹佚》諸書顧冠道、墨之首，豈誠以謂本所自著耶？其書今既不傳，附以存疑之説可矣。

右十四之二十二

六藝之書與儒家之言，固當參觀於《儒林列傳》，道家、名家、墨家之書，則列傳而外，又當參觀於莊周《天下》之篇也。蓋司馬遷叙傳所推六藝宗旨，尚未究其流别。而莊周《天下》一篇，實爲諸家學術之權衡，著録諸家宜取法也。觀其首章列叙舊法世傳之史，與《詩》《書》六藝之文，則後世經史之大原也。其後叙及墨翟、禽滑釐之學，則墨支、墨翟弟子。墨别、相里勤以下諸人。墨言、禹湮洪水以下是也。墨經，苦獲、己齒、鄧陵子之屬，皆誦墨經是也。具有經緯條貫，較之劉、班著録，源委尤爲秩然，不啻《儒林列傳》之於《六藝略》也。宋鈃、尹文、田駢、慎到、關尹、老聃以至惠施、公孫龍之屬，皆《諸子略》中道家、名家所互見。然則古人著書，苟欲推明大道，未有不辨諸家學術源流。著録雖始於劉、班，而義法實本於前古也。

右十四之二十三

縱横者，詞説之總名也。蘇秦合六國爲縱，張儀爲秦散六國爲横，同術而異用，所以爲戰國事也。既無戰國，則無縱横矣。而其學具存，則以兵法權謀所參互，而抵掌談説所取資也。是以蘇、張諸家，可互見於兵書，《七略》以《蘇秦》《蒯通》入兵書。而鄒陽、嚴、徐諸家，又爲後世詞命之祖也。

右十四之二十四

蒯通之書，自號《雋永》，今著録止稱《蒯子》，且傳云“自序其説八十一首”，而著録僅稱五篇。不爲注語以别白之，則劉、班之疏也。

右十四之二十五

積句成章，積章成篇；擬之於樂，則篇爲大成，而章爲一闋也。《漢志》計書，多以篇名，間有計及章數者，小學叙例之稱《倉頡》諸書也。至於叙次目録而以章計者，惟儒家《公孫固》一篇，注“十八章”，《羊子》四篇，注“百章”而已。其如何詳略，恐劉、班當日亦未有深意也。至於以首計者，獨見《蒯通》之傳，不知首之爲章計與？爲篇計與？《志》存五篇之數，而不詳其所由，此《傳》《志》之所以當互考也。

右十四之二十六

雜家《子晚子》三十五篇，注云：“好議兵，似《司馬法》。”何以不入兵家耶？《尉繚子》之當入兵家，已爲鄭樵糾正，不復置論。

右十四之二十七

《尸子》二十篇，書既不傳，既云“商鞅師之”，恐亦法家之言矣。如云尸子非爲法者，則商鞅師其何術，亦當辨而著之。今不置一説，部次雜家，恐有誤也。

右十四之二十八

《吕氏春秋》，亦《春秋》家言而兼存典章者也。當互見於春秋尚書，而猥次於雜家，亦錯誤也。古者《春秋》家言，體例未有一定。自孔子有知我罪我之説，而諸家著書，往往以《春秋》爲獨見心裁之總名。然而左氏而外，鐸椒、虞卿、吕不韋之書，雖非依經爲文，而宗仰獲麟之意，觀司馬遷叙《十二諸侯年表》，而後曉然也。吕氏之書，蓋司馬遷之所取法也。十二本紀仿其十二月紀，八書仿其八覽，七十列傳仿其六論，則亦微有所以折衷之也。四時錯舉，名曰《春秋》，則吕氏猶較虞卿、《晏子春秋》爲合度也。劉知幾譏其本非史書，而冒稱《春秋》，失其旨矣。其合於章程，已具論次，不復置論。

右十四之二十九

《淮南内》二十一篇，本名爲《鴻烈解》，而止稱“淮南”，則不知爲地名與？人名書名與？此著録之苟簡也。其書則當互見於道家，《志》僅列於雜家，非也。外篇不傳，不復置論。

右十四之三十

道家《黄帝銘》六篇與雜家《荆軻論》五篇，其書今既不可見矣；考《皇覽》黄帝《金人器銘》，及《皇王大紀》所謂《輿几之箴》《巾几之銘》，則六篇之旨可想見也。《荆軻論》下注“司馬相如等論之”，而《文心雕龍》則云“相如屬詞，始讚荆軻”。是五篇之旨，大抵史讚之類也。銘箴頌讚有韻之文，例當互見於詩賦，與詩賦門之《孝景皇帝頌》同類編次者也。《孔甲盤盂》二十六篇，亦是其類。

右十四之三十一

農家託始神農，遺教緒言，或有得其一二，未可知也。《書》之《無逸》，《詩》之《豳風》，《大戴記》之《夏小正》，《小戴記》之《月令》，《爾雅》之《釋草》，《管子》之《牧民》篇，《吕氏春秋·任地》諸篇，俱當用裁篇别出之法，冠於農家之首者也。神農、野老之書，既難憑信，故經言不得不詳。

右十四之三十二

小説家之《周考》七十六篇，《青史子》五十七篇，其書雖不可知，然班固注《周考》，云“考周事也”。注《青史子》，云“古史官紀事也”。則其書非尚書所部，即春秋所次矣。觀《大戴禮·保傅》篇引《青史氏之記》，則其書亦不儕於小説也。

右十四之三十三

漢志詩賦第十五

《漢志》分藝文爲六略，每略又各别爲數種，每種始敘列爲諸家，猶如《太玄》之經，方州部家，大綱細目，互相維繫，法至善也。每略各有總叙，論辨流别，義至詳也。惟《詩賦》一略區爲五種，而每種之後更無叙論，不知劉、班之所遺邪？抑流傳之脱簡邪？今觀《屈原賦》二十五篇以下，共二十家爲一種；《陸賈賦》三篇以下，共二十一家爲一種；《孫卿賦》十篇以下，共二十五家爲一種；名類相同，而區種有别，當日必有其義例。今諸家之賦，十逸八九，而叙論之説，闕焉無聞，非著録之遺憾與？若雜賦與雜歌詩二種，則署名既異，觀者猶可辨别，第不如五略之有叙録，更得詳其源委耳。

右十五之一

古之賦家者流，原本《詩》《騷》，出入戰國諸子。假設問對，莊列寓言之遺也；恢廓聲勢，蘇張縱横之體也；排比諧隱，《韓非·儲説》之屬也；徵材聚事，《吕覽》類輯之義也。雖其文逐聲韻，旨存比興，而深探本原，實能自成一子之學，與夫專門之書，初無差别。故其叙列諸家之所撰述，多或數十，少僅一篇，列於文林，義不多讓，爲此志也。然則三種之賦，亦如諸子之各别爲家，而當時不能盡歸一例者耳。豈若後世詩賦之家，裒然成集，使人無從辨别者哉？

右十五之二

賦者，古詩之流，劉勰所謂"六義附庸，蔚成大國"者是也。義當列詩於前，而叙賦於後，乃得文章承變之次第。劉、班顧以賦居詩前，則標略之稱詩賦，豈非顛倒與？每怪蕭梁《文選》賦冠詩前，絶無義理，而後人競效法之，爲不可解。今知劉、班著録，已啟之矣。又詩賦本《詩經》支系，説已見前，不復置議。

右十五之三

詩賦前三種之分家，不可考矣，其與後二種之别類，甚曉然也。三種之賦，人自爲篇，後世别集之體也。雜賦一種，不列專名，而類敘爲篇，後世總集之體也。歌詩一種，則詩之與賦，固當分體者也。就其例而論之，則第一種之《淮南王羣臣賦》四十四篇及第三種之《秦時雜賦》九篇，當隸雜賦條下，而猥廁專門之家，何所取耶？揆其所以附麗之故，則以《淮南王賦》列第一種，而以羣臣之作附於其下，所謂以人次也。《秦時雜賦》列於《荀卿賦》後，《志》作孫卿。《孝景皇帝頌》前，所謂以時次也。夫著録之例，先明家學，同列一家之中，或從人次，或從時次，可也。豈有類例不通，源流迴異，概以意爲出入者哉？

右十五之四

《上所自造賦》二篇，顔師古注："武帝所作。"按劉向爲成帝時人，其去孝武之世遠矣。武帝著作當稱孝武皇帝，乃使後人得以考定。今曰"上所自造"，何其標目之不明與？臣工稱當代之君，則曰上也。否則摛文紀事，上文已署某宗某帝，承上文而言之，亦可稱爲上也。竊意"上所自造"四字，必武帝時人標目，劉向從而著之，不與審定稱謂，則談《七略》者疑爲成帝賦矣。班氏録以入《志》，則上又從班固所稱，若無師古之注，則讀《志》者又疑後漢肅宗所作賦矣。

右十五之五

《荀卿賦》十篇居第三種之首，當日必有取義也。按荀卿之書，有《賦篇》列於三十二篇之内，不知所謂《賦》十篇者，取其《賦篇》與否？曾用裁篇别出之法與否？著録不爲明析，亦其疏也。

右十五之六

《孝景皇帝頌》十五篇次於第三種賦内，其旨不可強爲之解矣。按六藝流别，賦爲最廣，比興之義，皆冒賦名。風詩無徵，存於謡諺，則雅頌之體，實與賦類同源異流者也。縱使篇第傳流，多寡不敵，有如漢代而後，濟水入河，不復别出，亦當叙入詩歌總部之後，别而次之；或與銘箴贊誄通爲部録，抑亦可矣。何至雜入賦篇，漫無區别邪？

右十五之七

《成相雜辭》十一篇，《隱書》十八篇，次於雜賦之後，未爲得也。按楊倞注《荀子·成相》："蓋亦賦之流也。"朱子以爲"雜陳古今治亂興亡之效，託之風詩以諷時君"。[8]命曰雜辭，非竟賦也。《隱書》注引劉向《别録》，謂"疑其言以相問對，通以思慮，可以無不喻"。是則二書之體，乃是戰國諸子流别，後代連珠韻語之濫觴也。法當隸於諸子雜家，互見其名，爲説而附於歌詩之後可也。

右十五之八

《漢志》詳賦而略詩，豈其時尚使然與？帝王之作，有高祖《大風》《鴻鵠》之篇，而無武帝《瓠子》《秋風》之什，或云：《秋風》即在《上所自造賦》内。臣工之作，有《黄門倡車忠等歌詩》，而無蘇李《河梁》之篇。或云：雜家有主名詩十篇，或有蘇李之作。然漢廷主名詩，豈止十篇而已乎？

右十五之九

詩歌一門，雜亂無叙。如《吴楚汝南歌詩》《燕代謳》《齊鄭歌詩》之類，風之屬也。《出行巡狩及游歌詩》與《漢興以來兵所誅滅歌詩》，雅之屬也。《宗廟歌詩》《諸神歌詩》《送靈頌歌詩》，頌之屬也。不爲詮次類别，六義之遺法蕩然，不可爲蹤迹矣。

右十五之十

漢志兵書第十六

孫武《兵法》八十二篇，注“圖九卷”。此兵書權謀之首條也。按《孫武傳》：“闔閭謂孫武曰：‘子之十三篇，吾盡觀之矣。’”阮孝緒《七録》：《孫子兵法》三卷，十三篇爲上卷，又有中下二卷。然則杜牧謂魏武削其數十萬言爲十三篇者，非也。蓋十三篇爲經語，故進之於闔閭，其餘當是法度名數，有如形勢、陰陽、技巧之類，不盡通於議論文詞，故編次於中下，而爲後世亡逸者也。十三篇之自爲一書，在闔閭時已然，而《漢志》僅記八十二篇之總數，[9]此其所以益滋後人之惑矣。

右十六之一

大抵《漢志》之疏，由於以人類書，不能以書類人也。《太玄》《法言》《樂》《箴》四書類於《揚雄所敘》三十八篇，《新序》《説苑》《世説》《列女傳》四書類於《劉向所叙》六十七篇，尤其顯而易見者也。《孫子》八十二篇，用同而書體有異，則當别而次之。縱欲以人類書，亦當如《太公》之二百三十七篇，已列總目，其下分析《謀》八十一篇、《言》七十一篇、《兵》八十五篇之例可也。任宏部次不精，遂滋後人之惑，致謂十三篇非孫武之完書，則校讎不精之咎也。

右十六之二

八十二篇之僅存十三，非後人之删削也。大抵文辭易傳而度數難久。即如同一兵書，而權謀之家尚有存文，若形勢、陰陽、技巧三門，百不能得一矣。同一方技，而醫經一家尚有存文，若經方、房中、神仙三門，百不能得一矣。蓋文辭人皆誦習，而制度則非專門不傳，此其所以有存逸之别歟？然則校書之於形名制度，尤宜加之意也。

右十六之三

即如孫武、孫臏書列權謀之家，而孫武有圖九卷，孫臏有圖四卷，書篇類次，猶之可也。圖則斷非權謀之篇所用者矣。不爲形勢之需，必爲技巧之用，理易見也。而任宏、劉、班之徒，但知出於其人，即附其書之下，然則以人類書之弊，誠不可以爲訓者也。

右十六之四

按阮孝緒《七録》，有孫武《八陣圖》一卷，是即《漢志》九卷之圖與否，未可知也。然圖必有名，《八陣》之取以名圖，亦猶《始計》之取以名篇。今書有其名，而圖無其目，蓋篇名合於諸子之總稱，例如是也；圖亦附於其下，而不著其名，則後人不知圖之何所用矣。

右十六之五

鄭樵言任宏部次有法，今可考而知也。權謀，人也；形勢，地也；陰陽，天也。孟子曰："天時不如地利，地利不如人和。"此三書之次第也。權謀，道也；技巧，藝也。以道爲本，以藝爲末，此始末之部秩也。然《周官》大司馬之職掌與軍禮之《司馬法》諸條，當先列爲經言，别次部首，使習兵事者知聖王之遺意焉。任宏以《司馬法》入權謀篇，班固始移於經禮。夫司馬之法，豈可以爲權謀乎？宜班固之出此而入彼也。惜班固不知互見之法，與别出部首，尊爲經言之例耳。

右十六之六

書有同名而異實者，必著其同異之故，而辨别其疑似焉，則與重複互注、裁篇别出之法，可以並行而不悖矣。兵形勢家之《尉繚》三十一篇與雜家之《尉繚子》二十九篇同名，兵陰陽家之《孟子》一篇與儒家之《孟子》十一篇同名，《師曠》八篇與小説家之《師曠》六篇同名，《力牧》十五篇與道家之《力牧》二十二篇同名，兵技巧家之《伍子胥》十篇與雜家之《伍子胥》八篇同名。著録之家，皆當别白而條著者也。若兵書之《公孫鞅》二十七篇與法家之《商君》二十九篇，名號雖異而實爲一人，亦當著其是否一書也。

右十六之七

鄭樵痛詆劉、班著録收書而不收圖，以爲圖譜之亡，由於不爲專門著録始也。因於《七略》之中獨取任宏《兵書略》，爲其書列七百九十篇，而圖至四十三卷也。然任宏兵略具在，而按録以徵，亡逸之圖，又安在哉！夫著録之道，不係存亡而係於考證耳。存其部目，可以旁證遠搜，此逸詩、逸書之所以貴存《小序》也。任宏收圖，不能詳分部次，收而猶之未收也。誠欲廣圖之用，則當别爲部次，表名圖目，如《八陣圖》之類。而於本人本書之下更爲重複互注，庶幾得其倫敘歟？

右十六之八

漢志數術第十七

數術諸書，多以圖著，如天文之《泰一雜子星》《五殘雜變星》，書雖不傳，而世傳《甘石星經》，未著於録。則有星圖可證者也。《漢日旁氣行事占驗》不傳，而《隋志》《魏氏日旁氣圖》一卷可證。《海中星占驗》不傳，而《隋志》《海中星圖》一卷可證。《圖書祕記》十七篇，著於天文之録。《耿昌月行帛圖》，著於曆譜之録。《後漢·曆志》賈逵論引"甘露二年，大司農丞耿壽昌，奏以圖儀度日月行，考驗天運"，則諸書之有圖，蓋指不可勝屈矣。尹咸校數術書，非特不能釐别圖書，標目家學，即僅如任宏之《兵書》條例，但注有圖於本書之下，亦不能也。此其所以難究索歟！

右十七之一

五行家之《鍾律災應》當與《六藝略》樂經諸書互注，《鍾律叢辰日苑》《鍾律消息》《黄鍾》三書亦同。《五音奇胲用兵》二十三卷、《刑德》二十一卷，當與兵書陰陽家互注。其五行之本《尚書》，蓍龜之本《周易》，已具論次，不復置議。

右十七之二

雜占家之《禨祀天文》《請雨止雨》《雜子候歲》泰一、子貢二家。《神農教田相土耕種》諸書，當與諸子農家互注。

右十七之三

形法之家，不出五行、雜占二條，惟《山海經》宜出地理專門，而無其部次，故强著之形法也。説已見前，不復置議。

右十七之四

漢志方技第十八

方技之書，大要有四，經、脈、方、藥而已。經闡其道，脈運其術，方致其功，藥辨其性，四者備而方技之事備矣。今李柱國所校四種，則有醫經、經方二種而已。脈書、藥書，竟缺其目。其房中、神仙，則事兼道術，非復方技之正宗矣。宜乎叙方技者，至今猶昧昧於四部相承之義焉。按司馬遷《扁鵲倉公傳》，公乘陽慶傳黄帝、扁鵲之《脈書》，是西京未嘗無脈書也。又按班固《郊祀志》，成帝初，有本草待詔，《樓護傳》“少誦醫經、本草、方術”。是西京未嘗無藥書也。李柱國專官典校，而書有缺遺，類例不盡，著録家法豈易言哉！

【校勘記】

〔1〕“受”，應爲“授”。《漢書・儒林傳》：“漢興，田何以齊田徙杜陵，號杜田生，授東武王同子中、洛陽周王孫、丁寬、齊服生，皆著《易》傳數篇。”

〔2〕“雅樂歌詩”，《漢書・藝文志》作“雅歌詩”，章氏誤。

〔3〕王重民指出，《孔子三朝》七篇，今都在《大戴記》，章氏説今《大戴記》有其一篇，爲顔師古注所誤導。

〔4〕“九”，大梁本作“六”。

〔5〕“又”，大梁本作“入”。

〔6〕“儒分爲三，墨分爲八”，應爲“儒分爲八，墨分爲三”，章氏誤。《韓非子·顯學》：“故孔、墨之後，儒分爲八，墨離爲三。”

〔7〕“揚雄所叙”，據《漢書·藝文志》應爲“三十八篇”。大梁本作“三十七篇”，貴陽本、粤雅堂叢書本作“三十八篇”。

〔8〕“風詩”，原文爲“聲詩”，章氏誤引。

〔9〕“八十二”，原誤作“八十三”。

方志略例

方志略例卷一

方志辨體

直隸州之領縣，如古方伯之領侯國，唐節度大府之領小府，雖官屬相統，而疆界名殊。余嘗修江南直隸《和州志》，具草初成，上於學使。學使以州轄含山一縣，志但詳州而略於縣，且多意見不合，往返駁詰，志事中廢。然余嘗推論其事，詳州略縣，於例是也。

蓋文墨之事，無論精粗大小，各有題目，古人所謂文質相宜，題目即質之謂也。如考試詩文，命題詩文，稍不如題，即非佳文。修書亦如是也。如修統部通志，必集所部府州而成，然統部自有統部志例，非但集諸府州志可稱通志，亦非分拆統部通志之文即可散爲府州志也。諸府之志，又有府志一定義例，既非可以上分通志而成，亦不可以下合州縣屬志而成。苟通志及府州縣志，可以互相分合爲書，則天下亦安用此重見疊出之綴旒爲哉！至直隸之州，其體視府，爲其轄諸縣也，其志不得視府志例。以府境皆州縣境，州縣既各有志，府志自應於州縣志外，别審詳略之宜。直隸之州，除屬縣外，别有本州之境，義與縣境無異，如以府志之例載屬縣事，而以縣志之法載本州事，則詳略不倫；如皆用府志之例，則以州境太疏；如皆用縣志之例，則於屬縣重複；惟於疆域沿革，備載屬縣，以見州境之全，其餘門類，一切存州去縣，以見專治之界度。古人制度，方伯國史，未必具屬國之文，節度大府，未必兼屬郡之載，此亦擬於相體裁衣之得當者矣。或問今之志直隸州者，未聞如是之分别也。曰：今之通志，與府州縣志皆可互相分合者也。既可互相分合，亦可互相有無，書苟可以互相有無，即不得爲書矣。余又何從而置議哉！

余撰《湖北通志》，初恃督府一人之知，竟用别裁獨斷，後爲小人讒毁，乘督府入覲之隙，諸當道憑先入之言，委人磨勘，而向依督府爲生計者，衹窺數十金之利，一時騰躍而起，無不關蒙弓而反射，名士習氣然也。如斯學識，豈直置議？然所指摘，督府需余登復，今存《駁議》一卷，見者皆胡盧絶倒也。兹約舉其二條，取證諸志分合大凡，餘可以例推矣。湖廣舊志，《山川》一門取各府州縣志載山川名目，仍依府州縣次排列，山川名下之注，亦照册排列，此亦世俗通例，未足深怪。但如此排寫，占紙四五百番，實與府州縣志毫無分别。余意此等衹應詳州縣志，府志已當稍裁繁注，況通志乎！因聘明於形家言者，俾叙湖北十一府州山川形勢，上溯夔、陜，下接江西，盤旋數千里間，分合迴互，曲直向背，爲長篇總論，而山川名目，有當形勢脈絡起伏響應者，則大書以入文裁，仍加分注以詳坐落，其文灑灑，凡三千餘言，觀者朗誦一過，則數千里間形勢，快如掌上觀紋。至於無當形勢脈落，支流斷港，堆阜小丘，則但以小注記其總數於所隸州縣之下，且盡删其注文。前以所隸州縣爲經，後以總論山川爲緯，略仿《禹貢》《職方》義例，用紙不及三十番，而大勢豁然，可謂意匠經營，極盡鑪錘之工者矣。《駁議》乃曰："《通志》固須簡約，然此門將舊志原有之山川而删去之，則《通志》轉成無用之書矣。此門須重辦，併山川中事，有關於考據者補入。"此等《駁議》真使人絶倒也。

《通志》固須簡約，在彼方自以謂解事，先作原情論矣，殊不知彼以簡約爲言，即已不知《通志》之體裁矣。蓋彼見府州縣志，連牀架屋，《通志》合爲一書，自須删繁就簡云耳。此直無異兒童之見。夫世人之撰通志，率盈百帙，余撰《通志》，不過綫裝二十册，即與舊志相較，新志勢必加增於舊，余反減舊志，僅存三分之一，彼不知者，以謂求簡約矣。其實余初無必須簡約之心，但每事必思其所以然而求其是爾。所貴乎通志者，爲能合府州縣志所不能合，則全書義例，自當詳府州縣志所不能詳，既已詳人之所不詳，勢必略人之所不略，譬如揖左則必背右，揮東則必顧西，情理必然之事。等於渴飲飢食之常，不特無疵病可指摘，亦並無新奇可驚歎也。彼不識其叙論形勢之詳，而但搜其名目注説之略，轉譏《通志》爲無用之書，蓋彼意中不問書將何用，但知一部山川類考爲有用耳！且彼幸而姑妄言之，當事姑妄聽之，未嘗實試於行事也。假令當事即以彼之所言，責彼筆削此書，則不知如何副其所言！既云《通志》須簡約矣，舊志排列山川名目，注其事迹，連編四五百紙，已不勝繁。又云舊志所有不可删去，復云有關考據者補入，是欲比舊志加詳矣，是非連牀架屋不足以盡其興，則彼不知别有何等簡約之法，以成《通志》之别裁也。大抵彼時磨勘，局中所駁之議，半是不見天日之言，半是自相矛盾之説。余《辨例》已詳。此特舉一端耳。

又《通志·食貨考》《田賦》一門，余取《賦役全書》布政使司總彙之册，登其款數，而采明人及本朝人所著，則賦利病奏議詳揭與士大夫私門論撰之屬，聯絡爲篇，爲文亦不過四五千言，而讀者於十一府州數百年間財賦沿革利弊，洞如觀火。蓋有布政司册以總大數，又有議論以明得失，故文簡而事理明也。舊志盡取各府州縣賦役全書挨次排纂，書盈五六百紙，而議論財賦章奏論説之文，則散歸藝文，而本門一概不録，閲者連篇累卷，但見賦税錢穀之數，其十一府州數百年來利病得失，則茫然無可求矣。

然則余之《通志》，非苟爲簡，惟其明而簡也。舊志以繁爲詳贍乎，殊不知府州賦役全書，自當於府州志詳之，州縣賦役全書，自當於州縣志詳之，《通志》體裁，自不當代爲屑屑纂録。十一府州財賦大勢，沿革病利，非府州縣志所能具者，舊志轉不采入，故文繁而反於事理晦也。而嘉興進士陳熷駁云："當取賦役全書補入。"又云："其當補者十分之九。"是將盡謄府州縣志錢糧册矣。又余於志例，極具裁翦苦心，而於見行章程案牘文册，入志不合於體裁者，别裁《湖北掌故》六十六篇，略仿《會典》則例，以備一方實用，具經世有用之書也。賦役不比山川，可以全委於府州縣志，故志文擷其總要，貫以議論，以存精華，仍取十一府州，六十餘州縣賦役全書，鉅帙七十餘册，總其款目，以爲之經，分其細數，以爲之緯，縱横其法，排約爲《賦役表》，不過二卷之書，包括數十鉅册，略無遺脱。《掌故》六十六篇，書分六科，以吏、户、禮、兵、刑、工爲目，此表列户科中，最爲執簡馭繁之法。此書與志同在局中，陳熷親目所覩，而爲是瞽説，謂之失心，良不誣矣！

古之方志，雖有著録，而傳者無多，惟宋志尚十餘家，元明志之可稱者亦十餘家，雖與流俗不可同日而語，而求之古人義例，鮮能無憾。余别有專篇討論，不復贅言。惟統部與府州及所屬州縣，各自爲志，古人所無，其例實始前明。明人鮮知史學，故於志分三等，義例須作三家，分别全未知也。宋制以州領縣，諸縣不皆有志，而州志不上職方，故書名或取古郡，或題山水，未有直稱某州志者，所以避圖經官書名目。余嘗謂方志不得以圖經爲例，此亦其一證也。然觀宋人之爲方志，雖不盡得古人之意，但既無諸縣之志，可以湊泊而成，亦不可以分析其書，遂爲縣志，此實可爲後世府志取法。而統部通志之不可同於府志，亦可從此推矣。宋人州志，自以州事聯絡爲篇，屬縣别爲專篇，記其建置沿革，意殊簡略，凡所隸事實，自以合州大勢貫之，不可分析求也。惟羅氏寶慶《四明志》，前志本州事實爲十一卷，後志所屬六縣爲十卷，與他志稍異。則彼時明州建府，而州治並無附郭之縣，與近日之直隸州制正復相同。彼時屬縣不皆有志，故不得已而分爲詳略有如是爾。今日之直隸州，則屬縣已皆有志，又不必以此爲例矣。

地志統部

陽湖洪編修亮吉，嘗撰輯乾隆府廳州縣志，其分部乃用《一統志》例，以布政使司分隸府廳州縣。余於十年前，訪洪君於其家，謂此書於今制當稱部院，不當泥布政使司舊文，因歷言今制分部與初制異者，以明例義。洪君意未然也。近見其所刻《卷施閣文集》，内有《與章進士書》，繁稱博引，痛駁分部之説。余終不敢爲然。又其所辨，多余向所已剖，不當復云云者。則余本旨，洪君殆亦不甚憶矣。因疏别其説，存示子弟，明其所見然耳，不敢謂己説之必是也。

統部之制，封建之世，則有方伯。郡縣之世，則自漢分十三部州，六朝州郡制度迭改，其統部之官，雖有都督總管諸名，而建府無常。故唐人修《五代地志》，即《隋志》。不得統部之説，至以《禹貢》九州畫分郡縣，其弊然也。唐人分道，宋人分路，雖官制統轄不常，而道、路之名不改，故修地志者，但舉道、路而分部明也。元制雖亦分路，而諸路俱以行省平章爲主，故又稱行省。而明改行省爲十三布政使司，其守土之官則曰布政使司布政使。布政使司者，分部之名，而布政使者，統部之官，不可混也。然布政使司，連四字爲言，而行省則又可單稱爲省。人情樂趨簡便，故制度雖改，而當時流俗止稱爲省。沿習既久，往往見於章奏文移，積漸非一日矣。我朝布政使司，仍明舊制，而沿習稱省，亦仍明舊。此如漢制，子弟封國，頒爵爲王，而詔誥章奏，乃稱爲諸侯王。當時本非諸侯，則亦徇古而沿其名也。但初制盡如明舊，故正名自當爲布政使司。百餘年來，因時制宜，名稱雖沿明故，而體制與明漸殊。

今洪君書以乾隆爲名，則循名責實，必當以巡撫爲主而稱部院，不當更稱布政使司矣。[1]蓋初制，巡撫無專地，前明兩京無布政使司，而順天、應天閒設巡撫。順天之外，又有正定，應天之外，又有鳳陽。諸撫不似今之統轄全部，自有專地。此當稱部院者一也。初制，巡撫無專官，故康熙以前，巡撫有二品三品四品之不同，其兼侍郎則二品，副都御史則三品，僉都御史則四品。今則皆兼兵部侍郎、右副都御史矣。其畫一制度，不復如欽差無定之例。此當稱部院者二也。學差關部，皆有京職，去其京職，即無其官矣。今巡撫新除，吏部必請應否兼兵部都察院銜。雖故事相沿，未有不兼銜者；但既有應否之請，則亦有可不兼銜之理矣。按《會典》《品級考》諸書，已列巡撫爲從二品，注云："加侍郎銜正二。"則巡撫雖不兼京銜，亦有一定階級，[2]正如宋之京朝官，知州軍知縣事，雖有京銜，不得謂州縣非職方也。此當稱部院者三也。國之大事，在祀與戎。今戎政爲總督專司，而巡撫亦有標兵，固無論矣。壇廟祭祀，向由布政使主祭者，而今用巡撫主祭。則當稱部院者四也。賓興大典，向用布政使印鈐榜者，而今用巡撫關防。此當稱部院者五也。初制，布政使司有左右，使分理吏、户、禮、工之事。都司掌兵，按察使司提刑。是布政二使，内比六部，而按察一使，内比都察院也。今裁二使歸一，而分驛傳之責於按察使，裁都司而兵權歸於督撫，其職任與前異。故上自詔旨，下及章奏文移，皆指督撫爲封疆，而不曰軺使；皆謂布政之司爲錢穀總彙，按察之司爲刑名總彙，而不以布政使爲封疆。此尤準時立制，必當稱部院者六也。督撫雖同曰封疆，而總督頭銜則稱部堂，蓋兵部堂官，雖兼右都御史，而仍以戎政爲主也。巡撫頭銜則稱部院，蓋都察院堂官，雖兼兵部侍郎，而仍以察吏爲主者也。故今制，陪京以外，有不隸總督之府州縣，而斷無不隸巡撫之府州縣也。如河南、山東、山西，有巡撫而無總督，巡撫不必兼總督銜。直隸、四川、甘肅，有總督而無巡撫，則總督必兼巡撫銜。督、撫事權相等，何以有督無撫，督必兼撫銜哉？正以巡撫部院，畫一職方制度，並非無端多此兼銜。此尤生今之時，宜達今之體制，其必當稱部院者七也。今天下有十九布政使司，而《會典》則例，六部文移，若吏部大計，户部奏銷，禮部會試，刑部秋勘，皆止知有十八直省，而不知有十九布政使司，蓋因巡撫止有十八部院故也。[3]巡撫實止十五，總督兼缺有三。故江蘇部院，相沿稱江蘇省久矣。蘇松布政使司與江淮布政使司，分治八府三州，不聞公私文告，有蘇松直省、江淮直省之分。此尤見分部制度，今日萬萬不當稱使司，必當稱部院者八也。洪君以巡撫印用關防，不如布政使司正印，不得爲地方正主，可謂知一十而忘其爲二五矣。如洪君説，則其所爲府廳州縣之稱，亦不當也。府州縣固自有印，廳乃直隸同知，止有關防而無印也。同知分知府印，而關防可領職方；巡撫分都察院印，而關防不可以領職方，何明於小而暗於大也？此當稱部院者九也。洪君又謂今制督撫，當如漢用丞相長史出刺州事，州雖領郡，而《漢志》仍以郡國爲主，不以刺史列於其間。此比不甚親切。今制惟江蘇一部院有兩布政使司，此外使司所治，即部院所治，不比漢制之一州必領若干郡也。然即洪君所言，則闞駰《十三州志》，[4]自有專書，何嘗不以州刺史著職方哉！闞書今雖不傳，而《隋志》著録，章懷太子《後漢書注》《六臣文選注》多引之，洪君以博雅名，豈未見邪？[5]此當稱部院者十也。

夫制度更改，必有明文。前明初遣巡撫與三使司官，賓主閒耳。其稍尊者，不過王臣列於諸侯之上例耳。自後臺權漸重，三司奉行臺旨。然制度未改，一切計典奏銷，賓興祭祀，皆布政使專主，故爲統部長官，不得以權輕而改其稱也。我朝百餘年來，職掌制度逐漸更易，至今日而布政使官與按察使官，分治錢穀刑名，同爲部院屬吏，略如元制行省之有參政參議耳。一切大政大典，奪布政使職而歸部院者，歷有明文，此朝野所共知也。而統部之當稱使司，與改稱部院，乃轉無明文，何哉？以官私文告皆沿習便而稱直省，不特部院無更新之名，即使司亦並未沿舊之名耳。律令典例，詔旨文移，皆有直省之稱，惟《一統志》尚沿舊例，稱布政使司，偶未改正。洪君既以“乾隆”名志，豈可不知乾隆六十年中時事乎？

或曰：《統志》乃館閣書，洪君遵制度而立例，何可非之？余謂《統志》初例已定，其後相沿未及改耳。初例本當以司爲主。其制度之改使司而爲部院者，以漸而更，非有一旦創新之舉，故館閣不及改也。私門自著，例以義起，正爲制度云然。且余所辨，不盡爲洪君書也。今之爲古文辭者，於統部稱謂，亦曰諸省，或曰某省。棄現行之制度，而借元人之名稱，於古蓋未之聞也。雍正、康熙以前，古文亦無使司之稱，彼時理必當稱使司。則明人便省文而因仍元制，爲古文之病也久矣。故余於古文辭，有當稱統部者，流俗或云某省，余必曰某部院，或節文稱某部。流俗或云諸省及某某等省，余必曰諸部院或某某等部院，節文則曰諸部某某等部，庶幾名正爲言順耳。使非今日制度，則必曰使司，或節文稱司，未爲不可，其稱省，則不可行也。或云：詔旨章奏文移何以皆仍用之？答曰：此用爲辭語故無傷，非古文書事例也。且如詔旨章奏文移稱布政爲藩，按察爲臬，府州縣長爲守牧令，辭語故無害也，史文無此例矣。

方志立三書議

凡欲經紀一方之文獻，必立三家之學，而始可以通古人之遺意也。[6]仿紀傳正史之體而作志，仿律令典例之體而作掌故，仿《文選》《文苑》之體而作文徵。三書相輔而行，闕一不可，合而爲一，尤不可也。懼人以謂有意創奇，因假推或問以盡其義。

或曰：方志之由來久矣，未有析而爲三書者。今忽析而爲三，何也？曰：明史學也。賈子嘗言："古人治天下，至纖至析。"余考之於《周官》，而知古人之於史事，未嘗不至纖析也。外史掌四方之志，注謂："若晉《乘》、魯《春秋》、楚《檮杌》之類。"是一國之全史也。而行人又獻五書，太師又陳風詩。詳見《志科議》，此但取與三書針對者。是王朝之取於侯國，其文獻之徵，固不一而足也。苟可闕其一，則古人不當設是官；苟可合而爲一，則古人當先有合一之書矣。

或曰：封建罷爲郡縣，今之方志，不得擬於古國史也。曰：今之天下，民彝物則未嘗稍異於古也。方志不得擬於國史，以言乎守令之官，皆自吏部遷除，既已不世其家，即不得如侯封之自紀其元於書耳。其文獻之上備朝廷徵取者，豈有異乎？人見春秋列國之自擅，以謂諸侯各自爲制度，略如後世割據之國史，不可推行於方志耳。不知《周官》之法，乃是同文共軌之盛治，侯封之稟王章，不異後世之郡縣也。

古無私門之著述，六經皆史也。後世襲用而莫之或廢者，惟《春秋》《詩》《禮》三家之流別耳。紀傳正史，《春秋》之流別也；掌故典要，官禮之流別也；文徵諸選，風《詩》之流別也。獲麟絶筆以還，後學鮮能全識古人之大體，必至積久然後漸推以著也。[7]馬《史》班《書》以來，已演《春秋》之緒矣。劉氏《政典》、杜氏《通典》，始演官禮之緒焉。吕氏《文鑑》、蘇氏《文類》，始演風《詩》之緒焉。並取括代爲書，互相資證，無空言也。

或曰：文中子曰："聖人述史有三，《書》《詩》與《春秋》也。"今論三史，則去《書》而加《禮》，文中之説，豈異指歟？曰：《書》與《春秋》本一家之學也。《竹書》雖不可盡信，編年蓋古有之矣。《書》篇乃史文之别具，古人簡質，未嘗合撰紀傳耳。左氏以傳翼經，則合爲一矣。其中辭命，即訓誥之遺也，所徵典實，即《貢》《範》之類也。故《周書》訖平王，《秦誓》乃附侯國之書。而《春秋》託始於平王，明乎其相繼也。左氏合而馬班因之，遂爲史家一定之科律，殆如江漢分源而合流，不知其然而然也。後人不解，而以《尚書》《春秋》分别記言記事者，不知六藝之流别者也。若夫官禮之不可闕，則前言已備矣。

或曰：《樂》亡而《書》合於《春秋》，六藝僅存其四矣。既曰六經皆史矣，後史何無演《易》之流别歟？曰：古治詳天道而簡於人事，後世詳人事而簡於天道，時勢使然，聖人有所不能强也。上古雲鳥紀官，命以天時，唐虞始命以人事；《堯典》詳命羲、和，《周官》保章，僅隸春官之中秩，此可推其詳略之概矣。《易》之爲書也，開物成務，聖人神道設教，作爲神物以前民用。羲、農、黄帝不相襲，夏商周代不相沿，蓋以治曆明時，[8]同爲一朝之創制，作新兆人之耳目者也。後世惟以頒曆授時爲政典，而占時卜日爲司天之官守焉，所謂天道遠而人事邇，時勢之不得不然。是以後代史家，惟司馬猶掌天官，而班氏以下，不言天事也。

或曰：六經演而爲三史，亦一朝典制之鉅也。方州蕞爾之地，一志足以盡之，何必取於備物歟？曰：類例不容合一也。古者天子之服十有二章，公侯卿大夫士差降，至於元裳一章，斯爲極矣。然以爲賤，而使與冠履并合爲一物，必不可也。前人於六部卿監，蓋有志矣。然吏不知兵，而户不侵禮，雖合天下之大，其實一官之偏，不必責以備物也。方州雖小，其所承奉而施布者，吏、户、禮、兵、刑、工無所不備，是則所謂具體而微矣。國史於是取裁，方將如《春秋》之藉資於百國寶書也，又何可忽歟！

或曰：自有方志以來，未聞國史取以爲憑也。今言國史取裁於方志，何也？曰：方志久失其傳。今之所謂方志，非方志也。其古雅者，文人游戲，小記短書，清言叢説而已耳。其鄙俚者，文移案牘，江湖游乞，隨俗應酬而已耳。搢紳先生每難言之。國史不得已，而下取於家譜、誌狀、文集、記述，所謂禮失求諸野也。然而私門撰著，恐有失實，無方志以爲之持證，故不勝其考覈之勞，且誤信之弊，正恐不免也。蓋方志亡，而國史之受病也久矣。方志既不爲國史所憑，則虛設而不得其用，所謂觚不觚也，方志乎哉！

或曰：今三書並立，將分向來方志之所有而析之歟？抑增方志之所無而鼎立歟？曰：有所分，亦有所增，然而其義難以一言盡也。史之爲道也，文士雅言與胥吏簿牘，皆不可用。然捨是二者，則無所以爲史矣。孟子曰：其事、其文、其義，《春秋》之所取也。即簿牘之事，而潤以爾雅之文，而斷之以義，國史方志，皆《春秋》之流别也。譬之人身，事者其骨，文者其膚，義者其精神也。斷之以義，而書始成家。書必成家，而後有典有法，可誦可識，乃能傳世而行遠。故曰：志者，志也，欲其經久而可記也。

或曰：志既取簿牘以爲之骨矣，何又删簿牘而爲掌故乎？曰：説詳《亳州掌故》之例議矣，今復約略言之。馬遷八書皆綜覈典章，發明大旨者也。其《禮書》例曰："籩豆之事，則有司存。"此史部書志之通例也。馬遷所指爲有司者，如叔孫朝儀，韓信軍法，蕭何律令，各有官守而存其掌故，史文不能一概而收耳。惜無劉秩、杜佑其人，别删掌故而裁爲典要。故求漢典者，僅有班《書》，而名數不能如唐代之詳，其效易見也。則别删掌故以輔志，猶《唐書》之有《唐會要》，《宋史》之有《宋會要》，《元史》之有《元典章》，《明史》之有《明會典》而已矣。

或曰：今之方志，所謂藝文，置書目而多選詩文，似取事言互證，得變通之道矣。今必别撰一書爲文徵，意豈有異乎？曰：説詳《永清文徵》之序例矣，今復約略言之。志既仿史體而爲之，則詩文有關於史裁者當入紀傳之中，如班《書》傳志所載漢廷詔疏諸文可也。以選文之例而爲藝文志，是《宋文鑑》可合《宋史》爲一書，《元文類》可合《元史》爲一書矣，與紀傳中所載之文，何以別乎？

或曰：選事仿於蕭梁，繼之《文苑英華》與《唐文粹》，其所由來久矣。今舉《文鑑》《文類》，始演風《詩》之緒，何也？曰：《文選》《文苑》諸家意在文藻，不徵實事也。《文鑑》始有意於政治，《文類》乃有意於故事，是後人相習久，而所見長於古人也。

或曰：方州文字無多，既取經要之篇入紀傳矣，又輯詩文與志可互證者，别爲一書，恐篇次寥寥無幾許也。曰：既已别爲一書，義例自可稍寬。即《文鑑》《文類》，大旨在於證史，亦不能篇皆繩以一概也。名筆佳章，人所同好，即不盡合於證史，未嘗不可兼收也。蓋一書自有一書之體例，《詩》教自與《春秋》分轍也。近代方志之藝文，其猥濫者，毋庸議矣。其稍有識者，亦知擇取其有用，而慎選無多也。不知律以史志之義，即此已爲濫收。若欲見一方文物之盛，雖倍增其藝文，猶嫌其隘矣。不爲專輯一書以明三家之學，進退皆失所據也。

或曰：《文選》諸體無所不備，今乃歸於風《詩》之流别，何謂也？曰：説詳《詩教》之篇矣，今復約略言之。《書》曰："詩言志。"古無私門之著述，經子諸史皆本古人之官守，詩則可以惟意所欲言。唐宋以前，文集之中無著述。文之不爲義解經學、傳記史學、論撰子家諸品者，古人始稱之爲文。其有義解、傳記、論撰諸體者，古人稱書不稱文也。蕭統《文選》，合詩文而皆稱爲文者，見文集之與詩同一流别也。今仿選例而爲文徵，入選之文，雖不一例，要皆自以其意爲言者，故附之於風《詩》也。

或曰：孔衍有《漢魏尚書》，王通亦有《續書》，皆取詔誥章疏，都爲一集，亦《文選》之流也。然彼以衍書家，而不以入詩部，何也？曰：《書》學自左氏以後，并入《春秋》。孔衍、王通之徒，不達其義而强爲之，故其道亦卒不能行。譬猶後世，濟水已入於河，而泥《禹貢》

者，猶欲於滎澤、陶邱濬故道也。

或曰：三書之外，亦有相仍而不廢者，如《通鑑》之編年，本末之紀事，後此相承，當如俎豆之不祧矣。是於六藝何所演其流別歟？曰：是皆《春秋》之支別也。蓋紀傳之史本衍《春秋》家學，而《通鑑》即衍本紀之文，而合其志傳爲一也。若夫紀事本末，其源出於《尚書》，而《尚書》中折而入於《春秋》，故亦爲《春秋》之別也。馬班以下，代演《春秋》於紀傳矣。《通鑑》取紀傳之分，而合之以編年；《紀事本末》又取《通鑑》之合，而分之以事類，而因事命篇，不爲常例，轉得《尚書》之遺法。所謂事經屢變而反其初，"賁"飾所爲受以"剥"，"剥"窮所爲受以"復"也。譬燒丹砂以爲水銀，取水銀而燒之，復爲丹砂，即其理矣。此説別有專篇討論，不具詳也。此乃附論，非言方志。

或曰：子修方志，更於三書之外，別有《叢談》一書，何爲邪？曰：此徵材之所餘也。古人書欲成家，非誇多而求盡也。然不博覽，無以爲約取地。既約取矣，博覽所餘，攔入則不倫，棄之則可惜，故附稗野説部之流而作《叢談》，猶經之別解，史之外傳，子之外篇也。其不合三書之目而稱四，何邪？三書皆經要，而《叢談》則非必不可闕之書也。前人修志，則常以此類附於志後，或稱餘編，或稱雜志。彼於書之例義，未見卓然成家，附於其後，故無傷也。既立三家之學，以著三部之書，則義無可借，不如別著一編爲得所矣。《漢志》所謂小説家流，出於稗官，街談巷議，亦采風所不廢云爾。

州縣請立志科議

鄙人少長貧因，筆墨干人，屢膺志乘之聘，閲歷志事多矣。其閒評騭古人是非，斟酌後志凡例，蓋嘗詳哉其言之矣。要皆披文相質，因體立裁。至於立法開先，善規防後，既非職業所及，嫌爲出位之謀，閒或清燕談天，輒付泥牛入海。美志不效，中懷闕如。然定法既不爲一時，則立説亦何妨俟後？是以願終言之，以待知者擇焉。

按《周官》宗伯之屬，外史掌四方之志，注謂若晉《乘》、楚《檮杌》之類，是則諸侯之成書也。成書豈無所藉？蓋嘗考之周制，而知古人之於史事，未嘗不至纖悉也。司會既於郊野縣都掌其書契版圖之貳；黨正“屬民讀法，書其德行道藝”；閭胥比衆，“書其敬敏任恤”；誦訓“掌道方志，以詔觀事，掌道方慝，以詔避忌，[9]以知地俗”；小史“掌邦國之志，奠系世，辨昭穆”；訓方“掌導四方之政事，與其上下之志，誦四方之傳道”；形方“掌邦國之地域，而正其封疆”；山師、川師“各掌山林川澤之名，辨物與其利害”；原師“掌四方之地名，辨其邱陵墳衍原隰之名”。是於鄉遂都鄙之閒，山川風俗，物産人倫，亦已鉅細無遺矣。至於行人之獻五書，職方之聚圖籍，太師之陳風詩，則其達之於上者也。蓋制度由上而下，采摭由下而上，惟采摭備，斯制度愈精，三代之良法也。後代史事，[10]上詳於下。郡縣異於封建，方志不復視古國史，而入於地理家言，則其事已偏而不全。且其書無官守制度，而聽人之自爲。故其例亦參差而不可爲典要，勢使然也。

夫文章視諸政事而已矣。三代以後之文章，可無三代之遺制；三代以後之政事，不能不師三代之遺意也。苟於政法亦存三代文章之遺制，又何患乎文章不得三代之美備哉！天下政事，始於州縣，而達乎朝廷，猶三代比閭族黨，以上於六卿；其在侯國，則由長帥正伯，以通於天子也。朝廷六部尚書之所治，則合天下州縣六科吏典之掌故以立政也。其自下而上，亦猶三代比閭族黨、長帥正伯之遺也。六部必合天下掌故而政存，史官必合天下紀載而籍備也。乃州縣掌故，因事爲名，承行典吏，多添注於六科之外，而州縣記載，並無專人典守，大義闕如。閒有好事者流，修輯志乘，率憑一時采訪，人多庸猥，例罕完善，甚至挾私誣罔，賄賂行文。是以言及方志，薦紳先生每難言之。史官采風自下，州縣志乘如是，將憑何者爲筆削資也？且有天下之史，有一國之史，有一家之史，有一人之史。傳狀誌述，一人之史也；家乘譜牒，一家之史也；部府縣志，一國之史也；綜紀一朝，天下之史也。比人而後有家，比家而後有國，比國而後有天下。惟分者極其詳，然後合者能擇善而無憾也。譜牒散而難稽，傳誌私而多諛；朝廷修史，必將於方志取其裁。而方志之中，則統部取於諸府，諸府取於州縣，亦自下而上之道也。然則州縣志書，下爲譜牒傳志持平，上爲部府徵信，實朝史之要删也。期會工程，賦税獄訟，州縣恃有吏典掌故，能供六部之徵求。至於考獻徵文，州縣僅恃猥濫無法之志乘，曾何足以當史官之采擇乎？州縣挈要之籍既不足觀，宜乎朝史寧下求之譜牒傳誌，而不復問之州縣矣。夫期會工程，賦税獄訟，六部不由州縣，而直問於民間，庸有當歟？則三代以後之史事，不亦難乎？夫文章視諸政事而已矣。無三代之官守典籍，即無三代之文章；苟無三代之文章，雖有三代之事功，不能昭揭如日月也。令史案牘，文學之儒不屑道也。而經綸政教，未有舍是而別出者也。後世專以史事責之於文學，而官司掌故，不爲史氏備其法制焉，斯則三代以後，離質言文，史事所以難言也。今天下大計，既始於州縣，則史事責成，亦當始於州縣之志。州縣有荒陋無稽之志，而無荒陋無稽之令史案牘。志有因人臧否、因人工拙之義例文辭，案牘無因人臧否、因人工拙之義例文辭。蓋以登載有一定之法，典守有一定之人，所謂師三代之遺意也。故州縣之志，不可取辦於一時，平日當於諸典吏中，特立志科，僉典吏之稍明於文法者，以充其選，而且立爲成法，俾如法以紀載，略如案牘之有公式焉，則無妄作聰明之弊矣。積數十年之久，則訪能文學而通史裁者，筆削以爲成書，所謂待其人而後行也。如是又積而又修之，於事不勞，而功效已爲文史之儒所不能及，所謂政法亦存三代文章之遺制也。

然則立爲成法，將奈何？六科案牘，約取大略而録藏其副可也。官長師儒去官之日，取其平日行事善惡有實據者，録其始末可也。所屬之中，家修其譜，人撰其傳誌狀述，必呈其副。學校師儒采取公論，覈正而藏於志科可也。所屬人士，或有經史撰著，詩辭文筆，論定成編，必呈其副，藏於志科，兼録部目可也。衙廨城池，學廟祠宇，隄堰橋梁，有所修建，必告於科，而呈其端委可也。銘金刻石，紀事摛辭，必摩其本而藏之於科可也。賓興鄉飲，讀法講書，凡有舉行，必書一時官秩及諸名姓，録其所聞所見可也。置藏室焉，水火不可得而侵也。置鎖櫝焉，分科别類，歲月有時，封誌以藏，無故不得而私啟也。仿鄉塾義學之意，四鄉各設采訪一人，遴紳士之公正符人望者爲之，俾搜遺文逸事，以時呈納可也。學校師儒，慎選老成，凡有呈納，相與持公覈實可也。夫禮樂與政事，相爲表裏者也。學士討論禮樂，必詢器數於宗祝，考音節於工師，乃爲文章不託於空言也。令史案牘，則大臣討論國政之所資，猶禮之有宗祝器數，樂之有工師音節也。苟議政事而鄙令史案牘，定禮樂而不屑宗祝器數，與夫工師音節，則是無質之文，不可用也。獨於史氏之業，不爲立法無弊，豈曰委之文學之儒已足辦歟！

或曰：州縣既立志科，不患文獻之散逸矣。由州縣而達乎史官，其地懸而其勢亦無統要，府與布政使司，可不過而問歟？曰：州縣奉行不實，司府必當以條察也。至於志科，既約六科案牘之要，以存其籍矣。府吏必約州縣志科之要，以爲府志取裁；司吏必約府科之要，以爲通志取裁；不特司府之志有所取裁，且兼收並蓄，參互考求，可以稽州縣志科之實否也。至於統部大僚，司科亦於去官之日，如州縣志科之於其官長師儒，録其平日行事善惡有實據者，詳其始末，存於科也。諸府官僚，府科亦於去官之日，録如州縣可也。此則府志科吏不特合州縣科册而存其副，司志科吏不特合諸府科而存其副，且有自爲其司與府者，不容略也。

或曰：是於史事，誠有裨矣。不識政理亦有賴於是歟？曰：文章政事未有不相表裏者也。令史案牘，政事之憑藉也。有事出不虞而失於水火者焉，有收藏不謹而蝕於溼蠹者焉，有姦吏舞法而竄竊更改者焉。如皆録其要而藏副於志科，則無數者之患矣。此補於政理者不尠也。譜牒不掌於官，亦今古異宜。天下門族之繁，不能悉覈於京曹也。然祠襲争奪，則有訟焉；産業繼嗣，則有訟焉；冒姓占籍，降服歸宗，則有訟焉；昏姻違律，則有訟焉；户役隱漏，則有訟焉。或譜據遺失，或姦徒僞撰，臨時炫惑，叢弊滋焉。平日凡有譜牒，悉呈其副於志科，則無數者之患矣。此補於政理者，又不尠也。古無私門之著述，蓋自戰國以還，未有可以古法拘也。然文字不隸於官守，則人不勝自用之私。聖學衰而横議亂其教，史官失而野史逞其私。晚近文集傳誌之猥濫，説部是非之混淆，其瀆亂紀載，熒惑清議，蓋有不可得而勝詰者矣。苟於論定成編之業，必呈副於志科，而學校師儒從公討論，則地近而易於質實，時近而不能託於傳聞，又不致有數者之患矣。此補於政理者，殆不可以勝計也。故曰文章政事，未有不相表裏者也。

與陳觀民工部論史學

僕論史事詳矣。大約古今學術源流，諸家體裁義例，多所發明，至於文辭不甚措議。蓋論史而至於文辭，末也。然就文論文，則一切文士見解，不可與論史文。譬之品泉鑒石，非不精妙，然不可與測海嶽也。即如文士撰文，惟恐不自己出；史家之文，惟恐出之於己，其大本先不同矣。史體述而不造，史文而出於己，是爲言之無徵。無徵，且不信於後也。識如鄭樵，而譏班史於孝武前多襲遷書。然則遷書集《尚書》《世本》《春秋》《國策》《楚漢牒記》，又何如哉？充其所説，孔子删述六經，乃蹈襲之尤矣，豈通論乎！夫工師之爲巨室度材，比於燮理陰陽；名醫之製方劑炮炙，通乎鬼神造化；史家詮次羣言，亦若是焉已爾。是故文獻未集，則搜羅咨訪，不易爲功。觀鄭樵所謂八例求書，則非尋常之輩所可能也；觀史遷之東漸南浮，則非心知其意不能迹也，此則未及著文之先事也。及其紛然雜陳，則貴決擇去取。人徒見著於書者之粹然善也，而不知刊而去者，中有苦心，而不能顯也。既經裁取，則貴陶鎔變化，人第見誦其辭者之渾然一也，而不知化而裁者，中有調劑，而人不知也。即以刊去而論，文劣而事庸者，無足道矣。其閒有介兩端之可而不能不出於一途；有嫌兩美之傷而不能不忍於割愛；佳篇而或乖於例，事足而恐徇於文，此皆中有苦心，而不能顯也。如以化裁而論，則古語不可入今，則當疏以達之；俚言不可雜雅，則當温以潤之。辭則必稱其體，語則必肖其人。質野不可用文語，而猥鄙須删；急遽不可以爲宛辭，而曲折仍見；文移須從公式，而案牘又不宜徇；駢麗不入史裁，而詔表亦豈可廢！此皆中有調劑，而人不知也。文至舉子之四書義，可謂雕蟲之極難者矣。法律細於繭絲牛毛，經生老儒，自首攻習，而較量於微茫杪忽之閒，〔11〕鮮能無憾！其故非他，命題虛實偏全，千變萬化，文欲適如其題，而不可增損故也。史文千變萬化，豈止如四書命題之數，而記言記事，必欲適如其言其事，而不可增損，恐左、馬復生，不能無遺憾也。故六經以還，著述之才，不盡於經解、諸子、詩賦、文集，而盡於史學。凡百家之學，攻取而才見優者，入於史學而無不絀也。記事之法，有損無增，一字之增，是造僞也。往往有極意敷張，其事弗顯，刊落濃辭，微文旁綴，而情狀躍然，是貴得其意也。記言之法，增損無常，惟作者之所欲，然必推言者當日意中之所有，雖增千百言而不爲多。苟言雖成文，而推言者當日意中所本無，雖一字之增，亦造僞也。或有原文繁富，而意未昭明，減省文句，而意轉刻露者，是又以損爲增，變化多端，不可筆墨罄也。

僕於平日持論若此，而《通志》之役，則負愧多矣。當官采訪者，多於此道茫如，甚且陰以爲利。十室必有忠信，規方千有餘里，部領六七十城，豈無搢紳都士可與言者！地遠勢隔，無由朝夕商可。府縣官吏，疲孏不支。其有指名徵取之件，憲司羽檄疊催，十不報六。而又逼以時限，不能盡其從容。中閒惑於浮議，當事委人磨勘。而應聘司磨勘者，不知適從何來。夏畦負販一流，大率毁瓦畫墁。若將求食，然有問須答，不免降心抑氣，如與互鄉講禮，鴂舌辨言，一部十七史不知從何説起！今著《辨例》一卷，特存大略，取明義例而已。此輩所爲，可駭可傷，可笑又可憐者，固不勝舉也。以此敗意，分其心力。然於衆謗羣鬩之際，獨恃督府一人之知，而能卓然無所摇動，用其别識心裁，勒成三家之書，各具淵源師法，以爲撰方志者鑿山濬源，自詡雅有一得之長，非漫然也。

夫著述之事，創始爲難，踵成爲易。僕闕然不自足者，傳分記人記事，可謂闢前史之蹊矣；而事有未備，人有未全。蓋采訪有闕，十居七八，亦緣結撰文字，非他人所可分任，而居鮮暇豫，不得悉心探討，以極事文之能事，亦居十之二三也。然紀分綱目，事亦稱約舉矣。人物一表，包羅全體，其有不及立傳之人，皆以一二字句隱括大略於表注，無遺漏也。以十一府州之大，新舊人物之多，不下數萬，他志所必不能該者，今以表注之法，轉無一人遺漏，則體撰雖疏，而其法乃密，於時人之類纂，亦差足以解免於都人士矣。後人踵事增華，或取所闕而補其未備，而無改其規矩焉，庶幾叔皮《後傳》之遺乎。

《文徵》之集，實多未備，則緣詩文諸集，送局無多，藏書之家，又於未及成書，而紛紛催還原集，是以不得盡心於選事也。然僕於文體粗有解會，故選文不甚鹵莽。且於其意可存，而文不合格者，往往刪改點竄，以歸雅潔，亦不自爲功也。至於詩賦韻言，乃是僕之所短，故悉委他人而己無所與。不幸所委非人，徇情通賄，無所不至。惡劣詩賦不堪注目者，僕隨時刪抹，而姦詭之徒又賄抄胥私增，誠爲出人意外。然僕畢竟疏於覆勘，當引咎耳。惟是史志經世之業，詩賦本非所重，而流俗鶩名，輒以詩賦争相請託。情干勢挾，蜂湧而來，督府尚且不能杜絶，何況館中？僕是以甲集選輯記傳，乙集選集議論，而詩賦特分於丙丁二集。丙集專載佳篇，丁集專收惡濫。譬居家者必有廁圊而後可以潔清房舍。他時勢去人亡，則丁集自可毁板。此中劇有苦心，恨委任失人，不盡如僕意也。

足下文雄學富，而又常留意湖北文獻，徒以人事參差，不得相與其功，深可惜也。猶望足下自以所得，勒成一家，他日流傳，並行不背；或者春蘭秋菊，各占一時之芳秀，亦千秋之佳話也。如何？如何？勉之無怠！第有稍進於足下者，足下前月過從，僕以蘄州諸傳相質，以足下蘄人也。足下不甚省覽，意謂傳文所本，足下固已見之，僕之竄改，一似重謄邸報然者，故不須加意爾。噫！苟以此意論古，負古人矣。

僕嘗恨天下記傳古文，不存所據原本，遂使其文渾然如天生。事本如此，無從窺見作者心經意緯，反不如應舉時文，有題即可論其法也。昔人得歐陽氏《五代史》草，而文思加進，爲其中有點竄塗改，可以窺所用心，亦此意耳。前日奉質《顧天錫父子列傳》，全出《白茅堂集》。其文幾及萬言，而僕所自出己意爲聯絡者，不及十分之一，此外多襲原文，可覆按也。然周窺全集而擷其要領，翦裁部勒，爲此經世大篇，實費數日經營，極有慘淡苦心。不見顧氏集者，不知斧鑿所施。既見顧氏之集，則此傳乃正不宜忽也。嘉定蘄難之《傳》，全本趙氏之《泣蘄録》。惟末段取《宋史·賈涉傳》，載其淮北之捷及斬徐揮二事，爲《泣蘄録》吐氣，以慰忠義之心。其文省趙氏原文至十之六七，而首尾層折乃較原録更爲明顯，亦非漫然爲删節也。其後總論，即潤色《泣蘄録》中申訴之語，足下過不留目，僕竊以爲非也。毋論原文拖沓草率，爲趙氏之未盡，彼以反復剖白，悲哀控訴之語，乃申狀體也。今改爲沈鬱頓挫，蒼涼憑弔之辭，乃論贊體也。字句略换，而文指全殊，豈得不加察耶！杜子美曰："文章千古事，得失寸心知。"史家點竄古今文字，必具"天地爲鑪，萬物爲銅，陰陽爲炭，造化爲工"之意，而後可與言作述之妙。當其得心應手，實有東海揚帆，瞬息千里，乘風馭雲，鞭霆掣電之奇；及遇根節蟠錯，亦有五丁開山，咫尺險巇，左顧右睨，椎鑿難施之困。非親嘗其境，難以喻此中之甘苦也。而文士之見，惟知奉韓退之所以銘樊紹述者，不憚怵目劌心，欲其言自己出。此可爲應舉避雷同之法，若以此論著述，不亦戋戋乎私且小耶？蓋有大鵬千里之身，而後可以運垂大之翼；他若鷹隼羽毛，即非燕雀所能假借。文章各有裁識，豈因襲成文所能掩耶！史遷之才，出入周秦，牢籠戰國，當日諸子百家，今見存者，證以百三十篇之所去取，可謂臨淮入汾陽軍，旌旗壁壘爲改觀矣，其才足勝之也。至於六經、《左氏》，非惟才不能勝，氣亦不能馭矣。故於三代本紀，春秋世家，則奔走步趨，頗形竭蹶。是人之才識，絲毫不容勉强，其明驗矣。亦有史筆不具專家之長，而以因襲之文爲重者，如班氏資《洪範》於劉更生，沈約襲垂象於何承天，豈班、沈之學，勝於劉、何？然不自爲功，而因長見取，亦史家之成例。擬於武事，則諸家如驍將之善於用兵，史裁不自用兵，如大將之善用驍將也。

夫文士勦襲之弊，與史家運用之功相似，而實相天淵，勦襲者惟恐人知其所本，運用者惟恐人不知其所本。不知所本，無以顯其造化鑪錘之妙用也。議僕書者多矣，少見多怪，本不足奇，然必待有所見，而後怪之可也。僕屬草未成書，未外見一字，而如沸之口已嘩議其書之不合，此種悠悠，尚足與之辨乎？是非久而後明，公道自在人心。足下鄉黨之望，願爲我謝鄉搢紳，請存此説，以待日後論定可也。一時人知人罪，聽之而已，嗟乎！是亦不特此書爲然也。

與石首王明府論志例

志爲史裁，全書自有體例。志中文字，俱關史法，則全書中之命辭措字，亦必有規矩準繩，不可忽也。體例本無一定，但取全書足以自覆，不致互歧，毋庸以意見異同，輕爲改易。即原定八門大綱，中分數十子目，略施調劑，亦足自成一家，爲目録以就正矣。惟是記傳叙述之人，皆出史學。史學不講，而記傳叙述之文全無法度。以至方志家言，習而不察，不惟文不雅馴，抑亦有害事理。曾子曰：“出辭氣，斯遠鄙倍矣。”鄙則文不雅也，倍則害於事也。文士囿於習氣，各矜所尚，争强於無形之平奇濃淡。此如人心不同，面目各異，何可争，亦何必争哉！惟法度義例，不知斟酌，不惟辭不雅馴，難以行遠，抑且害於事理，失其所以爲言。今既隨文改正，附商搉矣。恐未悉所以必改之故，約舉數端以爲梗概。則不惟志例潔清，即推而及於記傳叙述之文，亦無不可以明白峻潔，切實有用，不致虚文害實事矣。

如《石首縣志》，舉文動稱石邑，害於事也。地名兩字，摘取一字，則同一字者，何所分别？即如石首言石，則古之縣名，漢有石成，齊有石秋，隋有石南，唐有石巖，今四川有石柱廳，雲南有石屏州，山西有石樓縣，江南有石埭縣，江西、廣東又俱有石城縣，後之觀者，何由而知爲今石首也？至以縣稱邑，亦習而不察其實，不可訓也。邑者，城堡之通稱，大而都城、省城、府州之城，皆可稱邑。《詩》稱京邑，春秋諸國通好，自稱敝邑，豈專爲今縣名乎？小而鄉村築堡，十家之聚，皆可稱邑，亦豈爲縣治邪？

至稱今知縣爲知某縣事，亦非實也。宋以京朝官知外縣事，體視縣令爲尊，結銜猶帶京秩，故曰某官知某縣事耳。今若襲用其稱，後人必以宋制疑今制矣。若邑侯、邑大夫，則治下尊之之辭，施於辭章則可，用以敘事，鄙且倍矣。邑宰則春秋之官，雖漢人施於碑刻，畢竟不可爲訓。令尹亦古官名，不可濫用以疑後人也。官稱不用制度而多文語，大有害於事理。曾記有稱人先世爲司馬公者，適欲考其先世，爲之迷悶數日，不得其解。蓋流俗好用文語，以《周官》司馬，名今之兵部，然尚書侍郎與其屬官，皆可通名司馬，已難分矣。又府同知，俗稱亦爲司馬，州同亦有州司馬之稱。自兵部尚書以至州同，其官相懸絶矣。司馬公三字，今人已不能辨爲何官，況後世乎？以古成均稱今之國子監生，以古庠序稱今之廩增附生，明經本與進士分科，而今爲貢生通號。然恩、拔、副、歲、優、功、廩、增、附、例十等，分别則不可知矣。通顯貴官，則謚率恭文懿敏；文人學子，號多峰巖溪泉。謚則稱公，號則先生、處士，或如上壽祝辭，或似薦亡告牒，其體不知從何而來？項籍曰："書足以記姓名。"今讀其書，見其事，而不知其人何名，豈可爲史家書事法歟？

又如雙名止稱一字，古人已久摘其非。如杜臺卿稱卿，則語不完，而荀卿、虞卿，皆可通用。安重榮稱榮，則語不完，而桓榮、寇榮，皆可通用。至去疾稱疾，無忌稱忌，不害稱害，且與命名之意相反，豈尚得謂其人歟？婦女有名者稱名，無名者稱姓，《左》《史》以來，未有改者。今志家乃去姓而稱氏，甚至稱爲該氏，則於義爲不通，而於文亦鄙塞也。今世爲節烈婦女撰文，往往不稱姓氏，而即以節婦烈女稱之，尤害理也。婦人守節，比於男子抒忠，使爲逄、比諸公撰傳，不稱逄、比之名，而稱忠臣云云，有是理乎？經生之爲時藝，首用二語破題。破題例不書名，先師則稱聖人，弟子則稱賢者，顔、曾、孟子則稱大賢。蓋仿律賦發端，先虚後實，試帖之制度然爾。今用其法以稱節孝，真所謂習焉不察者也。

柳子曰："參之太史以著其潔。"未有不潔而可以言史文者。文如何而爲潔，選辭欲其純而不雜也。古人讀《易》如無《書》，不雜之謂也。同爲經典，同爲聖人之言，倘以龍血鬼車之象，而參粤若稽古之文；〔12〕取熊蛇魚旐之夢，而係春王正月之次；則聖人之業荒，而六經之文且不潔矣。今爲節婦著傳，不叙節婦行事，往往稱爲矢志柏舟，文指不可得而解也。夫柏舟者，以柏木爲舟耳。詩人託以起興，非柏舟遂爲貞節之實事也。《關雎》可以興淑女，而雎鳩不可遂指爲淑女；《鹿鳴》可以興嘉賓，而鳴鹿豈可遂指爲嘉賓？理甚曉然，奈何紀事之文，雜入詩賦藻飾之綺語？夫子曰："必也正名乎。"文字則名言之萃著也。"名不正則言不順"，而事理於焉不可得而明。是以書有體裁，而文有法度，君子之不得已也。苟徇俗而無傷於理，不害於事，雖非古人所有，自可援隨時變通之義，今亦不盡執矣。

報廣濟黄大尹論修志書

承示志稿，體裁簡貴，法律森嚴，而殷殷辱賜下詢，惟恐有辜盛意，則僅就鄙衷所見，約舉一二，以備采菲，然亦未必是也。蓋方志之弊久矣，流俗猥濫之書，固可不論，而雅意拂拭，取足成家，則往往有之。大抵有文人之書，學人之書，辭人之書，説家之書，史家之書，惟史家爲得其正宗。而史家又有著作之史與纂輯之史，途徑不一。著作之史，宋人以還，絶不多見。而纂輯之史，則以博雅爲事，以一字必有按據爲歸，錯綜排比，整鍊而有翦裁，斯爲美也。

今來稿大抵仿朱氏《舊聞》，所謂纂輯之善者也，而用之似不能畫一其體。前周書昌與李南澗合修《歷城縣志》，無一字不著來歷。其古書舊志有明文者，固注原書名目；即新收之事，無書可注，如取於案牘，則注某房案卷字樣；如取投送傳狀，則注家傳呈狀字樣；其有得於口述者，則注某人口述字樣；此明全書並無自己一言之徵，〔13〕乃真仿《舊聞》而畫一矣。志中或注新增二字，或不加注，似非義例。

又世紀遺漏過多，於本地沿革之見於史志者，尚未采備，其餘亦似少頭緒，此門似尚未可用。至城市中之學校，録及樂章及先賢先儒配位，此乃率土所同，頒於令典，本不須載；今載之，又不注出於《會典》，而注出於舊志，亦似失其本原。又詩文入志，本宜斟酌，鄙意故欲别爲文徵。今仿《舊聞》之例，載於本門之下，則亦宜畫一其例。按《舊聞》無論詩文，概爲低格分載。今但於山川門中，全篇録詩，而諸門有應入傳誌記叙之文，多删節而不列正文，恐簡要雖得，而未能包舉也。

又表之爲體，縱横經緯，所以爽豁眉目，省約篇章，義至善也。今職官選舉，仍散著如花名簿，名雖爲表，而實非表。户籍之表善矣，然注圖甲姓氏可也。今有注人名者，不知所指何人，似宜覈核。

藝文之例，經史子集無不當收。其著書之人，不盡出於文苑。今裁文苑之傳而入藝文，謂仿《書録解題》。其實劉向《七略别録》，未嘗不表其人，略同傳體。然班氏撰入《漢藝文志》，則各自爲傳，而於《藝文》目下，但注有傳二字，乃爲得體。今又不免反客而爲主矣。

已上諸條，極知瞽蒙之見，無當采擇。且不自揣，而爲出位之謀，是以瑣屑不敢瀆陳，然既承詢及，不敢不舉其大略也。

復崔荆州書

前月過從，正在公事旁午之際，荷蒙賜驌贈舟，深切不安。措大眼孔，不達官塲緩急情事，屢書冒瀆，抱慙無地！冬寒，敬想尊侯近佳。所付志稿，解纜匆忙，未及開視，曾拜書，俟旋省申覆。舟中無事，亦粗一過目，則歎執事明鑒，非他人可及。前在省相見，送志稿時，執事留日無多，即云：“志頗精當，内有訛錯，亦易改正。”數語即爲定評。

今諸搢紳，磨勘月餘，簽摘如麻，甚至屢加詆詰嘲笑，全失雅道，乃使鄙人抱慙無地。然究竟推敲，不過《職官》《科目》二表，人名有顛倒錯落；《文徵·碑記》一卷，時代不按先後，誠然牴牾。然校書如仇，議禮成訟，辨書之有簽商往復，亦事理之常。否則古人不必立校讎之學，今人修書，亦不必列較訂參閲之銜名矣。況《職官》《科目》二表，實有辦理錯誤之處，亦有開送册籍，本不完全之處。文徵則因先已成卷，後有續收，以致時代有差。雖曰舛誤，亦不盡無因也。而諸紳指摘之外，嚴加詆訶，如塾師之於孺子，官長之於胥吏，則亦過矣。況文理果係明通，指摘果無差失，鄙人何難以嚴師奉之。今開卷第一條，則凡例原文云“方志爲國史要删”，語本明白。要删，猶云删要以備用爾，語出《史記》，初非深僻，而簽改爲要典，則是國史反藉方志爲重，事理失實，而語亦費解矣。《文徵·二聖祠記》，上云“立化像前”，下云“食頃復活”。化，即死也，故字書死字從化字之半。其文亦自明白。今簽“立化”句云：“有誤，否則下文復活無根。”由此觀之，其人文理本未明通，宜其任意訶叱，不知斯文有面目也。至《職官》《科目》之表，舛誤自應改正。然《職官》有文武正佐，《科目》亦有文武甲乙，既以所屬七縣畫分七格，再取每屬之職官科目，逐一分格，則尺幅所不能容。是以止分七格，而以各款名目注於人名之下。此法本於《漢書·百官表》，以三十四官併列一十四格，而仍於表内各注名目，最爲執簡馭繁之良法。今簽指云：“混合一表，眉目不清。”又《文徵》以各體文字分編，通部一例，偶因碑記編次舛誤，自應簽駁改正可也。今簽忽云：“學校之記當前，署廨列後，寺觀再次於後。”則一體之中，又須分類。分類未爲不可，然表奏、序論、詩賦諸體，又不分類，亦不簽改，則一書之例，自相矛盾。由此觀之，其人於書之體例，原不諳習，但知信口詈罵，不知交際有禮義也。其餘摘所非摘、駁所非駁之處甚多，姑舉一二以概其餘。則諸紳見教之簽，容有不可盡信者矣。

《荆志·風俗》襲用舊文，以謂士敦廉讓。今觀此書簽議，出於諸紳，則於文理既不知字句反正虛實，而於體例又不知款目前後編次，一味横肆斥罵，殆於庸妄之尤，難以語文風土習矣。因思執事數日之閒，評定志稿得失，較諸紳彙集多日，紛指如麻，爲遠勝之，無任欽佩之至。但此時執事無暇及此，而鄙人又逼歸期，俟明歲如簽聲覆，以聽進止可耳。

記與戴東原論修志

乾隆三十八年癸巳夏，與戴東原相遇於寧波道署，馮君弼方官寧紹台兵備道也。戴君經術淹貫，名久著於公卿閒，而不解史學，聞余言史事，輒盛氣淩之。見余《和州志例》，乃曰："此於體例，則甚古雅，然修志不貴古雅。余撰汾州諸志，皆從世俗，絶不異人，亦無一定義例，惟所便爾。夫志以考地理，但悉心於地理沿革，則志事已竟。侈言文獻，豈所謂急務哉？"余曰："余於體例，求其是爾，非有心於求古雅也。然得其是者，未有不合於古雅者也。如云但須隨俗，〔14〕則世俗人皆可爲之，又何須擇人而後與哉？方志如古國史，本非地理專門。如云但重沿革，而文獻非其所急，則但作沿革考一篇足矣，何爲集衆啟館，斂費以數千金，卑辭厚幣，邀君遠赴，曠日持久，成書且累函哉？且古今沿革，非我臆測所能爲也。考沿革者，取資載籍。載籍具在，人人得而考之。雖我今日有失，後人猶得而更正也。若夫一方文獻，及時不與搜羅，編次不得其法，去取或失其宜，則他日將有放失難稽，湮没無聞者矣。夫圖事之要，莫若取後人所不得而救正者加之意也。然則如余所見，考古固宜詳慎，不得已而勢不兩全，無寧重文獻而輕沿革耳。"戴他顧而語人曰："沿革苟誤，是通部之書皆誤矣。名爲此府若州之志，實非此府若州也，而可乎？"余曰："所謂沿革誤，而通部之書皆誤者，亦止能誤入載籍可稽之古事爾。古事誤入，亦可憑古書而正之，事與沿革等耳。至若三數百年之内，遺文逸獻之散見旁出，與夫口耳流傳，未能必後人之不湮没者，以及興舉利弊，切於一方之實用者，則皆覈實可稽，斷無誤於沿革之失考，而不切合於此府若州者也。”

馮君曰：“方志統合古今，乃爲完書，豈僅爲三數百年以内設邪？”余曰：“史部之書，詳近略遠，諸家類然，不獨在方志也。《太史公書》詳於漢制，其述虞夏商周，顯與六藝背者，亦頗有之。然六藝具在，人可憑而正史遷之失。則遷書雖誤，猶無傷也。秦楚之際，下逮天漢，百餘年閒，人將一惟遷書是憑。遷於此而不詳，後世何由考其事邪？且今之修方志者，必欲統合今古，蓋爲前人之修是志，率多猥陋，無所取裁，不得已而發凡起例，如創造爾。如前志無憾，則但當續其所有，前志有闕，但當補其所無。夫方志之修，遠者不過百年，近者不過三數十年。今遠期於三數百年，以其事雖遞修，而義同創造，特寬爲之計爾。若果前志可取，正不必盡方志而皆計及於三數百年也。夫修志者，非示觀美，將求其實用也。時殊勢異，舊志不能兼該，是以遠或百年，近或三數十年，須更修也。若云但考沿革，而他非所重，則沿革明顯，毋庸考訂之，州縣可無庸修志矣。”馮君怳悟曰：“然。”

戴拂衣徑去。明日示余《汾州府志》曰：“余於沿革之外，非無别裁卓見者也。舊志人物門類，乃首名僧，余欲删之，而所載實事，卓卓如彼，又不可去。然僧豈可以爲人？他志編次人物之中，無識甚矣。余思名僧必居古寺，古寺當歸古迹，故取名僧事實，歸之古迹，庸史不解此創例也。”余曰：“古迹非志所重，當附見於輿地之圖，不當自爲專門。古迹而立專門，乃統志類纂名目，陋儒襲之，入於方志，非通裁也。如云僧不可以爲人，則彼血肉之軀，非木非石，畢竟是何物邪？筆削之例至嚴，極於《春秋》。其所誅貶，極於亂臣賊子。亦止正其名而誅貶之，不聞不以爲人，而書法異於圓首方足之倫也。且人物仿史例也，史於姦臣叛賊，猶與忠良並列於傳，不聞不以爲人，而附於地理志也。削僧事而不載，不過俚儒之見耳。以古迹爲名僧之留轍，而不以人物爲名，則《會稽志》禹穴，而人物無禹；《偃師志》湯墓，而人物無湯；《曲阜志》孔林，而人物無孔子；彼名僧者，何幸而得與禹、湯、孔子同其尊歟？無其識而强作解事，固不如庸俗之猶免於怪妄也。”

爲張吉甫司馬撰大名縣志序

乾隆四十六年冬，余自肥鄉知縣移劇大名。大名自併魏移治府城，號稱畿南衝要，而縣志尚未裒合成書，文獻之徵，闕焉未備。余有志搜羅，下車之始，姑未遑暇。至四十九年，乃與鄉搢紳討論商搉，采取兩縣舊志，參互考訂，益以後所見聞，彙輯爲編，得圖説二篇，表二篇，志七篇，傳五篇，凡一十六篇。而叙例目録之列於卷首，雜采綴記之附於卷末者，不與焉。五十年春正月，書成。會余遷河閒府同知，尋以罣誤免官，羈迹舊治。而繼爲政者，休寧吴君，自隆平移治兹縣。吴君故嘗以循良名聲三輔，而大雅擅文，所學具有原本。及余相得，莫逆於心。因以志稿屬君訂定，而付之梓人。爰述所以爲志之由，而質之吴君。

曰：往在肥鄉官舍，同年友會稽章君學誠，與余論修志事。章君所言，與今之修志者異。余徵其説，章君曰：“郡縣志乘，即封建時列國史官之遺，而近代修志諸家，誤仿唐宋州郡圖經而失之者也。《周官》外史掌四方之志，注謂：若晋之《乘》，楚之《檮杌》，魯之《春秋》。是一國之史，無所不載，乃可爲一朝之史之所取裁。夫子作《春秋》，而必徵百國寶書，是其義矣。若夫圖經之用，乃是地理專門。按天官司會所掌書契版圖，注：版謂户籍，圖謂土地形象，田地廣狹，即後世圖經所由仿也。是方志之與圖經，其體截然不同。而後人不辨其類，蓋已久矣。”余曰：“圖經於今猶可考乎？”章君曰：“古之圖經，今不可見，閒有經存圖亡，如《吴郡圖經》《高麗圖經》之類；約略見於羣書之所稱引，[15]如水經地志之類，不能得其全也。今之圖經，則州縣輿圖，與六條憲綱之册，其散著也；若元明之《一統志》書，其總彙也。散著之篇，存於官府文書，本無文理，學者所不屑道。統彙之書，則固地理專門，而人物流寓，形勝土産，古迹祠廟諸名目，則因地理而類撮之，取供文學詞章之所采用，而非所以爲書之本意也。故形勝必用駢儷，人物節取要略，古迹流連景物，祠廟亦載游觀，此則地理中之類纂，而不爲一方文獻之徵，甚皎然也。”

余曰：“然則統志之例，非與？閻氏若璩以謂統志之書，不當載人物者，其言洵足法與？”章君曰：“統志創於元明，其體本於唐宋，質文損益，具有所受，不可以爲非也。《元和郡縣》之志，篇首各冠以圖，圖後系以四至八到，山川經緯之外，無旁綴焉。此圖經之本質也。《太平寰宇》之記，則入人物藝文，所謂踵事而增華也。嘉熙《方輿勝覽》，侈陳名勝古迹，游覽辭賦，則逐流而靡矣。統志之例，補《寰宇》之賸義，删名勝之支辭，折衷前人，有所依據，閻氏從而議之，過矣。然而其體自有輕重，不可守其類纂名目，以備一方文獻之全，甚曉然也。”余曰：“古之方志，義例何如？”章君曰：“三代封建，與後代割據之雄，大抵國自爲制，其體固不侔矣。郡縣之世，則漢人所爲《汝南先賢》《襄陽耆舊》《關東風俗》諸傳説，固已偏而不備，且流傳亦非其本書矣。今可見者，宋志十有餘家，雖不能無得失，而當時圖經纂類名目未盛，則史氏家法猶存，未若今之直以纂類子目，取爲全志，儼如天經地義之不可易也。”余曰：“宋志十有餘家，得失安在？”章君曰：“范氏之《吴郡志》、羅氏之《新安志》，其尤善也。羅《志》蕪而不精，范《志》短而不詳，其所蔽也。羅《志》意存著述，范《志》筆具翦裁，其所長也。後人得著述之意者鮮矣。知翦裁者，其文削而不腴，其事鬱而不暢，其所識解，不出文人習氣，而不可通於史氏宏裁；若康氏《武功》之志，韓氏《朝邑》之志，其顯者也。何爲文人習氣？蓋仿韓退之《畫記》而叙山川物産，不知八書、十志之體，不可廢也。仿柳子厚《先友記》而志人物，不知七十列傳之例，不可忘也。蓋村塾講習，亦知所謂古文詞者，推尊韓、柳，故其所見如是，自謂遠出於流俗矣，而不知文集無當於史裁也。[16]等而下者，更無論矣。”

余曰：“如君所言，修志如何而後可？”章君曰：“志者，志也。其事其文之外，必有義焉，史家著作之微旨也。一方掌故，何取一人著作？然不託於著作，則不能以傳世而行遠也。文案簿籍，非不詳明，特難乎其久也。是以貴專家焉。專家之旨，神而明之，存乎其人，不可以言傳也。其可以言傳者，則規矩法度，必明全史之通裁也。”“明全史之通裁，當奈何？”曰：“知方志非地理專書，則山川、都里、坊表、名勝，皆當彙入地理，而不可分占篇目，失賓主之義也。知方志爲國史取裁，則人物當詳於史傳，而不可節録大略；藝文當詳載書目，而不可類選詩文也。知方志爲史部要删，則胥吏案牘，文士綺言，皆無所用，而體裁當規史法也。此則其可言者也。夫家有譜，州縣有志，國有史，其義一也。然家譜有徵，則縣志取焉；縣志有徵，則國史取焉。今修一代之史，蓋有取於家譜者矣，未聞取於縣志。則荒略無稽，薦紳先生所難言也。然其故，實始於誤仿圖經纂類之名目，此則不可不明辨也。”噫！章君之言，余未之能盡也。然於志事，實不敢掉之以輕心焉。二圖包括地理，不敢流連名勝，侈景物也。七志分别綱目，不敢以附麗失倫，致散涣也。二表辨析經緯，不敢以花名卯簿，致蕪穢也。五傳詳具事實，不敢節略文飾，失徵信也。鄉薦紳不余河漢，勤勤討論，勒爲斯志，庶幾一方之掌故，不致如章君之所謂誤於地理之偏焉耳。若求其志，而欲附於著作專家，則余謝不敏矣。

爲畢秋帆制府撰常德府志序

常德爲古名郡，左包洞庭，右控五溪，戰國楚黔中地。秦楚争衡，必得黔中以爲橐鑰；所謂旁攝溪蠻，南通嶺嶠，從此利盡南海者也。後漢嘗移荆州治此，蓋外控諸蠻，則州部之内，千里晏然。隋唐以來，益爲全楚關鍵。五季馬氏既併朗州，而後屹然雄視，諸鎮莫敢與抗矣。蓋北屏荆渚，南臨長沙，遠作滇、黔門户，實爲控要之區，不其然歟？我朝奕世承平，蠻夷率服，大湖南北皆爲腹地。康熙二十二年，滿洲將軍駐防荆州，遂移提督軍門，彈壓常德。後雖分湖南、北爲兩部院，而營制聯絡兩部，呼吸相通，故節制之任，仍統於一。

余承乏兩湖，嘗按部常德，覽其山川形勢，慨想秦漢通道以來，治亂機緘，割制利弊，與夫居安思治，化俗宜民之道，爰進守土長吏，講求而切磋究之。知府三原李君大霳，悃愊吏也。六條之察，次第既略具矣。府志輯於康熙九年，故册荒陋，不可究詰；百餘年之文獻，又邈焉無徵，於是請事重修。余謂此能知其大也。雖然，方志徧寰宇矣，賢長吏知政貴有恒，而載筆之士不知辭尚體要，猥蕪雜濫，無譏焉耳。即有矯出流俗，自命成家，或文人矜於辭采，學士侈其搜羅，而於事之關於經濟，文之出於史裁，則未之議也。

會稽章典籍學誠，游於余門，數爲余言史事，槩然有當於余心。余嘉李君之意，因屬典籍，爲之撰次，閲一載而告成。凡書二十四篇：爲紀者二，編年以綜一郡之大事；爲考者十，分類以識今古之典章；爲表者四，年經事緯，以著封建、職官、選舉、人物之名姓；爲略者一，爲傳者七，采輯傳記，參合見聞，以識名宦、鄉賢、忠孝、節義之行事。綱舉而目斯張，體立而用可達。俗志附會古迹，題咏八景，無實靡文，概從删落。其有記序文字，歌咏篇什，足以考證事實，潤色風雅，志家例録爲藝文者，今以藝文專載書目，詩文不可混於史裁，别撰《文徵》七卷，自爲一書，與志相輔而行。其搜剔之餘，畸言脞説，無當經綸，而有資談助者，更爲《叢談》一卷，皆不入於志篇。凡此區分類别，所以辨明識職，歸於體要。於是常德典故，可指掌而言也。

夫志不特表章文獻，亦以輔政教也。披覽輿圖，則善德、桃源之爲山鎮，漸、澬、滄浪之爲川澤，悠然想見古人清風，可以興起末俗。爰求前迹，有若馬伏波、應司隸之流，制苗蠻於漢世；李習之、温簡輿其人，興水利於唐時；因地制宜，隨時應變，皆文武長吏前事之師。考古即以徵今，而平日討論，不可以不豫也。蓋政之有恒與辭之體要，本非兩事，昧於治者不察也。余故因李君之知所務也，而推明大旨，以爲求治理者法焉。

爲畢秋帆制府撰荆州府志序

荆州富於《禹貢》《職方》，雄據於三國六朝五季，而衝要巖劇於前明。蓋至今所領僅七城，而於湖北部内十一府州，猶爲重望云。三代畫州，荆域袤延且數千里，無可言也。漢分南郡，荆州所部。蒯越説劉表曰："荆州南據江陵，北守襄陽，八郡可傳檄而定。"諸葛忠武説昭烈曰："荆州北據漢沔，利盡南海，東連吴會，西通巴蜀，用武之國。"六朝争劇於蕭梁，五季稱雄於高氏，一時獻奇借箸，騰説雖多，大約不出蒯、葛數語。然是時荆州，實兼武陵、桂陽諸郡，幅幀包湖南境。至明改元中興路爲荆州府，則今荆州境矣。彼時王國所封，蔚爲都會。我朝因明舊治，初以總兵官鎮守其地，旋改滿營，設將軍都統以下如制。雍正十三年，割二州三縣與土司地，分置宜昌、施南兩府。乾隆五十六年，又以遠安隸荆門州。於是荆州所部，止於七縣。然而形勢猶最諸府，則江陵固兼南北之衝，而東延西控，聯絡故自若也。至於時事異宜，則滿漢分城，兵民不擾；漕兑互抵，轉餉無勞，亦既因時而立制矣。惟大江東下分流，故道多湮，江防堵築，視昔爲重。乾隆戊申，大水灌城，軍民被淹，城治傾圮。天子南顧嚱咨，特命重臣持節臨莅，發帑二百萬金，鉅工大役，次第興舉。余於是時奉命來督兩湖，夙夜惴惕，惟恐思慮有所未周，無以仰答詔旨。咨於羣公，詢於寮寀，羣策材力，幸無隕越。而億兆生靈，皆蒙愷澤，而出於昏墊，則荆州雖故而若新也。

逾年，民氣漸蘇，官司稍有清晏。知府山陰張君方理，始欲整齊掌故，爲後持循，旋以事去。繼其任者，永濟崔君龍見，乃集七縣長吏而議修府志。崔君以名進士起家，學優而仕，其於斯志，蓋斤斤乎不苟作也。且荆志著於古者，倍他州郡，盛弘之有《荆州記》，庾仲雍有《江記》，宗懔有《荆楚歲時記》，梁元帝有《荆南志》，又有《丹陽尹傳》，書雖不存，部目可考，遺文逸句猶時見於羣書所稱引也。前明所修《荆州府志》，僅見著録而無其籍。康熙年閒胡在恪所修，號稱佳本，而世亦鮮見，今存葉仰高志，自云多仍胡氏舊文，體例謹嚴，纂輯必注所出，則其法之善也。而崔君之於斯志，則一秉史裁，詳贍博雅之中，運以獨斷别裁之義。首紀以具編年史法，次表以著世次年代，掌故存於諸考，人物詳於列傳，亦既綱舉而目張矣。又以史志之書，記事爲主。藝文乃著録之篇，而近代志家，猥選詩文雜體，其有矯而正者，則又裁節詩文，分類隸於本事之下，皆失古人流别。今師史例以輯府志，更仿選例以輯文徵。自云：志師八家《國語》，文徵師十五《國風》，各自爲書，乃得相輔而不相亂。又采輯之餘，瑣事畸言，取則失裁，棄則可惜，近人編爲志餘，亦非史法。今乃别爲《叢談》一書，鉅細兼收，而有條不紊，蓋近日志家所罕見也。昔羅願撰《新安志》，自謂儒者之書，不同抄撮簿記。今崔君所輯，本源深遠，視羅氏雅裁，有過之而無不及已。會湖北有《通志》之役，聘會稽章典籍學誠，論次其事。章君雅有史識，與余言而有合。崔君又屢質於典籍，往復商搉，時亦取衷於余。余故備悉其始末，而敘於卷端。

爲畢秋帆制府撰石首縣志序

石首爲荆州望縣，兩漢本華容地，晉平吴，分華容置縣，因山以石首名。趙宋改治調弦，易名建寧。尋遷繡林山左，復名石首。元大德中，又遷楚望山下。歷明至今，文物聲名，爲荊部稱盛。縣志不修，近六十年。舊志疏脱，詮次無法，又闕數十年之事實。知縣玉田王君維屏，因余撰輯《通志》，檄徵州縣之書，乃論次其縣事，犁剔八門，合首尾爲書十篇，以副所徵，且請余爲之序。

余披覽其書，而知王君之可與論治也。夫爲政必先綱紀，治書必明體要。近日爲州縣志者，或胥吏案牘，蕪穢失裁；或景物題咏，浮華無實；而求其名義所歸，政教所重，則茫然不知其所指焉。夫政者，事也。志者，言也。天下蓋有言之斐然，而不得於其事者矣；未聞言之尚無條貫，而其事轉能秩然得叙者也。今王君是志，凡目數十，括以八門，若綱在綱，有條不紊。首曰編年，存史法也。志者史所取裁，史以記事，非編年弗爲綱也。次曰方輿，考地理也。縣之有由立也，山川古迹，以類次焉。而水利江防，居其要矣。次曰建置，人功修也。城池廨署，以至壇廟，依次附焉。次曰民政，法度立也。户田賦役之隸於司徒，郵驛兵防之隸於司馬，皆《洪範》八政之經也。次曰秩官，昭典守也。長佐師儒，政教所由出也。而卓然者，爰斯傳矣。次曰選舉，辟才俊也。論秀書升，《王制》之大，興賢與能，《周官》是詳；勸邦乘者，所不容略也。次曰人物，次曰藝文，一以徵文，一以考獻。皆搜羅放失，謹備遺忘，尤爲乘時之要務也。人物必徵實事，而不以標牓爲虚名；藝文謹著部目，而不以詩文充篇幅。蓋人物爲馬《史》列傳之遺，藝文爲班、劉著録之例，事必師古，而後可以法當世也。部分爲八，亦既綱舉而目張矣。至於序例圖考，冠於編首，餘文賸説，綴於簡末，别爲篇次，不入八門。殆如九夫畫井，八陣行軍，經緯燦然，體用具備。乃知方志爲一方之政要，非徒以風流文采，爲長吏飾儒雅之名也。

且石首置縣以來，凡三徙矣。今縣治形勢，實爲不易。四顧平衍之中，至縣羣山湧出，東有龍蓋，南有馬鞍，西有繡林，北有楚望，居中扼要，政令易均，是以明代至今，相仍爲治。夫撫馭必因形勢，爲政必恃綱紀，治書必貴體要，一也。王君以儒術入仕，知所先務。其於治書，洵有得於體要，後人相仍，如縣治矣。抑古人云："坐而言者，期起而行。"今之具於書者，果能實見諸政治，則必不以簿書案牘爲足稱職業，文采絢飾爲足表聲譽。是則雖爲一縣之志，即王君一人之治書也。古之良吏，[17]莫能尚已，余於王君有厚望焉。

書吴郡志後

范成大《吴郡志》五十卷，分篇三十有九：曰沿革，曰分野，[18]曰户口税租，曰土貢，曰風俗，曰城郭，曰學校，曰營寨，曰官宇，曰倉庫，而塲務附焉，曰坊市，曰古迹，曰封爵，曰牧守，曰題名，曰官吏，曰祠廟，曰園亭，曰山，曰虎邱，曰橋梁，曰川，曰水利，曰人物，而列女附焉，曰進士題名，曰土物，曰宫觀，曰府郭寺，曰郊外寺，曰縣記，曰塚墓，曰仙事，曰浮屠，曰方技，曰奇事，曰異聞，曰考證，曰雜咏，曰雜志。篇首有紹定二年汴人趙汝談敘，言："石湖志成，守具木欲刻。時有求附某事於籍而弗得者，譁曰：'是書非石湖筆也。'守莫敢刻，遂藏學宫。紹定初元，廣德李侯壽朋以尚書郎出守。其先度支公嘉言，石湖客也。謁學問故，驚曰：'是書猶未刊耶？'他日拜石湖祠，從其家求遺書，校學本無少異。而書止紹熙三年，其後大建置，如百萬倉、嘉定新邑、許浦水軍、顧逕移屯等類皆未載。於是會校官汪泰亨，與文學士雜議，用褚少孫例，增所闕遺，訂其誤僞，而不自别爲續焉。"又曰："石湖在時，與郡士龔頤、滕成、周南厚三人數咨焉，而龔薦所聞於公尤多，異論由是作。益公碑公墓，載所爲書，篇目可考"云云。其爲人所推重如此。今學者論宋人方志，亦推羅氏《新安志》與范氏《吴郡志》爲稱首，無異辭矣。

余諦審之，文筆亦自清簡，後世方志庸猥之習，彼時未開，編次亦爾雅潔。又其體制詳郡而略縣，自沿革、城池、職官題名之屬，皆有郡而無縣。縣記二卷，則但記官署，閒及署中亭臺，或取題石記文而無其名姓，體參差不一律。此則當日志例，與近日府志之合州縣志而成者，迥不相同。余别有專篇討論其事，此固可無論也。第他事詳郡略縣，稱其體例可也。沿革有郡無縣，則眉目不分矣。宜其以平江路府冒吴郡之舊稱，冠全志而不知其謬也。且沿革敘入宋代，則云"開寶元年，吴越王改中吴軍爲平江軍。太平興國三年，錢俶納土"。考史，是時改蘇州矣，而志文不著改州。下突接云："政和三年，陞蘇州爲平江府。"上無蘇州之文，忽入陞州爲府，文指亦不明矣。通體采摭史籍及詩文説部編輯而成，仍注所出於本條下，是足爲纂類之法，卻非著作體也。風俗多摭吴下詩話，閒亦考訂方音，是矣。徐祐輩九老之會，章岵輩耆英之會，皆當日偶爲盛事，不當入風俗也。學校在四卷，縣記在三十七八卷。縣治官宇，既入縣記，而學校兼志府縣之學，是未出縣名而先有學矣。坊市不附城郭，而附官宇，亦失其倫。提點刑獄司、提舉常平鹽茶司題名，不入牧守題名本類，而附見官宇之後，亦非法度。提點刑獄題名，皆大書名姓於上，而分注出身與來去年月於下；提舉常平鹽茶，皆大書官階名姓於上，而分注任事年月於下，亦於體例未畫一也。牧守載有名人，而題名反著於後，是倒置矣。官吏不載品制員額，而但取有可傳者，亦爲疏略。功曹掾屬，與令長相閒雜次，亦嫌令長之名在縣記之先也。古迹與祠廟、官宇、園亭、塚墓、宫觀、寺、山、川等，頗相混亂。别出虎邱一門於山之外，不解類例牽連、詳略互注之法，則觸手皆荆棘矣。

人物不自撰著，裁節史傳，亦纂類之例也。依次編爲八卷，不用標目分類，尚爲大雅。然如張、顧大族，代有聞人，自宜聚族爲篇，一族之中，又以代次可也。乃忽分忽合，時代亦復閒有顛倒，不如諸陸之萃合一編，前後不亂。豈今本訛錯，非范氏之原次歟？仙事、浮屠、方技，亦人物之支流，縱欲嚴其分别，亦當次於人物之後，别其題品可也。今於人物之後，閒以進士題名、土物、宫觀、府郭寺、郊外寺、縣記、塚墓，凡十二卷後，忽出仙事以下三門，遂使物典人事，淆雜不清，可謂擾而不精之甚者矣。土物搜羅極博，證事亦佳。但干將、莫邪、屬鏤之劍，吴鴻、扈稽之鉤，傳記所載一時神物，亦復難以盡信，今概入之土物，非其類矣。奇事一卷，異聞三卷，細勘實無分别，考證疏而不至於陋。詩賦雜文，既注各類之下，又取無類可歸者，别爲雜咏一門，雖所收不惡，亦頗嫌漫漶無當也。每見近人修志，識力不能裁斷，而又貪奇嗜瑣，不忍割愛，則於卷末編爲雜志，或曰餘編。蓋緣全志分門如布算子，無復别識心裁，故於事類有難附者，輒爲此卷，以作蛇龍之菹，甚無謂也。今觀范氏志末，亦爲雜志，則前輩已先導之。其實所載，皆有門類可歸，惜范氏析例之不精也。其五十卷中，官名地號之稱謂非法，人氏名號之信筆亂填，蓋宋人詩話家風，大變史文格律，其無當於方志專家，史官繩尺，不待言矣。其所以爲世所稱，則以石湖賢而有文，又貴顯於當時；而翦裁筆削，雖不合於史法，亦視近日猥濫庸妄一流，固爲矯出，得名亦不偶然也。然以是爲方志之佳，則不確矣。

書姑蘇志後

王鏊《姑蘇志》六十卷，首郡邑沿革，次古今守令，次科第，皆爲之表。次沿革，次分野，次疆域，次山，次水，次水利，次風俗，次户口，次土産，次田賦，次城池，次坊巷，次鄉都，次橋梁，次官署，次學校，次兵防，次倉塲，次驛遞，次壇廟，次寺觀，次第宅，次園池，次古迹，次冢墓，次吴世家，附封爵氏族。次平亂，次宦績，次人物，而人物之中，分名臣、忠義、孝友、儒林、文學、卓行、隱逸、薦舉、藝術、雜技、游寓、列女、釋老，凡一十三類。殿以紀異雜事。而卷次多寡，不以篇目爲齊。名宦分卷爲六，人物中之名臣分卷爲十，而忠義與孝友合爲一卷，儒林與文學合爲一卷，倉塲與驛遞合爲一卷，如此等類，不一而足。總六十卷，亦約略紙幅多寡爲之，無義例也。《蘇志》名義不正，[19]即范氏成大以蘇州爲《吴郡志》，已失其理，而前人惟譏王氏不當以蘇州府志爲《姑蘇志》，所謂貴耳而賤目也。然郡縣志乘，古今卒鮮善本。如范氏、王氏之書，雖非史家所取，究於流俗惡爛之中猶爲矯出。今本《蘇州府志》之可取者多，亦緣所因之故籍足采摭也。然有荒謬無理，不直一笑，雖末流胥吏，略解文簿款式，斷不出於是者，如發端之三表是也。

表一曰郡邑沿革，以府縣爲郡邑，其謬不待言矣。表以州、國、郡、軍、府、路爲目，但有統部州郡而無縣邑，無論體例不當，即其自

標郡邑名目，豈不相矛盾耶？且職官有知縣，而沿革無縣名，不識知縣等官何所附耶？尤可異者，表之爲體，縱横以分經緯，蓋有同年月而異地，或同世次而異支，所謂同經異緯，參差不齊，非尋常行墨所能清析，故藉縱横經緯以分别之。如《守令表》，必以郡之守丞判録、縣之令丞簿尉，横列爲經，而以朝代年月，縱標爲緯。後人欲稽莅任年月，由縱標而得其時世，由横列而知某守某令某丞某録，或先或後，或在同時，披表如指掌也。假有事出先後，必不同時，則無難列款而書，斷無經緯作表之理。表以州、國、郡、軍、府、路分格，夫州則蘇州也，國則吴國也，郡則吴郡也，軍府路則平江路府也。此皆一蘇州府地先後沿革之名，稱吴國時並無蘇州，稱蘇州時並無吴郡，稱吴郡時並無平江路府。既無同時異出參差難齊之數，則按款羅列，閲者自知。今乃縱横列表，忽上忽下，毫無義例，是徒亂人耳目。胥吏文簿，不如是顛倒也。《古守令表》，以太守、都尉、權攝分格。夫太守、都尉，固有同官年月，至於權攝，猶今之署印官也。有守即無權守，有尉即無攝尉。權攝官與本官，斷無同時互見之理，則亦必無縱横列表之法。今分列格目，虚占篇幅，又胥吏之所不爲也。職官列表，當以時制定名。守令之表，當題府縣官表，以後貫前可也。今云“古守令表”，於文義固無礙矣。至於“今守令表”，則今乃指時制而言也，仍以守令稱明之知府、知縣，名實之謬，又不待言矣。府官但列知府，而削同知以下；縣官但列知縣，而削丞簿之屬，此何説也？又表有經緯，經緯之法，所謂比其類而合之，乃是使不類者從其類也。故類之與表，勢不兩立。表則不能爲類，類則無所用表，亦胥吏之所通曉也。科第之表，分上中下，以古今異制，簡編繁重，畫時代以分卷可也。其體自宜旁書屬籍爲經，上書鄉會科年爲緯。舉人、進士，皆科第也，今乃以科第爲名，而又分舉人、進士，列爲二表，是分類之法，非比類也。且第進士者，必先得舉人。今以進士居前，舉人列後，是於事爲倒置，而觀者耳目且爲所亂，又胥吏所不爲也。凡此謬戾，如王氏鏊，號爲通人，未必出其所撰。大抵暗於史裁，又浸漬於文人習氣，以表無文義可觀，不復措意，聽一時無識之流，妄爲編輯，而不知其貽笑識者，至如是也。故曰文人不可與修志也。

至於官署建置，亭臺樓閣，[20]所列前人碑記序跋，仍其原文可也。志文敘述創建重修，一篇之中，忽稱爲州，忽稱爲郡，多仍《范志》原文，不知《范志》不足法也。按宋自政和五年以前，名爲蘇州，政和五年以後，名爲平江路府，終宋之世，無吴郡名。《范志》標題既謬，則志文法度，等於自鄶無譏。王氏不知改易，所謂謬也。

又叙自古兵革之事，列爲平亂一門，亦不得其解也。山川田賦，坊巷風俗，户驛兵倉，皆數典之目；宦迹流寓，人物列女，皆傳述之體。平亂名篇，既不類於書志數典，亦不等於列傳標人，自當別議記載，務得倫序。否則全志皆當改如記事本末，乃不致於不類之譏。然此惟精史例者始能辨之，尚非所責於此志也。其餘文字小疵，編摩偶舛，則更不足深求矣。《蘇志》爲世盛稱，是以不得不辨，非故事苛求，好摭先哲也。

書灤志後

家存《灤志》四帙，板刻模糊，脱落顛倒，不可卒讀。蓋乾隆四十七年，主講永平，故灤州知州安岳蔡君薰，欲屬余撰輯州志，因取舊志視余，即其本也。按《明史·藝文志》，有陳士元《灤州志》十一卷。陳字養吾，湖廣應城人，嘉靖甲辰進士，歷灤州知州，有盛名，著述甚富，多見《明志》，而史不列傳。《應城縣志》有傳而無書目，然縣人士至今猶侈言之。余少僑應城，求其所著，一無所見。聞前知縣江浦金嶒，盡取其家藏稿以去，意甚惜之。今此志尚稱陳君原本。康熙中，知州侯紹岐依例續補，雖十一卷之次，不可復尋，而門類義例，無所改易。篇首不知何人撰序，有云：“昔宦中州，會青螺郭公議修《許州志》。公曰：‘海内志書，李滄溟《青州志》第一，其次即爲《灤志》。’”似指陳君原本而言。其書與人，均爲當世盛稱，是以侯君率由而不敢議更張也。今觀其書，矯誣迂怪，頗染明中葉人不讀書而好奇習氣，文理至此，竟不復可言矣。陳君以博贍稱，而《灤志》庸妄若此，其他著述，不知更如何也。而郭青螺氏又如此妄贊，不可解矣。

其書分四篇：一曰世編，二曰疆里，三曰壤則，四曰建置。世編用編年體，仿《春秋》書法，實爲妄誕不根。篇首大書云：“帝嚳氏建九州，我冀分。”傳云：“書者何？志始也”云云，以考九州分域。又大書云：“黄帝逐葷粥。”傳云：“書葷粥何？我邊郡也。”又大書云：“周武王十有三祀，夷齊餓死於首陽，封召公奭於燕，我燕分。”此皆陳氏原編，怪妄不直一笑。《春秋》，魯國之書，臣子措辭，義有内外，故稱魯爲我，非特别於他國之君。且魯史既以國名，則書中自不便於書國爲魯，文法宜然，非有他也。郡縣之世，天下統於一尊，珥筆爲州縣志者，孰非朝廷臣子，何我之有？至於公、穀傳經，出於經師授受，隱微之旨，難以遽喻，則假問答而闡明之，非史例也。州縣之志，出於一手撰述，非有前人隱義，待已闡明，而自書自解，自問自答，既非優伶演劇，何爲作獨對之酬酢乎？且劉氏《史通》嘗論《晉紀》及《漢晉春秋》，力詆前人摩擬無端，稱我與假設問答，俱在所斥。陳氏號爲通博，獨未之窺乎？國史且然，況州縣志乎？周武王十有三祀，文尤紕繆。殷祀周年，兩不相蒙。《洪範》爲箕子陳疇，書法變例，非正稱也。陳氏爲夷、齊之故，而改年稱祀，其下與封召公同蒙其文，豈將以召公爲殷人乎？且夷、齊不食周粟，餓死首陽，蓋言不受禄而窮餓以死，非絶粒殉命之謂也。大書識其年歲，不傎甚乎？即此數端，尚待窺其餘乎？

其世編分目爲三：一曰前代，二曰我朝，三曰中興。其稱我朝者，終於世宗嘉靖二十八年；其題中興者，斷始嘉靖二十九年，實亦不得其解。疆里之目有六：曰域界，曰理制，曰山水，曰勝概，曰風俗，曰往迹。壤則之目有七：曰户口，曰田賦，曰鹽法，曰物産，曰馬政，曰兵政，曰驛傳。建置之目十一：曰城池，曰署廨，曰儒學，曰倉庫，曰鋪舍，曰街市，曰坊牌，曰樓閣，曰橋渡，曰秩祀，曰寺觀。而官師人物、科目選舉，俱在編年之内。官師則大書年月，某官某人來任。其人有可稱者，即仿《左傳》之例，注其行實於下。科目則曰，某貢於學，某舉於鄉，某中某榜進士。其有可稱者，亦同官師之例，無則闕之。孝義節烈之得旌者，書於受旌之日。而闇修之儒，能文之士，不由科目，與夫節孝之婦，貞淑之女，偶不及旌，則無入志之例矣。

尤有異者，侯君續陳之志，於明萬曆四十七年，大書我太祖高皇帝天命四年己未，分注前明年號於下；復大書馮運泰中莊際昌榜進士，又書知州林運聚來任。[21]夫前明疆宇，未入我朝版圖，國朝史筆，於書明事不關於正朔者，並不斥去天啟、崇禎年號。藉曰臣子之義，内本朝而外前明，則既書天命年號於上，事之在前明者，必當加明字以别之；庶使閲者知所主客，是亦一定理也。今馮運泰乃明之進士，林應聚乃明之知州，隸於本朝年號之下，又無明字以爲之區别，是直以明之進士、知州，爲本朝之科第職官，不亦誣乎？至《灤志》標題，亦甚庸妄。灤乃水名，州亦以水得名耳。今去州字，而稱《灤志》，則閲題簽者，疑爲灤水志矣。然《明・藝文志》以陳士元撰爲《灤州志》，則題删州字，或侯紹岐之所爲。要以全書觀之，此等尚屬細事，不足責也。

書武功志後

康海《武功志》三卷，又分七篇，各爲之目：一曰地理，二曰建置，三曰祠祀，四曰田賦，五曰官師，六曰人物，七曰選舉。首仿古人著述，别爲篇叙，高自位置，幾於不讓，而世多稱之。王氏士禎，[22]亦謂“文簡事核，訓辭爾雅”。後人至欲奉爲修志楷模，可爲倖矣。夫康氏以二萬許言，成書三卷，作一縣志，自以謂高簡矣。今觀其書，蕪穢特甚。蓋緣不知史家法度，文章體裁，而惟以約省卷篇，謂之高簡，則誰不能爲高簡邪？

志乃史裁，苟於地理無關，[23]例不濫收詩賦。康氏於名勝古迹，猥登無用詩文；其與俗下修志，以文選之例爲藝文者，相去有幾？夫諸侯不祖天子，大夫不祖諸侯，嚴名分也。歷代帝王后妃，史尊紀傳，不藉方志。修方志者，遇帝王后妃故里，表明其説可也。列帝王於人物，載后妃於列女，非惟名分混淆，且思王者天下爲家，於一縣乎何有？康氏於人物，則首列后稷以至文王，節録太史《周紀》；次則列唐高祖、太宗，又節録《唐本紀》，乖剌不可勝詰矣。方志不當僭列帝王，姑且勿論。就如其例，則武王以下，何爲删之？以謂後有天下，非邠之故邑耶？則太王嘗遷於岐，文王又遷於豐，何以仍列武功人物？以武王實有天下，文王以上，不過追王，故録之耶？則唐之高祖、太宗，又何取義？以謂高祖、太宗生長其地，故録之耶？則顯、懿二祖，何爲删之？后妃上自姜嫄，下及太姜，何爲中閒獨無太任？姜非武功封邑，入於武功列女，以謂婦從夫耶？則唐高祖之太穆竇后，太宗之文德長孫皇后，皆有賢名，何爲又不載乎？夫載所不當載，爲蕪爲僭，以言識不足也。就其自爲凡例，任情出入，不可詰以意指所在，天下有如是而可稱高簡者哉？

尤可異者，志爲七篇，輿圖何以不入篇次？蓋亦從俗例也。篇首冠圖，圖止有二，而蘇氏《璇璣》之圖，乃與輿圖並列，可謂胸中全無倫類者矣。夫輿圖冠首，或仿古人圖經之例，所以揭一縣之全勢，猶可言也。《璇璣》之圖，不過一人文字，或仿范氏録蔡琰《悲憤詩》例，收於列女之傳可也。如謂圖不可以入傳，附見傳後可也。驀然取以冠首，將武功爲縣，特以蘇氏女而顯耶？然則究其義例，既列文王於人物矣，曷取六十四卦之圖冠首？既列唐太宗於人物矣，曷取六陣之圖冠首？雖曰迂謬無理，猶愈《璇璣圖》之僅以一女子名也。惟《官師志》褒貶並施，尚爲直道不泯，稍出於流俗耳。

書朝邑志後

韓邦靖《朝邑志》二卷，爲書七篇：一曰總志，二曰風俗，三曰物產，四曰田賦，五曰名宦，六曰人物，七曰雜記。總約不過六七千言，用紙十六七番，志乘之簡，無有過於此者。康《武功》極意求簡，望之瞠乎後矣。康爲作序，亦極稱之。今觀文筆，較康實覺簡净。惟總志於古迹中入唐詩數首，爲蕪雜耳。

康氏、韓氏皆能文之士，而不解史學，又欲求異於人，故其爲書，不情至此，作者所不屑道也。然康氏猶存時人修志規模，故以志法繩之，疵謬百出。韓氏則更不可以爲志，直是一編無韻之《朝邑賦》，又是一篇强分門類之《朝邑考》。入於六朝小書短記之中，如《陳留風俗》《洛陽伽藍》諸傳記，不以史家正例求之，未始不可通也。故余於武功、朝邑二家之志，以《朝邑》爲稍優。然《朝邑志》之疵病雖少，而程濟從建文事，濫采野史，不考事實，一謬也。併選舉於人物，而舉人進士不載科年，二謬也。書其父事，稱韓家君名，至今人不知其父何名。列女有韓太宜人張氏，自係邦靖尊屬，但使人至今不知爲何人之妻，何人之母。古人臨文不諱。或謂司馬遷諱其父談爲同，然《滑稽傳》有談言微中，不諱談字，恐諱名之説未確。就使諱之，而自叙家世，必實著其父名，所以使後人有所考也。今邦靖諱其父，而使人不知爲誰；稱其尊屬爲太宜人，而使人不知爲誰之妻母；則是没其先人行事，欲求加人而反損矣。三謬也。

至於篇卷之名，古人以竹簡爲篇，簡策不勝，則别自爲編，識以甲乙，便稽核耳。後人以縑帛成卷，較竹簡所載爲多，故以篇爲文之起訖，而卷則概以軸之所勝爲量。篇有義理，而卷無義理故也。近代則紙册寫書，較之卷軸，可增倍蓰，題名爲卷，不過存古名耳。如累紙不須别自爲册，則分篇者毋庸更分卷數，爲其本自無義理也。今《武功》《朝邑》二志，其意嫌如俗纂之分門類，而括題俱以篇名，可謂得古人之似矣。《武功》用紙六十餘番，一册足用，而必分七篇以爲三卷，於義已無所取。《朝邑》用紙僅十餘番，不足一册之用，而亦分七篇以爲二卷，則何説也？或曰：此乃末節，非關文義，何爲屑屑較之？不知二家方以作者自命，此等篇題名目，猶且不達古人之意，則其一筆一削，希風前哲，不自度德量力，概可知矣。

書靈壽縣志後

書有以人重者，重其人而略其書可也；文有意善而辭不逮者，重其意而略其辭可也。平湖陸氏隴其，理學名儒，何可輕議？然不甚深於史學。所撰《靈壽縣志》，立意甚善，然不甚解於文理。則重陸之爲人，而取作志之本意可也。重其人，因重其書，以謂志家之所矜式，則耳食矣。余按陸氏《靈壽縣志》十卷：一曰地理，紀事方音附焉，二曰建置，三曰祀典，四曰災祥，五曰物産，六曰田賦，七曰官師，八曰人物，人物之中，又分后妃、名臣、仕績、孝義、隱逸、列女，九選舉，十藝文。而田賦、藝文分上下卷，祀典、災祥、物産均合於一，則所分卷數，亦無義例者也。其書大率簡略，而田賦獨詳，可謂知所重矣。《叙例》皆云："土瘠民貧，居官者不可紛更聚斂，土著者不可侈靡争競。"尤爲仁人愷悌之言。全書大率以是爲作書之旨，其用心真不愧於古循良吏矣。篇末以己所陳請於上，有所興廢於其縣者，及與縣人傅維雲往復論修志凡例終編。其興廢條議，固切實有用；其論修志例，則迂錯而無當矣。余懼世人徇名而忘其實也，不得不辨析於後。

如篇首地理，附以方音可也，附以紀事謬矣。紀事，乃前代大事關靈壽者，編年而書，是於一縣之中，如史之有本紀者也。紀事可附地理，則《舜典》可附於《禹貢》，而歷史本紀可入地理志矣。書事貴於簡而有法，似此依附，簡則簡矣，豈可以爲法乎？建置之篇，删去坊表，而云所重在人不在於坊，其説則迂誕也。人莫重於孔子，人之無藉書志以詳，亦莫如孔子。以爲所重有在，而志削其文，則闕里之志，可焚毁矣。坊表之所重在人，猶學校之所重在道也，官署之所重在政也，城池之所重在守也。以爲别有所重而不載，是學校、官廨、城池皆可削去，建置一志，直可省其目矣。寺觀删而不載，以謂闢邪崇正，亦迂而無當也。《春秋》重興作，凡不當作而作者，莫不詳書，所以示鑒戒也。如陸氏説，則但須削去其文，以爲闢邪崇正，千百載後，誰復知其爲邪而闢之耶？況寺觀之中，金石可考，逸文流傳，可求古事，不當削者一也。僧道之官，定於國家制度，所居必有其地，所領必有其徒，不當削者二也。水旱之有祈禱，災荒之有賑濟，[24]棄嬰之有收養，先賢祠墓之有香火，地方官吏多擇寺觀以爲公所，多遴僧道以爲典守，於事大有所賴，往往見於章奏文移，未嘗害於治體。是寺觀僧道之類，昔人以崇異端，近日以助官事，正使周孔復生，因勢利導，必有所以區處，未必皆執人其人而廬其居也。陸氏以削而不載，示其衛道，何所見之隘乎！官師選舉，止詳本朝，謂法舊志斷自明初之意，則尤謬矣。舊志不能博考前代，而以明初爲斷，已是舊志之陋，然彼固未嘗取其有者而棄之也。今陸氏明見舊志，而删其名姓，其無理不待辨矣。自古諸侯不祖天子，大夫不祖諸侯，理勢然也。方志諸家於前代帝王后妃，但當著其出處，不可列爲人物，此説前人亦屢議之，而其説訖不能定。其實列人物者，謬也。姑無論理勢當否，試問人物之例，統載古今，方志既以前代帝王、后妃列於人物，則修京兆志者，當以本朝帝后入人物矣。此不問而知其不可。則陸志人物之首后妃，殊爲不謹嚴也。

至於篇末與傅維雲議，其初不過所見有偏，及往復再辨，而强辭不準於情理矣。其自云："名臣言行，如樂毅、曹彬，章章於正史者，止存其略。"維雲則謂："三代以上聖賢，事已見經籍者，史遷仍入《史記》，史遷所敘孝武前事，班固仍入《漢書》，不以他見而遂略。前人史傳文集，荒僻小縣，人罕盡見，藝文中如樂毅《報燕王書》、韓維《僖祖廟議》，不當刊削。"其説是也。陸氏乃云："春秋人物，莫大於孔子，文章亦莫過於孔子。《左傳》於孔子之事，不如叔向、子産之詳，於孔子之文，不如叔向、子産之多。相魯適楚，删書正樂，事之章章於萬世者，曾不一見；《孝經》《論語》《文言》《繫辭》，昭昭於萬世者，曾不一見。以孔子萬世聖人，不必沾沾稱述於一書，所以尊孔子也。”此則非陸氏之本意，因窮於措辨，故爲大言，以氣蓋人，而不顧其理之安，依然詆毀陽明習氣矣。《左傳》乃裁取國史爲之，所記皆事之關國家者，義與《春秋》相爲經緯。子産、叔向，賢而有文，又當國最久，故晉、鄭之事，多涉二人言行，非故詳也，關一國之政也。孔子不遇於時，惟相定公爲郟谷之會，齊人來歸汶陽之田，是與國事相關，何嘗不詳載乎？其奔走四方，與設教洙泗，事與國政無關，左氏編年附經，其體徑直，非如後史紀傳之體，可以特著道學、儒林、文苑等傳，曲折而書，因人加重者也。雖欲獨詳孔子，其道無由，豈曰以是尊孔子哉！至謂《孝經》《論語》《文言》《繫辭》不入《左傳》，亦爲左氏之尊孔子，其曲謬與前説略同，毋庸更辨。第如其所説，以不載爲尊，則帝典之載堯舜，謨貢之載大禹，是史臣不尊堯、舜、禹也；二南正雅之歌咏文武，是詩人不尊周先王也；孔子删述《詩》《書》，是孔子不尊二帝三王也；其説尚可通乎？且動以孔子爲擬，尤學究壓人故習。試問陸氏修志初心，其視樂毅、曹彬、韓維諸人，豈謂足以當孔子耶？

又引太史公《管晏傳贊》有云：“吾讀《管子·牧民》《山高》《乘馬》《輕重》《九府》及《晏子春秋》，其書世多有之，是以不論。”可見世所有者，不必詳也。此説稍近理矣，然亦不知司馬氏之微意，蓋重在軼事，故爲是言。且諸子著書，亦不能盡裁入傳。韓非載其《説難》，又豈因其書爲世所有而不載耶？文入史傳，與入方志藝文，其事又異。史傳本記事之文，故裁取須嚴；而方志藝文，雖爲俗例濫入詩文，然其法既寬，自可裁優而入選也。必欲兩全而無遺憾，余别有義例，此不復詳。

姑孰備考書後

《姑孰備考》八卷，當塗夏之符玹伯氏所撰。夏君生明季而終於康熙年閒，陶元鼐序其生平甚悉，蓋勵志節，負才學，而疾邪輕世，故遵父遺命，不敢進取以賈禍也。此《備考》一書，則當應聘撰《太平府志》，直道不容，爲忌者中傷，扼之使不得成，因自删爲《備考》一書，以俟後世。自命甚重，諸家序言推許，亦極其尊。

然細按其書，雖矜南、董之直，實乏班、馬之裁。儉腹既少聞見，而胸次亦鮮條貫。首列《郡紀》三卷，爲古今編年，采取成書，忽標出處，忽無出處，例既不純，且引用之處，往往昧於古書文理，如辨姑孰在西漢爲丹陽治所，諸書自可作證，若《漢書》地志，丹陽郡下，首列宛陵，則《漢·地理志》諸郡屬縣，例不必以郡治居首，故凡爲郡治而列於後者，班氏必注都尉治以示别，通體如是，非止丹陽然也。此疑當日别有先後之義，今不得而知矣。然書例曉然可見，夏君曾不之察，乃云："《漢書》爲東漢之文，故所書如是。"則大誤矣。前代之史，皆係後代所成，使可以成書時之制度，即爲前代之典，則夫子删《書》，當以春秋制度攙入唐虞三代矣。似此見解，如何考訂古今？

又如晉唐人作《左傳注疏》，及唐人作《史記正義》，所稱圖經，乃當代見行州郡圖經，故直稱圖經，不須標别某代、某州、某郡圖經，義例然也。後代稱引前朝之書，必須有别，不得漫稱圖經，使人不辨爲何時何地之書，亦一定理也。今《郡紀》書周景王八年楚子伐鳩之事，直書云："圖經，舒有鵲岸。杜預曰：'舒有鵲尾緒也。'"此必是唐人《史記》及《左傳正義》中文字，所謂當代見行書也。今不標原引之書，而突稱圖經，一似夏公曾經見此書者，又似圖經爲今所現行之制度者，毋乃假借太甚。又明人撰志，摹仿《春秋》書法，動成笑柄。今《郡紀編年》亦用其法，而不綱不目，大書而時有似乎瑣屑，節目而時有似乎苟簡。尤不可通者，書法仿《春秋》之稱魯爲我，以生長於大清年代之人，而我春秋之吴，已無情理。既我春秋之吴，而又不我西漢與三國之吴，義例又何取耶？姑孰在三國時爲吴丹陽地，書法以後漢昭烈帝及後帝年號爲綱，而孫吴時事涉太平者，不分别吴國名目，遂以吴事隸於《蜀漢編年》，文義更不可通。又前代節鎮牧守，皆如法書官，宋以京朝官知州軍事，乃直書某年某官某人知，古人從無此文理也。甚至去其領官，禿書爲某年某人知，尤爲怪誕。明代知府知縣，自是官名，並非京朝官之差遣，今於明代知府，亦與宋官無别，直書爲某人知，更不足供一噱矣。至夏君修府志在順治年間，其志事遭忌中廢，而删爲《備考》，又在後矣。今《編年》訖於萬曆四十七年，大書"濟南李若納知，平易仁廉，愛民興士，以詩名家，在任有四品稿，古茂清新，一時赤幟"，凡三十二字，不綱不目，語亦庸猥之甚，不知何以絶筆於此，豈又有命意别裁邪？《人物列傳》二卷，散論韻贊，似仿范書，忽注出處，忽又不注，亦無義例。《鄉音集》三卷，則其自爲詩也。傳文尚多簡净，詩亦時有佳致，較族志惡濫之習，尚爲稍優，其可節取者也，然去時事遠矣。

【校勘記】

〔1〕"以巡撫爲主而""更"，大梁本、貴陽本無。

〔2〕"亦"，大梁本、貴陽本作"已"。

〔3〕"因"，大梁本、貴陽本、粤雅堂叢書本無。

〔4〕"騆"，大梁本、貴陽本作"氏"。

〔5〕"闞書"至"豈未見邪"，大梁本、貴陽本、粤雅堂叢書本無。

〔6〕"而始可以通古人之遺意也"，大梁本作"史掌四方之志，注謂若晉也"。

〔7〕"積"前，大梁本無"至"字。"久"後，大梁本有"而"字。

〔8〕"以"，大梁本、貴陽本、粤雅堂叢書本作"與"。

〔9〕"避忌"，貴陽本作"辟忌"。

〔10〕"後代"，大梁本、貴陽本作"後世"。

〔11〕"杪"，原作"秒"，今據《答客問上》篇改。

〔12〕“粤”，原誤作“奥”，今據大梁本改。

〔13〕“一言”，大梁本作“一語”。

〔14〕“隨”，貴陽本作“從”。

〔15〕“約略”前，大梁本、貴陽本、粤雅堂叢書本有“又”字。

〔16〕“蓋村塾講習”至“史裁也”，大梁本、貴陽本、粤雅堂叢書本無。“史裁也”後，大梁本、貴陽本、粤雅堂叢書本有“然此猶文人徇名之弊也”。

〔17〕“吏”，大梁本、貴陽本、粤雅堂叢書本作“史”。

〔18〕“野”，大梁本、貴陽本、粤雅堂叢書本作“封”。

〔19〕“正”，大梁本、貴陽本、粤雅堂叢書本作“一”。

〔20〕“亭臺楼閣”，大梁本、貴陽本作“亭楼臺閣”。

〔21〕“運”，大梁本、貴陽本作“應”。

〔22〕“士禎”，原作“士正”。章氏爲避雍正帝名諱將“禎”改爲“正”，今改回。

〔23〕“地”，大梁本、貴陽本、粤雅堂叢書本作“事”。

〔24〕“賑”，原作“振”，今據大梁本改。

方志略例卷二

亳州志人物表例議上

班固《古今人表》，爲世訴詈久矣。由今觀之，斷代之書，或可無需人表；通古之史，不可無人表也。固以斷代爲書，承遷有作，凡遷《史》所闕門類，固則補之，非如紀傳所列君臣事迹，但畫西京爲界也。是以《地理》及於《禹貢》《周官》，《五行》羅列春秋戰國，《人表》之例，可類推矣。《人表》之失，不當以九格定人，强分位置，而聖仁智愚，妄加品藻，不得《春秋》謹嚴之旨。又劉知幾摘其有古無今，名與實舛，説亦良允。其餘紛紛議其不當作者，皆不足爲班氏病也。向令去其九等高下，與夫仁聖愚智之名，而以貴賤尊卑區分品地，或以都分國別異其標題，横列爲經，而以年代先後標著上方，以爲之緯，且明著其説曰，取補遷書，作列傳之稽檢。則其立例，當爲後代著通史者一定科律，而豈至反爲人訴詈哉？甚矣，千古良法，沈溺於衆毁之餘，而無有精史裁者爲之救其弊而善所用也！近代馬氏《繹史》，蓋嘗用其例矣。然馬氏之書，本屬纂類，不爲著作。推其用意，不過三代去今日久，事文雜出，茫無端緒，列爲《人表》，則一經傳姓名考耳。且猶貶置班表，不解可爲遷書補隙，又不解擴其義類，可爲史氏通裁，顧曰《人表》若爲《繹史》而作，則亦未爲知類者也。

夫通古之史，所書事迹，多取簡編故實，非如當代紀載，得於耳聞目見，虛實可以互參。而既爲著作，自命專家，則列傳去取，必有別識心裁，成其家言，而不能盡類以收，同於排纂，亦其勢也。即如《左傳》中事，收入《史記》，而子產、叔向諸人，不能皆編列傳，《人表》安可不立？至前人行事，雜見傳記，姓名隱顯，不無詳略異同。列傳裁斷所餘，不以《人表》收其梗概，則略者致譏挂漏，詳者被謗偏徇，即後人讀我之書，亦覺闕然少繩檢矣。故班氏之《人表》，於古蓋有所受，不可以輕議也。

亳州志人物表例議中

或曰：通史之需人表，信矣。斷代之史，子言或可無需人表，或之云者，未定辭也。斷代無需徵古，何當有人表歟？曰：斷代書不一類，約計蓋有三門，然皆不可無人表也。較於通史，自稍緩耳；有之，斯爲美矣。史之有列傳也，猶《春秋》之有《左氏》也。《左氏》依經而次年月，列傳分人而著標題，其體稍異，而其爲用，則皆取足以備經《春秋》。紀《本紀》。之本末而已矣。治《左氏》者，嘗有列國《公子譜》矣。治斷代紀傳之史者，僅有班《書・人表》，甫著録而已爲叢詬所加，孰敢再議人物之條貫歟？夫《春秋》《公子》《謚族》諸譜，杜預等。《名字異同》諸録，馮繼先等。治編年者，如彼其詳。而紀傳之史，僅一列傳目録，而列傳數有限制，即年表、世表，亦僅著王侯將相，勢自不能兼該人物，類别區分。是以學者論世知人，與夫檢尋史傳去取義例，大抵渺然難知，則人表之不可闕也，信矣。

顧氏炎武曰："史無年表，則列傳不得不多；列傳既多，則文繁而事反遺漏。"因謂其失始於陳壽，而范、沈、姚、李諸家，咸短於此。顧氏之説，可謂知一而不知二矣。年表自不可廢，然王公將相，范、沈、姚、李諸史，所占篇幅幾何？唐宋之史，復立年表，而列傳之繁，乃數倍於范、沈諸書，年表何救於列傳之多歟？夫不立人表，則列傳不得不多，年表猶其次焉者耳。而人表方爲史家怪笑，不敢復犯，宜其紛紛著傳，如填户版，而難爲決斷，定去取矣。

夫通古之史，所取於古紀載，簡册具存，不立《人表》，或可如遷《史》之待補於固，未爲晚也。斷代之史，或取裁於簿書記注，或得之於耳目見聞，勢必不能盡類而書，而又不能必其事之無有，牽聯而及，則縱攬人名，區類爲表，亦足以自見凡例，且嚴列傳通裁，豈可更待後之人乎？夫斷代之史，上者如班、陳之專門名家，次者如晉唐之集衆所長，下者如宋元之强分抑配。專門名家之史，非人表不足以明其獨斷别裁；集衆所長之史，非人表不足以杜其參差同異；强分抑配之史，非人表不足以制其蕪濫猥棼。故曰：斷代之史，約計三門，皆不可無《人表》也。

亳州志人物表例議下

方志之表人物，何所仿乎？曰：將以救方志之弊也。非謂必欲仿乎史也，而史裁亦於是焉具而已。今之修方志者，其志人物，使人無可表也。且其所志人物，反類人物表焉，而更無所謂人物志焉，而表又非其表也。蓋方志之弊也久矣！史自司馬以來，列傳之體，未有易焉者也。方志爲國史所取裁，則列人物而爲傳，宜較國史加詳。而今之志人物者，删略事實，總擷大意，約略方幅，區分門類。其文非敘非論，似散似駢；尺牘寒温之辭，簿書結勘之語，濫收猥入，無復翦裁。至於品皆曾、史，治盡龔、黄，學必漢儒，貞皆姜女，面目如一，情性難求，斯固等於自鄶無譏，存而不論可矣。即有一二矯矯，雅尚别裁，則又簡略其辭，謬託高古，或仿竹書記注，或摩石刻題名，雖無庸惡膚言，實昧通裁達識；所謂似表非表，似注非注，其爲痼弊久矣。是以國史寧取家乘，不收方志，凡以此也。

夫志者，志也。人物列傳，必取别識心裁，法《春秋》之謹嚴，含詩人之比興。離合取舍，將以成其家言，雖曰一方之志，亦國史之具體而微矣。今爲人物列表，其善蓋有三焉：前代帝王后妃，今存故里，志家收於人物，於義未安，削而不載，又似闕典。是以方志遇此，聚訟紛然，而私智穿鑿之流，往往節録本紀，巧更名目，輾轉位置，終無確當。今於傳删人物，而於表列帝王，則去取皆宜，永爲成法。其善一也。史傳人物本詳，志家反節其略，此本類書摘比，實非史氏通裁。然既舉事文，歸於其義，則簡册具有名姓，亦必不能一概而收，如類纂也。兹於古人見史策者，傳例苟無可登，列名人物之表，庶幾密而不猥，疏而不漏。其善二也。史家事迹，目詳於耳，寬今嚴古，勢有使然。至於鄉黨自好，家庭小善，義行但存標題，節操止開年例，史法不收，志家宜具。傳無可著之實，則文不繁猥；表有特著之名，則義無屈抑。其善三也。凡此三者，皆近志之通病，而作家之所難言。故曰：方志之表人物，將以救方志之弊也。

亳州志掌故例議上

先王制作，存乎六藝，明其條貫，天下示諸掌乎。夫《書》道政事，典、謨、貢、範可以爲經要矣。而《周官》器數，不入四代之書。夏禮、殷禮，夫子能言，而今已不存其籍。蓋政教典訓之大，自爲專書，而人官物曲之細，别存其籍，其義各有攸當。故以周、孔經綸，不能合爲一也。司馬遷氏紹法《春秋》，著爲十二本紀，其年表、列傳，次第爲篇，足以備其事之本末；而於典章制度，所以經緯人倫，綱維世宙之具，别爲八書，以討論之。班氏廣爲十志，後史因之，互有損益，遂爲史家一定法矣。昔韓宣子見《易・象》《春秋》，以謂周禮在魯。左氏綜紀《春秋》，多稱禮經。書志之原，蓋出官禮。《天官》未改《天文》，《平準》未改《食貨》，猶存《漢書》一二名義，可想見也。鄭樵乃云“志之大原，出於《爾雅》”，非其質矣。然遷、固書志，采其綱領，討論大凡，使誦習者可以推驗一朝梗概，得與紀傳互相發明，足矣。至於名物器數，以謂别有專書，不求全備，猶左氏之數典徵文，不必具《周官》之纖悉也。司馬《禮書》末云：“俎豆之事，則有司存。”〔1〕其他抑可知矣。

自沈、范以降，討論之旨漸微，器數之加漸廣。至歐陽《新唐》之志，以十三名目，成書至五十卷，官府簿書，泉貨注記，分門别類，惟恐不詳。《宋》《金》《元》史繁猥愈甚，盈牀疊几，難窺統要。是殆欲以《周官》職事，《經禮》容儀，盡入《春秋》，始稱全體。則夫子删述《禮》《樂》《詩》《書》，不必分經爲六矣。夫馬、班書志，當其創始，略存諸子之遺。《管子》《吕覽》《鴻烈》諸家，所述天文、地圓、官圖、樂制之篇，采掇制數，運以心裁，勒成一家之言，其所仿也。馬、班豈不知名數器物不容忽略？蓋謂各有成書，不容於一家之言，曲折求備耳。如欲曲折求備，則文必繁蕪，例必龐雜，而事或反晦而不顯矣。惟夫經生策括，類家纂要，本非著作，但欲事物兼該，便於尋檢，此則猥陋無足責耳。史家綱紀羣言，將勒不朽，而惟沾沾器數，拾給不暇。是不知《春秋》《官禮》，意可互求，而例則不可混合者也。

亳州志掌故例議中

簿書纖悉，既不可溷史志，而古人甲乙張本，後世又無由而知，則欲考古制而得其詳，其道何從？曰：叔孫章程，韓信軍法，蕭何律令，皆漢初經要之書，猶《周官》之六典也。《漢志》禮樂刑法，不能賅而存之，亦以其書自隸官府，人可咨於有司而得之也。官失書亡，則以其體繁重，勢自不能行遠，自古如是，不獨漢爲然矣。歐、宋諸家，不達其故，乃欲藉史力以傳之。夫文章易傳，而度數難久，故《禮》亡過半，而《樂經》全逸。六藝且然，況史文乎？且《唐書》倍《漢》，而《宋史》倍《唐》，已若不可勝矣。萬物之情，各有所極。倘後人再倍《唐》《宋》而成書，則連牀架屋，毋論人生耳目之力必不能周，抑且遲之又久，終亦必亡。是則因度數繁重，反並史文而亡之矣，又何史力尚能存度數哉？

然則前代章程故事，將遂聽其亡歟？曰：史學亡於唐，而史法亦莫具於唐。歐陽《唐志》未出，而唐人已有窺於典章制度不可求全於史志也。劉氏有《政典》，杜氏有《通典》，並仿《周官》六典，包羅典章，鉅細兼收，書盈百帙。未嘗不曰君臣事迹，紀傳可詳，制度名數，書志難於賅備，故修之至汲汲也。至於宋初，王氏有《唐會要》《五代會要》，其後徐氏更爲《兩漢會要》，則補苴前古，括代爲書，雖與劉、杜之典同源異流，要皆綜核典章，別於史志，義例昭然，不可易矣。夫唐宋所爲典要，既已如彼，後人修唐宋書，即以其法紀綱唐宋制度，使與紀傳之史，相輔而行，則《春秋》《周禮》，並接源流，奕世遵行，不亦善乎？何歐陽述《唐》，元人纂《宋》，反取前史未收之器數，而猥加羅列，則亦不善度乎時矣。或謂《通典》《會要》之書，較馬、班書志之體爲加詳耳。其於器物名數，亦復不能甄綜賅備，故考古者不能不參質他書，此又非知言也。古物苟存於今，雖户版之籍，市井泉貨之簿，未始不可備考證也。如欲皆存而無裁制，則岱岳不足供藏書，滄海不足爲墨瀋也。故爲史學計其長策，紀表志傳，率由舊章，再推周典遺意，就其官司簿籍，删取名物器數，略有條貫，以存一時掌故，與史相輔而不相侵，雖爲百世不易之規，可也。

亳州志掌故例議下

掌故之原，始於官禮。百官具於朝廷，則惟國史書志得而擷其要，國家會典會要之書得而備其物與數矣。撰方志者，何得分志與掌故乎？曰：部寺卿監之志，即掌故也，擬於《周官》，猶夏官之有《司馬法》，冬官之有《考工記》也。部府州縣之志，乃國史之分體，擬於周制，猶晉《乘》、楚《檮杌》與魯《春秋》也。郡縣異於封建，則掌故皆出朝廷之制度耳。六曹職掌，在上頒而行之，在下承而奉之，較之國史，具體而微。志與掌故，各有其不可易，不容溷也。

今之方志，猥瑣庸陋，求於史家義例，似志非志，似掌故而又非掌故，蓋無以議爲也。然簿書案牘，頒於功令，守於吏典，自有一定科律，雖有奇才，不能爲加；雖有愚拙，不能爲損；名勝大邦與荒僻陋邑，無以異也。故求於今日之志，不可得而見古人之史裁；求於今日之案牘，實可因而見古人之章程制度。故曰：禮失求諸野也。夫治國史者，因推國史以及掌故，蓋史法未亡，而掌故之義不明，故病史也。治方志者，轉從掌故而正方志。蓋志義久亡，而掌故之守未墜；修其掌故，則志義轉可明矣。《易》曰：“窮則變，變則通，通則久。”志義欲其簡而明也，然而事不可不備也。掌故欲其整以理也，然而要不容不挈也。徒以簡略爲志，此《朝邑》《武功》之陋識也。但知詳備爲掌故，則胥史優爲之，而不知其不可行矣。夫志者，志也。其事其文之外，蓋有義焉。所謂操約之道者此也。而或誤以併省事迹，删削文字，謂之簡也，其去古人，不亦遠乎？夫名家撰述，意之所在，必有别裁，或詳人之所略，或棄人之所取，初無一成之法。要讀之者，美愛傳久，而恍然見義於事文閒，斯乃有關於名教也。然不整齊掌故，别爲專書，則志亦不能自見其意矣。

答甄秀才論修志第一書

文安宰幣聘修志，兄於史事久負，不得小試，此行宜踴躍。僕有何知，[2]乃承辱詢。抑盛意不可不復，敢於平日所留意者，約舉數條，希高明裁擇！有不然處，還相告也。

一、州郡均隸職方，自不得如封建之國别爲史，然義例不可不明。如傳之與志，本二體也。今之修志，既舉人物典制而概稱曰志，則名宦鄉賢之屬，不得别立傳之色目。傳既别分色目，則禮樂兵刑之屬，不得仍從志之公稱矣。竊思志爲全書總名，則皇恩慶典，[3]當録爲外紀；官師銓除，當畫爲年譜；典籍法制，則爲考以著之；人物名宦，則爲傳以列之。變易名色，既無僭史之嫌；綱舉目張，又無遺漏之患。其他率以類附。至事有不倫，則例以義起，别爲創制可也。瑣屑繁碎，無關懲創，則削而不存可也。詳贍明備，整齊畫一，乃可爲國史取材；否則總極精采，不過一家小説耳，又何裨焉？

一、今世志藝文者，多取長吏及邑紳所爲詩賦、記序、雜文，依類相附。甚而風雲月露之無關懲創，生祠碑頌之全無實徵，亦胥入焉。此姑無論是非，即使文俱典則，詩必雅馴，而銓次類録，諸體務臻，此亦選文之例，非復志乘之體矣。夫既志藝文，當仿《三通》《七略》之意，取是邦學士著撰書籍，分其部彙，首標目録，次序顛末，删蕪擷秀，掇取大旨，論其得失，比類成編，乃使後人得所考據，或可爲館閣讎校取材，斯不失爲志乘體爾。至壇廟碑銘，城隄紀述，利弊論著，土物題咏，則附入物産、田賦、風俗、地理諸考，以見得失之由，沿革之故。如班史取延年、賈讓諸疏入《河渠志》，賈誼、晁錯諸疏入《食貨志》之例，可也。學士論著，有可見其生平抱負，則全録於本傳，如班史録《天人三策》於《董仲舒傳》，録《治安》諸疏於《賈誼列傳》之例，可也。至墓誌傳贊之屬，核實無虚，已有定論，則即取爲傳文，如班史仍《史記·自序》而爲《司馬遷傳》，仍揚雄《自序》而爲《揚雄列傳》之例可也。此一定之例，無可疑慮，而相沿不改，則甚矣，史識之難也！

一、凡捐資修志，開局延儒，實學未聞，凡例先廣，務新耳目，頓易舊書。其實顛倒狙公，有何真見？州郡立志，仿自前明。當時草創之初，雖義例不甚整齊，文辭尚貴真實，翦裁多自己出；非若近日之習套相沿，輕雋小生，史字未曾全識，皆可奮筆妄修，竊叨餼脯者。然其書百無一存。此皆後淩前替，修新志者，襲舊志之紀載而滅作者之姓名。充其義類，將班《書》既出，《史記》即付祖龍；歐、宋成書，《舊唐》遂可覆甕與？僕以謂修志者，當續前人之記載，不當毁前人之成書。即前志義例不明，文辭乖舛，我别爲創制，更改成書，亦當聽其並行，新新相續，不得擅毁；彼此得失，觀者自有公論。仍取前書卷帙目録，作者姓氏，録入新志藝文考中，以備遺亡。庶得大公無我之意，且吾亦不致見毁於後人矣。

一、志之爲體，當詳於史。而今之志乘所載，百不及一。此無他，搜羅采輯，一時之耳目難周；掌故備藏，平日之專司無主也。嘗擬當事者，欲使志無遺漏，平日當立一志乘科房，僉掾吏之稍通文墨者爲之。凡政教典故，堂行事實，六曹案牘，一切皆令關會，日録真迹，[4]彙册存庫。異日開局纂修，取裁甚富。雖不當比擬列國史官，亦庶得州閭史胥之遺意。今既無及，當建言爲將來法也。

一、志乃史體，原屬天下公物，非一家墓誌壽文，可以漫爲浮譽，悦人耳目者。聞近世纂修，往往賄賂公行，請託作傳，全無徵實。此雖不肖浮薄文人所爲，然善惡懲創，自不可廢。今之志書，從無録及不善者，一則善善欲長之習見，一則懼罹後患之虚心爾。僕謂譏貶原不可爲志體，據事直書，善否自見，直寬隱彰之意同；[5]固不可專事浮文，以虚譽爲事也。

一、史志之書，有裨風教者，原因傳述忠孝節義，凜凜烈烈，有聲有色，使百世而下，怯者勇生，貪者廉立。《史記》好俠，多寫刺客畸流，猶足令人輕生增氣；況天地間大節大義，綱常賴以扶持，世教賴以撑柱者乎？每見文人修志，凡景物流連，可騁文筆，典故考訂，可誇博雅之處，無不津津累牘。一至孝子忠臣，義夫節婦，則寥寥數筆；甚而空存姓氏，行述一字不詳，使觀者若閲縣令署役卯簿，又何取焉？竊謂邑志搜羅不過數十年，采訪不過百十里，聞見自有真據，宜加意采輯，廣爲傳述，使觀者有所興起，宿草秋原之下，必有拜彤管而泣秋雨者矣。尤當取窮鄉僻壤，畸行奇節，子孫困於無力，或有格於成例，不得邀旌獎者，蹤迹既實，務爲立傳，以備采風者觀覽，庶乎善善欲長之意。

已上六條，就僕所見，未敢自謂必然。而今世刻行諸志，誠有未見其可者。丈夫生不爲史臣，亦當從名公巨卿，執筆充書記，因而得論列當世，以文章見用於時。如纂修志乘，亦其中之一事也。今之所謂修志，令長徒務空名，作者又鮮學識；上不過圖注勤事考成，下不過苟資館穀禄利。甚而邑紳因之以啟奔競，文士得之以舞曲筆；主賓各挾成見，同局或起牴牾；則其於修志事，雖不爲亦可也。乃如足下負抱史才，常恨不得一當牛刀小試。向與僕往復商論，窺兄底蘊，當非苟然爲者。文安君又能虛心傾領，致幣敦請，自必一破從前宿習。殺青未畢，而觀者駭愕，以爲創特，又豈一邑之書，而實天下之書矣。僕於此事無能爲役，辱存商搉，陳其固陋之衷，以庶幾螢燭增輝之義，兄其有以進我乎？

答甄秀才論修志第二書

日前敬籌末議，薄殖淺陋，猥無定見，非復冀有補高深，聊以塞責云耳。乃辱教答，借獎有加，高標遠引，辭意摯懇，讀之真愧且畏也！足下負良史才，博而能斷，軒視前古，意志直欲駕范軼陳，區區郡邑志乘，不啻牛刀割轂。乃才大心虛，不恥往復下問。鄙陋如僕，何以副若谷之懷耶？前書粗陳梗概，過辱虛譽，且欲悉詢其詳。僕雖非其人，輒因高情肫摯之深，不敢無一辭以覆，幸商擇焉。

一、體裁宜得史法也。州縣志乘，混雜無次，既非正體，編分紀表，亦涉僭妄。故前書折衷立法，以外紀、年譜、考、傳四體爲主，所以避僭史之嫌，而求紀載之實也。然虛名宜避國史，而實意當法古人。外紀、年譜之屬，今世志乘，百中僅見一二。若考之與傳，今雖渾稱志傳，其實二者之實，未嘗不載，特不能合於古史良法者，考體多失之繁碎，而傳體多失之渾同也。考之爲體，乃仿書志而作。子長八書，孟堅十志，綜核典章，包函甚廣。范史分三十志，《唐書》廣五十篇，則已浸廣。至元修《宋史》，志分百六十餘，議者譏爲科吏檔册。然亦僅失裁制，致成汗漫，非若今之州縣志書，多分題目，浩無統攝也。如星野、疆域、沿革、山川、物産，俱地理志中事也；户口、賦役、征榷、市糴，俱食貨考中事也；災祥、歌謡、變異、水旱，俱五行志中事也；朝賀、壇廟、祀典、鄉飲、賓興，俱禮儀志中事也。凡百大小，均可類推。篇首冠以總名，下乃縷分件悉，彙列成編；非惟總萃易觀，亦且謹嚴得體。此等款目，直在一更置耳。而今志猥瑣繁碎，不啻市井泉貨注簿，米鹽淩雜，又何觀焉？或以長篇大章，如班固《食貨》，馬遷《平準》，大難結撰。豈知文體既合史例，即使措辭如布算子，亦自條理可觀，切實有用。文字正不必沾沾顧慮，好爲繁瑣也。

一、成文宜標作者也。班襲遷《史》，孝武以前，多用原文，不更別異；以《史》《漢》同一紀載，而遷《史》久已通行，故無嫌也。他若詔令書表之屬，則因其本人本事而明敘之，故亦無嫌於抄録成文。至《史記》贊秦，全用賈生三論，則以“善哉賈生推言”一句引起。《漢書·遷傳》，全用《史記·自序》，則以“遷之《自序》云爾”一句作收。雖用成文，而賓主分明，不同襲善。志爲史體，其中不無引用成文，若如俗下之藝文選集，則作者本名，自應標於目録之下。今若刊去所載文辭，分類載入考傳諸體，則作者本名易於刊去，須仍復如《史》《漢》之例標而出之。至文有蔓長，須加刪節者，則以“其略曰”三字領起，如孟堅載賈誼諸疏之例可也。援引舊文，自足以議論者，則如《伯夷列傳》中入“其傳曰”云云一段文字之例可也。至若前綴序引，後附論贊，今世纂家，多稱野史氏曰，或稱外史氏曰，揆之於理，均未允協。莫如直仿東漢之例，標出論曰、序曰之體爲安。至反覆辨正，存疑附異，或加案曰亦可。否則直入本文，不加標目，隨時斟酌，均在夫相體裁衣耳。

一、傳體宜歸畫一也。列傳行述入藝文志，前書已辨其非。然國史取材邑志，人物尤屬緊要。蓋典章法令，國有會典，官有案牘，其事由上而下，故天下通同，即或偶有遺脱，不患無從考證。至於人物一流，自非位望通顯，太常議謚，史臣立傳，則姓名無由達乎京師。其幽獨之士，貞淑之女，幸邀旌獎，按厥檔册，直不啻花名卯册耳。必待下詔纂修，開館投牒，然後得核。故其事由下而上，邑志不詳備，則日後何由而證也？夫傳，即史之列傳體爾。《儒林》《游俠》，遷《史》首標總目；《文苑》《道學》，《宋史》又畫三科。先儒譏其標幟啟爭，然亦止標目不及審慎爾。非若後世志乘傳述碑版，統列藝文。及作人物列傳，又必專標色目，若忠臣、孝子、名賢、文苑之類，挨次排纂，每人多不過八九行，少或一二三行，名曰傳略。夫志曰輶軒實録，宜詳於史，而乃以略體行之，此何説也？至於標目所不能該，義類兼有所附，非以董宣入《酷吏》，則於《周臣》闕韓通耳。按《史記》列傳七十，惟《循吏》《儒林》而下九篇標出總目。《漢書》自《外戚》《佞幸》而上七篇標出總目。江都傳列三策，不必列以《儒林》；東方特好恢諧，不必列入《滑稽》。傳例既寬，便可載瑰特之行於法律之外，行相似者，比而附之；文章多者，録而入之。但以庸濫徇情爲戒，不以篇幅廣狹爲拘，乃屬善之善耳。

一、論斷宜守謹嚴也。史遷序引斷語，俱稱“太史公曰”云云，所以别於叙事之文，並非專標色目。自班固作贊，范史撰論，亦已少靡。南朝諸史，則於傳志之末，散文作論，又用韻語，仿孟堅自叙體作贊，以綴論文之後。屋下架屋，斯爲多文。自後相沿，制體不一。至明祖纂修《元史》，諭宋濂等據事直書，勿加論贊。雖寓謹嚴之意，亦非公是之道。僕則以爲，是非褒貶第欲其平，論贊不妨附入；但不可作意軒輊，亦不得故恣弔詭。其有是非顯然，不待推論，及傳文已極抑揚，更無不盡之情者，不必勉强結撰，充備其數。

一、典章宜歸詳悉也。僕言典章自上而下，可較人物爲略，然是極言傳之宜更詳耳。學校祭祀，一切開載會典者，苟州縣所常舉行，豈可因而不載？會典簡帙浩繁，購閱非易。使散在州縣各志，則人人可觀，豈非盛事？況州縣舉行之典，不過多費梨棗十餘枚耳。今志多删不載，未知所謂。

一、自注宜加酌量也。班史自注於十志尤多。以後史家文字，每用自注。宋人刻僞《蘇注杜詩》，其不可强通者，則又妄加“公自注”三字。後人覺其僞者，轉矯之曰：古人文字從無自注。然則如司馬《潛虚》自加象傳，又何如耶？志體既取詳贍，行文又貴簡潔，以類纂之意而行紀傳之文，非加自注，何以明暢？但行文所載之事實，有須詳考顛末，則可自注。如《潛虚》之自解文義，則非志體所宜爾。

一、文選宜相輔佐也。詩文雜體入藝文志，固非體裁，是以前書欲取各體歸於傳考。然西京文字甚富，而班史所收之外，寥寥無覩者，以學士著撰，必合史例方收。而一切詩文賦頌，無昭明、李昉其人，先出而采輯之也。史體縱看，志體横看，其爲綜核一也。然綜核者事詳，而因以及文。文有關於土風、人事者，其類頗夥，史固不得而盡收之。以故昭明以來，括代爲選，唐有《文苑》，宋有《文鑑》，元有《文類》，明有《文選》，廣爲銓次，鉅細畢收，其可證史事之不逮者，不一而足。故左氏論次《國語》，未嘗不引諺證謡；而十五《國風》，亦未嘗不别爲一編，均隸太史。此文選、志乘，交相裨益之明驗也。近楚撫於《湖廣通志》之外，又選《三楚文獻録》。江蘇宋撫軍聘邵毘陵修《明文録》外，更撰《三吴文獻録》等集，亦佐《江南通志》之不及。僕淺陋寡聞，未知他省皆如是否？然即此一端，亦可類及。何如略仿《國風》遺意，取其有關民風流俗，參伍質證，可資考校，分列詩文記序諸體，勒爲一邑之書，與志相輔，當亦不爲無補。但此非足下之力所克爲者，盍乘閒爲當事告焉？

一、列女宜分傳例也。列女名傳，創於劉向，分彙七篇，義近乎子；綴《頌》述《雅》，學通乎《詩》；而比事屬辭，實爲史家之籍。班、馬二史，均闕此傳。自范蔚宗《東漢書》中始載《列女》，後史因之，遂爲定則。然後世史家所謂列女，則節烈之謂，而劉向所叙，乃羅列之謂也。節烈之烈爲列女傳，則貞節之與殉烈，已自有殊。若孝女義婦，更不相入，而閨秀才婦，道姑仙女，永無入傳之例矣。夫婦道無成，節烈孝義之外，原可稍略。然班姬之盛德，曹昭之史才，蔡琰之文學，豈轉不及方技伶官之倫，更無可傳之道哉？劉向傳中，節烈孝義之外，才如妾婧，奇如魯女，無所不載，即下至施、旦，亦胥附焉。列之爲義，可爲廣矣。自東漢以後，諸史誤以羅列之列，爲殉烈之烈，於是法律之外，可載者少，而蔡文姬之入史，人亦議之。今當另立貞節之傳，以載旌獎之名。其正載之外，苟有才情卓越，操守不同，或有文采可觀，一長擅絶者，不妨入於列女，以附方技、文苑、獨行諸傳之例，庶婦德之不盡出於節烈，而苟有一長足録者，亦不致有湮没之歎云。狂瞽之言，幸惟擇之！醉中草草，勿罪。

與甄秀才論文選義例書

辱示《文選》義例，大有意思，非熟知此道甘苦，何以得此？第有少意商復。夫踵事增華，後來易爲力，括代總選，須以史例觀之。昭明草創，與馬遷略同。由六朝視兩漢，略已，先秦略之略已。周則子夏《詩序》、屈子《離騷》而外，無他策焉。亦猶天漢視先秦，略已，周則略之略已。五帝三王，則本紀略載而外，不更詳焉。昭明兼八代，《史記》采三古，而又當創事，故例疏而文約。《文苑》《文鑑》皆包括一代，《漢書》《唐書》皆專紀一朝，而又藉前規，故條密而文詳。《文苑》之補載陳、隋，則續昭明之未備；《文鑑》之併收制科，則廣昭明之未登。亦猶班固《地志》之兼采《職方》《禹貢》，《隋書》諸志之補述梁陳周齊，例以義起，斟酌損益，固無不可耳。夫一代文獻，史不盡詳，全恃大部總選，得載諸部文字於律令之外，參互考校，可補二十一史之不逮。其事綦重，原與揣摩家評選文字不同，工拙繁簡，不可屑屑校量。讀書者但當采掇大意，以爲博古之功，斯有益耳。

駁文選義例書再答

來書云："得兄所論《文選》義例，甚以爲不然。文章一道，所該甚廣，史特其中一類耳。選家之例，繁博不倫，四部九流，何所不有？而兄概欲以史擬之。若馬若班，若表若志，斤斤焉以蕭、唐諸選，削趾適履，求其一得符合。將毋陳大士初學時文，而家書悉裁爲八股式否？東西兩京文字，入選寥寥，而班、范兩史排纂，遂爲定本。惟李陵塞外一書，班史不載，便近齊、梁小兒。果選裨史之不逮乎？抑史裨選之不逮乎？編年有《綱目》，紀傳有廿一史，歷朝事已昭如日星。而兄復思配以文選，連牀架屋，豈爲風雲月露之辭，可以補柱下之藏耶？選事仿於六朝，而史體亦壞於是，選之無裨於史明矣。考鏡古今，論列得失，在乎卓犖之士不循循株守章句；孺歌婦歎，均可觀采，豈皆與史等哉？昔人稱杜甫詩史，而楊萬里駁之，以爲《詩經》果可兼《尚書》否？兄觀書素卓犖，而今言猶似牽於訓詁然者，僕竊不喜。或有不然，速賜裁示。”

惠書甚華而能辨，所賜於僕，豈淺鮮哉！然意旨似猶不甚相悉，而盛意不可虚，故敢以書報。文章一道，體制初不相沿，而原本各有所自。古人文字，其初繁然雜出，惟用所適，豈斤斤焉立一色目，而規規以求其一似哉？

若云文事本博，而史特於中占其一類，則類將不勝其繁。伯夷、屈原諸傳，夾敘夾議，而莊周、列子之書，又多假叙事以行文。兄以選例不可一概，則此等文字，將何以畫分乎？經史子集久列四庫，其原始亦非遠。試論六藝之初，則經目本無有也。大《易》非以聖人之書而尊之，一子書耳。《書》與《春秋》，兩史籍耳。《詩》三百篇，文集耳。《儀禮》《周官》，律令會典耳。自《易》藏太卜而外，其餘四者，均隸柱下之籍，而後人取以考證古今得失之林，未聞沾沾取其若《綱目》、紀傳者，而專爲史類，其他體近繁博，遽不得與於是選也。《詩》亡而後《春秋》作。《詩》類今之文選耳，而亦得與史相終始，何哉？土風殊異，人事興衰，紀傳所不及詳，編年所不能録，而參互考驗，其合於是中者，如《鴟鴞》之於《金縢》，《乘舟》之於《左傳》之類；其出於是外者，如《七月》追述周先，《商頌》兼及異代之類，豈非文章史事，固相終始者與？兩京文字，入選甚少，不敵班、范所收，使當年早有如選《文苑》其人，裁爲大部盛典，則兩漢事迹，吾知更赫赫如昨日矣。

史體壞於六朝，自是風氣日下，非關《文選》。昭明所收過略，乃可恨耳。所云不循循株守章句，不必列文於史中，顧斤斤畫文於史外，其見尚可謂之卓犖否？楊萬里不通太史觀風之意，故駁詩史之説。以兄之卓見而惑之，何哉？

修志十議呈天門胡明府

修志有二便：地近則易覈，時近則迹真。有三長：識足以斷凡例，明足以決去取，公足以絶請託。有五難：清晰天度難，考衷古界難，調劑衆議難，廣徵藏書難，預杜是非難。有八忌：忌條理混雜，忌詳略失體，忌偏尚文辭，忌粧點名勝，忌擅翻舊案，忌浮記功績，忌泥古不變，忌貪載傳奇。有四體：皇恩慶典宜作紀，官師科甲宜作譜，典籍法制宜作考，名宦人物宜作傳。有四要：要簡，要嚴，要覈，要雅。今擬乘二便，盡三長，去五難，除八忌，而立四體，以歸四要。請略議其所以然者爲十條。先陳事宜，後定凡例，庶乎畫宮於堵之意云。

一、議職掌。提調專主決斷是非，總裁專主筆削文辭，投牒者敘而不議，參閲者議而不斷，庶各不相侵，事有專責。

二、議考證。邑志雖小，體例無所不備。考核不厭精詳，折衷務祈盡善。所有應用之書，自省府鄰境諸志而外，如廿二史、三楚文獻録、一統志、聖祖仁皇帝御纂《方輿路程圖》《大清會典》《賦役全書》之屬，俱須加意采訪。他若邑紳所撰野乘、私記、文編、稗史、家譜、圖牒之類，凡可資搜討者，亦須出示徵收，博觀約取。其六曹案牘，律令文移，有關政教典故、風土利弊者，概令録出副本，一體送館，以憑詳慎銓次。庶能鉅細無遺，永垂信史。

三、議徵信。邑志尤重人物，取捨貴辨真僞。凡舊志人物列傳，例應有改無削。新志人物，一憑本家子孫列狀投櫃，核實無虚，送館立傳。此俱無可議者。但所送行狀，務有可記之實，詳悉開列，以備采擇，方準收録。如開送名宦，必詳曾任何職，實興何利，實除何弊，實於何事有益國計民生，乃爲合例。如但云清廉勤慎，慈惠嚴明，全無實徵，但作計薦考語體者，概不收受。又如卓行亦必開列行如何卓，文苑亦必開列著有何書，見推士林，儒林亦必核其有功何經，何等著作有關名教，孝友亦必開明於何事見其能孝能友。品雖毋論庸奇偏全，要有真迹，便易采訪。否則行皆曾、史，學皆程、朱，文皆馬、班，品皆夷、惠，魚魚鹿鹿，何以辨真僞哉？至前志所收人物，果有遺漏，或生平大節，載不盡詳，亦準其與新收人物，一例開送，核實增補。

四、議徵文。人物之次，藝文爲要。近世志藝文者，類輯詩文記序，其體直如《文選》。而一邑著述目録，作者源流始末，俱無稽考，非志體也。今擬更定凡例，一仿班《志》劉《略》，標分部彙，删蕪擷秀，跋其端委，自勒一考，可爲他日館閣校讎取材，斯則有裨文獻耳。但藝文入志，例取蓋棺論定，現存之人，雖有著作，例不入志。此係御纂《續考》館成法，不同近日志乘，掇拾詩文，可取一時題咏，廣登尺幅者也。凡本朝前代學士文人，果有卓然成家，可垂不朽之業，無論經史子集，方技雜流，釋門道藏，圖畫譜牒，帖括訓詁，均得净録副本，投櫃送館，以憑核纂。然所送之書，須屬共見共聞；即未刻行，亦必論定成集者，方準收録。倘係抄撮稿本，畸零篇頁，及從無序跋論定之書，概不入編，庶乎循名責實之意。惟舊志原有目録，而藏書至今散逸者，仍準入志，而於目録之下，注一“亡”字以别之。

五、議傳例。史傳之作，例取蓋棺論定，不爲生人立傳。歷考兩漢以下，如《非有先生》《李赤》諸傳，皆以傳爲游戲。《圬者》《橐駝》之作，則借傳爲議論。至《何蕃》《方山》等傳，則又作貽贈序文之用。沿至宋人，遂多爲生人作傳，其實非史法也。邑志列傳，全用史例，凡現存之人，例不入傳。惟婦人守節，已邀旌典，或雖未旌獎，而年例已符，操守粹白者，統得破格録入。蓋婦人從一而終，既無他志，其一生責任已畢，可無更俟没身。而此等單寒之家，不必盡如文苑、卓行之出入搢紳，或在窮鄉僻壤，子孫困於無力，以及偶格成例，今日不予表章，恐後此修志，不免遺漏，故搜求至汲汲也。至去任之官，苟一時之政績卓然可傳，輿論交推，更無擬議者，雖未經没身論定，於法亦得立傳。蓋志爲此縣而作，爲宰有功此縣，則甘棠可留；雖或緣故被劾，及鄉論未詳，安得没其現施事迹？且其人已去，即無諛頌之嫌，而隔越方州，亦無遥訪其人存否之例。惟其人現居本縣，或現陞本省上官及有統轄者，仍不立傳，所以遠迎合之嫌，杜是非之議耳。其例得立傳人物，投遞行狀，務取生平大節合史例者，詳慎開載。纖瑣飣餖，凡屬浮文，俱宜刊去。其有事涉怪誕，義非懲創，或託神鬼，或稱奇夢者，雖有所憑，亦不收録，庶免舄履羊鳴之誚。

六、議書法。典故作考，人物作傳，二體去取，均須斷制盡善，有體有要，乃屬不刊之書，可爲後人取法。如考體但重政教典禮，民風土俗，而浮誇形勝，附會景物者，在所當略。其有古迹勝概，確乎可憑，名人題咏，卓然可紀者，亦從小書分注之例，酌量附入正考之下，所以釐正史體，别於稗乘耳。蓋志體譬之治室，廳堂甲第，謂之府宅可也。若依巖之構，跨水之亭，謂之别業可，謂之正寢則不可。玉麈絲緣，謂之仙服可，謂之紳笏則不可。此乃郡縣志乘，與臥游清福諸編之分别也。列傳亦以名宦鄉賢、忠孝節義、儒林卓行爲重，文苑、方技有長可見者次之。如職官而無可紀之迹，科目而無可著之業，於法均不得立傳。蓋志屬信史，非如憲綱册籍，一以爵秩衣冠爲序者也。其不應立傳者，官師另立歷任年譜，邑紳另有科甲年譜，年經月緯之下，但注姓名，不得更有浮辭填入。即其中有應立傳者，亦不必更於譜内注明有傳字樣，以昭畫一。若如近日通行之例，則紀官師者，既有職官志，以載受事年月，又有名宦志，以載歷任政績，而於他事有見於生祠碑頌、政績序記者，又收入藝文志。記邑紳者，既有科目志，又有人物志，亦分及第年分與一生行業爲兩志，而其行業有見於誌銘傳誄者，則又收入藝文志。一人之事，疊見三四門類，於是或於此處注傳見某卷，於彼處注詳見某志，字樣紛錯，事實倒亂，體裁煩碎，莫此爲甚。今日修志，尤當首爲釐定，一破俗例者也。

七、議援引。史志引用成文，期明事實，非尚文辭。苟於事實有關，即胥吏文移，亦所采録，況上此者乎？苟於事實無關，雖班、揚述作，亦所不取，況下此者乎？但舊志藝文所録文辭，今悉散隸本人本事之下，則篇次繁簡不倫，收入考傳方幅之内，其勢不無删潤。如恐嫌似勦襲，則於本文之上，仍標作者姓名，以明其所自而已。至標題之法，一仿《史》《漢》之例。《史》《漢》引用周秦諸子，凡尋常删改字句，更不識别，直標“其辭曰”三字領起。惟大有删改，不更仍其篇幅者，始用“其略曰”三字别之，若賈長沙諸疏是也。今所援引，一皆仿此。然諸文體中，各有應得援引之處。獨詩賦一體，應用之處甚少。惟地理考内，名勝條中，分注之下，可載少許，以證靈傑。他若抒寫性靈，風雲月露之作，果係佳搆，自應别具行稿，或入專主選文之書，不應攙入史志之内，方爲得體。且古來十五《國風》，十二《國語》，並行不悖，未聞可以合爲一書。則志中盛選詩詞，亦俗例之不可不亟改者。倘風俗篇中，有必須徵引歌謡之處，又不在其列。是又即《左》《國》引諺徵謡之義也。

八、議裁制。取藝文應載一切文辭，各歸本人本事，俱無可議。惟應載傳志行狀諸體，今俱删去，仍取其文裁入列傳，則有難處者三焉：一則法所不應立傳，與傳所不應盡載者，當日碑銘傳述，或因文辭爲重，不無濫收。二則志中列傳，方幅無多，而原傳或有洋洋大篇，全録原文，則繁簡不倫，删去事迹，則召怨取譏。三則取用成文，綴入本考本傳，原屬文中援引之體，故可標作者姓名及“其辭曰”三字，以歸徵引之體。今若即取舊傳，裁爲新傳，則一體連編，未便更著作者姓名。譬班史作《司馬遷傳》，全用《史記·自序》，則以“遷之《自序》云爾”一句，標清賓主。蓋史公《自序》，原非本傳，故得以此句識别之耳。若孝武以前紀傳，全用《史記》成文者，更不識别，則以紀即此紀，傳即此傳，贊即此贊，其體更不容標“司馬遷曰”字樣也。今若遽同此例，則近來少見此種體裁，必有勦襲雷同之謗。此三端者，決無他法可處，惟有大書分注之例，可以兩全。蓋取彼舊傳，就今志義例，裁爲新傳，而於法所應删之事，未便遽删者，亦與作爲雙行小字，併作者姓氏，及删潤之故，一體附注本文之下。庶幾舊志徵實之文，不盡刊落，而新志謹嚴之體，又不相妨矣。其原文不甚散漫，尚合謹嚴之例者，一仍其舊，以見本非好爲更張也。

九、議標題。近行志乘，去取失倫，蕪陋不足觀采者，不特文無體要，即其標題，先已不得史法也。如采典故而作考，則天文、地理、禮儀、食貨數大端，本足以該一切細目。而今人每好分析，於是天文則分星野、占候爲兩志，於地理又分疆域、山川爲數篇，連編累牘，動分幾十門類。夫《史》《漢》八書十志之例具在，曷嘗作如是之繁碎哉?〔6〕如訪人物而立傳，則名宦、鄉賢、儒林、卓行數端，本不足以該古今人類。而今人每好合併，於是得一逸才，不問其行業如何超卓，而先擬其有何色目可歸；得一全才，不問其學行如何兼至，而先擬其歸何門類爲重；牴牾牽强，以類括之。夫歷史合傳、獨傳之文具在，曷嘗必首標其色目哉?所以然者，良由典故證據諸文，不隸本考而隸藝文志，則事無原委，不得不散著焉，以藏其苟簡之羞。行狀碑版諸文，不隸本傳而隸藝文志，則人無全傳，不得不强合焉，以足其款目之數。故志體壞於標題不得史法，標題壞於藝文不合史例，而藝文不合史例之原，則又原於創修郡縣志時，誤仿名山圖志之廣載詩文也。夫志州縣與志名山不同。彼以形勝景物爲主，描摩宛肖爲工，崖顛之碑，壁陰之記，以及雷電鬼怪之迹，洞天符檢之文，與夫今古名流游覽登眺之作，收無孑遺，即徵奥博，蓋原無所用史法也。若夫州縣志乘，即當時一國之書，民人社稷，政教典故，所用甚廣，豈可與彼一例?而有明以來，相沿不改。故州縣志乘，雖有彼善於此，而卒鮮卓然獨斷，裁定史例，可垂法式者。今日尤當一破夙習，以還正史體裁者也。

十、議外編。廿一史中，紀表志傳四體而外，《晉書》有《載記》，《五代史》有附録，《遼史》有《國語解》，至本朝纂修《明史》，亦於年表之外，又有圖式。所用雖各不同，要皆例以義起，期於無遺無濫者也。邑志猥並錯雜，使同稗野小説，固非正體。若遽以國史簡嚴之例處之，又非廣收以備約取之意。凡事屬瑣屑而不可或遺者，如一産三男，人壽百歲，神仙蹤迹，科第盛事，一切新奇可喜之傳，雖非史體所重，亦難遽議刊落。當於正傳之後，用雜著體，零星紀録，或名外編，或名雜記，另成一體。使纖夥飣餖，先有門類可歸，正以釐清正載之體裁也。謡歌諺語，巷説街談，苟有可觀，皆用此律。

甲申冬杪，天門胡明府議修縣志，因作此篇，以附商推。其論筆削義例大意，與舊《答甄秀才》前後兩書相出入。而此議前五條，則先事之事宜，有彼書所不及者。若彼書所條，此議亦不盡入，則此乃就事論事，而餘意推廣於纂修之外者，所未遑也。至論俗例拘牽之病，此較前書爲暢，而藝文一志，反覆論之特詳。是又歷考俗例受病之原，皆不出此，故欲爲是拔本塞源之論，而斷行新定義例，初非好爲更張耳。閲者取二書而互考焉，從事編纂之中，庶幾小有裨補云。自跋

天門縣志藝文考序藝文論附

嗚呼！藝文一考，非第志文之盛，且以慨其衰也。有志之士，負其胸中之奇，至於牴牾掎摭，不得已而見之於文，傷已！乃其所謂文者，往往竭數十年螢鐙雪案，[7]苦雨淒風，所與刻肝腎，耗心血，而鄭重以出者，曾不數世，而一觚拓落，存没人間，冷露飄風，同歸於盡，可勝慨哉！幸而輶軒載筆，得以傳示來兹。然漢史所録，《隋志》闕亡者若而人；《隋志》所録，《唐書》殘逸者若干家；《崇文總目》《中興書目》《文淵閣目》，上下千年，大率稱是。豈造物忌才，精華欲祕歟？抑所撰述，精采不稱，不足傳久遠歟？而兩漢以下，百家叢脞，雅俗雜揉，猥鄙瑣屑之談，亦具有存者，則其中亦自有幸不幸焉。《景陵舊志》，藝文不載書目，故前人著作，未盡搜羅；而本傳附録生平著書，今亦不少

概見。然則斯考所采，更閱三數十年，其散逸遺亡，視今又何如耶？此余之所以重爲諸家惜也。今采摭諸家，勒爲一考，厥類有四：曰經，曰史，曰子，曰集。其别有三：曰傳世，曰藏家，俱分隸四部；曰亡逸，别自爲類，附篇末。

論曰：近志藝文，一變古法，類萃詩文，而不載書目，非無意也。文章彙次甲乙成編，其有裨於史事者，事以旁證而易詳，文以兼收而大備。故昭明以後，唐有《文苑》，宋有《文鑑》，元有《文類》，括代總選，雅俗互陳，凡以輔正史，廣見聞，昭文章也。第十五《國風》，十二《國語》，固宜各有成書，理無可雜。近世多仿《國語》而修邑志，不聞仿《國風》而彙輯一邑詩文，以爲專集，此其所以愛不忍删，牽率牴牾，一變藝文成法歟！夫史體尚謹嚴，選事貴博采。以此詩文攔入志乘，[8]已覺繁多，而以選例推之，則又方嫌其少。然則二者自宜各爲成書，交相裨佐，明矣。至著作部目，所關至鉅，未宜輕議刊置。故今一用古法，以歸史裁。其文之尤不忍删者，暫隸附録。苟踵事增華，更彙成書，以裨志之不逮。嗚呼！庶有聞風而嗣輯者歟？

天門縣志五行考序

堯水湯旱，聖世不能無災。囘星反火，外物豈能爲異？然而石鷁必書，螟蝗謹志者，將以修人事答天變也。自《援神》《鉤命》，符讖荒唐，遂失謹嚴。而班、范所録，一準劉向《洪範》之傳，連類比附，證合人事，雖存警戒，未始無附會矣。夫天人之際，聖人謹焉。春秋二百四十二年，五行災祥，雜出不一。聖人第謹書之，而不與斤斤規合若者應何事，若者應何人。非不能也，蓋徵應常變之理，存其概，足以警人心，而牽合其事，必至一有不合，或反疑災變之不足畏，毋乃欲謹而反怠歟？草木變異，蟲獸禍孼，史家悉隸五類，列按五事。余以爲祥異固有爲而作，亦有不必盡然，難以附合者。故據事直書，不分門類，不注徵應，一以年月爲次。人事有相關者，雜見他篇，可自得焉。

天門縣志學校考序

闕里備家乘矣，成均輯故事矣。膠庠泮水，寰宇同風，曷事連編采摭，更爲專考？抑自兩漢以下，政教各有所崇，而學校有興無廢。披水築宮，拂簾拭履，有事則於中講明而施行之，無事則父老子弟於以觀游自淑，而禮法刑政，民彝物則，胥出於是焉。則學校固與吏治相爲表裏者也。典型具在，墜緒茫然，撫鐘鼓而想音徽，可以蹶然興矣！

【校勘記】

〔1〕“俎豆之事，則有司存”，出自《史記·封禪書》。章氏誤。

〔2〕“此行宜踴躍。僕有何知”，大梁本作“此行宜得别立傳之色，知”。

〔3〕“則”，大梁本無。

〔4〕“日録”，大梁本作“目録”。

〔5〕“同”，原作“固”，今據大梁本改。

〔6〕“嘗”，大梁本作“常”。

〔7〕“鐙”，大梁本、貴陽本作“燈”。

〔8〕“攔”，貴陽本作“闌”。

附　録

附録

和州志志隅自敘

志者，史之一隅；州志，又志之一隅也。獲麟而後，遷、固極著作之能，向、歆盡條別之理，史家所謂規矩方圓之至也。魏晉六朝，時得時失，至唐而史學絶矣。其後如劉知幾、曾鞏、鄭樵，皆良史才，生史學廢絶之後，能推古人大體，非六朝唐宋諸儒所能測識，餘子則有似於史而非史，有似於學而非學爾。然鄭樵有史識而未有史學，曾鞏具史學而不具史法，劉知幾得史法而不得史意，此予《文史通義》所爲作也。《通義》示人，而人猶疑信參之，蓋空言不及徵諸實事也。《志隅》二十篇，略示推行之一端，能反其隅，《通義》非迂言可也。

嗚呼！遷、固、向、歆不可作矣。誠得如劉知幾、曾鞏、鄭樵其人而與之，由識以進之學，由學而通乎法，庶幾神明於古人之意焉，則《春秋》經世之學可以昌明。第求之天下，解者不過一二人，而亦不暇究其業焉，笑且排者又無論已，則予之所爲撫卷而欷歔者也。乾隆二十九年季夏之月。

和州志皇言紀序例

《周官》外史“掌四方之志”，又“以書使於四方，則書其令”。鄭氏注：四方之志，“若魯之《春秋》，晉之《乘》，楚之《檮杌》”是也。書其令，謂“書王命以授使者”是也。鄉大夫於“正月之吉，受教法於司徒，退而頒之鄉吏”。孔氏疏“謂若大司徒職十二教以下”是也。夫畿内六鄉，[1]天子自治，則受法於司徒；而畿外侯封，各治其國，以其國制自爲《春秋》。列國之史，總名《春秋》。然而四方之書，必隸外史，書令所出，奉爲典章。則古者國别爲書，而簡策所昭，首重王命，信可徵也。是以《春秋》歲首必書王正，而韓宣子聘魯，得見《易·象》《春秋》，以謂周禮在是。蓋書在四方，則入而正於外史；而命行王國，亦自外史頒而出之。故事有專官，而書有定制，天下所以協於同文之治也。

竊意《周官》之治，列國史記，必有成法，受於王朝，如鄉大夫之受教法，考察文字，罔有奇衺。至晉楚之史，自以《乘》與《檮杌》名書，乃周衰官失，列國自擅之制歟？司馬遷侯國世家，亦存國别爲書之義，而孝武《三王》之篇，詳書詔策，冠於篇首。王言絲綸，史家所重，有由來矣。後代方州之書，編次失倫，體要無當，而朝廷詔誥，或入藝文。篇首標紀，或載沿革。又或以州縣偏隅，未有特布德音，遂使中朝掌故，散見四方之志者，闕然無所考見。是固編摩之業，世久失傳，然亦外史專官，秦漢以來未有識職故也。夫封建之世，國别爲史，然篇首尚重王正之書，列卿或慕《周官》之典。至於郡縣受治，[2]守令承奉詔條，一如古者畿内鄉黨州閭之法，而外史掌故，未嘗特立專條。宋元明州縣志書，今可見者，迄用一律，亦甚矣其不講於《春秋》之義也！今裒録州中所有，恭編爲《皇言紀》一，以時代相次，蔚光篇首，以誌祗承所自云爾。

和州志官師表序例

《周官》御史“掌贊書，數從政”。鄭氏注謂“凡數及其見在空闕者”。蓋贊太宰建六典而掌邦治之故事也。夫官有先後，政有得失。太宰存其綱紀，而御史指數其人以贊之，則百工敘而庶績熙也。後代官儀之篇，考選之格，《漢官儀》《唐六典》《梁選簿》《隋官序録》。代有成書，而官職姓名，浩繁莫紀，則是有太宰之綱紀，而無御史之數從政者也。班固《百官公卿表》猶存古意，其篇首敘官，則太宰六典之遺也，其後表職官姓氏，則御史數從政之遺也。范、陳而後，斯風渺矣。至於《唐書》《宋史》，乃有《宰相年表》，然亦無暇旁及卿尹諸官，非惟史臣思慮有所未周，抑史籍猥繁，其勢亦難概舉也。

至於嗜古之士，掇輯品令，聯綴姓名，職官故事之書，六朝以還，於斯爲盛。然而中朝掌故，不及方州，猥瑣之編，難登史志。則記載無法，而編次失倫，前史不得不職其咎也。夫百職卿尹，中朝敘官，方州守令，外史紀載。《周官》御史數從政之士，則外史所掌四方之志，不徒山川土俗，凡所謂分職受事必有其書，以歸柱下之掌，可知也。唐人文集，往往有廳壁題名之記，蓋亦叙官之意也。然文存而名不可考，自非搜羅金石，詳定碑碣，莫得而知，則未嘗勒爲專書之故也。宋元以來，至於近代，方州之書頗記任人名氏，然猥瑣無文，如閱縣令署役卯簿，則亦非班史年經月緯之遺也。或編次爲表者，序録不詳，品秩無次；或限於尺幅，其有官階稍多，沿革異制，即文武分編；或府州別記，以趨苟簡。是不知班史三十四官，分一十四級之遺法也。又前人姓氏，不可周知，然遺編具存，他説互見，不爲博采旁搜，徒託闕文之義，是又不可語於稽古之功者也。

今折衷諸家，考次前後，上始漢代，迄於今兹，勒爲一表，疑者闕之。後之覽者，得以詳焉。

和州志選舉表序例

《周官》鄉大夫“三年大比，興一鄉之賢能，獻書於王。王再拜受之，登於天府”，甚盛典也。漢制，孝廉茂才力田賢良之舉，蓋以古者鄉黨州閭之遺。當時賢書典籍，辟舉掌故，未有專書，[3]則以科條未繁，[4]興替人文，散見紀傳，潛心之士，自可考而知也。江左六朝，州郡僑遷，士不土著，學不專業，鄉舉里選，勢漸難行。至於隋氏，一以文學詞章，創爲進士之舉。有唐以來，於斯爲盛。選舉既專，資格愈重，科條繁委，故事相傳。於是文學之士，搜羅典章，采摭聞見，識大識小，並有成書。傳記故事，雜以俳諧，而選舉之書，蓋裒然與柱下所藏等矣。

撰著既繁，條貫義例未能一轍，就求其指，略有三門：若晁迥《進士編勅》、陸深《科塲條貫》之屬，律例功令之書也；姚康、樂史《科第録》，姚康十六卷，樂史十卷。李奕、洪适《登科記》，李奕二卷，亡，洪适十五卷。題名記傳之類也；王定保《唐摭言》、錢明逸《宋衣冠盛事》，稗野雜記之屬也。史臣采輯掌故，編於書志，裁擇人事，次入列傳，一代浩繁，義例嚴謹。其筆削之餘，等於棄土之苴，吐果之核，而陳編猥瑣，雜録無文，小牘短書，不能傳世行遠，遂使甲第人文，《周官》所以拜獻於王而登之天府者，闕焉不備。是以方州之書，不遵鄉大夫慎重賢書之制，記載無法，條貫未明之咎也。

近代頗有考定方州自爲一書者，若樂史《江南登科記》、張朝瑞《南國賢書》、陳汝元《皇明浙士登科考》，皆類萃一方掌故，惜未見之天下通行。而州縣志書編次科目，表列舉貢，前明以來，頗存其例，較之宋元州郡之書，可謂寸有所長者矣。特其體例未純，紀載無法，不熟年經事緯之例，亦有用表例者，舉貢掾仕封廕之條，多所牴牾。猥雜成書，甚者附載事迹，表傳不分。此則相率成風，未可悉數其謬者也。論辯詳列傳第一篇《總論》内。今摭史志之文，先詳制度，後列題名，以世相次，起於唐代，訖於今兹，爲《選舉表》。其封廕辟舉，不可紀以年者，附其後云。

和州志氏族表序例上

《周官》小史"奠繫世，辨昭穆"。譜牒之掌，古有專官。司馬遷以《五帝繫牒》《尚書》集世記爲《三代世表》，氏族淵源，有自來矣。班固以還，不載譜系。而王符《氏姓》之篇，《潛夫論》第三十五篇。杜預《世族之譜》，《春秋釋例》第二篇。則治經著論，别有專長，義盡而止，不復更求譜學也。自魏晉以降，迄乎六朝，族望漸崇。學士大夫輒推太史世家遺意，自爲家傳。其命名之别，若王肅《家傳》、虞覽《家記》、范汪《世傳》、明粲《世録》、陸煦《家史》《陸史》十五卷。之屬，並於譜牒之外，勒爲專書，以俟採録者也。至於摯虞《昭穆記》、王儉《百家譜》，以及何氏《姓苑》、賈氏《要狀》賈希鑑《氏族要狀》十五卷。諸編，則總彙羣倫，編分類次，上者可裨史乘，下或流入類書，其别甚廣，不可不辨也。族屬既嚴，郡望愈重。若沛國劉氏、隴西李氏、太原王氏、陳郡謝氏，雖子姓散處，或本非同居，然而推言族望，必本所始。後魏遷洛，則有八氏、十姓、三十六族、九十二姓，並居河南洛陽。而中國人士各第門閥，有四海大姓、州姓、郡姓、縣姓，撰爲譜録。齊梁之間，斯風益盛，郡譜州牒，並有專書。若王儉、王僧孺之所著録，王儉《諸州譜》十二卷、王僧孺《十八州譜》七百卷。《冀州姓族》《揚州譜鈔》之屬，不可勝紀，俱以州郡繫其世望者也。唐劉知幾討論史志，以謂族譜之書，允宜入史。其後歐陽《唐書》撰爲宰相世系，顧清門鉅族，但不爲宰相者，時有所遺。至鄭樵《通志》，首著《氏族》之略，其敘例之文，發明譜學所繫，推原史家不得師承之故，蓋嘗慨切言之。而後人修史，不師其法，是亦史部之闕典也。

古者，瞽矇誦詩，并誦世系，以戒勸人君。《國語》所謂"教之世，而爲之昭明德"者，是也。然則奠系之屬，掌於小史，誦於瞽矇，先王所重，蓋以尊人道而追本始也。當時州閭族黨之長，屬民讀法，鄉大夫三年大比，考德藝而獻書於王，則其系世之屬，必有成數以集上於小史，可知也。夫比人斯有家，比家斯有國，比國斯有天下。家牒不修，則國之掌故何所資而爲之徵信耶?《易》曰:“天與火同人,君子以類族辨物。”物之大者,莫過於人。人之重者,莫重於族。記傳之别,或及蟲魚;地理之書,必徵土產。而於先王錫土分姓,所以重人類而明倫敘者,闕焉無聞,非所以明大通之義也。且譜牒之書,藏之於家,易於散亂,盡入國史,又懼繁多。是則方州之志,考定成編,可以領諸家之總而備國史之要删,亦載筆之不可不知所務者也。

和州志氏族表序例中

奠繫世之掌於小史,與民數之掌於司徒,其義一也。杜子春曰:“奠繫世爲帝繫、諸侯卿大夫世本之屬。”然則比伍小民,其世系之牒,不隸小史可知也。鄉大夫以歲時登夫家之衆寡,三年以大比興一鄉之賢能。夫夫家衆寡,即上大司徒之民數,其賢能爲卿大夫之選,又可知也。民賤,故僅登户口衆寡之數;卿大夫貴,則詳系世之牒,理勢之自然也。後代史志,詳書户口,而譜系之作無聞,則是有小民而無卿大夫也。《書》曰:“九族既睦,平章百姓。”鄭氏注:“百姓,爲羣臣之父子兄弟。”見司馬遷《五帝本紀》注。平章,乃辨别而章明之,是即《周官》小史奠系之權輿也。孟子曰:“所謂故國者,非謂有喬木之謂也,有世臣之謂也。”近代州縣之志,留連故迹,附會桑梓。至於世牒之書,闕而不議,則是重喬木而輕世家也。且夫國史不録,州志不載,譜系之法,不掌於官,則家自爲書,人自爲説,子孫或過譽其祖父,是非或頗謬於國史。其不肖者流,或謬托賢哲,或私鬻宗譜,以僞亂真,悠謬恍惚,不可勝言。其清門華胄,則門閥相矜,私立名字。若江左王、謝諸家,但有官勳,即標列傳,史臣含毫,莫能裁斷。以至李必隴西,劉必沛國,但求資望,不問從來,則有譜之弊,不如無譜。史志闕略,蓋亦前人之過也。

夫以司府領州縣,以州縣領世族,以世族率齊民,天下大計,可以指掌言也。唐三百年譜系，僅録宰相，彼一代浩繁，出於計之無如何耳。方州之書，登其科甲仕宦，則固成周鄉大夫之所以書上賢能者也。今仿《周官》遺意，特表氏族，其便蓋有十焉。一則史權不散，私門之書，有所折衷，其便一也。一則譜法畫一，私譜凡例未純，可以參取，其便二也。一則清濁分途，非其族類，不能依託，流品攸分，其便三也。一則著籍已定，衡文取士，自有族屬可稽，非其籍者，無難勾檢，〔5〕其便四也。一則昭穆親疏，秩然有敘，或先賢奉祀之生，或絶祠嗣續之議，〔6〕争爲人後，其訟易平，其便五也。一則祖系分明，或自他邦遷至，或後遷他邦，世表編於州志，其他州縣或有譜牒散亡，可以借此證彼，其便六也。一則改姓易氏，其時世前後及其所改之故，明著於書，庶幾昏姻有辨，且修明譜學者，得以考厥由來，其便七也。一則世系蟬聯，修門望族，或科甲仕宦，系譜有書，而德行道藝，列傳無録，没世不稱，志士所恥，是文無增損，義兼勸懲，其便八也。一則地望著重，坊表都里，不爲虚設，其便九也。一則徵文考獻，館閣檄收，按志而求，易如指掌，其便十也。然則修而明之，可以推於諸府州縣，不特一州之志已也。

和州志氏族表序例下

《易》曰："物不可窮也，故受之以《未濟》。"夫網羅散失，是先有散失，而後有網羅者也。表章潛隱，是先有潛隱，而後有表章者也。陳壽《蜀志》列傳，殿以楊戲之讚；常璩《華陽》序志，概存士女之名。二子知掌故之有時而窮也，故以讚序名字，存其大略，而明著所以不得已而僅存之故，是亦史氏闕文之舊例也。

和州在唐宋爲望郡，而文獻之徵，不少概見。至於家譜世牒，寥寥無聞。詢之故老，則云明季乙亥寇變，圖書燬於兵燹。今州境之人士，皆當日僅存倖免者之曾若玄也。所聞所傳，聞者不過五世七世而止，不復能遠溯也。傳世既未久遠，子姓亦無繁多，故譜法大率不修。就求其所有，則出私劄筆記之屬，體例未定，難爲典則，甚者至不能溯受姓所由來。余於是爲之慨然歎焉。

夫家譜簡帙輕於州志，兵燹之後，家譜無存。而明嘉靖中知州易鸞，與萬曆中知州康誥所修之州志，爲時更久，而其書今日具存，是在官易守，而私門難保之明徵也。及今而不急爲之所，則併此區區者，後亦莫之徵矣。且吾觀《唐書·宰相世系》，列其先世，有及梁陳者矣，有及元魏後周者矣，不復更溯奕葉而上。則史牒闕文，非一朝一夕之故也。然則録其所可考而略其所不可知，乃免不知而作之誚焉。每姓推所自出，備稽古之資也。詳入籍之世代，定州界也。〔7〕科甲仕宦爲目，而貢監生員與封君，及貲授空階皆與焉，從其類也。無科甲仕宦，而僅有生員及貲授空階，不爲立表，定主賓輕重之衡也。科甲仕宦之族，旁支皆齊民，則及分支之人而止，不復列其子若孫者，君子之澤，五世而斬。若皆列之，是與版圖之籍無異也。雖有科甲仕宦，而無譜者闕之，嚴訛濫之防也。正貢亦爲科甲，微秩亦爲仕宦，不復分其資級，以文獻無徵。與其過而廢也，毋寧過而存之，是《未濟》之義也。

志曰：州縣領於司府，猶坊廂領於州縣，人籍領於坊廂也。古氏族之著者，謂之郡望，郡中又别以閭里，其後或即以氏姓名其處，若梅里、鄭鄉之類是也。今以城鄉坊甲爲綱領，而氏姓之大者，即以是爲次焉。〔8〕

和州志輿地圖序例

圖譜之學，古有專門，鄭氏樵論之詳矣。司馬遷爲史，獨取旁行斜上之遺，列爲十表，而不取象魏懸法之掌，列爲諸圖。於是後史相承，表志愈繁，圖經浸失。好古之士，載考陳編，口誦其辭，目迷其象，是亦載筆之通弊，斯文之闕典也。鄭樵生千載而後，慨然有志於三代遺文，而於《圖譜》一篇，既明其用，又推後代失所依據之故，本於班固收書遺圖，亦既感慨言之矣。然鄭氏之意，祇爲著録諸家不立圖譜專門，故欲别爲一録，以輔《七略》、四部之不逮耳，其實未嘗深考。圖學失傳，由於司馬遷有表無圖，遂使後人修史，不知採録。故其自爲《通志》紀傳譜略，諸體具備，而形勢名象亦未爲圖。以此而議班氏，豈所謂楚則失之，而齊亦未爲得者非耶！夫圖譜之用，相爲表裏。周譜之亡久矣，而三代世次，諸侯年月，今具可考，以司馬遷採摭爲表故也。象魏之藏既失，而形名制度，方圓曲直，今不可知，以司馬遷未列爲圖故也。然則書之存亡，繫於史臣之筆削，明矣。圖之遠者，姑弗具論。自《三輔黄圖》《洛陽宫殿圖》以來，都邑之簿，代有成書，後代搜羅，百不存一。鄭氏獨具心裁，立爲專録，以謂有其舉之，莫或廢矣。然今按以鄭氏所收，其遺亡散失，與前代所著，未始逕庭，則書之存亡，繫於史臣之筆削者尤重，而繫於著録之部次者猶輕，又明矣。罇罍之微，或資博雅，鹵簿之屬，或著威儀，前人並有圖書，蓋亦繁富。史臣識其經要，未遑悉入編摩，鄭氏列爲專録，使有所考，但求本書可也。至於方州形勢，天下大計，不於表志之間列爲專部，使讀其書者乃若冥行擿埴，如之何其可也？治《易》者必明乎象，治《春秋》者必通乎譜，圖象譜牒，《易》與《春秋》之大原也。《易》曰："繫辭焉以盡其言。"《記》曰："比事屬辭，《春秋》教也。"夫謂之繫辭屬辭者，明乎文辭從其後也。然則圖象爲無言之史，譜牒爲無文之書，相輔而行，雖欲闕一而不可者也。況州郡圖經，尤前人之所重耶！

或曰：學者亦知圖象之用大矣。第辭可傳習，而圖不可以誦讀，故書具存，而圖不可考也，其勢然也。雖然，非知言也。夫圖不可誦，則表亦非有文辭者也。表著於史，而圖不入編，此其所以亡失也。且圖之不可傳者有二：一則争於繪事之工也。以古人專門藝事，自以名家，實無當於大經大法。若郭璞《山海經圖贊》，贊存圖亡。今觀贊文，有類雕龍之工，則知圖繪殆亦畫虎之技也。一則同乎髦弁之微也。近代方州之志，繪爲圖象，廁於序例之間，不立專門，但綴名勝，以爲一書之標識，而實無當於古人圖譜之學也。夫争於繪事，則藝術無當於史裁；而廁於弁髦，則書肆苟爲標幟，以爲市易之道，皆不可語於史學之精微也。古人有專門之學，即有專門之書；有專門之書，即有專門之體例。旁行斜上，標分子注，譜牒之體例也。開方計里，推表山川，輿圖之體例也。圖不詳而繫之以説，説不顯而實之以圖，互著之義也。文省而事無所晦，形著而言有所歸，述作之則也。亥豕不得淆其傳，筆削無能損其質，久遠之業也。要使不履其地，不深於文者，依檢其圖，洞如觀火，是又通方之道也。夫天官、河渠圖，而八書可以六；地理、溝洫圖，而十志可以八。然而今日求太初之星象，稽西京之版輿，或不至於若是茫茫也。況夫方州之書，徵名辨物，尤宜詳贍無遺，庶幾一家之作。而乃流連景物，附會名勝，以爲丹青末藝之觀耶！其亦不講於古人所以左圖右史之義也夫？

圖不能不繫之説，而説之詳者，即同於書，圖之名不亦綴歟？曰：非綴也。體有所專，意亦有所重也。古人書有專名，篇有專義。辭之出入非所計，而名實賓主之際，作者所謂竊取其義焉耳。且吾見前史之文，有表似乎志者矣，《漢書·百官公卿表》篇首歷叙官制。不必皆旁行斜上之文也。有志似乎表者矣，《漢書·律曆志》排列三統甲子。不必皆比事屬辭之例也。《三輔黄圖》，今亡其書矣。其見於他説所稱引，則其辭也。遁甲、通統之圖，今存其説，猶《華黍》《由庚》之有其義耳。雖一尺之圖，繫以尋丈之説可也。既曰圖矣，統謂之圖可也。圖又以類相次，不亦繁歟？曰：非繁也。圖之有類别，猶書之有篇名也。以圖附書，則義不顯，分圖而繫之以説，義斯顯也。若皇朝《明史·律曆志》，於儀象推步皆繪爲圖，蓋前人所未有矣。當時史臣，未嘗别立爲圖，故不列專門，事各有所宜也。今州志分圖爲四：一曰輿地，二曰建置，三曰營汛，四曰水利，皆取其有關經要，而規方形勢所必需者，詳繫之説，而次諸紀表之後，用備一家之學，而發其例於首簡云爾。

和州志田賦書序例

自畫土制貢，創於《夏書》，任土授職，載師物地事及授地職。詳於《周禮》，而田賦之書，專司之掌，有由來矣。班氏約取《洪範》八政，裁爲《食貨》之篇，後史相仍，著爲圭臬。然而司農圖籍，會稽簿録，填委架閣，不可勝窮，於是酌取一代之中以爲定制。其有沿革，大凡盈縮總計，略存史氏要删，計臣章奏，使讀者觀書可以自得，則亦其勢然也。若李吉甫、韋處厚所爲《國計》之簿，李吉甫《元和國計簿》十卷，韋處厚《太和國計》二十卷。丁謂、田況所爲《會計》之録，丁謂《景德會計録》六卷，田況《皇祐會計録》六卷。則仿《周官》司會所貳書契版圖之制也。杜佑、宋白之《通典》，王溥、章得象之《會要》，則掌故彙編，其中首重食貨，義取綜核，事該古今。至於麻縷之微，銖兩之細，不復委折求盡也。趙過均田之議，〔9〕李翱《平賦》之書，則公牘私論各抒所見，惟以一時利病，求所折衷，非復史氏記實之法也。夫令史簿録，猥瑣無文，不能傳世行遠；文學掌故，博綜大要，莫能深鑒隱微。此田賦之所以難明，而成書之所以難觀者也。古者財賦之事，征於司徒，載師屬大司徒。會於太宰。司會屬太宰。太宰制三十年爲通九式，均節九賦，自祭祀賓客之大，以至芻秣匪頒之細，俱有定數，以其所出，準之以其所入。雖欲於定式之外，多取於民，其道無由。此財賦所以貴簿正之法也。自唐變租庸調而爲兩税，明又變兩税而爲一條鞭法，勢趨簡便，令無苛擾，亦度時揆勢，可謂得所權宜者矣。然而存留供億諸費，土貢方物等目，僉差募運之資，總括畢輸，便於民間，使無紛擾可也。有司文牘，令史簿籍，自當具録舊有款目，明著功令所以併省之由，然後折以時之法度，庶幾計司職守與編户齊民，皆曉然於制有變更，數無增損也。文移日趨簡省，而案牘久遠無徵，但存當時總括之數，不爲條列諸科，則遇禁網稍弛，官吏不飭於法，或至增飾名目，抑配均輸，以爲合於古者，惟正之貢，孰從而議其非制耶？

夫變法所以便民，而吏或緣法以爲奸，文案之勢，或不能備，圖史所以爲經國之典也。然而一代浩繁，史官之籍，有所不勝，獨州縣志書方隅有限，可以條别諸目，瑣屑無遺，庶以補國史之力之所不給也。自有明以來，外志紀載率皆猥陋無法。至於田賦之事，以謂吏胥簿籍，總無當於文章鉅麗之觀，遂據見行案牘，一例通編，不復考究古今，深求原委，譬彼玉卮無當，誰能賞其華美者乎？明代條鞭之法定於嘉靖之年，而和州舊志，今可考者，亦自嘉靖中易鸞《州志》而止。當時正值初更章程，而《州志》即用新法，盡削舊條，遂使唐人兩税以來沿革莫考，惜哉！又私門論議，官府文移，有關田賦利病，自當採入本書，如班《書》叙次晁錯《貴粟》之奏，入《食貨志》，賈讓《治河》之策，入《溝洫志》，庶使事顯文明，學歸有用。否則裁入本人列傳，便人參互考求，亦趙充國《屯田》諸議之成法也。近代志家類皆截去文詞，别編爲藝文志，而本門事實，及本人行業，轉使擴落無材。豈志目大書專門，特標義例，積成卷軸，乃等於匏瓜之懸，仰而不食者耶？康誥舊志，略窺此風。後來秉筆諸家毅然删去，一而至再，無復挽回，可爲太息者也！今自易《志》以前，其有遺者，不可追已；自易《志》以後，具録顛末，編次爲書。其康誥《均田》之議，實有當於田賦利病，他若州中有關田賦之文，皆採録之，次於諸條之後；兼或採入列傳，互相發明，疑者闕之。後之覽者，或有取於斯焉。

和州志藝文書序例

《易》曰："上古結繩而治，後世聖人易之以書契，百官以治，萬民以察。"夫文字之原，古人所以爲治法也。三代之盛，法具於書，書守之官。天下之術業皆出於官師之掌故，〔10〕道藝於此焉齊，德行於此焉通，天下所以以同文爲治，而《周官》六篇，皆古人所以即守官而存師法者也。不爲官師職業所存，是爲非法，雖孔子言禮，必訪柱下之藏是也。三代而後，文字不隸於職司，於是官府章程，師儒習業，分而爲二，以致人自爲書，家自爲説。蓋泛濫而出於百司掌故之外者，遂紛然矣。六經皆屬掌故，如《易》藏太卜，《詩》在太師之類。書既散在天下，無所統宗，於是著録部次之法出而治之，亦勢之所不容已。然自有著録以來，學者視爲紀數簿籍，求能推究同文爲治而存六典識職之遺者，惟劉向、劉歆所爲《七略》《别録》之書而已。故其分别九流，論次諸子，必云出於古者某官之掌，其流而爲某家之學，失而爲某事之敝，條宣究極，隱括無遺。學者苟能循流而溯源，雖曲藝小數，詖辭邪説，皆可返而通乎大道，而治其説者，亦得以自辨其力之至與不至焉。有其守之，莫或流也；有其趨之，莫或歧也。言語文章，胥歸識職，則師法可復，而古學可興，豈不盛哉！韓氏愈曰："辨古書之正僞，昭昭然若黑白分。"孟子曰："詖辭知其所蔽，淫辭知其所陷，邪辭知其所離，遁辭知其所窮。"孔子曰："多聞，擇其善者而從之。"夫欲辨古書正僞，以幾於知言，幾於多聞擇善，則必深明官師之掌，而後悉流别之故，竟末流之失。是劉氏著録，所以爲學術絶續之幾也。不能究官師之掌，將無以條流别之故，而因以不知末流之失，則天下學術無所宗師。"生心發政，作政害事"，孟子言之，斷斷如也。然而涉獵之士，方且炫博綜之才；索隱之功，方且矜隅墟之見，以爲區區著録之文，校讎之業，可以有裨於文事，噫！其惑也。

六典亡而爲《七略》，是官失其守也；《七略》亡而爲四部，是師失其傳也。《周官》之籍富矣，保章天文，職方地理，虞衡理物，巫祝交神，各守成書以布治法，即各精其業以傳學術，不特師氏、保氏所謂六藝《詩》《書》之文也。《司空》篇亡，劉歆取《考工記》補之。非補之也，考工當爲司空官屬，其所謂《記》，即冬官之典籍，猶《儀禮》十七篇爲春官之典籍，《司馬法》百五十篇爲夏官之典籍，皆幸而獲傳後世者也。當日典籍具存，而三百六十之篇，即以官秩爲之部次，文章安得散也！衰周而後，官制不行，而書籍散亡，千百之中存十一矣。就十一之僅存，而欲復三百六十之部次，非鑿則漏，勢有難行，故不得已而裁爲《七略》爾。其云蓋出古者某官之掌，"蓋"之爲言，猶疑辭也，欲人深思，而曠然自得於官師掌故之原也。故曰六典亡而爲《七略》，官失其守也。雖然，官師失業，處士著書，雖曰法無統紀，要其本旨，皆欲推其所學，可以見於當世施行。其文雖連犿，〔11〕而指趨可約也；其説雖諔詭，〔12〕而壓雜不出也。〔13〕故老莊、申韓、名墨、縱横，漢初諸儒猶有治其業者，是師傳未失之明驗也。師傳未亡，則文字必有所本。凡有所本，無不出於古人官守，劉氏所以易於條其別也。魏晉之閒，專門之學漸亡，文章之士，以著作爲榮華。詩賦、章表、銘箴、頌誄，因事結構，命意各殊，其旨非儒非墨，其言時離時合，裒而次之，謂之文集。流別之不可分者一也。文章無本，斯求助於詞采。纂組經傳，摘抉子史，譬醫師之聚毒以待應時取給，選青妃紫，不主一家，謂之類書。流別之不可分者二也。學術既無專門，斯讀書不能精一。删略諸家，取便省覽，其始不過備一時之捷給，未嘗有意留青，繼乃積漸相沿，後學傳爲津逮，分之則其本書具在，合之則非一家之言，紛然雜出，謂之書抄。流別之不可分者三也。會心不足，求之文貌。指摘句調工拙，品節宫商抑揚，俗師小儒，奉爲模楷，裁節經傳，摘比詞章，一例丹鉛，謂之評選。流別之不可分者四也。凡此四者，並由師法不立，學無專門，末俗支離，不知古人大體。下流所趨，實繁且熾，其書既不能悉付丙丁，惟有强編甲乙，而欲執《七略》之舊法，部末世之文章，比於枘鑿方圓，豈能有合？故曰：《七略》流而爲四部，是師失其傳也。若謂史籍浩繁，《春秋》附庸，蔚成大國；《七略》以《太史公》列春秋家，至二十一史，不得不別立史部。名墨寥落，小宗支別，再世失傳；名家者流、墨家者流，寥寥數家，〔14〕後代不復有其書矣。以謂《七略》之勢不得不變而爲四部，是又淺之乎論著録之道者矣。

聞以部次治書籍，未聞以書籍亂部次者也。漢初，諸子百家浩無統攝，官禮之意亡矣。劉氏承西京之敝，而能推究古者官師合一之故，著爲條貫，以溯其源，則治之未嘗不精也。魏晉之閒，文集類書，無所統繫，魏文帝撰徐、陳、應、劉之文，都爲一集，摯虞作《文章流別集》，〔15〕集之始也，魏文帝作《皇覽》，類書之始也。專門傳授之業微矣。而荀、李諸家，荀勗、李充。不能推究《七略》源流，至於王、阮諸家，王儉、阮孝緒。相去逾遠。其後方技兵書合於子部，而文集自爲專門，類書列於諸子。唐人四部之書，四部創於荀勗，體例與後代四部不同，故云始於唐人也。乃爲後代著録不祧之成法，而天下學術益紛然而無復綱紀矣。蓋《七略》承六典之敝，而知存六典之遺法；四部承《七略》之敝，而不知存《七略》之遺法；是《七略》能以部次治書籍，而四部不能不以書籍亂部次也。且四部之藉口於不能復《七略》者：一曰史籍之繁，不能附《春秋》家學也。夫二十一史，部勒非難。至於職官故事之書，譜牒紀傳之體，或本官禮制作，或涉儒雜家言，不必皆史裁也。今欲括囊諸體，斷史爲部，於是儀注不入禮經，職官不通六典，謨誥離絶《尚書》，史評分途諸子，史評皆諸子之遺，入史部非也。變亂古人立言本旨、部次成法以就簡易，如之何其可也？二曰文集日繁，不列專部，無所統攝也。夫諸子百家非出官守，而劉氏推爲官守之流別，則文集非諸子百家，而著録之書，又何不可治以諸子百家之識職乎？夫集體雖曰繁賾，要當先定作集之人。人之性情必有所近，得其性情本趣，則詩賦之所寄託，論辨之所引喻，紀叙之所宗尚，掇其大旨，略其枝葉，古人所謂一家之言，如儒、墨、名、法之中，必有得其流别者矣。如韓愈之儒家，柳宗元之名家，蘇軾之縱横家，王安石之禮家。存録其文集本名，論次其源流所自，附其目於劉氏部次之後，而別白其至與不至焉，以爲後學辨途之津逮，則卮言無所附麗，文集之弊，可以稍歇。庶幾言有物而行有恒，將由《七略》專家而窺六典遺則乎？[16]家法既專，其無根駁雜，類抄評選之屬，可以不煩而自治。是著録之道通於教法，何可遽以數紀部目之屬，輕言編次哉！但學者不先有以窺乎天地之純，識古人之大體，而遽欲部次羣言，辨章流別，將有希幾於一言之是而不可得者，是以著録之家，好言四部，而憚聞《七略》也。

史家所謂部次條別之法，備於班固，而實仿於司馬遷。司馬遷未著成法，班固承劉歆之學而未精，則言著録之精微，亦在乎熟究劉氏之業而已矣。究劉氏之業將由班固之書，人知之；究劉氏之業當參以司馬遷之法，人不知也。夫司馬遷所謂序次六家，條辨學術同異，推究利病，本其家學，司馬談論陰陽、儒、墨、名、法、道德，以爲六家。尚已。紀首推本《尚書》，《五帝本紀贊》。表首推本《春秋》，《三代世表序》。傳首推本《詩》《書》所闕，至於虞夏之文，《伯夷列傳》。皆著録淵源所自啟也。其於六藝而後，周秦諸子，若孟、荀、三鄒、老、莊、申、韓、管、晏、屈原、虞卿、吕不韋諸傳，論次著述，約其歸趣，詳略其辭，頡頏其品，抑揚咏歎，義不拘墟，在人即爲列傳，在書即爲叙録。古人命意標篇，俗學何可繩尺限也！劉氏之業，其部次之法本乎官禮，至若叙録之文，則於太史列傳，微得其裁。蓋條别源流，治百家之紛紛，欲通之於大道，此本旨也。至於卷次部目，篇第甲乙，雖按部就班，秩然不亂，實通官聯事，交濟爲功。如《管子》列於道家，而叙小學流别，取其《弟子職》篇附諸《爾雅》之後，則知一家之書，其言可採，例得别出也。《伊尹》《太公》，道家之祖。次其書在道家。《蘇子》《蒯通》，縱横家言，以其兵法所宗，遂重録於兵法權謀之部次，冠冕孫、吴諸家，則知道德兵謀，凡宗旨有所統會，例得互見也。夫篇次可以别出，則學術源流無闕間不全之患也；部目可以互見，則分綱别紀，無兩歧牽掣之患也。學術之源流無闕間不全，分綱别紀無兩歧牽掣，則《周官》六卿聯事之意存，而太史列傳互詳之旨見。如《貨殖》叙子貢，不涉《弟子列傳》。《儒林》叙董仲舒、王吉，[17]别有專傳。治書之法，古人自有授受，何可忽也！自班固删《輯略》，而劉氏之緒論不傳；《輯略》乃總論羣書大旨。省部目，而劉氏之要法不著。班省劉氏之重見者而歸於一。於是學者不知著録之法，所以辨章百家，通於大道，《莊子·天下篇》亦此意也。而徒視爲甲乙紀數之所需，無惑乎學無專門，書無世守，轉不若巫祝符籙，醫士祕方，猶有師傳不失之道也。鄭樵《校讎》之略，力糾《崇文》部次之失，自班固以下，皆有譏焉。然鄭氏未明著録源流，當追官禮，徒斤斤焉糾其某書當甲而誤乙，某書宜丙而訛丁。夫部次錯亂，雖由家法失傳，然儒雜二家之易混，職官故事之多歧，其書本在兩可之間，初非著録之誤。如使劉氏别出互見之法不明於後世，雖使太史復生，揚雄再見，其於部次之法，猶是茫然不可統紀也。鄭氏能譏班《志》附類之失當，而不能糾其併省之不當，可謂知一十而不知二五者也。且吾觀後人之著録，有别出《小爾雅》以歸《論語》者，本《孔叢子》中篇名。《隋經籍志》别出歸《論語》。有别出《夏小正》以入時令者，本《大戴禮》篇名，《文獻通考》别出歸時令。是豈足以知古人别出之法耶？特忘其所本之書，附類而失其依據者爾。《嘉瑞記》既入五行，又互見於雜傳；《隋書·經籍志》。《西京雜記》既入故事，又互見於地理；《唐書·藝文志》。是豈足以知古人互見之法耶？特忘其已登著録，重複而至於訛錯者爾。夫末學支離，至附類失據，重複錯訛，可謂極矣。究其所以歧誤之由，則理本有以致疑，勢有所以必至。徒拘甲乙之成法，而不於古人之所以别出、所以互見者析其精微，其中茫無定識，弊固至乎此也。然校讎之家，苟未能深於學術源流，使之徒事裁篇而别出，斷部而互見，將破碎紛擾，無復規矩章程，斯救弊益以滋弊矣。是以校讎師法不可不傳，而著録專家不可不立也。

州縣志乘藝文之篇，不可不熟議也。古者行人采書，太史掌典，文章載籍，皆聚於上，故官司所守之外，無墳籍也。後世人自爲書，家别其説，縱遇右文之代，購典之期，其能入於祕府，領在史官者，十無七八，其勢然也。文章散在天下，史官又無專守，則同文之治，惟學校師儒得而講習，州縣志乘得而部次，著爲成法，守於方州，所以備輶軒之採風，待祕書之論定。其有奇衺不衷之説，亦得就其聞見，校讎是正。庶幾文章典籍有其統宗，而學術人心得所規範也。昔蔡邕正定《石經》，以謂四方之士，至有賄改蘭臺漆書以合私家文字者，是當時郡國傳習，與中書不合之明徵也。文字點畫，小學之功，猶有四方傳習之異，況紀載傳聞，私書别録，學校不傳其講習，志乘不治其部次，則文章散著，疑似兩淆，後世何所依據而爲之考定耶？鄭樵論求書之法，以謂因地而求，因人而求，是則方州部録藝文，固將爲因地因人之要删也。前代搜訪圖書，不懸重賞，則奇書祕策不能會萃；苟懸重賞，則僞造古逸，妄希詭合。三墳之《易》，古文之《書》，其明徵也。向令方州有部次之書，下正家藏之目，上備中祕之徵，則天下文字皆著籍録，雖欲私錮而不得，雖欲僞造而不能，有固然也。夫人口孳生，猶稽版籍；水土所産，猶列職方。況乎典籍文章爲學術源流之所自出，治功事緒之所流傳，不於州縣志書爲之部次條别，治其要删，其何以使一方文獻無所闕失耶？

和州志政略序例

夫州縣志乘，比於古者列國史書，尚矣。列國諸侯開國承家，體崇勢異，史策編列世家，抗於臣民之上，固其道也。州縣長吏，不過古者大夫邑宰之選，地非久居，官不世禄，其有《甘棠》留蔭，循迹可風，編次列傳，班於文學政事之閒，亦其宜也。往牒所載，今不可知。若梁元帝所爲《丹陽尹傳》，見《隋志》，凡十卷。孫仲所爲《賢牧傳》，見《唐志》，十五卷。則專門編録，率由舊章。馬班《循吏》之篇，要爲不易者矣。至於州縣全志，區分品地，乃用名宦爲綱，與鄉賢、列女、仙釋、流寓諸條，均分門類，是乃摘比之類書，詞人之雜纂，雖略仿樂史《太平寰宇記》中所附名目，實兔園捃摭詞藻之先資。欲擬《春秋》家學，外史掌故，入編列傳，事具首尾。苟使官民同録，體例無殊，未免德操詣龐公之家，一室難分賓主者矣。

竊意蜀郡之慕文翁，南陽之思邵父，取其有以作此一方，爲能興利革弊。其人雖去，遺愛在民，職是故也。正使伯夷之清，柳下之和，不嫌同科。其或未仕之先，鄉評未協；去官之後，晚節不終，苟爲一時循良，何害一方善政？夫以治績爲重，其餘行業爲輕，較之州中人物，要其始末，品其瑕瑜，草木區分，條編類次者，其例本不相侔。於斯分别標題，名爲“政略”，不亦宜乎？夫略者，綱紀之鴻裁，編摩之偉號，黄石、淮南之屬抗其題，《黄石公三略》《淮南子要略》。張温、魚豢之徒分其紀，張温《三史略》、魚豢《典略》。蓋有取乎謨略之遺，不獨鄭樵之二十部也。鄭樵《通志·二十略》。以之次比政事，編著功猷，足以臨涖邦人，冠冕列傳，揆諸記載，體例允符，非謂如裴子野之删《宋略》，但取節文爲義者也。

和州志列傳總論

志曰：傳志之文，古無定體。《左氏》所引《軍志》《周志》諸文，即傳也。孟子所對湯武苑囿之問，皆曰“於傳有之”，即志也。六藝爲經，則《論語》《禮記》之文謂之傳。卦爻爲經，則《彖》《象》《文言》謂之傳。自《左氏春秋》依經起義，兼史爲裁。而司馬遷七十列傳，略參其例，固以十二本紀，竊比《春秋》者矣。夫其人别爲篇，類從相次，按諸《左氏》，稍覺方嚴，而别識心裁，略規諸子。揆其命名之初，諸傳之依《春秋》，不過如諸記之因經禮，因名定體，非有深文。即楚之屈原，將漢之賈生合傳；談天鄒衍，綴大儒孟荀之篇；因人徵類，品藻無方，咏歎激昂，抑亦吕氏六論之遺也。吕氏十二紀似本紀所宗，八覽似八書所宗，六論似列傳所宗。班史一卷之中，人分首尾，傳名既定，規制綦密。然逸民四皓之屬，王、貢之附庸也。王吉、韋賢諸人，《儒林》之别族也。附庸如顓臾之寄魯，署目無聞；别族如田陳之居齊，重開標額。徵文則相如侈陳詞賦，辨俗則東方不諱諧言。蓋卓識鴻裁，猶未可量以一轍矣。范氏東漢之作，則題目繁碎，有類米鹽，傳中所列姓名，篇首必標子注。於是列傳之體，如注告身，首徵祖系，末綴孫曾，循次編年，惟恐失墜。求如陳壽之述《蜀志》，旁採《季漢輔臣》，沈約之傳靈運，通論六朝文史者，不爲繩墨拘牽，微存作者之意，跫然如空谷之足音矣。然師般不作，規矩猶存。比緝成編，以待能者；和而不倡，宜若可爲；第以著述多門，通材達識，不當坐是爲詹詹爾。至於正史之外，雜記之書，若《高祖》《孝文》，論述策詔，皆稱爲傳，《漢藝文志》有《高祖傳》十三篇、《孝文傳》十一篇。則故事之祖也。《穆天子傳》《漢武内傳》，小説之屬也。劉向《列女傳》、嵇康《高士傳》，專門之紀也。王肅《家傳》、王裒《世傳》，一家之書也。《東方朔傳》《陸先生傳》，一人之行也。至於郡邑之志，則自東京以往，訖於六朝而還，若《陳留耆舊傳》《會稽先賢傳》之類。其不爲傳名者，若《襄陽耆舊記》《豫章志後撰》之類，載筆繁委，不可勝數。網羅放失，綴輯前聞，譬彼叢流趨壑，細大不捐；五金在冶，利鈍並鑄者矣。司馬遷曰："百家言不雅馴，搢紳先生難言之。"又曰："不離古文者近是。"又曰："擇其言尤雅者。""載籍極博，折衷六藝。《詩》《書》雖闕，虞夏可知。"然則旁推曲證，聞見相參，顯微闡幽，折衷至當，要使文成法立，安可拘拘爲劃地之趨哉！

夫合甘辛而致味，通纂組以成文，低昂時代，衡鑒士風，論世之學也。同時比德，附出均編，類次之法也。情有激而如平，旨似諷而實惜，予奪之權也。或反證若比，或遥引如興，一事互爲詳略，異撰忽爾同編，品節之理也。言之不文，行之不遠。聚公私之記載，參百家之短長，不能自具心裁，而斤斤焉徒爲文案之孔目，何以使觀者興起，而遽欲刊垂不朽耶！且國史徵於外志，外志徵於家牒，所徵者博，然後可以備約取也。今之外志，紀傳無分，名實多爽，既以人物列女標爲專門，又以文苑鄉賢區爲定品；裁節史傳，删略事實，逐條附注，有似類書摘比之規，非復古人傳記之學；擬於國別爲書，邱分作志，不亦難乎？又其甲科仕宦，或詳選舉之條；誌狀碑銘，列入藝文之内。一人之事，複見疊出，或注傳詳某卷，或注事見某條，此殆有類本草注藥，根實異部分收；韻書通音，平仄互標爲用者矣。文非雅馴，學者難言。今以正史通裁，特標列傳，旁推互證，勒爲專家。上裨古史遺文，下備後人採録，庶有作者，得以考求。如謂不然，請俟來哲。

和州志闕訪列傳序例

孔子曰："吾猶及史之闕文也。"又曰："多聞闕疑，慎言其餘。"

夫網羅散失，紬繹簡編，所見所聞，時得疑似，非貴闕然不講也。夫郭公、夏五，原無深文，耒耜網罟，亦存論説。而《春秋》仍列故題，《尚書》斷自《堯典》，疑者闕而弗竟，闕者存而弗删，斯其慎也。司馬遷曰："書闕有閒，其軼時時見於他説。"夫疑似之迹，未必無他説可參，而舊簡以古文爲宗，百家以雅馴是擇，心知其意，所以慨然於好學深思之士也。班固《東方朔傳》，以謂奇言怪語附著者多，遂詳録其諧隱射覆瑣屑之談，以見朔實止此，是史氏釋疑之家法也。陳壽《蜀志》，以諸葛不立史官，蜀事窮於搜訪，因録楊戲《季漢名臣》之讚，略存姓氏，以致其意，是史牒闕文之舊章也。壽别撰《益部耆舊傳》十卷，是壽未嘗略蜀也。《益部耆舊傳》不入《蜀志》，體例各有當也。或以譏壽，非也。自史學失傳，中才史官不得闕文之義，喜繁辭者或雜奇衺之説，好簡潔者或删經要之言，《晉書》喜採小説，《唐書》每删章奏。多聞之旨不遵，慎言之訓誤解。若以形涉傳疑，事通附會，含毫莫斷，故牒難徵，謂當削去篇章，方合闕文之説，是乃所謂疑者滅之而已，更復何闕之有？鄭樵著《校讎略》，以謂館閣徵書，舊有闕書之目，凡考文者，必當録其部次，購訪天下。其論可謂精矣。

竊謂典籍如此，人文亦然。凡作史者，宜取論次之餘，或有人著而事不詳，若傳歧而論不一者，與夫顯列名品，未徵事實，清標夷、齊，而失載西山之薇；學著顔、曾，而不傳東國之業，一隅三反，其類實繁。或由載筆誤删，或是虚聲泛採，難憑臆斷，當付傳疑。列傳將竟，别裁闕訪之篇，以副慎言之訓，後之觀者，得以考求。使若陳壽之《季漢名臣》，見上。常璩之華陽士女，《華陽國志》有序録士女，《志》止列姓名，云其事未詳。不亦善乎！至於州縣之志，體宜比史加詳。而向來撰志，條規人物，限於尺幅，摘比事實，附注略節，與方物土產區門分類，約略相同。至其所注事實，率似計薦考語，案牘讞文，駢偶其詞，斷而不敘。士曰孝友端方，慈祥愷悌；吏稱廉能清慎，忠信仁良；學盡漢儒，貞皆姜女；千篇一律，葭葦茫然，又何觀焉！今用史氏通裁，特標列傳，務取有文可誦，據實堪書，前志所遺，搜訪略盡。他若標名略注，事實難徵，世遠年湮，不可尋訪，存之則無類可歸，削之則潛德弗曜。凡若此者，悉編爲《闕訪列傳》，以俟後來者之别擇云爾。

和州志前志列傳序例上

《記》曰："疏通知遠，《書》教也。比事屬辭，《春秋》教也。"言述作殊方，而風教有異也。孟子曰："頌其詩，讀其書，不知其人可乎？"言墳籍具存，而作者之旨不可不辨也。古者史官各有成法，辭文旨遠，存乎其人。孟子所謂其文則史，孔子以謂義則竊取，明乎史官法度不可易，而義意爲聖人所獨裁。然則良史善書，亦必有道矣。前古職史之官不可考，春秋列國之良史，若董狐、南史之直筆，左史倚相之博雅，其大較也。竊意南、董、左史之流，當時必有師法授受，第以專門之業，事遠失傳，今不得而悉究之也。司馬遷網羅散失，采獲舊聞，撰爲百三十篇，以紹《春秋》之業。其於衰周戰國所爲《春秋》家言，如晏嬰、虞卿、吕不韋之徒，《晏子春秋》《虞氏春秋》《吕氏春秋》，皆有比事屬辭之體。即當時《春秋》家言，各有派别，不盡春王正月一體也。皆叙録其著述之大凡，緝比論次，所以明己之博采諸家，折衷六藝，淵源流别，不得不詳所自也。司馬遷《自序》紹《春秋》之業，蓋溯其派别有自，非僭妄之言。司馬氏殁，班固氏作，論次西京史事，全録《太史自序》，推其義例，殆與相如、揚雄列傳同科。范蔚宗《後漢》之述班固，踵成故事，墨守舊法，繩度不踰，雖無獨斷之才，猶有餼羊告朔，禮廢文存者也。[18]及《宋書》之傳范蔚宗，《晉書》之傳陳壽，或雜次文人之列，或猥編同時之人，而於史學淵源，作述家法，不復致意，是亦史法失傳之積漸也。至於唐修《晉》《隋》二書，惟資衆力。人才既散，共事之人，不可盡知，或附著他人傳末，或互見一二文人稱説所及，不復别有記載，乃使《春秋》家學，塞絶梯航，史氏師傳，茫如河漢。譬彼收族無人，家牒自亂；緇流毆散，梵刹坐荒；勢有必至，理有固然者也。

夫馬班著史，等於伏、孔傳經。大義微言，心傳口授；或欲藏之名山，傳之其人；或使大儒伏閣，受業於其女弟。豈若後代紀傳，義盡於簡篇，文同於胥史，拘牽凡例，一覽無遺者耶？然馬、班《儒林》之篇，能以六藝爲綱，師儒傳授，繩貫珠聯，自成經緯，所以明師法之相承，溯淵源於不替者也。《儒林傳》體，以經爲綱，以人爲緯，非若尋常列傳，詳一人之生平者也。自《後漢書》以下，失其傳矣。後代史官之傳，苟能熟究古人師法，略仿經師傳例，標史爲綱，因以作述流别互相經緯。試以馬、班而論，其先藉之資，《世本》《國策》之於遷《史》，揚雄、劉歆之於《漢書》是也。後衍其傳，如楊惲之布遷《史》，馬融之受《漢書》是也。别治疏注，如遷《史》之徐廣、裴駰，《漢書》之服虔、應劭是也。凡若此者，並可依類爲編，申明家學，以書爲主，不復以一人首尾名篇，則《春秋》經世，雖謂至今存焉可也。至於後漢之史，劉珍、袁宏之作，華嶠、謝承、司馬彪之書，皆與范氏删輯之基。〔19〕晉氏之史，自王隱、虞預、何法盛、干寶、陸機、謝靈運之流，作者凡一十八家，亦云盛矣。而後人修史，不能條别諸家體裁，論次羣書得失，萃合一篇之中。比如郢人善斲，質喪何求？夏禮能言，無徵不信者也。他若聚衆修書，立監置紀，尤當考定篇章，覆審文字，某紀某書，編之誰氏，某表某傳，撰自何人。乃使讀者察其臧慝，定其是非，庶幾涇渭雖淆，淄澠可辨，末流之弊，猶恃隄防。而唐宋諸家，訖無專録，遂使經生帖括，詞賦雕蟲，並得啁啾班馬之堂，攘臂汗青之業者矣。

和州志前志列傳序例中

晉摯虞創爲《文章志》，叙文士之生平，論辭章之端委，范史《文苑列傳》所由仿也。自是文士記傳，代有綴筆，而文苑入史，亦遂奉爲成規。至於史學流别，討論無聞，而史官得失，亦遂置之度量之外。甚矣，世之易言文而憚言史也！夫遷固之書，不立文苑，非無文也。老莊、申韓、管晏、孟荀、相如、揚雄、枚乘、鄒陽，所爲列傳，皆於著述之業，未嘗不三致意焉。不標文苑，所以論次專家之學也。文苑而有傳，蓋由學無專家，是文章之衰也。然而史臣載筆，侈言文苑，而於《春秋》家學，派别源流，未嘗稍容心焉，不知將自命其史爲何如也？文章志、傳，摯虞而後，沈約、傅亮、張騭諸人，紛紛撰録，傅亮《續文章志》，沈約《宋世文章志》，張騭《文士傳》。指亦不勝屈矣。然而史臣采摭，存其大凡，著録諸書，今皆亡失。則史氏原委，編摩故迹，當其撰輯成書之際，公滕私楮，未必全無徵考也。乃前史不列專題，後學不知宗要，則雖有蹤迹，要亦亡失無存。遂使古人所謂官守其書，而家世其業者，乃轉不如文采辭章，猶得與於常寶鼎《文選著作人名》之列也。常書凡三卷。唐李肇著《經史釋題》，宗諫注《十三代史目》，其書編於目録部類，則未通乎記傳之宏裁也。趙宋孔平仲嘗著《良史事迹》，其書今亦不傳，而著録僅有一卷，則亦猥陋不足觀采也。

夫史臣創例，各有所因。列女本於劉向，孝義本於蕭廣濟，晉人，作《孝子傳》。忠義本於梁元帝，《忠臣傳》三十卷。隱逸本於皇甫謐，《逸士傳》《高士傳》。皆前史通裁，因時制義者也。馬班《儒林》之傳，本於博士所業，惜未取史官之掌，勒爲專書。後人學識不逮前人，故使未得所承，無能爲役也。漢儒傳經，師法亡矣。後史儒林之篇，不能踵其條貫源流之法，然未嘗不取當代師儒，就其所業以志一代之學。則馬班作史家法既失，後代史官之事，縱或不能協其義例，何不可就當時纂述大凡，人文上下，論次爲傳，以集一史之成乎？夫儒林治經，而文苑談藝，史官之業，介乎其閒，亦編摩之不可不知所務者也。或以藝文部次，登其卷帙，叙録後語，略標作者之旨，以謂史部要旨，已見大凡。則不知經師傳注，文士辭章，藝文未嘗不著其部次，而儒林文苑之篇，詳考生平，别爲品藻，參觀互證，胡可忽諸？其或事迹繁多，别標特傳，不能合爲一篇，則於史官篇内，亦當存録姓名，更注别自有傳。董仲舒、王吉、韋賢之例，自有舊章，仲舒治《春秋》，王吉治《毛詩》，韋賢治《魯詩》，並見《儒林》而别有專傳。兩無妨害者也。夫荀卿著《禮》《樂》之論，乃非十二子書，莊周恣荒唐之言，猶叙禽、墨諸子，欲成一家之作，而不於前人論著，條析分明，祖述淵源，折衷至當，雖欲有功前人，嘉惠來學，譬則卻步求前，未有得其至焉者也。

和州志前志列傳序例下

州縣志書，論次前人撰述，特編列傳，蓋創例也。舉此而推之四方，使《春秋》經世，史氏家法，燦然大明於天下，則外志既治，書有統會，而國史要删，可以抵掌言也。雖然，有難叙者三，有不可不叙者三，載筆之士，不可不熟察此論也。

何謂難叙者三？一曰書無家法，文不足觀，易於散落也。唐宋以後，史法失傳，特言乎馬班專門之業不能復耳。若其紀表成規，志傳舊例，歷久不渝，等於科舉程式，功令條例，雖中庸史官，皆可勉副繩墨，粗就隱括。故書雖優劣不齊，短長互見，觀者猶得操成格以衡筆削也。外志規矩蕩然，體裁無準，摘比似類書，注記如簿册，質言似胥吏，文語若尺牘，觀者茫然，莫能知其宗旨。文學之士，鄙棄不觀，新編告成，舊志遽没。比如寒暑之易冠衣，傳舍之留過客，欲求存録，不亦難乎！二曰纂修諸家，行業不詳，難於立傳也。史館徵儒，類皆文學之士，通籍朝紳，其中且有名公卿焉。著述或見藝文，行業或詳列傳，參伍考求，猶易集也。州縣志書，不過一時游宦之士，偶爾過從。啟局殺青，不逾歲月，討論商搉，不出州閭。其人或有潛德莫徵，懿修未顯，所游不知其常，所習不知其業，等於萍蹤之聚，鴻爪之留，即欲效文苑之聯編，仿儒林之列傳，何可得耶？三曰題序蕪濫，體要久亡，難徵録例也。馬、班之傳，皆録自序。蓋其生平行業，與夫筆削大凡，自序已明，據本直書，編入列傳。讀者苟能自得，則於其書思過半矣。原叙録之所作，雖本《易・繫》《詩》篇，而史氏要删，實自校讎諸家，特重其體。劉向所謂條其篇目，撮其指意，録而奏上之文，類皆明白峻潔，於其書與人，確然並有發明。簡首題辭，有裨後學，職是故也。後代文無體要，職非校勘，皆能率爾操觚。凡有簡編，輒題弁語，言出公家，理皆泛指。掩其部次，驟讀序言，不知所指何人，所稱何事。而文人積習相沿，莫能自反，抑亦惑矣。州縣修志，尤以多序爲榮，隸草誇書，風雲競體。棠陰花滿，先爲循吏頌辭；水激山峨，又作人文通贊。千書一律，觀者索然；移之甲乙可也，畀之丙丁可也。尚得採其舊志序言，録其前書凡例，作列傳之取材，爲一書之條貫耶？凡此三者，所爲難叙者也。

何謂不可不叙者三？一曰前志不當，後志改之，宜存互證也。天下耳目無窮，一人聰明有限，《禹貢》岷山之文尚矣，得《緬志》而江源詳於金沙。鄭玄婆尊之説古矣，得王肅而鑄金鑿其犧背。窮經之業，後或勝前，豈作志之才，一成不易耶？然後人裁定新編，未必遽存故録，苟前志失叙，何由知更定之苦心，識辨裁之至當？是則論次前録，非特爲舊志存其姓氏，亦可爲新志明其别裁耳。二曰前志有徵，後志誤改，當備采擇也。人心不同，如其面也，爲文亦復稱是。史家積習，喜改舊文，取其易就凡例，本非有意苛求。然淮陰帶劍，不辨何人；太史公《韓信傳》云：淮陰少年辱信云："若雖長大，中情怯耳。"班固删去"若"字，文義便晦。太尉攜頭，誰當假借？前人議《新唐書·段秀實傳》云：柳宗元狀稱太尉曰："吾帶吾頭來矣。"文自明。《唐書》改云："吾帶頭來矣。"是誰之頭耶？不存當日原文，則三更其手，非特亥豕傳訛，將恐蟲魚易體矣。三曰志當遞續，不當迭改，宜衷凡例也。遷書採《世本》《國策》，集《尚書》《世紀》，《南》《北》史集沈、蕭、姚、李八家之書，未聞新編告成，遽將舊書覆瓿也。區區州縣志乘，既無别識心裁，便當述而不作。乃近人載筆，務欲炫長，未窺龍門之藩，先習狙公之術，移三易四，輾轉相因，所謂自擾也。夫三十年爲一世，可以補輯遺文，搜羅掌故。更三十年而往，遺待後賢，使甲編乙録，新新相承，略如班之續馬，范之繼班，不亦善乎？藉使前書義例未全，凡目有闕，後人創起，欲補逸文，亦當如馬無地理，班《志》直溯《夏書》；《梁》《陳》無志，《隋書》上通五代；梁、陳、北齊、後周、隋五代。例由義制，何在不然？乃竟粗更凡目，全録舊文，得魚忘筌，有同剽竊，如之何其可也？然琴瑟不調，改而更張。今兹創定一書，不能拘於遞續之例。或且以矛陷盾，我則不辭。後有來者，或當鑒其衷曲耳。歷敘前志，存其規模，亦見創例新編，初非得已。凡此三者，所謂不得不敘者也。

和州文徵序例

乾隆二十九年，[20]撰《和州志》四十二篇。編摩既訖，因採州中著述，有裨文獻，若文辭典雅，有壯觀瞻者，輯爲《奏議》二卷，《徵述》三卷，《論著》一卷，《詩賦》二卷，合爲《文徵》八卷，凡若干篇。既條其别，因述所以采輯之故，爲之敘録。

敘曰：古人著述，各自名家，未有采輯諸人，裒合爲集者也。自專門之學散，而别集之風日繁，其文既非一律，而其言時有所長，則選輯之事興焉。至於史部所徵，漢代猶爲近古。雖相如、揚雄、枚乘、鄒陽，但取辭賦華言，編爲列傳。原史臣之意，雖以存録當時風雅，亦以人類不齊，文章之重，未嘗不可與事業同傳；不盡如後世拘牽文義，列傳止徵行迹也。但西京風氣簡質，而遷、固亦自爲一家之書，故得用其義例。後世文字，如濫觴之流爲江河，不與分部别收，則紀載充棟，將不可紀極矣。唐劉知幾嘗患史傳載言繁富，欲取朝廷詔令，臣下章奏，仿表志專門之例，别爲一體，類次紀傳之中，其意可爲善矣。然紀傳既不能盡削文辭，而文辭特編入史，亦恐浩博難罄，此後世所以存其説，而訖不能行也。

夫史氏之書，義例甚廣，《詩》《書》之體，有異《春秋》。若《國語》十二，《國風》十五，所謂典訓風謠，各有攸當。是以太師陳詩，外史又掌四方之志，未聞獨取備於一類之書也。自孔逭《文苑》、蕭統《文選》而後，唐有《文粹》，宋有《文鑑》，皆括代選文，廣搜衆體。

然其命意發凡，仍未脱才子論文之習，經生帖括之風，其於史事，未甚親切也。至於元人《文類》，則習久而漸覺其非。故其撰輯文辭，每存史意，序例亦既明言之矣。然條别未分，其於文學源流，鮮所論次。又古人云："誦其詩，讀其書，不知其人可乎？"作者生平大節，及其所著書名，似宜存李善《文選》註例，稍爲疏證。至於建言發論，往往有文采斐然，讀者興起，而終篇扼腕，不知本事始末何如。此殆如夢古人而遽醒，聆妙曲而不終，未免使人難爲懷矣。凡若此者，並是論文有餘，證史不足，後來攻史諸家，[21]不可不熟議者也。至若方州選文，《國語》《國風》之説遠矣。若近代《中州》《河汾》諸集，《梁園》《金陵》諸編，皆能畫界論文，略寓徵獻之意，是亦可矣。

奈何志家編次藝文，不明諸史體裁，乃以詩辭歌賦、記傳雜文，全仿選文之例，列於書志之中，可謂不知倫類者也。是用修志餘暇，採摭諸體，草創規制，約略以類相從，爲叙録其流别，庶幾踵斯事者，得以增華云爾。

奏議第一

《文徵》首《奏議》，猶志首編紀也。自蕭統選文，以賦爲一書冠冕，論時則班固後於屈原，論體則賦乃詩之流别，此其義例，豈復可爲典要？而後代選文之家，奉爲百世不祧之祖，亦可怪已！今取《奏議》冠首，而官府文移附之。《奏議》擬之於紀，而文移擬之政略，皆掌故之藏也。

徵述第二

《徵述》者，記傳序述誌狀碑銘諸體也。其文與列傳圖書互爲詳略。蓋史學散而書不專家，文人别集之中，應酬存録之作，亦往往有記傳諸體，可裨史事者。蕭統選文之時，尚未有此也。後代文集中兼史體，修史傳者往往從而取之。則《徵述》之文，要爲不易者矣。

論著第三

《論著》者，諸子遺風，所以託於古之立言垂不朽者，其端於是焉在。劉勰謂論之命名，始於《論語》，其言當矣。晁氏《讀書志》，援

“論道經邦”出於《尚書》，因詆劉氏之疏略。夫《周官》篇出僞古文，晁氏曾不之察，亦其惑也。諸子風衰，而文士集中乃有論説辨解諸體，若書牘題跋之類，則又因事立言，亦《論著》之派别也。

詩賦第四

《詩賦》者，六義之遺，《國風》一體，實於州縣《文徵》爲近。《甘泉》《上林》，班固録於列傳，行之當世可也。後代文繁，固當别爲專書。惟詩賦家流，至於近世，溺於辭采，不得古者國史序《詩》之意，而蚩蚩焉争於文字工拙之閒，皆不可與言《文徵》者也。兹取前人賦咏，依次編列，以存風雅之遺。同時之人概從附録，以俟後來者之别擇焉。

永清縣志皇言紀序例

史之有紀，肇於《吕氏春秋》十二月紀。司馬遷用以載述帝王行事，冠冕百三十篇，蓋《春秋》之舊法也。厥後二十一家迭相祖述，體肅例嚴，有如律令。而方州之志，則多惑於地理類書之例，不聞有所遵循，是則振衣而不知挈領，詳目而不能舉綱，宜其散漫無章，而失國史要删之義矣。夫古者封建之世，列國自有史書，然正月必係周王，魯史必稱周典，韓宣子見《易·象》《春秋》，以謂周禮盡在於魯是也。蓋著承稟所由始也。[22]後世郡縣，雖在萬里之外，制如古者畿甸之法，乃具分門次類，略無規矩章程，豈有當於《周官》外史之義歟？《周官》外史掌四方之志，掌達書名於四方。此見列國之書不得自擅，必稟外史一成之例也。此則撰志諸家不明史學之過也。

吕氏十二月令，但名爲紀，而司馬遷、班固之徒，則稱本紀。原其稱本之義，司馬遷意在紹法《春秋》。顧左氏、公、穀專家，各爲之傳，而遷則一人之書，更著書、表、列傳以爲之緯，故加紀以本，而明其紀之爲經耳。其定名則仿《世本》之舊稱。班固不達其意，遂併十志而題爲本志。然則表、傳之不加本稱者，特以表稱年表，傳稱列傳，與本紀俱以二字定名，惟志止是單名，故强配其數，而不知其有害於經紀緯傳之義也。古人配字，雙單往往有之，如《七略》之方稱經方，《淮南子》論稱書論之類，不一而足。惟無害於文義，乃可爲之耳。至於例以義起，方志撰紀，以爲一書之經，當矣。如亦從史而稱本紀，則名實混淆，非所以尊嚴國史之義也。且如後世文人所著詩文，有關當代人君行事，其文本非紀體，而亦稱恭紀以致尊崇，於義固無害也；若稱本紀，則無是理矣。是則方志所謂紀者，臨本書之表傳，則體爲經，對國史之本紀，則又爲緯矣。是以著紀而不得稱本焉。

遷、固而下，本紀雖法《春秋》，而中載詔誥號令，又雜《尚書》之體。至歐陽修撰《新唐書》，始用大書之法，筆削謹嚴，乃出遷、固之上，此則可謂善於師《春秋》者矣。至於方志撰紀，所以備外史之拾遺，存一方之祗奉，所謂循堂楹而測太陽之照，處牖隙而窺天光之通，期於慎輯詳誌，無所取於《春秋》書事之例也。是以恭録皇言，冠於首簡，與史家之例，互相經緯，不可執一例以相拘焉。

“大哉王言”，出於《尚書》；“王言如絲”，出於《禮記》。蓋三代天子稱王，所以天子之言稱王言也。後世以王言承用，據爲典故，而不知三代以後，王亦人臣之爵。凡稱天子詔誥亦爲王言，此則拘於泥古，未見其能從時者也。夫《尚書》之文，臣子自稱爲朕，所言亦可稱誥。後世尊稱，既定於一，則文辭必當名實相符，豈得拘執古例，不知更易？是以易王言之舊文，稱皇言之鴻號，庶幾事從其質，而名實不淆。

勑天之歌載於謨典，而後史本紀惟録詔誥。蓋詩歌抒發性情，而詔誥施於政事，故史部所收，各有當也。至於方志之體，義在崇奉所尊，於例不當別擇。前總督李衛所修《畿輔通志》，首列詔諭、宸章二門，於義較爲允協。至永清一縣，密邇畿南，固無特頒詔諭。若牽連諸府州縣，及統該直隸全部，則當載入通志，又不得以永清亦在其内，遂冒録以入書。如有恩賜、蠲逋、賑恤，則事實恭登恩澤之紀，而詔諭所該者廣，是亦未敢越界而書。惟是覃恩愷澤，褒贈貤封，固家乘之光輝，亦邑書之弁冕，是以輯而紀之。御製詩章，止有《冰窖》一篇，不能分置卷帙，恭録詔諭之後，以志雲漢光華云爾。

永清縣志恩澤紀序例

古者，左史紀言，右史紀事，朱子以謂言爲《尚書》之屬，事爲《春秋》之屬，其説似矣。顧《尚書》之例，非盡紀言，而所謂紀事之法，亦不盡於春王正月一體也。《周官》五史之法，詳且盡矣；而記注之書，後代不可盡詳。蓋自《書》與《春秋》而外，可參考者，《汲冢周書》似《尚書》，《竹書紀年》似《春秋》而已。然而《穆天子傳》獨近起居之注，其書雖若不可盡信，要亦古者記載之法，經緯表裏，各有所主，初不拘拘《尚書》《春秋》二體，而即謂法備於是，亦可知矣。三代而後，細爲宫史，若《漢武禁中起居注》、馬后《顯宗起居注》是也；大爲時政，若唐《貞觀政要》、周《顯德日曆》是也；以時記録，歷朝起居注是也；薈粹全書，梁太清以下實録是也。蓋人君之德如天，晷計躔測，璣量圭度，法制周遍，乃得無所闕遺。是以《周官》立典，不可不詳其義，而《禮》言左史、右史之職，誠廢一而不可者也。

史官各自爲書，所以備一書之採擇。方志各隨所及，詳贍登紀，所以備諸史之外篇，固其宜也。史部本紀言事並載，雖非《春秋》本旨，文義猶或可通。方志敬慎採輯，體當録而不敘，左右之史，不分類例，則法度混淆，而紀載不可觀本末矣。是以略仿左史而恭紀皇言，仿右史而恭紀恩澤焉。紀體本法《春秋》，而紀言固非列史正體，今以言冠於事，則以正史本紀，法具專家，而方志外書，本備採摭，故左言屬陽而居首，右事屬陰而居次，事有所宜，不拘拘於古法也。〔23〕紀之與傳，古人所以分別經緯，初非區辨崇卑。是以遷《史》中有無年之紀，劉子玄首以爲譏，班《書》自叙，稱十二紀爲《春秋考紀》，意可知矣。自班、馬而後，列史相仍，皆以紀爲尊稱，而傳乃專屬臣下，則無以解於《穆天子傳》與《高祖》《孝文》諸傳也。今即列史諸帝有紀無傳之弊論之。如人君行迹，不如臣下之詳，篇首叙其靈徵，篇終斷其大略，其餘年編月次，但有政事，以爲志傳之綱領，而文勢不能更及於他，則以一經一緯，體自不可相兼故也。誠以《春秋》大旨斷之，則本紀但具元年即位，以至大經大法足爲事目，於義愜矣。人君行事，當參以傳體，詳載生平，冠於后妃列傳之上。是亦左氏之傳，以惠公元妃數語先經起事，即屬隱公題下傳文，可互證也。但紀傳崇卑，分别已久；君臣一例，事理未安；則莫若一帝紀終，即以一帝之傳次其紀後。如鄭氏《易》之以《象傳》《彖辭》附於本卦之後之例，且崇其名曰《大傳》，而不混列傳，則名實相符，亦似折中之一道也。方志紀載，則分别事言，統名以紀，蓋所以備外史之是正，初無師法《春秋》之義例，以是不可議更張耳。

永清縣志職官表序例

職官選舉，入於方志，皆表體也。而今之編方志者，則曰史有百官志與選舉志，是以法古爲例，定以鴻名，而皆編爲志，斯則迂疏而寡當者矣。夫史志之文，職官詳其制度，選舉明其典則，其文或仿《周官》之經，或雜記傳之體，編之爲志，不亦宜乎！至於方志所書，乃是歷官歲月與夫科舉甲庚，年經事緯，足以爽豁眉目，有所考索，按格而稽，於事足矣。今編書志之體，乃以知縣、典史、教諭、訓導之屬，分類相從，遂使乾隆知縣居於順治典史之前，康熙訓導次諸雍正教諭之後。其有時事後先，須資檢閲，及同僚共事，欲考歲年，使人反覆披尋，難爲究竟，虚占篇幅，不知所裁。不識何故而好爲自擾如斯也！夫人編列傳，史部鴻裁，方志載筆，不聞有所規從。至於職官選舉，實異名同，乃欲巧爲附依，此永州鐵鑪之步，所以致慨於千古也。

《周官》，御史掌贊書，數從政，鄭氏注謂“數其現在之官位”，則官職姓名，於古蓋有其書矣。三百六十之官屬，而以從政記數之登書，竊意亦必有法焉。周譜經緯之凡例，恐不盡爲星曆一家之用也。劉向以譜與曆合爲一家，歸於術數。而司馬遷之稱周譜，則非術數之書也。疑古人於累計之法，多用譜體。班固《百官公卿表》敘例全爲志體，而不以志名者，知歷官之須乎譜法也。以《周官》之體爲經，而以《漢表》之法爲緯，古人之立法，博大而不疏，概可見矣。

東京以還，僅有職官志，而唐宋之史，乃有宰輔表，亦謂百職卿尹之不可勝收也。至於專門之書，官儀簿狀，自兩漢以還，代有其編，而列表編年，宋世始多其籍。司馬光《百官公卿表》百五十卷之類。亦見歷官紀數之書，每以無文而易亡也。至於方州記載，唐宋廳壁題名，與時湮没，其圖經古制，不復類聚官人，非闕典歟！元明以來，州縣志書往往存其歷任，而又以記載無法，致易混淆，此則不可不爲釐正者也。或謂職官列表，僅可施於三公宰輔與州縣方志，一則體尊而例嚴，一則官少而易約也。若夫部府之志，官職繁多，而尺幅難竟，如皆表之，恐其易經而難緯也。上方年月爲經，首行官階爲緯，官多布格無容處也。夫立例不精，而徒争於記載之難約，此馬、班以後所以書繁而事闕也。班史百官之表，卷帙無多，而所載詳及九卿；唐宋宰輔之表，卷帙倍增，而所載止畫於丞弼。非爲古書事簡而後史例繁也，蓋以班分類附之法，不行於年經事緯之中，宜其進退失據，難於執簡而馭繁也。按班史，表列三十四官，格止一十四級，或以沿革並注首篇，相國、丞相、奉常、太常之類。或以官聯共居一格。大行令、大鴻臚同格，左馮翊、京兆尹同格之類。篇幅簡而易省，事類從而易明，故能使流覽者，按簡而無復遺逸也。苟爲統部列表，則督撫提鎮之屬共爲一格，布按巡守之屬共爲一格。其餘以府州畫格，府屬官吏同編一格之中，固無害也。及撰府州之志，即以州縣各占一格，亦可不致闕遺。是則歷官著表，斷無窮於無例可通，況縣志之固可一官自爲一格歟！

姓名之下，注其鄉貫科甲，蓋其人不盡收於政略，注其首趾，亦所以省傳文也。無者闕之。至於金石紀載，他有所徵，而補收於志，即以金石年月冠之，不復更詳其初仕何年，去官何月，是亦勢之無可如何者耳。至於不可稽年月而但有其姓名者，則於經緯列表之終，横列以存其目，亦闕疑俟後意云爾。

永清縣志選舉表序例

選舉之表，即古人賢書之遺也。古者取士，不立專科，興賢出長，興能出治，舉才即見於用，用人即見於事。兩漢賢良孝秀，與夫州郡辟署，事亦見於紀傳，不必更求選舉之書也。隋唐以來，選舉既專，資格愈重。科條繁委，故事相傳，選舉之書，纍然充棟。則舉而不必盡用，用而不必盡見於事。舊章故典，不可求之紀傳之中，而選舉之文，乃爲史志之專篇矣。

晁迥《進士編勑》、陸深《科場條貫》，律令功令之書也。王定保《唐摭言》、錢明逸《宋衣冠盛事》，稗野雜記之屬也。律令可採於書志，雜記有資於列傳，史部之所仰給也。至於題名歷年之書，浩博難罄而取材實鮮，故姚康《科第録》、洪适《登科記》，僅爲專門之書，而問津者寡矣。若夫搜輯方隅，畫分疆界，則掌故不備，而取材愈鮮，如樂史《江南登科記》、陳汝元《浙士登科考》，搢紳先生往往至於不能憶其目焉。夫歷科先後，姓氏隱顯，乃考古者所必資，而徒以書無文采，簡帙浩繁，遂使其書不可蹤迹，則方志之表，選舉所係，豈鮮淺歟？〔24〕

志家之載選舉，不解年經事緯之法，率以進士、舉人、貢生、武選，各分門類，又以進士冠首，而舉、貢以次編於後。於是一人之由貢獲舉而成進士者，先見進士科年，再搜鄉舉時代，終篇而始明其入貢年甲焉。於事爲倒置，而文豈非複沓乎？閒有經緯而作表者，又於旁行斜上之中，注其事實。以列傳之體而作年表，乃元人撰遼、金史之弊法，虚占行幅，而又混眉目，不識何所取乎此也。

史之有表，乃列傳之叙目。名列於表，而傳無其人者，乃無德可稱，而書事從略者也。其有立傳而不出於表者，事有可紀，而用特書之例也。今撰志者，選舉、職官之下，往往雜書一二事實，至其人之生平大節，又用總括大略，編於人物名宦條中，然後更取傳誌全篇，載於藝文之內，此云詳見某項，彼云已列某條，一人之事，複見疊出。而能作表者，亦不免於表名之下，更注有傳之文，何其擾而不精之甚歟?

表有有經緯者，亦有不可以經緯者。如永清歲貢，嘉靖以前，不可稽年甲者七十七人，載之無格可歸，删之於理未愜，則列敘其名於嘉靖選舉之前，殿於正德選舉之末，是《春秋》歸餘於終，而《易》卦終於《未濟》之義也。史遷《三代世表》於夏泄而下，無可經緯，則列敘而不復縱横其體，是亦古法之可通者矣。

永清縣志士族表序例

方志之表士族，蓋出古法，非創例也。《周官》小史“奠系世，辨昭穆”，杜子春注“系世，若諸侯卿大夫系本之屬”，是也。《書》曰：“平章百姓。”鄭康成曰：“百姓，謂羣臣之父子兄弟。”平章乃辨别而章明之也。先王錫土分姓，所以尊人治而明倫敘者，莫不由此。故欲協和萬邦，必先平章百姓，典綦重矣。

士亦民也，詳士族而略民姓，亦猶行古之道也。《周官》鄉大夫“以歲時登夫家之衆寡”，三年以大比，興一鄉之賢能。夫民賤而士貴，故夫家衆寡，僅登其數；而賢能爲卿大夫者，乃詳世系之牒。是世系之牒，重於户口之書，其明徵也。近代方志，無不詳書户口，而世系之載，闃爾無聞，亦失所以重輕之義矣。

夫合人而爲家，合家而爲國，合國而爲天下。天下之大，由合人爲家始也。家不可以悉數，是以貴世族焉。夫以世族率齊民，以州縣領世族，以司府領州縣，以部院領司府，則執簡馭繁，天下可以運於掌也。孟子曰：“所謂故國者，非謂有喬木也，有世臣之謂也。”州縣之書，苟能部次世族，因以達於司府部院，則倫敘有所聯，而治化有所屬矣。

今修志者，往往留連故迹，附會桑梓，而譜牒之輯缺然，是則所謂重喬木而輕世家矣。

譜牒掌之於官，則事有統會，人有著籍，而天下大勢可以均平也。今大江以南，人文稱盛，習尚或近浮華。私門譜牒，往往附會名賢，侈陳德業，其失則誣。大河以北，風俗簡樸，其人率多椎魯無文。譜牒之學，缺焉不備，往往子孫不誌高曾名字。間有所録，荒略難稽，其失則陋。夫何地無人，何人無祖，而偏誣偏陋，流弊至於如是之甚者，譜牒不掌於官，而史權無統之故也。

或謂古人重世家，而其後流弊至於争門第。魏晉而後，王、謝、崔、盧動以流品相傾軋；而門户風聲，賢者亦不免於存軒輊，何可爲訓耶？此非然也。吏部選格，州郡中正，不當執門閥而定銓衡，斯爲得矣。若其譜牒掌於曹郎令史，則固所以防散佚而杜僞託，初非有弊也。且郎吏掌其譜系，而吏部登其俊良，則清門鉅族，無賢可以出長，無能可以出治者，將激勸而争於自見矣。是亦鼓舞賢才之一道也。

史遷《世表》，但紀三、五之淵源；而《春秋》氏族，僅存杜預之《世譜》，於是史家不知氏族矣。歐陽《宰相世系》，似有得於知幾之寓言。《史通·書志》篇，欲立氏族志，然意存商搉，非劉本旨。第鄧州韓氏，不爲宰相，以退之之故，而著於篇，是亦創例而不純者也。魏收《官氏》與鄭樵《氏族》，則但紀姓氏源流，不爲條列支系。是史家之表系世，僅見於歐陽，而後人又不爲宗法，毋亦有鑒於歐陽之爲例不純乎？竊惟網羅一代，典籍浩繁，所貴持大體，而明斷足以決去取，乃爲不刊之典爾。世系不必盡律以宰相，而一朝右族，聲望與國相終始者，纂次爲表，篇帙亦自無多也。標題但署爲世族，又何至於爲例不純歟？劉歆曰："與其過而廢也，毋寧過而存之。"其是之謂矣。

正史既存大體，而部府州縣之志，以漸加詳焉。所謂行遠自邇，登高自卑，州縣博收，乃所以備正史之約取也。或曰：州縣有大小，而陋邑未必盡可備譜系。則一縣之内，固已有士有民矣。民可計户口，而士自不虞無系也。或又曰：生員以上，皆曰士矣。文獻大邦，懼其不可勝收也。是則量其地之盛衰，而加寬嚴焉。或以舉貢爲律，或以進士爲律。至於部府之志，則或以官至五品或至三品者爲律，亦自不患其蕪也。夫志之載事，如鑑之示影也。徑寸之鑑，體具而微，盈尺以上，形之舒展亦稱是矣，未有至於窮而無所置其影者也。

州縣之志，盡勒譜牒矣，官人取士之祖貫，可稽檢也；争爲人後之獄訟，可平反也；私門不經之紀載，可勘正也；官府譜牒之訛誤，譜牒之在官者。可借讎也。借私家之譜較官譜，借他縣之譜較本縣，皆可也。清濁流品可分也，嫺穆孝友可勸也。〔25〕凡所以助化理而惠士民者，於此可得其要略焉。

先王錫土分姓，以地著人，何嘗以人著地哉！封建罷而人不土著矣。然六朝郡望，問謝而知爲陽夏，問崔而知爲清河，是則人户以籍爲定，而坊表都里不爲虚設也。至於梅里、鄭鄉，則又人倫之望，而鄉里以人爲隱顯者也。是以氏族之表，一以所居之鄉里爲次焉。

先城中，一縣所主之地也。次東，次南，而後西鄉焉，北則無而缺之，記其實也。城内先北街而後南街，方位北上而南下，城中方位有定者也。四鄉先東南而後西北，《禹貢》先青、兖，次揚、荆，而殿梁、雍之指也。然亦不爲定例，就一縣之形勢，無不可也。

凡爲士者，皆得立表，而無譜系者闕之。子孫無爲士者不入，而昆弟則非士亦書，所以定其行次也。爲人後者，録於所後之下，不復詳其所生。志文從略，家譜自可詳也。寥寥數人亦與入譜，先世失考亦著於篇。蓋私書易失，官譜易存，急爲録之，庶俊來可以詳定，玆所謂先示之例焉耳。

私譜自叙官階封贈，訛謬甚多。如同知通判稱分府，守備稱守府，猶徇流俗所稱也。錦衣千户，則稱冠帶將軍，或御前將軍，或稱金吾，則鄙倍已甚，使人不解果爲何官也。今並與較明更正。又譜中多稱省祭官者，不解是何名號，今仍之，而不入總計官數云。

永清縣志輿地圖序例

史部要義，本紀爲經，而諸體爲緯。有文辭者，曰書曰傳；無文辭者，曰表曰圖；虛實相資，詳略互見，庶幾可以無遺憾矣。昔司馬氏創定百三十篇，但知本周譜而作表，不知溯夏鼎而爲圖，遂使古人之世次年月可以推求，而前世之形勢名象無能蹤迹。此則學《春秋》而得其譜曆之義，未知溯《易》象而得其圖書之通也。夫列傳之需表而整齊，猶書志之待圖而明顯也。先儒嘗謂表闕而列傳不得不繁，殊不知其圖闕而書志不得不冗也。嗚呼！馬班以來，二千年矣，曾無創其例者，此則窮源竟委，深爲百三十篇惜矣。

鄭樵《圖譜》之略，自謂獨得之學，此特爲著録書目，表章部次之法爾。其實史部鴻裁，兼收博采，並存家學，以備遺忘，樵亦未能見及此也。且如《通志》，紀傳悉仍古人，反表爲譜，改志稱略，體亦可爲備矣。如何但知收録圖譜之目，而不知自創圖體以補前史之所無，以此而傲漢唐諸儒所不得聞，寧不愧歟？又樵録圖譜，自謂部次專則易存，分則易失，其説似矣。然今按以樵之部目，依檢前代之圖，其流亡散失，正復與前不甚相遠。然則專家之學，不可不入史氏鴻編，非僅區區著於部録，便能保使無失也。司馬遷有表，而周譜遺法，至今猶存；任宏録圖，鄭樵云：任宏校兵書，有書有圖，其法可謂善矣。而漢家儀制，魏晉已不可考。則爭於著録之功小，創定史體之功大，其理易明也。

史不立表，而世次年月，猶可補綴於文辭；史不立圖，而形狀名象，必不可旁求於文字。此耳治目治之所以不同，而圖之要義，所以更甚於表也。古人口耳之學，有非文字所能著者，貴其心領而神會也。至於圖象之學，又非口耳之所能授者，貴其目擊而道存也。以鄭康成之學，而憑文字以求，則娑尊詁爲鳳舞，[26]至於鑿背之犧既出，而王肅之義長矣。以孔穎達之學，而就文義以解，江源出自岷山，至金沙之道既通，而《緬志》之流遠矣。此無他，一則困於三代圖亡，一則困於班固《地理》無圖學也。《地理志》自班固始，故專責之。雖有好學深思之士，讀史而不見其圖，未免冥行而擿埴矣。

唐宋州郡之書，多以圖經爲號，而地理統圖，起於蕭何之收圖籍。是圖之存於古者，代有其書，而特以史部不收，則其力不能孤行於千古也。且其爲體也，無文辭可以誦習，非纂輯可以約收；事存專家之學，業非文士所能；史部不與編摩，則再傳而失其本矣。且如《三輔黄圖》《元和圖志》，今俱存書亡圖，是豈一朝一夕故耶？蓋古無鐫木印書，圖學難以摩畫；而竹帛之體繁重，則又難家有其編。馬、班專門之學，不爲裁定其體，而後人溯流忘源，宜其相率而不爲也。解經多舛，而讀史如迷，凡以此也。

近代方志，往往有圖，而不聞可以爲典則者，其弊有二：一則逐於景物，而山水摩畫，工其繪事，則無當於史裁也。一則廁於序目凡例，而視同弁髦，不爲繫説命名，釐定篇次，則不可以立體也。夫表有經緯而無辭説，圖有形象而無經緯，皆爲書志列傳之要删；而流俗相沿，苟爲悦人耳目之具矣。則傳之既久，欲望如《三輔黄圖》《元和圖志》之猶存文字，且不可得，而況能補馬、班之不逮，成史部之大觀也哉！

圖體無經緯，而地理之圖則亦略存經緯焉。孟子曰："行仁政，必自經界始。"《釋名》曰："南北爲經，東西爲緯。"地理之求經緯尚已。今之州縣輿圖，往往即楮幅之廣狹，爲圖體之舒縮，此則丹青繪事之故習，而不可入於史部之通裁也。今以開方計里爲經，而以縣鄉村落爲緯，使後之閲者，按格而稽，不爽銖黍，此圖經之義也。

永清縣志建置圖序例

《周官》象魏之法，不可考矣。後世《三輔黄圖》及《洛陽宫殿》之圖，則都邑宫室之所由仿也。建章宫千門萬户，張華遂能歷舉其名，鄭樵以爲觀圖之效，而非讀書之效，是則建制之圖所係豈不重歟？朱子嘗著《儀禮釋宫》，以爲不得其制，則儀節度數無所附著。蓋古今宫室異宜，學者求於文辭而不得其解，則圖闕而書亦從而廢置矣。後之視今，亦猶今之視古。城邑衙廨，壇壝祠廟，典章制度，社稷民人所由重也。不爲慎著其圖，則後人觀志，亦不知所向往矣。遷固以還，史無建置之圖，是則元、成而後，明堂太廟，所以紛紛多異説也。

邵子曰："天道見乎南而潛乎北，是以人知其前而昧其後也。"夫萬物之情，多背北而向南，故繪圖者，必南下而北上焉。山川之向背，地理之廣袤，列之於圖，猶可北下而南上，然而已失向背之宜矣。廟祠衙廨之建置，若取北下而南上，則簷額門扉，不復有所安處矣。華亭黄氏之雋執八卦之圖，乾南居上，坤北居下，因謂凡圖俱宜南上者，是不知《河》《洛》《先後天圖》，至宋始著，誤認爲古物也。且理數之本質，從無形而立象體，當適如其本位也。山川宫室，以及一切有形之物，皆從有象而入圖，必當作對面觀而始肖也。且如繪人觀八卦圖，其人南面而坐，觀者當北面矣。是八卦圖則必南下北上，此則物情之極致也。無形之理，如日臨簷，分寸不可逾也；有形之物，如鑒照影，對面則互易也。是圖繪必然之勢也。彼好言尚古，而不知情理之安，則亦不可以論著述矣。

建置所以志法度也，制度所不在，則不入於建置矣。近代方志，或入古迹，則古迹本非建而置之也；或入寺觀，則寺觀不足爲建置也。舊志之圖，不詳經制，而繪八景之圖，其目有曰：南橋秋水、三塔春虹、韓城留角、漢廟西風、西山疊翠、通鎮鳴鐘、靈泉鼓韻、雁口聲嘩。命名庸陋，搆意勉强，無所取材，故志中一切削去，不留題咏，所以嚴史體也。且如風月天所自有，春秋時之必然，而强叶景物，附會支離，何所不至。即如一室之内，曉霞夕照，旭日清風，東西南北，觸類可名，亦復何取？而今之好爲題咏，喜競時名，日異月新，逐狂罔覺，亦可已矣！

永清縣志水道圖序例

史遷爲《河渠書》，班固爲《溝洫志》，蓋以地理爲經，而水道爲緯。地理有定，而水則遷徙無常，此班氏之所以别《溝洫》於《地理》也。顧河自天設，而渠則人爲，遷以“河渠”定名，固兼天險人工之義；而固之命名“溝洫”，則《考工》水地之法，井田澮畎所爲，專隸於匠人也。不識四尺爲洫，倍洫爲溝，果有當於瓠子決河、碣石入海之義否乎？然則諸史標題，仍馬而不依班，非無故矣。

河爲一瀆之名，與江、漢、淮、濟等耳。遷書之目《河渠》，蓋漢代治河之法，與鄭、白諸渠綴合而名，未嘗及於江、淮、汶、泗之水，故爲獨蒙以河號也。宋元諸史，概舉天下水利，如汴、洛、漳、蔡、江、淮圩閘，皆存其制，而其目亦爲《河渠》，且取北條諸水，而悉命爲河，不曰汴而曰汴河，不曰洛而曰洛河之類，不一而足。則幾於飲水而忘其源矣。《水經》稱諸水，無以河字作統名者。夫以一瀆之水，概名天下穿渠之制，包羅陂閘，雖曰命名從古，未免失所變通矣。孟子曰：“禹之治水，水之道也。”儻以水爲統名，而道存制度，標題入志，稱爲水道，不差愈乎？永定河名，聖祖所錫，渾河、蘆溝，古已云然，題爲“河渠”，是固宜矣。然減水、啞吧諸水，未嘗悉入一河，則標以“水道”，而全縣之水，皆可概其中矣。

地理之書，略有三例，沿革、形勢、水利是也。沿革宜表，而形勢、水利之體宜圖，俱不可以求之文辭者也。遷、固以來，但爲書志而不繪其圖，是使讀者記誦以備發策決科之用爾。天下大勢，讀者瞭然於目，乃可豁然於心。今使論事甚明，而行之不可以步，豈非徇文辭而不求實用之過歟？

地名之沿革，可以表治，而水利之沿革，則不可以表治也。蓋表所以齊名目，而不可以齊形象也。圖可得形象，而形象之有沿革，則非圖之所得概焉。是以隨其形象之沿革，而各爲之圖，所以使覽之者可一望而周知也。《禹貢》之紀地理，以山川爲表，而九州疆界，因是以定所至。後儒遂謂山川有定，而疆界不常，此則舉其大體而言之也。永定河形屢徙，往往不三數年，而形勢即改舊觀，以此定界，不可明也。今以村落爲經，而開方計里，著爲定法，河形之變易，即於村落方里表其所經，此則古人互證之義也。

志爲一縣而作，水之不隸於永清者，亦總於圖，此何義耶？所以明水之源委，而見治水者之施功有次第也。班史止記西京之事，而《地理》之志，上溯《禹貢》《周官》，亦見源委之有所自耳。然而開方計里之法，沿革變遷之故，止詳於永清，而不復及於全河之形勢，是主賓輕重之義。濱河州縣，皆仿是而爲之，則修永定河道之掌故，蓋秩如焉。

永清縣志六書例議

史家書志一體，古人官禮之遺也。周禮在魯，而《左氏春秋》典章燦著，不能復備全官，則以依經編年，隨時錯見，勢使然也。自司馬八書、孟堅十志，師心自用，不知六典之文，遂使一朝大典，難以綱紀。後史因之，而詳略棄取，無所折衷，則弊之由來，蓋已久矣。

鄭樵嘗謂書志之原，出於《爾雅》。彼固特著《六書》《七音》《昆蟲草木》之屬，欲使經史相爲經緯，此則自成一家之言可也。若論制作，備乎官禮，則其所謂《六書》《七音》、名物訓詁，皆本司徒之屬，所謂師氏保氏之官，是其職矣。而大經大法，所以綱紀天人而敷張王道者，《爾雅》之義，何足以盡之？官禮之義大，則書志不得係之《爾雅》，其理易見者也。

宇文仿《周官》，唐人作《六典》，雖不盡合乎古，亦一代之章程也。而牛弘、劉昫之徒，不知挈其綱領，以序一代之典章，遂使會要、會典之書，不能與史家之書志合而爲一，此則不可不深長思者也。

古今載籍，合則易存，分則難恃。如謂掌故備於會要、會典，而史中書志，不妨意存所重焉，則《漢志》不用漢官爲綱領，而應劭之

《儀》，殘闕不備；《晉志》不取晉官爲綱領，而徐宣瑜之《品》，徐氏有《晉官品》。亡逸無存。其中大經大法，因是而不可窺其全體者，亦不少矣。且意存所重，一家私言，難爲典則。若文章本乎制作，制作存乎官守，[27]推而至於其極，則立官建制，聖人且不以天下爲己私也；而載筆之士，又安可以己之意見爲詳略耶？

書志之體宜畫一，而史家以參差失之。列傳之體本參差，而史家以畫一失之。典章制度，一本官禮，體例本截然也。然或有《天官》而無《地理》，或分《禮》《樂》而合《兵》《刑》，不知以當代人官爲綱紀，其失則散。列傳本乎《春秋》，原無定式，裁於司馬，略示區分。抑揚咏歎，予奪分合，其中有《春秋》之直筆，亦兼詩人之微婉，難以一概繩也。後史分别門類，整齊先後，執泥官閥，錙銖尺寸，不敢稍越，其失則拘。散也，拘也，非著作之通裁也。

州縣修志，古者侯封一國之書也。吏户兵刑之事，具體而微焉。今無其官而有吏，是亦職守之所在，掌故莫備於是，治法莫備於是矣。且府史之屬，《周官》具書其數，會典亦存其制，而所職一縣之典章，實兼該而可以爲綱領。惟其人微，而搢紳所不道，故志家不以取裁焉。然有入境而問故，舍是莫由知其要，是以書吏爲令史，首領之官曰典史。知令史典史之史，即綱紀掌故之史也，可以得修志之要義矣。

今之州縣，繁簡異勢，而掌故令史，因事定制，不盡皆吏户兵刑之六曹也。然就一縣而志其事，即以一縣之制定其書，且舉其凡目，而愈可以見一縣之事勢矣。案牘簿籍無文章，而一縣之文章，則必考端於此，常人日用而不知耳。今爲挈其綱領，修明其書，使之因書而守其法度，因法而明其職掌，於是修其業而傳授，得其人焉。古人所謂書契易而百官治，胥是道也。

或謂掌故之書，各守專官，連牀架屋，書志之體所不能該，是以存之會典、會要，而史志别具心裁焉。此亦不可謂之知言也。《周官》挈一代之大綱，而儀禮三千，不聞全入春官；《司馬法》六篇，不聞全入夏官；然存宗伯司馬之職掌，而禮、兵要義，可以指掌而談也。且如馬作《天官》，而太初曆象不盡見於篇籍也。班著《藝文》，而劉歆《七略》，不盡存其論説也。史家約取掌故，以爲學者之要删，其與專門成書，不可一律求詳，亦其勢也。既不求詳，而又無綱紀以統攝之，則是散漫而無法也。以散漫無法之文，而欲部次一代之典章，宜乎難矣！

或謂求掌故於令史，而以吏户兵刑爲綱領，則紀表圖書之體不可復分也。如選舉之表當入吏書，河道之圖當入工書，充類之盡，則一志但存六書而已矣，何以復分諸體也？此亦不可謂之知言也。古人著書，各有義類，義類既分，不可强合也。司馬氏本周譜而作表，然譜曆之書，掌之太史，而旁行斜上之體，不聞雜入六典之中。蓋圖譜各有專書，而書志一體，專重典章與制度，自宜一代人官爲統紀耳。非謂專門别爲體例之作，皆雜其中，乃稱櫽括也。且如六藝，皆周官所掌，而《易》不載於太卜，《詩》不載於太師，然三《易》之名，未嘗不見於太卜，而四《詩》之目，則又未嘗不著於太師也，是其義矣。

六卿聯事，交互見功，前人所以有冬官散在五典之疑也。州縣因地制宜，尤無一成之法，如丁口爲户房所領，而編户煙册乃屬刑房。以煙册非賦丁，而立意在詰奸也。武生、武舉隸兵部，而承辦乃在禮房。以生員不分文武，皆在學校，而學校通於貢舉也。分合詳略之間，求其所以然者而考之，何莫非學問耶？

永清縣志政略序例

近代志家，以人物爲綱，而名宦、鄉賢、流寓諸條，標分爲目，其例蓋創於元明之一統志。而部府州縣之國别爲書，亦用統志類纂之法，可謂失其體矣。夫人物之不當類纂，義例詳於列傳首篇；名宦之不當收於人物，則未達乎著述體裁，而因昧於權衡義理者也。古者侯封世治，列國自具《春秋》，羊舌肸《晉春秋》，墨子所引《燕春秋》。則君臨封内，元年但奉王正而已。至封建罷而郡縣，守令承奉詔條，萬里之外，亦如畿内守土之官,《甘棠》之咏召公，鄭人之歌子産，馬班《循吏》之傳，所以與時爲升降也。若夫正史而外，州部專書，古有作者，義例非無可繹。梁元帝有《丹陽尹傳》,《隋志》，凡十卷。賀氏有《會稽太守贊》,《唐志》，凡二卷。唐人有《成都幕府記》,《唐志》，凡二卷，起貞元，訖咸通。皆取莅是邦者，注其名迹。其書别出，初不與《廣陵烈士傳》華隔撰，見《隋志》。〔28〕《會稽先賢傳》謝承撰，見《隋志》。《益部耆舊傳》陳壽撰，見《隋志》。猥雜登書。是則棠陰長吏，與夫梓里名流，初非類附雲龍，固亦事同風馬者也。

敘次名宦，不可與鄉賢同爲列傳，非第客主異形，抑亦詳略殊體也。長吏官於斯土，取其有以作此一方，興利除弊，遺德在民，即當尸而祝之。否則學類顔、曾，行同連、惠，於縣無補，志筆不能越境而書，亦其理也。如其未仕之前，鄉評未允，去官之後，晚節不終，苟爲一時循良，便紀一方善政。吴起殺妻，而效奏西河，於志不當追既往也。黄霸爲相，而譽減潁川，於志不逆其將來也。以政爲重，而他事皆在所輕，豈與斯土之人，原始要終，而編爲列傳者，可同其體制歟?

舊志於職官條下，備書政迹，而名宦僅占虚篇，惟於姓名之下，注云事已詳前而已。是不但賓主倒置，抑亦未辨於褒貶去取，全失《春秋》之據事直書也。夫選舉爲人物之綱目，猶職官爲名宦之綱目也。選舉職官之不計賢否，猶名宦人物之不計崇卑，例不相侔而義實相資也。選舉有表而列傳無名，與職官有表而政略無誌，觀者依檢先後，責實循名，語無褒貶而意具抑揚，豈不可爲後起者勸耶?

列傳之體縟而文，政略之體直而簡，非載筆有殊致，蓋事理有宜然也。列傳包羅鉅細，品藻人物，有類從如族，有分部如井。變化不拘,《易》之象也；敷道陳謨,《書》之質也；抑揚咏歎,《詩》之旨也；繁曲委折,《禮》之倫也；比事屬辭,《春秋》之本義也。具人倫之鑒，盡事物之理，懷千古之志，擷經傳之腴，發爲文章，不可方物。故馬、班之才，不盡於本紀表志，而盡於列傳也。至於《政略》之體，義取謹嚴，意存補救，時世拘於先後，紀述要於經綸。蓋將峻潔其體，可以臨莅邦人，冠冕列傳，經緯錯綜，主在樞紐，是固難爲文士言也。

古人有經無緯之書，大抵名之以略。裴子野取沈約《宋書》而編年稱略，亦其例也。而劉知幾譏裴氏之書名略，而文不免繁，斯亦未達於古人之旨。《黄石》《淮南》，《黄石公三略》《淮南子·要略》。諸子之篇也。張温、魚豢，張温《三史略》、魚豢《典略》。史册之文也。其中亦有謨略之意，何嘗盡取節文爲義歟？

循吏之迹，難於志鄉賢也。治有賞罰，賞罰出而恩怨生，人言之不齊，其難一也。事有廢興，廢興異而難易殊，今昔之互視，其難二也。官有去留，非若鄉人之子姓具在，則迹遠者易湮，其難三也。循吏悃愊無華，巧宦善於緣飾，去思之碑，半是愧辭，頌祝之言，難徵實迹，其難四也。擢當要路，載筆不敢直道；移治鄰封，瞻顧豈遂無情？其難五也。世法本多顧忌，人情成敗論才，偶遭罣誤彈章，便謂其人不善，其難六也。舊志紀載無法，風塵金石易湮，縱能粗舉大凡，歲月首趾莫考，其難七也。知其難，而不敢不即聞見以存其涯略，所以窮於無可如何，而益致其慎爾。

列傳首標姓名，次敘官閥，史文一定之例也。政略以官標首，非惟賓主之理宜然，抑亦顧名思義之旨，不可忽爾。舊志以知縣縣丞之屬，分類編次，不以歷官先後爲序，非政略之意，故無足責也。

永清縣志列傳序例

傳者對經之稱，所以轉授訓詁，演繹義藴，不得已而筆之於書者也。左氏彙萃寶書，詳具《春秋》終始，而司馬氏以人别爲篇，標傳稱列，所由名矣。經旨簡嚴，而傳文華美，於是文人沿流忘源，相率而撰無經之傳，則唐宋文集之中，所以紛紛多傳體也。近人有謂文人不作史官，於分不得撰傳。

夫以繹經之題，逐末遺本，折以法度，彼實無辭。而乃稱説史官，罪其越俎，使彼反脣相譏，以謂公、穀非魯太史，何以亦有傳文？則其人當無説以自解也。且使身爲史官，未有本紀，豈遽可以爲列傳耶？此傳例之不可不明者也。

無經之傳，文人之集也。無傳之經，方州之志也。文集失之豔而誣，方志失之短而俗矣。自獲麟絶筆以來，史官不知百國寶書之義。州郡掌故，名曰圖經，歷世既久，圖亡而經孤，傳體不詳，其書遂成瓠落矣。樂史《寰宇記》，襲用《元和志》體，而名勝故迹，略存於點綴。其後元、明《一統志》，遂以人物、列女、名宦、流寓諸目，與山川、祠墓，分類相次焉。此則地理專門，略具類纂之意，以供詞章家之應時取給爾，初不以是爲重輕者也。閻若璩欲去《一統志》之人物門，此説似是。其實此等亦自無傷，古人亦不盡廢也。蓋此等處，原不關正史體裁也。州縣之志，本具一國之史裁，而撰述者轉用一統類纂之標目，豈曰博收以備國史之約取乎？

列傳之有題目，蓋事重於人，如《儒林》《循吏》之篇，初不爲施、孟、梁邱、龔、黄、卓、魯諸人而設也。其餘人類之不同，奚翅什百倍蓰而千萬？必欲盡以二字爲標題，夫子亦云，方人，我則不暇矣。歐陽《五代》一史，盡人皆署其品目，豈所語於《春秋》經世，聖人所以議而不斷哉？方州之志，删取事略，區類以編，觀者索然，如窺點鬼之簿。至於名賢、烈女，别有狀誌傳銘，又爲分裂篇章，别著藝文之下。於是無可奈何，但增子注，此云詳見某卷，彼云已列某條，複見疊出，使人披閲爲勞，不識何故而好爲自擾也。此又志家列傳之不可不深長思者也。

近代之人，據所見聞，編次列傳，固其宜也。伊古有人，已詳前史，録其史傳正文，無所更易，抑亦馬、班遞相删述，而不肯擅作聰明之旨也。雖然，列史作傳，一書之中，互爲詳略，觀者可以周覽而知也。是以《陳餘傳》中並詳張耳之迹，管、晏政事備於太公之篇，其明驗也。今既裁史以入志，猶仍列傳原文，而不采史文之互見，是何以異於鍥彼舟痕，而求我故劍也？

史文有訛謬，而志家訂正之，則必證明其故，而見我之改易，初非出於得已也，是亦時世使然。故司馬氏《通鑑考異》，不得同馬、班之自我作古也。至於史文有褒貶，《春秋》以來，未有易焉者也。乃撰志者，往往采其長而諱所短，則不如勿用其文，猶得相忘於不覺也。志家選史傳以入藝文，題曰某史某人列傳矣。按傳文而非其史意也，求其所删所節之故，而又無所證也，是則欲諱所短，而不知適以暴之矣。

史傳之先後，約略以代次，否則屈賈、老莊之别有命意也。比事屬辭，《春秋》之教也，比興於是存焉爾；疏通知遠，《尚書》之教也，象變亦有會焉爾。爲列傳而不知神明存乎人，是則爲人作自陳年甲狀而已矣。

永清縣志列女列傳序例

列女之傳，傳其幸也。史家標題署目之傳，儒林、文苑、忠義、循良，及於列女之篇，莫不以類相次，蓋自蔚宗、伯起以還，率由無改者也。第儒林、文苑，自有傳家，忠義、循良，勒名金石。且其人世不數見，見非一端，太史搜羅，易爲識也。貞女節婦，人微迹隱，而綱維大義，冠冕人倫。地不乏人，人不乏事，輶軒遠而難采，輿論習而爲常。不幸不值其時，或值其時而托之非人，雖有高行奇節，歸於草木同萎，豈不惜哉！永清舊志，列女姓氏寥寥。覆按其文，事實莫考，則托非其人之效也。舊志留青而後，新編未輯以前，中數十年，略無可紀，則值非其時之效也。今兹博采廣詢，備詳行實，其得與於列傳，兹非其幸歟？幸其遇，所以深悲夫不遇者也！

列女之名，仿於劉向，非烈女也。曹昭重其學，使爲丈夫，則儒林之選也。蔡琰著其才，使爲丈夫，則文苑之林也。[29]劉知幾譏范史之傳蔡琰，其説甚謬，而後史奉爲科律，專書節烈一門。然則充其義例，史書男子，但具忠臣一傳足矣，是之謂不知類也。永清列女，固無文苑、儒林之選，然而夫死在三十内，行年歷五十外，中閒嫠處，亦必滿三十年；不幸夭亡，亦須十五年後，與夫四十歲外，律令不得不如是爾。婦德之賢否，不可以年律也。穆伯之死，未必在敬姜三十歲前；杞梁妻亡，未必去戰莒十五年後也。以此推求，但覈真僞，不復拘歲年也。州縣之書密邇而易於徵實，非若律令之所包者多，不得不存限制者也。

遷、固之書不著列女，非不著也。巴清敘於《貨殖》，文君附著《相如》，唐山之入《藝文》，[30]緹縈之見《刑志》，或節或孝，或學或文，磊落相望；不特楊敞之有智妻，買臣之有愚婦也。蓋馬、班法簡，尚存《左》《國》餘風，不屑屑爲區分類别，亦猶四皓、君平之不標隱逸，鄒、枚、嚴、樂之不署文苑也。李延壽《南》《北》二史，同出一家，《北史》仍魏、隋之題，特著《列女》，《南史》因無列女原題，乃以蕭矯妻羊以下，雜次《孝義》之篇。遂使一卷之中，男女無所區别，又非别有取義，是直謂之繆亂而已，不得妄托於馬、班之例也。至於類族之篇，亦是世家遺意。若王、謝、崔、盧孫曾支屬，越代同篇。王、謝、崔、盧，本史各分朝代，而李氏合爲一處也。又李氏之寸有所長，不可以一疵而掩他善也。今以《列女》之篇，自立義例。其牽連而及者，或威姑年邁而有懿德，或子婦齒穉而著芳型，並援劉向之例，劉向之例，列女乃羅列女行，不拘拘爲節烈也。姑婦相附，又世家遺意也。一併聯編，所謂人棄而我取者也。其或事係三從，行詳一族，雖是貞節正文，亦爲别出門類。如劉氏守節，而歸義門列傳之類。庶幾事有統貫，義無枝離，不拘拘以標題爲繩，猶得《春秋》家法。是又所謂人合而我分者也。

范史列傳之體，人自爲篇，篇各爲論，全失馬、班合傳師法《春秋》之比事屬辭也。馬、班分合篇次，具有深意，非如范史之取足成卷而已。故《前漢書》於簡帙繁重之處，寧分上中下而仍爲一篇，不肯分其篇爲一二三也。至於《列女》一篇，敘例明云不專一操矣。《自敘》云："録其高秀，不專一操而已。"乃雜次爲編，不爲分别置論，他傳往往一人事畢，便立論斷，破壞體裁。此處當分，反無論斷。抑何相反而各成其誤耶？今志中列傳，不敢妄意分合，破體而作論贊。惟兹《列女》一篇，參用劉向遺意，劉傳不拘一操，每人各爲之贊。各爲論列，抑亦詩人咏歎之義云爾。其事屬平恒，義無特著，則不復綴述焉。太史標題，不拘繩尺，傳首直稱張廷尉、季將軍之類。蓋春秋諸子以意命篇之遺旨也。至班氏列傳，而名稱無假借矣。范史列傳，皆用班傳書法，而《列女》一篇，章首皆用郡望夫名，既非地理之志，何以地名冠首？又非男子之文，何必先出夫名？是已有失“列女”命篇之義矣。當云某氏，某郡某人之妻，不當云某郡某人妻某也。至於曹娥、叔先雄二女，又以孝女之稱揭於其上，何蔚宗之不憚煩也？篇首既標列女，曹昭不聞署賢母也，蔡琰不聞署才女也，皇甫不聞稱烈婦也，龎氏不聞稱孝婦也，是則娥、雄之加藻飾，又豈《春秋》據事直書、善惡自見之旨乎？末世行文，至有叙次列女之行事，不書姓氏，而直以貞女、節婦二字代姓名者，何以異於科舉制義破題，人不稱名，而稱聖人、大賢、賢者、時人之例乎？是則蔚宗實階之厲也。今以女氏冠章，而用夫名父族次於其下，且詳書其村落，以爲後此益鄉廣縣之考徵。[31]其貞烈節孝之事，觀文自悉，不復强裂題目，俾覽者得以詳焉。婦人稱姓曰張曰李可也。今人不稱節婦貞女，即稱之曰氏，古人無此例也。稱其節婦貞女，是破題也，稱之謂氏，是呈狀式也。

先後略以時代爲次。其出於一族者，合爲一處。時代不可詳者，亦約略而附焉。無事可叙，亦必詳其昏姻歲月，及其見存之年歲者，其所以不與人人同面目，惟此區區焉耳。噫！人且以是爲不憚煩也。其有不載年歲者，詢之而不得耳。

永清縣志闕訪列傳序例

史家闕文之義，備於《春秋》。兩漢以還，伏、鄭傳經，馬、班著史，經守師説，而史取心裁，於是六藝有闕簡之文，而三傳無互存之例矣。《公》《穀》異聞不著於《左氏》，《左氏》别見不存於《公》《穀》。夫經尊而傳别其文，故入主出奴，體不妨於並載；史直而語統於一，則因削明筆，例不可以兼存，固其勢也。司馬氏肇法《春秋》，創爲紀傳，其於傳聞異辭，折衷去取，可謂慎矣。顧石室金匱，方策留遺，名山大川，見聞增益。其叙例所謂疑者闕之，與夫古文乖異，以及書闕有間，其軼時時見於他説云云者，但著所取，而不明取之之由，自以爲闕，而不存闕之之説，是則厠足而致之黄泉，容足之外，皆棄物矣。夫子曰："多聞闕疑，慎言其餘。"聞欲多而疑存其闕，慎之至也。馬、班而下，存其信而不著所疑以待訪，是直所謂疑者削之而已矣，又復何闕之有哉？

闕疑之例有三：有一事兩傳而難爲衷一者，《春秋》書陳侯鮑卒，並存甲戌己丑之文是也。有舊著其文而今亡其説者，《春秋》書夏五、郭公之法是也。有慎書聞見而不自爲解者，《春秋》書恒星不見，而不言恒星之隕是也。韓非《儲説》，比次春秋時事，凡有異同，必加或曰云云，而著本文之下，則甲戌己丑之例也。孟子言獻子五友，而僅著二人，則郭公、夏五之例也。《檀弓》書馬驚敗績，而不書馬中流矢，是恒星不見之例也。馬、班以還，書聞見而示意者，蓋有之矣；一事兩書，以及空存事目者，絶無聞焉。如謂經文得傳而明，史筆不便於自著而自釋，則别存篇目，而明著闕疑以俟訪，未見體裁之之有害也。〔32〕

史無闕訪之篇，其弊有十。一己之見，折衷羣説，稍有失中，後人無由辨正，其弊一也。才士意在好奇，文人義難割愛，猥雜登書，有妨史體，削而不録，又闕情文，其弊二也。傳聞必有異同，勢難盡滅其迹，不爲叙列大凡，則稗説叢言，起而淆亂，其弊三也。初因事實未詳，暫置不録，後遂闕其事目，等於入海泥牛，其弊四也。載籍易散難聚，不爲存證崖略，則一時之書，遂與篇目俱亡，後人雖欲考求，淵源無自，其弊五也。一時就所見聞，易爲存録，後代蜓蜷補綴，辭費心勞，且又難以得實，其弊六也。《春秋》有口耳之受，馬、班有專家之學。史宗久失，難以期之馬氏外孫、班門女弟，不存闕訪，遂致心事難明，其弊七也。史傳之立意命篇，如《老莊》《屈賈》是也；標題類叙，如《循吏》《儒林》是也；是於史法，皆有一定之位置，斷無可綴之旁文。凡有略而不詳，疑而難決之事，不存闕訪之篇，不得不附著於正文之内，類例不清，文辭難稱粹潔，其弊八也。開局修書，是非鬨起，子孫欲表揚其祖父，朋黨各自逞其所私，苟使金石無徵，傳聞難信，不立闕訪，以杜請謁，如云事實尚闕，而所言既有如此，謹存其略，而容後此之參訪，則雖有偏心之人，亦無從起争端也。無以謝絶一偏之言，其弊九也。史無别識心裁，便如文案孔目。苟具别識心裁，不以闕訪存其補救，則才非素王，筆削必多失平，其弊十也。

或謂史至馬、班極矣，未聞有如是之詹詹也。今必遠例《春秋》，而近祧《史》《漢》，後代史家亦有見及於此者乎？答曰：後史皆宗《史》《漢》。《史》《漢》未具之法，後人以意創之，大率近於類聚之書，皆馬、班之吐棄而不取者也。夫以步趨馬、班，猶恐不及，況能創意以救馬、班之失乎？然有窺見一二，而微存其意者，功亦不可盡誣矣。陳壽《蜀志》，以諸葛不立史官，蜀事窮於搜訪，因於十五列傳之末，獨取楊戲《季漢輔臣贊》與《益部耆舊雜記》以補之。常璩《華陽國志》，以漢中士女有名賢貞節歷久相傳，而遺言軼事無所考見者，《序志》之篇，皆列其名，而無所筆削。此則似有會於多聞闕疑之旨者。惜其未能發凡起例，特著專篇，後人不暇搜其義藴，遂使獨斷之學與比類之書，接踵於世，而《春秋》之旨微矣。

近代府縣志書，例編人物一門，廁於山川祠墓、方物土產之閒，而前史列傳之體，不復致思焉。其有豐功偉績，與夫潛德幽光，皆約束於盈寸之節略，排纂比次，略如類書。其體既褻，所收亦猥濫而無度矣。舊志所載，人物寥寥，而稱許之閒，漫無區别，學皆伏、鄭，才盡班、揚，吏必龔、黄，行惟曾、史，且其文字之體，尤不可通，或如應酬膚語，或如案牘文移，泛填排偶之辭，閒雜帖括之句，循名按實，開卷茫然。凡若此者，或是鄉人庸行，請托濫收；或是當日名流，失傳事實；削之則九原負屈，編之則傳例難歸。又如一事兩説，參差異同，偏主則褒貶懸殊，並載則抑揚無主，欲求名實無憾，位置良難。至於近代之人，開送事迹，俱爲詳詢端末，纖悉無遺，具編列傳之中，曾無時世之限。其閒亦有姓氏可聞，實行莫著，濫收比類之册，或可奄藏，入諸史氏體裁，難相假借。今爲别裁闕訪，同占列傳之篇，各爲標目，可與正載諸傳，互相發明。是用敘其義例，以待後來者之知所審定云爾。

永清縣志前志列傳序例

史家著作成書，必取前人撰述，彙而列之，所以辨家學之淵源，明折衷之有自也。司馬談推論六家學術，猶是莊生之敘禽、墨，荀子之非十二家言而已。至司馬遷《十二諸侯表叙》，則於《吕覽》、虞卿、鐸椒、左邱明諸家所爲《春秋》家言，反覆推明著書之旨，此即百三十篇所由祖述者也。史遷紹述《春秋》，即虞、吕、鐸、左之意，人譏其僭妄，非也。班固作遷列傳，范氏作固列傳，家學具存。至沈約之傳范氏，姚氏之傳沈約，不以史事專篇爲重，於是史家不復有祖述淵源之法矣。今兹修志，而不爲前志作傳，是直攘人所有而没其姓名，又甚於沈、姚之不存家學也。蓋州縣舊志之易亡，又不若范史、沈書之力能自壽也。

紀述之重史官，猶《儒林》之重經師，《文苑》之重作者也。《儒林列傳》當明大道散著，師授淵源；《文苑列傳》當明風會變遷，文人流别。此則所謂史家之書，非徒紀事，亦以明道也。如使《儒林》《文苑》不能發明道要，但叙學人才士一二行事，已失古人命篇之義矣。況史學之重，遠紹《春秋》，而後史不立專篇，乃令專門著述之業湮而莫考，豈非史家弗思之甚耶？夫列史具存，而不立專傳，弊已如是，況州縣之書，迹微易隱，而可無專録乎？

書之未成，必有所取裁，如遷《史》之資於《世本》《國策》，固《書》之資於馮商、劉歆是也。書之既成，必有其傳述，如楊惲之布遷書，馬融之受漢史是也。書既成家，必有其攻習，如徐廣、裴駰之注馬，[33] 服虔、應劭之釋班是也。此家學淵源之必待專篇列傳而明者也。

馬、班而後，家學漸衰，世傳之家學也。而豪傑之士，特立名家之學起，如《後漢書》之有司馬彪、華嶠、謝承、范蔚宗諸家，而《晉書》之有何法盛等一十八家是也。同紀一朝之迹，而史臣不領專官，則人自爲編，家各爲説，不爲敘述討論，萃合一篇之内，何以得其折衷？此諸家流别之必待專篇列傳而明者也。

六代以還，名家復歇，父子世傳爲家學，一人特撰爲名家。而集衆修書之法行，如唐人之修《晉書》，元人之修《宋》《遼》《金》三史是也。監修大臣，著名簡端，而編纂校勘之官，則隱顯不一。即或偶著其人與修史事，而某紀某表編之誰氏，某志某傳輯自何人，孰爲草創規條，孰爲潤色文采，不爲整齊綴合，各溯所由，未免一書之中，優劣互見，而功過難知。此一書功力之必待專篇列傳而明者也。

若夫日歷起居之法，延閣廣内之藏，投牒議謚之制，稗官野史之徵，或於傳首敘例，詳明其制；或於傳終論述，推説其由，無施不可。亦猶《儒林傳敘》申明學制，表立學官之遺意也。誠得此意而通於著作，猶患史學不舉，史道不明，未之聞也。

志乘爲一縣之書，即古者一國之史也，而世人忽之，則以家學不立，師法失傳，文不雅馴，難垂典則故也。新編告成，而舊書覆甕，未必新書皆優，而舊志盡劣也。舊志所有，新志重複載之，其筆削之善否，初未暇辨；而舊志所未及載，新志必有增益，則舊志之易爲厭棄者一矣。纂述之家，喜炫己長，後起之書，易於攻摘。每見修志諸家，創定凡例，不曰舊書荒陋，則云前人無稽，後復攻前，效尤無已。其實狙公顛倒三四，[34]本無大相徑庭；但前人已往，質證無由，則舊志之易爲厭棄者二矣。州縣之書，率多荒陋，文人學士，束而不觀。其有特事搜羅，旁資稽索，不過因此證彼，初非耽悦本書。新舊二本雜陳於前，其翻閲者，猶如科舉之士，購求程墨，陰陽之家，檢視憲書，取新棄舊，理勢固然，本非有所持擇，則舊志之易爲厭棄者三矣。夫索綏《春秋》，索綏撰《前涼春秋》。端資邊瀏；瀏承張駿之命，集涼内外事。常璩《國志》，《華陽國志》也。半襲譙周。《華陽國志》載李氏始末。其劉氏二志，大率取裁譙周《蜀本紀》。是則一方之書，不能無藉於一方之紀載，而志家不列前人之傳，豈非得魚忘筌，習而不察？又何怪於方志之書，放失難考耶？

主修之官，與載筆之士，撰著文詞，不分名實，前志之難傳一也。序跋虚設，於書無所發明，前志之難傳二也。如有發明，則如馬、班之録《自序》，可以作傳矣。作志之人，行業不詳，前志之難傳三也。書之取裁，不標所自，前志之難傳四也。志當遞續，非萬不得已，不當迭改。迭改之書，而欲並存，繁重難勝，前志之難傳五也。於難傳之中，而爲之作傳，蓋不得已而存之，推明其故，以爲後人例也。

永清縣志文徵序例

《永清縣志》告成，區分紀、表、圖、書、政略、列傳六體，定著二十五篇，篇各有例，又取一時徵集故事文章，擇其有關永清而不能併收入本志者，又自以類相從，別爲奏議、徵實、論説、詩賦、金石，〔35〕各爲一卷，總五卷。〔36〕卷爲敘録如左，而總敘大指，以冠其編。

敘曰：古人有專守之官，即有專掌之故；有專門之學，即有專家之言；未有博采諸家，彙輯衆體，如後世文選之所爲也。官失學廢，文采愈繁。以意所尚，採掇名儁，若蕭氏《文選》、姚氏《文粹》是也。循流溯源，推而達於治道，宋文之《鑑》是也。相質披文，進而欲爲史翼，元文之《類》是也。是數子之用心，可謂至矣。然而古者十五《國風》、八國《國語》，以及晉《乘》、楚《檮杌》與夫各國春秋之旨繹之，則列國史書，與其文誥聲詩，相輔而行，在昔非無其例也。唐劉知幾嘗患史體載言繁瑣，欲取詔誥章疏之屬，以類相從，別爲一體，入於紀傳之史，是未察古人各有成書，相輔益章之義矣。第竊古人之書，《國語》載言，必敘事之終始，《春秋》義授左氏，《詩》有國史之敘，故事去千載，讀者洞然無疑。後代選文諸家，掇取文辭，不復具其始末。如奏議可觀，而不載報可；寄言有托，而不述時世；詩歌寓意，而不綴事由；則讀者無從委決，於史事復奚裨乎？《文選》《文粹》，固無足責，《文鑑》《文類》，見不及斯，豈非尺有所短者哉？近人修志，藝文不載書目，濫入詩文雜體，其失固不待言；亦緣撰志之時，先已不辨爲一國史裁，其猥陋雜書，無所不有，亦何足怪？今玆稍爲釐正，别具《文徵》，仍於詩文篇後，略具始末，便人觀覽，疑者闕之。聊於敘例申明其旨云爾。

奏議敘録

奏議之文，所以經事綜物，敷陳治道。文章之用，莫重於斯。而蕭統選文，用賦冠首。後代撰輯諸家，奉爲一定科律，亦失所以重輕之義矣。如謂彼固詞章家言，本無當於史例，則賦乃六義附庸，而列於詩前，騷爲賦之鼻祖，而别居詩後，其任情顛倒，亦復難以自解。而《文苑》《文鑑》從而宗之，又何説也？今以《奏議》冠首，以爲輯文通例，竊比列史之首冠本紀云爾。

史家之取奏議，如《尚書》之載訓誥，其有關一時之制度者，裁入書志之篇；其關於一人之樹立者，編諸列傳之内。然而紀傳篇幅，各有限斷，一代奏牘，文字繁多，廣收則史體不類，割愛則文有闕遺。按班氏《漢書》，備詳書奏，然覆檢《藝文志》内，石渠奏議之屬，《高祖》《孝文》，論述册詔之傳，未嘗不於正史之外，别有專書。然則奏議之編，固與實録、起居注相爲表裏者也。前人編《漢魏尚書》，近代編《名臣章奏》，皆體嚴用鉅，不若文士選文之例，而不知者，往往忽而不察，良可惜也。

杜佑撰《通典》，於累朝制度之外，别爲《禮議》二十餘卷，不必其言之見用與否，而談言有中，存其名理。此則著書之獨斷，編次之通裁，其旨可以意會，而其説不可得而迹泥者也。然而專門之書，自爲裁制，或删或節，固無不可。史志之體，各有識職，徵文以補書志之闕，則録而不敘，自由舊章。今採得奏議四篇，咨詳禀帖三篇，亦附録之，爲其官府文書，近於奏議，故類入焉。其先後一以年月爲次，所以備事之本末云爾。

徵實叙録

徵實之文，史部傳記支流。古者史法謹嚴，記述之體，各有專家。是以魏晉以還，文人率有别集。然而諸史列傳載其生平著述，止云詩賦、箴銘、頌誄之屬共若干篇而已。未聞載其記若干首，傳若干章，志若干條，述若干種者也。由是觀之，則記傳志述之體，古人各爲專門之書，初無散著文集之内，概可知矣。唐宋以還，文集之風日熾，而專門之學杳然。於是一集之中，詩賦與經解並存，論説與記述同載，而裒然成集之書，始難定其家學之所在矣。若夫選輯之書，則蕭統《文選》不載傳記，《文苑》《文鑑》始漸加詳，蓋其時勢然也。文人之集，可徵史裁，由於學不專家，事多旁出，豈不涧歟?

徵實之體，自記事而外，又有數典之文，考據之家，所以别於叙述之文也。以史法例之，記事乃紀傳之餘，數典爲書志之裔，所謂同源而異流者也。記事之源，出於《春秋》，而數典之源，本乎官禮，其大端矣。數典之文，古來亦具專家，《戴記》而後，若班氏《白虎通義》、應氏《風俗通義》、[37]蔡氏《獨斷》之類，不可勝數。而文人入集，則自隋唐以前，此體尤所未見者也。至於專門學衰，而文士偶據所得，筆爲考辨，著爲述議，成書則不足，削棄又可惜，於是無可如何，編入文集之中，與詩賦書表之屬，分占一體，此後世選文之不得不收者也。

徵實之文，與本書紀事，尤相表裏，故采録校别體爲多。其傳狀之文，有與本志列傳相仿彿者，正以詳略互存，且以見列傳采摭之所自，而筆削之善否工拙，可以聽後人之别擇審定焉，不敢自據爲私也。碑刻之文，有時不入金石者，録其全文，其重在徵事得實也。仍於篇後著石刻之款識，所以與金石相互見也。

論説叙録

論説之文，其原出於《論語》。鄭氏《易》云：“雲雷屯，君子以經論。言論撰書禮樂，[38]施政事。”蓋當其用，則爲典謨訓誥；當其未用，則爲論撰説議。聖人制作，其用雖異，而其本出於一也。周秦諸子各守專家，雖其學有醕駁，語有平陂，然推其本意，則皆取其所欲行而不得行者筆之於書，而非有意爲文章華美之觀，是論説之本體也。自學不專門，而文求綺麗，於是文人撰集，説議繁多。其中一得之見，與夫偶合之言，往往亦有合於古人；而根本不深，旨趣未卓，或諸體雜出，自致參差；或先後彙觀，竟成複沓。此文集中之論説，所以異於諸子一家之言也。唐馬總撰《意林》，裁節諸子，標其名雋，此亦棄短取長之意也。今兹選文，存其論之合者，亦撰述之通義也。

《文選》諸論，若《過秦》《辨亡》諸篇，義取抑揚咏歎，旨非抉摘發揮。是乃史家論贊之屬，其源略近詩人比興一流，與唐宋諸論，名同實異。然《養生》《博弈》諸篇，則已自有命意。斯固文集盛行，諸子風衰之會也。蕭氏不察，同編一類，非其質矣。

諸子一變而爲文集之論議，再變而爲説部之劄記，則宋人有志於學，而爲返樸還湻之會也。然嗜好多端，既不能屏除文士習氣；而爲之太易，又不能得其深造逢源。遍閲作者，求其始末，大抵是收拾文集之餘，取其偶然所得，一時未能結撰者，劄而記之，積少致多，裒成其帙耳。故義理率多可觀，而宗旨終難究索也。

永清文獻荒蕪，論説之文，無可採擇，僅存一首，[39]聊以備體云爾。[40]

詩賦叙録

詩賦者，六籍之鼓吹，文章之宣節也。古者聲詩立教，鏗鏘肄於司樂，篇什敍於太史；事領專官，業傳學者；欲通聲音之道，或求風教所施，詢諸掌故，本末犁然，其具存矣。自詩樂分源，俗工惟習工尺，文士僅攻月露。於是聲詩之道，不與政事相通，而業之守在專官，存諸掌故者，蓋茫然而不可復追矣。然漢魏而還，歌行樂府，指事類情，就其至者，亦有考其文辭，證其時事。唐宋以後，雖云文士所業，而作者繼起，發揮微隱，敷陳政教，采其尤者，亦可不愧古人。故選文至於詩賦，能不墜於文人綺語之習，斯庶幾矣。

劉氏《七略》，以封禪儀記入《禮經》，秦官奏議、《太史公書》入《春秋》，而詩賦自爲一略，不隸《詩經》，則以部帙繁多，不能不别爲部次也。惜其敘例，不能申明源委，致開後世詩賦文集混一而不能犁晰之端耳。

至於賦乃六義之一，其體誦而不歌。而劉《略》所收，篇第倍蓰於詩，於是以賦冠前，而詩歌雜體反附於後，以致蕭《選》以下，奉爲一定章程，可謂失所輕重者矣。又其詩賦區爲五種，若雜賦一門，皆無專主名氏，體如後世總集之異於别集。詩歌一門，自爲一類，雖無敘例，觀者猶可以意辨之，知所類别。至屈原以下二十家，陸賈以下二十一家，孫卿以下二十五家，門類既分爲三，當日必有其説，而敘例闕如，如諸子之目後，敘明某家者流，其原出於古者某官云云是也。不與諸子之書同申源委。此詩賦一略，後人所爲欲究遺文，而莫知宗旨者也。

州縣文徵，選輯詩賦，古者《國風》之遺意也。舊志八景諸詩，頗染文士習氣，故悉删之，所以嚴史例也。文丞相詞與《祭漯河文》，非詩賦而並録之者，有韻之文，如銘箴頌誄，皆古詩之遺也。

金石敘録〔41〕

金石之文，古人所以垂示久遠。三代以上，銘鐘圖鼎著於載籍。三代而下，庸器漸少，石刻遂多。然以著録所存，推求遺迹，則或亡或闕，十無二三，是金石雖堅，有時湮沕，而著録編次，竹帛代興，其功爲不尠矣。然陵谷變遷，桑滄迭改，千百年後，人迹所至，其有殘碑古鼎，偶獲於山椒水涘之閒，覆按前代紀載，校其闕遺，洞如發覆，則古人作爲文字，托之器物，以自壽於天地之閒，其旨良深遠矣。然留著既多，取用亦異，約而摧之，略有三門：其定著文字，垂示法式，若三字石經、一字石經之屬，經學之準繩也。考核姓名官閥，辨别年月干支，若歐、趙諸録，洪、晁諸家之所辨訂，史部之羽翼也。至如書家之評法帖，賞鑑家之論古今，《宣和博古》之圖，《清河書畫》之舫，則又韻人墨客所爲，均之不爲無補者也。兹於志乘之餘，裁取文徵，既已與志相表裏矣。搜羅金石，非取參古横今，勒成家學，惟以年月姓名官階科第足以補志文之所未備者，詳慎志之，以備後人之采録焉。初非計其文之善否，字之工劣也。其全文有可采者，存於徵實，則不在此例焉。

鄭樵嘗以歷代藝文著録多闕，發憤而爲《圖譜》《金石》二略，以備前史之闕遺，是不知申明藝文類例，而别爲篇帙之咎也。然鄭氏所争，其功要自不可没矣。金石不録其文而僅著其目，自當隸於《藝文》之篇，爲著録之附庸可耳，何爲編次《文徵》之内耶？蓋以永清無藝文，而推太史叙《詩》之意，竊比《華黍》《由庚》之存其義爾，初不以是爲一成之法也。

爲畢制府撰湖北通志序

乾隆五十三年秋，臣沅恭承恩命，總督湖北、湖南軍務。是時荆州大水圮城、田廬被溺，聖天子宵旰憂勤，詔發帑二百萬金，重臣持節蒞事，臣沅仰體德意，兢率百僚，奔走以集鉅役，罔敢不共。逾年，民氣漸蘇，歲比登稔，於是湖北所部十一府州，如蒙再造。官司稍暇，相與講求治理，而治要莫備於書，因取《通志》觀之，則雍正十一年，前總督臣邁柱、前巡撫湖北臣德齡、前巡撫湖南臣趙宏恩所修《湖廣志》也。載兼南北二部，時越六十餘年，猥並失次，闕略未完，難以備一方之文獻。而湖南分部，已有前撫臣某所修《通志》，去今未久，猶可觀覽。獨湖北仍用雍正全志，分部之書，編次猶闕。爰與先後巡撫臣惠齡、臣福寧，提督學政臣查瑩、臣初彭齡等率司道諸臣，創修《湖北通志》，延訪明識之士，授之載筆，臣等亦時從商搉其閒，凡再逾年而始得卒業。臣謹以臣愚所見，拜手稽首，颺言簡端。

謹按湖北今部十一府州，蓋分湖廣之半，聖祖皇帝康熙三年制也。漢爲南郡江夏，三國魏、吴各置荆州，六朝五季，南北之衝，宋之荆湖北路，元之湖廣江南行省，以訖前明湖廣布政使司。古今幅員廣狹，分合不同，不可具論。然武昌東扼三吴，荆州西接兩川，襄陽北控宛、洛，昔人所稱爲水陸三要，已隱然若爲今日湖北專部，所畫規方千有餘里，豈漫然哉！其山川、物産、風俗、人文，與夫政教所施，經要所重，具次於斯志者，披文可省，臣無以贅爲也。

惟念方志爲外史所領，義備國史取裁，猶《春秋》之必資百國寶書也。而世儒誤爲地理圖經，或等例於纂輯比類，失其義矣。《書》曰“政貴有恒，辭尚體要。”政必綱紀分明，而後可以爲治；辭必經緯條析，而後可以立言。臣按《周官》，外史“掌四方之志”，注謂：若“晉《乘》楚《檮杌》”，是一方之全書也。司會“掌其書契版圖”，注謂：“户籍土地形象”，斯乃地理圖經類爾。古人截分官守，而世儒乃於一方全書，輒以地理圖經視之，非其質矣。臣又按《周官》，小行人出使四方，反命於王，則以萬民利害，及禮俗政教之類，各爲一書，名爲五物，以獻於王，乃知輶軒采風，所取四方之事，亦必分别爲書，以歸識職；而後内史、外史、小史之屬，得昭典守於專官也。方志諸家，不知政有專司，書有專指，而取胥吏案牘，辭人雜纂，月露浮文，米鹽碎事，繁猥填并，混合一編，以爲方志，而登柱下。非人臣恪共率職，奉有恒之政，而具體要之辭，以稱任使之義也。

伏惟皇上稽古右文，闡經裁史，以明政學。蓋堯舜之執中，而爲尼山之筆削，千古所僅覯矣。國史而外，三通、四庫諸籍，各有流别，班分部次，有交益而無互紊，所謂各從其識職也。然徵文考獻，取於四方，家集私書，苟有可觀，無不采録。而方志一家，則自統志略登一二，此外不聞更取其書爲典據者，豈不以編摩未得其理，其言不盡雅馴故邪！

臣愚以爲，志者，識也，典雅有則，欲其可以誦而識也。《周官》所謂四方之志，邦國之志，今不得而見矣。《春秋》左氏所引《周志》《軍志》諸文，皆爲卿士大夫誦説以爲典則，是可以識古人之作志矣。今參取古今史志例義，翦截浮辭，稟酌經要，分紀、表、圖、考、略、傳，以爲《通志》七十三篇，所以備史裁也。臣又惟簿書案牘，不入雅裁，而府史所職，《周官》不廢。漢臣賈誼嘗謂“古人之治天下，至纖至悉”，先儒以謂深於官禮之言。今曹司吏典之程，錢穀甲兵之數，志家詳之，則嫌蕪穢，略之又懼缺遺，此則不知小行人之分别爲書法也。今於《通志》之外，取官司見行章程，分吏、户、禮、兵、刑、工，以爲《掌故》六門，凡六十六篇，所以昭典例也。臣又惟兩漢而後，學少專家，而文人有集。集者，非經而有義解，非史而有傳記，非子而有論説，無專門之長而有偶至之詣，是以尚選輯焉。志家往往選輯詩文爲藝文志，不知藝文仿於漢臣班固，乃羣籍之著録，而方志不知取法，猥選詩文，亦失古人分别之義。今取傳記、論説、詩賦、箴銘之屬，别次甲、乙、丙、丁，上下八集，以爲《文徵》，所以俟采風也。

昔隋儒王通，嘗謂古史有三：《詩》《書》與《春秋》也。臣愚以謂，方志義本百國《春秋》，《掌故》義本三百《官禮》，《文徵》義本十五《國風》，古者各有師授淵源，各有官司典守，後世寖失其旨，故其爲書，離合分併，往往不倫。然歷久推衍，其法漸著，故唐宋以來，正史而外，有會要、會典，以法《官禮》，《文鑑》《文類》，以仿風《詩》，蓋不期而合於古也。惟方志釐剔未清，義例牽混，猥駢失次，難爲典則，不足以備國史要删。臣忝爲舊史官，仰惟皇上釐正羣書，循名責實，辨章識職，以爲政教之經，用是兢兢，與從事諸臣，丁寧往復，勒爲三家之書，以庶幾於行人五物之義，他日柱下發藏，未必無所取也。

至於畸説剩言，采摭所餘，雖無當於正裁，頗有資於旁證，志家附於餘編閏位，義亦未安。今編考據軼事，瑣語異聞，别爲《叢談》四卷。所謂先民有言，詢於芻蕘，稗官小説，亦議政者所參聽也。附於三家之後，不以累經要也。如是區分，庶幾有倫脊矣。

抑臣尤有説焉，書者，政之紀也；辭者，事之布也，辭不可以無體要矣。抑思文字識職，本於官守有常，凡官此土者，知書辭之不容紊亂失次，而思大小職事罔不修舉，以無忝於有位，庶幾仰答聖天子教化裁成之至意，此則區區之衷，願與諸臣共勉者也。

湖北通志凡例

一方紀載，統緒紛繁，文士英華，鮮裨實用，胥史簿牘，不入雅裁，二者牽連糾葛，不免畸重畸輕，向來方志，往往受其累也。今仿史裁而爲《通志》，仿《會典》則例而爲《掌故》，仿《文選》《文粹》而爲《文徵》，截分三部之書，各立一家之學，庶體要既得，頭緒易清。

志者，識也，簡明典雅，欲其可以誦而識也。删繁去猥，簡帙不欲繁重，簿書案牘之詳，自有《掌故》專書，各體詩文，自有《文徵》專書，志則出古國史，決擇去取，自當師法史裁，不敢徇耳目玩好也。志分二紀、三圖、五表、六考、四略、五十三傳。志爲國史取裁，而守土之吏，承奉詔條，所以布而施者，如師儒之奉聖經，爲規爲律，不容以稍忽焉，故《皇言》冠全志之首。其前代詔誥，則録於《文徵》。

紀載編年，古史體也。萬曆《湖廣通志》，以爲國史事祕，非外志所敢擅書，誠屬謹嚴之意。然國家政教號令，興革施爲，與夫年歲雨暘，災祥蠲恤，被於四方，不盡爲史宬之祕者，自當比事而書。況我朝列聖相承，朝乾夕惕，勤求治理，覃恩愷澤，疊沛頻施，實爲簡策紀載之所未有，自應與《皇言》相次，敬謹恭紀，爲全書之弁冕。史以紀事爲主，紀事以編年爲主。方志於紀事之體，往往缺而不備，或主五行祥異，或專沿革建置，或稱兵事，或稱雜紀，又或編次夾雜，混入諸門之中，不爲全書綱領。今取自漢以後，凡當以年次者，統合爲編年紀，附於《皇朝編年紀》後，備一方之紀載。

紀以編年爲名，例仿綱目，大書分注，俾覽者先知古今，瞭如指掌。沿革溯至唐虞三代，而編年之紀，僅起於漢初者，大書分注之體，宜嫌避《春秋》也。明人作志，如顏木《隨志》、陳士元《灤志》，竟用公、穀傳經之體，自問自答，以仿《春秋》，則庸且妄矣。

諸圖開方計里，義取切實有用，不爲華美之觀，其營汛驛鋪里甲諸圖，俱關政要，而篇幅繁不可删，均入於《掌故》，分隸六科。

沿革建置，既詳於《府縣考》矣，古人圖書並重，則具沿革考者，必兼沿革之圖，古界今名，披文而得其原委，觀畫而洞其形勢，二者缺一不可。今取兩漢以訖元明，每朝所分州郡，在今湖北境者，分别朱墨二色，朱標古界，墨劃今疆，每朝各繪一圖，俾考歷朝沿革者，洞如觀火。其邊界交錯，有古郡在今湖北境，而屬縣在今江西、河南、四川、陝西者，朱色標郡於墨界内，而别隸縣於墨界外；有古郡在今江西、河南、四川、陝西，而屬縣在今湖北境者，朱色標郡於墨界外，而收隸縣於墨界内。刊板即用二色套印，則圖經之設，不爲華美虚文，而考地理者無遺憾矣。

表取年經事緯，封建與地理，參稽則著，援引書名於下。《康熙通志》，職官止載監司以上，而武職略之。今文職自知府爲止，武職自參游爲止，依表排列，其不可考者缺之。

府州縣志，選舉載及捐銜貢監吏員等項，《通志》不能遍及，但表列進士舉人，其辟舉特薦諸科亦並附之。

方志人物，爲正史列傳之遺，而志爲史所取裁，於法宜詳於史。近來志家，乃反删節史傳，誤仿地理類書摘取人物典故之例，非史裁也。但古人名在史傳，本自昭彰，原不藉方志表揚，若一概全抄，便成漫漶；若一概删去，又成缺典。今將史傳彰著之人，録其本傳，入於《文徵》，本志不復重爲立傳。但列其名爲《人物表》，覽者自可互考而知。

人物見於正史之外，又有《大清一統志》及舊《通志》，與府州縣志，皆爲官修之書，其人名不得擅爲棄取，但事迹有關懲勸者，詳列於傳，其事迹無可詳者，亦列於表，以備詢訪。

譜牒爲專門之學，前史往往失傳，歐陽《唐書·宰相系表》創其例而不能善其法，鄭樵《通志·氏族》之篇存其義而不能廣其例。蓋緣一代浩繁，向無專門之書可爲憑藉，故難爲也。使方志預集一方之望族，則史氏取爲要删，古人州郡中正之遺，即《周官》小史奠系之舊法也。

譜牒自以科甲爲主，其非科甲，而仕宦京官至四品，外官至三品，武官至二品者，亦列於表。科甲寥寥，止一二人者，亦不列表，須進士二人以上，乃得譜列。此就湖北一省約言之也。大省小省，準是以爲寬約，亦可備譜學矣。

考乃書志之遺，府縣一考，專論建置沿革，最爲全書根柢。考訂不厭精詳，既著其説，又列其表，觀者一望瞭然。至星土之説，存其大概，以天道遠而人事邇也。

山川、古迹、陵墓，皆府縣所領之地也，城池、壇廟、祠宇，皆其地所建也，此則例詳府州縣志，《通志》重複詳之，失其體矣。兹舉其大而略其瑣細，各屬專志，譬之垣墉自守，詳於門内，而不知門外，《通志》譬之登高指揮，明於形勢，而略於間架，理勢然也。

食貨爲經國之要，然錢穀簿録，雖猥繁，而理不可忽。則《掌故》既詳之矣，志考但擷總凡，而參以奏疏論議，俾覽者有以悉其利病得失，乃稱史裁，如欲核其名數，自有《掌故》書矣。

水利尤爲湖北要務，隄垸閘壩，工程款項，已備《掌故》於工科矣。志考亦擷要領，而參以疏議焉。

藝文爲著録之書，《唐》《宋》史志，嫌其太略，若仿陳氏《書録解題》、晁氏《讀書志》，各爲題跋考訂，施於州縣之志，可資博覽。《通志》包羅既富，不可貪多失剪裁也。今略仿《漢》《隋》二志，稍增子注，以備後人考核，酌於詳略之間，庶幾得當。然類例恐有不全，故不分部次，而以時代爲先後云。金石亦自專門之學，然如歐、趙諸家題跋考訂，亦可施於州縣志，而難行於《通志》也。然鄭樵《通志·金石》

之略，不分存逸與題款，則太略矣。今於逸者，著其所出之書，存者著其年月官階名姓與其坐落，而考訂之，文則不冗綴，庶幾詳略得宜。

方志名宦與鄉賢，往往一例同編，幾無賓主重輕之別，今於人物，概列爲傳，而名宦則稱爲《政略》。蓋人物包該全體，大行小善，無所不收。而名宦則僅取其政事之有造於斯地耳，雖有他善，而無與斯地，或閒出旁文，而非其要義；雖有不善，而於斯地實有功德，則亦不容遽泯，故不得以傳名，而以《政略》爲名。

名宦雖同，而施設各異，故分《經濟》《循良》《捍禦》《師儒》爲四篇。

人物爲諸史列傳之遺，方志備史氏取裁，法宜詳於史傳。而方志諸家，反節史傳，即史傳所無而新增者，亦約取事略，不爲傳體，未免草率。今略仿欽定《八旗通志》之例，人物詳爲列傳，其史傳所有者，則列於《人物表》，否則列傳重重相因，簡帙不勝繁也。

傳有記事記人之別，記事出於左氏，記人原於史遷。然史遷《龜策》《貨殖》等傳，亦閒有記事；即其記人諸篇，亦多以事例牽連，不可分割首尾，蓋《春秋》比事屬辭之舊法也。自班、范以後諸傳，人各自爲首尾，史傳由是益繁。今諸傳雖爲人物而撰，閒有以事名篇，與編年之紀相經緯者，雖似創法，實本左氏之遺意也。

人爲正史已具，則列名於表矣；事爲史鑑所已詳，則但具編年之紀，而不復爲傳。惟遺書逸事，尚有可與史鑑證同異者，則專爲之傳，無所參互，固不復爲傳。即有其書可參，而今未見者闕之，以俟後補。

記人之傳，約略以類相次，而不甚拘於時代。同一類者，仍以時代爲先後。長篇專傳皆據所呈，事迹擇可爲而爲之，十一府州，人才之衆，自宜不止此數，因呈送事迹簡略，亦止從缺如，局於勢也。

鄭樵《通志》，列傳止於隋代，以《唐書》爲本朝大臣所修，不敢復有同異，其説良允。惟鄭氏《通志》，全爲史裁，故應避《唐書》。方志爲一方之書，體非全史，且應備史筆删要，則隸事自應更詳。故於欽定《明史》列傳，恭録於《文徵》矣。其有遺文逸事出於鄉黨者，仍録於志，以見外史加詳之義，惟是非枉直，一稟欽定之史爲裁斷云。

父兄子弟，均有可傳者，略仿《南》《北》史王、謝諸傳之例，合爲一篇，與《族望表》爲表裏焉。

本朝大臣三品以上，例得列傳於國史，是非予奪，悉稟睿裁，實非外志所能詳悉，亦非外志所敢參預。惟存其歷官出處，與行事之見於外方，奏議之見於邸報者，約略存之，且不敢妄爲位置，妄加論斷，以存謹嚴之義。

傳人略以類次，不須明作標目。《忠孝》《文學》《仙釋》《藝術》數篇之外，概以名姓標題。蓋人之行事，難以一端而盡，强作標目，則近於班氏之九品論人矣。

志家之載人物，多似類書典故，全無史法。然類例卻易尋檢，以其書體，原不過以比類爲事也。今用别裁義例，其人名之去取離合，非如類書檔册，可以成法而拘。觀人物者，恐其檢閱不易，故立人物之表，於本志有傳者，皆於表名之下，注明列傳篇次；新收人物，不列表者，表後爲别録以注之；其有傳者，亦取列傳篇次注於其下，觀者一望瞭然，較俗下比類之書，尤爲明晳。

史傳之類，見於人物之表矣。其記事之傳，則有同事之人，若皆取爲傳，則無可成篇；若没而不書，則有所闕略。今於傳後，亦作《人名别録》，此則爲記事清其眉目，非爲其人合於記載，與《人物表》後之《别録》，義不同科。

《人名别録》與《人物表》，雖前人鮮作，其實竊仿杜氏釋例所謂《世卿》《公子》諸譜，以備讀左氏者稽檢也。古者似有記人名氏之書，班氏《古今人表》，蓋有所本，特不當强分九品耳。傳後别録名氏，則常璩《華陽國志》亦略見其端。爲史傳繁重，不勝此例，似可稍節省耳。故參取之，非敢以私智爲穿鑿也。

志家多載舊序，亦不没前人之義。但志序本多蕪濫，於本書鮮所發明，今仿前人自叙之義，取舊志得失而論次之。其府州縣志之尤著者，亦閒及焉，以爲終篇。

徵材所積，各以類次爲書。其閒畸零小説，旁見軼聞，或考訂沿訛，或傳聞遺事，説鈴書肆，纖夥餖飣，志家多附餘編閏位，誠屬鉅細不遺之意。然體裁各有識職，書欲成家，先宜割愛。史裁附以小説，畢竟不倫，今爲《叢談》一書，附於三書之後，亦足慰旁搜别索之思矣。然不與《通志》《掌故》《文徵》同稱爲四書，而附於三書之後者，以三書皆關經要,《叢談》非其類也。

志家例有流寓，亦本地理纂類名目，事與名宦略同，蓋皆非本地人也。然纂類自可備用，撰志則須翦裁，即如名宦已稱《政略》，視列傳爲簡矣。流寓止可用於府州縣志,《通志》不宜用也。夫規方千里有餘，古人轍迹往來，何可勝數？故凡《通志》所收流寓，如悉數覼之，皆是掛一漏百，其勢有必然也。今人物尚取詳今略古，紀載已恐其繁，流寓不當贅入也。

跋湖北通志檢存稿

余撰《湖北通志》，於列傳尤不苟，凡五十四篇，笈存私稿未及其半，可惜也！然併合凡例、序目及往復駁議，猶見筆削大凡。今分次二十四卷爲《檢存稿》，不行於時，冀取信於後也。余嘗論史筆與文士異趨，文士務去陳言，而史筆點竄塗改，全貴陶鑄羣言，不可私矜一家機巧也。雖然，司馬生西漢而文近周秦戰國，班、陳、范、沈亦拔出時流，彼未嘗不藉所因以增其顏色，視文士所得爲優裕矣。

余撰方志，力闢纂類家之蕪沓，使人知方志爲國史羽翼，故於前古人物，久標史傳，無可疑者，概列於《人物表》，不復爲傳。所爲傳者，多出宋元而後，史傳所載與他書迥有異同，或史本無傳者，方始爲之。而近世紀載，出於史學久絶之後，一切文辭叙述，蕪梗闒冗，全無法度，甚且稱謂顛倒，莫可究詰，而其事迹實有可傳，則亦不得不列於傳。故所因者，非第不足藉以生色，或至如學童課業，大費點化删潤，免過爲幸，安敢望有拔出於平日之文哉？如亦效前人之借古籍以生色，則又有余之别裁，不容冒昧入者，閲者諒其所處之時之勢，而知其有苦心焉，幸矣！

【校勘記】

〔1〕“六鄉”，大梁本、貴陽本、粤雅堂叢書本均誤作“六卿”。

〔2〕“列卿”至“至於”，大梁本、貴陽本、粤雅堂叢書本無。

〔3〕“有”，大梁本作“可”。

〔4〕“未”，大梁本、貴陽本、粤雅堂叢書本作“爲”。

〔5〕“勾”，貴陽本誤作“句”。

〔6〕“祠”，大梁本、貴陽本作“嗣”。

〔7〕“界”，大梁本、貴陽本、粤雅堂叢書本作“略”。

〔8〕“志曰”至“爲次焉”，大梁本、貴陽本、粤雅堂叢書本無。

〔9〕“趙過均田之議”，據葉瑛考證，章學誠混淆史實，趙過所議爲代田法，元稹在同州上《均田奏》。“議”，貴陽本作“識”。

〔10〕“術業”，大梁本、貴陽本作“衡業”。

〔11〕“連犿”，大梁本、貴陽本、粤雅堂叢書本作“連綴”。

〔12〕“諔”，貴陽本作“譎”。

〔13〕“龐雜”，大梁本、貴陽本、粤雅堂叢書本作“駁雜”。

〔14〕“數家”之後，大梁本、貴陽本有“者”字。

〔15〕“集”，大梁本、貴陽本、粤雅堂叢書本脱。

〔16〕“專”，貴陽本作“傳”。

〔17〕“《儒林》敘董仲舒”，大梁本、貴陽本、粤雅堂叢書本無。

〔18〕“文存”，大梁本、貴陽本作“文成”。

〔19〕“删輯之基”，大梁本、貴陽本、粤雅堂叢書本作“並列賅存”。

〔20〕“二”，大梁本、貴陽本、粤雅堂叢書本作“三”。

〔21〕“攻”，貴陽本、粤雅堂叢書本作“考”。

〔22〕“稟”，大梁本作“業”。

〔23〕“史官各自爲書”至“不拘拘於古法也”，大梁本、貴陽本、粤雅堂叢書本無。

〔24〕“晁迥”至“豈鮮淺歟”，大梁本、貴陽本、粤雅堂叢書本無。

〔25〕“媢穆”，大梁本、貴陽本、粤雅堂叢書本作“媢睦”。

〔26〕“娑尊”，貴陽本作“獻尊”。

〔27〕“制作”，大梁本、貴陽本、粤雅堂叢書本無。

〔28〕《新唐書・藝文志》著録此書，《隋志》未著録。章氏誤。

〔29〕“林”，大梁本、貴陽本作“材”。

〔30〕葉瑛指出，《漢書・禮樂志》記載唐山夫人作《房中祠樂》，而非《藝文志》，章氏誤。

〔31〕“益鄉廣縣”，大梁本、貴陽本、粤雅堂叢書本作“分鄉析縣”。

〔32〕“之之”，大梁本、貴陽本作“之”。

〔33〕“裴駰”，原誤作“崔駰”。

〔34〕“狙”，原誤作“徂”，今據大梁本改。

〔35〕“金石”，大梁本、貴陽本、粤雅堂叢書本無。

〔36〕“五”，大梁本、貴陽本、粤雅堂叢書本作“四”。

〔37〕“通義”，大梁本、貴陽本作“通議”。

〔38〕“撰”，大梁本、貴陽本、粤雅堂叢書本作“選”。

〔39〕“僅存一首”，大梁本、貴陽本、粤雅堂叢書本作“約存二首”。

〔40〕“云爾”，大梁本、貴陽本、粤雅堂叢書本無。大梁本、貴陽本、粤雅堂叢書本“聊以備體”後有“非敢謂有合千古人也”之句。

〔41〕《金石叙録》這一部分，大梁本、貴陽本、粤雅堂叢書本無。

荆楚文庫

湖北省立圖書館圖書目録（二種）

湖北省立圖書館 編

張雅俐 范志毅 整理

（下）

荆楚文庫編纂出版委員會

崇文書局

叢　書

一〇　彙刊

叢　15　4040　百川學海（十種一百集）〔宋〕左圭輯
上海博古齋影印　民國十年　一百八十卷　四十册

甲　集

聖門事業圖　〔宋〕李元綱撰　一卷
漁樵對問　〔宋〕邵雍撰　一卷
學齋佔畢　〔宋〕史繩祖撰　四卷
獨斷　〔漢〕蔡邕撰　二卷
李涪刊誤　〔唐〕李涪撰　二卷
九經補韻　〔宋〕楊彦瞻撰　一卷
中華古今注　〔後唐〕馬縞集　三卷
釋常談　三卷

乙　集

隋遺録　〔唐〕顔師古撰　二卷
翰林志　〔唐〕李肇撰　一卷
宋朝燕翼詒謀録　〔宋〕王栐撰　五卷
春明退朝録　〔宋〕宋敏求撰　三卷
淳熙玉堂雜記　〔宋〕周必大撰　三卷
揮麈録　〔宋〕楊萬里編　二卷

丁晋公談録　〔宋〕丁謂撰　一卷
王文正公筆録　〔宋〕王曾撰　一卷
開天傳信記　〔唐〕鄭棨撰　一卷

丙　集

厚德録　〔宋〕李元綱編　四卷
韓忠獻公遺事　〔宋〕强至編　一卷
文正王公遺事　〔宋〕王素編　一卷
濟南師友談記　〔宋〕李廌撰　一卷
可談　〔宋〕朱彧撰　一卷
河東先生龍城録　〔唐〕柳宗元撰　二卷
續前定録　〔唐〕鍾輅纂　一卷
國老談苑　〔宋〕王君玉編　二卷
晁氏客語　〔宋〕晁悦之撰　一卷
道山清話　〔宋〕王暐撰　一卷

丁　集

書簾緒論　〔宋〕胡太初撰　一卷
官箴　〔宋〕吕本中撰　一卷
儲華谷袪疑説　〔宋〕儲泳撰　一卷
因論　〔唐〕劉禹錫撰　一卷
宋景文公筆記　〔宋〕宋祁撰　三卷
鼠璞　〔宋〕戴埴撰　一卷
善誘文　〔宋〕陳録編　一卷

戊　集

東坡志林集　〔宋〕蘇軾撰　一卷

螢雪叢説　〔宋〕俞成撰　二卷
蘇黄門龍川略志　〔宋〕蘇轍撰　十卷
西疇老人常言　〔宋〕何坦撰　一卷
欒城遺言　〔宋〕蘇籀記　一卷
東谷所見　〔宋〕李之彦撰　一卷
鷄肋　〔宋〕趙崇絢撰　一卷
孫公談圃　〔宋〕孫升撰　三卷

己　集

王公四六話　〔宋〕王銍撰　二卷
四六談麈　〔宋〕謝伋撰　一卷
文房四友除授集　〔宋〕鄭清之撰　一卷
耕禄藁　〔宋〕胡錡撰　一卷
子略　〔宋〕高似孫撰　四卷
騷略　〔宋〕高似孫撰　三卷
梅屋獻醜集　〔宋〕許棐撰　一卷

庚　集

選詩句圖　〔宋〕高似孫集　一卷
石林詩話　〔宋〕葉夢得撰　三卷
六一居士詩話　〔宋〕歐陽修撰　一卷
東萊吕紫微詩話　〔宋〕吕本中撰　一卷
珊瑚鈎詩話　〔宋〕張表臣撰　三卷
貢父詩話　〔宋〕劉攽撰　一卷
後山居士詩話　〔宋〕陳師道撰　一卷
許彦周詩話　〔宋〕許顗撰　一卷
司馬温公詩話　〔宋〕司馬光撰　一卷

庚溪詩話 〔宋〕西郊叟撰 二卷
竹坡老人詩話 〔宋〕周少隱撰 三卷

辛　　集

法帖釋文 〔宋〕劉次莊撰 十卷
海岳名言 〔宋〕米芾撰 一卷
寶章待訪録 〔宋〕米芾撰 一卷
元章書史 〔宋〕米芾撰 一卷
書斷列傳 〔唐〕張懷瓘撰 四卷
續書譜 〔宋〕姜夔撰 一卷
試筆 〔宋〕歐陽修撰 一卷
書譜 〔唐〕孫過庭撰 一卷
法帖刊誤 〔宋〕黄伯思撰 二卷
翰墨志 〔宋〕高宗撰 一卷
曹陶齋法帖譜系 〔宋〕曹士冕撰 一卷

壬　　集

端溪硯譜 〔宋〕葉樾撰 一卷
硯譜 〔宋〕李之彦撰 一卷
歙州硯譜 〔宋〕洪适撰 一卷
硯史 〔宋〕米芾撰 一卷
古今刀劍録 〔梁〕陶弘景撰 一卷
香譜 〔宋〕洪芻撰 二卷
茶經 〔唐〕陸羽撰 三卷
煎茶水記 〔唐〕張又新撰 一卷
茶録 〔宋〕蔡襄撰 一卷
東溪試茶録 〔宋〕宋子安集 一卷

酒譜　〔宋〕竇苹撰　一卷
本心齋蔬食譜　〔宋〕陳達叟編　一卷
筍譜　〔宋〕釋贊寧撰　一卷
菌譜　〔宋〕陳仁玉撰　一卷
怪山蟹譜　〔宋〕傅肱撰　二卷

癸　集

荔枝譜　〔宋〕蔡襄述　一卷
橘録　〔宋〕韓彦直撰　三卷
南方草木狀　〔晉〕嵇含撰　三卷
竹譜　〔晉〕戴凱之撰　一卷
菊譜　〔宋〕劉蒙撰　一卷
菊譜　〔宋〕范成大撰　一卷
菊譜　〔宋〕史正志撰　一卷
梅譜　〔宋〕范成大撰　一卷
洛陽牡丹記　〔宋〕歐陽修述　一卷
牡丹榮辱志　〔宋〕丘璿撰　一卷
揚州芍藥譜　〔宋〕王觀撰　一卷
海棠譜　〔宋〕陳思撰　三卷
師曠禽經　〔晉〕張華註　一卷
名山洞天福地記　〔蜀〕杜光庭撰　一卷

叢　17　0031　稗海（七十四種）　〔明〕商濬輯
槐蔭山房藏版　四百四十八卷　八十册

叢　17　0031　又
九十六册

博物志　〔晉〕張華撰　十卷
西京雜記　〔晉〕葛洪撰　六卷
拾遺記　〔晉〕王嘉撰　十卷
搜神記　〔晉〕干寶撰
述異記　〔梁〕任昉撰
續博物志　〔唐〕李石撰　十卷
摭言　〔唐〕王保定撰　一卷
小名録　〔唐〕陸龜蒙撰　二卷
雲溪友議　〔唐〕范攄撰　十二卷
獨思志　〔唐〕李冗撰　三卷
杜陽雜編　〔唐〕蘇鶚撰　三卷
東觀奏記　〔唐〕裘庭裕撰　三卷
大唐新話　〔唐〕劉肅撰　十三卷
因話録　〔唐〕趙璘撰　六卷
玉泉子　〔唐〕闕名　一卷
北夢瑣言　〔五代〕孫光憲撰　二十卷
樂善録　〔宋〕李昌齡撰　二卷
蠡海集　〔宋〕王逵撰　一卷
過庭録　〔宋〕范公稱撰　一卷
泊宅編　〔宋〕方勺撰　一卷
閑窻括異志　〔宋〕魯應龍撰　一卷
搜采異録　〔宋〕宋永亨撰　五卷
東軒筆録　〔宋〕魏泰撰　十五卷
青箱雜記　〔宋〕吴處厚撰　十卷
蒙齋筆談　〔宋〕鄭景望撰　二卷
畫墁録　〔宋〕張舜民撰　一卷
游宦紀聞　〔宋〕張世南撰　十卷
夢溪筆談　〔宋〕沈括撰　二十六卷

補筆談 〔宋〕沈括撰 一卷
學齋佔畢 〔宋〕沈括撰
祛疑説纂 〔宋〕沈括撰 一卷
墨莊漫録 〔宋〕張邦基撰 十卷
侍兒小名録拾遺 〔宋〕張邦基撰 一卷
補侍兒小名録 〔宋〕王銍撰 一卷
續侍兒小名録 〔宋〕温豫撰
懶真子 〔宋〕馬永卿撰 五卷
歸田録 〔宋〕歐陽修撰 二卷
東坡志林 〔宋〕蘇軾撰 十五卷
龍川别志 〔宋〕蘇轍撰 二卷
澠水燕談 〔宋〕王闢之撰 十卷
冷齋夜話 〔宋〕僧惠洪撰 十卷
老學庵筆記 〔宋〕陸游撰 十卷
雲麓漫抄 〔宋〕趙彦衛撰 四卷
石林燕語 〔宋〕葉夢得撰 十卷
避暑録話 〔宋〕葉夢得撰 二卷
清波雜志 〔宋〕周煇撰 三卷
墨客揮犀 〔宋〕彭乘撰 十卷
異聞總録 〔宋〕闕名 四卷
遂昌雜録 〔元〕鄭元祐撰 一卷
酉陽雜俎 〔唐〕段成式撰 二十卷
宣室志（附補遺） 〔唐〕張讀撰 十一卷
龍城録 〔唐〕柳宗元撰 二卷
鶴林玉露（補遺） 〔宋〕羅大經撰 十七卷
儒林公議 〔宋〕田況撰 二卷
侯鯖録 〔宋〕趙德麟撰 八卷
睽車志 〔宋〕郭象撰 六卷

江隣幾雜志 〔宋〕江復休撰 一卷
桯史 〔宋〕岳珂撰 十五卷
隨隱漫録 〔宋〕陳世崇撰 五卷
楓窗小牘 〔宋〕百歲寓翁撰 二卷
耕禄稿 〔宋〕胡錡撰 一卷
厚德録 〔宋〕李元綱撰 四卷
西溪叢話 〔宋〕姚寬撰 二卷
野客叢書 〔宋〕王楙撰 三十卷
螢雪叢書 〔宋〕俞元德撰 二卷
孫公談圃 〔宋〕孫升撰 三卷
許彦周詩話 〔宋〕許顗撰 一卷
後山詩話 〔宋〕陳師道撰 一卷
齊東野語 〔宋〕周密撰 二十卷
癸辛雜識前集 〔宋〕周密撰 一卷
癸辛雜識後集 〔宋〕周密撰 一卷
癸辛雜識續集 〔宋〕周密撰 二卷
癸辛雜識别集 〔宋〕周密撰 二卷
山房隨筆 〔元〕蔣正子撰 一卷

叢 17 2010 津逮秘書（十五集一百四十六種） 〔明〕毛晉編
上海博古齋影印 民國十一年 七百四十一卷 二百册

第一集

子夏詩序 一卷
子貢詩傳 一卷
申氏詩説 〔漢〕申培著 一卷
韓氏詩外傳 〔漢〕韓嬰著 十卷
陸氏草木蟲魚疏 〔吴〕陸璣撰 二卷

王氏詩考 〔宋〕王應麟撰 一卷
王氏詩地理考 〔宋〕王應麟撰 六卷
爾雅注 〔宋〕鄭樵註 三卷

第二集

京氏易傳 〔吴〕陸績註 三卷
關氏易傳 〔北魏〕關朗撰 〔唐〕趙蕤注 一卷
蘇氏易傳 〔宋〕蘇軾著 九卷
焦氏易林 〔漢〕焦延壽著 四卷
周易集解 〔唐〕李鼎祚輯 十七卷
易釋文 〔唐〕陸德明撰 一卷
周易集解略例 〔魏〕王弼著 〔唐〕邢璹註 〔後周〕衛元嵩述 一卷
元包經傳 〔唐〕蘇源明傳 〔唐〕李江注 五卷
元包數總義 〔蜀〕張行成述 二卷
周易舉正 〔唐〕郭京撰 三卷
麻衣道者正易心法 一卷

第三集

通鑑地理通釋 〔宋〕王應麟著 十四卷
通鑑問疑 〔宋〕劉羲仲撰 一卷
小學紺珠 〔宋〕王應麟撰 十卷
齊民要術 〔後魏〕賈思勰撰 十卷
急就篇 〔唐〕顔師古注 〔宋〕王應麟音釋 四卷
漢志考 〔宋〕王應麟著 四卷

第四集

佛説四十二章經 〔後漢〕迦葉法騰 〔後漢〕竺摩蘭同譯 一卷

道德指歸論　〔漢〕嚴遵撰　六卷
青鳥先生葬經（附葬經翼）　〔金〕兀欽仄註　二卷
周髀算經（附數術記遺）　〔漢〕趙君卿註　〔北周〕甄鸞重述　〔唐〕李淳風注釋　共三卷
皇帝授三子玄女經　一卷
胎息經　幻真先生註　一卷
風后握奇經　〔漢〕公孫弘解　一卷
耒耜經　〔唐〕陸龜蒙譔　一卷
五木經　〔唐〕李翺譔　一卷
女孝經　〔唐〕鄭氏著　十二卷
丸經　二卷
通古大象歷星經　二卷
忠經　〔漢〕馬融撰　〔漢〕鄭玄注　一卷
黄帝宅經　二卷
墨經　〔宋〕晁氏撰　一卷
古文參同契集解　〔漢〕魏伯陽著　〔明〕蔣一彪輯　六卷

第五集

全唐詩話　〔宋〕尤袤撰　六卷
六一詩話　〔宋〕歐陽修撰　一卷
滄浪詩話　〔宋〕嚴羽撰　一卷
後山詩話　〔宋〕陳師道撰　一卷
彦周詩話　〔宋〕許顗撰　一卷
二老堂詩話　〔宋〕周必大撰　一卷
紫薇詩話　〔宋〕吕本中撰　一卷
石林詩話　〔宋〕葉夢得撰　一卷
中山詩話　〔宋〕劉攽撰　一卷
竹坡詩話　〔宋〕周紫芝撰　一卷

文正公詩話（原題續詩話）　〔宋〕司馬光撰　一卷

第六集

法書要録　〔唐〕張彥遠集　十卷
東觀餘論　〔宋〕黄伯思撰　二卷
廣川書跋　〔宋〕董逌著　十卷
宣和書譜　二十卷

第七集

圖畫見聞誌　〔宋〕郭若虚撰　六卷
歷代名畫記　〔唐〕張彥遠撰　十卷
古畫品録　〔南齊〕謝赫撰　一卷
續畫品録　〔唐〕李嗣真撰　一卷
宣和畫譜　二十卷
圖繪寶鑑（補遺）　〔元〕夏文彥纂　七卷
後畫録　〔唐〕釋彥悰撰　一卷
續畫品　〔陳〕姚最撰　一卷
畫繼　〔宋〕鄧椿撰　十卷
畫史　〔宋〕米芾撰　一卷

第八集

詩品　〔梁〕鍾嶸撰　三卷
詩品二十四則　〔唐〕司空圖撰　一卷
風騷旨格　〔唐〕齊己撰　一卷
芥隱筆記　〔宋〕龔頤正撰　一卷
冷齋夜話　〔宋〕釋惠洪輯　十卷
西溪叢話　〔宋〕姚寬輯　二卷

益部方物略記　〔宋〕宋祁撰　一卷
捫蝨新話　〔宋〕陳善著　十五卷
歲華紀麗　〔唐〕韓鄂撰　四卷
玉蘂辨證　一卷
桯史（附録）　〔宋〕岳珂撰　十六卷
泉志　〔宋〕洪遵撰　十五卷

第九集

酉陽雜俎　〔唐〕段成式撰　二十卷
酉陽雜俎續集　〔唐〕段成式撰　十卷
甘澤謡（附録）　〔唐〕袁郊撰　二卷
本事詩　〔唐〕孟棨撰　一卷
誠齋雜記　〔元〕林坤著　二卷
五色線　二卷
却掃編　〔宋〕徐度撰　三卷
劇談録　〔宋〕康駢述　二卷
瑯嬛記　〔元〕伊世珍撰　三卷
輟畊録　〔明〕陶宗儀撰　三十卷

第十集

洛陽伽藍記　〔魏〕楊衒之撰　五卷
佛國記　〔宋〕釋法顯撰　一卷
洛陽名園記　〔宋〕李廌撰　一卷
靈寶真靈位業圖　〔梁〕陶弘景纂　〔唐〕丘方远校定　一卷
東京夢華録　〔宋〕孟元老撰　十卷
西京雜記　〔晉〕葛洪集　六卷
大唐創業起居注　〔唐〕温大雅撰　三卷

老學庵筆記 〔宋〕陸游撰 十卷
漢雜事秘辛 一卷
焚椒録 〔遼〕王鼎撰 一卷
淳熙玉堂雜記 〔宋〕周必大撰 三卷
唐國史補 〔唐〕李肇撰 三卷

第十一集

搜神記 〔晉〕干寶撰 二十卷
搜神後記 〔晉〕陶潛撰 十卷
録異記 〔蜀〕杜光庭撰 八卷
稽神録 〔宋〕徐鉉撰 六卷
周氏冥通記 〔梁〕陶弘景撰 四卷
異苑 〔宋〕劉敬叔撰 十卷

第十二集

東坡題跋 〔宋〕蘇軾撰 六卷
山谷題跋 〔宋〕黄庭堅譔 九卷
无咎題跋 〔宋〕晁補之撰 一卷
宛丘題跋 〔宋〕張耒撰 一卷
淮海題跋 〔宋〕秦觀撰 一卷
鶴山題跋 〔宋〕魏了翁撰 七卷
放翁題跋 〔宋〕陸游撰 六卷
姑溪題跋 〔宋〕李之儀撰 二卷
石門題跋 〔宋〕釋德宏撰 二卷
西山題跋 〔宋〕真德秀撰 三卷

第十三集

六一題跋 〔宋〕歐陽修撰 十卷
元豐題跋 〔宋〕曾鞏撰 一卷
水心題跋 〔宋〕葉適撰 一卷
益公題跋 〔宋〕周必大撰 十二卷
後邨題跋 〔宋〕劉克莊撰 四卷
止齋題跋 〔宋〕陳傅良撰 一卷
魏公題跋 〔宋〕蘇頌撰 一卷
晦庵題跋 〔宋〕朱熹撰 三卷
容齋題跋 〔宋〕洪邁撰 二卷
海岳題跋 〔宋〕米芾撰 二卷

第十四集

樂府古題要解 〔唐〕吴兢撰 二卷
癸辛雜識（前集） 〔宋〕周密輯
癸辛雜識後集 〔宋〕周密輯
癸辛雜識續集 〔宋〕周密輯 二卷
癸辛雜識别集 〔宋〕周密輯 二卷
紹興内府古器評 〔宋〕張掄撰 二卷
揮麈前録 〔宋〕王明清輯 四卷
揮麈後録 〔宋〕王明清輯 十一卷
揮麈第三録 〔宋〕王明清輯 三卷
揮麈後録餘話 〔宋〕王明清輯 二卷

第十五集

夢溪筆談 〔宋〕沈括撰 二十六卷
湘山野録（附續録） 〔宋〕釋文瑩撰 三卷

春渚紀聞 〔宋〕何薳撰 十卷
齊東野話 〔宋〕周密撰 二十卷
茅亭客話 〔宋〕黄休復集 十卷
錦帶書 〔梁〕蕭統撰
河南邵氏聞見録 〔宋〕邵博撰 二十卷
河南邵氏聞見後録 〔宋〕邵博撰 三十卷
避暑録話 〔宋〕葉少蘊著 二卷
貴耳集 〔宋〕張端義著 三卷

叢 17 2189 增訂漢魏叢書（八十六種） 〔明〕何鏜輯 〔清〕王謨增輯
紅杏山房藏版 光緒二年 共四百四十五卷 一百册

經 翼

易林 〔漢〕焦延壽著 四卷
易傳 〔漢〕京房著 三卷
易傳 〔北魏〕關朗著 一卷
易略例 〔魏〕王弼著 一卷
三墳書 〔晉〕阮咸注 一卷
汲冢周書 〔晉〕孔晁注 十卷
詩傳 〔周〕子貢述 一卷
詩説 〔漢〕申培著 一卷
韓詩外傳 〔漢〕韓嬰著 十卷
毛詩草木鳥獸蟲魚疏 〔吴〕陸璣著 二卷
大戴禮記 〔漢〕戴德著 十三卷
春秋繁露 〔漢〕董仲舒著 十七卷
白虎通 〔漢〕班固著 四卷
獨斷 〔漢〕蔡邕著 一卷
忠經 〔漢〕馬融著 一卷

孝傳 〔晉〕陶潛著 一卷
小爾雅 〔漢〕孔鮒著 一卷
方言 〔漢〕揚雄著 十三卷
博雅 〔魏〕張揖纂 十卷
釋名 〔漢〕劉熙著 四卷

别 史

竹書紀年 〔晉〕沈約注 二卷
穆天子傳 〔晉〕郭璞注 六卷
越絶書 〔漢〕無名氏補 十五卷
吴越春秋 〔漢〕趙曄著 六卷
西京雜記 〔漢〕劉歆著 六卷
漢武帝内傳 〔漢〕班固著 一卷
飛燕外傳 〔漢〕伶玄著 一卷
雜事秘辛 〔漢〕無名氏著 一卷
華陽國志 〔晉〕常璩著 十二卷
十六國春秋 〔魏〕崔鴻著 十六卷
元經 〔隋〕王通著 十卷
羣輔録 〔晉〕陶潛著 一卷
英雄記 〔魏〕王粲著 一卷
高士傳 〔晉〕皇甫謐著 一卷
蓮社高賢傳 〔晉〕無名氏著 一卷
神仙傳 〔晉〕葛洪著 十卷

子 餘

孔叢子 〔漢〕孔鮒著 二卷
新語 〔漢〕陸賈著 二卷

新書　〔漢〕賈誼著　十卷

新序　〔漢〕劉向著　十卷

説苑　〔漢〕劉向著　二十卷

淮南子　〔漢〕淮南王劉安著　二十一卷

鹽鐵論　〔漢〕桓寬著　十二卷

法言　〔漢〕揚雄著　十卷

申鑒　〔漢〕荀悦著　五卷

論衡　〔漢〕王充著　三十卷

潛夫論　〔漢〕王符著　十卷

中論　〔魏〕徐幹著　二卷

中説　〔隋〕王通著　二卷

風俗通　〔漢〕應劭著　十卷

人物志　〔魏〕劉劭著　三卷

新論　〔梁〕劉勰著　十卷

顔氏家訓　〔北齊〕顔之推著　二卷

參同契　〔漢〕魏伯陽著　一卷

陰符經　〔漢〕張良注　一卷

風后握奇經　〔漢〕公孫弘解　一卷

素書　一卷

心書　〔漢〕諸葛亮著　一卷

載　記

古今注　〔晉〕崔豹纂　三卷

博物志　〔晉〕張華著　十卷

文心雕龍　〔梁〕劉勰著　十卷

詩品　〔梁〕鐘嶸著　三卷

書品　〔梁〕庾肩吾撰　一卷

尤射　〔魏〕繆襲著　一卷

拾遺記　〔晉〕王嘉著　十卷
述異記　〔梁〕任昉著　二卷
續齊諧記　〔梁〕吴均著　一卷
搜神記　〔晉〕干寶著　八卷
續搜神記　〔晉〕陶潛著　二卷
還魂記　〔北齊〕顔之推著　一卷
神異記　〔漢〕東方朔著　一卷
十洲記　〔漢〕東方朔著　一卷
洞冥記　〔漢〕郭憲著　四卷
枕中書　〔晉〕葛洪著　一卷
佛國記　〔晉〕釋法顯著　一卷
洛陽伽藍記　〔後魏〕楊衒之著　五卷
三輔皇圖　〔漢〕無名氏著　六卷
水經　〔漢〕桑欽著　二卷
星經　〔漢〕石申著　二卷
荊楚歲時記　〔晉〕宗懔著　一卷
南方草木狀　〔晉〕嵇含著　三卷
竹譜　〔晉〕戴凱之著　一卷
禽經　〔晉〕張華著　一卷
古今刀劍録　〔梁〕陶宏景纂　一卷
鼎録　〔梁〕虞荔纂　一卷
外史　〔漢〕黄憲著　八卷

叢　17　2699　漢魏叢書（三十八種）　〔明〕程榮輯
二百五十卷　六十四册

經　籍

京房易傳　〔漢〕京房著　〔吴〕陸績註　三卷

周易略例 〔魏〕王弼著 〔唐〕邢璹註 一卷
三墳書 一卷
詩説 〔漢〕申培著 一卷
韓詩外傳 〔漢〕韓嬰著 十卷
大戴禮記 〔漢〕戴德著 十三卷
春秋繁露 〔漢〕董仲舒著 十七卷
白虎通德論 〔漢〕班固著 二卷
獨斷 〔漢〕蔡邕著 二卷
忠經 〔漢〕馬融著 一卷
方言 〔漢〕揚雄著 〔晉〕郭璞解 十三卷

史　籍

元經薛氏傳 〔隋〕王通著 〔唐〕薛收傳 十卷
汲冢周書 〔晉〕孔晁注 十卷
穆天子傳 〔晉〕郭璞註 六卷
西京雜記 〔晉〕葛洪集 六卷

子　籍

素書 〔宋〕張商英註 一卷
新語 〔漢〕陸賈著 二卷
孔叢子 〔漢〕孔鮒著 三卷
新序 〔漢〕劉向著 十卷
説苑 〔漢〕劉向著 二十卷
新書 〔漢〕賈誼著 十卷
法言 〔漢〕揚雄著 十卷
潛夫論 〔漢〕王符著 十卷
申鑒 〔漢〕荀悦著 〔明〕黄省曾註 五卷

中論 〔漢〕徐幹著 二卷
顔氏家訓 〔北齊〕顔之推著 二卷
商子 〔秦〕公孫鞅著 五卷
人物志 〔魏〕劉邵著 〔凉〕劉昞註 三卷
風俗通義 〔漢〕應劭著 十卷
劉子新論 〔梁〕劉勰著 〔梁〕袁孝政註 十卷
神異經 〔漢〕東方朔著 一卷
洞冥記 〔漢〕郭憲著 四卷
述異記 〔梁〕任昉著 二卷
王子年拾遺記 〔晉〕王嘉著 〔梁〕蕭綺録 十卷
甘石星經 〔漢〕甘公石申著 二卷
飛燕外傳 〔漢〕伶玄著 一卷
古今刀劍録 〔梁〕陶宏景著 一卷
論衡 〔漢〕王充著 三十卷

叢 17 3110 顧氏文房小説（四十種） 〔明〕顧元慶輯
上海涵芬樓印 民國十四年 五十七卷 十册
古今註 〔晉〕崔豹著 三卷
隋唐嘉話 〔唐〕劉餗著 三卷
周秦行紀 〔唐〕牛僧孺著 一卷
南岳魏夫人傳 一卷
博異志 〔唐〕谷神子著 一卷
楊太真外傳 〔宋〕樂史著 二卷
臥游録 〔宋〕吕祖謙著 一卷
山家清事 〔宋〕林洪著 一卷
明道雜志 〔宋〕張耒著 一卷
宜齋野乘 〔宋〕吴枋著 一卷
松窗雜録 〔唐〕李濬著 一卷

柳氏舊聞　〔唐〕李德裕著　一卷
芥隱筆記　〔宋〕龔頤正著　一卷
艾子雜説　〔宋〕蘇軾著　一卷
梅妃傳　〔唐〕曹鄴著　一卷
集異記　〔唐〕薛用弱著　二卷
虬髯客傳　〔唐〕杜光庭著　一卷
資暇集　〔唐〕李匡乂著　三卷
幽閑鼓吹　〔唐〕張固著　一卷
小爾雅　〔漢〕孔鮒著　一卷
葆光録　〔宋〕龍明子著　三卷
洛陽名園記　〔宋〕李格非著　一卷
趙飛燕外傳　〔漢〕伶玄著　一卷
高力士外傳　〔唐〕郭湜著　一卷
開元天寶遺事　〔五代〕王任裕著　二卷
續齊諧記　〔梁〕吴均著　一卷
海内十洲記　〔漢〕東方朔著　一卷
卓異記　〔唐〕李翺著　一卷
松漠紀聞　〔宋〕洪皓著　二卷
漢武帝别國洞冥記　〔漢〕郭憲著　四卷
白猿傳　一卷
碧雲騢　〔宋〕梅堯臣著　一卷
劉賓客嘉話録　〔唐〕韋絢著
嘯旨　一卷
文録　〔宋〕唐庚著　一卷
深雪偶談　〔宋〕方嶽著　一卷
詩品　〔梁〕鍾嶸著　三卷
本事詩　〔唐〕孟棨著　一卷
德隅齋畫品　〔宋〕李廌著　一卷

鼎録　〔梁〕虞荔著　一卷

叢　17　7446　古今説海（説選一十八種）　〔明〕陸楫編
酉山堂刊本　道光元年　二十三卷　十册

甲　集

北征録　〔明〕金幼孜著　一卷
北征後録　〔明〕金幼孜著　一卷
北征記　〔明〕楊榮著　一卷

乙　集

平夏録　〔明〕黄標著　一卷
江南别録　〔宋〕陳彭年著　一卷

丙　集

三楚新録　〔宋〕周羽冲編　三卷
溪蠻叢笑　〔宋〕朱輔著　一卷

丁　集

遼志　〔宋〕葉隆禮著　一卷
金志　〔宋〕宇文懋照著　一卷

戊　集

蒙韃備録　〔宋〕孟珙著　一卷
北邊備對　〔宋〕程大昌著　一卷

己　集

桂海虞衡志　〔宋〕范成大撰　一卷

庚　集

真臘風土記　〔元〕周達觀撰　一卷

辛　集

北户録　〔唐〕段公路撰　一卷
西使記　〔元〕劉郁撰　一卷

壬　集

北轅録　〔宋〕周煇撰　一卷
滇載記　〔明〕楊慎撰　一卷

癸　集

星槎勝覽　〔明〕费信撰　四卷

叢　17　7522　寶顔堂秘笈（二百二十三種）　〔明〕陳繼儒輯
文明書局印　民國十一年　四百五十三卷　四十八册

正　集

玉照新志　〔宋〕王明清著　六卷
雲煙過眼録　〔宋〕周密著　四卷
學古編　〔元〕吾衍著　一卷
筆疇　〔明〕王達著　二卷
書品　〔梁〕庾肩吾著　一卷
樂郊私語　〔元〕姚桐壽著　一卷

清暑筆談 〔明〕陸樹聲著 一卷
貧士傳 〔明〕黄姬水譔 二卷
焚椒録 〔遼〕王鼎述 一卷
歸有園麈談 〔明〕徐學謨著 一卷
娑羅館清言 〔明〕屠龍著 二卷
娑羅館逸稾 〔明〕屠龍著 二卷
娑羅館續清言 〔明〕屠龍著 一卷
冥寥子游 〔明〕屠龍著 二卷
甲乙剩言 〔明〕胡應麟著 一卷
廣莊 〔明〕袁宏道著 一卷
瓶史 〔明〕袁宏道著 一卷
偶談 〔明〕李鼎著 一卷
野客叢書 〔元〕王楙輯 十二卷
考槃餘事 〔明〕屠隆著 四卷

續　集

尚書故實 〔唐〕李綽編 一卷
南唐近事 〔宋〕鄭文寶編 一卷
文公政訓 〔宋〕朱熹著 一卷
西山政訓 〔宋〕真德秀著 一卷
談苑 〔宋〕孔平仲著 四卷
林下偶談 〔宋〕吴氏著 四卷
桂苑叢談 〔明〕馮翊著 一卷
陰符經解 一卷
枕中書 〔晉〕葛洪著 一卷
後山談叢 〔宋〕陳師道著 四卷
无上秘要 一卷
省心録 〔宋〕林逋著 一卷

觚不觚録 〔明〕王世貞著 一卷
讀書雜抄 〔宋〕魏了翁著 二卷
脉望 〔西蜀〕趙台鼎著 八卷
賢奕編 〔明〕劉元鄉編纂 四卷
煑泉小品 〔明〕田藝衡著 一卷
伏戎紀事 〔明〕高拱著 一卷
丹青志 〔明〕王穉登著 一卷
畫説 〔明〕莫是龍著 一卷
次柳氏舊聞 〔唐〕李德裕著 一卷
谿山餘話 〔明〕陸深著 一卷
耄餘雜識 〔明〕陸樹聲著 三卷
西堂日記 〔明〕楊豫孫著 一卷
知命録 〔明〕陸深著 一卷
樂府指迷 〔宋〕張炎、〔元〕陸輔之著 二卷
疑仙傳 〔唐〕王簡著 一卷
可談 〔宋〕朱彧著 一卷
玉堂漫筆 〔明〕陸深著 一卷
蜀都雜抄 〔明〕陸深著 一卷
四夷考 〔明〕葉向高著 八卷
集異志 〔唐〕陸勳著 四卷
慎言 〔明〕敖英纂 二卷
鼎録 〔梁〕虞荔纂 一卷
古奇器録 〔明〕陸深著 一卷
井觀瑣言 〔宋〕鄭瑗著 三卷
蜩笑偶書 〔宋〕鄭瑗著 一卷
長松茹退 〔明〕憨頭陀著 二卷
虎薈 〔明〕陳繼儒集 六卷
羅湖野録 〔宋〕釋曉瑩著 四卷

觴政　〔明〕袁宏道著　一卷
吴社編　〔明〕王穉登著　一卷
願豐堂漫書　〔明〕陸深著　一卷
金臺紀聞　〔明〕陸深著　一卷
長水日抄　〔明〕陸樹聲著　一卷
瘖言　〔明〕陸樹聲著　一卷
夷俗記　〔明〕蕭大亨纂　一卷
三事遡真　〔明〕李豫亨著　一卷
銷夏部　〔明〕陳繼儒著　四卷
辟寒部　〔明〕陳繼儒著　四卷

廣　集

兩同書　〔唐〕羅隱著　二卷
羯鼓録　〔唐〕南卓著　一卷
荆楚歲時紀　〔梁〕宗懔著　一卷
丙丁龜鑑　〔宋〕柴望輯　六卷
滄浪詩話　〔宋〕嚴羽著　一卷
遊城南記　〔宋〕張禮著　一卷
入蜀記　〔宋〕陸游著　四卷
出蜀記（即吴船録）　〔宋〕范成大著　二卷
楓窗小牘　〔宋〕袁褧著　二卷
經外雜抄　〔宋〕魏了翁著　二卷
物類相感志　〔宋〕蘇軾著　一卷
還寃志　〔北齊〕顔之推著　一卷
正朔考（附古今考）　〔宋〕魏了翁著　一卷
風月堂詩話　〔宋〕朱弁著　二卷
文則　〔宋〕陳騤著　二卷
前武林舊事　〔宋〕周密著　六卷

後武林舊事 〔宋〕周密著 五卷
老子解 〔宋〕蘇轍註 四卷
貴耳録 〔宋〕張端義編 二卷
王氏談録 〔宋〕王洙著 一卷
海内十洲記 〔漢〕東方朔纂 一卷
農田餘話 〔明〕長谷真逸著 二卷
歲華紀麗譜 〔元〕费著撰 一卷
庚申外史 〔元〕權衡編 二卷
脚氣集 〔宋〕車若水著 二卷
化書 〔南唐〕譚峭著 六卷
傳疑録 〔明〕陸深著 一卷
春風隨堂筆 〔明〕陸深著 一卷
燕閒録 〔明〕陸深著 一卷
讀書筆記 〔明〕祝允明著 一卷
意見 〔明〕陳于陛著 一卷
從政録 〔明〕薛瑄著 一卷
海槎餘録 〔明〕顧岕著 一卷
東谷贅言 〔明〕敖英著 二卷
丹鉛續録 〔明〕楊慎著 八卷
食色紳言 〔明〕皆春居士著 二卷
閩部疏 〔明〕王世懋著 一卷
學圃雜疏 〔明〕王世懋著 一卷
缾花譜 〔明〕張謙德著 一卷
汲古叢話 〔明〕陸樹聲著 一卷
馬記 〔明〕郭子章輯 一卷
劍記 〔明〕郭子章輯 一卷
雨航雜録 〔明〕馮時可著 二卷
邵康節外記 〔明〕陳繼儒輯 四卷

矗采清課　〔明〕費元禄纂　二卷
戊申立春攷證　〔明〕邢雲路訂　一卷
金丹四百字解　〔明〕張百端著　一卷
友論　〔明〕西人利瑪竇集　一卷
木几冗談　〔明〕彭汝讓著　一卷
席上腐談　〔元〕俞琰著　二卷

普　集

朝野僉載　〔唐〕張鷟撰　六卷
毛詩草木蟲魚疏　〔吴〕陸璣著　二卷
别國洞冥記　〔漢〕郭憲著　一卷
三輔皇圖　二卷
卓異記　〔唐〕李翺述　二卷
臥游録　〔宋〕吕祖謙録　一卷
孔氏雜記　〔宋〕孔平仲著　四卷
春渚紀聞　〔宋〕何薳撰　六卷
東坡問答録　〔宋〕蘇軾撰　一卷
漁樵閒話録　〔宋〕蘇軾撰　一卷
洛陽名園記　〔宋〕李廌記　一卷
捫蝨新話　〔宋〕陳善撰　四卷
驂鸞録　〔宋〕范成大撰　一卷
攬轡録　〔宋〕范成大撰　一卷
麟書　〔宋〕汪若海撰　一卷
曲洧舊聞　〔宋〕朱弁撰　四卷
震澤長語　〔明〕王鏊撰　二卷
農説　〔明〕馬一龍撰　一卷
游名山記　〔明〕都穆撰　四卷
召對録　〔明〕申時行輯　一卷

秇圃擷餘 〔明〕王世懋撰 一卷
茶寮記 〔明〕陸樹聲撰 一卷
然明茶疏 〔明〕許次紓撰 一卷
真珠船 〔明〕胡侍撰 八卷
古今印史 〔明〕徐官撰 一卷
同異録 〔明〕陸深撰 二卷
駢語雕龍 〔明〕游日章撰 四卷
會仙女誌 〔明〕酈琥撰 一卷
孝經 一卷
孝經集靈節略 〔明〕虞淳熙撰 一卷
孝經引證 〔明〕楊起元著 一卷
孝經宗旨 一卷
祈嗣真銓 〔明〕袁黄編 一卷
備倭圖記 〔明〕卜大同編 一卷
方山紀述 〔明〕薛應旂著 一卷
祐山雜記 〔明〕馮汝弼著 一卷
聖學範圍圖説 〔明〕岳元聲著 一卷
山行雜記 〔明〕宋彦著 一卷
冬官紀事 〔明〕項夢原著 一卷
研北雜志 〔元〕陸友仁著 二卷
聽心齋客問 〔明〕萬尚文者 一卷
畫禪 〔明〕蓮儒纂 一卷
金華遊録 〔宋〕謝翱著 二卷
渾然子 〔明〕張翀著 一卷
方洲雜言 〔明〕張寧輯 一卷
玉笑零音 〔明〕田藝蘅著 一卷
酒史 〔明〕馮時化著 二卷
幽閒鼓吹 〔唐〕張固著 一卷

彙　　集

清異録　〔宋〕陶穀著　四卷
蟾仙解老　〔宋〕白玉蟾註　一卷
兼明書　〔五代〕丘光庭編　五卷
靖康湘素雜記　〔宋〕黄朝英著　十卷
世範　〔宋〕袁采編　三卷
鍾吕二仙傳　〔明〕黄魯曾著　一卷
金丹詩訣　〔唐〕吕巖著　二卷
韓仙傳　〔唐〕韓若雲著　一卷
衍極　〔元〕鄭杓述　一卷
周易尚占　〔明〕李清菴著　三卷
畫品　〔宋〕李廌著　一卷
誠意伯連珠　〔明〕劉基著　一卷
春雨雜述　〔明〕解縉輯　一卷
海語　〔明〕黄衷著　三卷
異魚圖贊　〔明〕楊慎著　四卷
江隣幾雜誌　〔宋〕江修復著　一卷
讕言長語　〔明〕曹安輯　二卷
陰符經解　〔明〕焦竑著　一卷
支談　〔明〕焦竑著　三卷
問奇集　〔明〕張位著　一卷
祝子小言　〔明〕祝世禄著　一卷
先進遺風　〔明〕耿定向著　二卷
補筆談　〔宋〕沈括著　二卷
見聞紀訓　〔明〕陳良謨著　一卷
奉使録　〔明〕張寧著　一卷
黄帝祠額解　〔明〕李維楨著　一卷

天目游記 〔明〕黄汝亨著 一卷
游唤 〔明〕王思任著 一卷
黄白鏡 〔明〕李文燭著 一卷
田居乙記 〔明〕方大鎮著 一卷
一菴雜問録 〔明〕唐樞纂 一卷
碧里雜存 〔明〕董穀輯 一卷
奇門遁甲 〔明〕劉基輯 一卷
瀛涯勝覽 〔明〕馬觀記 一卷
夷俗考 〔宋〕方鳳著 一卷
燕市雜詩 〔明〕于燕芳著 一卷
物異考 〔宋〕方鳳著 一卷
女直考 〔明〕山臣著
竹派 〔明〕蓮儒著 一卷
泉南雜誌 〔明〕陳懋仁著 二卷

眉公雜著

見聞録 八卷
珍珠船 四卷
妮古録 四卷
羣碎録 一卷
偃曝餘談 二卷
巖栖幽事 一卷
枕談 一卷
太平清話 四卷
書蕉 二卷
筆記 二卷
書畫史 一卷
長者言 一卷

狂夫之言　六卷
香案牘　一卷
讀書鏡

叢　18　0040　式訓堂叢書（二十七種）〔清〕章壽康輯
會稽章氏刊　光緒十二年　八十九卷　三十二册

初　集

古易音訓　〔清〕朱咸熙著　二卷
傳經表（附通經表一卷）〔清〕畢沅著　一卷
漢書西域傳補註　〔清〕徐松著　二卷
晉書地理志新補正　〔清〕畢沅著　五卷
乾道臨安志（附札記）〔宋〕周淙著　三卷
弟子職集解　〔清〕莊述祖著　一卷
吕子校補　〔清〕梁玉繩著　二卷
竹汀日記鈔　〔清〕錢大昕著　三卷
經籍跋文（附對策）〔清〕陳鱣著　七卷
拜經樓藏書題跋記　〔清〕吴壽暘著　六卷
曝書雜記　〔清〕錢泰吉著　三卷
溉亭述古録　〔清〕錢塘著　二卷
誌名廣例　〔清〕梁玉繩著　二卷
金石例補　〔清〕郭麐著　二卷

二　集

春秋夏正　〔清〕胡天游著　二卷
家語疏證　〔清〕孫志祖著　六卷
鍾山札記　龍城札記　〔清〕盧文弨著　共六卷

知聖道齋讀書跋 〔清〕彭元端著 二卷
平津館鑑藏記 〔清〕孫星衍輯 五卷
廉石居藏書記 〔清〕孫星衍著 〔清〕陳宗彝編 二卷
銅熨斗齋隨筆 〔清〕沈濤著 八卷
癖談 〔清〕蔡雲著 六卷
疑年表 超辰表 〔清〕汪日楨著 共四卷
後甲集 〔清〕章大來著 二卷
晚學集 〔清〕桂馥著 八卷
元魏滎陽鄭文公摩崖跋碑 〔清〕諸可寶著 一卷

叢 18 0110 顏李遺書（二十種） 〔清〕顏元 〔清〕李塨著
九十一卷 二十四册
習齋年譜 〔清〕李塨纂 二卷
習齋記餘 〔清〕顏元著 十卷
存學編 〔清〕顏元著 四卷
存治編 〔清〕顏元著 一卷
存人編 〔清〕顏元著 四卷
存性編 〔清〕顏元著 二卷
恕谷年譜 〔清〕馮辰著 五卷
聖經學規纂 〔清〕李塨著 二卷
論學 〔清〕李塨著 二卷
小學稽業 〔清〕李塨著 五卷
大學辨業 〔清〕李塨著 四卷
學禮 〔清〕李塨著 五卷
學射録 〔清〕李塨著 二卷
閱史郄視 〔清〕李塨著 四卷 續一卷
擬太平策 〔清〕李塨著 六卷
評乙古文 〔清〕李塨著 一卷

恕谷後集　〔清〕李塨著　十三卷
平書訂　〔清〕李塨著　十四卷
習齋言行録　〔清〕鍾錂纂　二卷
習齋闕異録　〔清〕鍾錂纂　二卷

叢　18　0123　半厂叢書（十五種）　〔清〕譚獻編
復堂刊　光緒十五年　八十四卷　十六册

叢　18　0123　又　〔清〕譚獻編
七十九卷　二十册
詩本誼　〔清〕龔橙著　十卷
西夏紀事本末　〔清〕張鑑著　三十六卷
白香詞譜箋　〔清〕舒夢蘭輯　〔清〕謝朝徵箋　四卷
篋中詞　〔清〕譚獻録　六卷
篋中詞續　〔清〕譚獻録　二卷
復堂文集　〔清〕譚獻著　四卷
復堂詩　〔清〕譚獻著　十一卷
復堂詞　〔清〕譚獻著　三卷
復堂日記　〔清〕譚獻著　六卷
合肥三家詩鈔　〔清〕譚獻編　二卷
待堂文　〔清〕吴懷珍著　一卷
四十初度述懷　〔清〕吴寶儉著　一卷
池上小集　〔清〕譚獻編　一卷
非見齋審定六朝正書碑目　〔清〕譚獻評　一卷
復堂詩詞　〔清〕譚獻著　五卷

叢　18　0735　廣雅叢書（九十四種）
廣雅書局刊　光緒十三年　六百六十四卷　一百九十二册

毛詩傳箋 〔清〕馬瑞辰著 三十二卷
毛詩後箋 〔清〕胡承珙著 三十卷
毛詩天文考 〔清〕洪亮吉著 一卷
尚書伸孔篇 〔清〕焦廷琥著 一卷
禮記天算釋 〔清〕孔廣牧著 一卷
禹貢班義述 〔清〕成容鏡著 三卷
儀禮古今文異同 〔清〕徐養源著 五卷
儀禮私箋 〔清〕鄭珍著 八卷
輪輿私箋 〔清〕鄭珍著 二卷
春秋規過考信 〔清〕陳熙晉著 三卷
春秋述義拾遺 〔清〕陳熙晉著 八卷
河間劉氏書目考 〔清〕陳熙晉著 一卷
隋書儒林傳 〔清〕陳熙晉著 一卷
孟子趙注補正 〔清〕宋翔鳳著 六卷
孟子劉注 〔清〕宋翔鳳輯 一卷
爾雅補注殘本 〔清〕劉玉麐著 一卷
小爾雅訓纂 〔清〕宋翔鳳著 六卷
爾雅匡名 〔清〕嚴元照著 二十卷
句溪雜著 〔清〕陳立著 六卷
學詁齋文集 〔清〕薛壽著 二卷
廣經室文鈔 〔清〕劉恭冕著 一卷
水經注西南諸水考 〔清〕陳澧著 三卷
弧三角平視法 〔清〕陳澧著 一卷
摹印術 〔清〕陳澧著 一卷
三統術詳説 〔清〕陳澧著 四卷
漢碑徵經 〔清〕朱百度著 一卷
易林釋文 〔清〕丁晏著 二卷
屈原賦注 〔清〕戴震注 十二卷

釋穀　〔清〕劉寶楠著　四卷
汗簡箋正　〔宋〕郭忠恕著　〔清〕鄭珍箋正　八卷
方言簡疏　〔清〕錢繹箋　十三卷
急就章考異　〔清〕莊世驥著　一卷
人表考　〔清〕梁玉繩著　九卷
韓集補注　〔清〕沈欽韓注　〔清〕胡承珙訂　一卷
大戴禮記解詁　〔清〕王聘珍著　十三卷
史記正譌　〔清〕王元啓著　一卷
史表功比説　〔清〕張錫瑜著　一卷
史記天官書補目　〔清〕孫星衍著　一卷
楚漢諸侯疆域志　〔清〕劉文淇著　三卷
史漢駢枝　〔清〕成孺著　一卷
史記志疑　〔清〕梁玉繩著　三十六卷
宋史藝文志補　〔清〕倪燦著　一卷
新舊唐書互證　〔清〕趙紹祖述　二十卷
魏書校勘記　〔清〕王先謙編　一卷
補梁疆域志　〔清〕洪齮孫著　四卷
後漢郡國令長考　〔清〕錢大昭著　一卷
後漢書辨疑　〔清〕錢大昭著　十一卷
續漢書辨疑　〔清〕錢大昭著　九卷
後漢書注補正　〔清〕周壽昌著　八卷
後漢書補注續　〔清〕侯康著　一卷
後漢書注又補　〔清〕沈銘彝著　一卷
漢書辨疑　〔清〕錢大昭著　二十二卷
後漢書補表　〔清〕錢大昭著　八卷
補續漢書藝文志　〔清〕錢大昭著　一卷
説文本經答問　〔清〕鄭知同著　二卷
漢書注校補　〔清〕周壽昌著　五十六卷

經咫 〔清〕陳祖范著 一卷
劉氏遺書 〔清〕劉台拱纂 八卷
愈愚録 〔清〕劉寶楠纂 六卷
吴氏遺書 〔清〕吴夌雲譔 五卷
宋州郡志校刊記 〔清〕成孺著 一卷
補宋書刑法志 〔清〕郝懿行著 一卷
補宋書食貨志 〔清〕郝懿行著 一卷
晉宋書故 〔清〕郝懿行著 一卷
晉書校勘記 〔清〕周家禄編 五卷
十六國疆域志 〔清〕洪亮吉著 十六卷
陳司業遺書 〔清〕陳祖范纂 二卷
東晉疆域志 〔清〕洪亮吉著 四卷
補晉兵志 〔清〕錢儀吉著 一卷
三國志補注續 〔清〕侯康著 一卷
三國志旁證 〔清〕梁章鉅著 三十卷
三國志考證 〔清〕潘眉著 八卷
三國志辨疑 〔清〕錢大昭著 三卷
三國志職官表 〔清〕洪飴孫著 三卷
補三國藝文志 〔清〕侯康著 四卷
宋遼金元四史朔閏考 〔清〕錢大昕著 二卷
補三史藝文志 〔清〕金門詔著 一卷
補三國疆域志 〔清〕洪亮吉著 二卷
三史拾遺 〔清〕錢大昕著 五卷
補遼金元藝文志 〔清〕倪燦著 一卷
歷代史表 〔清〕萬斯同著 五十九卷
諸史考異 〔清〕洪頤煊著 十八卷
諸史拾遺 〔清〕錢大昕著 五卷
中興小記 〔宋〕熊克著 四十卷

先聖生卒年月日考　〔清〕孔廣牧述　二卷
後漢三公年表　〔清〕華湛恩著　一卷
三國紀年表　〔清〕周嘉猷著　一卷
晉書校勘記　〔清〕勞格著　三卷
南北史世系表　〔清〕周嘉猷著　七卷
五代紀年表　〔清〕周嘉猷著　一卷
補五代史藝文志　〔清〕顧懷三著　一卷
漢書水道疏證　〔清〕洪頤煊著　四卷
讀史舉正　〔清〕張曦亮著　八卷
史記毛本正誤　〔清〕丁晏著　一卷

叢　18　0818　敏果齋（七種）　〔清〕許乃釗輯
六十二卷　十六册
武備輯要　六卷
武備輯要續編　〔清〕許乃釗輯　十卷
荒政輯要　〔清〕汪志伊纂　九卷
安瀾紀要　〔清〕徐端著　二卷
迴瀾紀要　〔清〕徐端著　二卷
紀効新書　〔明〕戚繼光著　十八卷
練兵實紀（附雜集）　〔明〕戚繼光著　十五卷

叢　18　0848　榆園叢刻（二十八種）　〔清〕許增輯
光緒十年　六十五卷　十六册
白石道人詩集（附詩説）　〔宋〕姜夔著　二卷
白石道人歌曲　〔宋〕姜夔著　五卷
山中白雲詞　〔宋〕張炎著　八卷
詞源　〔宋〕張炎撰　二卷
衍波詞　〔清〕王士禎著　二卷

納蘭詞　〔清〕成德著　五卷
蘅夢詞　〔清〕郭麐著　二卷
浮眉樓詞　〔清〕郭麐著　二卷
懺餘綺語　〔清〕郭麐著　二卷
爨餘詞　〔清〕郭麐著　一卷
拜石山房詞　〔清〕顧翰著　四卷
憶雲詞甲乙丙丁稿　〔清〕項廷紀著　四卷
微波詞　〔清〕錢枚著　一卷
松壺畫贅　〔清〕錢杜著　二卷
松壺畫憶　〔清〕錢杜著　二卷
緩雅堂駢文　〔清〕王詒壽著　八卷
笙月詞　〔清〕王詒壽著　五卷
花景詞　〔清〕王詒壽著　一卷
藏書紀要（附流通古書約）　〔清〕孫從添著　一卷
閒者軒帖攷　〔清〕孫承澤述　一卷
漫堂墨品（附雪堂墨品）　〔清〕朱犖著　一卷
端溪硯史　〔清〕吴蘭修著　三卷
筆史　〔清〕梁同書著　一卷
頻羅菴論書　〔清〕梁同書著　一卷
金粟牋説　〔清〕張燕昌著　一卷
賞延素心録　〔清〕周二學著　一卷
書畫説鈐　〔清〕陸時化著　一卷
陽羨名陶録　〔清〕吴騫著　一卷

叢　18　1020　南菁書院叢書（八集四十一種）　〔清〕王先謙輯
南菁書院藏版　光緒十四年　一百四十四卷　四十册

一　集

登科記考　〔清〕徐松著　三十卷

春秋摘微　〔清〕李邦黻輯　一卷

二　集

深衣考　〔清〕黄宗羲著　二卷

左傳補注　〔清〕姚鼐著　一卷

公羊補注　〔清〕姚鼐著　一卷

穀梁補注　〔清〕姚鼐著　一卷

國語補注　〔清〕姚鼐著　一卷

論語注　〔清〕戴望著　二十卷

羣經賸義　〔清〕俞樾著　一卷

操羖齋遺書　〔清〕管禮耕著　四卷

三　集

易林釋文　〔清〕丁晏著　二卷

投壺考原　〔清〕丁晏著　一卷

佚禮扶微　〔清〕丁晏著　五卷

淮南萬畢術　〔清〕丁晏著　一卷

疇人傳三編　〔清〕諸可寶著　七卷

四　集

説文職墨　〔清〕于鬯著　三卷

説文舊音補注　〔清〕許玉縉著　三卷

爾雅詁　〔清〕徐孚吉著　二卷

吴疆域圖説　〔清〕范本禮著　三卷

水經注洛涇二水補（附五溪考）　〔清〕謝鍾英著

開方用表簡術 〔清〕程之驥著 一卷

五 集

毛詩異文箋 〔清〕陳玉樹著 十卷
勾股演代 〔清〕江衡著 二卷

六 集

春秋世族譜拾遺 〔清〕成蓉鏡著 一卷
鄭志考證 〔清〕成蓉鏡著 一卷
釋名補證 〔清〕成蓉鏡著 一卷
三統術補衍 〔清〕成蓉鏡著 一卷
推步迪蒙記 〔清〕成蓉鏡著 一卷
史漢駢枝 〔清〕成蓉鏡著
宋州郡志校勘記 〔清〕成蓉鏡著 一卷
駉思室答問 〔清〕成蓉鏡著 一卷
漢太初曆考 〔清〕成蓉鏡著 一卷
心巢文録 〔清〕成蓉鋭著 二卷

七 集

蔡氏月令 〔清〕蔡雲著 五卷
律吕古義 〔清〕錢塘著 六卷
詩陸氏疏 〔清〕焦循著 二卷
左傳劉杜持平 〔清〕邵瑛著 六卷

八 集

周易二閭記 〔清〕茹敦和著 三卷
方氏易學五書 〔清〕方申著 五卷

易例輯略 〔清〕龐大堃著 一卷
安甫遺學 〔清〕江承之著 三卷

叢 18 1026 西漢四大家書（四種） 〔清〕王仁圃輯
金谿王氏校刊 乾隆五十四年 十册
新書 〔漢〕賈誼著 十卷
春秋繁露 〔漢〕董仲舒著 十七卷
説苑 〔漢〕劉向著 二十卷
法言 〔漢〕楊雄著 十卷

叢 18 1035 月河精舍叢鈔（五種） 〔清〕丁寶書輯
苕溪丁氏刊 光緒六年 四十四卷 二十四册
讀書雜識 〔清〕勞格著 十二卷
安定言行録 〔清〕丁寶書輯 二卷
風水袪惑 〔清〕丁芮樸著 一卷
唐御史臺精舍題名考 〔清〕趙鉞、〔清〕勞格同著 三卷
唐尚書省郎官石柱題名攷 〔清〕趙鉞、〔清〕勞格同著 二十六卷

叢 18 1050 當歸草堂叢書（八種） 〔清〕丁申、〔清〕丁丙輯
錢塘丁氏重刊 同治二年 十四卷 八册 二部
吕氏童蒙訓 〔宋〕吕本中著 三卷
讀書分年日程 〔元〕程端禮著 三卷
慎言集訓 〔明〕敖英著 二卷
温氏母訓 〔清〕温璜述 一卷
松陽鈔存 〔清〕陸隴其著 二卷
切近編 〔清〕桑調元、〔清〕沈廷芳纂 一卷
張楊園先生年譜 〔清〕蘇惇元纂 一卷
忱行録 〔清〕邵懿辰著 一卷

叢 18 1061 檀几叢書（一百三十種） 〔清〕王晫輯

蘇州掃葉山房刊 共一百三十卷 十册

一 集

三百篇鳥獸草木記 〔清〕徐士俊著
月令演 〔清〕徐士俊著
歷代甲子考 〔清〕黄宗羲著
二十一史徵 〔清〕徐汾著
黜朱梁紀年論 〔清〕宋實穎著
韻史 〔清〕金諾著
釋奠考 〔清〕洪若皋著
臚傳紀事 〔清〕繆彤著
喪禮雜説 〔清〕毛先舒著
喪服或問 〔清〕汪琬著
錦帶連珠 〔清〕王嗣槐著
操觚十六觀 〔清〕陳鑑著
十七帖述 〔清〕王弘撰著
龜臺琬琰 〔清〕張正茂著
稚黄子 〔清〕毛先舒著
東江子 〔清〕沈謙著
續證入社約誡 〔清〕惲日初著
家訓 〔清〕張習孔著
高氏塾鐸 〔清〕高拱京著
十二戒 〔清〕劉德新著
猶見篇 〔清〕傅麟昭著
七勸 〔清〕張習孔著
元寶公案 〔清〕謝開寵著
聯莊（附聯騷） 〔清〕張潮著

琴聲十六法　〔清〕莊臻鳳著
鶴齡録（正續）　〔清〕李清著
新婦譜　〔清〕陸圻著
新婦譜補　〔清〕陳確著
新婦譜補　〔清〕查琪著
美人譜　〔清〕徐震著
婦人鞋襪攷　〔清〕余懷著
七療　〔清〕張潮著
鬱單越頌　〔清〕黄周星著
地理驪珠　〔清〕張澐著
雁山雜記　〔清〕韓則愈著
越問　〔清〕王修玉著
真率會約　〔清〕尤侗著
酒律　〔清〕張潮著
酒箴　〔清〕金昭鑑著
觴政　〔清〕沈中楹著
廣益戒録　〔清〕朱曉著
農具記　〔清〕陳玉基著
怪石贊　〔清〕宋犖著
石譜　〔清〕諸九鼎著
端溪硯石考　〔清〕高兆著
羽族通譜　〔清〕來集之著
獸經　〔清〕張綱孫著
江南魚鮮品　〔清〕陳鑑著
虎丘茶經註補　〔清〕陳鑑著
茘枝話　〔清〕林嗣著

二　集

逸亭易論　〔清〕徐繼恩著
孟子考　〔清〕閻若璩著
人譜補圖　〔清〕宋瑾著
教孝編　〔清〕姚廷傑著
仕的　〔清〕吴儀一著
古觀人法　〔清〕宋瑾著
古人居鄉法　〔清〕丁雄飛著
幼訓　〔清〕崔學古著
少學　〔清〕崔學古著
俗砭　〔清〕方象瑛著
燕翼篇　〔清〕李淦著
艾言　〔清〕徐元美著
訓蒙條例　〔清〕陳芳生著
拙翁庸語　〔清〕劉芳喆著
醉筆堂三十六善　〔清〕李日景著
七怪　〔清〕黄宗羲著
華山經　〔清〕東蔭商著
長白山録　〔清〕王士禎著
水月令　〔清〕王士禎著
三江考　〔清〕毛奇齡著
黔中雜記　〔清〕黄元治著
苗俗紀聞　〔清〕方亨咸著
念佛三昧　〔清〕金人瑞著
佛解　〔清〕畢熙暢著
漁洋詩話　〔清〕王士禎著
支房約　〔清〕江之蘭著

蕈溪自課　〔清〕馮京第著
讀書燈　〔清〕馮京第著
學畫淺説　〔清〕王槩著
廣惜字説　〔清〕張允祥著
古歡社約　〔清〕丁雄飛著
彷園清語　〔清〕張蓋著
鴛鴦牒　〔清〕程羽文著
黛史　〔清〕張芳著
小星志　〔清〕丁雄飛著
艷體聯珠　〔清〕葉瓊章著
戒殺文　〔清〕黎遂球著
九喜榻記　〔清〕丁雄飛著
行醫八事圖　〔清〕丁雄飛著
雪堂墨品　〔清〕張仁熙著
漫堂墨品　〔清〕宋犖著
水坑石説　〔清〕錢朝鼎著
琴學八則　〔清〕程雄著
觀石録　〔清〕高兆著
紫泥法定本　〔清〕汪鎬京著
陽羨茗壺系　〔清〕周高起著
岕茶系　〔清〕周高起著
桐堦副墨（亦名運掌經）　〔清〕黎遂球著
南村觴政　〔清〕張總著
鴿經　〔清〕張萬鍾著

餘　集

山林經濟策　〔清〕陸次雲著
讀書法　〔清〕魏際瑞著

根心堂學規 〔清〕宋瑾著
家塾座右銘 〔清〕宋起鳳著
洗塵法 〔清〕馬文燦著
香雪齋樂事 〔清〕江之蘭著
客齋使令反 〔清〕程羽文著
一歲芳華 〔清〕程羽文著
芸窗雅事 〔清〕施清輯
菊社約 〔清〕狄億著
豆腐戒 〔清〕尤侗著
清戒 〔清〕石崇階著
友約 〔清〕顧友孝著
灌園十二師 〔清〕徐沁著
約言 〔清〕張適著
詩本事 〔清〕程羽文著
劍氣 〔清〕程羽文著
石交 〔清〕程羽文著
燈謎 〔清〕毛際可著
宦海慈航 〔清〕蔣埴著
病約三章 〔清〕尤侗著
艮堂十戒 〔清〕方象瑛著
婦德四箴 〔清〕徐士俊著
半菴笑政 〔清〕陳皋謨著
書齋快事 〔清〕沈元琨著
負卦 〔清〕尤侗著
古今外國名考 〔清〕孫蘭著
廣東月令 〔清〕鈕琇著
黔西古跡考 〔清〕錢霦著
明制女官考 〔清〕黄百家著

叢 18 1074 正覺樓叢書（二十六種）

武昌局刊巾箱本 七十二卷 三十六册缺三册

西京雜記 〔漢〕劉歆著 二卷

括地志 〔唐〕濮王泰著 八卷

兩京新記 〔唐〕韋述著 二卷

李嶠雜詠 二卷

龍經（附統説） 〔唐〕楊益著 三卷

樂書要録 存三卷

譚子化書 〔南唐〕譚峭著 六卷

指南後録 〔宋〕文天祥著 三卷

酌中志餘 〔明〕劉若愚著 二卷

風角書 〔明〕張爾岐著 八卷

擬瑟譜 〔清〕邵嗣堯著 一卷

律吕新義 〔清〕江永著 四卷

二林居集 〔清〕彭紹升著 二卷

三國志辨疑 〔清〕錢大昭著 二卷

後漢郡國令長攷 〔清〕錢大昭著 一卷

律吕臆説 〔清〕徐養原著 一卷

管色考 〔清〕徐養原著 一卷

笛律 〔清〕徐養原著 一卷

三國職官表 〔清〕洪飴孫著 三卷

周官指掌 〔清〕莊存與著 五卷

紀事約言 〔清〕夏勤埔著 二卷

舊唐書疑義 〔清〕張道著 四卷

臨安旬制紀 〔清〕張道著 三卷

全浙詩話刊誤 〔清〕張道著 一卷

禮記天算釋 〔清〕孔廣牧著 一卷

三國五代紀年表 二卷

叢　18　1122　正誼堂全書（六十八種）　〔清〕張伯行原輯　〔清〕左宗棠等重校

福州正誼書院藏版　五百二十四卷　一百六十册内缺四册

周濂溪集　〔宋〕周敦頤著　十三卷

二程文集　〔宋〕程灝　〔宋〕程頤著　十二卷

張横渠集　〔宋〕張載著　十二卷

朱子文集　〔宋〕朱熹著　十八卷

楊龜山集　〔宋〕楊時著　六卷

尹和靖集　〔宋〕尹焞著　一卷

羅豫章集　〔宋〕羅從彦著　十卷

李延平集　〔宋〕李侗著　四卷

張南軒集　〔宋〕張栻撰　七卷

黄勉齋集　〔宋〕黄幹著　八卷

陳克齋集　〔宋〕陳文蔚著　五卷

許魯齋集　〔元〕許衡著　六卷

薛敬軒集　〔明〕薛瑄著　十卷

胡敬齋集　〔明〕胡居仁著　三卷

諸葛武侯文集　〔蜀〕諸葛亮著　四卷

陸宣公集　〔唐〕陸贄著　四卷

韓魏公集　〔宋〕韓琦著　二十卷

司馬温公集　〔宋〕司馬光著　十四卷

文文山集　〔宋〕文天祥著　二卷

謝叠山集　〔宋〕謝枋得著　二卷

方正學集　〔明〕方孝孺著　七卷

楊椒山集　〔明〕楊繼盛著　二卷

二程粹言　〔宋〕楊時編　二卷

伊洛淵源録　〔宋〕朱熹著　十四卷

上蔡語録　〔宋〕謝良佐語　〔宋〕胡安國筆録　三卷

程氏家塾讀書分年日程　〔元〕陳端禮著　三卷
朱子學的　〔明〕邱濬編　二卷
學蔀通辨　〔明〕陳建著　十二卷　缺
讀書録　〔明〕薛瑄著　八卷
居業録　〔明〕胡居仁著　八卷　缺
道南源委　〔明〕朱衡著　六卷
困知記　〔明〕羅欽順著　四卷
思辨録輯要　〔清〕陸世儀著　二十二卷
正學質疑　〔清〕張烈著　六卷
讀禮志疑　〔清〕陸隴其輯　六卷
讀朱隨筆　〔清〕陸隴其輯　四卷
問學録　〔清〕陸隴其輯　四卷
松陽鈔存　〔清〕陸隴其輯　一卷
石徂徠集　〔宋〕石介著　二卷
高東溪集　〔宋〕高登著　二卷
真西山集　〔宋〕真德秀著　八卷
熊勿軒集　〔宋〕熊禾著　六卷
聞過齋集　〔元〕吴海著　四卷
魏莊渠集　〔明〕魏校著　一卷
羅整菴集存稿　〔明〕羅欽順著　二卷
陳剩夫集　〔明〕陳真晟著　四卷
張陽和集　〔明〕張元忭著　三卷
湯潛庵集　〔清〕湯斌著　二卷
陸稼書集　〔清〕陸隴其著　二卷
道統録　〔清〕張伯行著　三卷
二程語録　〔清〕張伯行訂　十八卷
朱子語類　〔清〕張伯行訂　八卷
濂洛關閩書　〔清〕張伯行集解　十九卷

近思録 〔清〕張伯行輯 十四卷
廣近思録 〔清〕張伯行著 十四卷
困學録集粹 〔清〕張伯行著 八卷
小學集解 〔清〕張伯行註 六卷
濂洛風雅 〔清〕張伯行編 九卷
學規類編 〔清〕張伯行著 二十七卷
養正類編 〔清〕張伯行著 十三卷
居濟一得 〔清〕張伯行著 八卷
正誼堂文集 〔清〕張伯行著 十二卷
正誼堂續集 〔清〕張伯行著 八卷
唐宋八大家文選 〔清〕張伯行編 十九卷
范文正公文集 〔宋〕范仲淹著 九卷
楊大洪集 〔明〕楊漣著 二卷
海剛峯集 〔明〕海瑞著 二卷
續近思録 〔清〕張伯行著 十四卷

叢 18 1137 昭代叢書（九十種） 〔清〕張潮輯
蘇州掃葉山房刊 五十卷 十四册

一 集

更定文章九命 〔清〕王晫著
天官考異 〔清〕吴肅公著
五行問 〔清〕吴肅公著
學曆説 〔清〕梅文鼎著
改元考同 〔清〕吴肅公著
進賢説 〔清〕張能鱗著
塾講規約 〔清〕施璜著
夙興語 〔清〕甘京著

家人子語 〔清〕毛先舒著
語小 〔清〕毛先舒著
心病説 〔清〕甘京著
日録雜説 〔清〕魏禧著
觀宅四十吉祥相 〔清〕周文煒著
增訂心相百二十善 〔清〕沈捷著
竹溪雜述 〔清〕殷曙著
閒餘筆話 〔清〕湯傳楹著
暢春苑御試恭紀 〔清〕狄億著
松溪子 〔清〕王晫著
讀莊子法 〔清〕林雲銘著
蒙養詩教 〔清〕胡淵著
謝臯羽年譜注 〔清〕徐沁著
西華仙籙 〔清〕王言著
將就園記 〔清〕黄周星著
歙問 〔清〕洪玉圖著
黄山松石譜 〔清〕閔麟嗣著
外國竹枝詞 〔清〕尤侗著
西方要紀 〔太西〕南懷仁著
安南雜記 〔清〕李仙根著
聲韻叢説 〔清〕毛先舒著
花底拾遺 〔清〕黎遂球著
十眉謡（附十髻謡） 〔清〕徐士俊著
秋星閣詩話 〔清〕李沂著
而菴詩話 〔清〕徐增著
製曲枝語 〔清〕黄周星著
書法約言 〔清〕宋曹著
戒賭文 〔清〕尤侗著

快説續紀 〔清〕王晫著
庾詞 〔清〕黄周星著
酒社芻言 〔清〕黄周星著
懶園觴政 〔清〕蔡祖庚著
岕茶彙鈔 〔清〕冒襄著
硯林 〔清〕余懷著
宣爐歌注 〔清〕冒襄著
裝潢志 〔清〕周嘉胄著
牌譜 〔清〕鄭旭旦著
三友棋譜 〔清〕鄭晉德著
兵仗記 〔清〕王晫著
荔枝譜 〔清〕陳鼎著
蘭言 〔清〕冒襄著
龍經 〔清〕王晫著

二 集

毛朱詩説 〔清〕閻若璩著
春秋三傳同異攷 〔清〕吴陳琰著
讀禮問 〔清〕吴肅公著
十六國年表 〔清〕張愉曾著
北嶽歷祀考 〔清〕劉師浚著
江南星野辨 〔清〕葉燮著
三年服製考 〔清〕毛奇齡著
師友行輩議 〔清〕魏禧著
國朝謚法攷 〔清〕王士禛著
旗軍志 〔清〕金德純著
封長白山記 〔清〕方象瑛著
紀琉求入太學始末 〔清〕王士禛著

人瑞録 〔清〕孔尚任著
紀恩録 〔清〕王士禛著
恩賜御書記 〔清〕董文驥著
恭迎大駕記 〔清〕顧嗣立校
格言僅録 〔清〕王士雲著
出山異數記 〔清〕孔尚任著
奏對機緣 〔清〕釋道忞著
寨程別紀 〔清〕余寀著
西北水利議 〔清〕許承宣著
廣州遊覽小志 〔清〕王士禛著
隴蜀餘聞 〔清〕王士禛著
東西二漢水辯 〔清〕王士禛著
日録裏言 〔清〕魏禧著
偶書 〔清〕魏際瑞著
漫堂説詩 〔清〕宋犖著
燃脂集例 〔清〕王士禄著
身易 〔清〕唐彪著
伯子論文 〔清〕魏際瑞著
日雜論文 〔清〕魏禧著
韻問 〔清〕毛先舒著
南曲入聲客問 〔清〕毛先舒著
連文釋義 〔清〕王言著
畫訣 〔清〕孔衍栻著
焦山古鼎考 〔清〕王士禄著
瘞鶴銘辨 〔清〕張弨著
昭陵六駿圖辨 〔清〕張弨著
甘泉宫瓦考 〔清〕林佶著
飯有十二合説 〔清〕張英著

叢 18 1137 墨海金壺（一百十五種） 〔清〕張海鵬輯

七百二十二卷 一百六十册

經 部

吴園周易解 〔宋〕張根撰 九卷

易説 〔宋〕趙善譽撰 四卷

洪範口義 〔宋〕胡瑗撰 二卷

禹貢説斷 〔宋〕傅寅撰 四卷

五誥解 〔宋〕楊簡撰 四卷

吕氏家塾讀詩記 〔宋〕吕祖謙撰 三十二卷

續吕氏家塾讀詩記 〔宋〕戴溪撰 三卷

周官新義 〔宋〕王安石撰 十八卷

儀禮釋宫 〔宋〕李如圭撰 一卷

禮記訓義擇言 〔清〕江永撰 八卷

春秋通訓 〔宋〕張大亨撰 六卷

春秋正旨 〔明〕高拱撰 一卷

春秋左傳補註 〔清〕惠棟撰 六卷

古微書 〔明〕孫瑴編 三十六編

論語筆解 〔唐〕韓愈撰 二卷

論語意原 〔宋〕鄭汝諧撰 四卷

四書逸箋 〔清〕陳大中撰 六卷

瑟譜 〔元〕熊朋來撰 六卷

韶舞九成樂補 〔元〕余載撰 一卷

律吕成書 〔元〕劉瑾撰 二卷

切韻指掌圖（附檢例） 〔宋〕司馬光撰 二卷

古韵標準 〔清〕江永撰 四卷

史　部

三國志辨誤　三卷

續後漢書　〔宋〕蕭常撰　四十七卷

春秋别典　〔明〕薛虞畿撰　十五卷

渚宫舊事　〔唐〕余知古撰　六卷

咸淳遺事　二卷

大金弔伐録　四卷

平宋録　〔元〕劉敏中撰　三卷

昭忠録　一卷

征南録　〔宋〕滕元發撰　一卷

江南别録　〔宋〕陳彭年撰　一卷

江表志　〔宋〕鄭文寶撰　三卷

三楚新録　〔朱〕周羽翀撰　三卷

南唐書　〔宋〕馬令撰　三十卷

吴郡志　〔宋〕范成大撰　五十卷

吴中水利書　〔宋〕單鍔撰　一卷

治河圖略　〔元〕王喜撰　一卷

中吴紀聞　〔宋〕龔明之撰　六卷

歲華紀麗譜（附箋紙譜蜀錦譜）　〔元〕費著撰　三卷

吴中舊事　〔元〕陸友仁撰　一卷

平江記事　〔元〕高德基撰　一卷

大唐西域記　〔唐〕釋元奘譯　〔唐〕釋辯機撰　十二卷

職方外紀　〔太西〕艾儒略譯　五卷

五代會要　〔宋〕王溥撰　三十卷

宋朝事實　〔宋〕李攸撰　二十卷

謚法　〔宋〕蘇洵撰　四卷

歷代建元考　〔清〕鍾淵映撰　十卷

教荒活民 〔宋〕董煟撰 四卷
荒政叢書 〔清〕俞森撰 十二卷
歷代兵制 〔宋〕陳傅良撰 八卷

子 部

少儀外傳 〔宋〕吕祖謙撰 二卷
準齋雜説 〔宋〕吴如愚撰 二卷
内訓 〔明〕仁孝文皇后撰 一卷
神機制敵太白陰經 〔唐〕李筌撰 十卷
守城録 〔宋〕陳規撰 四卷
陣紀 〔明〕何良臣撰 四卷
練兵實紀（附雜集） 〔明〕戚繼光撰 十五卷
折獄龜鑑 〔宋〕鄭克撰 八卷
農桑衣食撮要 〔元〕魯明善撰 二卷
博濟方 〔宋〕王衮撰 五卷
旅舍備要方 〔宋〕董汲撰 一卷
傷寒微旨論 〔宋〕韓祇和撰 二卷
全生指迷方 〔宋〕王貺撰 四卷
靈棋經 〔晉〕顔幼明註 〔元〕陳師凱解 二卷
李虚中命書 〔唐〕李虚中注 三卷
珞琭子三命消息賦註 〔宋〕徐子平撰 二卷
珞琭子赋註 〔宋〕释曇瑩撰 二卷
太清神鑑 六卷
羯鼓録 〔唐〕南卓撰 一卷
樂府雜録 〔唐〕段安節撰 一卷
棊經 〔宋〕晏天章撰 一卷
棊訣 〔宋〕劉仲甫撰 一卷
宣德鼎彝譜 〔明〕吕震等撰 八卷

欽定錢録　十六卷
洛陽牡丹記　〔宋〕歐陽修撰　一卷
揚州芍藥譜　〔宋〕王觀撰　一卷
范村梅譜　〔宋〕范成大撰　一卷
菌譜　〔宋〕陳仁玉撰　一卷
鬻子　〔周〕鬻熊撰　〔唐〕逢行珪注　一卷
子華子　二卷
尹文子　〔周〕尹文撰　一卷
慎子　〔周〕慎到撰　一卷
公孫龍子　〔周〕公孫龍撰　〔宋〕謝希深注　一卷
人物志　〔魏〕劉邵撰　〔凉〕劉昞注　三卷
化書　〔南唐〕譚峭撰　六卷
資暇集　〔唐〕李匡義撰　三卷
靖康湘素雜記　〔宋〕黄朝英撰　十卷
能改齋漫録　〔宋〕吴曾撰　十八卷
緯略　〔宋〕高似孫撰　十二卷
日損齋筆記　〔元〕黄溍撰　〔元〕劉剛編　一卷
珩璜新論　〔宋〕孔平仲撰　一卷
日聞録　〔元〕李翀撰　一卷
玉堂嘉話　〔元〕王惲撰　八卷
書敍指南　〔宋〕任廣撰　二十卷
鷄肋　〔宋〕趙崇絢撰　一卷
明皇雜録　〔唐〕鄭處誨撰　三卷
東齋紀事　〔宋〕范鎮撰　六卷
玉壺野史　〔宋〕釋文瑩撰　十卷
唐語林　〔宋〕王讜撰　八卷
南窗紀談　〔宋〕失名　一卷
萍洲可談　〔宋〕朱彧撰　三卷

高齋漫録　〔宋〕曾慥撰　一卷
張氏可書　〔宋〕張知甫撰　一卷
步里客談　〔宋〕陳長方撰　二卷
東南紀聞　闕名　三卷
菽園雜記　〔明〕陸容撰　十五卷
漢武帝内傳　〔漢〕班固撰　一卷
陶朱新録　〔宋〕馬純撰　一卷
陰符經疏　〔唐〕李筌疏　三卷
關尹子　〔周〕尹喜撰　一卷
文子　二卷
亢倉子　〔唐〕王士元撰　一卷

集　部

古文苑　二十一卷
餘師録　〔宋〕王正德撰　四卷

叢　18　1137　借月山房彙鈔（十六集一百三十五種）　〔清〕張海鵬輯
上海博古齋影印　民國九年　二百七十九卷　一百二十册

第一集

易例　〔清〕惠棟著　二卷
尚書地理今釋　〔清〕蔣廷錫著　一卷
詩説　〔清〕惠周惕著　三卷
詩説　〔清〕陶正靖著　一卷
周禮序官考　〔清〕陳大庚著　一卷
考定檀弓　〔清〕陳穆衡著　二卷
深衣考　〔清〕黄宗羲著　一卷

左傳杜解補正 〔清〕顧炎武著 三卷
春秋説 〔清〕陶正靖著 一卷
春秋日食質疑 〔清〕吴守一著 一卷
孝經述註 〔明〕項霦著 一卷

第二集

駢雅 〔明〕朱謀㙔著 七卷
惠氏讀説文記 〔清〕惠棟著 十五卷
席氏讀説文記 〔清〕席世昌著 十五卷

第三集

韻補正 〔清〕顧炎武著 一卷
音學辨微 〔清〕江永著 一卷
九經悮字 〔清〕顧炎武著 一卷
石經考 〔清〕顧炎武著 一卷
金石文字記 〔清〕顧炎武輯 六卷
千字文萃 〔清〕張海鵬輯 一卷

第四集

炎徼記聞 〔明〕田汝成著 四卷
庚申記事 〔明〕張瀠著 一卷
徐海本末 〔明〕茅坤著 一卷
東江始末 〔明〕柏起宗述 一卷
復社記事 〔清〕吴偉業著 一卷
存是録 〔明〕姚宗典著 一卷
三藩記事本末 〔清〕楊陸榮著 四卷

第五集

平蜀記 〔明〕失名 一卷
平吴録 〔明〕吴寬撰 一卷
平漢録 〔明〕童承叙撰 一卷
平夏録 〔明〕失名 一卷
洪武聖政記 〔明〕宋濂撰 一卷
國初事蹟 〔明〕劉辰撰 一卷
北征事蹟 〔明〕袁彬撰 一卷
革除遺事 〔明〕黄佐撰 六卷
思陵典禮記 〔清〕孫承澤撰 四卷
烈皇勤政記 〔清〕孫承澤撰 一卷
平定交南録 〔明〕邱濬撰 一卷
廣右戰功録 〔明〕唐順之撰 一卷
先撥志始 〔明〕文秉撰 二卷

第六集

兩垣奏議 〔明〕逯中立撰 一卷
條奏疏稿 〔清〕蔣廷錫撰 二卷
首輔傳 〔明〕王世貞撰 八卷
備遺録 〔明〕張芹編 一卷
詔獄慘言（附天變邸抄） 〔明〕燕客具草 一卷
煙艇永懷 〔明〕龔立木撰 三卷
端巖公年譜 〔明〕張文麟自叙 一卷
陳張事略 〔明〕吴國倫編 一卷
汪直傳 失名 一卷
雲林遺事 〔明〕顧元慶編 一卷
維揚殉節紀略 〔明〕史得威編 一卷

金姬傳　〔明〕楊儀撰　二卷

第七集

劉豫事蹟　〔清〕曹溶編　一卷
于公德政記　〔清〕戴兆祚編　一卷
寧海將軍固山貝子功績録　〔清〕失名　一卷
從征緬甸日記　〔清〕朱裕撰
翁鐵菴年譜　〔清〕翁叔元自敍　一卷
蜀碧　〔明〕彭遵泗編述　四卷

第八集

海道經　〔明〕失名　一卷
三吴水利論　〔明〕伍餘福著　一卷
歷代山陵考　〔明〕王在晉編　二卷
閩部疏　〔明〕王世懋編　一卷
西洋朝貢典録　〔明〕黄省曾撰　三卷
星槎勝覽　〔明〕费信撰　四卷
譎觚　〔清〕顧炎武撰　一卷
虞鄉雜記　〔明〕毛晉編　三卷

第九集

崐崙河源考　〔清〕萬斯同撰　一卷
異域録　〔清〕圖理琛撰　二卷
龍沙紀略　〔清〕方式濟撰　一卷
塞外雜識　〔清〕馮一鵬撰　一卷
出塞紀略　〔清〕錢良澤撰　一卷
西湖紀遊　〔清〕張仁美撰　一卷

西湖手鏡 〔清〕季嬰輯補 一卷

第十集

明内廷規制考 三卷
内閣志 〔明〕席吴鏊撰 一卷
帝王紀年 〔明〕黄諫重訂 一卷
海運編 〔明〕崔旦伯撰 二卷
捕蝗考 〔清〕陳芳生撰 一卷
伐蛟説 〔清〕魏廷珍撰 一卷
救荒野譜 〔明〕姚可成編 一卷
兩漢解疑 〔明〕唐順之撰 二卷
兩晋疑解 〔明〕唐順之撰 一卷
新舊唐書雜論 〔明〕李東陽撰 一卷
明事解略 失名 一卷

第十一集

松牕寤言 〔明〕崔銑撰 一卷
楓山語録 〔明〕章懋撰 一卷
荆園小語 〔清〕申涵光撰 一卷
荆園進語 〔清〕申涵光撰 一卷
蔣氏家訓 〔清〕蔣伊撰 一卷
海寇議 〔明〕萬表撰 一卷
救命書 〔明〕吕坤撰 二卷
手臂録 〔清〕吴殳撰 五卷
尤氏喉科（附方） 〔清〕尤氏撰 二卷
種痘心法 〔清〕朱奕梁撰
種痘指掌 〔清〕失名 一卷

第十二集

水龍經 〔清〕蔣大鴻輯訂 五卷
葬經箋注 〔清〕吴元音註 一卷
陽宅撮要 〔清〕吴鼒撰 二卷
小山畫譜 〔清〕鄒一桂撰 二卷
傳神祕要 〔清〕蔣驥撰 一卷
題畫詩 〔清〕惲格撰 一卷
畫跋 〔清〕惲格撰 一卷
續三十五舉 〔清〕桂馥撰 一卷
紫泥法 〔清〕汪鎬京撰 一卷
説硯 〔清〕朱彝尊撰 一卷
硯録 〔清〕曹溶撰 一卷
觀石録 〔清〕高兆撰 一卷
石譜 〔清〕諸九鼎撰 一卷
瓶史 〔明〕袁宏道撰 一卷
參譜 〔清〕黄叔燦撰 一卷
蔬食譜 〔明〕陳達叟輯 一卷

第十三集

震澤紀聞 〔明〕王鏊撰 二卷
震澤長語 〔明〕王鏊撰 二卷
戲瑕 〔明〕錢希言撰 三卷
筆記 〔明〕彭時撰 一卷
鈍吟雜録 〔清〕馮班撰 十卷
漱華隨筆 〔清〕嚴有禧撰 四卷

第十四集

名疑 〔明〕陳士元撰 四卷

元史備忘録 〔明〕王光魯撰 一卷

汝南遺事 〔明〕李本固撰 二卷

烈朝盛事 〔明〕王世貞撰 一卷

觚不觚録 〔明〕王世貞撰 一卷

玉堂薈記 〔明〕楊世聰撰 二卷

第十五集

花當閣叢談 〔明〕徐復祚編 八卷

柳南隨筆 〔清〕王應奎撰 六卷

柳南續筆 〔清〕王應奎撰 四卷

第十六集

燼餘集 〔明〕周順昌撰 四卷

椒山遺囑 〔明〕楊繼盛撰 一卷

盧公書牘 〔明〕盧象昇撰 一卷

浩氣吟 〔明〕瞿世耜撰 一卷

烏魯木齊詩 〔清〕紀昀撰 一卷

宮詞小纂 〔清〕張海鵬撰 三卷

圍爐詩話 〔清〕吴喬撰 六卷

西崐發微 〔清〕吴喬撰 三卷

金石要例 〔清〕黄宗羲撰 一卷

叢 18 1149 花雨樓叢鈔（十五種） 〔清〕張壽榮編

光緒九年 四十七卷 四十册

虞氏易禮 〔清〕張惠言輯 二卷

易學闡元 〔清〕姚配中著 一卷
鄭氏詩譜考正 〔清〕丁宴訂補 一卷
經學算學天文攷 〔清〕陳懋齡著 二卷
説雅 〔清〕朱駿聲輯 二卷
茗柯文編 〔清〕張惠言著 五卷
茗柯詞 〔清〕張惠言著 一卷
初月樓文鈔 〔清〕吴德旋著 十卷
初月樓文續鈔 〔清〕吴德旋著 八卷
初月樓詩鈔 〔清〕吴德旋著 四卷
初月樓古文緒論 〔清〕吕璜輯 一卷
程子香文鈔 〔清〕陳德賚著 二卷
尚絅堂文集 〔清〕劉嗣綰著 二卷
確山駢體文 〔清〕宋世犖著 四卷
成人篇 書隱老人著 一卷

叢 18 1223 微波榭校刊叢書（三十一種） 〔清〕孔繼涵輯
微波榭刊 一百五十一卷 四十册
東原文集 〔清〕戴震著 十卷
毛鄭詩考正 〔清〕戴震著 四卷
詩经補註 〔清〕戴震著 二卷
孟子字義疏證 〔清〕戴震著 二卷
考工記圖 〔清〕戴震著 二卷
聲韻考 〔清〕戴震著 四卷
聲類表 〔清〕戴震著 九卷
原善 〔清〕戴震著 三卷
原象 〔清〕戴震著 一卷
水地記 〔清〕戴震著 一卷
續天文略 〔清〕戴震著 二卷

方言疏證 〔清〕戴震著 十三卷
水經注 〔魏〕酈道元註 〔清〕戴震校 四十卷
周髀（附音義） 〔漢〕趙君卿注 三卷
九章算術（附音義） 〔宋〕李籍撰 十卷
海島算經 〔魏〕劉徽注 〔唐〕李淳風釋 一卷
孫子算經（附策算） 〔魏〕劉徽注 〔唐〕李淳風釋 四卷
五曹算经 〔魏〕劉徽注 〔唐〕李淳風釋 五卷
夏侯陽算經 〔魏〕劉徽注 〔唐〕李淳風釋 三卷
張建邱算經 〔漢〕甄鸞注 三卷
五經算術 〔漢〕甄鸞注 二卷
輯古算經 〔唐〕王孝通撰
數術記遺 〔漢〕徐岳撰 一卷
勾股割圜記 〔清〕戴震撰 三卷
春秋地名 〔晉〕杜預撰 一卷
春秋長曆 〔晉〕杜預撰 一卷
春秋金鎖匙 〔元〕趙汸撰 一卷
國語補音 〔宋〕宋庠撰 三卷
孟子趙注（附音義） 〔漢〕趙岐注 十六卷
五經文字 〔唐〕張參撰 三卷
九經字樣 〔唐〕唐元度撰 一卷

叢 18 1234 古棠書屋叢書（五種） 〔清〕孫澍輯
孫氏藏版 道光十四年 三十九卷 十二册
杜主開明前志 〔清〕孫澍輯 五卷
李雨村童山詩選 〔清〕李調元著 〔清〕孫錤選 五卷
商邱史記 〔清〕郭善鄰輯 十卷
掣鯨堂詩選 〔清〕费錫璜撰 四卷
蜀詩 〔清〕費經虞輯 十五卷

叢　18　1262　岱南閣叢書（十八種）〔清〕孫星衍校刊
上海博古齋影印　民國十三年　一百七十一卷　六十册
古文尚書馬鄭注（附遺文）〔宋〕王應麟撰集　十二卷
春秋釋例　〔晉〕杜預撰　十五卷
蒼頡篇　〔清〕孫星衍集　三卷
燕丹子傳　〔清〕孫星衍集　三卷
鹽鐵論（附攷證）〔漢〕桓寬撰　十一卷
孫子十家註（附遺説叙録）五卷
元和郡縣圖志（附闕卷逸文）〔唐〕李吉甫撰　四十卷
括地志　〔唐〕魏王泰撰　八卷
唐律疏義　〔唐〕長孫無忌等撰　三十卷
宋提刑洗寃集録　〔宋〕宋慈編　五卷
輯古算經細草　〔唐〕王孝通著　〔清〕張郭仁演草　三卷
古文苑　九卷
求一算述　〔清〕張敦仁述　三卷
問字堂集　〔清〕孫星衍撰　六卷
岱南閣集　〔清〕孫星衍撰　二卷
平津館文集稿　〔清〕孫星衍撰　二卷
五松園文稿　〔清〕孫星衍撰　一卷
嘉穀堂集　〔清〕孫星衍撰　一卷
沛上停雲集　〔清〕孫星衍輯　一卷

叢　18　1262　平津館叢書（四十三種）〔清〕孫星衍輯
吴縣朱氏重刊　光緒十一年　二百四十八卷　五十册　二部

甲　集

六韜（附逸文）〔周〕吕望著　一卷
魏武帝注孫子　〔周〕孫武著　〔魏〕曹操注　三卷

吴子　〔周〕吴起著　二卷
司馬法　〔周〕司馬穰苴著　三卷
尸子　〔周〕尸佼著　〔清〕孫星衍集　二卷
燕丹子　〔清〕孫星衍校訂　三卷
牟子　〔漢〕牟融著　一卷
黄帝龍首經　二卷
黄帝金匱玉衡經　一卷
黄帝授三子玄女經　一卷
廣黄帝本行記　〔唐〕王權著　一卷
軒轅黄帝傳　失名著　一卷
漢禮器制度　〔漢〕叔孫通著　〔清〕孫星衍輯　一卷
漢官　〔漢〕王隆著　一卷
漢官解詁　〔漢〕胡廣注　一卷
漢舊儀（附補遺）　〔漢〕衛宏著　四卷
漢官儀　〔漢〕應邵著　〔清〕孫星衍集　二卷
漢官典職儀式選用　〔漢〕蔡質著　〔清〕孫星衍集　一卷
漢儀　〔吴〕丁孚著　〔清〕孫星衍集
魏三體石經遺字考　〔清〕孫星衍音释　一卷
琴操　〔漢〕蔡邕著　二卷

乙　集

穆天子傳　〔晉〕郭璞著　〔清〕洪頤煊校　六卷
竹書紀年　〔清〕洪頤煊校　二卷
物理論　〔晉〕楊泉著　〔清〕孫星衍集
古史考　〔魏〕譙周著　〔清〕孫星衍訂　一卷
建立伏博士始末　〔清〕孫星衍著　二卷
華氏中藏經　〔漢〕華陀著　一卷
素女方（附製清寧丸方）　二卷

千金寶要 〔唐〕孫思邈著 〔宋〕郭思纂 六卷

丙集

寰宇訪碑録 〔清〕孫星衍、〔清〕邢澍合編 十二卷

丁集

影宋本説文解字 〔漢〕許慎記 十五卷
渚宫舊事（附補遺） 〔唐〕余知古著 六卷

戊集

三輔黄圖 〔漢〕佚名 一卷
孔子集語 〔清〕孫星衍輯 十七卷

己集

古文尚書攷異 〔明〕梅鷟著 六卷
古刻叢鈔 〔明〕陶宗儀輯 一卷

庚集

續古文苑 〔清〕孫星衍輯 二十卷

辛集

抱朴子内篇 〔晉〕葛洪著 二十卷
抱朴子外篇 〔晉〕葛洪著 五十卷

壬集

尚書今古文注疏 〔清〕孫星衍著 三十卷

癸　集

芳茂山人詩集　〔清〕孫星衍輯　十卷
長離閣詩集　〔清〕王采薇輯　一卷

叢　18　1434　政藝叢書（十六種）　〔清〕政藝通報局輯
光緒二十九年　六十七卷　二十册
上諭恭録　一卷
政學文編　七卷
政書通輯　七卷
内政通紀　七卷
外政通紀　七卷
政治圖表　一卷
政史文編　五卷
皇朝外交政史　七卷
萬國外交政史　五卷
中國文明新史　二卷
萬國現世新史　二卷
藝學文編　四卷
藝書通輯　五卷
藝事通紀　四卷
藝學圖表　一卷
風雨雞聲集　二卷

叢　18　1773　羣書寶窟（六十二種）　羣學社輯
上海石印本　光緒二十八年　七十九卷　二十四册

史部（中國史）

歷代帝王年表 〔清〕齊召南撰 三卷

歷代職官表 〔清〕乾隆勅撰 六卷

會典簡明録 〔清〕張祥河編 一卷

皇朝藩部表 〔清〕祁韻士纂 一卷

三通序 三卷

史部（列國史）

東西年表 〔日〕井上、大槻合纂 〔日〕羣學社譯 一卷

各國種類攷 〔清〕唐佛塵著 一卷

史學論略 〔清〕湘學報編 一卷

地理部

地理綜論 湘學報編 一卷

地理地文地質學 〔美〕麥空同著 一卷

五洲形勢論 湘學報 一卷

皇朝輿地略 〔清〕李兆洛著 一卷

皇朝輿地韻編 〔清〕李兆洛著 一卷

中國海陸險要攷 〔清〕李雄著 一卷

萬國志要 〔日本〕志賀重昂著 六卷

翻譯地名異同表 〔清〕薛瑩中著 一卷

輿地測繪學 〔清〕丁震著 一卷

政治部

政治學緒言 〔德〕拉特硜述 一卷

政教論 湘學報 一卷

各國政教公理總論 〔清〕唐佛塵著 一卷

最古各國政學論　〔清〕唐佛塵著　一卷
最古各國政學興衰考　〔清〕唐佛塵著　一卷
理財要義　湘學報　一卷
富國精言　湘學報　一卷
日本印紙税法　羣學社譯　一卷
商學要義　〔清〕陳人豪著　一卷
兵學餘談　〔清〕唐佛塵著　一卷

交涉部

交涉總論　〔清〕顧石鈞著　一卷
通塞塞通論　〔清〕唐佛塵著　一卷
各國交涉源流攷　〔英〕杜尼斯著　一卷
西勢東漸論　〔日本〕井上通明著　一卷
各國立約原始表　湖南洋務局編　一卷
公法通義　〔清〕唐佛塵著　一卷
使學要言（附奉使權分公使略例　使學考試條目）〔清〕唐佛塵著　四卷
中西度量權衡比較表　一卷

宗教部

火祆攷　〔清〕唐佛塵著　一卷
景教源流攷　〔清〕唐佛塵著　一卷
謨罕默德攷　〔清〕唐佛塵著　一卷

學　部

儒術真論　〔清〕章絳著　一卷
國朝經師經義録　〔清〕鄭藩著　一卷
希臘羅馬古學發微　〔德〕坡利著　一卷

西學原始攷 〔清〕王韜著 一卷
泰西著述考 〔清〕王韜著 一卷
格致總學 〔清〕江標輯 一卷
格致淺理 〔清〕唐佛塵著 一卷
質點配成萬物説 〔清〕唐佛塵著 一卷
算雅 〔清〕李固松著 一卷
西國天學源流攷 〔清〕王韜著 一卷
重學 〔清〕江標輯 一卷
電學 〔清〕江標輯 一卷
化學 〔清〕江標輯 一卷
聲學 〔清〕江標輯 一卷
光學 〔清〕江標輯 一卷
汽學 〔清〕江標輯 一卷
鑛物學 〔清〕江標輯 一卷
動植物學 〔清〕江標輯 一卷
全體學 〔清〕江標輯 一卷
工程製造學 〔清〕江標輯 一卷
商業學 〔清〕江標輯 一卷
農學 〔清〕江標輯 一卷
醫學 〔清〕江標輯 一卷
朱子語類已有西人格致之理（條證） 〔清〕唐佛塵著 一卷

叢 18 2101 抱經堂叢書（十八種） 〔清〕盧文弨輯
北京直隸書局影印 民國十二年 二百五十九卷 九十册
經典釋文 〔唐〕陸德明撰 三十卷
經典釋文攷證 〔清〕盧文弨撰 三十卷
儀禮注疏詳校 〔清〕盧文弨校 十七卷
新書 〔漢〕賈誼撰 十卷

春秋繁露　〔漢〕董仲舒撰　十七卷
荀子　〔康〕楊倞注　二十卷
白虎通　〔漢〕班固撰　四卷
逸周書　〔晉〕孔晁注　十卷
方言　〔晉〕郭璞注　十三卷
獨斷　〔漢〕蔡邕撰　二卷
西京雜記　〔晉〕葛洪撰　二卷
顔氏家訓（附補遺）　〔清〕趙曦明注　八卷
三水小牘　〔唐〕皇甫枚撰　二卷
羣書拾補　〔清〕盧文弨撰　三十九卷
解春文鈔（附補遺詩鈔）　〔清〕馮景撰　十四卷
鍾山札記　〔清〕盧文弨撰　四卷
龍城札記　〔清〕盧文弨撰　三卷
抱經堂文集　〔清〕盧文弨撰　三十四卷

叢　18　2126　粵雅堂叢書（二十集一百二十六種）　〔清〕伍崇曜輯
粵雅堂刊　咸豊三年　七百四十六卷　二百四十二册

第一集

南部新書　〔宋〕錢易撰　十卷
中吴紀聞　〔宋〕龔明之撰　六卷
志雅堂雜鈔　〔宋〕周密撰　二卷
焦氏筆乘　〔明〕焦竑撰　六卷
東城雜記　〔清〕厲鶚撰　二卷

第二集

奉天録　〔唐〕趙元一撰　四卷

咸淳遺事 〔宋〕無名氏撰 二卷
昭忠録 〔宋〕無名氏撰 一卷
月泉吟社 〔宋〕吴渭編 一卷
谷音 〔元〕杜本編 一卷
河汾諸老詩集 〔元〕房祺編 八卷
揭文安公文粹 〔元〕揭奚斯撰 二卷
玉笥集 〔元〕張憲撰 十卷
潞水客談 〔明〕徐貞明撰 一卷
陶庵夢憶 〔明〕張岱撰 八卷
天香閣隨筆 〔明〕李介撰 三卷

第三集

芻蕘奥論 〔宋〕張方平撰 二卷
唐史論斷 〔宋〕孫甫撰 三卷
叔苴子内編（附外編） 〔明〕莊元臣撰 八卷
西洋朝貢典録 〔明〕黄省曾撰 三卷
五代詩話 〔清〕王士禎編 〔清〕鄭方坤删補 十卷

第四集

易圖明辯 〔清〕胡渭撰 十卷
四書逸箋 〔清〕程大中撰 六卷
古韻標準 〔清〕江永撰 四卷
四聲切韻表 〔清〕江永撰 一卷
緒言 〔清〕戴震撰 三卷
聲類 〔清〕錢大昕撰 四卷
宋遼金元四史朔閏考 〔清〕錢大昕撰 二卷

第五集

國史經籍志　〔明〕焦竑撰　五卷

文史通義　校讐通義　〔清〕章學誠撰　八卷　三卷

第六集

經義攷備正　〔清〕翁方綱撰　十二卷

小石帆亭五言詩續鈔　〔清〕翁方綱撰　八卷

蘇詩補註　〔清〕翁方綱註　八卷

石州詩話　〔清〕翁方綱撰　八卷

北江詩話　〔清〕洪亮吉撰　六卷

玉山草堂續集　〔清〕錢林撰　六卷

第七集

虎鈐經　〔宋〕許洞撰　二十卷

打馬圖經　〔宋〕李清照撰　一卷

敍古千文　〔宋〕胡寅撰　〔宋〕黄灝註　一卷

草廬經略　〔明〕無名氏撰　十二卷

字觿　〔清〕周亮工撰　六卷

今世説　〔清〕王晫撰　八卷

飲水詩集（附詞集）　〔清〕性德撰　四卷

第八集

雙溪集　〔宋〕蘇籀撰　十五卷

日湖漁唱（附補逸）　〔宋〕陳允平撰　二卷

瑟譜　〔元〕熊朋來撰　六卷

秋笳集　〔清〕吴兆騫撰　八卷

燕樂攷原　〔清〕凌廷堪撰　六卷

第九集

絳雲樓書目 〔清〕錢謙益撰 〔清〕陳景雲注 四卷
述古堂藏書目 〔清〕錢曾撰 四卷
石柱記箋釋 〔清〕鄭元慶撰 五卷
林屋唱酬録 〔清〕馬日琯等編 一卷
焦山紀遊集 〔清〕馬日琯等編 一卷
沙河逸老小稿（附嶰谷詞） 〔清〕馬日琯等撰 七卷
南齋集（附詞） 〔清〕馬日璐撰 七卷

第十集

九國志 〔宋〕路振撰 十二卷
胡子知言（附疑義） 〔宋〕胡宏撰 八卷
蒿庵閒話 〔清〕張爾岐撰 二卷
後漢書補注 〔清〕惠棟撰 二十四卷
後漢書補表 〔清〕錢大昭撰 八卷

第十一集

詩書古訓 〔清〕阮元撰 六卷
十三經音略 〔清〕周春撰 十二卷
説文聲系 〔清〕姚文田撰 十四卷

第十二集

新校鄭志 〔魏〕鄭小同撰 〔清〕錢東垣等訂 四卷
文館詞林 〔唐〕許敬宗撰 四卷
兩京新記 〔唐〕韋述撰 一卷
華嚴經音義 〔唐〕釋慧苑撰 四卷
道德真經註 〔元〕吴澄撰 四卷

太上感應篇注　〔清〕惠棟撰　二卷
歷代帝王年表　〔清〕齊召南撰　〔清〕阮福續　三卷
紀元編　〔清〕李兆洛撰　三卷

第十三集

中興禦侮録　〔宋〕無名氏撰　二卷
襄陽守城録　〔宋〕趙萬年撰　一卷
宋季三朝要政　〔宋〕無名氏撰　六卷
詞源　〔宋〕張炎撰　二卷
元草堂詩餘　〔元〕鳳林書院本　三卷
樓山堂集　〔明〕吳應箕撰　二十七卷

第十四集

朱子年譜（附考異）　〔清〕王懋竑撰　十卷
韓柳年譜　〔清〕馬日璐撰　八卷
疑年録　〔清〕錢大昕撰　四卷
續疑年録　〔清〕吴修撰　四卷
米海岳年譜　〔清〕翁方綱撰　一卷
元遺山先生年譜　〔清〕翁方綱撰　三卷

第十五集

崇文總目輯釋（附補遺）　〔宋〕王欽若等撰　〔清〕錢東垣輯　六卷
菉竹堂書目　〔明〕葉盛撰　六卷
菉竹堂碑目　〔明〕葉盛撰　六卷
金石林時地攷　〔明〕趙均撰　二卷
勝飲編　〔清〕郎廷極撰　十八卷
采硫日記　〔清〕郁永和撰　三卷

嵩洛訪碑日記　〔清〕黄易撰　一卷
通志堂經解目録　〔清〕翁方綱撰　一卷
蘇米齋蘭亭攷　〔清〕翁方綱撰　八卷
石渠隨筆　〔清〕阮元撰　八卷

第十六集

周官新義　〔宋〕王安石撰　十六卷
爾雅新義　〔宋〕陸佃撰　二十卷
孫氏周易集解　〔清〕孫星衍撰　十卷
春秋穀梁傳時月日書法釋例　〔清〕許杜林撰　一卷

第十七集

羣經音辨　〔宋〕賈昌朝撰　七卷
刊正九經沿革例　〔宋〕岳珂撰　四卷
九經補韻　〔宋〕楊伯喦撰　二卷
詞林韻釋　〔宋〕菉斐軒刊本　二卷
漢書地理志稽疑　〔清〕全祖望撰　六卷
國策地名攷　〔清〕程恩澤撰　二十卷

第十八集

儀禮石經校勘記　〔清〕阮元撰　四卷
隸經文　〔清〕江藩撰　四卷
樂縣攷　〔清〕江藩撰　二卷
國朝漢學師承記（附國朝經師經義録）　〔清〕江藩撰　九卷
國朝宋學淵源記（附記）　〔清〕江藩撰　三卷
顧亭林先生年譜　〔清〕張穆撰　四卷
閻潛邱年譜　〔清〕張穆撰　四卷

第十九集

秋園雜佩　〔明〕陳貞慧撰　一卷
倪文正公年譜　〔清〕倪會鼎撰　四卷
南雷文定　〔清〕黄宗羲撰　二十二卷
程侍郎遺集　〔清〕程恩澤撰　十卷

第二十集

李元賓集　〔唐〕李觀撰　六卷
吕衡州集　〔唐〕吕温撰　十卷
西崐酬唱集　〔宋〕楊億等撰　二卷
鄂州小集（附遺文）　〔宋〕羅願撰　七卷
樂府雅詞（附拾遺）　〔宋〕曾慥撰　八卷
陽春白雪（附外集）　〔宋〕趙聞禮撰　九卷
揅經室詩録　〔清〕阮元撰　五卷

叢　18　2126　粤雅堂續集（五十種）　〔清〕伍崇曜輯
二百六十八卷　九十八册
廣釋名　〔清〕張金吾撰　二卷
兒易外儀　〔明〕倪元璐著　十五卷
比雅　〔清〕洪亮吉著　十九卷
孟子音義　〔宋〕孫奭撰　二卷
孝經音義　〔唐〕陸德明撰　一卷
儀禮管見　〔清〕褚寅亮撰　三卷
春秋國都爵姓攷　〔清〕陳鵬撰　一卷
春秋國都爵姓攷補　〔清〕曾釗撰　一卷
春秋五禮例宗　〔宋〕張大亨集　十卷原缺三卷
羣英書義　〔元〕張泰撰　二卷

書義主意　〔元〕王充耘編　六卷
述學　〔清〕汪中撰　八卷
鳳氏經説　〔清〕鳳韶著　三卷
墨志　〔明〕麻三衡纂　一卷
長物志　〔明〕文震亨撰　十二卷
寶祐登科録　一卷
紹興題名録　一卷
雲中紀程　〔清〕高懋功撰　二卷
乾道臨安志　〔宋〕周淙撰　三卷
輿地碑記目　〔宋〕王象之撰　四卷
静齋至正直記　〔元〕闕里外史行素撰　四卷
黔書　〔清〕田雯編　四卷
續黔書　〔清〕張澍編　八卷
唐昭陵石蹟攷略　〔清〕林侗撰　五卷
漢唐事箋前集　〔元〕朱禮撰　十二卷
漢唐事箋後集　〔元〕朱禮撰　八卷
西域釋地　〔清〕祁韻士輯　一卷
河朔訪古記　〔元〕納新撰　三卷
馭交記　〔清〕張鏡心編　十二卷
京口耆舊傳　失名　九卷
三国補註　〔清〕杭世駿撰　六卷
兩漢博聞　〔宋〕楊侃編　十二卷
東觀奏記　〔唐〕裴庭裕撰　三卷
西陲要略　〔清〕祁韻士輯　四卷
包公奏議　〔宋〕包拯撰　十卷
寶刻類編　〔宋〕失名　八卷
瘞鶴銘攷　〔清〕汪士鋐編　一卷
求表捷術　〔清〕戴煦撰　九卷

焦氏類林 〔明〕焦竑輯 八卷
梅邊吹笛谱 〔清〕凌廷堪撰 一卷
疑龍經 一卷
撼龍經 一卷
續談助 〔宋〕失名 五卷
大清神鑒 無名氏撰 六卷
小山畫譜 〔清〕鄒一桂撰 二卷
續世説 〔宋〕孔平仲撰 十二卷
益齋集 〔元〕高麗李齊賢輯 十卷
仲瞿詩録 〔清〕徐渭仁輯 一卷
煙霞萬古樓文集 〔清〕王曇撰 四卷
煙霞萬古樓詩集 〔清〕王曇撰 二卷

叢 18 2168 雅雨堂叢書（十三種） 〔清〕盧見曾輯
乾隆二十一年 一百三十五卷 二十八册
李氏易傳 〔唐〕李鼎祚集解 十七卷
易釋文 〔唐〕陸德明釋 一卷
鄭司農集 〔漢〕鄭玄撰 一卷
鄭氏周易 〔宋〕王應麟集 〔清〕惠棟增補 三卷
周易乾鑿度 〔漢〕鄭玄注 二卷
尚書大傳（附補遺考異） 〔漢〕鄭玄注 六卷
大戴禮記 〔北周〕盧辯註 十三卷
高氏戰國策 〔漢〕高誘註 三十三卷
匡謬正俗 〔唐〕顏師古撰 八卷
封氏聞見記 〔唐〕封演撰 十卷
摭言 〔唐〕王保定撰 十五卷
北夢瑣言 〔宋〕孫光憲撰 二十卷
文昌雜録 〔宋〕龐元英撰 六卷

叢　18　2343　益雅堂叢書（二十種）　〔清〕傅世洵輯
文選樓藏版　光緒九年　九十五卷　二十二册
爾雅補郭　〔清〕翟灝撰　二卷
埤雅　〔宋〕陸佃撰　二十卷
廣釋名　〔清〕張金吾著　二卷
比雅　〔清〕洪亮吉述　十九卷
博雅　〔魏〕張揖撰　〔隋〕曹憲音釋　十卷
篆訣辨釋　〔明〕王民部著　一卷
説文通論　〔清〕錢樹棠等著　一卷
文選古字通　〔清〕薛傳均著　六卷
説文新附考　〔清〕鄭珍撰　六卷
六書轉注古義考　〔清〕曹仁虎撰　二卷
説文淺説　〔清〕鄭知同撰　一卷
六書淺説　〔清〕江聲撰　一卷
六藝綱目　〔元〕舒天民述　二卷
別雅　〔清〕吴玉搢輯　五卷
字林精萃　墨莊氏撰　八卷
天學三正考　菊逸山房述　一卷
天元一術　〔清〕葉棠撰　一卷
五經算術　〔周〕甄鸞撰　二卷
人物志　〔漢〕劉劭撰　三卷
人倫大統賦　〔金〕張行簡撰　二卷

叢　18　2509　槐廬叢書（初編、二編二十九種）　〔清〕朱記榮輯
吴縣朱氏家塾刊　光緒十三年　八十九卷　三十二册　二部

初　編

李氏易解賸義　〔清〕李富孫輯　三卷

尚書餘論 〔清〕丁晏輯 一卷
詩辨説 〔宋〕趙德著 三卷
饗禮補亡 〔清〕諸錦著 一卷
公羊逸禮考證 〔清〕陳奐著 一卷
弟子職集解 〔清〕莊述祖著 一卷
斆經筆記 〔清〕陳倬著 一卷
世本（附考證） 〔清〕孫馮翼輯 二卷
楚漢春秋（附考証） 〔漢〕賈誼撰 〔清〕茅泮林輯 一卷
楚漢諸侯疆域志 〔清〕劉文淇著 三卷
括地志 〔清〕孫星衍輯 八卷
漢石例 〔清〕劉寶楠著 六卷
金石例補 〔清〕郭麐著 二卷
誌銘廣例 〔清〕梁玉繩著 二卷

二　編

九經古義 〔清〕惠棟著 十六卷
十三經詁答問 〔清〕馮登府輯 六卷
古易音訓 〔清〕宋咸熙著 二卷
京畿金石攷 〔清〕孫星衍著 二卷
平津讀碑記 〔清〕洪頤煊輯 八卷
平津讀碑續記 〔清〕洪頤煊輯 一卷
周髀算經（附音義、校勘記） 四卷
數術記遺 〔漢〕徐岳著 〔北周〕甄鸞注 一卷
九數外録 〔清〕顧光觀著 一卷
吕子校補（附續補） 〔清〕梁玉繩輯 三卷
問字堂文集（附贈言） 〔清〕孫星衍著 六卷
岱南閣文集 〔清〕孫星衍著 二卷
平津館文稿 〔清〕孫星衍著 二卷

五松園文稿　〔清〕孫星衍著　一卷
嘉穀堂文集　〔清〕孫星衍輯　一卷

叢　18　2509　槐廬叢書　〔清〕朱記榮輯
吴縣朱氏家塾刊　光緒十三年　殘存三十七册

三編（一二編細目已見前）

四禮榷疑　〔清〕顧廣譽著　八卷
歷代帝王宅京記　〔清〕顧炎武著　二十卷
玉谿生詩説　〔清〕紀昀著　二卷

四　　編

論語孔註辨僞　〔清〕沈濤著　二卷
營平二洲地名記　〔清〕顧炎武著　一卷
中吴紀聞　〔宋〕龔明之著　六卷

五　　編

孟子時事略　〔清〕任兆麟述　一卷
讀孟質疑　〔清〕施彦士輯　二卷
漢學商兑　〔清〕方東樹輯　四卷
遜志堂雜鈔　〔清〕吴翌鳳著　十卷

叢　18　2553　朱文端藏書十三種　〔清〕朱軾輯
乾隆元年　一百六十三卷　六十四册
周易傳義合訂　〔清〕朱軾輯　十二卷
春秋鈔　〔清〕朱軾輯　十卷
孝經（附三本管窺）　〔清〕朱軾輯　一卷

儀禮節略 〔清〕朱軾輯 二十卷
大戴禮記 〔漢〕戴德著 十三卷
禮記纂言 〔元〕吴澄著 三十六卷
吕氏四禮翼 〔明〕吕坤著 一卷
張子全書 〔宋〕張載著 十五卷
顔氏家訓 〔北齊〕顔之推著 二卷
温公家範 〔宋〕司馬光著 二卷
歷代名儒傳 〔清〕朱軾訂 八卷
歷代名臣傳 〔清〕朱軾訂 四十卷
歷代名吏傳 〔清〕朱軾訂 八卷

叢 18 2610 説鈴（二集五十三種） 〔清〕吴震方輯
聚秀堂藏版 道光五年 五十三卷 二十二册

前 集

冬夜箋記 〔清〕王崇簡撰
隴蜀餘聞 〔清〕王士禛撰
安南雜記 〔清〕李仙根編
奉使俄羅斯日記 〔清〕張鵬翮撰
筠廓偶筆 〔清〕宋犖撰
金鰲退食筆記 〔清〕高士奇撰
扈從西巡録 〔清〕高士奇撰
塞北小鈔 〔清〕高士奇撰
松亭行紀 〔清〕高士奇撰
天禄識餘 〔清〕高士奇撰
封長白山記 〔清〕方象瑛著
使琉球記略 〔清〕張學禮著
閩小記 〔清〕周亮工撰

西征紀略　〔清〕殷化行撰

滇行紀程　〔清〕許纘曾撰

東還紀程　〔清〕許纘曾撰

絶域紀略　〔清〕方供乾撰

揚州鼓吹詞序　〔清〕吴綺撰

粤述　〔清〕閔敍撰

粤西偶記　〔清〕陸祚蕃撰

滇黔紀要　〔清〕陳鼎撰

京東考古録　〔清〕顧炎武撰

山東考古録　〔清〕顧炎武撰

救文格論　〔清〕顧炎武撰

雜録　〔清〕顧炎武撰

守汴日志　〔清〕李光墾撰

坤輿外紀　〔泰西〕南懷仁撰

臺灣紀略　〔清〕林謙光撰

臺灣雜記　〔清〕李麒光撰

安南紀遊　〔清〕潘鼎珪撰

峒溪纖志　〔清〕陸次雲撰

泰山紀勝　〔清〕孔貞瑄撰

匡廬紀遊　〔清〕吴闡思撰

登華記　〔清〕吴闡思撰

遊雁蕩記　〔清〕周清源撰

甌江逸志　〔清〕勞大輿撰

嶺南雜記　〔清〕吴震方撰

後　集

讀史吟評　〔清〕黄鵬揚撰

湖壖雜志　〔清〕陸次雲撰

談往　花村看行侍者記
板橋雜記　〔清〕余懷撰
簪雲樓雜説　〔清〕陳向古撰
天香樓偶得　〔清〕處兆隆撰
蚓庵瑣語　〔清〕王逋撰
見聞録　〔清〕徐岳撰
冥報録　〔清〕陸圻撰
現果隨録　〔清〕釋戒顯撰
果報聞見録　〔清〕楊式傳撰
信徵録　〔清〕徐慶撰
曠園雜志　〔清〕吴陳琰撰
述異記　〔清〕東軒主人撰
蓴鄉贅筆　〔清〕董含撰
觚賸　〔清〕鈕琇撰

叢　18　2630　拜經堂叢書（七種）　〔清〕吴騫輯
會稽章氏刊于鄂渚　光緒八年　二十三卷　八册

叢　18　2630　又（三十種）
民國十一年　八十九卷　四十八册

叢　18　2630　又（十種）　〔清〕吴騫輯　〔清〕朱記榮補
校經堂藏版　光緒十九年　二十五卷　十册
詩譜補後訂　〔清〕吴騫訂　一卷
陶詩　〔晉〕陶潛撰　〔宋〕湯漢箋　四卷
謝宣城詩集　〔南齊〕謝朓撰　五卷
國山碑考（補逸）　〔清〕吴騫撰　一卷
桃溪客語　〔清〕吴騫撰　五卷

扶風傳信録 〔清〕吴騫輯録
王節愍公集 〔明〕王道焜撰 一卷
蘇祠從祀議 〔清〕吴騫議 一卷
南宋方爐題吟 〔清〕吴騫編
海潮説 〔清〕周春撰 三卷
羅昭諫讒書 〔唐〕羅隱撰 五卷
陽羨名陶録 〔清〕吴騫録 二卷
論印絶句 〔清〕吴騫輯 二卷
孟子外書 〔宋〕劉攽注 一卷
棠湖詩稿 〔宋〕岳珂撰 一卷
許氏詩譜鈔 〔清〕吴騫校訂
孫氏爾雅正義拾遺 〔清〕吴騫輯
蜀石經毛詩攷異 〔清〕吴騫撰 二卷
静庵賸稿 〔明〕朱妙端撰 一卷
拙政園詩集（附詩餘） 〔清〕徐燦著 五卷
玉窗遺稿 〔清〕葛宜著 一卷
梅花園存稿 〔清〕鍾韞著 一卷
珠樓遺稿 〔清〕徐貞著
哀蘭絶句 〔清〕吴騫著
拜經樓詩話 〔清〕吴騫著 四卷
拜經樓詩集 〔清〕吴騫著 十二卷
拜經樓詩集續編 〔清〕吴騫著 四卷
萬花漁唱 〔清〕吴騫著
愚谷文存 〔清〕吴騫著 十四卷
拜經樓藏書題跋記 〔清〕吴壽暘著 六卷
蠡塘漁乃 〔清〕吴騫著 二卷

叢 18 2694 藝海珠塵（一百六十四種） 〔清〕吴省蘭輯

聽彝堂原刊 乾隆六十年 三百卷 六十四册

匏 集

北郊配位尊西嚮議 〔清〕毛奇齡著 一卷
昏禮辨正 〔清〕毛奇齡著 一卷
大小宗通繹 〔清〕毛奇齡著 一卷
四書索解 〔清〕毛奇齡著 四卷
紀元要略 〔清〕陳景雲著 二卷
紀元要略補 〔清〕陳黄中著 一卷
山海經補注 〔明〕楊慎注
海潮輯説 〔清〕俞思謙著 二卷
吾師録 〔明〕黄淳耀著 一卷
聰訓齋語 〔清〕張英著 二卷
恒産瑣言 〔清〕張英著 一卷
中星表 〔清〕徐朝俊著 一卷
木棉譜 〔清〕褚華著 一卷
宜齋野乘 〔宋〕吴枋著 一卷
東原録 〔宋〕龔鼎臣著 一卷
文録 〔宋〕唐庚著 一卷
呵凍漫筆 〔明〕談修著 二卷
墨畲錢鏄 〔明〕姜南著 一卷
瓠里子筆談 〔明〕姜南著 一卷
洗硯新録 〔明〕姜南著 一卷
蓉塘記聞 〔明〕姜南著 一卷
夏内史集 〔明〕夏完淳著 十卷

土　集

易緯乾坤鑿度　〔漢〕鄭玄注　二卷
易緯是類謀　〔漢〕鄭玄注　一卷
洪範統一　〔宋〕趙善湘著　一卷
説學齋經説　〔清〕葉鳳毛著　一卷
辨定嘉靖大禮議　〔清〕毛奇齡著　二卷
儒林譜　〔清〕焦袁熹著　一卷
雲間第宅志　〔明〕王澐著　一卷
恥言　〔明〕徐貞稷著　二卷
修慝餘編　〔清〕陳藎著　一卷
太玄解　〔清〕焦袁熹解　一卷
潛虚解　〔清〕焦袁熹解　一卷
素履子　〔唐〕張弧著　一卷
握奇經解　〔漢〕公孫弘解　一卷
玄女經　一卷
冐絮録　〔宋〕趙叔向著　一卷
東皋雜鈔　〔清〕董潮著　三卷
茶餘客話　〔清〕阮葵生著　十二卷
古今風謡　〔明〕楊慎輯　一卷
古今諺　〔明〕楊慎輯　一卷
聲調譜拾遺　〔清〕翟翬著　一卷
古詩十九首解　〔清〕張庚解　一卷

革　集

詩緯稽覽圖　〔漢〕鄭玄注　二卷
詩説　〔宋〕張耒著　一卷
詩疑　〔宋〕王柏著　一卷

左氏蒙求註 〔元〕吴化龍注 〔清〕許乃濟等輯 一卷
匡謬正俗 〔唐〕顔師古著 八卷
皇朝武功紀盛 〔清〕趙翼著 四卷
山海經圖贊 〔晉〕郭璞著 一卷
洪武四年登科録 一卷
社事始末 〔清〕杜登春著 一卷
淞古述 〔明〕楊樞著 一卷
南華經傳釋 〔清〕周金然釋 一卷
經天該 〔泰西〕利瑪竇著 一卷
地理古鏡歌 〔清〕蔣大鴻著 一卷
蘇沈良方 〔宋〕蘇軾、〔宋〕沈括同輯 十卷
一草亭眼科 〔清〕鄧苑著 一卷
雲仙散録 〔唐〕馮贄著 一卷
燕魏雜記 〔宋〕吕浩頤著 一卷
叩舷憑軾録 〔明〕姜南著 一卷
交行摘稿 〔明〕徐孚遠著 一卷
貞蕤稿略 〔朝鮮〕朴齊家著 二卷
拜經樓詩話 〔清〕吴騫著

木 集

正易心法 〔宋〕陳摶著 一卷
學校問 〔清〕毛奇齡著 一卷
郊社禘祫問 〔清〕毛奇齡著 一卷
小國春秋 〔清〕焦袁熹著 一卷
小兒語 〔明〕吕得勝著 一卷
續小兒語 〔明〕吕坤著 一卷
捕蝗考 〔清〕陳芳生著 一卷
滇南新語 〔清〕張泓著 一卷

松江衢歌　〔清〕陳金浩著　一卷
淞南樂府　〔清〕楊光輔著　一卷
遠鏡説　〔泰西〕湯若望著　一卷
滇南憶舊録　〔清〕張泓著　一卷
紀聽松菴竹鑪始末　〔清〕鄒炳泰著　一卷
雜詠　〔唐〕李嶠著　二卷
月山詩集　〔清〕恒仁著　一卷
月山詩話　〔清〕恒仁著　一卷
鎌山草堂詩合鈔　〔明〕王光承著　二卷
四繪軒詩鈔　〔清〕徐振著　一卷
杜詩雙聲叠韻譜括略　〔清〕周春著　八卷

石　集

春秋左傳分國土地名　〔清〕沈淑著　二卷
左傳職官　〔清〕沈淑著　一卷
左傳器物宫室　〔清〕沈淑著　一卷
五經贊　〔清〕陸榮秬著　一卷
婦學　〔清〕章學誠輯　一卷
天問略　〔泰西〕陽瑪諾著　一卷
海國聞見録（並圖）　〔清〕陳倫炯著　二卷
備邊屯田車銃議（並圖）　〔明〕趙士楨著　一卷
倭情屯田議　〔明〕趙士楨輯　一卷
番社采風圖考　〔清〕六十七著　一卷
維西見聞紀　〔清〕余慶遠譯　一卷
金川瑣記　〔清〕李心衡著　一卷
朝鮮志　二卷
至游子　二卷
夢占逸旨　〔明〕陳士元著　八卷

五總志 〔宋〕吴坰著 一卷
孔氏談苑 〔宋〕孔平仲著 五卷
讀書偶見 〔清〕吴騏著 一卷
學福齋雜著 〔清〕沈大成輯 一卷
岳忠武王集 〔宋〕岳飛著 一卷
丁孝子詩集 〔元〕丁鶴年著 三卷
圭唐款乃集 〔元〕許有壬等輯 一卷
刻燭集 〔清〕曹仁虎等輯 一卷

金 集

易象意言 〔宋〕蔡淵著 一卷
詩論 〔宋〕程大昌著 一卷
春秋或辨 〔清〕許之獬著 一卷
春秋三傳異同攷 〔清〕吴陳琰輯 一卷
春秋職官攷略 〔清〕程廷祚著 三卷
春秋地名辨異 〔清〕程廷祚著 三卷
左傳人名辨異 〔清〕程廷祚著 三卷
中文孝經 〔清〕周春著 一卷
孝經外傳 〔清〕周春著 一卷
箴膏肓起廢疾發墨守 〔漢〕鄭玄著 一卷
讀書塡記 〔清〕鳳應韶著 一卷
轉注古義攷 〔清〕曹仁虎著 一卷
官韻攷異 〔清〕吴省欽著 一卷
續方言 〔清〕杭世駿著 二卷
續方言補正 〔清〕程際盛著 一卷
七十二候攷 〔清〕曹仁虎著 一卷
江漢叢談 〔明〕陳士元著 二卷
説叩 〔清〕葉抱崧著 一卷

夾漈遺稿 〔宋〕鄭樵著 三卷
可儀堂文集 〔清〕俞長城輯 二卷
聲調譜 〔清〕趙執信著 一卷
談龍録 〔清〕趙執信著 一卷

絲 集

鄭敷文書説 〔宋〕鄭伯熊著 一卷
舜典補亡 〔清〕毛奇齡輯
論語筆解 〔唐〕韓愈著 二卷
論語絶句 〔宋〕張九成著 一卷
孟子外書注 〔宋〕劉攽注 四卷
駁五經異義（附補逸） 〔漢〕許慎纂 〔漢〕鄭玄駁 二卷
駢字分箋 〔清〕程際盛纂 二卷
武宗外紀 〔清〕毛奇齡著 一卷
勝朝彤史拾遺記 〔清〕毛奇齡著 六卷
蜀檮杌 〔宋〕張唐英著 二卷
東南防守利便 〔宋〕吕祉著 三卷
炳燭偶鈔 〔清〕陸錫熊著 一卷
讀史論略 〔清〕杜詔著 一卷
異魚圖贊 〔明〕楊慎著 一卷
龜經 一卷
古算器考 〔清〕梅文鼎著 一卷
歷學疑問補 〔清〕梅文鼎著 二卷
半村野人閒談 〔明〕姜南著 一卷
抱璞簡記 〔明〕姜南著 一卷
一樱居詩稿 〔清〕馮柷著 二卷

竹 集

春秋傳説例 〔宋〕劉敞著 一卷
饗禮補亡 〔清〕諸錦著 一卷
魯齋述得 〔清〕丁傅著 一卷
唐史論斷 〔宋〕孫甫著 三卷
滇載記 〔明〕楊慎著 一卷
奉使俄羅斯行程録 〔清〕張鵬翮著 一卷
外國竹枝詞 〔清〕尤侗著 一卷
異域竹枝詞 〔清〕福慶著 三卷
海潮説 〔清〕周春著 一卷
三垣疏稿 〔明〕許譽卿著 三卷
閩中海錯疏 〔明〕屠本畯等疏 三卷
伸蒙子 〔唐〕林慎思著 三卷
廣成子解 〔宋〕蘇軾解 一卷
二儀銘補注 〔清〕梅文鼎注 一卷
曆學答問 〔清〕梅文鼎著 一卷
蘇氏演義 〔唐〕蘇鶚著 二卷
投甕隨筆 〔明〕姜南著 一卷
風月堂雜識 〔明〕姜南著 一卷
學圃餘力 〔明〕姜南著 一卷
輞川詩鈔 〔明〕王澐著 六卷

叢 18 2712 後知不足齋叢書（二十七種） 〔清〕鮑廷爵輯
常熟鮑氏刊 光緒十年 七十六卷 三十册
駁五經異義（附補遺） 〔漢〕鄭玄撰 二卷
箴膏肓 〔漢〕鄭玄撰 一卷
起廢疾 〔漢〕鄭玄撰 一卷

發墨守 〔漢〕鄭玄撰 一卷
鄭志 〔魏〕鄭小同編 四卷
陸氏經典異文輯 〔清〕沈淑著 六卷
陸氏經典異文補 〔清〕沈淑著 六卷
十三經註疏瑣語 〔清〕沈淑著 四卷
春秋左傳分國土地名 〔清〕沈淑著 二卷
左傳列國職官 〔清〕沈淑著 一卷
左傳器物宫室 〔清〕沈淑著 一卷
五經文字 〔唐〕張參輯 三卷
九經字樣 〔唐〕唐元度輯 一卷
石經殘字考 〔清〕翁方綱著 一卷
干禄字書 〔唐〕顔元孫撰 一卷
班馬字類 〔宋〕婁機撰 二卷
九經補韻攷證 〔宋〕楊伯喦撰 〔清〕錢侗證 一卷
説文雙聲韻譜 〔清〕鄧廷楨撰 一卷
積古齋鐘鼎彝器款識 〔清〕阮元撰 十卷
喪禮經傳約 〔清〕吴卓信撰 一卷
澹成居文鈔 〔清〕吴卓信撰 四卷
漢魏六朝志墓例 〔清〕吴鎬撰 四卷
金石訂例 〔清〕鮑振方撰 四卷
稽端 〔唐〕劉賡輯 一卷
崇文總目 〔宋〕王堯臣等撰 五卷
後漢書補表 〔清〕錢大昭撰 八卷

叢 18 2714 知不足齋叢書（三十集二百二十種） 〔清〕鮑廷博編
嶺南芸林仙館刊 光緒八年 八百四十八卷 二百四十册 二部

叢 18 2714 又

一百四十册内缺一册

首 帙

闕史 〔唐〕高彦修撰 二卷

第一集

古文孝經 〔漢〕孔安國傳 一卷
寓簡 〔宋〕沈作喆撰 十卷
兩漢刊誤補遺 〔宋〕吴仁傑撰 十卷
涉史隨筆 〔宋〕葛洪撰 一卷
客杭日記 〔元〕郭畀撰 一卷
韻石齋筆談 〔清〕姜兆書撰 二卷
七頌堂識小録 〔清〕劉體仁撰 一卷

第二集

公是先生弟子記 〔宋〕劉敞撰 一卷
經筵至音問答 〔宋〕胡銓撰 一卷
碧溪詩話 〔宋〕黄徹撰 十卷
獨醒雜誌 〔宋〕曾敏行撰 十一卷
梁溪漫志 〔宋〕费衮撰 十卷
赤雅 〔明〕鄺露撰 三卷
諸史然疑 〔清〕杭世駿撰 一卷
榕城詩話 〔清〕杭世駿撰 三卷

第三集

入蜀記 〔宋〕陸游撰 六卷

猗覺寮雜記 〔宋〕朱翌撰 二卷
對牀夜話 〔宋〕范晞文撰 五卷
歸田詩話 〔明〕瞿佑撰 三卷
南濠詩話 〔明〕都穆撰 一卷
麓堂詩話 〔明〕李東陽撰 一卷
石墨鐫華 〔明〕趙崡撰 八卷

第四集

孫子算經 〔唐〕李淳風釋 三卷
五曹算經 〔唐〕李淳風釋
釣磯立譚 〔南唐〕史虚白撰 二卷
洛陽縉紳舊聞記 〔宋〕張齊賢撰 五卷
四朝聞見録 〔宋〕葉紹翁撰 六卷
金石史 〔明〕郭宗昌撰 二卷
聞者軒帖考 〔清〕孫承澤撰 一卷

第五集

聞見近録 〔宋〕王鞏撰 一卷
甲申雜記 〔宋〕王鞏撰 一卷
隨手雜録 〔宋〕王鞏撰 一卷
清虚雜著補闕 〔宋〕王從謹撰 一卷
補漢兵志 〔宋〕錢文子撰 一卷
臨漢隱居詩話 〔宋〕魏泰撰 一卷
滹南詩話 〔宋〕王若虚撰 三卷
歸潛志 〔金〕劉祁撰 十四卷
尋親紀程 〔清〕黄向堅撰 一卷
滇還日記 〔清〕黄向堅撰 一卷

虎口餘生記 〔清〕邊大綬撰 一卷
澹生堂藏書約 〔明〕祁承熚著 一卷
疏通古書約 〔清〕曹溶著 一卷
苦瓜和尚畫語録 〔清〕釋道濟撰 一卷

第六集

玉壺清話 〔宋〕釋文瑩撰 十卷
愧郯録 〔宋〕岳珂撰 十五卷
碧雞漫志 〔明〕王灼撰 五卷
樂府補題 〔朱〕失名 一卷
蜕巖詞 〔元〕張翥撰 二卷

第七集

論語集解義疏 〔魏〕何晏撰 〔梁〕皇侃疏 十卷
離騷草木疏 〔宋〕吴仁傑撰 十卷
游宦紀聞 〔宋〕張世南撰 十卷

第八集

張邱建算經 〔唐〕李淳風釋 三卷
緝古算經 〔唐〕王孝通撰 一卷
默記 〔宋〕王銍撰 一卷
南湖集 〔宋〕張鎡撰 十三卷
蘋州漁笛譜 〔宋〕周密撰 二卷

第九集

金樓子 〔梁〕元帝撰 六卷
鐵圍山叢談 〔宋〕蔡絛編 六卷

農書　〔宋〕陳旉輯　三卷
蠶書　〔宋〕秦觀著　一卷
耕織圖詩　〔宋〕樓璹編　一卷
湛淵静話　〔元〕白珽撰　二卷
責備餘談　〔明〕方鵬撰　三卷

第十集

續孟子　〔唐〕林慎思撰　二卷
伸蒙子　〔唐〕林慎思撰　三卷
麟角集　〔唐〕王棨撰　一卷
蘭亭集　〔宋〕桑世昌撰　十三卷
蘭亭續攷　〔宋〕俞松編　二卷
石刻鋪叙　〔宋〕曾宏父撰　二卷
江西詩社宗派圖録　〔清〕張泰來撰　一卷
江西詩派小序　〔宋〕劉克莊撰　一卷
萬柳溪邊舊話　〔元〕尤玘撰　一卷

第十一集

詩傳注疏　〔宋〕謝枋得註　三卷
顏氏家訓（附考證）　〔北齊〕顏之推纂　八卷
江南餘載　〔宋〕鄭文寶著　二卷
五國故事　〔宋〕失名　二卷
故宫遺録　〔明〕蕭洵輯　一卷
伯牙琴　〔宋〕鄧牧撰
洞霄詩集　〔元〕孟宗寶撰　十四卷
石湖詞　〔宋〕范成大撰
和石湖詞　〔宋〕張三聘撰　一卷

花外集　〔宋〕王沂孫著　一卷

第十二集

詩義指南　〔宋〕段昌武撰　一卷
離騷集傳　〔宋〕錢杲之撰　一卷
江淮異人録　〔宋〕吴淑撰　一卷
慶元黨禁　〔宋〕失名　一卷
北山酒經　〔宋〕朱肱撰　三卷
山居新話　〔元〕楊瑀著　一卷
鬼董　〔元〕失名　五卷
墨史　〔元〕陸仁撰　三卷
畫訣　〔清〕龔賢撰　一卷
書筌　〔清〕笪重光輯　一卷
今水經表　〔清〕黄宗羲撰　一卷
佐治藥言　〔清〕汪輝祖編　二卷

第十三集

相臺書塾刊正九經三傳沿革例　〔宋〕岳珂撰　一卷
元真子　〔唐〕張志和撰　三卷
翰苑羣書　〔宋〕洪遵撰　二卷
朝野類要　〔宋〕趙昇撰　五卷
碧血録（附周端孝血疏）　〔明〕黄煜撰　三卷
逍遥集　〔宋〕潘閬撰　一卷
百正集　〔宋〕連文鳳撰　三卷
張子野詞（附補遺）　〔宋〕張先撰　三卷
貞居詞　〔元〕張雨撰　一卷

第十四集

籟記　〔陳〕陳叔齊撰　一卷

潛虚　〔宋〕司馬光撰　一卷

袁氏世範（附詩鑒）　〔宋〕袁采撰　四卷

天水冰山録（附鈐山堂詩畫記）　二卷

第十五集

新唐書糾謬　〔宋〕吴縝著　二十二卷

洞霄圖志　〔宋〕鄧牧著　六卷

聱隅子　〔宋〕黄晞著　二卷

世緯　〔明〕袁袠著　二卷

第十六集

皇宋書録　〔宋〕董史著　三卷

宣和奉使高麗圖經　〔宋〕徐兢撰　四十卷

武林舊事　〔宋〕周密輯　十一卷

錢塘先賢傳贊　〔宋〕袁韶撰　一卷

第十七集

五代史纂誤　〔宋〕吴縝著　三卷

嶺外代答　〔宋〕周去非著　十卷

南窗紀談　〔宋〕失名　一卷

蘇沈内翰良方　〔宋〕蘇軾、〔宋〕沈括同集　十卷

浦陽人物記　〔明〕宋濂輯　二卷

第十八集

宜州家乘　〔宋〕黄庭堅撰　一卷

吴船録 〔宋〕范成大撰 二卷
清波雜志 〔宋〕周煇撰 十二卷
清波别志 〔宋〕周煇撰 三卷
蜀難敍略 〔清〕沈荀蔚撰 一卷
灊山集 〔宋〕朱翌撰 五卷
頤菴居士集 〔宋〕劉應時撰 二卷

第十九集

文宛英華辯證 〔宋〕彭叔夏撰 十卷
詩紀匡謬 〔明〕馮舒撰 一卷
西塘耆舊續聞 〔宋〕陳鵠撰 十卷
山房隨筆 〔元〕蔣正子撰 一卷
勿菴歷算書目 〔清〕梅文鼎輯 一卷
黄山領要録 〔清〕汪洪度撰 二卷
世善堂藏書目録 〔明〕陳第編 二卷

第二十集

測圓海鏡細草 〔元〕李冶撰 十二卷
蘆浦筆記 〔宋〕劉昌詩撰 十卷
五代史記纂誤補 〔清〕吴蘭庭撰 四卷
山静居畫論 〔清〕方薰撰 二卷
茗香詩論 〔清〕宋大樽撰 一卷

第二十一集

孝經鄭注（附補證） 〔清〕洪頤煊補證 二卷
孝經鄭氏解輯 〔清〕臧庸堂集 一卷
益古衍段 〔元〕李冶著 三卷

弧矢算術細草　〔清〕李鋭演　一卷
五總志　〔宋〕吴埛撰　一卷
古今紀要逸編　〔宋〕黄震編　一卷
北行日譜　〔明〕朱祖文撰　一卷
粤行紀事　〔清〕瞿昌文撰　三卷
滇黔土司婚禮紀　〔清〕陳鼎輯　一卷
清雋集　〔宋〕鄭起撰　三卷
一百廿圖詩集（附錦錢餘笑）　〔宋〕鄭思肖撰　一卷
鄭所南文集　〔宋〕鄭思肖註　一卷

第二十二集

鑒誡録　〔蜀〕何光遠撰　十卷
候鯖録　〔宋〕趙德麟撰　八卷
松窗百説　〔宋〕李季可撰　一卷
北軒筆記　〔元〕陳世隆撰　一卷
藏海詩話　〔宋〕吴可撰　一卷
吴禮部詩話　〔元〕吴師道撰　一卷
畫墁集（附補遺）　〔宋〕張舜民撰　九卷

第二十三集

讀易別録　〔清〕全祖望著　三卷
古今僞書考　〔清〕姚際恒著　一卷
澠水燕譚録　〔宋〕王闢之著　十卷
攬轡録　〔宋〕范成大著　一卷
驂鸞録　〔宋〕范成大著　一卷
桂海虞衡志　〔宋〕范成大著　一卷
北行日録　〔宋〕樓鑰著　二卷

放翁家訓 〔宋〕陸游著 一卷
庶齋老學叢談 〔金〕盛如梓著 三卷
湛園遺稿 〔元〕白珽著 五卷
趙待制遺稿 〔元〕趙雍著 一卷
灤京雜詠 〔元〕楊允孚著 二卷
陽春集 〔宋〕米友仁著 一卷
草窗詞 〔宋〕周密著 四卷

第二十四集

吹劍録外集 〔宋〕俞文豹著 一卷
宋遺民録 〔明〕程敏政輯 十五卷
天地間集 〔宋〕謝翱撰 一卷
宋舊宫人詩詞 〔宋〕汪元量輯 一卷
竹譜詳録 〔元〕李衎著 七卷
書學捷要 〔清〕朱履貞撰 二卷

第二十五集

履齋示兒編（附校補覆校） 〔宋〕孫奕編 二十五卷
霽山集（附拾遺） 〔宋〕林景熙撰 六卷

第二十六集

五行大義 〔隋〕蕭吉撰 五卷
負暄野録 〔宋〕陳櫄撰 一卷
古刻叢鈔 〔明〕陶宗儀編 一卷
梅花喜神譜 〔宋〕宋伯仁撰 二卷
斜川集 〔宋〕蘇過撰 九卷

第二十七集

道命録 〔宋〕李心傳撰 十卷
曲洧舊聞 〔宋〕朱弁著 十卷
字通 〔宋〕李從周著 一卷
透簾細草 失名 一卷
續古摘奇算法 〔宋〕楊輝編 一卷
丁巨算法 〔元〕丁巨撰 一卷
緝古算經細草 〔唐〕王孝通撰 〔清〕張敦仁演 三卷

第二十八集

雲林石譜（附緺雲石記） 〔宋〕杜綰撰 三卷
夢粱録 〔宋〕吴自牧撰 二十卷
静春堂詩集 〔元〕袁易撰 七卷
紅蕙山房集 〔清〕袁廷檮撰 二卷

第二十九集

梧溪集 〔元〕王逢撰 七卷
困學齋雜録 〔元〕鮮于樞輯 一卷

第三十集

尊德性齋集（附補遺） 〔宋〕程洵著 四卷
塵史 〔宋〕王得臣撰 三卷
全唐詩逸 〔日本〕上毛河世寧纂 三卷
中吴紀聞 〔宋〕龔明之撰 六卷
廣釋名 〔清〕張金吾輯 二卷
兩孝子尋親記 〔清〕翁廣平編 一卷
畫梅題記 〔清〕朱方靄編 一卷

叢 18 2733 通學齋叢書（五十二種） 〔清〕鄒凌沅輯

致知書局印 光緒二十五年 二十六册

通學彙編

中外章程彙編

格致問答彙編

環球各國事物彙表

列國編年紀要

康熙幾暇格物編

藝學彙編

中外權衡度量释義合數表

各國金銀銅三品貨幣表

西禮須知

皇華擥要

泰西河防

泰西各國兵政考

日本國志序

歐洲新志

墨西哥述略

日祕史

德國新制紀要

檀香山羣島志

東遊紀略

遊東洋日記

聘盟日記

甯古塔紀略

朔方備乘札記

支那紀遊

南洋述遇

黔滇土司婚禮記
三洲遊記
東方兵事紀略
峽西南山谷口考
天演論
黄書
古微堂内集
礮概問答
火藥問答
擬請中國嚴整武備説
蒙學課本
駢字啓蒙
天地歌略
補農書
振興中國棉業説
植物近利志
西國養蜂法
養蠶祕訣
養魚法
通學書籍考
衛生彙編
國朝掌故彙編
皇清經解淵源記
靈芬館雜筆
悦學彙編
虎穴逃生記

叢　18　2760　古逸叢書（二十六種）　〔清〕黎昌庶輯

日本東京刊　光緒十年　二百〇四卷　四十九册

爾雅　〔晉〕郭璞著　影宋蜀大字本　三卷

穀梁傳　〔晉〕范甯集解　影宋熙寧本　十二卷

論語集解　〔魏〕何晏集解　覆正平本　十卷

易程傳（附繫辭精義）　〔宋〕程頤傳　〔宋〕吕祖謙編　覆元正至本　四卷

孝經　〔唐〕玄宗注　覆舊鈔卷子本　一卷

老子注　〔魏〕王弼注　集唐字　二卷

荀子注　〔唐〕楊倞註　影宋台州本　二十卷

莊子注疏　〔晉〕郭象注　覆宋本　十卷

楚辭集注（附辦證後語）　〔宋〕朱熹註　覆元本　十六卷

尚書釋音　〔唐〕陸德明撰　影宋蜀大字本　一卷

玉篇零本　〔陳〕顧野王撰　影舊鈔卷子本　三卷

大宋重修廣韻　〔宋〕陳彭年等奉敕修　覆宋本　五卷

廣韻　〔隋〕陸法言撰　覆元泰定本　五卷

玉燭寶典　〔隋〕杜臺卿撰　覆舊抄卷子本　十一卷

文館詞林　〔唐〕許敬宗等撰　覆舊抄卷子本　十三卷

琱玉集　〔唐〕天平原鈔　二卷

姓解　〔宋〕邵思纂　影北宋本　三卷

韻鏡　〔宋〕張麟之撰　覆永禄本　一卷

日本現在書目　〔日本〕藤原佐世輯　影舊抄本　一卷

史略　〔宋〕高似孫撰　影宋本　六卷

漢書食貨志　〔唐〕顔師古註　影唐寫本　一卷

急就篇　〔漢〕杜陵、〔漢〕史游同撰　仿唐石經體寫本　一卷

杜工部草堂詩箋　〔唐〕杜甫著　〔宋〕魯訔編　五十八卷

碣石調幽蘭　〔陳〕丘公傳　影舊抄卷子本　一卷

天台山記　〔唐〕徐靈府撰　影舊抄卷子本　一卷

太平寰宇記補闕　〔宋〕樂史撰　五卷

叢 18 2813 格致叢書（一百一十種） 〔清〕徐建寅編
上海中西譯書公學印 光緒二十六年 一百六十二卷 三十二册

格 致

格致略論 龍飛著 十二卷
格致新法 慕維廉著 二卷
格致理三家論 慕維廉著 一卷
格物雜説 傅蘭雅著 四卷
博物新聞 艾約琴稿 一卷
互相問答 傅蘭雅著 八卷

算 學

算器圖説 傅蘭雅譯輯 一卷
算學奇論 傅蘭雅譯輯 一卷
算學奇題解 巴心田稿 一卷
算學奇題問答 一卷
算學難題問答 一卷

重 學

重學器圖説 傅蘭雅著 一卷

電 學

論電 歐禮斐著 二卷
電學問答（附磨吸鐵器圖説） 〔天津〕水雷局譯 一卷

化 學

化學器圖説 傅蘭雅著 六卷

論生氣化學器與質 傅蘭雅著 一卷

聲 學

審音精説 傅蘭雅著 二卷

光 學

顯微鏡説 傅蘭雅著 一卷
遠鏡圖説 傅蘭雅著 一卷
量光力器圖説 傅蘭雅著 一卷

汽 學

氣學器圖説 傅蘭雅著 一卷
静水學器圖説 傅蘭雅著 一卷
動水學器圖説 傅蘭雅著 一卷

天 學

测候器圖説 傅蘭雅著 四卷
在璣四家述 傅蘭雅著 一卷

地 學

地學稽古論 傅蘭雅著 一卷
地學初桄（附智布羅他城地説） 卜舫濟著 一卷
推測地球 傅蘭雅著 一卷
地球養民論 李提摩太譯 一卷
潮汐論 傅蘭雅著 一卷

全體學

人與微生物争戰論　傅蘭雅著　一卷

辨人體類　傅蘭雅著　一卷

植物學

講求種植　瑪高温醫士稿　一卷

名菜嘉花論　傅蘭雅著　二卷

動物學

禽鳥簡要編　傅蘭雅著　一卷

獸有百種論　傅蘭雅著　一卷

蟲學略論（附巨動物説）　華約翰稿　三卷

醫　學

醫理略述　尹端模筆譯　一卷

醫録　潘學祖輯　一卷

脈表診病論　傅蘭雅著　二卷

論脈　舒高第著　一卷

居宅衛生論　傅蘭雅著　二卷

延年益壽論　愛凡司著　一卷

圖　學

測繪器圖説　傅蘭雅著　一卷

西畫初學　傅蘭雅著　六卷

農　學

農器彙説　傅蘭雅著　一卷

農事略論　傅蘭雅著　一卷
農務圖説　康發達著　一卷
紡織機器圖説　傅蘭雅著　一卷
漂染棉布論　傅蘭雅著　一卷
種蔗製糖論　白萊喜譯　一卷
西國養蜂法　傅蘭雅著　一卷

礦　學

講求礦務（附採珍寶論）　傅蘭雅輯　一卷
西國鍊鐵論　傅蘭雅著　一卷
西國鍊鋼説　傅蘭雅著　一卷
考化白金　傅雲龍述　一卷

工藝學

汽機命名説（附候代電機説）　傅蘭雅輯　一卷
新式工程機器圖説　傅蘭雅著　一卷
新式壓成金類器皿機器圖説　傅蘭雅著　一卷
汽機鍋爐圖説　傅蘭雅著　一卷
機器擇要圖説　一卷
造瓷機器擇要（附瓷器燒化法）　傅蘭雅著　一卷
鐵路工程　傅蘭雅著　一卷
火車鐵路論　傅蘭雅著　一卷
汽電車鐵路論　傅蘭雅著　一卷
黄河論（附河工記要）　瑪禮孫稿　一卷
西國造橋略論　傅蘭雅著　一卷
工藝知新　傅蘭雅著　一卷
英國鑄錢論略　傅蘭雅著　一卷

藝學採新　傅蘭雅輯　一卷
西國造糖法　傅蘭雅輯　一卷
輪機器造冰法　傅蘭雅輯　一卷
西國造紙法　傅蘭雅著　一卷
論印寫新法　傅蘭雅輯　一卷
造玻璃法　傅蘭雅著　一卷
磚瓦石灰造法　傅蘭雅著　一卷
造針製鈕法　傅蘭雅著　一卷
西國發藍法　傅蘭雅著　一卷
入水衣略論　傅蘭雅著　一卷
美國棉油廠説　傅蘭雅著　一卷
照相法原　傅蘭雅著　一卷
照相器圖説　傅蘭雅譯輯　二卷
西燈説略　傅蘭雅著　一卷
影戲燈説（附光理淺説）　傅蘭雅著　一卷
救火器圖説　傅蘭雅著　一卷

兵　學

水陸戰議　傅蘭雅輯　一卷
嚴整武備説　瑞乃爾自識　一卷
海戰指要（附近時戰船論）　傅蘭雅著　一卷
陸兵鎗學　傅范初述　一卷
西礮叢説　傅蘭雅著　一卷
攷空氣礮　傅雲龍述　一卷
魚雷圖説　黎晉賢繪纂　十一卷
克鹿卜新式陸路礮圖説（附表）　〔德〕瑞乃爾口譯　一卷
克鹿卜電光瞄準器具圖説　一卷
量藥漲力羅德滿器具説略　一卷

量藥漲力銅柱器具説略　一卷
量藥漲力微尺説略　一卷
子藥銅売機器　傅蘭雅著　一卷
論火藥機器　傅蘭雅著　一卷

船　政

西國船政論　傅蘭雅著

附商學　會例　理學　遊記

致富須知　傅蘭雅著　一卷
伏耳鏗廠管工章程　傅蘭雅著　一卷
影象會説　傅蘭雅疏　一卷
美國博物大會圖説　傅蘭雅著　一卷
美國百年大會記　傅蘭雅著　一卷
比利時國考察罪犯會記略　傅蘭雅著　一卷
華語考原　艾約琴稿　一卷
歷覽記略　傅蘭雅著　一卷
遊覽東洋日記　傅蘭雅著　一卷
環遊地球雜記　潘慎文譏　二卷

叢　18　2832　春暉堂叢書（十一種）〔清〕徐渭仁輯
上海春華舘刊　道光二十一年　三十七卷　十二册

叢　18　2832　又
十册
來齋金石刻攷略　〔清〕林侗纂　三卷
寓意録　〔清〕繆日藻撰　四卷

煙霞萬古樓詩選 〔清〕王曇撰 二卷
仲瞿詩録 〔清〕徐渭仁輯 一卷
秋紅丈室遺詩 〔清〕金禮嬴著 一卷
陔南池館遺集 〔清〕喬重禧撰 二卷
雙樹生詩草 〔清〕林鎬撰 一卷
紀半樵詩 〔清〕紀大復撰 一卷
思適齋集 〔清〕顧千里撰 十八卷
儀鄭堂殘稿 〔清〕曹堉撰 二卷
賜硯齋題畫偶録 〔清〕戴熙撰 一卷

叢 18 2848 邵武徐氏叢書（十六種） 〔清〕徐榦校
邵武徐氏刊 八十五卷 二十册
鄭氏詩譜考正 〔漢〕鄭玄撰 〔清〕丁晏重訂 一卷
春秋世族譜 〔清〕陳厚耀撰 一卷
小爾雅疏 〔清〕王煦撰 八卷
韻補（附韻補正） 〔宋〕吴棫撰 六卷
東南紀事 〔清〕邵廷采撰 十二卷
西南紀事 〔清〕邵廷采撰 十二卷
海東逸史 翁洲老民手稿 十八卷
傳信録 〔宋〕李綱著 三卷
建炎進退志 〔宋〕李綱著 四卷
建炎時政記 〔宋〕李綱著 三卷
東觀餘論 〔宋〕黄伯思撰 二卷
琴操 〔漢〕蔡邕撰 二卷
支遁集（附補遺） 〔晉〕釋支遁撰 三卷
西崑酬唱集 〔宋〕楊億編 二卷
樵川二家詩 〔元〕黄鎮成、〔清〕嚴羽著 六卷
文章緣起 〔梁〕任昉撰 一卷

叢 18 2349 觀自得齋叢書（三十種） 〔清〕徐士愷輯

光緒十八年 七十五卷 二十四册

倉頡篇 〔清〕陳其榮輯 三卷

續高士傳 〔清〕高兆譔 五卷

征東實紀 〔明〕錢世楨著 一卷

紹熙雲間志 〔宋〕朱端常等修 三卷

崐山郡志 〔元〕楊譓纂 六卷

浙程備覽 〔清〕于敏中輯 〔清〕徐士愷校 五卷

黑龍江述略 〔清〕徐宗亮輯 六卷

國朝未刊遺書志略 〔清〕朱記榮輯 一卷

唐昭陵石蹟考略 〔清〕林侗著 五卷

清儀閣金石題識 〔清〕陳其榮輯 四卷

洪氏泉志校誤 〔清〕金嘉著 四卷

多暇録 〔清〕程庭鷺著 二卷

北窗囈語 〔清〕朱壽著 一卷

明宫詞 〔清〕程嗣章著 一卷

袁海叟詩集 〔明〕袁凱著 四卷

漁洋山人集外詩 〔清〕王士禛著 〔清〕鄒流綺選 二卷

樊榭山房集外詩 〔清〕厲鶚著 一卷

寄生山館詩賸 〔清〕徐士怡著 一卷

瘦玉詞鈔 〔清〕徐士怡著 一卷

大瓠堂詩録 〔清〕孫周著 八卷

梅村詩話 〔清〕吴偉業著 一卷

漁洋山人詩問 〔清〕王士禛著 二卷

律詩定體 〔清〕王士禛著 一卷

然燈記聞 〔清〕何士璂述 一卷

投壺儀節 〔明〕汪禔編 一卷

馬戲圖譜 〔宋〕李清照著 〔明〕王蘭芳增輯 一卷

牙牌參禪圖譜 〔清〕劉遵陸著 一卷
詩牌譜 〔清〕王良樞編 一卷
暢敍譜 糟邱寓公編 一卷
倫敦竹枝詞 局中門外漢草 一卷

叢 18 3108 振綺堂叢書（十種） 〔清〕汪康年輯
錢塘汪氏刊 宣統二年 二十卷 六册
聖祖五幸江南全録 一卷
客舍偶聞 〔清〕彭孫貽著 一卷
克復諒山大略 從粤督幕府録出 一卷
拳匪聞見録 〔清〕管鶴著 一卷
韓南溪四種 家藏稿本 四卷
漢宫答問 〔清〕陳樹鏞輯 四卷
澳門公牘録存 一卷
蒙古西域諸國錢譜 〔清〕陳其鑣譯述 四卷
經典釋文補續偶存 〔清〕汪遠孫編 一卷
借閒隨筆 〔清〕汪遠孫編 一卷

叢 18 3127 讀畫齋叢書（丁集十種） 〔清〕顧修編
二十八卷 八册
金華子雜編 〔南唐〕劉崇遠撰 三卷
五代春秋 〔宋〕尹洙撰 二卷
泊宅編 〔宋〕方勺撰 十卷
又 〔宋〕方勺撰 三卷
遂昌雜録 〔元〕鄭元祐撰 一卷
北窗炙輠 〔宋〕施德操編 二卷
洞天清録 〔宋〕趙希鵠撰 一卷
清波小志 〔清〕徐逢吉輯 一卷

清波小志補 〔清〕陳景鍾輯 一卷
皇朝武功紀盛 〔清〕趙翼撰 四卷

叢 18 3136 小石山房叢書（四十種） 〔清〕顧湘輯
虞山顧氏刊 同治十三年 五十九卷 十六册 二部

叢 18 3136 又
同治十三年 二十册
四書講義 〔明〕顧憲成著 一卷
淮雲問答 〔清〕陳瑚輯 一卷
論學酬答 〔清〕陸世儀著 四卷
韋菴經説（舊鈔本原缺二頁） 〔清〕周象明著 一卷
毋欺録 〔明〕朱用純著 一卷
潘瀾筆記 〔清〕彭兆蓀著 一卷
懺摩録 〔清〕彭兆蓀著 一卷
東觀奏記 〔唐〕裴庭裕著 一卷
承華事略 〔元〕王惲著 一卷
明夷待訪録 〔清〕黄宗羲著 一卷
岳陽風土記 〔宋〕范致明著 一卷
校正朝邑志 〔明〕韓邦靖著 一卷
吴門耆舊記 〔清〕顧承著 一卷
松窗快筆 〔明〕龔立本著 一卷
海虞畫苑略 〔清〕魚翼著 一卷
海虞畫苑略補遺 〔清〕魚翼著 一卷
疑年録 〔清〕錢大昕輯 四卷
續疑年録 〔清〕吴修輯 四卷
陸稼書年譜 〔清〕陸宸徵、〔清〕李鉉同輯 一卷
汲古閣校刊書目 〔清〕鄭德懋輯 一卷

汲古閣書目補遺　〔清〕鄭德懋輯　一卷
汲古閣刻板存亡考　〔清〕鄭德懋輯　一卷
穩緣軒題識　〔清〕陳奕禧著　一卷
砥齋題跋　〔清〕王宏撰著　一卷
湛園題跋　〔清〕姜宸英著　一卷
義門題跋　〔清〕何焯著　一卷
山家清供　〔宋〕林洪著　一卷
勿藥須知　〔清〕尤乘著　一卷
尋花日記　〔清〕歸莊著　一卷
看花雜詠　〔清〕歸莊著　一卷
冬心先生畫竹題記　〔清〕金農著　一卷
冬心先生三體詩　〔清〕金農著　一卷
詞評　〔明〕王世貞著　一卷
墨井詩鈔　〔清〕吴歷著　二卷
三巴集　〔清〕吴歷著　二卷
墨井題跋　〔清〕吴歷著　一卷
海珊詩鈔　〔清〕巖遂成著　一卷
蓺菴遺詩　〔清〕黄彦著　一卷
明人詩品　〔清〕杜蔭棠著　一卷
夢曉樓隨筆　〔清〕宋顧樂著　一卷
虞東先生文録　〔清〕顧鎮著　八卷

叢　18　3138　翠琅玕館叢書（四集五十五種）　〔清〕馮兆年編
光緒年間刊　一百二十七卷　四十册内缺二册

第一集

飛鴻堂印人傳　〔清〕汪啓淑撰　八卷
南漢金石志　〔清〕吴蘭修撰　二卷

九曜石刻録　〔清〕周中孚譔　一卷
錢譜　〔宋〕董逌著　一卷
漫堂墨品　〔清〕宋犖著　一卷
水坑石記　〔清〕錢朝鼎著　一卷
琴學（八則）　〔清〕程雄著　一卷
觀石録　〔清〕高兆著　一卷
紫泥法　〔清〕汪鎬金著　一卷
陽羨茗壺系　〔清〕周高起著　一卷
洞山岕茶系　〔清〕周高起著
南村觴政　〔清〕張惣撰　一卷
桐階副墨　〔明〕黎遂球著　一卷
陶説　〔清〕朱琰述　一卷
小山畫譜　〔清〕周一桂撰　一卷
畫語録　〔清〕釋道濟著　一卷
冬心畫竹題記　〔清〕金農著　一卷
冬心畫梅題記　〔清〕金農著　一卷
冬心畫馬題記　〔清〕金農著　一卷
冬心畫佛題記　〔清〕金農著　一卷
冬心自寫真題記　〔清〕金農著　一卷
幽夢影　〔清〕張潮著　一卷
獸經　〔明〕黄省曾撰　一卷
虎苑　〔明〕王稺登撰　一卷

第二集

夏小正傳　〔清〕孫星衍校　二卷
大誓答問　〔清〕龔自珍纂　一卷
小學鉤沉　〔清〕任大椿輯　十九卷
歷代世系紀年表　〔清〕沈炳震撰　一卷

顔書編年録 〔清〕黄本驥編 四卷
南海百詠續編 〔清〕樊封編 四卷
藝舟雙楫 〔清〕包世臣撰 六卷

第三集

説文管見 〔清〕胡秉虔撰 三卷
説文辨疑 〔清〕顧廣圻撰 一卷
説文釋例 〔清〕江元著 二卷
印人傳 〔清〕周亮工撰 三卷
脈因證治 〔元〕朱震亨撰 二卷
南田題畫 〔清〕惲正叔著 四卷
雨窗漫筆 〔清〕王原祁著 一卷
東莊論畫 〔清〕王昱著 一卷
二十四畫品 〔清〕王鉞著 一卷
浦山論畫 〔清〕張庚著 一卷
繪事津梁 〔清〕秦祖永著 一卷
摹印傳燈 〔清〕葉爾來輯 一卷

第四集

詩氏族考 〔清〕李超孫辑 六卷缺一二兩卷
兩漢刊誤補遺 〔宋〕吴仁傑撰 十卷
曉庵新法 〔清〕王錫闡撰 六卷
脈藥聯珠 〔清〕龍柏撰 四卷
古方考 〔清〕龍柏撰 四卷
雪堂墨品 〔清〕張仁熙著 一卷
書訣 〔清〕龍賢著 一卷
板橋題畫 〔清〕鄭燮著 一卷

山南論畫　〔清〕王學浩著　一卷
石村畫訣　〔清〕孔衍栻著　一卷
寫竹雜記　〔清〕蔣和著　一卷
薛濤詩　〔唐〕薛濤著　一卷

叢　18　3141　靈鶼閣叢書（四集四十六種）　〔清〕江標輯
光緒二十三年　七十卷　二十四册

第一集

韓詩遺説（附訂譌）　〔清〕臧庸著　三卷
尚書大傳補注　王闓運著　七卷
校訂皇象本急就章　〔清〕鈕樹玉訂　一卷
説文解字索隱（附補例）　〔清〕張度著　二卷
漢事會最人物志　〔清〕惠棟輯　三卷
菉友肊説　〔清〕王筠著　一卷
教童子法　〔清〕王筠著　一卷
洨民遺文　〔清〕孫傳鳳著　一卷
欽定四庫全書總目提要四部類敍　一卷
先正讀書訣　〔清〕周永年輯　一卷

第二集

朔方備乘札記　〔清〕李文田著　一卷
使德日記　〔清〕李鳳苞著　一卷
德國議院章程　〔清〕徐建寅譯　一卷
英軺私記　〔清〕劉錫鴻著　一卷
新嘉坡風土記　〔清〕李鍾玨著　一卷
中西度量權衡表　一卷

光論　〔清〕張福禧譯　一卷
人參考　〔清〕唐秉鈞纂　一卷
積古齋藏器目　〔清〕阮元輯　一卷
平安館藏器目　〔清〕葉志銑輯　一卷
清儀閣藏器目　〔清〕張廷濟輯　一卷
懷米山房藏器目　〔清〕曹載奎輯　一卷
兩罍軒藏器目　〔清〕吴雲輯　一卷
木庵藏器目　〔清〕程振甲輯　一卷
梅花草盦藏器目　〔清〕丁彦臣輯　一卷
簠齋藏器目　〔清〕陳介祺輯　一卷
愙齋藏器目　〔清〕吴大澂輯　一卷
天壤閣雜記　〔清〕王懿榮著　一卷
董華亭書畫録　青浮山人著　一卷
畫友詩　〔清〕趙彦修著　一卷
士禮居藏書題跋記續録　〔清〕黄丕烈著　一卷
江甯金石待訪目　〔清〕嚴觀編　二卷
山左南北朝石刻存目　尹彭壽編　一卷

第三集

漢鐃歌十八曲集解　〔清〕譚儀纂　一卷
碧城仙館詩鈔　〔清〕陳文述著　八卷
西疆雜述詩　〔清〕蕭雄著　四卷
瓊州雜事詩　〔清〕程秉釗著　一卷
匪石山人詩　〔清〕鈕樹玉著　一卷
衍波詞　〔清〕孫蓀意著　一卷

第四集

文史通義補編 〔清〕章學誠著 一卷
和林金石録 一卷
和林金石詩（附考） 二卷
前塵夢影録 〔清〕徐康著 二卷
西遊録註 〔元〕耶律楚材著 〔清〕李文田注 一卷
澳大利亞洲新志 吴宗濂、趙元益同譯 一卷
張憶孃簪花圖卷題詠

叢 18 3143 祕書（二十八種） 〔清〕汪士漢校
道光二十六年刊 一百〇四卷 十四册
汲冢周書 〔晉〕孔晁註 十卷
白虎通 〔漢〕班固撰 二卷
續博物志 〔晉〕李石撰 十卷
高士傳 〔晉〕皇甫謐撰 三卷
竹書紀年 〔梁〕沈約註 二卷
三墳 〔明〕吴琯校 一卷
楚史檮杌 一卷
吴越春秋 〔漢〕趙曄撰 六卷
山海經 〔晉〕郭璞注 十八卷
桂海虞衡志 〔宋〕范成大撰 一卷
劍俠傳 四卷
中華古今注 〔後唐〕馬縞註 三卷
風俗通 〔漢〕應劭著 四卷
晉史乘 一卷
拾遺記 〔晉〕王嘉撰 十卷
博物志 〔晉〕張華撰 十卷

博異記 〔唐〕谷神子纂 一卷
集異記 〔唐〕薛用弱撰 一卷
古今注 〔晉〕崔豹著 三卷
列仙傳 〔漢〕劉向撰 二卷
續齊諧記 〔梁〕吴均撰 一卷
夏小正 〔清〕任兆麟註 四卷
穆天子傳 〔晉〕郭璞註
古魯詩 〔漢〕申培著
端木詩傳 〔周〕子貢著
大戴禮記 〔漢〕戴德著
小爾雅 〔漢〕孔鮒著
時品 〔梁〕鍾嶸著

叢 18 3164 汪氏叢書（原名荔牆叢刊十五種） 〔清〕汪日楨輯
烏程汪氏刊于會稽學署 光緒四年 四十卷 十六册
四聲切韻表補正 〔清〕江永編 〔清〕汪日楨補正 五卷
歷代長術輯要 〔清〕汪日楨撰 十卷
古今推步諸術考 〔清〕汪日楨撰 二卷
養素居畫學鈎深 〔清〕董棨撰 一卷
嫏雅堂詩話 〔清〕趙文哲撰 一卷
葉氏眼科方 〔清〕葉桂著 一卷
慎疾芻言 〔清〕除靈胎撰 一卷
隨山宇方鈔 〔清〕注日楨撰 一卷
温熱經緯 〔清〕王士雄纂 五卷
戴氏三俊集 〔清〕戴福芬、〔清〕戴福謙、〔清〕戴福莚同著 三卷
傳書樓詩稿 〔清〕金順撰 一卷
壽花軒詩略 〔清〕汪懋芳撰 一卷
濾月軒詩文集 〔清〕趙棻撰 七卷

荔牆詞 〔清〕杠日楨撰 一卷

叢 18 3228 海山仙館叢書（五十六種） 〔清〕潘德畬輯
海山仙館刊 道光二十九年 四百八十一卷 一百六十册

叢 18 3228 又
一百二十八册内一部缺二册 二部
遂初堂書目 〔宋〕尤袤撰 一卷
易大義 〔清〕惠棟撰 一卷
讀書敏求記 〔清〕錢曾撰 四卷
尚書註攷 〔明〕陳泰交撰 一卷
讀書拙言 〔明〕陳第撰 一卷
四書逸箋 〔清〕陳大中撰 六卷
一切經音義 〔唐〕釋元應撰 二十四卷
古史輯要 失名 六卷
史記短長説 〔明〕凌稚隆訂 二卷
順宗實録 〔唐〕韓愈撰 四卷
九國志 〔宋〕路振撰 十二卷
靖康傳信録 〔宋〕李綱撰 三卷
庚申外史 〔明〕權衡撰 二卷
二十二史感應録 〔清〕彭希涑撰 二卷
洛陽名園記 〔宋〕李格非撰 一卷
廣名將傳 〔明〕黄道周撰 二十卷
高僧傳 〔梁〕釋慧皎撰 十三卷
酌中志 〔明〕劉若愚撰 二十四卷
火攻絜要 〔泰西〕湯若望授 〔明〕焦勗述 三卷
慎守要録 韓霖撰 九卷
明夷待訪録 〔清〕黄宗羲撰 一卷

考古質疑　〔宋〕葉大慶撰　五卷
隱居通義　〔元〕劉壎撰　三十一卷
洞天清録　〔宋〕趙希鵠撰　一卷
調燮類編　四卷
菰中隨筆　〔清〕顧炎武撰　一卷
雲谷雜記　〔宋〕張淏撰　五卷
龍筋鳳髓判　〔唐〕張鷟撰　〔明〕劉永鵬注　五卷
桂苑筆耕集　〔唐〕崔致遠撰　二十卷
敬齋古今黈　〔元〕李冶撰　八卷
晁具茨詩集　〔宋〕晁冲之撰　十五卷
揭曼碩詩集　〔元〕揭奚斯撰　三卷
青籐書屋集　〔明〕徐渭撰　三十卷
婦人集　〔清〕陳維崧輯　一卷
苕溪漁隱叢話　〔宋〕胡仔撰　一百卷
四冥詩話　〔明〕謝榛撰　四卷
宋四六話　〔清〕彭元瑞撰　十二卷
詞苑叢談　〔清〕徐釚撰　十二卷
竹雲題跋　〔清〕王澍撰　四卷
讀畫録　〔清〕周亮工撰　四卷
續三十五舉　〔清〕桂馥撰　一卷
茶董補　〔明〕陳繼儒撰　二卷
酒顛補　〔明〕陳繼儒撰　三卷
尺牘新鈔　〔清〕周亮工撰　十二卷
顔氏家藏尺牘（附姓氏考）　〔清〕顔光敏編　四卷
幾何原本　〔泰西〕利瑪竇譯　〔明〕徐光啓述　六卷
同文算指前編（附通編）　〔清〕李之藻演　十卷
圜容較義　〔清〕李之藻演　一卷
測量法義　〔清〕李之藻演　一卷

測量義異同 〔明〕徐光啓撰 一卷
勾股義 〔明〕徐光啓撰 一卷
翼梅 〔清〕江永撰 八卷
傅青主女科 〔清〕傅山撰 四卷
海録 〔清〕楊炳南撰 一卷
外國地理備考 〔泰西〕瑪吉士譯 十卷
全體新論 〔泰西〕合信氏注 十卷

叢 18 3234 功順堂叢書（十八種） 〔清〕潘祖蔭撰
吴縣潘氏刊 七十四卷 三十二册
左傳補注 〔清〕沈欽韓注 十二卷
左傳地名補注 〔清〕沈欽韓注 十二卷
周人經説 〔清〕王紹蘭輯 四卷
王氏經説 〔清〕王紹蘭著 六卷
論語孔注辦僞 〔清〕沈濤著 二卷
爾雅補注殘本 〔清〕劉玉麟著 一卷
急就章攷證 〔清〕鈕樹玉著 一卷
説文古籀疏證 〔清〕莊述祖著 六卷
國史攷異 〔清〕潘檉章編 六卷
平定羅刹方略 四卷
西清筆記 〔清〕沈初著 二卷
涇林續記 〔清〕周元暐著 一卷
廣陽雜記 〔清〕劉獻廷著 五卷
無事爲福齋隨筆 〔清〕韓泰華著 二卷
范石湖詩集注 〔清〕沈欽韓注 三卷
半氈齋題跋 〔清〕江藩著 二卷
南澗文集 〔清〕李文藻著 二卷
冬青館宫詞 〔清〕張鑑注 三卷

叢 18 3234 滂喜齋叢書（五十六種） 〔清〕潘祖蔭輯
同治十年 一百零一卷 四十册
虞氏易消息圖説 〔清〕胡祥麟撰 一卷
大誓答問 〔清〕龔自珍纂 一卷
求古録禮説補遺 〔清〕金鶚撰 一卷
公羊逸禮攷證 〔清〕陳奂撰 一卷
吴項儒遺書 〔清〕吴卓信撰 一卷
京畿金石攷 〔清〕孫星衍撰 二卷
輔行記 〔唐〕釋湛然著 〔清〕胡澍録 一卷
炳燭編 〔清〕李賡芸撰 四卷
橋西雜記 〔清〕葉名灃撰 一卷
位西先生遺稿 〔清〕邵懿辰撰 一卷
張文節公遺稿 〔清〕張昀撰 二卷
亢藝堂集 〔清〕孫廷璋撰 三卷
陳比部遺書 〔清〕陳壽祺撰 三卷
西鳩殘草 〔清〕王星諴撰 一卷
晒瞰欖話稿 〔清〕曹應鐘著 一卷
壬申消夏詩 〔清〕潘祖蔭輯 一卷
卦木圖攷 〔清〕胡秉虔著 一卷
尚書序録 〔清〕胡秉虔著 一卷
左氏古義 〔清〕臧壽恭著 六卷
説文管見 〔清〕胡秉虔著 三卷
古韻論 〔清〕胡秉虔著 三卷
鹽法議略 〔清〕王守基著 一卷
素問校義 〔清〕胡澍著 一卷
藝芸書舍書目 〔清〕汪士鍾輯 一卷
玉井山館筆記 〔清〕許宗衡著 一卷
宋四家詞選 〔清〕周濟輯 一卷

癸酉消夏詩 〔清〕潘祖蔭輯 一卷
南苑唱和詩 〔清〕潘祖蔭輯 一卷
别雅訂 〔清〕吴玉搢著 〔清〕許瀚校 五卷
許印林遺著 〔清〕許瀚著 一卷
鈕匪石日記 〔清〕鈕樹玉著 一卷
鈕匪石遺文 〔清〕鈕樹玉著 一卷
炳燭室雜文 〔清〕江藩著 一卷
天馬山房詩别録 〔清〕汪巽東著 一卷
沈四山人詩録 〔清〕沈謹學著 五卷
吴郡金石目 〔清〕程祖慶輯 一卷
稽瑞樓書目 〔清〕陳揆編 三卷
懷舊集 〔清〕馮舒輯 二卷
愛吾廬文鈔 〔清〕吕世宜著 一卷
劉貴陽説經殘稾 〔清〕劉書年著 一卷
沂水桑麻話 一卷
劉氏遺著 〔清〕劉禧延著 一卷
竇鐵齋金石跋尾 〔清〕韓崇著 三卷
百甎攷 〔清〕吕佺孫著 一卷
傳古别録 〔清〕陳介祺著 一卷
簠齋筆記 〔清〕陳介祺著 一卷
鮑臆園手札 一卷
幽夢續影 〔清〕朱錫綬著 一卷
浪齋新舊詩 〔明〕徐元歎著 一卷
萬卷書屋詩 〔清〕吴朱楡著 一卷
楙花盦詩 〔清〕葉廷琯著 二卷
聽雨樓詩 〔清〕石嘉吉著 一卷
葵青居詩 〔清〕石渠著 一卷
小草盦詩鈔 〔清〕屠蘇著

日本金石年表 〔日本〕西田直養著 一卷
説文古本考 〔清〕沈濤纂 十四卷

叢 18 3270 漸學盧叢書（十五種） 漸學盧編
光緒二十三年石印 十五卷 五册
塞北紀行 〔元〕張德輝撰
西北域記 〔清〕謝濟世著
甯古塔紀略 〔清〕吴振臣著
西遊記金山以東釋 〔清〕沈垚著
帕米爾圖敍例 〔清〕許景澄著
帕米爾輯略 〔清〕胡祥鑅輯
澳大利亞洲志譯本 〔清〕沈恩孚編
元書后妃公主列傳 〔清〕毛嶽生譔
琿牘偶存 〔清〕李金鏞著
中越東西定議全界約文 〔清〕孫傳鳳録
美利加英屬地小志 〔清〕顧厚焜編
外交餘勢 〔日本〕勝安芳著
斷腸記 〔日本〕勝安芳著
立方奇法 〔清〕龔傑著
求一捷術 〔清〕龔傑著

叢 18 4001 函海（百六十種） 〔清〕李調元輯
萬卷樓補刊本 道光五年 八百五十二卷 一百六十册
華洋國志 〔晉〕常璩撰 十二卷
翼莊 〔晉〕郭象撰 一卷
古今同姓名録 〔梁〕元帝撰 〔唐〕陸善經續 〔元〕葉森補 二卷
素履子 〔唐〕張弧撰 三卷
説文篆韻譜 〔宋〕徐鉉撰 五卷

緝古算經 〔唐〕王孝通撰 一卷
主客圖 〔唐〕張爲撰 一卷
蘇氏演義 〔唐〕蘇鶚撰 二卷
寶藏論 〔唐〕釋僧肇撰 一卷
心要經 〔唐〕釋道㕎譯 一卷
金華子雜編 〔南唐〕劉崇遠撰 二卷
易傳燈 〔宋〕徐總幹撰 四卷
鄭氏古文尚書 〔宋〕王應麟撰集 十卷
程氏考古編 〔宋〕程大昌撰 十卷
鄭氏書説 〔宋〕鄭朴撰 一卷
洪範統一 〔宋〕趙善湘撰 一卷
孟子外書 〔宋〕劉攽注 四卷
續孟子（附伸蒙子） 〔宋〕林慎思撰 五卷
廣成子解 〔宋〕蘇軾解 一卷
唐史論斷 〔宋〕孫甫撰 三卷
烏臺詩案 〔宋〕朋九萬録 一卷
藏海詩話 〔宋〕吴可撰 一卷
益州名畫録 〔宋〕黄休復撰 三卷
山水純全集 〔宋〕韓拙撰 一卷
月波洞中記 〔吴〕張仲遠傳本 一卷
蜀檮杌 〔宋〕張唐英撰 一卷
産育寶慶集 〔宋〕郭稽中纂 二卷
顱顖經 〔宋〕闕名 一卷
出行寶鏡 〔漢〕闕名 一卷
翼元 〔宋〕張行成撰 十二卷
農書 〔宋〕陳敷撰 三卷
芻言 〔宋〕崔敦禮撰 三卷
常談 〔宋〕吴箕撰 一卷

靖康傳信録　〔宋〕李綱撰　三卷
淳熙薦士録　〔宋〕楊萬里撰　一卷
江南餘載　〔宋〕鄭文寶撰　二卷
江淮異人録　〔宋〕吴淑撰　二卷
青溪弄兵録　〔宋〕王彌大撰　一卷
張氏可書　〔宋〕張知甫撰　一卷
珍席放談　〔宋〕高晦叟撰　二卷
鶴山筆録　〔宋〕魏了翁撰　一卷
建炎筆録　〔宋〕趙鼎撰　三卷
辨誣筆録（附采石瓜洲記）　〔宋〕趙鼎撰　二卷
家訓筆録　〔宋〕趙鼎撰　一卷
舊聞證誤　〔宋〕李心傳撰　四卷
建炎以來朝野雜記　〔宋〕李心傳撰　四十卷
州縣提綱　〔宋〕陳襄撰　四卷
諸蕃志　〔宋〕趙汝适撰　二卷
省心雜言　〔宋〕李邦献撰　一卷
三國雜事（附三國紀年）　〔宋〕唐庚撰　二卷
五國故事　〔宋〕闕名　二卷
東原録　〔宋〕龔鼎臣撰　一卷
冐綮録　〔朱〕趙叔向撰　一卷
燕魏雜記　〔宋〕吕頤浩撰　一卷
夾漈遺稿　〔宋〕鄭樵撰　三卷
龍州集　〔宋〕劉過撰　十卷
龍龕手鑒　〔遼〕釋行均撰　四卷
雪履齋筆記　〔元〕郭翼撰　一卷
日聞録　〔元〕李翀撰　一卷
吴中舊事　〔元〕陸友仁撰　一卷
鳴鶴餘音　〔元〕虞集撰　一卷

升菴經説　〔明〕楊慎撰　十四卷
檀弓叢訓　〔明〕楊慎撰　二卷
世説舊註　〔明〕楊慎撰　一卷
山海經補注　〔明〕楊慎注　一卷
莊子闕誤　〔明〕楊慎校　一卷
秇林伐山　〔明〕楊慎撰　二十卷
古雋　〔明〕楊慎撰　八卷
謝華啓秀　〔明〕楊慎撰　八卷
哲匠金桴　〔明〕楊慎撰　五卷
均藻　〔明〕楊慎撰　四卷
譚苑醍醐　〔明〕楊慎撰　八卷
轉注古音略（附古音後語）　〔明〕楊慎撰　六卷
古音叢目　〔明〕楊慎撰　五卷
古音獵要　〔明〕楊慎撰　五卷
古音附録　〔明〕楊慎撰　五卷
古音餘　〔明〕楊慎撰　五卷
奇字韻　〔明〕楊慎撰　五卷
古音略例　〔明〕楊慎撰　一卷
古音駢字　〔明〕楊慎撰　五卷
古音複字　〔明〕楊慎撰　五卷
希姓録　〔明〕楊慎撰　五卷
升菴詩話　〔明〕楊慎撰　十二卷
詩話補遺　〔明〕楊慎撰　二卷
升菴詞品　〔明〕楊慎撰　六卷
詞品拾遺　〔明〕楊慎撰　一卷
墨池瑣録　〔明〕楊慎撰　二卷
法帖神品目（附名畫神品目）　〔明〕楊慎撰　二卷
升菴書品　〔明〕楊慎撰　一卷

升菴畫品　〔明〕楊慎撰　一卷
金石古文　〔明〕楊慎輯　十四卷
古文韻語　〔明〕楊慎撰　一卷
石鼓文音釋　〔明〕楊慎撰　三卷
風雅逸編　〔明〕楊慎輯　十卷
古今風謡　〔明〕楊慎輯　一卷
古今諺　〔明〕楊慎輯　一卷
俗言　〔明〕楊慎輯　一卷
麗情集（附厗麗集）　〔明〕楊慎撰　一卷
瑾户録　〔明〕楊慎撰　一卷
雲南山川志　〔明〕楊慎撰　一卷
滇載記　〔明〕楊慎撰　一卷
丹鉛雜録　〔明〕楊慎撰　十卷
玉名詁　〔明〕楊慎撰　一卷
異魚圖贊（附升菴年譜）　〔明〕楊慎撰　五卷
異魚圖贊補　〔明〕胡世安撰　二卷
大學旁注　〔明〕王守仁注　一卷
月令氣候圖説　〔清〕李調元撰　一卷
尚書古文考　〔日本〕山井鼎撰　一卷
詩音辨　〔明〕楊貞一撰　二卷
左傳事緯　〔清〕馬驌撰　四卷
夏小正箋　〔清〕李調元注　一卷
蜀語　〔明〕李實撰　一卷
蜀碑記　〔宋〕王象之撰　十卷
中麓畫品　〔明〕李開先撰　一卷
卮辭　〔明〕王禕撰　一卷
周禮摘箋　〔清〕李調元箋　五卷
儀禮古今攷　〔清〕李調元撰　二卷

禮記補注　〔清〕李調元注　四卷
易古文　〔清〕李調元輯　二卷
逸孟子　〔清〕李調元輯　一卷
十三經注疏錦字　〔清〕李調元輯　四卷
左傳官名考　〔清〕李調元輯　二卷
春秋三傳比　〔清〕李調元輯　二卷
蜀碑記補　〔清〕李調元撰　十卷
卍齊瑮録　〔清〕李調元撰　十卷
諸家藏書簿　〔清〕李調元輯　十卷
博物要覽　〔清〕谷應泰撰　十二卷
金石存　〔清〕趙揩撰　一卷
補刻金石存　〔清〕趙揩撰　五卷
通俗編　〔清〕翟灝撰　十五卷
南越筆記　〔清〕李調元撰　十六卷
賦話　〔清〕李調元撰　十卷
詩話　〔清〕李調元撰　二卷
詞話　〔清〕李調元撰　四卷
曲話　〔清〕李調元撰　二卷
六書分毫　〔清〕李調元撰　二卷
古音合　〔清〕李調元撰　二卷
尾蔗叢談　〔清〕李調元撰　四卷
奇字名　〔清〕李調元輯　十二卷
樂府侍兒小名　〔清〕李調元輯　二卷
勦説　〔清〕李調元撰　四卷
四家選集（小倉夢樓甌北童山）　〔清〕張懷泩選　二十九卷
制義科瑮記　〔清〕李調元輯　四卷
然犀志　〔清〕李調元撰　二卷
出口程記　〔清〕李調元撰　一卷

方言藻 〔清〕李調元撰 二卷
粤風 〔清〕李調元輯解 四卷
蜀雅 〔清〕李調元撰 二十卷
通詁 〔清〕李調元撰 二卷
石亭詩集 〔清〕李化楠撰 十卷
石亭文集 〔清〕李化楠撰 六卷
全五代詩 〔清〕李調元編 九十卷
補刻全五代詩 〔清〕李調元編 十一卷
童山詩集 〔清〕李調元撰 四十二卷
補刻蠢翁詞 〔清〕李調元撰 二卷
童山文集 〔清〕李調元撰 二十卷
補刻文集補遺 〔清〕李調元撰 一卷
粤東皇華集 〔清〕李調元撰 四卷
淡墨録 〔清〕李調元撰 十六卷
羅江縣志 〔清〕李調元撰 十卷

叢 18 4001 函海（百五十九種） 〔清〕李調元輯
樂道齋仿萬卷樓刊 光緒八年 七百九十卷 一百卄册

叢 18 4001 又
一百卄册内缺七八兩册
長短經 〔唐〕趙甤撰 二卷 已見道光刊本者不重録
尚書古字辨異 〔清〕李調元輯 一卷
童山詩音説 〔清〕李調元撰 四卷
春秋左傳會要 〔清〕李調元撰 四卷
諸家藏畫簿 〔清〕李調元撰 十卷
井蛙雜記 〔清〕李調元纂 十卷
醒園録 〔清〕李化楠撰 二卷

叢 18 4022 富强叢書正集（七十九種） 〔清〕袁俊德輯
上海富强齋書局印 光緒二十三年 三百九十六卷 六十二册

算 學

勾股六術 〔清〕項名達著 一卷
算式集要 〔英〕哈司韋輯 四卷
九數外録 〔清〕顧觀光著 一卷
衍元要義 〔清〕謝家禾撰 一卷
弧田問率 〔清〕謝家禾撰 一卷
直積面求 〔清〕謝家禾撰 一卷
割圜連比例術圖解 〔清〕董祐誠著 三卷
橢圜求周術 〔清〕董祐誠著 一卷
斜弧三邊求角補術 〔清〕董祐誠著 一卷
堆垛積術 〔清〕董祐誠輯 一卷
三統術衍補 〔清〕董祐誠著 一卷
周冪知裁 〔美〕布倫編 一卷
器象顯真（附圖） 〔英〕白力蓋輯 四卷

重 學

重學 〔英〕艾約瑟譯 二十卷

電 學

電學綱目 〔英〕田大里輯 一卷
電學 〔英〕瑙挨德著 十卷

化 學

化學鑑原 〔英〕韋而司撰 六卷

化學鑑原續編 〔英〕蒲陸山撰 二十四卷
化學鑑原補編 〔英〕蒲陸山撰 六卷
化學體積分劑 〔英〕蒲陸山譯 一卷
化學材料中西名目表 〔英〕蒲陸山撰 一卷

聲 學

聲學 〔英〕田大里著 八卷

光 學

光學 〔英〕田大里著 二卷
視學諸器圖説 〔英〕田大里著 一卷

天 學

談天（附表） 〔英〕侯失勒原本 十八卷
測候叢談 〔美〕金楷理譯 四卷

地 學

地學淺釋 〔英〕雷俠兒撰 三十八卷

史 志

列國歲計政要 〔英〕丁麥富得力編纂 十二卷
萬國總説 朱克敬著 三卷
俄史輯譯（附中俄交界圖） 徐景羅譯 四卷
東方交涉記 〔英〕麥高爾輯著 十二卷
南北花旗戰紀 〔布國〕希理哈撰 十八卷

法　　律

各國交涉公法論（初集）　〔英〕費利摩、〔英〕羅巴德著　四卷
各國交涉公法論（二集）　〔英〕費利摩、〔英〕羅巴德著　四卷
各國交涉公法論（三集）　〔英〕費利摩、〔英〕羅巴德著　八卷
各國交涉公法論校勘記　〔英〕費利摩、〔英〕羅巴德著　一卷
英國水師律例　〔英〕德麟等纂　四卷

礦　　政

開煤要法　〔英〕士密德輯　十二卷
井礦工程　〔英〕白爾捺輯　三卷
銀礦指南　〔美〕亞倫著　一卷
冶金録　〔美〕阿發滿譔　三卷
練鋼要言　徐家寶譯述　一卷
金石識別　〔美〕代那撰　十二卷
金石識別中西名目表　〔美〕代那撰　一卷

工　　政

汽機必以　〔英〕蒲而捺譔　二卷
汽機新制　〔英〕白爾格譔　八卷
練石編（附圖）　〔英〕亨利黎特撰　三卷
海塘輯要　〔英〕韋更斯撰　十卷
行軍鐵路工程（附圖）　〔英〕傅蘭雅等譯　二卷
匠誨與規　〔英〕諾格德譔　三卷
造管之法　〔英〕傅蘭雅譯　一卷
回熱爐法（附圖）　〔英〕傅蘭雅譯　一卷
鎔金類罐　一卷
造硫强水法　〔英〕傅蘭雅譯　一卷

色相留真 〔英〕傅蘭雅譯 一卷
水衣全論 〔英〕傅蘭雅譯 一卷
垸髹致美 〔英〕傅蘭雅譯 一卷
製肥皂法 〔美〕林樂知譯 二卷
製油燭法 〔美〕林樂知譯 一卷
電學鍍金 〔布國〕金楷理譯 四卷
電氣鍍鎳 〔英〕傅蘭雅譯 一卷
製玻璃法（附瓷釉法藍） 〔英〕傅蘭雅譯 二卷
鐵船針向 〔英〕傅蘭雅譯 一卷
機動圖説 〔英〕傅蘭雅譯 一卷

兵　政

列國陸軍制 〔美〕歐潑登著 九卷
臨陣管見 〔布國〕斯拉弗司撰 九卷
營城揭要（附圖） 〔英〕儲意比撰 二卷
英國水師考 〔英〕巴那比、〔美〕克里同譯 一卷
法國水師考 〔美〕杜默能譔 一卷
美國水師考 〔英〕巴那比、〔美〕克理同譯 一卷
海軍調度要言（附圖） 〔英〕拏核甫撰 三卷
輪船布陣（附圖） 〔英〕賈密倫原書 十二卷
製火藥法 〔英〕利稼孫等輯 三卷
兵船礮法 〔美〕水師書院原書 六卷
回持活德鋼礮 〔英〕傅蘭雅譯 一卷
克虜伯礮準心法（附圖） 〔布國〕軍政部原書 一卷
克虜伯礮説 〔布國〕軍政部原書 四卷
克虜伯礮操法 〔布國〕軍政部原書 四卷
克虜伯礮表 〔布國〕軍政部原書 八卷

叢　18　4022　富强叢書續集（百二十六種）〔清〕袁俊德輯
上海富强齋書局印　光緒二十七年　三百〇四卷　六十四册

格　致

格致啓蒙　〔英〕司都藿纂　一卷
格致小引　〔英〕赫施賚著　一卷

算　學

衍元筆算今式　〔清〕汪香祖著　二卷
中西通術　〔清〕徐鳳誥著　一卷
代數術詳解　〔清〕吴誠著　一卷
幾何原本　〔泰西〕利瑪竇譯　六卷
蒲莞并生草　崔朝慶著　一卷
兩鼠穿垣草　崔朝慶著　一卷
割圜通解　〔清〕吴誠著　一卷
曲線新説　蔣維鍾著　一卷
隄積術辨　蔣維鍾著　一卷
圜錐曲線説　〔英〕艾約瑟譯　三卷
天元一釋　〔清〕焦循著　二卷

重　學

重學圖説（又淺説）　二卷

電　學

電學圖説　五卷

化　　學

化學啓蒙　〔英〕羅斯古纂　一卷
化學攷質　〔德〕富里西尼烏司著　九卷
化學求數　〔德〕富里西尼烏司著　二十卷

光　　學

光學圖説　二卷

汽　　學

水學圖説　二卷
熱學圖説　二卷

天　　學

西國天學源流　〔清〕王韜著　一卷
天文啓蒙　〔英〕駱克優纂　一卷
天學圖説　〔清〕王韜輯撰　一卷

地　　學

地學啓蒙　〔英〕祁覲纂　一卷
地理指略　〔英〕文教治譯　三卷

體　　學

體性圖説　一卷
知識五門　一卷

植　　物

植物圖説　四卷

植物學 一卷

動　物

動物學 一卷

醫　學

内科理法前編 〔英〕虎伯撰 六卷
内科理法後編 〔英〕虎伯撰 一卷
内科理法三編 〔英〕虎伯撰 十卷
藥品類方 〔英〕虎伯撰 一卷
藥品中西名目表 〔英〕虎伯撰 一卷

圖　學

畫形圖説 〔英〕里察森撰 一卷
繪地法原 〔美〕金楷里譯 一卷
測地繪圖 〔英〕富路瑪譔 十二卷
測量學摘要 一卷
行軍測繪 〔英〕運提撰 一卷

文　學

西學原始考 王韜輯撰 一卷
泰西著述考 王韜輯撰 一卷

史　志

英國志略 沈敦和輯譯 一卷
法國志略 沈敦和輯譯 一卷
法國新志 〔英〕該勒低輯 四卷

俄國志略　沈敦和輯　一卷
俄國新志　八卷
德國志略　沈敦和輯　一卷
英俄印度交涉書　〔英〕馬文著　二卷
普法戰紀輯要　王韜著　四卷
德國合盟紀事本末　徐建寅譯述　一卷

官　　制

德國議院章程　徐建寅譯述　一卷

學　　制

肄業要覽　〔英〕史本守著　〔英〕顔永京譯　一卷
西學課程　〔英〕傅蘭雅輯　一卷
德國學校論略　一卷
日本學校述略　姚錫光述　一卷
日本學校紀略　張大鏞編　二卷
日本陸軍大學校論略　〔日本〕東條英教述　一卷
日本武學兵隊紀略　張大鏞編　二卷

公　　法

公法總論　〔英〕羅柏村著　一卷
各國交涉便法論　〔英〕費利摩羅巴德著　六卷
各國星使指南　聯芳、慶常同譯　三卷
佐治芻言　〔英〕傅蘭雅譯　二卷

農　　學

農學新法　〔英〕李提摩太著　一卷

農學初級 〔英〕旦爾恒理著 一卷
蠶桑稽古編 一卷
桑政萃編 一卷
蠶政萃編 一卷
繅政萃編 一卷
紡政萃編 一卷
織政萃編 一卷
染政萃編 一卷
劣繭製棉法 一卷
繭絨抽線法 一卷
桃花織紋法 一卷
蠶桑紡織器圖説 一卷
蠶桑紡織器圖詠 一卷
蠶桑豳風詠 一卷
泰西蠶事書 〔英〕康發達擬 一卷
意大利蠶事書 〔意〕丹吐魯著 一卷
東洋蠶事書 一卷

礦　政

礦石圖説 一卷
求礦指南 〔英〕安德孫撰 一卷
礦務總表 一卷

工　政

汽機發軔 〔英〕美以納、〔英〕白勞那合撰 九卷
兵船汽機 〔英〕息德尼撰 七卷
汽機中西目名表 一卷

鑄錢工藝　〔英〕傅蘭雅、〔清〕鍾天緯同譯　三卷
電氣鍍金略　〔英〕華特纂　一卷
工程致富論略　〔英〕瑪體生著　十三卷
考工紀要　〔英〕瑪體生著　十七卷
鐵路紀要　〔美〕柯理集　一卷
鐵路總表　一卷

商　政

華英通商事略　王韜著　一卷
理財節略　戴樂爾著　一卷
生利分利之别論　〔英〕李提摩太著　一卷
國政貿易相關書　〔英〕法拉著　二卷
保富述要　〔英〕布來德著　一卷
修改長江通商章程　一卷

兵　政

德國軍制述要　〔德〕來春石泰述　一卷
練勇要言　〔清〕王鑫撰　五卷
前敵須知　〔英〕克利賴撰　四卷
步隊操法摘要　一卷
步兵工程學　一卷
行營防守學　一卷
水師保身法　〔法〕勒羅阿撰　一卷
俄國水師考　〔英〕百拉西譔　一卷
操練洋槍淺言　馮國士、葛道殷等撰　一卷
毛瑟槍學　一卷
新式毛瑟快槍學　一卷

礮乘新法 〔清〕舒高第譯 六卷
格魯森放快礮操法 一卷
施放行營礮章程 一卷
施放礮書 一卷
礮概淺説 洪恩波編 二卷
用礮要言 葛道殷撰 一卷
瞄準要法 一卷
克虜伯造彈子法 〔美〕金理楷譯 二卷
克虜伯餅藥造法 〔美〕金理楷譯 一卷

船 政

船塢論略 〔英〕傅蘭雅輯譯 一卷
行船免撞章程 〔英〕傅蘭雅譯 一卷
航海章程 〔美〕弗蘭克林纂 一卷
航海章程初議紀録 〔清〕鳳儀譯 一卷

議 論

借箸籌防論略 〔德〕來春石泰撰 一卷
東方時局論 〔清〕鄧鏗著 二卷

叢 18 4048 隨園三十種 〔清〕袁枚等著
經綸堂鐫袖珍本 光緒十七年 二百五十九卷 八十册
小倉山房文集 〔清〕袁枚著 三十五卷
小倉山房詩集 〔清〕袁枚著 三十九卷
隨園尺牘 〔清〕袁枚著 十卷
牘外餘言 〔清〕袁枚著 一卷
小倉山房外集（四六） 〔清〕袁枚著 八卷

袁太史稿（附文）　〔清〕袁枚著　一卷
隨園詩話　〔清〕袁枚著　十六卷
詩話補遺　〔清〕袁枚著　十卷
隨園隨筆　〔清〕袁枚著　二十六卷
新齊諧　〔清〕袁枚著　二十四卷
續新齊諧　〔清〕袁枚著　十卷
隨園食單　〔清〕袁枚著　一卷
碧腴齋詩存　〔清〕胡德琳著　八卷
續同人集　〔清〕袁枚輯　十四卷
女弟子詩選　〔清〕袁枚選　六卷
八十壽言　六卷
紅豆村人詩稿　〔清〕袁樹著　十四卷
袁家三妹合稿　〔清〕袁棠等著　一卷
素文女士遺稿　〔清〕袁機著　一卷
南園詩選　〔清〕何士顒著　二卷
湄君詩集　〔清〕袁建著　二卷
筱雲詩集　〔清〕陸應宿著　二卷
捧月樓詞　〔清〕袁通著　二卷
飲水詞鈔　〔清〕納蘭成德著　〔清〕袁通選　二卷
箏船詞　〔清〕劉嗣綰著　一卷
緑秋草堂詞　〔清〕顧翰著　一卷
玉山堂詞　〔清〕汪度著　一卷
崇睦山房詞　〔清〕汪全德著　一卷
過雲精舍詞　〔清〕楊夔生著　二卷
碧梧山館　〔清〕汪世泰著　二卷

叢　18　4082　惜陰軒叢書（三十四種附續編五種）　〔清〕李錫齡輯
長沙惜陰書局重刊　光緒四年　三百十一卷　九十六册　二部

玩易意見 〔明〕王恕撰 二卷
石渠意見（附拾遺補缺） 〔明〕王恕撰 七卷
學易記 〔明〕金賁亨撰 五卷
周易本義爻徵 〔清〕吴日慎撰 二卷
虚字説 〔清〕袁仁林撰 一卷
戰國策校註 〔元〕吴師道撰 十卷
雲南機務鈔黄 〔明〕張紞撰 一卷
東西洋考 〔明〕張燮撰 十二卷
會稽三賦注 〔宋〕王十明撰 〔明〕南逢吉註 四卷
授經圖 〔明〕朱睦㮮撰 二十卷
京畿金石記 〔清〕孫星衍撰 二卷
雍州金石記（附記餘） 〔宋〕朱楓撰 十一卷
北溪字義（附嚴陵講義） 〔宋〕陳淳撰 三卷
正蒙會稿 〔明〕劉璣撰 四卷
宋四子抄釋 〔明〕吕柟輯 二十一卷
陣紀 〔明〕何良臣撰 四卷
小兒藥證真訣 〔宋〕錢乙撰 三卷
衛生寶鑑（附補遺） 〔元〕羅天乙撰 二十五卷
書法離鈎 〔明〕潘之淙撰 十卷
六如畫譜 〔明〕唐寅撰 三卷
新增格古要論 〔明〕王佐撰 十三卷
元城語録解（附行録解） 〔宋〕劉安世撰 〔明〕王崇慶編 四卷
兩山墨談 〔明〕陳霆撰 十八卷
見物 〔明〕李蘇撰 五卷
事物起原 〔宋〕高承撰 十卷
書敍指南 〔宋〕任廣撰 二十卷
表異録 〔明〕王志堅撰 二十卷
清異録 〔宋〕陶穀撰 二卷

唐語林 〔宋〕王讜撰 八卷
世説新語 〔梁〕劉峻撰 三卷
老子集解（附攷異） 〔明〕薛惠撰 三卷
古文周易参同契註 〔清〕袁仁林撰 八卷
楚辭補註 〔宋〕洪興祖撰 十七卷
古文苑註 〔宋〕章樵注 二十一卷

續 編

周易説翼 〔明〕吕柟撰 三卷
尚書説要 〔明〕吕柟撰 五卷
毛詩説序 〔明〕吕柟撰 六卷
春秋説志 〔明〕吕柟撰 五卷
禮問 〔明〕吕柟撰 二卷

叢 18 4241 咫進齋叢書（三十五種） 〔清〕姚覲元輯
歸安姚氏刊 光緒九年 九十卷 二十册内缺二册

第一集

公羊禮疏 〔清〕凌曙疏 十一卷
公羊問答 〔清〕凌曙著 二卷
孝經疑問 〔明〕姚舜牧著 一卷
説文答問疏證 〔清〕薛傳均著 六卷
瘞鶴銘圖考 〔清〕汪世銨編 一卷
蘇齋唐碑選 〔清〕翁方綱選 一卷
姚氏藥言 〔明〕姚舜牧撰 一卷
咽喉脈證通論 一卷
務民義齋算學 〔清〕徐有著 十一卷

大雲山房十二章圖説　〔清〕惲敬著　二卷
大雲山房雜記　〔清〕惲敬著　二卷
棠湖詩稿　〔宋〕岳珂編　一卷
春草堂遺稿　〔清〕姚陽元著　一卷

第二集

小爾雅疏證　〔清〕葛其仁纂　五卷
説文引經攷（附補遺）　〔清〕吴玉搢著　三卷
説文檢字（附補遺）　〔清〕毛謨撰　三卷
古今韻攷　缺
前徽録　缺
中州金石目（附補遺）　〔清〕姚晏編　四卷
三十五舉　〔元〕吾邱衍撰　〔清〕桂馥續　〔清〕姚晏再續　三卷
安吴論書　〔清〕包世臣著　一卷
寒秀草堂筆記　〔清〕姚衡輯　四卷

第三集

禮記天算釋　〔清〕孔廣牧撰　一卷
孝經鄭注　〔漢〕鄭玄註　〔清〕嚴可均輯　一卷
爾雅補郭　〔清〕翟灝纂　二卷
説文新附考　〔清〕鄭珍著　六卷
汲古閣説文訂　〔清〕段玉裁著　一卷
説文校定本　〔清〕朱士端編　二卷
四聲等子　一卷　缺
銷燬抽燬書目　一卷　缺
禁書總目　一卷
違碍書目　一卷

慎疾芻言 〔清〕徐靈胎著 一卷
陽宅闢謬 〔清〕梅猗老人撰 一卷
清聞齋詩存 〔清〕周鼎樞撰 三卷

叢 18 4411 士禮居黄氏叢書（二十種） 〔清〕黄丕烈輯
上海蜚英館石印 光緒十三年 一百八十九卷 三十册

叢 18 4411 又
上海石竹山房印 民國四年 三十册
周禮鄭氏注（附札記） 〔漢〕鄭玄註 十二卷
儀禮鄭氏注（附校録） 〔漢〕鄭玄註 十卷
夏小正戴氏傳（附校録） 〔宋〕傅嵩卿註 四卷
夏小正經傳集解 〔清〕顧鳳藻輯 四卷
國語（附札記） 〔吴〕韋昭解 二十二卷
戰國策（附札記） 〔漢〕高誘註 二十六卷
梁公九諫 一卷
輿地廣記（附札記） 〔宋〕歐陽忞撰 四十一卷
汲古閣珍藏祕本書目 〔清〕毛扆輯 一卷
季滄葦藏書目 一卷
藏書紀要 〔清〕孫從添輯 一卷
傷寒總病論 〔宋〕龐安時撰 七卷
洪氏集驗方 〔宋〕洪遵撰 五卷
焦氏易林 〔漢〕焦延壽撰 〔宋〕陸敕先校 十六卷
博物志 〔晉〕張華撰 十卷
宣和遺事 〔宋〕闕名 二卷
百宋一廛賦 〔清〕顧廣圻撰 一卷
汪本隸釋刊誤 〔清〕黄丕烈著 一卷
船山詩選 〔清〕張問陶著 〔清〕石藴玉録 六卷

同人唱和詩集 〔清〕黄丕烈輯 一卷

叢 18 4428 求實齋叢書（十五種） 〔清〕蔣德鈞編
湘鄉蔣氏刊 光緒十七年 二十六卷 十册
經史百家簡編 〔清〕曾國藩纂 二卷
六書説 〔清〕江聲著 一卷
轉注古義考 〔清〕曹仁虎著 一卷
聲調譜 〔清〕趙執信纂 一卷
三通序 三卷
三才略 三卷
尸子 二卷
羣書治要子鈔 〔唐〕魏徵撰 〔清〕蔣德鈞節編 二卷
水經註 〔清〕陳澧撰 三卷
摹印述 〔清〕陳澧撰 一卷
篤素堂集鈔 〔清〕張英著 三卷
曾文正公雜著鈔 〔清〕蔣德鈞編 一卷
蔣丹林學使義學條規 一卷
張香濤學使學究語 一卷
牧令書鈔 一卷

叢 18 4430 長恩書室叢書（二十種） 〔清〕莊肇麟輯
過容軒刊本 咸豐四年 五十三卷 十六册

甲 集

神機制敵太白陰經 〔唐〕李筌著
何博士備論 〔宋〕何去非著
守長城録 〔宋〕陳規著

歷代兵制　〔宋〕陳傅良著
陣紀　〔明〕何良臣著
救荒活民書　〔宋〕董煟著
農桑衣食撮要　〔元〕魯明善著
旅舍備要方　〔宋〕董汲著
傷寒微旨　〔宋〕韓祇和著
全生指迷方　〔宋〕王貺著

乙　集

六韜
孫子
吴子
司馬法
九邊圖并論　〔明〕許論著
海防圖并論　〔明〕胡宗憲著
州縣提綱
捕蝗考　〔清〕陳芳生著
荒政叢書　〔清〕俞森著
靈棋經　〔漢〕東方朔著

叢　18　4457　三長物齋叢書（二十五種）　〔清〕黄本驥輯
貞史氏刊於古香書閣　光緒四年　二百六十七卷　六十四册
聖域述聞　〔清〕黄本驥輯　二十八卷
皇朝經籍志　〔清〕黄本驥輯　六卷
歷代統系録　〔清〕黄本騏輯　六卷
歷代紀元表（附年號分韻録）　〔清〕黄本驥輯
郡縣分韻考　〔清〕黄本驥輯　十卷
三志合編　〔清〕黄本驥輯　七卷

歷代職官表　〔清〕黄本驥輯　六卷
避諱録　〔清〕黄本驥輯　五卷
古誌石華　〔清〕黄本驥輯　三十卷
姓氏解紛　〔清〕黄本驥輯　十卷
湖南方物志　〔清〕黄本驥輯　八卷
詩韻檢字（附辨似）　〔清〕黄本驥輯　一卷
癡學　〔清〕黄本驥輯　八卷
顔魯公文集（附補遺）　〔唐〕顔真卿撰　〔清〕黄本驥輯　三十卷
集古録（跋尾.目.）　〔宋〕歐陽修著　三十卷
金石録（跋尾.目.）　〔宋〕趙明誠著　六十卷
明尺牘墨華　〔清〕黄本驥輯　三卷
賢母録（附旌節録）　〔清〕黄本驥著　四卷
大潙山房遺稿　〔清〕黄湘南著　九卷
紅雪詞鈔　〔清〕黄湘南著　六卷
三十六灣草廬稿　〔清〕黄本驥著　十卷
茶香閣遺草　〔清〕黄琬璚著　二卷
嵰山甜雪　〔清〕黄本驥著　十二卷
三長物齋詩略（附試帖）　〔清〕黄本驥著　六卷
三長物齋文略　〔清〕黄本驥著　六卷

叢　18　4474　心矩齋叢書（六種）　〔清〕蔣鳳藻輯
長洲蔣氏心矩齋刊　光緒九年　四十卷　十六册　二部
札樸　〔清〕桂馥撰　十卷
漢志水道疏證　〔清〕洪頤煊撰　四卷
蘇詩查注補正　〔清〕沈欽韓撰　四卷
姑蘇名賢小記　〔明〕文震孟撰　二卷
鐵橋漫稿　〔清〕嚴可均撰　八卷
左傳地名補注　〔清〕沈欽韓編　十二卷

叢 18 4474 鐵華舘叢書（六種） 〔清〕蔣鳳藻輯
光緒九年刊 四十五卷 六册
通玄真經（即文子纘義） 〔宋〕杜道堅撰 十二卷
冲虛至德真經（即列子） 〔晉〕張湛注 八卷
新序 〔漢〕劉向撰 十卷
羣經音辨 〔宋〕賈昌朝撰 七卷
佩觿 〔宋〕郭忠恕記 三卷
字鑑 〔元〕李文仲編 五卷

叢 18 4496 涉聞梓舊（二十五種） 〔清〕蔣光煦輯
上海涵芬樓影印 民國十三年 百十九卷 二十册
易學濫觴 〔元〕黄澤撰 一卷
非詩辨妄 〔宋〕周孚撰 一卷
禮記集説辨疑 〔明〕戴冠撰 一卷
中庸傳 〔宋〕晁説之撰 一卷
孝經鄭注（附六藝論） 〔清〕陳鱣撰集 一卷
方舟經説 〔宋〕李石撰 六卷
班馬字類補遺 〔宋〕婁機編 五卷
經籍跋文 〔清〕陳鱣著 一卷
中興備覽 〔宋〕張浚著 三卷
三吴水利録 〔明〕歸有光撰 四卷
金石録補 〔清〕葉奕苞撰 二十七卷
金石録續跋 〔清〕葉奕苞撰 七卷
鐵函齋書跋 〔清〕楊賓撰 六卷
砥齋題跋 〔清〕王宏撰 一卷
湛園題跋 〔清〕姜宸英撰 一卷
義門題跋 〔清〕何焯撰 一卷
隱緑軒題識 〔清〕陳奕禧撰 一卷

蘇齋題跋 〔清〕翁方綱輯 二卷
瘞鶴銘考 〔清〕吴東發輯 一卷
石門碑醳（附續醳） 〔清〕王森文譔
墨志 〔明〕麻三衡纂 一卷
雲麓漫鈔 〔宋〕趙彦衛著 十五卷
寶晉英光集 〔宋〕米芾著 八卷
榮祭酒遺文 〔元〕榮肇著 一卷
斠補偶録 十三卷

叢 18 4493 别下叢齋書（二十八種） 〔清〕蔣光煦輯
武林竹簡齋重印本 九十卷 二十四册

叢 18 4493 又
上海涵芬樓影印 民國十二年 二十册
龍氏易傳 〔元〕龍仁夫撰 八卷
詩氏族考 〔清〕李超孫輯 六卷
春秋三傳異文釋 〔清〕李富孫輯 十二卷
靖海紀略 〔明〕曹履泰著 四卷
箕田攷 〔明〕韓百謙著 一卷
峽石山水志 〔清〕蔣宏任撰 一卷
西洋朝貢典録 〔明〕黄省曾撰 三卷
漢魏六朝墓銘纂例 〔清〕李富孫輯 四卷
拜經樓藏書題跋記 〔清〕吴壽暘纂 六卷
石藥爾雅 〔唐〕梅彪撰 二卷
德星堂家訂 〔清〕許汝霖撰 一卷
文泉子集 〔唐〕劉蜕撰 六卷
得全居士詞 〔宋〕趙鼎撰 一卷
澹菴長短句 〔宋〕胡銓撰 一卷

燕喜詞 〔宋〕曹冠撰 一卷
茗齋詩餘 〔明〕彭孫貽撰 二卷
甌香館集（補遺 附録） 〔清〕惲格撰 十五卷
瓊花集 〔明〕曹璿編 五卷
七頌堂詞釋 〔清〕劉體仁著 一卷
金粟詞話 〔清〕彭孫遹著 一卷
古文緒論 〔清〕吴德旋著 一卷
論書隨筆 〔清〕吴德旋著 一卷
山静居詩話 〔清〕方薰撰 一卷
曝書雜記 〔清〕錢泰吉著 二卷
小蓬海遺詩 〔清〕翁雒撰 一卷
屑屑集 〔清〕翁雒撰 一卷
江山風月譜 〔清〕許光治撰 一卷
有聲畫 〔清〕許光治撰 一卷

叢 18 4624 海源閣四種 〔清〕楊以增輯
海源閣刊 咸豐五年 十七卷 十二册
助字辨略 〔清〕劉淇著 五卷
九水山房文存 〔清〕畢亨著 二卷
惜裦尺牘 〔清〕姚鼐著 八卷
六藝綱目 〔元〕舒天民著 二卷

叢 18 4712 琳琅秘室叢書（二十九種） 〔清〕胡珽編
會稽董氏重刊 光緒十三年 九十四卷 二十六册 二部

一 集

孔氏祖庭廣記 〔金〕孔元措著 十二卷

東家雜記 〔宋〕孔傳著 二卷
質孔説 〔清〕周夢顔著 二卷
論語竢質 〔清〕江聲著 三卷
六書説 〔清〕江聲著 一卷
杜註考工記 〔唐〕杜牧著 二卷

二集

吴郡圖經續記 〔宋〕朱長文著 三卷
茅亭客話 〔宋〕黄休復著 十卷
續幽怪録（附拾遺） 〔唐〕李復言著 六卷
劉江東家藏善本葬書 〔明〕鄭謐註釋 一卷
傷寒九十論 〔宋〕許叔微著 一卷
列仙傳 〔漢〕劉向著 二卷
疑仙傳 隱夫玉簡著 二卷

三集

三教平心論 〔元〕劉謐著 二卷
西齋净土詩 〔明〕釋梵琦著 四卷
蠻書 〔唐〕樊綽著 十卷
南海百詠 〔宋〕方信孺著 一卷
幽明録 〔宋〕劉義慶著 一卷
雞肋編 〔宋〕莊季裕著 三卷

四集

九賢祕典 角力記 無名氏 各一卷
密齋筆記（附續） 〔宋〕謝采伯著 六卷
鶡林子 〔明〕趙釴著 五卷

緑珠傳　〔宋〕樂史著　一卷
李師師外傳　闕名　一卷
梅花字字香　〔元〕郭豫亨著　二卷
霜媛集　〔明〕周同谷著　一卷
丁鶴年集　〔元〕丁鶴年著　四卷
艇齋詩話　〔宋〕曾季貍著　一卷
蓮堂詩話　〔元〕祝誠著　二卷

叢　18　4748　宜稼堂叢書（十三種）　〔清〕郁松年著
道光二十一年刊　二百六十卷　六十四册　二部
續後漢書（附音義　札記）　〔宋〕蕭常著　五十三卷
續後漢書（附札記）　〔元〕郝經著　九十一卷
數書九章（附札記）　〔宋〕泰九韶著　十九卷
田畝比類乘除捷法　〔宋〕楊輝著　二卷
算法通變本末　〔宋〕楊輝著　一卷
乘除通變算寶　〔宋〕楊輝著　一卷
算法取用本末　〔宋〕楊輝著　一卷
續古摘奇算法　〔宋〕楊輝著　一卷
詳解九章算法（附纂類）　〔宋〕楊輝著　二卷
楊氏算法札記　〔清〕宋景昌撰　一卷
詳解九章算法札記　〔清〕宋景昌撰　一卷
剡源集（附札記）　〔元〕戴表元撰　三十一卷
清容居士集（附目録札記）　〔元〕袁桷撰　〔清〕郁松年纂　五十三卷

叢　18　4816　清芬堂叢書（五十種）　〔清〕梅兩田輯
慎自愛軒刊　光緒十六年　一百八十六卷　四十二册
五經異義　駁五經異義　〔漢〕許慎著　〔漢〕鄭玄駁　二卷
鄭志　〔魏〕鄭小同編　三卷

古周易 〔宋〕吕祖謙著 一卷
古易音訓 〔清〕宋咸熙著 一卷
周易舉正 〔唐〕郭京著 一卷
禹貢論 〔宋〕程大昌著 三卷
禹貢指南 〔宋〕毛晃著 四卷
詩譜補亡後訂 〔清〕吴騫訂 一卷
續吕氏家塾讀詩記 〔宋〕戴溪著 三卷
儀禮識誤 〔宋〕張淳著 三卷
儀禮釋宫 〔宋〕李如圭著 一卷
春秋春王正月攷 〔明〕張目寗著 二卷
春秋夏正 〔清〕胡天游著 二卷
鞠逸山房天學 〔清〕寇宗著 一卷
春秋説例 〔宋〕劉敞著 一卷
春秋釋疑 〔宋〕蕭楚著 二卷
論語筆解 〔唐〕韓愈著 一卷
論語拾遺 〔宋〕蘇轍著 一卷
佩觿 〔宋〕郭忠恕著 三卷
字鑑 〔元〕李文仲著 五卷
漢官舊儀 〔漢〕衛宏著 二卷
魏鄭公諫續録 〔元〕瞿思忠集 二卷
鄴中記 〔晉〕陸翽著 一卷
乾道臨安志 〔宋〕周淙著 三卷
武功志 〔明〕康海著 三卷
朝邑志（附校正） 〔明〕韓邦靖著 〔清〕王元啓校 一卷
尉繚子 〔周〕尉繚著 二卷
尹文子 〔周〕尹文著 一卷
帝範 〔唐〕太宗著 四卷
讒書 〔唐〕羅隱著 五卷

明本釋　〔宋〕劉荀著　三卷
雲谷雜記　〔宋〕張淏著　四卷
甕牖閒評　〔宋〕袁文著　八卷
考古質疑　〔宋〕葉大慶著　六卷
澗泉日記　〔宋〕韓淲著　三卷
涑水記聞　〔宋〕司馬光著　十六卷
六經天文篇　〔宋〕王應麟著　二卷
五經算術　〔北朝周〕甄鸞著　二卷
夏侯陽算經　〔北朝周〕甄鸞注　三卷
衣食蠶桑撮要　〔元〕魯明善著　二卷
玉臺新詠　〔梁〕徐陵編　十卷
滄浪詩話　〔宋〕嚴羽著　一卷
谷音集　〔元〕杜本編　一卷
元次山詩集　〔唐〕元結著　二卷
南陽集　〔宋〕趙湘著　六卷
陶山集　〔宋〕陸佃著　十六卷
學易集　〔宋〕劉跂著　八卷
蒙齋集　〔宋〕袁甫著　二十卷
拙軒集　〔金〕王寂著　六卷

叢　18　4877　武英殿聚珍版叢書（五十三種）　〔清〕乾隆勅編
江西刊　四百五十二卷　三百一十九册
郭氏傳家易説　〔宋〕郭雍撰　十一卷
易象意言　〔宋〕蔡淵撰　一卷
易緯　〔漢〕鄭玄撰　十二卷
禹貢指南　〔宋〕毛晃撰　四卷
融堂書解　〔宋〕錢時撰　二十卷
續吕氏家塾讀詩記　〔宋〕戴溪撰　三卷

絜齋毛詩經筵講義 〔宋〕袁燮撰 四卷
儀禮識誤 〔宋〕張淳撰 三卷
儀禮識宫 〔宋〕李如圭撰 一卷
春秋傳説例 〔宋〕劉敞撰 一卷
春秋辨疑 〔宋〕蕭楚撰 四卷
鄭志 〔魏〕鄭小同編 三卷
水經注 〔魏〕酈道元注 四十卷
五代史纂誤 〔宋〕吴縝撰 三卷
鄭魏公諫續録 〔元〕翟思忠録 二卷
宋朝事實 〔宋〕李攸撰 二十卷
直齋書録解題 〔宋〕陳振孫撰 二十二卷
漢官舊儀 〔漢〕衛宏撰 二卷
鄴中記 〔晉〕陸翽撰 一卷
嶺表録異 〔唐〕劉恂撰 三卷
麟臺故事 〔宋〕程俱撰 五卷
傅子 〔晉〕傅玄撰 一卷
帝範 〔唐〕太宗撰 四卷
公是弟子記 〔宋〕劉敞撰 四卷
明本釋 〔宋〕劉荀撰 三卷
農桑輯要 〔元〕司農司撰 七卷
孫子算經 〔北周〕甄鸞註 三卷
海島算經 〔晉〕劉徽撰 一卷
五曹算經 〔北周〕甄鸞註 五卷
夏侯陽算經 〔晉〕韓延註 三卷
五經算術 〔北周〕甄鸞撰 二卷
墨法輯要 〔明〕沈繼孫撰 一卷
雲谷雜記 〔宋〕張淏撰 四卷
甕牖閒評 〔宋〕袁文撰 一卷

考古質疑 〔宋〕葉大慶撰 六卷
澗泉日記 〔宋〕韓淲撰 三卷
敬齋古今黈 〔元〕李冶撰 八卷
老子道德經註 〔魏〕王弼註 二卷
涑水紀聞 〔宋〕司馬光撰 十六卷
南陽集 〔宋〕趙湘撰 六卷
學易集 〔宋〕劉跂撰 八卷
文恭集 〔宋〕胡宿撰 四十卷
后山詩註 〔宋〕陳師道撰 〔宋〕任淵注 十二卷
陶山集 〔宋〕陸佃撰 十六卷
絜齋集 〔宋〕袁燮撰 二十四卷
蒙齋集 〔宋〕袁甫撰 二十卷
茶山集 〔宋〕曾幾撰 八卷
拙軒集 〔金〕王寂撰 六卷
金淵集 〔元〕仇遠撰 六卷
文苑英華辨證 〔宋〕彭仲夏撰 十卷
歲寒堂詩話 〔宋〕張戒撰 二卷
碧溪詩話 〔宋〕黄徹撰 十卷
浩然齋雅談 〔宋〕周密撰 三卷

叢 18 4877 武英殿聚珍版書（一百四十八種） 〔清〕乾隆勅編
福建布政使署藏版 光緒二十一年增刊 三千三百一十三卷 一千册

經　部

周易口訣義 〔唐〕史徵撰 六卷
易説 〔宋〕司馬光撰 六卷
吴園周易解 〔宋〕張根撰 十卷
易原 〔宋〕程大昌撰 八卷

郭氏傳家易説 〔宋〕郭雍撰 十一卷
誠齋易傳 〔宋〕楊萬里撰 二十卷
易象意言 〔宋〕蔡淵撰 一卷
易學濫觴 〔元〕黄澤撰 一卷
易緯（乾坤鑿度） 〔漢〕鄭玄註 二卷
禹貢指南 〔宋〕毛晃撰 四卷
夏氏尚書詳解 〔宋〕夏僎撰 二十六卷
禹貢説斷 〔宋〕傅寅撰 四卷
尚書詳解 〔宋〕陳經撰 五十卷
融堂書解 〔宋〕錢時撰 二十卷
詩總聞 〔宋〕王質撰 二十卷
續吕氏家塾讀詩記 〔宋〕戴溪撰 三卷
絜齋毛詩經筵講義 〔宋〕袁燮撰 四卷
儀禮識誤 〔宋〕張淳撰 三卷
儀禮集釋 〔宋〕李如圭撰 三十卷
儀禮釋宫 〔宋〕李如圭撰 一卷
大戴禮記 〔北周〕盧辯註 十三卷
春秋釋例（附校勘記） 〔晉〕杜預撰 十七卷
春秋集傳纂例（附校勘記） 〔唐〕陸淳撰 十一卷
春秋傳説例 〔宋〕劉敞撰 一卷
春秋經解 〔宋〕孫覺撰 十五卷
春秋辨疑（附校勘記） 〔宋〕蕭楚撰 五卷
春秋考 〔宋〕葉夢得撰 十六卷
春秋集註 〔宋〕高閌撰 四十卷
春秋繁露（附校勘記） 〔漢〕董仲舒撰 十九卷
鄭志（附校勘記） 〔魏〕鄭小同撰 四卷
論語意原 〔宋〕鄭汝諧撰 四卷
詩經樂譜 〔清〕乾隆朝勅撰 三十卷

方言註 〔漢〕楊雄撰 〔晉〕郭璞注 十三卷

史　部

兩漢刊誤補遺 〔宋〕吴仁傑撰 十卷
三國志辯誤 不著撰人名氏 三卷
新唐書糾繆 〔宋〕吴縝撰 二十卷
五代史纂誤 〔宋〕吴縝撰 三卷
東觀漢記 〔漢〕劉珍撰 二十四卷
明臣奏議 〔清〕乾隆朝勅編 四十卷
魏鄭公諫續録 〔元〕翟思忠録 二卷
元朝名臣事略（附校勘記） 〔元〕蘇天爵撰 十六卷
鄴中記 〔晉〕陸翽撰 一卷
蠻書 〔唐〕樊綽撰 十卷
硫球國志略 〔清〕周煌輯 十六卷
元和郡縣志 〔唐〕李吉甫撰 四十卷
元豐九域志 〔宋〕王存等撰 十卷
輿地廣記（附校勘記） 〔宋〕歐陽忞撰 四十卷
水經註 〔後魏〕酈道元撰 四十卷
幾輔安瀾志 〔清〕王履泰纂 五十六卷
嶺南異録 〔唐〕劉恂撰 三卷
河朔訪古記 〔元〕納新撰 三卷
麟臺故事（新增拾遺） 〔宋〕陳俱撰 七卷
唐會要 〔宋〕王溥撰 一百卷
五代會要（附校勘記） 〔宋〕王溥撰 三十一卷
宋朝事實 〔宋〕李攸撰 二十卷
建炎以來朝野雜記（附校勘記） 〔宋〕李心傳撰 四十五卷
西漢會要 〔宋〕徐天麟撰 七十卷
東漢會要 〔宋〕徐天麟撰 四十卷

漢官舊儀（附補遺）〔漢〕衛宏撰 三卷
幸魯盛典 〔清〕孔毓圻等撰 四十卷
武英殿聚珍版程式 〔清〕乾隆朝勅編 一卷
直齋書録解題 〔宋〕陳振孫撰 二十二卷
欽定四庫全書總目 〔清〕乾隆朝勅撰 二百卷
絳帖平 〔宋〕姜夔撰 六卷
欽定校正淳化閣帖釋文 〔清〕乾隆朝勅刻 十卷
唐史論斷（附校勘記）〔宋〕孫甫撰 四卷
唐書直筆 〔宋〕吕夏卿撰 四卷

子　部

傅子 〔晉〕傅玄撰 六卷
帝範 〔唐〕太宗撰 四卷
公是弟子記 〔宋〕劉敞撰 四卷
明本釋 〔宋〕劉荀撰 三卷
項氏家説 〔宋〕項世安撰 十二卷
農桑輯要 〔元〕司農司撰 七卷
農書 〔元〕王楨撰 三十六卷
蘇沈良方 〔宋〕蘇軾、〔宋〕沈括集 八卷
小兒藥證真訣 〔宋〕錢乙撰 〔宋〕閻季忠編 三卷
周髀算經（附音義）〔漢〕趙君卿注 〔北周〕甄鸞重述 三卷
九章算經（附音義）〔晉〕劉徽註 〔唐〕李淳風釋 十卷
孫子算經 三卷
海島算經 〔晉〕劉徽撰 一卷
五曹算經 五卷
夏侯陽算經 三卷
五經算術 〔北周〕甄鸞撰 〔唐〕李淳風注 二卷
寶真齋法書贊 〔宋〕岳珂撰 二十八卷

墨法集要 〔明〕沈繼孫撰 一卷
鶡冠子 〔宋〕陸佃解 三卷
白虎通義（附校勘記） 〔漢〕班固撰 八卷
猗覺寮雜記 〔宋〕朱翌撰 二卷
能解齋漫録（附拾遺） 〔宋〕吴曾撰 十九卷
雲谷雜記 〔宋〕張淏撰 四卷
學林 〔宋〕王觀國撰 十卷
甕牖閒評 〔宋〕袁文撰 八卷
攷古質疑 〔宋〕葉大慶撰 六卷
朝野類要 〔宋〕趙昇撰 五卷
欽定四庫全書考證 〔清〕乾隆勅編 一百卷
澗泉日記 〔宋〕韓淲撰 三卷
敬齋古今黈（附拾遺） 〔元〕李冶撰 十三卷
意林（附拾遺） 〔唐〕馬總編 七卷
帝王經世圖譜 〔宋〕唐仲友撰 十六卷
涑水紀聞 〔宋〕司馬光撰 十六卷
唐語林（附校勘記拾遺） 〔宋〕王讜撰 十一卷
歸潛志 〔元〕劉祁撰 十四卷
老子道德經 〔魏〕王弼註 二卷
文子纘義 〔宋〕杜道堅撰 十二卷

集　部

張燕公集 〔唐〕張説撰 二十五卷
文忠集（附拾遺） 〔唐〕顔真卿撰 二十卷
小畜集（附外集外集拾遺） 〔宋〕王禹偁撰 三十八卷
南陽集 〔宋〕趙湘撰 六卷
元憲集 〔宋〕宋庠撰 三十六卷
景文集（附拾遺） 〔宋〕宋祁撰 八十四卷

文恭集（附拾遺）〔宋〕胡宿撰 四十一卷
祠部集 〔宋〕强至撰 三十五卷
華陽集 〔宋〕王珪撰 四十卷
公是集（附拾遺）〔宋〕劉敞撰 五十五卷
彭城集 〔宋〕劉攽撰 四十卷
净德集 〔宋〕吕陶撰 三十八卷
忠肅集（附拾遺）〔宋〕劉摯撰 二十一卷
山谷詩註（附補遺）〔宋〕黄庭堅撰 〔宋〕任淵注 四十九卷
後山詩註 〔宋〕陳師道撰 〔宋〕任淵注 十二卷
柯山集（附拾遺）〔宋〕張耒撰 六十三卷
陶山集 〔宋〕陸佃撰 十六卷
學易集 〔宋〕劉跂撰 八卷
西臺集 〔宋〕畢仲游撰 二十卷
浮沚集 〔宋〕周行己撰 九卷
毘陵集（附拾遺）〔宋〕張守撰 十七卷
浮溪集（附拾遺）〔宋〕汪藻撰 三十五卷
簡齋集 〔宋〕陳與義撰 十六卷
茶山集 〔宋〕曾幾撰 八卷
文定集（附拾遺）〔宋〕汪應辰撰 二十五卷
雪山集 〔宋〕王質撰 十六卷
攻媿集 〔宋〕樓鑰撰 一百一十二卷
乾道淳熙章泉稿（附拾遺）〔宋〕趙蕃撰 二十八卷
止堂集 〔宋〕彭龜年撰 十八卷
絜齋集（附拾遺）〔宋〕袁燮撰 二十五卷
南澗甲乙稿（附拾遺）〔宋〕韓元吉撰 二十三卷
蒙齋集（附拾遺）〔宋〕袁甫撰 二十一卷
耻堂存稿 〔宋〕高斯得撰 八卷
拙軒集 〔金〕王寂撰 六卷

金淵集 〔元〕仇遠撰 六卷
牧庵集 〔元〕姚燧撰 三十六卷
御製詩文十全集 〔清〕乾隆撰 五十四卷
文苑英華辯證（附拾遺） 〔宋〕彭仲夏撰 十一卷
御製悦心集 〔清〕雍正撰 五卷
萬壽衢歌樂章 〔清〕彭元瑞撰 六卷
詩倫 〔清〕汪薇輯 二卷
歲寒堂詩話 〔宋〕張戒撰 二卷
砮溪詩話 〔宋〕黄徹撰 十卷
浩然齋雅談 〔宋〕周密撰 三卷

叢 18 4930 仰視千七百二十九鶴齋叢書三十一種 〔清〕趙之謙輯
紹興墨潤書堂苑影印 民國十八年 五十七卷 二十四册

第一集

韓詩遺説（附訂僞） 〔清〕臧庸輯 二卷
九經學 〔清〕王聘珍著 三卷
赤廬札記 〔清〕丁泰著 一卷
从古堂款識學 〔清〕徐同柏著 一卷
汰存録 〔清〕黄宗羲著 一卷
偁陽雜録 〔清〕章大來著 一卷
英吉利廣東入城始末 〔清〕七絃河上釣叟記 一卷
東籬耦談 〔朝鮮〕金正喜著 四卷
阮亭詩餘 〔清〕王士禎著 一卷
書巖賸稿 〔清〕楊峒著 一卷
二十一都懷古詩 〔朝鮮〕柳得恭著 一卷
勇廬閒詰 〔清〕趙之謙著 一卷

第二集

虞氏易事 〔清〕張惠言著 二卷
質疑 〔清〕任泰著 一卷
補五代史藝文志 〔清〕顧櫰三纂 一卷
景祐六壬神定經 〔宋〕楊惟德撰 二卷
天問閣集 〔清〕李長祥著 三卷
鮓話 〔清〕佟世思著 一卷
西藏攷 〔清〕闕名 一卷

第三集

讀史舉正 〔清〕張熷著 八卷
弟子職注 〔清〕孫同元注 一卷
餘生録 〔明〕張茂滋著 一卷
甲乙雜箸 〔明〕孫肩著 一卷
遯翁隨筆 〔清〕祁駿佳著 二卷
鄭堂札記 〔清〕周仲孚著 五卷

第四集

春秋朔閏異同 〔清〕羅士琳譔 二卷
金源劄記 〔清〕施國祁著 二卷
存漢録 〔明〕高斗樞著 一卷
論語孔注辨譌 〔清〕沈濤著 二卷
敬修堂釣業 一卷
張忠烈公年譜 〔清〕趙之謙纂輯 一卷

叢 18 6031 經訓堂叢書（二十二種） 〔清〕畢沅校輯
經訓堂刊 乾隆四十八年 一百六十二卷 三十六册 二部

山海經 〔晉〕郭璞注 十八卷
夏小正攷注 〔漢〕戴德撰 〔清〕畢沅校 一卷
道德經攷異 〔清〕畢沅校 二卷
墨子（附目） 〔周〕墨翟著 〔清〕畢沅校注 十六卷
三輔黄圖（附補遺） 〔清〕畢沅校編 六卷
晉太康三年地道記 〔清〕畢沅編 一卷
晉書地道記 〔清〕畢沅編 一卷
晉書地理志新補正 〔清〕畢沅校 五卷
長安志（附圖） 〔宋〕宋敏求撰 〔清〕畢沅校 二十三卷
關中金石記 〔清〕畢沅撰 八卷
明堂大道録 〔清〕惠棟纂 八卷
禘説 〔清〕惠棟纂 二卷
易漢學 〔清〕惠棟纂 八卷
説文解字舊音 〔清〕畢沅撰 一卷
經典文字辨正書 〔清〕畢沅輯 五卷
音同義異辨 〔清〕畢沅撰 一卷
樂遊聯唱集 〔清〕畢沅等聯句 一卷
吕氏春秋 〔清〕畢沅校 二十六卷
釋名疏證（附補遺） 〔漢〕劉熙撰 〔清〕畢沅疏證 九卷
篆字釋名疏證（續．補遺．） 〔漢〕劉熙撰 〔清〕畢沅疏證 十卷
中州金石記 〔清〕畢沅撰 五卷
晏子春秋（附音義） 〔清〕孫星衍校 九卷

叢 18 6735 鄂局叢書（三十種）
湖北崇文書局刊 光緒三年 二百四十八卷 八十册内缺二册
離騷集傳 〔宋〕錢杲之撰 一卷
離騷草木疏 〔宋〕吴仁傑撰 四卷
離騷箋 〔清〕龔景翰著 二卷

闕史 〔唐〕參寥子述 一卷
高士傳 〔晉〕皇甫謐著 二卷
葬經宅經 〔晉〕郭璞著 二卷
水經注 〔魏〕酈道元注 四十卷
酉陽雜俎 〔唐〕段成式撰 二十卷
續酉陽雜俎 〔唐〕段成式撰 十卷
儀禮古今文疏義 〔清〕胡承珙疏 十七卷
鑑戒録 〔蜀〕何光遠編 十卷
文心雕龍 〔梁〕劉勰著 十卷
意林 〔唐〕馬總撰 五卷
春秋繁露 〔漢〕董仲舒著 十七卷
韓詩外傳 〔漢〕韓嬰著 十卷
人譜類記 〔明〕劉宗周著 六卷
九經三傳沿革例 〔宋〕岳珂著 一卷
今水經 〔清〕黄宗羲著 一卷
刊謬正俗 〔唐〕顔師古著 八卷
古列女傳 〔漢〕劉向著 〔明〕黄魯曾贊 八卷
尚書大傳 〔漢〕鄭玄著 四卷
老學庵筆記 〔宋〕陸游著 十卷
世説新語 〔宋〕劉義慶著 六卷
涑水紀聞（附補遺） 〔宋〕司馬光著 十七卷
隋經籍志考證 〔清〕章宗元撰 十三卷
左傳舊疏 〔清〕劉文淇著 八卷缺二卷
楚辭辨證 〔宋〕朱熹著 二卷
周易姚氏學 〔清〕姚配中著 十七卷
淮南天文訓補注 〔清〕錢塘補注 二卷
逸周書校釋 〔清〕朱右曾校釋 十一卷

叢 18 6755 古今説部叢書（四集一百八十八種）

上海國學扶輪社編 宣統二年印 二十四册

第一集

漢官儀 〔漢〕應劭
獻帝春秋 闕名
九州春秋 〔晉〕司馬彪
三國典略 〔晉〕魚豢
會稽典録 〔晉〕虞預
魏春秋 〔晉〕孫盛
鄴中記 〔晉〕陸翽
羣輔録 〔晉〕陶潛
晉陽秋 〔晉〕庾翼
續晉陽秋 〔晉〕檀道鸞
晉興中書 〔晉〕何法盛
次柳氏舊聞 〔唐〕李德裕
曲洧舊聞 〔宋〕朱弁
燈下閒談 〔宋〕江洵
皇朝類苑 〔宋〕江少虞
宜齋野乘 〔宋〕吴枋
養魚經 〔越〕范蠡
拾遺名山記 〔晉〕王嘉
北户録 〔唐〕段公路
黔西古跡攷 〔清〕錢霦
灌園十二師 〔清〕徐沁
蠻溪叢笑 〔宋〕朱輔
廣東月令 〔清〕鈕琇
陸機要覽 〔晉〕陸機

異聞實録 〔唐〕李玫
江淮異人録 〔宋〕吴淑
述異記 〔清〕東軒主人
梅澗詩話 〔宋〕韋居安
詩本事 〔清〕程羽文
竹連珠 〔清〕鈕琇
山林經濟策 〔清〕陸次雲
劍氣説 〔清〕程羽文
記征南射法 〔清〕黄百家
艮堂十戒 〔清〕方象瑛
酒約 〔清〕吴肅公
宦海慈航 〔清〕蔣植
食珍録 〔宋〕虞悰
長物志 〔明〕文震亨
玩月約 〔清〕張潮
書齋快事 沈元琨
石交 〔清〕程羽文
選石記 〔清〕成性
記草堂十六宜 〔清〕王晫
仿園酒評 張藎
讀書法 〔清〕魏際瑞
客齋使令反 〔清〕程羽文
約言 〔清〕張適
半菴笑政 〔明〕陳皋謨
病約三章 〔清〕尤侗
小半斤謠 〔清〕黄周星
四十張紙牌説 〔清〕李式玉
五嶽約 〔清〕韓則愈

桓譚新論　〔漢〕桓譚
譙周法訓　〔蜀〕譙周
虞喜志林　〔晉〕虞喜
裴啓語林　〔晉〕裴啓
宋拾遺録　〔晉〕謝綽
三輔決録　〔晉〕趙岐
義山雜記　〔唐〕李商隱
龍城録　〔唐〕柳宗元
窮愁志　〔唐〕李德裕
松窗雜記　〔唐〕杜荀鶴
商芸小説　〔唐〕闕名
杜陽雜編　〔唐〕蘇鶚　三卷
秀水閒居録　〔宋〕朱勝非
蒼梧雜志　〔宋〕胡珵
談藪　〔宋〕龐元英
青箱雜記　〔宋〕吴處厚
林下偶談　〔宋〕吴氏
獨醒雜志　〔宋〕吴宏
可談　〔宋〕朱彧
小窗自紀雜著　〔清〕吴從先

第二集

文士傳　〔晉〕張隱
衣冠盛事　〔唐〕蘇特
幽閑鼓吹　〔唐〕張固
法苑珠林
諧史　〔宋〕沈俶
三朝野史　〔元〕吴萊

閒中古今録 〔明〕黄溥言
西峯談話 〔明〕茅元儀
琅琊漫抄 〔明〕文林
相貝經 〔漢〕朱仲
禽經 〔晉〕張華
輶軒絶代語 〔漢〕揚雄
神異經 〔漢〕東方朔
海内十州記 〔漢〕東方朔
列仙傳 〔漢〕劉向
搜神記 〔晉〕干寶
搜神後記 〔晉〕陶潛
冥祥記 〔晉〕王琰
述異記 〔梁〕任昉
原化記 〔清〕皇甫氏
賓櫝記 〔明〕亡名氏
杼情録 〔宋〕盧懷
碧湖雜記 〔宋〕謝枋得
臨漢隱居詩話 〔宋〕魏泰
延州筆記 唐覲
北窗囈語 〔清〕朱燾著
松亭行紀 〔清〕高士奇
十六湯品 〔唐〕蘇廙
採茶録 〔唐〕温庭筠
茶疏 〔明〕許次紓
炙轂子録 〔唐〕王叡
桂苑叢談 〔唐〕馮翊
葆化録 〔唐〕陳京
西野記譚 〔唐〕潘遠

乾𦠆子 〔唐〕温庭筠
吹劍録 〔宋〕俞文豹
雞肋 〔宋〕趙崇絢
南部新書 〔宋〕錢希白
五色線 〔宋〕闕名
採蘭雜志 闕名
異苑 〔宋〕劉敬叔
戒庵漫筆 〔明〕李詡
蘇談 〔明〕楊循吉
耳新 〔明〕鄭仲夔

第三集

傳信記 〔唐〕鄭棨
野航史話 〔明〕茅元儀
小隱書 〔明〕敬虚子
雲蕉館紀談 〔明〕孔邇
汴圍濕襟録 〔清〕白愚
漁洋感舊集小傳 〔清〕盧見曾
袖中記 〔梁〕沈約
玄亭涉筆 王志遠
荔枝譜 〔宋〕蔡襄
嶠南瑣記 〔明〕魏濬
志怪録 〔晉〕祖台之
集靈記 闕名
祥異記 闕名
風騷指格 〔唐〕齊己
灌畦暇語 〔宋〕無名氏
春雨雜述 〔明〕解縉

天爵堂筆餘　〔明〕薛岡
資暇録　〔唐〕李匡義
戲瑕　〔明〕錢希言
玉笑零音　〔明〕田藝衡
竹坡老人詩話　〔宋〕周紫芝
筆經　〔晉〕王羲之
膳夫録　〔唐〕鄭望之
林下盟　〔明〕沈仕
缾花譜　〔明〕張謙德
攝生要録　〔明〕沈仕
滇行日録　〔清〕王昶
太清記　〔晉〕王韶之
寓簡　〔宋〕沈作喆
林下清談　〔明〕沈仕
真率筆記　闕名
致虚雜俎　闕名
下幃短牒　闕名
燕閒録　〔明〕陸深
春風堂隨筆　〔明〕陸深
枕譚　〔明〕陳繼儒
羣碎録　〔明〕陳繼儒

第四集

冷齋夜話　〔宋〕釋惠洪
宜春傳信録　〔宋〕羅誘
錢塘遺事　〔元〕劉一清
相學齋雜鈔　〔元〕鮮于樞
明良記　〔明〕楊儀述

隴蜀餘聞 〔清〕王士禛
征緬紀聞 〔清〕王昶
蜀徼紀聞 〔清〕王昶
南中紀聞 〔明〕包汝楫
桂海果志 〔宋〕范成大
桂海蟲魚志 〔宋〕范成大
還冤記 〔北齋〕顔之推
蚓菴瑣語 〔清〕王逋
西清詩話 〔宋〕蔡絛
研北雜記 〔宋〕陸友仁
叩舷憑軾録 〔明〕姜南
華陽散稿 〔清〕史震林
醉鄉日月 〔唐〕皇甫嵩
蔬食譜 〔宋〕陳達叟
佩楚軒客談 〔元〕戚輔之
雪鴻再録 〔清〕王昶
使楚叢談 〔清〕王昶
臺懷隨筆 〔清〕王昶
投荒雜録 〔唐〕房千里
金華子雜編 〔唐〕劉崇遠
虚谷閒鈔 〔宋〕方回
桂海雜志 〔宋〕范成大
山陵雜記 〔元〕楊奂
志雅堂雜抄 〔宋〕周密
浩然齋視聽抄 〔宋〕周密
誠齋雜記 〔元〕周達觀
顧曲雜言 〔明〕沈德符
北牕瑣語 〔明〕余永麟

譚略 〔明〕張鳳翼
分甘餘話 〔清〕王士禎

叢 18 7123 龍威祕書（十集一百六十八種） 〔清〕馬俊良輯
三百〇九卷 八十册 二部

第一集 漢魏採珍

小爾雅 〔漢〕孔鮒撰 一卷
羣輔録 〔晉〕陶潛著 一卷
南方草木狀 〔晉〕稽含撰 三卷
西京雜記 〔漢〕劉歆撰 六卷
十洲記 〔漢〕東方朔撰 一卷
搜神記 〔晉〕干寶撰 一卷
神仙傳 〔晉〕葛洪撰 十卷
神異經 〔漢〕東方朔撰 一卷
穆天子傳 〔晉〕郭璞注 六卷
漢武帝内傳 〔漢〕班固撰 一卷
飛燕外傳 〔漢〕伶玄撰 一卷
雜事祕辛 〔漢〕無名氏撰 一卷
述異記 〔梁〕任昉著 一卷
枕中書 〔晉〕葛洪撰 一卷
洞冥記 〔漢〕郭憲撰 四卷
詩品 〔梁〕鍾嶸撰 三卷
鼎録 〔梁〕虞荔撰 一卷
竹譜 〔晉〕戴凱之撰 一卷
古今刀劍録 〔梁〕陶宏景撰 一卷

第二集　四庫論録

江淮異人録　〔宋〕吴淑撰　一卷
離騷集傳　〔宋〕錢杲之撰　一卷
離騷草木疏　〔宋〕吴仁傑撰　四卷
唐闕史　〔唐〕高彦休撰　二卷
農書　〔宋〕陳旉撰　三卷
蠶書　〔宋〕秦觀撰　一卷
耕織圖詩　〔宋〕闕名　一卷
江南餘載　二卷
五國故事　二卷
故宫遺録　〔明〕蕭洵撰　一卷
赤雅　〔明〕鄺露編　三卷
平臺紀略　〔清〕藍鼎元撰　一卷
雲仙雜記　〔唐〕馮贄撰　一卷

第三集　詩話集雋

二十四詩品　〔唐〕司空圖撰　一卷
本事詩　〔唐〕孟棨撰　一卷
雲溪友議　〔唐〕范攄撰　一卷
清朝名家詩鈔小傳　〔清〕鄭方坤撰　四卷
蓮坡詩話　〔清〕查爲仁撰　三卷
歸田詩話　〔明〕瞿佑撰　三卷
臨漢隐居詩話　〔宋〕魏泰撰　一卷
滹南詩話　〔宋〕王若虚撰　三卷

第四集　晉唐小説

酉陽雜俎　〔唐〕段成式撰　二卷

諾臯記 〔唐〕段成式撰 一卷
博異志 〔康〕鄭還古撰 一卷
李泌傳 〔唐〕李蘩撰 一卷
仙吏傳 〔唐〕太上隱者撰 一卷
英雄傳 〔唐〕雍陶撰 一卷
劍俠傳 〔唐〕段成式撰
柳毅傳 〔唐〕李朝威撰 一卷
虬髯客傳 〔唐〕張說撰
馮燕傳 〔唐〕沈亞之撰 一卷
蔣子文傳 〔唐〕羅鄴撰 一卷
杜子春傳 〔唐〕鄭還古撰 一卷
龍女傳 〔唐〕薛瑩撰 一卷
妙女傳 〔唐〕顧非熊撰 一卷
神女傳 〔唐〕孫頠撰 一卷
楊太真外傳 〔宋〕樂史撰 二卷
長恨歌傳 〔唐〕陳鴻撰 一卷
梅妃傳 〔唐〕曹鄴撰 一卷
紅線傳 〔唐〕楊巨源撰 一卷
劉無雙傳 〔唐〕薛調撰 一卷
霍小玉傳 〔唐〕蔣防撰 一卷
牛應貞傳 〔唐〕宋若昭撰 一卷
謝小娥傳 〔唐〕李公佐撰 一卷
李娃傳 〔唐〕白行簡撰 一卷
章臺柳傳 〔唐〕許堯佐撰 一卷
非烟傳 〔唐〕皇甫枚撰 一卷
會真記 〔唐〕元稹撰 一卷
黑心符 〔唐〕于義方撰 一卷
南柯記 〔唐〕李公佐撰 一卷

枕中記 〔唐〕李泌撰 一卷
高力士傳 〔唐〕郭湜撰 一卷
白猿傳 〔唐〕無名氏撰 一卷
任氏傳 〔唐〕沈既濟撰 一卷
袁氏傳 〔唐〕顧敻撰 一卷
揚州夢記 〔唐〕于鄴撰 一卷
妝樓記 〔唐〕張泌撰 一卷
雷民傳 〔唐〕沈既濟撰 一卷
離魂記 〔唐〕陳元祐撰 一卷
再生記 〔唐〕閻選撰 一卷
夢遊録 〔唐〕任蕃撰 一卷
三夢記 〔唐〕白行簡撰 一卷
幽怪録 〔唐〕王惲撰 一卷
續幽怪録 〔唐〕李復言編 一卷
幻戲志 〔唐〕蔣防著 一卷
幻異志 〔唐〕孫頠撰 一卷
靈應傳 〔唐〕無名氏撰 一卷
才鬼記 〔唐〕鄭蕡撰 一卷
靈鬼志 〔唐〕常沂撰 一卷
玄怪記 〔廣〕徐炫撰 一卷
續玄怪記 〔唐〕闕名 一卷
昌黎雜説 〔唐〕韓愈撰 一卷
録異記 〔唐〕杜光庭撰 一卷
飛燕遺事 闕名 一卷
趙后遺事 〔宋〕秦醇撰 一卷
搜神後記 〔晉〕陶潛撰 一卷
窮怪録 闕名 一卷
幽怪録 〔唐〕牛僧儒撰 一卷

古鏡記 〔隋〕王度撰 一卷
楊娼傳 〔唐〕房千里撰 一卷

第五集 叢説拾遺

輶軒絶代語 〔漢〕揚雄撰 一卷
臆乘 〔宋〕楊伯嵒撰 一卷
吉凶影響録 〔宋〕岑象求撰 一卷
桯史 〔宋〕岳珂撰 一卷
仇池草堂記 〔宋〕蘇軾撰 一卷
東齋記事 〔宋〕許觀撰 一卷
漁樵閒話 〔宋〕蘇軾撰 一卷
廬陵雜説 〔宋〕歐陽修撰 一卷
遺史紀聞 〔宋〕詹玠撰 一卷
摭青雜説 〔宋〕王明清撰 一卷
斷獄龜鑑 〔宋〕鄭克撰 一卷
搜神祕覽 〔宋〕章炳文撰 一卷
玉溪編事 〔蜀〕闕名 一卷
乘異記 〔宋〕張君房撰 一卷
廣異記 〔宋〕戴君孚撰 一卷
近異集 〔宋〕劉質撰 一卷
甄異記 〔宋〕戴祚撰 一卷
旌異記 〔宋〕侯君素撰 一卷
睽車志 〔宋〕郭象撰 一卷
鷄肋 〔宋〕趙素絢撰 一卷
虎口餘生記 〔清〕邊大綬撰 一卷
陶説 〔清〕朱琰撰 六卷
鬼董 闕名 五卷
説郛雜著 十種

考槃餘事 〔明〕屠隆撰 四卷

第六集 麗體金膏

拜颺集 〔清〕馬俊良編 八卷

第七集 説鈴攬勝

金鰲退食筆記 〔清〕高士奇撰 二卷
京東考古録 〔清〕顧炎武著 一卷
山東攷古録 〔清〕顧炎武著 一卷
泰山紀勝 〔清〕孔貞煊撰 一卷
隴蜀餘聞 〔清〕王士禎撰 一卷
板橋雜記 〔清〕余懷撰 三卷
揚州鼓吹詞序 〔清〕吴綺撰 一卷
匡廬紀事 〔清〕吴闡思撰 一卷
遊雁蕩山記 〔清〕周清源撰 一卷
甌江逸志 〔清〕勞大輿撰 一卷
湖壖雜記 〔清〕陸次雲撰 一卷
峒溪纖志 〔清〕陸次雲撰 一卷
坤輿外紀 〔泰西〕南懷仁撰 一卷
嶺南雜記 〔清〕吴震方撰 一卷
封長白山記 〔清〕方象瑛撰 一卷
使琉球記 〔清〕張學禮撰 一卷
閩小記 〔清〕周亮工撰 二卷
臺灣紀略 〔清〕林謙光撰 一卷
臺灣雜記 〔清〕季麒光撰 一卷
安南紀遊 〔清〕潘鼎珪撰 一卷
粤述 〔清〕閔敘撰 一卷

粵西偶記 〔清〕陸祚蕃撰 一卷
滇黔紀遊 〔清〕陳鼎撰 一卷
滇行紀程 〔清〕許纘曾撰 一卷
東還紀程 〔清〕許纘曾撰 一卷

第八集 西河經解

推易始末 〔清〕毛奇齡撰 四卷
春秋屬辭比事記 〔清〕毛奇齡撰 四卷
春秋占筮書 〔清〕毛奇齡撰 四卷
韻學指掌 〔清〕毛奇齡撰 三卷
竟山樂録 〔清〕毛奇齡撰 四卷
李氏學樂録 〔清〕李塨撰 一卷
論語稽求篇 〔清〕毛奇齡撰 七卷
大學證文 〔清〕毛奇齡撰 一卷
明堂問 〔清〕毛奇齡撰 一卷
白鷺洲主客説詩 〔清〕毛奇齡撰 一卷
續詩傳鳥名考 〔清〕毛奇齡撰 三卷

第九集 荒外奇書

八紘繹史 〔清〕陸次雲著 四卷
八紘荒史 〔清〕陸次雲著 一卷
繹史紀餘 〔清〕陸次雲著 四卷
西蕃繹語 闕名 二卷
西藏記 二卷
外國竹枝詞 〔清〕尤侗撰 一卷

第十集

說文繫傳　〔南唐〕徐鍇撰　四十一卷

叢　18　7238　海天旭日研齋叢刊（八種）　〔清〕劉瀚輯

海天旭日研齋刊　光緒二十一年　十卷　八册

蕺山文粹　〔明〕劉宗周著　二卷

海天旭日研記　〔清〕劉瀚輯　一卷

蕺山年譜　〔清〕劉約輯　二卷

青藜閣詩鈔　〔清〕劉鴻庚著　一卷

水澄劉氏遺詩　〔清〕劉瀚輯　一卷

南歸日記　〔清〕劉瀚記　一卷

玉紀　〔清〕陳性著　一卷

虞夏贖金釋文　〔清〕劉師禄著　一卷

叢　18　7269　述古叢鈔（四集　二十四種）　〔清〕劉昭榮輯

藏修書屋刊　同治十年　一百四十六卷　四十册　二部

叢　18　7269　又（五集　二十七種）

一百六十四卷　三十八册内缺一册

第一集

藏書紀要　〔清〕孫從添撰　一卷

裝潢志　〔清〕周嘉胄撰　一卷

畫筌析覽　〔清〕湯貽汾編　一卷

清祕藏　〔清〕張應文撰　二卷

法書名畫見聞　〔明〕張丑撰　一卷

南陽法書表　〔明〕張丑纂　一卷

南陽名畫表　〔明〕張丑纂　一卷
清河書畫表　〔明〕張丑纂　一卷
傷寒百證歌（附經絡）　〔宋〕許叔微述　十一卷
藥症忌宜　〔清〕陳澈編　一卷
昭代名人尺牘小傳　〔清〕吴修輯　二十四卷
靈棋經　〔晉〕顔幼明等註　二卷
獸經　〔明〕黄省曾撰　一卷
虎苑　〔明〕王穉登撰　二卷

第二集

書苑菁華　〔宋〕陳思纂　二十卷
遼詩話　〔清〕周春輯　二卷
無聲詩史　〔清〕姜紹書輯　七卷

第三集

馬氏南唐書　〔宋〕馬令撰　三十卷
陸氏南唐書　〔宋〕陸游撰　十八卷
玉臺書史　〔清〕厲鶚撰　一卷
玉臺畫史　〔清〕湯叔玉輯　五卷

第四集

詒晉齋集　〔清〕成親王著　八卷
芳堅館題跋　〔清〕郭尚先撰　四卷
太乙照神經（附神相證驗百條）　〔清〕劉學誠輯　五卷
月波洞中記　〔宋〕潘時竦述　一卷

第五集

通鑑綱目釋地糾繆　〔清〕張庚著　六卷
通鑑綱目釋地補註　〔清〕張庚著　六卷
廣川畫跋　〔宋〕董逌著　六卷

叢　18　7278　質學叢書（三十二種）　武昌質學會編
質學會刊　光緒二十三年　一百〇四卷　四十册

叢　18　7278　又
四十二册
危言　〔清〕湯震撰　四卷
新政策　〔英〕李提摩太撰　四卷
整頓中國條議　〔美〕福士達撰　一卷
佐治芻言　〔英〕傅蘭雅譯　〔英〕應祖錫述　三卷
肄業要覽　〔英〕史本守著　〔英〕顔永京譯　十卷
德國學校論略　〔德〕花之安著　二卷
西學書目表（附讀西學書法）　梁啓超撰　五卷
天文歌略　〔清〕葉瀾撰　一卷
地學歌略　〔清〕葉瀚、〔清〕葉瀾同撰　一卷
西學略述　〔英〕艾約瑟譯　十卷
格致古微（附表）　〔清〕王仁俊述　六卷
采風記　〔清〕宋育仁撰　五卷
中俄界約斠註　錢恂撰　六卷
帕米爾分界私議　錢恂撰　一卷
中俄界綫簡明説　錢恂撰　一卷
中俄交界記　〔清〕王錫祺輯　一卷
德國合盟本末　〔清〕徐建寅譯　一卷

德國議院章程　〔清〕徐建寅譯　九卷
比利時國考察罪犯紀會略　〔英〕傅蘭雅譯撰　一卷
農學新法　〔英〕貝德禮撰　〔英〕李提摩太譯　一卷
蠶務説略　〔英〕康發達述　一卷
戰法學　〔日本〕石井忠利撰　二卷
長江礮臺芻議　〔清〕姚錫光撰　一卷
借著籌防論略（附礮臺淺説）　〔德〕來春石泰撰　〔清〕沈敦和譯　二卷
擬請中國嚴整武備説　〔德〕瑞乃爾著
德國水師事宜　〔清〕卞長勝譯
海戰指要　〔美〕金楷理譯
管礮法程　〔德〕瑞乃爾譯
英國鑄錢説略　〔英〕傅蘭雅著
生利分利之别論　〔英〕李提摩太著
列國陸軍制　〔美〕歐潑澄著　林樂知譯
法國海軍職要　〔清〕馬建忠譯

叢　18　7433　十萬卷樓叢書（三編五十種）　〔清〕陸心源輯
歸安陸氏刊　光緒五年　三百八十二卷　一百十二册　二部

叢　18　7433　又
一百〇三册内缺一册（第十四册）

初　編

尚書註　〔元〕金履祥注　十卷
通鑑釋文　〔宋〕史炤撰　三十卷
陸宣公奏議註　〔宋〕郎曄注　十五卷
史載之方　〔宋〕史堪撰　二卷

陰證略例 〔元〕王好古撰 一卷
本草衍義 〔宋〕寇宗奭撰 二十卷
師友雜志 〔宋〕吕本中撰 一卷
紫薇雜説 〔宋〕吕本中撰 一卷
可書 〔宋〕張知甫撰 一卷
東原録 〔宋〕龔鼎臣撰 一卷
葬書集註 〔元〕鄭謐集註 九卷
醫經正本書 〔宋〕程迥撰 一卷
人倫大統賦 〔金〕張行簡撰 二卷
乙巳占 〔唐〕李淳風撰 十卷
道德經註 〔元〕董思靖注 二卷
夷堅志（四集） 〔宋〕洪邁撰 八十卷

二 編

九經排字直音 闕名 二卷
周秦刻石釋音 〔元〕吾邱衍撰 一卷
切韻指掌圖（附邵氏檢例） 〔宋〕司馬光撰 一卷
許國公奏議 〔宋〕吴潛撰 四卷
紹陶録 〔宋〕王質撰 二卷
諸葛忠武侯傳 〔宋〕張栻撰 一卷
保越録 〔元〕徐勉撰 一卷
北户録 〔唐〕段公路撰 三卷
歲時廣記 〔宋〕陳元靚撰 四十二卷
註解傷寒發微録 〔宋〕許叔微撰 二卷
註傷寒百證歌 〔宋〕許叔微撰 五卷
廣川畫跋 〔宋〕董逌撰 六卷
衍極 〔元〕鄭杓撰 五卷
文房四譜 〔宋〕蘇易簡撰 五卷

漢官儀 〔宋〕劉攽撰 三卷
自號録 〔宋〕徐光溥撰 一卷
友會談叢 〔宋〕上官融撰 三卷
蔡中郎文集 〔漢〕蔡邕撰 十卷
詩苑衆芳 〔宋〕劉士瑄編 一卷
作義要訣 〔元〕倪士毅撰 一卷

三　編

靖康要録 闕名 十六卷
麟臺故事 〔宋〕程俱撰 四卷
寶刻叢編 〔宋〕陳思撰 二十卷
至書 〔宋〕蔡沈撰
宋徽宗聖濟經注 〔宋〕吴禔注 十卷
衛生家寶産科備要 〔宋〕朱瑞章輯 八卷
續談助 〔宋〕晁載之撰 五卷
續攷古圖（附釋文） 〔宋〕趙九成撰 六卷
雲烟過眼録（附續録） 〔宋〕周密撰 〔元〕湯允謨注 三卷
三曆撮要 缺名
墨藪 〔唐〕韋續撰
玉管照神局 〔南唐〕宋齊邱撰 三卷
分門古今類事 〔宋〕闕名 二十卷
詩式 〔宋〕釋皎然撰 五卷

叢 18 7534 唐代叢書（一名唐人説薈六集 一百六十四種） 〔清〕陳蓮塘輯
天門渤海家藏版 一百六十七卷 三十二册

叢 18 7534 唐人説薈（即唐代叢書）
上海掃葉山房印 民國十四年 十六册

第一集

隋唐嘉話 〔唐〕劉餗撰
朝野僉載 〔唐〕張鷟撰
尚書故實 〔唐〕李綽撰
中朝故事 〔唐〕尉遲偓撰
金鑾密記 〔唐〕韓偓撰
杜陽雜編 〔唐〕蘇鶚著
幽閒鼓吹 〔唐〕張固撰
桂苑叢談 〔唐〕馮翊撰
賓客嘉話録 〔唐〕韋絢録
松窗雜記 〔唐〕杜荀鶴撰
次柳氏舊聞 〔唐〕李德裕撰
大唐傳載 〔唐〕無名氏輯
開元天寶遺事 〔唐〕王仁裕纂
開天傳信記 〔唐〕鄭棨撰
大唐新語 〔唐〕劉肅撰
明皇雜録 〔唐〕鄭處誨撰
常侍言旨 〔唐〕柳埕撰

第二集

雲溪友議 〔唐〕范攄編
國史補 〔唐〕李肇撰
因話録 〔唐〕趙璘撰
劇談録 〔唐〕康駢輯

法苑珠林　〔唐〕釋道世編
南楚新聞　〔唐〕尉遲樞撰
宣室志　〔唐〕張讀編
甘澤謠　〔唐〕袁郊撰
金華子雜編　〔唐〕劉崇遠撰
耳目記　〔唐〕張鷟撰
瀟湘録　〔唐〕李隱撰
玉泉子　〔唐〕無名氏撰
舊聞記　〔唐〕柳公權撰
摭言　〔唐〕王保定撰
記事珠　〔唐〕馮贄纂
諧噱録　〔唐〕朱揆纂
義山雜録　〔唐〕李商隱撰
龍城録　〔唐〕柳宗元撰

第三集

嶺表録異　〔唐〕劉恂撰
來南録　〔唐〕李翺撰
平泉草木記　〔唐〕李德裕撰
北户録　〔唐〕段公路撰
終南草堂十志　〔唐〕盧鴻撰
洞天福地記　〔唐〕杜光庭撰
北里志　〔唐〕孫棨撰
迷樓記　〔唐〕韓偓撰
海山記　〔唐〕韓偓撰
開河記　〔唐〕韓偓撰
吴地記　〔唐〕陸廣微撰
南部烟花記　〔唐〕馮贄撰

香山九老會 〔唐〕白居易述
教坊記 〔唐〕崔令欽撰
湘中怨詞 〔唐〕沈亞之撰
二十四詩品 〔唐〕司空圖撰
本事詩 〔唐〕孟棨撰
比紅兒詩 〔唐〕羅虬著
貞娘墓詩 〔唐〕無名氏輯
書法 〔唐〕歐陽洵撰
書畫秘訣 〔唐〕王維撰
後畫品録 〔唐〕李嗣真撰
公私畫史 〔唐〕裴孝源撰
歌者葉志 〔唐〕沈亞之撰
嘯志 〔唐〕無名氏撰
吹笛記 〔唐〕楊巨源撰
故物記 〔唐〕韋端符撰
茶經 〔唐〕陸羽撰
十六湯品 〔唐〕蘇廙撰
煎茶水記 〔唐〕張又新撰
食譜 〔唐〕韋巨源撰

第四集

醉鄉日月 〔唐〕皇甫嵩撰
花九錫 〔唐〕羅虬撰
紫花梨記 〔唐〕許默撰
耒耜經 〔唐〕陸龜蒙撰
五木經 〔唐〕李翱撰
肉攫部 〔唐〕段成式撰
樂府雜録 〔唐〕叚安節撰

羯鼓録 〔唐〕南卓撰
小名録 〔唐〕陸龜蒙撰
藥名譜 〔唐〕侯寧極著 陶穀校述
異疾志 〔唐〕段成式纂
治病藥 〔唐〕釋靈澈録
夢遊録 〔唐〕任蕃撰
三夢記 〔唐〕白行簡撰
粧樓記 〔唐〕張泌纂
李鄴侯外傳 〔唐〕李蘩譔
李林甫外傳 〔唐〕無名氏譔
東城老父傳 〔唐〕陳鴻撰
馮燕傳 〔唐〕沈亞之撰
高力士傳 〔唐〕郭湜撰
虬髯客傳 〔唐〕張説撰
奇男子傳 〔唐〕許棠撰
蔣子文傳 〔唐〕羅鄴撰
杜子春傳 〔唐〕鄭還古撰
墨崐崙傳 〔唐〕馮延巳撰
陶峴傳 〔唐〕沈既濟撰
申宗傳 〔唐〕孫頠撰
靈應傳 〔唐〕無名氏撰
陸仁蒨傳 〔唐〕陳鴻撰
柳毅傳 〔唐〕李朝威撰
仙吏傳 〔唐〕太上隱者撰
英雄傳 〔唐〕雍陶撰
劍俠傳 〔唐〕段成式撰
廣陵妖亂志 〔唐〕羅隱撰
周秦行記 〔唐〕牛僧孺撰

梅妃傳 〔唐〕曹鄴著
楊太真外傳 〔唐〕樂史著
長恨歌傳 〔唐〕陳鴻撰

第五集

紅線傳 〔唐〕楊巨源撰
劉無雙傳 〔唐〕薛調撰
霍小玉傳 〔唐〕蔣防撰
牛應貞傳 〔唐〕宋若昭撰
謝小娥傳 〔唐〕李公佐撰
李娃傳 〔唐〕白行簡撰
楊娼傳 〔唐〕房千里撰
章臺柳傳 〔唐〕許堯佐撰
步非烟傳 〔唐〕皇甫枚撰
揚州夢 〔唐〕于鄴撰
杜秋傳 〔唐〕杜牧之撰
龍女傳 〔唐〕薛瑩撰
妙女傳 〔唐〕顧非熊撰
神女傳 〔唐〕孫頠撰
雷民傳 〔唐〕沈既濟撰
會真記 〔唐〕元稹撰
黑心符 〔唐〕于義方撰
南柯記 〔唐〕李公佐撰
枕中記 〔唐〕李泌撰
酉陽雜俎 〔唐〕段成式撰
諾皋記 〔唐〕段成式撰
支諾皋 〔唐〕段成式撰
壠上記 〔唐〕蘇頲纂

前定録　〔唐〕鍾輅撰
卓異記　〔唐〕李翱撰
摭異記　〔唐〕李濬撰
集異記　〔唐〕薛用弱撰
集異志　〔唐〕陸勳撰
志怪録　〔唐〕陸勳撰

第六集

博異志　〔唐〕鄭還古撰
幽怪録　〔唐〕王惲纂
續幽怪録　〔唐〕李復言編
聞奇録　〔唐〕于逖撰
錦裙記　〔唐〕陸龜蒙撰
靈應録　〔唐〕于逖撰
鬼塚志　〔唐〕褚遂良撰
幻影傳　〔唐〕薛昭蘊撰
幻戲志　〔唐〕蔣防撰
幻異志　〔唐〕孫頠撰
稽神録　〔唐〕徐鉉著
冥音録　〔唐〕朱慶餘著
離魂録　〔唐〕陳元佑撰
再生記　〔唐〕閻選撰
冤債記　〔唐〕吴融撰
尸媚傳　〔唐〕張泌撰
奇鬼傳　〔唐〕杜青荑撰
才鬼記　〔唐〕鄭賁撰
妖妄傳　〔唐〕朱希濟撰
東陽夜怪録　〔唐〕王洙撰

靈鬼志　〔唐〕常沂撰
物怪録　〔唐〕徐嶷撰
靈怪録　〔唐〕王嶠撰
人虎傳　〔唐〕李景亮撰
白猿傳　〔唐〕無名氏輯
獵狐記　〔唐〕孫恂著
任氏傳　〔唐〕沈既濟撰
袁氏傳　〔唐〕顧敻撰
夜义傳　〔唐〕段成式撰
金剛經鳩異　〔唐〕段成式撰
鸜鵒舍利塔記　〔唐〕韋皇撰

叢　18　7545　如不及齋彙鈔（初集十二種）　〔清〕陳坤輯
同治十一年　二十一卷　十二册
日省録　〔清〕梁文科輯　三卷
爲政忠告　〔元〕張養浩著　四卷
大學日程　〔明〕陳瑚著　一卷
幼訓　〔清〕崔學古著　一卷
虚字考　〔清〕張文炳輯　一卷
古井遺忠集　〔清〕陳坤輯　一卷
粵東剿匪紀略　〔清〕陳坤輯　五卷
鱷渚回瀾記　〔清〕陳坤著　一卷
治潮芻言　〔清〕陳坤著　一卷
如不及齋詩鈔　〔清〕陳坤著　一卷
如不及齋詠史鈔　〔清〕陳坤著　一卷
寒碧軒詩鈔　〔清〕陳鉦著　一卷

叢　18　7550　湖海樓叢書（十二種）〔清〕陳春輯

嘉慶二十四年刊　一百〇八卷　三十二册

叢　18　7550　又

二十四册

周易鄭注　〔漢〕鄭玄注　〔宋〕王應麟撰集　十二卷

論語類攷　〔明〕陳士元著　二十卷

孟子雜記　〔明〕陳士元著　四卷

列子張注（附釋文）　〔晉〕張湛注　〔唐〕殷敬順釋文　十卷

尸子　尹文子　〔清〕汪繼培校　三卷

潛夫論箋　〔清〕汪繼培箋　十卷

學林　〔宋〕王觀國撰　十卷

卮林（附補遺）　〔明〕周嬰撰　十卷

訂僞雜録　〔清〕胡鳴玉撰　十卷

龍筋鳳髓判　〔唐〕張鷟撰　四卷

永嘉八面鋒　〔宋〕陳傅良撰　十三卷

會稽三賦　〔宋〕王十朋撰　一卷

叢　18　8038　明辨齋叢書（二集十種）〔清〕余肇鈞編

余氏家塾刊本　同治六年　四十六卷　十二册

一　集

諸葛忠武書　〔明〕楊時偉編　十卷

諸葛武侯傳　〔宋〕張栻撰

河防通議　〔元〕沙克什撰　二卷

今水經　〔清〕黄宗羲輯

明九邊考　〔明〕魏焕撰　四卷

閩中海錯疏　〔明〕屠本畯撰　二卷
海國聞見録　〔清〕陳倫炯撰　二卷

二　　集

折獄龜鑑　〔宋〕鄭克輯　八卷
文公家禮辨説　〔清〕毛奇齡著　十六卷
王文成傳本　〔清〕毛奇齡著　二卷

叢　18　8075　詒經堂藏書七種　〔清〕金長春輯
嘉慶十八年　十九卷　六册
正朔考　〔宋〕魏了翁撰　一卷
還冤志　〔北齊〕顔之推撰　一卷
古今考　〔宋〕魏了翁撰　一卷
風月堂詩話　〔宋〕朱弁撰　二卷
文則　〔宋〕陳騤撰　二卷
入蜀記　〔宋〕陸游撰　四卷
丙丁龜鑑　〔宋〕柴望編　五卷
丙丁龜鑑續録　〔元〕無名氏編　一卷
續丙丁龜鑑　〔明〕無名氏編　一卷
復續丙丁龜鑑　〔清〕春華子編　一卷

叢　18　8227　會稽徐氏述史樓叢書（五種）　〔清〕會稽徐氏編
會稽墨潤堂刊　光緒八年　十九卷　八册
易卦變圖説　一卷
説文繫傳考異　〔清〕汪憲撰　五卷
退菴賸稿　〔清〕沈映鈐撰　一卷
退菴隨筆　〔清〕沈映鈐撰　一卷

家語證僞　〔清〕范家相撰　十一卷

叢　18　8328　屑玉叢談初集（二十種）　〔清〕錢徵、〔清〕蔡爾康同輯
上海中華圖書館印　六卷　六册
從扈隆福寺小記　〔清〕沈伯鍔
夢談隨録　〔清〕厲秀芳
孔氏三出辯　〔清〕沈畏堂
燕京雜記　無名氏
營口雜記　〔清〕諸仁安
越州紀略　隱名氏
常熟紀變始末　〔清〕譚噓雲
守虞日記　〔清〕譚噓雲
松江府志摘要　〔清〕閔山萇
海天餘話　籛壑外史
物類相感志　〔宋〕蘇軾
蜂房春秋　〔清〕胡啓俊
花史　愛菊主人
羅浮夢記　醉石居士
四海記　醉犀生
科場餤口　醉犀生
秋紅霓詠　〔清〕杜元勳
霜猿集　華陽道隱
仙閣集　錢蕖馨
山曉閣詞集　孫琮

叢　18　8328　屑玉叢談（四集　九種）　〔清〕錢徵、〔清〕蔡爾康同輯
申報館印　光緒六年　六卷　六册
笠夫雜録　〔清〕蔡景真著

楊氏雜録　〔清〕楊秉杷録
客中異聞録　〔清〕姑蔑寓公合撰
三湘從事紀　〔明〕蒙正發編
田家五行　〔元〕婁元禮述
璣園寄梗録　白鹿主人藏本
梁園花影　癯仙著
九九樂府　〔清〕陳孤緍著
延露詞　〔清〕彭孫遹著

叢　18　8342　小萬卷樓叢書（十七種）　〔清〕錢培名輯
金山錢氏刊　光緒四年　七十一卷　十二册
易學濫觴　〔元〕黄澤撰　一卷
春秋通義　〔宋〕失名　一卷
左傳博議拾遺　〔清〕朱元英撰　二卷
律吕元音　〔清〕畢華珍述　二卷
豐清敏公遺事　〔宋〕李朴撰　一卷
越絶書（附札記）　十六卷
唐書直筆　〔宋〕吕夏卿撰　四卷
申鑒（附札記）　〔漢〕荀悦著　六卷
中論（附札記）　〔漢〕徐幹著　三卷
醫經正本書（附札記）　〔宋〕程迥著　一卷
對數簡法（附續）　〔清〕戴煦撰　二卷
元城語録　〔宋〕馬永卿編　三卷
武陵山人雜著　〔金〕顧觀光撰　一卷
道德真經集解　〔清〕趙炳文撰　四卷
陸士衡集（附札記）　〔晉〕陸機撰　十一卷
謝幼槃集　〔宋〕謝邁撰　十卷
西度集　〔宋〕洪炎撰　一卷

叢 18 8373 守山閣叢書（一百十種） 〔清〕錢熙祚輯
六百二十四卷 一百册

經 部

易説 〔宋〕趙善譽撰 四卷
易象鈎解 〔明〕陳士元撰 四卷
易圖明辨 〔清〕胡渭撰 十卷
禹貢説斷 〔宋〕傅寅撰 四卷
三家詩拾遺 〔清〕范家相撰 十卷
周禮疑義舉要 〔清〕江永撰 七卷
儀禮釋宫 〔宋〕李如圭撰 一卷
儀禮釋例 〔清〕江永撰 一卷
禮記訓義擇言 〔清〕江永撰 八卷
春秋正旨 〔明〕高拱撰 一卷
左傳補注 〔清〕惠棟注 六卷
古微書 〔明〕孫瑴撰 三十六卷
尊孟辨 〔宋〕余允文撰 六卷
四書箋義纂要 〔宋〕趙悳撰 十三卷
律吕新論 〔清〕江永撰 二卷
經傳釋詞 〔清〕王引之撰 十卷
唐韻考 〔清〕紀容舒撰 五卷
古韻標準 〔清〕江永撰 四卷

史 部

三國志辨誤 一卷
宋季三朝政要 六卷
蜀鑑 〔宋〕郭允蹈撰 十卷

春秋别典　〔明〕薛虞畿撰　十五卷
咸淳遺事　二卷
大金弔伐録　四卷
平宋録　〔元〕劉敏中撰　三卷
至元征緬録　一卷
招補總録　一卷
京口耆舊傳　九卷
昭忠録　一卷
九國志（附拾遺）　〔宋〕路振撰　十二卷
越史略　三卷
吴郡志（附校勘記）　〔宋〕范成大撰　五十卷
嶺海輿圖　〔明〕姚虞撰　一卷
吴中水利書　〔宋〕單鍔撰　一卷
四明它山水利備覽　〔宋〕魏峴撰　二卷
河防通議　〔元〕沙克什撰　二卷
廬山記（附廬山紀略）　〔宋〕陳舜俞撰　四卷
北道刊誤志　〔宋〕王瓘撰　一卷
河朔訪古記　〔元〕納新撰　三卷
大唐西域記　〔唐〕釋玄奘撰　十二卷
職方外紀　〔泰西〕艾儒略撰　五卷
七國考　〔明〕董説撰　十四卷
歷代建元考　〔清〕鐘淵暎撰　十卷
荒政叢書　〔清〕俞森輯　十卷
歷代兵制　〔宋〕陳傅良撰　八卷
籀史　〔宋〕翟耆年撰　一卷

子　部

少儀外傳　〔宋〕吕祖謙撰　二卷

辨惑編　〔元〕謝應芳撰　四卷
太白陰經　〔唐〕李筌撰　十卷
守城録　〔宋〕陳規撰　四卷
練兵實紀　〔明〕戚繼光撰　十五卷
折獄龜鑑　〔宋〕鄭克撰　八卷
脈經　〔晉〕王叔和撰　十卷
難經集注　〔明〕王九思等注　五卷
新儀象法要　〔宋〕蘇頌撰　三卷
簡平儀説　〔泰西〕熊三拔撰　一卷
渾蓋通憲圖説　〔明〕李之藻撰　二卷
圜容較義　〔明〕李之藻撰　一卷
曉庵新法　〔清〕王錫闡撰　六卷
五星行度解　〔清〕王錫闡撰　一卷
數學　〔清〕江永撰　九卷
推步法解　〔清〕江永撰　五卷
李虚中命書　三卷
珞琭子三命消息賦注　〔宋〕徐子平注　二卷
又　〔宋〕曇瑩注　二卷
天步真原　〔泰西〕穆尼閣撰　三卷
太清神鑑　六卷
羯鼓録　〔唐〕南卓撰　一卷
藥府雜録　〔唐〕段安節撰　一卷
棋經　〔宋〕張儗撰　一卷
奇器圖説（附諸器圖説）　〔泰西〕鄧玉函撰　四卷
鬻子（附校勘記逸文）　〔周〕鬻熊撰　一卷
尹文子（附校勘記逸文）　〔周〕尹文撰　一卷
慎子（附逸文）　〔周〕慎到撰　一卷
公孫龍子　〔周〕公孫龍撰　三卷

人物志 〔魏〕劉邵撰 三卷
近事會元（附校勘記） 〔宋〕李上交撰 五卷
靖康緗素雜記 〔宋〕黄朝英撰 十卷
能解齋漫録 〔宋〕吴曾撰 十八卷
緯略 〔宋〕高似孫撰 十二卷
坦齋通編 〔宋〕邢凱撰 一卷
潁川語小 〔宋〕陳昉撰 二卷
愛日齋叢鈔 五卷
日損齋筆記 〔元〕黄溍撰 一卷
樵香小記 〔清〕何琇撰 二卷
日聞録 〔元〕李翀撰 一卷
玉堂嘉話 〔元〕王惲撰 八卷
古今姓氏書辨證（附校勘記） 〔宋〕鄧名世撰 四十卷
明皇雜録（附校勘記逸文） 〔唐〕鄭處誨撰 三卷
大唐傳載 一卷
賈氏談録 〔宋〕張洎撰 一卷
東齋記事 〔宋〕范鎮撰 六卷
續世説 〔宋〕孔平仲撰 十二卷
玉壺野史 〔宋〕文瑩撰 十卷
唐語林（附校勘記） 〔宋〕王讜撰 八卷
萍洲可談（附校勘記） 〔宋〕朱彧撰 三卷
高齋漫録 〔宋〕曾慥撰 一卷
張氏可書 〔宋〕張知甫撰 一卷
步里客談 〔宋〕陳長方撰 二卷
東南紀聞 三卷
菽園雜記 〔明〕陸容撰 十五卷
漢武内傳 一卷
華嚴經音義 〔唐〕慧苑撰 四卷

文子　二卷
文始真經言外經旨　〔宋〕陳顯微撰　三卷
參同契攷異　〔宋〕朱熹撰　一卷

集　部

古文苑（附校勘記）　二十一卷
觀林詩話　〔宋〕吴聿撰　一卷
餘師録　〔宋〕王正德撰　四卷
詞源　〔宋〕張炎撰　二卷

叢　18　8373　守山閣叢書　〔清〕錢熙祚輯
殘存六十四册

珠叢别録　已見前書者不録

中吴紀聞　〔宋〕龔明之撰　六卷
準齋雜記　〔宋〕吴如愚撰　二卷
内訓　〔明〕文皇后撰　一卷
陣紀　〔明〕何良臣撰　四卷
農桑衣食摘要　〔元〕魯明善撰　二卷
靈棋經　〔晉〕顏幼明注　二卷
棋訣　〔宋〕劉仲甫撰　一卷
宣德鼎彝譜　〔明〕吕震撰　八卷

叢　19　0037　怡蘭堂叢書（九種）　唐鴻學輯
成都刊　民十一年　十九卷　十册
春秋左方傳杜注校勘記　〔清〕黎庶昌録　一卷
孝經鄭氏注　〔清〕嚴可均輯　一卷

聖賢高士傳贊　〔魏〕嵇康撰　〔清〕嚴可均輯　一卷
四民月令　〔漢〕崔寔撰　一卷
道德真經指歸　〔漢〕嚴遵撰　七卷
古今注　〔晉〕崔豹撰　三卷
弘道書　〔清〕費密編　三卷
荒書　〔清〕費密編　一卷
燕峯詩鈔　〔清〕費密編　一卷

叢　19　2811　心園叢刻一集（五種）
徐珂校刊　上海中華書局刊　九卷　二册
强恕齋本唐樊紹述遺文　〔清〕張庚輯注　一卷
李文誠公遺詩　〔清〕李文田著　一卷
譚仲修先生復堂詞話　徐珂纂　一卷
徐印香先生
陸太淑人　傳志　一卷
大授堂札記　徐珂撰　五卷

叢　19　2816　鄦齋叢書（二十種）　徐乃昌輯
南陵徐氏刊　四十三卷　十六册
周易諸卦合象攷　〔清〕任雲倬著　一卷
周易互體卦變考　〔清〕任雲倬著　一卷
易經象類　〔清〕丁晏著　一卷
盧氏禮記解詁　〔清〕臧庸輯　一卷
蔡氏月令章句　〔清〕臧庸述　二卷
夏小正分箋　〔清〕黄模著　四卷
鄭氏三禮目録　〔清〕臧庸輯　一卷
何休注訓論語述　〔清〕劉恭冕輯　一卷
爾雅小箋　〔清〕江藩輯　三卷

鄭氏六藝論 〔清〕臧琳輯 一卷
經攷 〔清〕戴震記 五卷
説文諧聲孳生述 〔清〕陳立撰
隸通 〔清〕錢慶曾輯 二卷
續方言又補 徐乃昌撰 二卷
後漢儒林傳補逸（附續） 〔清〕田普光著 二卷
唐折衝府攷 〔清〕勞經原著 四卷
中州金石目録 〔清〕楊鐸輯 八卷
讀書小記 〔清〕焦廷琥撰 二卷
漢氾勝之遺書 〔清〕朱葆淳輯 一卷
焦理堂先生軼文 徐乃昌校録 一卷

叢 19 3061 文淵樓叢書（五種） 宋星五、周藹如同輯
上海文瑞樓印 民十七年 五十四卷 六十册
韓詩外傳疏證 〔清〕陳士珂著 十卷
校漢書八表 〔清〕夏燮校 八卷
讀書偶記 〔清〕趙紹祖撰 八卷
選學膠言（附補遺） 〔清〕張雲璈撰 二十卷
文選筆記 〔清〕許巽行撰 八卷

叢 19 3124 抱經樓叢刊（五種） 沈德壽輯
昌明印局印 民十六年 三十卷 六册
詩傳注疏 〔宋〕謝枋得著 三卷
游宦紀聞 〔宋〕張世南著 十卷
玉峯先生脚氣集 〔宋〕車若水著 一卷
南陽集 〔宋〕趙湘著 六卷
徐文長佚草 〔明〕徐渭著 十卷

叢　19　3436　晨風閣叢書（二十二種）　沈宗畸輯

沈氏刊　宣統元年　四十八卷　十五册

詩經四家異文考　江瀚輯　一卷

説文解字校勘記殘稿　〔清〕王懷祖著　一卷

明仁廟聖政記　二卷

出圍城記　〔清〕甦庵道人著　一卷

西域水道記校補　〔清〕徐松校　一卷

寒山金石林部目　〔明〕趙均輯　一卷

昭陵碑録　羅振玉著　四卷

潛采堂書四種　〔清〕朱彝尊輯　四卷

藝芸精舍宋元本書目　〔清〕汪士鍾輯　一卷

結一廬書目　〔清〕朱學勤輯　四卷

滂喜齋宋元書目　〔清〕潘祖蔭輯　一卷

曲録　王國維輯　六卷

戲曲考源　王國維輯　一卷

鹿門集（附補遺）　〔唐〕唐彦謙撰　五卷

邕州小集　〔宋〕陶弼著　一卷

方淑淵遺稿　〔元〕方瀾著　一卷

高氏三宴詩（附香山九老會詩）　〔唐〕高正臣輯　一卷

古洋遺響集　〔宋〕文同輯　一卷

南唐二主詞（附補遺校勘記）　三卷

平園近體樂府　〔宋〕周必大著　一卷

後村別調（附補遺）　〔宋〕劉克莊著　二卷

眉菴詞　〔明〕楊基著　一卷

叢　19　3734　西政叢書（三十三種）　梁啓超編

慎記書莊石印　光緒二十三年　九十八卷　三十二册

史志

希臘志略 七卷
羅馬志略 十三卷
德國合盟紀事本末 一卷

官制

德國議院章程

學制

肄業要覽 一卷
西國學校 一卷
西學課程彙編 一卷

公法

佐治芻言 〔英〕傅蘭雅口譯 一卷
公法總論 〔英〕羅柏村著 一卷
中國古式公法 〔美〕丁韙良著 一卷
陸地戰例新選 〔美〕丁韙良譯 一卷

農政

農學新法 〔英〕李提摩太譯 一卷
農事論略 一卷
蠶務圖説 唐發達輯 一卷
紡織機器圖説 一卷

工政

工程致富論略 〔英〕瑪體生著 十三卷

考工記要　十七卷

商　政

富國養民策　一卷
保富述要　〔英〕布來德著　一卷
生利分利之别論　〔英〕李提摩太著　一卷

兵　政

法國海軍職要　一卷
德國軍制述要　沈敦和譯　一卷
自强軍洋操課程　一卷

雜　著

英法政概　劉啓彤譯編　二卷
英藩政概　劉啓彤譯編　四卷
日本雜事詩　黄遵憲著　二卷
日本新政攷　顧厚焜編　二卷
適可齋記言　四卷
南海先生四上書記　康有爲撰　四卷
庸書内外編　宋育仁撰　八卷
續富國策　四卷
中外交涉類要表　錢學嘉輯　一卷
光緒通商綜覈表　錢學嘉輯　一卷

叢　19　3744　續古逸叢書（三十五種）
上海涵芬樓影印　二百四十卷　七十八册
宋刊孟子　〔漢〕趙岐注　十四卷

宋刊南華真經 〔晉〕郭象注 十卷
宋刊爾雅疏 〔宋〕邢昺疏 十卷
宋本説文解字 〔漢〕許慎記 三十卷
宋本曹子建文集 〔魏〕曹植撰 十卷
宋本歗堂集古録 〔宋〕王俅撰 二卷
宋本竇氏聯珠集 〔唐〕竇常撰 五卷
宋本張文昌文集 〔唐〕張籍著 四卷
宋本皇甫持正文集 〔唐〕皇甫湜著 六卷
宋本李長吉文集 〔唐〕李贺著 四卷
宋本許用晦文集 〔唐〕許渾著 三卷
宋本鄭守愚文集 〔唐〕鄭谷著 三卷
宋本孫可之文集 〔唐〕孫樵著 十卷
宋本司空表聖文集（一名一鳴集） 〔唐〕司空徒著 十卷
宋本新修龍龕手鑑 〔遼〕僧行均著 四卷
宋本文中子中説 〔隋〕王通著 十卷
宋本老子道德經古本集注 〔宋〕范應元集註 二卷
宋本漢官儀 三卷
宋本漢丞相諸葛忠武侯傳 〔宋〕張栻撰 一卷
宋本頤堂先生文集 〔宋〕王灼撰 五卷
宋本注疏珞琭子三命消息賦 李邁三命陰陽 〔宋〕李仝注 〔宋〕東方明疏 五卷
宋本山谷琴趣外篇 〔宋〕黄庭堅撰 三卷
宋本公是先生七經小傳 〔宋〕劉敞著 三卷
宋本禮部韻略 五卷
蒙古本孔氏祖庭廣記 〔金〕孔元措續編 十二卷
宋本漢雋 〔宋〕林越撰 十卷
宋本張子語録 五卷
宋本龜山先生語録 六卷

宋本酒經　〔宋〕大隱翁、〔宋〕朱翼中撰　三卷
宋本清波雜誌　〔宋〕周煇著　十二卷
宋本續幽怪録　〔唐〕李復言編　四卷
宋本通玄真經　〔唐〕徐靈府注　十二卷
宋本洞靈真經（亢倉子）　何粲注　五卷
宋刊陶淵明詩　〔晉〕陶潛著　二卷
宋槧表本昭德先生郡齋讀書志（附後志）　〔宋〕晁公武著　七卷

叢　19　3744　涵芬樓秘笈（存九集缺第三集　四十五種）
上海芬涵樓印　一百二十二卷　存七十二册

第一集

忠傳　一卷
續墨客揮犀　十卷
復齋日記　〔明〕許浩撰　二卷
識小録　〔清〕徐樹丕撰　四卷

第二集

蓬昌類記　〔明〕黄暐撰　五卷
山樵暇語　〔明〕俞弁撰　十卷
霍渭厓家訓　〔明〕霍韜撰　一卷
黄尊素説略　〔明〕黄尊素撰　一卷
消夏閑記摘要　〔清〕顧公燮撰　三卷

第四集

尚書釋文（附校語）　吴上鑑校　二卷
華夷譯語　〔明〕火源潔譯　二卷

匡山集　一卷
趙氏家法筆記　一卷
北湖集　〔宋〕吴則禮撰　五卷
傍秋亭雜記　〔明〕顧清撰　二卷
敬業堂集補遺　〔清〕查慎行撰

第五集

扶風縣石刻記　〔清〕黄樹穀輯　二卷
海濱外史　〔清〕陳維安撰　三卷
明朝紀事本末補編　〔清〕彭孫貽撰　五卷
存復齋集　〔元〕朱德潤撰　十一卷
書林外集　〔元〕袁士元撰　七卷

第六集

脈望館書目　〔明〕趙琦美撰
唐石經攷異　〔清〕錢大昕撰
唐石經考異補　〔清〕錢大昕撰
冥報記　〔唐〕唐臨撰　三卷

第七集

西山日記　〔明〕丁元薦撰　二卷
續名賢小記　〔清〕徐晟撰　一卷
土苴集　〔明〕周鼎撰　二卷
道餘録　〔明〕姚廣孝撰　一卷
几上语　枕上语　〔宋〕施清臣撰　二卷
存復齋續集　〔元〕朱德潤撰

第八集

山房集　〔宋〕周南撰　九卷

涇林續記　〔明〕周玄暐撰

西溪叢語　〔宋〕姚寬撰　二卷

鼓枻稿　〔明〕虞堪撰

第九集

書經補遺　〔元〕吕宗傑撰　五卷

雪庵字要　〔元〕李溥光撰

鐙窗叢録　〔清〕吴翌鳳撰　五卷

太和正音譜　〔明〕寧獻王撰　二卷

磯園稗史　〔明〕孫繼芳撰　三卷

南翁夢録　〔明〕黎澄撰

第十集

進呈書目　涵秋閣鈔

所安遺集　〔元〕陳泰撰

漢泉漫稿　〔元〕曹伯起撰　五卷

肅雝集　〔元〕鄭元端撰　一卷

金困集　〔元〕元淮撰　一卷

叢　19　4043　曲石叢書（五種）　李根源輯著

騰衝李氏刊　十册

騰越杜亂紀實　曹琨述

文氏族譜　文含重修

虎阜金石經眼録　李根源著

吴郡西山訪古記　李根源著　五卷

洞庭山金石　李根源著　二卷

叢　19　4429　觀古堂彙刻書（二十二種）　葉德輝輯
光緒二十八年　五十卷　十六册

第一集

三家詩補遺　〔清〕阮元撰　三卷
爾雅圖讚　〔晉〕郭璞撰　一卷
山海經圖讚　〔晉〕郭璞撰　一卷
爾雅補注　〔清〕周春撰　四卷
說文段注札記　〔清〕龔自珍撰　一卷
又　〔清〕徐松撰　一卷
說文段注抄按　〔清〕桂馥撰　一卷
文說段注抄按又補　〔清〕桂馥撰　一卷
陶隱居内傳　〔宋〕賈淵撰　三卷
華陽集　〔梁〕陶弘景撰　二卷
朱氏遺札　〔清〕宋一新撰　一卷
佛說四十二章經注　〔宋〕真宗御注　一卷
佛說十八泥犂經　〔後漢〕安世高譯　一卷
狒說鬼問目真經　〔後漢〕安世高譯　一卷
餓鬼報應經　〔晉〕闕名　一卷
佛說雜藏經　〔晉〕沙門法顯譯　一卷

第二集

沈下賢集　〔唐〕沈亞之撰　十卷
金陵百詠　〔宋〕曾極撰　一卷
嘉禾百詠　〔宋〕張堯同撰　一卷

曝書亭删餘詞 〔清〕朱彝尊撰 一卷
嚴冬有詩集 〔清〕巖長明撰 九卷
疑雨集 〔明〕王彦泓撰 四卷

叢 19 4429 觀古堂彙刻書（十二種） 葉德輝輯
湘潭葉氏刊 光緒二十八年 三十四卷 十册
三家詩補遺 〔清〕阮元撰 三卷
爾雅圖讚 〔晉〕郭璞撰 〔清〕嚴可均輯 一卷
山海經圖讚 〔晉〕郭璞撰 〔清〕嚴可均輯 二卷
龔自珍説文段注札記 〔清〕劉肇隅編校 一卷
徐松説文段注札記 〔清〕劉肇隅編校 一卷
桂馥説文段注札記 〔清〕劉肇隅編校 一卷
明南雍經籍考 二卷
結一廬書目 唐棲朱氏收藏 四卷
宋元書目 唐棲朱氏收藏 一卷
絳雲樓書目補遺（附静惕堂書目） 二卷
沈下賢集 〔唐〕沈亞之撰 十二卷
魚玄機詩集（附題跋） 〔唐〕魚玄機撰 二卷
朱氏遺札 〔清〕朱一新撰 一卷

叢 19 4429 觀古堂彙刻書（十四種） 葉德輝輯
光緒二十八年 四十三卷 十六册
阮氏三家詩補遺 〔清〕阮元撰 三卷
蔡氏月令章句 〔漢〕蔡邕撰 四卷
秘書省續編到四庫闕書目 葉德輝考證 二卷
南廱經籍考 二卷
淮南萬畢術 二卷
淮南鴻烈閒詁 一卷

山公啓事（附軼事） 〔晉〕山濤撰 二卷
巖下放言 〔宋〕葉夢得撰 三卷
傅子 〔晉〕傅玄撰 三卷
晉司隸校尉傅玄集 〔晉〕傅玄撰 三卷
華陽陶隱居内傳 〔宋〕賈嵩撰 三卷
沈下賢文集 〔唐〕沈亞之撰 十二卷
唐女郎魚玄機詩集 〔唐〕魚玄機撰 二卷
曝書亭删餘詞（附原稿目校勘記） 〔清〕朱彝尊撰 一卷

叢 19 4429 麗樓叢書（九種） 〔清〕葉德輝輯
長沙葉氏刊 光緒三十二年 十八卷 八册

叢 19 4429 又（八種）
十一卷 七册
南嶽總勝集 〔宋〕陳田夫撰 三卷
古今書刻 〔明〕周玄祖撰 二卷
七國象棋局 〔宋〕司馬光撰 一卷
投壺新格 〔宋〕司馬光撰 一卷
譜雙 〔宋〕洪遵撰 一卷
打馬圖經 〔宋〕李清照撰 一卷
除紅譜 〔宋〕朱河撰 一卷
唐女郎魚玄機集 〔唐〕魚玄機撰 一卷
修辭鑑衡 〔元〕王構撰 二卷
繪圖三教搜神大全 七卷

叢 19 4901 峭帆樓叢書（十八種） 趙詒孫輯
民六年 五十二卷 二十册
通鑑補正略 〔明〕嚴衍校著 三卷

晉唐指掌 〔明〕張大齡撰 四卷
陽山志 〔明〕岳岱撰 三卷
明懿安皇后外傳 〔清〕紀昀删訂 一卷
雞窗叢話 〔清〕蔡澄撰 一卷
蕙櫋雜記 〔清〕嚴元照撰 一卷
柿葉軒筆記 〔清〕胡虔撰 一卷
教孝編 〔清〕姚廷傑撰 一卷
鉅鹿東觀集 〔宋〕魏野撰 十卷
崐山雜詠 〔来〕龔昱編 三卷
重編紅雨樓題跋 〔明〕徐𤊹撰 二卷
重編桐菴文稿 〔明〕鄭敷教撰 一卷
雲間三子新詩合稿 〔明〕陳子龍等撰 九卷
離憂集 〔明〕陳瑚輯 二卷
從游集 〔明〕陳瑚輯 二卷
頑潭詩話（附録補遺） 〔明〕陳瑚撰 四卷
星湄詩話 〔清〕徐傳詩撰 二卷
晚香書札 〔清〕潘道根撰 二卷

叢 19 4901 又滿樓叢書（十四種） 趙詒孫輯
民十四年 二十一卷 八册
徐巡按揭帖 〔明〕徐吉撰 一卷
民抄董宦事實 〔明〕闕名 一卷
辛丑紀聞 〔清〕闕名 一卷
寒夜叢談 〔清〕沈赤然撰 三卷
龔安節先生遺文 〔明〕龔詡撰 一卷
龔安節先生年譜 〔明〕龔紱編 一卷
林外野言 〔元〕郭翼撰 三卷
紅葉村詩稿 〔清〕梁逸撰 六卷

校正萬古愁 〔清〕歸莊撰 一卷
新樂府 〔清〕萬斯同撰 二卷
殢花詞 〔清〕唐祖命撰 一卷
鶯邊詞 〔清〕張思孝撰 一卷
留漚唫館詞存 〔清〕沈榮撰 一卷
紅蕉詞 〔清〕江標撰 一卷

叢 19 6021 四部備要（第一集五十種）
上海中華書局刊 千七百五十六卷 四百零五册 二部

經 部

周易 〔魏〕王弼注 十卷
尚書 〔漢〕孔安國傳 十三卷
詩經 〔漢〕鄭玄注 二十卷
禮記 〔漢〕鄭玄注 二十卷
春秋經集解（附圖表） 〔晉〕杜預注 三十三卷
四書集注 〔宋〕朱熹注 十九卷
説文解字 〔漢〕許慎撰 〔宋〕徐鉉等校 三十卷

史 部

國語（附札記考異） 〔吴〕韋昭注 二十六卷
國策（附札記） 〔漢〕高誘注 三十六卷
史記 〔漢〕司馬遷撰 〔宋〕裴駰集解 百三十卷
漢書 〔漢〕班固撰 〔唐〕顔師古注 百二十卷
後漢書 〔南朝宋〕范曄撰 〔唐〕太子李賢注 百二十卷
三國志 〔晉〕陳壽撰 〔宋〕裴松之注 六十五卷
南唐書 〔宋〕陸游撰 十八卷

史通通釋　〔唐〕劉知幾撰　〔清〕浦起龍釋　二十卷

子　部

老子　〔魏〕王弼注　二卷
莊子　〔晉〕郭象注　〔唐〕陸德明音義　十卷
尹文子　〔周〕尹文撰　一卷
列子　〔晉〕張湛注　八卷
管子　〔唐〕房玄齡注　二十四卷
晏子春秋（附音義校勘記）　〔清〕孫星衍校　十一卷
荀子　〔唐〕楊倞注　二十卷
孫子十家注（附敍録遺記）　十五卷
墨子　〔清〕畢阮校　十六卷
鄧析子　〔周〕鄧析撰　一卷
鶡冠子　〔宋〕陸佃解　三卷
商君書　〔秦〕商鞅撰　〔清〕嚴萬里校　一卷
韓非子　〔周〕韓非撰　二十卷
吕氏春秋　〔漢〕高誘注　二十六卷
淮南子　〔漢〕高誘注　二十一卷
揚子法言（附音義）　〔漢〕揚雄撰　〔晉〕李軌注　十四卷
子略　〔宋〕高似孫撰　四卷

集　部

楚辭補注　〔漢〕王逸章句　〔宋〕洪興祖補注　十七卷
李太白全集　〔唐〕李白撰　〔清〕王琦注　三十六卷
杜工部詩集　〔唐〕杜甫著　二十卷
白香山詩集（附年譜）　〔唐〕白居易撰　四十二卷
韓昌黎全集（附外集遺文校勘記）　〔唐〕韓愈撰　〔唐〕李漢編　五十二卷

柳河東全集 〔唐〕柳宗元撰 五十二卷
歐陽文忠全集 〔宋〕歐陽修著 一百五十八卷
蘇東坡全集（附年譜） 〔宋〕蘇軾著 一百十二卷
劍南詩稿 〔宋〕陸游著 八十五卷
渭南文集 〔宋〕陸游著 五十卷
文選（附考異） 〔唐〕李善注 七十卷
古詩選 〔清〕王士禎選 三十二卷
古文辭類纂 〔清〕姚鼐纂 七十五卷
今詩選 〔清〕姚鼐選 十八卷
經史百家雜鈔 〔清〕曾國藩纂 二十六卷
文心雕龍 〔梁〕劉勰撰 〔清〕黄樹林注 十卷
花間集 〔蜀〕趙崇祚輯 十卷
絶妙好詞（附詞選） 〔宋〕周密原輯 十四卷

叢 19 6021 四部備要（第二集六十二種）
上海中華書局刊 一千六百四十一卷 四百八十册

經 部

周禮 〔漢〕鄭玄注 四十二卷
儀禮 〔漢〕鄭玄注 十七卷
春秋公羊傳 〔漢〕何休注 二十八卷
春秋穀梁傳 〔晉〕范甯注 二十卷
春秋繁露 〔漢〕董仲舒撰 十七卷
孝經 〔漢〕鄭玄注 九卷
論語 〔魏〕何晏集解 二十卷
孟子 〔漢〕趙岐注 十四卷
爾雅 〔晉〕郭璞注 十九卷

史　部

資治通鑑　〔宋〕司馬光編　二百九十四卷

續資治通鑑　〔清〕畢沅編　二百二十卷

明紀　〔清〕陳鶴纂　六十卷

聖武記　〔清〕魏源撰　十四卷

國朝先正事略　〔清〕李元度纂　六十卷

中興將帥别傳　〔清〕朱孔彰撰　三十卷

讀通鑑論　〔清〕王夫之撰　三十卷

宋論　〔清〕王夫之撰　十五卷

廿二史劄記　〔清〕趙翼撰　三十六卷

文史通義　〔清〕章學誠撰　五卷

校讎通義　〔清〕章學誠撰　三卷

子　部

關尹子　〔周〕尹喜撰　一卷

鬼谷子　〔梁〕陶宏景注　三卷

文子　二卷

抱朴子　〔晉〕葛洪撰　二十卷

司馬法　二卷

新語　〔漢〕陸賈撰　二卷

新書　〔漢〕賈誼撰　十卷

鹽鐵論　〔漢〕桓寬撰　十卷

説苑　〔漢〕劉向撰　二十卷

潛夫論　〔漢〕王符撰　十卷

齊民要術　〔後魏〕賈思勰撰　十卷

論衡　〔漢〕王充撰　三十卷

文子纘義　〔宋〕杜道堅撰　十二卷

顔氏家訓　〔北齊〕顔之推撰　七卷
世説新語　〔宋〕王義慶撰　六卷
續世説　〔宋〕孔平仲撰　十二卷
日知録集釋　〔清〕顧炎武撰　三十二卷
東塾讀書記　〔清〕陳澧撰　十五卷

集　部

蔡中郎集　〔漢〕蔡邕撰　十卷
曹子建集　〔魏〕曹植撰　十卷
端節先生集　〔清〕陶澍輯　十卷
鮑氏集　〔南朝宋〕鮑照撰　十卷
謝宣城集　〔南齊〕謝朓撰　五卷
徐孝穆集箋注　〔清〕吴兆宜注　六卷
庾開府全集　〔北周〕庾信撰　〔清〕倪璠注　十六卷
孟浩然集　〔唐〕孟浩然撰　四卷
温飛卿集箋　〔唐〕温庭筠撰　〔明〕曾益注　九卷
玉谿生詩箋注　〔唐〕李商隱撰　〔清〕馮浩編　六卷
樊南文集詳注　〔清〕馮浩編　八卷
樊南文集補編　〔清〕錢振倫等注　十二卷
元豐類稿　〔宋〕曾鞏撰　五十卷
臨川集　〔宋〕王安石撰　一百卷
嘉祐集　〔宋〕蘇洵撰　十五卷
欒城集（後集　正集　三集）　〔宋〕蘇轍撰　八十四卷
山谷詩集注　〔宋〕黄庭堅撰　〔宋〕任淵注　二十卷
元遺山詩箋注（附録補載）　〔金〕元好問撰　〔清〕施國祁注　十四卷
亭林詩文全集　〔清〕顧炎武撰　六卷
惜抱軒全集　〔清〕姚鼐撰　十六卷
曾文正公詩文集　〔清〕曾國藩撰　三卷

古詩源 〔清〕沈德潛選 十四卷
十八家詩鈔 〔清〕曾國藩纂 二十八卷
續古文辭類纂 〔清〕黎庶昌輯 二十八卷

叢 19 0032 四部叢刊（三百二十三種）
上海商務印務館影印 民十年 八千三百四十八卷 精裝五百三十六册

經 部

周易 〔魏〕王弼 〔晉〕韓康伯注 十卷
尚書 〔漢〕孔安國傳 十三卷
毛詩 〔漢〕鄭玄箋 二十卷
周禮 〔漢〕鄭玄注 十二卷
儀禮 〔漢〕鄭玄注 十七卷
纂圖互注禮記 〔漢〕鄭玄注 二十卷
春秋經傳集解 〔晉〕杜預集解 三十卷
春秋公羊經傳解詁 〔漢〕何休解詁 十二卷
春秋穀梁傳 〔晉〕范甯集解 十二卷
孝經 〔唐〕玄宗注 一卷
論語集解 〔魏〕何晏等集解 十卷
孟子 〔漢〕趙岐注 十四卷
爾雅 〔晉〕郭璞注 三卷
京氏易傳 〔漢〕京房撰 三卷
尚書大傳（附敍録） 〔漢〕鄭玄注 〔清〕鄭壽祺輯 六卷
韓詩外傳 〔漢〕韓嬰撰 十卷
大戴禮記 〔北朝周〕盧辯注 十三卷
春秋繁露 〔漢〕董仲舒撰 十七卷
經典釋文（附校勘記） 〔唐〕陸德明撰 三十三卷
方言 〔漢〕揚雄撰 十三卷

釋名 〔漢〕劉熙撰 八卷

説文解字（附標目） 〔漢〕許慎撰 〔宋〕徐鉉等補注 三十一卷

説文繫傳通釋 〔南唐〕徐鍇撰 四十卷

大廣益會玉篇（附玉篇總目偏旁篆書之法） 〔梁〕顧野王撰 〔唐〕孫强增輯 〔宋〕陳彭年等重修 三十二卷

廣韻 〔宋〕陳彭年等重修 五卷

史 部

竹書紀年 〔梁〕沈約注 二卷

前漢紀 〔漢〕荀悦撰 三十卷

後漢紀 〔晉〕袁宏撰 三十卷

資治通鑑 〔宋〕司馬光撰 二百九十四卷

資治通鑑考異 〔宋〕司馬光撰 三十卷

資治通鑑目録 〔宋〕司馬光撰 三十卷

稽古録 〔宋〕司馬光撰 二十卷

資治通鑑外紀（附目録） 〔宋〕劉恕撰 十三卷

資治通鑑釋文 〔宋〕史炤撰 三十卷

通鑑紀事本末 〔宋〕袁樞撰 四十二卷

逸周書 〔晉〕孔晁注 十卷

國語 〔吴〕韋昭注 二十一卷

戰國策校注 〔元〕吴師道注 十卷

晏子春秋 八卷

古列女傳（附續） 〔漢〕劉向撰 八卷

五朝名臣言行録 〔宋〕朱熹撰 十卷

三朝名臣言行録 〔宋〕朱熹撰 十四卷

吴越春秋 〔漢〕趙曄撰 十卷

越絶書 〔漢〕袁康撰 十五卷

華陽國志 〔晉〕常璩撰 十卷

水經注　〔漢〕桑欽撰　〔後魏〕酈道元注　四十卷

大唐西域記　〔唐〕釋玄奘譯　〔唐〕辯機撰　十二卷

史通（附札記）　〔唐〕劉知幾撰　二十一卷

子　部

孔子家語　〔魏〕王肅注　十卷

荀子　〔唐〕楊倞注　二十卷

孔叢子　〔漢〕孔鮒撰　十卷

新語　〔漢〕陸賈撰　二卷

新書　〔漢〕賈誼撰　十卷

鹽鐵論　〔漢〕桓寬撰　十卷

新序　〔漢〕劉向撰　十卷

説苑　〔漢〕劉向撰　二十卷

揚子法言（附音義）　〔漢〕揚雄撰　〔晉〕李軌注　十四卷

潛夫論　〔漢〕王符撰　十卷

申鑒　〔漢〕荀悦撰　五卷

中論　〔漢〕徐幹撰　二卷

中説　〔隋〕王通撰　〔宋〕阮逸注　十卷

孫子集注　〔魏〕曹操等注　十三卷

六韜　〔周〕吕尚著　六卷

吴子　〔周〕吴起著　二卷

司馬法　〔周〕司馬穰苴著　三卷

管子　〔唐〕房玄齡注　二十四卷

鄧析子　〔周〕鄧析撰　二卷

商子　〔秦〕商鞅撰　五卷

韓非子　〔周〕韓非撰　二十卷

齊民要術　〔後魏〕賈勰撰　十卷

黄帝内經　〔唐〕王冰注　二十四卷

靈樞經　十二卷
難經集注　〔周〕秦越人撰　〔明〕王九思注　五卷
金匱玉函要略　〔漢〕張機撰　〔晉〕王叔和集　三卷
注解傷寒論　〔漢〕張機撰　〔晉〕王叔和編　十卷
脈經　〔晉〕王叔和撰　十卷
重修政和經史證類備用本草　〔宋〕唐慎微撰　三十卷
周髀算經　〔唐〕李淳鳳等注　二卷
九章算術（附音義）　〔魏〕劉徽撰　〔唐〕李淳風注　十卷
太玄經　〔漢〕揚雄撰　〔晉〕范望注　十二卷
易林　〔漢〕焦延壽撰　十六卷
墨子　〔周〕墨翟撰　十五卷
尹文子　〔周〕尹文撰　一卷
慎子内外篇（附補遺逸文校語）　〔周〕慎到撰
鶡冠子　〔宋〕陸佃注　三卷
鬼谷子　〔梁〕陶宏景注　三卷
吕氏春秋　〔漢〕高誘注　六卷
淮南子　〔漢〕許慎注　一卷
人物志　〔魏〕劉劭撰　三卷
顏氏家訓　〔北齊〕顔之推撰　二卷
白虎通德論　〔漢〕班固撰　十卷
論衡　〔漢〕王充撰　三十卷
風俗通義　〔漢〕應劭撰　十卷
羣書治要　〔唐〕魏徵撰　五十卷
意林（附補遺逸文）　〔南唐〕馬總撰　八卷
西京雜記　〔漢〕劉歆撰　六卷
世説新語（附校語）　〔宋〕劉義慶撰　〔梁〕劉孝標注　三卷
山海經　〔晉〕郭璞注　十八卷
穆天子傳　〔晉〕郭璞注　六卷

唐段少卿酉陽雜俎前集　〔唐〕段成式撰　三十卷
弘明集　〔梁〕释僧佑撰　十四卷
廣弘明集　〔唐〕釋道世撰　三十卷
法苑珠林　〔唐〕釋道世撰　一百二十卷
翻譯名義集　〔宋〕釋法雲撰　七卷
老子道德經　河上公章句　二卷
冲虚至德真經　〔晉〕張湛注　八卷
南華真經（附札記）　〔晉〕郭象注　十一卷
抱朴子内外篇　〔晉〕葛洪撰　七十卷
雲笈七籤　〔宋〕張君房撰　一百二十二卷

集　部

楚辭補注　〔漢〕王逸章句　〔宋〕洪興祖補注　十七卷
蔡中郎文集（附外傳）　〔漢〕蔡邕撰　十一卷
曹子建集　〔魏〕曹植撰　十卷
嵇中散集　〔魏〕嵇康撰　十卷
陸士衡文集　〔晉〕陸機撰　十卷
陸士龍文集　〔晉〕陸雲撰　十卷
箋注陶淵明集　〔宋〕李公渙箋　十卷
鮑氏集　〔南朝宋〕鮑昭撰　十卷
謝宣城詩集　〔齊〕謝朓撰　五卷
梁昭明太子文集　〔梁〕昭明太子撰　五卷
梁江文通集（附校勘記）　〔梁〕江淹撰　十一卷
徐孝穆集　〔陳〕徐陵撰　十卷
庾子山集　〔北朝周〕庾信撰　十六卷
寒山子詩（附録二種）　〔唐〕釋寒山子撰
王子安集　〔唐〕王勃撰　十六卷
盈川集　〔唐〕楊炯撰　十卷

幽憂子集 〔唐〕盧昭鄰撰 八卷
駱賓王文集 〔唐〕駱賓王撰 十卷
陳伯玉前集（附後集） 〔唐〕陳子昂撰 十卷
張説之集 〔唐〕張説撰 二十五卷
唐丞相曲江張先生文集 〔唐〕張九齡撰 二十一卷
分類補注李太白詩集 〔元〕楊齊賢集注 三十卷
分門集注杜工部詩 〔唐〕杜甫撰 二十五卷
須溪先生校本唐王右丞集 〔唐〕王維撰 六卷
高常侍集 〔唐〕高適撰 八卷
孟浩然集 〔唐〕孟浩然撰 四卷
元次山文集（附拾遺） 〔唐〕元結撰 十卷
顔魯公文集（附録補遺） 〔唐〕顔真卿撰 二十一卷
岑嘉州詩 〔唐〕岑參撰 四卷
皎然集 〔唐〕釋皎然撰 十卷
劉隨州詩集（附外集） 〔唐〕劉長卿撰 十一卷
韋江州集 〔唐〕韋應物撰 十一卷
毗陵集（附録補遺） 〔唐〕獨孤及撰 二十二卷
錢考功集 〔唐〕錢起撰 十卷
陸宣公翰苑集 〔唐〕陸贄撰 二十四卷
權載之文集 〔唐〕權德輿撰 五十卷
朱文公校昌黎先生文集（附外集逸文） 〔唐〕韓愈撰 五十一卷
增廣注釋音辨 唐柳先生文集 〔唐〕柳宗元撰 四十八卷
劉夢得文集（附外集） 〔唐〕劉禹錫撰 四十卷
吕和叔文集 〔唐〕吕温撰 十一卷
張司業集 〔唐〕張籍撰 八卷
皇甫持正文集 〔唐〕皇甫湜撰 六卷
李文公集 〔唐〕李翺撰 十八卷
歐陽行周文集 〔唐〕歐陽詹撰 十卷

孟東野詩集 〔唐〕孟郊撰 十卷
唐賈浪仙長江集 〔唐〕賈島撰 十卷
李賀歌詩編 〔唐〕李賀撰 四卷
沈下賢集 〔唐〕沈亞之撰 十二卷
李衛公文集（附别集 外集） 〔唐〕李德裕撰 三十四卷
元氏長慶集 〔唐〕元稹撰 六十一卷
白氏文集 〔唐〕白居易撰 七十一卷
樊川文集（附外集 别集） 〔唐〕杜牧撰 二十一卷
姚少監詩集 〔唐〕姚合撰 十卷
李義山詩集 〔唐〕李商隱撰 六卷
李義山文集 〔唐〕李商隱撰 五卷
温庭筠詩集（附别集） 〔唐〕温庭筠撰 八卷
丁卯集 〔唐〕許渾撰 二卷
劉蜕集 〔唐〕劉蜕撰 六卷
孫樵集 〔唐〕孫樵撰 十卷
李羣玉詩集（附後集） 〔唐〕李羣玉撰 八卷
碧雲集 〔唐〕李中撰 三卷
披沙集 〔唐〕李咸撰 六卷
皮子文藪 〔唐〕皮日休撰 十卷
唐甫里先生文集 〔唐〕陸龜蒙撰 二十卷
玉川子詩集（附外集） 〔唐〕盧仝撰 三卷
司空表聖文集 〔唐〕司空圖撰 十卷
司空表聖詩集 〔唐〕司空圖撰 五卷
玉山樵人集（附香奩集） 〔唐〕韓翊撰
桂苑筆耕集 〔唐〕崔致遠撰 二十卷
黄御史集 〔唐〕黄滔撰 九卷
甲乙集 〔唐〕羅隱撰 十卷
白蓮集 〔唐〕僧齊己撰 十卷

禪月集 〔蜀〕釋貫休撰 二十五卷
浣花集（附補遺） 〔蜀〕韋莊撰 十一卷
廣成集 〔蜀〕杜光庭撰 十七卷
徐公文集 〔宋〕徐鉉撰 三十一卷
河東先生集 〔宋〕柳開撰 十六卷
小畜集 〔宋〕王禹偁撰 三十卷
小畜外集殘本 〔宋〕王禹偁撰 七卷
林和靖先生詩集 〔宋〕林逋撰 四卷
河南穆公集 〔宋〕穆修撰 五卷
范文正公集（附別集） 〔宋〕范仲淹撰 三十五卷
河南先生集 〔宋〕尹洙撰 二十八卷
蘇學士文集 〔宋〕蘇舜欽撰
温國文正司馬公文集 〔宋〕司馬光撰 八十卷
直講李先生文集（附外集） 〔宋〕李覯撰 四十卷
丹淵集（附拾遺） 〔宋〕文同撰 四十二卷
元豐類稿 〔宋〕曾鞏撰 五十一卷
宛陵先生集 〔宋〕梅堯臣撰 六十二卷
伊川擊壤集 〔宋〕邵雍撰 二十一卷
歐陽文忠公全集 〔宋〕歐陽修撰 一百五十八卷
嘉祐集 〔宋〕蘇洵撰 十五卷
臨川先生文集（附目録） 〔宋〕王安石撰 一百〇二卷
集注分類東坡先生詩 〔宋〕王十朋輯注 二十五卷
經進東坡文集事略 〔宋〕郎曄注 六十卷
欒城集 〔宋〕蘇轍撰 八十七卷
欒城應詔集 〔宋〕蘇轍撰 十二卷
豫章黄先生文集 〔宋〕黄庭堅撰 三十卷
后山詩注 〔宋〕任淵注 十二卷
張右史文集 〔宋〕張耒撰 六十卷

淮海集（附後集）〔宋〕秦觀撰　四十九卷
石門文字禪〔宋〕釋惠洪撰　三十卷
濟北晁先生雞肋集〔宋〕晁補之撰　七十卷
浮溪集〔宋〕汪藻撰　三十二卷
增廣箋注簡齋詩集〔宋〕陳與義撰〔宋〕胡穉箋注　三十卷
簡齋詩外〔宋〕陳與義撰　二卷
于湖居士文集〔宋〕張孝祥撰　四十一卷
晦菴先生朱文公集（附續集）〔宋〕朱熹撰　一百二十三卷
止齋先生文集〔宋〕陳傅良撰　五十三卷
梅溪先生廷試策奏議（附詩文）〔宋〕王十朋撰　五十五卷
攻媿集〔宋〕樓鑰撰　一百一十二卷
象山先生集〔宋〕陸九淵撰　三十六卷
石湖居士詩集〔宋〕范成大撰　三十四卷
盤洲集〔宋〕洪适撰　八十二卷
誠齋集〔宋〕楊萬里撰　一百三十三卷
渭南文集〔宋〕陸游撰　五十卷
陸放翁詩選〔宋〕羅椅等選〔明〕劉景寅續選　共十九卷
水心先生文集〔宋〕葉適撰　二十九卷
重校鶴山先生大全集〔宋〕魏了翁撰　一百一十卷
西山先生真文忠公文集〔宋〕真德秀撰　五十一卷
白石道人詩集〔宋〕姜夔撰　十卷
後村先生大全集〔宋〕劉克莊撰　一百九十六卷
文文山先生集〔宋〕文天祥撰　二十卷
閑閑老人滏水文集〔金〕趙秉文撰　二十卷
滹南遺老集〔金〕王若虛撰　四十六卷
遺山先生文集〔金〕元好問撰　四十一卷
湛然居士文集〔元〕耶律楚材撰　十四卷
秋澗先生大全文集〔元〕王惲撰　一百〇一卷

剡源戴先生文集　〔元〕戴表元撰　三十卷
松雲齋文集　〔元〕趙孟頫撰　十一卷
静修先生文集　〔元〕劉因撰　二十二卷
清容居士集　〔元〕袁桷撰　五十卷
牧菴集（附年譜）　〔元〕姚燧撰　三十七卷
道園學古録　〔元〕虞集撰　五十卷
翰林楊仲弘詩集　〔元〕楊載撰　八卷
揭文安公全集（附補遺）　〔元〕揭傒斯撰　十五卷
范德機詩集　〔元〕范梈撰　七卷
吴淵穎集　〔元〕吴萊撰　十三卷
金華黄先生文集　〔元〕黄溍撰　四十三卷
圭齋集　〔元〕歐陽玄撰　十六卷
柳待制文集（附目録）　〔元〕柳貫撰　二十三卷
薩天錫前後集　〔元〕薩都剌撰
句曲外史貞居先生詩集　〔元〕張雨撰　五卷
九靈山房集　〔元〕戴良撰　三十卷
倪雲林先生詩集（附雜著）　〔元〕倪瓚撰　七卷
東維子文集　〔元〕楊維楨撰　三十一卷
鐵崖先生古樂府元（附復古詩集）　〔元〕楊維楨撰　十六卷
宋學士集　〔明〕宋濂撰　七十五卷
誠意伯文集　〔明〕劉基撰　二十卷
清江貝先生文集（附詩集）　〔明〕貝瓊撰　四十一卷
蘇平仲文集　〔明〕蘇伯衡撰　十六卷
高太史大全集　〔明〕高啓撰　十八卷
高太史鳧藻集（附扣舷集）　〔明〕高啓撰　五卷
遜志齋集　〔明〕方孝孺撰　二十四卷
匏翁家藏集（附補遺）　〔明〕吴寬撰　七十八卷
陽明先生集要（附年譜）　〔明〕王守仁撰　十六卷

荆川先生文集（附外集）　〔明〕唐順之撰　二十卷
震川先生集　〔明〕歸有光撰　四十一卷
亭林詩集　〔清〕顧炎武撰　十二卷
亭林餘集　〔清〕顧炎武撰　一卷
南雷文定（附外集）　〔清〕黄宗羲撰　二十三卷
薑齋詩文集　〔清〕王夫之撰　二十八卷
牧齋初學集　〔清〕錢謙益撰　一百一十二卷
有學集　〔清〕錢謙益撰　五十卷
梅村家藏稿（附年譜）　〔清〕吴偉業撰　六十三卷
漁洋山人精華録　〔清〕王士禛撰　十卷
堯峯文鈔　〔清〕汪琬撰　四十卷
曝書亭集（附笛漁小稿）　〔清〕朱彝尊撰　九十卷
陳迦陵文集（附儷體文詩詞）　〔清〕陳其年撰　五十四卷
敬業堂集　〔清〕查慎行撰　五十六卷
方望溪先生全集（附補遺年譜）　〔清〕方苞撰　三十一卷
樊榭山房集　〔清〕厲鶚撰　三十九卷
惜抱軒詩文集　〔清〕姚鼐撰　二十六卷
戴東原集　〔清〕戴震撰　十二卷
鮚埼亭集（附經史問答集外編）　〔清〕全祖望撰　九十八卷
鮚埼亭詩集　〔清〕全祖望撰　十卷
洪北江詩文集（附年譜）　〔清〕洪亮吉撰　六十七卷
孫淵如詩文集（附長離閣集）　〔清〕孫星衍撰　二十二卷
抱經堂文集　〔清〕盧文弨撰　三十四卷
潛研堂詩文集　〔清〕錢大昕撰　七十卷
述學内外篇（附卷秋述義）　〔清〕汪中撰　七卷
汪容甫遺詩　〔清〕汪中撰　〔清〕劉臺拱寫定　七卷
揅經室一集（附詩集　外集）　〔清〕阮元撰　六十七卷
大雲山房文稿（附言事補編）　〔清〕惲敬撰　十一卷

定盦文集 〔清〕龔自珍撰 十三卷
定盦文集補編 〔清〕龔自珍撰 四卷
茗柯文四編 〔清〕張惠言撰 四卷
茗柯文補編 〔清〕張惠言撰 四卷
曾文正公詩文集 〔清〕曾國藩撰 六卷
六臣註文選 撰 六十卷
玉臺新詠集 〔陳〕徐陵編 十卷
中興閒氣集 〔唐〕高仲武編 三卷
河岳英靈集 〔唐〕殷璠編 四卷
國秀集 〔唐〕芮挺章編 三卷
才調集 〔蜀〕韋縠編 十卷
古文苑 〔宋〕章樵注 二十一卷
文粹 〔宋〕姚鉉編 一百卷
西崐酬唱集 〔宋〕楊億編 二卷
樂府詩集 〔宋〕郭茂倩編 一百卷
皇朝文鑑 〔宋〕吕祖謙編 一百五十三卷
中州集 〔金〕元好問編 十一卷
谷音 〔元〕杜本編 二卷
河汾諸老集 〔元〕房祺編 九卷
國朝文類 〔元〕蘇天爵編 七十三卷
皇元風雅前後集 〔元〕傅晉來集 〔元〕虞集校選 十二卷
皇明文衡 〔明〕程敏政編 一百〇二卷
文心雕龍 〔梁〕劉勰撰 十卷
唐詩紀事 〔宋〕計有功撰 八十一卷
增修詩話總龜 〔宋〕阮閱撰 九十八卷
花間集 〔蜀〕趙崇祚撰 十四卷
樂府雅詞 〔宋〕曾慥撰 五卷
唐宋諸賢絶妙詞選 〔宋〕黄昇撰 十卷

中興以來絶妙詞選　十卷
增修箋注妙選羣英　草堂詩餘前後集　二卷
朝野新聲太平樂府　〔元〕楊朝英撰　九卷

叢　19　6974　古學彙刻（第二集　二十七種）　國粹學報社編
國粹學報社印　民十二年　四十四卷　精裝四册
讀詩目録　〔清〕陳澧著　一卷
經典文字攷異　〔清〕錢大昕著　三卷
海外慟哭記　〔清〕黄宗羲著　一卷
申范　〔清〕陳澧著　一卷
徐籀莊年譜　〔清〕徐士燕編　一卷
桂勝　〔清〕張鳴鳳著　四卷
長溪瑣語　〔明〕謝肇制著　一卷
潛采堂宋元集目　〔清〕朱彝尊輯　一卷
静惕堂藏宋元人集目　〔清〕曹溶編　一卷
庚子銷夏記校文　〔清〕何焯著　一卷
清學部圖書館方志目　繆荃孫著　一卷
金石餘論　〔清〕李遇孫著　一卷
賨素室金石書畫編年録　〔清〕釋達受著　二卷
金石學録　〔清〕李遇孫著　四卷
泰山石刻記　〔清〕孫星衍著　一卷
識言　〔清〕陸圻著　三卷
郭天錫日記　〔元〕郭畀著　四卷
玉几山房聽雨録　〔清〕陳撰著　二卷
巾箱説　〔清〕金埴著　一卷
紀善録　〔明〕杜瓊著　一卷
雲自在龕筆記　繆荃孫著　一卷
曲論　〔明〕何良俊　〔明〕徐復祚同著　一卷

靈谷紀遊稿　一卷
竹垞老人晚年手牘　〔清〕朱彝尊著　一卷
顧亭林集外詩　〔清〕顧炎武著　一卷
棗林集　〔清〕譚遷著　三卷
吾炙集小傳　〔清〕鄧實著　一卷

叢　19　7241　聚學軒叢書（五集　六十種）　劉世珩輯
貴池劉氏刊　二百五十卷　一百册

第一集

毛詩草木鳥獸蟲魚疏校正　〔清〕趙佑校　二卷
晉泰始笛律匡謬　〔清〕凌廷堪撰　一卷
古今天象攷（附圖说）　〔清〕雷學淇撰　十三卷
國志蒙拾　〔清〕郭麐録　二卷
金石文字辨異　〔清〕邢澍撰　十二卷
歲星表　〔清〕朱駿聲撰　一卷
質疑删存　〔清〕張宗泰著　三卷
清白士集校補　〔清〕蔡雲著　四卷

第二集

尚書隸古定釋文（附經文）　〔清〕李遇孫著　十卷
春秋三家異文覈　〔清〕朱駿聲著　一卷
左傳杜注辨證　〔清〕張聰咸著　六卷
古墨齋金石跋　〔清〕趙紹祖輯　六卷
安徽金石略　〔清〕趙紹祖輯　十卷
涇川金石記　〔清〕趙紹祖輯　一卷
衡齋算學　〔清〕汪萊著　七卷

讀史札記（附論學劄説十則）〔清〕盧文弨著　一卷
松崖文鈔　〔清〕惠棟撰　二卷

第三集

周易通論月令　〔清〕姚配中撰　二卷
尚書義考　〔清〕戴震撰　二卷
晚書訂疑　〔清〕程廷祚撰　三卷
宫室攷　〔清〕任啓運著　一卷
四書是訓　〔清〕劉逢禄著　十五卷
四書拾義　〔清〕胡紹勳著　五卷
竹書紀年校補　〔清〕張宗泰校　二卷
鐵橋金石跋　〔清〕嚴可均撰　四卷
金石萃編補目　〔清〕黄本驥編　三卷
元碑存目　〔清〕黄本驥編　一卷
弧矢算術細草圖解　〔清〕李鋭草　〔清〕馮桂芬解　一卷
經史質疑録　〔清〕張聰咸撰　一卷
松崖筆記　〔清〕惠棟撰　三卷
九曜齋筆記　〔清〕惠棟撰　三卷
丙辰劄記　〔清〕章學誠撰　一卷

第四集　四卷

周易虞氏略例　〔清〕李鋭著　一卷
周易倚數録（附圖）〔清〕楊履泰述　二卷
周禮補注　〔清〕吕飛鵬著　六卷
説文解字通正　〔清〕潘奕雋述　十四卷
説文管見　〔清〕胡秉虔著　三卷
小爾雅義證　〔清〕胡承珙撰　十三卷

周公年表 〔清〕牟庭著 一卷
元耶律文正公西游録略補注 〔清〕李文田注 〔清〕范壽金補 一卷
隋唐石刻拾遺 〔清〕黄本驥編 二卷
括蒼金石志補遺 〔清〕鄒柏森輯 四卷
太玄闡祕 〔清〕陳本禮纂述 十卷
交翠軒筆記 〔清〕沈濤纂 四卷
退餘叢話 〔清〕鮑倚雲撰 二卷

第五集

讀易漢學私記 〔清〕陳壽熊著 一卷
春秋亂賊考 〔清〕朱駿聲著 一卷
説文述誼 〔清〕毛際盛著 二卷
説文辨疑 〔清〕顧廣圻撰 一卷
周秦名字解詁補 〔清〕王萱齡撰 一卷
盛京疆域攷 〔清〕楊同桂、〔清〕孫宗瀚同輯 六卷
南江書録 〔清〕邵晉涵撰 一卷
南村帖攷 〔清〕程文榮撰 四卷
開方之分還原術 〔清〕宋景昌、〔清〕鄒安鬯編 一卷
意林注（附補遺） 〔清〕周廣業注 六卷
瑟榭叢談 〔清〕沈濤撰 二卷
聚星雜記 〔清〕尚鎔撰 一卷
古柏齋讀書雜識 〔清〕王宗文撰 一卷
文選箋證 〔清〕胡紹瑛撰 三十二卷
落帆樓文集賸稿 〔清〕沈垚撰 二卷

二〇 輯佚

叢 28 1134 張氏叢書（原名二酉堂叢書二十一種） 〔清〕張澍輯
張氏二酉堂刊 道光元年 二十六卷 八册
司馬法 一卷
子夏易傳 一卷
世本 〔漢〕宋衷注 五卷
三輔決録 〔漢〕趙岐纂 二卷
司農卿集 〔漢〕皇甫規撰 一卷
張太常集 〔漢〕張奐撰 一卷
段太尉集 〔漢〕段熲撰 一卷
周生烈子 〔魏〕周生烈撰 一卷
漢皇德傳 〔漢〕侯瑾纂 一卷
風俗通姓氏篇 〔漢〕應劭撰 一卷
三秦記 辛氏纂 一卷
三輔舊事 一卷
三輔故事 一卷
十三州志 〔凉〕闞駰纂 一卷
凉州記 〔北凉〕段龜龍纂 一卷
凉州異物志 一卷
西河舊事 一卷
西河記 〔晉〕喻歸纂 一卷
沙州記 〔宋〕段國纂 一卷
陰常侍詩集 〔梁〕陰鏗撰 一卷
李尚書詩集 〔唐〕李益撰 一卷

叢　28　1328　佚存叢書（十六種）　〔日本〕天瀑山人輯
黄氏重刊　光緒八年　八十八卷　三十二册　二部

叢　28　1328　又
上海涵芬樓影印　民十三年　三十册
古文孝經孔傳　〔漢〕孔安國著　一卷
五行大義　〔隋〕蕭吉著　五卷
臣軌　二卷
樂書要録　三卷
兩京新記　〔唐〕韋述著　一卷
李嶠雜詠　二卷
文館詞林　〔唐〕許敬宗等編　四卷
朱子感興詩註（附櫂歌注）　〔宋〕蔡模注　二卷
泰軒易傳　〔宋〕李中正著　六卷
左氏蒙求　〔元〕吴化龍著　一卷
唐才子傳　〔元〕辛文房著　十卷
難經集註　〔宋〕王九思等集録　五卷
古本蒙求　〔唐〕李瀚著　三卷
玉堂類稿（附西垣類稿玉堂附録）　〔宋〕崔敦著　二十三卷
周易新講義　〔宋〕龔原著　十卷
宋景文公集　〔宋〕宋祁著　十卷

叢　28　4434　梅瑞軒十種古逸書　〔清〕茆泮林輯
梅瑞軒藏板　道光二十二年　六册
世本
楚漢春秋　〔漢〕陸賈撰
古孝子傳
伏侯古今注

淮宗萬畢術
計然萬物録
趙岐三輔决録
司馬彪莊子注
晉元中記
唐月令注

叢 28 7164 玉函山房輯佚書（六百三十二種） 〔清〕馬國翰輯
長沙嫏嬛館刊 光緒九年 七百三十六卷 一百零四册 二部

叢 28 7164 又
楚南湘遠堂刊 光緒十年 殘存七十二册

經編

易類

連山 一卷
歸藏 一卷
子夏易傳 二卷
周易薛氏記 〔漢〕薛虞撰
蔡氏易説 〔漢〕蔡景君撰 一卷
丁氏易傳 〔漢〕丁寬撰 一卷
韓氏易傳 〔漢〕韓嬰撰 一卷
古五子易傳 一卷
周易淮南九師道訓 〔漢〕淮南王劉安撰 一卷
周易施氏章句 〔漢〕施讐撰 一卷
周易孟氏章句 〔漢〕孟喜撰 二卷

周易梁邱氏章句　〔漢〕梁邱賀撰　一卷
周易京氏章句　〔漢〕京房撰　二卷
費氏易　〔漢〕费直撰　一卷
费氏易林　〔漢〕费直撰　一卷
周易分野　〔漢〕费直撰　一卷
周易馬氏注　〔漢〕馬融撰　三卷
周易劉氏章句　〔漢〕劉表撰　一卷
周易宋氏注　〔漢〕宋衷撰　一卷
周易荀氏注　〔漢〕荀爽撰　三卷
周易陸氏述　〔吴〕陸績撰　三卷
周易王氏注　〔魏〕王肅撰　二卷
周易王氏音　〔魏〕王肅撰　一卷
周易何氏解　〔魏〕何宴撰　一卷
周易董氏章句　〔魏〕董遇撰　一卷
周易姚氏注　〔吴〕姚信撰　一卷
周易翟氏義　〔□〕翟元撰
周易向氏義　〔晉〕向秀撰　一卷
周易統略　〔晉〕周湛撰　一卷
周易卦序論　〔晉〕楊乂撰　一卷
周易張氏義　〔晉〕張軌撰　〔北凉〕劉炳注　一卷
周易張氏集解　〔晉〕張璠撰　一卷
周易干氏注　〔晉〕干寶撰　三卷
周易王氏注　〔晉〕王廙撰
周易蜀才注　〔蜀〕范長生撰　一卷
周易黄氏注　〔晉〕黄穎撰　一卷
周易徐氏音　〔晉〕徐邈撰　一卷
周易李氏音　〔晉〕李軌撰　一卷
周象妙于見形論　〔晉〕孫盛撰　一卷

周易繫辭桓氏注　〔晉〕桓玄撰　一卷
周易繫辭荀氏注　〔宋〕荀柔之撰　一卷
周易繫辭明氏注　〔齊〕明僧紹撰　一卷
周易要略　〔齊〕沈驎士撰　一卷
周易劉氏義疏　〔齊〕劉瓛撰　一卷
周易大義　〔梁〕武帝撰　一卷
周易伏氏集解　〔梁〕伏曼容撰　一卷
周易褚氏講疏　〔梁〕褚仲都撰　一卷
周易周氏義疏　〔陳〕周弘玉撰　一卷
周易張氏義疏　〔陳〕張譏撰　一卷
周易何氏義疏　〔隋〕何妥撰　一卷
周易姚氏注　〔梁〕姚規撰　一卷
周易崔氏注　〔□〕崔覲撰　一卷
周易傅氏注　〔□〕傅氏撰
周易盧氏注　〔後魏〕盧景裕撰　一卷
周易王氏注　〔□〕王凱冲撰　一卷
周易王氏義　〔□〕王嗣宗撰　一卷
周易朱氏義　〔□〕朱仰之撰　一卷
莊氏易義　一卷
周易侯氏注　〔□〕侯果撰　三卷
周易探原　〔唐〕崔憬撰　三卷
周易元義　〔唐〕李淳風撰　一卷
周易新論傳疏　〔唐〕陰弘道撰　一卷
周易新義　〔唐〕徐鄖撰　一卷
易纂　〔唐〕僧一行撰　一卷

尚書類

今文尚書　一卷

古文尚書　一卷
尚書歐陽章句　〔漢〕歐陽和伯撰　一卷
尚書大夏侯章句　〔漢〕夏侯勝撰　一卷
尚書小夏侯章句　〔漢〕夏侯建撰　一卷
尚書古今訓　〔漢〕賈逵撰　一卷　原缺
尚書馬氏傳　〔漢〕馬融撰　四卷
尚書王氏注　〔魏〕王肅撰　二卷
集注尚書　〔晉〕李顒撰　一卷　原缺
古今尚書音　〔晉〕徐邈撰　一卷
尚書舜典註　〔晉〕范甯撰　一卷
尚書劉氏義疏　〔隋〕劉焯撰　一卷
尚書述義　〔隋〕劉炫撰　一卷
尚書顧氏疏　〔隋〕顧彪撰　一卷
尚書逸篇　一卷　原缺

詩　類

魯詩故　〔漢〕申培撰　三卷
齊詩傳　〔漢〕后蒼撰　二卷
韓詩故　〔漢〕韓嬰撰　二卷
韓詩内傳　〔漢〕韓嬰撰　一卷
韓詩説　〔漢〕韓嬰撰　一卷
韓詩薛君章句　〔漢〕薛漢撰　二卷
韓詩翼要　〔漢〕侯苞撰　一卷
毛詩馬氏注　〔漢〕馬融撰　一卷
毛詩義問　〔魏〕劉楨撰　一卷
毛詩王氏注　〔魏〕王肅撰　四卷
毛詩義駁　〔魏〕王肅撰　一卷
毛詩奏事　〔魏〕王肅撰　一卷

毛詩問難 〔魏〕王肅撰 一卷
毛詩駁 〔魏〕王基撰 一卷
毛詩答雜問 〔吴〕韋昭、〔吴〕朱育等撰 一卷
毛詩譜暢 〔吴〕徐整撰 一卷
毛詩異同評 〔晉〕孫毓撰 三卷
難孫氏毛詩評 〔晉〕陳統撰 一卷
毛詩拾遺 〔晉〕郭璞撰 一卷
毛詩音 〔晉〕徐邈撰 一卷
毛詩序義 〔齊〕劉瓛撰 一卷
毛詩周氏註 〔宋〕周續之撰 一卷
毛詩十五國風義 〔梁〕簡文帝撰 一卷
毛詩隱義 〔梁〕何胤撰 一卷
集註毛詩 〔梁〕崔靈恩撰 一卷
毛詩舒氏義疏 〔□〕舒瑗撰 一卷
毛詩沈氏義疏 〔後周〕沈重撰 二卷
毛詩箋音義證 〔後魏〕劉芳撰 一卷
毛詩述義 〔隋〕劉炫撰 一卷
毛詩草蟲經 一卷
毛詩提綱 一卷
施氏詩説 〔唐〕施士丐撰 一卷

周官禮類

周官鄭大夫解詁 〔漢〕鄭興撰 一卷
周禮鄭司農解詁 〔漢〕鄭衆撰 六卷
周禮杜氏注 〔漢〕杜子春撰 二卷
周禮賈氏解詁 〔漢〕賈逵撰 一卷
周官傳 〔漢〕馬融撰 一卷
周禮鄭氏音 〔漢〕鄭玄撰 一卷

周禮王氏注 〔魏〕王肅撰 一卷
周禮干氏注 〔晉〕干寶撰 一卷
周禮徐氏音 〔晉〕徐邈撰 一卷
周禮李氏音 〔晉〕李軌撰 一卷
周禮聶氏音 聶氏撰 一卷
周官禮義疏 〔後周〕沈重撰 一卷
周禮劉氏音 〔□〕劉昌宗撰 二卷
周禮戚氏音 〔陳〕戚袞撰 一卷

儀禮類

大戴喪服變除 〔漢〕戴德撰 一卷
冠禮約制 〔漢〕何休撰 一卷
鄭氏婚禮 〔漢〕鄭衆撰 一卷
喪服經傳馬氏注 〔漢〕馬融撰 一卷
鄭氏喪服變除 〔漢〕鄭玄撰 一卷
五宗圖 〔漢〕鄭玄撰 〔吴〕薛綜述 一卷
新定禮 〔漢〕劉表撰 一卷
喪服經傳王氏注 〔魏〕王肅撰 一卷
王氏喪服要記 〔魏〕王肅撰 一卷
喪服變除圖 〔吴〕射慈撰 一卷
喪服要集 〔晉〕杜預撰 一卷
喪服經傳袁氏注 〔晉〕袁準撰 一卷
集注喪服經傳 〔晉〕孔倫撰 一卷
喪服經傳陳氏注 〔□〕陳銓撰 一卷
喪服释義 〔晉〕劉智撰 一卷
蔡氏喪服譜 〔晉〕蔡謨撰 一卷
賀氏喪服譜 〔晉〕賀循撰 一卷
葬禮 〔晉〕賀循撰 一卷

喪服要記 〔晉〕賀循撰 一卷
喪服要記注 〔□〕謝徽撰 一卷
葛氏喪服變除 〔晉〕葛洪撰 一卷
凶禮 〔晉〕孔衍撰 一卷
集注喪服經傳 〔宋〕裴松之撰 一卷
略注喪服經傳 〔宋〕雷次章撰 一卷
喪服難問 〔宋〕崔凱撰 一卷
喪服古今集記 〔齊〕王儉撰 一卷

禮記類

禮記馬氏注 〔漢〕馬融撰 一卷
禮記盧氏注 〔漢〕盧植撰 一卷
禮傳 〔漢〕荀爽撰 一卷
月令章句 〔漢〕蔡邕撰 一卷
月令問答 〔漢〕蔡邕撰 一卷
禮記王氏注 〔魏〕王肅撰 二卷
禮記孫氏注 〔魏〕孫炎撰 一卷
禮記音義隱 〔□〕謝氏撰 一卷
禮記范氏音 〔晉〕范宣撰 一卷
禮記徐氏音 〔晉〕徐邈撰 三卷
禮記劉氏音 〔□〕劉昌宗撰 一卷
禮記略解 〔宋〕庾蔚之撰 一卷
禮記隱義 〔梁〕何胤撰 一卷
禮記新義疏 〔梁〕賀瑒撰 一卷
禮記皇氏義疏 〔梁〕皇侃撰 四卷
禮記沈氏義疏 〔漢〕沈重撰 四卷
禮記義證 〔後魏〕劉芳撰 一卷
禮記熊氏義疏 〔後周〕熊安生撰 四卷

禮記外傳　〔唐〕成伯璵撰　張幼倫註　一卷

通禮類

石渠禮論　〔漢〕戴聖撰　一卷
魯禮禘祫志　〔漢〕鄭玄撰　一卷
三禮圖　〔漢〕鄭玄、〔漢〕阮諶等撰　三卷
問禮俗　〔魏〕董勛撰　一卷
雜祭法　〔晉〕盧諶撰　一卷
祭典　〔晉〕范汪撰　一卷
後養議　〔晉〕干寶撰　一卷
禮雜問　〔晉〕范甯撰　一卷
禮雜議　〔晉〕吴商撰　一卷
禮論答問　〔宋〕徐廣撰　一卷
禮論　〔宋〕何承天撰　一卷
禮論條牒　〔宋〕任豫撰　一卷
禮論鈔　〔宋〕庾蔚之撰　三卷
禮義答問　〔齊〕王儉撰　一卷
禮論要鈔　〔齊〕荀萬秋撰　一卷　原闕
禮統　〔□〕賀述撰　一卷
禮雜答問鈔　〔梁〕何佟之撰　一卷　原闕
禮疑義　〔梁〕周捨撰　一卷
三禮義宗　〔梁〕崔靈恩撰　四卷
釋疑論　〔唐〕元行冲撰　一卷

樂　　類

樂經　一卷
樂記　〔漢〕劉向校定　一卷

樂元語　〔漢〕劉德撰　一卷
琴清英　〔漢〕揚雄撰　一卷
鍾律書　〔漢〕劉歆撰　一卷　原闕
樂社大義　〔梁〕武帝撰　一卷
鍾律緯　〔梁〕武帝撰　一卷
古今樂録　〔陳〕沙門智匠撰　一卷
樂書　〔後魏〕信都芳撰　一卷
管絃記　一卷　原缺
樂部　一卷
琴歷　一卷
樂律義　〔後周〕沈重撰　一卷
樂譜集解　〔隋〕蕭吉撰　一卷
琴書　〔唐〕趙惟暕撰　一卷

春秋類

春秋大傳　一卷
春秋决事　〔漢〕董仲舒撰　一卷
公羊嚴氏春秋　〔漢〕嚴彭祖撰　一卷
春秋公羊顔氏記　〔漢〕顔安樂撰　一卷
春秋穀梁傳尹氏章句　〔漢〕尹更始撰　一卷
春秋穀梁傳説　〔漢〕劉向撰　一卷
春秋左傳劉氏註　〔漢〕劉歆撰　一卷
春秋牒例章句　〔漢〕鄭衆撰　一卷
春秋左氏傳解詁　〔漢〕賈逵撰　二卷
春秋左氏長經章句　〔漢〕賈逵撰　一卷
春秋三傳異同説　〔漢〕馬融撰　一卷
解疑論　〔漢〕戴宏撰　一卷
春秋公羊文謚例　〔漢〕何休撰　一卷

春秋左傳解誼（附春秋成長説左氏膏肓釋痾）　〔漢〕服虔撰　四卷
春秋釋例　〔漢〕潁容撰　一卷
左氏奇説　〔漢〕彭汪撰　一卷
春秋左傳許氏註　〔漢〕許淑撰　一卷
卷秋左傳章句　〔魏〕董遇撰　一卷
春秋左傳王氏注　〔魏〕王肅撰　一卷
春秋左傳嵇氏音　〔魏〕嵇康撰　一卷
春秋穀梁傳糜氏注　〔魏〕糜信撰　一卷
春秋公羊穀梁傳解詁　〔晉〕劉兆撰　一卷
春秋左氏傳義注　〔晉〕孫毓撰　一卷
春秋公羊穀梁二傳評　〔晉〕江熙撰　一卷
春秋穀梁徐氏注　〔晉〕徐乾撰　一卷
春秋土地名　〔晉〕京相璠撰　一卷
春秋穀梁傳義注　〔晉〕徐邈撰　一卷
春秋左傳徐氏音　〔晉〕徐邈撰　一卷
春秋左氏傳函義　〔晉〕干寶撰　一卷
答薄叔元問穀梁義　〔晉〕范甯撰　一卷
春秋穀梁傳鄭氏説　〔晉〕鄭嗣撰　一卷
春秋左氏經傳義略　〔陳〕沈文阿撰　一卷
續春秋左氏經傳義略　〔陳〕王元規撰　一卷
春秋傳駁　〔後魏〕賈思同撰　〔後魏〕姚文安等述　一卷
春秋左氏傳義疏　〔□〕蘇寬撰　一卷
春秋述義　〔隋〕劉炫撰　二卷
春秋規過　〔隋〕劉炫撰　二卷
春秋攻昧　〔隋〕劉炫撰　一卷
春秋井田記　一卷
春秋集傳　〔唐〕啖助撰　一卷
春秋闡微纂類義統　〔唐〕趙匡撰　一卷

春秋通例 〔唐〕陸希聲撰 一卷
春秋折衷論 〔唐〕陳岳撰 一卷

孝經類

孝經傳 〔周〕魏文侯撰 一卷
孝經后氏説 〔漢〕后蒼撰 一卷
孝經安昌侯説 〔漢〕張禹撰 一卷
孝經長孫氏説 〔漢〕長孫氏撰 一卷
孝經王氏解 〔魏〕王肅撰 一卷
孝經解讚 〔吴〕韋昭撰 一卷
孝經殷氏註 〔晉〕殷仲文撰 一卷
集解孝經 〔晉〕謝萬撰 一卷
齊永明諸王孝經講義 一卷
孝經劉氏説 〔齊〕劉瓛撰 一卷
孝經義疏 〔梁〕武皇帝撰 一卷
孝經嚴氏注 〔梁〕嚴植之撰 一卷
孝經皇氏義疏 〔梁〕皇侃撰 一卷
古文孝經述義 〔隋〕劉炫撰 一卷
御注孝經義疏 〔唐〕元行冲撰 一卷
孝經訓注 〔唐〕魏真己撰 一卷

論語類

古論語 六卷
齊論語 一卷
論語孔氏訓解 〔漢〕孔安國傳 十一卷
安昌侯論語 〔漢〕張禹撰 原闕
論語包氏章句 〔漢〕包咸撰 一卷

論語周氏章句　〔漢〕周氏撰　一卷
論語馬氏訓説　〔漢〕馬融撰　二卷
論語鄭氏注　〔漢〕鄭玄撰　一卷
論静孔子弟子目録　〔漢〕鄭玄撰　一卷
論語陳氏義説　〔魏〕陳羣撰　一卷
論語王氏説　〔魏〕王朗撰　一卷
論語王氏義説　〔魏〕王肅撰　一卷
論語周生氏義説　〔魏〕周生烈撰　一卷
論語釋疑　〔魏〕王弼撰　一卷
論語譙氏注　〔晉〕譙周撰　一卷
論語衛氏集注　〔晉〕衛瓘撰　一卷
論語旨序　〔晉〕繆播撰　一卷
論語繆氏説　〔晉〕繆協撰
論語體略　〔晉〕郭象撰　一卷
論語欒氏釋疑　〔晉〕欒肇撰　一卷
論語讚注　〔晉〕虞喜撰　一卷
論語釋　〔晉〕庾翼撰　一卷
論語李氏集注　〔晉〕李充撰　二卷
論語范氏注　〔晉〕范甯撰　一卷
論語孫氏集解　〔晉〕孫綽撰　一卷
論語梁氏注釋　〔晉〕梁覬撰　一卷
論語袁氏注　〔晉〕袁喬撰　一卷
論語江氏集解　〔晉〕江熙撰　二卷
論語殷氏解　〔晉〕殷仲堪撰　一卷
論語張氏注　〔晉〕張憑撰　一卷
論語蔡氏注　〔晉〕蔡謨撰　一卷
論語顔氏説　〔宋〕顔延之撰　一卷
論語琳公説　〔宋〕釋慧琳撰　一卷

論語沈氏訓注 〔齊〕沈驎士撰 一卷
論語顧氏注 〔齊〕顧歡撰 一卷
論語梁武帝注 〔梁〕武帝撰 一卷
論語太史注 〔梁〕太史叔明撰 一卷
論語褚氏義疏 〔梁〕褚仲都撰 一卷
論語沈氏説 〔□〕沈峭撰 一卷
論語熊氏説 〔□〕熊埋撰 一卷
論語隱義注 一卷

孟子類

孟子章句 〔漢〕趙岐撰 四卷
孟子程氏章句 〔漢〕程曾撰 一卷
孟子高氏章句 〔漢〕高誘撰 一卷
孟子劉氏注 〔漢〕劉熙撰 一卷
孟子鄭氏注 〔漢〕鄭玄撰 一卷
孟子綦毋注 〔漢〕綦母邃撰 一卷
孟子陸氏注 〔唐〕陸善經撰 一卷
孟子張子音義 〔唐〕張鎰撰 一卷
孟子丁氏手音 〔唐〕丁公著撰 一卷

爾雅類

爾雅犍爲文學注 〔漢〕郭舍人撰 三卷
爾雅劉氏注 〔漢〕劉歆撰 一卷
爾雅樊氏注 〔漢〕樊光撰 一卷
爾雅李氏注 〔漢〕李巡撰 三卷
爾雅孫氏注 〔魏〕孫炎撰 一卷
爾雅孫氏音 〔魏〕孫炎撰 一卷

爾雅音義 〔晉〕郭璞撰 一卷
爾雅圖讃 〔晉〕郭璞撰 一卷
集注爾雅 〔梁〕沈旋撰 一卷
爾雅施氏音 〔陳〕施乾撰 一卷
爾雅謝氏音 〔陳〕謝嶠撰 一卷
爾雅顧氏音 〔陳〕顧野王撰 一卷
爾雅裴氏音 〔唐〕裴瑜撰 一卷

五經總類

五經通義 〔漢〕劉向撰 一卷
五經要義 〔□〕雷氏撰 一卷
六藝論 〔漢〕鄭玄撰 一卷
鄭記 〔漢〕鄭玄撰 一卷 原闕
五經然否論 〔蜀〕譙周撰 一卷
聖證論 〔晉〕王肅撰 一卷
五經通論 〔晉〕束皙撰 一卷
五經鈎沈 〔晉〕揚方撰 一卷
五經大義 〔晉〕戴逵撰 一卷
六經要注 〔後魏〕常爽撰 一卷
七經義綱 〔後周〕樊文深撰 一卷
五經析疑 〔後魏〕邯鄲綽撰 一卷 原闕

緯書類

尚書中候 〔漢〕鄭玄撰 三卷
尚書緯璇璣鈐 〔漢〕鄭玄撰 一卷
尚書緯攷靈曜 〔漢〕鄭玄撰 一卷
尚書緯刑德放 〔漢〕鄭玄撰 一卷

尚書緯帝命驗　〔漢〕鄭玄撰　一卷
尚書緯運期授　〔漢〕鄭玄撰　一卷
詩緯推度災　〔魏〕宋均注　一卷
詩緯氾歷樞　〔魏〕宋均注　一卷
詩緯含神霧　〔魏〕宋均注　一卷
禮緯含文嘉　〔魏〕宋均注　一卷
禮緯稽命徵　〔魏〕宋均注　一卷
禮緯斗威儀　〔魏〕宋均注　一卷
樂緯動聲儀　〔魏〕宋均注　一卷
樂緯稽耀嘉　〔魏〕宋均注　一卷
樂緯叶圖徵　〔魏〕宋均注　一卷
春秋緯感精符　〔魏〕宋均注　一卷
春秋緯文耀鈎　〔魏〕宋均注　一卷
春秋緯運斗樞　〔魏〕宋均注　一卷
春秋緯合誠圖　〔魏〕宋均注　一卷
春秋緯攷異郵　〔魏〕宋均注　一卷
春秋緯保乾圖　〔魏〕宋均注　一卷
春秋緯漢含孳　〔魏〕宋均注　一卷
春秋緯佐助期　〔魏〕宋均注　一卷
卷秋緯握誠圖　〔魏〕宋均注　一卷
春秋緯潛潭巴　〔魏〕宋均注　一卷
春秋緯説題辭　〔魏〕宋均注　一卷
春秋緯演孔圖　〔魏〕宋均注　一卷
春秋緯元命苞　〔魏〕宋均注　二卷
春秋命歷序　〔魏〕宋均注　一卷
春秋内事　〔魏〕宋均注　一卷
孝經緯援孝契　〔魏〕宋均注　二卷
孝經緯鉤命訣　〔魏〕宋均注　一卷

孝經中契 〔魏〕宋均注 一卷
孝經左契 〔魏〕宋均注 一卷
孝經右契 〔魏〕宋均注 一卷
孝經内事圖 〔魏〕宋均注 一卷
孝經章句 一卷
孝經雌雄圖 一卷
孝經古秘 一卷
論語讖 〔魏〕宋均注 八卷

小學類

史籀篇 〔周〕太史籀撰
蒼頡篇 〔秦〕李斯等撰
凡將篇 〔漢〕司馬相如撰
訓纂篇 〔漢〕揚雄撰 一卷
蒼頡訓詁 〔漢〕杜林撰 一卷
三蒼 〔魏〕張揖訓詁 〔晉〕郭璞解詁 一卷
古文官書 〔漢〕衛宏撰 一卷
雜字指 〔漢〕郭顯卿撰 一卷
勸學篇 〔漢〕蔡邕撰 一卷
女戒 〔漢〕蔡邕撰 一卷 原闕
通俗文 〔漢〕服虔撰 一卷
埤蒼 〔魏〕張揖撰 一卷
古今字詁 〔魏〕張揖撰 一卷
雜字 〔魏〕張揖撰 一卷
雜字解詁 〔魏〕周成撰 一卷
聲類 〔魏〕李登撰 一卷
廣蒼 〔梁〕樊恭撰 一卷
辯釋名 〔吴〕韋昭撰 一卷

異字 〔吴〕宋育撰 一卷
始學篇 〔吴〕項竣撰 一卷
草書狀 〔晉〕索靖撰 一卷
月儀 一卷 原闕
小學篇 〔晉〕王義撰 一卷 原闕
發蒙記 〔晉〕束晳撰 一卷
啓蒙記 〔晉〕顧愷之撰 一卷
韻集 〔晉〕吕静撰 一卷
字指 〔晉〕李彤撰 一卷
四體書勢 〔晉〕衛恒撰 一卷
要用字苑 〔晉〕葛洪撰 一卷
演説文 〔□〕庾儼默撰 一卷
字統 〔□〕楊承慶撰 一卷
纂文 〔宋〕何承天撰 一卷
庭誥 〔宋〕顔延之撰 一卷
纂要 〔宋〕顔延之撰 一卷
纂要 〔梁〕元帝撰 一卷
文字集略 〔梁〕阮孝緒撰 一卷
音譜 〔□〕李概撰 一卷 原闕
古今文字表 〔後魏〕江式撰 一卷
韻略 〔北齊〕陽體之撰 一卷
訓俗文字略 〔北齊〕顔之推撰 一卷 原闕
桂苑珠叢 〔隋〕諸葛穎撰 一卷
文字指歸 〔隋〕曹憲撰 一卷
開元文字意義 一卷 原闕
義雲章 一卷 原闕
李氏字略 〔唐〕李商隱撰 一卷 原闕
四聲五音九弄反紐圖 〔唐〕釋神煊撰 一卷

分毫字樣　一卷
漢石經尚書　〔漢〕蔡邕書　一卷
漢石經魯詩　〔漢〕蔡邕書　一卷
漢石經儀禮　〔漢〕蔡邕書　一卷
漢石經公羊　〔漢〕蔡邕書　一卷
漢石經論語　〔漢〕蔡邕書　一卷
三字石經尚書　〔魏〕太和中立　一卷
三字石經春秋　〔魏〕太利中立　一卷

史　編

雜史類

古文瑣語　一卷
帝王要略　〔吴〕環濟撰　一卷
三五歷記　〔吴〕徐整撰　一卷
年歷　〔晉〕皇甫謐撰　一卷
汲冢書鈔　〔晉〕束晳撰　一卷
聖賢高士傳　〔魏〕嵇康撰　〔宋〕周續之注　一卷
鑒戒象讚　〔後魏〕常景撰　一卷

目録類

七略别録　〔漢〕劉向撰　一卷

子　編

儒家類

漆雕子　〔周〕漆雕氏撰　一卷

宓子 〔周〕宓不齊撰 一卷

景子 〔周〕景氏撰

世子 〔周〕世碩撰 一卷

魏文侯書 〔周〕魏侯斯撰 一卷

李克書 〔周〕李克撰 一卷

公孫尼子 〔周〕公孫尼撰 一卷

内業 〔周〕管夷吾撰 一卷

讕言 〔周〕孔穿撰 一卷

甯子 〔周〕甯越撰 一卷

王孫子 〔周〕王孫氏撰 一卷

李氏春秋 〔周〕失名

董子 〔周〕董無心撰 一卷

俟子 一卷 原缺

徐子 〔周〕徐氏撰 一卷

魯連子 〔周〕魯仲連撰 一卷

虞氏春秋 〔周〕虞卿撰 一卷

平原君書 〔漢〕朱建撰 一卷

高祖傳 一卷 原缺

劉敬書 〔漢〕劉敬撰 一卷

孝文傳 原缺

至言 〔漢〕賈山撰 一卷

孔臧書 〔漢〕孔臧撰 原缺

河間獻王書 〔漢〕劉德撰 一卷

兒寬書 〔漢〕兒寬撰 一卷

公孫弘書 〔漢〕公孫弘撰 一卷

終軍書 〔漢〕終軍撰 一卷

吾邱壽王書 〔漢〕吾邱壽王撰 一卷

莊助書 〔漢〕莊助撰 原闕

揚子法言宋氏注　〔漢〕宋衷撰　一卷　原闕
揚子法言虞氏注　〔漢〕虞翻撰　一卷　原闕
正部　〔漢〕王逸撰　一卷
仲長子昌言　〔漢〕仲長統撰　二卷
魏子　〔漢〕魏朗撰　一卷
諸葛武侯集誡　〔蜀〕諸葛亮撰　一卷
周生子要論　〔魏〕周生烈撰　一卷
王子正論　〔魏〕王肅撰　一卷
去伐論　〔晉〕袁宏撰　一卷
杜氏體論　〔漢〕杜恕撰　一卷
王氏新書　〔魏〕王基撰　一卷
周子　〔吴〕周昭撰　一卷
顧子新言　〔吴〕顧譚撰　一卷
典語　〔吴〕陸景撰　一卷
通語　〔晉〕殷基撰　一卷
譙子法訓　〔晉〕譙周撰　一卷
袁子正論　〔晉〕袁準撰　一卷
袁子正書　〔晉〕袁準撰　一卷
孫氏成敗志　〔晉〕孫毓撰　一卷
古今通論　〔晉〕王嬰撰　一卷
蔡氏化清經　〔晉〕蔡洪撰　一卷
夏侯子新論　〔晉〕夏侯湛撰　一卷
太玄經　〔晉〕楊泉撰　一卷
華氏新論　〔晉〕華譚撰　一卷
梅氏新論　〔晉〕梅氏撰　一卷
志林新書　〔晉〕虞喜撰　一卷
廣林　〔晉〕虞喜撰　一卷
釋滯　〔晉〕虞喜撰　一卷

通疑 〔晉〕虞喜撰 一卷

干子 〔晉〕干寶撰 一卷

閎論 〔晉〕蔡韶撰 原缺

顧子義訓 〔晉〕顧夷撰 一卷

要覽 〔晉〕吕竦撰 一卷 原缺

正覽 〔梁〕周捨撰 一卷 原缺

讀書記 〔隋〕王邵撰 一卷

續説苑 〔唐〕劉貺撰 一卷 原缺

賈子 原缺

農家類

神農書 一卷

野老書 一卷

范子計然 三卷

養魚經 〔周〕陶朱公撰

尹都尉書 〔漢〕尹氏撰 一卷

氾勝之書 〔漢〕氾勝之撰 一卷

蔡癸書 〔漢〕蔡癸撰 一卷

養羊法 〔漢〕卜式撰 一卷

家政法 一卷

玉燭寶典 〔隋〕杜臺卿撰 一卷 原缺

園亭草木疏 〔唐〕王方慶撰 一卷 原缺

千金月令 〔唐〕孫思邈撰 一卷 原缺

齊人月令 〔唐〕李淳風撰 原缺

保生月録 〔唐〕韋氏撰 原缺

四時纂要 〔唐〕韓鄂撰 原缺

種樹書 〔唐〕郭橐駝撰 原缺

道家類

伊尹書 〔商〕伊摯撰 一卷
辛甲書 〔周〕辛甲撰 一卷
公子牟子 〔周〕魏公子牟撰 一卷
田子 〔周〕田駢撰 一卷
老萊子 〔周〕老萊子撰 一卷
黔婁子 〔周〕黔婁撰 一卷
鄭長者書 〔周〕鄭長者撰 一卷
任子道論 〔魏〕任嘏撰 一卷
洞極真經 〔魏〕關朗撰 一卷
唐子 〔吴〕唐滂撰 一卷
蘇子 〔晉〕蘇彦撰 一卷
陸子 〔晉〕陸雲撰 一卷
杜氏幽求新書 〔晉〕杜夷撰 一卷
孫子 〔晉〕孫綽撰 一卷
符子 〔晉〕符朗撰 一卷
少子 〔南齊〕張融撰 一卷
夷夏論 〔南齊〕顧歡撰 一卷

法家類

申子 〔周〕申不害撰 一卷
鼂氏新書 〔漢〕鼂錯譔 一卷
崔氏政論 〔漢〕崔寔撰 一卷
劉氏政論 〔魏〕劉廙撰 一卷
阮子政論 〔魏〕阮武撰 一卷
世要論 〔魏〕桓範撰 一卷
陳子要言 〔吴〕陳融撰 一卷

名家類

惠子　〔周〕惠施撰

士緯　〔吴〕姚信撰　一卷

墨家類

史佚書　〔周〕太史伊佚撰　一卷

田俅子　一卷

隋巢子　一卷

胡非子　一卷

纏子

縱横家類

蘇子　〔周〕蘇秦撰　一卷

闕子　一卷

蒯子　一卷

鄒陽書　〔漢〕鄒陽撰　一卷

主父偃書　〔漢〕主父偃撰　一卷

徐樂書　〔漢〕徐樂撰　一卷

嚴安書　〔漢〕嚴安撰　一卷

雜家類

由余書　〔周〕由余撰　一卷

博物記　〔漢〕唐蒙撰　一卷

伏候古今注　〔漢〕伏無忌撰　一卷

蔣千萬機論　〔魏〕蔣濟撰　一卷

篤論　〔魏〕杜恕撰　一卷

鄒子　〔晉〕鄒氏撰　一卷

諸葛子 〔吴〕諸葛恪撰 一卷
默記 〔吴〕張儼撰 一卷
裴氏新言 〔吴〕裴元撰 一卷
新義 〔吴〕劉廞撰 一卷
秦子 〔吴〕秦菁撰 一卷
析言論（附古今訓） 〔晉〕張顯撰 一卷
時務論 〔晉〕楊偉撰 一卷
廣志 〔晉〕郭義恭撰 二卷
陸氏要覽 〔晉〕陸機撰 一卷
古今善言 〔宋〕范泰撰 一卷
文釋 〔宋〕江邃撰 一卷
要雅 〔梁〕劉杳撰 一卷
俗説 〔梁〕沈約撰 一卷

小説家類

青史子 一卷
宋子 〔周〕朱鈃撰 一卷
裴子語林 〔晉〕裴啓撰 一卷
笑林 〔魏〕邯鄲淳撰 一卷
郭子 〔晉〕郭澄之撰 一卷
中元記 〔□〕郭氏撰 一卷
齊諧記 〔宋〕東陽無疑撰 一卷
水飾 〔隋〕杜寶撰 一卷

天文類

泰階六符經 一卷
五殘雜變新書 一卷

靈憲　〔漢〕張衡撰　一卷
渾儀　〔漢〕張衡撰　一卷
昕天論　〔吴〕姚信撰　一卷
安天論　〔晉〕虞喜撰　一卷
穹天論　〔晉〕虞聳撰　一卷
未央術　一卷

陰陽家類

宋司星子韋書　一卷
鄒子　〔周〕鄒衍撰　一卷
陰陽書　〔唐〕吕才撰　一卷

五行類

太史公素王妙論　〔漢〕司馬遷撰　一卷
瑞應圖　〔□〕孫柔之撰　一卷
白澤圖　一卷
天鏡　一卷
地鏡　一卷
地鏡圖　一卷
夢雋　〔唐〕劉燦撰　一卷
雜五行書　一卷

雜占類

請雨止雨書　一卷
易洞林　〔晉〕郭璞撰　二卷

藝術類

藝經　〔魏〕邯鄲淳　一卷

投壺變　〔晉〕虞卿撰

補經編

周易劉氏注　〔北魏〕劉昺撰　一卷

屈官禮異同評　〔晉〕陳邵撰　一卷

周氏喪服注　〔宋〕周續之撰　一卷

喪服世行要記　〔宋〕王逡之撰　一卷

禮論難　〔宋〕范宣撰　一卷

逆降義　〔宋〕顔延之撰　一卷

明堂制度　〔後魏〕李謐撰　一卷

梁氏三禮圖　〔□〕梁正撰　一卷

張氏三禮圖　〔唐〕張謚撰　一卷

春秋例統　〔唐〕啖助撰　一卷

國語章句　〔漢〕鄭衆撰　一卷

春秋外傳國語解詁　〔漢〕賈逵撰　二卷

春秋外傳國語虞氏注　〔漢〕虞翻撰　一卷

春秋外傳國語唐氏注　〔吴〕唐固撰　一卷

春秋外傳國語孔氏注　〔晉〕孔晁撰　一卷

國語音　一卷

孔子三朝記　〔漢〕戴氏輯　一卷

話幼　〔宋〕顔延之撰　一卷

補子編

嚴助書　〔漢〕嚴助撰　一卷

厲學　〔晉〕虞溥撰　一卷

附　　録

馬氏目耕帖　〔清〕馬國翰撰　三十一卷

三〇　郡邑

叢　32.1　8074　金陵叢書（五十四種）　蔣國榜、翁長森、馮煦同輯　愼修書屋校印　民三年　四百七十八卷　壹百二十八册

甲　　集

晚書訂疑　〔清〕程廷祚著　三卷
春秋識小録　〔清〕程廷祚著　九卷
補後漢書藝文志　〔清〕顧懷三著　十卷
老子翼　〔明〕焦竑著　八卷
莊子翼　〔明〕焦竑著　十卷
顧華玉集　〔明〕顧璘著　四十卷

乙　　集

論語説　〔清〕程廷祚著　四卷
春秋本義　〔清〕吴楫著　十二卷
補五代史藝文志　〔清〕顧懷三著　一卷
真誥　〔北朝宋〕陶宏景著　二十卷
焦氏筆乘　〔明〕焦竑著　六卷
焦氏筆乘續集　〔明〕焦竑著　八卷
陶貞白集（附校勘記）　〔北朝宋〕陶宏景著　一卷
澹園集　〔明〕焦竑著　四十九卷

澹園續集 〔明〕焦竑著 二十七卷
青溪集 〔清〕程廷祚著 十二卷

丙　集

左傳博議拾遺 〔清〕朱元英著 二卷
讀書雜釋 〔清〕徐鼒著 十四卷
赤山湖志 〔清〕尚兆山著 六卷
臺游日記 〔清〕蔣師轍著 四卷
風俗通義佚文 〔清〕顧懷三輯 一卷
天方典禮釋要解 〔清〕劉智著 二十卷
金子有子坤合集 〔明〕金大車、〔明〕金大輿同著 二卷
石白前後集 〔清〕邢昉著 十六卷
曹集考異 〔清〕朱緒曾著 十二卷
昌國典詠 〔清〕朱緒曾著 十卷
梅村賸稿 〔清〕汪士鐸著 二卷
心燈録 〔清〕湛愚老人著 六卷
嬾真草堂集 〔明〕顧起元著 殘存十三卷
何太僕集 〔明〕何棟如著 十卷
顧與治詩集 〔明〕顧夢游著 八卷

丁　集

定山集 〔明〕莊泉著 十卷
説略 〔明〕顧起元著 三十卷
雪村編年詩賸 〔清〕戴瀚著 十二卷
白萶集 〔清〕戴翼子著 四卷
醇雅堂詩略 〔清〕阮鏞著 六卷
然松閣詩鈔賦鈔 〔清〕顧懷三著 七卷

蟻餘偶筆附筆讕言瑣記　〔清〕劉因之著　三卷
静虚堂吹生草　〔清〕王章著　四卷
柳門遺稿　〔清〕楊後著　一卷
荻華堂詩存　〔清〕蔡琳著　一卷
子尚詩存　〔清〕車書著　一卷
薄游草　〔清〕侯雲枕著　一卷
西農遺稿　〔清〕姚必成著　一卷
且巢詩存　〔清〕周保濂著　五卷
妙香齋集　〔清〕楊長年著　四卷
柏巖乙稿丙稿　〔清〕凌煜著　十六卷
在莒集　〔清〕朱桂模著　一卷
括囊詩鈔詞鈔　〔清〕尚兆山著　三卷
羅氏一家集　〔清〕羅笏等著　五卷
顧伯虯遺詩　〔清〕顧我愚著　二卷
陔餘雜著　〔清〕陸春官著　一卷
德風亭集　〔清〕王貞儀著　十三卷
平叔詩存　〔清〕蔣國平著　二卷

叢　32.2　7241　秋浦雙忠録（五種）　劉世珩編
文潤閣刊　光緒二十六年　四十卷　六册
翠微南征録　〔宋〕華岳撰　十一卷
翠微北征録　〔宋〕華岳撰　十二卷
啓禎兩朝剥復録　〔明〕吴應箕撰　十卷
留都聞見録　〔明〕吴應箕撰　二卷
讀書止觀録　〔明〕吴應箕撰　五卷

叢　32.2　7241　貴池先哲遺書（三十二種）　劉世珩輯
唐石簃刻　民十四年　二百十四卷　六十四册

劇談録 〔唐〕康駢撰 二卷
費冠卿詩集 〔唐〕费冠卿撰 一卷
張處士集 〔唐〕張祐撰 五卷
周繇詩 〔唐〕周繇撰 一卷
顧雲詩文 〔唐〕顧雲撰 二卷
張喬詩 〔唐〕張喬撰 一卷
唐風集 〔唐〕杜荀鶴撰 三卷
殷文圭詩 〔唐〕殷文圭撰 一卷
伍喬詩 〔南唐〕伍喬撰 一卷
翠微南征録 〔宋〕華岳撰 十一卷
翠微北征録 〔宋〕華岳撰 十二卷
李行季遺詩 〔明〕李達撰 一卷
東林本末 〔明〕吴應箕撰 三卷
啓禎兩朝剥復録 〔明〕吴應箕撰 十卷
留都見聞録 〔明〕吴應箕撰 二卷
讀書止觀録 〔明〕吴應箕撰 五卷
樓山堂集 〔明〕吴應箕撰 二十七卷
嶧桐集 〔明〕劉城撰 二十卷
化碧録 〔明〕曹大鎬撰 一卷
楚漢帝月表 〔清〕吴非撰 一卷
三唐傳國編年 〔清〕吴非撰 五卷
讀史漫筆 〔清〕吴孟堅撰 二卷
偶存草 〔清〕吴孟堅撰 一卷
雁字詩 〔清〕吴孟堅撰 一卷
杏花村志 〔清〕郎遂撰 十二卷
莊子解 〔清〕吴世尚撰 十二卷
幼科鐵鏡 〔清〕夏鼎撰 六卷
南湖集鈔 〔清〕章永祚撰 十二卷

秀山志　〔清〕陳竑撰　十八卷
靜觀書屋詩集　〔清〕章鶴齡撰　七卷
齊山巖洞志　〔清〕陳蔚輯　二十六卷
劉廷鑾建文遜國之際月表　〔清〕劉廷鑾輯　二卷

叢　32.3　1010　武林掌故叢編（二十六集二百八十七種）　〔清〕丁丙輯
丁氏嘉惠堂刊　光緒八年　六百〇八卷　二百一十一册

第一集

乾道臨安志　〔宋〕周淙撰　三卷
都城紀勝　一卷
錢塘西湖百詠（附楊公濟原唱）　〔宋〕郭祥正撰　二卷
錢塘先賢傳贊　〔宋〕袁韶撰　一卷
古杭雜記　〔元〕李有撰　一卷
古杭雜記詩集　四卷
西湖韻事（附不繫園集隨喜庵集）　〔明〕汪汝謙撰　三卷
流香一覽　〔清〕释明開撰　一卷
理安寺志　〔清〕釋實月撰　八卷
廣福廟志　〔清〕唐恒九撰　一卷

第二集

武林舊事　〔宋〕周密撰　十卷
重陽庵集　〔明〕梅志暹撰　一卷
西湖紀述　〔明〕袁宏道撰　一卷
玉岑山慧因高麗華嚴教寺志　〔明〕李翥撰　十二卷
杭郡庠得表忠觀碑紀事　〔清〕余懋棅編　一卷
西湖修禊詩　〔清〕鄂敏編　一卷

唐樓志略 〔清〕何琪撰 二卷
吴山遺事詩 〔清〕朱彭撰 一卷
南屏百咏 〔清〕張炳撰 一卷
崔府君祠録 〔清〕鄭烺撰 一卷

第三集

孤山志 〔清〕王復禮撰 一卷
七述 〔宋〕晁補之撰 一卷
錢塘湖山勝概詩文 〔明〕夏時撰 二卷
西湖臥游圖題跋 〔明〕李流芳撰 一卷
西谿梵隱志 〔明〕吴本泰撰 四卷
南宋古跡考 〔清〕朱彭撰 二卷
雲棲紀事 孝義庵録 〔明〕釋祩宏録 〔清〕太寺僧人編 各一卷
南湖唱和集 〔清〕章世豐編 一卷
崇福寺志 〔清〕朱文藻撰 〔清〕章庭棫續 共五卷
湖墅雜詩 〔清〕魏標撰 二卷

第四集

淳祐臨安志 〔宋〕施諤撰 六卷
游明聖湖日記 〔明〕浦祊撰 一卷
客越志略 〔明〕王穉登撰 一卷
清波小志 小志補 〔清〕徐逢吉撰 〔清〕陳景鍾補 共三卷
昭慶律寺志 〔清〕釋篆玉撰 十卷
定鄉雜著 〔清〕胡敬撰 二卷
金牛湖漁唱 〔清〕張雲璈撰 一卷
西湖游紀 〔清〕查人漢撰 一卷
銀瓶徵 〔清〕俞樾撰 一卷

龍井顯應胡公墓録　〔清〕丁午撰　一卷

第五集

西湖百咏　〔宋〕董嗣杲撰　〔明〕陳贄和　二卷
客杭日記　〔元〕郭畀撰　一卷
西湖八社詩帖　〔明〕缺名　一卷
湖山敍游　〔明〕劉暹撰　一卷
養素園詩　〔清〕王德溥編　四卷
元妙觀志　〔清〕道士仰衡撰　四卷
两泠仙詠　〔清〕陳文述撰　三卷
北隅掌録　〔清〕黄士珣撰　二卷
西湖雜詩　〔清〕蔣坦撰　一卷
揚清祠志　〔清〕丁午撰　一卷

第六集

武林高僧事略續事略　〔宋〕釋元敬、〔宋〕釋元復同撰　〔明〕釋袾宏續　二卷
西湖竹枝集　〔元〕楊維禎撰　一卷
西村丨記　〔明〕史鑑撰　一卷
西湖夢尋　〔清〕張岱撰　五卷
韜光庵紀游集　〔清〕釋由止編　二卷
聖果寺志　〔清〕釋超乾撰　一卷
南漳子　〔清〕孫之騄撰　二卷
東城雜記　〔清〕厲鶚撰　二卷
湖船録　〔清〕厲鶚撰　一卷
湖船續録　〔清〕丁午撰　二卷

第七集

武林怡老會詩集　〔明〕張瀚編　一卷
西湖觀記　〔明〕陳仁錫撰　一卷
龕峯倡和詩　〔明〕道士范虛應編　一卷
横山游記　〔明〕馬元調撰　一卷
孝慈庵集　闕名　一卷
武林草　〔清〕趙士麟撰　二卷
里居雜詩　〔清〕朱樟撰　一卷
金鼓洞志　〔清〕朱文藻撰　八卷
新門散記　〔清〕羅以智撰　一卷
城北天后宫志　〔清〕丁午撰　一卷

第八集

湖壖雜記　〔清〕陸次雲撰　一卷
柴氏西湖百咏　〔清〕柴杰撰　二卷
春草園小記　〔清〕趙昱撰　一卷
武林新年雜詠　〔清〕舒紹言等撰　一卷
復園紅板橋詩　〔清〕吴修編　一卷
東郊土物詩　〔清〕朱點編　一卷
江鄉節物詩　〔清〕吴存楷撰　一卷
蘭因集　〔清〕陳文述編　二卷
定鄉小識　〔清〕張道撰　十六卷
紫陽庵集　〔清〕丁午撰　一卷

第九集

山游唱和詩　〔宋〕釋契嵩編　一卷
錢塘賦　〔宋〕葛澧撰　一卷

西湖雜記　〔明〕黎遂求撰　一卷
南朝院畫録　〔清〕厲鶚撰　八卷
蘇祠從祀議　〔清〕吴騫撰　一卷
西湖記游　〔清〕張仁美撰　一卷
捍海塘志　〔清〕錢文瀚撰　一卷
翠微亭題名攷　〔清〕蔡名衡編　一卷
西泠閨詠　〔清〕陳文述撰　十六卷
俞樓詩記　〔清〕俞樾撰　一卷

第十集

南宋館閣録（附續録）　〔宋〕陳騤撰　共二十卷
宋學士院題名　〔宋〕何異撰　一卷
月會約　〔明〕嚴武順撰　一卷
讀書社約　〔明〕丁奇遇撰　一卷
勝連社約　〔明〕虞淯熙撰　一卷
西溪百詠　〔明〕釋大善撰　二卷
臨平記　〔明〕沈謙撰　四卷
小雲棲放生録　〔清〕釋與楷編　一卷
西湖秋柳詞　〔清〕楊鳳苞撰　〔清〕楊知新注　一卷
臨平記補遺　〔清〕張大昌撰　四卷

第十一集

臨隱寺志　〔清〕孫治、〔清〕徐增同撰　八卷
雲林寺志　〔清〕厲鶚撰　八卷
雲林寺續志　〔清〕沈鑅彪撰　八卷

第十二集

錢塘遺事　〔元〕劉一清撰　十卷
雪莊西湖漁唱　〔清〕許承祖撰　七卷
龍井見聞録　〔清〕汪孟鋗撰　十二卷
三學灑掃職　〔清〕闕名　一卷
湖山懷古集　〔清〕陳時撰　一卷
武林第宅考　〔清〕柯汝霖撰　一卷

第十三集

浄慈寺志　〔清〕釋際祥撰　三十卷

第十四集

夢粱録　〔宋〕吴自牧撰　二十卷
神州古史攷　〔清〕倪璠撰　一卷
湖山雜詠　〔清〕王緯撰　一卷
西湖雜詠　〔清〕陳若蓮撰　一卷
湖上青山集　〔清〕陳時撰　一卷

第十五集

四時幽賞録　〔明〕高濂撰　一卷
浙鹺紀事　〔明〕葉永盛撰　二卷
西湖小史　〔清〕李鼎撰　一卷
西泠懷古集　〔清〕陳文述撰　十卷
龍興祥符戒壇寺志　〔清〕張大昌撰　十二卷

第十六集

萬曆錢塘縣志　〔明〕聶心湯撰

武林遊記　〔明〕高攀龍撰　一卷
流芳亭記　闕名　一卷
雲居聖水寺志（附補遺）　〔清〕釋明倫、實懿撰　七卷
西湖詩　〔清〕汪志伊撰　一卷

第十七集

嘉靖仁和縣志　〔明〕沈朝宣撰　十四卷
西子湖拾翠餘談　〔明〕汪珂玉撰　三卷
抗志三詰三誤辨　〔清〕毛奇齡撰　一卷
西湖竹枝詞　〔清〕陳璨撰　一卷
東湖櫂歌　〔清〕姚思勤撰　一卷

第十八集

西湖游詠　〔明〕田汝成、〔明〕黄省曾同撰　一卷
護國寺元人諸天畫像讃　〔明〕傅巖撰　一卷
杭城治火議　〔清〕毛奇齡撰　一卷
湖樓集　〔清〕朱琰撰　一卷
庚辛泣杭録　〔清〕丁丙編　十六卷

第十九集

吴越備史（附補遺雜攷）　〔宋〕林禹撰　共六卷
西湖治興　〔明〕王瀛撰　二卷
鑒公精舍納凉圖題詠　〔清〕朱文藻編　一卷
松吹讀書堂題詠　〔清〕杭棫編　二卷
桑孝子旌門録　〔清〕桑調元撰　一卷
錢塘懷古詩　〔清〕王德璘撰　一卷
褚塘閭史考證　〔清〕趙一清撰　二卷

寒山舊廬詩　〔清〕陸森編　一卷
横橋吟館圖題詠　〔清〕許乃穀編　一卷
瓊英小録　〔清〕俞樾撰　二卷
廣陵曲江復對　〔清〕張大昌撰　一卷
孫花翁墓徵　〔清〕張爾嘉撰　一卷
直閣朱公祠墓録　〔清〕朱文懋撰　二卷
郭孝童墓記略　〔清〕丁立志撰　一卷

第二十集

西湖游覽志　〔明〕田汝成撰　五十卷

第二十一集

昭忠録　〔明〕周璟撰　六卷
艮山雜志　〔清〕翟灝撰　三卷
西溪雜詠　〔清〕陳文述撰　一卷
西溪梅竹山莊圖詠　〔清〕章黼撰　一卷
臨安旬制紀　〔清〕張道等撰　四卷
錢塘百詠　〔清〕楊象濟撰　一卷
靈隱書藏紀事　〔清〕潘衍桐編　一卷
金龍四大王祠墓録　〔清〕仲學輅撰　六卷
同仁祠録　〔清〕孫炳奎撰　二卷
續東河櫂歌　〔清〕丁丙撰　一卷

第二十二集

建炎復辟記　〔宋〕闕名　一卷
夜山圖題詠　〔元〕吴福生編　一卷
西泠游記　〔明〕王紹傳撰　一卷

湖舫詩 〔清〕沈奕琛編 一卷
迎鑾新曲 〔清〕厲鶚撰 二卷
西湖遺事詩 〔清〕朱彭撰 一卷
清波三志 〔清〕陳景鐘等撰 三卷
金氏世德紀 〔清〕金應麟編 二卷
照膽臺志略 〔清〕鄒在寅撰 一卷
陳忠肅公墓録 〔清〕孫峻撰 一卷

第二十三集

西湖水利考 〔清〕吴農祥撰 一卷
皋亭倡和集 〔清〕阮亨編 一卷
于忠肅公祠墓録 〔清〕丁丙撰 十二卷

第二十四集

淯祐臨安志輯逸 〔清〕胡敬輯 八卷
樊公祠録 〔清〕孫樹禮撰 二卷
武林藏書録 〔清〕丁申撰 五卷
風木盦圖題詠 〔清〕丁丙撰 一卷
武林雜事詩 〔清〕丁立誠撰 一卷

第二十五集

杭州上天竺講寺志 〔明〕释廣賓撰 十五卷
西溪聯吟 〔清〕吴祖枚、〔清〕陳如松撰 一卷
南宋宫閨雜詠 〔清〕趙棻撰 一卷
秦亭山民移居倡和詩 〔清〕周三變編 一卷
東城記餘 〔清〕楊文杰撰 二卷
三塘漁唱 〔清〕丁丙撰 三卷

第二十六集

文瀾閣志　〔清〕孫樹禮　〔清〕孫峻撰　三卷
北隅綴録（附續録）　〔清〕丁丙撰　四卷
北郭詩帳　〔清〕丁丙撰　二卷

叢　32.3　1200　永嘉叢書（十種）　〔清〕孫詒讓輯
瑞安孫氏刊　光緒三年　一百五十四卷　三十八册内缺一册

叢　32.3　1200　又
武昌書局刊　光緒三年　三十六册
横塘集　〔宋〕許景衡撰　二十卷
竹軒雜著　〔宋〕林仲壽撰　六卷
劉左史文集　〔宋〕劉安節撰　四卷
劉給諫文集　〔宋〕劉安上撰　五卷
薛浪語集　〔宋〕薛季宣撰　三十五卷
水心先生别集　〔宋〕葉適撰　十七卷
開禧德安守城録　〔宋〕王致遠撰　一卷
蒙川遺稿　〔宋〕劉黻撰　四卷
集韻考正　〔清〕方成珪纂　十卷
陳止齋集　〔清〕孫衣言輯　五十二卷

叢　32.3　3049　台州叢書（又名名山堂叢書七種）　〔清〕朱世舉輯
臨海未氏重刊　道光元年　四十七卷　二十册
嘉定赤城志　〔宋〕陳耆卿著　七卷
赤城集　〔宋〕林表民輯　十八卷
石屏集　〔宋〕戴復古著　十卷
文則　〔宋〕陳騤著　二卷

廣志繹　〔明〕王士性著　六卷
見聞隨筆　〔明〕馮甦著　二卷
滇考　〔明〕馮甦著　二卷

叢　32.3　3335　湖州叢書（十一種）
湖城義塾刊　六十六卷　二十四册

叢　32.3　3335　又
二十二册
周官故書考　〔清〕徐養原撰　四卷
論語魯讀考　〔清〕徐養原撰　一卷
儀禮古今異同　〔清〕徐養原撰　五卷
爾雅匡名　〔清〕嚴元照撰　二十卷
娱親雅言　〔清〕嚴元照撰　六卷
悔庵學文　〔清〕嚴元照撰　八卷
秋室集　〔清〕楊鳳苞撰　十卷
柯家山館詩集（附詞集）　〔清〕嚴元照撰　九卷
禮耕堂叢説　〔清〕施國祁撰　一卷
史論五答　〔清〕施國祁撰　一卷
吉貝居暇唱　〔清〕施國祁撰　一卷

叢　32.3　4777　金華文粹十種　〔清〕胡鳳丹輯
退補齋刊　同治七年　九十一卷　五十册
東萊集　〔宋〕吕祖謙撰　二十卷
九靈山房集　〔元〕戴良撰　十九卷
禪月集　〔唐〕釋貫休撰　十二卷
詩集傳名物鈔　〔元〕許謙著　八卷
尚書表注　〔元〕金履祥注　二卷

古周易　〔宋〕吕祖謙撰　二卷
元真子　〔唐〕張志和撰　三卷
泊宅編　〔宋〕方勺撰　三卷
螢雲叢説　〔宋〕俞成撰　二卷
王文忠公集　〔明〕王禕撰　二十卷

叢　32.5　2105　湖北先正遺書（七十五種）　盧靖輯
沔陽盧氏慎始基齋印　民十二年　七百二十卷　一百八十册　二部

經　部

漢上易集傳（附卦圖　叢説）　〔宋〕朱震撰　十五卷
周易玩辭　〔宋〕項安世撰　十六卷
易象鉤解　〔明〕陳士元撰　四卷
易象彙解　〔明〕陳士元撰　二卷
詩總聞　〔宋〕王質撰　二十卷
讀詩私記　〔明〕李先芳撰　五卷
三禮圖　〔明〕劉績撰　四卷
春秋穀梁傳集解　〔晉〕范寧撰　十二卷

史　部

東觀漢記　〔漢〕劉珍撰　二十四卷
國語補音　〔宋〕宋庠撰　三卷
紹陶録　〔宋〕王質撰　二卷
殿閣詞林記　〔明〕廖道南撰　二十二卷
南方草本狀　〔晉〕嵇含撰　三卷
荆楚歲時記　〔梁〕宗懍撰　一卷
北户録　〔唐〕段公路撰　三卷

益部方物略記 〔宋〕宋祁 一卷
益部談資 〔明〕何宇度撰 三卷
嵩陽石刻集記 〔清〕葉封撰 二卷

子 部

新語 〔漢〕陸賈撰 二卷
法言李注（附音義） 〔晉〕李軌注 十四卷
項氏家説 〔宋〕項安世撰 十二卷
管子補注 〔明〕劉績注 二十四卷
靈臺秘苑 〔周北〕庚季才撰 十五卷
書品 〔梁〕庚肩吾撰 一卷
益州名畫録 〔宋〕黄休復撰 三卷
畫史 〔宋〕米芾撰 一卷
書史 〔宋〕米芾撰 二卷
寶章待訪録 〔宋〕米芾撰 一卷
海岳名言 〔宋〕米芾撰 一卷
海岳題跋 〔宋〕米芾撰 一卷
畫鑑 〔元〕湯厚撰 一卷
樂府雜録 〔唐〕段安節撰 一卷
硯史 〔宋〕米芾撰 一卷
茶經 〔唐〕陸羽撰 三卷
竹譜 〔晉〕戴凱之撰 一卷
鬻子 〔周〕鬻熊撰 一卷
鶡冠子 三卷
鬼谷子 三卷
名義考 〔明〕周祁撰 十二卷
筆記 〔宋〕宋祈撰 三卷
麈史 〔宋〕王得臣撰 三卷

東軒筆録 〔宋〕魏泰撰 十五卷
張氏可書 〔宋〕張知甫撰 一卷
先進遺風 〔明〕耿定向撰 二卷
茅亭客話 〔宋〕黄休復撰 十卷
酉陽雜俎（附續集） 〔唐〕段成式撰 三十卷
陰符經解 鬼谷子等注 三卷
亢倉子 庚桑楚撰 一卷

集 部

屈原賦注（附通釋音義） 〔清〕戴震注 十二卷
庾子山集 〔北朝周〕庾信撰 十六卷
李北海集 〔唐〕李邕撰 五卷
杜工部集 〔唐〕杜甫撰 二十二卷
孟浩然集 〔唐〕孟浩然撰 三卷
丁卯集 〔唐〕許渾撰 三卷
皮子文藪 〔唐〕皮日休撰 十卷
宋元憲集 〔宋〕宋庠撰 三十六集
宋景文集（附拾遺） 〔宋〕朱祁撰 八十四卷
鄖溪集 〔宋〕鄭獬撰 二十八卷
寶晉英光集 〔宋〕米芾撰 八卷
北湖集 〔宋〕吴則禮撰 五卷
紫微集 〔宋〕張嵲撰 三十六卷
漢濱集 〔宋〕王之望撰 十六卷
雪山集 〔宋〕王質撰 十六卷
客亭類稿 〔宋〕楊冠卿撰 十五卷
雪樓集 〔元〕程鉅夫撰 三十卷
經濟文集 〔元〕李士瞻撰 六卷
丁鶴年集 〔元〕丁鶴年撰

一山文集 〔元〕李繼本撰 九卷
夢澤集 〔明〕王廷陳撰 十七卷
松陵集 〔唐〕皮日休編 十卷
唐音 〔元〕楊士宏編 十五卷
臨漢隱居詩話 〔宋〕魏泰撰 一卷
觀林詩話 〔宋〕吴聿撰 一卷

叢 32.5 4995 湖北叢書（三十一種） 〔清〕趙尚輔輯
三餘草堂藏版 光緒十七年 二百八十七卷 二部各一百册
御定易經通注 〔清〕傅以漸、〔清〕曹本榮奉勅撰 四卷
易領 〔明〕郝敬 四卷
周易集解纂疏 〔清〕李道平纂 十一卷
易筮遺占 〔清〕李道平纂 一卷
易象通義 〔清〕秦篤輝撰 六卷
尚書辨解 〔明〕郝敬撰 十卷
毛詩原解 〔明〕郝敬撰 三十六卷
詩傳名物集覽 〔清〕陳大章撰 十二卷
春秋非左 〔明〕郝敬撰 二卷
春秋楚地問答 〔清〕易本烺撰 一卷
論語類考 〔明〕陳士元撰 二十卷
四書逸箋 〔清〕程大中撰 六卷
孟子雜記 〔明〕程士元撰 四卷
輯孟子要略 〔清〕劉傳瑩輯 五卷
孔子家語疏證 〔清〕陳士珂撰 十卷
伸顧 〔清〕易本烺撰 一卷
史懷 〔明〕鍾惺撰 二十卷
讀史賸言 〔清〕秦篤輝撰 四卷
學統 〔清〕熊賜履撰 五十三卷

江漢叢談　〔明〕陳士元撰　二卷
雲杜故事　〔清〕易本烺撰　一卷
導江三議　〔清〕王柏心撰　一卷
姓觿　〔明〕陳士元撰　十卷
姓觿刊誤　〔清〕易本烺撰　一卷
名疑　〔明〕陳士元撰　四卷
繹志　〔清〕胡承諾撰　十九卷
讀書説（附年譜）　〔清〕胡承諾撰　五卷
蠕範　〔清〕李元撰　八卷
平書　〔清〕秦篤輝撰　八卷
樞言（附續）　〔清〕王柏心撰　二卷
楚辭章句　〔漢〕劉向集　〔漢〕王逸章句　十七卷

叢　33.1　3665　浦城宋元明儒書（十三種）　〔清〕祝昌泰輯
留香室祝氏刊　嘉慶十九年　七十七卷　十六册
武夷新集　〔宋〕楊億撰　二十卷
西崐酬唱　〔宋〕楊億撰　二卷
何博士備論　〔宋〕何去非撰　一卷
春渚紀聞　〔宋〕何薳撰　十卷
忘筌書　〔宋〕潘殖撰　十卷
詹元善集　〔宋〕詹體仁撰　二卷
西山文鈔　〔宋〕真德秀撰　八卷
四朝聞見録　〔宋〕葉紹翁撰　五卷
山民集　〔宋〕真山民撰　一卷
謝參軍詩　〔宋〕謝翱撰　二卷
楊仲宏集　〔元〕楊載撰　八卷
春秋四傳私攷　〔明〕徐浦撰　二卷
梅莊遺草　〔明〕翁白撰　六卷

叢 33.2 2120 嶺南遺書（五十九種） 〔清〕伍崇耀輯
南海伍氏刊 道光十一年 三百四十五卷 八十册

叢 33.2 2120 又
残存七十四册

第一集

雙槐歲鈔 〔明〕黄瑜撰 十卷
廣州人物傳 〔明〕黄佐撰 二十四卷
翰林記 〔明〕黄佐撰 二十卷
革除遺事節本 〔明〕黄佐撰 六卷
春秋别典 〔明〕薛虞畿撰 十五卷
百越先賢志 〔明〕歐大任撰 四卷

第二集

劉希仁文集 〔唐〕劉軻輯 一卷
理學簡言 〔宋〕區士衡撰 一卷
平定交南録 〔明〕邱濬撰 一卷
白沙語要 〔明〕陳獻章撰 一卷
甘泉新論 〔明〕湛若水撰 一卷
元祐黨籍碑考 〔明〕海瑞撰 一卷
疑耀 〔明〕張萱撰 七卷
海語 〔明〕黄衷撰
郭給諫疏稿 〔明〕郭尚賓撰 二卷
算迪 〔清〕何夢瑶撰 八卷
春秋詩話 〔清〕勞孝輿撰 五卷

第三集

崔清獻公集　〔宋〕崔與之撰　五卷
崔清獻公言行録　〔宋〕李肖龍撰　三卷
羅浮志　〔明〕陳槤撰
小學古訓　〔明〕黄佐撰
龐氏家訓　〔明〕龐尚鵬撰　一卷
昭代經濟言　〔明〕陳子壯撰　十四卷
周易爻物當名　〔明〕黎遂球撰　二卷
正學續　〔清〕陳遇夫撰　四卷
史見　〔清〕陳遇夫撰　二卷
迂言百則　〔清〕陳遇夫撰　二卷

第四集

周易本義注　〔清〕胡方注　六卷
賡和録　〔清〕何夢瑶撰　二卷
救荒備覽　〔清〕勞潼撰　四卷
周易略解（附羣經互解・算略）　〔清〕馮經撰　十卷
周髀算經術　〔清〕馮經撰　一卷
粵臺徵雅録　〔清〕羅元焕撰　〔清〕陳仲鴻注　一卷
重訂三家詩拾遺　〔清〕范家相、〔清〕葉鈞撰　十卷

第五集

楊議郎著書　〔漢〕楊孚撰　〔清〕曾釗編　一卷
異物志　〔漢〕楊孚撰　〔清〕曾釗編　一卷
交州記　〔晉〕劉欣奇撰　〔清〕曾釗編　二卷
始興記　〔宋〕王韶之撰　〔清〕曾釗輯　一卷
潛虚述義　〔宋〕司馬光撰　〔清〕蘇天木輯　四卷

五山志林 〔清〕羅天尺撰 八卷
測天約述 〔清〕陳昌齊撰 一卷
吕氏春秋正誤 〔清〕陳昌齊撰 一卷
楚辭辨韻 〔清〕陳昌齊撰 一卷
袁督師事蹟 闕名 一卷
嶺南荔枝譜 〔清〕吴應逵撰 六卷
南漢記 〔清〕吴蘭修撰 五卷
南漢地理志 〔清〕吴蘭修撰 一卷
南漢金石志 〔清〕吴蘭修撰 二卷
端溪硯史 〔清〕吴蘭修撰 三卷
粤詩蒐逸 〔清〕黄子高輯 四卷
春秋古今説 〔清〕侯康撰 二卷
穀梁禮證 〔清〕侯康撰 二卷
補後漢書藝文志 〔清〕侯康撰 四卷
補三國志藝志文 〔清〕侯康撰 四卷

第六集

毛詩通考 〔清〕林柏桐撰 三十卷
毛詩識小 〔清〕林柏桐撰 三十卷
虞書命羲和章解 〔清〕曾釗撰 一卷
蠡勺編 〔清〕凌楊藻撰 四十卷
紀夢編年（附續編） 〔清〕釋成鑾撰 一卷

叢 33.2 2435 嶺南叢書（四種）
十卷 四册
嶺海輿圖 〔明〕姚虞撰 一卷
南海百咏 〔宋〕方信孺撰 一卷
海語 〔明〕黄衷撰 三卷

泰泉鄉禮 〔明〕王佐撰 七卷

叢 33.5 6435 黔南叢書（十三種）

民十一年 四十三卷 二十册

第一集

淮海易談 〔明〕孫應鼇撰 四卷

易箋 〔清〕陳法撰 八卷

儀禮私箋 〔清〕鄭珍撰 八卷

第二集

黔遊日記 〔明〕徐宏祖撰 二卷

黔志 〔明〕王士性撰 一卷

黔塗略 〔明〕邢慈静撰 一卷

黔遊記 〔清〕陳鼎撰 一卷

滇行紀程摘鈔 〔清〕許纘曾撰 一卷

黔書 〔清〕田雯撰 二卷

續黔書 〔清〕張澍撰 八卷

黔軺紀行集 〔清〕蔣攸銛撰 一卷

黔記 〔清〕李宗昉撰 四卷

黔語 〔清〕吳振棫纂 二卷

四〇 族姓

叢 45 2631 二程全書（七種） 〔宋〕程灝、〔宋〕程頤同撰

星沙小嫏嬛仙館重刊 六十六卷 十六册 二部

叢 45 2631 又

二十册

二程遺書 二十六卷

二程外書 十二卷

明道文 五卷

伊川文 九卷

伊川易傳 四卷

程氏經説 八卷

二程粹言 二卷

叢 47 4424 午夢堂全集（十三種）〔明〕葉紹袁輯

觀古堂刊 民五年 八册

鸝吹 〔明〕沈宜修著 二卷

梅花詩 〔明〕沈宜修著 一卷

愁言 〔明〕葉昭齊著 一卷

返生香 〔明〕葉瓊章著 一卷

鴛鴦夢 〔明〕葉蕙綢著 一卷

竊聞 〔明〕葉紹袁著 一卷

伊人思 〔明〕沈宜修輯 一卷

百旻草 〔明〕葉世偁著

秦齋怨 〔明〕葉紹袁著

屺雁哀 〔明〕葉世佺等著

彤奩續些 〔明〕葉紹袁輯 二卷

靈護集 〔明〕葉世傛著

瓊花鏡 〔明〕葉紹袁著

叢 48 1036 賈氏叢書（六種）〔清〕賈汝愚等著

躬自厚齋刊 存十七卷 六册

故城賈氏手澤彙編　〔清〕賈臻輯　四卷
孟門草　〔清〕賈汝愚著　一卷
椿莊文輯　〔清〕賈汝愚著　一卷
壁雲軒賸稿　〔清〕賈盧碧筠著　一卷
退厓日劄　〔清〕賈臻著　四卷
郡齋筆乘　〔清〕賈臻著　六卷

叢　48　1081　王氏四種　〔清〕王念孫、〔清〕王引之撰
愛日堂刊　四十八册

叢　48　1081　又
六十册
讀書雜志　〔清〕王念孫撰　八十二卷
字典攷證　〔清〕王引之撰　十二卷
經傳釋詞　〔清〕王引之撰　十卷
經義述聞　〔清〕王引之撰　三十二卷

叢　48　1081　高郵王氏四種　〔清〕王念孫、〔清〕王引之撰
上海鴻章書局石印　七十四卷　六十四册
廣雅疏證（附博雅音）　〔清〕王念孫著　二十卷
讀書雜志　〔清〕王念孫著　十二卷
經義述聞　〔清〕王引之著　三十二卷
經傳釋詞　〔清〕王引之著　十卷

叢　48　3150　江都汪氏叢書（十三種）　〔清〕汪中、〔清〕汪喜孫著
上海中國書店印　民國十四年　四十一卷　十六册
容甫先生年譜　〔清〕汪喜孫編　一卷

述學　〔清〕注中著　六卷
廣陵通典　〔清〕汪中著　五卷
容甫遺詩　〔清〕汪中著　十卷
汪氏學行記　〔清〕汪喜孫輯　六卷
孤兒編　〔清〕汪喜孫輯　三卷
從政録　〔清〕汪喜孫輯　四卷
大戴禮記正誤　〔清〕注中著　一卷
經義知新記　〔清〕汪中著　一卷
春秋列國官名異同考　〔清〕汪中著　一卷
國語校文　〔清〕汪中著　一卷
舊學蓄疑　〔清〕汪中著　一卷
喪服答問紀實　〔清〕汪喜孫著　一卷

叢　49　3199　顧氏家集（十種）　顧燮光輯
民十八年　二十四卷　六册
玉笥山房要集　〔清〕顧廷綸著　五卷
北征日記（附灤水聯吟圖題詩彙存）　〔清〕顧廷綸著　二卷
鶴巢詩存（附介卿遺草）　〔清〕顧淳慶著　二卷
鶴巢語録　〔清〕顧淳慶著　一卷
衍洛圖説　〔清〕顧淳慶著　一卷
學醫隨筆　〔清〕顧淳慶著　一卷
孟晉齋文集　〔清〕顧壽楨著　五卷
孟晉齋外集　〔清〕顧壽楨著　一卷
周列士傳　〔清〕顧壽楨著　一卷
漱塵室集　〔清〕顧廸光著　五卷

五〇　自著

叢　55　1143　張宣公全集（三種）　〔宋〕張栻著

咸豐四年　六十一卷　十二册

南軒文集　四十四卷

南軒論語解　十卷

南軒孟子説　七卷

叢　55　4022　真西山全集（八種）　〔宋〕真德秀著

武陵楊氏重刊　明崇禎十一年　一百八十三卷　六十四册

大學衍義　四十三卷

真文忠公文集（八種）　五十五卷

讀書記　四十卷

文章正宗　三十卷

文章正宗續編　十二卷

年譜　一卷

心經　一卷

政經　一卷

叢　55　4442　石林遺書（十三種）　〔宋〕葉夢得著　葉德輝輯

葉氏觀古堂校刊　宣統三年　四十九卷　十六册

石林家訓　一卷

石林治生家訓要略　一卷

禮記解　四卷

石林燕語考異　〔宋〕宇文紹奕考異　十卷

石林燕語辨　〔宋〕汪應辰辨正　十卷

玉澗雜書　一卷

巖下放言　三卷

避暑録話　二卷
老子解　二卷
建康集　八卷
石林詩話　三卷
石林詞　一卷
石林遺詩　三卷

叢　56　8073　率祖堂叢書（八種附刻六種　一名金仁山遺書）〔元〕金履祥著
金華金氏刊　鎮海謝氏補刊　乾隆二年　光緒十三年　八十三卷
三十四册

叢　56　8073　又
二十四册
尚書表注　二卷
大學疏義　一卷
論語集注攷證　十卷
孟子集注攷證　七卷
通鑑前編　二十二卷
濂洛風雅　六卷
金仁山集　五卷
金仁山年譜　一卷
附刊　〔明〕徐袍編
東萊正學編　〔宋〕吕祖謙撰　一卷
何北山正學編　〔宋〕何基撰　一卷
王魯齋正學編　〔宋〕王柏撰　二卷
許白雲集　〔元〕許謙著　四卷
章楓山正學編　〔宋〕章懋著　一卷

王鶴潭金華徵獻略　〔清〕王崇炳輯　二十卷

叢　57　0054　明高拱集（十一種）　〔明〕高拱著

高氏家刊　殘存六十二卷　殘存三十九册

問辨録　十卷

日進直講　五卷

本語　六卷

南宮奏牘　二卷

綸扉稿　二卷

掌銓題稿　三十四卷　内缺十二卷

獻忱集　五卷

外制集　一卷

玉堂公草　一卷

政府書答　四卷

程士集　四卷

叢　57　0073　連理亭方氏叢書（二種）　〔明〕方學漸著

光緒九年　二十五卷　四册

桐彝（附續）　五卷

邇訓　二十卷

叢　57　1205　孫文恭公遺書（七種）　〔明〕孫應鼇著

獨山莫氏刊　光緒六年　二十卷　六册

淮海易譚　四卷

四書近語　六卷

教秦緒言　一卷

幽心瑶草　一卷

學孔精舍詩鈔　六卷

補輯雜文 一卷
附録 一卷

叢 57 1932 耿天台全書（九種） 〔明〕耿定向著
武昌正信印務館印 民十四年 十六卷 八册 二部
卷首 一卷
耿子庸言 一卷
紀言 一卷
書牘 二卷
先進遺風 一卷
牧事末議 一卷
繹異 一卷
雜俎觀生紀 共一卷
遺集 八卷

叢 57 3135 顧端文公遺書（十四種） 〔明〕顧憲成著
涇里宗祠刊 光緒三年 六十三卷 十四册
小心齋劄記 十八卷
東林會約 一卷
東林商語 二卷
虞山商語 三卷
仁文商語 一卷
南岳商語 一卷
經正堂商語 一卷
志矩堂商語 一卷
當下繹 一卷
證性編 六卷
還經録 一卷

自反録　一卷
涇皋藏稿　二十二卷
年譜　一卷

叢　57　4413　薛文清公集（十種）　〔明〕薛瑄著
薛氏家刊　雍正十二年　五十七卷　四十八册
文集　二十四卷
名家制義　一卷
文清手稿　一卷
策問　一卷
年譜
行實録　五卷
讀書録　十一卷
讀書續録　十二卷
理學粹言　一卷
從正名言　一卷

叢　57　4694　總纂升菴合集（六十九種）　〔明〕楊慎著
新都王鴻文堂刊　光緒八年　二百四十卷　八十册
升菴文集　二十卷
升菴詩集　四十七卷
升菴長短句　三卷
哲匠金桴　五卷
謝華啓秀　三卷
均藻　六卷
升菴經説　十五卷
檀公叢書　二卷
史説　十卷

子説　三卷
莊子闕誤　一卷
古雋　八卷
論文　四卷
論騷賦　二卷
四六妙句　一卷
古音略例　一卷
古文韻語　一卷
古今諺　二卷
古今風謡　二卷
升菴詩話　十五卷
詞品（附拾遺）　十卷
字説　二卷
石鼓文音釋　一卷
法帖神品目　一卷
碑帖　二卷
墨池瑣録　一卷
書品　一卷
釋字　二卷
俗言解字　一卷
古音複字　二卷
古音駢字　二卷
古音獵要　五卷
古音餘　五卷
古音附録　一卷
古音叢目　五卷
古音後語　一卷
奇字韻　二卷

玉名詁　一卷
術藝雜録　一卷
希姓録　一卷
姓名録　一卷
畫品　二卷
科舉　一卷
理學　一卷
瑣語　一卷
天文　一卷
山海經補注　一卷
雲南山川志　一卷
滇載記　一卷
郡國外夷　一卷
山名考　一卷
水道考（附田墓）　二卷
官制考　一卷
兵農考　一卷
隱逸考　一卷
仙釋攷　二卷
麗情集　一卷
宫室考　二卷
圭璽考（附寶翫）　一卷
冠服考　一卷
鹵簿舟車攷　一卷
文具攷　一卷
音樂攷　一卷
飲食考（附篚篚戲具）　一卷
異魚圖贊　一卷

動物考 二卷
植物考 二卷
升菴年譜 二卷
附刻楊氏藝文 一卷

叢 57 4700 少室山房集（十五種） 〔明〕胡應麟撰
廣雅書局刊 光緒二十二年 十二册

叢 57 4700 又
六十四卷 十册
經籍會通 四卷
丹鉛新録 八卷
史書佔畢 六卷
藝林學山 八卷
九流緒論 三卷
四部正譌 三卷
三墳補逸 二卷
二酉綴遺 三卷
華陽國議 二卷
莊嶽委談 二卷
玉壺遐覽 四卷
雙樹幻鈔 三卷
詩藪内編 六卷
詩藪外編 四卷
詩藪雜編 六卷

叢 57 6045 吕子遺書（二種） 〔明〕吕坤著
十七卷 二十四册

去僞齋集　十卷

實政録（五種）　共七卷

叢　57　7541　歸雲别集（十種）　〔明〕陳士元著

寶善堂藏版　道光十三年　七十四卷　二十册　三部

姓匯　四卷

姓觿　十卷

名疑　四卷

古俗字略　七卷

夢占逸旨　八卷

論語類考　二十卷

孟子雜記　四卷

易象鈎解　四卷

易象彙解　二卷

五經異文　十一卷

叢　58　0030　柏堂遺書（二十三種）　〔清〕方宗誠著

志學堂刊　一百七十二卷　六十册

叢　58　0030　又（原題方氏十四種）

光緒四年　五十三卷　十三册

讀易筆記　二卷

書傳補義　三卷

詩傳補義　三卷

禮記集説補義　一卷

春秋傳正誼　四卷

春秋集義　十二卷

讀孝經筆記　一卷

讀學庸筆記 二卷
讀論孟筆記 三卷
讀論孟補記 二卷
文章本原 三卷
論文雜記 一卷
説詩章義 三卷
陶詩真詮 一卷
讀宋鑑論 三卷
讀史雜記 一卷
讀諸子諸儒書雜記 一卷
志學録 八卷
周子通書講義 一卷
俟命録 十卷
輔仁録 四卷
吴竹如先生年譜 一卷
柏堂集四編 九十九卷

叢 28 0014 抗希堂十六種全書 〔清〕方苞著
嫏嬛閣刊 光緒二十四年 一百三十七卷内八種未分卷 六十四册
周官辨
周官析疑 三十六卷
考工析疑 四卷
周官集註 十二卷
禮記析疑 四十八卷
儀禮析疑 十七卷
喪禮或問
春秋通論 四卷
春秋比事目録 四卷

春秋義法舉要

春秋直解　十二卷

史記註補正

删定管子

删定荀子

離騷正義

望溪文集

叢　58　0070　章氏遺書（二種）〔清〕章學誠著

道光十三年　十一卷　五册

文史通義内外篇　八卷

校讎通義　三卷

叢　58　0111　龔畏齋集（十三種）〔清〕龔元玠著

南昌考棚公局新鐫本　道光二十六年　五十四卷　二十二册

叢　58　0111　又

二十四册

周易客難　一卷

書經客難　三卷

詩經客難　二卷

春秋客難　二十四卷

禮記客難　四卷

周禮客難　八卷

儀禮客難　一卷

學庸客難　一卷

論語客難　三卷

孟子客難　一卷

黄淮安瀾編 二卷
經學史略策 一卷
畏齋文集 四卷

叢 58 0131 味義根齋全書（六種） 〔清〕譚澐著
光緒五年 十四卷 六册
禹貢章句 四卷
禹貢圖説 一卷
春秋日月考 四卷
國語釋地 三卷
孟子辨證 二卷
古今冬至表 四卷

叢 58 0403 謝程山全書（十二種） 〔清〕謝文洊著
光緒十八年 五十八卷 三十六册
序例 一卷
謝程山集 二十一卷
學庸切己録 二卷
讀易緒言 二卷
風雅倫音 二卷
左傳濟變録 二卷
初學先言 二卷
養正編 一卷
程門主敬録 一卷
大臣法則 八卷
兵法類案 十三卷
删定大學稽中傳 三卷

叢　58　0434　梅莊雜著（八種）〔清〕謝濟世著

寄生草堂刊　光緒十年　十二卷　四册

以學集　四卷

西北域記　一卷

簒言内編　一卷

簒言外編　二卷

離騷解　一卷

史評　一卷

居業集　一卷

一巒集　一卷

叢　58　0442　謝厚菴四種〔清〕謝蘭生編

六卷　四册

仰觀録續編　二卷

輿圖總論注釋　一卷

十家語録摘要　二卷

詠梅軒劄記　一卷

叢　58　0771　春暉雜稿（十六種）〔清〕郭階著

光緒十五年　二十七卷　二十册

大學古本釋　一卷

中庸釋　一卷

學庸識小　一卷

周易漢讀考敍　三卷

讀史提要録評　一卷

天鈞巵言　一卷

老子識小　一卷

莊子識小　一卷

芹曝録　一卷
集選録　一卷
遲雲閣詩稿　四卷
遲雲閣文稿卷　五卷
日知堂筆記　三卷
日知党賸集　一卷
國史館傳　一卷
郭光禄公家傳　一卷

叢　58　1018　如諫果室叢刊（三種）　〔清〕王延釗著
光緒三十四年　一册　二部
春秋列女圖攷
補漢書元后本紀
晉八王易知略

叢　53　1023　王元圃雜著（五種）　〔清〕王繩祖著
七卷　二册
伏羲易義　一卷
歸藏易占　一卷
古大學石經合考　一卷
周子太極圖説　一卷
草堂恒言　三卷

叢　58　1043　漁洋山人著述（三十六種）　〔清〕王士禛輯著
二百四十八卷　一百〇三册
漁洋詩集　二十二卷
漁洋詩續集　十六卷
蠶尾集　十卷

蠶尾續集　二卷
蠶尾後集　二卷
南海集　二卷
雍益集　一卷
精華録　十卷
漁洋文略　十四卷
唐賢三昧集　三卷
唐人萬首絶句選　七卷
十種康詩選　十七卷
香祖筆記　十二卷
池北偶談　二十六卷
居易録　三十四卷
謚法攷　一卷
分甘餘話　四卷
皇華紀聞　四卷
粵行三志　三卷
蜀道驛程記　二卷
秦蜀後記　二卷
隴蜀餘聞　一卷
長白山録　一卷
語溪攷　一卷
戴書圖詩　一卷
高徐二家詩　二卷
抱山詩選　一卷
考功詩選　四卷
邊華泉詩選　四卷
邊仲子詩選　一卷
張蕭亭詩選　六卷

司徒公歷仕録　一卷
恃御公隴首集　一卷
清瘖齋心賞編　一卷
藎臣公剪桐載筆　一卷
如亭羣芳譜　二十八卷

叢　58　1053　船山遺書（六十二種）　〔清〕王夫之著
湘鄉曾氏刊于金陵　同治四年　二百九十三卷　一百册

叢　58　1053　又（五十八種）
一百十二卷　一百十二册内缺三册

經　　類

周易内傳　七卷
周易大象解　一卷
周易稗疏　四卷
周易考異　一卷
周易外傳　七卷
書經稗疏　四卷
尚書引義　六卷
詩經稗疏　四卷
詩經考異　一卷
叶韻辨　一卷
詩廣傳　五卷
禮記章句　四十九卷
春秋家説　三卷
春秋稗疏　二卷

春秋世論　五卷
續春秋左氏博議　二卷
讀四書大全説　十卷
四書稗疏　一卷
四書考異　一卷
説文廣義　三卷

史　類

讀通鑑論　三十卷
宋論　十五卷
永歷實録　二十六卷
蓮峯志　五卷

子　類

張子正蒙注　九卷
思問録内外篇　二卷
俟解　一卷
噩夢　一卷
黄書　一卷
識小録　一卷
龍原夜話　一卷
老子衍　一卷
莊子解　三十三卷
莊子通　一卷
愚鼓辭　一卷

集　類

楚辭通釋　十四卷
薑齋文集　十卷
薑齋五十自定稿　一卷
薑齋六十自定稿　一卷
薑齋七十自定稿　一卷
柳岸吟　一卷
落花詩　一卷
遣興詩　一卷
和梅花百詠　一卷
洞庭秋　一卷
雁字詩　一卷
仿體　一卷
嶽餘集（附賸稿）　一卷
船山鼓棹初集　一卷
船山鼓棹二集　一卷
瀟湘怨　一卷
詩譯　一卷
夕堂永日緒論内篇　一卷
夕堂永日緒論外篇　一卷
南窗漫記　一卷
憶得　一卷
龍州會雜劇　二卷
船山經義　一卷
薑齋詩賸稿　一卷
薑齋詩分體稿　四卷
薑齋詩編年稿　一卷

薑齋文集補遺 二卷

叢 58 1060 頤志齋叢書（二十一種） 〔清〕丁晏著

六藝堂藏版 同治元年 四十一卷 二十册

周易述傳 二卷

周易訟卦淺説 一卷

尚書餘論 一卷

禹貢集釋 三卷

禹貢蔡傳正誤 二十一卷

禹貢錐指正誤 一卷

毛鄭詩釋 四卷

詩考補注補遺 三卷

鄭氏詩譜考正 一卷

毛詩陸疏校正 二卷

儀禮釋注 二卷

周禮釋注 二卷

禮記釋注 四卷

孝經述注 一卷

北宋二體石經記 一卷

金天德大鐘款識 一卷

子史粹言 二卷

鄭司農陳思王年譜 陶靖節陸宣公年譜 四卷

石亭紀事 二卷

百家姓韻語三編 一卷

讀經説 一卷

叢 58 1088 鄂宰四種 〔清〕王筠撰

賀氏校刊 咸豐二年 四卷 二册

夏小正義　一卷
弟子職正音　一卷
毛詩重言　一卷
毛詩雙聲叠韻説　一卷

叢　58　1320　授堂遺書九種　〔清〕武億著
授堂重刊　道光二十三年　五十三卷　十二册
卷首　二卷
授堂文鈔　十卷
讀畫山房文鈔　二卷
授堂詩鈔　八卷
金石一跋　四卷
羣經義證　八卷
經讀考異（附補）　八卷
四書考異
句讀敍述（附補）　二卷
三禮義證　十一卷

叢　58　1739　鄧氏遺書（二十三種）　〔清〕鄧逢光著
三十五卷　三十册

叢　58　1739　又
三十八卷　三十六册

叢　58　1739　又
七卷　六册
性學語録　一卷

學庸講義　一卷
中庸講義　一卷
上論講義　一卷
下論講義　一卷
孟子講義　一卷
論易閒筆講義　二卷
覺覺軒語録　三卷
正覺軒語録　二册
養性閒筆語録摘要　一卷
養性閒筆語録次集　一卷
養性閒筆語録續集　一卷
性學閒筆語録　二卷
性學閒筆語録後集　一卷
性學閒筆語録次集　二卷
廬山觀音閣語録全集　二卷
性中天遺訓後集　二卷
地理正論醒迷全集　一卷
儒家尖性學閒筆語録　一卷
儒家尖遺訓後集　二卷
實修館遺訓前集　二卷
實修館遺訓後集　二卷
續四書遺訓後集

叢　58　2022　焦氏叢書（二十二種）　〔清〕焦循著
衡陽魏氏刊　光緒二年　一百二十四卷　四十册

叢　58　2022　又
四十八册

叢 58 2022 又

六十册

易學章句 十二卷

易圖略 八卷

易通釋 二十卷

易話 二卷

易廣記 三卷

論語補疏 三卷

周易補疏 二卷

尚書補疏 二卷

詩經補疏 五卷

春秋補疏 五卷

禮記補疏 三卷

羣經宫室圖 二卷

禹貢鄭注箋 二卷

孟子正義 三十卷

加減乘除法 八卷

天元一書 二卷

釋弧 三卷

釋輪 二卷

釋橢 一卷

北湖小志 六卷

李翁醫記 一卷

事略 一卷

叢 58 2042 毛西河全集（一百二十三種） 〔清〕毛奇齡著

四百九十卷 一百册

仲氏易 三十卷

推易始末 四卷
河圖洛書原舛編 一卷
太極圖説遺議 一卷
易小帖 五卷
易韻 四卷
古文尚書冤詞 八卷
尚書廣聽録 五卷
舜典補亡 一卷
國風省篇 一卷
毛詩寫官記 四卷
詩札 二卷
詩傳詩説駁義 五卷
白露洲主客説詩 一卷
續詩傳鳥名 三卷
婚禮辨正 一卷
廟制折衷 二卷
大小宗通繹 一卷
北郊配位尊西向議 一卷
辨定嘉靖大禮議 二卷
辨定祭禮通俗譜 五卷
喪禮吾説篇 十卷
曾子問講録 四卷
儀禮疑議 二卷 原缺
春秋毛氏傳 三十六卷
春秋屬詞比事記 四卷
春秋條貫篇 十一卷
春秋占筮書 三卷
春秋簡書刊誤 二卷

四書索解　四卷
論語稽求篇　七卷
大學證文　四卷
大學知本圖説　一卷
中庸説　五卷
四書賸言　四卷
四書賸言補　二卷
聖門釋非録　五卷
逸講箋　三卷
聖論樂本解　二卷
竟山樂録　四卷
皇言定聲録　八卷
李氏學樂録　二卷
孝經問　一卷
周禮問　二卷
大學問　一卷
明堂問　一卷
學校問　一卷
郊社禘祫問　一卷
經問　十八卷
經問補　三卷
誥　一卷
頌　一卷
策問　一卷　原缺
表　一卷　原缺
主客詞　二卷
奏疏　一卷
議　四卷

揭子 一卷
史劄子 二卷
史館擬判 一卷
書 八卷
牘札 一卷
箋 一卷
序 三十四卷
引弁首 一卷
題・題詞・題端・ 一卷
跋 一卷
書後緣起 一卷
碑記 十一卷
傳 十一卷
王文成傳本 二卷
墓碑銘 二卷
墓表 五卷
墓誌銘 十六卷
神道碑銘 二卷
塔誌銘 二卷
事狀 四卷
年譜 一卷
記事 一卷
集課記 一卷
説 一卷
録 一卷
制科雜録 一卷
後觀石録 一卷
越語肯綮録 一卷

何御史孝子詞主復位録 一卷
湘湖水利志 三卷
蕭山縣志刊誤 三卷
杭志三詰三誤辨 一卷
天問補註 一卷
館課擬文 一卷
折客辨學文 一卷
答三辨文 一卷
釋二辨文 一卷
辨聖學非道學文 一卷
辨忠臣不徒死文 一卷
古禮今律無繼嗣文 一卷
古今無慶生日文 一卷
禁室女守志殉死文 一卷
勝朝彤史拾遺記 六卷
武宗外紀 一卷
後鑒録 七卷
蠻史合志 十五卷
韻學要指 十一卷
賦 四卷
續哀江南賦 一卷 原缺
九懷詞 一卷
擬廣博詞連珠詞 一卷 原缺
誄文 一卷
詩話 八卷
詞話 二卷
填詞 六卷
連廂詞 一卷

二韻詩 三卷

七言紀句 八卷

排律 六卷

七言古詩 十三卷

五言律詩 六卷

七言律詩 十卷

七言排律 一卷

五言格詩 五卷

雜體詩 一卷

徐都講詩 一卷

叢 58 2141 何文貞公遺書（四種） 〔清〕何桂珍撰

六安求我齋刊 光緒十年 六卷 二册

補輯朱子大學講義 二卷

訓蒙千字文 一卷

文集 二卷

附録 一卷

叢 58 2531 空山堂全集（九種） 〔清〕牛運震著

一百〇一卷 四十四册

周易解 九卷

論語隨筆 二十卷

孟子論文 七卷

空山堂文集 十二卷

空山堂詩集 六卷

詩志 八卷

春秋傳 十二卷

史記評註 十二卷

讀史糾謬　十五卷

叢　58　2544　挹秀山房叢書（十四種）　〔清〕朱克敬著
朱氏重刊本　光緒二十年　三十五卷　十二册
鷗言内篇　一卷
鷗言外篇　一卷
鷗言雜録　一卷
儒林瑣記　三卷
儒林附記　一卷
浮湘訪學集　十卷
瞑菴雜識　四卷
瞑菴二識　二卷
柔遠新書　四卷
雨窗消意録　四卷
晦鳴録　一卷
瞑菴詩録　一卷
瞑菴學詩　一卷
瞑菴叢稿　一卷

叢　58　2574　朱氏羣書（六種）　〔清〕朱駿聲著
臨嘯閣刊　六卷　五册
説文通訓補遺　一卷
夏小正補傳　一卷
儀禮經注一隅　一卷
左傳識小録　一卷
小爾雅約注　一卷
離騷補注　一卷

叢 58 2724 鄒徵君遺書（八種） 〔清〕鄒伯奇撰

廣東拾芥園刊 同治十二年 十七卷 五册

學計一得 二卷

補小爾雅釋度量衡 一卷

格術補 一卷

對數尺記 一卷

乘方捷術 三卷

存稿 一卷

夏氏數學四種 〔清〕夏鸞翔著 五卷

徐氏算學三種 〔清〕徐有任著 三卷

叢 58 2736 敩藝齋遺書（六種） 〔清〕鄒漢勛著

十七卷 四册

讀書偶識 八卷

五韻論 二卷

顓頊秝考 二卷

文 三卷

詩 一卷

紅厓刻石釋文 一卷

叢 58 2744 紀慎齋全書（二十一種） 〔清〕紀大奎著

嘉慶十三年 八十六卷 三十二册

觀易外編 六卷

易問 六卷

古律經傳附考 五卷

老子約説 四卷

雙桂堂稿 十卷

雙桂堂稿續編 十二卷

敬義堂家訓　二卷
雙桂堂詩文稿　一卷
課子遺編　一卷
地理末學　六卷
筆算便覽　五卷
崇祀録　一卷
附刻讀書録鈔　二卷
甑峯遺稿　二卷
周易參同契集韻　三卷
俞氏參同契發揮摘録　一卷
悟真篇　三卷
仕學備餘　六卷
六壬類聚　四卷
地理水法要訣　五卷
考訂河洛理數要覽　一卷

叢　58　2747　安吴四種　〔清〕包世臣著
同治十一年　三十六卷　十六册
中衢一勺　七卷
藝舟雙楫·論文·論語·附録　共九卷
管情三義賦·詩·詞·濁泉篇　八卷
齊民四術　十二卷

叢　58　2800　徐位山六種　〔清〕徐文靖著
光緒二年　八十三卷　二十四册　二部
天下山河兩戒考　十四卷
竹書紀年統箋　十二卷
禹貢會箋　十二卷

管城碩記 三十卷

經言拾遺 十四卷

志甯堂全稿 一卷

叢 58 3149 武靈山人遺書（十二種） 〔清〕顧觀光著

安楊縣署刊 光緒九年 十三卷 八册

六秝通考 一卷

九執秝解 一卷

回回秝解 一卷

算賸初編 一卷

算賸續編 一卷

算賸餘稿 二卷

九數外録 一卷

神農本草經 一卷

周髀算經校勘記 一卷

傷寒論補注 一卷

吴越春秋校勘記 一卷

華陽國志校勘記 一卷

叢 58 3191 亭林遺書彙輯（二十二種附辭三種） 〔清〕顧炎武著

朱氏經校山房印 光緒十四年 六十八卷 二十八册

叢 58 3191 又（二十二種）

蓬瀛閣校刊 四十五卷 十六册

左傳杜解補正 三卷

九經誤字 一卷

五經同異 三卷

韻補正 二卷

聖安記事　二卷
顧氏譜系考　一卷
昌平山水記　二卷
京東攷古録　一卷
山東攷古録　一卷
譎觚十事　一卷
求古録　一卷
明季實録　一卷
歷代帝王宅京記　二十卷
營平二州地名記　一卷
金石文字記　六卷
石經攷　一卷
菰中隨筆　三卷
救文格論　一卷
雜録　一卷
文集　六卷
詩集　五卷
餘集　一卷
佚詩　一卷
年譜　一卷
神道表　一卷
同志贈言　一卷

叢　58　3193　龍莊遺書（八種）〔清〕汪輝祖纂
江蘇書局刊　十五卷　六册

叢　58　3193　又（六種）
望三益齋刊　十三卷　二册

學治臆説　二卷
學治續説　一卷
學治説贅　一卷
佐治藥言　一卷
佐治續藥言　一卷
病榻夢痕録　二卷
夢痕録餘　一卷
雙節堂庸訓　六卷

叢　58　3246　潘子全集（十五種）〔清〕潘相著
光緒十五年　九十五卷　五十一册
周易尊翼　五卷
毛詩古音參議　五卷
尚書可解輯粹　二卷
周禮摘要　三卷
禮記釐編　十卷
春秋尊孟　一卷
春秋比事參議　一卷
春秋應舉輯要　十二卷
澧志舉要　三卷
吾學録　五卷
事友録　五卷
琉球入學見聞録　四卷
譼文書屋集略　八卷
譼文書屋尺牘　一卷
俎豆集（附刊）〔清〕潘季孚輯　三十卷

叢 58 3404 洪北江全集（三十二種） 〔清〕洪亮吉著

授經堂重刊 光緒二十三年 二百二十二卷 八十四册 二部

年譜 一卷

卷施閣文甲集 十卷

卷施閣補遺 一卷

卷施閣文乙集 八卷

卷施閣續編 一卷

卷施閣詩集 二十卷

更生齋文甲集 四卷

更生齋文乙集 四卷

更生齋續集 二卷

更生齋詩集 八卷

更生齋詩續集 十卷

鮚軒詩集 八卷

冰天雪窖詞 一卷

機聲燈影詞 一卷

兩晉南北史樂府 二卷

唐宋小樂府 一卷

北江詩話 六卷

曉讀書齋雜録 八卷

傳經表 二卷

通經表 二卷

六書轉注録 十卷

弟子職箋釋（附史目表） 三卷

春秋左傳詁 二十卷

漢魏音 四卷

比雅 十卷

乾隆府廳州縣圖志 五十卷

補三國疆域志　二卷
東晉疆域志　四卷
十六國疆域志　十六卷
伊黎日記　一卷
天山客話　一卷
外家紀聞　一卷

叢　58　3435　沈寄簃先生遺書（八種）　〔清〕沈家本著
一百三十卷　四十册
歷代刑法考　七十八卷
寄簃文存　八卷
諸史瑣言　十六卷
三國志注書目　二卷
世説注書目　三卷
續漢書志注書目　三卷
日南隨筆　八卷
沈碧樓偶存稿　十二卷

叢　58　3603　湯子遺書（五種）　〔清〕湯斌著
同治九年　三十七卷　二十四册
湯文正公全集　十卷
湯文正公全集續編　二卷
洛學編　五卷
乾坤兩卦解
湯潛菴史稿　二十卷

叢　58　3708　二思堂叢書（四種）　〔清〕梁章鉅著
福州梁氏刊　光緒元年　四十三卷　十八册

退菴自訂年譜　一卷
退菴隨筆　二十二卷
南省公餘録　八卷
古格言　十二卷

叢　58　4004　石泉書屋全集（十三種）　〔清〕李文桂著
同治十三年　一百六十三卷　五十二册
坦室遺文　一卷
坦室雜著　一卷
石泉書屋類稿　八卷
石泉書屋詩鈔　八卷
石泉書屋尺牘　二卷
石泉書屋制藝　二卷
石泉書屋律賦　二卷
石泉書屋館課詩　二卷
石泉書屋制藝補鈔　一卷
吾廬筆談　八卷
古泉匯（附續）　八十卷
書畫鑑影　二十四卷
武定詩續鈔　二十四卷

叢　58　4047　杭氏七種　〔清〕杭世駿著
長沙小嫏嬛山館重刊　十八卷　四册
石經考異　二卷
諸史然疑　一卷
兩漢蒙拾　一卷
晉書補傳贊　一卷
文選課虚　四卷

續方言　二卷
榕域詩話　三卷

叢　58　4057　自得廬刊書（八種）　〔清〕李輈著
光緒二十三年　四十二卷　二十八册
書藝蒙求　五卷
數藝蒙求　二卷
道學内篇　一卷
文學外篇　十五卷
大清會典録要　八卷
皇朝樂舞録要　四卷
皇朝政體録要　四卷
大清全律名例録　二卷

叢　58　4085　錦官録（四種）　〔清〕李錫書著
停雲館刊　十六卷　四册
圜海圖攷　四卷
釋地圖考　二卷
河洛圖説　四卷
周官圖説　六卷

叢　58　4088　尚志齋叢書（三種）　〔清〕左欽敏著
十一册
古學編
文編
雜記

叢　58　4094　榕村全書（三十八種附菜園穆亭等著述八種）〔清〕李光地著

二百十七卷　一百十四册

叢　58　4094　又

一百册

大學古本説　一卷

中庸章段　一卷

中庸餘論　一卷

中庸四記　一卷

論孟劄記　四卷

周易通論　四卷

周易觀象　十二卷

周易觀象大指　二卷

詩所　八卷

尚書解義　二卷

洪範説　二卷

春秋燬餘　四卷

孝經全註　一卷

古樂經傳　五卷

歷象本要　一卷

握奇經註　一卷

陰符經註　一卷

離騷經九歌註　一卷

參同契註　一卷

韓子粹言　一卷

正蒙註　二卷

二程子遺書纂　二卷

朱子語類四纂　五卷
朱子禮纂　五卷
性理　一卷
古文精藻　二卷
榕村講授　三卷
榕村字畫辨訛　一卷
榕村韻書　五卷
榕村詩選　八卷
程墨前選　二卷
名文前選　六卷
易義前選　四卷
榕材語録　十五卷
榕村全集　四十卷
榕村續集　七卷
榕村別集　五卷
榕村制義　四卷
周禮纂訓　〔清〕李鐘倫著　二十一卷
經書源流·三禮儀制·帝王世系·歌訣　〔清〕李鐘倫著　共一卷
文貞公年譜　〔清〕李清植纂　二卷
儀禮纂録　〔清〕李清植纂　二卷
淛授存愚　〔清〕李清植纂　二卷
榕村譜録合考　〔清〕李清馥纂　二卷
道南講授　〔清〕李清馥纂　十三卷
律詩四辨　李宗文撰　四卷

叢　58　4206　邃雅堂學古録（七種）　〔清〕姚文田著
七卷　四册
學易討原

顓頊曆術
夏殷曆章蔀合表
周初年月日歲新考
春秋經傳閏朔表
漢初年月日表
四書瑣語

叢　58　4215　一經盧叢書（四種）　〔清〕姚配中著
一經盧刊　二十二卷　十册
周易姚氏學
周易通論月令
一經廬琴學
一經廬文抄

叢　58　4217　惜抱軒全集（十四種）　〔清〕姚鼐著
省心閣重刊　同治五年　八十八卷　二十册
文集　十六卷
文後集　十卷
詩集　十卷
詩後集　一卷
詩外集　一卷
法帖題跋　三卷
左傳補註　一卷
公羊補註　一卷
穀梁補註　一卷
國語補註　一卷
筆記　八卷
九經説　十七卷

五言今體詩鈔 九卷
七言今體詩鈔 九卷

叢 58 4310 戴氏三種 〔清〕戴震著
樸社刊 民十三年 九卷 一册 二部
原善 三卷
孟子字義疏證（附答彭進士書） 三卷
緒言 三卷

叢 58 4327 尤西堂全集（二十二種） 〔清〕尤侗著
一百一十卷 四十册
西堂雜組（一集） 八卷
又（二集） 八卷
又（三集） 八卷
西堂剩稿 二卷
西堂秋夢録 一卷
西堂小草 一卷
論語詩 一卷
右北平集 一卷
看雲草堂集 八卷
述祖詩 一卷
于京集 五卷
哀絃集 二卷
擬明史樂府 一卷
外國竹枝詞 一卷
百末詞 六卷
艮齋倦稾文集 十五卷
宮閨小名録 五卷

艮齋倦稾詩集　十一卷
艮齋雜説（附續説）　九卷
外國傳　八卷
看鑑偶評　五卷
明史擬稿　六卷

叢　58　4412　海嶽軒叢刊（九種）　〔清〕杜元穆著
蘇省刷印總局印　光緒三十三年　十七卷　八册
元穆日記　三卷
元穆文鈔　二卷
黄陵詩鈔　一卷
吴船日記　一卷
黄陵書牘　二卷
采菽堂筆記　二卷
采菽堂書牘　二卷
寄螺行館書牘　二卷
蒙山學究語　二卷

叢　58　4421　藍氏叢書（原名鹿州全集八種）　〔清〕藍鼎元著
漳浦藍氏刊　四十三卷　二十四册
鹿洲初集　二十卷
平臺紀略　一卷
東征集　六卷
鹿洲公案　二卷
修史試筆　二卷
棉陽學準　五卷
女學　六卷
鹿洲奏疏　一卷

叢　58　4424　修本堂叢書（十種）　〔清〕林伯桐撰

道光二十四年　九十二卷　十六册

叢　58　4424　又

十二册

毛詩通考　三十卷

毛詩識小　三十卷

冠婚喪祭儀考　十二卷

史备蠡測　一卷

供冀小言　一卷

修本堂稿　五卷

月亭詩鈔　一卷

古諺箋　十卷

學海堂志　一卷

公車見聞録　一卷

叢　58　4435　庸盦全集（八種）　〔清〕薛福成著

光緒十三年　四十七卷　四十七册

庸盦文編　十卷

海外文編　四卷

籌洋芻議　一卷

浙東籌防録　四卷

出使奏疏　二卷

出使公牘　十卷

出使日記　六卷

日記續刻　十卷

叢 58 4435 薛星使庸盧全集（六種） 〔清〕薛福成著
湖南新學書局刊 光緒二十三年 二十一卷 二十册
籌洋芻議 一卷
四國日記 六卷
海外文編 四卷
庸盦文編 四卷
庸盦文外編 四卷
庸盦文續編 二卷

叢 58 4438 梨洲遺著彙刊（三十二種） 〔清〕黄宗羲著
上海時中書局印 宣統二年 七十一卷 二十册
南雷文約 四卷
南雷文定前集 十一卷
南雷文定後集 四卷
南雷文定三集 四卷
南雷文案 五卷
南雷詩歷 四卷
明夷待訪録 一卷
破邪論 一卷
歷代甲子考 一卷
西臺慟哭記註 一卷
冬青樹引註 一卷
汰存録 一卷
隆武紀年 一卷
贛州失事記 一卷
紹武争立紀 一卷
魯紀年 二卷
舟山興廢 一卷

日本乞師記　一卷
四明山寨記　一卷
永歷紀年　一卷
沙洲定亂記　一卷
滇考　一卷
賜姓始末　一卷
鄭成功傳　一卷
張玄著先生事略　一卷
思舊録　一卷
金石要例（附論文管見）　一卷
今水經　二卷
匡廬游録　一卷
孟子師説　七卷
南雷文定四集　三卷
海外痛哭記　一卷

叢　58　4453　竹柏山房十五種　〔清〕林春溥纂
竹柏山房刊　咸豐五年　七十六卷　二十四册内缺三册
開闢傳疑　二卷
古史紀年　十四卷
古史考年異同表（附後説）　二卷
武王克殷日記（附滅國五十考）　一卷
春秋經傳比事　二十二卷
戰國紀年（附年表）　七卷
竹書紀年補證　四卷
孔門師弟年表（附後説）　一卷
孟子時事年表（附後説）　一卷
孔子世家補訂　一卷

孟子列傳纂　一卷
孟子外書補證　一卷
四書拾遺　六卷
古書拾遺　四卷
開卷偶得　十卷　缺

叢　58　4626　楊氏全書（六種）　〔清〕楊名時撰
光緒三十四年　三十七卷　十册
卷首　一卷
劄記　八卷
講義　四卷
程功録　四卷
文集　十二卷
别集　六卷
附録　二卷

叢　53　4742　郝氏遺書（二十四種）　〔清〕郝懿行著
郝氏家刊　光緒八年　一百七十一卷　五十二册
易説　十二卷
書説　二卷
周書輯要　一卷
詩説　二卷
詩經拾遺　一卷
詩問　七卷
禮記箋　四十九卷
爾雅義疏　二十卷
寶訓　八卷
燕子春秋　一卷

蜂衙小記　一卷
海錯　一卷
竹書紀年校正　十四卷
春秋説略　十二卷
春秋比　二卷
山海經箋疏（附圖譜）　十九卷
晉宋書故　一卷
列仙傳校正（附列仙讚）　二卷
夢書　一卷
宋瑣語　一卷
補宋書刑法志　一卷
補宋書食貨志　一卷
荀子補注　二卷
列女傳補注　王照圓著　十卷

叢　58　4742　郝氏遺書四種　〔清〕郝懿行著
六卷　六册
晉宋書故　一卷
補宋書刑法食貨志　二卷
宋瑣言　一卷
荀子補注　二卷

叢　58　4902　還硯齋七種　〔清〕趙新著
黄樓鐫本　光緒八年　二十二卷　二十册
周易述　四卷
易漢學擬旨　一卷
大學題解參略　一卷
中庸題解參略　一卷

賦稿 十卷
雜著 三卷
附詩略 二卷

叢 58 4917 甌北全集（八種） 〔清〕趙翼著
滇南唐氏重刊 光緒三年 一百七十六卷 五十六册
年譜 一卷
廿二史劄記（附補遺） 三十七卷
陔餘叢攷 四十三卷
簷曝雜記 六卷
皇朝武功紀盛 四卷
詩鈔 二十卷
詩話 十二卷
詩集 五十三卷

叢 58 6085 岣嶁全集（九種） 〔清〕曠敏本著
二十八卷 二十册
岣嶁删餘詩草 二卷
岣嶁删餘文草 二卷
增訂岣嶁韻語 八卷
岣嶁仿古吟 一卷
岣嶁韻牋 五卷
聲韻訂訛 一卷
岣嶁鑑撮 四卷
岣嶁雜著 四卷
夏書 一卷

叢　58　6207　觀象廬叢書（十七種）　〔清〕吕吴調陽著

彭邑毓奇書局刊　光緒十四年　六十四卷　六十册

易一貫

六書十二聲傳　十一卷

古律吕攷

志學編八種

釋地三種　十卷

詩序議　四卷

史表號名通釋　三卷

曰若編　七卷

五藏山經傳（附海内經）　五卷

漢地理志詳釋　四卷

論孟疑義

穆天子傳釋

逸經釋

齊民要術　十卷

下學庵勾股六術

商周彝器釋名　四卷

越南圖説　六卷

叢　58　7225　劉氏遺書（八種）　〔清〕劉台拱撰

廣雅書局刊　光緒十五年　八卷　二册

論語駢枝　一卷

經傳小記　一卷

國語補校　一卷

荀子補注　一卷

淮南子補校　一卷

方言補校　一卷

漢學拾遺　一卷
文集　一卷

叢　58　7294　煙霞草堂遺書（十七種）　〔清〕劉光蕡著
民八年　二十一卷　六册　二部
立政臆解　一卷
學記臆解　一卷
大學古義　一卷
孝經本義　一卷
論語時習録　五卷
孟子性善備萬物圖説　一卷
管子小匡篇節評　一卷
荀子議兵篇節評　一卷
史記貨殖列傳注　一卷
史記太史公自序注　一卷
前漢書食貨志注　一卷
前漢書藝文志注　一卷
古詩十九首注　一卷
陶淵明閑情賦注　一卷
改設學堂私議　一卷
濠塹私議　一卷
團練私議　一卷

叢　58　7294　煙霞草堂遺書（續刻四種）　〔清〕劉光蕡著
民十二年　四卷　四册　二部
尚書微　一卷
修齊直指評　一卷
陝甘味經書院志（附藏書目録）　一卷

養蠶歌括　一卷

叢　58　7431　陸雲士雜著（九種）　〔清〕陸次雲著

二十一卷　八册

八紘譯史　四卷

八紘荒史　一卷

峒谿纖志　三卷

纖志志餘　一卷

譯史紀餘　四卷

北墅緒言　五卷

玉山詞　一卷

澄江集　一卷

湖壖雜記　一卷

叢　58　7442　陸子遺書（二十一種）　〔清〕陸世儀著

光緒元年　三十八卷　二十册

卷首　一卷

文集　六卷

詩集　十卷

論學酬答　四卷

志學録　一卷

性善圖説　一卷

虚齋格致傳補注　一卷

四書講義輯存　一卷

淮雲問答輯存　一卷

八陣發明　一卷

月道疏　一卷

分野説　一卷

治鄉三約　一卷
制科議　一卷
甲申臆議　一卷
蘇松浮粮考　一卷
婁江條議　一卷
桑梓五防　一卷
常平權法　一卷
家祭禮　一卷
支更説　一卷
避地三策　一卷

叢　58　7474　陸子全書（十八種）　〔清〕陸隴其著
一百〇一卷　三十六册
三魚堂文集　十二卷
三魚堂外集　六卷
三魚堂日記　十卷
三魚堂賸言　十二卷
四書講義　二十卷
松陽講義　十二卷
松陽鈔存　二卷
學術辨　一卷
古文尚書考　一卷
呻吟語質疑　一卷
讀禮志疑　六卷
讀朱隨筆　四卷
問學録　二卷
戰國策去毒　二卷
禮經會元疏釋　四卷

蒞政摘要　二卷
治嘉格言　一卷
蒞嘉遺積　三卷

叢　58　7474　三魚堂全集（六種）　〔清〕陸隴其著
瑞鱣堂重刊　同治七年　四十一卷　二十册
年譜　一卷
文集　十二卷
外集　六卷
賸言　十二卷
日記　十卷
讀禮志疑

叢　58　7533　霞綺叢書（原名陳氏叢書三十八種）　〔清〕陳溥撰
成都伍氏刻　光緒八年　二十册
遺言類記
詩評
談評
霞綺集補編
詩説
唐人七言絶句鈔
高祖本紀
項羽本紀
陳懿叔詩鈔
夏山堂倡和詩詞
文言約説
性修諭
食事積微論

少吏論辨正
盱江叢稿
韓昌黎詩鈔
尚書今文二十八篇
正蒙軌物口義
釋乘次第諸法題辭
宗鏡録摘鈔
注疏本大學中庸
明道先生行狀
涵泳篇
凝神篇
寒山詩
留侯世家
淮陰侯列傳
朱子集節録
王陽明集節録
丁戊書鈔
陳廣專書牘
二陳遺稿
伯夷列傳
荆軻列傳
魯仲連列傳
李將軍列傳
通鑑趙充國事
諸葛武侯傳

叢　58　7535　東塾叢書（五種）　〔清〕陳澧撰

廣州鎔經鑄史齋刊　三十四卷　八册

漢儒通義　七卷
聲律通考　十卷
切韻考（附外篇）　九卷
漢書地理志水道圖説　七卷
附考正德清胡氏禹貢圖

叢　58　7535　東塾遺書（四種）　〔清〕陳澧撰
六卷　二册
水經注西南諸水考　三卷
弧三角平視法　一卷
摹印術　一卷
三統術詳説　一卷

叢　58　7543　左海全集（十種）　〔清〕陳壽祺著
三山陳氏家刊　三十一卷　三十二册

叢　58　7543　又
二十四册
左海文集　十卷
絳跗堂詩集　六卷
左海乙集駢體文　二卷
五經異義疏證　三卷
左海經辨　二卷
尚書大傳定本　二卷
洪範五行傳輯本　三卷
東越儒林文苑後傳　一卷
東越文苑後傳　一卷
東觀存稿　一卷

叢　58　7757　周孟侯全書（五種）　〔清〕周拱辰著
光緒元年重刊　三十二卷　十二册　二部
公羊墨史　二卷
南華真經影史　九卷
離騷草木史　八卷
聖雨齋詩文集　十卷
問魚篇　三卷

叢　58　8043　俞蔭甫所著書（十四種）　〔清〕俞樾著
同治十年　一百四十二卷　四十册

叢　58　8043　春在堂全書（十八種）　〔清〕俞樾著
光緒八年重定本　二百九十六卷　八十四册

叢　58　8043　又（二十二種）
光緒九年重定本　三百二十八卷　七十二册内缺九册

叢　58　8043　俞蔭甫叢書（一名春在堂全書三十一種）　〔清〕俞樾著
光緒十五年重定本　三百九十二卷　百册内一部缺二册　二部
羣經評議　三十五卷
諸子評議　三十五卷
第一樓叢書　三十卷
曲園雜纂　五十卷
俞樓雜纂　五十卷
賓萌集　五卷
賓萌外集　四卷
春在堂雜文　二十六卷

春在堂詩編　十二卷
春在堂詞録　三卷
春在堂隨筆　八卷
春在堂尺牘　五卷
楹聯録存　三卷
四書文　一卷
右台仙館筆記　十六卷
茶香室叢鈔　二十三卷
茶香室續鈔　二十五卷
茶香室三鈔　二十九卷
茶香室經説　十六卷
金剛經注　二卷
太上感應篇纘義　二卷
游藝録　六卷
小蓬萊謡　一卷
袖中書　二卷
東瀛詩記　二卷
新定牙牌數　一卷
慧福樓幸草　一卷
春在堂全書録要　一卷
春在堂全書校勘記　一卷
曲園自述詩　一卷
曲園墨戲　一卷

叢　58　8062　守中正齋叢書（十九種）〔清〕姜國伊著
同治十一年　七十六卷　三十六册

叢　58　8062　又

二十八册

周易古本撰　十四卷

詩經思無邪序傳　四卷

春秋傳義　十二卷

家語正　十卷

孝經述　一卷

大學古本述註　一卷

中庸古本述註　一卷

孟子外書攷　一卷

大戴禮記正本　一卷

癸甲乙記（附經問）　二卷

蜀記蹟説（附補説）　二卷

尺牘存　一卷

文存　四卷

詩存（附賦話對聯）　三卷

制藝存　一卷

神農本經　一卷

叔和脈經　十卷

傷寒方經解　一卷

醫學六種　六卷

叢　58　8064　曾文正公全集（十三種附録一種）　〔清〕曾國藩著　〔清〕李瀚章輯

傳忠書局刊　光緒二年　一百五十六卷　一百二十八册

奏稿　三十卷

十八家詩鈔　二十八卷

經史百家雜鈔　二十六卷

經史百家簡編　二卷
鳴源堂論文　二卷
詩集　三卷
文集　三卷
書札　三十三卷
批牘　六卷
雜著　二卷
求闕齋讀書録　四卷
求闕齋日記類鈔　二卷
年譜　十二卷
（附）孟子要略　五卷

叢　58　8064　曾文正公六種彙刊　〔清〕曾國藩著
上海掃葉山房印　民十二年　十七卷　十六册
家書　八卷
手札　一卷
家訓　二卷
大事記　〔清〕王定安記　二卷
雜著　二卷
日記　二卷

叢　58　8346　潛研堂全書（二十四種）　〔清〕錢大昕著
長沙龍氏家塾重刊　光緒十年　二百七十三卷　八十册

叢　58　8346　又
一百册
聲類　四卷
廿二史考異（附史臣表）　一百〇一卷

三史拾遺　五卷
諸史拾遺　五卷
五代學士年表　一卷
宋中興學士年表　一卷
元史氏族表　三卷
元史藝义志　四卷
四史朔閏攷　四卷
通鑑注辨正　二卷
洪文惠年譜　一卷
洪文敏年譜　一卷
陸放翁年譜　一卷
王伯厚年譜　一卷
王弇洲年譜　一卷
疑年録　四卷
金石文跋尾　二十卷
金石文字目録　八卷
十駕齋養新録（附餘録）　二十三卷
三統術衍（附術鈐）　四卷
風俗通義逸文　一卷
恒言録　十卷
文集　五十卷
詩集（附續集）　二十卷

叢　58　8725　鄭小谷全集（六種）〔清〕鄭獻甫著
黔南節署刊　光緒五年　四十七卷　三十二册
四書翼注論文　十二卷
愚一録　十二卷
補學軒續刻詩集　十二卷

補學軒文集外編 四卷
補學軒制藝（附制藝雜話） 五卷
補學軒批選時文 二卷

叢 59 0010 六譯舘叢書（七十三種） 廖平著
四川存古書局刊 民十年 八十册
公羊證疏（附凡例） 十二卷
易生行譜
大學中庸演義
長短經
公羊解詁三十論
左傳古義凡例
經學四變記
經學五變記 二卷
春秋圖表 二卷
易説
詩説（附詩緯經解）
羣經凡例
尚書今文新義（附書大統凡例・書中候宏道篇・尚書宏道篇）
今古學攷 二卷
古學攷
知聖篇 二卷
經學初程
王制訂
世界哲理箋釋
六書舊義
經話甲乙篇 二卷
起起穀梁廢疾（附釋范）

易經古本
倫理約編
坊記新解
孝經凡例
分撰兩戴記章句
家學樹坊
禮記識　二卷
禮記三篇會解
王制集説
羣經大義
皇帝疆域圖表
周禮新義凡例
周禮鄭注商榷
周禮訂本注
地學答問
漢志三統曆表
撼龍經傳訂本注
地理辨正補證
會試硃卷
四益舘雜著
四益館外編
春秋三傳折中
春秋左氏古經説　十二卷
九州通解
莊子新解
莊子敍意
三巴金石忠目録
周禮今證（原名光緒會典）

尊經書院日課題目
黄帝内經明堂
藥治通義
平脈攷
診皮篇
診絡篇
人寸診補證
三部九候篇（附十二經動脈表）
診骨篇
診筋篇
診學輯要評
難經經釋補證
營衛運行考
分方異宜
靈素五解篇
傷寒總論
傷寒評議
寒傷古本訂補
傷寒古本考
傷寒雜病論古本
傷寒講義
巢氏病源

叢 59 0090 章氏叢書（十四種） 章炳麟著
民十三卷 四十八卷 精裝四册
春秋左傳讀敍録 一卷
鎦子政左氏説 一卷
文始 九卷

新方言（附嶺外三州語） 十二卷
小斆答問 一卷
説文部首均語 一卷
莊子解故 一卷
管子餘義 一卷
齊物論釋 一卷
齊物論釋（重定本） 一卷
國故論衡 三卷
檢論 九卷
太炎文録初編（附補編） 六卷
葪漢微言 一卷

叢 59 1008 浙江圖書館叢書（二集四十七種 原名蓬萊軒地理學叢書） 丁謙著
浙江圖書刊 民四年 十六册

第一集

漢書匈奴傳地理攷證 二卷
漢書西南夷兩粤朝鮮傳地理考證 一卷
漢書地域傳地理攷證 一卷
後漢書東夷傳地理考證 一卷
後漢書南蠻西南夷傳地理考證 一卷
後漢書西羌傳地理考證 一卷
後漢書西域傳地理考證 一卷
後漢書南匈奴傳地理考證 一卷
後漢書烏桓鮮卑傳地理考證 一卷
三國志烏丸鮮卑東夷傳（附魚豢魏略西戎傳地理考證） 一卷
晉書四夷傳地理考證 一卷

宋書夷貊傳地理攷證 一卷
南齊書夷貊傳地理考證 一卷
梁書夷貊傳地理考證 一卷
魏書外國傳地理考證 一卷
魏書西域傳地理考證 一卷
魏書外國傳補地理考證 一卷
周書異域傳地理考證 一卷
隋書四夷傳地理考證 一卷
新唐書突厥傳地理考證 一卷
新唐書吐蕃傳地理考證 一卷
新唐書回紇等國傳地理考證 一卷
新唐書沙陀傳地理考證 一卷
新唐書北狄傳地理考證 一卷
新唐書東夷傳地理考證 一卷
新唐書南蠻傳地理考證 一卷
新舊唐書西域傳地理考證 一卷
新五代史四夷附録地理考證 一卷
宋史外國傳地理考證 一卷
遼史各外國地理考證 一卷
金史外國傳地理考證 一卷
元史外夷傳地理考證 一卷
明史外國傳地理考證 一卷
明史西域傳地理考證 一卷

第二集

穆天子傳地理考證（附中國人種所從來考・穆天子傳紀日干支表）
六卷
晋釋法顯佛國記地理考證 一卷

後魏宋雲西域求經記地理考證　一卷
唐釋辨機大唐西域記地理考證附録・印度風俗總記・　三卷
唐杜環經行記地理考證　一卷
元耶律楚材西游録地理考證　一卷
元秘史地理考證（附元祕作者人名考・元太祖成吉思汗編年大事記・元初漠北大勢論・郭侃傳考・元史特薛禪曷思麥里速不台郭寶玉等傳地理考）
元聖武親征録地理考證　一卷
元經世大典圖地理考證（附元史地理志西北地附録）　三卷
元張參議耀卿紀行地理考證　一卷
元長春真人西游記地理考證　一卷
元劉郁西使記地理考證　一卷
圖理琛異域録地理考證　一卷

叢　59　1073　王湘綺全集（二十六種）　王闓運著
長沙刊　民十二年　一百〇九卷三百〇一篇　一百册

叢　59　1073　又
殘存五十一册
年譜　六卷
周易説　〔清〕林春溥　十一篇
今古文尚書箋　二十九篇
尚書大傳補注　七篇
詩補箋　二十卷
周官箋　六卷
禮經箋　十七篇
禮記箋　四十六篇
春秋公羊何氏箋　十一篇

春秋例表 三十八篇
穀梁申義 一卷
論語集解訓 二十篇
爾經集解注 十九篇
莊子内篇注（附雜篇） 九篇
墨子注 七十一篇
鶡冠子注 一卷
楚詞釋（附高唐賦注） 十一篇
湘軍志 十六篇
湘綺樓文集 八卷
湘綺樓詩集（附別集） 十七卷
八代詩選 二十卷
唐詩選 十三卷
詞選 三篇
詞鈔 一卷
箋啓 八卷
王志 一卷

叢 59 1762 止園叢書（九種） 尹昌衡著
民七年 十六卷 十三册
聖學淵源 二卷
易鉥 一卷
止園文集 一卷
止園詩鈔 二卷
止心篇 一卷
止園原性論 三卷
止園自記 一卷
經術訏時 二卷

王道法言 三卷

叢 59 2634 壽機廬叢書（十種） 吴之英禮
民九年 六十五卷 二十四册
儀禮奭固 十七卷
禮器圖 十七卷
周政三圖 三卷
禮事圖 十七卷
漢師傳經表 一卷
天文圖考 四卷
經脈分圖 四卷
文集 一卷
詩集 一卷
巵言和天 四卷

叢 59 2684 十髮盦叢書（附萬涵堂遺稿六種） 程頌萬編
寗鄉程氏刊 光緒二十七年 二十五卷 八册
湖天曉角詞 二卷
涵齋四書 二卷
楚望閣詩集 十卷
美人長壽庵詩 六卷
强學編 一卷
通藝塾程 四卷

叢 59 3791 桂林梁先生遺書（七種） 梁焕鼐等編
京華書局刊 民十四年 七卷 四册
年譜 一卷
遺筆彙存 一卷

感劬山房日記節鈔　一卷
侍疾日記　一卷
辛壬類稾　一卷
伏卵録　一卷
别竹辭花記　一卷

叢　59　4429　觀古堂所著書（十八種）　葉德輝著
光緒二十八年　三十七卷　十六册
天文本論語校勘記　一卷
輯孟子劉熙注　一卷
輯月令蔡邕注　四卷
古今夏時表　一卷
郋園書札　一卷
六書古微　十卷
釋人疏證　二卷
山公啓事　一卷
山公佚事　一卷
輯孫柔之瑞應圖記　一卷
輯鬻子　二卷
輯郭氏玄中記　二卷
輯淮南鴻烈間詁　二卷
輯淮南萬畢術　二卷
輯晉傅子　三卷
輯晉司隸校尉傅玄集　三卷
藏書十約　一卷
游藝巵言　一卷

叢 59 6022 賨瓠齋雜俎（八種） 易順鼎著
十五卷 八册
經義莛撞 四卷
讀經貨記 一卷
讀老札記（附補遺） 三卷
淮南許記鈎沈 一卷
楚頌亭詞 一卷
琴臺夢語詞 一卷
玉虚齋唱和詩 一卷
吴社集 四卷

叢 59 6022 慕皋廬雜刊（八種） 易順鼎著
三册
慕皋廬雜稿
金剛經易氏本
容園詞綜
水洪國櫂歌
大學私訂本
孔門詩集
制義

叢 59 6628 侯官嚴氏叢書（四種） 嚴復譯著
南昌讀有用書齋校印 四卷 四册缺首册
原强 一卷
救亡决論 一卷
論世變之亟 一卷
斯賓賽爾勸學篇 一卷

叢 59 7259 推十書（十一種） 劉咸炘著

十五册

左書

右書

中書

内書

外書

子疏

史學述林

續校讎通義

治記緒論

治史緒論

文學述林